여러분의 합격을 응원하는
해커스경찰의 특별 혜택!

FREE 경찰헌법 특강

해커스경찰(police.Hackers.com) 접속 후 로그인 ▶ 상단의 [무료강좌 → 경찰 무료강의] 클릭하여 이용

해커스경찰 온라인 단과강의 20% 할인쿠폰

BAAC4DCB5ECAC7LP

해커스경찰(police.Hackers.com) 접속 후 로그인 ▶ 상단의 [내강의실] 클릭 ▶
[쿠폰/포인트] 클릭 ▶ 쿠폰번호 입력 후 이용

* 등록 후 7일간 사용 가능(ID당 1회에 한해 등록 가능)

경찰 합격예측 온라인 모의고사 응시권 + 해설강의 수강권

E6AA273FF28E78DA

해커스경찰(police.Hackers.com) 접속 후 로그인 ▶ 상단의 [내강의실] 클릭 ▶
[쿠폰/포인트] 클릭 ▶ 쿠폰번호 입력 후 이용

* ID당 1회에 한해 등록 가능

쿠폰 이용 관련 문의 1588-4055

단기 합격을 위한 해커스경찰 커리큘럼

입문
탄탄한 기본기와 핵심 개념 완성!
누구나 이해하기 쉬운 개념 설명과 풍부한 예시로 부담없이 쌩기초 다지기
TIP 베이스가 있다면 **기본 단계**부터!

기본+심화
필수 개념 학습으로 이론 완성!
반드시 알아야 할 기본 개념과 문제풀이 전략을 학습하고
심화 개념 학습으로 고득점을 위한 응용력 다지기

기출+예상 문제풀이
문제풀이로 집중 학습하고 실력 업그레이드!
기출문제의 유형과 출제 의도를 이해하고 최신 출제 경향을 반영한
예상문제를 풀어보며 본인의 취약영역을 파악 및 보완하기

동형모의고사
동형모의고사로 실전력 강화!
실제 시험과 같은 형태의 실전모의고사를 풀어보며 실전감각 극대화

마무리
시험 직전 실전 시뮬레이션!
각 과목별 시험에 출제되는 내용들을 최종 점검하며 실전 완성

PASS

* 커리큘럼 및 세부 일정은 상이할 수 있으며, 자세한 사항은 해커스경찰 사이트에서 확인하세요.

단계별 교재 확인 및 수강신청은 여기서!
police.Hackers.com

해커스경찰
신동욱
경찰헌법 기본서

신동욱

약력

현 | 해커스경찰학원 헌법 강의
해커스공무원 헌법, 행정법 강의

전 | 경찰청 헌법 특강, EBS 특강
경찰교육원 간부후보생 헌법 특강
서울시교육청 핵심인재과정 헌법 특강
교육부 평생교육진흥원 학점은행 교수
성균관대, 단국대, 전남대, 충북대 등 특강교수

저서

해커스경찰 신동욱 경찰헌법 실전동형모의고사
해커스경찰 신동욱 경찰헌법 최신 5개년 판례집
해커스경찰 신동욱 경찰헌법 진도별 문제풀이 500제
해커스경찰 신동욱 경찰헌법 쟁점별 기출지문 OX
해커스경찰 신동욱 경찰헌법 기출문제집
해커스경찰 신동욱 경찰헌법 핵심요약집
해커스경찰 신동욱 경찰헌법 기본서
해커스공무원 헌법 기본서
해커스공무원 헌법 조문해설집
해커스공무원 헌법 핵심요약집
해커스공무원 헌법 단원별 기출문제집
해커스공무원 헌법 핵심 기출 OX
해커스공무원 행정법총론 기본서
해커스공무원 행정법총론 조문해설집
해커스공무원 행정법총론 핵심요약집
해커스공무원 행정법총론 단원별 기출문제집
해커스공무원 행정법총론 사례형 기출 + 실전문제집
해커스공무원 행정법총론 핵심 기출 OX
해커스공무원 행정법총론 실전동형모의고사 1
해커스공무원 행정법총론 실전동형모의고사 2

神과 함께 결론은 합격!

2025년 순경공채시험과 경찰간부후보생시험이 끝났습니다. 시험과목 개편 이후에 순경공채시험은 8회, 경찰간부후보생시험은 4회 치러지면서 경찰헌법의 출제경향과 난이도 등에 대한 기준이 명확해진 것 같습니다. 그동안 출제범위는 경찰청에서 공고한 대로 헌법총설에서 20% 내외, 기본권 부분에서 80% 내외를 기준으로 일관되게 출제되어 왔고, 난이도는 조금 들쭉날쭉하기도 했었지만, 시행착오를 거치면서 이제는 난이도 조정도 적절하게 잘 정리되어 확실한 방향을 보여주고 있습니다. 본 교재는 이런 점들을 잘 반영하고 고려하여 경찰헌법을 완벽하게 정복할 수 있도록 기획되고 구성되었습니다. 이제 경찰헌법 과목을 준비하는 수험생들은 본 교재로 기본기를 탄탄히 하면서 기출문제를 잘 분석하고 그 기준에 따라서 대비한다면 헌법은 고득점으로 합격점수를 받을 수 있습니다.

순경공채시험과 경찰간부후보생시험은 시험범위가 완전히 동일합니다. 순경공채시험은 20문항, 경찰간부후보생시험은 40문항이 출제되는 점이 다르고, 경찰간부후보생시험은 선발인원이 적고 경쟁률도 높은 만큼 좀 더 난도가 있다는 정도의 차이는 있습니다. 전체적으로는 대동소이하면서 3~4문항 정도가 어려운 문제로 출제된다고 보시면 됩니다. 본 교재는 순경공채시험과 경찰간부후보생시험을 동시에 대비할 수 있도록 하면서도 다른 시험들의 기출문제들도 반영하여 고난도 문제나 응용된 문제들도 충분히 대비할 수 있도록 구성되었습니다. 본 교재만 확실하게 정리해도 합격권 점수는 쉽게 득점할 수 있습니다. 이미 많은 합격생이 경험했고, 2025년 시행된 시험들을 통해서도 입증이 되었습니다.

본 교재는 특별히 다음과 같은 점을 염두에 두고 집필하였습니다.

첫째, 2025년 최신 기출문제들을 모두 반영하여 2026년 시험 준비에 만전을 기하도록 하였습니다.

둘째, 최신 판례와 개정 법령을 모두 반영하여 완벽한 수험 대비가 될 수 있도록 하였습니다.

셋째, 공부 분량이 많고 늘 부담스러운 판례 부분은 최대한 수록하면서도 소제목을 달아서 학습 부담을 줄이고 복습에 용이하도록 하였습니다.

넷째, 다양한 학습장치를 통하여 지루하지 않게 헌법을 정복할 수 있도록 배려하였습니다.

본 교재는 철저히 순경공채시험과 경찰간부후보생시험을 위한 교재로 집필되었습니다. 교재의 내용과 범위도 경찰시험의 출제범위에 맞게 구성되어 있습니다. 순경공채시험만을 준비하는 분들에게는 분량이 약간은 많다고 느껴질 수도 있으나, 경찰간부후보생시험을 준비하는 분들에게는 충분한 분량이라고 생각됩니다. 처음 헌법을 공부하시는 분들은 강의를 통해서 수험에 최적화된 도움을 받으시기 바랍니다. 수험은 철저히 해당 시험에 맞는 실용적인 접근을 통해서 강약조절을 잘 할 수 있어야 단기간 내 합격할 수 있습니다. 시험은 전략이 중요합니다. 철저히 준비하되 요령 있게 준비하는 것이 빠른 합격의 지름길이 될 것입니다. 쌩기초 입문부터 최종 마무리까지 준비된 교재와 최적화된 강의로 완벽한 조력자가 되어 드리겠습니다.

더불어 경찰공무원시험 전문 해커스경찰(police.Hackers.com)에서 학원 강의나 인터넷 동영상 강의를 함께 이용하여 꾸준히 수강한다면 학습효과를 극대화할 수 있습니다.

아무쪼록 경찰시험을 준비하는 모든 분의 건강과 조기합격을 기원합니다.

2025년 9월
신동욱

목차

제1편 헌법 총론

제1장 헌법과 헌법학

제1절	헌법의 의의	10
제2절	합헌적 법률해석	20
제3절	헌법의 제정·개정 및 변천	24
제4절	헌법의 수호	32

제2장 대한민국헌법총설

제1절	대한민국헌정사	42
제2절	대한민국의 국가형태와 구성요소	50
제3절	한국헌법의 기본원리	74
제4절	한국헌법의 기본질서	101
제5절	한국헌법의 기본제도	119
제6절	정당제도(복수정당제)	120
제7절	선거제도	140
제8절	공무원제도	178
제9절	지방자치제도	186
제10절	교육제도	213
제11절	가족제도	217

제2편 기본권론

제1장 기본권 총론

제1절	기본권의 의의	226
제2절	기본권의 성격	226
제3절	기본권의 주체	230
제4절	기본권의 효력	241
제5절	기본권의 한계와 제한	252
제6절	기본권의 침해와 구제	261

제2장 인간의 존엄과 가치, 행복추구권, 법 앞의 평등

제1절	인간의 존엄과 가치	274
제2절	행복추구권	286
제3절	법 앞의 평등	314

제3장 자유권적 기본권

제1절	인신의 자유권	392
제2절	사생활의 자유권	476
제3절	정신적 자유권	524

제4장 경제적 기본권

제1절	재산권	618
제2절	직업선택의 자유	672
제3절	소비자의 권리	732

제5장 　 정치적 기본권

제1절 　 개설 　 738
제2절 　 참정권 　 738

제6장 　 청구권적 기본권

제1절 　 개설 　 760
제2절 　 청원권 　 761
제3절 　 재판청구권 　 768
제4절 　 국가배상청구권 　 808
제5절 　 국가보상청구권 　 820
제6절 　 범죄피해자구조청구권 　 830

제7장 　 사회적 기본권

제1절 　 구조와 체계 　 836
제2절 　 인간다운 생활권 　 838
제3절 　 교육을 받을 권리 　 852
제4절 　 근로의 권리 　 866
제5절 　 근로3권 　 876
제6절 　 환경권 　 897
제7절 　 보건권과 모성을 보호받을 권리 　 905

제8장 　 국민의 기본적 의무

제1절 　 고전적 의무 　 908
제2절 　 현대적 의무 　 912

이 책의 구성

흐름 미리 보기

출제경향 및 개정법령을 반영한 이론

새롭게 추가·시행되는 경찰헌법에서 다룰만한 내용을 정리하여 출제가 예상되는 내용을 이론에 반영하였습니다. 또한 기출표기를 통해 출제빈도와 중요도를 쉽게 파악할 수 있습니다. 이를 통해 방대한 헌법 과목의 내용 중 시험에 나오는 내용만을 효과적으로 학습 가능합니다.

출제 가능성이 높은 중요 및 최신 판례

학습한 이론과 관련된 판례, 유사판례 및 중요한 기출 판례와 최신 판례까지 모두 수록하여 기본서만으로도 충분하게 판례를 학습할 수 있도록 하였습니다. 특히 경찰과 관련하여 다룰만한 이슈가 된 핵심판례와 관련 이론을 수록하였습니다. 이를 통해 경찰시험에서 다룰 내용들을 확실하게 짚고 넘어갈 수 있으며, 출제 가능성이 있는 부분들을 빠짐없이 학습할 수 있습니다.

이해를 돕기 위한 다양한 학습장치

비교·정리가 필요한 내용은 표로 구성하여 한눈에 파악할 수 있도록 하였습니다. 또한 이론의 이해를 돕기 위해 도표와 이미지를 활용하였습니다.

본문 더 자세히 보기

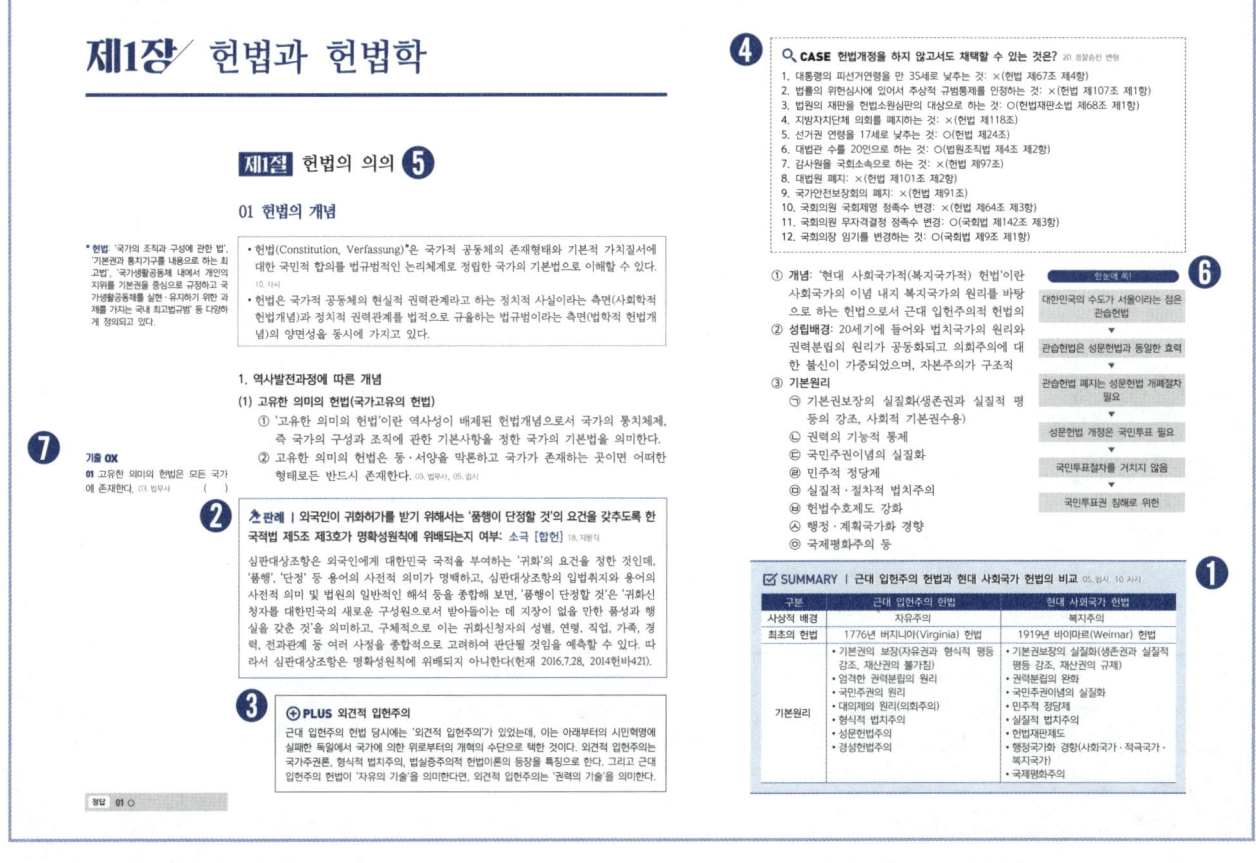

체계적인 학습을 위한 다양한 학습장치

❶ SUMMARY 출제가능성이 높은 핵심이론을 정리하여 헌법이론을 보다 빠르게 파악하고 전략적으로 학습할 수 있도록 하였습니다.

❷ 판례 이론의 흐름에 따라 중요한 기출 판례와 최신 판례를 수록하여 이론, 조문, 판례의 연계학습이 가능하도록 하였습니다.

❸ PLUS 더 알아두면 학습에 도움이 되는 내용을 수록하여 심화학습을 할 수 있도록 하였습니다.

❹ CASE 본문을 이해하는 데 도움이 되는 대표사례를 수록하여 학습에 도움이 되도록 하였습니다.

❺ 이론설명 본문에서 좀 더 설명이 필요한 이론에 대한 상세한 설명을 제시하여 본문을 이해하는 데 도움이 되도록 하였습니다.

❻ 한눈에 쏙! 중요하거나 비교·정리가 필요한 내용을 표로 구성하여 한눈에 파악할 수 있도록 하였습니다.

❼ 기출 OX 주요 기출지문을 '기출 OX'로 수록하였습니다. 관련 이론 옆에 배치함으로써 바로 확인이 가능하며 본문의 내용과 연계하여 효과적으로 학습할 수 있습니다.

해커스경찰
police.Hackers.com

해커스경찰 신동욱
경찰헌법 기본서

제1편 헌법 총론

제1장 헌법과 헌법학
제2장 대한민국헌법총설

제1장 헌법과 헌법학

제1절 헌법의 의의

01 헌법의 개념

* **헌법**: '국가의 조직과 구성에 관한 법', '기본권과 통치기구를 내용으로 하는 최고법', '국가생활공동체 내에서 개인의 지위를 기본권을 중심으로 규정하고 국가생활공동체를 실현·유지하기 위한 과제를 가지는 국내 최고법규범' 등 다양하게 정의되고 있다.

- 헌법(Constitution, Verfassung)*은 국가적 공동체의 존재형태와 기본적 가치질서에 대한 국민적 합의를 법규범적인 논리체계로 정립한 국가의 기본법으로 이해할 수 있다. 10. 사시
- 헌법은 국가적 공동체의 현실적 권력관계라고 하는 정치적 사실이라는 측면(사회학적 헌법개념)과 정치적 권력관계를 법적으로 규율하는 법규범이라는 측면(법학적 헌법개념)의 양면성을 동시에 가지고 있다.

1. 역사발전과정에 따른 개념

(1) 고유한 의미의 헌법(국가고유의 헌법)
① '고유한 의미의 헌법'이란 역사성이 배제된 헌법개념으로서 국가의 통치체제, 즉 국가의 구성과 조직에 관한 기본사항을 정한 국가의 기본법을 의미한다.
② 고유한 의미의 헌법은 동·서양을 막론하고 국가가 존재하는 곳이면 어떠한 형태로든 반드시 존재한다. 03. 법무사, 05. 입시

기출 OX
01 고유한 의미의 헌법은 모든 국가에 존재한다. 03. 법무사 ( )

(2) 근대 입헌주의적 헌법
① 개념
 ㉠ '근대 입헌주의적 헌법'이란 자연법적인 국가계약이론을 기초로 하여 단순한 국가구성과 조직에 관한 기본법에 머무르는 것이 아니라, 기본권보장과 권력분립에 의하여 국가권력의 남용을 억제하는 것을 내용으로 하는 헌법이다.
 ㉡ 1789년 프랑스 인권선언 제16조는 "모든 권리의 보장이 확보되지 아니하고 권력분립이 정해져 있지 않은 사회는 헌법을 가진 것이라 할 수 없다."라고 규정하여 근대 입헌주의 헌법의 의미를 잘 나타내고 있다.

> ⊕ **PLUS** 외견적 입헌주의
> 근대 입헌주의 헌법 당시에는 '외견적 입헌주의'가 있었는데, 이는 아래부터의 시민혁명에 실패한 독일에서 국가에 의한 위로부터의 개혁의 수단으로 택한 것이다. 외견적 입헌주의는 국가주권론, 형식적 법치주의, 법실증주의적 헌법이론의 등장을 특징으로 한다. 그리고 근대 입헌주의 헌법이 '자유의 기술'을 의미한다면, 외견적 입헌주의는 '권력의 기술'을 의미한다.

정답 01 ○

② 기본원리
  ㉠ 기본권의 보장
  ㉡ 권력분립의 원리
  ㉢ 국민주권의 원리
  ㉣ 대의제의 원리(의회주의)
  ㉤ 형식적 법치주의
  ㉥ 성문헌법주의

(3) 현대 사회국가적(복지국가적) 헌법
① **개념**: '현대 사회국가적(복지국가적) 헌법'이란 사회국가의 이념 내지 복지국가의 원리를 바탕으로 하는 헌법으로서 근대 입헌주의적 헌법의 기반 위에 실질적 민주화와 사회화를 그 내용으로 하는 헌법이다.
② **성립배경**: 20세기에 들어와 법치국가의 원리와 권력분립의 원리가 공동화되고 의회주의에 대한 불신이 가중되었으며, 자본주의가 구조적 모순에 빠지게 됨에 따라 실질적 민주화와 사회화의 요구를 수용한 진보적 헌법이 등장하게 되었다.
③ **기본원리**
  ㉠ 기본권보장의 실질화(생존권과 실질적 평등의 강조, 사회적 기본권 수용)
  ㉡ 권력의 기능적 통제
  ㉢ 국민주권이념의 실질화
  ㉣ 민주적 정당제
  ㉤ 실질적·절차적 법치주의
  ㉥ 헌법수호제도 강화
  ㉦ 행정·계획국가화 경향
  ㉧ 국제평화주의 등

기출 OX

02 근대 입헌주의적 헌법의 특징에는 국민주권의 원리, 권력분립의 원리, 성문헌법의 원리, 실질적 법치주의국가의 원리가 있다. 05. 입시 ( )

정답 02 ×

✓ SUMMARY | 근대 입헌주의 헌법과 현대 사회국가 헌법의 비교 05. 입시, 10. 사시

구분	근대 입헌주의 헌법	현대 사회국가 헌법
사상적 배경	자유주의	복지주의
최초의 헌법	1776년 버지니아(Virginia) 헌법	1919년 바이마르(Weimar) 헌법
기본원리	• 기본권의 보장(자유권과 형식적 평등 강조, 재산권의 불가침) • 엄격한 권력분립의 원리 • 국민주권의 원리 • 대의제의 원리(의회주의) • 형식적 법치주의 • 성문헌법주의 • 경성헌법주의	• 기본권보장의 실질화(생존권과 실질적 평등 강조, 재산권의 규제) • 권력분립의 완화 • 국민주권이념의 실질화 • 민주적 정당제 • 실질적 법치주의 • 헌법재판제도 • 행정국가화 경향(사회국가·적극국가·복지국가) • 국제평화주의

2. 실질성과 형식성에 따른 개념

(1) 실질적 의미의 헌법
'실질적 의미의 헌법'이란 국가적 공동생활에 관한 기본적인 사항(헌법사항)을 규정하는 법규범 전체를 말한다. 헌법전을 비롯하여 법률(예 국적법, 국회법, 정당법, 정부조직법, 법원조직법 등), 명령, 규칙은 물론 관습법까지도 헌법사항을 규정한 것이면 실질적 의미의 헌법에 포함된다.

(2) 형식적 의미의 헌법
'형식적 의미의 헌법'이란 헌법전의 형식으로 존재하거나 최고의 형식적 효력을 가진 법규범을 헌법이라 할 경우의 헌법을 의미한다. "영국에는 헌법이 없다."라고 할 때에는 형식적 의미의 헌법이 없다는 것을 뜻한다.

(3) 양 개념의 관계
형식적 의미의 헌법과 실질적 의미의 헌법은 그 내용이 일치하는 것이 보통이며 바람직하다고 할 수 있다. 그러나 입법기술상의 이유(실질적 의미의 헌법을 모두 성문화할 수는 없다는 점) 또는 헌법정책상의 이유(실질적 의미의 헌법이 아니더라도 헌법에 편입시키는 경우가 있다는 점)로 인하여 양자가 항상 일치하는 것은 아니며, 그 사이에는 간격이 생기게 된다. 헌법수호의 대상으로서 헌법은 두 가지 의미의 헌법을 모두 포함한다.

02 헌법의 분류

1. 존재형식에 의한 분류(성문헌법과 불문헌법)

헌법이 성문화되었는지 여부에 따라 성문헌법과 불문헌법으로 구분된다.* 성문헌법과 불문헌법의 구별은 상대적인 것으로 성문헌법국가에서도 헌법적 관습법은 존재할 수 있으며, 불문헌법(또는 관습헌법)국가들도 헌법전만 없을 뿐 실질적 의미의 헌법에 해당하는 각종 법률과 관습헌법을 가지고 있다. 또한 불문헌법국가에서는 특별한 헌법개정절차가 존재하지 않으므로 연성헌법일 수밖에 없으며, 법률에 대한 위헌심사제도가 존재할 수 없다.

> **⚖ 판례 |**
>
> **1 신행정수도의 건설을 위한 특별조치법사건 [위헌]**
> **[1] 우리 헌법상 관습헌법이 인정될 수 있는지 여부: 적극**
> 우리나라는 성문헌법을 가진 나라로서 기본적으로 우리 헌법전이 헌법의 법원이 된다. 그러나 **성문헌법**이라고 하여도 그 속에 **모든 헌법사항을 빠짐없이 완전히 규율하는 것은 불가능**하고 또한 헌법은 국가의 기본법으로서 **간결성과 함축성을 추구**하기 때문에 **형식적 헌법전에는** 기재되지 아니한 사항이라도 이를 **불문헌법 내지 관습헌법으로 인정할 소지**가 있다. 05.법무사 특히 헌법제정 당시 자명(自明)하거나 전제된 사항 및 보편적 헌법원리와 같은 것은 반드시 명문의 규정을 두지 아니하는 경우도 있다. 그렇다고 해서 헌법사항에 관하여 형성되는 관행 내지 관례가 전부 관습헌법이 되는 것은 아니고 강제력이 있는 헌법규범으로서 인정되려면 엄격한 요건들이 충족되어야만 하며, 이러한 요건이 충족된 관습만이 관습헌법으로서 성문의 헌법과 동일한 법적 효력을 가진다. 06.입시

기출 OX

01 헌법수호의 대상으로서 헌법은 형식적 의미의 헌법뿐만 아니라 실질적 의미의 헌법도 포함한다. 09.지방직
( )

✎ **형식적 의미의 헌법이나, 실질적 의미의 헌법이 아닌 예**
- 스위스 헌법 도살(屠殺)조항
- 바이마르 헌법 풍치(風致)조항
- 미연방 헌법 금주(禁酒)조항
- 벨기에 헌법 선혼인 후거례(先婚姻後擧禮)조항

* 1776년의 버지니아 헌법은 세계 최초의 근대적 성문헌법이며, 영국·오스트레일리아·뉴질랜드·이스라엘 등은 불문헌법주의국가이다.

02 형식적 헌법전에 기재되지 않은 사항이라도 이를 불문헌법 내지 관습헌법으로 인정할 수 있다. 18.경찰경채
( )

정답 01 ○ 02 ○

[2] 관습헌법 인정의 헌법적 근거

헌법 제1조 제2항은 "대한민국의 주권은 국민에게 있고, 모든 권력은 국민으로부터 나온다."라고 규정한다. 이와 같이 국민이 대한민국의 주권자이며, 국민은 최고의 헌법제정권력이기 때문에 성문헌법의 제·개정에 참여할 뿐만 아니라 헌법전에 포함되지 아니한 헌법사항을 필요에 따라 관습의 형태로 직접 형성할 수 있다. 그렇다면 **관습헌법도** 성문헌법과 마찬가지로 주권자인 **국민의 헌법적 결단의 의사표현**이며 **성문헌법과 동등한 효력**을 가진다고 보아야 한다. 06. 입시, 13. 서울시 국민주권주의는 성문이든 관습이든 실정법 전체의 정립에 국민의 참여를 요구한다고 할 것이며, 국민에 의하여 정립된 관습헌법은 입법권자를 구속하며 헌법으로서의 효력을 가진다.

[3] 관습헌법 성립요건으로서의 기본적 헌법사항

관습헌법이 성립하기 위하여서는 관습이 성립하는 사항이 단지 법률로 정할 사항이 아니라 반드시 헌법에 의하여 규율되어 법률에 대하여 효력상 우위를 가져야 할 만큼 헌법적으로 중요한 기본적 사항이 되어야 한다. 일반적으로 실질적인 헌법사항이라고 함은 널리 국가의 조직에 관한 사항이나 국가기관의 권한구성에 관한 사항 혹은 개인의 국가권력에 대한 지위를 포함하여 말하는 것이지만, **관습헌법**은 이와 같은 일반적인 헌법사항에 해당하는 내용 중에서도 **특히 국가의 기본적이고 핵심적인 사항**으로서 **법률에 의하여 규율하는 것이 적합하지 아니한 사항을 대상**으로 한다. 05. 법무사 일반적인 헌법사항 중 과연 어디까지가 이러한 기본적이고 핵심적인 헌법사항에 해당하는지 여부는 일반 추상적인 기준을 설정하여 재단할 수는 없고, 개별적 문제사항에서 헌법적 원칙성과 중요성 및 헌법원리를 통하여 평가하는 구체적 판단에 의하여 확정하여야 한다.

[4] 관습헌법의 일반적 성립요건 05. 법무사

관습헌법이 성립하기 위하여서는 관습법의 성립에서 요구되는 일반적 성립요건이 충족되어야 한다. 첫째, **기본적 헌법사항에 관하여 어떠한 관행 내지 관례가 존재**하고 둘째, 그 관행은 국민이 그 존재를 인식하고 사라지지 않을 관행이라고 인정할 만큼 충분한 기간 동안 반복 내지 계속되어야 하며(**반복·계속성**) 셋째, 관행은 지속성을 가져야 하는 것으로서 그 중간에 반대되는 관행이 이루어져서는 아니 되고(**항상성**) 넷째, 관행은 여러 가지 해석이 가능할 정도로 모호한 것이 아닌 명확한 내용을 가진 것이어야 한다(**명료성**). 또한 다섯째, 이러한 관행이 헌법관습으로서 국민들의 승인 내지 확신 또는 폭넓은 컨센서스를 얻어 국민이 강제력을 가진다고 믿고 있어야 한다(**국민적 합의**).

▶ 국민투표는 성립요건이 아니다.

헌법기관의 소재지, 특히 국가를 대표하는 대통령과 민주주의적 통치원리에 핵심적 역할을 하는 의회의 소재지를 정하는 문제는 국가의 정체성(正體性)을 표현하는 **실질적 헌법사항**의 하나이다. 여기서 국가의 정체성이란 국가의 정서적 통일의 원천으로서 그 국민의 역사와 경험, 문화와 정치 및 경제, 그 권력구조나 정신적 상징 등이 종합적으로 표출됨으로써 형성되는 국가적 특성이라 할 수 있다. 수도를 설정하는 것 이외에도 국명(國名)을 정하는 것, 우리말을 국어(國語)로 하고 우리글을 한글로 하는 것, 영토를 획정하고 국가주권의 소재를 밝히는 것 등이 국가의 정체성에 관한 기본적 헌법사항이 된다고 할 것이다. 수도를 설정하거나 이전하는 것은 국회와 대통령 등 최고 헌법기관들의 위치를 설정하여 국가조직의 근간을 장소적으로 배치하는 것으로서, 국가생활에 관한 국민의 근본적 결단임과 동시에 국가를 구성하는 기반이 되는 핵심적 헌법사항에 속하는 것이다.

기출 OX

03 관습헌법도 성문헌법과 마찬가지로 주권자인 국민의 헌법적 결단의 의사표현이나, 성문헌법과 동등한 효력을 가진다고 볼 수는 없고, 보충적으로 효력을 가진다고 보아야 한다.
22. 경찰승진 ( )

04 관습헌법이 성립하기 위해서는 기본적 헌법사항에 관한 관행 내지 관례가 존재하고, 그 관행의 반복성·계속성이 있어야 하며, 그 관행이 항상성과 명료성을 가진 것이어야 하며, 그 관행에 대한 국민적 합의가 있어야 한다. 18. 경찰경채 ( )

05 국가를 대표하는 대통령과 민주주의적 통치원리에 핵심적 역할을 하는 의회의 소재지 및 대법원의 소재지를 정하는 수도 문제는 국가의 정체성을 표현하는 형식적 헌법사항이다.
18. 경찰경채 ( )

✎ **관습헌법의 성립요건**
- 기본적인 헌법사항에 관한 관행 존재
- 그 관행의 반복·계속성
- 관행의 항상성
- 명료성
- 국민적 합의

정답 03 ✕   04 ○   05 ✕

한눈에 쏙!

대한민국의 수도가 서울이라는 점은 관습헌법
▼
관습헌법은 성문헌법과 동일한 효력
▼
관습헌법 폐지는 성문헌법 개폐절차 필요
▼
성문헌법 개정은 국민투표 필요
▼
국민투표절차를 거치지 않음
▼
국민투표권 침해로 위헌

기출 OX

01 관습헌법은 헌법전에 그에 상반하는 법규범을 첨가함에 의해 폐지될 뿐만 아니라, 그것을 지탱하고 있는 국민적 합의성을 상실함에 의해 법적 효력을 상실할 수 있다. 18. 경찰경채
( )

02 관습헌법은 주권자인 국민에 의하여 유효한 헌법규범으로 인정되는 동안에만 존속하는 것이고, 관습법의 존속요건의 하나인 국민적 합의성이 소멸하면 관습헌법으로서의 법적 효력도 상실하게 되므로, 관습헌법의 요건들은 성립의 요건이 아니라 효력유지의 요건이다. 18. 경찰승진 ( )

03 국민은 성문헌법의 제·개정에는 직접 참여하지만, 헌법전에 포함되지 아니한 헌법사항을 필요에 따라 관습의 형태로 직접 형성할 수 없다.
22. 경찰간부 ( )

정답 **01** ○ **02** × **03** ×

---

[5] '우리나라의 수도가 서울인 점'이 관습헌법으로 인정될 수 있는지 여부: 적극

서울이 우리나라의 수도인 것은 조선시대 이래 600여 년간 우리나라의 국가생활에 관한 당연한 규범적 사실이 되어 왔으므로 우리나라의 국가생활에 있어서 전통적으로 형성되어 있는 계속적 관행이라고 평가할 수 있고(**계속성**), 이러한 관행은 변함없이 오랜 기간 실효적으로 지속되어 중간에 깨어진 일이 없으며(**항상성**), 서울이 수도라는 사실은 우리나라의 국민이라면 개인적 견해 차이를 보일 수 없는 명확한 내용을 가진 것이고(**명료성**), 나아가 이러한 관행은 오랜 세월간 굳어져 와서 국민들의 승인과 폭넓은 컨센서스를 이미 얻어(**국민적 합의**) 국민이 실효성과 강제력을 가진다고 믿고 있는 국가생활의 기본사항이라고 할 것이다. 따라서 서울이 수도라는 점은 우리의 제정헌법이 있기 전부터 전통적으로 존재하여온 헌법적 관습이며 우리 헌법조항에서 명문으로 밝힌 것은 아니지만 자명하고 헌법에 전제된 규범으로서 관습헌법으로 성립된 불문헌법에 해당한다.

[6] 관습헌법의 폐지와 사멸

어느 법규범이 관습헌법으로 인정된다면 개정가능성을 가지게 된다. **관습헌법도 헌법의 일부로서 성문헌법의 경우와 동일한 효력**을 가지기 때문에 그 법규범은 최소한 **헌법 제130조에 의거한 헌법개정의 방법에 의하여만 개정**될 수 있다. 18. 서울시 따라서 재적의원 3분의 2 이상의 찬성에 의한 국회의 의결을 얻은 다음(헌법 제130조 제1항) 국민투표에 부쳐 국회의원선거권자 과반수의 투표와 투표자 과반수의 찬성을 얻어야 한다(헌법 제130조 제3항). 다만, 이 경우 관습헌법규범은 헌법전에 그에 상반하는 법규범을 첨가함에 의하여 폐지하게 되는 점에서 헌법전으로부터 관계되는 헌법조항을 삭제함으로써 폐지되는 성문헌법규범과는 구분된다. 한편 이러한 **형식적인 헌법개정 외에도, 관습헌법은** 그것을 지탱하고 있는 **국민적 합의성을 상실함에 의하여 법적 효력을 상실할 수 있다.** 05. 법무사, 10. 사시·지방직 관습헌법은 주권자인 국민에 의하여 유효한 헌법규범으로 인정되는 동안에만 존속하는 것이며, 관습법의 존속요건의 하나인 국민적 합의성이 소멸되면 관습헌법으로서의 법적 효력도 상실하게 된다. **관습헌법의 요건들은 그 성립의 요건일 뿐만 아니라 효력유지의 요건이다.** 06. 입시

[7] 관습헌법을 법률의 형식으로 의식적으로 개정할 수 있는지 여부: 소극

우리나라와 같은 **성문의 경성헌법체제에서** 인정되는 **관습헌법사항은** 하위규범 형식인 **법률에 의하여 개정될 수 없다.** 영국과 같이 불문의 연성헌법체제에서는 법률에 대하여 우위를 가지는 헌법전이라는 규범형식이 존재하지 아니하므로 헌법사항의 개정은 일반적으로 법률개정의 방법에 의할 수밖에 없을 것이다. 그러나 우리 헌법의 경우 헌법 제10장 제128조 내지 제130조는 일반 법률의 개정절차와는 다른 엄격한 헌법개정절차를 정하고 있으며, 동 헌법개정절차의 대상을 단지 '헌법'이라고만 하고 있다. 따라서 관습헌법도 헌법에 해당하는 이상 여기서 말하는 헌법개정의 대상인 헌법에 포함된다고 보아야 한다.

[8] '우리나라의 수도가 서울인 점'에 대한 관습헌법을 폐지하기 위해서는 헌법개정이 필요한지 여부: 적극

우리나라의 수도가 서울이라는 점에 대한 **관습헌법을 폐지하기 위해서는 헌법이 정한 절차에 따른 헌법개정**이 이루어져야 한다. 이 경우 성문의 조항과 다른 것은 성문의 수도조항이 존재한다면 이를 삭제하는 내용의 개정이 필요하겠지만 관습헌법은 이에 반하는 내용의 **새로운 수도 설정조항을 헌법에 넣는 것만으로 그 폐지가 이루어지는 점**에 있다. 다만, 헌법규범으로 정립된 관습이라고 하더라도 세월의 흐름과 헌법적 상황의 변화에 따라 이에 대한 침범이 발생하고

나아가 그 위반이 일반화되어 그 법적 효력에 대한 국민적 합의가 상실되기에 이른 경우에는 관습헌법은 자연히 사멸하게 된다. 이와 같은 사멸을 인정하기 위하여서는 국민에 대한 종합적 의사의 확인으로서 국민투표 등 모두가 신뢰할 수 있는 방법이 고려될 여지도 있을 것이다. 그러나 이 사건의 경우에 이러한 사멸의 사정은 확인되지 않는다. 따라서 우리나라의 **수도가 서울인 것은 우리 헌법상 관습헌법으로 정립된 사항**이며 여기에는 아무런 사정의 변화도 없다고 할 것이므로 이를 **폐지하기 위해서는 반드시 헌법개정의 절차에 의하여야 한다.**
10. 지방직

[9] 이 사건 법률이 헌법 제130조에 따라 헌법개정절차에 있어 국민이 가지는 국민투표권을 침해하여 위헌인지 여부: **적극**

서울이 우리나라의 수도인 점은 불문의 관습헌법이므로 헌법개정절차에 의하여 새로운 수도 설정의 헌법조항을 신설함으로써 실효되지 아니하는 한 헌법으로서의 효력을 가진다. 따라서 헌법개정의 절차를 거치지 아니한 채 수도를 충청권의 일부지역으로 이전하는 것을 내용으로 한 이 사건 법률을 제정하는 것은 헌법개정사항을 헌법보다 하위의 일반 법률에 의하여 개정하는 것이 된다. 한편 헌법 제130조에 의하면 헌법의 개정은 반드시 국민투표를 거쳐야만 하므로 국민은 헌법개정에 관하여 찬반투표를 통하여 그 의견을 표명할 권리를 가진다. 그런데 **이 사건 법률은 헌법개정사항인 수도의 이전을 헌법개정의 절차를 밟지 아니하고 단지 단순법률의 형태로 실현시킨 것으로서 결국 헌법 제130조에 따라 헌법개정에 있어서 국민이 가지는 참정권적 기본권인 국민투표권의 행사를 배제한 것이므로 동 권리를 침해하여 헌법에 위반된다.**

[10] 국민이 성문헌법의 제·개정에 참여할 뿐만 아니라 헌법전에 포함되지 아니한 헌법사항을 필요에 따라 관습의 형태로 직접 형성할 수 있는지 여부: **적극**

헌법 제1조 제2항은 "대한민국의 주권은 국민에게 있고, 모든 권력은 국민으로부터 나온다."고 규정한다. 이와 같이 국민이 대한민국의 주권자이며, 국민은 최고의 헌법제정권력이기 때문에 성문헌법의 제·개정에 참여할 뿐만 아니라 헌법전에 포함되지 아니한 헌법사항을 필요에 따라 관습의 형태로 직접 형성할 수 있다(헌재 2004.10.21, 2004헌마554).

2 신행정수도 후속대책을 위한 연기·공주지역 행정중심복합도시 건설을 위한 특별법사건 [각하] 12. 사시

[1] 신행정수도 후속대책을 위하여 신행정수도 후속대책을 위한 연기·공주지역 행정중심복합도시 건설을 위한 특별법에 의하여 연기·공주지역에 건설되는 행정중심복합도시가 수도로서의 지위를 획득하는지 여부: **소극**

행정중심복합도시로 이전하는 기관은 국무총리를 비롯한 총 49개 기관이며 이들을 수평적인 권한 배분 면에서 보면 이전기관들의 직무범위가 대부분 경제·복지·문화분야에 한정되어 있고 경제의 주요부문인 금융정책을 결정하는 기관들은 제외되어 있다. 수직적인 면에서 보아도 여전히 정부의 주요정책은 국무회의의 심의를 거쳐 대통령이 최종적으로 결정하며, 국무총리는 헌법상 대통령의 보좌기관으로서 그 명을 받아 행정각부를 통할하고 각부의 장은 정해진 정책을 구체적으로 실현할 뿐이다. 특히 정보통신기술이 발달한 현대사회에서는 서로 장소적으로 떨어진 곳에 위치하더라도 대통령과 행정각부간의 원활한 의사소통 수단이 확보되기만 하면 대통령이 의사결정을 통한 통제력을 확보하는 것은 어렵지 않다. 이와 같이 **이 사건 법률에 의하여 건설되는 행정중심복합도시는 수도로서의 지위를 획득하는 것으로 평가할 수는 없고, 이 사건 법률에 의하여**

기출 OX

04 헌법의 개정은 반드시 국민투표를 거쳐야 하므로 국민은 헌법개정에 관하여 찬반투표로 그 의견을 표명할 권리를 가지는데, 헌법개정사항인 수도의 이전을 헌법개정의 절차를 밟지 아니하고 단지 단순법률의 형태로 실현시킨 것은 헌법 제130조에 따라 헌법개정에 있어서 국민이 가지는 참정권적 기본권인 국민투표권을 침해한다.
17. 경찰승진 ( )

✎ 신행정수도의 건설을 위한 특별조치법
 • '헌법 제130조'의 국민투표권 침해 ○
 • '헌법 제72조'의 국민투표권 침해 ×

05 신행정수도 후속대책을 위한 연기·공주지역 행정중심복합도시 건설을 위한 특별법이 수도를 분할하는 국가정책을 집행하는 내용을 가지고 있고 대통령이 이를 추진하고 집행하기 이전에 그에 관한 국민투표를 실시하지 아니하였다면 국민투표권이 행사될 수 있는 계기인 대통령의 중요정책 국민투표 부의가 행해지지 않았다고 하더라도 청구인들의 국민투표권이 행사될 수 있을 정도로 구체화되었다고 할 수 있으므로 그 침해의 가능성이 인정된다. 17. 경찰승진 ( )

정답 04 ○ 05 ×

수도가 행정중심복합도시로 이전한다거나 수도가 서울과 행정중심복합도시로 분할되는 것으로 볼 수 없다.

[2] 행정중심복합도시의 건설로 서울의 수도로서의 지위가 해체되는지 여부: 소극

이 사건 법률에 의하면 행정중심복합도시가 건설된다고 하더라도 국회와 대통령은 여전히 서울에 소재한다. 따라서 서울은 여전히 정치·행정의 중추기능을 수행하는 곳이라 할 수 있다. 또한 대외관계의 형성과 발전은 서울에서 이루어지고 여전히 서울은 국내 제1의 거대도시로서 경제·문화의 중심지의 지위를 유지할 것이며 대법원과 헌법재판소 등 사법기능의 핵심 역시 이곳에서 이루어진다. 따라서 서울은 국가의 상징기능을 여전히 수행할 수 있다.

이와 같이 **서울은 이 사건 법률에 의한 행정중심복합도시의 건설에도 불구하고 계속하여 정치·행정의 중추기능과 국가의 상징기능을 수행하는 장소로 인정할 수 있으므로 이 사건 법률에 의하여 수도로서의 기능이 해체된다고 볼 수 없다.**

✐ 대통령과 국무총리의 소재지
• 하나의 도시에 같이 소재할 필요 ✕
• 관습헌법사항 ✕

[3] 행정중심복합도시의 건설로 권력구조 및 국무총리의 지위가 변경되는지 여부: 소극
19. 국가직

이 사건 법률은 행정중심복합도시의 건설과 중앙행정기관의 이전 및 그 절차를 규정한 것으로서 이로 인하여 대통령을 중심으로 국무총리와 국무위원 그리고 각부 장관 등으로 구성되는 행정부의 기본적인 구조에 어떠한 변화가 발생하지 않는다. 또한 국무총리의 권한과 위상은 기본적으로 지리적인 소재지와는 직접적으로 관련이 있다고 할 수 없다. 나아가 청구인들은 **대통령과 국무총리가 서울이라는 하나의 도시에 소재하고 있어야 한다는 관습헌법의 존재를 주장하나, 이러한 관습헌법의 존재를 인정할 수 없다.**

[4] 행정중심복합도시의 건설이 헌법 제72조의 국민투표권을 침해할 가능성이 있는지 여부: 소극 17. 경찰승진, 19. 지방직

헌법 제72조는 국민투표에 부쳐질 중요정책인지 여부를 대통령이 재량에 의하여 결정하도록 명문으로 규정하고 있고 헌법재판소 역시 위 규정은 대통령에게 국민투표의 실시 여부, 시기, 구체적 부의사항, 설문내용 등을 결정할 수 있는 임의적인 국민투표발의권을 독점적으로 부여하였다고 하여 이를 확인하고 있다. 따라서 특정의 국가정책에 대하여 다수의 국민들이 국민투표를 원하고 있음에도 불구하고 대통령이 이러한 희망과는 달리 국민투표에 회부하지 아니한다고 하여도 이를 헌법에 위반된다고 할 수 없고 국민에게 특정의 국가정책에 관하여 국민투표에 회부할 것을 요구할 권리가 인정된다고 할 수도 없다(헌재 2005.11.24, 2005헌마579·763).

✅ SUMMARY | 신행정수도사건 판례 정리(헌재 2004.10.21, 2004헌마554 등)

구분	요지	결론
다수의견	헌법개정사항인 수도이전을 헌법개정의 절차를 밟지 아니하고 단지 단순법률의 형태로 실현시킨 것으로서, 결국 헌법 제130조에 따라 헌법개정에 있어서 국민이 가지는 참정권적 기본권인 국민투표권의 행사를 배제한 것이므로 동 권리를 침해하여 헌법에 위반된다.	위헌
별개의견	수도이전에 관한 의사결정은 헌법 제72조가 정한 '외교·국방·통일 기타 국가안위에 관한 중요정책'에 해당하여 국민투표의 대상이 된다. 대통령의 국민투표부의행위는 자유재량행위이지만, 수도이전에 관한 의사결정을 국민투표에 부치지 아니하는 것은 재량권을 일탈·남용한 것으로서 헌법 제72조에 위반된다.	위헌

반대의견	헌법의 개정은 형식적 의미의 헌법, 즉 성문헌법과 관련된 개념이므로 관습헌법의 변경은 헌법의 개정에 속하지 않으며, 헌법이 마련한 대의민주주의절차인 법률의 제정·개정을 통하여 다루어질 수 있다. 이러한 이유에서 이 사건 법률이 헌법 제130조 제2항의 국민투표권을 침해할 가능성은 없다.	각하

2. 제정주체에 의한 분류(흠정·민정·협약·국약헌법)

군주가 주체인 경우를 흠정헌법, 06.사시 국민 또는 국민의 대표인 제헌의회가 주체인 헌법을 민정헌법(오늘날 대부분의 헌법), 군주와 국민대표의 합의에 의하여 제정되는 헌법을 협약헌법, 국가간의 합의에 의하여 제정되는 헌법을 국약헌법이라 한다.

3. 개정방법에 의한 분류(연성헌법과 경성헌법) 07.국가직

구분	연성헌법	경성헌법
의의	일반 법률과 동일한 절차와 방법으로 개정할 수 있는 헌법	법률보다 까다로운 절차와 방법으로 개정할 수 있는 헌법
장점	현실변화에 신축적이고 탄력적으로 대응 가능	헌법개정에 의한 헌법침해를 방지하여 헌법의 최고규범성 강화
단점	헌법의 최고규범성 약화, 정략적 악용 가능성	지나친 경성화로 인하여 헌법개정을 사실상 불가능하게 하여 헌법 불만세력에 의한 헌법전 자체의 폐지가능성이 존재함
예시	영국 헌법, 뉴질랜드 헌법, 사르디니아왕국 헌법 등	대부분의 성문헌법

기출 OX

01 헌법개정 절차의 난이에 따라 경성헌법과 연성헌법으로 나눌 수 있으며, 경성헌법은 개정 절차에서 국민투표를 필수적으로 요구한다. 15.지방직
( )

✎ 강한 경성헌법은 국민투표를 요구하지만, 모든 경성헌법에 국민투표가 요구되는 것은 아니다.

03 헌법의 특성

1. 사실적 특성

(1) 정치성

헌법은 정치투쟁과 타협의 산물로서 그 제정과 개정이 정치세력에 의하여 좌우되므로 숙명적으로 정치적일 수밖에 없다. 03.법무사 이러한 헌법의 정치성은 국가적 공동체가 정치적으로 안정되고 있는 경우에도 상실되지 않는다.

(2) 이념성

헌법은 동시대의 이데올로기를 반영한 것으로서 일정한 이념과 가치질서를 구현하려 한다는 데 특징이 있다. 각 헌법은 핵심적 내용으로서의 특정한 이념 또는 가치질서를 내포하고 있다.

(3) 역사성

헌법이 내용으로 하는 이념 내지 가치질서는 선험적이거나 보편적인 것이 아니라 그때그때의 역사적 조건과 지배상황에 의하여 제약을 받는 역사적 이념이고 가치이다.

정답 01 ×

2. 규범적 특성

(1) 최고규범성

① '헌법의 최고규범성'이란 헌법이 한 나라의 법질서 중에서 최고의 효력을 가진 규범이라는 것을 의미한다. 이는 헌법이 국민적 합의를 내용으로 하고 주권자인 국민에 의하여 제정되었다는 데에서 유래하는 것으로 명문규정의 유무와는 무관하다. 미국·일본·독일은 헌법이 최고법임을 명시하고 있다. 05. 입시

② 우리 헌법은 헌법의 최고규범성에 대하여 명시하고 있지는 않지만, 헌법개정절차의 복잡성(헌법 제10장, 경성헌법), 위헌법률심사제(헌법 제107조 제1항, 제111조 제1항), 명령·규칙의 위헌심사제(헌법 제107조 제2항), 대통령의 헌법존중과 헌법준수의 선서(헌법 제69조) 등을 통하여 헌법이 최고규범임을 간접적으로 인정하고 있다. 06. 입시

③ 헌법은 성문형태이든 관습형태이든 국가 최고규범이며, 다만 내용과 규정형식 모두에 최고성이 인정되는 성문헌법과는 달리 관습헌법은 내용 면에서만 최고성을 가진다(관습헌법은 실질적 최고성만 지닐 뿐 형식적 최고성은 없음). 헌법은 최고법규이므로 법률, 명령, 규칙 등 모든 하위법규범의 입법기준 및 한계가 되고 해석기준이 된다.

(2) 기본권보장규범성

현대 민주국가의 헌법은 기본권의 보장을 그 이념으로 하기 때문에 예외 없이 기본권보장에 관한 규정을 두고 있다. 우리 헌법도 헌법 제10조에서 이를 선언하고 있다.

(3) 조직·수권규범성

모든 국가기구는 헌법에 의하여 조직되며(조직규범성), 모든 국가작용은 헌법으로부터 위임이 있는 경우에만 발동될 수 있다(수권규범성).

(4) 권력제한규범성

① 수권이라는 것은 수임기관의 권한과 활동을 법적으로 한정한다는 의미를 가지므로 헌법이 수권규범이라는 것은 동시에 권력제한규범으로서의 성격을 뜻하게 된다. 또한 헌법은 조직규범으로서 국가기관을 분립시키고 상호 견제하게 하는바, 권력제한규범의 성격을 가지게 된다. 03. 법무사

② 현대 민주주의사회의 헌법은 국가권력의 자의적 행사와 남용을 방지하기 위하여 국가권력의 분립과 공권력 행사의 요건을 엄격하게 규정하고 있다.

(5) 자기보장규범성

① 헌법은 하위규범과는 달리 그 실효성을 확보하거나 그 내용을 직접 강제할 수 있는 기관이나 수단을 가지고 있지 않다. 물론 헌법재판기관이 있으나, 헌법재판기관은 어떤 법률이나 특정 기관의 행위가 헌법에 위반된다는 판단만을 할 수 있을 뿐 그 결정을 강제집행할 수 있는 권한이나 수단은 가지고 있지 않다. 03. 법무사

② 따라서 헌법은 국가권력 상호간의 통제와 권력적 균형이라는 메커니즘을 통하여 그 실효성을 유지한다는 점에서 그 밖의 법규범과는 다른 자기보장규범으로서의 특성을 가지고 있다.

기출 OX

01 헌법의 최고규범성과 경성(硬性) 헌법성은 서로 밀접히 관련되어 있다. 07. 국가직 ( )

정답 01 ○

3. 구조적 특성

헌법은 구조적으로 규범구조의 미완성성과 규범내용의 유동성·추상성·개방성을 가지는 특성이 있다. 이러한 특성으로 인하여 헌법은 다른 법령들에 비해 해석을 통한 보완의 필요성과 하위법령을 통한 구체적 형성의 요청이 비교적 크다고 할 수 있다. 이러한 구조적 특성을 따로 인정하지 않고 정치규범성의 내용으로 설명하는 견해도 있다.

(1) 미완성성
헌법에 외교·국제관계 등 미래의 동인(動因)에 의하여 결정될 가능성이 큰 정치상황을 모두 포함시킬 수 없다는 점에서 미완성적이다.

(2) 유동성
헌법규범의 경성성은 정치현실에 대처하기 어려우므로 유동성을 통하여 정치상황에 대응하여야 한다.

(3) 추상성
헌법은 미래의 정치상황을 예측하여 만들어진다는 점에서 추상적 개념의 사용이 불가피하다.

(4) 개방성
헌법은 최소한의 기본적인 사항만 규정하고 나머지는 정치적인 동화·통합과정에 맡겨 둘 수밖에 없다. 다만, 헌법상의 기본원리, 개방될 문제들을 결정할 절차 등은 개방된 채로 두어서는 아니 된다. 10. 사시

04 헌법의 기능

1. 국가창설적 기능
헌법이 비조직적인 사회를 정치적인 통일체로 구성하고 조직하는 기능을 말한다. 국가창설적 기능은 형식적 의미의 헌법은 물론 실질적 의미의 헌법(예 국회법, 정부조직법, 법원조직법, 불문헌법 등)도 그 기능을 수행한다. 07. 국가직

2. 정치생활주도적 기능
헌법은 정치생활을 규범적으로 주도하고 통제하는 기능을 수행한다.

3. 사회통합기능
헌법은 사회공동체의 공통 가치인 기본권을 보장함으로써 사회를 통합시키는 기능을 수행한다.

4. 권력수권 및 권력제한기능
헌법은 국가기관 등을 조직하고 그 기관에 일정한 권한을 부여하며 권력을 통제하는 기능을 수행한다.

기출 OX

02 국가구성 내지 창설적 기능은 형식적 의미의 헌법만을 전제로 한 기능이다. 07. 국가직 ( )

국가구성 내지 창설적 기능
- 형식적 의미의 헌법만의 기능 ×
- 형식적·실질적 의미의 헌법의 기능 ○

정답 02 ×

제2절 합헌적 법률해석

01 의의

1. 개념

(1) 합헌적 법률해석은 외형상 위헌인 것처럼 보이는 법률 또는 법률조항일지라도 헌법의 정신에 맞도록 해석될 여지가 조금이라도 있으면 이를 위헌으로 판단할 것이 아니라 합헌으로 판단하여야 한다는 법률해석기법을 말한다. 05.법행 이와 같은 합헌적 법률해석은 해석의 대상이 법률이므로 헌법 자체를 대상으로 하는 헌법해석과는 구별되어야 한다.

(2) 합헌적 법률해석은 헌법을 최고법규로 하는 통일적인 법질서의 형성을 위해서나 입법부가 제정한 법률을 위헌이라고 하여 전면 폐기하기보다는 그 효력을 되도록 유지하는 것이 **권력분립의 정신**에 합치하고 민주주의적 **입법기능을 최대한 존중**하는 것이 되며, 일부 위헌요소 때문에 전면위헌을 선언하는 데서 초래될 충격을 방지하고 **법적 안정성**을 갖추기 위하여서도 필요하다 할 것이다(헌재 1990.6.25, 90헌가11). 합헌적 법률해석은 입법부가 합헌이라는 판단하에 제정한 법률을 다른 국가기관이 최대한 존중하자는 해석이므로 사법소극주의의 전형적인 표현이다. 05·08.법행, 06.사시 합헌적 법률해석은 주로 경제적·사회적 자유의 규제입법에 적용된다. 08.국가직

2. 구별개념

(1) 헌법해석

헌법해석은 헌법규정 자체를 대상으로 하고 합헌적 법률해석은 법률을 대상으로 한다는 점에서 구별된다. 헌법의 해석은 헌법이 담고 추구하는 이상과 이념에 따른 역사적, 사회적 요구를 올바르게 수용하여 헌법적 방향을 제시하는 헌법의 창조적 기능을 수행하여 국민적 욕구와 의식에 알맞는 실질적 국민주권의 실현을 보장하는 것이어야 한다.

(2) 일반적 법률해석과의 관계

합헌적 법률해석은 일반적 법률해석방법 중에서 체계적인 해석방법의 일종이므로 양자는 같은 법률해석이라고 보는 견해가 다수설이다.

3. 규범통제와의 구별

합헌적 법률해석은 주로 규범통제*의 과정에서 문제가 되나, 규범통제와 무관하게 행해지기도 한다. 즉, 규범통제권한이 없는 국가기관도 합헌적 법률해석은 할 수 있다. 10.법무사 또한 합헌적 법률해석은 규범통제를 약화시키는 기능을 한다. 08.국가직 합헌적 법률해석이 지나치게 강조되면 규범통제가 약화되어 위헌의 소지가 있는 법률이 계속 적용되기 때문에 인권보호에는 소홀한 결과가 초래될 수 있다.

기출 OX

01 합헌적 법률해석이란 법률이 외형상 위헌적으로 보일 경우라도 그것이 헌법의 정신에 맞도록 해석될 여지가 조금이라도 있는 한 이를 쉽사리 위헌이라고 판단해서는 안 된다는 헌법의 해석 지침을 말한다. 17.경찰승진 ( )

✎ • 합헌적 법률해석은 헌법해석의 일종이다. (×)
• 합헌적 법률해석은 법률해석의 일종이다. (○)

* **규범통제:** 법규범은 위계질서가 있기 때문에 상위규범에 위반되는 하위규범의 효력을 상실시키는 것이 필요한데 이를 규범통제라고 한다. 위헌법률심판이 대표적인 규범통제이다.

02 합헌적 법률해석은 규범통제의 과정에서만 문제되며, 규범통제를 확립하는 기능을 한다. 17.경찰승진 ( )

03 합헌적 법률해석은 인권보장상 폐해를 가져오는 경우도 있다. 17.경찰승진 ( )

정답 01 × 02 × 03 ○

구분	합헌적 법률해석	규범통제
이론적 근거	헌법의 최고규범성	헌법의 최고규범성
헌법의 기능	법률이 헌법과 조화되도록 하여야 한다는 해석규칙(해석기준) 11. 경찰승진	헌법에 위반되는 법률은 무효가 된다는 저촉규칙(심사기준)
명시적 근거 필요성	헌법의 최고법 성격으로부터 당연히 허용 02. 법행	별도의 명시적 법적 근거 필요
목표	법률의 효력유지	헌법의 효력유지

02 연혁과 판례의 입장

1. 연혁

합헌적 법률해석은 미연방대법원의 판례(Ogden v. Saunder사건)를 통하여 확립된 것으로, 독일연방헌법재판소가 이 원칙을 수용하여 발전시켰다고 본다. 05. 법행, 08. 국가직

2. 판례의 입장

(1) 헌법재판소

일반적으로 어떤 법률에 대한 여러 갈래의 해석이 가능할 때에는 원칙적으로 헌법에 합치되는 해석, 즉 합헌해석을 하여야 한다(헌재 1989.7.14, 88헌가5).

(2) 대법원

어떤 법률이 한 가지 해석방법에 의하면 헌법에 위배되는 것처럼 보이더라도 다른 해석방법에 의하면 헌법에 합치되는 것으로 볼 수 있을 때에는 헌법에 합치되는 해석방법을 택하여야 할 것이다(대판 1992.5.8, 91부8).

03 유형

합헌적 법률해석은 법률규정이 위헌적으로도 해석될 수 있는 부분과 합헌적으로도 해석될 수 있는 부분이 공존하는 경우에 위헌적 해석을 배제하고 헌법에 합치되도록 해당 법률조항을 해석하여야 한다는 해석지침을 말한다. 따라서 단순위헌결정은 합헌적 법률해석의 전형적인 표현방법이라고 할 수 없다. 또한 변형결정의 일종인 '헌법불합치'결정은 위헌결정일 뿐 합헌적 법률해석은 아니라고 본다.

1. 한정위헌

한정위헌결정은 법률이 다의적으로 해석이 가능한 경우, 법률에 있어 위헌적인 법적용 영역과 그에 상응하는 해석가능성을 적극적으로 배제하는 결정을 뜻한다.

기출 OX

04 합헌적 법률해석은 독일연방헌법재판소 판례를 통하여 처음 행해졌다. 17. 경찰승진 ( )

05 헌법재판소의 법률에 대한 위헌결정에는 단순위헌결정은 물론 한정합헌·한정위헌결정과 헌법불합치결정도 포함되고 이들은 모두 당연히 기속력을 가진다. 08. 지방직 ( )

• 헌법불합치결정은 합헌적 법률해석의 일종이다. (×)
• 헌법불합치결정은 위헌결정일 뿐 합헌적 법률해석은 아니다. (○)
• 위헌결정 ⊃ 단순위헌, 합헌적 법률해석(한정합헌, 한정위헌), 헌법불합치

정답 04 × 05 ○

기출 OX

01 헌법재판소의 헌법해석은 헌법이 내포하고 있는 특정한 가치를 탐색·확인하고 이를 규범적으로 관철하는 작업인 점에 비추어, 헌법재판소가 행하는 구체적 규범통제의 심사기준은 원칙적으로 법률제정 당시에 규범적 효력을 가지는 헌법이다. 22. 경찰간부
( )

📚 판례 |

1 민법 제764조 '명예회복에 적당한 처분'에 사죄광고를 포함시키는 것이 위헌인지 여부: 적극 [한정위헌]

> **민법**
> **제764조【명예훼손의 경우의 특칙】** 타인의 명예를 훼손한 자에 대하여는 법원은 피해자의 청구에 의하여 손해배상에 갈음하거나 손해배상과 함께 명예회복에 적당한 처분을 명할 수 있다.

민법 제764조는 "타인의 명예를 훼손한 자에 대하여는 법원은 피해자의 청구에 의하여 손해배상에 갈음하거나 손해배상과 함께 명예회복에 적당한 처분을 명할 수 있다."라고 규정하고 있는바, 민법 제764조의 '명예회복에 적당한 처분'에 사죄광고를 포함시키는 것은 헌법에 위반된다(헌재 1991.4.1, 89헌마160).

2 헌법재판소가 위헌으로 결정한 법률을 적용함으로써 국민의 기본권을 침해한 재판이 헌법소원의 대상이 되는지 여부: 적극 [한정위헌]

> **헌법재판소법**
> **제68조【청구사유】** ① 공권력의 행사 또는 불행사로 인하여 헌법상 보장된 기본권을 침해받은 자는 법원의 재판을 제외하고는 헌법재판소에 헌법소원심판을 청구할 수 있다. 다만, 다른 법률에 구제절차가 있는 경우에는 그 절차를 모두 거친 후에 청구할 수 있다.

헌법재판소법 제68조 제1항이 원칙적으로 헌법에 위반되지 아니한다고 하더라도, 법원이 헌법재판소가 위헌으로 결정하여 그 효력을 전부 또는 일부 상실하거나 위헌으로 확인된 법률을 적용함으로써 국민의 기본권을 침해한 경우에도 법원의 재판에 대한 헌법소원이 허용되지 않는 것으로 해석한다면, 위 법률조항은 그러한 한도 내에서 헌법에 위반된다(헌재 1997.12.24, 96헌마172·173).

2. 한정합헌

한정합헌결정은 해석에 따라 위헌이 되는 부분을 포함하고 있는 법률에 있어 헌법정신에 합치되도록 그 법률을 한정·축소해석하여 위헌적인 요소를 소극적으로 배제하는 결정이다.

📚 판례 | 국가보안법 제7조의 찬양·고무행위는 그 내용이 국가의 존립·안전이나 자유민주적 기본질서에 명백한 위해를 줄 정도의 것이든 아니든 막론하고 금지되고, 이를 어기면 형사처벌하는 것이 위헌인지 여부: 적극 [한정합헌]

> **국가보안법**
> **제7조【찬양·고무 등】** ① 국가의 존립·안전이나 자유민주적 기본질서를 위태롭게 한다는 정을 알면서 반국가단체나 그 구성원 또는 그 지령을 받은 자의 활동을 찬양·고무·선전 또는 이에 동조하거나 국가변란을 선전·선동한 자는 7년 이하의 징역에 처한다.

정답 01 ×

반국가단체에 대한 찬양·고무죄는 소정의 행위가 국가의 존립·안전을 위태롭게 하거나 자유민주적 기본질서에 위해를 줄 명백한 위험이 있을 경우에만 축소적용되는 것으로 해석한다면 합헌이다. 국가보안법 제7조 제1항 및 제5항은 각 그 소정행위가 국가의 존립·안전을 위태롭게 하거나 자유민주적 기본질서에 위해를 줄 명백한 위험성이 있는 경우에 적용된다고 할 것이므로 이와 같은 해석하에서는 헌법에 위반되지 아니한다고 할 것이다(헌재 1990.4.2, 89헌가113).

04 이론적 근거

① 법질서 통일성의 유지, ② 권력분립과 민주적 입법기능의 존중, ③ 법적 안정성의 유지, ④ 법률의 합헌성 추정의 원칙, ⑤ 국가간의 신뢰보호 등을 그 이론적 근거로 한다. 06. 사시

어떤 법률의 개념이 다의적이고 그 어의의 테두리 안에서 여러 가지 해석이 가능할 때, 헌법을 최고법규로 하는 통일적인 법질서의 형성을 위하여 헌법에 합치되는 해석, 즉 합헌적인 해석을 택하여야 하며, 이에 의하여 위헌적인 결과(結果)가 될 해석은 배제하면서 합헌적이고 긍정적인 면은 살려야 한다는 것이 헌법의 일반법리이다(헌재 1990.4.2, 89헌가113).

05 한계

1. 문의적 한계 05. 법행

합헌적 법률해석은 해당 법조문이 가지고 있는 말의 뜻이 완전히 다른 의미로 변질되지 아니하도록 하는 범위 내에서만 가능하다. 헌법정신에 맞도록 법률의 내용을 해석·보충하거나 정정하는 '헌법합치적 법률해석' 역시 '유효한' 법률조항의 의미나 문구를 대상으로 하는 것이지, 이를 넘어 이미 실효된 법률조항을 대상으로 하여 헌법합치적인 법률해석을 할 수는 없는 것이어서, 유효하지 않은 법률조항을 유효한 것으로 해석하는 결과에 이르는 것은 '헌법합치적 법률해석'을 이유로도 정당화될 수 없다 할 것이다(헌재 2012.5.31, 2009헌바123).

2. 법목적적 한계 06. 사시, 08. 국가직, 12·13. 경찰승진

(1) 합헌적 법률해석으로 입법자가 의도한 법률의 입법목적과 전혀 다른 해석을 하여서는 아니 된다. 법률 또는 법률의 위 조항은 원칙적으로 가능한 범위 안에서 합헌적으로 해석함이 마땅하나 그 해석은 법의 문구와 목적에 따른 한계가 있다. 즉, 법률의 조항의 문구가 간직하고 있는 말의 뜻을 넘어서 말의 뜻이 완전히 다른 의미로 변질되지 아니하는 범위 내이어야 한다는 문의적 한계와 입법권자가 그 법률의 제정으로써 추구하고자 하는 입법자의 명백한 의지와 입법의 목적을 헛되게 하는 내용으로 해석할 수 없다는 **법목적에 따른 한계**가 바로 그것이다. 왜냐하면, 그러한 범위를 벗어난 합헌적 해석은 그것이 바로 실질적 의미에서의 입법작용을 뜻하게 되어 결과적으로 입법권자의 입법권을 침해하는 것이 되기 때문이다(헌재 1989.7.14, 88헌가5 등).

기출 OX

02 어떤 법률의 개념이 다의적이고 그 어의의 테두리 안에서 여러 가지 해석이 가능할 때, 헌법을 최고법규로 하는 통일적인 법질서의 형성을 위하여 헌법에 합치되는 해석, 즉 합헌적인 해석을 택하여야 하며, 이에 의하여 위헌적인 결과가 될 해석은 배제하면서 합헌적이고 긍정적인 면은 살려야 한다는 것이 헌법의 일반법리이다. 18. 경찰승진 ( )

03 헌법정신에 맞도록 법률의 내용을 해석·보충하거나 정정하는 '헌법합치적 법률해석' 역시 '유효한' 법률조항의 의미나 문구를 대상으로 하는 것이지, 이를 넘어 이미 실효된 법률조항을 대상으로 하여 헌법합치적인 법률해석을 할 수는 없는 것이어서, 유효하지 않은 법률조항을 유효한 것으로 해석하는 결과에 이르는 것은 '헌법합치적 법률해석'을 이유로도 정당화될 수 없다. 18. 경찰승진 ( )

04 입법권자가 그 법률의 제정으로써 추구하고자 하는 입법자의 명백한 의지와 입법의 목적을 헛되게 하는 내용으로 법률조항을 해석할 수 없다는 '법목적에 따른 한계'는 사법적 헌법해석기관에 의한 최종적 헌법해석권을 형해화할 수 있으므로 인정될 수 없다. 20. 경찰승진 ( )

정답 02 O 03 O 04 ×

(2) 법률제정권자가 해당 법률의 제정에 의하여 추구하는 명백한 입법목적을 정면으로 무시한 합헌적 법률해석은 허용할 수 없다. 법목적적 한계를 벗어난 해석으로 전혀 새로운 목적이나 내용을 가지게 할 경우에는 규범통제보다 더 강력한 입법통제적 기능을 하게 되는 결과가 되기 때문이다. 차라리 무효선언을 할 경우에 입법권자는 새로운 입법형성의 기회를 가질 수 있지만, 이러한 합헌적 법률해석의 경우에는 헌법재판소 스스로가 적극적으로 입법자가 의도하지 않은 새로운 내용을 형성하는 결과를 초래하게 된다. 따라서 무효선언하는 규범통제보다 입법부의 법률제정권을 더 침해하는 결과를 가져온다.

3. 헌법수용적 한계 10. 사시

합헌적 법률해석은 헌법규범이 정상적으로 수용할 수 없을 정도로 헌법규범의 내용을 지나치게 확대해석하여서는 아니 된다.

제3절 헌법의 제정·개정 및 변천

01 헌법의 제정

1. 의의

'헌법의 제정'이란 실질적으로는 정치적 통일체의 종류와 형태에 관하여 헌법제정권자가 행하는 법창조행위를 의미하며, 형식적으로는 헌법사항을 성문헌법화시키는 것을 의미한다.

2. 헌법제정권력

'헌법제정권력'이란 헌법을 시원적으로 창조하는 힘을 의미한다. 그러나 헌법제정권력은 사실상의 힘만을 뜻하는 것은 아니며, 정치적 공동체에 있어서 국민적 합의를 규범체계화하는 정치적 권력인 동시에 헌법에 정당성을 부여하는 권위라고 하는 이중성을 지닌다. 헌법제정권력을 주권과 동일한 것으로 보는 것이 통설적 견해이다.

☑ SUMMARY | 헌법제정권력과 헌법개정권력의 비교 02. 국가직

구분	헌법제정권력	헌법개정권력
특징	창조적(형성적)·시원적 권력	제도화된·창조된(형성된) 권력
주체	국민	헌법에 의하여 제도화된 국가기관으로서의 국민
헌법과의 관계	헌법을 정당화하는 권력	헌법에 의하여 정당화된 권력
행사절차	헌법이 정한 절차 없음	헌법이 정한 절차에 따라 행사
실정법상 한계	실정법상 한계 없음	실정법상 한계가 있는 헌법도 있음

기출 OX

01 헌법제정권력은 창조된 권력이다.
05. 국가직 ( )

정답 01 ×

02 헌법의 개정

1. 의의
'헌법개정'이란 헌법전이 정하는 절차에 따라 헌법의 동일성을 유지하면서 의식적으로 헌법전의 내용을 수정·삭제·추가하는 것을 의미한다.

2. 기능
(1) 헌법의 성문·경성성과 변화하는 현실 사이에서 헌법의 규범력 유지(헌법의 현실적응성·실효성 유지)
(2) 정치세력들간의 갈등과 대립 해소(헌법의 파괴·폐지 방지)
(3) 헌법제정과정에 참여하지 못한 새로이 형성된 정치집단에게 헌법형성에 참여할 기회 제공(기회균등이라는 헌법정책적 이유)

3. 방법
(1) 일반법률의 개정절차보다 곤란한 절차로서 의회의 의결만으로 개정하는 방법(예 오스트레일리아, 독일, 우리나라의 건국헌법)
(2) 국회의 의결과 국민투표에 의하여 개정하는 방법(예 오스트리아, 일본, 프랑스 제5공화국, 우리나라의 현행헌법)
(3) 헌법의회를 소집하는 방법(예 스위스, 벨기에, 노르웨이)
(4) 의회의 의결을 거친 헌법개정안에 대하여 특별한 기관의 동의를 얻는 방법(예 국민의회의 동의를 얻은 대만 헌법)
(5) 일정수에 달하는 연방구성주의 동의를 요하는 방법(예 미국, 멕시코, 스위스)

4. 한계
(1) **학설**
  ① **한계부정설(법실증주의자)**: 헌법에 규정된 개정절차를 밟기만 하면 어떠한 조항이나 사항(내용)도 개정할 수 있으며, 심지어 명문으로 개정을 금지하고 있는 조항까지도 개정할 수 있다고 하여 헌법개정에는 이론상 한계가 없다는 견해이다.
  ② **한계긍정설(결단주의론자, 통합주의론자, 통설)**: 헌법에 규정된 개정절차에 따를지라도 특정한 조항이나 일정한 사항(내용)의 경우 자구수정은 별도로 하고 개정할 수 없다는 견해이다.

(2) **실정헌법상의 한계**
  ① **문제점**: 헌법 자체가 명문의 규정을 가지고 특정 조항이나 특정 사항의 개정을 금지하고 있는 경우, 이러한 명시적 개정금지조항의 개정이 가능한지가 문제된다[예 헌법개정의 한계 명문화(제2차 개정헌법*, 독일 Bonn 기본법, 프랑스 제5공화국 헌법)]. 개정금지조항을 직접 개정하는 것은 물론이고 이중의 절차에 의한 개정도 불가능하다고 본다(통설).

기출 OX
02 법실증주의자들은 헌법개정의 한계를 부정하는데, 그 이유의 하나로서 헌법전 내의 모든 규정은 서열이 동일하다고 보는 것을 들 수 있다.
10. 국가직 ( )

✎ 법실증주의자들은 헌법규정등가론(等價論)에 따라 성문헌법의 규정은 동일한 효력을 가진다고 보았다.

*제2차 개정헌법: 제1조(대한민국은 민주공화국이다), 제2조(대한민국의 주권은 국민에게 있고 모든 권력은 국민으로부터 나온다)와 제7조의2(주권의 제약 또는 영토의 변경에 관한 국민투표제의 규정은 개폐할 수 없다(제98조 제6항).

정답 02 ○

기출 OX

01 현행헌법과 마찬가지로 역대 헌법은 헌법개정의 한계를 인정하지 않았다.
10. 국가직 ( )

> ⊕ **PLUS** 제2차 개정헌법(1954년), 제3차 개정헌법(1960년 6월), 제4차 개정헌법(1960년 11월) 18. 국가직, 19. 지방직
>
> 제98조 ⑥ 제1조, 제2조와 제7조의2의 규정은 개폐할 수 없다.
> 제1조 대한민국은 민주공화국이다.
> 제2조 대한민국의 주권은 국민에게 있고 모든 권력은 국민으로부터 나온다.
> 제7조의2 대한민국의 주권의 제약 또는 영토의 변경을 가져올 국가안위에 관한 중대사항은 국회의 가결을 거친 후에 국민투표에 부하여 민의원의원선거권자 3분지 2 이상의 투표와 유효투표 3분지 2 이상의 찬성을 얻어야 한다.

② **개정의 한계를 무시한 개정행위의 효력**

  ㉠ **학설**: 한계를 무시한 헌법의 개정은 법적으로 무효이지만 실제 적용되는 경우의 상황이라면 헌법개정론의 영역을 벗어난 경우로서 헌법수호제도 내지 저항권행사의 문제로서 다루어져야 한다는 견해(권영성)와 헌법개정이 헌법핵*을 위반하여 개정된 경우에는 위헌적 헌법률로 헌법재판소의 심사대상이 된다고 하는 견해(김철수)가 대립한다.

* **헌법핵**: 헌법의 핵심조항(예 민주공화국, 주권조항 등)을 말한다.

☑ **SUMMARY | 국회의결 없이 국민투표만으로 대통령이 헌법을 개정한 경우 구제수단**

권한쟁의심판	국회의결 없이 국민투표만으로 대통령이 헌법을 개정한 것은 국회의 의결권을 침해하는 것이므로, 국회는 대통령의 국민투표부의행위에 대하여 헌법재판소에 권한쟁의심판을 청구할 수 있다. 또한 야당과의 토론·타협·절충 없이 날치기로 개헌안을 통과시킨 것은 야당국회의원들의 심의·표결권한을 침해하는 것이므로 이에 대해서도 헌법재판소에 권한쟁의심판을 청구할 수 있다.
탄핵심판	국회의 의결을 거치지 아니한 대통령의 국민투표부의행위는 위헌적인 행위이므로 헌법 제65조에 따라 국회는 탄핵소추를 의결할 수 있고 헌법재판소는 탄핵심판을 할 수 있다.
국민투표무효확인소송	국회에서의 적법한 의결은 국민투표실시의 전제조건으로서 국회의결이 위법하거나 국회의결이 아예 없는 경우에는 국민투표가 유효하게 성립되었다고 보기 어렵다. 그렇다면 일반 국민(국민투표의 효력에 관하여 이의가 있는 투표인)은 투표인 10만인 이상의 찬성을 얻어 **중앙선거관리위원회 위원장**을 피고로 하여 대법원에 국민투표무효확인소송을 제기할 수 있다 (국민투표법 제92조).
저항권행사	권한쟁의심판, 탄핵심판, 국민투표무효확인소송의 구제방법들이 실효적이지 못할 때 국민은 저항권을 행사할 수 있다.

  ㉡ **헌법재판소의 입장(소극)**

> ⚖ **판례 | 헌법규정이 위헌법률심판대상이 되는지 여부: 소극 [각하]** 07. 사시, 11. 법원직, 12. 변호사
>
> [1] 헌법 제111조 제1항 제1호 및 헌법재판소법 제41조 제1항은 위헌법률심판의 대상에 관하여 헌법 제111조 제1항 제5호 및 헌법재판소법 제68조 제2항, 제41조 제1항은 헌법소원심판의 대상에 관하여 그것이 법률임을 명문으로 규정하고 있으며, 여기서 **위헌심사의 대상이 되는 법률이 국회의 의결을 거친 이른바 형식적 의미의**

정답 01 ×

법률을 의미하는 것에는 아무런 의문이 있을 수 없다. 따라서 형식적 의미의 법률과 동일한 효력을 가지는 조약 등은 포함된다고 볼 것이지만 헌법의 개별 규정 자체는 그 대상이 아님이 명백하다.

[2] 우리 헌법의 각 개별 규정 가운데 무엇이 헌법제정규정이고 무엇이 헌법개정규정인지를 구분하는 것이 가능하지 아니할 뿐 아니라, 각 개별 규정에 그 효력상의 차이를 인정하여야 할 형식적인 이유를 찾을 수 없다. 10. 경찰승진 이러한 점과 앞에서 검토한 현행헌법 및 헌법재판소법의 명문의 규정취지에 비추어 **헌법제정권과 헌법개정권의 구별론이나 헌법개정한계론은 그 자체로서의 이론적 타당성 여부와 상관없이 우리 헌법재판소가 헌법의 개별 규정에 대하여 위헌심사를 할 수 있다는 논거로 원용될 수 있는 것이 아니다.** 06. 법행, 07. 사시 또한 국민투표에 의하여 확정된 현행헌법의 성립과정과 헌법 제130조 제2항이 헌법의 개정을 국민투표에 의하여 확정하도록 하고 있음에 비추어 **헌법은 그 전체로서 주권자인 국민의 결단 내지 국민적 합의의 결과라고 보아야 할 것으로, 헌법의 규정을 헌법재판소법 제68조 제1항 소정의 공권력 행사의 결과라고 볼 수도 없다.**

[3] 물론 헌법은 전문과 단순한 개별 조항의 상호관련성이 없는 집합에 지나지 않는 것이 아니고 하나의 통일된 가치체계를 이루고 있는 것이므로 헌법의 전문과 각 개별 규정은 서로 밀접한 관련을 맺고 있고, 따라서 헌법의 제규정 가운데는 헌법의 근본가치를 보다 추상적으로 선언한 것도 있고, 이를 보다 구체적으로 표현한 것도 있어서 **이념적·논리적으로는 규범 상호간의 우열을 인정할 수 있는 것이 사실이다.** 그러나 그렇다 하더라도 이때에 인정되는 규범 상호간의 우열은 추상적 가치규범의 구체화에 따른 것으로 헌법의 통일적 해석에 있어서는 유용할 것이지만, **그것이 헌법의 어느 특정 규정이 다른 규정의 효력을 전면 부인할 수 있는 정도의 개별적 헌법규정 상호간에 효력상의 차등을 의미하는 것이라고는 볼 수 없다**(헌재 1995.12.28, 95헌바3). 08. 국회직, 11. 법원직, 13. 서울시

기출 OX

02 헌법재판소는 헌법의 개별 규정에 대하여 위헌심사를 함에 있어 헌법개정한계론을 원용하는 태도를 보이고 있다. 17. 경찰승진 ( )

03 우리 헌법의 각 개별규정 가운데 무엇이 헌법제정규정이고 무엇이 헌법개정규정인지를 구분하는 것이 가능할 뿐만 아니라, 그 효력상의 차이도 인정할 수 있다. 22. 경찰승진 ( )

- 헌법제정규정과 헌법개정규정을 구분하는 것은 가능하다. (×)
- 헌법제정규정과 헌법개정규정을 구분하는 것은 불가능하다. (○)

5. 현행헌법의 개정절차

(1) 헌법의 개정절차(제128조~제130조)

> **헌법 제128조** ① 헌법개정은 **국회재적의원 과반수 또는 대통령의 발의로** 제안된다. 07. 사시, 12. 법행, 19. 서울시
> ② 대통령의 임기연장 또는 중임변경을 위한 헌법개정은 그 헌법개정 제안 당시의 대통령에 대하여는 효력이 없다. 08·10. 법원직, 18·19. 서울시
>
> **제129조** 제안된 헌법개정안은 **대통령이 20일 이상의 기간 이를 공고하여야 한다.** 07. 사시, 12. 법행, 18. 국가직
>
> **제130조** ① 국회는 헌법개정안이 공고된 날로부터 **60일 이내에 의결**하여야 하며, 국회의 의결은 **재적의원 3분의 2 이상의 찬성**을 얻어야 한다. 10. 국가직, 12. 법행, 18·19. 서울시
> ② 헌법개정안은 국회가 의결한 후 30일 이내에 **국민투표에 부쳐 국회의원선거권자 과반수의 투표와 투표자 과반수의 찬성**을 얻어야 한다. 07·08. 사시, 08·10. 법원직, 12. 법행, 16·18·19. 서울시
> ③ 헌법개정안이 제2항의 찬성을 얻은 때에는 **헌법개정은 확정**되며, 대통령은 즉시 이를 공포하여야 한다. 12. 법행, 13. 서울시

04 제안된 헌법개정안은 대통령이 30일 이상의 기간 이를 공고하여야 한다. 17. 경찰승진 ( )

05 헌법개정안은 대통령이 공고한 후 30일 이내에 국민투표에 붙여 국회의원 선거권자 과반수의 투표와 투표자 과반수의 찬성을 얻어야 한다. 17. 경찰승진 ( )

정답 02 × 03 × 04 × 05 ×

① **제안**: 헌법개정안을 발의(제안)할 수 있는 자는 대통령(국무회의 심의를 거치고 부서를 요함)과 국회의원(국회재적의원 과반수의 찬성을 요함)이다(헌법 제128조 제1항).

② **공고**: 헌법은 20일 이상의 기간 동안 헌법개정안을 공고하여야 한다고 규정하고 있다(헌법 제129조). 공고는 개헌에 대한 국민적 합의를 형성하기 위한 필수적 절차이므로 생략할 수 없다.

③ **국회의결**: 국회는 헌법개정안(대통령이 제안한 것이든 국회의원이 제안한 것이든)이 공고된 날로부터 60일 이내에 의결하여야 한다. 의결에는 재적의원 3분의 2 이상의 찬성을 얻어야 한다(헌법 제130조 제1항). 역사적 책임소재를 분명히 하기 위하여 **기명투표**로 표결하며(국회법 제112조 제4항), 공고를 통하여 국민에게 알린 바 있으므로 수정의결은 할 수 없다. 16. 지방직

④ **국민투표**: 국회의 의결을 거친 헌법개정안은 국회가 의결한 후 30일 이내에 국민투표에 회부되며, 국회의원선거권자 과반수 투표와 투표자 과반수의 찬성을 얻어야 확정된다(헌법 제130조 제2항). 국민투표의 효력에 관하여 이의가 있는 경우에는 투표인 **10만인** 이상의 찬성으로 **중앙선거관리위원회위원장**을 피고로 투표일로부터 **20일** 이내에 **대법원**에 제소할 수 있다(국민투표법 제92조). 06. 법행, 08. 사시, 09. 국회직, 10. 경찰승진, 13. 법무사·서울시, 16. 지방직 국민투표소송에서 전부 또는 일부무효판결이 있으면 재투표를 실시하여야 한다(국민투표법 제97조 제1항). 18. 법원직

⑤ **공포**: 헌법개정안이 확정되면 대통령은 즉시 이를 공포하여야 한다(헌법 제130조 제3항). 19. 서울시

⑥ **발효**: 개정된 헌법의 효력발생시기에 대하여 공포시설과 20일 경과설의 대립이 있다. 현행헌법은 부칙 제1조에서 효력발생시기(1988년 2월 25일)를 규정하고 있다.

기출 OX

01 국민투표의 효력에 관하여 이의가 있는 투표인은 투표인 10만인 이상의 찬성을 얻어 국회의장을 피고로 하여 투표일로부터 20일 이내에 대법원에 제소할 수 있다. 17. 경찰승진 ( )

02 국민투표의 효력에 관하여 이의가 있는 투표인은 투표인 10만인 이상의 찬성을 얻어 중앙선거관리위원회위원장을 피고로 하여 투표일로부터 30일 이내에 대법원에 제소할 수 있다. 16. 지방직 ( )

03 헌법개정안이 국민투표에 의한 찬성을 얻고 대통령이 즉시 이를 공포하는 때에 헌법개정은 확정된다. 05. 법행 ( )

> **☑ SUMMARY | 헌법개정절차**
>
> **1. 제안**
> - 헌법개정안의 발의는 '국회재적의원 과반수' 또는 '대통령'이 제안한다. 12. 법행
> - 대통령이 헌법개정안을 제안하기 위해서는 '국무회의의 심의'를 거쳐야 한다(헌법 제89조).
>
> **2. 공고**
> - 헌법개정안이 발의되면 대통령은 '20일 이상' 공고하여야 한다. 12. 법행
> - 공고절차는 개헌안에 대한 자유로운 비판과 의견교환을 통해서 개헌에 대한 국민적 합의를 형성시키기 위한 것이다.
>
> **3. 국회의결**
> - 공고된 날로부터 60일 이내에 '국회재적의원 3분의 2 이상'의 찬성을 얻어야 한다(경성헌법, 소수파 보호기능). 04·09. 법무사, 07. 법원직
> - 국회의 표결은 '기명투표'로 한다(국회법 제112조 제4항).
> - 국회는 수정의결을 할 수 없다. 10. 경찰승진
> - 국회의결은 생략할 수 없다.
>
> **4. 국민투표**
> 국회의결 후 30일 이내에 국민투표에 부쳐 국회의원선거권자 과반수의 투표와 투표자 과반수의 찬성을 얻으면 이때 헌법개정이 확정된다. 05. 법무사, 05·06·12. 법행, 08. 사시

정답 01 × 02 × 03 ×

5. 공포
   - 대통령은 국민투표의 결과를 '즉시' 공포하여야 한다.
   - 대통령이 서명한 후 국무총리와 각 국무위원이 부서한다(법령 등 공포에 관한 법률 제4조).

6. 발효
   발효시기에 대해서는 헌법상 명문규정이 없고, '공포시설'과 '20일 경과설'이 대립한다. 현행헌법은 부칙 제1조에서 "이 헌법은 1988년 2월 25일부터 시행한다."라고 발효시기를 직접 명시하고 있다.

(2) 현행헌법상 헌법개정의 한계

① **개정대상이 될 수 없는 사항·내용**: 민주주의, 법치주의, 권력분립, 기본권보장, 민주공화국으로서의 국가형태, 복수정당제 등을 폐지시키는 개정은 금지된다고 본다. 대통령제 정부형태를 의원내각제로 개정하는 것 등 국가기관의 구성과 조직, 권한, 임기 등에 관한 것은 개정이 가능하다.

기출 OX

04 헌법재판소장의 정년을 연장하는 것은 법률의 개정만으로도 가능하다.
18. 경찰승진 ( )

> **CASE** 헌법개정을 하지 않고서도 채택할 수 있는 것은? 20. 경찰승진 변형
> 1. 대통령의 피선거연령을 만 35세로 낮추는 것: ×(헌법 제67조 제4항)
> 2. 법률의 위헌심사에 있어서 추상적 규범통제를 인정하는 것: ×(헌법 제107조 제1항)
> 3. 법원의 재판을 헌법소원심판의 대상으로 하는 것: ○(헌법재판소법 제68조 제1항)
> 4. 지방자치단체 의회를 폐지하는 것: ×(헌법 제118조)
> 5. 선거권 연령을 17세로 낮추는 것: ○(헌법 제24조)
> 6. 대법관 수를 20인으로 하는 것: ○(법원조직법 제4조 제2항)
> 7. 감사원을 국회소속으로 하는 것: ×(헌법 제97조)
> 8. 대법원 폐지: ×(헌법 제101조 제2항)
> 9. 국가안전보장회의 폐지: ×(헌법 제91조)
> 10. 국회의원 국회제명 정족수 변경: ×(헌법 제64조 제3항)
> 11. 국회의원 무자격결정 정족수 변경: ○(국회법 제142조 제3항)
> 12. 국회의장 임기를 변경하는 것: ○(국회법 제9조 제1항)

② **헌법 제128조 제2항**: 우리 헌법 제128조 제2항은 "대통령의 임기연장 또는 중임변경을 위한 헌법개정은 그 헌법개정 제안 당시의 대통령에 대하여는 효력이 없다."라고 규정하고 있다. 이 규정은 대통령의 임기연장이나 중임변경을 위한 헌법개정을 부정하는 것이 아니고, 다만 헌법개정 제안 당시의 대통령에 대해서만 개정의 효력을 배제한다는 헌법개정효력의 적용대상제한 규정을 의미할 따름이므로, 개정한계조항이 아니라 개정효력제한조항이라고 할 수 있다.

05 대통령의 임기연장 또는 중임변경을 위한 헌법개정은 그 헌법개정 제안 당시의 대통령에 대하여도 효력이 있다.
18. 경찰승진 ( )

정답 04 ○ 05 ×

☑ SUMMARY | 우리 헌정사에서의 헌법개정절차 19. 지방직

구분	제안자			공고 기간	국회의결 정족수	국민 투표	기타
	대통령	국회	국민				
제1공화국 헌법 (건국헌법)	대통령	국회재적 3분의 1 이상	×	30일	재적 3분의 2 이상	×	-
제1공화국 헌법 (제1차 개정헌법)	대통령	민의원 3분의 1 또는 참의원 3분의 2 이상	×	30일	양원 각각 재적 3분의 2 이상	×	
제1공화국 헌법 (제2차 개정헌법)	대통령	민의원 또는 참의원재적 3분의 1 이상	민의원 선거권자 50만명 이상	30일	양원 각각 재적 3분의 2 이상	×	헌법개정 금지조항: 민주공화국, 국민주권, 국가안위에 관한 국민투표 (제2차~제4차)
제2공화국 헌법 (제3차·제4차 개정헌법)	대통령	민의원 또는 참의원재적 3분의 1 이상	민의원 선거권자 50만명 이상	30일	양원 각각 재적 3분의 2 이상	×	위와 동일
제3공화국 헌법 (제5차·제6차 개정헌법)	×	국회재적 3분의 1 이상	국회의원 선거권자 50만명 이상	30일	재적 3분의 2 이상	○	-
제4공화국 헌법 (제7차 개정헌법)	대통령 ⇨ 국민 투표	국회재적 과반수 이상	×	20일	국회의원이 제안한 개정안 ⇨ 국회재적 3분의 2 이상 ⇨ 통일주체 국민회의	○	헌법개정의 이원화
제5공화국 헌법 (제8차 개정헌법)	대통령	국회재적 과반수 이상	×	20일	재적 3분의 2 이상	○	헌법개정의 일원화, 대통령중임 개정시 효력제한규정
현행헌법 (제9차 개정헌법)	대통령	국회재적 과반수 이상	×	20일	재적 3분의 2 이상	○	대통령중임 개정시 효력제한규정

▶ 역대 헌법의 개정방식
- 건국~제4차 개헌: 국회의결(국민투표 ×)
- 제5차 개헌(1962): 국민투표(국회의결 ×)
- 제6차 개헌(1969): 국회의결 + 국민투표
- 제7차·제8차 개헌: 국민투표(국회의결 ×)
- 제9차 개헌(현행헌법): 국회의결 + 국민투표

기출 OX

01 1948년 헌법에서부터 현행헌법에 이르기까지 헌법개정의 발의권은 국회와 대통령에게만 부여되어 오고 있다. 18. 경찰승진 ( )

02 제헌헌법에 따르면 헌법개정은 국회재적의원 3분의 1 이상의 동의로 제안될 수 없다. 17. 국회직 ( )

03 제3차 개정헌법에 따르면 대통령은 헌법개정을 제안할 수 없다. 17. 국회직 ( )

04 제7차 개헌(1972년 유신헌법)에서는 헌법개정절차를 이원화하여 대통령이 헌법개정안을 제안한 경우에는 국민투표로, 국회에서 헌법개정안을 제안한 경우에는 통일주체국민회의의 의결로 확정토록 하였다. 13. 경찰승진 ( )

정답 01 × 02 × 03 × 04 ○

03 헌법의 변천

1. 의의

(1) 개념
'헌법의 변천'이란, 조문은 그대로 있으면서 그 의미나 내용이 실질적(의식적·무의식적)으로 변경되는 것을 의미한다. 다시 말하면 본래 헌법규범의 의미는 상실되고 헌법현실에 상응하는 새로운 의미나 내용을 지닌 헌법규범이 생성(불문헌법규범의 생성)되는 경우를 헌법의 변천이라 한다. 불문헌법국가에서도 헌법의 변천은 가능하다(영국의 경우).

(2) 헌법개정과의 함수관계
헌법개정은 이른바 '헌법변천의 한계적 기능'을 담당하며(허영), 헌법개정의 문제는 헌법변천의 가능성이 끝나는 곳에서 시작된다(헤세). 헌법개정과 헌법변천은 헌법규범과 헌법현실간에 괴리가 발생한 경우에 그 괴리를 좁혀 궁극적으로 규범력을 높이는 기능을 한다. 13.서울시 헌법개정은 헌법이 정한 절차에 따라 의식적으로 변경된다는 점에서 구별된다.

2. 인정 여부

(1) 긍정론
옐리네크는 사실의 규범력설을 근거로 헌법과 모순되는 국가행위라도 반복을 통하여 법적 확신이 생기면 당해 헌법조항이 개폐되어 헌법변천이 이루어진다고 보았다. 한편 슈미트는 헌법변천을 국민의 의지에서 찾았다.

(2) 부정론
대체로 법실증주의론자들은 헌법과 모순되는 국가행위가 아무리 반복되어도 헌법의 법원으로 볼 수는 없으며, 개정절차에 의하지 않는 한 헌법은 변경되지 않는다고 하여 헌법변천에 대하여 부정설을 취한다.

(3) 결론(헌법변천의 한계)
헌법변천의 한계는 그 동기와 내용에 따라 판단하여야 할 것인바, 즉 헌법의 기본이념에 충실한 해석이나 흠결보완의 의미를 가지는 헌법변천은 긍정적으로 평가하여야 할 것이나, 헌법의 명시적 규정과 양립될 수 없는 정치편의적 관행은 헌법변천이 아니라 헌법침해이므로 허용되어서는 아니 된다는 것이 통설이다. 또한 헌법의 핵심적 부분은 헌법변천에 따라 변경될 수 없다.

3. 성립과 실례

(1) 성립
① 헌법변천의 계기
　㉠ 입법부가 헌법에 위반되는 입법을 하고 이것이 계속 집행되는 경우
　㉡ 어떠한 국가기관이 헌법으로부터 위임받지 아니한 사항에 관하여 동일한 권한행사를 반복하는 경우
　㉢ 사법부가 헌법의 내용과 상치되는 판결을 반복하는 경우
　㉣ 헌법에 위반되는 관행이나 선례가 누적되는 경우 등

기출 OX

05 헌법규범과 헌법현실간에 괴리가 생긴 경우, 헌법개정은 그 괴리를 좁혀 궁극적으로 규범력을 높이는 기능을 하지만, 헌법변천은 그와 같은 기능을 기대할 수 없다. 13.서울시 (　　)

06 헌법개정이 의식적인 헌법규정의 변경이라고 한다면, 헌법변천은 무의식적인 헌법규정의 내용변화라고 할 수 있다. 09.국가직 (　　)

정답 05 ✕　06 ○

② **성립요건**: 헌법이 변천되려면 상당한 기간에 걸쳐 반복되는 일정한 헌법적 관례가 형성되어야 하고(물적 요건), 또 이 관례에 대한 국민적 승인이 있어야 한다(심리적 요건).

(2) 실례

① **미국**: 연방대법원의 위헌법률심사제(1803년 Marbury v. Madison사건), 대통령 간선제의 직선제 운영
② **영국**: 국왕 권한의 명목화, 수상의 내각지배원칙 확립, 총선거의 결과 다수당에 정권을 이양
③ **일본**: 전력(戰力)보유를 금하고 있으나 자위대의 명목으로 전력을 유지
④ **한국**
  ㉠ 제1차 개정헌법의 양원제를 단원제로 운영
  ㉡ 제5차 개정헌법 이래 1991년 상반기까지 지방의회를 구성하지 않고 관치행정으로 운용

기출 OX

01 미국 연방대법원의 위헌법률심사권이나 일본의 자위대를 통한 전력보유는 헌법변천의 예로 설명될 수 있다. 15. 지방직 ( )

02 불문헌법 국가에서는 헌법의 변천이 불가능하다. 14. 국회직 ( )

✎ 불문헌법 국가에서도 헌법변천이 일어날 수 있다. 영국은 대표적인 불문헌법 국가이다.

제4절 헌법의 수호

01 헌법수호의 의의와 유형

1. 의의

'헌법의 수호(보호)'란 헌법의 핵심적 내용이나 규범력이 헌법에 대한 침해로 말미암아 변질되거나 훼손되지 아니하도록 헌법에 대한 침해행위를 사전에 예방하거나 사후에 배제하는 것을 말한다. 이는 헌법이 가지는 최고규범성에서 나오는 당연한 결과이다.

2. 유형 05. 국회직, 14. 서울시

03 헌법의 최고법규성 선언, 헌법개정의 곤란성, 권력분립원리 채택, 탄핵제도 등은 사전예방적 헌법수호제도이다. 14. 서울시 ( )

평상시	사전예방적 헌법수호제도	• 헌법의 최고법규성 선언 • 헌법준수의무의 선서(헌법 제69조) • 국가권력의 분립(헌법 제40조, 제66조 제4항, 제101조 제1항) • 헌법개정의 곤란성(헌법 제128조~제130조) • 공무원의 정치적 중립성 보장(헌법 제7조 제2항) • 방어적 민주주의의 채택(헌법 제8조 제4항)
	사후교정적 헌법수호제도	• 위헌법령심사제(헌법 제107조 제1항·제2항) • 탄핵제도(헌법 제65조 제1항, 제111조 제1항 제2호) • 위헌정당의 강제해산제(헌법 제8조 제4항) • 의회해산제 • 공무원책임제(헌법 제29조 제1항) • 각료의 해임건의(헌법 제63조 제1항)·해임의결제
비상시		• 국가긴급권(헌법 제76조, 제77조) • 저항권

정답 01 ○ 02 × 03 ×

02 국가긴급권

1. 의의

(1) 개념
'국가긴급권'이란 전쟁, 내란, 경제공황 등과 같이 국가의 존립과 안전을 위태롭게 하는 비상사태가 발생한 경우, 국가원수가 헌법에 규정된 통상적인 절차와 제한을 무시하고, 국가의 존립과 안정을 확보하기 위하여 필요한 긴급적 조치를 강구할 수 있는 비상적 권한을 말한다.

(2) 헌법장애상태와의 구별
'헌법장애상태'란 대통령의 궐위나 사고 등과 같이 헌법기관의 자체 고장에 의하여 헌법상 기능을 수행할 수 없는 경우를 말한다. 헌법장애상태는 일반적인 헌법규정에 의하여 해결할 수 있다는 점에서 비상사태와 구별된다. 단순한 헌법장애상태하에서 국가긴급권을 발동하는 것은 위헌이다.

> **기출 OX**
> **04** 국가긴급권은 국가비상사태시에 발동될 수 있는 권한이기 때문에 헌법장애상태에서는 발동될 수 없다. 08. 국가직 ( )

2. 유형

(1) 합헌적 국가긴급권(계엄제도, 긴급명령)
'합헌적 국가긴급권(입헌적·위임적 독재)'이란, 헌법 자체가 국가적 비상사태를 미리 예상하여 일정한 비상사태가 발생한 경우에는 입헌주의를 일시적으로 정지하고, 특정의 국가기관에 일정한 조건하에서 독재적 권력 행사를 인정하는 국가긴급권을 말한다. 국가적 위기에 대한 적절한 대응, 헌법유린방지, 긴급권남용방지 등은 합헌적 국가긴급권을 제도화하는 이론적 근거이다.

(2) 초헌법적 국가긴급권
① **개념**: '초헌법적 국가긴급권(초입헌적·주권적 독재)'이란 헌법상 제도화 여부와 상관없이 극도의 국가적 비상사태하에서는 헌법상의 제한을 무시하고 독재적 조치를 강구할 수 있는 국가긴급권을 말한다.

② **인정 여부**
  ㉠ 학설
   ⓐ **부정설**: 초헌법적 국가긴급권은 헌법을 파괴하거나 침해하는 것이며, 따라서 헌법 자체를 부정하거나 유린하는 조치는 어떠한 긴급상황에서도 정당화될 수 없을 뿐만 아니라 초헌법적 국가긴급권은 불법이라 하여 허용되지 않는다는 입장이다.
   ⓑ **긍정설**: "국가의 존립이나 안전을 유지하기 위해서는 헌법규정에 위반하는 비상적 수단도 그것이 긴급·부득이한 것이면 정당화된다(필요성의 법리)."라고 함으로써 초헌법적 국가긴급권을 긍정한다.
  ㉡ **헌법재판소의 입장(소극)**: 헌법재판소는 국가보위에 관한 특별조치법 위헌심판사건에서 "국가보위에 관한 특별조치법은 초헌법적인 국가긴급권을 대통령에게 부여하고 있다는 점에서 이는 헌법을 부정하고 파괴하는 반입헌주의·반법치주의의 위헌법률이고, 국가긴급권 발동(비상사태선포)의 조건을 규정한 위 특별조치법 제2조의 규정내용은 지나치게 추상적이고 광범위한 개념으로 되어 있어 남용·악용의 소지가 매우 크므로 명확성의 원칙에 반하고, 그럼에도 불구하고 국회에 의한 사후통제장치도 전무하다는 점

> **정답 04** ○

에서 위 특별조치법 제2조는 위헌·무효이고, 이 사건 심판대상 법률조항을 포함하여 비상사태선포가 합헌·유효인 것을 전제로 하여서만 합헌·유효가 될 수 있는 위 특별조치법의 그 밖의 규정은 모두 위헌이다."라고 하여 초헌법적 국가긴급권에 대하여 부정적인 입장이다(헌재 1994.6.30, 92헌가18).

> **판례** | 국가비상사태의 선포 및 해제를 규정한 특별조치법 제2조 및 제3조는 헌법이 인정하지 아니하는 초헌법적 국가긴급권을 대통령에게 부여하는 법률로서 헌법이 요구하는 국가긴급권의 실체적 발동요건, 사후통제절차, 시간적 한계에 위반되는지 여부: 적극 [위헌]
>
> 국가비상사태의 선포를 규정한 특별조치법 제2조는 헌법에 한정적으로 열거된 국가긴급권의 실체적 발동요건 중 어느 하나에도 해당되지 않은 것으로서 '초헌법적 국가긴급권'의 창설에 해당하나, 그 제정 당시의 국내외 상황이 이를 정당화할 수 있을 정도의 '극단적 위기상황'이라 볼 수 없다. 또한 국가비상사태의 해제를 규정한 특별조치법 제3조는 대통령의 판단에 의하여 국가비상사태가 소멸되었다고 인정될 경우에만 비상사태선포가 해제될 수 있음을 정하고 있을 뿐 국회에 의한 민주적 사후통제절차를 규정하고 있지 아니하며, 이에 따라 임시적·잠정적 성격을 지녀야 할 국가비상사태의 선포가 장기간 유지되었다. 그렇다면 국가비상사태의 선포 및 해제를 규정한 특별조치법 제2조 및 제3조는 헌법이 인정하지 아니하는 초헌법적 국가긴급권을 대통령에게 부여하는 법률로서 헌법이 요구하는 국가긴급권의 실체적 발동요건, 사후통제절차, 시간적 한계에 위반되어 위헌이고, 이를 전제로 한 특별조치법상 그 밖의 규정들도 모두 위헌이다(헌재 2015.3.26, 2014헌가5).

3. 발동요건

(1) 상황적 요건

헌법이 예정하고 있는 수단으로 제거될 수 없는 국가적 비상사태가 발생하여야 한다.

(2) 목적적 요건

국가의 존립과 안전의 신속한 회복을 목적으로 하여야 한다.

(3) 주체의 요건

국가긴급권을 누가 행사할 것인지가 명확하여야 한다.

(4) 수단적 요건

국가적 비상사태가 통상적인 수단으로는 극복될 수 없는 경우이어야 한다.

4. 한계

(1) 상황적 한계

비상사태가 발생하고 국가긴급권의 발동이 불가피한 최후수단임이 객관적으로 납득될 수 있는 경우이어야 하며(객관성·보충성의 원칙), 사전적·예방적으로 발할 수 없다. 05. 행시

기출 OX

01 국가긴급권의 행사는 헌법질서에 대한 중대한 위기상황의 극복을 위한 것이기 때문에, 본질적으로 위기상황의 직접적인 원인을 제거하는 데 필수불가결한 최소한도 내에서만 행사되어야 한다는 목적상 한계가 있지만, 그 본질상 일시적·잠정적으로만 행사되어야 한다는 시간적 한계는 인정되지 않는다. 20. 경찰승진 ( )

02 대통령의 국가긴급권은 헌법보호의 비상수단이라고 할 수 있다. 14. 국회직 ( )

정답 01 × 02 ○

(2) 목적적 한계
국가긴급권은 국가의 존립과 안전을 확보하기 위하여 발동되어야 하고(소극성의 원칙), 공공복리 등을 위하여 적극적으로 행사되어서는 아니 된다. 11. 지방직, 12. 경찰승진

(3) 기한적 한계
국가긴급권은 일시적·잠정적으로 행사되어야 한다(잠정성의 원칙). 19. 국가직

(4) 내용적 한계
국가긴급권을 행사하는 경우에도 기본권침해는 최소한으로 이루어져야 하며, 부득이하게 기본권을 제한하는 경우에도 과잉금지의 원칙 등이 존중되어야 한다(최소성의 원칙).

> **판례 | 국가긴급권의 한계** 19. 국가직
>
> 국가긴급권은 국가의 존립이나 헌법질서를 위태롭게 하는 비상사태가 발생한 경우에 국가를 보전하고 헌법질서를 유지하기 위한 헌법보장의 한 수단이지만, 평상시의 헌법질서에 따른 권력 행사방법만으로는 대처할 수 없는 중대한 위기상황에 대비하여 헌법이 중대한 예외로서 인정한 비상수단이므로, **헌법이 정한 국가긴급권의 발동요건·사후통제 및 국가긴급권에 내재하는 본질적 한계**는 엄격히 준수되어야 한다. … 국가긴급권의 행사는 헌법질서에 대한 중대한 위기상황의 극복을 위한 것이기 때문에, **본질적으로 위기상황의 직접적인 원인을 제거하는 데 필수불가결한 최소한도 내에서만 행사되어야 한다는 목적상 한계**가 있다. 또한 국가긴급권은 비상적인 위기상황을 극복하고 헌법질서를 수호하기 위해 헌법질서에 대한 예외를 허용하는 것이기 때문에 그 **본질상 일시적·잠정적으로만 행사되어야 한다는 시간적 한계**가 있다(헌재 2015. 3.26, 2014헌가5).

기출 OX
03 국가긴급권은 새로운 사회질서 확립, 공공복리증진 등 적극적 목적을 위해서 발동되어서는 아니 된다. 12. 경찰승진 ( )

5. 한국헌법과 국가긴급권

구분	국가긴급권의 종류			
건국헌법 (제1공화국)	긴급명령권	긴급재정처분권	계엄선포권	-
1960년 헌법 (제2공화국)	긴급명령권 삭제	긴급재정 처분·명령권	계엄선포권	-
1962년 헌법 (제3공화국)	긴급명령권 부활	긴급재정경제 처분·명령권	계엄선포권	-
1972년 헌법 (제4공화국)	-	-	계엄선포권	긴급조치권 (국회승인 불필요, 국회의 해제건의, 사법심사불가규정)
1980년 헌법 (제5공화국)	-	-	계엄선포권	비상조치권 (국회승인 필요, 국회의 해제요구)
1987년 헌법 (제6공화국)	긴급명령권	긴급재정경제 처분·명령권	계엄선포권	-

정답 03 ○

03 저항권

1. 의의

(1) 개념

'저항권'이란 국가권력에 의하여 헌법의 기본원리에 대한 중대한 침해가 행하여지고 그 침해가 헌법의 존재 자체를 부인하는 경우 다른 합법적인 구제수단으로는 목적을 달성할 수 없을 때에 국민이 자기의 권리·자유를 지키기 위하여 실력으로 저항하는 권리이다(헌재 1997.9.25, 97헌가4). 14. 서울시·국회직

(2) 시민불복종권과 저항권의 비교

시민불복종은 양심상 부정의하다고 확신하는 법이나 정책을 개선할 목적으로 법을 위반하여 비폭력적인 방법으로 행하는 공적이고 정치적인 집단적 정치행위이다.

구분	시민불복종권	저항권
상황요건	헌법적 질서가 위협받는 경우뿐만 아니라 정의에 반하는 개별 법령이나 정책에 대하여도 행사 가능	헌법적 기본질서가 근본적으로 위협받거나 부정되는 경우에만 행사 가능
실력행사 여부	비폭력적 방법 08. 지방직	폭력적 수단도 가능 11. 지방직
보충성	보충성의 제약 없음	보충적으로만 행사 가능
위법성	위법성 긍정(위법행위)	위법성 부정(정당행위)

> **판례** | 시민단체의 낙선운동이 시민불복종운동으로서 정당행위인지 여부: 소극
>
> 14. 국회직
>
> 우리 헌법은 선거운동의 자유도 '선거의 공정성의 보장'이라는 공익을 위하여 필요한 경우에는 법률로써 제한할 수 있음을 명백히 하였고 … 피고인들이 확성장치 사용, 연설회 개최, 불법행렬, 서명날인운동, 선거운동기간 전 집회 개최 등의 방법으로 특정 후보자에 대한 낙선운동을 함으로써 공직선거 및 선거부정방지법에 의한 선거운동제한규정을 위반한 피고인들의 같은 법 위반의 각 행위는 위법한 행위로서 허용될 수 없는 것이고, 피고인들의 위 각 행위가 시민불복종운동으로서 헌법상의 기본권행사범위 내에 속하는 정당행위이거나 형법상 사회상규에 위반되지 아니하는 정당행위 또는 긴급피난의 요건을 갖춘 행위로 볼 수는 없다(대판 2004.4.27, 2002도315).

2. 행사요건과 효과

(1) 행사주체와 객체

① **주체**: 저항권행사의 궁극적 주체는 국민이고, 이때의 국민에는 개개인으로서의 국민은 물론 단체나 정당도 포함된다. 그러나 국가기관, 지방자치단체 등의 공법인은 저항권행사의 주체가 될 수 없다.
② **객체**: 저항권의 객체는 모든 공권력 담당자라는 것이 일반적 견해이다.

기출 OX

01 헌법재판소는 저항권이란 국가권력에 의하여 헌법의 기본원리에 대한 중대한 침해가 행하여지고 그 침해가 헌법의 존재 자체를 부인하는 것으로서 다른 합법적인 구제수단으로는 목적을 달성할 수 없을 때에 국민이 자기의 권리·자유를 지키기 위하여 실력으로 저항하는 권리라고 개념정의하고 있다. 18. 경찰승진 ( )

02 국가기관이나 지방자치단체와 같은 공법인도 저항권의 주체가 될 수 있다. 17. 서울시 ( )

정답 01 ○ 02 ×

(2) 행사요건
① 민주적·법치국가적 기본질서 또는 기본권보장체계를 전면적으로 부인하는 경우일 것 ➡ 중대성
② 공권력행사의 불법성이 객관적으로 명백할 것 ➡ 명백성
③ 최후의 수단일 것 ➡ 보충성: 저항권을 행사할 수 있기 위해서는 헌법이나 법률에 규정된 일체의 법적 구제수단이 이미 유효한 수단이 될 수 없으며(저항권의 보충성 내지 예비성), 최후의 수단으로서 저항권의 행사만이 남아 있다고 판단되는 경우이어야 한다(최후수단성).
④ 성공가능성 여부: 저항권행사에 성공가능성을 요건으로 하는 견해도 있으나, 저항권은 보충적으로 행해지는 최후수단이라는 점에서 성공가능성을 요건으로 한다면 이미 상황이 종료된 후일 것이므로 저항권행사 자체를 부정하는 결과가 되고 말 것이다. 따라서 성공가능성은 저항권행사요건이라 할 수 없다.

(3) 행사목적
저항권은 인간의 존엄성유지와 민주주의적 헌법질서 및 기본권보장체계를 유지하기 위하여 행사되는 것이며, 사회·경제적 체제를 개혁하기 위한 수단으로 이용하여서는 아니 된다. 즉, 혁명권이어서는 아니 된다.

(4) 행사방법
저항권의 행사는 목적달성을 위하여 필요최소한에 국한되어야 한다. 우선 평화적인 방법을 선택하여야 하며, 비례원칙에 따라 평화적 방법에 의하여 달성할 수 없는 예외적인 경우에만 폭력적인 방법도 허용된다 할 것이다. 11. 지방직

(5) 효과
정당한 저항권행사는 형법상 정당행위로서 위법성이 조각된다. 03. 입시

3. 우리 헌법상의 저항권

(1) 근거규정
현행헌법에는 저항권에 관한 명문의 규정이 없다(1987년의 개헌협상과정에서 저항권의 명시 여부가 쟁점이 되었으나, 결국 헌법전문에 '불의에 항거한 4·19민주이념을 계승하고'라는 문구를 추가함으로써 저항권규정을 대신하기로 합의). 헌법전문의 '불의에 항거한 4·19민주이념을 계승하고'라는 문구에 대하여 저항권에 관한 근거규정으로 보는 견해와 헌법전문에서는 주관적 권리가 도출될 수 없으므로 저항권의 근거로 볼 수 없다는 견해가 있다.

(2) 판례의 입장
① 대법원 ➡ 부정 02. 사시, 08. 지방직
　㉠ 민청학련사건: "소위 저항권에 의한 행위이므로 위법성이 조각된다고 하는 주장은 그 저항권 자체의 개념이 막연할 뿐만 아니라 … 실존하는 헌법적 질서를 전제로 한 실정법의 범주 내에서 국가의 법적 질서유지를 그 사명으로 하는 사법기능을 담당하는 재판권행사에 대하여는 실존하는 헌법적 질서를 무시하고 초법규적인 권리개념으로써 현행법질서에 위배된 행위의 정당화를 주장하는 것은 받아들일 수 없는 것이다."라고 판시하였다(대판 1975.4.8, 74도3323).

기출 OX

03 저항권은 민주적 헌법질서의 수호·유지라는 소극적 목적뿐만 아니라 사회·경제체제를 개혁하기 위한 적극적 목적을 위하여도 행사할 수 있다. 08. 선관위 ( )

04 저항권은 사회·경제적 체제개혁이라는 적극적 목적을 위하여 행사될 수 없으며, 평화적인 방법으로만 행사되어야 한다. 11. 지방직 ( )

05 1948년 이래 우리 헌법에는 저항권을 인정하는 명문규정이 없다. 18. 경찰승진 ( )

06 대법원은 저항권을 일종의 자연법상의 권리로서 인정할 수 있고, 이러한 저항권이 인정된다면 재판규범으로서의 기능을 배제할 근거가 없다는 입장이다. 18. 경찰승진 ( )

정답　03 ×　04 ×　05 ○　06 ×

ⓒ 10·26사태(김재규의 대통령 시해사건)
    ⓐ **다수의견**: 현대 입헌자유민주주의국가의 헌법이론상 자연법에서 우러나온 자연권으로서의 소위 저항권이 헌법이나 실정법에 규정되어 있든 없든 간에 엄존하는 권리로 인정되어야 한다는 논지가 시인된다 하더라도 저항권이 실정법에 근거를 두지 못하고 오직 자연법에만 근거하고 있는 한 법관은 이를 재판규범*으로 원용할 수 없다고 할 것인바, 헌법 및 법률에 저항권에 관하여 아무런 규정이 없는 우리나라의 현 단계에서는 저항권이론을 재판의 근거규범으로 채용·적용할 수 없다(대판 1980.5.20, 80도306).
    ⓑ **임항준 등의 소수의견**: 저항권은 헌법에 명문화되어 있지 않았더라도 일종의 자연법상의 권리로서 이를 인정하는 것이 타당하다 할 것이고, 이러한 저항권이 인정된다면 재판규범으로서의 기능을 배제할 근거가 없다고 할 것이다.
② **헌법재판소 → 긍정**: "저항권은 국가권력에 의하여 헌법의 기본원리에 대한 중대한 침해가 행하여지고 그 침해가 헌법의 존재 자체를 부인하는 것으로서 다른 합법적인 구제수단으로는 목적을 달성할 수 없을 때에 국민이 자기의 권리·자유를 지키기 위하여 실력으로 저항하는 권리이므로, 국회법 소정의 협의 없는 개의시간의 변경과 회의일시를 통지하지 아니한 입법과정의 하자는 저항권행사의 대상이 되지 아니한다."라고 하여 저항권을 기본권으로 인정하지만 입법과정의 하자는 저항권행사의 대상이 아니라고 한다(헌재 1997.9.25, 97헌가4). 06. 법행, 09. 지방직·사시, 14. 국회직

> *재판규범: 법관이 재판을 할 때 해석·적용 및 판단하는 데 기준이 되는 규범을 말한다.

> **기출 OX**
> 01 국회법 소정의 협의 없는 개의시간의 변경과 회의일시를 통지하지 아니한 입법과정의 하자는 저항권행사의 대상이 되지 아니한다. 18. 경찰승진 ( )

04 방어적 민주주의

1. 의의
'방어적 민주주의'란 민주주의의 이름으로 민주주의 그 자체를 파괴하거나 자유의 이름으로 자유의 체계 그 자체를 말살하려는 민주적·법치국가적 헌법질서의 적으로부터 민주주의가 자신을 효과적으로 방어하고 그와 투쟁하기 위한 자기방어적·자기수호적 민주주의를 말한다.

2. 이론의 전개
(1) 역사적 배경

1930년대 독일에서는 민주주의를 형식적 원리(켈젠의 가치상대주의에 근거한 상대적 민주주의, '민주주의는 어떤 내용이 없는 국민 다수의 배')로만 이해하였다. 이러한 바이마르 헌법의 민주주의하에서 다수의 지지를 등에 업은 나치스의 집권과 바이마르 공화국의 붕괴는 민주주의 스스로의 존립을 유지하기 위한 이론이 탄생하는 배경이 되었다.

> **정답** 01 ○

(2) 등장

현대적 의미의 방어적 민주주의론은 민주주의의 상대주의적 가치중립성에 대한 자제론 내지 한계이론(민주주의의 가치상대주의적 관용 지양)으로서 1930년대 후반에 등장하였다. 그 최초의 시도가 뢰벤슈타인이나 만하임(K. Mannheim) 등에 의한 전투적 민주주의론이다.

(3) 입법례

제2차 세계대전 후 독일은 기본권상실제도(독일기본법 제18조), 위헌정당강제해산제도(동법 제21조 제2항)를 채택하였다.

3. 성격과 기능

(1) 성격

방어적 민주주의는 민주주의 또는 기본권을 일정한 가치질서와 결부시키는 특별한 가치관에서만 수용할 수 있는 이론으로서 가치구속적·가치지향적 민주주의관(절대적 민주주의)의 산물이다. 01. 국가직

기출 OX
02 방어적 민주주의는 민주주의의 자기방어적인 성격을 갖는 것으로서 가치 상대주의 내지 다원주의에 대한 한계로서 인정될 것이다. 09. 지방직
( )

(2) 기능

민주주의와 기본권의 본질을 수호하는 기능을 하며, 헌법에 대한 적대적 시도로부터 헌법을 사전예방적으로 수호하는 기능을 한다.

4. 한계

(1) 민주주의의 본질 침해금지

방어적 민주주의는 민주주의의 적으로부터 진정한 민주주의를 수호하기 위한 수단이어야지, 민주주의의 파괴 또는 민주주의의 자기부정이어서는 아니 된다. 01. 입시

(2) 헌법원리의 본질 침해금지

방어적 민주주의의 명분하에 국민주권·법치국가·사회국가 등 헌법 기본원리의 본질을 침해하여서는 아니 된다. 특히 민주주의 구현을 위한 필수적 기본권인 정치적 기본권 등을 부당하게 제한하기 위한 수단으로 악용되어서는 아니 된다.

(3) 소극적·방어적 행사와 과잉금지의 원칙

방어적 민주주의는 소극적·방어적인 것이어야 하며, 방어적 민주주의를 위한 국가의 개입과 제한도 과잉금지의 원칙에 따라 필요최소한에 한정되어야 한다. 02. 입시

5. 우리 헌법상의 방어적 민주주의

(1) 헌법규정

우리 헌법은 방어적 민주주의를 구현하기 위한 구체적 제도의 하나로서 반민주적 정당의 강제해산을 규정하고 있다. 10. 경찰승진 그리고 기본권상실제도는 수용하고 있지 아니하지만, 01. 입시, 14. 서울시 기본권을 제한할 수 있음을 규정한 헌법 제37조 제2항도 개인 또는 단체가 민주주의를 부정하는 경우에 그 제한을 정당화할 수 있는 근거가 된다는 의미에서 방어적 민주주의를 수용한 규정이라 할 수 있다.

03 방어적 민주주의를 위한 장치로 위헌정당해산제도와 기본권실효제도를 들 수 있는데 이 중 우리는 독일과 달리 위헌정당해산제도만을 도입하고 있다. 14. 서울시
( )

정답 02 ○ 03 ○

① 위헌정당해산제도

> 헌법 제8조 ④ 정당의 목적이나 활동이 민주적 기본질서에 위배될 때에는 정부는 헌법재판소에 그 해산을 제소할 수 있고, 정당은 헌법재판소의 심판에 의하여 해산된다.

② 기본권의 제한사유

> 헌법 제37조 ② 국민의 모든 자유와 권리는 국가안전보장·질서유지 또는 공공복리를 위하여 필요한 경우에 한하여 법률로써 제한할 수 있으며, 제한하는 경우에도 자유와 권리의 본질적인 내용을 침해할 수 없다.

기출 OX

01 정당해산심판제도는 정부의 일방적인 행정처분에 의해 진보적 야당이 등록취소되어 사라지고 말았던 우리 현대사에 대한 반성의 산물로서, 제5차 헌법개정을 통해 헌법에 도입된 것이다. 18.경찰승진 ( )

02 어떤 정당이 민주적 기본질서를 부정하고 이를 적극적으로 공격하는 것으로 보인다 하더라도 국민의 정치적 의사형성에 참여하는 정당으로서 존재하는 한, 오직 헌법재판소가 그 정당의 위헌성을 확인하고 해산의 필요성을 인정한 경우에만 정당정치의 영역에서 배제된다. 19.경찰경채 ( )

(2) 판례의 입장

① 제1공화국 헌법에서는 위헌정당해산제도가 없었기 때문에 '진보당'은 정부의 일방적인 등록취소로 해체되고 말았다.
② 위헌정당해산제도는 1960년 6월 제3차 개정헌법에서 처음으로 도입되었고, 2014년 12월 19일에 '통합진보당' 사건에서 통합진보당이 우리나라 헌정사상 최초로 위헌정당해산제도에 따라 강제해산되었다. 02.입시

> **판례 |**
>
> **1 헌법 제8조 제4항의 의미**
>
> 헌법 제8조 제4항은 민주주의를 파괴하려는 세력으로부터 민주주의를 보호하려는 **소위 방어적 민주주의의 한 요소**이고, 다른 한편으로는 헌법 스스로가 정당의 정치적 성격을 이유로 하는 정당금지의 요건을 엄격하게 정함으로써 되도록 민주적 정치과정의 개방성을 최대한 보장하려는 것이다. 즉, 헌법은 정당의 금지를 민주적 정치과정의 개방성에 대한 중대한 침해로서 이해하여 오로지 제8조 제4항의 엄격한 요건 하에서만 정당설립의 자유에 대한 예외를 허용하고 있다. 이에 따라 **자유민주적 기본질서를 부정하고 이를 적극적으로 제거하려는 조직도 국민의 정치적 의사형성에 참여하는 한 정당의 자유의 보호를 받는 정당에 해당하며, 오로지 헌법재판소가 그의 위헌성을 확인한 경우에만 정당은 정치생활의 영역으로부터 축출될 수 있다**(헌재 1999.12.23, 99헌마135).
>
> **2 자유민주적 기본질서의 의미와 구체적 내용**
>
> 자유민주적 기본질서에 위해를 준다 함은 모든 폭력적 지배와 자의적 지배, 즉 반국가단체의 일인독재 내지 일당독재를 배제하고 다수의 의사에 의한 국민의 자치, 자유·평등의 기본원칙에 의한 법치주의적 통치질서의 유지를 어렵게 만드는 것으로서 구체적으로는 **기본적 인권의 존중, 권력분립, 의회제도, 복수정당제도, 선거제도, 사유재산과 시장경제를 골간으로 한 경제질서 및 사법권의 독립** 등 우리의 내부체제를 파괴·변혁시키려는 것이다(헌재 1990.4.2, 89헌가113).

정답 01 × 02 ○

police.Hackers.com

제2장 대한민국헌법총설

제1절 대한민국헌정사

01 대한민국헌법의 전사(前史)

1. 1899년의 대한제국국제(大韓帝國國制) 9개 조항
한국 최초의 성문헌법이자 흠정헌법의 성격을 가지고 있다.

2. 대한민국임시정부의 헌법
5차례의 개정이 있었고, 명칭은 대한민국임시'헌법', '약헌', '헌약' 등의 순으로 변경되었으며 근대 입헌주의적 헌법이다.

02 건국헌법 및 헌법의 개정과정

1. 1948년 7월 17일 건국헌법의 제정 – 제1공화국

제정과정		• 1948년 5·10 총선거로 제헌국회 구성 • 제헌국회가 헌법위원회를 구성하여 헌법제정작업 착수: 유진오초안을 원안, 권승렬초안을 참고안(양 초안 모두 의원내각제, 양원제 국회, 위헌법률심사권은 대법원에 부여)으로 하여 토의 • 이승만의 반대로 대통령제, 단원제 국회, 위헌법률심사권은 헌법위원회에 부여하는 헌법안이 1948년 7월 12일 국회의 의결만으로 제정(국민투표 ✕) 03·10. 법행, 06. 입시, 13. 서울시 • 1948년 7월 17일 국회의장이 서명한 후 공포, 부칙의 규정에 따라 공포일로부터 시행 05. 행시
주요 내용	구성	전문, 10개 장, 103개 조 06. 법무사
	총강	• 국가형태로서 민주공화국 • 국민주권의 원리 • 영토조항
	기본권	• 자유권 • 근로3권, 사기업 근로자의 이익분배균점권(제5차 때 삭제) 06. 법무사, 09·16. 사시, 13·16. 국가직, 24. 경찰2차 • 개별적 법률유보 + 일반적 법률유보 • 구속적부심사제 • 국민에게 불법행위를 한 공무원의 파면청원권 24. 경찰2차

기출 OX
01 1948년 제헌헌법은 제1대 국회 본회의에서 헌법을 의결하고 국민투표를 거쳐 확정되었다. 18. 입시 ( )

정답 01 ✕

통치구조	• 정부와 대통령
	  - 대통령·부통령 무기명투표에 의한 국회간선제(4년 1차 중임) 04. 국가직, 06·11. 법무사, 07. 사시, 10. 법행, 12. 변호사, 14. 지방직, 18. 국가직 9급
	  - 대통령의 법률안거부권과 법률안제출권
	  - 대통령령의 긴급명령권과 계엄선포권
	  - 국무원(의결기관) 11. 법무사, 12. 국회직, 15. 법원직
	  - 국무총리 15. 법원직
	  - 국정감사제도 18. 국가직
	  - 심계원
	• 국회
	  - 단원제 국회 06. 법무사, 07·15. 법원직
	  - 국회의원 불체포특권
	• 법원
	  - 10년 임기의 법관으로 구성 06. 법무사
	  - 대법원장은 국회의 승인을 얻어 대통령이 임명 19. 서울시

경제질서	• 통제경제 • 사회화경향(자연자원의 국유화 및 공공필요에 의한 사기업의 국공유화, 경자유전의 원칙 등)
재정	• 조세법률주의 • 일년예산주의 • 가예산제도
지방자치	지방자치단체의 사무범위와 지방자치단체의 조직과 운영규정 11. 법무사, 15. 법원직
헌법재판	• 헌법위원회(위원장은 부통령, 대법관 5인과 국회의원 5인으로 구성): 위헌법률심판 03. 법행, 06·09. 사시, 12. 국회직 • 탄핵재판소(재판장은 부통령, 대법관 5인과 국회의원 5인으로 구성): 탄핵심판권 10. 법행, 11. 법무사
헌법개정	• 대통령, 국회의원(재적의원 3분의 1 이상) 발의 • 국회결의(재적의원 3분의 2 이상)
기타	정당조항과 통일조항이 없음
평가	기본권보장·정부형태·경제조항 등 미국 헌법과 바이마르 헌법의 영향을 많이 받았으며, 05. 행시 국회의 정부에 대한 불신임권이 없어서 행정부 우위의 후진국가형 대통령제 정부였다(김철수).

기출 OX

02 건국헌법은 임기 4년의 대통령과 부통령을 1차에 한하여 중임할 수 있도록 하였고, 대통령과 부통령을 국회에서 무기명투표로써 각각 선거하도록 규정하였다. 18. 경찰승진 ( )

03 제헌헌법에서는 심의기관인 국무원을 두었으며, 대통령이 국무원의 의장이었다. 17. 경찰승진 ( )

04 제헌헌법은 국무총리제를 두지 않고 부통령제를 두었다. 15. 법원직 ( )

05 1948년 건국헌법은 대통령 국회간선제, 국회단원제, 국무총리제, 국정감사제도를 규정하였다. 15. 경찰승진 ( )

06 1948년 제헌헌법부터 지방자치제도에 관한 헌법규정이 존재하였다. 19. 5급 공채 ( )

07 1948년 건국헌법은 헌법수호기구로서 위헌법률심사권을 가진 헌법위원회와 탄핵심판을 담당하는 탄핵재판소를 규정하였다. 14. 경찰승진 ( )

정답 02 ○ 03 × 04 × 05 ○ 06 ○ 07 ○

2. 1952년 7월 4일 제1차 개정헌법(발췌개헌) - 제1공화국

개정과정		• 1950년 5월 총선에서 야당이 국회다수석을 차지하자 이승만은 재집권하기 위하여 대통령 간선규정을 직선제로 바꾸려 함 • 정부개헌안(대통령 직선 + 양원제)과 국회개헌안(의원내각제)은 모두 부결되고, 이후 국회는 양 개헌안이 절충된 발췌개헌안을 통과시킴

주요
내용
	통치구조	• 정부와 대통령
		  - 대통령 직선제(4년 1차 중임) 03. 법행, 12. 변호사, 14. 지방직
		  - 국무위원 임명에 있어서 국무총리의 제청권 03. 법행, 12. 사시
		• 국회
		  - 양원제 국회(그러나 단원제로 운영, 제1차~제4차 개정헌법) 03. 법행, 05. 입시, 12. 사시, 14. 지방직, 19. 서울시
		  - 국회의 국무원불신임제(연대적 불신임제도) 03. 법행, 12. 사시

	헌법개정	• 대통령 또는 민의원의 재적의원 3분의 1 이상 또는 참의원의 재적의원 3분의 2 이상 발의 • 양원에서 각각 의결(재적의원 3분의 2 이상)
평가		일사부재의(一事不再議)원칙에 위배되고, 공고되지 아니한 개헌안을 의결하였으며, 16. 사시 토론의 자유가 보장되지 아니한 채 의결이 강제되었다는 점, 09. 사시 대통령 직선제와 국무원불신임제(내각제적 요소)를 함께 채택하여 체계정당성이 무시되었다는 점 등에서 위헌적인 것이었다.

3. 1954년 11월 27일 제2차 개정헌법(사사오입개헌) - 제1공화국

개정과정		• 이승만의 장기집권을 위한 대통령 중임규정 수정이 목적 • 헌법개정안은 부결되었으나, 사사오입(四捨五入)의 수학적 계산방법을 동원하여 부결선포를 번복하고 가결로 선포 16. 국가직

주요
내용
	통치구조	• 정부와 대통령
		  - 초대 대통령에 한하여 중임제한(3선 제한)을 철폐하고 무제한 입후보 허용 03. 법행, 05. 입시
		  - 대통령 궐위*시 부통령이 지위승계 12. 사시
		  - 국무총리제 폐지 03. 법행
		  - 국무원연대책임제 폐지(국무원에 대한 개별적 불신임제 채택)
		• 법원: 군사재판에 헌법상 지위 부여

	헌법개정	• 대통령, 민의원 또는 참의원(재적의원 3분의 1 이상), 민의원선거권자(50만명 이상) 발의(국민발안제는 제7차에서 삭제) 16. 국가직 • 양원에서 각각 의결(재적의원 3분의 2 이상) • 헌법개정금지조항
	기타	• 헌법개정금지조항의 명문화(민주공화국, 국민주권, 중요사항에 대한 국민투표) 05. 행시, 11. 법원직 • 국민투표제 도입(주권의 제약, 영토변경 등 국가안위에 관한 중대사항은 국민투표에 필요적으로 부쳐야 함) 09. 사시, 16·18. 국가직
평가		초대 대통령에 한하여 중임제한을 철폐한 것은 평등의 원칙에 위배되고, 부결선언사항을 가결로 번복하여 정족수 미달로 위헌적인 것이었다. 09·16. 사시

기출 OX

01 1952년 헌법에는 국무총리제를 폐지하고 국무위원에 대한 개별적 불신임제를 채택하였다. 17. 경찰승진 ( )

02 제1차 개정헌법(1952년)은 야당안과 정부안을 발췌하여 절충한 것으로 국회 양원제를 규정하고, 대통령과 부통령의 국민직선제를 채택하였다. 13. 지방직 ( )

03 제1차 개정헌법은 국회 양원제, 국무원불신임제, 대통령 직선제 등을 규정하였다. 14. 서울시 ( )

✎ **제1차 개정헌법의 국회제도**
- 규정 ⇨ 양원제
- 실제 ⇨ 단원제

04 1954년 개정헌법(제2차 개헌)은 같은 헌법 공포 당시의 대통령에 한하여 중임제한을 철폐하고, 대통령의 궐위시에는 국무총리가 그 지위를 계승하도록 하였다. 20. 경찰승진 ( )

* **궐위**: 대통령이 재직하고 있지 않은 경우를 말한다.

05 제2차 개정헌법(1954년)에 의해 도입된, 헌법개정안의 국민발안제도는 제5차 개정헌법(1962년)에서 삭제되었다. 19. 경찰경채 ( )

정답 01 × 02 ○ 03 ○ 04 ×
05 ×

4. 1960년 6월 15일 제3차 개정헌법(의원내각제개헌) - 제2공화국

개정과정		• 3·15부정선거와 4·19혁명으로 이승만 대통령 하야 • 허정 과도정부가 수립되어 개헌안이 국회를 통과
주요 내용	기본권	기본권의 확대·강화 - 언론·출판·집회·결사에 대한 사전허가 검열금지 10. 법행, 12. 사시 - 본질적 내용침해금지 신설(제3차 신설 ➡ 제7차 폐지 ➡ 제8차 복원) 10. 법행, 12. 사시, 19. 서울시

	통치구조	• 정부와 대통령
		- 대통령 국회간선제(5년 1차 중임) 04. 국가직, 12. 변호사·국회직
		- 긴급명령 삭제, 대통령이 긴급재정처분권을, 국무총리가 긴급재정
		  명령권을 보유
		- 심계원, 감찰위원회
		• 국회
		- 의원내각제(국무총리 내각수반) 01. 법무사, 04. 국가직
		- 국회의 양원제
		• 법원: 대법원장·대법관선거(법관선거인단) 05. 행시, 06. 법무사, 18. 국회직 9급
		• 헌법재판소 신설 01. 법무사, 19. 서울시
		• 중앙선거관리위원회의 헌법기관화(각급 선거관리위원회는 제3공화
		  국 헌법에서 규정) 07. 법원직, 16. 국회직·서울시, 18. 국회직 9급

	지방자치	• 지방자치단체장의 선거제 10. 법행 • 지방자치 실시
	재정	준예산제도(가예산제도 폐지)
	헌법재판	헌법재판소는 법률의 위헌심판, 헌법에 관한 최종적 해석, 국가기관 간의 권한쟁송, 정당의 해산심판, 탄핵재판, 대통령·대법원장·대법 관의 선거에 관한 소송 등을 관할 06. 사시
	헌법개정	그대로 유지(국민발안제 등)
	기타	• 정당조항 신설(위헌정당강제해산제도) 01. 법무사, 12. 변호사, 18. 국회직 9급 • 직업공무원제(공무원의 중립 및 신분보장) 10. 법행, 19. 서울시 • 경찰의 중립보장 01. 법무사, 19. 서울시
평가		여야합의에 의한 최초의 개헌이며, 형식적으로는 개정의 방법에 의한 것이나 실질적으로는 가히 신헌법의 제정이라고도 할 만한 것이었다 (권영성, 김철수).

기출 OX

06 1960년 제3차 개정헌법은 의원내각제, 국회단원제, 대통령 국회간선제를 규정하였다. ( )

07 중앙선거관리위원회는 제3차 개정헌법(1960년)부터 헌법기관으로 규정되었다. 19. 경찰경채 ( )

08 1960년 제3차 개정헌법에서 정당조항을 신설하였고, 1962년 제5차 개정헌법은 대통령과 국회의원의 입후보에 소속정당의 추천을 받도록 규정하였다. 18. 경찰승진 ( )

09 1960년 6월의 제3차 개정헌법(제2공화국)은 여야합의에 의한 헌법개정이었다. 11. 국회직 ( )

5. 1960년 11월 29일 제4차 개정헌법(부정선거관련자 처벌개헌) - 제2공화국

개정과정	반민주행위자 처벌을 위하여 형벌불소급원칙 예외의 근거를 마련하는 헌법개정안을 통과시킴 05. 입시, 13. 국가직
주요내용	부칙만 개정 07. 국회직 - 3·15부정선거관련자 처벌을 위한 헌법적 근거조항을 둠 12. 사시 - 특별검찰부·특별재판소 설치
평가	소급입법에 의하여 참정권과 재산권 등을 제한하거나 처벌할 수 있게한 점에서 위헌적인 것이었다.

10 1960년의 제4차 개정헌법은 반민주행위자의 처벌을 위한 소급입법을 헌법적으로 정당화하기 위해 성립되었으며 권력구조에 대한 변경은 없었다. 17. 입시 ( )

📎 **제4차 개정헌법**
• 헌법부칙만 개정 ○
• 헌법전문과 본문 개정 ✕

정답 06 ✕ 07 ○ 08 ○ 09 ○
10 ○

6. 1962년 12월 26일 제5차 개정헌법(군정대통령제개헌) - 제3공화국

기출 OX

01 1962년의 제5차 개헌은 국회의 의결 없이 국가재건최고회의가 의결하여 국민투표로 확정하였으나, 이는 제2공화국 헌법의 헌법개정절차에 따른 개정이 아니었다. 17. 경찰승진 ( )

02 제헌헌법부터 존재하던 헌법전문은 1972년 제7차 헌법개정에서 최초로 개정이 이루어졌다. 17. 5급 공채 ( )

03 1962년 제5차 개정헌법은 인간으로서의 존엄과 가치 조항을 신설하고, 위헌법률심사권을 법원의 권한으로 규정하였다. 18. 경찰승진 ( )

04 1962년 헌법은 인간의 존엄과 가치를 명시하고, 행복추구권을 기본권으로 신설하였다. 18. 국가직 ( )

개정과정		• 5·16군사쿠데타로 국가재건최고회의가 구성되고, 국가재건비상조치법이 제정 • 국가재건최고회의의 특별위원회로서 헌법심의위원회 발족 • 개헌안을 국가재건최고회의 의결(국회의결 ✕)을 거쳐 국민투표로써 확정 05. 입시, 12. 국회직, 19. 지방직
주요 내용	구성	• 헌법전문을 최초로 개정 • 헌법전문의 연도표기가 단기에서 서기로 변경 • 헌법조문에 최초로 항 및 내용을 구별함
	기본권	• 인간의 존엄과 가치 신설 04·16·18. 국가직, 05. 행시, 19. 서울시, 24. 경찰2차 • 양심의 자유를 종교의 자유에서 분리 • 직업선택의 자유 신설 15. 지방직, 16. 국가직, 24. 경찰2차 • 인간다운 생활권 신설 24. 경찰2차 • 묵비권, 고문받지 않을 권리, 임의성 없는 자백의 증거능력제한 신설 • 소급입법에 의한 참정권이나 재산권 박탈금지 신설 • 신속·공개재판청구권 신설 • 언론·출판의 타인명예침해금지, 영화·연예에 대한 검열 허용 • 이익분배균점권 폐지

	통치구조	• 정부와 대통령
		  - 대통령 직선제(4년 1차 중임) 12. 변호사, 14. 지방직
		  - 국무회의 심의기관화
		  - 국무총리 임명에 국회동의제 폐지
		  - 감사원 신설
		  - 국가안전보장회의 신설
		  - 각급 선거관리위원회 신설
		• 국회
		  - 국회 단원제: 비례대표제, 국회의원수의 제한
		  - 일사부재의의 원칙, 회기계속의 원칙
		  - 국회의 국무원 해임건의제도
		  - 국회의원 면책특권에서 발언·표결의 직무관련성 신설
		• 법원: 법관추천회의 설치(대법원장과 대법관 임명에 법관추천회의 제청, 모든 법관 ✕)
		• 헌법재판소 폐지, 탄핵심판위원회 설치

	헌법재판	• 대법원: 위헌법률심사·정당해산심판·선거소송 관할 04. 국가직, 10. 법행 • 탄핵심판위원회: 탄핵심판 관할 ▶ 기관간 권한쟁의제도는 두지 않음
	헌법개정	• 국회의원(재적의원 3분의 1 이상), 국회의원선거권자(50만인 이상, 국민발안제)의 발의 19. 지방직 • 국회의결(재적의원 3분의 2 이상) • 필수적 국민투표(국회의원선거권자 과반수 투표와 과반수 찬성)
	기타	극단적 정당국가화(무소속출마 불허, 국회의원의 당적이탈·변경 또는 정당해산시 의원직상실) 05. 입시, 10. 법행, 12. 변호사·국직, 19. 서울시
평가		헌법상의 개정절차에 의하지 아니하고 국가비상조치법이 규정한 국민투표에 의하여 개정되었다는 점에서 법리상의 문제가 있었다. 09. 사시

05 1962년 개정헌법(제5차 개헌)은 국무총리 국무위원에 대한 국회의 해임건의가 있을 때에는 대통령은 특별한 사유가 없는 한 이에 응하도록 규정하였다. 20. 경찰승진 ( )

06 1960년 제4차 개정헌법에서 헌법개정안에 대한 국민투표가 처음으로 규정되었다. 19. 5급 공채 ( )

✎ **제5차 개정헌법**
• 제4차 개정헌법이 정한 개정절차에 따른 개정 ✕
• 제5차 헌법개정안에서 채택한 국민투표로 개정 ○
• 헌법상 최초의 국민투표는 제2차 개정 때지만, 헌법개정안에 대한 국민투표는 제5차 개정에서 최초로 규정

정답 01 ○ 02 ✕ 03 ○ 04 ✕ 05 ○ 06 ✕

7. 1969년 10월 21일 제6차 개정헌법(공화당 3선개헌) - 제3공화국

개정과정	• 1969년 8월 여당은 대통령의 연임 횟수연장을 골자로 하는 개헌안 제출 • 동 개헌안은 국민투표에 회부되어 확정
주요내용	• 대통령 　- 대통령의 재임을 3기까지 인정 　- 대통령 탄핵소추요건 강화 • 국회 　- 국회의원정수 상한을 250명으로 증원 　- 국회의원 겸직규정
평가	국회의사당이 아닌 곳에서 기습적으로 여당의원만 모여 이루어진 반민주적인 개헌안으로, 장기집권을 가능하게 하는 수단이 되었다(허영).

8. 1972년 제7차 개정헌법(유신개헌) - 제4공화국

개정과정		• 1971년 국가보위에 관한 특별조치법 제정 • 1972년 박정희 대통령이 비상계엄을 선포하고 비상조치(국회해산, 정치활동금지)를 단행 • 비상국무회의에서 헌법개정안 공고 • 국민투표로써 확정, 1972년 12월 27일에 공포
주요 내용	기본권	기본권 약화 　- 기본권의 제한요소로 국가안전보장 추가 05. 행시 　- 본질적 내용침해금지 삭제 　- 언론·출판에 대한 허가·검열금지 삭제 12. 변호사 　- 구속적부심사제 폐지 　- 이중배상금지(헌법 제29조 제2항)
	통치구조	• 정부와 대통령[영도적 대통령제(대통령에게 국정조정자적 지위 부여)] 　- 대통령의 중임·연임조항 폐지 03. 법행 　- 통일주체국민회의 설치(대통령 간선과 국회의원 3분의 1 선출) 　　03. 법행, 07. 국회직, 12. 변호사 　- 대통령의 긴급조치권 신설 07. 국회직 　- 대통령의 국회의원정수의 3분의 1 추천권, 대통령의 국회임시회 소집요구권 신설, 대통령의 국회해산권 　- 대통령의 법관 임명제 도입 04. 국가직 • 국회(권한 축소): 대통령이 국회의원 3분의 1 추천, 회기단축(연 150일 이내), 국정감사권 폐지 18. 국가직 • 법원(권한 축소): 대통령이 법관 임명, 징계처분에 의한 법관의 파면 가능 • 헌법위원회 설치 03. 법행 • 국정감사 폐지(제헌 신설 ➡ 제7차 폐지 ➡ 제9차 복원)
	지방자치	지방자치 유보(조국의 통일시까지 유예) ▶ 재정자립도를 감안하여 순차적으로 구성하는 것은 제8차 개헌
	헌법재판	• 헌법위원회: 위헌법률심사·탄핵심판·정당해산심판 관할 • 법원: 위헌법률심사 제청만 할 수 있음

기출 OX

07 제7차 개정헌법(1972년)은 부칙에서 지방의회를 조국통일이 이루어질 때까지 구성하지 않는다고 규정하였다. 15. 국회직 (　)

08 1972년 헌법은 지방의회를 재정자립도를 감안하여 순차적으로 구성하도록 하였다. 05. 국가직 (　)

정답　07 ○　08 ✕

기출 OX

01 제7차 개헌(1972년 유신헌법)에서는 헌법개정 절차를 이원화하여 대통령이 헌법개정안을 제안한 경우에는 국민투표로, 국회에서 헌법개정안을 제안한 경우에는 통일주체국민회의의 의결로 확정토록 하였다. 13. 경찰승진 ( )

02 기본권의 본질적 내용에 대한 침해금지규정은 제3차 개정헌법에서 처음으로 규정되었으나, 제7차 개정헌법에서 삭제되었다가 제8차 개정헌법에서 다시 부활하였다. 13. 경찰승진 ( )

03 환경권과 행복추구권은 모두 제8차 개정헌법(1980년)에 신설되었다. 19. 경찰경채 ( )

04 1980년 개정헌법(제8차 개헌)은 임기 7년의 대통령을 국회에서 무기명투표로 선거하도록 하고 위헌법률심판과 탄핵심판을 담당하는 헌법위원회를 규정하였다. 20. 경찰승진 ( )

	헌법개정	• 헌법개정에 대한 국민발안제 폐지 • 헌법개정 이원화 16. 서울시, 18. 국가직, 19. 지방직 - 대통령 발의: 국민투표(국회의원선거권자 과반수 투표와 투표자 과반수 찬성) - 국회의원(재적의원 과반수 이상) 발의: 국회의결(재적의원 3분의 2 이상), 통일주체국민회의의 의결로 확정
	기타	• 주권의 행사방법규정(… 국민은 그 대표자나 국민투표에 의하여 주권을 행사한다) • 중요정책에 대한 국민투표부의권
	평가	유신헌법은 혁명에 의한 새 헌법의 제정이라는 견해와 긴급조치에 의한 제3공화국 헌법의 전면개정이라는 견해가 대립한다. 유신헌법은 정권을 연장하기 위하여 권위주의적인 대통령제를 채택하였으며, 국민의 기본권보장을 약화시켰다는 점에서 반민주적인 것이었다.

9. 1980년 제8차 개정헌법(국보위개헌) - 제5공화국

	개정과정	• 1979년 10·26사태와 12·12쿠데타 • 국가보위비상대책위원회(상임위원회위원장 전두환) 설치 • 헌법개정심의위원회 발족 • 전두환이 통일주체국민회의에서 대통령으로 선출 • 헌법개정심의위원회가 개헌안을 작성하고 국민투표에 회부되어 확정 • 1980년 10월 27일 공포, 부칙의 규정에 따라 공포일로부터 시행
주요 내용	기본권	기본권의 상대적 강화 - 행복추구권 신설 13·18. 국가직, 24. 경찰2차 - 구속적부심사제 부활 - 사생활의 비밀과 자유 신설 18. 국회직 9급, 24. 경찰2차 - 연좌제 폐지 - 형사피고인의 무죄추정 신설 - 환경권 13·16. 국가직, 24. 경찰2차 - 적정임금조항 09. 사시, 16. 국가직
	통치구조	• 정부와 대통령(강력한 대통령제) - 선거인단에 의한 대통령 간선제(7년 단임제) 12. 변호사, 19. 서울시 - 통일주체국민회의 폐지 03. 법행 - 대통령의 비상조치권 - 국정자문회의, 평화통일자문회의 신설 • 국회: 국회의 국정조사권 신설 18. 국가직 • 법원 - 일반 법관 임명권을 대법원장에게 부여 - 징계에 의한 법관파면 삭제 - 행정심판의 헌법적 근거
	경제질서	• 소비자보호운동의 보장 05. 행시 • 독과점의 규제와 조정 • 중소기업의 보호·육성 • 국가표준제도 확립

정답 01 ○ 02 ○ 03 ○ 04 ×

	헌법재판	제4공화국 헌법을 그대로 유지
	헌법개정	• 헌법개정절차의 일원화(국민투표로만 확정시킬 수 있음) 　- 대통령, 국회의원(재적의원 과반수) 발의 　- 국회의결(재적의원 3분의 2 이상) 　- 국민투표 • 임기연장이나 중임변경을 위한 헌법개정은 개정 당시의 대통령에게 적용금지
	기타	• 민족문화의 창달 • 재외국민보호조항 • 정당보조금 지급 • 외교·국방·통일 기타 국가안위에 대한 국민투표부의권
평가		새로운 정치주도세력에 의해서 추진되었다는 점, 국민이 참여해서 이루어진 것이라는 점에서 새로운 헌법의 제정이라는 견해가 유력하다 (김철수, 허영).

기출 OX
05 정당운영자금에 대한 국고보조조항은 1980년 헌법에 처음 규정되었다.
10. 국회직　　　　　　　　　　( )

10. 1987년 제9차 개정헌법[현행헌법(대통령 직선제개헌)] - 제6공화국

개정과정		• 1987년 6월 직선제 쟁취를 요구하는 민주화 운동의 결과 6·29선언 • 여야로 구성된 국회개헌특별위원회에서 개정안을 마련하고 1987년 10월 27일 국민투표에 의하여 확정하여 10월 29일 공포하고, 부칙에 따라 1988년 2월 25일부터 시행하였다.
주요 내용	구성	전문, 10개 장, 130개 조, 부칙
	전문	전문개정(대한민국임시정부의 법통계승, 불의에 항거한 4·19민주이념)
	기본권	기본권 강화 　- 적법절차제도 　- 구속의 통지·고지제도　18. 국가직 　- 형사피해자의 재판절차진술권　07. 법무사, 24. 경찰2차 　- 범죄피해자구조청구권　18. 국가직, 24. 경찰2차 　- 형사피의자의 형사보상청구권 　　비교》형사피고인의 형사보상청구권은 제헌헌법에서 도입 　- 허가·검열금지 부활　18. 국회직 9급 　- 최저임금제 시행의무(↔ 적정임금제는 제8차)　09. 사시, 16. 국가직 　- 대학의 자율성 　- 쾌적한 주거 생활권 　- 여자·모성·노인·청소년의 권익보호　07. 법무사
	통치구조	• 정부와 대통령 　- 대통령(5년 단임 직선제)　05·06. 입시, 07. 법원직·법무사, 12. 변호사 　- 대통령후보자 자격으로 5년 이상 거주조항 삭제, 공직선거법에 규정 　- 비상조치권 삭제, 긴급명령제 부활 　- 국회해산권 삭제　07. 법무사 • 국회(국회의 지위와 권한 강화) 　- 국무위원에 대한 해임건의권 　- 국정감사권 부활 • 법원: 대법관 임명에 국회의 동의 • 헌법재판소: 부활

06 1987년 헌법은 체포·구속시 이유 고지 및 가족통지제도를 추가하였고, 범죄피해자구조청구권을 기본권으로 새로 규정하였다. 18. 국가직 ( )

07 1987년 제9차 개헌에서는 근로자의 적정임금 보장, 재외국민보호의무 규정을 신설하고 형사보상청구권을 피의자까지 확대 인정하였다. 17. 경찰승진
( )

08 최저임금제도는 제8차 개정헌법 (1980년)에서 최초로 도입되었다.
19. 경찰경채 ( )

✎ • 적정임금조항 ⇨ 제8차 개정
　• 최저임금제 ⇨ 제9차 개정

09 1987년 개정헌법(제9차 개헌)은 현대적 인권인 환경권을 최초로 규정하였다. 20. 경찰승진 ( )

정답　05 ○　06 ○　07 ×　08 ×
09 ×

기출 OX

01 대통령 직선제를 도입하고 대통령의 임기를 5년으로 단축한 것, 대통령의 국회해산권 행사를 엄격히 제한하여 국가의 안전보장 또는 공공의 안녕질서를 유지하기 위하여 긴급한 조치가 필요한 경우에 한하여 국회를 해산할 수 있도록 한 것, 헌법위원회를 폐지하고 헌법재판소를 신설한 것은 현행헌법(제9차 개정헌법)이 그 직전의 헌법(제8차 개정헌법)과 달리 규정하고 있는 것이다. 07. 법무사 ( )

✎ • 재외국민보호조항 ⇨ 제5공화국 헌법
  • 재외국민보호의무 ⇨ 제6공화국 헌법

헌법재판	• 헌법재판소: 위헌법률심사·탄핵심판·위헌정당심판·권한쟁의·헌법소원(신설) • 대법원: 선거소송
헌법개정	• 대통령 중임제한규정 개정시 효력제한규정을 둠 • 헌법개정절차 　- 대통령, 국회의원(재적의원 과반수) 발의 　- 국회의결(재적의원 3분의 2 이상) 　- 국민투표
기타	• 재외국민보호의무 • 국군의 정치적 중립성 07. 법원직 • 정당의 목적이 민주적일 것 • 통일조항(제4조)
평가	국민적 여망을 최대한으로 수용하여 평화적이고 민주적인 절차에 따라 합의개헌의 형태로 이루어졌다는 점에서 긍정적으로 평가된다.

제2절 대한민국의 국가형태와 구성요소

01 대한민국의 국가형태

> **헌법 제1조** 대한민국은 민주공화국이다.

(1) 민주공화국의 의미

헌법 제1조 제1항에서 규정한 바대로 우리나라의 국호는 대한민국이고, 국가형태는 공화국이다. 그러나 국가형태조항과 민주공화국의 의미에 대해서는 헌법 제1조 제1항의 민주공화국이 우리나라의 국가형태를 공화국으로 규정한 것이며, 이때의 민주는 공화국의 정치적 내용이 민주주의적으로 형성될 것을 요구하는 공화국의 내용에 관한 규정이라고 한다(다수설).

(2) 민주공화국의 법적 성격과 규범성

① **법적 성격**: 공화국이란 군주제를 부정하는 국가라는 의미와 함께 자유국가, 민주국가, 반독재국가라는 의미도 지닌다. 그러므로 우리 헌법 제1조 제1항은 대한민국의 국가적 질서가 독재적 국가형태이어서는 아니 된다는 소극적 의미와 대한민국의 국가적 질서가 자유·민주국가적 질서이어야 한다는 적극적 의미를 지닌다.

② **규범성**: 헌법 제1조 제1항은 정치적 공동체의 구조형태와 조직체계에 관하여 이룩한 국민적 합의, 즉 헌법제정권자의 기본적 결단 내지 헌법의 핵이다. 따라서 민주공화국이라는 국가형태는 헌법개정절차에 의해서도 개정될 수 없다.

정답 01 ×

(3) 민주공화국의 정치적 내용

공화국의 정치적 내용이 되는 민주주의는 헌법의 전 체계에 비추어 볼 때, 자유민주주의와 대의제 민주주의를 기본으로 하면서 직접민주주의, 정당제 민주주의, 방어적 민주주의 등의 요소가 가미된 현대적 의미의 민주주의를 의미하는 것이라고 할 수 있다.

02 대한민국의 구성요소

> 헌법 제1조 ① 대한민국은 민주공화국이다.
> ② 대한민국의 **주권**은 국민에게 있고, **모든 권력**은 국민으로부터 나온다. 06. 법무사
> 제2조 ① 대한민국의 **국민**이 되는 요건은 **법률**로 정한다.
> ② 국가는 법률이 정하는 바에 의하여 재외국민을 **보호할 의무**를 진다.
> 제3조 대한민국의 **영토**는 **한반도와 그 부속도서**로 한다.

I. 국가권력

'넓은 의미의 국가권력'이란 주권과 통치권을 말한다.

1. 주권

(1) 주권의 개념

일반적으로 국내에서는 최고의 권력이고 국외에 대해서는 독립의 권력을 의미한다. 절대군주국가에서는 주권의 주체와 통치권의 행사자가 군주라는 동일인이었기 때문에 주권과 통치권을 동일한 권력으로 오해할 수도 있었다. 그러나 현대 민주국가에서는 주권과 통치권은 본질적으로 상이한 개념임을 유의할 필요가 있다.

(2) 주권의 본질

주권은 최고성, 독립성, 시원성, 자율성, 단일불가분성, 불가양성, 항구성, 실정법초월성 등을 본질적 속성으로 한다.

2. 통치권(공권력)

(1) 개념

'통치권'이란 국가목적을 달성하기 위하여 일반적으로 국민에게 명령·강제하는 포괄적 지배권을 의미하는 것으로, 헌법에 근거를 가지는 국가적 의사의 힘을 말한다.

(2) 내용

실질적 내용에 따라 영토고권[영역 내에 있는 모든 인(人)과 물(物)에 대한 지배권]·대인고권(국가구성원에 대한 속인적 지배권)·자주조직권(국가의 조직을 스스로 결정하는 권한)으로 나눌 수 있으며, 발동형태에 따라 입법권·집행권·사법권으로 나뉜다.

기출 OX

02 주(州)도 주권을 갖는다고 보는 것이 우리나라의 통설이다. 07. 국가직
( )

✎ 통설에 따르면 주권은 단일불가분적이고 통치권은 입법권, 사법권, 행정권 등으로 나눌 수 있다. 따라서 하나의 주(州)는 통치권을 가질 수는 있지만 주권을 가질 수는 없다고 본다.

정답 **02** ✕

3. 주권과 통치권의 관계

구분	주권	통치권
의의	국가의사를 최종적·전반적으로 결정하는 최고권력으로서 모든 권력의 상위에 위치하는 근원적인 힘	주권에서 유래하고 주권에 의하여 조직된 권력
성질	단일불가분·불가양	분할·양도 가능
주체·행사	주권의 주체는 국민(민주국가에서 주권은 국민에 귀속)	• 통치권의 주체는 국가 • 헌법에 의하여 구성된 국가기관이 헌법에 규정된 절차와 한도 내에서 행사

4. 현행헌법의 규정

헌법 제1조 제2항 전단(대한민국의 주권은 국민에게 있고)의 '주권'은 본래의 주권을 의미하며, 후단(모든 권력은 국민으로부터 나온다)의 '모든 권력'은 통치권을 의미한다.

II. 국민

1. 국적(국민의 요건)

> 헌법 제2조 ① 대한민국의 국민이 되는 요건은 법률로 정한다.
>
> **국적법**
> 제1조【목적】이 법은 대한민국의 국민이 되는 요건을 정함을 목적으로 한다.

국적은 국가의 생성과 더불어 발생하고 국가의 소멸은 바로 **국적의 상실사유**인 것이다. 국적은 성문의 법령을 통해서가 아니라 국가의 생성과 더불어 존재하는 것이므로, 헌법의 위임에 따라 국적법이 제정되나 그 내용은 국가의 구성요소인 국민의 범위를 구체화·현실화하는 **헌법사항**을 규율하고 있는 것이다(헌재 2000.8.31, 97헌가12). 05. 사시, 11. 경찰승진, 12. 국회직

(1) 국적의 취득
 ① 선천적 국적취득

> **국적법**
> 제2조【출생에 의한 국적취득】① 다음 각 호의 어느 하나에 해당하는 자는 출생과 동시에 대한민국 국적을 취득한다. 01. 사시
> 1. 출생 당시에 부 또는 모가 대한민국의 국민인 자
> 2. 출생하기 전에 부가 사망한 경우에는 그 사망 당시에 부가 대한민국의 국민이었던 자
> 3. 부모가 모두 분명하지 아니한 경우나 국적이 없는 경우에는 대한민국에서 출생한 자 15. 서울시
> ② **대한민국에서 발견된 기아(棄兒)는 대한민국에서 출생한 것으로 추정한다.** 05·08. 법행

기출 OX

01 우리 헌법 제1조 제2항이 천명한 국민주권의 원리는 일반적으로 어떤 실천적인 의미보다는 국가권력의 정당성이 국민에게 있고 모든 통치권력의 행사를 최후적으로 국민의 의사에 귀착시킬 수 있어야 한다는 등 국가권력 내지 통치권을 정당화하는 원리로 이해되고 있다. 13. 법행 ( )

02 국적은 국가의 생성과 더불어 발생하지만, 국가의 소멸이 바로 국적의 상실사유가 되는 것은 아니다. 18. 5급 공채 ( )

03 출생 당시에 부 또는 모가 대한민국 국민인 자는 출생과 동시에 대한민국 국적을 취득한다. 20. 경찰경채 ( )

✏️ **국적법의 원칙**
• 속인주의(부모양계혈통주의)
• 속지주의(예외로 인정)

정답 01 ○ 02 × 03 ○

② 후천적 국적취득

국적법

제3조【인지에 의한 국적취득】 ① 대한민국의 국민이 아닌 자(이하 "외국인"이라 한다)로서 대한민국의 국민인 부 또는 모에 의하여 인지(認知)된 자가 다음 각 호의 요건을 모두 갖추면 법무부장관에게 신고함으로써 대한민국 국적을 취득할 수 있다.
　1. 대한민국의 민법상 미성년일 것 06. 입시
　2. 출생 당시에 부 또는 모가 대한민국의 국민이었을 것
② 제1항에 따라 신고한 자는 그 신고를 한 때에 대한민국 국적을 취득한다.

제4조【귀화에 의한 국적취득】 ① 대한민국 국적을 취득한 사실이 없는 외국인은 법무부장관의 귀화허가(歸化許可)를 받아 대한민국 국적을 취득할 수 있다. 19. 국가직
② 법무부장관은 귀화허가 신청을 받으면 제5조부터 제7조까지의 귀화 요건을 갖추었는지를 심사한 후 그 요건을 갖춘 사람에게만 귀화를 허가한다. 19. 국가직
③ 제1항에 따라 귀화허가를 받은 사람은 법무부장관 앞에서 국민선서를 하고 귀화증서를 수여받은 때에 대한민국 국적을 취득한다. 다만, 법무부장관은 연령, 신체적·정신적 장애 등으로 국민선서의 의미를 이해할 수 없거나 이해한 것을 표현할 수 없다고 인정되는 사람에게는 국민선서를 면제할 수 있다. 19. 국가직
④ 법무부장관은 제3항 본문에 따른 국민선서를 받고 귀화증서를 수여하는 업무와 같은 항 단서에 따른 국민선서의 면제 업무를 대통령령으로 정하는 바에 따라 지방출입국·외국인관서의 장에게 대행하게 할 수 있다.
⑤ 제1항부터 제4항까지에 따른 신청절차, 심사, 국민선서 및 귀화증서 수여와 그 대행 등에 관하여 필요한 사항은 대통령령으로 정한다.

제5조【일반귀화요건】 외국인이 귀화허가를 받기 위해서는 제6조나 제7조에 해당하는 경우 외에는 다음 각 호의 요건을 갖추어야 한다.
　1. **5년 이상** 계속하여 대한민국에 주소가 있을 것 19. 서울시
　1의2. 대한민국에서 영주할 수 있는 체류자격을 가지고 있을 것 19. 서울시
　2. 대한민국의 민법상 성년일 것
　3. 법령을 준수하는 등 법무부령으로 정하는 **품행 단정의 요건을 갖출 것**
　4. 자신의 자산(資産)이나 기능(技能)에 의하거나 생계를 같이하는 가족에 의존하여 생계를 유지할 능력이 있을 것
　5. 국어능력과 대한민국의 풍습에 대한 이해 등 대한민국 국민으로서의 기본 소양(素養)을 갖추고 있을 것
　6. 귀화를 허가하는 것이 국가안전보장·질서유지 또는 공공복리를 해치지 아니한다고 법무부장관이 인정할 것

기출 OX

04 인지에 의하여 국적을 취득하는 시점은 법무부장관에게 신고를 한 때이다. 20. 경찰경채 ( )

05 귀화의 방법으로 국적을 취득하는 시점은 법무부장관이 귀화허가를 한 때이다. 20. 경찰경채 ( )

06 일반귀화는 대한민국에서 영주할 수 있는 체류자격을 가지고 3년 이상 대한민국에 주소를 가지는 것 등의 요건을 갖추어야 한다. 19. 서울시 ( )

정답 04 ○ 05 × 06 ×

기출 OX

01 외국인이 귀화허가를 받기 위해서는 '품행이 단정할 것'의 요건을 갖추도록 한 국적법 조항은 명확성원칙에 위배된다. 18. 지방직 ( )

02 대한민국에서 출생한 사람으로서 부 또는 모가 대한민국에서 출생한 외국인은 대한민국에 3년 이상 계속하여 주소가 있는 경우 간이귀화허가를 받을 수 있다. 19. 경찰승진 ( )

03 외국인이 대한민국 국민인 배우자와 적법하게 혼인한 후 3년이 지나더라도 혼인한 상태로 대한민국에 1년 이상 계속하여 주소가 없는 경우에는 간이귀화의 요건을 충족하지 못한다. 17. 경찰승진 ( )

04 대한민국에 특별한 공로가 있는 외국인은 대한민국에 주소가 있는 경우 특별귀화허가를 받을 수 있다. 19. 경찰승진 ( )

정답 01 × 02 ○ 03 ○ 04 ○

판례 | 외국인이 귀화허가를 받기 위해서는 '품행이 단정할 것'의 요건을 갖추도록 한 국적법 제5조 제3호가 명확성원칙에 위배되는지 여부: 소극 [합헌] 18. 지방직

심판대상조항은 외국인에게 대한민국 국적을 부여하는 '귀화'의 요건을 정한 것인데, '품행', '단정' 등 용어의 사전적 의미가 명백하고, 심판대상조항의 입법취지와 용어의 사전적 의미 및 법원의 일반적인 해석 등을 종합해 보면, '품행이 단정할 것'은 '귀화신청자를 대한민국의 새로운 구성원으로서 받아들이는 데 지장이 없을 만한 품성과 행실을 갖춘 것'을 의미하고, 구체적으로 이는 귀화신청자의 성별, 연령, 직업, 가족, 경력, 전과관계 등 여러 사정을 종합적으로 고려하여 판단될 것임을 예측할 수 있다. 따라서 심판대상조항은 명확성원칙에 위배되지 아니한다(헌재 2016.7.28, 2014헌바421).

국적법

제6조【간이귀화요건】 ① 다음 각 호의 어느 하나에 해당하는 외국인으로서 대한민국에 **3년 이상** 계속하여 주소가 있는 사람은 제5조 제1호 및 제1호의2의 요건을 갖추지 아니하여도 귀화허가를 받을 수 있다. 05. 행시, 06. 입시
1. 부 또는 모가 대한민국의 국민이었던 사람
2. 대한민국에서 출생한 사람으로서 부 또는 모가 대한민국에서 출생한 사람
3. 대한민국 국민의 양자(養子)로서 입양 당시 대한민국의 민법상 성년이었던 사람

② 배우자가 대한민국의 국민인 외국인으로서 다음 각 호의 어느 하나에 해당하는 사람은 제5조 제1호 및 제1호의2의 요건을 갖추지 아니하여도 귀화허가를 받을 수 있다.
1. 그 배우자와 혼인한 상태로 대한민국에 **2년 이상** 계속하여 주소가 있는 사람
2. 그 배우자와 **혼인한 후 3년이 지나고** 혼인한 상태로 대한민국에 **1년 이상** 계속하여 주소가 있는 사람 10. 법무사
3. 제1호나 제2호의 기간을 채우지 못하였으나, 그 배우자와 혼인한 상태로 대한민국에 주소를 두고 있던 중 그 배우자의 사망이나 실종 또는 그 밖에 자신에게 책임이 없는 사유로 정상적인 혼인 생활을 할 수 없었던 사람으로서 제1호나 제2호의 잔여기간을 채웠고 법무부장관이 상당(相當)하다고 인정하는 사람
4. 제1호나 제2호의 요건을 충족하지 못하였으나, 그 배우자와의 혼인에 따라 출생한 미성년의 자(子)를 양육하고 있거나 양육하여야 할 사람으로서 제1호나 제2호의 기간을 채웠고 법무부장관이 상당하다고 인정하는 사람

제7조【특별귀화요건】 ① 다음 각 호의 어느 하나에 해당하는 외국인으로서 대한민국에 주소가 있는 사람은 제5조 제1호·제1호의2·제2호 또는 제4호의 요건을 갖추지 아니하여도 귀화허가를 받을 수 있다.
1. 부 또는 모가 대한민국의 국민인 사람. 다만, 양자로서 대한민국의 민법상 성년이 된 후에 입양된 사람은 제외한다.
2. 대한민국에 특별한 공로가 있는 사람
3. **과학·경제·문화·체육 등 특정 분야에서 매우 우수한 능력을 보유한 사람으로서 대한민국의 국익에 기여할 것으로 인정되는 사람**

② 제1항 제2호 및 제3호에 해당하는 사람을 정하는 기준 및 절차는 대통령령으로 정한다.

> **제8조【수반취득】** ① 외국인의 자(子)로서 대한민국의 민법상 미성년인 사람은 부 또는 모가 귀화허가를 신청할 때 함께 국적취득을 신청할 수 있다. 18. 지방직
> ② 제1항에 따라 국적취득을 신청한 사람은 부 또는 모가 대한민국 국적을 취득한 때에 함께 대한민국 국적을 취득한다. 01. 사시, 12. 법행

③ **국적취득자의 외국 국적포기의무**

> **국적법**
>
> **제10조【국적취득자의 외국 국적포기의무】** ① 대한민국 국적을 취득한 외국인으로서 외국 국적을 가지고 있는 자는 대한민국 국적을 취득한 날부터 **1년 내**에 그 외국 국적을 포기하여야 한다. 02. 사시, 03·08·12. 법행, 03·10. 법무사, 06. 행시, 14. 지방직
> ② 제1항에도 불구하고 다음 각 호의 어느 하나에 해당하는 자는 대한민국 국적을 취득한 날부터 1년 내에 외국 국적을 포기하거나 법무부장관이 정하는 바에 따라 대한민국에서 외국 국적을 행사하지 아니하겠다는 뜻을 법무부장관에게 서약하여야 한다.
> 1. 귀화허가를 받은 때에 제6조 제2항 제1호·제2호 또는 제7조 제1항 제2호·제3호의 어느 하나에 해당하는 사유가 있는 자
> 2. 제9조에 따라 국적회복허가를 받은 자로서 제7조 제1항 제2호 또는 제3호에 해당한다고 법무부장관이 인정하는 자
> 3. 대한민국의 민법상 성년이 되기 전에 외국인에게 입양된 후 외국 국적을 취득하고 외국에서 계속 거주하다가 제9조에 따라 국적회복허가를 받은 자
> 4. 외국에서 거주하다가 영주할 목적으로 만 65세 이후에 입국하여 제9조에 따라 국적회복허가를 받은 자
> 5. 본인의 뜻에도 불구하고 외국의 법률 및 제도로 인하여 제1항을 이행하기 어려운 자로서 대통령령으로 정하는 자
> ③ 제1항 또는 제2항을 이행하지 아니한 자는 그 기간이 지난 때에 대한민국 국적을 상실한다.
>
> **제11조【국적의 재취득】** ① 제10조 제3항에 따라 대한민국 국적을 상실한 자가 그 후 **1년** 내에 그 외국 국적을 포기하면 법무부장관에게 **신고**함으로써 대한민국 국적을 재취득할 수 있다. 07. 국회직
> ② 제1항에 따라 신고한 자는 그 신고를 한 때에 대한민국 국적을 취득한다.

④ **복수국적자의 국적선택의무**

> **국적법**
>
> **제12조【복수국적자의 국적선택의무】** ① **만 20세**가 되기 전에 복수국적자가 된 자는 **만 22세**가 되기 전까지, **만 20세가 된 후에 복수국적자가 된 자는 그 때부터 2년 내**에 제13조와 제14조에 따라 하나의 국적을 선택하여야 한다. 02. 사시, 03·08. 법행, 05. 행시 다만, 제10조 제2항에 따라 법무부장관에게 대한민국에서 외국 국적을 행사하지 아니하겠다는 뜻을 서약한 복수국적자는 제외한다.

기출 OX

05 외국인의 자(子)로서 대한민국의 민법상 미성년인 사람은 부 또는 모가 귀화허가를 신청할 때 함께 국적취득을 신청할 수 있다. 19. 경찰승진 ( )

06 대한민국 국적을 취득한 외국인으로서 외국 국적을 가지고 있는 자는 대한민국 국적을 취득한 날부터 1년 내에 그 외국 국적을 포기하여야 한다. 20. 경찰경채 ( )

07 외국 국적포기의무를 이행하지 아니하여 대한민국 국적을 상실한 자가 1년 내에 그 외국 국적을 포기한 때는 법무부장관의 허가를 얻어 대한민국 국적을 재취득할 수 있다. 17. 경찰승진 ( )

08 대한민국의 국적을 취득한 외국인으로서 외국 국적을 가지고 있는 자는 대한민국의 국적을 취득한 날부터 1년 내에 그 외국 국적을 포기하여야 하며, 이를 이행하지 아니하여 대한민국의 국적을 상실한 자가 그 후 1년 내에 그 외국 국적을 포기하면 법무부장관에게 신고함으로써 대한민국의 국적을 재취득할 수 있다. 18. 경찰승진 ( )

09 대한민국 국적을 상실한 자가 그 후 1년 내에 그 외국 국적을 포기하면 법무부장관의 허가를 받아 대한민국 국적을 재취득할 수 있다. 19. 경찰승진 ( )

정답 05 ○ 06 ○ 07 × 08 ○ 09 ×

기출 OX

01 직계존속이 외국에서 영주할 목적 없이 체류한 상태에서 출생한 자는 병역의무 이행과 관련하여 병역면제처분을 받은 경우 국적이탈신고를 할 수 있다. 17. 경찰승진 ( )

02 출생 당시 모가 자녀에게 외국 국적을 취득하게 할 목적으로 외국에서 체류 중이었던 사실이 인정되는 자는 대한민국에서 외국 국적을 행사하지 않겠다는 서약을 한 후 대한민국 국적을 선택한다는 뜻을 신고할 수 있다. 20. 경찰승진 ( )

03 복수국적자에 대하여 병역준비역에 편입된 날부터 3개월 이내에 대한민국 국적을 이탈하지 않으면 병역의무를 해소한 후에야 이를 가능하도록 한 국적법 조항은 청구인들의 국적이탈의 자유를 침해하지 않는다. 18. 경찰승진 변형 ( )

정답 01 ○ 02 × 03 ×

---

② 제1항 본문에도 불구하고 병역법 제8조에 따라 **병역준비역**에 편입된 자는 편입된 때부터 3개월 이내에 하나의 국적을 선택하거나 제3항 각 호의 어느 하나에 해당하는 때부터 2년 이내에 하나의 국적을 선택하여야 한다. 다만, 제13조에 따라 대한민국 국적을 선택하려는 경우에는 제3항 각 호의 어느 하나에 해당하기 전에도 할 수 있다.

③ **직계존속이 외국에서 영주할 목적 없이 체류한 상태에서 출생한 자**는 병역의무의 이행과 관련하여 다음 각 호의 어느 하나에 해당하는 경우에만 제14조에 따른 국적이탈신고를 할 수 있다. 06. 행시

1. **현역·상근예비역·보충역** 또는 대체역으로 복무를 마치거나 마친 것으로 보게 되는 경우
2. **전시근로역**에 편입된 경우
3. 병역면제처분을 받은 경우

제13조【대한민국 국적의 선택절차】① 복수국적자로서 **제12조 제1항 본문에 규정된 기간 내**에 대한민국 국적을 선택하려는 자는 외국 국적을 포기하거나 법무부장관이 정하는 바에 따라 대한민국에서 외국 국적을 행사하지 아니하겠다는 뜻을 서약하고 법무부장관에게 대한민국 국적을 선택한다는 뜻을 신고할 수 있다.

② 복수국적자로서 **제12조 제1항 본문에 규정된 기간 후**에 대한민국 국적을 선택하려는 자는 외국 국적을 포기한 경우에만 법무부장관에게 대한민국 국적을 선택한다는 뜻을 신고할 수 있다. 다만, 제12조 제3항 제1호의 경우에 해당하는 자는 그 경우에 해당하는 때부터 2년 이내에는 제1항에서 정한 방식으로 대한민국 국적을 선택한다는 뜻을 신고할 수 있다.

③ 제1항 및 제2항 단서에도 불구하고 출생 당시에 모가 자녀에게 외국 국적을 취득하게 할 목적으로 외국에서 체류 중이었던 사실이 인정되는 자는 외국 국적을 포기한 경우에만 대한민국 국적을 선택한다는 뜻을 신고할 수 있다.

판례 I

1 외국인이 특정한 국가의 국적을 선택할 권리가 자연권으로서 또는 우리 헌법상 인정되는지 여부: 소극 12. 국회직

'이중국적자의 국적선택권'이라는 개념은 별론으로 하더라도, 일반적으로 외국인인 개인이 특정한 국가의 국적을 선택할 권리가 자연권으로서 또는 우리 헌법상 당연히 인정된다고는 할 수 없다(헌재 2006.3.30, 2003헌마806).

2 복수국적자의 국적선택기간을 3개월로 제한하고 그 기간을 경과하면 병역의무가 해소되지 않는 한 국적이탈신고를 할 수 없도록 규정한 국적법 제12조 제2항 본문 등이 복수국적자의 국적이탈의 자유를 침해하는지 여부: 적극 [헌법불합치]

병역준비역에 편입된 복수국적자의 국적선택기간이 지났다고 하더라도, 그 기간 내에 국적이탈신고를 하지 못한 데 대하여 사회통념상 그에게 책임을 묻기 어려운 사정, 즉 정당한 사유가 존재하고, 병역의무 이행의 공평성 확보라는 입법목적을 훼손하지 않음이 객관적으로 인정되는 경우라면, 병역준비역에 편입된 복수국적자에게 국적선택기간이 경과하였다고 하여 일률적으로 국적이탈을 할 수 없다고 할 것이 아니라, 예외적으로 국적이탈을 허가하는 방안을 마련할 여지가 있다. 심판대상 법률조

항의 존재로 인하여 복수국적을 유지하게 됨으로써 대상자가 겪어야 하는 실질적 불이익은 구체적 사정에 따라 상당히 클 수 있다. 국가에 따라서는 복수국적자가 공직 또는 국가안보와 직결되는 업무나 다른 국적국과 이익충돌 여지가 있는 업무를 담당하는 것이 제한될 가능성이 있다. 현실적으로 이러한 제한이 존재하는 경우, 특정 직업의 선택이나 업무 담당이 제한되는 데 따르는 사익 침해를 가볍게 볼 수 없다. 심판대상 법률조항은 과잉금지원칙에 위배되어 청구인의 국적이탈의 자유를 침해한다(헌재 2020.9.24, 2016헌마889).

3 외국인이 복수국적을 누릴 자유는 헌법상 행복추구권에 의하여 보호되는 기본권에 해당하는지 여부: 소극

참정권과 입국의 자유에 대한 외국인의 기본권주체성이 인정되지 않고, 외국인이 대한민국 국적을 취득하면서 자신의 외국 국적을 포기한다 하더라도 이로 인하여 재산권행사가 직접 제한되지 않으며, 외국인이 복수국적을 누릴 자유가 우리 헌법상 행복추구권에 의하여 보호되는 기본권이라고 보기 어려우므로, 외국인의 기본권주체성 내지 기본권침해 가능성을 인정할 수 없다(헌재 2014.6.26, 2011헌마502).

4 직계존속이 외국에서 영주할 목적 없이 체류한 상태에서 출생한 자는 병역의무를 해소한 경우에만 국적이탈을 신고할 수 있도록 하는 국적법 제12조 제3항이 국적이탈의 자유를 침해하는지 여부: 소극 [합헌]

심판대상조항은 직계존속이 외국에서 영주할 목적 없이 체류한 상태에서 출생한 복수국적자로 하여금 병역의무 해소 후에만 대한민국 국적을 이탈할 수 있도록 제도적으로 제한함으로써, 병역의무의 공평한 분담과 그에 대한 국민적 신뢰를 확보하여 충실한 병역의무 이행을 위한 여건을 마련하고자 하는 것이므로 목적의 정당성과 수단의 적합성이 인정된다. 심판대상조항은 국적이탈을 이용한 편법적 병역기피를 방지하면서도, 출생할 무렵 직계존속에게 외국에 영주할 목적이 인정되어 장차 성장과정에서 대한민국과의 유대관계가 인정되기 어려울 것으로 예상되는 사람에게는 국적이탈에 과도한 부담을 지우지 않도록 필요한 최소한의 범위에서 조화롭게 국적이탈을 규제하려는 것이므로, 침해의 최소성도 충족한다. 심판대상조항은 과잉금지원칙에 위배되지 아니하므로 국적이탈의 자유를 침해하지 아니한다(헌재 2023.2.23, 2019헌바462).

5 복수국적자가 외국에 주소가 있는 경우에만 국적이탈을 신고할 수 있도록 하는 국적법 제14조 제1항 본문이 국적이탈의 자유를 침해하는지 여부: 소극 [합헌]

심판대상조항은 복수국적자의 기회주의적 국적이탈을 방지하여 국민으로서 마땅히 부담해야 할 의무에 대한 악의적 면탈을 방지하고 국가공동체 운영의 기본원리를 지키고자 적어도 외국에 주소가 있는 자에게만 국적이탈을 허용하려는 것이므로 목적이 정당하고 그 수단도 적합하다. 심판대상조항은 과잉금지원칙에 위배되지 아니하므로 국적이탈의 자유를 침해하지 아니한다(헌재 2023.2.23, 2020헌바603).

(2) 국적의 상실

국적법

제14조【대한민국 국적의 이탈요건 및 절차】 ① 복수국적자로서 외국 국적을 선택하려는 자는 외국에 주소가 있는 경우에만 주소지 관할 재외공관의 장을 거쳐 법무부장관에게 대한민국 국적을 이탈한다는 뜻을 신고할 수 있다. 다만, 제12조 제2항 본문 또는 같은 조 제3항에 해당하는 자는 그 기간 이내에 또는 해당 사유가 발생한 때부터만 신고할 수 있다.
② 제1항에 따라 국적이탈의 신고를 한 자는 법무부장관이 신고를 수리한 때에 대한민국 국적을 상실한다.
③ 제1항에 따른 신고 및 수리의 요건, 절차와 그 밖에 필요한 사항은 대통령령으로 정한다.

제14조의2【대한민국 국적의 이탈에 관한 특례】 ① **제12조 제2항 본문 및 제14조 제1항 단서에도 불구하고 다음 각 호의 요건을 모두 충족하는 복수국적자**는 병역법 제8조에 따라 병역준비역에 편입된 때부터 **3개월 이내에 대한민국 국적을 이탈한다는 뜻을 신고하지 못한 경우 법무부장관에게 대한민국 국적의 이탈허가를 신청할 수 있다.**
1. 다음 각 목의 어느 하나에 해당하는 사람일 것
   가. **외국에서 출생한 사람**(직계존속이 외국에서 영주할 목적 없이 체류한 상태에서 출생한 사람은 제외한다)으로서 출생 이후 계속하여 외국에 주된 생활의 근거를 두고 있는 사람
   나. **6세 미만의 아동일 때 외국으로 이주한 이후 계속하여 외국에 주된 생활의 근거를 두고 있는 사람**
2. 제12조 제2항 본문 및 제14조 제1항 단서에 따라 병역준비역에 편입된 때부터 3개월 이내에 국적 이탈을 신고하지 못한 정당한 사유가 있을 것

제14조의3【복수국적자에 대한 국적선택명령】 ① 법무부장관은 복수국적자로서 제12조 제1항 또는 제2항에서 정한 기간 내에 국적을 선택하지 아니한 자에게 1년 내에 하나의 국적을 선택할 것을 명하여야 한다. 12. 법행
② 법무부장관은 복수국적자로서 제10조 제2항, 제13조 제1항 또는 같은 조 제2항 단서에 따라 대한민국에서 외국 국적을 행사하지 아니하겠다는 뜻을 서약한 자가 그 뜻에 현저히 반하는 행위를 한 경우에는 6개월 내에 하나의 국적을 선택할 것을 명할 수 있다.
③ 제1항 또는 제2항에 따라 국적선택의 명령을 받은 자가 대한민국 국적을 선택하려면 외국 국적을 포기하여야 한다.
④ 제1항 또는 제2항에 따라 국적선택의 명령을 받고도 이를 따르지 아니한 자는 그 기간이 지난 때에 대한민국 국적을 상실한다.
⑤ 제1항 및 제2항에 따른 국적선택의 절차와 제2항에 따른 서약에 현저히 반하는 행위 유형은 대통령령으로 정한다.

제14조의4【대한민국 국적의 상실결정】 ① 법무부장관은 복수국적자가 다음 각 호의 어느 하나의 사유에 해당하여 대한민국의 국적을 보유함이 현저히 부적합하다고 인정하는 경우에는 청문을 거쳐 대한민국 국적의 상실을 결정할 수 있다. 다만, 출생에 의하여 대한민국 국적을 취득한 자는 제외한다.
1. 국가안보, 외교관계 및 국민경제 등에 있어서 대한민국의 국익에 반하는 행위를 하는 경우

기출 OX
01 복수국적자가 국적법에서 정한 기간 내에 국적을 선택하지 아니한 경우에 법무부장관은 1년 내에 하나의 국적을 선택할 것을 명하여야 한다.
20. 경찰승진 ( )

정답 01 ○

2. 대한민국의 사회질서유지에 상당한 지장을 초래하는 행위로서 대통령령으로 정하는 경우
   ② 제1항에 따른 결정을 받은 자는 그 결정을 받은 때에 대한민국 국적을 상실한다.

제14조의5 【복수국적자에 관한 통보의무 등】 ① 공무원이 그 직무상 복수국적자를 발견하면 지체 없이 법무부장관에게 그 사실을 통보하여야 한다.
   ② 공무원이 그 직무상 복수국적자 여부를 확인할 필요가 있는 경우에는 당사자에게 질문을 하거나 필요한 자료의 제출을 요청할 수 있다.
   ③ 제1항에 따른 통보절차는 대통령령으로 정한다.

제15조 【외국 국적취득에 따른 국적상실】 ① 대한민국의 국민으로서 **자진하여** 외국 국적을 취득한 자는 그 외국 국적을 취득한 때에 대한민국 국적을 상실한다.
02. 사시, 03. 법무사, 06. 행시, 12. 법행
   ② 대한민국의 국민으로서 다음 각 호의 어느 하나에 해당하는 자는 그 외국 국적을 취득한 때부터 6개월 내에 법무부장관에게 대한민국 국적을 보유할 의사가 있다는 뜻을 신고하지 아니하면 그 외국 국적을 취득한 때로 소급하여 대한민국 국적을 상실한 것으로 본다. 06. 행시
   1. 외국인과의 혼인으로 그 배우자의 국적을 취득하게 된 자
   2. 외국인에게 입양되어 그 양부 또는 양모의 국적을 취득하게 된 자
   3. 외국인인 부 또는 모에게 인지되어 그 부 또는 모의 국적을 취득하게 된 자
   4. 외국 국적을 취득하여 대한민국 국적을 상실하게 된 자의 배우자나 미성년의 자로서 그 외국의 법률에 따라 함께 그 외국 국적을 취득하게 된 자
   ③ 외국 국적을 취득함으로써 대한민국 국적을 상실하게 된 자에 대하여 그 외국 국적의 취득일을 알 수 없으면 그가 사용하는 외국 여권의 최초 발급일에 그 외국 국적을 취득한 것으로 추정한다.
   ④ 제2항에 따른 신고절차와 그 밖에 필요한 사항은 대통령령으로 정한다.

제16조 【국적상실자의 처리】 ① 대한민국 국적을 상실한 자(제14조에 따른 국적이탈의 신고를 한 자는 제외한다)는 법무부장관에게 국적상실신고를 하여야 한다.
   ② 공무원이 그 직무상 대한민국 국적을 상실한 자를 발견하면 지체 없이 법무부장관에게 그 사실을 통보하여야 한다.
   ③ 법무부장관은 그 직무상 대한민국 국적을 상실한 자를 발견하거나 제1항이나 제2항에 따라 국적상실의 신고나 통보를 받으면 가족관계등록관서와 주민등록관서에 통보하여야 한다.
   ④ 제1항부터 제3항까지의 규정에 따른 신고 및 통보의 절차와 그 밖에 필요한 사항은 대통령령으로 정한다.

제17조 【관보 고시】 ① 법무부장관은 대한민국 국적의 취득과 상실에 관한 사항이 발생하면 그 뜻을 관보에 고시하여야 한다.
   ② 제1항에 따라 관보에 고시할 사항은 대통령령으로 정한다.

제18조 【국적상실자의 권리 변동】 ① 대한민국 국적을 상실한 자는 국적을 상실한 때부터 대한민국의 국민만이 누릴 수 있는 권리를 누릴 수 없다.
   ② 제1항에 해당하는 권리 중 대한민국의 국민이었을 때 취득한 것으로서 양도할 수 있는 것은 그 권리와 관련된 법령에서 따로 정한 바가 없으면 **3년 내**에 대한민국의 국민에게 양도하여야 한다. 03·08. 법행, 06. 행시, 11. 경찰승진

제19조 【법정대리인이 하는 신고 등】 이 법에 규정된 신청이나 신고와 관련하여 그 신청이나 신고를 하려는 자가 15세 미만이면 법정대리인이 대신하여 이를 행한다.

기출 OX

02 대한민국의 국민으로서 자진하여 외국 국적을 취득한 자는 그 외국적 취득신고를 한 때에 대한민국 국적을 상실한다. 18. 지방직 ( )

03 대한민국의 국민으로서 자진하여 외국 국적을 취득한 자는 그 외국 국적을 취득한 날로부터 6개월이 지난 때에 대한민국 국적을 상실한다. 20. 지방직 ( )

04 대한민국 국적을 상실한 자는 국적을 상실한 때부터 대한민국의 국민만이 누릴 수 있는 권리를 누릴 수 없는데, 이 권리 중 대한민국의 국민이었을 때 취득한 것으로서 양도할 수 있는 것은 그 권리와 관련된 법령에서 따로 정한 바가 없으면 3년 내에 대한민국의 국민에게 양도하여야 한다. 17. 경찰승진 ( )

정답 02 × 03 × 04 ○

기출 OX

01 대한민국 국민이 자진하여 외국 국적을 취득한 경우 대한민국 국적을 상실하도록 한 국적법 조항은 청구인의 거주·이전의 자유 및 행복추구권을 침해하지 않는다. 18. 경찰승진
( )

> **판례** | 자진하여 외국 국적을 취득한 경우 대한민국 국적을 상실하도록 하고, 복수국적을 원칙적으로 불허하는 국적법 제15조 제1항 등이 거주·이전의 자유 및 행복추구권을 침해하는지 여부: 소극 [기각] 18. 지방직
>
> 국적에 관한 사항은 국가의 주권자의 범위를 확정하는 고도의 정치적 속성을 가지고 있어서 당해 국가가 역사적 전통과 정치·경제·사회·문화 등 제반사정을 고려하여 결정할 문제이다. 그런데 국적법은 제12조 제1항, 제13조 제1항에서 예외적으로 복수국적을 허용하고 있고, 국적을 상실하더라도 대한민국 국민이었던 외국인은 국적법 제9조에 따라 대한민국 국적을 회복할 수 있으며, 이때 만 65세 이상의 사람이 영주의 목적으로 국적회복허가신청을 하여 받아들여질 경우에는 국적법 제10조 제2항 제4호에 따라 복수국적이 허용된다. 이러한 점들을 종합해 볼 때 국적법 제15조 제1항이 청구인의 거주·이전의 자유 및 행복추구권을 지나치게 제한하여 침해의 최소성원칙을 위반하였다고 볼 수 없다. 후천적 복수국적을 제한 없이 허용할 경우 발생할 수 있는 의무면탈 등의 여러 가지 문제점을 방지하기 위한 공익이 침해되는 사익보다 훨씬 크므로, 국적법 제15조 제1항이 법익의 균형성을 위반하였다고도 볼 수 없다. 따라서 국적법 제15조 제1항은 과잉금지원칙에 반하여 청구인의 거주·이전의 자유 및 행복추구권을 침해하지 아니한다(헌재 2014.6.26, 2011헌마502).

(3) 국적의 회복과 재취득

> **국적법**
>
> **제9조【국적회복에 의한 국적취득】** ① 대한민국의 국민이었던 외국인은 법무부장관의 국적회복허가를 받아 대한민국 국적을 취득할 수 있다. 11. 경찰승진
> ② 법무부장관은 국적회복허가신청을 받으면 심사한 후 다음 각 호의 어느 하나에 해당하는 사람에게는 국적회복을 허가하지 아니한다. 14. 법무사
> 1. 국가나 사회에 위해를 끼친 사실이 있는 사람
> 2. 품행이 단정하지 못한 사람
> 3. 병역을 기피할 목적으로 대한민국 국적을 상실하였거나 이탈하였던 사람
> 4. 국가안전보장·질서유지 또는 공공복리를 위하여 법무부장관이 국적회복을 허가하는 것이 적당하지 아니하다고 인정하는 사람
> ③ 제1항에 따라 국적회복허가를 받은 사람은 법무부장관 앞에서 국민선서를 하고 국적회복증서를 수여받은 때에 대한민국 국적을 취득한다. 다만, 법무부장관은 연령, 신체적·정신적 장애 등으로 국민선서의 의미를 이해할 수 없거나 이해한 것을 표현할 수 없다고 인정되는 사람에게는 국민선서를 면제할 수 있다. 19. 국가직
> ④ 법무부장관은 제3항 본문에 따른 국민선서를 받고 국적회복증서를 수여하는 업무와 같은 항 단서에 따른 국민선서의 면제 업무를 대통령령으로 정하는 바에 따라 재외공관의 장 또는 지방출입국·외국인관서의 장에게 대행하게 할 수 있다.
> ⑤ 제1항부터 제4항까지에 따른 신청절차, 심사, 국민선서 및 국적회복증서 수여와 그 대행 등에 관하여 필요한 사항은 대통령령으로 정한다.
> ⑥ 국적회복허가에 따른 수반(隨伴) 취득에 관하여는 제8조를 준용(準用)한다.

정답 01 ○

제11조【국적의 재취득】 ① 제10조 제3항에 따라 대한민국 국적을 상실한 자가 그 후 **1년 내**에 그 외국 국적을 포기하면 법무부장관에게 **신고**함으로써 대한민국 국적을 재취득할 수 있다. 07. 국회직

② 제1항에 따라 신고한 자는 그 신고를 한 때에 대한민국 국적을 취득한다.

제11조의2【복수국적자의 법적 지위 등】 ① 출생이나 그 밖에 이 법에 따라 대한민국 국적과 외국 국적을 함께 가지게 된 사람으로서 대통령령으로 정하는 사람(이하 "복수국적자"라 한다)은 대한민국의 법령 적용에서 대한민국 국민으로만 처우한다. 14. 법무사·지방직

② 복수국적자가 관계법령에 따라 외국 국적을 보유한 상태에서 직무를 수행할 수 없는 분야에 종사하려는 경우에는 외국 국적을 포기하여야 한다.

기출 OX

02 외국 국적포기의무를 이행하지 아니하여 대한민국 국적을 상실한 자가 그 후 1년 내에 그 외국 국적을 포기하면 법무부장관의 허가를 받아 대한민국 국적을 재취득할 수 있다. 20. 국회직 ( )

03 출생이나 그 밖에 국적법에 따라 대한민국 국적과 외국 국적을 함께 가지게 된 자는 대한민국의 법령 적용에서 대한민국 국민으로만 처우한다. 14. 지방직 ( )

SUMMARY | 국적법 내용정리

국적취득	선천적 국적취득	• 원칙: 속인주의(혈통주의) – 부모양계혈통주의 • 예외: 속지주의(출생지주의) – 부모 모두가 분명하지 아니하거나 국적이 없는 때
	후천적 국적취득 – 인지(신고)	요건: '대한민국 민법'에 의하여 미성년일 것 + 출생 당시에 부 또는 모가 대한민국 국민이었을 것, 신고
	후천적 국적취득 – 귀화	• 일반귀화: 5년 이상 계속하여 대한민국에 주소가 있을 것 • 간이귀화: 3년 이상 계속하여 대한민국에 주소가 있을 것 • 특별귀화: 주소요건은 필요하지 않음(주소는 O, 기간은 요건 ×)
	후천적 국적취득 – 입양	• 미성년입양: 특별귀화대상(주소는 필요, 기간은 요건 ×) • 성년자입양: 간이귀화대상(3년 이상 주소가 있어야 함)
	후천적 국적취득 – 혼인	요건(간이귀화대상) • 혼인상태로 2년 이상 계속하여 대한민국에 주소가 있을 것(3년 경과 ×) • 혼인한 후 3년 경과하고 1년 이상 주소가 있을 것
	후천적 국적취득 – 수반취득	미성년인 자(子)의 수반취득 인정 ▶ 성년인 자(子)는 인정하지 않음
	후천적 국적취득 – 국적회복	• 요건: 대한민국 국민이었던 외국인(자격) + 법무부장관의 국적회복 허가(절차) • 국적회복 불허사유: 병역기피 목적으로 국적을 상실 또는 이탈한 자 등
국적상실	자진상실	자진하여 외국 국적을 취득한 때에는 대한민국 국적 상실
	비자진상실	외국 국적을 취득한 때부터 6개월 내에 신고 × – 국적을 보유할 의사가 있다는 뜻을 신고하지 아니하면 그 외국 국적을 취득한 때로 소급하여 국적 상실
	국적상실자의 권리변동	'양도 가능한' 권리는 3년 내에 대한민국 국민에게 양도
국적판정		법무부장관이 대한민국 국적의 취득 또는 보유 여부가 불분명한 자에 대하여 심사·판정

정답 02 × 03 O

(4) 국적판정 및 허가 취소

> **국적법**
>
> **제20조【국적판정】** ① 법무부장관은 대한민국 국적의 취득이나 보유 여부가 분명하지 아니한 자에 대하여 이를 심사한 후 판정할 수 있다.
> ② 제1항에 따른 심사 및 판정의 절차와 그 밖에 필요한 사항은 대통령령으로 정한다.
>
> **제21조【허가 등의 취소】** ① 법무부장관은 거짓이나 그 밖의 부정한 방법으로 귀화허가나 국적회복허가 또는 국적보유판정을 받은 자에 대하여 그 허가 또는 판정을 취소할 수 있다. 11. 경찰승진, 19. 국가직
>
> **제22조【국적심의위원회】** ① 국적에 관한 다음 각 호의 사항을 심의하기 위하여 **법무부장관 소속으로 국적심의위원회(이하 "위원회"라 한다)를 둔다.**
> 1. 제7조 제1항 제3호에 해당하는 특별귀화 허가에 관한 사항
> 2. 제14조의2에 따른 대한민국 국적의 이탈 허가에 관한 사항
> 3. 제14조의4에 따른 대한민국 국적의 상실 결정에 관한 사항
> 4. 그 밖에 국적업무와 관련하여 법무부장관이 심의를 요청하는 사항
>
> **제23조【위원회의 구성 및 운영】** ① 위원회는 위원장 1명을 포함하여 30명 이내의 위원으로 구성한다.
> ② **위원장은 법무부차관**으로 하고, 위원은 다음 각 호의 사람으로 한다.
> 1. 법무부 소속 고위공무원단에 속하는 공무원으로서 법무부장관이 지명하는 사람 1명
> 2. 대통령령으로 정하는 관계 행정기관의 국장급 또는 이에 상당하는 공무원 중에서 법무부장관이 지명하는 사람
> 3. 국적 업무와 관련하여 학식과 경험이 풍부한 사람으로서 법무부장관이 위촉하는 사람

기출 OX

01 법무부장관은 거짓이나 그 밖의 부정한 방법으로 귀화허가를 받은 자에 대하여 그 허가를 취소할 수 있으며, 법무부장관의 취소권 행사기간은 귀화허가를 한 날로부터 6개월 이내이다. 19. 국가직 ( )

✎ 법무부장관의 국적허가 취소권은 그 행사기간을 따로 정하고 있지 않다.

02 헌법에서 대한민국의 국민이 되는 요건은 법률로 정한다고 하고 있으므로, 법률이 대한민국의 국적 취득요건을 '출생한 당시에 부가 대한민국의 국민인 자'로 규정함으로써, 어머니만 대한민국 국민인 자는 대한민국의 국적을 취득하지 못하더라도 이를 평등원칙에 반하는 것으로 볼 수 없다. 03. 법행 ( )

⚖ 판례 |

1 국적법 부칙 제7조 제1항이 위헌인지 여부: 적극 [헌법불합치]

[1] 국적법 부칙 제7조 제1항(이하 "부칙조항"이라 한다)은 신법이 구법상의 부계혈통주의를 부모양계혈통주의로 개정하면서 구법상 부가 외국인이기 때문에 대한민국 국적을 취득할 수 없었던 한국인 모의 자녀 중에서 신법 시행 전 10년 동안에 태어난 자에게 신고 등 일정한 절차를 거쳐 대한민국 국적을 취득하도록 하는 경과규정으로서, 구법조항의 위헌적인 차별로 인하여 불이익을 받은 자를 구제하는 데 신법 시행 당시의 연령이 10세가 되는지 여부는 헌법상 적정한 기준이 아닌 또 다른 차별취급이므로 부칙조항은 헌법 제11조 제1항의 평등원칙에 위배된다.

[2] 그러나 헌법재판소가 위헌결정 또는 단순한 헌법불합치결정만을 선고할 경우 부칙조항은 헌법재판소가 결정을 선고한 때부터 더 이상 적용할 수 없게 되고, 이 경우 그나마 신법 시행 전 10년 동안에 태어난, 모가 한국인인 자녀에게 국적 취득의 길을 열어 놓고 있는 근거규정(부칙조항)이 효력을 잃게 됨으로써 법치국가적으로 용인하기 어려운 법적 공백이 생기게 된다. 따라서 부칙조항은 헌법에 합치하지 아니하나, 입법자가 새로운 입법을 할 때까지 이를 잠정적으로 적용하도록 명하는 것이다(헌재 2000.8.31, 97헌가12).

정답 01 × 02 ×

2 1978.6.14.부터 1998.6.13. 사이에 태어난 모계출생자가 대한민국 국적을 취득할 수 있는 특례를 두면서 2004.12.31.까지 국적취득신고를 한 경우에만 대한민국 국적을 취득하도록 한 국적법 부칙 제7조 제1항 중 '2004년 12월 31일까지 대통령령이 정하는 바에 의하여 법무부장관에게 신고함으로써' 부분이 평등원칙에 위배되는지 여부: **소극**

심판대상조항은 특례의 적용을 받는 모계출생자가 그 권리를 조속히 행사하도록 하여 위 모계출생자의 국적·법률관계를 조속히 확정하고, 국가기관의 행정상 부담을 줄일 수 있도록 하며, 위 모계출생자가 권리를 남용할 가능성을 억제하기 위하여 특례기간을 2004.12.31.까지로 한정하고 있는바, 이를 불합리하다고 볼 수 없다. 또한 특례의 적용을 받는 모계출생자가 특례기간 내에 국적취득신고를 하지 못한 경우에도 그 사유가 천재지변 기타 불가항력적 사유에 의한 것이면 그 사유가 소멸한 때부터 3개월 내에 국적취득신고를 할 수 있고, 그 외에 다른 사정으로 국적취득신고를 하지 못한 경우에도 간이귀화 또는 특별귀화를 통하여 어렵지 않게 대한민국 국적을 취득할 수 있으므로, 심판대상조항은 특례의 적용을 받는 모계출생자와 출생으로 대한민국 국적을 취득하는 모계출생자를 합리적 사유 없이 차별하고 있다고 볼 수 없고, 따라서 평등원칙에 위배되지 않는다(헌재 2015.11.26, 2014헌바211).

3 외국에서의 영주권취득이 국적상실사유인지 여부: **소극**

대한민국 국민이 일본국에서 영주권을 취득하였다 하여 우리 국적을 상실하지 아니하며, 영주권을 가진 재일교포를 준 외국인으로 보아 외국인토지법을 준용하여야 하는 것도 아니다(대판 1981.10.13, 80다2435).

4 혼인으로 한국 국적을 취득한 후 이혼한 경우에 국적상실사유인지 여부: **소극** 06. 입시, 19. 서울시

일본인 여자가 한국인 남자와의 혼인으로 인하여 한국의 국적을 취득하는 동시에 일본의 국적을 상실한 뒤 한국인 남자와 이혼하였다 하여 한국 국적을 상실하고 일본 국적을 다시 취득하는 것은 아니고, 동녀가 일본국에 복적할 때까지는 여전히 한국의 국적을 그대로 유지한다(대결 1973.4.23, 73마1051).

5 법무부장관은 귀화신청인이 귀화 요건을 갖추었다 하더라도 귀화를 허가할 것인지 여부에 관하여 재량권을 가지는지: **적극** 19. 국가직

귀화허가는 외국인에게 대한민국 국적을 부여함으로써 국민으로서의 법적 지위를 포괄적으로 설정하는 행위에 해당한다. 한편, 국적법 등 관계 법령 어디에도 외국인에게 대한민국의 국적을 취득할 권리를 부여하였다고 볼 만한 규정이 없다. 이와 같은 귀화허가의 근거규정의 형식과 문언, 귀화허가의 내용과 특성 등을 고려해 보면, 법무부장관은 귀화신청인이 귀화 요건을 갖추었다 하더라도 귀화를 허가할 것인지 여부에 관하여 재량권을 가진다고 보는 것이 타당하다(대판 2010.10.28, 2010두6496).

6 법무부장관으로 하여금 거짓이나 그 밖의 부정한 방법으로 귀화허가를 받은 자에 대하여 그 허가를 취소할 수 있도록 규정하면서도 그 취소권의 행사기간을 따로 정하고 있지 아니한 국적법 제21조 중 귀화허가취소에 관한 부분이 거주·이전의 자유 및 행복추구권을 침해하는지 여부: **소극** [합헌] 19. 국가직

이 사건 법률조항은 국가의 근본요소 중 하나인 국민을 결정하는 기준이 되는 국적의 중요성을 고려하여 귀화허가신청자의 진실성을 담보하고, 국적 관련 행정의 적법성을 확보하기 위한 것으로서 입법목적은 정당하고, 거짓이나 그 밖의 부정한 방법에 의하여 귀화허가를 받은 경우 그 허가를 취소하는 것은 입법목적 달성을 위하여

기출 OX

03 1978.6.14.부터 1998.6.13. 사이에 태어난 모계출생자가 대한민국 국적을 취득할 수 있도록 특례를 두면서 2004.12.31.까지 국적취득신고를 한 경우에만 대한민국 국적을 취득하도록 한 국적법 조항은 평등원칙에 위배된다. 18·20. 경찰승진 ( )

04 법무부장관으로 하여금 거짓이나 그 밖의 부정한 방법으로 귀화허가를 받은 자에 대하여 그 허가를 취소할 수 있도록 규정하면서도 그 취소권의 행사기간을 따로 정하고 있지 아니한 국적법 조항은 귀화허가취소의 기준·절차와 그 밖의 필요한 사항을 모두 하위법령에 위임하고 있어 시행령의 내용을 종합적으로 살펴보더라도 취소권의 행사기간을 전혀 예측할 수 없으므로 포괄위임입법금지원칙에 위반된다. 19. 국회직 ( )

✎ 청구인은 당해 법률조항이 명확성원칙 및 포괄위임금지원칙에도 위반된다고 주장했지만, 헌법재판소는 시행령에 그 행사기간이 위임된 바 없으므로 그에 대한 판단은 별도로 살피지 않는다고 판시했다.

정답 03 × 04 ×

적절한 방법이다. 부정한 방법으로 귀화허가를 받았음에도 상당기간이 경과하였다고 하여 귀화허가의 효력을 그대로 둔 채 행정형벌이나 행정질서벌 등으로 제재를 가하는 것은 부정한 방법에 의한 국적취득을 용인하는 결과가 된다. 이 사건 법률조항이 귀화허가취소권의 행사기간을 제한하지 않았다고 하더라도 침해의 최소성원칙에 위배되지 아니한다. 한편, 귀화허가가 취소되는 경우 국적을 상실하게 됨에 따른 불이익을 받을 수 있으나, 국적 관련 행정의 적법성 확보라는 공익이 훨씬 더 크므로 법익균형성의 원칙에도 위배되지 아니한다. 따라서 이 사건 법률조항은 거주·이전의 자유 및 행복추구권을 침해하지 아니한다(헌재 2015.9.24, 2015헌바26).

7 국적회복과 귀화의 차이

국적회복이란 한 때 대한민국 국민이었던 외국인이 법무부장관의 국적회복허가를 받아 대한민국의 국적을 취득하는 것을 말한다(국적법 제9조 제1항). 국적회복과 귀화는 모두 외국인이 후천적으로 법무부장관의 허가라는 주권적 행정절차를 통하여 대한민국 국적을 취득하는 제도라는 점에서 동일하나, **귀화는 대한민국 국적을 취득한 사실이 없는 순수한 외국인이 법무부장관의 허가를 받아 대한민국 국적을 취득할 수 있도록 하는 절차인 데 비해**(국적법 제4조 내지 제7조), **국적회복허가는 한 때 대한민국 국민이었던 자를 대상으로 한다는 점, 귀화는 일정한 요건을 갖춘 사람에게만 허가할 수 있는 반면**(국적법 제5조 내지 제7조), **국적회복허가는 일정한 사유에 해당하는 사람에 대해서만 국적회복을 허가하지 아니한다는 점**(국적법 제9조 제2항)에서 차이가 있다. 국적법이 이처럼 귀화제도와 국적회복제도를 구분하고 있는 것은 과거 대한민국 국민이었던 자의 국적취득절차를 간소화함으로써 국적취득상의 편의를 증진시키고자 하는 것이다(헌재 2020.2.27, 2017헌바434).

기출 OX

01 국적회복과 귀화는 모두 외국인이 후천적으로 법무부장관의 허가라는 주권적 행정절차를 통하여 대한민국 국적을 취득하는 제도라는 점에서 동일하나, 귀화는 대한민국 국적을 취득한 사실이 없는 순수한 외국인이 법무부장관의 허가를 받아 대한민국 국적을 취득할 수 있도록 하는 절차인 데 비해, 국적회복허가는 한때 대한민국 국민이었던 자를 대상으로 한다는 점, 귀화는 일정한 요건을 갖춘 사람에게만 허가할 수 있는 반면, 국적회복허가는 일정한 사유에 해당하는 사람에 대해서만 국적회복을 허가하지 아니한다는 점에서 차이가 있다. 22. 경찰2차
( )

2. 재외국민의 보호

(1) 헌법

> **헌법 제2조** ② 국가는 법률이 정하는 바에 의하여 재외국민을 보호할 의무를 진다.
> 09. 법무사

(2) 법률

> **재외동포의 출입국과 법적 지위에 관한 법률**
> **제1조 【목적】** 이 법은 재외동포의 대한민국에의 출입국과 대한민국 안에서의 법적 지위를 보장함을 목적으로 한다.
> **제2조 【정의】** 이 법에서 "재외동포"란 다음 각 호의 어느 하나에 해당하는 자를 말한다.
> 1. 대한민국의 국민으로서 외국의 영주권을 취득한 자 또는 영주할 목적으로 외국에 거주하고 있는 자(이하 "재외국민"이라 한다)
> 2. 대한민국의 국적을 보유하였던 자(대한민국정부 수립 전에 국외로 이주한 동포를 포함한다) 또는 그 직계비속으로서 외국 국적을 취득한 자 중 대통령령으로 정하는 자(이하 "외국국적동포"라 한다)
> **제10조 【출입국과 체류】** ① 재외동포체류자격에 따른 체류기간은 최장 3년까지로 한다.

정답 01 ○

제14조【건강보험】 주민등록을 한 재외국민과 국내거소신고를 한 외국국적동포가 90일 이상 대한민국 안에 체류하는 경우에는 건강보험 관계법령으로 정하는 바에 따라 건강보험을 적용받을 수 있다.

제16조【국가유공자·독립유공자와 그 유족의 보훈급여금】 외국국적동포는 국가유공자 등 예우 및 지원에 관한 법률 또는 독립유공자예우에 관한 법률에 따른 보훈급여금을 받을 수 있다.

북한이탈주민의 보호 및 정착지원에 관한 법률

제2조【정의】 이 법에서 사용하는 용어의 뜻은 다음과 같다.
1. "북한이탈주민"이란 군사분계선 이북지역(이하 "북한"이라 한다)에 주소, 직계가족, 배우자, 직장 등을 두고 있는 사람으로서 **북한을 벗어난 후 외국 국적을 취득하지 아니한 사람**을 말한다. 14. 지방직, 15. 사시

제3조【적용범위】 이 법은 대한민국의 보호를 받으려는 의사를 표시한 북한이탈주민에 대하여 적용한다.

기출 OX

02 재외국민은 국가유공자 등 예우 및 지원에 관한 법률 또는 독립유공자예우에 관한 법률에 따른 보훈급여금을 받을 수 있으나 외국국적동포는 그렇지 아니하다. 14. 지방직 ( )

(3) 판례

① 대법원

📖 판례 |

1 북한법에 따라 북한국적을 취득하고 중국주재 북한대사관으로부터 북한의 해외공민증을 발급받은 자가 대한민국 국민인지 여부: **적극** 01. 법무사, 04. 법행, 15. 서울시

조선인을 부친으로 하여 출생한 자는 남조선과도정부법률 제11호 국적에 관한 임시조례의 규정에 따라 조선국적을 취득하였다가 제헌헌법의 공포와 동시에 대한민국 국적을 취득하였다 할 것이고, 설사 그가 북한법의 규정에 따라 북한국적을 취득하여 중국주재 북한대사관으로부터 북한의 해외공민증을 발급받은 자라 하더라도 북한지역 역시 대한민국의 영토에 속하는 한반도의 일부를 이루는 것이어서 대한민국의 주권이 미칠 뿐이고, 대한민국의 주권과 부딪치는 어떠한 국가단체나 주권을 법리상 인정할 수 없는 점에 비추어 볼 때, 그러한 사정은 그가 대한민국 국적을 취득하고 이를 유지함에 있어 아무런 영향을 끼칠 수 없다(대판 1996.11.12, 96누1221).

2 북한주민이 '대일항쟁기 강제동원 피해조사 및 국외강제동원 희생자 등 지원에 관한 특별법'상 위로금 지급 제외대상인 '대한민국 국적을 갖지 아니한 사람'에 해당하는지 여부: **소극**

우리 헌법이 대한민국의 영토는 한반도와 그 부속도서로 한다는 영토조항을 두고 있는 이상 대한민국헌법은 북한 지역을 포함한 한반도 전체에 효력이 미치므로 북한지역도 당연히 대한민국의 영토가 되고, 북한주민 역시 일반적으로 대한민국 국민에 포함되는 점, 강제동원조사법은 위로금 지원 제외대상을 '대한민국 국적을 갖지 아니한 사람'으로 정하고 있을 뿐, 북한주민을 지원 대상에서 제외하는 명시적인 규정을 두고 있지 않은 점, 일제에 의한 강제동원으로 피해를 입은 사람 등의 고통을 치유하고자 하는 위 법의 입법목적에 비추어 적용범위를 남북 분단과 6·25 등으로 의사와 무관하게 북한정권의 사실상 지배 아래 놓이게 된 군사분계선 이북 지역의 주민 또는 그의 유족을 배제하는 방향으로 축소해석할 이유가 없는 점 등을 종합하면, **북한주민은 강제동원조사법상 위로금 지급 제외대상인 '대한민국 국적을 갖지 아니한 사람'에 해당하지 않는다**(대판 2016.1.28, 2011두24675). 16. 국가직

03 조선인을 부친으로 하여 출생한 자는 설사 그가 북한국적을 취득하였다고 하더라도 대한민국의 국적을 취득한 것으로 인정할 수 있다. 15. 서울시 ( )

04 북한법의 규정에 따라 북한국적을 취득하여 중국주재 북한대사관으로부터 북한의 해외공민증을 발급받은 자라 하더라도, 그가 대한민국 국적을 취득하고 이를 유지함에 있어 아무런 영향이 없다. 14. 국회직 ( )

05 북한주민은 대일항쟁기 강제동원 피해조사 및 국외강제동원 희생자 등 지원에 관한 특별법상 위로금 지급 제외대상인 '대한민국 국적을 갖지 아니한 사람'에 해당한다. 16. 국가직 ( )

정답 02 ✕ 03 ○ 04 ○ 05 ✕

② 헌법재판소

판례 I

1 정부수립 '이전' 이주동포와 정부수립 '이후' 이주동포를 차별하는 것이 위헌인지 여부:
적극 [헌법불합치] 10. 지방직, 19. 서울시

재외동포법은 외국국적동포 등에게 광범위한 혜택을 부여하고 있는바, 이 사건 심판대상규정은 대한민국정부 수립 이전에 국외로 이주한 동포와 그 이후 국외로 이주한 동포를 구분하여 청구인들과 같은 정부수립 이전 이주동포를 재외동포법의 적용대상에서 제외한 것은 합리적 이유 없이 정부수립 이전 이주동포를 차별하는 자의적인 입법이어서 헌법 제11조의 평등원칙에 위배된다(헌재 2001.11.29, 99헌마494).

2 재외국민의 선거권 등 제한이 위헌인지 여부: 적극 [헌법불합치] 11. 법행, 16. 지방직, 19. 국가직

[1] 선거권의 의의와 선거권제한의 한계

민주주의국가에서 국민주권과 대의제 민주주의의 실현수단으로서 선거권이 가지는 중요성으로 인하여 한편으로 입법자는 선거권을 최대한 보장하는 방향으로 입법을 하여야 하며, 또 다른 한편에서 선거권을 제한하는 법률의 합헌성을 심사하는 경우에는 그 심사의 강도도 엄격하여야 한다. 선거권을 제한하는 입법은 헌법 제24조에 의해서 곧바로 정당화될 수는 없고, 헌법 제37조 제2항의 규정에 따라 국가안전보장·질서유지 또는 공공복리를 위하여 필요하고 불가피한 예외적인 경우에만 그 제한이 정당화될 수 있으며, 그 경우에도 선거권의 본질적인 내용을 침해할 수 없다. 더욱이 보통선거의 원칙은 선거권자의 능력, 재산, 사회적 지위 등의 실질적인 요소를 배제하고 성년자이면 누구라도 당연히 선거권을 가지는 것을 요구하므로 보통선거의 원칙에 반하는 선거권제한의 입법을 하기 위해서는 헌법 제37조 제2항의 규정에 따른 한계가 한층 엄격히 지켜져야 한다.

[2] 공직선거법 제37조 제1항의 주민등록을 요건으로 재외국민의 국정선거권을 제한하는 것이 재외국민의 선거권·평등권을 침해하고 보통선거원칙을 위반하는지 여부: 적극

선거권의 제한은 불가피하게 요청되는 개별적·구체적 사유가 존재함이 명백할 경우에만 정당화될 수 있고, 막연하고 추상적인 위험이나 국가의 노력에 의하여 극복될 수 있는 기술상의 어려움이나 장애 등을 사유로 그 제한이 정당화될 수 없다. 북한주민이나 조총련계 재일동포가 선거에 영향을 미칠 가능성, 선거의 공정성, 선거기술적 이유 등은 재외국민등록제도나 재외국민거소신고제도, 해외에서의 선거운동방법에 대한 제한이나 투표자 신분확인제도, 정보기술의 활용 등을 통하여 극복할 수 있으며, 나아가 납세나 국방의무와 선거권간의 필연적 견련관계도 인정되지 않는다는 점 등에 비추어 볼 때, 단지 주민등록이 되어 있는지 여부에 따라 선거인명부에 오를 자격을 결정하여 그에 따라 선거권행사 여부가 결정되도록 함으로써 엄연히 대한민국의 국민임에도 불구하고 주민등록법상 주민등록을 할 수 없는 재외국민의 선거권행사를 전면적으로 부정하고 있는 공직선거법(이하 '법'이라 한다) 제37조 제1항은 어떠한 정당한 목적도 찾기 어려우므로 헌법 제37조 제2항에 위반하여 재외국민의 선거권과 평등권을 침해하고 보통선거원칙에도 위반된다.

[3] 법 제38조 제1항의 국내거주자에게만 부재자신고를 허용하는 것이 국외거주자의 선거권·평등권을 침해하고 보통선거원칙을 위반하는지 여부: 적극

직업이나 학문 등의 사유로 자진 출국한 자들이 선거권을 행사하려고 하면 반드

기출 OX

01 1948년 정부수립 이전 이주동포를 재외동포의 출입국과 법적 지위에 관한 법률의 적용대상에서 제외하는 것은 헌법 제11조의 평등원칙에 위배된다. 20. 경찰승진 ( )

정답 01 ○

시 귀국하여야 하고 귀국하지 않으면 선거권행사를 못하도록 하는 것은 헌법이 보장하는 해외체류자의 국외 거주·이전의 자유, 직업의 자유, 공무담임권, 학문의 자유 등의 기본권을 희생하도록 강요한다는 점에서 부적절하며, 가속화되고 있는 국제화시대에 해외로 이주하여 살 가능성이 높아지고 있는 상황에서 그것이 자발적 계기에 의하여 이루어졌다는 이유만으로 국민이면 누구나 향유하여야 할 가장 기본적 권리인 선거권의 행사가 부인되는 것은 타당성을 가지기 어렵다는 점에 비추어 볼 때, **선거인명부에 오를 자격이 있는 국내거주자에 대해서만 부재자신고를 허용**함으로써 **재외국민과 단기해외체류자 등 국외거주자 전부의 국정선거권을 부인**하고 있는 법 제38조 제1항은 정당한 입법목적을 갖추지 못한 것으로 헌법 제37조 제2항에 위반하여 **국외거주자의 선거권과 평등권을 침해하고 보통선거원칙에도 위반**된다.

[4] 법 제15조 제2항 제1호, 제37조 제1항의 주민등록을 요건으로 국내 거주 재외국민의 지방선거 선거권을 제한하는 것이 국내 거주 재외국민의 평등권과 지방의회의원 선거권을 침해하는지 여부: **적극**

국내 거주 재외국민은 주민등록을 할 수 없을 뿐이지 '국민인 주민'이라는 점에서는 '주민등록이 되어 있는 **국민인 주민**'과 실질적으로 동일하므로 지방선거 선거권부여에 있어 양자에 대한 차별을 정당화할 어떠한 사유도 존재하지 않으며, 또한 헌법상의 권리인 국내 거주 재외국민의 선거권이 법률상의 권리에 불과한 '영주의 체류자격 취득일로부터 3년이 경과한 19세 이상의 외국인'의 지방선거 선거권에 못 미치는 부당한 결과가 초래되고 있다는 점에서 국내 거주 재외국민에 대하여 그 체류 기간을 불문하고 지방선거 선거권을 전면적·획일적으로 박탈하는 법 제15조 제2항 제1호, 제37조 제1항은 국내 거주 재외국민의 평등권과 지방의회의원 선거권을 침해한다.

[5] 법 제16조 제3항의 주민등록을 요건으로 국내 거주 재외국민의 지방선거 피선거권을 제한하는 것이 국내 거주 재외국민의 공무담임권을 침해하는지 여부: **적극**
18. 국회직 9급

'외국의 영주권을 취득한 재외국민'과 같이 주민등록을 하는 것이 법령의 규정상 아예 불가능한 자들이라도 지방자치단체의 주민으로서 오랜 기간 생활해 오면서 그 지방자치단체의 사무와 얼마든지 밀접한 이해관계를 형성할 수 있고, 주민등록이 아니더라도 그와 같은 거주 사실을 공적으로 확인할 수 있는 방법은 존재한다는 점, 나아가 법 제16조 제2항이 국회의원선거에 있어서는 주민등록 여부와 관계없이 25세 이상의 국민이라면 누구든지 피선거권을 가지는 것으로 규정함으로써 국내 거주 여부를 불문하고 재외국민도 국회의원선거의 피선거권을 가진다는 사실에 비추어 주민등록만을 기준으로 함으로써 주민등록이 불가능한 재외국민인 주민의 지방선거 피선거권을 부인하는 법 제16조 제3항은 헌법 제37조 제2항에 위반하여 국내 거주 재외국민의 공무담임권을 침해한다.

[6] 주민등록을 요건으로 재외국민의 국민투표권을 제한하는 국민투표법 제14조 제1항이 청구인들의 국민투표권을 침해하는지 여부: **적극**

국민투표는 국가의 중요정책이나 헌법개정안에 대하여 주권자로서의 국민이 그 승인 여부를 결정하는 절차인데, 주권자인 국민의 지위에 아무런 영향을 미칠 수 없는 주민등록 여부만을 기준으로 하여, 주민등록을 할 수 없는 재외국민의 국민투표권행사를 전면적으로 배제하고 있는 국민투표법 제14조 제1항은 앞서 본 국정선거권의 제한에 대한 판단에서와 동일한 이유에서 청구인들의 국민투표권을 침해한다.

기출 OX

02 헌법재판소는 해외거주자들에 대하여 부재자투표권을 인정하지 아니하는 것은 합리적인 이유가 있는 차별이고, 이로 인하여 해외거주자들의 선거권 자체가 침해되었다고 할 수 없다고 본다. 07. 법행 ( )

03 대통령선거에 있어서 직업이나 학문 등의 사유로 자진 출국한 자들이 선거권을 행사하려고 하면 반드시 귀국해야 하고 귀국하지 않으면 선거권 행사를 못하도록 하는 것은 헌법이 보장하는 해외체류자의 국외 거주·이전의 자유, 직업의 자유, 공무담임권, 학문의 자유 등의 기본권을 희생하도록 강요한다는 점에서 부적절하다. 16. 지방직 ( )

04 선거인명부에 오를 자격이 있는 국내거주자에 대해서만 부재자신고를 허용함으로써 재외국민과 단기해외체류자 등 국외거주자 전부의 국정선거권을 부인하고 있는 구 공직선거 및 선거부정방지법의 규정은 정당한 입법목적을 갖추지 못한 것으로 헌법 제37조 제2항에 위반하여 국외거주자의 선거권과 평등권을 침해하고 보통선거원칙에도 위반된다. 11. 법행 ( )

05 주민등록 여부에 따라 선거권행사 여부가 결정되도록 함으로써 주민등록법상 주민등록을 할 수 없는 재외국민에게 선거권을 인정하지 않는 것은 헌법에 위반되는 것이다. 08. 국가직 ( )

정답 02 × 03 ○ 04 ○ 05 ○

[7] 헌법불합치결정을 하되 계속 적용을 명한 사례

재외국민에 대하여 원칙적으로의 참정권을 인정하는 것이 헌법적 요청이라 하더라도 선거기술적 측면과 선거의 공정성 확보 측면에서 충분히 검토하고 준비할 시간이 필요하고, 또한 법 제37조 제1항 등 이 사건 법률조항들이 즉시 효력을 상실하면 향후 선거를 실시할 수 없는 법적 혼란상태를 초래할 것이므로, 잠정 적용 헌법불합치결정을 선고하되, 입법자는 늦어도 2008.12.31.까지 개선입법을 하여야 한다(헌재 2007.6.28, 2004헌마644).

3 재외국민의 주민투표권제한이 위헌인지 여부: 적극 [헌법불합치] 08. 법행, 10. 지방직

[1] 주민투표권은 헌법상의 열거되지 아니한 권리 등 그 명칭의 여하를 불문하고 헌법상의 기본권성이 부정된다는 것이 우리 재판소의 일관된 입장이라 할 것인데, 이 사건에서 그와 달리 보아야 할 아무런 근거를 발견할 수 없다. 그렇다면 이 사건 심판청구는 헌법재판소법 제68조 제1항의 헌법소원을 통하여 그 침해 여부를 다툴 수 있는 기본권을 대상으로 하고 있는 것이 아니므로 그러한 한에서 이유 없다. 하지만 **주민투표권이 헌법상 기본권이 아닌 법률상의 권리에 해당한다 하더라도 비교집단 상호간에 차별이 존재할 경우에 헌법상의 평등권심사까지 배제되는 것은 아니다.**

[2] 이 사건 법률조항 부분은 주민등록만을 요건으로 주민투표권의 행사 여부가 결정되도록 함으로써 **'주민등록을 할 수 없는 국내 거주 재외국민'**을 **'주민등록이 된 국민인 주민'**에 비하여 차별하고 있고, 나아가 **'주민투표권이 인정되는 외국인'과의 관계에서도 차별**을 행하고 있는바, 그와 같은 차별에 아무런 합리적 근거도 인정될 수 없으므로 국내 거주 재외국민의 **헌법상 기본권인 평등권을 침해하는 것으로 위헌**이다(헌재 2007.6.28, 2004헌마643).

4 원양어선 등 장기 선원들의 부재자투표제한이 위헌인지 여부: 적극 [헌법불합치]

이 사건 법률조항이 국외 구역을 항해하는 선박에 장기 기거하는 선원들에 대하여 어떠한 선거권행사방법도 규정하지 않고 있는 것은 청구인들의 기본권을 침해하는 것이지만, 구체적으로 어떤 경우에, 어느 범위의 선원들을 대상으로, 어떻게 선거권을 행사할 수 있도록 할 것인지는 입법자가 입법정책에 따라 결정하여야 할 사항이므로, 이 사건 법률조항에 대하여는 헌법불합치결정을 선고하되, 다만 이 사건 법률조항은 청구인들 외의 다른 국민의 선거권행사는 보장하고 있으므로 법적 공백이나 혼란을 예방하기 위하여 적용중지를 명하지 않고, 입법자의 개선입법이 있을 때까지 계속하여 적용하도록 명함이 상당하다(헌재 2007.6.28, 2005헌마772).

5 재외선거인의 국민투표권을 제한한 국민투표법이 재외선거인의 국민투표권을 침해하는지 여부: 적극 [헌법불합치] 15. 서울시 · 법무사, 18. 국회직 9급, 19. 국가직

헌법 제72조의 중요정책 국민투표와 헌법 제130조의 헌법개정안 국민투표는 대의기관인 국회와 대통령의 의사결정에 대한 국민의 승인절차에 해당한다. 대의기관의 선출주체가 곧 대의기관의 의사결정에 대한 승인주체가 되는 것은 당연한 논리적 귀결이다. 재외선거인은 대의기관을 선출할 권리가 있는 국민으로서 대의기관의 의사결정에 대하여 승인할 권리가 있으므로, 국민투표권자에는 재외선거인이 포함된다고 보아야 한다. 또한 국민투표는 선거와 달리 국민이 직접 국가의 정치에 참여하는 절차이므로, 국민투표권은 대한민국 국민의 자격이 있는 사람에게 반드시 인정되어야 하는 권리이다. 이처럼 국민의 본질적 지위에서 도출되는 국민투표권을 추상적 위험 내지 선거기술상의 사유로 배제하는 것은 헌법이 부여한 참정권을 사실상 박탈한 것과 다름없다. 따라서 국민투표법조항은 재외선거인의 국민투표권을 침해한다(헌재 2014.7.24, 2009헌마256 등).

기출 OX

01 주민투표권행사를 위한 요건으로 주민등록을 요구함으로써 국내거소신고만 할 수 있고 주민등록을 할 수 없는 국내 거주 재외국민에 대하여 주민투표권을 인정하지 않고 있는 주민투표법조항은 국내 거주 재외국민의 평등권을 침해한다. 18. 경찰승진 ( )

02 국회의원선거권자인 재외선거인에게 국민투표권을 인정하지 않은 것은 국회의원선거권자의 헌법개정안 국민투표 참여를 전제하고 있는 헌법 제130조 제2항의 취지에 부합하지 않는다. 20. 경찰승진 ( )

03 대의기관의 선출주체가 곧 대의기관의 의사결정에 대한 승인주체가 되는 것이 원칙이나, 국민투표권자의 범위가 대통령선거권자, 국회의원선거권자와 반드시 일치할 필요는 없다. 20. 경찰승진 ( )

정답 01 ○ 02 ○ 03 ×

6 행정관서요원과 달리 국제협력요원으로 근무하다가 순직한 경우 국가유공자로 대우하지 않은 것이 재외국민보호의무에 위배되는지 여부: **소극**

국제협력요원이 복무 중 사망한 경우 국가유공자법에 의한 보상을 하지 않는다고 하여 국가가 헌법 제2조 제2항에 규정한 재외국민을 보호할 의무를 행하지 않은 경우라고는 볼 수 없다(헌재 2010.7.29, 2009헌가13).

7 '거짓이나 그 밖의 부정한 방법으로' 이 법에 따른 보호 또는 지원을 받아 재물이나 재산상의 이익을 받은 경우 이를 필요적으로 몰수·추징하도록 규정하고 있는 '북한이탈주민의 보호 및 정착지원에 관한 법률' 제33조 제3항 등이 위헌인지 여부: **소극** [합헌]

심판대상조항의 입법목적은 부정한 방법에 의하여 보호대상자로 지정되고 법 소정의 지원을 받는 것을 차단함으로써 북한이탈주민의 정착을 위한 한정된 예산을 효율적으로 집행하는 것이며, 이러한 목적을 달성하기 위하여 거짓이나 그 밖의 부정한 방법으로 지원받은 재물 등을 필요적으로 몰수·추징하는 것은 적절한 수단이다. … 급증하는 북한이탈주민에 대한 지원을 효율적이고 적합하게 수행하기 위해서는 필요한 재원을 안정적으로 확보할 필요성이 있는 점, 심판대상조항의 몰수·추징은 거짓이나 그 밖의 부정한 방법으로 지원받은 재물이나 재산상 이익에 한하여 몰수·추징하는 데 그치는 점 등을 고려할 때, 심판대상조항에 의하여 발생하는 북한이탈주민의 경제적 손실이 한정된 예산의 효율적 집행을 통한 북한이탈주민의 보호 및 지원이라는 공익보다 크다고 할 수 없다. 그렇다면 심판대상조항은 과잉금지원칙에 위배되지 아니한다(헌재 2017.8.31, 2015헌가22).

Ⅲ. 국가의 영역

1. 의의

영역은 국가의 법이 적용되는 공간적 범위 또는 국가적 지배(통치권)의 물적 대상을 의미하는바, 이는 영토·영해·영공으로 구성된다.

2. 범위

(1) 영토

'영토'란 국가영역의 기초가 되는 일정한 범위의 육지를 말한다. 입법례로서는 영토의 범위를 헌법에 규정하는 국가(예 독일, 네덜란드, 캐나다, 스위스)와 규정하지 아니하는 국가가 있다. 우리 헌법에는 영토에 관한 규정은 있으나, 영해와 영공에 대하여는 명문의 규정이 없다. 11. 경찰승진

(2) 영해

> **영해 및 접속수역법**
> 제1조 【영해의 범위】 대한민국의 영해는 기선(基線)으로부터 측정하여 그 바깥쪽 **12해리**의 선까지에 이르는 수역으로 한다. 11. 경찰승진 다만, 대통령령으로 정하는 바에 따라 일정 수역의 경우에는 12해리 이내에서 영해의 범위를 따로 정할 수 있다.

기출 OX

04 대한민국의 영토는 한반도와 그 부속도서로 하며, 대한민국의 영해는 기선으로부터 측정하여 그 바깥쪽 12해리의 선까지에 이르는 수역으로 하되, 대통령령으로 정하는 바에 따라 일정 수역의 경우에는 12해리 이내에서 영해의 범위를 따로 정할 수 있다. 16. 국가직 ( )

정답 04 ○

> **제3조의2 【접속수역의 범위】** 대한민국의 접속수역은 기선으로부터 측정하여 그 바깥쪽 **24해리**의 선까지에 이르는 수역에서 대한민국의 영해를 제외한 수역으로 한다. 05. 입시 다만, 대통령령으로 정하는 바에 따라 일정 수역의 경우에는 기선으로부터 24해리 이내에서 접속수역의 범위를 따로 정할 수 있다. 16. 국가직
>
> **배타적 경제수역 및 대륙붕에 관한 법률**
> **제2조 【배타적 경제수역과 대륙붕의 범위】** ① 대한민국의 배타적 경제수역은 협약에 따라 영해 및 접속수역법 제2조에 따른 기선(基線)(이하 "기선"이라 한다)으로부터 그 바깥쪽 **200해리**의 선까지에 이르는 수역 중 대한민국의 영해를 제외한 수역으로 한다.
> ③ 대한민국과 마주 보고 있거나 인접하고 있는 국가(이하 "관계국"이라 한다) 간의 배타적 경제수역과 대륙붕의 경계는 제1항 및 제2항에도 불구하고 국제법을 기초로 관계국과의 합의에 따라 획정한다.

'영해'란 영토에 접속한 일정한 범위의 해역을 말한다. 우리나라는 영해의 범위를 한반도와 그 부속도서에 접속한 12해리*까지로 하고 있다(영해 및 접속수역법 제1조). 그리고 접속수역은 영해기선으로부터 그 바깥쪽 24해리에 이르는 수역에서 대한민국의 영해를 제외한 수역으로 하고 있다(동법 제3조의2). 또한 연안국은 대륙붕에 관한 제네바조약에 의거하여 연안으로부터 수심 200m까지의 해저구역인 대륙붕에서 천연자원을 개발할 수 있는 권리를 가진다.

* 1해리 = 1.852km

기출 OX
01 독도 등을 중간수역으로 정한 대한민국과 일본국간의 어업에 관한 협정은 배타적 경제수역을 직접 규정한 것이 아닐 뿐만 아니라 배타적 경제수역이 설정된다 하더라도 영해를 제외한 수역을 의미하며, 이러한 점들은 이 협정에서의 이른바 중간수역에 대해서도 동일하다고 할 것이므로 독도의 영유권문제나 영해문제와는 직접적인 관련을 가지지 않는다. 19. 경찰경채
( )

> **판례 | 독도 등을 중간수역으로 정한 대한민국과 일본국간의 어업에 관한 협정이 헌법상 영토조항에 위반되는지 여부: 소극**
>
> 이 사건 협정과 영해와의 관계를 살펴보면, 해양법협약에서는 배타적 경제수역을 영해 밖에 인접한 수역으로서 영해기선으로부터 200해리를 넘을 수 없도록 규정하고 있고(제55조, 제57조 참조), 이에 따라서 한일 양국의 국내법에서도 동일한 취지의 규정을 두고 있다(우리나라의 배타적 경제수역법 제2조 제1항 및 일본의 배타적 경제수역 및 대륙붕에 관한 법률 제1조 제2항 참조). 따라서 이 사건 협정은 배타적 경제수역을 직접 규정한 것이 아닐 뿐만 아니라 배타적 경제수역이 설정된다 하더라도 영해를 제외한 수역을 의미하며, 이러한 점들은 이 사건 협정에서의 이른바 중간수역에 대해서도 동일하다고 할 것이므로 **독도가 중간수역에 속해있다 할지라도 독도의 영유권문제나 영해문제와는 직접적인 관련을 가지지 아니한 것임은 명백하다** 할 것이다(헌재 2009.2.26, 2007헌바35).

(3) 영공
'영공'이란 영토와 영해의 수직상공을 말한다. 영공의 범위에 관하여는 일반적으로 지배 가능한 상공에 한정된다고 보고 있다(실력적 지배설). 05. 입시

정답 01 ○

3. 대한민국의 영역

(1) 영토조항

> 헌법 제3조 대한민국의 영토는 한반도와 그 부속도서로 한다.

판례 | 영토조항의 의미 09·12. 사시, 10. 지방직, 11. 경찰승진

헌법 제3조의 영토조항은 우리나라의 공간적인 존립기반을 선언하는 것인바, 영토변경은 우리나라의 공간적인 존립기반에 변동을 가져오고, 또한 국가의 법질서에도 변화를 가져옴으로써 필연적으로 국민의 주관적 기본권에도 영향을 미치지 않을 수 없는 것이다. 이러한 관점에서 살펴본다면, 국민의 개별적 기본권이 아니라 할지라도 기본권보장의 실질화를 위하여서는 **영토조항만을 근거로 하여 독자적으로는 헌법소원을 청구할 수 없다** 할지라도, 모든 국가권능의 정당성의 근원인 **국민의 기본권침해에 대한 권리구제를 위하여 그 전제조건으로서 영토에 관한 권리를, 이를테면 영토권이라 구성하여 이를 헌법소원의 대상인 기본권의 하나로 간주하는 것은 가능**한 것으로 판단된다(헌재 2001.3.21, 99헌마139 등).

기출 OX

02 헌법상 영토조항만을 근거로 한 독자적인 헌법소원 청구는 불가능하기 때문에, 국민의 기본권침해에 대한 권리구제의 전제조건으로서 영토에 관한 권리를, 영토권이라 구성하여, 헌법소원의 대상인 기본권의 하나로 간주하는 것 역시 가능하지 않다.
19. 경찰경채 ( )

03 영토조항만을 근거로 하여 독자적으로 헌법소원을 청구할 수 있다.
22. 경찰승진 ( )

(2) 평화통일조항

> 헌법 제4조 대한민국은 통일을 지향하며, 자유민주적 기본질서에 입각한 평화적 통일정책을 수립하고 이를 추진한다.

판례 | 통일조항의 의미 08. 사시

헌법상의 여러 통일 관련 조항들은 국가의 통일의무를 선언한 것이기는 하지만, **그로부터 국민 개개인의 통일에 대한 기본권, 특히 국가기관에 대하여 통일과 관련된 구체적인 행위를 요구하거나 일정한 행동을 할 수 있는 권리가 도출된다고 볼 수는 없다**(헌재 2000.7.20, 98헌바63).

(3) 영토조항과 평화통일조항의 규범조화적 해석

① **문제점**: 헌법 제3조는 영토조항으로서 북한을 반국가적 이적단체로 인정하는 근거가 되어 왔고, 한편 헌법 제4조는 통일조항으로서 북한을 통일을 위한 동반자로 인정하는 근거가 되고 있다. 헌법 제3조와 제4조에 관한 이러한 성질의 차이에서 양 조항의 해석을 두고 견해가 갈리고 있다.

② **헌법재판소의 입장**: 헌법재판소는 "북한은 평화적 통일을 위한 대화협력의 동반자임과 동시에 대남적화노선을 고수하면서 우리 자유민주체제의 전복을 획책하고 있는 반국가단체의 성격도 함께 가지고 있으므로 …"라고 하여 여전히 영토조항과 통일조항은 조화를 이룬다고 하였다. 08. 사시

04 헌법 제3조의 영토조항에 근거하여 북한을 반국가단체로 볼 수 있다.
06. 국회직 ( )

정답 02 × 03 × 04 ○

기출 OX

01 통상조약의 체결 절차 및 이행과정에서 남한과 북한간의 거래는 남북교류협력에 관한 법률 제12조에 따라 국가간의 거래가 아닌 민족 내부의 거래로 본다. 17. 국가직 ( )

남북교류협력에 관한 법률

제9조【남북한 방문】① 남한의 주민이 북한을 방문하거나 북한의 주민이 남한을 방문하려면 대통령령으로 정하는 바에 따라 통일부장관의 방문승인을 받아야 하며, 통일부장관이 발급한 증명서(이하 "방문증명서"라 한다)를 소지하여야 한다.

제12조【남북한 거래의 원칙】**남한과 북한간의 거래는 국가간의 거래가 아닌 민족 내부의 거래**로 본다.

남북관계 발전에 관한 법률

제3조【남한과 북한의 관계】① **남한과 북한의 관계는 국가간의 관계가 아닌 통일을 지향하는 과정에서 잠정적으로 형성되는 특수관계**이다.
② 남한과 북한간의 거래는 국가간의 거래가 아닌 민족 내부의 거래로 본다.

제21조【남북합의서의 체결·비준】① 대통령은 남북합의서를 체결·비준하며, 통일부장관은 이와 관련된 대통령의 업무를 보좌한다.
② 대통령은 남북합의서를 비준하기에 앞서 국무회의의 심의를 거쳐야 한다.
③ **국회는 국가나 국민에게 중대한 재정적 부담을 지우는 남북합의서 또는 입법사항에 관한 남북합의서의 체결·비준에 대한 동의권을 가진다.**
④ 대통령이 이미 체결·비준한 남북합의서의 이행에 관하여 단순한 기술적·절차적 사항만을 정하는 남북합의서는 남북회담대표 또는 대북특별사절의 서명만으로 발효시킬 수 있다.

02 남북교류협력에 관한 법률과 국가보안법은 그 입법목적과 규제대상을 달리한다. 12. 경찰승진 ( )

03 남북교류협력에 관한 법률과 국가보안법의 상호관계에 대해서, 헌법재판소는 양 법률의 규제대상이 동일한 점을 들어 일반법과 특별법의 관계로 파악하고 있다. 14. 법무사 ( )

04 헌법상 영토조항에도 불구하고 북한의 의과대학이 곧 의료면허취득 요건상 국내 대학으로 인정되는 것은 아니다. 19. 경찰경채 ( )

판례 I

1 남북교류법과 국가보안법이 특별법과 일반법의 관계에 있는지 여부: 소극 [각하] 09. 사시
국가보안법과 남북교류협력에 관한 법률은 상호 입법목적과 규제대상을 달리하고 있는 관계로 구 국가보안법 제6조 제1항 소정의 잠입·탈출죄에서의 '잠입·탈출'과 남북교류법 제27조 제2항 제1호 소정의 '왕래'는 각 행위의 목적이 다르다(헌재 1993. 7.29, 92헌바48).

2 북한의 의과대학을 국내 대학으로 인정할 수 있는지 여부 및 탈북의료인의 국내 의료면허를 부여할 입법의무가 있는지 여부: 소극 [각하] 08·09·12. 사시, 11. 경찰승진
청구인과 같은 탈북의료인에게 국내 의료면허를 부여할 것인지 여부는 북한의 의학교육 실태와 탈북의료인의 의료수준, 탈북의료인의 자격증명방법 등을 고려하여 입법자가 그의 입법형성권의 범위 내에서 규율할 사항이지, 헌법조문이나 헌법해석에 의하여 바로 입법자에게 국내 의료면허를 부여할 입법의무가 발생한다고 볼 수는 없다(헌재 2006.11.30, 2006헌마679).

3 남북한 UN 동시가입으로 국가승인의 효과가 있는지 여부: 소극 05. 입시
비록 남북한이 유엔(UN)에 동시가입하였다고 하더라도, 이는 '유엔헌장'이라는 다변조약에의 가입을 의미하는 것으로서 유엔헌장 제4조 제1항의 해석상 신규가맹국이 '유엔(UN)'이라는 국제기구에 의하여 국가로 승인받는 효과가 발생하는 것은 별론으로 하고, 그것만으로 곧 다른 가맹국과의 관계에 있어서도 당연히 상호간에 국가승인이 있었다고는 볼 수 없다는 것이 현실 국제정치상의 관례이고 국제법상의 통설적인 입장이다(헌재 1997.1.16, 92헌바6 등).

정답 01 ○ 02 ○ 03 × 04 ○

4 **남북합의서의 법적 성격이 조약인지 여부: 소극** 08·09. 사시, 11. 법행, 15. 법원직

소위 남북합의서는 남북관계를 '나라와 나라 사이의 관계가 아닌 통일을 지향하는 과정에서 잠정적으로 형성되는 특수관계'(전문 참조)임을 전제로 하여 이루어진 합의문서인바, 이는 한민족공동체 내부의 특수관계를 바탕으로 한 당국간의 합의로서 남북당국의 성의 있는 이행을 상호 약속하는 일종의 공동성명 또는 신사협정에 준하는 성격을 가짐에 불과하다. 따라서 남북합의서의 채택·발효 후에도 북한이 여전히 적화통일의 목표를 버리지 않고 각종 도발을 자행하고 있으며 남북한의 정치, 군사적 대결이나 긴장관계가 조금도 해소되지 않고 있음이 엄연한 현실인 이상, 북한의 반국가단체성이나 국가보안법의 필요성에 관하여는 아무런 상황변화가 있었다고 할 수 없다(헌재 1997.1.16, 92헌바6 등).

5 **북한주민도 대한민국 국민인지 여부: 적극** 05. 입시, 06. 법행

우리 헌법은 제헌헌법 이래로 "대한민국의 영토는 한반도와 그 부속도서로 한다."라는 규정을 두고 있다(제헌헌법 제4조, 현행헌법 제3조). 대법원은 이를 근거로 하여 북한지역도 대한민국의 영토에 속하는 한반도의 일부를 이루는 것이어서 대한민국의 주권이 미치고 북한주민도 대한민국 국적을 취득·유지하는 데 아무런 영향이 없는 것으로 해석하고 있다(헌재 2000.8.31, 97헌가12).

6 **개별 법률의 적용에 있어서 남북한의 특수관계적 성격을 고려하여 북한지역을 외국에 준하는 지역으로, 북한주민 등을 외국인에 준하는 지위에 있는 자로 규정할 수 있는지 여부: 적극 [합헌]** 06. 법행, 09. 사시, 10. 국회직

우리 헌법이 "대한민국의 영토는 한반도와 그 부속도서로 한다."라는 영토조항(제3조)을 두고 있는 이상 대한민국의 헌법은 북한지역을 포함한 한반도 전체에 그 효력이 미치고 따라서 북한지역은 당연히 대한민국의 영토가 되므로, 북한을 법 소정의 '외국'으로, 북한의 주민 또는 법인 등을 '비거주자'로 바로 인정하기는 어렵지만, **개별 법률의 적용 내지 준용에 있어서는 남북한의 특수관계적 성격을 고려하여 북한지역을 외국에 준하는 지역으로, 북한주민 등을 외국인에 준하는 지위에 있는 자로 규정할 수 있다**고 할 것이다(헌재 2005.6.30, 2003헌바114).

기출 OX

05 1992년 발효된 '남북 사이의 화해와 불가침 및 교류협력에 관한 합의서'는 국가간의 조약이라기보다는 남북당국의 성의 있는 이행을 상호 약속하는 일종의 신사협정에 불과하다. 14. 법무사 ( )

06 남북 사이의 화해와 불가침 및 교류협력에 관한 합의서(남북기본합의서)는 남북한 당국이 특수관계인 남북관계에 관하여 채택한 합의문서로서, 국가간의 조약 또는 이에 준하는 것으로 볼 수 있다. 15. 법원직 ( )

07 우리 헌법이 '대한민국의 영토는 한반도와 그 부속도서로 한다'는 영토조항을 두고 있는 이상 북한지역은 당연히 대한민국의 영토가 되며, 개별 법률의 적용에서 북한지역을 외국에 준하는 지역으로, 북한의 주민 또는 법인 등을 외국인에 준하는 지위에 있는 자로 규정하는 것은 헌법상 영토조항에 위반되어 허용될 수 없다. 17. 법무사 ( )

정답 05 ○ 06 × 07 ×

제3절 한국헌법의 기본원리

'헌법의 기본원리'란 헌법의 이념적 기초가 되는 것이면서 헌법을 총체적으로 지배하는 지도원리를 의미한다.

> **판례 | 헌법의 기본원리 관련**
>
> **1 헌법의 기본원리의 의의** 10. 경찰승진·지방직, 12. 국회직, 18. 법원직
> 헌법의 기본원리는 헌법의 이념적 기초인 동시에 헌법을 지배하는 지도원리로서 입법이나 정책결정의 방향을 제시하며 공무원을 비롯한 모든 국민·국가기관이 헌법을 존중하고 수호하도록 하는 지침이 되며, **구체적 기본권을 도출하는 근거로 될 수는 없으나 기본권의 해석 및 기본권제한입법의 합헌성심사에 있어 해석기준의 하나**로서 작용한다(헌재 1996.4.25, 92헌바47).
>
> **2 헌법의 기본원리침해를 이유로 헌법소원을 제기할 수 있는지 여부: 소극 [각하]**
> 헌법소원심판과정에서 공권력의 행사 또는 불행사가 위헌인지 여부를 판단함에 있어서 국민주권주의, 법치주의, 적법절차의 원리 등 헌법의 기본원리 위배 여부를 그 기준으로 적용할 수는 있으나, 공권력의 행사 또는 불행사로 헌법의 기본원리가 훼손되었다고 하여 그 점만으로 국민의 기본권이 직접 현실적으로 침해된 것이라고 할 수는 없고 또한 공권력 행사가 헌법의 기본원리에 위반된다는 주장만으로 헌법상 보장된 기본권의 주체가 아닌 자가 헌법소원을 청구할 수도 없는 것이므로, 헌법의 기본원리가 훼손되었다고 하더라도 헌법소원심판청구가 허용된다고 할 수는 없다(헌재 1995.2.23, 90헌마125).

기출 OX

01 헌법의 기본원리는 헌법의 이념적 기초인 동시에 헌법을 지배하는 지도원리로서 입법이나 정책결정의 방향을 제시하며, 구체적 기본권을 도출하는 근거가 되고 기본권의 해석 및 기본권제한입법의 합헌성심사에 있어 해석기준의 하나로 작용한다. 20. 경찰승진 ( )

01 한국헌법의 전문(前文)

1. 의의

'헌법전문'이란 헌법의 본문 앞에 위치한 문장으로서 헌법전의 일부를 구성하는 헌법 서문을 말한다.

2. 규범성 인정 여부

(1) 헌법재판소의 입장(긍정)

법률에 대한 위헌심사에 있어 법률이 헌법전문에 위반하는 경우, 즉 '법률을 문언 그대로 해석하면 헌법전문과 양립하기 어려운 경우' 이를 위헌무효라 함으로써 그 규범적 효력을 인정한다(헌재 1990.4.2, 89헌가113).

02 헌법전문은 법령의 해석기준이면서 입법의 지침일 뿐만 아니라, 구체적 소송에서 적용될 수 있는 재판규범으로서 위헌법률심사의 기준이 되는 헌법규범이기도 하다. 18. 국회직 ( )

(2) 검토

헌법의 전문은 형식적으로는 헌법전의 일부를 구성하는 것이고, 실질적으로는 헌법규범의 단계적 구조 중에서 최상위의 규범이라 할 수 있다(통설).

정답 01 × 02 ○

3. 한국헌법전문의 내용 17. 국가직

> 유구한 역사와 전통에 빛나는 우리 대한국민은 3·1운동으로 건립된 **대한민국임시정부의 법통과 불의에 항거한 4·19민주이념**을 계승하고, **조국의 민주개혁과 평화적 통일의 사명**에 입각하여 정의·인도와 동포애로써 민족의 단결을 공고히 하고, 모든 사회적 폐습과 불의를 타파하며, **자율과 조화**를 바탕으로 **자유민주적 기본질서**를 더욱 확고히 하여 정치·경제·사회·문화의 모든 영역에 있어서 **각인의 기회를 균등히** 하고, 능력을 최고도로 발휘하게 하며, 자유와 권리에 따르는 책임과 의무를 완수하게 하여, 안으로는 **국민생활의 균등한 향상**을 기하고 밖으로는 **항구적인 세계평화**와 인류공영에 이바지함으로써 우리들과 우리들의 자손의 안전과 자유와 행복을 영원히 확보할 것을 다짐하면서 **1948년 7월 12일에 제정**되고 **8차**에 걸쳐 개정된 헌법을 이제 **국회의 의결**을 거쳐 **국민투표**에 의하여 개정한다.
>
> 1987년 10월 29일

3·1운동	건국헌법 때부터 헌법전문에 명시
대한민국임시정부의 법통계승	현행헌법에서 처음 규정
4·19민주이념의 계승	제3공화국 헌법 때부터 명시('불의에 항거한'은 현행헌법에서 추가)
평화적 통일, 자유민주적 기본질서	유신헌법 때부터 명시

⊕ PLUS 헌법전문에 명문규정이 없는 것

1. 전통문화의 계승·발전 05. 법행, 13. 서울시
2. 민족문화의 창달(헌법 제9조, 제69조) 15. 서울시, 06. 법행
3. 개인의 자유와 창의의 존중(헌법 제119조 제1항)
4. 인간의 존엄과 가치(헌법 제10조) 05. 국회직·법무사
5. 5·16혁명(제3공화국 헌법, 제4공화국 헌법) 13. 서울시
6. 균형 있는 국민경제의 성장 및 안정 11. 법행
7. 법치주의 이념

구분	건국	1960(제3차)	1962(제5차)	1972(제7차)	1980(제8차)	현행(제9차)
3·1운동	O	O	O	O	O	O
4·19이념	×	×	O	O	×	O
5·16혁명	×	×	O	O	×	×

4. 한국헌법전문의 규범적 효력

(1) 최고규범성
헌법전문은 형식적으로는 헌법본문을 비롯한 모든 법령에 상위하는 효력을 가지며, 실질적으로는 헌법본문을 비롯한 모든 법령의 내용을 한정하고 그것이 타당성을 가지는 근거가 된다.

(2) 법령의 해석기준과 입법지침 15. 법원직
헌법전문은 헌법본문을 비롯한 모든 법령의 해석기준이 될 뿐 아니라 구체적인 입법을 함에 있어 법의 지침이 되기도 한다. 헌법재판소도 '헌법은 그 전문에서 기회균등을 선언하고 있는바, 그것은 우리 헌법의 최고원리로서 국가가 입법을 하거나 법을 해석하고 집행함에 있어 따라야 할 기준'이라고 판시한 바 있다(헌재 1989.1.25, 88헌가7).

기출 OX

03 현행헌법전문은 "1948년 7월 12일에 제정되고 9차에 걸쳐 개정된 헌법을 이제 국회의 의결을 거쳐 국민투표에 의하여 개정한다."라고 규정하고 있다. 18. 경찰승진 ( )

04 대한민국임시정부의 법통계승은 현행헌법전문에서 처음으로 명시되었다. 14. 법행 ( )

✐ · 헌법전문의 '평화적 통일'은 유신헌법 때 도입되었다.
· 헌법 제4조의 '자유민주적 기본질서에 입각한 평화통일'은 현행헌법에서 처음 규정되었다. 13. 서울시·국가직

✐ 4·19민주이념의 계승
· 제5차 개정헌법 때(4·19 '의거'로 표현) 처음으로 명시되었다(제3차 개정헌법 ×, 제8차 개정헌법 때 삭제).
· 현행헌법에서 4·19'민주이념'으로 표현하고 있다.

05 헌법전문에는 법치주의 이념에 대한 명문규정이 없다. 17. 법행 ( )

06 국민생활의 균등한 향상, 민족문화의 창달, 세계평화와 인류공영, 조국의 민주개혁은 현행헌법전문에 규정된 내용이다. 15. 서울시 ( )

정답 03 × 04 O 05 O 06 ×

(3) 재판규범성 15. 법원직

① **학설**: 공권력 행사의 위헌 여부가 문제되는 경우 헌법전문 위반을 이유로 위헌을 선언할 수 있는지에 대하여 부정설과 긍정설(다수설)이 대립한다.
② **헌법재판소의 입장**: 헌법전문의 재판규범성을 인정하고 있다(헌재 1992.3.13, 92헌마37 등).

🖉 헌법전문을 개정한 개헌 ⇨ 제5차·제7차·제8차·제9차 개헌

(4) 헌법개정 금지사항 – 헌법개정의 한계

헌법전문은 헌법의 지도이념·지도원리를 규정한 것이라는 점에서 자구수정이나 개서를 넘어선 지도이념의 폐기나 전면개정은 인정되지 아니한다. 우리 헌법의 경우 헌법전문의 핵심을 이루는 내용, 국가적 이념과 기본적 가치질서 등의 것들은 헌법개정절차에 의해서도 전면적으로 배제할 수 없다.

(5) 기본권도출가능성

헌법전문에서 기본권이 도출될 수 있는지에 대하여, 구체적인 기본권이 도출될 수 있다는 견해가 있으나 헌법재판소 판례는 부정하는 입장이다.

⚖ 판례 | 헌법전문 관련

1 헌법전문에 기재된 3·1정신이 헌법상 보장된 기본권에 해당하는지 여부: 소극 [기각]
06. 법행, 10. 지방직·경찰승진, 15. 법원직, 17. 국가직, 19. 서울시

'헌법전문에 기재된 3·1정신'은 우리나라 헌법의 연혁적·이념적 기초로서 헌법이나 법률해석에서의 해석기준으로 작용한다고 할 수 있지만, **그에 기하여 곧바로 국민의 개별적 기본권성을 도출해낼 수는 없다**고 할 것이므로, 헌법소원의 대상인 '헌법상 보장된 기본권'에 해당하지 아니한다(헌재 2001.3.21, 99헌마139).

2 '대한민국임시정부의 법통계승'의 법적 효력 10. 지방직, 17. 국가직·변호사, 19. 서울시

헌법은 전문에서 '3·1운동으로 건립된 대한민국임시정부의 법통을 계승'한다고 선언하고 있다. 이는 대한민국이 일제에 항거한 독립운동가의 공헌과 희생을 바탕으로 이룩된 것임을 선언한 것이고, 그렇다면 **국가는 일제로부터 조국의 자주독립을 위하여 공헌한 독립유공자와 그 유족에 대하여는 응분의 예우를 하여야 할 헌법적 의무를 지닌다**고 보아야 할 것이다. 다만, 그러한 의무는 국가가 독립유공자의 인정절차를 합리적으로 마련하고 독립유공자에 대한 기본적 예우를 해주어야 한다는 것을 뜻할 뿐이며, 당사자가 주장하는 **특정인을 반드시 독립유공자로 인정하여야 하는 것을 뜻할 수는 없다**(헌재 2005.6.30, 2004헌마859).

3 외국인인 유족을 위로금 지급대상에서 제외하는 것이 위헌인지 여부: 소극

사할린 지역 강제동원 희생자의 범위를 1990.9.30.까지 사망 또는 행방불명된 사람으로 제한하고, 대한민국 국적을 갖고 있지 않은 유족을 위로금 지급대상에서 제외한 것은 합리적 이유가 있어 입법재량의 범위를 벗어난 것으로 볼 수 없으므로, 심판대상조항이 '정의·인도와 동포애로써 민족의 단결을 공고히' 할 것을 규정한 헌법전문의 정신에 위반된다고 볼 수 없다(헌재 2015.12.23, 2013헌바11).

기출 OX

01 '헌법전문에 기재된 3·1정신'은 우리나라 헌법의 연혁적·이념적 기초로서 헌법이나 법률해석에서의 해석기준으로 작용한다고 할 수 있지만, 그에 기하여 곧바로 국민의 개별적 기본권성을 도출해낼 수는 없다. 18. 경찰승진 ( )

02 헌법전문에서 '3·1운동으로 건립된 대한민국임시정부의 법통을 계승'한다고 선언하고 있으므로 국가는 일제로부터 조국의 자주독립을 위하여 공헌한 독립유공자와 그 유족에 대하여는 응분의 예우를 하여야 할 헌법적 의무를 지닌다. 18. 경찰승진 ( )

03 헌법의 전문과 본문의 전체에 담겨 있는 최고 이념은 국민주권주의와 자유민주주의에 입각한 입헌민주헌법의 본질적 기본원리에 기초하고 있다. 18. 경찰승진 ( )

04 태평양전쟁 전후 일제에 의한 강제동원으로 피해를 입은 자에 대한 위로금 지급에 있어 대한민국 국적을 갖고 있지 않은 유족을 위로금 지급대상에서 제외하는 것은 정의·인도와 동포애로써 민족의 단결을 공고히 할 것을 규정한 헌법전문에 비추어 헌법에 위반된다. 22. 변호사 ( )

정답 01 ○ 02 ○ 03 ○ 04 ×

02 한국헌법의 기본원리

I. 국민주권의 원리

1. 개념
국민주권의 원리는 국가적 의사를 전반적·최종적으로 결정할 수 있는 최고의 권력인 주권을 국민이 보유한다는 것과 모든 국가권력의 정당성의 근거를 국민에게서 찾아야 한다는 것을 내용으로 하는 민주국가적 헌법원리를 말한다.

> **판례 | 국민주권원리의 헌법상 의의**
>
> 우리 헌법의 전문과 본문의 전체에 담겨 있는 최고 이념은 **국민주권주의**와 **자유민주주의**에 입각한 입헌민주헌법의 본질적 기본원리에 기초하고 있다. 기타 헌법상의 제 원칙도 여기에서 연유되는 것이므로 이는 헌법전을 비롯한 모든 **법령해석의 기준**이 되고, **입법형성권행사의 한계**와 **정책결정의 방향**을 제시하며, 나아가 모든 국가기관과 국민이 존중하고 지켜가야 하는 **최고의 가치규범**이다(헌재 1989.9.8, 88헌가6).

2. 국민의 헌법상 지위

(1) 주권자로서의 국민
① **주권의 주체로서의 국민**: 이념적·정치적 통일체로서의 국민을 말하며 헌법전문, 헌법 제1조 제2항, 제7조 제1항 등에서의 국민이 이에 해당한다.
② **주권의 행사자로서의 국민**: 유권자 시민의 총체로서 현실적·능동적으로 주권을 행사하는 국민을 말한다.

(2) 기본권의 주체로서의 국민
국가권력에 의한 보호대상으로서의 개별적 국민을 말하며, 헌법 제10조에서 제37조까지의 국민이 이에 해당한다.

(3) 피치자로서의 국민
국가적 지배의 대상이 되는 공의무의 주체로서의 국민을 말한다.

3. 구현형태
국민주권의 제도적 구현형태에는 국민이 국가의 정책결정에 참여하는 방법 여하에 따라 간접민주제와 직접민주제의 두 가지 유형이 있다.

구분	간접민주제	직접민주제
의의	국민이 대표기관을 선출하여 그들로 하여금 국민을 대신하여 국가의사나 국가정책을 결정하게 하는 제도	국민이 직접 국가의사나 국가정책을 결정하는 제도
지도이념	대의제의 원리(치자와 피치자를 구분)	동일성의 원리(치자와 피치자를 동일체로 간주)
구현하는 제도	의회제도, 선거제도	국민투표제, 국민발안제, 국민소환제

기출 OX

05 대의제는 동일성의 원리의 요청에 부합하며, 국민의 의사와 국가의 의사가 항상 일치한다는 것을 전제로 하는 통치원리이다. 13. 서울시 ( )

정답 **05** ×

4. 현행헌법상 국민주권의 원리

(1) 국민주권의 원리 선언
우리 헌법은 전문에서 국민을 헌법제정의 주체라고 규정하고 있고, 제1조 제2항 전단에서 국민주권의 원리를 선언하고 있다.

(2) 국민주권의 원리 구현
우리 현행헌법은 국민주권의 원리를 구현함에 있어 간접민주제를 원칙으로 하되, 직접민주제를 가미하고 있다.
① **간접민주제의 원칙**: 현행헌법상 간접민주제의 내용으로는 ⑤ 의회주의와 ⓒ 대의제를 들 수 있다.
② **직접민주제의 가미**: 현행헌법상 직접민주제의 내용으로는 헌법개정안과 국가안위에 관한 중요정책을 국민투표로써 직접 확정하는 것을 들 수 있다.
③ **정당제도**: 오늘날 정당제도가 발달한 대중민주주의국가에서는 국민이 정당들을 통하여 언제나 입법과 국정수립과정에 참여하거나 영향력을 행사할 수 있다.
④ **직업공무원제도**: 헌법 제7조에서 "공무원은 국민 전체에 대한 봉사자이며, 국민에 대하여 책임을 진다."라고 규정하고 있는데, 이것은 공무원이 주권자인 전체 국민을 위하여 봉사하여야 한다는 민주적인 직업공무원제도를 강조한 것이다(헌재 1989.12.18, 89헌마32 · 33).
⑤ **지방자치제도**: 지방자치제도는 정치적 다원주의를 실현시키기 위한 제도적 장치로서 지방의 공동관심사를 자율적으로 처결함과 동시에 주민의 자치역량을 배양하여 국민주권주의와 자유민주주의이념 구현에 이바지함을 목적으로 하는 제도이다.
⑥ **정치적 기본권보장**: 헌법은 국민주권의 이념을 구현하기 위하여 공무원선거권과 공무담임권, 언론 · 출판 · 결사의 자유, 청원권 등 일련의 정치적 기본권을 보장하고 있다.

Ⅱ. 자유민주주의

1. 의의
자유민주주의는 자유주의와 민주주의 양자가 결합된 정치원리이다. 여기서 자유주의란 국가권력의 간섭을 배제하고 개인의 자유와 자율을 옹호하고 존중할 것을 요구하는 사상적 입장을 말하며, 민주주의란 국민에 의한 지배 또는 국가권력이 국민에게 귀속되는 것을 내용적 특징으로 하는 정치원리를 말한다.

2. 현행헌법과 자유민주주의

(1) 현행헌법의 규정
현행헌법의 전문(자유민주적 기본질서를 더욱 확고히 하여), 헌법 제4조(대한민국은 … 자유민주적 기본질서에 입각한 평화적 통일정책을 수립하고 이를 추진한다), 제8조 제4항(정당의 목적이나 활동이 민주적 기본질서에 위배될 때에는 … 해산된다)에서 자유민주주의가 현행헌법에 있어서 기본원리의 하나임을 천명하고 있다.

기출 OX

01 정당제도, 국민투표제도, 권력분립제도, 선거제도는 우리 헌법이 채택하고 있는 제도로, 국민주권의 원리를 실현하고자 하는 것이다. 10. 법원직 변형
( )

✎ 권력분립은 국민주권과 더불어 근대헌법의 기본원리를 구성하지만, 국민주권은 단일하고 불가분하다는 근대 국가 시기의 이론에 근거하는 데 반하여 권력분립은 하나의 기관에 권력을 집중시키지 않는 것으로써, 국민주권의 자연스런 귀결이 아니라 자유주의적 조직원리로서 발전된 것이다.

정답 01 ×

(2) 자유민주주의의 의미 18. 법원직

헌법재판소는 반국가단체에 대한 찬양·고무죄사건에서 "… '자유민주적 기본질서에 위해를 준다'라 함은 모든 폭력적 지배와 자의적 지배, 즉 반국가단체의 1인 독재 내지 1당 독재를 배제하고 다수의 의사에 의한 국민의 자치·자유·평등의 기본원칙에 바탕한 법치국가적 통치질서의 유지를 어렵게 만드는 것이고, 이를 보다 구체적으로 말하면 **기본적 인권의 존중, 권력분립, 의회제도, 복수정당제도, 선거제도,** 사유재산제도와 시장경제를 골간으로 하는 **경제질서** 및 **사법권의 독립** 등 우리나라의 내부적 체계를 파괴·변혁시키는 것으로 풀이할 수 있다."라고 판시한 바 있다(헌재 1990.4.2, 89헌가113).

(3) 자유민주주의의 구현

① **기본적 인권의 존중**: 인간의 존엄성 존중을 바탕으로 한 기본권, 즉 인권의 보장은 자유민주주의의 내용 중에서 핵심적 요소이다. 헌법은 제2장에서 다양한 자유와 권리를 보장하고 있다.

② **권력분립의 원리**: 헌법 제40조(입법권은 국회에 속하고), 제66조 제4항(행정권은 대통령을 수반으로 하는 정부에 속하며), 제101조(사법권은 법관으로 구성된 법원에 속한다)에서 국가의 권력분립을 규정하고 있다.

③ **의회제도**: 현대 민주국가의 통치구조에 있어 의회제도는 불가결의 정치제도로 간주되고 있다. 우리 헌법은 국회를 국민의 대표기관인 동시에 입법기관이며 국정통제기관이라 규정하여 의회제도를 국정운영의 기본제도로 규정하고 있다.

④ **복수정당제도**: 복수정당제는 자유민주주의를 위한 필수적인 정치체계로 인식되고 있다. 우리 헌법은 제8조 제1항(정당의 설립은 자유이며 복수정당제는 보장된다)에서 이를 규정하고 있다.

⑤ **민주적 선거제도**: 현대 민주국가에서 선거는 국가기관을 선출하는 기능뿐만 아니라 평화적인 민주질서형성과 정부구성이라는 기능도 동시에 수행한다. 따라서 민주적 선거제도의 정립은 자유민주주의적 정치의 성패를 가름하는 관건이 된다. 우리 헌법 제41조 제1항과 제67조 제1항은 민주적인 선거제도의 기본원칙인 보통·평등·직접·비밀선거제를 규정하고 있다.

⑥ **사유재산제와 시장경제를 골간으로 하는 경제질서**: 사유재산제와 시장경제를 골간으로 하는 경제질서란 사유재산제를 기반으로 하고 자유경쟁을 존중하는 자유시장경제질서를 말하는 것으로, 자유민주주의의 경제적 기반이 되는 질서를 의미한다. 헌법 제23조 제1항 및 제119조 제1항에서 우리나라의 경제질서가 자유시장경제질서를 골간으로 하고 있음을 명백히 하고 있다.

⑦ **사법권의 독립**: 사법권의 독립이 확보되지 아니하고는 자유민주주의는 존속될 수 없다. 헌법 제101조 제1항과 제103조는 각각 사법권의 독립과 법관의 직무상 독립을 규정하고 있다.

기출 OX

02 '자유민주적 기본질서에 위해를 준다' 함은 모든 폭력적 지배와 자의적 지배, 즉 반국가단체의 일인독재 내지 일당독재를 배제하고 다수의 의사에 의한 국민의 자치, 자유·평등의 기본원칙에 의한 법치주의적 통치질서의 유지를 어렵게 만드는 것을 말한다. 13. 법행 ( )

정답 02 ○

Ⅲ. 사회국가의 원리

1. 의의

'사회국가'란 모든 국민에게 그 생활의 기본적 수요를 충족시킴으로써 건강하고 문화적인 생활을 영위할 수 있도록 하는 것이 국가의 책임이면서, 그것에 대한 요구가 국민의 권리로서 인정되어 있는 국가를 말한다. 사회국가원리는 산업화사회에서 발생하는 계급적 갈등을 사회정의의 이념에 입각한 사회개량정책을 통하여 해결하려는 국가적 원리이다.

기출 OX

01 우리 헌법은 명문으로 사회국가원리를 천명하고 있다. 13. 법원직 (   )

02 우리 헌법은 '사회국가원리'를 헌법전문과 경제질서 부분에서 명문으로 직접 규정하고 있다. 22. 경찰승진 (   )

> **판례 | 사회국가원리의 수용** 13. 법원직
>
> 우리 **헌법은 사회국가원리를 명문으로 규정하고 있지는 않지만**, 헌법의 전문, 사회적 기본권의 보장(제31조 내지 제36조), 경제영역에서 적극적으로 계획·유도하고 재분배하여야 할 국가의 의무를 규정하는 경제에 관한 조항(제119조 제2항 이하) 등과 같이 사회국가원리의 구체화된 여러 표현을 통하여 사회국가원리를 수용하였다. 사회국가란 한마디로 사회정의의 이념을 헌법에 수용한 국가·사회현상에 대하여 방관적인 국가가 아니라 경제·사회·문화의 모든 영역에서 정의로운 사회질서의 형성을 위하여 사회현상에 간섭하고 분배하고 조정하는 국가이며, 궁극적으로는 국민 각자가 실제로 자유를 행사할 수 있는 그 실질적 조건을 마련해 줄 의무가 있는 국가이다(헌재 2002.12.18, 2002헌마52).

2. 역사적 전개

20세기에 들어와 노사간의 갈등과 대립이 심화되고 근로대중의 사회적 빈곤이 보편화되자, 종래의 자유방임주의에서 벗어나 부의 재분배정책과 국가에 의한 투자계획의 필요성 등이 요구되었다. 이러한 상황에서 자본주의적 생산양식을 골간으로 하면서도 광범위한 사회보장과 완전고용의 실현 등을 국가적 책임으로 하는 사회국가·복지국가가 등장하게 되었다.

3. 규범적 의미·내용

사회국가원리는 국가가 적극적으로 정책을 개발하고 개인적 생활영역에 개입하는 적극국가를 의미한다(소극국가 내지 야경국가 차원에서 머무르지 않음). 그리고 개인적 생활에 대한 국가적 책임은 물론이고 개인의 사회에 대한 책임까지도 강조하는 국가적 원리로서, 사회국가에서의 인간상은 사회와 관련성을 가지고 사회적 구속을 받는 사회적 인간이다.

4. 구현

사회국가원리를 구현하려면 ① 인간다운 생활권을 비롯한 일련의 사회적 기본권의 보장, ② 재산권의 사회적 기능 강조, ③ 기회균등의 보장과 소득의 적정한 분배 등 경제민주화 실현, ④ 경제질서에 대한 규제와 조정, ⑤ 사회보장제·사회복지정책의 추진 등이 이루어져야 한다.

정답 01 × 02 ×

5. 한계

(1) 개념본질상의 한계
사회국가는 사회주의국가와는 엄격히 구분되는 개념으로 사회국가적 목표를 실현함에 있어 사회개량적 방법을 벗어날 수 없다. 즉, 혁명을 통한 해결은 허용되지 않는다.

(2) 법치국가원리에 의한 한계
다른 헌법원리인 법치국가적 절차를 무시한 사회국가화는 허용될 수 없다.

(3) 기본권제한상의 한계
목적달성을 위하여 자유권을 제한할 수는 있으나, 자유와 권리의 본질적 내용을 침해하는 것은 허용되지 아니한다.

(4) 재정·경제력에 의한 한계
사회국가의 실현에 소요되는 재원의 확보는 국가의 재정능력과 경제력에 의존할 수밖에 없다.

(5) 보충성의 원리에 의한 한계
경제적·사회적 문제의 해결은 1차적으로 개인적 차원에서 이루어지도록 하고 개인적 차원에서 해결하는 것이 불가능한 경우에 비로소 국가가 개입하여야 한다. 국민기초생활 보장법 제3조 제1항은 "이 법에 따른 급여는 수급자가 자신의 생활의 유지·향상을 위하여 그의 소득, 재산, 근로능력 등을 활용하여 최대한 노력하는 것을 전제로 이를 보충·발전시키는 것을 기본원칙으로 한다."라고 하여 보충성원리를 구체화하고 있다.

> **기출 OX**
> 03 사회국가는 사회적 문제를 해결하는 데에 있어서 개인과 사회의 자율을 우선하며, 이러한 개인과 사회의 노력이 기능하지 않을 때에만 국가는 부차적으로 도움을 제공하고 배려하며 조정한다는 기본적 사고를 바탕으로 하고 있으므로, 사회국가의 실현은 보충성의 원리에 의하여 제한된다. 10. 국회직 ( )

6. 현행헌법과 사회국가원리

(1) 현행헌법의 사회국가원리 관련 조항
헌법전문(모든 영역에 있어서 각인의 기회를 균등히 하고 … 안으로는 국민생활의 균등한 향상을 기하고), 제10조(모든 국민은 인간으로서의 존엄과 가치를 가지며, 행복을 추구할 권리를 가진다), 제119조 제2항(국가는 균형 있는 국민경제의 성장 및 안정과 적정한 소득의 분배를 유지하고, 시장의 지배와 경제력의 남용을 방지하며, 경제주체간의 조화를 통한 경제의 민주화를 위하여 경제에 관한 규제와 조정을 할 수 있다) 등을 들 수 있다.

(2) 사회국가원리의 구현

사회적 기본권의 보장	헌법 제31조~제36조
재산권의 사회적 구속 강조	헌법 제23조 제1항·제2항, 제121조, 제126조
경제질서에 대한 규제와 조정	헌법 제119조, 제123조, 제124조, 제125조 등

> **정답** 03 ○

기출 OX

01 주택조합 중 지역조합과 직장조합의 조합원 자격을 무주택자로 한정하고 있는 주택건설촉진법의 규정은 평등의 원칙에 반하지 아니한다. 03. 법행
( )

02 국민건강보험법상 보험료의 국고지원에 있어서 지역가입자와 직장가입자의 차별취급은 사회국가원리의 관점에서 합리적인 차별이 아니므로 평등원칙에 위반된다. 17. 국가직 ( )

03 보수를 기준으로 보험료를 산정하는 직장가입자와 달리 지역가입자에 대해서는 소득뿐만 아니라 재산, 생활수준, 경제활동참가율 등을 참작하여 보험료를 산정하도록 하는 국민건강보험법 조항은 합리적 이유 없이 지역가입자를 직장가입자와 차별하여 평등권을 침해하는 것이다. 14. 경찰승진
( )

판례 | 사회국가원리 관련

1 주택조합의 조합원 자격을 무주택자로 한정하고 있는 주택건설촉진법 제3조 제9호가 유주택자를 차별하는 것이 평등의 이념에 반하는지 여부: 소극 [합헌]

주택건설촉진법 제3조 제9호가 주택조합의 조합원 자격을 무주택자로 한정하고 있는 것은 주택이 없어 고통받는 국민을 없이 하기 위한 것으로서 국민의 주거확보에 관한 정책시행을 위한 정당한 고려하에서 이루어진 것이다. 따라서 주택건설촉진법 제3조 제9호가 지역조합과 직장조합의 조합원 자격에서 유주택자를 배제하였다고 해서 그것이 인간의 존엄성 존중이라는 헌법이념에 반하는 것도 아니고, 우선 무주택자를 해소하겠다는 주택건설촉진법의 목적달성을 위하여 적정한 수단이기도 하므로 이는 합리적 근거 있는 차별인 것이어서 헌법의 평등이념에 반하지 아니하고 오히려 그에 합치된 것이다(헌재 1994.2.24, 92헌바43).

2 저소득층 지역가입자에 대하여 국고지원을 통하여 보험료를 보조하는 것이 사회국가원리에 반하는지 여부: 소극 [기각] 08. 국가직

직장가입자에 비하여 지역가입자에는 노인·실업자·퇴직자 등 소득이 없거나 저소득의 주민이 다수 포함되어 있고, 이러한 저소득층 지역가입자에 대하여 국가가 국고지원을 통하여 보험료를 보조하는 것은 경제적·사회적 약자에게도 의료보험의 혜택을 제공하여야 할 사회국가적 의무를 이행하기 위한 것이다. 사회보험의 목적이 모든 국민에게 최소한의 인간다운 생활을 보장하고자 하는 데 있으므로, 사회보험은 국가의 사회국가적 의무를 이행하기 위한 주요수단이 된다. 따라서 국가가 저소득층 지역가입자를 대상으로 소득수준에 따라 보험료를 차등지원하는 것은 사회국가원리에 의하여 정당화되는 것이다(헌재 2000.6.29, 99헌마289).

3 헌법에서 채택하고 있는 사회국가의 원리는 자유민주적 기본질서의 범위 내에서 이루어져야 하고, 국민 개인의 자유와 창의를 보완하는 범위 내에서 이루어지는 내재적 한계를 지니고 있는지 여부: 적극

사회국가의 원리는 자유민주적 기본질서의 범위 내에서 이루어져야 하고, 국민 개인의 자유와 창의를 보완하는 범위 내에서 이루어지는 내재적 한계를 지니고 있다 할 것이다. 우리 재판소도 "우리 헌법은 자유민주적 기본질서 및 시장경제질서를 기본으로 하면서 위 질서들에 수반되는 모순을 제거하기 위하여 사회국가원리를 수용하여 실질적인 자유와 평등을 아울러 달성하려는 근본이념을 가지고 있다."라고 판시한 것은(헌재 1998.5.28, 96헌가4 참조) 이러한 맥락에서 이루어진 것이다(헌재 2001.9.27, 2000헌마238).

4 사회적 기본권은 국가의 모든 의사결정과정에서 사회적 기본권이 담고 있는 국가목표를 최우선적으로 고려하여야 할 국가의 의무를 의미하는지 여부: 소극

국가는 사회적 기본권에 의하여 제시된 국가의 의무와 과제를 언제나 국가의 현실적인 재정·경제능력의 범위 내에서 다른 국가과제와의 조화와 우선순위결정을 통하여 이행할 수밖에 없다. 그러므로 사회적 기본권은 입법과정이나 정책결정과정에서 사회적 기본권에 규정된 국가목표의 무조건적인 최우선적 배려가 아니라 단지 적절한 고려를 요청하는 것이다(헌재 2002.12.18, 2002헌마52).

정답 01 ○ 02 × 03 ×

5 저상버스를 도입해야 할 국가의 의무가 있는지: 소극

장애인의 복지를 향상해야 할 국가의 의무가 다른 다양한 국가과제에 대하여 최우선적인 배려를 요청할 수 없을 뿐 아니라, 나아가 헌법의 규범으로부터는 '장애인을 위한 저상버스의 도입'과 같은 구체적인 국가의 행위의무를 도출할 수 없는 것이다. 국가에게 헌법 제34조에 의하여 장애인의 복지를 위하여 노력을 해야 할 의무가 있다는 것은, 장애인도 인간다운 생활을 누릴 수 있는 정의로운 사회질서를 형성해야 할 국가의 일반적인 의무를 뜻하는 것이지, 장애인을 위하여 저상버스를 도입해야 한다는 구체적 내용의 의무가 헌법으로부터 나오는 것은 아니다(헌재 2002.12.18, 2002헌마52).

IV. 문화국가의 원리

1. 의의

'문화국가'*란 국가로부터 문화활동의 자유가 보장되고 국가에 의하여 문화가 공급(문화에 대한 국가적 보호, 지원, 조정 등)되어야 하는 국가를 말한다.

* **문화국가**: '문화국가'라는 용어는 피히테(Fichte)가 최초로 사용하였다.

2. 문화국가원리의 헌법 수용

문화국가원리를 최초로 헌법에 수용한 것은 1919년 바이마르 헌법이다.

3. 문화국가원리의 전제조건

(1) 혼인과 가족의 보호는 헌법이 지향하는 자유민주적 문화국가의 필수적인 전제조건이다. 개별성·고유성·다양성으로 표현되는 문화는 사회의 자율영역을 바탕으로 하고, 사회의 자율영역은 무엇보다도 바로 가정에서 출발하기 때문이다.

(2) 헌법은 가족제도를 특별히 보장함으로써 양심의 자유, 종교의 자유, 언론의 자유, 학문과 예술의 자유와 같이 문화국가의 성립을 위하여 불가결한 기본권의 보장과 함께 견해와 사상의 다양성을 그 본질로 하는 문화국가를 실현하기 위한 필수적인 조건을 규정한 것이다(헌재 2000.4.27, 98헌가16).

> **판례 | 문화국가원리의 특성** 17. 국가직, 19. 지방직
>
> 문화국가원리는 국가의 문화국가 실현에 관한 과제 또는 책임을 통하여 실현되는바, 국가의 문화정책과 밀접불가분의 관계를 맺고 있다. 과거 국가절대주의사상의 국가관이 지배하던 시대에는 국가의 적극적인 문화간섭정책이 당연한 것으로 여겨졌다. 그러나 오늘날에 와서는 국가가 어떤 문화현상에 대하여도 이를 선호하거나, 우대하는 경향을 보이지 않는 **불편부당의 원칙**이 가장 바람직한 정책으로 평가받고 있다. 오늘날 **문화국가에서의 문화정책은 그 초점이 문화 그 자체에 있는 것이 아니라 문화가 생겨날 수 있는 문화풍토를 조성하는 데 두어야 한다**. 문화국가원리의 이러한 특성은 문화의 개방성 내지 다원성의 표지와 연결되는데, 국가의 문화육성대상에는 원칙적으로 모든 사람에게 문화창조의 기회를 부여한다는 의미에서 모든 문화가 포함된다. 따라서 **엘리트문화뿐만 아니라 서민문화·대중문화도 그 가치를 인정하고 정책적인 배려의 대상으로 하여야 한다**(헌재 2004.5.27, 2003헌가1·2004헌가4).

기출 OX

04 문화국가원리는 국가의 문화국가 실현에 관한 과제 또는 책임을 통하여 실현되고 국가의 문화정책과 밀접불가분의 관계를 맺고 있으므로, 오늘날 문화국가에서도 국가의 적극적인 문화간섭정책은 당연한 것으로 여겨진다. 15. 법행 ( )

05 문화풍토를 조성하는 데 초점을 두고 있는 문화국가원리의 특성은 문화의 개방성 내지 다원성의 표지와 연결되는데, 국가의 문화육성의 대상에는 원칙적으로 모든 사람에게 문화창조의 기회를 부여한다는 의미에서 모든 문화가 포함된다. 19. 지방직 ( )

정답 04 × 05 ○

4. 현행헌법의 규정

> 헌법 제9조 국가는 전통문화의 계승·발전과 민족문화의 창달에 노력하여야 한다.

우리나라는 건국헌법 이래 문화국가원리를 헌법 차원의 기본원리로 채택하고 있다. 현행헌법의 전문(유구한 역사와 전통에 빛나는 … 문화의 영역에서 각인의 기회를 균등히 하고), 제9조('전통문화의 계승·발전'과 '민족문화의 창달을 위한 국가의 노력'), 제69조(대통령의 민족문화의 창달책무), 제31조(국가의 평생교육진흥의무), 정신적 자유권규정 등이 이에 해당한다.

판례 | 문화국가원리 관련

1 동성동본금혼제가 계승·발전시켜야 할 전통문화인지 여부: 소극 [헌법불합치]
동성동본금혼제 역시 만고불변의 진리로서 우리의 혼인제도에 정착된 것이 아니라 시대의 윤리나 도덕관념의 변화에 따라 나타나서 그 시대의 제반 사회·경제적 환경을 반영한 것에 지나지 않는다는 점을 감안할 때, 이미 이 제도는 이제 더 이상 법적으로 규제되어야 할 이 시대의 보편타당한 윤리 내지 도덕관념으로서의 기준성을 상실하였다고 볼 수밖에 없고, 헌법 제9조의 정신에 따라 우리가 진정으로 **계승·발전시켜야 할 전통문화는 이 시대의 제반 사회·경제적 환경에 맞고 또 오늘날에 있어서도 보편타당한 전통윤리 내지 도덕관념**이라 할 것이다(헌재 1997.7.16, 95헌가6 등).
▶ 인간으로서의 존엄과 가치 및 행복추구권, 개인의 존엄과 양성의 평등에 기초한 혼인과 가족생활의 성립·유지, 평등의 원칙, 과잉금지원칙 등에 위반된다.

2 호주제가 계승·발전시켜야 할 전통문화인지 여부: 소극 [헌법불합치] 10. 국회직, 18. 국가직
헌법전문과 헌법 제9조에서 말하는 '전통', '전통문화'란 역사성과 시대성을 띤 개념으로 이해하여야 한다. 따라서 가족제도에 관한 전통·전통문화란 적어도 그것이 가족제도에 관한 헌법이념인 개인의 존엄과 양성의 평등에 반하는 것이어서는 아니 된다는 자명한 한계가 도출된다. … 결론적으로 **전래의 어떤 가족제도가 헌법 제36조 제1항이 요구하는 개인의 존엄과 양성평등에 반한다면 헌법 제9조를 근거로 그 헌법적 정당성을 주장할 수는 없다**(헌재 2005.2.3, 2001헌가9 등).

3 과외를 원칙적으로 금지하고 학원수강 또는 대학생과외만을 예외적으로 허용하는 것이 문화국가원리에 위배되는지 여부: 적극 [위헌] 10. 지방직
단지 일부 지나친 고액과외교습을 방지하기 위하여 모든 학생으로 하여금 오로지 학원에서만 사적으로 배울 수 있도록 규율한다는 것은 어디에도 그 예를 찾아볼 수 없는 것일 뿐만 아니라 자기결정과 자기책임을 생활의 기본원칙으로 하는 헌법의 인간상이나 개성과 창의성·다양성을 지향하는 문화국가원리에도 위반되는 것이다(헌재 2000.4.27, 98헌가16 등).
▶ 중대한 사회적 폐단이 우려되는 경우에는 과외를 입법적으로 규제할 수 있지만, 원칙적으로 모든 과외를 금지시키는 것은 비례의 원칙을 위반하는 것이다.

4 '초·중등학교'의 학교정화구역 내에서 극장시설 및 운영을 금지하는 것이 초·중·고등학생들의 자유로운 문화향유권을 침해하는지 여부: 적극 [헌법불합치]
헌법이 보장하는 **인간의 존엄성 및 행복추구권은 국가의 교육권한과 부모의 교육권의 범주 내에서 아동에게도 자신의 교육환경에 관하여 스스로 결정할 권리 그리고 자유롭게 문화를 향유할 권리를 부여한다**고 할 것이다. … 이 사건 법률조항은

기출 OX

01 동성동본금혼제는 '인간으로서의 존엄과 가치 및 행복추구권'을 규정한 헌법이념에 반한다. 10. 법행 ( )

02 입법자는 지나치게 고액인 과외교습, 학생부나 내신성적에 영향을 미칠 수 있는 지위에 있는 교사가 해당 학생을 대상으로 하는 과외교습 등과 같이 입시의 공정성을 저해할 위험이 있는 등 중대한 사회적 폐단이 우려되는 경우에는 이를 규제할 수 있다. 12. 법행 ( )

03 원칙적으로 모든 과외교습행위를 금지하고 그에 위반된 경우 형사처벌하도록 한 규정은 문화국가원리에 위반되는 것이다. 10. 지방직 ( )

04 학교정화구역 내에서의 극장시설 및 영업을 일반적으로 금지하는 구 학교보건법 제6조 제1항은 표현·예술의 자유의 중요성을 간과하고 학교교육의 보호만을 과도하게 강조하였다. 17. 국회직 ( )

정답 01 ○ 02 ○ 03 ○ 04 ○

국가 · 지방자치단체 또는 문화재단 등 비영리단체가 설치한 공연장 및 영화상영관, 순수예술이나 아동 · 청소년을 위한 전용공연장 등을 포함한 예술적 관람물의 공연을 목적으로 하는 공연법상의 공연장, 순수예술이나 아동 · 청소년을 위한 영화진흥법상의 전용영화상영관 등과 같은 경우에도 절대금지구역에서의 영업을 예외 없이 금지하고 있는바, 이는 초 · 중 · 고등학교 학생의 자유로운 문화향유에 관한 권리 등 행복추구권을 제한하는 입법이라고 할 것이고, 그 제한을 정당화하는 사유를 찾기 어렵다고 할 것이므로 이 점에서도 위헌적인 법률이라고 할 것이다(헌재 2004.5.27, 2003헌가1 · 2004헌가4).

5 문화국가에서의 문화정책은 그 초점이 문화풍토 조성이 아니라 문화 그 자체에 있는지 여부: 소극

문화국가원리는 국가의 문화국가실현에 관한 과제 또는 책임을 통하여 실현되는바, 국가의 문화정책과 밀접불가분의 관계를 맺고 있다. 과거 국가절대주의사상의 국가관이 지배하던 시대에는 국가의 적극적인 문화간섭정책이 당연한 것으로 여겨졌다. 그러나 오늘날에 와서는 국가가 어떤 문화현상에 대하여도 이를 선호하거나, 우대하는 경향을 보이지 않는 불편부당의 원칙이 가장 바람직한 정책으로 평가받고 있다. 오늘날 문화국가에서의 문화정책은 그 초점이 문화 그 자체에 있는 것이 아니라 문화가 생겨날 수 있는 문화풍토를 조성하는 데 두어야 한다(헌재 2004.5.27, 2003헌가1 등).

6 국가가 민족문화유산을 보호하고자 하는 경우 이에 관한 헌법적 보호법익은 '민족문화유산의 존속' 그 자체를 보장하는 것에 그치지 않고, 민족문화유산의 훼손 등에 관한 가치보상이 있는지 여부도 이러한 헌법적 보호법익과 직접적인 관련이 있는지 여부: 소극

헌법 제9조의 규정취지와 민족문화유산의 본질에 비추어 볼 때, 국가가 민족문화유산을 보호하고자 하는 경우 이에 관한 헌법적 보호법익은 '민족문화유산의 존속' 그 자체를 보장하는 것이고, 원칙적으로 민족문화유산의 훼손 등에 관한 가치보상이 있는지 여부는 이러한 헌법적 보호법익과 직접적인 관련이 없다(헌재 2003.1.30, 2001헌바64).

7 타인이 한 당해 문화재에 관한 도굴 등이 처벌되지 아니하여도, 본인이 그 정을 알고 보유 · 보관하는 경우 처벌하도록 규정한 문화재보호법이 과잉금지원칙에 위배되는지 여부: 적극 [위헌]

선의취득 등 사법상 보유권한의 취득 후에 도굴 등이 된 정을 알게 된 경우까지 처벌의 대상으로 삼고있는바 이는 재산권 행사의 사회적 제약을 넘어 불필요하거나 지나치게 가혹한 부담을 부과하는 것으로 헌법에 위반된다(헌재 2007.7.26, 2003헌마377).

8 전통사찰의 경내지에 대한 대여 · 양도 · 담보제공에 대해서는 문화체육부장관의 허가를 받아야 한다고 규정하면서도, 전통사찰 경내지에 대한 공용수용에 대해서는 아무런 법적 규제를 두고 있지 아니한 것이 위헌인지 여부: 적극 [헌법불합치]

민족문화유산으로 지정된 전통사찰의 경우, 사정이 허락하는 한 이를 최대한 지속적으로 보존하는 것이 헌법 제9조 등의 취지에 부합한다. 그런데, 이 사건 법률조항의 경우 헌법 제23조를 이유로 하여 헌법 제9조의 규정을 실질적으로 무력화시키는 결과를 초래하므로, 평등의 원칙에 어긋나는 위헌적인 법률이다(헌재 2003.1.30, 2001헌바64).

V. 법치국가의 원리

1. 의의
'법치국가'란 일반적으로 사람이나 폭력이 지배하는 국가가 아니라 법이 지배하는 국가를 말한다. 그렇다면 '법치국가의 원리'란 모든 국가적 활동과 국가공동체적 생활은 국민의 대표기관인 의회가 제정한 법률에 근거를 두고 법률에 따라서 이루어져야 한다는 헌법원리라 할 수 있다.

2. 내용과 기능

(1) 내용
법치국가의 목적은 국민의 자유와 권리의 보장이고, 그 제도적 기초는 권력분립이며, 그 내용은 법률의 우위, 법률에 의한 행정, 법률에 의한 재판이다.

(2) 기능
법치국가의 원리가 법에 의한 통치의 원리를 의미한다고 할 때 그 법은 적극적으로는 국가권력 발동의 근거로서의 기능을 수행하고, 소극적으로서는 국가권력을 제한하고 통제하는 기능을 수행한다.

3. 유형

(1) 형식적 법치국가(통치의 형식적 합법성)
'형식적 법치주의'란 시민적 법치국가에서의 법치주의를 의미하는바, 행정과 재판이 법률에 적합하도록 행하여질 것을 요청할 뿐 그 법률의 목적이나 내용을 문제 삼지 않는 형식적 통치원리를 의미한다. 독재체제하에서 형식적 법치주의는 법률을 개인의 권익보호장치가 아닌 개인을 억압하기 위한 수단으로 악용되었는바, 이러한 경우 법치주의는 법률을 도구로 한 합법적 지배, 즉 법률주의를 의미하게 된다.

(2) 실질적 법치국가(통치의 정당성)
'실질적 법치국가'란 인간의 존엄성 존중과 실질적 평등, 그리고 법적 안정성의 유지와 같은 '정의의 실현을 그 내용으로 하는 법'에 의거한 통치원리를 기반으로 하는 국가를 말한다. 오늘날 법치주의는 법률에 의거한 공권력의 행사라는 의미만을 가지는 것이 아니라, 법률의 목적과 내용도 정의에 합치하는 정당한 것이어야 한다는 실질적 법치주의로 발전하게 되었다.

4. 현행헌법상의 구현

(1) 성문헌법주의
성문헌법주의하에서 헌법규정은 국가기관의 조직과 국가권력 발동의 근거가 되며 국가권력의 통제기능을 수행하므로, 성문헌법주의는 법치국가를 제도적으로 보장한다는 규범적 의미를 가진다.

(2) 기본권과 적법절차의 보장
기본권보장은 법치국가의 목적이고, 적법절차는 그 방법을 규정한 것이다.

(3) 권력분립의 확립

입법권은 국회에, 행정권은 대통령을 수반으로 하는 정부에, 사법권은 법원에 속한다고 하여 권력 상호간의 견제와 균형을 도모하고 있다.

(4) 위헌법률심사제의 채택

법률이 헌법에 위반되는 여부가 재판의 전제가 된 경우에 법원은 헌법재판소에 제청하여 그 심판에 의하여 재판한다(헌법 제107조 제1항).

(5) 포괄적 위임입법의 금지

집행부에 광범위한 행정입법권을 부여하고 있으나, 법률에서 구체적으로 범위를 정하여 위임받은 사항에 관해서만 가능할 뿐, 포괄적 위임입법은 금지된다(헌법 제75조). 현대국가의 사회적 기능증대와 사회현상의 복잡화에 따라 국민의 권리·의무에 관한 사항이라 하여 모두 입법부에서 제정한 법률만으로 다 정할 수는 없어 예외적으로 하위법령에 위임하는 것을 허용하지 않을 수 없다 하더라도, 그러한 위임은 반드시 구체적이고 개별적으로 한정된 사항에 대하여 행해져야 한다(헌재 2012.6.27, 2011헌마288).

법률의 위임은 반드시 구체적이고 개별적으로 한정된 사항에 대하여 행해져야 한다. 그렇지 아니하고 일반적이고 포괄적인 위임을 한다면 이는 사실상 입법권을 백지위임하는 것이나 다름없어 의회입법의 원칙이나 법치주의를 부인하는 것이 되고, 행정권의 부당한 자의와 기본권행사에 대한 무제한적 침해를 초래할 위험이 있기 때문이다(헌재 1991.7.8, 91헌가4). 위임입법의 한계와 관련하여 예측가능성의 유무는 당해 법조항 하나만을 가지고 판단할 것이 아니라 관련 법조항 전체를 유기적·체계적으로 종합하여 판단하되, 그 대상법률의 성질에 따라 구체적·개별적으로 판단한다. 당해 법률의 전반적 체계나 관련 규정에 비추어 위임조항의 내재적인 위임 범위나 한계를 객관적으로 분명히 확정할 수 있다면 이를 포괄적 위임에 해당한다고 할 수 없다. 16.서울시

(6) 행정의 합법률성과 사법적 통제

독립적 지위를 가진 법원이 행정입법과 행정처분의 합헌성과 합법률성을 심사하여 행정을 통제한다. 따라서 행정소송을 행정기관이 담당하는 것은 법치주의에 위배된다.

(7) 신뢰보호의 원칙

현행헌법에 신뢰보호의 원칙에 대한 **명문의 규정은 없지만** 헌법상 **법치국가의 원칙으로부터 신뢰보호의 원리가 도출된다**고 본다. 16.서울시 공권력 행사의 예측가능성의 보장과 신뢰보호의 원칙은 민주사회에서의 법적 안정성을 위하여 필수적인 것으로, 헌법재판소도 이를 확인하고 있다(헌재 1993.5.13, 92헌마80). 신뢰보호의 원칙은 헌법상 법치국가원리로부터 파생되는 것으로, 법률이 개정되는 경우 기존의 법질서에 대한 당사자의 신뢰가 합리적이고 정당한 반면, **법률의 제정이나 개정으로 야기되는 당사자의 손해가 극심하여 새로운 입법으로 달성하고자 하는 공익적 목적이 그러한 당사자의 신뢰가 파괴되는 것을 정당화할 수 없는 경우, 그러한 새 입법은 허용될 수 없다**(헌재 2008.9.25, 2007헌바74). 12.법무사, 19.국가직 국민들이 국가의 공권력 행사에 관하여 가지는 모든 기대 내지 신뢰가 절대적인 권리로서 보호되어야 하는 것은 아니다. 16.서울시 개인의 신뢰이익에 대한 보호가치는 법령에 따른

기출 OX

01 오늘날 사회현상의 복잡화에 따라 국민의 권리·의무에 관한 사항이라 하여 모두 입법부에서 제정한 법률만으로 다 정할 수는 없으므로 반드시 구체적이고 개별적으로 한정된 사항이 아니더라도 하위법령에 위임하는 것이 허용된다. 20.경찰경채 (   )

02 개정된 법규·제도의 존속에 대해 국민이 가지는 모든 기대 내지 신뢰는 헌법상 권리로서 보호된다. 18.경찰경채 (   )

03 법률에 따른 개인의 행위가 국가에 의하여 일정 방향으로 유인된 것이라도 헌법상 보호가치가 있는 신뢰이익으로 인정될 수 없다. 19.경찰승진 (   )

정답 01 × 02 × 03 ×

* **열기주의**: 법에 규정된(열거된) 행정행위만 심판의 대상으로 하는 것
** **개괄주의**: 행정행위가 법에 위배되면 모두 심판의 대상으로 하는 것

기출 OX

01 진정소급입법은 개인의 신뢰보호와 법적 안정성을 내용으로 하는 법치국가원리에 의하여 특단의 사정이 있어 예외적으로 허용되는 경우를 제외하고는 헌법적으로 허용되지 아니하는 것이 원칙이다. 19. 경찰승진 (   )

02 부진정소급입법은 원칙적으로 허용되지만 소급효를 요구하는 공익상의 사유와 신뢰보호의 요청 사이의 교량과정에서 신뢰보호의 원칙이 입법자의 형성권에 제한을 가하게 된다. 18. 경찰승진 (   )

03 신법이 이미 종료된 사실관계나 법률관계에 적용되는 부진정소급입법에 있어서는 소급효를 요구하는 공익상의 사유와 신뢰보호 요청 사이의 교량과정에서 신뢰보호의 관점이 입법자의 형성권에 제한을 가하게 된다. 19. 경찰승진 (   )

04 진정소급입법이 허용되는 예외적인 경우로는 일반적으로, 국민이 소급입법을 예상할 수 있었거나, 법적 상태가 불확실하고 혼란스러웠거나 하여 보호할 만한 신뢰의 이익이 적은 경우와 소급입법에 의한 당사자의 손실이 없거나 아주 경미한 경우, 그리고 신뢰보호의 요청에 우선하는 심히 중대한 공익상의 사유가 소급입법을 정당화하는 경우를 들 수 있다. 19. 경찰승진 (   )

05 법률의 제정이나 개정시 구법질서에 대한 당사자의 신뢰가 합리적이고도 정당하며 법률의 제정이나 개정으로 야기되는 당사자의 손해가 극심하여 새로운 입법으로 달성하고자 하는 공익적 목적이 그러한 당사자의 신뢰의 파괴를 정당화할 수 없다면, 그러한 새로운 입법은 신뢰보호원칙상 허용될 수 없다. 18. 경찰경채 (   )

06 신뢰보호원칙의 위반 여부는 한편으로는 침해받은 신뢰이익의 보호가치, 침해의 중한 정도, 신뢰침해의 방법 등과 다른 한편으로는 새 입법을 통해 실현코자 하는 공익목적을 종합적으로 비교형량하여 판단하여야 한다. 19. 경찰승진 (   )

정답	01 ○	02 ○	03 ×	04 ○
	05 ○	06 ○		

개인의 행위가 **국가에 의하여 일정 방향으로 유인된 신뢰의 행사인지**, 아니면 **단지 법률이 부여한 기회를 활용한 것으로서 원칙적으로 사적 위험부담의 범위에 속하는 것인지 여부에 따라 달라진다.** 만일 법률에 따른 개인의 행위가 단지 법률이 반사적으로 부여하는 기회의 활용을 넘어서 국가에 의하여 일정 방향으로 유인된 것이라면 특별히 보호가치가 있는 신뢰이익이 인정될 수 있고, 원칙적으로 개인의 신뢰보호가 국가의 법률개정이익에 우선된다고 볼 여지가 있다(헌재 2002.11.28, 2002헌바45). 14. 국가직

> ### 판례 | 법적 안정성의 객관적 요소와 주관적 측면
>
> 법적 안정성은 객관적 요소로서 법질서의 신뢰성·항구성·법적 투명성과 법적 평화를 의미하고, 이와 내적인 상호연관관계에 있는 **법적 안정성의 주관적 측면**은 한번 제정된 법규범은 원칙적으로 존속력을 갖고 자신의 행위기준으로 작용하리라는 **개인의 신뢰보호원칙**이다(헌재 1996.2.16, 96헌가2).

(8) 행정소송사항의 개괄주의

행정소송사항의 열기주의*는 법치주의에 위배된다. 따라서 오늘날에는 거의 모든 국가에서 행정소송사항에 대하여 개괄주의**를 채택하고 있다. 행정소송법 제2조는 행정소송의 대상이 되는 '처분 등'에 대하여 "행정청이 행하는 구체적 사실에 관한 법집행으로서의 공권력의 행사 또는 그 거부와 그 밖에 이에 준하는 행정작용 및 행정심판에 대한 재결을 말한다."라고 하여 개괄주의를 취하고 있다.

> ### 판례 |
>
> **1 부진정소급입법의 원칙적 허용** 11. 법행, 12. 법무사·변호사, 12·19. 국가직, 18. 서울시
>
> 넓은 의미의 소급입법은 신법이 이미 종료된 사실관계에 작용하는지 아니면 현재 진행 중인 사실관계에 작용하는지에 따라 진정소급입법과 부진정소급입법으로 나눌 수 있고, 전자는 헌법적으로 허용되지 않는 것이 원칙이며 특단의 사정이 있는 경우에만 예외적으로 허용될 수 있는 반면, 후자는 원칙적으로 허용되지만 소급효를 요구하는 공익과 신뢰보호의 요청 사이의 교량과정에서 신뢰보호의 관점이 입법자의 형성권에 제한을 가하게 된다(헌재 2003.9.25, 2001헌마194).
>
> **2 진정소급입법의 예외적 허용** 06. 입시, 10·11. 법행, 12. 법무사·국가직, 18. 서울시
>
> 진정소급입법이 허용되는 예외적인 경우로는 ① 일반적으로 국민이 소급입법을 예상할 수 있었거나 ② 법적 상태가 불확실하고 혼란스러웠거나 하여 보호할 만한 신뢰의 이익이 적은 경우와 ③ 소급입법에 의한 당사자의 손실이 없거나 아주 경미한 경우, 그리고 ④ 신뢰보호의 요청에 우선하는 심히 중대한 공익상의 사유가 소급입법을 정당화하는 경우 등을 들 수 있다(헌재 1998.9.30, 97헌바38).
>
> **3 신뢰보호원칙 위배 여부의 심사기준** 12. 법무사·변호사, 18. 국가직
>
> 법률의 개정시 구법질서에 대한 당사자의 신뢰가 합리적이고도 정당하며 법률의 개정으로 야기되는 당사자의 손해가 극심하여 새로운 입법으로 달성하고자 하는 공익적 목적이 그러한 당사자의 신뢰의 파괴를 정당화할 수 없다면 그러한 새 입법은 신뢰보호의 원칙상 허용될 수 없다. 신뢰보호원칙의 위배 여부를 판단하기 위하여는

한 면으로는 침해받은 이익의 보호가치, 침해의 중한 정도, 신뢰가 손상된 정도, 신뢰 침해의 방법 등과 다른 한 면으로는 새 입법을 통하여 실현하고자 하는 공익적 목적을 종합적으로 비교·형량하여야 한다(헌재 1995.6.29, 94헌바39).

4 국세청 경력 공무원에 대하여 세무사법을 개정하여 더 이상 이들 경력 공무원에 대하여 세무사 자격을 부여하지 아니하도록 한 세무사법 부칙 제3항이 신뢰보호의 원칙에 위배되는지 여부: 적극 [헌법불합치] 06. 입시, 12. 변호사

청구인들의 입장에서는 이러한 제도가 단시일 내에 폐지 또는 변경되리라고 예상할 만한 별다른 사정도 없었다. 또한 청구인들이 급여나 대우 등의 면에서 보다 유리한 직장이나 부서를 마다하고 국세관서에서 5급 이상 공무원으로 장기간 종사하기로 결정한 데에는 이러한 세무사 자격 부여에 대한 강한 기대 내지 신뢰가 중요한 바탕이 되었을 것임은 결코 부인할 수 없다. 그러나 국세 관련 경력 공무원에 대하여 세무사 자격을 부여해온 조치는 그간 오랫동안 존속해오던 제도로서 청구인들의 신뢰이익을 침해하면서까지 시급하게 폐지하여야 할 긴절하고도 급박한 사정이 없거니와 … 신뢰이익을 과도하게 침해한 것으로서 헌법에 위반된다(헌재 2001.9.27, 2000헌마152).

▶ • 국세 관련 경력 공무원에 대하여 세무사 자격을 자동으로 부여하는 제도의 폐지 ⇨ 합헌
11. 법행
• 특허청 경력 공무원에 대하여 변리사 자격을 자동으로 부여하는 제도의 폐지 ⇨ 합헌

5 특허청 경력 공무원에 대하여 변리사법을 개정하여 더 이상 이들 경력 공무원에 대하여 변리사 자격을 부여하지 않도록 한 변리사법 부칙 제3항이 신뢰보호의 원칙에 위배되는지 여부: 적극 [헌법불합치] 13. 법원직

청구인들의 변리사 자격 부여에 대한 신뢰는 보호할 필요성이 있는 합리적이고도 정당한 신뢰라 할 것이고, 변리사법 제3조 제1항 등의 개정으로 말미암아 청구인들이 입게 된 불이익의 정도, 즉 신뢰이익의 침해 정도는 중대하다고 아니할 수 없는 반면, 청구인들의 신뢰이익을 침해함으로써 일반 응시자와의 형평을 제고한다는 공익은 위와 같은 신뢰이익제한을 헌법적으로 정당화할 만한 사유라고 보기 어렵다. … 신뢰이익을 과도하게 침해한 것으로서 헌법에 위반된다(헌재 2001.9.27, 2000헌마208 등).

6 신뢰보호원칙이 국가관리의 입시제도와 같이 국·공립대학의 입시전형을 구속하여 국민의 권리에 직접 영향을 미치는 제도운영지침의 개폐에도 적용되는지 여부: 적극 [기각] 08. 국가직·법행, 16. 서울시, 19. 지방직

헌법상 법치국가원리의 파생원칙인 신뢰보호의 원칙은 국민이 법률적 규율이나 제도가 장래에도 지속할 것이라는 합리적인 신뢰를 바탕으로 이에 적응하여 개인의 법적 지위를 형성해 왔을 때에는 국가로 하여금 그와 같은 국민의 신뢰를 되도록 보호할 것을 요구한다. 따라서 법규나 제도의 존속에 대한 개개인의 신뢰가 그 법규나 제도의 개정으로 침해되는 경우에 상실된 신뢰의 근거 및 종류와 신뢰이익의 상실로 인한 손해의 정도 등과 개정규정이 공헌하는 공공복리의 중요성을 비교교량하여 현 존상태의 지속에 대한 신뢰가 우선되어야 한다고 인정될 때에는 규범정립자는 지속적 또는 과도적으로 그 신뢰보호에 필요한 조치를 취하여야 할 의무가 있다. 이 원칙은 법률이나 그 하위법규뿐만 아니라 국가관리의 입시제도와 같이 국·공립대학의 입시전형을 구속하여 국민의 권리에 직접 영향을 미치는 제도운영지침의 개폐에도 적용되는 것이다(헌재 1997.7.16, 97헌마38).

기출 OX

07 신뢰보호의 원칙은 법률이나 그 하위법규의 개폐에만 적용될 뿐, 국가관리의 입시제도와 같은 제도운영지침의 개폐에는 적용되지 않는다.
17. 국회직 ( )

정답 07 ×

기출 OX

01 세무당국에 사업자등록을 하고 운전교습에 종사해왔음에도 불구하고, 자동차운전학원으로 등록한 경우에만 자동차운전교습업을 영위할 수 있도록 법률을 개정하는 것은 관련자들의 정당한 신뢰를 침해하는 것이다.
12. 경찰승진 ( )

02 친일재산에는 취득 당시 반사회적 가치 내지 범죄성이 내재하고 있었고, 과거사 청산절차를 밟지 못한 우리나라에서는 그 반사회성 및 범죄성이 현재까지도 지속되고 있으므로, 친일재산을 그 취득·증여 등 원인행위시에 국가의 소유로 하는 친일재산귀속법 규정은 현재 진행 중인 사실관계 또는 법률관계에 작용하는 부진정소급입법으로서 허용된다. 11. 법행 ( )

7 세무당국에 사업자등록을 하고 운전교습업에 종사해왔음에도 불구하고, 자동차운전학원으로 등록한 경우에만 자동차운전교습업을 영위할 수 있도록 법률을 개정하는 것이 신뢰보호원칙에 위배되는지 여부: **소극 [기각]** 06. 입시, 08. 국회직

청구인들이 비록 세무당국에 사업자등록을 하고 운전교습에 종사하였다고 하더라도, 사업자등록은 과세행정상의 편의를 위하여 납세자의 인적 사항 등을 공부에 등재하는 행위에 불과하므로 운전교습업의 계속에 대하여 국가가 신뢰를 부여하였다고 보기도 어렵다. 따라서 신뢰보호의 전제가 되는 선행하는 법적 상태에 대한 신뢰 자체를 인정할 수 없는 이 사건에 있어 신뢰보호원칙에 위배하여 청구인들의 재산권과 직업의 자유를 침해하였다는 청구인들의 주장 역시 더 나아가 살필 필요도 없이 이유 없다(헌재 2003.9.25, 2001헌마447).

8 친일재산을 그 취득·증여 등 원인행위시에 국가의 소유로 하도록 규정한 친일재산귀속법 제3조 제1항 본문이 진정소급입법으로서 헌법 제13조 제2항에 반하는지 여부: **소극 [합헌]** 18. 서울시

이 사건 귀속조항은 진정소급입법에 해당하지만, 진정소급입법이라 할지라도 예외적으로 국민이 소급입법을 예상할 수 있었던 경우와 같이 소급입법이 정당화되는 경우에는 허용될 수 있다. 친일재산의 취득 경위에 내포된 민족배반적 성격, 대한민국임시정부의 법통계승을 선언한 헌법전문 등에 비추어 친일반민족행위자 측으로서는 친일재산의 소급적 박탈을 충분히 예상할 수 있었고, 친일재산 환수문제는 그 시대적 배경에 비추어 역사적으로 매우 이례적인 공동체적 과업이므로 이러한 소급입법의 합헌성을 인정한다고 하더라도 이를 계기로 진정소급입법이 빈번하게 발생할 것이라는 우려는 충분히 불식될 수 있다. 따라서 이 사건 귀속조항은 진정소급입법에 해당하나 헌법 제13조 제2항에 반하지 않는다(헌재 2011.3.31, 2008헌바141 등).

9 위법건축물에 대하여 이행강제금을 부과하도록 하면서 이행강제금제도 도입 전의 위법건축물에 대하여도 이행강제금제도 적용의 예외를 두지 아니한 건축법 부칙 제9조가 신뢰보호원칙에 위배되는지 여부: **소극 [합헌]**

위법건축물에 대하여 종전처럼 과태료만이 부과될 것이라고 기대한 신뢰는 제도상의 공백에 따른 반사적인 이익에 불과하여 그 보호가치가 그리 크지 않은 데다가, 이미 이행강제금 도입으로 인한 국민의 혼란이나 부담도 많이 줄어든 상태인 반면, 이행강제금제도 도입 전의 위법건축물이라 하더라도 이행강제금을 부과함으로써 위법상태를 치유하여 건축물의 안전, 기능, 미관을 증진하여야 한다는 공익적 필요는 중대하다 할 것이다. 따라서 이 사건 부칙조항은 신뢰보호원칙에 위배된다고 볼 수 없다(헌재 2015.10.21, 2013헌바248).

10 무기징역의 집행 중에 있는 자의 가석방요건을 종전의 '10년 이상'에서 '20년 이상' 형 집행 경과로 강화한 개정 형법 제72조 제1항을, 형법 개정 당시에 이미 수용 중인 사람에게도 적용하는 형법 부칙 제2항이 신뢰보호원칙에 위배되어 신체의 자유를 침해하는지 여부: **소극 [기각]** 18. 지방직

수형자가 형법에 규정된 형 집행 경과기간요건을 갖춘 것만으로 가석방을 요구할 권리를 취득하는 것은 아니므로, 10년간 수용되어 있으면 가석방 적격심사 대상자로 선정될 수 있었던 구 형법 제72조 제1항에 대한 청구인의 신뢰를 헌법상 권리로 보호할 필요성이 있다고 할 수 없다. 가석방제도의 실제 운용에 있어서도 구 형법 제72조 제1항이 정한 10년보다 장기간의 형 집행 이후에 가석방을 해 왔고, 무기징역형을 선고받은 수형자에 대하여 가석방을 한 예가 많지 않으며, 2002년 이후에는 20년 미만의 집행기간을 경과한 무기징역형 수형자가 가석방된 사례가 없으므로,

정답 01 × 02 ×

청구인의 신뢰가 손상된 정도도 크지 아니하다. 그렇다면 죄질이 더 무거운 무기징역형을 선고받은 수형자를 가석방할 수 있는 형 집행 경과기간이 개정 형법 시행 후에 유기징역형을 선고받은 수형자의 경우와 같거나 오히려 더 짧게 되는 불합리한 결과를 방지하고, 사회를 방위하기 위한 이 사건 부칙조항이 신뢰보호원칙에 위배되어 청구인의 신체의 자유를 침해한다고 볼 수 없다(헌재 2013.8.29, 2011헌마408).

11 공권력작용이 체계정당성에 위반하면 곧 위헌이 되는지 여부: 소극 18. 국가직, 19. 지방직

체계정당성의 원리라는 것은 동일 규범 내에서 또는 상이한 규범간에 그 규범의 구조나 내용 또는 규범의 근거가 되는 원칙 면에서 상호 배치되거나 모순되어서는 아니 된다는 하나의 헌법적 요청이다. 즉, 이는 규범 상호간의 구조와 내용 등이 모순됨이 없이 체계와 균형을 유지하도록 입법자를 기속하는 헌법적 원리라고 볼 수 있다. 이처럼 규범 상호간의 체계정당성을 요구하는 이유는 입법자의 자의를 금지하여 규범의 명확성, 예측가능성 및 규범에 대한 신뢰와 법적 안정성을 확보하기 위한 것이고 이는 국가공권력에 대한 통제와 이를 통한 국민의 자유와 권리의 보장을 이념으로 하는 법치주의원리로부터 도출되는 것이라고 할 수 있다. 그러나 **일반적으로 일정한 공권력작용이 체계정당성에 위반한다고 해서 곧 위헌이 되는 것은 아니고, 그것이 위헌이 되기 위해서는 결과적으로 비례의 원칙이나 평등의 원칙 등 일정한 헌법의 규정이나 원칙을 위반하여야 한다.** 또한 입법의 체계정당성 위반과 관련하여 그러한 위반을 허용할 공익적인 사유가 존재한다면 그 위반은 정당화될 수 있고 따라서 입법상의 자의금지원칙을 위반한 것이라고 볼 수 없다. 나아가 체계정당성의 위반을 정당화할 합리적인 사유의 존재에 대하여는 입법의 재량이 인정되어야 한다. 다양한 입법의 수단 가운데서 어느 것을 선택할 것인가 하는 것은 원래 입법의 재량에 속하기 때문이다. 그러므로 이러한 점에 관한 입법의 재량이 현저히 한계를 일탈한 것이 아닌 한 위헌의 문제는 생기지 않는다고 할 것이다(헌재 2010. 6.24, 2007헌바101 등).

12 5·18사건 관련자들(헌정질서파괴범)에 대하여 공소시효의 진행을 정지시키는 5·18특별법(이하 '특별법'이라 한다)이 형벌불소급의 원칙과 소급입법금지의 원칙 등에 위배되는지 여부 – 5·18특별법사건: 소극 07. 사시

[1] 형벌불소급의 원칙 위배 여부

우리 헌법이 규정한 형벌불소급의 원칙은 형사소추가 '언제부터 어떠한 조건하에서' 가능한가의 문제이고, '얼마 동안' 가능한가의 문제는 아니다. 행위의 가벌성은 행위에 대한 소추가능성의 전제조건이지만 소추가능성은 가벌성의 조건이 아니므로 공소시효의 정지규정을 과거에 이미 행한 범죄에 대하여 적용하도록 하는 법률이라 하더라도 그 사유만으로 헌법 제12조 제1항 및 제13조 제1항에 규정한 죄형법정주의의 파생원칙인 형벌불소급의 원칙에 언제나 위배되는 것으로 단정할 수는 없다.

[2] 소급입법금지의 원칙 위배 여부

법원의 판단에 따라 특별법 시행 당시 공소시효가 이미 완성되었다면, 특별법은 이미 과거에 완성된 사실 또는 법률관계를 규율대상으로 하여 사후에 그 전과 다른 법적 효과를 생기게 하는 (진정소급효) 법률이라 할 것이다. 그런데 이 사건 헌정질서파괴범의 공소시효 완성으로 인한 법적 지위에 대한 신뢰를 보호하여야 할 필요는 매우 미약한 반면, 이 사건 법률조항을 정당화하는 공익적 필요는 매우 중대하다. 그렇다면 이 법률조항이 공소시효의 완성이라는 헌법상의

기출 OX

03 체계정당성의 원리는 비례의 원칙이나 평등의 원칙 등 일정한 헌법의 규정이나 원칙을 위반하여야만 비로소 그 위반이 인정된다. 16. 경찰승진
( )

04 법치주의원리로부터 도출되는 체계정당성의 원리에 대한 위반 자체가 바로 위헌이 되는 것은 아니고 이는 비례의 원칙이나 평등원칙 위반 내지 입법의 자의금지 위반 등의 위헌성을 시사하는 하나의 징후일 뿐이다. 18. 국가직
( )

05 과거에 이미 행한 범죄에 대하여 공소시효의 정지규정을 적용하도록 하는 법률이라면 그 사유만으로 형벌불소급의 원칙에 언제나 위배되는 것으로 단정할 수 없다. 20. 경찰경채
( )

정답 03 ○ 04 ○ 05 ○

기본권이 아닌 단순한 법률적 이익에 대한 미약한 신뢰보호의 필요성에 현저히 우선하는 중대한 공익을 추구하고 있으므로 헌법적으로 정당화된다고 할 것이다(헌재 1996.2.16, 96헌가2 등).

13 순직공무원의 적용범위를 확대한 개정 공무원연금법 제3조 제1항 제2호 라목 규정을 소급하여 적용하지 아니하도록 한 개정 법률 부칙 제14조 제2항이 평등원칙에 위배되는지 여부: 소극

신법이 피적용자에게 유리한 경우에는 이른바 시혜적인 소급입법이 가능하지만, 그러한 소급입법을 할 것인지 여부는 그 일차적인 판단이 입법기관에 맡겨져 있으므로 입법자는 입법목적, 사회실정, 법률의 개정이유나 경위 등을 참작하여 결정할 수 있고, 그 판단이 합리적 재량의 범위를 벗어나 현저하게 불합리하고 불공정한 것이 아닌 한 헌법에 위반된다고 할 수는 없다. 소방공무원이 재난·재해현장에서 화재진압이나 인명구조작업 중 입은 위해뿐만 아니라 그 업무수행을 위한 긴급한 출동·복귀 및 부수활동 중 위해에 의하여 사망한 경우까지 그 유족에게 순직공무원 보상을 하여 주는 제도를 도입하면서 이 사건 부칙조항이 신법을 소급하는 경과규정을 두지 않았다고 하더라도 소급적용에 따른 국가의 재정부담, 법적 안정성 측면 등을 종합적으로 고려하여 입법정책적으로 정한 것이므로 입법재량의 범위를 벗어나 불합리한 차별이라고 할 수 없다(헌재 2012.8.23, 2011헌바169).

14 선불식 할부거래업자에게 개정 법률이 시행되기 전에 체결된 선불식 할부계약에 대하여도 소비자피해보상보험계약 등을 체결할 의무를 부과한 '할부거래에 관한 법률' 부칙이 소급입법금지원칙에 위배되는지 여부: 소극

선불식 할부계약이 체결되고 선수금이 지급되었다고 하더라도 그 계약에 따른 선불식 할부거래업자의 재화 또는 용역 제공 의무는 여전히 남아 있게 된다. 따라서 선수금보전의무조항은 현재 진행 중인 사실관계에 적용되는 것이어서 진정소급입법에 해당된다고 볼 수 없으므로 소급입법금지원칙에 위배되지 아니한다(헌재 2017.7.27, 2015헌바240).

15 미군정청 법령이 소급입법금지원칙에 위배되는지 여부: 소극 [합헌]

일본인들이 불법적인 한일병합조약을 통하여 조선 내에서 축적한 재산을 1945.8.9. 상태 그대로 일괄 동결시키고 그 산일과 훼손을 방지하여 향후 수립될 대한민국에 이양한다는 공익은, 한반도 내의 사유재산을 자유롭게 처분하고 일본 본토로 철수하고자 하였던 일본인이나, 일본의 패망 직후 일본인으로부터 재산을 매수한 한국인들에 대한 신뢰보호의 요청보다 훨씬 더 중대하다. 따라서 심판대상조항은 소급입법금지원칙에 대한 예외로서 헌법 제13조 제2항에 위반되지 아니한다(헌재 2021.1.28, 2018헌바88).

16 공무원의 퇴직연금 지급개시연령을 제한한 구 공무원연금법 제46조 제1항 등이 소급입법에 해당되거나 신뢰보호원칙에 위배되어 재산권을 침해하는지 여부: 소극

이 사건 법률조항들은 현재 공무원으로 재직 중인 자가 퇴직하는 경우 장차 받게 될 퇴직연금의 지급시기를 변경한 것으로, 아직 완성되지 아니한 사실 또는 법률관계를 규율대상으로 하는 부진정소급입법에 해당되는 것이어서 원칙적으로 허용되고, 입법목적으로 달성하고자 하는 연금재정 안정 등의 공익이 손상되는 신뢰에 비하여 우월하다고 할 것이어서 신뢰보호원칙에 위배된다고 볼 수 없다. 따라서 이 사건 법률조항들은 공무원의 재산권을 침해하지 아니한다(헌재 2015.12.23, 2013헌바259).

기출 OX

01 신법이 피적용자에게 유리한 경우에는 이른바 시혜적인 소급입법이 가능하지만, 그러한 소급입법을 할 것인지의 여부는 그 일차적인 판단이 입법기관에 맡겨져 있다. 19.경찰승진
( )

02 신법이 피적용자에게 유리한 경우에는 시혜적인 소급입법을 하여야 하므로, 순직공무원의 적용범위를 확대한 개정 공무원연금법을 소급하여 적용하지 아니하도록 한 개정 법률 부칙은 평등의 원칙에 위배된다. 20.경찰승진
( )

03 선불식 할부거래업자에게 개정 법률이 시행되기 전에 체결된 선불식 할부계약에 대하여도 소비자피해보상보험계약 등을 체결할 의무를 부과한 할부거래에 관한 법률 조항은 소급입법금지원칙에 위반된다. 18.경찰승진
( )

04 공무원의 퇴직연금 지급개시연령을 제한한 구 공무원연금법은 현재 공무원으로 재직 중인 자가 퇴직하는 경우 장차 받게 될 퇴직연금의 지급시기를 변경한 것으로서 입법목적으로 달성하고자 하는 연금재정 안정 등의 공익이 손상되는 신뢰에 비해 우월하다고 할 것이므로 신뢰보호원칙에 위배된다고 볼 수 없다. 18.경찰승진
( )

정답 01 ○ 02 × 03 × 04 ○

17 종합생활기록부에 의하여 절대평가와 상대평가를 병행, 활용하도록 한 교육부장관 지침이 교육개혁위원회의 교육개혁방안에 따라 절대평가가 이루어질 것으로 믿고 특수목적고등학교에 입학한 학생들의 신뢰이익을 침해하는 것인지 여부: 소극

청구인들이 이른바 특수목적고등학교인 외국어고등학교에 입학하기 위하여 원서를 제출할 당시 시행되었던 종합생활기록부 제도는 처음부터 절대평가와 상대평가를 예정하고 있었고, 대학입학전형에 있어서 학생부를 절대평가방법으로 활용할 것인가 상대평가방법으로 활용할 것인가 등 그 반영방법도 대학의 자율에 일임되어 있었다. 따라서 그 이후 공표된 이 사건 제도개선보완시행지침은 1999학년도까지 대입전형자료로 절대평가와 상대평가를 병행하도록 하고, 다만 종전 종합생활기록부 제도의 문제점을 보완하기 위하여 과목별 석차의 기록방법 등 세부적인 사항을 개선·변경한 데 불과하므로 이로 인하여 청구인들의 헌법상 보호할 가치가 있는 신뢰가 침해되었다고 볼 수 없다(헌재 1997.7.16, 97헌마38).

18 실종기간이 구법 시행기간 중에 만료되는 때에도 그 실종이 개정 민법 시행일 후에 선고된 때에는 상속에 관하여 개정 민법의 규정을 적용하도록 한 민법 부칙의 조항이 신뢰보호원칙에 위배하여 재산권을 침해하는지 여부: 소극 [합헌]

상속제도나 상속권의 내용은 입법정책적으로 결정하여야 할 사항으로서 원칙적으로 입법형성의 영역에 속하고, 부재자의 참여 없이 진행되는 실종선고 심판절차에서 법원으로서는 실종 여부나 실종이 된 시기 등에 대하여 청구인의 주장과 청구인이 제출한 소명자료를 기초로 실종 여부나 실종기간의 기산일을 판단하게 되는 측면이 있는바, 이로 인하여 발생할 수 있는 상속인의 범위나 상속분 등의 변경에 따른 법률관계의 불안정을 제거하여 법적 안정성을 추구하고, 실질적으로 남녀간 공평한 상속이 가능하도록 개정된 민법상의 상속규정을 개정 민법 시행 후 실종이 선고되는 부재자에게까지 확대 적용함으로써 얻는 공익이 매우 크므로, 심판대상조항은 신뢰보호원칙에 위배하여 재산권을 침해하지 아니한다(헌재 2016.10.27, 2015헌바203).

19 임차인의 계약갱신요구권 행사기간을 10년으로 규정한 상가건물 임대차보호법의 개정법조항을 개정법 시행 후 갱신되는 임대차에 대하여도 적용하도록 규정한 동법 부칙의 규정이 신뢰보호원칙에 위배되어 임대인의 재산권을 침해하는지 여부: 소극

개정법조항은 상가건물 임차인의 계약갱신요구권 행사기간을 연장함으로써 상가건물에 대한 임차인의 시설투자비, 권리금 등 비용을 회수할 수 있는 기간을 충실히 보장하기 위한 것인데, 개정법조항을 개정법 시행 후 새로이 체결되는 임대차에만 적용할 경우 임대인들이 새로운 임대차계약에 이를 미리 반영하여 임대료가 한꺼번에 급등할 수 있고 이는 결과적으로 개정법조항의 입법취지에도 반하는 것이다. 이에 이 사건 부칙조항은 이러한 부작용을 막고 개정법조항의 실효성을 확보하기 위해서 개정법조항 시행 이전에 체결되었더라도 개정법 시행 이후 갱신되는 임대차인 경우 개정법조항의 연장된 기간을 적용하도록 정한 것이므로, 이와 같은 공익은 긴급하고도 중대하다. 따라서 이 사건 부칙조항은 신뢰보호원칙에 위배되어 임대인의 재산권을 침해한다고 볼 수 없다(헌재 2021.10.28, 2019헌마106).

20 법적 안정성의 주관적 측면: 신뢰보호원칙

공소시효제도가 헌법 제12조 제1항 및 제13조 제1항에 정한 죄형법정주의의 보호범위에 바로 속하지 않는다면, 소급입법의 헌법적 한계는 법적 안정성과 신뢰보호원칙을 포함하는 법치주의의 원칙에 따른 기준으로 판단하여야 한다. 법적 안정성은

기출 OX

05 종합생활기록부에 의하여 절대평가와 상대평가를 병행, 활용하도록 한 교육부장관 지침(종합생활기록부제도 개선보완시행지침, 1996.8.7.)은 교육개혁위원회의 교육개혁방안에 따라 절대평가가 이루어질 것으로 믿고 특수목적고등학교에 입학한 학생들의 신뢰이익을 침해하였다고 볼 수 없다.
17. 경찰승진 ( )

정답 05 ○

객관적 요소로서 법질서의 신뢰성·항구성·법적 투명성과 법적 평화를 의미하고, 이와 내적인 상호연관관계에 있는 법적 안정성의 주관적 측면은 한번 제정된 법규범은 원칙적으로 존속력을 갖고 자신의 행위기준으로 작용하리라는 개인의 신뢰보호원칙이다(헌재 2021.6.24, 2018헌바457).

21 기존의 퇴직연금 수급자에게 전년도 평균임금월액을 초과한 소득월액이 있는 경우에 그 초과 액수에 따라 퇴직연금 중 일부의 지급을 정지하는 것이 헌법상 신뢰보호의 원칙에 위반되는지 여부: 소극

기존의 퇴직연금 수급자에게 전년도 평균임금월액을 초과한 소득월액이 있는 경우에만 그 초과 액수에 따라 퇴직연금 중 일부(1/2 범위 내)의 지급을 정지할 뿐이다. 즉, 퇴직한 공무원이 평균임금월액을 초과한 소득월액을 얻는 경우는 드물 것이어서 지급정지 대상자 자체가 소수일 수밖에 없고 평균적인 지급정지액 역시 적은 액수에 그칠 것으로 보이므로, 이 사건 심판대상조항에 의하여 퇴직연금 수급자들이 입는 불이익은 그다지 크지 않다 할 것이다. 따라서 보호해야 할 퇴직연금 수급자의 신뢰의 가치는 그리 크지 않은 반면, 공무원연금 재정의 파탄을 막고 공무원연금제도를 건실하게 유지하려는 공익적 가치는 긴급하고 또한 중요한 것이므로, 이 사건 심판대상조항이 헌법상 신뢰보호의 원칙에 위반된다고 할 수 없다(헌재 2008.2.28, 2005헌마872).

22 외국에서 치과대학을 졸업한 대한민국 국민이 국내 치과의사 면허시험에 응시하기 위해서는 기존의 응시요건에 추가하여 새로이 예비시험에 합격할 것을 요건으로 규정한 의료법의 '예비시험' 조항이 신뢰보호의 원칙에 위반되는지 여부: 소극

청구인들이 장차 치과의사 면허시험을 볼 수 있는 자격 요건에 관하여 가진 구법에 대한 신뢰는 합법적이고 정당한 것이므로 보호가치 있는 신뢰에 해당하는 것이지만, 한편 청구인들에게 기존의 면허시험 요건에 추가하여 예비시험을 보게 하는 것은 이미 존재하는 여러 가지 면허제도상의 법적 규제에 추가하여 새로운 규제를 하나 더 부가하는 것에 그치고, 이러한 규제가 지나치게 가혹한 것이라고 하기 어려운 반면, 이러한 제도를 통한 공익적 목적은 위에서 본 바와 같이 그 정당성이 인정된다. 따라서 경과규정은 신뢰보호의 원칙에 위배한 것이라 보기 어렵다(헌재 2003.4.24, 2002헌마611).

23 헌법 제38조, 제59조가 선언하는 조세법률주의는 조세법의 목적과 내용이 기본권보장의 헌법이념에 부합되어야 한다는 실질적 적법절차를 요구하는 법치주의를 의미하는지 여부: 적극

헌법 제38조는 "모든 국민은 법률이 정하는 바에 의하여 납세의 의무를 진다."라고 규정하고, 제59조는 "조세의 종목과 세율은 법률로 정한다."라고 규정하였는데 위 두 개의 규정은 조세행정에 있어서의 법치주의(조세법률주의)를 선언하는 규정이다. 조세행정에 있어서의 법치주의 적용은 조세징수로부터 국민의 재산권을 보호하고 법적 생활의 안전을 도모하려는 데 그 목적이 있는 것으로서, 과세요건법정주의와 과세요건명확주의를 그 핵심적 내용으로 하는 것이지만 오늘날의 법치주의는 국민의 권리·의무에 관한 사항을 법률로써 정해야 한다는 형식적 법치주의에 그치는 것이 아니라 그 법률의 목적과 내용 또한 기본권보장의 헌법이념에 부합되어야 한다는 실질적 법치주의를 의미하며 헌법 제38조, 제59조가 선언하는 조세법률주의도 이러한 실질적 법치주의를 뜻하는 것이므로 비록 과세요건이 법률로 명확히 정해진 것일지라도 그것만으로 충분한 것이 아니고 조세법의 목적이나 내용이 기본권보장의 헌법이념과 이를 뒷받침하는 헌법상의 제원칙에 합치되지 아니하면 아니 된다(헌재 1992.2.25, 90헌가69 등).

24 징집대상자의 범위를 정하는 것은 입법자의 입법형성권이 매우 광범위하게 인정되어야 하는 영역으로, 국민들은 이러한 영역에 관한 법률이 제반사정에 따라 언제든지 변경될 수 있다는 것을 충분히 예측 가능한지 여부: 적극

일반적으로 법률은 현실상황의 변화나 입법정책의 변경 등으로 언제라도 개정될 수 있는 것이다. 특히, 이 사건 법률조항은 직접적인 병력형성에 관한 영역으로서, 입법자가 급변하는 정세에 따라 탄력적으로 그 징집대상자의 범위를 결정함으로써 적정한 군사력을 유지하여야 하는 강력한 공익상 필요가 있기 때문에, 이에 관한 입법자의 입법형성권의 범위가 매우 넓다. 따라서 국민들은 이러한 영역에 관한 법률이 제반사정에 따라 언제든지 변경될 수 있다는 것을 충분히 예측할 수 있다고 보아야 한다(헌재 2002.11.28, 2002헌바45).

25 법치주의로부터 도출되는 신뢰보호의 원칙상 모든 법규범의 시혜적 소급입법이 금지되는지 여부: 소극

헌법상의 기본원칙인 법치주의로부터 도출되는 법적 안정성 측면에서 볼 때도 법규범은 현재와 장래에 효력을 가지는 것이기 때문에 소급입법은 금지 내지 제한된다. 다만, 신법이 피적용자에게 유리한 경우에는 이른바 시혜적인 소급입법이 가능하지만, 그러한 소급입법을 할 것인가의 여부는 그 일차적인 판단이 입법기관에 맡겨져 있으므로 입법자는 입법목적, 사회실정이나 국민의 법감정, 법률의 개정이유나 경위 등을 참작하여 시혜적 소급입법을 할 것인가 여부를 결정할 수 있고, 그 판단은 존중되어야 하며, 그 결정이 합리적 재량의 범위를 벗어나 현저하게 불합리하고 불공정한 것이 아닌 한 헌법에 위반된다고 할 수는 없다(헌재 2002.2.28, 2000헌바69).

26 의료기관시설에서의 약국 개설을 금지하는 입법을 하면서 1년의 유예기간을 두어, 법 시행 후 1년 뒤에는 기존의 약국을 더 이상 운영할 수 없게 되는 경우 신뢰보호의 원칙에 위반되는지 여부: 소극

청구인들이 운영해 온 약국영업 기간이 1년 정도 밖에 되지 않아서 짧다는 점, 약국 개설에 투자한 비용도 많지 않다는 점, 의약분업제도의 실시 이후 발생할 수 있는 문제점을 해소하기 위한 법률개정이 있을 수 있다는 것을 예측할 수 있었다는 점, 법 부칙 제2조 제1항에 의하여 청구인들에게 주어진 1년의 유예기간이 법개정으로 인한 상황변화에 대처하기에 짧지 않다는 점 등을 고려할 때, 청구인들이 가지는 신뢰이익은 그리 크지 않으며 그에 대한 침해도 크지 않다고 할 것이다(헌재 2003.10.30, 2001헌마700).

27 군인연금법상 퇴역연금 등의 급여액 산정의 기초를 종전의 '퇴직 당시의 보수월액'에서 '평균보수월액'으로 변경한 경우 신뢰보호의 원칙에 위반되는지 여부: 소극

20년 이상 군인으로 복무하면서 퇴역연금에 대한 기여금을 납입해온 사람이 퇴직하는 경우 장차 받게 될 퇴역연금에 대한 기대는 재산권의 성질을 가지고 있으나 확정되지 아니한 형성 중에 있는 권리이므로, 퇴역연금급여액의 산정기초를 종전의 '퇴직 당시의 보수월액'에서 '최종 3년간 평균보수월액'으로 변경한 것은 부진정소급입법에 해당되는 것이어서 원칙적으로 허용된다. 다만, 종래의 법적 상태의 존속을 신뢰한 청구인들에 대한 신뢰보호만이 문제될 뿐인데, 퇴역연금의 산정을 평균보수월액에 기초하도록 개정한 것은 종국적으로 군인연금재정의 악화를 개선하여 연금제도의 유지·존속을 도모하려는 데에 목적이 있고, 그와 같은 입법목적의 공익적 가치는 매우 크다고 하지 않을 수 없으므로 신뢰보호의 원칙에 위배된다고 보기 어렵다(헌재 2003.9.25, 2001헌마194).

28 한약사제도를 신설하면서 그 이전부터 한약을 조제해 온 약사들의 한약조제를 금지하면서 향후 2년간만 한약을 제조할 수 있도록 한 약사법의 경과규정이 신뢰보호의 원칙에 위반되는지 여부: 소극

약사들의 한약의 조제권에 대한 신뢰이익은 법률개정이익에 절대적으로 우선하는 것이 아니라 적정한 유예기간을 규정하는 경과규정에 의하여 보호될 수 있는 것이라 할 것인바, 위 법률조항이 설정한 2년의 유예기간은 약사들이 약사법의 개정으로 인한 상황변화에 적절히 대처하고 그에 적응함에 필요한 상당한 기간이라고 판단되는 점에 또다른 경과규정으로 2년 이내에 한약조제시험에 합격하는 약사에게 한약조제권을 부여하고 있는 점 등을 종합하면, 이러한 경과규정은 약사법 개정 이전부터 한약을 조제하여 온 약사들의 신뢰를 충분히 보호하고 있다고 보아야 할 것이다(헌재 1997.11.27, 97헌바10).

29 부당환급받은 세액을 징수하는 근거규정인 개정조항을 개정된 법 시행 후 최초로 환급세액을 징수하는 분부터 적용하도록 규정한 법인세법 부칙조항이 소급입법금지 원칙에 위배되는지 여부: 적극

심판대상조항은 개정 후 법인세법의 시행 이전에 결손금 소급공제 대상 중소기업이 아닌 법인이 결손금 소급공제로 법인세를 환급받은 경우에도 이 사건 개정조항을 적용할 수 있도록 규정하고 있으므로, 이는 이미 종결한 과세요건사실에 소급하여 적용할 수 있도록 하는 것이다. 따라서 심판대상조항은 청구인이 이 사건 개정조항이 시행되기 전 환급세액을 수령한 부분까지 사후적으로 소급하여 적용되는 것으로서 헌법 제13조 제2항에 따라 원칙적으로 금지되는 이미 완성된 사실·법률관계를 규율하는 진정소급입법에 해당한다. … 결국, 법인세를 부당환급받은 법인은 소급입법을 통하여 이자상당액을 포함한 조세채무를 부담할 것이라고 예상할 수 없었고, 환급세액과 이자상당액을 법인세로서 납부하지 않을 것이라는 신뢰는 보호할 필요가 있으며 신뢰의 이익이 적은 경우라거나 소급입법에 의한 당사자의 손실이 가벼운 경우라고 할 수 없다. 나아가 개정 전 법인세법 아래에서도 환급세액을 부당이득 반환청구를 통하여 환수할 수 있었으므로, 신뢰보호의 요청에 우선하여 진정소급입법을 하여야 할 매우 중대한 공익상 이유가 있다고 볼 수도 없다(헌재 2014.7.24, 2012헌바105).

30 교육감이 추첨에 의하여 고등학교를 배정하는 지역에 광명시를 포함시킨 것은 신뢰보호원칙에 위반되는지 여부: 소극

한 지역의 고교평준화 여부는 그 지역의 실정과 주민의 의사에 따라 탄력적으로 운용할 필요성이 있어 광명시가 비평준화 지역으로 남아 있을 것이라는 청구인들의 신뢰는 헌법상 보호하여야 할 가치나 필요성이 있다고 보기 어렵고, 고등학교 지원을 시·도 단위로 하도록 하고 광명시 등 일부 도시를 비평준화 지역으로 유지시킬 경우 경기도 내에서 중학교 교육의 정상화나 학교간 격차 해소 등 고교평준화정책의 목적을 실질적으로 달성하기가 어려운 점을 감안하면 청구인들의 신뢰가 공익보다 크다고 볼 수도 없으므로, 이 사건 조례조항은 신뢰보호의 원칙에 위반되지 아니하며 청구인들의 학교선택권을 침해한다고 할 수 없다(헌재 2012.11.29, 2011헌마827).

31 군인연금법상 퇴역연금 수급권자가 사립학교교직원 연금법 제3조의 학교기관으로부터 보수 기타 급여를 지급받는 경우에는 대통령령이 정하는 바에 따라 퇴역연금의 전부 또는 일부의 지급을 정지할 수 있도록 하는 것이 신뢰보호원칙에 위반되는지 여부: 소극

기존의 연금수급자들에 대한 퇴역연금의 지급을 정지함으로써 달성하려는 공익은 군인연금재정의 악화를 개선하여 이를 유지·존속하려는 데에 있는 것으로, 그와 같은 공익적인 가치는 매우 크다 하지 않을 수 없다. 한편 연금수급권의 성격상 급여의 구체적인 내용은 불변적인 것이 아니라, 국가의 재정, 다음 세대의 부담 정도, 사회정책적 상황 등에 따라 변경될 수 있는 것이므로, 연금제도에 대한 신뢰는 반드시 "퇴직 후에 현 제도 그대로의 연금액을 받는다."는 데에 둘 수만은 없는 것이고, 또 연금수급자는 단순히 기존의 기준에 의하여 연금이 지속적으로 지급될 것이라는 기대 아래 소극적으로 연금을 지급받는 것일 뿐, 그러한 신뢰에 기하여 어떠한 적극적인 투자 등의 조치를 취하는 것도 아니다. 그렇다면 보호해야 할 연금수급자의 신뢰의 가치는 그리 크지 않은 반면, 군인연금 재정의 파탄을 막고 군인연금제도를 건실하게 유지하려는 공익적 가치는 긴급하고 또한 중요한 것이므로, 이 사건 정지조항이 헌법상 신뢰보호의 원칙에 위반된다고 할 수 없다(헌재 2007.10.25, 2005헌바68).

32 제대혈의 매매행위를 금지하는 제대혈 관리 및 연구에 관한 법률 제5조 제1항 제1호가 제대혈 줄기세포에 대한 독점판매권을 부여받기로 한 계약을 체결한 청구인의 재산권을 신뢰보호원칙 위반으로 침해하였는지 여부: 소극 [합헌]

제대혈법이 제대혈의 유상거래를 금지함으로써 청구인이 이 사건 계약에 따른 독점판매권을 상실하는 불이익을 입었지만, 독점판매권의 대가로 지급한 돈의 반환 청구권을 행사하여 손해를 최소화할 수 있다. 또 청구인이 운영하던 공유제대혈은 제대혈법 부칙 제4조에 따라 가족제대혈로 인정된다. 반면 청구인의 기존 법질서에 대한 신뢰의 가치에 비하여 제대혈의 유상거래를 금지하는 심판대상조항이 추구하는 공익이 훨씬 우월하다 할 것이므로, 심판대상조항은 신뢰보호원칙에 위반되지 아니한다(헌재 2017.11.30, 2016헌바38).

33 선수금보전의무조항이 신뢰보호원칙에 위배되는지 여부: 소극 [합헌]

선불식 할부계약을 체결하였다고 하더라도 그 계약이 해제되거나 부도 내지 폐업 등으로 상조계약에 따른 재화나 용역 등을 제공하지 못하는 경우에는 전부 또는 일부의 선수금을 반환하여야 하므로, 계약 종료 전에 선수금을 자유롭게 처분할 수 있다는 기대 내지 신뢰가 선불식 할부거래업자에게 존재하였다고 하더라도 그 보호가치는 크다고 보기 어렵다. 또한 할부거래법령은 소비자피해보상제도의 시행 당시 선불식 할부거래업자가 보전해야 할 금액에 대하여는 그 보전비율을 경감하는 등의 경과규정을 두어 청구인들과 같은 선불식 할부거래업자의 신뢰를 일부분 보호하고 있다. 선불식 할부계약에 있어 소비자가 선불식으로 납입금을 지급한 후 상조업자의 폐업이나 자금 부족 등으로 그 대금을 환불하거나 용역을 이행할 능력이 없을 때 소비자의 피해를 보상한다는 정책적 목적의 실현은, 선불식 할부거래업자의 선수금에 관한 자유로운 사용·처분에 관한 신뢰에 비하여 매우 중대한 공익이다. 따라서 선수금보전의무조항은 신뢰보호원칙에 위배되지 아니한다(헌재 2017.7.27, 2015헌바240).

34 법률 시행 당시에 이미 공기총의 소지허가를 받은 자도 시행일부터 1개월 이내에 그 공기총을 허가관청이 지정하는 곳에 보관하도록 규정한 '총포·도검·화약류 등의 안전관리에 관한 법률' 부칙이 과잉금지원칙 및 신뢰보호원칙에 반하는지 여부: 소극 [합헌]

우리나라에서 총포의 소지는 원칙적으로 금지되고, 다만 예외적으로 허가되는 이상 그 보관방법 역시 입법자가 사회적·정책적 판단에 따라 새로이 규정·시행할 수 있다. 총포화약법의 입법연혁을 살펴보아도, 규율대상의 범위나 허가관청이 여러 차례 개정되었고, 총포소지허가의 결격사유 역시 점차 결격사유가 추가되고 허가의 기준이 강화되는 방향으로 여러 차례 개정되었다. 이 사건 부칙조항과 같은 내용으로 법이 개정된 것이 전혀 예상치 않은 변화라고 볼 수 없고, 총포소지허가를 받은 사람이 해당 공기총을 직접 보관할 수 있을 것이라는 데에 대한 신뢰가 헌법상 보호가치 있는 신뢰라고 보기는 어렵다(헌재 2019.6.28, 2018헌바400).

35 2016.1.1. 이전에 취득한 비사업용 토지의 양도소득금액을 계산할 때 장기보유 특별공제를 적용하기 위한 보유기간 기산일을 2016.1.1.으로 규정한 구 소득세법 조항이 신뢰보호원칙에 위반되는지 여부: 소극 [합헌]

청구인들이 기존에 존속되어 온 구법질서가 아니라 정부가 2015년 입법예고한 소득세법 개정안에 대하여 형성한 신뢰는 헌법상 보호가치 있는 신뢰라고 보기 어렵다. 나아가 청구인들은 오랫동안 지속되어 온 장기보유 특별공제 자체에 대한 신뢰가 형성되었다고 주장하나, 비사업용 토지는 2007.1.1. 이래 2015.12.31.까지 장기보유 특별공제의 대상에서 제외되어 왔으므로, 청구인들이 구법질서에 의거한 신뢰를 형성하였다고 볼 수도 없으므로 심판대상조항은 신뢰보호원칙에 위반되지 아니한다(헌재 2018.11.29, 2017헌바517).

36 노인장기요양보험법 중 재가장기요양기관의 운영에 관한 기준조항과 인건비 조항이 신뢰보호원칙에 위반되는지 여부: 소극 [기각]

재가장기요양기관은 장기요양보험의 공공성에 비추어 국가의 관리·감독이 필요하지만, 개정 전 노인장기요양보험법은 그러한 관리·감독을 하지 아니하였고, 결국 재가장기요양기관이 증가하면서 장기요양요원의 근로조건이 악화되고, 양질의 안정적인 서비스 제공이 어렵게 되어 심판대상조항을 두게 된 것이다. 이러한 까닭에 재가장기요양기관의 장이 기존 법질서하에서 누릴 수 있었던 이익은 초기 인프라 구축을 위해 한시적으로 그 관리·감독을 유예함으로써 누릴 수 있었던 반사적 이익에 지나지 않는다. 따라서 심판대상조항은 신뢰보호원칙을 위반하여 청구인들의 직업수행의 자유를 침해하지 아니한다(헌재 2017.6.29, 2016헌마719).

37 토양오염관리대상시설을 양수한 자도 오염원인자로 보고, 토양오염으로 인한 피해를 배상하고 오염된 토양을 정화하도록 의무를 부과하는 것이 소급입법금지원칙 또는 신뢰보호원칙에 위배되는지 여부: 적극 [헌법불합치]

이 사건 오염원인자조항은 예측하기 곤란한 중대한 제약을 사후적으로 가하고 있으면서도, 그로 인한 침해를 최소화할 다른 제도적 수단을 마련하고 있지 않으므로, 이 사건 **오염원인자조항이 2002.1.1. 이전에 이루어진 토양오염관리대상시설의 양수에 대해서 무제한적으로 적용되는 경우에는 이 사건 오염원인자조항이 추구하는 공익만으로는 신뢰이익에 대한 침해를 정당화하기 어렵다.** 그러나 2002.1.1. 이후 토양오염관리대상시설을 양수한 자는 자신이 관여하지 않은 양수 이전의 토양오염에 대해서도 책임을 부담할 수 있다는 사실을 충분히 인식할 수 있고, 토양오염사실에 대한 선의·무과실을 입증하여 면책될 수 있으므로, 보호가치 있는 신뢰를 인정하기 어렵다(헌재 2012.8.23, 2010헌바28).

38 판사임용요건으로서 일정기간 법조경력을 요구하는 법원조직법 부칙 제1조와 제2조를 법 개정 당시 사법연수생의 신분을 가지고 있었던 자에게도 적용하는 것이 신뢰보호원칙에 위배되는지 여부: 적극 [한정위헌]
이 사건 법원조직법 개정 당시 이미 사법연수원에 입소한 사람들에게도 반드시 시급히 적용해야 할 정도로 긴요하다고는 보기 어렵고, 종전 규정의 적용을 받게 된 사법연수원 2년차들과 개정 규정의 적용을 받게 된 사법연수원 1년차들인 청구인들 사이에 위 공익의 실현 관점에서 이들을 달리 볼 만한 합리적인 이유를 찾기도 어려우므로, 이 사건 심판대상 조항이 개정법 제42조 제2항을 법 개정 당시 이미 사법연수원에 입소한 사람들에게 적용되도록 한 것은 신뢰보호원칙에 반한다고 할 것이다(헌재 2012.11.29, 2011헌마786등).

39 법학전문대학원 입학 총정원이 법률로써 정하여야 하는 본질적인 사항인지 여부: 소극
법학전문대학원의 총 입학정원주의를 천명하면서 법학전문대학원의 설치·폐지 등의 인가권자인 교육과학기술부장관으로 하여금 총 입학정원을 정하도록 하고 있다. 그런데 대학의 자율권과 국민의 직업선택의 자유에 대한 제한은 법학전문대학원의 총 입학정원제를 채택하는 단계에서 이미 결정되는 것이므로, 총 입학정원의 구체적인 수가 기본권 제한의 본질적인 사항으로서 반드시 법률로써 정해져야 하는 사항이라고 보기 어렵다(헌재 2009.2.26, 2008헌마270).

40 아파트 입주자대표회의의 구성에 관한 사항을 대통령령에 위임하도록 한 구 주택법 '입주자대표회의의 구성' 부분이 법률유보의 원칙, 포괄위임입법금지원칙에 위반되는지 여부: 소극
입주자대표회의는 공법상의 단체가 아닌 사법상의 단체로서, 이러한 특정 단체의 구성원이 될 수 있는 자격을 제한하는 것이 국가적 차원에서 형식적 법률로 규율되어야 할 본질적 사항이라고 보기 어렵다. 또한, 입주자대표회의 구성에 있어서 본질적인 부분은 입주자들이 국가나 사업주체의 관여 없이 자치활동의 일환으로 입주자대표회의를 구성할 수 있다는 것인데, 주택법 제43조 제3항은 입주자가 입주자대표회의를 구성할 수 있다고 규정하고 있어 이미 본질적인 부분이 입법되어 있으므로 입주자대표회의의 구성원인 동별 대표자가 될 수 있는 자격이 반드시 법률로 규율하여야 하는 사항이라고 볼 수 없다. 따라서 심판대상조항은 법률유보원칙을 위반하지 아니한다(헌재 2006.7.28, 2014헌바158).

41 임차인에게 계약갱신요구권 등을 부여하고, 계약갱신 시 보증금과 차임의 증액 한도를 제한한 조항, 실제 거주 목적으로 갱신거절을 한 후 정당한 사유 없이 제3자에게 임대한 임대인의 손해배상책임을 규정한 조항 및 개정법 시행 당시 존속 중인 임대차에도 개정조항을 적용하도록 한 부칙조항이 신뢰보호원칙에 반하여 위헌인지 여부: 소극 [합헌]
주택 임대차와 같이 임차인의 주거안정 보장이라는 공익에 기초하여 사적인 계약관계를 규율하는 법률의 경우 임대차 시장의 상황 및 국민의 주거 안정 개선의 필요성 등 사회적·경제적 상황에 따라 새로운 법적 규율을 가하게 되는 것이 일반적이므로, 기존의 법적 규율 상태가 앞으로도 존속할 것이라는 임대인의 기대 또는 신뢰의 보호가치가 크다고 볼 수 없다.
나아가 개정 법률 시행 당시 이미 임대차가 종료된 경우와, 개정 법률 시행 전에 임대인이 갱신거절을 하고 제3자와 임대차계약을 체결한 경우에는 개정조항을 적용하지 않도록 하는 점, 임차인의 계약갱신요구권 횟수와 그로 인한 계약의 존속기간이 제한되는 점, 개정 법률 시행 당시 존속 중인 임대차계약에 개정조항을 적용하지

않을 경우 임대주택의 공급 부족 또는 차임 상승 등의 부작용을 초래하여 개정조항을 형해화할 우려가 있는 점, 임차인의 주거안정 보장이라는 공익이 임대인의 신뢰이익에 비해 큰 점 등을 고려할 때, 부칙조항은 신뢰보호원칙에 반하여 청구인들의 계약의 자유와 재산권을 침해하지 아니한다(헌재 2024.2.28, 2020헌마1343).

42 헌법재판소가 성인대상 성범죄자에 대하여 10년 동안 일률적으로 의료기관에의 취업제한 등을 하는 규정에 대하여 위헌결정을 한 뒤, 개정법 시행일 전까지 성인대상 성범죄로 형을 선고받아 그 형이 확정된 사람에 대해서 형의 종류 또는 형량에 따라 기간에 차등을 두어 의료기관에의 취업 등을 제한하는 아동·청소년의 성보호에 관한 법률 부칙 제5조 제1호(이하 '이 사건 부칙조항'이라 한다)가 신뢰보호원칙에 위배되는지 여부: 소극 [합헌]

[1] 이 사건 부칙조항은 개정법 시행일부터 의료기관을 운영하거나 의료기관에 취업 등을 하는 행위를 금지할 뿐 개정법 시행 전에 이루어진 의료기관 운영 행위에 대해 소급적으로 불이익을 가하고 있지 아니하므로, **헌법상 원칙적으로 금지되는 진정소급입법에 해당하지 아니한다.**

[2] 성인대상 성범죄자에게 일률적으로 10년 동안 의료기관에의 취업제한을 하도록 한 조항에 대한 헌법재판소의 2016.3.31, 2013헌마585등 위헌결정에 따르더라도 재범의 위험성 및 필요성에 상응하는 취업제한 기간을 정하여 부과하는 의료기관 취업제한이 가능함은 예상할 수 있었다고 보아야 하고, 취업제한은 장래의 위험을 방지하기 위한 것으로서, 향후 성인대상 성범죄자에게 의료기관 취업제한이 없을 것이라는 기대는 정당한 신뢰 또는 헌법상 보호가치 있는 신뢰로 보기 어렵다. 이 사건 부칙조항의 입법취지는 헌법재판소의 위헌결정으로 발생한 법적 공백을 메우고, 아동·청소년을 성범죄로부터 보호하며, 아동·청소년 및 그 보호자가 의료기관을 믿고 이용할 수 있도록 하는 것이므로, 그 공익적 가치가 크다. 헌법재판소의 위헌결정 뒤 법원이 취업제한 기간을 정하도록 하는 법률안을 정부가 입법예고하는 등의 절차를 거쳐 국회에서 이 사건 부칙조항의 입법이 이루어졌고, 개정법 시행 후 취업제한대상자나 그 법정대리인이 제1심판결을 한 법원에 취업제한기간의 변경이나 취업제한의 면제를 신청할 수 있도록 불이익을 최소화하고 있는 사정을 종합하면 이 사건 부칙조항은 **신뢰보호원칙에 위배되지 아니한다**(헌재 2023.5.25, 2020헌바45).

43 디엔에이증거 등 그 죄를 증명할 수 있는 과학적인 증거가 있는 특정 성폭력범죄는 공소시효를 10년 연장하는 조항 시행 전에 범한 죄로 아직 공소시효가 완성되지 아니한 것에 대하여도 연장조항을 적용하는 조항(이하 '부칙조항'이라 한다)이 형벌불소급의 원칙, 신뢰보호원칙에 위배되는지 여부: 소극 [합헌]

부칙조항의 공소시효 문제는 형벌불소급의 원칙이 적용되는 범위에 포함되지 아니하고, 연장조항으로 인하여 제한되는 성폭력범죄자의 신뢰이익이 실체적 정의라는 공익에 우선하여 특별히 헌법적으로 보호할 가치가 있다고 보기 어려우므로, 부칙조항은 형벌불소급의 원칙이나 신뢰보호원칙에 위배되지 아니한다(헌재 2023.5.25, 2020헌바309).

VI. 평화국가의 원리

1. 의의

'평화국가'란 국제협조와 국제평화의 지향을 그 이념적 기반으로 하는 국가를 말한다. '평화국가의 원리'란 국제적 차원에서 평화공존, 국제분쟁의 평화적 해결, 각 민족국가의 자결권 존중, 국내문제 불간섭 등을 핵심내용으로 하는 국제평화주의를 국가목적으로 하는 원리를 말한다.

2. 현행헌법과 평화국가의 원리

현행헌법의 전문(밖으로는 항구적인 세계평화와 인류공영에 이바지함으로써), 제5조 제1항(대한민국은 국제평화의 유지에 노력하고 침략적 전쟁을 부인한다)은 대외적으로 평화주의를 표방하고 있다. 또한 전문(조국의 … 평화적 통일의 사명에 입각하여), 제69조(대통령 취임선서의 내용으로 '조국의 평화적 통일 … 에 노력')는 한반도문제에 있어서 평화주의에 바탕을 두어야 함을 규정하고 있다.

제4절 한국헌법의 기본질서

01 정치질서

1. 민주주의의 의의

민주적 기본질서에 관한 논의는 곧 민주주의에 관한 논의라고 할 수 있는데, 민주주의는 다의적 개념이므로 일의적인 개념규정이 불가능하다. 민주주의는 국가의사가 국민에 의하여 결정되어야 한다는 것을 전제로 하여, 국민 중 능동적 시민의 총체가 직접 국가의사를 결정하거나 국민이 선출한 국민의 대표기관으로 하여금 국가의사를 결정하게 하는 정치원리로 이해하여야 할 것이다. 민주주의의 본질적 내용을 이루는 보편적 가치 내지 이념이 무엇인지에 관해서는 일반적으로 국민주권을 비롯하여 자유, 평등, 정의 등을 들고 있다.

(1) 민주주의는 국민주권의 원리를 실현하기 위한 수단이므로, 민주주의는 국민이 직접 또는 간접으로 국정에 참여할 수 있어야 한다.

(2) 자유는 민주주의의 최고이념으로 간주되기 때문에 민주주의에 있어서는 특히 언론·출판 및 집회·결사의 자유 등 정치적 자유가 보장됨으로써 국민적 여론이 국정에 충실히 반영될 수 있어야 한다.

(3) 민주주의는 평등을 추구하는 형태이므로 모든 국민이 모든 영역에서 균등한 기회와 동등한 처우를 보장받아야 한다.

(4) 정의의 이념과 조화될 수 없는 자유와 평등은 진정한 의미에서의 자유와 평등일 수 없다. 그것은 자유의 횡포를 의미하거나 실질적 불평등을 초래하기 때문이다. 따라서 민주주의는 그 스스로의 존립을 위하여 정의를 추구하는 것이 아니면 아니 된다.

2. 한국헌법과 정치질서 - 자유민주적 기본질서

(1) 헌법규정
전문(4·19이념을 계승하고, 조국의 민주개혁), 제1조 제1항(대한민국은 민주공화국이다), 제8조 제2항(정당은 그 목적·조직과 활동이 민주적이어야 하며), 동조 제4항(정당의 목적이나 활동이 민주적 기본질서에 위배될 때에는 … 해산된다) 및 경제의 민주화를 규정한 제119조 제2항을 들 수 있다.

(2) 민주적 기본질서의 의미
① **개념**: 헌법재판소는 구 국가보안법 제7조 등에 대한 위헌심판에서 자유민주적 기본질서란 '모든 폭력적 지배와 자의적 지배, 즉 반국가단체의 1인 독재 내지 1당 독재를 배제하고 다수의 의사에 의한 국민의 자치·자유·평등의 기본원칙에 바탕한 법치국가적 통치질서'라고 판시하였다(헌재 1990.4.2, 89헌가113).
② **내용**: 헌법재판소는 자유민주적 기본질서의 내용이 되는 기본원칙으로 기본적 인권의 존중, 권력분립, 의회제도, 복수정당제도, 선거제도, 사유재산제와 시장경제를 골간으로 하는 경제질서, 사법권의 독립 등을 열거하고 있다.

(3) 민주적 기본질서의 규범력
① **헌법개정금지사항**: 국민적 합의에 바탕한 국가적 이념·목표이자 대한민국의 정치적 기본질서로서 개정금지사항이다.
② **법해석의 기준**: 대한민국의 법질서에 있어 최고규범이므로 모든 법해석의 기준이 된다.
③ **국가작용의 구속, 공권력 발동의 척도 및 타당성의 근거**: 모든 국가작용을 구속하고, 모든 공권력 발동의 척도를 의미하며, 공권력 발동의 타당성의 근거가 된다. 국가작용의 목적·내용·절차가 이에 위배될 때에는 위헌이 된다.
④ **기본권의 제한사유**: 민주적 기본질서를 공격하기 위하여 기본권을 남용할 수 없으며, 법률에 의하여 기본권을 제한하는 경우에는 그 제한의 사유가 된다.

02 경제질서

I. 헌법과 경제

각국의 헌법은 경제적 기본질서를 설정하고 일정한 경제원리를 표방하고 있다. 경제에 관한 일련의 헌법조항을 총칭하여 경제헌법이라 하고, 한 나라의 기본적인 경제구조를 경제질서라 한다.

II. 경제질서의 유형

1. 자본주의적 자유시장경제질서 - 시민민주국가

자본주의적 자유시장경제질서는 개인의 경제적 자유를 최대한으로 보장하는, 즉 재화의 생산·유통·소비 등을 전적으로 개인의 자유에 맡기고 경제에 관한 국가의 관여는 치안의 유지와 같은 최소한의 질서유지를 위해서만 허용되는 경제를 말한다. 특징으로 ① 사유재산제, ② 직업선택의 자유, ③ 이윤추구의 원리, ④ 시장경제와 자율적 가격기구 등을 들 수 있다.

기출 OX

01 국가보안법(1991.5.31. 법률 제4373호로 전문개정된 것) 제7조 제5항에서 이적표현물 소지행위를 처벌하는 것은 국가의 존립·안전이나 자유민주적 기본질서를 위태롭게 하는 행위를 할 목적으로 소지행위에 이른 경우로 제한하고 있으며, 단순한 학문연구나 순수 예술활동의 목적으로 이적표현물을 소지·보관하는 경우에는 국가보안법 제7조 제5항이 적용되지 않으므로, 이는 양심 또는 사상의 자유를 본질적으로 침해하는 것이 아니다. 05. 법행 ( )

정답 01 ○

2. 사회주의적 계획경제질서 – 사회주의국가

자본주의적 경제질서에 대한 전면적인 부정에서 출발한 사회주의적 계획경제질서는 이른바 '인간에 의한 인간의 경제적 착취의 배제와 전체 인민의 복리와 수요의 충족'을 그 이념으로 표방하였다. 특징으로 ① 생산수단의 사회화, ② 사유재산제의 부인, ③ 직업선택의 자유의 부정, ④ 이윤추구의 불인정, ⑤ 전면적인 계획경제, ⑥ 공동생산·공동분배 등을 들 수 있다.

3. 사회적 시장경제질서(혼합경제질서) – 사회국가

(1) 의의

① **개념**: 사회적 시장경제질서란 사유재산제의 보장과 자유경쟁을 기본원리로 하는 시장경제질서를 근간으로 하되, 사회복지·사회정의·경제민주화 등을 실현하기 위하여 부분적으로 사회주의적 계획경제(통제경제)를 가미한 경제질서를 의미한다.

② **등장배경**: 자본주의경제의 모순과 폐해로 인한 입헌주의에 대한 위협을 극복할 방안으로 등장하였다.

(2) 특징

① **사유재산제 보장**: 사유재산제는 경제적 자유의 기초이자 자본주의적 경제질서의 기본이다. 국가에 의한 경제 독점은 자유의 절멸을 의미하는바, 사유재산제는 경제적 자유와 더불어 민주국가에서 불가결의 경제원칙이 된다.

② **자유경쟁을 원칙으로 하는 시장경제질서의 유지**: 경제질서로서의 시장경제는 화폐수단에 의하여 가격이 형성되고, 자유경쟁에 의하여 생산·고용·분배가 결정되는 경제구조를 의미한다.

③ **사회정의(또는 경제민주화)의 지향**: 경제영역에서의 사회정의는 사회적 시장경제질서를 위한 가치기준을 의미하지만, 그것은 공정한 거래, 독과점의 배제, 재화의 공정한 배분, 사회적 수요에 상응하는 생산, 저소득층의 이익을 위한 국가의 적극적인 분배정책 등을 그 내용으로 한다. 이들 내용이 구체적으로 실현되기 위해서는 사회정책적 조세제도의 실시, 사회보장제의 강화, 적정임금제와 최저임금제의 도입, 완전고용의 실시 등이 이루어져야 한다.

(3) 한계

사회적 시장경제질서도 의회제 민주주의의 원리, 법치국가의 원리, 균형 있는 경제발전의 원리 등 민주국가적 헌법원리에 위반되지 않아야 한다.

III. 한국헌법과 경제질서 - 사회적 시장경제질서

헌법 제119조 ① 대한민국의 경제질서는 개인과 기업의 경제상의 자유와 창의를 존중함을 기본으로 한다.
② 국가는 균형 있는 국민경제의 성장 및 안정과 적정한 소득의 분배를 유지하고, **시장의 지배와 경제력의 남용을 방지**하며, 경제주체간의 조화를 통한 **경제의 민주화**를 위하여 경제에 관한 규제와 조정을 할 수 있다.

제120조 ① **광물** 기타 중요한 **지하자원·수산자원·수력**과 경제상 이용할 수 있는 자연력은 **법률이 정하는 바**에 의하여 일정한 기간 그 채취·개발 또는 이용을 **특허**할 수 있다.
② 국토와 자원은 국가의 보호를 받으며, 국가는 그 균형 있는 개발과 이용을 위하여 필요한 계획을 수립한다.

제121조 ① 국가는 농지에 관하여 **경자유전의 원칙**이 달성될 수 있도록 노력하여야 하며, **농지의 소작제도는 금지**된다. 02·12. 법무사, 10. 국가직
② 농업생산성의 제고와 농지의 합리적인 이용을 위하거나 불가피한 사정으로 발생하는 **농지의 임대차와 위탁경영은 법률이 정하는 바에 의하여 인정**된다. 02. 법무사, 03. 법행, 07·10. 국가직

제122조 국가는 국민 모두의 생산 및 생활의 기반이 되는 국토의 효율적이고 균형 있는 이용·개발과 보전을 위하여 법률이 정하는 바에 의하여 그에 관한 필요한 제한과 의무를 과할 수 있다.

제123조 ① 국가는 **농업 및 어업**을 보호·육성하기 위하여 농·어촌종합개발과 그 지원 등 필요한 계획을 수립·시행하여야 한다.
② 국가는 지역간의 균형 있는 발전을 위하여 **지역경제를 육성할 의무**를 진다.
③ 국가는 **중소기업**을 보호·육성하여야 한다.
④ 국가는 농수산물의 수급균형과 유통구조의 개선에 노력하여 가격안정을 도모함으로써 농·어민의 이익을 보호한다.
⑤ 국가는 농·어민과 중소기업의 자조조직을 육성하여야 하며, 그 자율적 활동과 발전을 보장한다.

제124조 국가는 건전한 소비행위를 계도하고 생산품의 품질향상을 촉구하기 위한 **소비자보호운동**을 법률이 정하는 바에 의하여 보장한다. 07. 국가직, 08. 법원직

제125조 국가는 대외무역을 육성하며, 이를 규제·조정할 수 있다.

제126조 국방상 또는 국민경제상 긴절한 필요로 인하여 법률이 정하는 경우를 제외하고는 사영기업을 국유 또는 공유로 이전하거나 그 경영을 통제 또는 관리할 수 없다. 02. 법무사, 03. 법행, 10. 국가직

제127조 ① 국가는 과학기술의 혁신과 정보 및 인력의 개발을 통하여 국민경제의 발전에 노력하여야 한다.
② 국가는 국가표준제도를 확립한다.
③ 대통령은 제1항의 목적을 달성하기 위하여 **필요한 자문기구**를 둘 수 있다.

기출 OX

01 국가는 균형 있는 국민경제의 성장 및 안정과 적정한 소득의 분배를 유지하고, 시장의 지배와 경제력의 남용을 방지하며, 경제주체간의 조화를 통한 경제의 민주화를 위하여 경제에 관한 규제와 조정을 할 수 있다. 19. 경찰승진 ( )

02 수력(水力)은 법률이 정하는 바에 의하여 일정한 기간 그 이용을 특허할 수 있다. 20. 경찰승진 ( )

03 국방상 또는 국민경제상 긴절한 필요로 인하여 법률이 정하는 경우를 제외하고는, 사영기업을 국유 또는 공유로 이전하거나 그 경영을 통제 또는 관리할 수 없다. 17·19. 경찰승진 ( )

✎ **경제조항에 명문화되지 않은 것**
- 중앙은행(한국은행)의 자율성보장 03. 법행, 07. 법원직, 09. 사시
- 공정거래의 보장과 독과점에 대한 규제 및 조정 05. 법행, 06. 법무사, 09. 사시
- 환경보호운동의 보장 09. 사시
- 토지생산성 제고 09. 사시

정답 01 ○ 02 ○ 03 ○

1. 사회적 시장경제질서

우리나라 헌법상 경제질서는 사유재산제를 바탕으로 하고 자유경쟁을 존중하는 자유시장경제질서를 기본으로 하면서도 이에 수반되는 갖가지 모순을 제거하고 사회복지·사회정의를 실현하기 위하여 국가적 규제와 조정을 용인하는 **사회적 시장경제질서로서의 성격**을 띠고 있다(헌재 1996.4.25, 92헌바47). 18. 법원직

2. 한계

(1) 사적 자치의 기본 유지
국가가 경제에 대한 규제와 조정을 함에 있어서는 화폐경제, 자유경쟁, 계약의 자유 등 자유시장경제질서의 근간을 이루는 사적 자치의 기본은 유지하여야 한다.

(2) 법치국가적 원리 준수
경제에 관한 규제와 조정은 법치국가적 원리에 따라 행해져야 한다. 헌법재판소 역시 이러한 관점에서 "입법부라고 할지라도 수권의 범위를 넘어 자의적인 입법은 할 수 없으며, 사유재산권의 본질적인 내용을 침해하는 입법을 할 수 없음은 물론이다."라고 하였다(헌재 1989.12.22, 88헌가13).

(3) 재산권제한의 비례성과 본질적 내용 침해금지
개인의 재산권을 침해할 경우에는 사회적 이익과 조화를 이룰 수 있도록 필요한 한도 내에서 하여야 하고 그 본질적 내용은 침해하지 않아야 하며, 그에 대한 보상을 전제로 하여야 한다. 정치적 이유에 의한 몰수나 담세능력을 무시한 조세의 부과 등은 허용되지 않는다.

(4) 전면적 사회화금지
자본주의의 테두리 안에서 규제와 조정을 행하는 경제계획은 무방하지만, 전면적인 국가관리경제를 의미하는 사회주의적 계획경제 내지 전면적 사회화는 허용되지 아니한다.

판례 Ⅰ

1 헌법 제119조 제1항의 의미
헌법 제119조 제1항은 대한민국의 경제질서는 개인과 기업의 경제상의 자유와 창의를 존중함을 기본으로 한다고 하여 시장경제의 원리에 입각한 경제체제임을 천명하였는바, 국가의 공권력은 특단의 사정이 없는 한 이에 대한 불개입을 원칙으로 한다는 뜻이다. 나아가 헌법 제126조는 국방상 또는 국민경제상 긴절한 필요로 인하여 법률이 정하는 경우를 제외하고는 사영기업을 국유 또는 공유로 이전하거나 그 경영을 통제 또는 관리할 수 없다고 규정하여 사영기업의 경영권에 대한 불간섭의 원칙을 보다 구체적으로 밝히고 있다(헌재 1993.7.29, 89헌마31).

2 헌법 제119조 제2항에 규정된 '경제주체간의 조화를 통한 경제민주화'의 의미 06·11. 사시, 12. 법행, 13·14. 국가직, 19. 지방직
우리 헌법은 헌법 제119조 이하의 경제에 관한 장에서 '균형 있는 국민경제의 성장과 안정, 적정한 소득의 분배, 시장의 지배와 경제력 남용의 방지, 경제주체간의 조화를 통한 경제의 민주화, 균형 있는 지역경제의 육성, 중소기업의 보호육성, 소비자보호 등'의 경제영역에서의 국가목표를 명시적으로 언급함으로써 국가가 경제정책을 통하여

기출 OX

04 우리 헌법의 경제질서는 사유재산제를 바탕으로 하고 자유경쟁을 존중하는 자유시장경제질서를 기본으로 하면서도 이에 수반되는 갖가지 모순을 제거하고 사회복지·사회정의를 실현하기 위하여 국가적 규제와 조정을 용인하는 사회적 시장경제질서로서의 성격을 띠고 있다. 19. 경찰경채 ( )

05 헌법 제119조 이하의 경제에 관한 장은 경제영역에서의 국가목표를 명시적으로 규정함으로써 국가가 경제정책을 통하여 달성하여야 할 '공익'을 구체화하는 동시에 헌법 제37조 제2항에 규정된 '공공복리'를 구체화하고 있다. 19. 경찰경채 ( )

06 헌법 제119조 제2항에 규정된 '경제주체간의 조화를 통한 경제민주화'의 이념은 경제영역에서 정의로운 사회질서를 형성하기 위하여 추구할 수 있는 국가목표로서 개인의 기본권을 제한하는 국가행위를 정당화하는 헌법규범이다. 17. 경찰승진 ( )

정답 04 ○ 05 ○ 06 ○

기출 OX

01 헌법 제119조 제1항은 사유재산제도와 사적 자치의 원칙을 기초로 하는 자유시장경제질서를 기본으로 하고 있다. 19. 경찰승진 ( )

달성하여야 할 '공익'을 구체화하고, 동시에 헌법 제37조 제2항의 기본권제한을 위한 법률유보에서의 '공공복리'를 구체화하고 있다. 따라서 **헌법 제119조 제2항에 규정된 '경제주체간의 조화를 통한 경제민주화'의 이념도 경제영역에서 정의로운 사회질서를 형성하기 위하여 추구할 수 있는 국가목표로서 개인의 기본권을 제한하는 국가행위를 정당화하는 헌법규범이다**(헌재 2003.11.27, 2001헌바35).

3 경제영역에 대한 국가적 개입의 한계 - 보충성의 원칙

헌법 제23조 제1항, 제119조 제1항에서 추구하고 있는 경제질서는 개인과 기업의 경제상의 자유와 창의를 최대한 존중·보장하는 자본주의에 바탕을 둔 시장경제질서이므로, 국가적인 규제와 통제를 가하는 것도 보충의 원칙에 입각하여 어디까지나 자본주의 내지 시장경제질서의 기초라고 할 수 있는 사유재산제도와 아울러 경제행위에 대한 사적 자치의 원칙이 존중되는 범위 내에서만 허용될 뿐이다. … 사유재산제도의 전면적인 부정, 재산권의 무상몰수, 소급입법에 의한 재산권박탈 등이 본질적인 침해가 된다는 데 대하여서는 이론의 여지가 없다. 나아가 입법부라고 할지라도 수권의 범위를 넘어 자의적인 입법은 할 수 없으며, 사유재산권의 본질적인 내용을 침해하는 입법을 할 수 없음은 물론이다(헌재 1989.12.22, 88헌가13).

4 신문판매업자에게 유료신문대금의 20%를 초과하는 무가지와 경품류의 제공행위를 금지하는 것이 헌법 제119조 제1항에 정한 자유경제질서에 위배되는지 여부: 소극 [기각] 03. 법행

이 사건 조항에 의하여 침해되는 사익은 신문판매업자가 발행업자로부터 공급받은 신문을 무가지로 활용하고 구독자들에게 경품을 제공하는 데 있어서 누리는 사업활동의 자유와 재산권행사의 자유라고 할 수 있는 반면, 동 조항에 의하여 보호하고자 하는 공익은 경제적으로 우월적 지위를 가진 신문발행업자를 배경으로 한 신문판매업자가 무가지와 경품 등 살포를 통하여 경쟁상대 신문의 구독자들을 탈취하고자 하는 신문업계의 과당경쟁상황을 완화시키고 신문판매·구독시장의 경쟁질서를 정상화하여 민주사회에서 신속·정확한 정보제공과 올바른 여론형성을 주도하여야 하는 신문의 공적 기능을 유지하고자 하는 데 있는바, 이러한 공익과 사익을 서로 비교할 때 신문판매업자가 거래상대방에게 제공할 수 있는 무가지와 경품의 범위를 유료신문대금의 20% 이하로 제한하고 있는 이 사건 조항은 그 보호하고자 하는 공익이 침해하는 사익에 비하여 크다고 판단되므로 동 조항은 양쪽의 법익교량의 측면에서도 균형을 도모하고 있다고 할 것이어서 결국 과잉금지의 원칙에 위배되지 아니하며, 헌법 제119조 제1항을 포함한 우리 헌법의 경제질서조항에도 위반되지 아니한다(헌재 2002.7.18, 2001헌마605).

5 국산영화를 연간상영일수의 5분의 2 이상 의무상영하도록 하는 국산영화의무상영제가 헌법상 경제질서에 위배되는지 여부: 소극 [기각] 05. 사시

헌법 제119조 제2항 규정이 대한민국의 경제질서가 개인과 기업의 창의를 존중함을 기본으로 하고 있으나, 그것이 자유방임적 시장경제질서를 의미하는 것이 아님은 물론이다. 따라서 입법권자가 외국영화에 의한 국내 영화시장의 독점이 초래되는 것을 방지하고 균형 있는 영화산업의 발전을 위하여 국산영화의무상영제를 둔 것이므로, 이를 들어 우리 헌법의 경제질서에 반한다고는 볼 수 없다(헌재 1995.7.21, 94헌마125).

정답 01 ○

6 자동차운행으로 말미암아 다른 사람을 사망하게 하거나 부상하게 한 때에 자동차운행자에게 무과실책임을 지우는 자동차손해배상 보장법규정이 우리 헌법 제119조 제1항의 자유시장경제질서에 위배되는지 여부: 소극 [합헌] 10. 지방직·국회직

자동차사고의 경우에는 일반 불법행위와는 달리 가해자의 책임문제보다는 피해자에게 어떤 방식으로 공평·타당한 보상을 할 것인가가 법률적으로 중요한 과제이다. … 우리 민법은 헌법 제119조 제1항의 자유시장경제질서에서 파생된 과실책임의 원칙을 일반 불법행위에 관한 기본원리로 삼고 있다. 그런데 현대 산업사회에서는 고속교통수단, 광업 및 원자력산업 등의 위험원이 발달하고 산업재해 및 환경오염으로 인한 피해가 증가함에 따라, 헌법이념의 하나인 사회국가원리의 실현을 위하여 과실책임의 원리를 수정하여 위험원을 지배하는 자로 하여금 그 위험이 현실화된 경우의 손해를 부담하게 하는 위험책임의 원리가 필요하게 되었다. 따라서 위험책임의 원리에 기하여 무과실책임을 지운 것만으로 헌법 제119조 제1항의 자유시장경제질서에 위반된다고 할 수 없다(헌재 1998.5.28, 96헌가4 등).

7 적정한 소득분배를 위해 소득에 대하여 누진세율에 따른 종합과세를 할 의무가 있는지 여부: 소극 [기각] 12. 국가직

헌법 제119조 제2항은 국가가 경제영역에서 실현하여야 할 목표의 하나로서 '적정한 소득의 분배'를 들고 있지만, 이로부터 반드시 소득에 대하여 누진세율에 따른 종합과세를 시행하여야 할 구체적인 헌법적 의무가 조세입법자에게 부과되는 것이라고 할 수 없다. 오히려 입법자는 사회·경제정책을 시행함에 있어서 소득의 재분배라는 관점만이 아니라 서로 경쟁하고 충돌하는 여러 목표, 예컨대 균형 있는 국민경제의 성장 및 안정, '고용의 안정' 등을 함께 고려하여 서로 조화시키려고 시도하여야 하고, 끊임없이 변화하는 사회·경제상황에 적응하기 위하여 정책의 우선순위를 정할 수도 있다. 그러므로 '적정한 소득의 분배'를 무조건적으로 실현할 것을 요구한다거나 정책적으로 항상 최우선적인 배려를 하도록 요구하는 것은 아니라 할 것이다(헌재 1999.11.25, 98헌마55).

8 자도소주구입명령제도가 위헌인지 여부: 적극 [위헌] 04. 법무사, 06. 법행

구입명령제도는 소주판매업자의 직업의 자유는 물론 소주제조업자의 경쟁 및 기업의 자유, 즉 직업의 자유와 소비자의 행복추구권에서 파생된 자기결정권을 지나치게 침해하는 위헌적인 규정이다. 소주시장과 다른 상품시장, 소주판매업자와 다른 상품의 판매업자, 중소소주제조업자와 다른 상품의 중소제조업자 사이의 차별을 정당화할 수 있는 합리적인 이유를 찾아볼 수 없으므로 이 사건 법률조항은 평등원칙에도 위반된다. 지방소주제조업자는 신뢰보호를 근거로 하여 구입명령제도의 합헌성을 주장할 수는 없다 할 것이고, 다만 개인의 신뢰는 적절한 경과규정을 통하여 고려되기를 요구할 수 있는 데 지나지 않는다(헌재 1996.12.26, 96헌가18).

9 탁주의 공급구역제한제도가 위헌인지 여부: 소극 [합헌]

탁주의 공급구역제한제도에 의한 탁주제조업자와 다른 상품 제조업자간의 차별은 탁주의 특성 및 중소기업을 보호하고 지역경제를 육성한다는 헌법상의 경제목표를 고려한 합리적 차별로서 평등원칙에 위반되지 아니하고, 탁주의 공급구역제한제도로 인하여 부득이 다소간의 소비자선택권의 제한이 발생한다고 하더라도 이를 두고 행복추구권에서 파생되는 소비자의 자기결정권을 정당한 이유 없이 제한하고 있다고 볼 수 없다(헌재 1999.7.22, 98헌가5).

기출 OX

02 자유시장경제질서를 기본으로 하면서도 사회국가원리를 수용하고 있는 우리 헌법의 이념에 비추어 볼 때, 일반 불법행위책임에 관하여 과실책임의 원리를 기본원칙으로 하면서도 일정한 영역의 특수한 불법행위책임에 관하여 위험책임의 원리를 수용하는 것은 헌법에 의해 직접적으로 부과되는 명령이므로, 입법자의 재량에 속한다고 볼 수 없다. 17. 경찰승진 ( )

03 헌법 제119조 제2항은 국가가 경제영역에서 실현하여야 할 목표의 하나로서 '적정한 소득의 분배'를 들고 있지만, 이로부터 반드시 소득에 대하여 누진세율에 따른 종합과세를 시행하여야 할 구체적인 헌법적 의무가 조세입법자에게 부과되는 것이라고 할 수 없다. 08. 법행 ( )

04 소주판매업자에게 자도소주구입을 강제하는 자도소주구입명령제도는 독과점을 방지하고, 중소기업을 보호한다는 공익적 목적달성을 위한 적합한 수단이므로 소주판매업자의 직업의 자유를 침해하지 않는다. 19. 5급 공채 ( )

05 헌법재판소는 이른바 '자도소주구입명령제도'에 관하여는 소주판매업자의 직업의 자유를 침해하였다는 등의 이유로 위헌결정을 내렸으나, 탁주(막걸리)의 공급구역제한제도에 관하여는 국민보건·탁주제조업체 과당경쟁 방지 등의 측면에서 위헌이라고 볼 수 없다고 하였다. 14. 법무사 ( )

✎ • 자도소주구입명령제도 ⇨ 위헌
• 탁주의 공급구역제한제도 ⇨ 합헌

정답 02 ✕ 03 ○ 04 ✕ 05 ○

기출 OX

01 공정거래위원회로 하여금 부당내부거래를 한 사업자에 대하여 형사처벌과 아울러 그 매출액의 2% 범위 내에서 과징금을 부과할 수 있도록 한 경우 이중처벌금지의 원칙에 위반된다. 04. 법무사 ( )

10 공정거래위원회로 하여금 부당내부거래를 한 사업자에 대하여 그 매출액의 2% 범위 내에서 과징금을 부과할 수 있도록 한 독점규제 및 공정거래에 관한 법률 제24조의2가 비례성원칙에 위반되어 위헌인지 여부: **소극 [합헌]** 04. 법무사

부당지원을 한 사업자의 매출액을 기준으로 하여 그 2% 범위 내에서 과징금을 책정하도록 한 것은 부당내부거래에 있어 적극적·주도적 역할을 하는 자본력이 강한 대기업에 대하여도 충분한 제재 및 억지의 효과를 발휘하도록 하기 위한 것인데, 현행 공정거래법의 전체 체계에 의하면 부당지원행위가 있다고 하여 일률적으로 매출액의 100분의 2까지 과징금을 부과할 수 있는 것이 아니어서 실제 부과되는 과징금액은 매출액의 100분의 2를 훨씬 하회하는 수준에 머무르고 있는바, 그렇다면 부당내부거래의 실효성 있는 규제를 위하여 형사처벌의 가능성과 병존하여 과징금규정을 둔 것 자체나, 지원기업의 매출액을 과징금의 상한기준으로 삼은 것을 두고 비례성원칙에 반하여 과잉제재를 하는 것이라 할 수 없다(헌재 2003.7.24, 2001헌가25).

11 부동산중개수수료를 법정수수료를 초과하여 수령하면 행정상의 제재와 형사처벌을 가하는 것이 헌법상 경제질서에 위배되는지 여부: **소극 [기각]** 05. 국가직

대한민국의 경제질서가 개인과 기업의 창의를 존중함을 기본으로 하고 있으나, 그것이 자유방임적 시장경제질서를 의미하는 것이 아님은 물론이다. 따라서 입법자가 부동산수수료를 중개인과 중개의뢰인 사이의 계약에 맡기게 될 경우에는 부동산시장에의 접근이 가진 자에 의하여 독점되는 등 부동산 거래질서가 왜곡될 우려가 있다는 판단에서 이를 방지하고 공정한 부동산거래질서를 확립하기 위하여 법정수수료제도를 두고 있는 것이므로 이를 들어 우리 헌법의 경제질서에 반한다고는 볼 수 없다(헌재 2002.6.27, 2000헌마642 등).

12 국민연금제도가 사회적 시장경제질서에 위배되는지 여부: **소극 [기각]** 03. 법무사, 06. 입시, 13. 국가직

강제저축 프로그램으로서의 국민연금제도는 상호부조의 원리에 입각한 사회연대성에 기초하여 고소득층에서 저소득층으로, 근로세대에서 노년세대로, 현재세대에서 다음세대로 국민간에 소득재분배의 기능을 함으로써 오히려 사회적 시장경제질서에 부합하는 제도라 할 것이다(헌재 2001.2.22, 99헌마365).

13 상속으로 농지를 취득하여 소유하는 경우 자기의 농업경영에 이용하지 아니할지라도 농지를 소유할 수 있는지 여부: **적극 [합헌]**

농업경영에 이용하지 않는 자의 농지소유를 원칙적으로 금지하면서 이 사건 법률조항에 규정된 경우에 한하여 제한적으로 그 예외를 인정하는 것은 헌법상 경자유전의 원칙 및 농지보전의 중요성을 고려하여 이를 효과적으로 달성하고자 하는 입법자의 판단에 따른 것이므로 적절한 수단에 해당한다(헌재 2013.6.27, 2011헌바278).

14 재무부장관이 국제그룹의 주거래은행장에게 국제그룹해체준비착수와 언론발표를 지시하고, 제일은행장이 제3자 인수방식으로 국제그룹을 해체시킨 것이 우리 헌법상 경제질서에 위배되는지 여부: **적극 [위헌확인]**

헌법 제119조 제1항은 대한민국의 경제질서는 개인과 기업의 경제상 자유와 창의를 존중함을 기본으로 한다고 하여 시장경제의 원리에 입각한 경제체제임을 천명하였는바, … 어디까지나 채권자 내지 담보권자인 은행과 채무자인 사영기업간의 채권채무관계이므로 당사자들이 그 책임과 권한하에 알아서 자율적으로 처리할 일이며,

정답 01 ×

은행의 자율적 처리과정에서 공권력의 의견제시는 별론이며, 그렇지 않고 법치국가적 절차에 따르지 않는 공권력의 발동개입은 기업의 경제상의 자유와 창의의 존중을 기본으로 하는 헌법 제119조 제1항의 규정과는 합치될 수 없는 것이다(헌재 1993. 7.29, 89헌마31).

15 주식회사의 임원·직원 또는 주요주주 등 이른바 '내부자'가 내부정보를 이용하여 자기회사의 주식을 거래하는 이른바 '내부자거래'를 처벌하는 것이 헌법상의 경제질서에 위반되는지 여부: 소극

내부자거래규제의 취지는 증권매매에 있어 정보 면에서의 평등성, 즉 공정한 입장에서 자유로운 경쟁에 의하여 공정한 거래를 하게 함으로써 증권시장의 거래에 참여하는 자로 하여금 가능한 동등한 입장과 동일한 가능성 위에서 증권거래를 할 수 있도록 투자자를 보호하고 증권시장의 공정성을 확립하여 투자자에게 그 신뢰감을 가지게 하려는 데에 있는 것이다(헌재 1997.3.27, 94헌바24).

16 자경농지의 양도소득세 면제대상자를 '농지소재지에 거주하는 거주자'로 제한하는 것이 경자유전의 원칙에 위배되는지 여부: 소극

위 규정의 입법목적이 외지인의 농지투기를 방지하고 조세부담을 덜어주어 농업·농촌을 활성화하는 데 있음을 고려하면 위 규정은 경자유전의 원칙을 실현하기 위한 것으로 볼 것이지 경자유전의 원칙에 위배된다고 볼 것은 아니라 할 것이다(헌재 2003.11.27, 2003헌바2).

기출 OX

02 자경농지의 양도소득세 면제대상자를 '농지소재지에 거주하는 거주자로 제한하는 것은 외지인의 농지투기를 방지하고 조세부담을 덜어주어 농업과 농촌을 활성화하기 위한 것이므로 경자유전의 원칙에 위배되지 않는다.
15. 국가직 ( )

03 국제질서

I. 국제평화주의

1. 유형

(1) 군비의 포기와 제한
① Bonn 기본법: 제26조 제2항에서 "전쟁수행용으로 지정된 무기는 연방정부의 허가를 얻어야만 제조·수송·거래될 수 있다."라고 규정한다.
② 일본국헌법: 제9조에서 침략적 전쟁뿐만 아니라 자위나 제재를 위한 전쟁까지도 포함하는 일체의 전쟁을 포기함은 물론 군비 자체를 금지한다.

(2) 영세중립의 선언
스위스, 오스트리아

(3) 평화교란행위의 처벌 또는 국제기구에 이양(주권의 제약)
Bonn 기본법

(4) 양심적 반전권(反戰權)의 인정
Bonn 기본법, 1963년 네덜란드 헌법, 1946년 브라질 헌법

정답 02 ○

2. 현행헌법의 규정

> **헌법전문** … 항구적인 세계평화와 인류공영에 이바지함으로써 …
>
> **제4조** 대한민국은 통일을 지향하며, **자유**민주적 기본질서에 입각한 평화적 통일정책을 수립하고 이를 추진한다.
>
> **제5조** ① 대한민국은 국제평화의 유지에 노력하고 침략적 전쟁을 부인한다.
> ② 국군은 국가의 안전보장과 국토방위의 신성한 의무를 수행함을 사명으로 하며, 그 정치적 중립성은 준수된다.
>
> **제6조** ① 헌법에 의하여 체결·공포된 조약과 일반적으로 승인된 국제법규는 국내법과 같은 효력을 가진다.
> ② 외국인은 국제법과 조약이 정하는 바에 의하여 그 지위가 보장된다.

(1) 국제평화주의 표방

헌법전문과 제5조 제1항에서는 국제평화주의를 표방하고 있다.

(2) 침략적 전쟁 부인

우리 헌법은 일체의 전쟁을 금지하는 것이 아니라 정전(正戰)이론에 입각하여 침략적 전쟁만을 부인하고 방위전쟁 내지 자위전쟁은 허용하고 있다(헌법 제5조 제1항). 따라서 국군의 해외파병과 외국군대의 국내 주류가 집단적 자위권에 의거한 것이고 그것이 국회의 승인을 얻을 경우에는 허용된다. 헌법 제5조 제2항의 '국군의 사명'도 자위전쟁에 국한되는 것이다.

(3) 조국의 평화적 통일 지향

헌법 제66조 제3항, 제69조, 제92조 등에서 평화적 수단에 의한 조국의 통일을 국가적 과제로 천명하고 있다. 특히 헌법 제4조는 평화적이고 민주적인 통일정책의 수립과 추진의무를 부과하고 있다.

> **판례 | 대통령 및 국회의 이라크파병결정이 사법심사의 대상인지 여부: 소극 [각하]**
> 05. 사시, 09. 법행
>
> 이 사건과 같은 파견결정이 헌법에 위반되는지 여부, 즉 세계평화와 인류공영에 이바지하는 것인지 여부, 국가안보에 보탬이 됨으로써 궁극적으로는 국민과 국익에 이로운 것이 될 것인지 여부 및 이른바 이라크전쟁이 국제규범에 어긋나는 침략전쟁인지 여부 등에 대한 판단은 대의기관인 대통령과 국회의 몫이고, 성질상 한정된 자료만을 가지고 있는 우리 재판소가 판단하는 것은 바람직하지 않다고 할 것이며, … 이 사건 파견결정은 그 성격상 국방 및 외교에 관련된 고도의 정치적 결단을 요하는 문제로서 헌법과 법률이 정한 절차를 지켜 이루어진 것임이 명백하므로, 대통령과 국회의 판단은 존중되어야 하고 우리 재판소가 사법적 기준만으로 이를 심판하는 것은 자제되어야 한다(헌재 2004.4.29, 2003헌마814).

기출 OX

01 헌법에 의하여 체결·공포된 조약과 일반적으로 승인된 국제법규는 국내법과 동일한 효력을 가진다. 07. 법무사
( )

02 대한민국은 침략적 전쟁을 부인한다. 07. 법무사 ( )

✎ • 우리 헌법은 모든 전쟁을 부인한다. (×)
• 침략적 전쟁을 부인한다. (○)

03 헌법재판소는 외국에의 국군의 파견결정과 같이 성격상 외교 및 국방에 관련된 고도의 정치적 결단이 요구되는 대통령의 결정에 대해서 사법심사의 대상성을 부정하였다. 13. 지방직
( )

정답 01 ○ 02 ○ 03 ○

Ⅱ. 국제법규의 존중과 외국인의 법적 지위 보장

1. 국제법규의 존중

(1) 국제법과 국내법의 관계

① **이원론**: 국제법과 국내법이 별개의 법체계에 속한다고 보는 이원론은 국제법은 국제관계에서만 효력을 미치고 국내법은 국내에서만 효력을 미치므로 양자는 서로간에 아무런 영향을 미치지 않는다고 한다. 이원론에 따르면 국제법이 국내적으로 효력을 발생하기 위하여는 원칙적으로 이를 국내법으로 전환시킬 것이 요청된다.

② **일원론**: 국제법과 국내법의 관계에 대하여 양자가 동일한 법체계에 속한다고 보는 일원론에서도 국제법과 국내법 중 어느 것이 우선하는지에 대하여 견해가 대립하고 있다.
  - ㉠ **국제법우위론(켈젠)**: 국내법을 국제법에 의하여 위임된 부분질서라 본다.
  - ㉡ **국내법우위론(옐리네크)**: 국제법은 국내헌법보다 하위에 있으므로, 국내헌법이 국제법의 구속력을 인정하는 경우에만 국제법은 효력을 가지게 된다는 견해이다.

③ **우리 헌법의 해석론**: 우리 헌법학계에서는 국제법·국내법일원론과 헌법우위론이 다수설이다.

(2) 일반적으로 승인된 국제법규의 존중

① **의의**
  - ㉠ **개념**: '일반적으로 승인된 국제법규'란 국제사회의 보편적 규범으로서 세계 대다수 국가가 승인하고 있는 법규를 말한다.
  - ㉡ **유형**

성문의 국제법규	해당되는 것 07. 법무사	• 부전조약 • UN헌장의 일부 • 집단학살(Genocide)금지협정 • 포로에 관한 제네바협정
	해당되지 않는 것	• 국제연합인권선언(헌재 1991.7.22, 89헌가106) • 강제노동의 폐지에 관한 국제노동기구(ILO)의 제105호 조약(헌재 1998.7.16, 97헌바23) 04. 법행, 05. 행시, 08. 국가직, 10. 경찰승진
일반적으로 승인된 국제관습법		• 포로의 살해금지와 그 인도적 처우에 관한 전시국제법상의 기본원칙 • 외교관의 대우에 관한 국제법상의 원칙 • 정치범불인도의 원칙(대판 1984.5.22, 84도39) • 국내문제불간섭의 원칙 • 민족자결의 원칙 • 조약준수의 원칙

② 효력
  ⊙ **법률동위설(다수설)**: 일반적으로 승인된 국제법규는 조약과 마찬가지로 법률과 같은 효력을 가진다고 보는 견해이다. 법률과 국제법규가 충돌할 경우에는 국내법률 상호간의 경우처럼 신법우선의 원칙과 특별법우선의 원칙에 의하여 해결된다고 한다.
  ⓒ **헌법재판소**: 헌법재판소는 "강제노동의 폐지에 관한 국제노동기구(ILO)의 제105호 조약은 우리나라가 비준한 바가 없고, 헌법 제6조 제1항에서 말하는 일반적으로 승인된 국제법규로서 헌법적 효력을 가지는 것이라고 볼 만한 근거도 없으므로 이 사건 심판대상규정의 위헌성심사의 척도가 될 수 없다."라고 판시한 바 있다(헌재 1998.7.16, 97헌바23).
③ **사법적 심사**: 국제법규가 헌법에 저촉되는지가 재판의 전제가 되는 경우 법관은 1차적으로 그 법규가 일반적으로 승인된 국제법규인지를 조사하고, 다음으로 헌법에의 저촉 여부를 심사하여야 한다.

(3) 조약의 준수
① **조약의 의의**: '조약'이란 협약·협정·의정서·규약·선언·조약 등 그 명칭 여하를 불문하고, 국가·국제기구 등 국제법 주체 사이에 권리의무관계를 창출하기 위하여 서면형식으로 체결되고 국제법에 의하여 규율되는 합의(헌재 2008.3.27, 2006헌라4)를 말한다. 조약의 체결·비준은 대통령의 권한이고, 그에 대한 동의는 국회의 권한이며, 그 위헌 여부에 대한 심사는 사법부의 권한이다. 헌법재판소는 한미주둔군지위협정(헌재 1999.4.29, 97헌가14), 한일어업협정(헌재 2001.3.21, 99헌마139), 마라케쉬협정(헌재 1998.11.26, 97헌바65)을 조약이라고 판시하였다.

기출 OX

01 한미주둔군지위협정(SOFA)은 비록 그 내용이 국민에게 재정적 부담을 지우는 입법사항을 포함하고 있다 하더라도, 그 명칭이 협정으로 되어 있어 국회의 관여 없이 체결되는 행정협정에 해당한다. 11. 법원직 ( )

02 외교통상부장관이 2006.1.19. 미합중국 국무장관과 발표한 '동맹 동반자 관계를 위한 전략대화 출범에 관한 공동성명'은 국회의 동의가 필요 없는 조약이다. 17. 경찰승진 ( )

정답 01 × 02 ×

⊕ PLUS 한미주둔군지위협정

한미주둔군지위협정(한미 SOFA협정)은 미국 측에서는 상원의 동의를 요하지 아니하는 행정협정에 해당하지만, 우리나라에서는 외국군대의 지위에 관한 것이고, 국가에 재정적 부담을 지우는 내용과 입법사항을 포함하고 있으므로 국회의 동의를 요하는 조약에 해당한다. 06. 입시, 11. 법원직, 12. 국회직·국가직

🏛 판례 I

1 대통령이 외교통상부장관에게 위임하여 미합중국 국무장관과 발표한 '동맹 동반자 관계를 위한 전략대화 출범에 관한 공동성명'이 조약에 해당하는지 여부: **소극 [각하]** 10. 법행, 14·17. 국가직, 15. 서울시

조약은 '국가·국제기구 등 국제법주체 사이에 권리의무관계를 창출하기 위하여 서면형식으로 체결되고 국제법에 의하여 규율되는 합의'인데, 이러한 조약의 체결·비준에 관하여 헌법은 대통령에게 전속적인 권한을 부여하면서(제73조), 조약을 체결·비준함에 앞서 국무회의의 심의를 거쳐야 하고(제89조 제3호), 특히 중요한 사항에 관한 조약의 체결·비준은 사전에 국회의 동의를 얻도록 하는 한편(제60조 제1항), 국회는 헌법 제60조 제1항에 규정된 일정한 조약에 대해서만 체결·비준에 대한 동의권을 가진다. **이 사건 공동성명은 한국과 미합중국이 상대방의 입장을 존중한다는 내용만 담고 있을 뿐, 구체적인 법적 권리·의무를 창설하는 내용을 전혀 포함하고 있지 아니하므로 조약에 해당된다고 볼 수 없다.** 그 내용이 헌법 제60조 제1항의 조약에 해당하는지 여부를 따질 필요도 없이 이 사건 공동성명에 대하여 국회가

동의권을 가진다거나 국회의원인 청구인이 심의·표결권을 가진다고 볼 수 없다(헌재 2008.3.27, 2006헌라4).

2 '대한민국 외교부장관과 일본국 외무대신이 2015.12.28. 공동발표한 일본군 위안부 피해자 문제 관련 합의 내용'(이하 '이 사건 합의'라 한다)이 조약인지 여부: **소극** **이 사건 합의의 내용상, 한·일 양국의 구체적인 권리·의무의 창설 여부가 불분명하다.** 이 사건 합의 중 일본 총리대신이 일본군 '위안부' 피해자에 대한 사죄와 반성의 마음을 표시하는 부분의 경우, 일본군 '위안부' 피해자의 권리구제를 목적으로 하는지 여부가 드러나지 않아 법적 의미를 확정하기 어렵고, 일본군 '위안부' 피해자의 피해 회복을 위한 법적 조치에 해당한다고 보기 어렵다. 일본군 '위안부' 피해자 지원을 위한 재단 설립과 일본 정부의 출연에 관한 부분은, '강구한다', '하기로 한다', '협력한다'와 같은 표현에서 드러나는 것처럼 구체적인 계획이나 의무 이행의 시기·방법, 불이행의 책임이 정해지지 않은 추상적·선언적 내용으로서, '해야 한다'라는 법적 의무를 지시하는 표현이 전혀 사용되지 않았다.
주한 일본 대사관 앞의 소녀상에 관한 대한민국 정부의 견해 표명 부분도, '일본 정부의 우려를 인지하고 관련 단체와의 협의 등을 통해 적절히 해결되도록 노력한다'고만 할 뿐, '적절한 해결'의 의미나 방법을 규정하지 않았으며, 해결시기 및 미이행에 따르는 책임도 정하고 있지 않으므로 **양국의 권리·의무를 구체화하고 있다고 볼 내용이 없다.** 그 밖에, 일본군 '위안부' 피해자 문제의 '최종적·불가역적 해결', '국제사회에서의 비난·비판 자제'에 관한 한·일 양국의 언급은, 근본적으로 일본군 '위안부' 피해자 문제가 과연 무엇인가에 대한 공통의 인식이 존재하지 않는다는 점 등에서 한·일 양국의 법적 관계 창설에 관한 의도가 명백히 존재하였다고 보기 어렵다(헌재 2019.12.27, 2016헌마253).
▶ 국제법적으로, 조약은 국제법 주체들이 일정한 법률효과를 발생시키기 위하여 체결한 국제법의 규율을 받는 국제적 합의를 말하며 서면에 의한 경우가 대부분이지만 예외적으로 구두합의도 조약의 성격을 가질 수 있다(헌재 2019.12.27, 2016헌마253).

② **조약의 체결·비준**: 조약의 체결·비준권은 대통령의 권한이다(헌법 제73조). '조약의 비준'이란 국가간에 체결된 조약안을 국가원수가 국제법상 유효함을 확인하는 행위를 말한다.

③ **국회의 동의**

> 헌법 제60조 ① 국회는 **상**호원조 또는 안전보장에 관한 조약, 중요한 국**제**조직에 관한 조약, **우**호통상 항해조약, **주**권의 제약에 관한 조약, **강**화조약, 국가나 국민에게 중대한 **재**정적 부담을 지우는 조약 또는 **입**법사항에 관한 조약의 체결·비준에 대한 동의권을 가진다. 11. 법행, 12. 국회직

㉠ **국회동의의 법적 성격**: 조약의 체결·비준에 대하여 국회가 동의권을 가지는 것이 각국의 일반적 경향이다. 국회의 동의는 조약에 관한 민주적 합의의 유도와 대통령의 전단을 방지하기 위한 민주적 통제를 그 목적으로 하며, 대통령의 비준을 정당화하고 조약의 국내법적 효력을 발생시켜주는 요건이 된다.

㉡ **국회의 동의를 요하는 조약의 범위**: 헌법 제60조 제1항은 조약을 체결·비준함에 있어 국회의 사전동의를 얻어야 할 조약의 범위를 규정하고 있다. 헌법 제60조 제1항이 열거조항인지 아니면 예시조항인지에 대하여는 견해가 대립하나 열거조항으로 보는 것이 다수설이다. 따라서 헌법 제60조 제1항에 열거되지 아니한 조약은 국회의 동의를 요하지 않는다.

:두문자
상·제(께서)·우·주(에)·강·재·(개)입

기출 OX
03 중요한 국제조직에 관한 조약, 우호통상항해조약의 체결 및 비준에 대해서는 국회가 동의권을 가진다. 17. 법무사 ( )
04 주권의 제약에 관한 조약은 체결할 수 없다. 18. 5급 공채 ( )
05 현행헌법은 모든 조약의 체결에 있어 국회의 동의를 얻어야 하는 것으로 규정하고 있지 않다. 05. 법행 ( )

정답 03 ○ 04 × 05 ○

한눈에 쏙!

헌법 및 하위 법규범의 체계

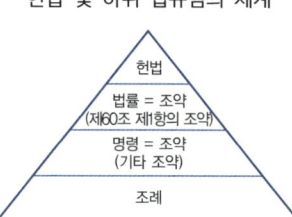

> **판례 | 국회가 헌법 제60조 제1항에 규정된 조약에 대해서만 동의권을 가지는지 여부: 적극 [각하]**
>
> 조약은 '국가·국제기구 등 국제법주체 사이에 권리의무관계를 창출하기 위하여 서면형식으로 체결되고 국제법에 의하여 규율되는 합의'인데, 이러한 조약의 체결·비준에 관하여 헌법은 대통령에게 전속적인 권한을 부여하면서(제73조), 조약을 체결·비준함에 앞서 국무회의의 심의를 거쳐야 하고(제89조 제3호), 특히 중요한 사항에 관한 조약의 체결·비준은 사전에 국회의 동의를 얻도록 하는 한편(제60조 제1항), **국회는 헌법 제60조 제1항에 규정된 일정한 조약에 대해서만 체결·비준에 대한 동의권을 가진다**(헌재 2008.3.27, 2006헌라4).

　　ⓒ 동의 시기: 조약의 체결에 대한 국회의 동의는 사전동의이어야 한다.
　　② 수정동의의 가부: 국회의 동의권 중에 조약의 수정권이 포함되는지에 관하여 ⓐ 국회는 조약에 대한 전면적인 불승인권을 가지기 때문에 부분적인 승인을 의미하는 수정도 가능하다는 수정긍정설이 있고(안용교), ⓑ 조약을 수정하는 것은 대통령의 조약체결권을 침해하는 것이고, 수정을 가하는 경우는 조약의 불승인 또는 신조약의 제의로 보아야 한다는 수정부정설이 있는데, 수정부정설이 다수설이다.
　　ⓔ 조약의 효력발생 시기: 조약의 국제법적 효력은 대통령의 비준에 의하여 발생한다. 그러나 국회의 동의를 요하는 조약인 경우 국내법적 효력은 국회의 동의가 있어야 한다(즉, 국회의 동의 없이 대통령이 체결·비준한 조약은 국제법상으로는 유효하지만 국내법상 효력은 발생하지 아니함).

④ **조약의 효력**
　　㉠ 유효하게 성립하고 공포된 조약은 국내법과 동일한 효력을 가진다(헌법 제6조 제1항). **형식적 의미의 '법률'과 같은 효력을 가진다고 명시하고 있지 않고, '국내법'과 같은 효력을 가지는 것으로 규정하고 있다.** 10. 경찰승진 이에 따라 '국내법'의 의미와 관련하여 견해 대립이 있는데, 국회의 동의를 요하는 헌법 제60조 제1항에 열거된 조약에는 '법률'과 같은 효력을 인정하고, 국회의 동의를 요하지 않는 기타 조약은 '명령'적 효력을 가지는 것으로 해석하는 것이 다수설의 입장이다.
　　㉡ 조약과 헌법이 충돌할 경우 어느 것이 우선하는지에 대하여 헌법우위설이 우리나라의 통설이다. 법률과 동일한 효력을 가지는 조약과 법률이 저촉할 경우에는 신법우선의 원칙과 특별법우선의 원칙이 적용된다.

⑤ **위헌조약의 사법적 심사**: 헌법재판소는 국제통화기금조약 제9조 제3항 등 위헌소원사건에서(헌재 2001.9.27, 2000헌바20) 조약이 위헌법률심판의 대상이 되는지에 대하여 "이 사건 조항(국제통화기금협정 제9조 제3항 등)은 각 국회의 동의를 얻어 체결된 것으로서, 헌법 제6조 제1항에 따라 국내법적·법률적 효력을 가지는바, 가입국의 재판권면제에 관한 것이므로 성질상 국내에 바로 적용될 수 있는 법규범으로서 위헌법률심판의 대상이 된다." 02. 법무사, 05. 법행, 08·12. 국가직 라고 판시하여 조약의 사법심사긍정설의 입장을 취하고 있다. 국회의 동의를 요하는 조약은 법률의 효력을 가지므로 위헌법률심판의 대상이 되고, 국회의 동의를 요하지 않는 조약이 헌법에 위반되는지 여부가 재판의 전제가 된 경우에는 대법원이 최종적으로 심사한다. 10. 사시 조약 그 자체에 의하여 직접

기출 OX

01 국제통화기금협정은 국회의 동의를 얻어 체결된 것이므로 헌법 제6조 제1항에 따라 국내법적 효력을 가지지만, 그 효력의 정도는 대통령령에 준하는 효력이다. 08. 국가직　(　　)

정답　**01** ✕

기본권이 침해되었을 경우에는 그 조약을 대상으로 하여 헌법소원심판을 청구할 수도 있다. 05. 사시, 14. 국가직

2. 외국인의 법적 지위 보장

우리 헌법은 제6조 제2항(외국인은 국제법과 조약이 정하는 바에 의하여 그 지위가 보장된다)에서 상호주의를 원칙으로 하고 있다. 다만, 기본권보장과 관련하여 인간의 존엄성 존중조항, 행복추구권, 평등권 등과 같은 인간으로서의 권리는 외국인도 보장된다고 보는 것이 통설적 견해이다.

판례 |

1 국제연합(UN)의 '인권에 관한 세계선언'이 국내법적 효력을 가지는지 여부: 소극 [합헌]
15. 서울시
국제연합(UN)의 '인권에 관한 세계선언'은 선언적인 의미를 가지고 있을 뿐 법적 구속력을 가진 것은 아니고, 우리나라가 아직 국제노동기구의 정식회원국은 아니기 때문에(지금은 가입한 상태) 이 기구의 제87호 조약 및 제98호 조약이 **국내법적 효력을 가지는 것은 아니다**(헌재 1991.7.22, 89헌가106).

2 조약이 위헌심사의 대상이 되는지 여부: 적극
헌법재판소법 제68조 제2항은 심판대상을 '법률'로 규정하고 있으나, 여기서의 '법률'에는 '조약'이 포함된다고 볼 것이다. 헌법재판소는 국내법과 같은 효력을 가지는 조약이 헌법재판소의 위헌법률심판대상이 된다고 전제하여 그에 관한 본안판단을 한 바 있다(헌재 1999.4.29, 97헌가14). 한편 이 사건 조항은 재판권면제에 관한 것이므로 성질상 국내에 바로 적용될 수 있는 법규범으로서 위헌법률심판의 대상이 된다고 할 것이다(헌재 2001.9.27, 2000헌바20).

3 외교관계에 관한 비엔나협약에 근거한 면책특권규정으로 인하여 임대료청구권 등을 강제집행할 수 없게 된 경우 이에 따른 보상입법을 제정하여야 할 입법의무가 있는지 여부: 소극 [각하] 10. 사시, 11. 법원직
이 사건에서와 같이 외국의 대사관저에 대하여 강제집행을 할 수 없다는 이유로 집달관이 청구인의 강제집행의 신청의 접수를 거부하여 강제집행이 불가능하게 된 경우 국가가 청구인에게 손실을 보상하는 법률을 제정하여야 할 헌법상의 명시적인 입법위임은 인정되지 아니하고, 헌법의 해석으로도 그러한 법률을 제정함으로써 청구인들의 기본권을 보호하여야 할 입법자의 행위의무 내지 보호의무가 발생하였다고 볼 수 없다. 그렇다면 입법자의 입법의무의 존재를 전제로 한 이 사건 심판청구는 부적법하다(헌재 1998.5.28, 96헌마44).

4 대한민국과 아메리카합중국간의 상호방위조약 제4조에 의한 시설과 구역 및 대한민국에서의 합중국군대의 지위에 관한 협정(이 사건 조약, 이른바 SOFA협정)이 국회의 동의를 요하는 조약인지 여부: 적극 [합헌] 06. 입시, 11. 법원직, 12. 국회직·국가직
이 사건 조약은 그 명칭이 '협정'으로 되어 있어 국회의 관여 없이 체결되는 행정협정처럼 보이기도 하나 우리나라의 입장에서 볼 때에는 외국군대의 지위에 관한 것이고, 국가에 재정적 부담을 지우는 내용과 입법사항을 포함하고 있으므로 국회의 동의를 요하는 조약으로 취급되어야 한다. … 이 사건 조약은 국회의 비준동의와 대통령의 비준 및 공포를 거친 것으로 인정되므로 이 사건 조약이 국내법적 효력을 가짐에 있어서 성립절차상의 하자로 인하여 헌법에 위반되는 점은 없다(헌재 1999.4.29, 97헌가14).

기출 OX

02 '법 앞의 평등'은 자연인뿐만 아니라, 법인과 법인격 없는 단체에게도 인정되며 외국인에게도 인정되나, 외국인의 경우 국제법상 호혜주의(상호주의)의 원칙에 따라 평등의 원칙의 적용이 제한되는 경우가 있다. 11. 지방직
( )

03 위헌법률심판의 대상은 형식적 의미의 법률만을 의미하므로, 조약은 위헌법률심판의 대상이 될 수 없다.
10. 법행 ( )

04 대한민국과 아메리카합중국간의 상호방위조약 제4조에 의한 시설과 구역 및 대한민국에서의 합중국군대의 지위에 관한 협정(SOFA)은 국회의 동의를 요하는 조약이다. 17. 경찰승진
( )

정답 02 ○ 03 × 04 ○

5 국제연합교육과학문화기구(UNESCO)와 국제노동기구(ILO)가 채택한 '교원의 지위에 관한 권고'가 국내법적 효력이 인정되는지 여부: **소극 [합헌]** 08·12. 국가직

국제연합교육과학문화기구(UNESCO)와 국제노동기구(ILO)가 채택한 '교원의 지위에 관한 권고'는 우리나라가 아직 국제노동기구의 정식회원국이 아니기 때문에 직접적으로 국내법적 효력을 가지는 것은 아니다. 그렇다면 … 헌법 제11조 제1항 및 국제법존중의 원칙을 규정한 헌법 제6조 제1항에 위반되지 아니한다(헌재 1991.7.22, 89헌가106).

6 강제노동의 폐지에 관한 국제노동기구(ILO)의 제105호 조약이 일반적으로 승인된 국제법규인지 여부: **소극 [합헌]** 04. 법행, 05. 행시, 08. 국가직, 10. 경찰승진

강제노동의 폐지에 관한 국제노동기구(ILO)의 제105호 조약은 우리나라가 비준한 바가 없고, 헌법 제6조 제1항에서 말하는 일반적으로 승인된 국제법규로서 헌법적 효력을 가지는 것이라고 볼 만한 근거도 없으므로 이 사건 심판대상규정의 위헌성심사의 척도가 될 수 없다(헌재 1998.7.16, 97헌바23).

7 대한민국과 일본국간의 어업에 관한 협정체결행위가 헌법소원심판의 대상이 되는 '공권력의 행사'에 해당하는지 여부: **적극 [기각]** 07. 국회직, 10. 사시·국가직

대한민국과 일본국간의 어업에 관한 협정은 우리나라 정부가 일본 정부와의 사이에서 어업에 관하여 체결·공포한 조약으로서 헌법 제6조 제1항에 의하여 국내법과 같은 효력을 가지므로, 그 체결행위는 고권적 행위로서 '공권력의 행사'에 해당한다(헌재 2001.3.21, 99헌마139 등).

8 조약에 의한 관세범의 가중처벌이 헌법에 위배되는지 여부: **소극 [합헌]** 07·12. 국회직, 10. 경찰승진, 12. 국가직, 15. 서울시

마라케쉬협정도 적법하게 체결되어 공포된 조약이므로 국내법과 같은 효력을 가지는 것이어서 그로 인하여 새로운 범죄를 구성하거나 범죄자에 대한 처벌이 가중된다고 하더라도 이것은 국내법에 의하여 형사처벌을 가중한 것과 같은 효력을 가지게 되는 것이다. 따라서 마라케쉬협정에 의하여 관세법 위반자의 처벌이 가중된다고 하더라도 이를 들어 법률에 의하지 아니한 형사처벌이라거나 행위시의 법률에 의하지 아니한 형사처벌이라고 할 수 없다(헌재 1998.11.26, 97헌바65).

9 학교급식을 위하여 지방자치단체에서 생산되는 우수농산물을 우선적으로 사용하도록 한 지방자치단체의 조례안이 내국민대우원칙*을 규정한 1994년 관세 및 무역에 관한 일반협정에 위반되는지 여부: **적극** 10. 사시

특정 지방자치단체의 초·중·고등학교에서 실시하는 학교급식을 위하여 지방자치단체에서 생산되는 우수농수축산물과 이를 재료로 사용하는 가공식품(이하 '우수농산물'이라고 한다)을 우선적으로 사용하도록 하고 그러한 우수농산물을 사용하는 자를 선별하여 식재나 식재료 구입비의 일부를 지원하며 지원을 받은 학교는 지원금을 반드시 우수농산물을 구입하는 데 사용하도록 하는 것을 내용으로 하는 지방자치단체의 조례안은 내국민대우원칙을 규정한 '1994년 관세 및 무역에 관한 일반협정(General Agreement on Tariffs and Trade 1994)'에 위반되어 그 효력이 없다(대판 2005.9.9, 2004추10).

기출 OX

01 강제노동의 폐지에 관한 국제노동기구(ILO)의 제105호 조약은 우리나라가 비준한 바가 없고, 헌법 제6조 제1항에서 말하는 일반적으로 승인된 국제법규로서 헌법적 효력을 갖는다고 볼 수도 없기 때문에 위헌성심사의 척도가 될 수 없다. 16. 국가직 (   )

02 대한민국과 일본국간의 어업에 관한 협정은 우리나라 정부가 일본 정부와의 사이에서 어업에 관해 체결·공포한 조약으로서 헌법 제6조 제1항에 의하여 국내법과 같은 효력을 가진다. 17. 경찰승진 (   )

03 마라케쉬협정은 적법하게 체결되어 공포된 조약이므로 국내법과 같은 효력을 가지나 그로 인하여 새로운 범죄를 구성하거나 가중처벌하는 것은 허용되지 않는다. 17. 경찰승진 (   )

* **내국민대우원칙:** 외국 물품이라도 일단 수입이 된 후에는 자국산 물품과 동등한 대우를 하여야 한다는 원칙이다.

정답 01 ○   02 ○   03 ✕

10 사실상 노무에 종사하는 공무원을 제외한 지방공무원의 노동운동을 금지하는 것이 국제법규에 위배되는지 여부: 소극

국제노동기구의 제87호 협약(결사의 자유 및 단결권보장에 관한 협약), 제98호 협약(단결권 및 단체교섭권에 대한 원칙의 적용에 관한 협약), 제151호 협약(공공부문에서의 단결권보호 및 고용조건의 결정을 위한 절차에 관한 협약)은 우리나라가 비준한 바가 없고, 헌법 제6조 제1항에서 말하는 일반적으로 승인된 국제법규로서 헌법적 효력을 갖는 것이라고 볼 만한 근거도 없으므로, 이 사건 심판대상규정의 위헌성 심사의 척도가 될 수 없다(헌재 2005.10.27, 2003헌바50 등).

11 '담배규제기본협약'에 따를 의무가 있는지 여부: 적극

세계보건기구(WHO)의 '담배규제기본협약'은 비준국에게 준수일정에 따라 담배의 제조, 생산, 유통, 소비의 전 과정에서 각종 규제장치의 입법화를 요구하고 있는데, 우리나라도 비준국으로서 이에 따를 국제법상의 의무가 있다. 38개 조항으로 되어 있는 위 기본협약의 주요 내용은 담배규제를 위한 담배수요 및 담배공급의 감소조치이다(헌재 2015.4.30, 2012헌마38).

12 국제인권규약이 국내법적 효력을 가지는지 여부: 소극

다음으로 '시민적 및 정치적 권리에 관한 국제규약'의 제22조 제1항에도 "모든 사람은 자기의 이익을 보호하기 위하여 노동조합을 결성하고 이에 가입하는 권리를 포함하여 다른 사람과의 결사의 자유에 대한 권리를 갖는다."고 규정하고 있으나 같은 조 제2항은 그와 같은 권리의 행사에 대하여는 법률에 의하여 규정되고, 국가안보 또는 공공의 안전, 공공질서, 공중보건 또는 도덕의 보호 또는 타인의 권리 및 자유의 보호를 위하여 민주사회에서 필요한 범위 내에서는 합법적인 제한을 가하는 것을 용인하는 유보조항을 두고 있을 뿐 아니라, 특히 위 제22조는 우리의 국내법적인 수정의 필요에 따라 가입 당시 유보되었기 때문에 직접적으로 국내법적 효력을 가지는 것도 아니다(헌재 2005.10.27, 2004헌바96).

13 지급거절될 것을 예견하고 수표를 발행한 사람이 그 수표의 지급제시기일에 수표금이 지급되지 아니하게 한 경우 수표의 발행인을 처벌하도록 규정한 부정수표 단속법 제2조 제2항이 국제법존중주의에 위배되는지 여부: 소극

헌법 제6조 제1항의 국제법 존중주의는 우리나라가 가입한 조약과 일반적으로 승인된 국제법규가 국내법과 같은 효력을 가진다는 것으로서 조약이나 국제법규가 국내법에 우선한다는 것은 아니다. 이 사건 법률조항에서 규정하고 있는 부정수표 발행행위는 지급제시될 때에 지급거절될 것을 예견하면서도 수표를 발행하여 지급거절에 이르게 하는 것으로 그 보호법익은 수표거래의 공정성이며 결코 '계약상 의무의 이행불능만을 이유로 구금'되는 것이 아니므로 국제법 존중주의에 입각한다 하더라도 국제연합 인권규약 제11조의 명문에 정면으로 배치되는 것이 아니다(헌재 2001.4.26, 99헌가13).

Ⅲ. 평화통일의 원칙

1. 현행헌법의 규정

건국헌법은 남북통일에 관한 특별 규정을 두지 아니하였고, 유신헌법에서 평화통일조항을 신설하였다. 이후 이것을 줄곧 답습하다가 현행헌법에 와서 상세한 규정을 두게 되었다.

> **➕ PLUS** 통일 관련 조항
>
> 1. **헌법전문**: 조국의 … 평화적 통일의 사명
> 2. **제4조**: 대한민국은 통일을 지향하며, 자유민주적 기본질서에 입각한 평화적 통일정책을 수립하고 이를 추진한다.
> 3. **제66조 제3항**: 대통령은 조국의 평화적 통일을 위한 성실한 의무를 진다.
> 4. **제69조**: 대통령은 취임에 즈음하여 다음을 선서한다. "조국의 평화적 … 통일에 노력하여 …."
> 5. **제92조 제1항**: 평화통일정책의 수립에 관한 대통령의 자문에 응하기 위하여 민주평화통일자문회의를 둘 수 있다.
> 6. **제72조**: 대통령은 … 통일에 … 관한 중요정책을 직접 국민투표에 부칠 수 있다.

2. 평화통일조항의 규범적 의미

헌법의 평화통일조항은 국가적 목표인 동시에 헌법의 기본원리이며, 또한 국내의 정치적 기본질서에 관한 규범이면서 국제적 기본질서에 관한 규범이기도 하다. 평화통일조항은 평화통일의 책무를 헌법상 의무화한 것으로 모든 국가기관과 국민을 구속하는 효력을 가진다. 헌법재판소는 헌법상의 여러 통일 관련 조항들로부터 국민 개개인의 통일에 대한 기본권이 도출될 수 있는지 여부에 대하여는 "헌법상의 여러 통일 관련 조항들은 국가의 통일의무를 선언한 것이기는 하지만, 그로부터 국민 개개인의 통일에 대한 기본권, 특히 국가기관에 대하여 통일과 관련된 구체적인 행동을 요구하거나 일정한 행동을 할 수 있는 권리가 도출된다고 볼 수 없다."라고 하여 소극적인 입장을 취하고 있다(헌재 2000.7.20, 98헌바63).

> **⚖ 판례 Ⅰ**
>
> **1 통일에 대한 기본권이 헌법상 도출되는지 여부: 소극** 08. 사시
> 헌법상의 여러 통일 관련 조항들은 국가의 통일의무를 선언한 것이기는 하지만, 그로부터 국민 개개인의 통일에 대한 기본권, 특히 국가기관에 대하여 통일과 관련된 구체적인 행동을 요구하거나 일정한 행동을 할 수 있는 권리가 도출된다고 볼 수 없다(헌재 2000.7.20, 98헌바63).
>
> **비교판례**
> **영토권이 헌법소원의 대상이 되는지 여부: 적극** 09. 사시
> 국민의 개별적 기본권은 아니지만 기본권보장의 실질화를 위하여서는 영토조항만을 근거로 하여 독자적으로는 헌법소원을 청구할 수 없다 할지라도, 모든 국가권능의 정당성의 근원인 국민의 기본권침해에 대한 권리구제를 위하여 그 전제조건으로서 영토에 관한 권리를, 이를테면 영토권이라 구성하여 이를 헌법소원의 대상인 기본권의 하나로 간주하는 것은 가능한 것으로 판단된다(헌재 2001.3.21, 99헌마139).

기출 OX

01 제7차 개정헌법 전문(前文)은 평화통일에 관하여 규정하고 있으며, 이것은 현행헌법까지 이어지고 있다.
14. 국가직 ( )

02 현행헌법 전문에는 자유민주적 기본질서에 입각한 평화통일이 규정되어 있다. 13. 서울시 ( )

✎ **통일 관련 연혁정리**
- **영토조항을 처음 규정한 헌법**: 건국헌법
- **평화적 통일원칙을 처음 규정한 헌법**: 제7차 개정헌법(유신헌법)
- **자유민주적 기본질서에 입각한 평화적 통일을 처음 규정한 헌법**: 현행헌법 13. 국가직
- **국가보안법의 헌법근거**: 헌법 제3조 영토조항

03 헌법상 통일 관련 조항들로부터 국민 개개인의 통일에 대한 기본권이 직접 인정되지는 않지만, 국가기관에 대하여 통일에 관련된 일정한 행동을 요구할 수 있는 권리는 도출된다.
12. 경찰승진 ( )

정답 01 ○ 02 × 03 ×

2 남한주민이 북한주민을 접촉하고자 할 때 통일부장관의 승인을 얻도록 하는 남북교류협력에 관한 법률 제9조 제3항이 평화통일원칙에 위배되는지 여부: **소극 [합헌]** 12. 사시
북한주민과의 접촉이 그 과정에서 불필요한 마찰과 오해를 유발하여 긴장이 조성되거나, 무절제한 경쟁적 접촉으로 남북한간의 원만한 협력관계에 나쁜 영향을 미칠 수도 있으므로 헌법상의 통일조항에 위배된다고 볼 수 없다(헌재 2000.7.20, 98헌바63).

제5절 한국헌법의 기본제도

01 제도적 보장

1. 의의

(1) 개념

'제도적 보장'이란 정당제도, 선거제도, 공무원제도, 지방자치제도, 군사제도, 교육제도, 사유재산제도, 가족제도 등 국가존립의 기반이 되는 일정한 제도를 헌법의 수준에서 보장함으로써 당해 제도의 본질을 유지하려는 것을 말한다.

(2) 연혁

① **시초**: 바이마르 헌법의 재산권규정과 관련하여 볼프(M. Wolff)가 창안하였다.
② **체계화**: 슈미트는 자유권(기본권)과 제도적 보장을 구별하면서 제도적 보장이론의 인권보충적 기능을 강조하였다.

2. 법적 성격

제도적 보장은 **집행권과 사법권은 물론 입법권까지 구속**한다는 점에서 단순한 **프로그램적 성격의 것이 아닌 직접적 효력을 가지는 재판규범**이다. 그러나 제도적 보장은 **헌법개정권력을 구속하지는 못한다.** 18. 국가직

3. 내용

제도적 보장론에서 '제도'란 헌법규정에 의하여 비로소 창설되는 제도(예 의원내각제, 대통령제 등)가 아니라 국가적 공동체 내에서 **역사적으로 형성되어 온 기존의 전통적 제도**를 말한다. 그러나 제도적 보장은 전 국가적인 것이 아니므로 그 구체적인 내용은 법률에 의하여 규율된다. 제도적 보장론에 있어서 헌법이 보장하려는 것은 특정한 제도의 본질적 내용이다(기존의 제도를 현상 그대로 유지하려는 것은 아님). 따라서 제도적 보장에는 **최소한 보장의 원칙**이 적용되므로, 제도의 본질적 내용을 훼손하지 아니하는 범위 내에서라면 입법자에게 그 제도의 구체적인 내용과 형태의 형성권을 폭넓게 인정할 수 있다. 05. 국가직

기출 OX

04 지방자치제도는 헌법상 제도적 보장이기 때문에 기본권 보장과는 달리, 최소보장의 원칙이 적용된다.
15. 법원직 ( )

정답 04 ○

4. 제도적 보장과 기본권의 관계

기출 OX

01 제도적 보장은 재판규범도 안 되고 헌법소원도 안 된다. 05. 국가직
( )

02 제도적 보장은 기본권 보장의 경우와 마찬가지로 그 본질적 내용을 침해하지 않는 범위 안에서 '최대한 보장의 원칙'이 적용된다. 18. 경찰승진
( )

> **판례 | 제도적 보장과 기본권보장의 구별** 05·07. 법행, 10. 법원직, 15. 서울시, 16·18. 국가직
>
> 제도적 보장은 객관적 제도를 **헌법**에 규정하여 당해 제도의 본질을 유지하려는 것으로서, 헌법제정권자가 특히 중요하고도 가치가 있다고 인정되고 헌법적으로도 보장할 필요가 있다고 생각하는 국가제도를 헌법에 규정함으로써 장래의 법발전, 법형성의 방침과 범주를 미리 규율하려는 데 있다. 이러한 제도적 보장은 **주관적 권리가 아닌 '객관적 법규범'**이라는 점에서 기본권과 구별되기는 하지만, 헌법에 의하여 일정한 제도가 보장되면 입법자는 그 제도를 설정하고 유지할 입법의무를 지게 될 뿐만 아니라 헌법에 규정되어 있기 때문에 법률로써 이를 폐지할 수 없고, 비록 내용을 제한하더라도 그 본질적 내용을 침해할 수 없다. … 제도적 보장은 기본권보장의 경우와는 달리 그 본질적 내용을 침해하지 아니하는 범위 안에서, 입법자에게 제도의 구체적인 내용과 형태의 형성권을 폭넓게 인정한다는 의미에서 **'최소한의 보장의 원칙'**이 적용될 뿐이다(헌재 1997.4.24, 95헌바48).

☑ **SUMMARY | 기본권 보장과 제도적 보장** 05. 국가직, 07. 법행, 10. 법원직, 12. 국회직

구분	기본권 보장(자유권)	제도적 보장
성질	주관적 공권, 전국가적	객관적 질서, 국가 내적
헌법개정권력 구속 여부	구속	구속하지 않음
보장의 정도	최대한 보장	최소한 보장
재판규범성	인정	
헌법소원 제기	○	×

제6절 정당제도(복수정당제)

01 정당제 민주주의

1. 정당의 기능

현대 민주국가에 있어서의 정당은 분산된 국민의 정치적 의사를 일정한 방향으로 유도·결집하여 상향적으로 국가의사결정에 반영하는 중개자역할을 담당한다.

✐ • 제3차 개정헌법에서 정당조항을 처음 신설하였다(헌법에 편입). 06. 법행
• 건국헌법에는 정당조항이 없었다(국회법 차원에서는 규정이 있었으므로 트리펠의 구분에 의하면 합법화의 단계로 볼 수 있음).

2. 정당의 헌법상 지위의 변천 – 트리펠(H. Triepel)의 정당에 대한 법제 구분

① **적대시의 단계**: 루소, 미국의 헌법기초자
② **무관심의 단계**: 19세기 전반, 의회제도 발달 초기
③ **합법화의 단계**: 1919년 바이마르 헌법(비례대표제 도입, 정당에 대한 규정은 두지 않음)
④ **헌법에의 편입단계**: 제2차 세계대전 이후 각국 헌법

정답 01 × 02 ×

02 현행헌법과 정당제도

1. 헌법규정

> 헌법 제8조 ① 정당의 설립은 자유이며, 복수정당제는 보장된다.
> ② 정당은 그 **목적·조직과 활동**이 민주적이어야 하며, 국민의 정치적 의사형성에 참여하는 데 필요한 조직을 가져야 한다.
> ③ 정당은 법률이 정하는 바에 의하여 국가의 보호를 받으며, 국가는 법률이 정하는 바에 의하여 **정당운영에 필요한 자금**을 보조할 수 있다.
> ④ 정당의 **목적이나 활동**이 민주적 기본질서에 위배될 때에는 **정부**는 헌법재판소에 그 해산을 제소할 수 있고, 정당은 헌법재판소의 심판에 의하여 해산된다. 02·11. 법무사, 14. 서울시

기출 OX

03 정당은 그 목적·조직과 활동이 민주적이어야 하며, 국민의 정치적 의사형성에 참여하는 데 필요한 조직을 가져야 한다. 20. 경찰경채 ( )

04 정당의 목적이나 조직이 민주적 기본질서에 위배될 때에는 정부는 헌법재판소에 그 해산을 제소할 수 있고, 정당은 헌법재판소의 심판에 의해 해산된다. 17. 경찰승진 ( )

2. 정당의 개념

'정당'이란 국민의 이익을 위하여 책임 있는 정치적 주장이나 정책을 추진하고 공직선거의 후보자를 추천 또는 지지함으로써 국민의 정치적 의사형성에 참여함을 목적으로 하는 국민의 자발적 조직을 말한다(정당법 제2조; 헌재 1991.3.11, 91헌마21).

(1) 정당의 개념적 요소(헌법 제8조와 정당법의 적용대상)
  ① 국가와 자유민주주의를 긍정할 것(헌법 제8조 제4항)
  ② 공익의 실현에 조력할 것
  ③ 선거에 참여할 것
  ④ 정강이나 정책을 가질 것
  ⑤ 국민의 정치적 의사형성에 참여할 것
  ⑥ 계속적이고 공고한 조직을 구비할 것
  ⑦ 구성원들이 당원이 될 수 있는 자격을 구비할 것 등

(2) 당원의 자격

> **정당법**
> 제22조 【발기인 및 당원의 자격】 ① 16세 이상의 국민은 공무원 그 밖에 그 신분을 이유로 정당가입이나 정치활동을 금지하는 다른 법령의 규정에 불구하고 누구든지 정당의 발기인 및 당원이 될 수 있다. 다만, 다음 각 호의 어느 하나에 해당하는 자는 그러하지 아니하다. 18. 법원직
> 1. 국가공무원법 제2조(공무원의 구분) 또는 지방공무원법 제2조(공무원의 구분)에 규정된 공무원. 다만, 대통령, 국무총리, 국무위원, 국회의원, 지방의회의원, 선거에 의하여 취임하는 지방자치단체의 장, 국회 부의장의 수석비서관·비서관·비서·행정보조요원, 국회 상임위원회·예산결산특별위원회·윤리특별위원회 위원장의 행정보조요원, 국회의원의 보좌관·비서관·비서, 국회 교섭단체대표의원의 행정비서관, 국회 교섭단체의 정책연구위원·행정보조요원과 고등교육법 제14조(교직원의 구분) 제1항·제2항에 따른 교원은 제외한다.

05 국무위원, 국립대학교 교수, 사립대학교 교수, 공립중학교 교사, 사립중학교 교사, 퇴직한 검찰총장 중 현행법상 정당의 당원이 될 수 없는 자는 모두 3명이다. 18. 법원직 ( )

해설
2명 - 공·사립중학교 교사

정답 **03** ○ **04** × **05** ×

제2장 대한민국헌법총설 **121**

2. 고등교육법 제14조 제1항·제2항에 따른 교원을 제외한 **사립학교의 교원**
   ▶ 공립학교든 사립학교든 초·중등학교 교원은 정당원이 될 수 없고, 고등교육법상의 교직원, 즉 대학교 교원들은 정당원이 될 수 있다.
3. 법령의 규정에 의하여 공무원의 신분을 가진 자
4. 공직선거법 제18조 제1항에 따른 선거권이 없는 사람
② 대한민국 국민이 아닌 자는 당원이 될 수 없다. 16. 지방직

기출 OX

01 대한민국 국민이 아닌 자는 정당의 당원이 될 수 없다. 19. 경찰경채
( )

3. 정당의 헌법상 지위

(1) 학설

① **헌법기관설[라이프홀츠(G. Leibholz)]**: 정당을 직접 헌법규정에 의거하여 구성되는 기관으로 보아, 그 기관의 의사가 곧 국가의사로서 효력을 발생하는 헌법기관으로 보는 견해이다.
② **국가기관설**: 정당을 헌법기관은 아니나 법률에 의하여 설립되는 국가적 기관으로 보는 견해이다.
③ **매개체설(중개체설)**: 정당을 국가조직의 일부로 보지 않으면서도 정당이 담당하는 공적 기능 및 그에 따른 특수한 지위를 인정하는 입장으로, 정당을 국민의 의사와 국가의 의사를 연결시켜주는 기구로 본다(통설).

(2) 헌법재판소

헌법재판소는 "정당은 자발적 조직이기는 하지만 다른 집단과는 달리 그 자유로운 지도력을 통하여 무정형적이고 무질서적인 개개인의 정치적 의사를 집약하여 정리하고 구체적인 진로와 방향을 제시하며 국정을 책임지는 공권력으로까지 매개하는 중요한 공적 기능을 수행하기 때문에 헌법도 정당의 기능에 상응하는 지위와 권한을 보장함과 동시에 그 헌법질서를 존중해 줄 것을 요구하고 있는 것이다."라고 하여 **매개체설**의 입장에 있다(헌재 1991.3.11, 91헌마21). 12. 국회직

4. 정당의 법적 형태

(1) 학설

정당의 법적 형태에 관하여 ① 법인격 없는 사단설(다수설), ② 사적 정치결사설, ③ 헌법제도와 결사의 혼성체설(김철수) 등의 견해가 있다.

(2) 헌법재판소

02 헌법이 보장하는 정당의 자유는 국민이 개인적으로 갖는 기본권일 뿐만 아니라, 단체로서의 정당이 가지는 기본권이기도 하다. 19. 경찰경채 ( )

03 헌법 제8조 제1항이 명시하는 정당설립의 자유는 설립할 정당의 조직형태를 어떠한 내용으로 할 것인가에 관한 정당조직 선택의 자유 및 그와 같이 선택된 조직을 결성할 자유를 포괄하는 '정당조직의 자유'를 포함한다. 19. 경찰승진 ( )

헌법재판소는 "정당이나 그 지구당은 적어도 그 소유재산의 귀속관계에 있어서는 **법인격 없는 사단**으로 보아야 하므로 …"라고 판시하여 법인격 없는 사단설의 입장에 있다(헌재 1993.7.29, 92헌마262). 09. 법무사, 15. 법원직 또한 헌법재판소는 "헌법 제8조 제1항은 정당설립의 자유, 정당조직의 자유, 정당활동의 자유 등을 포괄하는 정당의 자유를 보장하고 있다. 이러한 정당의 자유는 국민이 개인적으로 가지는 기본권일 뿐만 아니라, 단체로서의 정당이 가지는 기본권이기도 하다."라고 판시하여 **정당이 기본권주체이기도 하다**는 것을 분명히 하고 있다(헌재 2004.12.16, 2004헌마456). 06. 법행, 09·12. 법무사, 12. 국회직, 13. 서울시

정답 01 ○ 02 ○ 03 ○

5. 정당의 조직

정당법

제3조【구성】 정당은 수도에 소재하는 중앙당과 특별시·광역시·도에 각각 소재하는 시·도당(이하 "시·도당"이라 한다)으로 구성한다. 04. 국회직, 05. 입시

제4조【성립】 ① 정당은 중앙당이 중앙선거관리위원회에 **등록함으로써 성립**한다.
04. 국회직, 05. 입시, 10. 법무사
② 제1항의 등록에는 제17조(법정시·도당수) 및 제18조(시·도당의 법정당원수)의 요건을 구비하여야 한다.

제6조【발기인】 창당준비위원회는 중앙당의 경우에는 200명 이상의, 시·도당의 경우에는 100명 이상의 발기인으로 구성한다. 19. 국가직

제15조【등록신청의 심사】 등록신청을 받은 관할 선거관리위원회는 **형식적 요건을 구비하는 한 이를 거부하지 못한다.** 05. 사시·법행 다만, 형식적 요건을 구비하지 못한 때에는 상당한 기간을 정하여 그 보완을 명하고, 2회 이상 보완을 명하여도 응하지 아니할 때에는 그 신청을 각하할 수 있다.

제17조【법정시·도당수】 정당은 5 이상의 시·도당을 가져야 한다.

제18조【시·도당의 법정당원수】 ① 시·도당은 1천인 이상의 당원을 가져야 한다.
08. 법무사
② 제1항의 규정에 의한 법정당원수에 해당하는 수의 당원은 당해 시·도당의 관할구역 안에 주소를 두어야 한다.

제19조【합당】 ① 정당이 새로운 당명으로 합당(이하 "신설합당"이라 한다)하거나 다른 정당에 합당(이하 "흡수합당"이라 한다)될 때에는 합당을 하는 정당들의 대의기관이나 그 수임기관의 합동회의의 결의로써 합당할 수 있다.
⑤ 합당으로 신설 또는 존속하는 정당은 합당 전 정당의 권리·의무를 승계한다.

제23조【입당】 ① 당원이 되고자 하는 자는 다음 각 호의 어느 하나에 해당하는 방법으로 시·도당 또는 그 창당준비위원회에 입당신청을 하여야 한다. 이 경우 18세 미만인 사람이 입당신청을 하는 때에는 법정대리인의 동의서를 함께 제출하여야 한다.
1. 자신이 서명 또는 날인한 입당원서를 제출하는 방법
2. 전자서명법 제2조 제2호에 따른 전자서명(서명자의 실지명의를 확인할 수 있는 것을 말한다. 이하 같다)이 있는 전자문서로 입당원서를 제출하는 방법
3. 정당의 당헌·당규로 정하는 바에 따라 정보통신망을 이용하는 방법. 이 경우 정보통신망 이용촉진 및 정보보호 등에 관한 법률 등 관계 법령에 따라 본인확인을 거쳐야 한다.

제25조【탈당】 ① 당원이 탈당하고자 할 때에는 다음 각 호의 어느 하나에 해당하는 방법으로 소속 시·도당에 탈당신고를 하여야 하며, 소속 시·도당에 탈당신고를 할 수 없을 때에는 그 중앙당에 탈당신고를 할 수 있다.

제28조【강령 등의 공개 및 당헌의 기재사항】 ① 정당은 그 **강령(또는 기본정책)과 당헌을 공개하여야 한다.** 01. 법무사
② 제1항의 당헌에는 다음 각 호의 사항을 규정하여야 한다.
4. 당원의 입당·탈당·제명과 권리 및 의무에 관한 사항

제31조【당비】 ① 정당은 당원의 정예화와 정당의 재정자립을 도모하기 위하여 당비 납부제도를 설정·운영하여야 한다.

기출 OX

04 정당이 새로운 당명으로 합당하거나 다른 정당에 합당될 때에는 합당을 하는 정당들의 대의기관이나 그 수임기관의 합동회의의 결의로써 합당할 수 있다. 20. 지방직 ( )

정답 04 ○

기출 OX

01 정당의 등록요건으로 5 이상의 시·도당과 각 시·도 1,000명 이상의 당원을 요구하는 것은 정당설립의 자유를 침해하지 않는다. 20. 입시 ( )

02 정당법에 의하면, 정당의 당원은 당해 정당의 타인의 당비를 부담할 수 있다. 03. 법무사 ( )

03 정당의 당원은 같은 정당의 타인의 당비를 부담할 수 없으며, 타인의 당비를 부담한 자와 타인으로 하여금 자신의 당비를 부담하게 한 자는 당비를 낸 것이 확인된 날부터 1년간 당해 정당의 당원자격이 정지된다. 18. 지방직 ( )

04 초·중등학교의 교원의 정당가입을 금지한 것은 헌법상의 평등권을 침해한 것이라고 할 수 없다. 17. 경찰승진 ( )

② **정당의 당원은 같은 정당의 타인의 당비를 부담할 수 없으며,** 타인의 당비를 부담한 자와 타인으로 하여금 자신의 당비를 부담하게 한 자는 당비를 낸 것이 확인된 날부터 1년간 당해 정당의 당원자격이 정지된다. 03. 법무사, 18. 지방직

제32조【서면결의의 금지】 ① 대의기관의 결의와 소속 국회의원의 제명에 관한 결의는 서면이나 대리인에 의하여 의결할 수 없다.
② 대의기관의 결의는 전자서명법 제2조 제2호에 따른 공인전자서명을 통하여도 의결할 수 있으며, 그 구체적인 방법은 당헌으로 정한다.

판례 |

1 정당의 등록요건으로 '5 이상의 시·도당과 각 시·도당 1,000명 이상의 당원'을 요구하는 것이 정당설립의 자유를 침해하여 위헌인지 여부: 소극 [기각] 08. 법행·사시, 10. 법무사, 15. 법원직

[1] 헌법 제8조 제1항 전단의 정당설립의 자유는 **정당설립의 자유**만이 아니라 **누구나** 국가의 간섭을 받지 아니하고 **자유롭게 정당에 가입하고** 정당으로부터 **탈퇴할 수 있는 자유를 함께 보장**한다. **구체적으로 정당의 자유는 개개인의 자유로운 정당설립 및 정당가입의 자유, 조직형식 내지 법형식 선택의 자유를 포함**한다. 또한 정당설립의 자유는 설립에 대응하는 정당해산의 자유, 합당의 자유, 분당의 자유도 포함한다. 뿐만 아니라 정당설립의 자유는 개인이 정당 일반 또는 특정 정당에 가입하지 아니할 자유, 가입하였던 정당으로부터 탈퇴할 자유 등 소극적 자유도 포함한다.

[2] 이 사건 법률조항 중 제25조(현 제17조)의 규정은 이른바 '지역정당'을 배제하려는 취지로 볼 수 있고, 제27조(현 제18조)의 규정은 이른바 '군소정당'을 배제하려는 취지로 볼 수 있다. … 이 사건 법률조항은 헌법 제8조 제2항이 규정하고 있는 '국민의 정치적 의사형성에 참여하는 데 필요한 조직'요건을 구체화함에 있어서 5개 이상의 시·도당 및 각 시·도당마다 1,000명 이상의 당원을 갖추도록 규정하고 있는바, 이와 같이 전국 정당으로서의 기능 및 위상을 충실히 하기 위해서 5개의 시·도당을 구성하는 것이 필요하다고 본 입법자의 판단이 자의적이라고 볼 수 없고, 각 시·도당 내에 1,000명 이상의 당원을 요구하는 것도 우리나라 전체 및 각 시·도의 인구를 고려해 볼 때, 청구인과 같은 군소정당 또는 신생정당이라 하더라도 과도한 부담이라고 할 수 없다(헌재 2006.3.30, 2004헌마246).

2 초·중등교원의 정치활동과 선거운동을 일체 금지하는 것이 정당가입 및 선거운동의 자유를 침해하는지 여부: 소극 [기각] 06. 행시, 08. 법원직, 10. 법무사

헌법 제7조 제2항은 공무원의 정치적 중립성은 법률이 정하는 바에 의하여 보장된다고 명시하고 있다. 그리고 헌법 제31조 제4항은 "교육의 … 정치적 중립성 … 은 법률이 정하는 바에 의하여 보장된다."라고 선언하고 있다. … 감수성과 모방성 그리고 수용성이 왕성한 초·중등학교 학생들에게 교원이 미치는 영향은 매우 크고, 교원의 활동은 근무시간 내외를 불문하고 학생들의 인격 및 기본생활습관형성 등에 중요한 영향을 끼치는 잠재적 교육과정의 일부분인 점을 고려할 때, 초·중등학교 교육공무원의 정당가입 및 선거운동의 자유를 제한하는 것은 헌법적으로 정당화될 수 있다고 할 것이다(헌재 2004.3.25, 2001헌마710).

정답 **01** × **02** ○ **03** ○ **04** ○

3 **지구당 및 당연락소의 폐지가 위헌인지 여부: 소극 [기각]** 13. 국가직

한국 정당정치의 현실을 볼 때 고비용 저효율의 병폐는 지구당이라는 정당조직에 너무나 뿌리 깊게 고착되어 양자를 분리할 수 없을 정도의 구조적인 문제로 되어버렸기 때문에 지구당을 폐지하지 않고서는 이러한 문제점을 해결할 수 없다는 것이 이 사건 법률조항들을 입법한 입법자의 진단이고, 이러한 진단은 그 타당성을 인정할 수 있다. 그렇다면 이 사건 법률조항들은 비례원칙에 반하지 아니하고 달리 헌법에 위반되는 사유를 발견할 수 없다(헌재 2004.12.16, 2004헌마456).

4 **경찰청장 퇴임 후 2년간 정당의 발기인이 되거나 당원이 될 수 없도록 한 것이 정당설립 및 가입의 자유를 침해하는지 여부: 적극 [위헌]** 13. 서울시, 19. 국가직

본질적으로 경찰청장의 정치적 중립성은 그 직무의 정치적 중립을 존중하려는 집권세력이나 정치권의 노력이 선행되지 않고서는 결코 실현될 수 없다는 사실 등에 비추어 볼 때, 경찰청장이 퇴임 후 공직선거에 입후보하는 경우 당적취득금지의 형태로써 정당의 추천을 배제하고자 하는 이 사건 법률조항이 어느 정도로 입법목적인 '경찰청장 직무의 정치적 중립성'을 확보할 수 있을지 그 실효성이 의문시된다. 따라서 이 사건 법률조항은 정당의 자유를 제한함에 있어서 갖추어야 할 적합성의 엄격한 요건을 충족시키지 못한 것으로 판단되므로 이 사건 법률조항은 정당설립 및 가입의 자유를 침해하는 조항이다(헌재 1999.12.23, 99헌마135).

▶ 정당가입의 자유 침해이나, 공무담임권(피선거권)과 직업의 자유 제한은 아님

5 **정당의 당원협의회 사무소 설치를 금지하고 위반시 처벌하는 내용의 정당법 제37조 제3항 단서 및 제59조 제1항 제3호가 헌법에 위반되는지 여부: 소극 [합헌]**

당원협의회에 사무소 설치를 허용한다면 사실상 과거 지구당제도를 부활하는 것과 다름이 없게 되고, 당비를 납부하고 공천권을 행사하는 진성 당원이 부족하고 정당민주화가 이루어지지 않은 현 상황에서 과거 지구당제도의 폐해를 그대로 재연하게 될 가능성이 농후하므로 당원협의회의 사무소 설치를 금지하는 것은 입법목적 달성을 위한 효과적이고 적절한 수단이다. … 심판대상조항이 당원협의회를 둘 수 있게 하면서 단지 그 장소적 공간인 사무소 설치를 금지하였다는 것만으로는 침해의 최소성원칙에 위배된다고 보기 어렵다(헌재 2016.3.31, 2013헌가22).

6 **누구든지 2 이상의 정당의 당원이 되지 못하도록 한 정당법이 정당가입·활동의 자유를 침해하는지 여부: 소극 [기각]**

심판대상조항은 예외 없이 복수 당적 보유를 금지하고 있으나, 정당법상 당원의 입당, 탈당 또는 재입당이 제한되지 아니하는 점, 복수 당적 보유를 허용하면서도 예상되는 부작용을 실효적으로 방지할 수 있는 대안을 상정하기 어려운 점, 어느 정당의 당원이라 하더라도 일반에 개방되는 다른 정당의 경선에 참여하는 등 다양한 방법으로 정치적 의사를 표현할 수 있다는 점 등을 고려하면, 심판대상조항이 침해의 최소성에 반한다고 보기 어렵다. 나아가, 당원인 청구인들로 하여금 다른 정당의 당원이 될 수 없도록 하는 정당 가입·활동 자유 제한의 정도가 정당정치를 보호·육성하고자 하는 공익에 비하여 중하다고 볼 수 없다. 따라서 심판대상조항이 정당의 당원인 나머지 청구인들의 정당 가입·활동의 자유를 침해한다고 할 수 없다(헌재 2022.3.31, 2020헌마1729).

기출 OX

05 정당의 조직 중 기존의 지구당과 당연락소를 강제적으로 폐지하고 이후 지구당을 설립하거나 당연락소를 설치하는 것을 금지하는 규정은, 정당조직의 자유 및 정당활동의 자유를 제한하는 것으로서 정당의 자유의 본질적 내용을 침해한다. 13. 국가직 ( )

06 경찰청장으로 하여금 퇴직 후 2년간 정당의 설립과 가입을 금지하는 것은 경찰청장의 정당설립의 자유와 피선거권 및 직업의 자유를 침해하는 것이다. 19. 국가직 ( )

유사판례

- 검찰총장 퇴임 후 2년간 정당의 발기인이나 당원이 될 수 없도록 한 것은 정치적 결사의 자유와 참정권 등 우월적 지위를 갖는 기본권을 제한하여 과잉금지원칙에 위반된다.
- 국가인권위원회의 인권위원은 퇴직 후 2년간 교육공무원이 아닌 공무원으로 임명되거나 공직선거 및 선거부정방지법에 의한 선거에 출마할 수 없도록 규정한 국가인권위원회법 제11조는 인권위원을 합리적 이유 없이 다른 공직자와 차별대우하는 것으로 평등의 원칙에 위배된다.

구분	공무담임권 (피선거권), 직업의 자유 침해	평등원칙 위배
경찰청장	×	○
검찰총장	○	○
인권위원	○	○

정답 05 × 06 ×

7 대체복무요원의 정당가입을 금지하는 구 대체역법 제24조 제2항 본문 제2호 중 '정당에 가입하는 행위'에 관한 부분(이하 '정당가입금지조항'이라 한다)이 청구인의 정당가입의 자유를 침해하는지 여부: **소극 [기각]**

정당가입금지조항은 대체복무요원의 정당가입을 금지함으로써 대체복무요원의 정치적 중립성을 유지하며 업무전념성을 보장하고자 하는 것이다. 정당은 개인적 정치활동과 달리 국민의 정치적 의사형성에 미치는 영향력이 크고, 정당 관련 표현행위는 직무 내외를 구분하기 어려우므로 '직무와 관련된 표현행위만을 규제'하는 등 기본권을 최소한도로 제한하는 대안을 상정하기 어렵다. 따라서 정당가입금지조항은 과잉금지원칙에 위배되어 청구인의 정당가입의 자유를 침해하지 아니한다(헌재 2024.5.30, 2022헌마1146).

6. 정당의 특권과 의무

(1) 특권

① 설립·활동 및 존립상의 특권
  ㉠ 정당은 결성과 등록에 있어서 특권을 누린다(정당법 제4조 제1항, 제16조).
  ㉡ 정당은 헌법과 법률에 의해서 활동의 자유를 가진다(헌법 제8조 제1항, 정당법 제37조 제1항).
  ㉢ 정당은 헌법재판소의 심판에 의하여 해산되는 경우를 제외하고는 강제해산을 당하지 아니한다(헌법 제8조 제4항).

② 정치상의 특권
  ㉠ 정당은 국민의 정치적 의사형성에 참여할 권리(헌법 제8조 제2항)를 헌법에 의하여 보장받는다.
  ㉡ 정당은 공직선거에 참여하여 공직선거에 후보자를 추천하고 그들의 당선을 위한 선거운동에 관한 특권을 가지며, 균등한 경쟁기회(헌법 제116조 제1항)를 보장받는다.
  ㉢ 또한 각급 선거관리위원회위원 추천권·선거참관인 지명권 등의 특권을 누린다.

③ 재정·경제상의 특권
  ㉠ 정당은 법률이 정하는 바에 의하여 그 운영에 필요한 자금을 국가로부터 보조받을 수 있다(헌법 제8조 제3항 후단).
  ㉡ 정당은 선거공영제에 따라 선거에 관한 경비를 원칙적으로 부담하지 아니할 권리를 가진다(헌법 제116조 제2항).
  ㉢ 정당이 수령하는 기부나 찬조 기타 재산상의 출연에 대한 면세특혜를 받는다(정치자금법 제59조).

(2) 의무

① 국가긍정의 의무
② 자유민주적 기본질서의 존중의무(헌법 제8조 제4항)
③ 당내 민주화의 의무(헌법 제8조 제2항 전단)
④ 재원의 공개의무(정치자금법 제2조 제2항)

기출 OX

01 우리 헌법은 복수정당제가 갖는 중요한 의미와 기능을 고려하여 정당의 특권을 규정하고 있다. 12. 국회직 9급
( )

정답 01 ○

(3) 등록취소

> **정당법**
>
> **제44조 【등록의 취소】** ① 정당이 다음 각 호의 어느 하나에 해당하는 때에는 당해 선거관리위원회는 그 등록을 취소한다.
> 1. 제17조(법정시·도당수) 및 제18조(시·도당의 법정당원수)의 요건을 구비하지 못하게 된 때. 다만, 요건의 흠결이 공직선거의 선거일 전 3월 이내에 생긴 때에는 선거일 후 3월까지, 그 외의 경우에는 요건흠결시부터 3월까지 그 취소를 유예한다.
> 2. 최근 4년간 임기만료에 의한 국회의원선거 또는 임기만료에 의한 지방자치단체의 장선거나 시·도의회의원선거에 참여하지 아니한 때
> 3. **임기만료에 의한 국회의원선거에 참여하여 의석을 얻지 못하고 유효투표총수의 100분의 2 이상을 득표하지 못한 때** 03. 법행, 04·12. 국회직, 05. 입시, 08·09. 법무사
>
> **제45조 【자진해산】** ① 정당은 그 대의기관의 결의로써 해산할 수 있다. 05. 입시
> ② 제1항의 규정에 의하여 정당이 해산한 때에는 그 대표자는 지체 없이 그 뜻을 관할 선거관리위원회에 신고하여야 한다. 18. 지방직, 19. 국가직
>
> **제48조 【해산된 경우 등의 잔여재산 처분】** ① 정당이 제44조(등록의 취소) 제1항의 규정에 의하여 등록이 취소되거나 제45조(자진해산)의 규정에 의하여 자진해산한 때에는 그 잔여재산은 **당헌**이 정하는 바에 따라 처분한다. 05. 입시, 05·09. 법무사, 13. 서울시
> ② 제1항의 규정에 의하여 처분되지 아니한 정당의 잔여재산 및 헌법재판소의 해산결정에 의하여 해산된 정당의 잔여재산은 **국고**에 귀속한다. 01. 법무사, 07·12. 국회직
>
> **제33조 【정당소속 국회의원의 제명】** 정당이 그 소속 국회의원을 제명하기 위해서는 당헌이 정하는 절차를 거치는 외에 그 소속 국회의원 전원의 **2분의 1** 이상의 찬성이 있어야 한다. 08. 법행, 12. 국회직

- 자진해산, 등록취소시 잔여재산 처분: 당헌에 따른다.
- 헌법재판소의 해산결정(강제해산)시 잔여재산: 국고에 귀속된다.

기출 OX

02 정당이 그 소속 국회의원을 제명하기 위해서는 당헌이 정하는 절차를 거치는 외에 그 소속 국회의원 전원의 2분의 1 이상의 찬성이 있어야 한다. 17. 경찰승진 ( )

03 정당설립의 자유는 등록된 정당에게만 인정되는 기본권이므로 등록이 취소되어 권리능력 없는 사단의 실체만을 가지고 있는 정당에게는 인정되지 않는다. 18. 경찰승진 ( )

판례 |

1 정당이 등록취소된 경우에도 헌법소원능력이 있는지 여부: 적극 [기각] 08·12. 사시, 14. 국회직
청구인(사회당)은 등록이 취소된 이후에도 취소 전 사회당의 명칭을 사용하면서 **대외적인 정치활동을 계속하고 있고,** 대내외 조직구성과 선거에 참여할 것을 전제로 하는 당헌과 대내적 최고의사결정기구로서 당대회, 대표단 및 중앙위원회, 지역조직으로 시·도위원회를 두는 등 **계속적인 조직을 구비하고 있는 사실 등**에 비추어 보면, 청구인은 등록이 취소된 이후에도 '등록정당'에 준하는 '권리능력 없는 사단'으로서의 실질을 유지하고 있다고 볼 수 있으므로 이 사건 **헌법소원의 청구인능력을 인정할 수 있다.** 또한 정당설립의 자유는 그 성질상 등록된 정당에만 인정되는 기본권이 아니라 청구인과 같이 등록정당은 아니지만 권리능력 없는 사단의 실체를 가지고 있는 정당에도 인정되는 기본권이라고 할 수 있고, 청구인이 등록정당으로서의 지위를 갖추지 못한 것은 결국 이 사건 법률조항 및 같은 내용의 현행 정당법(제17조, 제18조)의 정당등록요건규정 때문이고, 장래에도 이 사건 법률조항과 같은 내용의 현행 정당법규정에 따라 기본권제한이 반복될 위험이 있으므로, 심판청구의 이익을 인정할 수 있다(헌재 2006.3.30, 2004헌마246).

정답 **02** ○ **03** ×

기출 OX

01 국회의원선거에 참여하여 의석을 얻지 못하고 유효투표총수의 100분의 2 이상을 득표하지 못한 정당에 대해 그 등록을 취소하도록 한 정당법 조항은 정당설립의 자유를 침해하는 것이 아니다. 19. 경찰경채 ( )

02 정당의 활동은 정당기관의 행위나 주요 정당관계자의 행위로서 그 정당에게 귀속시킬 수 있는 활동 일반을 의미하며 일반 당원의 활동은 제외한다. 20. 경찰승진 ( )

정답 01 × 02 ×

---

2 국회의원선거에 참여하여 의석을 얻지 못하고 유효투표총수의 100분의 2 이상을 득표하지 못한 정당에 대하여 그 등록을 취소하도록 한 정당법 제44조 제1항 제3호가 위헌인지 여부: **적극 [위헌]** 14. 사시, 18·19. 지방직

정당법에서 법정의 등록요건을 갖추지 못하게 된 정당이나 일정 기간 국회의원선거 등에 참여하지 아니한 정당의 등록을 취소하도록 하는 등 입법목적을 실현할 수 있는 다른 법적 장치도 마련되어 있으므로, 정당등록취소조항은 침해의 최소성요건을 갖추지 못하였다. 나아가 위 조항은 어느 정당이 대통령선거나 지방자치선거에서 아무리 좋은 성과를 올리더라도 국회의원선거에서 일정 수준의 지지를 얻는 데 실패하면 등록이 취소될 수밖에 없어 불합리하고, 신생·군소정당으로 하여금 국회의원선거에의 참여 자체를 포기하게 할 우려도 있어 법익의 균형성요건도 갖추지 못하였다. 따라서 정당등록취소조항은 과잉금지원칙에 위반되어 청구인들의 정당설립의 자유를 침해한다. 정당명칭사용금지조항은 정당등록취소조항을 전제로 하고 있으므로, 같은 이유에서 정당설립의 자유를 침해한다고 할 것이다(헌재 2014.1.28, 2012헌마431 등).

7. 위헌정당의 해산(정당의 강제해산)

(1) 헌법 제8조 제4항의 의의

정당의 강제해산을 규정한 헌법 제8조 제4항은 정당존립의 특권을 보장한 것이면서 정당활동의 자유에 한계를 설정한 조항이다(통설).

(2) 실질적 요건

① **정당**: 강제해산의 대상이 되는 정당은 정당으로서 등록을 필한 **기성정당**을 말한다(정당법 제4조 제1항). 정당의 방계조직, 위장조직, 대체조직 등은 여기서의 정당이 아닌 헌법 제21조의 일반 결사에 해당한다.

② **목적이나 활동**: 정당은 그 목적이나 활동이 자유민주적 기본질서에 위배될 때에 한하여 해산된다. 정당의 목적을 인식할 수 있는 자료는 정당의 강령이나 기본정책 또는 당헌, 당수와 당간부의 연설, 당기관지, 출판물, 선전자료 등이다. 정당의 활동에는 당수와 당간부의 활동은 물론 평당원의 활동도 포함된다. 목적이나 활동 중 하나라도 민주적 기본질서에 위배되면 정당해산의 사유가 될 수 있다(헌재 2014.12.19, 2013헌다1).

③ **민주적 기본질서**

㉠ '민주적 기본질서'는, 개인의 자율적 이성을 신뢰하고 모든 정치적 견해들이 각각 상대적 진리성과 합리성을 지닌다고 전제하는 다원적 세계관에 입각한 것으로서, 모든 폭력적·자의적 지배를 배제하고, 다수를 존중하면서도 소수를 배려하는 민주적 의사결정과 자유·평등을 기본원리로 하여 구성되고 운영되는 정치적 질서를 말하며, 구체적으로는 국민주권의 원리, 기본적 인권의 존중, 권력분립제도, 복수정당제도 등이 현행헌법상 주요한 요소라고 볼 수 있다.

㉡ 헌법 제8조 제4항의 민주적 기본질서는 최대한 엄격하고 협소한 의미로 이해해야 한다. 따라서, 민주적 기본질서를 현행헌법이 채택한 민주주의의 구체적 모습과 동일하게 보아서는 '안 된다'(헌재 2014.12.19, 2013헌다1).

④ '위배될 때'의 의미: 모든 정당의 목적과 활동에 관련된 사소한 위헌성까지 위배하는 것을 의미하는 것이 아니라 그 정당의 목적이나 활동이 우리 사회의 민주적 기본질서에 대하여 **실질적인 해악을 끼칠 수 있는 구체적 위험성**을 초래하는 경우를 의미한다(헌재 2014.12.19, 2013헌다1).

⑤ 비례의 원칙: 헌법재판소가 정당해산결정을 내리기 위해서는 그 해산결정이 비례원칙에 부합하는지를 숙고해야 하고, 비례원칙의 준수 여부는 다른 대안적 수단이 없고, 정당해산결정을 통하여 얻을 수 있는 사회적 이익이 정당해산결정으로 인해 초래되는 정당의 정당활동 자유 제한으로 인한 불이익과 민주주의 사회에 대한 중대한 제약이라는 사회적 불이익을 초과할 수 있을 정도로 큰 경우에 한하여 헌법적으로 정당화될 수 있다(헌재 2014.12.19, 2013헌다1).

> **기출 OX**
> **03** 민주적 기본질서의 '위배'란, 민주적 기본질서에 대한 단순한 위반이나 저촉을 의미하는 것이 아니라, 민주사회의 불가결한 요소인 정당의 존립을 제약해야 할 만큼 그 정당의 목적이나 활동이 우리 사회의 민주적 기본질서에 대하여 실질적인 해악을 끼칠 수 있는 구체적 위험성을 초래하는 경우를 가리킨다. 20. 법행 ( )

> **판례 | 헌법 제8조 제4항 '민주적 기본질서'의 의미**
>
> 1 헌법 제8조 제4항이 의미하는 '민주적 기본질서'는 개인의 자율적 이성을 신뢰하고 모든 정치적 견해들이 각각 상대적 진리성과 합리성을 지닌다고 전제하는 다원적 세계관에 입각한 것으로서, 모든 폭력적·자의적 지배를 배제하고, 다수를 존중하면서도 소수를 배려하는 민주적 의사결정과 자유·평등을 기본원리로 하여 구성되고 운영되는 정치적 질서를 말하며, 구체적으로는 국민주권의 원리, 기본적 인권의 존중, 권력분립제도, 복수정당제도 등이 현행헌법상 주요한 요소라고 볼 수 있다(헌재 2014.12.19, 2013헌다1).
>
> 2 헌법 제8조 제4항의 민주적 기본질서 개념은 정당해산결정의 가능성과 긴밀히 결부되어 있다. 이 민주적 기본질서의 외연이 확장될수록 정당해산결정의 가능성은 확대되고, 이와 동시에 정당활동의 자유는 축소될 것이다. 민주사회에서 정당의 자유가 지니는 중대한 함의나 정당해산심판제도의 남용가능성 등을 감안한다면, 헌법 제8조 제4항의 민주적 기본질서는 최대한 엄격하고 협소한 의미로 이해해야 한다(헌재 2014.12.19, 2013헌다1).

(3) 절차적 요건

① 정부의 제소

> **헌법재판소법**
> **제55조【정당해산심판의 청구】** 정당의 목적이나 활동이 민주적 기본질서에 위배될 때에는 정부는 국무회의의 심의를 거쳐 헌법재판소에 정당해산심판을 청구할 수 있다. 03·11. 법행, 11. 법무사
> **제57조【가처분】** 헌법재판소는 정당해산심판의 청구를 받은 때에는 직권 또는 청구인의 신청에 의하여 종국결정의 선고시까지 피청구인의 활동을 정지하는 결정을 할 수 있다.

04 정당해산심판 청구가 있는 때에 헌법재판소는 직권으로 종국결정의 선고시까지 피청구인 정당의 활동을 정지하는 결정을 할 수 없다. 15. 국회직 ( )

정답 03 ○ 04 ×

기출 OX

01 정당해산심판절차에 관하여 민사소송에 관한 법령을 준용하도록 한 헌법재판소법 제40조 제1항은 헌법상 재판을 받을 권리를 침해하지 않는다.
18. 경찰승진 ( )

> **판례 | 정당해산심판에서 가처분을 허용하는 조항 등이 정당활동의 자유를 침해하여 위헌인지 여부: 소극 [기각]**
>
> 가처분제도를 두지 않으면 종국결정이 선고되더라도 그 실효성이 없어 회복하기 어려운 불이익을 주게 되고, 정당해산심판이 가지는 헌법보호라는 측면에 비추어 헌법질서의 유지·수호를 위하여 일정한 요건 아래에서는 정당의 활동을 임시로 정지할 필요성이 있으므로, 가처분조항은 입법목적의 정당성 및 수단의 적정성이 인정된다. … 가처분조항에 의하여 달성될 수 있는 정당해산심판의 실효성 확보 및 헌법질서의 유지 및 수호라는 공익은 정당해산심판의 종국결정시까지 잠정적으로 제한되는 정당활동의 자유에 비하여 결코 작다고 볼 수 없으므로 법익균형성도 충족하였다. 따라서 가처분조항은 과잉금지원칙에 위배하여 정당활동의 자유를 침해한다고 볼 수 없다(헌재 2014.2.27, 2014헌마7).

② 헌법재판소의 해산결정

> **헌법 제113조** ① 헌법재판소에서 법률의 위헌결정, 탄핵의 결정, 정당해산의 결정 또는 헌법소원에 관한 인용결정을 할 때에는 재판관 6인 이상의 찬성이 있어야 한다.

③ 해산결정의 집행

> **헌법재판소법**
> **제58조【청구 등의 통지】** ② 정당해산을 명하는 결정서는 **피청구인 외에 국회, 정부 및 중앙선거관리위원회에도 송달하여야 한다.**
> **제60조【결정의 집행】** 정당의 해산을 명하는 헌법재판소의 결정은 중앙선거관리위원회가 정당법에 따라 집행한다.

02 정당의 해산을 명하는 헌법재판소의 결정은 국회가 정당법에 따라 집행한다. 12. 법행, 20. 5급 공채 ( )

03 정당의 해산을 명하는 헌법재판소의 결정은 중앙선거관리위원회가 정당법의 규정에 의하여 해당 정당의 등록말소절차를 한 때에 그 효력이 발생한다. 18. 경찰승진 ( )

④ 강제해산의 효과
  ㉠ 정당의 자동해산

> **헌법재판소법**
> **제59조【결정의 효력】** 정당의 해산을 명하는 결정이 선고된 때에는 그 정당은 해산된다.
>
> **정당법**
> **제47조【해산공고 등】** 제45조(자진해산)의 신고가 있거나 헌법재판소의 해산결정의 통지나 중앙당 또는 그 창당준비위원회의 시·도당 창당승인의 취소통지가 있는 때에는 당해 선거관리위원회는 그 정당의 등록을 말소하고 지체 없이 그 뜻을 공고하여야 한다.

  ㉡ 잔여재산의 국고귀속

> **정당법**
> **제48조【해산된 경우 등의 잔여재산처분】** ② … 헌법재판소의 해산결정에 의하여 해산된 정당의 잔여재산은 국고에 귀속한다. 13. 국가직

정답 01 ○ 02 × 03 ×

ⓒ 대체정당의 창당금지

> **정당법**
>
> **제40조【대체정당의 금지】** 정당이 헌법재판소의 결정으로 해산된 때에는 해산된 정당의 강령(또는 기본정책)과 **동일**하거나 **유사한 것**으로 정당을 창당하지 못한다. 03. 법행, 15. 사시

ⓔ 명칭사용금지

> **정당법**
>
> **제41조【유사명칭 등의 사용금지】** ① 이 법에 의하여 등록된 정당이 아니면 그 명칭에 정당임을 표시하는 문자를 사용하지 못한다.
> ② 헌법재판소의 결정에 의하여 해산된 정당의 명칭과 **같은 명칭**은 정당의 명칭으로 다시 사용하지 못한다. 03. 법행, 13. 국가직, 15. 사시·변호사
> ④ 제44조(등록의 취소) 제1항의 규정에 의하여 등록취소된 정당의 명칭과 같은 명칭은 등록취소된 날부터 최초로 실시하는 임기만료에 의한 국회의원선거의 선거일까지 정당의 명칭으로 사용할 수 없다. 05. 법무사, 13. 서울시

ⓜ 해산된 정당의 목적을 달성하기 위한 집회 또는 시위금지

> **집회 및 시위에 관한 법률**
>
> **제5조【집회 및 시위의 금지】** ① 누구든지 다음 각 호의 어느 하나에 해당하는 집회나 시위를 주최하여서는 아니 된다.
> 1. 헌법재판소의 결정에 따라 해산된 정당의 목적을 달성하기 위한 집회 또는 시위
> ② 누구든지 제1항에 따라 금지된 집회 또는 시위를 할 것을 선전하거나 선동하여서는 아니 된다.

(4) 소속 국회의원의 의원직상실 여부

① **문제점**: 우리나라 제3공화국 헌법(1962년 헌법)은 소속 정당이 해산된 때 소속 국회의원의 자격상실규정*을 두고 있었으나, 현행헌법에서는 이러한 규정을 두고 있지 아니하여 학설이 대립하고 있다.

② **헌법재판소 판례**

> **📕 판례 | 정당해산결정이 선고되는 경우 그 정당 소속 국회의원이 의원직을 상실하는지 여부: 적극** 19. 지방직
>
> 헌법재판소의 해산결정으로 정당이 해산되는 경우에 그 정당 소속 국회의원이 의원직을 상실하는지에 대하여 명문의 규정은 없으나, 정당해산심판제도의 본질은 민주적 기본질서에 위배되는 정당을 정치적 의사형성과정에서 배제함으로써 국민을 보호하는 데에 있는데 해산정당 소속 국회의원의 의원직을 상실시키지 않는 경우 정당해산결정의 실효성을 확보할 수 없게 되므로, 이러한 정당해산제도의 취지 등에 비추어 볼 때 헌법재판소의 정당해산결정이 있는 경우 그 정당 소속 국회의원의 의원직은 당선 방식을 불문하고 모두 상실되어야 한다(헌재 2014.12.19, 2013헌다1).

기출 OX

04 위헌정당으로 강제해산된 경우와 달리 등록이 취소된 경우에는 정당의 명칭을 곧바로 다시 사용할 수 있다. 13. 서울시 ( )

05 헌법재판소의 결정에 의하여 해산된 정당의 목적을 달성하기 위한 집회 또는 시위는 금지된다. 15. 경찰승진 ( )

* **정당이 해산된 때 소속 국회의원의 자격상실규정**: 국회의원은 임기 중 당적을 이탈하거나 변경한 때 또는 소속 정당이 해산된 때에는 그 자격이 상실된다. 다만, 합당 또는 제명으로 소속이 달라지는 경우에는 예외로 한다[제3공화국 헌법(1962년 헌법) 제38조].

06 어떤 정당이 위헌정당이라는 이유로 해산이 되면 공직선거법이 정한 바에 따라 해당 정당에 소속된 모든 국회의원의 의원직이 상실된다. 17. 경찰승진 ( )

해설
공직선거법(×), 국회의원직 상실에 관한 명문규정은 없다.

정답 04 × 05 ○ 06 ×

✅ SUMMARY | 등록취소와 강제해산 비교

구분	중앙선거관리위원회에 의하여 등록취소된 정당	헌법재판소에 의하여 강제해산된 정당
헌법상 근거	헌법 제8조 제2항	헌법 제8조 제4항
사유	• 형식적 요건을 구비하지 못한 때 • 정당이 국민의사 형성에 참여하고 있지 아니한 때	정당의 목적이나 활동이 민주적 기본질서에 위배될 때
기존정당의 명칭사용	사용 가능. 다만, 등록취소된 날부터 다음 총선거일까지는 사용불가(정당법 제41조 제4항)	사용 불가능
기존정당의 목적과 유사한 정당 설립	가능	대체정당 설립 불가
잔여재산	1차는 당헌에 따라, 나머지는 국고귀속	국고귀속
소속 의원	무소속으로 자격 유지	자격 상실(다수설·판례)
법원제소	제소 가능	제소 불허용

⚖ 판례 |

1 통합진보당 해산사건 [인용(해산)]

[1] 정당해산심판제도의 의의

정당해산심판제도는 정부의 일방적인 행정처분에 의해 진보적 야당이 등록취소되어 사라지고 말았던 우리 현대사에 대한 반성의 산물로서 제3차 헌법 개정을 통해 헌법에 도입된 것이다. 우리나라의 경우 이 제도는 발생사적 측면에서 정당을 보호하기 위한 절차로서의 성격이 부각된다. 따라서 모든 정당의 존립과 활동은 최대한 보장되며, 설령 어떤 정당이 민주적 기본질서를 부정하고 이를 적극적으로 공격하는 것으로 보인다 하더라도 국민의 정치적 의사형성에 참여하는 정당으로서 존재하는 한 헌법에 의해 최대한 두텁게 보호되므로, 단순히 행정부의 통상적인 처분에 의해서는 해산될 수 없고, 오직 헌법재판소가 그 정당의 위헌성을 확인하고 해산의 필요성을 인정한 경우에만 정당정치의 영역에서 배제된다. 그러나 한편 이 제도로 인해서, 정당활동의 자유가 인정된다 하더라도 민주적 기본질서를 침해해서는 안 된다는 헌법적 한계 역시 설정된다.

[2] 정당해산의 사유

헌법 제8조 제4항은 정당해산심판의 사유를 '정당의 목적이나 활동이 민주적 기본질서에 위배될 때'로 규정하고 있는데, 여기서 말하는 민주적 기본질서의 '위배'란, 민주적 기본질서에 대한 단순한 위반이나 저촉을 의미하는 것이 아니라, 민주사회의 불가결한 요소인 정당의 존립을 제약해야 할 만큼 그 정당의 목적이나 활동이 우리 사회의 민주적 기본질서에 대하여 실질적인 해악을 끼칠 수 있는 구체적 위험성을 초래하는 경우를 가리킨다.

강제적 정당해산은 헌법상 핵심적인 정치적 기본권인 정당활동의 자유에 대한 근본적 제한이므로, 헌법재판소는 이에 관한 결정을 할 때 헌법 제37조 제2항이 규정하고 있는 비례원칙을 준수하여야만 한다.

기출 OX

01 정당해산사유로서의 '민주적 기본질서의 위배'란, 민주적 기본질서에 대한 단순한 위반이나 저촉만으로도 족하며, 반드시 민주사회의 불가결한 요소인 정당의 존립을 제약해야 할 만큼 그 정당의 목적이나 활동이 민주적 기본질서에 대하여 실질적인 해악을 끼칠 수 있는 구체적 위험성을 초래하는 경우까지 포함하는 것은 아니다.
22. 경찰1차 ( )

정답 01 ×

[3] 피청구인의 목적이나 활동이 민주적 기본질서에 위배되는지 여부: **적극**

피청구인이 추구하는 가치 내지 이념적 지향점은 '진보적 민주주의'이다. … 피청구인 주도세력의 형성과정, 대북자세, 활동경력, 이념적 동일성 등을 종합해 볼 때 피청구인 주도세력은 북한을 추종하고 있다. … **피청구인은 진보적 민주주의를 실현하기 위해서는 전민항쟁 등 폭력을 행사하여 자유민주주의체제를 전복할 수 있다고 하는데 이 역시 민주적 기본질서에 정면으로 저촉**된다.

[4] 정당해산결정이 선고되는 경우 그 정당 소속 국회의원이 의원직을 상실하는지 여부: **적극**

정당해산결정이 있는 경우 그 정당 소속 국회의원의 의원직은 당선방식을 불문하고 모두 상실되어야 한다(헌재 2014.12.19, 2013헌다1).

▶ 위 판례에서 국회의원의 의원직은 상실되어야 한다고 판시하였으나, 지방의원들의 의원직에 대해서는 판단하지 않는다. 즉, 지방의원은 의원직을 유지한다.

2 통합진보당 재심사건 [각하]

[1] 정당해산결정에 대한 재심 허용 여부

정당해산심판은 일반적 기속력과 대세적·법규적 효력을 가지는 법령에 대한 헌법재판소의 결정과 달리 원칙적으로 **해당 정당에게만 그 효력이 미친다.** … 따라서 **정당해산심판절차에서는** 재심을 허용하지 아니함으로써 얻을 수 있는 법적 안정성의 이익보다 재심을 허용함으로써 얻을 수 있는 구체적 타당성의 이익이 더 크므로 **재심을 허용하여야 한다.** 한편, 이 재심절차에서는 원칙적으로 **민사소송법의 재심에 관한 규정이 준용**된다(헌법재판소법 제40조 제1항).

[2] 적법한 재심사유의 존재 여부

재심대상결정의 심판대상은 재심청구인의 목적이나 활동이 민주적 기본질서에 위배되는지, 재심청구인에 대한 해산결정을 선고할 것인지, 해산결정을 할 경우 그 소속 국회의원에 대하여 의원직 상실을 선고할 것인지 여부이다. 재심대상결정은 재심청구인 소속 국회의원과 당원 일부가 남북 대치상황에서 국내 주요시설을 파괴하여 유사시 북한을 돕는다는 등의 논의를 한 행위를 민주적 기본질서에 위배되는 행위유형의 하나로 보았다. 그러나 **재심대상결정은 이런 행위가 형법상 내란음모에 해당하는지 여부에 대하여는 판단하지 않았다.** 내란음모 등 형사사건에서 내란음모 혐의에 대한 유·무죄 여부는 재심대상결정의 심판대상이 아니었고 논리적 선결문제도 아니다. 따라서 재심대상결정에 민사소송법 제451조 제1항 제8호의 재심사유가 있다고 할 수 없다(헌재 2016.5.26, 2015헌아20).

03 정당과 정치자금

1. 정치자금의 의의

> **정치자금법**
>
> **제2조【기본원칙】** ① 누구든지 이 법에 의하지 아니하고는 정치자금을 기부하거나 받을 수 없다.
> ② 정치자금은 국민의 의혹을 사는 일이 없도록 공명정대하게 운용되어야 하고, 그 회계는 공개되어야 한다.
> ③ 정치자금은 정치활동을 위하여 소요되는 경비로만 지출하여야 하며, 사적 경비로 지출하거나 부정한 용도로 지출하여서는 아니 된다. 05. 입시
> ⑤ 누구든지 타인의 명의나 가명으로 정치자금을 기부할 수 없다.
>
> **제3조【정의】** 이 법에서 사용하는 용어의 정의는 다음과 같다.
> 1. 정치자금의 종류는 다음 각 목과 같다.
>   가. 당비
>   나. 후원금
>   다. 기탁금
>   라. 보조금
>   마. 정당의 당헌·당규 등에서 정한 부대수입
>   바. 정치활동을 위하여 정당(중앙당창당준비위원회를 포함한다), 공직선거법에 따른 후보자가 되려는 사람, 후보자 또는 당선된 사람, 후원회·정당의 간부 또는 유급사무직원, 그 밖에 정치활동을 하는 사람에게 제공되는 금전이나 유가증권 또는 그 밖의 물건
>   사. 바목에 열거된 사람(정당 및 중앙당창당준비위원회를 포함한다)의 정치활동에 소요되는 비용
> 3. "당비"라 함은 **명목 여하에 불구하고** 정당의 당헌·당규 등에 의하여 정당의 당원이 부담하는 금전이나 유가증권 그 밖의 물건을 말한다.

'정치자금'이란 당비, 후원금, 기탁금, 보조금, 정당의 당헌·당규 등에서 정한 부대수입, 정치활동을 위하여 정당(중앙당창당준비위원회를 포함), 공직선거법에 따른 후보자가 되려는 사람, 후보자 또는 당선된 사람, 후원회·정당의 간부 또는 유급사무직원, 그 밖에 정치활동을 하는 사람에게 제공되는 금전이나 유가증권 그 밖의 물건과 그 사람의 정치활동에 소요되는 비용을 말한다(정치자금법 제3조 제1호).

2. 현행법상 정치자금원

(1) 당비

'당비'란 명목 여하에 불구하고 정당의 당헌·당규 등에 의하여 정당의 당원이 부담하는 금전이나 유가증권, 그 밖의 물건을 말한다(정치자금법 제3조 제3호).

(2) 정당후원회의 후원금

① 후원회 및 후원금의 개념
㉠ 후원회: '후원회'는 정치자금법의 규정에 의하여 정치자금의 기부를 목적으로 설립·운영되는 단체로서 관할 선거관리위원회에 등록된 단체를 말한다(정치자금법 제3조 제7호).

기출 OX

01 야당의 정치자금 모집을 가능하게 하기 위하여 타인의 명의나 가명으로 하는 정치자금의 기부를 허용한다. 20. 국회직 9급 ( )

02 당비는 정당의 당헌·당규 등에 의하여 정당의 당원이 부담하는 금전으로서 유가증권이나 그 밖의 물건을 제외한다. 20. 국회직 9급 ( )

정답 01 × 02 ×

ⓛ **후원금**: '후원금'은 정치자금법의 규정에 의하여 후원회에 기부하는 금전이나 유가증권 그 밖의 물건을 말한다(정치자금법 제3조 제4호).
② 후원회의 설치

> **정치자금법**
> **제6조【후원회지정권자】** 다음 각 호에 해당하는 자(이하 "후원회지정권자"라 한다)는 각각 하나의 후원회를 지정하여 둘 수 있다.
> 1. 중앙당(중앙당창당준비위원회를 포함한다)
> 2. 국회의원(국회의원선거의 당선인을 포함한다)
> 2의2. 지방의회의원(지방의회의원선거의 당선인을 포함한다)
> 2의3. 대통령선거의 후보자 및 예비후보자(이하 "대통령후보자 등"이라 한다)
> 3. 정당의 대통령선거후보자 선출을 위한 당내 경선후보자(이하 "대통령선거경선후보자"라 한다)
> 4. 지역선거구(이하 "지역구"라 한다)국회의원선거의 후보자 및 예비후보자(이하 "국회의원후보자 등"이라 한다). 다만, 후원회를 둔 국회의원의 경우에는 그러하지 아니하다.
> 5. 중앙당 대표자 및 중앙당 최고 집행기관(그 조직형태와 관계없이 당헌으로 정하는 중앙당 최고 집행기관을 말한다)의 구성원을 선출하기 위한 당내경선후보자
> 6. 지역구지방의회의원선거의 후보자 및 예비후보자(이하 "지방의회의원후보자 등"이라 한다)
> 7. 지방자치단체의 장선거의 후보자 및 예비후보자(이하 "지방자치단체장후보자 등"이라 한다)

판례 Ⅰ

1 국회의원을 후원회지정권자로 정하면서 '지방의원'을 후원회지정권자에서 제외하고 있는 정치자금법 제6조 제2호가 지방의원의 평등권을 침해하는지 여부: 적극 [헌법불합치]

후원회 지정 자체를 금지하는 것은 오히려 지방의회의원의 정치자금 모금을 음성화시킬 우려가 있다. 현재 지방자치법에 따라 지방의회의원에게 지급되는 의정활동비 등은 의정활동에 전념하기에 충분하지 않다. 또한, 지방의회는 유능한 신인정치인의 유입 통로가 되므로, 지방의회의원에게 후원회를 지정할 수 없도록 하는 것은 경제력을 갖추지 못한 사람의 정치입문을 저해할 수도 있다. 따라서 이러한 사정들을 종합하여 보면, 심판대상조항이 국회의원과 달리 지방의회의원을 후원회지정권자에서 제외하고 있는 것은 불합리한 차별로서 청구인들의 평등권을 침해한다(헌재 2022.11.24, 2019헌마528).

2 정당후원회를 금지한 정치자금법 제6조가 정당의 정당활동의 자유와 국민의 정치적 표현의 자유를 침해하는지 여부: 적극 [헌법불합치] 18. 법원직, 16·19. 지방직

정치자금 중 당비는 반드시 당원으로 가입하여야만 납부할 수 있어 일반 국민으로서 자신이 지지하는 정당에 재정적 후원을 하기 위하여 반드시 당원이 되어야 하므로, 정당법상 정당 가입이 금지되는 공무원 등의 경우에는 자신이 지지하는 정당에 재정적 후원을 할 수 있는 방법이 없다. 그리고 현행 기탁금제도는 중앙선거관리위원회가 국고보조금의 배분비율에 따라 각 정당에 배분·지급하는 일반기탁금제도로서, 기부자가 자신이 지지하는 특정 정당에 재정적 후원을 하는 것과는 전혀 다른 제도이므

기출 OX

03 국회의원 개인은 후원회를 둘 수 있지만 정당은 후원회를 둘 수 없다.
20. 국회직 9급 ( )

04 국회의원은 개인후원회를 구성할 수 있도록 하면서 시·도의원에 대해서는 후원회 구성을 금지한 정치자금에 관한 법률의 규정은 평등의 원칙에 반하지 아니한다. 03. 법행 ( )

05 정당제 민주주의하에서 정당에 대한 재정적 후원이 전면적으로 금지되더라도 정당이 스스로 재정을 충당하고자 하는 정당활동의 자유와 국민의 정치적 표현의 자유에 대한 제한이 크지 아니하므로, 이를 규정한 법률조항은 정당의 정당활동의 자유와 국민의 정치적 표현의 자유를 침해하지 않는다.
19. 지방직 ( )

정답 03 × 04 × 05 ×

로 이로써 정당후원회를 대체할 수 있다고 보기도 어렵다. 나아가 정당제 민주주의하에서 정당에 대한 재정적 후원이 전면적으로 금지됨으로써 정당이 스스로 재정을 충당하고자 하는 정당활동의 자유와 국민의 정치적 표현의 자유에 대한 제한이 매우 크다고 할 것이므로, 이 사건 법률조항은 정당의 정당활동의 자유와 국민의 정치적 표현의 자유를 침해한다(헌재 2015.12.23, 2013헌바168).

3 기초자치단체장선거의 예비후보자는 후원회를 통한 정치자금의 모금을 할 수 없도록 하고, 이를 위반하면 형사처벌하는 것이 평등권을 침해하는지 여부: **소극 [합헌]**
심판대상조항들이 기초자치단체장선거의 예비후보자를 대통령선거 및 지역구국회의원선거의 예비후보자와 달리 취급하는 것에는 합리적인 이유가 있으므로, 심판대상 조항들은 청구인의 평등권을 침해하지 아니한다(헌재 2016.9.29, 2015헌바228).

4 특별시장·광역시장·특별자치시장·도지사·특별자치도지사(이하 '광역자치단체장'이라 한다) 선거의 예비후보자를 후원회지정권자에서 제외하고 있는 정치자금법 제6조 제6호 부분이 평등권을 침해하는지 여부: **적극**
광역자치단체장선거의 경우 국회의원선거보다 지출하는 선거비용의 규모가 크고, 후원회를 통해 선거자금을 마련할 필요성 역시 매우 크다. … 국회의원선거의 예비후보자 및 그 예비후보자에게 후원금을 기부하고자 하는 자와 광역자치단체장선거의 예비후보자 및 이들 예비후보자에게 후원금을 기부하고자 하는 자를 계속하여 달리 취급하는 것은, 불합리한 차별에 해당하고 입법재량을 현저히 남용하거나 한계를 일탈한 것이다. 따라서 심판대상조항 중 광역자치단체장선거의 예비후보자에 관한 부분은 청구인들 중 광역자치단체장선거의 예비후보자 및 이들 예비후보자에게 후원금을 기부하고자 하는 자의 평등권을 침해한다(헌재 2019.12.27, 2018헌마301).

5 자치구의 지역구의회의원(이하 '자치구의회의원'이라 한다) 선거의 예비후보자를 후원회지정권자에서 제외하고 있는 정치자금법 제6조 제6호 부분이 평등권을 침해하는지 여부: **소극**
자치구의회의원은 대통령, 국회의원과는 그 지위나 성격, 기능, 활동범위, 정치적 역할 등에서 본질적으로 다르다. 자치구의회의원의 활동범위는 해당 자치구의 지역 사무에 국한되고, 그에 수반하여 정치자금을 필요로 하는 정도나 소요자금의 양에서도 현격한 차이가 있을 수밖에 없다. 따라서 심판대상조항 중 자치구의회의원선거의 예비후보자에 관한 부분은 청구인들 중 자치구의회의원선거의 예비후보자 및 이들 예비후보자에게 후원금을 기부하고자 하는 자의 평등권을 침해한다고 볼 수 없다(헌재 2019.12.27, 2018헌마301).

6 단체의 이름으로 혹은 단체와 관련된 자금으로 정치자금을 기부하는 것을 금지하고 이를 위반한 경우 처벌하도록 하는 정치자금법 규정이 단체와 그 구성원의 정치활동의 자유를 침해하는 것인지 여부: **소극**
단체관련자금 기부금지조항은 단체의 정치자금 기부금지 규정에 관한 탈법행위를 방지하기 위한 것인바, 단체의 정치자금 기부를 통한 정치활동이 민주적 의사형성과정을 왜곡하거나 선거의 공정을 해하는 것을 방지하고, 단체 구성원의 의사에 반하는 정치자금 기부로 인하여 단체 구성원의 정치적 의사표현의 자유가 침해되는 것을 방지하려는 것으로서, 정당한 입법목적 달성을 위한 적합한 수단에 해당한다. 따라서 단체관련자금 기부금지조항이 과잉금지원칙을 위반하여 정치활동의 자유 내지 정치적 의사표현의 자유를 침해하는 것이라 볼 수 없다(헌재 2014.4.24, 2011헌바254).

기출 OX

01 대통령선거 및 지역구국회의원선거의 예비후보자들과 달리 광역자치단체장선거의 예비후보자를 후원회지정권자에서 제외하고 있는 것은 광역자치단체장선거 예비후보자의 평등권을 침해하지 않는다. 20. 입시 ( )

정답 01 ✕

7 대통령선거경선후보자가 당내경선 과정에서 탈퇴함으로써 후원회를 둘 수 있는 자격을 상실한 때에는 후원회로부터 후원받은 후원금 전액을 국고에 귀속하도록 하고 있는 구 정치자금법 제21조 제3항 제2호가 평등권 및 선거의 자유를 침해하는지 여부: 적극 [위헌]

대통령선거경선후보자가 후보자가 될 의사를 갖고 당내경선 후보자로 등록을 하고 선거운동을 한 경우라고 한다면, 비록 경선에 참여하지 아니하고 포기하였다고 하여도 대의민주주의의 실현에 중요한 의미를 가지는 정치과정이라는 점을 부인할 수 없다. 따라서 경선을 포기한 대통령선거경선후보자에 대하여도 정치자금의 적정한 제공이라는 입법목적을 실현할 필요가 있는 것이며, 이들에 대하여 후원회로부터 지원받은 후원금 총액을 회수함으로써 경선에 참여한 대통령선거경선후보자와 차별하는 이 사건 법률조항의 차별은 합리적인 이유가 있는 차별이라고 하기 어렵다(헌재 2009. 12.29, 2007헌마1412).

8 국회의원예비후보자가 당내경선에 참여하지 않고 정식 후보자 등록을 하지 않음으로써 후원회를 둘 수 있는 자격을 상실한 때에는 후원회로부터 후원받은 후원금 전액을 국고에 귀속하도록 하고 있는 정치자금법 제21조 제3항 제2호가 평등권 및 선거의 자유를 침해하는지 여부: 적극 [위헌]

정당 소속 예비후보자가 선거운동을 하면서 후원금을 사용한 뒤에 소속 정당이 당내경선을 실시하지 않기로 결정한 이유로 당내경선에 참여하지 못한 경우에 이미 선거비용으로 지출한 후원금액까지 내놓으라고 요구하는 것은 합리적인 차별이라고 보기 어렵다. 또한 무소속 예비후보자는 소속 정당이 없어 당내경선을 거칠 가능성이 아예 없으므로, 무소속 예비후보자를 후원금의 사용에 관하여 불리하게 차별한다고 할 수 있다. 이 사건 법률조항이 국회의원 선거의 예비후보자가 후보자로 되지 못한 경우에 당내경선을 거친 경우와 그렇지 않은 경우를 구별하여 이미 사용한 후원금의 반환 범위를 다르게 정한 것은 합리적인 차별이라고 할 수 없으므로 평등권을 침해한다(헌재 2009.12.29, 2008헌마141).

(3) 기탁금

① **개념**: '기탁금'이란 정치자금을 정당에 기부하고자 하는 개인이 이 법의 규정에 의하여 선거관리위원회에 기탁하는 금전이나 유가증권 그 밖의 물건을 말한다(정치자금법 제3조 제5호). 정당에 정치자금을 기부하고자 하는 자는 기명으로 선거관리위원회에 직접 기탁하여야 한다. 05. 입시, 06. 사시

② **선거관리위원회에 기탁**

> **정치자금법**
>
> **제22조 【기탁금의 기탁】** ① 기탁금을 기탁하고자 하는 개인(당원이 될 수 없는 공무원과 사립학교 교원을 포함한다)은 각급 선거관리위원회(읍·면·동선거관리위원회를 제외한다)에 기탁하여야 한다.
> ② 1인이 기탁할 수 있는 기탁금은 1회 1만원 또는 그에 상당하는 가액 이상, 연간 1억원 또는 전년도 소득의 100분의 5 중 다액 이하로 한다.
> ③ 누구든지 타인의 명의나 가명 또는 그 성명 등 인적사항을 밝히지 아니하고 기탁금을 기탁할 수 없다. 이 경우 기탁자의 성명 등 인적사항을 공개하지 아니할 것을 조건으로 기탁할 수 있다.

기출 OX

02 정당에 정치자금을 기부하고자 하는 자는 무기명으로 선거관리위원회에 기탁금을 기탁할 수 있다. 10. 국회직 ( )

정답 02 ×

③ 기탁금 기부제한자

> **정치자금법**
>
> **제31조【기부의 제한】** ① 외국인, 국내·외의 법인 또는 단체는 정치자금을 기부할 수 없다. 05. 입시, 06. 사시
> ② 누구든지 국내·외의 법인 또는 단체와 관련된 자금으로 정치자금을 기부할 수 없다.

④ 기탁금 분배

> **정치자금법**
>
> **제23조【기탁금의 배분과 지급】** ① 중앙선거관리위원회는 기탁금의 모금에 직접 소요된 경비를 공제하고 지급 당시 제27조(보조금의 배분)의 규정에 의한 국고보조금 배분율에 따라 기탁금을 배분·지급한다.

(4) 보조금

① 의의
  ㉠ '보조금'이란 정당의 보호·육성을 위하여 국가가 정당에 지급하는 금전이나 유가증권을 말한다(정치자금법 제3조 제6호).
  ㉡ 국고보조금제도는 정당의 역할을 수행하는 데 소요되는 정치자금을 마련함에 있어 정치자금의 기부자인 각종 이익집단으로부터 부당한 영향력을 배제하여 정치부패를 방지하고 정당간 자금조달의 격차를 줄여 공평한 경쟁을 유도하는 데 입법목적이 있다(헌재 2006.7.27, 2004헌마655). 12. 법무사, 19. 지방직

② 보조금의 배분(정치자금법 제27조)

전체의 100분의 50	**동일 정당의 소속 의원으로 교섭단체를 구성한 정당**에 대하여 정당별로 균등하게 분할하여 배분
100분의 5	교섭단체를 구성하지 못한 정당으로서 5석 이상의 의석을 가진 정당
100분의 2	의석이 없거나 5석 미만의 의석을 가진 정당 중 다음의 어느 하나에 해당하는 정당 ㉠ 최근에 실시된 임기만료에 의한 국회의원선거에 참여한 정당의 경우에는 국회의원선거의 득표수 비율이 100분의 2 이상인 정당 ㉡ 최근에 실시된 임기만료에 의한 국회의원선거에 참여한 정당 중 ㉠에 해당하지 아니하는 정당으로서 의석을 가진 정당의 경우에는 최근에 전국적으로 실시된 후보추천이 허용되는 비례대표시·도의회의원선거, 지역구시·도의회의원선거, 시·도지사선거 또는 자치구·시·군의장선거에서 당해 정당이 득표한 득표수 비율이 100분의 0.5 이상인 정당

기출 OX

01 경상보조금과 선거보조금은 동일 정당의 소속 의원으로 교섭단체를 구성하지 못하는 정당으로서 5석 이상의 의석을 가진 정당에 대하여는 100분의 5씩을 배분·지급한다. 17. 국회직
( )

정답 01 ○

	ⓒ 최근에 실시된 임기만료에 의한 국회의원선거에 참여하지 아니한 정당의 경우에는 최근에 전국적으로 실시된 후보추천이 허용되는 비례대표시·도의회의원선거, 지역구시·도의회의원선거, 시·도지사선거 또는 자치구·시·군의 장선거에서 당해 정당이 득표한 득표수 비율이 100분의 2 이상인 정당
잔여분 중 100분의 50	지급 당시 국회의석을 가진 정당에 그 의석수의 비율에 따라 배분
그 잔여분 (나머지 100분의 50)	최근에 실시된 국회의원총선거에서 득표한 정당의 득표수 비율에 따라 배분

> **판례 |**
>
> **1 정당에 대한 보조금 지급규정이 교섭단체를 구성한 정당과 이를 구성하지 못한 정당을 차별하여 평등권을 침해하는지 여부: 소극 [기각]** 08. 법원직·법행, 19. 지방직
>
> 이 사건 법률조항은 교섭단체를 구성할 정도의 다수 정당에 대해서만 보조금을 배분하는 것이 아니라 그에 미치지 못하는 소수 정당도 일정 범위의 보조금 배분을 인정하여 소수 정당의 보호·육성도 도모하고 있고, 교섭단체의 구성 여부만을 보조금 배분의 유일한 기준으로 삼은 것이 아니라 정당의 의석수비율이나 득표수비율도 고려하여 정당에 대한 국민의 지지도도 반영하고 있다. … 교섭단체의 구성 여부에 따라 보조금의 배분규모에 차이가 있더라도 그러한 차등 정도는 각 정당간의 경쟁상태를 현저하게 변경시킬 정도로 합리성을 결여한 차별이라고 보기 어렵다(헌재 2006.7.27, 2004헌마655).
>
> **2 정치인에게 직접 정치자금을 무상대여한 경우 처벌하는 정치자금법 제45조 제1항 등이 정치활동의 자유 등을 침해하는지 여부: 소극 [합헌]**
>
> [1] 정치인에게 직접 정치자금을 무상대여하는 경우, 유상대여와 달리 이자 지급 약정이나 이자 지급 사실이 존재하지 않으므로 외관상 기부와 구별하기 어렵고, 후원회에 대한 무상대여와 달리 대여원금을 정치인이 직접 사용할 수 있으므로, 후원금에 대한 각종 법적 규제를 우회·잠탈할 여지가 크다. 따라서 이를 금지하는 것보다 덜 침해적인 수단을 찾기 어렵다.
>
> [2] 정치자금법은 적정한 이자약정을 부가하여 타인으로부터 정치자금을 차용하는 것을 금지하지 않고, 정치자금을 기부·수수한 사람이 민법상 친족관계에 있는 경우 처벌하지 않는 예외를 두어 처벌의 범위를 합리적으로 조정하고 있다. 따라서 위 조항들은 청구인의 정치활동 내지 정치적 의사표현의 자유를 침해하지 않는다(헌재 2017.8.31, 2016헌바45).

기출 OX

02 공직선거 참여 여부는 정당의 등록취소와는 상관없으나, 공직선거에 참여하지 않은 정당은 국고보조금을 배분받지 못한다. 17. 경찰승진 ( )

- 동일 정당 소속의원들로 구성되지 않아도 일단 교섭단체를 구성한 정당에 대하여는 그 100분의 50을 정당별로 균등하게 분할하여 배분·지급한다. (×)
- 동일 정당의 소속의원으로 교섭단체를 구성한 정당에 대하여 그 100분의 50을 정당별로 균등하게 분할하여 배분·지급한다. (○)

03 정당에 국고보조금을 배분함에 있어 교섭단체의 구성 여부에 따라 차등을 두는 것은 평등원칙에 위배된다. 19. 지방직 ( )

정답 02 × 03 ×

제7절 선거제도

01 선거의 의의

선거는 국민적 합의에 바탕한 대의제 민주정치를 구현하기 위하여 주권자인 국민이 그들을 대표할 국가기관(대의기관)을 선임하는 행위를 말한다.

기출 OX
01 선거는 국민이 대표자에게 특정의 공무수행기능을 위임하는 위임행위이다. 12. 국회직 ( )

02 선거인과 대표기관과의 관계

대의제 민주주의에 있어서 선거인과 대표자의 관계는 무기속위임을 원칙으로 하기 때문에 양자의 관계는 법적 대표관계가 아닌, 대표자에게 선거인의 의사를 존중하여야 할 정치적 책임을 지우는 **정치적 대표관계**로 보아야 할 것이다.

03 선거제도의 기본원칙

1. 보통선거의 원칙

기출 OX
02 후보자에게 과도한 기탁금을 납부하도록 하는 것은 입후보 의사를 가진 국민들의 평등권과 피선거권, 이들을 뽑으려는 유권자들의 선택의 자유를 침해한다. 09. 법행 ( )

보통선거는 제한선거에 대응하는 개념으로, 원칙적으로 일정한 연령에 달한 모든 국민에게 선거권을 인정하는 선거원칙을 말한다. 08. 법행 기탁금제도 자체는 무분별한 후보난립을 방지하기 위한 제재금 예납의 의미와 함께 공직선거법 위반행위에 대한 과태료 및 불법시설물 등에 대한 대집행비용과 부분적으로 선전벽보 등의 작성비용에 대한 예납의 의미도 가지고 있으므로 그 기탁금액이 지나치게 많지 않은 한 이를 위헌이라고 할 수는 없다. 그러나 선거법상 요구되는 기탁금이 지나치게 고액이면, 헌법상 보통선거의 원칙에 반하여 위헌(실질적으로 선거가 재력을 요건으로 하게 되는 결과를 가져와 선거참여의 기회를 박탈하게 되므로)이다(헌재 1989.9.8, 88헌가6).

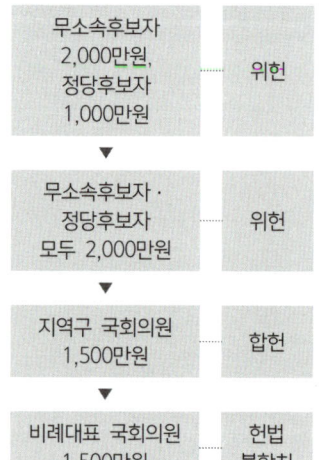

한눈에 쏙!
국회의원선거의 기탁금 관련 판례

무소속후보자 2,000만원, 정당후보자 1,000만원 — 위헌
▼
무소속후보자 · 정당후보자 모두 2,000만원 — 위헌
▼
지역구 국회의원 1,500만원 — 합헌
▼
비례대표 국회의원 1,500만원 — 헌법불합치

판례 I

1 국회의원선거법 제33조, 제34조의 위헌심판 [헌법불합치]
국회의원기탁금 2,000만원은 지나치게 고액이어서 보통선거의 원칙에 반한다(헌재 1989.9.8, 88헌가6).
▶ 현행 1,500만원

2 지방의회의원선거법 제36조 제1항에 대한 헌법소원 [헌법불합치]
광역의원기탁금 700만원은 너무 과다하여 평등권을 침해한다(헌재 1991.3. 11, 91헌마21).
▶ 현행 300만원

3 지방의회의원선거법 제36조 제1항에 대한 헌법소원
기초의원기탁금 200만원은 공영비용을 담보하고 불성실한 후보자에 대한 제재목적을 달성하기 위한 금액으로서 과다하다고 할 수는 없다(헌재 1995.5.25, 91헌마44).
▶ 현행 200만원 동일

정답 01 O 02 O

4 대통령선거법 제26조 제1항 등 위헌확인
대통령기탁금 3억원은 입법재량의 범위를 일탈한 과다한 금액이라고 할 수 없다(헌재 1995.5.25, 92헌마269).
- ▶ 5억원(헌법불합치) ⇨ 현행 3억원

5 공직선거법 제15조 위헌확인
선거권 연령을 20세로 규정한 것은 입법부의 합리적 재량을 벗어난 것이 아니다(헌재 1997.6.26, 96헌마89).
- ▶ 현행 18세

6 비례대표 국회의원 기탁금 사건
비례대표 기탁금조항(기탁금액이 1,500만원)은 과잉금지원칙을 위반하여 정당활동의 자유 등을 침해한다(헌재 2016.12.29, 2015헌마509 등).
- ▶ 1,500만원(헌법불합치) ⇨ 현행 500만원

2. 평등선거의 원칙

(1) 의의
① 평등선거는 차등선거에 대응하는 개념으로, 모든 선거인이 1표씩 가지는 1인 1표제와 더불어 모든 선거인의 투표가치가 평등하게 되는 1표 1가제를 원칙으로 한 선거제도를 말한다.
② 평등선거의 원칙은 평등의 원칙이 선거제도에 적용된 것으로 첫째로 **투표의 수적 평등**(복수투표제를 부인하고 모든 선거인에게 1인 1표씩을 인정함을 의미)을, 둘째로 **투표의 성과가치의 평등**(1표의 가치가 대표자 선정에 기여한 정도 면에서 평등하여야 함을 의미)을, 셋째로 **선거참여자의 평등**(특히 피선거권의 측면에서 무소속 입후보자나 정당 이외의 단체를 정당과 차별해서는 안 됨)을 요구한다.

(2) 선거구 인구의 불평등
불합리한 선거구획정 등으로 선거구간에 인구비례라든가 의원수배분에 불균형이 초래되는 경우 투표가치의 불평등문제가 발생하게 된다.

> **판례 |**
>
> **1 국회의원선거구사건 [헌법불합치] [판례 변경]** 15. 법원직·사시
> 현재의 시점에서 헌법이 허용하는 인구편차의 기준을 인구편차 상하 33⅓%를 넘어서지 않는 것으로 봄이 타당하다. 따라서 심판대상 선거구 구역표 중 **인구편차 상하 33⅓%의 기준을 넘어서는 선거구에 관한 부분은 선거구가 속한 지역에 주민등록을 마친 청구인들의 선거권 및 평등권을 침해한다.** … 이 사건 선거구 구역표 전체에 기한 국회의원선거가 실시된 상황에서 단순위헌의 결정을 하게 되면, 추후 재선거 또는 보궐선거가 실시될 경우 국회의원지역선거구 구역표가 존재하지 아니하게 되는 법의 공백이 생기게 될 우려가 큰 점 등을 고려하여 2015.12.31.을 시한으로 입법자가 개정할 때까지 이 사건 선거구 구역표 전체의 잠정적 적용을 명하는 헌법불합치 결정을 하기로 한다(헌재 2014.10.30, 2012헌마190 등).

기출 OX

03 평등선거의 원칙은 투표의 수적인 평등을 의미할 뿐만 아니라 투표의 성과가치의 평등, 즉 1표의 투표가치가 대표자 선정이라는 선거의 결과에 대하여 기여한 정도에 있어서도 평등하여야 함을 의미한다. 13. 국회직 8급
( )

정답 **03** ○

기출 OX

01 현재의 국회의원지역선거구의 획정기준에 따르면 전국선거구평균인구수를 5,000명으로 했을 때 선거구획정결과 최대선거구가 8,000명이고 최소선거구가 3,500명인 경우는 평등선거원칙에 위배되지 않는다.
12. 국회직 9급 ( )

2 시·도의회의원선거구 획정기준 - 인구편차 상하 50% [3:1] 19. 서울시

현시점에서 선택 가능한 방안으로 인구편차 상하 $33\frac{1}{3}$%(인구비례 2:1)를 기준으로 하는 방안 또는 인구편차 상하 50%(인구비례 3:1)를 기준으로 하는 방안이 고려될 수 있다. 인구편차의 허용기준을 엄격히 하면 행정구역을 분할하거나 기존에 존재하던 선거구를 다른 선거구와 통합하거나 시·도의원의 총 정수를 증가시키는 등의 방법으로 시·도의원지역구를 조정하여야 하는데, 이를 위해서는 조정안이 여러 분야에 미치게 될 영향에 대하여 면밀히 검토한 후 부정적인 영향에 대한 대책을 마련하고, 어떠한 조정안을 선택할 것인지에 관하여 사회적 합의를 형성할 필요가 있으므로, 인구편차 상하 60%의 기준에서 곧바로 인구편차 상하 $33\frac{1}{3}$%의 기준을 채택하는 경우 예기치 않은 어려움에 봉착할 가능성이 매우 큰 점도 고려되어야 한다. 그렇다면 **현재의 시점에서 시·도의원지역구 획정과 관련하여 헌법이 허용하는 인구편차의 기준을 인구편차 상하 50%(인구비례 3:1)로 변경하는 것이 타당하다**(헌재 2018.6.28, 2014헌마189).

3 자치구·시·군의원선거구 획정기준 - 인구편차 상하 50% [3:1] 19. 국가직

인구편차 상하 60%의 기준에서 곧바로 인구편차 상하 $33\frac{1}{3}$%의 기준을 채택하는 경우 예기치 않은 어려움에 봉착할 가능성이 큰 점도 고려되어야 한다. 그렇다면 **현재의 시점에서 자치구·시·군의원선거구 획정과 관련하여 헌법이 허용하는 인구편차의 기준을 인구편차 상하 50%(인구비례 3:1)로 변경하는 것이 타당하다**(헌재 2018.6.28, 2014헌마166).

3. 직접선거의 원칙

(1) 직접선거는 간접선거에 대응하는 개념으로, 일반 선거인이 대표자를 직접 선출하는 제도를 말한다. 반면에 간접선거는 일반 선거인이 중간선거인을 선거하고 중간선거인이 대표자를 선출하는 방식이다.

(2) 직접선거의 원칙은 선거결과가 선거권자의 투표에 의하여 직접 결정될 것을 요구하는 원칙이다. 국회의원선거와 관련하여 보면, 국회의원의 선출이나 정당의 의석 획득이 중간선거인이나 정당 등에 의하여 이루어지지 않고 선거권자의 의사에 따라 직접 이루어져야 함을 의미한다(헌재 2001.7.19, 2000헌마91).

4. 비밀선거의 원칙

(1) 비밀선거는 공개선거에 대응하는 개념으로, 선거인이 누구에게 투표하였는지를 제3자가 알지 못하게 하는 선거제도이다. 비밀선거의 전형은 무기명투표와 투표내용에 관한 진술거부제이다.

(2) 모사전송 시스템의 활용은 헌법에 위반된다 할 수 없다(헌재 2007.6.28, 2005헌마772).

(3) 공직선거법(2004.3.12. 법률 제7189호로 개정된 것) 제157조 제6항 중 '신체의 장애로 인하여 자신이 기표할 수 없는 선거인은 본인이 지명한 2인을 동반하여 투표를 보조하게 할 수 있다'는 조항은 청구인의 선거권을 침해하지 않는다(헌재 2020.5.27, 2017헌마867).

정답 **01** ×

5. 자유선거의 원칙

(1) 자유선거는 강제선거에 대응하는 개념으로, 이 원칙은 선거권을 법적 공의무로 보지 않는 것을 전제로 한다. 자유선거의 원칙은 '선거의 내용'뿐만 아니라 '선거의 가부'까지도 선거인의 자유로운 결정에 맡겨질 것을 요구한다.

(2) 우리 헌법은 자유선거를 직접 규정하고 있지는 아니하지만 선거권을 법적 공의무로 보지 않는 이상 동 원칙은 당연히 인정되는 것이다.

(3) 강제선거는 정당한 이유 없이 기권하는 자에 대하여 일정한 제재를 가함으로써 선거권의 행사를 공적 의무가 되게 하는 제도이다.

04 대표제와 선거구제

1. 대표제

(1) 의의

'대표제'란 대표결정방식 또는 의원정수배분방식을 말한다.

(2) 유형

① 다수대표제

㉠ 의의

ⓐ '다수대표제'란 대표의 선출을 선거구에 거주하는 다수자의 의사에 따르게 하는 것으로, 다수자만이 대표자를 낼 수 있고 소수자는 대표를 내는 것이 불가능한 대표제를 말한다.

ⓑ 다수대표제에는 일정한 득표수를 요건으로 하는 절대다수대표제(예 프랑스)와 상대적 다수를 요하는 상대다수대표제(예 영국·미국)가 있다.

ⓒ 다수대표제는 소선거구제와 연결되어 다수당에 유리하다.

㉡ 장·단점

장점	• 양대정당제 확립으로 안정된 정치상황 확보 • 선거인과 대표자간의 거리감 감소 • 선거인의 대표선택 용이
단점	• 당선인 이외의 자가 획득한 표가 사표가 됨 • 정당의 득표율과 의석배분의 불균형 • 지방적 소인물(小人物)이 당선될 가능성이 커서 의원의 질 저하 우려 • 매수 기타 부정에 의한 부패가능성이 큼 • 표에서는 이기고 의석에서는 지는 Bias 현상이 발생할 가능성이 큼

기출 OX

02 프랑스에서는 대통령선거뿐만 아니라 하원인 국민의회의원선거에 있어서도 절대적 다수대표제를 채택하고 있다. 08. 지방직 ( )

정답 02 ○

기출 OX

01 한 선거구에서 2인 이상의 대표를 선출하는 소수대표제가 중선거구제, 대선거구제와 연결되면 소수당도 대표자를 낼 수 있게 되어 소수당에 유리하다. 03. 법무사 (   )

② **소수대표제**

㉠ 의의: '소수대표제'란 한 선거구에서 2인 이상의 대표를 선출하는 제도를 말하며, 중선거구제·대선거구제와 연결되어 소수당도 대표자를 낼 수 있는 대표제이다. 03. 법무사

㉡ 장·단점

장점	• 사표방지의 용이 • 인물선택의 범위가 넓기 때문에 국민대표에 적합한 후보자 선택이 가능 • 선거간섭이 적어 선거공정이 기대됨 • 정당의 강령이나 정책대결로 후보자나 유권자의 수준 향상
단점	• 군소정당의 난립으로 정국불안 초래 • 선거비용의 과다지출 • 유권자가 후보자의 인격이나 식견을 자세히 알기 어려워 양자간의 거리감 증가 • 보궐선거나 재투표 실시 곤란

③ **비례대표제**

㉠ 의의: '비례대표제'란 각 정당에 득표수에 비례하여 의석을 배분하는 대표제를 말하는데, 정당명부식 비례대표제가 그 전형이다. 이 제도에서는 선거인이 각 정당의 합동명부에 대하여 투표하고 득표수비율에 따라 당선자를 결정한다.

㉡ 장·단점

02 비례대표제는 적절히 운용될 경우 사회세력에 상응한 대표를 형성하고, 정당정치를 활성화하며, 정당간의 경쟁을 촉진하여 정치적 독점을 배제하는 장점을 가진다. 04. 법행 (   )

장점	• 선거인의 의사를 정확하게 반영한 대표 선출 • 민주정치의 요체인 정당정치에 적합 • 소수당에도 의석을 배분하여 다수의 횡포방지에 용이
단점	• 군소정당의 난립으로 정국불안 초래 • 기술적 곤란성과 절차적 복합성 수반 • 선거인과 의원 사이가 소원해짐

2. 선거구제

(1) 의의

'선거구제'란 선거인단을 지역단위로 분할하는 방식을 말한다.

(2) 유형

03 소선거구제는 과다한 사표(死票) 발생, 정당득표율과 의석획득률의 괴리, 선거구획정의 난점 등의 단점이 있다. 17. 법행 (   )

① **소선거구제**: 1선거구에서 1명의 대표자를 선출하는 제도를 말한다. 투표는 단기(후보자 1명에게 투표하는 것)를 원칙으로 하고 결정은 다수결에 의한다. 다수결에는 절대다수결주의와 상대다수결주의가 있다.

② **중선거구제**: 한 선거구에서 2~4인의 대표자를 선출하는 제도를 말한다.

③ **대선거구제**: 한 선거구에서 5인 이상의 대표자를 선출하는 제도를 말한다.

✎ 현행법상 중선거구제는 인정되지 않는다. (×) ⇨ 지역구 자치구·시·군의원 선거에서 시행되고 있다(공직선거법 제26조).

정답 01 ○ 02 ○ 03 ○

05 우리나라의 선거제도

1. 선거제도의 기본원칙

(1) 헌법은 제1조 제2항에서 국민주권의 원리를 선언하고 있으며, 국민의 선거권(헌법 제24조)과 피선거권(헌법 제25조)을 규정하고 있다. 이러한 기초 위에 선거의 기본원칙으로 보통·평등·직접·비밀선거제(헌법 제41조 제1항, 제67조 제1항)를 규정하고 있다. 자유선거에 관하여는 규정이 없지만 헌법재판소는 자유선거원칙도 선거의 기본원칙으로 인정하고 있다. 05. 법행

(2) 즉, 헌법재판소는 "자유선거의 원칙은 민주국가의 선거제도에 내재하는 법원리로서 국민주권의 원리, 대의민주주의의 원리 및 참정권에 관한 헌법의 규정들에 근거를 두고 있는 것이다. 이러한 자유선거의 원칙은 선거권자의 의사형성의 자유와 의사실현의 자유를 말하고 구체적으로는 투표의 자유, 입후보의 자유 나아가 선거운동의 자유를 뜻한다."라고 판시하고 있다(헌재 1999.6.24, 98헌마153).

> **기출 OX**
>
> **04** 헌법은 제24조에서 선거권에 관하여, 제25조에서 공무담임권에 관하여 규정하고 있으며, 제41조 제1항과 제67조 제1항에서 보통·평등·직접·비밀·자유선거제를 규정하고 있다. 05. 법행 ( )

2. 공직선거법의 적용범위

> **공직선거법**
> 제2조【적용범위】이 법은 대통령선거·국회의원선거·지방의회의원 및 지방자치단체의 장의 선거에 적용한다.

3. 선거공영제 19. 국가직

> **헌법 제116조** ① 선거운동은 각급 선거관리위원회의 관리하에 법률이 정하는 범위 안에서 하되, 균등한 기회가 보장되어야 한다.
> ② 선거에 관한 경비는 법률이 정하는 경우를 제외하고는 **정당 또는 후보자에게 부담시킬 수 없다.**

> **05** 선거에 관한 경비는 법률이 정하는 경우를 제외하고는 정당 또는 후보자에게 부담시킬 수 없다. 18. 경찰경채 ( )

4. 선거제도의 기본내용

(1) 선거구와 의원정수

① 선거구획정위원회

> **공직선거법**
> 제24조【국회의원선거구획정위원회】① 국회의원지역구의 공정한 획정을 위하여 임기만료에 따른 국회의원선거의 **선거일 전 18개월**부터 해당 국회의원선거에 적용되는 국회의원지역구의 명칭과 그 구역이 확정되어 효력을 발생하는 날까지 국회의원선거구획정위원회를 설치·운영한다.
> ② 국회의원선거구획정위원회는 **중앙선거관리위원회**에 두되, 직무에 관하여 독립의 지위를 가진다.
> ③ 국회의원선거구획정위원회는 중앙선거관리위원회위원장이 위촉하는 9명의 위원으로 구성하되, 위원장은 위원 중에서 호선한다.

> **06** 국회의원지역선거구의 공정한 획정을 위하여 중앙선거관리위원회에 국회의원선거구획정위원회를 둔다. 17. 경찰승진 ( )

> **정답** 04 × 05 ○ 06 ○

기출 OX

01 국회의원 및 지방의회의원은 국회의원선거구획정위원회 및 자치구·시·군의원선거구획정위원회의 위원이 될 수 있다. 11. 지방직 ( )

02 국회의원의 수는 헌법에 규정되어 있으며, 300인으로 한다. 19. 5급 공채 ( )

⑦ **국회의원 및 정당의 당원**(제1항에 따른 국회의원선거구획정위원회의 설치일부터 과거 1년 동안 정당의 당원이었던 사람을 포함한다)**은 위원이 될 수 없다.**

제24조의2 【국회의원지역구 확정】 ① 국회는 국회의원지역구를 **선거일 전 1년까지** 확정하여야 한다.

② 국회의원정수

헌법 제41조 ① 국회는 국민의 보통·평등·직접·비밀선거에 의하여 선출된 국회의원으로 구성한다.
② 국회의원의 수는 법률로 정하되, 200인 이상으로 한다.

공직선거법

제21조 【국회의 의원정수】 ① 국회의 의원정수는 지역구국회의원 **254명과 비례대표국회의원 46명을** 합하여 300명으로 한다.
② 하나의 국회의원지역선거구(이하 "국회의원지역구"라 한다)에서 선출할 국회의원의 정수는 1인으로 한다.

③ 비례대표국회의원 의석배분

공직선거법

제189조 【비례대표국회의원 의석의 배분과 당선인의 결정·공고·통지】 ① 중앙선거관리위원회는 다음 각 호의 어느 하나에 해당하는 정당(이하 이 조에서 "의석할당정당"이라 한다)에 대하여 비례대표국회의원 의석을 배분한다. 12. 법무사
1. 임기만료에 따른 비례대표국회의원선거에서 전국 유효투표총수의 100분의 3 이상을 득표한 정당
2. 임기만료에 따른 지역구국회의원선거에서 5 이상의 의석을 차지한 정당

(2) 선거기간과 선거일

공직선거법

제33조 【선거기간】 ① 선거별 선거기간은 다음 각 호와 같다. 11. 법원직
1. 대통령선거는 23일
2. 국회의원선거와 지방자치단체의 의회의원 및 장의 선거는 14일
③ "선거기간"이란 다음 각 호의 기간을 말한다.
1. 대통령선거: 후보자등록마감일의 다음 날부터 선거일까지
2. 국회의원선거와 지방자치단체의 의회의원 및 장의 선거: 후보자등록마감일 후 6일부터 선거일까지

제34조 【선거일】 ① 임기만료에 의한 선거의 선거일은 다음 각 호와 같다.
1. 대통령선거는 그 임기만료일 전 70일 이후 첫 번째 수요일
2. 국회의원선거는 그 임기만료일 전 50일 이후 첫 번째 수요일
3. 지방의회의원 및 지방자치단체의 장의 선거는 그 임기만료일 전 30일 이후 첫 번째 수요일

03 대통령의 선거기간은 23일이고, 국회의원선거와 지방자치단체의 의회의원 및 장의 선거의 선거기간은 14일이며, 대통령선거의 선거기간이라 함은 후보자등록마감일의 다음 날부터 선거일까지를 말한다. 11. 법원직 변형 ( )

04 대통령선거는 임기만료에 의한 선거의 경우 그 임기만료일 전 70일 이후 첫 번째 목요일이다. 11. 법원직 ( )

정답 01 × 02 × 03 ○ 04 ×

② 제1항의 규정에 의한 선거일이 국민생활과 밀접한 관련이 있는 민속절 또는 공휴일인 때와 선거일 전일이나 그 다음 날이 공휴일인 때에는 그 다음 주의 수요일로 한다.

제35조【보궐선거 등의 선거일】① 대통령의 궐위로 인한 선거 또는 재선거(제3항의 규정에 의한 재선거를 제외한다. 이하 제2항에서 같다)는 그 선거의 실시사유가 확정된 때부터 60일 이내에 실시하되, 선거일은 늦어도 선거일 전 50일까지 대통령 또는 대통령권한대행자가 공고하여야 한다.

② 보궐선거·재선거·증원선거와 지방자치단체의 설치·폐지·분할 또는 합병에 의한 지방자치단체의 장선거의 선거일은 다음 각 호와 같다.

1. 국회의원·지방의회의원의 보궐선거·재선거 및 지방의회의원의 증원선거는 매년 1회 실시하고, 지방자치단체의 장의 보궐선거·재선거는 매년 2회 실시하되, 다음 각 목에 따라 실시한다. 이 경우 각 목에 따른 선거일에 관하여는 제34조 제2항을 준용한다.
   가. 국회의원·지방의회의원의 보궐선거·재선거 및 지방의회의원의 증원선거는 4월 첫 번째 수요일에 실시한다. 다만, 3월 1일 이후 실시사유가 확정된 선거는 그 다음 연도의 4월 첫 번째 수요일에 실시한다.
   나. 지방자치단체의 장의 보궐선거·재선거 중 전년도 9월 1일부터 2월 말일까지 실시사유가 확정된 선거는 4월 첫 번째 수요일에 실시한다.
   다. 지방자치단체의 장의 보궐선거·재선거 중 3월 1일부터 8월 31일까지 실시사유가 확정된 선거는 10월 첫 번째 수요일에 실시한다.
2. 지방자치단체의 설치·폐지·분할 또는 합병에 따른 지방자치단체의 장선거는 그 선거의 실시사유가 확정된 때부터 60일 이내의 기간 중 관할선거구선거관리위원회위원장이 해당 지방자치단체의 장(직무대행자를 포함한다)과 협의하여 정하는 날. 이 경우 관할선거구선거관리위원회 위원장은 선거일 전 30일까지 그 선거일을 공고하여야 한다.

제200조【보궐선거】① 지역구국회의원·지역구지방의회의원 및 지방자치단체의 장에 궐원 또는 궐위가 생긴 때에는 보궐선거를 실시한다.

② 비례대표국회의원 및 비례대표지방의회의원에 궐원이 생긴 때에는 선거구선거관리위원회는 궐원통지를 받은 후 10일 이내에 그 궐원된 의원이 그 선거 당시에 소속한 정당의 비례대표국회의원후보자명부 및 비례대표지방의회의원후보자명부에 기재된 순위에 따라 궐원된 국회의원 및 지방의회의원의 의석을 승계할 자를 결정하여야 한다.

③ 제2항에도 불구하고 의석을 승계할 후보자를 추천한 정당이 해산되거나 임기만료일 전 120일 이내에 궐원이 생긴 때에는 의석을 승계할 사람을 결정하지 아니한다.

기출 OX

05 대통령의 궐위로 인한 선거 또는 재선거는 그 선거의 실시사유가 확정된 때부터 60일 이내에 실시하되, 선거일은 늦어도 선거일 전 50일까지 대통령 또는 대통령권한대행자가 공고하여야 한다. 13. 경찰승진 ( )

정답 05 ○

SUMMARY	선거유형 비교
총선거	국회의원의 임기만료로 전체 국회의원을 새롭게 선출하는 선거
재선거	• 당해 선거구에 후보자가 없는 경우 • 당선인이 없거나 지방의원선거에서 당선인이 당해 선거구에서 선거할 지방의회의원 정수에 달하지 아니한 경우 • 선거의 전부무효의 판결 또는 결정이 있는 때 • 당선인이 임기 개시 전에 사퇴하거나 사망한 때 • 당선인이 임기 개시 전에 피선거권상실 등으로 인한 당선무효로 된 때 • 선거비용의 초과지출, 당선인·선거사무장 등의 선거범죄 등으로 인한 당선무효로 된 때 03. 법무사
보궐선거	임기 중 사망·사퇴 등의 사유로 궐원 또는 궐위가 발생하여 실시하는 선거

기출 OX

01 비례대표국회의원당선인이 공직선거법 제264조(당선인의 선거범죄로 인한 당선무효)의 규정에 의하여 당선이 무효로 된 때 비례대표국회의원후보자명부상의 차순위후보자의 승계를 부인하는 것은 과잉금지원칙에 위배하여 청구인들의 공무담임권을 침해한다. 19. 경찰승진 ( )

02 국회의원 임기만료일 전 180일 이내에 비례대표국회의원에 궐원이 생긴 경우 의석승계를 인정하지 아니한 구 공직선거법 규정은 헌법에 합치하지 않는다. 20. 국회직 9급 ( )

03 선거범죄로 인하여 당선이 무효로 된 때를 비례대표지방의회의원의 의석 승계 제한사유로 규정하는 것은 대의제 민주주의원리에 위배되지만, 임기만료일 전 180일 이내에 비례대표국회의원에 궐원이 생긴 때를 비례대표국회의원 의석승계 제한사유로 규정하는 것은 대의제 민주주의원리에 위배되지 아니한다. 10. 국회직 ( )

판례 l

1 공직선거법 제200조 제2항 단서 중 '비례대표국회의원당선인이 제264조의 규정에 의하여 당선이 무효로 된 때' 부분이 대의제 민주주의원리 내지 자기책임원리에 위배되어 궐원된 의원이 속한 정당의 비례대표국회의원후보자명부상의 차순위후보자의 공무담임권을 침해하는지 여부: 적극 [위헌] 12. 법무사

심판대상조항은 비례대표국회의원후보자명부상의 차순위후보자의 승계까지 부인함으로써 선거를 통하여 표출된 선거권자들의 정치적 의사표명을 무시·왜곡하는 결과를 초래하고, 선거범죄에 관하여 귀책사유도 없는 정당이나 차순위후보자에게 불이익을 주는 것은 필요 이상의 지나친 제재를 규정한 것이라고 보지 않을 수 없으므로, 과잉금지원칙에 위배하여 청구인들의 공무담임권을 침해한 것이다(헌재 2009.10.29, 2009헌마350).

▶ 비례대표지방의원에 대한 부분도 같은 이유로 위헌결정되었다(헌재 2009.6.25, 2007헌마40).

2 공직선거법 제200조 제2항 단서 중 '임기만료일 전 180일 이내에 비례대표국회의원에 궐원이 생긴 때' 부분이 대의제 민주주의원리에 위배되어 궐원된 의원이 속한 정당의 비례대표국회의원후보자명부상의 차순위후보자의 공무담임권을 침해하는지 여부: 적극 [헌법불합치]

심판대상조항은 정치문화의 선진화라는 입법목적달성에 기여하는 것이라기보다는 합리적 이유 없이 선거권자들의 정치적 의사표명을 무시·왜곡하는 결과를 초래할 뿐이고 180일이라는 잔여임기는 비례대표국회의원으로서의 국정수행에 결코 짧지 않은 기간이라 할 수 있으므로, 심판대상조항은 과잉금지원칙에 위배하여 청구인의 공무담임권을 침해한 것이다(헌재 2009.6.25, 2008헌마413).

(3) 후보자

① 후보자의 추천

> **공직선거법**
> 제47조 【정당의 후보자 추천】 ① 정당은 선거에 있어 선거구별로 선거할 정수 범위 안에서 그 소속 당원을 후보자(이하 "정당추천후보자"라 한다)로 추천할 수 있다. 다만, 비례대표자치구·시·군의원의 경우에는 그 정수범위를 초과하여 추천할 수 있다.

정답 01 ○ 02 ○ 03 ×

② 정당이 제1항에 따라 후보자를 추천하는 때에는 민주적인 절차에 따라야 한다.
③ 정당이 비례대표국회의원선거 및 비례대표지방의회의원선거에 후보자를 추천하는 때에는 그 후보자 중 **100분의 50 이상을 여성으로 추천하되, 그 후보자명부 순위의 매 홀수에는 여성을 추천하여야 한다.** 01. 법무사, 04. 국회직, 08·12. 법행, 10. 사시
④ 정당이 임기만료에 따른 지역구국회의원선거 및 지역구지방의회의원선거에 후보자를 추천하는 때에는 각각 전국 지역구총수의 **100분의 30 이상을 여성으로 추천하도록 노력하여야 한다.**

② 기탁금

공직선거법

제56조【기탁금】후보자등록을 신청하는 자는 등록신청시에 후보자 1명마다 다음 각 호의 기탁금(후보자등록을 신청하는 사람이 장애인복지법 제32조에 따라 등록한 장애인이거나 선거일 현재 29세 이하인 경우에는 다음 각 호에 따른 기탁금의 100분의 50에 해당하는 금액을 말하고, 30세 이상 39세 이하인 경우에는 다음 각 호에 따른 기탁금의 100분의 70에 해당하는 금액을 말한다)을 중앙선거관리위원회규칙으로 정하는 바에 따라 관할 선거구선거관리위원회에 납부하여야 한다. 이 경우 예비후보자가 해당 선거의 같은 선거구에 후보자등록을 신청하는 때에는 제60조의2 제2항에 따라 납부한 기탁금을 제외한 나머지 금액을 납부하여야 한다.
1. 대통령선거는 3억원
2. 지역구국회의원선거는 1천500만원
2의2. 비례대표국회의원선거는 500만원
3. 시·도의회의원선거는 300만원
4. 시·도지사선거는 5천만원
5. 자치구·시·군의 장선거는 1천만원
6. 자치구·시·군의원선거는 200만원
② 제1항의 기탁금은 체납처분이나 강제집행의 대상이 되지 아니한다.

제57조【기탁금의 반환 등】① 관할 선거구선거관리위원회는 다음 각 호의 구분에 따른 금액을 선거일 후 30일 이내에 기탁자에게 반환한다. 이 경우 반환하지 아니하는 기탁금은 국가 또는 지방자치단체에 귀속한다.
1. 대통령선거, 지역구국회의원선거, 지역구지방의회의원선거 및 지방자치단체의 장선거
   가. 후보자가 당선되거나 사망한 경우와 유효투표총수의 **100분의 15 이상** (후보자가 장애인복지법 제32조에 따라 등록한 장애인이거나 선거일 현재 39세 이하인 경우에는 유효투표총수의 100분의 10 이상을 말한다)을 득표한 경우에는 기탁금 전액
   나. 후보자가 유효투표총수의 **100분의 10 이상 100분의 15 미만**(후보자가 장애인복지법 제32조에 따라 등록한 장애인이거나 선거일 현재 39세 이하인 경우에는 유효투표총수의 100분의 5 이상 100분의 10 미만을 말한다)을 득표한 경우에는 기탁금의 100분의 50에 해당하는 금액

기출 OX

04 정당이 임기만료에 따른 지역구국회의원선거 및 지역구지방의회의원선거에 후보자를 추천하는 때에는 각각 전국 지역구총수의 100분의 30 이상을 여성으로 추천하여야 한다. 13. 국회직 ( )

05 정당이 임기만료에 따른 지역구국회의원선거에 후보자를 추천하는 때에는 전국 지역구총수의 100분의 30 이상을 여성으로 추천하도록 노력하여야 한다. 20. 입시 ( )

06 지역구국회의원선거에서 후보자가 유효투표총수의 100분의 10 이상을 득표한 경우에는 기탁금 전액에서 일정 비용을 공제한 나머지 금액을 기탁자에게 반환한다. 13. 법원직 ( )

정답 04 ✕ 05 ○ 06 ✕

다. 예비후보자가 사망하거나, 당헌·당규에 따라 소속 정당에 후보자로 추천하여 줄 것을 신청하였으나 해당 정당의 추천을 받지 못하여 후보자로 등록하지 않은 경우에는 제60조의2 제2항에 따라 납부한 기탁금 전액

2. 비례대표국회의원선거 및 비례대표지방의회의원선거
당해 후보자명부에 올라 있는 후보자 중 당선인이 있는 때에는 기탁금 전액. 다만, 제189조 및 제190조의2에 따른 당선인의 결정 전에 사퇴하거나 등록이 무효로 된 후보자의 기탁금은 제외한다.

판례 |

1 지역구지방의회의원선거에서도 대통령선거나 지역구국회의원선거와 마찬가지로 유효투표총수의 100분의 15 이상의 득표를 기탁금 및 선거비용 전액의 반환 또는 보전의 기준으로, 유효투표총수의 100분의 10 이상 100분의 15 미만의 득표를 기탁금 및 선거비용 반액의 반환 또는 보전의 기준으로 규정한 것이 헌법에 위반되는지 여부: **소극** [기각]

[1] 이 사건 기탁금반환조항
현재 기초의회의원선거의 기탁금은 실질임금을 고려할 때 평균적인 일반 국민의 경제력으로 피선거권의 행사를 위하여 감수할 수 있는 정도이고, 다른 선거에 비하여 낮은 금액이므로 상대적으로 기탁금반환의 기준이 완화되었다고 할 수 있다. 따라서 이 사건 기탁금반환조항을 두고 필요한 범위를 넘어 자의적으로 과도한 내용을 정한 것이라고 보기 어렵다. 또한 득표율 10% 내지 15%라는 기탁금의 반환기준은 '난립하는 후보자'라는 평가의 측면에서 보면 지나치게 높다고 볼 수 있으나, 오히려 그 반환기준을 엄격히 한다는 것 자체로 후보자가 난립하는 것을 억제하며, 이를 통하여 입후보자의 수를 적정한 범위로 제한하고자 하는 목적달성이 가능하므로, 엄격한 기준일수록 목적달성에 기여하는 바가 더 크다.

[2] 이 사건 선거비용보전조항
헌법 제116조 제2항은 선거공영제에 관하여 입법자에게 입법형성권을 인정하고 있으므로, 입법형성권에 따라 마련된 선거비용보전의 기준은 원칙적으로 존중되어야 한다. 한편 기초의회의원선거의 선거비용이 계속적으로 증가하는 추세에 있어 선거비용의 보전을 일정한 범위로 제한하는 것이 불가피한데, 그 보전기준을 어느 정도로 정할 때 국가예산을 합리적으로 조정하고 나아가 무분별한 후보난립을 방지할 수 있을 것인지를 두고 입법자로서 10% 혹은 15%의 득표율이란 기준을 정하였다 하여 이를 두고 지나치게 과도한 것이라고 단정할 수 없다(헌재 2011.6.30, 2010헌마542).

2 대통령선거에서 5억원의 기탁금 납부를 규정한 공직선거법 제56조 제1항 제1호가 후보예정자의 공무담임권을 침해하는지 여부: **적극** [헌법불합치] 11. 법행, 12. 국가직, 13. 서울시
이 사건 조항이 설정한 5억원의 기탁금은 대통령선거에서 후보자난립을 방지하기 위한 입법목적의 달성수단으로서는 개인에게 현저하게 과다한 부담을 초래하며, 이는 고액 재산의 다과에 의하여 공무담임권행사기회를 비합리적으로 차별하므로, 입법자에게 허용된 재량의 범위를 넘어선 것이다(헌재 2008.11.27, 2007헌마1024).

기출 OX
01 대통령후보 등록시 5억원의 기탁금을 납부하도록 한 공직선거법 제56조 제1항 제1호는 헌법재판소가 합헌이라고 결정한 것이다. 09. 법원직
( )

한눈에 쏙!
대통령선거에서 기탁금의 변화

3억원	합헌

▼

5억원으로 개정되었으나 헌법불합치결정

▼

현행 3억원

정답 01 ×

③ 후보자의 공직사퇴 시한

> **공직선거법**
>
> **제53조【공무원 등의 입후보】** ① 다음 각 호의 어느 하나에 해당하는 사람으로서 후보자가 되려는 사람은 **선거일 전 90일까지** 그 직을 그만두어야 한다. 다만, 대통령선거와 국회의원선거에 있어서 국회의원이 그 직을 가지고 입후보하는 경우와 지방의회의원선거와 지방자치단체의 장의 선거에 있어서 당해 지방자치단체의 의회의원이나 장이 그 직을 가지고 입후보하는 경우에는 그러하지 아니하다. 12. 지방직
> 1. 국가공무원법 제2조(공무원의 구분)에 규정된 국가공무원과 지방공무원법 제2조(공무원의 구분)에 규정된 지방공무원. 다만, 정당법 제22조(발기인 및 당원의 자격) 제1항 제1호 단서의 규정에 의하여 정당의 당원이 될 수 있는 공무원(정무직 공무원을 제외한다)은 그러하지 아니하다.
> 2. 각급 선거관리위원회위원 또는 교육위원회의 교육위원
> 3. 다른 법령의 규정에 의하여 공무원의 신분을 가진 자
> 4. 공공기관의 운영에 관한 법률 제4조 제1항 제3호에 해당하는 기관 중 정부가 100분의 50 이상의 지분을 가지고 있는 기관(한국은행을 포함한다)의 상근 임원
> 5. 농업협동조합법·수산업협동조합법·산림조합법·엽연초생산협동조합법에 의하여 설립된 조합의 상근 임원과 이들 조합의 중앙회장
> 6. 지방공기업법 제2조(적용범위)에 규정된 지방공사와 지방공단의 상근 임원
> 7. 정당법 제22조 제1항 제2호의 규정에 의하여 정당의 당원이 될 수 없는 사립학교교원
> 8. 신문 등의 진흥에 관한 법률 제2조에 따른 신문 및 인터넷신문, 잡지 등 정기간행물의 진흥에 관한 법률 제2조에 따른 정기간행물, 방송법 제2조에 따른 방송사업을 발행·경영하는 자와 이에 상시 고용되어 편집·제작·취재·집필·보도의 업무에 종사하는 자로서 중앙선거관리위원회규칙으로 정하는 언론인
> 9. 특별법에 의하여 설립된 국민운동단체로서 국가 또는 지방자치단체의 출연 또는 보조를 받는 단체(바르게살기운동협의회·새마을운동협의회·한국자유총연맹을 말하며, 시·도조직 및 구·시·군조직을 포함한다)의 대표자
> ② 제1항 본문에도 불구하고 다음 각 호의 어느 하나에 해당하는 경우에는 **선거일 전 30일까지** 그 직을 그만두어야 한다.
> 1. 비례대표국회의원선거나 비례대표지방의회의원선거에 입후보하는 경우
> 2. 보궐선거 등에 입후보하는 경우
> 3. 국회의원이 지방자치단체의 장의 선거에 입후보하는 경우
> 4. 지방의회의원이 다른 지방자치단체의 의회의원이나 장의 선거에 입후보하는 경우
> ③ 제1항 단서에도 불구하고 비례대표국회의원이 지역구국회의원 보궐선거 등에 입후보하는 경우 및 비례대표지방의회의원이 해당 지방자치단체의 지역구지방의회의원 보궐선거 등에 입후보하는 경우에는 후보자등록신청 전까지 그 직을 그만두어야 한다.
> ④ 제1항부터 제3항까지의 규정을 적용하는 경우 그 소속 기관의 장 또는 소속 위원회에 사직원이 접수된 때에 그 직을 그만둔 것으로 본다.

기출 OX

02 공직선거 후보자가 되려는 공무원에게 선거일 전 90일까지 그 직을 사직하게 한 것은 공무담임권의 본질적 내용에 대한 침해로 볼 수 있다. 04. 법무사 ( )

03 국회의원이 지방자치단체의 장의 선거에 입후보하는 경우 선거일 30일 전까지 사직하여야 한다. 19. 국회직 9급 ( )

정답 02 × 03 ○

⑤ 제1항 및 제2항에도 불구하고, 지방자치단체의 장은 선거구역이 당해 지방자치단체의 관할구역과 같거나 겹치는 지역구국회의원선거에 입후보하고자 하는 때에는 당해 선거의 **선거일 전 120일까지** 그 직을 그만두어야 한다.

✓ SUMMARY | 입후보 전 공직사퇴 시한

구분	대통령선거	국회의원선거	지방자치단체장선거	지방의원선거
국회의원	직을 가지고 입후보	직을 가지고 입후보	30일 전	90일 전
지방자치단체장	90일 전	90일 전(단, 같은 관할구역 120일 전)	• 당해 지방: 직을 가지고 입후보 • 다른 지방: 90일 전	• 당해 지방: 직을 가지고 입후보 • 다른 지방: 90일 전
지방의회의원	90일 전	90일 전	• 당해 지방: 직을 가지고 입후보 • 다른 지방: 30일 전	• 당해 지방: 직을 가지고 입후보 • 다른 지방: 30일 전

⚖ 판례 |

1 지방자치단체의 장으로 하여금 당해 지방자치단체의 관할구역과 같거나 겹치는 선거구역에서 실시되는 지역구국회의원선거에 입후보하고자 하는 경우 당해 선거의 선거일 전 180일까지 그 직을 사퇴하도록 규정하고 있는 공직선거법 제53조 제3항이 평등의 원칙에 위배되는지 여부: **적극 [위헌]**

이 사건 조항은 지방자치단체의 장이 지역구국회의원선거에 입후보하는 것이 원천적으로 불가능한 경우를 확대시키고 있으며, 지방자치단체의 장이 사퇴한 이후 장기간의 행정공백을 발생시키는 등 불합리한 상황을 야기하고 있다. 위와 같은 사정을 종합해 보면 이 사건 규정을 통하여 지방자치단체의 장의 사퇴 시한을 다른 공무원에 비하여 훨씬 앞당겨야 할 합리적인 이유를 발견하기 어려우므로, 이 사건 조항은 지방자치단체의 장을 합리적 이유 없이 차별하는 것으로서 평등의 원칙에 위배된다(헌재 2003.9.25, 2003헌마106).

2 개정법인 선거일 전 120일까지 그 직을 사퇴하도록 규정하고 있는 공직선거법 제53조 제3항이 평등의 원칙에 위배되는지 여부: **소극**

통상 단체장이 지방자치단체의 관할구역과 같거나 겹치는 지역구회의원선거에 입후보하고자 하는 경우, 일반 공무원보다 그 직위를 이용한 선심·편파행정의 가능성 및 이로 인한 선거의 공정성의 저해가능성은 더 크다고 볼 것이다. 왜냐하면 단체장은 지방자치단체의 제반 행정기능을 총괄하는 지위에 있고, 소속 직원의 인사권과 주민의 복리에 관한 각종 사업의 기획·시행, 예산의 집행 등 지방자치단체의 운영에 있어서 막중한 지위와 권한을 가지므로, 자신의 관할구역 국회의원선거에 입후보할 것에 대비하여 전시성 사업으로 예산을 낭비하거나 불공정한 선심행정을 행할 개연성은 다른 공무원에 비하여 상대적으로 더 높기 때문이다. 그렇다면 이 사건 조항이 단체장을 일반 공무원보다 '60일' 먼저 사퇴하도록 한 것은 그러한 단체장의 지위와 권한의 특수성을 감안할 때 합리성을 벗어난 것이라 보기 어렵다(헌재 2006.7.27, 2005헌마72).

기출 OX

01 지방자치단체장이 임기 중 그 직을 사퇴하고 국회의원선거 등 다른 공직선거에 출마하지 못하게 제한하는 것은 공무담임권의 부당한 침해이나, 지방자치단체의 장으로 하여금 당해 지방자치단체의 관할구역과 같거나 겹치는 선거구역에서 실시되는 지역구국회의원선거에 입후보하고자 하는 경우 당해 선거의 선거일 전 180일까지 그 직을 사퇴하도록 하는 것은 지방자치단체장의 공무담임권을 침해하는 것으로 볼 수 없다. 04. 법무사
( )

02 지방자치단체의 장으로 하여금 당해 지방자치단체의 관할구역과 겹치는 선거구역에서 실시되는 지역구국회의원선거에 입후보하고자 하는 경우 당해 선거의 선거일 전 120일까지 그 직을 사퇴하도록 한 공직선거법 조항은 해당 지방자치단체장의 평등권을 침해하지 않는다. 18. 경찰승진
( )

정답 01 × 02 ○

5. 선거운동

(1) 개념

> **공직선거법**
>
> **제58조【정의 등】** ① 이 법에서 "선거운동"이라 함은 당선되거나 되게 하거나 되지 못하게 하기 위한 행위를 말한다. 다만, 다음 각 호의 어느 하나에 해당하는 행위는 선거운동으로 보지 아니한다.
> 1. 선거에 관한 단순한 의견개진 및 의사표시
> 2. 입후보와 선거운동을 위한 준비행위
> 3. 정당의 후보자 추천에 관한 단순한 지지·반대의 의견개진 및 의사표시
> 4. 통상적인 정당활동
> 5. 삭제
> 6. 설날·추석 등 명절 및 석가탄신일·기독탄신일 등에 하는 의례적인 인사말을 문자메시지(그림말·음성·화상·동영상 등을 포함한다. 이하 같다)로 전송하는 행위
>
> ② 누구든지 자유롭게 선거운동을 할 수 있다. 그러나 이 법 또는 다른 법률의 규정에 의하여 금지 또는 제한되는 경우에는 그러하지 아니하다.
>
> **제58조의2【투표참여 권유활동】** 누구든지 투표참여를 권유하는 행위를 할 수 있다. 다만, 다음 각 호의 어느 하나에 해당하는 행위의 경우에는 그러하지 아니하다.
> 1. 호별로 방문하여 하는 경우
> 2. 사전투표소 또는 투표소로부터 100미터 안에서 하는 경우
> 3. 특정 정당 또는 후보자(후보자가 되려는 사람을 포함한다. 이하 이 조에서 같다)를 지지·추천하거나 반대하는 내용을 포함하여 하는 경우
> 4. 현수막 등 시설물, 인쇄물, 확성장치·녹음기·녹화기(비디오 및 오디오 기기를 포함한다), 어깨띠, 표찰 그 밖의 표시물을 사용하여 하는 경우(정당의 명칭이나 후보자의 성명·사진 또는 그 명칭·성명을 유추할 수 있는 내용을 나타내어 하는 경우에 한정한다)

(2) 기회균등의 원칙

> **헌법 제116조** ① 선거운동은 각급 선거관리위원회의 관리하에 법률이 정하는 범위 안에서 하되, 균등한 기회가 보장되어야 한다.

(3) 선거운동의 제한

① 시간상 제한

> **공직선거법**
>
> **제59조【선거운동기간】** 선거운동은 **선거기간개시일부터 선거일 전일까지에** 한하여 할 수 있다. 다만, 다음 각 호의 어느 하나에 해당하는 경우에는 그러하지 아니하다.
> 1. 제60조의3(예비후보자 등의 선거운동) 제1항 및 제2항의 규정에 따라 예비후보자 등이 선거운동을 하는 경우

기출 OX

01 선거운동기간 전이라도 인터넷 홈페이지를 통한 선거운동은 후보자 또는 후보자가 되려는 자는 물론 일반 유권자에게도 허용된다. 11. 국회직
( )

2. 문자메시지를 전송하는 방법으로 선거운동을 하는 경우. 이 경우 자동 동보통신의 방법(동시 수신대상자가 20명을 초과하거나 그 대상자가 20명 이하인 경우에도 프로그램을 이용하여 수신자를 자동으로 선택하여 전송하는 방식을 말한다. 이하 같다)으로 전송할 수 있는 자는 후보자와 예비후보자에 한하되, 그 횟수는 8회(후보자의 경우 예비후보자로서 전송한 횟수를 포함한다)를 넘을 수 없으며, 중앙선거관리위원회규칙에 따라 신고한 1개의 전화번호만을 사용하여야 한다.
3. 인터넷 홈페이지 또는 그 게시판·대화방 등에 글이나 동영상 등을 게시하거나 전자우편(컴퓨터 이용자끼리 네트워크를 통하여 문자·음성·화상 또는 동영상 등의 정보를 주고받는 통신시스템을 말한다. 이하 같다)을 전송하는 방법으로 선거운동을 하는 경우. 이 경우 전자우편 전송대행업체에 위탁하여 전자우편을 전송할 수 있는 사람은 후보자와 예비후보자에 한한다.
4. 선거일이 아닌 때에 전화(송·수화자간 직접 통화하는 방식에 한정하며, 컴퓨터를 이용한 자동 송신장치를 설치한 전화는 제외한다)를 이용하거나 말(확성장치를 사용하거나 옥외집회에서 다중을 대상으로 하는 경우를 제외한다)로 선거운동을 하는 경우
5. 후보자가 되려는 사람이 선거일 전 180일(대통령선거의 경우 선거일 전 240일을 말한다)부터 해당 선거의 예비후보자등록신청 전까지 제60조의3 제1항 제2호의 방법(같은 호 단서를 포함한다)으로 자신의 명함을 직접 주는 경우

> **판례** | 선거운동기간을 제한하고 이를 위반한 사전선거운동을 형사처벌하도록 규정한 구 공직선거법 제59조 중 선거운동기간 전에 개별적으로 대면하여 말로 하는 선거운동에 관한 부분 등이 정치적 표현의 자유를 침해하는지 여부: 적극 [위헌]
> 이 사건 선거운동기간조항은 그 입법목적을 달성하는 데 지장이 없는 선거운동방법, 즉 돈이 들지 않는 방법으로서 후보자간 경제력 차이에 따른 불균형 문제나 사회·경제적 손실을 초래할 위험성이 낮은, 개별적으로 대면하여 말로 지지를 호소하는 선거운동까지 포괄적으로 금지함으로써 선거운동 등 정치적 표현의 자유를 과도하게 제한하고 있고, 기본권 제한과 공익목적 달성 사이에 법익의 균형성도 갖추지 못하였다. **결국 이 사건 선거운동기간조항 중 각 선거운동기간 전에 개별적으로 대면하여 말로 하는 선거운동에 관한 부분은 과잉금지원칙에 반하여 선거운동 등 정치적 표현의 자유를 침해한다.**
> 개별적으로 대면하여 말로 하는 선거운동을 한 자는 이 사건 선거운동기간조항에서 규정하지 않은 '그 밖의 방법'으로 선거운동을 한 경우에 해당하여 처벌될 것인데, 앞서 살펴본 바와 같이 개별적으로 대면하여 말로 하는 선거운동을 예외적으로 허용하지 않은 것이 선거운동 등 정치적 표현의 자유를 침해하므로, 이 사건 처벌조항 중 '그 밖의 방법'에 관한 부분 가운데 개별적으로 대면하여 말로 하는 선거운동을 한 자에 관한 부분 또한 선거운동 등 정치적 표현의 자유를 침해한다(헌재 2022.2.24, 2018헌바146).

정답 01 ×

② 인적 제한

> **공직선거법**
>
> **제9조【공무원의 중립의무 등】** ① 공무원 기타 정치적 중립을 지켜야 하는 자(기관·단체를 포함한다)는 선거에 대한 부당한 영향력의 행사 기타 선거결과에 영향을 미치는 행위를 하여서는 아니 된다.
>
> **제60조【선거운동을 할 수 없는 자】** ① 다음 각 호의 어느 하나에 해당하는 사람은 선거운동을 할 수 없다. 다만, 제1호에 해당하는 사람이 예비후보자·후보자의 배우자인 경우와 제4호부터 제8호까지의 규정에 해당하는 사람이 예비후보자·후보자의 배우자이거나 후보자의 직계존비속인 경우에는 그러하지 아니하다.
> 1. 대한민국 국민이 아닌 자. 다만, 제15조 제2항 제3호에 따른 외국인이 해당 선거에서 선거운동을 하는 경우에는 그러하지 아니하다.
> 2. 미성년자(18세 미만의 자를 말한다. 이하 같다) 11.법원직
> 3. 제18조(선거권이 없는 자) 제1항의 규정에 의하여 선거권이 없는 자
> 4. 국가공무원법 제2조(공무원의 구분)에 규정된 국가공무원과 지방공무원법 제2조(공무원의 구분)에 규정된 지방공무원. 다만, 정당법 제22조(발기인 및 당원의 자격) 제1항 제1호 단서의 규정에 의하여 정당의 당원이 될 수 있는 공무원(국회의원과 지방의회의원외의 정무직공무원을 제외한다)은 그러하지 아니하다.
> 5. 제53조(공무원 등의 입후보) 제1항 제2호 내지 제7호에 해당하는 자(제5호 및 제6호의 경우에는 그 상근직원을 포함한다)
> 6. 예비군 중대장급 이상의 간부
> 7. 통·리·반의 장 및 읍·면·동주민자치센터(그 명칭에 관계없이 읍·면·동사무소 기능전환의 일환으로 조례에 의하여 설치된 각종 문화·복지·편익시설을 총칭한다. 이하 같다)에 설치된 주민자치위원회(주민자치센터의 운영을 위하여 조례에 의하여 읍·면·동사무소의 관할구역별로 두는 위원회를 말한다. 이하 같다)위원
> 8. 특별법에 의하여 설립된 국민운동단체로서 국가 또는 지방자치단체의 출연 또는 보조를 받는 단체(바르게살기운동협의회·새마을운동협의회·한국자유총연맹을 말한다)의 상근 임·직원 및 이들 단체 등(시·도조직 및 구·시·군조직을 포함한다)의 대표자
> 9. 선상투표신고를 한 선원이 승선하고 있는 선박의 선장

기출 OX

02 미성년자라고 하더라도 예비후보자·후보자의 직계비속인 경우에는 선거운동을 할 수 있다. 11.법원직
( )

정답 **02** ×

기출 OX

01 공직선거법 제9조에서 규정하고 있는 '공무원의 선거중립의무'에서의 공무원의 범위는 원칙적으로 국가와 지방자치단체의 모든 공무원, 즉 좁은 의미의 직업공무원은 물론이고 적극적인 정치활동을 통하여 국가에 봉사하는 정치적 공무원, 예컨대 대통령, 국무총리, 국무위원, 도지사·시장·군수·구청장 등 지방자치단체의 장, 국회의원과 지방의회의원까지 포함한다. 10. 국회직 ( )

02 대통령은 대통령선거 후에 소속 정당의 당원으로서 정치활동을 하는 정치인이므로 공직선거법상의 '공무원의 중립의무' 규정은 대통령에 대하여 적용되지 아니한다. 09. 지방직 ( )

✎ 노무현 대통령 탄핵사건에서 대통령의 선거중립의무 위헌 여부
• 선거에서 중립의무 위반 ○
• 파면할 정도의 중대한 법 위반 ✕

03 선거활동에 관하여 대통령의 정치활동의 자유와 선거중립의무가 충돌하는 경우에는 후자가 강조되고 우선되어야 한다. 14. 국회직 ( )

04 국정의 책임자이자 행정부의 수반으로서 공명선거에 대한 궁극적 책무를 지고 있는 대통령과는 달리 국회의원에게 선거에서의 중립성을 요구하지 않는 것은 합리적인 차별이므로 평등의 원칙에 반하지 아니한다. 10. 국가직 ( )

정답 01 ✕ 02 ✕ 03 ○ 04 ○

판례 I

1 공직선거법(이하 '공선법'이라 한다) 제9조의 공무원에 대통령이 포함되는지 여부: **적극**
12. 법무사·국가직·변호사

공선법 제9조는 '선거에서 공무원의 중립의무'를 구체화하고 실현하는 법규정이다. 따라서 **여기서의 공무원이란 원칙적으로 국가와 지방자치단체의 모든 공무원, 즉 좁은 의미의 직업공무원은 물론이고, 적극적인 정치활동을 통하여 국가에 봉사하는 정치적 공무원(예컨대 대통령, 국무총리, 국무위원, 도지사·시장·군수·구청장 등 지방자치단체의 장)을 포함한다.** 더욱이 대통령은 행정부의 수반으로서 공정한 선거가 실시될 수 있도록 총괄·감독하여야 할 의무가 있으므로, 당연히 선거에서의 중립의무를 지는 공직자에 해당하는 것이고, 이로써 공선법 제9조의 '공무원'에 포함된다. **다만, 정당의 대표자이자 선거운동의 주체로서의 지위로 말미암아, 선거에서의 정치적 중립성이 요구될 수 없는 국회의원과 지방의회의원은 공선법 제9조의 '공무원'에 해당하지 않는다.** … 공정한 선거관리의 궁극적 책임을 지는 대통령이 기자회견에서 전 국민을 상대로 대통령직의 정치적 비중과 영향력을 이용하여 특정 정당을 지지하는 발언을 한 것은 대통령의 지위를 이용하여 선거에 대한 부당한 영향력을 행사하고 이로써 선거의 결과에 영향을 미치는 행위를 한 것이므로, 선거에서의 중립의무를 위반하였다(헌재 2004.5.14, 2004헌나1).

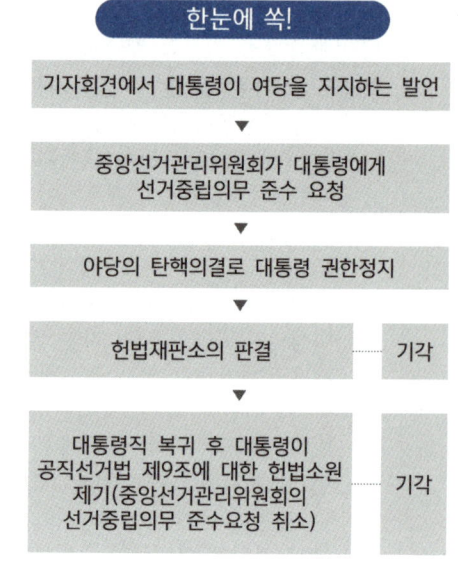

한눈에 쏙!
- 기자회견에서 대통령이 여당을 지지하는 발언
- 중앙선거관리위원회가 대통령에게 선거중립의무 준수 요청
- 야당의 탄핵의결로 대통령 권한정지
- 헌법재판소의 판결 — 기각
- 대통령직 복귀 후 대통령이 공직선거법 제9조에 대한 헌법소원 제기(중앙선거관리위원회의 선거중립의무 준수요청 취소) — 기각

2 공직선거법 제9조가 위헌인지 여부: **소극 [기각]** 12. 법무사

[1] 대통령의 정치인으로서 지위와 선거중립의무의 관계
선거활동에 관하여 대통령의 정치활동의 자유와 선거중립의무가 충돌하는 경우에는 후자가 강조되고 우선되어야 한다.

[2] 이 사건 법률조항이 청구인의 정치적 표현의 자유를 침해하는지 여부: **소극**
민주주의국가에서 공무원 특히 대통령의 선거중립으로 인하여 얻게 될 '선거의 공정성'은 매우 크고 중요한 반면, 대통령이 감수하여야 할 '표현의 자유제한'은 상당히 한정적이므로 위 법률조항은 법익의 균형성도 갖추었다 할 것이고, 결국 이 사건 법률조항이 과잉금지원칙에 위배되어 청구인의 정치적 표현의 자유를 침해하는 것으로 볼 수 없다.

[3] 이 사건 법률조항이 평등의 원칙에 위배되는지 여부: **소극**
국회의원이나 지방의회의원은 공무원의 선거관리에 영향을 미칠 가능성이 높지 않고, 국회의원은 국회의 구성원임과 동시에 정당 소속원으로서 선거에 직접 참여하는 당사자가 될 수도 있고, 복수정당제나 자유선거의 원칙을 실현하기 위하여 정책홍보 등 광범위한 선거운동의 주체가 될 필요도 있으므로 선거에서의 중립성을 요구하는 것이 적절하지 않다.

결국 국회의원과 지방의회의원이 대통령과 달리 이 사건 법률조항의 적용을 받지 않는 것은 합리적인 차별이라고 할 것이므로, 위 법률조항은 평등의 원칙에 반하지 아니한다(헌재 2008.1.17, 2007헌마700).

3 선거일 전 180일부터 선거일까지 '인터넷상 정치적 표현 내지 선거운동'(트위터·페이스북 등 SNS를 이용한 선거운동)을 금지하는 것이 선거운동의 자유 내지 정치적 표현의 자유를 침해하는지 여부: 적극 [한정위헌]

일반 유권자는 이 사건 법률조항에 의하여 선거일 전 180일부터 선거일까지(선거운동기간 제외) 후보자나 정당에 대한 정치적 표현 내지 선거운동 일체를 제한받고 있는바, 대통령선거, 국회의원선거, 지방선거가 순차적으로 맞물려 돌아가는 현실에 비추어 보면 기본권제한의 기간이 지나치게 길다. … 이 사건 법률조항이 인터넷상 정치적 표현 내지 사전선거운동을 금지함으로써 얻어지는 선거의 공정성은 명백하거나 구체적이지 못한 반면, 인터넷을 이용한 의사소통이 보편화되고 각종 선거가 빈번한 현실에서 이 사건 법률조항이 선거일 전 180일부터 선거일까지 장기간 동안 인터넷상 정치적 표현의 자유 내지 선거운동의 자유를 전면적으로 제한함으로써 생기는 불이익 내지 피해는 매우 크다 할 것이므로, 이 사건 법률조항은 법익균형성의 요건을 갖추지 못하였다고 할 것이다. 따라서 이 사건 법률조항 중 '기타 이와 유사한 것'에 '정보통신망을 이용하여 인터넷홈페이지 또는 그 게시판·대화방 등에 글이나 동영상 등 정보를 게시하거나 전자우편을 전송하는 방법'이 포함되는 것으로 해석하여 이를 금지하고 처벌하는 것은 과잉금지원칙에 위배하여 청구인들의 선거운동의 자유 내지 정치적 표현의 자유를 침해한다(헌재 2011.12.29, 2007헌마1001).

4 유권자가 금품수수시에 부과할 과태료의 액수를 감액의 여지없이 일률적으로 '제공받은 금액 또는 음식물·물품 가액의 50배에 상당하는 금액'으로 정하고 있는 공직선거법이 위헌인지 여부: 적극 [헌법불합치]

이 사건 조항은 의무 위반자에 대하여 부과할 과태료의 액수를 감액의 여지없이 일률적으로 '제공받은 금액 또는 음식물·물품 가액의 50배에 상당하는 금액'으로 정하고 있는데, 이 사건 심판대상조항이 적용되는 '기부행위금지규정에 위반하여 물품·음식물·서적·관광 기타 교통편의를 제공받은 행위'의 경우에는 그 위반의 동기 및 태양, 기부행위가 이루어진 경위와 방식, 기부행위자와 위반자와의 관계, 사후의 정황 등에 따라 위법성 정도에 큰 차이가 있을 수밖에 없음에도 이와 같은 구체적·개별적 사정을 고려하지 않고 오로지 기부받은 물품 등의 가액만을 기준으로 하여 일률적으로 정해진 액수의 과태료를 부과한다는 것은 구체적 위반행위의 책임 정도에 상응한 제재가 되기 어렵다(헌재 2009.3.26, 2007헌가22).

5 한국철도공사 상근직원에 대하여 선거운동을 금지하고 이를 처벌하는 것이 헌법에 위반되는지 여부: 적극 [위헌] 18. 국가직

공직선거법 제53조 제1항 제4호에 의하여 그 직을 유지한 채 공직선거에 입후보할 수 없는 상근임원과 달리, 한국철도공사의 상근직원은 그 직을 유지한 채 공직선거에 입후보하여 자신을 위한 선거운동을 할 수 있다. 선거의 공정성과 형평성의 확보라는 입법목적에 비추어 볼 때, 자신을 위한 선거운동이 허용됨에도 타인을 위한 선거운동이 전면적으로 금지되는 것은 과도한 제한이다. 따라서 심판대상조항은 선거운동의 자유를 지나치게 제한하는 것으로서 헌법에 위반된다(헌재 2018.2.22, 2015헌바124).

기출 OX

05 선거일 전 180일부터 선거일까지 선거에 영향을 미치게 하기 위하여 인터넷홈페이지 또는 그 게시판·대화방 등에 정당 또는 후보자를 지지·추천하거나 반대하는 내용이 포함되어 있는 글이나 동영상을 게시하지 못하도록 하는 것은 흑색선전을 막기 위한 것으로 선거운동의 자유를 침해하지 않는다. 14. 경찰승진 ( )

06 공직선거법을 위반하여 기부 물품 등을 받은 사람에 대하여 그 기부행위가 이루어진 경위와 방식, 기부행위자와 위반자와의 관계 등을 고려하지 않고 그 기부 물품 등 가액의 50배에 상당하는 과태료를 부과하는 구 공직선거법 조항은 구체적 위반행위의 책임 정도에 상응한 제재라고 할 수 없어 과잉금지원칙에 위반된다. 16. 경찰승진 ( )

정답 05 × 06 ○

기출 OX

01 지역농협은 사법인에서 볼 수 없는 공법인적 특성을 많이 가지고 있으므로, 지역농협의 조합장선거에서 조합장을 선출하거나 조합장으로 선출될 권리, 조합장선거에서 선거운동을 하는 것은 헌법에 의하여 보호되는 선거권의 범위에 포함된다. 18. 경찰승진 ( )

6 사법인적인 성격을 지니는 농협·축협의 조합장선거에서 조합장을 선출하거나 선거운동을 하는 것이 헌법에 의하여 보호되는 선거권의 범위에 포함되는지 여부: **소극** 19. 국가직

사법적인 성격을 지니는 농협의 조합장선거에서 조합장을 선출하거나 조합장으로 선출될 권리, 조합장선거에서 선거운동을 하는 것은 헌법에 의하여 보호되는 선거권의 범위에 포함되지 않는다(헌재 2012.2.23, 2011헌바154).

③ 방법상의 제한

> **공직선거법**
>
> **제47조【정당의 후보자 추천】** ① 정당은 선거에 있어 선거구별로 선거할 정수 범위 안에서 그 소속 당원을 후보자(이하 "정당추천후보자"라 한다)로 추천할 수 있다. 다만, 비례대표자치구·시·군의원의 경우에는 그 정수범위를 초과하여 추천할 수 있다.
>
> **제84조【무소속후보자의 정당표방제한】** 무소속후보자는 특정 정당으로부터의 지지 또는 추천받음을 표방할 수 없다. 다만, 다음 각 호의 어느 하나에 해당하는 행위는 그러하지 아니하다.
> 1. 정당의 당원경력을 표시하는 행위
> 2. 해당 선거구에 후보자를 추천하지 아니한 정당이 무소속후보자를 지지하거나 지원하는 경우 그 사실을 표방하는 행위

판례 |

1 기초의원선거의 후보자만 정당표방을 금지하는 것이 위헌인지 여부: **적극 [위헌]**

[1] 공직선거법 제84조 중 '자치구·시·군의회의원선거의 후보자' 부분이 정치적 표현의 자유를 침해하는지 여부: **적극**

무리하게 후보자의 정당표방을 금지하는 경우에는 유권자들은 누가 누구이고 어느 후보가 어떠한 정치적 성향을 가졌는지도 모르는 상태에서 투표를 하거나 아니면 **선거에 무관심하게 되어 아예 투표 자체를 포기할 수도 있다.** 이러한 점들을 종합할 때 정당표방을 금지함으로써 얻는 공익적 성과와 그로부터 초래되는 부정적인 효과 사이에 합리적인 비례관계를 인정하기 어려워 **법익의 균형성을 현저히 잃고 있다**고 판단된다. 법 제84조는 불확실한 입법목적을 실현하기 위하여 그다지 실효성도 없고 불분명한 방법으로 과잉금지원칙에 위배하여 후보자의 정치적 표현의 자유를 과도하게 침해하고 있다고 할 것이다.

02 기초의회의원후보자에 한정하여 정당명을 금지한 것은 지방자치의 제도적 보장을 위하여 불가결한 것으로 평등원칙에 위반되지 않는다. 13. 지방직 ( )

[2] 다른 지방선거후보자와는 달리 기초의회의원선거의 후보자에 대해서만 정당표방을 금지한 것이 평등원칙에 위배되는지 여부: **적극**

기초의회의원선거를 그 외의 지방선거와 **다르게 취급을 할 만한 본질적인 차이점이 있는가를 볼 때 그러한 차별성을 발견할 수 없다.** 그렇다면 위 조항은 아무런 합리적 이유 없이 유독 기초의회의원후보자만을 다른 지방선거의 후보자에 비하여 불리하게 차별하고 있으므로 평등원칙에 위배된다(헌재 2003.1.30, 2001헌가4).

정답 01 × 02 ×

2 대통령선거·지역구국회의원선거 및 지방자치단체의 장선거에서, 점자형 선거공보를 책자형 선거공보의 면수 이내에서 의무적으로 작성하도록 하면서 책자형 선거공보에 내용이 음성으로 출력되는 전자적 표시가 있는 경우에는 점자형 선거공보의 작성을 생략할 수 있도록 규정한 공직선거법 제65조 제4항 중 '대통령선거·지역구국회의원선거 및 지방자치단체의 장선거' 부분이 청구인들의 선거권 및 평등권을 침해하는지 여부: 소극 [기각]

[1] 심판대상조항은 점자형 선거공보의 작성을 후보자의 재량사항으로 규정함으로써 점자형 선거공보를 제작하는 후보자나 정당이 적어 시각장애선거인들이 선거정보를 파악하기 어려웠다는 점을 감안하여, 후보자가 의무적으로 점자형 선거공보를 작성·제출하도록 개정된 조항이다. 입법자는 그와 같은 입법 개선의 과정에서 발생할 수 있는 인쇄기술상·비용상의 어려움 등을 고려하여 선거정보 접근권을 보장하기 위한 조화롭고 다양한 방법을 모색할 수 있는 입법형성의 자유를 가진다. 현행 공직선거법상 선거공보 외에 시각장애선거인이 선거정보를 습득할 수 있는 다른 다양한 수단들도 존재하므로, 심판대상조항이 입법재량의 한계를 벗어나 시각장애선거인의 선거권을 침해한다고 보기 어렵다.

[2] 현행 공직선거법상 책자형 선거공보의 작성은 여전히 임의사항이므로 심판대상조항이 청구인들의 평등권을 직접적으로 제한하고 있다고 볼 수 없고, 점자형 선거공보와 책자형 선거공보가 함께 작성·제출되는 경우에 비시각장애선거인과의 차별이 발생할 수는 있으나, 심판대상조항의 입법목적 등을 고려할 때 자의적으로 시각장애선거인의 평등권을 침해한다고 보기 어렵다(헌재 2016.12.29, 2016헌마548).

기출 OX

03 점자형 선거공보의 작성 여부를 후보자의 임의사항으로 규정하고 그 면수를 책자형 선거공보의 면수 이내로 한정하는 공직선거법규정에 대한 결정은 평등권을 침해한다. 15. 국회직 9급
( )

④ 비용상의 제한

> **공직선거법**
> 제122조【선거비용제한액의 공고】선거구선거관리위원회는 선거별로 제121조(선거비용제한액의 산정)의 규정에 의하여 산정한 선거비용제한액을 중앙선거관리위원회규칙이 정하는 바에 따라 공고하여야 한다.

⑤ 여론·출구조사 등의 제한

> **공직선거법**
> 제108조【여론조사의 결과공표금지 등】① 누구든지 **선거일 전 6일부터** 선거일의 투표마감시각까지 선거에 관하여 정당에 대한 지지도나 당선인을 예상하게 하는 여론조사(모의투표나 인기투표에 의한 경우를 포함한다. 이하 이 조에서 같다)의 경위와 그 결과를 공표하거나 인용하여 보도할 수 없다.
>
> 제167조【투표의 비밀보장】① 투표의 비밀은 보장되어야 한다.
> ② 선거인은 투표한 후보자의 성명이나 정당명을 누구에게도 또한 어떠한 경우에도 진술할 의무가 없으며, 누구든지 선거일의 투표마감시각까지 이를 질문하거나 그 진술을 요구할 수 없다. 다만, 텔레비전방송국·라디오방송국, 신문 등의 진흥에 관한 법률 제2조 제1호 가목 및 나목에 따른 일간신문사가 선거의 결과를 예상하기 위하여 선거일에 **투표소로부터 50미터 밖에서** 투표의 비밀이 침해되지 않는 방법으로 질문하는 경우에는 그러하지 아니하며 이 경우 투표마감시각까지 그 경위와 결과를 공표할 수 없다.

정답 03 ×

기출 OX

01 선거인은 자신이 기표한 투표지를 공개할 수 없으며, 공개된 투표지는 무효로 한다. 16. 지방직 ( )

③ 선거인은 자신이 기표한 투표지를 공개할 수 없으며, 공개된 투표지는 무효로 한다.

> **판례 |** 선거기간 중 여론조사결과의 공표를 금지하는 공직선거법 제108조 제1항이 국민의 알 권리와 참정권 및 언론·표현의 자유를 침해하는지 여부: 소극 [합헌]
>
> 우리나라에서의 여론조사에 관한 여건이나 기타의 상황 등을 고려하면 대통령선거의 공정성을 확보하기 위하여 선거일 공고일부터 선거일까지의 선거기간 중 선거에 관한 여론조사결과 등의 공표를 금지하는 것은 필요하고도 합리적인 범위 내에서의 제한이므로, 이 규정이 과잉금지의 원칙에 위배하여 언론·출판의 자유와 알 권리 및 선거권을 침해하였다고 할 수 없다(헌재 1999.1.28, 98헌바64).

6. 선거에 관한 이의와 쟁송

(1) 선거소청

✎ 선거소청의 적용
- 국회의원선거, 대통령선거에서 적용 ✕
- 지방의원, 지방자치단체의 장선거에서 적용 ○

지방의회의원 및 지방자치단체의 장의 선거에 있어서 선거의 효력이나 당선의 효력에 관하여 이의가 있는 경우 선거관리위원회에 소청할 수 있다(공직선거법 제219조). 대통령선거와 국회의원선거에서는 선거소청을 할 수 없으며, 곧바로 선거소송이나 당선소송을 제기하면 된다는 것을 주의하여야 한다.

(2) 선거소송

02 선거의 효력을 다투는 선거소송은 일종의 민중소송으로서 대통령선거, 국회의원선거의 효력에 관하여 이의가 있는 선거인, 후보자 또는 모든 정당이 제기할 수 있다. 17. 법행 ( )

03 시·도지사 선거의 선거소송은 고등법원에서 제1심을 관할한다.
06. 국회직 ( )

> **공직선거법**
>
> **제222조【선거소송】** ① **대통령선거 및 국회의원선거**에 있어서 선거의 효력에 관하여 이의가 있는 선거인·정당(후보자를 추천한 정당에 한한다) 또는 후보자는 선거일부터 30일 이내에 **당해 선거구선거관리위원회위원장을 피고로 하여 대법원에 소를 제기**할 수 있다. 12. 법무사·지방직
> ▶ 모든 정당이 선거소송을 제기할 수 있는 것이 아니라, 후보자를 추천한 정당만 선거소송을 제기할 수 있다.
>
> ② **지방의회의원 및 지방자치단체의 장의 선거**에 있어서 선거의 효력에 관한 제220조의 결정에 불복이 있는 소청인(당선인을 포함한다)은 해당 소청에 대하여 기각 또는 각하 결정이 있는 경우(제220조 제1항의 기간 내에 결정하지 아니한 때를 포함한다)에는 **해당 선거구선거관리위원회위원장**을, 인용결정이 있는 경우에는 그 인용결정을 한 선거관리위원회위원장을 피고로 하여 그 결정서를 받은 날(제220조 제1항의 기간 내에 결정하지 아니한 때에는 그 기간이 종료된 날)부터 10일 이내에 **비례대표시·도의원선거 및 시·도지사선거에 있어서는 대법원에**, 지역구시·도의원선거, 자치구·시·군의원선거 및 자치구·시·군의 장선거에 있어서는 그 선거구를 관할하는 고등법원에 소를 제기할 수 있다.

정답 01 ○ 02 ✕ 03 ✕

(3) 당선소송

> **공직선거법**
>
> **제223조【당선소송】** ① 대통령선거 및 국회의원선거에 있어서 당선의 효력에 이의가 있는 정당(후보자를 추천한 정당에 한한다) 또는 후보자는 당선인결정일부터 30일 이내에 제52조 제1항·제3항 또는 제192조 제1항부터 제3항까지의 사유에 해당함을 이유로 하는 때에는 당선인을, 제187조(대통령당선인의 결정·공고·통지) 제1항·제2항, 제188조(지역구국회의원당선인의 결정·공고·통지) 제1항 내지 제4항, 제189조(비례대표국회의원 의석의 배분과 당선인의 결정·공고·통지) 또는 제194조(당선인의 재결정과 비례대표국회의원 의석 및 비례대표지방의회의원 의석의 재배분) 제4항의 규정에 의한 결정의 위법을 이유로 하는 때에는 대통령선거에 있어서는 그 당선인을 결정한 중앙선거관리위원회위원장 또는 국회의장을, 국회의원선거에 있어서는 당해 선거구선거관리위원회위원장을 각각 피고로 하여 대법원에 소를 제기할 수 있다.
> ② 지방의회의원 및 지방자치단체의 장의 선거에 있어서 당선의 효력에 관한 제220조의 결정에 불복이 있는 소청인 또는 당선인인 피소청인(제219조 제2항 후단에 따라 선거구선거관리위원회위원장이 피소청인인 경우에는 당선인을 포함한다)은 해당 소청에 대하여 기각 또는 각하결정이 있는 경우(제220조 제1항의 기간 내에 결정하지 아니한 때를 포함한다)에는 당선인(제219조 제2항 후단을 이유로 하는 때에는 관할 선거구선거관리위원회위원장을 말한다)을, 인용결정이 있는 경우에는 그 인용결정을 한 선거관리위원회위원장을 피고로 하여 그 결정서를 받은 날(제220조 제1항의 기간 내에 결정하지 아니한 때에는 그 기간이 종료된 날)부터 10일 이내에 비례대표시·도의원선거 및 시·도지사선거에 있어서는 대법원에, 지역구시·도의원선거, 자치구·시·군의원선거 및 자치구·시·군의 장선거에 있어서는 그 선거구를 관할하는 고등법원에 소를 제기할 수 있다.

기출 OX

04 국회의원선거에서 당선의 효력에 이의가 있는 후보자가 후보등록무효의 사유를 제기하는 경우 당선인을 피고로 하여 대법원에 소송을 제기할 수 있다. 15. 지방직 ( )

📚 판례 | 당선소송과 선거소송의 의의

국회의원선거법 제146조의 당선소송은 선거가 유효임을 전제로 하여 개개인의 당선인 결정에 위법이 있음을 이유로 그 효력을 다투는 소송이고, 국회의원선거법 제145조의 선거소송은 선거의 관리와 집행이 선거에 관한 규정에 위반하였다는 이유로 선거의 효력을 다투는 소송인바, 선거운동과정에서 **개별적인 선거사범에 해당하는 사유**가 있다는 문제는 관계자가 선거법 위반으로서 처벌대상이 될 뿐이고 그 처벌로 인하여 **당선이 무효로 되는 수는 있을망정 이로써 선거무효의 원인은 될 수 없다**(대판 1989.1.18, 88수177).

✅ SUMMARY | 선거소송과 당선소송 비교

1. 제소권자 – 선거소송과 당선소송의 원고

구분	선거소송	당선소송
선거인	O	X
후보자	O	O
정당	O	O

정답 **04** O

기출 OX

01 대통령, 국회의원, 지방자치단체의 장 및 지방의회의원선거에 있어서 당선의 효력에 이의가 있는 선거인은 대법원에 소를 제기할 수 있다. 20. 5급 공채 ( )

02 대통령선거에서 당선의 효력에 이의가 있는 경우, 정당 또는 후보자는 사안에 따라 당선인을 피고로 하거나 중앙선거관리위원장 또는 국무총리를 피고로 하여 대법원에 소를 제기할 수 있다. 18. 경찰승진 ( )

2. 선거소송과 당선소송의 제기

구분	선거소송		당선소송	
	대통령·국회의원선거	지방선거	대통령·국회의원선거	지방선거
제소권자	선거인, 정당(후보자를 추천한 정당에 한정함), 후보자	선거무효청의 결정에 불복이 있는 소청인, 당선인	정당, 후보자	당선무효청의 결정에 불복이 있는 소청인, 당선인
제소기간	선거일로부터 30일	선거일로부터 14일 이내에 소청제기 ⇨ 소청결정서를 받은 날로부터 10일	당선인결정일로부터 30일	당선인결정일로부터 14일 이내에 소청제기 ⇨ 소청결정서를 받은 날로부터 10일
피고적격	관할 선거구선거관리위원회위원장 (대통령선거는 중앙선거관리위원회위원장)		대통령선거: 당선인, 중앙선거관리위원회위원장(궐위시 위원 전원), 국회의장(궐위시 부의장 중 1인), 법무부장관(사망·사퇴시)	
			국회의원, 지방의원, 지자체장 선거: 당선인, 관할 선거관리위원회위원장(궐위시 위원 전원), 고등검찰청 검사장(사망·사퇴한 경우)	
관할법원	대법원	비례대표시·도의원선거 및 시·도지사선거는 대법원, 나머지 지방선거는 고등법원	대법원	비례대표시·도의원선거 및 시·도지사선거는 대법원, 나머지 지방선거는 고등법원

🔨 판례 |

1 공직선거법 제15조 제2항 제1호, 제37조 제1항의 주민등록을 요건으로 재외국민의 선거권을 제한하는 것이 재외국민의 선거권을 침해하는지 여부: 적극 [헌법불합치] 11. 법행

단지 주민등록이 되어 있는지 여부에 따라 선거인명부에 오를 자격을 결정하여 그에 따라 선거권행사 여부가 결정되도록 함으로써 엄연히 대한민국의 국민임에도 불구하고 주민등록법상 주민등록을 할 수 없는 재외국민의 선거권행사를 전면적으로 부정하고 있는 법 제37조 제1항은 어떠한 정당한 목적도 찾기 어려우므로 헌법 제37조 제2항에 위반하여 재외국민의 선거권과 평등권을 침해하고 보통선거원칙에도 위반된다(헌재 2007.6.28, 2004헌마644 등).

2 주민등록을 요건으로 재외국민의 지방선거권을 제한하는 것이 재외국민의 지방의회선거권을 침해하는지 여부: 적극 [헌법불합치] 11. 법행, 19. 서울시

국내 거주 재외국민은 주민등록을 할 수 없을 뿐이지 '국민인 주민'이라는 점에서는 '주민등록이 되어 있는 국민인 주민'과 실질적으로 동일하므로 지방선거의 선거권 부여에 있어 양자에 대한 차별을 정당화할 어떠한 사유도 존재하지 않으며 … 공직선거법 제15조 제2항 제1호, 제37조 제1항은 국내 거주 재외국민의 평등권과 지방의회의원선거권을 침해한다(헌재 2007.6.28, 2004헌마644 등).

정답 01 × 02 ×

3 지방자치단체장선거에서의 '60일 이상' 거주 기간요건을 두는 것이 공무담임권침해인지 여부: 소극 [기각] 11. 법행

주민자치를 기본원리로 하는 지방자치에 있어서 지방자치단체의 장이 애향심을 가지고 그 지역주민과 일체감을 이루어 이른바 주민접촉도를 높여 가장 기본적인 단위의 민주주의를 구현한다는 점에서 볼 때 60일간의 거주요건은 다른 구역에서 이주하여 온 사람에게 당해 지방자치단체의 제반사정을 이해하고 주민과 연대감 내지 일체감을 형성할 수 있는 최소한의 기간이라 할 수 있다(헌재 2004.12.16, 2004헌마376).

4 공무원이 공직선거후보자가 되고자 하는 경우 선거일 전 60일까지 그 직을 사퇴하게 하는 공직선거법 제53조 제1항 제1호가 공무담임권을 침해하는지 여부: 소극 [기각]

이 사건 조항은 선거의 공정성과 직무전념성을 추구하는 효과가 있으므로 입법목적의 정당성과 수단의 적합성이 인정된다. 그리고 공무원이 그 직을 유지한 채 공직후보자로서 선거에 참가할 수 있다면 부적절하게 지위와 권한을 행사하거나 선거구민들에게 유리한 편파적인 행정이나 법집행을 행할 소지가 있다. 입법자가 선거일 전 60일부터는 공직선거에 입후보하고자 하는 공무원을 현직에서 배제시킨 것이 과도한 공무담임권제한이라고 볼 수 없다(헌재 2008.10.30, 2006헌마547).

5 지방선거에서 '관할구역 안의 주민등록'만을 기준으로 피선거권을 제한하는 것이 위헌인지 여부: 적극 [헌법불합치]

'외국의 영주권을 취득한 재외국민'과 같이 주민등록을 하는 것이 법령의 규정상 아예 불가능한 자들이라도 지방자치단체의 주민으로서 오랜 기간 생활해 오면서 그 지방자치단체의 사무와 얼마든지 밀접한 이해관계를 형성할 수 있고, 주민등록이 아니더라도 그와 같은 거주 사실을 공적으로 확인할 수 있는 방법은 존재한다는 점, 나아가 공직선거법 제16조 제2항이 국회의원선거에 있어서는 주민등록 여부와 관계없이 25세 이상의 국민이라면 누구든지 피선거권을 가지는 것으로 규정함으로써 국내 거주 여부를 불문하고 재외국민도 국회의원선거의 피선거권을 가진다는 사실에 비추어 주민등록만을 기준으로 함으로써 주민등록이 불가능한 재외국민인 주민의 지방선거 피선거권을 부인하는 공직선거법 제16조 제3항은 헌법 제37조 제2항에 위반하여 국내 거주 재외국민의 공무담임권을 침해한다(헌재 2007.6.28, 2004헌마644 등).

6 수형자의 선거권제한 부분 [헌법불합치], 집행유예자의 선거권제한 부분 [위헌]
[1] 이유의 요지

범죄자의 선거권을 제한할 필요가 있다 하더라도 그가 저지른 범죄의 경중을 전혀 고려하지 않고 수형자와 집행유예자 모두의 선거권을 제한하는 것은 침해의 최소성원칙에 어긋난다. 특히 집행유예자는 집행유예선고가 실효되거나 취소되지 않는 한 교정시설에 구금되지 않고 일반인과 동일한 사회생활을 하고 있으므로, 그들의 선거권을 제한하여야 할 필요성이 크지 않다. 심판대상조항에 의하여 집행유예자와 수형자의 선거권을 제한함으로써 달성하고자 하는 '중대한 범죄자에 대한 제재나 일반 시민의 법치주의에 대한 존중의식 제고' 등의 공익보다 이로 인하여 침해되는 '집행유예자와 수형자 개인의 사익 또는 민주적 선거제도의 공익적 가치'가 더 크다.

그러므로 심판대상조항은 헌법 제37조 제2항에 위반하여 청구인들의 선거권을 침해하고, 헌법 제41조 제1항 및 제67조 제1항이 규정한 보통선거원칙에 위반하여 집행유예자와 수형자를 차별취급하는 것이므로 평등의 원칙에도 어긋난다.

기출 OX

03 지방자치단체의 장의 피선거권을 갖기 위하여는 선거일 현재 계속하여 60일 이상 당해 지방자치단체의 관할 구역 안에 주민등록이 되어 있을 것을 요구하는 법률규정은 정치적 후광을 업은 외부인사가 자치단체장이 됨으로써 지방자치의 본질을 흐리게 할 폐해를 막기 위한 것으로서 헌법적으로 별다른 문제가 없다. 07. 법행 ( )

04 범죄자가 저지른 범죄의 경중을 전혀 고려하지 않고 수형자와 집행유예자 모두의 선거권을 제한하더라도 헌법에 위반되는 것은 아니다. 14. 국가직 ( )

05 집행유예자와 수형자의 선거권제한은 범죄자가 범죄의 대가로 선고받은 자유형의 본질에서 당연히 도출되는 것이 아니므로, 범죄자의 선거권 제한 역시 보통선거원칙에 기초하여 필요최소한의 정도에 그쳐야 한다. 18. 경찰승진 ( )

정답 03 × 04 × 05 ○

[2] 일부에 대한 헌법불합치결정과 잠정 적용명령

심판대상조항 중 집행유예자에 관한 부분은 위헌선언을 통하여 선거권에 대한 침해를 제거함으로써 합헌성이 회복될 수 있으므로, 단순위헌결정을 선언한다. 하지만 심판대상조항 중 수형자에 관한 부분의 위헌성은 지나치게 전면적·획일적으로 수형자의 선거권을 제한한다는 데 있다. 그런데 그 위헌성을 제거하고 수형자에게 헌법합치적으로 선거권을 부여하는 것은 입법자의 형성재량에 속한다. 심판대상조항 중 수형자에 관한 부분에 대하여 헌법불합치결정을 선고하되, 다만 입법자의 개선입법이 있을 때까지 계속 적용을 명하기로 한다(헌재 2014.1.28, 2012헌마409).

7 정당추천후보자와 무소속후보자간에 기탁금을 차별하는 것이 위헌인지 여부: 적극 [헌법불합치]

국회의원선거법 제33조의 기탁금은 너무 과다하여 국민주권주의와 자유민주주의의 기본원칙과 관련하여 헌법 제11조의 평등보호원칙, 제24조 참정권, 제25조의 공무담임권을 침해할 뿐만 아니라 정당추천후보자와 무소속후보자의 기탁금에 1천만원과 2천만원의 차등을 둔 것은 정당인과 비정당인을 불리하게 차별하는 것으로 헌법 제41조의 선거원칙에 반하고 헌법 제11조의 평등보호규정에 위배된다(헌재 1989.9.8, 88헌가6).

8 선거에서 기탁금제도 자체가 위헌인지 여부: 소극 [기각] 13. 서울시

선거에 출마하려는 후보자를 적정한 범위로 제한하는 방법으로는 유권자의 추천을 요구한다거나 절대다수대표제 또는 결선투표제를 도입하는 것을 생각할 수 있는데, 유권자의 추천을 받는 과정에서 사실상 사전선거운동이 행해져 선거가 과열 또는 혼탁하게 될 위험성이 클 뿐 아니라, 진지하지 못한 추천이 남발될 위험이 있고, 결선투표제나 절대다수투표제도 결국 선거의 반복으로 이어져 국민의 경제적 부담을 가중시키게 되므로 쉽게 채택할 것이 못된다. 따라서 대의민주주의에서 선거의 기능과 기탁금제도의 목적 및 성격 그리고 우리의 정치문화와 선거풍토에 있어서 현실적인 필요성 등을 감안할 때, 입후보요건으로 후보자에게 기탁금의 납부를 요구하는 것은 필요불가결하다(헌재 2003.8.21, 2001헌마687 등).

9 자치구·시·군의원선거의 후보자의 정당표방금지규정이 위헌인지 여부: 적극 [위헌]

공직선거 및 선거부정방지법 제84조는 4대 지방선거 중 유독 기초의회의원선거의 경우에만 그 후보자에 대하여 정당표방을 못하게 하고 있다. 그런데 위 조항의 의미와 목적이 정당의 영향을 배제하고 인물 본위의 선거가 이루어지도록 하여 지방분권 및 지방의 자율성을 확립시키겠다는 것이라면, 이는 기초의회의원선거뿐만 아니라 광역의회의원선거, 광역자치단체장선거 및 기초자치단체장선거에서도 함께 통용될 수 있다. 그러므로 위 조항은 아무런 합리적 이유 없이 유독 기초의회의원후보자만을 다른 지방선거의 후보자에 비하여 불리하게 차별하고 있으므로 평등원칙에 위배된다(헌재 2003.1.30, 2001헌가4).

10 선거권조항 및 재외선거인 등록신청조항이 재외선거인에게 임기만료 지역구국회의원의 선거권을 인정하지 않은 것이 위헌인지 여부: 소극 [기각] 17. 변호사

지역구국회의원은 국민의 대표임과 동시에 소속 지역구의 이해관계를 대변하는 역할을 하고 있다. 전국을 단위로 선거를 실시하는 대통령선거와 비례대표국회의원선거에 투표하기 위해서는 국민이라는 자격만으로 충분한 데 반하여, 특정한 지역구의 국회의원선거에 투표하기 위해서는 '해당 지역과의 관련성'이 인정되어야 한다.

기출 OX

01 주민등록과 국내거소신고를 기준으로 지역구국회의원선거권을 인정하는 것은 해당 국민의 지역적 관련성을 확인하는 합리적인 방법으로, 주민등록이 되어 있지 않고 국내거소신고도 하지 않은 재외국민의 임기만료 지역구국회의원선거권을 인정하지 않은 것은 선거권을 침해한다고 볼 수 없다. 20. 경찰승진 ( )

정답 01 ○

주민등록의 거주지 또는 국내거소신고의 국내거소에 따라 지역구국회의원의 선거구를 인정할 수 있는바, 주민등록과 국내거소신고를 기준으로 지역구국회의원선거권을 인정하는 것은 해당 국민의 지역적 관련성을 확인하는 합리적인 방법이다. 따라서 선거권조항과 재외선거인 등록신청조항이 재외선거인의 임기만료 지역구국회의원선거권을 인정하지 않은 것이 나머지 청구인들의 선거권을 침해하거나 보통선거원칙에 위배된다고 볼 수 없다(헌재 2014.7.24, 2009헌마256).

11 재외선거인 등록신청조항이 국회의원 재·보궐선거의 선거권을 인정하지 않은 것이 위헌인지 여부: 소극 [기각]

입법자는 재외선거제도를 형성하면서 잦은 재·보궐선거는 재외국민으로 하여금 상시적인 선거체제에 직면하게 하는 점, 재외 재·보궐선거의 투표율이 높지 않을 것으로 예상되는 점, 재·보궐선거사유가 확정될 때마다 전 세계 해외 공관을 가동하여야 하는 등 많은 비용과 시간이 소요된다는 점을 종합적으로 고려하여 재외선거인에게 국회의원의 재·보궐선거권을 부여하지 않았다고 할 것이고, 이와 같은 선거제도의 형성이 현저히 불합리하거나 불공정하다고 볼 수 없다. 따라서 재외선거인 등록신청조항이 재외선거인에게 국회의원재·보궐선거의 선거권을 인정하지 않은 것이 나머지 청구인들의 선거권을 침해하거나 보통선거원칙에 위배된다고 볼 수 없다(헌재 2014.7.24, 2009헌마256).

12 재외선거 투표절차조항이 공관방문투표를 채택한 것이 위헌인지 여부: 소극 [기각]

18. 국회직 9급

재외선거에 있어서 투표방법으로는 대체로 우편투표, 인터넷투표, 공관방문투표 등을 상정해 볼 수 있다. 입법자가 선거 공정성 확보의 측면, 투표용지 배송 등 선거기술적인 측면, 비용 대비 효율성의 측면을 종합적으로 고려하여 인터넷투표방법이나 우편투표방법을 채택하지 아니하고 원칙적으로 공관에 설치된 재외투표소에 직접 방문하여 투표하는 방법을 채택한 것이 현저히 불공정하고 불합리하다고 볼 수는 없으므로, 재외선거 투표절차조항은 나머지 청구인들의 선거권을 침해하지 아니한다(헌재 2014.7.24, 2009헌마256).

13 탈법방법에 의한 광고의 배부를 금지하고 이를 위반한 경우 처벌하는 공직선거법 제93조 제1항 본문 중 '광고의 배부 금지'에 관한 부분 및 제255조 제2항 제5호 중 위 해당부분이 유권자인 청구인의 선거운동의 자유 내지 정치적 표현의 자유를 침해하는지 여부: 소극 [합헌]

광고는 문서, 인쇄물 등 다른 방식에 비하여 선거의 공정성을 훼손할 우려가 더 크다고 할 것이므로, 탈법방법에 의한 광고의 배부를 금지하는 것은 과잉금지원칙에 위배되어 선거운동의 자유 및 정치적 표현의 자유를 침해한다고 볼 수 없다(헌재 2016.3.31, 2013헌바26).

14 지역구국회의원선거에 있어서 선거구선거관리위원회가 당해 국회의원지역구에서 유효투표의 다수를 얻은 자를 당선인으로 결정하도록 한 공직선거법 제188조 제1항이 선거권을 침해하는지 여부: 소극 [합헌]

심판대상조항이 소선거구 다수대표제를 규정하여 다수의 사표가 발생한다 하더라도 그 이유만으로 헌법상 요구된 선거의 대표성의 본질이나 국민주권원리를 침해하고 있다고 할 수 없고, 청구인의 평등권과 선거권을 침해한다고 할 수 없다(헌재 2016.5.26, 2012헌마374).

기출 OX

02 지역구국회의원선거에 있어서 선거구선거관리위원회가 당해 국회의원지역구에서 유효투표의 다수를 얻은 자를 당선인으로 결정하도록 한 공직선거법 조항은 청구인의 선거권을 침해한다. 19. 경찰승진 ( )

정답 02 ×

기출 OX

01 언론인의 선거운동을 금지하고, 이를 위반한 경우 처벌하도록 규정한 공직선거법 관련 조항 부분은 선거운동의 자유를 침해한다. 19. 법원직 (   )

15 언론인의 선거운동을 금지하고 그 위반시 처벌하는 공직선거법 제60조 제1항 등이 선거운동의 자유를 침해하는지 여부: **적극 [위헌]** 16. 지방직

[1] 금지조항은 '대통령령으로 정하는 언론인'이라고만 하여 '언론인'이라는 단어 외에 대통령령에서 정할 내용의 한계를 설정하지 않았다. 관련 조항들을 종합하여 보아도 방송, 신문, 뉴스통신 등과 같이 다양한 언론매체 중에서 어느 범위로 한정될지, 어떤 업무에 어느 정도 관여하는 자까지 언론인에 포함될 것인지 등을 예측하기 어렵다. 그러므로 금지조항은 포괄위임금지원칙을 위반한다.

[2] 인터넷신문을 포함한 언론매체가 대폭 증가하고, 시민이 언론에 적극 참여하는 것이 보편화된 오늘날 심판대상조항들에 해당하는 언론인의 범위는 지나치게 광범위하다. 또한, 구 공직선거법은 언론기관에 대하여 공정보도의무를 부과하고, 언론매체를 통한 활동의 측면에서 선거의 공정성을 해할 수 있는 행위에 대하여는 언론매체를 이용한 보도·논평, 언론 내부 구성원에 대한 행위, 외부의 특정 후보자에 대한 행위 등 다양한 관점에서 이미 충분히 규제하고 있다. 따라서 심판대상조항들은 선거운동의 자유를 침해한다(헌재 2016.6.30, 2013헌가1).

16 사회복무요원이 선거운동을 할 경우 경고처분 및 연장복무를 하게 하는 병역법 제33조 제2항 제2호 중 공직선거법 제58조 제1항 등이 사회복무요원의 선거운동의 자유를 침해하는지 여부: **소극 [기각]**

사회복무요원은 공무원은 아니지만 병역의무를 이행하고 공무를 수행하는 사람으로서 공무원에 준하는 공적 지위를 가지므로, 그 지위 및 직무의 성질상 정치적 중립성이 보장되어야 한다. … 선거의 공정성·형평성 확보, 사회복무요원의 정치적 중립성 유지 및 업무전념성 보장이라는 공익은 정치적 중립성의 준수가 요청되는 사회복무요원이 선거운동을 금지당함에 따라 제한받는 사익보다 훨씬 중요하다. 따라서 심판대상조항은 법익의 균형성원칙에 위배되지 아니한다. 따라서 심판대상조항은 과잉금지원칙에 위배되어 청구인의 선거운동의 자유를 침해하지 아니한다(헌재 2016.10.27, 2016헌마252).

17 병역법(2013.6.4. 법률 제11849호로 개정된 것) 제33조 제2항 본문 제2호 중 '그 밖의 정치단체에 가입하는 등 정치적 목적을 지닌 행위'에 관한 부분이 헌법에 위반되는지 여부: **적극**

이 사건 법률조항 중 '그 밖의 정치단체'에 관한 부분은 법적용기관인 법관의 보충적 법해석을 통하여도 그 규범내용이 확정될 수 없는 모호하고 막연한 개념을 사용하고 있으므로 명확성원칙에 위배되어 청구인의 정치적 결사의 자유와 이를 통한 정치적 표현의 자유를 침해한다. 이 사건 법률조항 중 '정치적 목적을 지닌 행위'에 관한 부분은 법적용기관인 법관의 보충적 법해석을 통하여도 그 규범내용이 확정될 수 없는 모호하고 막연한 개념을 사용하고 있으므로 명확성원칙에 위반되어 청구인의 결사의 자유와 정치적 표현의 자유를 침해한다(헌재 2021.11.25, 2019헌마534).

18 비례대표국회의원선거 기탁금 등 사건 **[헌법불합치, 기각]**

[1] 비례대표 기탁금조항 **[헌법불합치]** 18. 국가직·지방직

비례대표제는 거대정당에게 일방적으로 유리하고 다양해진 국민의 목소리를 제대로 대표하지 못하여 사표를 양산하는 다수대표제의 단점을 보완하기 위하여 도입된 것으로, 고액의 기탁금액은 기탁금 반환 요건과 결합하여 사실상 기탁금 전액을 반환받을 가능성이 큰 정당에게는 아무런 제약으로도 작용하지 않는 반면, 기탁금을 반환받지 못할 가능성이 큰 신생정당이나 소수정당에게는 선거에의 참여, 나아가 정당의 후보자 추천을 함에 있어 상당한 부담감으로

정답 01 ○

작용하게 된다. 따라서 후보자 1명마다 1천 500만원이라는 기탁금액은 상대적으로 당비나 국고보조금을 지원받기 어렵고 재정상태가 열악한 신생정당이나 소수정당에게 선거에의 참여 자체를 위축시킬 수 있는 지나치게 과다한 금액에 해당한다. 이상을 종합하면, 비례대표 기탁금조항은 침해의 최소성원칙에 위반된다. … 비례대표 기탁금조항은 과잉금지원칙을 위반하여 청구인들의 공무담임권 등을 침해한다.

[2] 지역구 기탁금조항 및 지역구 기탁금반환조항

위 조항들은 선거의 신뢰성 및 후보자의 진지성을 담보하고, 선거과정에서 발생한 불법행위에 대한 과태료 등을 사전 확보하기 위한 것으로서, 그 입법목적의 정당성 및 수단의 적합성이 인정된다. 대의민주주의에서 선거의 기능과 기탁금제도의 목적, 우리의 정치문화와 선거풍토에서의 현실적 필요성, 선거구당 후보자 수의 변동추이, 근로자 월평균 소득 등에 비추어 보면 기탁금제도보다 덜 침해적인 수단을 상정하기 어렵고, 그 금액이 지나치게 과다하다고 할 수 없으며, 그 반환요건 또한 불가피한 수단으로서 최소한의 제한에 해당한다. 따라서 위 조항들은 공무담임권을 침해하지 아니한다(헌재 2016.12.29, 2015헌마509·1160).

19 지방자치단체의 장선거권이 헌법에 보장되는 기본권인지 여부: 적극

헌법은 국회의원(제41조 제1항)과 대통령(제67조 제1항) 선출에 관하여는 헌법이 직접적으로 보통·평등·직접·비밀선거의 원칙을 명문화하였고, 지방의회의원에 대해서는 헌법 제118조 제2항에서 "지방의회의 … 의원 '선거' … 에 관한 사항은 법률로 정한다."라고 하여 지방의회의원의 선출은 선거를 통하여야 함을 천명하고 그 구체적인 방법이나 내용은 법률에 유보하여, 이러한 선거권이 헌법 제24조가 보장하는 기본권임을 분명히 하고 있다. 반면에 지방자치단체의 장에 대해서는 헌법 제118조 제2항에서 " … 지방자치단체의 장의 '선임방법' … 에 관한 사항은 법률로 정한다."라고만 규정하여 지방의회의원의 '선거'와는 문언상 구별하고 있으므로, 지방자치단체의 장선거권이 헌법상 보장되는 기본권인지 여부가 문제된다. … **주민자치제를 본질로 하는 민주적 지방자치제도가 안정적으로 뿌리내린 현 시점에서 지방자치단체의 장선거권을 지방의회의원선거권, 더 나아가 국회의원선거권 및 대통령선거권과 구별하여 하나는 법률상의 권리로, 나머지는 헌법상의 권리로 이원화하는 것은 무의미한 것으로 보인다. 그러므로 지방자치단체의 장선거권 역시 다른 선거권과 마찬가지로 헌법 제24조에 의하여 보호되는 헌법상의 권리로 인정하여야 할 것이다**(헌재 2016.10.27, 2014헌마797).

20 지방자치단체의 장선거에서 후보자등록 마감시간까지 후보자 1인만이 등록한 경우 투표를 실시하지 않고 그 후보자를 당선인으로 결정하도록 하는 공직선거법 조항이 선거권을 침해하는지 여부: 소극 [기각] 19. 지방직

후보자가 1인인 경우에는 투표를 실시하더라도 결국 해당 후보가 당선되리라는 것은 명백하므로 심판대상조항이 이러한 현실을 고려하여 1인 후보자라는 제한적인 상황에서만 무투표 당선을 규정한 것은 기본권제한의 정도가 비교적 크지 않다고 볼 수 있는 반면, 당선자가 확정적인 상황에서 투표에 소요되는 절차를 간소화하여 행정적 편의를 돕고 선거비용을 절감하여 선거제도의 효율성을 높이며 지방자치단체의 장 업무의 공백 가능성을 방지하려는 공익의 중요성은 충분히 인정될 수 있으므로, 심판대상조항의 선거권 제한은 법익의 균형성도 갖추었다고 할 것이다(헌재 2016.10.27, 2014헌마797).

기출 OX

02 헌법은 명시적으로 대통령과 국회의원·지방의회의원·지방자치단체의 장을 보통·평등·직접·비밀선거에 의하여 선출하도록 규정하고 있다. 18. 경찰경채 ( )

03 지방자치단체의 장선거권은 헌법 제24조에 의해 보호되는 기본권으로 인정된다. 19. 경찰승진 ( )

04 지방자치단체의 장선거권은 국회의원선거권 및 대통령선거권과 달리 헌법에 의해 보호되는 기본권으로 인정되지는 않는다. 19. 경찰경채 ( )

정답 02 ✗ 03 ○ 04 ✗

21 시·도지사후보자에게 5천만원의 기탁금조항이 공무담임권을 침해하는지 여부: 소극 [기각]

기탁금조항은 공무담임권을 영구히 박탈하는 것이 아니라 단지 후보자의 성실성 등을 담보하기 위하여 금전적 부담을 지우는 것일 뿐이고, 시·도지사후보자는 자신이 선거에서 얻은 유효투표총수에 따라 기탁금액을 전액 또는 일부 반환받을 수 있으므로, 이 사건 기탁금조항으로 제한되는 사익의 정도가 이 사건 기탁금조항이 달성하고자 하는 공익의 정도보다 더 크다고 보기 어렵다. 이 사건 기탁금조항은 법익의 균형성 원칙에도 위배되지 않는다. 그렇다면 이 사건 기탁금조항은 과잉금지원칙에 위배되어 공무담임권을 침해하지 않는다(헌재 2019.9.26, 2018헌마128).

22 1인 1표제하의 비례대표국회의원선거방식이 직접선거원칙 등에 위반하여 위헌인지 여부: 적극 [위헌] 03. 법행, 06. 입시

[1] 공선법은 이른바 **1인 1표제**를 채택하여(제146조 제2항) 유권자에게 별도의 정당투표를 인정하지 않고 있으며, **지역구선거에서 표출된 유권자의 의사를 그대로 정당에 대한 지지의사로 의제하여 비례대표의석을 배분하도록 하고 있는바**(제189조 제1항), 이러한 비례대표제방식에 의하면 유권자가 지역구후보자나 그가 속한 정당 중 어느 일방만을 지지할 경우 지역구후보자 개인을 기준으로 투표하든 정당을 기준으로 투표하든 어느 경우에나 자신의 진정한 의사는 반영시킬 수 없으며, 후보자이든 정당이든 절반의 선택권을 박탈당할 수밖에 없을 뿐만 아니라, 신생정당에 대한 국민의 지지도를 제대로 반영할 수 없어 기존의 세력정당에 대한 국민의 실제 지지도를 초과하여 그 세력정당에 의석을 배분하여 주게 되는바, **이는 선거에 있어 국민의 의사를 제대로 반영하고, 국민의 자유로운 선택권을 보장할 것 등을 요구하는 민주주의원리에 부합하지 않는다.**

[2] 비례대표제를 채택하는 경우 직접선거의 원칙은 의원의 선출뿐만 아니라 **정당의 비례적인 의석확보도 선거권자의 투표에 의하여 직접 결정될 것을 요구하는바**, 비례대표의원의 선거는 지역구의원의 선거와는 별도의 선거이므로 이에 관한 유권자의 별도의 의사표시, 즉 정당명부에 대한 별도의 투표가 있어야 함에도 현행제도는 **정당명부에 대한 투표가 따로 없으므로** 결국 비례대표의원의 선출에 있어서는 정당의 명부작성행위가 최종적·결정적인 의의를 지니게 되고, 선거권자들의 투표행위로써 비례대표의원의 선출을 직접·결정적으로 좌우할 수 없으므로 **직접선거의 원칙에 위배**된다.

[3] 현행 1인 1표제하에서의 비례대표의석배분방식에서 지역구후보자에 대한 투표는 지역구의원의 선출에 기여함과 아울러 그가 속한 정당의 비례대표의원의 선출에도 기여하는 2중의 가치를 지니게 되는 데 반하여, **무소속후보자에 대한 투표는 그 무소속후보자의 선출에만 기여할 뿐 비례대표의원의 선출에는 전혀 기여하지 못하므로 투표가치의 불평등이 발생**하는바, 자신이 지지하는 정당이 자신의 지역구에 후보자를 추천하지 않아 어쩔 수 없이 무소속후보자에게 투표하는 유권자들로서는 자신의 의사에 반하여 투표가치의 불평등을 강요당하게 되는바, 이는 합리적 이유 없이 무소속후보자에게 투표하는 유권자를 차별하는 것이라 할 것이므로 **평등선거의 원칙에 위배**된다(헌재 2001.7.19, 2000헌마91 등).

기출 OX

01 정당명부에 대한 별도의 투표가 없는 1인 1표제하에서의 비례대표제는 선거권자의 투표행위가 아니라 정당의 명부작성행위가 최종적·결정적인 의미를 갖게 되므로 직접선거의 원칙에 위배된다. 15. 국회직 ( )

02 1인 1표제를 채택하여 유권자에게 별도의 정당투표를 인정하지 않고 지역구국회의원 총선거에서 얻은 득표비율에 따라 비례대표의석을 배분하는 방식은 평등선거의 원칙에 반한다고 볼 수 없다. 08. 법원직 ( )

정답 01 ○ 02 ×

23 교사들이 선거에 입후보하거나 선거운동을 하기 위해서는 선거일 전 90일까지 교원 직을 그만두도록 하는 공직선거법 제53조 등이 교원의 공무담임권과 평등권을 침해하는지 여부: 소극 [기각]
   [1] 교원의 직을 그만두어야 하는 사익 제한의 정도는 교원의 직무전념성 확보라는 공익에 비하여 현저히 크다고 볼 수 없으므로 법익의 균형성도 갖추었으므로 과잉금지원칙에 위배하여 공무담임권을 침해한다고 볼 수 없다.
   [2] 또한, 선거직의 특수성, 직업정치인과 교원의 업무내용상 차이, 직무내용이나 직급에 따른 구별가능성 등에 비추어, 국회의원, 지방자치단체 의회의원이나 장, 정부투자기관의 직원 등과 비교하여 교원이 불합리하게 차별받는다고 볼 수 없으며, 수업내용 및 학생에 미치는 영향력 등을 고려할 때 대학 교원과의 사이에서도 불합리한 차별이 발생한다고 보기 어렵다. 현직 교육감의 경우 교육감선거 입후보시 그 직을 그만두도록 하면 임기가 사실상 줄어들게 되어, 업무의 연속성과 효율성이 저해될 우려가 크다는 점 등을 고려할 때, 현직 교육감과 비교하더라도 교원인 청구인들의 평등권이 침해된다고 볼 수 없다(헌재 2019.11.28, 2018헌마222).

24 인터넷언론사에 대해 선거일 전 90일부터 선거일까지 후보자 명의의 칼럼 등을 게재하는 보도를 제한하는 '인터넷 선거보도 심의기준 등에 관한 규정' 조항이 과잉금지원칙에 위배되어 표현의 자유를 침해하는지 여부: 적극 [위헌]
   이 사건 시기제한조항은 선거일 전 90일부터 선거일까지 후보자 명의의 칼럼 등을 게재하는 인터넷 선거보도가 불공정하다고 볼 수 있는지에 대해 구체적으로 판단하지 않고 이를 불공정한 선거보도로 간주하여 선거의 공정성을 해치지 않는 보도까지 광범위하게 제한한다. 공직선거법상 인터넷 선거보도 심의의 대상이 되는 인터넷언론사의 개념은 매우 광범위한데, 이 사건 시기제한조항이 정하고 있는 일률적인 규제와 결합될 경우 이로 인해 발생할 수 있는 표현의 자유 제한이 작다고 할 수 없다. 인터넷언론의 특성과 그에 따른 언론시장에서의 영향력 확대에 비추어 볼 때, 인터넷언론에 대하여는 자율성을 최대한 보장하고 언론의 자유에 대한 제한을 최소화하는 것이 바람직하고, 계속 변화하는 이 분야에서 규제 수단 또한 헌법의 틀 안에서 다채롭고 새롭게 강구되어야 한다. 이 사건 시기제한조항의 입법목적을 달성할 수 있는 덜 제약적인 다른 방법들이 이 사건 심의기준 규정과 공직선거법에 이미 충분히 존재한다. 따라서 이 사건 시기제한조항은 과잉금지원칙에 반하여 청구인의 표현의 자유를 침해한다(헌재 2019.11.28, 2016헌마90).

25 선거운동에 이용할 목적으로 기관·단체·시설에 금전·물품 등 재산상의 이익을 제공하거나 제공의 의사표시, 약속한 자를 처벌하는 공직선거법 제230조 제1항 제2호(이해유도죄 조항)의 '선거운동에 이용할 목적', '재산상 이익'이 죄형법정주의의 명확성원칙을 위반하는지 여부: 소극 [합헌]
   '재산상의 이익'이란 재산상태의 증가를 가져오는 일체의 이익을 의미하고, 지방의회의원이 심의·확정권을 가진 지방자치단체의 예산의 지원 역시 재산상의 이익에 해당한다. 지방의회의원이 어느 공공기관·사회단체 등의 기관·단체·시설에 예산을 지원하겠다는 의사표시가 선거운동에 이용할 목적의 일환이었는지, 아니면 의정활동 등 직무상의 통상적인 권한 행사였는지 등은 개별 사안에서 법관의 법률조항에 대한 보충적 해석·적용을 통해 가려질 수 있다. 따라서 이해유도죄 조항은 죄형법정주의의 명확성원칙을 위반하지 아니한다(헌재 2020.3.26, 2018헌바3).

기출 OX

03 공직선거 후보자가 되려는 공무원에게 선거일 전 90일까지 그 직을 사직하게 한 것은 공무담임권의 본질적 내용에 대한 침해로 볼 수 있다.
04. 법무사 ( )

04 인터넷언론사에 대하여 선거일 전 90일부터 선거일까지 후보자 명의의 칼럼이나 저술을 게재하는 보도를 제한하는 구 인터넷 선거보도 심의기준 등에 관한 규정 제8조 제2항 본문과 인터넷 선거보도 심의기준 등에 관한 규정 제8조 제2항은 인터넷언론사 홈페이지에 청구인 명의의 칼럼을 게재한 자의 표현의 자유를 침해한다.
20. 국회직 ( )

정답 03 × 04 ○

26 정치활동이 가능한 지방의원에 대해 공무원의 지위를 이용한 선거운동을 금지하고 이를 처벌하는 공직선거법 규정이 정치적 표현의 자유를 침해하는지 여부: 소극 [합헌]
지방의회의원이 공무원 지위이용 선거운동죄로 금고 이상의 형을 선고받으면 지방의회의원직을 상실하게 되는 불이익이 있으나, 이는 위 조항이 아니라 피선거권의 제한요건을 규율한 공직선거법 제19조 제2호라는 다른 관련 규정에 근거하여 발생하는 것이다. 따라서 공무원 지위이용 선거운동죄 조항은 과잉금지원칙을 위반하여 청구인의 정치적 표현의 자유를 침해하지 아니한다(헌재 2020.3.26, 2018헌바3).

27 지방자치단체의 장의 선거운동을 금지하는 공직선거법이 선거운동의 자유를 침해하는지 여부: 소극 [합헌]
[1] 지방자치단체의 장은 지방자치단체의 대표로서 그 사무를 총괄하고, 공직선거법상 일정한 선거사무를 맡고 있으며, 지역 내 광범위한 권한 행사와 관련하여 사인으로서의 활동과 직무상 활동이 구분되기 어려운 점 등을 고려할 때 심판대상조항이 입법목적 달성을 위하여 필요한 범위를 벗어난 제한이라 보기 어렵고, 심판대상조항에 의하여 보호되는 선거의 공정성 등 공익과 제한되는 사익 사이에 불균형이 있다고 보기도 어렵다. 따라서 심판대상조항은 과잉금지원칙에 위배하여 선거운동의 자유를 침해한다고 볼 수 없다.
[2] 국회의원이나 지방의회의원은 그 지휘·감독을 받는 공무원 조직이 없어 공무원의 선거관리에 영향을 미칠 가능성이 높지 않으므로 국회의원과 지방의회의원이 지방자치단체의 장과 달리 심판대상조항의 적용을 받지 않는 것은 합리적인 차별이라고 할 것이어서, 심판대상조항은 평등원칙에 반하지 않는다(헌재 2020.3.26, 2018헌바90).

28 신체에 장애가 있는 선거인에 대해 투표보조인이 가족이 아닌 경우 반드시 2인을 동반하도록 한 공직선거법 제157조 제6항이 과잉금지원칙에 반하여 청구인의 선거권을 침해하는지 여부: 소극 [기각]
중증장애인의 실질적인 선거권 보장과 선거의 공정성 확보는 매우 중요한 공익인 반면, 심판대상조항으로 인한 불이익은 투표보조인이 1인인 경우에 비하여 투표의 비밀이 더 유지되기 어렵고, 투표보조인을 추가로 섭외해야 한다는 불편에 불과한데, 앞에서 살펴본 것처럼 심판대상조항과 공직선거법 관련 규정 및 실무상 운영은 이를 최소화하고 있다. 따라서 심판대상조항은 법익의 균형성원칙에 반하지 않는다. 그러므로 심판대상조항은 과잉금지원칙에 반하여 청구인의 선거권을 침해하지 않는다(헌재 2020.5.27, 2017헌마867).

29 재외투표기간 개시일 이후에 귀국한 재외선거인 등이 국내에서 선거일에 투표할 수 있도록 하는 절차를 마련하지 아니한 공직선거법 제218조의16 제3항 중 '재외투표기간 개시일 전에 귀국한 재외선거인 등'에 관한 부분이 선거권에 위배되는지 여부: 적극 [헌법불합치]
심판대상조항이 재외투표기간 개시일에 임박하여 또는 재외투표기간 중에 재외선거사무 중지결정이 있었고 그에 대한 재개결정이 없었던 예외적인 상황에서 재외투표기간 개시일 이후에 귀국한 재외선거인 등이 국내에서 선거일에 투표할 수 있도록 하는 절차를 마련하지 아니한 것은 과잉금지원칙을 위반하여 청구인의 선거권을 침해한다(헌재 2022.1.27, 2020헌마895).

30 육군훈련소에서 군사교육을 받고 있었던 청구인에 대하여 제19대 대통령선거 대담·토론회의 시청을 금지한 행위가 헌법에 위반되는지 여부: 소극 [기각]

이 사건 시청금지행위는 보충역을 병력자원으로 육성하고 병영생활에 적응시키기 위한 군사교육의 일환으로 이루어졌다. 대담·토론회가 이루어진 시각을 고려하면 육군훈련소에서 군사교육을 받고 있는 청구인이 대담·토론회를 시청할 경우 교육훈련에 지장을 초래할 가능성이 높았던 점, 육군훈련소 내 훈련병 생활관에는 텔레비전이 설치되어 있지 않았던 점, 청구인은 다른 수단들을 통해서 선거정보를 취득할 수 있었던 점 등을 고려하면, 이 사건 시청금지행위가 청구인의 선거권을 침해한다고 보기 어렵다(헌재 2020.8.28, 2017헌마813).

31 선거권자의 연령을 선거일 현재를 기준으로 산정하도록 규정한 공직선거법 제17조 중 "선거권자의 연령은 선거일 현재로 산정한다." 부분이 구 공직선거법에 따라 선거권이 있는 만 19세 생일이 선거일 이틀 뒤에 있었던 청구인의 선거권이나 평등권을 침해하는지 여부: 소극 [기각]

심판대상조항은 보통선거원칙을 구현하기 위한 선거권연령이 공직선거법 제15조 제2항에 별도로 구체적으로 정해져 있음을 전제로 하여, 그 연령을 산정하는 기준일을 규정한다. 따라서 심판대상조항의 합리성 유무는 심판대상조항에 따라 선거권이 있는 사람과 없는 사람을 명확하게 가를 수 있는지 여부에 좌우된다. 선거일은 공직선거법 제34조 내지 제36조에 명확하게 규정되어 있고 심판대상조항은 선거일 현재를 선거권연령 산정 기준일로 규정하고 있으므로, 국민 각자의 생일을 기준으로 선거권의 유무를 명확하게 판단할 수 있다. 심판대상조항과 달리 선거권연령 산정 기준일을 선거일 이전이나 이후의 특정한 날로 정할 경우, 이를 구체적으로 언제로 할지에 관해 자의적인 판단이 개입될 여지가 있고, 공직선거법 제15조 제2항이 개정되어 선거권연령 자체가 18세로 하향 조정된 점까지 아울러 고려하면, 심판대상조항은 입법형성권의 한계를 벗어나 청구인의 선거권이나 평등권을 침해하지 않는다(헌재 2021.9.30, 2018헌마300).

32 지역구국회의원 예비후보자에게 지역구국회의원이 납부할 기탁금의 100분의 20에 해당하는 금액을 기탁금으로 납부하도록 정한 공직선거법 조항은 공무담임권을 침해하는지 여부: 소극

예비후보자 기탁금조항은 예비후보자의 무분별한 난립을 막고 책임성과 성실성을 담보하기 위한 것으로서, 입법목적의 정당성과 수단의 적합성이 인정된다. 또한 예비후보자 기탁금제도보다 덜 침해적인 다른 방법이 명백히 존재한다고 할 수 없고, 일정한 범위의 선거운동이 허용된 예비후보자의 기탁금 액수를 해당 선거의 후보자등록시 납부해야 하는 기탁금의 100분의 20인 300만원으로 설정한 것은 입법재량의 범위를 벗어난 것으로 볼 수 없으므로 침해의 최소성원칙에 위배되지 아니한다. 그리고 위 조항으로 인하여 예비후보자로 등록하려는 사람의 공무담임권 제한은 이로써 달성하려는 공익보다 크다고 할 수 없어 법익의 균형성원칙에도 반하지 않는다. 따라서 예비후보자 기탁금조항은 청구인의 공무담임권을 침해하지 않는다(헌재 2017.10.26, 2016헌마623).

33 선거관계법의 일부 조항이 사후 위헌으로 선언되면 그 조항을 적용하여 실시된 선거의 정치적·민주적 정당성은 상실되는지 여부: 소극

비록 위헌으로 선고되는 일부 법률조항이 있다고 하여 이미 여·야 합의로 성립·시행되었던 구 대통령선거법에 의하여 치루어진 대통령선거의 정치적·민주적 정당성에 흠집이 생긴다고는 단언할 수 없다는 점이다. 어느 대통령선거 및 그에 기초

하여 탄생한 정권의 민주적 정당성의 구비 여부는 선거를 둘러싼 정권창출의 정치적 전 과정에 대한 국민 총의의 향배에 달려 있다고 할 것이므로 선거관계법 중의 어느 한 조항에 대하여 사후 위헌선언된다고 하여 함부로 그러한 정당성이 상실된다고는 할 수 없기 때문이다(헌재 1994.7.29, 93헌가4 · 93헌가6).

34 선거 관련 법률에서 저조한 투표율에도 불구하고 유효투표의 다수만 얻으면 당선인으로 될 수 있도록 규정하는 것이 선거의 대표성의 본질을 침해하고 국민주권주의에 위반하는지 여부: 소극

헌법 제41조 제1항에 의한 선거원칙은 보통 · 평등 · 직접 · 비밀 · 자유 선거인데 공선법 제188조의 규정처럼 유효투표의 다수를 얻은 자를 당선인으로 결정하도록 하는 것이 헌법에서 선언된 위와 같은 선거원칙에 위반된다고 할 근거는 찾아볼 수 없다. 선거의 대표성 확보는 모든 선거권자들에게 차등 없이 투표참여의 기회를 부여하고, 그 투표에 참여한 선거권자들의 표를 동등한 가치로 평가하여 유효투표 중 다수의 득표를 얻은 자를 당선인으로 결정하는 현행 방식에 의해 충분히 구현된다고 해야 하는 것이다. 그리고 차등 없이 투표참여의 기회를 부여했음에도 불구하고 자발적으로 투표에 참가하지 않은 선거권자들의 의사도 존중해야 할 필요가 있다. 따라서 유효투표의 다수를 얻은 후보자를 당선인으로 결정하게 한 공직선거법 규정도 선거의 대표성의 본질이나 국민주권원리를 침해하는 것이 아니다(헌재 2003.11.27, 2003헌마259).

35 선거운동의 기회균등원칙이 합리적 근거 없는 자의적 차별 내지 차등만을 금지하는 것인지 여부: 적극

헌법 제11조 제1항에서 규정하고 있는 평등의 원칙은 일체의 차별적 대우를 부정하는 절대적 평등을 의미하는 것이 아니라 입법과 법의 적용에 있어서 합리적인 근거가 없는 차별을 하여서는 아니 된다는 상대적 평등을 뜻하므로 합리적인 근거가 있는 차별은 평등의 원칙에 반하는 것이 아니며, 선거운동의 기회균등원칙도 일반적 평등원칙과 마찬가지로 절대적이고도 획일적인 평등 내지 기회균등을 요구하는 것이 아니라 합리적 근거 없는 자의적 차별 내지 차등만을 금지하는 것으로 이해하여야 한다(헌재 1999.9.16, 99헌바5).

36 선거일에 선거운동을 한 자를 처벌하는 공직선거법 제254조 제1항이 정치적 표현의 자유를 침해하는지 여부: 소극 [합헌]

이 사건 처벌조항은 선거일의 선거운동을 금지하여 유권자가 평온한 상태에서 투표를 할 수 있도록 함으로써 선거운동의 과열 및 그로 인한 유권자의 자유로운 의사형성에 대한 방해를 방지한다. 반면 선거운동이 금지되는 기간은 선거일 0시부터 투표마감시각 전까지로 하루도 채 되지 않고 선거일 전일까지 선거운동기간 동안 선거운동이 보장되며 선거기간 개시일 이전에도 일정한 선거운동이 허용된다. 이를 고려하면 이 사건 처벌조항에 의하여 제한되는 정치적 표현의 자유가 공익보다 더 크다고 보기 어렵다. 따라서 이 사건 처벌조항은 법익의 균형성도 갖추었다. 이상과 같은 이유로 선거일 당일 선거운동을 한 자를 처벌하는 이 사건 처벌조항이 과잉금지원칙을 위반하여 선거운동 등 정치적 표현의 자유를 침해하는 것이라고 할 수 없다(헌재 2021.12.23, 2018헌바152).

37 누구든지 일정 기간 동안 선거에 영향을 미치게 하기 위한 광고물 설치·진열·게시, 표시물 착용을 할 수 없도록 하고, 이에 위반한 경우 처벌하도록 한 공직선거법이 정치적 표현의 자유를 침해하여 위헌인지 여부: 적극 [헌법불합치]

심판대상조항으로 인하여 일반 유권자나 후보자가 받게 되는 정치적 표현의 자유에 대한 제약은 매우 크다. 한편, 심판대상조항은 선거의 공정성을 해치는 것이 명백하다고 볼 수 없는 정치적 표현까지 금지·처벌하고 있고, 이러한 범위 내에서 심판대상조항으로 인하여 달성되는 공익이 그보다 중대하다고 볼 수 없다. 따라서 심판대상조항은 법익의 균형성에도 위배된다. 그렇다면 심판대상조항은 과잉금지원칙에 반하여 정치적 표현의 자유를 침해하므로 헌법에 위반된다(헌재 2022.7.21, 2017헌가1).

38 선거기간 중 선거에 영향을 미치게 하기 위한 집회나 모임을 금지하는 것이 집회의 자유, 정치적 표현의 자유를 침해하는지 여부: 적극 [위헌]

종전에 헌법재판소가 이 결정과 견해를 달리해, '누구든지 선거기간 중 선거에 영향을 미치게 하기 위하여 단합대회 또는 야유회 기타의 집회를 개최할 수 없고 그에 위반하여 각종집회등을 개최하거나 하게 한 자를 처벌하던' 구 '공직선거 및 선거부정방지법' 제256조 제2항 제1호 카목 중 제103조 제2항 부분이 헌법에 위반되지 아니한다고 판시한 헌재 2001.12.20. 2000헌바96 등 결정은, 이 결정과 저촉되는 '기타의 집회'에 관한 범위 내에서 변경한다(헌재 2022.7.21, 2018헌바164).

39 정당이 당원과 당원이 아닌 자에게 투표권을 부여하여 실시하는 당내경선에서 허용되는 경선운동방법을 한정하고, 이를 위반하여 경선운동을 한 자를 처벌하는 공직선거법이 경선후보자 등 당내경선운동을 하려는 사람의 정치적 표현의 자유를 침해하는지 여부: 소극

경선운동방법 제한조항이 허용하는 방법을 통해서도 경선후보자 등이 경선후보자의 능력이나 자질, 공약 등을 알릴 수 있는 기회가 상당 수준 보장되어 있다는 점을 고려할 필요가 있고, 당내경선에 있어 경선운동방법을 제한함으로써 보장되는 당내경선의 평온과 공정, 그리고 이에 대한 국민의 신뢰 확보라는 공익의 중대성에 비추어 볼 때, 심판대상조항은 과잉금지원칙을 위반하여 경선후보자 등 당내경선운동을 하려는 사람의 정치적 표현의 자유를 침해하지 아니한다(헌재 2022.10.27, 2021헌바125).

40 47석의 비례대표의석을 지역구의석과 연동하여 배분하는 준연동형 비례대표제를 채택하기로 한 공직선거법이 위헌인지 여부: 소극 [기각]

이 사건 의석배분조항은 선거권자의 정당투표결과가 비례대표의원의 의석으로 전환되는 방법을 확정하고 있고, 선거권자의 투표 이후에 의석배분방법을 변경하는 것과 같은 사후개입을 허용하고 있지 않다. 따라서 이 사건 의석배분조항은 직접선거원칙에 위배되지 않는다. 대의제민주주의에 있어서 선거제도는 정치적 안정의 요청이나 나라마다의 정치적·사회적·역사적 상황 등을 고려하여 각기 그 나라의 실정에 맞도록 결정되는 것이고 거기에 논리 필연적으로 요청되는 일정한 형태가 있는 것은 아니다. 소선거구 다수대표제나 비례대표제 등 어느 특정한 선거제도가 다른 선거제도와 비교하여 반드시 우월하거나 열등하다고 단정할 수 없다. 의석배분조항이 투표가치를 왜곡하거나 선거의 대표성의 본질을 침해할 정도로 현저히 비합리적인 입법이라고 보기는 어렵다. 따라서 이 사건 의석배분조항은 평등선거원칙에 위배되지 않는다(헌재 2023.7.20, 2019헌마1443).

41 인천광역시 서구 청라동을 분리하여 서로 다른 선거구에 편입시킨 공직선거법 제25조 제3항 별표 1 중 '인천광역시 서구갑선거구' 및 '인천광역시 서구을선거구' 부분(이하 '이 사건 선거구구역표'라 한다)이 자의적인 선거구획정으로 청구인들의 선거권과 평등권을 침해하는지 여부: 소극 [기각]

이 사건 선거구획정 경위와 청라동과 다른 지역들과의 인접성, 생활환경이나 교통, 교육환경 등을 종합적으로 고려하면, 이 사건 선거구구역표가 선거구 간 인구편차를 줄이기 위하여 청라3동을 청라1, 2동과 다른 선거구에 편입시킨 것으로 합리적인 이유가 있고, 청라3동과 인접한 '인천광역시 서구을선거구'에 속한 다른 지역들 사이에는 생활환경이나 교통, 교육환경 등에서 큰 차이가 발견되지 않아 국회가 청라동에 거주하는 선거인들의 정치참여 기회를 박탈하거나 특정 선거인을 차별하고자 하는 의도를 가지고 있었다고 보기 어렵다. 또한 이러한 선거구획정으로 인하여 청라동에 거주하는 선거인들에 대한 실질적인 차별효과가 명백하게 드러났다고 볼 만한 사정도 발견되지 않는다. 따라서 이 사건 선거구구역표가 자의적인 선거구획정으로 청구인들의 선거권과 평등권을 침해한다고 보기 어렵다(헌재 2023.6.29, 2020헌마356).

42 누구든지 선거일 전 180일부터 화환 설치를 금지하는 공직선거법 조항이 정치적 표현의 자유를 침해하는지 여부: 적극 [헌법불합치]

심판대상조항은 선거일 전 180일부터 선거일까지라는 장기간 동안 선거와 관련한 정치적 표현의 자유를 광범위하게 제한하고 있다. 화환의 설치는 경제적 차이로 인한 선거 기회 불균형을 야기할 수 있으나, 그러한 우려가 있다고 하더라도 공직선거법상 선거비용 규제 등을 통해서 해결할 수 있다. 또한 공직선거법상 후보자 비방 금지 규정 등을 통해 무분별한 흑색선전 등의 방지도 가능하다. 이러한 점들을 종합하면, 심판대상조항은 목적 달성에 필요한 범위를 넘어 장기간 동안 선거에 영향을 미치게 하기 위한 화환의 설치를 금지하는 것으로, 과잉금지원칙에 위반되어 정치적 표현의 자유를 침해한다(헌재 2023.6.29, 2023헌가12).

43 공직선거법 제104조 중 '누구든지 이 법의 규정에 의한 공개장소에서의 연설·대담장소에서 기타 어떠한 방법으로도 연설·대담장소 등의 질서를 문란하게 하거나'에 관한 부분 중 '기타 어떠한 방법으로도'가 죄형법정주의의 명확성원칙 및 정치적 표현의 자유를 침해하는지 여부: 소극 [합헌]

[1] 심판대상조항의 입법취지와 목적, 다른 공직선거법 규정과의 관계, 문언적 의미 등을 종합하면, '기타 어떠한 방법으로도'가 연설·대담을 방해할 정도에 이르지 않더라도 자유롭고 평온한 분위기를 깨뜨려 후보자 등과 선거인 사이에 원활한 소통을 저해하거나 사고가 발생할 우려가 있는 모든 행위태양을 의미한다는 것을 알 수 있다. 따라서 심판대상조항은 죄형법정주의의 명확성원칙에 위배되지 않는다.

[2] 공개장소에서의 연설·대담은 후보자 등이 직접 선거인들을 만나 자신의 식견이나 자질, 정견, 정책 등을 알릴 수 있는 기회이므로, 만약 연설 자체를 방해하는 정도에 이르지 않는다는 이유로 질서문란행위가 허용된다면, 원활한 연설이나 대담을 확보할 수 없을 뿐만 아니라 경우에 따라서는 선거운동을 방해하는 수단으로 악용될 우려가 있다. 심판대상조항은 질서문란행위만을 금지하고 질서를 문란하게 하지 않는 범위 내에서는 다소 소음을 유발하거나 후보자나 정당에 대한 부정적인 견해나 비판적인 의사표현도 가능하다. 따라서 심판대상조항이 과잉금지원칙에 위배되어 정치적 표현의 자유를 침해한다고 보기 어렵다(헌재 2023.5.25, 2019헌가13).

44 일정기간 동안(선거일 전 180일부터 선거일) 선거에 영향을 미치게 하기 위한 벽보 게시, 인쇄물 배부·게시를 금지하는 공직선거법 제93조 제1항 등이 정치적 표현의 자유를 침해하는지 여부: 적극 [헌법불합치]

심판대상조항은 선거에서의 균등한 기회를 보장하고 선거의 공정성을 확보하기 위한 것으로서 입법목적의 정당성 및 수단의 적합성이 인정된다. 그러나 인쇄물은 시설물 등과 비교하여 보더라도 투입되는 비용이 상대적으로 적어 경제력 차이로 인한 선거 기회 불균형의 문제가 크지 않고, 그러한 우려도 공직선거법상 선거비용 규제나 인쇄물의 종류 또는 금액을 제한하는 수단을 통해서 방지할 수 있다. 또한 공직선거법상 후보자 비방 금지 규정이나 허위사실공표 금지 규정 등을 통해 무분별한 흑색선전 등의 방지도 가능한 점을 종합하면, 심판대상조항은 목적 달성에 필요한 범위를 넘어 장기간 동안 인쇄물 살포를 금지·처벌하는 것으로서 침해의 최소성에 반한다. 또한 심판대상조항으로 인하여 일반 유권자나 후보자가 받는 정치적 표현의 자유에 대한 제약이 위 조항을 통하여 달성되는 공익보다 중대하므로 심판대상조항은 법익의 균형성에도 위배된다. 따라서 심판대상조항은 과잉금지원칙에 반하여 정치적 표현의 자유를 침해한다(헌재 2023.3.23, 2023헌가4).

45 종교단체 내 직무상 지위를 이용한 선거운동을 금지한 것이 정치적 표현의 자유를 침해하는지 여부: 소극 [합헌]

공통된 신앙에 기초하여 구성원 상호 간에 밀접한 관계를 형성하는 종교단체의 특성과 성직자 등 종교단체 내에서 일정한 직무를 가지는 사람이 가지는 상당한 영향력을 고려하면, 그러한 선거운동을 원칙적으로 금지하고 위반한 경우 처벌함으로써 선거의 공정성을 확보하고, 종교단체가 본연의 기능을 할 수 있도록 하며, 정치와 종교가 부당한 이해관계로 결합하는 부작용을 방지함으로써 달성되는 공익이 더 크다. 따라서 직무이용 제한조항은 법익의 균형성도 갖추었다. 따라서 직무이용 제한조항은 과잉금지원칙을 위반하여 선거운동 등 정치적 표현의 자유를 침해하지 않는다(헌재 2024.1.25, 2021헌바233).

46 지방공사 상근직원 선거운동 금지하는 것이 선거운동의 자유를 침해하는지 여부: 적극 [위헌]

직급에 따른 업무 내용과 수행하는 개별·구체적인 직무의 성격을 고려하여 지방공사 상근직원 중 선거운동이 제한되는 주체의 범위를 최소화하거나, 지방공사 상근직원에 대하여 '그 지위를 이용하여' 또는 '그 직무 범위 내에서' 하는 선거운동을 금지하는 방법으로도 선거의 공정성이 충분히 담보될 수 있다. 심판대상조항은 침해의 최소성을 충족하지 못하였다.

심판대상조항과 같이 지방공사 상근직원에 대하여 일체의 선거운동을 금지하는 것은, 선거운동의 자유를 중대하게 제한하는 정도에 비하여 선거의 공정성 및 형평성의 확보라는 공익에 기여하는 바가 크지 않으므로, 법익의 균형성을 충족하지 못하는 것이다. 결국 심판대상조항은 과잉금지원칙을 위반하여 지방공사 상근직원의 선거운동의 자유를 침해하므로, 헌법에 위반된다(헌재 2024.1.25, 2021헌가14).

47 공직선거법상 '허위사실공표금지 조항'이 명확성원칙에 위배되거나 과잉금지원칙에 위배되어 정치적 표현의 자유를 침해하는지 여부: 소극 [합헌]

허위사실공표금지 조항 중 '허위의 사실'은 객관적 진실에 맞지 않는 사실을 의미하는바, 죄형법정주의의 명확성원칙에 위배되지 않는다. 또한 허위사실공표금지조항은 선거의 공정성을 보장하기 위한 것으로 금지되는 행위의 유형이 제한되고 다른 대안을 상정하기도 어려우므로, 정치적 표현의 자유를 침해한다고 볼 수도 없다(헌재 2024.6.27, 2023헌바78).

48 공직선거법상 '비방금지조항'이 과잉금지원칙에 위배되어 정치적 표현의 자유를 침해하는지 여부: 적극 [위헌]

비방금지조항의 '비방'은 사회생활에서 존중되는 모든 것에 대하여 정당한 이유 없이 상대방을 깎아내리거나 헐뜯는 것을 의미하는바, 죄형법정주의의 명확성원칙에 위배되지 않는다. 비방행위가 허위사실에 해당할 경우에는 허위사실공표금지 조항으로 처벌하면 족하고, 허위가 아닌 사실에 대한 경우 후보자가 되고자 하는 자는 스스로 반박함으로써 유권자들이 그의 능력과 자질 등을 올바르게 판단할 수 있는 자료를 얻을 수 있게 하여야 한다. 비방금지조항 단서에 위법성 조각사유가 규정되어 있기는 하나, 일단 구성요건에 해당되는 행위를 한 사람은 수사나 형사소추의 위험에 놓이게 되고, 표현의 자유에 대한 위축효과가 발생할 수 있다. 한편, 비방금지조항이 없더라도 사실을 적시한 명예훼손은 형법 제307조 제1항에 따라 처벌하여 그 가벌성을 확보할 수 있고, 수사기관과 재판기관은 선거와의 관련성을 고려하여 수사와 재판을 신속하게 진행할 수 있다. 나아가 후보자가 되고자 하는 자는 자발적으로 공론의 장에 뛰어든 사람이므로, 자신에 대한 부정적인 표현을 어느 정도 감수하여야 한다. 이를 종합하면, 비방금지조항은 과잉금지원칙에 위배되어 정치적 표현의 자유를 침해한다(헌재 2024.6.27, 2023헌바78).

기출 OX

01 20세 이상의 국민은 대통령 및 국회의원의 선거권이 있다. 18. 경찰승진 ( )

02 20세 이상의 국민은 국회의원의 피선거권이 있다. 18. 경찰승진 ( )

03 40세 이상의 국민은 누구든지 대통령의 피선거권이 있다. 18. 경찰승진 ( )

04 대통령으로 선거될 수 있는 자는 국회의원의 피선거권이 있고 선거일 현재 45세에 달하여야 한다. 20. 5급 공채 ( )

05 대통령선거에서 후보자등록요건으로 5억원의 기탁금 납부를 규정한 것은 합헌이다. 12. 국가직 ( )

06 대통령선거의 후보자등록요건으로 5억원의 기탁금을 납부하게 한 것은 위헌이지만, 국회의원선거에 1,500만원의 기탁금을 부담시킨 것은 공무담임권의 침해가 아니다. 11. 법행 ( )

07 대통령선거에서 후보자가 1인인 경우에는 선거권자 총수 3분의 1 이상 찬성을 요하고, 최고득표자 2인 이상인 경우에는 국회 재적의원 과반수가 출석한 공개회의에서 과반수표를 얻은 자가 당선된다. 06. 국가직 ( )

08 선거권을 가지고 선거일 전 30일 현재 확정된 재외선거인명부에 올라 있는 재외국민 甲이 미국에 거주하면서 행사할 수 있는 참정권에는 대통령선거권, 임기만료에 따른 비례대표국회의원선거권이 있으며, 임기만료에 따른 비례대표지방의회의원선거권이나 국회의원 재·보궐선거권은 인정되지 않는다. 16. 국가직 변형 ( )

정답 01 × 02 × 03 × 04 ×
05 × 06 ○ 07 × 08 ○

SUMMARY | 선거 관련 정리

1. 각 선거의 비교

구분	대통령선거	국회의원선거	지방자치단체장선거	지방의회의원선거
선거권	18세 이상 국민		• 18세 이상 • 해당 관할구역에 주민등록 영주체류자격 취득 후 3년 경과한 외국인으로서 해당 지방자치단체의 외국인등록대장에 올라 있는 사람	
피선거권	• 40세 이상 • 5년 이상 국내 거주 • 국회의원 피선거권이 있는 자	• 18세 이상 • 거주요건 없음	• 18세 이상 • 선거일 현재 계속해서 60일 이상 주민등록이 되어 있는 주민	
선거일 (선거기간)	임기만료 전 70일 이후 첫 번째 수요일(23일)	임기만료 전 50일 이후 첫 번째 수요일(14일)	임기만료 전 30일 이후 첫 번째 수요일(14일)	
보궐선거	실시사유가 확정된 때로부터 60일 이내	매년 1회 (4월 첫 번째 수요일)	매년 2회 (4월/10월 첫 번째 수요일)	매년 1회 (4월 첫 번째 수요일)
기탁금	3억원	1천500만원 (비례대표는 500만원)	• 자치구·시·군: 1천만원 • 시·도: 5천만원	• 자치구·시·군: 200만원 • 시·도: 300만원
최고득표자가 2인 이상일 경우	의회재적 과반수 출석에 다수표 득표자 당선	연장자 당선		
출마자가 1인인 경우	선거권자 총수의 3분의 1	무투표 당선		

2. 외국인과 재외국민의 선거권

구분	인정	불인정
외국인	지방자치단체장선거, 지방의회의원선거	대통령선거, 국회의원선거
재외국민(해외)	대통령선거, 임기만료에 의한 비례대표국회의원선거, 국민투표	지방선거, 국회의원 재·보궐선거, 지역구국회의원선거

🔨 판례 |

1 당내 경선운동방법을 제한하는 것이 정치적 표현의 자유를 침해하는지 여부: **소극 [합헌]**
통상적으로 당내경선은 본 선거에 비해 상대적으로 소수의 경선선거인이 참여하므로, 확성장치의 사용을 반드시 허용해야 할 필요성도 크지 않다. 이처럼 확성장치를 사용한 지지호소 행위가 금지되는 것을 비롯하여 경선운동방법이 엄격하게 제한되고 있기는 하나, 허용되는 방법을 통해서도 충분히 경선후보자가 자신의 능력이나 자질, 공약 등을 알릴 수 있는 기회가 보장되어 있으므로, 경선운동방법 조항들이 과잉금지원칙을 위반하여 정치적 표현의 자유를 침해한다고 할 수 없다(헌재 2019.4.11, 2016헌바458 등).

2 '1년 이상의 징역의 형의 선고를 받고 그 집행이 종료되지 아니한 사람'은 선거권을 행사하지 못하도록 한 공직선거법 제18조 제1항 제2호가 선거권을 침해하는지 여부: **소극 [기각]** 18. 국회직 8급, 18·19. 국가직

> **공직선거법**(2015.8.13. 법률 제13497호로 개정된 것)
> **제18조 【선거권이 없는 자】** ① 선거일 현재 다음 각 호의 어느 하나에 해당하는 사람은 선거권이 없다.
>   2. **1년 이상의 징역 또는 금고**의 형의 선고를 받고 그 집행이 종료되지 아니하거나 그 집행을 받지 아니하기로 확정되지 아니한 사람. 다만, 그 형의 집행유예를 선고받고 유예기간 중에 있는 사람은 제외한다.

[1] 선거권 제한의 한계와 심사기준
선거권을 제한하는 입법을 심사함에 있어서는 선거권 제한 여부 및 적용범위의 타당성에 관하여 보통선거원칙에 입각한 선거권 보장과 그 제한의 관점에서 헌법 제37조 제2항에 따라 엄격한 비례심사를 하여야 한다.

[2] 선거권 침해 여부: 소극
1년 이상의 징역의 형을 선고받았다면 범죄의 중대성이 작지 아니한바, 당해 수형자가 저지른 범죄행위가 과실에 의한 것이라거나 개인적 법익을 침해하는 것이라고 하였더라도 선거권 제한의 필요성은 인정된다. 따라서 이 사건 법률조항이 과실범, 고의범 등 범죄의 종류를 불문하고, 침해된 법익의 내용을 불문한다고 하더라도 불필요한 제한을 부과한다고 할 수 없다. 1년 이상의 징역의 형을 선고받은 사람의 선거권을 제한함으로써 형사적·사회적 제재를 부과하고 준법의식을 강화한다는 공익이, 형 집행기간 동안 선거권을 행사하지 못하는 수형자 개인의 불이익보다 작다고 할 수 없다. 이 사건 법률조항은 청구인들의 선거권을 침해하지 아니한다(헌재 2017.5.25, 2016헌마292).

기출 OX

09 공직선거법상 선거일 현재 1년 이상의 징역 또는 금고의 형의 선고를 받고 그 집행이 종료되지 아니하거나 그 집행을 받지 아니하기로 확정되지 아니한 사람 및 그 형의 집행유예를 선고받고 유예기간 중에 있는 사람은 선거권이 없다. 22. 경찰1차 ( )

10 1년 이상의 징역형 선고를 받고 그 집행이 종료되지 아니한 사람의 선거권을 제한하는 공직선거법 조항에 의한 선거권 박탈은 범죄자에 대해 가해지는 형사적 제재의 연장으로 범죄에 대한 응보적 기능을 갖는다. 18. 국회직 ( )

11 형 집행 중 가석방 처분을 받았다는 후발적 사유를 고려하지 아니하고 1년 이상의 징역형 선고를 받은 사람의 선거권을 일률적으로 제한하는 것은 불필요한 제한에 해당한다. 18. 국회직 ( )

정답 09 × 10 ○ 11 ×

기출 OX

01 1년 이상의 징역형을 선고받은 사람의 범죄행위가 국가적·사회적 법익이 아닌 개인적 법익을 침해하는 경우라면 사회적·법률적 비난가능성의 정도는 달리 판단할 수 있다. 18. 국회직
( )

> **3 선거운동기간에 일정한 제약을 두는 것은 위헌인지 여부: 소극**
> 기간의 제한 없이 선거운동을 무한정 허용할 경우에는 후보자간의 지나친 경쟁이 선거관리의 곤란으로 이어져 부정행위의 발생을 막기 어렵게 된다. … 이러한 상황 아래 위와 같은 폐해를 방지하고 공정한 선거를 실현하기 위하여 선거운동의 기간에 일정한 제한을 두는 것만으로 위헌으로 단정할 수는 없다(헌재 2005.9.29, 2004헌바52).

제8절 공무원제도

01 공무원의 의의

1. 개념

'공무원'이란 직접·간접으로 국민에 의하여 선출되거나 임용권자에 의하여 임용되어 국가나 공공단체와 공법상의 근로관계를 맺고 공공적 업무를 담당하고 있는 자를 말한다.

2. 종류

경력직 공무원*	일반직 공무원	기술·연구 또는 행정 일반에 대한 업무를 담당하는 공무원
	특정직 공무원	법관, 검사, 외무공무원, 경찰공무원, 소방공무원, 교육공무원, 군인, 군무원, 헌법재판소 헌법연구관, 국가정보원의 직원과 특수 분야의 업무를 담당하는 공무원으로서 다른 법률에서 특정직 공무원으로 지정하는 공무원
특수경력직 공무원**	정무직 공무원	• 선거로 취임하거나 임명할 때 국회의 동의가 필요한 공무원 • 고도의 정책결정업무를 담당하거나 이러한 업무를 보조하는 공무원으로서 법률이나 대통령령에서 정무직으로 지정하는 공무원
	별정직 공무원	비서관, 비서 등 보좌업무 등을 수행하거나 특정한 업무 수행을 위하여 법령에서 별정직으로 지정하는 공무원

* **경력직 공무원:** 실적과 자격에 따라 임용되고, 그 신분이 보장되며 평생 동안 공무원으로 근무할 것이 예정되는 공무원을 말한다.

** **특수경력직 공무원:** 경력직 공무원 외의 공무원을 말한다.

정답 01 ×

02 현행헌법과 공무원제도

1. 현행헌법의 규정

> 헌법 제7조 ① 공무원은 국민 전체에 대한 봉사자이며, 국민에 대하여 책임을 진다.
> ② 공무원의 신분과 정치적 중립성은 법률이 정하는 바에 의하여 보장된다.

2. 공무원의 헌법상 지위

(1) 국민 전체에 대한 봉사자

헌법 제7조 제1항의 국민 전체는 대한민국의 국적을 가진 전체 국민을 말한다. 또 여기서의 공무원이란 공무수탁사인을 포함하는 **최광의의 공무원**이다(다수설). 12. 법행

(2) 국민에 대한 책임

국민에 대한 공무원의 책임의 법적 성질에 대하여 ① 법적 책임으로 보는 견해와 ② 정치적·윤리적 책임으로 보는 견해가 있으나, ③ 국민의 공무원파면권 등이 인정되지 아니하는 현행헌법의 경우에는 기본적으로 윤리적·정치적 책임을 의미하고, 예외적으로만 법적 책임이 인정된다고 본다(다수설).

3. 직업공무원제도

(1) 의의

직업공무원제도는 공무원이 집권세력의 논공행상의 제물이 되는 **엽관제도*를 지양**하고 **정권교체에 따른 국가작용의 중단과 혼란을 예방**하며 **일관성 있는 공무수행의 독자성을 유지**하기 위하여 **헌법과 법률에 의하여 공무원의 신분이 보장되는 공직구조에 관한 제도**이다(헌재 1989.12.18, 89헌마32·89헌마33). 16. 국가직 헌법 제7조 제2항은 "공무원의 신분과 정치적 중립성은 법률이 정하는 바에 의하여 보장된다."라고 규정하고 있는바, 이는 공무원이 정당한 이유 없이 해임되지 아니하도록 신분을 보장하여 국민 전체에 대한 봉사자로서 성실히 근무할 수 있도록 하기 위한 것임과 동시에 공무원의 신분은 무제한 보장되는 것이 아니라 공무의 특수성을 고려하여 헌법이 정한 신분보장의 원칙 아래 법률로 그 내용을 정할 수 있도록 한 것이다.

(2) 기능

직업공무원제도는 ① 신분과 정치적 중립성의 보장에 의하여 공무원의 국민 전체에 대한 봉사자로서의 지위를 뒷받침하고, ② 공무원의 정치적 중립성을 통하여 국가 통치권행사의 절차적 정당성을 확보하며, ③ 기능적 권력통제 및 국정수행의 지속성을 보장하고, ④ 국민의 공무담임권을 실질적으로 보장하는 기능을 한다.

(3) 적용범위

직업공무원제도에서의 공무원은 국가 또는 공공단체와 근로관계를 맺고 이른바 공법상 특별권력관계 내지 특별행정법관계 아래 공무를 담당하는 것을 직업으로 하는 협의의 공무원을 말하며, 정치적 공무원이라든가 임시적 공무원은 포함되지 않는다(헌재 1989.12.18, 89헌마32·33; 통설). 07·08. 법원직, 12. 법행, 16. 국가직

기출 OX

02 헌법 제7조 제1항 '공무원은 국민 전체에 대한 봉사자이며, 국민에 대하여 책임을 진다'의 공무원은 직업공무원제도에 의해 보호를 받는 공무원을 의미한다. 12. 법행 ( )

* **엽관제도**: 선거에 의하여 정권을 잡은 사람이나 정당이 관직을 지배하는 정치적 관행, 즉 정당에의 충성도와 공헌을 관직의 임용기준으로 삼는 인사행정제도를 말한다.

03 공무원의 신분보장은 정당정치에 따른 엽관주의의 폐단을 없애고 정권교체에 관계없이 국민 전체에 대한 봉사자로서의 의무를 다할 수 있도록 하고자 함에 그 취지가 있다. 04. 법행 ( )

04 직업공무원제도하에서의 공무원은 국가 또는 공공단체와 근로관계를 맺고, 공무를 담당하는 것을 직업으로 하는 자로서 선거직 공직자를 포함한 광의의 공무원을 말한다. 11. 국가직 ( )

정답 02 × 03 ○ 04 ×

기출 OX

01 공무원의 정치활동 제한은 헌법에 의한 평등권 제한에 해당한다.
07. 하반기 법원직 ( )

✎ • 정당에 가입할 수 있는 공무원 ⇨ 정무직·별정직 공무원, 전임강사 이상의 교수
• 헌법이 직접 정당가입을 금지한 공무원 ⇨ 헌법재판소 재판관, 중앙선거관리위원회위원
• 한편 헌법에서는 '공무원의 신분과 정치적 중립성은 법률이 정하는 바에 의하여 그 지위가 보장된다'고 하여 공무원의 정치활동 제한을 **법률**에 위임하고 있다.

02 헌법 제7조에서 보장하는 직업공무원제도의 기본적 요소에 능력주의가 포함되는 점에 비추어 헌법 제25조의 공무담임권 조항은 모든 국민이 누구나 그 능력과 적성에 따라 공직에 취임할 수 있는 균등한 기회를 보장함을 내용으로 한다고 할 것이다.
14. 법원직 ( )

03 국민이 공무원으로 임용된 경우에 있어서 그가 정년까지 근무할 수 있는 권리는 헌법의 공무원 신분보장규정에 의하여 보호되는 기득권으로서 그 침해 내지 제한은 신뢰보호의 원칙에 위배되지 않는 범위 내에서만 가능하다 할 것이다. 16. 경찰승진 ( )

---

(4) 내용

① **정치적 중립성**

㉠ **의의**: 정당제 국가에서 정치적 중립성은 집권당 영향으로부터의 독립과 정당에 대한 불간섭·불가담을 의미한다. 국가공무원법과 지방공무원법은 정치적 중립성에 대하여 규정하고 있다(국가공무원법 제65조, 제66조 및 지방공무원법 제57조, 제58조).

㉡ **필요성**: 공무원의 정치적 중립성은 ⓐ 공무원은 국민 전체에 대한 봉사자이므로 중립적 위치에서 공익을 추구하도록 하고, ⓑ 행정에 대한 정치의 개입을 방지함으로써 행정의 전문성과 민주성을 제고하며, ⓒ 정권의 변동에도 불구하고 정책의 계속성과 안정성을 유지하고, ⓓ 엽관제로 인한 부패와 비능률 등의 폐해를 예방하며, ⓔ 사회·경제적 대립의 중재자 내지 조정자로서의 기능을 적극적으로 수행하기 위하여 요구된다.

㉢ **내용**: 정치적 중립성은 공무원의 충원과 인사에 정치적 영향력이 미치지 못하도록 공무원의 신분을 보장하는 것과 필요한 한도 내에서 공무원의 정치적 활동을 제한하는 것으로 이루어진다. 국가공무원법과 지방공무원법은 직업공무원이 정당 기타 정치단체의 결성에 관여하거나 이에 가입할 수 없고 선거에서 특정 정당·특정인의 지지 또는 반대를 할 수 없도록 하며 공직선거에 입후보하거나 선출직을 겸할 수 없도록 하고 있다.

㉣ **한계**: 정치적 중립성을 이유로 공무원이 국민의 한 사람으로서 당연히 누려야 할 정치적 기본권의 본질적 내용을 침해하거나 그 전부를 부정하여서는 아니 된다. 공무원의 정치적 중립성은 당파적 이익이나 사익이 아닌 공익 우선의 행정을 하여야 한다는 목적을 가지는 것이므로 이를 위한 합리적 범위 내로 그 내용이 결정되어야 할 것이다.

② **공무원의 신분보장**

㉠ **의의**: '공무원의 신분보장'이란 공무원은 정권교체의 영향을 받지 않으며, 동일한 정권하에서도 정당한 이유 없이 해임당하지 않는 것을 말한다.

㉡ **필요성**: 공무원의 신분이 보장되지 않는 경우에는 집권당의 논공행상에 의하여 공직을 배분하는 엽관제나 집권자와의 관계를 앞세운 정실인사로 공무원을 집권세력의 사병으로 전락시켜 국민 전체에 대한 봉사자로서의 지위를 불안정하게 하므로 이를 방지하기 위하여 그 신분보장이 필요하다.

㉢ **내용**: 헌법 제7조 제2항에 따라 국가공무원법은 "공무원은 형의 선고, 징계처분 또는 이 법에 정하는 사유에 따르지 아니하고는 본인의 의사에 반하여 휴직·강임 또는 면직을 당하지 아니한다."라고 규정하고 있다(국가공무원법 제68조).

③ **실적주의**: '실적주의(성적주의)'란 인사행정에 있어 정치적 또는 정실적 요소를 배제하고 시험성적·근무성적, 그 밖의 자격이나 능력을 기준으로 하여 공무원을 임용하거나 승진·전보하는 원칙을 말한다. 국가공무원법과 지방공무원법은 "공무원의 임용은 시험성적·근무성적, 그 밖의 능력의 실증에 의하여 행한다."라고 하여 각각 실적주의를 명시하고 있다(국가공무원법 제26조, 지방공무원법 제25조).

정답 01 × 02 ○ 03 ○

판례 I

1 후임자 임명처분에 의한 공무원직 상실규정이 위헌인지 여부: 적극 [위헌] 11. 국가직
국가보위입법회의법 부칙 제4항 후단에서는 "그 소속 공무원은 이 법에 의한 후임자가 임명될 때까지 그 직을 가진다."라고 규정함으로써 조직의 변경과 관련이 없음은 물론 소속 공무원의 귀책사유의 유무라던가 다른 공무원과의 관계에서 형평성이나 합리적 근거 등을 제시하지 아니한 채 임명권자의 후임자 임명이라는 처분에 의하여 그 직을 상실하는 것으로 규정하였으므로, 이는 결국 임기만료되거나 정년시까지는 그 신분이 보장된다는 직업공무원제도의 본질적 내용을 침해하는 것이다(헌재 1989.12.18, 89헌마32·33).

2 공무원정년제도가 직업공무원제도에 위반되는지 여부: 소극 [합헌] 18. 서울시
공무원정년제도는 공무원에게 정년까지 계속 근무를 보장함으로써 그 신분을 보장하는 한편 공무원에 대한 계획적인 교체를 통하여 조직의 능률을 유지·향상시킴으로써 직업공무원제를 보완하는 기능을 수행하고 있는 것이므로 공무원의 신분보장과 직업공무원제도를 규정한 헌법 제7조에 위반되지 아니한다(헌재 1997.3.27, 96헌바86).

3 대학교원을 제외하고 교육공무원의 정년을 65세에서 62세로 단축한 교육공무원법 제47조 제1항이 공무담임권을 침해하는지 여부: 소극 [기각]
임용 당시 공무원법상의 정년까지 근무할 수 있다는 기대와 신뢰는 절대적인 권리로서 보호되어야만 하는 것은 아니고 행정조직, 직제의 변경 또는 예산의 감소 등 강한 공익상의 정당한 근거에 의하여 좌우될 수 있는 상대적이고 가변적인 것이라 할 것이므로 입법자에게는 제반사정을 고려하여 합리적인 범위 내에서 정년을 조정할 입법형성권이 인정된다. … 초·중등교원의 정년을 62세로 하향조정한 것이 입법형성권의 한계를 벗어난 것이라 할 수 없을 뿐만 아니라, 기존 교원들의 신뢰이익을 지나치게 침해한 것이라고도 보기 어렵다. 그렇다면 이 사건 법률조항은 헌법 제37조 제2항 또는 신뢰보호원칙에 위반하거나, 공무원의 신분보장정신에 위반하여 공무담임권을 침해하는 것이라 할 수 없다(헌재 2000.12.14, 99헌마112 등).

4 국가안전기획부직원에 대한 계급정년을 새로이 규정하면서 이를 소급적용하도록 한 것이 위헌인지 여부: 소극 [합헌] 18. 서울시
구 국가안전기획부직원법 제22조 제1항 및 제2호 및 동법 부칙 제3항이 국가안전기획부직원에 대한 계급정년을 새로이 규정하면서 이를 소급적용하도록 하고 있다고 하더라도, 이는 정당한 공익목적을 달성하기 위한 것으로 구법질서하에서의 공무원들의 기대 내지 신뢰를 과도히 해치는 것으로 보기는 어렵다고 할 것이므로, 위 규정은 입법자의 입법형성재량범위 내에서 입법된 것이라고 할 것이고, 이를 공무원신분관계의 안정을 침해하는 입법이라거나 소급입법에 의한 기본권침해규정이라고 할 수 없다(헌재 1994.4.28, 91헌바15·19 등).

5 금고 이상 형의 '집행유예'를 받은 공무원을 당연퇴직사유로 한 것이 위헌인지 여부: 소극 [기각] 06. 사시, 08. 법원직, 12. 국가직
공무원에게 부과되는 신분상 불이익과 보호하려는 공익이 합리적 균형을 이루는 한 법원이 범죄의 모든 정황을 고려하여 금고 이상의 형의 집행유예판결을 하였다면 그 범죄행위가 직무와 직접적 관련이 없거나 과실에 의한 것이라 하더라도 공무원의 품위를 손상하는 것으로 당해 공무원에 대한 사회적 비난가능성이 결코 적지 아니함을 의미하므로 이를 공무원의 당연퇴직사유로 규정한 것을 위헌의 법률조항이라고 볼

기출 OX

04 헌법재판소는 조직의 변경과 관련이 없음은 물론 소속 공무원의 귀책사유의 유무라던가 다른 공무원과의 관계에서 형평성이나 합리적 근거 등을 제시하지 아니한 채 임명권자의 후임자 임명이라는 처분에 의하여 그 직을 상실하게 하는 것은 직업공무원제도의 본질적 내용을 침해하는 것이라고 보았다. 11. 국가직 ( )

05 초·중등교원의 정년을 3년간 단축하여 62세로 설정한 것이 우리나라의 교육여건, 공교육 정상화 등 교육개혁에 대한 국민적 열망 등 여러 가지 사정을 종합할 때, 젊고 활기찬 교육분위기 조성을 위한 교직사회의 신진대사가 필요하고 바람직한 것이라고 주장하지만 헌법 제31조 제6항에 규정하고 있는 교육지위법정주의에 비추어 볼 때 교원이 가지는 신분관계의 안정에 대한 보다 강한 기대와 신뢰를 침해한 것으로 판단된다. 08. 지방직 ( )

06 공무원 임용 당시에는 연령정년에 관한 규정만 있었는데 사후에 계급정년규정을 신설하여 이를 소급적용하였더라도 헌법에 위배되지 않는다. 14. 국회직 9급 ( )

07 공무원의 범죄행위와 직무의 관련 유무를 묻지 않고 금고 이상의 형의 집행유예판결을 받은 것을 공무원의 당연퇴직사유로 규정한 법률조항은 헌법에 위반된다. 13. 경찰승진 ( )

정답 04 ○ 05 × 06 ○ 07 ×

수 없고, 집행유예와 선고유예의 차이, 금고형과 벌금형의 경중을 고려할 때 이 사건 법률조항이 집행유예판결을 받은 자를 합리적 이유 없이 선고유예나 벌금형의 판결을 받은 자에 비하여 차별하는 것이라고도 볼 수 없다(헌재 2003.12.18, 2003헌마409).

6 금고 이상 형의 '선고유예'를 받은 지방공무원을 당연퇴직사유로 한 것이 위헌인지 여부: 적극 [위헌] 12. 국가직·국회직, 18. 서울시

공무원이 금고 이상 형의 선고유예를 받은 경우에는 공무원직에서 당연히 퇴직하는 것으로 규정하고 있는 이 사건 법률조항은 금고 이상의 선고유예판결을 받은 모든 범죄를 포괄하여 규정하고 있을 뿐 아니라, 심지어 오늘날 누구에게나 위험이 상존하는 교통사고 관련 범죄 등 **과실범의 경우마저 당연퇴직의 사유에서 제외하지 않고 있으므로 최소침해성의 원칙에 반한다**. 오늘날 사회구조의 변화로 인하여 '모든 범죄로부터 순결한 공직자 집단'이라는 신뢰를 요구하는 것은 지나치게 공익만을 우선한 것이며, 오늘날 사회국가원리에 입각한 공직제도의 중요성이 강조되면서 개개 공무원의 공무담임권보장의 중요성이 더욱 큰 의미를 가지고 있다. 일단 공무원으로 채용된 공무원을 퇴직시키는 것은 공무원이 장기간 쌓은 지위를 박탈해 버리는 것이므로 같은 입법목적을 위한 것이라고 하여도 당연퇴직사유를 임용결격사유와 동일하게 취급하는 것은 타당하다고 할 수 없다. 결국 지방공무원법 제61조 중 제31조 제5호 부분은 헌법 제25조의 **공무담임권을 침해하였다**고 할 것이다. 따라서 헌법재판소가 종전에 89헌마220 결정에서 위 규정이 헌법에 위반되지 아니한다고 판시한 의견은 이를 변경하기로 한다(헌재 2002.8.29, 2001헌마788·2002헌마173).

7 공무원이 수뢰죄를 범하여 금고 이상 형의 선고유예를 받은 경우 당연퇴직사유로 한 것이 위헌인지 여부: 소극 [합헌]

형법 제129조 제1항의 수뢰죄를 범하여 금고 이상 형의 선고유예를 받은 국가공무원을 공직에서 배제하는 것은 적절한 수단에 해당한다. 수뢰죄는 수수액의 다과에 관계없이 공무원 직무의 불가매수성과 염결성을 치명적으로 손상시키고, 직무의 공정성을 해치며 국민의 불신을 초래하므로 일반 형법상 범죄와 달리 엄격하게 취급할 필요가 있다. … 따라서 심판대상조항은 과잉금지원칙에 반하여 청구인의 공무담임권을 침해하지 아니한다(헌재 2013.7.25, 2012헌바409).

8 '직제와 정원의 개폐 또는 예산의 감소 등에 의하여 폐직 또는 과원이 된 때'에 직권면직시킬 수 있도록 규정한 지방공무원법 제62조 제1항 제3호가 직업공무원제도를 위반하는지 여부: 소극 [합헌] 10. 법무사, 11. 국가직, 17. 법원직

공무원의 정치적 중립과 신분보장을 통하여 행정의 계속성과 안정성을 확보하여 국가기능의 효율성을 증대하고자 하는 직업공무원제도가 그 본래의 취지와 달리 공무원 개인에게 평생직업을 보장하는 장치로 변질되어 행정의 무능과 국가기능의 비효율을 초래해서는 아니 된다는 점과 국가경영의 경비부담 주체가 국민이고 공무원은 국민 전체에 대한 봉사자라는 점을 감안하면, 행정의 효율성 및 생산성 제고차원에서는 행정수요가 소멸하거나 조직의 비대화로 효율성이 저하되는 경우 직제를 폐지하거나 인원을 축소하는 것은 불가피한 선택에 해당할 것이다. 그렇다면 이 사건 규정이 직업공무원제도를 위반하고 있다고는 볼 수 없다(헌재 2004.11.25, 2002헌바8).

✎ • 공무원이 금고 이상 형의 '집행유예'를 받은 경우 - 당연퇴직 ⇨ 합헌
• 공무원이 금고 이상 형의 '선고유예'를 받은 경우 - 당연퇴직 ⇨ 위헌
• 공무원이 '수뢰죄'를 범하여 금고 이상 형의 '선고유예'를 받은 경우 - 당연퇴직 ⇨ 합헌

기출 OX

01 지방자치단체의 직제가 폐지된 경우에 해당 공무원을 직권면직할 수 있도록 규정하고 있는 지방공무원법 조항은 헌법상 직업공무원제도를 위반한 것이다. 18. 경찰승진 ( )

정답 01 ✕

9 형사사건으로 기소되면 '필요적으로' 직위해제처분을 하도록 한 국가공무원법규정이 위헌인지 여부: 적극 [위헌]

형사사건으로 기소되기만 하면 국가공무원법 제33조 제1항 제3호 내지 제6호에 해당하는 유죄판결을 받을 고도의 개연성이 있는가의 여부와는 무관하게 벌금형이나 무죄가 선고될 가능성이 큰 사건인 경우에 대해서까지도 당해 공무원에게 일률적으로 직위해제처분을 하도록 한 이 사건 규정은 비례의 원칙에 위반되어 직업의 자유를 과도하게 침해하고 제27조 제4항의 무죄추정의 원칙에도 위반된다(헌재 1998.5.28, 96헌가12).

10 형사사건으로 기소된 공무원을 '임의적으로' 직위해제할 수 있도록 규정한 구 국가공무원법 제73조의2 제1항 제4호 부분이 공무담임권을 침해하는지 여부: 소극 [합헌]

이 사건 법률조항이 임용권자로 하여금 구체적인 경우에 따라 개별성과 특수성을 판단하여 직위해제 여부를 결정하도록 한 것이지 직무와 전혀 관련이 없는 범죄나 지극히 경미한 범죄로 기소된 경우까지 임용권자의 자의적인 판단에 따라 직위해제를 할 수 있도록 허용하는 것은 아니고, 기소된 범죄의 법정형이나 범죄의 성질에 따라 그 요건을 보다 한정적·제한적으로 규정하는 방법을 찾기 어렵다는 점에서 이 사건 법률조항이 필요최소한도를 넘어 공무담임권을 제한하였다고 보기 어렵다. 그리고 이 사건 법률조항에 의한 공무담임권의 제한은 잠정적이고 그 경우에도 공무원의 신분은 유지되고 있다는 점에서 공무원에게 가해지는 신분상 불이익과 보호하려는 공익을 비교할 때 공무집행의 공정성과 그에 대한 국민의 신뢰를 유지하고자 하는 공익이 더욱 크다. 따라서 이 사건 법률조항은 공무담임권을 침해하지 않는다(헌재 2006.5.25, 2004헌바12).

11 공무원의 집단행위를 금지하고 있는 지방공무원법 제82조 중 제58조 제1항이 정치적 표현의 자유를 침해하는지 여부: 소극 [합헌]

공무원의 정치적 의사표현이 집단적으로 이루어지는 것을 금지하는 것은 다수의 집단행동은 그 행위의 속성상 개인행동보다 공공의 안녕질서나 법적 평화와 마찰을 빚을 가능성이 크고, 특히 공무원이 집단으로 정치적 의사표현을 하는 경우에는 이것이 공무원이라는 집단의 이익을 대변하기 위한 것으로 비춰질 수 있으며, 정치적 중립성의 훼손으로 공무의 공정성과 객관성에 대한 신뢰를 저하시킬 수 있기 때문이다. … 따라서 지방공무원의 집단적인 의사표현을 제한하는 것이 지나치게 과도하다고 볼 수 없다(헌재 2014.8.28, 2011헌바50).

12 공무원은 직무의 내외를 불문하고 품위손상행위를 하여서는 아니 된다고 규정하고 직무의 내외를 불문하고 체면이나 위신을 손상하는 행위를 한 때를 공무원의 징계사유로 규정한 국가공무원법 제63조 등이 명확성의 원칙에 위배되는지 여부: 소극 [합헌]

입법취지, '품위' 등 용어의 사전적 의미 및 법원의 해석 등을 종합할 때 이 사건 법률조항이 정한 공무원 징계사유로서의 품위손상행위는 주권자인 국민으로부터 수임받은 공무를 수행함에 손색이 없는 인품에 어울리지 않는 행위를 함으로써 공무원 및 공직 전반에 대한 국민의 신뢰를 떨어뜨릴 우려가 있는 경우를 일컫는 것으로 해석할 수 있고, 그 수범자인 평균적인 공무원은 이를 충분히 예측할 수 있다. 따라서 이 사건 법률조항은 명확성원칙에 위배되지 아니한다(헌재 2016.2.25, 2013헌바435). 20. 국회직 9급

한눈에 쏙!

공무원 직위해제 비교

- 형사사건으로 기소된 국가공무원을 직위해제할 수 있도록 규정한 것은 무죄추정의 원칙에 반하지 않는다.
- 벌금형이나 무죄가 선고될 가능성이 큰 사건인 경우에 대해서까지도 당해 공무원에게 **일률적으로** 직위해제처분을 하도록 규정한 것은 비례의 원칙에 위반되어 직업의 자유를 침해하고 무죄추정의 원칙에도 위반된다.

기출 OX

01 벌금형의 선고유예판결을 공무원 결격사유로 하지 않으면서 금고형의 선고유예판결을 결격사유로 하는 것은 합리성과 형평에 반한다. 14. 국회직
( )

02 금고 이상의 형의 선고유예를 받고 그 기간 중에 있는 자를 임용결격사유로 삼고, 위 사유에 해당하는 자가 임용되더라도 이를 당연무효로 하는 구 국가공무원법 조항은 공무담임권을 침해하지 않는다. 19. 경찰승진
( )

03 공무원의 정당가입이 허용된다면, 공무원의 정치적 행위가 직무 내의 것인지 직무 외의 것인지 구분하기 어려운 경우가 많고, 설사 공무원이 근무시간 외에 혹은 직무와 관련 없이 정당과 관련한 정치적 표현행위를 한다 하더라도 공무원의 정치적 중립성에 대한 국민의 기대와 신뢰는 유지되기 어렵다. 16. 지방직 ( )

13 금고 이상의 형의 선고유예를 받고 그 기간 중에 있는 자를 임용결격사유로 삼고, 위 사유에 해당하는 자가 임용되더라도 이를 당연무효로 하는 구 국가공무원법 제33조 제1항 제5호가 공무담임권을 침해하는지 여부: **소극 [합헌]** 19. 서울시

이 사건 법률조항이 금고 이상의 형의 선고유예의 판결을 받아 그 기간 중에 있는 사람이 공무원으로 임용되는 것을 금지하고 그러한 사람이 임용되더라도 이를 당연무효로 하는 것은 공직에 대한 국민의 신뢰라는 정당한 공익을 보호하기 위하여 필요한 수단이다. 또한 청구인과 같이 임용결격사유가 있음에도 임용되어 상당 기간 사실상 공무원으로 근무한 경우에는 공무원연금법상 퇴직급여 등을 지급받지 못하는 등의 불이익이 있기는 하나, 임용결격공무원이 사실상 제공한 근로에 상응하는 금액에 대하여 부당이득반환청구가 가능한 점 등을 고려해 보면, 임용결격공무원의 사익 침해가 위와 같은 공익에 비하여 현저히 크다고 볼 수도 없다. 따라서 이 사건 법률조항은 공무담임권을 침해하지 아니한다(헌재 2016.7.28, 2014헌바437).

14 초·중등학교의 교육공무원이 정치단체의 결성에 관여하거나 이에 가입하는 행위를 금지한 국가공무원법 제65조 제1항 중 '그 밖의 정치단체'에 관한 부분이 정치적 표현의 자유 및 결사의 자유를 침해하는지 여부: **적극**

국가공무원법 조항 중 '그 밖의 정치단체'에 관한 부분은, '그 밖의 정치단체'라는 불명확한 개념을 사용하고 있어, 표현의 자유를 규제하는 법률조항, 형벌의 구성요건을 규정하는 법률조항에 대하여 헌법이 요구하는 명확성원칙의 엄격한 기준을 충족하지 못하였다. 위 조항은 '그 밖의 정치단체'라는 불명확한 개념을 사용하여, 수범자에 대한 위축효과와 법 집행 공무원의 자의적 판단 위험을 야기하고 있다. 위 조항이 명확성원칙에 위배되어 나머지 청구인들의 정치적 표현의 자유, 결사의 자유를 침해하여 헌법에 위반되는 점이 분명한 이상, 과잉금지원칙에 위배되는지 여부에 대하여는 더 나아가 판단하지 않는다(헌재 2020.4.23, 2018헌마551).

4. 공무원의 기본권제한

(1) 이론적 근거

공무원의 기본권을 특별히 제한할 수 있는 이론적 근거에 관해서는 특별권력관계설, 국민전체봉사자설, 직무성질설 등의 대립이 있으나, 국민 전체에 대한 봉사자라는 공무원의 특수신분과 그 직무의 성질 그리고 근무관계의 특수성 등 종합적인 이유로 일정한 기본권이 제한된다고 보아야 할 것이다(권영성).

(2) 제한유형

① 정치적 활동의 제한

> **국가공무원법**
> 제65조 【정치운동의 금지】 ① 공무원은 정당이나 그 밖의 정치단체의 결성에 관여하거나 이에 가입할 수 없다.

✎ 국가공무원법 제65조 제1항 중 "국가공무원법 제2조 제2항 제2호의 교육공무원 가운데 초·중등교육법 제19조 제1항의 교원은 그 밖의 정치단체의 결성에 관여하거나 이에 가입할 수 없다." 부분은 헌법에 위반된다(헌재 2020.4. 23, 2018헌마551). [단순위헌]

정답 01 × 02 ○ 03 ○

② 근로3권의 제한

> 헌법 제33조 ② 공무원인 근로자는 법률이 정하는 자에 한하여 단결권·단체교섭권 및 단체행동권을 가진다.
> 제37조 ② 국민의 모든 자유와 권리는 국가안전보장·질서유지 또는 공공복리를 위하여 필요한 경우에 한하여 법률로써 제한할 수 있으며, 제한하는 경우에도 자유와 권리의 본질적인 내용을 침해할 수 없다.

③ **특수한 신분관계에 의한 제한**: 협의의 공무원은 국가와 공법상 특수한 신분관계를 맺고 있으므로 그 질서를 유지하고 그 신분관계를 설정한 목적을 달성하기 위하여 필요하다고 인정될 경우에는 합리적인 범위 내에서 일반 국민보다 더 많은 기본권의 제한을 받는다.

(3) 한계

공무원의 기본권이 제한된다고 하더라도 헌법 제37조 제2항의 기본권제한에 관한 일반 원칙은 존중되어야 한다. 따라서 제한은 법률에 의하여야 하고 합리적인 범위 내에서 필요최소한에 그쳐야 하며 기본권의 본질적인 내용은 침해하지 못한다.

✓ SUMMARY | 공무원의 신분 관련 헌법재판소 판례

위헌결정	• 합리적 근거 없이 후임자의 임명처분에 의하여 공무원의 신분을 상실하게 하는 것 • 형사사건으로 기소된 공무원에 대해서 '필요적' 직위해제처분을 하는 것 06. 사시 • 금고 이상 형의 '선고유예'를 받은 공무원을 당연퇴직하게 하는 것 • 자격정지 이상 형의 '선고유예'를 받은 직업군인의 당연제적 06. 사시 • 자격정지 이상 형의 '선고유예'를 받은 경찰공무원의 당연퇴직 • 검찰총장의 퇴직 후 2년 이내에 모든 공직에의 취임금지 • 국가인권위원회위원의 퇴직 후 2년간 교육공무원을 제외한 모든 공직에의 취임금지 • 지방자치단체장이 '금고 이상의 형의 선고를 받은 경우' 부단체장의 권한대행제도 06. 사시
합헌결정	• 형사기소된 국가공무원에 대한 '임의적' 직위해제 • 금고 이상 형의 '집행유예'를 받은 공무원의 당연퇴직 06. 사시 • 교육경력자의 지방교육위원 우선당선조항 06. 행시 • 초·중등학교 교원의 정년을 65세에서 62세로 하향조정 • 지방자치단체의 직제가 폐지된 경우 해당 공무원을 직권면직할 수 있도록 한 것 06. 사시 • 정부투자기관직원의 지방의회의원 겸직금지 • 지방공사직원의 지방의회의원 겸직금지 • 국가안전기획부직원에 대하여 임용 당시의 연령정년제를 계급정년제로 변경하는 것 • 선거기간 중 정상적인 업무 외의 출장을 한 공무원의 당연퇴직 • 지방공무원의 정년을 5급 이상은 60세, 6급 이하는 57세로 차별하는 것 • 경찰공무원의 정년을 경정 이상은 60세, 경감 이하는 57세로 차별하는 것 • 도시재개발조합임원의 수재행위를 공무원의 뇌물죄로 처벌하는 것 11. 법행 • 정부관리기업체 간부직원의 수재행위를 공무원의 뇌물죄로 처벌하는 것 • 정부출연연구기관의 직원의 수재행위를 공무원의 뇌물죄로 처벌하는 것 • 주택재건축조합의 임원을 형법상의 뇌물죄의 적용에 있어서 공무원으로 의제하는 것 • 지방자치단체장이 '공소제기된 후 구금상태에 있는 경우' 부단체장의 권한대행제도 11. 법행, 12. 지방직 • '수뢰죄'를 범하여 금고 이상 형의 '선고유예'를 받은 국가공무원을 당연퇴직하게 하는 것 14. 경찰승진

기출 OX

04 국가공무원 중 사실상 노무에 종사하는 공무원은 노동운동을 할 수 있다. 20. 국회직 ( )

✐ 국가공무원법 제66조 제1항은 근로3권이 보장되는 공무원의 범위를 사실상 노무에 종사하는 공무원에 한정하고 있으나, 이는 헌법 제33조 제2항에 근거한 것이고, 전체 국민의 공공복리와 사실상 노무에 종사하는 공무원의 직무의 내용, 노동조건 등을 고려해 보았을 때 입법자에게 허용된 입법재량권의 범위를 벗어난 것이라 할 수 없다(헌재 2007.8.30, 2003헌바51).

05 헌법재판소는 형사사건으로 기소되면 필요적으로 직위해제처분을 하도록 한 구 국가공무원법규정(제73조의2 제1항 단서)에 대해 무죄추정의 원칙 위반으로 보아 위헌이라고 선고하였다. 07. 국가직 ( )

06 공무원을 직권면직할 수 있는 사유에는 직제의 폐지도 포함된다. 20. 국회직 ( )

07 지방자치단체의 장이 공소제기된 후 구금상태에 있는 경우 부지사·부시장·부군수·부구청장이 그 권한을 대행한다. 13. 지방직 ( )

정답 04 ○ 05 ○ 06 ○ 07 ○

제9절 지방자치제도

01 의의

1. 개념

지방자치제도는 일정한 지역을 단위로 일정한 지역의 주민이 그 지방주민의 복리에 관한 사무, 재산관리에 관한 사무 기타 법령이 정하는 사무(헌법 제117조 제1항)를 그들 자신의 책임하에서 자신들이 선출한 기관을 통하여 직접 처리하게 함으로써 지방자치행정의 민주성과 능률성을 제고하고 지방의 균형 있는 발전과 아울러 국가의 민주적 발전을 도모하는 제도이다(헌재 1996.6.26, 96헌마200).

2. 이념적 배경

지방자치는 국민자치를 지방적 범위 내에서 실현하는 것이므로 지방시정에 직접적인 관심과 이해관계가 있는 지방주민으로 하여금 스스로 다스리게 한다면 자연히 민주주의가 육성·발전될 수 있다는 소위 '풀뿌리민주주의'를 그 이념적 배경으로 하고 있는 것이다(헌재 1991.3.11, 91헌마21).

> **판례 | 지방자치제도의 헌법적 의의**
>
> 지방자치제도의 헌법적 보장은 한마디로 국민주권의 기본원리에서 출발하여 주권의 지역적 주체로서의 주민에 의한 자기통치의 실현으로 요약할 수 있고, 이러한 지방자치의 본질적 내용인 핵심영역은 어떠한 경우라도 입법 기타 중앙정부의 침해로부터 보호되어야 한다는 것을 의미한다. 다시 말하면 중앙정부의 권력과 지방자치단체의 권력간 수직적 분배는 서로 조화가 요청되고 그 조화과정에서 지방자치의 핵심영역은 침해되어서는 안 되는 것이므로, 이와 같은 권력분립적·지방분권적인 기능을 통하여 지역주민의 기본권보장에도 이바지하는 것이다(헌재 1998.4.30, 96헌바62).

02 본질

지방자치제도는 제도적 보장의 일종이며 자치단체보장·자치사무보장·자치기능보장의 세 가지를 그 본질적 내용으로 한다. 특정 지방자치단체를 통·폐합하는 것은 가능하지만 모든 지방자치단체를 폐지하는 것은 '자치단체보장'을 침해하는 것이 되므로 허용될 수 없다. 일정 지역 내의 지방자치단체인 시·군을 모두 폐지하여 지방자치단체의 중층구조를 단층화하는 것이 헌법상 지방자치제도의 보장에 위배되는 것은 아니다(헌재 2006.4.27, 2005헌마1190). 11. 법무사

판례 |

1. **법률로 특정 지방자치단체를 폐지하여 다른 지방자치단체에 병합하는 것이 지방자치제도의 본질적 내용을 침해하는지 여부: 소극 [기각]** 11. 법원직

   자치제도의 보장은 지방자치단체에 의한 자치행정을 일반적으로 보장한다는 것뿐이고 특정 지방자치단체의 존속을 보장한다는 것은 아니며 지방자치단체의 폐치·분합에 있어 지방자치권의 존중은 법정절차의 준수로 족한 것이다. 그러므로 군 및 도의회의 결의에 반하여 법률로 군을 폐지하고 타시에 병합하여 시를 설치한다 하여 주민들의 자치권을 침해하는 결과가 된다거나 헌법 제8장에서 보장하는 지방자치제도의 본질을 침해하는 것이라고 할 수 없다(헌재 1995.3.23, 94헌마175).

2. **주민소환제 자체가 지방자치의 본질적인 내용인지 여부: 소극 [기각]** 12. 국가직

   주민소환제 자체는 지방자치의 본질적인 내용이라고 할 수 없으므로 이를 보장하지 않는 것이 위헌이라거나 어떤 특정한 내용의 주민소환제를 반드시 보장하여야 한다는 헌법적인 요구가 있다고 볼 수는 없으나, 다만 이러한 주민소환제가 지방자치에도 적용되는 원리인 대의제의 본질적인 내용을 침해하는지 여부는 문제가 된다 할 것이다(헌재 2011.12.29, 2010헌바368).

3. **감사원에 의한 지방자치단체의 자치사무에 대한 합목적성 감사가 지방자치권의 본질을 침해하여 위헌인지 여부: 소극 [기각, 각하]** 12. 사시·변호사·국가직

   헌법상 제도적으로 보장된 자치권 가운데에는 소속 공무원에 대한 인사와 처우를 스스로 결정하고 자치사무의 수행에 있어 다른 행정주체(특히 국가)로부터 합목적성에 관하여 명령·지시를 받지 않는 권한도 포함된다. 위임사무나 자치사무의 구별 없이 합법성 감사뿐만 아니라 합목적성 감사도 포함한 이 사건 감사는 감사원법에 근거한 것으로서, … 헌법이 감사원을 독립된 외부감사기관으로 정하고 있는 취지, 국가기능의 총체적 극대화를 위하여 중앙정부와 지방자치단체는 서로 행정기능과 행정책임을 분담하면서 중앙행정의 효율성과 지방행정의 자주성을 조화시켜 국민과 주민의 복리증진이라는 공동목표를 추구하는 협력관계에 있다는 점에 비추어 보면 감사원에 의한 지방자치단체의 자치사무에 대한 감사를 합법성 감사에 한정하고 있지 아니한 이 사건 관련 규정은 그 목적의 정당성과 합리성을 인정할 수 있다. … 지방자치단체의 인사권이나 자치행정의 자기책임적 판단이 말살될 정도로 지방자치권의 본질이 훼손되었다고 보기는 어렵다(헌재 2008.5.29, 2005헌라3).

기출 OX

01 주민소환제 자체는 지방자치의 본질적 내용이라고 할 수 있으므로 이를 보장하지 않는 것은 헌법에 위반된다. 17. 경찰승진 ( )

02 감사원이 지방자치단체에 대하여 자치사무의 합법성뿐만 아니라 합목적성까지도 감사한 행위는 법률상 권한 없이 이루어진 것이다. 12. 국가직 ( )

03 우리나라의 지방자치제도

1. 연혁과 현행헌법의 규정

(1) 연혁

제1공화국	• 건국헌법: 지방자치제를 규정 • 지방자치법 제정(1949년): 도지사·서울특별시장은 임명제, 시·읍·면장은 지방의회에서 선출, 지방의회의원은 주민 직선, 지방자치단체장의 지방의회해산권과 지방의회의 지방자치단체장에 대한 불신임결의권을 규정 • 최초의 지방의회 구성(1952년): 6·25전쟁 발발로 시행이 지연되다가 1952년 비로소 최초의 지방의회 구성

03 최초의 지방의회가 구성된 것은 제1공화국 기간이었던 1950년이었고, 지방의회를 조국통일이 이루어질 때까지 구성하지 아니한다는 것을 헌법부칙에 규정한 것은 1980년 제8차 개정헌법에서였다. 17. 변호사 ( )

정답 01 × 02 × 03 ×

제2공화국	서울특별시장·도지사, 시·읍·면장, 동·이장을 임명제 방식에서 직선제 방식으로 하여 명실상부한 지방자치제 실시
제3공화국	• 지방의회를 해산하고 지방자치에 관한 임시조치법을 제정하여 지방자치법의 효력을 정지시킴 • 제3공화국 헌법 부칙에서는 이 헌법에 의한 최초의 지방의회 구성시기에 관하여는 법률로 정한다고 규정하였으나, 국회가 법률을 제정하지 않음으로써 지방자치 실시가 무산됨
제4공화국	제7차 개정헌법(1972년, 유신헌법): 지방의회의 구성을 조국의 통일시까지 유예한다는 부칙조항
제5공화국	제8차 개정헌법(1980년): 지방의회의 구성을 지방자치단체의 재정자립도를 감안하여 순차적으로 하되 그 구성시기는 법률로 정한다는 부칙조항
제6공화국	• 제9차 개정헌법(1987년, 현행헌법): 지방의회 구성에 관한 유예규정 철폐 • 1988년 지방자치법 전면개정, 1991년 지방의회선거 실시. 단, 지방자치단체장선거는 정부가 무기한 연기 • 1994년 공직선거 및 선거부정방지법 부칙에서 지방자치단체장선거를 1995년 6월 27까지 실시하도록 규정하고, 지방자치단체장선거 실시

(2) 헌법규정

> 헌법 제117조 ① 지방자치단체는 주민의 복리에 관한 사무를 처리하고 재산을 관리하며, 법령의 범위 안에서 자치에 관한 규정을 제정할 수 있다.
> ② 지방자치단체의 종류는 법률로 정한다.
> 제118조 ① 지방자치단체에 의회를 둔다.
> ② 지방의회의 조직·권한·의원선거와 지방자치단체의 장의 선임방법 기타 지방자치단체의 조직과 운영에 관한 사항은 법률로 정한다.

기출 OX

01 지방자치단체는 주민의 복리에 관한 사무를 처리하고 재산을 관리하며, 법령의 범위 안에서 자치에 관한 규정을 제정할 수 있다. 18. 경찰승진 ( )

02 지방의회의 조직·권한·의원선거와 지방자치단체의 장의 선임방법 기타 지방자치단체의 조직과 운영에 관한 사항은 법률로 정한다. 18. 경찰승진 ( )

헌법이 직접 규정한 것	• 자치사무, 재산관리권 • 자치에 관한 규정 제정권 • 지방의회의 설치
법률로 규정하도록 한 것	• 지방자치단체의 종류 • 지방의회의 조직·권한·의원선거 • 지방자치단체장의 선임방법

2. 지방자치단체의 종류

> 헌법 제117조 ② 지방자치단체의 종류는 법률로 정한다.

(1) 일반지방자치단체

> 지방자치법
> 제2조 【지방자치단체의 종류】 ① 지방자치단체는 다음의 두 가지 종류로 구분한다.
>   1. 특별시, 광역시, 특별자치시, 도, 특별자치도
>   2. 시, 군, 구

정답 01 ○ 02 ○

(2) 특별지방자치단체

> **지방자치법**
>
> 제2조【지방자치단체의 종류】③ 제1항의 지방자치단체 외에 특정한 목적을 수행하기 위하여 필요하면 따로 특별지방자치단체를 설치할 수 있다. 이 경우 특별지방자치단체의 설치 등에 관하여는 제12장에서 정하는 바에 따른다.

(3) 지방자치단체의 법인격과 관할 추가

> **지방자치법**
>
> 제3조【지방자치단체의 법인격과 관할】① 지방자치단체는 법인으로 한다.
> ② 특별시, 광역시, 특별자치시, 도, 특별자치도(이하 "시·도"라 한다)는 정부의 직할로 두고, 시는 도의 관할구역 안에, 군은 광역시나 도의 관할구역 안에 두며, 자치구는 특별시와 광역시의 관할구역 안에 둔다.
> ③ **특별시·광역시 또는 특별자치시가 아닌 인구 50만 이상의 시에는 자치구가 아닌 구를 둘 수 있고,** 군에는 읍·면을 두며, 시와 구(자치구를 포함한다)에는 동을, 읍·면에는 리를 둔다.

> **판례** | 특별시·광역시가 아닌 시에 지방자치단체가 아닌 행정구를 두고 그 구청장은 시장이 임명하도록 한 지방자치법 제3조 제3항 주민의 평등권을 침해하는지 여부: 소극 [기각]
>
> 헌법은 지방자치단체의 종류와 단계를 입법자의 광범위한 형성에 맡기고 있고, 기초자치단체가 성립하는 면적이나 인구 등의 규모에 대하여 규정하고 있지 않다. 행정구의 경우 기초자치단체인 시 관할 구역 안에 있는 것을 감안하여 지방자치단체의 지위를 부여하지 않고, 현행 지방자치의 일반적인 모습인 2단계 지방자치단체의 구조를 형성한 입법자의 선택이 현저히 자의적이라고 보기 어렵다. 행정구 주민이 지방자치단체로서의 행정구 대표자를 선출할 수 없다고 하더라도, 여전히 기초자치단체인 시와 광역자치단체인 도의 대표자 선출에 참여할 수 있어, 행정구에서도 지방자치행정에 대한 주민참여가 제도적으로 동일하게 유지되고 있다. 따라서 임명조항이 주민들의 민주적 요구를 수용하는 지방자치제와 민주주의의 본질과 정당성을 훼손할 위험이 있다고 단정할 수 없다. 인구가 적거나 비슷한 다른 기초자치단체 주민에 비하여, 행정구에 거주하는 청구인이 행정구의 구청장이나 구의원을 선출하지 못하는 차이가 있지만, 이러한 차별취급이 자의적이거나 불합리하다고 보기 어려우므로, 임명조항은 행정구 주민의 평등권을 침해하지 아니한다(헌재 2019.8.29, 2018헌마129).

3. 지방자치단체의 기관

(1) 지방의회

'지방의회'란 지방자치단체의 의결기관으로서 주민에 의하여 선출된 의원을 구성원으로 하는 합의제 기관을 말한다.

① **구성**: 헌법상 지방의회는 필수적 기관(헌법 제118조 제1항)이고, 임기 4년의 지방의회의원들로써 구성되며(지방자치법 제39조), 지방의회의원은 반드시 의원선거에 의하여 선출되어야 한다(헌법 제118조 제2항). 지방의회의원을 명예직으로 한다는 규정은 삭제되었다.

② 운영

> **지방자치법**
>
> 제53조【정례회】① 지방의회는 매년 2회 정례회를 개최한다.
> ② 정례회의 집회일, 그 밖에 정례회의 운영에 관하여 필요한 사항은 해당 지방자치단체의 조례로 정한다.
>
> 제54조【임시회】① 지방의회의원 총선거 후 최초로 집회되는 임시회는 지방의회 사무처장·사무국장·사무과장이 지방의회의원 임기 개시일부터 25일 이내에 소집한다.
> ② 지방자치단체를 폐지하거나 설치하거나 나누거나 합쳐 새로운 지방자치단체가 설치된 경우에 최초의 임시회는 지방의회 사무처장·사무국장·사무과장이 해당 지방자치단체가 설치되는 날에 소집한다.
> ③ 지방의회의 의장은 지방자치단체의 장이나 조례로 정하는 수 이상의 지방의회의원이 요구하면 15일 이내에 임시회를 소집하여야 한다. 다만, 지방의회의 의장과 부의장이 부득이한 사유로 임시회를 소집할 수 없을 때에는 지방의회의원 중 최다선의원이, 최다선의원이 2명 이상인 경우에는 그중 연장자의 순으로 소집할 수 있다.
> ④ 임시회의 소집은 집회일 **3일 전**에 공고하여야 한다. 다만, 긴급할 때에는 그러하지 아니하다.
>
> 제56조【개회·휴회·폐회와 회의일수】① 지방의회의 개회·휴회·폐회와 회기는 지방의회가 의결로 정한다.
> ② 연간 회의 총일수와 정례회 및 임시회의 회기는 해당 지방자치단체의 조례로 정한다.
>
> 제62조【의장·부의장 불신임의 의결】① 지방의회의 의장이나 부의장이 법령을 위반하거나 정당한 사유 없이 직무를 수행하지 아니하면 지방의회는 불신임을 의결할 수 있다. 13. 서울시
> ② 제1항의 불신임의결은 **재적의원 4분의 1 이상의 발의와 재적의원 과반수의 찬성**으로 한다. 17. 국가직
> ③ 제2항의 불신임의결이 있으면 지방의회의 의장이나 부의장은 그 직에서 해임된다.
>
> 제72조【의사정족수】① 지방의회는 재적의원 3분의 1 이상의 출석으로 개의(開議)한다.
> ② 회의 참석인원이 제1항의 정족수에 미치지 못할 때에는 지방의회의 의장은 회의를 중지하거나 산회(散會)를 선포한다.
>
> 제73조【의결정족수】① 회의는 이 법에 특별히 규정된 경우 외에는 재적의원 과반수의 출석과 출석의원 과반수의 찬성으로 의결한다.
> ② 지방의회의 의장은 의결에서 표결권을 가지며, 찬성과 반대가 같으면 부결된 것으로 본다.
>
> 제75조【회의의 공개 등】① 지방의회의 회의는 공개한다. 다만, 지방의회의원 3명 이상이 발의하고 출석의원 3분의 2 이상이 찬성한 경우 또는 지방의회의 의장이 사회의 안녕질서유지를 위하여 필요하다고 인정하는 경우에는 공개하지 아니할 수 있다.

기출 OX

01 의장 또는 부의장이 법령을 위반하거나 정당한 이유 없이 직무를 수행하지 아니하는 때에는 지방의회는 불신임을 의결할 수 있다. 13. 서울시 ( )

02 지방의회의 의장이나 부의장이 법령을 위반하거나 정당한 사유 없이 직무를 수행하지 아니하면 지방의회는 불신임을 의결할 수 있는데, 불신임의결은 재적의원 4분의 1 이상의 발의와 재적의원 과반수의 출석과 출석의원 과반수의 찬성으로 행한다. 17. 국가직 ( )

정답 01 ○ 02 ×

> 제76조【의안의 발의】① 지방의회에서 의결할 의안은 지방자치단체의 장이나 조례로 정하는 수 이상의 지방의회의원의 찬성으로 발의한다.
> ② 위원회는 그 직무에 속하는 사항에 관하여 의안을 제출할 수 있다.

③ 지방의회의 권한

㉠ 의결권: 지방의회는 자치단체의 의결기관이므로, 의결권은 그 기본적인 권한에 해당한다. 우리 지방자치법은 열기주의를 취하고 있어 지방의회는 지방자치법 기타 특별법에 의결사항으로 규정되어 있는 사항에 한하여만 의결권을 가진다고 본다.

㉡ 행정사무감사·조사권: 행정감사와 행정조사란 지방의회가 당해 지방자치단체의 사무에 대한 조사를 실시하는 것을 말한다. 행정감사는 사무 일반에 대하여 정례적으로(매년 1회) 실시하는 것이고, 행정조사는 특정 사안에 대하여 본회의에서 별도의 의결을 거쳐 본회의 또는 위원회로 하여금 실시하게 한다.

㉢ 출석·답변 및 서류제출요구권: 지방자치법 제51조 제2항에 따라 지방자치단체의 장 또는 관계공무원은 지방의회나 그 위원회가 요구할 때에는 출석·답변하여야 한다.

㉣ 승인권: 지방자치단체의 장은 지방의회의 의결을 거쳐야 할 사항에 대하여 일정한 요건에 해당할 경우에는 선결처분을 할 수 있는데(지방자치법 제122조 제1항), 이러한 경우 지방자치단체의 장의 선결처분은 지체 없이 지방의회에 보고하여 승인을 얻어야 한다(지방자치법 제122조 제2항).

㉤ 각종 선출 및 선임권: 지방의회는 의장·부의장·임시의장을 선출하고(지방자치법 제57조, 제60조), 위원회의 위원을 선임하며(지방자치법 제64조 제3항), 결산검사위원을 선임한다(지방자치법 제150조 제3항).

㉥ 자율권: 지방의회는 그 조직, 의원신분, 운영 등의 사항에 대하여 스스로 결정·규제할 수 있는 권한을 가진다.

④ 지방의회의원의 권리·의무

㉠ 지방의회의원의 권리: ⓐ 의안제출권, ⓑ 임시회 및 위원회소집권, ⓒ 표결권, ⓓ 질문 및 질의권, ⓔ 토론권, ⓕ 청원의 소개권, ⓖ 의정활동비·여비·월정수당 청구권 등이 있다. 지방의회의원에게는 국회의원과 달리 면책특권이나 불체포특권이 인정되지 아니한다. 대법원은 지방의회의장 선출과정에 위법한 하자가 있다며 의장선임의결 무효확인의 소를 제기한 사건에서 지방의회의장선거도 행정처분의 일종으로 행정소송의 대상이 된다고 판시하였다(대판 1995.1.12, 94누2602). 11. 법무사

㉡ 지방의회의원의 의무: ⓐ 공익우선의무, ⓑ 청렴 및 품위유지의무, ⓒ 이권불개입의무, ⓓ 영업금지의무, ⓔ 회의장에서의 질서유지, 모욕적 발언금지, 발언방해금지 등 의사진행에 관한 의무, ⓕ 본회의와 위원회에 출석할 의무 등이 있다.

기출 OX

03 지방의회의 의장선거는 행정처분의 일종으로서 항고소송의 대상이 된다.
11. 법무사 ( )

정답 03 ○

☑ SUMMARY | 지방의회와 국회 비교

구분	지방의회	국회
최초의 임시회	임기 개시일부터 25일 이내	임기 개시 후 7일에 집회
임시회소집요구	재적의원 3분의 1 이상	재적의원 4분의 1 이상
의사정족수	재적의원 3분의 1 이상	재적의원 5분의 1 이상
의결정족수	재적 과반수출석 + 출석 과반수 찬성	재적 과반수출석 + 출석 과반수 찬성
회의비공개발의	의원 3인 이상	의원 10인 이상
회기일수제한	당해 지방자치단체의 조례로 정함	정기회는 100일을, 임시회는 30일을 초과할 수 없음
연회기일수제한	당해 지방자치단체의 조례로 정함	없음

✎ • 국회의원의 징계의결은 재판의 대상 ×
• 지방의원의 징계의결은 재판의 대상 ○

기출 OX

01 헌법상 지방의회의원 징계에 관한 제소금지 조항은 없으나, 대법원은 지방의회의원 징계의결에 대해서 행정소송으로 다툴 수 없다는 입장이다. 12. 국가직 ( )

02 지방공사와 지방자치단체, 지방의회의 관계에 비추어 볼 때, 지방의회의원은 지방공사 직원의 직을 겸할 수 없게 하고 국회의원은 지방공사 직원의 직을 겸할 수 있도록 한 것은 불합리한 차별이 아니고 지방의회의원의 평등권을 침해한 것이라고 할 수 없다. 17. 법행 ( )

한눈에 쏙!

지방의회의원직 입후보 및 겸직 제한 참고판례
• 정부투자기관 임원이나 집행간부에 대해 지방의회의원직에 입후보하지 못하도록 한 것: 합헌
• 정부투자기관 임원이나 집행간부에 대해 지방의회의원직을 겸직하지 못하도록 한 것: 합헌
• 정부투자기관 직원에 대해 지방의회의원직에 입후보하지 못하도록 한 것: 위헌
• 정부투자기관 직원에 대해 지방의회의원직에 겸직하지 못하도록 한 것: 합헌

✎ **지방자치단체장의 지위**
• 지방자치단체의 대표기관
• 국가사무를 수임처리
• 국가의 지방행정기관

정답 01 × 02 ○

⚖ 판례 |

1 지방의회의장선거가 항고소송의 대상이 되는지 여부: 적극
지방의회의 의장은 의회를 대표하고 의사를 정리하며, 회의장 내의 질서를 유지하고 의회의 사무를 감독할 뿐만 아니라 위원회에 출석하여 발언할 수 있는 등의 직무권한을 가지는 것이므로, 지방의회의 의사를 결정·공표하여 그 당선자에게 이와 같은 의장으로서의 직무권한을 부여하는 지방의회의 의장선거는 행정처분의 일종으로서 항고소송의 대상이 된다(대판 1995.1.12, 94누2602).

2 지방의회의원 징계의결에 대해서 행정소송으로 다툴 수 있는지 여부: 적극 12. 국가직
지방자치법 제78조 내지 제81조의 규정에 의거한 지방의회의원 징계의결은 그로 인하여 의원의 권리에 직접 법률효과를 미치는 행정처분의 일종으로서 행정소송의 대상이 되고, 그와 같은 의원징계의결의 당부를 다투는 소송의 관할법원에 관하여는 동법에 특별한 규정이 없으므로 일반법인 행정소송법의 규정에 따라 지방의회의 소재지를 관할하는 고등법원이 그 소송의 제1심 관할법원이 된다(대판 1993.11.26, 93누7341).

3 국회의원의 경우 지방공사 직원의 겸직이 허용되는 반면, 지방의회의원의 경우 이 사건 법률조항에 의하여 지방공사 직원의 직을 겸할 수 없는 것이 지방의회의원의 평등권 등을 침해하는지 여부: 소극 [기각]
지방공사와 지방자치단체, 지방의회의 관계에 비추어 볼 때, 지방공사 직원의 직을 겸할 수 없도록 함에 있어 지방의회의원과 국회의원은 본질적으로 동일한 비교집단이라고 볼 수 없으므로, 양자를 달리 취급하였다고 할지라도 이것이 지방의회의원인 청구인의 평등권을 침해한 것이라고 할 수는 없다(헌재 2012.4.24, 2010헌마605).

☑ SUMMARY | 지방의원과 국회의원의 비교

구분	지방의원	국회의원
지위	주민대표	국민대표
불체포특권·면책특권	×	○
권한쟁의능력	×	○
징계의결 제소	○	×

(2) 지방자치단체의 장

지방자치단체의 사무를 처리하고 지방의회의 의결사항을 집행하는 일반 집행기관이다.

> **지방자치법**
>
> 제106조【지방자치단체의 장】특별시에 특별시장, 광역시에 광역시장, 특별자치시에 특별자치시장, 도와 특별자치도에 도지사를 두고, 시에 시장, 군에 군수, 자치구에 구청장을 둔다.

① 선출과 지위

> **지방자치법**
>
> 제107조【지방자치단체의 장의 선거】지방자치단체의 장은 주민이 보통·평등·직접·비밀선거로 선출한다.
>
> 제108조【지방자치단체의 장의 임기】지방자치단체의 장의 임기는 4년으로 하며, 3기 내에서만 계속 재임(在任)할 수 있다. 13. 서울시

🔥 판례 | 지방자치단체장의 계속 재임을 3기로 제한한 구 지방자치법 제87조 제1항이 지방자치단체 장들의 공무담임권을 침해하여 헌법에 위반되는지 여부: **소극 [기각]**
08. 국가직, 12. 사시

지방자치단체장의 계속 재임을 3기로 제한한 규정의 입법취지는 장기집권으로 인한 지역발전저해 방지와 유능한 인사의 자치단체장 진출확대로 대별할 수 있는바, 그 목적의 정당성, 방법의 적절성, 피해의 최소성, 법익의 균형성이 충족되므로 헌법에 위반되지 아니한다. … 그리고 연속으로 선출되지 아니하면 제한 없이 입후보할 수 있고, 연속으로 선출된 경우도 3기(12년)까지는 계속하여 재임할 수 있다. 그리고 그 후 입후보하지 않을 경우 다시 3기 계속 재임할 수 있다(헌재 2006.2.23, 2005헌마403).

기출 OX
03 지방자치단체의 장의 계속 재임을 3기로 제한함에 있어 폐지나 통합되는 지방자치단체의 장으로 재임한 것까지 포함시키는 것은 해당 기본권주체의 공무담임권과 평등권을 침해한 것이다. 17. 국회직 ( )

② 권한

> **지방자치법**
>
> 제29조【규칙】지방자치단체의 장은 **법령 또는 조례의 범위**에서 그 권한에 속하는 사무에 관하여 규칙을 제정할 수 있다. 13. 법행
>
> 제114조【지방자치단체의 통할대표권】지방자치단체의 장은 지방자치단체를 대표하고, 그 사무를 총괄한다.
>
> 제116조【사무의 관리 및 집행권】지방자치단체의 장은 그 지방자치단체의 사무와 법령에 따라 그 지방자치단체의 장에게 위임된 사무를 관리하고 집행한다.
>
> 제118조【직원에 대한 임명권 등】지방자치단체의 장은 소속 직원(지방의회의 사무직원은 제외한다)을 지휘·감독하고 법령과 조례·규칙으로 정하는 바에 따라 그 임면·교육훈련·복무·징계 등에 관한 사항을 처리한다.
>
> 제120조【지방의회의 의결에 대한 재의요구와 제소】① 지방자치단체의 장은 지방의회의 의결이 **월권**이거나 **법령에 위반**되거나 **공익을 현저히 해친다고 인정**되면 그 의결사항을 이송받은 날부터 **20일** 이내에 이유를 붙여 재의를 요구할 수 있다.

정답 **03** ×

* **지방자치법 제192조 제4항:** 지방자치단체의 장은 제3항에 따라 재의결된 사항이 법령에 위반된다고 판단되면 재의결된 날부터 20일 이내에 대법원에 소를 제기할 수 있다. 이 경우 필요하다고 인정되면 그 의결의 집행을 정지하게 하는 집행정지결정을 신청할 수 있다.

기출 OX

01 지방의회의 의결에 대하여 지방자치단체의 장이 재의를 요구하였으나, 지방의회가 전과 같은 의결을 한 경우, 지방자치단체의 장은 그 재의결된 사항이 법령에 위반된다고 판단된 경우에만 대법원에 소를 제기할 수 있다. 20. 법행 ( )

02 지방자치단체의 장의 선결처분은 지방의회의 승인을 얻지 못한 경우 소급하여 효력을 상실한다. 03. 법무사
( )

② 제1항의 요구에 대하여 재의한 결과 **재적의원 과반수의 출석과 출석의원 3분의 2** 이상의 찬성으로 전과 같은 의결을 하면 그 의결사항은 확정된다.
③ 지방자치단체의 장은 제2항에 따라 재의결된 사항이 **법령에 위반**된다고 인정되면 **대법원**에 소를 제기할 수 있다. 이 경우에는 제192조 제4항*을 준용한다. 03. 법무사, 11. 법행

제121조【예산상 집행불가능한 의결의 재의요구】 ① 지방자치단체의 장은 지방의회의 의결이 예산상 집행할 수 없는 경비를 포함하고 있다고 인정되면 그 의결사항을 이송받은 날부터 20일 이내에 이유를 붙여 재의를 요구할 수 있다.

제122조【지방자치단체의 장의 선결처분】 06. 입시 ① 지방자치단체의 장은 지방의회가 지방의회의원이 구속되는 등의 사유로 제73조에 따른 의결정족수에 미달될 때와 지방의회의 의결사항 중 주민의 생명과 재산보호를 위하여 긴급하게 필요한 사항으로서 지방의회를 소집할 시간적 여유가 없거나 지방의회에서 의결이 지체되어 의결되지 아니할 때에는 선결처분을 할 수 있다.
② 제1항에 따른 선결처분은 지체 없이 지방의회에 보고하여 **승인**을 받아야 한다.
③ 지방의회에서 제2항의 **승인을 받지 못하면 그 선결처분은 그때부터 효력을 상실**한다. 03. 법무사
④ 지방자치단체의 장은 제2항이나 제3항에 관한 사항을 지체 없이 공고하여야 한다.

권한에는 ㉠ 지방자치단체의 통할·대표권, ㉡ 자치사무의 관리·집행권, ㉢ 소속 직원의 임면* 및 지휘·감독권, ㉣ 규칙제정권, ㉤ 조례공포권, ㉥ 지방의회의 임시회요구권, ㉦ 지방의회에의 의안발의권, ㉧ 지방의회의결에 대한 재의요구권, ㉨ 선결처분권, ㉩ 주민투표부의권 등이 있다.

③ 지방자치단체장의 권한대행

* **임면:** 임명 + 해임

지방자치법

제123조【부지사·부시장·부군수·부구청장】 ① 특별시·광역시 및 특별자치시에 부시장, 도와 특별자치도에 부지사, 시에 부시장, 군에 부군수, 자치구에 부구청장을 두며, 그 수는 다음 각 호의 구분과 같다.
1. 특별시의 부시장의 수: **3명**을 넘지 아니하는 범위에서 대통령령으로 정한다.
2. 광역시와 특별자치시의 부시장 및 도와 특별자치도의 부지사의 수: **2명**(인구 800만 이상의 광역시나 도는 3명)을 넘지 아니하는 범위에서 대통령령으로 정한다.
3. 시의 부시장, 군의 부군수 및 자치구의 부구청장의 수: **1명**으로 한다.

제124조【지방자치단체의 장의 권한대행 등】 ① 지방자치단체의 장이 다음 각 호의 어느 하나에 해당되면 부지사·부시장·부군수·부구청장(이하 이 조에서 "부단체장"이라 한다)이 그 권한을 대행한다. 07. 사시
1. 궐위된 경우
2. 공소제기된 후 구금상태에 있는 경우
3. 의료법에 따른 의료기관에 60일 이상 계속하여 입원한 경우 19. 지방직
② 지방자치단체의 장이 그 직을 가지고 그 지방자치단체의 장선거에 입후보하면 예비후보자 또는 후보자로 등록한 날부터 선거일까지 부단체장이 그 지방자치단체의 장의 권한을 대행한다.

03 지방자치단체장이 '궐위된 경우, 공소제기된 후 구금상태에 있는 경우, 금고 이상의 형을 선고받고 그 형이 확정되지 아니한 경우'에는 부단체장이 그 권한을 대행한다. 16. 법무사
( )

정답 **01** ○ **02** × **03** ×

판례 ㅣ

1 지방자치단체의 장이 '금고 이상의 형을 선고받고 그 형이 확정되지 아니한 경우'에 부단체장이 그 권한을 대행하도록 하는 것이 위헌인지 여부: 적극 [헌법불합치] 06·07. 사시

선거에 의하여 주권자인 국민으로부터 직접 공무담임권을 위임받는 자치단체장의 경우, ① 그와 같이 공무담임권을 위임한 선출의 정당성이 무너지거나, ② 공무담임권 위임의 본지를 배반하는 직무상 범죄를 저질렀다면, 이러한 경우에도 계속 공무를 담당하게 하는 것은 공무담임권 위임의 본지에 부합된다고 보기 어려우므로, 위 두 사유에 해당하는 범죄로 자치단체장이 금고 이상의 형을 선고받은 경우라면 그 형이 확정되기 전에 해당 자치단체장의 직무를 정지시키더라도 무죄추정의 원칙에 직접적으로 위배된다고 보기 어렵고, 과잉금지의 원칙도 위반하였다고 볼 수 없다. 하지만 위 두 가지 경우 이외에는 금고 이상의 형의 선고를 받았다는 이유로 형이 확정되기 전에 자치단체장의 직무를 정지시키는 것은 무죄추정의 원칙과 과잉금지의 원칙에 위배된다.
따라서 이 사건 법률조항에는 위헌적인 부분과 합헌적인 부분이 공존하고 있고, 이를 가려내는 일은 국회의 입법형성권에 맡기는 것이 바람직하므로, 헌법불합치결정을 할 필요성이 인정된다(헌재 2010.9.2, 2010헌마418).

2 지방자치단체의 장이 '공소제기된 후 구금상태에 있는 경우' 부단체장이 그 권한을 대행하도록 규정한 지방자치법 제111조 제1항 제2호가 공무담임권을 침해하는지 여부: 소극 [기각] 11. 법행, 12. 지방직

자치단체장이 '공소제기된 후 구금상태'에 있다는 것은 자치단체장직을 수행할 사람의 신병이 일반 사회로부터 격리되어 있는 '사실적·물리적 부재상태'를 의미하고, 구금상태가 향후 형사재판절차에서 언제 해소될지도 모르는 불확실한 상태를 의미한다. … 자치단체행정의 시의적절하고 원활한 운영과 주민의 복리에 초래될 수 있는 위험을 미연에 방지하기 위해서는 해당 자치단체장을 직무에서 배제시키는 방법 외에는 달리 의미 있는 대안을 찾을 수 없다(헌재 2011.4.28, 2010헌마474).

3 지방의회 사무직원의 임용권을 지방자치단체의 장에게 부여하고 있는 구 지방자치법 제91조 제2항이 지방의회와 지방자치단체의 장 사이의 상호견제와 균형의 원리에 어긋나는지 여부: 소극 [합헌] 18. 서울시

지방의회와 지방자치단체의 장 사이에서의 권력분립제도에 따른 상호견제와 균형은 현재 우리 사회 내 지방자치의 수준과 특성을 감안하여 국민주권·민주주의원리가 최대한 구현될 수 있도록 하는 효율적이고도 발전적인 방식이 되어야 한다. … 심판대상조항에 따른 지방의회 의장의 추천권이 적극적이고 실질적으로 발휘된다면 지방의회 사무직원의 임용권이 지방자치단체의 장에게 있다고 하더라도 그것이 곧바로 지방의회와 집행기관 사이의 상호견제와 균형의 원리를 침해할 우려로 확대된다거나 또는 지방자치제도의 본질적 내용을 침해한다고 볼 수는 없다(헌재 2014.1.28, 2012헌바216).

4 지방자치단체장이 주민소환에 관한 법률의 관련 규정으로 인해 자신의 공무담임권이 침해됨을 이유로 헌법소원을 청구할 수 있는 기본권 주체로 볼 수 있는지 여부 19. 지방직

국가 및 그 기관 또는 조직의 일부나 공법인은 원칙적으로는 기본권의 '수범자'로서 기본권의 주체가 되지 못하고, 다만 국민의 기본권을 보호 내지 실현하여야 할 책임과 의무를 지니는 데 그칠 뿐이므로, 공직자가 국가기관의 지위에서 순수한 직무상의 권한행사와 관련하여 기본권 침해를 주장하는 경우에는 기본권의 주체성을 인정

기출 OX

04 지방자치단체의 장이 금고 이상의 형을 선고받고 그 형이 확정되지 아니한 경우 부단체장이 그 권한을 대행하도록 하는 것은 지방자치단체장의 평등권을 침해한다. 16. 경찰승진 ( )

05 지방자치단체의 장이 공소제기된 후 구금상태에 있는 경우 부단체장이 그 권한을 대행하도록 규정한 지방자치법 조항은 지방자치단체의 장의 공무담임권을 침해하지 않는다. 19. 경찰승진 ( )

06 지방의회 의장의 추천권이 적극적이고 실질적으로 발휘되더라도 지방의회 사무직원의 임용권이 지방자치단체의 장에게 있다고 하면, 그것은 지방의회와 집행기관 사이의 상호견제와 균형의 원리를 침해하는 것이다. 15. 국회직 ( )

07 지방자치단체장은 국민의 기본권을 보호 내지 실현하여야 할 책임과 의무를 가지는 국가기관의 지위를 갖기 때문에 주민소환에 관한 법률의 관련 규정으로 인해 자신의 공무담임권이 침해됨을 이유로 헌법소원을 청구할 수 있는 기본권 주체로 볼 수 없다. 19. 지방직 ( )

정답 **04** ○ **05** ○ **06** × **07** ×

하기 어렵다 할 것이나, 그 외의 사적인 영역에 있어서는 기본권의 주체가 될 수 있는 것이다. 청구인은 선출직 공무원인 하남시장으로서 이 사건 법률 조항으로 인하여 공무담임권 등이 침해된다고 주장하여, 순수하게 직무상의 권한행사와 관련된 것이라기보다는 공직의 상실이라는 개인적인 불이익과 연관된 공무담임권을 다투고 있으므로, 이 사건에서 청구인에게는 기본권의 주체성이 인정된다 할 것이다(헌재 2009. 3.26, 2007헌마843).

(3) 지방교육자치단체

> **지방교육자치에 관한 법률**
>
> 제18조【교육감】① 시·도의 교육·학예에 관한 사무의 집행기관으로 시·도에 교육감을 둔다. 11.법행
> ② 교육감은 교육·학예에 관한 소관 사무로 인한 소송이나 재산의 등기 등에 대하여 해당 시·도를 대표한다.
>
> 제21조【교육감의 임기】교육감의 임기는 4년으로 하며, 교육감의 계속 재임은 3기에 한정한다.
>
> 제24조【교육감후보자의 자격】① 교육감후보자가 되려는 사람은 해당 시·도지사의 피선거권이 있는 사람으로서 후보자등록신청 개시일부터 과거 1년 동안 정당의 당원이 아닌 사람이어야 한다.
>
> 제43조【선출】교육감은 주민의 보통·평등·직접·비밀선거에 따라 선출한다.

기출 OX

01 시·도의회에 교육·학예에 관한 의안과 청원 등을 심사·의결하기 위하여 교육위원회를 두고, 시·도의 교육·학예에 관한 사무의 집행기관으로 시·도에 교육감을 둔다. 11.법행 ( )

4. 지방자치단체의 권능

지방자치단체의 권능은 자치입법권·자치행정권·자치재정권으로 나눌 수 있다.

(1) 자치입법권

자치입법으로는 지방의회가 법령의 범위 안에서 그 지방의 사무에 관하여 정하는 조례와 지방자치단체의 장이 법령과 조례의 범위 안에서 그 권한에 속하는 사무에 관하여 정하는 규칙이 있다.

① 조례제정권
　㉠ 조례제정권의 근거와 조례규정조항

> **헌법 제117조** ① 지방자치단체는 … 법령의 범위 안에서 자치에 관한 규정을 제정할 수 있다.
>
> **지방자치법**
>
> 제28조【조례】지방자치단체는 법령의 범위에서 그 사무에 관하여 조례를 제정할 수 있다. 다만, 주민의 권리제한 또는 의무부과에 관한 사항이나 벌칙을 정할 때에는 법률의 위임이 있어야 한다.
>
> 제29조【규칙】지방자치단체의 장은 법령 또는 조례의 범위에서 그 권한에 속하는 사무에 관하여 규칙을 제정할 수 있다.
>
> 제30조【조례와 규칙의 입법한계】시·군 및 자치구의 조례나 규칙은 시·도의 조례나 규칙을 위반해서는 아니 된다.

02 헌법 제117조 제1항은 자치사무와 단체위임사무를 처리할 권한을 지방자치단체에게 직접 부여하고 있다. 08.법원직 ( )

해설
헌법이 자치입법권·자치행정권·자치재정권을 보장하고 있지만 구체적으로 단체위임사무를 처리할 권한은 헌법이 아닌 법률에 의해 부여된 것이다.

정답 01 ○ 02 ×

ⓒ **법률의 위임의 요부 및 정도**
  ⓐ **원칙**: 조례제정권은 헌법이 직접 보장하는 지방자치단체의 자치권에 바탕을 둔 것이며, 지방자치법의 규정은 헌법규정을 확인하고 조례규정사항의 범위를 명확히 한 것일 뿐이다. 따라서 국가의 사무를 제외한 모든 사무는 법률의 수권이나 위임이 없을지라도 법령에 위배되지 않는 한 조례로써 규정할 수 있다.
  ⓑ **주민의 권리·의무에 관한 조례**: 주민의 권리제한 또는 의무부과를 하는 조례제정에 있어 그 위임의 정도가 문제되는데, 헌법재판소와 대법원은 포괄적 위임으로 족하다고 판시하고 있다.
    • **헌법재판소**: 조례의 제정권자인 지방의회는 선거를 통해서 그 지역적인 민주적 정당성을 지니고 있는 주민의 대표기관이고 헌법이 지방자치단체에 포괄적인 자치권을 보장하고 있는 취지로 볼 때, 조례에 대한 법률의 위임은 법규명령에 대한 법률의 위임과 같이 반드시 구체적으로 범위를 정하여 할 필요가 없으며 포괄적인 것으로 족하다(헌재 1995.4.20, 92헌마264 등). 08. 사시, 12. 변호사
    • **대법원**: 법률이 주민의 권리·의무에 관한 사항에 관하여 구체적으로 아무런 범위를 정하지 아니한 채 조례로 정하도록 포괄적으로 위임하였다고 하더라도 행정관청의 명령과는 달리 조례도 주민의 대표기관인 지방의회의 의결로 제정되는 지방자치단체의 자주법인 만큼, 지방자치단체가 법령에 위반되지 않는 범위 내에서 주민의 권리·의무에 관한 사항을 조례로 제정할 수 있는 것이다(대판 1995.6.30, 93추83).
  ⓒ **조례에 의한 벌칙규정(조례와 죄형법정주의)**: 지방자치법 제28조 제1항 단서와 제34조 규정에 따라 1,000만원 이하의 과태료를 규정하는 경우에는 법률의 위임이 필요 없으나, 징역·벌금 등 벌칙을 규정하는 경우에는 반드시 법률의 위임이 있어야 한다.

> **판례 | 조례에 의한 규제를 지역의 특성에 따라 다르게 하는 것이 위헌인지 여부: 소극 [기각]** 04. 법무사, 05. 사시
>
> 조례에 의한 규제가 지역의 여건이나 환경 등 그 특성에 따라 다르게 나타나는 것은 헌법이 지방자치단체의 자치입법권을 인정한 이상 당연히 예상되는 불가피한 결과이므로, 이 사건 심판대상규정으로 인하여 청구인들이 다른 지역의 주민들에 비하여 더한 규제를 받게 되었다 하더라도 이를 두고 헌법 제11조 제1항의 평등권이 침해되었다고 볼 수는 없다(헌재 1995.4.20, 92헌마264 등).

ⓒ **조례제정권의 한계**
  ⓐ **조례제정사항**: 지방자치단체가 조례를 제정할 수 있는 사항은 지방자치단체의 **고유사무인 자치사무**와 개별 법령에 의하여 자치단체에 위임된 이른바 **단체위임사무**에 한하고, 국가사무로서 지방자치단체의 장에게 위임된 이른바 기관위임사무에 관한 사항은 조례의 제정범위 밖이라고 할 것이다(대판 1992.7.28, 92추31). 03. 사시, 16. 서울시 다만, 기관위임사무에 있어서도 그에 관한 개별 법령에서 일정한 사항을 조례로 정하도록 위임하고 있는 경우에는 지방자치단체의 조례와는 무관하게 이른바 위임

기출 OX

03 조례에 대한 법률의 위임은 법규명령에 대한 법률의 위임과 같이 반드시 구체적으로 범위를 정하여 해야 하고 포괄위임은 금지된다. 14. 법원직 ( )

04 지방자치단체는 법령의 범위 안에서 그 사무에 관하여 조례를 제정할 수 있으나, 주민의 권리제한 또는 의무부과에 관한 사항이나 벌칙을 정할 때에는 법률의 위임이 있어야 한다. 20. 5급 공채 ( )

05 조례제정은 원칙적으로 자치사무에 한정되며 단체위임사무와 기관위임사무에 대해서는 조례를 제정할 수 없다. 다만, 기관위임사무는 개별 법령에서 위임한 경우 예외적으로 그 효력을 인정할 수 있다. 16. 서울시 ( )

정답 03 ✕ 04 ○ 05 ✕

조례를 정할 수 있다. 그러나 이때에도 그 내용은 개별 법령이 위임하고 있는 사항에 관한 것으로서 개별 법령의 취지에 부합하는 것이라야만 하고, 그 범위를 벗어난 경우에는 위임조례로서의 효력도 인정할 수 없는 것이다. 12. 법행

ⓑ **법률우의 원칙**: 조례는 법령의 범위 내에서 제정되는 것이라야 한다 (헌법 제117조 제1항, 지방자치법 제19조 본문). 여기에서의 '법령'이란 헌법·법률·법규명령을 포함할 뿐만 아니라, 헌법의 원칙 및 일반원칙까지도 포함한다. 따라서 조례는 법률과 명령의 하위규범이므로 그 규정사항도 법률과 명령에 위반되지 않아야 한다. 또한 시·군·구의 조례는 시·도의 조례에 위반하여서는 아니 된다. 03. 입시

> **판례 | 법령과 조례의 관계** 02·11. 사시, 12. 지방직
>
> 법령에 위반되지 아니하는 범위 내에서 그 사무에 관하여 조례를 제정할 수 있는 것이고, 조례가 규율하는 특정 사항에 관하여 그것을 규율하는 국가의 법령이 이미 존재하는 경우에도 조례가 법령과 별도의 목적에 기하여 규율함을 의도하는 것으로서 그 적용에 의하여 법령의 규정이 의도하는 목적과 효과를 전혀 저해하는 바가 없는 때 또는 양자가 동일한 목적에서 출발한 것이라 할지라도 국가의 법령이 반드시 그 규정에 의하여 **전국적으로 걸쳐 일률적으로 동일한 내용을 규율하려는 취지가 아니고 각 지방자치단체가 그 지방의 실정에 맞게 별도로 규율하는 것을 용인하는 취지라고 해석되는 때에는 그 조례가 국가의 법령에 위반되는 것은 아니라고 보아야 할 것이다** (대판 1997.4.25, 96추244).

② 조례의 제정절차

> **지방자치법**
>
> **제32조【조례와 규칙의 제정절차 등】** ① 조례안이 지방의회에서 의결되면 지방의회의 의장은 **의결된 날부터 5일 이내에** 그 지방자치단체의 장에게 이송하여야 한다. 11. 법무사
> ② 지방자치단체의 장은 제1항의 **조례안을 이송받으면 20일 이내에** 공포하여야 한다.
> ③ 지방자치단체의 장은 이송받은 조례안에 대하여 이의가 있으면 제2항의 기간에 이유를 붙여 지방의회로 환부하고, **재의를 요구**할 수 있다. 이 경우 지방자치단체의 장은 조례안의 일부에 대하여 또는 조례안을 수정하여 재의를 요구할 수 없다. 16. 법행
> ④ 지방의회는 제3항에 따라 재의요구를 받으면 조례안을 재의에 부치고 **재적의원 과반수의 출석과 출석의원 3분의 2 이상의 찬성**으로 전과 같은 의결을 하면 그 조례안은 조례로서 확정된다. 11. 법무사·법행
> ⑤ 지방자치단체의 장이 제2항의 기간에 공포하지 아니하거나 재의요구를 하지 아니하더라도 그 조례안은 조례로서 확정된다.
> ⑥ 지방자치단체의 장은 제4항과 제5항에 따라 확정된 조례를 **지체 없이 공포**하여야 한다. 이 경우 제5항에 따라 조례가 확정된 후 또는 제4항에 따른 확정조례가 지방자치단체의 장에게 이송된 후 5일 이내에 지방자치단체의 장이 공포하지 아니하면 지방의회의 의장이 이를 공포한다.

기출 OX

01 지방자치단체는 법령에 위반되지 아니하는 범위 내에서 그 사무에 관하여 조례를 제정할 수 있으므로 특정 사항에 관하여 그것을 규율하는 국가의 법령이 이미 존재하는 경우에는 조례 제정이 불가능하다. 10. 법행 (   )

02 지방자치단체의 장으로부터 조례안에 대한 재의요구를 받은 지방의회가 재의에 부쳐 재적의원 과반수의 출석과 출석의원 과반수의 찬성으로 전과 같은 의결을 하면 그 조례안은 조례로서 확정된다. 11. 법무사 (   )

✎ 조례안에 대한 재의결정족수
- 재적의원 과반수 출석과 출석의원 과반수 찬성 ×
- 재적의원 과반수 출석과 출석의원 3분의 2 이상 찬성 ○

정답 01 × 02 ×

⑦ 제2항 및 제6항 전단에 따라 지방자치단체의 장이 조례를 공포하였을 때에는 즉시 해당 지방의회의 의장에게 통지하여야 하며, 제6항 후단에 따라 지방의회의 의장이 조례를 공포하였을 때에는 이를 즉시 해당 지방자치단체의 장에게 통지하여야 한다.

⑧ 조례와 규칙은 특별한 규정이 없으면 공포한 날부터 **20일이 지나면 효력을 발생**한다.

판례 Ⅰ

1 조례에 대한 법률의 위임시 포괄위임도 허용되는지 여부: 적극 [기각] 11.법행
조례의 제정권자인 지방의회는 선거를 통해서 그 지역적인 민주적 정당성을 지니고 있는 주민의 대표기관이고, 헌법이 지방자치단체에 대하여 포괄적인 자치권을 보장하고 있는 취지로 볼 때 조례제정권에 대한 지나친 제약은 바람직하지 않으므로 조례에 대한 법률의 위임은 법규명령에 대한 법률의 위임과 같이 반드시 구체적으로 범위를 정하여 할 필요가 없으며 포괄적인 것으로 족하다고 할 것이다(헌재 1995.4.20, 92헌마264).

2 지방자치단체가 과세를 면제하는 조례를 제정하고자 할 때에 내무부장관(현 행정안전부장관)의 사전허가를 받도록 규정하는 지방세법 제9조가 위헌인지 여부: 소극 [합헌] 05.사시
이 법률조항에서 과세면제조례를 미리 내무부장관의 허가를 얻도록 한 것은 그 조례 내용이 조세법률주의와 조세평등주의원칙에 어긋나지 아니하는지, 지역이기주의에 의한 자의적이고 불합리한 조례로서 법령에서 규정된 범위를 벗어난 것은 아닌지, 지방세법상 과세대상이 분명한데도 감면대상으로 한 것은 아닌지, 재판상 다투어질 경우 명확성과 합리성의 결여로 효력이 부정될 가능성은 없는지 등을 개별적·구체적으로 철저하게 검토하여 권한의 남용 여부를 심사하고 나아가 전체적인 지방세법체계와 조화를 유지할 수 있도록 하기 위한 제도적 장치로서의 역할을 하는 것이다. … 따라서 이 법률조항은 헌법에 위반되지 아니한다(헌재 1998.4.30, 96헌바62).

③ **조례제정권에 대한 통제**
    ㉠ **기관소송에 의한 통제**: 지방자치단체의 장은 조례의 법령 위반을 이유로 재의결한 지방의회를 상대로 대법원에 소를 제기할 수 있다. 대법원의 위법결정으로 당해 조례는 무효가 된다.

판례 Ⅰ 조례가 조약에 위반되는 경우에 그 효력이 부정되는지 여부: 적극 [전라북도 학교급식조례 재의결 무효확인]

[1] '1994년 관세 및 무역에 관한 일반협정'(General Agreement on Tariffs and Trade 1994, 이하 'GATT'라 한다)은 1994.12.16. 국회의 동의를 얻어 같은 달 23. 대통령의 비준을 거쳐 같은 달 30. 공포되고 1995.1.1. 시행된 조약인 '세계무역기구(WTO) 설립을 위한 마라케쉬협정'(Agreement Establishing the WTO)(조약 1265호)의 부속협정(다자간 무역협정)이고, '정부조달에 관한 협정'(Agreement on Government Procurement, 이하 'AGP'라 한다)은 1994.12.16. 국회의 동의를 얻어 1997.1.3. 공포 시행된 조약(조약 1363호, 복수국가간 무역협정)으로서 각 헌법 제6조 제1항에 의하여 국내 법령과 동일한 효력을 가지므로 지방자치단체가 제정한 조례가 GATT나 AGP에 위반되는 경우에는 그 효력이 없다.

[2] 특정 지방자치단체의 초·중·고등학교에서 실시하는 학교급식을 위하여 지방자치단체에서 생산되는 우수농수축산물과 이를 재료로 사용하는 가공식품을 우선적으로 사용하도록 하고 그러한 우수농산물을 사용하는 자를 선별하여 식재료나 식재료 구입비의 일부를 지원하며 지원을 받은 학교는 지원금을 반드시 우수농산물을 구입하는 데 사용하도록 하는 것을 내용으로 하는 지방자치단체의 조례안이 내국민대우원칙을 규정한 GATT에 위반되어 그 효력이 없다(대판 2005.9.9, 2004추10).

ⓒ **법원의 위헌·위법심사에 의한 통제**: 법원은 헌법 제107조 제2항의 명령·규칙에 대한 위헌·위법심사권에 의거하여 해당 조례의 위헌·위법 여부를 심사함으로써 간접적으로 조례를 통제할 수 있다. 이때 법원은 위헌·위법으로 판단된 해당 조례를 당해 사건에의 적용을 배제하는 데 그치고, 그 조례를 일반적으로 무효화시킬 수는 없다(개별적 효력부인). 02. 사시

ⓒ **항고소송에 의한 통제**: 조례 자체를 처분으로 볼 수 있는 경우에는 조례를 항고소송의 대상으로 삼을 수 있다. 이때의 피고는 지방의회가 아니라 지방자치단체의 장이 되고, 시·도의 교육에 관한 조례의 경우에는 시·도교육감이 피고가 된다(대판 1996.9.20, 95누8003).

> **판례 | 조례가 직접 국민의 권리·의무에 영향을 미치는 경우에 항고소송의 대상이 되는 행정처분인지 여부: 적극** 16. 법행
>
> 조례가 집행행위의 개입 없이도 그 자체로서 직접 국민의 구체적인 권리·의무나 법적 이익에 영향을 미치는 등의 법률상 효과를 발생하는 경우 그 조례는 항고소송의 대상이 되는 행정처분에 해당하고, 이러한 조례에 대한 무효확인소송을 제기함에 있어서 행정소송법 제38조 제1항, 제13조에 의하여 피고적격이 있는 처분 등을 행한 행정청은 행정주체인 지방자치단체 또는 지방자치단체의 내부적 의결기관으로서 지방자치단체의 의사를 외부에 표시한 권한이 없는 지방의회가 아니라 구 지방자치법 제19조 제2항, 제92조에 의하여 지방자치단체의 집행기관으로서 조례로서의 효력을 발생시키는 공포권이 있는 지방자치단체의 장이다(대판 1996.9.20, 95누8003).

ⓔ **헌법소원**: 조례제정행위도 공권력 작용에 해당하므로 헌법재판소법 제68조 제1항에 따라 조례에 의하여 기본권을 직접·현재 침해당한 경우에는 헌법소원을 제기할 수 있다. 헌법재판소에 의한 위헌결정은 당해 조례 자체를 무효로 한다. 해당 조례의 위헌 여부의 결정이 재판의 전제가 되는 부수적 작용이 아니라 바로 재판의 직접적인 대상 그 자체이기 때문이다.

> **판례 | 조례가 헌법소원의 대상이 될 수 있는지 여부: 적극 [기각]** 06·11. 법행, 09. 국가직
>
> 조례는 지방자치단체가 그 자치입법권에 근거하여 자주적으로 지방의회의 의결을 거쳐 제정한 법규이기 때문에 조례 자체로 인하여 직접 그리고 현재 자기의 기본권을 침해받은 자는 그 권리구제의 수단으로서 조례에 대한 헌법소원을 제기할 수 있다(헌재 1995.4.20, 92헌마264·279).

기출 OX

01 조례가 집행행위의 개입 없이도 그 자체로서 직접 국민의 구체적인 권리·의무나 법적 이익에 영향을 미치는 등의 법률상 효과를 발생하는 경우 그 조례는 항고소송의 대상이 되는 행정처분에 해당하고, 이러한 조례에 대한 무효확인소송을 제기함에 있어서 피고적격이 있는 처분 등을 행한 행정청은 행정주체인 지방자치단체이다. 20. 법무사 ( )

02 조례가 집행행위의 개입 없이 그 자체로서 직접 국민의 구체적인 권리·의무나 법적 이익에 영향을 미치는 등의 법률상 효과가 발생하는 경우 그 조례는 항고소송의 대상이 되는 행정처분에 해당한다. 12. 법행 ( )

03 조례로 인하여 기본권을 침해받은 자는 헌법소원을 제기할 수 있다. 05. 국가직 ( )

정답 01 × 02 ○ 03 ○

(2) 자치행정권

☑ **SUMMARY** | 자치사무·단체위임사무·기관위임사무의 비교

구분	자치사무(고유사무)	단체위임사무	기관위임사무
의의	지방자치단체의 고유한 사무	법령에 의하여 지방자치단체에 위임된 사무	국가 또는 광역자치단체로부터 지방자치단체의 집행기관에 위임된 사무
경비부담	지방자치단체가 전액 부담	견해대립*	사무를 위임한 국가 또는 상급지방자치단체가 경비를 전액부담
조례제정	○	○	× (예외적으로 개별 법령에서 위임한 경우에 '위임조례' 제정 가능)
권한쟁의심판	○	○	×
국가감독	합법성 통제 ○ (법령 위반에 한하여 감독관청이 시정명령, 취소, 정지 등을 할 수 있음)	• 합법성 통제 ○ • 합목적성 통제 ○(법령 위반 + 현저히 부당하여 공익을 해한다고 인정될 때)	• 합법성 통제 ○ • 합목적성 통제 ○
국정감사	×	○	○

* 사무를 위임한 국가 또는 상급지방자치단체가 경비를 전액부담하여야 한다는 견해와 지방자치단체와 국가가 경비를 분담하여야 한다는 견해가 대립한다.

기출 OX

04 법률의 수권이나 위임이 없더라도 조례는 자치단체의 고유사무, 단체위임사무, 기관위임사무에 관한 사항을 그 내용으로 할 수 있다는 것이 대법원의 태도이다. 03. 법무사 ( )

05 헌법상 제도적으로 보장된 자치권 가운데에는 자치사무의 수행에 있어 다른 행정주체(특히 중앙행정기관)로부터 합법성에 관하여 명령·지시를 받지 않는 권한도 포함된다고 볼 수 있다. 18. 법원직 ( )

판례 |

1 기관위임사무를 대상으로 권한쟁의심판을 청구할 수 있는지 여부: 소극 [인용(권한확인), 각하] 19. 지방직

토지대장등록 관련 사무의 성격에 관하여 보건대 지적공부에의 등록과 관련된 국가사무가 법률 그 자체에 의해서 시장·군수에게 지정되어 있으므로, **지적공부의 등록·비치·보관·보존 등 등록 관련 집행행위는 기관위임사무에 속하고,** … 토지대장등록사무 등 기관위임사무를 집행하는 국가기관으로서의 피청구인 평택시장은 해당 토지의 등록사무를 담당할 뿐 지방자치단체인 청구인 및 피청구인 평택시와 같이 자치권한을 행사하거나 다른 지방자치단체의 자치권한을 침해할 지위에 있지 않다. 그렇다면 이 사건 심판청구 가운데 청구인의 피청구인 평택시장에 대한 심판청구는 **청구인의 권한에 속하지 아니하는 사무에 관한 권한쟁의심판청구라고 할 것이므로** 더 나아가 살펴볼 필요도 없이 부적법하다(헌재 2004.9.23, 2000헌라2).

2 건설교통부장관이 고속철도역 명칭을 '천안아산역'으로 결정한 것이 권한쟁의심판의 대상인지 여부: 소극 [각하]

지방자치법 제11조 제6호는 지방자치단체가 처리할 수 없는 국가사무로 '우편·철도 등 전국적 규모 또는 이와 비슷한 규모의 사무'를 열거하고 있으므로, 고속철도의 건설이나 고속철도역의 명칭결정과 같은 일은 국가의 사무이고 지방자치단체인 청구인의 사무가 아님이 명백하다(헌재 2006.3.30, 2003헌라2).

정답 **04** × **05** ×

기출 OX

01 국회가 지방선거의 선거비용을 지방자치단체가 부담하도록 공직선거법을 개정한 것은 지방자치단체의 자치권한을 침해하는 것이라고 볼 수 있다. 13. 서울시 ( )

02 해양수산부장관이 지정항만이면서 무역항인 부산항의 일부 항만구역에 건설된 신항만의 명칭을 '신항'으로 결정한 것은 경상남도와 경상남도 진해시의 자기구역에 대한 명칭결정권한을 침해한 것이다. 09. 법행 ( )

✎ 지방자치단체의 관할구역 안 행정구역의 명칭에 관한 사무
• 국가사무 ×
• 지방자치단체의 자치사무 ○

03 대학의 설립 및 대학생정원 증원 등 운영에 관한 사무는 자치사무로 보아야 하므로 수도권 소재 사립대학의 학생정원 증원을 제한하는 교육과학기술부장관의 학생정원 조정계획은 지방자치단체의 권한을 침해할 현저한 위험이 있다. 16. 국회직 ( )

3 지방선거비용을 해당 지방자치단체에 부담시킨 행위가 지방자치단체인 청구인들의 지방자치권을 침해하는 것인지 여부: **소극 [기각]** 09. 법행, 11. 국가직

지방의회의원과 지방자치단체장을 선출하는 지방선거는 지방자치단체의 기관을 구성하고 그 기관의 각종 행위에 정당성을 부여하는 행위라 할 것이므로 지방선거사무는 지방자치단체의 존립을 위한 자치사무에 해당하고, 따라서 법률을 통하여 예외적으로 다른 행정주체에게 위임되지 않는 한, 원칙적으로 지방자치단체가 처리하고 그에 따른 비용도 지방자치단체가 부담하여야 한다(헌재 2008.6.26, 2005헌라7).

4 '신항' 명칭(영문 명칭: Busan New Port) 사건 – '신항'의 명칭결정이 자치사무에 해당하는지 여부: **소극 [각하]** 09. 법행

지정항만에 관한 사무는 국가사무이므로 새로이 건설된 항만을 독립된 지정항만으로 할 것인지, 이미 지정된 지정항만의 하위항만으로 할 것인지, 아니면 지방자치단체장이 관리하는 지방항만(구 항만법 제2조 제3항, 제22조)으로 할 것인지에 관하여는 국가가 그 결정권한을 가진다 할 것이고, 국가가 신항만을 지정항만의 하위항만으로 하기로 결정한 이상 그 항만구역의 명칭을 무엇이라 할 것인지 역시 국가에 결정할 권한이 있다고 할 것이다. … 신항만에 대한 명칭결정권한이 없는 이상, 이 사건 명칭결정이 청구인들의 권한을 침해하였다거나 침해할 현저한 위험이 있다고 볼 수 없으므로, 이 사건 심판청구는 부적법하다(헌재 2008.3.27, 2006헌라1).

5 서울특별시 관악구가 조례로 관할구역 내 행정동의 명칭을 '보라매동(구 봉천1동)' '신사동(구 신림4동)' '삼성동(구 신림6동 및 신림10동)'으로 변경한 것이 동작구 및 강남구의 행정동 명칭에 관한 권한을 침해한 것이라며 제기된 권한쟁의심판청구에서 권한침해의 가능성이 있는지 여부: **소극 [각하]** 14. 법무사

행정동 명칭의 변경은 지방자치단체의 관할구역 안 행정구역의 명칭에 관한 사무로서 지방자치단체의 자치사무에 속하는 것이므로 그 지방자치단체의 조례로 정할 수 있다고 할 것이고, 지방자치단체가 행정동의 명칭을 정함에 있어 관계법령에서 내용상의 한계를 규정하거나 인접 지방자치단체 및 그 관할구역 내 주민의 이익을 보호하기 위한 특별한 제한규정을 두고 있지도 아니하다. 이와 같은 점 등을 종합해보면, … 지방자치단체와 다른 지방자치단체의 관계에서 어느 지방자치단체가 특정한 행정동 명칭을 독점적·배타적으로 사용할 권한이 있다고 볼 수는 없으므로, 피청구인의 행정동 명칭변경에 관한 이 사건 조례로 인하여 청구인들의 행정동 명칭에 관한 권한이 침해될 가능성이 있다고 볼 수 없다(헌재 2009.11.26, 2008헌라4).

6 수도권 사립대학의 정원규제가 지방자치단체의 권한을 침해하는지 여부: **소극 [각하]** 13. 국가직

고등교육법 및 같은 법 시행령, 사립학교법, 지방자치법의 관련 규정을 종합하면, 청구인의 학교 설치·운영 및 지도에 관한 사무는 지역적 특성에 따라 달리 다루어야 할 필요성이 있는 사무로서 유아원부터 고등학교 및 이에 준하는 학교에 관한 사무에 한하여 이를 자치사무로 보아야 할 것이고, 대학의 설립 및 대학생정원 증원 등 운영에 관한 사무는 국가적 이익에 관한 것으로서 전국적인 통일을 기할 필요성이 있는 국가사무로 보아야 할 것이다. 따라서 국가사무인 사립대학의 신설이나 학생정원 증원에 관한 이 사건 수도권 사립대학 정원규제는 청구인의 권한을 침해하거나 침해할 현저한 위험이 있다고 할 수 없으므로, 이 사건 심판청구는 부적법하다(헌재 2012.7.26, 2010헌라3).

정답 01 × 02 × 03 ×

(3) 자치재정권

지방자치단체는 재산을 관리하며 재산을 형성하고 유지할 권한(재산보유·관리·처분권)을 가진다.

5. 주민의 권리와 의무

> **지방자치법**
>
> **제16조【주민의 자격】** 지방자치단체의 구역에 주소를 가진 자는 그 지방자치단체의 주민이 된다.
>
> **제17조【주민의 권리】** ① 주민은 법령으로 정하는 바에 따라 주민생활에 영향을 미치는 지방자치단체의 정책의 결정 및 집행 과정에 참여할 권리를 가진다.
> ② 주민은 법령으로 정하는 바에 따라 소속 지방자치단체의 재산과 공공시설을 이용할 권리와 그 지방자치단체로부터 균등하게 행정의 혜택을 받을 권리를 가진다.
> ③ 주민은 법령으로 정하는 바에 따라 그 지방자치단체에서 실시하는 지방의회의원과 지방자치단체의 장의 선거(이하 "지방선거"라 한다)에 참여할 권리를 가진다.

(1) 공공시설이용권

① 주민은 법령이 정하는 바에 의하여 소속 지방자치단체의 재산과 공공시설을 이용할 권리를 가진다(지방자치법 제17조 제2항). 다만, 공공시설을 영업의 도구로 사용하는 것은 그 권리에 포함되지 아니한다. 지방자치단체는 주민이 아닌 자의 공공시설이용을 거부하거나 차등을 둘 수 있다.

② 주민은 공공시설의 목적에 적합한 범위 안에서 이용권을 가지고, 공공시설의 수용능력이 충분하지 못한 경우에는 이용제한이 가능하다.

(2) 선거권과 피선거권

선거일 현재 18세 이상의 국민으로서 관할구역 안에 주민등록이 되어 있는 자는 선거권을 가지며, 선거일 현재 계속하여 60일 이상 당해 지방자치단체의 관할구역 안에 주민등록이 되어 있는 주민으로서 선거일 현재 18세 이상의 국민은 피선거권을 가진다. 헌법재판소는 관할구역에 거주하는 재외국민에 대해서도 지방선거에서의 선거권과 피선거권을 부여하여야 한다고 판시한 바 있다(헌재 2007.6.28, 2004헌마643).

(3) 주민투표권

> **지방자치법**
>
> **제18조【주민투표】** ① 지방자치단체의 장은 주민에게 과도한 부담을 주거나 중대한 영향을 미치는 지방자치단체의 주요결정사항 등에 대하여 주민투표에 부칠 수 있다.
> ② 주민투표의 대상·발의자·발의요건 그 밖에 투표절차 등에 관한 사항은 따로 법률로 정한다.

기출 OX

04 지방자치단체의 장은 주민에게 과도한 부담을 주거나 중대한 영향을 미치는 지방자치단체의 주요사항에 대해서는 주민투표에 부쳐야 한다.
13. 지방직 ( )

정답 04 ×

기출 OX

01 외국인의 기본권주체성은 기본권의 성질에 따라 인정 여부가 결정되어야 하는바 공직선거법상 일정한 요건을 갖춘 외국인에게는 지방자치단체의 장에 대한 선거권이 인정되나, 주민투표법에 따른 투표의 경우에는 외국인에게 투표권이 인정되지 않는다. 16. 서울시 ( )

주민투표법

제5조【주민투표권】 ① 18세 이상의 주민 중 제6조 제1항에 따른 투표인명부 작성기준일 현재 다음 각 호의 어느 하나에 해당하는 사람에게는 주민투표권이 있다. 다만, 공직선거법 제18조에 따라 선거권이 없는 사람에게는 주민투표권이 없다.
1. 그 지방자치단체의 관할구역에 주민등록이 되어 있는 사람
2. 출입국관리 관계법령에 따라 대한민국에 계속 거주할 수 있는 자격(체류자격변경허가 또는 체류기간연장허가를 통하여 계속 거주할 수 있는 경우를 포함한다)을 갖춘 외국인으로서 지방자치단체의 조례로 정한 사람 19. 국가직

② 주민투표권자의 연령은 투표일 현재를 기준으로 산정한다.

제24조【주민투표결과의 확정】 ① 주민투표에 부쳐진 사항은 **주민투표권자 총수의 4분의 1 이상의 투표와 유효투표수 과반수의 득표**로 확정된다. 다만, 다음 각 호의 어느 하나에 해당하는 경우에는 찬성과 반대 양자를 모두 수용하지 아니하거나, 양자택일의 대상이 되는 사항 모두를 선택하지 아니하기로 확정된 것으로 본다. 08. 사시
1. 전체 투표수가 주민투표권자 총수의 4분의 1에 미달되는 경우
2. 주민투표에 부쳐진 사항에 관한 유효득표수가 동수인 경우

주민투표의 확정
- 주민투표권자 총수의 4분의 1 이상의 투표와 투표자 과반수의 득표 ×
- 주민투표권자 총수의 4분의 1 이상의 투표와 유효투표수 과반수의 득표 ○

SUMMARY | 주민투표 유형의 비교

구분	지방자치단체의 결정사항에 관한 주민투표	국가정책에 관한 주민투표
청구권자	지방자치단체장, 지방의회, 주민	중앙행정기관의 장
투표대상	주민에게 과도한 부담을 주거나 중대한 영향을 미치는 주요결정사항(주민투표법 제7조 제1항)	중앙행정기관의 장이 지방자치단체의 폐치·분합 또는 구역변경, 주요시설의 설치 등 국가정책의 수립에 관하여 주민의 의견을 듣기 위하여 필요하다고 인정하는 사항(주민투표법 제8조 제1항)
효과	자문적인 주민의견 수렴절차에 그치지 않고 법적 구속력 인정(주민투표법 제24조 제5항·제6항)	법적 구속력이 인정되지 않는 단순한 자문적인 주민의견 수렴절차에 불과(주민투표법 제8조 제1항)
주민투표소송	가능(주민투표법 제25조)	불가능(주민투표법 제8조 제4항)

02 지방자치법에서 규정한 주민투표권은 그 성질상 선거권, 공무담임권, 국민투표권과 전혀 다른 것이어서 이를 법률이 보장하는 참정권이라고 할 수 있을지언정 헌법이 보장하는 참정권이라고 할 수는 없다. 17. 국회직 9급 ( )

판례 | 주민투표권이 헌법상 참정권인지 여부: 소극 [각하] 04·05·12. 사시, 08. 법원직, 09. 국회직, 11. 법행, 09·19. 국가직

우리 헌법은 법률이 정하는 바에 따른 '선거권'과 '공무담임권' 및 국가안위에 관한 중요정책과 헌법개정에 대한 '국민투표권'만을 헌법상의 참정권으로 보장하고 있으므로, 지방자치법 제13조의2에서 규정한 **주민투표권**은 그 성질상 선거권·공무담임권·국민투표권과 전혀 다른 것이어서 이를 **법률이 보장하는 참정권이라고 할 수 있을지언정 헌법이 보장하는 참정권이라고 할 수는 없다**(헌재 2001.6.28, 2000헌마735).

정답 01 × 02 ○

(4) 조례제정 및 개폐청구권

> **지방자치법**
>
> **제19조【조례의 제정과 개정·폐지청구】** 04.사시 ① 주민은 지방자치단체의 조례를 제정하거나 개정하거나 폐지할 것을 청구할 수 있다.
> ② 조례의 제정·개정 또는 폐지 청구의 청구권자·청구대상·청구요건 및 절차 등에 관한 사항은 따로 **법률**로 정한다.
>
> **주민조례발안에 관한 법률**
>
> **제2조【주민조례청구권자】** 18세 이상의 주민으로서 다음 각 호의 어느 하나에 해당하는 사람(공직선거법 제18조에 따른 선거권이 없는 사람은 제외한다. 이하 "청구권자"라 한다)은 해당 지방자치단체의 의회(이하 "지방의회"라 한다)에 조례를 제정하거나 개정 또는 폐지할 것을 청구(이하 "주민조례청구"라 한다)할 수 있다.
> 1. 해당 지방자치단체의 관할 구역에 주민등록이 되어 있는 사람
> 2. 출입국관리법 제10조에 따른 영주(永住)할 수 있는 체류자격 취득일 후 3년이 지난 외국인으로서 같은 법 제34조에 따라 해당 지방자치단체의 외국인등록대장에 올라 있는 사람
>
> **제4조【주민조례청구 제외 대상】** 다음 각 호의 사항은 주민조례청구 대상에서 제외한다.
> 1. 법령을 위반하는 사항
> 2. 지방세·사용료·수수료·부담금을 부과·징수 또는 감면하는 사항
> 3. 행정기구를 설치하거나 변경하는 사항
> 4. 공공시설의 설치를 반대하는 사항

판례 | 지방자치법상 주민의 조례의 제정·개폐청구권 및 감사청구권이 헌법상 보장된 지방자치제도의 본질적 내용인지 여부: 소극 [각하] 04.법행, 05.사시, 07.국회직, 11.법원직

헌법 제117조 및 제118조가 보장하고 있는 본질적인 내용은 자치단체 존재의 보장, 자치기능의 보장 및 자치사무의 보장으로 어디까지나 지방자치단체의 자치권인 것이다. 따라서 헌법은 지역주민들이 자신들이 선출한 자치단체의 장과 지방의회를 통하여 자치사무를 처리할 수 있는 대의제 또는 대표제 지방자치를 보장하고 있을 뿐이지 주민투표에 대하여는 어떠한 규정도 두고 있지 않다. 물론 이러한 대표제 지방자치제도를 보완하기 위하여 주민발안·주민투표·주민소환 등의 제도가 도입될 수도 있고, 실제로 우리의 **지방자치법은 주민에게 주민투표권과 조례의 제정 및 개폐청구권 및 감사청구권을 부여함으로써 주민이 지방자치사무에 직접 참여할 수 있는 길을 열어 놓고 있다. 그렇지만 이러한 제도는 어디까지나 입법에 의하여 채택된 것일 뿐, 헌법이 이러한 제도의 도입을 보장하고 있는 것은 아니다**(헌재 2001.6.28, 2000헌마735).

기출 OX

03 지방자치법에 규정된 주민의 조례제정·개폐청구권 및 주민투표권은 헌법상 보장된 지방자치제도의 본질적 내용을 이룬다. 11.법원직 ( )

정답 **03** ×

(5) 감사청구권

지방자치법

제21조【주민의 감사청구】 ① 지방자치단체의 18세 이상의 주민으로서 다음 각 호의 어느 하나에 해당하는 사람(공직선거법 제18조에 따른 선거권이 없는 사람은 제외한다. 이하 이 조에서 "18세 이상의 주민"이라 한다)은 시·도는 300명, 제198조에 따른 인구 50만 이상 대도시는 200명, 그 밖의 시·군 및 자치구는 150명 이내에서 그 지방자치단체의 조례로 정하는 수 이상의 18세 이상의 주민이 연대 서명하여 그 지방자치단체와 그 장의 권한에 속하는 사무의 처리가 법령에 위반되거나 공익을 현저히 해친다고 인정되면 시·도의 경우에는 주무부장관에게, 시·군 및 자치구의 경우에는 시·도지사에게 감사를 청구할 수 있다.
1. 해당 지방자치단체의 관할구역에 주민등록이 되어 있는 사람
2. 출입국관리법 제10조에 따른 영주(永住)할 수 있는 체류자격 취득일 후 3년이 경과한 외국인으로서 같은 법 제34조에 따라 해당 지방자치단체의 외국인등록대장에 올라 있는 사람

② 다음 각 호의 사항은 감사 청구의 대상에서 제외한다.
1. 수사나 재판에 관여하게 되는 사항
2. 개인의 사생활을 침해할 우려가 있는 사항
3. 다른 기관에서 감사하였거나 감사 중인 사항. 다만, 다른 기관에서 감사한 사항이라도 새로운 사항이 발견되거나 중요 사항이 감사에서 누락된 경우와 제22조 제1항에 따라 주민소송의 대상이 되는 경우에는 그러하지 아니하다.
4. 동일한 사항에 대하여 제22조 제2항 각 호의 어느 하나에 해당하는 소송이 진행 중이거나 그 판결이 확정된 사항

③ 제1항에 따른 청구는 사무처리가 있었던 날이나 끝난 날부터 3년이 지나면 제기할 수 없다.

(6) 주민소송권

지방자치법

제22조【주민소송】 ① 제21조 제1항에 따라 공금의 지출에 관한 사항, 재산의 취득·관리·처분에 관한 사항, 해당 지방자치단체를 당사자로 하는 매매·임차·도급계약이나 그 밖의 계약의 체결·이행에 관한 사항 또는 지방세·사용료·수수료·과태료 등 공금의 부과·징수를 게을리한 사항을 **감사청구한 주민**은 다음 각 호의 어느 하나에 해당하는 경우에 그 감사청구한 사항과 관련이 있는 위법한 행위나 업무를 게을리한 사실에 대하여 해당 지방자치단체의 장(해당 사항의 사무처리에 관한 권한을 소속 기관의 장에게 위임한 경우에는 그 소속 기관의 장을 말한다. 이하 이 조에서 같다)을 상대방으로 하여 소송을 제기할 수 있다.
1. 주무부장관이나 시·도지사가 감사청구를 수리한 날부터 60일(제21조 제9항 단서에 따라 감사 기간이 연장된 경우에는 연장된 기간이 끝난 날을 말한다)이 지나도 감사를 끝내지 아니한 경우
2. 제21조 제9항 및 제10항에 따른 감사결과 또는 같은 조 제12항에 따른 조치요구에 불복하는 경우
3. 제21조 제12항에 따른 주무부장관이나 시·도지사의 조치요구를 지방자치단체의 장이 이행하지 아니한 경우
4. 제21조 제12항에 따른 지방자치단체의 장의 이행조치에 불복하는 경우

기출 OX

01 지방자치단체의 19세 이상의 주민은 200명 이상의 연서로 감사원에 당해 시·도에 대한 감사를 청구할 수 있다. 18. 서울시 ( )

02 주민은 지방자치단체의 불법적 재무행위에 대한 주민소송을 제기할 수 있다. 05. 국회직 ( )

정답 01 ✕ 02 ✕

(7) 청원권

> **지방자치법**
>
> **제85조【청원서의 제출】** ① 지방의회에 청원을 하려는 자는 지방의회의원의 소개를 받아 청원서를 제출하여야 한다.
> ② 청원서에는 청원자의 성명(법인인 경우에는 그 명칭과 대표자의 성명을 말한다) 및 주소를 적고 서명·날인하여야 한다.
>
> **제87조【청원의 심사·처리】** ① 지방의회의 의장은 청원서를 접수하면 소관 위원회나 본회의에 회부하여 심사를 하게 한다.
> ② 청원을 소개한 지방의회의원은 소관 위원회나 본회의가 요구하면 청원의 취지를 설명하여야 한다.
> ③ 위원회가 청원을 심사하여 본회의에 부칠 필요가 없다고 결정하면 그 처리결과를 의장에게 보고하고, 지방의회의 의장은 청원한 자에게 알려야 한다. 19. 국가직

판례 | 지방의회에 청원을 하고자 할 때에 반드시 지방의회의원의 소개를 얻도록 한 것이 청원권의 과도한 제한에 해당하는지 여부: **소극 [기각]** 12. 국회직

지방의회에 청원을 할 때에 지방의회의원의 소개를 얻도록 한 것은 의원이 미리 청원의 내용을 확인하고 이를 소개하도록 함으로써 청원의 남발을 규제하고 심사의 효율을 기하기 위한 것이고, 지방의회의원 모두가 소개의원이 되기를 거절하였다면 그 청원내용에 찬성하는 의원이 없는 것이므로 지방의회에서 심사하더라도 인용가능성이 전혀 없어 심사의 실익이 없으며, 청원의 소개의원도 1인으로 족한 점을 감안하면 이러한 정도의 제한은 공공복리를 위한 필요최소한의 것이라고 할 수 있다(헌재 1999.11. 25, 97헌마54).

(8) 주민소환권

> **지방자치법**
>
> **제25조【주민소환】** ① 주민은 그 **지방자치단체의 장 및 지방의회의원(비례대표 지방의회의원은 제외한다)**을 소환할 권리를 가진다. 14. 서울시
> ② 주민소환의 투표청구권자·청구요건·절차 및 효력 등에 관하여는 따로 법률로 정한다.
>
> **주민소환에 관한 법률**
>
> **제3조【주민소환투표권】** ① 제4조 제1항의 규정에 의한 주민소환투표인명부 작성기준일 현재 다음 각 호의 어느 하나에 해당하는 자는 주민소환투표권이 있다.
> 1. 19세 이상의 주민으로서 당해 지방자치단체 관할구역에 주민등록이 되어 있는 자(공직선거법 제18조의 규정에 의하여 선거권이 없는 자를 제외한다)
> 2. 19세 이상의 외국인으로서 출입국관리법 제10조의 규정에 따른 영주의 체류자격 취득일 후 3년이 경과한 자 중 같은 법 제34조의 규정에 따라 당해 지방자치단체 관할구역의 외국인등록대장에 등재된 자
> ② 주민소환투표권자의 연령은 주민소환투표일 현재를 기준으로 계산한다.

기출 OX

03 지방자치법에 따라 지방의회위원회가 청원을 심사하여 본회의에 부칠 필요가 없다고 결정하면 그 처리결과를 지방의회의장에게 보고하고, 지방의회위원회는 청원한 자에게 이를 알려야 한다. 19. 국가직 ( )

04 지방의회에 청원을 할 때에 지방의회의원의 소개를 얻도록 한 것은 지방의회의 편의를 도모하기 위한 것으로 청원권 그 자체를 유명무실하게 하는 것이므로 공공복리를 위한 필요·최소한의 것이라고 할 수 없다. 06. 법행 ( )

05 주민은 그 지방자치단체의 장 및 지역구 지방의회의원, 비례대표 지방의회의원을 소환할 권리를 가진다. 19. 경찰승진 ( )

정답 03 × 04 × 05 ×

제7조【주민소환투표의 청구】① 전년도 12월 31일 현재 주민등록표 및 외국인등록표에 등록된 제3조 제1항 제1호 및 제2호에 해당하는 자(이하 "주민소환투표청구권자"라 한다)는 해당 **지방자치단체의 장 및 지방의회의원(비례대표선거구시·도의회의원 및 비례대표선거구자치구·시·군의회의원은 제외**하며, 이하 "선출직 지방공직자"라 한다)에 대하여 다음 각 호에 해당하는 주민의 서명으로 그 소환사유를 서면에 구체적으로 명시하여 관할 선거관리위원회에 주민소환투표의 실시를 청구할 수 있다.

1. 특별시장·광역시장·도지사(이하 "시·도지사"라 한다): 당해 지방자치단체의 주민소환투표청구권자 총수의 **100분의 10 이상**
2. 시장·군수·자치구의 구청장: 당해 지방자치단체의 주민소환투표청구권자 총수의 **100분의 15 이상**
3. 지역선거구시·도의회의원(이하 "지역구시·도의원"이라 한다) 및 지역선거구자치구·시·군의회의원(이하 "지역구자치구·시·군의원"이라 한다): 당해 지방의회의원의 선거구 안의 주민소환투표청구권자 총수의 **100분의 20 이상**

제8조【주민소환투표의 청구제한 기간】제7조 제1항 내지 제3항의 규정에 불구하고 다음 각 호의 어느 하나에 해당하는 때에는 주민소환투표의 실시를 청구할 수 없다.
1. 선출직 지방공직자의 임기개시일부터 1년이 경과하지 아니한 때
2. 선출직 지방공직자의 임기만료일부터 1년 미만일 때
3. 해당 선출직 지방공직자에 대한 주민소환투표를 실시한 날부터 1년 이내인 때

제21조【권한행사의 정지 및 권한대행】① 주민소환투표대상자는 관할 선거관리위원회가 제12조 제2항의 규정에 의하여 **주민소환투표안을 공고한 때부터** 제22조 제3항의 규정에 의하여 **주민소환투표결과를 공표할 때까지 그 권한행사가 정지**된다.

제22조【주민소환투표결과의 확정】① 주민소환은 제3조의 규정에 의한 **주민소환투표권자(이하 "주민소환투표권자"라 한다) 총수의 3분의 1 이상의 투표와 유효투표총수 과반수의 찬성으로 확정**된다.

제23조【주민소환투표의 효력】① 제22조 제1항의 규정에 의하여 주민소환이 확정된 때에는 주민소환투표대상자는 그 결과가 공표된 시점부터 그 직을 상실한다. ② 제1항의 규정에 의하여 그 직을 상실한 자는 그로 인하여 실시하는 이 법 또는 공직선거법에 의한 해당 보궐선거에 후보자로 등록할 수 없다.

기출 OX

01 제도적 보장으로서 주민의 자치권은 원칙적으로 개별 주민들에게 인정된 권리라 볼 수 없으며, 청구인들의 주장을 주민들의 지역에 관한 의사결정에 참여 내지 주민투표에 관한 권리 침해로 이해하더라도 이러한 권리를 헌법이 보장하는 기본권인 참정권이라고 할 수 없고, 헌법상의 주민자치의 범위는 법률에 의하여 형성되고, 핵심영역이 아닌 한 법률에 의하여 제한될 수 있는 것이다. 16. 법무사 (　)

정답 01 ○

판례 |

1 주민의 자치권이 개별 주민들에게 인정되는지 여부: 소극 [기각] 09. 국가직
 [1] 지방자치제도는 제도적 보장의 하나로서 제도적 보장은 기본권보장의 경우와는 달리 그 본질적 내용을 침해하지 아니하는 범위 안에서 입법자에게 제도의 구체적인 내용과 형태의 형성권을 폭넓게 인정한다는 의미에서 '최소한 보장의 원칙'이 적용된다.
 [2] 한편 제도적 보장으로서 주민의 자치권은 원칙적으로 개별 주민들에게 인정된 권리라 볼 수 없다(헌재 2006.2.23, 2005헌마403).

2 법률에 의하여 특정 지방자치단체를 폐지하여 다른 지방자치단체에 병합하는 것이 지방자치의 본질적 내용을 침해하는지 여부: **소극 [기각]**

자치제도의 보장은 지방자치단체에 의한 자치행정을 일반적으로 보장한다는 것뿐이고 특정 자치단체의 존속을 보장한다는 것은 아니며 지방자치단체의 폐치·분합에 있어 지방자치권의 존중은 법정절차의 준수로 족한 것이다. 그러므로 군 및 도의회의 결의에 반하여 법률로 군을 폐지하고 타 시에 병합하여 시를 설치한다 하여 주민들의 자치권을 침해하는 결과가 된다거나 헌법 제8장에서 보장하는 지방자치제도의 본질을 침해하는 것이라고 할 수 없다(헌재 1995.3.23, 94헌마175).

3 공유수면에 대한 지방자치단체의 관할구역과 자치권한이 인정되는지 여부: **적극** 07. 사시, 12. 국회직

지방자치법 제4조 제1항에 규정된 지방자치단체의 구역은 주민·자치권과 함께 지방자치단체의 구성요소로서 자치권을 행사할 수 있는 장소적 범위를 말하며, 자치권이 미치는 관할구역의 범위에는 육지는 물론 바다도 포함되므로, 공유수면에 대한 지방자치단체의 자치권한이 존재한다(헌재 2006.8.31, 2003헌라1).

4 헌법 또는 법률상 지방자치단체에 영토고권이라는 자치권이 부여되어 있는지 여부: **소극 [각하]**

지방자치제도의 보장은 지방자치단체에 의한 자치행정을 일반적으로 보장한다는 것뿐이고, 마치 국가가 영토고권을 가지는 것과 마찬가지로 지방자치단체에 자신의 관할구역 내에 속하는 영토·영해·영공을 자유로이 관리하고 관할구역 내의 사람과 물건을 독점적·배타적으로 지배할 수 있는 권리가 부여되어 있다고 할 수는 없다. 청구인이 주장하는 지방자치단체의 영토고권은 우리나라 헌법과 법률상 인정되지 아니한다. 따라서 이 사건 결정이 청구인의 영토고권을 침해한다는 주장은 가지고 있지도 않은 권한을 침해받았다는 것에 불과하여 본안에 들어가 따져볼 필요가 없다(헌재 2006.3.30, 2003헌라2).

기출 OX

02 지방자치단체의 자치권이 미치는 관할구역의 범위에 육지는 물론 바다도 포함되므로, 공유수면에 대한 지방자치단체의 자치권한이 존재한다.
11. 지방직 ( )

03 자치권이 미치는 관할구역의 범위에는 육지는 물론 바다도 포함되는바 지방자치단체의 영토고권이 인정된다.
20. 국회직 ( )

6. 국가의 감독과 통제

(1) 입법적 감독과 통제

① **법률에 의한 통제**: 국회는 지방자치제의 본질을 침해하지 아니하는 한 입법을 통하여 이에 관여하거나 통제할 수 있다.

② **행정입법에 의한 통제**: 집행부는 대통령령 등 행정입법을 통해서 지방자치단체에 관여하거나 통제할 수 있다.

(2) 사법적 감독과 통제

① **행정심판을 통한 통제**: 지방자치단체의 장의 위법·부당한 처분 등이 있는 경우 행정심판을 제기할 수 있는데, 행정심판의 재결청은 재결을 통하여 지방자치사무의 적법성과 합목적성을 통제할 수 있다.

② **행정소송을 통한 통제**: 사법기관은 항고소송, 당사자소송, 선거소송, 기관소송 등이 제기된 경우 적법한 자치행정확보를 위한 통제기능을 수행할 수 있다.

정답 02 ○ 03 ✕

(3) 행정적 감독과 통제

구분	고유사무	단체위임사무	기관위임사무
감독	사후적·합법성 감독	사후적·합법성 및 합목적성 감독	사전적·사후적, 합법성 및 합목적성 감독
통제	• 사전적 통제수단(비권력적 통제가 원칙) - 조언·권고 등 - 재정 및 기술지원 - 감사와 보고징수 - 승인 • 사후적 통제수단 - 시정명령 및 취소·정지권 - 재의요구명령·제소지시 및 직접제소권	• 사전적 통제수단(비권력적 통제가 원칙) - 조언·권고 등 - 재정 및 기술지원 - 감사와 보고징수 불가능 - 승인 • 사후적 통제수단 - 시정명령 및 취소·정지권 - 재의요구명령·제소지시 및 직접제소권	• 위임자인 국가나 상급 지방자치단체의 포괄적인 지도·감독권 • 직무이행명령

> **지방자치법**
>
> **제188조【위법·부당한 명령·처분의 시정】** ① 지방자치단체의 사무에 관한 지방자치단체의 장(제103조 제2항에 따른 사무의 경우에는 지방의회의 의장을 말한다. 이하 이 조에서 같다)의 명령이나 처분이 **법령에 위반**되거나 **현저히 부당하여 공익을 해친다**고 인정되면 시·도에 대하여는 주무부장관이, 시·군 및 자치구에 대하여는 시·도지사가 기간을 정하여 서면으로 시정할 것을 명하고, 그 기간에 이행하지 아니하면 이를 취소하거나 정지할 수 있다.
> ⑤ 제1항부터 제4항까지의 규정에 따른 **자치사무**에 관한 명령이나 처분에 대한 주무부장관 또는 시·도지사의 시정명령, 취소 또는 정지는 법령을 위반하는 것에 한정한다. 05. 입시, 11. 사시, 13. 서울시
> ⑥ 지방자치단체의 장은 제1항, 제3항 또는 제4항에 따른 자치사무에 관한 명령이나 처분의 취소 또는 정지에 대하여 이의가 있으면 그 취소처분 또는 정지처분을 통보받은 날부터 15일 이내에 **대법원**에 소를 제기할 수 있다.
>
> **제189조【지방자치단체의 장에 대한 직무이행명령】** 05. 사시 ① 지방자치단체의 장이 법령에 따라 그 의무에 속하는 **국가위임사무나 시·도위임사무**의 관리와 집행을 명백히 게을리하고 있다고 인정되면 시·도에 대해서는 주무부장관이, 시·군 및 자치구에 대해서는 시·도지사가 기간을 정하여 서면으로 이행할 사항을 명령할 수 있다.
> ② 주무부장관이나 시·도지사는 해당 지방자치단체의 장이 제1항의 기간에 이행명령을 이행하지 아니하면 그 지방자치단체의 비용부담으로 대집행 또는 행정상·재정상 필요한 조치(이하 이 조에서 "대집행 등"이라 한다)를 할 수 있다. 이 경우 행정대집행에 관하여는 행정대집행법을 준용한다.
> ⑥ 지방자치단체의 장은 제1항 또는 제4항에 따른 이행명령에 이의가 있으면 이행명령서를 접수한 날부터 15일 이내에 대법원에 소를 제기할 수 있다. 이 경우 지방자치단체의 장은 이행명령의 집행을 정지하게 하는 집행정지결정을 신청할 수 있다.

기출 OX

01 주무부장관이 지방자치단체사무에 관한 시·도지사의 명령이나 처분에 대하여 시정명령을 할 수 있는 것은 그 명령이나 처분이 위법한 경우에 한한다. 13. 서울시 ( )

정답 **01** ×

제190조【지방자치단체의 자치사무에 대한 감사】① 행정안전부장관이나 시·도지사는 지방자치단체의 자치사무에 관하여 보고를 받거나 서류·장부 또는 회계를 감사할 수 있다. 이 경우 감사는 법령 위반사항에 대해서만 실시한다.
② 행정안전부장관 또는 시·도지사는 제1항에 따라 감사를 실시하기 전에 해당 사무의 처리가 법령에 위반되는지 등을 확인하여야 한다.

제192조【지방의회의결의 재의와 제소】① 지방의회의 의결이 **법령에 위반**되거나 **공익을 현저히 해친다**고 판단되면 시·도에 대해서는 주무부장관이, 시·군 및 자치구에 대해서는 시·도지사가 해당 지방자치단체의 장에게 재의를 요구하게 할 수 있고, 재의요구 지시를 받은 지방자치단체의 장은 의결사항을 이송받은 날부터 20일 이내에 지방의회에 이유를 붙여 재의를 요구하여야 한다.
② 시·군 및 자치구의회의 의결이 법령에 위반된다고 판단됨에도 불구하고 시·도지사가 제1항에 따라 재의를 요구하게 하지 아니한 경우 주무부장관이 직접 시장·군수 및 자치구의 구청장에게 재의를 요구하게 할 수 있고, 재의요구 지시를 받은 시장·군수 및 자치구의 구청장은 의결사항을 이송받은 날부터 20일 이내에 지방의회에 이유를 붙여 재의를 요구하여야 한다.
③ 제1항 또는 제2항의 요구에 대하여 재의한 결과 재적의원 과반수의 출석과 출석의원 3분의 2 이상의 찬성으로 전과 같은 의결을 하면 그 의결사항은 확정된다.
④ 지방자치단체의 장은 제3항에 따라 재의결된 사항이 **법령에 위반**된다고 판단되면 재의결된 날부터 20일 이내에 대법원에 소를 제기할 수 있다. 이 경우 필요하다고 인정되면 그 의결의 집행을 정지하게 하는 집행정지결정을 신청할 수 있다. 11. 법행
⑤ 주무부장관이나 시·도지사는 재의결된 사항이 **법령에 위반**된다고 판단됨에도 불구하고 해당 지방자치단체의 장이 소를 제기하지 아니하면 시·도에 대해서는 주무부장관이, 시·군 및 자치구에 대해서는 시·도지사(제2항에 따라 주무부장관이 직접 재의요구 지시를 한 경우에는 주무부장관을 말한다. 이하 이 조에서 같다)가 그 지방자치단체의 장에게 **제소를 지시**하거나 **직접 제소** 및 집행정지결정을 신청할 수 있다.
⑥ 제5항에 따른 제소의 지시는 제4항의 기간이 지난 날부터 7일 이내에 하고, 해당 지방자치단체의 장은 제소지시를 받은 날부터 7일 이내에 제소하여야 한다.
⑦ 주무부장관이나 시·도지사는 제6항의 기간이 지난 날부터 7일 이내에 제5항에 따른 직접 제소 및 집행정지결정을 신청할 수 있다.
⑧ 제1항 또는 제2항에 따라 지방의회의 의결이 법령에 위반된다고 판단되어 주무부장관이나 시·도지사로부터 재의요구 지시를 받은 지방자치단체의 장이 재의를 요구하지 아니하는 경우(법령에 위반되는 지방의회의 의결사항이 조례안인 경우로서 재의요구 지시를 받기 전에 그 조례안을 공포한 경우를 포함한다)에는 주무부장관이나 시·도지사는 제1항 또는 제2항에 따른 기간이 지난 날부터 7일 이내에 대법원에 직접 제소 및 집행정지결정을 신청할 수 있다.
⑨ 제1항 또는 제2항에 따른 지방의회의 의결이나 제3항에 따라 재의결된 사항이 둘 이상의 부처와 관련되거나 주무부장관이 불분명하면 행정안전부장관이 재의 요구 또는 제소를 지시하거나 직접 제소 및 집행정지결정을 신청할 수 있다.

기출 OX

02 행정안전부장관이나 시·도지사는 지방자치단체의 자치사무에 관하여 보고를 받을 수 있지만, 법령 위반사항에 대해서만 서류·장부 또는 회계를 감사할 수 있다. 12. 국회직 9급
( )

03 지방자치단체의 장은 재의결된 사항이 법령에 위반된다고 인정되면 대법원에 소를 제기할 수 있으나 그 의결의 집행을 정지하게 하는 집행정지결정을 신청할 수는 없다. 11. 법행
( )

정답 02 ○ 03 ×

기출 OX

01 지방자치단체가 권한쟁의심판을 청구하기 위해서는 헌법 또는 법률에 의하여 부여받은 지방자치단체의 사무에 관한 권한이 침해되거나 침해될 우려가 있어야 한다. 16. 경찰승진 ( )

02 법률의 수권이나 위임이 없더라도 조례는 자치단체의 고유사무, 단체위임사무, 기관위임사무에 관한 사항을 그 내용으로 할 수 있다는 것이 대법원의 태도이다. 03. 법무사 ( )

03 중앙행정기관은 지방자치단체의 자치사무에 대하여 합법성 및 합목적성 감사를 할 수 있으므로 안전행정부장관(현 행정안전부장관)이 서울시에 대하여 피감사대상을 특정하지 않고 포괄적으로 감사를 하더라도 지방자치권을 침해한 것은 아니다. 13. 서울시 변형 ( )

정답 01 ○ 02 × 03 ×

판례 I

1 지방자치단체가 기관위임사무를 대상으로 한 권한쟁의심판청구를 할 수 있는지 여부: 소극 12. 사시

지방자치단체는 헌법 또는 법률에 의하여 부여받은 그의 권한, 즉 지방자치단체의 사무에 관한 권한이 침해되거나 침해될 우려가 있는 때에 한하여 권한쟁의심판을 청구할 수 있다고 할 것인데, 도시계획사업실시계획인가사무는 건설교통부장관으로부터 시·도지사에게 위임되었고, 다시 시장·군수에게 재위임된 기관위임사무로서 국가사무라고 할 것이므로, 청구인의 이 사건 심판청구 중 도시계획사업실시계획인가처분에 대한 부분은 지방자치단체의 권한에 속하지 아니하는 사무에 관한 것으로서 부적법하다고 할 것이다(헌재 1999.7.22, 98헌라4).

2 기관위임사무에 관한 조례제정이 가능한지 여부: 소극 02. 법무사, 12. 법행

기관위임사무와 같이 지방자치단체의 장이 국가기관의 지위에서 수행하는 사무일 뿐 지방자치단체 자체의 사무라고 할 수 없는 것은 원칙적으로 자치조례의 제정범위에 속하지 않는다. … 기관위임사무에 있어서도 그에 관한 개별 법령에서 일정한 사항을 조례로 정하도록 위임하고 있는 경우에는 지방자치단체의 자치조례제정권과 무관하게 이른바 위임조례를 정할 수 있다고 하겠으나 이때에도 그 내용은 개별 법령이 위임하고 있는 사항에 관한 것으로서 개별 법령의 취지에 부합하는 것이라야만 하고, 그 범위를 벗어난 경우에는 위임조례로서의 효력도 인정할 수 없다(대판 1999.9.17, 99추30).

3 중앙행정기관의 장이 지방자치단체의 자치사무에 대하여 법령 위반사항이 드러나지 않은 상황에서 실시하는 포괄적·일반적인 감사가 헌법 및 지방자치법에 의하여 부여된 지방자치단체의 지방자치권을 침해하는지 여부: 적극 [인용(권한침해)] 12. 변호사·국회직, 16. 사시

중앙행정기관의 지방자치단체의 자치사무에 대한 구 지방자치법 제158조 단서규정의 감사권은 사전적·일반적인 포괄감사권이 아니라 그 대상과 범위가 한정적인 제한된 감사권이라 해석함이 마땅하다.

중앙행정기관이 구 지방자치법 제158조 단서규정상의 감사에 착수하기 위해서는 자치사무에 관하여 특정한 법령 위반행위가 확인되었거나 위법행위가 있었으리라는 합리적 의심이 가능한 경우이어야 하고, 또한 그 감사대상을 특정하여야 한다. 따라서 전반기 또는 후반기 감사와 같은 포괄적·사전적 일반 감사나 위법사항을 특정하지 않고 개시하는 감사 또는 법령 위반사항을 적발하기 위한 감사는 모두 허용될 수 없다(헌재 2009.5.28, 2006헌라6).

자치사무 감사	중앙행정기관의 장	감사원
합법성 감사	○	○
합목적성 감사	×	○

4 지방의회 재의결 일부가 위법하면 의결 전부의 효력이 부정되는지 여부: 적극

의결의 일부에 대한 효력배제는 결과적으로 전체적인 의결의 내용을 변경하는 것에 다름 아니어서 의결기관인 지방의회의 고유권한을 침해하는 것이 될 뿐 아니라, 그 일부만의 효력배제는 자칫 전체적인 의결내용을 지방의회의 당초의 의도와는 다른 내용으로 변질시킬 우려가 있으며, 또 재의요구가 있는 때에는 재의요구에서 지적한 이의사항이 의결의 일부에 관한 것이라고 하여도 의결 전체가 실효되고 재의결만이 의결로서 효력을 발생하는 것이어서 의결의 일부에 대한 재의요구나 수정재의 요구가 허용되지 않는 점에 비추어 보아도 재의결의 내용 전부가 아니라 그 일부만이 위법한 경우에도 대법원은 의결 전부의 효력을 부인할 수밖에 없다(대판 1992.7.28, 92추31).

제10절 교육제도

01 교육의 의의

1. 개념
'교육'이란 인간의 발달과정을 도와 그 인격과 능력을 바람직한 방향으로 현실화시켜 주는 작용인 동시에 사회개조를 위한 수단으로서 가정·학교·사회에서 이루어지는 인간가치의 제고를 위한 모든 활동을 말한다.

2. 목적
교육의 목적은 국민 개개인의 타고난 소질을 계발하여 인격을 완성하게 하고, 자립생활을 할 능력을 증진시킴으로써 인간다운 생활을 누릴 수 있게 하는 데 있다(헌재 1999. 3.25, 97헌마130).

02 우리나라의 교육제도

1. 현행헌법의 규정

> 헌법 제31조 ① 모든 국민은 능력에 따라 균등하게 교육을 받을 권리를 가진다.
> ② 모든 국민은 그 보호하는 자녀에게 적어도 초등교육과 법률이 정하는 교육을 받게 할 의무를 진다.
> ③ 의무교육은 무상으로 한다.
> ④ 교육의 자주성·전문성·정치적 중립성 및 대학의 자율성은 법률이 정하는 바에 의하여 보장된다.
> ⑤ 국가는 평생교육을 진흥하여야 한다.
> ⑥ 학교교육 및 평생교육을 포함한 교육제도와 그 운영, 교육재정 및 교원의 지위에 관한 기본적인 사항은 법률로 정한다.

기출 OX
04 헌법 제31조 제6항이 규정하고 있는 교원지위법정주의는 교원의 권리 내지 지위의 보장뿐만 아니라 교원의 기본권제한의 근거가 될 수도 있다. 16. 법행 ( )

2. 교육의 기본원칙

(1) 교육의 자주성
'교육의 자주성'이란 교육내용과 교육기구가 교육자에 의하여 자주적으로 결정되고, 행정권력에 의한 교육통제가 배제되어야 한다는 것을 뜻한다. 오늘날의 공교육제도는 국가적 감독을 받지 않을 수 없으나, 국가적 감독은 필요 이상으로 또 합리적인 범위를 넘어 교육의 자주성을 유린하는 것이어서는 아니 된다.

(2) 교육의 전문성
'교육의 전문성'이란 교육정책의 수립이나 집행은 가급적 교육전문가가 담당하거나 적어도 그들의 참여하에 이루어져야 함을 의미한다.

정답 04 ○

(3) 교육의 정치적 중립성

'교육의 정치적 중립성'이란 교육이 국가권력이나 정치적 세력으로부터 부당한 간섭을 받지 않아야 할 뿐만 아니라, 교육도 그 본연의 역할을 벗어나 정치적 영역에 개입하지 않아야 한다는 것을 의미한다.

3. 교육제도 등의 법정주의

헌법 제31조 제6항은 "학교교육 및 평생교육을 포함한 교육제도와 그 운영, 교육재정 및 교원의 지위에 관한 기본적인 사항은 법률로 정한다."라고 규정함으로써 교육의 물적 기반이 되는 교육제도와 아울러 교육의 인적 기반으로서 가장 중요한 교원의 근로기본권을 포함한 모든 지위에 관한 기본적인 사항을 국민의 대표기관인 입법부의 권한으로 규정하고 있다(헌재 1991.7.22, 89헌가106).

4. 대학의 자치(자율성)

(1) 의의

'대학의 자치'란 연구와 교육이라는 대학 본연의 임무를 달성하는 데 필요한 사항은 가능한 한 대학의 자율에 맡겨야 함을 말한다.

(2) 주체

대학자치의 주체는 대학자치에 관한 사항을 실질적으로 결정할 수 있는 자를 말한다. 헌법재판소는 대학자치의 주체를 대학에 부여된 헌법상의 기본권으로 보고 있으며, 교수나 교수회도 주체가 된다는 입장이다.

기출 OX

01 대학의 자율성은 대학에게 부여된 헌법상의 기본권이다. 따라서 대학자치의 주체 역시 대학에 한정되므로 국립대학교수나 교수회는 대학의 자율과 관련한 기본권주체성이 없으며, 학문의 자유를 침해하는 대학의 장에 대한 관계에서도 국립대학의 교수나 교수회는 기본권의 주체가 될 수 없다.
11. 지방직 ( )

> **판례 | 교수나 교수회가 중첩적으로 대학자치의 주체가 될 수 있는지 여부: 적극**
> [기각] 09. 사시, 12. 법행, 16. 지방직
>
> 대학의 자율성은 헌법 제22조 제1항이 보장하고 있는 학문의 자유의 확실한 보장수단으로 꼭 필요한 것으로서 대학에 부여된 헌법상의 기본권이다. 그러나 **대학의 자치의 주체를 기본적으로 대학으로 본다고 하더라도 교수나 교수회의 주체성이 부정된다고 볼 수는 없고, 가령 학문의 자유를 침해하는 대학의 장에 대한 관계에서는 교수나 교수회가 주체가 될 수 있고, 또한 국가에 의한 침해에 있어서는 대학 자체 외에도 대학 전 구성원이 자율성을 가지는 경우도 있을 것이므로 문제되는 경우에 따라서 대학·교수·교수회 모두가 단독 혹은 중첩적으로 주체가 될 수 있다고 보아야 할 것이다**(헌재 2006.4.27, 2005헌마1047·1048).

(3) 내용

① **인사에 관한 자주결정권**: 대학은 교수의 임용과 보직 등을 자주적으로 결정할 수 있어야 한다.

정답 01 ×

판례 |

1 대학교육기관의 교원은 당해 학교법인의 정관이 정하는 바에 따라 기간을 정하여 임면할 수 있다고 규정한 구 사립학교법 제53조의2 제3항이 교원지위법정주의에 위반되는지 여부: 적극 [헌법불합치] 11. 법원직

객관적인 기준의 재임용거부사유와 재임용에서 탈락하게 되는 교원이 자신의 입장을 진술할 수 있는 기회 그리고 재임용거부를 **사전에 통지하는 규정 등이 없으며**, 나아가 재임용이 거부되었을 경우 **사후에 그에 대하여 다툴 수 있는 제도적 장치를 전혀 마련하지 않고 있는** 이 사건 법률조항은 현대 사회에서 대학교육이 가지는 중요한 기능과 그 교육을 담당하고 있는 대학교원의 신분의 부당한 박탈에 대한 최소한의 보호요청에 비추어 볼 때 헌법 제31조 제6항에서 정하고 있는 **교원지위법정주의에 위반**된다고 볼 수밖에 없다. 다만, 이 사건 법률조항의 위헌성은 기간임용제 그 자체에 있는 것이 아니라 재임용을 거부당한 교원이 구제를 받을 수 있는 길을 완전히 차단한 데 있다. 그런데 이 사건 법률조항에 대하여 단순위헌을 선언하는 경우에는 기간임용제 자체까지도 위헌으로 선언하는 결과를 초래하게 되므로, 단순위헌결정 대신 헌법불합치결정을 하는 것이다(헌재 2003.2.27, 2000헌바26).

2 대학교원을 제외한 교육공무원의 정년을 65세에서 62세로 단축한 교육공무원법 제47조 제1항이 위헌인지 여부: 소극 [기각]

교원정년을 62세로 한 것이 헌법 제37조 제2항 또는 신뢰보호원칙에 위반하거나, 공무원의 신분보장정신에 위반하여 공무담임권을 침해하는 것이라 할 수 없다. 한편 초·중등교원과 대학교원은 그 임무, 자격기준, 임용과 승진의 과정 등에서 차이가 있고, 이로 인하여 대학교원의 경우 그 최초임용연령이 초·중등교원보다 상대적으로 고령인 데다, 고등교육과 연구라는 업무성격상 초·중등교원보다 높은 연령까지 대학교원으로 재직할 필요성을 인정할 수 있는바, 대학교원의 정년을 65세로 한 것은 합리적 근거에 기초한 것이라 할 것이므로 이로 인하여 초·중등교원들의 평등권이 침해된다고 할 수 없다(헌재 2000.12.14, 99헌마112·137).

기출 OX
02 헌법재판소는 교수의 재임용을 절차적 보장이 없더라도 임용권자의 의사에 맡긴 것은 위헌이 아니라고 본다. 10. 국가직 ( )

② **관리·운영에 관한 자주결정권**: ㉠ 연구와 교육의 내용 및 그 방법과 대상, 교과과정의 편성 등에 관한 자주결정권, ㉡ 연구와 교육을 위한 시설의 관리에 관한 자주결정권, ㉢ 대학의 재정에 관한 자주결정권 등이 포함된다.

③ **학사에 관한 자주결정권**: 대학은 학생의 선발, 학생의 전형과 성적평가, 학점의 인정, 학위의 수여, 학생에 대한 포상과 징계 등을 자주적으로 결정할 수 있어야 한다.

판례 |

1 교수나 교수회에 헌법 제31조 제4항의 대학의 자율의 보장내용에 포함되는 헌법상 기본권인 국립대학의 장의 후보자 선정에 참여할 권리가 있는지 여부: 적극 [기각]

전통적으로 대학자치는 학문활동을 수행하는 교수들로 구성된 교수회가 누려오는 것이었고, 현행법상 국립대학의 장 임명권은 대통령에게 있으나, 1990년대 이후 국립대학에서 총장후보자에 대한 직접선거방식이 도입된 이래 거의 대부분 대학구성원들이 추천하는 후보자 중에서 대학의 장을 임명하여 옴으로써 대통령이 대학총장을 임명함에 있어 대학교원들의 의사를 존중하여 온 점을 고려하면, 청구인들에게 대학총장후보자 선출에 참여할 권리가 있고 이 권리는 대학자치의 본질적인 내용에 포함

정답 02 ×

된다고 할 것이므로 결국 헌법상의 기본권으로 인정할 수 있다(헌재 2006.4.27, 2005헌마1047 · 1048).

2 교육부장관이 강원대학교 법학전문대학원의 2015학년도 및 2016학년도 신입생 각 1명의 모집을 정지하도록 한 행위(이하 '이 사건 모집정지'라고 한다)가 과잉금지원칙에 반하여 대학의 자율권을 침해하는지 여부: 적극 [인용(위헌확인)]

이 사건 모집정지는 강원대학교 법학전문대학원의 신입생 정원 중 2.5%의 모집을 정지하는 것으로 청구인에게 큰 불이익인 점, 강원대학교 법학전문대학원 설치인가 신청서의 내용을 종합하면 장학금지급률을 최저 20% 보장하되 그 당시 장학금확보율이 100.6%에 달한다는 내용으로 해석되는 점, 피청구인의 법학전문대학원 설치인가 심사기준에 따르면 장학금지급률 20% 이상이면 해당 항목의 만점에 해당하는 점, 청구인은 법학전문대학원 개원 이래 초기 3년간 다른 24개 대학들에 비하여 최고수준의 장학금을 지급하였고 이후에도 피청구인의 설치인가 심사기준에서 요구하는 장학금지급률 및 청구인이 제출한 설치인가 신청서상의 최저 장학금지급률을 상회하는 장학금을 지급해 온 점, 법학전문대학원법 제39조는 시정명령 불이행으로 인하여 '정상적인 학사운영이 곤란'한 경우에 한하여 학생모집을 정지할 수 있도록 정하고 있음에도 불구하고 이 사건 모집정지 당시 강원대학교 법학전문대학원의 장학금지급률로 인하여 강원대학교 법학전문대학원의 정상적인 학사운영이 곤란한 정도에 이르렀다고 인정하기 어려운 점 등을 종합하면, 이 사건 모집정지는 과잉금지원칙에 반하여 청구인의 대학의 자율권을 침해한다(헌재 2015.12.23, 2014헌마1149).

3 국립대학 서울대학교를 법인인 국립대학법인 서울대학교로 전환하는 국립대학법인 서울대학교 설립 · 운영에 관한 법률에 대한 헌법소원에 있어서 서울대학교 학생의 자기관련성이 인정되는지 여부: 소극 [각하]

다른 대학 교직원은 심판대상조항의 직접적인 수범자가 아니고, 서울대학교에 대한 재정지원조항이 다른 대학 교직원의 법적 지위나 권리 · 의무관계에 직접 영향을 미친다고 보기도 어렵다. 일반시민은 심판대상조항의 직접적인 수범자가 아니며, 대학의 자율 및 공무담임권, 평등권의 침해 문제도 발생하지 않으므로 기본권침해 가능성 내지 자기관련성이 인정되지 아니한다. 서울대학교 재학생은 공무담임권이 침해될 가능성이 없고, 재학 중인 학교의 법적 형태를 공법상 영조물인 국립대학으로 유지하여 줄 것을 요구할 권리는 교육받을 권리에 포함되지 아니하며, 대학의 관리 · 운영에 관한 사항은 학생의 학문의 자유와 관련되어 있다고 볼 수 없어 자기관련성이 인정되지 않는다. 등록금 인상 가능성이나 기초학문 고사 우려 등은 사실상의 불이익에 불과하므로 평등권침해 가능성도 인정되지 아니한다(헌재 2014.4.24, 2011헌마612).

4 국립대학 교수들에게 단과대학장 선출에 참여할 권리를 부여하지 않은 교육공무원 임용령 제9조의4가 대학의 자율성을 침해하는지 여부: 소극 [각하]

단과대학은 대학을 구성하는 하나의 조직 · 기관일 뿐이고, 단과대학장은 그 지위와 권한 및 중요도에서 대학의 장과 구별된다. 또한 대학의 장을 구성원들의 참여에 따라 자율적으로 선출한 이상, 하나의 보직에 불과한 단과대학장의 선출에 다시 한 번 대학교수들이 참여할 권리가 대학의 자율에서 당연히 도출된다고 보기 어렵다. 따라서 단과대학장의 선출에 참여할 권리는 대학의 자율에 포함된다고 볼 수 없어, 이 사건 심판대상조항에 의해 대학의 자율성이 침해될 가능성이 인정되지 아니한다(헌재 2014.1.28, 2011헌마239).

제11절 가족제도

01 의의

'가족제도'란 공동생활을 영위하는 혈연적 가족공동체를 규율하는 법적 제도를 말한다.

02 혼인 및 가족제도의 보장

> 헌법 제36조 ① 혼인과 가족생활은 개인의 존엄과 양성의 평등을 기초로 성립되고 유지되어야 하며, 국가는 이를 보장한다.

헌법 제36조 제1항에서 규정하는 '혼인'이란 양성이 평등하고 존엄한 개인으로서 자유로운 의사의 합치에 의하여 생활공동체를 이루는 것으로서 법적으로 승인받은 것을 말하므로, 법적으로 승인되지 아니한 **사실혼은 헌법 제36조 제1항의 보호범위에 포함된다고 보기 어렵다.** 18. 지방직

1. 혼인제도의 보장

(1) 혼인관계형성의 자유

① **혼인결정의 자유**: 혼인관계에 있어 기초가 되는 것은 혼인에 관한 개인의 자유로운 결정으로서 혼인을 할 것인지 여부, 배우자 선택, 혼인시기의 결정 등이 자유로운 의사에 의하여 결정되어야 한다. 혼인의 자유의 헌법적 근거를 어디에서 찾을 것인지가 문제되는데, 헌법재판소는 헌법 제10조와 제36조 제1항에서 구하고 있다.

② **혼인퇴직제(독신조항)**: 혼인퇴직제는 합리적인 이유 없이 여성을 차별하는 것으로 평등의 원칙에 반하며, 실질적으로 혼인의 자유를 제한하는 것으로 위헌무효로 보아야 한다. 남녀고용평등과 일·가정 양립 지원에 관한 법률 제7조 제2항은 혼인(미혼조건)을 퇴직사유로 예정하는 노동계약을 체결하는 것을 금지하고 있다.

③ **사실혼관계**: 당사자가 법적 절차를 밟지 아니하고 사실상 부부생활을 하고 있는 경우에도 국가는 법적 절차를 밟도록 강제할 수 없다. 단지 사실혼관계에 대하여 법적인 혼인관계로 인정하지 아니할 수 있을 뿐이다.

④ **혼인의 자유에 대한 예외**: 혼인의 자유에 대한 예외로 민법에서는 미성년자 혼인시 부모의 동의를 요하는 것(민법 제808조 제1항), 중혼금지(민법 제810조), 근친혼금지(민법 제809조)를 규정하고 있다. 이러한 혼인의 자유의 제한은 일부일처제나 우생학적 근거에서 그 합리성이 인정되는 것으로 헌법 위반이 아니라고 할 것이다.

(2) 혼인관계유지의 자유

혼인관계를 유지할 것인지 아니면 해소할 것인지 결정할 자유도 보장되어야 한다. 현행민법은 일정한 요건과 절차에 따라 이혼을 허용하고 있으며, 이혼 및 혼인취소시 재산분할청구권을 인정하는 등 혼인관계유지의 자유를 제도적으로 보장하고 있다.

기출 OX

01 헌법 제36조 제1항에서 규정하는 '혼인'이란 양성이 평등하고 존엄한 개인으로서 자유로운 의사의 합치에 의하여 생활공동체를 이루는 것을 말하므로, 법적으로 승인되지 아니한 사실혼 역시 법률혼과 마찬가지로 헌법 제36조 제1항의 보호범위에 포함된다는 것이 헌법재판소의 입장이다. 20. 법행
( )

정답 01 ×

> **판례** | 혼인으로 인하여 1세대 3주택 이상 주택에 대해서도 일률적으로 60%의 양도소득세를 부과하는 구 소득세법 제104조 제1항 제2호의3이 혼인의 자유를 침해하는지 여부: 적극 [헌법불합치] 12.경찰승진
>
> 혼인으로 새로이 1세대를 이루는 자를 위하여 상당한 기간 내에 보유 주택수를 줄일 수 있도록 하고 그러한 경과규정이 정하는 기간 내에 양도하는 주택에 대해서는 혼인 전의 보유 주택수에 따라 양도소득세를 정하는 등의 완화규정을 두는 것과 같은 손쉬운 방법이 있음에도 이러한 완화규정을 두지 아니한 것은 최소침해성원칙에 위배된다고 할 것이고, 이 사건 법률조항으로 인하여 침해되는 것은 헌법이 강도 높게 보호하고자 하는 헌법 제36조 제1항에 근거하는 혼인의 자유 또는 혼인에 따른 차별금지라는 헌법적 가치라 할 것이므로 이 사건 법률조항이 달성하고자 하는 공익과 침해되는 사익 사이에 적절한 균형관계를 인정할 수 없어 법익균형성원칙에도 반한다(헌재 2011.11.24, 2009헌바146).

2. 가족제도의 보장

(1) 부부관계

가족생활에서 기본이 되는 부부관계는 각자의 인격을 존중하는 것이어야 하고 부부의 평등이 유지되는 것이어야 한다. 양성의 평등은 헌법 제11조에 의하여 보장되고 있지만, 헌법은 가족제도와 관련하여 이것을 다시 한번 강조하고 있다.

(2) 친자관계

가족생활에 있어 친자관계도 개인의 존엄과 양성의 평등을 기초로 하는 것이어야 한다. 민법 제909조는 자(子)에 대한 부모의 공동친권을 규정하고 있으며, 민법 제974조는 친족간의 부양의무를 규정하고 있다.

기출 OX

01 동성동본금혼제는 '인간으로서의 존엄과 가치 및 행복추구권'을 규정한 헌법이념에 반한다. 10.법행 ( )

> **판례** |
>
> 1 동성동본금혼조항이 평등의 원칙 등에 반하여 위헌인지 여부: 적극 [헌법불합치]
> 05. 국회직
> 민법 제809조 제1항(동성동본금혼조항)은 사회적 타당성 내지 합리성을 상실하고 있음과 아울러 '인간으로서의 존엄과 가치 및 행복추구권'을 규정한 헌법이념 및 '개인의 존엄과 양성의 평등'에 기초한 혼인과 가족생활의 성립·유지라는 헌법규정에 정면으로 배치될 뿐 아니라 남계혈족에만 한정하여 헌법상 **평등의 원칙에도 위반**되며, 또한 그 **입법목적이 사회질서나 공공복리에 해당될 수 없다**는 점에서 헌법 제37조 제2항에도 위반된다(헌재 1997.7.16, 95헌가6 등).

02 친생부인의 소의 제척기간을 출생을 안 날로부터 1년 내로 정한 것은 행복추구권을 침해하지 않는다. 06.법행 ( )

> 2 친생부인의 소의 제척기간을 '출생을 안 날로부터 1년'으로 제한한 것이 위헌인지 여부: 적극 [헌법불합치]
> 민법 제847조 제1항(출생을 안 날로부터 1년)은 입법재량의 범위를 넘어서 친자관계를 부인하고자 하는 부로부터 이를 부인할 수 있는 기회를 극단적으로 제한함으로써 자유로운 의사에 따라 친자관계를 부인하고자 하는 부의 가정생활과 신분관계에서 누려야 할 인격권, 행복추구권 및 개인의 존엄과 양성의 평등에 기초한 혼인과 가족생활에 관한 기본권을 침해하는 것이다(헌재 1997.3.27, 95헌가14·96헌가7).

정답 01 ○ 02 ×

3 호주제가 헌법 제36조 제1항에 위반되는지 여부: 적극 [헌법불합치] 05. 국회직, 06. 행시, 10. 지방직

호주제는 당사자의 의사나 복리와 무관하게 남계혈통 중심의 가(家)의 유지와 계승이라는 관념에 뿌리박은 특정한 가족관계의 형태를 일방적으로 규정·강요함으로써 개인을 가족 내에서 존엄한 인격체로 존중하는 것이 아니라 가의 유지와 계승을 위한 도구적 존재로 취급하고 있는데, 이는 혼인·가족생활을 어떻게 꾸려나갈 것인지에 관한 개인과 가족의 자율적 결정권을 존중하라는 헌법 제36조 제1항에 부합하지 않는다(헌재 2005.2.3, 2001헌가9 등).

4 부성주의가 위헌인지 여부: 적극 [헌법불합치] 06. 행시, 11. 법원직

[1] 출생 직후의 자에게 성을 부여할 당시 부가 이미 사망하였거나 부모가 이혼하여 모가 단독으로 친권을 행사하고 양육할 것이 예상되는 경우, 혼인 외의 자를 부가 인지하였으나 여전히 모가 단독으로 양육하는 경우 등과 같은 사례에 있어서도 일방적으로 부의 성을 사용할 것을 강제하면서 모의 성의 사용을 허용하지 않고 있는 것은 개인의 존엄과 양성의 평등을 침해한다.

[2] 입양이나 재혼 등과 같이 가족관계의 변동과 새로운 가족관계의 형성에 있어서 구체적인 사정들에 따라서는 양부 또는 계부 성으로의 변경이 개인의 인격적 이익과 매우 밀접한 관계를 가짐에도 부성의 사용만을 강요하여 성의 변경을 허용하지 않는 것은 개인의 인격권을 침해한다.

[3] 이 사건 법률조항의 위헌성은 부성주의의 원칙을 규정한 것 자체에 있는 것이 아니라 부성의 사용을 강제하는 것이 부당한 것으로 판단되는 경우에 대해서까지 부성주의의 예외를 규정하지 않고 있는 것에 있으므로 이 사건 법률조항에 대하여 헌법불합치결정을 선고함이 상당하다(헌재 2005.12.22, 2003헌가5·6).

비교» 자의성을 정함에 있어 부성주의를 원칙으로 하는 것은 헌법 제10조, 제36조 제1항에 위반되지 않는다. (O) → 부성주의 원칙은 합헌이며, 예외를 전혀 인정하지 않는 게 위헌이다.

5 자산소득을 합산하여 과세하도록 규정하고 있는 소득세법 제61조 제1항이 헌법 제36조 제1항에 위반되는지 여부: 적극 [위헌] 05. 국회직, 06. 행시, 11. 법원직·법행

부부간의 인위적인 자산 명의의 분산과 같은 가장행위 등은 상속세 및 증여세법상 증여의제규정 등을 통해서 방지할 수 있고, 부부의 공동생활에서 얻어지는 절약가능성을 담세력과 결부시켜 조세의 차이를 두는 것은 타당하지 않으며, 자산소득이 있는 모든 납세의무자 중에서 혼인한 부부가 혼인하였다는 이유만으로 혼인하지 않은 자산소득자보다 더 많은 조세부담을 하여 소득을 재분배하도록 강요받는 것은 부당하며, 부부 자산소득합산과세를 통해서 혼인한 부부에게 가하는 조세부담의 증가라는 불이익이 자산소득합산과세를 통하여 달성하는 사회적 공익보다 크다고 할 것이므로, 소득세법 제61조 제1항이 자산소득합산과세의 대상이 되는 혼인한 부부를 혼인하지 않은 부부나 독신자에 비하여 차별취급하는 것은 헌법상 정당화되지 아니하기 때문에 헌법 제36조 제1항에 위반된다(헌재 2002.8.29, 2001헌바82).

6 친양자 입양을 청구하기 위해서는 친생부모의 친권상실, 사망 기타 동의할 수 없는 사유가 없는 한 그의 동의를 반드시 요하도록 한 구 민법 제908조의2 제1항 제3호가 위헌인지 여부: 소극 [합헌] 18. 지방직

이 사건 법률조항은 친생부모의 친권이 상실되거나 사망 그 밖의 사유로 동의할 수 없는 경우를 제외하고는 친생부모의 동의가 있어야 친양자 입양을 청구할 수 있도록 규정하여 결과적으로 친양자가 될 자의 기본권을 제한하고 있는바, 친양자 입양은 친생부모와 그 자녀 사이의 친족관계를 완전히 단절시키는 등 친생부모의 지위에

기출 OX

03 구 소득세법 제61조와 관련하여 부부 자산소득합산과세를 통해서 혼인한 부부에게 가하는 조세부담의 증가라는 불이익이 자산소득합산과세를 통하여 달성하는 사회적 공익보다 크다고 할 수 없으므로, 혼인한 부부를 혼인하지 않은 부부나 독신자에 비하여 차별취급하는 것은 헌법에 반하지 않는다. 09. 지방직 ( )

04 친양자 입양을 청구하기 위해서는 친생부모의 친권상실, 사망 기타 동의할 수 없는 사유가 없는 한 친생부모의 동의를 반드시 요하도록 하는 것은 친양자가 될 자의 가족생활에 관한 기본권을 침해하지 않는다. 18. 지방직 ( )

정답 03 × 04 O

중대한 영향을 미치는 점, 친생부모 역시 헌법 제10조 및 제36조 제1항에 근거한 가족생활에 관한 기본권을 보유하고 있다는 점에 비추어 볼 때 그 입법목적은 정당하고, 나아가 이 사건 법률조항은 친양자 입양에 있어 무조건 친생부모의 동의를 요하도록 하고 있는 것이 아니라, '친생부모의 친권이 상실되거나 사망 기타 그 밖의 사유로 동의할 수 없는 경우'에는 그 동의 없이도 친양자 입양이 가능하도록 예외규정을 두어 기본권제한의 비례성을 준수하고 있다(헌재 2012.5.31, 2010헌바87).

7 혼인 중인 부부만 친양자 입양을 할 수 있도록 규정한 민법조항이 독신자의 평등권 및 가족생활의 자유를 침해하는지 여부: 소극 [합헌] 14. 사시, 15. 법원직

[1] 심판대상조항은 친양자가 안정된 양육환경을 제공할 수 있는 가정에 입양되도록 하여 양자의 복리를 증진시키기 위하여 친양자의 양친을 기혼자로 한정하였다. 독신자 가정은 기혼자 가정과 달리 기본적으로 양부 또는 양모 혼자서 양육을 담당하여야 하며, 독신자를 친양자의 양친으로 하면 처음부터 편친 가정을 이루게 하고 사실상 혼인 외의 자를 만드는 결과가 발생하므로, 독신자 가정은 기혼자 가정에 비하여 양자의 양육에 있어 불리할 가능성이 높다.

[2] 나아가 독신자가 친양자를 입양하게 되면 그 친양자는 아버지 또는 어머니가 없는 자녀로 가족관계등록부에 공시되어 양자에게 친생자와 같은 양육환경을 만들어주려는 친양자제도의 근본목적에 어긋나게 된다. … 따라서 심판대상조항은 독신자의 평등권을 침해하지 않는다(헌재 2013.9.26, 2011헌가42).

8 친생부인의 소의 제척기간을 '친생부인의 사유가 있음을 안 날부터 2년 내'로 제한한 민법 제847조 제1항이 친자관계를 부인하고자 하는 부(夫)의 가정생활과 신분관계에서 누려야 할 인격권 및 행복추구권을 침해하는지 여부: 소극 [합헌]

헌재 1997.3.27, 95헌가14 등 결정의 취지에 따라 2005.3.31. 법률 제7427호로 개정된 민법 제847조 제1항은 '친생부인의 사유가 있음을 안 날'을 제척기간의 기산점으로 삼음으로써 부(夫)가 혈연관계의 진실을 인식할 때까지 기간의 진행을 유보하고, '그로부터 2년'을 제척기간으로 삼음으로써 부(夫)의 친생부인의 기회를 실질적으로 보장하고 있다. 또한 2년이란 기간은 자녀의 불안정한 지위를 장기간 방치하지 않기 위한 것으로서 지나치게 짧다고 볼 수 없다. 따라서 민법 제847조 제1항 중 '부(夫)가 그 사유가 있음을 안 날부터 2년 내' 부분은 친생부인의 소의 제척기간에 관한 입법재량의 한계를 일탈하지 않은 것으로서 헌법에 위반되지 아니한다(헌재 2015.3.26, 2012헌바357).

> 비교> 친생부인의 소 제척기간을 안 날로부터 1년으로 하는 것은 위헌인 것과 구분해야 한다.

9 혼인종료 후 300일 이내에 출생한 자를 전남편의 친생자로 추정하는 민법 제844조 제2항 중 '혼인관계종료의 날로부터 300일 내에 출생한 자'에 관한 부분이 모가 가정생활과 신분관계에서 누려야 할 인격권, 혼인과 가족생활에 관한 기본권을 침해하는지 여부: 적극 [헌법불합치] 17. 국가직, 18·19. 지방직

오늘날 이혼 및 재혼이 크게 증가하였고, 여성의 재혼금지 기간이 2005년 민법개정으로 삭제되었으며, 이혼숙려 기간 및 조정전치주의가 도입됨에 따라 혼인 파탄으로부터 법률상 이혼까지의 시간간격이 크게 늘어나게 됨에 따라, 여성이 전남편이 아닌 생부의 자를 포태하여 혼인종료일로부터 300일 이내에 그 자를 출산할 가능성이 과거에 비하여 크게 증가하게 되었으며, 유전자검사기술의 발달로 부자관계를 의학적으로 확인하는 것이 쉽게 되었다. 그런데 심판대상조항에 따르면 혼인종료 후 300일 내에 출생한 자녀가 전남편의 친생자가 아님이 명백하고, 전남편이 친생추정을 원하지도 않으며, 생부가 그 자를 인지하려는 경우에도 그 자녀는 전남편의 친생자로

기출 OX

01 친생부인의 소의 제척기간을 규정한 민법 규정 중 '부(夫)가 그 사유가 있음을 안 날부터 2년 내' 부분은 부(夫)가 가정생활과 신분관계에서 누려야 할 인격권을 침해한다. 22. 경찰1차 ( )

02 민법 제847조 제1항 중 '친생부인의 사유가 있음을 안 날부터 2년 이내' 부분은 친생부인의 소 제척기간에 관한 입법재량의 한계를 일탈하지 않은 것으로서 양성의 평등에 기초한 혼인과 가족생활에 관한 기본권을 침해하지 아니한다. 15. 국가직 ( )

03 혼인종료 후 300일 이내에 출생한 자를 전남편의 친생자로 추정하는 민법 제844조 제2항 중 '혼인관계종료의 날로부터 300일 이내에 출생한 자'에 관한 부분은 모가 가정생활과 신분관계에서 누려야 할 인격권, 혼인과 가족생활에 관한 기본권을 침해하지 아니한다. 17. 국가직 ( )

정답 01 × 02 ○ 03 ×

추정되어 가족관계등록부에 전남편의 친생자로 등록되고, 이는 엄격한 친생부인의 소를 통해서만 번복될 수 있다. 그 결과 심판대상조항은 이혼한 모와 전남편이 새로운 가정을 꾸리는 데 부담이 되고, 자녀와 생부가 진실한 혈연관계를 회복하는 데 장애가 되고 있다. 이와 같이 민법제정 이후의 사회적·법률적·의학적 사정변경을 전혀 반영하지 아니한 채, 이미 혼인관계가 해소된 이후에 자가 출생하고 생부가 출생한 자를 인지하려는 경우마저도, 아무런 예외 없이 그 자를 전남편의 친생자로 추정함으로써 친생부인의 소를 거치도록 하는 심판대상조항은 입법형성의 한계를 벗어나 모가 가정생활과 신분관계에서 누려야 할 인격권, 혼인과 가족생활에 관한 기본권을 침해한다(헌재 2015.4.30, 2013헌마623).

10 부모의 양육권과 육아휴직신청권의 법적 성격 14. 국가직·지방직, 15. 법원직

양육권은 공권력으로부터 자녀의 양육을 방해받지 않을 권리라는 점에서는 '**자유권적 기본권**'으로서의 성격을, 자녀의 양육에 관하여 국가의 지원을 요구할 수 있는 권리라는 점에서는 '**사회권적 기본권**'으로서의 성격을 아울러 가진다.

육아휴직신청권은 헌법 제36조 제1항 등으로부터 개인에게 직접 주어지는 헌법적 차원의 권리라고 볼 수는 없고, 입법자가 입법의 목적, 수혜자의 상황, 국가예산, 전체적인 사회보장수준, 국민정서 등 여러 요소를 고려하여 제정하는 입법에 적용요건, 적용대상, 기간 등 구체적인 사항이 규정될 때 비로소 형성되는 '**법률상의 권리**'이다(헌재 2008.10.30, 2005헌마1156).

11 1990년 개정 민법의 시행일인 1991.1.1.부터 그 이전에 성립된 계모자 사이의 법정혈족관계를 소멸시키도록 한 민법(1990.1.13. 법률 제4199호) 부칙 제4조 중 "전처의 출생자와 계모 사이의 친족관계"에 관한 부분이 헌법 제36조 제1항에 위반되는지 여부: 소극

이 사건 법률조항은 계자의 친부와 계모의 혼인의사를 일률적으로 계자에 대한 입양 또는 그 대리의 의사로 간주하기는 어려우므로, 계자의 친부와 계모의 혼인에 따라 가족생활을 자유롭게 형성할 권리를 침해하지 아니하고, 또한 개인의 존엄과 양성평등에 반하는 전래의 가족제도를 개선하기 위한 입법이므로 가족제도를 보장하는 헌법 제36조 제1항에 위반된다고 볼 수도 없다(헌재 2011.2.24, 2009헌바89).

12 8촌 이내 혈족 사이의 혼인 금지(근친혼 금지) 및 무효 사건(헌재 2022.10.27, 2018헌바115)

[1] 재판관 5(합헌) : 4(헌법불합치)의 의견으로, **8촌 이내의 혈족 사이에서는 혼인할 수 없도록 하는 민법 제809조 제1항은 혼인의 자유를 침해하지 아니하여 헌법에 위반되지 아니한다**는 결정을 선고하였다. [합헌]

[2] 재판관 전원의 일치된 의견으로, **민법 제809조 제1항을 위반한 혼인을 무효로 하는 민법 제815조 제2호는 헌법에 합치되지 아니한다**는 결정을 선고하였다. [헌법불합치]

13 태어난 즉시 '출생등록될 권리' 사건 [헌법불합치, 기각]

[1] 태어난 즉시 '출생등록될 권리'가 기본권인지 여부: 적극

태어난 즉시 '출생등록될 권리'는 '출생 후 곧바로' 등록될 권리를 뜻하는 것이 아니라 '출생 후 아동이 보호를 받을 수 있는 최대한 빠른 시점'에 아동의 출생과 관련된 기본적인 정보를 국가가 관리할 수 있도록 등록할 권리로서, 아동이 사람으로서 인격을 자유로이 발현하고, 부모와 가족 등의 보호하에 건강한 성장과 발달을 할 수 있도록 최소한의 보호장치를 마련하도록 요구할 수

기출 OX

04 자녀의 출산과 양육은 국가를 유지하기 위한 인적 기반이 된다는 점에서 국가공동체의 생존 및 발전에 핵심적 요소가 된다는 점을 고려하면, 육아휴직신청권은 양육권의 사회권적 기본권으로서의 측면을 법률로써 구체화한 것으로서, 헌법상 보장된 기본권으로 취급되어야 할 것이다. 15. 법행 ( )

05 1991.1.1.부터 그 이전에 성립된 계모자 사이의 법정혈족관계를 소멸시키도록 한 민법 부칙 조항은 계자의 친부와 계모의 혼인에 따라 가족생활을 자유롭게 형성할 권리를 침해하지 않는다. 23. 경찰승진 ( )

정답 04 × 05 ○

있는 권리이다. 이는 헌법 제10조의 인간의 존엄과 가치 및 행복추구권으로부터 도출되는 일반적 인격권을 실현하기 위한 기본적인 전제로서 헌법 제10조뿐만 아니라, 헌법 제34조 제1항의 인간다운 생활을 할 권리, 헌법 제36조 제1항의 가족생활의 보장, 헌법 제34조 제4항의 국가의 청소년 복지향상을 위한 정책실시의무 등에도 근거가 있다. 이와 같은 태어난 즉시 '출생등록될 권리'는 앞서 언급한 기본권 등의 어느 하나에 완전히 포섭되지 않으며, 이들을 이념적 기초로 하는 **헌법에 명시되지 아니한 독자적 기본권**으로서, 자유로운 인격실현을 보장하는 **자유권적 성격**과 아동의 건강한 성장과 발달을 보장하는 **사회적 기본권**의 성격을 함께 지닌다.

[2] '혼인 중 여자와 남편 아닌 남자 사이에서 출생한 자녀에 대한 생부의 출생신고'를 허용하도록 규정하지 아니한 '가족관계의 등록 등에 관한 법률' 제46조 제2항(이하, '이 사건 출생신고의무자조항'이라 한다) 등이 혼인 외 출생자인 청구인들의 태어난 즉시 '출생등록될 권리'를 침해하는지 여부: **적극**

혼인 중인 여자와 남편이 아닌 남자 사이에서 출생한 자녀의 경우, 혼인 중인 여자와 그 남편이 출생신고의 의무자에 해당하나, 해당 자녀의 모가 남편과의 관계에서 발생하는 여러 사정을 고려하여 출생신고를 하지 아니하는 경우가 발생하고 있고, 그 남편이 해당 자녀의 출생의 경위를 알고도 출생신고를 하는 것은 사실상 기대하기 어렵다. 심판대상조항들은 입법형성권의 한계를 넘어서서 실효적으로 출생등록될 권리를 보장하고 있다고 볼 수 없으므로, **혼인 중 여자와 남편 아닌 남자 사이에서 출생한 자녀에 해당하는 혼인 외 출생자인 청구인들의 태어난 즉시 '출생등록될 권리'를 침해한다.**

[3] 생부인 청구인들의 평등권을 침해하는지 여부: **소극**

심판대상조항들이 혼인 중인 여자와 남편 아닌 남자 사이에서 출생한 자녀의 경우에 혼인 외 출생자의 신고의무를 모에게만 부과하고, 남편 아닌 남자인 생부에게 자신의 혼인 외 자녀에 대해서 출생신고를 할 수 있도록 규정하지 아니한 것은 모는 출산으로 인하여 그 출생자와 혈연관계가 형성되는 반면에, 생부는 그 출생자와의 혈연관계에 대한 확인이 필요할 수도 있고, 그 출생자의 출생사실을 모를 수도 있다는 점에 있으며, 이에 따라 가족관계등록법은 모를 중심으로 출생신고를 규정하고, 모가 혼인 중일 경우에 그 출생자는 모의 남편의 자녀로 추정하도록 한 민법의 체계에 따르도록 규정하고 있는 점에 비추어 합리적인 이유가 있다. 그렇다면, 심판대상조항들은 **생부인 청구인들의 평등권을 침해하지 않는다**(헌재 2023.3.23, 2021헌마975).

> **관련판례**
>
> 출생 당시에 부 또는 모가 대한민국의 국민인 자(子)는 출생과 동시에 대한민국 국적을 취득한다(국적법 제2조 제1항). 대한민국 국민으로 태어난 아동에 대하여 국가가 출생신고를 받아주지 않거나 절차가 복잡하고 시간도 오래 걸려 출생신고를 받아주지 않는 것과 마찬가지 결과가 발생한다면 이는 아동으로부터 사회적 신분을 취득할 기회를 박탈함으로써 인간으로서의 존엄과 가치, 행복추구권 및 아동의 인격권을 침해하는 것이다(헌법 제10조). 현대사회에서 개인이 국가가 운영하는 제도를 이용하려면 주민등록과 같은 사회적 신분을 갖추어야 하고, 사회적 신분의 취득은 개인에 대한 출생신고에서부터 시작한다. 대한민국 국민으로 태어난 아동은 태어난 즉시 '출생등록될 권리'를 가진다. 이러한 권리는 '법 앞에 인간으로 인정받을 권리'로서 모든 기본권 보장의 전제가 되는 기본권이므로 법률로써도 이를 제한하거나 침해할 수 없다(대판 2020.6.8, 2020스575).

SUMMARY | 가족제도에 관한 판례 정리

1. 친생부인의 소의 제소기간을 출생을 안 날로부터 1년으로 제한한 것(민법 제847조 제1항): 헌법불합치(헌재 1997.3.27, 95헌가14)
2. 동성동본금혼조항(민법 제809조 제1항): 헌법불합치(헌재 1997.7.16, 95헌가6) 05. 국회직, 10. 법행
3. 상속의 단순승인 의제조항(민법 제1026조 제2호): 헌법불합치(헌재 1998.8.27, 96헌가22) 06. 행시
4. 호주제도(민법 제778조 등): 헌법불합치(헌재 2005.2.3, 2001헌가9 등) 05. 국회직, 06. 행시, 10. 지방직
5. 이혼시 재산분할에 대한 증여세 부과규정(상속세법 제29조의2 제1항 제1호): 위헌(헌재 1997.10.30, 96헌바14)
6. 상속회복청구권의 행사기간 제한규정(민법 제999조 제2항): 위헌(헌재 2001.7.19, 99헌바9)
7. 부모의 사망시 인지청구의 소의 제소기간을 사망을 알게 된 때로부터 1년으로 제한한 것(민법 제864조): 합헌(헌재 2001.5.31, 98헌가9) 06. 행시
8. 부성제도: 헌법불합치(헌재 2005.12.22, 2003헌가5 등) 06. 행시, 11. 법원직
9. 중혼취소 청구권자로 직계비속을 포함하지 않은 것: 위헌(헌재 2010.7.29, 2009헌가8) 11. 법원직
10. 1990년 개정 민법 시행 이전 계모자 사이의 법정혈족관계 소멸조항: 합헌(헌재 2011.2.24, 2009헌바89)
11. 8촌 이내의 혈족 사이에서는 혼인할 수 없도록 하는 민법 제809조 제1항: 합헌(헌재 2022.10.27, 2018헌바115)
12. 민법 제809조 제1항을 위반한 혼인을 무효로 하는 민법 제815조 제2호: 헌법불합치(헌재 2022.10.27, 2018헌바115)

해커스경찰
police.Hackers.com

제2편 기본권론

해커스경찰 신동욱
경찰헌법 기본서

제1장 기본권 총론
제2장 인간의 존엄과 가치, 행복추구권, 법 앞의 평등
제3장 자유권적 기본권
제4장 경제적 기본권
제5장 정치적 기본권
제6장 청구권적 기본권
제7장 사회적 기본권
제8장 국민의 기본적 의무

제1장 기본권 총론

제1절 기본권의 의의

인권은 인간이 인간으로서 당연히 누리는 권리를 말하는데, 버지니아 권리장전과 프랑스인권선언에서 '인권'이라고 표현한 것을 독일에서는 '기본권'이라 부르고 있다. 엄밀한 의미에서 인권과 기본권은 동일한 개념이 아니다. 그러나 오늘날 인권은 헌법에 실정화되어 있으며 실정화된 인권을 기본권이라 부른다는 점에서 인권과 기본권을 동일시하여도 무방하다.

제2절 기본권의 성격

01 주관적 공권성

기본권은 개인이 국가를 상대로 자신의 이익을 위하여 국가의 작위나 부작위를 요구할 수 있는 권리라는 의미에서 주관적 공권성이 인정된다.

02 자연권성

1. 학설

(1) 실정권설
① 기본권도 실정헌법에 규정된 이상 실정법상 권리로 보아야 하고, ② 자연권설이 절대군주제하에서는 국가에 대하여 항의적·방어적 의미를 가졌었지만 현대 민주주의국가에서는 치자와 피치자의 동일성의 원리로 인하여 그러한 의미를 상실하였으며, ③ 권리는 실정법을 떠나서는 성립할 수가 없는 것이고, ④ 자유는 전(前) 국가적이라고 하더라도 자유권은 후(後) 국가적인 것이라고 한다.

(2) 자연권설
① 기본권은 본질적으로 인간의 본성에 근거하는 것이고, ② 기본권의 항의적 성격은 오늘날에도 이를 부정할 수 없으며, ③ 모든 국가권력은 기본권 존중이라는 시대정신에 구속되어야 한다는 점을 논거로 한다.

2. 검토

헌법 제10조에서 인간의 존엄과 가치 및 국가의 불가침의 기본적 인권의 확인·보장 의무를 규정하는 점, 헌법 제37조 제1항에서 헌법에 열거되지 아니한 이유로 경시되지 아니한다고 규정하는 점, 헌법 제37조 제2항 후단의 자유와 권리의 본질적 내용침해 금지규정을 해석할 때 자연권설이 타당하다고 본다.

03 기본권의 이중적 성격

1. 의의

'기본권의 이중적 성격'이란 기본권은 주관적으로는 개인을 위한 대국가적 공권이면서 동시에 객관적으로는 전체 법질서의 객관적 원리로서의 성격을 지닌다는 것을 말한다.

2. 인정 여부

(1) 견해의 대립

① **긍정설**: 기본권은 주관적 공권인 동시에 국가권력을 제한하거나 국가권력을 기본권에 적합하도록 의무화시키는 것으로 객관적 가치질서로서의 성격도 동시에 가진다고 한다.

② **부정설**
  ㉠ 부정설은 ⓐ 기본권의 양면성을 규정한 독일 기본법 제1조 제2항과 같은 규정이 없는 우리나라에서는 기본권이 헌법에 규정됨으로써 비로소 객관적 질서가 되는 것이지 기본권 자체가 당연히 객관적 성격을 가지는 것은 아니며, ⓑ 기본권을 통합생활양식인 객관적 질서로 보는 경향은 기본권의 권리성을 약화시키고 기본권과 제도보장의 구별을 불명료하게 할 우려가 있다고 주장한다.
  ㉡ 즉, 권리와 질서의 철저한 이분론적 입장에서 기본권은 언제나 주관적인 권리성만 있을 뿐이라고 한다.

(2) 헌법재판소의 입장(긍정)

헌법재판소는 "국민의 기본권은 국가권력에 의하여 침해되어서는 아니 된다는 의미에서 **소극적 방어권**으로서의 의미를 가지고 있을 뿐만 아니라, 헌법 제10조에서 국가는 개인이 가지는 불가침의 기본적 인권을 확인하고 이를 보장할 의무를 진다고 선언함으로써, 국가는 나아가 적극적으로 국민의 기본권을 보호할 의무를 부담하고 있다는 의미에서 기본권은 국가권력에 대한 객관적 규범 내지 가치질서로서의 의미를 함께 갖는다. 객관적 가치질서로서의 기본권은 입법·사법·행정의 모든 국가기능의 방향을 제시하는 지침으로서 작용하므로, 국가기관에 기본권의 객관적 내용을 실현할 의무를 부여한다."라고 하여 기본권의 이중성을 인정하는 입장에 있다(헌재 1995.6.29, 93헌바45).

기출 OX

01 기본권의 이중성을 인정하지 않으려는 견해는 기본권의 주관적 공권으로서의 성격이 약화될 것을 우려하기 때문이나, 객관적 질서의 요소로서의 성격을 인정하는 취지가 바로 기본권의 주관적 공권으로서의 성격을 강화하자는 데 있으므로 크게 문제될 것은 없다. 11. 국회직 ( )

정답 **01** ○

(3) 검토

① 현대 국가는 개인이 가지는 불가침의 기본적 인권을 적극적으로 확인하고 보장하는 것을 국가의 책무로 하고 있고 또한 기본권침해의 주범이 국가에서 국가 이외의 사인으로 옮겨감에 따라 국가가 적극적으로 이를 보호할 필요성이 증대하였다.

② 국가의 적극적인 기본권보호의무와 사인간 기본권의 효력이 인정되는 것은 이러한 기본권의 이중성에서 도출된다고 볼 수 있으므로, 그 인정 실익이 있고 기본권의 이중성을 긍정함이 타당할 것이다.

기출 OX
01 직업의 선택 혹은 수행의 자유는 주관적 공권의 성격이 두드러진 것이므로 사회적 시장경제질서라고 하는 객관적 법질서의 구성요소가 될 수는 없다. 18. 경찰승진 ( )

> **판례 |**
>
> **1 직업의 자유의 이중적 성격** 12. 국가직
> 직업의 선택 혹은 수행의 자유는 각자 생활의 기본적 수요를 충족시키는 방편이 되고, 또한 개성신장의 바탕이 된다는 점에서 **주관적 공권**의 성격이 두드러진 것이기는 하나, 다른 한편으로는 국민 개개인이 선택한 직업의 수행에 의하여 국가의 사회질서와 경제질서가 형성된다는 점에서 사회적 시장경제질서라고 하는 **객관적 법질서의 구성요소**이기도 하다(헌재 1996.8.29, 94헌마113).
>
> **2 정치적 기본권의 이중적 성격**
> 오늘날 정치적 기본권은 국민이 정치적 의사를 자유롭게 표현하고, 국가의 정치적 의사형성에 참여하는 정치적 활동을 총칭하는 것으로 넓게 인식하고 있다. 정치적 기본권은 기본권의 주체인 개별 국민의 입장에서 보면 **주관적 공권**으로서의 성질을 가지지만, 민주정치를 표방한 민주국가에 있어서는 국민의 정치적 의사를 국정에 반영하기 위한 **객관적 질서로서의 의미**를 아울러 가진다(헌재 2004.3.25, 2001헌마710).

04 기본권의 분류

1. 인간의 권리와 국민의 권리

'인간의 권리'는 모든 인간에게 당연히 인정되는 권리를 말한다. 즉, 내국인만이 아니라 외국인도 향유할 수 있는 초실정법적 권리 또는 자연법적 권리를 말한다. 이에 반하여 '국민의 권리'는 한 나라의 국적을 가진 국민만이 보유할 수 있는 권리로서 외국인에게는 원칙적으로 인정되지 아니하는 권리를 말한다.

> **판례 |**
>
> **1 인간의 존엄과 가치, 행복추구권, 평등권이 인간의 권리인지 여부: 적극 [헌법불합치]**
> 04·11. 법무사, 07. 사시
> 인간의 존엄과 가치, 행복추구권은 대체로 '**인간의 권리**'로서 외국인도 주체가 될 수 있다고 보아야 하고, 평등권도 인간의 권리로서 참정권 등에 대한 성질상의 제한 및 상호주의에 따른 제한이 있을 수 있을 뿐이다(헌재 2001.11.29, 99헌마494).

정답 01 ×

2 생명권이 자연권인지 여부: 적극 [합헌]
인간의 생명은 고귀하고, 이 세상에서 무엇과도 바꿀 수 없는 존엄한 인간존재의 근원이다. 이러한 생명에 대한 권리는 비록 헌법에 명문의 규정이 없다 하더라도 인간의 생존본능과 존재목적에 바탕을 둔 선험적이고 **자연법적인 권리**로서 헌법에 규정된 모든 기본권의 전제로서 기능하는 기본권 중의 기본권이라 할 것이다(헌재 1996.11.28, 95헌바1).

2. 절대적 기본권과 상대적 기본권

(1) 절대적 기본권

① '절대적 기본권'이란 순수한 내심적 자유인 양심형성의 자유와 같이 성질상 제한이 불가능한 기본권을 의미한다. 독일 기본법과 같이 법률에 의한 기본권제한에 있어서 개별적 법률유보의 형식을 취하는 경우 헌법에서 개별적 법률유보를 두지 아니한 특정 기본권을 의미하기도 한다.

② 일반적 법률유보의 형식을 취하는 우리 헌법에 있어서의 절대적 기본권이란 전자를 의미하고, 따라서 우리 헌법상 절대적 기본권이란 어떠한 경우에도 또 어떠한 이유로도 제한하거나 침해할 수 없는 기본권을 말한다.

③ 우리 헌법상 절대적 기본권으로 인정할 수 있는 것으로는 내심의 자유로서 신앙의 자유, 06.행시 양심형성 및 결정의 자유 등이 있다.

(2) 상대적 기본권

'상대적 기본권'이란 질서유지·공공복리와 같이 일정한 요건하에서 제한할 수 있는 기본권을 말한다.

> **판례 | 내심적 자유가 절대적 자유인지 여부: 적극** 03·04.법행, 06.국가직
>
> 헌법 제19조가 보호하고 있는 양심의 자유는 양심형성의 자유와 양심적 결정의 자유를 포함하는 내심적 자유(forum internum)뿐만 아니라, 양심적 결정을 외부로 표현하고 실현할 수 있는 양심실현의 자유(forum externum)를 포함한다고 할 수 있다. 내심적 자유, 즉 양심형성의 자유와 양심적 결정의 자유는 내심에 머무르는 한 **절대적 자유**라고 할 수 있지만, 양심실현의 자유는 타인의 기본권이나 다른 헌법적 질서와 저촉되는 경우 헌법 제37조 제2항에 따라 국가안전보장·질서유지 또는 공공복리를 위하여 법률에 의하여 제한될 수 있는 **상대적 자유**라고 할 수 있다(헌재 1998.7.16, 96헌바35).

기출 OX
02 양심형성의 자유와 양심적 결정의 자유는 내심에 머무르는 한 절대적 자유라고 할 수 있지만, 양심실현의 자유는 상대적 자유라고 할 수 있다.
20. 5급 공채 ( )

3. 구체적 기본권과 추상적 기본권

'구체적 기본권'이란 모든 국가권력을 직접 구속하는 효력을 가진 기본권을 말한다. 이에 반하여 '추상적 기본권'이란 법률에 의하여 비로소 구체적·현실적 권리가 되는 기본권을 말한다.

정답 02 ○

기출 OX

01 사회권(생존권)적 기본권은 헌법에 명문으로 규정된 구체적 권리로서 헌법소원 등을 통하여 그 권리를 실현할 수 있다. 09. 법원직 ( )

02 알 권리의 실현은 법률의 제정 없이도 헌법 제21조에 의하여 직접 보장될 수 있다. 03. 법행 ( )

> **판례 |**
>
> **1 인간다운 생활을 할 권리로부터 구체적 권리가 도출될 수 있는지 여부: 적극** 01. 법무사, 08·12. 사시
>
> 인간다운 생활을 할 권리로부터는 인간의 존엄에 상응하는 생활에 필요한 **최소한의 물질적인 생활의 유지에 필요한 급부를 요구할 수 있는 구체적인 권리가 상황에 따라서는 직접 도출될 수 있다**고 할 수는 있어도 동 기본권이 직접 그 이상의 급부를 내용으로 하는 구체적인 권리를 발생하게 한다고는 볼 수 없다고 할 것이다. 이러한 구체적 권리는 국가가 재정형편 등 여러 가지 상황들을 종합적으로 감안하여 법률을 통하여 구체화할 때에 비로소 인정되는 **법률적 권리**라고 할 것이다(헌재 1995. 7.21, 93헌가14).
>
> ▶ 헌법소원 등으로 권리를 실현할 수 있는 헌법적 권리가 아니다.
>
> **2 알 권리를 실현하기 위하여 법률제정에 의한 구체화가 필요한지 여부: 소극** 03·05. 법행
>
> '알 권리'의 생성기반을 살펴볼 때 이 권리의 핵심은 정부가 보유하고 있는 정보에 대한 국민의 '알 권리', 즉 국민의 정부에 대한 일반적 정보공개를 구할 권리(청구권적 기본권)라고 할 것이다. 이러한 알 권리의 실현은 법률의 제정이 뒤따라 이를 구체화시키는 것이 충실하고도 바람직하지만, 그러한 법률이 제정되어 있지 않다고 하더라도 불가능한 것은 아니고 **헌법 제21조에 의하여 직접 보장될 수 있다**고 하는 것이 헌법재판소의 확립된 판례인 것이다(헌재 1991.5.13, 90헌마133).
>
> **3 헌법상 환경권규정을 근거로 구체적인 사법상의 권리가 인정되는지 여부: 소극** 03. 법무사, 05. 사시, 06. 법행
>
> 헌법상 기본권으로서의 환경권에 관한 규정만으로서는 그 보호대상인 환경의 내용과 범위, 권리의 주체가 되는 권리자의 범위 등이 명확하지 못하여 이 규정이 개개의 국민에게 **직접 구체적인 사법상의 권리를 부여한 것이라고 보기는 어렵고**, 사법적 권리인 환경권을 인정하면 그 상대방의 활동의 자유와 권리를 불가피하게 제약할 수밖에 없으므로, 사법상 권리로서의 환경권이 인정되려면 그에 관한 명문의 법률규정이 있거나 관계 법령의 규정취지나 조리에 비추어 권리의 주체·대상·내용·행사방법 등이 구체적으로 정립될 수 있어야 한다(대결 1995.5.23, 94마2218).

제3절 기본권의 주체

01 자연인

1. 국민의 기본권주체성

대한민국의 국민은 누구나 기본권의 주체가 될 수 있다. 다만, 기본권의 주체성은 기본권보유능력과 기본권행사능력으로 나뉜다.

정답 01 × 02 ○

(1) 기본권보유능력
① 기본권을 보유할 수 있는 기본권귀속능력을 말하는데, **민법의 권리능력과 일치하는 것은 아니다**(예 태아 등).
② 기본권보유능력은 국민이면 누구나 가지는 것으로, 이때의 국민에는 미성년자, 심신상실자, 수형자 등도 포함된다.

(2) 기본권행사능력
① 기본권의 주체가 자신의 기본권을 현실적으로 행사할 수 있는 자격 또는 능력을 말한다. 헌법 또는 법률의 규정에 따라 달라지며, **민법의 행위능력과 일치하지 않는다**(예 피선거권 등).
② 기본권의 행사능력은 헌법에 명문의 규정이 없는 경우 법률로써 제한할 수 있으나, 이때에도 과잉금지의 원칙을 준수하여야 한다.

기출 OX
03 기본권보유능력은 민법상의 권리능력과 일치하지 않는다. 20. 경찰경채 ( )

04 입법자가 선거 연령을 제한하는 것은 기본권의 보유능력을 제한하는 것이라 할 수 있다. 20. 경찰경채 ( )

05 기본권능력을 가진 사람은 모두 기본권주체가 되지만, 기본권주체가 모두 기본권의 행사능력을 가지는 것은 아니다. 20. 경찰승진 ( )

판례 I

1 태아가 생명권의 주체인지 여부: 적극 [합헌] 08. 법행, 10. 사시

인간의 생명은 고귀하고, 이 세상에서 무엇과도 바꿀 수 없는 존엄한 인간존재의 근원이다. 이러한 생명에 대한 권리, 즉 생명권은 비록 헌법에 명문의 규정이 없다 하더라도 인간의 생존본능과 존재목적에 바탕을 둔 선험적이고 자연법적인 권리로서 헌법에 규정된 모든 기본권의 전제로서 기능하는 기본권 중의 기본권이다(헌재 1996.11. 28, 95헌바1). 모든 인간은 헌법상 생명권의 주체가 되며, 형성 중의 생명인 태아에게도 생명에 대한 권리가 인정되어야 한다. 따라서 태아도 헌법상 생명권의 주체가 되며, 국가는 헌법 제10조에 따라 태아의 생명을 보호할 의무가 있다(헌재 2008.7.31, 2004헌바81).

2 배아가 기본권의 주체인지 여부: 소극 [각하] 10. 국회직, 11. 사시, 15. 서울시, 16. 지방직

청구인은 생명윤리 및 안전에 관한 법률(이하 '생명윤리법'이라 한다)상의 '배아'(생명윤리법 제2조 제2호)에 해당하며, 그중에서도 수정 후 14일이 경과하여 원시선이 나타나기 전의 수정란상태인 초기배아들이다.
청구인이 수정이 된 배아라는 점에서 형성 중인 생명의 첫걸음을 떼었다고 볼 여지가 있기는 하나, 아직 모체에 착상되거나 원시선이 나타나지 않은 이상 현재의 자연과학적 인식수준에서 독립된 인간과 배아간의 개체적 연속성을 확정하기 어렵다고 봄이 일반적이라는 점, 배아의 경우 현재의 과학기술수준에서 모태 속에서 수용될 때 비로소 독립적인 인간으로의 성장가능성을 기대할 수 있다는 점, 수정 후 착상 전의 배아가 인간으로 인식된다거나 그와 같이 취급하여야 할 필요성이 있다는 사회적 승인이 존재한다고 보기 어려운 점 등을 종합적으로 고려할 때, 초기배아에 대한 국가의 보호필요성이 있음은 별론으로 하고, 청구인의 기본권주체성을 인정하기 어렵다. 그렇다면 청구인은 기본권의 주체가 될 수 없으므로 헌법소원을 제기할 수 있는 청구인적격이 없다(헌재 2010.5.27, 2005헌마346).

06 아직 모체에 착상되거나 원시선이 나타나지 않은 초기배아라 하더라도 수정이 된 배아라는 점에서 형성 중인 생명의 첫걸음을 떼었다고 볼 여지가 있으므로, 생명권의 주체성이 긍정된다. 19. 경찰경채 ( )

07 초기배아는 형성 중인 생명에 해당하지만, 일반적으로 독립된 인간과의 개체적 연속성을 확정하기 어렵다는 점 등에서 생명권의 주체가 될 수 없다. 20. 경찰경채 ( )

정답 **03** ○ **04** × **05** ○ **06** ×
07 ○

2. 외국인의 기본권주체성

(1) 학설

① 부정설
  ㉠ **법실증주의**: 기본권을 '법률 속의 자유'로 파악하여 기본권의 주체는 법적 생활공동체의 구성원인 국민에 한한다고 한다.
  ㉡ **스멘트의 통합주의**: 기본권을 사회공동체가 통합되어 가기 위한 당위론적 가치질서로 파악하기 때문에 외국인의 기본권주체성을 원칙적으로 인정하지 않는다고 한다.

② **긍정설(슈미트적 기본권관)**: 외국인도 인간으로서 당연히 인간의 천부적이고 전국가적인 인권의 주체가 된다고 한다. 그러나 참정권과 사회적 기본권 등은 천부적 인권이 아니므로 외국인에게는 원칙적으로 인정되지 않는다고 한다.

(2) 검토

성질상 인간의 권리로 볼 수 있는 것은 헌법에 명문의 규정 유무와 상관없이 외국인에게도 보장되어야 하고, 그 밖의 기본권은 상호주의에 따라야 할 것이다[기본권성질설(통설)].

(3) 외국인에게 인정되는 기본권

① **인간으로서의 존엄과 가치 및 행복추구권**: 모든 인간은 인간으로의 존엄과 가치를 가지므로 외국인도 주체가 된다. 그리고 생명권도 인간의 권리이므로 당연히 보장된다. 헌법재판소도 "인간의 존엄과 가치, 행복추구권은 대체로 인간의 권리로서 외국인도 주체가 될 수 있다고 보아야 한다."라고 판시하였다(헌재 2001.11.29, 99헌마494). 04·11. 법무사, 07. 사시

② **평등권**: 외국인에게 인정되는 기본권의 영역에서 차별이 발생한 경우에는 평등권의 주체성을 인정할 수 있다. 즉, 성질상 인간의 권리이거나 상호주의에 따라 외국인에게 인정되는 기본권에 대한 차별적 제한이 가해지는 경우에 외국인은 평등권침해를 주장할 수 있는 것이다. 헌법재판소는 "평등권도 인간의 권리로서 참정권 등에 대한 성질상의 제한 및 상호주의에 따른 제한이 있을 수 있을 뿐이다."라고 판시하여 인정하고 있다(헌재 2001.11.29, 99헌마494). 04. 법무사, 12. 법행

③ 자유권적 기본권
  ㉠ **전통적 자유권**: 대부분이 인간의 권리를 의미하므로 외국인에게도 원칙적으로 인정된다. 다만, 거주·이전의 자유, 언론·출판의 자유, 집회·결사의 자유 등은 국가의 안전 등을 이유로 제한이 가능하다. 출입국의 경우 외국인의 입국허가 여부는 당해 국가의 재량사항이므로 외국인에게는 원칙상 입국의 자유가 허용되지 않는다. 그러나 일단 입국한 외국인에게는 출국의 자유가 보장된다. 04. 법무사
  ㉡ **망명권**: 망명권(정치적 비호청구권)이란 자국 또는 체류국가에서 정치적·종교적·사회적·인종적인 이유로 박해를 받았을 때, 혹은 박해를 받을 염려가 있을 때 피난처를 타 국가에 구할 권리를 말한다. 우리나라도 2013년 7월 1일부터 난민법이 제정·시행되어 난민인정자, 인도적 체류자 및 난민신청자는 국제법에 따라 본인의 의사에 반하여 강제로 송환되지 않으며, 난민인정을 받으려는 사람은 법무부장관에게 난민인정신청을 하여야 하고, 난민신청자는 난민인정 여부에 관한 결정이 확정될 때까지 대한민국에 체

기출 OX

01 외국인은 기본권의 성질상 제한 및 상호주의에 따른 제한이 없다면 기본권의 주체로서 헌법소원을 제기할 수 있다. 12. 법행 ( )

02 평등권은 외국인에게는 보장되지 않는다. 04. 법무사 ( )

03 외국인의 입국허가 여부는 당해 국가의 자유재량사항이지만 일단 입국을 허가받은 외국인에게는 출국의 자유가 보장된다. 04. 법무사 ( )

정답 01 ○ 02 × 03 ○

류할 수 있다. 04.사시 난민인정자는 난민협약에 따른 처우를 받으며, 대한민국 국민과 같은 수준의 사회보장을 받고, 국민기초생활 보장법에 따른 보호를 받을 수 있으며, 난민인정자나 그 자녀가 미성년자인 경우에는 국민과 동일하게 초·중등교육을 받고, 외국에서 이수한 학력 및 외국에서 취득한 자격을 인정받을 수 있다.

④ **경제적 기본권**: 외국인은 직업선택의 자유와 토지소유권·광업권 등 재산권은 내국인에 비하여 제한을 받는 경우가 있다. 판례는 직업의 자유를 인간의 권리가 아닌 국민의 권리로 보지만(헌재 2014.8.28, 2013헌마359), 직업의 자유 중 직장선택의 자유는 인간의 존엄과 가치 및 행복추구권과도 밀접한 관련을 가지는 만큼 단순히 국민의 권리가 아닌 인간의 권리로 보아야 할 것이므로 외국인도 제한적으로라도 직장선택의 자유를 향유할 수 있다고 본다(헌재 2011.9.29, 2007헌마1083 등). 외국인토지법 제3조는 상호주의에 입각하여 외국인의 대한민국 안의 토지의 취득 또는 양도를 금지 또는 제한할 수 있다고 규정하고 있다. 또한 소비자의 권리는 외국인에게도 보장된다. 04.법무사

⑤ **정치적 기본권**: 선거권, 피선거권, 공무담임권 등 정치적 기본권은 국민의 권리를 의미하므로 원칙적으로 외국인에게는 인정되지 아니한다. 04.법무사 다만, 지방의원선거권 및 지방자치단체장선거권 그리고 주민투표권은 일정한 요건을 충족한 외국인에게 인정하고 있다. 이때 외국인의 지방선거권은 '헌법상의 기본권'이 아니고 입법정책에 의하여 부여된 '법률상의 권리'에 해당함을 주의하여야 한다. 또한 '피선거권'은 인정하고 있지 않다. 11.사시

⑥ **청구권적 기본권**: 일정한 기본권의 보장과 결부된 청구권적 기본권(예 청원권, 재판청구권, 형사보상청구권)은 외국인에게도 인정된다. 그러나 청구권 중 범죄피해자국가구조청구권과 국가배상청구권은 상호보증이 있는 경우에만 인정된다.

⑦ **사회적 기본권**: 사회적 기본권은 자국민의 인간다운 생활을 보장하기 위한 기본권이므로 외국인에게는 원칙적으로 인정되지 않는다. 다만, 환경권 및 건강권 등은 인간의 권리로서의 성격도 가지고 있으므로 제한된 범위 내에서 외국인에게도 인정된다(권영성). 사회보장을 받을 권리는 상호주의에 따라 권리가 인정될 수 있다(사회보장기본법 제8조). 헌법재판소는 근로의 권리와 관련하여 "근로의 권리의 구체적인 내용에 따라 국가에 대하여 고용증진을 위한 사회적·경제적 정책을 요구할 수 있는 권리는 사회권적 기본권으로서 국민에 대하여만 인정하여야 하지만, 자본주의경제질서하에서 근로자가 기본적 생활수단을 확보하고 인간의 존엄성을 보장받기 위하여 최소한의 근로조건을 요구할 수 있는 권리는 자유권적 기본권의 성격도 아울러 가지므로 이러한 경우 외국인근로자에게도 그 기본권주체성을 인정함이 타당하다."라고 판시하여 외국인 근로의 권리의 주체성을 부분적으로 인정하고 있다(헌재 2007.8.30, 2004헌마670). 10.국회직, 11.사시, 16.지방직

기출 OX

04 출입국관리법에 따른 영주의 체류자격 취득일 후 3년이 경과한 19세 이상의 외국인에게는 지방자치단체 의회의원 및 장의 선거권이 부여되어 헌법상의 정치적 기본권이 인정된다. 16.경찰승진 ( )

외국인의 선거권
- 대통령선거권 및 국회의원선거권 ⇨ 불인정
- 지방의원선거권 및 지방자치단체장선거권 ⇨ 인정(일정한 요건을 충족할 경우)

05 근로의 권리는 국민의 권리이므로 외국인은 그 주체가 될 수 없는 것이 원칙이나, 근로의 권리 중 일할 환경에 관한 권리에 대해서는 외국인의 기본권주체성을 인정할 수 있다. 20.경찰승진 ( )

정답 04 ✕ 05 ○

기출 OX

01 불법체류 중인 외국인이라 하더라도, 침해받았다고 주장하는 기본권이 주거의 자유, 재판청구권이라면 두 기본권은 그 성질상 인간의 권리에 해당하므로 기본권주체성이 인정된다.
17. 경찰승진 ( )

> **판례 |**
>
> **1 외국인이 헌법소원을 청구할 수 있는지 여부: 적극**
> 헌법재판소법 제68조 제1항 소정의 헌법소원은 기본권의 주체이어야만 청구할 수 있는데, 단순히 '국민의 권리'가 아니라 '인간의 권리'로 볼 수 있는 기본권에 대해서는 외국인도 기본권의 주체가 될 수 있다(헌재 2001.11.29, 99헌마494).
>
> **2 불법체류 중인 외국인이 기본권주체가 될 수 있는지 여부: 적극 [기각]**
> 불법체류 중인 외국인들이라 하더라도 불법체류라는 것은 관련 법령에 의하여 체류자격이 인정되지 않는다는 것일 뿐이므로, '인간의 권리'로서 외국인에게도 주체성이 인정되는 일정한 기본권에 관하여 불법체류 여부에 따라 그 인정 여부가 달라지는 것은 아니다. 청구인들이 침해받았다고 주장하고 있는 **신체의 자유, 주거의 자유, 변호인의 조력을 받을 권리, 재판청구권** 등은 성질상 **인간의 권리**에 해당한다고 볼 수 있으므로, 위 기본권들에 관하여는 청구인들의 기본권주체성이 인정된다(헌재 2012.8.23, 2008헌마430).
>
> **3 외국인의 근로의 권리주체성: 부분적으로 인정**
> 기본적 생활수단을 확보하고 인간의 존엄성을 보장받기 위하여 '최소한의 근로조건'을 요구할 수 있는 자유권적 기본권의 성격도 있으므로 외국인 근로자에게도 주체성을 인정함이 타당하다(헌재 2007.8.30, 2004헌마670).

02 법인

1. 학설

(1) 주체성 부정설
① **제1설(인권의 역사)**: 역사적으로 인권은 자연인을 전제로 성립된 관념이므로 자연인이 아닌 법인은 기본권의 주체가 될 수 없다고 한다.
② **제2설(법인의제설)**: 법인의 활동은 결국 자연인의 활동으로 환원되는 것이므로, 자연인의 기본권을 보장하는 것으로 충분하고 법인까지 기본권주체성을 인정할 필요는 없다고 한다.
③ **제3설(슈미트적 기본권관)**: 기본권은 초국가적 자연법적 성격을 가지는 것으로, 실정법질서에 의하여 비로소 인격이 창설되는 법인은 기본권의 주체가 될 수 없다고 한다.

(2) 주체성 긍정설
① **제1설(법인실재설)**: 법인은 자연인으로 구성되어 있으나 자연인과는 별개의 실체를 가지고 있고 법인은 현대 사회의 구성요소가 되고 있으므로 법인도 독자적인 기본권주체가 될 수 있다고 한다.
② **제2설(법실증주의)**: 자연인과 법인 모두 규범적 규율의 대상이 되는 것이므로, 자연인과 마찬가지로 법에 의하기만 하면 법인도 기본권주체성을 인정할 수 있다고 한다. 그러나 법실증주의의 사상적 세계에서는 공권력의 주체인 공법인은 기본권의 주체가 될 수 없다고 한다.

정답 **01** ○

2. 헌법재판소

우리 헌법은 법인의 기본권향유능력을 인정하는 명문의 규정을 두고 있지 않지만, 본래 자연인에게 적용되는 기본권규정이라도 언론·출판의 자유, 재산권의 보장 등과 같이 성질상 법인이 누릴 수 있는 기본권은 당연히 법인에도 적용하여야 할 것으로 본다(헌재 1991.6.3, 90헌마56). 법인에 기본권주체성을 인정할 경우 그 인정범위가 문제되는데, 자연인의 경우와 비교하여 자연인의 육체적 특성에서 유래하는 기본권(예 신체의 자유, 형사보상청구권 등)이나 심리적·정신적 특성에서 유래하는 기본권(예 신앙의 자유, 양심의 자유 등)과 같이 그 성질상 법인에 인정될 수 없는 기본권을 제외한 나머지 기본권 중에서 법인의 기능·목적·활동의 유형에 비추어 개별적·구체적으로 판단하여야 할 것이다.

3. 유형별 기본권주체성

(1) 권리능력(법인격) 없는 단체

법인 아닌 사단·재단이라고 하더라도 **대표자**의 정함이 있고 **독립**된 사회적 조직체로서 활동하는 때에는 성질상 법인이 누릴 수 있는 기본권을 침해당하게 되면 그의 이름으로 헌법소원심판을 청구할 수 있다(헌재 1991.6.3, 90헌마56). 11·12.법행

(2) 재단법인

법인도 사단법인·재단법인 또는 영리법인·비영리법인을 가리지 아니하고 … 헌법상 보장된 기본권이 침해되었음을 이유로 헌법소원심판을 청구할 수 있다(헌재 1991.6.3, 90헌마56).

기출 OX

02 법인 아닌 사단·재단이 대표자의 정함이 있고 독립된 사회적 조직체로서 활동하는 중에 성질상 법인이 누릴 수 있는 기본권을 침해당한 경우, 그의 이름으로 제기된 헌법소원심판의 청구는 적법하다. 11.지방직 ( )

SUMMARY | 법인의 개별 기본권 인정 여부

기본권	인정 여부	기본권	인정 여부
인간의 존엄과 가치, 행복추구권	× (인격권주체성은 인정)	언론·출판의 자유	○
평등권	○ (성질상 제한 있음)	학문의 자유	○
사생활의 비밀과 자유	×	예술의 자유	○
주거의 자유	×	정치적 기본권	×
거주·이전의 자유	○	재산권	○
통신의 자유	○	직업의 자유	○
종교의 자유	× (종교법인, 종교단체 예외)	재판청구권	○
집회의 자유	○	인간다운 생활을 할 권리	×
결사의 자유	○	환경권	× (환경보전의무는 있음)

정답 02 ○

기출 OX

01 양심의 자유의 주체는 자연인이므로, 법인에 대한 사죄광고제도는 양심의 자유의 제약에 해당하지 않는다. 18. 법원직 ( )

02 언론·출판의 자유, 재산권의 보장 등과 같이 그 성질상 법인이 향유할 수 있는 기본권은 당연히 법인에게도 적용하여야 한다. 09. 지방직 ( )

03 법인의 경우 참정권과 직업선택의 자유, 평등권이 인정될 수 있으나, 인격권은 인정될 여지가 없다. 05. 법행 ( )

04 공법상 법인에 대하여 기본권주체성을 인정할 경우 기본권의 반전을 초래할 우려가 있기 때문에 공법인은 원칙적으로 기본권주체성이 부인된다. 15. 서울시 ( )

05 헌법재판소는 공법인의 기본권주체성을 일관되게 부인하고 있다. 09. 국회직 9급 ( )

정답 01 × 02 ○ 03 × 04 ○ 05 ×

✅ SUMMARY | 개별 기본권과 법인의 기본권주체성

인간의 존엄과 가치, 행복추구권	• 헌법 제10조의 인간으로서의 존엄과 가치, 행복을 추구할 권리는 그 성질상 자연인에게 인정되는 기본권이라고 할 것이어서 법인에는 적용되지 않는다(헌재 2006.12.28, 2004헌바67). • 사죄광고사건에서 인격권주체성은 인정하였다는 점을 주의하여야 한다(헌재 1991.4.1, 89헌마160). 05·06. 법행
평등권	평등권은 법인에도 인정된다. 성질상 자연인에게만 인정되는 기본권 등은 제한될 수 있다.
사생활의 비밀과 자유	원칙적으로 자연인만이 주체가 된다고 본다(다수설).
주거의 자유	사생활이 전개되는 공간적 영역을 보호하는 것이므로 성질상 법인 등 단체에는 인정되지 않는다고 본다(다수설). 05. 행시
거주·이전의 자유	거주·이전의 자유는 경제적 활동의 수단이기도 하므로 법인에도 인정된다고 본다. 기업의 경우 영업을 위하여 영업소를 선정하고 이전할 수 있어야 하기 때문이다.
통신의 자유	통신의 자유는 성질상 법인단체도 주체가 될 수 있다. 03. 법행
종교의 자유	종교법인이나 종교단체에도 종교활동의 자유나 종교행사의 자유가 인정된다. 그러나 종교의 자유 중에서 신앙의 자유는 인간의 내심적 자유이므로 법인은 인정될 수 없다.
집회의 자유	법인이 그 기관을 통하여 사실상 집회의 자유를 행사하는 때에는 그 법적 효력이 법인 자체에 미치므로 법인도 집회의 자유의 주체가 된다고 본다(다수설).
결사의 자유	법인 등 결사체도 그 조직과 의사형성에 있어서 그리고 업무수행에 있어서 자기결정권을 가지므로 결사의 자유의 주체가 된다(헌재 2000.6.1, 99헌마553).
언론·출판의 자유	언론·출판 등 표현의 자유는 법인에도 인정된다. 방송사·신문사·출판사 등 법인도 방송·보도·출판의 자유 등의 주체가 된다.
학문의 자유	대학 그 밖의 연구단체도 학문의 자유의 주체가 될 수 있다. 헌법재판소도 서울대, 세무대학의 학문의 자유주체성을 인정하고 있다.
예술의 자유	법인이나 단체도 예술의 자유의 주체가 된다.
정치적 기본권	정치적 기본권(예 선거권, 피선거권 등)은 자연인인 국민의 권리이며, 일신전속적인 권리이다. 따라서 법인은 주체가 될 수 없다. 05. 법행·법무사
재산권	법인도 재산권의 주체가 된다.
직업의 자유	법인은 직업수행의 자유, 즉 영업의 자유의 주체가 될 수 있다(헌재 1996.3.28, 94헌바42).
재판청구권	재판청구권은 수단적 권리이므로 자연인·법인 모두가 향유할 수 있는 기본권이다. 05. 행시
인간다운 생활을 할 권리	자연인인 국민의 권리이므로 법인은 주체가 될 수 없다.
환경권	성질상 인간의 권리이므로 법인은 주체가 될 수 없다. 다만, 법인도 환경보전의무는 있다고 본다.

(3) 공법인(헌법재판소의 입장)

① **원칙적 부정**: 헌법재판소법 제68조 제1항은 "공권력의 행사 또는 불행사로 인하여 기본권을 침해받은 자는 헌법소원의 심판을 청구할 수 있다."라고 규정하고 있다. 여기서 기본권을 침해받은 자만이 헌법소원을 청구할 수 있다는 것은 곧 기본권의 주체여야만 헌법소원을 청구할 수 있고, 기본권의 주체가 아닌 자는 헌법소원을 청구할 수 없다는 것을 의미하는 것이다. 기본권보장규정인 헌법 제2장의 제목이 '국민의 권리와 의무'이고 그 제10조 내지 제39조에서 "모든

국민은 … 권리를 가진다."라고 규정하고 있으므로 **국민**(또는 국민과 유사한 지위에 있는 외국인과 사법인)**만이 기본권의 주체**라 할 것이다. 15. 서울시

- ⊙ **농지개량조합**: 농지개량조합은 농지소유자의 조합가입이 강제되는 점, 조합원의 출자에 의하여 조합재산이 형성되는 것이 아니라 국가 등이 설치한 농업생산기반시설을 그대로 인수하는 점, 조합의 합병·분할·해산은 법정 사유로 제한되어 있는 점, 조합원은 그 자격을 상실하지 않는 한 조합에서 임의탈퇴할 수 없는 점 등 농지개량조합의 조직, 재산의 형성·유지 및 그 목적과 활동 전반에 나타나는 매우 짙은 공적인 성격을 고려하건대, 이를 공법인이라고 봄이 상당하므로 헌법소원의 청구인적격을 인정할 수 없다(헌재 2000.11.30, 99헌마190). 11. 법행
- ⓒ **교육위원**: 교육위원인 청구인들은 기본권의 주체가 아니라 공법인인 지방자치단체의 합의체기관인 교육위원회의 구성원으로서 '공법상 권한'을 행사하는 공권력의 주체일 뿐이다(헌재 1995.9.28, 92헌마23).
- ⓒ **지방의회**: 공법인인 지방자치단체의 의결기관인 청구인 의회는 기본권의 주체가 될 수 없고 따라서 헌법소원을 제기할 수 있는 적격이 없다(헌재 1998.3.26, 96헌마345).
- ⓔ **국회노동위원회**: 국가나 국가기관 또는 국가조직의 일부나 공법인은 기본권의 **수범자**(Adressat)이지 기본권의 주체로서 그 소지자(Träger)가 아니고 오히려 국민의 기본권을 보호 내지 실현하여야 할 **책임과 의무를 지니고 있는 지위**에 있을 뿐이므로, 국가기관인 국회의 일부조직인 국회의 노동위원회는 기본권의 주체가 될 수 없고 따라서 헌법소원을 제기할 수 있는 적격이 없다(헌재 1994.12.29, 93헌마120). 04. 국회직, 08. 법무사, 11. 법행
- ⓜ **직장의료보험조합 및 공단**: 의료보험법상의 조합은 국가에 의하여 설립되어 공권력을 행사할 수 있는 권한을 부여받아 위임받은 국가행정의 과제를 국가의 감독하에서 이행하는 법인이므로 공법상의 사단법인에 해당한다. 법에 의하여 신설되는 공단도 마찬가지로 공법인이다(헌재 2000.6.29, 99헌마289).

② **예외적 긍정**: 공법인도 예외적으로 기본권에 의하여 보호되는 생활영역에 속해 있으며, 자연인의 기본권을 실현하는 데 기여하고 있을 뿐 아니라 **조직법상 국가로부터 독립되어 고유한 업무영역을 가지고 있는 경우**에는 기본권주체성이 인정된다. 헌법재판소 역시 공법상 영조물에 해당하는 서울대학교와 공법인에 해당하는 세무대학에 대하여 학문의 자유와 대학의 자율권의 주체성을 인정한 바 있다.

- ⊙ **서울대학교 입시요강사건**: 현재 고등학교에서 일본어를 외국어 선택과목으로 배우고 있는 학생들 중 94학년도에 대학진학 예정인 2학년생과 95학년도에 대학진학 예정인 1학년생은 그들이 서울대학교 인문계열 진학을 희망할 경우 일본어를 선택과목으로 시험을 치를 수 없게 되어 고등학교에서 독일어, 프랑스어, 에스파냐어, 중국어 중 하나를 외국어 선택과목으로 배우고 있는 학생들보다 불리한 입장에 놓이게 되었다고 주장할 수도 있을 것이다. 그러나 이러한 불이익은 **서울대학교가 학문의 자유와 대학의 자율권이라고 하는 기본권의 주체**로서 자신의 주체적인 학문적 가치판단에 따른, 법률이 허용하는 범위 내에서의 적법한 자율권행사의 결과 초래된 반사적 불이익이어서 부득이한 일이다. 대학인에게 보장된 학문의 자유(강학의 자유)나 대학의 자율권도 교육의 기회균등 못지 않게 중요하고 청구인들과 서울

기출 OX

06 국회의 노동위원회도 기본권의 주체가 될 수 있고, 따라서 헌법소원을 제기할 수 있는 적격이 있다. 06. 법무사
( )

07 헌법재판소는 국립대학교는 공권력의 행사자이므로 기본권의 주체가 될 수 없다고 판시하였다. 05. 법무사
( )

정답 06 × 07 ×

대학교의 관계는 기본권주체와 공권력주체의 관계뿐만 아니라 아울러 **기본권주체 상호간의 관계**이기도 하기 때문이다(헌재 1992.10.1, 92헌마6·68). 04. 법무사, 05. 법행, 06. 행시

ⓛ **세무대학 폐지사건**: 국립대학인 세무대학은 공법인으로서 사립대학과 마찬가지로 대학의 자율권이라는 기본권의 보호를 받으므로, 세무대학은 국가의 간섭 없이 인사, 학사, 시설, 재정 등 대학과 관련된 사항들을 자주적으로 결정하고 운영할 자유를 갖는다. 그러나 **대학의 자율성은 그 보호영역이 원칙적으로 당해 대학 자체의 계속적 존립에까지 미치는 것은 아니다.** 즉, 이러한 자율성은 법률의 목적에 의해서 세무대학이 수행하여야 할 과제의 범위 내에서만 인정되는 것으로서 세무대학의 설립과 폐교가 국가의 합리적인 고도의 정책적 결단 그 자체에 의존하고 있는 이상 세무대학의 계속적 존립과 과제수행을 자율성의 한 내용으로 요구할 수는 없다고 할 것이다. 따라서 이 사건 폐지법에 의해서 세무대학을 폐교한다고 해서 세무대학의 자율성이 침해되는 것은 아니다(헌재 2001.2.22, 99헌마613).

ⓒ **축협중앙회사건**: 헌법상 기본권의 주체가 될 수 있는 법인은 원칙적으로 사법인에 한하는 것이고 공법인은 헌법의 수범자이지 기본권의 주체가 될 수 없다. 축협중앙회는 지역별·업종별 축협과 비교할 때 회원의 임의탈퇴나 임의해산이 불가능한 점 등 그 공법인성이 상대적으로 크다고 할 것이지만, 이로써 공법인이라고 단정할 수는 없을 것이고, 이 역시 그 존립목적 및 설립형식에서의 자주적 성격에 비추어 사법인적 성격을 부인할 수 없으므로, **축협중앙회는 공법인성과 사법인성을 겸유한 특수한 법인으로서 이 사건에서 기본권의 주체가 될 수 있다**(헌재 2000.6.1, 99헌마553).

ⓔ **대통령의 헌법소원사건**: 대통령도 국민의 한사람으로서 제한적으로나마 기본권의 주체가 될 수 있는바, **대통령은 소속 정당을 위하여 정당활동을 할 수 있는 사인으로서의 지위와 국민 모두에 대한 봉사자로서 공익실현의 의무가 있는 헌법기관으로서의 지위를 동시에 가지는데, 최소한 전자의 지위와 관련하여 기본권주체성을 갖는다**고 할 수 있다(헌재 2008.1.17, 2007헌마700).
11. 법무사, 12. 법행, 16. 지방직, 18. 국가직, 19. 서울시

기출 OX

01 대통령은 자연인으로서 개인의 지위와 국민 모두에 대한 봉사자로서 헌법기관으로서의 지위를 동시에 갖지만, 대통령으로서 재임하는 동안은 정치적 활동에 관한 한 기본권의 주체가 될 수 없다. 10. 국가직 ( )

02 법인도 법인의 목적과 사회적 기능에 비추어 볼 때 그 성질에 반하지 않는 범위 내에서 인격권의 내용인 사회적 신용이나 명예 등의 주체가 될 수 있다. 20. 경찰승진 ( )

03 평등권 및 평등선거의 원칙으로부터 나오는 기회균등의 원칙은 후보자는 물론 정당에 대해서도 보장된다. 18. 경찰승진 ( )

판례 |

1 법인이 인격권의 주체가 될 수 있는지 여부: 적극 05. 법행, 05·06. 행시, 16. 지방직
사죄광고과정에서는 **자연인이든 법인이든** 인격의 자유로운 발현을 위하여 보호받아야 할 인격권이 무시되고 국가에 의한 인격의 외형적 변형이 초래되어 인격형성에 분열이 필연적으로 수반되게 된다. 이러한 의미에서 사죄광고제도는 헌법에서 보장된 인간의 존엄과 가치 및 그를 바탕으로 하는 인격권에도 큰 위해가 된다(헌재 1991.4.1, 89헌마160).

2 정당이 기본권주체가 될 수 있는지 여부: 적극 05. 법행, 05·11. 법무사
시·도의회의원선거에서 정당이 후보자의 추천과 후보자를 지원하는 선거운동을 통하여 소기의 목적을 추구하는 경우, 평등권 및 평등선거원칙으로부터 나오는 (선거에 있어서의) 기회균등의 원칙은 후보자는 물론 정당에 대해서도 보장되는 것이므로, 정당추천의 후보자가 선거에서 차등대우를 받는 것은 정당이 선거에서 차등대우를 받는 것과 같은 결과가 된다(헌재 1991.3.11, 91헌마21).

정답 01 × 02 ○ 03 ○

3 정당이 생명·신체에 관한 기본권침해를 이유로 헌법소원심판을 청구할 수 있는지 여부: 소극 [각하]

진보신당(정당)은 국민의 정치적 의사형성에 참여하기 위한 조직으로 성격상 권리능력 없는 단체에 속하지만, 구성원과는 독립하여 그 자체로서 기본권의 주체가 될 수 있고, 그 조직 자체의 기본권이 직접 침해당한 경우 자신의 이름으로 헌법소원심판을 청구할 수 있으나, 이 사건에서 침해된다고 하여 주장되는 기본권은 생명·신체의 안전에 관한 것으로서 성질상 자연인에게만 인정되는 것이므로, 이와 관련하여 청구인 진보신당과 같은 권리능력 없는 단체는 위와 같은 기본권의 행사에 있어 그 주체가 될 수 없고, 또한 청구인 진보신당이 그 정당원이나 일반 국민의 기본권이 침해됨을 이유로 이들을 위하거나 이들을 대신하여 헌법소원심판을 청구하는 것은 원칙적으로 허용되지 아니하므로, 이 사건에 있어 청구인 진보신당은 청구인능력이 인정되지 아니한다(헌재 2008.12.26, 2008헌마419 등).

4 권리능력 없는 사단의 기본권주체성: 적극 [기각] 12. 법행

청구인 협회(**한국신문편집인협회**)는 언론인들의 협동단체로서 법인격은 없으나, 대표자와 총회가 있고, 단체의 명칭, 대표의 방법, 총회운영, 재산의 관리 기타 단체의 중요한 사항이 회칙으로 규정되어 있는 등 사단으로서의 실체를 가지고 있으므로 권리능력 없는 사단이라고 할 것이고, 따라서 기본권의 성질상 자연인에게만 인정될 수 있는 기본권이 아닌 한 기본권의 주체가 될 수 있으며, 헌법상의 기본권을 향유하는 범위 내에서는 헌법소원심판청구능력도 있다(헌재 1995.7.21, 92헌마177·199).

5 상공회의소가 결사의 자유의 주체가 되는지 여부: 적극 [합헌] 07. 사시, 11. 법행

상공회의소는 그 목적이나 설립·관리 면에서 자주적인 단체로 사법인이라고 할 것이므로 상공회의소와 관련해서도 결사의 자유는 보장된다. … 이 사건 법률조항은 결사의 자유를 제한함에 있어 비례성을 현저히 상실하였다고 보기 어렵고 입법재량을 현저히 일탈한 것이라고 할 수 없으므로, 결사의 자유를 침해한 것이라고 볼 수 없다(헌재 2006.5.25, 2004헌가1).

6 공법인이 기본권주체가 될 수 있는지 여부: 소극 [각하] 06. 법무사, 07. 법원직

국가나 국가기관 또는 국가조직의 일부나 공법인은 기본권의 '수범자'이지 기본권의 주체로서 그 '소지자'가 아니고 오히려 국민의 기본권을 보호 내지 실현하여야 할 '책임'과 '의무'를 지니고 있는 지위에 있을 뿐이므로, 국가기관인 국회의 일부 조직인 국회의 노동위원회는 기본권의 주체가 될 수 없고, 따라서 헌법소원을 제기할 수 있는 적격이 없다(헌재 1994.12.29, 93헌마120).

비교판례

공법인이나 이에 준하는 지위를 가진 자 하더라도 공무를 수행하거나 고권적 행위를 하는 경우가 아닌 사경제 주체로서 활동하는 경우나 조직법상 국가로부터 독립한 고유 업무를 수행하는 경우, 그리고 다른 공권력 주체와의 관계에서 지배복종관계가 성립되어 일반 사인처럼 그 지배하에 있는 경우 등에는 기본권 주체가 될 수 있다(헌재 2013.9.26, 2012헌마271).

7 단체 내부의 분과위원회에 헌법소원능력이 있는지 여부: 소극 [각하]

한국영화인협회 감독위원회는 영화인협회로부터 독립된 별개의 단체가 아니고, 영화인협회의 내부에 설치된 8개의 분과위원회 가운데 하나에 지나지 아니하며, 달리 단체로서의 실체를 갖추어 당사자능력이 인정되는 법인 아닌 사단으로 볼 자료가 없으므로 헌법소원심판청구능력이 있다고 할 수 없다(헌재 1991.6.3, 90헌마56).

기출 OX

04 공권력의 행사자인 국가, 지방자치단체나 그 기관 또는 국가조직의 일부나 공법인은 국민의 기본권을 보호 내지 실현해야 할 책임과 의무를 지는 것이지 원칙적으로 기본권주체가 될 수는 없다. 20. 경찰경채 ( )

05 사단법인 한국영화인협회 내부의 8개 분과위원회 중 하나인 한국영화인협회 감독위원회는 독자적으로 기본권의 주체가 될 수 없다. 18. 경찰승진 ( )

정답 04 ○ 05 ○

기출 OX

01 국가균형발전 특별법에 의한 도지사의 혁신도시 입지선정과 관련하여 그 입지선정에서 제외된 지방자치단체는 자의적인 선정기준을 다투는 평등권의 주체가 된다. 17. 경찰승진
( )

02 공법상 재단법인인 방송문화진흥회가 최다출자자인 방송사업자는 관련 규정에 의하여 공법상의 의무를 부담하고 있기 때문에 기본권주체가 될 수 없다. 19. 경찰승진
( )

03 청구인은 공법상 재단법인인 방송문화진흥회가 최다출자자인 방송사업자로서 방송법 등 관련 규정에 의하여 공법상의 의무를 부담하고 있으므로, 그 설립목적이 언론의 자유의 핵심 영역인 방송사업이라고 하더라도 이러한 업무수행과 관련해서는 기본권주체가 될 수 없다. 22. 경찰1차
( )

04 학교안전사고 예방 및 보상에 관한 법률에 의하여 설립된 학교안전공제회는 행정관청 또는 그로부터 행정권한을 위임받은 공공단체로 공법인에 해당할 뿐, 사법인적 성격을 갖는 것은 아니므로 기본권의 주체가 될 수 없다. 22. 경찰2차
( )

8 국가균형발전 특별법에 의한 도지사의 혁신도시 입지선정과 관련하여 그 입지선정에서 제외된 지방자치단체가 자의적인 선정기준을 다투는 평등권의 주체가 될 수 있는지 여부: **소극 [각하]** 11. 사시

지방자치단체는 기본권의 주체가 될 수 없다는 것이 헌법재판소의 입장이며, 이를 변경하여야 할 만한 사정이나 필요성이 없으므로 지방자치단체인 춘천시의 헌법소원청구는 부적법하다(헌재 2006.12.28, 2006헌마312).

9 공법상 재단법인이 최다출자자인 방송사업자에게 기본권주체성이 인정되는지 여부: **적극 [기각]**

청구인은 공법상 재단법인인 방송문화진흥회가 최다출자자인 방송사업자로서 방송법 등 관련 규정에 의하여 공법상의 의무를 부담하고 있지만, 그 설립목적이 언론의 자유의 핵심 영역인 방송 사업이므로 이러한 업무 수행과 관련해서는 기본권주체가 될 수 있고, 그 운영을 광고수익에 전적으로 의존하고 있는 만큼 이를 위하여 사경제 주체로서 활동하는 경우에도 기본권주체가 될 수 있다. 이 사건 심판청구는 청구인이 그 운영을 위한 영업활동의 일환으로 방송광고를 판매하는 지위에서 그 제한과 관련하여 이루어진 것이므로 그 기본권주체성이 인정된다(헌재 2013.9.26, 2012헌마271).

10 학교안전사고 예방 및 보상에 관한 법률에 의하여 설립된 학교안전공제회에게 기본권주체성이 인정되는지 여부: **적극**

학교안전법 제정 이전 설립·운영되어 오던 사단법인 학교안전공제회는 학교안전법 제정으로 그 권리·의무가 공제회에 포괄적으로 승계되었고, 그 직원 또한 공제회의 직원으로 간주되기에 이르렀지만[부칙(2007.1.26. 법률 제8267호) 제4조], 공제회는 민법이 적용되던 과거 학교안전공제회와 동일한 성격의 단체일 뿐, 행정관청 또는 그로부터 행정권한을 위임받은 단체로 보기 어렵다. 또한, 학교장은 공제회의 당연가입자로서 공제료를 납부하여야 하는데, 공제료에 충당하기 위한 금액의 전부 또는 일부를 피공제자로부터 징수하므로(제49조 제1항), 피공제자로부터 징수한 금액이 기금의 주된 수입원이 된다. 뿐만 아니라 학교안전법에 의하면 공제급여를 지급받고자 하는 자는 공제회에 공제급여의 지급을 청구하고, 공제회는 청구를 받은 날부터 14일 이내에 공제급여의 지급 여부를 결정하도록 하고 있으나, 공제회와 학교장 사이에 체결된 공제회 가입계약은 피해 학생 등과 같은 제3자를 위한 계약으로 위 계약에 기하여 공제회에 대한 보상금 직접 청구권을 인정하고 있는 것에 불과하므로, 이러한 청구권이 공법상 권리라고 볼 근거도 없고, 공제급여 지급결정이 항고소송의 대상인 행정처분이라고 볼 수도 없다(대판 2012.12.13, 2010두20874). 이와 같은 점들은 공제회의 사법인적 성격을 보여주는 특징이라 할 수 있다(헌재 2015.7.30, 2014헌가7).

정답 01 × 02 × 03 × 04 ×

제4절 기본권의 효력

01 기본권의 대국가적 효력

1. 권력작용에 대한 효력

기본권은 원칙적으로 입법, 행정(집행), 사법 등 모든 공권력적 국가작용을 구속하기 때문에 입법부는 기본권을 침해하는 법률을 제정할 수 없고, 행정부는 법을 집행함에 있어 기본권에 구속되며, 사법부는 재판을 통하여 기본권을 침해할 수 없다. 공권력의 발동인 권력작용은 그것이 국가기관에 의한 것이든 지방자치단체에 의한 것이든 공권력 수탁자에 의한 것이든 그 모두가 기본권에 기속된다.

2. 비권력작용에 대한 효력

영조물의 설치·관리, 예산재원의 조달, 공공수요의 충족 등을 내용으로 하는 관리작용 및 영리경제적 활동(예 국가의 은행 경영, 주식시장 참여 등)이나 물자조달작용(예 물품매매계약) 등 국고작용까지도 기본권에 기속된다는 것이 다수설과 판례의 입장이다(헌재 1991.5.13, 89헌가97).

02 기본권의 제3자적 효력(대사인적 효력)

'기본권의 제3자적 효력(대사인적 효력)'이란 주관적 공권인 기본권의 효력을 제3자인 사인 상호간의 관계에 확대하여 사인으로부터의 기본권침해에 대해서도 기본권보장의 효력을 인정하려는 이론을 말한다. 기본권의 제3자적 효력의 문제는 기본권이 사인의 법률행위나 사인 상호간의 법률관계에도 적용되는지, 적용된다면 어느 범위까지 적용될 것인지에 관한 문제이다. 이러한 기본권의 제3자적 효력을 인정할 것인지 여부에 관하여는 각국 헌법에 명문의 규정이 거의 없으며(기본권의 제3자적 효력을 명문화한 예로는 포르투갈 헌법 제18조 제1항이 있음), 학설도 대립하고 있다.

1. 기본권의 효력확장론

(1) 현실적 배경
종전에는 주로 국가기관에 의한 침해의 위험하에 있었던 개인의 자유와 권리가 이제는 국가기관만이 아니라 사적 단체나 조직, 그리고 사인에 의하여 위협당하는 사례가 빈발하는 사회적 상황과 관련된다.

(2) 이념적 기초
기본권의 이중적 성격론(기본권은 주관적 권리이면서 객관적 가치질서로서의 성격도 가진다는 이론)이 등장하여 기본권의 수범자가 모든 사회구성원으로 확대되면서 기본권의 대사인적 효력의 이념적 기초를 갖추게 되었다.

기출 OX

05 기본권의 대사인적 효력은 기본권 보장의 실제적 유효성을 제고하고 사회적 약자를 보호하기 위한 기본권의 효력의 문제이다. 06. 국회직 ( )

정답 **05** ○

2. 독일의 이론

(1) 효력부정설
사인간의 법률관계에는 기본권규정이 적용되지 아니한다는 견해로서 오늘날 그 주장자를 찾아보기 어렵다. 현대적 실정에 부합하는 헌법해석론이 될 수 없고, 기본권규정과 사법규정이 하나의 헌법질서에 포섭되고 있다는 점을 간과하였다는 비판이 있다.

(2) 직접적용설[독일 연방노동법원, 니퍼다이(H. Nipperdey)]
기본권규정 가운데 일정한 기본권규정은 사인간의 법률관계를 직접 규율하는 효력을 가진다는 견해이다. ① 헌법은 국가공동체 생활질서 중 **최고의 가치질서**를 규정한 것이므로 사인 대 사인의 사법관계도 이에 위반될 수 없다는 점, ② 개인의 자유와 권리가 사인간의 법률관계에서 전혀 보장되지 않는다면 **헌법상의 기본권보장**은 그 의미가 반감된다는 점, ③ 기본권의 역사적 성격변화로 사인간의 기본권보장이 중요하게 되었다는 점 등을 논거로 한다. 이러한 직접효력설에 대해서는 공·사법의 이원적 구별체제가 파괴된다는 점과 사인 상호간의 법률관계에서는 사적 자치의 원리가 존중되어야 한다는 관점에서 비판이 있다.

(3) 간접적용설 또는 공서양속설[독일연방헌법재판소, 뒤리히(G. Dürig) 등 다수설]
뒤리히는 기본권규정이 사법질서에 적용되는 것은 직접적용되는 것이 아니라 공서양속조항·신의성실조항 등 사법상의 일반조항*을 통하여 간접적으로 적용되어야 한다고 주장한다. 즉, 사법상의 일반원칙도 헌법질서의 내용의 일부가 되는 것이고 그렇다면 사법상의 일반원칙에 위배되는 사인간의 법률관계는 간접적으로 헌법에 위배된다는 것이다.

이 견해는 ① 기본권은 주관적 공권이면서 동시에 **객관적 가치질서**를 뜻하기 때문에 모든 생활영역에 **방사효과****를 미치게 되는바, 사인간의 사적인 법률관계라고 할지라도 이 기본권의 방사효과가 미친다고 보아야 하고, ② 모든 국가권력에는 기본권을 존중할 의무가 부과되어 있으므로 사인에 의한 침해에 대해서도 **기본권을 보호할 의무**가 있으며, ③ 직접적 효력설에 의하면 공·사법의 이원적 법률체계를 파괴하는 문제점이 있음을 그 논거로 하고 있다.

(4) 검토
오늘날 기본권의 제3자적 효력을 전적으로 부정하는 것은 사인 또는 사적 단체에 의한 기본권침해의 우려가 많은 현대적 상황에 부합하지 않는다. 직접효력설은 전통적인 공·사법의 이원적 체계를 무너뜨리게 되어 사법의 독자성과 고유성을 부인한다는 점에서 문제가 있다.

결국 사적 자치의 원칙을 존중하면서도 기본권의 제3자적 효력을 긍정한다는 점에서 간접적용설이 타당하다. 다만, 간접적용설에 대하여는 일반조항을 매개로 한다는 점에서 법적 안정성을 해할 우려가 있고 법관에게 지나치게 많은 재량을 부여하게 된다는 비판이 있다.

---

* **사법상의 일반조항:** 사법상의 일반원칙은 헌법규범이 사법에 '진입하는 관문'이다.

** **방사효과:** 모든 생활영역에 미치는 효과를 말한다.

기출 OX

01 기본권의 제3자적 효력 또는 대사인적(對私人的) 효력이란 사인(私人)간의 관계에서도 기본권의 효력을 긍정할 것인가의 문제인바, 우리나라 및 일본에서두 효력부인설, 직접적용설, 간접적용설 등이 대립하고 있다. 07. 법원직 ( )

02 기본권의 간접적인 제3자적 효력을 주장하는 입장에서는 사법상의 일반규정을 매개물로 하여 사적 자치를 존중하고 있다. 06. 국회직 ( )

정답 01 ○ 02 ○

3. 한국 헌법에 있어서 기본권의 제3자적 효력

(1) 국내 학설의 경향

원칙적으로 간접적용설을 기본으로 하면서도 헌법의 명문규정상 또는 성질상 직접적용될 수 있는 기본권은 직접적용된다고 본다. 그리고 성질상 사인 상호간에 적용될 수 없는 기본권은 대사인효가 배제되며, 기타 직접적용되는 기본권도 아니고 사인효가 배제되지도 않은 기본권들이 사법의 일반조항을 통하여 간접적용된다는 입장이다.

(2) 개별적 검토

① **사인간에 직접적용되는 기본권**: 헌법상 사인간에 직접적용되는 기본권에 관한 명문규정은 없지만, 성질상 **근로3권**은 사용자를 구속하는 효력이 있으므로 사인간에 직접적용된다고 본다(다수설). 06. 법행, 08. 법무사

② **사인간에 적용될 수 없는 기본권**: 청구권적 기본권(예 청원권, 재판청구권, 형사보상청구권, 국가배상청구권, 범죄피해자구조청구권), 사법절차적 기본권(예 불리한 진술거부권, 변호인의 도움을 받을 권리, 공정한 재판을 받을 권리, 구속적부심사청구권), 참정권(예 선거권, 공무담임권, 국민투표권), 소급입법에 의한 참정권제한과 재산권박탈금지 등이 있다. 05·06. 법행, 09. 법무사

③ **사인간에 간접적용되는 기본권**: 기타 기본권(예 평등권, 직업의 자유, 양심의 자유, 사생활의 자유, 종교의 자유 등)은 원칙적으로 간접적용된다고 본다. 09. 법무사

> **판례 | 헌법상 기본권이 사법관계에 직접적용되는지 여부: 소극 [간접효력설]**
>
> 헌법상의 기본권은 제1차적으로 개인의 자유로운 영역을 공권력의 침해로부터 보호하기 위한 방어적 권리이지만 다른 한편으로 헌법의 기본적인 결단인 객관적인 가치질서를 구체화한 것으로서, 사법(私法)을 포함한 모든 법영역에 그 영향을 미치는 것이므로 사인간의 사적인 법률관계도 헌법상의 기본권규정에 적합하게 규율되어야 한다. 다만, 기본권규정은 그 성질상 사법관계에 직접 적용될 수 있는 예외적인 것을 제외하고는 사법상의 일반원칙을 규정한 민법 제2조, 제103조, 제750조, 제751조 등의 내용을 형성하고 그 해석기준이 되어 간접적으로 사법관계에 효력을 미치게 된다(대판 2010. 4.22, 2008다38288 전합).

기출 OX

03 현행헌법상 기본권의 제3자적 효력에 관하여 학설은 여러 가지 입장을 취하고 있지만, 노동3권을 사인간에 직접적용되는 기본권으로 보는 데에는 이론이 없다. 06. 법행 ( )

04 기본권규정은 민사상 법률관계에 직접적으로 적용할 수는 없는 것이나 다만, 사법상의 일반원칙을 규정한 민법 제2조, 제103조, 제750조 등의 내용을 형성하고 그 해석기준이 되므로 간접적으로 사법관계에 효력을 미치게 된다. 14. 법행 ( )

03 기본권의 갈등

I. 기본권갈등의 의의

'기본권의 갈등'이란 기본권간의 마찰과 모순으로 야기되는 제반문제를 말하는 것으로, 기본권의 경합과 기본권의 충돌을 포괄하는 개념이다.

정답 03 × 04 ○

Ⅱ. 기본권의 경합

1. 기본권경합의 의의
'기본권의 경합(경쟁)'이란 하나의 기본권주체가 국가에 대하여 동시에 여러 기본권의 적용을 주장하는 경우를 말한다. 기본권의 경합문제는 주로 기본권의 대국가적 효력의 측면에서 중요한 의미를 가진다.

2. 기본권경합의 해결

(1) 일반 기본권과 특별 기본권의 관계에 있는 경우

① **직업선택의 자유와 공무담임권**: "공무담임권은 직업선택의 자유에 대하여 특별기본권이어서 후자의 적용을 배제하므로, 대학교원을 제외하고 교육공무원의 정년을 65세에서 62세로 단축한 교육공무원법 제47조 제1항의 위헌 여부와 관련하여 직업선택의 자유는 문제되지 아니한다."라고 판시하여 특별 기본권인 공무담임권이 우선 적용된다고 본다(헌재 2000.12.14, 99헌마112·137). 12. 국가직

② **행복추구권과 개별 기본권의 경합**: 행복추구권은 다른 기본권에 대한 보충적 기본권으로서의 성격을 지니므로, 공무담임권이라는 우선적으로 적용되는 기본권이 존재하여 그 침해 여부를 판단하는 이상, 행복추구권 침해 여부를 독자적으로 판단할 필요가 없다(헌재 2000.12.14, 99헌마112 등). 12. 사시

③ **일반적 행동자유권과 직업의 자유**: 직업의 자유와 같은 개별 기본권이 적용되는 경우에는 일반적 행동의 자유는 제한되는 기본권으로서 고려되지 아니한다(헌재 2002.10.31, 99헌바76 등).

(2) 제한(효력) 정도가 다른 기본권들간의 경합

예컨대 정신적 기본권과 경제적 기본권이 경합하는 경우와 같이 효력의 정도가 상이한 기본권들이 경합하는 경우이다. 기본권경합에 있어서 주로 문제되는 유형으로, 효력이 보다 약한 기본권을 우선시켜야 한다는 최약효력설과 효력이 보다 강한 기본권을 우선시켜야 한다는 최강효력설이 대립한다.

① **언론·출판의 자유, 직업선택의 자유 및 재산권의 경합(음란물출판사 등록취소사건)**

> 甲은 1994.3.22. '도서출판 ○○엔터프라이즈'라는 명칭으로 스포츠, 연예, 레저, 사진, 예술을 출판분야로 한 출판사 등록을 한 뒤, 같은 해 7.경 '○○'이라는 제목의 화보집을 발행하여 유통시켰다. 서울특별시 서초구청장은 위 화보집이 출판사 및 인쇄소의 등록에 관한 법률(이하 '출판등록법'이라 한다) 제5조의2 제5호 소정의 음란·저속한 간행물에 해당한다는 이유로 같은 해 9.30.자로 甲에 대한 위 출판사등록을 취소하는 처분을 하였다. 이에 구청장을 상대로 위 취소처분의 취소를 구하는 행정소송을 제기하는 한편, 위 소송 계속 중 음란 또는 저속한 간행물을 출판한 출판사의 등록을 취소할 수 있도록 규정하고 있는 출판등록법 제5조의2 제5호가 헌법 제21조 제1항과 헌법 제11조에 위반된다고 주장하면서 위 규정에 대한 위헌 여부심판의 제청을 신청하였고, 위 법원은 이를 받아들여 헌법재판소에 이 사건 위헌 여부의 심판을 제청하였다.

이 사건 법률조항은 언론·출판의 자유, 직업선택의 자유 및 재산권을 경합적으로 제약하고 있다. 이처럼 하나의 규제로 인하여 여러 기본권이 동시에 제약을 받는 기본권경합의 경우, 기본권침해를 주장하는 제청신청인과 제청법원의 의도 및 기본권을 제한하는 입법자의 객관적 동기 등을 참작하여 사안과 가장 밀접한 관계에 있고 또 침해의 정도가 큰 주된 기본권을 중심으로 해서 그 제

한의 한계를 따져 보아야 할 것이다. 이 사건에서는 제청신청인과 제청법원이 언론·출판의 자유의 침해를 주장하고 있고, 입법의 일차적 의도도 출판내용을 규율하고자 하는 데 있으며, 규제수단도 언론·출판의 자유를 더 제약하는 것으로 보이므로 **언론·출판의 자유를 중심으로** 해서 이 사건 법률조항이 그 헌법적 한계를 지키고 있는지를 판단하기로 한다(헌재 1998.4.30, 95헌가16).

② 직업의 자유, 예술의 자유 및 표현의 자유의 경합(학교정화구역 내 극장금지사건)

> 乙은 학교환경위생정화구역 내에서는 극장업을 운영할 수 없음에도 불구하고 2001.8.14. 부터 2002.11.20.경까지 ○○초등학교와 10m가량 떨어진 곳에 위치한 서울특별시 종로구 ○○동 178의 1에 있는 □□ 극장을 운영하여 영업행위를 하였다는 이유로 서울중앙지방법원에 기소되었다. 위 사건에 대한 재판을 담당하고 있는 서울중앙지방법원은 2004.2.10. 학교보건법 제6조 제1항 제2호 '극장' 부분, 제19조의 위헌 여부가 위 재판의 전제가 된다고 하여 직권으로 위헌 여부 심판제청을 하였다.

극장의 자유로운 운영에 대한 제한은 공연물·영상물이 지니는 표현물, 예술작품으로서의 성격에 기하여 직업의 자유에 대한 제한으로서의 측면 이외에 표현의 자유 및 예술의 자유의 제한과도 관련성을 가지고 있다. 이와 같이 하나의 규제로 인하여 여러 기본권이 동시에 제약을 받는 기본권경합의 경우에는 기본권침해를 주장하는 제청신청인과 제청법원의 의도 및 기본권을 제한하는 입법자의 객관적 동기 등을 참작하여 사안과 가장 밀접한 관계에 있고 또 침해의 정도가 큰 주된 기본권을 중심으로 해서 그 제한의 한계를 따져 보아야 할 것이다. 살피건대, 이 사건 법률조항에 의한 표현 및 예술의 자유의 제한은 극장운영자의 직업의 자유에 대한 제한을 매개로 하여 간접적으로 제약되는 것이라 할 것이고, 입법자의 객관적인 동기 등을 참작하여 볼 때 **사안과 가장 밀접한 관계에 있고 또 침해의 정도가 가장 큰 주된 기본권은 직업의 자유**라고 할 것이다. 따라서 이하에서는 직업의 자유의 침해 여부를 중심으로 살피는 가운데 표현·예술의 자유의 침해 여부에 대하여도 부가적으로 살펴보기로 한다(헌재 2004.5.27, 2003헌가1·2004헌가4).

(3) 제한(효력) 정도가 같은 기본권들간의 경합

① 직업의 자유와 재산권(경비업자 겸영금지사건) [위헌]

> 丙은 서울지방경찰청장으로부터 경비업 허가를 받은 후 시설경비업 등을 영위하고 있는 회사로서, 그동안 경비업을 영위하면서 갖추게 된 사업설비, 경영능력 등을 바탕으로 안전·설비기판매업, 도난차량회수사업 등 다른 영업을 함께 영위하고 있다. 丙은 위와 같은 사업을 영위하는 데 필요한 전기공사업등록 등 관련 법령에 의한 인·허가 및 등록을 모두 적법·유효하게 취득 또는 경료하였으며, 위와 같은 사업 이외에도 각종 새로운 사업모델의 개발 및 진출을 계획하고 있다. 그런데 경비업법 제7조 제8항 등은 경비업자에게 경비업 이외의 영업을 금지하고, 이를 위반할 경우 경비업 허가를 취소하도록 하여 다른 영업을 겸영할 수 있도록 하고 있다. 이에 청구인들은 2001.8.31. 위 법률조항들로 말미암아 직업의 자유, 재산권 등의 기본권을 침해당하게 되었다고 주장하며 이 사건 헌법소원심판을 청구하였다.

하나의 규제로 인하여 여러 기본권이 동시에 제약을 받는다고 주장하는 경우에는 기본권침해를 주장하는 청구인의 의도 및 기본권을 제한하는 입법자의 객관적 동기 등을 참작하여 먼저 사안과 가장 밀접한 관계에 있고 또 침해의 정도가 큰 주된 기본권을 중심으로 해서 그 제한의 한계를 따져 보아야 한다.

기출 OX

04 학교정화구역 내 극장영업금지를 규정한 학교보건법 제6조는 극장영업자의 직업의 자유와 예술의 자유를 제한하나, 예술의 자유는 간접적으로 제약되고 입법자의 객관적 동기를 참작하여 볼 때 사안과 가장 밀접한 관계에 있고 또 침해의 정도가 가장 큰 주된 기본권은 직업의 자유이므로 직업의 자유 침해만을 판단하는 것으로 족하므로 예술의 자유 침해 여부를 판단할 필요는 없다. 12. 국회직 ( )

학교정화구역 내 극장금지사건
- 대학 주변 ⇨ 위헌
- 초·중·고교 및 유치원 주변 ⇨ 헌법불합치

정답 04 ×

이 사건의 경우 청구인들의 주장취지 및 앞에서 살펴본 입법자의 동기를 고려하면 이 사건 법률조항으로 인한 규제는 **직업의 자유와 가장 밀접한 관계**에 있다고 할 것이다. 따라서 이 사건 법률조항이 직업의 자유를 제한함에 있어 그 헌법적 한계를 지키고 있는지를 먼저 살핀다(헌재 2002.4.25, 2001헌마614).

② 양심의 자유와 종교의 자유(양심적 병역거부사건) [합헌] 12. 사시

> '여호와의 증인'이라고 하는 종교신자인 丁은 현역입영대상자로서 현역병으로 입영하라는 병무청장의 현역입영통지서를 받고도 입영일로부터 5일이 지나도록 이에 응하지 아니하여 병역법 제88조 제1항 제1호 위반으로 서울지방법원 남부지원에 공소제기되어 재판계속 중이다. 이에 丁은 위 공소사실에 적용된 병역법 제88조 제1항 제1호가 종교적 양심에 따른 입영거부자들의 양심의 자유와 종교의 자유 등을 침해한다고 주장하면서 위 법원에 위헌제청신청을 하였고, 이를 받아들인 법원은 2002.1.29. 위 규정에 대하여 헌법재판소에 위헌 여부심판을 제청하였다.

헌법 제20조 제1항은 종교의 자유를 따로 보장하고 있으므로 양심적 병역거부가 종교의 교리나 종교적 신념에 따라 이루어진 것이라면 이 사건 법률조항에 의하여 양심적 병역거부자의 종교의 자유도 함께 제한된다. 그러나 양심의 자유는 종교적 신념에 기초한 양심뿐만 아니라 비종교적인 양심도 포함하는 포괄적인 기본권이므로, 이하에서는 **양심의 자유를 중심으로** 살펴보기로 한다(헌재 2004.8.26, 2002헌가1).

Ⅲ. 기본권의 충돌

1. 기본권충돌의 의의

'기본권의 충돌(상충)*'이란 서로 다른 기본권주체가 서로 충돌하는 권익을 실현하기 위하여 국가에 대하여 각기 대립되는 기본권의 적용을 주장하는 경우를 말한다. 05. 법무사

2. 기본권충돌의 해결

(1) 이익형량에 의한 방법

① **이익형량의 전제**: 이익형량이 가능하려면 무제한적인 기본권을 고집하지 않을 것과 기본권 상호간에 일정한 위계질서가 있다는 것이 전제되어야 한다.
② **이익형량의 기준**
㉠ 상·하위기본권이 충돌한 경우: 상위기본권우선의 원칙에 따라 상위기본권에 우선적 효력을 인정하여야 한다. '인간의 존엄성'이나 '생명권'과 같은 기본권질서의 가치적인 핵은 다른 모든 기본권들보다 상위에 있다.
㉡ 동위기본권이 충돌한 경우: 인격적 가치우선의 원칙**과 자유우선의 원칙***에 따라 이익형량한다.

(2) 규범조화적 해석에 의한 방법

① **의의**: 규범조화적 해석은 두 기본권이 상충하는 경우에도 이익형량에 의하여 어느 하나의 기본권만을 다른 기본권에 우선시키지 아니하고 헌법의 통일성을 유지하기 위하여 상충하는 기본권 모두가 최대한으로 그 기능과 효력을 나타낼 수 있는 조화의 방법을 찾으려는 것이다. 규범조화적 해석방법은 기본권간의 위계질서를 반드시 전제로 하지 않으며, 헌법상 기본권의 본질적 내용의 침

기출 OX

01 병역거부자에 대한 병역의무를 부과하고 이를 위반시 처벌하는 병역법 제88조는 병역거부자의 양심의 자유와 종교의 자유를 함께 제한한다. 양심의 자유는 종교적 신념에 기초한 양심뿐만 아니라 비종교적 양심도 포괄하는 기본권이고 종교의 자유는 종교적 신념만을 보호하여 종교의 자유가 특별한 기본권이므로 종교의 자유를 중심으로 위헌 여부를 판단한다. 12. 국회직 ( )

02 기본권충돌은 복수의 기본권주체의 기본권이 서로 충돌할 때 각자 국가에 대하여 대립되는 기본권의 효력을 주장하는 경우이다. 10. 국가직 ( )

* **기본권충돌**: 기본권충돌은 기본권의 주체가 복수라면 동일한 기본권을 주장하는 경우에도 발생할 수 있다(예 언론사의 편집장과 편집사원의 언론의 자유가 충돌하는 경우).

** **인격적 가치우선의 원칙**: 인격적 가치를 보호하기 위한 기본권을 재산적 가치를 보호하기 위한 기본권보다 우선하는 원칙을 말한다.

*** **자유우선의 원칙**: 자유를 실현시키기 위한 기본권과 평등을 실현시키기 위한 기본권이 충돌하는 경우 자유의 가치를 평등의 가치보다 우선하는 원칙을 말한다.

정답 01 × 02 ○

해금지규정의 취지에도 합치되고 헌법의 통일성이라는 관점에서도 이익형량의 방법보다 헌법정신에 더 충실한 해결방법으로 평가받고 있다.

② **방법**
  ㉠ **과잉금지의 원칙**: 상충하는 모든 기본권에 일정한 제약을 가함으로써 두 기본권의 효력을 양립시키되 제약은 필요최소한에 그치도록 하는 방법이다.
  ㉡ **대안식 해결방법**: 상충하는 기본권의 효력을 동시에 인정할 수 있는 조화점을 발견하기가 어려운 경우 두 기본권 모두를 다치게 하지 않는 일종의 대안을 찾아내어 기본권의 상충관계를 해결하려는 방법이다. 예컨대 자식의 생명을 구하는 길은 수혈뿐인데도 자신의 종교적인 양심 때문에 자식에 대한 수혈을 동의하지 않는 부모에게 구태여 그 동의를 강요하는 것보다는 후견법원이나 친족회의 동의를 얻어내는 방법을 모색하는 것이다.
  ㉢ **최후수단의 억제방법**: 대안식 해결방법에 의해서도 해결이 어려운 경우 유리한 위치에 있는 기본권의 보호를 위해서 가능하고 또 필요한 수단일지라도, 그 모든 수단을 최후의 선까지 동원하는 것만은 삼가야 한다는 방법이다.

(3) 헌법재판소의 판례

① **언론의 자유와 인격권(반론권) [합헌] – 규범조화적 해석에 입각한 판시**: 보도기관이 누리는 언론의 자유에 대한 제약의 문제는 결국 피해자의 반론권과 서로 충돌하는 관계에 있는 것으로 보아야 할 것이다. 이와 같이 **두 기본권이 서로 충돌하는 경우에는 헌법의 통일성을 유지하기 위하여 상충하는 기본권 모두가 최대한으로 그 기능과 효력을 나타낼 수 있도록 하는 조화로운 방법이 모색되어야 할 것이고,** 결국은 이 법에 규정한 정정보도청구제도가 과잉금지의 원칙에 따라 그 목적이 정당한 것인가의 여부와 그러한 목적을 달성하기 위하여 마련된 수단 또한 언론의 자유를 제한하는 정도가 인격권과의 사이에 적정한 비례를 유지하는 것인지의 여부가 문제된다 할 것이다. 현행 정정보도청구권은 언론의 자유를 일부 제약하는 성질을 가지면서도 반론의 범위를 필요최소한으로 제한함으로써 양쪽 법익 사이의 균형을 도모하고 있다 할 것이다(헌재 1991.9.16, 89헌마165).

② **흡연권과 혐연권의 우열관계 [합헌] – 이익형량에 의한 해결**: 흡연권은 사생활의 자유를 실질적 핵으로 하는 것이고 혐연권은 사생활의 자유뿐만 아니라 생명권까지 연결되는 것이므로 **혐연권이 흡연권보다 상위의 기본권**이다. 상하의 위계질서가 있는 기본권끼리 충돌하는 경우에는 상위기본권 우선의 원칙에 따라 하위기본권이 제한될 수 있으므로, 흡연권은 혐연권을 침해하지 않는 한에서 인정되어야 한다(헌재 2004.8.26, 2003헌마457). 10. 지방직, 11. 국가직, 12. 사시

③ **소극적 단결권과 적극적 단결권 [합헌] – 이익형량에 의한 해결**: 헌법 제33조 제1항은 "근로자는 근로조건의 향상을 위하여 자주적인 단결권·단체교섭권 및 단체행동권을 가진다."라고 규정하고 있다. 여기서 **헌법상 보장된 근로자의 단결권은 단결할 자유만을 가리킬 뿐이고, 단결하지 아니할 자유, 이른바 소극적 단결권은 이에 포함되지 않는다**고 보는 것이 우리 헌법재판소의 선례라고 할 것이다. 그렇다면 근로자가 노동조합을 결성하지 아니할 자유나 노동조합에 가입을 강제당하지 아니할 자유 그리고 가입한 노동조합을 탈퇴할 자유는 근로자에게 보장된 단결권의 내용에 포섭되는 권리로서가 아니라 헌법 제10조의 행

기출 OX

03 반론권과 보도기관의 언론의 자유가 충돌하는 경우에는 헌법의 통일성을 유지하기 위하여 기본권 모두가 최대한으로 그 기능과 효력을 발휘할 수 있도록 하는 조화로운 방법이 모색되어야 한다. 17. 경찰승진 ( )

04 혐연권은 흡연권보다 상위의 기본권이라 할 수 있고, 이처럼 상하의 위계질서가 있는 기본권끼리 충돌하는 경우에는 상위기본권 우선원칙이 적용되므로 결국 흡연권은 혐연권을 침해하지 않는 한 인정된다. 17. 경찰승진 ( )

05 흡연권과 혐연권이 충돌하는 경우 두 기본권 사이에 적정한 비례관계를 유지하도록 하여야 하므로 흡연권을 부정하지 않는 한에서 혐연권이 인정되어야 한다. 20. 경찰경채 ( )

정답 03 ○ 04 ○ 05 ✕

복추구권에서 파생되는 일반적 행동의 자유 또는 제21조 제1항의 결사의 자유에서 그 근거를 찾을 수 있다. 이와 같이 근로자의 단결하지 아니할 자유와 노동조합의 적극적 단결권이 충돌하는 경우 단결권 상호간의 충돌은 아니라고 하더라도 여전히 헌법상 보장된 일반적 행동의 자유 또는 결사의 자유와 적극적 단결권 사이의 기본권충돌의 문제가 제기될 수 있다. … **노동조합의 적극적 단결권은 근로자 개인의 단결하지 않을 자유보다 중시된다**고 할 것이어서 노동조합에 적극적 단결권(조직강제권)을 부여한다고 하여 이를 두고 곧바로 근로자의 단결하지 아니할 자유의 본질적인 내용을 침해하는 것으로 단정할 수는 없다(헌재 2005.11.24, 2002헌바95 등). 18. 서울시

판례 |

1 유니온 샵(Union Shop) 협정조항이 소극적 단결권과 개인적 단결권을 침해하는지 여부: 소극 [합헌] 18. 서울시

[1] 소극적 단결권(단결하지 아니할 자유)과 적극적 단결권의 충돌

단결하지 아니할 자유와 적극적 단결권이 충돌하게 되더라도 근로자에게 보장되는 적극적 단결권이 단결하지 아니할 자유보다 특별한 의미를 가지고 있다고 볼 수 있고, 노동조합의 조직강제권도 이른바 자유권을 수정하는 의미의 생존권(사회권)적 성격을 함께 가지는 만큼 근로자 개인의 자유권에 비하여 보다 특별한 가치로 보장되는 점 등을 고려하면, 노동조합의 적극적 단결권은 근로자 개인의 단결하지 않을 자유보다 중시된다고 할 것이어서 노동조합에 적극적 단결권(조직강제권)을 부여한다고 하여 이를 두고 곧바로 근로자의 단결하지 아니할 자유의 본질적인 내용을 침해하는 것으로 단정할 수는 없다.

[2] 개인적 단결권(단결선택권)과 집단적 단결권(조직강제권)의 충돌 10. 지방직

이 사건 법률조항은 특정한 노동조합의 가입을 강제하는 단체협약의 체결을 용인하고 있으므로 근로자의 개인적 단결권(단결선택권)과 노동조합의 집단적 단결권(조직강제권)이 동일한 장에서 서로 충돌한다. 이와 같이 개인적 단결권과 집단적 단결권이 충돌하는 경우 기본권의 서열이론이나 법익형량의 원리에 입각하여 어느 기본권이 더 상위기본권이라고 단정할 수는 없다. 이러한 경우 헌법의 통일성을 유지하기 위하여 상충하는 기본권 모두가 최대한으로 그 기능과 효력을 발휘할 수 있도록 조화로운 방법을 모색하되(규범조화적 해석), 법익형량의 원리, 입법에 의한 선택적 재량 등을 종합적으로 참작하여 심사하여야 한다(헌재 2005.11.24, 2002헌바95 등).

2 사생활의 비밀 또는 자유를 침해할 우려가 있다고 인정되는 개인정보를 비공개대상으로 하는 공공기관의 정보공개에 관한 법률 제9조 제1항 제6호가 알 권리를 침해하는지 여부: 소극 [합헌] 12. 사시

[1] 이 사건 법률조항은 공공기관이 보유·관리하는 개인정보를 공개하면 개인의 사생활의 비밀 또는 자유를 침해할 우려가 있다고 인정되는 경우에 이를 비공개대상으로 할 수 있도록 함으로써 국민의 알 권리(정보공개청구권)와 개인정보주체의 사생활의 비밀과 자유가 서로 충돌하게 되는바, … 정보공개청구권은 알 권리의 당연한 내용이며, 알 권리는 헌법 제21조의 표현의 자유에 당연히 포함되는 기본권으로서 개인의 자유권적 기본권에 해당하고, 헌법 제17조의 사생활의 비밀과 자유 또한 개인의 자유권적 기본권에 해당하므로 국민의 알 권리(정보공개청구권)와 개인정보주체의 사생활의 비밀과 자유 중 어느 하나를 상위기본권이

기출 OX

01 근로자의 개인적 단결권과 노동조합의 집단적 단결권이 충돌하는 경우, 기본권의 서열이론에 입각하여 근로자의 개인적 단결권을 상위기본권이라고 판단하고 있다. 10. 지방직 ( )

02 개인적 단결권과 집단적 단결권이 충돌하는 경우 기본권의 서열이론이나 법익형량의 원리에 입각하여 어느 기본권이 더 상위기본권이라고 단정할 수 없다. 20. 경찰경채 ( )

03 공공기관이 보유·관리하는 개인정보의 공개와 관련하여 국민의 알 권리(정보공개청구권)와 개인정보주체의 사생활의 비밀과 자유가 서로 충돌하는 경우, 국민의 알 권리(정보공개청구권)가 개인정보주체의 사생활의 비밀과 자유보다 상위기본권이므로 기본권의 서열이나 법익의 형량을 통하여 해결할 수 있다. 따라서 국민의 알 권리(정보공개청구권)가 개인정보주체의 사생활의 비밀과 자유보다 우선한다. 11. 지방직 ( )

정답 01 × 02 ○ 03 ×

라고 하거나 어느 쪽이 우월하다고 할 수는 없다. 따라서 이러한 경우에는 헌법의 통일성을 유지하기 위하여 상충하는 기본권 모두가 최대한으로 그 기능과 효력을 발휘할 수 있도록 조화로운 방법을 모색하되(규범조화적 해석), 법익형량의 원리, 입법에 의한 선택적 재량 등을 종합적으로 참작하여 심사하여야 한다.

[2] 이 사건 법률조항은 개인에 관한 사항 모두를 비공개대상정보로 규정하고 있는 것이 아니라 개인에 관한 사항 중에서 공개될 경우 개인의 사생활의 비밀 또는 자유를 침해할 우려가 있다고 인정되는 정보만을 비공개대상정보로 규율하여 그 요건을 강화하고 있으며, 그 단서에서는 가목~마목에 해당하는 개인에 관한 정보는 비공개대상정보에서 제외하도록 규정함으로써, 공개함으로써 얻어지는 공익이 큰 경우와의 균형도 도모하고 있다. 따라서 이 사건 법률조항은 국민의 알 권리(정보공개청구권)와 개인정보주체의 사생활의 비밀과 자유 사이에 균형을 도모하고 있고, 상충·제한되는 두 기본권 사이에 적정한 비례관계도 유지되고 있다. 그렇다면 이 사건 법률조항은 청구인의 알 권리(정보공개청구권)를 침해하지 아니한다(헌재 2010.12.28, 2009헌바258).

3 종립학교가 평준화정책에 따라 강제배정된 학생들을 상대로 특정 종교의 교리를 전파하는 종교교육을 실시하는 것이 학생들의 소극적 종교행위의 자유를 침해하는지 여부: **적극**

[1] 고등학교 평준화정책에 따른 학교 강제배정제도가 위헌이 아니라고 하더라도 여전히 종립학교(종교단체가 설립한 사립학교)가 가지는 종교교육의 자유 및 운영의 자유와 학생들이 가지는 소극적 종교행위의 자유 및 소극적 신앙고백의 자유 사이에 충돌이 생기게 되는데, 이와 같이 하나의 법률관계를 둘러싸고 두 기본권이 충돌하는 경우에는 구체적인 사안에서의 사정을 종합적으로 고려한 이익형량과 함께 양 기본권 사이의 실제적인 조화를 꾀하는 해석 등을 통하여 이를 해결하여야 하고, 그 결과에 따라 정해지는 양 기본권행사의 한계 등을 감안하여 그 행위의 최종적인 위법성 여부를 판단하여야 한다.

[2] 비록 종립학교의 학교법인이 국·공립학교의 경우와는 달리 종교교육을 할 자유와 운영의 자유를 가진다고 하더라도, 그 종립학교가 공교육체계에 편입되어 있는 이상 원칙적으로 학생의 종교의 자유, 교육을 받을 권리를 고려한 대책을 마련하는 등의 조치를 취하는 속에서 그러한 자유를 누린다고 해석하여야 한다. … 종립학교가 고등학교 평준화정책에 따라 학생 자신의 신앙과 무관하게 입학하게 된 학생들을 상대로 종교적 중립성이 유지된 보편적인 교양으로서의 종교교육의 범위를 넘어서서 학교의 설립이념이 된 특정 종교의 교리를 전파하는 종파적인 종교행사와 종교과목 수업을 실시하면서 참가거부가 사실상 불가능한 분위기를 조성하고 대체과목을 개설하지 않는 등 신앙을 가지지 않거나 학교와 다른 신앙을 가진 학생의 기본권을 고려하지 않은 것은 우리 사회의 건전한 상식과 법감정에 비추어 용인될 수 있는 한계를 벗어나 학생의 종교에 관한 인격적 법익을 침해하는 위법한 행위이고, 그로 인하여 인격적 법익을 침해받는 학생이 있을 것임이 충분히 예견 가능하고 그 침해가 회피 가능하므로 과실 역시 인정된다(대판 2010.4.22, 2008다38288 전합).

기출 OX

04 종립학교에 학생들이 강제로 배정되었다는 이유로 종교교육을 제한하는 것은 종립학교의 종교교육의 자유나 운영의 자유를 중대하게 침해하는 것으로 볼 수 있다. 14. 법행 ( )

정답 04 ○

4 학교정화구역 내 극장금지사건

[1] 대학 주변: **위헌**

이 사건 법률조항은 대학 부근 정화구역 내의 극장을 일반적으로 금지하고 있다. 그런데 대학생들은 고등학교를 졸업한 자 또는 법령에 의하여 이와 동등 이상의 학력이 있는 자 중에서 선발되므로 신체적·정신적으로 성숙하여 자신의 판단에 따라 자율적으로 행동하고 책임을 질 수 있는 시기에 이르렀다고 할 것이다. 이와 같은 대학생의 신체적·정신적 성숙성에 비추어 볼 때 대학생이 영화의 오락성에 탐닉하여 학습을 소홀히 할 가능성이 적으며, 그와 같은 가능성이 있다고 하여도 이는 자율성을 가장 큰 특징으로 하는 대학교육이 용인해야 할 부분이라고 할 것이다. 따라서 대학의 정화구역에 관하여는 학교보건법 제6조 제1항 단서에서 규율하는 바와 같은 예외조항의 유무와 상관없이 극장에 대한 일반적 금지를 둘 필요성을 인정하기 어렵다. 결국, 대학의 정화구역 안에서 극장시설을 금지하는 이 사건 법률조항은 극장운영자의 직업수행의 자유를 필요·최소한 정도의 범위에서 제한한 것이라고 볼 수 없어 최소침해성의 원칙에 반한다.

[2] 초·중·고교 및 유치원 주변: **헌법불합치**

이 사건 법률조항에 대하여 단순위헌의 판단이 내려진다면 극장에 관한 초·중·고등학교·유치원 정화구역 내 금지가 모두 효력을 잃게 됨으로써 합헌적으로 규율된 새로운 입법이 마련되기 전까지는 학교정화구역 내에도 제한상영관을 제외한 모든 극장이 자유롭게 설치될 수 있게 될 것이다. 그 결과 이와 같이 단순위헌의 결정이 내려진 후 입법을 하는 입법자로서는 이미 자유롭게 설치된 극장에 대하여 신뢰원칙 보호의 필요성 등의 한계로 인하여 새로운 입법수단을 마련하는 데 있어서 제약을 받게 된다. 이는 이 결정의 취지에서 정당한 목적으로서 인정한 공익의 측면에서 비추어 보아도 바람직하지 아니하다. 따라서, 이 사건 법률조항 중 초·중등교육법 제2조에 규정한 각 학교에 관한 부분에 대하여는 단순위헌의 판단을 하기보다는 헌법불합치결정을 하여 입법자에게 위헌적인 상태를 제거할 수 있는 여러 가지의 입법수단 선택의 가능성을 인정할 필요성이 있는 경우라고 할 것이다. 따라서 초·중·고등학교·유치원 정화구역 부분에 관하여는 헌법불합치결정이 타당하다(헌재 2004.5.27, 2003헌가1).

5 교원의 교원단체 및 노동조합 가입현황만을 공시하고 개별교원의 노동조합 가입정보는 공시대상에 포함시키고 있지 않은 동법 시행령 제3조 제1항이 학부모의 알 권리를 침해하는지 여부: **소극**

이 사건 시행령조항은 공시대상정보로서 교원의 교원단체 및 노동조합 '가입현황(인원 수)'만을 규정할 뿐 개별 교원의 명단은 규정하고 있지 아니한바, 교원의 교원단체 및 노동조합 가입에 관한 정보는 '개인정보 보호법'상의 민감정보로서 특별히 보호되어야 할 성질의 것이고, 인터넷 게시판에 공개되는 '공시'로 말미암아 발생할 교원의 개인정보 자기결정권에 대한 중대한 침해의 가능성을 고려할 때, 이 사건 시행령조항은 학부모 등 국민의 알 권리와 교원의 개인정보 자기결정권이라는 두 기본권을 합리적으로 조화시킨 것이라 할 수 있으므로, 학부모들의 알 권리를 침해하지 않는다(헌재 2011.12.29, 2010헌마293).

6 교육부장관이 이대 로스쿨의 설치인가 중 여성만을 입학자격요건으로 하는 입학전형계획을 인정한 부분이 직업선택의 자유를 침해하는지 여부: **소극**

학생의 선발, 입학의 전형도 사립대학의 자율성의 범위에 속한다는 점, 여성 고등교육기관이라는 이화여자대학교의 정체성에 비추어 여자대학교라는 정책의 유지 여부는 대학 자율성의 본질적인 부분에 속한다는 점, 이 사건 인가처분으로 인하여 남성인 청구인이 받는 불이익이 크지 않다는 점 등을 고려하면, 이 사건 인가처분은 청구인의 직업선택의 자유와 대학의 자율성이라는 두 기본권을 합리적으로 조화시킨 것이며 양 기본권의 제한에 있어 적정한 비례관계를 유지한 것이라고 할 것이다. 따라서 이 사건 인가처분이 청구인의 직업선택의 자유를 침해한다고 할 수 없다(헌재 2013.5.30, 2009헌마514).

7 변호사들의 인맥지수를 산출하여 공개하는 서비스를 제공하는 행위가 변호사들의 인격권을 침해하는지 여부: 적극

변호사 정보 제공 웹사이트 운영자가 변호사들의 개인신상정보를 기반으로 변호사들의 인맥지수를 산출하여 공개하는 서비스를 제공한 사안에서, 인맥지수의 사적·인격적 성격, 산출과정에서 왜곡 가능성, 인맥지수 이용으로 인한 변호사들의 이익 침해와 공적 폐해의 우려, 그에 반하여 이용으로 달성될 공적인 가치의 보호 필요성 정도 등을 종합적으로 고려하면, 운영자가 변호사들의 개인신상정보를 기반으로 한 인맥지수를 공개하는 표현행위에 의하여 얻을 수 있는 법적 이익이 이를 공개하지 않음으로써 보호받을 수 있는 변호사들의 인격적 법익에 비하여 우월하다고 볼 수 없어, 결국 운영자의 인맥지수 서비스 제공행위는 변호사들의 개인정보에 관한 인격권을 침해하는 위법하다(대판 2011.9.2, 2008다42439).

8 기업의 경영에 관한 의사결정의 자유 등 영업의 자유와 근로자들이 누리는 일반적 행동자유권 등이 '근로조건' 설정을 둘러싸고 충돌하는 경우, 이를 해결하는 방법

기업의 경영에 관한 의사결정의 자유 등 영업의 자유와 근로자들이 누리는 일반적 행동자유권 등이 '근로조건' 설정을 둘러싸고 충돌하는 경우에는, 근로조건과 인간의 존엄성 보장 사이의 헌법적 관련성을 염두에 두고 구체적인 사안에서의 사정을 종합적으로 고려한 이익형량과 함께 기본권들 사이의 실제적인 조화를 꾀하는 해석 등을 통하여 이를 해결하여야 하고, 그 결과에 따라 정해지는 두 기본권 행사의 한계 등을 감안하여 두 기본권의 침해 여부를 살피면서 근로조건의 최종적인 효력 유무 판단과 관련한 법령 조항을 해석·적용하여야 한다(대판 2018.9.13, 2017두62549).

✓ SUMMARY | 기본권의 경합과 충돌 비교

구분	기본권의 경합	기본권의 충돌
기본권의 주체	단수(동일한 주체)	복수(상이한 주체)
기본권의 수	복수(상이한 기본권이어야 함)	복수(상이한 기본권일 필요는 없음, 동일한 기본권간에도 발생)
효력의 상대방	대국가적 효력	대사인적 효력과 대국가적 효력
해결방법	• 특별법우선의 원칙(법조경합) • 최강효력설, 최약효력설	• 이익형량의 원칙(상위기본권우선·인격권우선·자유권우선의 원칙) • 규범조화적 해석의 이론(과잉금지, 대안식 해결, 최후수단의 억제)
성격	기본권의 확장	기본권의 제한
기본권을 침해하는 주체	국가	사인

기출 OX

01 기업의 경영에 관한 의사결정의 자유 등 영업의 자유와 근로자들이 누리는 일반적 행동자유권 등이 '근로조건' 설정을 둘러싸고 충돌하는 경우에는, 근로조건과 인간의 존엄성 보장 사이의 헌법적 관련성을 염두에 두고 구체적인 사정을 종합적으로 고려한 이익형량과 함께 기본권들 사이의 실제적인 조화를 꾀하는 해석 등을 통하여 이를 해결하여야 하고, 그 결과에 따라 정해지는 두 기본권 행사의 한계 등을 감안하여 두 기본권의 침해 여부를 살피면서 근로조건의 최종적인 효력 유무 판단과 관련한 법령 조항을 해석·적용하여야 한다. 22. 법행 ( )

정답 01 ○

제5절 기본권의 한계와 제한

01 기본권의 내재적 한계

1. 논의의 배경
기본권의 내재적 한계론은 독일 기본법에서처럼 법률에 의해서도 제한할 수 없는 절대적 기본권을 규정하고 있는 헌법질서 내에서 그 제한의 필요성이 현실적으로 생긴 경우, 이를 합리적으로 해결하기 위하여 고안된 헌법이론적 논리형식이다.

2. 우리 헌법상 내재적 한계의 인정 여부

(1) 긍정설

내재적 한계에 관한 직접적 규정이 없더라도 국가적·사회적 공동생활을 위해서는 기본권에 필연적으로 내재하는 한계가 존재한다고 한다. 예컨대 '타인의 명예나 권리', '공중도덕', '사회윤리'(헌법 제21조 제4항) 또는 '민주적 기본질서'(헌법 제8조 제4항) 등은 우리 헌법상 이러한 기본권의 내재적 한계를 재확인하고 명시한 것이라고 한다.

(2) 부정설

내재적 한계이론은 개별적 법률유보의 방식을 채택함으로써 절대적 기본권이 인정되는 독일기본법의 산물이며 우리 헌법은 제37조 제2항에서 일반적 법률유보를 규정하고 있어 법률로써도 제한이 불가능한 절대적 기본권이 성립할 여지가 없고, 따라서 내재적 한계를 포함하여 모든 기본권에 대한 제한은 제37조 제2항을 통하여 가능하고 또 그렇게 하여야 한다고 한다.

(3) 헌법재판소의 입장 03. 법무사

① 헌법재판소는 "기본권도 국가적·사회적 공동생활의 테두리 안에서 타인의 권리, 공중도덕, 사회윤리, 공공복리 등의 존중에 의한 **내재적 한계**가 있는 것이며 따라서 절대적으로 보장되는 것이 아니다."라고 판시한 바 있다(헌재 1990.9.10, 89헌마82).

② 또한 음란물출판 등록취소사건에서는 "오로지 성적 흥미에만 호소할 뿐 전체적으로 보아 하등의 문학적·예술적·과학적 또는 정치적 가치를 지니지 않은 음란표현은 언론·출판의 자유에 의한 헌법적 보장을 받지 못한다."라고 하여 내재적 한계를 벗어난 행위는 기본권에 의하여 보호되지 않는다고 하였다.

③ 그러나 헌법재판소는 "음란표현은 헌법 제21조가 규정하는 언론·출판의 자유의 보호영역 내에 있다고 볼 것인바, 종전에 이와 견해를 달리하여 **음란표현은 헌법 제21조가 규정하는 언론·출판의 자유의 보호영역에 해당하지 아니한다**는 취지로 판시한 우리 **헌법재판소의 의견은 변경한다**."라고 하였다(헌재 2009.5.28, 2006헌바109 종전판례 변경). 10. 사시, 12. 경찰승진·변호사, 19. 서울시

(4) 검토

우리 헌법은 독일과는 달리 일반적 법률유보조항인 제37조 제2항을 두고 있으므로 기본권의 내재적 한계를 별도로 인정할 필요가 없다고 본다.

기출 OX

01 엄격한 의미의 음란표현, 즉 인간존엄 내지 인간성을 왜곡하는 노골적이고 적나라한 성표현으로서 오로지 성적 흥미에만 호소할 뿐 전체적으로 보아 하등의 문학적·예술적·과학적 또는 정치적 가치를 지니지 아니한 음란표현은 언론·출판의 자유의 보호영역에 해당하지 아니한다. 10. 법행
( )

정답 **01** ×

02 기본권의 제한

'기본권의 제한'이란 기본권의 효력이나 그 적용범위를 축소하거나 한정하는 것을 말한다.

Ⅰ. 헌법유보에 의한 제한

1. 헌법유보의 의의
'헌법유보'는 헌법이 명문의 규정을 가지고 직접 기본권의 제약(제한)을 규정하고 있는 경우를 말한다.

2. 헌법유보의 종류

(1) 일반적 헌법유보
① 의의: 헌법이 직접 기본권 '전반'에 대하여 제약을 규정하는 경우를 말한다.
② 입법례: 독일 기본법 제2조 제1항(누구든지 타인의 권리를 침해하지 아니하고 또한 헌법적 질서 또는 도덕질서에 위반하지 아니하는 한 인격의 자유로운 발현권을 가진다)과 일본 헌법 제12조(국민은 기본권을 남용해서는 안 되는 것이므로 항상 공공의 복지를 위하여 이를 이용할 책임을 진다)를 들 수 있다.

(2) 개별적 헌법유보
① 의의: 헌법이 직접 '특정의' 기본권에 한하여 제약을 규정하는 경우를 말한다.
② 현행헌법상 개별적 헌법유보의 예
  ㉠ 정당의 목적이나 활동에 관한 제한(헌법 제8조 제4항)
  ㉡ 언론·출판의 사회적 책임의 강조(헌법 제21조 제4항)
  ㉢ 재산권의 행사의 제약(헌법 제23조 제2항)
  ㉣ 군인·군무원의 국가배상청구권의 제한(헌법 제29조 제2항) 06. 사시

Ⅱ. 법률유보에 의한 제한

1. 법률유보의 의의

(1) 개념
'법률유보'란 헌법규정이 기본권의 내용과 한계를 개별적으로 확정하지 않고 입법자에게 수권한 것을 말한다. 법률유보의 원칙은 국민의 대표자인 입법자가 그 본질적 사항에 대하여 스스로 결정하여야 한다는 요구를 내포하고 있다. 06. 국회직

(2) 본래적 의미의 법률유보
본래적 의미의 법률유보는 헌법이 기본권의 제한을 직접 규정하지 아니하고 그 제한을 법률에 위임하고 있는 경우를 말한다. 즉, 기본권제한적 법률유보(헌법간접적 기본권제약)이다.

기출 OX

02 헌법 제29조 제2항은 헌법이 직접 군인, 군무원, 경찰공무원 등의 국가배상청구권을 제한하고 있는 개별적 헌법유보 조항으로 볼 수 있다. 20. 경찰경채 ( )

정답 **02** ○

2. 일반적 법률유보조항에 의한 기본권제한

> 헌법 제37조 ② 국민의 모든 자유와 권리는 국가안전보장·질서유지 또는 공공복리를 위하여 필요한 경우에 한하여 법률로써 제한할 수 있으며, 제한하는 경우에도 자유와 권리의 본질적인 내용을 침해할 수 없다.

(1) 제한의 대상

헌법 제37조 제2항의 법문상 법률에 의하여 제한될 수 있는 기본권은 국민의 '모든' 자유와 권리이다. 그러나 그 성질상 제한이 가능한 기본권에 한하여 제한할 수 있으며, 절대적 기본권은 그 성질상 제한이 불가능하다(예 양심형성의 자유, 신앙의 자유).

(2) 제한의 목적

① **국가안전보장**: '국가안전보장'이란 국가의 독립과 영토의 보전, 헌법과 법률의 규범력, 헌법의 기본질서유지 등을 포함하는 개념으로서, 제4공화국 헌법(제7차 개헌)에서부터 규정된 것이다. 06. 사시

② **질서유지**: 헌법 제37조 제2항의 질서유지의 개념에 관하여 ㉠ 자유민주적 기본질서를 포함하는 헌법적 질서는 물론이고 그 밖의 사회적 안녕질서를 말한다는 견해(권영성)와 ㉡ 국가질서와 민주적 기본질서는 안녕질서에 속하고 질서유지는 사회질서를 의미한다는 견해(다수설)가 대립한다.

③ **공공복리**: 공공복리는 다의적이고 불확정적인 개념으로 이것을 기본권제한의 사유로 하는 것에 대하여 비판이 있다. 현대 사회국가에서 기본권제한의 목적이 되는 공공복리(사회국가적 공공복리)는 근대 시민국가적 복리(개인적 생활이익을 절대시), 국가절대주의적 복리(국가적 생활이익을 절대시)와는 명확히 구별되는 공동으로 사회생활을 영위하는 사회구성원 전체를 위한 공공의 이익, 즉 국민공동의 이익을 의미한다. 국민공동의 공공복리 개념은 자유권에 대해서는 제한사유이지만, 사회적 기본권에 대해서는 실천목표가 된다.

(3) 제한의 형식

① **법률**: 헌법 제37조 제2항에서의 '법률'은 원칙적으로 국회가 제정한 형식적 의미의 법률을 말한다. 기본권제한을 위한 법률은 일반적인 것이어야 하고 명확한 것이어야 한다(법률의 일반성과 명확성의 원칙). 기본권제한에 관한 법률유보원칙은 '법률에 근거한 규율'을 요청하는 것이므로, 그 형식이 반드시 법률일 필요는 없다 하더라도 법률상의 근거는 있어야 한다 할 것이다(헌재 2012.5.31, 2010헌마139).

> **판례 |**
>
> **1 처분적 법률에 의한 기본권제한의 가능성 – 예외적 허용** 04. 국회직, 05. 사시
> 개별사건법률은 개별사건에만 적용되는 것이므로 원칙적으로 평등원칙에 위배되는 자의적인 규정이라는 강한 의심을 불러일으킨다. 그러나 개별사건법률금지의 원칙이 법률제정에 있어서 입법자가 평등원칙을 준수할 것을 요구하는 것이기 때문에 특정규범이 개별사건법률에 해당한다 하여 곧바로 위헌을 뜻하는 것은 아니다. 비록 특정

기출 OX

01 기본권의 제한은 원칙적으로 국회에서 제정한 형식적 의미의 법률에 의해서만 가능하다. 08. 법원직 ( )

02 기본권제한에 관한 법률유보의 원칙에 따르면 기본권의 제한에는 법률의 근거가 필요하나, 기본권제한형식이 반드시 형식적 의미의 법률일 필요는 없다. 17. 경찰승진 ( )

• 기본권의 제한은 법률의 근거뿐만 아니라, 그 형식도 반드시 법률의 형식일 것을 요구한다. (×)
• 기본권의 제한은 법률의 근거가 있어야 한다는 것이고, 그 형식이 반드시 법률의 형식일 것만을 요구하는 것은 아니다. (○) 18. 법원직

03 헌법은 처분적 법률의 정의규정을 따로 두고 있지 않음은 물론, 처분적 법률의 제정을 금지하는 명문의 규정도 두고 있지 않으므로, 특정규범이 개인대상법률 또는 개별사건법률에 해당한다고 하여 그것만으로 바로 헌법에 위반되는 것은 아니다. 12. 경찰승진 ( )

04 국민의 기본권을 제한하는 경우에는 일반적 법률에 의하여야 하므로 처분적 법률은 어떠한 경우에도 허용되지 않는다. 11. 국가직 ( )

정답 01 ○ 02 ○ 03 ○ 04 ×

법률 또는 법률조항이 단지 하나의 사건만을 규율하려고 한다 하더라도 이러한 차별적 규율이 합리적인 이유로 정당화될 수 있는 경우에는 합헌적일 수 있다. 따라서 개별사건법률의 위헌 여부는 그 형식만으로 가려지는 것이 아니라, 나아가 평등의 원칙이 추구하는 실질적 내용이 정당한지 아닌지를 따져야 비로소 가려진다(헌재 1996.2.16, 96헌가2).

2 한국방송공사로 하여금 수신료금액을 결정해서 문화관광부장관의 승인을 얻도록 한 것이 법률유보원칙에 위반되는지 여부: 적극 19. 서울시

오늘날 법률유보원칙은 단순히 행정작용이 법률에 근거를 두기만 하면 충분한 것이 아니라, 국가공동체와 그 구성원에게 기본적이고도 중요한 의미를 갖는 영역, 특히 국민의 기본권실현과 관련된 영역에 있어서는 국민의 대표자인 입법자가 그 본질적 사항에 대해서 스스로 결정하여야 한다는 요구까지 내포하고 있다(의회유보원칙). 그런데 텔레비전방송수신료는 대다수국민의 재산권보장의 측면이나 한국방송공사에게 보장된 방송자유의 측면에서 국민의 기본권실현에 관련된 영역에 속하고, 수신료금액의 결정은 납부의무자의 범위 등과 함께 수신료에 관한 본질적인 중요한 사항이므로 국회가 스스로 행하여야 하는 사항에 속하는 것임에도 불구하고 한국방송공사법 제36조 제1항에서 국회의 결정이나 관여를 배제한 채 한국방송공사로 하여금 수신료금액을 결정해서 문화관광부장관의 승인을 얻도록 한 것은 법률유보원칙에 위반된다(헌재 1999.5.27, 98헌바70).

3 기본권제한의 형식이 반드시 법률의 형식일 필요는 없고 법률에 근거를 두면서 헌법 제75조가 요구하는 위임의 구체성과 명확성을 구비하기만 하면 위임입법에 의하여도 기본권제한을 할 수 있는지 여부: 적극

국민의 기본권은 헌법 제37조 제2항에 의하여 국가안전보장, 질서유지 또는 공공복리를 위하여 필요한 경우에 한하여 이를 제한할 수 있으나 그 제한은 원칙적으로 법률로써만 가능하며, 제한하는 경우에도 기본권의 본질적 내용을 침해할 수 없고 필요한 최소한도에 그쳐야 한다. 이러한 법률유보의 원칙은 '법률에 의한' 규율만을 뜻하는 것이 아니라 '법률에 근거한' 규율을 요청하는 것이므로 기본권제한의 형식이 반드시 법률의 형식일 필요는 없고 법률에 근거를 두면서 헌법 제75조가 요구하는 위임의 구체성과 명확성을 구비하기만 하면 위임입법에 의하여도 기본권제한을 할 수 있다 할 것이다(헌재 2005.2.24, 2003헌마289).

② **명령**: 긴급명령, 긴급재정경제명령 또는 구체적인 위임명령인 경우에는 명령에 의해서도 기본권제한이 가능하다. 07. 법무사, 15. 법원직 행정규칙에 의해서도 기본권을 제한할 수 있는지가 문제되는데, 헌법재판소는 헌법상 위임입법의 형식은 '예시적'이라며 법령의 직접적 위임에 따라 그 법령을 시행하는 데 필요한 구체적 사항을 정한 **'법령보충적 행정규칙'에 의해서도 기본권을 제한할 수 있다**고 보고 있다(헌재 2004.10.28, 99헌바91). 12. 국가직 또한 법률의 위임이 있으면 조례에 의해서도 기본권제한이 가능하다.

기출 OX

05 법률유보의 원칙은 국민의 대표자인 입법자가 그 본질적 사항에 대하여 스스로 결정하여야 한다는 요구를 내포하고 있다. 06. 국회직 ( )

정답 05 ○

기출 OX

01 헌법이 인정하고 있는 위임입법의 형식은 열거적인 것으로 보아야 하므로 법률이 행정규칙에 위임하는 것은 비록 그 행정규칙이 위임된 사항만을 규율할 수 있다고 하더라도 국회입법의 원칙에 위배되는 것이다. 12. 국가직
( )

> **판례 |**
>
> **1 법령보충적 행정규칙에 의한 기본권제한이 가능한지 여부: 적극 [합헌]** 12. 국가직
> 법령이 입법사항에 관하여 헌법조항에서 규정한 대통령령·총리령·부령이 아닌 형식, 즉 고시·훈령 등으로 위임이 가능한지 의문이 들 수 있다. 헌법 제40조와 헌법 제75조, 제95조의 의미를 살펴보면, 국회입법에 의한 수권이 입법기관이 아닌 제2의 국가기관인 행정기관에 법률 등으로 구체적인 범위를 정하여 위임한 사항에 관하여 법정립의 권한을 가지게 되고, 입법자가 규율의 형식을 선택할 수도 있다 할 것이다. 따라서 헌법이 인정하고 있는 **위임입법의 형식은 예시적인 것**으로 보아야 할 것이고, 그것은 법률이 행정규칙에 위임하더라도 그 행정규칙은 위임된 사항만을 규율할 수 있으므로, 국회입법의 원칙과 상치되지도 않는다. 위와 같이 법률이 입법사항을 고시 등에 위임하는 것이 가능하다고 하더라도 그에 관한 통제는 더욱 엄격하게 행하여져야 한다(헌재 2004.10.28, 99헌바91).
>
> **2 서울특별시 학생인권조례가 법률유보원칙에 위배되어 표현의 자유를 침해하는지 여부: 소극 [기각]**
> 이 사건 조례 제5조 제3항으로 달성되는 공익이 매우 중대한 반면, 제한되는 표현은 타인의 인권을 침해하는 정도에 이르는 표현으로 그 보호가치가 매우 낮으므로, 법익간 균형이 인정된다. 따라서 이 사건 조례 제5조 제3항은 과잉금지원칙에 위배되어 학교 구성원인 청구인들의 표현의 자유를 침해하지 아니한다(헌재 2019.11.28, 2017헌마356).

02 국회의 동의를 얻은 조약은 국내법과 같은 효력을 가지지만, 기본권을 제한할 수는 없다. 03. 법무사 ( )

③ **조약과 국제법규**: 조약(국회의 동의를 거쳐 체결·비준된 조약)과 일반적으로 승인된 국제법규도 법률과 동일한 효력을 가지므로(다수설), 이에 의한 기본권제한이 가능하다. 03. 법무사

(4) 제한의 정도

① **과잉금지의 원칙**: 국민의 기본권을 제한함에 있어서 국가작용의 한계를 명시한 것으로서, 기본권의 본질적 침해가 없다 할지라도 다음 중 **어느 하나에라도 저촉되면 위헌**이라는 원칙이다. 08. 법원직, 09. 사시

  ㉠ **방법의 적절성(수단의 상당성)**: 법률에 규정된 기본권제한의 방법은 기본권제한입법의 목적달성을 위한 효과적이고 적절한 수단이어야 한다는 것을 의미하며, 이것이 유일무이한 수단일 필요는 없다. 10. 법무사

  ㉡ **피해의 최소성(필요성)**: 기본권의 제한조치가 입법목적달성을 위하여 적절하다 할지라도 보다 완화된 형태나 방법을 모색함으로써 필요최소한도의 제한에 그쳐야 한다는 것을 말한다. 다만, 완화된 수단이 있더라도 취해진 수단이 유효적절하며 현저히 불합리한 것이 아닌 한 보다 완화된 수단이 있는 것만으로 최소침해금지의 원칙을 위반하였다고 볼 수 없다(헌재 1989. 12.22, 88헌가13). 03. 법무사

  입법자는 공익실현을 위하여 기본권을 제한하는 경우에도 입법목적을 실현하기에 적합한 여러 수단 중에서 되도록 국민의 기본권을 가장 존중하고 기본권을 최소로 침해하는 수단을 선택해야 한다. 기본권을 제한하는 규정은 기본권행사의 '방법'에 관한 규정과 기본권행사의 '여부'에 관한 규정으로 구분할 수 있다. 침해의 최소성의 관점에서, 입법자는 그가 의도하는 공익을 달성하기 위하여 우선 기본권을 보다 적게 제한하는 단계인 기본권행

정답 01 × 02 ×

사의 '방법'에 관한 규제로써 공익을 실현할 수 있는가를 시도하고 이러한 방법으로는 공익달성이 어렵다고 판단되는 경우에 비로소 그 다음 단계인 기본권행사의 '여부'에 관한 규제를 선택해야 한다(헌재 1998.5.28, 96헌가5).

ⓒ **법익의 균형성(협의의 비례성)**: 기본권제한이 원칙들(목적의 정당성, 방법의 적절성, 피해의 최소성)에 적합한 경우에도 기본권을 보장함으로써 얻는 사익과 기본권을 제한함으로써 얻는 공익을 비교형량하여 규제함으로써 초래되는 공익이 보다 크거나 양자간에 합리적인 균형관계가 성립하여야 함을 말한다. 공익과 사익의 비교형량은 구체적으로 평가되고 결정되어야 한다.

06. 국가직

⊕ PLUS 목적의 정당성을 부정한 판례

1. 동성동본금혼제도 사건(95헌가6)
2. 혼인빙자간음죄 사건(2008헌바58)
3. 노동단체의 정치자금기부금지 사건(95헌마154)
4. 기초의회의원선거 정당표방금지 사건(2001헌가4)
5. 재외국민 선거권 제한 사건(2004헌마644)
6. 경찰서조사실 수갑 찬 채 조사받는 모습 촬영 사건(2012헌마652)
7. 유신헌법상 긴급조치 제1호, 제2호, 제9호 위헌 사건(2010헌바70)
8. 변호사 후방착석요구 사건(2016헌마503)
9. 교육공무원 아닌 대학교원들 단결권 제한 사건(2015헌가38)
   비교» 교육공무원인 대학교원 – 입법형성권한계 일탈
10. 특정 문화예술인지원사업 배제 사건(2017헌마416) – 자의금지 심사
11. 혼인한 여성만 배우자 직계존·비속의 재산등록 사건(2019헌가3) – 비례의 원칙 심사

⊕ PLUS 수단의 적합성을 부정한 판례

1. 세무사자격 보유변호사는 세무조정업무금지
2. 상속인의 범위에 상속개시 전에 피상속인으로부터 상속재산가액에 가산되는 재산을 증여받고 상속을 포기한 자를 포함하지 않은 것
3. 제대군인 가산점
4. 직사살수행위
5. 자도소주 구입명령
6. 정당후원회금지
7. 변호사시험합격자 성적 미공개
8. 사죄광고
9. 재직 중 금고 이상 선고시 퇴직급여감액(공무원연금법, 군인연금법)
10. 법위반사실공표명령
11. 전문과목 표시한 경우 그 과목만 진료
12. 학교정화구역에서 당구장금지(대학, 유치원)
13. 변호사 수형자 접견시 소송계속중임을 소명
14. 간통죄
15. 초중등교원 그밖의 정치단체 가입금지
16. 국가인권위원회 위원 퇴직 후 2년간 공직제한
17. 노동조합 운영비원조 금지
18. 경비업자 겸영금지
19. 경찰청장 퇴임 후 2년간 정당의 당원될 수 없도록 한 것
20. 국가모독죄 «주의» 국기모독죄는 합헌

21. 임원이 건설업과 관련없는 죄로 금고 이상 형을 선고받은 경우까지 건설업 등록 필요적 말소
22. 변호사 광고 일률적 금지
23. 임신 32주 이전에 태아의 성별을 임부 등에게 알리는 것을 금지한 것
24. 육군훈련소 내 종교행사 참석 강제사건
25. 비례대표 국회의원(지방의원) 선거범죄로 당선무효이면 의석승계 제한사유로 규정한 공직선거법
26. 선거일 180일 전부터 선거일까지 인터넷상 선거와 관련한 정치적 표현 및 선거운동을 금지하고 처벌하는 공직선거법
27. 재판에 영향을 미칠 염려가 있거나 미치게 하기 위한 집회 또는 시위를 금지하고 이를 위반한 자를 형사처벌하는 집회 및 시위에 관한 법률
28. 미결구금일수의 일부가 산입되지 않을 수 있도록 한 형법
29. 약사들로 구성된 법인도 약국개설금지한 약사법

② 본질적 내용침해금지의 원칙
㉠ 의의: 기본권의 본질적 내용이란 당해 기본권의 핵이 되는 실체를 말하고, 본질적인 내용의 침해란 그 침해로 말미암아 당해 자유나 권리가 유명무실한 것이 되어 버리는 정도의 침해를 말한다.
㉡ 본질적 내용보장의 내용
ⓐ 학설
• 상대설: 본질적 내용을 고정적인 것이 아니라 가변적인 것으로 보는 입장으로, 본질적 내용은 **비례의 원칙**에 기초하여 **법익형량**을 통하여 구체적으로 확정된다고 한다. 본질적 내용도 국익을 위하여 필요한 경우에는 **완전히 배제가능**하게 된다.
• 절대설: 모든 기본권은 침해할 수 없는 고정불변의 확고부동한 핵심영역이 있으며 이는 절대적으로 보호되어야 한다는 입장이다. 기본권제한의 경우에 **비례의 원칙**뿐만 아니라 **본질적 내용침해금지원칙**까지 충족시켜야 한다고 본다. 08. 법원직

인간의 존엄성설	모든 기본권에 공통된 최소한의 가치인 인간의 존엄성
핵심영역설(다수설)	당해 기본권의 핵이 되는 실체(핵심영역)
절충설	모든 기본권에 공통된 최소한의 가치(예 인간의 존엄성) + 각 기본권에 특유한 고유가치

ⓑ 헌법재판소의 입장
• 절대설에 입각한 판시: 재산권의 본질적인 내용이라는 것은 재산권의 핵이 되는 실질적 요소 내지 근본적 요소를 뜻하며, 재산권의 본질적인 내용을 침해하는 경우라고 하는 것은 그 침해로 인하여 사유재산권이 유명무실해지거나 형해화(形骸化)되어 헌법이 재산권을 보장하는 궁극적인 목적을 달성할 수 없게 되는 지경에 이르는 경우라고 할 것이다(헌재 1990.9.3, 89헌가95).

- **상대설에 입각한 판시**: 생명권에 대한 제한은 곧 생명권의 완전한 박탈을 의미한다 할 것이므로, 사형이 비례의 원칙에 따라서 최소한 동등한 가치가 있는 다른 생명 또는 그에 못지 아니한 공공의 이익을 보호하기 위한 불가피성이 충족되는 예외적인 경우에만 적용되는 한, 그것이 비록 생명을 빼앗는 형벌이라 하더라도 헌법 제37조 제2항 단서에 위반되는 것으로 볼 수는 없다 할 것이다(헌재 1996.11.28, 95헌바1). 18. 법원직

> ⊕ PLUS 본질적 내용침해금지원칙의 헌정사
> 1. 제3차 개헌: 처음 규정
> 2. 제7차 개헌: 삭제
> 3. 제8차 개헌: 부활

III. 특별권력관계와 기본권제한

1. 특별권력관계의 의의

'특별권력관계'란 법규정이나 당사자의 동의 등 특별한 법적 원인에 의거하여 행정주체와 국민 일부간에 성립하는 관계로서 **국가와 공무원의 관계**(복종관계), **국·공립학교와 재학생의 관계**(재학관계), **교도소와 수형자의 관계**(수감관계), **국·공립병원과 전염병환자의 관계**(입원관계), **국·공립공원과 이용자의 관계**(이용관계) 등을 말한다.

2. 특별권력관계에서의 기본권의 제한

(1) 기본권제한의 허용 여부

오늘날에는 특별권력관계에도 법치주의가 전면적으로 적용되므로, 행정주체가 자의적으로 기본권을 제한할 수는 없다. 헌법이나 법률에 근거하여 기본권을 제한할 수 있다.

(2) 기본권제한의 형식

① 헌법에 의한 제한
  ㉠ **공무원의 근로3권제한(헌법 제33조 제2항)**: 헌법 제33조 제2항은 "공무원인 근로자는 법률이 정하는 자에 한하여 단결권·단체교섭권 및 단체행동권을 가진다."라고 하여 일정 범위의 공무원에 대하여는 근로3권을 제한하고 있다. 국가공무원법 제66조 제1항과 지방공무원법 제58조 제1항은 이를 구체화하여 "공무원은 노동운동 기타 공무 이외의 일을 위한 집단적 행위를 하여서는 아니 된다. 다만, **사실상 노무에 종사하는 공무원**은 예외로 한다."라고 규정하고 있는데, 헌법재판소는 이 규정에 대하여 합헌결정한 바 있다(헌재 1992.4.28, 90헌바27 등).
  ㉡ 군인, 군무원, 경찰공무원 등의 국가배상청구권제한(헌법 제29조 제2항)
  ㉢ 군인·군무원의 군사법원 관할과 비상계엄하의 일정 범죄에 대한 단심제(헌법 제27조 제2항, 제110조 제4항)
  ㉣ 군인의 국무총리·국무위원 임명제한(헌법 제86조 제3항, 제87조 제4항)

기출 OX

01 생명권도 헌법 제37조 제2항에 의한 일반적 법률유보의 대상이 될 수밖에 없으며, 나아가 생명권의 경우, 다른 일반적인 기본권제한의 구조와는 달리, 생명의 일부 박탈이라는 것을 상정할 수 없기 때문에 생명권에 대한 제한은 필연적으로 생명권의 완전한 박탈을 의미하게 되는바, 생명권의 제한이 정당화될 수 있는 예외적인 경우에는 생명권의 박탈이 초래된다 하더라도 곧바로 기본권의 본질적인 내용을 침해하는 것이라 볼 수는 없다. 17. 국가직 ( )

02 특별권력관계에 있어서 기본권의 제한은 법률의 근거를 요하지 아니한다. 07. 법원직 ( )

03 특별권력관계에 의한 기본권제한은 법률의 근거를 요하지 아니하고, 사법심사의 대상도 되지 아니한다는 것이 대법원의 입장이다. 03. 법무사 ( )

정답 01 ○ 02 × 03 ×

② 법률의 규정에 의한 직접제한
　㉠ 공무원의 정당가입과 정치적 활동의 제한(예 정당법, 국가공무원법 등)
　㉡ 공무원이 대통령이나 국회의원에 입후보하기 위해서는 일정한 기간 이전에 사임을 요구하는 것(예 공직선거법 제53조)
　㉢ 국·공립학교의 학생, 수형자, 입원 중인 전염병환자 등의 기본권제한 특례(예 교육기본법, 형의 집행 및 수용자의 처우에 관한 법률, 감염병의 예방 및 관리에 관한 법률 등)
　㉣ 군인·군무원 등의 거주·이전의 자유의 제한, 표현의 자유의 제한, 청원권의 제한, 영업의 자유의 제한, 계약의 자유의 제한, 제복의 착용 등
③ 법률의 위임에 따른 명령에 의한 제한
　법률의 구체적인 위임이 있는 경우에는 법규명령에 의한 기본권제한도 가능하며, 비상사태의 경우에는 긴급명령, 긴급재정경제명령 또는 특별한 조치로써 기본권을 제한할 수도 있다[예 수용자에 대한 기본권 제한 판례(기본권을 과도하게 제한하는지 여부)].

3. 특별권력관계와 사법적 통제

(1) 학설

특별권력관계에 있어서 처분(예 명령, 강제, 징계 등)을 사법적 통제의 대상으로 할 수 있는지 문제된다.
① **부정설**: 법률에 특별한 규정이 없으면 사법적 통제가 인정되지 않는다고 한다.
② **제한적 긍정설**: 특별권력관계를 외부적 관계(기본관계)와 내부적 관계(예 복무관계, 경영수행관계)로 나누고 외부적 관계(기본관계)에 관한 처분에 대해서는 사법적 통제가 인정되어야 한다고 한다.
③ **전면적 긍정설**: 일반권력관계와 특별권력관계를 구별하지 아니하므로, 특별권력관계에 있어서의 처분도 예외 없이 사법적 통제의 대상이 된다고 한다.

(2) 판례 07. 법원직
① **대법원**: 특별권력관계에서도 위법·부당한 특별권력의 발동으로 인하여 권리를 침해당한 자는 그 위법·부당한 처분의 취소를 구할 수 있다(대판 1982.7.27, 80누86).
② **헌법재판소**: 경찰공무원을 비롯한 공무원의 근무관계인 이른바 특별권력관계에 있어서도 일반 행정법관계에 있어서와 마찬가지로 행정청의 위법한 처분 또는 공권력의 행사·불행사 등으로 인하여 권리 또는 법적 이익을 침해당한 자는 행정소송 등에 의하여 그 위법한 처분 등의 취소를 구할 수 있다고 보아야 할 것이다(헌재 1995.12.28, 91헌마80). 11. 사시

(3) 검토

현대 민주국가에서는 헌법이 기본권을 보장하고 법치주의를 통치의 기본원리로 하고 있으므로 공권력으로 말미암아 개인의 기본권이 침해된 경우에 그 침해행위가 특별권력관계에서의 행위라는 이유로 구제방법을 부인해서는 안 될 것이다(전면적 긍정설).

기출 OX

01 경찰공무원을 비롯한 공무원의 근무관계인 이른바 특별권력관계에 있어서 행정청의 위법한 처분 또는 공권력의 행사·불행사 등으로 인하여 권리 또는 법적 이익을 침해당한 자는 행정소송 등에 의하여 그 위법한 처분 등의 취소를 구할 수 없다. 11. 사시
( )

정답 01 ×

제6절 기본권의 침해와 구제

01 국가의 기본권보장의무

> 헌법 제10조 모든 국민은 인간으로서의 존엄과 가치를 가지며, 행복을 추구할 권리를 가진다. 국가는 개인이 가지는 불가침의 기본적 인권을 확인하고 이를 보장할 의무를 진다.

기출 OX
02 헌법 제10조는 국가의 기본권보호의무를 명문으로 규정하고 있다.
09. 국가직 ( )

1. 기본권보장의무의 법적 성격

법적 의무설과 도의적 의무설이 대립하고 있지만 법적 의무설이 타당하다. 이때의 보장은 국가의 기본적 인권에 대한 소극적 침해금지의무와 적극적 실현의무를 동시에 내포하고 있다.

2. 국가의 적극적 보호의무의 실현

국민의 기본권에 대한 국가의 적극적 보호의무는 궁극적으로 입법자의 입법행위를 통하여 비로소 실현될 수 있는 것이다. 국가의 기본권보호의무의 이행은 입법자의 입법을 통하여 비로소 구체화되는 것이고, 국가가 그 보호의무를 어떻게 어느 정도로 이행할 것인지는 원칙적으로 한 나라의 정치·경제·사회·문화적인 제반여건과 재정사정 등을 감안하여 입법정책으로 판단하여야 하는 입법재량의 범위에 속하는 것이다(헌재 1997.1.16, 90헌마110·136).
헌법상 기본권보호의무란 기본권적 법익을 기본권주체인 사인에 의한 위법한 침해 또는 침해의 위험으로부터 보호하여야 하는 국가의 의무를 말하며, 주로 사인인 제3자에 의한 개인의 생명이나 신체의 훼손에서 문제되는 것이다(대판 2018.10.25, 2018두44302).

> **판례 Ⅰ**
> **1** 민법 제762조에 의한 태아의 손해배상청구권을 살아서 출생한 태아에게만 인정하는 것이 국가의 기본권보호의무를 위반한 것인지 여부: **소극 [합헌]** 12. 사시, 13. 지방직
> [1] 태아는 형성 중의 인간으로서 생명을 보유하고 있으므로 국가는 **태아를 위하여 각종 보호조치들을 마련하여야 할 의무가 있다.** 하지만 그와 같은 국가의 기본권보호의무로부터 **태아의 출생 전에,** 또한 태아가 살아서 출생할 것인가와는 무관하게 태아를 위하여 **민법상 일반적 권리능력까지도 인정하여야 한다는 헌법적 요청이 도출되지는 않는다.** 법치국가원리로부터 나오는 법적 안정성의 요청은 인간의 권리능력이 언제부터 시작되는가에 관하여 가능한 한 명확하게 그 시점을 확정할 것을 요구한다. 따라서 인간이라는 생명체의 형성이 출생 이전의 그 어느 시점에서 시작됨을 인정하더라도, 법적으로 사람의 시기를 출생의 시점에서 시작되는 것으로 보는 것은 헌법적으로 금지된다고 할 수 없다.
> [2] 생명의 연속적 발전과정에 대하여 동일한 생명이라는 이유만으로 언제나 동일한 법적 효과를 부여하여야 하는 것은 아니다. 동일한 생명이라 할지라도 법질서가 생명의 발전과정을 일정한 단계들로 구분하고 그 각 단계에 상이한 법적 효과를 부여하는 것이 불가능하지 않다. 이 사건 법률조항들의 경우에도 '살아서 출생한

03 인간이라는 생명체의 형성이 출생 이전의 그 어느 시점에서 시작됨을 인정하더라도, 법적으로 사람의 시기를 출생의 시점에서 시작되는 것으로 보는 것은 헌법적으로 금지된다.
22. 경찰승진 ( )

정답 **02** ○ **03** ✕

태아'와는 달리 '살아서 출생하지 못한 태아'에 대해서는 손해배상청구권을 부정함으로써 후자에게 불리한 결과를 초래하고 있으나 이러한 결과는 사법(私法)관계에서 요구되는 법적 안정성의 요청이라는 법치국가이념에 의한 것으로 헌법적으로 정당화된다 할 것이므로, 그와 같은 차별적 입법조치가 있다는 이유만으로 곧 국가가 기본권보호를 위하여 필요한 최소한의 입법적 조치를 다하지 않아 그로써 위헌적인 입법적 불비나 불완전한 입법상태가 초래된 것이라고 볼 수 없다.

[3] 그렇다면 이 사건 법률조항들이 권리능력의 존재 여부를 출생시를 기준으로 확정하고 태아에 대해서는 살아서 출생할 것을 조건으로 손해배상청구권을 인정한다 할지라도 이러한 입법적 태도가 입법형성권의 한계를 명백히 일탈한 것으로 보기는 어려우므로 이 사건 법률조항들이 국가의 생명권보호의무를 위반한 것이라 볼 수 없다(헌재 2008.7.31, 2004헌바81).

2 국가의 기본권보호의무 위배 여부에 대한 심사기준 - 과소보호금지원칙 08. 사시, 09. 국가직, 09 · 12. 국회직, 13. 지방직 · 서울시

헌법재판소는 권력분립의 관점에서 소위 '과소보호금지원칙'을, 즉 국가가 국민의 법익보호를 위하여 적어도 적절하고 효율적인 최소한의 보호조치를 취하였는가를 기준으로 심사하게 된다. 따라서 입법부작위나 불완전한 입법에 의한 기본권의 침해는 입법자의 보호의무에 대한 명백한 위반이 있는 경우에만 인정될 수 있다. 다시 말하면 국가가 국민의 법익을 보호하기 위하여 **전혀 아무런 보호조치를 취하지 않았든지** 아니면 취한 조치가 법익을 보호하기에 **명백하게 전적으로 부적합하거나 불충분한 경우**에 한하여 헌법재판소는 **국가의 보호의무의 위반**을 확인할 수 있을 뿐이다. … 국민의 기본권에 대한 국가의 적극적 보호의무는 궁극적으로 입법자의 입법행위를 통하여 비로소 실현될 수 있는 것이다. 국가의 기본권보호의무의 이행은 입법자의 입법을 통하여 비로소 구체화되는 것이고, 국가가 그 보호의무를 어떻게 어느 정도로 이행할 것인지는 원칙적으로 한 나라의 정치 · 경제 · 사회 · 문화적인 제반여건과 재정사정 등을 감안하여 하는 입법재량의 범위에 속하는 것이다(헌재 1997.1.16, 90헌마110 · 136).

3 교통사고처리 특례법 제4조 제1항 본문 중 업무상 과실 또는 중대한 과실로 인한 교통사고로 말미암아 피해자로 하여금 '중상해'에 이르게 한 경우에 공소를 제기할 수 없도록 규정한 부분이 기본권보호의무에 위배되는지 여부: 소극 [위헌] 09. 국회직, 12. 경찰승진 · 사시, 13. 지방직 · 서울시

국가의 신체와 생명에 대한 보호의무는 교통과실범의 경우 발생한 침해에 대한 사후처벌뿐만 아니라, 무엇보다도 우선적으로 운전면허취득에 관한 법규 등 전반적인 교통 관련 법규의 정비, 운전자와 일반 국민에 대한 지속적인 계몽과 교육, 교통안전에 관한 시설의 유지 및 확충, 교통사고 피해자에 대한 보상제도 등 여러 가지 사전적 · 사후적 조치를 함께 취함으로써 이행되고, 이 경우 형벌은 국가가 취할 수 있는 유효적절한 수많은 수단 중의 하나일 뿐이지, 결코 형벌까지 동원하여야만 보호법익을 유효

한눈에 쏙!
교통사고처리 특례법 사건정리

구분	피해자의 '중상해'	피해자의 '중상해가 아닌 상해'
재판절차 진술권침해	O	×
평등권침해	O	×
기본권 보호의무 위반	×	×

적절하게 보호할 수 있다는 의미의 최종적인 유일한 수단이 될 수는 없으므로 이 사건 법률조항은 국가의 기본권보호의무의 위반 여부에 관한 심사기준인 과소보호금지의 원칙에 위반한 것이라고 볼 수 없다(헌재 2009.2.26, 2005헌마764).

기출 OX

01 권리능력의 존재 여부를 출생시를 기준으로 확정하고, 태아에 대해서는 살아서 출생할 것을 조건으로 손해배상청구권을 인정하는 것은 입법형성권의 한계를 일탈한 것으로 국가의 생명권보호의무를 위반한 것이다. 11. 경찰승진 ( )

02 국가의 보호의무를 입법자가 어떻게 실현하여야 할 것인가 하는 문제는 원칙적으로 권력분립과 민주주의원칙에 따라 국민에 의해 직접 민주적 정당성을 부여받은 입법자의 책임 범위에 속하므로 헌법재판소는 단지 제한적으로만 입법자에 의한 보호의무의 이행을 심사할 수 있다. 15. 경찰승진 ( )

03 교통사고처리 특례법 중 업무상 과실 또는 중대한 과실로 인한 교통사고로 말미암아 피해자로 하여금 상해를 입게 한 경우 공소를 제기할 수 없도록 한 부분은 과소보호금지원칙에 위반한 것이다. 13. 서울시 ( )

정답 01 × 02 ○ 03 ×

4 국가는 흡연의 폐해로부터 국민의 건강을 보호하여야 할 의무가 있음에도 불구하고 국가가 담배사업법을 통하여 담배의 제조 및 판매를 허용하고 보장하는 것이 국가의 기본권보호의무를 위반하여 청구인의 생명·신체의 안전에 관한 권리를 침해하는지 여부: **소극 [기각]**

> 담배사업법은 담배의 제조 및 판매 자체는 금지하고 있지 않지만, 현재로서는 흡연과 폐암 등의 질병 사이에 필연적인 관계가 있다거나 흡연자 스스로 흡연 여부를 결정할 수 없을 정도로 의존성이 높아서 국가가 개입하여 담배의 제조 및 판매 자체를 금지하여야만 한다고 보기는 어렵다. 또한 담배사업법은 담배성분의 표시나 경고문구의 표시, 담배광고의 제한 등 여러 규제들을 통하여 직접흡연으로부터 국민의 생명·신체의 안전을 보호하려고 노력하고 있다. 따라서 담배사업법이 국가의 보호의무에 관한 과소보호금지원칙을 위반하여 청구인의 생명·신체의 안전에 관한 권리를 침해하였다고 볼 수 없다(헌재 2015.4.30, 2012헌마38).

5 미국산 쇠고기 수입의 위생조건에 관한 고시가 국민의 생명·신체의 안전에 관한 기본권보호의무 위반인지 여부: **소극 [기각]** 09. 국회직, 12. 사시, 13. 서울시

> [1] 국가가 국민의 생명·신체의 안전에 대한 보호의무를 다하지 않았는지 여부를 헌법재판소가 심사할 때에는 국가가 이를 보호하기 위하여 적어도 적절하고 효율적인 최소한의 보호조치를 취하였는가 하는 이른바 '과소보호금지원칙'의 위반 여부를 기준으로 삼아, 국민의 생명·신체의 안전을 보호하기 위한 조치가 필요한 상황인데도 국가가 아무런 보호조치를 취하지 않았든지 아니면 취한 조치가 법익을 보호하기에 전적으로 부적합하거나 매우 불충분한 것임이 명백한 경우에 한하여 국가의 보호의무의 위반을 확인하여야 하는 것이다.
>
> [2] 이 사건 고시가 개정 전 고시에 비하여 완화된 수입위생조건을 정하였다고 하더라도, 미국이 2000년 7월 국제수역사무국으로부터 소해면상뇌증 위험통제국가의 지위를 획득한 점과 미국산 쇠고기의 수입과 관련한 위험상황 등과 관련하여 개정 전 고시 이후에 달라진 여러 요인들을 고려하고 지금까지의 관련 과학기술 지식과 OIE 국제기준 등을 종합하여 보호조치를 취한 것이라면, 이를 들어 피청구인이 자의적으로 재량권을 행사하였다거나 합리성을 상실하였다고 하기 어렵다 할 것이다. … 이 사건 고시상의 보호조치가 완벽한 것은 아니라 할지라도, 앞서 본 기준과 내용에 비추어 쇠고기 소비자인 국민의 생명·신체의 안전을 보호하기에 전적으로 부적합하거나 매우 부족하여 그 보호의무를 명백히 위반한 것이라고 단정하기는 어렵다 할 것이다(헌재 2008.12.26, 2008헌마419·423·436).

6 태평양전쟁 전후 강제동원된 자 중 국외 강제동원자에 대해서만 의료지원금을 지급하도록 규정하고 있는 이 사건 법률조항이 국민에 대한 국가의 기본권보호의무에 위배되는지 여부: **소극 [기각]** 13·19. 서울시

> 비록 태평양전쟁 관련 강제동원자들에 대한 국가의 지원이 충분하지 못한 점이 있다 하더라도, 이 사건은 국가가 국내 강제동원자들을 위하여 아무런 보호조치를 취하지 아니하였다거나 아니면 국가가 취한 조치가 전적으로 부적합하거나 매우 불충분한 것임이 명백한 경우라고 단정하기 어려우므로, 이 사건 법률조항이 국민에 대한 국가의 기본권보호의무에 위배된다고 볼 수 없다(헌재 2011.2.24, 2009헌마94).

기출 OX

04 현재로서는 흡연과 폐암 등의 질병 사이에 필연적인 관계가 있다거나 흡연자 스스로 흡연 여부를 결정할 수 없을 정도로 의존성이 높아서 국가가 개입하여 담배의 제조 및 판매 자체를 금지하여야만 한다고 보기는 어렵다. 또한, 담배사업법은 담배성분의 표시나 경고문구의 표시, 담배광고의 제한 등 여러 규제들을 통하여 직접흡연으로부터 국민의 생명·신체의 안전을 보호하려고 노력하고 있다. 따라서 담배사업법이 국가의 보호의무에 관한 과소보호금지원칙을 위반하여 청구인의 생명·신체의 안전에 관한 권리를 침해하였다고 볼 수 없다. 20. 법행 ( )

05 국민의 생명·신체의 안전이 질병 등으로부터 위협받거나 받게 될 우려가 있는 경우, 국가는 국민의 생명·신체의 안전을 보호하기 위하여 필요한 적절하고 효율적인 입법·행정상의 조치를 취함으로써 침해의 위험을 방지하고 이를 유지할 구체적이고 직접적인 의무를 진다. 20. 국회직 ( )

06 태평양전쟁 전후 강제동원된 자들 중 국내 강제동원자들을 제외하고 국외 강제동원자들에 대해서만 위로금을 지급하는 것은 위헌이다. 14. 법무사 ( )

정답 04 ○ 05 × 06 ×

7 밀집사육시설인 이른바 '공장식 축산'을 허용하고 그에 대한 절차 및 기준을 규정하고 있는 축산법 제22조 등이 국민의 생명·신체의 안전에 대한 국가의 보호의무에 위배되는지 여부: 소극 [기각]

이 사건 기준은 가축사육업 허가를 받거나 등록을 할 때 갖추어야 하는 가축사육시설기준으로서, 가축사육시설의 환경이 열악해지는 것을 막는 최소한의 기준이라 할 것이고, 그 규제 정도도 점진적으로 강화되고 있다. 따라서 이 사건 기준만으로 곧바로 가축들의 건강상태가 악화되어 결과적으로 청구인들의 생명·신체의 안전이 침해되었다고 보기는 어렵다. 또한, 국가는 이 사건 기준뿐만 아니라 축산법 기타 많은 관련법령들에서 가축의 사육 및 도축, 유통에 이르는 전 단계에 걸쳐 가축의 질병 발생과 확산을 방지하고 가축사육시설을 규제함으로써 국민의 생명·신체에 대한 안전이 침해받지 않도록 여러 가지 조치를 취하고 있다. 따라서 이 사건 기준이 국민의 생명·신체의 안전에 대한 국가의 보호의무에 관한 과소보호금지원칙을 위반하였다고 볼 수는 없다(헌재 2015.9.24, 2013헌마384).

8 한국식품위생연구원과 한국보건의료관리연구원을 통폐합하여 한국보건산업진흥원을 설립하면서, 재산승계는 법률로 규정하고 있으면서도 고용승계는 법률로 규정하지 아니한 것이 사용자에 의한 해고로부터 근로자를 보호할 국가의 의무에 위배되는지 여부: 소극 11. 법원직

[1] 직업의 자유는 독립적 형태의 직업활동뿐만 아니라 고용된 형태의 종속적인 직업활동도 보장한다. 따라서 직업선택의 자유는 직장선택의 자유를 포함한다. 이러한 직장선택의 자유는 원하는 직장을 제공하여 줄 것을 청구하거나 한번 선택한 **직장의 존속보호를 청구할 권리를 보장하지 않으며,** 또한 사용자의 처분에 따른 직장상실로부터 직접 보호하여 줄 것을 청구할 수도 없다. 다만, 국가는 이 기본권에서 나오는 객관적 보호의무, 즉 사용자에 의한 해고로부터 근로자를 보호할 의무를 질 뿐이다.

[2] 국가가 근로관계의 존속을 보호하기 위한 최소한의 보호조치를 취하고 있는지의 여부는 이 사건 법률조항만에 의할 것이 아니라, 노사관계에 관한 법체계 전반을 통하여 판단하여야 할 것인바, 현행 법제상 근로관계의 존속보호를 위하여 국가가 마련하고 있는 보호조치로는 다음과 같은 것이 있고, 이로써(청구인들을 포함하여) 근로자들에게 최소한의 보호조치는 제공되고 있다 할 것이다. 헌법 제33조는 노동기본권을 보장하고 있으므로 근로자들은 노동조합을 설립하여, 사용자와의 관계에서 근로관계의 승계를 관철하기 위한 여러 행동들을 헌법 제33조의 보호 아래 할 수 있다. 그리고 법원은 재판작용을 통하여 근로관계의 존속을 보호할 수 있다. 법원은 여러 가지 자료와 사정을 종합하여 고용승계 여부에 관한 당사자의 의사와 태도를 합리적으로 해석하는 과정에서 근로관계 존속보호의 기능을 수행할 수 있다. 또한 고용보험제도는 실업급여의 지급뿐만 아니라 고용안정사업, 직업능력개발사업을 내용으로 함으로써 실업 중인 근로자의 생활안정이라는 소극적인 차원을 벗어나 고용증진을 위한 헌법상 근로의 권리를 구체적으로 실현하는 입법이다(헌재 2002.11.28, 2001헌바50).

9 확성장치의 최고출력 내지 소음 규제기준에 관한 규정을 두지 아니한 공직선거법이 기본권 보호의무에 위배되는지 여부: 적극

심판대상조항은 선거운동의 자유를 감안하여 선거운동을 위하여 확성장치를 허용하여야 할 공익적 필요성이 인정된다고 하더라도, 정온한 생활환경이 보장되어야 할 주거지역에서 출근 또는 등교 이전 및 퇴근 또는 하교 이후 시간까지 지속 시간 및 최고출력 또는 소음 규제 없이 확성장치를 사용하여 선거운동을 할 수 있도록 허용한

기출 OX

01 직업의 자유는 직장선택의 자유를 포함하며, 직장선택의 자유는 원하는 직장을 제공하여 줄 것을 청구하거나 한번 선택한 직장의 존속보호를 청구할 권리를 보장하는 것이다. 20. 5급 공채
( )

02 일정한 경우 국가는 사인인 제3자에 의한 국민의 환경권 침해에 대해서 적극적으로 보호조치를 취할 의무를 지므로 공직선거법에서 확성장치 사용에 따른 소음제한기준을 두고 있지 않은 것은 국민의 정온한 환경에서 생활할 권리를 보호하기 위한 입법자의 의무를 과소하게 이행하였다고 할 수 있다. 12. 국회직 ( )

정답 01 × 02 ○

것은 수인한도를 초과하는 소음이 발생하도록 방치하는 것이다. … 출근 또는 등교 이전 및 퇴근 또는 하교 이후 시간대의 주거지역에서 확성장치의 최고출력 또는 소음을 제한하는 등 사용시간과 사용지역에 따른 수인한도 내에서 확성장치의 최고출력 내지 소음 규제기준에 관한 구체적인 규정을 두어야 할 것이다. 그러므로 심판대상조항이 이러한 규정을 두고 있지 아니한 것은 관련 법익을 형량하여 보더라도 적절하고 효율적인 최소한의 보호조치를 취하지 아니함으로써 국가의 기본권 보호의무를 과소하게 이행하였다고 평가되고, 이는 청구인의 건강하고 쾌적한 환경에서 생활할 권리의 침해를 가져온다(헌재 2019.12.27, 2018헌마730).

10 국가가 국민의 건강하고 쾌적한 환경에서 생활할 권리에 대한 보호의무를 다하지 않았는지 여부를 헌법재판소가 심사할 때의 심사기준 – 과소보호금지원칙

국가가 국민의 건강하고 쾌적한 환경에서 생활할 권리에 대한 보호의무를 다하지 않았는지 여부를 헌법재판소가 심사할 때에는 국가가 이를 보호하기 위하여 적어도 적절하고 효율적인 최소한의 보호조치를 취하였는가 하는 이른바 '과소보호금지원칙'의 위반 여부를 기준으로 삼아야 한다(헌재 2019.12.27, 2018헌마730).

11 원자력발전소 건설을 내용으로 하는 전원개발사업 실시계획에 대한 승인권한을 산업통상자원부장관에게 부여하고 있는 전원개발촉진법(2013.3.23. 법률 제11690호로 개정된 것) 제5조 제1항 본문이 국가의 기본권 보호의무를 위반하는지 여부: 소극

국가는 원전의 건설·운영을 산업통상자원부장관의 전원개발사업 실시계획 승인만으로 가능하도록 한 것이 아니라, '원자력안전법'에서 규정하고 있는 건설허가 및 운영허가 등의 절차를 거치도록 하고 있다. 원전 사고로 인한 방사능 피해는 전원개발사업 실시계획 승인 단계에서가 아니라 원전의 건설·운영과정에서 발생하므로 원전 건설·운영의 허가 단계에서 보다 엄격한 기준을 마련하여 원전으로 인한 피해가 발생하지 않도록 조치들을 강구하고 있다. 따라서 이 사건 승인조항에서 원전 건설을 내용으로 하는 전원개발사업 실시계획에 대한 승인권한을 다른 전원개발과 마찬가지로 산업통상자원부장관에게 부여하고 있다 하더라도, 국가가 국민의 생명·신체의 안전을 보호하기 위하여 필요한 최소한의 보호조치를 취하지 아니한 것이라고 보기는 어렵다(헌재 2016.10.27, 2015헌바358).

12 탄소중립기본법 제8조 제1항에서는 2030년까지의 감축목표 비율만 정하고 2031년부터 2049년까지 19년간의 감축목표에 관해서는 어떤 형태의 정량적인 기준도 제시하지 않은 것이 기본권보호의무에 위배되는지 여부: 적극 [헌법불합치]

탄소중립기본법 제8조 제1항에서는 2030년까지의 감축목표 비율만 정하고 2031년부터 2049년까지 19년간의 감축목표에 관해서는 어떤 형태의 정량적인 기준도 제시하지 않았는바, 같은 조 제4항의 온실가스 감축목표 재설정 주기나 범위 등 관련 법령의 체계를 살펴보더라도 2050년 탄소중립의 목표 시점에 이르기까지 점진적이고 지속적인 감축을 실효적으로 담보할 수 있는 장치가 없으므로, 이는 미래에 과중한 부담을 이전하는 방식으로 감축목표를 규율한 것으로, 기후위기라는 위험상황에 상응하는 보호조치로서 필요한 최소한의 성격을 갖추지 못하였다. 탄소중립기본법 제8조 제1항은 2031년부터 2049년까지의 감축목표에 관하여 그 정량적 수준을 어떤 형태로도 제시하지 않았다는 점에서 **과소보호금지원칙을 위반**하였다. 2031년부터 2049년까지의 감축목표에 관하여 대강의 정량적 수준도 규정하지 않은 것은 의회유보원칙을 포함하는 **법률유보원칙을 위반**한 것이다. 탄소중립기본법 제8조 제1항은 2031년부터 2049년까지의 감축목표에 관하여 그 정량적 수준을 어떤 형태로도 제시하지 않았다는 점에서 과소보호금지원칙 및 법률유보원칙에 반하여 기본권 보호의무를 위반하였으므로 청구인들의 **환경권을 침해**한다.

기출 OX

03 원전 건설을 내용으로 하는 전원개발사업 실시계획에 대한 승인권한을 다른 전원개발과 마찬가지로 산업통상자원부장관에게 부여하고 있다 하더라도, 국가가 국민의 생명·신체의 안전을 보호하기 위하여 필요한 최소한의 보호조치를 취하지 아니한 것이라고 보기는 어렵다. 17. 국가직
( )

정답 03 ○

온실가스 감축목표의 대강에 관한 사회적 합의를 도출하는 데에 필요한 시간 등을 종합적으로 고려하여 **2026.2.28.을 시한으로 개선입법이 있을 때까지 계속 적용을 명하는 헌법불합치결정**을 선고한다(헌재 2024.8.29, 2020헌바74등).

02 기본권의 침해와 구제

Ⅰ. 국가기관에 의한 침해와 구제

1. 입법기관에 의한 침해와 구제

(1) 적극적 입법에 의한 침해와 구제

① 사전구제
  ㉠ 원칙적으로 추상적 규범통제*는 인정되지 않는다.
  ㉡ 대통령의 법률안거부권의 행사
  ㉢ 국민의 청원**
  ㉣ 국가인권위원회에 의한 권고[입법과정 중에 있는 법령안에 대해서도 필요한 사항에 관한 권고 또는 의견의 표명 가능(국가인권위원회법 제19조)]

② 사후구제
  ㉠ 구체적 규범통제***로서 법률의 위헌심판제도
  ㉡ 법률에 대한 헌법소원심판
  ㉢ 국민의 청원
  ㉣ 국가인권위원회에 의한 권고(국가인권위원회법 제19조)

(2) 입법부작위에 의한 침해와 구제

① 입법부작위: '입법부작위'란 국회가 법률을 제정하지 아니하거나 불충분한 입법을 하는 것을 말한다.
  ㉠ **단순입법부작위**: 단순히 입법을 하지 않고 있는 경우를 말한다. 입법자가 입법을 할 것인지 말 것인지는 입법자의 입법형성의 자유에 속하기 때문에 단순입법부작위의 경우에는 기본권침해문제가 발생하지 않는다.
  ㉡ **진정입법부작위**: 진정입법부작위는 ⓐ **헌법에서** 기본권보장을 위하여 법률에 명시적으로 입법위임을 하였음에도 불구하고 입법자가 이를 이행하지 않고 있는 경우 또는 ⓑ **헌법해석상** 특정인의 기본권을 보호하기 위한 국가의 입법의무가 발생하였음이 명백함에도 불구하고 입법자가 아무런 입법조치를 취하지 않고 있는 경우이어야 한다(헌재 2003.5.15, 2000헌마192 등). 10.법행
  ㉢ **부진정입법부작위**: 국회가 어떤 법률을 제정 또는 개정하였지만 그 법률이 불완전하거나 불충분하게 규정된 경우를 말한다. 부진정입법부작위의 경우에는 그 불완전한 법규 자체를 대상으로 하여 그것이 헌법 위반이라는 적극적인 헌법소원을 청구함은 별론으로 하고, 입법부작위를 헌법소원의 대상으로 삼을 수는 없다(헌재 1999.1.28, 97헌마9). 10.국회직

② **입법부작위에 의한 기본권의 침해**: 단순입법부작위의 경우는 입법형성의 자유에 속하기 때문에 입법부작위로 인한 기본권침해의 문제가 발생하지 않는다. 기본권침해는 진정입법부작위와 부진정입법부작위의 경우에 발생한다.

---

* **추상적 규범통제**: 구체적 소송사건과는 관계없이 법률 그 자체의 위헌 여부를 추상적으로 심사하고, 위헌으로 판단되면 법률의 효력을 상실하게 하는 제도이다.

** **국민의 청원**: 국민의 청원은 사전적 방법임과 동시에 사후적 방법이기도 하다.

*** **구체적 규범통제**: 구체적 소송사건을 심리·판단함에 있어서 법률의 위헌 여부가 문제되는 경우에 선결문제로서 적용법률의 헌법적합성을 심사하여 위헌이라고 판단되는 경우 그 법률을 적용하지 아니하는 제도이다.

기출 OX

01 헌법해석상 특정인에게 구체적인 기본권이 생겨 이를 보장하기 위한 국가의 행위의무 내지 보호의무가 발생하였음이 명백함에도 불구하고 입법자가 아무런 입법조치를 취하지 아니한 경우에는 입법자에게 입법의무가 인정된다. 20.경찰승진 ( )

정답 01 ○

③ 입법부작위에 의한 기본권침해에 대한 구제

구제방법	진정입법부작위	부진정입법부작위
청원권행사	입법제정청원	입법개폐청원
위헌법률심판	위헌법률심판대상은 **법률**이므로 **입법부작위**를 대상으로 할 수 없음	• 불완전한 **법률** 자체가 재판의 전제가 된 경우에 가능 • 헌법재판소법 제68조 제2항의 위헌소원도 가능(위헌제청신청이 기각된 경우)
헌법소원심판	**공권력의 불행사**에 해당하므로 **입법부작위**헌법소원 가능	법률이 직접 기본권을 침해하는 경우에 **법률** 자체를 직접 대상으로 헌법소원 가능(적극적인 헌법소원 또는 법률헌법소원)
제소기간제한	없음	있음

기출 OX

02 진정입법부작위의 경우에도 위헌법률심판의 대상이 된다. 05. 국회직
( )

판례 I

1 '행정절차에서의 위법하거나 부당한 구금의 피해자에 대하여도 보상하는 규정을 두어야 하는지 여부: 소극 [각하]

헌법 및 법률의 연혁과 문언의 가능한 해석 범위 등을 고려하면, 형사보상법은 형사사법작용에 의하여 신체의 자유가 침해된 자에 대한 보호를 목적으로 마련된 것으로서 행정작용에 의하여 신체의 자유가 침해된 자에게 그대로 적용될 수 없다. 결국 행정절차상 구금에 의하여 신체의 자유가 침해된 자에 대한 보상에 대해서는 입법자가 처음부터 아무런 입법을 하지 않았다고 보는 것이 입법자의 의사에 부합하는 해석이고, 이는 행정절차상 구금의 특성을 고려한 별도의 법률에 의한 보호가 필요한 영역이다. 따라서 이 부분 심판청구는 성질상 형사보상법이 적용되지 않는 행정작용에 의하여 신체의 자유가 침해된 자에 대하여 형사보상법과 동일한 정도의 보상을 내용으로 하는 새로운 입법을 하여 달라는 것이므로, 실질적으로 진정입법부작위를 다투는 것에 해당한다. 그런데 헌법재판소법 제68조 제2항에 의한 헌법소원에서 진정입법부작위를 다투는 것은 그 자체로 허용되지 않으므로, 청구인들의 이 부분 심판청구는 모두 부적법하다(헌재 2024.1.25, 2020헌바475).

2 국내에서 난민인정신청을 한 외국인이 강제퇴거명령을 받고 보호처분을 받아 수용되었다가 이후 난민인정을 받은 경우 및 출입국항에서 입국불허결정을 받은 외국인이 법률상 근거 없이 송환대기실에 수용되었던 경우에 대하여 보상을 해주어야 할 입법의무가 있는지 여부: 소극 [각하]

형사보상청구권에 관한 헌법 제28조의 규정만으로는 입법자에게 국내에서 난민인정신청을 한 외국인이 강제퇴거명령을 받고 보호처분을 받아 수용되었다가 이후 난민인정을 받은 경우 및 출입국항에서 입국불허결정을 받은 외국인이 법률상 근거 없이 송환대기실에 수용되었던 경우에 대하여 보상을 해주어야 할 입법의무를 부여하고 있다고 볼 수 없고, 그 밖에 다른 헌법조항을 살펴보아도 위와 같은 내용에 대한 명시적인 입법위임을 발견할 수 없다. 형사보상청구권은 국가의 형사사법작용에 의하여 신체의 자유가 침해된 국민에게 그 구제를 인정하여 국민의 기본권 보호를 강화하는 데 그 목적이 있는 것으로, 헌법 제28조의 해석상 위와 같은 입법의무가 헌법상의 일반원칙으로 도출된다고 볼 수 없다.

정답 02 ×

> 헌법 제10조 후문, 제12조의 해석을 통해서도 통상적인 법과 절차에 따른 행정상 구금의 경우까지 보상에 관한 법률을 마련하여야 한다거나 위법한 행정상 구금에 대하여 배상이 아닌 보상에 관한 법률까지 입법하여야 하는 입법의무가 헌법해석상 곧바로 도출된다고 볼 수는 없다(헌재 2024.1.25, 2021헌마703).

2. 행정기관에 의한 침해와 구제

(1) 침해
① **위헌적 법령에 의한 기본권침해**: 행정기관이 헌법에 위반하는 내용의 법령을 그대로 집행하는 경우
② **위헌적 적용에 의한 기본권침해**: 행정기관이 법령의 해석·적용을 잘못하는 경우
③ **적극적 행정행위에 의한 기본권침해**: 행정기관이 적극적으로 헌법·법령에 위반되는 행위를 함으로써 기본권을 침해하는 경우
④ **행정부작위에 의한 기본권침해**: 소극적으로 헌법·법률을 집행하지 않음으로써 기본권을 침해하는 경우

(2) 구제
① **행정기관에 의한 구제**
  ㉠ 청원(헌법 제26조)
  ㉡ 행정심판(헌법 제107조 제3항, 행정심판법 제1조)
  ㉢ 형사보상제도(헌법 제28조)
  ㉣ 행정상의 손해배상제도
② **법원에 의한 구제**
  ㉠ 행정소송
  ㉡ 명령·규칙심사제도(헌법 제107조 제2항)
③ **헌법재판소에 의한 구제**: 헌법소원

3. 사법기관에 의한 침해와 구제

(1) 침해
사법권이 기본권을 침해하는 사례는 피고인의 권리를 침해하거나 국민의 재판을 받을 권리를 침해하는 경우이다.

(2) 구제
① 상소, 재심, 비상상고 등을 통한 상급법원에 재심사청구
② **형사보상청구**: 형사피고인으로서 구금되었던 자가 무죄판결을 받은 경우
③ **헌법소원청구**: 재판은 원칙적으로 헌법소원심판의 대상이 될 수 없으나, 예외적으로 헌법재판소가 위헌이라고 결정한 법률을 적용하여 기본권을 침해한 재판의 경우
④ 대통령의 사면권행사

기출 OX
01 법원의 재판에 대한 헌법소원은 원칙적으로 인정되지 않으나, 예외적으로 헌법재판소가 위헌으로 결정한 법령을 적용함으로써 국민의 기본권을 침해한 재판에 대해서는 헌법소원심판을 청구할 수 있다. 13. 국회직
( )

정답 01 ○

4. 국가인권위원회에 의한 구제제도

(1) 의의

국가인권위원회는 독립위원회로서 국가기관에 의하여 충분히 보호되지 못한 기본권보호를 위하여 피해자들의 진정 또는 직권에 의한 각종 인권침해사례를 조사하고, 정책과 관행의 시정을 권고하거나 법원과 헌법재판소에 대하여 의견을 제출하는 등의 활동을 할 수 있다.

(2) 적용범위

> **국가인권위원회법**
> 제2조【정의】이 법에서 사용하는 용어의 정의는 다음과 같다.
> 1. "인권"이란 대한민국헌법 및 법률에서 보장하거나 대한민국이 가입·비준한 국제인권조약 및 국제관습법에서 인정하는 인간으로서의 존엄과 가치 및 자유와 권리를 말한다. 05. 사시·국회직
> 3. "평등권침해의 차별행위"란 … 다음 각 목의 어느 하나에 해당하는 행위를 말한다. 다만, 현존하는 차별을 없애기 위하여 특정한 사람(특정한 사람들의 집단을 포함한다. 이하 이 조에서 같다)을 잠정적으로 우대하는 행위와 이를 내용으로 하는 법령의 제정·개정 및 정책의 수립·집행은 평등권침해의 차별행위(이하 "차별행위"라 한다)로 보지 아니한다.
>   가. 고용(모집, 채용, 교육, 배치, 승진, 임금 및 임금 외의 금품 지급, 자금의 융자, 정년, 퇴직, 해고 등을 포함한다)과 관련하여 특정한 사람을 우대·배제·구별하거나 불리하게 대우하는 행위
>   나. 재화·용역·교통수단·상업시설·토지·주거시설의 공급이나 이용과 관련하여 특정한 사람을 우대·배제·구별하거나 불리하게 대우하는 행위
>   다. 교육시설이나 직업훈련기관에서의 교육·훈련이나 그 이용과 관련하여 특정한 사람을 우대·배제·구별하거나 불리하게 대우하는 행위
>   라. **성희롱행위** 16. 지방직
> 제4조【적용범위】이 법은 대한민국 국민과 대한민국의 영역에 있는 외국인에 대하여 적용한다. 05. 국회직

기출 OX
02 국가인권위원회법의 적용범위는 대한민국 국적을 가진 자에 한한다.
05. 국회직 ( )

(3) 국가인권위원회의 구성과 운영

> **국가인권위원회법**
> 제3조【국가인권위원회의 설립과 독립성】① 이 법에서 정하는 인권의 보호와 향상을 위한 업무를 수행하기 위하여 국가인권위원회(이하 "위원회"라 한다)를 둔다.
> ② 위원회는 그 권한에 속하는 업무를 **독립하여** 수행한다. 05. 국회직
> 제5조【위원회의 구성】① 위원회는 **위원장 1명과 상임위원 3명을 포함한 11명**의 인권위원(이하 "위원"이라 한다)으로 구성한다.
> ② 위원은 다음 각 호의 사람을 대통령이 임명한다.
> 1. **국회가 선출하는 4명**(상임위원 2명을 포함한다)
> 2. **대통령이 지명하는 4명**(상임위원 1명을 포함한다)
> 3. **대법원장이 지명하는 3명**

03 국가인권위원회는 위원장 1명과 상임위원 3명을 포함한 11명의 인권위원으로 구성되며, 국회가 선출하는 4명, 대통령이 지명하는 4명, 대법원장이 지명하는 3명을 대통령이 임명한다.
18. 경찰승진 ( )

정답 02 ✕ 03 ○

⑤ 위원장은 위원 중에서 대통령이 임명한다. 이 경우 **위원장은 국회의 인사청문을 거쳐야** 한다.
⑥ 위원장과 상임위원은 정무직공무원으로 임명한다.
⑦ 위원은 **특정 성(性)이 10분의 6을 초과하지 아니하도록** 하여야 한다.
⑧ 임기가 끝난 위원은 후임자가 임명될 때까지 그 직무를 수행한다.

제13조【회의 의사 및 의결정족수】① 위원회의 회의는 위원장이 주재하며, 이 법에 특별한 규정이 없으면 **재적위원 과반수의 찬성**으로 의결한다.
② 상임위원회 및 소위원회의 회의는 구성원 3명 이상의 출석과 3명 이상의 찬성으로 의결한다.

제14조【의사의 공개】위원회의 의사는 공개한다. 다만, 위원회, 상임위원회 또는 소위원회가 필요하다고 인정하면 공개하지 아니할 수 있다.

(4) 국가인권위원회의 조사대상

국가인권위원회법

제30조【위원회의 조사대상】① 다음 각 호의 어느 하나에 해당하는 경우에 인권침해나 차별행위를 당한 사람(이하 "피해자"라 한다) 또는 **그 사실을 알고 있는 사람이나 단체**는 위원회에 그 내용을 진정할 수 있다.
1. **국가기관, 지방자치단체**, 초·중등교육법 제2조, 고등교육법 제2조와 그 밖의 다른 법률에 따라 설치된 **각급 학교**, 공직자윤리법 제3조의2 제1항에 따른 **공직유관단체** 또는 구금·보호시설의 업무수행(**국회의 입법 및 법원·헌법재판소의 재판은 제외**한다)과 관련하여 대한민국헌법 **제10조부터 제22조**까지의 규정에서 보장된 인권을 침해당하거나 **차별행위**를 당한 경우 06. 행시, 07. 사시, 10. 법무사
2. **법인, 단체** 또는 **사인(私人)**으로부터 차별행위를 당한 경우 05. 국회직, 06. 행시

③ 위원회는 제1항의 진정이 없는 경우에도 인권침해나 차별행위가 있다고 믿을 만한 상당한 근거가 있고 그 내용이 중대하다고 인정할 때에는 이를 **직권으로** 조사할 수 있다.

제35조【조사의 목적의 한계】① 위원회는 조사를 할 때에는 국가기관의 기능수행에 지장을 주지 아니하도록 유의하여야 한다.
② 위원회는 개인의 사생활을 침해하거나 계속 중인 재판 또는 수사 중인 사건의 소추에 부당하게 관여할 목적으로 조사를 하여서는 아니 된다.

제40조【합의의 권고】위원회는 조사 중이거나 조사가 끝난 진정에 대하여 사건의 공정한 해결을 위하여 필요한 구제조치를 당사자에게 제시하고 합의를 권고할 수 있다. 06. 행시·입시

제47조【피해자를 위한 법률구조 요청】① 위원회는 진정에 관한 위원회의 조사, 증거의 확보 또는 피해자의 권리 구제를 위하여 필요하다고 인정하면 피해자를 위하여 대한법률구조공단 또는 그 밖의 기관에 법률구조를 요청할 수 있다.
② 제1항에 따른 법률구조 요청은 피해자의 명시한 의사에 반하여 할 수 없다.

제49조【조사와 조정 등의 비공개】위원회의 진정에 대한 조사·조정 및 심의는 **비공개**로 한다. 다만, 위원회의 의결이 있을 때에는 공개할 수 있다. 06. 행시·입시

기출 OX

01 위원회의 조사대상은 국가기관, 지방자치단체 또는 구금·보호시설의 업무수행(국회의 입법 및 법원·헌법재판소의 재판을 제외한다)과 관련하여 헌법 제10조부터 제22조에 보장된 인권을 침해당하거나 차별행위를 당한 경우 및 법인, 단체 또는 사인으로부터 차별행위를 당한 경우로 되어 있다. 20. 경찰승진 ( )

02 국회의 입법 또는 법원·헌법재판소의 재판에 의하여 헌법 제10조 내지 제22조에 보장된 인권을 침해당하거나 차별행위를 당한 경우, 그 인권침해를 당한 사람이나 단체는 국가인권위원회에 그 내용을 진정할 수 있다. 07. 사시 ( )

03 국가인권위원회는 피해자의 권리 구제를 위해 필요하다고 인정하면 피해자를 위하여 피해자의 명시적 의사에 관계없이 대한법률구조공단 또는 그 밖의 기관에 법률구조를 요청할 수 있다. 20. 경찰승진 ( )

04 국가인권위원회의 진정에 대한 조사·조정 및 심의는 비공개로 한다. 다만, 위원회의 의결이 있을 때에는 공개할 수 있다. 18. 경찰승진 ( )

정답 01 ○ 02 × 03 × 04 ○

(5) 국가인권위원회의 권한

> **국가인권위원회법**
>
> **제24조【시설의 방문조사】** ① 위원회(상임위원회와 소위원회를 포함한다. 이하 이 조에서 같다)는 필요하다고 인정하면 그 의결로써 구금·보호시설을 방문하여 조사할 수 있다.
>
> **제25조【정책과 관행의 개선 또는 시정권고】** ① 위원회는 인권의 보호와 향상을 위하여 필요하다고 인정하면 관계기관 등에 정책과 관행의 개선 또는 시정을 권고하거나 의견을 표명할 수 있다.
> ② 제1항에 따라 권고를 받은 관계기관 등의 장은 그 권고사항을 존중하고 이행하기 위하여 노력하여야 한다.
> ③ **제1항에 따라 권고를 받은 관계기관 등의 장은 권고를 받은 날부터 90일 이내에 그 권고사항의 이행계획을 위원회에 통지하여야 한다.**
> ④ 제1항에 따라 권고를 받은 관계기관 등의 장은 그 권고의 내용을 이행하지 아니할 경우에는 그 이유를 위원회에 통지하여야 한다.
> ⑤ 위원회는 제1항에 따른 권고 또는 의견의 이행실태를 확인·점검할 수 있다.
> ⑥ 위원회는 필요하다고 인정하면 제1항에 따른 위원회의 권고와 의견 표명, 제4항에 따라 권고를 받은 관계기관 등의 장이 통지한 내용 및 제5항에 따른 이행실태의 확인·점검 결과를 공표할 수 있다.
>
> **제28조【법원 및 헌법재판소에 대한 의견제출】** ① 위원회는 **인권의 보호와 향상에 중대한 영향을 미치는 재판이 계속 중인 경우 법원 또는 헌법재판소의 요청이 있거나 필요하다고 인정할 때에는 법원의 담당재판부 또는 헌법재판소에 법률상의 사항에 관하여 의견을 제출할 수 있다.** 05. 국회직, 06. 행시·입시
> ② 제4장 및 제4장의2에 따라 위원회 또는 제50조의3 제1항에 따른 군인권보호위원회가 조사하거나 처리한 내용에 관하여 재판이 계속 중인 경우 위원회는 법원 또는 헌법재판소의 요청이 있거나 필요하다고 인정할 때에는 법원의 담당재판부 또는 헌법재판소에 사실상 및 법률상의 사항에 관하여 의견을 제출할 수 있다.
>
> **제29조【보고서 작성 등】** ① 위원회는 해마다 전년도의 활동내용과 인권상황 및 개선대책에 관한 보고서를 작성하여 대통령과 국회에 보고하여야 한다. 이 경우 보고서에는 군 인권 관련 사항을 포함하여야 한다.

기출 OX

05 국가인권위원회는 인권의 보호와 향상에 중대한 영향을 미치는 재판이 계속(係屬) 중인 경우 법원 또는 헌법재판소의 요청이 있는 때에 한하여 법원의 담당재판부 또는 헌법재판소에 법률상의 사항에 관하여 의견을 제출할 수 있다. 06.5급 공채 ( )

판례 l

1 국가인권위원회위원의 퇴직 후 2년간 공직취임 및 선거출마금지가 공무담임권 등을 침해하는지 여부: 적극 [위헌] 06. 사시, 07. 국회직, 09. 국가직, 10. 법무사

여기서 금지되는 공직에는 **인권보장업무와의 관련성의 유무**나 그 **관련의 정도를 가리지 아니하고** 교육직이 아니라면 모든 종류의 공직이 포함되고 있다. 그렇다면 이 사건 법률조항은 그 입법목적을 달성함에 기여하는 정도를 넘어서서 동 입법목적의 달성과 관련이 없는 경우까지 지나치게 광범위하게 퇴직한 위원의 사회적 활동을 제약하는 것이라고 보아야 한다. … 이 사건 법률조항이 입법목적의 달성에 기여할 수 있다는 약간의 개연성 때문에 우월적 지위를 가지는 정치적 기본권인 **피선거권과 공무담임권** 및 경제생활의 기초가 되는 기본권인 직업선택의 자유를 제한하는 것은 … 헌법에 위반된다고 할 것이다(헌재 2004.1.29, 2002헌마788).

06 인권위원이 퇴직 후 2년간 교육공무원이 아닌 공무원으로 임명되거나 공직선거 및 선거부정방지법에 의한 선거에 출마할 수 없도록 규정한 국가인권위원회법 제11조는 인권위원의 참정권 등 기본권을 제한함에 있어서 준수하여야 할 과잉금지원칙에 위배된다. 18. 경찰승진 ( )

정답 05 × 06 ○

2 인권위원회의 조사대상에서 법원의 재판을 제외시키는 것이 위헌인지 여부: 소극 [기각]
06. 사시

국가인권위원회의 설립목적은 다른 국가기관에 의하여 수행될 수 없거나 수행되고 있지 않은 업무를 수행하는 것이므로, 제대로 운영되고 있는 기존의 국가기관들과 경합하는 것이 아니라 **보충하는 방법으로 설립되고 운영되는 것이 바람직**하다. … 이러한 사정을 종합하면 법원의 입법자가 법원의 재판을 국가인권위원회의 조사대상에 포함시키지 않은 것이 국민의 기본적 인권보장을 다하지 못한 것이라고 단언할 수는 없어 이 사건 법률조항이 청구인의 기본권을 과도하게 침해하는 것이라고 할 수 없다(헌재 2004.8.26, 2002헌마302).

3 국가인권위원회의 진정에 대한 결정이 헌법소원의 대상인지 여부: 소극 [판례 변경]
11. 법원직, 12. 경찰승진, 14. 지방직, 17 · 19. 국가직

진정에 대한 국가인권위원회의 각하 및 기각결정은 피해자인 진정인의 권리행사에 중대한 지장을 초래하는 것으로서 항고소송의 대상이 되는 행정처분에 해당하므로, 그에 대한 다툼은 우선 행정심판이나 행정소송에 의하여야 할 것이다. 결국 이 사건 심판청구는 행정심판이나 행정소송 등의 사전구제절차를 모두 거친 후 청구된 것이 아니므로 보충성요건을 충족하지 못하였다(헌재 2015.3.26, 2013헌마214).

4 '국가인권위원회의 공정한 조사를 받을 권리'는 헌법상 인정되는 기본권인지 여부: 소극 [기각] 14. 경찰승진

헌법재판소법 제68조 제1항 소정의 헌법소원은 기본권의 주체이어야만 청구할 수 있는데, 단순히 '국민의 권리'가 아니라 '인간의 권리'로 볼 수 있는 기본권에 대해서는 외국인도 기본권의 주체가 될 수 있다. 나아가 청구인들이 불법체류 중인 외국인들이라 하더라도 불법체류라는 것은 관련 법령에 의하여 체류자격이 인정되지 않는다는 것일 뿐이므로, '인간의 권리'로서 외국인에게도 주체성이 인정되는 일정한 기본권에 관하여 불법체류 여부에 따라 그 인정 여부가 달라지는 것은 아니다. 청구인들이 침해받았다고 주장하고 있는 신체의 자유, 주거의 자유, 변호인의 조력을 받을 권리, 재판청구권 등은 성질상 인간의 권리에 해당한다고 볼 수 있으므로, 위 기본권들에 관하여는 청구인들의 기본권주체성이 인정된다. 그러나 '국가인권위원회의 공정한 조사를 받을 권리'는 헌법상 인정되는 기본권이라고 하기 어렵다(헌재 2012.8.23, 2008헌마430).

기출 OX

01 국가인권위원회가 진정에 대해 각하 또는 기각결정을 하면 이 결정은 헌법소원의 대상이 되고 헌법소원의 보충성 요건을 충족한다. 18 · 20. 경찰승진
( )

II. 사인에 의한 침해와 구제

1. 형사절차를 통한 구제

사인이 기본권을 침해하는 경우 형사상 범죄를 구성하게 되어 처벌을 받게 된다.

2. 민사상 절차를 통한 구제

사인이 기본권을 침해하는 경우 민사상 불법행위를 구성하게 되어 손해배상책임을 지게 된다.

정답 **01** ×

police.Hackers.com

제2장 / 인간의 존엄과 가치, 행복추구권, 법 앞의 평등

제1절 인간의 존엄과 가치

01 의의

> **헌법 제10조** 모든 국민은 인간으로서의 존엄과 가치를 가지며, 행복을 추구할 권리를 가진다. 국가는 개인이 가지는 불가침의 기본적 인권을 확인하고 이를 보장할 의무를 진다.

기출 OX
01 인간으로서의 존엄과 가치는 헌법이 명시적으로 규정하는 사안 중 하나이다. 06. 법무사 변형 ( )

1. 연혁 및 입법례
(1) 1776년 버지니아 권리장전 및 미국독립선언에서 명문화하였다.
(2) 1789년 프랑스인권선언에서도 규정을 두었다.
(3) 제2차 세계대전 이후 국제연합헌장, 세계인권선언, 유럽인권협약, 고문방지협약, 집단학살방지 및 처벌협약(제노사이드협약) 등도 규정하였다.
(4) 인간의 존엄은 불가침이다. 이를 존중하고 보호하는 것은 모든 국가권력의 의무이다(독일 기본법 제1조 제1항).
(5) 우리나라는 제5차 개헌(1962년) 이래 인간의 존엄과 가치조항을 헌법에 두고 있다. 16. 지방직

02 1962년 제5차 개정헌법은 인간의 존엄과 가치에 대한 규정과 기본권의 본질적 내용 침해금지에 관한 규정을 처음으로 두었다. 16. 지방직 ( )

2. 규범적 의미

인간의 존엄과 가치에서의 인간상은 **인격주의사회에서의 인간상**(사회 속의 인간)이라 할 수 있다(다수설). 존엄과 가치란 인간의 본질로 간주되는 존귀한 인격주체성(권영성), 인격의 내용을 이루는 윤리적인 가치(허영), 인간의 인격과 그 평가(김철수) 등 다양하게 설명되고 있다. 인간의 존엄과 가치는 다음과 같은 규범적 의미를 지닌다.

(1) 반전체주의
개인 대 국가의 관계에서 국가는 개인(인간)을 위하여 존재한다는 반전체주의적 이념을 선언한 것이다.

(2) 인간우선
모든 법영역에서 인간의 가치는 어떠한 물적 법익보다도 우선한다는 것을 강조한 것이다.

(3) 국가와 국민의 실천목표
국가적 공동생활에 있어서 국가와 국민의 최우선적 실천목표를 제시한 것이다.

정답 01 ○ 02 ✕

(4) 법의 해석기준
헌법의 각 조항과 법령의 효력이 문제될 경우 그에 관한 궁극적 해석기준이 된다.

(5) 법의 보완원리
헌법규정이나 법령에 흠결이 있는 경우 법을 보완하는 원리가 된다.

(6) 국가작용의 가치판단기준
입법행위, 통치행위, 행정행위, 재판행위 등 모든 국가적 활동의 법적 효력이나 정당성이 문제될 경우 그에 관한 최종적 가치판단의 기준이 된다.

02 법적 성격

1. 주관적 공권성 인정 여부
헌법재판소는 헌법 제10조가 "모든 국민은 인간으로서의 존엄과 가치를 가지며, 행복을 추구할 권리를 가진다. 국가는 개인이 가지는 불가침의 기본적 인권을 확인하고 이를 보장할 의무를 진다."라고 규정하여 모든 기본권보장의 종국적 목적(기본이념)이라 할 수 있는 인간의 본질이며 고유한 가치인 개인의 인격권과 행복추구권을 보장하고 있다고 하여 객관적 헌법원리(기본이념)뿐만 아니라 주관적 공권성을 가진다는 입장이다(헌재 1990.9.10, 89헌마82).

2. 최고규범성
현행헌법에 있어 최고의 객관적 규범인 동시에 최고의 헌법적 구성원리라 할 수 있다.

03 주체

인간으로서의 존엄과 가치는 인격적 주체성을 의미하므로 **국민과 외국인**에게 적용된다. 그러나 **법인에는 적용되지 않는다.** 자연인은 잠재적 인격주체성을 가지고 있으면 누구나 인간으로서의 존엄과 가치를 누릴 수 있으므로 정신이상자나 기형아도 적용대상이 된다. 또한 태아도 수태의 순간부터 적용의 대상이 된다. 사자(死者)의 경우 인격주체성이 결여되어 있으므로 원칙적으로는 인간으로서의 존엄성을 인정할 수 없으나, 예외적으로 인정되는 경우가 있을 수 있다(예 인간의 사체를 산업용으로 이용하는 경우 등).

> **기출 OX**
> **03** 인간의 존엄과 가치, 행복추구권은 그 성질상 자연인에게 인정되는 기본권이므로 법인에게는 적용되지 않는다.
> 17. 법원직 ( )

판례 |
1 교도소수용자에게 상시적으로 양팔을 사용할 수 없도록 금속수갑과 가죽수갑을 착용하게 한 것이 인간의 존엄과 가치를 침해하는지 여부: 적극 [위헌]
이 사건 계구사용행위는 기본권제한을 최소화하면서도 도주·자살 또는 자해의 방지 등과 같은 목적을 달성할 수 있음에도 불구하고 헌법 제37조 제2항에 정해진 기본권 제한의 한계를 넘어 필요 이상으로 장기간 그리고 과도하게 청구인의 신체거동의 자

정답 03 ○

유를 제한하고 최소한의 인간적인 생활을 불가능하도록 하여 청구인의 신체의 자유를 침해하고, 나아가 인간의 존엄성을 침해한 것으로 판단된다(헌재 2003.12.18, 2001헌마163).

2 원폭피해자인 한국인의 분쟁해결절차로 나아가지 않은 외교부의 부작위가 인간으로서의 존엄과 가치를 침해하여 위헌인지 여부: 적극 [인용]

불법적인 강제징용 및 징병에 이어 피폭을 당한 후 방치되어 몸과 마음이 극도로 피폐해진 채 비참한 삶을 영위하게 된 한국인 원폭피해자들이 일본에 대하여 가지는 배상청구권은 헌법상 보장되는 재산권일 뿐만 아니라, 그 배상청구권의 실현은 무자비하고 불법적인 일본의 침략전쟁 수행과정에서 도구화되고 피폭 후에도 인간 이하의 극심한 차별을 받음으로써 침해된 인간으로서의 존엄과 가치를 사후적으로 회복한다는 의미를 가지는 것이므로, 그 실현을 가로막는 것은 헌법상 재산권문제에 국한되지 않고 근원적인 인간으로서의 존엄과 가치의 침해와 직접 관련이 있다. … 피청구인의 부작위로 인하여 청구인들에게 중대한 기본권의 침해를 초래하였다 할 것이므로, 이는 헌법에 위반된다(헌재 2011.8.30, 2008헌마648).

3 일본군 위안부피해자의 분쟁해결절차로 나아가지 않은 외교부의 부작위가 일본군 위안부피해자들의 인간으로서의 존엄과 가치를 침해하여 위헌인지 여부: 적극 [인용] 12. 국가직·경찰승진, 19. 서울시

일본국에 의하여 광범위하게 자행된 반인도적 범죄행위에 대하여 일본군 위안부피해자들이 일본에 대하여 가지는 배상청구권은 헌법상 보장되는 재산권일 뿐만 아니라, 그 배상청구권의 실현은 무자비하고 지속적으로 침해된 인간으로서의 존엄과 가치 및 신체의 자유를 사후적으로 회복한다는 의미를 가지는 것이므로 피청구인의 부작위로 인하여 침해되는 기본권이 매우 중대하다. … 결국 이 사건 협정 제3조에 의한 분쟁해결절차로 나아가는 것만이 국가기관의 기본권기속성에 합당한 재량권행사라 할 것이고, 피청구인의 부작위로 인하여 청구인들에게 중대한 기본권의 침해를 초래하였다 할 것이므로, 이는 헌법에 위반된다(헌재 2011.8.30, 2006헌마788).

4 구치소 내 과밀수용행위가 수형자인 청구인의 '인간의 존엄과 가치'를 침해하는지 여부: 적극 [인용(위헌확인)] 19. 지방직

교정시설의 1인당 수용면적이 수형자의 인간으로서의 기본 욕구에 따른 생활조차 어렵게 할 만큼 지나치게 협소하다면, 이는 그 자체로 국가형벌권 행사의 한계를 넘어 수형자의 인간의 존엄과 가치를 침해하는 것이다.

이 사건의 경우, 성인 남성인 청구인이 이 사건 방실에 수용된 기간 동안 1인당 실제 개인사용가능면적은 2일 16시간 동안에는 1.06㎡, 6일 5시간 동안에는 1.27㎡였다. 이러한 1인당 수용면적은 우리나라 성인 남성의 평균 신장인 사람이 팔다리를 마음껏 뻗기 어렵고, 모로 누워 '칼잠'을 자야 할 정도로 매우 협소한 것이다. 그렇다면 청구인이 이 사건 방실에 수용된 기간, 접견 및 운동으로 이 사건 방실 밖에서 보낸 시간 등 제반 사정을 참작하여 보더라도, 청구인은 이 사건 방실에서 신체적·정신적 건강이 악화되거나 인격체로서의 기본 활동에 필요한 조건을 박탈당하는 등 극심한 고통을 경험하였을 가능성이 크다. 따라서 청구인이 인간으로서 최소한의 품위를 유지할 수 없을 정도로 과밀한 공간에서 이루어진 이 사건 수용행위는 청구인의 인간으로서의 존엄과 가치를 침해한다(헌재 2016.12.29, 2013헌마142).

기출 OX

01 일본군 위안부피해자들이 일본국에 대하여 가지는 배상청구권이 소멸되었는지에 관한 한·일 양국간 해석상 분쟁이 존재함에도 불구하고, 대한민국의 외교통상부장관이 이러한 분쟁을 해결하기 위한 조처를 취하지 않은 것은 헌법상 재산권 문제에 국한되고, 근원적인 인간으로서의 존엄과 가치의 침해와는 직접 관련이 없다. 12. 국가직 ( )

02 일본군 위안부의 배상청구권의 실현을 가로막는 것은 헌법상 재산권 문제에 국한되고, 근원적인 인간으로서의 존엄과 가치의 침해와는 직접 관련이 없다. 12. 경찰승진 ( )

03 교정시설의 1인당 수용면적이 수형자의 인간으로서의 기본 욕구에 따른 생활조차 어렵게 할 만큼 지나치게 협소하더라도 교정시설의 형편상 불가피한 것이라면 인간의 존엄과 가치를 침해하는 것이 아니다. 17. 지방직 ( )

정답 01 × 02 × 03 ×

> **비교판례**
>
> 법무부훈령인 법무시설 기준규칙에서 수용동의 조도 기준을 취침 전 200룩스 이상, 취침 후 60룩스 이하로 규정하고 있는데, 수용자의 도주나 자해 등을 막기 위해서 취침시간에도 최소한의 조명을 유지하는 것이 수용자의 숙면방해로 인하여 인간의 존엄과 가치를 침해하는지 여부: **소극** 19. 지방직
>
> 교정시설의 안전과 질서유지를 위해서는 수용거실 안에 일정한 수준의 조명을 유지할 필요가 있다. 수용자의 도주나 자해 등을 막기 위해서는 취침시간에도 최소한의 조명은 유지할 수밖에 없다. 조명점등행위는 법무시설 기준규칙이 규정하는 조도 기준의 범위 안에서 이루어지고 있는데, 이보다 더 어두운 조명으로도 교정시설의 안전과 질서유지라는 목적을 같은 정도로 달성할 수 있다고 볼 수 있는 자료가 없다. 또 조명점등행위로 인한 청구인의 권익 침해가 교정시설 안전과 질서유지라는 공익 보호보다 더 크다고 보기도 어렵다. 그렇다면 조명점등행위가 과잉금지원칙에 위배하여 청구인의 기본권을 침해한다고 볼 수 없다(헌재 2018.8.30, 2017헌마440).

기출 OX

04 법무부훈령인 법무시설 기준규칙은 수용동의 조도 기준을 취침 전 200룩스 이상, 취침 후 60룩스 이하로 규정하고 있는데, 수용자의 도주나 자해 등을 막기 위해서 취침시간에도 최소한의 조명을 유지하는 것은 수용자의 숙면방해로 인하여 인간의 존엄과 가치를 침해한다. 19. 지방직 ( )

04 인격권

1. 의의

'인격권'이란 자신과 분리할 수 없는 인격적 이익의 향유를 내용으로 하는 권리 내지 인격의 자유로운 발현에 관한 권리로서, 인격을 형성·유지하고 보호받을 수 있는 권리를 말한다.

2. 헌법적 근거

헌법 제10조에서 찾는 견해와 헌법 제10조, 제17조, 제37조 제1항에서 찾는 견해가 대립하고 있다. 헌법재판소는 유치장 내 화장실 설치 및 관리행위에 대한 헌법소원사건에서 "유치실 내 화장실을 사용하도록 강제한 행위는 인간으로서의 기본적 품위를 유지할 수 없도록 하는 것으로서 수인하기 어려운 정도라고 보여지므로, 비록 건강을 침해할 정도는 아니라고 할지라도 인간의 존엄과 가치로부터 유래하는 인격권을 침해하는 것이다."라고 판시하여 인격권의 근거를 헌법 제10조에서 찾고 있다(헌재 2001.7.19, 2000헌마546).

3. 주체

인격권의 주체는 원칙적으로 자연인(외국인도 포함)이 될 것이나, 법인도 명예훼손의 객체가 될 수 있으므로 인격권의 주체가 될 수 있다. 헌법재판소 역시 "법인도 법인의 목적과 사회적 기능에 비추어 볼 때 그 성질에 반하지 않는 범위 내에서 인격권의 한 내용인 사회적 신용이나 명예 등의 주체가 될 수 있고 법인이 이러한 사회적 신용이나 명예유지 내지 법인격의 자유로운 발현을 위하여 의사결정이나 행동을 어떻게 할 것인지를 자율적으로 결정하는 것도 법인의 인격권의 한 내용을 이룬다."라고 하여 **법인의 인격권주체성**을 인정하고 있다(헌재 2012.8.23, 2009헌가27). 13. 국가직, 16. 법행, 19. 지방직·서울시

05 개인이 자연인으로서 향유하게 되는 기본권은 그 성질상 당연히 법인에게 적용될 수 없다. 따라서 인간의 존엄과 가치에서 유래하는 인격권은 그 성질상 법인에게는 적용될 수 없다. 17. 경찰승진 ( )

정답 04 × 05 ×

4. 내용과 제한

인격권의 내용으로는 명예권, 초상권, 성명권, 성격권 등을 들 수 있다. 이러한 인격권도 헌법 제37조 제2항에 따라 법률로 제한할 수 있으나, 그 본질적 내용은 침해할 수 없으며 과잉금지의 원칙을 준수하여야 한다.

판례 I

1 성명권이 헌법상 기본권인지 여부: 적극
성명은 개인의 정체성과 개별성을 나타내는 인격의 상징으로서 개인이 사회 속에서 자신의 생활영역을 형성하고 발현하는 기초가 되는 것이라 할 것이므로 자유로운 성의 사용 역시 **헌법상 인격권으로부터 보호된다**고 할 수 있다(헌재 2005.12.22, 2003헌가5 등).

2 초상권이 헌법상 기본권인지 여부: 적극
사람은 누구나 자신의 얼굴 기타 사회통념상 특정인임을 식별할 수 있는 신체적 특징에 관하여 함부로 촬영 또는 그림묘사되거나 공표되지 아니하며 영리적으로 이용당하지 않을 권리를 가지는데, 이러한 **초상권은 우리 헌법 제10조 제1문에 의하여 헌법적으로 보장되는 권리**이다(대판 2006.10.13, 2004다16280).

3 차폐시설이 불충분하고 냄새가 유출되는 유치장 내 화장실사용 강제행위가 인격권침해인지 여부: 적극 [인용(위헌확인)]
청구인들로 하여금 차폐시설이 불충분하여 사용과정에서 신체부위가 다른 유치인들 및 경찰관들에게 관찰될 수 있고 냄새가 유출되는 유치실 내 화장실을 사용하도록 강제한 행위는 인간으로서의 기본적 품위를 유지할 수 없도록 하는 것으로서 수인하기 어려운 정도라고 보여지므로, 비록 건강을 침해할 정도는 아니라고 할지라도 인간의 존엄과 가치로부터 유래하는 인격권을 침해하는 것이다(헌재 2001.7.19, 2000헌마546).

4 개명이 원칙적으로 허용되는지 여부: 적극
개명으로 인하여 사회적 폐단이나 부작용이 발생할 수 있다는 점을 지나치게 강조하여 개명을 엄격하게 제한할 경우 헌법상의 개인의 인격권과 행복추구권을 침해하는 결과를 초래할 우려가 있는 점 등을 종합하여 보면, 개명을 허가할 만한 상당한 이유가 있다고 인정되고, 범죄를 기도 또는 은폐하거나 법령에 따른 각종 제한을 회피하려는 불순한 의도나 목적이 개입되어 있는 등 개명신청권의 남용으로 볼 수 있는 경우가 아니라면 원칙적으로 개명을 허가함이 상당하다고 할 것이다. … 개명신청인이 신용불량자로 등록되어 있더라도 법령상의 제한을 회피하기 위한 목적에서 개명신청을 하였다거나 다른 불순한 의도나 목적이 개입되어 있는 등 개명신청권의 남용에 해당한다고 볼 만한 사정도 찾아볼 수 없어 이를 이유로 개명을 불허할 수 없다(대결 2005.11.16, 2005스26).

5 미결수에게 재소자용 의류를 입게 하여 재판을 받게 한 행위가 위헌인지 여부: 적극 [인용(위헌확인), 기각] 03. 법무사·법행, 05. 사시
수사 및 재판단계에서 유죄가 확정되지 아니한 **미결수용자**에게 재소자용 의류를 입게 하는 것은 모욕감이나 수치심을 느끼게 하고 심리적인 위축으로 방어권을 제대로 행사할 수 없게 하여 실체적 진실의 발견을 저해할 우려가 있으므로, 비례원칙에 위반되는 것으로서 무죄추정의 원칙에 반하고 인간으로서의 존엄과 가치에서 유래하는 인격권과 행복추구권, 공정한 재판을 받을 권리를 침해하는 것이다(헌재 1999.5.27, 97헌마137 등).

기출 OX

01 성명은 개인의 정체성과 개별성을 나타내는 인격의 상징으로서 개인이 사회 속에서 자신의 생활영역을 형성하고 발현하는 기초가 되는 것이라 할 것이므로 자유로운 성의 사용 역시 헌법상 인격권으로부터 보호된다고 할 수 있다. 18. 법원직 ( )

02 유치인들이 경찰서 유치장에 수용되어 있는 동안 차폐시설이 불충분하여 사용과정에서 신체부위가 다른 유치인들이나 경찰관들에게 관찰될 수 있고, 냄새가 유출되는 유치실 내 화장실을 사용하도록 강제되었더라도 이는 유치인들의 자살이나 자해방지, 환자의 신속한 발견 등 감시와 보호 목적을 달성하기 위한 것이므로 인격권을 침해하는 것이 아니다. 17. 지방직 ( )

03 수사 및 재판단계에서 미결수용자에게 재소자용 의류를 입게 하는 것은 인간으로서의 존엄과 가치에서 유래하는 인격권과 행복추구권을 침해하는 것이다. 05. 국가직 ( )

- 수사 및 재판단계에서 재소자용 의류를 입게 하는 것 ⇒ 위헌
- 수감되어 있는 동안 '구치소 안에서' 재소자용 의류를 입게 하는 것 ⇒ 합헌

정답 01 ○ 02 × 03 ○

6 현행범으로 체포된 피의자에 대한 알몸신체검사가 위헌인지 여부: 적극 [인용(위헌확인)]

청구인들의 옷을 전부 벗긴 상태에서 청구인들에 대하여 실시한 신체수색은 그 수단과 방법에 있어서 필요최소한의 범위를 명백하게 벗어난 조치로서 이로 말미암아 청구인들에게 심한 모욕감과 수치심만을 안겨주었다고 인정하기에 충분하다. 따라서 피청구인의 청구인들에 대한 이러한 과도한 신체수색은 그 수단과 방법에 있어서 필요한 최소한도의 범위를 벗어났을 뿐만 아니라, 이로 인하여 청구인들로 하여금 인간으로서의 기본적 품위를 유지할 수 없도록 하는 것으로서 수인하기 어려운 정도라고 보여지므로 **헌법 제10조의 인간의 존엄과 가치로부터 유래하는 인격권 및 제12조의 신체의 자유를 침해**하는 정도에 이르렀다고 판단된다(헌재 2002.7.18, 2000헌마327).

7 보험회사를 상대로 소송을 제기한 교통사고 피해자들의 장해 정도에 관한 증거자료를 수집할 목적으로 보험회사 직원이 피해자들의 일상생활을 촬영한 행위가 초상권을 침해하는지 여부: 적극

[1] 초상권 및 사생활의 비밀과 자유에 대한 부당한 침해는 불법행위를 구성하는데, 위 침해는 그것이 공개된 장소에서 이루어졌다거나 민사소송의 증거를 수집할 목적으로 이루어졌다는 사유만으로 정당화되지 아니한다.

[2] 초상권이나 사생활의 비밀과 자유를 침해하는 행위를 둘러싸고 서로 다른 두 방향의 이익이 충돌하는 경우에는 구체적 사안에서의 사정을 종합적으로 고려한 이익형량을 통하여 침해행위의 최종적인 위법성이 가려지는바, 이러한 이익형량 과정에서 첫째, 침해행위의 영역에 속하는 고려요소로는 침해행위로 달성하려는 이익의 내용 및 그 중대성, 침해행위의 필요성과 효과성, 침해행위의 보충성과 긴급성, 침해방법의 상당성 등이 있고 둘째, 피해이익의 영역에 속하는 고려요소로는 피해법익의 내용과 중대성 및 침해행위로 인하여 피해자가 입는 피해의 정도, 피해이익의 보호가치 등이 있다.

[3] 보험회사를 상대로 손해배상청구소송을 제기한 교통사고 피해자들의 장해 정도에 관한 증거자료를 수집할 목적으로 **보험회사 직원이 피해자들의 일상생활을 촬영한 행위는 초상권 및 사생활의 비밀과 자유를 침해하는 불법행위**에 해당한다(대판 2006.10.13, 2004다16280).

8 민법 제781조 제1항이 예외 없이 부성사용을 강요하는 것이 인격권을 침해하는지 여부: 적극 [헌법불합치] 06. 행시

민법 제781조 제1항이 부성주의를 규정한 것 자체는 헌법에 위반된다고 할 수 없으나, 가족관계의 변동 등으로 구체적인 상황하에서는 부성의 사용을 강요하는 것이 개인의 가족생활에 대한 심각한 불이익을 초래하는 것으로 인정될 수 있는 경우에도 부성주의에 대한 예외를 규정하지 않고 있는 것은 인격권을 침해하고 개인의 존엄과 양성의 평등에 반하는 것이어서 헌법 제10조, 제36조 제1항에 위반된다(헌재 2005.12.22, 2003헌가5 등).

9 태아의 성별을 고지하는 것을 금지하는 것이 부모의 태아성별정보에 대한 접근을 방해받지 않을 권리를 침해하는지 여부: 적극 [헌법불합치] 09·11. 법행, 12. 경찰승진·국가직

[1] 헌법 제10조로부터 도출되는 일반적 인격권에는 각 개인이 그 삶을 사적으로 형성할 수 있는 자율영역에 대한 보장이 포함되어 있음을 감안할 때, 장래 가족의 구성원이 될 **태아의 성별정보에 대한 접근**을 국가로부터 방해받지 않을 **부모의 권리는 일반적 인격권**에 의하여 보호된다고 보아야 할 것인바, 이 사건 규정은

기출 OX

04 보험회사 직원이 보험회사를 상대로 손해배상청구소송을 제기한 교통사고 피해자들의 장해 정도에 관한 증거자료를 수집할 목적으로 피해자들의 일상생활을 촬영하는 행위는 사생활의 자유 및 비밀을 침해한다. 10. 법행 ( )

05 장래 가족의 구성원이 될 태아의 성별정보에 대한 접근을 국가로부터 방해받지 않을 부모의 권리는 일반적 인격권에 의하여 보호된다. 19. 입시 ( )

06 의료인이 태아의 성별정보에 대하여 임부나 그 가족 기타 다른 사람에게 고지하는 것을 금지하는 것은 부모의 행복추구권을 침해하는 것이다. 07. 서울시 ( )

07 태아의 성별에 대해 임신기간 동안 이를 알려주는 것을 금지하는 것은 태아 부모의 태아 성별에 대한 알 권리를 침해하는 것이다. 09. 법원직 ( )

✎ **태아의 성감별 금지**
- 알 권리 침해 ×, 행복추구권 침해 ×
- 부모의 인격권(그로부터 비롯되는 태아성별정보에 대한 접근을 방해받지 않을 권리) 침해 ○, 의사에게는 직업의 자유 침해 ○

정답 04 ○ 05 ○ 06 × 07 ×

일반적 인격권으로부터 나오는 부모의 태아성별정보에 대한 접근을 방해받지 않을 권리를 제한하고 있다고 할 것이다.

[2] 이 사건 규정의 태아성별고지금지는 낙태, 특히 성별을 이유로 한 낙태를 방지함으로써 성비의 불균형을 해소하고 태아의 생명권을 보호하기 위하여 입법된 것이다. 그런데 성별을 이유로 하는 낙태가 임신 기간의 전 기간에 걸쳐 이루어질 것이라는 전제하에 이 사건 규정이 낙태가 사실상 불가능하게 되는 **임신 후반기**에 이르러서도 **태아에 대한 성별정보를 태아의 부모에게 알려주지 못하게 하는 것은 최소피해성원칙을 위반**하는 것이고, … 헌법에 위반된다 할 것이다(헌재 2008.7.31, 2004헌마1010 등).

> **관련판례**
>
> **의료인이 임신 32주 이전에 태아의 성별을 임부 등에게 알리는 것을 금지한 의료법 제20조 제2항이 부모가 태아의 성별 정보에 대한 접근을 방해받지 않을 권리를 침해하는지 여부: 적극 [위헌]**
> 심판대상조항은 의료인에게 임신 32주 이전에 태아의 성별고지를 금지하여 낙태, 특히 성별을 이유로 한 낙태를 방지함으로써 성비의 불균형을 해소하고 태아의 생명을 보호하기 위해 입법된 것이므로 그 목적의 정당성을 수긍할 수 있다.
> 심판대상조항에도 불구하고 현실에서는 의료인으로부터 임신 32주 이전에 태아의 성별정보를 얻는 경우가 많지만 검찰총장의 사실조회회신에 따르면 심판대상조항을 위반한 경우 적용되는 형사처벌조항에 따라 검찰 고발 또는 송치된 건수 및 기소 건수는 10년간 한건도 없다. 이는 심판대상조항이 행위규제규범으로서의 기능을 잃었고 사문화되었음을 보여준다. 그럼에도 출산 순위와 상관없이 출생성비가 모두 자연성비에 도달한 것은 국민의 가치관과 의식의 변화에 기인한 것이므로, 심판대상조항은 태아의 생명 보호를 위한 수단으로서 실효성이 없고, 그 존치의 정당성에 의문이 제기된다고 할 것이다.
> 부모가 태아의 성별을 알고자 하는 것은 본능적이고 자연스러운 욕구로 태아의 성별을 비롯하여 태아에 대한 모든 정보에 접근을 방해받지 않을 권리는 부모로서 누려야 할 마땅한 권리이다. 심판대상조항은 낙태를 유발시킨다는 인과관계조차 명확치 않은 태아의 성별고지 행위를 규제함으로써, 성별을 이유로 낙태를 하려는 의도가 전혀 없이 단지 태아의 성별 정보를 알고 싶을 뿐인 부모에게 임신 32주 이전에는 태아의 성별 정보에 대한 접근을 금지하고 있다. 이는 태아의 생명 보호라는 목적을 달성하기 위하여 효과적이거나 적합하지 않을 뿐만 아니라, 입법수단으로서 현저하게 불합리하고 불공정하다.
> 심판대상조항은 성별을 이유로 한 낙태가 있을 수 있다는 아주 예외적인 사정만으로, 모든 부모에게 임신 32주 이전에는 태아의 성별 정보를 알 수 없게 하고 있다. 이는 태아의 성별을 이유로 한 낙태 방지라는 입법목적을 내세우면서 실제로는 낙태로 나아갈 의도가 없는 부모까지도 규제하고 있는 것으로 과도한 입법이므로, 필요최소한도를 넘어 부모의 기본권을 제한한다고 할 것이다.
> 따라서 심판대상조항은 태아의 생명 보호라는 입법목적을 달성하기 위한 수단으로서 적합하지 아니하고, 부모가 태아의 성별 정보에 대한 접근을 방해받지 않을 권리를 필요 이상으로 제약하여 침해의 최소성에 반한다. 이에 따라 심판대상조항은 법익의 균형성도 상실하였고, 결국 과잉금지원칙을 위반하여 부모가 태아의 성별 정보에 대한 접근을 방해받지 않을 권리를 침해한다(헌재 2024.2.28, 2022헌마356).

10 사죄광고제도가 인격권을 침해하는지 여부: 적극 [한정위헌] 05·06. 행시

사죄광고는 그 구체적 내용이 국가기관에 의하여 결정되는 것임에도 불구하고 마치 본인의 자발적 의사형성인 것같이 되는 것이며 … 따라서 사죄광고과정에서는 자연인이든 법인이든 인격의 자유로운 발현을 위하여 보호받아야 할 인격권이 무시되고 국가에 의한 인격의 외형적 변형이 초래되어 인격형성에 분열이 필연적으로 수반되게 된다. 이러한 의미에서 사죄광고제도는 헌법에서 보장된 인격의 존엄과 가치 및 그를 바탕으로 하는 인격권에 큰 위해가 된다고 볼 것이다(헌재 1991.4.1, 89헌마160).

기출 OX

01 타인의 명예를 훼손한 자에 대하여 민사상 피해를 구제하는 방법으로 법원이 패소한 피고에 대하여 사죄광고를 할 것을 명하는 것은 비례의 원칙이 정한 한계를 벗어나 양심의 자유를 침해한다. 15. 법행 ( )

✎ **사죄광고 강제사건**
- 법인의 인격권 침해 O
- 법인의 양심의 자유 침해 ×
- 법인대표자의 양심의 자유 침해 O

정답 01 O

11 청소년 성매수자의 신상을 공개하는 것이 이들의 인격권 및 사생활의 비밀과 자유를 침해하는지 여부: **소극 [합헌]** 07. 국회직, 15. 서울시

신상공개제도는 국가가 개인의 신상에 관한 사항 및 청소년의 성매수 등에 관한 범죄의 내용을 대중에 공개함으로써 개인의 일반적 인격권을 제한하며, 한편 사생활의 비밀에 해당하는 사항을 국가가 일방적으로 공개하는 것이므로 이는 일반적인 인격권과 사생활의 비밀의 자유를 제한하는 것이라 할 것이다. … 신상과 범죄사실이 공개되는 범죄인들은 이미 국가의 형벌권 행사로 인하여 해당 기본권의 제한 여지를 일반인보다는 더 넓게 받고 있다. 청소년 성매수 범죄자들이 자신의 신상과 범죄사실이 공개됨으로써 수치심을 느끼고 명예가 훼손된다고 하더라도 그 보장 정도에 있어서 일반인과는 차이를 둘 수밖에 없어, 그들의 인격권과 사생활의 비밀의 자유도 그것이 본질적인 부분이 아닌 한 넓게 제한될 여지가 있다. … 청소년 성매수자의 일반적 인격권과 사생활의 비밀의 자유가 제한되는 정도가 청소년 성보호라는 공익적 요청에 비하여 크다고 할 수 없으므로 과잉금지의 원칙에 위배된다고 할 수 없다(헌재 2003.6.26, 2002헌가14).

12 수용자를 교정시설에 수용할 때마다 전자영상검사기를 이용하여 수용자의 항문 부위에 대한 신체검사를 하는 것이 수용자의 인격권 등을 침해하는지 여부: **소극 [기각]**

이 사건 신체검사는 사전에 검사의 목적과 방법을 고지한 후, 다른 수용자가 볼 수 없는 차단된 장소에서 영상검사기에 올라가 검사기에 장착된 카메라에 짧은 시간 항문 부위를 보이도록 하고, 검사실과 분리된 통제실에서 전담 교도관 1인만이 다른 사람이 볼 수 없도록 모니터 주변에 가림막을 설치하고 출력된 영상정보로 은닉물의 존재 여부만을 관찰하는 등 청구인의 모욕감 내지 수치심 유발을 최소화하는 방법으로 실시하고 있으므로 기본권침해의 최소성요건을 충족하였다. … 결국 이 사건 신체검사는 필요한 최소한도를 벗어나 과잉금지원칙에 위배되어 청구인의 인격권 내지 신체의 자유를 침해한다고 볼 수 없다(헌재 2011.5.26, 2010헌마775).

비교 알몸신체검사는 비례원칙에 위반되어 인격권 및 신체의 자유를 침해한다(헌재 2002.7.18, 2000헌마327). **[위헌]**

13 수용자에 대한 항문검사가 인격권을 침해하는지 여부: **소극 [기각]**

다른 사람들은 볼 수 없는 차단된 공간에서 같은 성별의 교도관과 1대 1의 상황에서 짧은 시간 내에 손가락이나 다른 도구의 사용 없이 시각적으로만 항문을 보이게 하였고, 그러한 신체검사의 목적과 방법을 미리 설명하면서 소지한 반입금지품을 자진제출하도록 한 점 등에 비추어 수용자의 명예나 수치심 등을 충분히 배려하여 기본권의 침해의 여지를 최소화하였으며 … 과잉금지의 원칙에 반하지 않는다(헌재 2006.6.29, 2004헌마826).

14 교도소장이 민사법정에 출석하는 수형자의 운동화착용을 불허한 행위가 인격권을 침해하는지 여부: **소극** 12. 사시

이 사건 운동화착용 불허행위로 인하여 청구인이 고무신을 신고 법정에 출석함으로써 일반 대중에 수형자라는 신분이 노출되어 인격권과 행복추구권이 제한된 점은 인정된다. 그러나 이 사건 운동화착용 불허행위는 시설 바깥으로의 외출이라는 기회를 이용한 도주를 예방하기 위한 것으로서 그 목적이 정당하고, 이와 같은 목적을 달성하기 위한 적합한 수단이라 할 것이다. 또한 신발의 종류를 제한하는 것에 불과하여 법익침해의 최소성과 균형성도 갖추었다 할 것이므로 이 사건 운동화착용 불허행위가 기본권제한에 있어서의 과잉금지원칙에 반하여 청구인의 인격권과 행복추구권을 침해하였다고 볼 수 없다(헌재 2011.2.24, 2009헌마209).

기출 OX

02 청소년 성매수 범죄자들은 일반인에 비해서 인격권과 사생활의 비밀의 자유도 그것이 본질적인 부분이 아닌 한 넓게 제한받을 여지가 있다. 16. 경찰승진 ( )

03 청소년 성매수자에 대한 신상공개제도는 헌법상 일반적 인격권 및 사생활의 비밀과 자유를 침해한 것이다. 07. 국회직 ( )

04 교정시설에 수용할 때마다 알몸 상태의 수용자를 전자영상검사기로 수용자의 항문 부위를 관찰하는 신체검사는 과잉금지원칙에 위배되어 인격권을 침해한다. 12. 법원직 ( )

05 외부 재판에 출정할 때 운동화를 착용하게 해달라는 청구인의 신청에 대하여 이를 불허하고 고무신의 착용을 강제하는 것은, 효과적인 도주 방지 수단이 될 수도 없고, 오히려 수형자의 신분을 일반인에게 노출시켜 모욕감과 수치심을 갖게 할 뿐으로서 기본권 제한의 한계를 벗어나 청구인의 인격권과 행복추구권을 침해하였다. 16. 법무사 ( )

정답 02 O 03 X 04 X 05 X

기출 OX

01 법인도 법인의 목적과 사회적 기능에 비추어 볼 때 그 성질에 반하지 않는 범위 내에서 인격권의 내용인 사회적 신용이나 명예 등의 주체가 될 수 있다. 20. 경찰승진 ( )

02 인간의 존엄과 가치에서 유래하는 인격권은 자연적 생명체로서 개인의 존재를 전제로 하는 기본권으로서 그 성질상 법인에게는 적용될 수 없으므로 법인의 인격권을 과잉제한했는지 여부를 판단하기 위해 기본권제한에 대한 헌법원칙인 비례심사를 할 수는 없다. 20. 국가직 ( )

<ins>해설</ins>
2009헌가27은 방송사업자의 인격권 침해 여부를 비례원칙에 따라 심사한 것이다.

03 방송사업자가 방송심의규정을 위반한 경우 시청자에 대한 사과를 명할 수 있도록 한 방송법규정은, 방송사업자의 의사에 반한 사과행위를 강제함으로써 양심의 자유를 침해한 것으로 헌법에 위반된다. 19. 서울시 ( )

🖉 • 시청자에 대한 사과명령사건에서 '양심의 자유' 침해도 인정하였다. (×)
• 시청자에 대한 사과명령사건에서 인격권 침해만 인정하였다. (○)

04 사법경찰관이 보도자료 배포 직후 기자들의 취재 요청에 응하여 피의자가 경찰서 조사실에서 양손에 수갑을 찬 채 조사받는 모습을 촬영할 수 있도록 허용한 행위는 잠재적인 피해자의 발생을 방지하고 범죄를 예방할 필요성이 크다는 점에서 피의자의 인격권을 침해하지 않는다. 18. 경찰승진 ( )

05 공인이 아니며 보험사기를 이유로 체포된 피의자가 경찰서 내에서 수갑을 차고 얼굴을 드러낸 상태에서 조사받는 과정을 기자들로 하여금 촬영하도록 허용하는 행위는 기본권제한의 목적의 정당성이 인정되지 아니한다. 20. 경찰승진 ( )

정답 01 ○ 02 × 03 × 04 ×
05 ○

---

15 방송사업자가 심의규정을 위반한 경우에 방송통신위원회가 '시청자에 대한 사과'를 명하도록 하는 방송법 제100조 제1항 제1호가 방송사업자의 인격권을 침해하는지 여부: **적극 [위헌]** 12. 국회직

법인도 법인의 목적과 사회적 기능에 비추어 볼 때 그 성질에 반하지 않는 범위 내에서 인격권의 한 내용인 사회적 신용이나 명예 등의 주체가 될 수 있고 법인이 이러한 사회적 신용이나 명예유지 내지 법인격의 자유로운 발현을 위하여 의사결정이나 행동을 어떻게 할 것인지를 자율적으로 결정하는 것도 법인의 인격권의 한 내용을 이룬다고 할 것이다. 그렇다면 이 사건 심판대상조항은 방송사업자의 의사에 반한 사과행위를 강제함으로써 방송사업자의 인격권을 제한한다.

심의규정을 위반한 방송사업자에게 '주의 또는 경고'만으로도 반성을 촉구하고 언론사로서의 공적 책무에 대한 인식을 제고시킬 수 있고, 위 조치만으로도 심의규정에 위반하여 '주의 또는 경고'의 제재조치를 받은 사실을 공표하게 되어 이를 다른 방송사업자나 일반 국민에게 알리게 됨으로써 여론의 왜곡형성 등을 방지하는 한편, 해당 방송사업자에게는 해당 프로그램의 신뢰도 하락에 따른 시청률 하락 등의 불이익을 줄 수 있다. 또한 '시청자에 대한 사과'에 대하여는 '명령'이 아닌 '권고'의 형태를 취할 수도 있다. 이와 같이 기본권을 보다 덜 제한하는 다른 수단에 의하더라도 이 사건 심판대상조항이 추구하는 목적을 달성할 수 있으므로 이 사건 심판대상조항은 침해의 최소성원칙에 위배된다.

또한 이 사건 심판대상조항은 시청자 등 국민들로 하여금 방송사업자가 객관성이나 공정성 등을 저버린 방송을 하였다는 점을 스스로 인정한 것으로 생각하게 만듦으로써 방송에 대한 신뢰가 무엇보다 중요한 방송사업자에 대하여 그 사회적 신용이나 명예를 저하시키고 법인격의 자유로운 발현을 저해하는 것인바, 방송사업자의 인격권에 대한 제한의 정도가 이 사건 심판대상조항이 추구하는 공익에 비하여 결코 작다고 할 수 없으므로 이 사건 심판대상조항은 법익의 균형성원칙에도 위배된다(헌재 2012.8.23, 2009헌가27).

▶ '사죄광고' 강제사건과 구별
  • 방송사업자 사과명령: 양심의 자유가 아니라 인격권 침해
  • 사죄광고명령, 근로자에게 시말서 제출명령: 양심의 자유 침해

16 경찰관이 보도자료 배포 직후 기자들의 취재 요청에 응하여 청구인이 경찰서 조사실에서 양손에 수갑을 찬 채 조사받는 모습을 촬영할 수 있도록 허용한 행위(이하 '촬영허용행위'라 한다)가 청구인의 인격권을 침해하는지 여부: **적극 [인용(위헌확인)]** 16. 변호사·지방직

피청구인은 기자들에게 청구인이 경찰서 내에서 수갑을 차고 얼굴을 드러낸 상태에서 조사받는 모습을 촬영할 수 있도록 허용하였는데, 청구인에 대한 이러한 수사 장면을 공개 및 촬영하게 할 어떠한 공익목적도 인정하기 어려우므로 촬영허용행위는 목적의 정당성이 인정되지 아니한다. 피의자의 얼굴을 공개하더라도 그로 인한 피해의 심각성을 고려하여 모자, 마스크 등으로 피의자의 얼굴을 가리는 등 피의자의 신원이 노출되지 않도록 침해를 최소화하기 위한 조치를 취하여야 하는데, 피청구인은 그러한 조치를 전혀 취하지 아니하였으므로 침해의 최소성원칙도 충족하였다고 볼 수 없다. 또한 촬영허용행위는 언론보도를 보다 실감나게 하기 위한 목적 외에 어떠한 공익도 인정할 수 없는 반면, 청구인은 피의자로서 얼굴이 공개되어 초상권을 비롯한 인격권에 대한 중대한 제한을 받았고, 촬영한 것이 언론에 보도될 경우 범인으로서의 낙인효과와 그 파급효는 매우 가혹하여 법익균형성도 인정되지 아니하므로, 촬영허용행위는 과잉금지원칙에 위반되어 청구인의 인격권을 침해하였다(헌재 2014.3.27, 2012헌마652).

17 선거기사심의위원회가 불공정한 선거기사를 게재한 언론사에 대하여 사과문 게재명령을 하도록 한 것과 불응시 형사처벌하는 것이 언론사의 인격권을 침해하는지 여부: 적극 [위헌] 15. 국가직, 16. 국회 8급

공직선거법에 따르면 언론사가 사실에 어긋나거나 불공정한 선거기사를 보도하는 경우 선거기사심의위원회는 사과문 게재명령 외에도 정정보도문의 게재명령을 할 수 있다. 또한 해당 언론사가 '공정보도의무를 위반하였다는 결정을 선거기사심의위원회로부터 받았다는 사실을 공표'하도록 하는 방안, 사과의 의사표시가 필요한 경우에도 사과의 '권고'를 하는 방법을 상정할 수 있다.

나아가, 이 사건 법률조항들이 추구하는 목적, 즉 선거기사를 보도하는 언론사의 공적인 책임의식을 높임으로써 민주적이고 공정한 여론 형성 등에 이바지한다는 공익이 중요하다는 점에는 이론의 여지가 없다. 그러나 이는 객관성이나 공정성을 저버린 기사를 보도하였음을 스스로 인정하지 않는 언론사로 하여금 자신의 잘못을 인정하고 용서까지 구하는 의사표시를 하도록 강제하고, 형사처벌을 통하여 그 실효성을 담보함으로써 언론에 대한 신뢰가 무엇보다 중요한 언론사에 대하여 그 사회적 신용이나 명예를 저하시키고 인격의 자유로운 발현을 저해하고 있다. 언론사에 대한 이와 같은 인격권 침해의 정도는 이 사건 법률조항들이 달성하려는 공익에 비하여 결코 작다고 할 수 없다. 결국 이 사건 법률조항들은 과잉금지원칙에 위배되어 언론사의 인격권을 침해하므로 헌법에 위반된다(헌재 2015.7.30, 2013헌가8).

18 아동·청소년대상 성폭력범죄자에 대한 신상정보 공개·고지 및 전자장치 부착기간 가중조항이 인격권 등을 침해하는지 여부: 소극 [합헌]

미성년자를 상대로 한 성폭력범죄자에 대하여 전자장치 부착기간의 하한을 2배 가중하여 그의 인격권, 신체의 자유 등을 제한하더라도, 그 제한으로 인한 불이익이 부착기간 가중으로 달성하려는 공익에 비하여 결코 중하다고 볼 수 없으므로 법익균형성도 인정된다. 결국 부착기간 가중조항이 과잉금지원칙을 위반하여 피부착자의 사생활의 비밀과 자유, 개인정보자기결정권, 신체의 자유, 인격권을 침해한다고 볼 수는 없다(헌재 2016.5.26, 2014헌바164).

19 성인대상 성폭력범죄자의 신상정보 공개·고지제도가 인격권 등을 침해하는지 여부: 소극 [합헌]

[1] 신상정보 공개조항

신상정보 공개조항은 잠재적 피해자를 성폭력범죄로부터 보호하고, 사회방위를 도모하기 위한 것으로서, 공개대상이나 공개기간이 제한적이고, 법관이 '특별한 사정' 등을 고려하여 공개 여부를 판단하도록 되어 있으며, 공개로 인한 피해를 최소화하는 장치도 마련되어 있으므로 침해의 최소성이 인정된다. 또한, 침해되는 사익에 비하여 신상정보 공개조항을 통하여 달성하려는 잠재적 피해자의 성보호라는 공익은 매우 중요하므로 법익의 균형성도 인정된다. 따라서 신상정보 공개조항은 과잉금지원칙을 위반하여 청구인의 인격권, 개인정보자기결정권을 침해한다고 볼 수 없다.

[2] 신상정보 고지조항 18. 국가직

신상정보 고지조항은 성인대상 성폭력범죄를 저지른 자로 그 대상이 한정되고, 피고인이 아동·청소년인 경우 그 밖에 신상정보를 고지하여서는 아니 될 특별한 사정이 있다고 판단되는 경우에는 고지하지 않도록 하는 등 예외를 두어 고지대상을 한정하고, **거주 지역주민 중 19세 미만의 자녀를 둔 가구 및 교육기관의 장 등으로 고지상대방을 제한하고 있으며, 고지대상자의 인격권 등을**

기출 OX

06 선거기사심의위원회가 불공정한 선거기사를 게재하였다고 판단한 언론사에 대하여 사과문 게재명령을 하도록 한 공직선거법상의 사과문 게재조항은 언론사인 법인의 인격권을 침해하는 것이 아니라 소극적 표현의 자유나 일반적 행동의 자유를 제한할 뿐이다. 17. 경찰승진 ( )

07 아동·청소년 대상 성폭력범죄를 저지른 자에 대하여 신상정보를 공개하도록 하는 구 아동·청소년의 성보호에 관한 법률 제38조 제1항 본문 제1호가 인격권 및 개인정보자기결정권을 침해하는 것은 아니다. 15. 경찰승진 ( )

✎ 통신매체이용음란죄로 유죄판결이 확정된 사람을 일률적으로 신상정보등록 대상자가 되도록 하는 것은 침해의 최소성에 위배되어 개인정보자기결정권을 침해한다(헌재 2016.3.31, 2015헌마688).

08 아동·청소년 대상 성폭력범죄를 저지른 자에 대한 신상정보 고지제도는 성범죄자가 거주하는 읍·면·동에 사는 지역주민 중 아동·청소년 자녀를 둔 가구 및 교육기관의 장 등을 상대로 이루어져, 고지대상자와 그 가족을 경계하고 외면하도록 하므로 고지대상자와 그 가족의 개인정보자기결정권을 침해한다. 18. 국가직 ( )

정답 06 ✗ 07 ○ 08 ✗

제한하는 데 따른 피해를 최소화하는 장치도 마련되어 있으므로 신상정보 고지조항은 침해의 최소성 요건도 갖추었다. 신상정보 고지조항으로 인하여 성폭력범죄자가 입게 되는 불이익과 이 조항을 통하여 실현하고자 하는 공익을 종합적으로 비교하면 법익의 균형성도 갖추었다. 결국 신상정보 고지조항이 과잉금지원칙을 위반하여 청구인의 인격권, 개인정보자기결정권을 침해한다고 볼 수 없다(헌재 2016.5.26, 2015헌바212).

기출 OX

01 배아생성자의 배아에 대한 결정권은 헌법 제10조로부터 도출되는 일반적 인격권의 한 유형으로서의 헌법상 권리이다. 10. 법행 ( )

20 배아생성자의 배아에 대한 결정권이 헌법 제10조로부터 도출되는 일반적 인격권의 한 유형으로서의 헌법상 권리인지 여부: **적극** 10. 법행

배아생성자는 배아에 대하여 자신의 유전자정보가 담긴 신체의 일부를 제공하고, 또 배아가 모체에 성공적으로 착상하여 인간으로 출생할 경우 생물학적 부모로서의 지위를 가지게 되므로, 배아의 관리 또는 처분에 대한 결정권을 가진다. 이러한 배아생성자의 배아에 대한 결정권은 헌법상 명문으로 규정되어 있지는 아니하지만, 헌법 제10조로부터 도출되는 일반적 인격권의 한 유형으로서의 헌법상 권리라 할 것이다(헌재 2010.5.27, 2005헌마346).

02 배아생성자는 배아에 대해 자신의 유전자정보가 담긴 신체의 일부를 제공하고, 또 배아가 모체에 성공적으로 착상하여 인간으로 출생할 경우 생물학적 부모로서의 지위를 갖게 되므로 배아의 관리 또는 처분에 대한 결정권을 가진다. 17. 법무사 ( )

21 교도소 사동에서 인원점검을 하면서 수형자들을 정렬시킨 후 차례로 번호를 외치도록 한 행위(이하 '이 사건 점호행위'라 한다)가 수형자의 인격권 및 일반적 행동의 자유를 침해하는지 여부: **소극**

다수의 수형자가 공동으로 생활하는 혼거실의 경우 인원점검의 효율적인 운영과 기초질서의 함양을 위해서는 이 사건 점호행위와 같은 방법이 효과적이며, 점검관이 목산(目算)하는 방법은 인원점검의 정확성·신속성 측면에서 다수의 수형자가 생활하는 혼거실에 대한 인원점검방법으로는 부적절할 뿐만 아니라 효과적인 방법이 될 수 없다. 따라서 이 사건 점호행위는 과잉금지원칙에 위배되어 청구인의 인격권 및 일반적 행동의 자유를 침해한다 할 수 없다(헌재 2012.7.26, 2011헌마332).

22 체약국의 요구가 있는 경우 항공운송사업자의 추가 보안검색 실시에 대해 정한 '국가항공보안계획'규정이 헌법상 법률유보원칙 및 과잉금지원칙에 위배되어 인격권을 침해하는지 여부: **소극 [기각]**

[1] 항공보안법은 항공운송사업자 등의 국제협약의 준수 의무와 함께 보안검색의 기준 및 절차에 관한 기본적인 사항을 정하고 있고, 국토교통부장관으로 하여금 그 이행을 위하여 '국가항공보안계획'을 수립·시행하도록 의무를 부과하고 있다. 따라서 이 사건 국가항공보안계획은 헌법상 법률유보원칙에 위배되지 않는다.

03 이미 출국 수속 과정에서 일반적인 보안검색을 마친 승객을 상대로, 촉수검색(patdown)과 같은 추가적인 보안검색 실시를 예정하고 있는 국가항공보안계획은 과잉금지원칙에 위반되지 않아 청구인의 인격권을 침해하지 않는다. 19. 경찰승진 ( )

[2] 국내외적으로 항공기 안전사고와 테러 위협이 커지는 상황에서, 민간항공의 보안 확보라는 공익은 매우 중대한 반면, 추가 보안검색 실시로 인해 승객의 기본권이 제한되는 정도는 그리 크지 아니하므로 법익의 균형성도 인정된다. 따라서 이 사건 국제항공보안계획은 헌법상 과잉금지원칙에 위배되지 않는다. 그러므로 이 사건 국제항공보안계획은 청구인의 기본권을 침해하지 아니한다(헌재 2018.2.22, 2016헌마780).

23 사회·문화기관이나 단체를 통하여 일본제국주의의 내선융화 또는 황민화운동을 적극 주도함으로써 일본제국주의의 식민통치 및 침략전쟁에 적극 협력한 행위를 친일반민족행위로 정의한 일제강점하 반민족행위 진상규명에 관한 특별법(이하 '반민규명법'이라 한다) 제2조 제13호가 인격권을 침해하는지 여부: **소극**

심판대상조항이 내선융화 또는 황민화운동에 단순 가담하거나 협력한 것에 불과한 경우를 친일반민족행위에서 제외시킨 점, 반민규명법이 조사대상자가 일제의 국권

정답 01 ○ 02 ○ 03 ○

침탈에 반대하거나 독립운동에 참여 또는 지원한 사실이 있는 때에는 이러한 사실을 함께 조사하도록 하고 그 내용을 조사보고서 및 사료에 기재하도록 정하고 있으며, 조사대상자, 그 배우자와 직계비속 또는 이해관계인이 자신의 입장을 표명하고 조사결과를 다툴 수 있는 절차를 충분히 마련하고 있는 점, 조사보고서 및 편찬된 사료를 공개하는 것 이외에 조사대상자나 그 유족에 대한 어떠한 불이익도 규정하고 있지 아니한 점 등에 비추어 볼 때, 심판대상조항은 침해의 최소성에 위배되지 아니하며, 후세에 역사의 교훈을 남기고 정의로운 사회가 실현될 수 있도록 공동체의 윤리를 정립하고자 하는 공익의 중대성을 고려할 때 법익의 균형성에도 반하지 아니한다(헌재 2013.5.30, 2012헌바19).

24 헌법 제10조로부터 도출되는 일반적 인격권에는 개인의 명예에 관한 권리도 당연히 포함되며, '명예'에는 사람이나 그 인격에 대한 '사회적 평가', 즉 객관적·외부적 가치평가뿐만 아니라 주관적·내면적인 명예감정도 포함되는지 여부: **소극**

헌법 제10조가 보호하는 명예는 사람이나 그 인격에 대한 사회적 평가, 즉 객관적·외부적 가치평가를 가리키며 단순한 주관적·내면적 명예감정은 헌법이 보호하는 명예에 포함되지 않는다(헌재 2010.11.25, 2009헌마147).

25 중혼을 혼인취소의 사유로 정하면서 그 취소청구권의 제척기간 또는 소멸사유를 규정하지 않은 민법(2005.3.31. 법률 제7427호로 개정된 것) 제816조 제1호 중 "제810조의 규정에 위반한 때" 부분이 입법재량의 한계를 일탈하여 후혼배우자의 인격권 및 행복추구권을 침해하는지 여부: **소극 [합헌]**

이 사건 법률조항은 중혼을 혼인무효사유가 아니라 혼인취소사유로 정하고 있는데, 혼인취소의 효력은 기왕에 소급하지 아니하므로 중혼이라 하더라도 법원의 취소판결이 확정되기 전까지는 유효한 법률혼으로 보호받는다. 후혼의 취소가 가혹한 결과가 발생하는 경우에는 구체적 사건에서 법원이 권리남용의 법리 등으로 해결하고 있다. 따라서 중혼 취소청구권의 소멸에 관하여 아무런 규정을 두지 않았다 하더라도, 이 사건 법률조항이 현저히 입법재량의 범위를 일탈하여 후혼배우자의 인격권 및 행복추구권을 침해하지 아니한다(헌재 2014.7.24, 2011헌바275).

26 지역아동센터 시설별 신고정원의 80% 이상을 돌봄취약아동으로 구성하도록 정한 '2019년 지역아동센터 지원사업안내' 제3장 지역아동센터 운영 2. 이용아동 선정기준 나. 선정기준별 이용아동 구분 3) 이용아동 등록의 '시설별 신고정원의 80% 이상은 돌봄취약아동이어야 하며, 일반아동은 20% 범위 내에서 등록가능' 부분이 과잉금지원칙에 위반하여 청구인 운영자들의 직업수행의 자유 및 청구인 아동들의 인격권을 침해하는지 여부: **소극**

이 사건 이용아동규정이 돌봄취약아동을 지역아동센터 시설별 신고정원의 80% 이상 유지하도록 한 것이 수권법률조항의 목적에 배치되거나 관련 조항의 내용을 위반함으로써 법률유보원칙을 위반하여 청구인들의 기본권을 침해한다고 할 수 없다. 이 사건 이용아동규정은 과잉금지원칙에 위반하여 청구인 운영자들의 직업수행의 자유 및 청구인 아동들의 인격권을 침해하지 않는다(헌재 2022.1.27, 2019헌마583).

27 국군포로의 송환 및 대우 등에 관한 법률이 국군포로의 예우의 신청, 기준, 방법 등에 필요한 사항을 대통령령에 위임하고 있으나, 대통령이 이에 대한 대통령령을 제정하지 아니한 행정입법부작위가 청구인의 명예권을 침해하는지 여부: **적극**

이 사건 행정입법부작위는 등록포로 등의 가족인 청구인의 명예권을 침해하는 것으로서 헌법에 위반된다(헌재 2018.5.31, 2016헌마626).

《주의》 명예권 침해 ○ / 재산권 침해 ×

기출 OX

04 중혼을 혼인취소의 사유로 정하면서 그 취소청구권의 제척기간 또는 소멸사유를 규정하지 않은 민법 조항은 후혼배우자의 인격권을 침해한다. 21. 경찰승진 ( )

05 지역아동센터의 시설별 신고정원의 80% 이상을 돌봄취약아동으로 구성하도록 한 보건복지부 '2019년 지역아동센터 지원사업안내' 관련 부분은 돌봄취약아동과 일반아동을 분리함으로써 아동들의 인격권을 침해한다. 23. 경찰1차 ( )

정답 04 × 05 ×

제2절 행복추구권

01 의의

> **헌법 제10조** 모든 국민은 인간으로서의 존엄과 가치를 가지며, 행복을 추구할 권리를 가진다. 국가는 개인이 가지는 불가침의 기본적 인권을 확인하고 이를 보장할 의무를 진다.

1. 개념
행복추구권은 안락하고 풍족한 삶을 추구할 수 있는 권리라고 할 수 있다.

2. 연혁
(1) 1776년 버지니아 권리장전과 미국독립선언이 기원이다.
(2) 우리나라는 제8차 개헌(1980년) 이래 행복추구권규정을 두고 있다. 14. 국가직, 15. 법원직, 16. 지방직

02 법적 성격

1. 주관적 공권성
① 행복추구권은 독자적인 기본권을 보장한 것이 아니라 '모든 국민의 당위적인 삶의 지표'를 분명히 밝혀 놓은 것이라고 보는 견해(허영)도 있으나, ② 헌법이 행복을 추구할 '권리'라고 명기하고 있으므로 주관적 공권으로 보아야 할 것이다. 헌법재판소도 행복추구권을 주관적인 기본권의 하나로 해석하고 있다.

2. 자연권성
행복추구의 권리는 인간존재에게 고유한 인간의 생래적 권리이므로 자연법적 권리이다.

3. 포괄적 권리성 15. 법원직
행복추구권에 관하여 그것이 개별적 권리를 의미하는지 아니면 포괄적 권리를 의미하는지가 문제되고 있다. 학계의 다수적 견해는 행복추구권을 헌법에 규정된 기본권 중에서 행복추구의 수단이 될 수 있는 기본권은 물론이고, 그 외 행복을 추구하는 데 필요한 것이면 헌법에 열거되지 아니한 자유와 권리까지도 그 내용으로 하는 포괄적 기본권으로 이해하고 있다.

기출 OX

01 현행헌법에서 인간의 존엄과 가치와 행복추구권을 처음 규정하였다. 16. 국회직 ( )

해설 인간의 존엄과 가치는 제5차, 행복추구권은 제8차 개헌에서 규정하였다.

02 행복추구권은 포괄적이고 일반조항적인 성격을 가진 기본권이다. 15. 법원직 ( )

03 행복추구권이란 국민이 행복을 추구하기 위한 활동을 국가권력의 간섭 없이 자유롭게 할 수 있다는 소극적 권리의 성격만을 가지는 것이 아니라, 국민이 행복을 추구하기 위해 필요한 급부를 국가에게 요구할 수 있는 적극적 권리의 성격도 가진다. 12. 국가직 ( )

정답 01 × 02 ○ 03 ×

4. 적극적 권리성 여부

헌법재판소는 "헌법 제10조의 행복추구권은 국민이 행복을 추구하기 위하여 필요한 급부를 국가에 **적극적으로 요구할 수 있는 것을 내용으로 하는 것이 아니라,** 국민이 행복을 추구하기 위한 활동을 국가권력의 간섭 없이 자유롭게 할 수 있다는 포괄적인 의미의 자유권으로서의 성격을 가진다."라고 판시하여 행복추구권을 **소극적·방어적 성격의 권리**로 이해하고 있다(헌재 2000.6.1, 98헌마216). 12. 국가직, 14. 법무사, 15. 법원직

03 주체

1. 학설

(1) 행복추구권은 인간의 권리를 의미하므로 자연인만이 누릴 수 있으며, 자연인이라면 자국민뿐만 아니라 외국인도 이를 향유할 수 있다.

(2) 법인도 일반적 행동의 자유의 주체가 될 수 있다는 견해(홍성방)와 법인은 원칙적으로 주체가 될 수 없으나 계약의 자유의 주체가 될 수 있다는 견해(계희열)가 있다.

2. 헌법재판소

(1) 헌법재판소는 노동단체에 정치자금의 기부를 금지하고 있는 정치자금에 관한 법률 제12조에 대한 헌법소원사건에서 "노동단체에 침해된 기본권은 헌법 제33조의 단결권이 아니라 헌법 제21조의 노동조합의 정치활동의 자유, 즉 표현의 자유, 결사의 자유, 일반적인 행동자유권 및 개성의 자유로운 발현권을 그 보장내용으로 하는 행복추구권이라고 보아야 한다."라고 판시하여 **노동단체를 행복추구권의 주체**로 인정한 바 있다(헌재 1999.11.25, 95헌마154).

(2) 그러나 학교법인이 행복추구권을 다툰 사건에서는 "헌법 제10조의 인간으로서의 존엄과 가치, 행복을 추구할 권리는 그 성질상 자연인에게 인정되는 기본권이라고 할 것이어서 법인인 청구인들에게는 적용되지 않는다고 할 것이다."라고 하여 법인은 행복추구권의 주체가 될 수 없다고 하였다(헌재 2006.12.28, 2004헌바67).

04 내용

행복추구권을 포괄적 기본권으로 이해하게 되면 그 내용도 다양한 것이 될 수밖에 없다. 행복추구권의 주요내용으로는 헌법에 열거된 기본권으로서 행복추구의 수단이 될 수 있는 개별적 기본권 외에 헌법에 열거되지 아니한 수면권, 일조권, 스포츠권, 자기결정권, 일반적 행동의 자유, 개성의 자유로운 발현권, 휴식권, 자신이 마실 물을 선택할 자유 등이 있다.

1. 자기결정권

(1) 의의

'자기결정권'이란 스스로의 의사에 따라 결정하고 자유롭게 행동할 수 있는 권리를 말한다. 그리고 개인의 인격권·행복추구권에는 개인의 자기운명결정권이 전제되는 것이고, 이 자기운명결정권에는 성행위 여부 및 그 상대방을 결정할 수 있는 성적 자기결정권이 또한 포함되어 있다(헌재 1990.9.10, 89헌마82).

기출 OX

04 공법인도 행복추구권의 주체가 될 수 있다. 16. 국회직 9급 ( )

05 헌법 제10조는 개인의 인격권과 행복추구권을 보장하고 있고, 인격권과 행복추구권은 개인의 자기운명결정권을 전제로 하며, 이 자기운명결정권에는 성행위 여부와 그 상대방을 결정할 수 있는 성적 자기결정권이 포함되어 있다. 18. 경찰승진 ( )

정답 **04** ✕ **05** ○

(2) 내용

① **생명·신체의 처분에 관한 자기결정권**: 생명의 처분과 관련하여 존엄사(尊嚴死), 신체의 처분과 관련하여 장기이식 등이 문제된다.

② **Reproduction의 자기결정권**: 아기를 가질 것인지와 관련하여 출산·피임의 자유를 의미하며, 낙태가 허용되는지의 문제도 이와 관련된다.

③ **Life style의 자기결정권**: 음주·흡연을 할 것인지 여부 및 두발·복장의 형태를 어떻게 할 것인지에 관한 자유이다.

④ **자기책임의 원리**: 자기가 결정하지 않은 것이나 결정할 수 없는 것에 대해서는 책임을 지지 않고 책임부담의 범위도 스스로 결정한 결과 내지 그와 상관관계가 있는 부분에 국한되는 원리이다. 헌법재판소는 자기책임의 원리에 대해서 자기결정권 내지 일반적 행동자유권의 전제로서 법치주의에 당연히 내재하는 헌법상 원리라고 판시하고 있다(헌재 2004.6.24, 2002헌가27).

이러한 자기책임의 원리는 인간의 자유와 유책성, 그리고 인간의 존엄성을 진지하게 반영한 원리로서 그것이 비단 민사법이나 형사법에 국한된 원리라기 보다는 근대법의 기본이념으로서 법치주의에 당연히 내재하는 원리로 볼 것이고, 헌법 제13조 제3항은 그 한 표현에 해당하는 것으로서 자기책임의 원리에 반하는 제재는 그 자체로서 헌법위반을 구성한다고 할 것이다(헌재 2010.3.25, 2009헌마170).

기출 OX

01 간통죄를 처벌하는 것은 사생활의 비밀과 자유를 침해하는 것으로 헌법에 위배된다. 10. 국회직 ( )

02 혼인을 빙자하여 부녀를 간음한 남자를 처벌하는 형법 조항은 사생활의 비밀과 자유를 제한하는 것이라고 할 수 있지만, 혼인을 빙자하여 부녀를 간음한 남자의 성적 자기결정권을 제한하는 것은 아니다. 19. 국가직 ( )

정답 01 ○ 02 ×

판례 |

1 간통죄 처벌규정이 성적 자기결정권 및 사생활의 비밀과 자유를 침해하여 위헌인지 여부: 적극 [판례 변경]

심판대상조항은 선량한 성풍속 및 일부일처제에 기초한 혼인제도를 보호하고 부부간 정조의무를 지키게 하기 위한 것으로 그 **입법목적의 정당성은 인정된다**. 오늘날 간통죄는 간통행위자 중 극히 일부만 처벌될 뿐만 아니라 잠재적 범죄자를 양산하여 그들의 기본권을 제한할 뿐, 혼인제도 및 정조의무를 보호하기 위한 실효성은 잃게 되었다. 혼인과 가정의 유지는 당사자의 자유로운 의지와 애정에 맡겨야지, 형벌을 통하여 타율적으로 강제될 수 없는 것이므로, 심판대상조항은 그 **수단의 적절성과 침해최소성을 갖추지 못하였다**. 심판대상조항으로 달성하려는 일부일처제에 기초한 혼인제도 및 부부간 정조의무 보호라는 공익이 더 이상 심판대상조항을 통하여 달성될 것으로 보기 어려운 반면, 심판대상조항은 개인의 내밀한 성생활의 영역을 형벌의 대상으로 삼음으로써 국민의 성적 자기결정권과 사생활의 비밀과 자유라는 기본권을 지나치게 제한하는 것이므로, 결국 심판대상조항은 **법익의 균형성도 상실**하였다. 결국 심판대상조항은 과잉금지원칙에 위배하여 국민의 성적 자기결정권 및 사생활의 비밀과 자유를 침해하는 것으로서 헌법에 위반된다(헌재 2015.2.26, 2009헌바17 등).

2 혼인빙자간음죄를 처벌하는 것이 성적 자기결정권 및 사생활의 자유를 침해하는지 여부: 적극 [위헌] 19. 국가직

남성이 해악적 문제를 수반하지 않는 방법으로 여성을 유혹하는 성적 행위에 대해서 국가가 개입하는 것은 억제되어야 한다. 그리고 남성의 여성에 대한 유혹의 방법은 남성의 내밀한 성적 자기결정권의 영역에 속하는 것이고, 또한 애정행위는 그 속성상 과장이 수반되게 마련이다. 그리고 여성이 혼전 성관계를 요구하는 상대방 남자와 성관계를 가질 것인가의 여부를 스스로 결정한 후 자신의 결정이 착오에 의한 것이라고 주장하면서 국가에 대하여 상대방 남성의 처벌을 요구하는 것은 여성 스스로가

자신의 성적 자기결정권을 부인하는 행위이다. 따라서 이 사건 법률조항의 경우 형벌 규정을 통하여 추구하고자 하는 **목적 자체가 헌법에 의하여 허용되지 않는 것으로서 그 정당성이 인정되지 않는다.** … 이 사건 법률조항은 헌법 제37조 제2항의 과잉금지원칙을 위반하여 남성의 성적 자기결정권 및 사생활의 비밀과 자유를 침해하는 것으로 헌법에 위반된다(헌재 2009.11.26, 2008헌바58).

3 동성동본금혼제가 성적 자기결정권 등을 침해하는지 여부: 적극 [헌법불합치]

개인의 인격권·행복추구권은 개인의 자기운명결정권을 그 전제로 하고 있으며, 이 자기운명결정권에는 성적 자기결정권 특히 혼인의 자유와 혼인에 있어서 상대방을 결정할 수 있는 자유가 포함되어 있다. … 자유와 평등을 근본이념으로 하고 남녀평등의 관념이 정착되었으며 경제적으로 고도로 발달한 산업사회인 현대의 자유민주주의사회에서 동성동본금혼을 규정한 민법 제809조 제1항은 이제 사회적 타당성 내지 합리성을 상실하고 있음과 아울러 '인간으로서의 존엄과 가치 및 행복추구권'을 규정한 헌법이념에도 위반된다(헌재 1997.7.16, 95헌가6 등).

4 친생부인의 소 제소기간을 '출생을 안 날로부터 1년' 이내로 제한한 것이 부의 행복추구권 등을 침해하는지 여부: 적극 [헌법불합치]

헌법 제10조는 모든 국민은 인간으로서의 존엄과 가치를 가지며 행복을 추구할 권리가 있다고 규정하고 있는바, 이로써 모든 국민은 그의 존엄한 인격권을 바탕으로 하여 자율적으로 자신의 생활영역을 형성해나갈 수 있는 권리를 가지는 것이다. 그런데 친생부인의 소 제척기간을 단기로 정하고 있는 이 사건의 경우 부로 하여금 혈연관계가 없는 친자관계를 부인할 수 있는 기회를 극단적으로 제한하고 … 이는 자유로운 의사에 따라 친자관계를 부인하고자 하는 부의 가정생활과 신분관계에서 누려야 할 인격권 및 행복추구권을 침해하고 있는 것이다(헌재 1997.3.27, 95헌가14 등).

5 배아의 보존기간을 최장 5년으로 정하면서 보존기간이 지난 후 연구목적에 이용되지 않는 배아는 폐기하도록 하는 것이 배아생성자의 배아에 대한 결정권을 침해하는지 여부: 소극 [기각]

배아생성자는 배아에 대하여 자신의 유전자정보가 담긴 신체의 일부를 제공하고, 또 배아가 모체에 성공적으로 착상하여 인간으로 출생할 경우 생물학적 부모로서의 지위를 가지게 되므로 배아의 관리 또는 처분에 대한 결정권을 가진다.
생명윤리법 제16조 제1항·제2항이 생성된 배아의 보존기간을 최장 5년으로 정하면서 보존기간이 지난 후 연구목적에 이용되지 않는 배아는 폐기하도록 하고 있으므로, 이로 인하여 배아생성자의 배아에 대한 결정권이 직접 제한된다. … 배아 수의 지나친 증가와 그로 인한 사회적 비용의 증가 및 부적절한 연구목적의 이용가능성을 방지하여야 할 공익적 필요성의 정도가 배아생성자의 자기결정권이 제한됨으로 인한 불이익의 정도에 비하여 작다고 볼 수 없는 점 등을 고려하면, 이 사건 심판대상조항이 피해의 최소성에 반하거나 법익의 균형성을 잃었다고 보기도 어렵다. 따라서 생명윤리법 제16조 제1항·제2항은 청구인의 배아에 대한 자기결정권을 침해하여 헌법에 위반되지 아니한다(헌재 2010.5.27, 2005헌마346).

6 종업원의 범죄행위가 있으면 자동적으로 영업주도 동일하게 처벌하도록 규정한 양벌규정이 책임주의에 위반되는지 여부: 적극 [위헌] 10. 사시

"책임 없는 자에게 형벌을 부과할 수 없다."라는 형법에 관한 책임주의는 형사법의 기본원리로서, 헌법상 법치국가의 원리에 내재하는 원리인 동시에 국민 누구나 인간으로서의 존엄과 가치를 가지고 스스로의 책임에 따라 자신의 행동을 결정할 것을 보장하고 있는 헌법 제10조의 취지로부터 도출되는 원리이다.

기출 OX

03 동성동본금혼제는 '인간으로서의 존엄과 가치 및 행복추구권'을 규정한 헌법이념에 반한다. 10. 법행 ( )

04 친생부인의 소의 제소기간과 그 기산점에 관하여 '그 출생을 안 날로부터 1년 내'라고 정한 것은 인간의 존엄과 가치, 행복추구권을 보장한 헌법 제10조와 혼인과 가족생활의 권리침해금지를 보장한 헌법 제36조 제1항에 위반된다. 10. 법행 ( )

05 종업원의 위반행위에 대하여 양벌조항으로서 개인인 영업주에게도 동일하게 무기 또는 2년 이상의 징역형의 법정형으로 처벌하도록 규정하고 있는 보건범죄단속에 관한 특별조치법 조항은 형사법상 책임원칙에 위반된다. 18. 경찰승진 ( )

정답 03 ○ 04 ○ 05 ○

제2장 인간의 존엄과 가치, 행복추구권, 법 앞의 평등

이 사건 법률조항은 영업주가 고용한 종업원이 그 업무와 관련하여 무면허의료행위를 한 경우에 영업주가 그와 같은 종업원의 범죄행위에 가담하였다거나 종업원의 지도·감독을 소홀히 하였다는 등 영업주 자신이 비난받을 만한 행위가 있었는지 여부와는 전혀 관계없이 종업원의 범죄행위가 있으면 자동적으로 영업주도 동일하게 처벌하도록 규정하고 있다. … 따라서 이 사건 법률조항은 법정형에 나아가 판단할 것 없이 다른 사람의 범죄에 대하여 그 책임 유무를 묻지 않고 형벌을 부과함으로써 형사법의 기본원리인 책임주의에 반하므로 결국 법치국가의 원리와 헌법 제10조의 취지에 위반하여 헌법에 위반된다(헌재 2007.11.29, 2005헌가10).

7 의료기사 등에 관한 법률 제32조 중 "법인의 대리인·사용인 기타의 종업원이 그 법인의 업무에 관하여 제30조 제1항 제1호의 위반행위를 한 때에는 그 법인에 대하여도 해당 조의 벌금형을 과한다."라는 부분이 책임주의에 반하여 헌법에 위반되는지 여부: **적극 [위헌]**

오늘날 법인의 반사회적 법익침해활동에 대하여 법인 자체에 직접 제재를 가할 필요성이 있다. 그러나 입법자가 그에 대한 대응책으로 '형벌'을 선택한 이상, 형사법의 기본원리로서 헌법상 법치국가의 원리 및 죄형법정주의로부터 도출되는 "책임 없으면 형벌 없다."라는 책임주의원칙이 준수되어야 한다. 그런데 이 사건 법률조항은 법인이 고용한 종업원 등이 업무에 관하여 의료기사 등에 관한 법률 제30조 제1항 제1호의 위반행위를 하면, 법인이 종업원 등의 위반행위와 관련하여 선임·감독상의 주의의무를 다하여 아무런 잘못이 없는 경우까지도 법인에 형벌이 부과될 수밖에 없게 규정되어 있으므로 책임주의에 반하여 헌법에 위반된다(헌재 2009.7.30, 2008헌가24).*

8 구 관광진흥법 제80조 중 "법인의 대표자가 그 법인의 업무에 관하여 제78조 제7호의 위반행위를 한 때에는 그 법인에 대하여도 해당 조의 벌금형을 과한다."는 부분이 책임원칙에 위배되는지 여부

[1] '종업원' 관련 부분에 대한 판단: 적극 [위헌]
법인이 고용한 종업원 등의 범죄행위에 관하여 비난할 근거가 되는 법인의 의사결정 및 행위구조, 즉 종업원 등이 저지른 행위의 결과에 대한 법인의 독자적인 책임에 관하여 전혀 규정하지 않은 채, 단순히 법인이 고용한 종업원 등이 업무에 관하여 범죄행위를 하였다는 이유만으로 법인에 대하여 형사처벌을 과하는 것은 다른 사람의 범죄에 대하여 그 책임 유무를 묻지 않고 형벌을 부과함으로써 법치국가의 원리 및 죄형법정주의로부터 도출되는 책임주의원칙에 반한다.

[2] '대표자' 관련 부분에 대한 판단: 소극 [합헌]
법인은 기관을 통하여 행위하므로 법인이 대표자를 선임한 이상 그의 행위로 인한 법률효과는 법인에 귀속되어야 하고 법인 대표자의 범죄행위에 대하여는 법인 자신이 자신의 행위에 대한 책임을 부담하여야 하는바, 법인 대표자의 법규위반행위에 대한 법인의 책임은 법인 자신의 법규 위반행위로 평가될 수 있는 행위에 대한 법인의 직접책임으로서, 대표자의 고의에 의한 위반행위에 대하여는 법인 자신의 고의에 의한 책임을, 대표자의 과실에 의한 위반행위에 대하여는 법인 자신의 과실에 의한 책임을 부담하는 것이다. 따라서 이 사건 법률조항 중 법인의 대표자 관련 부분은 대표자의 책임을 요건으로 하여 법인을 처벌하므로 책임주의원칙에 반하지 아니하며, 이때 법인의 '대표자'에는 그 명칭 여하를 불문하고 당해 법인을 실질적으로 경영하면서 사실상 대표하고 있는 자도 포함된다(헌재 2011.10.25, 2010헌바307).

* 헌법재판소는 같은 날 시행행위 등 규제 및 처벌 특례법 제31조 위헌확인(2008헌가14), 의료법 제91조 제1항 위헌확인(2008헌가16), 구 도로법 제86조 위헌확인(2008헌가17), 구 건설산업기본법 제98조 제2항 위헌확인(2008헌가18) 등 각 사건에 대하여 해당 결정과 같은 취지로 책임주의에 반하여 헌법에 위반된다는 결정을 하였다.

기출 OX
01 단순히 법인이 고용한 종업원 등이 업무에 관하여 범죄행위를 하였다는 이유만으로 법인에 대하여 형사처벌을 과하는 것은 헌법상 법치국가원리 및 죄형법정주의로부터 도출되는 책임주의원칙에 반하여 헌법에 위배된다. 15. 경찰승진 ( )

정답 01 ○

9 법인에 대해 무과실의 형사책임을 정한 구 수질환경보전법 양벌규정이 책임주의원칙에 위배되는지 여부: 적극 [위헌]

심판대상조항은 법인의 대리인·사용인 기타의 종업원(이하 '종업원 등'이라 한다)의 범죄행위에 대한 법인의 가담 여부나 이를 감독할 주의의무 위반 여부를 법인에 대한 처벌요건으로 규정하지 않고, 법인이 면책될 가능성에 대해서도 정하지 않은 채, 법인을 종업원 등과 같이 처벌하도록 정하고 있다. 이는 헌법상 법치국가원리로부터 도출되는 책임주의원칙에 위배된다(헌재 2021.4.29, 2019헌가2).

10 자동차운전전문학원 졸업생이 교통사고를 일으킬 경우 당해 자동차운전전문학원의 운영을 정지시키는 것이 자기책임의 범위를 벗어나 위헌인지 여부: 적극 [위헌] 11. 법행

이 사건 조항이 운전전문학원의 귀책사유를 불문하고 수료생이 일으킨 교통사고를 자동적으로 운전전문학원의 법적 책임으로 연관시키고 있는 것은 운전전문학원이 주체적으로 행해야 하는 **자기책임의 범위를 벗어난 것이며** … 비례의 원칙에 어긋나 운전전문학원운영자의 직업의 자유를 침해한다(헌재 2005.7.21, 2004헌가30).

11 자도소주구입명령제도가 소비자의 자기결정권을 침해하는지 여부: 적극 [위헌] 04. 법무사, 11. 법행

소주도매업자로 하여금 그 영업장소 소재지에서 생산되는 자도소주를 의무적으로 총구입액의 100분의 50 이상을 구입하도록 하는 자도소주구입명령제도는 전국적으로 자유경쟁을 배제한 채 지역할거주의로 자리잡게 되고 그로써 지역독과점현상의 고착화를 초래하므로, '독과점규제'란 공익을 달성하기에 적정한 조치로 보기 어렵다. … 따라서 구입명령제도는 소주판매업자의 직업의 자유는 물론 소주제조업자의 경쟁 및 기업의 자유, 즉 직업의 자유와 소비자의 행복추구권에서 파생된 자기결정권을 지나치게 침해하는 위헌적인 규정이다(헌재 1996.12.26, 96헌가18).

12 탁주공급구역제한이 소비자의 자기결정권을 침해하는지 여부: 소극 [합헌] 19. 국가직

공급구역제한제도의 폐지로 영세한 탁주제조업체가 도산하게 될 경우 그 지역의 주민은 탁주를 원활하게 공급받지 못하게 될 가능성이 충분히 있고, 나아가 기존의 대형 주류제조업체가 시장에 참가하여 전국적인 독과점을 형성하게 되면 사실상 소비자결정권이 형해화되는 결과가 초래될 수도 있다는 점을 고려할 때, 탁주의 공급구역을 탁주제조장이 소재하는 시·군의 행정구역으로 제한하고 있는 공급구역제한제도로 인하여 부득이 발생하는 다소간의 소비자선택권의 제한을 두고 헌법에 위반되는 것이라고 할 수는 없다(헌재 1999.7.22, 98헌가5).

13 의료보험요양기관 강제지정이 의료소비자의 자기결정권을 침해하는지 여부: 소극 [합헌] 05. 국가직, 06. 입시

의료법에 의하여 개설된 모든 의료기관을 의료보험대상기관으로 강제지정하는 것은 의료소비자인 국민이 의료행위의 질·범위·보수 등을 자유롭게 결정할 수 있는 자유를 제한하는 것이다. … 이러한 제한은 의료보험의 기능확보라는 중대한 공익의 실현을 위하여 행하여지는 것으로서 의료소비자인 국민의 선택권을 과도하게 침해하는 것이라고 볼 수 없다(헌재 2002.10.31, 99헌바76 등).

14 인수자가 없는 시체를 생전의 본인의 의사와는 무관하게 해부용 시체로 제공될 수 있도록 규정하는 '시체 해부 및 보존에 관한 법률' 제12조 제1항 본문이 시체의 처분에 대한 자기결정권을 침해하는지 여부: 적극 [위헌] 19. 국가직·지방직

심판대상조항이 국민 보건 향상, 의학 교육 및 연구에 기여하는 공익을 추구하고 있다 하더라도, 사후 자신의 시체가 해부용으로 제공됨으로써 침해되는 청구인의 자신의 시체의 처분에 대한 자기결정권이라는 사익이 그보다 결코 작다고만은 할

기출 OX

02 '자동차운전전문학원을 졸업하고 운전면허를 받은 사람 중 교통사고를 일으킨 비율이 대통령령이 정하는 비율을 초과하는 때'에는 학원의 등록을 취소하거나 1년 이내의 운영정지를 명할 수 있도록 하는 것은 운전전문학원이 조성하는 사회적 위험을 관리하기 위한 것이므로 운전전문학원 운영자의 직업의 자유를 침해한다고 볼 수 없다. 16. 법무사 ( )

03 주세법에 의한 자도소주구입명령제도는 소주판매업자의 직업의 자유는 물론 소주제조업자의 경쟁 및 기업의 자유와 소비자의 행복추구권에서 파생된 자기결정권을 지나치게 침해하여 위헌이다. 11. 법행 ( )

04 보존이 가능한 탁주를 제외한 탁주의 공급구역을 주류제조장 소재지의 시·군의 행정구역으로 제한하는 것에 대하여 탁주제조업자나 판매업자의 직업의 자유와 소비자의 자기결정권을 침해하지 않는다고 하였다가 탁주제조업자나 판매업자의 직업의 자유와 소비자의 자기결정권을 침해한다고 하였다. 19. 국가직 ( )

05 의료법에 따라 개설된 의료기관이 당연히 국민건강보험요양기관이 되도록 규정한 국민건강보험법 조항은 과잉금지원칙의 개별적 요소로서 침해최소성에 위배된다. 19. 법행 ( )

06 인수자가 없는 시체를 생전의 본인의 의사와는 무관하게 해부용 시체로 제공될 수 있도록 규정하는 것은, 본인이 해부용 시체로 제공되는 것에 대해 반대하는 의사표시를 명시적으로 표시할 수 있는 절차를 마련하지 않고 있다는 점에서, 시체처분에 대한 자기결정권을 침해한다. 19. 국가직 ( )

정답 02 × 03 ○ 04 × 05 × 06 ○

수 없으므로 법익균형성도 충족하였다고 보기 어렵다. 따라서 이 사건 법률조항은 과잉금지원칙을 위반하여 청구인의 시체의 처분에 대한 자기결정권을 침해하여 헌법에 위반된다(헌재 2015.11.26, 2012헌마940).

15 환자가 죽음에 임박한 상태에서 인간으로서의 존엄과 가치를 지키기 위하여 연명치료의 거부 또는 중단을 결정하는 것이 자기결정권의 내용인지 여부: **적극** 12·17. 경찰승진, 12. 국가직, 14. 지방직

환자가 장차 죽음에 임박한 상태에 이를 경우에 대비하여 미리 의료인 등에게 연명치료 거부 또는 중단에 관한 의사를 밝히는 등의 방법으로 죽음에 임박한 상태에서 인간으로서의 존엄과 가치를 지키기 위하여 연명치료의 거부 또는 중단을 결정할 수 있다 할 것이고, 위 결정은 헌법상 기본권인 자기결정권의 한 내용으로서 보장된다 할 것이다(헌재 2009.11.26, 2008헌마385).

16 성매매를 한 자를 형사처벌하도록 규정한 '성매매알선 등 행위의 처벌에 관한 법률' 제21조 제1항이 개인의 성적 자기결정권, 사생활의 비밀과 자유, 성판매자의 직업선택의 자유를 침해하는지 여부: **소극 [합헌]**

성매매는 그 자체로 폭력적·착취적 성격을 가진 것으로 경제적 대가를 매개로 하여 경제적 약자인 성판매자의 신체와 인격을 지배하는 형태를 띠므로 대등한 당사자 사이의 자유로운 거래 행위로 볼 수 없고, 인간의 성을 상품화하여 성범죄가 발생하기 쉬운 환경을 만드는 등 사회 전반의 성풍속과 성도덕을 허물어뜨린다. 자신의 성뿐만 아니라 타인의 성을 고귀한 것으로 여기고 이를 수단화하지 않는 것은 모든 인간의 존엄과 평등이 전제된 공동체의 발전을 위한 기본전제가 되는 가치관이므로, 사회 전반의 건전한 성풍속과 성도덕이라는 공익적 가치는 개인의 성적 자기결정권 등 기본권제한의 정도에 비해 결코 작다고 볼 수 없어 법익균형성원칙에도 위배되지 아니한다. 따라서 심판대상조항은 개인의 성적 자기결정권, 사생활의 비밀과 자유, 직업선택의 자유를 침해하지 아니한다(헌재 2016.3.31, 2013헌가2).

17 종업원 등이 화물적재시 고정조치의무를 위반하여 운전한 경우 그를 고용한 법인을 면책사유 없이 형사처벌하도록 규정한 구 도로교통법 제116조의 양벌규정이 위헌인지 여부: **적극 [위헌]**

심판대상조항은 종업원 등의 범죄행위에 관하여 비난할 근거가 되는 법인의 의사결정 및 행위구조, 즉 종업원 등이 저지른 행위의 결과에 대한 법인의 독자적인 책임에 관하여 전혀 규정하지 않은 채 단순히 법인이 고용한 종업원 등이 업무에 관하여 범죄행위를 하였다는 이유만으로 법인에 대하여 형벌을 부과하도록 정하고 있는 바, 이는 다른 사람의 범죄에 대하여 그 책임 유무를 묻지 않고 형사처벌하는 것이므로 헌법상 법치국가원리 및 죄형법정주의로부터 도출되는 책임주의원칙에 위배된다(헌재 2016.10.27, 2016헌가10).

18 가집행선고가 실효되는 경우 가집행을 한 자에 대하여 원상회복의무와 손해배상의무를 인정한 것이 자기책임원리에 위배되는지 여부: **소극 [합헌]**

[1] 가집행선고가 실효되는 경우 그 집행의 결과는 부당한 것이 된다. 가집행으로 인한 손해배상과 관련하여 심판대상조항은 무과실책임으로 정하고 있으나, 그렇다고 배상할 손해가 무제한적으로 확대되는 것이 아니라 상당인과관계 있는 범위로 한정되고, 가집행채무자의 과실이 있는 경우 과실상계 규정을 준용하여 가집행채권자의 손해배상책임 및 그 금액을 정함에 있어 이를 참작하여야 한다.

기출 OX

01 비록 연명치료 중단에 관한 결정 및 그 실행이 환자의 생명단축을 초래한다 하더라도 이를 생명에 대한 임의적 처분으로서 자살이라고 평가할 수 없고, 오히려 이는 생명권의 한 내용으로서 보장된다. 17. 경찰승진 ( )

02 성매매를 한 자를 형사처벌하도록 하는 성매매알선 등 행위의 처벌에 관한 법률규정은 과잉금지원칙에 반하는 것으로서 개인의 성적 자기결정권, 사생활의 비밀과 자유를 침해한다. 17. 5급 승진 ( )

03 종업원이 고정조치의무를 위반하여 화물을 적재하고 운전한 경우 그를 고용한 법인을 면책사유 없이 형사처벌하도록 규정한 구 도로교통법 조항은 책임주의원칙에 위배되지 아니한다. 18. 경찰승진 ( )

정답 01 × 02 × 03 ×

[2] 심판대상조항의 원상회복의무와 손해배상의무는 가집행채권자가 가집행선고가 실효될지도 모르는 상황에서 자신의 선택으로 집행을 감행하였기 때문에 발생하는 것이다. 가집행채권자는 가집행선고가 있더라도 집행에 이르지 아니하고 본안판결이 확정될 때까지 기다릴 수도 있다. 따라서 심판대상조항은 자기가 결정하지 아니한 것이나 결정할 수 없는 것에 대하여 책임을 지게 한 것이라고 할 수 없고, 책임부담의 범위도 스스로 결정한 결과 내지 그와 상관관계에 있는 부분을 넘지 아니하므로 자기책임원리에 위반된다고 볼 수 없다(헌재 2017.5.25, 2014헌바360).

19 부모의 자녀 이름을 지을 자유는 헌법 제10조에 의하여 보호받는 권리인지 여부:
적극 18. 지방직, 19. 국가직

부모가 자녀의 이름을 지어주는 것은 자녀의 양육과 가족생활을 위하여 필수적인 것이고, 가족생활의 핵심적 요소라 할 수 있으므로, '부모가 자녀의 이름을 지을 자유'는 혼인과 가족생활을 보장하는 헌법 제36조 제1항과 행복추구권을 보장하는 헌법 제10조에 의하여 보호받는다(헌재 2016.7.28, 2015헌마964).

2. 일반적 행동의 자유

(1) 의의

'일반적 행동의 자유'란 적극적으로 자유롭게 행동을 할 자유뿐만 아니라 소극적으로 행동을 하지 않을 자유도 포함한다. 헌법 제10조 전문은 모든 국민은 인간으로서의 존엄과 가치를 지니며 행복을 추구할 권리를 가진다고 규정하여 행복추구권을 보장하고 있고, 행복추구권은 구체적인 표현으로서 일반적인 행동자유권과 개성의 자유로운 발현권을 포함한다. 일반적 행동자유권에는 적극적으로 자유롭게 행동을 하는 것은 물론 소극적으로 행동을 하지 않을 자유, 즉 부작위의 자유도 포함되며 포괄적인 의미의 자유권으로서 일반조항적인 성격을 가진다(헌재 2003.10.30, 2002헌마518). **일반적 행동자유권은 가치 있는 행동만 그 보호영역으로 하는 것은 아니다. 그 보호영역에는 개인의 생활방식과 취미에 관한 사항도 포함되며, 여기에는 위험한 스포츠를 즐길 권리와 같은 위험한 생활방식으로 살아갈 권리도 포함된다**(헌재 2016.2.25, 2015헌가11).

(2) 헌법재판소 판례

① **계약체결의 자유**: 이른바 계약자유의 원칙이란 계약을 어떠한 내용·방식·관계에서 체결할 것인가의 여부로, 당사자 자신이 자기의사로 결정하는 자유뿐만 아니라 원치 않으면 계약을 체결하지 않을 자유를 말하며, 이는 헌법상의 행복추구권 속에 함축된 일반적 행동자유권으로부터 파생되는 것이라 할 것이다(헌재 1991.6.3, 89헌마204).

② **당구를 통하여 소질과 취미를 살릴 자유**: 당구장 출입자의 자숙이나 시설, 환경 정화로 당구의 실내 스포츠로서의 이미지 개선은 가능한 것으로 사료되며 당구 자체에 청소년이 금기시하여야 할 요소가 있는 것으로 보여지지 않기 때문에 당구를 통하여 자신의 소질과 취미를 살리고자 하는 소년에 대하여 당구를 금하는 것은 헌법상 보장된 행복추구권의 한 내용인 일반적 행동자유권의 침해가 될 수 있을 것이다(헌재 1993.5.13, 92헌마80). 12. 법무사

기출 OX

04 일반적 행동자유권은 개인이 행위를 할 것인가의 여부에 대하여 자유롭게 결단하는 것을 전제로 하여 이성적이고 책임감 있는 사람이라면 자기에 관한 사항은 스스로 처리할 수 있을 것이라는 생각에서 인정되는 것이므로, 가치 있는 행동만 그 보호영역으로 하며 위험한 스포츠를 즐길 권리와 같은 위험한 생활방식으로 살아갈 권리는 그 보호영역에 포함되지 않는다. 17. 경찰승진 ( )

05 헌법 제10조에 의하여 보장되는 행복추구권 속에는 일반적 행동자유권이 포함되고, 이 일반적 행동자유권으로부터 계약체결의 여부, 계약의 상대방, 계약의 방식과 내용 등을 당사자의 자유로운 의사로 결정할 수 있는 계약의 자유가 파생한다. 20. 지방직 ( )

정답 04 × 05 ○

기출 OX

01 결혼식 등의 당사자가 자신을 축하하러 온 하객들에게 주류와 음식물을 접대하는 행위는 인류의 오래된 보편적인 사회생활의 한 모습으로서 개인의 일반적인 행동의 자유영역에 속한다. 14. 경찰승진 ( )

02 일반적 행동자유권은 가치 있는 행동만 보호영역으로 하는 것인바, 개인이 대마를 자유롭게 수수하고 흡연할 자유가 일반적 행동자유권의 보호영역에 속하지는 아니한다. 13. 경찰승진 ( )

✏️ **대마를 자유롭게 수수하고 흡연할 일반적 행동의 자유**
- 일반적 행동자유권의 보호영역 ○
- 대마의 흡연행위를 처벌하는 것은 행복추구권의 침해 ×

03 금지행위를 위반한 사업자단체의 법 위반사실을 공표하도록 한 공정거래위원회의 명령은 양심의 자유에 대한 침해이다. 11. 국가직 ( )

③ **결혼식하객 접대행위**: 결혼식 등의 당사자가 자신을 축하하러 온 하객들에게 주류와 음식물을 접대하는 행위는 인류의 오래된 보편적인 사회생활의 한 모습으로서 개인의 일반적인 행동의 자유영역에 속하는 행위이므로 이는 헌법 제37조 제1항에 의하여 경시되지 아니하는 기본권이며, 헌법 제10조가 정하고 있는 행복추구권에 포함되는 일반적 행동자유권으로서 보호되어야 할 기본권이다(헌재 1998.10.15, 98헌마168).

> ⚖️ **판례 |**
>
> **1 대마흡연행위를 처벌하는 것이 행복추구권을 침해하는지 여부: 소극 [합헌]** 12. 법무사
> 일반적 행동자유권은 적극적으로 자유롭게 행동을 하는 것은 물론 소극적으로 행동을 하지 않을 자유도 포함되고 가치 있는 행동만 보호영역으로 하는 것은 아닌 것인바, **개인이 대마를 자유롭게 수수하고 흡연할 자유도 헌법 제10조의 행복추구권에서 나오는 일반적 행동자유권의 보호영역에 속한다.** … 이 사건 법률조항은 대마의 사용으로 인하여 국민건강에 미치는 악영향을 방지함으로써 국민보건 향상과 아울러 대마흡연행위와 관련된 사회적 위험발생의 예방을 도모하고 있고, 이러한 공익은 이 사건 조항으로 인하여 제한되는 개인의 대마초흡연 및 수수의 자유에 비하여 크다고 할 것이어서 법익의 균형성도 갖추었다. 그러므로 이 사건 조항은 과잉금지원칙에 위반하여 행복추구권을 침해하는 것이 아니다(헌재 2005.11.24, 2005헌바46).
>
> **2 공정거래위원회로 하여금 그 법 위반사실의 공표를 명할 수 있도록 규정한 독점규제 및 공정거래에 관한 법률 제27조가 일반적 행동자유권을 침해하는지 여부: 적극 [위헌]** 03·07. 법행, 08. 법원직, 10. 법무사
> 법 위반사실을 공표할 것을 강제당한다면 이는 행위자가 자신의 행복추구를 위하여 내키지 아니하는 일을 하지 아니할 일반적 행동자유권과 인격발현 혹은 사회적 신용유지를 위하여 보호되어야 할 명예권에 대한 제한에 해당한다고 할 것이다. … 형사재판이 개시되기도 전에 공정거래위원회의 행정처분에 의하여 무조건적으로 법 위반을 단정, 그 피의사실을 널리 공표하도록 한다면 이는 지나치게 광범위한 조치로서 적합한 수단이라고 하기 어렵다. … 결국 헌법 제37조 제2항의 과잉입법금지원칙에 위반하여 행위자의 일반적 행동의 자유 및 명예를 지나치게 침해하는 것이라 할 것이다(헌재 2002.1.31, 2001헌바43).
> ▶ 과잉금지원칙 위반, 일반적 행동자유권, 명예권, 무죄추정의 원칙, 진술거부권 침해 ○ / 양심의 자유 침해 ×
>
> **3 고속도로 등에서 이륜자동차와 원동기장치자전거의 통행을 금지하는 것이 일반적 행동자유권을 침해하는지 여부: 소극** 12. 법무사
> 이 사건 법률조항에 의하여 이륜차를 이용하여 고속도로 등을 통행할 수 있는 자유를 제한당하고 있다. 이는 행복추구권에서 우러나오는 일반적 행동의 자유를 제한하는 것이다. 그러나 이 사건 법률조항이 청구인들의 거주·이전의 자유를 제한한다고 보기는 어렵다. … 고속도로 등에 이륜차의 통행을 허용할 경우에는 고속으로 주행하는 이륜차의 사고위험성이 더욱 증가되고 그로 인하여 일반 자동차의 고속주행과 안전까지 저해할 우려가 있다. … 따라서 이 사건 법률조항은 청구인들의 고속도로 등 통행의 자유(일반적 행동의 자유)를 헌법 제37조 제2항에 반하여 과도하게 제한한다고 볼 수 없다(헌재 2007.1.17, 2005헌마1111 등).

정답 01 ○ 02 × 03 ×

4 **국민연금 강제가입제도가 위헌인지 여부: 소극 [기각]** 06. 입시

행복추구권의 구체적인 표현으로서 일반적인 행동자유권에는 당사자 자신이 자유롭게 계약을 체결할 수 있고 원하지 않는 계약을 체결하지 않을 자유인 이른바 계약자유의 원칙이 포함되므로 개인의 의사를 묻지 않고 강제가입과 연금보험료의 강제징수를 전제로 한 국민연금제도는 국민연금에 가입하지 않고 자신 스스로 사회적 위험에 대처하고자 하는 개인들의 행복추구권을 침해한다고 볼 수 있다. 그러나 … 국민연금제도를 통하여 달성하고자 하는 공익이 개별적인 내용의 저축에 대한 선택권이라는 개인적 사익보다 월등히 크다고 보아야 할 것이어서 과잉금지의 원칙에 위배되지 아니하므로, 결국 국민연금 강제가입제도로 인한 행복추구권 침해는 헌법에 위반된다고 할 수 없다(헌재 2001.2.22, 99헌마365).

5 **국민건강보험 의무가입제도가 위헌인지 여부: 소극 [기각]**

국민건강보험법이 의무적 가입을 규정하고 임의해지를 금지하면서 보험료를 납부하게 하는 것은 경제적 약자에게도 기본적인 의료서비스를 제공하기 위한 국가의 사회보장·사회복지 증진의무(제34조 제2항)라는 정당한 공공복리를 효과적으로 달성하기 위한 것이며, 조세가 아닌 보험료를 한 재원으로 하여 사회보험을 추구하기 위한 것이다. … 재산권이나 인간다운 생활을 할 권리 혹은 행복추구권을 침해한다고 할 수 없다(헌재 2001.8.30, 2000헌마668).

6 **음주측정불응에 대한 형사처벌이 일반적 행동의 자유를 침해하는지 여부: 소극 [합헌]**
05. 법행, 06. 입시, 07. 국회직, 10. 법원직·법무사

주취운전의 혐의자에게 주취 여부의 측정에 응할 의무를 지우고 이에 불응한 사람을 처벌하는 것은 입법목적의 중대성, 음주측정의 불가피성, 국민에게 부과되는 부담의 정도, 처벌의 요건과 정도에 비추어 헌법 제37조 제2항의 과잉금지의 원칙에 어긋나는 것이라 할 수 없으므로 이 사건 법률조항은 헌법 제10조에 규정된 행복추구권에서 도출되는 일반적 행동의 자유를 침해하는 것이라고도 할 수 없다(헌재 1997.3.27, 96헌가11).

▶ 양심의 자유, 행복추구권, 일반적 행동자유권 침해 ×

7 **마약류 수용자의 마약류 반응검사를 위하여 소변을 받아 제출하게 하는 행위가 일반적 행동자유권을 침해하는지 여부: 소극 [기각]** 08. 법무사·사시

정기적으로 소변채취를 통하여 마약반응검사를 실시하는 것은 교정시설 내의 안전과 질서유지 및 교정목적에 기여하는 측면이 높다는 점에서 … 이 사건 소변채취는 과잉금지의 원칙에 위반되지 아니한다(헌재 2006.7.27, 2005헌마277).

8 **자동차 좌석안전띠를 착용하지 않은 운전자에 대해서 3만원의 범칙금을 부과하는 것이 일반적 행동자유권을 침해하는지 여부: 소극 [기각]** 05·12. 사시, 06. 행시, 07. 법무사

이 사건 심판대상조항들로 인하여 청구인은 운전 중 좌석안전띠를 착용할 의무를 지게 되는바, 이는 운전자의 약간의 답답함이라는 경미한 부담이고 좌석안전띠 미착용으로 청구인이 부담하는 범칙금이 소액인 데 비하여, 좌석안전띠 착용으로 인하여 달성하려는 공익인 동승자를 비롯한 국민의 생명과 신체의 보호는 재산적인 가치로 환산할 수 없는 것일 뿐만 아니라 교통사고로 인한 사회적인 비용을 줄여 사회공동체의 이익을 증진하기 위한 것이므로 … 비례의 원칙에 위반되어 국민의 일반적 행동자유권을 과도하게 침해하는 위헌적인 규정이라 할 수 없다(헌재 2003.10.30, 2002헌마518).

기출 OX

04 음주측정거부자에게 필요적 면허취소를 규정한 것은 양심의 자유나 행복추구권 등에 대한 침해가 될 수 없다. 12. 법무사 ( )

05 마약류사범인 수용자에게 마약류 반응검사를 위하여 소변을 받아 제출하게 한 것은 과잉금지의 원칙에 위반되지 않는다. 19. 경찰승진 ( )

정답 04 ○ 05 ○

기출 OX

01 무면허의료행위라 할지라도 지속적인 소득활동이 아니라 취미, 일시적 활동 또는 무상의 봉사활동으로 삼는 경우에는 일반적 행동자유권의 보호영역에 포섭된다. 19. 법행 (   )

02 의료인이 아닌 자의 의료행위를 금지·처벌하는 구 의료법(2002.3.30. 법률 제6686호로 개정되기 전의 것) 제25조 제1항 본문의 전단부분 및 제66조 제3호 중 제25조 제1항 본문의 전단에 관한 부분이 의료인이 아닌 자의 의료행위를 전면적으로 금지한 것은 비례의 원칙에 부합하는 것으로서 헌법적으로 정당화된다. 08. 법무사 (   )

03 경찰청장이 경찰버스들로 서울광장을 둘러싸 통행을 제지한 행위는 서울광장을 가로질러 통행하려는 사람들의 거주·이전의 자유를 제한하는 것이다. 19. 국가직 (   )

04 인터넷게임 제공자로 하여금 16세 미만의 청소년에게 오전 0시부터 오전 6시까지 인터넷게임의 제공을 금지하는 청소년보호법 조항이 인터넷게임 제공자의 직업수행의 자유, 여가와 오락활동에 관한 청소년의 일반적 행동자유권 및 부모의 자녀교육권을 침해한다고 볼 수 없다. 14. 법행 (   )

9 의료인이 아닌 자의 의료행위를 금지하는 것이 의료행위를 취미나 일상적 활동으로 하고자 하는 자의 일반적 행동자유권을 침해하는지 여부: **소극 [기각]** 05. 사시, 11. 법행

이 사건 법률조항은 '의료행위'를 개인의 경제적 소득활동의 기반이자 자아실현의 근거로 삼으려는 청구인의 기본권, 즉 직업선택의 자유를 제한하거나 또는 청구인이 **의료행위를 지속적인 소득활동이 아니라 취미, 일시적 활동 또는 무상의 봉사활동으로 삼는 경우에는 헌법 제10조의 행복추구권에서 파생하는 일반적 행동의 자유를 제한하는 규정이다.** 이 사건 법률조항이 의료인이 아닌 자의 의료행위를 전면적으로 금지한 것은 매우 중대한 헌법적 법익인 국민의 생명권과 건강권을 보호하고 국민의 보건에 관한 국가의 보호의무(헌법 제36조 제3항)를 이행하기 위하여 적합한 조치로서 … 헌법에 위반되지 않는다(헌재 2002.12.18, 2001헌마370).

10 경찰청장이 서울광장을 차벽으로 둘러싸고 광장에 통행을 제지한 행위(이하 '이 사건 통행제지행위'라고 한다)가 일반적 행동자유권을 침해하는지 여부: **적극 [인용(위헌확인)]** 12. 사시·경찰승진, 15. 서울시, 19. 국가직

[1] 일반 공중에 개방된 장소인 서울광장을 개별적으로 통행하거나 서울광장에서 여가활동이나 문화활동을 하는 것은 일반적 행동자유권의 내용으로 보장된다.
[2] 전면적이고 광범위한 집회방지조치를 취할 필요성이 있었다고 하더라도 서울광장의 출입을 완전히 통제하는 경우 일반 시민들의 통행이나 여가·문화활동 등의 이용까지 제한되므로 서울광장의 몇 군데라도 통로를 개설하여 통제하에 출입하게 하거나 대규모의 불법·폭력집회가 행해질 가능성이 적은 시간대라든지 서울광장 인근 건물에 출근이나 왕래가 많은 오전 시간대에는 일부 통제를 푸는 등 시민들의 통행이나 여가·문화활동에 과도한 제한을 초래하지 않으면서도 목적을 상당 부분 달성할 수 있는 수단이나 방법을 고려하였어야 함에도 불구하고 모든 시민의 통행을 전면적으로 제지한 것은 침해의 최소성을 충족한다고 할 수 없다. … 따라서 이 사건 통행제지행위는 과잉금지원칙을 위반하여 청구인들의 일반적 행동자유권을 침해한 것이다(헌재 2011.6.30, 2009헌마406).

▶ 서울광장에 출입하고 통행하는 행위가 그 장소를 중심으로 생활을 형성해 나가는 행위에 속한다고 볼 수도 없으므로 청구인들의 거주·이전의 자유가 제한되었다고 할 수 없으며, 일반 공중에게 개방된 장소인 서울광장을 개별적으로 통행하거나 서울광장에서 여가활동이나 문화활동을 하는 것은 일반적 행동자유권의 내용으로 보장된다.

11 16세 미만 청소년에게 오전 0시부터 오전 6시까지 인터넷게임의 제공을 금지하는 이른바 '강제적 셧다운제'가 위헌인지 여부: **소극 [기각]**

인터넷게임 자체는 오락 내지 여가활동의 일종으로 부정적이라고 볼 수 없으나, 우리나라 청소년의 높은 인터넷게임 이용률, 인터넷게임에 과몰입되거나 중독될 경우에 나타나는 부정적 결과 및 자발적 중단이 쉽지 않은 인터넷게임의 특성 등을 고려할 때, 16세 미만의 청소년에 한하여 오전 0시부터 오전 6시까지만 인터넷게임을 금지하는 것이 과도한 규제라고 보기 어렵고, 청소년의 건전한 성장 및 중독 예방이라는 공익의 중대성을 고려할 때 법익균형성도 유지하고 있으므로, 이 사건 금지조항이 인터넷게임을 제공하는 자의 직업수행의 자유, 여가와 오락활동에 관한 청소년의 일반적 행동자유권 및 부모의 자녀교육권을 침해한다고 볼 수 없다(헌재 2014.4.24, 2011헌마659).

정답 01 ○ 02 ○ 03 × 04 ○

12 아동·청소년 대상 성범죄자에 대하여 신상정보 등록 후 1년마다 새로 촬영한 사진을 관할경찰관서에 제출하도록 하고 이에 위반하는 경우 형벌로 제재를 가하는 것이 일반적 행동자유권을 침해하는지 여부: 소극 [합헌]

등록대상자가 1년에 한번씩 사진을 촬영하여 관할경찰관서의 장에게 제출하는 것이 다소 번거롭고 부담스럽기는 하지만 그 부담이 그리 과중한 것은 아니라고 할 것이다. … 아동·청소년대상 성범죄의 경우 일단 발생하면 그 피해회복이 매우 어려워 범죄를 사전에 예방하는 것이 범죄 후 범죄자에 대한 처벌보다 더 중요하고, 신상정보 변경등록의무의 이행확보를 통하여 성범죄 전력이 있는 자의 재범을 사전에 예방함으로써 달성하고자 하는 아동·청소년의 성보호는 매우 중요한 공익이라 할 것이다. 그러므로 이 사건 심판대상조항이 청구인의 일반적 행동의 자유권을 어느 정도 제한한다고 하더라도 위와 같은 공익이 훨씬 크다고 볼 수 있으므로 이 사건 심판대상조항은 법익균형성도 갖추었다. 따라서 이 사건 심판대상조항은 과잉금지원칙에 위반하여 청구인의 일반적 행동의 자유를 침해하지 아니한다(헌재 2015.7.30, 2014헌바257).

13 도로교통법 제63조 중 긴급자동차를 제외한 이륜자동차 운전자의 자동차전용도로 통행을 금지하는 부분이 일반적 행동자유권을 침해하는지 여부: 소극 [합헌]

[1] 통행의 자유(일반적 행동의 자유) 침해 여부

이륜자동차의 구조적 특수성, 일부 이륜자동차 운전자들은 낮은 교통질서 의식과 나쁜 운전습관 등으로 자동차전용도로에서의 운행을 허용할 경우 이륜자동차 운전자의 안전은 물론 일반자동차 운전자의 안전까지 저해할 우려가 있고, 차량의 능률적인 운행과 원활한 교통소통을 방해할 가능성이 크다. 이 사건 법률조항이 과잉금지원칙에 반하여 청구인의 일반적 행동의 자유를 침해한다고 볼 수는 없다.

[2] 평등원칙 위반 여부

이륜자동차는 구조적 특수성으로 인하여 일반자동차에 비하여 사고발생가능성이 높고, 사고결과가 중하며 정체시에 부적절한 주행행태를 보이므로, 차량의 능률적인 운행과 원활한 교통소통을 위하여 자동차전용도로의 통행을 금지할 합리적인 사유가 있다. 따라서 일반자동차에 비하여 자동차전용도로 통행의 자유가 제한된다고 하더라도 이를 불합리한 차별이라고 볼 수 없다(헌재 2015. 9.24, 2014헌바291).

14 피청구인 교도소장이 청구인을 비롯한 경주교도소 수용자의 동절기 취침시간을 21:00로 정한 행위가 청구인의 일반적 행동자유권을 침해하는지 여부: 소극 [기각]

교도소는 수용자가 공동생활을 영위하는 장소이므로 질서유지를 위하여 취침시간의 일괄처우가 불가피한바, 피청구인은 취침시간을 21:00로 정하되 기상시간을 06:20으로 정함으로써 동절기 일조시간의 특성을 수면시간에 반영하였고, 이에 따른 수면시간은 9시간 20분으로 성인의 적정 수면시간 이상을 보장하고 있다. 나아가 21:00 취침은 전국 교도소의 보편적 기준에도 부합하고, 특별한 사정이 있거나 수용자가 부상·질병으로 적절한 치료를 받아야 할 경우에는 관련규정에 따라 21:00 취침의 예외가 인정될 수 있으므로, 이 사건 취침시간은 청구인의 일반적 행동자유권을 침해하지 아니한다(헌재 2016.6.30, 2015헌마36).

기출 OX

05 아동·청소년 대상 성범죄자에 대하여 신상정보 등록 후 1년마다 새로 촬영한 사진을 관할경찰관서에 제출하도록 하고 이에 위반하는 경우 형벌로 제재를 가하는 것은 기본권의 최소침해성원칙에 반한다. 16. 경찰승진
( )

정답 05 ×

15 협의상 이혼을 하고자 하는 사람은 부부가 함께 관할 가정법원에 직접 출석하여 협의이혼의사확인신청서를 제출하여야 한다고 규정한 '가족관계의 등록 등에 관한 규칙' 제73조 제1항이 일반적 행동자유권을 침해하는지 여부: 소극 [기각]

이 사건 규칙조항은 협의상 이혼의 사유 자체를 제한하거나 당사자에게 과도한 부담이 되는 절차를 요구하는 것이 아닌 반면에, 이 사건 규칙조항을 통하여 협의상 이혼이 당사자의 자유롭고 진지한 의사에 기하도록 함으로써 달성될 수 있는 공익은 결코 작지 않으므로, 법익의 균형성도 인정된다. 따라서 이 사건 규칙조항은 과잉금지원칙에 반하여 청구인 노○태의 일반적 행동자유권을 침해하지 않는다(헌재 2016.6.30, 2015헌마894).

16 '부정청탁 및 금품 등 수수의 금지에 관한 법률' - 청탁금지법(일명 김영란법) 사건
18. 서울시

[1] 청구인 사단법인 한국기자협회의 심판청구의 적법 여부 [각하]

청구인 사단법인 한국기자협회는 전국의 신문·방송·통신사 소속 현직 기자들 1만여 명을 회원으로 두고 있는 민법상 비영리 사단법인으로서, '언론중재 및 피해구제에 관한 법률' 제2조 제12호에 따른 언론사에는 해당한다. 그런데 **심판대상조항은 언론인 등 자연인을 수범자로 하고 있을 뿐이어서 청구인 사단법인 한국기자협회는 심판대상조항으로 인하여 자신의 기본권을 직접 침해당할 가능성이 없다.** 또 사단법인 한국기자협회가 그 구성원인 기자들을 대신하여 헌법소원을 청구할 수도 없으므로, 위 청구인의 심판청구는 기본권침해의 자기관련성을 인정할 수 없어 부적법하다.

[2] 제한되는 기본권

심판대상조항은 금지명령의 형태로 청구인들에게 특정 행위를 금지하거나 법적 의무를 부과하여 청구인들이 하고 싶지 않은 일을 강요하고 있으므로, 청구인들의 일반적 행동자유권을 제한한다.

청구인들 주장과 같이 국가권력에 의하여 청탁금지법이 남용될 경우 언론의 자유나 사학의 자유가 일시적으로 위축될 소지는 있다. 하지만 이 문제는 취재 관행과 접대 문화의 개선, 그리고 의식 개혁이 뒤따라가지 못함에 따른 과도기적인 사실상의 우려에 불과하며, **심판대상조항에 의하여 직접적으로 언론의 자유와 사학의 자유가 제한된다고 할 수는 없다.** 신고조항과 제재조항은 배우자가 수수금지 금품 등을 받거나 그 제공의 약속 또는 의사표시를 받았다는 객관적 사실, 즉 배우자를 통하여 부적절한 청탁을 시도한 사람이 있다는 것을 고지할 의무를 부과할 뿐이므로, 청구인들의 양심의 자유를 직접 제한한다고 볼 수 없다.

[3] 부정청탁금지조항의 명확성원칙 위배 여부: 소극

부정청탁금지조항이 규정하고 있는 '부정청탁', '법령', '사회상규'라는 용어는 부정청탁금지조항의 입법배경 및 입법취지와 관련 조항 등을 고려한 법관의 보충적 해석으로 충분히 그 의미내용을 확인할 수 있으므로, 죄형법정주의의 명확성원칙에 위배된다고 보기 어렵다.

[4] 부정청탁금지조항과 금품수수금지조항의 과잉금지원칙 위배 여부: 소극

사립학교 관계자나 언론인은 금품수수금지조항에 따라 종래 받아오던 일정한 금액 이상의 금품이나 향응 등을 받지 못하게 되는 불이익이 발생할 수는 있으나 이런 불이익이 법적으로 보호받아야 하는 권익의 침해라 보기 어렵다. 부정청탁금지조항과 금품수수금지조항이 과잉금지원칙을 위반하여 청구인들의 일반적 행동자유권을 침해한다고 보기 어렵다.

기출 OX

01 사단법인 한국기자협회는 부정청탁 및 금품 등 수수의 금지에 관한 법률에 의하여 기본권을 직접 침해당할 가능성이 상당하기 때문에 그 구성원인 기자를 대신하여 헌법소원을 청구할 수 있다고 보아야 한다. 17. 서울시
( )

02 부정청탁금지조항 및 대가성 여부를 불문하고 직무와 관련하여 금품 등을 수수하는 것을 금지할 뿐만 아니라, 직무관련성이나 대가성이 없더라도 동일인으로부터 일정 금액을 초과하는 금품 등의 수수를 금지하는 부정청탁 및 금품 등 수수의 금지에 관한 법률 조항 중 사립학교 관계자와 언론인에 관한 부분이 언론인과 사립학교 관계자의 일반적 행동자유권을 침해하지 않는다. 17. 경찰승진 ( )

정답 01 × 02 ○

[5] **위임조항의 기본권 침해 여부: 소극**
위임조항에 의하여 대통령령에 규정될 수수허용 금품 등의 가액이나 외부강의 등 사례금은 직무관련성이 있는 경우이므로 100만원을 초과하지 아니하는 범위 안에서 누구나 납득할 수 있는 정도, 즉 일반 사회의 경조사비 지출 관행이나 접대·선물 관행 등에 비추어 청탁금지법상 공공기관의 청렴성을 해하지 아니하는 정도의 액수가 될 것임을 충분히 예측할 수 있다. 이와 같이 금지되는 행위가 어떤 것이라고 예측할 수 있을 정도의 내용이 법률에 정해지고 이에 따르는 제재가 법률에 명백히 규정된 이상 위임조항이 포괄위임금지원칙에 위배된다고 볼 수 없다.

[6] **신고조항과 제재조항의 기본권 침해 여부: 소극**
신고조항과 제재조항은 침해의 최소성원칙에 반한다고 보기 어렵다. 신고조항과 제재조항으로 달성하려는 공익은 배우자를 이용한 수수금지 금품 등 제공의 우회적 통로를 차단함으로써 공정한 직무수행을 보장하고 사립학교 및 언론에 대한 국민의 신뢰를 확보하고자 하는 것으로 매우 중대하다. 반면 신고조항과 제재조항에 의하여 제한되는 사익은 배우자의 금품 등 수수사실을 알게 된 경우 신고하여야 한다는 것으로서 위와 같은 공익에 비하여 더 크다고 보기 어렵다. 따라서 신고조항과 제재조항은 법익의 균형성도 충족한다. 신고조항과 제재조항이 과잉금지원칙을 위반하여 청구인들의 일반적 행동자유권을 침해한다고 보기 어렵다.

[7] **부정청탁금지조항과 금품수수금지조항 및 신고조항과 제재조항의 평등권 침해 여부: 소극**
국회가 민간부문의 부패 방지를 위한 제도 마련의 첫 단계로 교육과 언론을 선택한 것이 자의적 차별이라고 단정할 수 있는 자료도 없다. 따라서 사립학교 관계자와 언론인 못지않게 공공성이 큰 민간분야 종사자에 대해서 청탁금지법이 적용되지 않는다는 이유만으로 부정청탁금지조항과 금품수수금지조항 및 신고조항과 제재조항이 청구인들의 평등권을 침해한다고 볼 수 없다(헌재 2016.7.28, 2015헌마236 등).

17 이동통신단말장치 '지원금 상한제'가 계약의 자유를 침해하는지 여부: 소극 [기각]
지원금 상한조항은 이동통신사업자 등이 자율적인 판단에 따라 이용자에게 지원금을 지급할 것인지 여부를 정할 수 있도록 하면서 다만 지원금 상한액의 기준 및 한도만을 제한하고 있을 뿐이고, 지원금 상한조항으로 시행으로 인한 기본권제한을 최소화하기 위한 제도적 장치들 역시 충분히 마련되어 있으므로, 지원금 상한조항은 침해의 최소성을 갖추었다고 볼 것이다.
지원금 상한조항으로 인하여 일부 이용자들이 종전보다 적은 액수의 지원금을 지급받게 될 가능성이 있다고 할지라도, 이러한 불이익에 비하여 이동통신단말장치의 공정하고 투명한 유통 질서를 확립하여 이동통신 산업의 건전한 발전과 이용자의 권익을 보호한다는 공익이 매우 중대하다고 할 것이므로, 지원금 상한조항은 법익의 균형성도 갖춘 것이다. 따라서 지원금 상한조항은 청구인들의 계약의 자유를 침해하지 아니한다(헌재 2017.5.25, 2014헌마844).

기출 OX

03 공공성이 큰 다른 민간 분야 종사자와 달리 사립학교 관계자와 언론인에게만 부정청탁금지조항과 금품수수금지조항 및 신고조항과 제재조항이 적용되는 것은 평등권을 침해한다. 17. 지방직 ( )

04 이동통신단말장치 유통구조 개선에 관한 법률상 이동통신단말장치 구매지원금 상한조항은 이동통신단말장치를 구입하고, 이동통신서비스의 이용에 관한 계약을 체결하고자 하는 자의 일반적 행동자유권에서 파생하는 계약의 자유를 침해한다. 18. 국회직 ( )

정답 **03** × **04** ×

기출 OX

01 미결수용자가 가족과 접견하는 것은 행복추구권에서 보장되는 기본권이다. 07. 국회직 ( )

✎ **변호인 아닌 타인과의 접견교통권, 변호인과의 접견교통권, 변호인의 접견교통권 모두 헌법상 기본권**
- 변호인과의 자유로운 접견은 신체구속을 당한 사람에게 보장된 변호인의 조력을 받을 권리의 가장 중요한 내용이어서 국가안전보장, 질서유지, 공공복리 등 어떠한 명분으로도 제한될 수 없다(헌재 1992.1.28, 91헌마111).
- 피의자가 가지는 '변호인이 되려는 자'의 조력을 받을 권리뿐 아니라 '변호인이 되려는 자'의 접견교통권 역시 헌법상 기본권으로서 보장되어야 한다(헌재 2019.2.28, 2015헌마1204).

02 4·16세월호참사 피해구제 및 지원 등을 위한 특별법 시행령에 따른 세월호 참사와 관련된 일체의 이의제기를 금지하는 서약은 세월호 승선 사망자들 부모의 일반적 행동의 자유를 침해한다. 18. 국회직 ( )

정답 01 ○ 02 ○

---

18 미결수용자의 변호인 아닌 '타인'과의 접견교통권이 헌법상 기본권인지 여부: 적극

구속된 피의자 또는 피고인이 변호인 아닌 '타인'과 접견할 수 있는 권리에 관하여는 헌법상 명문의 규정이 없으므로 이것이 단순히 형사소송법에 의하여 비로소 보장된 권리인지 아니면 헌법상의 기본권으로까지 볼 수 있는 것인지가 문제된다. … 미결수용자의 접견교통권은 이러한 일반적 행동자유권으로부터 나온다고 보아야 할 것이고 다른 한편으로는 무죄추정의 원칙을 규정한 헌법 제27조 제4항도 미결수용자의 접견교통권보장의 한 근거가 될 것이다. 한편 미결수용자의 가족이 미결수용자와 접견하는 것 역시 헌법 제10조가 보장하고 있는 인간으로서의 존엄과 가치 및 행복추구권 가운데 포함되는 헌법상의 기본권이라고 보아야 할 것이다(헌재 2003.11.27, 2002헌마193).

19 '카메라 등을 이용하여 성적 욕망 또는 수치심을 유발할 수 있는 다른 사람의 신체를 그 의사에 반하여 촬영하는 행위'를 처벌하는 것이 일반적 행동자유권을 침해하는지 여부: 소극 [합헌]

심판대상조항으로 행위자는 구성요건의 엄격한 해석하에 일반적 행동자유권을 제한받는 데 반하여, 이를 통해 피해자 개인의 '함부로 촬영당하지 않을 자유'를 보호하고 사회일반의 건전한 성적 풍속 및 성도덕을 보호하며 공공의 혐오감과 불쾌감을 방지할 수 있으므로, 결국 보호하여야 할 공익이 더욱 크다고 할 수 있다. 따라서 심판대상조항이 과잉금지원칙에 위배되어 청구인의 일반적 행동자유권을 침해한다고 볼 수 없다(헌재 2017.6.29, 2015헌바243).

20 '세월호참사에 관하여 일체의 이의를 제기하지 않을 것을 서약한다.'는 취지가 기재된 동의서를 제출하도록 규정하고 있는 '4·16세월호참사 피해구제 및 지원 등을 위한 특별법(이하 '세월호피해지원법'이라 한다)' 시행령 제15조 중 일체의 이의제기를 금지한 부분이 법률유보원칙에 위반하여 일반적 행동의 자유를 침해하는지 여부: 적극 [위헌]

세월호피해지원법 시행령 제15조 중 별지 제15호 서식 가운데 배상금 등을 받은 경우 재판상 화해와 같은 효력이 있음에 동의한다는 표현을 넘어서 **'4·16세월호참사에 관하여 어떠한 방법으로도 일체의 이의를 제기하지 않을 것임을 서약합니다.'** 라는 부분(다음부터 '이의제기금지조항'이라 한다)은 세월호피해지원법에는 전혀 없는 표현을 시행령에서 임의로 추가한 것으로, 이로 인한 위축효과도 상당 부분 실재한다고 보여지며, 이 부분 기재 내용을 제한적으로 해석하더라도 최소한 청구인의 일반적 행동의 자유가 제한되는 것은 부인할 수 없으므로 헌법소원의 대상이 되는 공권력의 행사로 보아야 한다.
세월호피해지원법은 배상금 등의 지급 이후 효과나 의무에 관한 일반규정을 두거나 이에 관하여 범위를 정하여 하위 법규에 위임한 바가 없다. 세월호피해지원법 제15조 제2항의 위임에 따라 시행령으로 규정할 수 있는 사항은 지급신청시 동의서를 첨부하여야 한다는 점과 이와 같은 수준의 사항, 즉 지급신청이나 지급에 관한 기술적이고 절차적인 사항일 뿐이다. 신청인에게 지급결정에 대한 동의의 의사표시 전에 숙고의 기회를 보장하고, 그 법적 의미와 효력에 관하여 안내해 줄 필요성이 인정된다 하더라도, **세월호피해지원법 제16조에서 규정하는 동의의 효력 범위를 초과하여 세월호참사 전반에 관한 일체의 이의제기를 금지시킬 수 있는 권한을 부여받았다고 볼 수는 없다.**
따라서 **이의제기금지조항은 기본권제한의 법률유보원칙에 위반하여 법률의 근거 없이 대통령령으로 청구인들에게 세월호참사와 관련된 일체의 이의제기 금지의무를 부담시킴으로써 일반적 행동의 자유를 침해한 것이다**(헌재 2017.6.29, 2015헌마654).

21 자동차 또는 그 사용자의 범위를 제한하는 '액화석유가스의 안전관리 및 사업법 시행규칙' 제40조가 LPG승용자동차를 소유하고 있거나 운행하려는 청구인들의 일반적 행동자유권 및 재산권을 침해하는지 여부: **소극 [기각]**

일반인들은 LPG승용자동차 중 경형 승용자동차, 승차정원 7명 이상인 승용자동차, 하이브리드자동차의 경우에는 용도에 관계없이 자유롭게 운행할 수 있고, 이 사건 시행규칙조항 단서에 따라 국가유공자 등이나 장애인 등이 소유·사용하는 LPG승용자동차로서 등록 후 5년이 경과하면 그 운행에 아무런 제한을 받지 않는다. 따라서 이 사건 시행규칙조항은 침해의 최소성원칙에도 위배되지 않는다. 이 사건 시행규칙조항에 의하여 제한되는 사익은, 일반인들이 LPG승용자동차를 자유롭게 운행할 수 없거나 LPG승용자동차의 소유자들이 자신들의 차량을 처분함에 있어 일정 기간 동안 그 상대방이 제한되는 것으로, 이 사건 시행규칙조항으로 달성하려는 공익에 비하여 크다고 보기 어렵다. 따라서 이 사건 시행규칙조항은 LPG승용자동차를 소유하고 있거나 LPG승용자동차를 운행하려는 청구인들의 일반적 행동자유권 및 재산권을 침해하지 않는다(헌재 2017.12.28, 2015헌마997).

22 사립학교운영의 자유도 기본권인지 여부: **적극** 11. 법원직

설립자가 사립학교를 자유롭게 운영할 자유는 비록 헌법에 독일 기본법 제7조 제4항과 같은 **명문규정은 없으나,** 헌법 제10조에서 보장되는 **행복추구권의 한 내용을 이루는 일반적인 행동의 자유권에 의하여 인정되는 기본권**의 하나라 하겠다. … 교육은 국가의 백년대계로서 특히 사립학교에 있어 교육을 위한 재산확보는 필수적이며 그 물적 기반이 부실하여 학교의 존립이 위태롭게 되는 경우 수많은 학생·학부모 등의 생활에 미치는 부작용이 이루 헤아릴 수 없을 만큼 크다. 따라서 사립학교가 의무를 부담하기 위해서는 관할청의 허가를 받아야 한다는 사립학교법 제28조 제1항의 규정은 합리적인 입법한계를 일탈하였거나 기본권의 본질적인 부분을 침해하였다고 볼 수 없다(헌재 2001.1.18, 99헌바63).

23 가사소송에서 변호사가 대리인으로 선임되어 있어도 원칙적으로 변론기일에 소환된 당사자 본인이 출석하도록 규정한 가사소송법 제7조 제1항 등이 일반적 행동의 자유를 침해하는지 여부: **소극 [기각]**

가사소송에서는 실체적 진실발견과 사안의 타당한 해결을 위하여 당사자 본인의 진술을 청취하고 그 진의를 파악하는 것이 중요하므로, 이 사건 법률조항은 입법목적의 정당성이 인정되며, 당사자 본인의 출석을 법적인 의무로 강제하는 것은 이러한 입법목적의 달성에 적합한 수단이 될 수 있다. … 가사소송의 특성상 당사자 본인의 진술을 직접 들어 적정한 재판을 하여야 하는 공익은 청구인 자신이 제소한 소송의 변론기일에 출석하지 아니하고 대리인을 출석시킴으로써 생업 등의 시간을 확보하고자 하는 사익에 비하여 결코 작다고 할 수 없으므로 이 사건 법률조항은 법익의 균형성도 인정된다. 따라서 이 사건 법률조항은 가사소송의 당사자인 청구인의 일반적 행동의 자유를 과도하게 침해하지 아니한다(헌재 2012.10.25, 2011헌마598).

24 승용차의 운전자가 버스전용차로를 통행하여 전용차로 통행금지를 위반한 경우 과태료에 처하도록 한 도로교통법 제15조 제3항 등이 일반적 행동자유권을 침해하는지 여부: **소극 [합헌]**

심판대상조항은 원활하고 효율적인 교통을 확보하는 것을 목적으로 하는 것으로서 입법목적의 정당성이 인정되고, 전용차로통행차가 아닌 차에 대하여 전용차로 통행을 원칙적으로 금지하고 이를 위반한 운전자에게 과태료를 부과하는 것은 원활한 교통의 확보라는 입법 목적을 달성하기 위한 적합한 수단이다.

기출 OX

03 LPG를 연료로 사용할 수 있는 자동차 또는 그 사용자의 범위를 제한하고 있는 액화석유가스의 안전관리 및 사업법 시행규칙 조항은 LPG승용자동차를 소유하고 있거나 운행하려는 자의 일반적 행동자유권을 침해한다.
18. 국회직 ( )

04 헌법 제31조 제6항은 "교육제도와 그 운영에 관한 기본적인 사항은 법률로 정한다."고 규정함으로써 국가는 모든 학교제도의 조직, 계획, 운영, 감독에 관한 포괄적인 권한을 부여받았기 때문에, 사립학교운영의 자유는 헌법상의 기본권으로 인정되지 아니한다.
11. 법원직 ( )

정답 03 × 04 ×

도로교통법 관련 법령은 부득이하게 전용차로 통행이 필요한 경우에는 예외를 두거나 우회전을 하기 위하여 전용차로로 진입을 하여야 하는 경우 합리적인 범위 내에서 청색 점선을 설치하여 그 통행이 가능하도록 하고 있으므로, 심판대상조항에 의한 전용차로 통행 제한이 지나치다고 보기는 어렵다(헌재 2018.11.29, 2017헌바465).

기출 OX

01 유사군복을 판매 목적으로 소지하는 행위에 대하여 처벌하는 군복 및 군용장구의 단속에 관한 법률 조항은 직업의 자유를 침해하지 않는다.
19. 경찰경채 ( )

25 유사군복의 판매 목적 소지를 금지하는 것이 유사군복을 판매 목적으로 소지하여 직업을 영위하는 자의 직업의 자유 및 일회적·단발적으로 판매하고자 유사군복을 소지하는 자의 일반적 행동의 자유를 침해하는지 여부: 소극 [합헌]

군인 아닌 자가 유사군복을 입고 군인임을 사칭하여 군인에 대한 국민의 신뢰를 실추시키는 행동을 하는 등 군에 대한 신뢰 저하 문제로 이어져 향후 발생할 국가안전보장상의 부작용을 상정해볼 때, 단지 유사군복의 착용을 금지하는 것으로는 입법목적을 달성하기에 부족하고, 유사군복을 판매 목적으로 소지하는 것까지 금지하여 유사군복이 유통되지 않도록 하는 사전적 규제조치가 불가피하다. 유사군복의 범위는 진정한 군복과 외관상 식별이 곤란할 정도에 해당하는 물품으로 엄격하게 좁혀서 규정하고 있기 때문에, 심판대상조항에 의하여 판매 목적 소지가 금지되는 유사군복의 범위가 지나치게 넓다거나 이에 관한 규제가 과도하다고 할 수 없다. 따라서 심판대상조항은 과잉금지원칙을 위반하여 직업의 자유 내지 일반적 행동의 자유를 침해한다고 볼 수 없다(헌재 2019.4.11, 2018헌가14).

26 전동킥보드의 최고속도는 25km/h를 넘지 않아야 한다고 규정한 '안전확인대상 생활용품의 안전기준'이 소비자의 자기결정권 및 일반적 행동자유권을 침해하는지 여부: 소극 [기각]

전동킥보드가 낼 수 있는 최고속도가 시속 25km라는 것은, 자전거보다 빨라 출근통행의 수요를 일정 부분 흡수할 수 있는 반면, 자전거도로에서 통행하는 다른 자전거보다 속도가 더 높아질수록 사고위험이 증가할 수 있는 측면을 고려한 기준 설정으로서, 전동킥보드 소비자의 자기결정권 및 일반적 행동자유권을 박탈할 정도로 지나치게 느린 정도라고 보기 어렵다. 심판대상조항은 과잉금지원칙을 위반하여 소비자의 자기결정권 및 일반적 행동자유권을 침해하지 아니한다(헌재 2020.2.27, 2017헌마1339).

02 '운전면허를 받은 사람이 자동차 등을 이용하여 범죄행위를 한 때를 필요적 운전면허 취소사유로 규정하는 것은 일반적 행동자유권을 침해하여 헌법에 위반된다. 17. 국회직 ( )

03 운전면허를 받은 사람이 자동차 등을 이용하여 살인 또는 강간 등 범죄행위를 한 때 필요적으로 운전면허를 취소하도록 규정한 구 도로교통법 조항은 직업의 자유를 침해한다.
21. 경찰승진 ( )

✎ 법률유보원칙 위배 ×, 포괄위임금지원칙 위배 ×, 직업의 자유 및 일반적 행동의 자유 침해 ○

27 운전면허를 받은 사람이 자동차 등을 이용하여 살인 또는 강간 등 행정안전부령이 정하는 범죄행위를 한 때 운전면허를 취소하도록 하는 구 도로교통법 제93조 제1항 제11호(이하 '심판대상조항'이라 한다)가 직업의 자유 및 일반적 행동의 자유를 침해하는지 여부: 적극

자동차 등을 이용한 범죄를 근절하기 위하여 그에 대한 행정적 제재를 강화할 필요가 있다 하더라도 이를 임의적 운전면허 취소 또는 정지사유로 규정함으로써 불법의 정도에 상응하는 제재수단을 선택할 수 있도록 하여도 충분히 그 목적을 달성하는 것이 가능함에도, 심판대상조항은 이에 그치지 아니하고 필요적으로 운전면허를 취소하도록 하여 구체적 사안의 개별성과 특수성을 고려할 수 있는 여지를 일체 배제하고 있다. 나아가 심판대상조항 중 '자동차 등을 이용하여' 부분은 포섭될 수 있는 행위 태양이 지나치게 넓을 뿐만 아니라, 하위법령에서 규정될 대상범죄에 심판대상조항의 입법목적을 달성하기 위해 반드시 규제할 필요가 있는 범죄행위가 아닌 경우까지 포함될 우려가 있어 침해의 최소성원칙에 위배된다. 심판대상조항은 운전을 생업으로 하는 자에 대하여는 생계에 지장을 초래할 만큼 중대한 직업의 자유의 제약을 초래하고, 운전을 업으로 하지 않는 자에 대하여도 일상생활에 심대한 불편을 초래하여 일반적 행동의 자유를 제약하므로 법익의 균형성원칙에도 위배된다. 따라서 심판대상조항은 직업의 자유 및 일반적 행동의 자유를 침해한다(헌재 2015.5.28, 2013헌가6).

정답 01 ○ 02 ○ 03 ○

28 이륜자동차에 대한 고속도로 등 통행금지사건이 일반적 행동의 자유에 위배되는지 여부: 소극 [기각]

이륜자동차의 구조적 특성에서 비롯되는 사고발생 위험성과 사고결과의 중대성에 비추어 이륜자동차 운전자의 안전 및 고속도로 등에서 교통의 신속과 안전을 위하여 이륜자동차의 고속도로 등 통행을 금지할 필요성이 크므로, 심판대상조항은 입법목적의 정당성과 수단의 적합성이 인정된다. 또한 자동차전용도로는 당해 구간을 연락하는 일반 교통용의 다른 도로가 있는 경우에 지정된다는 점에 비추어 보면 이륜자동차에 대하여 고속도로 등의 통행을 전면적으로 금지함에 따른 기본권침해의 정도가 심판대상조항이 도모하고자 하는 공익에 비하여 중대하다고 보기 어렵다. 따라서 침해의 최소성과 법익의 균형성에도 반하지 아니한다(헌재 2020.2.27, 2019헌마203).

29 의료사고가 사망에 해당하는 경우 한국의료분쟁조정중재원의 원장은 지체 없이 의료분쟁 조정절차를 개시하여야 한다고 규정한 의료사고 피해구제 및 의료분쟁 조정 등에 관한 법률이 일반적 행동자유권에 위배되는지 여부: 소극 [기각]

의료사고가 발생하였음에도 조정절차가 개시조차 되지 않는다면, 환자로서는 상당한 시간과 비용을 들여 소를 제기하지 않고서는 의료행위 등을 둘러싼 과실 유무나 인과관계의 규명, 후유장애 발생 여부 등에 관한 감정 결과 등을 확인할 방법이 없다. 조정절차가 개시되지 않은 상태에서 사실관계에 대한 조사 없이 환자의 상태나 문제가 된 의료행위의 특수성, 의료 환경 및 조건 등을 조사하여 판단하는 것은 현실적으로 불가능하므로, 사망과 같은 중대한 결과가 발생한 경우 일단 조정절차가 개시되도록 하고 그 후 이의신청이나 소 제기 등을 통해 조정절차에 따르지 않을 수 있도록 규정한 것이 청구인의 일반적 행동의 자유를 중대하게 제한한다고 보기 어렵다(헌재 2021.5.27, 2019헌마321).

30 육군 장교가 민간법원에서 약식명령을 받아 확정되면 자진신고할 의무를 규정한, '2020년도 장교 진급 지시'의 해당 부분 중 '민간법원에서 약식명령을 받아 확정된 사실이 있는 자'에 관한 부분은 청구인인 육군 장교의 일반적 행동의 자유를 침해하는지 여부: 소극 [합헌]

청구인들이 자진신고의무를 부담하는 것은 수사 및 재판 단계에서 의도적으로 신분을 밝히지 않은 행위에서 비롯된 것으로서 이미 예상가능한 불이익인 반면, '군사법원에서 약식명령을 받아 확정된 경우'와 그 신분을 밝히지 않아 '민간법원에서 약식명령을 받아 확정된 경우' 사이에 발생하는 인사상 불균형을 방지함으로써 군 조직의 내부 기강 및 질서를 유지하고자 하는 공익은 매우 중대하다. 20년도 육군지시 자진신고조항 및 21년도 육군지시 자진신고조항은 과잉금지원칙에 반하여 일반적 행동의 자유를 침해하지 않는다(헌재 2021.8.31, 2020헌마12).

31 비어업인이 잠수용 스쿠버장비를 사용하여 수산자원을 포획·채취하는 것을 금지하는 수산자원관리법 시행규칙의 규정 중 '잠수용 스쿠버장비 사용'에 관한 부분은 일반적 행동의 자유를 침해하는지 여부: 소극

여가생활 또는 오락으로 잠수용 스쿠버다이빙을 즐기면서 수산자원을 포획하거나 채취하지 못함으로 인하여 청구인이 입는 불이익에 비해 수산자원을 보호해야 할 공익은 현저히 크다고 할 것이므로, 이 사건 규칙조항은 침해의 최소성과 법익의 균형성도 갖추었다. 따라서 이 사건 규칙조항은 청구인의 일반적 행동의 자유를 침해하지 아니한다(헌재 2016.10.27, 2013헌마450).

기출 OX

04 의료분쟁 조정신청의 대상인 의료사고가 사망에 해당하는 경우 한국의료분쟁조정중재원의 원장은 지체 없이 조정절차를 개시해야 한다고 규정한 의료사고 피해구제 및 의료분쟁조정 등에 관한 법률 제27조 제9항 전문 중 '사망'에 관한 부분이 청구인의 일반적 행동의 자유를 침해한다고 할 수 없다. 22. 경찰1차 ( )

05 육군 장교가 민간법원에서 약식명령을 받아 확정되면 자진신고할 의무를 규정한, '2020년도 장교 진급 지시'의 해당 부분 중 '민간법원에서 약식명령을 받아 확정된 사실이 있는 자'에 관한 부분은 청구인인 육군 장교의 일반적 행동의 자유를 침해한다. 22. 경찰1차 ( )

정답 04 O 05 X

32 누구든지 금융회사 등에 종사하는 자에게 거래정보 등의 제공을 요구하는 것을 금지하고, 위반시 형사처벌하는 금융실명법 조항이 일반적 행동자유권을 침해하는지 여부: 적극 [위헌]

심판대상조항은 정보제공요구의 사유나 경위, 행위 태양, 요구한 거래정보의 내용 등을 전혀 고려하지 아니하고 일률적으로 금지하고, 그 위반시 형사처벌을 하도록 하고 있다. 이는 입법목적을 달성하기 위하여 필요한 범위를 넘어선 것으로 **최소침해성의 원칙에 위반된다.** 금융거래의 비밀보장이 중요한 공익이라는 점은 인정할 수 있으나, 심판대상조항이 정보제공요구를 하게 된 사유나 행위의 태양, 요구한 거래정보의 내용을 고려하지 아니하고 일률적으로 일반 국민들이 거래정보의 제공을 요구하는 것을 금지하고 그 위반시 형사처벌을 하는 것은 그 공익에 비하여 지나치게 일반 국민의 **일반적 행동자유권을 제한하는 것으로 법익의 균형성을 갖추지 못하였다. 심판대상조항은 과잉금지원칙에 반하여 일반적 행동자유권을 침해하므로 헌법에 위반된다**(헌재 2022.2.24, 2020헌가5).

33 이자제한법에서 정한 최고이자율을 초과하여 이자를 받은 자를 1년 이하의 징역 또는 1천만원 이하의 벌금에 처하도록 한 이자제한법 제8조 제1항이 일반적 행동자유권으로부터 파생되는 계약의 자유를 침해하여 위헌인지 여부: 소극 [합헌]

심판대상조항은 이자제한법에서 정한 이자율 상한을 위반한 경우에 대한 처벌규정을 둠으로써 금전대차에 관한 계약상의 최고이자율 제한을 준수하도록 하고 있으므로, 입법목적의 달성에 기여하는 적합한 수단이다. 심판대상조항이 침해의 최소성에 위반된다고 볼 수 없다. 심판대상조항이 달성하고자 하는 공익은 이자의 적정한 최고한도를 정함으로써 국민경제생활의 안정과 경제정의의 실현에 이바지하기 위한 것으로, 이를 위반하는 경우 처벌을 받음으로써 입는 불이익보다 훨씬 중대하므로, 심판대상조항은 법익의 균형성에도 반하지 아니한다. 따라서 심판대상조항은 과잉금지원칙에 위반되지 않는다(헌재 2023.2.23, 2022헌바22).

34 교통사고 발생시 사상자 구호 등 필요한 조치를 하지 않은 자에 대한 형사처벌을 정하는 구 도로교통법(2011.6.8. 법률 제10790호로 개정되고, 2016.12.2. 법률 제14356호로 개정되기 전의 것) 제148조가 과잉금지원칙에 위반하여 일반적 행동자유권을 침해하는지 여부: 소극

사고발생에 고의나 과실이 있는 운전자는 물론 아무런 책임 없는 무과실 운전자도 자신이 운전하는 차로 인하여 교통사고가 발생하기만 하면 즉시 정차하여 사상자를 구호하는 등 필요한 조치를 할 의무가 발생한다. … 교통사고 발생시 조치의무를 형사처벌로 강제하는 심판대상조항은, 교통사고로 인한 사상자의 신속한 구호 및 교통상의 위험과 장해의 방지·제거를 통하여 안전하고 원활한 교통을 확보하기 위한 것으로, 입법목적의 정당성 및 수단의 적합성을 인정할 수 있다. … 따라서 심판대상조항은 청구인의 일반적 행동자유권을 침해하지 않는다(헌재 2019.4.11, 2017헌가28).

35 선불폰 개통에 필요한 증서 등을 타인에게 제공하는 것을 금지하고 위반시 처벌하는 것이 일반적 행동자유권을 침해하는지 여부: 소극 [합헌]

심판대상조항은 이동통신시장질서를 교란하는 행위 등을 막기 위한 것인바, 차명휴대전화의 생성을 억제하여 보이스피싱 등 범죄의 도구로 악용될 가능성을 방지하는 것은 매우 중대한 공익이다. 반면 이동통신서비스 이용자는 심판대상조항으로 인해 이동통신서비스 이용계약 체결에 필요한 증서 등을 타인에게 제공하거나 자기 명의로 이동통신서비스 이용계약을 체결한 후 실제 이용자에게 휴대전화를 양도할 수

없는 불이익을 입을 뿐이다. 이처럼 이동통신서비스 이용자가 제한받는 사익의 정도가 공익에 비하여 과다하다고 보기 어려우므로, 심판대상조항은 법익의 균형성도 충족한다. 심판대상조항은 이동통신서비스 이용자의 일반적 행동자유권을 침해하지 아니하므로 헌법에 위반되지 아니한다(헌재 2022.6.30, 2019헌가14).

36 조합 임원의 선출과 관련하여 후보자가 금품을 제공받는 행위를 금지하고 이에 위반한 경우 처벌하는 것이 일반적 행동자유권을 침해하는지 여부: 소극 [합헌]

[1] 죄형법정주의의 명확성원칙, 평등원칙에 위배되는지 여부

개별사건에서 조합 임원의 선출과 관련하여 금품을 제공받은 경우에 해당하는지 여부는 그 행위 동기 및 경위, 행위 내용과 태양, 행위 당시의 시기적 상황 등을 고려하여 법관의 보충적 해석·적용을 통해 가려질 수 있으므로, 심판대상조항이 죄형법정주의의 명확성원칙에 위배된다고 할 수 없다. 나아가 조합 임원의 선출과 관련하여 후보자가 '금품을 제공받는 행위'를 '금품을 제공하는 행위'와 똑같이 엄중하게 처벌하는 것은, 조합의 의사결정 과정에 금전이 결부되는 것을 사전에 방지하고자 하는 것으로써 그 필요성과 합리성이 인정된다는 점에서 평등원칙에 위배되지 아니한다.

[2] 과잉금지원칙에 위배되는지 여부

심판대상조항이 정비사업 조합 임원의 선출과 관련하여 후보자가 금품을 제공받는 행위를 금지한 것은 조합 임원 선거의 공정성과 투명성을 담보하여 정비사업이 공정하고 원활하게 진행될 수 있도록 하는 데 적합한 조치로서, 다른 방법으로는 위와 같은 공익이 효율적으로 실현될 수 없으므로, 이로 인하여 정비사업 조합 임원 후보자가 받게 되는 일반적 행동자유권의 제한은 과도한 것이라고 보기 어렵다(헌재 2022.10.27, 2019헌바324).

37 임차인에게 계약갱신요구권을 부여하고, 계약갱신 시 보증금과 차임의 증액 한도를 제한한 조항, 실제 거주 목적으로 갱신거절을 한 후 정당한 사유 없이 제3자에게 임대한 임대인의 손해배상책임을 규정한 조항 등이 위헌인지: 소극 [합헌]

임차인 주거 안정 보장이라는 입법목적이 정당하고, 임차인의 주거이동률을 낮추고 차임 상승을 제한함으로써 임차인의 주거안정을 도모할 수 있다는 점에서 수단의 적합성도 인정된다. 계약갱신요구 조항의 경우, 임대인의 사용·수익권을 전면적으로 제한하는 것은 아니다. 또한 임차인의 계약갱신요구권은 임대차기간이 끝나기 6개월 전부터 2개월 전까지로 그 행사기간이 제한되고, 행사 횟수도 1회로 한정되며, 그로 인해 갱신되는 임대차의 법정 존속기간도 2년으로 규정되어 있다. 나아가 제6조의3 제1항 단서 각 호에 임대인이 계약갱신요구를 거절할 수 있는 사유를 규정하여 임대인의 기본권 제한을 완화하는 입법적 장치도 마련하고 있다. 차임증액한도 조항의 경우, 차임증액의 범위를 제한하는 것은 계약갱신요구권 제도의 실효성 확보를 위한 불가피한 규제이며, 증액 범위를 일정 비율로 제한할 뿐 그 액수를 직접 통제하거나 인상 자체를 금지하지 않고, 갱신된 임대차계약 기간 동안의 제한에 불과하며, 20분의 1의 비율이 지나치게 낮다고 볼 수 없다. 손해배상조항 중 제6조의3 제5항의 경우, 임대인이 계약갱신요구의 회피 수단으로 갱신거절을 남용하는 것을 방지함과 동시에 계약갱신요구 제도의 실효성을 확보하기 위한 것이고, '정당한 사유', 즉 갱신거절 당시 예측할 수 없었던 것으로서 제3자에게 임대할 수밖에 없었던 불가피한 사정이 인정되는 경우에는 임대인이 손해배상책임을 면할 수 있어 임대인의 재산권 제한이 과도하다고 보기 어렵다. 계약갱신요구 조항, 차임증액한도 조항, 손해배상 조항은 과잉금지원칙에 반하여 청구인들의 계약의 자유와 재산권을 침해한다고 볼 수 없다(헌재 2024.2.28, 2020헌마1343).

38 선량한 풍속 기타 사회질서에 위반한 사항을 내용으로 하는 법률행위를 무효로 하는 민법 제103조가 명확성원칙에 위반되는지 여부: **소극 [합헌]**

심판대상조항의 '선량한 풍속'은 사회의 일반적 도덕관념 또는 건전한 도덕관념으로 모든 국민에게 지킬 것이 요구되는 최소한의 도덕률로 해석할 수 있고, '사회질서'란 사회를 구성하는 여러 요소와 집단이 조화롭게 균형을 이룬 상태로 해석할 수 있다. 이로써 문제되는 법률행위가 선량한 풍속 기타 사회질서에 위반한 것인지에 대한 판단은 법관의 주관적·자의적 신념이 아닌 헌법을 최고규범으로 하는 법공동체의 객관적 관점에 의하여 이루어질 수 있다. 따라서 심판대상조항은 명확성원칙에 위반된다고 볼 수 없다(헌재 2023.9.26, 2020헌바552).

39 도로교통법 제44조 제2항 중 '교통의 안전과 위험방지를 위하여 필요하다고 인정하는 경우'에 관한 부분이 명확성의 원칙에 위배되고, 일반적 행동자유권을 침해하는지 여부: **소극 [합헌]**

경찰공무원이 교통의 안전과 위험방지를 위하여 필요하다고 인정하는 경우에 주행 중인 자동차를 정지시켜 운전자의 주취 여부를 확인할 필요성이 큰 점, 심판대상조항은 음주단속 시간이나 장소 등 그 절차나 방법을 구체적으로 규정하고 있지는 않으나, 경찰공무원의 음주단속이 일반예방적 효과와 실효성을 갖기 위해서는 불시의 시간과 장소에서 불특정 다수를 대상으로 이루어져야 할 필요가 있는 점 등을 고려하면, 심판대상조항은 과잉금지원칙에 위배되어 일반적 행동자유권을 침해하지 아니한다(헌재 2023.10.26, 2019헌바91).

40 사회복무요원의 업무에 관하여 규정한 병역법 제26조 제1항이 일반적 행동자유권을 침해하는지 여부: **소극 [기각]**

사회복무 업무조항은 공평한 병역의무 부과와 잉여 병역자원의 효율적인 활용, 사회서비스업무 및 행정업무의 질 향상 등에 기여하기 위한 목적에서 규정된 조항이다. 사회복무 업무조항이 규정한 사회복무요원의 업무는 넓은 의미의 안보 개념 내지 병역의무의 내용과 무관하다고 볼 수 없다. 또한 사회복무요원은 군사교육소집 대상이 되고 전시에 병력동원소집 대상이 되며 복무 후 예비군에 편성되는 등 군사적 역무와의 관련성이 명확하다. 따라서 비록 사회복무요원이 사회복무 업무조항으로 인하여 원하지 않는 업무를 수행하더라도, 이는 국방의 의무의 일환으로 부여되는 것이므로 과잉금지원칙을 위반하여 일반적 행동자유권을 침해한다고 볼 수 없다(헌재 2023.10.26, 2019헌마392).

41 치료감호 가종료 시 3년의 보호관찰이 시작되도록 한 '치료감호 등에 관한 법률'이 과잉금지원칙에 반하여 청구인의 일반적 행동자유권을 침해하는지 여부: **소극 [기각]**

헌법재판소는 심판대상조항과 실질적으로 동일한 구 치료감호법 조항들이 보호관찰을 통해 피보호관찰자의 건전한 사회복귀를 촉진하고 효율적인 재범방지에 이바지함으로써 일반적 행동자유권을 침해하지 않는다고 결정한 바 있고, 이 사건에서 위 선례와 달리 판단해야 할 사정변경이나 필요성은 없다. 따라서 심판대상조항은 과잉금지원칙에 반하여 청구인의 일반적 행동자유권을 침해하지 아니한다(헌재 2023.10.26, 2021헌마839).

42 주 52시간 상한제조항이 계약의 자유 및 직업의 자유를 침해하는지 여부: **소극 [기각]**

[1] 제한되는 기본권과 심사기준

주 52시간 상한제조항은 연장근로시간에 관한 사용자와 근로자 간의 계약내용을 제한한다는 측면에서 사용자와 근로자의 **계약의 자유를 제한**하고, 사용자의 활동을 제한한다는 측면에서 **직업의 자유를 제한**한다. 이 사건에서도 헌법

제37조 제2항의 과잉금지원칙이 준수되어야 한다. 그러나 주 52시간 상한제는 헌법 제32조 제3항이 정하고 있는 근로조건 법정주의에 근거를 두고 있고, 사회적 연관관계에 놓여 있는 경제 활동을 규제하는 사항에 해당하므로, 그 위헌 여부를 심사할 때는 **완화된 심사기준이 적용**된다. 입법자로서는 경제영역에서의 국가목표를 이루기 위하여 필요한 경제정책을 선택할 수 있고, 그러한 판단이 **현저히 합리성을 결여한 것이라고 볼 수 없는 한 입법자의 권한이 존중되어야 한다.**

[2] 계약의 자유와 직업의 자유 침해 여부

사용자와 근로자가 주 52시간 상한제조항으로 인해 계약의 자유와 직업의 자유에 제한을 받지만, 오랜 시간 누적된 장시간 노동의 문제를 해결해야 할 필요성은 더 크고 주 52시간 상한제 도입으로 인해 발생할 수 있는 피해를 완화시키기 위한 다양한 정책이 시행되고 있다. 따라서 주 52시간 상한제조항은 법익의 균형성에 반하지 않는다. 그러므로 주 52시간 상한제조항은 과잉금지원칙에 반하여 청구인의 계약의 자유 및 직업의 자유를 침해하지 않는다(헌재 2024.2.28, 2019헌마500).

43 금연구역으로 지정된 연면적 1천 제곱미터 이상의 사무용건축물, 공장 및 복합용도의 건축물에서 금연의무를 부과하고 있는 국민건강증진법이 흡연자의 일반적 행동자유권을 침해하여 헌법에 위반되는지 여부: 소극 [합헌]

실외 또는 실외와 유사한 공간이라고 하더라도 간접흡연의 위험이 완전히 배제된다고 볼 수 없고, 금연·흡연구역의 분리운영 등의 방법으로도 담배연기를 물리적으로 완벽히 차단하기 어려운 점, 심판대상조항은 특정 장소에 한정하여 금연의무를 부과하고 있을 뿐, 흡연 자체를 원천적으로 봉쇄하고 있지는 않은 점, 심판대상조항으로 인하여 흡연자는 일정한 공간에서 흡연을 할 수 없게 되는 불이익을 입지만, 일반적으로 타인의 흡연으로 인한 간접흡연을 원치 않는 사람을 보호하여야 할 필요성은 흡연자의 자유로운 흡연을 보장할 필요성보다 더 큰 점 등을 종합하면, 심판대상조항은 과잉금지원칙에 반하여 흡연자의 일반적 행동자유권을 침해한다고 볼 수 없다(헌재 2024.4.25, 2022헌바163).

44 학원설립·운영자는 학습자가 수강을 계속할 수 없는 경우에는 학습자로부터 받은 교습비등을 반환하여야 하는 '교습비등반환조항'이 계약의 자유를 침해하는지 여부: 소극 [합헌]

교습계약의 특성상 장기간의 교습비등을 일시불로 선불하도록 하는 경우가 많아 분쟁발생의 소지가 크므로 국가가 이에 일부 개입할 필요가 있는 점, 교습계약 당사자들이 교습비등의 반환여부 및 반환금액 등을 자유롭게 정하도록 한다면 상대적으로 불리한 지위에 놓이는 학습자에게 계약해지로 인한 위험이 전가될 수 있는 점, 구체적인 반환사유 및 반환금액 등을 대통령령으로 정하도록 하고 있는 점 등을 고려할 때, 교습비등반환조항은 과잉금지원칙에 반하여 학원설립·운영자의 계약의 자유를 침해한다고 볼 수 없다(헌재 2024.8.29, 2021헌바74).

45 구 도로교통법 시행규칙 제16조 제1항 [별표 9](이하 '심판대상조항'이라 한다) 중 이륜자동차와 원동기장치자전거(이하 '이륜자동차 등'이라 한다)에 관한 부분이 통행의 자유(일반적 행동의 자유)를 침해하는지 여부: 소극

이륜자동차 등이 일반도로의 모든 차로를 자유로이 통행하는 것을 허용한다면 일반도로의 다른 차량 운전자들에게 심리적 위축 및 불안감을 야기하고, 교통사고 발생 확률을 높여 원활한 교통소통 및 교통 안전성을 저해할 가능성이 상당하므로 일반

도로에서 이륜자동차 등이 통행할 수 있는 차로를 오른쪽 차로로 제한할 필요가 있는 점, 도로교통법 관계 법령은 이륜자동차 등이 통행할 수 있는 차로를 제한하면서도 이륜자동차 등 운전자들의 통행의 자유(일반적 행동의 자유)에 대한 제한을 완화하고, 안전한 주행과 원활한 교통 흐름을 확보하기 위한 규정을 두고 있는 점 등을 고려하면 심판대상조항은 이륜자동차 등 운전자의 통행의 자유(일반적 행동의 자유)를 침해하지 아니한다(헌재 2025.4.10, 2020헌마1437등).

46 개인정보처리자로부터 개인정보를 제공받은 자가 개인정보를 제공받은 목적 외의 용도로 이용하는 것을 금지하는 금융실명법조항 및 개인정보보호법조항이 일반적 행동자유권을 침해하는지 여부: 소극 [합헌]

[1] 금융실명법조항이 규정한 '그 목적 외의 용도로 이용'은 당해 소송사건의 법적 분쟁을 해결하고자 하는 목적 외의 모든 용도로 이용하는 것을 의미한다고 해석할 수 있으므로, 죄형법정주의의 명확성원칙에 위반되지 않는다.

[2] 개인정보보호법조항이 규정한 '제공받은 목적 외의 용도로 이용'은 제3자가 개인정보처리자로부터 개인정보를 제공받을 당시 예정되어 있었던 해당 개인정보의 이용 목적 외의 모든 용도로 이용하는 것을 의미한다고 해석할 수 있으므로, 죄형법정주의의 명확성원칙에 위반되지 않는다.

[3] 금융실명법조항은 거래정보등의 비밀을 보장하기 위한 것으로, 법원의 제출명령에 따라 다른 사람의 거래정보등을 알게 된 자는 당해 소송사건의 법적 분쟁을 해결하고자 하는 목적으로는 거래정보등을 이용할 수 있으므로 일반적 행동자유권이 제한되는 정도가 중대하다고 보기 어려운 점, 거래정보등을 수사기관·법원이 아닌 개인에게 제공하거나 누설하는 행위만을 금지하여서는 금융실명법조항의 입법목적을 달성하기 어려운 점 등을 고려하면, 과잉금지원칙에 위반되지 않는다.

[4] 개인정보보호법조항은 정보주체의 개인정보를 보호하고 개인정보자기결정권을 보장하기 위한 것으로, 개인정보처리자로부터 개인정보를 제공받은 자는 그 제공 당시 예정되어 있었던 해당 개인정보의 이용 목적 범위 내에서는 이용할 수 있으므로 일반적 행동자유권이 제한되는 정도가 중대하다고 보기 어려운 점, 개인정보를 수사기관·법원이 아닌 개인에게 제공하거나 누설하는 행위만을 금지하여서는 개인정보보호법조항의 입법목적을 달성하기 어려운 점 등을 고려하면, 과잉금지원칙에 위반되지 않는다(헌재 2025.4.10, 2019헌바519).

47 중대재해가 발생한 경우 사업주에게 중대재해의 내용 등을 고용노동부장관에게 보고하도록 하는 구 산업안전보건법의 중대재해 발생 보고에 관한 부분 및 이를 위반한 경우 과태료를 부과하도록 규정한 것이 일반적 행동의 자유를 침해하는지 여부: 소극

심판대상조항은 사업주로 하여금 중대재해의 발생 개요와 피해 상황을 파악하여 필요한 조치를 취하도록 하고, 감독기관인 고용노동부장관이 재해 발생 원인을 조사하고 안전·보건진단 등의 필요한 조치를 하도록 함으로써 산업현장에서 근로자의 안전을 유지, 증진하기 위한 것이다. 사업주에게 보고의무를 부과하는 것 외에 사업주의 일반적 행동의 자유를 덜 제한하는 다른 수단을 상정하기 어렵고, 보고의 대상이 되는 내용은 중대재해의 발생 개요 및 피해 상황 등 객관적인 사실에 관한 것이다. 심판대상조항은 산업재해 중에서도 근로자가 사망하는 등 재해의 정도가 심한 중대재해에 대하여만 보고의무가 적용되도록 범위를 한정하면서, 의무 위반에 대한 제재방법으로 행정형벌보다 정도가 약한 행정질서벌인 과태료를 선택하고 있다. 심판대상조항으로 인하여 사업주가 받게 되는 불이익이 이를 통하여 얻을 수 있는 근로자의 안전과 보건의 유지·증진이라는 공익에 비하여 결코 크다고 볼 수 없다. 심판대상조항은 과잉금지원칙에 위반되어 일반적 행동의 자유를 침해하지 아니한다(헌재 2025.2.27, 2021헌바111).

48 채무자가 이자제한법상 최고이자율을 초과하는 이자를 임의로 지급한 경우, 원본에 충당되고 남은 금액이 있는 때에는 채권자에게 그 반환을 청구할 수 있도록 규정한 이자제한법 제2조 제4항 중 '반환을 청구할 수 있다' 부분이 채권자의 계약의 자유와 재산권을 침해하는지 여부: 소극

심판대상조항은 이자율이 과도하게 높은 금전대차계약의 폐해로부터 국민경제생활을 보호하기 위해 제정된 이자제한법의 실효성을 확보하기 위한 것으로서 그 입법목적이 정당하고, 채무자로 하여금 이자제한법상 최고이자율을 초과하는 이자(이하 '초과지급이자'라 한다)의 반환을 청구할 수 있도록 하는 것은 위와 같은 입법목적을 실현하는 데에 적합한 수단에 해당한다.

채권자에 비하여 경제적으로 궁박한 처지에 놓여있을 가능성이 높은 채무자를 보호할 필요성이 상대적으로 큰 점, 법적 분쟁을 신속하게 해결하고 채무자를 적시에 구제하기 위해서는 초과지급이자의 반환청구 허용 여부가 당사자의 구체적·주관적 사정과 관계없이 규범적·객관적으로 정해질 필요가 있는 점 등을 종합하면, 심판대상조항은 침해의 최소성에 반하지 아니한다. 나아가 심판대상조항이 달성하고자 하는 공익은 경제적으로 궁박한 상황에 처한 사회적 약자를 과도한 고금리 사채로부터 보호함으로써 국민경제생활의 안정과 경제정의의 실현에 이바지하는 것인바, 이는 채권자가 입는 불이익보다 훨씬 중대하므로, 심판대상조항은 법익의 균형성에도 반하지 아니한다(헌재 2025.2.27, 2023헌바143).

49 공직선거법상 현수막게시조항이 청구인의 행복추구권을 제한하는지 여부: 소극 [합헌]

[1] 현수막게시조항이 청구인의 행복추구권을 제한하는지 여부

헌법 제10조가 보장하는 행복추구권은 국민이 행복을 추구하기 위한 활동을 국가권력의 간섭 없이 자유롭게 할 수 있다는 포괄적인 의미의 자유권이고 그의 구체적인 표현으로서 일반적 행동자유권을 포함한다. 그런데 현수막게시조항은 공직선거의 후보자 또는 추천정당이 선거운동을 위하여 일정한 수의 현수막을 게시할 수 있다고 규정하고 있을 뿐, 청구인과 같은 일반 유권자의 행동이나 자유를 제한하고 있다고는 볼 수 없다. 따라서 현수막게시조항은 청구인의 일반적 행동자유권 내지 행복추구권을 제한하지 아니한다.

[2] 현수막훼손처벌조항이 죄형법정주의의 명확성원칙에 위반되는지 여부

'훼손'의 사전적 의미, 공직선거법상 설치가 허용되는 선거 현수막의 목적과 기능, 현수막훼손처벌조항의 입법목적과 보호법익을 종합적으로 고려하면, 현수막훼손처벌조항의 '훼손'이란 '유형력의 행사로써 선거 현수막의 효용을 상실하게 하거나 감소시키는 일체의 행위'를 의미하는 것으로 해석할 수 있다. 건전한 상식과 통상적 법감정을 가진 사람이라면 어떠한 행위가 현수막훼손처벌조항의 '훼손'에 해당하는지 충분히 예측할 수 있고, 법집행기관이 이를 자의적으로 해석할 염려가 있다고 보기 어려우므로, 현수막훼손처벌조항은 죄형법정주의의 명확성원칙에 위반되지 않는다(헌재 2025.2.27, 2023헌바28).

3. 개성의 자유로운 발현권

행복추구권은 헌법 제10조에 의하여 보장되는 것으로 포괄적이고 일반 조항적인 성격을 가지며, 또한 그 구체적인 표현으로서 일반적인 행동자유권과 '개성의 자유로운 발현권'을 포함한다(헌재 2001.9.27, 2000헌마159).

기출 OX

01 대학수학능력시험을 한국교육방송공사(EBS) 수능교재 및 강의와 연계하여 출제하기로 한 '2018학년도 대학수학능력시험 시행 기본계획'은 헌법 제31조 제1항의 능력에 따라 균등하게 교육을 받을 권리를 직접 제한한다고 보기는 어렵다. 20. 경찰승진
( )

판례 |

1 수능시험의 문항 수 기준 70%를 EBS 교재와 연계하여 출제한다는 '2018학년도 대학수학능력시험 시행기본계획'이 학생들의 자유로운 인격발현권을 침해하는지 여부: **소극 [기각]** 19. 서울시

청구인들은 심판대상계획으로 인해 교육을 받을 권리가 침해된다고 주장하지만, 심판대상계획이 헌법 제31조 제1항의 능력에 따라 균등하게 **교육을 받을 권리를 직접 제한한다고 보기는 어렵다**. 청구인들은 행복추구권도 침해된다고 주장하지만, 행복추구권에서 도출되는 자유로운 인격발현권 침해 여부에 대하여 판단하는 이상 행복추구권 침해 여부에 대해서는 다시 별도로 판단하지 않는다. … 심판대상계획은 2018학년도 수능시험을 EBS 교재와 70% 수준으로 연계하겠다는 것을 내용으로 할 뿐, 다른 학습방법이나 사교육을 금지하는 것이 아니다. 심판대상계획에 따르더라도 수능시험의 30%는 EBS 교재와 연계되지 않기 때문에 다른 방법을 통해 수능시험을 준비하는 것이 필요하다. 학생들은 EBS 교재 외에 다른 교재나 강의를 선택할 수 있을 뿐만 아니라, 스스로 원하는 다양한 학습방법을 선택하여 수능시험을 준비하거나 공부할 수 있다. 심판대상계획에 따라 수능시험 준비를 위해 EBS 교재를 공부하여야 하는 부담을 안게 되는 것은 틀림없지만, 이로 인한 기본권제한의 정도가 심각하다고 볼 수 없다.

심판대상계획이 추구하는 학교교육 정상화와 사교육비 경감이라는 공익은 매우 중요한 반면, 심판대상계획에 따라 수능시험을 준비하는 사람들이 안게 되는 EBS 교재를 공부하여야 하는 부담은 상대적으로 가볍다. 심판대상조항은 법익균형성도 갖추었다. 결국 심판대상계획이 청구인의 자유로운 인격발현권을 침해한다고 볼 수 없다(헌재 2018.2.22, 2017헌마691).

2 사회복무요원이 대학에서 수학하는 행위를 제한하는 구 병역법 시행령 제65조의3 제4호 중 고등교육법 제2조 제1호의 '대학'에 관한 부분이 청구인의 교육을 통한 자유로운 인격발현권을 침해하는지 여부: **소극 [기각]**

대학 교육과정의 수준과 내용, 그에 따른 학생들의 학업 부담, 현역병과 달리 내무생활을 하지 않는 사회복무요원의 복무형태 등을 고려하면, 심판대상조항이 사회복무요원에 대해 대학에서의 수학행위를 제한한 것은 사회복무요원의 충실한 병역의무 이행을 확보하고 다른 병역과의 형평성을 유지하기 위한 것이므로, 그 필요성을 충분히 인정할 수 있다. 사회복무요원은 구 병역법 시행령 제65조의3 제4호 단서에 따라 근무시간 후에 방송통신에 의한 수업이나 원격수업으로 수학할 수 있고, 개인적으로 수학하는 것도 전혀 제한되지 않는다. 따라서 심판대상조항은 과잉금지원칙에 반하여 청구인의 교육을 통한 자유로운 인격발현권을 침해하지 않는다(헌재 2021.6.24, 2018헌마526).

정답 01 ○

4. 휴식권

휴식권은 헌법상 명문의 규정은 없으나 포괄적 기본권인 행복추구권의 한 내용으로 볼 수 있다(헌재 2001.9.27, 2000헌마159).

5. 자신이 마실 물을 선택할 자유, 먹는 샘물을 음용수로 이용할 자유

자신이 마실 물을 선택할 자유, 수돗물 대신 먹는 샘물을 음용수로 이용할 자유는 헌법 제10조에 규정된 행복추구권의 내용을 이룬다(헌재 1998.12.24, 98헌가1).

05 효력

1. 대국가적 효력과 제3자적 효력

행복추구권은 대국가적 효력과 제3자적 효력을 가지므로, 국가나 사인에 의하여 행복추구권이 침해받을 경우 행복추구권의 침해를 이유로 침해행위배제·예방청구 또는 손해배상청구를 할 수 있다.

2. 다른 기본권과의 관계

헌법재판소는 "행복추구권은 다른 기본권에 대한 **보충적 기본권**으로서의 성격을 지니므로, 공무담임권이라는 우선적으로 적용되는 기본권이 존재하여(청구인들이 주장하는 불행이란 결국 교원직 상실에서 연유하는 것에 불과하다) 그 침해 여부를 판단하는 이상, 행복추구권침해 여부를 독자적으로 판단할 필요가 없다."라고 판시하여 보충적 성격의 것으로 해석하고 있으나(헌재 2000.12.14, 99헌마112 등), 때로는 행복추구권조항과 다른 기본권조항의 경합적 보장을 인정하고 있기도 하다.

06 한계와 제한

1. 행복추구권의 한계

행복추구권이라 할지라도 반사회적 내지 반자연적 행위를 금지하는 규범이나 전통문화로 인식되어 온 국민의 법감정에 반하여 이를 남용할 수 없음은 물론 타인의 행복추구권을 침해하거나 방해할 수 없음은 너무나 당연하다고 할 것이며 적어도 국민의 의사에 정면으로 반하지 아니하는 한 전통·관습에 반한 행복추구권을 추구할 수는 없다고 할 것이다(헌재 1997.7.16, 95헌가6 등).

2. 행복추구권의 제한

행복추구권은 국가안전보장·질서유지 또는 공공복리를 위하여 제한될 수 있다. 헌법재판소 역시 "행복추구권도 국가안전보장·질서유지 또는 공공복리를 위하여 제한될 수 있는 것이므로, 목적의 정당성, 방법의 적정성 등의 요건을 갖추고 있는 해당 조항들이 청구인이나 18세 미만의 청소년들의 행복추구권을 침해한 것이라고 할 수 없다."라고 판시하고 있다(헌재 1996.2.29, 94헌마13).

기출 OX

02 행복추구권도 국가안전보장, 질서유지 또는 공공복리를 위하여 제한될 수 있는 것이며, 공동체의 이익과 무관하게 무제한의 경제적 이익의 도모를 보장하는 것은 아니다. 17. 경찰승진 ( )

정답 02 ○

기출 OX

01 헌법 제119조 제2항의 규정은 대한민국의 경제질서가 개인과 기업의 창의를 존중함을 기본으로 하도록 하고 있으나, 입법자가 외국영화에 의한 국내 영화시장의 독점이 초래되고, 국내 영화의 제작업은 황폐하여진 상태에서 외국 영화의 수입업과 이를 상영하는 소비시장만이 과도히 비대하여질 우려가 있다는 판단하에서, 이를 방지하고 균형 있는 영화산업의 발전을 위하여 국산영화의무상영제를 둔 것이므로, 이를 들어 헌법상 경제질서에 반한다고는 볼 수 없다. 12. 법행
( )

02 수질부담금의 부과가 마실 물을 자유로이 선택할 수 있는 국민의 행복추구권을 침해하는 것은 아니다.
12. 법무사 ( )

03 기부금품의 모집행위도 행복추구권에서 파생되는 일반적인 행동자유권에 의하여 기본권으로 보장된다.
17. 국회직 ( )

04 기부금품의 모집이나 기부행위 자체는 사회적으로 해로운 행위가 아니고 기부금품 모집과정에서의 위법행위는 형법 등으로 규제되므로, 기부금품의 모집에 허가를 받도록 한 것은 위헌이다. 11. 법행 ( )

✎ • 허가 여부를 행정청의 자유로운 재량행사에 맡기는 것 ⇨ 위헌
• 기부금품모집의 허가제 자체 ⇨ 합헌

정답 01 ○ 02 ○ 03 ○ 04 ✕

⚖ 판례 Ⅰ

1 국산영화의무상영제도가 위헌인지 여부: 소극 [기각]
헌법이 보장하는 행복추구권이 공동체의 이익과 무관하게 무제한의 경제적 이익의 도모를 보장하는 것이라고 볼 수 없으므로, 위와 같은 경제적 고려와 공동체의 이익을 위한 목적에서 비롯된 **국산영화의무상영제**가 공연장 경영자의 행복추구권을 침해한 것이라고 보기 어렵다(헌재 1995.7.21, 94헌마125).

2 수질개선부담금을 부과하는 것이 위헌인지 여부: 소극 [합헌] 04·12. 법무사
구 먹는물관리법 제28조 제1항은 국민에게 먹는 샘물에 대한 원칙적 선택권을 인정하는 가운데 **수질개선부담금을 부과**함으로써 가격전가를 통하여 먹는 샘물의 소비자에게 경제적 부담을 가하는 것에 그치고 있는데 그 부담의 정도가 지나치지 아니하며, 더욱이 먹는 샘물을 마시는 사람은 유한한 환경재화인 지하수를 소비하는 사람이므로 이들에 대하여 환경보전에 대한 비용을 부담하게 할 수도 있는 것이므로 위 법률조항으로 인하여 국민이 마시고 싶은 물을 자유롭게 선택할 권리를 빼앗겨 행복추구권을 침해받는다고 할 수 없다(헌재 1998.12.24, 98헌가1).

3 기부금품모집이 오로지 행정청의 자유로운 재량행사에 맡겨진 것이 행복추구권을 침해하는지 여부: 적극 [위헌]
기부금품모집금지법(이하 '법'이라 한다)은 제3조에 규정된 경우가 존재하는 때에만 행정청이 허가를 하도록 규정하여 그 규정에 열거한 사항에 해당하지 아니한 경우에는 허가할 수 없다는 것을 소극적으로 밝히는 한편, 어떠한 경우에 행정청이 허가를 할 의무가 있는가 하는 **구체적인 허가요건을 규정하지 아니하고 허가 여부를 오로지 행정청의 자유로운 재량행사에 맡기고 있다**. 따라서 기부금품을 모집하고자 하는 자는 비록 법 제3조에 규정된 요건을 충족시킨 경우에도 허가를 청구할 법적 권리가 없다. **법 제3조는 기부금품을 모집하고자 하는 국민에게 허가를 청구할 법적 권리를 부여하지 아니함으로써 국민의 기본권(행복추구권)을 침해하는 위헌적인 규정이다**(헌재 1998.5.28, 96헌가5).

4 기부금품의 모집에 허가를 받도록 한 기부금품모집규제법 제4조 제1항 등이 과잉금지원칙에 위반하여 기부금품을 모집할 일반적 행동의 자유를 침해하는지 여부: 소극 [합헌]
11. 사시·법행
이 사건 허가조항은 기부금품모집을 허가하여야 할 사업이 범위를 매우 포괄적이고 일반적으로 규정하고 있어, 허가의 대상에서 제외되는 사업은 영리목적 등 사익을 위한 사업이나 불법행위를 목적으로 하는 사업 등과 같이 제한적인 범위로 한정될 수밖에 없다 할 것이므로, **'특정한 공익사업'에 한하여 허가권자의 재량으로 기부금품모집을 허용할 수 있도록 하였던 구 기부금품모집금지법 허가제와는 확연히 구분된다.** … 따라서 이 사건 허가조항은 헌법 제37조 제2항의 과잉금지원칙에 위반하여 기부금품을 모집할 일반적 행동의 자유를 침해하지 않는다(헌재 2010.2.25, 2008헌바83).

5 전국기능경기대회 입상자의 국내기능경기대회 재출전을 금지하고 있는 숙련기술장려법 시행령 제27조 제1항·제2항 중 각 '전국기능경기대회에 참가하여 입상한 사실이 없는 사람에게만 참가자격을 부여한 부분'이 행복추구권을 침해하는지 여부: 적극 [헌법불합치]
국제기능올림픽대회는 회원국 청소년간의 기능교류의 기회가 되고, 입상할 경우 여러 가지 혜택이 주어지므로 숙련기술인으로서의 인격을 발현시키고 자아를 실현하고자 하는 청소년들에게 그 대표선발전이 가지는 의미는 매우 크다. 그런데 전국기능

경기대회 입상자 중 해당 종목 '1·2위 상위 득점자'가 아닌 나머지 입상자는 국제기능올림픽 대표선발전에도 출전할 수 없으므로, 전국기능경기대회 입상자의 국내기능경기대회 재도전 금지는 결국 국제기능올림픽 대표선발전에 출전할 기회까지 봉쇄하는 결과가 된다. 이 사건 시행령조항은 전국기능경기대회 입상자의 국내기능경기대회 재도전을 전면적·일률적으로 금지하고 있으므로 이는 청구인들의 행복추구권을 침해한다(헌재 2015.10.21, 2013헌마757).

6 혼인 등의 하객들에게 주류 및 음식물의 접대를 원칙적으로 금지하고, 가정의례의 참뜻에 비추어 합리적인 범위 안에서만 허용하는 것이 위헌인지: 적극 [위헌] 04. 법무사, 11. 법행

결혼식 등의 당사자가 자신을 축하하러 온 하객들에게 주류와 음식물을 접대하는 행위는 인류의 오래된 보편적인 사회생활의 한 모습으로서 개인의 일반적인 행동의 자유영역에 속하는 행위이므로 이는 헌법 제37조 제1항에 의하여 경시되지 아니하는 기본권이며 헌법 제10조가 정하고 있는 행복추구권에 포함되는 일반적 행동자유권으로서 보호되어야 할 기본권이다. … 혼인 등의 하객들에게 주류 및 음식물의 접대를 원칙적으로 금지하고, 가정의례의 참뜻에 비추어 합리적인 범위 안에서만 허용하는 가정의례에 관한 법률 제4조 제1항 제7호는 죄형법정주의의 명확성원칙을 위배하여 청구인의 일반적 행동자유권을 침해하였다(헌재 1998.10.15, 98헌마168).

7 수사 및 재판단계에서 유죄가 확정되지 아니한 미결수용자에게 재소자용 의류를 입게 하는 것이 위헌인지 여부: 적극 [위헌] 03. 법무사·법행, 05. 사시

[1] 구치소 등 수용시설 안에서 재소자용 의류를 입게 하는 것은 구금목적의 달성, 시설의 규율과 안전유지를 위한 필요최소한의 제한으로서 정당성·합리성을 갖춘 재량의 범위 내의 조치이다.

[2] 수사 및 재판단계에서 유죄가 확정되지 아니한 미결수용자에게 재소자용 의류를 입게 하는 것은 헌법 제37조 제2항의 기본권제한에서의 비례원칙에 위반되는 것으로서, 무죄추정의 원칙에 반하고 인간으로서의 존엄과 가치에서 유래하는 인격권과 행복추구권, 공정한 재판을 받을 권리를 침해하는 것이다(헌재 1999.5.27, 97헌마137 등).

8 평화적 생존권을 헌법상 보장된 기본권으로 인정하였던 판례를 변경한 사례 [종전 판례 변경] 06. 국회직, 10. 법무사, 11. 사시, 17. 국가직

[1] 청구인들이 평화적 생존권이란 이름으로 주장하고 있는 평화란 헌법의 이념 내지 목적으로서 추상적인 개념에 지나지 아니하고, 평화적 생존권은 이를 헌법에 열거되지 아니한 기본권으로서 특별히 새롭게 인정할 필요성이 있다거나 그 권리내용이 비교적 명확하여 구체적 권리로서의 실질에 부합한다고 보기 어려워 헌법상 보장된 기본권이라고 할 수 없다.

[2] 종전에 헌법재판소가 이 결정과 견해를 달리하여 '평화적 생존권을 헌법 제10조와 제37조 제1항에 의하여 인정된 기본권으로서 침략전쟁에 강제되지 않고 평화적 생존을 할 수 있도록 국가에 요청할 수 있는 권리'라고 판시한 2005헌마268 결정은 이 결정과 저촉되는 범위 내에서 이를 변경한다(헌재 2009.5.28, 2007헌마369).

9 공물이용권이 행복추구권에 포함되는지 여부: 소극

헌법 제10조의 행복추구권은 국민이 행복을 추구하기 위한 활동을 국가권력의 간섭 없이 자유롭게 할 수 있다는 포괄적인 의미의 자유권으로서의 성격을 가지는 것인바, 청구인들이 주장하는 공물을 사용·이용하게 해달라고 청구할 수 있는 권리는 청구인들의 주장 자체에 의하더라도 청구권의 영역에 속하는 것이므로 이러한 권리가 포괄적인 자유권인 행복추구권에 포함된다고 할 수 없다(헌재 2011.6.30, 2009헌마406).

기출 OX

05 헌법재판소는 결혼식 하객에게 음식물 접대를 금지하는 것은 행복추구권의 침해라고 판시하였다. 07. 법원직(상) ( )

06 미결수용자에게 시설 밖에서 재소자용 의류를 입게 하는 것은 무죄추정원칙에 반하고 인격권과 행복추구권, 공정한 재판을 받을 권리를 침해하는 것이다. 12. 법원직 ( )

07 평화적 생존권은 헌법 제10조와 제37조 제1항에 의하여 인정된 기본권으로서 침략전쟁에 강제되지 않고 평화적 생존을 할 수 있도록 국가에 요청할 수 있는 권리이다. 20. 5급 공채 ( )

✎ 헌법재판소는 더 이상 평화적 생존권을 헌법상의 권리로 인정하고 있지 않다. (○)

✎ • 공물이용권, 육아휴직신청권도 행복추구권의 내용이다. (×)
• 공물이용권과 육아휴직신청권은 행복추구권의 내용이 아니다. (○)

정답 05 ○ 06 ○ 07 ×

10 국민에 대한 일정한 보상금의 수급기준을 정하고 있는 이 사건 규정이 행복추구권을 침해한다고 할 수 있는지 여부: 소극

헌법 제10조의 행복추구권은 국민이 행복을 추구하기 위하여 필요한 급부를 국가에게 적극적으로 요구할 수 있는 것을 내용으로 하는 것이 아니라, 국민이 행복을 추구하기 위한 활동을 국가권력의 간섭 없이 자유롭게 할 수 있다는 포괄적(包括的)인 의미의 자유권으로서의 성격을 가지므로 국민에 대한 일정한 보상금의 수급기준을 정하고 있는 이 사건 규정이 행복추구권을 침해한다고 할 수 없다(헌재 1995.7.21, 93헌가14).

11 종교시설 안에서의 명함 배부 및 지지호소로 인한 공직선거법위반 혐의로 기소유예처분이 청구인의 평등권과 행복추구권을 침해한 것인지 여부: 적극

이 사건 기소유예처분 후 공직선거법이 개정되어 '대관 등으로 본래의 용도 외의 용도로 이용되는 종교시설의 옥외에서' 명함을 주고 지지를 호소한 청구인의 행위는 범죄를 구성하지 아니하게 되었으므로, 개정 전 공직선거법을 적용하여 내린 이 사건 기소유예처분은 청구인의 평등권과 행복추구권을 침해한 것이다(헌재 2023.2.23, 2020헌마1739).

제3절 법 앞의 평등

> 헌법 제11조 ① 모든 국민은 법 앞에 평등하다. 누구든지 성별·종교 또는 사회적 신분에 의하여 정치적·경제적·사회적·문화적 생활의 모든 영역에 있어서 차별을 받지 아니한다.
> ② 사회적 특수계급의 제도는 인정되지 아니하며, 어떠한 형태로도 이를 창설할 수 없다.
> ③ 훈장 등의 영전은 이를 받은 자에게만 효력이 있고, 어떠한 특권도 이에 따르지 아니한다.

01 평등의 원칙

1. 의의

평등의 원칙은 국민의 기본권보장에 관한 우리 헌법의 최고원리로서 국가가 입법을 하거나 법을 해석 및 집행함에 있어 모든 인간을 원칙적으로 공평하게 다루어야 한다는 법원칙을 말하는데, 그 중심내용은 **기회균등과 자의금지원칙**이다. 평등의 원칙은 헌법의 최고원리이기 때문에 헌법개정에 의하여서도 폐지될 수 없다. 04. 법무사, 05. 법행 평등의 원칙은 국민의 기본권 보장에 관한 우리 헌법의 최고원리로서 국가가 입법을 하거나 법을 해석 및 집행함에 있어 따라야 할 기준인 동시에, 국가에 대하여 합리적 이유 없이 불평등한 대우를 하지 말 것과, 평등한 대우를 요구할 수 있는 모든 국민의 권리로서, 국민의 **기본권 중의 기본권**인 것이다(헌재 1989.1.25, 88헌가7).

기출 OX

01 평등의 원칙은 국민의 기본권보장에 관한 우리 헌법의 최고원리로서 국가가 입법을 하거나 법을 해석 및 집행함에 있어 따라야 할 기준인 동시에, 국가에 대하여 합리적 이유 없이 불평등한 대우를 하지 말 것과 평등한 대우를 할 것을 요구할 수 있는 근거가 된다. 17. 경찰승진 ( )

정답 01 ○

2. 내용

(1) '법'의 의미
의회의 의결을 거친 형식적 의미의 법률뿐만 아니라 **모든 법규범**(예 헌법, 법률, 명령, 규칙 등)을 의미한다. 성문과 불문을 가리지 않으며, 국내법과 국제법을 가리지 않는다. 11. 지방직

(2) '법 앞에'의 의미
① 학설
  ㉠ 법적용평등설: '법 앞에 평등'을 법을 구체적으로 집행하고 적용하는 국가작용인 집행과 사법에 대한 규제원리로 이해하는바, 입법자비구속설이라고도 한다.
  ㉡ 법내용평등설(통설): '법 앞에 평등'을 법의 집행과 적용뿐만 아니라 법의 **제정내용**까지도 포함하는 모든 국가작용에 대한 규제원리로 이해하는바, 입법자구속설이라고도 한다. 09. 법무사
② 헌법재판소: 우리 헌법이 선언하고 있는 '인간의 존엄성'과 '법 앞에 평등'(제10조, 제11조 제1항)이란 행정부나 사법부에 의한 법적용상의 평등을 뜻하는 것 외에도 입법자에게 정의와 형평의 원칙에 합당하게 합헌적으로 법률을 제정하도록 하는 것을 명령하는 이른바 **법내용상의 평등**을 의미하고 있기 때문에 아무리 특정한 분야의 특별한 목적을 위하여 제정되는 특정범죄 가중처벌 등에 관한 법률이라 하더라도 입법권자의 법제정상의 형성의 자유는 무한정으로 허용될 수는 없는 것이며, 나아가 그 입법내용이 정의와 형평에 반하거나 자의적으로 이루어진 경우에는 평등권 등의 기본권을 본질적으로 침해한 입법권행사로서 위헌성을 면하기 어렵다고 할 것이다(헌재 1992.4.28, 90헌바24). 04. 행시

(3) '평등'의 의미
① 학설
  ㉠ 절대적 평등설(평균적 정의론에 입각): 모든 인간을 모든 점에서 무차별 또는 균등하게 다루어야 한다는 무제한적 절대평등설과 평등의 적용범위를 신분적 사항에 국한시켜 신분을 이유로 한 차별만은 절대로 금지된다는 제한적 절대평등설로 나뉜다.
  ㉡ 상대적 평등설(배분적 정의론에 입각): 모든 인간을 평등하게 처우하되 정당한 이유가 있거나 합리적 근거가 있는 차별 내지 불평등은 허용된다고 한다.
② 헌법재판소: 평등의 원칙은 일체의 차별적 대우를 부정하는 절대적 평등을 의미하는 것이 아니라 입법과 법의 적용에 있어서 합리적인 근거가 없는 차별을 하여서는 아니 된다는 상대적 평등을 뜻하고 따라서 합리적 근거가 있는 차별 또는 불평등은 평등의 원칙에 반하는 것이 아니다(헌재 1999.5.27, 98헌바26). 05. 법행, 07. 법무사, 09. 법원직
③ 검토: '평등'을 절대적 평등이 아니라 상대적 평등으로 이해하여야 한다(통설). 일반적으로 평등은 상대적·실질적 평등을 내용으로 하지만, 정치적 영역에서는 절대적·형식적 평등이 보다 중시되고, 사회적·경제적 영역에서는 상대적 평등이 보다 중시된다. 13. 서울시

기출 OX

02 '법 앞에 평등'이란 법의 적용과 집행이 평등하여야 한다는 '법 제정의 평등'만이 아니라, 법의 내용도 평등해야 한다는 '법 적용의 평등'을 의미한다. 14. 국회직 ( )

03 평등원칙은 일체의 차별적 대우를 부정하는 절대적 평등을 의미하는 것이 아니라, 입법과 법의 적용에 있어서 합리적인 근거가 없는 차별을 배제하는 상대적 평등을 뜻하는 것이다. 18. 경찰경채 ( )

정답 02 × 03 ○

(4) '상향적 평등'의 추구

① 헌법이 보장하는 평등의 원칙은 개인의 기본권신장이나 제도의 개혁에 있어서 법적 가치의 '상향적 실현'을 보편화하기 위한 것이지, 불균등의 제거만을 목적으로 한 나머지 하향적 균등까지 수용하고자 하는 것은 결코 아니다.

② 헌법이 규정한 **평등의 원칙은** 국가가 **언제, 어디에서, 어떤 계층을 대상으로** 하여 기본권에 관한 상황이나 제도의 개선을 시작할 것인지를 **선택하는 것을 방해하지는 않는다.** 말하자면 국가는 합리적인 기준에 따라 능력이 허용하는 범위 내에서 법적 가치의 상향적 구현을 위한 제도의 단계적 개선을 추진할 수 있는 길을 선택할 수 있어야 한다. 이러한 점은 그 제도의 개선에 과다한 재원이 소요되거나 이 사건에서와 같이 전제되는 여러 제도적 여건을 동시에 갖추는 데에는 기술적인 어려움이 따르는 경우에 더욱 두드러진다. 그것이 허용되지 않는다면, 모든 사항과 계층을 대상으로 하여 동시에 제도의 개선을 추진하는 예외적 경우를 제외하고는 어떠한 개선도 평등의 원칙 때문에 그 시행이 불가능하다는 결과에 이르게 되어 불합리할 뿐 아니라 평등의 원칙이 실현하고자 하는 가치와도 어긋나기 때문이다. 04·08. 사시, 18. 서울시

> **⊕ PLUS 상향적 평등 관련 판례**
> 1. 수용된 토지의 보상액산정에 있어서는 개발이익을 배제하면서 인근지역의 토지소유자에 대해서는 개발이익을 보유할 수 있게 하는 것(헌재 1990.6.25, 89헌마107)
> 2. 중학교 의무교육을 일시에 전면 실시하는 대신 단계적으로 확대 실시하도록 하는 것(헌재 1991.2.11, 90헌가27) 18. 서울시
> 3. 근로기준법의 전면적인 적용대상을 5인 이상의 근로자를 사용하는 사업장에 한정하고 있는 것(헌재 1999.9.16, 98헌마310)

> **판례 | 시혜적 법률의 경우 입법자의 광범위한 재량이 인정되는지 여부: 적극**
> [기각] 05. 법행, 12. 국가직
>
> 이러한 법률에 있어서는 국민의 권리를 제한하거나 새로운 의무를 부과하는 법률과는 달리 입법자에게 보다 광범위한 입법형성의 자유가 인정된다고 할 것이다. 그러므로 입법자는 그 입법의 목적, 수혜자의 상황, 국가예산 내지 보상능력 등 제반사항을 고려하여 그에 합당하다고 스스로 판단하는 내용의 입법을 할 권한이 있다고 할 것이고, 그렇게 하여 제정된 법률의 내용이 현저하게 합리성이 결여되어 있는 것이 아닌 한 헌법에 위반된다고 할 수는 없다(헌재 1993.12.23, 89헌마189).

3. 불합리한 차별의 금지

(1) 합리적 차별 여부에 대한 사법심사기준

'제대군인 가산점사건'(헌재 1999.12.23, 98헌마363)에서 완화된 심사기준인 자의금지원칙과 엄격한 심사기준인 비례의 원칙을 구별하여 어느 경우에 각 심사기준이 적용되는지를 명백히 하였다.

기출 OX

01 헌법상 평등원칙은 국가가 합리적인 기준에 따라 능력이 허용하는 범위 내에서 법적 가치의 상향적 구현을 위한 제도의 단계적인 개선을 추진할 수 있는 길을 선택할 수 있도록 한다.
19. 경찰승진 ( )

02 시혜적 법률과 같이 입법자에게 광범위한 입법형성의 자유가 인정되는 경우에는 법률의 내용이 현저하게 합리성이 결여되어 있는 것이 아닌 한 평등의 원칙에 반한다고 할 수 없다.
07. 법무사 ( )

정답 01 ○ 02 ○

① 자의금지원칙에 따른 심사(완화된 심사)
  ㉠ 헌법재판소는 "평등원칙은 입법자에게는 행위규범으로서, 객관적으로 같은 것은 같게, 다른 것은 다르게 규율할 것을 요구하지만 헌법재판소의 심사기준이 되는 통제규범으로서의 평등원칙은 단지 자의적인 입법의지를 의미하게 되어 헌법재판소는 입법자의 결정에서 차별을 정당화할 수 있는 합리적인 이유를 찾아볼 수 없는 경우에만 평등원칙의 위배를 선언하게 된다."라고 하였다(헌재 1997.1.16, 90헌마110). 12. 국회직
  ㉡ 즉, 자의심사의 경우 차별을 정당화하는 합리적인 이유가 있는지만 심사하기 때문에 그에 해당하는 비교대상간의 사실상 차이나 입법목적(차별목적)의 발견·확인에 그친다.

② 비례의 원칙에 따른 심사(엄격한 심사)
  ㉠ '엄격한 심사기준에 의한다' 함은 자의금지원칙에 따른 심사, 즉 합리적 이유의 유무를 심사하는 것에 그치지 아니하고 비례성원칙에 따른 심사, 즉 차별취급의 목적과 수단간에 엄격한 비례관계가 성립하는지를 기준으로 한 심사를 행하는 것을 의미한다(헌재 1999.12.23, 98헌마363).
  ㉡ 자의심사의 경우에는 차별을 정당화하는 **합리적인 이유가 있는지만**을 심사하기 때문에 그에 해당하는 비교대상간의 사실상의 차이나 **입법목적(차별목적)의 발견·확인**에 그치는 반면에, 비례심사의 경우에는 단순히 합리적인 이유의 존부문제가 아니라 차별을 정당화하는 이유와 차별간의 상관관계에 대한 심사, 즉 비교대상간의 사실상 차이의 성질과 비중 또는 입법목적(차별목적)의 비중과 차별의 정도에 적정한 균형관계가 이루어져 있는가를 심사한다(헌재 2008.11.27, 2006헌가1). 12. 국회직

기출 OX

03 자의심사의 경우에는 차별을 정당화하는 합리적인 이유가 있는지만을 심사하기 때문에 그에 해당하는 비교대상간의 사실상의 차이나 입법목적(차별목적)의 발견, 확인에 그친다. 18. 경찰경채, 19. 경찰승진 ( )

04 헌법에서 특별히 평등을 요구하고 있는 경우나 차별적 취급으로 인하여 관련 기본권에 중대한 제한을 초래하게 되는 경우에는 완화된 심사척도인 자의금지원칙이 적용된다. 19. 경찰승진 ( )

판례 |

☐ **자의금지원칙을 적용한 판례(=비례원칙을 적용하지 않은 판례)**

1 다른 전문직 종사자와 달리 약사에게만 법인의 형태로 약국개설을 제한하는 것이 평등권을 침해하는지 여부: 적극 [헌법불합치]
이 사건 법률조항은 헌법에서 특별히 평등을 요구하는 부분에 대한 것이 아니고, 직업수행의 자유는 공익을 위하여 상대적으로 넓은 규제가 가능하다고 인정되기 때문에 이 사건 법률조항에 대하여 직업수행의 자유가 일부 제한된다고 하여 관련 기본권(직업의 자유)에 대한 중대한 침해가 있다고 볼 수 없으므로 완화된 심사기준, 즉 차별기준 내지 방법의 합리성 여부가 헌법적 정당성 여부의 판단기준이 된다(헌재 2002.9.19, 2000헌바84).

2 준법서약서 제출제도가 위헌인지 여부: 소극 [기각]
준법서약제에 관한 이 사건 규칙조항은 당해 수형자의 양심의 자유 등 기본권을 침해하고 있지 아니하므로 차별적 취급으로 관련 기본권에 대한 중대한 제한을 초래하는 것도 아니다. 따라서 이 사건 규칙조항에 대한 평등 위반 여부를 심사함에 있어서는 특별히 엄격한 심사척도가 적용되어야 하는 것은 아니며 완화된 합리성 심사에 의하는 것으로 족하다고 할 것이다(헌재 2002.4.25, 98헌마425).

정답 03 ○ 04 ×

3 지방의원과 달리 지방자치단체장이 계속하여 재임하는 것을 3기를 초과하지 못하도록 제한하는 것이 위헌인지 여부: 소극 [기각]

이 사건 법률조항은 공무담임권을 제한하고 있는바, 이는 헌법이 차별을 특히 금지하고 있는 영역이거나 차별적 취급으로 인하여 관련 기본권에 대한 중대한 제한을 초래하고 있다고 볼 수 없다. 따라서 이 사건 법률조항에 대한 평등권심사는 합리성심사로 족하다. … 지방자치단체장과 지방의회의원의 계속 재임에 대한 차별적 취급에는 합리적인 이유가 있다고 할 것이다(헌재 2006.2.23, 2005헌마403).

4 장애인가구와 비장애인가구에 대하여 동일한 최저생계비를 지급받게 하는 최저생계비 고시가 평등권을 침해하는지 여부: 소극 [기각]

국가가 국민의 인간다운 생활을 보장하기 위하여 행하는 사회부조에 관하여는 입법부 내지 입법에 의하여 위임을 받은 행정부에 사회보장·사회복지의 이념에 명백히 어긋나지 않는 한 광범위한 형성의 자유가 부여된다는 점을 고려하면, 이 사건 고시로 인한 장애인가구와 비장애인가구의 차별취급이 평등 위반인지 여부를 심사함에 있어서는 완화된 심사기준인 자의금지원칙을 적용함이 상당하다(헌재 2004.10.28, 2002헌마328).

5 직계비속을 중혼의 취소청구권자에서 제외한 민법 제818조가 평등원칙에 반하는지 여부: 적극 [헌법불합치] 12. 국회직, 13. 국가직

이 사건 법률조항은 중혼의 취소청구권자를 규정하면서 직계비속을 취소청구권자에 포함시키지 아니한 것인데, 중혼의 취소청구권자를 어느 범위까지 포함할 것인지 여부에 관하여는 입법자의 입법재량의 폭이 넓은 영역이라 할 것이어서, 이 사건 법률조항이 평등원칙을 위반하였는지 여부를 판단함에 있어서는 자의금지원칙 위반 여부를 심사하는 것으로 족하다고 할 것이다(헌재 2010.7.29, 2009헌가8).

6 남자에 한하여 병역의무를 부과하는 법률조항이 평등권을 침해하는지 여부: 소극 [기각] 12. 국회직, 15. 서울시, 16. 지방직, 17. 법원직

대한민국 국민인 남자에 한하여 병역의무를 부과한 법률조항은 헌법이 특별히 양성평등을 요구하는 경우나 관련 기본권에 중대한 제한을 초래하는 경우의 차별취급을 그 내용으로 하고 있다고 보기 어려우며, 징집대상자의 범위결정에 관하여는 입법자의 광범위한 입법형성권이 인정된다는 점에 비추어 이 사건 법률조항이 평등권을 침해하는지 여부는 완화된 심사기준에 따라 판단하여야 한다(헌재 2010.11.25, 2006헌마328).

7 수혜적 성격의 법률은 현저히 자의적일 경우에만 헌법에 위반되는지 여부: 적극

이 사건 법률조항은 과징금의 부과를 면제하는 수혜적 성격의 법률에 해당하는바, 이와 같은 법률에 있어서는 입법자에게 광범위한 입법형성의 자유가 인정되므로, 제정된 법률의 내용이 객관적으로 인정되는 합리적인 근거를 전혀 가지지 못하여 현저히 자의적일 경우에만 헌법에 위반된다고 할 수 있다(헌재 2010.12.28, 2009헌바40).

8 건강보험제도나 노인장기요양보험제도는 전 국민에게 기본적인 의료서비스 및 요양서비스를 제공하기 위한 사회보장제도의 일종으로, 입법자는 이에 관하여 광범위한 입법형성권을 보유하는지 여부: 적극

헌법상의 평등원칙은 사회보험인 건강보험의 보험료부과에 있어서는 경제적 능력에 따른 부담이 이루어질 것을 요구한다. 다만, 건강보험제도나 노인장기요양보험제도는 전 국민에게 기본적인 의료서비스 및 요양서비스를 제공하기 위한 사회보장제도의 일종으로, 입법자는 이에 관하여 광범위한 입법형성권을 가진다고 할 것이므로, 보험료 부담의 평등원칙 위반 여부는 완화된 심사기준에 따라 판단하기로 한다(헌재 2013.7.25, 2010헌바51).

기출 OX

01 보건복지부장관이 최저생계비를 고시함에 있어 장애로 인한 추가지출비용을 반영한 별도의 최저생계비를 결정하지 않은 채 가구별 인원수만을 기준으로 최저생계비를 결정한 고시는 엄격한 기준인 비례성원칙에 따른 심사를 함이 타당하다. 20. 경찰승진
( )

정답 01 ×

비례의 원칙을 적용한 판례(=엄격한 심사)

1 평등권침해 여부 판단시 비례의 원칙(엄격한 심사척도)이 적용되는 경우 04.사시, 12.경찰승진·국회직

평등 위반 여부를 심사함에 있어 엄격한 심사척도에 의할 것인지, 완화된 심사척도에 의할 것인지는 입법자에게 인정되는 입법형성권의 정도에 따라 달라질 것이다. ① **헌법에서 특별히 평등을 요구하고 있는 경우** 엄격한 심사척도가 적용될 수 있다. 헌법이 스스로 차별의 근거로 삼아서는 아니 되는 기준을 제시하거나 차별을 특히 금지하고 있는 영역을 제시하고 있다면 그러한 기준을 근거로 한 차별이나 그러한 영역에서의 차별에 대하여 엄격하게 심사하는 것이 정당화된다. ② 다음으로 차별적 취급으로 인하여 관련 **기본권에 대한 중대한 제한을 초래**하게 된다면 입법형성권은 축소되어 보다 엄격한 심사척도가 적용되어야 할 것이다(헌재 1999.12.23, 98헌마363).

2 혼인과 가족을 이유로 한 차별에 대한 심사기준 - 비례의 원칙 03.사시

특정한 조세법률조항이 혼인이나 가족생활을 근거로 부부 등 가족이 있는 자를 혼인하지 아니한 자 등에 비하여 차별취급하는 것이라면 비례의 원칙에 의한 심사에 의하여 정당화되지 않는 한 헌법 제36조 제1항에 위반된다 할 것이다(헌재 2008.11.13, 2006헌바112 등).

3 중등교사 임용시험에서 복수·부전공자에게 가산점을 부여하는 것이 위헌인지 여부: 소극 [합헌]

중등교사 임용시험에서 복수·부전공 가산점을 받지 못하는 자가 입을 수 있는 불이익은 공직에 진입하는 것 자체에 대한 제약이라는 점에서 **당해 기본권에 대한 중대한 제한**이므로 복수·부전공 가산점규정의 위헌 여부에 대하여는 **엄격한 심사척도**를 적용함이 상당하다(헌재 2006.6.29, 2005헌가13).

4 고용노동 및 직업상담 직류를 채용하는 경우 직업상담사 자격증 보유자에게 만점의 3% 또는 5%의 가산점을 부여하는 것이 평등권을 침해하는지 여부: 소극 19.서울시

노동·직업상담 직류의 업무와 직업상담사의 업무는 밀접한 관련이 있고 해당 직류의 업무수행시 상당한 전문적 상담기술, 법령이해도 등을 전제되어야 하므로 7·9급 고용노동·직업상담 직렬 공무원을 채용하면서 노동시장론과 노동관계법규, 직업상담학과 직업심리학 등에 대한 전문성에 대한 검증을 거친 직업상담사 자격증 소지자에게 3% 또는 5%의 가산점을 부여하는 것은 그 목적의 정당성, 수단의 적합성이 인정된다. … 따라서 심판대상조항이 과잉금지원칙에 반하여 청구인들의 공무담임권과 평등권을 침해한다고 보기 어렵다(헌재 2018.8.30, 2018헌마46).

5 국가공무원 7급시험에서 정보관리기술사·정보처리기사 자격소지자에 대해서만 가산점을 부여하는 것이 정보처리기능사 자격소지자와 차별하여 평등권을 침해하는지 여부: 소극 [기각]

입법자가 설정한 차별이 국민들간에 **단순한 이해관계의 차별을 넘어서서 기본권에 관련된 차별을 가져온다면** 헌법재판소는 그러한 차별에 대해서는 자의금지 내지 합리성 심사를 넘어서 목적과 수단간의 **엄격한 비례성이 준수되었는지**를 심사하여야 할 것이다(헌재 2003.9.25, 2003헌마30).

6 국·공립학교 채용시험의 동점자처리에서 국가유공자 및 그 가족에게 우선권을 부여하는 것이 평등권을 침해하는지 여부: 소극 [기각]

일반적인 평등원칙 내지 평등권의 침해 여부에 대한 위헌심사기준은 합리적인 근거가 없는 자의적 차별인지 여부이지만, 만일 입법자가 설정한 차별이 **기본권의 행사에 있어서의 차별**을 가져온다면 그러한 차별은 목적과 수단간의 **엄격한 비례성이**

기출 OX

02 헌법에서 특별히 평등을 요구하고 있는 경우와 차별적 취급으로 인하여 관련 기본권에 대한 중대한 제한을 초래하게 되는 경우에는 엄격한 심사척도(비례성원칙)를 적용하여야 한다. 18.경찰경채 ( )

03 헌법에서 스스로 차별의 근거로 삼아서는 아니 되는 기준을 제시하거나 차별을 특히 금지하고 있는 영역을 제시하는 경우에는 완화된 심사척도가 적용되어야 하나, 차별적 취급으로 인하여 관련 기본권에 대한 중대한 제한을 초래하게 되는 경우에는 엄격한 심사척도를 적용할 수 있다. 18.경찰승진 ( )

04 중등교사 임용시험에 있어서 동일 지역 사범대학을 졸업한 교원경력이 없는 자에게 가산점을 부여하는 법률규정은 평등권을 침해하지 않는다. 16.서울시 ( )

05 고용노동 및 직업상담 직류를 채용하는 경우 직업상담사 자격증 보유자에게 만점의 3% 또는 5%의 가산점을 부여하는 것은 평등권을 침해한다. 19.서울시 ( )

06 국·공립학교 채용시험에서 국가유공자의 가족에게 10%의 가산점을 부여하는 것은 능력주의를 바탕으로 하여야 하는 공직취임권의 규율에 있어서 중요한 예외를 구성하므로, 관련 공익과 일반응시자의 공무담임권의 차별 사이에 엄밀한 법익형량이 이루어져야 한다. 20.국회직 ( )

정답 02 ○ 03 × 04 ○ 05 × 06 ○

준수되었는지가 심사되어야 한다. 이 사건 동점자처리조항은 공직취임에서 일반 응시자들을 차별하는 것이며, 이러한 기본권행사에 있어서의 차별은 차별목적과 수단 간에 엄격한 비례성을 갖추어야만 헌법 제37조 제2항이 정한 과잉금지의 원칙에 합치되어 정당화될 수 있을 것이다(헌재 2006.6.29, 2005헌마44).

7 제대군인에게 가산점을 부여하는 것이 위헌인지 여부: 적극 [위헌] 07. 법원직, 09·10. 사시, 12. 변호사

[1] 가산점제도의 평등 위반 여부를 심사함에 있어 적용되는 심사척도

평등 위반 여부를 심사함에 있어 엄격한 심사척도에 의할 것인지, 완화된 심사척도에 의할 것인지는 입법자에게 인정되는 입법형성권의 정도에 따라 달라지게 될 것이나, **헌법에서 특별히 평등을 요구**하고 있는 경우와 **차별적 취급으로 인하여 관련 기본권에 대한 중대한 제한을 초래**하게 된다면 **입법형성권은 축소되어 보다 엄격한 심사척도가 적용**되어야 할 것인바, 가산점제도는 헌법 제32조 제4항이 특별히 **남녀평등**을 요구하고 있는 '근로' 내지 '고용'의 영역에서 남성과 여성을 달리 취급하는 제도이고, 또한 헌법 제25조에 의하여 보장된 **공무담임권**이라는 기본권의 행사에 중대한 제약을 초래하는 것이기 때문에 엄격한 심사척도가 적용된다. 그리고 **엄격한 심사**를 한다는 것은 **'자의금지원칙'에 따른 심사**(즉, **합리적 이유의 유무를 심사**)에 그치지 아니하고, **'비례성원칙'에 따른 심사**(즉, 차별취급의 **목적과 수단간에 엄격한 비례관계가 성립하는지**를 기준으로 한 심사)를 의미한다.

[2] 가산점제도로 여성·신체장애자 등의 평등권이 침해되는지 여부: 적극

① 제대군인에 대하여 여러 가지 사회정책적 지원을 강구하는 것이 필요하다 할지라도, 그것이 사회공동체의 다른 집단에 동등하게 보장되어야 할 균등한 기회 자체를 박탈하는 것이어서는 아니 되는데, 가산점제도는 아무런 재정적 뒷받침 없이 제대군인을 지원하려 한 나머지 결과적으로 여성과 장애인 등 이른바 사회적 약자들의 희생을 초래하고 있으며, 우리 법체계 내에 확고히 정립된 기본질서라고 할 '여성과 장애인에 대한 차별금지와 보호'에도 저촉되므로 정책수단으로서의 적합성과 합리성을 상실한 것이다.

② 가산점제도는 공무원 채용시험의 합격 여부에 결정적 영향을 미쳐 가산점을 받지 못하는 사람들을 6급 이하의 공무원 채용에 있어서 실질적으로 거의 배제하는 것과 마찬가지의 결과를 초래하고 있고, 제대군인에 대한 이러한 혜택을 몇 번이고 아무런 제한 없이 부여함으로써 차별취급을 통하여 달성하려는 입법목적의 비중에 비하여 차별로 인한 불평등의 효과가 극심하므로, 가산점제도는 차별취급의 비례성을 상실하고 있다.

③ 그렇다면 가산점제도는 제대군인에 비하여 여성 및 제대군인이 아닌 남성을 부당한 방법으로 지나치게 차별하는 것으로서 헌법 제11조에 위배되며, 이로 인하여 청구인들의 평등권이 침해된다(헌재 1999.12.23, 98헌마363).

8 국가유공자 가산점제도사건(1차 결정) - 완화된 비례성 심사

이 사건의 경우 98헌마363 결정에서 비례심사를 하여야 할 첫 번째 경우인 헌법에서 특별히 평등을 요구하고 있는 경우에는 해당하지 아니한다. 그러나 이 사건의 경우는 비교집단이 일정한 생활영역에서 경쟁관계에 있는 경우로서, 국가유공자와 그 유족 등에게 가산점의 혜택을 부여하는 것은 그 이외의 자들에게는 공무담임권 또는 직업 선택의 자유에 대한 중대한 침해를 의미하게 되는 관계에 있기 때문에 비례의 원칙에 따른 심사를 하여야 할 두 번째 경우인 차별적 취급으로 인하여 관련 기본권에 대한 중대한 제한을 초래하게 되는 경우에는 해당한다고 할 것이다. 따라서 자의심사에

기출 OX

01 제대군인이 공무원채용시험 등에 응시한 때에 과목별 득점에 과목별 만점의 5% 또는 3%를 가산하는 것에 대하여 완화된 심사기준인 자의금지원칙을 적용하고 있다. 20. 경찰승진 ( )

02 제대군인이 공무원채용시험 등에 응시할 때에 과목별 득점에 과목별 만점의 5% 또는 3%를 가산하는 제대군인 지원에 관한 법률 규정에 대한 결정은 여성 및 제대군인이 아닌 남성의 평등권이 침해된다. 15. 국회직 ( )

03 국가유공자 본인이 국가기관이 실시하는 채용시험에 응시하는 경우에 10%의 가점을 주도록 한 국가유공자 등 예우 및 지원에 관한 법률 조항은 헌법 제32조 제6항에서 특별히 평등을 요구하고 있는 경우에 해당하므로, 이에 대해서는 엄격한 비례성 심사에 따라 평등권 침해 여부를 심사하여야 한다. 18. 경찰승진 ( )

정답 01 × 02 ○ 03 ×

그치는 것은 적절하지 아니하고 원칙적으로 비례심사를 하여야 할 것이나, 구체적인 비례심사의 과정에서는 헌법에서 차별명령규정을 두고 있는 점을 고려하여 보다 완화된 기준을 적용하여야 할 것이다(헌재 2001.2.22, 2000헌마25).

9 **국가유공자의 가족에게 10%의 가산점을 부여하는 제도가 위헌인지 여부(2차 결정):**
적극 [헌법불합치] 02·08. 국가직, 07. 국회직, 07·12. 사시, 12. 변호사, 15·18·19. 서울시

[1] 오늘날 가산점의 대상이 되는 국가유공자와 그 가족의 수가 과거에 비하여 비약적으로 증가하고 있는 현실과 취업보호대상자에서 가족이 차지하는 비율, 공무원시험의 경쟁이 갈수록 치열해지는 상황을 고려할 때 헌법 제32조 제6항은 엄격하게 해석할 필요가 있다. 이러한 관점에서 위 조항의 대상자는 조문의 문리해석대로 '국가유공자', '상이군경' 그리고 '전몰군경의 유가족'이라고 봄이 상당하다. 따라서 **'국가유공자의 가족'**의 경우 그러한 **가산점의 부여는 헌법이 직접 요청하고 있는 것이 아니라 입법정책으로서 채택된 것**이라 볼 것이다.

[2] 이 사건 조항은 일반 응시자들의 공직취임의 기회를 차별하는 것이며, 이러한 기본권행사에 있어서의 차별은 차별목적과 수단간에 비례성을 갖추어야만 헌법적으로 정당화될 수 있다. 종전 결정은 **국가유공자와 그 가족**에 대한 **가산점제도는 모두 헌법 제32조 제6항에 근거**를 두고 있으므로 평등권침해 여부에 관하여 보다 **완화된 기준을 적용한 비례심사**를 하였으나, 국가유공자 본인의 경우는 별론으로 하고, **그 가족의 경우**는 위에서 본 바와 같이 **헌법 제32조 제6항이 가산점제도의 근거라고 볼 수 없으므로** 그러한 **완화된 심사는 부적절**한 것이다. … 그런데 이 사건 조항의 차별로 인한 불평등효과는 입법목적과 달성수단간의 비례성을 현저히 초과하므로 일반 공직시험 응시자의 평등권을 침해한다.

[3] 이 사건 조항의 위헌성은 국가유공자 등과 그 가족에 대한 가산점제도 자체가 입법정책상 전혀 허용될 수 없다는 것이 아니고, 그 차별의 효과가 지나치다는 것에 기인한다. 이 사건 조항의 위헌성의 제거는 입법부가 행하여야 할 것이므로 이 사건 조항에 대하여는 헌법불합치결정을 하기로 한다. 한편 입법자가 이 사건 조항을 개정할 때까지 가산점 수혜대상자가 겪을 법적 혼란을 방지할 필요가 있으므로, 그때까지 이 사건 조항의 잠정적용을 명한다(헌재 2006.2.23, 2004헌마675).

SUMMARY | 제대군인 가산점사건과 국가유공자 가산점사건 비교

구분	제대군인 가산점사건 (98헌마363)	국가유공자 가산점사건 (2000헌마25)	국가유공자 가산점사건 (2004헌마75)
헌법상 근거 유무	헌법상 근거 없음	유공자 본인 및 유공자 가족 모두 (헌법 제32조 제6항)	• 유공자 본인: 헌법상 근거 있음 • 유공자 가족: 헌법상 근거 없음
위헌성 심사기준	엄격한 비례성 심사	완화된 비례성 심사	비례성 심사
가산점제도를 통하여 실현되는 법익	입법정책상 법익	헌법 제32조 제6항의 헌법상 법익	• 유공자 본인: 헌법상 법익 • 유공자 가족: 입법정책상 법익
주문	위헌	합헌	헌법불합치(잠정적용)

기출 OX

04 헌법 제32조 제6항은 "국가유공자·상이군경 및 전몰군경의 유가족은 법률이 정하는 바에 의하여 우선적으로 근로의 기회를 부여받는다."고 규정하고 있는바, 위 조항의 폭넓은 해석은 일반 응시자의 공무담임의 기회를 제약하게 되는 결과가 될 수 있으므로 엄격하게 해석할 필요가 있다. 따라서 위 조항의 대상자는 '국가유공자', '상이군경', 그리고 '전몰군경의 유가족'이라고 보아야 한다. 20. 법행 ( )

한눈에 쏙!

1. 제대군인 가산점사건

제대군인에게 3% 또는 5% 가산점 부여 ▶ 위헌

↓

폐지

2. 국가유공자 가족에 대한 가산점사건

국가유공자 가족에게 10% 가산점 부여 ▶ 헌법불합치

↓

5%로 개정

05 차별조항의 위헌성이 그 차별의 효과가 지나치다는 것에 기인할 때에는, 그 위헌성의 제거는 입법부가 행하여야 할 것이므로 헌법재판소는 그 조항에 대하여 헌법불합치결정을 하여야 한다. 18. 서울시 ( )

정답 04 ◯ 05 ◯

> ✅ **SUMMARY | 자의금지 심사한 사건**
> 1. 처분적 법률(개별사건법률) - 특정규범이 개별사건 법률에 해당한다 하여 곧바로 위헌을 뜻하는 것은 아님, 이러한 차별이 **합리적인 이유**로 정당화될 수 있는 경우에 합헌
> 2. 연합뉴스사를 국가기간뉴스통신사로 지정하여 우선적 처우하는 것
> 3. 장애인가구와 비장애인가구 구분하지 않고 일률적으로 동일한 최저생계비 적용사건
> 4. 제1종 운전면허를 받은 사람 적성검사기간 내에 검사받지 않은 경우에 행정형벌 과하는 것
> 5. 남성에 한하여 병역의무 부과하는 것
> 6. 친일반민족행위자의 후손이라는 점 - 헌법이 평등을 요구한 영역 아님 - 완화된 심사
> 7. 출입국관리에 관한 사항 중 외국인 입국에 관한 사항
> 8. 수형자의 배우자에 대해 인터넷화상접견과 스마트접견 허용하고, 미결수의 배우자에게 허용하지 않는 것
> 9. 중혼 취소청구권자로 직계존속과 4촌 이내 방계혈족 규정하면서 직계비속 제외한 것 [위헌]
> 10. 약사들로 구성된 법인의 약국개설 금지 [위헌]
> 11. 회원제로 운영하는 골프장 시설의 입장료에 대한 부가금 [위헌]

> ✅ **SUMMARY | 비례의 원칙 심사한 사건**
> 1. 출생에 의한 국적취득에 있어서 출생한 당시의 자녀의 국적을 부의 국적에 맞추는 종전 부계혈통주의 [위헌]
> 2. 재산등록을 한 혼인한 여성등록의무자에게만 배우자의 직계존비속의 재산을 등록하도록 한 것 [위헌]
> 3. 종합부동산세 세대별합산한 것은 혼인 등 가족이 있는 자를 차별하는 것 [위헌]
> 4. 자율형 사립고 지원한 학생에게 후기학교 중복지원 금지사건 [위헌]
> 5. 중등교사 임용시험에서 복수전공 및 부전공 교원자격증소지자 가산점 부여
> 6. 7급시험에서 기술사나 기사 자격증만 가산점 부여
> 7. 제대군인에 대한 가산점 부여 [위헌]
> 8. 국가유공자 가족에 대한 가산점 부여 [위헌]
> 9. 교통사고처리 특례법상 업무상 과실 또는 중대한 과실로 인한 교통사고로 말미암아 피해자로 하여금 중상해에 이르게 한 경우에 공소를 제기할 수 없도록 규정한 부분 [위헌]

(2) 적극적 평등실현조치의 문제

① **의의**: '적극적 평등실현조치(잠정적 우대조치, 역평등)'란 종래에 사회로부터 차별을 받아 온 일정 집단에 대하여 그러한 차별로 인한 불이익을 보상해주기 위하여 그 집단의 구성원이라는 것을 이유로 취업이나 학교입학 기타 사회적 이익을 직접 또는 간접으로 부여하는 정부의 정책을 일컫는다(예 비례대표의 원의 여성할당제, 장애인 채용목표제). 03. 사시, 15. 법원직

② **특징**: **기회균등이 아닌 결과의 평등을 추구**하는 정책이라는 점, 개인의 자격이나 실적보다는 집단의 일원이라는 것을 근거로 혜택을 준다는 점, 목적이 실현되면 종료하는 임시적 조치라는 점을 특징으로 한다. 03. 행시, 04. 국가직, 15. 법원직

③ **적극적 평등실현조치와 역차별의 문제**: 적극적 평등실현조치는 우대조치를 받는 집단에는 실질적인 평등조치로 이해되지만 그러한 호의적인 취급으로부터 배제되는 또 다른 이해관계자집단 내지는 계층으로부터 역차별문제가 제기된다. 따라서 적극적 평등실현조치도 일정한 한계가 있다.

기출 OX

01 적극적 평등실현조치는 종래 사회로부터 차별을 받아 온 일정 집단에 대해 그동안의 불이익을 보상하기 위한 우대적 조치이다. 17. 경찰승진 ( )

02 잠정적 우대조치(affirmative action)는 기회의 평등보다 결과의 평등을 추구한다. 04. 국가직 ( )

✎ • 적극적 평등실현조치는 '결과의 평등'보다는 '기회의 평등'을 추구하는 정책이다. (×)
• 적극적 평등실현조치는 '기회의 평등'보다는 '결과의 평등'을 추구하는 정책이다. (○)

정답 01 ○ 02 ○

> **판례 | 사기업에서 장애인 의무고용제가 사업주의 계약의 자유 등을 침해하는지 여부: 소극 [합헌]**
>
> 장애인은 그 신체적·정신적 조건으로 말미암아 유형·무형의 사회적 편견 및 냉대를 받기 쉽고 이로 인하여 능력에 맞는 직업을 구하기가 지극히 어려운 것이 현실이므로, 장애인의 근로의 권리를 보장하기 위하여는 사회적·국가적 차원에서의 조치가 요구된다. 요컨대 … 사회·경제적 약자인 장애인에 대하여 인간으로서의 존엄과 가치를 인정하고 나아가 인간다운 생활을 보장하기 위한 불가피한 요구라고 할 것이어서, 그로 인하여 사업주의 계약의 자유 및 경제상의 자유가 일정한 범위 내에서 제한된다고 하여 곧 비례의 원칙을 위반하였다고는 볼 수 없다고 할 것이다(헌재 2003.7.24, 2001헌바96).

02 평등권

1. 의의

'평등권'이란 국가로부터 부당하게 차별대우를 받지 아니할 소극적 권리이면서, 국가에 대하여 적극적으로 평등한 처우를 요구할 수 있는 개인의 주관적 공권을 말한다.

2. 차별금지사유와 차별금지영역

> **헌법 제11조** ① 모든 국민은 법 앞에 평등하다. 누구든지 성별·종교 또는 사회적 신분에 의하여 정치적·경제적·사회적·문화적 생활의 모든 영역에 있어서 차별을 받지 아니한다.

헌법이 규정하고 있는 차별금지사유와 차별금지영역이 열거적인 것인지 예시적인 것인지가 문제되는바, 통설은 예시설이다.

(1) 차별금지사유

① **성별**: 성별에 의한 차별금지는 남녀평등을 의미한다. 그러나 성에 관한 가치판단의 결과가 아닌 남녀의 사실적(생리적) 차이에 의거한 차별 또는 그 밖의 합리적 이유가 있는 차별은 허용된다. 04. 국가직

② **종교**: 종교에 의한 차별금지는 종교평등을 의미한다. 사기업에서의 근무관계, 사립학교의 입학관계 등에서 흔히 문제되고 있다.

③ **사회적 신분**: 사회적 신분을 선천적 신분에만 국한시키는 것은 너무 협소한 해석이므로 후천적 신분까지 포함하는 것으로 해석하는 것이 타당할 것이다. 헌법재판소도 "헌법 제11조 제1항에서 '사회적 신분'이란 사회에서 장기간 점하는 지위로서 일정한 사회적 평가를 수반하는 것을 의미한다 할 것이므로 전과자도 사회적 신분에 해당된다고 할 것이다."라고 판시하여 후천적 신분설을 취하고 있다(헌재 1995.2.23, 93헌바43). 05. 입시, 12. 변호사·법행, 15. 서울시

기출 OX

03 헌법은 성별, 나이, 종교, 사회적 신분, 근로관계에 있어서의 여성에 대한 차별 등을 차별금지사유로 명시하고 있다. 04. 국회직 변형 ( )

해설
성별, 종교, 사회적 신분은 헌법 제11조, 여성의 근로는 제32조 제4항에 규정되어 있지만, 나이에 대해서는 명시된 규정이 없다.

04 차별이 금지되는 사회적 신분이란 사회에서 장기간 점하는 지위로서 일정한 사회적 평가를 수반하는 것을 의미한다. 05. 법행 ( )

정답 **03** ✕ **04** ○

기출 OX

01 우리 형법 제250조 제2항에서 존속살해죄를 단순살인죄보다 가중처벌하도록 규정하고 있는 것은 헌법상 평등의 원칙에 반한다. 09. 법원직 ( )

판례 |

1 존속상해치사죄에 대한 가중처벌이 평등원칙에 위배되는지 여부: 소극 [합헌] 04. 입시·법행

비속의 직계존속에 대한 존경과 사랑은 봉건적 가족제도의 유산이라기보다는 우리 사회윤리의 본질적 구성 부분을 이루고 있는 가치질서로서, 존속상해치사의 범행은 이와 같은 보편적 사회질서나 도덕원리, 나아가 인륜에도 반하는 행위로 인식되어 그 패륜성에 대하여는 통상의 상해치사죄에 비하여 고도의 사회적 비난을 받아야 할 이유가 충분하다. … 그렇다면 이 사건 법률조항은 헌법상 평등의 원칙에 반한다고 할 수 없다(헌재 2002.3.28, 2000헌바53).

2 자기의 직계존속을 살해한 자를 일반 살인죄를 저지른 자에 비하여 가중처벌하는 형법 제250조 제2항이 평등원칙에 위배되는지 여부: 소극 [합헌]

존속살해는 그 패륜성에 비추어 일반 살인죄에 비하여 고도의 사회적 비난을 받아야 할 이유가 충분한 점, 이 사건 법률조항의 법정형이 종래의 '사형 또는 무기징역'에서 '사형, 무기 또는 7년 이상의 징역'으로 개정되어 기존에 제기되었던 양형에 있어서의 구체적 불균형의 문제도 해소된 점을 고려할 때 이 사건 법률조항이 형벌체계상 균형을 잃은 자의적 입법으로서 평등원칙에 위반된다고 볼 수 없다(헌재 2013.7.25, 2011헌바267).

⊕ PLUS

일본 최고재판소는 존속살해에 대한 가중처벌규정이 평등권을 침해한다며 위헌판결을 내린 바 있다(1973.4.4, 존속살인 법정형 위헌사건). 그 이후에 다른 존속 관련 가중처벌규정들을 모두 폐지하였다.

(2) 차별금지영역

차별이 금지되는 영역은 인간의 모든 생활영역이다(헌법 제11조 제1항).

① **정치적 생활영역**: 투표와 선거, 그리고 공직취임 등에서 평등이 보장되어야 한다.
② **경제적 생활영역**: 고용에 있어서는 동일자격·동일취업의 원칙이, 임금에 있어서는 동일노동·동일임금의 원칙이, 과세에 있어서는 담세평등의 원칙이 준수되어야 한다. 헌법은 특히 근로관계에 있어서 여성의 차별을 금지하고 있으므로(헌법 제32조 제4항) 고용, 취업, 임금, 근로조건 등에서 여성을 부당하게 차별하면 아니 된다.
③ **사회적 생활영역**: 주거·여행·공공시설이용 등에서의 차별, 적자와 서자의 차별, 혼인과 가족생활에서의 남녀의 차별은 허용되지 아니한다.
④ **문화적 생활영역**: 교육에 있어서의 기회의 균등이 보장되고, 문화적 활동이나 문화적 자료이용 또는 정보에의 접근 등에서의 차별은 허용되지 아니한다.

정답 **01** ×

03 주체

대한민국 국민만이 아니라 외국인에게도 원칙적으로 평등의 원칙이 적용되어 외국인도 평등권의 주체가 된다(다수설). 그러나 외국인에 대하여는 국제법과 상호주의원칙에 따라 평등조항의 구체적 범위가 결정된다. 또한 법인이나 법인격 없는 사단도 평등권의 주체가 된다. 단, 기본권의 수범자인 국가기관은 원칙적으로 평등권의 주체가 아니다.

04 효력

평등조항은 모든 국가권력을 직접 구속하는 대국가적 효력을 가지며, 통설은 간접적용설에 따라 사인 상호간의 법률관계에도 미친다고 본다.

05 평등원칙의 구현

1. 사회적 특수계급제도의 부인

> 헌법 제11조 ② 사회적 특수계급의 제도는 인정되지 아니하며, 어떠한 형태로도 이를 창설할 수 없다.

'특수계급'이란 귀족제도나 노예제도 또는 조선시대의 양반제도와 같은 봉건적 유제를 말한다. 그러나 영전에 따르는 연금 등의 보훈제도나 전직대통령에 대한 예우는 사회적 특수계급제도에 해당하지 않는다.

2. 영전일대의 원칙

> 헌법 제11조 ③ 훈장 등의 영전은 이를 받은 자에게만 효력이 있고, 어떠한 특권도 이에 따르지 아니한다.

헌법은 영전일대(榮典一代)의 원칙을 채택하여 영전의 세습제를 부인하고 있다. 그러나 영전의 세습제를 부인하는 것은 그로 말미암은 특권(예 그 자손의 특진, 조세감면, 형벌면제 등)을 부인하는 것이지, 연금지급이나 유족에 대한 보훈까지 금지하는 것은 아니다.

판례 | 국가유공자의 서훈등급에 따라 연금을 차등지급하는 것이 위헌인지 여부:
소극 [기각] 07. 법무사, 12. 국가직

헌법 제11조 제3항은 "훈장 등의 영전은 이를 받은 자에게만 효력이 있고 어떠한 특권도 이에 따르지 아니한다."라고 규정하고 있는바, 이를 같은 조 제1항 및 제2항의 규정과 관련하여 풀이하면 이는 이른바 영전일대의 원칙을 천명한 것으로서 영전의 세습을 금지함으로써 특수계급의 발생을 예방하려는 것이라 볼 수 있다. 따라서 이 법에 의한 독립유공자나 그 유족에게 국가보은적 견지에서 서훈의 등급에 따라 부가연금을 차등지급하는 것은 헌법 제11조에 위배된다고 할 수 없다(헌재 1997.6.26, 94헌마52).

기출 OX

02 국가균형발전특별법에 의한 도지사의 혁신도시 입지선정과 관련하여 그 입지선정에서 제외된 지방자치단체는 자의적인 선정기준을 다투는 평등권의 주체가 된다. 16. 경찰승진 ( )

03 정당은 선거에서 차별대우를 받은 경우 평등권의 주체로서 헌법소원심판을 청구할 수 있다. 14. 국회직 9급 ( )

04 평등권은 외국인에게는 보장되지 않는다. 04. 법무사 ( )

05 평등조항의 구체적 실현에 관한 헌법 제11조 제3항은 영전일대(榮典一代)의 원칙을 선언하고 있으므로, 독립유공자나 그 유족에게 국가보은적 견지에서 서훈의 등급에 따라 부가연금을 차등지급하는 것은 영전일대(榮典一代)의 원칙을 천명한 헌법 제11조 제3항에 위배된다. 07. 법무사 ( )

정답 02 × 03 ○ 04 × 05 ×

3. 근로관계에 있어서 여성차별금지

> 헌법 제32조 ④ 여자의 근로는 특별한 보호를 받으며, 고용·임금 및 근로조건에 있어서 부당한 차별을 받지 아니한다.

4. 국가유공자 등의 근로기회의 우선보장

> 헌법 제32조 ⑥ 국가유공자·상이군경 및 전몰군경의 유가족은 법률이 정하는 바에 의하여 우선적으로 근로의 기회를 부여받는다.

판례 |

1 헌법 제32조 제6항 중 '국가유공자'의 의미에 '가족'도 포함하는지 여부: 소극
헌법 제32조 제6항은 엄격하게 해석할 필요가 있다. 이러한 관점에서 이 조항의 대상자는 조문의 문리해석대로 '국가유공자', '상이군경' 그리고 '전몰군경의 유가족'이라고 봄이 상당하다. 따라서 '국가유공자의 가족'의 경우 그러한 가산점의 부여는 헌법이 직접 요청하고 있는 것이 아니라 입법정책으로서 채택된 것이라 볼 것이다(헌재 2006.2.23, 2004헌마675).

2 헌법 제32조 제6항의 의미
헌법 제32조 제6항은 "국가유공자·상이군경 및 전몰군경의 유가족은 법률이 정하는 바에 의하여 우선적으로 근로의 기회를 부여받는다."라고 규정하고 있는바, 이 규정이 언급하는 근로의 기회제공은 국가유공자 등에 대한 보훈의 한 방법을 구체적으로 예시한 것일 뿐이고 전체로서의 이 규정이 가지는 의미는 국가가 국가유공자 등을 예우할 포괄적인 의무를 지고 있음을 선언하는 데 있다고 해석된다. 다만, 구체적인 보훈의 내용은 입법자가 국가의 경제수준·재정능력·국민감정 등을 종합적으로 고려하여 결정하여야 하는 입법정책의 문제이므로 국가유공자가 받게 될 보훈은 법률에 규정됨으로써 비로소 구체적인 법적 권리로 형성된다고 할 것이다(헌재 2001.6.28, 99헌마516).

5. 혼인과 가족생활에 있어서 양성의 평등

> 헌법 제36조 ① 혼인과 가족생활은 개인의 존엄과 양성의 평등을 기초로 성립되고 유지되어야 하며, 국가는 이를 보장한다.

기출 OX

01 헌법 제32조 제6항의 '법률이 정하는 바에 의하여 우선적으로 근로의 기회가 부여되는 대상'이 누구인가에 대하여 헌법재판소는 국가유공자, 상이군경, 전몰군경의 유가족, 국가유공자의 유가족, 상이군경의 유가족이 포함된다고 판시하고 있다. 16. 국회직
( )

정답 01 ×

06 평등권 관련 판례

판례 I

1 개별사건법률은 그 자체가 평등원칙에 위배되는 위헌법률인지 여부: 소극 [합헌] 04. 국회직, 05. 법무사, 12. 국가직

개별사건법률은 원칙적으로 평등원칙에 위배되는 자의적 규정이라는 강한 의심을 불러일으키는 것이지만, 개별법률금지의 원칙이 법률제정에 있어서 입법자가 평등원칙을 준수할 것을 요구하는 것이기 때문에 특정 규범이 개별사건법률에 해당한다 하여 곧바로 위헌을 뜻하는 것은 아니며, 이러한 차별적 규율이 합리적인 이유로 정당화될 수 있는 경우에는 합헌적일 수 있다(헌재 1996.2.16, 96헌가2 등).

2 교섭단체 소속 의원의 입법활동을 보좌하기 위하여 정책연구위원을 두도록 하는 것이 교섭단체를 구성한 정당과 그렇지 못한 정당을 불합리하게 차별하여 평등원칙에 위반되는지 여부: 소극 [기각] 08. 국가직

국회 입법활동의 활성화와 효율화를 이루기 위하여는 우선적으로 교섭단체의 전문성을 제고시켜야 하며, 교섭단체가 필요로 하는 전문인력을 공무원신분인 정책연구위원으로 임용하여 그 소속 의원들의 입법활동을 보좌하도록 할 필요성이 발생하므로 교섭단체에 한하여 정책연구위원을 배정하는 것은 입법재량의 범위 내로서 그 차별에 합리적인 이유가 있다 할 것이다(헌재 2008.3.27, 2004헌마654).

3 주식회사 연합뉴스를 국가기간 뉴스통신사로 지정하고 우대조치를 하는 것이 위헌인지 여부: 소극 [기각] 04·07. 국회직, 08. 법원직

[1] 주식회사 연합뉴스를 국가기간 뉴스통신사로 지정하고 이에 대한 재정지원 등을 규정한 뉴스통신 진흥에 관한 법률 제10조 등 심판대상조항이 개인대상법률로서 헌법에 위반되는지 여부: 소극

헌법은 처분적 법률로서 개인대상법률 또는 개별사건법률의 정의를 따로 두고 있지 않음은 물론, 처분적 법률의 제정을 금지하는 명문의 규정도 두고 있지 않은 바, 특정 규범이 개인대상 또는 개별사건법률에 해당한다고 하여 그것만으로 바로 헌법에 위반되는 것은 아니다. 따라서 연합뉴스사를 위한 심판대상조항의 차별적 규율이 합리적인 이유로 정당화되는 경우에는 이러한 처분적 법률도 허용된다.

[2] 경업자인 청구인들의 평등권을 침해하는지 여부: 소극

정보주권의 수호와 국민간의 정보격차를 해소하고 국가이익보호와 국가의 홍보역량을 강화하기 위해서는 정부의 뉴스통신시장에 대한 최소한의 개입과 뉴스통신사에 대한 적절한 지원이 반드시 요청된다고 할 것이고, 이러한 차원에서 심판대상조항이 국가기간 뉴스통신사를 지정하여 이에 대하여 여러 가지 공적 임무를 부여하며, 그 임무의 수행과 관련된 범위에서 비용을 부담하는 등의 우대조치를 취하는 것은 그 합리성을 인정할 수 있다. 연합뉴스사를 국가기간 뉴스통신사로 지정하고 이에 대하여 재정지원 등 여러 가지 혜택을 부여한 심판대상조항에는 수긍할 만한 합리적인 이유가 있다고 할 것이므로, 이를 두고 평등원칙에 어긋나는 자의적 차별이라고 하기는 어렵다(헌재 2005.6.30, 2003헌마841).

기출 OX

02 개별사건에만 적용되는 개별사건법률은 그 자체로 헌법상 평등원칙에 위배되므로 그 내용을 불문하고 절대적으로 금지된다. 14. 법원직 ( )

03 교섭단체 소속 의원의 입법활동을 보좌하기 위하여 정책연구위원을 두도록 하는 것은 교섭단체를 구성한 정당과 그렇지 못한 정당을 불합리하게 차별하여 평등원칙에 위반된다. 08. 국가직 ( )

04 상법상의 주식회사에 불과한 연합뉴스사를 국가기간 뉴스통신사로 지정하고, 정부가 위탁하는 공익업무와 관련하여 정부의 예산으로 재정지원을 할 수 있는 법적 근거를 두고 있는 뉴스통신 진흥에 관한 법률은 특정인에 대해서만 적용되는 개인대상법률로서 처분적 법률에 해당한다. 18. 경찰승진 ( )

정답 02 × 03 × 04 ○

기출 OX

01 국가는 성질상 집행불능의 상태가 생길 수 없어 국가에 대한 가집행을 불허하더라도 집행불능의 문제가 생길 수 없으므로, 국가를 상대로 하는 재산권청구의 경우에는 가집행선고를 할 수 없도록 한 것은 합헌이다. 12. 법행
( )

02 국유잡종재산에 대하여 시효취득을 배제하는 구 국유재산법의 규정은 평등권을 침해하는 것이라고 할 수 없다. 07. 법원직(상) ( )

정답 01 × 02 ×

4 국·공립사범대학 등 출신자에 대한 교사 우선채용이 위헌인지 여부: 적극 [위헌] 04. 국회직, 08. 법원직

교육공무원이 되고자 하는 자를 그 출신학교의 설립주체나 학과에 따라 차별하는 결과가 되는바, 이러한 차별은 이를 정당화할 합리적인 근거가 없으므로 헌법상 평등의 원칙에 어긋난다(헌재 1990.10.8, 89헌마89).

5 국가에 대한 가집행선고를 제한한 것이 위헌인지 여부: 적극 [위헌] 06. 입시, 10. 국가직, 12. 법행

국가를 상대로 하는 재산권청구에 관하여는 **가집행선고를 할 수 없다**고 한 것은 재산권과 신속한 재판을 받을 권리의 보장에 있어서 **합리적 이유 없이 소송당사자를 차별하여 국가를 우대**하고 있는 것이므로 **헌법 제11조 제1항에 위반**된다(헌재 1989.1.25, 88헌가7).

6 지방자치단체소유의 공유재산은 시효취득의 대상이 되지 아니한다고 규정한 지방재정법 제74조 제2항을 공유재산 중 잡종재산에 적용하는 것이 헌법에 위반되는지 여부: 적극 [한정위헌] 05. 국회직, 07. 법원직

[1] 지방재정법 제74조 제2항이 같은 법 제72조 제2항에 정한 공유재산 중 잡종재산에 대하여까지 시효취득의 대상이 되지 아니한다고 규정한 것은 사권을 규율하는 법률관계에 있어서는 그 권리주체가 누구냐에 따라 차별대우가 있어서는 아니 되며 비록 지방자치단체라 할지라도 사경제적 작용으로 인한 민사관계에 있어서는 사인과 대등하게 다루어져야 한다는 헌법의 기본원리에 반하고, 공유재산의 사유화로 인한 잠식을 방지하고 그 효율적인 보존을 위한 적정한 수단도 되지 아니하여 법률에 의한 기본권제한에 있어서 비례의 원칙 또는 과잉금지의 원칙에 위배된다.

[2] 지방재정법 제74조 제2항에서 같은 법 제72조 제2항에 정한 잡종재산에 대하여까지 이를 적용하도록 한 것은 평등원칙에 관한 헌법 제11조 제1항, 재산권보장에 관한 헌법 제23조 제1항, 비례의 원칙 또는 과잉금지의 원칙을 정하고 있는 일반적 법률유보에 관한 헌법 제37조 제2항에 위배된다(헌재 1992.10.1, 92헌가6·7).

7 국유잡종재산을 시효취득의 대상에 포함시키지 않는 것이 위헌인지 여부: 적극 [한정위헌]

국유잡종재산은 사경제적 거래의 대상으로서 사적 자치의 원칙에 지배되고 있으므로 시효제도의 적용에 있어서도 동일하게 보아야 하고, **국유잡종재산에 대한 시효취득을 부인**하는 동 규정은 **합리적 근거 없이 국가만을 우대하는 불평등한 규정**으로서 헌법상의 평등의 원칙과 사유재산권보장의 이념 및 과잉금지의 원칙에 반한다(헌재 1991.5.13, 89헌가97).

8 제대군인에 대한 가산점제도가 위헌인지 여부: 적극 [위헌] 07. 법원직

가산점제도는 수많은 여성들의 공직진출 희망에 걸림돌이 되고 있으며, 공무원 채용시험의 경쟁률이 매우 치열하고 합격선도 평균 80점을 훨씬 상회하고 있으며 그 결과 불과 영점 몇 점 차이로 당락이 좌우되고 있는 현실에서 각 과목별 득점에 각 과목별 만점의 5% 또는 3%를 가산함으로써 **합격 여부에 결정적 영향**을 미쳐 가산점을 받지 못하는 사람들을 6급 이하의 공무원 채용에 있어서 실질적으로 거의 배제하는 것과 마찬가지의 결과를 초래하고 있고, 제대군인에 대한 이러한 혜택을 몇 번이고 아무런 제한 없이 부여함으로써 한 사람의 제대군인을 위하여 몇 사람의 비제대군인의 기회가 박탈당할 수 있게 되는 등 차별취급을 통하여 달성하려는 입법목적의 비중에 비하여 차별로 인한 불평등의 효과가 극심하므로 가산점제도는 **차별취급의 비례성을 상실**하고 있다. 그렇다면 가산점제도는 제대군인에 비하여 여성 및 제대

군인이 아닌 남성을 부당한 방법으로 지나치게 차별하는 것으로서 헌법 제11조에 위배되며, 이로 인하여 청구인들의 **평등권이 침해**된다(헌재 1999.12.23, 98헌마363).

9 부부의 자산소득합산과세가 위헌인지 여부: 적극 [위헌]

부부간의 인위적인 자산명의 분산과 같은 가장행위 등은 상속세 및 증여세법상 증여의제규정 등을 통해서 방지할 수 있고, 부부의 공동생활에서 얻어지는 절약가능성을 담세력과 결부시켜 조세의 차이를 두는 것은 타당하지 않으며, 자산소득이 있는 모든 납세의무자 중에서 혼인한 부부가 **혼인하였다는 이유만으로 혼인하지 않은 자산소득자보다 더 많은 조세부담**을 하여 소득을 재분배하도록 강요받는 것은 **부당**하며, 부부자산소득합산과세를 통해서 혼인한 부부에게 가하는 **조세부담의 증가라는 불이익이** 자산소득합산과세를 통하여 달성하는 **사회적 공익보다 크다**고 할 것이므로, 소득세법 제61조 제1항이 자산소득합산과세의 대상이 되는 혼인한 부부를 혼인하지 않은 부부나 독신자에 비하여 차별취급하는 것은 헌법상 정당화되지 아니하기 때문에 헌법 제36조 제1항에 위반된다(헌재 2002.8.29, 2001헌바82).

10 법조경력 15년에 달하지 아니한 변호사의 개업신고 전 2년 이내의 근무지가 속하는 지방법원의 관할구역 안에서는 퇴직한 날로부터 3년간 개업할 수 없도록 변호사 개업지를 제한한 것이 위헌인지 여부: 적극 [위헌]

변호사법 제10조 제2항의 **변호사 개업지제한**은 직업선택의 자유를 제한함에 있어서 **비례의 원칙에 벗어난 것**이고, 합리적인 이유 없이 변호사로 개업하고자 하는 공무원을 차별하고 있으며, 병역의무의 이행을 위하여 군법무관으로 복무한 후 개업하는 경우에는 **병역의무의 이행으로 불이익한 처우**를 받게 되어 헌법 제11조 제1항(평등권), 제15조(직업의 자유), 제37조 제2항(과잉금지의 원칙), 제39조 제2항(병역의무의 이행으로 인한 불이익 처우 금지)에 각 위반된다(헌재 1989.11.20, 89헌가102).

11 국·공립학교 채용시험의 동점자처리에서 국가유공자 등 및 그 유족·가족에게 우선권을 주도록 하는 것이 일반 응시자들의 평등권을 침해하는지 여부: 소극 [기각]

이 사건 동점자처리조항이 추구하는 공익은 국가유공자들이 국가와 민족을 위하여 세운 공훈이나 그들이 감수한 특별한 희생에 대한 보훈과 보상의무에 따른 것이고, 이로써 국민들의 애국심을 함양하고 민주사회의 발전에 기여하고자 하는 것임에 비추어 보면, 달성하고자 하는 공익이 일반 응시자들이 받는 국·공립학교 채용시험 동점자처리에서의 상대적 불이익이라는 사익보다는 크다고 할 것이다. 그러므로 이 사건 동점자처리조항은 일반 응시자들의 평등권을 침해하지 아니한다(헌재 2006.6.29, 2005헌마44).

12 국가공무원 7급 시험에서 기능사자격증에는 가산점을 주지 않고 기사 등급 이상의 자격증에는 가산점을 주도록 한 것이 공무담임권 및 평등권을 침해하는지 여부: 소극 [기각] 06. 입시, 09. 국가직

기능사자격은 국가기술자격법령이 정하는 기술·기능 분야의 자격증 중 가장 낮은 단계의 것으로서 시험응시자격의 제한이 없고, 해당 종목에 관한 숙련기능을 가지고 관련 업무를 수행할 수 있는 능력을 평가하는 데 비하여, 산업기사 이상의 자격은 시험응시자격에 제한이 있고, 해당 종목에 관한 기술기초이론지식 또는 숙련기능을 바탕으로 복합적인 기능업무를 수행할 수 있는 능력 이상을 평가하고, 시험이 더 까다로운 등 차이점이 있다. … 결론적으로 이 사건 조항은 공무원업무의 전문성을 강화하기 위한 입법목적을 달성하기 위한 것으로서 7급 공무원시험에 있어서 임용 희망자의 능력·전문성·적성·품성을 기준으로 하는 능력주의를 벗어난 것이 아니며 입법목적과 수단간의 적정한 비례성을 벗어난 것이라 할 수 없다(헌재 2003.9.25, 2003헌마30).

기출 OX

03 구 소득세법 제61조와 관련하여 부부자산소득합산과세를 통해서 혼인한 부부에게 가하는 조세부담의 증가라는 불이익이 자산소득합산과세를 통하여 달성하는 사회적 공익보다 크다고 할 수 없으므로, 혼인한 부부를 혼인하지 않은 부부나 독신자에 비하여 차별취급하는 것은 헌법에 반하지 않는다. 09. 지방직 ( )

04 공무원시험에서 산업기사 이상의 자격증 소지자에 대하여 가산점을 주고, 기능사자격증 소지자에게는 가산점을 주지 않는 규정은 공무담임권 및 평등권 침해이다. 09. 국가직 ( )

정답 03 × 04 ×

13 복수전공 및 부전공 교원자격증소지자에게 가산점을 부여하는 것이 공무담임권이나 평등권을 침해하는지 여부: 소극 [합헌]

이 사건 복수·부전공 가산점규정은 필기시험에만 의존해서는 교원선발에 있어서 능력주의를 관철하는 데 한계가 있음에 따라 이러한 한계를 극복하고 필기시험으로 검정되지 않는 교원의 능력을 고려한다는 정책적 판단하에 제7차 교육과정의 선택과목 확대에 따른 다양한 교과영역의 교사에 대한 필요 증대에 대응하기 위한 것으로서 그 합리성을 인정할 수 있고, 가산점비율도 다른 가산점비율과 비교하여 형성의 범위를 일탈하였다고 보기 어려우며, 이 사건 복수·부전공 가산점규정의 혜택을 받지 못하는 응시자들에 대한 차별의 효과가 크지 않다. 그리고 이 사건 복수·부전공 가산점규정은 복수·부전공 기이수자들과 이수예정자들의 신뢰를 보호하기 위하여 한시적으로 적용하는 것이라는 점에서 비례의 원칙에 반하여 청구인의 공무담임권이나 평등권을 침해하지 않으므로 헌법에 위반되지 아니한다(헌재 2006.6.29, 2005헌가13).

14 6급 이하 지방공무원의 정년을 57세, 5급 이상 지방공무원의 정년을 60세로 한 지방공무원법 제66조 제1항 제1호가 6급 이하 지방공무원의 평등권을 침해하는지 여부: 소극 [기각]

5급 이상 공무원의 전문성과 업무내용수준 등을 고려할 때, 입법자는 인적 자원을 보다 효율적으로 이용하고자 5급 이상 공무원의 정년을 다른 하위직 공무원보다 길게 한 것이라 볼 수 있다. 한편 3년이라는 양자간의 정년연령 차이는 업무내용의 차이를 고려할 때 지나치게 큰 것이라 볼 수도 없다. 따라서 이 사건 법률조항이 6급 이하 공무원과 5급 이상 공무원을 차별한 것은 합리적 이유가 있으므로 청구인들의 평등권을 침해하지 않는다(헌재 2007.6.28, 2005헌마553).

15 경찰공무원의 정년을 경정 이상은 60세, 경감 이하는 57세로 규정한 경찰공무원법 제24조 제1항 제1호가 평등권을 침해하는지 여부: 소극 [기각]

이 사건 조항은 경정 이상과 경감 이하라는 기준으로 경찰공무원의 정년을 차별하고 있다. 그런데 통상 경정 이상 경찰공무원의 직무는 경감 이하 경찰공무원에 비하여 정책의 결정, 기획 및 관리와 같은 고도의 업무능력이 필요하므로 그 점에서 서로간에는 차이가 존재한다. 이런 점에서 입법자는 경찰공무원의 인적 자원을 보다 효율적으로 이용하고자 경정 이상 경찰공무원의 정년을 다른 하위직 경찰공무원보다 길게 정하고 있는 것이라 이해된다. 또한 양자간의 3년이라는 정년연령의 차이는 그러한 업무능력의 차이성을 고려할 때 지나치게 큰 것이라 보기도 곤란하다. 그렇다면 이 사건 조항은 청구인들의 평등권을 침해한다고 볼 수 없다(헌재 2007.6.28, 2006헌마207).

16 외국인산업기술연수생(이하 '산업연수생'이라 한다)에 대해서만 근로기준법이 보장한 근로기준 중 주요사항을 적용하지 않는 것이 위헌인지 여부: 적극 [위헌] 12. 사시

산업연수생이 연수라는 명목하에 사업주의 지시·감독을 받으면서 사실상 노무를 제공하고 수당 명목의 금품을 수령하는 등 실질적인 근로관계에 있는 경우에도 근로기준법이 보장한 근로기준 중 주요사항을 외국인 산업연수생에 대하여만 적용되지 않도록 하는 것은 합리적인 근거를 찾기 어렵다. 특히 중소기업청 고시에 의하여 사용자의 법준수능력이나 국가의 근로감독능력 등 사업자의 근로기준법준수와 관련된 제반여건이 갖추어진 업체만이 연수업체로 선정될 수 있으므로, 이러한 사업장에서 실질적 근로자인 산업연수생에 대하여 일반 근로자와 달리 근로기준법의 일부 조항의 적용을 배제하는 것은 자의적인 차별이라 아니할 수 없다(헌재 2007.8.30, 2004헌마670).

기출 OX

01 산업연수생이 연수라는 명목 아래 사업주의 지시·감독을 받으면서 사실상 노무를 제공하고 수당 명목의 금품을 수령하는 등 실질적인 근로관계에 있는 경우에도 예규가 근로기준법이 보장한 근로기준 중 주요사항을 외국인 산업연수생에 대하여만 적용되지 않도록 한 것은 평등권을 침해한다. 18. 국회직 ( )

정답 01 ○

17 법무사 사무원의 수를 제한하는 것이 위헌인지 여부: **소극 [기각]** 10. 국가직

법무사의 업무범위와 양, 그동안의 운용실태 등에 비추어 적정하다고 인정되는 정도로 사무원의 수를 제한하는 것은 법무사의 사무원에 대한 실질적 감독을 강화하고 법무사업무의 파행적 운영을 방지함에 있어 유효·적절한 수단 중의 하나임이 분명하고 달리 위 선택이 현저하게 불합리하고 불공정한 것이라고 볼 사정은 없으며, 제한되는 사무원의 수를 5인으로 결정한 것은 대한법무사협회와의 협의를 통하여 법무사의 자율적 의견을 반영한 결과이고 달리 법무사 사무원의 수를 지나치게 적게 제한한 것이라고도 볼 수 없으므로 이 사건 심판대상조항으로 인한 청구인들에 대한 기본권의 제한이 과도한 것이라고 할 수도 없다(헌재 1996.4.25, 95헌마331).

18 교도소에 수용된 때에는 국민건강보험급여를 정지하도록 한 국민건강보험법 제49조 제4호가 수용자의 평등권 등을 침해하는지 여부: **소극 [기각]** 06·12. 법행, 10. 국가직, 12. 법무사

위 조항은 수용자에게 의료급여를 정지함으로써 수용자를 차별하고 있으나, 이는 수용자에 대한 의료보장을 일괄적으로 국가가 부담하도록 하는 것을 전제로 하여 수용자간 의료급여의 형평문제와 구금의 목적실현 등을 고려한 것으로 합리적 이유가 있으므로 평등원칙에 위배되지 않는다(헌재 2005.2.24, 2003헌마31·2004헌마695).

19 국고지원에 있어서 지역가입자와 직장가입자의 차별취급이 평등원칙에 위배되는지 여부: **소극 [기각]** 01. 사시, 08. 국가직

재정통합 후에도 지역가입자에 대해서만 국가가 보험료의 일부를 부담할 수 있도록 규정함으로써 직장가입자와 지역가입자를 달리 취급하고 있다. 그러나 직장가입자에 비하여 지역가입자에는 노인·실업자·퇴직자 등 소득이 없거나 저소득의 주민이 다수 포함되어 있고, 이러한 저소득층 지역가입자에 대하여 국가가 국고지원을 통하여 보험료를 보조하는 것은 경제적·사회적 약자에게도 의료보험의 혜택을 제공하여야 할 사회국가적 의무를 이행하기 위한 것으로서, 국고지원에 있어서의 지역가입자와 직장가입자의 차별취급은 사회국가원리의 관점에서 합리적인 차별에 해당하는 것으로서 평등원칙에 위반되지 아니한다(헌재 2000.6.29, 99헌마289).

20 변호사징계사건에 대하여 법원에 의한 사실심리의 기회를 배제함으로써 징계처분을 다투는 의사·공인회계사 등 다른 전문자격종사자에 비교하여 변호사를 차별대우하는 것이 위헌인지 여부: **적극 [위헌]** 09. 국가직

변호사법 제81조 제4항 내지 제6항은 변호사징계사건에 대하여는 법원에 의한 사실심리의 기회를 배제함으로써 징계처분을 다투는 의사·공인회계사·세무사·건축사 등 다른 전문자격종사자에 비교하여 변호사를 차별대우하고 있는데, 변호사의 자유성·공공성·단체자치성·자율성 등 두드러진 직업적 특성들을 감안하더라도 이러한 차별을 합리화할 정당한 목적이 있다고 할 수 없다(헌재 2000.6.29, 99헌가9).

21 우체국보험에 대한 압류금지규정이 위헌인지 여부: **적극 [헌법불합치]** 08. 법행, 12. 사시, 19. 서울시

이 사건 법률조항은 국가가 운영하는 우체국보험에 가입한다는 사정만으로 일반 보험회사의 인보험에 가입한 경우와는 달리 그 수급권이 사망·장해나 입원 등으로 인하여 발생한 것인지, 만기나 해약으로 발생한 것인지 등에 대한 구별조차 없이 그 전액에 대하여 무조건 압류를 금지하여 우체국보험 가입자를 보호함으로써 우체국보험 가입자의 채권자를 일반 인보험 가입자의 채권자에 비하여 불합리하게 차별취급하는 것이므로, 헌법 제11조 제1항의 평등원칙에 위반된다(헌재 2008.5.29, 2006헌바5).

기출 OX

02 다른 전문직 종사자들과는 달리 법무사에 대하여만 사무원 수를 제한하는 것은 위헌이다. 18. 국회직 8급
( )

03 교도소에 수용된 때에는 국민건강보험급여를 정지하도록 한 것은 위헌이 아니다. 16. 경찰승진 ( )

04 국민건강보험법상 보험료의 국고지원에 있어서 지역가입자와 직장가입자의 차별취급은 사회국가원리의 관점에서 합리적인 차별이 아니므로 평등원칙에 위반된다. 17. 국가직
( )

05 우체국보험금 및 환급금 청구채권 전액에 대하여 무조건 압류를 금지함으로써 우체국보험 가입자의 채권자를 일반 인보험 가입자의 채권자에 비하여 불합리하게 차별취급하는 것은 평등원칙에 위배된다. 19. 서울시
( )

정답 02 × 03 ○ 04 × 05 ○

기출 OX

01 대한민국 국민인 남성에 한하여 병역의무를 부과한 구 병역법 제3조 제1항은 헌법이 특별히 양성평등을 요구하는 경우나 관련 기본권에 중대한 제한을 초래하는 경우의 차별취급을 그 내용으로 하고 있다고 보기 어렵다는 점에서 평등권 침해 여부에 관하여 합리적 이유의 유무를 심사하는 것에 그치는 자의금지원칙에 따른 심사를 한다. 16. 지방직 ( )

22 대한민국 국민인 남자에 한정하여 병역의무를 부과하는 것이 헌법에 위반되는지 여부: **소극 [기각]** 16. 지방직

[1] 구 병역법 제3조 제1항 전문(이하 '이 사건 법률조항'이라 한다)은 헌법 제11조 제1항 후문이 예시하는 차별금지사유 가운데 하나인 '성별'을 기준으로 병역의무를 달리 부과하도록 한 규정이다. 그러나 헌법 제11조 제1항 후문은 불합리한 차별의 금지에 초점이 있는 것이고, 예시한 사유가 있는 경우에 절대적으로 차별을 금지하거나 언제나 엄격한 심사를 요구하는 것은 아니다. 우리 헌법은 '근로', '혼인과 가족생활' 등 인간활동의 주요 부분을 차지하는 영역으로서 성별에 의한 불합리한 차별적 취급을 엄격하게 통제할 필요가 있는 영역에 대하여는 양성평등보호규정(제32조 제4항, 제36조 제1항)을 별도로 두고 있으며, 헌법재판소는 위와 같이 헌법이 특별히 양성평등을 요구하는 경우에는 엄격한 심사기준을 적용하여 왔으나, 이 사건 법률조항은 그에 해당한다고 보기 어렵다. 한편 국방의 의무의 부담 자체는 국가나 공익목적을 위하여 개인이 특별한 희생을 하는 것이라고 할 수 없으므로 관련 기본권에 대한 중대한 제한이 인정된다고 보기도 어렵다. 그 밖에 징집대상자의 범위를 정하는 문제는 그 목적과 성질상 입법자 등의 입법형성권이 매우 광범위하게 인정되어야 하는 영역인 점 등을 고려할 때, 이 사건 법률조항이 평등권을 침해하는지 여부는 **완화된 심사척도에 따라 자의금지원칙 위반 여부에 의하여 판단함**이 상당하다.

[2] 집단으로서의 남자는 집단으로서의 여자에 비하여 보다 전투에 적합한 신체적 능력을 갖추고 있으며, 개개인의 신체적 능력에 기초한 전투적합성을 객관화하여 비교하는 검사체계를 갖추는 것이 현실적으로 어려운 점, 신체적 능력이 뛰어난 여자의 경우에도 월경이나 임신·출산 등으로 인한 신체적 특성상 병력자원으로 투입하기에 부담이 큰 점 등에 비추어 남자만을 징병검사의 대상이 되는 병역의무자로 정한 것이 현저히 자의적인 차별취급이라 보기 어렵다(헌재 2011.6.30, 2010헌마460).

23 사립학교교원 또는 사립학교교원이었던 자가 재직 중의 사유로 금고 이상의 형을 받은 때에는 대통령령이 정하는 바에 의하여 퇴직급여 및 퇴직수당의 일부를 감액하여 지급하도록 한 것이 헌법에 위반되는지 여부: **적극 [헌법불합치]** 19. 국가직

이 사건 법률조항은 사립학교교원이 재직 중의 사유로 인하여 금고 이상의 형을 받은 때에 퇴직급여 및 퇴직수당의 일부를 감액하여 지급하도록 규정하여 퇴직급여에 있어서는 국민연금법상의 사업장가입자에 비하여, 퇴직수당에 있어서는 근로기준법상의 근로자에 비하여 각각 차별대우를 하고 있는데, 이러한 차별은 사립학교교원의 성실근무의 유도라는 입법목적 및 사립학교교직원 연금제도의 사립학교교원의 성실한 재직에 대한 보상이라는 부수적 성격을 감안한다고 하더라도 그 차별에 합리적인 근거를 찾기 어렵다(헌재 2010.7.29, 2008헌가15).

24 '직무와 관련 없는 과실로 인한 경우' 및 '소속 상관의 정당한 직무상의 명령에 따르다가 과실로 인한 경우'를 제외하고 고의범의 경우에는 직무와 관련이 없는 범죄라 할지라도 재직 중의 사유로 금고 이상의 형을 받은 경우, 퇴직급여 등을 감액하도록 규정한 것이 사립학교교원의 평등권 등을 침해하는지 여부: **소극 [합헌]**

[1] 교원의 직무와 관련이 없는 범죄라 할지라도 고의범의 경우에는 교원의 법령준수의무·청렴의무·품위유지의무 등을 위반하는 것으로 볼 수 있으므로 이를 퇴직급여의 감액사유에서 제외하지 아니하더라도 위 헌법불합치결정의 취지에 반한다고 볼 수 없다. 따라서 이 사건 법률조항은 위 헌법불합치결정의 기속력에 저촉된다고 할 수 없다.

정답 01 ○

[2] 사립학교교원 연금제도가 국민연금이나 법정퇴직금과 기본적인 차이가 있는 점, 교원은 일정한 법령준수 및 품위유지의무 등을 지고 있는 점, 이 사건 법률조항은 구 사립학교교원 연금법조항과 달리 교원신분이나 직무와 관련 없는 과실범의 경우에는 감액사유에서 제외하고, 감액의 수준도 국가 및 학교법인 부담분만큼의 급여에 불과하며, 교원범죄를 사전에 예방하고 교직사회의 질서를 유지하는 데 그 목적이 있는 점 등에 비추어 볼 때, 이 사건 법률조항이 교원을 국민연금법상 사업장가입자나 근로기준법상 근로자에 비하여 합리적 이유 없이 차별적 취급을 하고 있다고 단정할 수 없으므로 이 사건 법률조항은 평등원칙에 위배되지 아니한다(헌재 2013.9.26, 2010헌가89).

25 공무원이 재직 중의 사유로 금고 이상의 형을 받은 때에는 대통령령이 정하는 바에 의하여 퇴직급여 및 퇴직수당의 일부를 감액하여 지급하도록 한 것이 평등의 원칙에 위배되는지 여부: **적극 [헌법불합치]** 11. 법행

공무원의 신분이나 직무상 의무와 관련이 없는 범죄의 경우에도 퇴직급여 등을 제한하는 것은 공무원범죄를 예방하고 공무원이 재직 중 성실히 근무하도록 유도하는 **입법목적을 달성하는 데 적합한 수단이라고 볼 수 없다**. 그리고 특히 과실범의 경우에는 공무원이기 때문에 더 강한 주의의무 내지 결과발생에 대한 가중된 비난가능성이 있다고 보기 어려우므로, 퇴직급여 등의 제한이 공무원으로서의 직무상 의무를 위반하지 않도록 유도 또는 강제하는 수단으로서 작용한다고 보기 어렵다. 입법자로서는 입법목적을 달성함에 반드시 필요한 범죄의 유형과 내용 등으로 그 범위를 한정하여 규정함이 최소침해성의 원칙에 따른 기본권제한의 적절한 방식이다. 단지 금고 이상의 형을 받았다는 이유만으로 이미 공직에서 퇴출당할 공무원에게 더 나아가 일률적으로 그 생존의 기초가 될 퇴직급여 등까지 반드시 감액하도록 규정한다면 그 법률조항은 침해되는 사익에 비하여 지나치게 공익만을 강조한 입법이라고 아니할 수 없다. 나아가 이 사건 법률조항은 퇴직급여에 있어서는 국민연금법상의 사업장가입자에 비하여, 퇴직수당에 있어서는 근로기준법상의 근로자에 비하여 각각 차별대우를 하고 있는바, 이는 자의적인 차별에 해당한다(헌재 2007.3.29, 2005헌바33).

26 명예퇴직 공무원이 재직 중의 사유로 금고 이상의 형을 받은 때에는 명예퇴직수당을 필요적으로 환수하도록 한 국가공무원법 제74조의2 제3항 제1호가 재산권을 침해하고 평등원칙에 위배되는지 여부: **소극 [합헌]** 12. 국가직

명예퇴직수당은 예산이 허용하는 범위 내에서 처분권자의 재량에 따라 지급되는 점, 직무와 관련 없는 사유 중에도 법률적·사회적 비난가능성이 큰 범죄가 존재하는 점, 과실범 등과 관련하여서는 형사재판과정에서 해당 사유를 참작한 법관의 양형에 의하여 구체적 부당함이 보정될 수 있는 점, 명예퇴직 희망자가 제출하여야 하는 명예퇴직수당 지급신청서에 금고 이상의 형을 받는 경우에는 명예퇴직수당을 반납하여야 한다고 기재되어 있는 점 등에 비추어 볼 때, 이 사건 법률조항은 피해의 최소성 및 법익균형성을 갖추었다고 할 것이어서 재산권을 침해하지 않는다. 나아가 이 사건 법률조항의 '금고 이상의 형을 받는 사유'에 '직무관련성이 없거나 과실로 인한 범죄로 인한 경우'를 제외한다면, 이러한 경우 금고 이상의 형을 받는 시점이 퇴직 전인지 퇴직 후인지에 따라 명예퇴직수당의 지급 여부가 결정되는 불합리가 발생하게 되는 점을 고려하면, '직무와 관련 없는 사유로 금고 이상의 형을 받은 명예퇴직자'와 '직무와 관련 있는 사유로 금고 이상의 형을 받은 명예퇴직자'를 동등하게 취급하는 데에는 합리적 이유가 있다고 할 것이어서 평등원칙에도 위반되지 않는다(헌재 2010.11.25, 2010헌바93).

기출 OX

02 공무원 또는 공무원이었던 자가 재직 중의 사유로 금고 이상의 형을 받은 때에는 대통령령이 정하는 바에 의하여 퇴직급여 및 퇴직수당의 일부를 감액하여 지급하도록 한 공무원연금법 조항은 평등원칙에 위배되지 않는다. 18. 경찰승진 ( )

정답 02 ×

27 군인 또는 군인이었던 자가 복무 중의 사유로 금고 이상의 형을 받은 때에는 대통령령이 정하는 바에 의하여 퇴직급여 및 퇴직수당의 일부를 감액하여 지급하도록 한 군인연금법 제33조 제1항 제1호가 헌법상 재산권 내지 평등권을 침해하는지 여부: 적극 [헌법불합치]
군인의 신분이나 직무상 의무와 관련이 없는 범죄의 경우에도 퇴직급여 등을 제한하는 것은 군인범죄를 예방하고 군인이 복무 중 성실히 근무하도록 유도하는 입법목적을 달성하는 데 적합한 수단이라고 볼 수 없고, 특히 과실범의 경우에는 퇴직급여 등의 제한이 군인으로서의 직무상 의무를 위반하지 않도록 유도하는 수단으로서 작용한다고 보기 어렵다. 나아가 이 사건 법률조항은 퇴직급여에 있어서는 국민연금법상의 사업장가입자에 비하여, 퇴직수당에 있어서는 근로기준법상의 근로자에 비하여 각각 차별대우를 하고 있는데 그 차별에 합리적인 근거를 인정하기 어렵다. 이와 같이 이 사건 법률조항은 헌법상 재산권을 침해하고 평등의 원칙에 위배되나, 이 사건 법률조항에 대하여 단순위헌결정을 하여 그 효력을 즉시 상실시킬 경우에는 여러 가지 혼란과 부작용이 발생할 우려가 있으므로, 2009.12.31.을 시한으로 입법자가 개정할 때까지 잠정적으로 적용한다(헌재 2009.7.30, 2008헌가1·2009헌바21).

28 중혼의 취소청구권자로 직계존속과 4촌 이내의 방계혈족은 포함하면서도 직계비속을 제외한 것이 평등원칙에 반하여 위헌인지 여부: 적극 [헌법불합치] 13. 국가직
중혼의 취소청구권자를 규정한 민법 제818조(이하 '이 사건 법률조항'이라 함)는 그 취소청구권자로 직계존속과 4촌 이내의 방계혈족을 규정하면서도 직계비속을 제외하였는바, 직계비속을 제외하면서 직계존속만을 취소청구권자로 규정한 것은 가부장적·종법적인 사고에 바탕을 두고 있고, 직계비속이 상속권 등과 관련하여 중혼의 취소청구를 구할 법률적인 이해관계가 직계존속과 4촌 이내의 방계혈족 못지않게 크며, 그 취소청구권자의 하나로 규정된 검사에게 취소청구를 구한다고 하여도 검사로 하여금 직권발동을 촉구하는 것에 지나지 않은 점 등을 고려할 때, 합리적인 이유 없이 직계비속을 차별하고 있어 평등원칙에 위배되는 것으로서 헌법에 위반된다(헌재 2010.7.29, 2009헌가8).

29 행정관서요원과 달리 국제협력요원으로 근무하다가 순직한 경우 국가유공자로 대우하지 않은 것이 위헌인지 여부: 소극 [합헌] 11. 법행, 12. 경찰승진
행정관서요원은 지방병무청장이 국가기관 등으로부터 배정요청을 받아 보충역처분을 받은 병역의무자에 대하여 복무기관 등을 정하여 소집하며, 국제협력요원은 현역병 입영대상자이든지 아니면 보충역대상자이든지 관계없이 자의로 국제협력요원 선발절차에 지원하여 선발되는 경우에만 국제협력요원으로서 봉사활동에 종사할 수 있게 되는데, 위와 같은 점을 종합하면, 국제협력요원을 행정관서요원과 달리 취급하여 국가유공자법에 의한 보상규정을 두고 있지 않은 것이 입법형성권을 벗어난 자의적인 것이라고 할 수 없으므로, 이 사건 조항은 헌법상의 평등권을 침해하지 아니한다(헌재 2010.7.29, 2009헌가13).

30 선택병의원제 및 비급여항목의 도입에 따른 '의료급여수급자'와 '건강보험가입자'를 차별하는 것이 평등권을 침해하는지 여부: 소극 [기각] 13. 법원직, 19. 서울시
의료급여수급자와 건강보험가입자는 사회보장의 한 형태인 의료보장의 대상인 점에서만 공통점이 있다고 할 수 있을 뿐 그 선정방법, 법적 지위, 재원조달방식, 자기기여 여부 등에서는 명확히 구분된다. 따라서 의료급여수급자와 건강보험가입자는 본질적으로 동일한 비교집단이라 보기 어렵고 의료급여수급자를 대상으로 선택병의원제 및 비급여항목 등을 달리 규정하고 있는 것을 두고, 본질적으로 동일한 것을

기출 OX

01 직계존속 및 4촌 이내의 방계혈족에게는 중혼의 취소청구권을 부여하고, 직계비속에게는 중혼의 취소청구권을 부여하지 않은 것은 합리적인 이유가 있으므로 평등의 원칙에 위반되지 않는다. 13. 국가직 ( )

정답 01 ✗

다르게 취급하고 있다고 볼 수는 없으므로 이 사건 개정법령의 규정이 청구인들의 평등권을 침해한다고 볼 수 없다(헌재 2009.11.26, 2007헌마734).

31 국회에 청원을 하려고 하는 자는 의원의 소개를 얻어 청원서를 제출하도록 규정한 국회법 제123조 제1항이 평등권을 침해하는지 여부: **소극 [기각]**

이 사건 법률조항은 입법청원의 절차에 있어 의원의 소개를 요건으로 할 뿐, 의원과 사적 친분이 있는 자를 그렇지 않은 자에 비하여 차별하려는 의도로 만들어진 것이 아니며, 설사 의원의 소개를 얻은 자만이 국회에 청원을 할 수 있고 그렇지 않은 자는 청원을 할 수 없다는 점에서 사실상의 차별이 있다 하더라도, 의원의 소개를 통하여 무책임한 청원을 억제함으로써 효율적인 심사를 제고할 수 있는 점, 의원의 소개를 얻지 못한 민원의 경우에도 국회가 '진정'으로 접수하여 처리하고 있는 점 등에 비추어 이를 자의적이라거나 합리성이 없다고 볼 수 없다(헌재 2012.11.29, 2012헌마330).

32 직계비속이 직계존속을 고소하지 못하도록 한 형사소송법 제224조가 평등권을 침해하는지 여부: **소극 [합헌]** 11. 법행, 12. 국가직

우리는 오랜 세월 동안 유교적 전통을 받아들이고 체화시켜 이는 현재에 이르기까지 일정한 부분 엄연히 우리의 고유한 의식으로 남아 있다. 이러한 측면에서 '효'라는 우리 고유의 전통규범을 수호하기 위하여 비속이 존속을 고소하는 행위의 반윤리성을 억제하고자 이를 제한하는 것은 합리적인 근거가 있는 차별이라고 할 수 있다. 따라서 이 사건 법률조항은 그 차별에 있어서 합리적인 이유가 있으므로, 헌법 제11조 제1항의 평등원칙에 위반되지 아니한다(헌재 2011.2.24, 2008헌바56).

33 친고죄에 있어서 고소취소가 가능한 시기를 제1심 판결선고 전까지로 제한한 형사소송법 제232조 제1항이 평등권을 침해하는지 여부: **소극 [합헌]** 11. 법행

경찰·검찰의 수사단계에서부터 제1심 판결선고 전까지의 기간이 고소인과 피고소인 상호간에 숙고된 합의를 이루어낼 수 없을 만큼 부당하게 짧은 기간이라고 하기 어렵고, 현행형사소송법상 제1·2심이 모두 사실심이기는 하나 제2심은 제1심에 대한 항소심인 이상 두 심급이 근본적으로 동일하다고 볼 수는 없다. 따라서 이 사건 법률조항이 항소심단계에서 고소취소된 사람을 자의적으로 차별하는 것이라고 할 수는 없다(헌재 2011.2.24, 2008헌바40).

34 계속근로기간 1년 미만인 근로자를 퇴직급여 지급대상에서 제외하는 근로자퇴직급여보장법 제4조 제1항 단서 중 '계속근로기간이 1년 미만인 근로자' 부분과 같은 법 제8조 제1항 중 '계속근로기간 1년' 부분이 퇴직근로자를 '계속근로기간이 1년 이상인지 여부'에 따라 차별취급하여 평등권을 침해하는지 여부: **소극 [기각]** 12. 경찰승진

이 사건 법률조항에서 '계속근로기간이 1년 미만인 근로자'를 퇴직급여대상에서 제외하여 '계속근로기간이 1년 이상인 근로자'와 차별취급하는 것은 1년 이상 장기간 근속한 근로자의 공로를 보상하고 업무의 효율성과 생산성의 증대 등을 위하여 장기간 근무를 장려하기 위한 것으로 볼 수 있으며, 입법자가 퇴직급여법의 확대적용을 위한 지속적인 노력을 기울이는 과정에서 한편으로 사용자의 재정적 부담능력 등의 현실적인 측면을 고려하고, 다른 한편으로 퇴직급여제도 이외에 국민연금제도나 실업급여제도 등 퇴직근로자의 생활을 보장하기 위한 다른 사회보장적 제도도 함께 고려하였다고 할 것이다. 따라서 그 차별에 합리적 이유가 있으므로 청구인의 평등권이 침해되었다고 보기 어렵다(헌재 2011.7.28, 2009헌마408).

기출 OX

02 자기 또는 배우자의 직계존속을 고소하지 못하도록 규정한 형사소송법 제224조는 비속을 차별취급하여 평등권을 침해한다. 18. 경찰승진 ( )

03 자기 또는 배우자의 직계존속을 고소하지 못하도록 규정한 형사소송법 조항은 친고죄의 경우든 비친고죄의 경우든 헌법상 보장된 재판절차진술권의 행사에 중대한 제한을 초래한다고 보기는 어려우므로, 완화된 자의심사에 따라 차별에 합리적 이유가 있는지를 따져 보는 것으로 족하다. 20. 경찰승진 ( )

04 친고죄의 고소를 제1심 판결선고 전까지만 취소할 수 있도록 한 것은 항소심에서 고소취소를 받은 피고인의 평등권을 침해한다. 19. 국회직 9급 ( )

05 계속근로기간 1년 미만인 근로자를 퇴직급여 지급대상에서 제외하는 것은 그 차별에 합리적 이유가 있으므로 평등권을 침해하지 않는다. 17. 법행 ( )

정답 02 ✕ 03 ○ 04 ✕ 05 ○

35 가맹사업거래의 공정화에 관한 법률에서 정한 계약해지절차를 거치지 아니한 가맹본부의 가맹계약해지에 대하여 불공정거래행위에 해당하지 않는다고 판단하여 한 공정거래위원회의 무혐의처분이 현저히 정의에 반하는 조사 또는 잘못된 법률의 적용이나 증거판단에 따른 자의적 처분으로서 평등권을 침해하는지 여부: **적극 [인용]**

이 사건 가맹계약해지는 "가맹점사업자에게 2개월 이상의 유예 기간을 두고 계약의 위반사실을 구체적으로 밝히고 이를 시정하지 아니하면 그 계약을 해지한다는 사실을 서면으로 2회 이상 통지하여야 한다."라는 가맹사업법 제14조 제1항 등에서 정하고 있는 계약해지절차를 거치지 아니하였으므로, 가맹사업법 제12조 제1항 제1호 및 가맹사업법 시행령 제13조 제1항 [별표 2] 제1호 다목의 불공정거래행위인 부당한 계약해지에 해당한다. 따라서 이 사건 가맹계약이 기간만료로 종료되었음을 전제로 이 사건 가맹계약해지가 불공정거래행위에 해당하지 아니한다고 한 피청구인의 무혐의처분은 현저히 정의에 반하는 조사 또는 잘못된 법률의 적용, 증거판단에 따른 자의적 처분으로서 청구인의 평등권을 침해한 공권력 행사이다(헌재 2012.2.23, 2010헌마750).

기출 OX
01 A형 혈우병 환자들의 출생시기에 따라 이들에 대한 유전자재조합제제의 요양급여 허용 여부를 달리 취급하는 것은 합리적 근거 없는 차별이다. 13. 국회직 ( )

36 1983.1.1. 이후 출생한 A형 혈우병 환자에 한하여 유전자재조합제제에 대한 요양급여를 인정하는 보건복지가족부 고시 제2010 – 20호 '요양급여의 적용기준 및 방법에 관한 세부사항' 중 관련 조항이 그 이전에 출생한 청구인들의 평등권을 침해하는지 여부: **적극 [위헌]** 13. 국회직

이 사건 고시조항이 수혜자 한정의 기준으로 정한 환자의 출생시기는 그 부모가 언제 혼인하여 임신·출산을 하였는지와 같은 우연한 사정에 기인하는 결과의 차이일 뿐, 이러한 차이로 인하여 A형 혈우병 환자들에 대한 치료제인 유전자재조합제제의 요양급여 필요성이 달라진다고 할 수는 없으므로, A형 혈우병 환자들의 출생시기에 따라 이들에 대한 유전자재조합제제의 요양급여 허용 여부를 달리 취급하는 것은 합리적인 이유가 있는 차별이라고 할 수 없다. 따라서 이 사건 고시조항은 청구인들의 평등권을 침해하는 것이다(헌재 2012.6.27, 2010헌마716).

37 공인회계사시험의 응시자격을 일정 과목에 대하여 일정 학점을 이수한 사람으로 제한하고 있는 공인회계사법 제5조 제3항이 평등권을 침해하는지 여부: **소극 [기각]**

학점이수제도에 대해서는 공인회계사의 전문성 강화라는 정당한 입법목적이 인정되고, 학점이수대상이 공인회계사업무와 밀접한 관련이 있는 과목에 한정되어 있을 뿐 아니라 학점이수요건 충족을 위한 다양한 수단을 마련하고 있으며, 학점이수제도가 대학교육의 정상화 및 국가인력자원 배분의 효율성 증진이라는 공익에 기여하는 측면이 있으므로, 학점이수요건을 갖추지 아니한 사람이 공인회계사시험에 응시하기 위해서는 사전에 별도의 노력을 들여야 한다고 하더라도 이를 가리켜 자의적인 차별취급이라고 할 수는 없다(헌재 2012.11.29, 2011헌마801).

02 대통령령으로 정하는 공공기관 및 공기업으로 하여금 매년 정원의 100분의 3 이상씩 34세 이하의 청년 미취업자를 채용하도록 한 이른바 '청년할당제'는 35세 이상 미취업자들의 평등권, 직업선택의 자유를 침해한다. 19. 5급 공채 ( )

38 공공기관 및 공기업으로 하여금 매년 정원의 3% 이상씩 청년 미취업자를 채용하도록 한 청년고용촉진 특별법 제5조 제1항 및 동법 시행령 제2조 단서(이른바 청년고용할당제)가 평등권을 침해하는지 여부: **소극 [기각]** 16. 지방직

국회와 정부는 공공부문에서나마 청년고용을 늘리기 위하여 불가피하게 이 사건 청년할당제를 도입한 것이다. 청년할당제는 모든 공공기관에 일률적으로 강제되는 것이 아니라 일정 규모 이상의 기관에만 적용되고, 전문적인 자격이나 능력이 맞는 사람을 채용하여야 하는 경우 등 상당한 예외를 두고 있으며, 더욱이 3년간 한시적으로만 시행하도록 하여 혜택을 받지 못하는 연령층에 대한 불이익을 최소화하고 있는바, 피해최소성원칙에 위배된다고 볼 수 없다. 이 사건 청년할당제도는 청구인들의 평등권, 공공기관 취업의 자유를 침해하여 헌법에 위반된다고 볼 수 없다(헌재 2014.8.28, 2013헌마553).

정답 01 ○ 02 ×

39 세종특별자치시의 시장 및 교육감선거는 실시함에도 불구하고 지방의회의원선거는 실시하지 않도록 한 것이 평등권을 침해하는지 여부: 소극 [기각]
세종특별자치시를 신설함에 있어 세종특별자치시에 편입되는 종전 행정구역의 일부를 대표하는 단체장은 나머지 선거구 주민을 대표할 민주적 정당성이 흠결되어 있으므로 그러한 단체장 중 1인을 임의로 정하여 세종특별자치시의 단체장으로 인정하는 것은 불가능한 반면, 세종특별자치시에 편입되는 선거구에서 이미 선출된 지방의회의원에게 세종특별자치시의회의원의 자격을 부여하더라도 민주적 정당성이 문제될 것은 없으므로 세종특별자치시의 시장 및 교육감과 달리 세종특별자치시의회의원선거를 실시하지 아니하기로 한 데에는 합리적인 이유가 있으므로, 이 사건 부칙조항은 평등권을 침해하지 아니한다(헌재 2013.2.28, 2012헌마131).

40 독립유공자의 손자녀 중 1명에게만 보상금을 지급하도록 하면서, 독립유공자의 선순위 자녀의 자녀에 해당하는 손자녀가 2명 이상인 경우에 나이가 많은 손자녀를 우선하도록 규정한 독립유공자예우에 관한 법률 제12조 제2항 등 관련 규정이 평등권을 침해하는지 여부: 적극 [헌법불합치] 14. 법무사
독립유공자의 유족보상금 지급에 있어서는 국가의 재정부담능력이 허락하는 한도에서 보상금 총액을 일정액으로 제한하되 생활 정도에 따라 보상금을 분할해서 지급하는 방법이 가능하며, 보상금 수급권자의 범위를 경제적으로 어려운 자에게 한정하는 방법도 가능함에도 불구하고, 이 사건 심판대상조항이 일률적으로 1명의 손자녀에게만 보상금을 지급하도록 하여 나머지 손자녀들의 생활보호를 외면하는 것은 독립유공자 유족의 생활유지 및 보장을 위한 실질적 보상의 입법취지에 반한다. 이 사건 심판대상조항은 합리적인 이유 없이 상대적으로 나이가 적은 손자녀인 청구인을 차별하여 평등권을 침해한다(헌재 2013.10.24, 2011헌마724).

> 비교판례

1 '독립유공자예우에 관한 법률' 제12조 제2항 제1호 중 '손자녀 1명에 한정하여 보상금을 지급하는 부분' 및 같은 조 제4항 제1호 중 '나이가 많은 손자녀를 우선하는 부분'이 청구인의 평등권을 침해하는지 여부: 소극
헌법불합치 후 법개정으로 '독립유공자예우에 관한 법률' 제12조 제2항 및 제4항은 손자녀의 경우 대통령령이 정하는 생활수준 등을 고려하여 보상금을 선순위자 1명에게 지급하되, 유족간의 협의 내지 부양 기준에 의해서도 같은 순위자가 2명 이상이면 나이가 많은 사람을 우선하도록 규정하였다(헌재 2018.6.28, 2015헌마304).

2 1945년 8월 15일 이후에 사망한 독립유공자의 유족으로 최초로 등록할 당시 자녀까지 모두 사망하거나 생존 자녀가 보상금을 지급받지 못하고 사망한 경우에 한하여 독립유공자의 손자녀 1명에게 보상금을 지급하도록 하는 '독립유공자예우에 관한 법률' 제12조 제2항 제2호가 독립유공자의 사망시기를 기준으로 보상금 지급을 달리하여 청구인의 평등권을 침해하는지 여부: 소극 (헌재 2022.1.27, 2020헌마594)

41 배우자가 그와 함께 다니는 사람 중에서 지정한 1명도 예비후보자의 명함을 직접 주거나 예비후보자에 대한 지지를 호소할 수 있도록 함으로써 배우자 없는 청구인의 평등권 등을 침해하는지 여부: 적극 [위헌] 18. 국가직
결과적으로 배우자가 있는 예비후보자는 배우자 없는 예비후보자에 비하여 독자적으로 선거운동을 할 수 있는 선거운동원 1명을 추가로 지정하는 효과를 누릴 수 있게 되어 헌법 제116조 제1항의 선거운동의 기회균등원칙에도 반한다. 위 법률조항은 예비후보자의 선거운동의 강화에만 치우친 나머지, 배우자의 유무라는 우연적인 사정에 근거하여 합리적 이유 없이 배우자 없는 예비후보자와 배우자 있는 예비후보자를 지나치게 차별취급하여 청구인의 평등권을 침해한다(헌재 2013.11.28, 2011헌마267).

기출 OX

03 지방의회의원은 지방자치법의 목적에 비추어 지방자치단체의 장 및 교육감과 유사한 지위에 있는 선출직 공무원임에도 불구하고, 세종시를 신설하면서 세종시장과 세종시교육감은 선출하고 세종시의회의원은 선출하지 않는 것은, 양자를 합리적 이유 없이 차별하는 것이므로 세종시의회의원이 되고자 하는 자의 평등권을 침해한다. 13. 국가직 ( )

04 독립유공자의 유족 중 나이가 많은 자에게 보상금 지급의 우선순위를 주는 것은, 우리의 문화를 고려한 정당한 차별로서 다른 유족들의 평등권을 침해하지 아니한다. 14. 법무사 ( )

05 예비후보자의 배우자가 함께 다니는 사람 중에서 지정한 자도 선거운동을 위하여 명함교부 및 지지호소를 할 수 있도록 한 공직선거법 관련 조항 중 '배우자' 관련 부분이 배우자가 없는 예비후보자의 평등권을 침해하는 것은 아니다. 14. 국가직 ( )

정답 03 × 04 × 05 ×

기출 OX

01 국회의원은 지방공사 직원의 직을 겸할 수 있지만, 지방의회의원은 지방공사 직원의 직을 겸할 수 없게 하는 것은, 국회의원과 지방의회의원이 본질적으로 동일한 비교집단이 아니므로 불합리한 차별이 아니다. 14. 경찰승진
( )

02 법적으로 승인되지 아니한 사실혼 또한 헌법 제36조 제1항에 규정된 혼인의 보호범위에 포함된다. 18. 지방직
( )

03 사실혼 배우자에게 상속권을 인정하지 않는 민법(1990.1.13. 법률 제4199호로 개정된 것) 제1003조 제1항 중 '배우자' 부분이 상속권에 관하여 사실혼 배우자와 법률혼 배우자를 차별하고 있다고 하더라도, 그러한 취급에는 수긍할 만한 합리적인 이유가 있으므로 이를 두고 자의적인 차별로서 사실혼 배우자의 평등권을 침해한다고 보기는 어렵다. 15. 법무사 ( )

정답 01 ○   02 ×   03 ○

42 지방공무원의 집단행위를 금지하면서 지방의원과 지방자치단체의 장에게는 예외를 인정하는 것이 평등권을 침해하는지 여부: **소극 [합헌]**

오늘날 대의민주주의하에서 선거로 선출되는 지방의회의원이나 지방자치단체장은 자신의 정치적 활동과 업적, 추구하는 정책의 타당성으로 주민을 설득하여 그 직을 획득하고 유지함을 본질로 한다. 따라서 이들의 정치적 견해표명은 자유로워야 하고, 그것이 집단적으로 이루어진다고 하여 금지하는 것은 이 직이 수행하는 직무의 본질에 반한다. 그렇다면 지방의회의원과 지방자치단체장의 경우에만 집단행위를 허용한다고 하더라도 이것이 평등원칙에 위반된다고 보기는 어렵다(헌재 2014.8.28, 2011헌바50).

43 국회의원의 경우 지방공사 직원의 겸직이 허용되는 반면, 지방의회의원의 경우 이 사건 법률조항에 의하여 지방공사 직원의 직을 겸할 수 없는 것이 지방의회의원인 청구인의 평등권을 침해하는지 여부: **소극 [기각]** 13. 국가직

지방공사와 지방자치단체, 지방의회의 관계에 비추어 볼 때, 지방공사 직원의 직을 겸할 수 없도록 함에 있어 지방의회의원과 국회의원은 본질적으로 동일한 비교집단이라고 볼 수 없으므로, 양자를 달리 취급하였다고 할지라도 이것이 지방의회의원인 청구인의 평등권을 침해한 것이라고 할 수는 없다(헌재 2012.4.24, 2010헌마605).

44 교원노조에게 일반 노조나 대학교원단체와 달리 정치활동을 제한하는 것이 평등의 원칙에 위반되는지 여부: **소극 [합헌]**

일반 노조는 정치활동을 제한받지 않음에 비하여, 교원노조는 정치활동이 금지된다. 그런데 교원노조는 교육의 정치적 중립성 요청으로 인하여 그 업무와 활동에 있어서 강하게 정치적 중립을 요구받을 수밖에 없으므로 일반 노조와 달리 정치활동을 제한하더라도 이것이 불합리한 차별이라고 볼 수는 없다.

한편 이 사건 교원노조와는 달리 대학교원단체의 경우에는 정치활동에 관하여 제한이 없다. 그런데 대학교육의 교육대상은 교원의 정치적 경향성에 별다른 영향을 받지 아니하는 판단능력과 책임능력을 갖춘 대학생이라는 점에서 교원의 정치적 경향성에 민감하게 영향을 받는 초·중등학생을 교육하는 교원노조에 대해서만 정치활동을 금지한다고 하여 이것이 불합리한 차별이라고 볼 수는 없다(헌재 2014.8.28, 2011헌바32 등).

45 사실혼 배우자에게 상속권을 인정하지 않는 민법 제1003조 제1항 중 '배우자' 부분이 사실혼 배우자의 평등권을 침해하는지 여부: **소극 [합헌]**

법률혼주의를 채택한 취지에 비추어 볼 때 제3자에게 영향을 미쳐 명확성과 획일성이 요청되는 상속과 같은 법률관계에서는 사실혼을 법률혼과 동일하게 취급할 수 없는 점 등을 고려하면, 이 사건 법률조항이 청구인의 평등권을 침해한다고 보기 어렵다. 아울러 법적으로 승인되지 아니한 사실혼은 헌법 제36조 제1항의 보호범위에 포함되지 아니하므로, 이 사건 법률조항은 헌법 제36조 제1항에 위반되지 않는다(헌재 2014.8.28, 2013헌바119).

46 형법조항의 구성요건 이외에 별도의 가중적 구성요건표지를 규정하지 않고 형법 제207조(통화위조죄)에 규정된 죄를 범한 사람은 사형, 무기 또는 5년 이상의 징역에 처하는 특정범죄 가중처벌 등에 관한 법률 제10조가 형벌체계상의 정당성과 균형을 상실하여 인간의 존엄과 가치를 보장하는 헌법원리 및 평등원칙에 위반되는지 여부: **적극 [위헌]**

심판대상조항은 이 사건 형법조항과 똑같은 구성요건을 규정하면서 법정형의 상한에 '사형'을 추가하고 하한을 2년에서 5년으로 올려놓았다. 이러한 경우 검사는 심판

대상조항을 적용하여 기소하는 것이 특별법우선의 법리에 부합할 것이나, 이 사건 형법조항을 적용하여 기소할 수도 있으므로 어느 법률조항이 적용되는지에 따라 심각한 형의 불균형이 초래된다. 심판대상조항은 이 사건 형법조항의 구성요건 이외에 별도의 가중적 구성요건표지 없이 법적용을 오로지 검사의 기소재량에만 맡기고 있어 법집행기관 스스로도 혼란을 겪을 수 있고, 수사과정에서 악용될 소지도 있다. 따라서 심판대상조항은 형벌체계상의 균형을 잃은 것이 명백하므로 평등원칙에 위반된다(헌재 2014.11.27, 2014헌가11·2014헌바224).

47 형법상의 범죄와 똑같은 구성요건을 규정하면서 법정형만 상향 조정한 특정범죄 가중처벌 등에 관한 법률 제5조의4 제1항 중 형법 제329조에 관한 부분 등이 헌법에 위반되는지 여부: 적극 [위헌]

심판대상조항은 별도의 가중적 구성요건표지를 규정하지 않은 채 형법조항과 똑같은 구성요건을 규정하면서 법정형만 상향 조정하여 어느 조항으로 기소하는지에 따라 벌금형의 선고 여부가 결정되고, 선고형에 있어서도 심각한 형의 불균형을 초래하게 함으로써 형사특별법으로서 갖추어야 할 형벌체계상의 정당성과 균형을 잃어 인간의 존엄성과 가치를 보장하는 헌법의 기본원리에 위배될 뿐만 아니라 그 내용에 있어서도 평등원칙에 위반되어 위헌이다(헌재 2015.2.26, 2014헌가16 등).

48 직업군인과 단기복무군인 중 여성에게만 육아휴직을 허용하는 것이 의무복무군인인 남성 단기복무장교의 평등권을 침해하는지 여부: 소극 [기각]

[1] 장교를 포함한 남성 단기복무군인은 병역법상의 병역의무 이행을 위하여 한정된 기간 동안만 복무하는 데 반하여 직업군인은 군인을 직업으로 선택하여 상대적으로 장기간 복무한다는 점에서 중요한 차이가 있으므로, 입법자가 그와 같은 복무형태의 차이 및 육아휴직신청권이 가지는 근로자로서의 권리성, 제도의 전면적 실시에 따른 국가부담의 증가, 의무복무군인 사이의 형평성, 국방력의 유지 등 국가가 추구하는 다른 정책적 목표를 고려하여 육아휴직의 적용대상으로부터 의무복무 중인 단기장교를 제외한 것이 입법재량의 범위를 벗어났다거나 의무복무군인인 남성 단기복무장교의 평등권을 침해한다고 볼 수 없다.

[2] 병역의무를 이행하고 있는 남성 단기복무군인과 달리 장교를 포함한 여성 단기복무 군인은 지원에 의하여 직업으로서 군인을 선택한 것이므로, 이 사건 법률조항이 육아휴직과 관련하여 단기복무군인 중 남성과 여성을 차별하는 것은 성별에 근거한 차별이 아니라 의무복무군인과 직업군인이라는 복무형태에 따른 차별로 봄이 타당하다(헌재 2008.10.30, 2005헌마1156).

49 금고 이상의 실형을 선고받고 그 집행이 끝나거나 집행이 면제된 날로부터 3년이 지나지 아니한 사람은 행정사가 될 수 없다고 규정한 행정사법 제6조 제3호가 평등권을 침해하는지 여부: 소극 [기각]

금고 이상 실형의 선고를 받은 자의 자격취득가능성을 영원히 박탈하는 것이 아니라 형의 집행이 끝나거나 면제 후 3년이 경과할 때까지만 행정사가 될 수 없도록 규정함으로써 제한되는 사익이 행정사에 대한 국민의 신뢰 획득, 행정사 업무의 공정성 확보라는 이 사건 법률조항이 달성하려는 공익에 비하여 크다고 할 수 없어 법익의 균형성도 갖추었다.

이 사건 법률조항이 행정사의 업무 특성을 고려하여 그 결격사유를 금고 이상의 실형을 선고받더라도 자격취득은 가능하지만 사무소 개설등록만 할 수 없는 공인중개사나 업무와 관련한 불법행위로 등록취소가 되지 않는 한 자격취득 자체에는 특별한 제한을 두지 않는 국가기술자격 소지자와 같이 상대적으로 낮은 수준의 공정성

기출 OX

04 형법상의 범죄와 똑같은 구성요건을 규정하면서 법정형만을 상향 조정한 특정범죄 가중처벌 등에 관한 법률 규정에 대한 결정은 평등원칙에 위반된다. 15. 국회직 9급 ( )

05 단기복무군인 중 여성에게만 육아휴직을 허용하는 것은 성별에 의한 차별로 볼 수 없다. 15. 경찰승진 ( )

06 금고 이상의 실형을 선고받고 그 집행이 끝나거나 집행이 면제된 날로부터 3년이 지나지 아니한 사람은 행정사가 될 수 없다고 규정한 것은 그 결격사유를 공인중개사나 다른 국가자격 직역에 비해 합리적인 이유 없이 엄격하게 규정한 것으로 평등권을 침해하는 것이다. 15. 법무사 ( )

정답 04 ○ 05 ○ 06 ×

및 신뢰성을 요구하는 다른 국가자격 직역에 비하여 다소 엄격하게 규정하고 있는 것은 합리적인 이유가 있는 것이므로, 청구인의 평등권을 침해하지 아니한다(헌재 2015.3.26, 2013헌마131).

50 모집정원의 70%를 임직원 자녀 전형으로 선발하고 10%만을 일반전형으로 선발하는 내용의 충남○○고 입학전형요강을 피청구인 충청남도 교육감이 승인한 것이 청구인들의 평등권을 침해하는지 여부: **소극 [기각]** 16. 국가직

자율형 사립고등학교(이하 '자사고'라 한다)는 학교의 설립에서부터 운영에 이르기까지 국가와 지방자치단체로부터 재정적으로 독립되어 있어서 일반 사립고등학교에 비하여 더 폭넓은 자율권을 향유하며, 특히 기업형 자사고는 기업복지를 실현하여 생산성을 향상시키고 기업 주변의 정주환경을 개선하여서 우수 인재를 유치하는 데에 주요 목적이 있으므로, 임직원 자녀에게 더 많은 진학의 기회를 부여하는 것은 기업형 자사고제도를 도입한 취지에 부합하며, 법이 허용하는 범위 내에서 사립학교가 자율적으로 학생선발권을 행사하는 것에 불과하다.
따라서 이 사건 입학전형요강은 충남○○고가 기업형 자사고라는 특성에 기인한 것으로서 합리적인 이유가 있으므로, 피청구인의 이 사건 승인처분이 지나치게 자의적이어서 청구인들을 불합리하게 차별한 것이라고 볼 수 없다(헌재 2015.11.26, 2014헌마145).

51 애국지사 본인과 순국선열의 유족은 본질적으로 다른 집단이므로, 구 독립유공자예우에 관한 법률 시행령조항이 같은 서훈등급임에도 순국선열의 유족보다 애국지사 본인에게 높은 보상금 지급액 기준을 두고 있는 것이 곧 순국선열의 유족의 평등권이 침해되었다고 볼 수 있는지 여부: **소극** 19. 지방직

독립유공자의 유족에 대하여 국가가 독립유공자법에 의한 보상을 하는 것은 유족 그 자신이 조국의 자주독립을 위하여 직접 공헌하고 희생하였기 때문이 아니라, 독립유공자의 공헌과 희생에 대한 보은과 예우로서 그와 한가족을 이루고 가족공동체로서 함께 살아온 그 유족에 대하여서도 그에 상응한 예우를 하기 위함이다. 애국지사 본인과 순국선열의 유족은 본질적으로 다른 집단이므로, 같은 서훈등급임에도 순국선열의 유족보다 애국지사 본인에게 높은 보상금 지급액 기준을 두고 있다 하여 곧 청구인의 평등권이 침해되었다고 볼 수 없다(헌재 2018.1.25, 2016헌마319).

52 '농어촌 등 보건의료를 위한 특별조치법'이 시행되기 이전에 공중보건의사로 복무한 사람이 사립학교 교직원으로 임용된 경우, 공중보건의사로 복무한 기간을 사립학교 교직원 재직기간에 산입하도록 규정하지 아니한 '사립학교 교직원 연금법' 제31조 제2항이 평등원칙에 위반되는지 여부: **적극 [헌법불합치]**

군의관으로 복무함에 따라 군인연금법의 적용을 받게 되어 이후 사립학교 교직원으로 임용되었을 때 그 복무기간을 재직기간에 합산할 수 있는 사람, 현역병 등으로 복무함에 따라 심판대상조항에 의하여 그 복무기간을 재직기간에 산입할 수 있는 사람과 달리, 공중보건의사로 복무한 사람은 그 복무기간을 재직기간에 반영할 방법이 없다. 심판대상조항이 현역병 등으로 병역의무를 이행한 사람과 달리 1991년 개정 농어촌의료법이 시행되기 전에 공중보건의사로 복무한 사람에 대하여 그 복무기간을 재직기간에 산입할 수 없도록 한 것은 합리적인 이유가 없는 차별이라고 할 것이고, 따라서 심판대상조항은 평등원칙에 위반된다(헌재 2016.2.25, 2015헌가15).

기출 OX

01 애국지사 본인과 순국선열의 유족은 본질적으로 다른 집단이므로, 구 독립유공자예우에 관한 법률 시행령조항이 같은 서훈등급임에도 순국선열의 유족보다 애국지사 본인에게 높은 보상금 지급액 기준을 두고 있다 하여 곧 순국선열의 유족의 평등권이 침해되었다고 볼 수 없다. 19. 지방직
( )

정답 01 ○

53 치과전문의 자격 인정 요건으로 '외국의 의료기관에서 치과의사전문의 과정을 이수한 사람'을 포함하지 아니한 '치과의사전문의의 수련 및 자격 인정 등에 관한 규정 제18조 제1항'이 평등권을 침해하는지 여부: 적극 [헌법불합치]

[1] 직업수행의 자유 침해 여부

외국의 의료기관에서 치과전문의 과정을 이수한 사람에 대하여 그 외국의 치과전문의 과정에 대한 인정절차를 거치거나, 치과전문의 자격시험에 앞서 예비시험제도를 두는 등 직업의 자유를 덜 제한하는 방법으로도 입법목적을 달성할 수 있고, 이미 국내에서 치과의사면허를 취득하고 외국의 의료기관에서 치과전문의 과정을 이수한 사람들에게 다시 국내에서 1년의 인턴과 3년의 레지던트 과정을 다시 이수할 것을 요구하는 것은 지나친 부담을 지우는 것이므로, 심판대상조항은 침해의 최소성원칙에 위반되고 법익의 균형성도 충족하지 못하였다.

[2] 평등권 침해 여부

1976년부터 2003년까지 의사전문의와 치과전문의를 함께 규율하던 구 전문의규정은 의사전문의 자격 인정 요건과 치과전문의 자격 인정 요건에 대하여 동일하게 규정하였던 점이나, 의사전문의와 치과전문의 모두 환자의 치료를 위한 전문성을 필요로 한다는 점을 감안하면 치과전문의 자격 인정 요건을 의사전문의의 경우와 다르게 규정할 특별한 사정이 있다고 보기도 어렵다. 따라서 이 사건 심판대상조항은 청구인들의 평등권을 침해한다(헌재 2015.9.24, 2013헌마197).

54 흉기 기타 위험한 물건을 휴대하여 형법상 '상해죄'를 범한 사람을 가중처벌하는 '폭력행위 등 처벌에 관한 법률'(이하 '폭처법'이라 한다) 제3조 제1항 부분이 헌법에 위반되는지 여부: 소극 [합헌]

상해치사나 심판대상조항의 상해 모두 살인의 고의가 없다는 점은 동일하고, 흉기 기타 위험한 물건을 휴대하지 아니하고 범한 상해행위에 비하여 흉기 기타 위험한 물건을 휴대하여 범한 상해행위가 행위태양의 위험성은 더 크므로, 상해치사죄와 위험한 물건 휴대 상해죄간의 불법성의 경중은 일반적으로 우열을 가리기 곤란하다. 따라서 심판대상조항이 상해치사죄와 법정형의 하한을 동일하게 정하고 있다고 하더라도, 그것이 위헌으로 선언될 만큼 형벌체계상의 균형을 잃은 자의적인 입법이라거나 평등원칙에 반하는 것이라고 볼 수 없다(헌재 2015.9.24, 2014헌가1).

55 흉기 기타 위험한 물건을 휴대하여 형법상 폭행죄, 협박죄, 재물손괴죄를 범한 사람을 가중처벌하는 '폭력행위 등 처벌에 관한 법률' 제3조 제1항 부분이 형벌체계상의 균형을 상실하여 평등원칙에 반하는지 여부: 적극 [위헌]

형법 제261조(특수폭행), 제284조(특수협박), 제369조(특수손괴)(이하 모두 합하여 '형법조항들'이라 한다)는 위험한 물건을 휴대하여 형법상의 폭행죄, 협박죄, 재물손괴죄를 범한 사람에 대한 가중처벌을 규정하고 있는데, 그 법정형이 각각 5년 이하의 징역 또는 1천만원 이하의 벌금, 7년 이하의 징역 또는 1천만원 이하의 벌금, 5년 이하의 징역 또는 1천만원 이하의 벌금이다. 심판대상조항은 흉기 기타 위험한 물건을 휴대하여 형법상의 폭행죄, 협박죄, 재물손괴죄를 범한 사람에 대하여 1년 이상의 유기징역형에 처한다고 규정하고 있다. … 형법조항들과 똑같은 구성요건을 규정하면서 법정형만 상향 조정한 심판대상조항은 형벌체계상의 정당성과 균형을 잃은 것이 명백하므로, 인간의 존엄성과 가치를 보장하는 헌법의 기본원리에 위배될 뿐만 아니라 그 내용에 있어서도 평등원칙에 위반된다(헌재 2015.9.24, 2015헌가3 등).

기출 OX

02 치과전문의 자격 인정 요건으로 '외국의 의료기관에서 치과의사전문의 과정을 이수한 사람'을 포함하지 아니한 것은 외국의 의료기관에서 레지던트 등 소정의 치과전문의 과정을 이수한 자를 자의적으로 차별함으로써 평등권을 침해한다. 20. 5급 공채
( )

정답 02 ○

기출 OX

01 야간에 흉기 기타 위험한 물건을 휴대하여 협박의 죄를 범한 자를 상해를 가한 자 또는 체포·감금, 갈취한 자와 동일하게 5년 이상의 유기징역에 처하도록 규정한 폭력행위 등 처벌에 관한 법률은 평등원칙에 위배된다. 09. 법행 ( )

✎ • 비례의 원칙에도 위반된다. ⇨ 형사법상 책임원칙은 기본권의 최고이념인 인간의 존엄과 가치에 근거한 것으로, 형벌은 범행의 경중과 행위자의 책임, 즉 형벌 사이에 비례성을 갖추어야 함을 의미한다.
• 야간에 흉기 기타 위험한 물건을 휴대하여 형법 제283조 제1항(협박)의 죄를 범한 자를 5년 이상의 유기징역에 처하도록 규정한 폭력행위 등 처벌에 관한 법률(1990.12.31. 법률 제4294호로 개정된 것) 제3조 제2항 부분은 형벌과 책임간의 비례성원칙에 위배되어 헌법에 위반된다. 05. 법행

02 대일항쟁기 강제동원 피해조사 및 국외강제동원 희생자 등 지원에 관한 특별법은 국민이 부담하는 세금을 재원으로 하여 국외강제동원 희생자와 그 유족에게 위로금 등을 지급함으로써 그들의 고통과 희생을 위로해 주기 위한 법으로서 국가가 유족에게 일방적인 시혜를 베푸는 것이므로, 그 수혜 범위에서 외국인 유족을 배제하고 대한민국 국민인 유족만을 대상으로 한 것은 평등원칙에 위배되지 않는다. 19. 국회직 ( )

03 외국인근로자의 출국만기보험금은 근로자의 퇴직 후 생계 보호를 위한 퇴직금의 성격을 가지는 점, 내국인근로자는 관계법령상 퇴직한 때부터 14일 이내에 퇴직금을 받을 수 있는 점을 고려하면, 외국인근로자의 출국만기보험금을 출국 후 14일 이내에 지급하도록 한 외국인근로자의 고용 등에 관한 법률 조항은 근로의 권리와 평등권을 침해한다. 19. 법행 ( )

04 공무원의 초임호봉 획정에 인정되는 경력과 관련하여, 현역병 및 사회복무요원과 달리 산업기능요원의 경력을 제외하도록 한 것은 평등권을 침해한다. 17. 지방직 ( )

정답 01 ○ 02 ○ 03 × 04 ×

---

56 야간에 한 흉기휴대 '협박'에 대한 가중처벌이 위헌인지 여부: 적극 [위헌] 06. 사시

상해치사의 범죄를 야간에 흉기 기타 물건을 휴대하여 범한 경우에도 그 법정형은 여전히 3년 이상의 유기징역형임을 고려하면, 야간에 흉기 기타 위험한 물건을 휴대하여 형법 제283조 제1항의 협박죄를 범한 자를 5년 이상의 유기징역에 처하도록 규정하고 있는 이 사건 법률조항의 법정형은 형벌의 체계정당성에 어긋난다. 또한 이것은 달리 취급하여야 할 것을 명백히 자의적으로 동일하게 취급한 결과로서, 형벌체계상의 균형성을 현저히 상실하여 평등원칙에도 위배된다(헌재 2004.12.16, 2003헌가12).

57 대한민국 국적을 갖고 있지 아니한 국외강제동원 희생자의 유족을 위로금 지급대상에서 제외한다고 규정한 '대일항쟁기 강제동원 피해조사 및 국외강제동원 희생자 등 지원에 관한 특별법' 제7조 제4호 등이 위헌인지 여부: 소극 [합헌]

국외강제동원자지원법은 국민이 부담하는 세금을 재원으로 하여 국외강제동원 희생자와 그 유족에게 시혜를 베푸는 것이므로, 그 수혜 범위에서 외국인인 유족을 배제하고 대한민국 국민인 유족만을 대상으로 한 것이다. 따라서 청구인과 같이 자발적으로 외국 국적을 취득하여 결과적으로 대한민국 국민으로서의 법적 지위와 권리·의무를 스스로 포기한 유족을 위로금 지급 대상에서 제외하였다고 하여 이를 현저히 자의적이거나 불합리한 것으로서 평등원칙에 반한다고 볼 수 없다(헌재 2015.12.23, 2011헌바139).

58 고용 허가를 받아 국내에 입국한 외국인근로자의 출국만기보험금을 출국 후 14일 이내에 지급하도록 한 '외국인근로자의 고용 등에 관한 법률' 제13조 제3항 중 '피보험자 등이 출국한 때부터 14일 이내' 부분이 청구인들의 평등권을 침해하는지 여부: 소극 [기각]

외국인근로자의 경우 체류기간 만료가 퇴직과 직결되고, 체류기간이 만료되면 출국한다는 것을 전제로 고용허가를 받았다는 점에서 출국만기보험금의 지급시기를 출국 후 14일 이내로 정한 것이 근로자퇴직급여 보장법이나 근로기준법상의 퇴직금 지급시기와 다르게 정한 것이라고 보기 어렵다. 즉, 심판대상조항은 고용허가를 받아 국내에 들어온 외국인근로자의 특수한 지위에서 기인하는 것이므로, 심판대상조항이 외국인근로자에 대하여 내국인근로자와 달리 규정하였다고 하여 청구인들의 평등권을 침해한다고 볼 수 없다(헌재 2016.3.31, 2014헌마367).

✎ 근로의 권리도 침해하지 않는다. ⇨ 출국만기보험금이 근로자의 퇴직 후 생계 보호를 위한 퇴직금의 성격을 가진다고 하더라도 불법체류가 초래하는 여러 가지 문제를 고려할 때 불법체류 방지를 위해 그 지급시기를 출국과 연계시키는 것은 불가피하므로 심판대상조항이 청구인들의 근로의 권리를 침해한다고 보기 어렵다.

59 현역병 및 사회복무요원과 달리 공무원의 초임호봉 획정에 인정되는 경력에 산업기능요원의 경력을 제외하도록 한 공무원보수규정 제8조 제2항 중 [별표 15]에 따른 [별표 16] 제1호 가목 본문 가운데 산업기능요원의 경력을 제외하는 부분이 산업기능요원인 청구인의 평등권을 침해하는지 여부: 소극 [기각]

사회복무요원은 공익 수행을 목적으로 한 제도로 그 직무가 공무수행으로 인정되고, 본인의사에 관계없이 소집되며 현역병에 준하는 최소한의 보수만 지급됨에 반하여, 산업기능요원은 국가산업 육성을 목적으로 한 제도로 그 직무가 공무수행으로 인정되지 아니하고, 본인의사에 따라 편입 가능하며 근로기준법 및 최저임금법의 적용을 받는다.

심판대상조항은 이와 같은 실질적 차이를 고려하여 상대적으로 열악한 환경에서 병역의무를 이행한 것으로 평가되는 현역병 및 사회복무요원의 공로를 보상하도록 한 것으로 산업기능요원과의 차별취급에 합리적 이유가 있으므로, 청구인의 평등권을 침해하지 아니한다(헌재 2016.6.30, 2014헌마192).

60 '수사가 진행 중이거나 형사재판이 계속 중이었다가 그 사유가 소멸한 경우'에는 잔여 퇴직급여 등에 대하여 이자를 가산하는 규정을 두면서, '재심으로 무죄판결을 받아 그 사유가 소멸한 경우'에는 이자 가산 규정을 두지 않은 군인연금법 제33조 제2항이 평등원칙에 위반되는지 여부: 적극 [헌법불합치]

'금고 이상의 형을 받았다가 재심으로 무죄판결을 받은 사람'은 군 복무 중 급여제한사유에 해당함이 없이 직무상 의무를 다한 성실한 군인이라는 점에서 '수사 중이거나 형사재판 계속 중이었다가 불기소처분 등을 받은 사람'과 차이가 없다. 단지 전자는 '당해 형사절차에서는 금고 이상의 형이 확정되었다가 사후에 이에 해당하지 아니함이 밝혀진 사람'인 데 반하여, 후자는 '당해 형사절차에서 금고 이상의 형에 해당하는 범죄를 저지르지 않았다는 사실이 밝혀진 사람'이라는 점에서 차이가 있을 뿐이다. 그러나 급여제한사유에 해당하지 않는 사람임이 뒤늦게라도 밝혀졌다면, 수사 중이거나 형사재판 계속 중이어서 잠정적·일시적으로 지급을 유보하였던 경우인지, 아니면 당해 형사절차가 종료되어 확정적으로 지급을 제한하였던 경우인지에 따라 잔여 퇴직급여에 대한 이자 가산 여부를 달리 할 이유가 없다. 이러한 점들을 종합하면, 잔여 퇴직급여에 대한 이자 지급 여부에 있어 양자를 달리 취급하는 것은 합리적 이유 없는 차별로서 평등원칙에 위반된다(헌재 2016.7.28, 2015헌바20).

61 공무상 질병 또는 부상으로 인하여 퇴직 후 장애 상태가 확정된 군인에게 상이연금을 지급하도록 한 개정된 군인연금법 제23조 제1항을 개정법 시행일 이후부터 적용하도록 한 군인연금법 부칙 중 구 군인연금법 제23조 제1항에 관한 부분 및 군인연금법 부칙 제1조 중 군인연금법 제23조 제1항에 관한 부분이 평등원칙에 위반되는지 여부: 적극 [헌법불합치]

퇴직 후 신법 조항 시행일 전에 장애 상태가 확정된 군인을 보호하기 위한 최소한의 조치도 하지 않은 것은 그 차별이 군인연금기금의 재정상황 등 실무적 여건이나 경제상황 등을 고려한 것이라고 하더라도, 그 차별을 정당화할 만한 합리적인 이유가 있는 것으로 보기 어렵다. 따라서 심판대상조항은 헌법상 평등원칙에 위반된다(헌재 2016.12.29, 2015헌바208).

62 대학·산업대학 또는 전문대학에서 의무기록사 면허에 관한 학문을 전공한 사람에 대해서만 의무기록사 국가시험에 응시할 수 있도록 하고, 사이버대학에서 같은 학문을 전공하는 경우 의무기록사 국가시험에 응시할 수 없도록 한 '의료기사 등에 관한 법률' 제4조 제1항 제1호가 평등권을 침해하는지 여부: 소극 [기각]

[1] 청구인 대학교(사이버대학)의 청구

사이버대학은 사립학교법 및 고등교육법을 근거로 설립된 교육시설에 불과하여 헌법소원심판을 제기할 청구인능력이 없다.

[2] 청구인 대학생의 평등권을 침해하는지 여부: 소극

현재 사이버대학의 수업은 원격수업이 원칙이고, 출석수업은 수업의 20% 이내로 제한되고 있다. 이러한 현실에서 사이버대학에서 의무기록사로서의 역량을 갖추기 위한 효과적인 실습·실기수업이 충분히 담보될 것이라고 기대하기 어렵다. 의무기록사로서의 지식과 역량은 고등교육기관에서 그 직무에 관한 충실한 교육·실습을 받을 것, 그리고 국가시험에 합격할 것이라는 두 가지 요건이 모두 갖추어졌을 때 비로소 담보될 수 있다. 따라서 대학·산업대학·전문대학에서 의무기록사 관련 학문을 전공한 사람과 달리 사이버대학에서 같은 학문을 전공한 청구인이 의무기록사 국가시험에 응시할 수 없도록 한 심판대상조항은 청구인의 평등권을 침해하지 않는다(헌재 2016.10.27, 2014헌마1037).

기출 OX

05 '수사가 진행 중이거나 형사재판이 계속 중이었다가 그 사유가 소멸한 경우'에는 잔여 퇴직급여 등에 대해 이자를 가산하는 규정을 두면서, '형이 확정되었다가 그 사유가 소멸한 경우'에는 이자 가산 규정을 두지 않은 군인연금법 제33조 제2항은 평등원칙을 위반한다. 17. 경찰승진 ( )

06 공무상 질병 또는 부상으로 인하여 퇴직 후 장애 상태가 확정된 군인에게 상이연금을 지급하도록 한 개정된 군인연금법 제23조 제1항을 개정법 시행일 이후부터 적용하도록 한 군인연금법조항은 평등원칙에 위반된다. 18. 경찰승진 ( )

정답 05 ○ 06 ○

63 폭력행위 등 처벌에 관한 법률 위반(집단·흉기 등 상해)죄를 국민참여재판 대상에서 제외한 '국민의 형사재판 참여에 관한 법률' 제5조 제1항 제1호 중 구 법원조직법 제32조 제1항 제3호 다목(이하 '심판대상조항'이라 한다)이 평등권을 침해하는지 여부: 소극 [합헌]

법원조직법은 원칙적으로 형사사건에서 지방법원의 심판권은 단독판사가 행하도록 하면서 법정형이 중한 사건은 합의부의 심판권에 속하도록 하였는데, 다만, 구 법원조직법 제32조 제1항 제3호 다목은 '폭력행위 등 처벌에 관한 법률' 중 폭행·상해죄를 가중하는 범죄에 해당하는 사건들을 사건의 난이도나 중요도에 비추어 법정형이 중함에도 불구하고 단독판사의 관할로 정한 점, 단독판사 관할 사건들 중에서 사실관계나 쟁점이 복잡한 사건, 사회에 미치는 영향이 중대한 사건 등에 대하여는 재정합의 결정에 따라 합의부 관할이 되는 점 등에 비추어 보면, 심판대상조항이 폭력행위 등 처벌에 관한 법률 위반죄로 재판받는 청구인을 합의부 관할사건으로 재판받는 피고인과 다르게 취급하는 것에는 합리적인 이유가 있다. 따라서 심판대상조항은 청구인의 평등권을 침해하지 아니한다(헌재 2016.12.29, 2015헌바63).

64 공기업의 직원을 형법상 뇌물죄를 적용함에 있어 공무원으로 의제하는 구 '공공기관의 운영에 관한 법률' 제53조 중 '공기업의 직원'에 관한 부분이 평등원칙에 위배되는지 여부: 소극 [합헌]

공공성이 있는 기관 또는 단체의 경우 어느 범위의 직원까지 형법상 뇌물죄를 적용하는 데 있어서 공무원으로 의제할지 여부는 상당한 입법재량이 인정되는 영역이다. 특가법만 적용되는 기관에 대해서는 과장대리급 이상의 간부직원만을 공무원으로 의제하면서, 심판대상조항이 공기업에 대해서는 그 직원 전부를 공무원으로 의제한다고 하여, 공기업의 일반직원을 합리적 이유 없이 차별하는 것이라고 보기는 어렵다. 따라서 심판대상조항은 평등원칙에 위배되지 아니한다(헌재 2016.12.29, 2015헌바225).

65 약물·알코올 중독자에 대한 치료감호기간 상한은 2년임에 비하여 정신성적 장애인에 대한 치료감호기간 상한은 15년으로 정한 것이 평등권을 침해하는지 여부: 소극 [기각]

약물·알코올 중독자에 대한 치료감호기간 상한은 2년임에 비하여 치료감호기간조항은 정신성적 장애인에 대한 치료감호기간 상한을 15년으로 정하고 있어 정신성적 장애인을 약물·알코올 중독자와 달리 취급하고 있다. 약물·알코올 등의 남용·중독은 중독현상을 치료할 수 있는 치료법이 있는 질환으로 비교적 단기간의 집중적인 치료를 통하여 극복될 수 있다. 반면에 정신성적 장애는 뇌 기능 손상의 정도나 원인·증상 등에 따라 치료방법 및 치료기간이 다양할 수밖에 없고, 왜곡된 성인식을 개선하기 위한 근본적 치료가 필요하다. 마약·알코올 중독자와 정신성적 장애인은 그 증상이나 치료방법·치료에 필요한 기간 등에서 많은 차이가 있으므로, 치료감호기간조항이 정신성적 장애인을 약물·알코올 중독자와 달리 취급하는 것에는 합리적인 이유가 있다. 따라서 치료감호기간조항이 청구인들의 평등권을 침해한다고 볼 수 없다(헌재 2017.4.27, 2015헌마989).

66 공무원 퇴직연금의 수급요건이 재직기간 20년에서 10년으로 변경되었으나, 개정법이 2016.1.1. 당시 재직 중인 공무원부터 적용하여 그 이전 퇴직공무원(재직기간이 10년 이상 20년 미만)을 차별한 것이 위헌인지 여부: 소극 [기각]

심판대상조항은 퇴직연금의 수급요건을 완화한 개정 공무원연금법 제46조 제1항을 개정법 시행 후 퇴직한 공무원들에게만 적용하도록 함으로써, 시행일인 2016.1.1. 이전에 퇴직한 사람과 그 후에 퇴직한 사람을 차별취급하고 있다.

한눈에 쏙!

공무원 의제 판례 비교
- 재개발조합 임원의 공무원 의제 [합헌]
- 관광진흥개발기금 관리·운용 민간전문가의 공무원 의제 [합헌]
- 정부관리기업체 간부직원의 공무원 의제 [합헌]
- 제주특별자치도 통합영향평가심의위원회 위촉위원의 공무원 의제 [위헌]

기출 OX

01 공무원 퇴직연금의 수급요건이 재직기간 20년에서 10년으로 변경되면서 2016.1.1. 당시 재직 중인 공무원부터 적용된다고 규정한 공무원연금법(2015.6.22. 법률 제13387호로 개정된 것) 제46조 제1항과 부칙 제6조는 공무원의 재직기간이 10년 이상 20년 미만으로 동일하더라도 정년퇴직일이 2016.1.1. 이전인지 이후인지에 따라 퇴직연금의 지급을 달리하게 되므로, 18년 6개월간 공무원으로 재직하다 2015.8.31. 정년퇴직한 甲의 평등권을 제한한다. 20. 변호사 변형 (   )

정답 01 ○

퇴직연금 수급요건을 완화하는 개정을 하면서 그 적용대상을 제한하지 아니하고 이미 법률관계가 확정된 자들에게까지 소급하여 개정 법률을 적용한다면 법적 안정성 문제를 야기하게 될 것이고, 여기에 더하여 상당한 규모의 재정부담도 발생하게 될 것이다. 따라서 심판대상조항이 청구인의 평등권을 침해한다고 볼 수 없다(헌재 2017.5.25, 2015헌마933).

67 개인택시운송사업의 상속을 허용하면서 그 소급 적용의 범위를 제한한 '개인택시 조례'가 평등권을 침해하는지 여부: 소극 [기각]

2009.11.28. 이후 면허를 받은 개인택시운송사업은 면허 발급 당시부터 상속이 허용되지 않던 것이어서 이에 대하여 소급하여 상속을 허용하지 않는다고 하더라도 상속인의 신뢰를 해할 가능성이 없다. 이러한 점을 감안하여 심판대상조항은 개인택시운송사업의 상속에 관한 권리를 보호하되, 그 소급효를 인정할 경우 생길 수 있는 폐해를 예상하고 이를 최소화하고자, 개인택시운송사업의 상속이 허용되는 범위를 그 근거법률의 시행일 이후로 제한한 것이므로, 심판대상조항의 차별에는 충분한 합리적 이유가 인정된다고 할 것이다. 따라서 심판대상조항은 청구인의 평등권을 침해한다고 할 수 없다(헌재 2017.5.25, 2015헌마1110).

68 사립대학 교원이 국회의원으로 당선된 경우 임기개시일 전까지 그 직을 사직하도록 규정한 국회법 규정이 청구인의 평등권을 침해하는지 여부: 소극 [기각]

심판대상조항은 국회의원으로서의 공정성과 직무전념성을 확보함과 동시에 교원들의 국회진출로 인하여 학생들의 수업권이 부당하게 침해되는 것을 방지하고자 함에 그 목적이 있고, 이러한 입법취지를 달성함에 있어 국·공립대학 교원과 사립대학 교원을 다르게 취급할 이유가 없으므로, 심판대상조항은 청구인의 평등권을 침해하지 않는다(헌재 2015.4.30, 2014헌마621).

69 수석교사 임기 중에 교장 등의 자격을 취득할 수 없도록 한 교육공무원법 제29조의4 제4항이 수석교사로 임용된 청구인들의 평등권을 침해하는지 여부: 소극 [기각]

일반 교사로 남아 교장 등 관리직 자격을 취득할지 수석교사가 되어 연구·교수 지원활동에만 전념할지 여부는 본인의 자발적인 선택에 달려 있다. 또한 수석교사를 그만두고 일반 교원으로 복귀하면 교장 등 관리직 승진을 위한 자격 취득이 가능하다. 이러한 사정을 고려할 때, 심판대상조항이 일반 교사와 달리 수석교사 임기 중에 교장 등 관리직 자격 취득을 제한하는 것은 합리적인 이유가 있다. 그렇다면 심판대상조항은 청구인들의 평등권을 침해하지 아니한다(헌재 2017.7.27, 2017헌마599).

70 '운행 중'인 운전자를 폭행하여 상해에 이르게 한 경우 형법의 폭행치상 또는 상해보다 가중처벌하는 것이 평등원칙에 위배되는지 여부: 소극 [합헌]

'운행 중'인 운전자를 폭행하여 상해에 이르게 한 경우 형법의 폭행치상 또는 상해보다 가중처벌하는 것은 사실이나, 이는 운행 중 운전자를 폭행함으로써 운전자나 승객 또는 보행자 등의 안전을 위협할 수 있는 행위를 엄중 처벌함으로써 교통질서를 확립하고 시민의 안전을 도모할 목적으로 입법자가 징역형의 하한을 3년으로 정한 것이므로 합리적인 이유를 발견할 수 있다. 한편 판사가 별도 작량감경 없이도 집행유예를 선고할 수 있으므로 법정형이 형벌체계상 균형을 상실하였다고 보기 어렵다. 따라서 심판대상조항은 평등원칙에 위반되지 아니한다(헌재 2017.11.30, 2015헌바336).

기출 OX

02 국·공립대학 교원과 사립대학 교원은 신분이나 적용 법률에 차이가 있음에도 불구하고 양자 모두에게 국회의원으로 당선된 경우 임기개시일 전까지 그 직을 사직하도록 한 것은 사립대학 교원의 평등권을 침해한다.
16. 사시   (   )

정답 02 ✕

71 범인이 형사처분을 면할 목적으로 국외에 있는 경우 그 기간 동안 공소시효가 정지되도록 정한 형사소송법 제253조 제3항이 평등원칙에 위반되는지 여부: **소극 [합헌]**

심판대상조항은 범인이 국외에 있는 경우 그 기간 동안 무조건적으로 공소시효가 정지되도록 정한 것이 아니고, '형사처분을 면할 목적으로' 국외에 있는 경우에만 공소시효가 정지되도록 정하고 있어, 법원으로 하여금 범인이 '형사처분을 면할 목적'이 있었는지 여부를 판단함에 있어 구체적 타당성을 기할 수 있도록 하고 있다. 이상을 종합하여 보면, 심판대상조항에서 범인이 범죄를 저지르고 국내에 있는 경우와 달리, 범인이 형사처분을 면할 목적으로 국외에 있는 경우 공소시효가 정지되도록 정한 데에는 합리적 이유가 있다. 따라서 심판대상조항은 평등원칙에 위반되지 않는다(헌재 2017.11.30, 2016헌바157).

72 금융기관 임직원이 직무에 관하여 금품 기타 이익을 1억원 이상 받으면 무기 또는 10년 이상의 징역에 처하는 구 '특정경제범죄 가중처벌 등에 관한 법률' 제5조 제4항 제1호가 평등원칙에 위반되는지 여부: **소극 [합헌]**

헌법재판소는 헌재 2013.7.25, 2011헌바397 등 결정과 헌재 2015.5.28, 2013헌바35 등 결정에서, 국민경제와 국민생활에 중대한 영향을 미치는 금융업무의 투명성과 공정성을 확보하기 위하여 금융기관 임직원의 수재죄를 공무원의 수뢰죄와 같은 수준으로 가중처벌하는 것은 합리적 이유가 있고, 수수액이 많을수록 국가경제에 미치는 병폐와 피해가 심화되고 범죄에 대한 비난가능성도 일반적으로 높아진다고 보는 것이 합리적이어서 심판대상조항이 책임과 형벌간의 비례원칙에 위반되지 아니하며, 변호사나 공인회계사 등이 자신이 담당하고 있는 전문영역에서 공정성을 해하는 행위를 하더라도 주로 직접적인 이해당사자에게 영향을 미치는 것과 달리, 금융기관 임직원이 불공정하게 직무를 수행하여 금융기관의 공공성이 무너지게 되면 경제적 파급력과 사회전반에 미치는 영향이 매우 크다는 점에서 심판대상조항이 변호사 등 다른 직역에 종사하는 사람보다 중하게 금융기관 임직원의 수재행위 등을 처벌하더라도 형벌체계상의 균형성을 상실하여 평등원칙에 위배되지 아니한다고 판단하였다. 선례의 판시이유는 여전히 타당하고 이 사건에서 선례를 변경할 만한 사정변경이 없다(헌재 2017.12.28, 2016헌바281).

비교» 금융기관 임직원이 직무와 관련하여 5천만원 이상을 수수한 경우 죄질과 관계없이 무기 또는 10년 이상의 징역에 처하도록 규정한 특정경제범죄 가중처벌 등에 관한 법률 **[위헌]** (헌재 2006.4.27, 2006헌가5)

73 수수액이 5천만원 이상인 때에는 7년 이상의 징역으로 처벌하도록 규정한 '특정경제범죄 가중처벌 등에 관한 법률' 제5조 제4항 제2호(이하 '가중처벌조항'이라 한다)가 책임과 형벌간의 비례원칙 및 평등원칙에 위배되는지 여부: **소극 [합헌]**

헌법재판소는 2012.12.27, 2011헌바217 결정에서, 변호사 등은 공정성을 해하는 행위를 함으로써 직접적인 이해관계 당사자에게 영향을 미치는 반면, 금융기관의 공공성이 무너지는 경우 그 경제적 파급력 및 사회전반에 미치는 영향이 매우 커 입법자가 특별히 금융기관 임직원에게 공무원과 같은 수준의 청렴성을 요구하는 것이므로, 변호사 등의 전문직 종사자보다 중한 형벌로 처벌한다 하더라도 형벌체계의 균형성에 반한다고 보기는 어렵다고 판단하였다.

위 선례와 달리 판단할 사정의 변경이 없으므로, 가중처벌조항은 형벌체계의 균형성에 반하여 평등원칙에 위배되지 않는다(헌재 2017.12.28, 2017헌바193).

74 대한민국 국적을 가지고 있는 영유아 중에서도 재외국민인 영유아를 보육료·양육수당 지원대상에서 제외하는 보건복지부지침이 국내에 거주하면서 재외국민인 영유아를 양육하는 부모인 청구인들의 평등권을 침해하는지 여부: **적극 [위헌]** 18. 국가직

단순한 단기체류가 아니라 국내에 거주하는 재외국민, **특히 외국의 영주권을 보유하고 있으나 상당한 기간 국내에서 계속 거주하고 있는 자들은 주민등록법상 재외국민으로 등록·관리될 뿐 소득활동이 있을 경우 납세의무를 부담하는 등 '국민인 주민'이라는 점에서는 다른 일반 국민과 실질적으로 동일하므로, 단지 외국의 영주권을 취득한 재외국민이라는 이유로 달리 취급할 아무런 이유가 없다.** 더구나 '이중국적자'인 영유아가 국내에 거주하며 주민등록번호를 부여받은 경우에는 보육료를 지원받는 데 반해, '재외국민'인 영유아는 국내에 거주하면서 재외국민으로서 주민등록번호를 받아도 보육료를 지원받지 못한다는 점을 보더라도 위와 같은 차별에 아무런 합리적 근거가 인정될 수 없으므로, 심판대상조항은 청구인들의 헌법상 기본권인 평등권을 침해한다(헌재 2018.1.25, 2015헌마1047).

75 집행유예보다 무거운 실형을 선고받고 집행이 종료되거나 면제된 경우에는 자격에 제한을 두지 않으면서 집행유예를 선고받은 경우에 대해서는 이러한 특례조항을 두지 아니한 소년법 제67조가 평등원칙에 위반되는지 여부: **적극 [헌법불합치]** 18. 국가직

집행유예는 실형보다 죄질이나 범정이 더 가벼운 범죄에 대하여 선고하는 것이 보통인데, **이 조항은 집행유예보다 중한 실형을 선고받고 집행이 종료되거나 면제된 경우에는 자격에 제한을 두지 않으면서 집행유예를 선고받은 경우에 대해서는 이러한 특례조항을 두지 아니하였으므로, 합리적인 이유가 없다.**

또한 집행유예기간은 실형의 2배로 정해지는 것이 법원의 실무례이므로, 이 기간 동안 집행유예 중이라는 이유로 공무원 임용 등 자격을 제한한다면 실형보다 오히려 긴 기간 동안 자격을 제한하게 되어 범죄에 대한 책임과 자격의 제한이 비례하지 않을 가능성이 높다.

더욱이 **집행유예기간을 경과한 자의 경우에는 원칙적으로 형의 선고에 의한 법적 효과가 장래를 향하여 소멸하고 향후 자격제한 등의 불이익을 받지 아니하는데, 이 조항에 따르면 집행유예를 선고받은 자의 자격제한을 완화하지 아니하여 집행유예기간이 경과하였더라도 그 후 일정 기간 자격제한을 받게 되었으므로, 명백히 자의적인 차별에 해당하여 평등원칙에 위반된다**(헌재 2018.1.25, 2017헌가7).

76 국가에 대한 금전채권의 소멸시효를 5년으로 제한하는 국가재정법 조항이 평등원칙 등에 위배되는지 여부: **소극 [합헌]** 19. 지방직

민법상 손해배상청구권 등 금전채권은 10년의 소멸시효기간이 적용되는 데 반해, 사인이 국가에 대하여 가지는 손해배상청구권 등 금전채권은 심판대상조항으로 인하여 5년의 소멸시효기간이 적용되므로, 금전채권의 채무자가 사인인 경우와 국가인 경우 사이에 차별취급이 존재한다. 국가의 채권·채무관계를 조기에 확정하고 예산 수립의 불안정성을 제거하여 국가재정을 합리적으로 운용할 필요성이 있는 점, 국가의 채무는 법률에 의하여 엄격하게 관리되므로 채무이행에 대한 신용도가 매우 높은 반면, 법률상태가 조속히 확정되지 않을 경우 국가 예산 편성의 불안정성이 커지게 되는 점, 특히 손해배상청구권과 같이 예측가능성이 낮고 불안정성이 높은 채무의 경우 단기간에 법률관계를 안정시켜야 할 필요성이 큰 점, 일반사항에 관한 예산·회계 관련 기록물들의 보존기간이 5년인 점 등에 비추어 보면, 차별취급에 합리적인 사유가 존재한다(헌재 2018.2.22, 2016헌바470).

기출 OX

01 단순한 단기체류가 아니라 국내에 거주하는 재외국민, 특히 외국의 영주권을 보유하고 있으나 상당한 기간 국내에서 계속 거주하고 있는 자들은 일반 국민과 실질적으로 동일하므로, 국내에 거주하는 대한민국 국민을 대상으로 하는 보육료·양육수당 지원에 있어 양자를 달리 취급할 아무런 이유가 없다. 19. 국회직 ( )

02 주민등록법상 재외국민으로 등록·관리되고 있는 영유아를 보육료·양육수당의 지원대상에서 제외한 규정은 국가의 재정능력에 비추어 보았을 때 국내에 거주하면서 재외국민인 영유아를 양육하는 부모를 차별하고 있더라도 평등권을 침해하지는 않는다. 18. 국가직 ( )

03 구 소년법 규정이 소년으로 범한 죄에 의하여 형의 선고를 받은 자가 그 집행을 종료하거나 면제받은 때와 달리 집행유예를 선고받은 소년범에 대한 자격완화 특례규정을 두지 아니하여 자격제한을 함에 있어 군인사법 등 해당 법률의 적용을 받도록 한 것은 불합리한 차별이라 할 것이므로 평등원칙에 위반된다. 18. 국가직 ( )

04 민법상 손해배상청구권 등 금전채권은 10년의 소멸시효기간이 적용되는 데 반해, 사인이 국가에 대하여 가지는 손해배상청구권 등 금전채권은 국가재정법상 5년의 소멸시효기간이 적용되는 것은 차별취급에 합리적인 사유가 존재한다. 19. 지방직 ( )

정답 01 ○ 02 × 03 ○ 04 ○

제2장 인간의 존엄과 가치, 행복추구권, 법 앞의 평등

기출 OX

01 형법이 반의사불벌죄 이외의 죄를 범하고 피해자에게 자복한 사람에 대하여 반의사불벌죄를 범하고 피해자에게 자복한 사람과 달리 임의적 감면의 혜택을 부여하지 않은 것은 자의적인 차별이어서 평등의 원칙에 반한다. 19. 지방직 ( )

02 보훈보상대상자의 부모에 대한 유족보상금 지급시, 부모 중 수급권자를 1인에 한정하고 어떠한 예외도 두지 않는 보훈보상대상자 지원에 관한 법률 규정은 보상금을 지급받지 못하는 부모 일방의 평등권을 침해하지 아니한다. 18. 국가직 ( )

03 대법원판례에 의하면, 강간죄의 처벌대상을 남자에 한하고 여성의 정조만을 보호하는 것은 성별에 의한 차별로서 헌법 위반이다. 04. 법무사 ( )

정답 01 × 02 × 03 ×

77 피해자의 의사에 반하여 처벌할 수 없는 죄에 있어서 피해자에게 자복한 경우 그 형을 감경 또는 면제할 수 있도록 한 형법 제52조 제2항이 평등원칙에 위배되는지 여부: **소극 [합헌]** 19. 지방직

이 사건 법률조항이 스스로 자기의 범죄를 고백하였다는 점에서는 아무런 차이가 없음에도 자수의 경우와는 달리 자복 감면이 되는 범죄의 유형을 반의사불벌죄로 한정한 것은 범죄 고백의 상대방이 수사기관인지 또는 피해자인지에 따라 차별하는 것으로서 평등원칙 위반 여부가 문제된다. 통상의 경우 피해자에 대한 자복이 있었다는 것만으로는, 임의적 감면의 혜택을 부여할 만큼 범죄자가 형사법절차 속으로 스스로 들어왔다거나 국가형벌권의 적정한 행사에 기여하였다고 단정하기 어려우므로, 이 사건 법률조항에서 자수와 동일한 법적 효과를 부여하지 않았다고 하여 자의적이라 볼 수는 없다. … 이 사건 법률조항은 평등원칙에 위반되지 아니한다(헌재 2018.3.29, 2016헌바270).

78 대형마트 등에 대하여 영업시간 제한 및 의무휴업일 지정을 할 수 있도록 한 유통산업발전법 제12조의2 제1항 등이 평등원칙에 위배되는지 여부: **소극 [합헌]** 18. 국회직 9급

심판대상조항은 대형마트 등에 대하여만 영업시간 제한 및 의무휴업일 지정을 할 수 있도록 하여, 대형마트 등의 운영자를 그러한 제한을 받지 않는 다른 대규모점포의 운영자와 차별취급하고 있으나, 대형마트 등과 영업제한을 받지 않는 다른 형태의 대규모점포들은 판매하는 물품의 종류와 범위, 주요 소비층의 범위, 영업형태 등에서 지역상권에 미치는 영향에 차이가 있으므로, 이들을 **차별취급함에는 합리적 이유가 있다.** 따라서 심판대상조항은 평등원칙에 위배되지 않는다(헌재 2018.6.28, 2016헌바77).

79 보훈보상대상자의 부모에 대한 유족보상금 지급시 수급권자를 1인에 한정하고 나이가 많은 자를 우선하도록 규정한 '보훈보상대상자 지원에 관한 법률' 제11조 제1항 제2호가 평등권을 침해하여 위헌인지 여부: **적극 [헌법불합치]** 18. 국가직

심판대상조항이 국가의 재정부담능력의 한계를 이유로 하여 부모 1명에 한정하여 보상금을 지급하도록 하면서 어떠한 예외도 두지 않은 것에는 합리적 이유가 있다고 보기 어렵다.

심판대상조항 중 나이가 많은 자를 우선하도록 한 것 역시 문제된다. 나이에 따른 차별은 연장자를 연소자에 비해 우대하는 전통적인 유교사상에 기초한 것으로 보이나, **부모 중 나이가 많은 자가 나이가 적은 자를 부양한다고 일반화할 합리적인 이유가 없고, 부모 상호간에 노동능력 감소 및 부양능력에 현저히 차이가 있을 정도의 나이 차이를 인정하기 어려운 경우도 많다.** 오히려 직업이나 보유재산에 따라 연장자가 경제적으로 형편이 더 나은 경우에도 그보다 생활이 어려운 유족을 배제하면서까지 연장자라는 이유로 보상금을 지급하는 것은 보상금 수급권이 갖는 사회보장적 성격에 부합하지 아니한다(헌재 2018.6.28, 2016헌가14).

80 강간죄의 객체를 부녀로 한정한 것이 위헌인지 여부: **소극** 04. 법무사·법행

형법 제297조 강간죄에 있어서 그 객체를 부녀로 한 것은 남녀의 생리적·육체적 차이에 의하여 강간이 남성에 의하여 감행됨을 보통으로 하는 실정에 비추어 사회적·도덕적 견지에서 피고자인 부녀를 보호하려는 것이고, 이로 인하여 일반 사회관념상 합리적인 근거 없는 특권을 부녀에게만 부여하고 남성에게 불이익을 주었다고는 할 수 없다 할 것이고 이는 병역법에서 남자에게만 병역의 의무를 인정하고 여자에게는 인정하지 아니함이 헌법에 위반된다고 할 수 없음과 같다(대판 1967.2.28, 67도1).

81 교원징계재심위원회의 재심결정에 대한 학교법인의 제소권한을 제한한 것이 위헌인지 여부: 적극 [위헌] 11. 법행

학교법인은 그 소속 교원과 사법상의 고용계약관계에 있고 재심절차에서 그 결정의 효력을 받는 일방 당사자의 지위에 있음에도 불구하고 이 사건 법률조항은 합리적인 이유 없이 학교법인의 제소권한을 부인함으로써 헌법 제11조의 평등원칙에 위배된다(헌재 2006.2.23, 2005헌가7 등).

82 법인의 부동산등기에 있어서 대도시와 중소도시의 경우 등록세율을 달리 하는 것이 위헌인지 여부: 소극 [합헌] 06. 입시

일반적으로 법인은 조직과 규모에 있어 강한 확장성을 가지고 활동의 영역과 효과가 넓고 다양하여 인구와 경제력의 집중효과가 자연인의 경우에 비하여 훨씬 강하게 나타날 것이고 동시에 대도시가 가지는 고도의 집적 이익을 향유함으로써 대도시 외의 법인에 비하여 훨씬 더 큰 활동상의 편의와 경제적 이득을 얻을 수 있으므로 법인이 대도시 내에서 하는 부동산등기에 대하여 자연인이나 대도시 외의 법인이 하는 부동산등기에 비하여 상대적으로 높은 세율의 등록세율을 부과하는 것이 조세평등주의 내지 실질과세의 원칙에 위반된다고 할 수 없다(헌재 1996.3.28, 94헌바42).

83 미결수용자의 면회횟수는 매주 2회로 제한한 군행형법시행령이 위헌인지 여부: 적극 [위헌]

이 사건 시행령규정은 위와 같은 입법목적의 관점에서 볼 때 동일한 처지에 있다고 할 수 있는 미결수용자 중 군행형법의 적용을 받는 자의 면회횟수를 행형법의 적용을 받는 자에 비하여 감축하고 있는바, 전자의 경우라고 하여 후자의 경우에 비하여, 특히 도주나 증거인멸을 막아야 할 필요성이 크다거나 그 수용시설 내의 질서유지가 더욱 절실히 요청된다고 보기는 어렵기 때문에 양자를 달리 취급함에 있어서 객관적으로 납득할 만한 합리적 이유를 찾아 볼 수 없다. 따라서 이 사건 시행령규정은 군행형법시행령의 적용을 받는 미결수용자를 행형법시행령의 적용을 받는 미결수용자에 비하여 자의적으로 다르게 취급하는 것으로서 평등권을 침해하는 것이다(헌재 2003.11.27, 2002헌마193).

84 단순매수나 단순판매목적소지의 마약사범에 대하여도 사형·무기 또는 10년 이상의 징역에 처하도록 하는 규정이 지나치게 과도한 형벌로서 책임과 형벌간의 비례성원칙에 어긋나는지 여부 및 법관의 양형선택·판단권을 지나치게 제한하는지 여부: 적극 [위헌] 06. 입시

위 특가법조항은 단순매수나 단순판매목적소지의 마약사범에 대하여도 사형·무기 또는 10년 이상의 징역에 처하도록 규정하고 있어, 예컨대 단 한 차례 극히 소량의 마약을 매수하거나 소지하고 있었던 경우 실무상 작량감경을 하더라도 별도의 법률상 감경사유가 없는 한 집행유예를 선고할 수 없도록 법관의 양형선택과 판단권을 극도로 제한하고 있고 또한 범죄자의 귀책사유에 알맞은 형벌을 선고할 수 없도록 법관의 양형결정권을 원천적으로 제한하고 있어 매우 부당하다(헌재 2003.11.27, 2002헌바24).

85 '다중의 위력으로써' 주거침입을 하는 경우를 '2인 이상이 공동하여' 주거침입을 하는 경우보다 중하게 처벌하는 것이 평등원칙 위반인지 여부: 소극 [합헌] 09. 법행

폭력행위 등 처벌에 관한 법률은 '다중의 위력으로써' 주거침입을 하는 경우에 '2인 이상이 공동하여' 주거침입을 하는 경우보다 엄하게 처벌하고 있다. 그런데 '다중의 위력으로써' 주거침입을 하는 것은 다중의 형태로 집결한 다수 인원으로 사람의 의사를 제압하기에 족한 세력을 보여 주거침입을 하는 것이고, '2인 이상이 공동하여'

기출 OX

04 교원징계재심위원회의 재심결정에 대하여 재심청구를 한 교원만 행정소송을 제기할 수 있을 뿐 학교법인은 이를 제기할 수 없도록 한 것은 평등원칙에 위배된다. 11. 법행 ( )

05 대도시 내의 법인의 부동산등기에 대하여 중소도시나 농촌지역의 부동산등기에 비하여 등록세를 중과하는 것은 조세평등주의에 반하지 않는다. 12. 법행 ( )

06 '다중의 위력으로써' 주거침입을 하는 것과 '2인 이상이 공동하여' 주거침입을 하는 것은 다수가 범죄에 가담한다는 점에서 차이가 없음에도 불구하고 폭력행위 등 처벌에 관한 법률은 전자를 후자보다 중하게 처벌하고 있는바, 이는 합리적 이유 없는 차별로서 평등원칙에 위배된다. 09. 법행 ( )

정답 04 ○ 05 ○ 06 ✕

주거침입을 하는 것은 복수참가자 상호간에 공동실행행위를 하여 주거에 침입하는 것으로 두 범죄 사이에는 그 불법성에 있어서 일반적으로 차이가 있다고 할 것이다. 따라서 이 둘을 차별하는 것은 합리적인 이유가 있으므로 평등원칙을 위반하고 있다고 볼 수 없다(헌재 2008.11.27, 2007헌가24).

86 사망 전 등록한 고엽제 후유증환자에 국한하여 유족보상을 지급하는 것이 위헌인지 여부: 적극 [헌법불합치] 03. 입시

월남전에 참전 중 고엽제 살포에 노출되어 이환된 질병인지 여부를 가리는 것이 가장 본질적인 문제가 되는 것이지 환자가 죽기 전에 등록신청을 하였는지 여부는 본질적인 문제가 아니다. … 자의적으로 구별하여 차별하는 위헌적인 법률이라고 할 것이다(헌재 2001.6.28, 99헌마516).

87 농촌지도사와 농촌지도관의 정년차별규정이 위헌인지 여부: 소극 [합헌]

농촌지도관과 농촌지도사의 정년에 차등을 둘 수 있도록 한 것은 일반적으로 농촌지도관의 직무내용이 정책결정 등 고도의 판단작용임에 비하여, 농촌지도사의 직무내용은 단순한 업무집행 또는 업무보조가 대부분이라는 점 등 여러 사정을 감안한 결과로서 평등원칙에 위배되지 아니한다(헌재 1997.3.27, 96헌바86).

88 외국인 전용 신규 카지노 허가대상기관을 한국관광공사로 한정한 것이 기존 카지노들의 평등권을 침해하는지 여부: 소극 [기각] 09. 법행

한국관광공사는 '관광진흥' 등의 목적으로 설립되어 그와 관련된 사업을 하는 공기업이고, 청구인들은 '영리추구'를 목적으로 하는 사기업이다. 평등권은 불합리한 차별을 받아서는 아니 되는 상대적·실질적 평등을 뜻하고, 카지노업은 형법이 금지한 도박개장행위를 오로지 '관광진흥'이라는 공익실현을 위해서 '관광사업'의 하나로 예외적인 경우에 허가되므로, 신규 카지노업 허가대상자를 공익실현을 목적사업으로 하는 한국관광공사로 한정한 것은 합리적인 이유가 있고 자의적인 차별이라고 하기 어려워 청구인들의 평등권을 침해하였다고 할 수 없다(헌재 2006.7.27, 2004헌마924).

89 경찰공무원은 교육훈련 또는 직무수행 중 사망한 경우 국가유공자 등 예우 및 지원에 관한 법률(이하 '예우법'이라 한다)상 순직군경으로 예우받을 수 있는 것과는 달리, 소방공무원은 화재진압, 구조·구급업무수행 또는 이와 관련된 교육훈련 중 사망한 경우에 한하여 순직군경으로서 예우를 받을 수 있도록 하는 소방공무원법 제14조의2 제1항과 제2항이 평등권을 침해하는지 여부: 소극 [합헌] 06. 사시

소방공무원과 경찰공무원은 업무의 내용이 서로 다르고, 그로 인해 업무수행 중에 노출되는 위험상황의 성격과 정도에 있어서도 서로 동일하다고 볼 수 없다. 더욱이 경찰공무원의 경우에는 전쟁이 발생하거나 이에 준하는 상황이 발생하는 경우 군인과 마찬가지로 고도의 위험을 무릅쓰고 부여된 업무를 수행할 것이 기대되므로 정책적인 배려에서 예우법은 군인이나 경찰공무원이 직무수행 중 사망한 경우에는 순직군경으로 예우하도록 하고 있다. 그렇다면 국가에 대한 공헌과 희생, 업무의 위험성의 정도, 국가의 재정상태 등을 고려하여 화재진압, 구조·구급업무수행 또는 이와 관련된 교육훈련 이외의 사유로 직무수행 중 사망한 소방공무원에 대하여 순직군경으로서의 보훈혜택을 부여하지 않는다고 해서 이를 합리적인 이유 없는 차별에 해당한다고 볼 수 없다(헌재 2005.9.29, 2004헌바53).

기출 OX

01 서울과 부산 지역에서의 외국인 전용 신규카지노업 허가대상자를 한국관광공사로 한정한 것은 '관광진흥'이라는 공익실현을 위한 것으로서 합리적인 이유가 있으므로 다른 카지노업자들의 평등권을 침해한다고 할 수 없다. 05. 법행 ( )

02 직무 중 사망한 소방공무원에 대해서 경찰공무원과 달리 순직군경으로서의 보훈혜택을 부여하지 않는 것은 합리적 근거 없는 차별이다. 13. 국회직 ( )

정답 01 ○ 02 ✕

90 군인이 공무상 질병 또는 부상으로 '퇴직 이후에 폐질상태가 확정된 군인'에 대해서 일반 공무원과 달리 상이연금 지급에 관한 규정을 두지 아니한 군인연금법 제23조 제1항이 평등원칙에 위배되는지 여부: 적극 [헌법불합치]

이 사건 법률조항은 '퇴직 이전에 폐질상태가 확정된 군인'에 대해서만 상이연금을 지급한다고 규정함으로써 '퇴직 이후에 폐질상태가 확정된 군인'을 상이연금 지급대상에서 제외시키는 차별취급을 하고 있으나, ④ 군인의 경우 지휘체계 및 규율이 엄격한 군복무의 특수성이나 의료시설의 미비 등으로 조기에 질병을 발견하고 치료하는 것이 쉽지 아니한 점, ⑤ 폐질상태가 퇴직 이후 또는 그 이전에 확정되는지 여부는 질병의 특수성이나 근무환경 등 우연한 사정에 따라 좌우될 수 있는 점 등에 비추어 볼 때 이 경우에도 위와 같은 차별취급을 정당화할만한 합리적인 이유가 있다고 보기 어렵다. 따라서 이 사건 법률조항은 평등의 원칙을 규정한 헌법 제11조 제1항에 위반된다고 할 것이다(헌재 2010.6.24, 2008헌바128).

91 대통령선거경선후보자가 당내 경선과정에서 탈퇴함으로써 후원회를 둘 수 있는 자격을 상실한 때에는 후원회로부터 받은 후원금 전액을 국고에 귀속하도록 하고 있는 정치자금법 제21조 제3항 제2호가 평등원칙 등에 반하여 위헌인지 여부: 적극 [위헌] 10. 법무사

이 사건 법률조항은 대통령선거경선후보자 가운데 경선에 참여하였다가 후보자로 되지 못한 사람은 후원금 중에서 이미 사용한 금액을 공제한 잔액만 소속 정당 등에 귀속시키면 되도록 하는 것에 대하여(정치자금법 제21조 제2항), 당내 경선에 참여하지 아니하거나, 참여할 기회가 없었던 대통령선거경선후보자가 후원회를 둘 수 있는 자격을 상실한 경우에는 후원회로부터 기부받은 후원금 총액을 국고에 귀속하도록 하고 있다. … 결국 이 사건 법률조항은 대통령선거경선후보자로서 정당의 경선에 참여하여 낙선한 사람과 그렇지 않은 사람을 이미 사용한 후원금의 반환 여부에 관하여 차별취급하고 있는바, 그와 같은 차별에 합리적인 이유가 있다고 보기 어려우므로 청구인의 평등권을 침해한다(헌재 2009.12.29, 2007헌마1412).

92 당내 경선에 참가한 정당 소속 예비후보자는 불출마하더라도 기탁금을 반환받을 수 있으나 무소속 예비후보자가 후보자등록을 하지 않는 경우에 기탁금을 반환받지 못하게 하는 것은 평등의 원칙에 위배되는지 여부: 소극 [기각]

당내 경선에 참가한 정당 소속 예비후보자는 경선에서 후보자로 선출되지 않으면 공직선거법 제57조의2 제2항에 따라 후보자로 등록될 수 없지만, 청구인과 같은 무소속 예비후보자는 후보자로 등록하는 데 아무런 법률상 장애가 없으므로, 법률상 장애로 인하여 후보자로 등록하지 못하는 자에 대해서는 기탁금을 반환하는 한편, 법률상 장애가 없음에도 스스로 후보자등록을 하지 않은 자에 대해서는 기탁금을 반환하지 않도록 하는 것이 불합리한 차별이라고 보기 어려우므로 청구인의 평등권을 침해하지 아니한다(헌재 2010.12.28, 2010헌마79).

93 국가공무원 임용결격사유에 해당하여 공중보건의사 편입이 취소된 사람을 현역병으로 입영하게 하거나 공익근무요원으로 소집함에 있어 의무복무기간에 기왕의 복무기간을 전혀 반영하지 아니하는 구 병역법 제35조 제3항과 병역법 제35조 제3항이 평등의 원칙에 반하여 위헌인지 여부: 적극 [헌법불합치]

공중보건의사와 의무분야의 현역장교(이하 '군의관'이라고 한다)는 보충역과 현역이라는 차이만 있을 뿐 선발대상과 의무복무기간이 동일하고 공중보건의사의 편입취소사유인 국가공무원 임용결격사유와 군의관의 제적 또는 신분상실사유인 군인사법상 임용결격사유는 서로 유사하나, 복무 중 군인사법 임용결격사유에 해당하여 제적되거나 그 신분이 상실되면 보충역의 장교에 편입될 뿐 더 이상 실역에 복무하

기출 OX

03 대통령선거경선후보자가 당내 경선 과정에서 탈퇴함으로써 후원회를 둘 수 있는 자격을 상실한 때에는 후원회로부터 후원받은 후원금 전액을 국고에 귀속하도록 하고 있는 구 정치자금법 조항은 평등권을 침해한다.
18. 경찰승진 ( )

정답 03 ○

지 않는 데 반하여 구 병역법 제35조 제1항과 병역법 제35조 제3항 중 각 공중보건의사 관련 부분(이하 합쳐서 '이 사건 법률조항'이라고 한다)은 국가공무원 임용결격사유에 해당하여 공중보건의사 편입이 취소된 사람을 의무복무기간에 기왕의 복무기간을 전혀 반영하지 않고서 현역병으로 입영하게 하거나 공익근무요원으로 소집하도록 하여 합리적 이유 없이 차별하고 있다(헌재 2010.7.29, 2008헌가28).

94 변호사에게 전년도에 처리한 수임사건의 건수 및 수임액을 소속 지방변호사회에 보고하도록 규정하고 있는 구 변호사법 제28조의2가 평등권을 침해하는지 여부: **소극** [기각]

우리 사회는 변호사들에게 법률가로서의 능력뿐만 아니라 공공성을 지닌 법률전문가로서 가져야 할 사회적 책임성과 직업적 윤리성 또한 강하게 요청하고 있는 점, 이 사건 법률조항 위반으로 부과되는 벌칙은 형사벌이 아닌 과태료에 그친다는 점 및 법무사의 경우에도 그러한 의무의 위반시 징계처분의 대상이 되고 징계의 종류에는 과태료도 포함되어 있다는 점 등을 감안한다면, 이 사건 법률조항이 평등권을 침해하였다고 하기 어렵다(헌재 2009.10.29, 2007헌마667).

95 대학·산업대학 또는 원격대학에 편입학할 수 있는 자격을 전문대학을 졸업한 자로 규정한 고등교육법 제51조가 평등권 등을 침해하여 위헌인지 여부: **소극** [기각] 11. 사시

고등교육법 제51조는 대학에 편입학하기 위하여는 전문대학을 졸업할 것을 요구하고 있어, '3년제 전문대학의 2년 이상 과정을 이수한 자'는 편입학을 할 수 없다. 우선 '3년제 전문대학의 2년 이상 과정을 이수한 자'를 '2년제 전문대학을 졸업한 자'와 비교하여 보면 객관적인 과정인 졸업이라는 요건을 갖추지 못하였다. 또한 '4년제 대학에서 2년 이상 과정을 이수한 자'와 비교하여 보면, 고등교육법이 그 목적과 운영방법에서 전문대학과 대학을 구별하고 있는 이상, 전문대학과정의 이수와 대학과정의 이수를 반드시 동일하다고 볼 수 없어, 3년제 전문대학의 2년 이상 과정을 이수한 자에게 편입학 자격을 부여하지 아니한 것이 현저하게 불합리한 자의적인 차별이라고 볼 수 없어 평등원칙에 위반되지 아니한다(헌재 2010.11.25, 2010헌마144).

96 금고 이상의 형을 받아 그 집행을 종료하거나 면제를 받은 후 3년 내에 금고 이상에 해당하는 죄를 범한 자는 누범으로 처벌하고, 누범의 형은 그 죄에 정한 형의 장기의 2배까지 가중하도록 한 형법 제35조가 평등원칙에 위배되는지 여부: **소극** [합헌]

누범을 가중처벌하는 것은 전범에 대한 형벌의 경고적 기능을 무시하고 다시 범죄를 저질렀다는 점에서 사회적 비난가능성이 높고, 누범이 증가하고 있는 추세를 감안하여 범죄예방 및 사회방위의 형사정책적 고려에 기인한 것이어서 합리적 근거 있는 차별이라 볼 것이다. 따라서 이 사건 법률조항이 자의적이고 불균형한 처벌로서 평등원칙에 위배된다고 할 수 없다(헌재 2011.5.26, 2009헌바63).

97 지역구국회의원선거에서 선거방송토론위원회가 주관하는 대담·토론회의 초청자격을 규정하고 있는 공직선거법이 평등권을 침해하는지 여부: **소극** [기각]

비초청대상후보자의 경우 이들을 대상으로 한 대담·토론회가 개최될 수 있도록 규정하여 방송토론회를 통하여 선거운동을 할 수 있는 기회를 제공하고 있는 점 등을 고려한다면, 이 사건 법률조항이 일정한 지지율이 인정되는 후보자에게만 대담·토론회의 참여기회를 부여한다고 하더라도, 이는 대담·토론회의 기능의 활성화를 위하여 적당한 수의 후보자만을 초청하여야 한다는 요청과 선거운동에서의 기회의 균등보장이라는 서로 대립하는 이익을 적절히 비교형량한 합리적인 것으로서 이와 같은 취급을 두고 자의적인 차별로서 평등권을 침해하였다고 하기는 어렵다(헌재 2011.5.26, 2010헌마451).

기출 OX

01 선거기간 동안 언론기관이 지지율을 기반으로 초청대상 후보자의 수를 제한하여 대담토론회를 개최하고 보도하는 것은 평등권 위반이 아니다.
18. 국회9급 ( )

정답 01 ○

98 고엽제후유의증환자가 사망한 때에도 유족에게 교육지원과 취업지원을 한다는 내용의 고엽제후유의증 환자지원 등에 관한 법률 제7조 제9항을 위 법률 시행일 이후 사망한 환자의 유족부터 적용한다고 규정한 것(이하 '이 사건 부칙조항'이라고 한다)이 위 법률 시행일 이전에 사망한 환자의 유족들의 평등권을 침해하여 위헌인지 여부: 적극 [위헌]

이 사건 부칙조항이 수혜자 한정의 기준으로 정한 고엽제후유의증환자의 사망시기는 고엽제후유의증의 종류에 따라 이환의 시기와 정도 및 질병의 진행속도 등이 다르다는 우연한 사정에 기인하는 결과의 차이일 뿐, 보상 여부의 근거가 될 수 있는 희생과 공헌의 정도 또는 유족의 생계곤란의 정도나 지원의 필요성을 판정하는 기준이 된다고 할 수 없으므로 환자의 사망시기를 기준으로 그 유족이 혜택을 받을 수 있는지 여부를 달리 취급하는 것은 합리적인 이유가 있는 차별이라고 할 수 없다. 따라서 이 사건 부칙조항은 청구인들의 평등권을 침해하는 것이다(헌재 2011.6.30, 2008헌마715).

99 산업기능요원 편입이 취소되어 입영하는 경우 1년 이상 종사한 사람으로 한정하여 복무기간을 단축할 수 있도록 규정한 병역법 제41조 제4항의 산업기능요원에 관한 부분이 평등권을 침해하는지 여부: 적극 [위헌]

현역병이나 공익근무요원 중 행정관서요원의 경우에는 군무이탈 등의 기간만이 복무기간에 산입되지 아니할 뿐, 적법한 복무를 하였음에도 그 기간을 인정해주지 않는 경우는 없다. … 그럼에도 산업기능요원의 경우에만 1년 미만을 종사한 경우에 기왕의 종사기간을 인정해주지 아니하여 다른 병역의무자들보다 더 긴 기간 동안 병역의무를 이행하도록 하는 것은 합리적 이유 없는 차별취급으로서 청구인의 평등권을 침해한다(헌재 2011.11.24, 2010헌마746).

100 법무부장관이 제1회 및 제2회 변호사시험의 시험장을 서울 소재 4개 대학교로 선정한 행위가 지방 소재 법학전문대학원 응시자의 평등권을 침해하는지 여부: 소극 [기각]

변호사시험장의 선정은 헌법에서 특별히 평등을 요구하는 영역이 아니고, 그 시험장을 어떻게 결정할 것인가는 입법부로부터 위임을 받은 행정부에 광범위한 형성의 자유가 인정되는 영역이므로, 행정부의 판단이 명백히 불합리하지 않는 한 행정부의 판단은 존중되어야 한다. 법무부장관이 휴식일을 포함하여 5일에 걸쳐 실시되는 변호사시험의 시험장을 서울 소재 대학교로 선정한 것은 합리적 이유가 있는 공권력 행사로서 청구인들의 평등권을 침해하지 아니한다(헌재 2013.9.26, 2011헌마782).

101 금고 이상의 형의 집행유예를 선고받고 그 유예기간이 지난 후 2년이 지나지 아니한 자의 변호사시험 응시를 금지한 변호사시험법 제6조 제3호(이하 '응시결격조항'이라고 한다)가 평등권을 침해하는지 여부: 소극 [기각]

응시결격조항은 금고 이상의 형의 집행유예를 선고받아 변호사로서의 공정성과 신뢰성을 확보하기 어려운 자들을 변호사의 업무에서 배제시켜야 할 중요한 공익상의 필요성을 확보하고 유지하기 위한 것이므로, 범죄행위의 종류를 한정하지 않고 집행유예기간이 지난 후에도 2년간 변호사시험 응시 자체를 제한하였다고 하더라도 입법재량의 범위를 벗어나 청구인의 직업선택의 자유를 침해한다고 볼 수 없다. 변리사·공인중개사·공인노무사와 변호사는 수행하는 업무, 사회적 지위 등에 있어서 본질적으로 서로 같지 아니하므로, 자격시험에서 시험 응시의 결격사유를 두지 않거나 결격기간 및 그 기준일시를 다르게 규정하고 있다고 할지라도

기출 OX

02 산업기능요원으로 편입되어 1년 이상 종사하다가 편입이 취소되어 입영하는 사람의 경우 복무기간을 단축할 수 있다고 규정한 구 병역법 규정은 1년 미만을 종사하다가 편입취소된 산업기능요원만 차별하여 위헌이다. 16. 법무사 ( )

03 변호사시험의 시험장으로 서울 소재 4개 대학교를 선정한 것은 서울 응시자에 비하여 지방 응시자를 자의적으로 차별하여 지방 응시자인 청구인들의 평등권을 침해한 것으로 위헌이다. 14. 법무사 ( )

정답 02 ○ 03 ✕

이를 본질적으로 동일한 집단에 대한 차별취급이라고 볼 수는 없어 청구인의 평등권을 침해하지 아니한다(헌재 2013.9.26, 2012헌마365).

102 뇌물수수에 이르지 않고 뇌물요구에 그쳤다고 해도 요구한 액수가 1억원 이상인 때에는 무기 또는 10년 이상의 징역으로 처벌하도록 한 것이 책임과 형벌간의 비례원칙이나 형벌체계상의 균형성에 위배되는지 여부: 소극 [합헌]

뇌물죄의 보호법익은 국가기능의 공정성 또는 공직의 불가매수성이므로 공무원이 금원을 현실적으로 수수하였는지 여부는 범죄의 성립에 아무런 영향을 미치지 못하고, 뇌물을 수수함에 있어 언제나 뇌물의 요구가 수반되는 것은 아니므로 뇌물요구를 뇌물수수의 미수행위에 불과하다고 보기 어려우며, 공무원이 나서서 뇌물을 요구하는 행위의 불법성이 단순히 공여자가 제공하는 뇌물을 수수하는 행위의 불법성보다 반드시 가볍다고 볼 수 없다. 일반적으로 뇌물을 요구한 액수가 많을수록 요구자의 공무와 증뢰자의 업무 사이의 연관성이나 잠재된 이권의 실현가능성 등이 커지고 궁극적으로는 국가와 사회에 미치는 병폐와 피해가 심화될 수 있으므로, 뇌물로서 요구한 액수가 형벌의 범위를 정하는 데 중요한 기준이 될 수 있다. 또한 형법상 뇌물죄와 달리 그 뇌물이 현재 담당하고 있는 직무에 관한 것인지 또는 그 뇌물로 인한 부정처사가 있었는지 여부를 묻지 않고 동일하게 처벌하고 있으나, 이는 '1억원' 이상을 뇌물로 요구하였다면, 국가기능의 공정성과 직무수행의 불가매수성에 대한 침해는 이미 심각하게 이루어졌다는 입법자의 판단에 근거한 것으로 이러한 판단이 잘못된 것이라고 보기는 어렵다. 따라서 이 사건 법률조항이 책임과 형벌간의 비례원칙에 위배되거나 형벌체계상의 균형에 반하여 평등원칙에 위배된다고 보기 어렵다(헌재 2013.8.29, 2011헌바364).

103 물리치료사가 의사, 치과의사의 지도하에 업무를 할 수 있도록 정한 구 의료기사 등에 관한 법률 제1조 중 '의사 또는 치과의사의 지도하에 진료 또는 의화학적 검사에 종사하는 자(이하 '의료기사'라 한다)' 중 물리치료사에 관한 부분(이하 '이 사건 조항'이라 한다)이 한의사를 의사 및 치과의사에 비하여 합리적 이유 없이 차별하여 한의사의 평등권을 침해하는지 여부: 소극 [기각]

의료행위와 한방의료행위를 구분하고 있는 이원적 의료체계하에서 의사의 의료행위를 지원하는 행위 중 전문적 지식 및 기술을 요하는 부분에 대하여 별도의 자격제도를 마련한 의료기사제도의 입법취지, 물리치료사 양성을 위한 교육과정 및 그 업무영역 등을 고려할 때, 물리치료사의 업무가 한방의료행위와도 밀접한 연관성이 있다고 보기 어렵고, 물리치료사 업무영역에 대한 의사와 한의사의 지도능력에도 차이가 있으므로, 의사에 대해서만 물리치료사 지도권한을 인정하고 한의사에게는 이를 배제하고 있는 데에 합리적 이유가 있다. 따라서 이 사건 조항은 한의사의 평등권을 침해하지 않는다(헌재 2014.5.29, 2011헌마552).

104 사업주가 제공한 교통수단을 이용하는 등 사업주의 지배관리 아래 출퇴근하다가 발생한 사고만 업무상 재해로 인정하는 산업재해보상보험법 제37조 제1항 제1호 다목이 평등원칙에 위배되는지 여부: 적극 [헌법불합치]

산업재해보상보험법(이하 '산재보험법'이라 한다) 제37조 제1항 제1호 다목(이하 '심판대상조항'이라 한다)은 근로자가 사업주 지배관리 아래 출퇴근하던 중 발생한 사고로 부상 등이 발생한 경우만 업무상 재해로 인정하고 있다.

도보나 자기 소유 교통수단 또는 대중교통수단 등을 이용하여 출퇴근하는 산재보험 가입 근로자(이하 '비혜택근로자'라 한다)는 사업주가 제공하거나 그에 준하는 교통수단을 이용하여 출퇴근하는 산재보험 가입 근로자(이하 '혜택근로자'라

기출 OX

01 의사 또는 치과의사의 지도에서만 의료기사가 업무를 할 수 있도록 규정하고, 한의사의 지도하에서는 의료기사인 물리치료사가 물리치료는 물론 한방물리치료를 할 수 없도록 하는 의료기사 등에 관한 법률의 조항은 평등권을 침해한다. 15. 국가직 ( )

02 근로자가 사업주의 지배관리 아래 출퇴근하던 중 발생한 사고로 부상 등이 발생한 경우에만 업무상 재해로 인정하는 산업재해보상보험법 조항은 평등원칙에 위배되지 아니한다. 18. 경찰승진 ( )

정답 01 × 02 ×

한다)와 같은 근로자인데도 사업주의 지배관리 아래 있다고 볼 수 없는 통상적 경로와 방법으로 출퇴근하던 중에 발생한 재해(이하 '통상의 출퇴근 재해'라 한다)를 업무상 재해로 인정받지 못한다는 점에서 차별취급이 존재한다.

사업장의 규모나 재정여건의 부족 또는 사업주의 일방적 의사나 개인 사정 등으로 출퇴근용 차량을 제공받지 못하거나 그에 준하는 교통수단을 지원받지 못하는 비혜택근로자는 비록 산재보험에 가입되어 있다 하더라도 출퇴근 재해에 대하여 보상을 받을 수 없는데, 이러한 차별을 정당화할 수 있는 합리적 근거를 찾을 수 없다. 심판대상조항은 합리적 이유 없이 비혜택근로자에게 경제적 불이익을 주어 자의적으로 차별하는 것이므로, 헌법상 평등원칙에 위배된다(헌재 2016.9.29, 2014헌바254).

105 업무상 재해에 통상의 출퇴근 재해를 포함시키는 개정 법률조항을 개정법 시행 후 최초로 발생하는 재해부터 적용하도록 하는 산업재해보상보험법 부칙 제2조 중 '제37조의 개정규정'에 관한 부분(이하 '심판대상조항'이라 한다)이 헌법상 평등원칙에 위반되는지 여부: 적극

헌법재판소는 2016.9.29, 2014헌바254 결정으로, 근로자가 사업주의 지배관리 아래 출퇴근하던 중 발생한 사고로 부상 등이 발생한 경우만 업무상 재해로 인정하던 구법 조항에 대하여 '통상의 출퇴근 재해를 업무상 재해로 인정하지 아니한 것은 헌법에 합치되지 않는다'는 취지의 헌법불합치결정(이하 '이 사건 헌법불합치결정'이라 한다)을 하였다. … 심판대상조항이 신법 조항의 소급적용을 위한 경과규정을 두지 않음으로써 개정법 시행일 전에 통상의 출퇴근 사고를 당한 비혜택근로자를 보호하기 위한 최소한의 조치도 취하지 않은 것은, 산재보험의 재정상황 등 실무적 여건이나 경제상황 등을 고려한 것이라고 하더라도, 그 차별을 정당화할 만한 합리적인 이유가 있는 것으로 보기 어렵고, 이 사건 헌법불합치결정의 취지에도 어긋난다. 따라서 심판대상조항은 헌법상 평등원칙에 위반된다. 입법자는 적어도 이 사건 헌법불합치결정일인 2016.9.29. 이후에 통상의 출퇴근 사고를 당한 근로자에 대해서는 신법 조항을 소급적용하도록 하여 심판대상조항의 위헌성을 제거할 의무가 있다(헌재 2019.9.26, 2018헌바218 등).

106 현금영수증 발급의무 위반에 대한 과태료 부과하며 과태료 부과금액을 미발급 거래대금의 100분의 50으로 일률적으로 정하고 있는 것이 직업수행의 자유 및 평등원칙에 위배되는지 여부: 소극 [합헌]

과태료조항은 과태료 부과금액을 미발급 거래대금의 100분의 50으로 일률적으로 정하고 있으므로 사업자별 실질적인 이익을 고려하지 않고 있으나, 현금영수증 미발급행위 자체에는 위법성의 정도에 있어 큰 차이가 있다고 보기 어렵고, 미발급 거래대금이 클수록 비난가능성 또한 커진다는 점에 비추어 보면 입법재량의 범위를 현저히 일탈하여 평등원칙에 위반되었다고 볼 수 없다(헌재 2019.8.29, 2018헌바265).

107 골프장 부가금 납부의무자에 대한 부가금이 부가금 징수 대상 체육시설을 이용하지 않는 그 밖의 국민과 차별하는 것이 평등권을 침해하는지 여부: 적극 [위헌]

심판대상조항으로 말미암아 골프장 부가금 납부의무자는 골프장 부가금 징수 대상 체육시설을 이용하지 않는 그 밖의 국민과 달리 심판대상조항에 따른 골프장 부가금을 부담해야만 하는 차별 취급을 받는다. **수많은 체육시설 중 유독 골프장 부가금 징수 대상 시설의 이용자만을 국민체육진흥계정 조성에 관한 조세 외적 부담을 져야 할 책임이 있는 집단으로 선정한 것에는 합리성이 결여되어 있다.**

골프장 부가금 등을 재원으로 하여 조성된 국민체육진흥계정의 설치 목적이 국민 체육의 진흥에 관한 사항 전반을 아우르고 있다는 점에 비추어 볼 때, 국민 모두를 대상으로 하는 광범위하고 포괄적인 수준의 효용성을 놓고 부담금의 정당화 요건인 집단적 효용성을 갖추었다고 단정하기도 어렵다. 심판대상조항이 규정하고 있는 골프장 부가금은 일반 국민에 비해 특별히 객관적으로 밀접한 관련성을 가진다고 볼 수 없는 **골프장 부가금 징수 대상 시설 이용자들을 대상으로 하는 것으로서 합리적 이유가 없는 차별을 초래하므로, 헌법상 평등원칙에 위배된다**(헌재 2019.12.27, 2017헌가21).

108 강도상해죄 또는 강도치상죄를 무기 또는 7년 이상의 징역에 처하도록 규정한 형법 제337조가 형벌체계상 균형을 상실하여 평등원칙에 위반되는지 여부: **소극 [합헌]**

헌법재판소는 강도상해죄와 강도치상죄를 동일한 법정형으로 규정한 것에 대하여 2011.9.29. 선고한 2010헌바346 결정에서 "폭행 또는 협박이라는 수단으로 타인의 재물을 강취하는 강도행위는 그로 인하여 상해의 결과가 발생할 위험성이 크고, 강도행위자도 그러한 결과를 쉽사리 예견할 수 있으므로, 강도의 고의가 인정되는 이상 상해라는 결과 자체에 고의가 있었는지 여부는 그 불법과 죄질의 평가에 있어서 큰 차이가 없다고 할 수 있다."는 취지로 판시한 바 있다.

헌법재판소의 위와 같은 견해는 타당하고, 심판대상조항이 형벌체계상 균형을 상실하여 평등원칙에 위반된다고 할 수 없다(헌재 2016.9.29, 2014헌바183).

> **비교판례**
>
> 강도상해죄는 그 법정형의 하한이 7년 이상의 유기징역으로 한정되어 있어, 법률상 다른 감경사유가 없는 한 작량감경을 하여도 집행유예의 선고를 할 수 없도록 되어 있다고 하나, 이는 앞서 본 바와 같은 입법재량의 범위를 일탈하지 아니한 것이다. … 헌법 제10조와 기본권제한입법의 한계를 규정한 헌법 제37조 제2항에 위반된다거나 또는 사법권의 독립 및 법관의 양형판단권을 침해한 위헌법률조항이라 할 수 없다(헌재 1997.8.21, 93헌바60). 19. 서울시

109 관광진흥개발기금 관리·운용업무에 종사하도록 하기 위하여 문화체육관광부장관에 의하여 채용된 민간전문가에 대하여 형법상 뇌물죄의 적용에 있어서 공무원으로 의제하는 관광진흥개발기금법 제13조(이하 '이 사건 공무원 의제조항'이라 한다)가 신체의 자유나 평등원칙에 위배되는지 여부: **소극 [합헌]**

민간전문가를 모든 영역에서 공무원으로 의제하는 것이 아니라 직무의 불가매수성을 담보한다는 요청에 의하여 금품수수행위 등 직무 관련 비리행위를 엄격히 처벌하기 위하여 형법 제129조 등의 적용에 대하여만 공무원으로 의제하고 있으므로 입법목적달성에 필요한 정도를 넘어선 과잉형벌이라고 할 수 없고, 신체의 자유 등 헌법상 기본권제한의 정도가 달성하려는 공익에 비하여 중하다고 할 수 없다(헌재 2014.7.24, 2012헌바188).

110 형법조항과 똑같은 구성요건을 규정하면서 법정형만 상향 조정한 특정범죄 가중처벌 등에 관한 법률 조항이 인간의 존엄성과 가치를 보장하는 헌법의 기본원리에 위배될 뿐만 아니라 그 내용에 있어서도 평등원칙에 위반되는지 여부: **적극 [위헌]**

심판대상조항은 별도의 가중적 구성요건표지를 규정하지 않은 채 형법조항과 똑같은 구성요건을 규정하면서 법정형만 상향 조정하여 어느 조항으로 기소하는지에 따라 벌금형의 선고 여부가 결정되고, 선고형에 있어서도 심각한 형의 불균형을 초래하게 함으로써 형사특별법으로서 갖추어야 할 형벌체계상의 정당성과 균형을 잃어 인간의 존엄성과 가치를 보장하는 헌법의 기본원리에 위배될 뿐만 아니라 그 내용에 있어서도 평등원칙에 위반되어 위헌이다(헌재 2015.2.26, 2014헌가16 등).

기출 OX

01 강도상해죄 또는 강도치상죄를 무기 또는 7년 이상의 징역에 처하도록 규정한 형법 제337조는, 강도치상죄가 강간치상죄, 인질치상죄, 현주건조물 등 방화치상죄 등에 비하여 법정형의 하한이 높게 규정되어 있다 하더라도, 기본범죄, 보호법익, 죄질 등이 다른 이들 범죄를 강도치상죄와 단순히 평면적으로 비교하여 법정형의 과중여부를 판단할 수 없으므로, 심판대상조항이 형벌체계상 균형을 상실하여 평등원칙에 위반된다고 할 수 없다. 17. 경찰승진 ( )

02 관광진흥개발기금 관리·운용업무에 종사토록 하기 위해 문화체육관광부장관이 채용한 민간 전문가에 대해 형법상 뇌물죄의 적용에 있어서 공무원으로 의제하는 관광진흥개발기금법 조항은 평등원칙에 위배되지 않는다. 15. 국가직 ( )

03 형법상의 범죄와 똑같은 구성요건을 규정하면서 법정형만을 상향 조정한 특정범죄 가중처벌 등에 관한 법률 규정에 대한 결정은 평등원칙에 위반된다. 15. 국회직 ( )

정답 01 ○ 02 ○ 03 ○

111 6·25전몰군경자녀수당의 지급대상을 전투기간 중 '전사'한 전몰군경의 자녀만 수당을 지급하고 전투기간 중 부상을 입고 퇴직한 뒤 그 후유증으로 사망한 군경의 자녀는 제외한 국가유공자 등 예우 및 지원에 관한 법률 제16조의3 제1항 중 '전투기간 중 전사한 전몰군경의 자녀'에 관한 부분이 평등의 원칙에 위반되는지 여부: 소극 [합헌]

입법자가 이 사건 수당의 지급대상을 '이 사건 전투기간 중 전사한 군경'의 자녀로 설정함으로써 결과적으로 '이 사건 전투기간 중 부상 후 사망한 군경'의 자녀와 사이에 차별적 취급이 발생하였다고 하더라도, 이는 입법자가 6·25전몰군경자녀에 대한 추가 보상이라는 법적 가치의 상향적 구현을 단계적으로 추구하기 위하여 정책적 우선순위를 설정하는 과정에서 발생한 결과로서 그 나름의 합리적인 이유를 확인할 수 있으므로, 이를 입법재량을 벗어난 자의적인 재량권 행사라고 보기는 어렵다. 그렇다면 심판대상조항은 평등의 원칙에 위반되지 아니하고, '국가유공자 등에 대한 우선적 보호이념' 등을 위반하였다고 볼 수도 없다(헌재 2018.11.29, 2017헌바252).

112 '특정범죄 가중처벌 등에 관한 법률'상 밀수입 예비행위를 본죄에 준하여 처벌하는 조항이 형벌체계의 균형성에 반하여 헌법상 평등원칙에 위반되는지 여부: 적극 [위헌]

[1] 예비행위란 아직 실행의 착수조차 이르지 아니한 준비단계로서, 실질적인 법익에 대한 침해 또는 위험한 상태의 초래라는 결과가 발생한 기수와는 그 행위태양이 다르고, 법익침해가능성과 위험성도 다르므로, 이에 따른 불법성과 책임의 정도 역시 다르게 평가되어야 한다. 그럼에도 예비행위를 본죄에 준하여 처벌하도록 하고 있는 심판대상조항은 그 불법성과 책임의 정도에 비추어 지나치게 과중한 형벌을 규정하고 있는 것이다. 따라서 심판대상조항은 구체적 행위의 개별성과 고유성을 고려한 양형판단의 가능성을 배제하는 가혹한 형벌로서 책임과 형벌 사이의 비례성의 원칙에 위배된다.

[2] 동일한 밀수입 예비행위에 대하여 수입하려던 물품의 원가가 2억원 미만인 때에는 관세법이 적용되어 본죄의 2분의 1을 감경한 범위에서 처벌하는 반면, 물품원가가 2억원 이상인 경우에는 심판대상조항에 따라 본죄에 준하여 가중처벌을 하는 것은 합리적인 이유가 있다고 보기 어렵다. 심판대상조항이 적용되는 밀수입 예비죄보다 불법성과 책임이 결코 가볍다고 볼 수 없는 내란, 내란목적살인, 외환유치, 여적 예비죄나 살인 예비죄의 법정형이 심판대상조항이 적용되는 밀수입 예비죄보다 도리어 가볍다는 점에 비추어 보면, 심판대상조항이 예정하는 법정형은 형평성을 상실하여 지나치게 가혹하다고 할 것이다. 그러므로 심판대상조항은 형벌체계의 균형성에 반하여 헌법상 평등원칙에 어긋난다(헌재 2019.2.28, 2016헌가13).

113 분묘를 발굴한 행위에 대하여 5년 이하의 징역에 처하도록 규정한 형법 제160조가 헌법에 위반되는지 여부: 소극 [합헌]

우리의 전통문화와 사상, 분묘에 대하여 가지는 국민 일반의 가치관 내지 법감정, 범죄예방을 위한 형사정책적 측면 등 여러 가지 요소를 고려하여 심판대상조항에서 법정형으로 징역형만을 규정한 것에는 수긍할 만한 합리적 이유가 있다.

심판대상조항은 징역형의 하한에 제한을 두지 않아 1월부터 5년까지 다양한 기간의 징역형을 선고하는 것이 가능하고, 작량감경을 하지 않더라도 집행유예 기간 중에 있는 등 결격사유가 있는 경우가 아니라면 징역형의 집행유예나 선고유예를 선고할 수 있다. 따라서 법원이 구체적 사안에서 분묘의 상태, 행위의 동기 및 태양, 보호법익의 침해 정도 등을 고려하여 죄질과 행위자의 책임에 따른 형벌을 과하는 것이 가능해 보이므로, 심판대상조항이 벌금형을 선택형으로 규정하지 않고 징역형만을 법정형으로 정하고 있다 하더라도 입법재량의 범위를 벗어났다거나 법정형이 지나치게 과중하다고 보기 어렵다(헌재 2019.2.28, 2017헌가33).

114 자사고 지원자에게 평준화지역 후기학교의 중복지원을 금지한 초·중등교육법 시행령 제81조 제5항이 학생 및 학부모의 평등권을 침해하는지 여부: **적극 [위헌, 기각]**

[1] 자율형 사립고등학교(이하 '자사고'라 한다)를 후기학교로 정하여 신입생을 일반고와 동시에 선발하도록 한 초·중등교육법 시행령(2017.12.29. 대통령령 제28516호로 개정된 것, 이하 '시행령'이라 한다) 제80조 제1항(이하 '이 사건 동시선발조항'이라 한다)과 자사고를 지원한 학생에게 평준화지역 후기학교에 중복지원하는 것을 금지한 시행령 제81조 제5항 중 '제91조의3에 따른 자율형 사립고등학교는 제외한다' 부분(이하 '이 사건 중복지원금지 조항'이라 하고 위 두 조항을 합하여 '심판대상조항'이라 한다)이 교육제도 법정주의에 위반하여 청구인들의 기본권을 침해하는지 여부: **소극**

심판대상조항은 우리나라가 고교평준화 제도를 원칙으로 하면서 이를 보완하기 위하여 여러 형태의 특수한 고등학교들을 인정하고 있음에 따라 학교 유형별 수요자 층이 다름을 고려하여 학교 유형별로 신입생 선발시기를 달리 정하고, 평준화지역 후기학교와 자사고 등의 특성을 고려하여 지원 방법도 달리 정한 것이다. 따라서 심판대상조항은 고등학교 교육에 대한 수요 및 공급의 상황과, 각종 고등학교별 특성 등을 고려하여 규정한 것으로서 수권법률인 초·중등교육법 제47조 제2항의 위임취지에 부합한다.

[2] 이 사건 동시선발 조항이 청구인 학교법인의 평등권을 침해하는지 여부: **소극**

과학고는 '과학분야의 인재 양성'이라는 설립 취지나 전문적인 교육과정의 측면에서 과학 분야에 재능이나 소질을 가진 학생을 후기학교보다 먼저 선발할 필요성을 인정할 수 있으나, 자사고의 경우 교육과정 등을 고려할 때 후기학교보다 먼저 특정한 재능이나 소질을 가진 학생을 선발할 필요성은 적다. 따라서 이 사건 동시선발 조항이 자사고를 후기학교로 규정함으로써 과학고와 달리 취급하고, 일반고와 같이 취급하는 데에는 합리적인 이유가 있으므로 청구인 학교법인의 평등권을 침해하지 아니한다.

[3] 이 사건 중복지원금지 조항이 청구인 학생 및 학부모의 평등권을 침해하는지 여부: **적극**

이 사건 중복지원금지 조항은 고등학교 진학 기회에 있어서의 평등이 문제된다. 비록 고등학교 교육이 의무교육은 아니지만 매우 보편화된 일반교육임을 고려할 때 고등학교 진학 기회의 제한은 당사자에게 미치는 제한의 효과가 커 엄격히 심사하여야 하므로 차별 목적과 차별 정도가 비례원칙을 준수하는지 살펴야 한다. 자사고를 지원하는 학생과 일반고를 지원하는 학생은 모두 전기학교에 지원하지 않았거나, 전기학교에 불합격한 학생들로서 고등학교에 진학하기 위해서는 후기 입학전형 1번의 기회만 남아있다는 점에서 같다. 자사고와 평준화지역 후기학교의 입학전형 실시권자가 달라 자사고 불합격자에 대한 평준화지역 후기학교 배정에 어려움이 있다면 이를 해결할 다른 제도를 마련하였어야 함에도, 이 사건 중복지원금지 조항은 중복지원금지 원칙만을 규정하고 자사고 불합격자에 대하여 아무런 고등학교 진학 대책을 마련하지 않았다. 결국 이 사건 중복지원금지 조항은 고등학교 진학 기회에 있어서 자사고 지원자들에 대한 차별을 정당화할 수 있을 정도로 차별 목적과 차별 정도간에 비례성을 갖춘 것이라고 볼 수 없다(헌재 2019.4.11, 2018헌마221).

기출 OX

01 자율형 사립고등학교를 후기학교로 정하여 신입생을 일반고와 동시에 선발하도록 하는 한편, 자율형 사립고등학교를 지원한 학생에게 평준화지역 후기학교에 중복지원할 수 없도록 한 것은 학교법인의 사학운영의 자유를 침해한다. 20. 국회직 9급 ( )

02 자율형 사립고(이하 '자사고'라 함)의 도입목적은 고교평준화 제도의 기본틀을 유지하면서 고교평준화 제도의 문제점으로 지적된 획일성을 보완하기 위해 고교 교육의 다양화를 추진하고, 학습자의 소질·적성 및 창의성 개발을 지원하며, 학생·학부모의 다양한 요구 및 선택기회 확대에 부응하는 것이어서 과학고의 경우와 같이 재능이나 소질을 가진 학생을 후기학교보다 먼저 선발할 필요성이 있음에도 불구하고 자사고를 후기학교로 규정함으로써 과학고와 달리 취급하고, 일반고와 같이 취급하는 것은 자사고 학교법인의 평등권을 침해한다. 20. 변호사 ( )

03 자율형 사립고등학교를 후기학교로 정하여 신입생을 일반고와 동시에 선발하도록 한 것은 자율형 사립고등학교 법인의 평등권을 침해한다. 20. 입시 ( )

04 자율형 사립고등학교를 지원한 학생에게 평준화지역 후기학교 주간부에 중복지원하는 것을 금지한 것이 자율형 사립고등학교에 진학하고자 하는 학생의 평등권을 침해하는지 여부는 기본권침해 여부의 심사에서 과잉금지원칙(비례원칙)이 적용된 경우이다. 20. 국가직 ( )

정답 01 × 02 × 03 × 04 ○

115 사회복무요원에게 현역병의 봉급에 해당하는 보수를 지급하도록 한 병역법 시행령 제62조 제1항 본문이 현역병에 비하여 사회복무요원을 합리적 근거 없이 차별하여 평등권을 침해하는지 여부: 소극 [기각]

현역병과 달리 사회복무요원에게 보수 외에 중식비, 교통비, 제복 등을 제외한 다른 의식주 비용을 지급하지 않는 것은 해당 비용과 직무수행간의 밀접한 관련성 유무를 고려한 것이다. 현역병은 엄격한 규율이 적용되는 내무생활을 하면서 총기·폭발물 사고 등 위험에 노출되어 있는데, 병역의무 이행에 대한 보상의 정도를 결정할 때 위와 같은 현역병 복무의 특수성을 반영할 수 있으며, 사회복무요원은 생계유지를 위하여 필요한 경우 복무기관의 장의 허가를 얻어 겸직할 수 있는 점 등을 고려하면, 심판대상조항이 사회복무요원에게 현역병의 봉급과 동일한 보수를 지급하면서 중식비, 교통비, 제복 등을 제외한 다른 의식주 비용을 추가로 지급하지 않는다 하더라도, 사회복무요원을 현역병에 비하여 합리적 이유 없이 자의적으로 차별한 것이라고 볼 수 없다. 따라서 심판대상조항은 청구인들의 평등권을 침해하지 아니한다(헌재 2019.2.28, 2017헌마374·976·2018헌마821).

116 부마민주항쟁을 이유로 30일 미만 구금된 자를 보상금 또는 생활지원금의 지급대상에서 제외하는 '부마민주항쟁 관련자의 명예회복 및 보상 등에 관한 법률' 제21조 제1항과 제22조 제1항이 청구인의 평등권을 침해하는지 여부: 소극 [기각]

생활지원금을 비롯한 부마항쟁보상법상 보상금 등은 국가가 관련자의 경제활동이나 사회생활에 미치는 영향, 생활정도 등을 고려하여 지급대상자와 지원금의 액수를 정하여 지급할 수 있으므로, 이 사건 생활지원금 조항이 일정한 요건을 갖춘 자들에 한하여 생활지원금을 지급할 수 있도록 하는 것이 불합리하다고 보기 어렵다. 따라서 심판대상조항은 청구인의 평등권을 침해하지 아니한다(헌재 2019.4.11, 2016헌마418).

117 회원제 골프장용 부동산의 재산세에 대하여 1천분의 40의 중과세율을 규정한 것이 평등원칙에 위반되는지 여부: 소극 [합헌]

입법자는 외부불경제 효과로 인한 골프장 규제의 필요성, 회원 위주로 이용 가능한 회원제 골프장의 제한적인 접근가능성, 사치·낭비 풍조 억제를 통한 한정된 자원의 바람직한 배분, 골프장 조성비용 조달방법의 차이 등 국민경제적·사회정책적 제반 요소들을 종합적으로 고려하여 회원제 골프장의 재산세율을 대중 골프장 등 다른 체육시설보다 높게 규정한 것인바, 이를 두고 현저히 합리적인 재량을 벗어나 불합리한 차별을 가하는 것이라 할 수 없으므로 심판대상조항은 평등원칙에 위반되지 아니한다(헌재 2020.3.26, 2016헌가17 등).

118 금융회사 등의 임직원이 그 직무에 관하여 수수, 요구 또는 약속한 금품 기타 이익의 가액이 1억원 이상인 경우 가중처벌하도록 정하고 있는 구 '특정경제범죄 가중처벌 등에 관한 법률' 제5조 제4항 제1호가 형벌체계상의 균형을 상실하여 평등원칙에 위배되는지 여부: 소극 [합헌]

수재행위의 경우 수수액이 증가하면서 범죄에 대한 비난가능성도 높아지므로 수수액을 기준으로 단계적 가중처벌을 하는 것에는 합리적 이유가 있다. 그리고 가중처벌의 기준을 1억원으로 정하면서 징역형의 하한을 10년으로 정한 것은 그 범정과 비난가능성을 높게 평가한 입법자의 합리적 결단에 의한 것인바, 가중처벌조항은 책임과 형벌간의 비례원칙에 위배되지 아니한다. 나아가 금융회사 등 임직원에게는 공무원과 맞먹는 정도의 청렴성 및 업무의 불가매수성이 요구되므로, 그 수재행위를 공무원의 수뢰행위와 동일한 법정형으로 처벌한다거나 다른 사인들의 직무 관련 수재행위보다 중하게 처벌한다는 이유만으로 가중처벌조항이 형벌체계상 현저히 균형을 잃은 것으로 평등원칙에 위배된다고 볼 수도 없다(헌재 2020.3.26, 2017헌바129).

119 '주택'과 '주거용 오피스텔'에 관한 지방세법상 취득세율을 차별하는 것이 위헌인지 여부: 소극 [합헌]

건축법령상 오피스텔은 '업무를 주로 하며, 분양하거나 임대하는 구획 중 일부 구획에서 숙식을 할 수 있도록 한 건축물'로서 주택과 달리 일반업무시설에 해당한다. 주택법도 주택과 오피스텔을 개념상 구별하고 있다. 입법자가 오피스텔의 사실상 용도와 관계없이 주택과 오피스텔을 구별하여 그 취득세에 관한 세율 체계를 달리 규정한 것을 두고 비합리적이고 불공정한 조치라 할 수 없으며, 현저히 자의적이라고 보기 어렵다. 심판대상조항이 오피스텔 취득자의 주관적 사용 목적 내지 의사를 고려하지 않았다고 하더라도 그것만을 이유로 조세평등주의에 위배된다는 결론에 이를 수는 없다(헌재 2020.3.26, 2017헌바363).

120 정년퇴직일 전에 임기만료일이 먼저 도래하는 법관의 경우 임기만료일을 기준으로 명예퇴직수당 정년잔여기간을 산정하도록 정한 '법관 및 법원공무원 명예퇴직수당 등 지급규칙' 제3조 제5항 본문이 평등권을 침해하는지 여부: 소극 [기각]

법관 명예퇴직수당은 자진퇴직을 요건으로 하므로 퇴직법관이 잔여임기를 고려하여 명예퇴직수당 수령이 가능한 때로 퇴직시점을 정할 수 있는 점, 최근의 평생법관제 정착을 위한 노력 등을 고려할 때 명예퇴직제도의 수혜 범위 등을 확대하여 경험 많은 법관의 조기퇴직을 추가로 유도할 필요성이 상대적으로 크다고 할 수 없는 점 등의 사정도 함께 고려할 필요가 있다. 심판대상조항으로 인하여 법관이 연령정년만을 기준으로 정년잔여기간을 산정하는 다른 경력직공무원에 비하여, 명예퇴직수당 지급 여부 및 액수 등에 있어 불이익을 볼 가능성이 있다 하더라도, 이를 자의적인 차별이라 볼 수는 없다. 따라서 심판대상조항은 청구인의 평등권을 침해하지 않는다(헌재 2020.4.23, 2017헌마321).

121 전문연구요원과 달리 공중보건의사의 군사교육소집기간을 복무기간에 산입하지 않는 심판대상조항은 청구인들의 평등권을 침해하는지 여부: 소극 [기각]

같은 병역 유형인 보충역에 속한다고 하더라도 개별 보충역마다 제도 도입 취지, 복무형태, 복무내용, 신분 등이 상이하므로 군사교육소집기간 산입 여부와 같은 병역의무이행의 세부적인 내용이 모두 동일하게 적용되어야 한다고 볼 수는 없다. 이러한 점을 고려하면, 군사교육소집기간의 복무기간 산입 여부와 같은 정책적인 사항에 대하여 전문연구요원과 달리 규정한다고 해서 이를 부당한 차별취급이라고 단정하기는 어렵다. 따라서 심판대상조항이 전문연구요원과 달리 공중보건의사의 군사교육소집기간을 복무기간에 산입하지 않은 데에는 합리적 이유가 있으므로, 청구인들의 평등권을 침해하지 않는다(헌재 2020.9.24, 2019헌마472).

122 공중보건의사에 편입되어 군사교육에 소집된 사람을 군인보수법의 적용대상에서 제외하여 군사교육 소집기간 동안의 보수를 지급하지 않도록 한 군인보수법이 평등권을 침해하는지 여부: 소극 [기각]

심판대상조항이 공중보건의사로 편입되어 군사교육 소집된 자를 군인보수법의 적용대상에서 제외하여 군사교육 소집기간 동안의 보수를 지급하지 않도록 규정하였다고 하더라도 이는 한정된 국방예산의 범위 내에서 효율적인 병역 제도의 형성을 위하여 공중보건의사의 신분, 복무내용, 복무환경, 전체 복무기간 동안의 보수 수준 및 처우, 군사교육의 내용 및 기간 등을 종합적으로 고려하여 결정한 것이므로, 청구인의 평등권을 침해한다고 보기 어렵다(헌재 2020.9.24, 2017헌마643).

123 금융회사 등 임직원이 그 직무에 관하여 5천만원 이상 1억원 미만의 금품 등의 수수를 약속한 경우 가중처벌하는 '특정경제범죄 가중처벌 등에 관한 법률' 제5조 제4항 제2호 부분이 평등원칙 등에 위배되는지 여부: 소극 [합헌]

이 사건 법률조항의 보호법익은 금융회사 등 임직원의 청렴성과 그 직무의 불가매수성이므로 금융회사 등 임직원이 금품 등을 '약속'한 경우가 현실적으로 금품 등을 '수수'한 경우에 비해 언제나 불법의 크기나 책임이 작다고 볼 수도 없고, 이 사건 법률조항이 요구·약속·수수를 동일한 기준에 따라 처벌하는 것은 금융회사 등 임직원이 5천만원 이상의 상당한 금품 등을 요구·약속·수수하였다면 금융회사 등 임직원의 청렴성과 그 직무수행의 불가매수성에 대한 침해가 이미 현저히 이루어졌다는 판단에 근거한 것으로 이러한 판단이 부당하다고 볼 수 없다(헌재 2020.10.29, 2019헌가15).

124 운행 중인 자동차의 운전자를 폭행하거나 협박하여 사람을 상해에 이르게 한 경우를 3년 이상의 유기징역에 처하도록 한 '특정범죄 가중처벌 등에 관한 법률' 제5조의10 제2항 중 '상해'에 관한 부분이 형벌체계상의 균형을 상실하여 평등원칙에 위배되는지 여부: 소극 [합헌]

이 사건 법률조항의 범죄가 교통과 시민의 안전에 미치는 위험성과 그 보호법익의 중대성에 비추어 볼 때, 이 사건 법률조항이 운행 중인 자동차의 종류나 다른 승객 탑승 여부, 여객의 승·하차 등을 위한 일시 정차의 경우를 구분하지 않고 동일한 법정형으로 규정하는 것이 현저히 자의적인 입법이라거나 그 법정형이 형벌 본래의 목적과 기능을 달성함에 있어 필요한 정도를 넘는 지나치게 과중한 것이라고 보기 어렵다. 결국, 이 사건 법률조항이 책임과 형벌간의 비례원칙에 위배된다거나 형벌체계상의 균형을 상실하여 평등원칙에 위배된다는 청구인의 주장은 이유 없다(헌재 2020.11.26, 2020헌바281).

125 군의 장의 선거의 예비후보자등록 신청기간을 선거기간개시일 전 60일로 제한하는 공직선거법 조항이 평등권을 침해하는지 여부: 소극 [기각]

군은 주로 농촌 지역에 위치하고 있어 도시 지역인 자치구·시보다 대체로 인구가 적다. 또한, 군의 평균 선거인수는 자치구·시의 평균 선거인수에 비하여 적다. 심판대상조항은 이러한 차이를 고려하여 자치구·시의 장의 선거에서보다 군의 장의 선거에서 예비후보자의 선거운동기간을 단기간으로 정한 것인바, 이러한 차별취급은 자의적인 것이라 할 수 없다. 따라서 이 조항은 청구인의 평등권을 침해하지 않는다(헌재 2020.11.26, 2018헌마260).

126 65세 미만 노인성 질병(치매·뇌혈관성질환 등)이 있는 사람의 장애인 활동지원급여 신청을 제한하는 것이 위헌인지 여부: 적극 [헌법불합치]

심판대상조항이 65세 미만의 혼자서 일상생활과 사회생활을 하기 어려운 장애인 가운데 치매·뇌혈관성질환 등 노인장기요양보험법 시행령에서 규정한 노인성 질병을 가진 사람을 일률적으로 활동지원급여 신청자격자에서 제외하는 것은 불합리한 차별로서 평등원칙에 위배하여 헌법에 위반된다[헌재 2020.12.23, 2017헌가22·2019헌가8(병합)].

127 비방할 목적으로 정보통신망을 통하여 공공연하게 거짓의 사실을 드러내는 명예훼손죄를 '반의사불벌죄'로 규정한 '정보통신망 이용촉진 및 정보보호 등에 관한 법률' 제70조 제3항이 평등의 원칙에 위배되는지 여부: 소극 [합헌]

입법자는 공소권 행사로 얻을 수 있는 이익과 피해자의 의사에 따라 공소권 행사를 제한함으로써 얻을 수 있는 이익의 조화 등을 종합적으로 형량하여 그 친고죄·

기출 OX

01 65세 미만의 일정한 노인성 질병이 있는 사람의 장애인 활동지원급여 신청자격을 제한하는 장애인활동 지원에 관한 법률 제5조 제2호 본문 중 '노인장기요양보험법 제2조 제1호에 따른 노인 등' 가운데 '65세 미만의 자로서 치매·뇌혈관성질환 등 대통령령으로 정하는 노인성 질병을 가진 자'에 관한 부분은 합리적 이유가 있다고 할 것이므로 평등원칙에 위반되지 않는다. 22. 경찰1차 ( )

정답 01 ×

반의사불벌죄 여부를 달리 정한 것이므로, 정보통신망법상 명예훼손죄를 반의사불벌죄로 정한 심판대상조항이 형벌체계상 균형을 상실하여 평등원칙에 위반된다고 보기 어렵다. 따라서 심판대상조항은 헌법에 위반되지 아니한다(헌재 2021.4.29, 2018헌바113).

128 '공익신고자 보호법'상 보상금의 지급을 신청할 수 있는 자의 범위를 '내부 공익신고자'로 한정함으로써 '외부 공익신고자'를 보상금 지급대상에서 배제하도록 정한, '공익신고자 보호법' 제26조 제1항 중 '내부 공익신고자' 부분이 평등원칙에 위배되는지 여부: 소극 [합헌]
'공익신고자 보호법'상 보상금의 의의와 목적을 고려하면, 이와 같이 공익신고 유도 필요성에 있어 차이가 있는 내부 공익신고자와 외부 공익신고자를 달리 취급하는 것에 합리성을 인정할 수 있다. 또한, 무차별적 신고로 인한 행정력 낭비 등 보상금이 초래한 전문신고자의 부작용 문제를 근본적으로 해소하고 공익신고의 건전성을 제고하고자 보상금 지급대상을 내부 공익신고자로 한정한 입법자의 판단이 충분히 납득할만한 점, 외부 공익신고자도 일정한 요건을 갖추는 경우 포상금, 구조금 등을 지급 받을 수 있는 점 등을 아울러 고려할 때, 이 사건 법률조항이 평등원칙에 위배된다고 볼 수 없다(헌재 2021.5.27, 2018헌바127).

129 국민참여재판 배심원의 자격을 만 20세 이상으로 정한 국민의 형사재판 참여에 관한 법률 제16조 중 '만 20세 이상' 부분이 평등원칙에 위배되는지 여부: 소극 [합헌]
배심원으로서의 권한을 수행하고 의무를 부담할 능력과 민법상 행위능력, 선거권 행사능력, 군 복무능력, 연소자 보호와 연계된 취업능력 등이 동일한 연령기준에 따라 판단될 수 없고, 각 법률들의 입법취지와 해당 영역에서 고려하여야 할 제반 사정, 대립되는 관련 이익들을 교량하여 입법자가 각 영역마다 그에 상응하는 연령기준을 달리 정할 수 있다. 따라서 심판대상조항이 우리나라 국민참여재판제도의 취지와 배심원의 권한 및 의무 등 여러 사정을 종합적으로 고려하여 만 20세에 이르기까지 교육 및 경험을 쌓은 자로 하여금 배심원의 책무를 담당하도록 정한 것은 입법형성권의 한계 내의 것으로 자의적인 차별이라고 볼 수 없다(헌재 2021.5.27, 2019헌가19).

130 1993.12.31. 이전에 출생한 재외국민 2세도 예외를 두지 않고 본인이 18세 이후 통틀어 3년을 초과하여 국내에 체재한 경우 재외국민 2세의 지위를 상실할 수 있도록 규정한 병역법 시행령이 평등권을 침해하는지 여부: 소극 [기각]
1993.12.31. 이전에 출생한 재외국민 2세와 1994.1.1. 이후 출생한 재외국민 2세는 병역의무의 이행을 연기하고 있다는 점에서 차이가 없고, 3년을 초과하여 국내에 체재한 경우 실질적인 생활의 근거지가 대한민국에 있다고 볼 수 있어 더 이상 특례를 인정해야 할 필요가 없다는 점에서도 동일하다. 1993.12.31. 이전에 출생한 재외국민 2세 중에는 기존 제도가 유지될 것으로 믿고 국내에 생활의 기반을 형성한 경우가 있을 수 있으나, 출생년도를 기준으로 한 특례가 앞으로도 지속될 것이라는 신뢰에 대하여 보호가치가 인정된다고 볼 수 없고, 병역의무의 평등한 이행을 확보하기 위하여 출생년도와 상관없이 모든 재외국민 2세를 동일하게 취급하는 것은 합리적인 이유가 있으므로, 심판대상조항은 청구인들의 평등권을 침해하지 아니한다(헌재 2021.5.27, 2019헌마177).

131 혼인한 등록의무자 모두 배우자가 아닌 본인의 직계존·비속의 재산을 등록하도록 2009.2.3. 법률 제9402호로 공직자윤리법 제4조 제1항 제3호가 개정되었음에도 불구하고, 개정 전 공직자윤리법 조항에 따라 이미 배우자의 직계존·비속의 재산을 등록한 혼인한 여성 등록의무자는 종전과 동일하게 계속해서 배우자의 직계존·비속의 재산을 등록하도록 규정한 공직자윤리법 부칙 제2조가 평등원칙에 위배되는지 여부: 적극 [위헌]

이 사건 부칙조항은 혼인한 남성 등록의무자와 이미 개정전 공직자윤리법 조항에 따라 재산등록을 한 혼인한 여성 등록의무자를 달리 취급하고 있는바, 이 사건 부칙조항이 평등원칙에 위배되는지 여부를 판단함에 있어서는 엄격한 심사척도를 적용하여 **비례성 원칙에 따른 심사**를 하여야 한다. 이 사건 부칙조항은 개정 전 공직자윤리법 조항이 혼인관계에서 남성과 여성에 대한 차별적 인식에 기인한 것이라는 반성적 고려에 따라 개정 공직자윤리법 조항이 시행되었음에도 불구하고, 일부 혼인한 여성 등록의무자에게 이미 개정 전 공직자윤리법 조항에 따라 재산등록을 하였다는 이유만으로 남녀차별적인 인식에 기인하였던 종전의 규정을 따를 것을 요구하고 있다. 그런데 혼인한 남성 등록의무자와 달리 혼인한 여성 등록의무자의 경우에만 본인이 아닌 배우자의 직계존·비속의 재산을 등록하도록 하는 것은 여성의 사회적 지위에 대한 그릇된 인식을 양산하고, 가족관계에 있어 시가와 친정이라는 이분법적 차별구조를 정착시킬 수 있으며, 이것이 사회적 관계로 확장될 경우에는 남성우위·여성비하의 사회적 풍토를 조성하게 될 우려가 있다. 이는 성별에 의한 차별금지 및 혼인과 가족생활에서의 양성의 평등을 천명하고 있는 헌법에 정면으로 위배되는 것으로 그 목적의 **정당성을 인정할 수 없다.** 따라서 이 사건 부칙조항은 평등원칙에 위배된다(헌재 2021.9.30, 2019헌가3).

132 득표율에 따라 기탁금 반환 금액을 차등적으로 정한 공직선거법 제57조 제1항 제1호 중 '지방자치단체의 장선거'에 관한 부분으로서 가목 가운데 '유효투표총수의 100분의 15 이상을 득표한 경우'에 관한 부분 및 나목이 '유효투표총수의 100분의 10'에 미치지 못하는 득표율을 얻은 청구인의 평등권을 침해하는지 여부: 소극 [기각, 각하]

기탁금제도의 실효성을 확보하기 위해서는 기탁금 반환에 대하여 일정한 요건을 정하여야 하는데, 유권자의 의사가 반영된 유효투표총수를 기준으로 하는 것은 합리적인 방법이며, 유효투표총수의 100분의 10 또는 15 이상을 득표하도록 하는 것이 지나치게 높은 기준이라고 보기 어려우므로, 기탁금 반환 조항은 청구인의 평등권을 침해하지 아니한다(헌재 2021.9.30, 2020헌마899).

133 마약류 종류에 따른 구별 없이 가액만을 기준으로 동일하게 가중처벌하는 것이 평등원칙에 위배되는지 여부: 소극 [합헌]

심판대상조항은 마약류관리법과 달리 마약 및 가목 향정신성의약품이나 나목 및 다목 향정신성의약품의 구별 없이 가액만을 기준으로 그 단순소지를 동일하게 가중처벌하고 있으나, 대량의 소지행위인 경우 유통의 가능성을 높여 마약류의 대량 확산에 기여한다는 점에서 국민건강에 미치는 유해성이나 사회적 위험성이 가중된다. 이와 같이 행위유형이 갖는 사회적 위험성이 크면 마약류의 종류가 다르더라도 그 불법성을 동일하게 높게 평가하여 법정형에 반영하는 입법적 기조가 불합리하다 보기 어렵다. 따라서 심판대상조항은 평등원칙에 위배되지 아니한다(헌재 2021.4.29, 2019헌바83).

134 방송광고, 후보자 등의 방송연설, 방송시설주관 후보자연설의 방송, 선거방송토론위원회 주관 대담 토론회의 방송에서 한국 수화언어 또는 자막의 방영을 재량사항으로 규정한 공직선거법 조항이 평등원칙에 위배되는지 여부: 소극

최근 전국단위 주요 선거에서 선거방송토론위원회 주관 대담·토론회 방송은 100% 한국수어방송을 하고 있다는 점도 고려되어야 한다. 이에 더하여 청각장애인이 선거정보를 획득할 수 있는 다양한 수단들이 존재하는 점 등을 종합적으로 고려하면, 이 사건 한국수어·자막조항이 청구인들의 선거권을 침해한다고 보기 어렵다(헌재 2020.8.28, 2017헌마813).

135 고소인이나 고발인만을 항고권자로 규정한 검찰청법 조항은 동법상 항고를 통하여 불복할 수 없게 된 기소유예 처분을 받은 피의자의 평등권을 침해하는지 여부: 소극

검찰청법상 항고제도의 인정 여부는 기본적으로 입법정책에 속하는 문제로서 그 주체, 대상의 범위 등의 제한도 그것이 현저히 불합리하지 아니한 이상 헌법에 위반되는 것이라 할 수 없고, 고소인·고발인과 피의자는 기본적으로 대립적 이해관계에서 기소유예처분에 불복할 이익을 지니며, 검찰청법상 항고제도의 성격과 취지 및 한정된 인적·물적 사법자원의 측면, 그리고 이 사건 법률조항이 헌법소원심판청구 등 피의자의 다른 불복수단까지 원천적으로 봉쇄하는 것은 아닌 점 등을 종합하면, 이 사건 법률조항이 피의자를 고소인·고발인에 비하여 합리적 이유 없이 차별하는 것이라 할 수 없다(헌재 2012.7.26, 2010헌마642).

136 일반 형사소송절차와 달리 소년심판절차에서 검사에게 상소권이 인정되지 않는 것이 피해자의 평등권을 침해하는지 여부: 소극

소년심판은 형사소송절차와는 달리 소년에 대한 후견적 입장에서 소년의 환경조정과 품행교정을 위한 보호처분을 하기 위한 심문절차이며, 보호처분을 함에 있어 범행의 내용도 참작하지만 주로 소년의 환경과 개인적 특성을 근거로 소년의 개선과 교화에 부합하는 처분을 부과하게 되므로 일반 형벌의 부과와는 차이가 있다. 그리고 소년심판은 심리의 객체로 취급되는 소년에 대한 후견적 입장에서 법원의 직권에 의해 진행되므로 검사의 관여가 반드시 필요한 것이 아니고 이에 따라 소년심판의 당사자가 아닌 검사가 상소 여부에 관여하는 것이 배제된 것이다. 위와 같은 소년심판절차의 특수성을 감안하면, 차별대우를 정당화하는 객관적이고 합리적인 이유가 존재한다고 할 것이어서 이 사건 법률조항은 청구인의 평등권을 침해하지 않는다(헌재 2012.7.26, 2011헌마232).

137 외국 국적 동포에 대하여 부동산 실권리자 명의등기에 관한 법률 적용의 예외를 규정한 것이 평등원칙에 위배되는지 여부: 소극

기존 명의신탁에 대한 실명등기의무 및 그 명의신탁약정 등의 효력에 관한 부동산실명법 제11조 제1항 본문, 제12조 제1항은, ① 기존 명의신탁까지 규율대상에 포함시킴으로써 제한되는 사익보다 공적인 이익이 클 뿐만 아니라, 기존 명의신탁자의 권리가 부당하게 일방적으로 침해될 위험성을 여러 규정을 통하여 배제하고 있다는 점에서 보호될 공익에 비하여 국민의 신뢰보호나 법적 안정성을 더 크게 해치지는 않으므로, 소급입법에 의한 재산권 박탈 또는 이로 인한 재산권보장원칙의 침해에 해당하지 않는다고 할 것이고, ② 실명등기의무의 유예기간인 1년은 과잉금지의 원칙에 위배될 정도의 단기라고는 할 수 없으며, ③ 기존 명의신탁자에 대하여도 과징금을 부과한다는 것이 평등의 원칙에 위반된다고 할 수 없다(헌재 2001.5.31, 99헌가18).

138 경찰공무원과 군인은 공무원보수규정상의 봉급표에 있어서 본질적으로 동일·유사한 지위에 있다고 볼 수 있는지 여부: 적극

경찰공무원과 군인은 주된 임무가 다르지만, 양자 모두 국민의 생명·신체 및 재산에 대한 구체적이고 직접적인 위험을 예방하고 보호하는 업무를 수행하면서 그 과정에서 생명과 신체에 대한 상당한 위험을 부담한다. 나아가 국가비상사태, 대규모의 테러 또는 소요사태가 발생하였거나 발생할 우려가 있는 경우에는 경찰공무원은 치안유지를 위하여 군인에 상응하는 고도의 위험을 무릅쓰고 부여된 업무를 수행하여야만 한다. 이를 고려하여 볼 때, 직무의 곤란성과 책임의 정도에 따라 결정되는 공무원보수의 책정에 있어서(국가공무원법 제46조 제1항), 경찰공무원과 군인은 본질적으로 동일·유사한 집단이라고 할 것이다(헌재 2008.12.26, 2007헌마444).

비교》 일반직공무원과 경찰공무원은 본질적으로 동일·유사한 지위에 있지 않다(헌재 2014.1.28, 2012헌마267).

139 경찰공무원 중 경장의 봉급월액이 이에 대응하는 군인계급인 중사의 봉급월액보다 적게 규정된 경우 합리적 이유 없는 차별인지 여부: 소극

경찰공무원과 군인은 업무를 수행하는 과정에서 생명과 신체에 대한 상당한 위험을 부담한다는 점에서 유사한 측면이 존재하지만, 법률에 의하여 부여된 고유 업무는 서로 다르고, 그에 따라 업무수행 중에 노출되는 위험상황의 성격과 정도에 있어서도 서로 일치한다고는 볼 수 없다. 또한 경찰공무원과 군인은 직종간 특성에 따라 다른 계급체계 및 인사운영체계를 가지고 있고, 이에 따라 봉급월액을 다르게 정하고 있다. 따라서 경찰공무원 중 경장의 봉급월액이 이에 대응하는 군인계급인 중사의 봉급월액보다 적게 규정되었다고 하여 이를 합리적 이유 없는 차별에 해당한다고 볼 수 없다(헌재 2008.12.26, 2007헌마444).

140 국가를 상대로 한 당사자소송에는 가집행선고를 할 수 없도록 규정하고 있는 '행정소송법 제43조가 평등원칙에 위반되는지 여부: 적극 [위헌]

당사자소송은 국가·공공단체 그 밖의 권리주체를 피고로 하는데 심판대상조항에 의하여 피고가 국가인 경우에만 가집행선고를 할 수 없으므로, 당사자소송의 경우 피고가 누구인지에 따라 승소판결과 동시에 가집행선고를 할 수 있는지 여부가 달라지고, 이는 곧 심판대상조항에 따른 차별취급이라고 할 수 있다. 즉, **심판대상조항은 재산권의 청구에 관한 당사자소송 중에서도 피고가 공공단체 그 밖의 권리주체인 경우와 국가인 경우를 다르게 취급하고 있다. 재산권의 청구가 공법상 법률관계를 전제로 한다는 점만으로 국가를 상대로 하는 당사자소송에서 국가를 우대할 합리적인 이유가 있다고 할 수 없고, 집행가능성 여부에 있어서도 국가와 지방자치단체 등이 실질적인 차이가 있다고 보기 어렵다. 심판대상조항은 국가가 당사자소송의 피고인 경우 가집행의 선고를 제한하여, 국가가 아닌 공공단체 그 밖의 권리주체가 피고인 경우에 비하여 합리적인 이유 없이 차별하고 있으므로 평등원칙에 반한다**(헌재 2022.2.24, 2020헌가12).

141 피고인이 무죄판결을 받지는 않았으나 원판결보다 가벼운 형으로 유죄판결이 확정됨에 따라 원판결에 따른 구금형 집행이 재심판결에서 선고된 형을 초과하게 된 경우, 초과 구금에 대한 형사보상을 규정하지 않은 형사보상법이 평등권을 침해하는지 여부: 적극 [헌법불합치]

재심판결에서 선고된 형을 초과하는 구금이 이미 이루어진 상태라면 그 초과 구금은 위헌적인 법률의 집행으로 인한 과다 구금으로서 형사사법절차에 내재하는 위험으로 인하여 피고인의 신체의 자유에 중대한 피해 결과가 발생한 것으로 볼 수

밖에 없다. 그럼에도 위와 같은 경우에 대하여 형사보상의 대상이 되지 않는다고 보는 것은 형벌규정에 관한 위헌결정의 소급효와 재심청구권을 규정한 헌법재판소법 제47조 제3항·제4항의 취지에도 부합하지 않는다. 그렇다면 **심판대상조항이 원판결의 근거가 된 가중처벌규정에 대하여 헌법재판소의 위헌결정이 있었음을 이유로 개시된 재심절차에서, 공소장 변경을 통해 위헌결정된 가중처벌규정보다 법정형이 가벼운 처벌규정으로 적용법조가 변경되어 피고인이 무죄재판을 받지는 않았으나 원판결보다 가벼운 형으로 유죄판결이 확정된 경우, 재심판결에서 선고된 형을 초과하여 집행된 구금에 대하여 보상요건을 전혀 규정하지 아니한 것은 현저히 자의적인 차별로서 평등원칙을 위반하여 청구인들의 평등권을 침해하므로 헌법에 위반된다**(헌재 2022.2.24, 2018헌마998).

142 군인이 군사기지·군사시설에서 군인을 폭행한 경우 반의사불벌죄(형법 제260조 제3항)의 적용을 배제하도록 한 군형법 제60조의6이 평등원칙에 위반되는지 여부: 소극 [합헌]

엄격한 위계질서와 집단생활을 하는 군 조직의 특수성으로 인하여 피해자가 가해자에 대한 처벌을 희망할 경우 다른 구성원에 의해 피해를 당할 우려가 있고, 상급자가 가해자·피해자 사이의 합의에 관여할 경우 피해자가 처벌불원의사를 거부하기 어려운 경우가 발생할 수 있다. 특히 병역의무자는 헌법상 국방의 의무의 일환으로서 병역의무를 이행하는 대신, 국가는 병영생활을 하는 병역의무자의 신체·안전을 보호할 책임이 있음을 고려할 때, 궁극적으로는 군사기지·군사시설에서의 폭행으로부터 병역의무자를 보호해야 한다는 입법자의 판단이 헌법이 부여한 광범위한 형성의 자유를 일탈한다고 보기 어렵다. 따라서 심판대상조항이 형벌체계상 균형을 상실하였다고 보기 어려우므로 평등원칙에 위반되지 아니한다(헌재 2022.3.31, 2021헌바62).

143 대마를 수입한 자를 무기 또는 5년 이상의 징역에 처하도록 규정한 '마약류 관리에 관한 법률' 제58조 제1항 제5호 중 '대마를 수입한 자' 부분이 평등원칙에 위배되는지 여부: 소극 [합헌]

'대마를 구입하여 국내로 반입'한 경우에는 수입죄 외에 매수죄가 별도로 성립하므로 '대마의 구입 없이 국내로 반입'만 한 경우와 동일하게 처벌되는 것은 아니다. 또한 구입이 수반되지 않은 경우라도 대마 수입행위는 대마의 국내 공급 및 유통 가능성을 증가시켰다는 점에서 불법성이 다르다고 볼 수 없으므로 대마를 국외에서 구매한 것인지 여부에 따라 비난가능성이나 죄질이 달라진다고 볼 수 없다. 이상의 점을 종합하면, 심판대상조항은 형벌 체계상의 균형을 현저히 잃어 평등원칙에 위반된다고 보기 어렵다(헌재 2022.3.31, 2019헌바242).

144 학교폭력예방 및 대책에 관한 법률 조항이 학교폭력의 가해학생에 대한 모든 조치에 대해 피해학생 측에는 재심을 허용하면서 가해학생 측에는 퇴학과 전학의 경우에만 재심을 허용하고 나머지 조치에 대해서는 재심을 허용하지 않도록 한 것이 평등원칙에 위배되는지 여부: 소극

학교폭력에 대해 가해학생에게 내려진 조치는 피해학생에게도 중대한 영향을 미치는데, 가해학생은 자신에 대한 모든 조치에 대해 당사자로서 소송을 제기할 수 있지만, 피해학생은 그 조치의 당사자가 아니므로 결과에 불만이 있더라도 소송을 통한 권리 구제를 도모할 수 없다. 따라서 가해학생에 대한 모든 조치에 대해 피해학생 측에는 재심을 허용하면서, 소송으로 다툴 수 있는 가해학생 측에는 퇴학과

전학의 경우에만 재심을 허용하고 나머지 조치에 대해서는 재심을 허용하지 않더라도 가해학생과 그 보호자의 평등권을 침해한다고 볼 수 없다(헌재 2013.10.24, 2012헌마832).

145 사법시험에서 글씨를 쓰는 속도가 느리거나 글씨를 고르게 쓸 수 없는 사정을 고려하지 않고 시험시간을 일률적으로 정한 것이 평등원칙에 위배되는지 여부: 소극

글씨를 쓰는 속도가 느리거나 글씨를 고르게 쓸 수 없는 사정은 기본적으로 응시자의 개인적인 사정이라고 할 것인바, 시험주관기관이 응시자의 그와 같은 주관적인 사정을 일일이 고려하여 시험시간을 정한다는 것은 불가능에 가까울 뿐만 아니라 시험관리의 공정성의 측면에서 보아 문제가 있으므로, 특별한 사정이 없는 한 그러한 개인적 사정을 고려하지 않고 시험시간을 일률적으로 정하였다고 하여 그것이 명백히 불합리하거나 불공정하다고 볼 수는 없다(헌재 2008.6.26, 2007헌마917).

146 선거운동에 있어서 후보자의 배우자가 그와 함께 다니는 사람 중에서 지정한 1명도 명함교부를 할 수 있도록 한 공직선거법 규정이 평등원칙에 위배되는지 여부: 적극

3호 관련조항은, 1호 관련조항에 더하여 배우자가 그와 함께 다니는 사람 중에서 지정한 1명까지 명함을 교부할 수 있도록 하여 배우자 유무에 따른 차별효과를 더욱 커지게 하고 있다. 또한, 배우자가 아무런 제한 없이 함께 다닐 수 있는 사람을 지정할 수 있도록 함으로써, 결과적으로 배우자 있는 후보자는 배우자 없는 후보자에 비하여 선거운동원 1명을 추가로 지정하는 효과를 누릴 수 있게 되는바, 이는 헌법 제116조 제1항의 선거운동의 기회균등원칙에도 반한다. 3호 관련조항은 배우자의 유무라는 우연한 사정에 근거하여 합리적 이유 없이 배우자 없는 후보자와 배우자 있는 후보자를 차별취급하므로 평등권을 침해한다(헌재 2016.9.29, 2016헌마287).

147 중등학교 임용시험에서 동일지역 사범대학을 졸업한 교원경력이 없는 자에게 가산점을 부여하는 것이 공무담임권이나 평등권을 침해하는지 여부: 소극 [합헌]

교육시설과 교육인적자원의 수도권 및 대도시 집중이 매우 심하고 지방사범대학의 존립이 위협받고 있음은 물론 지방의 교육사정이 열악해지고 있는 우리의 현실에서 지방 혹은 발전이 더딘 지역의 교육기반을 강화할 필요성은 더욱 크다고 할 것이고, 열악한 예산 사정과 교육환경의 급격한 변화라는 현실적인 사정을 고려할 때 지역교육의 질적 수준의 향상을 위하여는 우수 고교졸업생을 지역에 유치하고 그 지역 사범대 출신자의 우수역량을 다시 지역으로 환원하는 것도 합리적인 방법인 점, 이 사건 지역가산점은 자신의 선택에 따라 이익이 될 수도 불이익이 될 수도 있으므로, 이 사건 법률조항으로 인하여 타 지역 사범대 출신 응시자들이 받는 피해는 입법 기타 공권력행사로 인하여 자신의 의사와 관계없이 받아야 하는 기본권의 침해와는 달리 보아야 할 여지가 있고, 이 사건 법률조항은 한시적으로만 적용되는 점을 고려해 보면 이 사건 법률조항이 비례의 원칙에 반하여 제청신청인의 공무담임권이나 평등권을 침해한다고 보기 어려우므로 헌법에 위반되지 아니한다(헌재 2007.12.27, 2005헌가11).

148 구 국가유공자예우 등에 관한 법률 제5조 제2항에서 유족의 범위에 사후양자를 제외한 것이 평등원칙에 위배되는지 여부: 소극

이러한 법적 지위의 차이를 고려하면 등록되지 않은 사후양자들에 비하여 이미 종전 규정에 의하여 등록된 자들의 권리를 보호해야 할 필요성이 크다고 볼 수 있다. 따라서 경과규정을 통하여 후자의 경우에만 제한적으로 지위를 유지하도록 한 입법자의 선택이 자의적이어서 현저히 불합리하다고 볼 수 없다(헌재 2007.4.26, 2004헌바60).

149 후보자의 선거운동에서 독자적으로 후보자의 명함을 교부할 수 있는 주체를 후보자의 배우자와 직계존비속으로 제한한 공직선거법 규정이 평등원칙에 위배되는지 여부: 소극

후보자의 선거운동에서 독자적으로 후보자의 명함을 교부할 수 있는 주체를 후보자의 배우자와 직계존비속으로 제한한 공직선거법 제93조 제1항 제1호 중 제60조의3 제2항 제1호에 관한 부분(이하 '1호 관련조항'이라 한다)이 배우자나 직계존비속이 있는 후보자와 그렇지 않은 후보자를 달리 취급하고 있다고 할 수 있으나, 그 입법목적 및 명함의 속성 등을 고려하면, 1호 관련조항에서 후보자의 정치·경제력과는 무관하게 존재 가능하고 후보자와 동일시할 수 있는 배우자나 직계존비속에 한정하여 명함을 교부할 수 있도록 한 것에는 합리적 이유가 있다 할 것이므로, 평등권을 침해하지 아니한다(헌재 2016.9.29, 2016헌마287).

150 일반 사인에 해당하는 금융기관 임·직원이 직무와 관련하여 수재(收財)행위를 한 경우, 공무원의 뇌물죄와 마찬가지로 별도의 배임행위가 없더라도 이를 처벌하도록 한 것이 평등의 원칙에 위배되는지 여부: 소극

금융기관의 임·직원에게는 공무원에 버금가는 정도의 청렴성과 업무의 불가매수성(不可買收性)이 요구되고, 이들이 직무와 관련하여 금품수수 등의 수재(收財)행위를 하였을 경우에는 별도의 배임행위가 있는지를 불문하고 형사제재를 가함으로써 금융업무와 관련된 각종 비리와 부정의 소지를 없애고, 금융기능의 투명성·공정성을 확보할 필요가 있으므로 특정경제범죄 가중처벌 등에 관한 법률 제5조 제1항에서 금융기관의 임직원의 직무와 관련한 수재행위에 대하여 일반 사인과는 달리 공무원의 수뢰죄와 동일하게 처벌한다고 하더라도 거기에는 합리적인 근거가 있다(헌재 1999.5.27, 98헌바26).

151 국가인권위원회의 인권위원은 퇴직 후 2년간 교육공무원이 아닌 공무원으로 임명되거나 구 공직선거 및 선거부정방지법에 의한 선거에 출마할 수 없도록 규정한 구 국가인권위원회법 제11조가 평등의 원칙에 위배되는지 여부: 적극

그런데 국민의 기본권보장을 위하여 특히 직무의 독립성과 공정성이 강조되는 대법원장 및 대법관, 헌법재판소장 및 재판관과 감사원장 등의 경우에 이 사건 법률조항과 같이 그 퇴직 후 일정기간동안 공직에의 임명을 제한하는 특별규정이 존재하지 아니하며, 검찰총장이나 경찰청장의 경우 그 퇴직 후 공직취임 등을 제한하도록 규정하였던 유사 법률조항들은 이미 우리 재판소가 모두 위헌이라고 결정하여 효력을 상실한 바 있다. 따라서 이 사건 법률 규정이 유독 국가인권위원회 위원에 대해서만 퇴직한 뒤 일정기간 공직에 임명되거나 선거에 출마할 수 없도록 제한한 것은 아무런 합리적 근거 없이 동 위원이었던 자만을 차별하는 것으로서 평등의 원칙에도 위배된다(헌재 2004.1.29, 2002헌마788).

152 중재신청인이 중재기일에 1회 불출석하는 경우, 중재신청을 철회한 것으로 간주하는 정기간행물의 등록 등에 관한 법률 제18조 제5항은 내지 평등원칙에 위배되는지 여부: 소극

위 법률조항이 불리한 법률효과를 부여하기 위하여 중재신청인에 대하여는 '1회'의 불출석을 요건으로 하는데 반하여, 피신청인에 대하여는 '2회'의 불출석을 요건으로 한다고 하여 헌법상 평등원칙에 위반된다고 할 수 없다(헌재 1999.7.22, 96헌바19).

153 형법상 강제추행죄로 유죄판결이 확정된 자는 신상정보 등록대상자가 되도록 한 구 성폭력범죄의 처벌 등에 관한 특례법 관련 규정이 평등권을 침해하는지 여부: 소극
아동·청소년성보호법 제11조 제5항에 의하여 아동·청소년이용음란물 소지죄로 벌금형을 받은 자와 강제추행죄로 벌금형을 선고받은 자는 모두 '성범죄'를 저지른 자로서 비교집단이 될 수 있다. 그러나 성폭력특례법이 모든 성범죄자가 아니라 일정한 성범죄를 저지른 자에 한하여 신상정보 등록대상자가 되도록 정한 것은 행위유형과 보호법익의 특성을 고려한 것일 뿐만 아니라, 입법 당시의 사회적 상황, 일반 국민의 법감정, 범죄의 실태와 예방을 위한 형사정책적 측면 등 여러 가지 요소를 종합적으로 고려한 결과라고 할 것이다. 특히 아동·청소년성보호법 제11조 제5항에 의하여 아동·청소년이용음란물임을 알면서 이를 소지하여 벌금형이 선고된 자는 위 성범죄 가운데 행위 태양의 불법성이 매우 경미하므로 형사처벌하는 외에 신상정보 등록대상자로 삼아 관리할 필요성이 크지 않다는 입법자의 판단이 반영된 것으로 보인다. 위와 같은 구분이 자의적이라거나 합리성이 없다고 보기는 어려우므로, 등록조항이 청구인의 평등권을 침해한다고 볼 수 없다(헌재 2016.3.31, 2014헌마457).

154 "전문과목을 표시한 치과의원은 그 표시한 전문과목에 해당하는 환자만을 진료하여야 한다."고 규정한 의료법 제77조 제3항은 치과전문의들의 직업수행의 자유와 평등권을 침해하는지 여부: 적극
1차 의료기관의 전문과목 표시와 관련하여 의사전문의, 한의사전문의와 치과전문의 사이에 본질적인 차이가 있다고 볼 수 없으므로, 의사전문의, 한의사전문의와 달리 치과전문의의 경우에만 전문과목의 표시를 이유로 진료범위를 제한하는 것은 합리적인 근거를 찾기 어렵고, 치과일반의는 전문과목을 불문하고 모든 치과 환자를 진료할 수 있음에 반하여, 치과전문의는 치과의원에서 전문과목을 표시하였다는 이유로 자신의 전문과목 이외의 다른 모든 전문과목의 환자를 진료할 수 없게 되는바, 이는 보다 상위의 자격을 갖춘 치과의사에게 오히려 훨씬 더 좁은 범위의 진료행위만을 허용하는 것으로서 합리적인 이유를 찾기 어렵다. 따라서 심판대상조항은 청구인들의 평등권을 침해한다(헌재 2015.5.28, 2013헌마799).

155 국무총리, 행정 각부의 장, 국회의원과 달리 지방자치단체의 장이 '공소제기된 후 구금상태에 있는 경우' 부단체장이 그 권한을 대행하도록 하는 것이 평등원칙에 위배되는지 여부: 소극
국무총리, 행정 각부의 장은 임명권자에 의해 교체될 수 있다는 점에서, 국회의원은 국회라는 합의체의 일원으로서 구금상태가 직무의 원활한 운영에 미치는 효과가 다르다는 점에서, 자치단체장에 대하여만 이 사건 법률조항에 기한 직무정지를 부과한다 하여 자의적 차별이라 할 수는 없다(헌재 2011.4.28, 2010헌마474).

156 누범에 대한 가중처벌은 평등원칙에 위배되는지 여부: 소극
이 사건 법률조항에 해당하는 누범을 일반 범죄자에 비하여 가중처벌하는 것은 누범 증가 추세를 감안한 범죄예방과 사회방위의 형사정책적 고려에 바탕을 둔 것으로 합리적인 근거가 있는 차별에 해당한다(대판 2018.2.13, 2017도19862).

157 출생에 의한 국적취득에 있어서 부계혈통주의는 평등원칙에 위배되는지 여부: 적극
부계혈통주의 원칙을 채택한 구법조항은 출생한 당시의 자녀의 국적을 부의 국적에만 맞추고 모의 국적은 단지 보충적인 의미만을 부여하는 차별을 하고 있다. 이렇게 한국인 부와 외국인 모 사이의 자녀와 한국인 모와 외국인 부 사이의 자녀를 차별취급하는 것은, 모가 한국인인 자녀와 그 모에게 불리한 영향을 끼치므로 헌법 제11조 제1항의 남녀평등원칙에 어긋난다(헌재 2000.8.31, 97헌가12).

158 무소속후보자보다 정당공천후보자에게 유리한 선거제도는 평등원칙에 위배되는지 여부: 소극
    의석을 가진 정당후보자, 의석 없는 정당후보자, 무소속 후보자간에 후보자 기호 결정에 관하여 상대적으로 차별을 두고 있다 하더라도, 이는 정당제도의 존재의의에 비추어 그 목적이 정당할 뿐만 아니라 당적 유무, 의석순, 정당명 또는 후보자 성명의 가·나·다 순 등 합리적 기준에 의하고 있으므로 위헌이라 할 수 없다(헌재 1997.10.30, 96헌마94).

159 초·중등학교의 교원의 정당가입을 금지한 것이 위헌인지 여부: 소극
    정당가입 금지조항은 공무원의 정치적 중립성을 보장하고 초·중등학교 교육의 중립성을 확보한다는 점에서 입법목적의 정당성이 인정되고, 정당에의 가입을 금지하는 것은 입법목적 달성을 위한 적합한 수단이다. 공무원은 정당의 당원이 될 수 없을 뿐, 정당에 대한 지지를 선거와 무관하게 개인적인 자리에서 밝히거나 투표권을 행사하는 등의 활동은 허용되므로 침해의 최소성원칙에 반하지 않는다. 정치적 중립성, 초·중등학교 학생들에 대한 교육기본권 보장이라는 공익은 공무원이 제한받는 불이익에 비하여 크므로 법익균형성도 인정된다. 또한 초·중등학교 교원에 대하여는 정당가입을 금지하면서 대학교원에게는 허용하는 것은, 기초적인 지식전달, 연구기능 등 직무의 본질이 서로 다른 점을 고려한 합리적 차별이므로 평등원칙에 반하지 아니한다(헌재 2014.3.27, 2011헌바42).

160 제3자 개입금지에 관한 노동쟁의조정법 제13조의2가 근로자와 사용자를 실질적으로 차별하는 불합리한 규정인지 여부: 소극
    법 제13조의2는 노동쟁의의 자주적 해결을 위하여 노동관계 당사자가 아닌 제3자의 쟁의행위에의 조종·선동·방해행위를 금지하고 있는데, 그 금지는 근로자 측으로의 개입뿐만 아니라 사용자 측으로의 개입에 대하여서도 마찬가지로 규정하고 있으므로, 쟁의행위를 차등하여 규제하는 것은 아님이 명백하다. … 제3자 개입금지가 근로3권을 제한하는 규정이 아니고, 근로자들이 변호사나 공인노무사 등의 조력을 받는 것과 같이 근로3권을 행사함에 있어 자주적 의사결정을 침해받지 아니하는 범위 안에서 필요한 제3자의 조력을 받는 것을 금지하는 것도 아니다(헌재 1990.1.15, 89헌가103).

161 입양기관을 운영하고 있지 않은 사회복지법인과 달리 입양기관을 운영하는 사회복지법인으로 하여금 '기본생활지원을 위한 미혼모자가족복지시설'을 설치·운영할 수 없게 하는 것은, 입양기관을 운영하는 사회복지법인의 평등권을 침해하는 것인지 여부: 소극
    입양기관을 운영하는 자가 출산 전후의 미혼모와 그 자녀들의 '기본생활지원을 위한 미혼모자가족복지시설'을 함께 설치하여 운영할 경우 미혼모에게 경제적·사회적 부담이 큰 자녀 양육보다는 손쉬운 입양을 권유할 가능성이 높고, 실제로 입양기관을 운영하는 자가 설치한 미혼모자가족복지시설에서 출산한 미혼모들이 그렇지 않은 미혼모들보다 입양을 더 많이 선택하고 있다. 이러한 사정을 고려할 때, 미혼모가 스스로 자녀를 양육할 수 있도록 하고 이를 통해 입양, 특히 국외입양을 최소화하기 위하여, 입양기관을 운영하는 자로 하여금 일정한 유예기간을 거쳐 '기본생활지원을 위한 미혼모자가족복지시설'을 설치·운영할 수 없게 하는 것에는 합리적 이유가 있다고 할 것이므로, 이 사건 법률조항들은 청구인들의 평등권을 침해하지 아니한다(헌재 2014.5.29, 2011헌마363).

162 사법시험에 합격하여 사법연수원의 과정을 마친 자와 달리 변호사시험 합격자들에게 6개월의 실무수습을 거치도록 한 것은 평등권을 침해하는지 여부: 소극

사법시험에 합격하여 사법연수원의 과정을 마친 자와 판사나 검사의 자격이 있는 자는 사법연수원의 정형화된 이론과 실무수습을 거치거나, 법조실무경력이 있는 반면, 청구인들과 같은 변호사시험 합격자들의 실무수습은 법학전문대학원 별로 편차가 크고 비정형적으로 이루어지고 있으므로, 변호사 시험 합격자들에게 6개월의 실무수습을 거치도록 하는 것을 합리적 이유가 없는 자의적 차별이라고 보기는 어렵다. 따라서 심판대상조항은 청구인들의 평등권을 침해하지 아니한다(헌재 2014.9.25, 2013헌마424).

163 국가가 합리적인 기준에 따라 능력이 허용되는 범위 내에서 법적 가치의 상향적 구현을 위한 제도의 단계적 개선을 추진하는 것이 평등권을 침해하는지 여부: 소극

헌법상 평등의 원칙은 국가가 언제 어디에서 어떤 계층을 대상으로 하여 기본권에 관한 사항이나 제도의 개선을 시작할 것인지를 선택하는 것을 방해하지는 않는다. 말하자면 국가는 합리적인 기준에 따라 능력이 허용하는 범위 내에서 법적 가치의 상향적 구현을 위한 제도의 단계적 개선을 추진할 수 있는 길을 선택할 수 있어야 한다. 그것이 허용되지 않는다면 모든 사항과 계층을 대상으로 하여 동시에 제도의 개선을 추진하는 예외적인 경우를 제외하고는 어떠한 제도의 개선도 평등의 원칙 때문에 그 시행이 불가능하다는 결과에 이르게 되어 불합리할 뿐 아니라 평등의 원칙이 실현하고자 하는 가치와도 어긋나기 때문이다(헌재 1991.2.11, 90헌가27).

164 피해자보호명령에 우편을 이용한 접근금지에 관한 규정을 두지 아니한 구 가정폭력범죄의 처벌 등에 관한 특례법 제55조의2 제1항이 평등원칙에 위반되는지 여부: 소극 [합헌]

심판대상조항은 가정폭력행위자의 거주·이전의 자유, 통신의 자유 등을 제한하고, 이를 위반한 사람은 형사처벌을 받을 수도 있다. 그런데 앞서 본 바와 같이 피해자보호명령제도에 대하여는 피해자의 신속한 권리보호를 위하여 가정폭력처벌법상 진술거부권고지나 동행영장에 관한 규정이 준용되지 않고, 판사는 가정폭력행위자가 심리기일에 출석하지 않아도 심리를 할 수 있는 등 실무상 민사 또는 가사 신청사건과 유사하게 운영되고 있다. 이러한 피해자보호명령제도의 특성, 전기통신을 이용한 접근행위 및 우편을 이용한 접근행위의 성질과 그 피해의 정도 등을 고려할 때, 입법자가 심판대상조항에 피해자보호명령의 종류를 한정적으로 열거하면서 전기통신을 이용한 접근금지와 달리 우편을 이용한 접근금지를 피해자보호명령의 한 종류로 정하지 아니하였다고 하더라도 이것이 입법자의 재량을 벗어난 자의적인 입법이라고 보기는 어렵다(헌재 2023.2.23, 2019헌바43).

165 택시운전근로자의 최저임금에 산입되는 범위를 정한 최저임금법 제6조 제5항 중 '생산고에 따른 임금을 제외한' 부분이 헌법에 위반되는지 여부: 소극 [합헌]

택시운전근로자들의 경우 일정한 고정급이란 사납금의 완납을 전제로 하며, 운송수입금이 사납금에 미치지 못하는 경우에는 가불금 등의 형식으로 부족액만큼의 고정급이 줄어드는 것이 일반적이므로 택시운전근로자들은 임금의 불안정성이 더 크다고 볼 여지도 있다. 심판대상조항은 이러한 사정들을 두루 고려하여 택시운전근로자들에 관하여만 생활안정을 위한 규율을 둔 것으로서, 이는 차별의 합리적인 이유가 있는 경우에 해당하므로, 택시운송사업자들의 평등권을 침해한다고 할 수 없다(헌재 2023.2.23, 2020헌바11).

166 4·19혁명공로자에게 지급되는 보훈급여의 종류를 보상금이 아닌 수당으로 규정한 국가유공자법 제16조의4 제1항(이하 '이 사건 법률조항'이라 한다) 및 2019년도 공로수당의 지급월액을 31만 1천원으로 규정한 같은 법 시행령 제27조의4(이하 '이 사건 시행령조항'이라 한다)가 각각 보상금으로 월 172만 4천원을 받는 건국포장 수훈 애국지사에 비하여 4·19혁명공로자를 합리적 이유 없이 차별 취급하여 평등권을 침해하는지 여부: **소극**

국가유공자나 그 가족에 대한 보상은 국가유공자의 희생과 공헌의 정도에 따른다. 4·19혁명공로자와 건국포장을 받은 애국지사는 활동기간의 장단(長短), 활동 당시의 시대적 상황, 국권이 침탈되었는지 여부, 인신의 자유 제약 정도, 입은 피해의 정도, 기회비용 면에서 차이가 있다. 이와 같은 점을 고려하면, 입법자가 4·19혁명공로자의 희생과 공헌의 정도를 건국포장을 받은 애국지사와 달리 평가하여 이 사건 법률조항에서 4·19혁명공로자에 대한 보훈급여의 종류를 수당으로 정하고, 이 사건 시행령조항에서 보훈급여의 지급금액을 애국지사보다 적게 규정한 것이 합리적인 이유 없는 차별이라 할 수 없다(헌재 2022.2.24, 2019헌마883).

167 '성폭력범죄의 처벌 등에 관한 특례법'(2012.12.18. 법률 제11556호로 전부개정된 것, 이하 '성폭력처벌법'이라 한다) 제6조 제4항 중 '정신적인 장애로 항거불능 또는 항거곤란 상태에 있음을 이용하여 사람을 간음한 사람을 무기징역 또는 7년 이상의 징역에 처하도록 규정한 부분'이 정신적 장애인의 성적 자기결정권을 침해하거나 평등원칙에 위배되는지 여부: **소극**

심판대상조항은 정신적 장애인과 성관계를 한 모든 사람을 처벌하는 것이 아니라, 정신적 장애를 원인으로 한 항거불능 혹은 항거곤란 상태를 이용하여, 즉 성적 자기결정권을 행사할 수 없는 장애인을 간음한 사람을 처벌하는 조항이다. 성적 자기결정권을 행사할 능력이 있는 19세 이상의 정신적 장애인과 정상적인 합의 하에 성관계를 한 사람은 심판대상조항에 의하여 처벌되지 아니하므로, 심판대상조항이 정신적 장애인의 성적 자기결정권을 침해하거나 장애인과 비장애인을 차별하지 아니한다(헌재 2016.11.24, 2015헌바136).

168 현역병 등의 복무기간과는 달리 사관생도의 사관학교 교육기간을 연금 산정의 기초가 되는 복무기간에 산입할 수 있도록 규정하지 아니한 것이 평등권을 침해하는지 여부: **소극 [기각]**

현역병 등과 사관생도의 신분, 역할, 근무환경 등을 종합적으로 고려하면, 심판대상조항이 사관학교에서의 교육기간을 현역병 등의 복무기간과 달리 연금 산정의 기초가 되는 복무기간에 산입하도록 규정하지 않은 것이 현저히 자의적인 차별이라고 볼 수는 없다. 따라서 심판대상조항은 청구인들의 평등권을 침해하지 아니한다(헌재 2022.6.30, 2019헌마150).

169 SK케미칼이 제조하고 애경산업이 판매하였던 가습기살균제 제품인 '홈클리닉 가습기메이트'의 표시·광고와 관련하여 공정거래위원회가 2016년에 행한 사건처리 중, 위 제품 관련 인터넷 신문기사 3건을 심사대상에서 제외한 행위는 청구인의 평등권과 재판절차진술권을 침해하는지 여부: **적극 [인용(위헌확인)]**

피청구인이 표시·광고5 내지 7을 심사대상에서 제외한 행위는, 현저히 정의와 형평에 반하는 조사 또는 잘못된 법률의 적용 또는 증거판단에 따른 자의적인 것으로서, 그로 인하여 청구인의 평등권과 재판절차진술권이 침해되었다(헌재 2022.9.29, 2016헌마773).

기출 OX

01 성폭력범죄의 처벌 등에 관한 특례법상 정신적인 장애로 항거불능 또는 항거곤란 상태에 있음을 이용하여 사람을 간음한 사람을 무기징역 또는 7년 이상의 징역에 처하도록 규정한 것은 정신적 장애인의 성적 자기결정권을 침해한다. 22.5급 공채 ( )

정답 01 ×

170 공무원이 지위를 이용하여 범한 공직선거법위반죄의 경우 일반인이 범한 공직선거법위반죄와 달리 공소시효를 10년으로 정한 공직선거법 제268조 제3항이 평등원칙에 위배되는지 여부: 소극 [합헌]

공무원이 지위를 이용하여 범한 공직선거법위반죄의 경우 선거의 공정성을 중대하게 저해하고 공권력에 의하여 조직적으로 은폐되어 단기간에 밝혀지기 어려울 수도 있어 단기 공소시효에 의할 경우 처벌규정의 실효성을 확보하지 못할 수 있다. 이러한 취지에서 공무원이 지위를 이용하여 범한 공직선거법위반죄의 경우 해당 선거일 후 10년으로 공소시효를 정한 입법자의 판단은 합리적인 이유가 인정되므로 평등원칙에 위반되지 않는다(헌재 2022.8.31, 2018헌바440).

171 5억원 이상의 국세징수권의 소멸시효기간을 10년으로 규정하는 구 국세기본법 제27조 제1항 제1호(이하 '심판대상조항'이라 한다)가 평등원칙에 위반되는지 여부: 소극 [합헌]

5억원 이상의 납세의무를 지는 고액체납자는 상당한 규모의 경제활동을 하였음에도 그 세액을 납부하지 않은 것이므로 10년의 소멸시효기간이 적용된다고 하여 지나치게 가혹한 것이라고 보기도 어렵다. 국세는 지방세와 세목, 징수의 용이성, 징수액과 체납액의 규모가 다르다. 조세채권은 국가 재정의 기초로서 특히 그 징수가 중요하다는 점에서 국가의 다른 금전채권과 구별되는 것으로서, 고액체납자들에게 납세의무 회피에 대한 경각심을 심어주고 일반 납세자들에게 공평과세에 대한 신뢰를 유지할 필요가 있다. 그러므로 심판대상조항은 평등원칙에 위반되지 않는다(헌재 2023.6.29, 2019헌가27).

172 음주운전 금지규정을 2회 이상 위반한 경우 운전면허를 필요적으로 취소하는 것이 과잉금지원칙 및 평등원칙에 위반되는지 여부: 소극 [합헌]

[1] 음주운전 금지규정을 3회 이상 위반한 경우 운전면허를 필요적으로 취소하였던 구법하에서는 2회까지의 음주운전은 용인되는 것으로 여겨질 우려가 있었다. 이에 입법자는 반복된 음주운전을 용인하는 문화를 교정하고자 운전면허 필요적 취소의 요건을 완화하였다. **이 사건에서 문제되는 운전면허 취소는 주취 중 운전금지라는 행정상 의무 이행을 확보하기 위한 행정제재로, 형벌과 구별되는 목적을 가지고 있다.** 심판대상조항으로 제한되는 사익이 교통질서를 확립하고 국민의 생명, 신체 및 재산을 보호하려는 공익에 비하여 중요하다고 할 수 없으므로, 심판대상조항은 법익의 균형성에 반하지 아니한다. 그렇다면 심판대상조항은 과잉금지원칙에 위반된다고 할 수 없다.

[2] 심판대상조항의 운전면허 취소사유에는 음주운전의 위험성 및 이로 인한 사회적 폐해, 음주운전의 반복으로부터 추단될 수 있는 운전자의 안전의식·책임의식 결여 등이 반영되어 있는데, 이에 대한 구체적·개별적 판단의 여지는 크지 않다. 반면 약물의 영향으로 정상적으로 운전하지 못할 우려가 있는 상태에서 자동차등을 운전하는 경우에는(도로교통법 제93조 제1항 제4호) 약물의 복용이 운전능력에 미치는 영향에 대하여 구체적·개별적 판단이 이루어져야 한다. 교통사고로 사람을 사상한 후 필요한 조치 또는 신고를 하지 아니한 경우에도(도로교통법 제93조 제1항 제6호) 운전자의 자진신고를 유도하기 위하여 이 경우를 운전면허 임의적 취소사유로 규정해야 할 필요가 있다. 따라서 심판대상조항이 위 두 경우와 달리 운전면허를 필요적으로 취소하더라도 평등원칙에 위반되지 아니한다(헌재 2023.6.29, 2020헌바182).

173 폭행죄로 2회 이상 징역형을 받은 사람이 다시 같은 죄를 범하여 누범으로 처벌하는 경우 가중처벌하도록 규정한 '폭력행위 등 처벌에 관한 법률' 제2조 제3항 제1호 중 '형법 제260조 제1항(폭행)을 위반하여 2회 이상 징역형을 받은 사람이 다시 형법 제260조 제1항(폭행)의 죄를 범하여 누범으로 처벌할 경우'에 관한 부분(이하 '심판대상조항'이라 한다)이 책임과 형벌 간의 비례원칙 및 평등원칙에 위반되는지 여부: 소극 [합헌]

   [1] 심판대상조항은 징역형만을 규정하고 있기는 하나 그 범위를 넓게 규정하고 있어 실제 재판 과정에서 그 내용과 정상에 따라 양형이 조절될 수 있으므로, 심판대상조항이 벌금형을 선택형으로 규정하고 있지 않더라도 입법형성의 재량의 범위를 벗어난 것으로 볼 수 없다.
   따라서 심판대상조항은 책임과 형벌 간의 비례원칙에 위반되지 않는다.

   [2] 심판대상조항은 전범과 후범이 모두 동종의 폭력범죄 고의범일 것을 요하고, 전범에 대하여 2회 이상의 징역형을 선고받아 형이 아직 실효되지 아니하여야 하며, 누범으로 처벌하는 경우여야 하는 등 엄격한 구성요건을 설정하고 있다. 따라서 이러한 범죄자가 폭행의 상습범에 비하여 비난가능성이 작다고 단정할 수 없으므로, 심판대상조항의 법정형이 형법상 상습폭행죄의 법정형에 비하여 무겁다고 하여 형벌체계상 균형을 상실하여 평등원칙에 위반된다고 할 수 없다(헌재 2023.6.29, 2022헌바178).

174 특별교통수단에 있어 표준휠체어만을 기준으로 휠체어 고정설비의 안전기준을 정하고 있는 '교통약자의 이동편의 증진법 시행규칙' 제6조 제3항 별표 1의2(이하 '심판대상조항'이라 한다)가 합리적 이유 없이 표준휠체어를 이용할 수 있는 장애인과 표준휠체어를 이용할 수 없는 장애인을 달리 취급하여 청구인의 평등권을 침해하는지 여부: 적극 [헌법불합치]

   표준휠체어를 이용할 수 없는 장애인에 대한 고려 없이 표준휠체어만을 기준으로 고정설비의 안전기준을 정하는 것은 불합리하고, 특별교통수단에 장착되는 휠체어 탑승설비 연구·개발사업 등을 추진할 국가의 의무를 제대로 이행한 것이라 보기도 어렵다. 누워서 이동할 수밖에 없는 장애인을 위한 휠체어 고정설비 안전기준 등을 별도로 규정한다고 하여 국가의 재정적 부담이 심해진다고 볼 수도 없다. 제4차 교통약자 이동편의 증진계획이 표준휠체어를 사용할 수 없는 장애인을 위한 특별교통수단의 도입 등을 계획하고 있기는 하나, 일부 지방자치단체에서 침대형 휠체어가 탑승할 수 있는 특수형 구조차량을 운행하였다가 침대형 휠체어 고정장치에 대한 안전기준이 없어 운행을 중단한 점에서 볼 수 있듯이 그 안전기준의 제정이 시급하므로 위와 같은 계획이 있다는 사정만으로 안전기준 제정 지연을 정당화하기 어렵다. 따라서 심판대상조항은 합리적 이유 없이 표준휠체어를 이용할 수 있는 장애인과 표준휠체어를 이용할 수 없는 장애인을 달리 취급하여 청구인의 평등권을 침해한다(헌재 2023.5.25, 2019헌마1234).

175 농업협동조합중앙회 회장선거의 관리를 선거관리위원회법에 따른 중앙선거관리위원회에 위탁하도록 한 농업협동조합법이 농협중앙회 및 회원조합의 결사의 자유를 침해하거나 평등원칙에 위반되는지 여부: 소극 [합헌]

   의무위탁조항은 농협중앙회장선거의 과열과 혼탁을 방지함으로써 선거의 공정성을 담보하기 위하여 선거관리의 위탁 여부를 농협중앙회의 자율에 맡기지 않고 선거의 공정한 관리를 관장하는 중앙선관위에 의무적으로 위탁하도록 한 조항이다. 농협중앙회의 회원조합이 수행하는 사업 내지 업무가 국민경제에서 상당한 비중을 차지하고, 국가나 국민 전체와 관련된 경제적 기능에 있어서 금융기관에 준하는 공공성을 가진다는 점, 중앙선관위가 수탁하여 관리하는 사무는 주로 선거절차에 관한 사무에 해당하는 점 등을 고려하면 의무위탁조항은 과잉금지원칙에 위반되지 않으므로, **농협중앙회 및 회원조합의 결사의 자유를 침해한다고 볼 수 없다.** 의무위탁조항에 따라 반드시 회장 선출에 대한 선거관리를 중앙선관위에 위탁해야 하는 농협중앙회와 달리, 중소기업협동조합법은 중소기업중앙회장 선출에 대한 선거관리를 중앙선관위에 임의로 위탁할 수 있도록 규정하고 있으므로, 농협중앙회와 중소기업중앙회 간에 차별취급이 존재한다. 그러나 이는 입법자가 각 조합 및 중앙회 선거가 진행되어 온 역사적 경험을 비롯해 사회 제반 여건 등을 종합적으로 고려하여 농협중앙회장선거와 중소기업중앙회장선거를 달리 규율한 것으로 볼 수 있으므로, 위와 같은 차별에는 합리적인 이유가 있다고 볼 수 있다. 그러므로 **의무위탁조항은 평등원칙에 위반되지 않는다**(헌재 2023.5.25, 2021헌바136).

176 디엔에이증거 등 그 죄를 증명할 수 있는 과학적인 증거가 있는 특정 성폭력범죄는 공소시효를 10년 연장하는 조항(이하 '연장조항'이라 한다)이 명확성원칙, 평등원칙에 위배되는지 여부: 소극 [합헌]

연장조항의 **'과학적인 증거' 부분**은 과학적인 방법을 이용함으로써 정확성과 타당성이 담보되어 기간이 경과하더라도 범죄의 증거로서 객관적 가치를 유지할 수 있는 증명력이 확보되는 증거를 의미하고, 법을 해석·집행하는 기관이 개개의 사안에서 '과학적인 증거'의 의미를 자의적으로 해석하거나 집행할 우려가 있다고 보기는 어려우므로, **명확성원칙에 위배되지 아니한다.**

성폭력범죄는 그 특성상 수사가 장기화될 여지가 다른 범죄에 비하여 높은 점, 범인의 고유한 디엔에이증거 등이 잔존할 가능성이 높은 점, 과학기술의 발달로 오랜 기간이 경과한 증거도 수집이 가능하게 된 점, 성폭력범죄는 피해자에게 장기간 심각한 정신적·정서적 장애를 입힌다는 점에서 그 죄질을 가볍게 볼 수 없는 점, 연장조항은 모든 성폭력범죄에 대하여 일률적으로 공소시효를 연장하는 것이 아니고 특정 성폭력범죄에 한정하고 있는 점 등을 종합하면, **연장조항은 평등원칙에 위배되지 아니한다**(헌재 2023.5.25, 2020헌바309).

177 공무원과 이혼한 배우자의 분할연금 수급요건을 정한 공무원연금법 제45조 제1항을 2016.1.1. 이후 이혼한 사람부터 적용하도록 한 공무원연금법 부칙 제4조 제1항 전문 중 '제45조 제1항의 개정규정(혼인기간 인정기준은 제외한다)은 2016년 1월 1일 이후에 이혼한 사람부터 적용한다' 부분이 평등원칙에 위반되는지 여부: 소극 [합헌]

분할연금제도를 도입하면서 그 시행 전에 이혼한 사람들도 소급하여 분할연금수급권자가 될 수 있도록 한다면, 분할연금 수급권자에게 지급하여야 할 분할연금을 포함하여 이미 퇴직연금을 지급한 경우나 퇴직연금수급자가 이미 사망하여 퇴직연금이 소멸된 경우 등 과거에 이미 형성된 법률관계에 중대한 영향을 미쳐 법적 안정성이 훼손될 우려가 크다. 또한, 2018년 개정 공무원연금법 부칙이 분할연금제도의 적용대상을 2016.1.1. 이후에 이혼한 사람으로 정한 것은, 2018년에 공무원연금법이 전부개정되었음에도 분할연금제도가 처음 시행된 2016.1.1. 이후에 이혼한 사람이 분할연금의 지급을 청구할 수 있도록 하여 법적 공백을 발생시키지 않도록 하기 위함이기도 하다. 심판대상조항이 분할연금제도의 적용대상을 그 제도가 도입된 2016.1.1. 이후에 이혼한 사람으로 한 것은 입법재량의 범위를 벗어나 현저히 불합리한 차별이라고 보기 어렵다. 심판대상조항은 평등원칙에 위반되지 않는다(헌재 2023.3.23, 2022헌바108).

178 위험한 물건을 휴대하여 상해의 죄를 범한 때에는 1년 이상 10년 이하의 징역에 처하도록 규정한 형법 제258조의2 제1항 중 '위험한 물건을 휴대하여 제257조 제1항의 죄를 범한 때'에 관한 부분(이하 '심판대상조항'이라 한다)이 책임과 형벌 간의 비례원칙 및 평등원칙에 위배되는지 여부: 소극 [합헌]

[1] 위험한 물건을 휴대하여 상해죄를 범하는 경우에는 이미 그 행위 자체에 내재되어 있는 불법의 정도가 크고, 중대한 법익 침해를 야기할 가능성이 높다. 상해죄는 개인적 법익 중 생명권 다음으로 중요한 신체의 안전성을 보호법익으로 하므로, 위험한 물건을 휴대하여 사람을 상해하는 행위는 법에서 엄격히 금지할 필요가 크다. 심판대상조항의 법정형의 하한이 징역 1년으로 그다지 높지 않고, 작량감경을 하지 않더라도 선고유예 내지 집행유예 결격사유가 없는 한 징역형의 선고유예나 집행유예를 선고할 수 있으며, 위험한 물건의 종류, 상해의 정도 등 구체적 사정은 심판대상조항이 규정한 징역형 내에서 충분히 고려될 수 있다. 따라서 심판대상조항이 책임과 형벌 간의 비례원칙에 위반된다고 볼 수 없다.

[2] 심판대상조항의 법정형이 상해죄의 법정형보다 무겁게 규정된 것은 위험한 물건을 휴대한 경우에는 범죄 수단의 불법성이 중대하다는 점을 감안한 것이다. 그리고 사람의 신체를 상해하여 생명에 대한 위험을 발생하게 한 결과가 일반적인 상해의 결과보다 무거운 것은 사실이나, 위험한 물건을 휴대하지 아니하고 범한 상해 행위에 비하여 위험한 물건을 휴대하여 범한 상해 행위가 행위 태양의 위험성은 더 크다. 따라서 심판대상조항이 형벌체계상의 균형을 잃은 자의적인 입법이라거나 평등원칙에 반하는 것이라고 볼 수 없다(헌재 2023.3.23, 2021헌바424).

179 건설근로자의 고용개선 등에 관한 법률 제14조 제2항 중 구 산업재해보상보험법 제63조 제1항 가운데 '그 근로자가 사망할 당시 대한민국 국민이 아닌 자로서 외국에서 거주하고 있던 유족(이하 '외국거주 외국인유족'이라 한다)은 제외한다'를 준용하는 부분(이하 '심판대상조항'이라 한다)이 평등원칙에 위반되는지 여부: 적극 [위헌]

외국거주 외국인유족은 자신이 거주하는 국가에서 발행하는 공신력 있는 문서로서 퇴직공제금을 지급받을 유족의 자격을 충분히 입증할 수 있으므로 그가 '외국인'이라는 사정 또는 '외국에 거주'한다는 사정이 대한민국 국민인 유족 혹은 국내거주 외국인유족과 달리 취급받을 합리적인 이유가 될 수 없다는 점 등을 종합하면, 심판대상조항은 합리적 이유 없이 외국거주 외국인유족을 대한민국 국민인 유족 및 국내거주 외국인유족과 차별하는 것이므로 평등원칙에 위반된다(헌재 2023.3.23, 2020헌바471).

180 전시·사변 등 국가비상사태에 있어서 전투에 종사하는 자에 대하여는 각령이 정하는 바에 의하여 전투근무수당을 지급하도록 한 구 군인보수법 제17조가 명확성원칙 및 평등원칙에 위반되는지 여부: 소극 [합헌]

심판대상조항이 전시·사변 등 국가비상사태에 있어서 전투에 종사한 군인에게 전투근무수당을 지급하는 취지는, 전시·사변 등 대한민국의 존립이 위태롭거나 질서유지를 하기 어려운 국가비상사태에서 국가안전보장 또는 질서유지 등을 위하여 전투를 수행하는 군인의 사기를 높임으로써 위와 같은 국가비상사태를 극복하려는 한편, 위와 같은 전투를 수행하는 군인이 부담하는 생명과 신체에 대한 상당한 위험에 대하여 보상을 하려는 데 있다. 베트남전쟁 참전군인에게도 위 규정들을 근거로 구 '해외파견군인의 특수근무수당지급규정'에 따른 특수근무수당이나 구 군인보수법 시행령에 따른 해외파견근무수당이 지급되었다. 이상과 같은 점들을 종합하면, 심판대상조항은 평등원칙에 위반되지 않는다(헌재 2023.8.31, 2020헌바594).

181 대한민국 국민인 남성에게 병역의무를 부과한 병역법 제3조 제1항이 평등권을 침해하는지 여부: 소극 [합헌]

일반적으로 집단으로서의 남성과 여성은 서로 다른 신체적 능력을 보유하는 점, 보충역과 전시근로역도 혹시라도 발생할 수 있는 국가비상사태에 즉시 전력으로 편입될 수 있는 예비적 전력인 점, 비교법적으로 보아도 징병제가 존재하는 70여 개 나라 중에서 여성에게 병역의무를 부과하는 나라는 극히 한정되어 있는 점 등을 고려할 때, 장기적으로는 출산율의 변화에 따른 병역자원 수급 등 사정을 고려하여 양성징병제의 도입 또는 모병제로의 전환에 관한 입법논의가 사회적 합의 과정을 통해 진지하게 검토되어야 할 것으로 예상되지만, 현재의 시점에서 제반 상황을 종합적으로 고려하여 기존 징병제도를 유지하고 있는 입법자의 판단이 현저히 자의적이라고 단정하기 어렵다. 사정이 이러하다면, 병역의무조항으로 인한 차별취급을 정당화할 합리적 이유가 인정되므로, 병역의무조항은 평등권을 침해하지 아니하고, 헌법에 위반되지 아니한다(헌재 2023.9.26, 2022헌마912 등).

182 외국인에 대한 국민건강보험법의 보험급여 제한 사건 [헌법불합치, 기각]

[1] 내국인 및 영주(F-5)·결혼이민(F-6)의 체류자격을 가진 외국인(이하 '내국인등')과 달리 외국인 지역가입자에 대하여 납부할 월별 보험료의 하한을 전년도 전체 가입자의 평균을 고려하여 정하는 구 '장기체류 재외국민 및 외국인에 대한 건강보험 적용기준' 제6조 제1항에 의한 별표 2 제1호 단서(이하 '보험료하한 조항')가 외국인 지역가입자인 청구인들의 평등권을 침해하는지 여부: 소극

보험료하한 조항이 보험급여와 보험료 납부의 상관관계를 고려하고, 외국인의 보험료 납부의무 회피를 위한 출국 등의 제도적 남용 행태를 막기 위하여 외국인 지역가입자가 납부해야 할 월별 보험료의 하한을 내국인등 지역가입자가 부담하는 보험료 하한(보험료가 부과되는 연도의 전전년도 평균 보수월액보험료의 1천분의 60 이상 1천분의 65 미만의 범위에서 보건복지부장관이 정하여 고시하는 금액)보다 높게 정한 것은 합리적인 이유가 있는 차별이다.

[2] 내국인등과 달리 보험료 납부단위인 '세대'의 인정범위를 가입자와 그의 배우자 및 미성년 자녀로 한정한 위 보건복지부고시 제6조 제1항에 의한 별표 2 제4호(이하 '세대구성 조항')가 청구인들의 평등권을 침해하는지 여부: 소극

세대구성 조항은 동일 세대로 인정되는 가족의 범위를 내국인등에 비해 더욱 좁게 규정하고 있는데, 이는 외국인에 대하여 정확한 가족관계 파악이 어려운 상황에서 현재 사회적으로 형성되어 있는 가족구성의 일반적인 형태인 부모와 미혼자녀로 구성되는 소가족의 형태를 반영한 것으로서, 합리적인 이유가 있는 차별이다.

[3] 내국인등과 달리 보험료를 체납한 경우에는 다음 달부터 곧바로 보험급여를 제한하는 국민건강보험법 제109조 제10항(이하 '보험급여제한 조항')이 청구인들의 평등권을 침해하는지 여부: 적극

보험급여제한 조항은 내국인과는 달리 과거 보험료를 납부해 온 횟수나 개별적인 경제적 사정의 고려 없이 단 1회의 보험료 체납만으로도 일률적으로 보험급여를 제한하고, 체납한 보험료를 사후에 완납하더라도 예외 없이 소급하여 보험급여를 인정하지 않는데, 이는 평균보험료를 납부할 능력이 없는 외국인

에게는 불측의 질병 또는 사고·상해가 발생할 경우 건강에 대한 치명적 위험성에 더하여 가족 전체의 생계가 흔들리게 되는 결과를 낳게 할 수 있다. 외국인도 국민건강보험에 당연가입하도록 하고, 국내에 체류하는 한 탈퇴를 불허하는 것은, 단지 내국인과의 형평성 제고뿐 아니라, 이들에게 사회연대원리가 적용되는 공보험의 혜택을 제공한다는 정책적 효과도 가지게 되는 것임을 고려하면, 보험료 체납에도 불구하고 보험급여를 실시할 수 있는 예외를 전혀 인정하지 않는 것은 합리적인 이유 없이 외국인을 내국인등과 달리 취급한 것이다. 따라서 보험급여제한 조항은 청구인들의 평등권을 침해한다(헌재 2023.9.26, 2019헌마1165).

183 경상국립대학교의 교원, 직원 및 조교, 학생에게 총장선거권을 부여하고 '강사'에게는 부정하는 것이 평등권을 침해하는지 여부: 소극 [기각]

국립대학의 직원이나 조교는 국가공무원 내지 교육공무원에 해당하는 반면 강사는 대학과 일시적이고 비전속적인 고용관계를 맺고 있고, 국립대학의 학생은 영조물 이용자로서 대학의 정책 방향에 높은 이해관계를 가지는 반면, 강사는 대학의 교육역무를 지원·보조하기 위하여 일시적으로 고용된 사람으로서 대학의 정책방향과 관련하여 선거권 보장의 필요성이 상대적으로 낮다. 이러한 사정을 고려할 때 심판대상조항이 교원, 직원 및 조교, 학생과 강사를 달리 취급한 데에는 합리적 이유가 있으므로, 심판대상조항은 청구인들의 평등권을 침해하지 아니한다(헌재 2023.9.26, 2020헌마553).

184 지원에 의하여 현역복무를 마친 여성을 일반적인 여성의 경우와 동일하게 예비역 복무의무자의 범위에서 제외하는 군인사법이 평등권을 침해하는지 여부: 소극 [기각]

현시점에서 일반적으로 여성을 예비역 복무의무자에서 제외한 입법자의 판단이 현저히 자의적이라고 단정하기 어렵다. 다만, 지원에 의하여 현역복무를 마친 여성의 경우 예비전력의 자질을 갖춘 것으로 추정할 수 있으나, 전시 요구되는 장교와 병의 비율, 예비역 인력운영의 효율성 등을 고려할 때, 현역복무를 마친 여성에 대한 예비역 복무의무 부과는 합리적 병력충원제도의 설계, 여군의 역할 확대 및 복무 형태의 다양성 요구 충족 등을 복합적으로 고려하여 결정할 사항으로, 현시점에서 이에 대한 입법자의 판단이 현저히 자의적이라고 단정하기 어렵다. 따라서 이 사건 예비역 조항은 청구인의 평등권을 침해하지 아니한다(헌재 2023.10.26, 2018헌마357).

185 국회의원이 아닌 원외 당협위원장 또는 국회의원선거를 준비하는 자 등을 후원회지정권자에서 제외하여 정치자금을 모금할 수 없도록 하고 이를 위반하면 처벌하는 것이 평등원칙에 위배되는지 여부: 소극 [합헌]

심판대상조항이 원외 당협위원장을 후원회지정권자에서 제외하여 정치자금을 모금할 수 없도록 한 것은 지역구국회의원과의 지위, 정치활동의 대상 및 범위에 있어서의 차이, 후원회의 효과적인 통제 등을 고려한 것이다. 또한 지역구국회의원선거를 준비하는 자를 후원회지정권자에서 제외한 것은 어느 시점을 기준으로 정치활동을 위한 경비의 지출이 객관적으로 예상되는 위치에 있다고 볼 것인지 명확하지 아니하기 때문이다. 이처럼 원외 당협위원장이나 지역구국회의원 선거를 준비하는 자를 지역구국회의원과 달리 취급하는 것은 합리적인 이유가 인정되므로 심판대상조항은 평등원칙에 위배되지 않는다(헌재 2023.10.26, 2020헌바402).

186 문화재보호구역에 있는 부동산을 재산세 경감 대상으로 규정하면서 역사문화환경 보존지역에 있는 부동산을 재산세 경감 대상으로 규정하지 않은 것이 조세평등주의에 위배되는지 여부: 소극 [합헌]

보호구역은 문화재가 외부환경과의 직접적인 접촉으로 인하여 훼손되지 않도록 하는 데 목적이 있는 반면, 역사문화환경 보존지역은 문화재 주변 경관을 저해하는 이질적 요소들로 인해 문화재의 가치가 하락하지 않도록 하는 데 목적이 있으므로, 양자는 그 취지와 목적을 달리한다. 보호구역에 있는 부동산과 역사문화환경 보존지역에 있는 부동산은 그 재산권 행사 제한의 정도에 있어서 상당한 차이가 있다. 심판대상조항이 보호구역에 있는 부동산을 재산세 경감 대상으로 규정하면서 역사문화환경 보존지역에 있는 부동산을 재산세 경감 대상으로 규정하지 않은 것이 입법재량을 벗어난 합리적 이유 없는 차별에 해당한다고 볼 수 없으므로, 심판대상조항은 조세평등주의에 위배되지 않는다(헌재 2024.1.25, 2020헌바479).

187 외국인 중 영주권자 및 결혼이민자만을 긴급재난지원금 지급대상에 포함시키고 난민인정자를 제외한 것이 평등권을 침해하는지 여부: 적극 [인용(위헌확인)]

코로나19로 인하여 경제적 타격을 입었다는 점에 있어서는 영주권자, 결혼이민자, 난민인정자간에 차이가 있을 수 없으므로 그 회복을 위한 지원금 수급 대상이 될 자격에 있어서 역시 이들 사이에 차이가 발생한다고 볼 수 없다.

이 사건 처리기준이 긴급재난지원금 지급 대상에 외국인 중에서도 '영주권자 및 결혼이민자'를 포함시키면서 '난민인정자'를 제외한 것은 합리적 이유 없는 차별이라 할 것이므로, 이 사건 처리기준은 청구인의 평등권을 침해한다(헌재 2024.3.28, 2020헌마1079).

188 사실혼 배우자에게 상속권 및 재산분할청구권을 인정하지 않는 것이 평등권을 침해하는지 여부: 소극 [합헌]

[1] 재산분할청구권조항에 대한 심판청구: 부적법(진정입법부작위)

청구인이 문제삼는 '일방의 사망으로 사실혼이 종료된 경우 생존 사실혼 배우자에게 재산분할청구권을 부여하는 규정을 두지 않은 부작위'는, 입법자가 애당초 그러한 입법적 규율 자체를 전혀 하지 않은 경우에 해당한다. 따라서 이 부분 심판청구는 외형상 특정 법률조항을 심판대상으로 삼아 제기되었으나 실질적으로는 헌법재판소법 제68조 제2항에 의한 헌법소원에서 허용되지 아니하는 진정입법부작위를 다투는 것이므로 그 자체로 부적법하다.

[2] 상속권조항에 대한 심판청구 [합헌]

헌법재판소는 2014.8.28. 선고한 2013헌바119 결정에서, 상속권조항이 헌법에 위반되지 않는다고 판단하였다. '사실혼 배우자는 혼인신고를 함으로써 상속권을 가질 수 있고, 증여나 유증을 받는 방법으로 상속에 준하는 효과를 얻을 수 있으며, 근로기준법, 국민연금법 등에 근거한 급여를 받을 권리 등이 인정되므로 상속권을 침해한다고 할 수 없다고 보았다. 나아가 위 결정에서 법률혼주의를 채택한 취지에 비추어 볼 때 제3자에게 영향을 미쳐 명확성과 획일성이 요청되는 상속과 같은 법률관계에서는 사실혼을 법률혼과 동일하게 취급할 수 없으므로, 상속권조항이 사실혼 배우자의 평등권을 침해한다고 보기 어렵다'는 것이었다.

선례의 이유는 심판대상이 동일한 이 사건에도 그대로 적용될 수 있고, 이와 달리 판단해야 할 사정변경이나 필요성이 있다고 보이지 아니한다(헌재 2024.3.28, 2020헌바494).

189 국립대학교 법학전문대학원에 입학원서를 제출한 제칠일안식일예수재림교 신자 갑이 1단계 서류전형 평가 합격 통지와 함께 토요일 오전반으로 면접고사 일정이 지정되자, 토요일 일몰 전에 세속적 행위를 금지하는 안식일에 관한 종교적 신념을 지키기 위해 면접 일정을 토요일 오후 마지막 순번으로 변경해 달라는 취지의 이의 신청서를 제출했으나, 총장이 이를 거부하고 면접평가에 응시하지 않은 갑에게 불합격 통지를 한 사안에서, 갑의 면접일시 변경을 거부함으로써 갑이 종교적 신념을 이유로 받게 된 중대한 불이익을 방치한 총장의 행위는 헌법상 평등원칙을 위반한 것으로 위법하고, 위법하게 지정된 면접일정에 응시하지 않았음을 이유로 한 불합격처분은 취소되어야 한다고 한 사례

면접일시가 토요일 오전으로 정해진 갑이 지역 학생들에게 더 낮은 비용으로 법조인이 될 기회를 제공하고 있는 국립대학교 법학전문대학원에 입학하는 기회를 종교적 신념 때문에 박탈당하는 불이익이 결코 가볍다고 볼 수 없는 점, 지필시험의 경우 문제 유출을 방지하기 위해 모든 응시자들이 동시에 시험에 응시해야 할 공익적 요청이 높으므로 특정 응시자에게만 시험일정을 변경하기 어렵고, 특정 응시자의 종교적 신념을 보장하기 위해 다른 모든 응시자의 시험일정을 일괄적으로 변경할 경우 그로 인해 소요되는 비용과 혼란이 크지만, 면접평가의 경우 개별면접 방식으로 진행되므로 갑 개인의 면접시간만 토요일 일몰 후로 손쉽게 변경할 수 있고, 그 과정에서 다른 응시자들의 면접시간을 변경할 필요도 없는 점, 갑이 일몰 후에 면접을 실시할 수 있도록 늦은 순번으로 면접순번이 지정되더라도 다른 응시자들에 비해 면접평가 준비 시간을 더 많이 받는 등의 부당한 이익을 받는다고 보기도 어려운 점을 종합하면, 종교적 신념에 따라 갑이 입는 불이익을 해소하기 위해 면접시간을 변경하더라도 그로 인해 제한되는 공익이나 제3자의 이익은 갑이 받는 불이익에 비해 현저히 적음에도, 갑의 면접일시 변경을 거부함으로써 갑이 종교적 신념을 이유로 받게 된 중대한 불이익을 방치한 총장의 행위는 헌법상 평등원칙을 위반한 것으로 위법하고, 위법하게 지정된 면접일정에 응시하지 않았음을 이유로 한 불합격처분은 적법한 처분사유가 존재한다고 볼 수 없어 취소되어야 한다(대판 2024.4.4, 2022두56661).

190 회계관계직원의 국고손실을 처벌하는 특정범죄가중법 조항이 형벌체계상의 균형을 잃어 평등원칙에 위배되는지 여부: 소극 [합헌]

회계관계직원 등의 책임에 관한 법률 제2조 제1호 카목의 '그 밖에 국가의 회계사무를 처리하는 사람'은 회계직원책임법 제2조 제1호 가목부터 차목까지에 열거된 직명을 갖지 않는 사람이라도 실질적으로 그와 유사한 회계관계업무를 처리하는 사람으로, 그 업무를 전담하는지 여부나 직위의 높고 낮음은 불문함을 예측할 수 있다. 따라서 회계직원책임법 제2조 제1호 카목 및 이를 구성요건으로 하고 있는 이 사건 특정범죄가중법 조항은 죄형법정주의의 명확성원칙에 위배되지 아니한다. 형법상 횡령죄나 업무상횡령죄의 보호법익은 타인의 재물에 관한 소유권 등 본권인 데 반하여 이 사건 특정범죄가중법 조항의 보호법익에는 국가의 재물에 관한 재산권뿐만 아니라 국가 회계사무의 적정성도 포함되므로 보호법익이 서로 동일하다고 보기 어렵다. 이 사건 특정범죄가중법 조항은 회계직원책임법이 정하고 있는 회계관계직원의 횡령행위를 그 구성요건으로 하는 것으로, 형법상 횡령죄나 업무상횡령죄와 죄질이 동일하다고 할 수 없고, 이 사건 특정범죄가중법 조항의 대상인 1억원 이상의 국고손실을 일으키는 횡령행위는 그로 인한 국가경제적 파급효가 크다. 따라서 이 사건 특정범죄가중법 조항이 형법상 횡령죄나 업무상횡령죄의

법정형보다 가중처벌을 하도록 한 것에는 합리적 이유가 있으므로 **형벌체계상의 균형을 잃어 평등원칙에 위배된다고 할 수 없다.**

이 사건 형법 조항은 재물의 소유권 등을 보호하기 위한 재산범죄인바, 타인의 재물을 보관하는 자가 자기의 이익을 위하여 횡령행위를 하는 '자기 영득'과 제3자의 이익을 위하여 횡령행위를 하는 '제3자 영득'은 모두 타인의 재물에 대한 소유권 등을 침해한다는 점에서 죄질과 보호법익이 동일하다. 따라서 이를 동일한 법정형으로 처벌하더라도 합리적 이유 없는 차별로서 평등원칙에 위배된다고 할 수 없다(헌재 2024.4.25, 2021헌바21).

191 '국가, 지방자치단체, 공공기관의 운영에 관한 법률에 따른 공공기관'이 시행하는 개발사업과 달리, 학교법인이 시행하는 개발사업은 그 일체를 개발부담금의 제외 또는 경감 대상으로 규정하지 않은 '개발이익 환수에 관한 법률' 제7조 제1항, 같은 조 제2항 제1호, 같은 항 제2호 중 '공공기관의 운영에 관한 법률에 따른 공공기관'에 관한 부분이 평등원칙에 위반되는지 여부: 소극 [합헌]

'국가'는 개발이익의 환수 주체이고, '지방자치단체'는 개발이익의 배분 대상이므로, 이들이 시행하는 개발사업의 경우 그 개발이익을 환수할 필요성이 없거나 낮다. '공공기관'이 시행하는 개발사업의 경우, 그 개발이익을 공공기관이 일단 보유하고 있다가 추후 국가사업을 대행하거나 위임받아 수행할 때 다시 사용하도록 할 수 있다는 점에서, 개발이익을 전부 환수할 필요성이 낮다. 따라서 국가 등이 시행하는 개발사업은, 개발부담금 제외 또는 경감 대상으로 규정할 이유가 있다. 반면 '학교법인'이 시행하는 개발사업의 경우, 그 개발이익이 곧바로 국가 또는 지방자치단체에 귀속된다거나 추후 국가사업에 다시 사용될 것이 예정되어 있지 않다. 또한 해당 개발이익은 학교법인과 사립학교의 학생 및 교직원 등만이 독점적으로 향유할 뿐 공동체 전체가 공평하게 향유할 수도 없으므로, 개발부담금 제외 또는 경감 대상으로 규정할 특별한 이유를 찾을 수 없다. 결국 심판대상조항은 국가 등과 학교법인을 합리적인 이유 없이 차별취급한다고 볼 수 없으므로, 평등원칙에 위반되지 않는다(헌재 2024.5.30, 2020헌바179).

192 전기판매사업자에게 약관의 명시·교부의무를 면제한 '약관의 규제에 관한 법률' 제3조 제2항 단서 제2호 중 '전기사업'에 관한 부분이 평등원칙에 위반되는지 여부: 소극

전기판매사업자는 전기사용자의 이익을 보호하기 위해 마련된 전기사업법과 그 시행령에서 정한 기준에 따라 공급약관을 마련하고, 주무관청의 인가를 받아야 하므로 전기판매사업자가 관련 규정을 준수하여 공급약관을 작성 또는 변경하고 인가받았다면, 그 내용의 공정성이 어느 정도 확보되어 소비자 보호라는 목적을 일응 달성할 수 있다. 전기판매사업자에게 일반적인 약관 거래와 동일하게 약관의 명시·교부의무를 부과하게 되면, 상당한 비용이 수반될 것이 예상되고, 신속하고 효율적인 업무 처리가 저해될 우려가 있다. 나아가 전기사용자는 전기판매사업자인 한국전력공사의 사업소와 인터넷 홈페이지를 통해 공급약관을 확인할 수 있다. 따라서 심판대상조항이 일반 사업자와 달리 전기판매사업자에 대하여 약관의 명시·교부의무를 면제하더라도, 그러한 차별을 정당화할 합리적인 이유가 존재한다고 볼 수 있으므로, 심판대상조항은 평등원칙에 위반되지 않는다(헌재 2024.4.25, 2022헌바65).

193 헌법불합치결정에 따라 실질적인 혼인관계가 존재하지 아니한 기간을 제외하고 분할연금을 산정하도록 개정된 국민연금법 조항을 개정법 시행 후 최초로 분할연금 지급사유가 발생한 경우부터 적용하도록 하는 국민연금법 부칙 제2조가 평등원칙에 위반되는지 여부: 적극 [헌법불합치]

헌법재판소는 2016.12.29. 별거나 가출 등으로 실질적인 혼인관계가 존재하지 아니하여 연금 형성에 기여가 없는 이혼배우자에 대해서까지 법률혼 기간을 기준으로 분할연금 수급권을 인정하는 구 국민연금법 제64조 제1항이 노령연금 수급권자의 재산권을 침해하므로 헌법에 합치되지 아니한다고 결정하였다(2015헌바182, 이하 '종전 헌법불합치결정'). 심판대상조항은 국민연금법 제64조 제1항 및 제4항의 개정규정을 신법 조항 시행 후 최초로 분할연금 지급 사유가 발생한 경우부터 적용하도록 규정하고 있는바, 실질적인 혼인관계가 해소되어 분할연금의 기초가 되는 노령연금 수급권 형성에 아무런 기여가 없는 경우에는 노령연금 분할을 청구할 전제를 갖추지 못한 것으로 볼 수 있다는 점에서 분할연금 지급 사유 발생 시점이 신법 조항 시행일 전인 경우와 후인 경우 사이에 아무런 차이가 없으므로, 분할연금 지급 사유 발생시점이 신법 조항 시행일 전·후인지와 같은 우연한 사정을 기준으로 달리 취급하는 것은 합리적인 이유를 찾기 어렵다. 따라서 심판대상조항은 평등원칙에 위반된다(헌재 2024.5.30, 2019헌가29).

194 직계혈족, 배우자, 동거친족, 동거가족 또는 그 배우자 이외의 친족 간에 권리행사방해죄를 범한 때는 고소가 있어야 공소를 제기할 수 있도록 한 형법 제328조 제2항(이하 '심판대상조항'이라 한다)이 평등원칙에 위배되는지 여부: 소극 [합헌]

심판대상조항은 가족의 가치를 중시하는 우리나라의 역사·문화적 특징이나 형벌의 보충성을 고려할 때 그 필요성을 인정할 수 있다. 친족 사이에 발생한 재산범죄의 경우 친족관계의 특성상 친족 사회 내부에서 피해의 회복 등 자율적으로 문제를 해결할 가능성이 크고 재산범죄는 피해의 회복이나 손해의 전보가 비교적 용이한 경우가 많은 점, 형사소송법은 고소권자인 피해자의 고소의 의사표시가 어려운 경우의 보완규정을 두고 있는 점을 종합하면, 피해자의 고소를 소추조건으로 하여 피해자의 의사에 따라 국가형벌권 행사가 가능하도록 한 심판대상조항은 합리적 이유가 있으므로 평등원칙에 위배된다고 보기 어렵다(헌재 2024.6.27, 2023헌바449).

195 코로나19 격리자의 가구원이 행정기관 근로자인 경우 생활지원비 지원을 제외한 것이 평등권을 침해하는지 여부: 소극 [기각]

'감염병의 예방 및 관리에 관한 법률'에 따른 생활지원비는 격리기간에 소득활동을 하기 어렵다는 점을 고려하여 격리자의 생활안정을 도모하기 위해 한시적으로 지원되는 금전이고, 지원 주체인 피청구인은 생활지원비 지원의 취지, 재정부담능력, 감염병 확산 상황 등 제반 사정을 고려하여 지원대상의 범위 등을 정하는 데 광범위한 입법재량을 가진다. 코로나19가 급속히 확산되는 상황에서 한정된 재원을 효과적으로 지원하기 위해서는 격리로 인하여 생계가 곤란하게 될 위험성을 살펴 지원대상의 범위를 제한할 필요가 있다. 행정기관 근로자는 입원하거나 격리하더라도 유급휴가를 받을 수 있어 격리자를 포함한 해당 가구가 생계곤란을 겪을 위험이 현저히 낮다. 따라서 행정기관 근로자가 가구원인 경우 해당 가구의 격리자에게 생활지원비를 지원하지 않는 것에는 합리적 이유가 있으므로, 이 사건 제외규정은 청구인의 평등권을 침해하지 않는다(헌재 2024.8.29, 2021헌마450).

196 농업협동조합법(이하 '농협법'이라 한다) 제49조 제1항 제8호에 규정된 죄와 다른 죄의 경합범에 대하여 분리 선고하도록 규정한 농협법 제49조의2 제1항(이하 '심판대상조항'이라 한다)이 평등원칙에 위반되는지 여부: 소극

농협법 제49조 제1항 제8호는 같은 호에 규정된 죄(이하 '선거범죄'라 한다)를 범하여 '벌금 100만 원 이상의 형'을 선고받을 것 등을 임원 결격사유로 규정하고 있고, '벌금 100만 원 이상의 형'에는 100만 원 이상의 벌금형과 징역형이 모두 포함되므로, 벌금형과 징역형 모두에 대해 분리 선고를 규정하는 것이 체계에 부합하는 측면이 있는 점, 이와 같이 분리 선고를 하는 것은 지역농협 임원 선거의 성격에 비추어 선거의 공정성 확보 등에 기여할 수 있으며, 양형의 측면에서 피고인에게 일률적으로 불리하다고 단정하기 어렵고, 나아가 법원은 분리 선고로 지역농협 임원의 자격 등이 제한될 수 있는 사정을 고려하여 적정한 양형재량을 행사할 수 있는 점 등을 고려할 때, 심판대상조항이 선거범죄에 대하여 징역형을 분리하여 선고받는 피고인을 형법 제38조 제1항 제2호에 따라 다른 죄와 단일한 징역형을 선고받는 피고인에 비해 합리적 이유 없이 차별취급하였다고 보기 어려우므로, 심판대상조항은 평등원칙에 위반된다고 볼 수 없다(헌재 2025.1.23, 2021헌바268).

197 이동제한명령 또는 일시 이동중지 명령을 이행한 자를 보상금 지급대상으로 규정하지 아니한 구 '가축전염병 예방법'이 가축사육업자들의 평등권을 침해하는지 여부: 소극

이동제한명령 또는 일시 이동중지 명령을 받은 농가가 입게 되는 경영 손실이나 경제적 피해가 살처분 명령과 동일한 수준이라고 볼 수 없고, 이동제한명령으로 인한 농가 손실분을 보전할 수 있는 법적 근거가 마련되어 있으며, 일시 이동중지 명령은 단기적이고 한시적인 방역조치에 불과하여서 별도의 소득 지원이나 비용 지원이 필요하다고 보기 어려우므로, 이 사건 보상금조항은 가축사육업자들의 평등권을 침해하지 아니한다(헌재 2025.1.23, 2021헌마1192).

198 병원, 치과병원, 종합병원과 달리 정신병원에 대하여는 한의사를 두어 한의과 진료과목을 추가로 설치·운영할 수 있다는 규정을 두지 아니한 의료법 제43조 제1항(이하 '심판대상조항'이라 한다)이 정신병원을 운영하는 청구인의 평등권을 침해하는지 여부: 적극

심판대상조항의 입법목적은 병원급 의료기관 내에서 협진을 가능하게 하여 의료소비자의 권익을 향상하려는 것이고, 정신병원에 한의사를 두어 한의과 진료과목을 추가로 설치·운영할 필요성이 종합병원·병원·치과병원에 비하여 낮다고 보기 어렵다. 더욱이, 의료법 제43조 제2항 등에 따라 한방병원에 정신건강의학과를 추가로 설치·운영하는 것은 허용하면서, 정신병원은 한의과 진료과목을 추가로 설치·운영할 수 없다고 할 만한 사유를 찾아보기 어렵다. 나아가, 정신병원 내에 한의과 진료과목을 설치·운영한다고 하더라도, 종합병원·병원·치과병원에 한의과 진료과목이 설치·운영되는 경우와 마찬가지로 한의과 진료과목의 진료에 필요한 시설·장비가 갖추어진 상태에서 자격을 갖춘 한의사에 의하여 진료가 이루어지게 할 수 있으므로, 국민의 보건위생상 어떠한 위해가 생길 것이라고 보기 어렵다.

위와 같은 점을 종합하면 심판대상조항이 정신병원을 운영하는 자를 종합병원·병원·치과병원을 운영하는 자와 달리 취급하는 데에 합리적인 이유가 있다고 볼 수 없으므로, 심판대상조항은 정신병원을 운영하는 청구인의 평등권을 침해한다(헌재 2025.1.23, 2021헌마886).

199 일정한 법무법인으로 하여금 변리사 업무를 수행할 수 있도록 한 변호사법이 평등원칙에 위반되는지 여부: 소극

변리사법 및 변호사법 규정 등에 비추어보면 변호사는 변리사의 업무에 관하여 변리사와 동등한 수준의 전문성을 갖추었다고 볼 수 있고, 심판대상조항은 법무법인이 변리사의 자격을 가진 변호사를 통해 변리사 업무를 수행할 수 있는 경우에 한하여 변리사 업무 수행을 허용하고 있는 것이므로, 이러한 법무법인에 대하여 특허법인과 마찬가지로 변리사 업무를 수행할 수 있도록 한 것에는 합리적 이유가 인정된다. 따라서 심판대상조항은 평등원칙에 위반되지 않는다(헌재 2025.1.23. 2022헌바61).

200 기타 위계에 의한 업무방해죄의 법정형은 행위 태양에 비추어 죄질이 더 중하다고 할 수 있는 위력에 의한 업무방해죄와 동일하게 규정되어 있고, 심지어 폭행 또는 협박을 수단으로 한 공무집행방해죄보다도 더 중하게 규정되어 있는 것이 평등원칙에 위배되는지 여부: 소극 [합헌]

심판대상조항과 위력에 의한 업무방해죄는 그 행위 수단에 차이가 있으나, 궁극적으로 보호하고자 하는 법익은 사람의 경제적·사회적 활동의 안전과 자유로 동일하고, 구성요건으로 요구받는 업무방해의 수준도 다르지 않으며, 위력에 의한 경우가 위계에 의한 경우에 비해 법익 침해가 더 중하다고 일률적으로 말할 수도 없다. 양 죄의 형벌을 비교하면서 단순히 행위 수단이 되는 부분만을 떼어내어 평가할 수는 없는 것이고, 죄질과 보호법익이 크게 다르다고 보기 어려운 두 죄의 법정형을 동일하게 규정하였다고 하여 이를 평등원칙에 반한다고 볼 수는 없다. 공무집행방해죄는 국가기능으로서의 공무 그 자체, 즉 공무원에 의하여 수행되는 국가 또는 공공기관의 기능을 보호법익으로 하는 반면, 업무방해죄는 일반적으로 사람의 경제적·사회적 활동의 안전과 자유를 보호하기 위한 것이므로, 양 죄는 보호법익이나 죄질이 다르고 법정형을 정함에 있어서 고려해야 할 여러 가지 요소도 근본적으로 다르다. 따라서 양 죄의 구성요건 가운데 범행 수단이 되는 행위 태양만을 분리하여 죄의 경중을 논할 수는 없고, 양 죄의 법정형을 평면적으로 비교하여 평등원칙 위반 여부를 판단할 수도 없다 할 것이며, 그 밖에 심판대상조항이 현저히 형벌체계의 균형성을 상실하였다고 볼만한 사정도 찾아보기 어렵다(헌재 2025.2.27. 2021헌바187).

201 검찰항고권자를 고소인·고발인으로 한정하여 고소하지 않은 범죄피해자는 피의자에 대한 검사의 불기소처분에 불복하더라도 이를 검찰항고를 통하여 다툴 수 없게 하는 것이 평등권을 침해하는지 여부: 소극 [기각]

[1] 쟁점의 정리

(1) 이 사건 검찰청법 조항은 검찰항고권자를 고소인·고발인으로 한정하고 있어 청구인과 같이 고소하지 않은 범죄피해자는 피의자에 대한 검사의 불기소처분에 불복하더라도 이를 검찰항고를 통하여 다툴 수 없다. 이처럼 이 사건 검찰청법 조항으로 인하여 고소인·고발인과 고소하지 않은 범죄피해자 사이에 차별취급이 발생하므로, 평등권 침해 여부가 문제된다.

(2) 청구인은 불기소처분에 대하여 항고를 제기할 수 없게 됨으로써 재판청구권이 침해되었다고 주장한다. 그러나 검찰 내부의 상급기관에 의한 심사는 헌법과 법률이 정한 자격과 절차에 의하여 임명되고 물적 독립과 인적 독립이 보장된 법관에 의하여 행해질 것을 요하는 재판의 개념에 포함되지 아니한다. 따라서 이 사건 검찰청법 조항으로 인하여 고소하지 않은 피해자인 청구인이 항고할 수 없게 되더라도 청구인의 재판을 받을 권리가

침해된다고 볼 수는 없으므로 재판청구권 침해 여부에 관하여는 더 나아가 판단하지 아니한다.

[2] 심사기준
헌법은 공소제기의 주체·방법·절차나 사후통제에 관하여 직접적인 규정을 두고 있지 않으며, 검사의 자의적인 불기소처분에 대한 통제방법에 관하여도 아무런 규정을 두고 있지 않다. 따라서 어떠한 방법으로 어느 범위에서 검사의 공소권 남용을 통제할 것인가는 입법정책의 문제이고, 검찰항고의 주체를 정하는 문제 역시 입법자에게 광범위한 재량이 부여되어 있다. 고소인·고발인에게만 검찰항고를 할 수 있도록 한 것이 헌법에서 특별히 평등을 요구하고 있는 영역에서의 차별도 아니다. 그렇다면 청구인이 주장하는 이 사건 검찰청법 조항으로 인한 평등권 침해 여부는 자의금지원칙을 적용하여 판단하면 충분하다.

[3] 판단
비록 고소하지 않은 범죄피해자는 검찰항고를 제기할 수 없으나 헌법소원심판을 청구함으로써 부당한 불기소처분을 시정받을 기회가 있다. 이처럼 고소하지 않은 범죄피해자에게도 검사의 불기소처분을 다툴 수단이 마련되어 있다는 점에서, 고소하지 않은 범죄피해자가 불기소처분에 대한 검찰 내부 심사제도인 검찰항고를 할 수 없다는 사정만으로 범죄피해자로서 불기소처분으로 인한 불이익을 제거할 기회가 원천적으로 봉쇄되어 있다거나 이 사건 검찰청법 조항이 고소하지 않은 범죄피해자에게 일방적으로 불리하게 작용하여 고소인·고발인과의 사이에서 형평성을 상실하고 있다고 보기는 어렵다. 위 사정을 종합하면 이 사건 검찰청법 조항이 고소인·고발인에게만 검찰항고권을 부여하고 있는 데에는 합리적 이유가 있으므로, 이 사건 검찰청법 조항은 청구인의 평등권을 침해하지 않는다(헌재 2025.2.27, 2023헌마1040).

202 이미 국립묘지에 안장된 사람의 배우자만을 합장 대상으로 규정하고 있어, 국가유공자등보다 먼저 사망한 배우자를 국가유공자등보다 나중에 사망한 국가유공자등의 배우자와 달리 취급하는 것이 평등권을 침해하는지 여부: 소극 [기각]

심판대상조항은 국가유공자등보다 배우자가 먼저 사망할 경우 그 배우자로 하여금 국립묘지에 안장조차 될 수 없도록 하고 있는 것이 아니다. 사설묘지 안치 후 합장이라는 별도의 절차를 거치기만 하면 국가유공자등보다 먼저 사망한 배우자도 국립묘지에 합장될 수 있다. 이러한 별도의 절차가 추가된다는 사정만으로 불합리한 차별이라고 보기는 어렵다.

그렇다면 국가유공자등이 사망한 뒤 안장이 완료된 경우에만 국가유공자등의 배우자를 합장할 수 있도록 하고, 국가유공자등이 안장되어 있지 아니한 동안에는 국가유공자등의 배우자를 안장의 대상으로 정하지 아니한 것이 현저히 자의적이라거나 불합리하다고 볼 수 없다. 따라서 심판대상조항은 청구인의 평등권을 침해하지 않는다(헌재 2025.2.27, 2023헌마147).

203 반의사불벌죄에서 처벌을 원하는 의사표시의 철회 시한을 제1심 판결선고 전까지로 제한한 것이 평등원칙에 위배되어 헌법에 위반되는지 여부: 소극 [합헌]

처벌을 원하는 의사표시의 철회 시한을 제1심 판결선고 이후까지로 확대하는 경우, 피고인은 합의 노력을 소홀히 할 가능성이 있으며, 사건 발생일로부터 오랜 기간이 지난 후에 피해자를 상대로 재차 합의를 종용하거나 요구할 가능성도 있으므로, 피해자 보호 측면에서도 폐해가 우려된다. 그러므로 위 2008헌바40 결정의 취지는 선례조항에 관한 판단에도 그대로 타당하다. 선례조항이 항소심 단계에서 처벌을 원하는 의사표시가 철회된 사건의 피고인을 제1심 단계에서 처벌을 원하는 의사표시가 철회된 사건의 피고인과 차별하는 데에는 합리적인 이유가 있으므로, 선례조항은 평등원칙에 위배되지 아니한다(헌재 2025.4.10, 2024헌바471).

204 군인등준강제추행죄도 형법상 준강제추행죄와 같이 행위 태양의 다양성에 따라 죄질 및 위법성의 정도가 낮을 수 있음에도 불구하고, 형법상 준강제추행죄와 달리 벌금형을 선택형으로 규정하지 않고 있는 심판대상조항은 형벌체계의 균형성을 상실해 평등원칙에 위반되는지 여부: 소극 [합헌]

[1] 책임과 형벌 간의 비례원칙에 위반되는지 여부

군인등강제추행·군인등준강제추행죄는, 행위주체와 객체가 모두 군 본연의 업무를 수행하는 구성원인데 군대 조직은 철저히 계급으로 이루어진 사회이므로 위계질서를 이용하여 위와 같은 범죄가 이루어질 가능성이 높다는 점과 군 조직 내에서 강제추행·준강제추행 범죄가 발생하는 경우 그 결과는 피해자 개인의 성적 자기결정권의 침해를 넘어 군의 전투력 보존에 심각한 위해를 초래할 수 있다는 점 때문에 일반적으로 비난가능성이 크다. 그 법정형이 입법재량의 범위를 벗어났다거나 과잉형벌이라고 보기 어려우므로, 책임과 형벌 간의 비례원칙에 위반되지 아니한다.

[2] 평등원칙 위배 여부

형법상 강제추행·준강제추행죄, 아동·청소년의성보호에관한법률위반(강제추행·준강제추행)죄, 성폭력범죄의처벌등에관한특례법위반(13세 미만 미성년자강제추행·준강제추행)죄와 비교할 때, 행위주체와 객체의 법적 지위 등 구체적 구성요건이 다르고, 그 성립범위와 행위 태양도 제한적이며, 군의 존립목적과 군 조직의 특수성 등에 비추어 보호법익과 범죄의 죄질도 유사하다고 볼 수 없다. 다른 법률조항과 달리 행위 주체와 객체의 제한성 측면과 행위의 엄중성 측면에서 징역형만을 법정형으로 정한 것은 구성요건과 죄질 및 보호법익 등의 차이를 고려한 것으로서 합리적인 이유가 있다고 인정되고, 구체적인 사건에서 법관의 양형을 통하여 피고인의 책임에 상응하는 형을 선고하는 것이 가능하므로, 선례조항은 형벌체계의 균형성을 상실하여 평등원칙에 위배된다고 볼 수 없다(헌재 2025.6.27, 2025헌바97).

205 공무원 재직 중 음주운전으로 인하여 형사 처분을 받은 자를 퇴직공무원 포상 추천에서 제외하도록 한 '2021년 정부포상업무지침'이 평등권을 침해하는지 여부: 소극

심판대상조항은 사회통념상 상훈을 수여하기에 부적격한 자를 선별하고 타의 모범이 되는 퇴직공무원에 대하여만 상훈을 수여함으로써 국가 영전 수여에 대한 국민의 신뢰와 지지를 확보하여 서훈의 영예성을 제고하기 위한 것이다. 음주운전은 공공의 생명과 신체, 안전을 위협하는 행위로서, 음주운전의 시기나 당시 관련 법령의 규율 내용, 징계시효나 형의 시효 도과 여부 등과 무관하게 공직사회의 품위와 국민의 신뢰를 해치는 비위행위에 해당한다. 따라서 심판대상조항이 음주운전을 공무원의 주요비위행위로 규정하기 훨씬 전에 저지른 음주운전이라 하더라도, 공무원 재직 중에 음주운전으로 형사 처분을 받은 퇴직공무원에 대하여는 정부포상 추천을 할 수 없도록 한 것이 자의적인 차별이라고 볼 수 없다(헌재 2025.2.27, 2021헌마1414).

206 주택법에 따른 주택건설사업에 대해서는 가구 수 증가와 상관없이 개발사업의 결과로 지어지는 전체 가구 수에 대하여 학교용지부담금을 부과하는 구 '학교용지 확보 등에 관한 특례법'이 평등원칙에 위반되는지 여부: 소극 [합헌]

도시개발법상 도시개발사업이나 도시정비법상 재개발사업 및 재건축사업, 소규모주택정비법상 가로주택정비사업 및 소규모재건축사업 등은 그 실질이 모두 기존 주택의 재건축에 해당하는데, 이들 개발사업을 시행하는 조합의 조합원은 사업구역 내에 위치한 토지 또는 건물의 소유자 등으로 기존 세대가 사업을 주도하고 기존 세대 대부분이 조합원의 지위에서 분양을 받아 사업시행 이후 그대로 거주한다. 반면 주택법의 적용을 받는 주택건설사업은 사업주체가 택지를 매입하여 신규 주택을 건설하고 공급하는 사업으로, 기존 세대와 무관하게 신규 주택을 건설·공급하게 되므로 사업시행 이후 기존 세대가 이전하고 인구가 새로 유입되는 상황을 예정하고 있다. 이와 같이 기존 세대가 잔류하지 아니하고 인구가 새로 유입되면서 세대가 교체되어 그 구성원에 변동이 생기는 상황이라면 가구 수 자체의 변동이 없더라도 취학 수요가 증가하여 학교시설을 확보할 필요성이 유발된다고 볼 수 있는데, 입법자가 이러한 주택법상 주택건설사업의 실질을 고려하여 주택법상 주택건설사업의 경우 신축된 전체 가구 수를 기준으로 학교용지부담금을 부과할 수 있도록 정한 것은 합리적인 이유가 있다.

또한 주택법상 주택건설사업은 다양한 방식으로 시행되는데, 시행 방식에 따라서는 학교시설을 확보할 필요성이 유발되지 않는 경우도 있을 수 있으나 주택건설사업의 구체적인 시행 방식까지 고려하여 학교용지부담금 부과 제외 대상을 정하는 것은 입법기술상 쉽지 않고 바람직하다고 보기도 어렵다. 학교용지법 제5조 제1항에 따른 학교용지부담금 부과는 재량행위로 해석되는데, 이와 같은 경우에는 심판대상조항이 정한 제외 대상에 해당하지 않더라도 개별 사안에서 학교용지부담금 부과처분이 재량권을 일탈·남용하여 위법한지 여부를 심사함으로써 구체적 타당성을 도모할 수 있다. 그렇다면 심판대상조항은 평등원칙에 위배되지 아니한다(헌재 2025.4.10, 2020헌바363).

비교판례

1 헌법재판소는 개발사업지역에서 공동주택을 분양받은 자에게 학교용지부담금을 부과·징수할 수 있도록 한 법률조항에 대하여 의무교육에 필요한 학교시설은 국가의 일반적 과제이고, 학교용지는 의무교육을 시행하기 위한 물적 기반으로 이를 달성하기 위한 비용은 국가의 일반재정으로 충당하여야 한다고 하면서 해당 조문이 의무교육의 무상성을 선언한 헌법에 반한다고 판단한 바 있다(헌재 2005.3.31, 2003헌가20).

2 헌법재판소는 또한 주택재건축사업에서 '기존 거주자와 토지 및 건축물의 소유자에게 분양하는 경우'를 학교용지부담금의 부과 대상에서 제외하면서 매도나 현금청산의 대상이 되어 제3자에게 일반분양됨으로서 기존에 비하여 가구 수가 증가하지 아니한 개발사업분에 대해서는 부담금 부과 대상에서 제외하는 규정을 두지 아니한 것이 평등원칙에 위반된다고 판단한 바 있다(헌재 2013.7.25, 2011헌가32).

207 국가유공자의 유족인 자녀 중 연장자 우선 사건 [헌법불합치, 합헌, 각하]

[판시사항]

[1] '국가유공자 등 예우 및 지원에 관한 법률'(이하 '국가유공자법'이라 한다) 제13조 제2항 제1호 중 '자녀 간 협의에 의하여 자녀 중 1명을 선순위자로 정하는 부분'(이하 '이 사건 협의지정조항'이라 한다)이 재판의 전제성이 인정되는지 여부: **소극**

[2] '국가유공자의 유족 중 보상을 받을 자녀의 순위를 정함에 있어 협의로 지정된 자녀가 없는 경우 국가유공자를 주로 부양한 자녀를 선순위 유족으로 정하는 국가유공자법 제13조 제2항 제2호 중 '자녀 중 국가유공자를 주로 부양한 사람을 선순위자로 정하는 부분'(이하 '이 사건 부양자우선조항'이라 한다)이 명확성원칙에 위반되는지 여부: **소극**

[3] 이 사건 부양자우선조항이 평등원칙에 위반되는지 여부: **소극**

[4] 국가유공자의 유족 중 보상을 받을 자녀의 순위를 정함에 있어 협의로 지정되거나 주로 부양한 자녀가 없는 경우 나이가 많은 자녀를 선순위 유족으로 정하는 국가유공자법 제13조 제2항 제3호 전문 전단 중 '자녀 중 나이가 많은 사람을 선순위자로 정하는 부분'(이하 '이 사건 연장자우선조항'이라 한다)이 평등원칙에 위반되는지 여부: **적극**

[5] 이 사건 연장자우선조항에 대하여 헌법불합치 결정을 선고한 사례

[결정요지]

[1] 이 사건 협의지정조항은 국가유공자의 자녀 간 협의가 이루어져야 적용될 수 있는데, 당해 사건에서 망인의 자녀인 제청신청인은 협의를 이루지 못하였으므로 재판의 전제성이 인정되지 않는다.

[2] 이 사건 부양자우선조항에서 정한 '주로 부양'한 자녀라 함은 국가유공자의 생애기간 전체를 기준으로 국가유공자의 연령, 재산과 소득, 자녀의 부양의 내용과 기간 등을 종합적으로 고려할 때 특히 그 자녀에게 선순위 유족의 지위를 부여하는 것이 정당화될 수 있을 정도로 높은 수준으로 국가유공자를 부양하였다고 인정되는 자녀를 의미하므로, 이 사건 부양자우선조항은 명확성원칙에 위반되지 않는다.

[3] '국가유공자를 주로 부양하지는 않았지만 어느 정도 부양을 한 자녀'와 '국가유공자를 전혀 부양하지 않은 자녀'는 정도에서 차이가 있을 뿐, 모두 그에게 특별히 선순위 유족의 지위를 부여할 정도에는 이르지 않으므로, 위 두 집단이 본질적으로 다른 집단이라고 보기 어렵다. 설령 위 두 집단이 본질적으로 다르다고 하더라도, 어느 가족 구성원이 도움을 필요로 하는 다른 가족 구성원을 어느 정도 부양하는 것은 자연스러운 일이라는 점 등을 고려하면, 이 사건 부양자우선조항이 다른 자녀보다 국가유공자를 상대적으로 더 부양하였지만 '주로 부양'의 요건을 충족하지 않은 자녀에 대하여 선순위 유족의 지위를 부여하지 않는 데는 합리적인 이유가 있으므로, 평등원칙에 위반되지 않는다.

[4] 국가유공자의 자녀 중 특별히 경제적으로 어려운 자가 있을 수 있는데, 이 사건 연장자우선조항은 이러한 개별적 사정은 전혀 고려하지 않고 나이 많음을 선순위 수급권자 선정의 최종 기준으로 삼고 있다. 이는 국가유공자 유족의 생활안정과 복지향상이라는 국가유공자법의 입법취지에 배치된다. 국가의 재정상 한계로 인하여 각종 보상의 총액이 일정액으로 제한될 수밖에 없다고 하더라도, 그 범위 내에서 생활보호의 필요성이 보다 큰 자녀에게 보상을 지급

한다면, 국가유공자법의 입법취지를 살리면서도 국가의 과도한 재정부담을 피할 수 있다. 국가유공자 자녀의 생활수준과 경제적 능력은 재산과 소득을 고려해 등급으로 환산될 수 있고, 이러한 등급에 따라 국가유공자법상 보상을 지급하는 것에 절차상 큰 어려움이 있다고 할 수 없다. 그렇다면 이 사건 연장자우선조항은 국가유공자의 자녀 중 나이가 많은 자와 그렇지 않은 자를 합리적인 이유 없이 차별하므로, 평등원칙에 위반된다(헌재 2025.4.10, 2024헌가12).

관련판례

① 독립유공자의 유족보상금 수급권자를 독립유공자의 손자녀 중 1명에 한정하고, 그중 나이가 많은 자를 우선하도록 정한 '독립유공자예우에 관한 법률' 조항(헌재 2013.10.24, 2011헌마724), ② 재해사망군경의 유족보상금 수급권자를 재해사망군경의 부모 중 1명에 한정하고 그 중 나이가 많은 자를 우선하도록 정한 '보훈보상대상자 지원에 관한 법률' 조항(헌재 2018.6.28, 2016헌가14), ③ 6·25전몰군경자녀에게 6·25전몰군경자녀수당을 지급하면서 그 수급권자를 6·25전몰군경자녀 중 1명에 한정하고, 나이가 많은 자를 우선하도록 정한 '국가유공자 등 예우 및 지원에 관한 법률' 조항(헌재 2021.3.25, 2018헌가6)에 대해 헌법불합치 결정을 선고한 바 있다.

208 가업을 승계하는 자녀에게 가업승계 증여세 과세특례를 부여하되, 가업을 승계하지 않거나 가업에 종사하지 않는 경우에는 그 특례를 배제하는 구 조세특례제한법 조항이 조세평등주의에 위배되는지 여부: 소극 [합헌]

가업승계 증여세 과세특례에서 '경영권의 이전을 통한 가업의 승계'라는 요건의 충족은 매우 중요한 의미를 가진다. 따라서 일단 경영권을 이전받아 가업을 승계하였으나 계속 가업에 종사하여야 하는 사후관리의무를 위반한 수증자와는 달리, 특례배제조항이 처음부터 가업의 경영권을 이전받지 아니하여 가업을 승계하지 아니한 수증자에 대하여 정당한 사유의 존재 여부에 상관없이 가업승계 증여세 과세특례의 적용을 배제하도록 한 것이 현저히 자의적이거나 비합리적이라고 보기 어렵다. 특례배제조항은 조세평등주의를 위반한 것으로 볼 수 없다(헌재 2025.7.17, 2020헌바557).

209 도서관에 의한 저작물 이용의 경우 출판권자에게 보상금이 지급되도록 한 것과 달리 학교교육목적의 저작물 이용에 대하여 출판권자에게 아무런 보상을 규정하지 아니한 것이 평등원칙에 위반되는지 여부: 소극 [합헌]

저작권법 제31조에 의하여 보상금이 지급되는 것은 '디지털 형태의 도서를 출력'하는 행위와 '도서관간 자료의 전송행위'의 경우일 뿐, 도서관 내에서 종이로 인쇄된 간행물 자체를 복사기로 복제하는 경우까지 보상금이 지급되는 것은 아니다. 입법자는 도서관에서의 디지털 형태의 도서 등에 대한 복제의 경우 저작물을 출판한 출판권자의 경제적 이익을 심대하게 위협할 수 있다는 판단 하에, 보상금 지급에 있어 학교교육목적 이용과 달리 취급하는 것으로서, 이러한 차별취급에는 합리적인 이유가 있다고 할 것이므로, 심판대상조항은 평등원칙에 위반되지 아니한다(헌재 2025.7.17, 2023헌가8).

210 특정사기범죄의 범죄행위로 취득한 재산 또는 그 재산의 보유·처분에 의하여 얻은 재산을 범죄피해재산의 범위에 포함시킴으로써 다른 사기범죄와 달리 취급하는 부패재산의 몰수 및 회복에 관한 특례법이 평등원칙에 위배되는지 여부: 소극 [합헌]

이 사건 특정사기범죄는 재산범죄의 일종으로서 사기범죄의 한 유형에 해당하지만, 사기범죄가 조직적으로 이루어져 피해가 광범위하게 발생하고, 여러 피해자들의 피해재산이 혼화되어 계속적으로 자금의 이동과 거래가 이루어지며, 피해재산이 조직적으로 은닉되거나 해외로 도피되는 경우가 많아 피해자가 개별적으로 이를 추적하여 사법상 청구권을 행사하는 것이 현실적으로 매우 어렵다는 특징이 있다. 이러한 경우에 피해회복을 오로지 피해자의 사법상 청구권 행사에만 맡긴다면 범인이 이 사건 특정사기범죄의 범죄행위로 인하여 취득한 재산을 그대로 보유하게 되는 위법상태를 시정하기 어렵게 된다. 또한 범죄피해재산의 소재가 불분명해지면 피해자가 실질적으로 피해를 회복할 수 없게 될 우려가 크기 때문에 이를 미리 보전하는 것이 중요한데, 몰수·추징의 대상으로 삼지 않을 경우 형사상 보전절차로서 몰수 및 추징보전을 실시하는 것도 불가능해진다.

결국 이 사건 정의조항이 다른 유형의 범죄와 달리 이 사건 특정사기범죄의 범죄행위에 의하여 그 피해자로부터 취득한 재산 또는 그 재산의 보유·처분에 의하여 얻은 재산을 몰수·추징의 대상이 되는 범죄피해재산으로 규정한 것은, 위와 같은 이 사건 특정사기범죄의 특성을 고려하여 부패범죄를 조장하는 경제적 요인을 제거하고 피해자의 실질적 피해회복을 도모하기 위한 것으로서 합리적인 이유가 있으므로, 이 사건 정의조항은 평등원칙에 위반되지 아니한다(헌재 2025.7.17, 2020헌바524).

police.Hackers.com

제3장 자유권적 기본권

제1절 인신의 자유권

01 생명권

1. 의의
생명은 죽음에 반대되는 인간의 인격적·육체적 존재형태이며, 무엇과도 바꿀 수 없는 존엄한 인간존재의 근원이다.

2. 연혁
(1) 1776년 버지니아 권리장전에서 생명권을 최초로 규정하였다.

(2) 근대 헌법에서는 대체로 생명권을 자명한 것으로 인식한 나머지 별도의 법규정을 두지 아니하였다.

(3) 제2차 세계대전 이후 세계인권선언, 제노사이드금지협정, 유럽인권협정, 독일 헌법, 일본 헌법 등에서 생명권규정을 두었다.

3. 헌법적 근거
(1) 학설
① 헌법 제10조의 인간의 존엄성에서 찾는 견해
② 헌법 제10조의 인간의 존엄성과 제12조의 신체의 자유의 당연한 전제에서 찾는 견해(허영)
③ 헌법 제10조, 제12조 제1항, 제37조 제1항에서 찾는 견해(다수설)

(2) 헌법재판소
생명에 대한 권리는 비록 **헌법에 명문의 규정이 없다 하더라도** 인간의 생존본능과 존재목적에 바탕을 둔 선험적이고 **자연법적인 권리**로서 헌법에 규정된 모든 기본권의 전제로서 기능하는 **기본권 중의 기본권**이라 할 것이다(헌재 1996.11.28, 95헌바1). 04. 법무사

4. 법적 성격
생명에 대한 권리는 국가에 의한 침해로부터 생명을 방어하려는 대국가적 방어권의 성격과 함께, 생명권을 제3자의 침해로부터 보호해줄 것을 국가에 대하여 요구할 수 있는 보호청구권의 성격을 아울러 가진다.

기출 OX

01 생명권은 비록 헌법에 명문의 규정이 없다 하더라도 인간의 생존본능과 존재목적에 바탕을 둔 선험적이고 자연법적인 권리로서 헌법에 규정된 모든 기본권의 전제로서 기능하는 기본권 중의 기본권이며, 형성 중의 생명인 태아에게도 생명에 대한 권리가 인정된다. 12. 국가직 ( )

02 생명권은 적극적으로 제3자의 침해로부터 보호하여 줄 것을 국가에 대하여 요구할 수 있는 보호청구권의 성격을 가지고 있을 뿐 소극적으로 국가에 의한 침해로부터 생명을 방어하려는 대국가적 방어권의 성격은 갖고 있지 아니하다. 03. 법무사 ( )

정답 01 ○ 02 ×

5. 주체

(1) 생명권은 인간의 권리이므로 내·외국인을 불문하고 그 주체가 될 수 있으나, 생명권의 본질에 비추어 법인은 주체가 될 수 없다.

(2) 생명의 시기에 관하여는 논란이 있으나, 태아도 생명에 포함시키는 것이 일반적이다.

> **판례 |**
>
> **1 태아가 생명권의 주체인지 여부: 적극 [합헌]** 11. 국가직, 14. 지방직
> 인간의 생명은 고귀하고, 이 세상에서 무엇과도 바꿀 수 없는 존엄한 인간존재의 근원이다. 모든 인간은 헌법상 생명권의 주체가 되며, 형성 중의 생명인 태아에게도 생명에 대한 권리가 인정되어야 한다(헌재 2008.7.31, 2004헌바81).
>
> **2 사산된 태아에게 불법적인 생명침해로 인한 손해배상청구권을 인정하지 않는 것은 입법형성권의 한계를 명백히 일탈한 것으로서 국가의 기본권보호의무를 위반한 것인지 여부: 소극**
> 입법자는 형법과 모자보건법 등 관련규정들을 통하여 태아의 생명에 대한 직접적 침해위험을 규범적으로 충분히 방지하고 있으므로, 이 사건 법률조항들이 태아가 사산한 경우에 한해서 태아 자신에게 불법적인 생명침해로 인한 손해배상청구권을 인정하지 않고 있다고 하여 단지 그 이유만으로 입법자가 태아의 생명보호를 위해 국가에게 요구되는 최소한의 보호조치마저 취하지 않은 것이라 비난할 수 없다(헌재 2008.7.31, 2004헌바81).
>
> **3 초기배아가 생명권의 주체인지 여부: 소극** 11. 국가직·사시, 11·14. 지방직
> 초기배아들의 헌법상 기본권주체성을 인정할 수 있을 것인지에 대해 살피건대, 아직 모체에 착상되거나 원시선이 나타나지 않은 이상 현재의 자연과학적 인식수준에서 독립된 인간과 배아간의 개체적 연속성을 확정하기 어렵다고 봄이 일반적이라는 점, 배아의 경우 현재의 과학기술수준에서 모태 속에서 수용될 때 비로소 독립적인 인간으로의 성장가능성을 기대할 수 있다는 점, 수정 후 착상 전의 배아가 인간으로 인식된다거나 그와 같이 취급하여야 할 필요성이 있다는 사회적 승인이 존재한다고 보기 어려운 점 등을 종합적으로 고려할 때, **초기배아에 대한 국가의 보호필요성이 있음은 별론으로 하고 기본권주체성을 인정하기 어렵다.** 다만, 오늘날 생명공학 등의 발전과정에 비추어 인간의 존엄과 가치가 가지는 헌법적 가치질서로서의 성격을 고려할 때 인간으로 발전할 잠재성을 가지고 있는 초기배아라는 원시생명체에 대하여도 위와 같은 헌법적 가치가 소홀히 취급되지 않도록 노력하여야 할 국가의 보호의무가 있음을 인정하지 않을 수 없다(헌재 2010.5.27, 2005헌마346).

기출 OX

03 초기배아는 수정이 된 배아라는 점에서 형성 중인 생명의 첫걸음을 떼었다고 볼 여지가 있기는 하나 기본권주체성을 인정하기 어렵다. 18. 경찰승진 ( )

6. 효력

생명권은 모든 국가권력을 직접 구속하며, 사인 상호간에도 효력을 미치므로 생명권은 존중되어야 한다.

정답 **03** ○

기출 OX

01 생명권 역시 헌법 제37조 제2항에 의한 일반적 법률유보의 대상이 될 수 있다. 11. 경찰승진 ( )

7. 한계와 제한

생명에 관한 사회적·법적 평가는 원칙적으로 허용되지 않지만, 타인의 생명을 부정하거나 둘 이상의 생명이 충돌할 경우에는 예외적으로 사회적·법적 평가가 허용될 수 있다. 생명권 역시 헌법 제37조 제2항에 의한 일반적 법률유보의 대상이 될 수 있다고 본다. 11·17. 경찰승진, 14. 지방직

(1) 사형제도

① 학설
  ㉠ **위헌설**: 생명권은 절대적 기본권이므로 생명권의 제한을 의미하는 사형제도는 위헌이고, 또한 사형제도는 생명권의 본질적 내용을 침해하는 것이기 때문에 위헌이라고 한다.
  ㉡ **합헌설**: 생명권은 상대적 기본권으로서 헌법 제37조 제2항에 의한 제한이 가능한 것이므로 사형제도도 합헌적인 것이지만, 그것은 타인의 생명을 부정하는 불법행위를 한 경우처럼 최소한의 경우에 한정되어야 한다고 한다.

② **대법원**: 인도적 또는 종교적 견지에서는 존귀한 생명을 빼앗아 가는 사형제도는 모름지기 피하여야 할 일이겠지만, 한편으로 범죄로 인하여 침해되는 또 다른 귀중한 생명을 외면할 수 없고 사회공공의 안녕과 질서를 위하여 국가의 형사정책상 **사형제도를 존치하는 것도 정당**하게 긍인할 수밖에 없는 것이므로 형법 제338조가 그 법정형으로 사형을 규정하였다 하더라도 이를 헌법에 위반되는 조문이라 할 수 없다(대판 1987.9.8, 87도1458).

③ **헌법재판소**: 인간의 생명을 부정하는 등의 범죄행위에 대한 불법적 효과로서 지극히 한정적인 경우에만 부과되는 사형은 죽음에 대한 인간의 본능적 공포심과 범죄에 대한 응보욕구가 서로 맞물려 고안된 '필요악'으로서 불가피하게 선택된 것이며 지금도 여전히 제 기능을 하고 있다는 점에서 정당화될 수 있다. 따라서 사형은 이러한 측면에서 헌법상 비례의 원칙에 반하지 아니한다 할 것이고, **적어도 우리 현행헌법이 스스로 예상하고 있는 형벌의 한 종류**이기도 하므로 아직은 우리의 헌법질서에 반하는 것으로 판단되지 아니한다(헌재 1996.11.28, 95헌바1).

> ⚖️ **판례 |**
>
> **1 사형제도가 위헌인지 여부: 소극** 18. 서울시
> [1] 사형제도의 헌법적 근거
> 헌법 제110조 제4항은 법률에 의하여 사형이 형벌로서 규정되고 그 형벌조항의 적용으로 사형이 선고될 수 있음을 전제로 하여, 사형을 선고한 경우에는 비상계엄하의 군사재판이라도 단심으로 할 수 없고 사법절차를 통한 불복이 보장되어야 한다는 취지의 규정으로, **우리 헌법은 문언의 해석상 사형제도를 간접적으로나마 인정하고 있다.** 03. 법무사, 08. 사시
>
> [2] 헌법 제37조 제2항에 의하여 생명권을 제한할 수 있는지 여부 및 생명권의 제한이 곧 생명권의 본질적 내용에 대한 침해인지 여부: **소극**
> 헌법은 절대적 기본권을 명문으로 인정하고 있지 아니하며, 헌법 제37조 제2항에서는 국민의 모든 자유와 권리는 국가안전보장·질서유지 또는 공공복리를 위하여 필요한 경우에 한하여 법률로써 제한할 수 있도록 규정하고 있어, 비록 생명이 이념적으로 절대적 가치를 지닌 것이라 하더라도 생명에 대한 법적 평가가

02 우리 헌법은 문언의 해석상 사형제도를 간접적으로나마 인정하고 있다. 19. 경찰경채 ( )

03 생명권은 헌법 제37조 제2항에 의한 일반적 법률유보의 대상이 아니다. 17. 경찰승진 ( )

정답 01 ○ 02 ○ 03 ✗

예외적으로 허용될 수 있다고 할 것이므로, **생명권 역시 헌법 제37조 제2항에 의한 일반적 법률유보의 대상이 될 수밖에 없다.** 나아가 생명권의 경우 다른 일반적인 기본권제한의 구조와는 달리, 생명의 일부 박탈이라는 것을 상정할 수 없기 때문에 생명권에 대한 제한은 필연적으로 생명권의 완전한 박탈을 의미하게 되는바, 위와 같이 생명권의 제한이 정당화될 수 있는 예외적인 경우에는 생명권의 박탈이 초래된다 하더라도 곧바로 기본권의 본질적인 내용을 침해하는 것이라 볼 수는 없다.

- [3] 사형제도가 헌법 제37조 제2항에 위반하여 생명권을 침해하는지 여부: 소극
  사형제도에 의하여 달성되는 범죄예방을 통한 무고한 일반 국민의 생명보호 등 중대한 공익의 보호와 정의의 실현 및 사회방위라는 공익은 사형제도로 발생하는 극악한 범죄를 저지른 자의 생명권이라는 사익보다 결코 작다고 볼 수 없을 뿐만 아니라, 다수의 인명을 잔혹하게 살해하는 등 극악한 범죄에 대하여 한정적으로 부과되는 사형이 그 범죄의 잔혹함에 비하여 과도한 형벌이라고 볼 수 없으므로, 사형제도는 법익균형성원칙에 위배되지 아니한다(헌재 2010.2.25, 2008헌가23).

2 살수차를 이용하여 물줄기가 일직선 형태로 청구인에게 도달되도록 살수한 행위가 청구인의 생명권 및 집회의 자유를 침해하는지 여부: 적극 [인용, 각하]
- [1] 이 사건 집회 현장에서는 시위대의 가슴 윗부분을 겨냥한 직사살수가 지속적으로 이루어져 인명 피해의 발생이 우려되는 상황이었으므로, 피청구인들로서는 과잉 살수의 중단, 물줄기의 방향 및 수압 변경, 안전 요원의 추가 배치 등을 지시할 필요가 있었다. 그럼에도 불구하고 피청구인들은 현장 상황을 제대로 확인하지 않은 채, 위 살수차를 배치한 후 단순히 시위대를 향하여 살수하도록 지시하였다. 그 결과 청구인 백○○의 머리와 가슴 윗부분을 향해 약 13초 동안 강한 물살세기로 직사살수가 계속되었다. 이로 인하여 청구인 백○○는 상해를 입고 약 10개월 동안 의식불명 상태로 치료받다가 2016.9.25. 사망하였다. 그러므로 이 사건 직사살수행위는 침해의 최소성에 반한다.
- [2] 이 사건 직사살수행위를 통하여 청구인 백○○가 홀로 경찰 기동버스에 매여 있는 밧줄을 잡아당기는 행위를 억제함으로써 얻을 수 있는 공익은 거의 없거나 미약하였던 반면, 청구인 백○○는 이 사건 직사살수행위로 인하여 사망에 이르렀으므로, 이 사건 직사살수행위는 법익의 균형성도 충족하지 못하였다. 이 사건 직사살수행위는 과잉금지원칙에 반하여 청구인 백○○의 생명권 및 집회의 자유를 침해하였다(헌재 2020.4.23, 2015헌마1149).

(2) 낙태

① **학설**: 태아의 생명권우월론과 임부의 출산선택권우월론이 대립한다.
② **우리나라**: 낙태는 원칙적으로 인정되고 있지 않으며(형법 제269조 낙태죄), 다만 모자보건법에서 예외를 인정하고 있다.

> **모자보건법**
>
> **제14조【인공임신중절수술의 허용한계】** ① 의사는 다음 각 호의 어느 하나에 해당되는 경우에만 본인과 배우자(사실상의 혼인관계에 있는 사람을 포함한다. 이하 같다)의 동의를 받아 인공임신중절수술을 할 수 있다.
> 1. 본인이나 배우자가 대통령령으로 정하는 우생학적 또는 유전학적 정신장애나 신체질환이 있는 경우
> 2. 본인이나 배우자가 대통령령으로 정하는 전염성질환이 있는 경우

3. 강간 또는 준강간에 의하여 임신된 경우
4. 법률상 혼인할 수 없는 혈족 또는 인척간에 임신된 경우
5. 임신의 지속이 보건의학적 이유로 모체의 건강을 심각하게 해치고 있거나 해칠 우려가 있는 경우

② 제1항의 경우에 배우자의 사망·실종·행방불명, 그 밖에 부득이한 사유로 동의를 받을 수 없으면 본인의 동의만으로 그 수술을 할 수 있다.

③ 제1항의 경우 본인이나 배우자가 심신장애로 의사표시를 할 수 없을 때에는 그 친권자나 후견인의 동의로, 친권자나 후견인이 없을 때에는 부양의무자의 동의로 각각 그 동의를 갈음할 수 있다.

판례 | 임신한 여성의 자기낙태를 처벌하는 형법 제269조 제1항 등이 자기결정권을 침해하는지 여부: 적극 [헌법불합치]

[1] 재판관 유남석, 재판관 서기석, 재판관 이선애, 재판관 이영진의 헌법불합치의견

자기낙태죄조항은 모자보건법이 정한 예외를 제외하고는 임신기간 전체를 통틀어 모든 낙태를 전면적·일률적으로 금지하고, 이를 위반할 경우 형벌을 부과함으로써 임신의 유지·출산을 강제하고 있으므로, 임신한 여성의 자기결정권을 제한한다. 자기낙태죄조항은 태아의 생명을 보호하기 위한 것으로서, 정당한 입법목적을 달성하기 위한 적합한 수단이다.

태아가 모체를 떠난 상태에서 독자적으로 생존할 수 있는 시점인 임신 22주 내외에 도달하기 전이면서 동시에 임신 유지와 출산 여부에 관한 자기결정권을 행사하기에 충분한 시간이 보장되는 시기(이하 착상시부터 이 시기까지를 '결정가능기간'이라 한다)까지의 낙태에 대해서는 국가가 생명보호의 수단 및 정도를 달리 정할 수 있다고 봄이 타당하다.

모자보건법상의 정당화사유에는 다양하고 광범위한 사회적·경제적 사유에 의한 낙태갈등상황이 전혀 포섭되지 않는다. 예컨대, 학업이나 직장생활 등 사회활동에 지장이 있을 것에 대한 우려, 소득이 충분하지 않거나 불안정한 경우, 자녀가 이미 있어서 더 이상의 자녀를 감당할 여력이 되지 않는 경우, 상대 남성과 교제를 지속할 생각이 없거나 결혼 계획이 없는 경우, 혼인이 사실상 파탄에 이른 상태에서 배우자의 아이를 임신했음을 알게 된 경우, 결혼하지 않은 미성년자가 원치 않은 임신을 한 경우 등이 이에 해당할 수 있다. 자기낙태죄조항은 모자보건법에서 정한 사유에 해당하지 않는다면 결정가능기간 중에 다양하고 광범위한 사회적·경제적 사유를 이유로 낙태갈등상황을 겪고 있는 경우까지도 예외 없이 전면적·일률적으로 임신의 유지 및 출산을 강제하고, 이를 위반한 경우 형사처벌하고 있다.

따라서 **자기낙태죄조항은 입법목적을 달성하기 위하여 필요한 최소한의 정도를 넘어 임신한 여성의 자기결정권을 제한하고 있어 침해의 최소성을 갖추지 못하였고, 태아의 생명보호라는 공익에 대하여만 일방적이고 절대적인 우위를 부여함으로써 법익균형성의 원칙도 위반하였으므로, 과잉금지원칙을 위반하여 임신한 여성의 자기결정권을 침해한다.** 자기낙태죄조항과 동일한 목표를 실현하기 위하여 **임신한 여성의 촉탁 또는 승낙을 받아 낙태하게 한 의사를 처벌하는 의사낙태죄조항도 같은 이유에서 위헌이라고 보아야 한다.**

따라서 자기낙태죄조항과 의사낙태죄조항에 대하여 단순위헌 결정을 하는 대신 각각 헌법불합치결정을 선고하되, 다만 입법자의 개선입법이 이루어질 때까지 계속 적용을 명함이 타당하다.

기출 OX

01 태아가 모체를 떠난 상태에서 독자적으로 생존할 수 있는 시점인 임신 22주 내외에 도달하기 전이면서 동시에 임신 유지와 출산 여부에 관한 자기결정권을 행사하기에 충분한 시간이 보장되는 시기까지의 낙태에 대해서는 국가가 생명보호의 수단 및 정도를 달리 정할 수 있다. 19. 법행 (   )

정답 **01** ○

[2] 결론

자기낙태죄조항과 의사낙태죄조항이 헌법에 위반된다는 **단순위헌의견이 3인이고, 헌법에 합치되지 아니한다는 헌법불합치의견이 4인이므로, 단순위헌의견에 헌법불합치의견을 합산하면 법률의 위헌결정을 함에 필요한 심판정족수에 이르게 된다. 따라서 위 조항들에 대하여 헌법에 합치되지 아니한다고 선언하되, 2020. 12.31.을 시한으로 입법자가 개선입법을 할 때까지 계속 적용을 명한다.**

아울러 종전에 헌법재판소가 이와 견해를 달리하여 자기낙태죄조항과 형법(1995. 12.29. 법률 제5057호로 개정된 것) 제270조 제1항 중 '조산사'에 관한 부분이 헌법에 위반되지 아니한다고 판시한 헌재 2012.8.23, 2010헌바402 결정은 이 결정과 저촉되는 범위 내에서 변경하기로 한다(헌재 2019.4.11, 2017헌바127).

(3) 안락사

① **소극적 안락사(존엄사)**: 죽음에 직면한 환자가 죽음을 맞도록 하기 위하여 생명유지장치를 중지하는 경우(예 치료중단 등)에는 위법성이 조각된다.

② **적극적 안락사**
  ㉠ **간접적 안락사**: 고통제거의 부수적 결과로서 생명단축이 발생한 경우(예 말기암환자에 대한 모르핀 주사 등)에는 위법성이 조각된다.
  ㉡ **직접적 안락사**: 격렬한 고통에 허덕이는 불치 또는 빈사의 환자에게 그 고통을 제거하기 위하여 그를 살해하는 것(예 청산가리 주사 등)은 엄격한 요건을 갖추면 허용된다는 견해가 있으나 남용위험이 있으므로 허용될 수 없다고 본다.

판례 |

1 회복불가능한 사망단계에 진입한 환자에 대한 진료 중단이 허용되는지 여부: 적극
12. 사시 · 국가직, 14. 지방직

생명권이 가장 중요한 기본권이라고 하더라도 인간의 생명 역시 인간으로서의 존엄성이라는 인간존재의 근원적인 가치에 부합하는 방식으로 보호되어야 할 것이다. 따라서 이미 의식의 회복가능성을 상실하여 더 이상 인격체로서의 활동을 기대할 수 없고 자연적으로는 이미 죽음의 과정이 시작되었다고 볼 수 있는 회복불가능한 사망의 단계에 이른 후에는 의학적으로 무의미한 신체침해행위에 해당하는 연명치료를 환자에게 강요하는 것이 오히려 인간의 존엄과 가치를 해하게 되므로, 이와 같은 예외적인 상황에서 죽음을 맞이하려는 환자의 의사결정을 존중하여 환자의 인간으로서의 존엄과 가치 및 행복추구권을 보호하는 것이 사회상규에 부합되고 헌법정신에도 어긋나지 아니한다고 할 것이다. 그러므로 회복불가능한 사망의 단계에 이른 후에 환자가 인간으로서의 존엄과 가치 및 행복추구권에 기초하여 **자기결정권을 행사하는 것으로 인정되는 경우**에는 특별한 사정이 없는 한 **연명치료의 중단이 허용될 수 있다**(대판 2009.5.21, 2009다17417).

기출 OX

02 자기낙태죄조항은 모자보건법에서 정한 사유에 해당하지 않는다면 결정가능기간 중에 다양하고 광범위한 사회적·경제적 사유를 이유로 낙태갈등상황을 겪고 있는 경우까지도 예외 없이 전면적·일률적으로 임신의 유지 및 출산을 강제하고 이를 위반한 경우 형사처벌하고 있으므로 임신한 여성의 자기결정권을 제한하고 있어 침해의 최소성을 갖추지 못하였다. 20. 경찰승진 ( )

03 태아의 생명을 보호하기 위하여 낙태를 금지하고 형사처벌하는 것 자체가 모든 경우에 헌법에 위반된다고 볼 수는 없다. 19. 법행 ( )

04 죽음에 임박한 환자의 연명치료 중단에 관한 자기결정권은 헌법상 보장된 기본권이다. 19. 경찰경채 ( )

정답 02 ○ 03 ○ 04 ○

기출 OX

01 환자가 장차 죽음에 임박한 상태에 이를 경우에 대비하여 미리 의료인 등에게 연명치료 거부 또는 중단에 관한 의사를 밝히는 등의 방법으로 죽음에 임박한 상태에서 인간으로서의 존엄과 가치를 지키기 위하여 연명치료의 거부 또는 중단을 결정할 수 있다 할 것이고, 위 결정은 헌법상 기본권인 자기결정권의 한 내용으로서 보장되지만, 헌법해석상 연명치료 중단 등에 관한 법률을 제정할 국가의 입법의무가 명백하다고 볼 수는 없다.
18. 경찰승진 ( )

2 '연명치료 중단 등에 관한 법률'을 제정하여야 하는 입법의무가 있는지 여부: 소극 [각하]

'연명치료 중단에 관한 자기결정권'을 보장하는 방법으로서 '법원의 재판을 통한 규범의 제시'와 '입법' 중 어느 것이 바람직한가는 **입법정책의 문제로서 국회의 재량**에 속한다 할 것이다. 그렇다면 헌법해석상 '연명치료 중단 등에 관한 법률'을 제정할 국가의 입법의무가 명백하다고 볼 수 없다. 결국 환자 본인이 제기한 '연명치료 중단에 관한 법률'의 입법부작위의 위헌확인에 관한 헌법소원심판청구는 국가의 입법의무가 없는 사항을 대상으로 한 것으로서 헌법재판소법 제68조 제1항 소정의 '공권력의 불행사'에 대한 것이 아니므로 부적법하다(헌재 2009.11.26, 2008헌마385).

(4) 전투 · 정당방위

군인 · 경찰관 등의 전투, 정당방위, 직무수행으로 인한 살인과 군인 · 경찰관 · 의료업무종사자 등에 대하여 타인의 생명을 구출하기 위하여 생명의 희생을 감수하도록 강요하는 것은 생명권을 침해하는 위헌행위가 되지 아니한다.

(5) 생명의 포기

생명포기권은 인정되지 않지만, 자살에 대한 법적 제재는 가해지지 아니한다. 생명처분권을 타인에게 위임하는 것은 허용되지 않으며, 부탁 또는 허락을 받아 타인을 살해한 경우에는 형법상 촉탁 · 승낙에 의한 살인죄로 처벌된다.

8. 침해와 구제

생명권에 대한 침해유형으로는 살인, 사형, 낙태, 안락사 등이 있다. 오판에 의한 사형집행의 경우에는 국가에 대하여 형사보상청구권을 행사할 수 있고, 공무원의 직무상 불법행위로 생명권을 침해당한 경우에는 국가배상청구권을 행사할 수 있다. 사인이 생명권을 침해한 경우에는 형사상의 처벌 및 민사상의 손해배상책임을 진다.

02 신체의 자유

헌법 제12조 ① 모든 국민은 신체의 자유를 가진다. 누구든지 법률에 의하지 아니하고는 체포 · 구속 · 압수 · 수색 또는 심문을 받지 아니하며, **법률과 적법한 절차**에 의하지 아니하고는 처벌 · 보안처분 또는 강제노역을 받지 아니한다.
② 모든 국민은 고문을 받지 아니하며, **형사상 자기**에게 **불리한 진술**을 강요당하지 아니한다.
③ 체포 · 구속 · 압수 또는 수색을 할 때에는 **적법한 절차**에 따라 **검사의 신청**에 의하여 **법관이 발부한 영장**을 제시하여야 한다. 다만, **현행범인**인 경우와 **장기 3년** 이상의 형에 해당하는 죄를 범하고 도피 또는 증거인멸의 염려가 있을 때에는 사후에 영장을 청구할 수 있다.
④ 누구든지 **체포** 또는 **구속**을 당한 때에는 즉시 변호인의 조력을 받을 권리를 가진다. 다만, **형사피고인(피의자 ✗)**이 스스로 변호인을 구할 수 없을 때에는 법률이 정하는 바에 의하여 국가가 변호인을 붙인다.
⑤ 누구든지 **체포 또는 구속의 이유**와 변호인의 조력을 받을 권리가 있음을 **고지**받지 아니하고는 체포 또는 구속을 당하지 아니한다. 체포 또는 구속을 당한 자의 가족 등 법률이 정하는 자에게는 **그 이유와 일시 · 장소**가 지체 없이 통지되어야 한다.

02 체포 · 구속 · 압수 또는 수색을 할 때에는 예외 없이 사전에 법관이 발부한 영장을 제시하여야 한다. 04. 법행 ( )

해설
예외규정이 존재한다.

03 누구든지 체포 또는 구속을 당한 때에는 즉시 변호인의 조력을 받을 권리를 가진다. 다만, 형사피고인이 스스로 변호인을 구할 수 없을 때에는 법률이 정하는 바에 의하여 국가가 변호인을 붙인다. 14. 국회직 ( )

정답 01 ○ 02 ✗ 03 ✗

> ⑥ 누구든지 체포 또는 구속을 당한 때에는 적부의 심사를 법원에 청구할 권리를 가진다.
> ⑦ 피고인의 **자백**이 고문·폭행·협박·구속의 부당한 장기화 또는 기망 기타의 방법에 의하여 자의로 진술된 것이 아니라고 인정될 때 또는 **정식재판**에 있어서 피고인의 자백이 그에게 불리한 유일한 증거일 때에는 이를 유죄의 증거로 삼거나 이를 이유로 처벌할 수 없다.

신체를 훼손당하지 않을 권리에 관한 명문규정은 없으나 헌법 제10조, 제12조 제1항, 제37조 제1항에 의하여 헌법상 보장된다고 본다(다수설). 헌법재판소도 "헌법 제12조 제1항 전문에서 '모든 국민은 신체의 자유를 가진다.'라고 규정하여 신체의 자유를 보장하고 있는 것은 신체의 안정성이 외부로부터의 물리적인 힘이나 정신적인 위험으로부터 침해당하지 아니할 자유와 신체활동을 임의적이고 자율적으로 할 수 있는 자유를 말하는 것이며 … "라고 판시하여 헌법 제12조 제1항은 신체를 훼손당하지 않을 권리를 포함하는 것으로 보고 있다(헌재 1992.12.24, 92헌가8).

Ⅰ. 의의

'신체의 자유'란 신체의 **안전성**이 외부로부터 물리적인 힘이나 정신적인 위협으로부터 침해당하지 아니하는 자유와 신체활동을 **임의적이고 자율적**으로 할 수 있는 자유를 말한다.

Ⅱ. 법적 성격

1. 천부적·초국가적 자연권이다.
2. 국가에 대한 개인의 소극적·방어적 공권이다.
3. 국가안전보장이나 질서유지를 위하여 제한이 가능한 상대적 자연권이다.

Ⅲ. 신체의 자유의 실체적 보장

1. 죄형법정주의

> **헌법 제12조** ① (2문 후단) 법률과 적법한 절차에 의하지 아니하고는 처벌·보안처분 또는 강제노역을 받지 아니한다.
> **제13조** ① 모든 국민은 행위시의 법률에 의하여 범죄를 구성하지 아니하는 행위로 소추되지 아니하며, … . 18. 서울시

(1) 의의
① "법률이 없으면 범죄도 없고 형벌도 없다."라는 말로 표현되는 죄형법정주의는 자유주의·법치주의·국민주권 및 권력분립의 원리에 입각한 것으로서, 일차적으로 무엇이 범죄이며 그에 대한 형벌이 어떠한 것인지는 반드시 국민의 대표로 구성된 입법부가 제정한 성문의 법률로써 정하여야 한다는 원칙이다.

죄형법정주의의 원칙은 법률이 처벌하고자 하는 행위가 무엇이며 그에 대한 형벌이 어떠한 것인지를 누구나 예견할 수 있고, 그에 따라 자신의 행위를 결정할 수 있도록 구성요건을 명확하게 규정할 것을 요구한다(헌재 1996.12.26, 93헌바65).

② 여기서 말하는 '법률'이란 원칙적으로 국회에서 제정한 형식적 의미의 법률을 의미하며, 명령이나 규칙만으로 범죄와 형벌을 규정할 수는 없다. 그러나 현대 국가의 사회적 기능 증대와 사회현상의 복잡화에 따라 국민의 권리·의무에 관한 사항이라 하여도 모두 입법부에서 제정한 법률만으로 다 정할 수는 없어 예외적으로 하위법령에 위임하는 것을 허용하지 않을 수 없다(헌재 1998.3.26, 96헌가20). 하위법령에 위임할 경우에는 특히 긴급한 필요가 있거나 미리 법률로써 자세히 정할 수 없는 부득이한 사정이 있는 경우에 한하여 가능하며, 구성요건은 처벌대상인 행위가 어떠한 것인지 이를 예측할 수 있을 정도로 구체적으로 정하고, 형벌은 형벌의 종류 및 그 상한과 폭을 명확히 규정하여야 한다(헌재 1996.6.29, 94헌마213). 그리고 여기서 하위법령에는 대통령령 등 법규명령뿐만 아니라 조례도 포함된다(지방자치법 제28조 제1항 단서). 03. 법무사
죄형법정주의는 범죄와 형벌이 법률로 정하여져야 함을 의미하는 것으로 이러한 죄형법정주의에서 파생되는 명확성의 원칙은 누구나 법률이 처벌하고자 하는 행위가 무엇이며, 그에 대한 형벌이 어떠한 것인지를 예견할 수 있고, 그에 따라 자신의 행위를 결정할 수 있도록 구성요건이 명확할 것을 의미하는 것이다(헌재 2001.1.18, 99헌바112).
법정형의 폭이 지나치게 넓게 되면 자의적인 형벌권의 행사가 가능하게 되어 형벌체계상의 불균형을 초래할 수 있을 뿐만 아니라, 피고인이 구체적인 형의 예측이 현저하게 곤란해지고 죄질에 비하여 무거운 형에 처해질 위험성에 직면하게 된다고 할 수 있으므로 법정형의 폭이 지나치게 넓어서는 아니 된다는 것은 죄형법정주의의 한 내포라고도 할 수 있다(헌재 1997.9.25, 96헌가16).

(2) 파생원칙

① **형벌법규법률주의(관습형법금지원칙)**: 형벌법규법률주의는 범죄와 형벌은 성문의 형식적 의미의 '법률'로써 규정되어야 한다는 원칙을 의미한다(헌법 제12조 제1항 제2문 전단). **처벌법규도 부득이한 경우에는 엄격한 요건하에서 위임이 허용**된다. 05. 법무사, 18. 서울시

② **형벌불소급의 원칙(소급입법에 의한 처벌금지)**: 형벌불소급의 원칙은 범죄의 성립과 처벌을 행위시의 법률에 의하게 함으로써 사후 법률에 의한 처벌을 금지하여 국민의 법적 안정성을 도모하려는 데 그 목적이 있다(대판 1995.7.28, 93도1977).
'형벌불소급원칙'이란 형벌법규는 시행된 이후의 행위에 대해서만 적용되고 시행 이전의 행위에 대해서는 소급하여 불리하게 적용되어서는 안 된다는 원칙인바, 이 사건 부칙조항은 개정된 법률 이전의 행위를 소급하여 형사처벌하도록 규정하고 있는 것이 아니라 형사처벌을 규정하고 있던 행위시법이 사후 폐지되었음에도 신법이 아닌 행위시법에 의하여 형사처벌하도록 규정한 것으로서, 헌법 제13조 제1항의 형벌불소급원칙 보호영역에 포섭되지 아니한다(헌재 2015.2.26, 2012헌바268).

기출 OX

01 죄형법정주의에서 법률은 형식적 의미의 법률을 말하므로, 명령이나 규칙에 의하여는 원칙적으로 범죄와 형벌을 규정할 수 없다. 08. 법무사
( )

✐ 죄형법정주의의 파생원칙인 형벌불소급의 원칙
• 소급입법에 의한 처벌금지
• 시혜적인 법률은 소급적용 허용
19. 국가직

정답 01 ○

③ **절대적 부정기형금지의 원칙**: 절대적 부정기형은 자유형에 대한 선고형의 기간을 재판에서 확정하지 않고 행형의 경과를 참작하여 사후에 결정하게 하는 형벌제도를 의미한다. **절대적 부정기형은 금지되지만, 상대적 부정기형은 허용**된다[소년법은 소년범에 대하여 상대적 부정기형을 인정하고 있음(소년법 제60조)]. 08.법무사 특히 보안처분은 장래의 위험성에 대한 처분이므로 위험성이 계속되는 한 집행할 것을 요하기 때문에 기간의 부정기를 본질로 한다(헌재 1989.7.14, 88헌가5 등).

④ **명확성의 원칙**: 명확성의 원칙은 법률에서 범죄와 형벌을 명확하게 규정함으로써 법관의 자의적인 법적용을 배제하고, 일반 국민으로 하여금 금지행위 및 형벌에 대한 예측가능성을 보장하기 위하여 확립된 원칙이다. 형벌법규의 내용이 애매모호하거나 추상적이어서 불명확하면 범죄의 성립 여부가 법관의 자의적인 해석에 맡겨지므로, 죄형법정주의에 의하여 국민의 자유와 권리를 보장하려는 법치주의의 이념은 실현될 수 없게 된다. 11.법무사, 18.서울시 명확성원칙은 법률이 처벌하고자 하는 행위가 무엇이며 그에 대한 형벌이 어떠한 것인지를 누구나 예견할 수 있고 그에 따라 자신의 행위를 결정할 수 있게끔 구성요건을 명확하게 규정할 것을 요구한다. 11.법무사 건전한 상식과 통상적인 법감정을 가진 사람이 그 적용대상자가 누구이며 구체적으로 어떠한 행위가 금지되고 있는지를 충분히 알 수 있도록 규정되어 있다면 죄형법정주의의 명확성원칙에 위배되지 않는다. 06.국가직, 11.법무사 그러나 **처벌법규의 구성요건이 다소 광범위하여** 어떤 범위에서는 **법관의 보충적인 해석을 필요로 한다고 할지라도 그 점만으로는** 헌법이 요구하는 **처벌법규의 명확성에** 반드시 **배치되는 것이라고 할 수 없다.** 05·11.법무사, 06.국가직, 11.법행 명확성의 원칙은 모든 법률에 있어서 동일한 정도로 요구되는 것은 아니고 개개의 법률이나 법조항의 성격에 따라 요구되는 정도에 차이가 있을 수 있으며 각각의 구성요건의 특수성과 그러한 법률이 제정되게 된 배경이나 상황에 따라 달라질 수 있다(헌재 2002.1.31, 2000헌가8).

⑤ **유추해석금지의 원칙**: 유추해석이란 법률에 규정이 없는 사항에 그와 유사한 성질을 가지는 사항에 관한 법률 또는 법률조항을 적용하는 것을 의미하며, 확장해석(확대해석)도 금지된다. 법률이 아닌 해석에 의한 형벌권 남용을 방지하기 위해서는 형벌조항의 문언을 엄격하게 해석해야 한다.

> 🏛️ **판례 |**
>
> **1 정관 위반행위에 대한 형사처벌규정이 죄형법정주의에 위반되는지 여부: 적극 [위헌]**
> 새마을금고법 제66조 제1항 제2호 등이 형벌구성요건의 실질적 내용을 법률에서 직접 규정하지 아니하고 정관에 위임한 것은 범죄와 형벌에 관하여는 입법부가 제정한 형식적 의미의 '법률'로써 정하여야 한다는 죄형법정주의원칙에 위반된다(헌재 2001.1.18, 99헌바112).
>
> **2 범죄의 구성요건을 단체협약에 위임한 것이 죄형법정주의에 반하는지 여부: 적극 [위헌]**
> 04.국가직
> 구 노동조합법 제46조의3은 그 구성요건을 '단체협약에 … 위반한 자'라고만 규정함으로써 범죄구성요건의 외피(外皮)만 설정하였을 뿐 구성요건의 실질적 내용을 직접 규정하지 아니하고 모두 단체협약에 위임하고 있어 법률주의에 위배되고, 그 구성요건도 지나치게 애매하고 광범위하여 명확성의 원칙에 위배된다(헌재 1998.3.26, 96헌가20).

기출 OX

02 죄형법정주의는 처벌하고자 하는 행위가 무엇이며 그에 대한 형벌이 어떠한 것인지 누구나 예견할 수 있고 그에 따라 자신의 행위를 결정할 수 있도록 구성요건을 명확하게 규정할 것을 요구한다. 17.경찰승진 ( )

03 법문언에 어느 정도의 모호함이 내포되어 있다 하더라도 법관의 보충적인 가치판단을 통해서 법문언의 의미내용을 확인할 수 있고 그러한 보충적 해석이 해석자의 개인적인 취향에 따라 좌우될 가능성이 없다면 명확성 원칙에 반한다고 할 수 없다. 18.경찰경채 ( )

04 명확성의 정도는 모든 법률에 있어서 동일한 정도로 요구된다. 18.경찰경채 ( )

05 형벌조항을 해석할 때에는 헌법상 규정된 죄형법정주의 원칙 때문에 확대해석이나 유추해석은 원칙적으로 금지되고 형벌조항의 문언의 의미를 엄격하게 해석해야 한다. 20.경찰경채 ( )

06 형벌구성요건의 실질적 내용을 법률이 아닌 새마을금고의 정관에 위임한 것은 죄형법정주의의 원칙에 위반된다. 18.국회직 ( )

07 형벌구성요건의 실질적 내용을 노동조합과 사용자간의 근로조건에 관한 계약에 지나지 않는 단체협약에 위임하는 것은 죄형법정주의의 기본적 요청인 법률주의에 위배된다. 18.국회직 ( )

정답 02 ○ 03 ○ 04 × 05 ○ 06 ○ 07 ○

제3장 자유권적 기본권 **401**

3 시혜적 소급입법이 허용되는지 여부: 적극 [기각] 19. 국가직

입법자가 시혜적 조치를 할 것인가를 결정함에 있어서는 국민의 권리를 제한하거나 의무를 부과하는 경우와는 달리 입법자에게 보다 광범위한 입법형성의 자유가 인정된다. 입법자는 입법목적, 사회실정이나 국민의 법감정, 법률의 개정이유나 경위 등을 참작하여 시혜적 소급입법을 할 것인가 여부를 결정할 수 있다(헌재 1995.12.28, 95헌마196).

> **비교판례**
> 신법이 피적용자에게 유리한 경우에는 이른바 시혜적인 소급입법이 가능하지만, 그러한 소급입법을 할 것인지 여부는 그 일차적인 판단이 입법기관에 맡겨져 있으므로 입법자는 입법목적, 사회실정, 법률의 개정이유나 경위 등을 참작하여 결정할 수 있고, 그 판단이 합리적 재량의 범위를 벗어나 현저하게 불합리하고 불공정한 것이 아닌 한 헌법에 위반된다고 할 수는 없다(헌재 2012.8.23, 2011헌바169). 19. 국가직

4 사실상 노무에 종사하는 공무원을 제외한 지방공무원의 노동운동을 금지하면서 '사실상 노무에 종사하는 공무원'의 범위를 조례로 정하도록 한 것이 죄형법정주의에 위배되는지 여부: 소극 [합헌] 12. 국회직

형벌법규의 위임을 하기 위하여는 특히 긴급한 필요가 있거나 미리 법률로써 자세히 정할 수 없는 부득이한 사정이 있는 경우에 한정되어야 하며 … 지방공무원법 제58조 제2항에서 형사처벌에서 제외되는 공무원을 조례에 위임하고 있는바, 이에 해당하는 공무원을 각각 지방자치단체의 특수한 사정을 감안하지 아니하고 법률에서 일일이 정하는 것은 곤란한 일이므로 미리 법률로써 자세히 정할 수 없는 부득이한 사정이 있는 경우에 해당한다 할 것이다. … 위임입법의 한계를 일탈하였다고 할 수 없다(헌재 2005.10.27, 2003헌바50 등).

5 지방자치단체가 지방공무원법 제58조 제2항의 위임에 따라 '사실상 노무에 종사하는 공무원의 범위'를 정하는 조례를 제정하지 아니한 부작위가 청구인들의 근로3권을 침해하는지 여부: 적극 [인용(위헌확인)]

지방자치단체는 '사실상 노무에 종사하는 공무원'에 해당하는 지방공무원이 근로3권을 원만하게 행사할 수 있도록 보장하기 위하여 그 구체적인 범위를 조례로 제정해야 할 헌법상 의무를 가진다고 할 것이다. 그리고 지방공무원법 제58조가 '사실상 노무에 종사하는 공무원'에 대하여 단체행동권을 포함한 근로3권을 인정하더라도 그 직무의 내용에 비추어 공무수행에 큰 지장이 없고 국민에 대한 영향이 크지 아니하다는 입법자의 판단에 기초하여 제정된 이상, 이와 같은 조례의 제정을 미루어야 할 정당한 사유 또한 발견할 수 없다. 결국 이 사건 부작위는 헌법상 의무를 위반하여 '사실상 노무에 종사하는 공무원의 범위'에 포함될 가능성이 있는 공무원들이 단체행동권을 향유할 수 있는 가능성 자체를 사전에 차단하거나 박탈하고 있다고 할 것이므로 헌법에 위반된다(헌재 2009.7.30, 2006헌마358).

6 청소년유해매체물의 범위를 법률에서 직접 확정하지 않고 청소년보호위원회로 하여금 결정하도록 하는 청소년보호법 제8조 제1항이 죄형법정주의에 위배되는지 여부: 소극 [합헌] 06. 사시, 08. 법무사

청소년에게 유해한 매체물을 적시하여 청소년에 대한 판매·대여 등을 제한하고자 하는 경우에는 각 매체물의 내용을 실제로 확인하여 유해성 여부를 판단할 수밖에 없는데, 그때마다 법 또는 하위법령을 개정하여 직접 개별 매체물을 규정하는 것은 현실적으로 거의 불가능하고 법령의 개정에 소요되는 시일로 인하여 규제의 실효성도 기할 수 없게 될 것이므로 청소년유해매체물이 결과적으로 범죄의 구성요건의 일

기출 OX

01 개정된 신법이 피적용자에게 유리한 경우에 이른바 시혜적인 소급입법을 하여야 한다는 입법자의 의무가 헌법상의 원칙들로부터 도출되지는 아니한다. 이러한 소급입법을 할 것인가를 결정함에 있어서 입법자의 입법재량범위는 국민의 권리를 제한하거나 새로운 의무를 부과하는 경우와 달리 판단할 것은 아니다. 10. 지방직 (   )

02 청소년유해매체물의 범위를 법률에서 직접 확정하지 아니하고 행정기관인 청소년보호위원회로 하여금 결정하도록 한 청소년보호법 규정은, 청소년에게 유해한 매체물은 각 매체물의 내용을 실제로 확인하여 유해성 여부를 판단할 수밖에 없는 점에 비추어 보면, 행정기관으로 하여금 청소년유해매체물을 확정하도록 한 것은 부득이하다고 할 것이므로 죄형법정주의에 반한다고 볼 수 없다. 13. 법행 (   )

정답 01 × 02 ○

부를 이루게 되더라도 이 사건 법률조항에서 직접 청소년유해매체물의 범위를 확정하지 아니하고 행정기관(청소년보호위원회 등)에 위임하여 그 행정기관으로 하여금 청소년유해매체물을 확정하도록 하는 것은 부득이하다고 할 것이다(헌재 2000.6. 29, 99헌가16).

7 **종전 판례에 의하면 처벌되지 않던 행위가 판례변경으로 처벌된다면 형벌불소급원칙에 위배되는지 여부: 소극** 04. 국회직

형사처벌의 근거가 되는 것은 판례가 아니고 법률이며, 형법조항에 관한 판례의 변경은 그 법률조항의 내용을 확인하는 것에 지나지 아니하여 이로써 그 법률조항 자체가 변경된 것이라고 볼 수는 없으므로, 행위 당시의 판례에 의하면 처벌대상이 되지 아니하는 것으로 해석되었던 행위를 판례의 변경에 따라 확인된 내용의 형법조항에 근거하여 처벌한다고 하여 그것이 헌법상 평등의 원칙과 형벌불소급의 원칙에 반한다고 할 수는 없다(대판 1999.9.17, 97도3349).

8 **과태료가 죄형법정주의의 규율대상인지 여부: 소극 [합헌]** 04. 국회직, 12. 사시

죄형법정주의는 무엇이 범죄이며 그에 대한 형벌이 어떠한 것인가는 국민의 대표로 구성된 입법부가 제정한 법률로써 정하여야 한다는 원칙인데, 부동산등기 특별조치법 제11조 제1항 본문 중 제2조 제1항에 관한 부분이 정하고 있는 과태료는 행정상의 질서유지를 위한 행정질서벌에 해당할 뿐 형벌이라고 할 수 없어 죄형법정주의의 규율대상에 해당하지 아니한다(헌재 1998.5.28, 96헌바83).

9 **처벌을 규정하고 있는 법률조항이 구성요건이 되는 행위를 같은 법률조항에서 직접 규정하지 않고 다른 법률조항에서 이미 규정한 내용을 원용하였다면 그 법률조항이 명확성의 원칙에 위배되는지 여부: 소극 [합헌]** 12. 사시·법무사

형벌을 규정함에 있어 구성요건조항과 처벌조항을 별개의 법률조항으로 나누어 규정하는 것은 통상적인 입법기술의 하나로서, 동일한 내용의 사항을 서로 다른 조항에서 반복해서 규정하는 경우에는 그 내용을 이미 규정하고 있는 조항을 원용하여 규정하는 것이 보편적인 방식이며, 처벌을 규정하고 있는 법률조항이 구성요건이 되는 행위를 같은 법률조항에서 직접 규정하지 않고 다른 법률조항에서 이미 규정한 내용을 원용하였다고 해서 그 법률조항의 내용이 불명확해진다고 볼 수는 없다(헌재 2010.3.25, 2009헌바121).

10 **정당방위 규정에도 죄형법정주의의 명확성원칙이 적용되는지 여부: 적극 [합헌]** 08. 법행, 10. 법원직

정당방위 규정은 형법 각칙 전체의 구성요건조항에 대한 소극적 한계를 정하고 있는 규정으로서, 한편으로는 위법성을 조각시켜 범죄의 성립을 부정하는 기능을 하지만, 다른 한편으로는 정당방위가 인정되지 않는 경우 위법한 행위로서 범죄의 성립을 인정하게 하는 기능을 하므로 **적극적으로 범죄성립을 정하는 구성요건 규정은 아니라 하더라도** 죄형법정주의가 요구하는 **명확성원칙이 적용**된다(헌재 2001.6.28, 99헌바31).

11 **교도소수감자에 대한 과도한 금속수갑 등의 계구사용행위가 신체의 자유를 침해하는지 여부: 적극 [위헌]**

청구인은 1년이 넘는 기간 동안 이중금속수갑과 가죽수갑을 착용하여 두 팔이 몸에 고정된 상태에서 생활하였고 이와 같은 상태에서 식사·용변·취침을 함으로써 일상생활을 정상적으로 수행할 수 없었다. 따라서 이 사건 계구사용행위는 기본권제한의 한계를 넘어 필요 이상으로 장기간 그리고 과도하게 청구인의 신체거동의 자

기출 OX

03 행위 당시의 판례에 의하면 처벌대상이 아니었던 행위를 판례의 변경에 따라 처벌하는 것은 죄형법정주의의 파생원칙인 형벌불소급의 원칙에 반한다. 04. 국회직 ( )

04 과태료는 형벌이 아니고 행정상의 질서유지를 위한 행정질서벌에 해당되지만, 국민의 재산상 제약에 해당되어 죄형법정주의의 규율대상에 해당된다. 17. 국가직 ( )

05 처벌을 규정하고 있는 법률조항이 구성요건이 되는 행위를 같은 법률조항에서 직접 규정하지 않고 다른 법률조항에서 이미 규정한 내용을 원용하였다거나 그 내용 중 일부를 괄호 안에 규정한 경우 그 사실만으로 명확성원칙에 위반된다. 22. 경찰승진 ( )

06 정당방위 규정은 형법 각칙 전체의 구성요건조항에 대한 소극적 한계를 정하고 있는 규정으로서, 위법성을 조각시켜 범죄의 성립을 부정하는 기능을 하므로 죄형법정주의가 요구하는 명확성원칙이 적용되지 않는다. 10. 법원직 ( )

정답 03 × 04 × 05 × 06 ×

유를 제한하고 최소한의 인간적인 생활을 불가능하도록 하여 청구인의 신체의 자유를 침해하고, 나아가 인간의 존엄성을 침해한 것으로 판단된다(헌재 2003.12.18, 2001헌마163).

12 금치처분을 받은 수형자에 대한 운동금지가 위헌인지 여부: 적극 [위헌] 08. 법무사, 09. 사시

금치징벌의 목적 자체가 징벌실에 수용하고 엄격한 격리에 의하여 개전을 촉구하고자 하는 것이므로 접견·서신수발의 제한은 불가피하고, … 그러나 외부세계와의 교통이 단절된 상태에 있게 되며, 환기가 잘 안 되는 1평 남짓한 징벌실에 최장 2개월 동안 수용된다는 점을 고려할 때, 금치수형자에 대하여 일체의 운동을 금지하는 것은 수형자의 신체적 건강뿐만 아니라 정신적 건강을 해칠 위험성이 현저히 높다. … 수형자의 헌법 제10조의 인간의 존엄과 가치 및 신체의 안정성이 훼손당하지 아니할 자유를 포함하는 제12조의 신체의 자유를 침해하는 정도에 이르렀다고 판단된다(헌재 2004.12.16, 2002헌마478).

13 형의 집행 및 수용자의 처우에 관한 법률(이하 '행형법'이라 한다)상 징벌의 일종인 금치처분을 받은 자에 대하여 금치기간 중 집필을 전면 금지한 행형법 시행령 제145조 제2항 본문 중 '집필' 부분이 위헌인지 여부: 적극 [위헌] 05. 법행, 08. 법무사, 09. 사시

이 사건 시행령조항은 금치처분을 받은 수형자의 집필에 관한 권리를 법률의 근거나 위임 없이 제한하는 것으로서 법률유보의 원칙에 위반된다. 이 사건 시행령조항은 규율 위반자에 대해 불이익을 가한다는 면만을 강조하여 금치처분을 받은 자에 대하여 집필의 목적과 내용 등을 묻지 않고, 또 대상자에 대한 교화 또는 처우상 필요한 경우까지도 예외 없이 일체의 집필행위를 금지하고 있음은 입법목적달성을 위한 필요최소한의 제한이라는 한계를 벗어난 것으로서 과잉금지의 원칙에 위반된다(헌재 2005.2.24, 2003헌마289).

14 '공익을 해할 목적으로 전기통신설비에 의하여 공연히 허위의 통신을 한 자'를 처벌하는 전기통신법 제47조 제1항이 명확성의 원칙에 위배되는지 여부(이른바 미네르바사건): 적극 [위헌] 11. 사시

이 사건 법률조항은 표현의 자유에 대한 제한입법이며 동시에 형벌조항에 해당하므로, 엄격한 의미의 명확성원칙이 적용된다. 그런데 이 사건 법률조항은 '공익을 해할 목적'의 허위의 통신을 금지하는바, 여기서의 '공익'은 형벌조항의 구성요건으로서 구체적인 표지를 정하고 있는 것이 아니라, 헌법상 기본권제한에 필요한 최소한의 요건 또는 헌법상 언론·출판의 자유의 한계를 그대로 법률에 옮겨 놓은 것에 불과할 정도로 그 의미가 불명확하고 추상적이다. 따라서 어떠한 표현행위가 '공익'을 해하는 것인지 아닌지에 관한 판단은 사람마다의 가치관·윤리관에 따라 크게 달라질 수밖에 없으며, 이는 판단주체가 법전문가라 하여도 마찬가지이고, 법집행자의 통상적 해석을 통하여 그 의미·내용이 객관적으로 확정될 수 있다고 보기 어렵다. 결국 이 사건 법률조항은 수범자인 국민에 대하여 일반적으로 허용되는 '허위의 통신' 가운데 어떤 목적의 통신이 금지되는 것인지 고지하여 주지 못하고 있으므로 표현의 자유에서 요구하는 명확성의 요청 및 죄형법정주의의 명확성원칙에 위배하여 헌법에 위반된다(헌재 2010.12.28, 2008헌바157).

기출 OX

01 형의 집행 및 수용자의 처우에 관한 법률 시행령 제145조 제2항 중 '금치의 처분을 받은 자는 접견, 서신수발, 운동을 금지한다'는 부분은 헌법에 위반되지 않는다. 08. 법무사 ( )

02 교도소 내에서 징벌인 금치기간 중 일체의 집필행위를 금지하는 것은 입법목적을 달성하기 위한 필요최소한의 제한을 벗어나 과잉금지원칙에 위반된다. 14. 경찰승진 ( )

03 '공익을 해할 목적으로 전기통신설비에 의하여 공연히 허위의 통신을 한 자'를 처벌하고 있는 전기통신기본법은 죄형법정주의 명확성원칙에 위반된다. 18. 국회직 ( )

정답 01 × 02 ○ 03 ○

15 형법 제129조 제1항 중 '공무원'에 '구 제주특별자치도 설치 및 국제자유도시 조성을 위한 특별법' 제299조 제2항의 통합영향평가 심의위원회 심의위원 중 위촉위원이 포함되는 것으로 해석하는 것이 죄형법정주의원칙의 유추해석금지에 위배되는지 여부: 적극 [한정위헌]
   [1] 형벌조항은 헌법상 규정된 죄형법정주의원칙상 입법목적이나 입법자의 의도를 감안한 유추해석이 일체 금지되고 법률조항의 문언의 의미를 엄격하게 해석하여야 하는바, 유추해석을 통하여 형벌법규의 적용범위를 확대하는 것은 '법관에 의한 범죄구성요건의 창설'에 해당하여 죄형법정주의원칙에 위반된다.
   [2] 법원은 국가공무원법이나 지방공무원법에 따른 공무원이 아님에도 법령에 기하여 공무에 종사한다는 이유로 공무원의제규정이 없는 사인을 이 사건 법률조항의 '공무원'에 포함된다고 해석하여 왔는바, 이는 결국 처벌의 필요성만을 지나치게 강조하여 범죄와 형벌에 대한 규정이 없음에도 구성요건을 확대한 것으로 죄형법정주의와 조화될 수 없다. 따라서 이 사건 법률조항의 '공무원'에 국가공무원법·지방공무원법에 따른 공무원이 아니고 공무원으로 간주되는 사람이 아닌 제주특별자치도 위촉위원이 포함된다고 해석하는 것은 법률해석의 한계를 넘은 것으로서 죄형법정주의에 위반된다(헌재 2012.12.27, 2011헌바117).

16 전자발찌제도가 시행된 당시 이미 형집행 중이거나 형을 마친 지 3년이 되지 않은 성범죄 전과자들에게도 소급해 전자발찌부착을 명령할 수 있도록 한 것이 형벌불소급원칙에 위배되는지 여부: 소극 [합헌]
   [1] 형벌불소급의 원칙 위배 여부: 소극
      전자장치부착명령은 전통적 의미의 형벌이 아닐 뿐 아니라, 성폭력범죄자의 성행교정과 재범방지를 도모하고 국민을 성폭력범죄로부터 보호한다고 하는 공익을 목적으로 하며, 전자장치의 부착을 통해서 피부착자의 행동 자체를 통제하는 것도 아니라는 점에서 자유를 박탈하는 구금형식과는 구별되고 이 사건 부칙조항이 적용되었을 때 처벌적인 효과를 나타낸다고 보기 어렵다. 그러므로 이 사건 부착명령은 범죄행위를 한 사람에 대한 응보를 주된 목적으로 그 책임을 추궁하는 사후적 처분인 형벌과 구별되는 비형벌적 보안처분으로서 소급효금지원칙이 적용되지 아니한다.
   [2] 과잉금지원칙 위배 여부: 소극
      이 사건 부칙조항이 전자장치부착명령의 대상자범위를 소급하여 확대하였다고 하여 대상자들의 신뢰이익의 침해 정도가 과중하다고 볼 수 없다.
      반면 성폭력범죄로부터 국민, 특히 여성과 아동을 보호한다는 공익은 매우 큼에도 불구하고, 개정 전 법률은 형집행 종료자 등에 대하여는 적용되지 않음으로써 가장 재범률이 높은 사람들에 대한 대책이 전무한 실정이었음을 고려하면 이 사건 부칙조항의 입법목적은 매우 중대하고 긴요한 공익이라 할 것이므로, 침해받은 신뢰이익의 보호가치, 침해의 중한 정도 및 방법, 위 조항을 통하여 실현하고자 하는 공익적 목적을 종합적으로 비교형량할 때 법익균형성원칙에 위배된다고 할 수 없다(헌재 2012.12.27, 2010헌가82).

기출 OX

04 전자장치 부착명령은 범죄행위를 한 사람에 대한 응보를 주된 목적으로 그 책임을 추궁하는 사후적 처분인 형벌과 구별되는 비형벌적 보안처분으로서 소급효금지원칙이 적용되지 아니한다. 20. 법원직 ( )

05 전자장치부착을 통한 위치추적 감시제도가 처음 시행될 때 부착명령 대상에서 제외되었던 사람들 중 구 특정 범죄자에 대한 위치추적 전자장치 부착 등에 관한 법률 시행 당시 징역형 등의 집행 중이거나 집행이 종료, 가종료·가출소·가석방 또는 면제된 후 3년이 경과하지 아니한 자에 대해서도 위치추적 전자장치를 부착할 수 있도록 규정하고 있는 법률의 부칙조항은 과잉금지원칙에 위배되지 않는다. 18. 경찰경채 ( )

정답 04 ○ 05 ○

기출 OX

01 디엔에이신원확인정보의 이용 및 보호에 관한 법률 시행 당시 디엔에이감식시료 채취 대상범죄로 이미 징역이나 금고 이상의 실형을 선고받아 그 형이 확정되어 수용 중인 사람에 대하여 디엔에이신원확인정보를 수집·이용하는 것은 보안처분의 성격을 지니므로 소급입법금지원칙이 적용된다. 20. 경찰경채 (　)

02 구 아동·청소년의 성보호에 관한 법률 중 '아동·청소년으로 인식될 수 있는 표현물' 부분은 실제 아동·청소년이 등장하는 것으로 오인하기에 충분할 정도로 묘사된 표현물만을 의미하는 것인지, 아니면 아동·청소년을 성적 대상으로 연상시키는 표현물이면 단순히 그림, 만화로 표현된 아동·청소년의 이미지도 모두 이에 해당할 수 있는 것인지 판단하기 어려우므로 죄형법정주의 명확성원칙에 위반된다. 16. 사시 (　)

03 헌법재판소는 외국에서 형의 전부 또는 일부의 집행을 받은 자에 대하여 형을 감경 또는 면제할 수 있도록 규정한 형법 제7조가 이중처벌금지원칙에 위배되어 위헌이라고 판시하였다. 22. 경찰승진 (　)

04 범죄에 대한 형벌권은 대한민국에 있기 때문에 범죄를 저지르고 외국에서 형의 전부 혹은 일부의 집행을 받은 경우에 형을 감경 혹은 면제할 것인가의 여부를 법원이 임의로 판단할 수 있도록 한 것은 헌법에 위반되지 않는다. 16. 국회직 9급 (　)

정답　01 ×　02 ×　03 ×　04 ×

17 특정범죄의 수형자로부터 디엔에이감식시료를 채취할 수 있도록 하는 것이 신체의 자유를 침해하는지 여부: 소극 [기각]

범죄 수사 및 예방을 위하여 특정범죄의 수형자로부터 디엔에이감식시료를 채취할 수 있도록 하는 것은 입법목적의 정당성과 수단의 적절성이 인정된다. 디엔에이감식시료 채취대상범죄는 재범의 위험성이 높아 디엔에이신원확인정보를 수록하고 관리할 필요성이 높으며, 이 사건 법률은 서면 동의 또는 영장에 의하여 채취하되, 채취 이유, 채취할 시료의 종류 및 방법을 고지하도록 하고 있고, 우선적으로 구강점막, 모발에서 채취하되 부득이한 경우만 그 외의 신체 부분, 분비물, 체액을 채취하게 하는 등 채취대상자의 신체나 명예에 대한 침해를 최소화하도록 규정하고 있으므로 침해의 최소성요건도 갖추었다. 제한되는 신체의 자유의 정도는 일상생활에서 경험할 수 있는 정도의 미약한 것으로서 범죄 수사 및 예방의 공익에 비하여 크다고 할 수 없어 법익의 균형성도 인정된다. 따라서 이 사건 채취조항들은 과잉금지원칙에 위반되지 않는다. … 디엔에이신원확인정보의 수집·이용은 수형인 등에게 심리적 압박으로 인한 범죄예방효과를 가진다는 점에서 보안처분의 성격을 지니지만, 처벌적인 효과가 없는 비형벌적 보안처분으로서 소급입법금지원칙이 적용되지 않는다. 이 사건 법률의 소급적용으로 인한 공익적 목적이 당사자의 손실보다 더 크므로, 이 사건 부칙조항이 법률 시행 당시 디엔에이감식시료 채취 대상범죄로 실형이 확정되어 수용 중인 사람들까지 이 사건 법률을 적용한다고 하여 소급입법금지원칙에 위배되는 것은 아니다(헌재 2014.8.28, 2011헌마28).

18 아동·청소년의 성보호에 관한 법률 제8조 제2항 및 제4항 중 '아동·청소년으로 인식될 수 있는 사람이나 표현물이 등장하여 그 밖의 성적 행위를 하는 내용을 표현하는 것' 부분, 즉 가상의 아동·청소년이용음란물 배포 등을 처벌하는 부분이 죄형법정주의 명확성원칙에 위반되는지 여부: 소극 [합헌]

아동·청소년의 성보호에 관한 법률의 입법목적, 가상의 아동·청소년이용음란물 규제배경, 법정형의 수준 등을 고려할 때, '아동·청소년으로 인식될 수 있는 사람'은 일반인의 입장에서 외모, 신원, 제작 동기와 경위 등을 종합하여 볼 때, 실제 아동·청소년으로 오인하기에 충분할 정도의 사람이 등장하는 경우를 의미함을 알 수 있고, '아동·청소년으로 인식될 수 있는 표현물' 부분도 전체적으로 표현물을 등장시켜 각종 성적 행위를 표현한 매체물의 제작 동기와 경위, 표현된 성적 행위의 수준, 전체적인 배경이나 줄거리, 음란성 등을 종합하여 판단할 때 아동·청소년을 상대로 한 비정상적 성적 충동을 일으키기에 충분한 행위를 담고 있어 아동·청소년을 대상으로 한 성범죄를 유발할 우려가 있는 수준의 것에 한정된다고 볼 수 있으며 기타 법관의 양식이나 조리에 따른 보충적인 해석에 의하여 판단기준이 구체화되어 해결될 수 있으므로, 명확성원칙에 위반된다고 할 수 없다(헌재 2015.6.25, 2013헌가17 등).

19 외국에서 형의 전부 또는 일부의 집행을 받은 자에 대하여 형을 감경 또는 면제할 수 있도록 규정한 형법 제7조(필요적 감면이 아닌 임의적 감면)가 신체의 자유를 침해하는지 여부: 적극 [헌법불합치]

[1] 형사판결은 국가주권의 일부분인 형벌권 행사에 기초한 것으로서, 외국의 형사판결은 원칙적으로 우리 법원을 기속하지 않으므로 동일한 범죄행위에 관하여 다수의 국가에서 재판 또는 처벌을 받는 것이 배제되지 않는다. 따라서 이중처벌금지원칙은 동일한 범죄에 대하여 대한민국 내에서 거듭 형벌권이 행사되어서는 안 된다는 뜻으로 새겨야 할 것이므로 이 사건 법률조항은 헌법 제13조 제1항의 이중처벌금지원칙에 위배되지 아니한다.

[2] 입법자는 외국에서 형의 집행을 받은 자에게 어떠한 요건 아래, 어느 정도의 혜택을 줄 것인지에 대하여 일정 부분 재량권을 가지고 있으나, 신체의 자유는 정신적 자유와 더불어 헌법이념의 핵심인 인간의 존엄과 가치를 구현하기 위한 가장 기본적인 자유로서 모든 기본권 보장의 전제조건이므로 최대한 보장되어야 하는바, 외국에서 실제로 형의 집행을 받았음에도 불구하고 우리 형법에 의한 처벌시 이를 전혀 고려하지 않는다면 신체의 자유에 대한 과도한 제한이 될 수 있으므로 그와 같은 사정은 어느 범위에서든 반드시 반영되어야 하고, 이러한 점에서 입법형성권의 범위는 다소 축소될 수 있다. 입법자는 국가형벌권의 실현과 국민의 기본권 보장의 요구를 조화시키기 위하여 형을 필요적으로 감면하거나 외국에서 집행된 형의 전부 또는 일부를 필요적으로 산입하는 등의 방법을 선택하여 청구인의 신체의 자유를 덜 침해할 수 있음에도, 이 사건 법률조항과 같이 우리 형법에 의한 처벌시 외국에서 받은 형의 집행을 전혀 반영하지 아니할 수도 있도록 한 것은 과잉금지원칙에 위배되어 신체의 자유를 침해한다.

20 사실상의 관계를 포함하여 4촌 이내의 인척 관계에 의한 강간을 가중처벌하는 '성폭력범죄의 처벌 등에 관한 특례법' 제5조 제1항·제4항이 책임과 형벌간의 비례원칙에 위배되는지 여부: 소극 [합헌]

사실상의 친족관계는 그 실질에서 이미 친족관계가 형성되었음을 전제로 하는 것이므로, 강간범행이 사실상의 친족관계에서 발생하였다 하더라도 보호법익의 중대성과 불법성, 죄질 등에 있어서 법률상 친족관계에서의 그것과 달리 보기 어렵다. 심판대상조항들에서 정한 유기징역형의 하한이 7년이므로 별도의 법률상 감경사유가 없는 한 작량감경을 하더라도 법관이 집행유예의 선고를 할 수 없지만, 이는 앞서 살펴본 바와 같이 4촌 이내의 인척관계인 사람에 의한 강간죄의 죄질과 비난가능성이 무겁다는 점을 고려하여 작량감경만으로는 법관이 집행유예의 선고를 하지 못하도록 입법적 결단을 내린 것이라고 볼 수 있고, 이러한 입법자의 결단은 수긍할 만한 합리적인 이유가 인정된다. 따라서 심판대상조항들은 책임과 형벌간의 비례원칙에 위배되지 아니한다(헌재 2015.9.24, 2014헌바453).

21 범죄행위 당시에 없었던 부착명령을 출소예정자에게 소급적용할 수 있도록 한 '특정범죄자에 대한 위치추적전자장치 부착 등에 관한 법률' 부칙 제2조 제1항 등이 이중처벌금지원칙·소급처벌금지원칙 등에 위배되는지 여부: 소극 [합헌]

[1] 부착명령청구조항의 명확성원칙 위반 여부

부착명령청구조항은 성폭력범죄를 2회 이상 범하여 그 습벽이 인정될 것을 요건으로 하고 있는데, 이 중 '습벽이 인정된 때' 부분의 명확성원칙 위반 여부가 문제된다. 습벽(習癖)의 사전적 의미, 전자장치 부착의 입법목적, 전자장치부착법의 관련 조항의 내용 등을 고려할 때, 부착명령청구조항이 정한 '성폭력범죄의 습벽'이란 행위자의 연령·성격·직업·환경·전과, 범행의 동기·수단·방법·장소, 과거 범행의 내용과 유사성 등 여러 사정을 종합하여 판단된 피부착자의 성폭력범죄의 경향 및 버릇을 의미하는 것으로 충분히 해석될 수 있으므로, 부착명령청구조항은 명확성원칙에 위반되지 아니한다.

[2] 부착명령청구조항의 이중처벌금지원칙 위반 여부

전자장치 부착명령은 과거의 불법에 대한 응보가 아닌 장래의 재범 위험성을 방지하기 위한 것으로, 그 법적 성격은 형벌이 아닌 '보안처분'에 해당되므로, 부착명령청구조항은 이중처벌금지원칙에 위반되지 아니한다.

[3] 부칙경과조항의 소급처벌금지원칙 위반 여부

전자장치 부착명령은 전통적 의미의 형벌이 아니고 성폭력범죄자의 재범 방지와 사회 방위를 목적으로 하며, 전자장치 부착을 통하여 피부착자의 위치만 국가에 노출될 뿐 새로이 의무적 노동을 부과하거나 여가시간을 박탈하는 등 피부착자의 행동 자체를 제한하는 것은 아니므로, 결국 '비형벌적 보안처분'에 해당된다. 따라서 이를 소급적용할 수 있도록 한 부칙경과조항은 소급처벌금지원칙에 위반되지 아니한다.

[4] 부칙경과조항의 인격권 등 침해 여부

전자장치 부착명령의 소급적용은 성폭력범죄의 재범 방지 및 사회 보호에 있어 실질적인 효과를 나타내고 있는 점, 장래의 재범 위험성에 대한 보안처분의 판단시기는 범죄의 행위시가 아닌 재판시가 될 수밖에 없으므로 부착명령청구 당시 형 집행 종료일까지 6개월 이상 남은 '출소예정자'가 자신이 부착명령대상자가 아니라는 기대를 가졌더라도 그에 대한 신뢰의 보호가치는 크지 아니한 점, 피부착자의 기본권제한을 최소화하기 위하여 위 법률은 피부착자에 대한 수신자료의 열람·조회를 엄격히 제한하고 부착명령의 탄력적 집행을 위한 가해제제도를 운영하고 있는 점 등을 고려할 때, 침해의 최소성 및 법익의 균형성도 인정된다. 따라서 부칙경과조항은 과잉금지원칙에 반하여 청구인의 인격권 등을 침해하지 아니한다(헌재 2015.9.24, 2015헌바35).

22 성폭력범죄자의 성충동 약물치료에 관한 법률 사건

> 성폭력범죄자의 성충동 약물치료에 관한 법률(2012.12.18. 법률 제11557호로 개정된 것)
>
> 제4조 【치료명령의 청구】 ① 검사는 사람에 대하여 성폭력범죄를 저지른 성도착증 환자로서 성폭력범죄를 다시 범할 위험성이 있다고 인정되는 19세 이상의 사람에 대하여 약물치료명령(이하 '치료명령'이라고 한다)을 법원에 청구할 수 있다.
>
> 성폭력범죄자의 성충동 약물치료에 관한 법률(2010.7.23. 법률 제10371호로 제정된 것)
>
> 제8조 【치료명령의 판결 등】 ① 법원은 치료명령 청구가 이유 있다고 인정하는 때에는 15년의 범위에서 치료기간을 정하여 판결로 치료명령을 선고하여야 한다.

[1] 성폭력범죄를 저지른 성도착증 환자로서 성폭력범죄를 다시 범할 위험성이 있다고 인정되는 19세 이상의 사람에 대한 검사의 약물치료명령청구에 관한 '성폭력범죄자의 성충동 약물치료에 관한 법률'(이하 '성충동약물치료법'이라 한다) 제4조 제1항이 위헌인지 여부: 소극 [합헌]

심판대상조항들은 성폭력범죄를 저지른 성도착증 환자의 동종 재범을 방지하기 위한 것으로서 그 입법목적이 정당하고, 성충동약물치료는 성도착증 환자의 성적 환상이 충동 또는 실행으로 옮겨지는 과정의 핵심에 있는 남성호르몬의 생성 및 작용을 억제하는 것으로서 수단의 적절성이 인정된다. 또한 성충동 약물치료는 전문의의 감정을 거쳐 성도착증 환자로 인정되는 사람을 대상으로 청구되고, 한정된 기간 동안 의사의 진단과 처방에 의하여 이루어지며, 부작용 검사 및 치료가 함께 이루어지고, 치료가 불필요한 경우의 가해제제도가 있으며, 치료 중단시 남성호르몬의 생성과 작용의 회복이 가능하다는 점을 고려할 때, 심판대상조항들은 원칙적으로 침해의 최소성 및 법익균형성이 충족된다.

기출 OX

01 범죄행위 당시에 없었던 위치추적 전자장치 부착명령을 출소예정자에게 소급적용할 수 있도록 한 특정 범죄자에 대한 위치추적 전자장치 부착 등에 관한 법률 부칙경과조항은 과잉금지원칙에 위반되지 않아 피부착자의 인격권을 침해하지 않는다. 19. 경찰승진
( )

02 성폭력범죄를 저지른 성도착증 환자로서 재범의 위험성이 인정되는 19세 이상의 사람에 대해 법원이 15년의 범위에서 치료명령을 선고할 수 있도록 한 법률규정은, 장기형이 선고되는 경우 치료명령의 선고시점과 집행시점 사이에 상당한 시간적 간극이 있어 집행시점에 발생할 수 있는 불필요한 치료와 관련한 부분에 대해서는 침해의 최소성과 법익균형성이 인정되지 않기 때문에 피치료자의 신체의 자유를 침해한다. 20. 경찰승진
( )

정답 01 ○ 02 ○

[2] 법원은 치료명령청구가 이유 있다고 인정하는 때에는 15년의 범위에서 치료기간을 정하여 판결로 치료명령을 선고하도록 한 부분이 위헌인지 여부: 적극 [헌법불합치]

다만 장기형이 선고되는 경우 치료명령의 선고시점과 집행시점 사이에 상당한 시간적 간극이 있어 집행시점에서 발생할 수 있는 불필요한 치료와 관련한 부분에 대해서는 침해의 최소성과 법익균형성을 인정하기 어렵다. 따라서 이 사건 청구조항은 과잉금지원칙에 위배되지 아니하나, 이 사건 명령조항은 집행시점에서 불필요한 치료를 막을 수 있는 절차가 마련되어 있지 않은 점으로 인하여 과잉금지원칙에 위배되어 치료명령 피청구인의 신체의 자유 등 기본권을 침해한다.

23 통신매체를 이용한 음란행위를 처벌하는 '성폭력범죄의 처벌 등에 관한 특례법'(2012.12.18. 법률 제11556호로 전부개정된 것, 이하 '성폭력처벌법'이라 한다) 제13조 중 '성적 수치심이나 혐오감' 부분이 명확성원칙에 위배되는지 여부: 소극 [합헌]

심판대상조항의 조문명이 '통신매체를 이용한 음란행위'이고, '성적 수치심이나 혐오감을 일으키는 말, 음향, 글, 그림, 영상 또는 물건을 상대방에게 도달하게 하는 행위'를 음란행위라고 규정하고 있는 점을 아울러 고려하면, 수범자로서는 심판대상조항이 금지하고 있는 성적 수치심이나 혐오감을 일으키는 표현의 판단기준 또는 해석기준이 음란이라는 개념으로부터 도출되어야 함을 문언상 알 수 있다. 이러한 음란의 개념에 대하여는 헌법재판소에서 이미 여러 차례 합헌판단을 하였으므로 이러한 기준에 따라 어떤 표현이 상대방에게 성적 수치심 또는 혐오감을 일으키는 음란행위에 해당하는지 알 수 있다. 따라서 심판대상조항 중 '성적 수치심 또는 혐오감' 부분은 명확성원칙에 위배되지 아니한다(헌재 2016.3.31, 2014헌바397).

24 금치기간 중 '실외운동'을 제한하도록 한 '형의 집행 및 수용자의 처우에 관한 법률'(이하 '형집행법'이라 한다) 제112조 제3항 중 제108조 제13호에 관한 부분은 신체의 자유를 침해하는지 여부: 적극 [위헌]

[1] 이 사건 금치조항 중 제108조 제4호(공동행사 참가 정지)에 관한 부분에 대한 판단 [기각]

금치처분을 받은 사람은 최장 30일 이내의 기간 동안 공동행사에 참가할 수 없으나 서신수수, 접견을 통하여 외부와 통신할 수 있고, 종교상담을 통하여 종교활동을 할 수 있다. 위와 같은 불이익은 규율 준수를 통하여 수용질서를 유지한다는 공익에 비하여 크다고 할 수 없다. 이 사건 금치조항 중 제108조 제4호에 관한 부분은 청구인의 통신의 자유, 종교의 자유를 침해하지 아니한다.

[2] 이 사건 금치조항 중 제108조 제6호(텔레비전 시청 제한)에 관한 부분에 대한 판단 [기각]

금치처분을 받은 사람은 텔레비전을 시청하는 대신 수용시설에 보관된 도서를 열람함으로써 다른 정보원에 접근할 수 있다. 위와 같은 불이익은 규율 준수를 통하여 수용질서를 유지한다는 공익에 비하여 크다고 할 수 없다. 이 사건 금치조항 중 제108조 제6호에 관한 부분은 청구인의 알 권리를 침해하지 아니한다.

[3] 이 사건 금치조항 중 제108조 제7호의 신문·도서·잡지 외 자비구매물품에 관한 부분에 대한 판단 [기각]

금치처분을 받은 사람은 소장이 지급하는 음식물, 의류·침구 그 밖의 생활용품을 통하여 건강을 유지하기 위한 필요최소한의 생활을 영위할 수 있고, 의사가 치료를 위하여 처방한 의약품은 여전히 사용할 수 있다. 위와 같은 불이익은

기출 OX

03 금치기간 중 신문·도서·잡지 외 자비구매물품의 사용을 제한하는 형의 집행 및 수용자의 처우에 관한 법률 조항은 수용자의 일반적 행동의 자유를 침해하지 않는다. 19. 경찰승진

( )

정답 03 ○

규율 준수를 통하여 수용질서를 유지한다는 공익에 비하여 크다고 할 수 없다. 이 사건 금치조항 중 제108조 제7호의 신문·잡지·도서 외 자비구매물품에 관한 부분은 청구인의 일반적 행동의 자유를 침해하지 아니한다.

[4] 이 사건 금치조항 중 제108조 제13호(실외운동 정지)에 관한 부분에 대한 판단 [위헌]

위 조항은 금치처분을 받은 사람에게 원칙적으로 실외운동을 금지한다. 나아가 위 조항은 예외적으로 실외운동을 허용하는 경우에도, 실외운동의 기회가 부여되어야 하는 최저기준이 법령에서 명시하고 있지 않으므로, 침해의 최소성원칙에 위배된다. 위 조항은 소장의 재량으로 실외운동을 예외적으로 허용함으로써 수용자의 정신적·신체적 건강에 필요 이상의 불이익을 가하고 있고, 이는 공익에 비하여 큰 것이므로 위 조항은 법익의 균형성요건도 갖추지 못하였다. 이 사건 금치조항 중 제108조 제13호에 관한 부분은 청구인의 신체의 자유를 침해한다(헌재 2016.5.26, 2014헌마45).

25 경범죄 처벌법상 '과다노출'금지조항 사건 [위헌]

경범죄 처벌법(2012.3.21. 법률 제11401호로 전부개정된 것)

제3조【경범죄의 종류】① 다음 각 호의 어느 하나에 해당하는 사람은 10만원 이하의 벌금, 구류 또는 과료(科料)의 형으로 처벌한다.
　33. (과다노출) 여러 사람의 눈에 뜨이는 곳에서 공공연하게 알몸을 지나치게 내놓거나 가려야 할 곳을 내놓아 다른 사람에게 부끄러운 느낌이나 불쾌감을 준 사람

[1] 알몸을 '지나치게 내놓는' 것이 무엇인지 이를 판단하기 쉽지 않고, '가려야 할 곳'의 의미도 파악하기 어렵다. 심판대상조항 중 '부끄러운 느낌이나 불쾌감'은 사람마다 달리 평가될 수밖에 없고, 노출되었을 때 부끄러운 느낌이나 불쾌감을 주는 신체부위 역시 사람마다 달라 '부끄러운 느낌이나 불쾌감'을 통하여 '지나치게'와 '가려야 할 곳' 의미를 확정하기도 곤란하다.

[2] 심판대상조항의 불명확성을 해소하기 위하여 노출이 허용되지 않는 신체부위를 예시적으로 열거하거나 구체적으로 특정하여 분명하게 규정하는 것이 입법기술상 불가능하거나 현저히 곤란하지도 않다. 예컨대 이른바 '바바리맨'의 성기노출행위를 규제할 필요가 있다면 노출이 금지되는 신체 부위를 '성기'로 명확히 특정하면 될 것이다. 이상과 같이 심판대상조항은 죄형법정주의의 명확성원칙에 위배된다(헌재 2016.11.24, 2016헌가3).

26 공중도덕상 유해한 업무에 취업시킬 목적으로 근로자를 파견한 사람을 형사처벌하도록 규정한 구 '파견근로자보호 등에 관한 법률' 제42조 제1항 중 '공중도덕상 유해한 업무' 부분 및 파견근로자보호 등에 관한 법률' 제42조 제1항 중 '공중도덕상 유해한 업무' 부분(이하 '심판대상조항'이라 한다)이 죄형법정주의의 명확성원칙에 위배되는지 여부: 적극 [위헌]

심판대상조항과 관련하여 파견법이 제공하고 있는 정보는 파견사업주가 '공중도덕상 유해한 업무'에 취업시킬 목적으로 근로자를 파견한 경우 불법파견에 해당하여 처벌된다는 것뿐이다. 결국, 심판대상조항의 입법목적, 파견법의 체계, 관련 조항 등을 모두 종합하여 보더라도 '공중도덕상 유해한 업무'의 내용을 명확히 알 수 없다.

기출 OX

01 경범죄 처벌법 제3조 제1항 제33호(과다노출) '여러 사람의 눈에 뜨이는 곳에서 공공연하게 알몸을 지나치게 내놓거나 가려야 할 곳을 내놓아 다른 사람에게 부끄러운 느낌이나 불쾌감을 준 사람'의 부분은 죄형법정주의의 명확성원칙에 위배된다. 17. 경찰승진　(　)

02 '여러 사람의 눈에 뜨이는 곳에서 공공연하게 알몸을 지나치게 내놓거나 가려야 할 곳을 내놓아 다른 사람에게 부끄러운 느낌이나 불쾌감을 준 사람'을 처벌하는 경범죄 처벌법 조항은 그 의미를 알기 어렵고 그 의미를 확정하기도 곤란하므로 명확성원칙에 위배된다. 19. 경찰승진　(　)

정답 01 ○ 02 ○

아울러 심판대상조항에 관한 이해관계기관의 확립된 해석기준이 마련되어 있다거나, 법관의 보충적 가치판단을 통한 법문 해석으로 심판대상조항의 의미내용을 확인할 수 있다는 사정을 발견하기도 어렵다.

심판대상조항은 건전한 상식과 통상적 법감정을 가진 사람으로 하여금 자신의 행위를 결정해 나가기에 충분한 기준이 될 정도의 의미내용을 가지고 있다고 볼 수 없으므로 죄형법정주의의 명확성원칙에 위배된다(헌재 2016.11.24, 2015헌가23).

27 범죄구성요건을 정관에 위임한 구 농업협동조합법 제50조 제4항이 죄형법정주의에 위반되는지 여부: 적극 [위헌]

[1] 이 사건 호별방문금지조항은 호별방문 등이 금지되는 기간을 '정관으로 정하는 기간'이라고만 규정하고 있을 뿐 정관에서 어느 정도의 기간으로 정할 것인지 대강의 범위나 기준조차 두고 있지 아니하여 처벌되는 행위를 법률로 특정하고자 하는 최소한의 노력도 없이 막연히 정관에 맡기고 있다. 호별방문 등이 금지되는 기간이라는 범죄구성요건을 정관에 위임하고 있는 이 사건 호별방문금지조항은 죄형법정주의에 위배된다.

[2] 이 사건 선거운동제한조항은 처벌되는 범죄 구성요건의 가장 중요한 부분인 금지되고 허용되는 선거운동이 무엇인지, 즉 금지의 실질을 법률에서 직접 규정하지 아니하고 중앙회의 정관으로 정하도록 위임하고 있어 범죄와 형벌에 관하여는 입법부가 제정한 형식적 의미의 법률로써 정하여야 한다는 죄형법정주의에 위배된다(헌재 2016.11.24, 2015헌가29).

28 신상정보 공개·고지명령을 소급적용하는 '성폭력범죄의 처벌 등에 관한 특례법' 부칙 제7조 제1항 등 범죄를 저질러 2008년 4월 16일부터 2011년 4월 15일 사이에 유죄판결(벌금형은 제외한다)이 확정된 사람에 대하여도 적용한다는 부분(이하 '심판대상조항'이라 한다)이 소급처벌금지원칙 등에 위배되는지 여부: 소극 [합헌]

[1] 소급처벌금지원칙 위배 여부: 소극

신상정보 공개·고지명령은 형벌과는 구분되는 비형벌적 보안처분으로서 어떠한 형벌적 효과나 신체의 자유를 박탈하는 효과를 가져오지 아니하므로 소급처벌금지원칙이 적용되지 아니한다. 그렇다면, 성폭력범죄의 처벌 등에 관한 특례법(이하 '성폭력처벌법'이라 한다) 시행 당시 신상정보 공개·고지명령의 대상에 포함되지 않았던 사람들을 이후 소급하여 신상정보 공개·고지명령의 대상이 되도록 하였더라도 소급처벌금지원칙에 위배되는 것은 아니다.

[2] 과잉금지원칙 위배 여부: 소극

심판대상조항은 모든 성인 대상 성범죄자를 신상정보 공개·고지명령 대상자로 정한 것이 아니라 성폭력처벌법 제2조 제1항 제3호, 제3조 제1항, 제8조 제1항에 해당하는 죄를 범한 비교적 중한 성폭력범죄자들 중에서 2008.4.16.부터 2011.4.15. 사이에 유죄판결이 확정된 사람만으로 그 대상자를 한정하고 있다. 따라서 심판대상조항은 과잉금지원칙에 위배되어 청구인들의 인격권 및 개인정보자기결정권을 침해하지 아니한다.

[3] 평등원칙 위배 여부: 소극

심판대상조항은 아동·청소년대상 성폭력범죄와는 다르게 성인 대상 성폭력범죄에 대하여는 2008.4.16.부터 2011.4.15.까지 사이에 성폭력범죄를 저지르고 형이 확정된 자에 대하여 신상정보 공개·고지명령 대상에 포함함으로써, 성인 대상 성폭력범죄자를 아동·청소년 대상 성폭력범죄자들과 달리 취급하고 있다. 이는 성폭력처벌법 및 아동·청소년의 성보호에 관한 법률의 연혁, 입법 당

기출 OX

03 중소기업중앙회 임원 선거와 관련하여 '정관으로 정하는 기간에는' 선거운동을 위하여 정회원에 대한 호별방문 등의 행위를 한 경우 이를 처벌하도록 규정한 중소기업협동조합법 조항은 죄형법정주의에 위배된다. 19. 법행
( )

04 보안처분 중 신상정보 공개명령, 위치추적전자장치부착명령에는 소급처벌금지의 원칙이 적용된다. 17. 국가직
( )

해설
신상정보 공개명령과 위치추적전자장치부착명령은 모두 소급적용이 가능하다.

정답 03 O   04 ✗

시의 사회적 상황, 일반 국민의 법감정, 범죄의 실태와 예방을 위한 형사정책적 측면 등 여러 가지 요소를 종합적으로 고려한 결과이므로 그러한 차별이 자의적이라거나 합리성이 없다고 보기 어렵다. 따라서 심판대상조항이 평등원칙을 위반한다고 볼 수 없다.

[4] 이중처벌금지원칙 위배 여부: 소극
신상정보 공개 · 고지명령은 형벌과는 목적이나 심사대상 등을 달리하는 보안처분에 해당하므로 동일한 범죄행위에 대하여 형벌이 부과된 이후 다시 신상정보 공개 · 고지명령이 선고 및 집행된다고 하여 이중처벌금지의 원칙에 위반된다고 할 수 없다.

[5] 연좌제금지원칙 위배 여부: 소극
심판대상조항에 따른 신상정보 공개 · 고지명령은 성범죄자의 신상정보를 대상으로 하는 것으로, 신상정보 공개 · 고지명령을 받은 성범죄자의 친족에 대하여 직접적으로 어떠한 처벌을 가하거나 불이익을 주는 제도라고 보기 어렵다. 따라서 심판대상조항이 연좌제금지원칙에 위배되는 것이라고 볼 수 없다(헌재 2016.12.29, 2015헌바196 등).

29 정신성적 장애인에 대한 치료감호기간의 상한을 15년으로 정하고 있는 치료감호법 관련규정이 신체의 자유를 침해하는지 여부: 소극 [합헌]

정신성적 장애는 그 증상이나 정도, 치료의 방법 등에 따라 치료의 종료시기가 달라질 수 있으므로 이를 일률적으로 예측하기 어렵고, 그에 따른 재범의 위험성 소멸시기를 예측하는 것도 어려우므로 정신성적 장애인에 대한 치료감호는 그 본질상 집행단계에서 기간을 확정할 수밖에 없다. 따라서 치료감호기간조항은 과잉금지원칙을 위반하여 청구인의 신체의 자유를 침해하지 않는다(헌재 2017.4.27, 2016헌바452).

30 보호의무자 2인의 동의와 정신건강의학과 전문의 1인의 진단으로 정신질환자에 대한 보호입원이 가능하도록 한 정신보건법 제24조 제1항 및 제2항이 신체의 자유를 침해하는지 여부: 적극 [헌법불합치]

입원의 필요성이 인정되는지 여부에 대한 판단권한을 정신과전문의 1인에게 전적으로 부여함으로써 그의 자의적 판단 또는 권한의 남용가능성을 배제하지 못하고 있는 점, 보호의무자 2인이 정신과전문의와 공모하거나, 그로부터 방조 · 용인을 받는 경우 보호입원제도가 남용될 위험성은 더욱 커지는 점, 보호입원제도로 말미암아 사설 응급이송단에 의한 정신질환자의 불법적 이송, 감금 또는 폭행과 같은 문제도 빈번하게 발생하고 있는 점, 보호입원기간도 최초부터 6개월이라는 장기로 정해져 있고, 이 또한 계속적인 연장이 가능하여 보호입원이 치료의 목적보다는 격리의 목적으로 이용될 우려도 큰 점, 보호입원절차에서 정신질환자의 권리를 보호할 수 있는 절차들을 마련하고 있지 않은 점, 기초정신보건심의회의 심사나 인신보호법상 구제청구만으로는 위법 · 부당한 보호입원에 대한 충분한 보호가 이루어지고 있다고 보기 어려운 점 등을 종합하면, 심판대상조항은 침해의 최소성원칙에 위배된다. 심판대상조항이 정신질환자를 신속 · 적정하게 치료하고, 정신질환자 본인과 사회의 안전을 도모한다는 공익을 위한 것임은 인정되나, 정신질환자의 신체의 자유 침해를 최소화할 수 있는 적절한 방안을 마련하지 아니함으로써 지나치게 기본권을 제한하고 있다. 따라서 심판대상조항은 법익의 균형성요건도 충족하지 못한다. 그렇다면 심판대상조항은 과잉금지원칙을 위반하여 신체의 자유를 침해한다(헌재 2016.9.29, 2014헌가9).

기출 OX

01 보호의무자 2인의 동의와 정신건강의학과 전문의 1인의 진단으로 정신질환자에 대한 보호입원이 가능하도록 한 정신보건법 조항은 보호입원 대상자의 신체의 자유를 과도하게 제한하는 등 과잉금지원칙을 위배하여 신체의 자유를 침해한다. 17. 경찰승진
( )

정답 01 ○

31 금융투자업자의 투자자에 대한 단정적 판단 제공행위를 처벌하는 것이 명확성의 원칙에 위배되는지 여부: 소극 [합헌]

'투자권유'의 의미는 자본시장법에서 직접 정의되고 있고, 법원의 보충적 해석을 통하여 투자권유의 의미가 충분히 확정될 수 있다. 심판대상조항은 투자자보호, 금융시장의 신뢰성·효율성·공정성을 확보하기 위한 것이다. 그러한 입법목적을 고려하면 '불확실한 사항'이란 '단정적 판단 등을 제공하는 시점에서 객관적으로 진위가 분명히 판명될 수 없는, 투자자의 합리적인 투자판단 또는 해당 금융투자상품의 가치에 영향을 미칠 수 있는 사항'이라고 보아야 한다. '단정적 판단의 제공'이란 '투자자의 합리적인 투자판단 또는 해당 금융투자상품의 가치에 영향을 미칠 수 있는 사항 중 객관적으로 진위가 분명히 판명될 수 없는 사항에 대하여 진위를 명확히 판단해 주는 것'을 의미하고, '확실하다고 오인할 소지가 있는 내용을 알리는 행위'란 '투자자의 합리적인 투자판단 또는 해당 금융투자상품의 가치에 영향을 미칠 수 있는 사항 중 객관적으로 진위가 분명히 판명될 수 없는 사항에 대하여 투자자로 하여금 그 진위가 명확하다고 잘못 생각하게 할 가능성이 있는 내용을 알리는 행위'를 의미한다. 심판대상조항의 입법목적에 비추어 위 각 경우에 해당하는지 여부는 통상의 주의력을 가진 평균적 투자자를 기준으로 객관적·규범적으로 판단될 것임이 충분히 예측 가능하다. 심판대상조항의 수범자는 금융투자업자로 한정되어 있고, 금융투자에 관한 전문가인 금융투자업자는 자신에게 금지되는 행위인 '불확실한 사항에 대하여 단정적 판단을 제공하거나 확실하다고 오인하게 할 소지가 있는 내용을 알리는 행위'의 의미를 충분히 알고 이에 비추어 자신의 행위를 결정할 수 있다(헌재 2017.5.25, 2014헌바459).

32 안전조치의무를 위반한 사업주에 대해 형사처벌을 과하는 내용의 산업안전보건법 제67조 제1호 중 제23조 제3항 부분(이하 '이 사건 형벌조항'이라 한다)이 과잉형벌인지 여부: 소극 [합헌]

[1] 산업안전보건법 제23조 제3항에 규정된 사업주의 안전조치의무는 근로자의 신체의 완전성을 보호하기 위한 규정이다. 산업안전보건법은 근로자의 안전을 유지하는 것을 목적으로 하고, 신체의 완전성은 인간존엄의 기반이 되므로 이를 보호하는 것은 중요한 공익에 해당된다. 산업재해 통계에 의하면 산업안전보건법 제23조 제3항 위반행위로 인해 사망·상해사고가 발생할 가능성이 높으므로 그로 인한 공익침해의 정도가 매우 크다. 이 사건 형벌조항에 정해져 있는 법정형의 종류와 형량은 산업안전보건법 제23조 제3항의 목적달성에 필요한 정도를 현저히 일탈하지 않았다. 따라서 이 사건 형벌조항은 과잉형벌에 해당되지 않는다.

[2] 산업안전보건법 제71조 단서는 "법인 또는 개인이 그 위반행위를 방지하기 위하여 해당 업무에 관하여 상당한 주의와 감독을 게을리하지 아니한 경우에는 그러하지 아니하다."라고 규정한다. 이와 같은 내용의 단서에 의해 불법의 결과 발생에 관하여 독자적인 책임이 없는 법인은 형사처벌의 대상에서 제외된다. 따라서 이 사건 양벌규정조항은 책임주의 원칙에 어긋나지 않는다(헌재 2017.10.26, 2017헌바166).

33 '성매매알선 등 행위의 처벌에 관한 법률'(이하 '성매매처벌법'이라 한다) 제19조 제1항 제1호 중 '성매매를 권유하는 행위'에 관한 부분이 명확성의 원칙에 위배되는지 여부: 소극 [합헌]

심판대상조항은 성매매를 하는 행위와는 별도의 구성요건으로 '권유'의 행위태양을 통하여 성매매를 용이하게 하는 행위를 처벌하고 있다. '권유'의 사전적 의미, 성매매처벌법의 입법취지, 관련 조항, 법원의 해석·적용 등을 종합적으로 살펴보면, 심판대상조항에서 말하는 '권유'란 상대방이 실제 성매매행위에 나아갈 것을 요하지는 아니하나, 성교행위나 유사 성교행위가 이루어지기 위한 조건을 어느 정도 구체적으로 제시하면서 상대방이 성을 판매 또는 구매하도록 의사를 형성·확대하는 데 영향을 미치는 일체의 행위를 의미함을 알 수 있다. 따라서 심판대상조항은 죄형법정주의의 명확성원칙에 위반되지 아니한다(헌재 2017.9.28, 2016헌바376).

34 소위 '황제노역'과 관련하여 노역장유치기간의 하한을 정하면서 개정 전 범죄행위에 대하여도 소급적용하도록 한 형법 부칙 제2조 제1항이 형벌불소급원칙에 위반되는지 여부: 적극 [위헌]

> 형법(2014.5.14. 법률 제12575호로 개정된 것)
>
> 제70조 【노역장유치】 ② 선고하는 벌금이 1억원 이상 5억원 미만인 경우에는 300일 이상, 5억원 이상 50억원 미만인 경우에는 500일 이상, 50억원 이상인 경우에는 1,000일 이상의 유치기간을 정하여야 한다.
>
> 형법 부칙(2014.5.14. 법률 제12575호)
>
> 제2조【적용례 및 경과조치】① 제70조 제2항의 개정규정은 이 법 시행 후 최초로 공소가 제기되는 경우부터 적용한다.

[1] 노역장유치조항의 위헌 여부: 소극

노역장유치조항은 노역장유치가 고액 벌금의 납입을 회피하는 수단으로 이용되는 것을 막고 1일 환형유치금액에 대한 형평성을 제고하기 위한 것으로서 목적의 정당성 및 수단의 적합성이 인정된다. … 법관은 그 범위 내에서 다양한 양형요소들을 고려하여 1일 환형유치금액과 노역장유치기간을 정할 수 있다. 이러한 점들을 종합하면 노역장유치조항은 침해의 최소성을 충족한다.

노역장유치는 벌금 납입시에는 집행될 여지가 없고 노역장유치로 벌금형이 대체된다는 점에서 그로 인한 불이익이 노역장유치제도의 공정성과 형평성 제고라는 공익에 비하여 크다고 할 수 없다. 따라서 법익균형성을 충족한다. 그러므로 노역장유치조항은 청구인들의 신체의 자유를 침해한다고 볼 수 없다.

[2] 부칙조항의 위헌 여부: 적극

형벌불소급원칙에서 의미하는 '처벌'은 단지 형법에 규정되어 있는 형식적 의미의 형벌유형에 국한되지 않으며, 범죄행위에 따른 제재의 내용이나 실제적 효과가 형벌적 성격이 강하여 신체의 자유를 박탈하거나 이에 준하는 정도로 신체의 자유를 제한하는 경우에는 법적 안정성, 예측 가능성 및 국민의 신뢰를 보호하기 위하여 형벌불소급원칙이 적용되어야 한다.

노역장유치는 벌금형에 부수적으로 부과되는 환형처분으로서, 그 실질은 신체의 자유를 박탈하여 징역형과 유사한 형벌적 성격을 가지고 있으므로, 형벌불소급원칙의 적용대상이 된다. 따라서 법률개정으로 동일한 벌금형을 선고받은 사람에게 노역장유치기간이 장기화되는 등 불이익이 가중된 때에는, 범죄행위시의 법률에 따라 유치기간을 정하여 선고하여야 한다.

기출 OX

01 노역장유치란 벌금납입의 대체수단이자 납입강제기능을 갖는 벌금형의 집행방법이며, 벌금형에 대한 환형처분이라는 점에서 형벌과 구별된다. 따라서 노역장유치기간의 하한을 정한 것은 벌금형을 대체하는 집행방법을 강화한 것에 불과하며, 이를 소급적용한다고 하여 형벌불소급의 문제가 발생한다고 보기 어렵다. 20. 법원직
( )

정답 01 ×

노역장유치조항은 1억원 이상의 벌금을 선고받는 자에 대하여 유치기간의 하한을 중하게 변경시킨 것이므로, 이 조항 시행 전에 행한 범죄행위에 대해서는 범죄행위 당시에 존재하였던 법률을 적용하여야 한다. 그런데 부칙조항은 노역장유치조항의 시행 전에 행해진 범죄행위에 대해서도 공소제기의 시기가 노역장유치조항의 시행 이후이면 이를 적용하도록 하고 있으므로, 이는 범죄행위 당시보다 불이익한 법률을 소급적용하도록 하는 것으로서 헌법상 형벌불소급원칙에 위반된다(헌재 2017.10.26, 2015헌바239).

35 폭행 또는 협박으로 사람에 대하여 추행을 한 자를 10년 이하의 징역 또는 1천 500만원 이하의 벌금에 처하도록 규정한 형법 제298조(강제추행죄)가 죄형법정주의에 위반되는지 여부: 소극 [합헌]

[1] 강제추행죄는 그 죄질이 나쁘고 피해를 돌이키기 어려우며 가해자에 대한 비난 가능성 또한 상당히 높다. 심판대상조항은 개인의 성적 자기결정권을 보호하기 위한 것으로서 입법목적의 정당성이 인정되고, 강제추행행위를 저지른 사람을 처벌하는 것은 그와 같은 목적 달성에 이바지하는 적합한 수단이 된다. 심판대상조항이 폭행행위 자체가 추행행위에 해당하는 경우까지 처벌대상으로 삼고 있다 하더라도, 그것이 객관적으로 일반인에게 성적 수치심이나 혐오감을 일으키게 하고 선량한 성적 도덕관념에 반하는 행위로서 피해자의 성적 자기결정권을 침해하는 것임을 전제로 하는 이상, 이를 가지고 곧 입법목적의 달성에 필요한 범위를 넘는다고 할 수는 없다.

[2] 강제추행죄의 위험성과 죄질, 보호법익의 중대성 및 일반예방이라는 형사정책적 측면 등을 고려하면 심판대상조항의 법정형 상한에는 합당한 이유가 있음이 인정된다. 심판대상조항은 책임과 형벌의 비례원칙에 위배되지 아니한다(헌재 2017.11.30, 2015헌바300).

36 강제퇴거명령을 받은 사람을 즉시 대한민국 밖으로 송환할 수 없으면 송환할 수 있을 때까지 보호시설에 보호할 수 있도록 규정한 출입국관리법 제63조 제1항이 신체의 자유를 침해하는지 여부: 적극 [헌법불합치]

[1] 과잉금지원칙 위배 여부: 적극

강제퇴거명령의 효율적 집행이라는 행정목적 때문에 기간의 제한이 없는 보호를 가능하게 하는 것은 행정의 편의성과 획일성만을 강조한 것으로 피보호자의 신체의 자유를 과도하게 제한하는 것인 점, 강제퇴거명령을 받은 사람을 보호함에 있어 그 기간의 상한을 두고 있는 국제적 기준이나 외국의 입법례에 비추어 볼 때 보호기간의 상한을 정하는 것이 불가능하다고 볼 수 없는 점, 강제퇴거명령의 집행 확보는 심판대상조항에 의한 보호 외에 주거지 제한이나 보고, 신원보증인의 지정, 적정한 보증금의 납부, 감독관 등을 통한 지속적인 관찰 등 다양한 수단으로도 가능한 점, 현행 보호일시해제제도나 보호명령에 대한 이의신청, 보호기간 연장에 대한 법무부장관의 승인제도만으로는 보호기간의 상한을 두지 않은 문제가 보완된다고 보기 어려운 점 등을 고려하면, 심판대상조항은 침해의 최소성과 법익균형성을 충족하지 못한다. 따라서 심판대상조항은 **과잉금지원칙을 위반하여 피보호자의 신체의 자유를 침해한다.**

[2] 적법절차원칙 위반 여부: 적극

당사자에게 의견 및 자료 제출의 기회를 부여하는 것은 적법절차원칙에서 도출되는 중요한 절차적 요청이므로, 심판대상조항에 따라 보호를 하는 경우에도 피보호자에게 위와 같은 기회가 보장되어야 하나, 심판대상조항에 따른 보호명

기출 OX

02 강제퇴거명령을 받은 사람을 즉시 대한민국 밖으로 송환할 수 없으면 송환할 수 있을 때까지 보호시설에 보호할 수 있도록 규정한 출입국관리법 제63조 제1항은 과잉금지원칙에 반하여 신체의 자유를 침해하지 아니한다.
20. 지방직 ( )

정답 02 ×

령을 발령하기 전에 당사자에게 의견을 제출할 수 있는 절차적 기회가 마련되어 있지 아니하다. 따라서 심판대상조항은 **적법절차원칙에 위배되어 피보호자의 신체의 자유를 침해한다**(헌재 2023.3.23, 2020헌가1).

37 사용자가 근로자를 정당한 이유 없이 해고한 경우에 형사처벌한다는 근로기준법 제30조 제1항의 '정당한 이유 없이' 부분이 명확성원칙에 위배되는지 여부: 소극

법령 특히 형벌법규의 내용은 일반인에게 명확한 고지가 이루어져야 하는 것이나, 다만 당해 법령의 특성에 맞추어 그 일반인이 어떤 행위를 결정할 때 통상 어느 정도 법적 전문지식에 의한 보완을 받게 된다는 점을 감안하여 명확성 여부를 판단하여야 한다. 이 사건 법률조항은 비록 법문상으로는 '정당한 이유'라는 일반추상적 용어를 사용하고 있으나 일반인이라도 법률전문가의 도움을 받아 무엇이 금지되는 것인지 여부에 관하여 예측하는 것이 가능한 정도라고 할 것이어서 헌법상 명확성의 원칙에 반하지 아니한다(헌재 2005.3.31, 2003헌바12).

38 독립행위가 경합하여 상해의 결과를 발생하게 한 경우에 있어서 원인된 행위가 판명되지 아니한 때에는 공동정범의 예에 의하도록 한 형법 제263조가 책임주의원칙에 위반되는지 여부: 소극 [합헌]

이상과 같이 심판대상조항은 가해행위가 가지는 특수성과 사회에 미치는 영향 등을 고려하여 가해행위로 인한 범죄의 발생을 예방하고 피고인이 의도하거나 예상한 상해의 결과에 대한 정당한 응보를 통하여 실질적인 정의를 실현하고자 하는 목적에서 상해의 결과를 발생시킨 가해행위를 한 피고인에게 자신의 행위로 인한 결과에 대해 책임을 지도록 하는 것이므로, 책임주의원칙에 반한다고 볼 수 없으므로, 헌법에 위반되지 아니한다(헌재 2018.3.29, 2017헌가10).

39 미성년자보호법 제2조의2 제1호 등 위헌제청 [위헌] 12.사시·국회직

[1] 미성년자에게 음란성 또는 잔인성을 조장할 우려가 있거나 기타 미성년자로 하여금 범죄의 충동을 일으킬 수 있게 하는 만화(이하 '불량만화'라 함)의 반포 등 행위를 금지하고 이를 위반하는 자를 처벌하는 이 사건 미성년자보호법조항이 명확성의 원칙에 위배되는지 여부: 적극

먼저 이 사건 미성년자보호법조항의 불량만화에 대한 정의 중 전단 부분의 '음란성 또는 잔인성을 조장할 우려'라는 표현을 보면 '음란성'은 법관의 보충적인 해석을 통하여 그 규범내용이 확정될 수 있는 개념이라고 할 수 있으나, 한편 **'잔인성'에 대하여는 아직 판례상 개념규정이 확립되지 않은 상태**이고 그 사전적 의미는 '인정이 없고 모짊'이라고 할 수 있는바, 이에 의하면 미성년자의 감정이나 의지·행동 등 그 정신생활의 모든 영역을 망라하는 것으로서 살인이나 폭력 등 범죄행위를 이루는 것에서부터 윤리적·종교적·사상적 배경에 따라 도덕적인 판단을 달리할 수 있는 영역에 이르기까지 천차만별이어서 법집행자의 자의적인 판단을 허용할 여지가 높고, 여기에 **'조장' 및 '우려'까지 덧붙여지면 사회통념상 정당한 것으로 볼 여지가 많은 것까지 처벌의 대상**으로 할 수 있게 되는바, 이와 같은 경우를 모두 처벌하게 되면 그 처벌범위가 너무 광범위해지고 일정한 경우에만 처벌하게 된다면 어느 경우가 그에 해당하는지 명확하게 알 수 없다. 다음으로 불량만화에 대한 정의 중 후단 부분의 **'범죄의 충동을 일으킬 수 있게'라는 표현**은 그것이 과연 확정적이든 미필적이든 고의를 품도록 하는 것에만 한정되는 것인지, 인식의 유무를 가리지 않고 실제로 구성요건에 해당하는 행위로 나아가게 하는 일체의 것을 의미하는지, 더 나아가 단순히 그 행위에 착수하는 단계만으로도 충분한 것인지, 결과까지 의욕하거나 실현하도록 하여야만 하는 것인지를 전혀 알 수 없어 그 **규범내용이 확정**

기출 OX

01 어떤 법률조항이 형사처벌의 대상이 되는 해고의 기준을 일반추상적 개념인 '정당한 이유'의 유무에 두고 있다고 하여 반드시 명확성원칙에 반한다고 볼 수는 없다. 14.국회직 ( )

02 독립행위가 경합하여 상해의 결과를 발생하게 한 경우 원인된 행위가 판명되지 아니한 때에는 공동정범의 예에 의하도록 규정한 형법 제263조는 책임주의원칙에 위반된다. 20.국회직 ( )

03 '미성년자에게 음란성 또는 잔인성을 조장할 우려'라는 표현은 법관의 보충적인 해석을 통하여 그 규범내용이 확정될 수 있는 개념이라고 할 수 있다. 12.국회직 ( )

정답 01 ○ 02 × 03 ×

될 수 없는 것이다. 그러므로 이 사건 미성년자보호법조항은 법관의 보충적인 해석을 통하여도 그 규범내용이 확정될 수 없는 **모호하고 막연한 개념**을 사용함으로써 그 적용범위를 법집행기관의 **자의적인 판단**에 맡기고 있으므로, 죄형법정주의에서 파생된 명확성의 원칙에 위배된다.

[2] 아동의 덕성을 심히 해할 우려가 있는 도서·간행물·광고물 기타 내용물의 제작 등 행위를 금지하고, 이를 위반하는 자를 처벌하는 이 사건 아동보호법조항이 명확성의 원칙에 위배되는지 여부: **적극** 06. 국가직

이 사건 아동복지법조항의 '어질고 너그러운 품성'을 뜻하는 **'덕성'이라는 개념**은 도덕이나 윤리가 품성으로 인격화된 것을 의미한다 할 것인바, 도덕이나 윤리는 국민 개개인마다 역사인식이나 종교관·가치규범에 따라 자율적인 구속력을 지닌 내면적인 당위로서 일의적으로 확정된 의미를 가진다고 보기 어려우므로 그 **적용범위의 한계가 명확하다고 할 수 없고**, 이에 덧붙인 **'심히 해할 우려'라는 요소**까지 고려하면 과연 무엇을 기준으로 그 덕성을 심히 해하는 경우와 다소 해하기는 하지만 심히 해하는 정도에까지 이르지 못하는 경우를 나눌 수 있을지 알 수 없으며, 나아가 심히 해하는 정도에까지 이르지 못하는 경우 중에서도 심히 해하지는 않을까 하는 우려가 인정되는 경우와 그러한 우려가 인정되지 않는 경우를 다시 나누는 것도 어렵다. 그러므로 이 사건 아동복지법조항 역시 법관의 보충적인 해석을 통하여도 그 규범내용이 확정될 수 없는 **모호하고 막연한 개념**을 사용함으로써 그 적용범위를 법집행기관의 **자의적인 판단**에 맡기고 있으므로, 죄형법정주의에서 파생된 명확성의 원칙에 위배된다(헌재 2002.2.28. 99헌가8).

40 공주교도소장이 2011.7.13. 수형자를 경북북부 제1교도소로 이송함에 있어 4시간 정도에 걸쳐 포승과 수갑 2개를 채운 행위(이하 '이 사건 보호장비 사용행위'라 한다)가 청구인의 신체의 자유 및 인격권을 침해하는지 여부: **소극**

이 사건 보호장비 사용행위는 도주 등의 교정사고를 예방하기 위한 것으로서 그 목적이 정당하고, 상체승의 포승과 앞으로 사용한 수갑은 이송하는 경우의 보호장비로서 적절하다. 이 사건 보호장비 사용행위로 인하여 제한되는 신체의 자유 등에 비하여 도주 등의 교정사고를 예방함으로써 수형자를 이송함에 있어 안전과 질서를 보호할 수 있는 공익이 더 크다 할 것이므로 법익의 균형성도 갖추었다(헌재 2012.7. 26. 2011헌마426).

41 징역형 수형자에게 일률적으로 작업의무를 부과하는 것이 신체의 자유를 침해하는지 여부: **소극** [기각]

[1] 신체의 자유 침해 여부: **소극**

작업강제에 의하여 제한되는 수형자 개인의 이익보다 이 사건 법률조항으로 달성되는 징역형 수형자의 재사회화와 사회질서유지 및 공공복리라는 공익이 더 커서 법익의 균형성도 갖추고 있으므로, 이 사건 법률조항은 청구인의 신체의 자유를 침해하지 아니한다.

[2] 평등권 침해 여부: **소극**

이 사건 법률조항은 징역형의 집행방법으로 구금과 의무적인 작업을 규정하고 있을 뿐, 징역형 수형자를 금고형 수형자에 비하여 차별하려는 의도로 만들어진 것이 아니고, 결과적으로 징역형 수형자에게만 작업의무를 부과하는 점에서 차별이 있다 하더라도 이는 책임에 따른 형벌의 개별화를 실현하려는 입법자의

기출 OX

04 아동의 덕성을 심히 해할 우려가 있는 도서, 간행물, 광고물, 기타의 내용물의 제작 등 행위를 금지하고 이를 위반하는 자를 처벌하는 법률조항은 명확성의 원칙에 위배된다. 06. 국가직
( )

05 흉기를 휴대하여 피해자에게 강간상해를 가하였다는 범죄사실 등으로 징역 13년을 선고받아 형집행 중인 수형자를 교도소장이 다른 교도소로 이송함에 있어 4시간 정도에 걸쳐 상체승의 포승과 앞으로 수갑 2개를 채운 것은 과잉금지원칙에 위배된다. 20. 국회직
( )

06 징역형 수형자에게 정역의무를 부과하는 형법 제67조는 신체의 자유 침해가 아니다. 16. 국회직 9급 ( )

정답 04 ○ 05 × 06 ○

의사가 반영된 것이며, 신체의 자유 침해 여부에서 본 바와 같이 그 차별에 합리적 이유도 인정되는바, 청구인의 평등권을 침해하지 아니한다(헌재 2012.11.29, 2011헌마318).

42 청소년의 성보호에 관한 법률에서 정한 '청소년이용음란물'의 해석과 관련하여 죄형법정주의를 위반하는지 여부: **소극**

이 사건 법률의 입법경과와 입법목적, 같은 법률의 다른 규정들과의 체계조화적 해석, 관계부처의 법률해석, 다른 처벌법규와의 법정형 비교 등을 고려하여 목적론적으로 해석할 때 제2조 제3호 및 제8조 제1항의 '청소년이용음란물'에는 실제 인물인 청소년이 등장하여야 한다고 보아야 함이 명백하고, 따라서 법률적용단계에서 다의적으로 해석될 우려가 없이 건전한 법관의 양식이나 조리에 따른 보충적인 해석에 의하여 그 의미가 구체화되어 해결될 수 있는 이상 죄형법정주의에 있어서의 명확성의 원칙을 위반하였다고 볼 수 없다(헌재 2002.4.25, 2001헌가27).

43 '추업에 사용할 목적으로 부녀를 매매한 자'를 무기 또는 5년 이상의 징역에 처하도록 규정한 특정범죄 가중처벌 등에 관한 법률 제5조의2 제4항이 명확성의 원칙에 위배되는지 여부: **소극**

'추업(醜業)'이란 '추잡하고 천한 생업, 특히 매음 따위'를 일컬으며, 일반적으로는 성(性)을 상품화하는 영업으로 이해되고 있다. 이러한 의미는 건전한 상식과 통상적인 법감정을 가진 사람이라면 쉽게 예측할 수 있으며, 그 구체적인 내용은 법원의 통상적인 해석작용을 통하여 보충적으로 확인될 수 있다. 한편 입법자가 추업에 해당하는 행위를 일일이 구체적·서술적으로 열거하는 방식으로 명확성의 원칙을 관철하는 것은 추업의 내용이 되는 행태가 사회적 변화에 따라 변동되는 동태적 성격을 가진다는 점에서 입법기술상 현저히 곤란하다. 결국 이 사건 법률조항은 어떠한 행위가 이에 해당하는지 의심을 가질 정도로 불명확하다고 할 수 없으므로 죄형법정주의의 한 내용인 형벌법규의 명확성원칙에 반한다고 할 수는 없다(헌재 2006.5.25, 2005헌바4).

44 군대 내에서 불온도서의 소지 등을 금지하고 있는 군인복무규율 제16조의2(이하 '이 사건 복무규율조항'이라 한다)가 명확성원칙, 과잉금지원칙 등에 반하는지 여부: **소극**
12. 사시

[1] 명확성원칙 위배 여부: 소극

이 사건 복무규율조항은 국군의 이념 및 사명을 해할 우려가 있는 도서로 인하여 군인들의 정신전력이 저해되는 것을 방지하기 위한 조항이라고 할 것이고, 규범의 의미·내용으로부터 무엇이 금지되고 무엇이 허용되는 행위인지를 예측할 수 있으므로 명확성원칙에 위배되는 법령조항이라고 보기 어렵다.

[2] 과잉금지원칙 위배 여부: 소극

군의 정신전력이 국가안전보장을 확보하는 군사력의 중요한 일부분이라는 점이 분명한 이상, 정신전력을 보전하기 위하여 불온도서의 소지·전파 등을 금지하는 규율조항은 목적의 정당성이 인정된다. 또한 군의 정신전력에 심각한 저해를 초래할 수 있는 범위의 도서로 한정함으로써 침해의 최소성요건을 지키고 있고, 이 사건 복무규율조항으로 달성되는 군의 정신전력 보존과 이를 통한 군의 국가안전보장 및 국토방위의무의 효과적인 수행이라는 공익은 이 사건 복무규율조항으로 인하여 제한되는 군인의 알 권리라는 사익보다 결코 작다 할 수 없다. 이 사건 복무규율조항은 법익균형성원칙에도 위배되지 아니한다(헌재 2010.10.28, 2008헌마638).

기출 OX

01 '청소년이용음란물'에는 실제 인물인 청소년이 등장하여야 함이 명백하고, 따라서 법률적용단계에서 다의적으로 해석될 우려가 없이 건전한 법관의 양식이나 조리에 따른 보충적인 해석에 의하여 그 의미가 구체화되어 해결될 수 있는 이상 죄형법정주의에 있어서의 명확성의 원칙을 위반하였다고 볼 수 없다. 12. 국회직
( )

정답 01 ○

45 정당한 명령 또는 규칙을 준수할 의무가 있는 자가 이를 위반하거나 준수하지 아니한 때에 형사처벌을 하도록 규정한 구 군형법 제47조(이하 '이 사건 법률조항'이라 한다)가 명확성의 원칙에 반하여 위헌인지 여부: **소극**

이 사건 법률조항의 '정당한 명령 또는 규칙'의 의미는 헌법재판소의 선례(헌재 1995.5.25, 91헌바20)와 같이 '군의 특성상 그 내용을 일일이 법률로 정할 수 없어 법률의 위임에 따라 군통수기관이 불특정 다수인을 대상으로 발하는 일반적 효력이 있는 명령이나 규칙 중 그 위반에 대하여 형사처벌의 필요가 있는 것, 즉 법령의 범위 내에서 발해지는 군통수작용상 필요한 중요하고도 구체성 있는 특정한 사항에 관한 것'을 뜻한다고 보아야 할 것이고, … 이 사건 법률조항이 지닌 약간의 불명확성은 법관의 통상적인 해석작용에 의하여 충분히 보완될 수 있고, 한편 위 조항의 수범자인 군인 또는 준군인이 위 조항에 의하여 금지된 행위가 무엇인지 예측할 수 없는 것도 아니다. 따라서 이 사건 법률조항은 죄형법정주의 명확성원칙에 위배되지 않는다(헌재 2011.3.31, 2009헌가12).

46 형의 집행을 유예하면서 사회봉사를 명할 수 있도록 한 형법 제62조의2 제1항(이하 '이 사건 법률조항'이라 한다)이 헌법에 위반되는지 여부: **소극 [합헌]** 18. 서울시

[1] 명확성원칙 위배 여부: 소극

'사회봉사'의 사전적 의미, 사회봉사에 관한 대법원 판례, 관련법률의 규정 등에 비추어 보면 이 사건 법률조항의 '사회봉사'란 '사회의 이익이나 복지를 위하여 범죄자에게 부과하는 일 또는 근로활동'이라고 해석할 수 있고, 따라서 이 사건 법률조항은 국민이 그 의미를 충분히 알 수 있을 뿐만 아니라 법집행자에게 객관적 판단지침을 줄 수 있을 정도로 명확하므로 명확성원칙에 위배되지 아니한다.

[2] 과잉금지원칙 위배 여부: 소극

사회봉사명령이 자유형집행의 대체수단으로서 자유형의 집행으로 인한 범죄인의 자유의 제한을 완화하여 주기 위한 수단인 점, 기간이 500시간 이내로 제한되어 있는 점, 동일한 효과가 있으면서도 범죄인의 기본권을 덜 침해하는 다른 수단을 찾기 어려운 점 등을 종합하여 보면 침해의 최소성과 법익의 균형성도 인정할 수 있으므로, 과잉금지원칙에 위배되지 아니한다(헌재 2012.3.29, 2010헌바100).

47 변호사에 대한 징계사유로 '직무의 내외를 막론하고 변호사로서의 품위를 손상하는 행위를 한 경우'를 규정한 구 변호사법 제91조 제2항 제3호 등이 명확성의 원칙에 위배되는지 여부: **소극 [합헌]**

[1] 명확성원칙 위배 여부: 소극

징계사유를 규정한 구 변호사법 제91조 제2항 제3호의 '변호사로서의 품위'란 그 용어의 사전적 의미, 위 조항의 입법취지, 법원의 법률해석 등을 종합하여 보면 '기본적 인권의 옹호와 사회정의 실현을 사명으로 하는 법률 전문직인 변호사로서 그 직책을 수행해 나가기에 손색이 없는 인품'이라고 할 수 있다. 구 변호사법 제91조 제2항 제3호는 명확성원칙에 위배되지 아니한다.

[2] 과잉금지원칙 위배 여부: 소극

변호사의 전문성·공정성·도덕성에 대한 국민의 신뢰는 직무와 관련이 없는 행위에 의하여서도 형성되는 점, 변호사의 품위유지의무는 직무의 내외를 불문하는 점, 징계사유인 품위손상행위는 변호사에 대한 국민의 신뢰에 영향을 줄

기출 OX

02 정당한 명령 또는 규칙을 준수할 의무가 있는 자가 이를 위반하거나 준수하지 아니한 때에 형사처벌을 하도록 규정한 구 군형법 제47조는 그 내용이 모호하고 추상적이어서 수범자인 군인·군무원이 무엇이 금지된 행위인지 알 수 없게 하므로 명확성원칙에 위배된다. 13. 국회직 ( )

03 형의 집행을 유예하면서 사회봉사를 명할 수 있도록 한 형법 제62조의2는 일반적 행동의 자유를 과도하게 제한하여 과잉금지원칙에 반한다. 14. 경찰승진 ( )

정답 02 × 03 ×

수 있는 행위에 한정되는 점 등에 비추어 보면 구 변호사법 제91조 제2항 제3호는 그 적용범위에 직무 외의 행위까지 포함하더라도 지나치게 광범위하다고 할 수 없으므로 과잉금지원칙에 위배되지 아니한다(헌재 2012.11.29, 2010헌바454).

48 알코올중독자 등에 대한 치료감호기간의 상한을 원칙적으로 2년으로 정해놓은 것이 신체의 자유를 침해하는지 여부: 소극 [기각]

치료감호법은 알코올중독자 등에 대한 치료감호기간의 상한을 2년으로 하면서도, 치료감호와 형이 병과된 경우에는 치료감호를 먼저 집행하고 치료감호의 집행기간은 형집행기간에 포함되도록 하고 있고, 위 기간 만료 전에라도 치료감호심의위원회의 치료감호 가종료 또는 종료결정에 의해 치료감호소를 퇴소할 수 있도록 하는 장치를 갖춤으로써 기본권침해를 최소화하고 있으며, 위 법률조항으로 인한 기본권 제한이 치료감호대상자에 대한 충분한 치료 및 개선을 통하여 사회 안전에 도움이 되도록 하고자 하는 공익보다 결코 크다고 볼 수 없으므로, 피해의 최소성과 함께 법익균형성의 요건도 갖추었다 할 것이다. 따라서 위 법률조항이 청구인의 신체의 자유를 침해한다고 할 수 없다(헌재 2012.12.27, 2011헌마276).

49 무기징역의 집행 중에 있는 자의 가석방요건을 종전의 '10년 이상'에서 '20년 이상' 형집행 경과로 강화한 개정 형법 제72조 제1항을 형법개정 당시에 이미 수용 중인 사람에게도 적용하는 형법 부칙 제2항이 신뢰보호원칙에 위배되어 신체의 자유를 침해하는지 여부: 소극 [기각]

가석방제도의 실제 운용에 있어서도 구 형법 제72조 제1항이 정한 10년보다 장기간의 형집행 이후에 가석방을 해 왔고, 무기징역형을 선고받은 수형자에 대하여 가석방을 한 예가 많지 않으며, 2002년 이후에는 20년 미만의 집행기간을 경과한 무기징역형 수형자가 가석방된 사례가 없으므로, 청구인의 신뢰가 손상된 정도도 크지 아니하다. 그렇다면 죄질이 더 무거운 무기징역형을 선고받은 수형자를 가석방할 수 있는 형집행 경과기간이 개정형법 시행 후에 유기징역형을 선고받은 수형자의 경우와 같거나 오히려 더 짧게 되는 불합리한 결과를 방지하고, 사회를 방위하기 위한 이 사건 부칙조항이 신뢰보호원칙에 위배되어 청구인의 신체의 자유를 침해한다고 볼 수 없다(헌재 2013.8.29, 2011헌마408).

50 '성매매알선 등 행위의 처벌에 관한 법률'의 성매매를 알선하는 행위 중 '유사성교행위' 부분 죄형법정주의 명확성원칙에 위배되는지 여부: 소극 [합헌]

심판대상조항이 유사성교행위를 '구강·항문 등 신체의 일부 또는 도구를 삽입하는 행위'로 규정하지 않고, '구강·항문 등 신체의 일부 또는 도구를 이용한' 유사성교행위라고 규정하고 있는 것은 구강·항문으로의 삽입행위 이외에 경제적 대가를 매개로 성판매자의 신체와 인격을 지배할 수 있는 다양한 형태의 성매매를 규율하기 위한 것이고, 대법원도 유사성교행위의 정의와 그 판단기준을 제시하고 있으며, 성매매의 행위태양도 다양하게 변화하는 성매매영업의 실태 등을 고려하면, 심판대상조항 중 '유사성교행위'의 의미는 구강·항문 등 신체 내부로의 삽입행위 내지 적어도 성교와 유사한 것으로 볼 수 있는 정도의 성적 만족을 얻기 위한 신체접촉행위로 해석될 수 있다고 할 것이므로, 심판대상조항은 죄형법정주의 명확성원칙에 위반되지 아니한다(헌재 2018.12.27, 2017헌바519).

51 자기 또는 특정인을 금고의 임원으로 당선되게 하거나 당선되지 못하게 할 목적으로, '금고의 정관으로 정하는 기간 중에' 회원의 호별방문 행위 등을 한 자를 처벌하는, 새마을금고법 제85조 제3항 중 제22조 제2항 제5호에 관한 부분이 죄형법정주의에 위배되는지 여부: 적극 [위헌]

   심판대상조항은 형사처벌과 관련되는 주요사항을 헌법이 위임입법의 형식으로 예정하고 있지도 않은 특수법인의 정관에 위임하고 있는데, 이는 사실상 그 정관 작성권자에게 처벌법규의 내용을 형성할 권한을 준 것이나 다름없고, 수범자는 호별방문 등이 금지되는 기간이 구체적으로 언제인지 예측할 수 없으므로 죄형법정주의에 위배된다(헌재 2019.5.30, 2018헌가12).

52 임원의 선거운동기간 및 선거운동에 필요한 사항을 정관에서 정할 수 있도록 규정한 신용협동조합법 제27조의2 제2항이 죄형법정주의에 위반되는지 여부: 적극 [위헌]

   신용협동조합법 제27조의2 제2항 내지 제4항은 구체적으로 허용되는 선거운동의 기간 및 방법을 시행령이나 시행규칙이 아닌 정관에 맡기고 있어 정관으로 정하기만 하면 임원 선거운동의 기간 및 방법에 관한 추가적인 규제를 설정할 수 있도록 열어 두고 있다. 이는 **범죄와 형벌은 입법부가 제정한 형식적 의미의 법률로 정하여야 한다는 죄형법정주의를 위반한 것이므로 헌법에 위반된다**(헌재 2020.6.25, 2018헌바278).

53 업무상 군사기밀 누설행위를 3년 이상의 유기징역에 처하는 군사기밀 보호법 제13조 제1항이 죄형법정주의의 명확성원칙에 위반되는지 여부: 소극 [합헌]

   심판대상조항 중 '업무상 군사기밀을 취급하는 사람 또는 취급하였던 사람' 부분은 다소 일반적·규범적 개념으로 규정되어 있으나, 법원은 그 의미, 범위, 판단기준 등에 관하여 구체화하고 있고, 업무의 내용, 유형이나 취급의 범위 등을 입법자가 일일이 세분하여 규정하기 어렵다는 점을 고려하면 심판대상조항의 구체적인 내용은 '군사기밀 보호법'의 입법목적을 고려한 법관의 해석·적용으로 보완될 수 있으므로, 죄형법정주의의 명확성원칙에 위반된다고 볼 수 없다(헌재 2020.5.27, 2018헌바233).

54 승용자동차를 이용한 출퇴근 카풀에 한하여 자가용자동차의 유상운송 제공을 예외적으로 허용하는 '여객자동차 운수사업법' 규정이 명확성의 원칙에 위배되는지 여부: 소극 [합헌]

   심판대상조항의 문언, 입법의 배경, 규율 체계와 취지 등을 종합하면, 심판대상조항은 운전자가 출근 또는 퇴근을 주된 목적으로 삼아 주거지와 근무지 사이를 통상적인 경로를 통하여 이동하는 중에, 출근 또는 퇴근의 경로가 일부 또는 전부 일치하는 사람에게 자신이 운전하는 자가용승용차의 탑승 기회를 제공하고 금전적 대가를 받는 행위에 한하여 자가용자동차의 유상운송 제공을 허용한다고 해석된다. 수범자는 심판대상조항을 통하여 허용되는 출퇴근 카풀의 기준을 충분히 예측할 수 있고, 심판대상조항이 법집행기관의 자의적인 법 해석과 적용을 야기할 정도로 불명확하다고 할 수도 없다. 따라서 심판대상조항은 죄형법정주의의 명확성원칙에 위배되지 아니한다(헌재 2021.4.29, 2018헌바100).

55 구 도로교통법 제60조 제1항 본문 중 "자동차의 운전자는 고속도로 등에서 자동차의 고장 등 부득이한 사정이 있는 경우를 제외하고는 갓길로 통행하여서는 아니 된다." 부분 중 '부득이한 사정' 부분이 죄형법정주의 명확성원칙에 위배되는지 여부: **소극 [합헌]**

금지조항이 규정한 '부득이한 사정'이란 사회통념상 차로로의 통행을 기대하기 어려운 특별한 사정을 의미한다고 해석된다. 건전한 상식과 통상적인 법감정을 가진 수범자는 금지조항이 규정한 부득이한 사정이 어떠한 것인지 충분히 알 수 있고, 법관의 보충적인 해석을 통하여 그 의미가 확정될 수 있다. 그러므로 금지조항 중 '부득이한 사정' 부분은 죄형법정주의의 명확성원칙에 위배되지 않는다(헌재 2021.8.31, 2020헌바100).

56 방송편성에 관하여 간섭을 금지하는 방송법 제4조 제2항의 '간섭'에 관한 부분이 죄형법정주의의 명확성원칙에 위반되는지 여부: **소극 [합헌]**

금지조항은 방송편성의 자유와 독립을 보장하기 위하여, 방송사 외부에 있는 자가 방송편성에 관계된 자에게 방송편성에 관해 특정한 요구를 하는 등의 방법으로, 방송편성에 관한 자유롭고 독립적인 의사결정에 영향을 미칠 수 있는 행위 일체를 금지한다는 의미임을 충분히 알 수 있다. 따라서 금지조항은 죄형법정주의 명확성원칙에 위반되지 아니한다(헌재 2021.8.31, 2019헌바439).

57 선거운동기간 외에는 중소기업중앙회 회장선거에 관한 선거운동을 제한하고, 이를 위반하면 형사처벌하는 중소기업협동조합법 제125조 전문 중 제53조 제1항을 준용하는 부분 및 제137조 제2항 중 제125조 전문에서 제53조 제1항을 준용하는 부분이 죄형법정주의의 명확성원칙에 위반되는지 여부: **소극 [합헌]**

심판대상조항은 '선거운동기간'의 의미에 관하여 '후보자등록마감일의 다음 날부터 선거일 전일까지'라고 명확하게 규정하고 있고, 다의적인 해석가능성이 있다고 볼 수 없다. 나아가, 심판대상조항의 입법목적이나 입법취지, 입법연혁, 관련 법률의 규정 등을 종합하여 보면, 건전한 상식과 통상적인 법감정을 가진 사람이라면 선거운동이 금지되는 선거운동기간이 언제인지 합리적으로 파악할 수 있으며, 아울러 법집행기관의 자의적인 법해석이나 법집행의 가능성도 배제되어 있다. 그러므로 심판대상조항은 죄형법정주의 명확성원칙에 위반되지 아니한다(헌재 2021.7.15, 2020헌가9).

58 과태료는 행정상 의무위반자에게 부과하는 행정질서벌로서 죄형법정주의의 규율대상에 해당하는지 여부: **소극**

죄형법정주의는 무엇이 범죄이며 그에 대한 형벌이 어떠한 것인가는 국민의 대표로 구성된 입법부가 제정한 법률로써 정하여야 한다는 원칙인데, 과태료는 행정상의 질서 유지를 위한 행정질서벌에 해당할 뿐 형벌이라고 할 수 없어 죄형법정주의의 규율대상에 해당하지 아니한다(헌재 2003.12.18, 2002헌바49).

59 영리를 목적으로 한의사가 아닌 자가 한방의료행위를 업으로 한 경우 처벌하도록 한 보건범죄단속에 관한 특별조치법 제5조 중 한방의료행위 부분은 죄형법정주의의 명확성원칙에 위배되는지 여부: **소극**

의료법의 입법목적, 의료인의 사명에 관한 의료법상의 여러 규정들과 한방의료행위에 관련된 법령의 변천과정 등에 비추어 보면, '침시술행위'는 한방의료행위에 포함되는 것이 명백하고, '한방의료행위'는 한의학을 기초로 한 질병의 예방이나 치료행위를 의미하므로 그 개념이 불명확하다고 볼 수 없어서 죄형법정주의에서 요구되는 형벌법규의 명확성원칙에 위배된다고 볼 수 없다(헌재 2003.2.27, 2002헌바23).

60 주거침입강제추행죄 및 주거침입준강제추행죄의 법정형의 하한을 7년 이상으로 규정한 성폭력특례법 규정: **위헌**

심판대상조항은 그 법정형이 형벌 본래의 목적과 기능을 달성함에 있어 필요한 정도를 일탈하였고, 각 행위의 개별성에 맞추어 그 책임에 알맞은 형을 선고할 수 없을 정도로 과중하므로, 책임과 형벌간의 비례원칙에 위배된다(헌재 2023.2.23, 2021헌가9).

61 음주운전 금지규정을 2회 이상 위반한 사람을 2년 이상 5년 이하의 징역이나 1천만원 이상 2천만원 이하의 벌금에 처하도록 한 구 도로교통법 제148조의2 제1항 중 '제44조 제1항을 2회 이상 위반한 사람'에 관한 부분이 책임과 형벌간의 비례원칙에 위반되는지 여부: **적극**

범죄 전력이 있음에도 다시 범행한 경우 가중된 행위책임을 인정할 수 있다고 하더라도, 전범을 이유로 아무런 시간적 제한 없이 무제한 후범을 가중처벌하는 예는 찾기 어렵고, 공소시효나 형의 실효를 인정하는 취지에도 부합하지 않는다. 또한 심판대상조항은 과거 위반 전력, 혈중알코올농도 수준 등에 비추어, 보호법익에 미치는 위험 정도가 비교적 낮은 유형의 재범 음주운전행위도 일률적으로 그 법정형의 하한인 2년 이상의 징역 또는 1천만원 이상의 벌금을 기준으로 처벌하도록 하고 있어 책임과 형벌 사이의 비례성을 인정하기 어렵다. 따라서 심판대상조항은 책임과 형벌간의 비례원칙에 위반된다(헌재 2021.11.25, 2019헌바446, 2020헌가17, 2021헌바77).

62 관세법(2013.1.1. 법률 제11602호로 개정된 것) 제282조 제2항 본문 및 관세법(2010.12.30. 법률 제10424호로 개정된 것) 제282조 제3항 본문 중 각 '제269조 제2항 제1호 가운데 제241조 제1항에 따른 신고를 하지 아니하고 물품을 수입한 자'에 관한 부분이 책임과 형벌간의 비례원칙에 위반되는지 여부: **소극**

수입신고는 통관절차의 핵심 요소로서, 정상적인 수입신고가 이루어지지 않으면 통관당국은 해당 물품의 반입 여부를 파악할 방법이 없어 통관절차의 진행 자체를 불가능하게 하므로, 통관질서의 확립을 위해 엄격하게 처벌할 필요가 있다. 따라서 통관우체국을 경유하였다 하더라도 수입신고 없이 우편물통관절차를 거친 행위는 무신고 수입행위에 해당하고, 이에 대하여 필요적 몰수·추징만 규정한다고 하여 과도한 제한이라고 할 수 없다(헌재 2019.11.28, 2018헌바105).

63 음주측정거부 전력이 1회 이상 있는 사람이 다시 음주측정거부행위를 한 경우 2년 이상 5년 이하의 징역이나 1천만원 이상 2천만원 이하의 벌금에 처하도록 규정한 도로교통법 제148조의2 제1항 중 '제44조 제2항을 2회 이상 위반한 사람'에 관한 부분이 책임과 형벌간의 비례원칙에 위반되는지 여부: **적극**

심판대상조항은 음주측정거부 전력을 가중요건으로 삼으면서 해당 전력과 관련하여 형의 선고나 유죄의 확정판결을 받을 것을 요구하지 않는 데다 아무런 시간적 제한도 두지 않은 채 뒤에 행해진 음주측정거부행위를 가중처벌하도록 하고 있어, 과거의 위반행위 이후 상당히 오랜 시간이 지나 '반규범적 행위'나 '반복적인 행위' 등이라고 평가하기 어려운 음주측정거부행위를 한 사람에 대해서는 책임에 비해 과도한 형벌을 규정하고 있다고 하지 않을 수 없다(헌재 2022.8.31, 2022헌가18 등).

기출 OX

01 음주운전 금지규정을 2회 이상 위반한 사람을 2년 이상 5년 이하의 징역이나 1천만원 이상 2천만원 이하의 벌금에 처하도록 한 구 도로교통법 조항은 책임과 형벌간의 비례원칙에 위배된다. 22. 법행 ( )

02 음주운전 금지규정 위반 또는 음주측정거부 전력을 가중요건으로 삼으면서 해당 전력과 관련하여 아무런 시간적 제한도 두지 않은 채 뒤에 행해진 음주운전 금지규정 위반행위를 가중처벌하는 것은 책임에 비해 과도한 형벌을 규정한 것이다. 23. 5급 공채 ( )

정답 01 ○ 02 ○

기출 OX

01 청원경찰법상 품위손상행위란 '청원경찰이 경찰관에 준하여 경비 및 공안업무를 하는 주체로서 직책을 맡아 수행해 나가기에 손색이 없는 인품에 어울리지 않는 행위를 함으로써 국민이 가지는 청원경찰에 대한 정직성, 공정성, 도덕성에 대한 믿음을 떨어뜨릴 우려가 있는 행위'라고 해석할 수 있으므로 명확성원칙에 위배되지 않는다. 23. 경찰1차 (　　)

64 청원주로 하여금 청원경찰이 품위를 손상하는 행위를 한 때에는 대통령령으로 정하는 징계절차를 거쳐 징계처분을 하도록 규정한 청원경찰법 제5조의2 제1항 제2호가 명확성원칙 및 과잉금지원칙에 위배되는지 여부: 소극

이 사건 품위손상조항에서 규정하고 있는 품위손상행위란, 청원경찰직에 대한 국민의 신뢰를 제고하고 성실하고 공정한 직무수행을 담보하고자 하는 입법취지, 용어의 사전적 의미 등을 종합하면, '청원경찰이 경찰관에 준하여 경비 및 공안업무를 하는 주체로서 직책을 맡아 수행해 나가기에 손색이 없는 인품에 어울리지 않는 행위를 함으로써 국민이 가지는 청원경찰에 대한 정직성, 공정성, 도덕성에 대한 믿음을 떨어뜨릴 우려가 있는 행위'라고 해석할 수 있으므로 명확성원칙에 위배되지 않는다. 또한 이 사건 품위손상조항은 청원경찰이 품위손상행위를 한 경우 청원경찰 전체에 대한 국민의 신뢰가 손상되고 그 결과 직무수행이 어려워지며 공공의 이익을 해하는 결과를 초래할 수 있다는 점에서 제재가 불가피하다는 점, 청원경찰이 수행하는 업무의 특수성으로 인해 일반 근로자보다 두텁게 신분이 보장되므로 이에 부합하는 특별한 책임이 요구된다는 점, 직무와 관련된 사유에 한해 징계사유로 삼는 것만으로 국민의 신뢰를 제고하려는 입법목적을 달성하기 어려운 점 등을 고려하면 과잉금지원칙에 위배되어 일반적 행동의 자유를 침해한다고 보기도 어렵다(헌재 2022.5.26, 2019헌바530).

65 음주운전 금지규정 위반 또는 음주측정거부 전력이 있는 사람이 다시 음주운전 금지규정 위반행위를 한 경우 또는 음주운전 금지규정 위반 전력이 있는 사람이 다시 음주측정거부행위를 한 경우를 가중처벌하는 도로교통법이 책임과 형벌간의 비례원칙에 위반되는지 여부: 적극 [위헌]

반복적인 음주운전 금지규정 위반행위 또는 음주측정거부행위에 대한 강한 처벌이 국민일반의 법감정에 부합할 수는 있으나, 결국에는 중한 형벌에 대한 면역성과 무감각이 생기게 되어 범죄예방과 법질서 수호에 실질적인 기여를 하지 못하는 상황이 발생할 수 있으므로, 반복적인 위반행위를 예방하기 위한 조치로서 형벌의 강화는 최후의 수단이 되어야 한다. 심판대상조항은 음주치료나 음주운전 방지장치 도입과 같은 비형벌적 수단에 대한 충분한 고려 없이 과거 위반 전력 등과 관련하여 아무런 제한도 두지 않고 죄질이 비교적 가벼운 유형의 음주운전 또는 음주측정거부 재범행위에 대해서까지 일률적으로 가중처벌하도록 하고 있으므로 형벌 본래의 기능에 필요한 정도를 현저히 일탈하는 과도한 법정형을 정한 것이다. 그러므로 심판대상조항은 책임과 형벌간의 비례원칙에 위반된다(헌재 2022.5.26, 2021헌가30).

66 음주운항 전력이 있는 사람이 다시 음주운항을 한 경우 2년 이상 5년 이하의 징역이나 2천만원 이상 3천만원 이하의 벌금에 처하도록 규정한 해사안전법 제104조의2 제2항 중 '제41조 제1항을 위반하여 2회 이상 술에 취한 상태에서 선박의 조타기를 조작한 운항자'에 관한 부분이 책임과 형벌간의 비례원칙에 위반되는지 여부: 적극 [위헌]

심판대상조항은 가중요건이 되는 과거의 위반행위와 처벌대상이 되는 재범 음주운항 사이에 시간적 제한을 두지 않고 있다. 그런데 과거의 위반행위가 상당히 오래 전에 이루어져 그 이후 행해진 음주운항을 '해상교통법규에 대한 준법정신이나 안전의식이 현저히 부족한 상태에서 이루어진 반규범적 행위' 또는 '반복적으로 사회구성원에 대한 생명·신체 등을 위협하는 행위'라고 평가하기 어렵다면, 이를 가중처벌할 필요성이 인정된다고 보기 어렵다. 또한 심판대상조항은 과거 위반 전력의 시기 및 내용이나 음주운항 당시의 혈중알코올농도 수준 등을 고려할 때 비난가능성이

정답 01 O

상대적으로 낮은 재범행위까지도 법정형의 하한인 2년 이상의 징역 또는 2천만원 이상의 벌금을 기준으로 처벌하도록 하고 있어, 책임과 형벌 사이의 비례성을 인정하기 어렵다. 따라서 심판대상조항은 책임과 형벌간의 비례원칙에 위반된다(헌재 2022.8.31, 2022헌가10).

67 음주측정거부 전력이 1회 이상 있는 사람이 다시 음주운전 금지규정 위반행위를 한 경우 2년 이상 5년 이하의 징역이나 1천만원 이상 2천만원 이하의 벌금에 처하도록 한 구 도로교통법 제148조의2 제1항 중 '제44조 제2항을 1회 이상 위반한 사람으로서 다시 같은 조 제1항을 위반한 사람'에 관한 부분이 책임과 형벌간의 비례원칙에 위반되는지 여부: 적극 [위헌]

심판대상조항은 음주측정거부 전력이 1회 이상 있는 사람이 다시 음주운전 금지규정 위반행위를 한 경우에 대한 처벌을 강화하기 위한 규정인데, 가중요건이 되는 과거의 위반행위와 처벌대상이 되는 재범 음주운전 금지규정 위반행위 사이에 아무런 시간적 제한을 두지 않고 있다. 또한 심판대상조항은 과거 위반 전력의 시기 및 내용이나 음주운전 당시의 혈중알코올농도 수준과 발생한 위험 등을 고려할 때 비난가능성이 상대적으로 낮은 재범행위까지도 법정형의 하한인 2년 이상의 징역 또는 1천만원 이상의 벌금을 기준으로 처벌하도록 하고 있어, 책임과 형벌 사이의 비례성을 인정하기 어렵다. 따라서 심판대상조항은 책임과 형벌간의 비례원칙에 위반된다(헌재 2022.8.31, 2022헌가14).

68 가족 중 성년자가 예비군훈련 소집통지서를 예비군대원 본인에게 전달하여야 하는 의무를 위반한 행위를 형사처벌하는 것이 위헌인지 여부: 적극 [위헌]

예비군대원 본인과 세대를 같이 하는 가족 중 성년자라면 특별한 사정이 없는 한 소집통지서를 본인에게 전달함으로써 훈련불참으로 인한 불이익을 받지 않도록 각별히 신경을 쓸 것임이 충분히 예상되고, 설령 그들이 소집통지서를 전달하지 아니하여 행정절차적 협력의무를 위반한다고 하여도 과태료 등의 행정적 제재를 부과하는 것만으로도 그 목적의 달성이 충분히 가능하다고 할 것임에도 불구하고, 심판대상조항은 훨씬 더 중한 형사처벌을 하고 있어 그 자체만으로도 형벌의 보충성에 반하고, 책임에 비하여 처벌이 지나치게 과도하여 비례원칙에도 위반된다고 할 것이다. 심판대상조항은 **책임과 형벌간의 비례원칙에 위배되어 헌법에 위반된다. 심판대상조항이 헌법에 위반된다고 판단한 이상, 제청법원의 평등원칙 위반 주장에 대하여는 더 나아가 살피지 아니한다**(헌재 2022.5.26, 2019헌가12).

69 전기통신사업법 제83조 제3항 중 '검사 또는 수사관서의 장, 정보수사기관의 장의 수사, 형의 집행 또는 국가안전보장에 대한 위해 방지를 위한 정보수집을 위한 통신자료 제공요청'에 관한 부분에 대하여 사후통지절차를 마련하지 않은 것이 적법절차원칙에 위배되는지 여부: 적극 [헌법불합치]

[1] 영장주의 위배 여부: 위배 ×

헌법상 영장주의는 체포·구속·압수·수색 등 기본권을 제한하는 강제처분에 적용되므로, 강제력이 개입되지 않은 임의수사에 해당하는 수사기관 등의 통신자료 취득에는 영장주의가 적용되지 않는다.

[2] 명확성원칙 위배 여부: 위배 ×

'국가안전보장에 대한 위해를 방지하기 위한 정보수집'은 국가의 존립이나 헌법의 기본질서에 대한 위험을 방지하기 위한 목적을 달성함에 있어 요구되는 최소한의 범위 내에서의 정보수집을 의미하는 것으로 해석되므로, 명확성원칙에 위배되지 않는다.

[3] 과잉금지원칙 위배 여부: 위배 ✕
이 사건 법률조항은 범죄수사나 정보수집의 초기단계에서 수사기관 등이 통신자료를 취득할 수 있도록 함으로써 수사나 형의 집행, 국가안전보장 활동의 신속성과 효율성을 도모하고, 이를 통하여 실체적 진실발견, 국가 형벌권의 적정한 행사 및 국가안전보장에 기여하므로, 입법목적의 정당성 및 수단의 적합성이 인정된다.
이 사건 법률조항은 수사기관 등이 통신자료 제공요청을 할 수 있는 정보의 범위를 성명, 주민등록번호, 주소 등 피의자나 피해자를 특정하기 위한 불가피한 최소한의 기초정보로 한정하고, 민감정보를 포함하고 있지 않으며, 그 사유 또한 '수사, 형의 집행 또는 국가안전보장에 대한 위해를 방지하기 위한 정보수집'으로 한정하고 있다. 더불어 전기통신사업법은 통신자료 제공요청 방법이나 통신자료 제공현황 보고에 관한 규정 등을 두어 통신자료가 수사 등 정보수집의 목적달성에 필요한 최소한의 범위 내에서 이루어지도록 하고 있다. 따라서 침해의 최소성 및 법익균형성에 위배되지 않는다.

[4] 적법절차원칙 위배 여부: 위배 ○
효율적인 수사와 정보수집의 신속성, 밀행성 등의 필요성을 고려하여 사전에 정보주체인 이용자에게 그 내역을 통지하도록 하는 것이 적절하지 않다면 수사기관 등이 통신자료를 취득한 이후에 수사 등 정보수집의 목적에 방해가 되지 않는 범위 내에서 통신자료의 취득사실을 이용자에게 통지하는 것이 얼마든지 가능하다. 그럼에도 이 사건 법률조항은 통신자료 취득에 대한 사후통지절차를 두지 않아 적법절차원칙에 위배되어 개인정보자기결정권을 침해한다(헌재 2022.7.21, 2016헌마388).

70 청구인이 민사재판에 출정하여 법정 대기실 내 쇠창살 격리시설에 유치되어 있는 동안 교도소장이 청구인에게 양손수갑 1개를 앞으로 사용한 행위가 과잉금지원칙을 위반하여 청구인의 신체의 자유 및 인격권을 침해하는지 여부: 소극
법정 대기실 내 쇠창살 격리시설에서 수갑과 같은 보호장비를 사용하는 것은 불가피한 측면이 있다. 수갑은 청구인의 신체를 비교적 적게 억압하면서 외부로의 노출 정도 또한 크지 않은 보호장비에 해당하고, 여러 명의 교도관이 계호하는 방법으로 보호장비 사용을 대체할 수도 없으므로 침해의 최소성이 인정된다. 구금 기능이 취약해질 수밖에 없는 법정 대기실 내 쇠창살 격리시설에서 수형자의 도주를 예방하고 법정 내 질서 유지에 협력하고자 하는 공익은 매우 중요한 반면, 이 사건 보호장비 사용행위로 인해 영향을 받은 신체의 자유와 인격권은 그 목적 달성을 위한 범위 내에서 제한적이므로 법익의 균형성도 인정된다. 따라서 이 사건 보호장비 사용행위는 과잉금지원칙을 위반하여 청구인의 신체의 자유 및 인격권을 침해하지 않는다(헌재 2023.6.29, 2018헌마1215).

71 집단급식소에 근무하는 영양사의 직무를 규정한 조항인 식품위생법 제52조 제2항(이하 '직무수행조항'이라 한다)을 위반한 자를 처벌하는, 식품위생법 제96조 중 '제52조 제2항을 위반한 자'에 관한 부분(이하 '처벌조항'이라 한다)이 헌법에 위반되는지 여부: 적극 [위헌]
[1] 재판관 5인의 위헌의견
처벌조항은 직무수행조항을 위반한 자를 처벌하고 있는데, 직무수행조항은 집단급식소에 근무하는 영양사의 직무를 포괄적으로 규정하고 있다. 이로 인해 처벌조항에 규정된 처벌범위가 지나치게 광범위해질 수 있다는 문제가 발생한다. 처벌조항과 관련된 입법연혁 및 관련 입법자료, 그 밖에 식품위생법의 여러

규정을 살펴보아도 처벌대상에 관한 구체적이고 유용한 기준은 도출해낼 수 없고, 이에 관한 법원의 확립된 판례도 존재한다고 보기 어렵다. 처벌조항에 규정된 '위반'이라는 문언은 집단급식소에 근무하는 영양사가 직무를 수행하지 아니한 경우 처벌한다는 의미만을 전달할 뿐, 그 판단기준에 관해서는 구체적이고 유용한 지침을 제공하지 않는다. 이는 식품위생법의 다른 금지규정 및 형벌규정과 대조된다. 이상과 같은 점을 고려할 때 **처벌조항은 죄형법정주의의 명확성원칙에 위반된다.**

[2] 재판관 2인의 위헌의견

처벌조항은 그 내용이 포괄적이고 광범위하기는 하지만, 그로 인하여 법규범의 의미내용에 대한 예측가능성이 없다거나, 자의적인 법해석이나 법집행이 배제되지 않는다고 보기는 어렵다. 따라서 **처벌조항은 죄형법정주의의 명확성원칙에 위반되지는 않는다.**

처벌조항은 아무런 제한 없이 직무수행조항을 위반하면 형사처벌을 하도록 함으로써 형사제재의 필요성이 인정된다고 보기 어려운 행위에 대해서까지 처벌의 대상으로 삼을 수 있도록 하고 있다. 처벌조항으로 인해 집단급식소에 근무하는 영양사는 그 경중 또는 실질적인 사회적 해악의 유무에 상관없이 직무수행조항에서 규정하고 있는 직무를 단 하나라도 불이행한 경우 상시적인 형사처벌의 위험에 노출된다. 이는 범죄의 설정에 관한 입법재량의 한계를 현저히 일탈하여 과도하다고 하지 않을 수 없다. 그러므로 **처벌조항은 과잉금지원칙에 위반된다**(헌재 2023.3.23, 2019헌바141).

72 허위재무제표작성죄와 허위감사보고서작성죄에 대하여 배수벌금형을 규정하면서도, '그 위반행위로 얻은 이익 또는 회피한 손실액이 없거나 산정하기 곤란한 경우'에 관한 벌금 상한액을 규정하지 아니한 '주식회사 등의 외부감사에 관한 법률'조항이 명확성의 원칙 및 책임과 형벌 간의 비례원칙에 위배되는지 여부: **적극 [헌법불합치]**

허위재무제표작성 및 허위감사보고서작성을 처벌하는 「주식회사 등의 외부감사에 관한 법률」 조항 중 **'그 위반행위로 얻은 이익 또는 회피한 손실액의 2배 이상 5배 이하의 벌금'은 명확성원칙에 위배되지 않는다.** 심판대상조항은 허위재무제표작성죄 및 허위감사보고서작성죄와 관련하여 각 행위로 얻은 이익 또는 회피한 손실액을 기준으로 산정하도록 하는 배수벌금형을 규정하면서, 그와 같은 이익 또는 회피한 손실액이 없거나 산정하기 곤란한 경우에 대비한 벌금 상한액을 별도로 규정하지 않고 있다. 참고로 심판대상조항처럼 배수벌금형을 규정하면서도, 위반행위로 얻은 이익 또는 회피한 손실액이 없거나 산정하기 곤란한 경우를 대비하여 벌금 상한액을 별도로 규정한 법률이 다수 존재한다(자본시장과 금융투자업에 관한 법률 제443조 제1항 등 참조).

따라서 심판대상조항은, 허위재무제표작성죄나 허위감사보고서작성죄에서 그와 같이 이익 또는 회피한 손실액이 없거나 산정이 곤란한 경우에 법원으로 하여금 그 죄질과 책임에 비례하는 벌금형을 선고할 수 없도록 하여 책임과 형벌 간의 비례원칙에 위배된다고 할 것이다(헌재 2024.7.18, 2022헌가6).

73 폭행 또는 협박으로 사람을 추행한 자를 형사처벌하도록 하는 형법 제298조(강제추행죄)가 명확성의 원칙에 위배되는지 여부: **소극 [합헌]**

건전한 상식과 통상적인 법감정을 가진 사람이라면 어떠한 행위가 강제추행죄의 '폭행 또는 협박'에 해당하는지를 알 수 있을 것이므로 심판대상조항은 죄형법정주의의 명확성원칙에 반한다고 볼 수 없다. 이상에서 살펴본 내용을 종합하면, 위 헌법재판소 선례를 변경할 사정변경이나 필요성이 인정되지 아니한다(헌재 2024.7.18, 2024헌바71).

74 물환경보전법상 폐수배출시설과 폐수무방류배출시설에 대한 정의규정이 명확성원칙에 위배되는지 여부: 소극 [합헌]

건전한 상식과 통상적인 법 감정을 가진 사람으로서는, '폐수배출시설'이란 '발생하는 수질오염물질을 그 내부에서 외부로 내보내는지 여부와 관계없이, 수질오염물질이 발생하는 시설물 등으로서 환경부령으로 정하는 것(다만, 해양환경관리법 제2조 제16호 및 제17호에 따른 선박 및 해양시설은 제외)'을 의미하고, 이에 따라 폐수무방류배출시설 또한 심판대상조항에서 규정하고 있는 폐수배출시설의 일종으로서 심판대상조항에 따른 설치허가의 대상이 된다는 점을 충분히 파악할 수 있다고 판단된다. 대법원 판결들에 의하여 심판대상조항에서 규정하고 있는 폐수배출시설의 정확한 의미 및 폐수배출시설과 폐수무방류배출시설과의 관계에 대해 구체적인 해석기준이 제시되고 있고, 법집행기관이 심판대상조항을 자의적으로 확대하여 해석할 염려도 없다. 따라서 심판대상조항은 죄형법정주의의 명확성원칙에 위반되지 아니한다(헌재 2025.1.23, 2021헌바25).

75 '성적 욕망'의 의미가 모호하거나 추상적이어서 죄형법정주의의 명확성원칙에 위배되는지 여부: 소극

'성적 욕망을 유발한다'는 것은 단순한 호기심의 발동을 넘어 성적 욕구를 발생 내지 증가시키는 것을 말하고, '성적 욕망을 만족시킨다'는 것은 본인의 성적 욕구를 채워 부족함이 없게 한다는 것을 뜻하는 것으로서, 위 표현은 일반인이 일상적으로 사용하는 용어이므로 그 의미를 파악하는 데 별다른 어려움이 없다. 또한 통신매체이용음란죄가 성립하기 위해서는 '성적 욕망을 유발하거나 만족시킬 목적'이 요구되는데, 그러한 목적이 있는지 여부를 판단함에 있어 대법원은 피고인과 피해자의 관계, 행위의 동기와 경위, 행위의 수단과 방법, 행위의 내용과 태양, 상대방의 성격과 범위 등 여러 사정을 종합하여 사회통념에 비추어 합리적으로 판단하여야 한다고 하여 목적 유무의 판단기준을 구체적으로 판시하고 있으므로(대법원 2017.6.8, 선고 2016도21389 판결 참조), 이 사건 법률조항이 자의적으로 해석될 여지는 없다고 할 것이다. 따라서 이 사건 법률조항 중 '성적 욕망을 유발하거나 만족시킬 목적' 부분은 죄형법정주의의 명확성원칙에 위배되지 아니한다(헌재 2025.6.27, 2024헌바363).

76 향정신성의약품 수입 등 가중처벌조항이 '가액'을 가중적 구성요건의 표지로 삼으면서도 '가액'의 의미와 산정기준을 규정하지 아니하여 죄형법정주의의 명확성원칙에 위반되는지 여부 및 불변하는 '수량'이 아닌 '가액'을 기준으로 가중처벌하여 책임과 형벌 간의 비례원칙에 위반되는지 여부: 소극 [합헌]

[1] 죄형법정주의의 명확성원칙 위배 여부

일반적으로 '가액'이라 함은 '물건의 가치에 상당한 금액'을 의미하고, 유통되는 물건의 경우 물건의 가치는 통상 시장에서 거래되는 가액으로 형성될 것이므로, 구 특정범죄가중법 제11조 제2항 제2호에서 '가액'은 특별한 사정이 없는 한 '시장에서의 통상 거래가액'을 의미하는 것이라는 점은 건전한 상식과 통상적인 법감정을 가진 사람이라면 쉽게 예측할 수 있다. 건전한 상식과 통상적인 법감정을 가진 일반인이라면 구 특정범죄가중법 제11조 제2항 제2호에서 가중처벌의 기준이 될 '가액'의 의미가 무엇인지 구체적 상황의 고려 하에 사회의 통념에 따라 합리적으로 판단할 수 있고, 법집행기관의 자의적 해석을 허용하는 것으로 볼 수 없다고 할 것이므로, 구 특정범죄가중법 제11조 제2항 제2호는 명확성원칙에 반한다고 볼 수 없다.

[2] 책임과 형벌 간의 비례원칙 위배 여부

마약범죄는 유통되는 마약류의 가액이 높으면 높을수록 국가와 사회에 미치는 병폐가 가중되는 특징을 보인다는 점에 비추어 볼 때, 마약류 가액의 다과만이 그 죄의 경중을 가늠하는 유일한 기준은 아니라 할지라도 가장 중요한 기준임에 비추어 가액을 기준으로 가중처벌하는 것은 충분히 수긍할 수 있다. '가액'이라는 것이 항상 변하는 기준으로 법관의 해석이 보충적으로 요구되는바, 심판대상조항에서 가중적 구성요건의 표지를 마약류의 '수량'으로 삼는 방법도 고려해 볼 수 있겠으나, 마약류의 종류에 따라 1회 투약량이 모두 다르고, 마약류의 종류가 매우 다양한데다 신종 마약류가 급속도로 증가하는 현실에서 각 마약류에 상응하는 '수량'을 구체적으로 규정하는 것 역시 입법기술상 불가능하거나 곤란하다고 할 수 있어 이를 가중적 구성요건의 표지로 삼지 않은 것을 두고 현저히 불합리하다고 단정할 수 없다. 이와 같은 점을 종합할 때, 심판대상조항이 책임과 형벌 간의 비례원칙에 위배된다고 볼 수 없다(헌재 2025.2.27, 2023헌바187).

77 '감염병의 예방 및 관리에 관한 법률' 제49조 제1항 제14호에 따라 감염병의심자를 적당한 장소에 일정한 기간 격리시키는 조치를 위반한 자를 1년 이하의 징역 또는 1천만 원 이하의 벌금에 처한다고 규정한 '감염병의 예방 및 관리에 관한 법률'이 과잉금지원칙에 반하여 신체의 자유를 침해하는지 여부: 소극

심판대상조항이 감염병의심자가 격리 조치를 위반한 경우 이를 형사처벌하도록 규정한 것은, 감염병에 대한 선제적·적극적 예방수단으로서 이루어진 격리 조치의 실효적 이행을 담보하기 위한 것이다. 만일 심판대상조항을 통해 격리 조치의 위반행위를 처벌하지 않고 이를 방치한다면, 감염병의심자가 격리 조치를 준수하지 아니하고 여러 사람들과 접촉함으로써 감염병이 걷잡을 수 없이 급속하게 확산될 우려가 있다. 한편 과태료 등 행정상 징벌이 형벌을 대체할 정도의 위하력을 갖추고 있다고 보기 어렵고, 감염병의심자의 실제 감염 여부 또는 문제된 격리 조치의 구체적 태양에 따른 감염병 전파 여부 등은 사후적으로 알 수 있는 사정에 해당하므로, 형벌이 아닌 과태료 등을 부과하는 방안이나 위와 같은 개별적인 사정에 근거해 가벌대상을 달리 하는 방안 등은 심판대상조항과 동일한 정도로 입법목적을 달성할 수 있는 실효적 대안이라고 볼 수 없다. 심판대상조항의 적용대상인 '감염병의심자'는 관련 조항에 따라 그 범위가 일정하게 제한되어 있고, 심판대상조항을 통해 격리 조치의 이행을 확보함으로써 감염병이 전파되지 않도록 할 공중보건상의 필요가 현저한 점 등을 고려하면 심판대상조항이 그 자체로 과도한 제한이라 보기도 어렵다. 이상의 사정들을 종합하여 보면, 심판대상조항이 과잉금지원칙에 위반되어 신체의 자유를 침해한다고 볼 수 없다(헌재 2025.4.10, 2021헌바329).

78 형법 제37조 후단 경합범에 관하여 노역장 유치명령을 선고함에 있어 판결이 확정된 죄와 동시에 재판받을 경우와의 형평을 고려하여 노역장 유치기간의 하한에 관한 제한을 적용받지 않을 수 있도록 하는 예외조항을 두지 아니한 형법 제70조 제2항이 벌금 미납자의 신체의 자유를 침해하는지 여부: 소극 [합헌]

심판대상조항은 노역장 유치가 고액 벌금의 납입을 회피하는 수단으로 이용되는 것을 막고 1일 환형유치금액에 대한 형평성을 제고하기 위한 것으로 입법목적이 정당하고, 수단의 적합성도 인정된다.

경합범이 동시에 기소되었을 때에는 형법 제69조 제2항에 따라 3년의 범위 내에서 노역장 유치기간을 정하게 된다. 그런데 법원이 후단 경합범에 대하여 1억 원 이상의 고액 벌금형을 선고하는 경우 반드시 판결이 확정된 죄에 관한 판결에서 정한 유치기간과의 합산이 형법 제69조 제2항의 범위 내에 있어야 한다고 보기 어려우므로, 입법자가 이러한 경우에 심판대상조항이 정한 노역장 유치기간의 하한을 적용하지 아니할 수 있도록 예외규정을 두지 아니하였다고 하여 현저히 불합리하다고 보기 어렵다. 그러므로 심판대상조항은 침해최소성에 반한다고 볼 수 없다. 심판대상조항은 벌금의 납입을 강제하고 유치금액에 대한 형평성을 제고하기 위한 것인바, 이러한 공익은 매우 중대하다. 반면, 법원은 후단 경합범의 죄에 대하여 판결을 선고하는 경우 형법 제39조 제1항에 따라 형을 감경하거나 면제할 수 있는 등 양형과정에서 유치기간의 하한을 참작함으로써 구체적 형평을 기할 수 있으므로 심판대상조항으로 인하여 제한받는 사익이 위 공익에 비하여 크다고 단정하기 어려우므로, 심판대상조항은 법익의 균형성도 충족하였다. 따라서 심판대상조항은 과잉금지원칙에 위반하여 신체의 자유를 침해한다고 볼 수 없다(헌재 2025.2.27, 2024헌가8).

✅ SUMMARY | 수용자에 관한 헌법재판소 판례

미결수의 변호인과의 서신검열(헌재 1995.7.21, 92헌마144)	위헌
수사 및 재판단계에서 재소자용 의류착용강제(헌재 1999.5.27, 97헌마137)	위헌
금치처분받은 수형자의 집필금지(헌재 2005.2.24, 2003헌마289)	위헌
금치처분받은 수형자의 운동금지(헌재 2004.12.16, 2002헌마478)	위헌
미결수의 종교행사 참석 불허(헌재 2011.12.29, 2009헌마527)	위헌
금고 이상의 형을 선고받은 수형자의 선거권 박탈(헌재 2014.1.28, 2012헌마409)	헌법불합치
미결수의 변호인 아닌 자와의 서신검열(헌재 1995.7.21, 92헌마144)	합헌
구치소 안에서 재소자용 의류착용강제(헌재 1999.5.27, 97헌마137)	합헌
금치처분받은 수형자의 접견 및 서신수발금지(헌재 2004.12.16, 2002헌마478)	합헌
민사법정에 출석하는 수형자의 운동화 착용 불허(헌재 2011.2.24, 2009헌마209)	합헌
엄중격리 대상자의 수용거실에 CCTV 설치(헌재 2008.5.29, 2005헌마137)	합헌
수용자에 대한 항문검사(헌재 2006.7.18, 2000헌마327)	합헌
전자영상검사기에 의한 수용자의 항문검사(헌재 2011.5.26, 2010헌마775)	합헌
구치소의 수용자 거실 내 CCTV 설치(헌재 2011.9.29, 2010헌마413)	합헌
수용자 부재시 교도소 거실 및 작업장검사(헌재 2011.10.25, 2009헌마691)	합헌
교도소사동에서 인원점검을 위한 점호행위(헌재 2012.7.26, 2011헌마332)	합헌
징역형 수형자에게 작업을 의무적으로 부과하는 것(헌재 2012.11.29, 2011헌마318)	합헌

2. 일사부재리의 원칙(이중처벌금지의 원칙)

> 헌법 제13조 ① (후단) 동일한 범죄에 대하여 거듭 처벌받지 아니한다. 19. 서울시

(1) 개념

일사부재리의 원칙 내지 이중처벌금지의 원칙이란 실체판결이 확정되어 판결의 기판력(실체적 확정력)이 발생하면 그 후 동일 사건에 대해서는 거듭 심판하는 것이 허용되지 아니한다는 원칙을 말한다. 07. 사시 헌법 제13조 제1항이 정한 '이중처벌금지의 원칙'은 동일한 범죄행위에 대하여 국가가 형벌권을 거듭 행사할 수 없도록 함으로써 국민의 기본권, 특히 신체의 자유를 보장하기 위한 것이므로 그 '처벌'은 원칙적으로 범죄에 대한 국가의 **형벌권실행으로서의 과벌**을 의미하는 것이고, 국가가 행하는 **일체의 제재나 불이익처분**이 모두 그에 **포함된다고 할 수는 없다**. 03 · 08 · 13. 법무사

(2) 적용범위

일사부재리의 원칙 내지 이중처벌금지의 원칙은 유 · 무죄 실체판결과 면소판결(형식재판이지만 일사부재리의 원칙이 적용됨), **집행유예, 선고유예**를 불문하고 **적용**된다. 피고인이 동일한 행위에 관하여 외국에서 형사처벌을 과하는 확정판결을 받았다 하더라도 이런 **외국판결**은 우리나라에서는 **기판력이 없으므로** 여기에 일사부재리의 원칙이 적용될 수 없다(대판 1983.10.25, 83도2366). 02. 법무사, 07. 사시

이중처벌금지의 원칙은 처벌 또는 제재가 '동일한 행위'를 대상으로 행해질 때에 적용될 수 있는 것이고, 그 대상이 동일한 행위인지의 여부는 기본적 사실관계가 동일한지 여부에 의하여 가려야 할 것이다(헌재 2004.2.26, 2001헌바80).

✓ SUMMARY | 일사부재리의 원칙과 이중위험금지의 원칙 비교 03 · 05. 법무사

구분	일사부재리의 원칙	이중위험금지의 원칙
기원	대륙법상의 원칙	영미법상의 원칙
개념	실체판결이 확정되어 기판력이 발생하면 그 후 동일한 사건에 대해서 거듭 심판할 수 없다는 원칙	일정 절차단계에 이르면 동일 절차를 반복하여 다시 위험에 빠뜨릴 수 없다는 원칙
성질	실체판결에 의하여 발생	절차법상의 원리
효력발생시기	판결의 확정시	절차가 일정 단계에 이르면 발생
검사의 상소	가능	불가(검사의 상소도 이중위험으로 금지)
적용범위	기판력의 범위에 한정됨	기판력의 범위에 한정되지 않음

기출 OX

01 이중처벌금지의 원칙은 한번 판결이 확정되면 동일한 사건에 대해서는 다시 심판할 수 없다는 '일사부재리의 원칙'이 국가형벌권의 기속원리로 헌법상 선언된 것으로서, 동일한 범죄행위에 대하여 국가가 형벌권을 거듭 행사할 수 없도록 함으로써 국민의 기본권, 특히 신체의 자유를 보장하기 위한 것이다. 13. 법무사 ( )

02 이중처벌금지의 원칙은 처벌 또는 제재가 '동일한 행위'를 대상으로 행해질 때에 적용될 수 있는 것이고, 그 대상이 동일한 행위인지의 여부는 기본적 사실관계가 동일한지 여부에 의하여 가려야 할 것이다. 17. 경찰승진 ( )

정답 01 ○ 02 ○

판례 |

1 누범의 가중처벌이 일사부재리원칙에 위배되는지 여부: 소극 02. 법무사

형법 제35조 제1항이 누범을 가중처벌하는 것은 전범(前犯)에 대하여 형벌을 받았음에도 다시 범행을 하였다는 데 있는 것이지, 전범에 대하여 처벌을 받았음에도 다시 범행을 하는 경우에는 전범도 후범(後犯)과 일괄하여 다시 처벌한다는 것은 아님이 명백하므로, 누범에 대하여 형을 가중하는 것이 헌법상의 일사부재리의 원칙에 위배하여 피고인의 기본권을 침해하는 것이라고는 볼 수 없다(헌재 1995.2.23, 93헌바43).

2 상습범의 가중처벌이 일사부재리원칙에 위배되는지 여부: 소극 [합헌] 02. 법무사

이 사건 법률조항의 처벌대상은 이미 처벌받은 전범이 아니라 후범이며, 상습성의 위험성 때문에 가중처벌함에 목적을 두고 있으므로, 상습범을 가중처벌하는 것은 일사부재리의 원칙에 위배되지 아니한다(헌재 1995.3.23, 93헌바59).

3 사회보호법상 보호감호제도가 일사부재리원칙에 위반되는지 여부: 소극 [기각] 02 · 03. 법무사

보호감호처분은 재범의 위험성이 있고 특수한 교육 · 개선 및 치료가 필요하다고 인정되는 자에 대하여 사회복귀를 촉진하고 사회를 보호하기 위하여 헌법 제12조 제1항을 근거로 한 보안처분으로서 형벌과는 다른 독자적 의의를 가진 사회보호적인 처분이므로, 형벌과 보호감호를 병과한다고 해서 이중처벌금지의 원칙에 위반되지 않는다(헌재 1991.4.1, 89헌마17).

4 추징금 미납자에 대한 출국금지가 이중처벌금지원칙에 위배되는지 여부: 소극 [합헌]

추징은 몰수에 갈음하여 그 가액의 납부를 명령하는 사법처분이나 부가형의 성질을 갖는다. 그렇다면 주형은 아니지만 부가형으로서의 추징도 일종의 형벌임을 부인할 수는 없다. 그러나 일정 액수의 추징금을 납부하지 않은 자에게 내리는 출국금지의 행정처분은 형법 제41조상의 형벌이 아니라 형벌의 이행확보를 위하여 출국의 자유를 제한하는 행정조치의 성격을 지니고 있다. 그렇다면 … 이중처벌금지원칙에 위배된다고 할 수 없다(헌재 2004.10.28, 2003헌가18).

5 독점규제 및 공정거래에 관한 법률(이하 '공정거래법'이라 한다)상 부당내부거래를 한 사업자에 대하여 형사처벌과 함께 그 매출액의 2% 범위 내에서 과징금을 부과하는 것이 이중처벌금지원칙에 위배되는지 여부: 소극 [합헌] 04 · 09. 법무사, 06. 행시

이 사건 법률조항에 의한 과징금은 부당내부거래 억제라는 행정목적을 실현하기 위하여 그 위반행위에 대하여 제재를 가하는 행정상의 제재금으로서의 기본적 성격에 부당이득환수적 요소도 부가되어 있는 것이라 할 것이고, 이를 두고 헌법 제13조 제1항에서 금지하는 국가형벌권행사로서의 '처벌'에 해당한다고는 할 수 없으므로, 공정거래법에서 형사처벌과 아울러 과징금의 병과를 예정하고 있더라도 이중처벌금지원칙에 위반된다고 볼 수 없다(헌재 2003.7.24, 2001헌가25).

6 형벌과 함께 이행강제금을 부과하는 것이 이중처벌금지원칙에 위배되는지 여부: 소극 [합헌]

건축법 제78조에 의한 형사처벌의 대상이 되는 범죄의 구성요건은 당국의 허가 없이 건축행위 또는 건축물의 용도변경행위를 한 것이고, 건축법 제83조 제1항에 의한 이행강제금은 건축법령에 위반되는 위법건축물에 대한 시정명령을 받고도 건축주 등이 이를 시정하지 아니할 때 과하는 것이므로 양자는 처벌 내지 제재대상이 되는 기본적 사실관계로서의 행위를 달리하는 것이다. … 또한 무허가 건축행위에 대한 형사

기출 OX

01 법무부령이 정하는 금액 이상의 추징금을 납부하지 아니한 자에게 출국금지조치를 내릴 수 있도록 하는 것은 이중처벌금지의 원칙에 위배된다고 할 수 없다. 13. 경찰승진 ( )

02 공정거래위원회로 하여금 부당내부거래를 한 사업자에 대하여 형사처벌과 아울러 그 매출액의 2% 범위 내에서 과징금을 부과할 수 있도록 한 경우 이중처벌금지의 원칙에 위반된다. 10. 국회직 ( )

정답 01 ○ 02 ✕

처벌시에 위법건축물에 대한 시정명령의 위반행위까지 함께 평가된다고 할 수 없으므로 시정명령 위반행위를 무허가 건축행위의 불가벌적 사후행위라고 할 수도 없다. … 이중처벌에 해당한다고 할 수 없다(헌재 2004.2.26, 2001헌바80 등).

7 청소년 성범죄자에 대한 신상공개가 이중처벌금지원칙에 위반되는지 여부: 소극 [합헌] 07. 국가직

공개되는 신상과 범죄사실은 이미 공개재판에서 확정된 유죄판결의 일부로서 개인의 신상 내지 사생활에 관한 새로운 내용이 아니고, 공익목적을 위하여 이를 공개하는 과정에서 부수적으로 수치심 등이 발생된다고 하여 이것을 기존의 형벌 외에 또 다른 형벌로서 수치형이나 명예형에 해당한다고 볼 수는 없다. 그렇다면 신상공개제도는 헌법 제13조의 이중처벌금지원칙에 위배되지 않는다(헌재 2003.6.26, 2002헌가14).

8 주취 중 운전금지규정을 3회 위반한 때에는 운전면허를 필요적으로 취소하는 것이 이중처벌금지원칙에 위배되는지 여부: 소극 [합헌] 12. 사시

운전면허취소처분은 형법상에 규정된 형이 아니고 그 절차도 일반 형사소송절차와는 다를 뿐만 아니라, 주취 중 운전금지라는 행정상 의무의 존재를 전제하면서 그 이행을 확보하기 위하여 마련된 수단이라는 점에서 형벌과는 다른 목적과 기능을 가지고 있다고 할 것이므로, **운전면허취소처분을 이중처벌금지원칙에서 말하는 '처벌'로 보기 어렵다.** 따라서 이 사건 법률조항은 이중처벌금지원칙에 위반되지 아니한다(헌재 2010.3.25, 2009헌바83).

9 벌금을 납입하지 않은 때에 노역장에 유치하는 것이 이중처벌금지원칙에 위배되는지 여부: 소극 [합헌]

벌금형을 선고받은 자가 그 벌금을 납입하지 않은 때에 그 집행방법의 변경으로 하게 되는 노역장 유치는 이미 형벌을 받은 사건에 대하여 또다시 형을 부과하는 것이 아니라, 단순한 형벌집행방법의 변경에 불과한 것이므로 헌법 제13조 제1항 후단의 이중처벌금지의 원칙에 위반되지 아니한다(헌재 2009.3.26, 2008헌바52 등).

10 외국에서 형의 전부 또는 일부의 집행을 받은 자에 대하여 형을 감경 또는 면제할 수 있도록 규정한 형법 제7조(필요적 감면이 아닌 임의적 감면)가 이중처벌금지원칙에 위배되는지 여부: 소극

형사판결은 국가주권의 일부분인 형벌권 행사에 기초한 것으로서, 외국의 형사판결은 원칙적으로 우리 법원을 기속하지 않으므로 동일한 범죄행위에 관하여 다수의 국가에서 재판 또는 처벌을 받는 것이 배제되지 않는다. 따라서 이중처벌금지원칙은 동일한 범죄에 대하여 대한민국 내에서 거듭 형벌권이 행사되어서는 안 된다는 뜻으로 새겨야 할 것이므로 이 사건 법률조항은 헌법 제13조 제1항의 이중처벌금지원칙에 위배되지 아니한다(헌재 2015.5.28, 2013헌바129).

▶ 이중처벌금지원칙과 평등원칙에는 위배되지 않지만, 과잉금지원칙에 위배되어 위헌이다.

11 성인대상 성폭력범죄자의 신상정보 공개·고지제도가 이중처벌금지원칙에 위반되는지 여부: 소극 [합헌]

신상정보 공개·고지명령은 형벌과는 목적이나 심사대상 등을 달리하는 보안처분에 해당하므로 동일한 범죄행위에 대하여 형벌과 병과된다고 하여 이중처벌금지의 원칙에 위반된다고 할 수 없다(헌재 2016.5.26, 2015헌바212).

기출 OX

03 이중처벌금지의 원칙에 있어서 '처벌'이라고 함은 범죄에 대한 국가의 형벌권 실행으로서의 과벌(課罰)뿐만 아니라, 국가가 행하는 일체의 제재나 경제적인 불이익처분도 모두 포함된다. 10. 국회직 ( )

04 도로교통법상 주취 중 운전금지규정을 3회 위반한 경우 운전면허를 필요적으로 취소하도록 규정한 것은 과잉금지원칙에 반하여 일반적 행동자유권을 침해하는 것이다. 17. 경찰승진 ( )

05 주취 중 운전 금지규정을 2회 이상 위반한 사람이 다시 이를 위반한 때에 부과하는 운전면허의 필요적 취소처분은 이중처벌금지원칙에서의 '처벌'로 보기 어렵다. 18. 경찰경채 ( )

06 외국에서 형의 전부 또는 일부의 집행을 받은 자에 대하여 국내에서 다시 형벌권을 행사하는 것은 이중처벌금지원칙에 위배된다. 18. 경찰경채 ( )

정답 03 × 04 × 05 ○ 06 ×

12 공무원의 징계 사유가 공금 횡령인 경우에는 해당 징계 외에 공금 횡령액의 5배 내의 징계부가금을 부과하도록 한 지방공무원법 제69조의2 제1항 중 '공금의 횡령'에 관한 부분이 이중처벌금지원칙 및 무죄추정원칙에 위배되는지 여부: **소극 [합헌]**
   [1] 이중처벌금지원칙 위배 여부: **소극**
   징계부가금은 공무원의 업무질서를 유지하기 위하여 공금의 횡령이라는 공무원의 의무 위반 행위에 대하여 지방자치단체가 사용자의 지위에서 행정절차를 통하여 부과하는 행정적 제재이다. 비록 징계부가금이 제재적 성격을 지니고 있더라도 이를 두고 헌법 제13조 제1항에서 금지하는 국가형벌권 행사로서의 '처벌'에 해당한다고 볼 수 없으므로, 심판대상조항은 이중처벌금지원칙에 위배되지 않는다.

   [2] 무죄추정원칙 위배 여부: **소극**
   행정소송에 관한 판결이 확정되기 전에 행정청의 처분에 대하여 공정력과 집행력을 인정하는 것은 징계부가금에 국한되는 것이 아니라 우리 행정법체계에서 일반적으로 채택되고 있는 것이므로, 징계부가금 부과처분에 대하여 공정력과 집행력을 인정한다고 하여 이를 확정판결 전의 형벌집행과 같은 것으로 보아 곧바로 무죄추정원칙에 위배된다고 할 수 없다.

   [3] 과잉금지원칙 위배: **소극**
   개별 횡령행위의 위법 정도에 비례하는 상당한 금액의 범위에서 부과되고, 공무원이 형사처벌되거나 변상책임 등을 이행한 경우 벌금, 변상금에 해당하는 금액과 징계부가금의 합계액이 횡령액의 5배를 초과하지 않는 범위 내에서 조정·감면되므로 침해의 최소성이 인정된다. 심판대상조항으로 인하여 공무원이 입게 되는 불이익은 공금 횡령 제재 및 부당이득 환수라는 공익에 비하여 크다고 할 수 없으므로 법익의 균형성도 인정된다. 따라서 심판대상조항은 과잉금지원칙에 위배되지 않는다(헌재 2015.2.26, 2012헌바435).

13 의사면허자격정지처분을 받은 자에게 과징금을 부과하는 것이 이중처벌금지의 원칙에 위반되는지 여부: **소극**
   구 의료법 제53조 제1항 제5호의 의사면허정지제도와 구 국민건강보험법 제85조 제2항의 **과징금 부과제도는 범죄에 대한 국가의 형벌권실행으로서의 과벌에 해당한다고 할 수 없고,** 구 의료법 제53조 제1항 제5호에 의한 의사면허자격정지처분은 '의료기사가 아닌 자로 하여금 의료기사의 업무를 하게 하거나 의료기사에게 그 업무의 범위를 일탈하게 한 때'를 대상으로 부과하는 것이고, … 구 의료법 제53조 제1항 제5호에 의한 의사면허자격정지처분과 구 국민건강보험법 제85조 제2항에 의한 과징금부과처분이 이중처벌에 해당한다고 할 수는 없다(헌재 2008.7.31, 2007헌바85).

14 부동산 실권리자명의 등기에 관한 법률(이하 '부동산실명법'이라 한다)이 실명등기의무이행의 확보수단으로 명의신탁자 등에 대하여 형사처벌 이외에 과징금을 부과하는 것이 이중처벌금지원칙에 반하는지 여부: **소극**
   부동산실명법상의 과징금은 명의신탁이라는 행위를 한 자에 대하여 행정청이 명의신탁행위라는 일정한 법률위반행위로 인한 불법적인 이익을 박탈하거나 혹은 부동산실명법상의 실명등기의무의 이행을 강제하기 위하여 의무자에게 부과·징수하는 금전이라고 설명할 수 있을 것이다. … 헌법 제13조 제1항에서 말하는 '처벌'은 원칙적으로 범죄에 대한 국가의 형벌권실행으로서의 과벌을 의미하는 것이고, 국가가 행하는 일체의 제재나 불이익처분을 모두 그 '처벌'에 포함시킬 수는 없는 것이다. 따라서 부동산실명법상의 의무 위반에 대하여 처벌을 함과 동시에 과징금 또는 이행강제금을 부과하는 것이 바로 이중처벌에 해당하여 헌법에 위반된다고 보기는 어렵다(헌재 2001.5.31, 99헌가18 등).

기출 OX

01 징계부가금을 행정처분의 형식으로 부과하는 것은 허용되나, 이에 대한 행정소송이 제기되어 판결이 확정되기 전에 징계부가금의 집행을 실시하는 것은 무죄추정원칙에 위배되므로 허용되지 아니한다. 16. 법행 ( )

02 부동산실명법이 명의신탁자 등에 대하여 형사처벌 이외에 과징금을 부과하는 것은 이중처벌에 해당하여 헌법에 위반된다고 보기는 어렵다. 09. 법원직 ( )

정답 01 × 02 ○

15 집행유예가 취소되는 경우 사회봉사 등 의무를 이행하였는지 여부와 관계없이 유예되었던 본형 전부를 집행하는 것이 이중처벌금지원칙 등에 위반되는지 여부: **소극**
집행유예의 취소시 부활되는 본형은 집행유예의 선고와 함께 선고되었던 것으로 판결이 확정된 동일한 사건에 대하여 다시 심판한 결과 부과되는 것이 아니므로 일사부재리의 원칙과 무관하고, 사회봉사명령 또는 수강명령은 그 성격, 목적, 이행방식 등에서 형벌과 본질적 차이가 있어 이중처벌금지원칙에서 말하는 '처벌'이라 보기 어려우므로, 이 사건 법률조항은 이중처벌금지원칙에 위반되지 아니한다(헌재 2013.6.27, 2012헌바345 등).

16 동일인을 구 석유 및 석유대체연료 사업법 규정에 따라 유사석유제품 제조행위로 처벌하고, 구 조세범 처벌법 규정에 근거하여 유사석유제품을 제조하여 조세를 포탈한 행위로도 처벌하는 것이 이중처벌금지원칙에 위반되는지 여부: **소극** 18. 국가직
구 '석유 및 석유대체연료 사업법'에 의한 처벌은 유사석유제품을 제조하는 것으로써 구성요건을 충족하는 반면, 심판대상조항에 의한 처벌은 유사석유제품을 제조하여 그에 따른 세금을 포탈한 때 비로소 구성요건에 해당하는 것이므로, 양자는 처벌의 대상이 되는 행위를 달리한다. 따라서 심판대상조항은 이중처벌금지원칙에 위배되지 아니한다(헌재 2017.7.27, 2012헌바323).

17 성폭력범죄의 처벌 등에 관한 특례법 위반의 범죄를 범한 사람에 대하여 유죄판결을 선고함과 동시에 성폭력 치료프로그램 이수명령을 병과한 경우, 이러한 이수명령이 이중처벌금지원칙에 위배되는지 여부: **소극 [합헌]**
이수명령은 형벌과 본질적 차이가 있는 보안처분에 해당하므로, 동일한 범죄행위에 대하여 형벌과 병과되더라도 이중처벌금지원칙에 위배된다고 할 수 없다(헌재 2016.12.29, 2016헌바153).

3. 연좌제의 금지

> 헌법 제13조 ③ 모든 국민은 자기의 행위가 아닌 친족의 행위로 인하여 불이익한 처우를 받지 아니한다.

(1) 연혁 및 입법취지
이 조항은 1980년(제8차 개정)의 헌법개정시 처음으로 규정되었는데, 그 취지는 남북분단이라는 특수한 시대적 상황으로 말미암아 그 무렵까지 여전히 잔존하던 전근대적인 연좌의 사회적 병폐를 해소하겠다는 데에 있었던 것으로 보인다.

(2) 내용
'친족의 행위'란 민법상의 친족의 행위뿐만 아니라 모든 타인의 행위를 포함한다. 다만, 하급자의 행위에 대한 책임을 물어 상급자를 인사조치하는 것은 자기행위(감독태만)에 대하여 책임을 지는 것이므로 연좌제금지에 위배되지 않는다. 헌법 제13조 제3항은 '친족의 행위와 본인간에 실질적으로 의미 있는 아무런 관련성을 인정할 수 없음에도 불구하고 오로지 친족이라는 사유 그 자체만으로' 불이익한 처우를 가하는 경우에만 적용된다. 헌법 제13조 제3항에서 말하는 '불이익한 처우'란 형사법상의 불이익만이 아니라 국가로부터의 어떠한 불이익한 처분도 받지 않는다는 것을 의미한다.

기출 OX

03 집행유예의 취소시 부활되는 본형은 집행유예의 선고와 함께 선고되었던 것으로 판결이 확정된 동일한 사건에 대하여 다시 심판한 결과 부과되는 것이므로 일사부재리의 원칙이 적용된다. 20. 경찰경채 (   )

04 성폭력범죄의 처벌 등에 관한 특례법 위반의 범죄를 범한 사람에 대하여 유죄판결을 선고함과 동시에 성폭력 치료프로그램 이수명령을 병과한 경우, 이러한 이수명령은 형벌과 본질적 차이가 있는 보안처분에 해당한다. 18. 경찰경채 (   )

05 1980년 개정헌법은 행복추구권, 친족의 행위로 인하여 불이익한 처우의 금지 및 범죄피해자구조청구권을 새로 도입하였다. 20. 국가직 (   )

해설
행복추구권과 연좌제금지는 제8차에 도입되었지만, 범죄피해자구조청구권은 제9차에 도입되었다.

정답 03 × 04 ○ 05 ×

판례 I

1 범죄행위와의 관련성 유무를 불문하고 필요적으로 범죄행위자의 전 재산을 몰수하는 반국가행위자의 처벌에 관한 특별조치법(이하 '특조법'이라 한다) 제8조가 연좌제금지 규정에 위반되는지 여부: 적극 [위헌]

친족의 재산까지도 반국가행위자의 재산이라고 검사가 적시하기만 하면 특조법 제7조 제7항에 의하여 증거조사 없이 몰수형이 선고되게 되어 있으므로, 헌법 제13조 제3항에서 금지한 연좌형이 될 소지도 크다. 따라서 특조법 제8조는 헌법 제13조 제3항에도 위반된다(헌재 1996.1.25, 95헌가5).

2 승객이 사망하거나 부상한 경우에 자동차를 직접 운행하지 않았음에도 불구하고 자동차운행자에게 무과실책임을 지우는 것이 연좌제금지규정에 위배되는지 여부: 소극 [합헌]

이 조항이 운행자의 재산권을 본질적으로 제한하거나 평등의 원칙에 위반되지 아니하는 이상 위험책임의 원리에 기하여 무과실책임을 지운 것만으로 헌법 제119조 제1항의 자유시장경제질서나 헌법전문 및 헌법 제13조 제3항의 연좌제금지의 원칙에 위반된다고 할 수 없다(헌재 1998.5.28, 96헌가4 등).

3 2인 이상이 공동으로 문서를 작성한 경우에 그 작성자는 당해 문서에 대한 인지세를 연대하여 납부할 의무가 있음을 규정한 인지세법 제1조 제2항이 연좌제금지원칙에 위배되는지 여부: 소극 [기각]

이 사건 법률조항은 과세문서의 공동작성자에게 인지세 연대납세의무를 지우는 것이고 자기의 행위가 아닌 행위에 대하여 납세의무를 부과하는 것이 아니므로, 헌법 제13조 제3항에 위반된다고 볼 수 없다(헌재 2007.5.31, 2006헌마1169).

4 선거사무장 등의 선거범죄로 인한 당선무효를 규정하고 있는 공직선거 및 선거부정방지법 제265조가 헌법상의 연좌제금지에 반하는지 여부: 소극

선거사무장 또는 회계책임자가 기부행위를 한 죄로 징역형을 선고받는 경우에 그 후보자의 당선이 무효로 되는 것은 공직선거 및 선거부정방지법 제265조의 규정에 의한 것일 뿐이고, 그들에 대하여 징역형을 선고하는 것이 연좌제를 금지한 헌법 위반이라고 할 수는 없다(대판 1997.4.11, 96도3451).

5 배우자의 선거법 위반행위를 근거로 후보자에게 연대책임을 지우는 것이 연좌제에 해당하는지 여부: 소극 [기각]

이 사건 법률조항은 선거관계자 및 후보자의 친족 등이 저지른 일정한 중대선거범죄는 선거에 있어서 전적으로 후보자의 당선을 위하여, 또한 후보자와의 의사연락하에 이루어진 행위로서 **총체적으로는 후보자 자신의 행위와 다를 바 없다**고 보아, … 헌법 제13조 제3항에서 금지하고 있는 연좌제에 해당하지 아니한다(헌재 2005.12.22, 2005헌마19).

6 국회의원 본인뿐만 아니라 본인과 일정한 친족관계가 있는 자들의 보유주식도 주식의 매각 또는 백지신탁을 명하고 있는 공직자윤리법이 연좌제금지원칙에 반하는지 여부: 소극 [합헌]

이 사건 법률조항이 매각 또는 백지신탁의 대상이 되는 주식의 보유한도액을 결정함에 있어 국회의원 본인뿐만 아니라 본인과 일정한 친족관계가 있는 자들의 보유주식 역시 포함하도록 하고 있는 것은 본인과 친족 사이의 실질적·경제적 관련성에 근거한 것이지, 실질적으로 의미 있는 관련성이 없음에도 오로지 친족관계 그 자체만으로 불이익한 처우를 가하는 것이 아니므로 헌법 제13조 제3항에 위배되지 아니한다(헌재 2012.8.23, 2010헌가65).

기출 OX

01 선거사무장의 선거범죄로 인한 당선무효를 규정하고 있는 공직선거법 제265조는 헌법상의 연좌제 금지에 반하지 않는다. 17. 서울시 ( )

02 후보자의 배우자가 공직선거법 소정의 범죄를 범함으로 인하여 징역형 또는 300만원 이상의 벌금형의 선고를 받은 때에는 그 후보자의 당선을 무효로 하는 것은 헌법 제13조 제3항에서 금지하고 있는 연좌제에 해당한다. 13. 국회직 9급 ( )

정답 01 O 02 ×

7 친일재산을 취득·증여 등 원인행위시에 국가의 소유로 하도록 규정한 친일반민족행위자 재산의 국가귀속에 관한 특별법 제3조 제1항 본문이 연좌제금지원칙에 반하는지 여부: 소극 [합헌]

이 사건 귀속조항이 친일반민족행위자 후손의 재산 중 그 후손 자신의 경제적 활동으로 취득하게 된 재산이라든가 친일재산 이외의 상속재산 등을 단지 그 선조가 친일행위를 했다는 이유만으로 국가로 귀속시키는 것은 아니므로, 연좌제금지원칙에 반한다고 할 수 없다(헌재 2011.3.31, 2008헌바141 등).

IV. 신체의 자유의 절차적 보장

1. 적법절차의 원칙

헌법 제12조 ① (제2문 후단) 누구든지 … 법률과 적법한 절차에 의하지 아니하고는 처벌·보안처분 또는 강제노역을 받지 아니한다.
③ 체포·구속·압수 또는 수색을 할 때에는 적법한 절차에 따라 검사의 신청에 의하여 법관이 발부한 영장을 제시하여야 한다. 16. 지방직

(1) 의의

① '적법절차'란 입법, 행정, 사법 등 모든 국가작용은 정당한 법률을 근거로 하고 정당한 절차에 따라 발동되어야 한다는 헌법원리를 말한다.
② 헌법재판소도 "헌법은 **제12조 제1항**에서 '적법한 절차'란 이른바 적법절차주의를 채용하였음을 명시하는 것으로서 **미국연방헌법수정 제5조 및 제14조에 규정된 적법절차**(due process of law)**의 보장을 받아들인 것**이라 할 것이다. 위 헌법조항의 적법한 절차란 인신의 구속이나 처벌 등 **형사절차만이 아니라 국가작용으로서의 모든 입법작용과 행정작용에도 광범위하게 적용되는 독자적인 헌법원리**의 하나로, 절차가 **형식적 법률**로 정하여져야 할 뿐만 아니라 적용되는 법률의 **내용**에 있어서도 합리성과 정당성을 갖춘 적정한 것이어야 함을 요구하는 것이다."라고 판시하고 있다(헌재 1997.11.27, 92헌바28). 05. 법행, 06·07. 사시, 18. 법원직

(2) 연혁

① 1215년 영국의 마그나카르타(대헌장) 제39조, 1335년 에드워드 3세 제정법률, 1628년 권리청원 제4조에서 규정되었다.
② 1791년 미국수정헌법 제5조 제3문과 1868년 미국수정헌법 제14조에서 "누구든지 적법절차에 의하지 아니하고는 생명·자유·재산을 박탈당하지 아니한다."라고 명문화하였다.
③ **제9차 개정(현행헌법)**에서 처음으로 영미법계의 국가에서 국민의 인권을 보장하기 위한 기본원리의 하나로 발달되어 온 적법절차의 원칙을 도입하여 헌법에 명문화하였다. 18. 법원직

기출 OX

03 적법절차의 원칙은 공권력에 의한 국민의 생명·자유·재산의 침해는 반드시 합리적이고 정당한 법률에 의거해서 정당한 절차를 밟은 경우에만 유효하다는 원리로서, 1987년 제9차 개정 헌법에서 처음으로 인신보호를 위한 헌법상의 기속원리로 채택되었다. 20. 경찰경채 ( )

정답 03 ○

(3) 내용

① '적(due)'은 적정한(정당한)이라는 의미로서 적법한 절차는 절차의 적법성만이 아니라, 절차의 적정성 내지 정당성까지 요구한다.
② '법(law)'은 실정법만이 아니라 넓은 의미에서의 법규범을 의미하므로, 명령이나 규칙·조례뿐만 아니라 정의·윤리·사회상규까지도 포함된다.
③ '절차(process)'는 특히 집행절차에서 고지, 청문, 변명 등 방어기회의 제공절차를 의미한다.

(4) 적용대상

우리 현행헌법에서는 제12조 제1항의 처벌, 보안처분, 강제노역 등 및 제12조 제3항의 영장주의와 관련하여 각각 적법절차의 원칙을 규정하고 있지만 이는 그 대상을 한정적으로 열거하고 있는 것이 아니라 그 적용대상을 **예시**한 것에 불과하다고 해석하는 것이 우리의 통설적 견해이다(헌재 1992.12.24, 92헌가8). 19. 서울시 즉, 적법한 절차에 의하지 아니하고는 본인에게 신체적·정신적 그리고 재산상 불이익이 되는 일체의 제재(예 질서벌, 징계벌 등)를 당하지 않는다는 의미로 해석하여야 한다(다수설). 즉, 모든 입법작용 및 행정작용에 적용된다.

(5) 적용범위

현행헌법상 규정된 적법절차의 원칙을 어떻게 해석할 것인지에 대하여 표현의 차이는 있으나, 대체적으로 적법절차의 원칙이 독자적인 헌법원리의 하나로 수용되고 있고 이는 형식적인 절차뿐만 아니라 **실체적 법률내용이 합리성과 정당성을 갖춘 것이어야 한다**는 실질적인 의미로 확대하여 해석하고 있다.
헌법재판소의 판례에서도 이 적법절차의 원칙은 법률의 위헌 여부에 관한 심사기준으로서 그 적용대상을 **형사소송절차에 국한하지 않고 모든 국가작용**, 특히 입법작용 전반에 대하여 문제된 법률의 실체적 내용이 합리성과 정당성을 갖추고 있는지 여부를 판단하는 기준으로 적용되고 있음을 보여주고 있다(헌재 1989.9.8, 88헌가6). 적법절차의 원칙은 헌법조항에 규정된 형사절차상의 제한된 범위 내에서만 적용되는 것이 아니라 국가작용으로서 기본권제한과 관련되든 관련되지 않든 모든 입법작용 및 행정작용에도 광범위하게 적용된다고 해석하여야 할 것이다(헌재 1992.12.24, 92헌가8). 06. 사시, 14. 변호사, 15. 법원직·법무사, 19. 서울시

> **기출 OX**
>
> **01** 현행헌법은 제12조 제1항의 처벌, 보안처분, 강제노역 등과 관련하여 적법절차의 원칙을 규정하고 있지만 이는 그 대상을 한정적으로 열거하고 있는 것이 아니라 그 적용대상을 예시한 것에 불과하다고 해석해야 한다. 19. 국회직 ( )
>
> **02** 적법절차의 원칙은 형사소송절차에 국한하지 않고 모든 국가작용에 대하여 문제된 법률의 실체적 내용이 합리성과 정당성을 갖추고 있는지 여부를 판단하는 기준으로 적용된다. 16. 경찰승진 ( )
>
> ✏️ • 적법절차의 원칙은 기본권제한이 있음을 전제로 하여 적용된다. (×)
> • 기본권제한과 관련되든 관련되지 않든 모든 입법작용 및 행정작용에도 광범위하게 적용된다. (○)

📖 판례 Ⅰ

1 무죄가 선고되면 영장의 효력이 상실되지만 검사로부터 사형·무기 또는 10년 이상의 징역이나 금고의 형에 해당한다는 취지의 의견진술이 있는 경우에는 예외로 하는 형사소송법 제331조 단서규정이 적법절차원칙에 위배되는지 여부: **적극 [위헌]**
헌법 제12조 제3항에 규정된 영장주의는 구속의 개시시점에 한하지 않고 **구속영장의 효력을 계속 유지할 것인지 아니면 취소 또는 실효시킬 것인지의 여부도 사법권독립의 원칙에 의하여 신분이 보장되고 있는 법관의 판단에 의하여 결정되어야 한다**는 것을 의미하고, 따라서 형사소송법 제331조 단서규정과 같이 구속영장의 실효 여부를 검사의 의견에 좌우되도록 하는 것은 헌법상 적법절차의 원칙에 위배된다(헌재 1992.12.24, 92헌가8).

정답 01 ○ 02 ○

2 관세범이 도주한 경우에 그 물품을 압수한 날로부터 4월을 경과한 때에는 당해 물품은 별도의 재판이나 처분 없이 국고에 귀속한다고 규정하는 것이 적법절차원칙에 위배되는지 여부: 적극 [위헌] 07. 국회직

관세법상 몰수할 것으로 인정되는 물품을 압수한 경우에 있어서 범인이 당해 관서에 출두하지 아니하거나 또는 범인이 도주하여 그 물품을 압수한 날로부터 4월을 경과한 때에는 당해 물품은 별도의 재판이나 처분 없이 국고에 귀속한다고 규정하고 있는 이 사건 법률조항은 **재판이나 청문의 절차도 밟지 아니하고 압수한 물건에 대한 피의자의 재산권을 박탈**하여 국고귀속시킴으로써 그 **실질은 몰수형을 집행한 것과 같은 효과를 발생**하게 하는 것이므로 헌법상의 적법절차의 원칙과 무죄추정의 원칙에 위배된다(헌재 1997.5.29, 96헌가17).

3 청소년대상 성범죄자의 신상공개제도가 적법절차원칙에 위배되는지 여부: 소극 [합헌]

하위법규에서는 신상공개대상자로 선정된 자에 대하여 10일 이상의 기간을 정하여 **서면에 의한 의견진술기회를 주도록 하고**(신상공개사전심의위원회 운영규정 제9조 제3항), 지정된 기일까지 의견진술을 하지 않은 자에 대하여는 의견이 없는 것으로 간주하며, 의견진술을 한 자에 대하여는 재심의를 하여 신상공개 여부를 결정한다(신상공개사전심의위원회 운영규정 제9조 제4항)고 규정하고 있다. … **청소년보호위원회가 최소한의 독립성과 중립성을 갖춘 기관**이고, 신상공개결정에 대해서는 행정소송을 통하여 그 적법 여부를 다툴 기회가 보장되고 있고, 이미 법관에 의한 재판을 거쳐 형이 확정된 이후에 신상공개가 결정된다. … 절차적 적법절차원칙에 위반되는 것이라 할 수 없다(헌재 2003.6.26, 2002헌가14).

4 대통령에 대한 탄핵소추절차에서 적법절차원칙이 적용되는지 여부: 소극 [기각]
11. 법행, 15·18. 법원직, 19. 서울시

이 사건의 경우 국회의 탄핵소추절차는 국회와 대통령이라는 헌법기관 사이의 문제이고, 국회의 탄핵소추의결에 의하여 사인으로서의 대통령의 기본권이 침해되는 것이 아니라, 국가기관으로서의 대통령의 권한행사가 정지되는 것이다. 따라서 **국가기관이 국민과의 관계에서 공권력을 행사함에 있어서 준수하여야 할 법원칙으로서 형성된 적법절차의 원칙을 국가기관에 대하여 헌법을 수호하고자 하는 탄핵소추절차에는 직접 적용할 수 없다**고 할 것이고, 따라서 국회의 탄핵소추절차가 적법절차원칙에 위배되었다는 주장은 이유 없다(헌재 2004.5.14, 2004헌나1).

5 형사사건으로 공소제기된 변호사에 대하여 업무정지를 명할 수 있도록 하는 것이 적법절차원칙에 위배되는지 여부: 적극 [위헌] 05. 사시, 11. 법행

법무부장관의 일방적 명령에 의하여 변호사업무를 정지시키는 것은 당해 변호사가 자기에게 유리한 사실을 진술하거나 필요한 증거를 제출할 수 있는 청문의 기회가 보장되지 아니하여 적법절차를 존중하지 아니한 것이 된다(헌재 1990.11.19, 90헌가48).

6 지문채취불응에 대한 형사처벌이 적법절차원칙에 위배되는지 여부: 소극 [합헌]
06. 사시, 11·12. 법행, 19. 서울시

이 사건 법률조항은 피의자의 신원확인을 원활하게 하고 수사활동에 지장이 없도록 하기 위한 것으로 그 목적은 정당하고 적절한 방법이라 할 수 있다. 그리고 신원을 확인할 수 있는 다른 수단이 없는 경우에 보충적으로만 적용하도록 하고 있으므로 피의자에 대한 피해를 최소화하기 위한 고려를 하고 있는 것으로 볼 수 있다. … 적법절차원칙에 위배되지 않는다고 볼 것이다(헌재 2004.9.23, 2002헌가17 등).

기출 OX

03 관세법 규정에 의하여 몰수할 것으로 인정되는 물품을 압수한 경우에 있어서 범인이 당해 관서에 출두하지 아니하거나 또는 범인이 도주하여 그 물품을 압수한 날로부터 4월을 경과한 때에는 당해 물품을 국고에 귀속시키는 것은 적법절차원리에 위반된다. 09. 법행 ( )

04 탄핵소추절차에도 국가기관이 국민과의 관계에서 공권력을 행사함에 있어서 준수해야 할 법원칙으로서 형성된 적법절차의 원칙이 직접 적용된다. 08. 법행 ( )

05 적법절차의 원칙은 탄핵소추절차에는 직접 적용될 수 없다. 18. 법원직 ( )

06 당해 변호사에게 유리한 사실을 진술하거나 필요한 증거를 제출할 기회를 보장하지 않은 채 법무부장관의 일방적인 명령에 의하여 변호사의 업무를 정지하는 행정처분을 하는 것은 적법절차원칙에 위배된다. 07. 법행 ( )

정답 03 ○ 04 ✕ 05 ○ 06 ○

기출 OX

01 사회보호법에서 치료감호기간의 상한을 정하지 아니한 것, 법관 아닌 사회보호위원회가 치료감호의 종료 여부를 결정하도록 한 것은 위헌이다. 17. 서울시 ( )

02 압수물에 대한 소유권포기가 있다면, 사법경찰관이 법에서 정한 압수물 폐기의 요건과 상관없이 임의로 압수물을 폐기하였어도, 이것이 적법절차원칙을 위반한 것은 아니다. 13. 국가직 ( )

03 범칙금 통고처분을 받고도 납부기간 이내에 범칙금을 납부하지 아니한 사람에 대하여 행정청에 대한 이의제기나 의견진술 등의 기회를 주지 않고 경찰서장이 곧바로 즉결심판을 청구하도록 한 것은 적법절차원칙에 위배된다. 20. 경찰경채 ( )

정답 01 × 02 × 03 ×

7 사회보호위원회의 치료감호종료결정이 적법절차원칙에 위배되는지 여부: 소극 [합헌] 07. 사시

사회보호위원회의 구성이나 심사·의결 및 결정절차에 비추어 보면 사회보호위원회는 독립성과 전문성을 갖춘 특별위원회로서 준사법적 성격을 겸유하는 점, 치료감호의 종료에 대한 피치료감호자 측의 신청권이 보장되어 있고 그 절차에의 참여권이 피치료감호자 측에게 어느 정도 보장되어 있으며, 피치료감호자 측이 신청한 치료감호의 종료청구가 기각될 경우 이에 대한 행정소송이 가능한 점 등을 고려할 때, 이 사건 법률조항이 사회보호위원회에 치료감호의 종료 여부를 결정할 권한을 부여한 것이 적법절차에 위배된다고 할 수 없다(헌재 2005.2.3, 2003헌바1).

8 불법게임물의 강제수거·폐기시 의견제출 등 절차보장규정을 두지 않은 것이 적법절차원칙에 위배되는지 여부: 소극 [합헌]

이 사건 법률조항은 수거에 앞서 청문이나 의견제출 등 절차보장에 관한 규정을 두고 있지 않으나, 행정상 즉시강제는 목전에 급박한 장해에 대하여 바로 실력을 가하는 작용이라는 특성에 비추어 사전적 절차와 친하기 어렵다는 점을 고려하면, 이를 이유로 적법절차의 원칙에 위반되는 것으로는 볼 수 없다(헌재 2002.10.31, 2000헌가12).

9 보안관찰처분을 다투는 행정소송에서 집행정지를 전혀 할 수 없도록 한 보안관찰법이 위헌인지 여부: 적극 [위헌] 06. 국가직

보안관찰처분을 다투는 행정소송에서는 다른 행정소송사건에서와는 달리 집행정지를 전혀 할 수 없도록 하는 것은 행정적인 편의나 효율성에 치중한 것으로, 그로 인하여 피보안관찰자로서는 보안관찰처분의 적법 여부에 대한 법원의 판단을 받을 수 있는 기회를 실질적으로 제한받게 되어 적법절차원칙에 위배된다(헌재 2001.4.26, 98헌바79).

10 사법경찰관인 피청구인이 위험발생의 염려가 없음에도 불구하고 사건종결 전에 압수물을 폐기한 행위가 적법절차의 원칙에 반하고, 공정한 재판을 받을 권리를 침해하는지 여부: 적극 [인용(위헌확인)] 13. 국가직

압수물은 검사의 이익을 위해서뿐만 아니라 이에 대한 증거신청을 통하여 무죄를 입증하고자 하는 피고인의 이익을 위해서도 존재하므로 사건종결시까지 이를 그대로 보존할 필요성이 있다. 피청구인은 이 사건 압수물을 보관하는 것 자체가 위험하다고 볼 수 없을 뿐만 아니라 이를 보관하는 데 아무런 불편이 없는 물건임이 명백함에도 압수물에 대하여 소유권포기가 있다는 이유로 이를 사건종결 전에 폐기하였는바, 위와 같은 피청구인의 행위는 적법절차의 원칙을 위반하고, 청구인의 공정한 재판을 받을 권리를 침해한 것이다(헌재 2012.12.27, 2011헌마351).

11 범칙금을 납부기간 내에 납부하지 않으면 지체 없이 즉결심판에 회부하도록 하는 것이 적법절차원칙에 위반되는지 여부: 소극 [합헌] 16. 지방직

도로교통법상 범칙금납부통고는 위반행위에 대한 제재를 신속·간편하게 종결할 수 있게 하는 제도로서 이에 불복하여 범칙금을 납부하지 아니한 자에게는 재판절차라는 완비된 절차적 보장이 주어진다. 도로교통법 위반사례가 격증하고 있는 현실에서 통고처분에 대한 이의제기 등 행정청 내부절차를 추가로 둔다면 절차의 중복과 비효율을 초래하고 신속한 사건처리에 저해가 될 우려도 있다. 그렇다면 이 사건 즉결심판청구조항에서 의견진술 등의 별도의 절차를 두지 않은 입법적 결단이 현저히 불합리하여 적법절차원칙에 위배된다고 보기 어렵다(헌재 2014.8.28, 2012헌바433).

12 사회보호법 부칙 제2조가 사회보호법을 폐지하면서 그 전에 이미 판결이 확정된 보호감호를 종전의 사회보호법에 따라 집행하도록 한 것이 적법절차원칙 등에 위배되는지 여부: 소극 [합헌]

[1] 헌법재판소는 2009.3.26. 선고한 2007헌바50 결정에서, 보호감호는 형벌과는 목적과 기능을 달리하는 사회보호적 처분이고 그 집행상의 문제점은 집행의 개선에 의하여 해소될 수 있다는 점을 고려할 때 폐지된 사회보호법이 규정하고 있던 보호감호제도가 위헌이라고 보기 어렵고, 입법자가 종전 사회보호법을 폐지하면서 적지 않은 수의 보호감호대상자가 일시에 석방될 경우 초래될 사회적 혼란의 방지, 법원의 양형실무 및 확정판결에 대한 존중 등을 고려하여 법률 폐지 이전에 이미 보호감호 판결이 확정된 자에 대하여는 보호감호를 집행하도록 한 것이므로 이중처벌에 해당하거나 비례원칙에 위반하여 신체의 자유를 과도하게 침해한다고 볼 수 없으며, 위원회의 결정에 대하여 불복이 있는 경우 행정소송 등 사법심사의 길이 열려 있으므로 법관에 의한 재판을 받을 권리를 침해한다고 볼 수 없고, 치료감호심의위원회의 구성, 심사절차 및 심사대상에 비추어 볼 때 보호감호의 관리 및 집행에 관한 사항을 심사·결정하도록 한 것이 헌법상 적법절차원칙에 위배된다고 볼 수 없다고 판시하였다.

[2] 위 결정의 선고 이후 그 판단을 변경할 만한 사정변경이 있는지 여부를 판단하기 위하여 현행 보호감호제도의 운영 및 집행 실태를 살펴본바, 사회보호법 폐지 당시에 비해 현재 피보호감호자 및 집행예정자의 수가 현저히 감소한 것은 사실이나, 피보호감호자들 중 강도상해 또는 성폭력범이 다수를 차지하는 점, 사회보호법 폐지 전에 비하여 폐지 이후 가출소자의 재범율이 대폭 상승한 점 등에 비추어 이들을 일시에 사회에 방출할 경우 초래될 사회적 위험성이 없다고 단정하기 어렵다. 위 결정의 선고 이후에 그 판단을 변경할 만한 사정변경이 있다고 볼 수 없고, 선례의 판시 이유는 이 사건 심판에서도 그대로 타당하다고 할 것이므로 위 선례의 견해를 그대로 유지하기로 한다(헌재 2015.9.24, 2014헌바222).

13 전투경찰순경에 대한 징계처분으로 영창을 규정하고 있는 구 전투경찰대 설치법 제5조 제1항·제2항 중 각 '전투경찰순경에 대한 영창' 부분이 적법절차원칙에 위배되는지 여부: 소극 [합헌] 16. 지방직

헌법 제12조 제1항의 적법절차원칙은 형사소송절차에 국한되지 않고 모든 국가작용 전반에 대하여 적용되므로, 전투경찰순경의 인신구금을 내용으로 하는 영창처분에 있어서도 적법절차원칙이 준수되어야 한다. 그런데 전투경찰순경에 대한 영창처분은 그 사유가 제한되어 있고, 징계위원회의 심의절차를 거쳐야 하며, 징계 심의 및 집행에 있어 징계대상자의 출석권과 진술권이 보장되고 있다. 또한 소청과 행정소송 등 별도의 불복절차가 마련되어 있고 소청에서 당사자 의견진술 기회 부여를 소청결정의 효력에 영향을 주는 중요한 절차적 요건으로 규정하는바, 이러한 점들을 종합하면 이 사건 영창조항이 헌법에서 요구하는 수준의 절차적 보장 기준을 충족하지 못했다고 볼 수 없으므로 헌법 제12조 제1항의 적법절차원칙에 위배되지 아니한다(헌재 2016.3.31, 2013헌바190).

기출 OX

04 전투경찰순경의 인신구금을 그 내용으로 하는 영창처분에 있어서도 헌법상 적법절차원칙이 준수될 것이 요청되며, 이에 관한 영창조항은 헌법에서 요구하는 수준의 절차적 보장 기준을 충족하지 못했으므로 헌법에 위반된다. 18. 국회직 ( )

정답 04 ×

14 병(兵)에 대한 징계처분으로 일정기간 부대나 함정 내의 영창, 그 밖의 구금장소에 감금하는 영창처분이 가능하도록 규정한 구 군인사법 제57조 제2항 중 '영창'에 관한 부분(이하 '심판대상조항'이라 한다)이 신체의 자유를 침해하여 헌법에 위반되는지 여부: 적극 [위헌]

심판대상조항은 병의 복무규율 준수를 강화하고, 복무기강을 엄정히 하기 위하여 제정된 것으로 군의 지휘명령체계의 확립과 전투력 제고를 목적으로 하는바, 그 입법목적은 정당하고, 심판대상조항은 병에 대하여 강력한 위하력을 발휘하므로 수단의 적합성도 인정된다. 심판대상조항에 의한 영창처분은 징계처분임에도 불구하고 신분상 불이익 외에 신체의 자유를 박탈하는 것까지 그 내용으로 삼고 있어 징계의 한계를 초과한 점, 심판대상조항에 의한 영창처분은 그 실질이 구류형의 집행과 유사하게 운영되므로 극히 제한된 범위에서 형사상 절차에 준하는 방식으로 이루어져야 하는데, 영창처분이 가능한 징계사유는 지나치게 포괄적이고 기준이 불명확하여 영창처분의 보충성이 담보되고 있지 아니한 점 등에 비추어 심판대상조항은 침해의 최소성원칙에 어긋난다. 군대 내 지휘명령체계를 확립하고 전투력을 제고한다는 공익은 매우 중요한 공익이나, 심판대상조항으로 과도하게 제한되는 병의 신체의 자유가 위 공익에 비하여 결코 가볍다고 볼 수 없어, 심판대상조항은 법익의 균형성 요건도 충족하지 못한다. 이와 같은 점을 종합할 때, 심판대상조항은 과잉금지원칙에 위배된다(헌재 2020.9.24, 2017헌바157).

비교» 영창 사건에서 전투경찰은 합헌, 병(兵)은 위헌

기출 OX

01 징계시효 연장을 규정하면서 징계절차를 진행하지 아니함을 통보하지 아니한 경우에는 징계시효가 연장되지 않는다는 예외규정을 두지 않았다고 하더라도 적법절차원칙에 위배되지 않는다. 19. 국회직 (   )

15 징계시효 연장을 규정하면서 징계절차를 진행하지 아니함을 통보하지 아니한 경우에는 징계시효가 연장되지 않는다는 예외규정을 두지 아니한 구 지방공무원법 제73조의2 등이 적법절차원칙에 위배되는지 여부: 소극 [합헌]

지방공무원법 제73조 제2항이 수사 중인 사건에 대하여 징계절차를 진행하지 아니할 수 있도록 한 것은 수사결과에 따라 징계사유를 정확히 판단하여 적정한 징계를 하기 위한 것이다. 그리고 이 사건 법률조항이 수사 중인 사건에 대하여 징계절차를 진행하지 아니하는 경우 징계시효가 연장되도록 한 것은 적정한 징계를 위하여 징계절차를 진행하지 아니할 수 있도록 한 것이 오히려 징계를 방해하게 되는 불합리한 결과를 막기 위해서이다.

수사 중인 사건에 대하여 징계절차를 진행하지 아니하더라도, 징계혐의자는 수사가 종료된 후 징계절차가 진행될 수 있다는 점을 예측할 수 있으므로 징계절차가 진행될 때를 대비하여 방어권 행사를 위한 준비를 할 수 있다. 수사가 종료되어 징계절차가 진행되는 경우, 징계혐의자의 방어권 보호를 위한 절차 규정도 관련 법령에 충분히 마련되어 있다.

이 사건 법률조항은 징계제도의 공정한 운영을 목적으로 하는데, 이러한 이익은 징계절차가 진행되지 아니함을 통보받지 못하여 징계시효가 연장되었음을 알지 못하게 되는 징계혐의자의 불이익보다 크다. 이러한 사정을 종합하면, 이 사건 법률조항이 징계시효 연장을 규정하면서 징계절차를 진행하지 아니함을 통보하지 아니한 경우에는 징계시효가 연장되지 않는다는 예외규정을 두지 않았다고 하더라도 헌법에서 요구하는 수준의 절차적·보장이 이루어지지 않았다고 볼 수 없다. 따라서 이 사건 법률조항은 적법절차원칙에 위반되지 않는다(헌재 2017.6.29, 2015헌바29).

02 성립절차상의 중대한 하자로 효력을 인정할 수 없는 처벌규정을 근거로 한 범죄경력을 보안관찰처분의 기초로 삼는 법률조항은 적법절차원칙에 위배된다. 08. 법행 (   )

16 성립절차상의 중대한 하자로 효력을 인정할 수 없는 처벌규정을 근거로 한 범죄경력을 보안관찰처분의 기초로 삼는 법률조항이 적법절차원칙에 위배되는지 여부: 적극

성립절차상의 중대한 하자로 효력을 인정할 수 없는 처벌규정을 근거로 한 범죄경력을 보안관찰처분의 기초로 삼는다면 헌법 제12조 제1항 후단에서 말하는 '법률과 적법한 절차'에 의하여 이루어지는 보안처분이라 할 수 없다(헌재 2001.4.26, 98헌바79).

정답 01 ○ 02 ○

17 중형에 해당되는 사건에서 피고인의 귀책사유가 없는 경우까지 궐석재판을 하는 것이 적법절차원칙에 위배되는지 여부: **적극**

중형에 해당되는 사건에 대하여 피고인에게 출석 기회조차 주지 아니하여 답변과 입증 및 반증 등 공격·방어의 기회를 부여하지 않고, **피고인에게 불출석에 대한 개인적 책임을 전혀 물을 수 없는 경우까지 궐석재판**을 행할 수 있다는 것은 절차의 내용이 심히 적정하지 못하여 적법절차의 원칙에도 반한다(헌재 1996.1.25, 95헌가5).

18 국회가 세무대학 폐지법률을 제정하는 과정에서 별도의 청문절차를 거치지 않은 것이 적법절차원칙에 위배되는지 여부: **소극** 18. 국가직

정부는 세무대학 폐지와 관련한 공청회를 개최하는 등 각계의 의견을 수렴한 바 있다. 정부는 이를 토대로 행정절차법 제41조와 법제업무운영규정 제15조에 따라 입법예고를 통하여 이해 당사자는 물론 전 국민에게 세무대학 폐지의 의사를 미리 공표하였으며, 이 사건 폐지법률안을 국회에 제출하기에 앞서 헌법 제89조에 따라 국무회의의 심의를 거치는 등 **헌법과 법률이 정한 절차와 방법을 준수하였다.** 따라서 국회가 이 사건 폐지법을 제정하는 과정에서 별도의 청문절차를 거치지 않았다고 해서 그것만으로 곧 헌법 제12조의 적법절차를 위반하였다고 볼 수는 없다(헌재 2001.2.22, 99헌마613).

19 사전 의견진술기회를 부여하지 않은 채 중앙선거관리위원회위원장이 대통령에게 한 '대통령의 선거중립의무 준수요청조치'가 적법절차원칙에 위배되는지 여부: **소극**

각급 선거관리위원회의 의결을 거쳐 행하는 사항에 대하여는 원칙적으로 행정절차에 관한 규정이 적용되지 않는바(행정절차법 제3조 제2항 제4호), **이는 권력분립의 원리와 선거관리위원회의결절차의 합리성을 고려한 것**으로 보인다. 또한 선거운동의 특성상 선거법 위반행위인지 여부와 그에 대한 조치는 가능하면 신속하게 결정되어야 할 뿐 아니라, 선거관리위원회법 제14조의2의 조치가 위반행위자에 대하여 종국적 법률효과를 발생시키는 것도 아니므로, 위반행위자에게 의견진술의 기회를 보장하는 것이 반드시 필요하거나 적절하다고 보기는 어렵다.

이와 같이 선거관리의 특성, 이 사건 조치가 규율하는 행위의 성격, 위 조치의 제재 효과 및 기본권침해의 정도 등을 종합하여 볼 때 청구인에게 위 조치 전에 의견진술의 기회를 부여하지 않은 것이 적법절차원칙에 어긋나서 청구인의 기본권을 침해한다고 볼 수 없다(헌재 2008.1.17, 2007헌마700).

20 대통령이 임명할 특별검사 1인에 대하여 그 후보자 2인의 추천권을 교섭단체를 구성하고 있는 두 야당의 합의로 행사하게 한 '박근혜 정부의 최순실 등 민간인에 의한 국정농단 의혹 사건 규명을 위한 특별검사의 임명 등에 관한 법률' 제3조 제2항 등이 적법절차원칙에 위배되는지 여부: **소극 [합헌]**

특별검사후보자의 추천권을 누구에게 부여하고 어떠한 방식으로 특별검사를 임명할 것인지에 관한 사항 역시 사건의 특수성과 특별검사법의 도입 배경, 수사대상과 임명 관여주체와의 관련성 및 그 정도, 그에 따른 특별검사의 독립성·중립성 확보 방안 등을 고려하여 국회가 입법재량에 따라 결정할 사항이다. 그러한 국회의 결정이 명백히 자의적이거나 현저히 불합리한 것이 아닌 한 입법재량으로서 존중되어야 할 것이다.

이 사건 법률의 제정 배경과 수사대상에 대통령이 포함될 수도 있었던 사정, 여야 합의의 취지, 이 사건 법률에서 규정하고 있는 특별검사의 정치적 중립성과 독립성 확보를 위한 여러 보완장치 등을 고려할 때 심판대상조항이 당시 여당을 특별검사 후보자 추천권자에서 배제하고 교섭단체를 구성하고 있는 두 야당으로 하여금 특별

기출 OX

03 국회가 법률을 제정하는 과정에서 헌법과 법률이 정하는 절차와 방법을 준수하였다면, 별도의 청문절차를 거치지 않았다고 해서 그것만으로 곧 헌법 제12조의 적법절차를 위반하였다고 볼 수 없다. 13. 국가직 ( )

정답 03 ◯

검사후보자 2명을 추천하도록 규정하였다고 하여 합리성과 정당성을 잃은 입법이라고 볼 수 없다(헌재 2019.2.28, 2017헌바196).

21 특정공무원범죄의 범인에 대한 추징판결을 범인 외의 자가 그 정황을 알면서 취득한 불법재산 및 그로부터 유래한 재산에 대하여 그 범인 외의 자를 상대로 집행할 수 있도록 한 '공무원범죄에 관한 몰수 특례법' 제9조의2가 적법절차원칙에 위배되는지 여부: 소극 [합헌]

심판대상조항에 따른 추징판결의 집행은 그 성질상 신속성과 밀행성을 요구하는데, 제3자에게 추징판결의 집행사실을 사전에 통지하거나 의견 제출의 기회를 주게 되면 제3자가 또다시 불법재산 등을 처분하는 등으로 인하여 집행의 목적을 달성할 수 없게 될 가능성이 높다. 따라서 심판대상조항이 제3자에 대하여 특정공무원범죄를 범한 범인에 대한 추징판결을 집행하기에 앞서 제3자에게 통지하거나 의견을 진술할 기회를 부여하지 않은 데에는 합리적인 이유가 있다. 나아가 제3자는 심판대상조항에 의한 집행에 관한 검사의 처분이 부당함을 이유로 재판을 선고한 법원에 재판의 집행에 관한 이의신청을 할 수 있다(형사소송법 제489조). 또한 제3자는 각 집행절차에서 소송을 통해 불복하는 등 사후적으로 심판대상조항에 의한 집행에 대하여 다툴 수 있다. 따라서 심판대상조항은 적법절차원칙에 위배된다고 볼 수 없다(헌재 2020.2.27, 2015헌가4).

22 산업단지의 지정권자로 하여금 산업단지계획안에 대한 주민의견청취와 동시에 환경영향평가서 초안에 대한 주민의견청취를 진행하도록 한 구 산업단지 인·허가 절차 간소화를 위한 특례법 규정이 적법절차원칙에 위배되는지 여부: 소극 [합헌]

구 산단절차간소화법은 지정권자가 환경영향평가 대상지역 주민들에게 환경영향평가서 초안에 대하여 적절한 고지를 하고, 이에 따라 주민 등이 환경영향평가서 초안을 산업단지계획안과 종합적·유기적으로 파악하여 그에 대한 의견을 제출할 기회를 부여함으로써 주민의 절차적 참여를 보장해 주고 있으므로, 의견청취동시진행조항이 환경영향평가서 초안에 대한 주민의견청취를 산업단지계획안에 대한 주민의견청취와 동시에 진행하도록 규정하고 있다고 하더라도, 헌법상의 적법절차원칙에 위배된다고 할 수 없다(헌재 2016.12.29, 2015헌바280).

23 사후적 경합범에 대하여 형을 선고하는 경우 그 형을 임의적으로 감면하도록 한 형법, 범죄인 인도와 관련하여 특정성원칙의 예외를 규정한 범죄인 인도조약조항이 적법절차원칙에 위배되는지 여부: 소극 [합헌]

[1] 형법조항에 관한 판단 [합헌]

형의 임의적 감면의 불가피성, 이와 관련한 법원의 실무, 외국의 입법례 등을 고려하면, 이 조항이 책임과 형벌 간의 비례원칙에 위반되는 과잉입법이라고 보기 어렵다.

일사부재리원칙은 형벌권이 '동일한 행위'를 대상으로 행해질 때 적용될 수 있는데, 형법조항은 이미 판결로 확정된 죄에 대하여 다시 심판하는 것이 아니고, 사후적 경합범 관계에 있는 판결을 받지 아니한 다른 죄에 대하여 그 형만을 다시 정하는 것이므로 일사부재리원칙에 반하지 않는다.

[2] 인도조약조항이 적법절차원칙에 위배되는지 여부 [합헌]

인도조약에 따른 범죄인의 인도와 관련하여, 인도조약조항은 "인도된 범죄인은 인도가 허용된 범죄 이외에 인도 이전에 행해진 다른 범죄(이하 '추가적 범죄'라 한다)를 이유로 구금, 기소 또는 심리되지 아니한다"라는 특정성원칙을 규정하면서, 그 예외사유 중 하나로 피청구국의 동의와 청구국의 동의요청서 등이 제출되도록 규정하고 있다.

기출 OX

01 산업단지의 지정권자로 하여금 산업단지계획안에 대한 주민의견청취와 동시에 환경영향평가서 초안에 대한 주민의견청취를 진행하도록 한 구 산업단지 인·허가 절차 간소화를 위한 특례법 규정은 주민의 절차적 참여를 보장해 주고 있으므로, 적법절차원칙에 위배되지 않는다. 20. 경찰경채
( )

정답 **01** ○

인도조약조항이 인도조약에 따른 범죄인의 인도 시 특정성의 원칙을 배제하는 예외사유로 '피청구국의 동의'와 '청구국의 동의요청서 등의 제출의무'를 규정하면서도, 해당 범죄인에 대한 동의요청절차 진행 고지 및 의견·자료 등의 제출 기회 부여, 이의신청 절차 등을 별도로 마련하지 않고 청구국의 동의요청 기한을 정하지 않은 것이 헌법 제12조 제1항에 따른 적법절차원칙에 위반된다고 보기 어렵다(헌재 2025.6.27, 2020헌바318).

2. 영장주의

헌법 제12조 ③ 체포·구속·압수 또는 수색을 할 때에는 적법한 절차에 따라 검사의 신청에 의하여 법관이 발부한 영장을 제시하여야 한다. 다만, 현행범인인 경우와 장기 3년 이상의 형에 해당하는 죄를 범하고 도피 또는 증거인멸의 염려가 있을 때에는 사후에 영장을 청구할 수 있다. 05.사시

(1) 의의

'영장주의'란 수사기관이 형사절차에 있어 체포, 구속, 수색 등 강제처분을 하는 경우에 법관이 발부한 영장에 의하도록 하는 제도를 말한다. 형사절차에 있어서의 영장주의란 체포, 구속, 압수 등의 강제처분을 함에 있어서는 사법권독립에 의하여 그 신분이 보장되는 법관이 발부한 영장에 의하지 않으면 아니 된다는 원칙이며, 따라서 영장주의의 본질은 신체의 자유를 침해하는 강제처분을 함에 있어서 중립적인 법관이 구체적 판단을 거쳐 발부한 영장에 의하여야만 한다는 데에 있다. 영장주의는 구속의 개시시점에 한하지 않고 구속영장의 효력을 계속 유지할 것인지 아니면 취소 또는 실효시킬 것인지의 여부도 사법권 독립의 원칙에 의하여 신분이 보장되고 있는 법관의 판단에 의하여만 결정되어야 한다는 것을 의미한다(헌재 1992.12.24, 92헌가8).

기출 OX

02 헌법 제12조 제3항에 명문으로 규정된 영장주의는 구속의 개시시점에 한한다. 20.경찰경채 (　)

(2) 내용

① **영장주의의 원칙**: 현행범인으로서의 요건을 갖추고 있었다고 인정되지 않는 상황에서 경찰관들이 동행을 거부하는 자를 체포하거나 강제로 연행하려고 하였다면 이는 적법한 공무집행이라고 볼 수 없고, 그 체포를 면하려고 반항하는 과정에서 경찰관에게 상해를 가한 것은 불법체포로 인한 신체에 대한 현재의 부당한 침해에서 벗어나기 위한 행위로서 **정당방위**에 해당하여 위법성이 조각된다(대판 2002.5.10, 2001도300).

㉠ 체포의 경우(체포영장)

> **형사소송법**
> 제200조의2 【영장에 의한 체포】 ① 피의자가 죄를 범하였다고 의심할 만한 상당한 이유가 있고, 정당한 이유 없이 제200조의 규정에 의한 출석요구에 응하지 아니하거나 응하지 아니할 우려가 있는 때에는 검사는 관할 지방법원판사에게 청구하여 **체포영장을 발부받아 피의자를 체포**할 수 있고, 사법경찰관은 검사에게 신청하여 검사의 청구로 관할 지방법원판사의 체포영장을 발부받아 피의자를 체포할 수 있다. 다만, 다액 50만원

정답 02 ×

이하의 벌금·구류 또는 과료에 해당하는 사건에 관하여는 피의자가 일정한 주거가 없는 경우 또는 정당한 이유 없이 제200조의 규정에 의한 출석요구에 응하지 아니한 경우에 한한다.
② 제1항의 청구를 받은 지방법원판사는 상당하다고 인정할 때에는 체포영장을 발부한다. 다만, 명백히 체포의 필요가 인정되지 아니하는 경우에는 그러하지 아니하다.
⑤ 체포한 피의자를 구속하고자 할 때에는 체포한 때부터 **48시간 이내**에 제201조의 규정에 의하여 구속영장을 청구하여야 하고, 그 기간 내에 구속영장을 청구하지 아니하는 때에는 피의자를 즉시 석방하여야 한다. 12. 법행

ⓛ 구속의 경우(구속영장)

> **형사소송법**
>
> 제201조【구속】① 피의자가 죄를 범하였다고 의심할 만한 상당한 이유가 있고 제70조 제1항 각 호의 1에 해당하는 사유가 있을 때에는 검사는 관할 지방법원판사에게 청구하여 **구속영장을 받아 피의자를 구속**할 수 있고 사법경찰관은 검사에게 신청하여 검사의 청구로 관할 지방법원판사의 구속영장을 받아 피의자를 구속할 수 있다. 다만, 다액 50만원 이하의 벌금, 구류 또는 과료에 해당하는 범죄에 관하여는 피의자가 일정한 주거가 없는 경우에 한한다.

ⓒ 영장주의의 적용범위: 영장주의는 **신체에 물리적 강제력을 행사하는 직접강제의 경우**에만 **적용**된다는 것이 **헌법재판소의 입장**이다. 따라서 음주측정불응에 대한 형사처벌(헌재 1997.3.27, 96헌가11), 지문채취거부에 대한 형사처벌(헌재 2004.9.23, 2002헌가17 등)의 경우처럼 형벌에 의한 불이익을 부과함으로써 심리적·간접적으로 강제하는 경우는 영장주의에 의하여야 할 강제처분이라 할 수 없다는 입장이다. 11. 경찰승진

② 영장실질심사제도

> **형사소송법**
>
> 제201조의2【구속영장청구와 피의자심문】① 제200조의2·제200조의3 또는 제212조에 따라 체포된 피의자에 대하여 **구속영장을 청구받은 판사는 지체 없이 피의자를 심문하여야 한다.** 이 경우 **특별한 사정이 없는 한 구속영장이 청구된 날의 다음 날까지 심문**하여야 한다. 12. 지방직
> ② 제1항 외의 피의자에 대하여 구속영장을 청구받은 판사는 피의자가 죄를 범하였다고 의심할 만한 이유가 있는 경우에 구인을 위한 구속영장을 발부하여 피의자를 구인한 후 심문하여야 한다. 다만, 피의자가 도망하는 등의 사유로 심문할 수 없는 경우에는 그러하지 아니하다.
> ③ 판사는 제1항의 경우에는 즉시, 제2항의 경우에는 피의자를 인치한 후 즉시 검사, 피의자 및 변호인에게 심문기일과 장소를 통지하여야 한다. 이 경우 검사는 피의자가 체포되어 있는 때에는 심문기일에 피의자를 출석시켜야 한다.
> ④ 검사와 변호인은 제3항에 따른 심문기일에 출석하여 의견을 진술할 수 있다.

2007년 개정된 형사소송법에서, 체포된 피의자에 대하여 구속영장을 청구받은 판사는 지체 없이 피의자를 심문하도록 하는 필요적 심문제도를 도입하였다. 이 경우 특별한 사정이 없는 한 구속영장이 청구된 다음 날까지 심문하여야 한다(형사소송법 제201조의2 제1항).

③ 영장주의의 예외
㉠ 긴급체포의 경우

> **형사소송법**
>
> **제200조의3【긴급체포】** ① 검사 또는 사법경찰관은 피의자가 사형·무기 또는 장기 3년 이상의 징역이나 금고에 해당하는 죄를 범하였다고 의심할 만한 상당한 이유가 있고, 다음 각 호의 어느 하나에 해당하는 사유가 있는 경우에 긴급을 요하여 지방법원판사의 체포영장을 받을 수 없는 때에는 그 사유를 알리고 영장 없이 피의자를 체포할 수 있다. 이 경우 긴급을 요한다 함은 피의자를 우연히 발견한 경우 등과 같이 체포영장을 받을 시간적 여유가 없는 때를 말한다.
> 1. 피의자가 증거를 인멸할 염려가 있는 때
> 2. 피의자가 도망하거나 도망할 우려가 있는 때
>
> **제200조의4【긴급체포와 영장청구기간】** ① 검사 또는 사법경찰관이 제200조의3의 규정에 의하여 피의자를 체포한 경우 피의자를 구속하고자 할 때에는 **지체 없이** 검사는 관할 지방법원판사에게 구속영장을 청구하여야 하고, 사법경찰관은 검사에게 신청하여 검사의 청구로 관할 지방법원판사에게 구속영장을 청구하여야 한다. 이 경우 구속영장은 피의자를 체포한 때부터 **48시간 이내**에 청구하여야 하며, 제200조의3 제3항에 따른 긴급체포서를 첨부하여야 한다.

㉡ 현행범인체포의 경우

> **형사소송법**
>
> **제212조【현행범인의 체포】** 현행범인은 누구든지 영장 없이 체포할 수 있다.

판례 | 현행범인은 누구든지 영장 없이 체포할 수 있다고 규정한 형사소송법이 헌법상 영장주의에 반하는지 여부: 소극 [기각]

이 사건 현행범인체포조항에서는 현행범인을 "영장 없이" 체포할 수 있도록 규정하고 있는데, 현행범인 체포에 대하여는 헌법에서 직접 사전영장원칙의 예외를 인정하고 있으므로, 위 현행범인체포조항은 헌법상 영장주의에 반하지 않는다(헌재 2012.5.31, 2010헌마672).

기출 OX

01 긴급체포와 현행범체포의 경우 체포영장 없이 체포를 한 후 피의자를 구속하고자 할 때에는 체포한 때부터 48시간 이내에 구속영장을 청구하여야 한다. 16. 서울시 ( )

정답 01 ○

기출 OX

01 헌법 제12조 제3항에 규정된 영장주의는 구속의 개시시점에 한하지 않고 구속영장의 효력을 계속 유지할 것인지 아니면 실효시킬 것인지의 여부도 신분이 보장되고 있는 법관의 판단에 의하여 결정되어야 한다는 것을 의미한다. 따라서, 구 형사소송법 제331조 단서규정과 같이 구속영장의 실효 여부를 검사의 의견에 따라 좌우되도록 하는 것은 헌법에 위반된다. 13. 경찰승진
( )

02 공판단계에서 피고인에 대하여 법관이 영장을 발부하는 경우에도 형식상 검사의 신청이 필요하며, 그렇지 아니한 경우에는 적법절차의 원칙에 위배된다. 16. 서울시 ( )

🔨 판례 I

1 무죄판결이 선고된 경우에도 검사로부터 10년 이상의 징역형 등에 해당한다는 의견진술이 있는 경우 구속영장의 효력을 지속하도록 하는 것이 영장주의에 위배되는지 여부: 적극 [위헌] 06. 입시

헌법 제12조 제3항에 규정된 영장주의는 구속의 개시시점에 한하지 않고 구속영장의 효력을 계속 유지할 것인지 아니면 취소 또는 실효시킬 것인지의 여부도 사법권독립의 원칙에 의하여 신분이 보장되고 있는 법관의 판단에 의하여 결정되어야 한다는 것을 의미하고, 따라서 형사소송법 제331조 단서규정과 같이 구속영장의 실효 여부를 검사의 의견에 좌우되도록 하는 것은 영장주의에 위배된다(헌재 1992.12.24, 92헌가8).

2 보석허가결정에 대하여 검사의 즉시항고를 허용하여 항고심의 재판이 확정될 때까지 그 집행이 정지되도록 하는 것이 영장주의에 위배되는지 여부: 적극 [위헌]

보석허가결정에 대하여 검사의 즉시항고를 허용하여 그 즉시항고에 대한 항고심의 재판이 확정될 때까지 그 집행이 정지되도록 한 형사소송법 제97조 제3항의 규정은 당해 피고인에 대한 **보석허가결정이 부당하다는 검사의 불복**을 그 피고인에 대한 구속집행을 계속할 필요가 없다는 **법원의 판단보다 우선시킨 것**이어서 구속의 여부와 구속을 계속시키는 여부에 대한 판단을 사법권의 독립이 보장된 법관의 결정에만 맡기려는 영장주의에 위반되고, 그 내용에 있어 합리성과 정당성이 없으면서 피고인의 신체의 자유를 제한하는 것이므로 적법절차의 원칙에 반하며, 기본권제한입법의 기본원칙인 방법의 적정성, 피해의 최소성, 법익의 균형성을 갖추지 못하여 과잉금지의 원칙에도 위반된다(헌재 1993.12.23, 93헌가2).

3 공판단계에서 법원이 직권으로 영장을 발부하는 것이 " … 검사의 신청에 의하여 법관이 발부한 영장을 제시하여야 한다."라는 헌법 제12조 제3항 본문에 위배되는지 여부: 소극 [합헌] 05. 행시, 08. 국가직, 12. 지방직, 16 · 19. 서울시

헌법 제12조 제3항이 영장의 발부에 관하여 '검사의 신청'에 의할 것을 규정한 취지는 모든 영장의 발부에 검사의 신청이 필요하다는 데에 있는 것이 아니라 수사단계에서 영장의 발부를 신청할 수 있는 자를 검사로 한정함으로써 검사 아닌 다른 수사기관의 영장신청에서 오는 인권유린의 폐해를 방지하고자 함에 있으므로, 공판단계에서 법원이 직권에 의하여 구속영장을 발부할 수 있음을 규정한 형사소송법 제70조 제1항 및 제73조 제1항 중 "피고인을 … 구인 또는 구금함에는 구속영장을 발부하여야 한다." 부분은 헌법 제12조 제3항에 위반되지 아니한다. … **법원이 직권으로 발부하는 영장과 수사기관의 청구에 의하여 발부하는 구속영장의 법적 성격은 같지 않다. 즉, 전자는 명령장으로서의 성질을 가지지만 후자는 허가장으로서의 성질을 가지는 것으로 이해되고 있다**(헌재 1997.3.27, 96헌바28 등).

4 영장 없는 음주측정이 위헌인지 여부: 소극 [합헌] 08. 국가직

도로교통법 제41조 제2항에 규정된 음주측정은 성질상 강제될 수 있는 것이 아니며 궁극적으로 당사자의 **자발적 협조가 필수적인 것이므로** 이를 두고 법관의 영장을 필요로 하는 강제처분이라 할 수 없다. 따라서 이 사건 법률조항이 주취운전의 혐의자에게 영장 없는 음주측정에 응할 의무를 지우고 이에 불응한 사람을 처벌한다고 하더라도 헌법 제12조 제3항에 규정된 영장주의에 위배되지 아니한다(헌재 1997.3.27, 96헌가11).

정답 01 ○ 02 ✕

5 지문채취불응에 대한 형사처벌이 영장주의 등에 위배되는지 여부: **소극 [합헌]** 06. 사시, 09·12. 법행

이 사건 법률조항은 수사기관이 직접 물리적 강제력을 행사하여 피의자에게 강제로 지문을 찍도록 하는 것을 허용하는 규정이 아니며 형벌에 의한 불이익을 부과함으로써 심리적·간접적으로 지문채취를 강요하고 있으므로 피의자가 본인의 판단에 따라 수용 여부를 결정한다는 점에서 궁극적으로 당사자의 자발적 협조가 필수적임을 전제로 하므로 물리력을 동원하여 강제로 이루어지는 경우와는 질적으로 차이가 있다. 따라서 이 사건 법률조항에 의한 지문채취의 강요는 영장주의에 의하여야 할 강제처분이라 할 수 없다. 또한 수사상 필요에 의하여 수사기관이 직접강제에 의하여 지문을 채취하려 하는 경우에는 반드시 법관이 발부한 영장에 의하여야 하므로 영장주의 원칙은 여전히 유지되고 있다고 할 수 있다. … 지문채취 그 자체가 피의자에게 주는 피해는 그리 크지 않은 반면 일단 채취된 지문은 피의자의 신원을 확인하는 효과적인 수단이 될 뿐 아니라 수사절차에서 범인을 검거하는 데에 중요한 역할을 한다. 한편 이 사건 법률조항에 규정되어 있는 법정형은 형법상의 제재로서는 최소한에 해당되므로 지나치게 가혹하여 범죄에 대한 형벌 본래의 목적과 기능을 달성함에 필요한 정도를 일탈하였다고 볼 수도 없다(헌재 2004.9.23, 2002헌가17 등).

6 마약류 사범에게 마약류 반응검사를 위하여 월 1회씩 정기적으로 소변을 채취하여 제출하도록 한 것이 영장주의에 위배되는지 여부: **소극 [기각]** 08. 사시·법무사, 19. 서울시

이 사건 소변채취는 교정시설의 안전과 질서유지를 위한 목적에서 행하는 것으로 수사에 필요한 처분이 아닐 뿐만 아니라 청구인과 같은 검사대상자에게 소변을 종이컵에 채취하여 제출하도록 한 것으로서 당사자의 협력이 불가피하므로 이를 두고 강제처분이라고 할 수도 없을 것이다. 따라서 이 사건 소변채취를 법관의 영장을 필요로 하는 강제처분이라고 할 수 없어 구치소 등 교정시설 내에서 위와 같은 방법에 의한 소변채취가 법관의 영장 없이 실시되었다고 하여 헌법 제12조 제3항의 영장주의를 위배하였다고 할 수는 없다(헌재 2006.7.27, 2005헌마277).

7 검사조사실에서의 계구사용을 원칙으로 규정하고 있는 계호근무준칙 제298조 제1호·제2호가 신체의 자유를 침해하는지 여부: **적극 [인용(위헌확인)]** 08. 법무사

검사가 검사조사실에서 피의자신문을 하는 절차에서는 피의자가 신체적으로나 심리적으로 위축되지 않은 상태에서 자기의 방어권을 충분히 행사할 수 있도록 계구를 사용하지 말아야 하는 것이 원칙이고, 다만 도주·폭행·소요·자해 등의 위험이 분명하고 구체적으로 드러나는 경우에만 예외적으로 계구를 사용하여야 할 것이다. 따라서 이 조항이 취하고 있는 **원칙과 예외의 이러한 완전한 전도는 신체의 자유를 원칙적으로 과도하게 제한**하여 이를 침해하는 결과를 가져오므로 헌법에 위반된다(헌재 2005.5.26, 2004헌마49).

8 교도소 내 엄중격리대상자에 대하여 이동시 계구를 사용하고 교도관이 동행계호하는 행위 및 1인 운동장을 사용하게 하는 처우가 신체의 자유를 침해하는지 여부: **소극**

교도소 내 엄중격리대상자에 대하여 이동 시 계구를 사용하고 교도관이 동행계호하는 행위 및 1인 운동장을 사용하게 하는 처우는 신체의 자유를 과도하게 제한하는 것이 아니다(헌재 2008.5.29, 2005헌마137).

9 영장주의가 행정상 즉시강제에도 적용되는지 여부: **소극 [합헌]** 06·08. 국가직, 16·19. 서울시

영장주의가 행정상 즉시강제에도 적용되는지에 관하여는 논란이 있으나, **행정상 즉시강제는 상대방의 임의이행을 기다릴 시간적 여유가 없을 때** 하명 없이 **바로 실력을 행사하는 것**으로서, 그 본질상 **급박성**을 요건으로 하고 있어 **법관의 영장을 기다려서는 그 목적을 달성할 수 없다고 할 것이므로**, 원칙적으로 **영장주의가 적용되지**

기출 OX

03 범죄의 피의자로 입건된 사람이 경찰공무원이나 검사의 신문을 받으면서 자신의 신원을 밝히지 않고 지문채취에 불응하는 경우 형사처벌을 부과하는 것은, 수사기관이 직접 물리적 강제력을 행사하여 피의자에게 강제로 지문을 찍도록 하는 것을 허용하는 것과 질적인 차이가 없으므로 영장주의에 위배된다. 17. 경찰승진 (   )

✎ • 신원확인을 위한 목적의 지문채취 ⇨ 영장주의 적용 ×
• 수사상 필요에 의한 직접강제로 지문채취 ⇨ 영장주의 적용 ○

04 행정상 즉시강제는 상대방의 임의이행을 기다릴 시간적 여유가 없을 때 하명 없이 바로 실력을 행사하는 것으로서, 원칙적으로 영장주의가 적용되지 않는다. 20. 경찰경채 (   )

정답 **03** × **04** ○

않는다고 보아야 할 것이다. 이 사건 법률조항은 앞에서 본 바와 같이 급박한 상황에 대처하기 위한 것으로서 그 **불가피성과 정당성이 충분히 인정**되는 경우이므로, 이 사건 법률조항이 영장 없는 수거를 인정한다고 하더라도 이를 두고 헌법상 **영장주의에 위배되는 것으로는 볼 수 없다**(헌재 2002.10.31, 2000헌가12).

10 특별검사의 동행명령을 정당한 사유 없이 거부한 참고인에 대하여 1천만원 이하의 벌금에 처하도록 하는 '이명박 특검법' 제6조 제6항과 제18조 제2항이 영장주의에 위배되는지 여부: **적극 [위헌]** 12. 지방직, 16. 법행

법률이 수사기관으로 하여금 법관에 의한 영장에 의하지 아니하고 참고인에 대하여 실질적으로 이와 동일한 행위를 하도록 허용한다면, 이는 헌법상 영장주의원칙을 위반한 것이거나 적어도 위 헌법상 원칙을 잠탈하는 것이라고 할 것이다. 그렇다면 법관이 아닌 특별검사가 동행명령장을 발부하도록 하고 정당한 사유 없이 이를 거부한 경우 벌금형에 처하도록 함으로써, 실질적으로는 참고인의 신체의 자유를 침해하여 지정된 장소에 인치하는 것과 마찬가지의 결과가 나타나도록 규정한 이 사건 동행명령조항은 영장주의원칙을 규정한 헌법 제12조 제3항에 위반되거나 적어도 위 헌법상 원칙을 잠탈하는 것으로서 위헌이라 할 것이다. … 참고인 진술의 수사상 효용가치에 한계가 있기 때문에 이 사건 동행명령조항으로 달성하고자 하는 '진상을 규명하기 위해 필수불가결한 참고인의 진술 확보'라는 공익은 그 실현 여부가 분명하지 않은 데 반하여, 위 조항으로 인하여 청구인들이 감수해야 할 신체의 자유에 대한 침해는 지나치게 크다. 결국 이 사건 동행명령조항은 과잉금지원칙에 위배하여 청구인들의 신체의 자유와 평등권을 침해한다(헌재 2008.1.10, 2007헌마1468).

11 지방의회의 사무감사를 위한 증인의 동행명령장제도가 영장주의에 위배되는지 여부: **적극** 12. 지방직

지방의회에서의 사무감사·조사를 위한 증인의 동행명령장제도는 증인의 신체의 자유를 억압하여 일정 장소로 인치하는 것으로서 헌법 제12조 제3항의 '체포 또는 구속'에 준하는 사태로 보아야 하고, 거기에 현행범체포와 같이 사후에 영장을 발부받지 아니하면 목적을 달성할 수 없는 긴박성이 있다고 인정할 수는 없으므로, 헌법 제12조 제3항에 의하여 법관이 발부한 영장의 제시가 있어야 함에도 불구하고 동행명령장을 법관이 아닌 지방의회의장이 발부하고 이에 기하여 증인의 신체의 자유를 침해하여 증인을 일정 장소에 인치하도록 규정된 조례안은 영장주의원칙을 규정한 헌법 제12조 제3항에 위반된 것이다(대판 1995.6.30, 93추83).

12 형사재판에 계속 중인 사람에 대하여 출국을 금지할 수 있다고 규정한 출입국관리법 제4조 제1항 제1호가 영장주의 등을 침해하는지 여부: **소극 [합헌]**

심판대상조항에 따른 법무부장관의 출국금지결정은 형사재판에 계속 중인 국민의 출국의 자유를 제한하는 행정처분일 뿐이고 영장주의가 적용되는 신체에 대하여 직접적으로 물리적 강제력을 수반하는 강제처분이라고 할 수는 없다. 따라서 심판대상조항이 헌법 제12조 제3항의 영장주의에 위배된다고 볼 수 없다(헌재 2015.9.24, 2012헌바302).

13 법원의 구속집행정지결정에 대한 검사의 즉시항고를 규정한 형사소송법 제101조 제3항이 헌법상 영장주의와 적법절차원칙에 반하여 위헌인지 여부: **적극 [위헌]** 19. 국가직

법원이 피고인의 구속 또는 그 유지 여부의 필요성에 관하여 한 재판의 효력이 검사나 다른 기관의 이견이나 불복이 있다 하여 좌우되거나 제한받는다면 이는 영장주의에 위반된다고 할 것인바, 구속집행정지결정에 대한 검사의 즉시항고를 인정하는 이 사건 법률조항은 검사의 불복을 그 피고인에 대한 구속집행을 정지할 필요가 있다는 법원의 판단보다 우선시킬 뿐만 아니라, 사실상 법원의 구속집행정지결정을 무의미

기출 OX

01 특별검사가 참고인에게 지정된 장소까지 동행할 것을 명령할 수 있게 하고 참고인이 정당한 이유 없이 위 동행명령을 거부한 경우 1천만원 이하의 벌금형에 처하도록 규정한 동행명령조항은 참고인의 신체의 자유를 침해하지 않는다. 17. 경찰승진 ( )

02 특별검사가 참고인에게 지정된 장소까지 동행할 것을 명령할 수 있게 하고 참고인이 정당한 이유 없이 위 동행명령을 거부한 경우 1천만원 이하의 벌금형에 처하도록 규정한 동행명령조항은 영장주의 또는 과잉금지원칙에 위배하여 참고인의 신체의 자유를 침해하는 것이다. 20. 경찰승진 ( )

03 출입국관리법에 의한 법무부장관의 출국금지결정은 형사재판에 계속 중인 국민의 출국의 자유를 제한하는 행정처분일 뿐이고, 영장주의가 적용되는 신체에 대하여 직접적으로 물리적 강제력을 수반하는 강제처분은 아니다. 20. 경찰경채 ( )

04 구속집행정지결정에 대한 검사의 즉시항고를 인정하는 경우에는 검사의 불복을 그 피고인에 대한 구속집행을 정지할 필요가 있다는 법원의 판단보다 우선시킬 뿐만 아니라 사실상 법원의 구속집행정지결정을 무의미하게 할 수 있는 권한을 검사에게 부여하게 되는 점에서 헌법 제12조 제3항의 영장주의원칙에 위배된다. 19. 법원직 ( )

정답 01 × 02 ○ 03 ○ 04 ○

하게 할 수 있는 권한을 검사에게 부여한 것이라는 점에서 헌법 제12조 제3항의 영장주의원칙에 위배된다. 또한 헌법 제12조 제3항의 영장주의는 헌법 제12조 제1항의 적법절차원칙의 특별규정이므로, 헌법상 영장주의원칙에 위배되는 이 사건 법률조항은 헌법 제12조 제1항의 적법절차원칙에도 위배된다(헌재 2012.6.27, 2011헌가36).

14 채취대상자가 동의하는 경우에는 영장 없이 디엔에이감식시료를 채취할 수 있도록 한 것이 영장주의에 위반되는지 여부: 소극 [기각]

이 사건 채취동의조항은 동의에 의한 디엔에이감식시료채취를 규정하면서, 미리 채취대상자에게 채취를 거부할 수 있음을 고지하고 서면으로 동의를 받도록 하고 규정하고 있고, 동의가 없으면 반드시 법관이 발부한 영장에 의하여 채취하여야 한다. 따라서 동의에 의한 디엔에이감식시료채취를 규정한 이 사건 채취동의조항 자체가 영장주의를 회피하여 영장주의와 적법절차원칙에 반하는 것은 아니다(헌재 2014.8.28, 2011헌마28).

15 체포영장을 집행하는 경우 필요한 때에는 타인의 주거 등 내에서 피의자 수색을 할 수 있도록 한 형사소송법 제216조 제1항 제1호 중 제200조의2에 관한 부분이 영장주의에 위배되는지 여부: 적극 [헌법불합치] 18·19. 국가직, 19. 서울시

[1] 명확성원칙 위반 여부: 소극

심판대상조항의 피의자를 체포하는 경우에 '필요한 때'는 '피의자가 소재할 개연성'을 의미하는 것으로 해석할 수 있다. 심판대상조항은 수사기관이 피의자를 체포하기 위하여 필요한 때에는 영장 없이 타인의 주거 등에 들어가 피의자를 찾는 행위를 할 수 있다는 의미로서, 심판대상조항의 '피의자 수사'는 '피의자 수색'을 의미함을 어렵지 않게 해석할 수 있다.

[2] 영장주의 위반 여부: 적극

헌법 제12조 제3항과는 달리 헌법 제16조 후문은 "주거에 대한 압수나 수색을 할 때에는 검사의 신청에 의하여 법관이 발부한 영장을 제시하여야 한다."라고 규정하고 있을 뿐 영장주의에 대한 예외를 명문화하고 있지 않으나, 헌법 제12조 제3항과 헌법 제16조의 관계, 주거 공간에 대한 긴급한 압수·수색의 필요성, 주거의 자유와 관련하여 영장주의를 선언하고 있는 헌법 제16조의 취지 등에 비추어 ① 그 장소에 범죄혐의 등을 입증할 자료나 피의자가 존재할 개연성이 있고, ② 사전에 영장을 발부받기 어려운 긴급한 사정이 있는 경우에는 제한적으로 영장주의의 예외를 허용할 수 있다고 보는 것이 타당하다.

심판대상조항은 체포영장을 발부받아 피의자를 체포하는 경우에 '필요한 때'에는 영장 없이 타인의 주거 등 내에서 피의자 수사를 할 수 있다고 규정함으로써, **별도로 영장을 발부받기 어려운 긴급한 사정이 있는지 여부를 구별하지 아니하고 피의자가 소재할 개연성이 있으면 영장 없이 타인의 주거 등을 수색할 수 있도록 허용하고 있다.** 이는 체포영장이 발부된 피의자가 타인의 주거 등에 소재할 개연성은 인정되나, **수색에 앞서 영장을 발부받기 어려운 긴급한 사정이 인정되지 않는 경우에도 영장 없이 피의자 수색을 할 수 있다는 것이므로, 위에서 본 헌법 제16조의 영장주의 예외요건을 벗어난다**(헌재 2018.4.26, 2015헌바370).

기출 OX

05 헌법 제12조 제3항과는 달리 헌법 제16조 후문은 "주거에 대한 압수나 수색을 할 때에는 검사의 신청에 의하여 법관이 발부한 영장을 제시하여야 한다."라고 규정하고 있을 뿐 영장주의에 대한 예외를 명문화하고 있지 않으므로 영장주의가 예외 없이 반드시 관철되어야 함을 의미하는 것이다. 19. 국가직 ( )

정답 05 ×

기출 OX

01 국가보안법 위반죄 등 일부 범죄 혐의자를 법관의 영장 없이 구속·압수·수색할 수 있도록 규정하고 있던 구 인신구속 등에 관한 임시 특례법 조항은 영장주의에 위배된다.
19. 경찰승진 ( )

16 국가보안법 위반죄 등을 범한 자를 법관의 영장 없이 구속·압수·수색할 수 있도록 했던 구 인신구속 등에 관한 임시특례법 제2조 제1항이 영장주의에 위배되는지 여부: **적극 [위헌]**

이 사건 법률조항은 수사기관이 법관에 의하여 발부된 영장 없이 일부 범죄혐의자에 대하여 구속 등 강제처분을 할 수 있도록 규정하고 있을 뿐만 아니라, 그와 같이 영장 없이 이루어진 강제처분에 대하여 일정한 기간 내에 법관에 의한 사후영장을 발부받도록 하는 규정도 마련하지 아니함으로써 수사기관이 법관에 의한 구체적 판단을 전혀 거치지 않고서도 임의로 불특정한 기간 동안 피의자에 대한 구속 등 강제처분을 할 수 있도록 하고 있는바, 이는 이 사건 법률조항의 입법목적과 그에 따른 입법자의 정책적 선택이 자의적이었는지 여부를 따질 필요도 없이 형식적으로 영장주의의 본질을 침해한다고 하지 않을 수 없다(헌재 2012.12.27, 2011헌가5).

17 헌법상 영장신청권자가 검찰청법상 검사로 한정되는지 여부: **소극 [기각]**

헌법에 규정된 영장신청권자로서의 검사는 검찰권을 행사하는 국가기관인 검사로서, 공익의 대표자이자 수사단계에서의 인권옹호기관으로서의 지위에서 그에 부합하는 직무를 수행하는 자를 의미하는 것이지, 검찰청법상 검사만을 지칭하는 것으로 보기 어렵다. 실제로 군검사와 특별검사도 검찰청법상 검사에 해당하지 않지만 영장신청권을 행사하고 있다.

공수처법 제8조 제4항에 따라 검찰청법 제4조에 따른 검사의 직무 및 군사법원법 제37조에 따른 군검사의 직무를 수행하는 수사처검사는 공익의 대표자로서 다른 수사기관인 수사처수사관을 지휘·감독하고, 단지 소추권자로서 처벌을 구하는 데에 그치는 것이 아니라 피고인의 이익도 함께 고려하는 인권옹호기관으로서의 역할을 한다. 또한 수사처검사는 변호사 자격을 일정 기간 보유한 사람 중에서 임명하도록 되어 있으므로, 법률전문가로서의 자격도 충분히 갖추었다 할 수 있다. 따라서 공수처법 제8조 제4항은 영장주의원칙을 위반하여 청구인들의 신체의 자유 등을 침해하지 않는다(헌재 2021.1.28, 2020헌마264).

18 피의자의 동의 없이 피의자의 신체로부터 혈액을 채취하고 사후에도 지체 없이 영장을 발부받지 아니한 채 얻은 알코올농도에 관한 감정의뢰회보가 영장주의에 위배되는지 여부: **적극**

수사기관이 법원으로부터 영장 또는 감정처분허가장을 발부받지 아니한 채 피의자의 동의 없이 피의자의 신체로부터 혈액을 채취하고 사후에도 지체 없이 영장을 발부받지 아니한 채 혈액 중 알코올농도에 관한 감정을 의뢰하였다면, 이러한 과정을 거쳐 얻은 감정의뢰회보 등은 형사소송법상 영장주의원칙을 위반하여 수집하거나 그에 기초하여 획득한 증거로서, 원칙적으로 절차위반행위가 적법절차의 실질적인 내용을 침해하여 피고인이나 변호인의 동의가 있더라도 유죄의 증거로 사용할 수 없다(대판 2012.11.15, 2011도15258).

19 압수·수색영장을 발부받아 압수·수색의 방법으로 소변을 채취하는 경우 임의동행을 기대할 수 없는 사정이 있는 때에 피의자를 소변 채취에 적합한 장소로 데려가기 위해서 필요최소한의 유형력을 행사하는 것이 '압수·수색 영장의 집행에 필요한 처분'에 해당하는지 여부: **적극**

압수·수색의 방법으로 소변을 채취하는 경우 압수대상물인 피의자의 소변을 확보하기 위한 수사기관의 노력에도 불구하고, 피의자가 인근 병원 응급실 등 소변 채취에 적합한 장소로 이동하는 것에 동의하지 않거나 저항하는 등 임의동행을 기대할

정답 01 ○

수 없는 사정이 있는 때에는 수사기관으로서는 소변 채취에 적합한 장소로 피의자를 데려가기 위해서 필요최소한의 유형력을 행사하는 것이 허용된다. 이는 형사소송법 제219조, 제120조 제1항에서 정한 '압수·수색영장의 집행에 필요한 처분'에 해당한다고 보아야 한다(대판 2018.7.12, 2018도6219).

3. 체포·구속적부심사제도

> 헌법 제12조 ⑥ 누구든지 체포 또는 구속을 당한 때에는 적부의 심사를 법원에 청구할 권리를 가진다.

(1) 의의

① 개념
   ㉠ '체포·구속적부심사제도'란 수사기관에 의하여 체포 또는 구속된 피의자에 대하여 법원이 체포 또는 구속의 적법 여부와 그 필요성을 심사하여 체포 또는 구속이 부적법·부당한 경우에 피의자를 석방시키는 제도를 말한다.
   ㉡ 체포·구속적부심사청구권은 입법자가 법률로써 구체적인 내용을 형성하여야만 권리주체가 실질적으로 이를 행사할 수 있는 경우에 해당하는 것으로서, 본질적으로 제도적 보장의 성격이 강한 절차적 기본권(청구권적 기본권)에 관하여는 상대적으로 광범위한 입법형성권이 인정되기 때문에 관련 법률에 대한 위헌성 심사를 함에 있어서는 자의금지원칙이 적용되고, 따라서 현저하게 불합리한 절차법규정이 아닌 이상 이를 헌법에 위반된다고 할 수 없다(헌재 2004.3.25, 2002헌바104).

② 연혁
   ㉠ 영미법상의 인신보호영장에서 유래한 제도이다.
   ㉡ 1948년 미군정법령 제176호에 의하여 우리나라에 처음 도입되었다.
   ㉢ 1948년 건국헌법에서 헌법상 제도로서 채택되었다.
   ㉣ 1972년 제7차 개정헌법(유신헌법)에서 삭제되었다. 05. 법무사
   ㉤ 1980년 제8차 개정헌법에서 부활되었다.
   ㉥ 1987년 제9차 개정헌법(현행헌법)에서 청구권의 배제규정을 삭제하여 구속적부심사의 청구사유를 확대하였다.

(2) 기능

법관이 발부한 영장에 대한 재심절차 내지 항고적 성격(절차적 기본권)을 가진다. 불법체포나 불법구속을 방지하기 위한 사후구제책의 중심이 되는 제도로 기능한다.

기출 OX

02 구속적부심사제도는 제헌헌법에서부터 인정되었으며 폐지되지 않고 현행헌법까지 유지되어 왔다. 18. 서울시 ( )

정답 02 ×

(3) 내용

> **형사소송법**
>
> **제214조의2 【체포와 구속의 적부심사】** ① **체포되거나 구속**된 피의자 또는 그 변호인, 법정대리인, 배우자, 직계친족, 형제자매나 가족, 동거인 또는 고용주는 관할법원에 체포 또는 구속의 적부심사를 청구할 수 있다.
> ② 피의자를 체포하거나 구속한 검사 또는 사법경찰관은 체포되거나 구속된 피의자와 제1항에 규정된 사람 중에서 피의자가 지정하는 사람에게 제1항에 따른 **적부심사를 청구할 수 있음을 알려야 한다.**
> ③ 법원은 제1항에 따른 청구가 다음 각 호의 어느 하나에 해당하는 때에는 제4항에 따른 심문 없이 결정으로 청구를 기각할 수 있다.
> 1. 청구권자 아닌 사람이 청구하거나 동일한 체포영장 또는 구속영장의 발부에 대하여 재청구한 때
> 2. 공범이나 공동피의자의 순차청구가 수사방해를 목적으로 하고 있음이 명백한 때
> ④ 제1항의 청구를 받은 법원은 청구서가 접수된 때부터 **48시간 이내에 체포되거나 구속된 피의자를 심문**하고 수사관계서류와 증거물을 조사하여 그 청구가 이유 없다고 인정한 경우에는 결정으로 이를 기각하고, 이유 있다고 인정한 경우에는 결정으로 체포되거나 구속된 피의자의 석방을 명하여야 한다. **심사청구 후 피의자에 대하여 공소제기가 있는 경우에도 또한 같다.**
> ⑤ 법원은 구속된 피의자(심사청구 후 공소제기된 사람을 포함한다)에 대하여 피의자의 출석을 보증할 만한 보증금의 납입을 조건으로 하여 결정으로 제4항의 석방을 명할 수 있다. 다만, 다음 각 호에 해당하는 경우에는 그러하지 아니하다.
> 1. 범죄의 증거를 인멸할 염려가 있다고 믿을 만한 충분한 이유가 있는 때
> 2. 피해자, 당해 사건의 재판에 필요한 사실을 알고 있다고 인정되는 사람 또는 그 친족의 생명·신체나 재산에 해를 가하거나 가할 염려가 있다고 믿을 만한 충분한 이유가 있는 때
> ⑧ **제3항과 제4항의 결정에 대해서는 항고할 수 없다.**

① **청구권자**: 체포·구속적부심사의 청구권자는 체포되거나 구속된 피의자 또는 그 변호인, 법정대리인, 배우자, 직계친족, 형제자매나 가족, 동거인 또는 고용주이다(형사소송법 제214조의2 제1항). 헌법재판소는 전격기소된 형사피고인에게도 체포·구속적부심사청구권이 인정된다고 판시하였다(헌재 2004.3.25, 2002헌바104).

② **청구사유와 심사대상**: 체포·구속적부심사청구는 모든 범죄에 대하여 가능하며, 체포·구속적부의 심사는 영장발부의 요식과 절차에 관한 형식적 상황과 체포·구속사유의 적법성과 타당성에 관한 실질적 사항을 대상으로 한다. 적부심사의 청구사유는 체포 또는 구속의 적부이다. 여기서 체포 또는 구속의 적부란 체포 또는 구속의 불법뿐만 아니라 부당, 즉 구속계속의 필요성에 대한 판단을 포함한다.

③ **판단시기**: 적부심사의 기준이 되는 시기(즉, 구속을 계속할 필요가 있는지를 판단하는 기준시기)는 **적부심사시**가 되어야 한다(다수설).

④ **심사기관**: 체포영장이나 구속영장을 발부한 법관은 체포·구속적부심사의 심문·조사·결정에 관여할 수 없다. 다만, 체포·구속영장을 발부한 법관 외에는 심문·조사·결정을 할 판사가 없는 경우에는 그러하지 아니하다(형사소송법 제214조의2 제12항).

⑤ **법원의 결정**
  ㉠ 기각결정
  ㉡ 석방결정
  ㉢ **보증금납입조건부 피의자석방**: 보증금납입조건부 피의자석방의 대상자는 구속된 피의자에 제한되어 있으므로(형사소송법 제214조의2 제5항), 체포된 피의자에 대하여는 보증금납입을 조건으로 한 석방이 허용되지 않는다(대법원).

⑥ **법원의 결정에 대한 불복**: 체포·구속적부심사에 관한 법원의 기각결정과 석방결정에 대해서는 검사와 피의자 모두 항고할 수 없다(형사소송법 제214조의2 제8항). 08. 법무사 반면에 법원의 보증금납입조건부 피의자석방결정에 대하여는 검사나 피의자 모두 항고할 수 있다(대결 1997.8.27, 97모21).

4. 체포·구속이유 등 고지제도(넓은 의미의 미란다원칙)

> **헌법 제12조** ⑤ 누구든지 체포 또는 구속의 이유와 변호인의 조력을 받을 권리가 있음을 고지받지 아니하고는 체포 또는 구속을 당하지 아니한다. 체포 또는 구속을 당한 자의 가족 등 법률이 정하는 자에게는 그 이유와 일시·장소가 지체 없이 통지되어야 한다. 08. 법무사

> **➕ PLUS 미란다(Miranda)원칙**
> '미란다원칙'이란 피의자보호를 위한 일련의 절차적 권리를 피의자에게 고지하지 아니한 채 피의자를 구금한 상태에서 심문하여 얻은 피의자의 진술은 증거로 채택될 수 없다는 원칙을 말한다. 고지하여야 할 내용으로는 ① 피의자가 진술거부권을 가지고 있다는 사실, ② 피의자의 진술이 그에게 불리한 증거로서 사용될 수 있다는 사실, ③ 피의자가 변호인의 조력을 받을 수 있다는 사실 등을 들 수 있다. 미란다원칙은 미국연방헌법수정 제5조(자기부죄거부의 특권)를 근거로 하고, Miranda v. Arizona사건의 판결에서 확립된 것이다.

(1) 의의
체포·구속이유 등 고지제도는 영국에서의 구속이유표시제도와 미국에서의 영장주의 및 적법절차의 일환으로 발전하여 온 제도로서, 피의자나 그 가족에게 방어수단을 강구하게 하는 것이므로 인권보장에 중대한 의미를 가진다.

(2) 법적 성격
일종의 형사사법적 제도라고 하는 객관적 제도로서의 성격과 피의자와 가족 등이 수사기관으로부터 체포·구속의 이유 등에 관하여 통지받을 권리(알 권리)라고 하는 주관적 공권의 성격을 가진다.

기출 OX

01 현행 형사소송법은 법원의 체포·구속의 적부심사결정에 대하여 검사는 항고하지 못한다고 규정하고 있으므로, 피의자는 항고할 수 있다. 18. 법무사 ( )

02 누구든지 체포 또는 구속의 이유와 변호인의 조력을 받을 권리가 있음을 고지받지 아니하고는 체포 또는 구속을 당하지 아니한다. 체포 또는 구속을 당한 자의 가족 등 법률이 정하는 자에게는 그 이유와 일시·장소가 지체 없이 통지되어야 한다. 20. 경찰승진 ( )

정답 01 × 02 ○

(3) 내용
① **고지받을 권리**: 고지받을 권리의 주체는 헌법이 '누구든지'라고 규정하고 있으므로 형사피의자뿐만 아니라 피고인도 포함된다.
② **통지받을 권리**: 통지받을 권리의 주체는 가족 등 법률이 정하는 자[변호인, 법정대리인, 배우자, 직계친족, 형제자매(형사소송법 제30조 제2항, 제87조 제1항)]이다. 통지는 지체 없이 서면으로 하여야 한다(형사소송법 제87조 제2항).

(4) 수사기관의 고지·통지의무
수사기관이 고지·통지의무를 이행하지 않는 경우 직권남용에 의한 불법행위로 간주되어 형사처벌을 받게 된다.

5. 무죄추정의 원칙

> 헌법 제27조 ④ 형사피고인은 유죄의 판결이 확정될 때까지는 무죄로 추정된다.

(1) 의의
① 무죄추정의 원칙은 형사절차와 관련하여 아직 공소가 제기되지 아니한 피의자는 물론 비록 공소가 제기된 피고인이라 할지라도 유죄의 판결이 확정될 때까지는 원칙적으로 죄가 없는 자로 다루어져야 하고, 그 불이익은 필요최소한에 그쳐야 한다는 원칙을 말한다(헌재 1997.5.29, 96헌가17).
② 피고인이라도 유죄의 확정판결이 있기까지는 원칙적으로 죄가 없는 자에 준하여 취급하여야 하고 불이익을 입혀서는 아니 된다고 할 것이고 가사 그 불이익을 입힌다 하여도 필요한 최소제한에 그치도록 비례의 원칙이 존중되어야 한다는 것이 무죄추정의 원칙이며, 여기의 '불이익'에는 형사절차상 불이익뿐만 아니라 그 밖의 기본권제한과 같은 처분에 의한 불이익도 입어서는 아니 된다는 의미도 포함된다(헌재 1990.11.19, 90헌가48).
③ 무죄추정의 원칙은 1980년 제8차 개정헌법에서 처음 명문화되었다. 12.법행

(2) 성격
무죄추정의 원칙은 판결의 기본방향과 법관 및 수사기관의 기본자세를 규정하는 원칙이며, 판결 이전의 절차뿐만 아니라 판결 자체와 판결형성의 과정에서도 준수되어야 할 원칙이다. 04.법무사

(3) 적용범위
① **피고인과 피의자**: 헌법 제27조 제4항은 "형사피고인은 유죄의 판결이 확정될 때까지 무죄로 추정된다."라고 하여 이른바 무죄추정의 원칙을 선언하였는데, 공소가 제기된 형사피고인에게 무죄추정의 원칙이 적용되는 이상 아직 공소제기조차 되지 아니한 형사피의자에게 무죄추정의 원칙이 적용되는 것은 너무도 당연한 일이다(헌재 1992.1.28, 91헌마111). 03.법무사, 05.사시
② **유죄판결의 확정**: 피고인은 유죄판결확정시까지는 무죄의 추정을 받는다. 따라서 제1심 또는 제2심판결에서 유죄판결이 선고되었다 하더라도 유죄판결이 확정되지 않은 때에는 무죄의 추정을 받는다. 여기서 유죄판결이란 형선고의 판결뿐만 아니라 형면제의 판결과 집행유예·선고유예의 판결을 포함한다. 그러므로 **면소, 공소기각, 관할 위반의 판결이 확정된 때에는 무죄의 추정이 유지**된다.

(4) 내용

① **인신구속의 제한**: 불구속수사·불구속재판을 원칙으로 하고 예외적으로 도피할 우려가 있거나 증거를 인멸할 우려가 있는 때에 한하여 구속수사 또는 구속재판이 이루어져야 한다. 07.사시

② **의심스러운 때에는 피고인의 이익으로(in dubio pro reo)**: '의심스러운 때에는 피고인의 이익으로'라는 원칙은 입증단계에서 거증책임을 정하는 기준이 되는 바, 범죄사실의 입증책임은 검사가 부담한다. 범죄혐의에 관하여 입증이 없으면 '의심스러운 때에는 피고인의 이익으로'라는 원칙에 따라 무죄를 선고하여야 한다.

③ **불이익처우의 금지**: 유죄임을 전제로 하여 고문·폭행·협박·구속의 부당한 장기화를 통한 무리한 진실추구를 하여서는 아니 된다.

판례 |

1 공정거래위원회의 법 위반사실 공표명령제도가 무죄추정의 원칙에 위배되는지 여부: 적극 [위헌] 11.법행

공정거래위원회의 고발조치 등으로 장차 형사절차 내에서 진술을 하여야 할 행위자에게 사전에 이와 같은 법 위반사실의 공표를 하게 하는 것은 형사절차 내에서 법 위반사실을 부인하고자 하는 행위자의 입장을 모순에 빠뜨려 소송수행을 심리적으로 위축시키거나, 법원으로 하여금 공정거래위원회 조사결과의 신뢰성 여부에 대한 불합리한 예단을 촉발할 소지가 있고 이는 장차 진행될 형사절차에도 영향을 미칠 수 있다. 결국 법 위반사실의 공표명령은 **공소제기조차 되지 아니하고 단지 고발만 이루어진 수사의 초기단계에서 아직 법원의 유·무죄에 대한 판단이 가려지지 아니하였는데도 관련 행위자를 유죄로 추정하는 불이익한 처분**이 된다(헌재 2002.1.31, 2001헌바43).

2 수사 및 재판단계에서 미결수용자에게 재소자용 의류를 착용하게 하는 것이 위헌인지 여부: 적극 [위헌확인] 03.법무사·법행, 05.사시

수사 및 재판단계에서 유죄가 확정되지 아니한 미결수용자에게 **재소자용 의류를 입게 하는 것**은 미결수용자로 하여금 모욕감이나 수치심을 느끼게 하고, 심리적인 위축으로 방어권을 제대로 행사할 수 없게 하여 실체적 진실의 발견을 저해할 우려가 있으므로, 도주 방지 등 어떠한 이유를 내세우더라도 그 제한은 정당화될 수 없어 헌법 제37조 제2항의 기본권제한에서의 비례원칙에 위반되는 것으로서, **무죄추정의 원칙에 반하고** 인간으로서의 존엄과 가치에서 유래하는 인격권과 행복추구권, 공정한 재판을 받을 권리를 침해하는 것이다(헌재 1999.5.27, 97헌마137 등).

3 형사사건으로 기소되면 '필요적으로' 직위해제처분을 하도록 한 국가공무원법규정이 무죄추정의 원칙에 위배되는지 여부: 적극 [위헌]

형사사건으로 기소되기만 하면 국가공무원법 제33조 제1항 제3호 내지 제6호에 해당하는 유죄판결을 받을 고도의 개연성이 있는가의 여부와는 무관하게, 벌금형이나 무죄가 선고될 가능성이 큰 사건인 경우에 대해서까지도 당해 공무원에게 일률적으로 직위해제처분을 하도록 한 이 사건 규정은 비례의 원칙에 위반되어 직업의 자유를 과도하게 침해하고 제27조 제4항의 무죄추정의 원칙에도 위반된다(헌재 1998.5.28, 96헌가12).

기출 OX

01 유죄에 관한 입증이 없으면 '의심스러울 때에는 피고인의 이익'의 원칙에 따라 무죄가 선고되어야 하므로, 유죄의 입증책임은 국가, 즉 검사에게 있다는 의미에서 무죄추정의 원칙은 수사절차에서만 적용된다는 것이 판례의 입장이다. 10.국가직 ( )

02 사업자단체의 독점규제 및 공정거래에 관한 법률 위반행위가 있을 때 공정거래위원회가 당해 사업자단체에 대하여 법위반사실의 공표를 명할 수 있도록 한 것은 무죄추정의 원칙에 반한다. 14.법원직 ( )

03 미결수용자가 수감되어 있는 동안 구치소 등 수용시설 안에서 사복을 입지 못하게 하고 재소자용 의류를 입게 하는 것은 무죄추정의 원칙에 반하여 위헌이다. 03.법행 ( )

정답 01 × 02 ○ 03 ○

기출 OX

01 형사사건으로 기소된 국가공무원을 직위해제할 수 있도록 규정한 것은 무죄추정의 원칙에 반하지 않는다.
11. 법행 ( )

02 헌법재판소는 사립학교법 제58조의2 제1항 단서에 대한 위헌심판사건에서 형사사건으로 기소되었다는 사실만 가지고 직위해제하도록 한 것은 무죄추정의 원칙에 위반된다고 하였다.
07. 국가직 ( )

03 교도소에 수용된 때에는 국민건강보험급여를 정지하도록 한 것은 위헌이 아니다. 16. 경찰승진 ( )

04 법관으로 하여금 미결구금일수를 형기에 산입하되, 그 산입범위는 재량에 의하여 결정하도록 한 형법 조항은 헌법상 무죄추정의 원칙 및 적법절차의 원칙을 위배하여 신체의 자유를 침해한다. 20. 법무사 ( )

4 형사기소된 국가공무원에 대한 '임의적' 직위해제가 무죄추정원칙에 위배되는지 여부: 소극 [합헌] 11. 법행, 18. 법원직

이 사건 법률조항의 직위해제는 잠정적이고 가처분적 성격을 가진 제도일 뿐 직위해제처분을 받은 공무원에 대한 범죄사실 인정이나 유죄판결을 전제로 하여 불이익을 가하는 것은 아니므로 무죄추정의 원칙에 위배된다고 볼 수 없다(헌재 2006.5.25, 2004헌바12).

▶ 형사기소된 공무원을 직위해제하는 것 자체는 합헌이며, 필요적으로 직위해제하는 것은 위헌이다.

5 형사사건으로 기소된 교원에 대하여 '필요적으로' 직위해제처분을 하도록 한 것이 무죄추정의 원칙에 위배되는지 여부: 적극 [위헌] 07. 국회직·법무사

제소된 사안의 심각한 정도, 증거의 확실성 여부 및 예상되는 판결의 내용 등을 고려하지 아니하고 약식명령을 청구한 사건 이외의 형사사건으로서 공소가 제기된 경우, 당해 교원이 자기에게 유리한 사실의 진술이나 증거를 제출할 방법조차 없이 일률적으로 판결의 확정시까지 직위해제처분을 하는 것은 징계절차에서도 청문의 기회가 보장되고 정직처분도 3월 이하만 가능한 사정 등과 비교하면, 사립학교법 제58조의2 제1항 단서규정은 방법의 적정성, 피해의 최소성, 법익의 균형성을 갖추지 못하였다고 할 것이므로 헌법 제15조, 제27조 제4항 및 제37조 제2항에 위반되어 위헌이다(헌재 1994.7.29, 93헌가3).

6 미결수용자에 대한 국민건강보험급여를 정지하는 것이 무죄추정의 원칙에 위반되는지 여부: 소극 [기각] 11. 경찰승진

이 사건 규정은 수용자의 의료보장체계를 일원화하고 **수입원이 차단된 수용자의 건강보험료 납입부담을 면제하기 위한** 입법정책적 판단에 기인한 것이지 유죄의 확정판결이 있기 전에 재소자라는 이유로 어떤 불이익을 주기 위한 것이 아님이 분명하다. 따라서 이 사건 규정은 무죄추정의 원칙에 위반된다고 할 수 없다(헌재 2005.2.24, 2003헌마31 등).

7 판결선고 전 구금일수의 산입을 규정한 형법 제57조 제1항 중 '또는 일부' 부분이 헌법상 무죄추정의 원칙 및 적법절차의 원칙 등을 위배하여 신체의 자유를 침해하는지 여부: 적극 [위헌] 11. 법행

미결구금을 허용하는 것 자체가 헌법상 무죄추정의 원칙에서 파생되는 불구속수사의 원칙에 대한 예외인데, 형법 제57조 제1항 중 '또는 일부' 부분은 그 미결구금일수 중 일부만을 본형에 산입할 수 있도록 규정하여 그 예외에 대하여 사실상 다시 특례를 설정함으로써 기본권 중에서도 가장 본질적인 신체의 자유에 대한 침해를 가중하고 있다. … 이와 같이 헌법상 무죄추정의 원칙에 따라 유죄판결이 확정되기 전에 피의자 또는 피고인을 죄 있는 자에 준하여 취급함으로써 법률적·사실적 측면에서 유형·무형의 불이익을 주어서는 아니 되고, 특히 미결구금은 신체의 자유를 침해받는 피의자 또는 피고인의 입장에서 보면 실질적으로 자유형의 집행과 다를 바 없으므로, 인권보호 및 공평의 원칙상 형기에 전부 산입되어야 한다. 따라서 형법 제57조 제1항 중 '또는 일부' 부분은 헌법상 무죄추정의 원칙 및 적법절차의 원칙 등을 위배하여 합리성과 정당성 없이 신체의 자유를 침해한다(헌재 2009.6.25, 2007헌바25).

정답 01 ○ 02 ○ 03 ○ 04 ○

8 형사소송법 제482조 제1항이 상소제기 후 상소취하시까지의 구금일수 통산에 관해서는 규정하지 아니함으로써 이를 본형 산입의 대상에서 제외되도록 한 것이 헌법상 무죄추정의 원칙 및 적법절차의 원칙, 평등원칙 등을 위배하여 합리성과 정당성 없이 신체의 자유를 지나치게 제한함으로써 헌법에 위반되는지 여부: **적극 [헌법불합치]** 18. 법원직

특히 미결구금은 신체의 자유를 침해받는 피의자 또는 피고인의 입장에서 보면 실질적으로 자유형의 집행과 다를 바 없으므로 인권보호 및 공평의 원칙상 형기에 전부 산입되어야 한다. 따라서 상소제기 후 상소취하시까지의 구금 역시 미결구금에 해당하는 이상 그 구금일수도 형기에 전부 산입되어야 한다. … 결국 상소제기 후 상소취하시까지의 미결구금을 형기에 산입하지 아니하는 것은 헌법상 무죄추정의 원칙 및 적법절차의 원칙, 평등원칙 등을 위배하여 합리성과 정당성 없이 신체의 자유를 지나치게 제한하는 것이고, 따라서 '상소제기 후 미결구금일수의 산입'에 관하여 규정하고 있는 이 사건 법률조항들이 상소제기 후 상소취하시까지의 미결구금일수를 본형에 산입하도록 규정하지 아니한 것은 헌법에 위반된다(헌재 2009.12.29, 2008헌가13·2009헌가5).

9 지방자치단체의 장이 '금고 이상의 형을 선고받고 그 형이 확정되지 아니한 경우'에 부단체장이 그 권한을 대행하도록 하는 것이 무죄추정의 원칙에 위배되는지 여부: **적극 [헌법불합치]** 07. 사시

이 사건 법률조항은 "금고 이상의 형이 선고되었다."는 사실 자체에 주민의 신뢰가 훼손되고 자치단체장으로서 직무의 전념성이 해쳐질 것이라는 부정적 의미를 부여한 후, 그러한 판결이 선고되었다는 사실만을 유일한 요건으로 하여 형이 확정될 때까지의 불확정한 기간 동안 자치단체장으로서의 직무를 정지시키는 불이익을 가하고 있으며, 그와 같이 불이익을 가함에 있어 필요최소한에 그치도록 엄격한 요건을 설정하지도 않았으므로 무죄추정의 원칙에 위배된다(헌재 2010.9.2, 2010헌마418).

10 지방자치단체의 장이 '공소제기된 후 구금상태에 있는 경우' 부단체장이 그 권한을 대행하도록 규정한 지방자치법 제111조 제1항 제2호가 무죄추정원칙에 위배되는지 여부: **소극 [기각]** 11. 법행, 12. 지방직

이 사건 법률조항은 공소제기된 자로서 구금되었다는 사실 자체에 사회적 비난의 의미를 부여한다거나 그 유죄의 개연성에 근거하여 직무를 정지시키는 것이 아니라, 구금의 효과, 즉 구속되어 있는 자치단체장의 물리적 부재상태로 인하여 객관적으로 업무의 효율성이 저하되고 자치단체행정의 원활하고 계속적인 운영에 위험이 발생할 것이 명백하여 이를 미연에 방지하기 위하여 직무를 정지시키는 것이므로, '범죄사실의 인정 또는 유죄의 인정에서 비롯되는 불이익'이라거나 '유죄를 근거로 하는 사회윤리적 비난'이라고 볼 수 없다. 따라서 무죄추정의 원칙에 위반되지 않는다(헌재 2011.4.28, 2010헌마474).

11 형사재판에 계속 중인 사람에 대하여 출국을 금지할 수 있다고 규정한 출입국관리법 제4조 제1항 제1호가 무죄추정의 원칙 등에 위배되는지 여부: **소극 [합헌]** 18. 법원직

심판대상조항은 형사재판에 계속 중인 사람이 국가의 형벌권을 피하기 위하여 해외로 도피할 우려가 있는 경우 법무부장관으로 하여금 출국을 금지할 수 있도록 하는 것일 뿐으로, 무죄추정의 원칙에서 금지하는 유죄 인정의 효과로서의 불이익, 즉 유죄를 근거로 형사재판에 계속 중인 사람에게 사회적 비난 내지 응보적 의미의 제재를 가하려는 것이라고 보기 어렵다. 따라서 심판대상조항은 무죄추정의 원칙에 위배된다고 볼 수 없다(헌재 2015.9.24, 2012헌바302).

기출 OX

05 지방자치단체의 장이 공소제기된 후 구금상태에 있는 경우 부단체장이 그 권한을 대행하도록 한 지방자치법 조항은 유죄판결이나 그 확정을 기다리지 아니한 채 바로 단체장의 직무를 정지시키고 있으므로 무죄추정의 원칙에 반한다. 15. 경찰승진 (   )

정답 05 ×

기출 OX

01 징계부가금을 행정처분의 형식으로 부과하는 것은 허용되나, 이에 대한 행정소송이 제기되어 판결이 확정되기 전에 징계부가금의 집행을 실시하는 것은 무죄추정원칙에 위배되므로 허용되지 아니한다. 16. 법행 (   )

02 과징금 부과처분은 공정력과 집행력이 인정되어 확정판결 전의 형벌집행과 같은 것으로 볼 수 있으므로, 무죄추정의 원칙에 위반된다 09. 법원직 (   )

12 공무원의 징계사유가 공금 횡령인 경우에는 해당 징계 외에 공금 횡령액의 5배 내의 징계부가금을 부과하도록 한 지방공무원법 제69조의2 제1항 중 '공금의 횡령'에 관한 부분이 무죄추정원칙에 위배되는지 여부: **소극 [합헌]**

행정소송에 관한 판결이 확정되기 전에 행정청의 처분에 대하여 공정력과 집행력을 인정하는 것은 징계부가금에 국한되는 것이 아니라 우리 행정법체계에서 일반적으로 채택되고 있는 것이므로, 징계부가금 부과처분에 대하여 공정력과 집행력을 인정한다고 하여 이를 확정판결 전의 형벌집행과 같은 것으로 보아 곧바로 무죄추정원칙에 위배된다고 할 수 없다(헌재 2015.2.26, 2012헌바435).

13 부당내부거래행위에 대한 과징금 부과처분에 대하여 그 행정소송에 관한 판결이 확정되기 전에 공정력과 집행력을 인정하는 것이 무죄추정의 원칙에 위배되는지 여부: **소극** 07. 법무사

이 사건 법률조항에 의한 과징금은 형사처벌이 아닌 행정상의 제재이고, 행정소송에 관한 판결이 확정되기 전에 행정청의 처분에 대하여 공정력과 집행력을 인정하는 것은 이 사건 과징금에 국한되는 것이 아니라 우리 행정법체계에서 일반적으로 채택되고 있는 것이므로, 과징금 부과처분에 대하여 공정력과 집행력을 인정한다고 하여 이를 확정판결 전의 형벌집행과 같은 것으로 보아 무죄추정의 원칙에 위반된다고 할 수 없다(헌재 2003.7.24, 2001헌가25).

14 증거결정을 취소할 수 있는 소송지휘권행사가 무죄추정을 받을 권리를 침해하는지 여부: **소극** 05. 사시

형사소송법 제279조 및 제299조에 따라 재판장이 필요하다고 인정할 때에는 증인의 신문을 청구한 자에 대하여 신문사항을 기재한 서면의 제출을 명할 수 있고, 법원은 위 명을 받은 자가 신속히 그 서면을 제출하지 아니한 경우에는 증거결정을 취소할 수 있는 소송지휘권은 소송절차에 질서를 부여하고 심리의 신속·원활을 도모함으로써 당사자의 소송활동을 합리화하는 목적을 가지고 있는바 … 공정한 공개재판을 받을 권리와 무죄추정을 받을 권리를 본질적으로 침해하거나 형해화하였다고 할 수 없다(헌재 1998.12.24, 94헌바46).

6. 자백의 증거능력 및 증명력 제한의 원칙

> 헌법 제12조 ⑦ 피고인의 자백이 고문·폭행·협박·구속의 부당한 장기화 또는 기망 기타의 방법에 의하여 자의로 진술된 것이 아니라고 인정될 때 또는 **정식재판**에 있어서 피고인의 자백이 그에게 불리한 유일한 증거일 때에는 이를 유죄의 증거로 삼거나 이를 이유로 처벌할 수 없다. 05·08. 법무사

(1) 의의
① **자백의 개념**: '자백'이란 피고인 또는 피의자가 범죄사실의 전부 또는 일부를 인정하는 진술을 말한다.
② **자백배제법칙(자백의 증거능력제한)**: '자백배제법칙'이란 피고인의 자백이 고문·폭행·협박·신체구속의 부당한 장기화 또는 기망 기타의 방법으로 임의로 진술한 것이 아니라고 의심할 만한 이유가 있는 때에는 자백의 증거능력을 부정하여야 한다는 원칙이다.

정답 01 ×   02 ×

③ **자백보강법칙(자백의 증명력제한)**: '자백보강법칙'이란 피고인이 임의로 한 증거능력과 신용력 있는 자백에 의하여 법관이 유죄의 심증을 얻었다 할지라도 보강증거가 없으면 유죄로 인정할 수 없다는 원칙이다.

(2) 내용

① 임의성 없는 자백(고문·폭행·협박·구속의 부당한 장기화 등 증거수집과정에 위법성이 있는 경우)의 증거능력은 부정된다.
② 보강증거 없는 불리한 유일한 자백은 정식재판에서 증명력을 가질 수 없다. 자백의 증명력제한(자백보강법칙)은 정식재판의 경우에만 인정되므로, 약식재판(예 즉결심판 등)에서는 자백만으로도 유죄의 선고가 가능하다. 03. 법무사

> **기출 OX**
>
> **03** 즉결심판에서도 피고인의 자백만으로는 유죄를 인정하지 못한다.
> 03. 법무사 ( )

7. 고문을 당하지 아니할 권리

> 헌법 제12조 ② 모든 국민은 고문을 받지 아니하며 …

고문은 절대적으로 금지되며, 법률로도 예외를 인정할 수 없다. 04. 법무사

> **04** 모든 국민은 고문을 받지 아니하며, 형사상 자기에게 불리한 진술을 강요당하지 아니한다. 17. 경찰승진 ( )

8. 진술거부권(묵비권)

> 헌법 제12조 ② 모든 국민은 … 형사상 자기에게 불리한 진술을 강요당하지 아니한다.
>
> **형사소송법**
>
> 제244조의3 【진술거부권 등의 고지】 ① 검사 또는 사법경찰관은 피의자를 신문하기 전에 다음 각 호의 사항을 알려주어야 한다.
> 1. 일체의 진술을 하지 아니하거나 개개의 질문에 대하여 진술을 하지 아니할 수 있다는 것
> 2. 진술을 하지 아니하더라도 불이익을 받지 아니한다는 것
> 3. 진술을 거부할 권리를 포기하고 행한 진술은 법정에서 유죄의 증거로 사용될 수 있다는 것
> 4. 신문을 받을 때에는 변호인을 참여하게 하는 등 변호인의 조력을 받을 수 있다는 것
>
> ② 검사 또는 사법경찰관은 제1항에 따라 알려준 때에는 피의자가 진술을 거부할 권리와 변호인의 조력을 받을 권리를 행사할 것인지의 여부를 질문하고, 이에 대한 피의자의 답변을 조서에 기재하여야 한다. 이 경우 피의자의 답변은 피의자로 하여금 자필로 기재하게 하거나 검사 또는 사법경찰관이 피의자의 답변을 기재한 부분에 기명날인 또는 서명하게 하여야 한다.
>
> 제283조의2 【피고인의 진술거부권】 ① 피고인은 진술하지 아니하거나 개개의 질문에 대하여 진술을 거부할 수 있다.
> ② 재판장은 피고인에게 제1항과 같이 진술을 거부할 수 있음을 고지하여야 한다.

(1) 의의

'진술거부권(묵비권)'이란 영미의 '자기부죄거부의 특권'(Privilege against self-incrimination)에서 유래하는 권리로서, 피고인 또는 피의자가 수사절차나 공판절차에서 수사기관 또는 법원의 심문에 대하여 불리한 진술을 거부할 수 있는 권리를 말한다.

> **정답** 03 × 04 ○

(2) 주체

형사피의자나 형사피고인은 물론 형사피의자의 대리인도 진술거부권을 가지며, 외국인에게도 진술거부권은 인정된다. 진술거부권은 현재 피의자나 피고인으로서 수사 또는 공판절차에 계속 중인 자뿐만 아니라 장차 피의자나 피고인이 될 자에게도 보장되며, **형사절차뿐 아니라 행정절차나 국회에서의 조사절차 등에서도 보장된다.** 또한 진술거부권은 고문 등 폭행에 의한 강요는 물론 법률로써도 진술을 강요당하지 아니함을 의미한다(헌재 1997.3.27, 96헌가11). 05. 법무사·사시, 06. 행시·입시

(3) 범위

① **진술강요의 금지**: 강요당하지 않는 것은 진술에 한한다. 여기서 '진술'이란 생각이나 지식, 경험사실을 정신작용의 일환인 언어를 통하여 표출하는 것을 의미한다(헌재 1997.3.27, 96헌가11). 당사자가 직접 경험한 사실을 문자로 기재하도록 하는 것도 자신의 경험을 말로 표출한 것의 등가물로 평가할 수 있으므로 진술의 범위에 포함된다(헌재 2005.12.22, 2004헌바25). 13. 법행 그러나 지문과 족형의 채취, 신체의 측정, 사진촬영이나 신체검사, 음주측정 등은 진술에 해당하지 않으므로 진술거부권이 미치지 않는다(헌재 1997.3.27, 96헌가11).

> **주의** 진술거부의 대상이 되는 진술
> - 문자로 기재 ○
> - 음주측정 ×
> - 지문 및 족적 ×

판례 |

1 음주측정불응에 대한 처벌이 진술거부권침해인지 여부: 소극 [합헌]
헌법 제12조 제2항은 진술거부권을 보장하고 있으나, 여기서 '진술'이란 생각이나 지식, 경험사실을 정신작용의 일환인 언어를 통하여 표출하는 것을 의미하는 데 반하여, 도로교통법 제41조 제2항에 규정된 **음주측정은** 호흡측정기에 입을 대고 호흡을 불어넣음으로써 신체의 물리적·사실적 상태를 그대로 드러내는 행위에 불과하므로 이를 두고 **'진술'이라 할 수 없고,** 따라서 주취운전의 혐의자에게 호흡측정기에 의한 주취 여부의 측정에 응할 것을 요구하고 이에 불응할 경우 처벌한다고 하여도 이는 형사상 불리한 '진술'을 강요하는 것에 해당한다고 할 수 없으므로 헌법 제12조 제2항의 진술거부권조항에 위배되지 아니한다(헌재 1997.3.27, 96헌가11).

2 정치자금의 수입·지출에 관한 내역을 회계장부에 허위기재한 정당의 회계책임자를 형사처벌하는 것이 진술거부권을 침해하는지 여부: 소극 [합헌]
진술거부권의 보호대상이 되는 '진술'이란 언어적 표출, 즉 개인의 생각이나 지식·경험사실을 정신작용의 일환인 언어를 통하여 표출하는 것을 의미하는바, 정치자금을 받고 지출하는 행위는 당사자가 직접 경험한 사실로서 이를 문자로 기재하도록 하는 것은 당사자가 자신의 경험을 말로 표출한 것의 등가물로 평가할 수 있으므로, 위 조항들이 정하고 있는 기재행위 역시 '진술'의 범위에 포함된다고 할 것이다. … 위 조항들을 통하여 달성하고자 하는 정치자금의 투명한 공개라는 공익은 불법정치자금을 수수한 사실을 회계장부에 기재하고 신고하여야 할 의무를 지키지 않은 채 진술거부권을 주장하는 사익보다 우월하다. 결국 정당의 회계책임자가 불법정치자금이라도 그 수수내역을 회계장부에 기재하고 이를 신고할 의무가 있다고 규정하고 있는 위 조항들은 헌법 제12조 제2항이 보장하는 진술거부권을 침해한다고 할 수 없다(헌재 2005.12.22, 2004헌바25).

> **기출 OX**
> 01 정치자금의 수입·지출에 관한 내역을 회계장부에 허위기재하거나 관할 선거관리위원회에 허위보고한 정당의 회계책임자를 형사처벌하는 구 정치자금에 관한 법률(2004.3.12. 법률 제7191호로 개정되기 전의 것)의 규정은 헌법 제12조 제2항이 보장하는 진술거부권을 침해하는 것이 아니다.
> 09. 법행 ( )

정답 01 ○

② **진술의 범위**: 헌법은 형사상 불리한 진술의 강요를 금지하고 있으나, 형사소송법은 진술의 내용을 불이익한 진술에 제한하고 있지 않으므로 형사소송법에 의하여 인정되는 진술거부권의 진술내용은 이익·불이익을 불문한다. 여기서 진술은 형사책임에 관한 진술을 의미하며, 민사책임에 관한 진술은 포함하지 않는다.

(4) 고지 및 불고지의 효과
① **진술거부권 고지의 방법**: 진술거부권을 사전에 고지하는 것은 진술거부권의 전제가 되며, 고지는 명시적으로 하여야 한다.
② **진술거부권 불고지의 효과**: 진술거부권을 고지하지 않으면 이는 곧 진술거부권의 침해가 되며, 진술거부권을 고지하지 않고 얻은 자백의 증거능력은 부정된다. 수사기관이 피의자를 신문하면서 피의자에게 진술거부권을 고지하지 아니한 경우에는 그 자백의 임의성이 인정되는 경우에도 위법수집증거배제법칙에 의하여 그 자백의 증거능력을 부정하여야 한다(대판 1992.6.23, 92도682).

판례 Ⅰ

1 국가보안법상 불고지죄가 진술거부권을 침해하는지 여부: 소극 [합헌] 03. 법행
불고지죄가 성립하기 이전의 단계(불고지의 대상이 되는 죄를 범한 자라는 사실을 알게 되어 고지의무가 발생하였으나 아직 상당한 기간이 경과하지 아니한 단계)에 있어서는 고지의무의 대상이 되는 것은 자신의 범죄사실이 아니고 **타인의 범죄사실**에 대한 것이므로, 자기에게 불리한 진술을 강요받지 아니할 진술거부권의 문제가 발생할 여지가 없다(헌재 1998.7.16, 96헌바35).

2 독점규제 및 공정거래에 관한 법률상 법 위반사실 공표명령이 진술거부권을 침해하는지 여부: 적극 [위헌] 05. 사시, 06. 행시
진술거부권은 형사절차뿐만 아니라 행정절차나 법률에 의한 진술강요에서도 인정되는 것인바, 이 사건 공표명령은 "특정의 행위를 함으로써 독점규제 및 공정거래에 관한 법률을 위반하였다."라는 취지의 행위자의 진술을 일간지에 게재하여 공표하도록 하는 것으로서 그 내용상 행위자로 하여금 형사절차에 들어가기 전에 법 위반행위를 일단 자백하게 하는 것이 되어 진술거부권도 침해하는 것이다(헌재 2002.1.31, 2001헌바43).

3 국회에서 허위의 진술을 한 증인에 대하여 위증죄로 처벌하는 '국회에서의 증언·감정 등에 관한 법률' 제14조 제1항이 진술거부권을 침해하는지 여부: 소극 [합헌]
심판대상조항의 적용을 받는 증인은 형사상 자기에게 불리한 진술에 대하여 헌법상 진술거부권을 보장받고, 이에 근거한 법률상 증언거부권(자기의 형사책임과 관련한 증언거부권, 이하 같다)을 행사할 수 있다. 국회증언감정법상의 증인의 경우 진술거부권을 고지받을 권리가 인정되지 않으므로, 청구인이 진술거부권을 고지받지 않았다고 하더라도 이로 인해 청구인의 헌법상 진술거부권이 제한된다고 볼 수 없다. 진술거부권은 적극적으로 허위의 진술을 할 권리를 보장하는 것은 아니므로, 청구인이 허위의 진술을 하였다는 이유로 위증죄의 처벌을 받은 만큼 진술거부권이 제한된 것은 아니다(헌재 2015.9.24, 2012헌바410).

기출 OX

02 구 국가보안법의 불고지죄는 국가의 존립과 안전에 저해가 되는 타인의 범행에 관한 객관적 사실을 고지할 의무를 부과할 뿐이고 개인의 세계관·인생관·주의·신조 등이나 내심에 있어서의 윤리적 판단을 그 고지의 대상으로 하는 것은 아니므로, 양심의 자유, 특히 침묵의 자유를 직접적으로 침해하는 것이라고 볼 수 없다.
19. 국회직 ( )

정답 **02** ○

9. 변호인의 조력을 받을 권리

> **헌법 제12조** ④ 누구든지 체포 또는 구속을 당한 때에는 즉시 변호인의 조력을 받을 권리를 가진다. 다만, 형사피고인이 스스로 변호인을 구할 수 없을 때에는 법률이 정하는 바에 의하여 국가가 변호인을 붙인다. 07. 법행
>
> **형사소송법**
>
> **제243조의2 【변호인의 참여 등】** ① 검사 또는 사법경찰관은 피의자 또는 그 변호인·법정대리인·배우자·직계친족·형제자매의 신청에 따라 변호인을 피의자와 접견하게 하거나 정당한 사유가 없는 한 피의자에 대한 신문에 참여하게 하여야 한다.
> ② 신문에 참여하고자 하는 변호인이 2인 이상인 때에는 피의자가 신문에 참여할 변호인 1인을 지정한다. 지정이 없는 경우에는 검사 또는 사법경찰관이 이를 지정할 수 있다.
> ③ 신문에 참여한 변호인은 신문 후 의견을 진술할 수 있다. 다만, 신문 중이라도 부당한 신문방법에 대하여 이의를 제기할 수 있고, 검사 또는 사법경찰관의 승인을 얻어 의견을 진술할 수 있다.
> ④ 제3항에 따른 변호인의 의견이 기재된 피의자신문조서는 변호인에게 열람하게 한 후 변호인으로 하여금 그 조서에 기명날인 또는 서명하게 하여야 한다.
> ⑤ 검사 또는 사법경찰관은 변호인의 신문참여 및 그 제한에 관한 사항을 피의자신문조서에 기재하여야 한다.

(1) 의의

헌법 제12조 제4항이 규정한 변호인의 조력을 받을 권리는 무죄추정을 받는 피의자·피고인에 대하여 **형사절차**에서 국가권력, 특히 수사기관과 대등한 지위를 확보하여 줌으로써 피의자 등의 신체의 자유를 보장하려는 데에 중요한 의의가 있다.

(2) 주체

변호인의 조력을 받을 권리는 체포·구속된 피의자·피고인은 물론 체포·구속을 당하지 아니한 불구속피의자·피고인에게도 인정된다. 또한 임의동행된 피의자 또는 피내사자에게도 인정된다. 그러나 형사절차가 종료되어 교정시설에 수용 중인 수형자(기결수)는 원칙적으로 변호인의 조력을 받을 권리의 주체가 될 수 없다(헌재 1998.8.27, 96헌마398). 05. 사시·국회직, 07. 법행, 15. 서울시 판례는 '행정절차에서 구속된 사람도 변호인의 조력을 받을 권리의 주체가 된다'는 입장이다(헌재 2018.5.31, 2014헌마346). 19. 서울시

> **⚖ 판례 |**
>
> **1 불구속피의자·피고인도 변호인의 조력을 받을 권리의 주체가 되는지 여부: 적극 [인용(위헌확인)]** 05. 국회직, 06. 행시, 11. 법행
> 헌법 제12조 제4항 본문은 '체포 또는 구속을 당한' 경우에 변호인의 조력을 받을 수 있다고 규정하고 있다. 그러므로 불구속피의자·피고인의 경우는 변호인의 조력을 받을 수 있는 범위에서 제외되는지가 문제될 수 있다. … 우리 헌법이 변호인의 조력을 받을 권리가 불구속피의자·피고인 모두에게 포괄적으로 인정되는지 여부에 관하여 명시적으로 규율하고 있지는 않지만, **불구속피의자의 경우에도 변호인의 조력을 받을 권리는 우리 헌법에 나타난 법치국가원리·적법절차원칙에서 인정되는 당연**

기출 OX

01 변호인의 조력을 받을 권리는 불구속 피의자와 피고인 모두에게 포괄적으로 인정된다. 20. 입시 ( )

02 변호인의 조력을 받을 권리는 행정절차에서 구속을 당한 사람에게는 보장되지 않는다. 20. 입시 ( )

정답 01 ○ 02 ×

한 내용이고, 헌법 제12조 제4항도 이를 전제로 특히 신체구속을 당한 사람에 대하여 변호인의 조력을 받을 권리의 중요성을 강조하기 위하여 별도로 명시하고 있다고 할 것이다(헌재 2004.9.23, 2000헌마138).

2 임의동행된 피의자·피내사자도 변호인의 조력을 받을 권리의 주체가 되는지 여부: 적극

변호인의 조력을 받을 권리를 실질적으로 보장하기 위하여는 변호인과의 접견교통권의 인정이 당연한 전제가 되므로, 임의동행의 형식으로 수사기관에 연행된 피의자에게도 변호인 또는 변호인이 되려는 자와의 접견교통권은 당연히 인정된다고 보아야 하고, 임의동행의 형식으로 연행된 피내사자의 경우에도 이는 마찬가지이다(대결 1996.6.3, 96모18).

3 수형자가 변호인의 조력을 받을 권리의 주체인지 여부: 소극 05.사시·국회직, 07.법행

원래 변호인의 조력을 받을 권리는 형사절차에서 피의자 또는 피고인이 검사 등 수사·공소기관과 대립되는 당사자의 지위에서 변호인 또는 변호인이 되려는 자와의 사이에 충분한 접견교통에 의하여 피의사실이나 공소사실에 대하여 충분하게 방어할 수 있도록 함으로써 피고인이나 피의자의 인권을 보장하려는 데 그 제도의 취지가 있는 점에 비추어보면, 형사절차가 종료되어 교정시설에 수용 중인 수형자는 원칙적으로 변호인의 조력을 받을 권리의 주체가 될 수 없다. 다만, 수형자의 경우에도 재심절차 등에는 변호인 선임을 위한 일반적인 교통·통신이 보장될 수도 있다(헌재 1998.8.27, 96헌마398).

4 인천공항출입국·외국인청장이 인천국제공항 송환대기실에 수용된 난민에 대한 변호인 접견신청을 거부한 행위가 변호인의 조력을 받을 권리를 침해하는지 여부: 적극
[위헌] 18.국회직 9급, 19.서울시

[1] 헌법 제12조 제4항 본문에 규정된 변호인의 조력을 받을 권리가 행정절차에서 구속된 사람에게도 즉시 보장되는지 여부: 적극

헌법 제12조 제4항 본문의 문언 및 헌법 제12조의 조문 체계, 변호인 조력권의 속성, 헌법이 신체의 자유를 보장하는 취지를 종합하여 보면 **헌법 제12조 제4항 본문에 규정된 '구속'은 사법절차에서 이루어진 구속뿐 아니라, 행정절차에서 이루어진 구속까지 포함하는 개념이다. 따라서 헌법 제12조 제4항 본문에 규정된 변호인의 조력을 받을 권리는 행정절차에서 구속을 당한 사람에게도 즉시 보장된다.** 종래 이와 견해를 달리하여 헌법 제12조 제4항 본문에 규정된 변호인의 조력을 받을 권리는 형사절차에서 피의자 또는 피고인의 방어권을 보장하기 위한 것으로서 출입국관리법상 보호 또는 강제퇴거의 절차에도 적용된다고 보기 어렵다고 판시한 우리 재판소 결정(헌재 2012.8.23, 2008헌마430)은, 이 결정 취지와 저촉되는 범위 안에서 변경한다.

[2] 청구인이 송환대기실에 구속되어 있었는지 여부: 적극

인천국제공항 송환대기실은 출입문이 철문으로 되어 있는 폐쇄된 공간이고, 인천국제공항 항공사운영협의회에 의해 출입이 통제되기 때문에 청구인은 송환대기실 밖 환승구역으로 나갈 수 없었으며, 공중전화 외에는 외부와의 소통 수단이 없었다. 청구인은 이 사건 변호인 접견신청 거부 당시 약 5개월째 송환대기실에 수용되어 있었고, 적어도 난민인정심사불회부결정 취소소송이 종료될 때까지는 임의로 송환대기실 밖으로 나갈 것을 기대할 수 없었다. 청구인은 이 사건 변호인 접견신청 거부 당시 자신에 대한 송환대기실 수용을 해제해 달라는 취지의

기출 OX

03 형사절차가 종료되어 교정시설에 수용 중인 수형자는 원칙적으로 변호인의 조력을 받을 권리의 주체가 될 수 없으나, 수형자의 경우에도 재심절차 등에는 변호인 선임을 위한 일반적인 교통·통신이 보장될 수 있다.
18.경찰승진 ( )

04 인천공항출입국·외국인청장이 입국불허되어 송환대기실 내에 수용된 외국인에게 변호인의 접견신청을 거부한 것은, 청구인이 자진출국으로 송환대기실을 벗어날 수 있는 점을 고려할 때 '구금' 상태에 놓여 있었다고 볼 수 없으므로, 헌법상 변호인의 조력을 받을 권리를 침해하지 않는다.
19.경찰승진 ( )

정답 03 ○ 04 ×

인신보호청구의 소를 제기해 둔 상태였으므로 자신의 의사에 따라 송환대기실에 머무르고 있었다고 볼 수도 없다. 따라서 청구인은 이 사건 변호인 접견신청 거부 당시 헌법 제12조 제4항 본문에 규정된 '구속' 상태였다.

국적국의 박해를 피해 온 청구인의 구체적·현실적 사정에 비추어 보면, 청구인에게 출국의 자유란 실현불가능한 관념적 가능성에 불과하다. 따라서 관념상의 출국의 자유는 청구인이 송환대기실에 '구속'되었는지 여부를 판단함에 있어 고려할 요소가 아니다. 설사 그러한 출국가능성을 고려한다 하더라도 청구인은 오랜 기간 동안 송환대기실을 벗어나 환승구역으로 이동하는 것이 금지되어 있었다는 점에서, 청구인은 폐쇄된 공간인 송환대기실에 구금되어 있었음이 분명하다.

[3] 이 사건 변호인 접견신청 거부가 청구인의 변호인의 조력을 받을 권리를 침해하였는지 여부: 적극
이 사건 변호인 접견신청 거부는 현행법상 아무런 법률상 근거가 없이 청구인의 변호인의 조력을 받을 권리를 제한한 것이므로, 청구인의 변호인의 조력을 받을 권리를 침해한 것이다. 또한 청구인에게 변호인 접견신청을 허용한다고 하여 국가안전보장, 질서유지, 공공복리에 어떠한 장애가 생긴다고 보기는 어렵고, 필요한 최소한의 범위 내에서 접견장소 등을 제한하는 방법을 취한다면 국가안전보장이나 환승구역의 질서유지 등에 별다른 지장을 주지 않으면서도 청구인의 변호인 접견권을 제대로 보장할 수 있다. 따라서 이 사건 변호인 접견신청 거부는 국가안전보장이나 질서유지, 공공복리를 위해 필요한 기본권제한 조치로 볼 수도 없다. 이 사건 변호인 접견신청 거부는 이러한 측면에서 보아도 청구인의 변호인의 조력을 받을 권리를 침해한 것이다(헌재 2018.5.31, 2014헌마346).

5 금치처분을 받은 수형자가 교도소장의 서신발송 불허처분에 대하여 소를 제기하기 위하여 변호인과 접견하고자 할 때, 이를 불허하는 교도소장의 처분이 변호인의 조력을 받을 권리를 침해하는지 여부: 소극
형사절차가 종료되어 교정시설에 수용 중인 수형자는 원칙적으로 변호인의 조력을 받을 권리의 주체가 될 수 없다고 선언한 바 있다. 그러므로 형의 집행 중에 있는 수형자에게 형의 집행 및 수용자의 처우에 관한 법률 제18조에 의하여 변호인과의 접견교통권이 인정된다고 하더라도 이는 헌법상의 권리는 아니므로, 이 사건에서 청구인에 대한 접견의 제한은 헌법 제12조의 변호인의 조력을 받을 권리에 대한 제한이 아니라 헌법 제27조의 재판청구권의 내용으로서 변호사의 도움을 받을 권리에 대한 제한으로 보아야 한다. … 수형자는 접견 이외에 서신수발 또는 전화통화에 의해서도 변호사와 접촉하여 소송을 준비할 수 있고, … 재판청구권 등 청구인의 헌법상 보장된 권리를 침해하는 것이라고 보기는 어렵다(헌재 2004.12.16, 2002헌마478).

6 별건으로 공소제기 후 확정되어 검사가 보관하고 있는 서류에 대하여 법원의 열람·등사 허용 결정이 있었음에도 검사가 청구인에 대한 형사사건과의 관련성을 부정하면서 해당 서류의 열람·등사를 허용하지 아니한 행위가 청구인의 신속하고 공정한 재판을 받을 권리 및 변호인의 조력을 받을 권리를 침해하는지 여부: 적극
형사소송법이 공소가 제기된 후의 피고인 또는 변호인의 수사서류 열람·등사권에 대하여 규정하면서 검사의 열람·등사 거부처분에 대하여 별도의 불복절차를 마련한 것은 신속하고 실효적인 권리구제를 통하여 피고인의 신속·공정한 재판을 받을 권리 및 변호인의 조력을 받을 권리를 보장하기 위함이다. 법원이 검사의 열람·등사

📝 **변호인의 조력을 받을 권리의 주체**
- 체포·구속된 피의자 ○
- 임의동행된 피의자·피내사자 ○
- 피고인 ○
- 행정절차에서 구속된 사람 ○
- 불구속피의자 ○
- 수형자(기결수) ×

기출 OX
01 법원이 검사의 열람·등사 거부처분에 정당한 사유가 없다고 판단하고 그러한 거부처분이 피고인의 헌법상 기본권을 침해한다는 취지에서 수사서류의 열람·등사를 허용하도록 명한 이상 검사로서는 당연히 법원의 그러한 결정에 지체 없이 따라야 하지만, 별건으로 공소제기되어 확정된 관련 형사사건 기록에 관한 경우에는 이를 따르지 않을 수 있다. 23. 경찰1차
( )

정답 01 ×

거부처분에 정당한 사유가 없다고 판단하고 그러한 거부처분이 피고인의 헌법상 기본권을 침해한다는 취지에서 수사서류의 열람·등사를 허용하도록 명한 이상, 법치국가와 권력분립의 원칙상 검사로서는 당연히 법원의 그러한 결정에 지체 없이 따라야 하며, 이는 별건으로 공소제기되어 확정된 관련 형사사건 기록에 관한 경우에도 마찬가지이다. 그렇다면 피청구인의 이 사건 거부행위는 청구인의 신속·공정한 재판을 받을 권리 및 변호인의 조력을 받을 권리를 침해한다(헌재 2022.6.30, 2019헌마356).

(3) 내용

① **변호인선임권**: 변호인의 조력을 받을 권리의 출발점은 변호인선임권에 있고, 이는 변호인의 조력을 받을 권리의 가장 기초적인 구성 부분으로서 법률로써도 제한할 수 없다(헌재 2004.9.23, 2000헌마138). 11. 경찰승진

② **변호인과의 접견교통권**

㉠ 변호인과의 자유로운 접견은 신체구속을 당한 사람에게 보장된 변호인의 조력을 받을 권리의 가장 중요한 내용이어서 국가안전보장, 질서유지, 공공복리 등 어떠한 명분으로도 제한될 수 있는 성질의 것이 아니다(헌재 1992. 1.28, 91헌마111). 05. 법무사·국회직·법행

㉡ 미결수용자와 변호인과의 접견에 대하여 어떠한 명분으로도 제한할 수 없다고 한 것은 구속된 자와 변호인간의 접견이 실제로 이루어지는 경우에 있어서의 '자유로운 접견', 즉 '대화내용에 대하여 비밀이 완전히 보장되고 어떠한 제한·영향·압력 또는 부당한 간섭 없이 자유롭게 대화할 수 있는 접견'을 제한할 수 없다는 것이지, 변호인과의 접견 자체에 대해 아무런 제한도 가할 수 없다는 것을 의미하는 것이 아니므로 미결수용자의 변호인접견권 역시 국가안전보장·질서유지 또는 공공복리를 위하여 필요한 경우에는 법률로써 제한될 수 있음은 당연하다(헌재 2011.5.26, 2009헌마341).

> **판례 |**
>
> **1 구속된 사람의 변호인과의 자유로운 접견권은 국가안전보장·질서유지·공공복리 등 어떠한 명분으로도 제한될 수 없는 권리인지 여부: 적극** 03. 법무사
>
> 변호인과의 자유로운 접견은 신체구속을 당한 사람에게 보장된 변호인의 조력을 받을 권리의 가장 중요한 내용이어서 국가안전보장·질서유지·공공복리 등 어떠한 명분으로도 제한될 수 있는 성질의 것이 아니다. 그리고 구속된 사람을 계호함에 있어서도 1988.12.9. 제43차 유엔총회에서 채택된 '모든 형태의 구금 또는 수감상태에 있는 모든 사람들을 보호하기 위한 원칙' 제18조 제4항이 "피구금자 또는 피수감자와 그의 변호인 사이의 대담은 법집행 공무원의 가시거리(可視距離) 내에서 행하여 질 수는 있으나 가청거리(可聽距離) 내에서 행하여져서는 아니 된다."라고 적절하게 표현하고 있듯이 관계공무원은 구속된 자와 변호인의 대담내용을 들을 수 있거나 녹음이 가능한 거리에 있어서는 아니 되며, 계호나 그 밖의 구실 아래 대화장면의 사진을 찍는 등 불안한 분위기를 조성하여 자유로운 접견에 지장을 주어서도 아니 될 것이다(헌재 1992.1.28, 91헌마111).

기출 OX

02 미결수용자의 변호인의 조력을 받을 권리는 국가안전보장·질서유지 또는 공공복리를 위해 필요한 경우에 법률로써 제한될 수 있다. 18. 경찰승진 ( )

03 변호인과의 자유로운 접견은 신체구속을 당한 사람에게 보장된 변호인의 조력을 받을 권리의 가장 중요한 내용이어서 국가안전보장, 질서유지, 공공복리 등 어떠한 명분으로도 제한될 수 없다. 20. 입시 ( )

정답 02 ○ 03 ○

2 변호인과 미결수용자가 접견하고자 하였으나 공휴일이라는 이유로 접견이 불허된 경우, 위 접견불허처분이 변호인의 조력을 받을 권리를 침해하는지 여부: 소극 [기각]
12. 지방직, 13. 법원직, 14. 경찰승진

청구인은 헌법재판소가 "변호인과의 자유로운 접견은 신체구속을 당한 사람에게 보장된 변호인의 조력을 받을 권리의 가장 중요한 내용이어서 국가안전보장·질서유지 또는 공공복리 등 어떠한 명분으로도 제한될 수 있는 성질의 것이 아니다."라고 판시한 것을 들어(헌재 1992.1.28, 91헌마111), 미결수용자와 변호인과의 접견에 대해서는 어떠한 제한도 할 수 없다고 주장한다. 그러나 위 결정에서 어떠한 명분으로도 제한할 수 없다고 한 것은 구속된 자와 변호인간의 접견이 실제로 이루어지는 경우에 있어서의 '자유로운 접견', 즉 '대화내용에 대하여 비밀이 완전히 보장되고 어떠한 제한·영향·압력 또는 부당한 간섭 없이 자유롭게 대화할 수 있는 접견'을 제한할 수 없다는 것이지(헌재 1992.1.28, 91헌마111), 변호인과의 접견 자체에 대해 아무런 제한도 가할 수 없다는 것을 의미하는 것이 아니다. 변호인의 조력을 받을 권리 역시 다른 모든 헌법상 기본권과 마찬가지로 국가안전보장·질서유지 또는 공공복리를 위하여 필요한 경우에는 법률로써 제한할 수 있는 것이다(헌법 제37조 제2항). 그렇다면 변호인의 조력을 받을 권리의 내용 중 하나인 미결수용자의 변호인접견권 역시 국가안전보장·질서유지 또는 공공복리를 위해 필요한 경우에는 법률로써 제한될 수 있음은 당연하다.
비록 미결수용자 또는 그 상대방인 변호인이 원하는 특정 시점에는 접견이 이루어지지 못하였다 하더라도 변호인의 조력을 받을 권리가 침해되었다고 할 수 없는 것이다(헌재 2011.5.26, 2009헌마341).

3 구치소 내의 변호인접견실에 CCTV를 설치하여 미결수용자와 변호인간의 접견을 관찰한 행위와 교도관이 미결수용자와 변호인간에 주고받는 서류를 확인하고, 소송관계서류처리부에 그 제목을 기재하여 등재한 행위가 청구인의 변호인의 조력을 받을 권리를 침해하는지 여부: 소극 [기각]

금지물품의 수수나 폭행 등 교정사고를 방지하고 적절하게 대처하기 위해서는 변호인접견실 또한 계호할 필요가 있으며, 변호인접견실에 CCTV를 설치하는 것은 교도관의 육안에 의한 시선계호를 CCTV 장비에 의한 시선계호로 대체한 것에 불과하므로, CCTV 관찰행위는 그 목적의 정당성과 수단의 적합성이 인정된다. 변호인접견실에 설치된 CCTV는 영상만 실시간으로 촬영할 뿐 영상녹화기능이나 음성수신기능이 활성화되어 있지 않고 확대기능이 없으며 촬영 영상도 19인치 크기의 모니터에 16개로 분할되어 나타날 뿐이므로 교도관이 CCTV를 통하여 미결수용자와 변호인간의 접견을 관찰하더라도 접견내용의 비밀이 침해되거나 접견교통에 방해가 되지 않는다. 또한 X-ray 물품검색기나 변호인접견실에 설치된 비상벨만으로는 교정사고를 방지하거나 금지물품을 적발하는 데 한계가 있으므로 CCTV 관찰행위는 그 목적을 달성하기 위하여 필요한 범위 내의 제한이다. 따라서 CCTV 관찰행위는 청구인의 변호인의 조력을 받을 권리를 침해한다고 할 수 없다(헌재 2016.4.28, 2015헌마243).

4 '변호인이 되려는 자'의 피의자 접견교통권 침해사건 [인용(위헌확인)]
 [1] '변호인이 되려는 자'의 피의자 접견교통권이 헌법상 기본권인지 여부: 적극
  '변호인이 되려는 자'의 접견교통권은 피의자 등을 조력하기 위한 핵심적인 부분으로서, 피의자 등이 가지는 헌법상 기본권인 '변호인이 되려는 자'와의 접견교통권과 표리의 관계에 있다. 따라서 피의자 등이 가지는 '변호인이 되려는 자'의 조력을 받을 권리가 실질적으로 확보되기 위해서는 '변호인이 되려는 자'의 접견교통권 역시 헌법상 기본권으로서 보장되어야 한다.

기출 OX

01 구치소장이 변호인접견실에 CCTV를 설치하여 미결수용자와 변호인간의 접견을 관찰한 행위는 청구인의 변호인의 조력을 받을 권리를 침해하지 않는다. 19. 경찰승진 ( )

02 미결수용자와 변호인간에 주고받는 서류를 확인하고 이를 소송관계서류처리부에 등재하는 행위는 그 자체만으로는 미결수용자의 변호인 접견교통권을 제한하는 행위라고 볼 수는 없다. 22. 경찰승진 ( )

03 피의자 등이 가지는 '변호인이 되려는 자'의 조력을 받을 권리가 실질적으로 확보되기 위해서는 '변호인이 되려는 자'의 접견교통권 역시 헌법상 기본권으로서 보장되어야 한다. 19. 지방직 ( )

정답 01 ○ 02 × 03 ○

[2] 청구인이 '변호인이 되려는 자'의 자격으로 피의자 접견신청을 하였음에도 이를 허용하기 위한 조치를 취하지 않은 검사의 행위(이하 '이 사건 검사의 접견불허행위'라 한다)가 헌법상 기본권인 청구인의 접견교통권을 침해하는지 여부: 적극
① 청구인은 피청구인 검사에게 접견신청을 하고 검사실에서 머무르다가 이 사건 검사의 접견불허행위로 인하여 결국 피의자 윤○현을 접견하지 못하고 검사실에서 퇴실하였으므로, 청구인의 위 피의자에 대한 접견교통권이 제한되었다고 봄이 상당한 점, ② 피의자 윤○현은 당일 야간에 계속하여 피의자신문을 받을 예정이었으므로 피의자신문에 앞서 검사실 또는 별도로 마련된 변호인 접견실에서 청구인과 위 피의자의 접견교통을 허용하는 조치를 취할 수 있었다고 보이고, 청구인의 피의자 윤○현에 대한 접견신청은 '변호인이 되려는 자'에게 보장된 접견교통권의 행사 범위 내에서 이루어진 것이고, 또한 이 사건 검사의 접견불허행위는 헌법이나 법률의 근거 없이 이를 제한한 것이므로 청구인의 접견교통권을 침해하였다고 할 것이다(헌재 2019.2.28, 2015헌마1204).

5 '코로나19'상황에서 2020.12.8.부터 2021.1.15.까지 미결수용자인 청구인과 변호인의 접견을 일반접견실에서 실시하도록 한 행위 및 일반·화상접견 제한 행위가 변호인의 조력을 받을 권리를 침해하는지 여부: 소극 [기각]

[1] 변호인 접견장소 제한 행위는 코로나바이러스감염증-19(이하 '코로나19'라 한다)의 교정시설 내부로의 확산을 방지하여 교정시설 내 수용자 및 교정업무 종사자의 생명과 건강을 보호하기 위한 것으로 그 목적이 정당하고, 수단의 적합성도 인정된다. 교정시설은 다수의 수용자가 밀폐된 공간에서 밀집하여 생활하는 특성상 외부로부터 감염병 전파를 원천적으로 차단하는 것이 무엇보다 중요하다. 변호인 접견장소 제한 행위는 코로나19의 심각성이 최고조에 달했을 때 이루어진 국가적 방역조치의 일환으로서 코로나19의 교정시설 내부 확산을 방지하기 위한 한시적 조치였다. 피청구인은 변호인과의 접견 시간이나 횟수는 제한하지 아니하고, 단지 그 접견장소만을 유리벽으로 된 접촉차단시설이 설치된 일반접견실에서 하도록 하였으며, 수용자와 변호인 사이의 접견내용을 녹화하거나 녹음하지도 아니하였다. 그러므로 변호인 접견장소 제한 행위가 침해의 최소성에 위반된다고 볼 수 없다. 변호인 접견장소 제한 행위는 대규모 감염병의 위협으로부터 교정시설 내 수용자 및 교정업무 종사자의 생명과 건강을 보호하기 위한 것으로, 청구인이 제한받는 사익이 이러한 공익에 비하여 크다고 단정하기 어렵다. 따라서 법익의 균형성도 충족하였다. 그러므로 변호인 접견장소 제한 행위는 과잉금지의 원칙에 위반하여 변호인의 조력을 받을 권리를 침해한다고 볼 수 없다.

[2] 일반·화상접견 제한 행위는 코로나19의 교정시설 내부로의 확산을 방지하여 교정시설 내 수용자 및 교정업무 종사자의 생명과 건강을 보호하기 위한 것으로 그 목적이 정당하고, 수단의 적합성도 인정된다. 코로나19의 확산 정도 및 교도소 내 방역조치의 필요성에 따라 미결수용자와 일반인의 접견 횟수를 조정하는 한편, 그 과정에서도 미결수용자가 외부와 교류할 수 있도록 전화접견을 허용하는 등 최소한의 조치를 취하였다. 따라서 일반·화상접견 제한 행위가 침해의 최소성에 위반된다고 볼 수 없다. 코로나19로부터 교정시설 내 수용자 및 교정업무 종사자의 생명과 건강을 보호하고자 하는 공익은 매우 중대하므로 이러한 공익에 비하여 청구인이 입는 접견교통권의 제한 정도가 더 크다고 단정하기 어렵다. 따라서 법익의 균형성도 충족된다. 그러므로 일반·화상접견 제한 행위는 과잉금지의 원칙에 위반하여 접견교통권을 침해한다고 볼 수 없다(헌재 2025.2.27, 2021헌마368).

③ 변호인을 통한 소송관계서류의 열람·등사

> **판례 |**
>
> 1 변호인을 통하여 소송관계서류를 열람·등사할 수 있는 권리도 포함되는지 여부: **적극**
> **[인용(위헌확인)]** 12. 법무사
> 변호인의 조력을 받을 권리는 접견교통권에 그치지 아니하고 더 나아가 피고인이 그의 변호인을 통하여 수사서류를 포함한 소송관계서류를 열람·등사하고 이에 대한 검토결과를 토대로 공격과 방어의 준비를 할 수 있는 권리도 포함된다고 보아야 한다. 왜냐하면 변호인의 조력을 받을 권리가 보장된다는 것은 피고인을 위한 변호인의 활동이 충분히 보장됨을 의미하기 때문이다(헌재 1997.11.27, 94헌마60).
>
> 2 법원이 수사서류에 대한 열람·등사허용결정을 하였음에도 검사가 변호인의 열람·등사신청을 거부한 행위가 헌법에 위반되는지 여부: **적극 [위헌확인]** 11. 법행, 12. 법무사·지방직
> 피고인의 신속·공정한 재판을 받을 권리 및 변호인의 조력을 받을 권리는 헌법이 보장하고 있는 기본권이고, **변호인의 수사서류 열람·등사권은** 피고인의 신속·공정한 재판을 받을 권리 및 **변호인의 조력을 받을 권리라는 헌법상 기본권의 중요한 내용이자 구성요소이며 이를 실현하는 구체적인 수단**이 된다. 따라서 변호인의 수사서류 열람·등사를 제한함으로 인하여 결과적으로 피고인의 **신속·공정한 재판을 받을 권리 또는 변호인의 충분한 조력을 받을 권리가 침해된다면 이는 헌법에 위반**되는 것이다.
> 이 사건과 같이 수사서류에 대한 법원의 열람·등사허용결정이 있음에도 검사가 열람·등사를 거부하는 경우 수사서류 각각에 대하여 검사가 열람·등사를 거부할 정당한 사유가 있는지를 심사할 필요 없이 그 거부행위 자체로써 청구인들의 기본권을 침해한다고 보아야 할 것이다(헌재 2010.6.24, 2009헌마257).
>
> 3 법원의 수사서류 열람·등사허용결정에도 불구하고 검사가 해당 수사서류의 '열람'은 허용하고 '등사'를 거부한 경우, 위와 같은 검사의 행위(이하 '이 사건 등사거부행위'라 한다)가 청구인들의 신속하고 공정한 재판을 받을 권리 및 변호인의 조력을 받을 권리를 침해하는지 여부: **적극 [인용(위헌확인)]**
> 피청구인은 법원의 수사서류 열람·등사허용결정 이후 해당 수사서류에 대한 열람은 허용하고 등사만을 거부하였는데, 변호인이 수사서류를 열람은 하였지만 등사가 허용되지 않는다면, 변호인은 형사소송절차에서 청구인들에게 유리한 수사서류의 내용을 법원에 현출할 수 있는 방법이 없어 불리한 지위에 놓이게 되고, 그 결과 청구인들을 충분히 조력할 수 없음이 명백하므로, 피청구인이 수사서류에 대한 등사만을 거부하였다 하더라도 청구인들의 신속·공정한 재판을 받을 권리 및 변호인의 조력을 받을 권리가 침해되었다고 보아야 한다(헌재 2017.12.28, 2015헌마632).

④ **서신비밀보장**: 미결수용자와 변호인과의 접견에는 교도관의 참여가 허용되지 않아야 하고, 05. 법무사 접견의 경우뿐만 아니라 변호인 또는 변호인이 되려는 자와 피의자 또는 피고인 사이의 서신의 경우에도 적용되어 그 비밀이 보장되어야 한다(헌재 1995.7.21, 92헌마144). 11. 법행
▶ 단, 원칙적 보장이 아니라 조건에 부합할 때 보장받을 수 있는 것이다.

기출 OX

01 변호인의 수사서류 열람·등사권은 피고인의 신속·공정한 재판을 받을 권리 및 변호인의 조력을 받을 권리라는 헌법상 기본권의 중요한 내용이자 구성요소이며 이를 실현하는 구체적인 수단이 된다. 17. 경찰승진 ( )

02 법원의 수사서류 열람·등사허용결정에도 불구하고 해당 수사서류의 등사를 거부한 검사의 행위는 청구인들의 변호인의 조력을 받을 권리를 침해한다. 19. 경찰승진 ( )

정답 01 ○ 02 ○

판례 |

1 미결수용자와 변호인 사이의 서신검열행위가 헌법에 위반되는지 여부: 적극 [인용(위헌확인)] 05. 법무사, 06. 입시, 10. 사시, 16. 서울시

변호인의 조력을 받을 권리는 접견의 경우뿐만 아니라 변호인과 미결수용자 사이의 서신에도 적용되어 그 비밀이 보장될 것을 요구한다. 다만, 미결수용자와 변호인 사이의 서신으로서 그 비밀을 보장받기 위하여는 첫째, 교도소 측에서 상대방이 변호인이라는 사실을 확인할 수 있어야 하고 둘째, 서신을 통하여 마약 등 소지금지품의 반입을 도모한다든가 그 내용에 도주·증거인멸·수용시설의 규율과 질서의 파괴 기타 형벌법령에 저촉되는 내용이 기재되어 있다고 의심할 만한 합리적인 이유가 있는 경우가 아니어야 한다. … 미결수용자가 변호사에게 발송의뢰한 서신, 변호사가 미결수에게 보낸 서신에 대하여 교도관이 검열한 행위는 통신비밀의 자유 및 변호인의 조력을 받을 권리를 침해하는 것이어서 헌법에 위배된다(헌재 1995.7.21, 92헌마44).

2 기결수와 변호인 사이의 서신검열행위가 헌법에 위반되는지 여부: 소극 [기각]

수형자가 수발하는 서신에 대한 검열로 인하여 수형자의 통신의 비밀이 일부 제한되는 것은 국가안전보장·질서유지 또는 공공복리라는 정당한 목적을 위하여 부득이할 뿐만 아니라 유효적절한 방법에 의한 최소한의 제한이며 통신의 자유의 본질적 내용을 침해하는 것이 아니다(헌재 1998.8.27, 96헌마398).

3 미결수용자의 변호사 아닌 자와의 서신에 대한 검열이 헌법에 위반되는지 여부: 소극 [기각] 05. 사시

서신검열로 인하여 미결수용자의 통신의 비밀이 일부 제한되는 것은 질서유지 또는 공공복리라는 정당한 목적을 위하여 불가피할 뿐만 아니라 유효적절한 방법에 의한 최소한의 제한으로서 헌법에 위반된다고 할 수는 없다(헌재 1995.7.21, 92헌마44).

⑤ **변호인과 상담하고 조언을 구할 권리**: 헌법재판소는 '변호인과 상담하고 조언을 구할 권리'는 변호인의 조력을 받을 권리의 내용 중 가장 핵심적인 것으로, 불구속피의자의 신문시 피의자의 변호인 참여요청을 아무런 사유도 밝히지 아니한 채 거부할 경우 이는 변호인의 조력을 받을 권리를 침해하는 것이라고 판시하였다(헌재 2004.9.23, 2000헌마138).

판례 | 불구속피의자신문시 변호인 참여요청 거부가 변호인의 조력을 받을 권리를 침해하는지 여부: 적극 [인용(위헌확인)] 19. 지방직

변호인의 조력을 받을 권리의 출발점은 변호인선임권에 있고, 이는 변호인의 조력을 받을 권리의 가장 기초적인 구성 부분으로서 법률로써도 제한할 수 없다. 그리고 피의자·피고인의 구속 여부를 불문하고 조언과 상담을 통하여 이루어지는 변호인의 조력자로서의 역할은 변호인선임권과 마찬가지로 변호인의 조력을 받을 권리의 내용 중 가장 핵심적인 것이 되고, 변호인과 상담하고 조언을 구할 권리는 변호인의 조력을 받을 권리의 내용 중 구체적인 입법형성이 필요한 다른 절차적 권리의 필수적인 전제요건으로서 변호인의 조력을 받을 권리 그 자체에서 막바로 도출되는 것이다. 그리고 불구속피의자나 피고인의 경우 형사소송법상 특별한 명문의 규정이 없더라도 스스로 선임한 변호인의 조력을 받기 위하여 변호인을 옆에 두고 조언과 상담을 구하는 것은 수사절차의 개시에서부터 재판절차의 종료에 이르기까지 언제나 가능하다. … 따라서

기출 OX

03 교도소 측에서 상대방이 변호인이라는 사실을 확인할 수 없더라도 미결수용자와 변호인 사이의 서신은 원칙적으로 그 비밀을 보장받을 수 있다. 16. 서울시 ( )

04 피의자·피고인의 구속 여부를 불문하고 변호인과 상담하고 조언을 구할 권리는 변호인의 조력을 받을 권리의 내용 중 구체적인 입법형성이 필요한 다른 절차적 권리의 필수적인 전제요건으로서 변호인의 조력을 받을 권리 그 자체에서 막바로 도출되는 것이다. 19. 지방직 ( )

05 불구속피의자나 피고인의 경우 형사소송법상 특별한 명문의 규정이 없더라도 스스로 선임한 변호인의 조력을 받기 위하여 변호인을 옆에 두고 조언과 상담을 구하는 것은 수사절차의 개시에서부터 재판절차의 종료에 이르기까지 언제나 가능하다. 18. 경찰승진 ( )

정답 **03** × **04** ○ **05** ○

아무런 이유 없이 피의자신문시 청구인들의 변호인과의 조언과 상담요구를 제한한 이 사건 행위는 청구인들의 변호인의 조력을 받을 권리를 침해한다 할 것이다(헌재 2004. 9.23, 2000헌마138).

⑥ 국선변호인의 도움을 받을 권리

> 헌법 제12조 ④ … **형사피고인**이 스스로 변호인을 구할 수 없을 때에는 **법률이 정하는 바**에 의하여 국가가 변호인을 붙인다.
>
> **형사소송법**
>
> 제33조【국선변호인】① 다음 각 호의 어느 하나에 해당하는 경우에 변호인이 없는 때에는 법원은 **직권으로 변호인을 선정하여야 한다.** 11. 법행
> 1. **피고인이 구속된 때**
> 2. 피고인이 **미성년자**인 때
> 3. 피고인이 **70세 이상**인 때
> 4. 피고인이 **듣거나 말하는 데 모두 장애가 있는 사람**인 때
> 5. 피고인이 **심신장애가 있는 것으로 의심**되는 때
> 6. 피고인이 사형, 무기 또는 단기 3년 이상의 징역이나 금고에 해당하는 사건으로 기소된 때
>
> ② 법원은 피고인이 빈곤이나 그 밖의 사유로 변호인을 선임할 수 없는 경우에 **피고인이 청구**하면 변호인을 선정하여야 한다.
>
> ③ 법원은 피고인의 나이·지능 및 교육 정도 등을 참작하여 권리보호를 위하여 필요하다고 인정하면 피고인의 명시적 의사에 반하지 아니하는 범위에서 변호인을 선정하여야 한다. 11. 법행
>
> 제201조의2【구속영장청구와 피의자심문】⑧ **심문할 피의자에게 변호인이 없는 때**에는 지방법원판사는 **직권으로** 변호인을 선정하여야 한다. 이 경우 변호인의 선정은 피의자에 대한 구속영장청구가 기각되어 효력이 소멸한 경우를 제외하고는 제1심까지 효력이 있다.

'국선변호인'이란 법원이 직권으로 선정하는 변호인을 말한다. 국선변호인의 조력을 받을 권리는 헌법규정상으로는 형사피고인에 대한 근거만 있고 형사피의자에 대한 근거는 없다. 그러나 형사소송법은 형사피고인뿐만 아니라 형사피의자에 대해서도 구속 전 피의자심문절차와 체포·구속적부심절차에서 제한적이나마 국선변호를 인정하고 있다. **형사피고인에 대한 국선변호는 헌법상 기본권이지만, 형사피의자에 대한 국선변호는 법률상 권리라고 할 수 있다.**

판례 |

1 형사피고인과 달리 형사피의자에 대해서는 국선변호인제도를 규정하지 않고 있는 입법부작위가 헌법소원심판의 대상이 되는지 여부: **소극 [각하]** 11. 경찰승진

변호인의 조력을 받을 권리를 규정하고 있는 헌법 제12조 제4항은 "누구든지 체포 또는 구속을 당한 때에는 즉시 변호인의 조력을 받을 권리를 가진다. 다만, 형사피고인이 스스로 변호인을 구할 수 없을 때에는 법률이 정하는 바에 의하여 국가가 변호인을 붙인다."라고 규정하고 있어 형사피의자의 국선변호인에 관하여는 아무런 입법

기출 OX

01 피고인이 미성년자임에도 변호인이 없는 때에는 법원은 직권으로 변호인을 선정하여야 한다. 09. 법행
( )

02 법원은 피고인의 연령·지능 및 교육 정도 등을 참작하여 권리보호를 위하여 필요하다고 인정하는 때에는 피고인의 명시적 의사에 반하더라도 피고인을 위하여 변호인을 선정하여야 한다. 11. 법행
( )

✏ 피의자의 경우에 현행법상 국선변호인의 도움을 받는 경우는 없다. (×)
⇨ 구속 전 피의자심문시에 심문할 피의자에게 변호인이 없는 때에는 지방법원판사는 직권으로 변호인을 선정하여야 한다(형사소송법 제201조의2 제8항).

정답 01 ○ 02 ×

위임을 하지 않았고, 헌법의 다른 조항들을 살펴보아도 형사피의자를 위한 국선변호인에 관하여 헌법이 명시적인 입법위임을 하지 않았음은 명백하다. 나아가 다른 헌법조항 전부를 해석해 보아도 국가가 형사피의자를 위한 국선변호인제도를 입법하여야 할 헌법적 의무가 있다고 볼 수는 없다. 따라서 형사피의자에 대해서 국선변호인제도를 규정하지 않고 있는 입법부작위는 헌법소원심판의 대상이 될 수 없다(헌재 2008.7.1, 2008헌마428).

2 피의자도 헌법상 국선변호인의 조력을 받을 권리가 인정되는지 여부: 소극 [각하]

헌법 제12조 제4항은 본문에서 "누구든지 체포 또는 구속을 당한 때에는 즉시 변호인의 조력을 받을 권리를 가진다."라고 하고, 단서에서 "다만, 형사피고인이 스스로 변호인을 구할 수 없을 때에는 법률이 정하는 바에 의하여 국가가 변호인을 붙인다."라고 규정하고 있는바, 이는 그 체제에 비추어 일반적으로 형사사건에 있어 변호인의 **조력을 받을 권리는 피의자나 피고인을 불문하고 보장**되나, 그중 특히 **국선변호인의 조력을 받을 권리는 피고인에게만 인정**되는 것으로 해석함이 상당하다(헌재 2008.9.25, 2007헌마1126).

(4) 변호인 자신의 피구속자를 조력할 권리(변호인의 변호권)

헌법재판소는 "피구속자를 조력할 변호인의 권리 중 그것이 보장되지 않으면 **피구속자가 변호인으로부터 조력을 받는다는 것이 유명무실하게 되는 핵심적인 부분**은 '조력을 받을 피구속자의 기본권'과 표리의 관계에 있기 때문에 이러한 **핵심 부분에 관한 변호인의 조력할 권리 역시 헌법상의 기본권으로서 보호**되어야 한다."라고 판시하였고, 구속적부심절차에서 변호인이 피구속자에 대한 고소장과 경찰의 피의자신문조서를 열람하는 것은 피구속자를 조력할 권리 중 핵심 부분으로서 변호인의 헌법상 기본권에 해당한다고 판시하였다(헌재 2003.3.27, 2000헌마474). 07. 사시

> **판례 |**
>
> **1 구속적부심사건 피의자의 변호인에게 고소장과 피의자신문조서에 대한 열람 및 등사를 거부한 경찰서장의 정보비공개결정이 변호인의 피구속자를 조력할 권리 및 알 권리를 침해하여 헌법에 위반되는지 여부: 적극 [인용(위헌확인)]** 05. 사시·국회직, 06. 행시, 07. 법행
>
> '변호인의 조력'이란 '변호인의 충분한 조력'을 의미하므로, 이 사건과 같이 고소로 시작된 형사피의사건의 구속적부심절차에서 피구속자의 변호를 맡은 청구인으로서는 피구속자에 대한 고소장과 경찰의 피의자신문조서를 열람하여 그 내용을 제대로 파악하지 못한다면 피구속자가 무슨 혐의로 고소인의 공격을 받고 있는 것인지 그리고 이와 관련하여 피구속자가 수사기관에서 무엇이라고 진술하였는지 그리고 어느 점에서 수사기관 등이 구속사유가 있다고 보았는지 등을 제대로 파악할 수 없게 되고 그 결과 구속적부심절차에서 피구속자를 충분히 조력할 수 없음이 사리상 명백하므로 위 **서류들의 열람은 피구속자를 충분히 조력하기 위하여 변호인인 청구인에게 그 열람이 반드시 보장되지 않으면 안 되는 핵심적 권리로서 청구인의 기본권에 속한다**고 할 것이다. … 결국 변호인에게 고소장과 피의자신문조서에 대한 열람 및 등사를 거부한 경찰서장의 정보비공개결정은 변호인의 피구속자를 조력할 권리 및 알 권리를 침해하여 헌법에 위반된다(헌재 2003.3.27, 2000헌마474).

기출 OX

03 헌법상 변호인의 조력을 받을 권리 중 특히 국선변호인의 조력을 받을 권리는 피고인에게만 인정되는 것으로 해석함이 상당하다. 16. 서울시 ( )

✎ • 형사피고인에 대한 국선변호 ⇨ 헌법상 기본권
• 형사피의자에 대한 국선변호 ⇨ 법률상 권리

04 변호인의 조력할 권리는 헌법상의 기본권으로 볼 수 없다. 09. 국회직 ( )

05 변호인에게 고소장과 피의자신문조서에 대한 열람 및 등사를 거부한 경찰서장의 정보비공개결정은 변호인의 피구속자를 조력할 권리 및 알 권리를 침해한다. 16. 경찰승진 ( )

정답 03 O 04 × 05 O

2 '변호인이 되려는 자'의 피의자 접견교통권이 헌법상 기본권인지 여부: **적극**

변호인 선임을 위하여 피의자·피고인(이하 '피의자 등'이라 한다)이 가지는 '변호인이 되려는 자'와의 접견교통권은 헌법상 기본권으로 보호되어야 하고, '변호인이 되려는 자'의 접견교통권은 피의자 등이 변호인을 선임하여 그로부터 조력을 받을 권리를 공고히 하기 위한 것으로서, 그것이 보장되지 않으면 피의자 등이 변호인 선임을 통하여 변호인으로부터 충분한 조력을 받는다는 것이 유명무실하게 될 수밖에 없다. 이와 같이 '변호인이 되려는 자'의 접견교통권은 피의자 등을 조력하기 위한 핵심적인 부분으로서, 피의자 등이 가지는 헌법상의 기본권인 '변호인이 되려는 자'와의 접견교통권과 표리의 관계에 있다. 따라서 피의자 등이 가지는 '변호인이 되려는 자'의 조력을 받을 권리가 실질적으로 확보되기 위해서는 '변호인이 되려는 자'의 접견교통권 역시 헌법상 기본권으로서 보장되어야 한다(헌재 2019.2.28, 2015헌마1204).

3 변호인이 되려는 의사를 표시한 자가 객관적으로 변호인이 될 가능성이 있는 경우, 신체구속을 당한 피고인 또는 피의자와 접견하지 못하도록 제한할 수 있는지 여부: **소극**

형사소송법 제34조는 "변호인 또는 변호인이 되려는 자는 신체구속을 당한 피고인 또는 피의자와 접견하고 서류 또는 물건을 수수할 수 있으며 의사로 하여금 진료하게 할 수 있다."라고 규정하고 있으므로, 변호인이 되려는 의사를 표시한 자가 객관적으로 변호인이 될 가능성이 있다고 인정되는데도, 형사소송법 제34조에서 정한 '변호인 또는 변호인이 되려는 자'가 아니라고 보아 신체구속을 당한 피고인 또는 피의자와 접견하지 못하도록 제한하여서는 아니 된다(대판 2017.3.9, 2013도16162).

4 가사소송에서 당사자가 변호사를 대리인으로 선임하여 그 조력을 받는 것이 변호인의 조력을 받을 권리의 보호영역에 포함되는지 여부: **소극** [기각] 15. 법무사

헌법 제12조 제4항의 변호인의 조력을 받을 권리는 신체의 자유에 관한 영역으로서 가사소송에서 당사자가 변호사를 대리인으로 선임하여 그 조력을 받는 것을 그 보호영역에 포함된다고 보기 어렵고, 이 사건 법률조항이 가사소송의 당사자가 변호사의 조력을 얻어 소송수행을 하는 데 제약을 가하는 것도 아니므로, 재판청구권을 침해하는 것이라 볼 수도 없다(헌재 2012.10.25, 2011헌마598).

5 검찰수사관이 피의자신문에 참여한 변호인에게 피의자 후방에 앉으라고 요구한 행위가 변호인의 변호권을 침해한 것으로서 위헌인지 여부: **적극** [인용(위헌확인)] 18. 국가직·국회직 8급, 19. 서울시

> **변호인의 피의자신문 참여 운영 지침(2005.6.20. 시행 대검찰청 지침)**
> 제5조 【변호인의 좌석】 ① 검사는 피의자 후방의 적절한 위치에 신문에 참여하는 변호인의 좌석을 마련하여야 한다.

[1] 적법요건에 관한 판단
① 공권력행사성: 피청구인이 청구인을 잠재적으로 피의자신문을 방해할 수 있는 존재로 파악하여 변호인의 역할을 통제하려는 의도에서 피의자신문이 본격적으로 시작되기 전부터 이 사건 후방착석요구행위를 한 것으로 보이는 점, 청구인이 항의할 경우 피청구인이 퇴실을 명할 가능성도 배제할 수 없는 점 등을 고려하여 보면, 이 사건 **후방착석요구행위는 권력적 사실행위로서 헌법소원의 대상이 되는 공권력의 행사에 해당**한다.
② 보충성: 이 사건 후방착석요구행위에 대하여 형사소송법 제417조의 준항고로 다툴 수 있는지 여부가 불명확하므로, 보충성원칙의 예외가 인정된다.

③ **권리보호이익**: 이 사건 후방착석요구행위는 종료되었으나, 수사기관이 이 사건 지침에 근거하여 후방착석요구행위를 반복할 위험성이 있고, 변호인의 피의자신문참여권의 헌법적 성격과 범위를 확인하고 이를 제한하는 행위의 한계를 확정짓는 것은 헌법적 해명이 필요한 문제에 해당하므로, 심판이익을 인정할 수 있다.

[2] 제한되는 기본권(변호인의 변호권)
변호인의 피의자 및 피고인을 조력할 권리 중 그것이 보장되지 않으면 그들이 변호인의 조력을 받는다는 것이 유명무실하게 되는 핵심적인 부분(이하 '변호인의 변호권'이라 한다)은 헌법상 기본권으로서 보호되어야 한다.

형사절차에서 피의자신문의 중요성을 고려할 때, 변호인이 피의자신문에 자유롭게 참여할 수 있는 권리는 헌법상 기본권인 변호인의 변호권으로서 보호되어야 한다. 피의자신문시 변호인이 피의자의 옆에서 조력하는 것은 변호인의 피의자신문참여권의 주요 부분이므로, 수사기관이 피의자신문에 참여한 변호인에 대하여 후방착석을 요구하는 행위는 변호인의 피의자신문참여를 제한함으로써 헌법상 기본권인 변호인의 변호권을 제한한다.

[3] 이 사건 후방착석요구행위의 기본권침해 여부: 적극
피의자신문에 참여한 변호인이 피의자 옆에 앉는다고 하여 피의자 뒤에 앉는 경우보다 수사를 방해할 가능성이 높아진다거나 수사기밀을 유출할 가능성이 높아진다고 볼 수 없으므로, 이 사건 후방착석요구행위의 **목적의 정당성과 수단의 적절성을 인정할 수 없다.**

이 사건 후방착석요구행위로 인하여 위축된 피의자가 변호인에게 적극적으로 조언과 상담을 요청할 것을 기대하기 어렵고, 변호인이 피의자의 뒤에 앉게 되면 피의자의 상태를 즉각적으로 파악하거나 수사기관이 피의자에게 제시한 서류 등의 내용을 정확하게 파악하기 어려우므로, 이 사건 후방착석요구행위는 변호인인 청구인의 피의자신문참여권을 과도하게 제한한다. 그런데 이 사건에서 변호인의 수사방해나 수사기밀의 유출에 대한 우려가 없고, 조사실의 장소적 제약 등과 같이 이 사건 후방착석요구행위를 정당화할 그 외의 특별한 사정도 발견되지 아니하므로, 이 사건 후방착석요구행위는 침해의 최소성요건을 충족하지 못한다.

이 사건 후방착석요구행위로 얻어질 공익보다는 변호인의 피의자신문참여권 제한에 따른 불이익의 정도가 크므로, 이 사건 후방착석요구행위는 법익의 균형성 요건도 충족하지 못한다. 따라서 이 사건 후방착석요구행위는 변호인인 청구인의 자유로운 피의자신문참여를 제한함으로써 헌법상 기본권인 변호인의 변호권을 침해하므로 취소되어야 할 것이나, 이 사건 후방착석요구행위는 이미 종료되었으므로 동일 또는 유사한 기본권침해의 반복을 방지하기 위하여 선언적 의미에서 그에 대한 위헌확인을 하기로 한다(헌재 2017.11.30, 2016헌마503).

V. 신체의 자유의 한계와 제한

신체의 자유는 무제한으로 보장되는 것이 아니며, 타인의 권리를 침해하거나 도덕률에 위반하거나 헌법질서에 위배될 수 없다. 또한 헌법 제37조 제2항에 의하여 법률로 제한될 수 있으나, 이때에도 과잉금지의 원칙을 준수하여야 하며 신체의 자유의 본질적 내용을 침해하여서는 안 된다.

기출 OX

01 검찰수사관이 피의자신문에 참여하면서 피의자 옆에 앉으려고 한 변호인에게 피의자 뒤에 앉으라고 요구한 행위는 헌법소원심판의 대상에 해당된다. 19. 경찰승진 ( )

02 변호인이 피의자신문에 자유롭게 참여할 수 있는 권리는 피의자가 가지는 변호인의 조력을 받을 권리를 실현하는 수단이므로 헌법상 기본권인 변호인의 변호권으로서 보호되어야 한다. 18. 국가직 ( )

03 피의자신문에 참여한 변호인에게 피의자 후방에 앉으라고 요구한 행위가 변호인의 변호권을 침해하는 것은 아니다. 18. 경찰승진 ( )

정답 **01** ○ **02** ○ **03** ×

제2절 사생활의 자유권

01 사생활의 비밀과 자유

> 헌법 제17조 모든 국민은 사생활의 비밀과 자유를 침해받지 아니한다.

기출 OX

01 사생활의 비밀과 자유는 헌법이 명시적으로 규정하고 있는 내용 중 하나이다. 06. 법무사 변형 ( )

Ⅰ. 의의

1. 개념

헌법 제17조의 사생활의 비밀과 자유는 사생활의 내용을 부당하게 공개당하지 아니할 권리, 사생활의 자유로운 형성과 전개를 방해받지 아니할 권리를 의미하며, 나아가 자기정보를 관리·통제할 수 있는 권리까지도 그 내용으로 한다.

2. 연혁과 입법례

(1) 영국 Common Law(보통법)의 명예훼손, 불법행위 등의 법리에 의하여 보호되었다.

(2) 1890년 워렌(S. Warren)과 브랜다이즈(L. Brandies)는 논문 'The Right to Privacy'에서 사생활이 법으로 보장받는 권리라고 주장하였다.

(3) 프라이버시에 관한 권리(미국·일본) 또는 일반적 인격권(독일)의 일환으로 학설상 인정되었다.

(4) 1974년 미국은 Privacy Act(사생활권법)로 보호하였다.

(5) 1976년 UN의 시민적·정치적 권리에 관한 규약에 명문화하였다.

(6) 1979년 독일은 Datenschutzgesetz(개인정보보호법)으로 명문화하였다.

(7) 우리나라는 제8차 개정헌법에서 처음 명문화되었다. 07. 법무사

02 사생활의 비밀과 자유에 관한 권리는 8차 개헌(1980년 헌법)에서 신설되었다. 07. 법무사 ( )

Ⅱ. 법적 성격

1. 인격권의 일종

사생활의 비밀과 자유의 보호법익은 인격적 징표를 손상당함으로써 입게 되는 불이익을 배제하려는 것이므로 인격권의 일종이다.

2. 자유권의 일종

사생활의 비밀과 자유는 사생활의 자율을 방해받지 아니할 권리이므로 국가권력과 제3자에 대한 소극적·방어적 성격을 가진 자유권의 일종이다.

03 사생활의 비밀과 자유는 인격권적인 성격과 자유권적 성격 및 참정권적 성격을 동시에 갖는 권리이다. 10. 법원직 ( )

3. 청구권적 성격

사생활의 비밀과 자유는 자기정보의 관리·통제를 내용으로 하기 때문에 청구권적 성격도 아울러 가진다.

정답 01 ○ 02 ○ 03 ×

Ⅲ. 주체

사생활의 비밀과 자유는 인간의 권리이므로 내·외국인을 불문하고 모든 인간이 누릴 수 있다. 사자(死者)는 원칙적으로 주체가 될 수 없으며, 사자의 사생활비밀에 관한 권리의 침해가 동시에 생존자의 그에 관한 권리를 침해하는 경우라든가 사자와 생존자 간에 일정한 관계가 존재할 때에는 생존자에 관하여 문제가 된다. 또한 법인이나 단체 등은 원칙적으로 주체가 될 수 없다. 02. 법무사, 05. 입시

기출 OX

04 법인이나 사자(死者)도 원칙적으로 사생활의 비밀과 자유의 주체가 될 수 있다. 05. 입시 ( )

Ⅳ. 내용

1. 사생활의 비밀의 불가침

개인에 관한 난처한 사적 사항, 명예나 신용, 인격적 징표(예 성명, 초상, 경력, 이미지 등)를 침해하여서는 아니 된다.

2. 사생활의 자유의 불가침

개인은 자유로운 사생활의 형성과 유지를 위협받지 않아야 하며, 적극적·소극적 방법으로 개인의 평온한 사생활이 침해되어서도 아니 된다.

> **⚖ 판례 |**
>
> **1 운전할 때 운전자가 좌석안전띠를 착용하는 문제가 사생활영역의 문제인지 여부: 소극**
> [기각] 07. 법무사, 08·12. 사시
> 일반 교통에 사용되고 있는 도로는 국가와 지방자치단체가 그 관리책임을 맡고 있는 영역이며, 수많은 다른 운전자 및 보행자 등의 법익 또는 공동체의 이익과 관련된 영역으로 그 위에서 자동차를 운전하는 행위는 더 이상 개인적인 내밀한 영역에서의 행위가 아니다. 그렇다면 운전할 때 운전자가 좌석안전띠를 착용하는 문제는 더 이상 사생활영역의 문제가 아니어서 사생활의 비밀과 자유에 의하여 보호되는 범주를 벗어난 행위라고 볼 것이다(헌재 2003.10.30, 2002헌마518).
>
> **2 명예보호를 위한 대외적 해명행위가 사생활의 자유에 의하여 보호되는 행위인지: 소극**
> 06. 사시, 12. 지방직
> 자신의 인격권이나 명예권을 보호하기 위하여 대외적으로 해명을 하는 행위는 표현의 자유에 속하는 영역이라고 할 수 있을 뿐 이미 사생활의 자유에 의하여 보호되는 범주를 벗어난 행위라고 볼 것이므로 사생활의 자유가 침해된다고는 볼 수 없다(헌재 2001.8.30, 99헌바92 등).

05 자동차 안에서 이루어지는 활동은 사생활의 영역에 속한다 할 것이므로, 운전할 때 운전자가 좌석안전띠를 착용하는 문제는 사생활영역의 문제로서 좌석안전띠의 착용을 강제하는 것이 사생활의 비밀과 자유를 침해하는지 여부에 대하여는 과잉금지원칙에 따른 비례심사를 하여야 한다. 12. 법원직 ( )

3. 개인정보자기결정권(자기정보관리통제권)

> **개인정보 보호법**
>
> **제1조【목적】** 이 법은 개인정보의 처리 및 보호에 관한 사항을 정함으로써 개인의 자유와 권리를 보호하고, 나아가 개인의 존엄과 가치를 구현함을 목적으로 한다.
> **제2조【정의】** 이 법에서 사용하는 용어의 뜻은 다음과 같다.
> 1. "개인정보"란 살아 있는 개인에 관한 정보로서 다음 각 목의 어느 하나에 해당하는 정보를 말한다.

정답 04 × 05 ×

제3장 자유권적 기본권 **477**

가. 성명, 주민등록번호 및 영상 등을 통하여 개인을 알아볼 수 있는 정보
나. 해당 정보만으로는 특정 개인을 알아볼 수 없더라도 다른 정보와 쉽게 결합하여 알아볼 수 있는 정보. 이 경우 쉽게 결합할 수 있는지 여부는 다른 정보의 입수 가능성 등 개인을 알아보는 데 소요되는 시간, 비용, 기술 등을 합리적으로 고려하여야 한다. 18. 지방직
다. 가목 또는 나목을 제1호의2에 따라 가명처리함으로써 원래의 상태로 복원하기 위한 추가 정보의 사용·결합 없이는 특정 개인을 알아볼 수 없는 정보(이하 "가명정보"라 한다)

1의2. "가명처리"란 **개인정보의 일부를 삭제하거나 일부 또는 전부를 대체하는 등의 방법으로 추가 정보가 없이는 특정 개인을 알아볼 수 없도록 처리하는 것을** 말한다.

(1) 의의

① '개인정보자기결정권'이란 자신에 관한 정보에 대하여 열람, 정정, 사용중지, 삭제 등을 요구할 수 있는 권리를 말한다.

② 헌법재판소는 "인간의 존엄과 가치, 행복추구권을 규정한 헌법 제10조 제1문에서 도출되는 일반적 인격권 및 헌법 제17조의 사생활의 비밀과 자유에 의하여 보장되는 개인정보자기결정권은 자신에 관한 정보가 언제 누구에게 어느 범위까지 알려지고 또 이용되도록 할 것인지를 그 정보주체가 스스로 결정할 수 있는 권리이다."라고 하여 개인정보자기결정권을 헌법 제10조와 제17조에서 나오는 헌법상 독자적 기본권으로 인정하고 있다(헌재 2005.7.21, 2003헌마282 등).

③ 개인정보자기결정권의 보호대상이 되는 개인정보는 반드시 개인의 내밀한 영역이나 사사의 영역에 속하는 정보에 국한되지 않고 공적 생활에서 형성되었거나 이미 공개된 개인정보까지 포함한다. 11. 법무사·경찰승진

⚖ 판례 |

1 개인정보자기결정권이 헌법에 명시되지 않은 독자적 기본권인지 여부: 적극 06·12. 사시, 10·11. 법행, 12. 국가직, 19. 서울시

개인정보자기결정권은 자신에 관한 정보가 언제, 누구에게, 어느 범위까지 알려지고 또 이용되도록 할 것인지를 그 정보주체가 스스로 결정할 수 있는 권리이다. 즉, 정보주체가 개인정보의 공개와 이용에 관하여 스스로 결정할 권리를 말한다. … 개인정보자기결정권의 헌법상 근거로는 헌법 제17조의 사생활의 비밀과 자유, 헌법 제10조 제1문의 인간의 존엄과 가치 및 행복추구권에 근거를 둔 일반적 인격권 또는 위 조문들과 동시에 우리 헌법의 자유민주적 기본질서규정 또는 국민주권원리와 민주주의원리 등을 고려할 수 있으나, 개인정보자기결정권으로 보호하려는 내용을 위 각 기본권들 및 헌법원리들 중 일부에 완전히 포섭시키는 것은 불가능하다고 할 것이므로, 그 헌법적 근거를 굳이 어느 한두 개에 국한시키는 것은 바람직하지 않은 것으로 보이고, 오히려 **개인정보자기결정권은 이들을 이념적 기초로 하는 독자적 기본권으로서 헌법에 명시되지 아니한 기본권**이라고 보아야 할 것이다(헌재 2005.5.26, 99헌마513·2004헌마190).

기출 OX

01 헌법재판소는 개인정보자기결정권을 헌법상의 기본권으로 인정하며, 그 헌법적 근거는 독자적인 기본권으로서 헌법상 명시되지 않은 기본권에 해당한다고 본다. 17. 경찰승진 ( )

정답 **01** ○

2 **공적 생활에서 형성되었거나 이미 공개된 개인정보까지 개인정보자기결정권의 보호대상인지 여부: 적극** 10·11. 법행, 11. 경찰승진, 12. 사시·법원직·법무사·국가직

개인정보자기결정권의 보호대상이 되는 개인정보는 개인의 신체, 신념, 사회적 지위, 신분 등과 같이 개인의 인격주체성을 특징짓는 사항으로서 그 개인의 동일성을 식별할 수 있게 하는 일체의 정보라고 할 수 있고, 반드시 **개인의 내밀한 영역이나 사사의 영역에 속하는 정보에 국한되지 않고 공적 생활에서 형성되었거나 이미 공개된 개인정보까지 포함한다.** 또한 그러한 개인정보를 대상으로 한 조사·수집·보관·처리·이용 등의 행위는 모두 원칙적으로 개인정보자기결정권에 대한 제한에 해당한다(헌재 2005.5.26, 99헌마513·2004헌마190).

기출 OX
02 개인정보자기결정권의 보호대상이 되는 개인정보에는 이미 공개된 개인정보는 포함되지 않는다. 17. 경찰승진, 20. 경찰경채 ( )

(2) 법적 성격
① **인격권의 일종**: 개인정보자기결정권의 보호법익은 인격의 자유로운 발현과 법적 안전성이므로 인격권의 일종이다.
② **청구권적 성격이 강한 능동적·적극적 권리**: 사생활의 비밀과 자유가 소극적·방어적 성격을 가진 자유권의 일종이라면, 개인정보자기결정권은 청구권적 성격이 강한 능동적·적극적 권리이다.
③ **일신전속적 권리**
④ **알 권리로서의 성격**: 개인정보자기결정권 중 자기정보열람청구권은 알 권리로서의 성격도 가지고 있으므로 정보공개청구권과 중복되는 측면이 있다.

(3) 주체
인간의 권리이므로 원칙적으로 내·외국인을 불문하고 생존하는 자연인만이 주체가 된다. 그러나 법인도 명예나 신용이 훼손될 때에는 예외적으로 그 권리의 주체가 될 수 있다.

(4) 내용
① **자기정보열람청구권**: 정보주체는 개인정보보유기관에 대하여 자신에 관한 정보의 열람을 청구할 수 있다. 이때 정보보유기관은 정당한 이유가 없는 한 열람을 허용하여야 한다.
② **자기정보정정청구권**: 정보주체는 자기정보를 열람한 결과 정보내용이 잘못된 경우에는 정정을 요구할 수 있다. 이 경우 정보보유기관은 그 부분을 정정하고 정보주체에게 그 사실을 통보하여야 하며, 정보주체의 정정요구가 이유 없다고 판단되면 정보보유기관은 거부이유와 거부처분에 대한 불복신청의 방법을 통지하여야 한다.
③ **자기정보사용중지·삭제청구권**: 정보보유기관이 법에 규정된 의무를 위반하거나 법의 취지에 반하여 개인정보를 부당하게 이용하고 있으면, 정보주체는 자기정보의 무단공표·이용의 금지 내지 사용중지 또는 삭제를 요구할 수 있다. 정보보유기관은 당해 청구에 대하여 타당성 여부를 조사·판단하고, 타당성이 있으면 그 정보의 사용중지·삭제 여부의 결과를 통보하여야 한다.

(5) 한계와 제한
개인정보자기결정권도 국가안전보장, 질서유지, 공공복리 등을 위하여 불가피한 경우에는 제한할 수 있다.

정답 **02** ×

V. 효력

사생활의 비밀과 자유는 주관적 공권으로서 모든 국가권력을 직접 구속하는 효력이 있으며, 사인간의 법률관계에서도 기본권의 제3자적 효력에 관한 간접적용설에 따라 구속력을 가진다.

VI. 한계와 제한

사생활의 비밀과 자유도 헌법 제37조 제2항에 따라 제한할 수 있다. 사생활의 비밀과 자유는 무제한적으로 보장되는 것이 아니므로 타인의 권리를 침해하지 않아야 하며, 사회윤리나 헌법질서를 위반하여서도 안 된다.

1. 언론의 자유와의 관계

(1) 양 법익충돌의 조화적 해결이론

사생활의 비밀과 자유는 현실적으로 언론매체에 의하여 자주 침해되고 있다. 이처럼 사생활의 자유와 언론의 자유가 충돌하는 경우 이를 해결하는 방법이 문제된다.
① **권리포기의 이론**: 자살자의 경우처럼 일정한 사정하에서는 사생활의 비밀과 자유를 포기하는 것으로 간주한다는 이론이다.
② **공익의 이론**: 사이비종교·범죄피해자의 공개 등 국민의 알 권리의 대상이 되는 사항은 국민에게 알리는 것이 공공의 이익이 된다는 이론이다.
③ **공적 인물의 이론**: 정치인, 운동선수, 연예인 등 공적 인물은 사생활이 공개되는 것을 어느 정도 수인하여야 한다는 이론이다.

(2) 판례

① 공적 인물에 대하여는 사생활의 비밀과 자유가 일정 범위 내에서 제한되어 그 사생활의 공개가 면책되는 경우도 있을 수 있으나, 이는 공적 인물은 통상인에 비하여 일반 국민의 알 권리의 대상이 되고 그 공개가 공공의 이익이 된다는 데 근거한 것이므로, 일반 국민의 알 권리와는 무관하게 국가기관이 평소의 동향을 감시할 목적으로 개인정보를 비밀리에 수집한 경우에는 그 대상자가 공적 인물이라는 이유만으로 면책될 수 없다(대판 1998.7.24, 96다42789).
② 또한 "국가기관이 행정목적달성을 위하여 행정상 공표의 방법으로 실명을 공개함으로써 타인의 명예를 훼손한 경우, 적시된 사실이 진실이라는 증명이 없더라도 공표 당시 진실이라고 믿었고 또 그렇게 믿을 만한 상당한 이유가 있다면 위법성이 없다. 단, '상당한 이유'는 사인에 의한 경우보다 훨씬 더 엄격한 기준이 요구된다."라고 본다(대판 1993.11.26, 93다18389).

(3) 검토

권리포기의 이론은 진의와는 관계없이 권리포기를 의제하는 이론이고, 공익의 이론은 명예훼손과의 구별을 곤란하게 하는 이론이며, 공적 인물의 이론은 공적 인물 역시 사생활의 비밀과 자유를 보장받아야 한다는 점을 간과한 이론이라는 점에서 문제가 있다. 결국 이들 이론을 종합하여 당시의 구체적인 사정에 따라 두 법익을 형량하여 결정하여야 할 것이다.

기출 OX

01 공적 인물의 경우에는 그 사생활이 공개될지라도 통상인에 비하여 수인이 요구되는 정도가 높다. 05. 입시 ( )

02 일반 국민의 알 권리와 무관하게 국가기관이 평소의 동향을 감시할 목적으로 개인의 정보를 비밀리에 수집한 경우 그 대상자가 공적 인물이라는 이유만으로 면책되지 않는다. 13. 지방직 ( )

정답 01 ○ 02 ○

2. 국정감사·조사권

> **국정감사 및 조사에 관한 법률**
> **제8조【감사 또는 조사의 한계】** 감사 또는 조사는 개인의 사생활을 침해하거나 계속 중인 재판 또는 수사 중인 사건의 소추에 관여할 목적으로 행사되어서는 아니 된다.
> 18. 지방직

3. 범죄수사와의 관계

범죄수사를 위한 사진촬영이나 감청을 하는 경우에도 헌법상의 요건에 따라 사생활의 자유를 제한하여야 하며 필요최소한의 제한이어야 한다.

> **판례 |**
>
> **1** 공적 인물의 공적 활동에 대한 언론보도의 심사기준(완화된 심사) 및 강원도의회의원 甲이 김일성사망에 대하여 조문편지를 김정일에게 보냈는데, 강원일보가 이에 대하여 '김일성사망 애도편지'라고 17차례에 걸쳐 신문에 보도한 것이 甲의 명예를 훼손하는지 여부: **소극 [기각]** 07. 법무사
>
> 공적 인물과 사인, 공적인 관심사안과 사적인 영역에 속하는 사안간에는 심사기준에 차이를 두어야 하고, 더욱이 이 사건과 같이 **공적 인물이 그의 공적 활동과 관련된 명예훼손적 표현은 그 제한이 더 완화되어야 하는 등** 개별 사례에서의 이익형량에 따라 그 결론도 달라지게 된다. … 이 사건 편지는 애도가 주된 목적이 아니라고 하더라도 그 당시 공적 토론의 쟁점이었던 애도의 뜻이 담긴 인사말 부분이 있었기 때문에 신문사가 사건의 성격을 '김일성사망 애도편지'라고 평가·규정한 것이 비합리적이었다고 보기 어렵다(헌재 1999.6.24, 97헌마265).
>
> **2** 사생활에 관한 사항을 승낙의 범위를 초과하여 보도한 경우에 위법한지 여부: **적극**
> 06. 사시, 11. 법무사
>
> 본인의 승낙을 받고 승낙의 범위 내에서 그의 사생활에 관한 사항을 공개할 경우 이는 위법한 것이라 할 수 없으나, 본인의 승낙을 받은 경우에도 승낙의 범위를 초과하여 승낙 당시의 예상과는 다른 목적이나 방법으로 이러한 사항을 공개할 경우 이는 위법한 것이라 아니할 수 없다. … 피해자가 자신을 알아볼 수 없도록 해달라는 조건 하에 사생활에 관한 방송을 승낙하였는데 방영 당시 피해자의 모습이 그림자처리되기는 하였으나 그림자에 옆모습 윤곽이 그대로 나타나고 음성이 변조되지 않는 등 방송기술상 적절한 조치를 취하지 않음으로써 피해자의 신분이 주변 사람들에게 노출되었으므로 불법행위에 의한 손해배상책임이 인정된다(대판 1998.9.4, 96다11327).
>
> **3** 주민등록발급을 위하여 수집된 지문정보를 경찰청장이 보관·전산화하여 범죄수사목적에 이용하거나 주민등록발급을 위하여 열 손가락의 지문을 날인하게 하는 것이 개인정보자기결정권을 침해하는지 여부: **소극 [기각]** 08. 사시, 10. 법무사, 11. 법행, 12. 국가직, 19. 서울시
>
> 지문날인제도로 인하여 정보주체가 현실적으로 입게 되는 불이익에 비하여 경찰청장이 보관·전산화하고 있는 지문정보를 범죄수사활동, 대형사건·사고나 변사자가 발생한 경우의 신원확인, 타인의 인적 사항 도용방지 등 각종 신원확인의 목적을 위하여 이용함으로써 달성할 수 있게 되는 공익이 더 크다고 보아야 할 것이므로, 지문날인제도는 과잉금지의 원칙에 위배되지 아니한다(헌재 2005.5.26, 99헌마513).

4 청소년 성매수자의 신상을 공개하는 것이 이들의 인격권 및 사생활의 비밀과 자유를 침해하는지 여부: 소극 [합헌] 11. 경찰승진

신상공개제도는 국가가 개인의 신상에 관한 사항 및 청소년의 성매수 등에 관한 범죄의 내용을 대중에게 공개함으로써 개인의 일반적 인격권을 제한하며, 한편 사생활의 비밀에 해당하는 사항을 국가가 일방적으로 공개하는 것이므로, 이는 일반적 인격권과 사생활의 비밀의 자유를 제한하는 것이라 할 것이다. … 청소년 성매수자의 일반적 인격권과 사생활의 비밀의 자유가 제한되는 정도가 청소년 성보호라는 공익적 요청에 비하여 크다고 할 수 없으므로 과잉금지의 원칙에 위배된다고 할 수 없다(헌재 2003.6.26, 2002헌가14).

기출 OX

01 국민기초생활 보장법상의 급여신청자에게 금융거래정보의 제출을 요구할 수 있도록 한 동법 시행규칙은 급여신청자의 개인정보자기결정권을 침해한다. 18. 경찰승진 (   )

5 국민기초생활 보장법에 따라 급여를 신청할 때 금융거래정보자료 제공동의서를 제출하도록 하는 것이 개인정보자기결정권을 침해하는지 여부: 소극 [기각] 11. 법무사, 12. 사시

이 규칙조항에 따라 요구된 금융거래정보를 제출하지 않는 경우 급여신청이 각하될 수 있으므로, 이 규칙조항은 금융거래정보의 제공을 상당한 정도로 강제하는 효과를 가지게 되고 이 범위에서는 개인정보의 자기결정권을 제한하게 된다. **수급신청자에게 그 수급의 자격이 있는지 여부 및 필요한 급여액의 정도를 파악하기 위하여는** 반드시 그 소득 및 재산을 파악하여야 하는데, 금융거래정보의 파악은 이를 위한 적절한 수단임이 분명하다. 그러므로 이 규칙조항은 개인정보자기결정권을 침해하는 것이라고 볼 수 없다(헌재 2005.11.24, 2005헌마112).

02 4급 이상 공무원들의 병역면제사유인 질병명을 관보와 인터넷을 통해 공개하도록 하는 것은 '부정한 병역면탈의 방지'와 '병역의무의 자진이행에 기여'라는 입법목적을 달성하기 위한 것으로서 사생활의 비밀과 자유를 침해하는 것이 아니다. 18. 경찰경채 (   )

6 4급 이상 공무원들의 병역면제사유인 질병명을 관보와 인터넷을 통하여 공개하도록 하는 것이 사생활의 자유를 침해하는지 여부: 적극 [헌법불합치] 09. 사시, 09·10. 법행

공적 관심의 정도가 약한 4급 이상의 공무원들까지 대상으로 삼아 모든 질병명을 아무런 예외 없이 공개하도록 한 것은 입법목적 실현에 치중한 나머지 사생활보호의 헌법적 요청을 현저히 무시한 것이고, 이로 인하여 청구인들을 비롯한 해당 공무원들의 헌법 제17조가 보장하는 기본권인 사생활의 비밀과 자유를 침해하는 것이다. … 우리 현실에서 병역공개제도의 필요성이 인정되고, 이를 위해 질병명에 대한 신고와 적정한 방법에 의한 공개가 반드시 불필요하다고 단정할 수 없는 이상 이 사건 법률조항에 대하여 단순위헌결정을 함으로써 4급 이상 공무원 모두에 대하여 어떤 질병명도 당장 공개할 수 없는 결과를 초래하는 것은 적절하지 않다. 따라서 입법자가 사생활제한을 완화하는 조치를 취할 수 있도록 헌법불합치결정을 선고하되, 입법자의 개선입법이 있을 때까지 계속 적용을 명한다(헌재 2007.5.31, 2005헌마1139).

7 내밀한 사적 영역에 관한 개인정보를 공개함으로써 사생활의 비밀과 자유를 제한하는 국가적 조치에 대한 심사기준 – 엄격한 심사 09. 사시

사람의 육체적·정신적 상태나 건강에 대한 정보, 성생활에 대한 정보와 같은 것은 인간의 존엄성이나 인격의 내적 핵심을 이루는 요소이다. 공직자 등의 병역사항 신고 및 공개에 관한 법률 제8조 제1항 본문 가운데 '4급 이상의 공무원 본인의 질병명에 관한 부분'에 의하여 그 공개가 강제되는 질병명은 내밀한 사적 영역에 근접하는 민감한 개인정보로서, 특별한 사정이 없는 한 타인의 지득(知得), 외부에 대한 공개로부터 차단되어 개인의 내밀한 영역 내에 유보되어야 하는 정보이다. 이러한 성격의 개인정보를 공개함으로써 사생활의 비밀과 자유를 제한하는 국가적 조치는 엄격한 기준과 방법에 따라 섬세하게 행하여지지 않으면 아니 된다(헌재 2007.5.31, 2005헌마1139).

정답 01 × 02 ×

8 형의 실효 여부와 관계없이 전과기록을 공개하도록 한 것이 사생활의 자유 등을 침해하는지 여부: 소극 [기각] 10. 법행, 12. 경찰승진, 16. 국회직, 18. 서울시

후보자의 실효된 형까지 포함한 금고 이상의 형의 범죄경력을 공개함으로써 국민의 알 권리를 충족하고 공정하고 정당한 선거권행사를 보장하고자 하는 이 사건 법률조항의 입법목적은 정당하며, 이러한 입법목적을 달성하기 위하여는 선거권자가 후보자의 모든 범죄경력을 인지한 후 그 공직적합성을 판단하는 것이 효과적이다. 또한 금고 이상의 범죄경력에 실효된 형을 포함시키는 이유는 선거권자가 공직후보자의 자질과 적격성을 판단할 수 있도록 하기 위한 점, 전과기록은 통상 공개재판에서 이루어진 국가의 사법작용의 결과라는 점, 전과기록의 범위와 공개시기 등이 한정되어 있는 점 등을 종합하면 이 사건 법률조항은 피해최소성의 원칙에 반한다고 볼 수 없고, 공익적 목적을 위하여 공직선거 후보자의 사생활의 비밀과 자유를 한정적으로 제한하는 것이어서 법익균형성의 원칙도 충족한다. 따라서 이 사건 법률조항은 청구인들의 사생활의 비밀과 자유를 침해한다고 볼 수 없다(헌재 2008.4.24, 2006헌마402·531).

9 수용자 중에서 엄중격리대상자를 지정하여 CCTV를 설치하고 24시간 내내 수형자를 감시하는 것이 사생활의 자유 등을 침해하는지 여부: 소극 [기각] 09. 사시, 10. 법행, 12. 경찰승진, 15. 서울시

CCTV에 의하여 감시되는 엄중격리대상자는 상습적으로 폭행·소란·자살·자해 등을 하거나 도주한 전력이 있는 수형자들 중에서 엄중한 격리와 계호가 필요하다고 인정된 자들이므로 지속적이고 부단한 감시가 필요한데, 교도관의 인력이 이에 미치지 못하는 점, 엄중격리대상자를 독거실에 수용함으로써 폭행·소란 등의 위험성은 제거되었다고 하더라도 자살·자해나 흉기제작 등의 위험성은 해소되지 못하므로 독거실 내의 생활도 계속적으로 감시할 필요가 있다고 보이는 점 등을 고려하면 CCTV 설치행위는 그 목적의 정당성과 수단의 적절성을 인정할 수 있다. … 따라서 CCTV 설치행위는 헌법 제17조 및 제37조 제2항을 위반하여 청구인들의 사생활의 비밀 및 자유를 침해하였다고 볼 수 없다(헌재 2008.5.29, 2005헌마137·247·376·2007헌마87·1274).

10 채무자와 이해관계가 없는 일반 국민도 누구나 제약 없이 채무불이행자명부를 열람·복사할 수 있도록 한 것이 채무자의 개인정보자기결정권을 침해하는지 여부: 소극 [기각] 11. 사시, 12. 법무사

명부의 열람은 채무불이행자명부제도의 본질상 반드시 필요하고, 복사는 열람에 수반되는 것에 불과할 뿐 이미 열람된 정보를 복사한다고 하여 이로 인하여 채무자의 개인정보자기결정권이 새로이 침해된다고 할 수 없으며, 민사집행법 제72조 제5항에서 "채무불이행자명부는 인쇄물 등으로 공표되어서는 아니 된다."는 규정을 두고 있고, 필요한 경우 형법상 명예훼손죄·신용훼손죄·업무방해죄 등으로 처벌할 수 있으므로 복사된 명부의 남용위험은 크지 않다고 하겠다. 따라서 이 사건 법률조항은 입법목적을 달성하기 위하여 필요한 정도를 넘었다고 할 수 없으므로 최소침해성의 원칙에 반하지 않는다. 채무불이행자명부에 등재되는 경우는 채무이행과 관련하여 채무자의 불성실함이 인정되어 그 명예와 신용에 타격을 가할 필요성이 인정되는 경우라고 할 것이므로, 채무불이행자명부에 등재되는 채무자의 개인정보를 보호할 사익보다는 이 사건 법률조항이 추구하는 채무이행의 간접강제 및 거래의 안전도모라는 공익이 더 크다고 할 것이어서 이 사건 법률조항은 법익균형성의 원칙에도 반하지 아니한다(헌재 2010.5.27, 2008헌마663).

기출 OX

03 공직선거의 후보자등록 신청을 함에 있어 형의 실효 여부와 관계없이 일률적으로 금고 이상의 형의 범죄경력을 제출·공개하도록 한 규정은 사생활의 비밀과 자유 또는 개인정보자기결정권을 침해한다. 20. 경찰승진
( )

04 엄중격리대상자의 수용거실에 CCTV를 설치하여 24시간 감시하는 행위는 사생활의 자유 및 비밀을 침해한다. 10. 법행
( )

05 채무불이행자명부나 그 부본을 누구든지 보거나 복사할 것을 신청할 수 있도록 하는 것은 채무불이행자명부에 등재된 사람들의 개인정보자기결정권을 침해하는 것이다. 12. 법행
( )

정답 03 × 04 × 05 ×

기출 OX

01 보험회사 직원이 보험회사를 상대로 손해배상청구소송을 제기한 교통사고 피해자들의 장해 정도에 관한 증거자료를 수집할 목적으로 피해자들의 일상생활을 촬영하는 행위는 사생활의 자유 및 비밀을 침해한다. 10. 법행
( )

02 형법 제304조 중 '혼인을 빙자하여 음행의 상습 없는 부녀를 기망하여 간음한 자' 부분은 형벌규정을 통하여 추구하고자 하는 목적 자체가 헌법에 의하여 허용되지 않는 것으로서 그 정당성이 인정되지 않는다. 22. 경찰1차
( )

11 보험회사를 상대로 소송을 제기한 교통사고 피해자들의 장해 정도에 관한 증거자료를 수집할 목적으로 보험회사 직원이 피해자들의 일상생활을 촬영한 행위가 사생활의 비밀과 자유를 침해하는지 여부: **적극** 10. 법행, 12. 경찰승진

초상권 및 사생활의 비밀과 자유에 대한 부당한 침해는 불법행위를 구성하는데, 위 침해는 그것이 공개된 장소에서 이루어졌다거나 민사소송의 증거를 수집할 목적으로 이루어졌다는 사유만으로 정당화되지 아니한다. … 보험회사를 상대로 **손해배상청구소송**을 제기한 교통사고 피해자들의 장해 정도에 관한 증거자료를 수집할 목적으로 **보험회사 직원이 피해자들의 일상생활을 촬영한 행위는 초상권 및 사생활의 비밀과 자유를 침해**하는 불법행위에 해당한다(대판 2006.10.13, 2004다16280).

12 '혼인을 빙자하여 음행의 상습 없는 부녀를 기망하여 간음한 자'를 처벌하는 형법 제304조 혼인빙자간음죄 처벌조항이 남성의 성적 자기결정권 및 사생활의 비밀과 자유를 침해하는지 여부: **적극 [위헌]** 19. 국가직

이 사건 법률조항의 경우 입법목적에 정당성이 인정되지 않는다. 첫째, 남성이 위력이나 폭력 등 해악적 방법을 수반하지 않고서 여성을 애정행위의 상대방으로 선택하는 문제는 그 행위의 성질상 국가의 개입이 자제되어야 할 사적인 내밀한 영역인 데다 또 그 속성상 과장이 수반되게 마련이어서 우리 형법이 혼전 성관계를 처벌대상으로 하지 않고 있으므로 혼전 성관계의 과정에서 이루어지는 통상적 유도행위 또한 처벌하여야 할 이유가 없다. … 이 사건 법률조항은 개인의 내밀한 성생활의 영역을 형사처벌의 대상으로 삼음으로써 남성의 성적 자기결정권과 사생활의 비밀과 자유라는 기본권을 지나치게 제한하는 것인 반면, 이로 인하여 추구되는 공익은 오늘날 보호의 실효성이 현격히 저하된 음행의 상습 없는 부녀들만의 '성행위 동기의 착오의 보호'로서 그것이 침해되는 기본권보다 중대하다고는 볼 수 없으므로, 법익의 균형성도 상실하였다. 결국 이 사건 법률조항은 목적의 정당성, 수단의 적절성 및 피해최소성을 갖추지 못하였고 법익의 균형성도 이루지 못하였으므로, 헌법 제37조 제2항의 과잉금지원칙을 위반하여 남성의 성적 자기결정권 및 사생활의 비밀과 자유를 과잉제한하는 것으로 헌법에 위반된다(헌재 2009.11.26, 2008헌바58·2009헌바191).

13 국가경찰공무원 중 경사 계급까지 재산등록의무자로 규정한 공직자윤리법 시행령이 청구인의 헌법상 보장된 기본권인 사생활의 비밀과 자유 및 평등권을 침해하는지 여부: **소극 [기각]** 11. 국가직·사시

[1] 사생활의 비밀과 자유 침해 여부: **소극**

이 사건 시행령에 의하여 제한되는 사생활영역은 재산관계에 한정되고 그 사항을 아는 자도 극히 일부이므로 청구인의 재산사항에 관한 사생활제한이라는 불이익은 그리 크지 않은 반면, 이 사건 시행령조항이 달성하려는 공익은 경찰공무원의 비리유혹을 억제하고 공무집행의 투명성을 확보하여 국민의 신뢰를 제고하며 궁극적으로 국민의 봉사자로서 경찰공무원의 책임성을 확보하는 것이므로 이 사건 시행령조항이 기본권제한의 법익균형성을 상실하였다고 볼 수 없어 청구인의 사생활의 비밀과 자유를 침해한다고 할 수 없다.

[2] 평등권 침해 여부: **소극**

경찰공무원의 경우 범죄의 예방·진압 및 수사, 치안정보의 수집·작성 및 배포, 교통의 단속과 위해의 방지 기타 공공의 안녕과 질서유지 등 그 직무범위와 권한이 포괄적이므로 권한을 남용할 경우 국민에게 미치는 영향이 크다는 점, 경찰공무원 중 경사 계급은 현장수사의 핵심인력으로서 직무수행과 관련하여

정답 01 ○ 02 ○

많은 대민접촉이 이루어지므로 민사분쟁에 개입하거나 금품을 수수하는 등의 비리개연성이 높다는 점 등을 종합하여 보면, 대민접촉이 거의 전무한 교육공무원이나 군인 등과 달리 경찰업무의 특수성을 고려하여 경사 계급까지 등록의무를 부과한 것은 합리적인 이유가 있는 것이므로 이 사건 시행령조항이 청구인의 평등권을 침해한다고 볼 수 없다(헌재 2010.10.28, 2009헌마544).

14 교육정보시스템(NEIS)이라는 전산시스템에 학생들의 성명·생년월일·졸업일자 등을 보유하는 것이 개인정보자기결정권을 침해하는지 여부: 소극 [기각] 08. 사시, 10. 법무사

청구인의 성명·생년월일·졸업일자를 NEIS라는 전산시스템에 보유하는 것은 위 청구인의 개인정보자기결정권을 제한하는 행위에 해당한다. … 피청구인들이 보유하고 있는 개인정보인 성명·생년월일·졸업일자는 그 자체로 개인의 존엄과 인격권에 심대한 영향을 미칠 수 있는 민감한 정보라고 보기 어렵다. 또한 졸업증명서의 전산발급을 위해서는 증명의 대상이 될 특정 개인의 신분을 식별할 수 있는 사항과 졸업에 관련된 사항이 개인정보파일에 포함되어야 한다. … 피청구인들이 청구인의 성명·생년월일·졸업일자를 NEIS에 보유하는 행위를 다투는 청구인의 청구는 이유 없으므로 이를 기각한다(헌재 2005.7.21, 2003헌마282·425).

15 청소년 성매수자의 신상공개제도가 사생활의 자유를 침해하는지 여부: 소극 [합헌]

신상공개제도의 입법목적은 해당 범죄인의 신상과 범죄행위를 공개함으로써 일반국민에게 경각심을 주어 유사한 범죄를 예방하고, 이를 통하여 청소년을 보호하기 위한 것이다. 이에 비하여 청소년 성매수자의 일반적 인격권과 사생활의 비밀의 자유가 제한되는 정도를 살펴보면, 청소년의 성보호에 관한 법률 제20조 제2항은 '성명·연령·직업 등의 신상과 범죄사실의 요지'를 공개하도록 규정하고 있는바, 이는 이미 공개된 형사재판에서 유죄가 확정된 형사판결이라는 공적 기록의 내용 중 일부를 국가가 공익목적으로 공개하는 것으로 공개된 형사재판에서 밝혀진 범죄인들의 신상과 전과를 일반인이 알게 된다고 하여 그들의 인격권 내지 사생활의 비밀을 침해하는 것이라고 단정하기는 어렵다(헌재 2003.6.26, 2002헌가14).

16 변호사에게 전년도에 처리한 수임사건의 건수 및 수임액을 소속 지방변호사회에 보고하도록 규정하고 있는 구 변호사법 제28조의2가 사생활의 비밀을 침해하는지 여부: 소극 [기각] 10. 법행

일반적으로 경제적 내지 직업적 활동은 복합적인 사회적 관계를 전제로 하여 다수 주체간의 상호작용을 통하여 이루어지는 것이고, 특히 변호사의 업무는 다른 어느 직업적 활동보다도 강한 공공성을 내포한다는 점 등을 감안하여 볼 때, 변호사의 업무와 관련된 수임사건의 건수 및 수임액이 변호사의 내밀한 개인적 영역에 속하는 것이라고 보기 어렵고, 따라서 구 변호사법 제28조의2가 청구인들의 사생활의 비밀과 자유를 침해하는 것이라 할 수 없다(헌재 2009.10.29, 2007헌마667).

17 구치소 수용 중 독거실 내에 CCTV를 설치하고 24시간 감시하는 것이 사생활의 자유 등을 침해하는지 여부: 소극 [기각]

이 사건 CCTV 계호행위는 청구인의 생명·신체의 안전을 보호하기 위한 것으로서 그 목적이 정당하고, 교도관의 시선에 의한 감시만으로는 자살·자해 등의 교정사고 발생을 막는 데 시간적·공간적 공백이 있으므로 이를 메우기 위하여 CCTV를 설치하여 수형자를 상시적으로 관찰하는 것은 위 목적달성에 적합한 수단이라 할 것이다. … 한편 상시적으로 청구인을 시선계호할 인력을 확보하는 것이 불가능한 현실에서 자살이 시도되는 경우 신속하게 이를 파악하여 응급조치를 실행하기 위하여는 CCTV를 설치하여 청구인의 행동을 지속적으로 관찰하는 방법 외에 더 효과

기출 OX

03 졸업생의 성명, 생년월일, 졸업일자 등은 내밀한 사적 영역에 속하는 개인정보로서 이를 교육정보시스템에 보유하는 것은 개인정보자기결정권을 침해한다. 10. 법무사 ( )

04 변호사의 수임사건의 건수 및 수임액을 보고하게 하는 것은 변호사들의 사생활의 비밀과 자유를 침해하는 것이다. 12. 국회직 ( )

05 구치소장이 수용자의 거실에 폐쇄회로 텔레비전을 설치하여 계호한 행위는 수용자의 사생활의 비밀 및 자유를 침해하지 않는다. 17. 서울시 ( )

정답 03 × 04 × 05 ○

적인 다른 방법을 찾기 어렵다고 볼 것이므로, 이 사건 CCTV 계호행위는 피해의 최소성요건을 갖추었다. 이 사건 CCTV 계호행위로 인하여 청구인의 사생활에 상당한 제약이 가하여진다고 하더라도, 청구인의 행동을 상시적으로 관찰함으로써 그의 생명·신체를 보호하고 교정시설 내의 안전과 질서를 보호하려는 공익 또한 그보다 결코 작다고 할 수 없으므로, 법익의 균형성도 갖추었다. 따라서 이 사건 CCTV 계호행위가 과잉금지원칙을 위배하여 청구인의 사생활의 비밀 및 자유를 침해하였다고는 볼 수 없다(헌재 2011.9.29, 2010헌마413).

18 구치소장이 청구인과 배우자의 접견을 녹음하여 부산지방검찰청 검사장에게 그 접견녹음파일을 제공한 행위가 사생활의 비밀과 자유를 침해하는지 여부: 소극 [기각]

[1] 이 사건 녹음행위

이 사건 녹음행위는 교정시설 내의 안전과 질서유지에 기여하기 위한 것으로서 그 목적이 정당할 뿐 아니라 수단이 적절하다. 소장은 미리 접견내용의 녹음사실 등을 고지하며, 접견기록물의 엄격한 관리를 위한 제도적 장치도 마련되어 있는 점 등을 고려할 때 침해의 최소성요건도 갖추고 있다. 나아가 이 사건 녹음행위는 미리 고지되어 청구인의 접견내용은 사생활의 비밀로서의 보호가치가 그리 크지 않다고 할 것이므로 법익의 불균형을 인정하기도 어렵다. 따라서 과잉금지원칙에 위반하여 청구인의 사생활의 비밀과 자유를 침해하였다고 볼 수 없다.

[2] 이 사건 제공행위 18. 국가직

이 사건 제공행위에 의하여 제공된 접견녹음파일로 특정 개인을 식별할 수 있고, 그 대화내용 등은 인격주체성을 특징짓는 사항으로 그 개인의 동일성을 식별할 수 있게 하는 정보이므로, 정보주체인 청구인의 동의 없이 접견녹음파일을 관계기관에 제공하는 것은 청구인의 개인정보자기결정권을 제한하는 것이다. 이 사건 제공행위는 형사사법의 실체적 진실을 발견하고 이를 통해 형사사법의 적정한 수행을 도모하기 위한 것으로 그 목적이 정당하고 수단 역시 적합하다. 또한 접견기록물의 제공은 제한된 경우에만 이루어지고, 제공된 접견내용은 수사와 공소제기 등에 필요한 범위 내에서만 사용되기 위한 제도적 장치도 마련되어 있으며, 사적 대화내용을 분리하여 제공하는 것은 그 구분이 실질적으로 불가능하고, 범죄와 관련 있는 대화내용을 쉽게 파악하기 어려워 전체 제공이 불가피한 점 등을 고려할 때 침해의 최소성요건도 갖추고 있다. 나아가 접견내용이 기록된다는 사실이 미리 고지되어 그에 대한 보호가치가 그리 크다고 볼 수 없는 점 등을 고려할 때, 법익의 불균형을 인정하기도 어렵다. 따라서 과잉금지원칙에 위반하여 청구인의 개인정보자기결정권을 침해하였다고 볼 수 없다(헌재 2012.12.27, 2010헌마153).

19 특별한 사유가 없는 한 사망할 때까지 디엔에이신원확인정보를 데이터베이스에 수록·관리할 수 있도록 하는 것이 개인정보자기결정권을 침해하는지 여부: 소극 [기각]

[1] 이 사건 삭제조항

이 사건 법률은 디엔에이신원확인정보의 수록 후 디엔에이감식시료와 디엔에이의 즉시 폐기, 무죄 등의 판결이 확정된 경우 디엔에이신원확인정보의 삭제, 디엔에이인적관리자와 디엔에이신원확인정보담당자의 분리, 디엔에이신원확인정보데이터베이스관리위원회의 설치, 업무목적 외 디엔에이신원확인정보의 사용·제공·누설 금지 및 위반시 처벌, 데이터베이스 보안장치 등을 규정하여

기출 OX

01 구치소장이 미결수용자와 그 배우자 사이의 접견내용을 녹음한 행위는 과잉금지원칙에 위반하여 미결수용자의 사생활의 비밀과 자유를 침해한다. 17. 국가직 ( )

02 구치소장이 검사의 요청에 따라 미결수용자와 그 배우자의 접견녹음파일을 미결수용자의 동의 없이 제공하더라도, 이러한 제공행위는 형사사법의 실체적 진실을 발견하고 이를 통해 형사사법의 적정한 수행을 도모하기 위한 것으로 미결수용자의 개인정보자기결정권을 침해하는 것은 아니다. 18. 국가직 ( )

03 디엔에이감식시료 채취 대상범죄로 이미 징역이나 금고 이상의 실형을 선고받아 그 형이 확정되어 수용 중인 사람에게 디엔에이감식시료 채취 및 디엔에이확인정보의 수집·이용에 있어서 디엔에이신원확인정보의 이용 및 보호에 관한 법률을 적용할 수 있도록 규정한 동 법률 부칙 조항은 개인정보자기결정권을 과도하게 침해하지 않는다. 19. 경찰승진 ( )

정답 01 × 02 ○ 03 ○

개인정보 보호에 관한 규정을 두고 있다. 따라서 이 사건 삭제조항은 침해최소성원칙에 위반되지 않는다. 디엔에이신원확인정보를 장래 범죄수사 등에 이용함으로써 달성할 수 있는 공익의 중요성에 비하여 청구인의 현실적 불이익이 크다고 보기 어려우므로 법익균형성도 갖추었다고 할 것이다. 따라서 이 사건 삭제조항은 과잉금지원칙을 위반하여 개인정보자기결정권을 침해한다고 볼 수 없다.

[2] 이 사건 검색·회보조항

이 사건 검색·회보조항에서 정하고 있는 검색·회보사유는 그 필요성이 인정되므로 입법목적의 정당성과 수단의 적절성이 인정되고, 검색·회보의 사유가 한정되어 있고, 개인정보 보호를 위한 조치들을 규정하고 있는 점에서 침해최소성원칙에 반하지 않으며, 범죄수사 등을 위한 공익이 청구인들의 현실적 불이익보다 커서 법익균형성도 충족한다. 따라서 이 사건 검색·회보조항이 과잉금지원칙을 위반하여 개인정보자기결정권을 침해한다고 볼 수 없다(헌재 2014.8.28, 2011헌마28).

20 범죄의 경중·재범의 위험성 여부를 불문하고 모든 신상정보 등록대상자의 등록정보를 20년 동안 보존·관리하도록 한 성폭력범죄의 처벌 등에 관한 특례법 관련 규정은 신상정보 등록대상자의 개인정보자기결정권을 침해하는지 여부: 적극 [기각, 헌법불합치] 16. 국회직 8급

[1] 신상정보 등록대상자가 된다고 하여 그 자체로 사회복귀가 저해되거나 전과자라는 사회적 낙인이 찍히는 것은 아니므로 침해되는 사익은 크지 않은 반면 이 사건 등록조항을 통해 달성되는 공익은 매우 중요하다. 따라서 **이 사건 등록조항은 개인정보자기결정권을 침해하지 않는다.**

[2] 이 사건 관리조항은 모든 등록대상 성범죄자에 대하여 일률적으로 20년의 등록기간을 적용하고 있으며, 이 사건 관리조항에 따라 등록기간이 정해지고 나면, 등록의무를 면하거나 등록기간을 단축하기 위하여 심사를 받을 수 있는 여지도 없으므로 지나치게 가혹하다. 그리고 이 사건 관리조항이 추구하는 공익이 중요하더라도, **모든 등록대상자에게 20년 동안 신상정보를 등록하게 하고 위 기간 동안 각종 의무를 부과하는 것은 비교적 경미한 등록대상 성범죄를 저지르고 재범의 위험성도 많지 않은 자들에 대해서는 달성되는 공익과 침해되는 사익 사이의 불균형이 발생할 수 있으므로 이 사건 관리조항은 개인정보자기결정권을 침해한다**(헌재 2015.7.30, 2014헌마340 등).

비교판례

1 다른 사람의 신체를 그 의사에 반하여 촬영한 범죄로 3년 이하의 징역형을 선고받은 사람의 등록정보를 최초등록일부터 15년 동안 보존·관리하도록 규정한 것이 청구인의 개인정보자기결정권을 침해하는지 여부: 소극

심판대상조항은 성범죄의 재범을 억제하고 재범이 현실적으로 이루어진 경우 수사의 효율성과 신속성을 높이기 위하여, 법무부장관이 이 사건 범죄로 3년 이하의 징역형을 선고받은 사람의 등록정보를 최초등록일부터 15년 동안 보존·관리하도록 규정한 것으로, 입법목적의 정당성 및 수단의 적합성이 인정된다. 헌재 2015.7.30, 2014헌마340 등 헌법불합치결정에 따라 개정된 성폭력처벌법 제45조 제1항은 선고형에 따라 등록기간을 10년부터 30년까지 달리하여 형사책임의 경중 및 재범의 위험성에 따라 등록기간을 차등화하였다. 이 사건 범죄로 3년 이하의 징역형을 선고받은 사람은 재범의 위험성이 상당히 인정되는 사람이므로, 심판대상조항이 등록기간을 보다 세분화하거나 법관의 판단을 받을 수 있는 별도의 절차를 두지 않았더라도 불필요한 제한을 부과한 것이라 보기 어렵다. 성폭력처벌법은 신상정보 등록 면제제도를 도입하여, 재범의 위험성이 낮아진 경우 신상정보의 등록을 면할 수 있는 수단도 마련되어 있

기출 OX

04 일정한 성범죄를 저지른 자로부터 신상정보를 제출받아 보존·관리하는 것은 정당한 목적을 위한 적합한 수단이고, 침해되는 사익은 크지 않은 반면 해당 조항을 통해 달성되는 공익은 매우 중요하므로, 성폭력범죄의 처벌 등에 관한 특례법 위반(카메라 등 이용촬영, 카메라 등 이용촬영미수)죄로 유죄판결이 확정된 자는 신상정보 등록대상자가 되도록 규정한 성폭력범죄의 처벌 등에 관한 특례법(2012.12.18. 법률 제11556호로 전부개정된 것) 제42조 제1항 중 해당 부분은 개인정보자기결정권을 침해하지 않는다. 16. 법무사 ( )

05 성폭력범죄의 처벌 등에 관한 특례법에 따라 등록된 신상정보를 최초 등록일부터 20년간 보존·관리하여야 한다는 규정은 사생활의 비밀과 자유 또는 개인정보자기결정권을 침해한다. 18. 법원직 ( )

정답 04 ○ 05 ○

으므로 침해의 최소성이 인정된다. 심판대상조항으로 인하여 침해되는 사익보다 성범죄자의 재범 방지 및 사회 방위의 공익이 우월하므로, 법익의 균형성도 인정된다. 그렇다면, 심판대상조항은 청구인의 개인정보자기결정권을 침해하지 않는다(헌재 2018.3.29, 2017헌마396).

2 강제추행죄로 벌금형을 선고받은 사람의 신상정보를 10년 동안 보존·관리하도록 규정한 '성폭력범죄의 처벌 등에 관한 특례법' 제45조 제1항 본문 제4호(이하 '관리조항'이라 한다)가 청구인의 개인정보자기결정권을 침해하는지 여부: 소극

헌재 2015.7.30, 2014헌마340등 헌법불합치결정에 따라 개정된 성폭력처벌법 제45조 제1항은 선고형에 따라 등록기간을 10년부터 30년까지 달리하여 형사책임의 경중 및 재범의 위험성에 따라 등록기간을 차등화하였다. 관리조항은 청구인의 개인정보자기결정권을 침해하지 않는다(헌재 2019.11.28, 2017헌마1163).

21 주민등록번호 유출 또는 오·남용으로 인하여 발생할 수 있는 피해 등에 대한 아무런 고려 없이 주민등록번호 변경을 일률적으로 허용하지 않은 것이 개인정보자기결정권을 침해하는지 여부: 적극 [헌법불합치] 16. 국가직·서울시·법원직

주민등록번호는 단순한 개인식별번호에서 더 나아가 표준식별번호로 기능함으로써, 결과적으로 개인정보를 통합하는 연결자(key data)로 사용되고 있는바, 개인에 대한 통합관리의 위험성을 높이고, 종국적으로 개인을 모든 영역에서 국가의 관리대상으로 전락시킬 위험성이 있으므로 주민등록번호의 관리나 이용에 대한 제한의 필요성이 크다. 또한, 현대사회는 개인의 각종 정보가 타인의 수중에서 무한대로 집적, 이용 또는 공개될 수 있으므로 연결자 기능을 하는 주민등록번호가 불법 유출 또는 오·남용되는 경우 개인의 사생활뿐만 아니라 생명·신체·재산까지 침해될 소지가 크고, 실제 유출된 주민등록번호가 범죄에 악용되는 등 해악이 현실화되고 있다. 이러한 현실에서 주민등록번호 유출 또는 오·남용으로 인하여 발생할 수 있는 피해 등에 대한 아무런 고려 없이 주민등록번호 변경을 일률적으로 허용하지 않은 것은 그 자체로 개인정보자기결정권에 대한 과도한 침해가 될 수 있다. … 주민등록번호 변경에 관한 규정을 두고 있지 않은 심판대상조항은 과잉금지원칙을 위반하여 청구인들의 개인정보자기결정권을 침해한다(헌재 2015.12.23, 2013헌바68·2014헌마449).

22 아동·청소년 성매수죄로 유죄가 확정된 자는 신상정보 등록대상자가 되도록 규정한 '성폭력범죄의 처벌 등에 관한 특례법' 제42조 제1항 중 관련 부분이 개인정보자기결정권을 침해하는지 여부: 소극 [기각]

신상정보 등록대상자가 된다고 하여 그 자체로 사회복귀가 저해되거나 전과자라는 사회적 낙인이 찍히는 것은 아니므로 침해되는 사익은 크지 않고, 반면 등록조항을 통하여 달성되는 공익은 매우 중요하다. 따라서 등록조항은 청구인의 개인정보자기결정권을 침해하지 않는다(헌재 2016.2.25, 2013헌마830).

23 통신매체이용음란죄로 유죄판결이 확정된 자는 신상정보 등록대상자가 된다고 규정한 '성폭력범죄의 처벌 등에 관한 특례법' 제42조 제1항 중 "제13조의 범죄로 유죄판결이 확정된 자는 신상정보 등록대상자가 된다."는 부분이 청구인의 개인정보자기결정권을 침해하는지 여부: 적극 [위헌] 16. 국가직, 18. 지방직

심판대상조항은 통신매체이용음란죄로 유죄판결이 확정된 사람은 누구나 법관의 판단 등 별도의 절차 없이 필요적으로 신상정보 등록대상자가 되도록 하고 있고, 등록된 이후에는 그 결과를 다툴 방법도 없다. 그렇다면 심판대상조항은 통신매체이용음란죄의 죄질 및 재범의 위험성에 따라 등록대상을 축소하거나, 유죄판결 확정과 별도로 신상정보 등록 여부에 관하여 법관의 판단을 받도록 하는 절차를 두는

기출 OX

01 주민등록번호 변경에 관한 규정을 두지 않는 주민등록법 관련 조항은 주민등록번호 불법 유출 등을 원인으로 자신의 주민등록번호를 변경하고자 하는 사람들의 개인정보자기결정권을 침해하고 있다. 17. 경찰승진 ( )

02 통신매체이용음란죄로 유죄판결이 확정된 자는 신상정보 등록대상자가 된다고 규정한 성폭력범죄의 처벌 등에 관한 특례법 조항이 과잉금지원칙에 위배되어 개인정보자기결정권을 침해하지 않는다. 19. 법행 ( )

정답 01 ○ 02 ✕

등 기본권 침해를 줄일 수 있는 다른 수단을 채택하지 않았다는 점에서 침해의 최소성원칙에 위배된다. 또한, 심판대상조항으로 인하여 비교적 불법성이 경미한 통신매체이용음란죄를 저지르고 재범의 위험성이 인정되지 않는 이들에 대하여는 달성되는 공익과 침해되는 사익 사이에 불균형이 발생할 수 있다는 점에서 법익의 균형성도 인정하기 어렵다(헌재 2016.3.31, 2015헌마688).

24 주거침입강간상해·강간으로 유죄판결이 확정된 자는 신상정보 등록대상자가 되도록 한 '성폭력범죄의 처벌 등에 관한 특례법' 제42조 제1항 중 관련 부분이 청구인의 개인정보자기결정권을 침해하는지 여부: 소극 [기각]

등록조항이 주거침입강간상해·강간의 행위태양이나 불법성의 경중을 고려하지 않고 있다고 하더라도, 강간이 개인의 성적 자기결정권을 침해하고, 주거침입강간상해는 성적 자기결정권뿐만 아니라 피해자의 주거와 생명·신체의 안전까지 위험하게 되는바, 위와 같은 성폭력범죄의 본질이 개별 사안에 따라 달라진다고 보기 어렵다. 성폭력처벌법은 등록정보의 종류를 한정하고, 등록정보의 누설을 금지하며, 등록정보의 보존·관리기간에 제한을 두는 등 등록대상자의 기본권제한을 최소화하는 장치도 마련하고 있다. 이상을 종합하여 보면, 등록조항은 침해의 최소성이 인정된다(헌재 2017.9.28, 2016헌마964).

25 강제추행죄로 유죄판결이 확정된 자는 신상정보 등록대상자가 되도록 규정한 '성폭력범죄의 처벌 등에 관한 특례법' 제42조 제1항 중 '제2조 제1항 제3호 가운데 형법 제298조의 범죄로 유죄판결이 확정된 자'에 관한 부분(이하 '등록조항'이라 한다)이 청구인의 개인정보자기결정권을 침해하는지 여부: 소극 [기각]

제출조항은 범죄 수사 및 예방을 위하여 일정한 신상정보를 제출하도록 하는 것으로서, 목적의 정당성 및 수단의 적합성이 인정된다. 제출조항은 복수의 정보를 요구하여 고정적인 거주지가 없거나 이동이 잦은 직업에 종사하는 등록대상자에 대한 수사가 효율적으로 이루어지게 하고, 종교, 질병, 가족관계 등 입법목적과 직접적인 관련성이 인정되지 않는 정보의 제출을 제한하고 있으므로 침해의 최소성이 인정된다. 제출조항으로 인하여 청구인은 일정한 신상정보를 제출하여야 하는 불이익을 받게 되나, 이에 비하여 제출조항이 달성하려는 공익이 크다고 보이므로 법익의 균형성도 인정된다. 따라서 제출조항은 청구인의 개인정보자기결정권을 침해하지 않는다(헌재 2016.3.31, 2014헌마457).

26 형제자매에게 가족관계등록부 등의 기록사항에 관한 증명서 교부청구권을 부여하는 '가족관계의 등록 등에 관한 법률'(이하 '가족관계등록법'이라 한다) 제14조 제1항 본문 중 '형제자매' 부분(이하, '이 사건 법률조항'이라 한다)이 과잉금지원칙을 위반하여 청구인의 개인정보자기결정권을 침해하는지 여부: 적극 [위헌] 16·18. 국가직

형제자매는 언제나 이해관계를 같이 하는 것은 아니므로 형제자매가 본인에 대한 개인정보를 오남용 또는 유출할 가능성은 얼마든지 있다. 그런데 이 사건 법률조항은 증명서 발급에 있어 형제자매에게 정보주체인 본인과 거의 같은 지위를 부여하고 있으므로, 이는 증명서 교부청구권자의 범위를 필요한 최소한도로 한정한 것이라고 볼 수 없다. 본인은 인터넷을 이용하거나 위임을 통하여 각종 증명서를 발급받을 수 있으며, 가족관계등록법 제14조 제1항 단서 각 호에서 일정한 경우에는 제3자도 각종 증명서의 교부를 청구할 수 있으므로 형제자매는 이를 통하여 각종 증명서를 발급받을 수 있다. 따라서 이 사건 법률조항은 침해의 최소성에 위배된다. 또한, 이 사건 법률조항을 통하여 달성하려는 공익에 비하여 초래되는 기본권제한의 정도가 중대하므로 법익의 균형성도 인정되기 어려워, 이 사건 법률조항은 청구인의 개인정보자기결정권을 침해한다(헌재 2016.6.30, 2015헌마924).

기출 OX

03 형제자매에게 가족관계등록부 등의 기록사항에 관한 증명서 교부청구권을 부여하는 가족관계의 등록 등에 관한 법률조항은 개인정보자기결정권을 침해하지 않는다. 18. 경찰승진
( )

정답 03 ×

기출 OX

01 성적목적공공장소침입죄로 유죄판결이 확정된 자는 신상정보 등록대상자가 된다고 규정한 성폭력범죄의 처벌 등에 관한 특례법 조항이 과잉금지원칙에 위배되어 개인정보자기결정권을 침해하지 않는다. 19. 법행 ( )

02 성적목적공공장소침입죄로 형을 선고받아 확정된 사람은 그 형의 집행을 종료한 날부터 10년 동안 의료기관을 제외한 아동·청소년 관련기관 등을 운영하거나 위 기관에 취업할 수 없도록 한 아동·청소년의 성보호에 관한 법률 관련 조항은 성적목적공공장소침입죄 전과자의 직업선택의 자유를 침해하는 것이다. 18. 국회직 9급 ( )

03 학교생활세부사항기록부의 '행동특성 및 종합의견'에 학교폭력예방법 제17조에 규정된 가해학생에 대한 조치사항을 입력하고, 이러한 내용을 학생의 졸업과 동시에 삭제하도록 규정한 학교생활기록 작성 및 관리지침이 법률유보원칙에 반하여 개인정보자기결정권을 침해하는 것이라 할 수 없다. 18. 경찰승진 ( )

04 기소유예처분에 관한 수사경력자료를 최장 5년까지 보존하도록 하는 것은 기소유예처분을 받은 자의 개인정보자기결정권을 침해한다. 16. 국가직 ( )

정답 01 ○ 02 ○ 03 ○ 04 ✕

---

27 주거침입준강제추행죄의 유죄판결이 확정되면 신상정보 등록대상자가 되도록 하는 규정이 개인정보자기결정권을 침해하는지 여부: **소극 [기각]**

등록조항에 의하여 신상정보 등록대상자가 된다고 하여 그 자체로 등록대상자의 사회복귀가 저해되거나 전과자라는 사회적 낙인이 찍히는 것은 아니다. 반면 등록조항을 통하여 달성되는 성폭력범죄자의 재범 방지 및 사회 방위의 공익이 매우 중요한 것임은 명백하다. 따라서 등록조항으로 인하여 제한되는 사익에 비하여 달성되는 공익이 크다는 점에서, 법익의 균형성이 인정된다. 등록조항은 과잉금지원칙을 위반하여 청구인의 개인정보자기결정권을 침해하지 않는다(헌재 2017.5.25, 2016헌마786).

28 성적목적공공장소침입죄로 유죄판결이 확정된 자는 신상정보 등록대상자가 된다고 규정한 '성폭력범죄의 처벌 등에 관한 특례법' 제42조 제1항 중 '제12조의 범죄로 유죄판결이 확정된 자'에 관한 부분(이하 '등록조항'이라 한다)이 청구인의 개인정보자기결정권을 침해하는지 여부: **소극 [기각]**

등록조항은 성범죄자의 재범을 억제하고 효율적인 수사를 위한 것으로 정당한 목적을 달성하기 위한 적합한 수단이다. 신상정보 등록제도는 국가기관이 성범죄자의 관리를 목적으로 신상정보를 내부적으로만 보존·관리하는 것으로, 성범죄자의 신상정보를 일반에게 공개하는 신상정보 공개·고지제도와는 달리 법익침해의 정도가 크지 않다. 성적목적공공장소침입죄는 공공화장실 등 일정한 장소를 침입하는 경우에 한하여 성립하므로 등록조항에 따른 등록대상자의 범위는 이에 따라 제한되는바, 등록조항은 침해의 최소성원칙에 위배되지 않는다. 등록조항으로 인하여 제한되는 사익에 비하여 성범죄의 재범 방지와 사회 방위라는 공익이 크다는 점에서 법익의 균형성도 인정된다. 따라서 등록조항은 청구인의 개인정보자기결정권을 침해하지 않는다(헌재 2016.10.27, 2014헌마709).

▶ 단, 직업의 자유를 침해한다.

29 학교폭력 가해학생에 대한 조치사항을 학교생활기록부에 기재하고 졸업할 때까지 보존하는 것이 과잉금지원칙에 위배되어 가해학생의 개인정보자기결정권을 침해하는지 여부: **소극 [기각]**

이 사건 기재조항 및 보존조항에서는 학교생활세부사항기록부의 '행동특성 및 종합의견'에 학교폭력예방법 제17조에 규정된 가해학생에 대한 조치사항을 입력하고 이를 졸업할 때까지 보존하도록 규정하고 있는바, 이는 초·중등교육법 제25조 제1항이 교육부령에 위임하고 동법 시행규칙 제23조 및 제24조가 교육부장관에게 재위임한 '학교생활기록의 작성과 관리에 관한 사항'에 해당한다. 따라서 이 사건 기재조항 및 보존조항은 법률유보원칙에 위배되어 청구인의 개인정보자기결정권을 침해하지 않는다(헌재 2016.4.28, 2012헌마630).

30 검사의 기소유예처분 등에 관한 수사경력자료의 보존 및 그 보존기간을 정한 형의 실효 등에 관한 법률 제8조의2 제1항 제1호 및 제2항 제2호 중 기소유예의 불기소처분이 있는 경우에 관한 부분이 개인정보자기결정권을 침해하는지 여부: **소극 [기각]**

기소유예처분에 관한 수사경력자료를 보존하도록 하는 것은 재기소나 재수사 상황에 대비한 기초자료를 제공하고, 수사 및 재판과정에서 적정한 양형 등을 통하여 사법정의를 실현하기 위한 것으로서 그 목적이 정당하고 수단의 적합성이 인정된다. 보존되는 정보가 최소한에 그치고 이용범위도 제한적이며, 수사경력자료의 누설이나 목적 외 취득과 사용이 엄격히 금지될 뿐만 아니라 법정 보존기간이 합리적 범위 안에 있어 침해의 최소성에 반한다고 볼 수 없고, 수사경력자료의 보존으로 청구인이 현실적으로 입게 되는 불이익이 그다지 크지 않으므로 법익의 균형성도 갖추고 있다. 따라서 심판대상조항은 과잉금지원칙을 위반하여 청구인의 개인정보자기결정권을 침해하지 아니한다(헌재 2016.6.30, 2015헌마828).

31 아동·청소년이용음란물 배포 및 소지 행위로 유죄판결이 확정된 자는 신상정보 등록대상자로 하는 것이 개인정보자기결정권을 침해하는지 여부: **소극 [기각]**

아동·청소년이용음란물 단순소지의 경우에는 행위태양이나 그 불법성의 정도가 다양하게 나타날 수 있는데, 등록조항은 아동·청소년이용음란물을 소지한 행위로 징역형이 선고된 경우에는 신상정보 등록대상이 되지만, 벌금형이 선고된 경우에는 신상정보 등록대상에서 제외함으로써 신상정보 등록대상의 범위를 입법목적에 필요한 범위 내로 제한하고 있으므로 침해의 최소성에 위배되지 않는다.

등록조항에 의하여 제한되는 사익에 비하여 아동·청소년대상 성범죄의 발생 및 재범 방지와 사회 방위라는 공익이 크다는 점에서, 법익의 균형성도 인정된다. 따라서 등록조항은 청구인의 개인정보자기결정권을 침해하지 않는다(헌재 2017.10.26, 2016헌마656).

32 공중밀집장소추행죄로 유죄판결이 확정된 자를 신상정보 등록대상자가 되도록 한 성폭력범죄의 처벌 등에 관한 특례법 제42조 등이 개인정보자기결정권을 침해하는지 여부: **소극 [기각]**

심판대상조항은 성폭력범죄의 재범을 억제하여 성폭력범죄자로부터 잠재적인 피해자와 지역사회를 보호하고 개인의 성적 자기결정권을 보장하며 사회방위를 도모하기 위한 것이고, 성폭력범죄자의 조속한 검거 등 효율적 수사를 통하여 사회적 혼란을 방지하기 위한 것으로서 입법목적의 정당성이 인정되며, 국가기관이 일정한 성폭력범죄를 저지른 자로부터 일정한 신상정보를 제출받아 보존·관리하는 것은 목적 달성을 위한 적합한 수단에 해당한다. 심판대상조항을 통하여 달성되는 성폭력범죄자의 재범 방지 및 사회 방위의 공익이 심판대상조항으로 인하여 제한되는 사익에 비하여 매우 중요하다 할 것이므로 법익의 균형성도 인정된다. 심판대상조항은 과잉금지원칙을 위반하여 개인정보자기결정권을 침해하지 아니한다(헌재 2017.12.28, 2016헌마1124).

33 국민건강보험공단이 서울용산경찰서장에게 급여일자, 요양기관명 등 요양급여내역을 제공한 행위가 개인정보자기결정권을 침해한 것으로 위헌인지 여부: **적극 [위헌]**

[1] 영장주의원칙 위배 여부: 소극

앞서 본 바와 같이 이 사건 사실조회조항은 수사기관에 사실조회의 권한을 부여하고 있을 뿐이고, 이에 근거한 이 사건 사실조회행위에 대하여 국민건강보험공단이 응하거나 협조하여야 할 의무를 부담하는 것이 아니다. 따라서 **이 사건 사실조회행위는 강제력이 개입되지 아니한 임의수사**에 해당하므로, 이에 응하여 이루어진 **이 사건 정보제공행위에도 영장주의가 적용되지 않는다.** 그러므로 이 사건 정보제공행위는 영장주의원칙에 위배되지 않는다.

[2] 과잉금지원칙 위배 여부: 적극

이 사건 정보제공행위에 의하여 제공된 청구인 김○○의 2012.1.1.부터 2013.12.20.까지의 급여일자, 요양기관명을 포함한 총 44회의 요양급여내역 및 청구인 박□□의 2010.12.1.부터 2013.12.19.까지의 급여일자, 요양기관명을 포함한 총 38회의 요양급여내역은 건강에 관한 정보로서 '개인정보 보호법' 제23조 제1항이 규정한 민감정보에 해당한다.

기출 OX

05 가상의 아동·청소년이용음란물배포죄로 유죄판결이 확정된 자는 신상정보 등록대상자가 되도록 규정한 성폭력범죄의 처벌 등에 관한 특례법 제42조 제1항 중 구 아동·청소년의 성보호에 관한 법률 제8조 제4항의 아동·청소년이용음란물 가운데 '아동·청소년으로 인식될 수 있는 사람이나 표현물이 등장하는 것'에 관한 부분으로 유죄판결이 확정된 자에 관한 부분은 청구인의 개인정보자기결정권을 침해한다. 22. 경찰1차 ( )

06 국민건강보험공단이 서울용산경찰서장에게 청구인들의 요양급여내역을 제공한 행위는 검거 목적에 필요한 최소한의 정보에 해당하는 '급여일자와 요양기관명'만을 제공하였기 때문에, 과잉금지원칙에 위배되지 않아 청구인들의 개인정보자기결정권을 침해하지 않는다. 19. 경찰승진 ( )

정답 **05** ✕ **06** ✕

... 이 사건에서 서울용산경찰서장에게 제공된 요양기관명에는 전문의의 병원도 포함되어 있으므로 이러한 요양기관명으로 청구인들의 질병의 종류를 예측할 수 있는 점, 2년 또는 3년 동안의 요양급여정보는 청구인들의 건강 상태에 대한 총체적인 정보를 구성할 수 있는 점 등에 비추어 볼 때, 이 사건 정보제공행위로 인한 청구인들의 개인정보자기결정권에 대한 침해는 매우 중대하다. 그러므로 이 사건 정보제공행위가 정보주체인 청구인들의 이익을 부당하게 침해할 우려가 없을 것이라는 요건을 충족하였다고 볼 수도 없다. 그렇다면 이 사건 정보제공행위는 침해의 최소성에 위배된다.

청구인들은 자신도 모르는 사이에 민감정보인 요양급여정보가 수사기관에 제공되어 개인정보자기결정권에 대한 중대한 불이익을 받게 되었으므로, 이 사건 정보제공행위는 법익의 균형성도 갖추지 못하였다. 결국 이 사건 정보제공행위는 과잉금지원칙에 위배되어 청구인들의 개인정보자기결정권을 침해하였다(헌재 2018.8.30, 2014헌마368).

비교판례

헌재 2018.8.30, 2016헌마483
[1] 자료요청행위: **공권력 행사성 부정**
피청구인 김포경찰서장이 2015.6.26. 피청구인 김포시장에게 활동보조인과 수급자의 인적사항, 휴대전화번호 등을 확인할 수 있는 자료를 요청한 행위(이하 '이 사건 사실조회행위'라 한다)의 공권력 행사성이 인정되는지 여부: **소극**
[2] 정보제공행위: **개인정보자기결정권 침해 부정**
피청구인 김포시장이 2015.7.3. 피청구인 김포경찰서장에게 청구인들의 이름, 생년월일, 전화번호, 주소를 제공한 행위(이하 '이 사건 정보제공행위'라 한다)가 영장주의에 위배되어 청구인들의 개인정보자기결정권을 침해하는지 여부: **소극**
[3] 이 사건 정보제공행위가 과잉금지원칙에 위배되어 청구인들의 개인정보자기결정권을 침해하는지 여부: **소극**

34 어린이집에 폐쇄회로 텔레비전(Closed Circuit Television, 이하 'CCTV'라 한다)을 원칙적으로 설치하도록 정한 영유아보육법(2015.5.18. 법률 제13321호로 개정된 것, 이하 '법'이라 한다) 제15조의4 제1항 제1호 등이 어린이집 보육교사의 사생활의 비밀과 자유 등을 침해하는지 여부: **소극 [기각]** 18. 국가직

어린이집 보육대상은 0세부터 6세 미만의 영유아로 어린이집에서의 아동학대 방지 및 적발을 위해서 CCTV 설치를 대체할 만한 수단은 상정하기 어렵다. 법은 CCTV 외에 네트워크 카메라 설치는 원칙적으로 금지하고, 녹음기능 사용금지(법 제15조의5 제2항 제2호 중 '녹음기능을 사용하거나' 부분) 등으로 관련 기본권침해를 최소화하기 위한 조치를 마련하고 있으며, 보호자 전원이 CCTV 설치에 반대하는 경우에는 CCTV를 설치하지 않을 수 있는 가능성을 열어두고 있으므로 이 조항은 침해의 최소성에 반하지 아니한다.

영유아 보육을 위탁받아 행하는 어린이집에서의 아동학대근절과 보육환경의 안전성 확보는 단순히 보호자의 불안을 해소하는 차원을 넘어 사회적·국가적 차원에서도 보호할 필요가 있는 중대한 공익이다. 이 조항으로 보육교사 등의 기본권에 가해지는 제약이 위와 같은 공익에 비하여 크다고 보기 어려우므로 법익의 균형성도 인정된다(헌재 2017.12.28, 2015헌마994).

기출 OX

01 어린이집에 폐쇄회로 텔레비전('CCTV')을 원칙적으로 설치하도록 정한 법률조항은 어린이집 보육교사의 사생활의 비밀과 자유를 침해하지 않는다. 18. 경찰경채 ( )

02 영유아보육법에서 보호자가 자녀 또는 보호아동의 안전을 확인할 목적으로 CCTV 영상정보 열람을 할 수 있도록 규정한 것은 어린이집 보육교사의 개인정보자기결정권을 침해하지 않는다. 20. 경찰경채 ( )

정답 01 ○ 02 ○

35 피청구인 김포시장이 2015.7.3. 피청구인 김포경찰서장에게 청구인들의 이름, 생년월일, 전화번호, 주소를 제공한 행위(이하 '이 사건 정보제공행위'라 한다)가 영장주의에 위배되어 청구인들의 개인정보자기결정권을 침해하는지 여부: **소극**

　이 사건 사실조회행위는 강제력이 개입되지 아니한 임의수사에 해당하므로, 이에 응하여 이루어진 이 사건 정보제공행위에도 영장주의가 적용되지 않는다. 그러므로 이 사건 정보제공행위가 영장주의에 위배되어 청구인들의 개인정보자기결정권을 침해한다고 볼 수 없다.
　이 사건 정보제공행위는 과잉금지원칙에 위배되어 청구인들의 개인정보자기결정권을 침해하였다고 볼 수 없다(헌재 2018.8.30, 2016헌마483).

36 연말정산간소화를 위하여 의료기관에 환자들의 의료비 내역에 관한 정보를 국세청에 제출하도록 하는 것이 환자들의 개인정보자기결정권을 침해하는지 여부: **소극** 12. 법행

　누가·언제·어디서 진료를 받고 얼마를 지불하였는가라는 사실은 그 자체만으로도 보호되어야 할 사생활의 비밀일 뿐 아니라, 이러한 정보를 통합하면 구체적인 신체적·정신적 결함이나 진료의 내용까지도 유추할 수 있게 되므로, 개인정보자기결정권에 의하여 보호되어야 할 의료정보라고 아니할 수 없다. 따라서 근로소득자인 청구인들의 진료정보가 본인들의 동의 없이 국세청 등으로 제출·전송·보관되는 것은 위 청구인들의 개인정보자기결정권을 제한하는 것으로, 이 사건 법령조항은 의료비 특별공제를 받고자 하는 근로소득자의 연말정산을 위한 소득공제증빙자료 제출의 불편을 해소하는 동시에 이에 따른 근로자와 사업자의 시간적·경제적 비용을 절감하고 부당한 소득공제를 방지하려는 데 그 목적이 있고, … 근로소득자들의 개인정보자기결정권을 침해하였다고 볼 수 없다(헌재 2008.10.30, 2006헌마1401 등).

37 국군보안사가 민간인을 대상으로 평소의 동향을 감시하고 사적 정보를 수집·관리하는 행위가 사생활의 자유를 침해하는지 여부: **적극** 10. 법행

　[1] 구 국군보안사령부가 군과 관련된 첩보 수집, 특정한 군사법원 관할 범죄의 수사 등 법령에 규정된 직무범위를 벗어나 민간인들을 대상으로 평소의 동향을 감시·파악할 목적으로 지속적으로 개인의 집회·결사에 관한 활동이나 사생활에 관한 정보를 미행, 망원 활용, 탐문채집 등의 방법으로 비밀리에 수집·관리한 경우, 이는 헌법에 의하여 보장된 기본권을 침해한 것으로서 불법행위를 구성한다.
　[2] 공적 인물에 대하여는 사생활의 비밀과 자유가 일정한 범위 내에서 제한되어 그 사생활의 공개가 면책되는 경우도 있을 수 있으나, 이는 공적 인물은 통상인에 비하여 일반 국민의 알 권리의 대상이 되고 그 공개가 공공의 이익이 된다는 데 근거한 것이므로, 일반 국민의 알 권리와는 무관하게 국가기관이 평소의 동향을 감시할 목적으로 개인의 정보를 비밀리에 수집한 경우에는 그 대상자가 공적 인물이라는 이유만으로 면책될 수 없다(대판 1998.7.24, 96다42789).

38 법원의 제출명령이 있을 때 금융거래정보 등을 제공할 수 있도록 한 '금융실명거래 및 비밀보장에 관한 법률(이하 '금융실명법'이라 한다)' 제4조 제1항이 개인정보자기결정권을 침해하는지 여부: **소극**

　금융실명법조항은 객관적인 증거에 의하여 확인되는 실체적 진실에 따라 법적 분쟁을 공정하게 해결하기 위한 것으로서 그 입법목적의 정당성이 인정되고, 수단의 적합성이 인정된다. 또한 '사용목적에 필요한 최소한의 범위'에 관한 판단을 사법기관인 법원에 맡기는 것은 불가피한 반면, 입법목적을 효과적으로 달성할 수 있는 다른 대체수단도 없으므로 피해의 최소성원칙에도 위반되지 아니한다. 이 사건 금융실명법조항은 개인정보자기결정권을 침해하지 아니한다(헌재 2010.9.30, 2008헌바132).

기출 OX

03 형사소송법 제199조 제2항 등에 따른 수사기관의 사실조회행위에 대하여 공사단체가 이에 응하거나 협조하여야 할 의무를 부담하는 것은 아니므로, 이러한 사실조회행위는 강제력이 개입되지 아니한 임의수사에 해당하고 이에 응하여 이루어진 정보제공행위에는 영장주의가 적용되지 않는다. 23. 경찰1차　　( )

04 구 국군보안사령부가 군과 관련된 첩보 수집, 특정한 군사법원 관할 범죄의 수사 등 법령에 규정된 직무범위를 벗어나 민간인들을 대상으로 평소의 동향을 감시 파악할 목적으로 지속적으로 개인의 집회·결사에 관한 활동이나 사생활에 관한 정보를 미행, 망원 활용, 탐문채집 등의 방법으로 비밀리에 수집·관리하는 행위는 사생활의 자유를 침해한다. 10. 법행　　( )

정답　03 ○　04 ○

기출 OX

01 '혐의 없음'의 불기소처분 등에 관한 수사경력자료의 수입 및 보존은 당사자의 개인정보자기결정권을 침해하지 않는다. 18. 서울시 ( )

02 형의 실효 등에 관한 법률에서 수사경력자료의 보존 및 보존기간을 정하면서 범죄경력자료의 삭제에 대해 규정하지 않은 것은 개인정보자기결정권을 침해한다. 20. 경찰경채 ( )

03 구 특정 범죄자에 대한 위치추적 전자장치 부착 등에 관한 법률에 의하여 성폭력범죄를 2회 이상 범하여 습벽이 인정되고 재범의 위험성이 있는 자에게 검사의 청구에 따라 법원이 10년의 범위 내에서 위치추적 전자장치를 부착할 수 있도록 하는 것은 피부착자의 사생활의 비밀과 자유 및 개인정보자기결정권을 침해한다. 15. 국가직 ( )

39 '혐의 없음'의 불기소처분을 받은 피의자의 인적 사항·죄명 등을 일정 기간 보존하도록 규정하고 있는 '형의 실효 등에 관한 법률' 제8조의2 제1항 제1호가 개인정보자기결정권을 침해하는지 여부: **소극** 10. 법행

수사경력자료에 관한 정보는 개인의 명예와 관련되어 인격주체성을 특징짓는 사항으로서 그 개인의 동일성을 식별할 수 있게 하는 정보라 할 것이므로 이러한 정보의 이용을 전제로 보관 등에 관한 사항을 규정하고 있는 이 사건 법률조항은 해당 피의자의 개인정보자기결정권에 대한 제한에 해당한다. ⋯ '혐의 없음' 불기소처분에 관한 이 사건 개인정보를 보관하는 것은 재수사에 대비한 기초자료를 보존하여 형사사법의 실체적 진실을 구현하는 한편, 형사사건 처리결과를 쉽게 그리고 명확히 확인하여 수사의 반복을 피함으로써 수사력의 낭비를 막고 피의자의 인권을 보호하기 위한 것으로서 ⋯ 개인정보자기결정권을 침해한다고 볼 수 없다(헌재 2009.10.29, 2008헌마257).

40 수사경력자료의 보존 및 보존기간을 정하면서 범죄경력자료의 삭제에 대하여 규정하지 않은 '형의 실효 등에 관한 법률(이하 '형실효법'이라 한다)' 제8조의2가 개인정보자기결정권을 침해하는지 여부: **소극** [기각] 18. 서울시

범죄경력자료를 범인 추적과 실체적 진실 발견, 각종 결격사유판단 등을 위한 자료로 사용하기 위하여 보존하는 것은 그 목적에 있어 정당하고 수단의 적합성을 갖추고 있다. 벌금형에 해당하는 전과나 실효된 전과라고 하여 그 범죄경력자료를 보존할 필요가 없게 되는 것이 아니고 범죄경력을 보존할 필요가 있는지 여부를 결정하는 다양한 요소들을 모두 고려해 각개의 전과마다 개별화된 보존기간을 설정하는 것 또한 현실적으로 가능하지 않으므로, 입법자가 범죄경력자료의 보존기간을 세분화하지 않았다는 사정만으로 기본권을 덜 침해하는 가능한 수단을 택하지 않았다고 볼 수 없다. 따라서 이 사건 수사경력자료 정리조항에서 범죄경력자료의 삭제를 규정하지 않은 것이 청구인의 개인정보자기결정권을 침해한다고 볼 수 없다(헌재 2012.7.26, 2010헌마446).

41 성폭력범죄를 2회 이상 범하여 습벽이 인정되고 재범의 위험성이 있는 자에게 검사의 청구에 따라 법원이 10년의 범위 내에서 위치추적 전자장치를 부착할 수 있도록 한 것이 개인정보자기결정권을 침해하는지 여부: **소극** [합헌]

성폭력범죄로 인한 피해는 '인격 살인'으로 부를 만큼 피해자에게 회복할 수 없는 육체적·정신적 상처를 남길 수 있고, 피해연령에 따라서는 심리적인 상처와 후유증으로 인하여 평생 동안 정상적인 생활을 하지 못하는 불행한 경우도 있다. 또한 성폭력범죄로 인한 피해는 가족구성원 등 피해자와 밀접한 관계를 가지고 있는 다른 사람들에게까지 커다란 고통과 상처를 줄 수 있으며, 성폭력범죄가 빈발하면 여성의 사회활동이 위축될 수 있고, 자녀의 안전한 보육과 통학 등에 필요한 사회적 비용이 증가하는 등 그 피해는 사회 전체의 피해로 확대된다. 재범의 위험성이 있는 성폭력범죄자에 대하여 일반적인 행동의 자유를 보장하면서 단지 그 위치를 파악함으로써 성폭력범죄자가 입게 되는 불이익은 성폭력범죄의 피해로부터 국민을 보호하여야 할 이익에 비하여 결코 크다고 할 수는 없을 것이다(헌재 2012.12.27, 2010헌바187).

42 주민등록표를 열람하거나 그 등·초본을 교부받는 경우 소정의 수수료를 부과하도록 하는 것이 개인정보자기결정권 및 재산권을 침해하는지 여부: **소극** [기각]

주민등록표 열람 및 그 등·초본 교부에 따른 수수료는 특정인의 신원증명 등의 편익을 위하여 행정기관의 인적·물적 시설에 드는 비용을 조달하려는 목적에서 부과

정답 01 ○ 02 × 03 ×

되는 것으로서 수수료 부과 자체의 정당성이 인정되고, 소요되는 비용에 비하여 그 수수료 액수가 지나치게 고액이라든가 부당하게 책정되었다고 볼 수 없으므로, 이 사건 심판대상조항으로 인하여 청구인들의 개인정보자기결정권 및 재산권이 침해된다고 할 수 없다(헌재 2013.7.25, 2011헌마364).

43 형법 제243조 중 '음란한 물건을 판매한 자'에 관한 부분 및 제244조 중 '판매할 목적으로 음란한 물건을 소지한 자'에 관한 부분이 성기구 판매자의 직업수행의 자유 및 소비자의 사생활의 비밀과 자유를 침해하는지 여부: **소극 [합헌]**

헌법재판소와 대법원의 판례상 음란개념은 매우 엄격하게 인정되고 있고, 이 사건 법률조항은 '영리'를 위한 음란한 물건 판매행위 및 판매목적 소지행위만을 규율하고 있을 뿐 판매목적이 없는 음란한 물건의 단순 소지 등의 행위까지 금지하는 것이 아니다.

이 사건 법률조항이 성기구 판매자의 직업수행의 자유 및 성기구 사용자의 사생활의 비밀과 자유를 과도하게 제한하여 침해최소성원칙에 위반된다고 보기는 어렵고, 법익의 균형성도 인정되므로 이 사건 법률조항은 과잉금지원칙에 위배되지 아니한다(헌재 2013.8.29, 2011헌바176).

44 이동통신서비스 가입시 본인확인제가 개인정보자기결정권을 침해하는지 여부: **소극 [기각]**

심판대상조항은 **가입자의 개인정보에 대한 제공·이용 여부를 스스로 결정할 권리를 제한하고 있으므로, 개인정보자기결정권을 제한한다.** … 개인정보자기결정권, 통신의 자유가 제한되는 불이익과 비교했을 때, 명의도용피해를 막고, 차명휴대전화의 생성을 억제하여 보이스피싱 등 범죄의 범행도구로 악용될 가능성을 방지함으로써 잠재적 범죄 피해 방지 및 통신망 질서 유지라는 더욱 중대한 공익의 달성효과가 인정된다. 따라서 심판대상조항은 청구인들의 개인정보자기결정권 및 통신의 자유를 침해하지 않는다(헌재 2019.9.26, 2017헌마1209).

45 법무부장관은 변호사시험 합격자가 결정되면 즉시 명단을 공고하여야 한다고 규정한 변호사시험법 제11조 중 '명단 공고' 부분이 개인정보자기결정권을 침해하는지 여부: **소극 [기각]**

심판대상조항은 법무부장관이 시험 관리 업무를 위하여 수집한 응시자의 개인정보 중 합격자의 성명을 공개하도록 하는 데 그치므로, 청구인들의 개인정보자기결정권이 제한되는 범위와 정도는 매우 제한적이다. 합격자 명단이 공고되면 누구나, 언제든지 이를 검색할 수 있으므로, 심판대상조항은 공공성을 지닌 전문직인 변호사의 자격 소지에 대한 일반 국민의 신뢰를 형성하는 데 기여하며, 변호사에 대한 정보를 얻는 수단이 확보되어 법률서비스 수요자의 편의가 증진된다. 합격자 명단을 공고하는 경우, 시험 관리 당국이 더 엄정한 기준과 절차를 통해 합격자를 선정할 것이 기대되므로 시험 관리 업무의 공정성과 투명성이 강화될 수 있다. 따라서 심판대상조항이 과잉금지원칙에 위배되어 청구인들의 개인정보자기결정권을 침해한다고 볼 수 없다(헌재 2020.3.26, 2018헌마77).

46 마약류사범인 미결수용자와 변호인이 아닌 접견인 사이의 화상접견내용이 모두 녹음·녹화된 경우 이는 화상접견시스템이라는 전기통신수단을 이용하여 개인간의 대화내용을 녹음·녹화하는 것으로 미결수용자의 사생활의 비밀과 자유를 침해하는지 여부: **소극** 19. 지방직

이 사건 녹음조항은 수용자의 증거인멸의 가능성 및 추가범죄의 발생가능성을 차단하고, 교정시설 내의 안전과 질서유지를 위한 것으로 목적의 정당성이 인정되며, 수

기출 OX

04 익명휴대전화를 이용하는 자들이 언제나 범죄의 목적을 가진다고 볼 수 없고 익명통신은 도덕적으로 중립적이므로, 익명휴대전화를 금지하기 위해 이동통신서비스 가입시 본인 확인절차를 거치도록 한다면 그 규정은 정당한 입법목적을 가지고 있다고 볼 수 없으므로 개인정보자기결정권을 침해한다. 20. 국회직 ( )

05 법무부장관은 변호사시험 합격자가 결정되면 즉시 명단을 공고하여야 한다고 규정한 변호사시험법 규정 중 '명단 공고' 부분은 변호사시험 응시자들의 개인정보자기결정권을 침해한다. 22. 경찰승진 ( )

06 교정시설의 장이 수용자가 범죄의 증거를 인멸하거나 형사법령에 저촉되는 행위를 할 우려가 있는 때에 교도관으로 하여금 수용자의 접견내용을 청취·기록·녹음 또는 녹화하게 하는 것은 미결수용자의 사생활을 침해한다. 17. 국회직 ( )

정답 04 × 05 × 06 ×

용자는 증거인멸 또는 형사법령 저촉행위를 할 경우 쉽게 발각될 수 있다는 점을 예상하여 이를 억제하게 될 것이므로 수단의 적합성도 인정된다. … 따라서 이 사건 녹음조항은 과잉금지원칙에 위배되어 청구인의 사생활의 비밀과 자유 및 통신의 비밀을 침해하지 아니한다(헌재 2016.11.24, 2014헌바401).

47 게임물 관련사업자에게 게임물 이용자의 회원가입시 본인인증을 할 수 있는 절차를 마련하도록 하고, 청소년의 회원가입시 법정대리인의 동의를 확보하도록 하고 있는 게임산업진흥에 관한 법률 조항은 개인정보자기결정권을 침해하는지 여부: 소극 [기각]

본인인증 및 동의확보 조항은 인터넷게임 이용자가 자기의 개인정보에 대한 제공, 이용 및 보관에 관하여 스스로 결정할 권리인 개인정보자기결정권을 제한한다. 게임물 관련사업자와 같은 정보통신서비스 제공자가 인터넷상에서 본인인증 절차 없이 이용자의 실명이나 연령만을 정확하게 확인하는 것은 사실상 불가능하고, … 본인인증 조항을 통하여 달성하고자 하는 게임과몰입 및 중독 방지라는 공익은 매우 중대하므로 법익의 균형성도 갖추었다. 따라서 본인인증 조항은 청구인들의 일반적 행동의 자유 및 개인정보자기결정권을 침해하지 아니한다. … 동의확보 조항은 청소년인 청구인의 일반적 행동의 자유를 침해하지 아니한다(헌재 2015.3.26, 2013헌마517).

48 가축전염병의 발생 예방 및 확산 방지를 위해 축산관계시설 출입차량에 차량무선인식장치를 설치하여 이동경로를 파악할 수 있도록 한 구 가축전염병예방법이 축산관계시설에 출입하는 청구인들의 개인정보자기결정권을 침해하는지 여부: 소극 [기각]

예방접종만으로는 감염 자체를 완전히 방지하기 어렵고, 축산관계시설 운영자에게 시설출입차량 정보를 기록하게 하더라도 현실적으로 이를 철저하게 작성하기 어려울 뿐만 아니라 설사 철저하게 작성되었다 하더라도 시설출입차량의 출입기록만으로는 전후 이동경로까지 파악할 수는 없으며, 가축전염병예방법상의 이동중지명령은 원칙적으로 48시간을 초과할 수 없고 1회 연장될 수 있을 뿐이어서 확산 방지에는 한계가 있다. 또한 차량무선인식장치 장착대상 차량의 범위를 최소한으로 한정하고 차량출입정보의 수집 범위와 용도를 제한하는 등 심판대상조항으로 인한 기본권 침해를 최소화하기 위한 조치들이 마련되어 있고, 이로 인해 제한되는 청구인들의 개인정보자기결정권에 비하여 가축전염병의 확산 방지를 통해 달성하고자 하는 공익이 결코 작다고 할 수 없으므로, 심판대상조항은 청구인들의 개인정보자기결정권을 침해하지 아니한다(헌재 2015.4.30, 2013헌마81).

49 가정폭력 가해자인 전 배우자라도 직계혈족으로서 그 자녀의 가족관계증명서와 기본증명서를 사실상 자유롭게 발급받을 수 있게 하고 이에 대한 제한규정을 두지 않은 것이 개인정보자기결정권을 침해하는지 여부: 적극 [헌법불합치]

이 사건 법률조항은 주민등록법과는 달리 가정폭력 피해자의 개인정보보호를 위한 별도의 조치를 마련하고 있지 않아서, 가정폭력 가해자는 언제든지 그 자녀 명의의 가족관계증명서 및 기본증명서를 교부받아서 이를 통하여 가정폭력 피해자의 개인정보를 획득할 수 있다. 또한 이 사건 법률조항으로 말미암아 가정폭력 가해자인 직계혈족이 그 자녀의 가족관계증명서 및 기본증명서를 청구하여 발급받음으로써 거기에 기재되어 있는 가정폭력 피해자인 전 배우자의 개인정보가 유출됨으로써 전 배우자가 입는 피해는 실로 중대하다고 볼 수 있으므로 이 사건 법률조항에 대해서는 법익의 균형성을 인정하기 어렵다. 따라서 청구인의 개인정보자기결정권을 침해한다(헌재 2020.8.28, 2018헌마927).

기출 OX

01 게임물 관련사업자에게 게임물 이용자의 회원가입시 본인인증을 할 수 있는 절차를 마련하도록 하고, 청소년의 회원가입시 법정대리인의 동의를 확보하도록 하고 있는 게임산업진흥에 관한 법률 조항은 개인정보자기결정권을 제한한다. 18. 경찰승진 ( )

02 가축전염병의 발생 예방 및 확산 방지를 위해 축산관계시설 출입차량에 차량무선인식장치를 설치하여 이동경로를 파악할 수 있도록 한 구 가축전염병예방법 조항은 축산관계시설에 출입하는 청구인들의 개인정보자기결정권을 침해하지 않는다. 19. 경찰승진 ( )

정답 01 O 02 O

50 소년에 대한 수사경력자료의 삭제와 보존기간에 대하여 규정하면서 법원에서 불처분결정된 소년부송치사건에 대하여 규정하지 않은 '형의 실효 등에 관한 법률' 제8조의2 제1항 및 제3항이 과잉금지원칙에 반하여 개인정보자기결정권을 침해하는지 여부: **적극 [헌법불합치]**

어떤 범죄가 행해진 후 시간이 흐를수록 수사의 단서로서나 상습성 판단자료, 양형 자료로서의 가치는 감소하므로, 모든 소년부송치사건의 수사경력자료를 해당 사건의 경중이나 결정 이후 경과한 시간 등에 대한 고려 없이 일률적으로 당사자가 사망할 때까지 보존할 필요가 있다고 보기는 어렵고, 불처분결정된 소년부송치사건의 수사경력자료가 조회 및 회보되는 경우에도 이를 통해 추구하는 실체적 진실발견과 형사사법의 정의 구현이라는 공익에 비해, 당사자가 입을 수 있는 실질적 또는 심리적 불이익과 그로 인한 재사회화 및 사회복귀의 어려움이 더 크다. 따라서 심판대상조항은 과잉금지원칙을 위반하여 소년부송치 후 불처분결정을 받은 자의 개인정보자기결정권을 침해한다(헌재 2021.6.24, 2018헌가2).

51 보안관찰처분대상자가 교도소 등에서 출소한 후 7일 이내에 출소사실을 신고하도록 정한 구 보안관찰법 제6조 제1항 전문 중 출소 후 신고의무에 관한 부분 및 이를 위반할 경우 처벌하도록 정한 보안관찰법 제27조 제2항 중 구 보안관찰법 제6조 제1항 전문 가운데 출소 후 신고의무에 관한 부분이 과잉금지원칙을 위반하여 청구인의 사생활의 비밀과 자유 및 개인정보자기결정권을 침해하는지 여부: **소극 [합헌]**

출소 후 출소사실을 신고하여야 하는 신고의무 내용에 비추어 보안관찰처분대상자의 불편이 크다거나 7일의 신고기간이 지나치게 짧다고 할 수 없다. 보안관찰 해당 범죄는 민주주의체제의 수호와 사회질서의 유지, 국민의 생존 및 자유에 중대한 영향을 미치는 범죄인 점, 보안관찰법은 대상자를 파악하고 재범의 위험성 등 보안관찰처분의 필요성 유무의 판단 자료를 확보하기 위하여 위와 같은 신고의무를 규정하고 있다는 점 등에 비추어 출소 후 신고의무 위반에 대한 제재수단으로 형벌을 택한 것이 과도하다거나 법정형이 다른 법률들에 비하여 각별히 과중하다고 볼 수도 없다. 따라서 **출소 후 신고조항 및 위반시 처벌조항**은 과잉금지원칙을 위반하여 청구인의 **사생활의 비밀과 자유 및 개인정보자기결정권을 침해하지 아니한다**(헌재 2021.6.24, 2017헌바479).

52 변동신고조항 및 이를 위반할 경우 처벌하도록 정한 보안관찰법 제27조 제2항 중 제6조 제2항 전문에 관한 부분(이하 변동신고조항과 합하여 '변동신고조항 및 위반시 처벌조항'이라 한다)이 과잉금지원칙을 위반하여 청구인의 사생활의 비밀과 자유 및 개인정보자기결정권을 침해하는지 여부: **적극 [헌법불합치]**

변동신고조항은 출소 후 기존에 신고한 거주예정지 등 정보에 변동이 생기기만 하면 신고의무를 부과하는바, 의무기간의 상한이 정해져 있지 아니하여, 대상자로서는 보안관찰처분을 받은 자가 아님에도 무기한의 신고의무를 부담한다. 대상자는 보안관찰처분을 할 권한이 있는 행정청이 어느 시점에 처분을 할지 모르는 불안정한 상태에 항상 놓여 있게 되는바, 이는 행정청이 대상자의 재범 위험성에 대하여 판단을 하지 아니함에 따른 부담을 오히려 대상자에게 전가한다는 문제도 있다. 그렇다면 **변동신고조항 및 위반시 처벌조항**은 대상자에게 보안관찰처분의 개시 여부를 결정하기 위함이라는 공익을 위하여 지나치게 장기간 형사처벌의 부담이 있는 신고의무를 지도록 하므로, 이는 과잉금지원칙을 위반하여 청구인의 **사생활의 비밀과 자유 및 개인정보자기결정권을 침해한다**(헌재 2021.6.24, 2017헌바479).

53 성폭력범죄의 처벌 등에 관한 특례법상 공중밀집장소에서의 추행죄로 유죄판결이 확정된 자를 신상정보 등록대상자로 규정한 부분은 해당 신상정보 등록대상자의 개인정보자기결정권을 침해하는지 여부: 소극

심판대상조항은 공중밀집장소추행죄로 유죄판결이 확정되면 모두 신상정보 등록대상자가 되도록 함으로써 그 관리의 기초를 마련하기 위한 것이므로, 등록대상 여부를 결정함에 있어 대상 성범죄로 인한 유죄판결 이외에 반드시 재범의 위험성을 고려해야 한다고 보기 어렵고, 현재 사용되는 재범의 위험성 평가 도구의 오류 가능성을 배제하기 어려워 일정한 성폭력범죄자를 일률적으로 등록대상자가 되도록 하는 것이 불가피한 점, 등록대상 성폭력범죄로 유죄판결을 선고할 경우 등록대상자에게 등록대상자라는 사실과 신상정보 제출의무가 있음을 알려주도록 하며, 등록대상자의 범위, 신상정보 제출의무의 내용 및 신상정보의 등록·보존·관리 또한 법률에서 규율하고 있는 점 등을 고려할 때, 헌법재판소의 2016헌마1124 결정은 이 사건에서도 타당하다. 따라서 심판대상조항은 청구인의 개인정보자기결정권을 침해하였다고 볼 수 없다(헌재 2020.6.25, 2019헌마699).

54 행정안전부장관의 대한민국의 적십자사에 대한 자료제공행위가 개인정보자기결정권을 침해하는지 여부: 소극

이 사건 자료제공조항 및 이 사건 시행령조항으로 인하여 얻게 되는 공익은 적십자사의 회비 모금을 용이하게 하여 적십자사 사업의 원활한 수행을 기하는 것이다. 앞서 본 바와 같이 인도주의에 기반한 적십자사 사업의 공익성, 다른 공익단체들과 구별되는 적십자사 사업의 특수성, 제네바협약의 체약국이자 국제적십자사연맹의 가입국으로서 우리 정부가 적십자사를 지원한다는 공익이 이로 인해 제한되는 청구인들의 개인정보자기결정권이라는 사익보다 작다고 볼 수 없으므로 이 사건 자료제공조항 및 이 사건 시행령조항은 법익의 균형성을 갖추었다. 따라서 이 사건 자료제공조항 및 이 사건 시행령조항이 과잉금지원칙에 반하여 청구인들의 개인정보자기결정권을 침해한다고 볼 수 없다(헌재 2023.2.23, 2019헌마1404).

55 의료기관의 장으로 하여금 보건복지부장관에게 비급여 진료비용에 관한 사항을 보고하도록 한 의료법 제45조의2 제1항 중 '비급여 진료비용'에 관한 부분 및 의원급 의료기관의 비급여 진료비용에 관한 현황조사·분석 결과를 공개하도록 한 '비급여 진료비용 등의 공개에 관한 기준' 등이 개인정보자기결정권을 침해하는지 여부: 소극
[기각]

이 사건 고시조항은 의료소비자의 알 권리와 의료선택권을 보장하고 궁극적으로는 국민들로 하여금 적정한 비용으로 필요한 시기에 양질의 의료서비스를 제공받도록 하기 위한 것인바, 이러한 공익은 매우 중대하다. 의사인 청구인들은 자신이 진료하는 비급여 비용에 관한 정보가 국가를 통해 공개되는 불이익을 입게 되나, 이미 비급여 고지제도를 통해 진료비용을 공개하고 있으므로 전혀 다른 새로운 정보를 공개하는 것이 아닐 뿐 아니라, 환자들의 의료기관 선택에 있어 가격이 전적인 영향을 주는 것은 아니므로 이로 인해 최저가 경쟁이나 과다경쟁 등이 촉발될 가능성이 크다고 보기도 어렵다. 그렇다면 이 사건 고시조항으로 인해 의사인 청구인들이 입는 불이익은 위 공익에 비하여 크다고 보기 어려우므로 법익 균형성을 갖추었다. 그러므로 이 사건 고시조항은 과잉금지원칙에 반하여 청구인들의 기본권을 침해하지 아니한다(헌재 2023.2.23, 2021헌마374).

56 인체면역결핍바이러스(HIV) 전파매개행위죄 규정이 인체면역결핍 바이러스 감염인의 사생활의 자유 및 일반적 행동자유권을 침해하는지 여부: 소극 [합헌]
   심판대상조항으로 인하여 감염인에게는 상대방에게 감염사실을 고지하거나 예방조치를 사용해야 하므로 자유로운 방식의 성행위가 제한되나, 그렇지 않으면 상대방은 감염인과의 성행위로 인하여 완치가 불가능한 바이러스에 감염되어 평생 매일 약을 복용하여야 하는 등 심각한 위험에 처하게 될 수 있다. 이러한 점을 감안하면, 감염인의 사생활의 자유 및 일반적 행동자유권이 제약되는 것에 비하여 국민의 건강 보호라는 공익을 달성하는 것은 더욱 중대하다.
   따라서 심판대상조항은 과잉금지원칙을 위반하여 감염인의 사생활의 자유 및 일반적 행동자유권을 침해하지 아니한다(헌재 2023.10.26, 2019헌가30).

57 동성 군인 사이의 합의에 의한 성적 행위라 하더라도 그러한 행위가 근무장소나 임무수행 중에 이루어진다면 처벌하는 것이 평등원칙, 성적자기결정권, 사생활의 자유를 침해하는지 여부: 소극 [합헌]
   [1] 군형법 제92조의6 중 '그 밖의 추행'에 관한 부분(이하 '이 사건 조항'이라 한다)이 죄형법정주의의 명확성원칙에 위배되는지 여부: 소극
       군형법 제92조의6의 제정취지, 개정연혁 등을 살펴보면, 이 사건 조항은 동성 간의 성적 행위에만 적용된다고 할 것이고, 추행죄의 객체 또한 군인·군무원 등으로 명시하고 있으므로 불명확성이 있다고 볼 수 없다. 이러한 점에 비추어 보면, 건전한 상식과 통상적인 법 감정을 가진 군인, 군무원 등 군형법 피적용자는 어떠한 행위가 이 사건 조항의 구성요건에 해당되는지 여부를 충분히 파악할 수 있다고 판단되므로, 이 사건 조항은 죄형법정주의의 명확성원칙에 위배되지 아니한다.
   [2] 이 사건 조항이 과잉금지원칙에 위배되어 군인의 성적 자기결정권 또는 사생활의 비밀과 자유를 침해하는지 여부: 소극
       군대는 상명하복의 수직적 위계질서체계하에 있으므로, 직접적인 폭행·협박이 없더라도 위력에 의한 경우 또는 자발적 의사합치가 없는 동성 군인 사이의 추행에 대해서는 처벌의 필요성이 인정된다. 뿐만 아니라, **동성 군인 사이의 합의에 의한 성적 행위라 하더라도 그러한 행위가 근무장소나 임무수행 중에 이루어진다면**, 이는 국군의 전투력 보존에 심각한 위해를 초래할 위험성이 있으므로, 이를 처벌한다고 하여도 과도한 제한이라고 할 수 없다. 그렇다면 이 사건 조항은 과잉금지원칙에 위배하여 군인의 성적 자기결정권 또는 사생활의 비밀과 자유를 침해한다고 볼 수 없다.
   [3] 이 사건 조항이 평등원칙에 위배되는지 여부: 소극
       여전히 절대 다수의 군 병력은 남성으로 이루어져 있고, 이러한 젊은 남성 의무복무자들은 생활관이나 샤워실 등 생활공간까지 모두 공유하면서 장기간의 폐쇄적인 단체생활을 해야 하므로, 일반 사회와 비교하여 동성 군인 사이에 성적 행위가 발생할 가능성이 높다. 이러한 점에 비추어 보면, 이 사건 조항이 **이성 군인과 달리 동성 군인 간 합의에 의한 성적 행위를 처벌하는 것에는 합리적인 이유가 있다고 볼 수 있으므로, 이 사건 조항은 평등원칙에 위반되지 아니한다**(헌재 2023.10.26, 2017헌가16).

58 피청구인이 미결수용자인 청구인에게 징벌을 부과한 뒤 그 규율위반 내용 및 징벌처분 결과 등을 관할 법원에 양형 참고자료로 통보한 행위(이하 '이 사건 통보행위'라 한다)가 청구인의 개인정보자기결정권을 침해하는지 여부: 소극 [기각]

이 사건 통보행위는 해당 미결수용자에 대한 적정한 양형을 실현하고 형사재판절차를 원활하게 진행하기 위한 것이다. 이로 인하여 제공되는 개인정보의 내용은 정보주체와 관련한 객관적이고 외형적인 사항들로서 엄격한 보호의 대상이 되지 아니하고, 개인정보가 제공되는 상대방이 체포·구속의 주체인 법원으로 한정되며, 양형 참고자료를 통보 받은 법원으로서는 관련 법령에 따라 이를 목적 외의 용도로 이용하거나 제3자에게 제공할 수 없다. 이 사건 통보행위로 인해 제공되는 정보의 성격이나 제공 상대방의 한정된 범위를 고려할 때 그로 인한 기본권 제한의 정도가 크지 않은 데 비해, 이로 인하여 달성하고자 하는 적정한 양형의 실현 및 형사재판절차의 원활한 진행과 같은 공익은 훨씬 중대하다. 이 사건 통보행위는 과잉금지원칙에 위배되어 청구인의 개인정보자기결정권을 침해하였다고 볼 수 없다(헌재 2023. 9.26, 2022헌마926).

59 '개인정보 보호법'이 통계작성, 과학적 연구, 공익적 기록보존을 위하여 정보주체의 동의 없이 가명정보를 처리할 수 있도록 하고, '신용정보의 이용 및 보호에 관한 법률'이 신용정보제공·이용자, 신용정보회사, 신용정보집중기관이 통계작성, 연구, 공익적 기록보존을 위하여 가명정보를 제공하는 경우에는 신용정보주체로부터 개별적으로 동의를 받지 않아도 된다고 규정한 것이 개인정보자기결정권을 침해하는지 여부: 소극 [기각]

심판대상조항은 데이터의 이용을 활성화하여 신산업을 육성하고 "통계작성, 연구, 공익적 기록보존"을 보다 효과적으로 수행하기 위한 것으로서, 그 입법목적이 정당하고 수단의 적합성이 인정된다. 가명정보는 그 자체만으로는 특정 개인을 알아볼 수 없어 인격권이나 사생활의 자유에 미치는 영향이 크지 않고, 정보주체의 동의 없는 처리는 "통계작성, 연구, 공익적 기록보존" 목적으로만 가능하며, 법률에서 정보주체를 보호하기 위한 여러 규정을 두고 있으므로, 침해의 최소성도 인정된다. "통계작성, 연구, 공익적 기록보존"을 효과적으로 수행하고자 하는 공익이 가명정보가 제한된 목적으로 동의 없이 처리되는 정보주체의 불이익보다 크다고 할 수 있으므로, 법익의 균형성도 갖추었다. 따라서 심판대상조항은 청구인들의 개인정보자기결정권을 침해하지 않는다(헌재 2023.10.26, 2020헌마1476).

60 혼인무효판결에 따라 정정된 가족관계등록부가 그대로 보존되는 것이 개인정보자기결정권을 침해하는지 여부: 소극 [기각]

혼인무효판결을 받아 등록부를 정정한 경우 정정된 등록부를 보존하고 재작성을 제한하는 것은, 가족관계등록제도의 제도적 목적 달성을 위한 것이며, 혼인이 처음부터 효력이 없게 되었다고 하여 그에 관한 기록을 보존할 필요가 없게 되는 것은 아니기 때문이다. 혼인에는 민법에서 규정하는 일반적 효력이 인정되는 외에, 혼인관계로 형성된 배우자 또는 친족의 지위에 따라 여러 개별 법률에서 정한 특별한 규정이 적용되고, 이는 혼인의 당사자 사이에서 형성되는 법률관계에만 관련되는 것이 아니라 제3자에 대한 관계에서도 문제가 되는바, 법률관계를 안정시키고 명확히 하기 위하여 공적 증명이 필요한 경우가 있을 수 있으므로, 과거 형식적으로 성립하였으나 무효가 된 혼인에 관한 등록부 기록사항의 보존은 원칙적으로 필요하다. 심판대상조항은 청구인의 개인정보를 새로이 수집·관리하는 것이 아니고, 그러한 정보는 법령에 따른 교부 청구 등이 없는 한 공개되지 아니하므로, 심판대상조항으로 인하여 청구인이 입는 불이익이 중대하다고 보기는 어렵다. 반면, 심판대상조항이 가족관계의 변동에 관한 진실성을 담보하는 공익은 훨씬 중대하다고 할 것이므로 심판대상조항은 법익균형성이 인정된다. 따라서 심판대상조항은 과잉금지원칙을 위반하여 청구인의 개인정보자기결정권을 침해하지 않는다(헌재 2024.1.25, 2020헌바65).

61 감염병 예방 및 감염 전파의 차단을 위하여 감염병의심자 등에 관한 인적사항 수집을 허용하는 것이 개인정보자기결정권을 침해하는지 여부: 소극 [기각]

심판대상조항은 감염병이 유행하고 신속한 방역조치가 필요한 예외적인 상황에서 일시적이고 한시적으로 적용되는 반면, 인적사항에 관한 정보를 이용한 적시적이고 효과적인 방역대책은 국민의 생명과 건강을 보호하고 사회적·경제적인 손실 방지를 위하여 필요한 것인 점에서 그 공익의 혜택 범위와 효과가 광범위하고 중대하다. 따라서 심판대상조항은 과잉금지원칙에 반하여 청구인의 개인정보자기결정권을 침해하지 않는다(헌재 2024.4.25, 2020헌마1028).

62 19세 이상의 사람이 13세 이상 16세 미만인 사람을 상대로 성행위를 한 경우, 설령 그것이 피해자의 동의에 의한 것이라 하더라도, 강간죄, 유사강간죄 또는 강제추행죄의 예에 따라 처벌하도록 한 것이 성적자기결정권 침해인지 여부: 소극 [합헌]

19세 이상의 성인은 미성년자의 성을 보호하고 미성년자 스스로 성적 정체성이나 가치관을 형성할 수 있도록 조력할 책임이 있다. 심판대상조항이 19세 미만의 사람을 처벌대상에서 제외한 것은, 연령 차이가 크지 않은 미성년자 사이의 성행위를 심리적 장애 없이 성적 자기결정권을 행사한 것으로 보고 이를 존중하고자 한 것이다. 19세 이상의 성인이 13세 이상 16세 미만의 청소년을 간음 또는 추행한 행위는 19세 이상의 성인이 다른 성인을 폭행이나 협박으로 간음 또는 추행한 행위에 비하여 그 불법과 책임의 정도가 결코 가볍다고 볼 수 없고, 구체적인 사안에서 비난가능성이 경미한 경우에는 법관이 양형재량권을 적절히 활용하여 그 책임에 상응하는 수준으로 형벌을 부과할 수 있다. 따라서 심판대상조항은 과잉금지원칙에 위반하여 성적 자기결정권 및 사생활의 비밀과 자유를 침해하지 아니한다(헌재 2024.6.27, 2022헌바106등).

63 대체복무요원 생활관 내부의 공용공간에 CCTV를 설치하여 촬영하는 행위(이하 'CCTV 촬영행위'라 한다)가 대체복무요원 생활관에서 합숙하는 청구인들의 사생활의 비밀과 자유를 침해하는지 여부: 소극 [기각]

CCTV 촬영행위는 교정시설의 계호, 경비, 보안, 안전, 관리 등을 위한 목적에서 행해지는 것이다. CCTV 촬영행위는 대체복무 생활관에서 합숙하는 청구인들의 안전한 생활을 보호해주는 측면도 있다. 청구인들의 생활관 내부에 설치된 CCTV들은 외부인의 허가 없는 출입이나 이동, 시설의 안전, 화재, 사고 등을 확인할 수 있는 위치들에 설치되어 있고, 개별적인 생활공간에는 CCTV가 설치되어 있지 않다. 따라서 CCTV 촬영행위는 과잉금지원칙을 위반하여 청구인들의 사생활의 비밀과 자유를 침해하지 아니한다(헌재 2024.5.30, 2022헌마707등).

64 '아동에게 음란한 행위를 시키거나 이를 매개하는 행위 또는 아동에게 성적 수치심을 주는 성희롱 등의 성적 학대행위를 하였다는 범죄사실로 유죄판결이 확정된 자'를 신상정보 등록대상자로 하고, 성범죄로 벌금형을 선고받은 사람의 등록정보를 10년간 보존·관리하도록 규정한 성폭력처벌법이 개인정보자기결정권을 침해하는지 여부: 소극
  [1] 이 사건 등록조항으로 인하여 개인정보의 주체가 입게 되는 불이익이 이 사건 등록조항에 의하여 달성되는 공익에 비하여 결코 크다고 볼 수 없으므로, 이 사건 등록조항은 과잉금지원칙을 위반하여 청구인들의 개인정보자기결정권을 침해하지 않는다.
  [2] 헌재 2015.7.30, 2014헌마340등 헌법불합치결정에 따라 개정된 성폭력처벌법 제45조 제1항은 선고형에 따라 등록기간을 10년부터 30년까지 달리하여 형사책임의 경중 및 재범의 위험성에 따라 등록기간을 차등화하였고, 또한 신상정보등록 면제제도를 도입하여 재범의 위험성이 낮아진 경우 신상정보의 등록을 면할 수 있는 수단을 마련하고 있으므로, 이 사건 관리조항은 등록기간을 형사책임의 경중에 따라 세분화하고 일정한 경우 그 기간을 단축할 수 있도록 함으로써 기본권 침해를 최소화하고 있다. 나아가 이 사건 관리조항으로 인하여 그 자체로 신상정보 등록대상자의 일상생활이 방해받는 것은 아닌 반면, 이 사건 관리조항을 통하여 달성하려는 성범죄자의 재범 방지 및 수사의 효율성이라는 공익은 크므로, 이 사건 관리조항은 과잉금지원칙을 위반하여 청구인의 개인정보자기결정권을 침해하지 않는다(헌재 2025.1.23, 2021헌마853).

65 조합 임원의 선출과 관련하여 향응을 제공을 금지하고 위반하면 처벌하는 규정 및 조합 임원이 조합원으로부터 조합원 명부를 복사해달라는 요청에 응하여야 하고 위반하면 처벌하는 도시 및 주거환경정비법이 조합임원의 직업수행의 자유와 조합원들의 개인정보자기결정권을 침해하는지 여부: 소극 [합헌]
  [1] 조합 임원의 직업수행의 자유 침해 여부
        조합 임원은 조합원이 정비사업을 시행하는 과정에서 조합의 업무를 감시하고 통제하기 위하여 조합원 명부 복사 요청을 하면 15일 이내에 응하여야 한다. 이때 조합 임원은 조합원이 조합원 명부를 그대로 복사할 수 있도록 응하면 족하므로 15일 이내라는 기간이 과도하게 짧다고 보기 어렵다. 또한 조합 임원의 불응행위를 형사처벌로 강하게 제재할 것인지는 일차적으로 입법자의 판단에 맡겨져 있다. 조합원 명부는 조합원들이 조합의 업무를 실질적으로 감시·통제하는 데 있어 가장 기초적인 자료에 해당하므로, 위 불응행위를 강하게 제재할 필요성이 인정된다.
  [2] 조합원의 개인정보자기결정권 침해 여부
        조합원 명부에 포함되는 개인정보는 일반적으로 조합원의 성명과 주소, 연락처 등으로, 조합원의 민감한 정보가 포함될 여지가 적다. 관련 법령을 살펴보면 조합원 명부를 복사하여 준 경우에 조합원의 개인정보가 오용 또는 남용될 여지는 제한적이다. 따라서 심판대상조항은 과잉금지원칙에 위반되지 아니하므로, 조합 임원의 직업수행의 자유와 조합원들의 개인정보자기결정권을 침해하지 아니한다(헌재 2025.6.27, 2020헌바514).

02 주거의 자유

> 헌법 제16조 모든 국민은 주거의 자유를 침해받지 아니한다. 주거에 대한 압수나 수색을 할 때에는 검사의 신청에 의하여 법관이 발부한 영장을 제시하여야 한다.

1. 의의

'주거의 자유'란 자신의 주거를 공권력이나 제3자로부터 침해당하지 아니할 권리를 말한다. 사생활에 관한 자유와 권리의 그 체계는 헌법 제17조의 사생활의 비밀과 자유의 불가침을 기본조항 내지 목적조항으로 하고 있으며, 헌법 제16조의 주거의 불가침, 제14조의 거주·이전의 자유, 제18조의 통신의 불가침 등을 그 실현수단조항으로 하고 있다. 따라서 사생활의 비밀과 자유가 주거의 자유보다 넓은 개념이라 할 수 있다. 05. 국회직

2. 주체

일정한 주거에 거주함으로써 그 장소로부터 사생활상의 편익을 얻는 자라면 누구나 주거의 자유의 주체가 된다. 05. 국회직 법인에도 주체성을 인정할 수 있다는 견해(계희열)가 있으나, 주체성을 부정하는 견해가 다수설이다. 공장이나 학교에서 주거의 자유의 주체는 원칙적으로 당해 생활공간의 관리자인 공장장이나 교장이다. 주택이나 호텔객실에서도 주거의 자유의 주체는 그 소유주가 아니라 현실적으로 거주하고 있는 입주자나 투숙객이다. 05. 국회직

판례 l

1 외국인이 주거의 자유 주체가 될 수 있는지 여부: 적극
청구인들이 침해받았다고 주장하고 있는 신체의 자유, 주거의 자유, 변호인의 조력을 받을 권리, 재판청구권 등은 성질상 인간의 권리에 해당한다고 볼 수 있으므로, 위 기본권들에 관하여는 청구인들의 기본권주체성이 인정된다(헌재 2012.8.23, 2008헌마430).

2 불법체류 외국인을 출입국관리법상 긴급보호하는 과정에서 서울출입국관리사무소 직원들이 외국인의 주거에 들어간 것이 주거의 자유를 침해한 것인지 여부: 소극 [기각]
헌법 제12조 제1항이 규정하고 있는 적법절차원칙은 형사소송절차에 국한되지 않고 모든 국가작용에 적용되며 행정작용에 있어서도 적법절차원칙은 준수되어야 하는바, **불법체류 외국인에 대한 보호 또는 긴급보호의 경우에도 출입국관리법이 정한 요건에 해당하지 않거나 법률이 정한 절차를 위반하는 때에는 적법절차원칙에 반하여 신체의 자유 등 기본권을 침해하게 된다.** ··· 출입국관리법에 의한 보호에 있어서 용의자에 대한 긴급보호를 위하여 그의 주거에 들어간 것이라면 그 긴급보호가 적법한 이상 주거의 자유를 침해한 것으로 볼 수 없으므로 청구인에 대한 긴급보호가 적법한 이상 그 긴급보호 과정에서 청구인의 주거에 들어갔다고 하더라도 주거의 자유를 침해하였다고 볼 수 없다(헌재 2012.8.23, 2008헌마430).

기출 OX

01 불법체류 외국인에 대한 긴급보호의 경우에도 출입국관리법이 정한 요건에 해당하지 않거나 법률이 정한 절차를 위반하는 때에는 적법절차원칙에 반하여 신체의 자유 등 기본권을 침해하게 된다. 17. 경찰승진 ( )

정답 01 ○

3. 내용

(1) 주거의 불가침

① **주거**: '주거'는 사람이 거주하는 설비로서 개인이 사생활을 영위하는 장소, 즉 외부와 구획된 사적인 생활공간을 의미하며, 현재 거주 여부는 불문한다. 주거는 부동산인 경우가 대부분이지만 동산인 경우(예 기거용 이동 차량 등)도 있다. 공공에게 출입이 개방되어 있는 장소(예 음식점, 상점 등)도 관리자의 명시적인 출입의사에 반하여 입장하면 주거침입죄를 구성한다.

② **침입**: '침입'이란 거주자의 동의 내지 승낙을 얻지 아니하고 또는 그 의사에 반하여 주거에 들어가는 것을 말한다.

(2) 영장주의

① **원칙**: 주거에 대한 압수나 수색에는 정당한 이유가 있어야 하며, 검사의 신청에 따라 법관이 발부한 영장을 필요로 한다. 정당한 이유란 일정한 범죄에 대한 혐의의 존재와 그것을 수사하기 위한 증거물건의 발견이나 보전의 필요성이 객관적으로 인정되는 경우를 말한다. 이 경우에는 '적법한 절차'가 명기되어 있지 않지만, 주거에 대한 압수·수색도 적법한 절차에 따라야 한다. 05. 국회직, 19. 국가직

② **예외**: 현행범인을 체포하거나 긴급체포를 할 때에는 합리적인 범위 내에서 영장 없이 주거에 대한 압수나 수색을 하는 것이 허용된다(통설).

③ **행정상 즉시강제의 준용**: 학설이 대립하고 있으나, 순수한 행정목적을 위한 경우나 긴급을 요하는 경우 외에는 영장주의가 적용되어야 한다고 본다(다수설).

> **판례 | 체포영장을 집행하는 경우 필요한 때에는 타인의 주거 등 내에서 피의자 수색을 할 수 있도록 한 형사소송법 제216조 제1항 제1호 중 제200조의2에 관한 부분이 영장주의에 위배되는지 여부: 적극 [헌법불합치]** 19. 국가직
>
> **[1] 명확성원칙 위반 여부: 소극**
> 심판대상조항은 피의자가 소재할 개연성이 소명되면 타인의 주거 등 내에서 수사기관이 피의자를 수색할 수 있음을 의미하는 것으로 누구든지 충분히 알 수 있으므로, 명확성원칙에 위반되지 아니한다.
>
> **[2] 영장주의 위반 여부: 적극**
> 헌법 제12조 제3항과는 달리 헌법 제16조 후문은 "주거에 대한 압수나 수색을 할 때에는 검사의 신청에 의하여 법관이 발부한 영장을 제시하여야 한다."라고 규정하고 있을 뿐 영장주의에 대한 예외를 명문화하고 있지 않으나, 헌법 제12조 제3항과 헌법 제16조의 관계, 주거 공간에 대한 긴급한 압수·수색의 필요성, 주거의 자유와 관련하여 영장주의를 선언하고 있는 헌법 제16조의 취지 등에 비추어 ① 그 장소에 범죄혐의 등을 입증할 자료나 피의자가 존재할 개연성이 있고, ② 사전에 영장을 발부받기 어려운 긴급한 사정이 있는 경우에는 제한적으로 영장주의의 예외를 허용할 수 있다고 보는 것이 타당하다.
> 심판대상조항은 체포영장을 발부받아 피의자를 체포하는 경우에 '필요한 때'에는 영장 없이 타인의 주거 등 내에서 피의자 수사를 할 수 있다고 규정함으로써, 별도로 영장을 발부받기 어려운 긴급한 사정이 있는지 여부를 구별하지 아니하고 피의자가 소재할 개연성이 있으면 영장 없이 타인의 주거 등을 수색할 수 있도록 허용하고 있다. 이는 체포영장이 발부된 피의자가 타인의 주거 등에 소재할 개연

기출 OX

01 헌법 제12조 제3항과는 달리 헌법 제16조 후문은 "주거에 대한 압수나 수색을 할 때에는 검사의 신청에 의하여 법관이 발부한 영장을 제시하여야 한다."라고 규정하고 있을 뿐 영장주의에 대한 예외를 명문화하고 있지 않으므로 영장주의가 예외 없이 반드시 관철되어야 함을 의미하는 것이다. 19. 국가직 ( )

02 체포영장을 발부받아 피의자를 체포하는 경우에 필요한 때에는 영장 없이 타인의 주거 등 내에서 피의자 수사를 할 수 있도록 한 형사소송법 규정은 별도로 영장을 발부받기 어려운 긴급한 사정이 있는지 여부를 구별하지 아니하고 피의자가 소재할 개연성만 소명되면 영장 없이 타인의 주거 등을 수색할 수 있도록 허용하고 있으므로 헌법 제16조의 영장주의에 위반된다. 18. 국가직 ( )

정답 01 × 02 ○

성은 인정되나, 수색에 앞서 영장을 발부받기 어려운 긴급한 사정이 인정되지 않는 경우에도 영장 없이 피의자 수색을 할 수 있다는 것이므로, 위에서 본 헌법 제16조의 영장주의 예외요건을 벗어난다(헌재 2018.4.26, 2015헌바370).

4. 제한

주거의 자유는 헌법 제37조 제2항에 따라 국가안전보장·질서유지·공공복리를 위하여 필요한 경우에 한하여 법률로써 제한될 수 있다.

03 거주·이전의 자유

헌법 제14조 모든 국민은 거주·이전의 자유를 가진다.

1. 의의

(1) 개념

'거주·이전의 자유'란 국가권력의 간섭을 받지 아니하고 자신이 원하는 곳에 주거 또는 거소를 정하거나, 주거 및 거소를 자유로이 이전하거나 또는 자신의 의사에 반하여 거주지와 체류지를 변경하지 아니할 자유를 말한다.

(2) 연혁

① 1919년 바이마르 헌법에서 최초로 명문화하였다.
② 우리나라는 건국헌법 이래 규정을 두었다.
③ 제7차 개정헌법(유신헌법)에서 법률유보조항을 두었으나, 제8차 개정헌법에서 삭제하였다.

기출 OX
03 거주·이전의 자유에 대해 최초로 명문화한 헌법은 바이마르 헌법이다.
10. 법행 ( )

2. 법적 성격

(1) 인간의 존엄과 가치를 유지하기 위한 자유로서의 성격

거주·이전의 자유는 인간존재의 본질적 자유로서, 자유로운 인간교섭의 장을 마련해주고 개인의 인격형성과 인간적 성장을 뒷받침한다.

(2) 인신의 자유로서의 성격 및 원하는 곳에서 원하는 생활을 할 수 있는 자유

거주·이전의 자유는 행동의 자유를 보장한다.

(3) 집회의 자유나 집단적 행동의 자유와의 밀접한 관계

이동의 자유를 제한하는 것은 사실상 표현의 자유를 제한하는 결과가 초래되기도 하고, 직접 현장에서 하는 의사전달을 억제하는 수단이 될 수 있다.

(4) 경제적 기본권으로서의 성격

자본주의적 경제는 인간과 재화의 자유로운 이동 없이는 성립할 수 없다.

정답 03 ○

3. 주체

거주·이전의 자유는 한국 국적을 가진 모든 자연인과 국내 법인*이 그 주체가 된다. **외국인에 대해서는 원칙적으로 거주·이전의 자유가 보장되지 아니하며,** 입국의 자유는 제한되나 출국의 자유는 보장된다고 본다(다수설). 04.법행

* 법인이 본점이나 사무소를 어디에 둘 것인지 결정하는 것 등도 거주·이전의 자유의 내용으로 보호된다. 11.법행

기출 OX

01 거주·이전의 자유는 자연인과 법인, 내국인과 외국인에게 동등하게 보장된다. 04.법행 ( )

> **판례** | 법인이 거주·이전의 자유의 주체가 되는지 여부: 적극
>
> 지방세법 제138조 제1항 제3호가 법인의 대도시 내의 부동산등기에 대하여 통상세율의 5배를 규정하고 있다 하더라도 그것이 대도시 내에서 업무용 부동산을 취득할 정도의 재정능력을 갖춘 법인의 담세능력을 일반적으로 또는 절대적으로 초과하는 것이어서 그 때문에 **법인이 대도시 내에서 향유하여야 할 직업수행의 자유나 거주·이전의 자유가 형해화할 정도에 이르러 그 기본적인 내용이 침해되었다고 볼 수 없다**(헌재 1998.2.27, 97헌바79).

4. 내용

(1) 국내에서의 거주·이전의 자유

'국내에서의 거주·이전의 자유'란 대한민국의 영역 안에서 자유롭게 그의 주소와 거소를 설정하고 변경할 수 있는 자유를 말한다. 헌법 제3조는 대한민국의 영토를 한반도와 부속도서라고 규정하고 있지만, 현실적인 주권은 군사분계선 이남에만 미칠 뿐이므로 국내에서의 거주·이전의 자유가 북한지역으로의 이전까지 보장하는 것은 아니다.

(2) 국외이주와 해외여행의 자유

① **국외이주의 자유**: '국외이주의 자유'는 대한민국의 통치권이 미치지 아니하는 곳으로 이주할 수 있는 자유이다. 해외이주법은 국외 이주를 신고사항으로 규정하고 있지만, 국외이주의 자유도 헌법 제37조 제2항에 따라 제한될 수 있으므로 거주·이전의 자유의 침해라고 할 수 없다.

② **해외여행의 자유**: '해외여행의 자유'는 대한민국의 통치권이 미치지 아니하는 곳으로 여행할 수 있는 자유로서 출국의 자유와 입국의 자유를 그 내용으로 한다. 해외여행의 자유도 거주·이전의 자유에 포함되는 것으로 보는 것이 다수적 견해이다. 19.국가직

  ㉠ **출국의 자유**: 병역의무자의 출국의 자유를 제한하는 것은 거주·이전의 자유의 침해라고 볼 수 없다.

  ㉡ **입국의 자유**: '입국'이란 대한민국의 영역 내로 들어오는 것을 말하지만, 대한민국의 영역에 속하면서도 대한민국의 통치권이 미치지 아니하는 북한지역에서 대한민국의 통치지역으로 들어오는 것도 포함된다.

③ **귀국의 자유**: 해외이주의 자유는 해외로부터 귀국하는 자유도 포함된다.

정답 **01** ×

> **판례 | 거주·이전의 자유의 인정 범위**
>
> 헌법 제14조 제1항은 "모든 국민은 거주·이전의 자유를 가진다."고 규정하고 있다. 거주·이전의 자유는 국내에서 체류지와 거주지를 자유롭게 정할 수 있는 자유영역뿐 아니라 국외에서 체류지와 거주지를 자유롭게 정할 수 있는 해외여행 및 해외이주의 자유를 포함한다(헌재 2013.6.27, 2011헌마475).

(3) 국적이탈(변경)의 자유

① 국적이탈(변경)의 자유는 대한민국의 국적을 가진 사람이 한국 국적을 포기하고 외국 국적을 취득할 수 있는 자유를 말한다. 헌법 제14조의 거주·이전의 자유에 국적이탈(변경)의 자유가 포함된다고 본다(통설·판례). 10. 법행, 12. 국회직, 12·16·19. 국가직

② 국적이탈의 자유는 누구나 자신의 일방적 의사에 의하여 언제든지 아무런 제약을 받지 아니하고 한국 국적을 포기할 수 있음을 의미한다. 다만, 한국 국적을 이탈하여 **무국적자가 되는 자유까지 보장된다고는 할 수 없다**(무국적자의 발생방지가 오늘날 국제사회에 있어 국적입법의 기본원칙임). 11. 법행, 19. 국가직

> **판례 | 거주·이전의 자유의 기능과 내용**
>
> 거주·이전의 자유는 국가의 간섭 없이 자유롭게 거주와 체류지를 정할 수 있는 자유로서 정치·경제·사회·문화 등 모든 생활영역에서 개성신장을 촉진함으로써 헌법상 보장되고 있는 다른 기본권들의 실효성을 증대시켜주는 기능을 한다. 구체적으로는 국내에서 체류지와 거주지를 자유롭게 정할 수 있는 자유영역뿐 아니라 나아가 국외에서 체류지와 거주지를 자유롭게 정할 수 있는 '해외여행 및 해외 이주의 자유'를 포함하고 덧붙여 **대한민국의 국적을 이탈할 수 있는 '국적변경의 자유' 등도 그 내용에 포섭된다고 보아야 한다**(헌재 2004.10.28, 2003헌가18).

5. 효력

거주·이전의 자유는 대국가적 효력을 가짐과 동시에 대사인적 효력을 가진다.

6. 제한과 그 한계

(1) 제한

거주·이전의 자유도 헌법 제37조 제2항에 따라 제한될 수 있다.

(2) 제한의 한계

거주·이전의 자유의 본질적 부분은 제한할 수 없으며, 거주·이전에 대한 허가제는 위헌이다.

기출 OX

02 거주·이전의 자유에는 국내에서의 거주·이전의 자유와 귀국의 자유가 포함되나 국외 이주의 자유와 해외여행의 자유는 포함되지 않는다. 19. 국가직 ( )

03 거주·이전의 자유에는 대한민국의 국적을 이탈할 수 있는 '국적변경의 자유'는 포함되지 않는다. 10. 법행 ( )

정답 02 × 03 ×

기출 OX

01 거주·이전의 자유란 국민이 자기가 원하는 곳에 주소나 거소를 설정하고 그것을 이전할 자유를 말하며, 그 자유에는 국내에서의 거주·이전의 자유 이외에 해외여행 및 해외이주의 자유가 포함된다. 10. 법행 ( )

02 여권발급신청인이 북한 고위직 출신의 탈북 인사로서 신변에 대한 위해 우려가 있다는 이유로 미국방문을 위한 여권발급을 거부한 것은 거주·이전의 자유를 과도하게 제한하는 것으로서 위법하다. 10. 법행 ( )

03 1980년 해직공무원의 보상금 산출기간을 산정함에 있어 해외이민을 제한사유로 정했다면 이는 사실상 국외이주자에게 불이익을 주어 국외이주를 제한하는 것으로서 거주·이전의 자유를 중대하게 침해한 것이다. 04. 법무사 ( )

🏛️ 판례 l

1 여권발급신청인이 북한고위직 출신의 탈북 인사로서 신변에 대한 위해 우려가 있다는 이유로 신청인의 미국방문을 위한 여권발급을 거부한 것이 거주·이전의 자유를 침해하는지 여부: 적극 10. 법행

[1] 거주·이전의 자유의 의미와 그 구체적 내용

거주·이전의 자유란 국민이 자기가 원하는 곳에 주소나 거소를 설정하고 그것을 이전할 자유를 말하며 그 자유에는 **국내에서의 거주·이전의 자유 이외에 해외여행 및 해외이주의 자유가 포함**되고, 해외여행 및 해외이주의 자유는 대한민국의 통치권이 미치지 않는 곳으로 여행하거나 이주할 수 있는 자유로서 구체적으로 우리나라를 떠날 수 있는 출국의 자유와 외국체류를 중단하고 다시 우리나라로 돌아올 수 있는 입국의 자유를 포함한다.

[2] 여권발급의 성격 및 해외여행의 자유의 제한 정도

여권의 발급은 헌법이 보장하는 거주·이전의 자유의 내용인 해외여행의 자유를 보장하기 위한 수단적 성격을 가지고 있으며, 해외여행의 자유는 행복을 추구하기 위한 권리이자 이동의 자유로운 보장의 확보를 통하여 의사를 표현할 수 있는 측면에서 인신의 자유 또는 표현의 자유와 밀접한 관련을 가진 기본권이므로 최대한 그 권리가 보장되어야 하고, 따라서 그 권리를 제한하는 것은 최소한에 그쳐야 한다.

[3] 여권발급신청인이 북한 고위직 출신의 탈북 인사로서 신변에 대한 위해 우려가 있다는 이유로 신청인의 미국방문을 위한 여권발급을 거부한 것이 거주·이전의 자유를 침해하는지 여부: 적극

여권발급신청인이 북한고위직 출신의 탈북 인사로서 신변에 대한 위해 우려가 있다는 이유로 신청인의 미국방문을 위한 여권발급을 거부한 것은 여권법 제8조 제1항 제5호에 정한 사유에 해당한다고 볼 수 없고 거주·이전의 자유를 과도하게 제한하는 것으로서 위법하다(대판 2008.1.24, 2007두10846).

2 1980년 해직공무원의 보상 등에 관한 특별조치법 제2조 제5항의 보상금 산출을 위한 기간산정에 있어 '이민'을 이유로 보상에 제한을 둔 것이 거주·이전의 자유를 침해하는지 여부: 소극 [기각] 04. 법무사

헌법상 거주·이전의 자유 속에 국외 거주의 자유가 포함된다고 하여도, 특별조치법 제2조 제5항은 그 자체 청구인이나 대한민국 국민 누구에게도 거주·이전의 자유를 제한하는 것이라거나 국외이주를 제한하는 규정이 아니므로, 동 조항에 따른 보상의 차별이 있더라도 헌법상 재외국민의 평등권과 거주·이전의 자유를 침해한 것이라 할 수 없다(헌재 1993.12.23, 89헌마189).

3 병역의무자에 대한 국외여행허가제가 위헌인지 여부: 소극 04. 법무사

병역법이 병역의무자에 대한 국외여행허가 및 귀국보증제도와 그 위반자 및 귀국보증인에 대한 처벌제도를 규정한 근본취지는 법률이 정하는 바에 의하여 국방의 의무를 진 모든 국민으로 하여금 헌법과 병역법이 정하는 바에 의하여 병역의무를 성실히 수행하도록 하기 위하여(헌법 제39조 및 병역법 제3조) 병역의무자의 국외여행에 대하여 일정한 기간의 제한을 두고, 그 제한된 기간 내에 귀국하지 아니하는 자와 그의 귀국을 보증한 자를 함께 처벌함으로써 병역의무자가 허가된 기간 내에 귀국할 것을 보장하려는 데 있다(대결 1990.6.22, 90마310).

정답 01 ○ 02 ○ 03 ✕

4 테러위험지역에는 봉사활동이 목적인 경우라도 여권사용을 제한한 것이 거주·이전의 자유 등을 침해하는지 여부: 소극 [기각] 18. 지방직

외교통상부가 해외 위난지역에서의 국민을 보호하고자 특정 해외 위난지역에서의 여권사용·방문 또는 체류를 금지한 이 사건 고시는 국민의 생명·신체 및 재산을 보호하기 위한 것으로 그 목적의 정당성과 수단의 적절성이 인정되며, 대상지역을 당시 전쟁이 계속 중이던 이라크와 소말리아 그리고 실제로 한국인에 대한 테러 가능성이 높았던 아프가니스탄 등 3곳으로 한정하고, 그 기간도 1년으로 하여 그다지 장기간으로 볼 수 없을 뿐 아니라, 부득이한 경우 예외적으로 외교통상부장관의 허가를 받아 여권의 사용 및 방문·체류가 가능하도록 함으로써 국민의 거주·이전의 자유에 대한 제한을 최소화하고 법익의 균형성도 갖추었다(헌재 2008.6.26, 2007헌마1366).

5 단체장 입후보요건으로 일정기간 관할구역 거주를 요건으로 하는 공직선거법 규정이 위헌인지 여부: 소극 [기각] 04. 법무사

선거일 현재 계속하여 90일(현 60일) 이상 당해 지방자치단체의 관할구역 안에 주민등록이 되어 있을 것을 입후보의 요건으로 하는 위 법률조항으로 인하여 청구인이 그 체류지와 거주지의 자유로운 결정과 선택에 사실상 제약을 받는다고 하더라도, 청구인의 공무담임권에 대한 위와 같은 제한이 있는 것은 별론으로 하고 거주·이전의 자유가 침해되었다고 할 수는 없다(헌재 1996.6.26, 96헌마200).

6 추징금 미납자에 대한 출국금지조치가 출국의 자유를 침해하는지 여부: 소극 [합헌] 16. 법행

일정 금액 이상의 추징금을 납부하지 아니한 자에게 법무부장관이 출국을 금지할 수 있도록 함으로써 헌법 제14조상의 거주·이전의 자유 중 출국의 자유를 제한하고 있다. 이 법조항은 추징금을 미납한 국민이 **출국을 이용하여 재산을 해외로 도피하는 방법으로 강제집행을 곤란하게 하는 것을** 방지함으로써 추징금에 관한 국가의 형벌권을 실현하고자 하는 것에 그 목적이 있고, 출국금지의 대상이 되는 추징금은 2천만원 이상으로 규정하여 비교적 고액의 추징금 미납자에 대하여서만 출국의 자유를 제한할 수 있도록 하고 있으며, … 합헌적 근거 법조항에 따라 시행되는 제도라 할 것이다(헌재 2004.10.28, 2003헌가18).

7 대도시 내의 법인부동산등기에 대하여 통상세율의 5배를 중과세하는 것이 법인의 거주·이전의 자유를 침해하는지 여부: 소극 [합헌] 12. 국가직

지방세법 제138조 제1항 제3호가 법인의 대도시 내의 부동산등기에 대하여 통상세율의 5배를 규정하고 있다 하더라도, 그 때문에 법인이 대도시 내에서 향유하여야 할 직업수행의 자유나 거주·이전의 자유의 자유가 형해화할 정도에 이르러 그 기본적인 내용이 침해되었다고 볼 수 없다(헌재 1998.2.27, 97헌바79).

8 생활의 근거지에 이르지 못하는 일시적인 이동을 위한 장소의 선택과 변경도 거주·이전의 자유의 보호영역에 포함되는지 여부: 소극 12. 경찰승진, 16. 국가직

거주·이전의 자유는 거주지나 체류지라고 볼 만한 정도로 생활과 밀접한 연관을 가지는 장소를 선택하고 변경하는 행위를 보호하는 기본권인바, 이 사건에서 서울광장이 청구인들의 생활형성의 중심지인 거주지나 체류지에 해당한다고 할 수 없고, 서울광장에 출입하고 통행하는 행위가 그 장소를 중심으로 생활을 형성해 나가는 행위에 속한다고 볼 수도 없으므로 청구인들의 거주·이전의 자유가 제한되었다고 할 수 없다(헌재 2011.6.30, 2009헌마406).

기출 OX

04 선거일 현재 계속하여 일정기간 이상 당해 지방자치단체의 관할구역에 주민등록이 되어 있을 것을 입후보 요건으로 하는 공직취임의 자격에 관한 제한규정은 해당 공직에 취임하려고 하는 자에게 특정 시점까지 특정 지역으로의 이주를 강제하는 것으로 거주·이전의 자유를 침해한다.
16. 경찰승진 ( )

05 법무부령이 정하는 금액 이상의 추징금을 납부하지 않은 자에 대한 출국금지를 규정한 구 출입국관리법 조항은 국가형벌권 실현을 확보하고자 하는 국가의 이익과 출국의 자유에 대한 제한으로 인한 개인의 불이익을 비교형량할 때 개인의 거주·이전의 자유를 침해한다. 16. 법행 ( )

정답 04 × 05 ×

9 거주지를 기준으로 중·고등학교 입학을 제한하는 것이 거주·이전의 자유를 침해하는지 여부: 소극 [기각] 04. 법행·법무사

학부모는 원하는 경우 언제든지 자유로이 거주지를 이전할 수 있으므로 그와 같은 생활상의 불이익만으로는 이 사건 규정이 거주·이전의 자유를 제한한다고는 할 수 없고, 설혹 이 사건 규정이 거주·이전의 자유를 다소 제한한다고 하더라도 앞서 본 바와 같이 그 입법목적 및 입법수단이 정당하므로 그 제한의 정도는 기본권의 본질적인 내용을 침해하였다거나 이를 과도하게 제한한 경우에 해당하지 않으므로 헌법 제14조 및 헌법 제37조 제2항에 위반되지 아니한다고 할 것이어서, 이 사건 규정이 청구인의 거주·이전의 자유를 침해하는 것이라고는 할 수 없다(헌재 1995. 2.23, 91헌마204).

10 한약업사의 허가 및 영업행위에 대하여 지역적 제한을 가하는 것이 거주·이전의 자유를 침해하는지 여부: 소극 [합헌]

한약업사의 경우에는 위에서 본 바와 같이 시험을 공고할 때 영업허가 예정지역과 그 허가 예정인원을 공고하고, 그 시험에 응시하고자 하는 자는 응시원서에 영업예정지 및 약도를 첨부하도록 하고 있으며, 미리 공고한 영업허가예정지별로 허가 예정 인원수를 합격시키고 있어 한약업사는 처음부터 지역적 제한과 인원제한이 있음을 전제로 시험을 치르고 영업허가도 받게 된다. 이러한 까닭에 한약업사는 그 업무 내용도 약사와 달리 한약을 비롯한 의약품일반이기는 하나 한약에 한하여서만 조제를 전제로 한 혼합판매권을 가지는 것으로 규정하고 있다. 위에서 본 현행 약사법체계상 한약업사의 지위는 약사가 없는 제한된 지역에서 약사업무의 일부를 수행하는 보충적인 직종에 속하는 것으로 보여지고, 이와는 달리 의약품 가운데에서 한약만을 독자적으로 분류하여 그 조제, 판매권을 한약업사에게 전속적·배타적으로 부여하고 있는 규정은 찾아볼 수 없다. 따라서 한약업사가 영업지 제한의 규제를 받는 것이 그의 거주·이전의 자유 또는 직업선택의 자유를 제한하는 것이거나 평등의 원칙에 위배된다고 할 수 없다(헌재 1991.9.16, 89헌마231).

11 법무부장관으로 하여금 거짓이나 그 밖의 부정한 방법으로 귀화허가를 받은 자에 대하여 그 허가를 취소할 수 있도록 규정하면서도 그 취소권의 행사기간을 따로 정하고 있지 아니한 국적법 제21조 중 귀화허가취소에 관한 부분이 거주·이전의 자유를 침해하는지 여부: 소극 [합헌] 16. 법행

부정한 방법으로 귀화허가를 받았음에도 귀화허가시로부터 상당기간이 경과하였다고 하여 귀화허가의 효력을 그대로 둔 채 행정형벌이나 행정질서벌 등으로 제재를 가하는 것은 부정한 방법에 의한 국적취득을 용인하는 결과가 되어 이 사건 법률조항의 입법목적을 효율적으로 달성하는 것이라고 볼 수 없고, 이 사건 법률조항의 위임을 받은 시행령은 귀화허가취소사유를 구체적이고 한정적으로 규정하고 있으며, 이 사건 법률조항에 의하더라도 부정한 귀화허가라고 하여 무조건 취소할 수 있는 것이 아니라, 법무부장관의 재량으로 정하도록 하여 법무부장관은 위법의 정도, 귀화허가 후 형성된 생활관계, 귀화허가취소시 받게 될 당사자의 불이익 등은 물론, 귀화허가시부터 취소시까지의 시간의 경과 정도 등을 고려하여 취소권을 행사할지 여부를 결정할 수 있다.

귀화허가가 취소되는 경우 국적을 상실하게 됨에 따른 불이익을 받을 수 있으나, 국적 관련 행정의 적법성 확보라는 공익이 훨씬 더 크므로 법익균형성의 원칙에도 위반되지 아니한다. 따라서 이 사건 법률조항은 과잉금지원칙에 위반하여 청구인의 거주·이전의 자유 등을 침해하지 아니한다(헌재 2015.9.24, 2015헌바26).

기출 OX

01 한약업사의 허가 및 영업행위에 대하여 지역적 제한을 가하는 것은 평등의 원칙과 거주·이전의 자유를 침해한다. 16. 국가직 ( )

02 기간의 제한 없이 귀화허가를 취소할 수 있도록 규정한 국적법 제21조는 과잉금지원칙에 위반하여 청구인의 거주·이전의 자유를 침해하지 아니한다. 16. 법행 ( )

정답 01 × 02 ○

12 형사재판에 계속 중인 사람에 대하여 출국을 금지할 수 있다고 규정한 출입국관리법 제4조 제1항 제1호가 출국의 자유를 침해하는지 여부: **소극 [합헌]** 17. 변호사

형사재판에 계속 중인 사람의 해외도피를 막아 국가 형벌권을 확보함으로써 실체적 진실발견과 사법정의를 실현하고자 하는 심판대상조항은 그 입법목적이 정당하고, 형사재판에 계속 중인 사람의 출국을 일정 기간 동안 금지할 수 있도록 하는 것은 이러한 입법목적을 달성하는 데 기여할 수 있으므로 수단의 적정성도 인정된다. 형 그 밖에 출국금지 해제제도, 사후통지제도, 이의신청, 행정소송 등 형사재판에 계속 중인 사람의 기본권제한을 최소화하기 위한 여러 방안이 마련되어 있으므로 침해의 최소성원칙에 위배되지 아니한다. 심판대상조항으로 인하여 형사재판에 계속 중인 사람이 입게 되는 불이익은 일정 기간 출국이 금지되는 것인 반면, 심판대상조항을 통하여 얻는 공익은 국가 형벌권을 확보함으로써 실체적 진실발견과 사법정의를 실현하고자 하는 것으로서 중대하므로 법익의 균형성도 충족된다. 따라서 심판대상조항은 과잉금지원칙을 위반하여 청구인의 출국의 자유를 침해하지 아니한다(헌재 2015.9.24, 2012헌바302).

13 병영 내 기거하는 현역병의 주민등록을 그가 속한 세대의 거주지에서 하도록 한 것이 거주·이전의 자유, 선거권 등을 침해하는지 여부: **소극**

[1] 현역병이 특정한 부대에서 생활하게 된 것은 배치명령에 따른 것이며, 현역병의 영내에서의 생활은 병역의무를 이행하기 위한 것인 점, 현역병은 입대하여 영내에 기거하게 된 순간부터 병역법에 따라 거주·이전의 자유가 제한된다는 점 등에서 현역병의 영내 '기거'는 일반인의 '거주'와는 근본적으로 차이가 있다. 또한 현역병이 기거하는 '병영'은 국가에 의하여 관리되는 독립적인 공간으로서 병영이 소재한 지방자치단체의 일반 행정이 미치지 않아, 영내에서 기거하는 현역병은 지방자치법이 예정하고 있는 주민의 실질을 가진다고 보기 어렵다.

[2] 누구든지 주민등록 여부와 무관하게 거주지를 자유롭게 이전할 수 있으므로 주민등록 여부가 거주·이전의 자유와 직접적인 관계가 있다고 보기 어려우며, 영내 기거하는 현역병은 병역법으로 인하여 거주·이전의 자유를 제한받게 되므로 이 사건 법률조항(주민등록법)은 영내 기거 현역병의 거주·이전의 자유를 제한하지 않는다.

[3] 영내 기거하는 현역병은 보다 밀접한 이해관계를 가지는 그가 속한 세대의 거주지 선거에서 선거권을 행사할 수 있고, 영내 기거하는 현역병을 병영이 소재하는 지역의 주민에 해당한다고 보기 어려운 이상, 이 사건 법률조항은 영내 기거 현역병의 선거권을 제한하지 않는다(헌재 2011.6.30, 2009헌마59).

14 제1국민역의 경우 특별한 사정이 없는 한 27세까지만 단기 국외여행을 허용하는 병역의무자 국외여행 업무처리규정이 거주·이전의 자유를 침해하는지 여부: **소극 [기각]**

병역법상 28세가 된 사람은 대부분 더 이상 입영의무를 연기할 사유가 없어 곧 징·소집의무를 이행하여야 할 경우에 해당하고, 국외여행을 하여야 할 부득이한 사유가 있는 사람은 병역의무 부과에 지장이 없는 한 특별한 연령제한 없이 국외여행을 허가받을 수 있는 규정이 마련되어 있으므로, 병역의무 회피방지와 병역자원의 원활한 수급 필요성에 비추어 볼 때 제1국민역의 단기 국외여행을 '1년 범위 내에서 27세까지'로 제한하고 있는 심판대상규정이 거주·이전의 자유를 침해하지 않는다(헌재 2013.6.27, 2011헌마475).

기출 OX

03 출입국관리법은 출국금지 후 즉시 서면으로 통지하도록 하고 있고 이의신청이나 행정소송을 통하여 출국금지결정에 대해 사후적으로 다툴 수 있는 기회를 제공하여 절차적 참여를 보장해 주고 있으므로, 형사재판에 계속 중인 사람에 대하여 출국을 금지할 수 있다고 규정한 출입국관리법은 적법절차원칙에 위배되지 않는다. 16. 지방직 ( )

04 누구든지 주민등록 여부와 무관하게 거주지를 자유롭게 이전할 수 있으므로 주민등록 여부가 자유와 직접적인 관계가 있다고 보기 어렵고 영내에 기거하는 현역병은 이미 병역법으로 인해 거주·이전의 자유를 제한받게 되므로, 영내에 기거하는 현역병은 그가 속한 세대의 거주지에서 등록하여야 한다는 주민등록법 규정은 그의 거주·이전의 자유를 제한하지 않는다. 17. 법행 ( )

정답 03 ○ 04 ○

15 외교부장관의 허가 없이 여행금지국가를 방문한 사람을 처벌하는 여권법 제26조 제3호가 거주·이전의 자유를 침해하는지 여부: 소극 [기각]

외교부장관으로부터 허가를 받은 경우에는 이 사건 처벌조항으로 형사처벌되지 않도록 가벌성이 제한되어 있고, 이를 위반한 경우에도 1년 이하의 징역 또는 1천만원 이하의 벌금으로 처벌수준이 비교적 경미하다. 따라서 이 사건 처벌조항으로 인하여 거주·이전의 자유가 제한되는 것을 최소화하고 있다. 국외 위난상황이 우리나라의 국민 개인이나 국가·사회에 미칠 수 있는 피해는 매우 중대한 반면, 이 사건 처벌조항으로 인한 불이익은 완화되어 있으므로, 이 사건 처벌조항이 법익의 균형성원칙에 반하지 않는다. 그러므로 이 사건 처벌조항은 과잉금지원칙에 반하여 청구인의 거주이전의 자유를 침해하지 않는다(헌재 2020.2.27, 2016헌마945).

16 단순히 일정 금액 이상의 조세를 미납하였고 그 미납에 정당한 사유가 없다고 하여 바로 출국금지 처분을 할 수 있는지 여부: 소극

조세 미납을 이유로 한 출국금지는 그 미납자가 출국을 이용하여 재산을 해외에 도피시키는 등으로 강제집행을 곤란하게 하는 것을 방지함에 주된 목적이 있는 것이지 조세 미납자의 신병을 확보하거나 출국의 자유를 제한하여 심리적 압박을 가함으로써 미납 세금을 자진납부하도록 하기 위한 것이 아니다. 따라서 재산을 해외로 도피할 우려가 있는지 여부 등을 확인하지 않은 채 단순히 일정 금액 이상의 조세를 미납하였고 그 미납에 정당한 사유가 없다는 사유만으로 바로 출국금지 처분을 하는 것은 헌법상의 기본권 보장 원리 및 과잉금지의 원칙에 비추어 허용되지 않는다(대판 2013.12.26, 2012두18363).

04 통신의 자유

> 헌법 제18조 모든 국민은 통신의 비밀을 침해받지 아니한다.

1. 의의

(1) 개념

'통신의 자유(통신의 비밀의 불가침)'란 개인이 그 의사나 정보를 우편물이나 전기통신 등의 수단에 의하여 전달 또는 교환하는 경우에는 그 내용 등이 본인의 의사에 반하여 공개되지 아니할 자유를 말한다.

(2) 연혁과 입법례

① 1831년 벨기에 헌법과 1919년 바이마르 헌법에서 통신의 자유를 규정하였다.
② 일본 헌법은 통신의 자유를 표현의 자유 속에 규정하였다.
③ 우리나라는 1948년 건국헌법 당시부터 통신의 자유를 독립된 권리로 규정하였다.

2. 법적 성격

통신의 자유의 법적 성격에 관하여 ① 통신자유설, ② 통신비밀불가침설, ③ 표현행위자유설 등이 대립하고 있다. 헌법 제18조는 통신의 비밀의 불가침을 직접 규정하고 있다는 점에서 통신비밀불가침설이 타당하다고 본다(권영성).

기출 OX

01 우리 헌법은 통신의 자유를 보장하고 있다. 07. 법원직 ( )

정답 01 ○

3. 주체

자국민뿐만 아니라 외국인도 통신의 자유를 향유할 수 있다. 또한 통신의 자유는 자연인뿐만 아니라 법인과 법인격 없는 단체에도 보장된다. 05.법무사 교정시설에 수용 중인 수형자도 원칙적으로 통신의 자유의 주체가 될 수 있다. 05.법행 다만, 수용자의 서신검열이 허용되며 교도관의 참여하에 서신을 수발하게 하는 등 일반인에 비하여 많은 제한을 받으나, 이는 필요한 제한이며 통신의 자유의 본질적 내용을 침해하는 것은 아니라고 본다(헌재 2003.12.18, 2001헌마826).

4. 내용

(1) 통신의 개념

'통신'이란 협의로는 격지자간의 의사의 전달을 말하고, 광의로는 신서, 전화, 전신, 텔렉스, 팩스, 전자우편 그 밖의 우편물 등 체신기관과 컴퓨터기기에 의하여 다루어지는 격지자간의 의사의 전달과 물품의 수수를 말한다. 05.법무사 헌법 제18조의 통신의 개념은 광의의 의미로 본다. 통신 매체를 이용하지 않은 단순한 대화는 통신비밀보호법상의 통신에 포함되지 않는다.

(2) 통신의 자유

통신의 자유란 통신수단을 자유로이 이용하여 의사소통할 권리이고, 이러한 '통신수단의 자유로운 이용'에는 자신의 인적사항을 누구에게도 밝히지 않는 상태로 통신수단을 이용할 자유, 즉 통신수단의 익명성 보장도 포함된다(헌재 2019.9.26, 2017헌마1209).

(3) 통신의 비밀

통신의 비밀이란 서신·우편·전신의 통신수단을 통하여 개인 간에 의사나 정보의 전달과 교환(의사소통)이 이루어지는 경우, 통신의 내용과 통신이용의 상황이 개인의 의사에 반하여 공개되지 아니할 자유를 의미한다(헌재 2019.9.26, 2017헌마1209).

> **판례** | 전기통신역무제공에 관한 계약을 체결하는 경우 전기통신사업자로 하여금 가입자에게 본인임을 확인할 수 있는 증서 등을 제시하도록 요구하고 부정가입방지시스템 등을 이용하여 본인인지 여부를 확인하도록 한 전기통신사업법에 의하여 제한되는 기본권
>
> 헌법 제18조로 보장되는 기본권인 통신의 자유란 통신수단을 자유로이 이용하여 의사소통할 권리이다. '통신수단의 자유로운 이용'에는 자신의 인적 사항을 누구에게도 밝히지 않는 상태로 통신수단을 이용할 자유, 즉 통신수단의 익명성 보장도 포함된다. 심판대상조항은 휴대전화를 통한 문자·전화·모바일 인터넷 등 통신기능을 사용하고자 하는 자에게 반드시 사전에 본인확인 절차를 거치는 데 동의해야만 이를 사용할 수 있도록 하므로, 익명으로 통신하고자 하는 청구인들의 **통신의 자유를 제한한다.** 반면, 심판대상조항이 **통신의 비밀을 제한하는 것은 아니다.** 가입자의 인적사항이라는 정보는 통신의 내용·상황과 관계없는 '비내용적 정보'이며 휴대전화 통신계약 체결 단계에서는 아직 통신수단을 통하여 어떠한 의사소통이 이루어지는 것이 아니므로 통신의 비밀에 대한

기출 OX

02 징역형 등이 확정되어 교정시설에서 수용 중인 수형자는 통신의 자유의 주체가 될 수 없다. 05.법행 ( )

03 통신비밀보호법상 통신이란 우편물, 전기통신 및 대화를 말한다. 14.국회직 ( )

04 전기통신역무제공에 관한 계약을 체결하는 경우 전기통신사업자로 하여금 가입자에게 본인임을 확인할 수 있는 증서 등을 제시하도록 요구하고 부정가입방지시스템 등을 이용하여 본인인지 여부를 확인하도록 한 전기통신사업법 조항 및 전기통신사업법 시행령 조항은 이동통신서비스에 가입하려는 청구인들의 통신의 비밀을 제한한다. 22.경찰1차 ( )

정답 02 × 03 × 04 ×

> 제한이 이루어진다고 보기는 어렵기 때문이다. 심판대상조항에 의하여 휴대전화 통신계약 체결을 원하는 자가 이동통신사에 제공하는 데 동의해야 하는 정보는 성명, 생년월일, 주소(여기까지는 온라인·대면 가입 공통), 대면 가입의 경우에는 주민등록번호와 신분증 발급일자, 온라인 가입의 경우에는 공인인증정보나 신용카드정보로서, 개인의 동일성을 식별할 수 있게 하는 정보에 해당한다. 가입자가 이러한 정보 제공에 동의하지 않으면 이동통신사는 휴대전화 통신계약 체결을 거부할 수 있다. 따라서 심판대상조항은 가입자의 개인정보에 대한 제공·이용 여부를 스스로 결정할 권리를 제한하고 있으므로, 개인정보자기결정권을 제한한다(헌재 2019.9.26, 2017헌마1209).

5. 효력

(1) 대국가적 효력
통신의 자유가 가지는 본래적 의의는 국민의 통신의 자유를 침해할 우려가 있는 국가기관(수사기관이나 정보기관 등)으로부터 통신의 비밀의 자유를 보장하려는 데 있다.

(2) 대사인적 효력
통신의 자유는 공권력에 대한 자유인 동시에 제3자에 대한 자유를 의미하는바, 사인이 통신의 자유를 침해하는 경우에도 통신비밀보호법 제4조(불법검열에 의한 우편물의 내용과 불법감청에 의한 전기통신내용의 증거사용금지)는 적용된다(다수설). 사인이 불법하게 타인의 통신의 비밀을 침해하는 경우에는 형법상의 비밀침해죄(형법 제316조)로 처벌받거나 민법상 불법행위책임(민법 제750조)을 진다.

6. 한계와 제한

(1) 한계
① **통신사실확인자료의 제공**: 통신비밀보호법규정에 따라 범죄수사를 위하여 필요하거나 재판상 필요한 경우 또는 국가안전보장에 대한 위해를 방지하기 위하여 전기통신사업자에게 통신사실확인자료의 제공을 요청할 수 있다. 19. 국가직
② **발신자 전화번호 통보제도**: 발신자 전화번호 통보제도는 폭력전화와 같은 범죄행위를 방지하고 선의의 피해자에 대하여 사생활의 평온이라는 인권을 보장해 줄 필요가 있다는 견지에서 가능하다고 본다(다수설). 전기통신사업법도 이를 인정하고 있다.
③ **업무 도중 범죄내용을 청취한 경우**: 전화교환수가 업무취급 도중에 범죄에 관한 통화를 청취한 경우에는 현행범이론에 의하여 경찰에 통보하는 것이 허용된다.

(2) 제한
① **헌법 제37조 제2항에 의한 제한**: 통신의 자유도 헌법 제37조 제2항에 따라 법률로써 제한이 가능하다. 통신의 자유를 제한하는 법률로는 통신비밀보호법을 비롯해서 형사소송법, 형의 집행 및 수용자의 처우에 관한 법률, 채무자 회생 및 파산에 관한 법률, 국가보안법 등이 있다.

② 감청과 도청
  ㉠ 의의: '감청'이란 전기통신에 대하여 당사자의 동의 없이 전자장치, 기계장치 등을 사용하여 통신의 음향·문언·부호·영상을 청취·공독하여 그 내용을 지득 또는 채록하거나 전기통신의 송·수신을 방해하는 것(합법적 청취)을 말하고, '도청'이란 불법적으로 다른 사람의 전기통신의 내용을 지득하거나 해독하는 것(불법적 청취)을 말한다.
  ㉡ 원칙적 금지

> **통신비밀보호법**
>
> **제3조 【통신 및 대화비밀의 보호】** ① 누구든지 이 법과 형사소송법 또는 군사법원법의 규정에 의하지 아니하고는 우편물의 검열·전기통신의 감청 또는 통신사실확인자료의 제공을 하거나 공개되지 아니한 **타인간의 대화**를 녹음 또는 청취하지 못한다.
>
> **제4조 【불법검열에 의한 우편물의 내용과 불법감청에 의한 전기통신내용의 증거사용금지】** 제3조의 규정에 위반하여, 불법검열에 의하여 취득한 우편물이나 그 내용 및 불법감청에 의하여 지득 또는 채록된 전기통신의 내용은 재판 또는 징계절차에서 증거로 사용할 수 없다. 05. 행시·법행, 16. 국가직
>
> **제14조 【타인의 대화비밀침해금지】** ① 누구든지 공개되지 아니한 타인간의 대화를 녹음하거나 전자장치 또는 기계적 수단을 이용하여 청취할 수 없다.

  ㉢ 감청의 허용요건: 원칙적으로 당사자의 동의 없이 전기통신의 내용을 지득하거나 해독하는 것은 통신의 불가침성을 침해하여 위헌이다. 그러나 일정한 범죄관련성이 있는 경우, 검사가 법원에 청구하여 법원의 허가서를 받은 경우 등 통신비밀보호법상 감청의 허용요건을 구비한 경우에는 가능하다.

> **통신비밀보호법**
>
> **제5조 【범죄수사를 위한 통신제한조치의 허가요건】** ① 통신제한조치는 다음 각 호의 범죄를 계획 또는 실행하고 있거나 실행하였다고 의심할 만한 충분한 이유가 있고 다른 방법으로는 그 범죄의 실행을 저지하거나 범인의 체포 또는 증거의 수집이 어려운 경우에 한하여 허가할 수 있다.
>   1. 형법 제2편 중 제1장 내란의 죄, 제2장 외환의 죄 중 제92조 내지 제101조의 죄 등(이하 생략)
>   2. 군형법 제2편 중 제1장 반란의 죄, 제2장 이적의 죄 등(이하 생략)
>   3. 국가보안법에 규정된 범죄(이하 생략)
>
> **제6조 【범죄수사를 위한 통신제한조치의 허가절차】** ① **검사**(군검사를 포함한다. 이하 같다)는 제5조 제1항의 요건이 구비된 경우에는 **법원**(군사법원을 포함한다. 이하 같다)에 대하여 각 피의자별 또는 각 피내사자별로 통신제한조치를 허가하여 줄 것을 청구할 수 있다. 07. 국회직
> ⑦ 통신제한조치의 기간은 **2개월**을 초과하지 못하고, 그 기간 중 통신제한조치의 목적이 달성되었을 경우에는 즉시 종료하여야 한다. 다만, 제5조 제1항의 허가요건이 존속하는 경우에는 소명자료를 첨부하여 제1항 또는 제2항에 따라 **2개월**의 범위에서 통신제한조치기간의 연장을 청구할 수 있다.

기출 OX

01 통신비밀보호법상 '전기통신의 감청'은 현재 이루어지고 있는 전기통신의 내용을 지득·채록하는 경우와 통신의 송·수신을 직접적으로 방해하는 경우를 의미하는 것이지, 전자우편이 송신되어 수신인이 이를 확인하는 등으로 이미 수신이 완료된 전기통신에 관하여 남아 있는 기록이나 내용을 열어보는 등의 행위는 포함하지 않는다. 14. 법행 ( )

02 누구든지 공개되지 아니한 타인간의 대화를 녹음하거나 전자장치 또는 기계적 수단을 이용하여 청취할 수 없다. 20. 경찰경채 ( )

정답 01 ○ 02 ○

⑧ 검사 또는 사법경찰관이 제7항 단서에 따라 통신제한조치의 연장을 청구하는 경우에 통신제한조치의 **총 연장기간은 1년을 초과할 수 없다.** 다만, 다음 각 호의 어느 하나에 해당하는 범죄의 경우에는 통신제한조치의 총 연장기간이 3년을 초과할 수 없다.
1. 형법 제2편 중 제1장 내란의 죄 등(이하 생략)

제7조【국가안보를 위한 통신제한조치】 ① 대통령령이 정하는 **정보수사기관의 장**(이하 "정보수사기관의 장"이라 한다)은 국가안전보장에 상당한 위험이 예상되는 경우 또는 「국민보호와 공공안전을 위한 테러방지법」 제2조 제6호의 **대테러활동에 필요한 경우**에 한하여 그 위해를 방지하기 위하여 이에 관한 정보수집이 특히 필요한 때에는 다음 각호의 구분에 따라 통신제한조치를 할 수 있다.
1. 통신의 일방 또는 쌍방 당사자가 **내국인**인 때에는 **고등법원 수석판사**의 허가를 받아야 한다. 05. 행시, 07. 국회직 다만, 군용전기통신법 제2조의 규정에 의한 군용전기통신(작전수행을 위한 전기통신에 한한다)에 대하여는 그러하지 아니하다.
2. 대한민국에 적대하는 국가, 반국가활동의 혐의가 있는 외국의 기관·단체와 **외국인**, 대한민국의 통치권이 사실상 미치지 아니하는 한반도 내의 집단이나 외국에 소재하는 그 산하단체의 구성원의 통신인 때 및 제1항 제1호 단서의 경우에는 서면으로 **대통령**의 승인을 얻어야 한다.

② 제1항의 규정에 의한 통신제한조치의 기간은 **4월**을 초과하지 못하고, 그 기간 중 통신제한조치의 목적이 달성되었을 경우에는 즉시 종료하여야 하되, 제1항의 요건이 존속하는 경우에는 소명자료를 첨부하여 고등법원 수석판사의 허가 또는 대통령의 승인을 얻어 **4월**의 범위 이내에서 통신제한조치의 기간을 연장할 수 있다. 다만, 제1항 제1호 단서의 규정에 의한 통신제한조치는 전시·사변 또는 이에 준하는 국가비상사태에 있어서 적과 교전상태에 있는 때에는 작전이 종료될 때까지 대통령의 승인을 얻지 아니하고 기간을 연장할 수 있다.

제8조【긴급통신제한조치】 ① 검사, 사법경찰관 또는 정보수사기관의 장은 국가안보를 위협하는 음모행위, 직접적인 사망이나 심각한 상해의 위험을 야기할 수 있는 범죄 또는 조직범죄 등 중대한 범죄의 계획이나 실행 등 긴박한 상황에 있고 제5조 제1항 또는 제7조 제1항 제1호의 규정에 의한 요건을 구비한 자에 대하여 제6조 또는 제7조 제1항 및 제3항의 규정에 의한 절차를 거칠 수 없는 긴급한 사유가 있는 때에는 법원의 허가 없이 통신제한조치를 할 수 있다.
② 검사, 사법경찰관 또는 정보수사기관의 장은 제1항에 따른 통신제한조치(이하 "긴급통신제한조치"라 한다)의 **집행에 착수한 후 지체 없이** 제6조(제7조 제3항에서 준용하는 경우를 포함한다)에 따라 **법원에 허가 청구를 하여야 한다.**
⑤ 검사, 사법경찰관 또는 정보수사기관의 장은 긴급통신제한조치의 집행에 착수한 때부터 **36시간 이내에 법원의 허가를 받지 못한 경우에는 해당 조치를 즉시 중지하고 해당 조치로 취득한 자료를 폐기하여야 한다.**

기출 OX

01 정보수사기관의 장은 국가안전보장에 대한 상당한 위험이 예상되는 경우에 한하여 그 위해를 방지하기 위하여 정보수집이 특히 필요한 때에는 고등법원장의 허가 또는 대통령의 승인을 얻어 통신제한조치를 할 수 있다. 14. 법행 ( )

해설
고등법원 수석판사의 허가를 받아야 한다.

02 검사, 사법경찰관 또는 정보수사기관의 장은 일정한 중대한 범죄수사를 위한 경우로서 긴급한 사유가 있는 때에는 법원의 허가 없이 긴급통신제한조치를 할 수 있으나, 이 경우 36시간 이내에 법원에 허가청구를 하여야 한다. 07. 국회직 ( )

03 검사, 사법경찰관 또는 정보수사기관의 장은 국가안보를 위협하는 음모행위, 직접적인 사망이나 심각한 상해의 위험을 야기할 수 있는 범죄 또는 조직범죄 등 중대한 범죄의 계획이나 실행 등 긴박한 상황에 있고 미리 법원의 허가 절차를 거칠 수 없는 긴급한 사유가 있는 때에는 법원의 허가 없이 통신제한조치를 할 수 있으나, 이 경우 긴급통신제한조치의 집행착수 후 36시간 이내에 법원에 허가청구를 하여야 한다. 18. 법행 ( )

해설
36시간 내에 허가받지 못하면 즉시 중지하여야 한다.

정답 01 × 02 × 03 ×

⑥ 검사, 사법경찰관 또는 정보수사기관의 장은 제5항에 따라 긴급통신제한조치로 취득한 자료를 폐기한 경우 폐기이유·폐기범위·폐기일시 등을 기재한 자료폐기결과보고서를 작성하여 폐기일부터 7일 이내에 제2항에 따라 허가청구를 한 법원에 송부하고, 그 부본을 피의자의 수사기록 또는 피내사자의 내사사건기록에 첨부하여야 한다.

⑧ 정보수사기관의 장은 국가안보를 위협하는 음모행위, 직접적인 사망이나 심각한 상해의 위험을 야기할 수 있는 범죄 또는 조직범죄등 중대한 범죄의 계획이나 실행 등 긴박한 상황에 있고 제7조 제1항 제2호에 해당하는 자에 대하여 대통령의 승인을 얻을 시간적 여유가 없거나 통신제한조치를 긴급히 실시하지 아니하면 국가안전보장에 대한 위해를 초래할 수 있다고 판단되는 때에는 소속 장관(국가정보원장을 포함한다)의 승인을 얻어 통신제한조치를 할 수 있다.

⑨ 정보수사기관의 장은 제8항에 따른 통신제한조치의 **집행에 착수한 후 지체 없이 제7조에 따라 대통령의 승인을 얻어야 한다.**

⑩ 정보수사기관의 장은 제8항에 따른 통신제한조치의 집행에 착수한 때부터 **36시간 이내에 대통령의 승인을 얻지 못한 경우에는 해당 조치를 즉시 중지하고 해당 조치로 취득한 자료를 폐기하여야 한다.**

③ **영장주의의 적용 여부**: 통신의 자유의 제한을 위하여 우편물의 검열·압수 또는 전기통신의 감청을 하는 경우에 영장주의가 적용되는지가 문제된다. 헌법에 명문규정은 없으나, 형사소추를 위하여 통신의 비밀을 침해하는 경우에는 압수·수색에 관한 영장주의가 적용되어야 한다고 본다.

판례 |

1 미결수용자와 변호인 사이의 서신검열행위가 헌법에 위반되는지 여부: 적극 [인용(위헌확인)] 05. 행시, 07. 법원직

미결수용자가 변호사에게 발송의뢰한 서신, 변호사가 미결수에게 보낸 서신에 대하여 교도관이 검열한 행위는 통신비밀의 자유 및 변호인의 조력을 받을 권리를 침해하는 것이어서 헌법에 위배된다(헌재 1995.7.21, 92헌마144).

2 기결수와 변호인 사이의 서신검열행위가 헌법에 위반되는지 여부: 소극 [기각]

수형자가 수발하는 서신에 대한 검열로 인하여 수형자의 통신의 비밀이 일부 제한되는 것은 국가안전보장·질서유지 또는 공공복리라는 정당한 목적을 위하여 부득이할 뿐만 아니라 유효적절한 방법에 의한 최소한의 제한이며 통신의 자유의 본질적 내용을 침해하는 것이 아니다(헌재 1998.8.27, 96헌마398).

3 감청설비제조·수입 등의 경우 정보통신부장관의 인가를 받도록 하되, 국가기관에 대해서는 예외를 인정하는 통신비밀보호법 제10조 제1항이 통신의 자유를 침해하는지 여부: 소극 [합헌] 05. 행시, 16. 국가직

이 사건 법률조항에서 사인이 감청설비를 제조·수입·판매 등을 하기 위해서는 정보통신부장관의 인가를 받도록 규정한 것은 사인에 의한 통신비밀침해행위를 사전에 예방하기 위한 것이다. 그리고 국가기관의 감청설비보유·사용에 대한 관리와 통제를 위한 법적·제도적 장치가 마련되어 있으므로, … 통신의 자유를 침해한다고 볼 수는 없다(헌재 2001.3.21, 2000헌바25).

기출 OX

04 국가기관이 정보통신부장관의 인가 없이 감청설비의 제조·수입 등의 방법으로 감청설비를 보유·사용할 수 있도록 하는 것은 통신의 자유를 침해한 것이다. 17. 경찰승진 ( )

05 국가기관의 감청설비 보유·사용에 대한 관리와 통제를 위한 법적·제도적 장치가 마련되어 있다면 국가기관이 인가 없이 감청설비를 보유·사용할 수 있다는 사실만 가지고 바로 국가기관에 의해 통신의 자유가 침해된다고 볼 수 없다. 20. 경찰경채 ( )

정답 04 × 05 ○

4 통신제한조치 기간의 연장을 허가함에 있어 총 기간 또는 연장 횟수의 제한을 두고 있지 않은 통신비밀보호법 제6조 제7항 단서 중 '전기통신에 관한 부분'이 청구인들의 통신의 비밀을 침해하여 위헌인지 여부: 적극 [헌법불합치] 12. 사시

[1] 실제 통신제한조치의 기간연장절차의 남용을 통제하는 데 한계가 있는 이상 통신제한조치 기간연장에 사법적 통제절차가 있다는 사정만으로는 그 남용으로 인하여 개인의 통신의 비밀이 과도하게 제한되는 것을 막을 수 없기 때문에 통신제한조치 기간을 연장함에 있어 법운용자의 남용을 막을 수 있는 최소한의 한계를 설정할 필요가 있다. 그럼에도 통신제한조치의 총 연장 기간이나 총 연장 횟수를 제한하지 않고 계속해서 통신제한조치가 연장될 수 있도록 한 통신비밀보호법 제6조 제7항(이하 '이 사건 법률조항'이라 한다)은 최소침해성원칙을 위반한 것이다.

[2] 통신제한조치가 내려진 피의자나 피내사자는 자신이 감청을 당하고 있다는 사실을 모르는 기본권제한의 특성상 방어권을 행사하기 어려운 상태에 있으므로 통신제한조치 기간의 연장을 허가함에 있어 횟수나 기간제한을 두지 않는다면 수사와 전혀 관계없는 개인의 내밀한 사생활의 비밀이 침해당할 우려가 심히 크다. 반면 통신제한조치 기간의 연장을 통하여 추구하고자 하는 수사목적은 일정한 연장 기간이 종료될 때까지 통신제한조치를 통해 범죄혐의를 입증하지 못한 경우 오히려 그러한 범죄혐의가 불필요했던 것은 아닌가라는 평가를 받을 수 있다. 결국 이 사건 법률조항은 추구하고자 하는 범죄수사목적에 비하여 개인의 통신비밀의 보호법익이 과도하게 제한되므로 법익균형성을 갖추었다고 볼 수 없다(헌재 2010.12.28, 2009헌가30).

5 수용자가 국가기관(국무총리실, 감사원 등)에 서신을 발송할 경우 교도소장의 허가를 받도록 하는 것이 통신비밀의 자유를 침해하는지 여부: 소극 [기각]

교도소수용자로 하여금 제한 없이 서신을 발송할 수 있게 한다면 서신교환의 방법으로 마약이나 범죄에 이용될 물건을 반입할 수 있고, 외부 범죄세력과 연결하여 탈주를 기도하거나 수용자끼리 연락하여 범죄행위를 준비하는 등 수용질서를 어지럽힐 우려가 많으므로 이를 방지하고 교도소 내의 질서를 유지하여 구금의 목적을 달성하기 위해서는 서신에 대한 검열이 불가피하며, 만약 국가기관과 사인에 대한 서신을 따로 분리하여 국가기관에 대한 서신의 경우에는 검열을 하지 않는다면 사인에게 보낼 서신을 국가기관의 명의를 빌려 검열 없이 보낼 수 있는 탈법수단으로 이용될 수 있게 되므로, 수용자의 서신에 대한 검열은 국가안전보장·질서유지 또는 공공복리라는 정당한 목적을 위하여 부득이할 뿐만 아니라 유효적절한 방법에 의한 최소한의 제한이며, 통신비밀의 자유의 본질적 내용을 침해하는 것이 아니다(헌재 2001.11.29, 99헌마713).

6 육군 신병교육 지침서 중 '신병훈련소에서 교육훈련을 받는 동안 전화사용 통제' 부분이 통신의 자유를 침해하는지 여부: 소극 [기각] 12. 사시, 15. 국가직

이 사건 지침은 신병교육훈련을 받고 있는 군인의 통신의 자유를 제한하고 있으나, 신병들을 군인으로 육성하고 교육훈련과 병영생활에 조속히 적응시키기 위하여 신병교육 기간에 한하여 신병의 외부 전화통화를 통제한 것이다. 또한 긴급한 전화통화의 경우는 지휘관의 통제하에 허용될 수 있다는 점, 신병들이 부모 및 가족에 대한 편지를 작성하여 우편으로 송부하도록 하고 있는 점 등을 종합하여 고려하여 보면 기본권을 필요한 정도를 넘어 과도하게 제한하는 것이라고 보기 어렵다(헌재 2010.10.28, 2007헌마890).

기출 OX

01 육군 신병훈련소에서 교육훈련을 받는 동안 전화사용을 통제하는 내용의 육군 신병교육 지침서 부분은 신병교육훈련생들의 통신의 자유를 침해하지 않는다. 20. 법원직 ( )

정답 01 ○

7 "수용자는 보내려는 서신을 봉함하지 않은 상태로 교정시설에 제출하여야 한다."라고 규정한 형의 집행 및 수용자의 처우에 관한 법률 시행령 제65조(이하 '이 사건 시행령조항'이라 한다)가 통신의 자유를 침해하는지 여부: **적극 [위헌]** 13. 서울시, 16. 사시

이 사건 시행령조항은 교정시설의 안전과 질서유지, 수용자의 교화 및 사회복귀를 원활하게 하기 위하여 수용자가 밖으로 내보내는 서신에 대하여 봉함하지 않은 상태로 제출하도록 한 것이나, 이와 같은 목적은 교도관이 수용자의 면전에서 서신에 금지물품이 들어 있는지를 확인하고 수용자로 하여금 서신을 봉함하게 하는 방법, 봉함된 상태로 제출된 서신을 X-ray 검색기 등으로 확인한 후 의심이 있는 경우에만 개봉하여 확인하는 방법 그리고 서신에 대한 검열이 허용되는 경우에만 무봉함상태로 제출하도록 하는 방법 등으로도 얼마든지 달성될 수 있다고 할 것인바, 이 사건 시행령조항이 수용자가 보내려는 모든 서신에 대하여 무봉함상태의 제출을 강제함으로써 수용자의 발송서신 모두를 사실상 검열가능한 상태에 놓이도록 하는 것은 기본권제한규범이 지켜야 할 침해의 최소성요건을 위반하는 것이다. 뿐만 아니라 이 사건 시행령조항으로 인하여 수용자가 밖으로 보내려는 서신을 봉함상태로 제출하도록 하는 경우 그 내용물을 확인하는 데 소요되는 인력과 재정을 감안하더라도 수용자가 보내려는 서신을 봉함하지 않은 상태로 제출하도록 함으로 인하여 수용자가 입게 되는 통신비밀의 자유에 대한 침해는 매우 중대하다 할 것이므로 이 사건 시행령조항은 법익의 균형성요건도 충족하지 못하고 있다. 따라서 이 사건 시행령조항은 과잉금지원칙에 위배되어 수용자의 통신비밀의 자유를 침해한다(헌재 2012.2.23, 2009헌마333).

8 금치기간 중 서신수수를 금지하도록 한 '형의 집행 및 수용자의 처우에 관한 법률'(이하 '형집행법'이라 한다) 제112조 제3항 본문이 통신의 자유를 침해하는지 여부: **소극 [기각]** 16. 국가직

헌법재판소는 2004.12.16. 금치기간 중 서신수발을 금지하고 있던 구 행형법 시행령조항이 수형자의 통신의 자유를 침해하지 않는다고 판단하였다(2002헌마478). 그런데 금치기간 중 서신수수를 금지하는 것은 가사 그 대상자가 미결수용자라 하더라도 위 선례가 밝힌 수용자의 안전한 구금을 확보하고 수용시설의 안전과 질서를 유지하기 위한 입법목적의 정당성과 수단의 적절성을 그대로 인정할 수 있다. 또한 미결수용자도 이미 신체의 자유 등 기본권이 제한되고 있어 징벌을 통하여 법질서 준수를 촉구하기 위해서는 인정되는 권리를 더 제한하는 것이 불가피한 점, 서신수수제한의 경우 외부와의 접촉을 금지시키고 구속감과 외로움 속에 반성에 전념토록 하는 징벌의 목적에 상응하는 점, 형집행법 제112조 제3항 단서에서 서신수수를 허가할 수 있도록 예외를 규정하고 있는 점 등을 감안하면 위 선례의 판단을 미결수용자에 대해 특별히 달리할 이유가 없다 할 것이므로, 이 사건 서신수수제한조항은 침해의 최소성 및 법익의 균형성원칙에 위반되지 아니한다. 그렇다면 이 사건 서신수수제한조항은 과잉금지원칙에 반하여 청구인의 통신의 자유를 침해하지 아니한다(헌재 2014.8.28, 2012헌마623).

9 수용자가 작성한 집필문의 외부반출을 규정한 '형의 집행 및 수용자의 처우에 관한 법률'(이하 '형집행법'이라 한다) 제49조 제3항의 '문서'에 관한 부분 등이 수용자의 통신의 자유를 침해하는지 여부: **소극**

청구인은 심판대상조항에 의해 표현의 자유 또는 예술창작의 자유가 제한된다고 주장하나, 심판대상조항은 집필문을 창작하거나 표현하는 것을 금지하거나 이에 대한 허가를 요구하는 조항이 아니라 이미 표현된 집필문을 외부의 특정한 상대방에게 발송할 수 있는지 여부에 대해 규율하는 것이므로, **제한되는 기본권은 헌법 제18조에**

기출 OX

02 수용자가 밖으로 내보내는 모든 서신을 봉함하지 않은 상태로 교정시설에 제출하도록 한 규정은, 수용자에 대한 자유형의 본질상 외부와의 자유로운 통신에 대한 제한은 불가피하고 수용자의 발송서신에 대하여 우리 법이 취하고 있는 '상대적 검열주의'를 이행하기 위한 효과적 교도행정의 방식일 뿐이어서 수용자의 통신비밀의 자유를 침해한다고 볼 수 없다. 13. 서울시, 14. 법행, 17. 지방직 ( )

03 수용자가 작성한 집필문의 외부반출을 불허하고 이를 영치할 수 있도록 한 것은 수용자의 통신의 자유와 표현의 자유를 제한한다. 17. 경찰승진 ( )

04 수용자가 작성한 집필문의 외부반출을 불허하고 이를 영치할 수 있도록 규정한 형의 집행 및 수용자의 처우에 관한 법률 조항은 수용자의 통신의 자유를 침해하지 않는다. 19. 경찰승진 ( )

정답 02 ✕ 03 ✕ 04 ○

서 정하고 있는 통신의 자유로 봄이 상당하다. 따라서 심판대상조항이 사전검열에 해당한다는 청구인의 주장에 대해서는 판단하지 아니하고, 통신의 자유 침해 여부에 대해서만 판단하기로 한다.

형집행법상 수용자들의 집필활동은 특별한 사정이 없는 한 자유롭게 허용되고, 작성된 집필문의 외부반출도 원칙적으로 허용되며, 예외적으로 금지되는 사유도 구체적이고 한정되어 있으므로 그 제한의 정도도 최소한에 그치고 있다. 또한 집필문의 외부반출이 불허되고 영치처분이 내려진 경우에도 수용자는 행정소송 등을 통하여 이러한 처분의 취소를 구할 수 있는 등의 불복수단도 마련되어 있으므로, 심판대상조항은 수용자의 통신의 자유를 침해하지 않는다(헌재 2016.5.26, 2013헌바98).

10 수사기관이 수사의 필요성 있는 경우 전기통신사업자에게 위치정보 추적자료를 제공 요청할 수 있도록 한 통신비밀보호법 제13조 제1항 등이 개인정보자기결정권과 통신의 자유를 침해하는지 여부: **적극 [헌법불합치, 기각]** 19. 국가직·지방직

> 통신비밀보호법(2005.5.26. 법률 제7503호로 개정된 것)
>
> 제13조【범죄수사를 위한 통신사실 확인자료제공의 절차】① 검사 또는 사법경찰관은 수사 또는 형의 집행을 위하여 필요한 경우 전기통신사업법에 의한 전기통신사업자(이하 "전기통신사업자"라 한다)에게 통신사실 확인자료의 열람이나 제출(이하 "통신사실 확인자료제공"이라 한다)을 요청할 수 있다.
> ② 제1항의 규정에 의한 통신사실 확인자료제공을 요청하는 경우에는 요청사유, 해당 가입자와의 연관성 및 필요한 자료의 범위를 기록한 서면으로 관할 지방법원(보통군사법원을 포함한다. 이하 같다) 또는 지원의 허가를 받아야 한다. 다만, 관할 지방법원 또는 지원의 허가를 받을 수 없는 긴급한 사유가 있는 때에는 통신사실 확인자료제공을 요청한 후 지체 없이 그 허가를 받아 전기통신사업자에게 송부하여야 한다.
>
> 제13조의3【범죄수사를 위한 통신사실 확인자료제공의 통지】① 제13조의 규정에 의하여 통신사실 확인자료제공을 받은 사건에 관하여 공소를 제기하거나, 공소의 제기 또는 입건을 하지 아니하는 처분(기소중지결정을 제외한다)을 한 때에는 그 처분을 한 날부터 30일 이내에 통신사실 확인자료제공을 받은 사실과 제공요청기관 및 그 기간 등을 서면으로 통지하여야 한다.

[1] 이 사건 요청조항에 대한 판단 **[헌법불합치]**
① 명확성원칙 위반 여부: **소극**
이 사건 요청조항 중 '수사를 위하여 필요한 경우'의 의미가 불분명하여 명확성원칙에 위반되는지 문제된다. 이 사건 요청조항의 '수사를 위하여 필요한 경우'란 위치정보 추적자료가 범인의 발견이나 범죄사실의 입증에 기여할 개연성이 충분히 소명된다는 전제하에, 범인을 발견·확보하며 증거를 수집·보전하는 수사기관의 활동을 위하여 그 목적을 달성할 수 있는 범위 안에서 관련 있는 자에 대한 위치정보 추적자료 제공요청이 필요한 경우를 의미한다고 해석된다. 따라서 이 사건 요청조항은 명확성원칙에 위반되지 아니한다.
② 과잉금지원칙 위반 여부: **적극**
이 사건 요청조항은 수사활동을 보장하기 위한 목적에서, 범죄수사를 위해 필요한 경우 수사기관이 법원의 허가를 얻어 전기통신사업자에게 정보주체인 전기통신가입자의 위치정보 추적자료의 제공을 요청할 수 있도록 하고 있으므로, 입법목적의 정당성과 수단의 적정성이 인정된다.

기출 OX

01 검사 또는 사법경찰관이 수사를 위하여 필요한 경우에 전기통신사업자에게 위치정보 추적자료의 열람이나 제출을 요청할 수 있도록 하는 규정은 수사기관에 수사대상자의 민감한 개인정보인 위치정보 추적자료 제공을 허용하여 수사대상자의 기본권을 과도하게 제한하면서도 절차적 통제가 제대로 이루어지고 있지 않으므로 개인정보자기결정권을 침해한다. 20. 국회직 ( )

정답 **01** ○

㉠ 수사기관은 위치정보 추적자료를 통해 특정 시간대 정보주체의 위치 및 이동상황에 대한 정보를 취득할 수 있으므로, 위치정보 추적자료는 충분한 보호가 필요한 민감한 정보에 해당되는 점, ㉡ 그럼에도 이 사건 요청조항은 수사기관의 광범위한 위치정보 추적자료 제공요청을 허용하여 정보주체의 기본권을 과도하게 제한하고 있는 점, ㉢ 위치정보 추적자료의 제공요청과 관련하여서는 실시간 위치추적 또는 불특정 다수에 대한 위치추적의 경우 보충성요건을 추가하거나, 대상범죄의 경중에 따라 보충성요건을 차등적으로 적용함으로써 수사에 지장을 초래하지 않으면서도 정보주체의 기본권을 덜 침해하는 수단이 존재하는 점, ㉣ 수사기관의 위치정보 추적자료 제공요청에 대해 법원의 허가를 거치도록 규정하고 있으나 '수사의 필요성'만을 그 요건으로 하고 있어 절차적 통제마저도 제대로 이루어지기 어려운 현실인 점 등을 고려할 때, 이 사건 요청조항은 침해의 최소성과 법익의 균형성이 인정되지 아니한다. 따라서 이 사건 요청조항은 과잉금지원칙에 반하여 청구인들의 개인정보자기결정권과 통신의 자유를 침해한다.

[2] 이 사건 허가조항에 대한 판단 [기각]

통신비밀보호법이 정한 위치정보 추적자료 제공요청은 강제처분에 해당되므로 헌법상 영장주의가 적용된다. 헌법상 영장주의의 본질은 강제처분을 함에 있어 중립적인 법관이 구체적 판단을 거쳐야 한다는 점에 있다. 이 사건 허가조항은 수사기관이 전기통신사업자에게 위치정보 추적자료 제공을 요청함에 있어 관할 지방법원 또는 지원의 허가를 받도록 규정하고 있다. 따라서 이 사건 허가조항은 헌법상 영장주의에 위배되지 아니한다.

[3] 이 사건 통지조항에 대한 판단 [헌법불합치]

이 사건 통지조항은 수사가 장기간 진행되거나 기소중지결정이 있는 경우에는 정보주체에게 위치정보 추적자료 제공사실을 통지할 의무를 규정하지 아니하고, 그 밖의 경우에 제공사실을 통지받더라도 그 제공사유가 통지되지 아니하며, 수사목적을 달성한 이후 해당 자료가 파기되었는지 여부도 확인할 수 없게 되어 있어, 정보주체로서는 위치정보 추적자료와 관련된 수사기관의 권한남용에 대해 적절한 대응을 할 수 없게 되었다. 이에 대해서는, 수사가 장기간 계속되거나 기소중지된 경우라도 일정 기간이 경과하면 원칙적으로 정보주체에게 그 제공사실을 통지하도록 하되 수사에 지장을 초래하는 경우에는 중립적 기관의 허가를 얻어 통지를 유예하는 방법, 일정한 조건 하에서 정보주체가 그 제공 요청사유의 통지를 신청할 수 있도록 하는 방법, 통지의무를 위반한 수사기관을 제재하는 방법 등의 수단이 있다. 이러한 점들을 종합할 때, 이 사건 통지조항은 헌법상 적법절차원칙에 위배되어 청구인들의 개인정보자기결정권을 침해한다(헌재 2018.6.28, 2012헌마191 등).

11 수사의 필요성이 있는 경우 기지국수사를 허용한 통신비밀보호법 제13조 제1항 중 '검사 또는 사법경찰관은 수사를 위하여 필요한 경우 전기통신사업법에 의한 전기통신사업자에게 제2조 제11호 가목 내지 라목의 통신사실 확인자료의 열람이나 제출을 요청할 수 있다' 부분이 개인정보자기결정권과 통신의 자유를 침해하는지 여부:

적극 [헌법불합치, 기각, 각하] 19. 지방직

[1] 이 사건 기지국수사에 대한 판단 [각하]

피청구인의 이 사건 기지국수사는 2012.1.25.경 종료되었으므로, 이 사건 심판청구 당시에 이미 주관적 권리보호이익은 소멸하였다. 한편, 기지국수사로 인한 기본권제한의 반복가능성은 이를 허용하는 이 사건 요청조항 및 허가조항이

기출 OX

01 수사를 위하여 필요한 경우 수사기관으로 하여금 법원의 허가를 얻어 전기통신사업자에게 특정 시간대 특정 기지국에서 발신된 모든 전화번호의 제공을 요청할 수 있도록 하는 것은 그 통신서비스이용자의 개인정보자기결정권과 통신의 자유를 침해한다.
19. 지방직 ( )

02 이른바 패킷감청의 방식으로 이루어지는 인터넷회선 감청은 그 집행 단계나 집행 이후에 수사기관의 권한 남용을 통제하고 관련 기본권의 침해를 최소화하기 위한 제도적 조치가 마련되어 있는지 여부에 상관없이 침해의 최소성 요건을 충족한다. 20. 경찰경채 ( )

정답 01 ○ 02 ✕

현존하기 때문이고, 청구인은 이 조항들에 대해서도 헌법소원심판을 청구하고 있으며, 헌법재판소도 이 조항들의 적법요건을 인정하여 본안 판단에 나아가는 이상, 이 사건 기지국수사에 대한 심판청구이익은 인정하지 아니한다. 따라서 이 사건 기지국수사에 대한 심판청구는 부적법하다.

[2] 이 사건 요청조항에 대한 판단 [헌법불합치]

이 사건 요청조항은 수사활동을 보장하기 위한 목적에서, 범죄수사를 위해 필요한 경우 수사기관이 법원의 허가를 얻어 전기통신사업자에게 해당 가입자에 관한 통신사실 확인자료의 제공을 요청할 수 있도록 하고 있으므로, 입법목적의 정당성과 수단의 적정성이 인정된다.

① 이동전화의 이용과 관련하여 필연적으로 발생하는 통신사실 확인자료는 비록 비내용적 정보이지만, 여러 정보의 결합과 분석을 통해 정보주체에 관한 정보를 유추해낼 수 있는 민감한 정보인 점, ② 수사기관의 통신사실 확인자료 제공요청에 대해 법원의 허가를 거치도록 규정하고 있으나 '수사의 필요성'만을 그 요건으로 하고 있어 제대로 된 통제가 이루어지기 어려운 현실인 점, ③ 기지국수사의 허용과 관련하여서는 유괴·납치·성폭력범죄 등 강력범죄나 국가안보를 위협하는 각종 범죄와 같이 피의자나 피해자의 통신사실 확인자료가 반드시 필요한 범죄로 그 대상을 한정하는 방안, 위 요건에 더하여 다른 방법으로는 범죄수사가 어려운 경우(보충성)를 요건으로 추가하는 방안 등을 검토함으로써 수사에 지장을 초래하지 않으면서도 불특정 다수의 기본권을 덜 침해하는 수단이 존재하는 점을 고려할 때, 이 사건 요청조항은 침해의 최소성과 법익의 균형성이 인정되지 아니한다. 따라서 이 사건 요청조항은 과잉금지원칙에 반하여 청구인의 개인정보자기결정권과 통신의 자유를 침해한다.

[3] 이 사건 허가조항에 대한 판단 [기각]

통신비밀보호법이 정한 기지국수사는 강제처분에 해당되므로 헌법상 영장주의가 적용된다. 헌법상 영장주의의 본질은 강제처분을 함에 있어 중립적인 법관이 구체적 판단을 거쳐야 한다는 점에 있다. 이 사건 허가조항은 수사기관이 전기통신사업자에게 통신사실 확인자료 제공을 요청함에 있어 관할 지방법원 또는 지원의 허가를 받도록 규정하고 있다. 따라서 이 사건 허가조항은 헌법상 영장주의에 위배되지 아니한다(헌재 2018.6.28, 2012헌마538).

12 인터넷회선 감청('패킷감청')이 통신의 자유 및 사생활의 자유를 침해하는지 여부: 적극 [헌법불합치] 19. 지방직

인터넷회선 감청은, 인터넷회선을 통하여 흐르는 전기신호 형태의 '패킷'을 중간에 확보한 다음 재조합 기술을 거쳐 그 내용을 파악하는 이른바 '패킷감청'의 방식으로 이루어진다. 따라서 이를 통해 개인의 통신뿐만 아니라 사생활의 비밀과 자유가 제한된다. 오늘날 인터넷 사용이 일상화됨에 따라 국가 및 공공의 안전, 국민의 재산이나 생명·신체의 안전을 위협하는 범행의 저지나 이미 저질러진 범죄수사에 필요한 경우 인터넷 통신망을 이용하는 전기통신에 대한 감청을 허용할 필요가 있으므로 이 사건 법률조항은 입법목적의 정당성과 수단의 적합성이 인정된다.

그러나 '패킷감청'의 방식으로 이루어지는 인터넷회선 감청은 수사기관이 실제 감청 집행을 하는 단계에서는 해당 인터넷회선을 통하여 흐르는 불특정 다수인의 모든 정보가 패킷 형태로 수집되어 일단 수사기관에 그대로 전송되므로, 다른 통신제한조치에 비하여 감청 집행을 통해 수사기관이 취득하는 자료가 비교할 수 없을 정도로 매우 방대하다는 점에 주목할 필요가 있다. 불특정 다수가 하나의 인터넷회선을 공유하여 사용하는 경우가 대부분이므로, 실제 집행 단계에서는 법원이 허가한 범위를 넘어 피의자 내지 피내사자의 통신자료뿐만 아니라 동일한 인터넷회선을 이용하는 불특정 다수인의 통신자료까지 수사기관에 모두 수집·저장된다. 따라서 인터넷회선 감청을 통해 수사기관이 취득하는 개인의 통신자료의 양을 전화감청 등 다른 통신제한조치와 비교할 바는 아니다.

이상을 종합하면, 이 사건 법률조항은 인터넷회선 감청의 특성을 고려하여 그 집행단계나 집행 이후에 수사기관의 권한 남용을 통제하고 관련 기본권의 침해를 최소화하기 위한 제도적 조치가 제대로 마련되어 있지 않은 상태에서, 범죄수사 목적을 이유로 인터넷회선 감청을 통신제한조치 허가대상 중 하나로 정하고 있으므로 침해의 최소성요건을 충족한다고 할 수 없다. 이러한 여건하에서 인터넷회선의 감청을 허용하는 것은 개인의 통신 및 사생활의 비밀과 자유에 심각한 위협을 초래하게 되므로 이 사건 법률조항으로 인하여 달성하려는 공익과 제한되는 사익 사이의 법익균형성도 인정되지 아니한다. 그러므로 이 사건 법률조항은 과잉금지원칙에 위반하는 것으로 청구인의 기본권을 침해한다(헌재 2018.8.30, 2016헌마263).

13 **피청구인 교도소장이 법원, 검찰청 등이 청구인에게 보낸 문서를 열람한 행위가 청구인의 통신의 자유를 침해하는지 여부: 소극 [기각]**

피청구인의 문서열람행위는 형집행법 시행령 제67조에 근거하여 법원 등 관계기관이 수용자에게 보내온 문서를 열람한 행위로서, 문서 전달 업무에 정확성을 기하고 수용자의 편의를 도모하며 법령상의 기간준수 여부 확인을 위한 공적 자료를 마련하기 위한 것이다. 수용자 스스로 고지하도록 하거나 특별히 엄중한 계호를 요하는 수용자에 한하여 열람하는 등의 방법으로는 목적 달성에 충분하지 않고, 다른 법령에 따라 열람이 금지된 문서는 열람할 수 없으며, 열람한 후에는 본인에게 신속히 전달하여야 하므로, 문서열람행위는 청구인의 통신의 자유를 침해하지 아니한다(헌재 2021.9.30, 2019헌마919).

14 **피청구인 구치소장이 구치소에 수용 중인 수형자에게 온 서신에 '허가 없이 수수되는 물품'인 녹취서와 사진이 동봉되어 있음을 확인하여 서신수수를 금지하고 발신인인 청구인에게 위 물품을 반송한 것이 청구인의 통신의 자유를 침해하는지 여부: 소극**

피청구인 ○○구치소장이 ○○구치소에 수용 중인 수형자에게 온 서신에 '허가 없이 수수되는 물품'인 녹취서와 사진이 동봉되어 있음을 확인하여 서신수수를 금지하고 발신인인 청구인에게 위 물품을 반송한 것은 교정사고를 미연에 방지하고 교정시설의 안전과 질서 유지를 위하여 불가피한 측면이 있다. 또한 청구인은 관심대상수용자로 지정된 자이고, 서신에 동봉된 녹취서는 청구인이 원고인 민사사건 증인의 증언을 녹취한 소송서류로서 타인의 실명과 개인정보가 기재되어 있다. 한편, 수용자 사이에 사진을 자유롭게 교환할 수 있도록 하는 경우 각종 교정사고가 발생할 가능성이 있다. 이와 같은 점을 종합적으로 고려하면, 이 사건 반송행위는 과잉금지원칙에 위반되어 청구인의 통신의 자유를 침해하지 않는다(헌재 2019.12.27, 2017헌마413).

15 **통신비밀보호법 제3조의 규정에 위반하여, 불법검열에 의하여 취득한 우편물이나 그 내용 및 불법감청에 의하여 지득 또는 채록된 전기통신의 내용은 재판 또는 징계절차에서 증거로 사용할 수 있는지 여부: 소극**

통신비밀보호법 제3조의 규정에 위반하여, 불법검열에 의하여 취득한 우편물이나 그 내용 및 불법감청에 의하여 지득 또는 채록된 전기통신의 내용은 재판 또는 징계절차에서 증거로 사용할 수 없다(헌재 2011.8.30, 2009헌바42).

16 통신비밀보호법상 '감청'이란 대상이 되는 전기통신의 송·수신과 동시에 이루어지는 경우만을 의미하고 이미 수신이 완료된 전기통신의 내용을 지득하는 등의 행위는 포함되는지 여부: 소극

통신비밀보호법상 '감청'이란 대상이 되는 전기통신의 송·수신과 동시에 이루어지는 경우만을 의미하고, 이미 수신이 완료된 전기통신의 내용을 지득하는 등의 행위는 포함되지 않는다(대판 2012.10.25, 2012도4644).

17 방송통신심의위원회가 불법정보 및 청소년에게 유해한 정보 등 심의가 필요하다고 인정되는 정보에 해당하는 정보통신서비스제공자 등에 대하여 895개 웹사이트에 대한 접속차단의 시정을 요구한 행위가 통신의 비밀과 자유 및 알 권리를 침해하는지 여부: 소극 [기각]

이 사건 시정요구는 불법정보 등의 유통을 차단함으로써 정보통신에서의 건전한 문화를 창달하고 정보통신의 올바른 이용환경을 조성하고자 하는 것으로서 그 목적이 정당하다. 보안접속 프로토콜(https)을 사용하는 경우에도 접근을 차단할 수 있도록 서버 이름 표시(이하 'SNI'라 한다)를 확인하여 불법정보 등을 담고 있는 특정 웹사이트에 대한 접속을 차단하는 것은 수단의 적합성이 인정된다. 보안접속 프로토콜이 일반화되어 기존의 방식으로는 차단이 어렵기 때문에 SNI 차단 방식을 동원할 필요가 있고, 인터넷을 통해 유통되는 정보는 복제성, 확장성, 신속성을 가지고 있어 사후적 조치만으로는 이 사건 시정조치의 목적을 동일한 정도로 달성할 수 없다. 또한, 시정요구의 상대방인 정보통신서비스제공자 등에 대해서는 의견진술 및 이의신청의 기회가 보장되어 있고, 해외에 서버를 둔 웹사이트의 경우 다른 조치에 한계가 있어 접속을 차단하는 것이 현실적인 방법이다. 따라서 침해의 최소성 및 법익의 균형성도 인정된다. 그렇다면 이 사건 시정요구는 청구인들의 통신의 비밀과 자유 및 알 권리를 침해하지 아니한다(헌재 2023.10.26, 2019헌마158).

제3절 정신적 자유권

01 양심의 자유

헌법 제19조 모든 국민은 양심의 자유를 가진다.

I. 의의

헌법 제19조는 "모든 국민은 양심의 자유를 가진다."라고 하여 양심의 자유를 기본권의 하나로 보장하고 있는바, 여기의 양심이란 **세계관·인생관·주의·신조 등은 물론**, 이에 이르지 아니하여도 보다 널리 개인의 인격형성에 관계되는 **내심에 있어서의 가치적·윤리적 판단도 포함**된다고 볼 것이다(헌재 1991.4.1, 89헌마160). 06. 입시

기출 OX
01 헌법재판소의 결정에 의하면 양심이란 세계관, 인생관, 주의, 신조 등은 물론 이에 이르지 아니하여도 보다 널리 개인의 인격형성에 관계되는 내심에 있어서의 가치적·윤리적 판단도 포함된다. 06. 입시 ( )

정답 01 ○

다만, 헌법재판소는 "헌법이 보호하고자 하는 양심은 '어떤 일의 옳고 그름을 판단함에 있어서 그렇게 행동하지 않고는 자신의 인격적 존재가치가 파멸되고 말 것이라는 강력하고 진지한 마음의 소리로서 절박하고 구체적인 양심'을 말한다."라고 하여 양심의 개념을 윤리적 양심의 개념으로 좁게 이해하는 경우도 있다(헌재 1997.3.27, 96헌가11). 06. 법무사

판례 |

1 양심상의 결정이 어떠한 종교관·세계관 또는 그 외의 가치체계에 기초하고 있는가와 관계없이 모든 내용의 양심상 결정이 양심의 자유에 의하여 보장되는지 여부: 적극
[합헌] 06. 법무사·입시, 06·11. 법행, 13. 국가직

'양심의 자유'가 보장하고자 하는 '양심'은 민주적 다수의 사고나 가치관과 일치하는 것이 아니라 개인적 현상으로서 지극히 주관적인 것이다. 양심은 그 대상이나 내용 또는 동기에 의하여 판단될 수 없으며, 특히 **양심상의 결정이 이성적·합리적인가, 타당한가 또는 법질서나 사회규범, 도덕률과 일치하는가 하는 관점은 양심의 존재를 판단하는 기준이 될 수 없다.** 일반적으로 민주적 다수는 법질서와 사회질서를 그의 정치적 의사와 도덕적 기준에 따라 형성하기 때문에 그들이 국가의 법질서나 사회의 도덕률과 양심상의 갈등을 일으키는 것은 예외에 속한다. 양심의 자유에서 현실적으로 문제가 되는 것은 사회적 다수의 양심이 아니라 국가의 법질서나 사회의 도덕률에서 벗어나려는 소수의 양심이다. 따라서 **양심상의 결정이 어떠한 종교관·세계관 또는 그 외의 가치체계에 기초하고 있는가와 관계없이 모든 내용의 양심상 결정이 양심의 자유에 의하여 보장된다**(헌재 2004.8.26, 2002헌가1).

2 주민등록발급을 위하여 열 손가락의 지문을 날인하게 하는 것이 양심의 자유를 침해하는지 여부: 소극 [기각]

지문을 날인할 것인지 여부의 결정이 선악의 기준에 따른 개인의 진지한 윤리적 결정에 해당한다고 보기는 어려워, 열 손가락 지문날인의 의무를 부과하는 이 사건 시행령조항에 대하여 국가가 개인의 윤리적 판단에 개입한다거나 그 윤리적 판단을 표명하도록 강제하는 것으로 볼 여지는 없다고 할 것이므로, 이 사건 시행령조항에 의한 양심의 자유의 침해가능성 또한 없는 것으로 보인다(헌재 2005.5.26, 99헌마513).

3 주취운전에 불응한 사람을 처벌하는 도로교통법 제41조 제2항 등이 양심의 자유를 침해하는지 여부: 소극 [합헌] 05·06. 입시, 05·07. 법행

음주측정에 응하여야 할 것인지, 거부하여야 할 것인지 그 상황에서 고민에 빠질 수는 있겠으나 그러한 고민은 선과 악의 범주에 관한 진지한 윤리적 결정을 위한 고민이라 할 수 없으므로 그 고민 끝에 어쩔 수 없이 음주측정에 응하였다 하여 내면적으로 구축된 인간양심이 왜곡·굴절된다고 할 수도 없다. 따라서 음주측정요구와 그 거부는 양심의 자유의 보호영역에 포괄되지 아니하므로 이 사건 법률조항을 두고 헌법 제19조에서 보장하는 양심의 자유를 침해하는 것이라고 할 수 없다(헌재 1997.3.27, 96헌가11).

4 공정거래법 위반사실에 대하여 법 위반사실의 공표를 명할 수 있도록 규정하고 있는 독점규제 및 공정거래에 관한 법률 제27조가 양심의 자유를 침해하는지 여부: 소극
04. 국회직, 06. 입시, 08. 법원직

이 사건의 경우와 같이 경제규제법적 성격을 가진 공정거래법에 위반하였는지 여부에 있어서도 각 개인의 소신에 따라 어느 정도의 가치판단이 개입될 수 있는 소지가 있고 그 한도에서 다소의 윤리적·도덕적 관련성을 가질 수도 있겠으나, 이러한 법률판단의 문제는 개인의 인격형성과는 무관하며, 대화와 토론을 통하여 가장 합리적인

기출 OX

02 양심의 자유가 보장하고자 하는 '양심은 민주적 다수의 사고나 가치관과 일치하는 것이 아니라, 개인적 현상으로서 지극히 주관적인 것이고, 그 대상이나 내용 또는 동기에 의하여 판단될 수 없으며, 양심상의 결정이 이성적·합리적인지, 타당한지 또는 법질서나 사회규범, 도덕률과 일치하는지 여부는 양심의 존재를 판단하는 기준이 될 수 없다. 17. 경찰승진 ( )

03 양심의 자유에서 현실적으로 문제가 되는 것은 법질서와 도덕에 부합하는 사고를 가진 사회적 다수의 양심을 의미한다. 20. 경찰승진 ( )

정답 02 ○ 03 ×

것으로 그 내용이 동화되거나 수렴될 수 있는 포용성을 가지는 분야에 속한다고 할 것이므로 헌법 제19조에 의하여 보장되는 양심의 영역에 포함되지 아니한다고 봄이 상당하다. 한편 '법 위반사실의 공표명령'은 법규정의 문언상으로 보아도 단순히 법 위반사실 자체를 공표하라는 것일 뿐, 사죄 내지 사과하라는 의미요소를 가지고 있지는 아니하다. 따라서 이 사건 법률조항의 경우 사죄 내지 사과를 강요함으로 인하여 발생하는 양심의 자유의 침해문제는 발생하지 않는다(헌재 2002.1.31, 2001헌바43).

5 좌석안전띠착용강제가 양심의 자유를 침해하는지 여부: 소극 [기각]
자동차를 운전하며 좌석안전띠를 맬 것인지의 여부에 대하여 고민할 수는 있겠으나, 그 고민 끝에 제재를 받지 않기 위하여 어쩔 수 없이 좌석안전띠를 매었다 하여 청구인이 내면적으로 구축한 인간양심이 왜곡·굴절되고 청구인의 인격적인 존재가치가 허물어진다고 할 수는 없다. 따라서 운전 중 운전자의 좌석안전띠착용은 양심의 자유의 보호영역에 속하지 아니하므로 이 사건 심판대상조항들은 청구인의 양심의 자유를 침해하는 것이라 할 수 없다(헌재 2003.10.30, 2002헌마518).

6 선거운동기간 중 실명을 확인하지 아니하면 인터넷언론사의 게시판 등에 의견을 게시할 수 없도록 하는 공직선거법 제82조의6 제1항이 양심의 자유를 침해하는지 여부: 소극 [기각] 11·12. 법무사, 12. 경찰승진, 19. 국가직
인터넷언론사의 공개된 게시판·대화방에서 스스로의 의사에 의하여 정당·후보자에 대한 지지·반대의 글을 게시하는 행위는 정당·후보자에 대한 단순한 의견 등의 표현행위에 불과하여 양심의 자유나 사생활비밀의 자유에 의하여 보호되는 영역이라고 할 수 없으므로, 그 과정에서 실명확인절차의 부담을 진다고 하더라도 이를 두고 양심의 자유나 사생활비밀의 자유를 제한받는 것이라고 볼 수 없다(헌재 2010.2.25, 2008헌마324).

7 재산목록을 제출하고 그 진실함을 법관 앞에서 선서하는 것이 양심의 자유를 침해하는지 여부: 소극
재산목록을 제출하고 그 진실함을 법관 앞에서 선서하는 것은 개인의 인격형성에 관계되는 내심의 가치적·윤리적 판단에 해당하지 않아 양심의 자유의 보호대상이 아니고, 감치의 제재를 통해 이를 강제하는 것이 형사상 불이익한 진술을 강요하는 것이라고 할 수 없으므로, 심판대상조항은 청구인의 양심의 자유 및 진술거부권을 침해하지 아니한다(헌재 2014.9.25, 2013헌마11).

Ⅱ. 법적 성격

1. 최상급 기본권
양심의 자유가 보장되지 않으면 종교·학문·예술의 자유를 비롯하여 정치적 활동의 자유까지도 실질적으로 보장될 수 없다.

2. 이중적 성격
양심의 자유는 주관적 공권으로서의 성격뿐만 아니라, 정의와 자율에 근거한 사회공동체를 형성하고 유지하는 객관적 가치질서로서의 성격을 가진다.

3. 절대적 기본권
양심의 자유는 자연법상의 권리로서 그것이 내심에 머무르는 한 절대적 자유권이다.

기출 OX

01 인터넷언론사에 대하여 선거운동기간 중 당해 인터넷홈페이지 게시판 대화방 등에 정당·후보자에 대한 지지·반대의 글을 게시할 수 있도록 하는 경우 실명을 확인받도록 하는 기술적 조치를 할 의무를 부과한 구 공직선거법은 표현의 자유를 침해한다.
20. 경찰승진 ( )

정답 01 ○

III. 주체

양심의 자유는 **자연인만이 주체가 될 수 있으며,** 자연인에게 인정되는 이상 자국민뿐만 아니라 외국인도 주체가 되나, 단체나 **법인은 성질상 주체가 될 수 없다.** 헌법재판소도 '사죄광고강제사건'에서 사죄광고는 법인의 경우라면 그 대표자의 양심의 자유를 제약하는 결과를 초래한다고 판시하여 법인의 양심의 자유주체성을 부정하였다(헌재 1991. 4.1, 89헌마160).

IV. 내용

1. 양심형성의 자유

'양심형성의 자유'란 자신의 도덕적·논리적 판단에 따라 사물의 옳고 그름을 판단하는 자유를 의미한다. 양심상 결정은 내심의 작용이므로 어떠한 경우에도 제한될 수 없는 절대적 자유이다.

2. 침묵의 자유

'침묵의 자유'란 자신이 형성한 양심을 외부에 표명하도록 강제받지 아니하는 자유를 말한다. 침묵의 자유로부터 양심추지의 금지와 반양심적 행위의 강제금지가 파생한다. 묵비권·증언거부권·취재원묵비권은 객관적 사실 또는 기술적 사실에 대한 진술거부인 점에서 양심·사상에 대한 표현거부인 침묵의 자유와 구별된다.

(1) 양심추지의 금지

'양심추지'란 내부에 형성된 양심에 물리력을 가하여 행동으로써 간접적으로 표명하도록 강제한 후, 그 행동을 통하여 내부에 형성된 양심을 추측해서 알아내는 것을 말한다. 십자가 밟기나 충성선서(예 공직자의 재직요건 또는 임용요건으로서 현 정부나 여당에 대한 충성선서를 요구하는 것) 등은 허용되지 않는다.

(2) 반양심적 행위의 강제금지

① **증언거부권**: 재판절차에서 단순한 사실에 관한 증언거부는 침묵의 자유에 포함되지 아니하므로, 양심의 자유에 의하여 보호받을 수 없다.

② **취재원묵비권**: 기자가 취재원에 관하여 증언을 거부하는 취재원묵비권은 양심의 자유에 포함되지 않는다. 취재원묵비권이 취재의 자유에 포함되는지가 문제되는데, 이에 대하여는 부정설(미국 판례, 우리나라 다수설)과 긍정설(독일 연방 헌법재판소)이 있다.

③ **양심적 병역거부**
   ㉠ **미국과 독일의 경우**: 미국과 독일 등에서는 집총이나 전투에 종사하는 것을 자신의 양심에 반하는 절대악이라 확신한 나머지 이를 거부할 경우, 양심적 집총거부자라 하여 헌법이나 법률로써 면제하여 주는 제도가 인정되고 있다. 그러나 특정 전쟁만을 거부하는 상황조건부 병역거부는 인정하지 않는다(Gilete v. U.S. BVerfGE 12, 45ff).

ⓒ **우리나라의 '양심적 병역거부' 논의**: 양심적 병역거부는 종교적·윤리적·도덕적·철학적 또는 이와 유사한 동기에서 형성된 양심상 결정을 이유로 집총이나 군사훈련을 수반하는 병역의무의 이행을 거부하는 행위를 말한다. 우리 헌법은 독일 기본법 제4조 제3항과 같은 양심적 병역거부를 인정하는 규정을 두고 있지 않아 국방의 의무와 관련하여 그 인정 여부가 논란이 되었으나, 대체복무역을 인정하지 않았던 병역법에 대한 헌법재판소의 헌법불합치결정 이후에 대체복무역 제도를 도입하였다.

기출 OX

01 양심적 병역거부의 허용 여부는 헌법 제19조 양심의 자유 등 기본권 규범과 헌법 제39조 국방의 의무 규범 사이의 충돌·조정 문제이며, 병역법 제88조 제1항에서 정한 '정당한 사유'라는 문언의 해석을 통하여 해결하여야 한다. 20. 법행 ( )

02 병역법 제88조 제1항의 '정당한 사유'란 입영통지에 기해 지정된 기일과 장소에 집결할 의무를 부과받았음에도 즉시 이에 응하지 못한 것을 정당화할 만한 사유로서, 병역법에서 입영을 일시적으로 연기하거나 지연시키기 위한 요건으로 인정된 사유, 즉 질병, 재난 등과 같은 개인의 책임으로 돌리기 어려운 사유로 한정된다고 보아야 한다. 20. 법행 ( )

03 헌법 제19조에서 보호하는 양심은 개인의 구체적인 양심을 말하며, 막연하고 추상적인 양심을 말하는 것이 아니다. 16. 경찰승진 ( )

정답 01 ○ 02 × 03 ○

🔨 판례 |

1 여호와의 증인 신도인 피고인의 양심적 병역거부가 병역법 제88조 제1항 입영기피죄의 '정당한 사유'에 해당하는지 여부: 적극

[1] 정당한 사유에 대한 판단

① 이른바 양심적 병역거부가 병역법 제88조 제1항에서 정한 '정당한 사유'에 해당하는지 여부: **한정적극**

양심에 따른 병역거부, 이른바 **양심적 병역거부는 종교적·윤리적·도덕적·철학적 또는 이와 유사한 동기에서 형성된 양심상 결정을 이유로 집총이나 군사훈련을 수반하는 병역의무의 이행을 거부하는 행위**를 말한다. 따라서 **양심적 병역거부의 허용 여부는 헌법 제19조 양심의 자유 등 기본권 규범과 헌법 제39조 국방의 의무 규범 사이의 충돌·조정 문제가 된다.**
요컨대, 자신의 내면에 형성된 양심을 이유로 집총과 군사훈련을 수반하는 병역의무를 이행하지 않는 사람에게 형사처벌 등 제재를 해서는 안 된다. **양심적 병역거부자에게 병역의무의 이행을 일률적으로 강제하고 그 불이행에 대하여 형사처벌 등 제재를 하는 것은 양심의 자유를 비롯한 헌법상 기본권 보장체계와 전체 법질서에 비추어 타당하지 않을 뿐만 아니라 소수자에 대한 관용과 포용이라는 자유민주주의 정신에도 위배된다. 따라서 진정한 양심에 따른 병역거부라면, 이는 병역법 제88조 제1항의 '정당한 사유'에 해당한다.**

② 정당한 사유로 인정할 수 있는 양심적 병역거부에서 말하는 '진정한 양심'의 의미와 증명 방법 및 정당한 사유의 부존재에 대한 증명책임 소재(검사)

정당한 사유로 인정할 수 있는 양심적 병역거부를 심리하여 판단하는 것은 중요한 문제이다. **여기에서 말하는 양심은 그 신념이 깊고, 확고하며, 진실하여야 한다.**
구체적인 병역법위반 사건에서 피고인이 양심적 병역거부를 주장할 경우, 그 양심이 과연 위와 같이 깊고 확고하며 진실한 것인지 가려내는 일이 무엇보다 중요하다. **인간의 내면에 있는 양심을 직접 객관적으로 증명할 수는 없으므로 사물의 성질상 양심과 관련성이 있는 간접사실 또는 정황사실을 증명하는 방법으로 판단하여야 한다.**
정당한 사유가 없다는 사실은 범죄구성요건이므로 검사가 증명하여야 한다. 다만, 진정한 양심의 부존재를 증명한다는 것은 마치 특정되지 않은 기간과 공간에서 구체화되지 않은 사실의 부존재를 증명하는 것과 유사하다. 위와 같은 불명확한 사실의 부존재를 증명하는 것은 사회통념상 불가능한 반면 그 존재를 주장·증명하는 것이 좀 더 쉬우므로, 이러한 사정은 검사가 증명책임을 다하였는지를 판단할 때 고려하여야 한다. 따라서 **양심적 병역거부를 주장하는 피고인은 자신의 병역거부가 그에 따라 행동하지 않고서는 인격적**

존재가치가 파멸되고 말 것이라는 절박하고 구체적인 양심에 따른 것이며 그 양심이 깊고 확고하며 진실한 것이라는 사실의 존재를 수긍할 만한 소명자료를 제시하고, 검사는 제시된 자료의 신빙성을 탄핵하는 방법으로 진정한 양심의 부존재를 증명할 수 있다. 이때 병역거부자가 제시해야 할 소명자료는 적어도 검사가 그에 기초하여 정당한 사유가 없다는 것을 증명하는 것이 가능할 정도로 구체성을 갖추어야 한다.

[2] 여호와의 증인 신도인 피고인이 지방병무청장 명의의 현역병입영통지서를 받고도 입영일부터 3일이 지나도록 종교적 양심을 이유로 입영하지 않고 병역을 거부하여 병역법 위반으로 기소된 사안에서, 제반 사정에 비추어 피고인의 입영거부 행위는 진정한 양심에 따른 것으로서 구 병역법 제88조 제1항에서 정한 '정당한 사유'에 해당할 여지가 있는데도, 피고인이 주장하는 양심이 위 조항의 정당한 사유에 해당하는지 심리하지 아니한 채 양심적 병역거부가 정당한 사유에 해당하지 않는다고 보아 유죄를 인정한 원심판결에 법리오해의 잘못이 있다고 한 사례

여호와의 증인 신도인 피고인이 지방병무청장 명의의 현역병입영통지서를 받고도 입영일부터 3일이 지나도록 종교적 양심을 이유로 입영하지 않고 병역을 거부하여 병역법 위반으로 기소된 사안에서, 피고인은 여호와의 증인 신도인 아버지의 영향으로 만 13세 때 침례를 받고 그 신앙에 따라 생활하면서 약 10년 전에 최초 입영통지를 받은 이래 현재까지 신앙을 이유로 입영을 거부하고 있고, 과거 피고인의 아버지는 물론 최근 피고인의 동생도 같은 이유로 병역을 거부하여 병역법 위반으로 수감되었으며, 피고인이 부양해야 할 배우자, 어린 딸과 갓 태어난 아들이 있는 상태에서 형사처벌의 위험을 감수하면서도 종교적 신념을 이유로 병역거부 의사를 유지하고 있는 사정에 비추어 보면, 피고인의 입영거부 행위는 진정한 양심에 따른 것으로서 구 병역법 제88조 제1항에서 정한 '정당한 사유'에 해당할 여지가 있는데도, 피고인이 주장하는 양심이 위 조항의 정당한 사유에 해당하는지 심리하지 아니한 채 양심적 병역거부가 정당한 사유에 해당하지 않는다고 보아 유죄를 인정한 원심판결에 양심적 병역거부와 위 조항에서 정한 정당한 사유의 해석에 관한 법리를 오해한 잘못이 있다(대판 2018.11.1, 2016도10912 전합).

2 양심적 병역거부 사건 [병역법 제5조: 헌법불합치, 병역법 제88조 제1항: 합헌]
19. 국가직 · 서울시

> **병역법(2016.5.29. 법률 제14183호로 개정된 것)**
>
> 제5조 【병역의 종류】 ① 병역은 다음 각 호와 같이 구분한다.
>   1. 현역: 다음 각 목의 어느 하나에 해당하는 사람(각 목 생략)
>   2. 예비역: 다음 각 목의 어느 하나에 해당하는 사람(각 목 생략)
>   3. 보충역: 다음 각 목의 어느 하나에 해당하는 사람(각 목 생략)
>   4. 병역준비역: 병역의무자로서 현역, 예비역, 보충역 및 전시근로역이 아닌 사람(생략)
>   5. 전시근로역: 다음 각 목의 어느 하나에 해당하는 사람(각 목 생략)
>
> 제88조 【입영의 기피 등】 ① 현역입영 또는 소집 통지서(모집에 의한 입영 통지서를 포함한다)를 받은 사람이 정당한 사유 없이 입영일이나 소집일부터 다음 각 호의 기간이 지나도 입영하지 아니하거나 소집에 응하지 아니한 경우에는 3년 이하의 징역에 처한다. (단서 생략)
>   1. 현역입영은 3일
>   2. 공익근무요원소집은 3일

[결정주문]
[1] **병역법 제5조 제1항**은 모두 헌법에 합치되지 아니한다. 위 조항들은 2019.12.31. 을 시한으로 입법자가 개정할 때까지 계속 적용된다.
[2] 병역법 제88조 제1항 본문 제2호는 모두 헌법에 위반되지 아니한다.

[이유의 요지]
[1] 적법요건에 대한 판단
  ① 병역종류조항에 대한 판단
    비군사적 성격을 갖는 복무도 입법자의 형성에 따라 병역의무의 내용에 포함될 수 있고, 대체복무제는 그 개념상 병역종류조항과 밀접한 관련을 갖는다. 따라서 **청구인들은 입법자가 병역의 종류에 관하여 병역종류조항에 입법은 하였으나 그 내용이 대체복무제를 포함하지 아니하여 불충분하다는 부진정 입법부작위를 다투는 것이라고 봄이 상당하다.**
    병역종류조항이 대체복무제를 포함하고 있지 않다는 이유로 위헌으로 결정된다면, 양심적 병역거부자의 형사사건을 담당하는 법원이 무죄를 선고할 가능성이 있으므로, 병역종류조항은 재판의 전제성이 인정된다.
  ② 처벌조항에 대한 판단
    처벌조항이 위헌으로 결정될 경우 당해 사건의 피고인들은 무죄판결을 선고받을 수 있으므로 재판의 전제성이 인정된다.
  ③ 소결
    이 사건 심판청구는 적법하다.

[2] 본안 판단
  ① 양심적 병역거부의 의미
    양심적 병역거부는 '양심에 따른' 병역거부를 가리키는 것일 뿐 병역거부가 '도덕적이고 정당하다'는 의미는 아니다. 따라서 '양심적' 병역거부라는 용어를 사용한다고 하여 병역의무이행은 '비양심적'이 된다거나, 병역을 이행하는 병역의무자들과 병역의무이행이 국민의 숭고한 의무라고 생각하는 대다수 국민들이 '비양심적'인 사람들이 되는 것은 결코 아니다.
  ② 제한되는 기본권 및 심사기준
    ㉠ 제한되는 기본권
      이 사건 청구인 등이 **자신의 종교관·가치관·세계관 등에 따라 일체의 전쟁과 그에 따른 인간의 살상에 반대하는 진지한 내적 확신을 형성하였다면, 그들이 집총 등 군사훈련을 수반하는 병역의무의 이행을 거부하는 결정은 양심에 반하여 행동할 수 없다는 강력하고 진지한 윤리적 결정이며, 병역의무를 이행해야 하는 상황은 개인의 윤리적 정체성에 대한 중대한 위기상황에 해당한다.** 이와 같이 병역종류조항에 대체복무제가 마련되지 아니한 상황에서, 양심상의 결정에 따라 입영을 거부하거나 소집에 불응하는 이 사건 청구인 등이 현재의 대법원 판례에 따라 처벌조항항에 의하여 형벌을 부과받음으로써 양심에 반하는 행동을 강요받고 있으므로, 이 사건 법률조항은 '양심에 반하는 행동을 강요당하지 아니할 자유', 즉, '부작위에 의한 양심실현의 자유'를 제한하고 있다(헌재 2011.8.30, 2008헌가22 등 참조).
      한편, 헌법 제20조 제1항은 양심의 자유와 별개로 종교의 자유를 따로 보장하고 있고, **이 사건 청구인 등의 대부분은 여호와의 증인 또는 카톨릭 신도로서 자신들의 종교적 신앙에 따라 병역의무를 거부하고 있으므로,**

기출 OX

01 '양심적' 병역거부는 실상 당사자의 '양심에 따른' 혹은 '양심을 이유로 한' 병역거부를 가리키는 것일 뿐만 아니라 병역거부가 '도덕적이고 정당하다'는 의미를 내포한다. 20. 경찰승진 ( )

02 종교적 신앙에 따른 병역거부자를 처벌하는 병역법 조항에 대해서는, 헌법이 양심의 자유와 별개로 종교의 자유를 보장하고 있으며 종교적 신앙은 윤리적 양심과는 구별되는 내면적 세계의 핵심적 가치이므로 양심의 자유의 침해와는 별도로 종교의 자유의 침해 여부를 심사해야 한다. 17·20. 경찰승진 ( )

정답 01 × 02 ×

이 사건 법률조항에 의하여 이들의 종교의 자유도 함께 제한된다. 그러나 종교적 신앙에 의한 행위라도 개인의 주관적·윤리적 판단을 동반하는 것인 한 양심의 자유에 포함시켜 고찰할 수 있고, 앞서 보았듯이 **양심적 병역거부의 바탕이 되는 양심상의 결정은 종교적 동기뿐만 아니라 윤리적·철학적 또는 이와 유사한 동기로부터도 형성될 수 있는 것이므로, 이 사건에서는 양심의 자유를 중심으로 기본권침해 여부를 판단하기로 한다**(헌재 2011.8.30, 2008헌가22 등 참조).

청구인들은 이 사건 법률조항이 헌법 제10조의 인간의 존엄과 가치 및 행복추구권을 침해한다는 주장도 하고 있으나, 양심의 자유는 인간의 존엄과 가치와 불가분의 관계에 있는 정신적 기본권이고, 행복추구권은 다른 개별적 기본권이 적용되지 않는 경우에 한하여 보충적으로 적용되는 기본권이므로(헌재 2002.8.29, 2000헌가5 등 참조), **양심의 자유의 침해 여부를 판단하는 이상 별도로 인간의 존엄과 가치나 행복추구권 침해 여부는 판단하지 아니한다.**

ⓒ 심사기준

이 사건 법률조항은 헌법상 기본의무인 국방의 의무를 구체적으로 형성하는 것이면서 또한 동시에 양심적 병역거부자들의 양심의 자유를 제한하는 것이기도 하다. 이 사건 법률조항으로 인해서 국가의 존립과 안전을 위한 불가결한 헌법적 가치를 담고 있는 국방의 의무와 개인의 인격과 존엄의 기초가 되는 양심의 자유가 상충하게 된다. 이처럼 헌법적 가치가 서로 충돌하는 경우, 입법자는 두 가치를 양립시킬 수 있는 조화점을 최대한 모색해야 하고, 그것이 불가능해 부득이 어느 하나의 헌법적 가치를 후퇴시킬 수밖에 없는 경우에도 그 목적에 비례하는 범위 내에 그쳐야 한다. 헌법 제37조 제2항의 비례원칙은, 단순히 기본권제한의 일반원칙에 그치지 않고, 모든 국가작용은 정당한 목적을 달성하기 위하여 필요한 범위 내에서만 행사되어야 한다는 국가작용의 한계를 선언한 것이므로, **비록 이 사건 법률조항이 헌법 제39조에 규정된 국방의 의무를 형성하는 입법이라 할지라도 그에 대한 심사는 헌법상 비례원칙에 의하여야 한다**(헌재 2011.8.30, 2008헌가22 등 참조).

③ 병역종류조항의 위헌 여부

㉠ 목적의 정당성 및 수단의 적합성

병역종류조항은, 병역부담의 형평을 기하고 병역자원을 효과적으로 확보하여 효율적으로 배분함으로써 국가안보를 실현하고자 하는 것이므로 정당한 입법목적을 달성하기 위한 적합한 수단이다.

㉡ 침해의 최소성

양심적 병역거부자의 수는 병역자원의 감소를 논할 정도가 아니고, 이들을 처벌한다고 하더라도 교도소에 수감할 수 있을 뿐 병역자원으로 활용할 수는 없으므로, 대체복무제 도입으로 병역자원의 손실이 발생한다고 할 수 없다. 전체 국방력에서 병역자원이 차지하는 중요성이 낮아지고 있는 점을 고려하면, 대체복무제를 도입하더라도 우리나라의 국방력에 의미 있는 수준의 영향을 미친다고 보기는 어렵다. **국가가 관리하는 객관적이고 공정한 사전심사절차와 엄격한 사후관리절차를 갖추고, 현역복무와 대체복무 사이에 복무의 난이도나 기간과 관련하여 형평성을 확보해 현역복무를 회피할 요인을 제거한다면, 심사의 곤란성과 양심을 빙자한 병**

역기피자의 증가 문제를 해결할 수 있다. 따라서 대체복무제를 도입하면서도 병역의무의 형평을 유지하는 것은 충분히 가능하다.

따라서 **대체복무제라는 대안이 있음에도 불구하고 군사훈련을 수반하는 병역의무만을 규정한 병역종류조항은 침해의 최소성원칙에 어긋난다.**

ⓒ 법익의 균형성

병역종류조항이 추구하는 '국가안보' 및 '병역의무의 공평한 부담'이라는 공익은 대단히 중요하나, 앞서 보았듯이 병역종류조항에 대체복무제를 도입한다고 하더라도 위와 같은 공익은 충분히 달성할 수 있다고 판단된다. 반면, 병역종류조항이 대체복무제를 규정하지 아니함으로 인하여 양심적 병역거부자들은 최소 1년 6월 이상의 징역형과 그에 따른 공무원 임용 제한 및 해직, 각종 관허업의 특허·허가·인가·면허 등 상실, 인적사항 공개, 전과자에 대한 유·무형의 냉대와 취업곤란 등 막대한 불이익을 감수하여야 한다. 양심적 병역거부자들에게 공익 관련 업무에 종사하도록 한다면, 이들을 처벌하여 교도소에 수용하고 있는 것보다는 넓은 의미의 안보와 공익실현에 더 유익한 효과를 거둘 수 있을 것이고, 국가와 사회의 통합과 다양성의 수준도 높아지게 될 것이다. 따라서 병역종류조항은 법익의 균형성요건을 충족하지 못한 것으로 판단된다.

ⓔ 소결

양심적 병역거부자에 대한 대체복무제를 규정하지 아니한 병역종류조항은 과잉금지원칙에 위배하여 양심적 병역거부자의 양심의 자유를 침해한다.

④ **처벌조항의 위헌 여부**

처벌조항은 병역자원의 확보와 병역부담의 형평을 기하고 국가의 안전보장과 국토방위를 통해 헌법상 인정되는 중대한 법익을 실현하고자 하는 것으로 입법목적이 정당하고, 입영기피자 등에 대한 형사처벌은 위 입법목적을 달성하기 위한 적절한 수단이다. 병역거부는 양심의 자유를 제한하는 근거가 되는 다른 공익적 가치와 형량할 때 우선적으로 보호받아야 할 보편적 가치를 가진다고 할 수 없다. 반면 처벌조항에 의하여 달성되는 공익은 국가공동체의 안전보장과 국토방위를 수호함으로써, 헌법의 핵심적 가치와 질서를 확보하고 국민의 생명과 자유, 안전과 행복을 지키는 것이다. 따라서 처벌조항에 의하여 제한되는 사익이 달성하려는 공익에 비하여 우월하다고 할 수 없으므로, 처벌조항은 법익의 균형성요건을 충족한다. 그렇다면 처벌조항은 과잉금지원칙을 위반하여 양심의 자유를 침해하지 아니한다(헌재 2018.6.28, 2011헌바379·2015헌가5).

기출 OX

01 양심적 병역거부자에 대한 대체복무제를 규정하지 아니한 병역종류조항은 과잉금지원칙에 위배하여 양심적 병역거부자의 양심의 자유를 침해한다. 19. 법행 ( )

02 현역입영 또는 소집통지서를 받은 자가 정당한 사유 없이 입영하지 않거나 소집에 응하지 않은 경우를 처벌하는 구 병역법 처벌조항은 과잉금지원칙을 위배하여 양심적 병역거부자의 양심의 자유를 침해한다. 20. 지방직 ( )

(3) 침묵의 자유의 한계

재판절차에 있어서의 단순한 사실에 관한 증인의 증언거부라든가 신문기자의 취재원에 관한 증언거부 등은 묵비권이나 증언거부권, 보도의 자유와 같은 그 밖의 헌법상의 권리로서 보호받는 것은 별론으로 하고, 헌법 제19조의 양심의 자유에 의하여 보호받지 못한다.

정답 01 ○ 02 ×

3. 양심실현의 자유

(1) 문제점

'양심실현의 자유'란 양심상의 결정을 외부에 표명하거나 그에 따라 행동할 자유 등을 의미한다. 이러한 양심실현의 자유가 헌법상 보장되는지에 대하여 견해가 대립하고 있다.

(2) 판례

① 대법원은 "양심의 자유에는 양심형성의 자유와 양심상 결정의 자유를 포함하는 내심적 자유뿐만 아니라 소극적인 부작위에 의하여 양심상 결정을 외부로 표현하고 실현할 수 있는 자유, 즉 양심상 결정에 반하는 행위를 강제받지 아니할 자유도 함께 포함되어 있다."라고 하여 긍정설의 입장을 취하고 있다(대판 2004.7.15, 2004도2965 전합).

② 헌법재판소는 "헌법 제19조가 보호하고 있는 양심의 자유는 양심형성의 자유와 양심적 결정의 자유를 포함하는 내심적 자유(forum internum)뿐만 아니라, 양심적 결정을 외부로 표현하고 실현할 수 있는 **양심실현의 자유**(forum externum)**를 포함**한다고 할 수 있다. **내심적 자유, 즉 양심형성의 자유와 양심적 결정의 자유는 내심에 머무르는 한 절대적 자유**라고 할 수 있지만, **양심실현의 자유는** 타인의 기본권이나 다른 헌법적 질서와 저촉되는 경우 헌법 제37조 제2항에 따라 국가안전보장·질서유지 또는 공공복리를 위하여 법률에 의하여 제한될 수 있는 **상대적 자유**라고 할 수 있다."라고 판시하였다(헌재 1998.7.16, 96헌바35). 11. 법행, 15·19. 서울시

> **판례** | 양심의 자유의 내용에 양심실현의 자유도 포함되는지 여부: 적극 [합헌]
> 03. 법행, 13. 국가직, 18. 법원직
>
> 헌법 제19조의 양심의 자유는 크게 양심형성의 내부영역과 형성된 양심을 실현하는 외부영역으로 나누어 볼 수 있으므로, 그 구체적인 보장내용에 있어서도 내심의 자유인 '양심형성의 자유'와 양심적 결정을 외부로 표현하고 실현하는 '양심실현의 자유'로 구분된다.
> 양심형성의 자유란 외부로부터의 부당한 간섭이나 강제를 받지 않고 개인의 내심영역에서 양심을 형성하고 양심상의 결정을 내리는 자유를 말하고, 양심실현의 자유란 형성된 양심을 외부로 표명하고 양심에 따라 삶을 형성할 자유, **구체적으로는 양심을 표명하거나 또는 양심을 표명하도록 강요받지 아니할 자유(양심표명의 자유), 양심에 반하는 행동을 강요받지 아니할 자유(부작위에 의한 양심실현의 자유), 양심에 따른 행동을 할 자유(작위에 의한 양심실현의 자유)를** 모두 포함한다(헌재 2004.8.26, 2002헌가1).

기출 OX

03 양심형성의 자유와 양심결정의 자유는 내심에 머무르는 한 절대적 자유에 속한다. 06. 국가직 ( )

04 양심의 자유는 널리 사물의 시시비비나 선악과 같은 윤리적 판단에 국가가 개입해서는 안 되는 내심적 자유는 물론 이와 같은 윤리적 판단을 국가권력에 의하여 외부에 표명하도록 강제받지 아니할 자유까지 포함한다. 10. 법행 ( )

정답 03 ○ 04 ○

* 헌법재판소는 본 판례에서 사죄광고제도는 헌법 제19조(양심의 자유)에 위반되는 동시에 헌법상 보장되는 인격권의 침해에 이르게 된다고 보았다.

기출 OX

01 가석방 신청자에 대한 가석방심사위원회의 준법서약서 제출요구는 양심의 자유에 대한 침해이다. 11. 국가직 ( )

02 공정거래위원회가 사업자단체의 금지행위를 위반한 사업자단체에게 법 위반사실을 공표하도록 명하는 것은 단순히 사실 자체를 공표하는 것이 아니라 윤리적·도덕적 판단을 강요하는 것이기 때문에 양심의 자유를 침해하는 것이다. 16. 경찰승진 ( )

03 전투경찰순경이 법률에 근거한 경찰공무원으로서 시위진압업무를 수행하는 것이 양심의 자유를 침해한다고 판시한 바 있다. 20. 경찰승진 ( )

정답 01 × 02 × 03 ×

판례 |

1 사죄광고가 양심의 자유에 대한 제약으로서 위헌인지 여부: 적극 [한정위헌]
05·08. 행시, 05·09. 법무사, 11. 국가직, 18. 법원직, 19. 서울시

사죄광고의 강제는 양심도 아닌 것이 양심인 것처럼 표현할 것의 강제로 인간양심의 왜곡·굴절이고 이중인격형성의 강요인 것으로서, **침묵의 자유의 파생인 양심에 반하는 행위의 강제금지에 저촉**되는 것이며, 따라서 정신적 기본권의 하나인 양심의 자유의 제약(법인의 경우라면 그 대표자에게 양심표명의 강제를 요구하는 결과가 된다)이라고 보지 않을 수 없다(헌재 1991.4.1, 89헌마160).*

2 준법서약서 제출제도가 양심의 자유를 침해하는지 여부: 소극 [기각] 04. 국회직, 05·07·10. 법행, 08. 법원직, 09. 법무사, 11. 국가직, 15. 서울시

이 사건 **준법서약은** 어떤 구체적이거나 적극적인 내용을 담지 않은 채 **단순한 헌법적 의무의 확인·서약에 불과**하다 할 것이어서 양심의 영역을 건드리는 것이 아니다. … 이 사건의 경우 가석방심사 등에 관한 규칙 제14조에 의하여 준법서약서의 **제출이 반드시 법적으로 강제되어 있는 것이 아니다.** 준법서약서의 제출을 거부하는 당해 수형자는 결국 위 규칙조항에 의하여 가석방의 혜택을 받을 수 없게 될 것이지만, 단지 그것뿐이며 더 이상 **법적 지위가 불안해지거나 법적 상태가 악화되지 아니한다.** 이와 같이 위 규칙조항은 내용상 당해 수형자에게 하등의 법적 의무를 부과하는 것이 아니며 이행강제나 처벌 또는 법적 불이익의 부과 등 방법에 의하여 준법서약을 강제하고 있는 것이 아니므로 당해 수형자의 **양심의 자유를 침해하는 것이 아니다**(헌재 2002.4.25, 98헌마425·99헌마170·498).

3 사업자단체의 법 위반사실을 공표하도록 한 공정거래위원회의 명령이 양심의 자유를 침해하는지 여부: 소극 04. 국회직, 06. 입시, 06·11. 국가직, 07·12. 법행, 08·10. 법원직, 15. 서울시

헌법 제19조에서 보호하는 양심은 옳고 그른 것에 대한 판단을 추구하는 가치적·도덕적 마음가짐으로, 개인의 소신에 따른 다양성이 보장되어야 하고 그 형성과 변경에 외부적 개입과 억압에 의한 강요가 있어서는 아니 되는 인간의 윤리적 내심영역이다. 따라서 **단순한 사실관계**의 확인과 같이 가치적·윤리적 판단이 개입될 여지가 없는 경우는 물론, **법률해석**에 관하여 여러 견해가 갈리는 경우처럼 다소의 가치관련성을 가진다고 하더라도 **개인의 인격형성과는 관계가 없는 사사로운 사유나 의견 등은 그 보호대상이 아니다.** 이 사건의 경우와 같이 경제규제법적 성격을 가진 **공정거래법**에 위반하였는지 여부에 있어서도 각 개인의 소신에 따라 어느 정도의 가치판단이 개입될 수 있는 소지가 있고 그 한도에서 다소의 윤리적·도덕적 관련성을 가질 수도 있겠으나, 이러한 법률판단의 문제는 개인의 인격형성과는 무관하며, 대화와 토론을 통하여 가장 합리적인 것으로 그 내용이 동화되거나 수렴될 수 있는 포용성을 가지는 분야에 속한다고 할 것이므로 헌법 제19조에 의하여 보장되는 양심의 영역에 포함되지 아니한다(헌재 2002.1.31, 2001헌바43).

4 현역병으로 입대한 자를 전투경찰순경으로 전임시켜 공격적인 양상의 시위진압에 나서게 하는 것이 양심의 자유를 침해하는지 여부: 소극 [기각] 05. 행시, 11. 국가직

전투경찰의 임무인 대간첩작전은 범죄의 예방·진압 등 공공의 안녕과 질서유지라는 경찰의 본래의 임무와도 관련되고, 특히 전투경찰대의 임무에는 대간첩작전의 수행뿐 아니라 치안업무의 보조도 포함되고 있다. 따라서 불법한 집회 및 시위로 말미암아 공공질서가 교란되었거나 교란될 우려가 있는 경우 대간첩작전의 수행을 임무로 하는 전투경찰순경에 대하여 경찰의 본래의 임무인 공공의 안녕과 질서유지를 위하여 시위진압명령을 한 것이 행복추구권 및 양심의 자유를 침해한 것이라고 볼 수 없다(헌재 1995.12.28, 91헌마80).

5 국가보안법상의 불고지죄를 처벌하는 것이 양심의 자유를 침해하는지 여부: 소극 [합헌]
03·05·07. 법행, 05. 행시

국가보안법 제10조가 규정한 불고지죄는 국가의 존립과 안전에 저해가 되는 타인의 범행에 관한 **객관적 사실을 고지할 의무를 부과할 뿐**이고 개인의 세계관·인생관·주의·신조 등이나 내심에 있어서의 윤리적 판단을 그 고지의 대상으로 하는 것은 아니므로 양심의 자유, 특히 침묵의 자유를 직접적으로 침해하는 것이라고 볼 수 없을 뿐만 아니라 국가의 존립·안전에 저해가 되는 죄를 범한 자라는 사실을 알고서도 그것이 본인의 양심이나 사상에 비추어 범죄가 되지 아니한다거나 이를 수사기관 또는 정보기관에 고지하는 것이 양심이나 사상에 어긋난다는 등의 이유로 고지하지 아니하는 것은 결국 **부작위에 의한 양심실현**, 즉 내심의 의사를 외부에 표현하거나 실현하는 행위가 되는 것이고 이는 이미 **순수한 내심의 영역을 벗어난 것**이므로 이에 대하여는 필요한 경우 법률에 의한 제한이 가능하다 할 것이다. … 헌법 제37조 제2항이 정한 과잉금지의 원칙이나 기본권의 본질적 내용에 대한 침해금지의 원칙에 위반된 것이라고 볼 수 없다(헌재 1998.7.16, 96헌바35).

6 주민등록발급을 위하여 열 손가락의 지문을 날인하게 하는 것이 양심의 자유를 침해하는지 여부: 소극 [기각]

지문을 날인할 것인지 여부의 결정이 선악의 기준에 따른 개인의 진지한 윤리적 결정에 해당한다고 보기는 어려워, 열 손가락 지문날인의 의무를 부과하는 이 사건 시행령조항에 대하여 국가가 개인의 윤리적 판단에 개입한다거나 그 윤리적 판단을 표명하도록 강제하는 것으로 볼 여지는 없다고 할 것이므로, 이 사건 시행령조항에 의한 양심의 자유의 침해가능성 또한 없는 것으로 보인다(헌재 2005.5.26, 99헌마513).

7 사용자가 근로자에게 자신의 잘못을 반성하고 사죄한다는 내용의 시말서제출을 명령하는 것이 양심의 자유를 침해하는지 여부: 적극
10. 법무사·법원직

취업규칙에서 사용자가 사고나 비위행위 등을 저지른 근로자에게 시말서를 제출하도록 명령할 수 있다고 규정하는 경우, 그 시말서가 단순히 사건의 경위를 보고하는 데 그치지 않고 더 나아가 근로관계에서 발생한 사고 등에 관하여 자신의 잘못을 반성하고 사죄한다는 내용이 포함된 사죄문 또는 반성문을 의미하는 것이라면 이는 헌법이 보장하는 내심의 윤리적 판단에 대한 강제로서 양심의 자유를 침해하는 것이므로, 그러한 취업규칙규정은 헌법에 위반되어 근로기준법 제96조 제1항에 따라 효력이 없고, 그에 근거한 사용자의 시말서제출명령은 업무상 정당한 명령으로 볼 수 없다(대판 2010.1.14, 2009두6605).

8 비례의 원칙에 의한 심사

이 사건 법률조항은 헌법상 기본의무인 국방의 의무를 구체적으로 형성하는 것이면서 또한 동시에 양심적 병역거부자들의 양심의 자유를 제한하는 것이기도 하다. 이 사건 법률조항으로 인해서 국가의 존립과 안전을 위한 불가결한 헌법적 가치를 담고 있는 국방의 의무와 개인의 인격과 존엄의 기초가 되는 양심의 자유가 상충하게 된다. 이처럼 헌법적 가치가 서로 충돌하는 경우, 입법자는 두 가치를 양립시킬 수 있는 조화점을 최대한 모색해야 하고, 그것이 불가능해 부득이 어느 하나의 헌법적 가치를 후퇴시킬 수밖에 없는 경우에도 그 목적에 비례하는 범위 내에 그쳐야 한다. 헌법 제37조 제2항의 비례원칙은, 단순히 기본권제한의 일반원칙에 그치지 않고, 모든 국가작용은 정당한 목적을 달성하기 위하여 필요한 범위 내에서만 행사되어야 한다는 국가작용의 한계를 선언한 것이므로, **비록 이 사건 법률조항이 헌법 제39조에 규정**

기출 OX

04 구 국가보안법의 불고지죄는 국가의 존립과 안전에 저해가 되는 타인의 범행에 관한 객관적 사실을 고지할 의무를 부과할 뿐이고 개인의 세계관·인생관·주의·신조 등이나 내심에 있어서의 윤리적 판단을 그 고지의 대상으로 하는 것은 아니므로, 양심의 자유, 특히 침묵의 자유를 직접적으로 침해하는 것이라고 볼 수 없다. 19. 국회직 ( )

05 사용자가 근로자에게 자신의 잘못을 반성하고 사죄한다는 내용의 시말서제출을 명령하는 것은 양심의 자유를 침해한다. 10. 법무사 ( )

06 국가의 존립과 안전을 위한 불가결한 헌법적 가치를 담고 있는 국방의 의무와 개인의 인격과 존엄의 기초가 되는 양심의 자유라는 헌법적 가치가 서로 충돌하는 경우에도 그에 대한 심사는 헌법상 비례원칙에 의하여야 한다. 19. 변호사 ( )

정답 04 ○ 05 ○ 06 ○

된 국방의 의무를 형성하는 입법이라 할지라도 그에 대한 심사는 헌법상 비례원칙에 의하여야 한다(헌재 2011.8.30, 2008헌가22; 헌재 2018.6.28, 2011헌바379 등).

비교판례

비례원칙의 일반적 심사과정이 양심의 자유에 있어서도 그대로 적용되는지 여부: 소극 [합헌]
06. 법행, 08. 사시, 12. 경찰승진

비례원칙의 일반적 심사과정은 양심의 자유에 있어서는 그대로 적용되지 않는다. 양심의 자유의 경우 비례의 원칙을 통하여 양심의 자유를 공익과 교량하고 공익을 실현하기 위하여 양심을 상대화하는 것은 양심의 자유의 본질과 부합될 수 없다. 양심상의 결정이 법익교량과정에서 공익에 부합하는 상태로 축소되거나 그 내용에 있어서 왜곡·굴절된다면 이는 이미 '양심'이 아니다. 이 사건의 경우 종교적 양심상의 이유로 병역의무를 거부하는 자에게 병역의무의 절반을 면제해주거나 아니면 유사시에만 병역의무를 부과한다는 조건하에서 병역의무를 면제해주는 것은 병역거부자의 양심을 존중하는 해결책이 될 수 없다. 따라서 양심의 자유의 경우에는 법익교량을 통하여 양심의 자유와 공익을 조화와 균형의 상태로 이루어 양 법익을 함께 실현하는 것이 아니라, 단지 '양심의 자유'와 '공익' 중 양자택일, 즉 양심에 반하는 작위나 부작위를 법질서에 의하여 '강요받는가 아니면 강요받지 않는가'의 문제가 있을 뿐이다(헌재 2004.8.26, 2002헌가1).

▶ 종전 판례

9 투표용지에 후보자들에 대한 '전부 거부' 표시방법을 마련하지 않은 공직선거법 제150조 등이 양심의 자유를 침해하는지 여부: 소극

'전부 불신'의 표출방법을 보장하지 않아 청구인들이 투표를 하거나 기권할 수밖에 없다고 하더라도, 이는 양심의 자유에서 말하는 인격적 존재가치로서의 '양심'과 무관하다. 그러한 행위는 진지한 윤리적 결정에 관계된 것이라기보다는 공직후보자에 대한 의견의 표현행위에 관한 것이며 양심의 자유의 보호영역에 포함된다고 볼 수 없다(헌재 2007.8.30, 2005헌마975).

10 '여호와의 증인' 신도로서 향토예비군 대원인 사람이 자신에게 부과된 예비군 훈련을 종교적 양심에 반한다는 이유로 거부하는 행위를 처벌하는 것이 양심의 자유를 침해하는지 여부: 소극 [합헌]

이 사건 법률조항이 추구하는 공익은 국가의 존립과 모든 자유의 전제조건이 되는 '국가안보' 및 '병역의무의 공평한 부담'이라는 대단히 중요한 공익이다. 또한 이 사건 법률조항에는 법정형으로 구류 또는 과료형도 있어 담당 재판부의 판단에 따라 양심적 예비군 훈련 거부자에게 구류 또는 과료 등 경미한 형의 선고도 가능한 점, 이 사건 법률조항에 의하여 강제되는 예비군 훈련은 정상적인 사회생활을 하는 가운데 1년에 약 3회 정도 출퇴근을 하는 형태로 그 의무이행이 과중하다고 할 수 없는 점, 예비군 훈련은 전역 후 일정 기간에 걸쳐 이루어지는 일련의 단계적이고 체계적인 전투수행 교육으로서 예비군 복무기간 동안 단계적으로 부과될 수밖에 없으므로 1회 형사처벌을 받았다고 하여 나머지 교육훈련 전체를 면제하게 되면 단계적이고 체계적인 교육을 할 수 없게 되고, 따라서 예비군 훈련의 반복적 부과와 그 위반시 반복적 처벌은 불가피한 점, 무엇보다도 예비군 훈련의무의 이행을 거부함으로써 양심을 실현하고자 하는 경우는 누구에게나 부과되는 예비군 훈련의무에 대한 예외를 요구하는 경우이므로 병역의무의 공평한 부담의 관점에서 볼 때 타인과 사회공동체 전반에 미치는 파급효과가 대단히 큰 점 등을 종합적으로 고려해 볼 때 이 사건 법률조항이 법익균형성을 상실하였다고 볼 수는 없다(헌재 2011.8.30, 2007헌가12).

11 **보안관찰법상 보안관찰처분이 양심의 자유를 침해하는지 여부: 소극** 04. 국회직, 19. 국가직

헌법이 보장한 양심의 자유는 정신적인 자유로서 어떠한 사상·감정을 가지고 있다고 하더라도 그것이 내심에 머무르는 한 절대적인 자유이므로 제한할 수 없는 것이나, 보안관찰법상의 보안관찰처분은 보안관찰처분대상자의 내심의 작용을 문제삼는 것이 아니라, 보안관찰처분대상자가 보안관찰 해당 범죄를 다시 저지를 위험성이 내심의 영역을 벗어나 외부에 표출되는 경우에 재범의 방지를 위하여 내려지는 특별예방적 목적의 처분이므로, 양심의 자유를 보장한 헌법규정에 위반된다고 할 수 없다(헌재 1997.11.27, 92헌바28).

12 **환자의 진료비 내역에 관한 정보를 국세청에 제출하도록 의무를 부과하는 소득세법 규정이 양심의 자유 등을 침해하는지 여부: 소극** 10. 지방직

소득공제증빙서류 제출의무자들인 의료기관인 의사로서는 과세자료를 제출하지 않을 경우 국세청으로부터 행정지도와 함께 세무조사와 같은 불이익을 받을 수 있다는 심리적 강박감을 가지게 되는바, 결국 이 사건 법령조항에 대하여는 의무불이행에 대하여 간접적이고 사실적인 강제수단이 존재하므로 **법적 강제수단의 존부와 관계없이** 의사인 청구인들의 **양심의 자유를 제한**한다.

이 사건 법령조항에 의하여 국세청장에게 제출되는 내용은 환자의 민감한 정보가 아니고, 과세관청이 소득세 공제액을 산정하기 위한 필요최소한의 내용이며, 이 사건 법령조항으로 얻게 되는 납세자의 편의와 사회적 제 비용의 절감을 위한 연말정산간소화라는 공익이 이로 인하여 제한되는 의사들의 양심실현의 자유에 비하여 결코 적다고 할 수 없으므로, 이 사건 법령조항은 피해의 최소성원칙과 법익의 균형성도 충족하고 있다(헌재 2008.10.30, 2006헌마1401·1409).

13 **진정한 양심에 따른 예비군훈련 거부사건**

[1] **진정한 양심에 따른 병역거부가 병역법 제88조 제1항에서 정한 '정당한 사유'에 해당하는지 여부: 적극**

진정한 양심에 따른 병역거부라면, 이는 병역법 제88조 제1항의 '정당한 사유'에 해당한다고 보아야 한다. 이때 진정한 양심이란 그 신념이 깊고, 확고하며, 진실한 것을 말한다. 인간의 내면에 있는 양심을 직접 객관적으로 증명할 수는 없으므로 사물의 성질상 양심과 관련성이 있는 간접사실 또는 정황사실을 증명하는 방법으로 진정한 양심에 따른 병역거부인지 여부를 판단할 수 있다.

[2] **진정한 양심에 따른 예비군훈련 거부의 경우에도 예비군법 제15조 제9항 제1호에서 정한 '정당한 사유'에 해당하는지 여부: 적극**

진정한 양심에 따른 예비군훈련 거부의 경우에도 예비군법 제15조 제9항 제1호에서 정한 '정당한 사유'에 해당한다고 보아야 한다. 정당한 사유가 없다는 사실은 범죄구성요건이므로 검사가 증명하여야 한다(대판 2021.1.28, 2018도4708).

14 **가해학생에 대한 조치로 피해학생에 대한 서면사과를 규정한 구 '학교폭력예방 및 대책에 관한 법률' 제17조 제1항 제1호가 가해학생의 양심의 자유와 인격권을 침해하는지 여부: 소극**

물론 가해학생은 피해학생에 대한 서면사과 조치를 받게 되면 그 조치가 학교생활기록부에 기재되어 상급학교 진학 시 불이익을 받을 수 있다. 그러나 이는 학교폭력 사실이 인정되는 것을 전제로 한 불이익이다. 또한 자치위원회는 가해학생과 그 보호자에게 적정한 의견진술 기회 등 절차적 기회를 제공한 뒤에만 서면사과 조치를 내릴 수 있고, 이에 불복하는 가해학생과 그 보호자는 소속 학교에 따라 행정소송이나 민사소송을 제기하여 다툴 수도 있다. 이 사건 서면사과조항은 학교폭력이 인정

기출 OX

01 보안관찰법상의 보안관찰처분은 보안관찰처분대상자의 내심의 작용을 문제 삼는 것이 아니라, 보안관찰처분대상자가 보안관찰 해당 범죄를 다시 저지를 위험성이 내심의 영역을 벗어나 외부에 표출되는 경우에 재범의 방지를 위하여 내려지는 특별예방적 목적의 처분이므로, 보안관찰처분 근거 규정에 의한 보안관찰처분이 양심의 자유를 침해한다고 할 수 없다. 19. 국가직 ( )

02 연말정산간소화를 위하여 의료기관에게 환자들의 의료비 내역에 관한 정보를 국세청에 제출하는 의무를 부과하고 있는 제도는 양심의 자유의 보호영역에 속한다. 09. 법행 ( )

정답 01 ○ 02 ○

되는 것을 전제로 가해학생에게 요구되는 사과이므로, 가해학생의 양심이나 인격권에 지나친 제약을 가져온다고 보기 어렵다.

이에 대하여 서면사과 외에도 경고나 주의 또는 권고적인 방식으로도 충분히 동일한 교육적 목적을 달성할 수 있다는 주장이 있을 수 있다. 그러나 학생들이 장시간 머무는 학교라는 물리적 공간에서 이루어지는 학교폭력 문제가 가해학생의 반성과 사과 없이 단순히 가해학생에 대한 주의나 경고, 권고만으로 해결될 수 있다고 보기는 어렵다. 가해학생이 자신의 잘못된 행위를 반성하고 이를 피해학생에게 사과함으로써 잘못된 행위에 대하여 책임을 지는 것은, 단순히 학교폭력에 대한 주의나 경고 또는 권고적인 조치만으로는 달성하기 어려운 교육적 조치이다. 결국 이 사건 서면사과조항은 학교폭력 사실이 인정되는 것을 전제로 피해학생의 피해회복과 가해학생의 선도·교육을 위하여 필요한 범위 내에서 인정되는 것이므로, 침해의 최소성에 위반된다고 보기 어렵다(헌재 2023.2.23, 2019헌바93).

15 대체복무요원의 복무기간을 '36개월'로 하고 대체복무요원으로 하여금 '합숙'하여 대체복무기관을 '교정시설'로 한정하여 복무하도록 한 '대체역의 편입 및 복무 등에 관한 법률' 제18조 제1항 등이 양심의 자유를 침해하는지 여부: 소극

대체복무에는 군사적 역무와 관련한 것이 모두 제외되어 있으므로, 반드시 신체등급을 고려하여 복무기관을 달리하여야 한다고 보기 어렵다. 현역병도 희망하는 병과에서 특정 직무를 수행하는 방법으로 병역의무를 이행하게 해 줄 것을 요구할 구체적 권리가 존재하지 않는다. 복무기관조항은 복무 장소를 교정시설에 국한하였을 뿐, 대체복무요원이 수행하는 구체적인 업무 내용은 사회복지시설, 병원, 응급구조시설, 공공기관 등 다른 기관에서 복무를 하게 된다 하더라도 부여될 수 있는 업무들을 수행하고 있다.

대체복무의 기간을 현역 복무기간보다 어느 정도 길게 하거나 대체복무의 강도를 현역복무의 경우와 최소한 같게 하거나 그보다 더 무겁고 힘들게 하는 것은 대체역 편입심사의 곤란성 문제를 극복하고 병역기피자의 증가를 막는 수단이 된다. 다만, 대체복무의 기간이나 고역의 정도가 과도하여 양심적 병역거부자라 하더라도 도저히 이를 선택하기 어렵게 만드는 것은 대체복무제를 유명무실하게 하거나 징벌로 기능하게 할 수 있다. 병역법상 현역 육군의 복무기간과 비교했을 때 기간조항의 복무기간은 1.5배에 해당한다. 현역병은 사격, 화생방, 각개전투, 완전군장행군 등 군사적 역무를 기본으로 하므로 육체적·정신적으로 크나큰 수고와 인내력이 요구되고, 각종 사고와 위험에 노출된다. 전시 등 국가비상사태 시 현역병은 생명의 위험을 무릅쓰고 전장에 나서게 되지만, 대체복무요원은 병력동원이나 전시근로소집 대상이 되지 않는다. 특별히 우리나라는 이례적 분단국가로서 남북이 대치하여 정전상태에 있고, 북한의 도발행위가 계속되고 있다.

현역병은 원칙적으로 군부대 안에서 합숙복무를 하고 있으며, 전투 준비와 훈련을 위하여 사실상 24시간 내내 대기 상태에 있어야 하고, 초병으로서 취침 중에 각 초소와 부대를 방어하는 역할까지 병행하여야 한다. 한편, 자녀가 있는 현역병에게 출퇴근이 가능한 상근예비역 복무 기회를 준 것은 그 제도의 목적, 수행업무, 군 인력 상황 등이 종합적으로 고려된 것이다. 이와 같은 현역병 복무의 실질적 강도와 현역 등의 복무를 대신하여 병역을 이행한다는 대체복무제의 목적에 비추어 볼 때, 복무기관조항, 기간조항 및 합숙조항으로 인한 고역의 정도가 지나치게 과도하여 양심적 병역거부자가 도저히 대체복무를 선택하기 어렵게 만드는 것으로 볼 수는 없다. 따라서 위 조항들은 과잉금지원칙을 위반하여 청구인들의 양심의 자유를 침해한다고 볼 수 없다(헌재 2024.5.30, 2021헌마117등).

V. 효력

1. 대국가적 효력
양심의 자유는 입법권, 행정권, 사법권 등 모든 공권력을 구속한다.

2. 제3자적 효력
양심의 자유는 기본적 인권의 중핵이 되는 것이므로 인간의 존엄성 존중에 버금가는 비중을 가진다. 그러므로 헌법 제10조와 마찬가지로 양심의 자유도 간접적용설에 입각한 제3자적 효력을 가진다(다수설).

VI. 한계와 제한
양심의 자유의 제한가능성에 대하여 여러 견해가 대립하고 있다.

1. 학설

(1) 내재적 한계설
양심이 외부에 표명되지 아니하고 내심의 작용으로 머물러 있는 경우에도 일정한 제한이 따른다고 한다.

(2) 절대적 보장설
양심이 내심의 작용으로 머물러 있는 경우는 물론이고, 외부에 표명되는 경우에도 제한을 받지 않는다고 한다.

(3) 내면적 무제한설(다수설)
양심이 외부에 표명되는 경우에는 일정한 제한이 따르지만, 내심의 작용으로 머물러 있는 경우에는 제한을 받지 않는다고 한다.

2. 헌법재판소의 입장
국가의 존립·안전에 저해가 되는 죄를 범한 자라는 사실을 알고서도 그것이 본인의 양심이나 사상에 비추어 범죄가 되지 아니한다거나 이를 수사기관 또는 정보기관에 고지하는 것이 양심이나 사상에 어긋난다는 등의 이유로 고지하지 아니하는 것은 결국 부작위에 의한 양심실현, 즉 내심의 의사를 외부에 표현하거나 실현하는 행위가 되는 것이고 이는 이미 순수한 **내심의 영역을 벗어난 것**이므로 이에 대하여는 필요한 경우 법률에 의한 제한이 가능하다 할 것이다(헌재 1998.7.16, 96헌바35).

3. 대법원의 입장
헌법이 보장한 양심의 자유는 정신적인 자유로서 어떠한 사상·감정을 가지고 있더라도 그것이 **내심에 머무르는 한 절대적인 자유이므로 제한할 수 없는 것**이나, 그와 같은 내심의 사상을 문제로 삼은 것이 아니라 보안처분대상자인 원고가 지니고 있는 공산주의사상은 원고의 경력, 전과내용, 출소 후의 제반행상 등에 비추어 그 **내심의 영역을 벗어나** 현저한 반사회성의 징표를 나타내고 있다고 보아 이를 사회안전법 소정의 특정 범죄를 다시 범할 위험성 유무에 관한 판단의 자료로 삼은 것이므로 이는 양심의 자유를 보장한 헌법규정에 위반된다고 할 수 없다(대판 1984.1.24, 82누163). 03. 법행

기출 OX
01 부작위에 의한 양심실현의 행위는 이미 순수한 내심의 영역을 벗어난 것이므로, 이에 대하여는 법률에 의한 제한이 가능하다. 11. 경찰승진 ( )

정답 01 ○

02 종교의 자유

> 헌법 제20조 ① 모든 국민은 종교의 자유를 가진다.
> ② 국교는 인정되지 아니하며, 종교와 정치는 분리된다.

1. 종교의 자유

(1) 의의

① **개념**: '종교'란 신과 피안의 세계에 대한 우주관적 확신, 즉 신이나 절대자 등 초월적 존재를 신봉하고 그것에 귀의하는 것을 말한다.

② **연혁**
  ㉠ 1647년 영국의 인민협정에서 최초로 규정하였다.
  ㉡ 프랑스인권선언, 미연방헌법 등에서 규정하였다.
  ㉢ 우리나라는 제헌헌법 당시 신앙의 자유(제헌헌법 제12조 "모든 국민은 신앙과 양심의 자유를 가진다.")와 함께 규정하였으나 이후 제5차 개정헌법부터 양심의 자유와 분리하여 규정하였다.

(2) 주체

종교의 자유의 주체는 모든 국민과 외국인(외국선교사 포함)이다. 또한 종교단체에는 선교나 예배의 자유가 인정된다. 법인의 경우에는 그 성질상 내심적 자유인 신앙의 자유의 주체는 될 수 없지만 종교적 행위의 자유의 주체는 될 수 있다.

기출 OX

01 종교의 자유의 구체적 내용으로는 신앙의 자유, 종교적 행위의 자유 및 종교적 집회·결사의 자유가 포함된다. 16. 법원직 ( )

(3) 내용

① **신앙의 자유**: 신앙의 자유에는 신앙선택의 자유, 신앙을 포기할 자유 및 개종(변경)의 자유, 신앙고백 및 신앙불표현의 자유, 무신앙의 자유가 포함된다. 10. 사시 신앙의 자유는 인간내심의 작용이므로 어떠한 이유로도 제한할 수 없는 절대적 자유이다(통설). 06. 법행

② **종교적 행사의 자유**: 종교적 행사란 신앙을 외부에 표명하는 모든 의식(예 기도, 예배, 독경, 예불 등)을 말한다. 이러한 종교적 행사를 방해하여서는 안 되며, 종교의식참가를 강제하여서도 안 된다.

③ **종교적 집회·결사의 자유**: 종교적 집회·결사의 자유란 종교를 위한 집회나 단체를 형성하는 자유뿐만 아니라 그러한 집회 및 단체에 참가·가입·이탈할 수 있는 자유를 포함한다.

④ **선교와 종교교육의 자유**: 종교의 자유에는 종교선전의 자유 및 선교의 자유 그리고 종교교육의 자유가 포함된다. 이때 선교의 자유에는 타 종교 비판이나 개종의 자유가 포함된다. 국가 또는 지방자치단체가 설립한 학교는 특정한 종교를 위한 종교교육을 하여서는 아니 된다(교육기본법 제6조 제2항). 사립학교에서의 종교교육은 선교활동의 일환으로서 인정되지만, 사립학교라 할지라도 본인의 의사와는 관계없이 일방적으로 배정되는 사립고등학교에서의 종교교육은 학생의 종교의 자유를 침해할 소지가 있다.

정답 01 ○

판례 |

1 사립대학에서 예배참석을 졸업요건으로 한 학칙이 종교의 자유를 침해하는지 여부: 소극 03·08. 법행 18. 서울시

기독교재단이 설립한 사립대학이 학칙으로 대학예배의 6학기 참석을 졸업요건으로 정한 경우, 위 대학교의 대학예배는 목사에 의한 예배뿐만 아니라 강연이나 드라마 등 다양한 형식을 취하고 있고 학생들에 대하여도 예배시간의 참석만을 졸업의 요건으로 할 뿐 그 태도나 성과 등을 평가하지는 않는 사실 등에 비추어 볼 때, 위 대학교의 예배는 복음전도나 종교인 양성에 직접적인 목표가 있는 것이 아니고 신앙을 가지지 않을 자유를 침해하지 않는 범위 내에서 학생들에게 종교교육을 함으로써 진리·사랑에 기초한 보편적 교양인을 양성하는 데 목표를 두고 있다고 할 것이므로, 대학예배의 6학기 참석을 졸업요건으로 정한 위 대학교의 학칙은 헌법상 종교의 자유에 반하는 위헌무효의 학칙이 아니다(대판 1998.11.10, 96다37268).

2 종교단체가 운영하는 학교의 설립인가제가 종교의 자유를 침해하는지 여부: 소극 [합헌] 03. 법행, 10. 법무사, 18. 서울시

종교단체가 운영하는 학교 혹은 학원 형태의 교육기관도 예외 없이 학교설립인가 혹은 학원설립등록을 받도록 규정하고 있는 교육법 제85조 제1항 및 학원의 설립·운영에 관한 법률 제6조가 청구인의 종교의 자유 등을 침해하였다고 볼 수 없고, 또한 위 조항들로 인하여 종교교단의 재정적 능력에 따라 학교 내지 학원의 설립상 차별을 초래한다고 해도 평등원칙에 위배된다고 할 수 없다(헌재 2000.3.30, 99헌바14).

3 종립학교(종교단체가 설립한 사립학교)가 특정 종교의 교리를 전파하는 종교행사와 종교과목 수업을 실시하면서 참가거부가 사실상 불가능한 분위기를 조성하는 등의 행위가 신앙을 가지지 않은 학생들의 인격적 법익을 침해하여 위법한지 여부: 적극 11. 사시, 18. 지방직

[1] **고등학교 평준화정책에 따른 학교 강제배정제도가 위헌인지 여부: 소극**

공교육체계의 헌법적 도입과 우리의 고등학교 교육현실 및 평준화정책이 고등학교 입시의 과열과 그로 인한 부작용을 막기 위하여 도입된 사정, 그로 인한 기본권의 제한 정도 등을 모두 고려한다면, 고등학교 평준화정책에 따른 학교 강제배정제도에 의하여 학생이나 학교법인의 기본권에 일부 제한이 가하여진다고 하더라도 그것만으로는 위 제도가 학생이나 학교법인의 기본권을 본질적으로 침해하는 위헌적인 것이라고까지 할 수는 없다.

[2] **고등학교 평준화정책에 따른 학교 강제배정으로 종립학교가 가지는 '종교교육의 자유 및 운영의 자유'와 학생들이 가지는 '소극적 종교행위의 자유 및 소극적 신앙고백의 자유'가 서로 충돌하는 경우 그 해결방법**

고등학교 평준화정책에 따른 학교 강제배정제도가 위헌이 아니라고 하더라도 여전히 종립학교가 가지는 종교교육의 자유 및 운영의 자유와 학생들이 가지는 소극적 종교행위의 자유 및 소극적 신앙고백의 자유 사이에 충돌이 생기게 되는데, 이와 같이 하나의 법률관계를 둘러싸고 두 기본권이 충돌하는 경우에는 구체적인 사안에서의 사정을 종합적으로 고려한 이익형량과 함께 양 기본권 사이의 실제적인 조화를 꾀하는 해석 등을 통하여 이를 해결하여야 하고, 그 결과에 따라 정해지는 양 기본권행사의 한계 등을 감안하여 그 행위의 최종적인 위법성 여부를 판단하여야 한다.

기출 OX

02 사립대학이 학칙으로 6학기 동안 대학예배에 참석할 것을 졸업요건으로 학칙을 제정하였다면 그 학칙은 헌법상 종교의 자유에 반하는 것으로서 위헌무효이다. 08. 법행 ( )

03 종교단체가 운영하는 학교 형태 혹은 학원 형태의 교육기관도 예외 없이 학교설립인가 혹은 학원설립등록을 받도록 규정한 것은 종교의 자유를 침해하여 헌법에 위반된다. 17. 경찰승진 ( )

정답 02 × 03 ×

기출 OX

01 고등학교 평준화정책에 따라 종교단체가 설립한 사립고등학교에 강제배정된 학생의 경우, 이 학교가 특정 종교의 교리를 전파하는 종교과목 수업을 실시하면서 참가 거부가 사실상 불가능한 분위기를 조성하고 대체과목을 개설하지 않은 것은 종교를 갖지 않은 학생의 기본권을 고려하지 않아 그 학생의 종교에 관한 인격적 법익을 침해한다. 11. 사시 ( )

02 신앙의 자유는 신과 피안 또는 내세에 대한 인간의 내적 확신에 대한 자유를 말하는 것으로서, 이러한 신앙의 자유는 그 자체가 내심의 자유의 핵심이기 때문에 법률로써도 이를 침해할 수 없다. 18. 지방직 ( )

03 사법시험을 일요일에 실시하는 것은 종교의 자유를 침해하는 것이라고 함이 헌법재판소 판례이다. 18. 서울시 ( )

[3] 공교육체계에 편입된 종립학교의 학교법인이 가지는 '종교교육의 자유 및 운영의 자유'의 한계

비록 종립학교의 학교법인이 국·공립학교의 경우와는 달리 종교교육을 할 자유와 운영의 자유를 가진다고 하더라도 그 종립학교가 공교육체계에 편입되어 있는 이상 원칙적으로 학생의 종교의 자유, 교육을 받을 권리를 고려한 대책을 마련하는 등의 조치를 취하는 속에서 그러한 자유를 누린다고 해석하여야 한다.

[4] 종립학교가 특정 종교의 교리를 전파하는 종파적인 종교행사와 종교과목 수업을 실시하면서 참가거부가 사실상 불가능한 분위기를 조성하는 등 신앙을 가지지 않거나 학교와 다른 신앙을 가진 학생들의 기본권을 고려하지 않은 것은 학생의 종교에 관한 인격적 법익을 침해하는 위법한 행위이고, 그로 인하여 인격적 법익을 침해받는 학생이 있을 것임이 충분히 예견 가능하고 그 침해가 회피 가능하므로 과실 역시 인정된다고 한 사례

종립학교가 고등학교 평준화정책에 따라 강제배정된 학생들을 상대로 특정 종교의 교리를 전파하는 종파적인 종교행사와 종교과목 수업을 실시하면서 참가거부가 사실상 불가능한 분위기를 조성하고 대체과목을 개설하지 않는 등 신앙을 가지지 않거나 학교와 다른 신앙을 가진 학생의 기본권을 고려하지 않은 것은 우리 사회의 건전한 상식과 법감정에 비추어 용인될 수 있는 한계를 벗어나 학생의 종교에 관한 인격적 법익을 침해하는 위법한 행위이고, 그로 인하여 인격적 법익을 침해받는 학생이 있을 것임이 충분히 예견 가능하고 그 침해가 회피 가능하므로 과실 역시 인정된다(대판 2010.4.22, 2008다38288 전합).

(4) 효력

종교의 자유는 대국가적 효력뿐만 아니라 제3자적 효력(간접적용설)도 인정된다. 따라서 사용자가 종교를 이유로 근로자를 차별대우해서는 아니 된다. 다만, 종교단체의 권징결의(勸懲決議)는 교인으로서 비위가 있는 자에게 종교적인 방법으로 징계·제재하는 종교단체 내부의 규제에 지나지 아니하므로, 이는 사법심사의 대상이 되지 아니한다(대판 1981.9.22, 81다276).

(5) 제한

신앙의 자유는 제한할 수 없는 절대적 기본권이다. 반면 종교적 행사의 자유, 종교적 집회·결사의 자유, 선교의 자유 등은 외부에 나타나는 행위이기 때문에 헌법유보나 법률유보에 의하여 제한될 수 있는 상대적 기본권이다.

판례 |

1 사법시험을 일요일에 실시하는 것이 종교의 자유를 침해하는지 여부: 소극 [기각]
10. 법무사, 18. 서울시

사법시험 제1차 시험 시행일을 일요일로 정하여 공고한 것은 다수 국민의 편의를 위한 것이므로 이로 인하여 청구인의 종교의 자유가 어느 정도 제한된다 하더라도 이는 공공복리를 위한 부득이한 제한으로 보아야 할 것이고 그 정도를 보더라도 비례의 원칙에 벗어난 것으로 볼 수 없고 청구인의 종교의 자유의 본질적 내용을 침해한 것으로 볼 수도 없다(헌재 2001.9.27, 2000헌마159).

정답 01 ○ 02 ○ 03 ×

2 사법시험 시행일자를 토요일 또는 토요일을 포함한 기간으로 지정한 것이 제칠일안식일예수재림교를 믿는 청구인들의 종교의 자유 등 기본권을 침해하는지 여부: 소극 [기각] 12.사시

청구인들이 믿고 있는 예수재림교의 교리에 의하면 성경상 일곱째 날인 토요일은 거룩한 안식일로서 하나님을 예배하거나 선을 행하는 일 외에 개인적인 일을 하지 말아야 한다는 것인바, 사법시험일자를 토요일 또는 토요일을 포함한 기간으로 지정함으로써 청구인들로서는 사법시험 응시를 하려면 안식일에 관한 교리에 위반할 수밖에 없어서 종교의 자유가 제한된다 할 것이다. 그러나 이러한 청구인들의 종교의 자유(종교적 행위의 자유)는 질서유지나 공공복리를 위하여 필요한 경우 제한이 가능한 자유로서 법무부장관이 다수의 사법시험 응시생들의 응시상 편의를 도모하고 시험장소의 확보, 시험관리 등을 용이하게 하기 위하여 토요일이나 토요일을 포함하여 사법시험일자를 지정한 것은 과잉금지원칙을 위반하여 청구인들의 종교의 자유를 침해한 것이라고 할 수 없다(헌재 2010.6.24, 2010헌마41).

3 법학전문대학원협의회의 '2010학년도 법학적성시험 시행계획 공고' 중 2010학년도 법학적성시험의 시행일을 일요일인 2009.8.23.로 정하고 있는 부분이 종교의 자유 및 평등권을 침해하는지 여부: 소극 [기각]

적성시험 시행 공고가 시험의 시행일을 일요일로 정하고 있는 것은 대다수의 국민의 응시기회보장 및 용이한 시험관리라는 정당한 목적을 달성하기 위한 적절한 수단이다. 또한 시험장으로 임차된 학교들의 구체적인 학사일정에 차이가 있고, 주 5일 근무제의 시행이 배제되는 사업장이 존재하며 국가시험의 경우 각각의 시험의 시행기관 및 투입비용 등이 다르다는 점 등을 고려할 때 위 공고가 피해의 최소성 및 법익균형성원칙에 반하여 종교의 자유를 침해한다고 볼 수 없다. 또한 기독교문화를 사회적 배경으로 하는 구미 제국과 달리 우리나라에서는 일요일이 특정 종교의 종교의식일이 아니라 일반적 공휴일에 해당한다는 점 및 앞서 살펴본 여러 가지 사정을 고려할 때 일요일에 적성시험을 실시하는 것이 특정 종교를 믿는 자들을 불합리하게 차별대우하는 것은 아니다(헌재 2010.2.29, 2009헌마399).

4 학교정화구역 안에서의 납골시설 설치를 금지하는 것이 종교의 자유를 침해하는지 여부: 소극 [합헌] 12.경찰승진·국가직

종교 의식 내지 종교적 행위와 밀접한 관련이 있는 시설의 설치와 운영은 종교의 자유를 보장하기 위한 전제에 해당되므로 종교적 행위의 자유에 포함된다고 할 것이다. 따라서 종교단체가 종교적 행사를 위하여 종교집회장 내에 납골시설을 설치하여 운영하는 것은 종교행사의 자유와 관련된 것이라고 할 것이고, 그러한 납골시설의 설치를 금지하는 것은 종교행사의 자유를 제한하는 결과가 된다. 우리 사회는 전통적으로 사망한 사람의 시신이나 무덤을 경원하고 기피하는 풍토와 정서를 가지고 살아왔다. 입법자는 학교 부근의 납골시설이 현실적으로 학생들의 정서교육에 해로운 영향을 끼칠 가능성이 있다고 판단하고 학생들에 대한 정서교육의 환경을 보호하기 위하여 학교 부근의 납골시설을 규제하기로 결정한 것이므로, … 종교의 자유를 과도하게 제한하여 헌법 제37조 제2항에 위반된다고 보기 어렵다(헌재 2009.7.30, 2008헌가2).

기출 OX

01 종교의 자유가 국민에게 그가 선택한 임의의 장소에서 자유롭게 종교전파를 할 자유까지를 보장하는 것은 아니다. 17. 경찰승진 ( )

02 구치소장이 수용자 중 미결수용자에 대하여 일률적으로 종교행사 등에의 참석을 불허한 것은 미결수용자의 종교의 자유를 나머지 수용자의 종교의 자유보다 엄격하게 제한한 것이나, 교정시설의 여건 및 수용관리의 적정성을 기하기 위한 것으로서 목적과 수단이 정당하고 일부 수용자에 대한 최소한의 제한에 해당하므로 종교의 자유를 침해한 것으로 볼 수 없다. 16. 법원직 ( )

03 피청구인인 부산구치소장이 청구인이 미결수용자 신분으로 구치소에 수용되었던 기간 중 교정시설 안에서 매주 실시하는 종교집회 참석을 제한한 행위는 과잉금지원칙을 위반하여 청구인의 종교의 자유 중 종교적 집회·결사의 자유를 침해한 것이 아니다. 09. 법원직 ( )

5 테러위험이 있는 해외 위난지역으로의 출국을 금지하는 외교부 고시가 이곳에서 선교활동을 하려는 자들의 종교의 자유를 침해하는지 여부: **소극 [기각]** 12. 사시, 17. 법원직
종교전파의 자유는 국민에게 그가 선택한 임의의 장소에서 자유롭게 행사할 수 있는 권리까지 보장한다고 할 수 없으며, 그 임의의 장소가 대한민국의 주권이 미치지 아니하는 지역 나아가 국가에 의한 국민의 생명·신체 및 재산의 보호가 강력히 요구되는 해외 위난지역인 경우에는 더욱 그러하다. 또한 청구인들의 아프가니스탄에서의 선교행위가 제한된 것은 이 사건 여권의 사용제한 등 조치를 통하여 국민의 국외 이전의 자유를 일시적으로 제한함으로써 부수적으로 나타난 결과일 뿐, 청구인들이 국내·국외를 포함한 다른 지역에서의 기독교를 전파할 자유를 일반적으로 제한하는 것은 아니라 할 것이므로 이 사건 고시가 직접적으로 청구인들의 선교의 자유를 침해하였다고 보기 어렵다(헌재 2008.6.26, 2007헌마1366).

6 미결수용자에 대하여만 일률적으로 종교행사 등의 참석을 불허한 구치소장의 행위가 미결수용자의 종교의 자유를 침해하는지 여부: **적극 [인용(위헌확인)]** 16. 법원직, 18. 지방직
또한 형의 집행 및 수용자의 처우에 관한 법률 제45조는 종교행사 등에의 참석대상을 '수용자'로 규정하고 있어 수형자와 미결수용자를 구분하고 있지도 아니하고, 무죄추정의 원칙이 적용되는 미결수용자들에 대한 기본권제한은 징역형 등의 선고를 받아 그 형이 확정된 수형자의 경우보다는 더 완화되어야 할 것임에도, 피청구인이 수용자 중 미결수용자에 대하여만 일률적으로 종교행사 등에의 참석을 불허한 것은 미결수용자의 종교의 자유를 나머지 수용자의 종교의 자유보다 거꾸로 더욱 엄격하게 제한한 것이다. 나아가 공범 등이 없는 경우 내지 공범 등이 있는 경우라도 공범이나 동일 사건 관련자를 분리하여 종교행사 등에의 참석을 허용하거나 수형자용 종교집회실을 시간을 달리하여 운영하는 등의 방법으로 미결수용자의 기본권을 덜 침해하는 수단이 존재함에도 불구하고 이를 전혀 고려하지 아니하였다. 따라서 이 사건 종교행사 등 참석불허처우는 침해의 최소성요건을 충족하였다고 보기 어렵다. 한편 이 사건 종교행사 등 참석불허처우로 얻어질 공익의 정도가 무죄추정의 원칙이 적용되는 미결수용자들이 종교행사 등에 참석을 하지 못함으로써 입게 되는 종교의 자유의 제한이라는 불이익에 비하여 결코 크다고 단정하기 어려우므로 법익의 균형성요건 또한 충족하였다고 할 수 없다. 따라서 이 사건 종교행사 등 참석불허처우는 과잉금지원칙을 위반하여 청구인의 종교의 자유를 침해한 것이다(헌재 2011.12.29, 2009헌마527).

7 부산구치소장이 미결수용자 및 미지정 수형자의 종교집회 참석을 제한한 행위가 청구인의 종교의 자유를 침해하는지 여부: **적극 [인용(위헌확인)]**
미결수용자와 미지정 수형자에 대해서는 원칙적으로 **매월 1회, 그것도 공간의 협소함과 관리 인력의 부족을 이유로 수용동별로 돌아가며 종교집회를 실시하여 실제 연간 1회 정도의 종교집회 참석기회를 부여하고 있다.** 이는 미결수용자 및 미지정 수형자의 구금 기간을 고려하면 사실상 종교집회 참석기회가 거의 보장되지 않는 결과를 초래할 수도 있어, 부산구치소의 열악한 시설을 감안하더라도 종교의 자유를 과도하게 제한하는 것이다. … 이 사건 종교집회 참석제한 처우로 얻을 수 있는 공익은 구치소의 안전과 질서 유지 및 종교집회의 원활한 진행으로서, 이러한 공익이 청구인의 종교집회 참석의 기회를 제한함으로써 입게 되는 종교의 자유의 침해라는 불이익보다 크다고 단정하기 어려우므로 법익의 균형성요건 또한 충족하였다고 할 수 없다(헌재 2014.6.26, 2012헌마782).

정답 01 ○ 02 × 03 ×

> **비교판례**
>
> **구치소장이 구치소 내 미결수용자를 대상으로 한 개신교 종교행사를 4주에 1회, 일요일이 아닌 요일에 실시한 행위가 청구인의 종교의 자유를 침해하는지 여부: 소극 [기각]**
> 구치소에 종교행사 공간이 1개뿐이고, 종교행사는 종교, 수형자와 미결수용자, 성별, 수용동 별로 진행되며, 미결수용자는 공범이나 동일사건 관련자가 있는 경우 이를 분리하여 참석하게 해야 하는 점을 고려하면 피청구인이 미결수용자 대상 종교행사를 4주에 1회 실시했더라도 종교의 자유를 과도하게 제한하였다고 보기 어렵고, 구치소의 인적·물적 여건상 하루에 여러 종교행사를 동시에 하기 어려우며, 개신교의 경우에만 그 교리에 따라 일요일에 종교행사를 허용할 경우 다른 종교와의 형평에 맞지 않고, 공휴일인 일요일에 종교행사를 할 행정적 여건도 마련되어 있지 않다는 점을 고려하면, 이 사건 종교행사 처우는 청구인의 종교의 자유를 침해하지 않는다(헌재 2015.4.30, 2013헌마190).

8 **종교시설에서 운영하는 양로시설이라고 하더라도 일정 규모 이상이라면 신고를 하여야 하고 신고의무를 위반한 경우에는 일률적으로 형사처벌로 제재하는 것이 종교의 자유 등을 침해하는지 여부: 소극 [합헌]** 16. 국가직

심판대상조항은 양로시설에 입소한 노인들에게 편안하고 쾌적한 주거환경을 제공하도록 국가나 지방자치단체가 관리·감독을 하기 위한 것으로, 이러한 입법목적은 정당하고 신고의무를 위반한 경우 형사제재를 가하는 것은 양로시설 현황을 파악하고 감독하기 위한 것으로 수단의 적절성도 인정된다. 양로시설을 설치하고자 하는 경우 일정한 시설기준과 인력기준 등을 갖추어야 하나, 이는 노인들의 안전한 주거공간 보장을 위한 최소한의 기준에 불과하므로 신고의무 부과가 지나치다고 할 수 없다. 종교단체에서 구호활동의 일환으로 운영하는 양로시설이라고 하더라도 신고대상에서 제외하면 관리·감독의 사각지대가 발생할 수 있으며, 일정 규모 이상의 양로시설의 경우 안전사고나 인권침해 피해 정도가 커질 수 있으므로, 예외를 인정함이 없이 신고의무를 부과할 필요가 있다. 더욱이 일부 사회복지시설들의 탈법적인 운영을 방지하기 위하여는 강력한 제재를 가할 필요성이 인정되며, 사안의 경중에 따라 벌금형의 선고도 가능하므로 심판대상조항에 의한 처벌이 지나치게 과중하다고 볼 수 없다. 심판대상조항에 의하여 제한되는 사익에 비하여 심판대상조항이 달성하려는 공익은 양로시설에 입소한 노인들의 쾌적하고 안전한 주거환경을 보장하는 것으로 이는 매우 중대하다. 따라서 심판대상조항이 과잉금지원칙에 위배되어 종교의 자유를 침해한다고 볼 수 없다(헌재 2016.6.30, 2015헌바46).

9 **방역조치 강화를 위하여 비대면 예배만을 허용하고, 모든 대면 모임을 금지하는 집합제한 및 금지조치는 종교의 자유를 침해하는지 여부: 소극 [합헌]**

심판대상조항에 근거한 집회제한 등 조치는 사람들 사이의 접촉을 통한 감염병 전파를 차단하기 위한 것이므로, 집회제한 등 조치의 기준이 되는 것은 집회의 목적이나 내용이 아니라 참가자들 사이의 물리적·공간적 거리의 확보 가능성이다. 결국 **심판대상조항이 규율하는 것은 '행사 자체'가 아니라 '여러 사람의 집합'이고, 따라서 심판대상조항에 의하더라도 예배의 내용 자체를 제한한다고 보기는 어렵다.**
심판대상조항이 감염병의 확산을 차단하기 위하여 종교의 자유를 일시적으로 제한할 수 있도록 한 것이 침해의 최소성에 위반된다고 볼 수 없다. 심판대상조항으로 보호되는 공익은 반복되는 감염병의 위협으로부터 공동체 구성원 전체의 생명과 건강을 보호하는 것이고, 이러한 중대한 공익에 비하여 청구인들이 입는 종교의 자유 제한의 정도가 더 크다고 단정하기 어려우므로 법익의 균형성도 충족된다. 따라서 심판대상조항은 과잉금지원칙에 위반되어 종교의 자유를 침해하지 않는다(헌재 2025.2.27, 2024헌가15).

기출 OX

04 종교단체가 양로시설을 설치하고자 하는 경우 신고하도록 의무를 부담시키는 것은 종교단체의 종교의 자유와 인간다운 생활을 할 권리를 제한한다. 16. 국가직 ( )

정답 **04** ×

2. 국교부인과 정교분리의 원칙

(1) 의의
① **개념**: 국교부인의 원칙은 국가가 특정 종교를 국교로 지정하는 것을 금지하는 것이며, 정교분리의 원칙은 국가와 종교의 결별을 의미한다.
② **연혁**
  ㉠ 18세기에 교회공인제를 거쳐 국교부인제·정교분리제가 확립되었으며, 미국 각주의 초기 헌법들에 최초로 규정되었다.
  ㉡ 우리나라는 제헌헌법 당시부터 규정되었다.

(2) 내용
① **종교의 정치관여금지**: 종교가 정치에 관여하는 것은 금지된다. 그러나 교주가 소속 종교단체와 무관하게 개인적 차원에서 정치활동을 하거나 소속 종교단체와는 별개로 신자들이 정치활동을 하는 것은 무방하다.
② **국가에 의한 종교교육금지**: 국가나 지방자치단체가 설립한 학교에서는 특정의 종교를 위한 종교교육을 실시하지 못한다.
③ **국가에 의한 특정 종교의 차별금지**: 국가가 특정 종교에 대하여 재정적·경제적 우대조치를 하거나 부당한 대우를 하는 것은 금지된다. 그러나 크리스마스나 석가탄신일의 공휴일제는 특별한 종교적 의미가 없는 하나의 관습으로 인식되고 있으므로 특정 종교의 우대라고 볼 수 없다.

> **판례 Ⅰ**
>
> 1 **일요일이 일반적 공휴일이 아닌 특별한 종교의 종교의식일인지 여부: 소극 [기각]**
> 기독교문화를 사회적 배경으로 하고 있는 구미 제국과 달리 우리나라에서는 **일요일은 특별한 종교의 종교의식일이 아니라 일반적인 공휴일**로 보아야 할 것이고 앞서 본 여러 사정을 참작한다면 사법시험 제1차 시험 시행일을 일요일로 정한 피청구인의 이 사건 공고가 청구인이 신봉하는 종교를 다른 종교에 비하여 불합리하게 차별 대우하는 것으로 볼 수도 없다(헌재 2001.9.27, 2000헌마159).
>
> 2 **군종장교가 종교활동을 하면서 소속 종단의 종교를 선전하거나 타 종교를 비판한 것이 종교적 중립준수의무나 정교분리원칙에 위반하여 위법한지 여부: 소극** 16. 법행
> [1] 군대 내에서 군종장교는 국가공무원인 참모장교로서의 신분뿐 아니라 성직자로서의 신분을 함께 가지고 있으므로, 군종장교가 최소한 성직자의 신분에서 주재하는 종교활동을 수행함에 있어 소속 종단의 종교를 선전하거나 다른 종교를 비판하였다고 할지라도 그것만으로 종교적 중립을 준수할 의무를 위반한 직무상의 위법이 있다고 할 수 없다.
> [2] 종교의 자유에는 자기가 신봉하는 종교를 선전하고 새로운 신자를 규합하기 위한 선교의 자유가 포함되고, 선교의 자유에는 다른 종교를 비판하거나 다른 종교의 신자에 대하여 개종을 권고하는 자유도 포함되는바, 종교적 선전과 타 종교에 대한 비판 등은 동시에 표현의 자유의 보호대상이 되는 것이나, 그 경우 종교의 자유에 관한 헌법 제20조 제1항은 표현의 자유에 관한 헌법 제21조 제1항에 대하여 특별 규정의 성격을 갖는다 할 것이므로 종교적 목적을 위한 언론·출판의 경우에는 그 밖의 일반적인 언론·출판에 비하여 고도의 보장을 받게 되고, 특히

기출 OX
01 군대 내에서 군종장교는 성직자로서의 신분과 국가공무원인 참모장교로서의 신분을 함께 가지고 있으므로, 군종장교가 주재하는 종교활동을 수행함에 있어 다른 종교를 비판하였다면, 국가공무원법에서 정한 종교적 중립을 준수할 의무를 위반한 직무상 위법이 있다. 16. 법행 ( )

정답 **01** ×

그 언론·출판의 목적이 다른 종교나 종교집단에 대한 신앙교리논쟁으로서 같은 종파에 속하는 신자들에게 비판하고자 하는 내용을 알리고 아울러 다른 종파에 속하는 사람들에게도 자신의 신앙교리내용과 반대종파에 대한 비판의 내용을 알리기 위한 것이라면 그와 같은 비판할 권리는 최대한 보장받아야 할 것이다.

[3] 공군참모총장이 수하의 장병들을 상대로 단결심의 함양과 조직의 유지·관리를 위하여 계몽적인 차원에서 군종장교로 하여금 교계에 널리 알려진 특정 종교에 대한 비판적 정보를 담은 책자를 발행·배포하게 한 행위가 특별한 사정이 없는 한 정교분리의 원칙에 위반하는 위법한 직무집행에 해당하지 않는다(대판 2007. 4.26, 2006다87903).

3 지방자치단체가 유서 깊은 천주교성당 일대를 문화관광지로 조성하기 위하여 문화관광지 조성계획을 승인받은 후 사업부지 내 토지 등을 수용재결한 것이 정교분리원칙에 위배되는지 여부: 소극 10. 법무사, 11. 사시

[1] 오늘날 종교적인 의식 또는 행사가 하나의 사회공동체의 문화적인 현상으로 자리잡고 있으므로 어떤 의식·행사·유형물 등이 비록 종교적인 의식·행사 또는 상징에서 유래되었다고 하더라도 그것이 이미 우리 사회공동체구성원들 사이에서 관습화된 문화요소로 인식되고 받아들여질 정도에 이르렀다면, 이는 정교분리원칙이 적용되는 종교의 영역이 아니라 헌법적 보호가치를 지닌 문화의 의미를 가지게 된다. 그러므로 이와 같이 **이미 문화적 가치로 성숙한 종교적인 의식·행사·유형물에 대한 국가 등의 지원은 일정 범위 내에서 전통문화의 계승·발전이라는 문화국가원리에 부합하며 정교분리원칙에 위배되지 않는다.**

[2] 지방자치단체가 유서 깊은 천주교성당 일대를 문화관광지로 조성하기 위하여 상급단체로부터 문화관광지 조성계획을 승인받은 후 사업부지 내 토지 등을 수용재결한 사안에서 위 성당을 문화재로 보호할 가치가 충분하고 위 문화관광지 조성계획은 지방자치단체가 지역경제의 활성화를 도모하기 위하여 추진한 것으로 보이며 특정 종교를 우대·조장하거나 배타적 특권을 부여하는 것으로 볼 수 없어, 그 계획의 승인과 그에 따른 토지 등 수용재결이 헌법의 정교분리원칙이나 평등권에 위배되지 않는다(대판 2009.5.28, 2008두16933).

4 육군훈련소 내 종교행사 참석 강제 위헌확인

[1] 피청구인(육군훈련소장)이 청구인(훈련병)들로 하여금 육군훈련소 내 종교행사에 참석하도록 한 행위가 정교분리원칙에 위배되어 청구인들의 종교의 자유를 침해하는지 여부: 적극

피청구인이 청구인들로 하여금 개신교, 천주교, 불교, 원불교 4개 종교의 종교행사 중 하나에 참석하도록 한 것은 그 자체로 종교적 행위의 외적 강제에 해당한다. 이는 피청구인이 위 4개 종교를 승인하고 장려한 것이자, 여타 종교 또는 무종교보다 이러한 4개 종교 중 하나를 가지는 것을 선호한다는 점을 표현한 것이라고 보여질 수 있으므로 국가의 종교에 대한 중립성을 위반하여 특정 종교를 우대하는 것이다. 또한, 이 사건 종교행사 참석조치는 국가가 종교를, 군사력 강화라는 목적을 달성하기 위한 수단으로 전락시키거나, 반대로 종교단체가 군대라는 국가권력에 개입하여 선교행위를 하는 등 영향력을 행사할 수 있는 기회를 제공하므로, 국가와 종교의 밀접한 결합을 초래한다는 점에서 정교분리원칙에 위배된다.

기출 OX

02 공동체 구성원들 사이에 관습화된 문화요소라 하더라도 종교적인 의식·행사에서 유래된 경우에까지 국가가 지원하는 것은 문화국가원리와 정교분리원칙에 위반된다. 17. 국가직 ( )

03 육군훈련소장이 훈련병에게 개신교, 불교, 천주교, 원불교종교행사 중 하나에 참석하도록 한 것은 국가가 종교를 군사력강화라는 목적을 달성하기 위한 수단으로 전락시키거나, 반대로 종교단체가 군대라는 국가권력에 개입하여 선교행위를 하는 등 영향력을 행사할 수 있는 기회를 제공하므로, 국가와 종교의 밀접한 결합을 초래한다는 점에서 헌법상 정교분리원칙에 위배된다. 23. 경찰1차 ( )

정답 02 ✕ 03 ○

[2] 피청구인이 청구인들로 하여금 육군훈련소 내 종교행사에 참석하도록 한 행위가 과잉금지원칙에 위배되어 청구인들의 종교의 자유를 침해하는지 여부: 적극

피청구인이 청구인들로 하여금 육군훈련소 내 종교행사에 참석하도록 한 이 사건 종교행사 참석조치는 군에서 필요한 정신전력을 강화하는 데 기여하기보다 오히려 해당 종교와 군 생활에 대한 반감이나 불쾌감을 유발하여 역효과를 일으킬 소지가 크고, 훈련병들의 정신전력을 강화할 수 있는 방법으로 종교적 수단 이외에 일반적인 윤리교육 등 다른 대안도 택할 수 있으며, 종교는 개인의 인격을 형성하는 가장 핵심적인 신념일 수 있는 만큼 종교에 대한 국가의 강제는 심각한 기본권 침해에 해당하는 점을 고려할 때, 과잉금지원칙을 위반하여 청구인들의 종교의 자유를 침해한다(헌재 2022.11.24, 2019헌마941).

5 연 2회 실시하는 2021년도 간호조무사 국가시험의 시행일시를 모두 토요일 일몰 전으로 정한 '2021년도 간호조무사 국가시험 시행계획 공고'(이하 '이 사건 공고'라 한다)가 청구인의 종교의 자유를 침해하는지 여부: 소극 [기각]

시험일을 평일로 정할 경우 시험장의 확보와 전국적인 시험 관리에 어려움이 발생하고, 직장인이거나 재학 중인 수험생의 시험 응시가 어렵게 된다. 시험일을 일요일로 정하는 경우 제칠일안식일예수재림교(이하 '재림교'라 한다)를 믿는 청구인의 종교의 자유에 대한 제한은 없을 것이나, 일요일에 종교적 의미를 부여하는 응시자의 종교의 자유를 제한하게 되므로, 종교의 자유 제한 문제는 기본권의 주체만을 달리하여 그대로 존속하게 된다. 또한 대부분의 지방자치단체에서 시험장소 임차 및 인력동원 등의 이유로 일요일 시험실시가 불가하거나 어려워, 현재로서는 일요일에 시험을 시행하는 것도 현실적으로 어려운 상황이다. 이러한 사정을 고려할 때, 연 2회 실시되는 간호조무사 국가시험을 모두 토요일에 실시한다고 하여 그로 인한 기본권 제한이 지나치다고 볼 수 없다. 따라서 이 사건 공고는 과잉금지원칙에 반하여 청구인의 종교의 자유를 침해하지 아니한다(헌재 2023.6.29, 2021헌마171).

03 언론·출판의 자유

헌법 제21조 ① 모든 국민은 언론·출판의 자유와 집회·결사의 자유를 가진다.
② 언론·출판에 대한 허가나 검열과 집회·결사에 대한 허가는 인정되지 아니한다.
③ 통신·방송의 시설기준과 신문의 기능을 보장하기 위하여 필요한 사항은 법률로 정한다.
④ 언론·출판은 타인의 명예나 권리 또는 공중도덕이나 사회윤리를 침해하여서는 아니 된다. 언론·출판이 타인의 명예나 권리를 침해한 때에는 피해자는 이에 대한 피해의 배상을 청구할 수 있다.

I. 의의

1. 개념

(1) 고전적 의미와 현대적 의미

고전적 의미에서의 언론·출판의 자유는 사상이나 의견을 언어·문자 등으로 외부에 표현하는 자유를 말한다. 반면, 현대적 의미에서는 의사표현의 자유 외에 알 권리, 액세스권, 반론권, 언론기관설립의 자유 및 언론기관의 자유까지 포함하는 의미로 사용된다.

(2) 표현의 자유와의 관계

언론·출판의 자유는 개인적 표현의 자유를 의미하고, 집회·결사의 자유는 집단적 표현의 자유를 의미한다. 따라서 표현의 자유는 언론·출판의 자유보다 넓은 개념이다.

(3) 상징적 표현의 문제

흑색리본의 착용, 연좌데모, 피켓팅과 같은 비언어적 행동에 의한 상징적 표현도 표현의 자유 중에 포함되는지가 문제되는데, 비언어적 행동도 사상·의견을 전달하기 위한 수단이라는 점에서 **상징적 표현도 표현의 자유에 포함된다**고 본다.

2. 연혁

(1) 1695년 영국의 인민협정에서 선언되었고, 검열법의 폐지로 확립되었다.

(2) 1776년 버지니아 권리장전, 1789년 프랑스인권선언 등에서 표현의 자유가 규정된 이래 오늘날 각국 헌법이 규정하고 있다.

(3) 우리나라
① **제헌헌법**: 법률에 유보하였다.
② **제2공화국(제3차 개정헌법)**: 언론·출판의 허가나 검열을 금지하고, 집회·결사의 허가를 금지하였다.
③ **제3공화국(제5차 개정헌법)**: 언론·출판과 집회·결사에 대한 허가나 검열은 금지하였으나, 영화나 연예에 대한 검열은 허용하였다.
④ **제4공화국(제7차 개정헌법)**: 검열제와 허가제금지규정을 삭제하였다.
⑤ **제5공화국(제8차 개정헌법)**: "언론·출판이 타인의 명예나 권리를 침해한 때에는 피해자는 이에 대한 피해의 배상을 청구할 수 있다."라는 조항을 신설하였다.
⑥ **현행헌법(제9차 개정헌법)**: 검열제와 허가제금지규정이 부활하였다.

II. 법적 성격

언론·출판의 자유는 자유권, 청구권, 제도적 보장이라는 성격을 모두 가진다(통설).

1. 자유권성

국가권력의 방해를 받지 아니하고 자유로이 사상·의견을 발표할 수 있어야 한다.

2. 청구권성

개인의 인격발현과 정치적 의사형성을 위해서는 널리 정보를 수집·청구할 수 있어야 한다.

3. 제도적 보장성

민주적·법치국가적 질서를 형성하고 유지하기 위해서는 자유로운 여론형성과 여론존중이 보장되어야 한다.

> **판례 | 방송의 자유가 제도적 보장으로서의 성격도 있는지 여부: 적극 [합헌]** 18. 국가직, 19. 서울시
>
> **방송의 자유는 주관적 권리로서의 성격과 함께** 신문의 자유와 마찬가지로 자유로운 의견형성이나 여론형성을 위하여 필수적인 기능을 행하는 **객관적 규범질서로서 제도적 보장의 성격을 함께 가진다.** 이와 같이 방송의 자유의 보호영역에는 단지 국가의 간섭을 배제함으로써 성취될 수 있는 방송프로그램에 의한 의견 및 정보를 표현·전파하는 주관적인 자유권 영역 외에 그 자체만으로 실현될 수 없고 그 실현과 행사를 위하여 실체적·조직적·절차적 형성 및 구체화를 필요로 하는 객관적 규범질서의 영역이 존재한다(헌재 2003.12.18, 2002헌바49).

기출 OX

01 방송의 자유는 주관적 권리로서의 성격과 함께 신문의 자유와 마찬가지로 자유로운 의견형성이나 여론형성을 위해 필수적인 기능을 행하는 객관적 규범질서로서 제도적 보장의 성격을 함께 가진다. 18. 국가직 ( )

III. 주체

언론·출판의 자유는 국민뿐만 아니라 외국인도 주체가 된다. 다만, 외국인의 경우 현행법에서 내국인에 비하여 제한을 두고 있다. 신문사나 통신사 등 법인에 대해서도 보도의 자유 등이 보장된다.

IV. 내용

1. 고전적 언론·출판의 자유의 내용

고전적 의미에서의 언론·출판의 자유는 불특정 다수인을 상대로 자신의 의견이나 사상을 자유로이 표현할 수 있는 자유로 이해된다. 국가권력은 사실적이든 법적이든 의사표명 또는 사상전달을 방해하거나 금지할 수 없으므로 의견이나 사상의 발표 또는 전달을 억제하기 위하여 인신구속이나 사전검열뿐만 아니라 입법조치나 도청 등을 하여서도 아니 된다.

2. 현대적 언론·출판의 자유의 내용

02 언론·출판의 자유는 알 권리와 반론권을 포함한다. 06. 국가직 ( )

현대적 의미에서의 언론·출판의 자유는 고전적 의미의 언론·출판의 자유를 의미하는 의사표현의 자유 외에 알 권리, 액세스권, 반론권, 언론기관설립의 자유, 언론기관의 자유까지도 그 내용으로 한다.

(1) 의사표현의 자유
① **개념**: '의사표현의 자유'란 자신의 의사를 외부에 표현하고 전달하며, 자신의 의사표명을 통하여 여론형성에 참여할 수 있는 권리를 말한다.

정답 01 ○ 02 ○

② 의사표현의 전달방법
  ㉠ 언론·출판의 자유의 보호대상이 되는 의사표현 또는 전파의 매개체는 어떠한 형태이건 가능하므로, 담화·연설·토론·연극·방송·음악·영화·가요 등과 문서·소설·시가·도화·사진·조각·서화 등 **모든 형상의 의사표현 또는 의사전파의 매개체를 포함**한다(헌재 2001.8.30, 2000헌가9). 11. 법무사·법행
  ㉡ 정보통신망의 발달로 선거 기간 중 인터넷언론사의 선거와 관련한 게시판, 대화방 등도 정치적 의사를 형성·전파하는 매체로서 역할을 담당하고 있으므로, 의사의 표현·전파의 형식의 하나로 인정되고 언론·출판의 자유에 의하여 보호된다. 11. 법무사
  ㉢ 헌법재판소는 음반·비디오물(헌재 1993.5.13, 91헌바17), 옥외광고물(헌재 1998.2.27, 96헌바2), 상업적 광고표현(헌재 2000.3.30, 97헌마108)도 표현의 자유에 의한 보호대상으로 보고 있다. 헌법 제21조에서 보장하고 있는 표현의 자유에는 자신의 신원을 누구에게도 밝히지 아니한 채 익명 또는 가명으로 자신의 사상이나 견해를 표명하고 전파할 자유도 포함된다. 11. 법무사

기출 OX
03 의사표현·전파의 자유에 있어서 의사표현 또는 전파의 매개체는 어떠한 형태이건 가능하며 그 제한이 없다. 15. 입시 ( )

판례 I

1 상업광고가 표현의 자유의 보호대상인지 여부: 적극 [기각] 05. 입시, 06. 법무사
광고물도 사상·지식·정보 등을 불특정 다수인에게 전파하는 것으로서 언론·출판의 자유에 의한 보호를 받는 대상이 됨은 물론이다. 뿐만 아니라 국민의 알 권리는 국민 누구나가 일반적으로 접근할 수 있는 모든 정보원으로부터 정보를 수집할 수 있는 권리로서 정보수집의 수단에는 제한이 없는 권리인바, 알 권리의 정보원으로서 광고를 배제시킬 합리적인 이유가 없음을 고려할 때, 광고는 이러한 관점에서도 표현의 자유에 속한다고 할 것이다(헌재 2002.12.18, 2000헌마764).

2 상업광고규제의 심사기준 - 완화된 심사 09·11. 국가직, 12. 사시·경찰승진, 18. 법원직, 19. 서울시
상업광고는 표현의 자유의 보호영역에 속하지만 사상이나 지식에 관한 정치적·시민적 표현행위와는 차이가 있고, 한편 직업수행의 자유의 보호영역에 속하지만 인격발현과 개성신장에 미치는 효과가 중대한 것은 아니다. 그러므로 상업광고규제에 관한 비례의 원칙심사에 있어서 '피해의 최소성'원칙은 같은 목적을 달성하기 위하여 달리 덜 제약적인 수단이 없을 것인지 혹은 입법목적을 달성하기 위하여 **필요한 최소한의 제한인지를 심사하기보다는 '입법목적을 달성하기 위하여 필요한 범위 내의 것인지'를 심사**하는 정도로 완화되는 것이 상당하다(헌재 2005.10.27, 2003헌가3).

3 청소년이용음란물이 언론·출판의 자유에 의하여 보호되는 의사표현의 매개체인지 여부: 적극 [합헌]
언론·출판의 자유의 내용 중 의사표현·전파의 자유에 있어서 의사표현 또는 전파의 매개체는 어떠한 형태이건 가능하며 그 제한이 없으므로, 담화·연설·토론·연극·방송·음악·영화·가요 등과 문서·소설·시가·도화·사진·조각·서화 등 모든 형상의 의사표현 또는 의사전파의 매개체를 포함한다. '청소년이용음란물' 역시 의사형성적 작용을 하는 의사의 표현·전파의 형식 중 하나임이 분명하므로 언론·출판의 자유에 의하여 보호되는 의사표현의 매개체라는 점에는 의문의 여지가 없다(헌재 2002.4.25, 2001헌가27).

정답 **03** ○

기출 OX

01 '일단 표출되면 그 해악이 처음부터 해소될 수 없거나 또는 너무나 심대한 해악을 지닌 음란표현'도 헌법 제21조가 규정하는 언론·출판의 자유의 보호영역에 해당한다. 17. 경찰승진
( )

02 음란표현은 헌법 제21조가 규정하는 언론·출판의 자유의 보호영역 내에 있다. 18. 경찰경채, 18·19. 경찰승진
( )

03 특정 의료기관이나 특정 의료인의 기능·진료방법에 관한 광고를 금지하는 것은 표현의 자유를 침해하는 것이다. 08. 국가직
( )

04 금치처분을 받은 미결수용자라 할지라도 금치처분기간 중 집필을 금지하면서 예외적인 경우에만 교도소장이 집필을 허가할 수 있도록 한 형의 집행 및 수용자의 처우에 관한 법률상 규정은 미결수용자의 표현의 자유를 침해한다. 20. 경찰승진
( )

정답 01 ○ 02 ○ 03 ○ 04 ×

4 음란표현이 언론·출판의 자유의 보호영역 내에 있는지 여부: 적극 [종전 판례 변경]
10·12. 사시, 12. 경찰승진, 13·17. 국가직, 15. 법원직, 15·19. 서울시

음란표현은 헌법 제21조가 규정하는 언론·출판의 자유의 보호영역 내에 있다고 볼 것인바, 종전에 이와 견해를 달리하여 음란표현은 헌법 제21조가 규정하는 언론·출판의 자유의 보호영역에 해당하지 아니한다는 취지로 판시한 우리 재판소의 의견(헌재 1998.4.30, 95헌가16)은 이를 변경하기로 한다(헌재 2009.5.28, 2006헌바109 등).

5 숙취해소용 천연차를 개발하여 특허권을 획득한 자로 하여금 '음주 전후, 숙취해소'라는 표시광고를 하지 못하도록 하는 것이 직업의 자유, 표현의 자유, 재산권을 침해하는지 여부: 적극 [위헌]

'음주 전후' 또는 '숙취해소'라는 표시는 식품판매를 위한 상업적 광고표현에 해당한다고 할 것인데, 상업적 광고표현 또한 표현의 자유의 보호를 받는 대상이 되므로 이 사건 규정은 표현의 자유를 제한하는 것이기도 하다. '음주 전후', '숙취해소'라는 표시는 이를 금지할 만큼 음주를 조장하는 내용이라 볼 수 없고, 식품에 숙취해소작용이 있음에도 불구하고 이러한 표시를 금지하면 숙취해소용 식품에 관한 정확한 정보 및 제품의 제공을 차단함으로써 숙취해소의 기회를 국민으로부터 박탈하게 될 뿐만 아니라, 보다 나은 숙취해소용 식품을 개발하기 위한 연구와 시도를 차단하는 결과를 초래하므로, 위 규정은 숙취해소용 식품의 제조·판매에 관한 영업의 자유 및 광고표현의 자유를 과잉금지원칙에 위반하여 침해하는 것이다(헌재 2000.3.30, 99헌마143).

6 의료광고의 규제가 표현의 자유를 침해하는지 여부: 적극 [위헌] 08. 국가직

소비자에게 해당 의료인의 의료기술이나 진료방법을 과장함이 없이 알려주는 의료광고라면 이는 의료행위에 관한 중요한 정보에 관한 것으로서 소비자의 합리적 선택에 도움을 주고 의료인들간의 공정한 경쟁을 촉진하므로 오히려 공익을 증진시킬 수 있다. … 비례의 원칙에 위배하여 표현의 자유와 직업수행의 자유를 침해하는 것이다(헌재 2005.10.27, 2003헌가3).

7 금치처분을 받은 수형자에 대하여 집필을 전면금지하는 것이 표현의 자유를 침해하는지 여부: 적극 [위헌]

일반적으로 표현의 자유는 정보의 전달 또는 전파와 관련지어 생각되므로 구체적인 전달이나 전파의 상대방이 없는 집필의 단계를 표현의 자유의 보호영역에 포함시킬 것인지 의문이 있을 수 있으나, 집필은 문자를 통한 모든 의사표현의 기본전제가 된다는 점에서 당연히 표현의 자유의 보호영역에 속해 있다고 보아야 한다. … 이 사건 시행령조항은 입법목적 달성을 위한 필요최소한의 제한이라는 한계를 벗어난 것으로서 과잉금지의 원칙에 위반된다(헌재 2005.2.24, 2003헌마289).

8 금치기간 중 집필을 금지하도록 한 '형의 집행 및 수용자의 처우에 관한 법률'(이하 '형집행법'이라 한다) 제112조 제3항 본문이 표현의 자유를 침해하는지 여부: 소극 [기각] 18. 서울시

헌법재판소가 2003헌마289 결정에서 금치기간 중 집필을 전면금지한 구 행형법 시행령 조항을 위헌으로 판단한 이후, 입법자는 집필을 허가할 수 있는 예외를 규정하였고(형집행법 제112조 제3항 단서), 금치처분기간도 단축하였다(형집행법 제108조 제14호). 나아가 미결수용자는 징벌집행 중 소송서류의 작성 등 수사 및 재판 과정에서의 권리행사는 제한 없이 허용되고(형집행법 제85조), 형집행법 시행규칙 제215조 제5호는 수용자가 금치처분을 받을 수 있는 규율 위반 행위를 하였더라도 징벌의 기준을 완화하여 다른 종류의 징벌을 부과할 수 있도록 하는 등 기본권제한을 최소화하는 내용을 규정하고 있다. 따라서 이 사건 집필제한조항은 침해의 최소성 및 법익의

균형성원칙을 위반하였다고 볼 수 없다. 그렇다면 이 사건 집필제한조항은 과잉금지원칙에 반하여 청구인의 표현의 자유를 침해하지 아니한다(헌재 2014.8.28, 2012헌마623).

9 실명확인을 위한 기술적 조치를 하지 아니하거나 실명인증의 표시가 없는 정보를 삭제하지 않는 경우 과태료를 부과하도록 정한 공직선거법 조항이 게시판 등 이용자의 익명표현의 자유 및 개인정보자기결정권과 인터넷언론사의 언론의 자유를 침해하는지 여부: 적극 [위헌]

심판대상조항은 정치적 의사표현이 가장 긴요한 선거운동기간 중에 인터넷언론사 홈페이지 게시판 등 이용자로 하여금 실명확인을 하도록 강제함으로써 익명표현의 자유와 언론의 자유를 제한하고, 모든 익명표현을 규제함으로써 대다수 국민의 개인정보자기결정권도 광범위하게 제한하고 있다는 점에서 이와 같은 불이익은 선거의 공정성 유지라는 공익보다 결코 과소평가될 수 없다. 그러므로 심판대상조항은 과잉금지원칙에 반하여 인터넷언론사 홈페이지 게시판 등 이용자의 익명표현의 자유와 개인정보자기결정권, 인터넷언론사의 언론의 자유를 침해한다(헌재 2021.1.28, 2018헌마456).

10 국가가 교과서의 저작·발행·공급을 독점하는 국정교과서제도가 교사들의 출판의 자유를 침해하는지 여부: 소극 [기각]

청구인이 중학교 국어교과의 내용으로 합당하다고 연구한 것이 있다면 그 내용을 정리하여 일반 저작물로 출판할 수 있는 것은 헌법 제21조 제1항의 출판의 자유에 의하여 보장되고 있고, 그 점은 현행 국어교과서국정제도에 의하여 아무런 영향을 받지 아니한다. … 출판의 자유에는 모든 사람이 스스로 저술한 책자가 교과서가 될 수 있도록 주장할 수 있는 권리까지 포함되어 있는 것은 아니라고 할 것이다(헌재 1992.11.12, 89헌마88).

11 선거일 전 180일부터 선거일까지 '인터넷상 정치적 표현 내지 선거운동(트위터, 페이스북 등 SNS를 이용한 선거운동)'을 금지하는 것이 선거운동의 자유 내지 정치적 표현의 자유를 침해하는지 여부: 적극 [한정위헌] 12. 사시·국회직

일반 유권자는 이 사건 법률조항에 의하여 선거일 전 180일부터 선거일까지(선거운동 기간 제외) 후보자나 정당에 대한 정치적 표현 내지 선거운동 일체를 제한받고 있는바, 대통령선거·국회의원선거·지방선거가 순차적으로 맞물려 돌아가는 현실에 비추어 보면 기본권제한의 기간이 지나치게 길다. … 이 사건 법률조항이 인터넷상 정치적 표현 내지 사전선거운동을 금지함으로써 얻어지는 선거의 공정성은 명백하거나 구체적이지 못한 반면, 인터넷을 이용한 의사소통이 보편화되고 각종 선거가 빈번한 현실에서 이 사건 법률조항이 선거일 전 180일부터 선거일까지 장기간 동안 인터넷상 정치적 표현의 자유 내지 선거운동의 자유를 전면적으로 제한함으로써 생기는 불이익 내지 피해는 매우 크다 할 것이므로, 이 사건 법률조항은 법익균형성의 요건을 갖추지 못하였다고 할 것이다(헌재 2011.12.29, 2007헌마1001 등).

12 이른바 본인확인제(인터넷실명제)가 인터넷게시판 이용자의 표현의 자유, 개인정보자기결정권 및 인터넷게시판을 운영하는 정보통신서비스 제공자의 언론의 자유를 침해하는지 여부: 적극 [위헌] 12. 국회직, 18. 지방직, 19. 서울시

이 사건 법령조항들은 국내 인터넷 이용자들의 해외 사이트로의 도피, 국내 사업자와 해외 사업자 사이의 차별 내지 자의적 법집행의 시비로 인한 집행곤란의 문제를 발생시키고 있고, 나아가 본인확인제 시행 이후에 명예훼손·모욕·비방의 정보의 게시가 표현의 자유의 사전제한을 정당화할 정도로 의미 있게 감소하였다는 증거를

기출 OX

05 의사의 자유로운 표명과 전파의 자유에는 책임이 따르므로 자신의 신원을 밝히지 아니한 채 익명 또는 가명으로 자신의 사상이나 견해를 표명하고 전파할 익명표현의 자유는 보장되지 않는다. 17. 경찰승진 ( )

06 인터넷게시판을 설치·운영하는 정보통신서비스 제공자에게 본인확인조치의무를 부과하여 게시판 이용자로 하여금 본인확인절차를 거쳐야만 게시판을 이용할 수 있도록 하는 본인확인제를 규정한 법률조항 및 같은 법 시행령조항은 과잉금지원칙에 위배하여 인터넷게시판 이용자의 표현의 자유를 침해한다. 18. 경찰경채 ( )

07 인터넷게시판을 설치·운영하는 정보통신서비스 제공자에게 본인확인조치의무를 부과하여 게시판 이용자로 하여금 본인확인절차를 거쳐야만 게시판을 이용할 수 있도록 하는 정보통신망 이용촉진 및 정보보호 등에 관한 법률 조항은 과잉금지원칙에 위배하여 인터넷게시판 이용자의 표현의 자유 및 인터넷게시판을 운영하는 정보통신서비스 제공자의 언론의 자유를 침해한다. 18. 경찰승진 ( )

08 인터넷게시판을 운영하는 정보통신서비스 제공자에게 본인확인절차를 거쳐야만 게시판을 이용할 수 있도록 한 '본인확인제'는 위헌이다. 18. 국회직 ( )

정답 05 ✕ 06 ○ 07 ○ 08 ○

찾아볼 수 없는 반면에 게시판 이용자의 표현의 자유를 사전에 제한하여 의사표현 자체를 위축시킴으로써 자유로운 여론의 형성을 방해하고, 본인확인제의 적용을 받지 않는 정보통신망상의 새로운 의사소통수단과 경쟁하여야 하는 게시판 운영자에게 업무상 불리한 제한을 가하며, 게시판 이용자의 개인정보가 외부로 유출되거나 부당하게 이용될 가능성이 증가하게 되었는바, 이러한 인터넷게시판 이용자 및 정보통신서비스 제공자의 불이익은 본인확인제가 달성하려는 공익보다 결코 더 작다고 할 수 없으므로 법익의 균형성도 인정되지 않는다. 따라서 본인확인제를 규율하는 이 사건 법령조항들은 과잉금지원칙에 위배하여 인터넷게시판 이용자의 표현의 자유, 개인정보자기결정권 및 인터넷게시판을 운영하는 정보통신서비스 제공자의 언론의 자유를 침해한다(헌재 2012.8.23, 2010헌마47·252).

13 교원의 노동조합 설립 및 운영 등에 관한 법률(이하 '교원노조법'이라 한다)규정상 교원노조의 '일체의' 정치활동을 금지하는 것이 명확성의 원칙과 교원의 정치적 표현의 자유를 침해하는지 여부: 소극 [합헌]

이 사건 교원노조법규정이 비록 '일체의' 정치활동을 금지하는 형태로 규정되어 있다고 하더라도, 교육의 정치적 중립성을 선언한 헌법과 교육기본법의 규정 및 교원노조법의 입법목적, 교원노조의 인정취지 그리고 관련 규범들과의 관계 등을 종합적으로 고려할 때, 이 사건 교원노조법규정에 의하더라도 교원의 경제적·사회적 지위 향상을 위한 활동은 노조활동의 일환으로서 당연히 허용되고, 교원노조는 교육전문가 집단이라는 점에서 초·중등교육 교육정책과 관련된 정치적 의견표명 역시 그것이 정치적 중립성을 훼손하지 않고 학생들의 학습권을 침해하지 않을 정도의 범위 내라면 허용되는 것으로 해석된다. 물론 교원노조가 교육문제와 연관이 없는 사안에 관하여 교원이라는 신분과 그 조직력을 이용하여 정부의 정책결정이나 집행과정에 영향력을 행사할 목적으로 하는 행위는 교육의 정치적 중립성 내지 이에 대한 국민의 신뢰를 훼손할 수 있으므로 이 사건 교원노조법규정에 의할 때 금지되는 정치활동에 해당한다고 볼 가능성이 크다. 이상과 같이 이 사건 교원노조법규정의 의미내용을 한정하여 해석하는 것이 가능한 이상, 이 규정이 지나치게 포괄적이고 광범위하여 명확성원칙에 위반된다고 볼 수는 없다(헌재 2014.8.28, 2011헌바32 등).

14 대한민국 또는 헌법상 국가기관에 대하여 모욕, 비방, 사실 왜곡, 허위사실 유포 또는 기타 방법으로 대한민국의 안전, 이익 또는 위신을 해하거나 해할 우려가 있는 표현이나 행위에 대하여 형사처벌하도록 규정한 구 형법 제104조의2(국가모독죄 조항)가 표현의 자유를 침해하는지 여부: 적극 [위헌]

심판대상조항은 표현의 내용을 규제하는바, 이는 원칙적으로 중대한 공익의 실현을 위하여 불가피한 경우에 한하여 엄격한 요건에서 허용된다. 그런데 당시 언론이 통제되고 있던 상황과 위 조항의 삭제 경위 등에 비추어 보면, 국가의 안전과 이익, 위신 보전을 심판대상조항의 진정한 입법목적으로 볼 수 있을지 의문이고, 형사처벌로서 표현행위를 일률적으로 규제하는 것이 그러한 목적달성에 기여한다고 보기도 어려워 수단의 적합성을 인정할 수 없다.

심판대상조항이 규제하는 행위태양으로 '기타 방법'은 그 의미가 불명확할 뿐만 아니라, 적용범위가 지나치게 광범위하다. 대한민국의 '이익'이나 '위신' 역시 추상적이고 불명확할 뿐만 아니라, 이를 실제로 해한 경우는 물론 그러한 우려가 있는 행위까지도 처벌대상에 포함시킴으로써 국가와 국가기관에 대한 자유로운 비판과 토론을 위축시키고, 표현의 자유를 광범위하게 제한하고 있다.

국가나 국가기관은 자신이 보유하고 있는 다양하고 방대한 정보를 활용하여 스스로 진상을 밝히거나 국정을 홍보할 수 있고, 허위사실의 유포나 악의적인 왜곡 등에 적극적으로 대응해 제대로 된 정보를 제공함으로써 심판대상조항의 입법목적을 충분히 달성할 수도 있으므로 심판대상조항은 침해 최소성원칙에 어긋난다.

형사처벌을 통하여 획일적으로 국민의 표현행위를 규제하는 것이 진정한 의미에서 국가의 안전·이익이나 위신을 지키는 데 얼마나 기여할 수 있는지 의문일 뿐만 아니라, 민주주의 사회에서 국민의 표현의 자유가 가지는 가치에 비추어 볼 때, 기본권제한의 정도는 매우 중대하므로 법익의 균형성요건도 갖추지 못하였다.

결국 심판대상조항은 과잉금지원칙에 위배되어 표현의 자유를 침해하므로 헌법에 위반된다(헌재 2015.10.21, 2013헌가20).

15 군인의 대통령에 대한 모욕행위를 상관모욕죄로 처벌하는 군형법 제64조 제2항의 상관 중 '명령복종 관계에서 명령권을 가진 사람'에 관한 부분이 표현의 자유를 침해하는지 여부: 소극 [합헌]

군인의 상관에 대한 모욕행위를 형법상의 모욕죄로 처벌한다면, 개인적인 합의로 고소가 취소되었다는 사정만으로 처벌이 불가능하게 되고, 그로 인하여 근무기강이 해이해질 위험이 농후할 뿐만 아니라 군의 지휘체계와 사기를 무너뜨려 국토방위와 국가의 안위를 위험에 빠뜨릴 수도 있다. 그에 비하여 심판대상조항으로 제한되는 행위는 상관에 대한 사회적 평가를 저하시킬 만한 추상적 판단이나 경멸적 감정의 표현으로 비록 그 표현에 군인 개인의 정치적 의사 표현이 포함될 수 있다고 하더라도 군조직의 특수성과 강화된 군인의 정치적 중립의무 등에 비추어 그 제한은 수인의 한도 내에 있다고 보인다. 따라서 심판대상조항은 과잉금지원칙에 위배되어 군인의 표현의 자유를 침해하지 아니한다(헌재 2016.2.25, 2013헌바111).

16 공포심이나 불안감을 유발하는 문언을 반복적으로 상대방에게 도달하게 하는 '사이버스토킹' 처벌규정이 표현의 자유를 침해하는지 여부: 소극 [합헌]

[1] 명확성원칙에 위배되는지 여부: 소극

'공포심이나 불안감을 유발하는 문언을 반복적으로 도달하게 한 행위'란 '사회통념상 일반인에게 두려워하고 무서워하는 마음, 마음이 편하지 아니하고 조마조마한 느낌을 일으킬 수 있는 내용의 문언을 되풀이하여 전송하는 일련의 행위'를 의미하는 것으로 풀이할 수 있다. 이와 같이 풀이한다면 건전한 상식과 통상적인 법감정을 가진 수범자는 심판대상조항에 의하여 금지되는 행위가 어떠한 것인지 충분히 알 수 있고, 법관의 보충적인 해석을 통하여 그 의미가 확정될 수 있으므로, 명확성원칙에 위배되지 않는다.

[2] 표현의 자유를 침해하는지 여부: 소극

심판대상조항은 일정 행위의 반복을 구성요건요소로 하고 있어서 적용범위를 제한하고 있고, 법정형도 1년 이하의 징역 또는 1천만원 이하의 벌금으로 형벌규정 중 상대적으로 가볍다. 이러한 사정을 종합하면 공포심이나 불안감을 유발하는 문언의 전송행위에 대하여 심판대상조항에 따라 형벌을 가한다 하여 침해의 최소성에 반한다고 할 수 없다. 또한 심판대상조항으로 인하여 개인은 정보통신망을 통한 표현에 일정한 제약을 받게 되나, 수신인인 피해자의 사생활의 평온 보호 및 정보의 건전한 이용풍토 조성이라고 하는 공익이 침해되는 사익보다 크다고 할 것이어서 심판대상조항은 법익균형성의 요건도 충족하였다. 따라서 심판대상조항은 죄형법정주의의 명확성원칙에 위배되지 아니하고, 과잉금지원칙에 위반하여 표현의 자유를 침해하지 아니한다(헌재 2016.12.29, 2014헌바434).

기출 OX

01 정보통신망 이용촉진 및 정보보호 등에 관한 법률 조항 중 '공포심이나 불안감을 유발하는 문언을 반복적으로 상대방에게 도달하게 한 자' 부분은, 정보 수신자가 불안감이나 공포심을 실제로 느꼈는지 여부와 상관없이 정보를 보낸 사람을 처벌 가능한 것으로 해석할 수 있어, 그 처벌 대상이 무한히 확장될 가능성이 있으므로 명확성원칙에 위배되어 표현의 자유를 침해한다. 19. 국회직 ( )

정답 01 ×

기출 OX

01 의료인이 '치료효과를 보장하는 등 소비자를 현혹할 우려가 있는 내용의 광고'를 한 경우 형사처벌하도록 규정한 의료법 규정은 오로지 의료서비스의 긍정적인 측면만을 강조하여 의료소비자를 혼란스럽게 하고 합리적인 선택을 방해할 것으로 걱정되는 광고를 의미하는 것으로 충분히 해석이 가능하기에 명확성원칙에 위배되지 않는다. 15. 국가직 ( )

02 소비자를 현혹할 우려가 있는 내용의 의료광고를 금지하는 것은 표현의 자유에 대한 침해가 아니다. 18. 국회직 ( )

03 금융지주회사법 제48조의3 제2항 중 금융지주회사의 임·직원이 업무상 알게 된 공개되지 아니한 정보 또는 자료를 다른 사람에게 누설하는 것을 금지하는 부분은 표현의 자유를 침해하지 않는다. 19. 국회직 ( )

04 개인의 표현행위에 대한 국가의 규제는, 표현내용에 대하여는 원칙적으로 중대한 공익의 실현을 위하여 불가피한 경우에 한하여 엄격한 요건하에서 허용되는 반면, 표현내용과 무관하게 표현의 방법을 규제하는 것은 합리적인 공익상의 이유로 폭넓은 제한이 가능하다. 15. 서울시 ( )

정답 01 ○ 02 ○ 03 ○ 04 ○

17 의료법인·의료기관 또는 의료인이 '치료효과를 보장하는 등 소비자를 현혹할 우려가 있는 내용의 광고'를 한 경우 형사처벌하도록 규정한 의료법 제89조 중 제56조 제2항 제2호 부분이 죄형법정주의의 명확성원칙에 위배되는지 여부 및 의료인 등의 표현의 자유, 직업수행의 자유를 침해하는지 여부: **소극 [합헌]** 17. 변호사

[1] '현혹(眩惑)', '우려(憂慮)'의 의미, 관련 조항 등을 종합하면 '소비자를 현혹할 우려가 있는 내용의 광고'란 '광고 내용의 진실성·객관성을 불문하고 오로지 의료서비스의 긍정적인 측면만을 강조하는 취지의 표현을 사용함으로써 의료소비자를 혼란스럽게 하고 합리적인 선택을 방해할 것으로 걱정되는 광고'를 의미하는 것으로 충분히 해석할 수 있으므로, 심판대상조항은 죄형법정주의의 명확성원칙에 위배되지 아니한다.

[2] 의료광고가 소비자를 현혹하는 방법으로 이루어질 경우, 소비자는 해당 의료서비스의 부정적인 측면을 충분히 고려하지 못함으로써 의료피해라는 예상치 못한 변수에 노출될 수 있다. 부당한 의료광고 표현에 대한 규제가 적절히 이루어지지 않는다면 의료인 등의 비정상적인 광고경쟁을 유발할 수 있고, 이러한 과당경쟁은 소비자의 심리를 자극하기 위한 의료광고의 급증으로 이어져 문란한 국민의료질서를 조장할 위험성이 높으며, 결국 그 피해는 소비자인 국민에게 돌아오게 될 것이다. 따라서 심판대상조항이 과잉금지원칙을 위배하여 의료인 등의 표현의 자유나 직업수행의 자유를 침해한다고 볼 수 없다(헌재 2014.9.25, 2013헌바28).

18 '금융지주회사법'상 공개되지 아니한 정보 또는 자료 누설금지 및 처벌조항이 표현의 자유를 침해하여 위헌인지 여부: **소극 [합헌]**

누설이 금지된 정보나 자료의 범위를 한정하거나 일부 누설행위 태양만 금지하여서는 심판대상조항의 입법목적을 실현하기 어렵고, 수범자가 한정된 점, '누설'행위만 금지된 점, 금융지주회사의 내부 승인 절차를 거쳐 필요한 정보나 자료를 외부에 제공할 수 있는 점, 근로3권 행사나 공익신고 목적 정보 제공의 경우 면책이 가능한 점 등을 고려할 때 업무상 생성된 정보 및 자료에 대한 일차적 처분권을 가진 금융지주회사에게 정보 공개와 관련하여 일정한 통제권한을 부여하는 것이 과잉금지원칙에 반한다고 보기 어렵다. 따라서 심판대상조항은 과잉금지원칙에 위배되어 금융지주회사의 전직 또는 현직 임·직원의 표현의 자유를 침해한다고 할 수 없다(헌재 2017.8.31, 2016헌가11).

19 "교통수단을 이용한 광고는 교통수단 소유자에 관한 광고에 한하여 할 수 있다."라고 규정하고 있는 옥외광고물 등의 관리와 옥외광고산업 진흥에 관한 법률 시행령(이하 '옥외광고물법 시행령'이라 한다) 제13조 제9항이 표현의 자유를 침해하는지 여부: **소극**

국가가 개인의 표현행위를 규제하는 경우, **표현내용에 대한 규제는 원칙적으로 중대한 공익의 실현을 위하여 불가피한 경우에 한하여 엄격한 요건하에서 허용되는 반면, 표현내용과 무관하게 표현의 방법을 규제하는 것은 합리적인 공익상의 이유로 폭넓은 제한이 가능하다.** … 이 사건 시행령조항이 자신에 관한 광고를 허용하면서 타인에 관한 광고를 금지한 것은 특정한 표현내용을 금지하거나 제한하려는 것이 아니라 광고의 매체로 이용될 수 있는 차량을 제한하고자 하는 표현방법에 따른 규제로서, 표현의 방법에 대한 제한은 합리적인 공익상의 이유로 비례의 원칙의 준수하에서 가능하다고 할 것이다. 그런데 타인에 관한 광고를 허용하게 되면 무분별한 광고를 하게 되고 이로 인하여 도로교통의 안전과 도시미관을 저해하는 폐해가

발생하게 될 것이다. 따라서 이 사건 시행령조항이 표현의 자유를 침해한다고 볼 수 없다(헌재 2002.12.18, 2000헌마764).

20 **식품·식품첨가물에 관하여 질병치료에 효능이 있다는 내용 또는 의약품으로 혼동할 우려가 있는 표시·광고를 금지하는 것이 영업의 자유 및 표현의 자유를 침해하는지 여부: 소극**

식품의 효능에 관한 광고는 식품판매를 위한 상업적 광고표현에 해당한다 할 것인데, 상업적 광고표현 또한 표현의 자유의 보호를 받는 대상이 되므로 식품위생법 제11조 제1항은 표현의 자유를 제한하는 것이기도 하다. 위 법령조항을 식품 등에 대하여 마치 특정 질병의 치료·예방 등을 직접적이고 주된 목적으로 하는 것인 양 표시·광고하여 소비자로 하여금 의약품으로 혼동·오인하게 하는 표시·광고만을 규제하고 있는 것으로 한정적으로 풀이하면 … 그 적용범위를 위와 같은 합헌적인 범위 밖에까지 부당히 확장하지 아니하는 한 식품제조업자 등의 영업의 자유, 광고표현의 자유 또는 학문의 자유를 헌법 제37조 제2항에 위반하여 침해하는 것이라고 볼 수 없다(헌재 2000.3.30, 97헌마108).

21 **청소년유해매체물의 전자적 표시제도의 위헌 여부: 소극**

이 사건 고시에 따라 전자적 표시가 행해지면 해당 차단소프트웨어를 설치한 경우 청소년유해매체물로 인정된 해당 인터넷사이트나 페이지가 차단되게 된다. 한편 청소년을 인터넷 유해매체물로부터 차단하기 위해서는 이 사건 고시의 전자적 표시 외에 다른 방법이 채택될 수도 있을 것이다. 예를 들어 이름과 주민등록번호를 확인하는 것이거나, 신용카드정보를 통하거나, 공인인증서에 의한 전자서명제도를 이용하여 미성년자 여부를 확인하는 방법이다. 그러나 주민등록번호를 확인하는 방법은 이 사건 고시의 전자적 표시방법 외에 위와 같은 방법들이 청구인과 같은 정보제공자들의 표현의 자유를 덜 제약하면서도 같은 입법목적을 달성할 수 있는 것이라고 단정하기는 어렵다. … 따라서 정보통신망 이용촉진 및 정보보호 등에 관한 법률 시행령 제21조 제2항 및 이 사건 고시는 청구인의 표현의 자유를 침해하는 것이라 할 수 없다(헌재 2004.1.29, 2001헌마894).

22 **'법관이 그 품위를 손상하거나 법원의 위신을 실추시킨 경우'를 징계사유로 하는 법률규정은 '품위 손상', '위신 실추'와 같은 추상적인 용어를 사용하여 그 적용범위가 지나치게 광범위하거나 포괄적이어서 법관의 표현의 자유를 과도하게 제한하는지에 대한 여부: 소극** 19. 서울시

구 법관징계법 제2조 제2호가 '품위 손상', '위신 실추'와 같은 추상적인 용어를 사용하고 있기는 하나, 수범자인 법관이 구체적으로 어떠한 행위가 이에 해당하는지를 충분히 예측할 수 없을 정도로 그 적용범위가 모호하다거나 불분명하다고 할 수 없고, 법관이 사법부 내부 혁신 등을 위한 표현행위를 하였다는 것 자체가 위 법률조항의 징계사유가 되는 것이 아니라, 표현행위가 이루어진 시기와 장소, 표현의 내용 및 방법, 행위의 상대방 등 제반 사정을 종합하여 볼 때 법관으로서의 품위를 손상하거나 법원의 위신을 실추시킨 행위에 해당하는 경우에 한하여 징계사유가 되는 것이므로, 구 법관징계법 제2조 제2호는 그 적용범위가 지나치게 광범위하거나 포괄적이어서 법관의 표현의 자유를 과도하게 제한한다고 볼 수 없어 과잉금지원칙에 위배되지 아니한다(헌재 2012.2.23, 2009헌바34).

기출 OX

05 '법관이 그 품위를 손상하거나 법원의 위신을 실추시킨 경우'를 징계사유로 하는 법률규정은 '품위 손상', '위신 실추'와 같은 추상적인 용어를 사용하여 그 적용범위가 지나치게 광범위하거나 포괄적이어서 법관의 표현의 자유를 과도하게 제한한다고 볼 수 있다. 19. 서울시 ( )

정답 05 ×

기출 OX

01 현대 민주사회에서 표현의 자유가 국민주권주의 이념의 실현에 불가결한 것인 점에 비추어 볼 때, 불명확한 규범에 의한 표현의 자유의 규제는 헌법상 보호받는 표현에 대한 위축적 효과를 야기한다. 14. 서울시 (   )

02 세종특별자치시 옥외광고물 관리 조례에서 특정 구역 안에서 업소별로 표시할 수 있는 옥외광고물의 총수량을 원칙적으로 1개로 제한한 것은 표현의 자유를 침해한다. 18. 경찰경채 (   )

03 특정 구역 안에서 업소별로 표시할 수 있는 광고물의 총수량을 1개로 제한한 옥외광고물 표시제한 특정 구역 지정고시 조항은 자신들이 원하는 위치에 원하는 종류의 옥외광고물을 원하는 만큼 표시·설치할 수 없어 청구인들의 표현의 자유를 침해한다. 19. 경찰승진 (   )

23 민주사회에서 표현의 자유가 수행하는 역할과 기능에 대한 의미 19. 서울시

표현의 자유를 규제하는 입법에 있어서 명확성원칙은 특별히 중요한 의미를 지닌다. 현대 민주사회에서 표현의 자유가 국민주권주의 이념의 실현에 불가결한 것인 점에 비추어 볼 때, 불명확한 규범에 의한 표현의 자유의 규제는 헌법상 보호받는 표현에 대한 위축적 효과를 야기하고, 그로 인하여 다양한 의견, 견해, 사상의 표출을 가능케 함으로써 그러한 표현들이 상호검증을 거치도록 한다는 표현의 자유의 본래의 기능을 상실케 한다. 따라서 표현의 자유를 규제하는 법률은 규제되는 표현의 개념을 세밀하고 명확하게 규정할 것이 헌법적으로 요구된다(헌재 2013.6.27, 2012헌바37).

24 새마을금고의 임원선거와 관련하여 법률에서 정하고 있는 방법 외의 방법으로 선거운동을 할 수 없도록 하고 이를 위반한 경우 형사처벌하도록 정하고 있는 새마을금고법 규정이 표현의 자유를 침해하는지 여부: 소극 19. 서울시

새마을금고는 자주적인 협동조직이지만, 그 수행하는 사업 내지 업무가 국민경제에 상당한 비중을 차지하고, 국가나 국민 전체와 관련된 경제적 기능에 있어서 금융기관에 준하는 공공성을 가지며, 새마을금고가 보유하고 있는 자산의 규모도 상당하다. 따라서 새마을금고의 경영을 책임지는 임원에게는 고도의 윤리성이 요구되므로, 임원을 선거로 선출함에 있어서는 부정·타락행위를 방지하고 선거제도의 공정성을 확보해야 할 필요성이 크다. 심판대상조항은 새마을금고 임원 선거의 과열과 혼탁을 방지함으로써 선거의 공정성을 담보하고자 하는 것으로 그 입법목적이 정당하다. … 따라서 심판대상조항은 과잉금지원칙에 위반하여 결사의 자유 및 표현의 자유를 침해하지 아니한다(헌재 2018.2.22, 2016헌바364).

25 세종특별자치시 옥외광고물 관리 조례에서 특정 구역 안에서 업소별로 표시할 수 있는 옥외광고물의 총수량을 원칙적으로 1개로 제한한 것이 표현의 자유를 침해하는지 여부: 소극

광고물 총수량 조항은 '세종특별자치시 옥외광고물 관리 조례' 제6조 제1항, 제27조, 행복도시법 제60조의2 제1항·제3항에 근거한 것으로서, 위 조항들이 위임하는 범위 내에서 이 사건 특정 구역 안에서 업소별로 표시할 수 있는 옥외광고물의 총수량을 원칙적으로 1개로 제한한 것을 두고 위임의 한계를 일탈하였다고 볼 수 없다. 따라서 광고물 총수량 조항이 법률유보원칙에 위배되어 청구인들의 표현의 자유 및 직업수행의 자유를 침해한다고 보기 어렵다(헌재 2016.3.31, 2014헌마794).

26 문화예술계 블랙리스트의 작성 등과 지원사업 배제 지시가 표현의 자유를 침해하는지 여부: 적극 [인용(위헌확인)]

이 사건 지원배제 지시는 특정한 정치적 견해를 표현한 자에 대하여 문화예술 지원 공모사업에서의 공정한 심사 기회를 박탈하여 사후적으로 제재를 가한 것으로, 개인 및 단체의 정치적 표현의 자유에 대한 제한조치에 해당하는바, 그 법적 근거가 없으므로 법률유보원칙을 위반하여 표현의 자유를 침해한다. 이 사건 지원배제 지시는 정부에 대한 비판적 견해를 가진 청구인들을 제재하기 위한 목적으로 행한 것인데, 이는 헌법의 근본원리인 국민주권주의와 자유민주적 기본질서에 반하므로, 그 목적의 정당성을 인정할 수 없어 청구인들의 표현의 자유를 침해한다(헌재 2020.12.23, 2017헌마416).

정답 01 ○ 02 × 03 ×

27 공연히 사실을 적시하여 사람의 명예를 훼손한 경우 2년 이하의 징역·금고 또는 500만원 이하의 벌금에 처하도록 규정한 형법 제307조 제1항이 청구인들의 표현의 자유를 침해하는지 여부: 소극 [기각]

오늘날 사실 적시 매체가 매우 다양해짐에 따라 명예훼손적 표현의 전파속도와 파급효과는 광범위해지고 있으며, 일단 훼손되면 완전한 회복이 어렵다는 외적 명예의 특성상, 명예훼손적 표현행위를 제한해야 할 필요성은 더 커지게 되었다. 심판대상조항은 공연히 사실을 적시하여 타인의 명예를 훼손하는 행위를 금지함으로써 개인의 명예, 즉 인격권을 보호하기 위한 것이므로 입법목적의 정당성이 인정된다. 또한 이러한 금지의무를 위반한 경우 형사처벌하는 것은 그러한 명예훼손적 표현행위에 대해 상당한 억지효과를 가질 것이므로 수단의 적합성도 인정된다. 따라서 청구인의 표현의 자유를 침해하지 않는다(헌재 2021.2.25, 2017헌마1113).

28 공연히 허위의 사실을 적시하여 명예를 훼손한 자를 형사처벌하도록 한 형법 제307조 제2항이 표현의 자유를 침해하는지 여부: 소극 [합헌]

허위 사실을 인식하면서 타인의 명예를 훼손하는 행위는 표현의 자유 보장을 통해 달성하고자 하는 개인의 인격 실현과 자치정체의 이념 실현에 기여한다고 볼 수 없고, 오히려 신뢰를 바탕으로 한 비판과 검증을 통하여 형성되어야 할 공적 여론 형성에도 부정적인 영향을 끼치게 될 것이다. 따라서 심판대상조항으로 인한 표현의 자유 제한 정도가 심판대상조항을 통하여 달성되는 공익에 비하여 지나치게 크다고 볼 수 없으므로 법익균형성원칙을 충족한다. 그러므로 심판대상조항이 과잉금지원칙에 위배되어 표현의 자유를 침해한다고 볼 수 없다(헌재 2021.2.25, 2016헌바84).

29 광고가 단순히 상업적인 상품이나 서비스에 관한 사실을 알리는 경우에는 그 내용이 공익을 포함하고 있더라도 헌법 제21조의 표현의 자유에 의하여 보호되는 것인지 여부: 적극

광고가 단순히 상업적인 상품이나 서비스에 관한 사실을 알리는 경우에도 그 내용이 공익을 포함하는 때에는 헌법 제21조의 표현의 자유에 의하여 보호된다. 헌법은 제21조 제1항에서 "모든 국민은 언론·출판의 자유 … 를 가진다."라고 규정하여 현대 자유민주주의의 존립과 발전에 필수불가결한 기본권으로 언론·출판의 자유를 강력하게 보장하고 있는바, 광고물도 사상·지식·정보 등을 불특정다수인에게 전파하는 것으로서 언론·출판의 자유에 의한 보호를 받는 대상이 됨은 물론이다(헌재 1998.2.27, 96헌바2).

30 공무원이 선거에서 특정정당 또는 특정인을 지지하기 위하여 타인에게 정당에 가입하도록 권유 운동을 한 경우 형사처벌하는 국가공무원법 제65조 제2항 제5호 중 정당가입권유에 관한 부분, 제84조 제1항 중 제65조 제2항 제5호의 정당가입권유에 관한 부분이 정치적 표현의 자유를 침해하는지 여부: 소극

정당가입권유금지조항은 선거에서 특정정당·특정인을 지지하기 위하여 정당가입을 권유하는 적극적·능동적 의사에 따른 행위만을 금지함으로써 공무원의 정치적 표현의 자유를 최소화하고 있고, 이러한 행위는 단순한 의견개진의 수준을 넘어 선거운동에 해당하므로 입법자는 헌법 제7조 제2항이 정한 공무원의 정치적 중립성 보장을 위해 이를 제한할 수 있다. 그러므로 정당가입권유금지조항은 과잉금지원칙에 반하여 정치적 표현의 자유를 침해하지 아니한다(헌재 2021.8.31, 2018헌바149).

기출 OX

04 공무원이 선거에서 특정정당 또는 특정인을 지지하기 위하여 타인에게 정당에 가입하도록 권유 운동을 한 경우 형사처벌하는 것은 정치적 표현의 자유를 침해한다. 22.국회 8급 ( )

정답 04 ×

31 안성시시설관리공단의 상근직원이 당내경선에서 경선운동을 할 수 없도록 하고 이를 위반할 경우 처벌하는 공직선거법이 정치적 표현의 자유를 침해하는지 여부: 적극 [위헌]

당원이 아닌 자에게도 투표권을 부여하여 실시하는 당내경선에서 안성시시설관리공단 상근직원의 경선운동을 일률적으로 금지·처벌하는 것은 정치적 표현의 자유를 과도하게 제한하는 것이다. 따라서 심판대상조항은 침해의 최소성에 위반된다. 이처럼 심판대상조항이 정치적 표현의 자유를 중대하게 제한하는 반면, 당내경선의 형평성과 공정성의 확보라는 공익에 기여하는 바가 크다고 보기 어렵다. 따라서 심판대상조항은 법익의 균형성을 충족하지 못하였다. 심판대상조항은 과잉금지원칙에 반하여 정치적 표현의 자유를 침해한다(헌재 2022.12.22, 2021헌가36).

> **관련판례**
>
> 1 광주광역시 광산구 시설관리공단의 상근직원이 당원이 아닌 자에게도 투표권을 부여하는 당내경선에서 경선운동을 할 수 없도록 금지·처벌하는 공직선거법이 정치적 표현의 자유를 침해하는지 여부: 적극 [위헌] (헌재 2021.4.29, 2019헌가11)
>
> 2 공직선거법 제60조 제1항 제5호의 '제53조 제1항 제6호 가운데 지방공사의 상근직원'에 관한 부분이 지방공사 상근직원의 선거운동의 자유를 침해하는지 여부: 적극 [위헌] (헌재 2024.1.25, 2021헌가14)
>
> 3 한국철도공사의 상근직원에 대하여 선거운동을 금지하고 이를 위반한 경우 처벌하도록 규정한 공직선거법이 선거운동의 자유를 침해하는지 여부: 적극 [위헌] (헌재 2018.2.22, 2015헌바124)
>
> 4 서울교통공사의 상근직원이 당원이 아닌 자에게도 투표권을 부여하는 당내경선에서 경선운동을 할 수 없도록 금지·처벌하는 공직선거법이 정치적 표현의 자유를 침해하는지 여부: 적극 [위헌] (헌재 2022.6.30, 2021헌가24)
>
> 5 농업협동조합법·수산업협동조합법에 의하여 설립된 조합의 상근직원에 대하여 선거운동을 금지하는 구 공직선거법이 협동조합 상근직원인 청구인들의 선거운동의 자유를 침해하는지 여부: 소극 [합헌] (헌재 2022.11.24, 2020헌마417)
>
> 6 국민건강보험공단 상근 직원의 선거운동을 금지하고 있는 이 사건 법률조항이 선거운동의 자유를 침해하여 위헌인지 여부: 소극 [합헌] (헌재 2004.4.29, 2002헌마467)

32 정보통신망을 통하여 음란한 화상 또는 영상을 공공연하게 전시하여 유통하는 것을 금지하고 이를 위반하는 자를 처벌하는 것이 과잉금지원칙에 위배되어 표현의 자유를 침해하는지 여부: 소극 [합헌]

심판대상조항은 정보통신망을 건전하고 안전하게 이용할 수 있는 환경을 조성하고 그 이용자를 보호하여 국민생활의 향상과 공공복리를 증진하기 위한 것으로 입법목적이 정당하며, 음란한 영상 등의 유통을 금지하고 위반 시 형사처벌하는 것은 위 입법목적을 달성하는 데 기여하는 적합한 수단이다. 헌법재판소와 대법원의 음란에 대한 해석 기준에 의하여 심판대상조항의 적용을 받는 표현물의 요건이 엄격하게 제한되어 있고, 유통 목적 없이 음란한 영상 등을 단순소지하는 행위는 제한하지 않고 이를 유통하는 행위만을 금지하고 있으며, 그 수단에 있어서도 전파가능성이 아주 높은 정보통신망을 이용한 유통 행위만을 규율하고 있다는 점 등에 비추어 보면, 심판대상조항은 침해의 최소성 및 법익의 균형성에 위배되지 않는다. 결국 심판대상조항은 과잉금지원칙에 위배되지 않으므로 표현의 자유를 침해하지 않는다(헌재 2023.2.23, 2019헌바305).

33 공정거래위원회의 처분과 관련된 자료를 대상으로 한 당사자의 열람·복사 요구에 대하여 공정위로 하여금 자료를 제출한 자의 동의가 있거나 공익상 필요하다고 인정할 때에는 이에 응하도록 한 구 '독점규제 및 공정거래에 관한 법률' 제52조의2 후문 중 '당사자'에 관한 부분이 알 권리를 침해하는지 여부: 소극 [합헌]

당사자의 열람·복사요구가 정당한 사유 없이 거부되었다면 당사자는 그 거부처분의 취소를 구하는 항고소송을 제기할 수도 있고, 또한 공정위가 정당한 사유 없이 열람·복사를 거부한다면 당사자의 방어권 행사에 실질적으로 지장이 초래되었다고 볼 수 없는 예외적인 경우가 아닌 한 그 자체로 제재처분에 관한 공정위의 심의·의결은 절차적 정당성이 결여된 것이어서 취소되어야 하므로, 공정위의 거부처분이 자의적으로 집행될 가능성은 그 거부처분의 위법을 다투는 재판뿐만 아니라 공정위의 제재처분의 위법을 다투는 재판을 통해서도 적절히 통제될 수 있다. 심판대상조항에 의한 청구인들의 사익 제한이 중대하다고 보기 어렵고, 위 조항이 추구하는 공익이 그보다 더 크다고 할 것이므로, 심판대상조항은 과잉금지원칙에 위반되어 알 권리를 침해하지 않는다(헌재 2023.7.20, 2019헌바417).

34 국가보안법 제7조 제1항 중 '찬양·고무·선전 또는 이에 동조한 자'에 관한 부분(이하 '이적행위조항'이라 한다) 및 제7조 제5항 중 '제1항 가운데 찬양·고무·선전 또는 이에 동조할 목적으로 제작·소지·운반·반포 또는 취득한 자'에 관한 부분(이하 '이적표현물조항'이라 한다)이 죄형법정주의의 명확성원칙, 책임과 형벌의 비례원칙에 위배되고, 과잉금지원칙에 위배되어 표현의 자유, 양심의 자유 내지 사상의 자유를 침해하는 것으로 헌법에 위반되는지 여부: 소극 [합헌]

[1] 청구인들은 '동조' 행위를 처벌하는 것이 과도하다고도 주장하나, 이적행위조항에 의해 처벌되는 동조행위는 '반국가단체 등의 활동을 찬양·고무·선전'하는 것과 같이 평가될 정도로 적극적인 의사를 외부에 표시하는 정도에 이른 행위에 국한되므로, 그 위험성이 찬양·고무·선전 행위에 비해 결코 작지 않다. 청구인들은 이적표현물의 소지·취득행위를 처벌하는 것이 지나친 제한이라고도 주장하나, 이적표현물조항의 처벌대상이 축소되어 이적표현물 소지·취득조항이 이념적 성향에 대한 처벌수단이나 소수자를 탄압하는 도구로 악용될 가능성은 거의 없을 뿐만 아니라, 최근 전자매체 형태의 이적표현물이 증가하고 있어 이적표현물을 소지·취득하는 행위를 금지할 필요성은 종전보다 더욱 커졌다고도 볼 수 있다. 형법상의 '내란의 죄'나 '외환의 죄'만으로 이적행위나 이적행위를 할 목적의 이적표현물 제작·소지·운반·반포·취득행위를 모두 처벌할 수 있는지가 불확실한 상황에서 국가보안법을 폐지할 경우, 용인하기 어려운 처벌의 공백이 발생할 우려가 있다. 이러한 내용을 종합적으로 살펴보면, 이적행위조항 및 이적표현물조항이 과잉금지원칙에 위배되지 아니한다고 판단한 선례를 변경할 만한 규범이나 사실상태의 변경이 있다고 볼 수 없다.

[2] 한반도의 이념적 대립상황 등에 비추어 볼 때 이적행위조항 및 이적표현물조항이 법정형으로 징역형만을 규정한 것이나, 이적행위조항이 '동조' 행위를 '찬양·고무·선전' 행위와 동일한 법정형으로 처벌하도록 정하고 있는 것이 형벌체계상 균형을 잃었다고 할 정도로 과중하다고 볼 수도 없다. 그러므로 이적행위조항 및 이적표현물조항은 책임과 형벌 사이의 비례원칙에도 위배되지 아니한다(헌재 2023.9.26, 2017헌가27 등).

35 남북합의서 위반행위로서 전단등 살포를 하여 국민의 생명·신체에 위해를 끼치거나 심각한 위험을 발생시키는 것을 금지하는 것이 청구인들의 표현의 자유를 침해하는지 여부: 적극 [위헌]

[1] 재판관 4인의 위헌의견

① 과잉금지원칙 위반 여부: ○

심판대상조항은 국민의 생명·신체의 안전을 보장하고 남북 간 긴장을 완화하며 평화통일을 지향하여야 하는 국가의 책무를 달성하기 위한 것으로서 목적의 정당성이 인정되며, 심판대상조항은 입법목적 달성에 적합한 수단이 된다.

심판대상조항은 전단 등 살포를 금지하면서 미수범도 처벌하고, 징역형까지 두고 있는데, 이는 국가형벌권의 과도한 행사라 하지 않을 수 없는바, 심판대상조항은 침해의 최소성을 충족하지 못한다.

심판대상조항으로 접경지역 주민의 안전이 확보되고, 평화통일의 분위기가 조성될지는 단언하기 어려운 반면, 심판대상조항이 초래하는 정치적 표현의 자유에 대한 제한은 매우 중대하므로, 법익의 균형성도 인정되지 않는다. 그렇다면 심판대상조항은 과잉금지원칙에 위배되어 청구인들의 표현의 자유를 침해한다.

② 책임주의원칙 위반 여부: ○

국민의 생명·신체에 발생할 수 있는 위해나 심각한 위험은 전적으로 제3자인 북한의 도발로 초래된다는 점을 고려하면, 심판대상조항은 북한의 도발로 인한 책임을 전단 등 살포 행위자에게 전가하는 것이다. 따라서 심판대상조항은 책임주의원칙에도 위배되어 청구인들의 표현의 자유를 침해한다.

[2] 재판관 3인의 위헌의견

① 책임주의원칙 위반 여부: ×

심판대상조항이 정한 결과의 발생이 북한의 개입으로 실현되는 것이기는 하나, 이는 전단 등 살포 행위를 원인으로 하여 이루어진 것임을 전제로 하는 것이고, 결과 발생에 대한 고의와 인과관계를 요하므로, 타인의 행위로 인한 결과에 대하여 그 책임 유무를 묻지 않고 형벌을 부과하는 것은 아니다. 따라서 심판대상조항이 비난가능성 있는 행위를 하지 않는 사람에게 책임을 물어 처벌하는 것이라고 볼 수 없으므로, 책임주의원칙 위반은 문제되지 아니한다.

② 과잉금지원칙 위반 여부: ○

심판대상조항의 궁극적인 의도가 북한 주민을 상대로 한 북한 체제 비판 등의 내용을 담은 표현을 제한하는 데 있고, 심판대상조항이 그 효과에 있어서 주로 특정 관점에 대한 표현을 제한하는 결과를 가져오므로, 심판대상조항은 표현의 내용을 규제하는 것이다.

심판대상조항으로 달성하고자 하는 국민의 생명·신체의 안전 보장은 중대한 공익에 해당하고 국가는 남북 간 평화통일을 지향할 책무가 있으나, 표현행위자가 받게 되는 표현의 자유에 대한 제약은 그 표현의 의미와 역할의 중요성에 비해 매우 크다. 그렇다면 심판대상조항은 과잉금지원칙을 위반하여 청구인들의 표현의 자유를 침해한다(헌재 2023.9.26, 2020헌마1724).

36 장교는 군무와 관련된 고충사항을 집단으로 진정 또는 서명하는 행위를 하여서는 아니 된다고 규정한 '군인의 지위 및 복무에 관한 기본법' 제31조 제1항 제5호 중 '장교'에 관한 부분이 표현의 자유를 침해하는지 여부: 소극 [기각]

군무와 관련된 고충사항이 있는 경우 집단으로 진정 또는 서명하지 않고도 문제를 제기할 수 있는 방법들이 이미 군인복무기본법에 마련되어 있는 점 및 심판대상조항을 통하여 군조직의 고도의 질서 및 규율을 유지하고 국가 안전보장과 국토방위에 기여한다는 공익의 중요성 등을 종합하면, 심판대상조항은 과잉금지원칙을 위반하여 청구인의 표현의 자유를 침해하지 않는다(헌재 2024.4.25, 2021헌마1258).

37 한국방송공사 수신료 분리징수가 입법재량의 한계를 위반하여 방송운영의 자유를 침해하는지 여부: 소극 [기각]

[1] 심판대상조항은 수신료의 구체적인 고지방법에 관한 규정인바, 이는 **수신료의 부과·징수에 관한 본질적인 요소로서 법률에 직접 규정할 사항이 아니므로 이를 법률에서 직접 정하지 않았다고 하여 의회유보원칙에 위반된다고 볼 수 없다**. 심판대상조항은 수신료의 징수를 규정하는 상위법의 시행을 위하여 수신료 납부통지에 관한 절차적 사항을 규정하는 집행명령이다. 집행명령의 경우 법률의 구체적·개별적 위임 여부 등이 문제되지 않고, 다만 상위법의 집행과 무관한 독자적인 내용을 정할 수 없다는 한계가 있다. 심판대상조항은 청구인이 방송법 제65조, 제67조 제2항에 따라 수신료 징수업무를 위탁하는 경우 그 구체적인 시행방법을 규정하고 있을 뿐이라는 점에서 집행명령의 한계를 일탈하였다고 볼 수 없다.

[2] 통합징수방식이 공영방송의 재원에 기여한 측면은 있으나, 수신료와 전기요금의 통합징수방식으로 인한 수신료 과오납 사례가 증가함에 따라 이를 시정할 필요가 있고, 청구인은 필요시 수신료 외에도 방송광고수입이나 방송프로그램 판매수익, 정부 보조금 등을 통하여 그 재정을 보충할 수 있는 점을 고려할 때, 심판대상조항은 **공영방송의 기능을 위축시킬 만큼 청구인의 재정적 독립에 영향을 끼친다고 볼 수 없다.**

[3] 관련 방송통신위원회의 의결도 재적위원 3인 중 2인의 찬성으로 의결이 된 것으로 '방송통신위원회의 설치 및 운영에 관한 법률'상 절차를 위반한 사실을 인정하기 어렵다. 심판대상조항은 법률에서 정하는 수신료 징수방법의 절차를 구체화하는 것으로서, 규제의 신설이나 강화에 해당한다고 보기 어려워 규제영향분석 대상도 아니므로 **적법절차원칙에 위배되지 않는다.**

[4] 개정 전 법령이 전기요금과 수신료를 통합하여 징수하는 방식만을 전제로 하였다거나 그러한 수신료 징수방식에 대한 신뢰를 유도하였다고 볼 수 없으며, 청구인과 한국전력공사 간 TV 방송수신료 징수업무 위·수탁 계약서도 관련 법률의 개정 등 사유를 예정하고 있는 점, 심판대상조항으로 인하여 청구인이 징수할 수 있는 수신료의 금액이나 범위의 변경은 없고 수신료 납부통지 방법만이 변경되는 점 등을 고려할 때 심판대상조항이 **신뢰보호원칙에 위배된다고 볼 수 없다**(헌재 2024.5.30, 2023헌마820).

38 테러단체 가입을 타인에게 선동하는 사람을 처벌하는 테러방지법의 '가입 선동'에 관한 부분이 표현의 자유를 침해하는지 여부: 소극 [합헌]

[1] 가입선동조항에서 말하는 '테러단체 가입 선동', '선동의 주체 및 객체', 그리고 '선동행위' 등의 의미는 관련 조항의 체계적 해석과 대법원 판례 등을 통하여 명확히 해석되므로, 죄형법정주의 명확성원칙에 위반되지 않는다.

[2] 테러단체에 의한 테러의 실행 또는 실행의 위험성을 사전에 차단하여 테러로부터 국민의 생명과 재산을 보호하고 국가 및 공공의 안전을 확보하려는 가입선동조항의 입법목적은 정당하고, 테러단체 가입을 선동하는 행위를 독립적인 구성요건으로 규정하여 처벌할 경우 테러단체의 확장·증대를 방지함으로써 테러단체에 의한 테러의 실행 또는 실행의 위험성을 사전에 차단하는 데 기여할 수 있으므로 수단의 적합성도 인정된다. 가입선동조항은 테러단체의 가입을 선동하는 행위만을 처벌하고, 피선동자에게 테러단체 가입의 결의를 유발하거나 증대시킬 위험성이 인정되어야 테러단체 가입 선동죄의 '선동행위'에 해당하는 점, 가입선동조항의 법정형이 과중하거나 불합리하다고 볼 수 없는 점 등을 고려하면 피해의 최소성도 인정된다. 테러의 실행 또는 실행의 위험성을 사전에 차단하여 테러로부터 국민의 생명과 재산을 보호하고 국가 및 공공의 안전을 확보하려는 공익이 중대한 반면, 가입선동조항은 피선동자에게 테러단체 가입의 결의를 유발하거나 증대시킬 위험성이 인정되는 표현행위만을 규율하므로, 가입선동조항은 법익의 균형성도 충족한다. 따라서 가입선동조항은 과잉금지원칙에 위반되지 아니한다(헌재 2025.1.23, 2019헌바317).

(2) 알 권리

① **의의**: '알 권리'란 모든 정보원으로부터 일반적 정보를 수집하고 또 처리할 수 있는 권리이다. 개인에게는 공공기관과 사회집단 등에 대하여 정보공개를 요구할 수 있는 권리를 의미하고, 언론기관에는 공공기관과 사회집단 등에 대하여 정보공개를 청구할 수 있는 권리만이 아니라 그에 관한 취재의 자유를 의미한다.

② **헌법적 근거**

㉠ 독일기본법과 세계인권선언은 알 권리를 명문으로 규정하고 있다. 알 권리를 명문으로 규정하고 있지 아니한 우리 헌법의 경우에 있어서는 그 법적 근거를 **헌법 제21조**에서 찾는 것이 헌법재판소의 확립된 판례이다(헌재 1991.5.13, 90헌마133).

㉡ 헌법재판소는 "헌법 제21조는 언론·출판의 자유, 즉 표현의 자유를 규정하고 있는데 … 사상 또는 의견의 자유로운 표명은 자유로운 의사의 형성을 전제로 한다. 자유로운 의사의 형성은 정보에의 접근이 충분히 보장됨으로써 비로소 가능한 것이며, 그러한 의미에서 정보에의 접근·수집·처리의 자유, 즉 **'알 권리'는 표현의 자유와 표리일체의 관계에 있으며 따라서 이러한 '알 권리'는 표현의 자유에 당연히 포함되는 것**으로 보아야 한다."라고 판시하여 알 권리의 헌법적 근거를 제21조의 표현의 자유규정에서 구하는 입장을 취한다. 또한 알 권리를 구체화하는 법률이 제정되어 있지 않아도 이는 헌법 제21조에 의하여 직접 보장되는 구체적 권리이다(헌재 1991.5.13, 90헌마133). 03·05. 입시

㉢ 이러한 헌법조항을 근거로 우리나라에서도 공공기관의 정보공개에 관한 법률이 1996년 12월 31일에 제정·시행되고 있다.

기출 OX

01 정부에 대한 국민의 일반적 정보공개를 구할 권리는 추상적 권리로서, 이를 구체화하는 법률의 제정이 없으면 헌법 제21조에서 직접 보장된다고 할 수는 없다. 05. 입시 ( )

정답 01 ×

③ 법적 성격
　㉠ 헌법 제21조는 언론·출판의 자유, 즉 표현의 자유를 규정하고 있는데 이 자유는 전통적으로 사상 또는 의견의 자유로운 표명(발표의 자유)과 그것을 전파할 자유(전달의 자유)를 의미하는 것으로서 사상 또는 의견의 자유로운 표명은 자유로운 의사의 형성을 전제로 한다.
　㉡ 자유로운 의사의 형성은 정보에의 접근이 충분히 보장됨으로써 비로소 가능한 것이며, 그러한 의미에서 정보에의 접근·수집·처리의 자유, 즉 '알 권리'는 표현의 자유와 표리일체의 관계에 있으며 **자유권적 성질과 청구권적 성질**을 공유하는 것이다.
　㉢ 자유권적 성질은 일반적으로 정보에 접근하고 수집·처리함에 있어서 국가권력의 방해를 받지 아니한다는 것을 말하며, 청구권적 성질은 의사형성이나 여론형성에 필요한 정보를 적극적으로 수집하고 수집을 방해하는 방해제거를 청구할 수 있다는 것을 의미하는바, 이는 정보수집권 또는 정보공개청구권으로 나타난다. 나아가 현대사회가 고도의 정보화사회로 이행해 감에 따라 '알 권리'는 한편으로 **생활권적 성질까지도 획득**해 나가고 있다(헌재 1991.5.13, 90헌마133). 03. 법행

④ 내용
　㉠ **정보접근·수집·처리의 자유**: 국민의 알 권리는 정보에의 접근·수집·처리의 자유를 뜻하며 그 자유권적 성질의 측면에서는 일반적으로 정보에 접근하고 수집·처리함에 있어서 국가권력의 방해를 받지 아니한다고 할 것이므로, 개인은 일반적으로 접근 가능한 정보원, 특히 신문·방송 등 매스미디어로부터 방해받지 않고 알 권리를 보장받아야 할 것이다.
　㉡ **정보공개청구권**: '알 권리'의 생성기반을 살펴볼 때 이 권리의 핵심은 정부가 보유하고 있는 정보에 대한 국민의 '알 권리', 즉 국민의 정부에 대한 **일반적 정보공개를 구할 권리**(청구권적 기본권)라고 할 것이다(헌재 1991.5.13, 90헌마133). 국민의 알 권리를 보장하고 국정운용의 투명성을 확보하기 위한 법률로서 공공기관의 정보공개에 관한 법률이 있다.

> **공공기관의 정보공개에 관한 법률**
> **제1조【목적】** 이 법은 공공기관이 보유·관리하는 정보에 대한 국민의 공개청구 및 공공기관의 공개의무에 관하여 필요한 사항을 정함으로써 국민의 **알 권리**를 보장하고 국정에 대한 국민의 참여와 국정운영의 투명성을 확보함을 목적으로 한다.
> **제4조【적용범위】** ① 정보의 공개에 관하여는 **다른 법률에 특별한 규정이 있는 경우를 제외**하고는 이 법에서 정하는 바에 따른다.
> ② 지방자치단체는 그 소관 사무에 관하여 법령의 범위에서 정보공개에 관한 조례를 정할 수 있다.
> ③ 국가안전보장에 관련되는 정보 및 보안업무를 관장하는 기관에서 국가안전보장과 관련된 정보의 분석을 목적으로 수집하거나 작성한 정보에 대해서는 이 법을 **적용하지 아니한다.** 다만, 제8조 제1항에 따른 정보목록의 작성·비치 및 공개에 대해서는 그러하지 아니한다.

기출 OX

02 알 권리가 공공기관의 정보에 대한 공개청구권을 의미하는 경우에는 청구권적 성격을 지니지만, 일반적으로 접근할 수 있는 정보원으로부터 자유롭게 정보를 수집할 수 있는 권리를 의미하는 경우에는 자유권적 성격을 지닌다. 20. 법행　(　)

03 알 권리의 청구권적 성질은 의사형성이나 여론형성에 필요한 정보를 적극적으로 수집하고 수집을 방해하는 방해제거를 청구할 수 있다는 것을 의미하는바 이는 정보수집권 또는 정보공개청구권으로 나타난다. 14. 법행　(　)

정답　02 ○　03 ○

> 제5조【정보공개청구권자】 ① **모든 국민**은 정보의 공개를 청구할 권리를 가진다.
> ② **외국인**의 정보공개청구에 관하여는 **대통령령으로** 정한다.

⑤ **한계와 제한**: 알 권리도 헌법 제37조 제2항(일반적 법률유보조항)에 의하여 제한될 수 있다.

📖 판례 |

1 알 권리를 실현하기 위해서 법률의 제정에 의한 구체화가 필요한지 여부: 소극 05. 법행, 15. 법원직

'알 권리'의 생성기반을 살펴볼 때 이 권리의 핵심은 정부가 보유하고 있는 정보에 대한 국민의 '알 권리', 즉 국민의 정부에 대한 일반적 정보공개를 구할 권리(청구권적 기본권)라고 할 것이다. 이러한 알 권리의 실현은 법률의 제정이 뒤따라 이를 구체화시키는 것이 충실하고도 바람직하지만, 그러한 법률이 제정되어 있지 않다고 하더라도 불가능한 것은 아니고 헌법 제21조에 의하여 직접 보장될 수 있다고 하는 것이 헌법재판소의 확립된 판례이다(헌재 1991.5.13, 90헌마133).

2 '저속'한 간행물의 출판금지가 성인의 알 권리를 침해하는지 여부: 적극 [위헌] 15. 법원직

저속한 표현을 규제하더라도 그 보호대상은 청소년에게 한정되어야 하고, 규제수단 또한 청소년에 대한 유통을 금지하는 방향으로 좁게 설정되어야 한다. 그런데 … 청소년보호라는 명목으로 성인이 볼 수 있는 것까지 전면금지시킨다면 이는 성인의 알 권리의 수준을 청소년의 수준으로 맞출 것을 국가가 강요하는 것이어서 성인의 알 권리를 명백히 침해한다고 하지 않을 수 없다(헌재 1998.4.30, 95헌가16).

3 구속적부심사과정에서 고소장과 피의자신문조서를 공개하는 것이 공공기관의 정보공개에 관한 법률에 위배되는지 여부: 소극 03. 법행

공공기관의 정보공개에 관한 법률 제7조 제1항 제4호는 '수사·공소의 제기 및 유지에 관한 사항으로서 공개될 경우 그 직무수행을 현저히 곤란하게 하거나 형사피고인의 공정한 재판을 받을 권리를 침해한다고 인정할 만한 상당한 이유가 있는 정보'를 공개거부의 대상으로 규정하고 있지만, 고소장과 피의자신문조서를 공개한다고 하더라도 증거인멸, 증인협박, 수사의 현저한 지장, 재판의 불공정 등의 위험을 초래할 만한 사유가 있음을 인정할 자료를 기록상 발견하기 어렵다(헌재 2003.3.27, 2000헌마474).

4 수용자에 대한 일간지 일부 기사 삭제처분이 위헌인지 여부: 소극 [기각] 05. 입시

이 사건 신문기사의 삭제내용은 교화상 또는 구금목적에 특히 부적당하다고 인정되는 기사, 조직범죄 등 수용자 관련 범죄기사에 대한 신문기사 삭제행위에 그치고 있을 뿐 신문기사 중 주요기사 대부분이 삭제된 바 없음이 인정되므로, 이는 수용질서를 위한 청구인의 알 권리에 대한 최소한의 제한이라고 볼 수 있으며 청구인의 알 권리를 과도하게 침해한 것은 아니다(헌재 1998.10.29, 98헌마4).

5 '대선후보자 방송토론위원회'의 참석후보자 제한조치가 국민의 알 권리와 후보자선택의 자유를 침해하는지 여부: 소극 [기각]

청구인들은 국민의 알 권리와 후보자선택의 자유가 침해당하였다고 주장하나, 방송토론회에 참석할 후보자를 적정범위 내에 제한하여 토론기능을 활성화시키는 것은 유권자들에게 유용한 정보를 제공하는 길이 되므로 그러한 주장은 이유 없으며, 청구인들의 기본권이 침해되지 않은 이상 일반 국민의 권리침해를 헌법소원의 이유로 삼을 수 없다(헌재 1998.8.27, 97헌마372).

기출 OX

01 알 권리의 실현은 법률의 제정 없이도 헌법 제21조에 의하여 직접 보장될 수 있다. 03. 법행 ( )

02 저속한 간행물의 출판을 전면금지시키고 출판사의 등록을 취소시킬 수 있도록 한 것은 성인의 알 권리를 침해하여 위헌이다. 06. 법무사 ( )

✐ • '음란'한 간행물의 출판금지 ⇨ 합헌
 • '저속'한 간행물의 출판금지 ⇨ 위헌

03 구치소가 미결수용자의 신문열람에 관하여 구금목적상 부당당하다고 인정되는 일부 기사를 삭제하는 것은 알 권리의 본질적 내용을 침해하는 것이다. 09. 법무사 ( )

정답 01 ○ 02 ○ 03 ✕

6 대통령선거에서 선거일 공고일로부터 선거일까지의 선거기간 중에 선거에 관한 여론조사의 결과 등의 공표를 금지하도록 한 법률규정이 위헌인지 여부: **소극 [기각]**
대통령선거의 공정성을 확보하기 위하여 선거일 공고일로부터 선거일까지의 선거기간 중에는 선거에 관한 여론조사의 결과 등의 공표를 금지하는 것은 필요하고도 합리적인 범위 내에서의 제한이라고 할 것이므로, 이 사건 법률규정이 헌법 제37조 제2항이 정하고 있는 한계인 과잉금지의 원칙에 위배하여 언론·출판의 자유와 알 권리 및 선거권을 침해하였다고 할 수 없다(헌재 1995.7.21, 92헌마177).

7 법원이 형을 선고받은 피고인에게 재판서를 송달하지 않는 것이 알 권리를 침해하는지 여부: **소극 [합헌]** 03. 법행
재판의 선고는 공판기일에 출석한 피고인에게 주문을 낭독하고 이유의 요지를 설명하여야 하는 것이 원칙으로 되어 있으며, 형사소송법 제324조는 형을 선고하는 경우에는 재판장은 피고인에게 상소할 기간과 상소할 법원을 고지하여야 한다고 규정하고 있다. 그러므로 법원이 형을 선고받은 피고인에게 재판서를 송달하지 않는다고 하여 국민의 알 권리를 침해한다고 할 수 없다(헌재 1995.3.23, 92헌바1).

8 공지의 사실도 국가기밀이 되는지 여부: **소극**
일반적으로 국가기밀은 일반인에게 알려지지 아니한 것, 즉 비공지의 사실(넓은 의미)로서 국가의 안전에 대한 불이익의 발생을 방지하기 위하여 그것이 적국 또는 반국가단체에 알려지지 아니하도록 할 필요성, 즉 '**요비닉성**'이 있는 동시에 그것이 누설되는 경우 국가의 안전에 명백한 위험을 초래한다고 볼 만큼의 실질적 가치가 있는 것, 즉 '**실질비성**'을 갖춘 것이어야 한다(헌재 1997.1.16, 92헌바6 등).

9 시험에 관한 사항으로서 공개될 경우 업무의 공정한 수행이나 연구·개발에 현저한 지장을 초래한다고 인정할 만한 상당한 이유가 있는 정보는 공개하지 아니할 수 있도록 규정하고 있는 공공기관의 정보공개에 관한 법률 제9조 제1항 제5호 중 '시험'에 관한 부분이 청구인의 알 권리를 침해하는지 여부: **소극**
시험의 관리에 있어서 가장 중요한 것은 정확성과 공정성이므로 이를 위하여 시험문제와 정답, 채점기준 등 시험의 정확성과 공정성에 영향을 줄 수 있는 모든 정보는 사전에 엄격하게 비밀로 유지되어야 할 뿐만 아니라, 공공기관에서 시행하는 대부분의 시험들은 평가대상이 되는 지식의 범위가 한정되어 있고 그 시행도 주기적으로 반복되므로 이미 시행된 시험에 관한 정보라 할지라도 이를 제한 없이 공개할 경우에는 중요한 영역의 출제가 어려워지는 등 시험의 공정한 관리 및 시행에 영향을 줄 수밖에 없다고 할 것이므로, 이 사건 법률조항이 시험문제와 정답을 공개하지 아니할 수 있도록 한 것이 과잉금지원칙에 위반하여 알 권리를 침해한다고 볼 수 없다(헌재 2011.3.31, 2010헌바291).

10 인터넷을 이용하여 정보를 제공하는 자는 청소년유해매체물임을 나타낼 수 있는 전자적 표시를 하도록 하는 것이 성인의 알 권리를 침해하는지 여부: **소극**
청구인은 성인의 알 권리 침해를 주장하나, 이 사건 고시에 의한 전자적 표시제도는 통상 성인이 차단소프트웨어를 설치하였을 경우에만 작동되는 것이고 이미 설치된 차단소프트웨어도 다시 제거할 수 있으므로, 이 사건 조항이 성인의 알 권리를 제한할 수 있다고 보기 어렵다(헌재 2004.1.29, 2001헌마894).

기출 OX

04 법원이 형을 선고받은 피고인에게 재판서를 송달하지 않은 것은 알 권리를 침해한 것이다. 03. 법행 ( )

05 한의사 국가시험의 문제와 정답을 공개하지 아니할 수 있도록 한 것은 과잉금지원칙에 위반하여 알 권리를 침해한다고 볼 수 없다. 16. 경찰승진 ( )

06 헌법재판소는 인터넷을 이용하여 정보를 제공하는 자로 하여금 청소년유해매체물을 나타낼 수 있는 전자적 표시를 하도록 하는 것은 성인의 알 권리를 제한할 수 있다고 보기 어렵다고 판단하였다. 17. 법행 ( )

정답 **04** × **05** ○ **06** ○

11 확정된 형사소송기록의 등사신청을 거부한 행위가 '알 권리'의 위반인지 여부: 적극
05. 입시

검사는 청구인이 복사를 원하는 구체적인 부분의 공개가 관계인의 기본권과 충돌될 소지가 있거나 또는 국가안전보장·질서유지·공공복리를 침해하는 요소가 있는 경우가 아니라면, 그 열람·복사를 허용하는 것이 국가의 기본권보장의무를 성실히 수행하는 것이라고 할 수 있을 것임에도 불구하고, 실정법상 형사확정소송기록을 열람·복사할 수 있는 권리를 인정한 명문규정이 없다는 것만을 이유로 하여 무조건 청구인의 복사신청을 접수조차 거부한 행위는 헌법 제21조에 의하여 보장되고 있는 청구인의 '알 권리'를 침해한 것이므로 위헌이다(헌재 1991.5.13, 90헌마133).

12 정치자금법상 회계보고된 자료의 열람기간을 3월간으로 정한 정치자금법 제42조 제2항 본문 중 '3월간'부분이 알 권리를 침해하는지 여부: 적극 [위헌]

정치자금의 수입과 지출명세서 등에 대한 사본교부 신청이 가능하다고 하더라도 영수증, 예금통장의 열람 과정에서 문제 발견의 기회를 가질 필요가 소멸된다고 볼 수 없다. 이러한 사익의 제한은 정치자금의 투명한 공개가 민주주의 발전에 가지는 의미에 비추어 중대하다고 볼 수 있다. 결국 이 사건 열람기간제한 조항은 이로 인하여 달성되는 공익에 비해 침해되는 사익이 중대하여 법익의 균형성 원칙에 위반된다. 이 사건 열람기간제한 조항은 과잉금지원칙에 위배되어 알 권리를 침해한다(헌재 2021.5.27, 2018헌마1168).

13 군 내 불온도서의 소지·전파 등을 금지하는 군인복무규율이 알 권리를 침해하는지 여부: 소극

'불온도서'는 '국가의 존립·안전이나 자유민주주의체제를 해하거나, 반국가단체를 이롭게 할 내용으로서 군인의 정신전력을 심각하게 저해하는 도서'를 의미하는 것으로 해석할 수 있다 할 것이므로, 명확성원칙에 위배되는 법령조항이라고 보기 어렵다. 또한 군의 정신전력을 보전하기 위하여 불온도서의 소지·전파 등을 금지하는 규율조항은 목적의 정당성이 인정되고, 군의 정신전력에 심각한 저해를 초래할 수 있는 범위의 도서로 한정하여 침해의 최소성요건을 지키고 있다(헌재 2010.10.28, 2008헌마638).

14 변호사시험 성적 공개를 금지한 변호사시험법 제18조 제1항 본문이 알 권리(정보공개청구권)를 침해하여 헌법에 위반되는지 여부: 적극 [위헌] 16. 법원직, 18. 서울시

법학교육의 정상화나 교육 등을 통한 우수 인재 배출, 대학원간의 과다경쟁 및 서열화방지라는 입법목적은 법학전문대학원 내의 충실하고 다양한 교과과정 및 엄정한 학사관리 등과 같이 알 권리를 제한하지 않는 수단을 통해서 달성될 수 있음에도, 변호사시험 성적을 공개하지 않는 것은 침해의 최소성원칙에도 위배된다. 심판대상조항이 추구하는 공익은 변호사시험 성적을 비공개함으로써 실현되는 것이 아니고 성적을 공개한다고 하여 이러한 공익의 달성이 어려워지는 것도 아닌 반면, 변호사시험 응시자들은 시험 성적의 비공개로 인하여 **알 권리를 제한**받게 되므로, 심판대상조항은 법익의 균형성요건도 갖추지 못하였다(헌재 2015.6.25, 2011헌마769 등).

15 교원의 개인정보공개를 금지하고 있는 교육관련기관의 정보공개에 관한 특례법 제3조 제2항이 과잉금지원칙에 반하여 학부모들의 알 권리를 침해하는지 여부: 소극 12. 법행

[1] 이 사건 헌법소원심판청구는 교원의 교원단체 및 노동조합 가입에 관한 정보의 공개를 요구하는 학부모들의 알 권리와 그 정보의 비공개를 요청하는 정보주체인 교원의 개인정보자기결정권이 충돌하는 경우로서, 이와 같이 두 기본권이 충돌하는 경우에는 헌법의 통일성을 유지하기 위하여 상충하는 기본권 모두 최대한으로 그 기능과 효력을 발휘할 수 있도록 조화로운 방법이 모색되어야 한다.

기출 OX

01 변호사시험의 성적 공개를 금지하고 있는 변호사시험법 관련 조항은 변호사시험 합격자에 대하여 그 성적을 공개하지 않도록 규정하고 있을 뿐이고, 이러한 시험 성적의 비공개가 청구인들의 법조인으로서의 직역 선택이나 직업수행에 있어서 어떠한 제한을 두고 있는 것은 아니므로 청구인들의 직업선택의 자유를 제한하고 있다고 볼 수 없다. 17. 경찰승진 ( )

02 교원의 교원단체 및 노동조합 가입에 관한 정보는 개인정보 보호법상의 민감정보로서 특별히 보호되어야 할 성질의 것이고, 인터넷 게시판에 공개되는 '공시'로 말미암아 발생할 교원의 개인정보자기결정권에 대한 중대한 침해의 가능성을 고려할 때, 공시대상정보로서 교원의 교원단체 및 노동조합 가입현황(인원 수)만을 규정할 뿐 개별 교원의 명단은 규정하고 있지 아니한 것이 학부모의 알 권리를 침해한다고는 볼 수 없다. 15. 법행 ( )

정답 01 ○ 02 ○

[2] 이 사건 법률조항은 교원의 개인정보공개를 일률적으로 금지하는 듯이 보이지만, 위 법에 의하여 준용되는 '공공기관의 정보공개에 관한 법률'은 개인정보라고 하더라도 그 공개의 여지를 두고 비공개결정에 대해서는 불복의 수단을 마련하고 있으므로, 이 사건 법률조항은 학부모들의 알 권리를 침해하지 않는다(헌재 2011.12.29, 2010헌마293).

16 헌법재판소가 헌법소원사건의 결정서 정본을 국선대리인에게만 송달하고 당사자인 청구인에게는 송달하지 않은 부작위가 알 권리를 침해하는지 여부: 소극 [각하]

헌법재판소법 제25조 제3항이 정하는 변호사강제주의 아래에서는 모든 심판수행을 담당하는 변호사인 대리인에게 심판수행의 일환으로 결정서 정본을 송달하여 수령하도록 하는 것이 그 취지에 부합하고, 국선대리인이라고 하여 결정문 정본의 송달에 있어서 사선대리인과 달리 취급할 이유가 없으며, 헌법소원사건에서도 민사소송과 마찬가지로 변호사인 대리인이 선임되어 있는 경우에는 대리인에게 결정서 정본을 송달함으로써 그 송달의 효과가 당사자에게 미치게 되므로 당사자에게 따로 송달을 하여야 할 작위의무가 있다고 할 수 없다. 따라서 이 사건 심판청구는 공권력 불행사가 존재하지 않는 경우에 해당하여 부적법하다(헌재 2012.11.29, 2011헌마693).

17 변호사시험 성적 공개 전에 합격한 변호사들의 성적 공개기간을 '법 시행일부터 6개월 내'로 제한한 것이 정보공개청구권을 침해하는지 여부: 적극 [위헌]

[1] 성적공개조항에 대한 심판청구의 적법 여부: 소극

성적공개조항은 합격자 발표일로부터 1년 내에 본인의 성적 공개를 청구할 수 있다고 규정하고, 특례조항은 개정법 시행 전에 합격한 사람의 경우 성적공개조항에도 불구하고 개정법 시행일로부터 6개월 내에 본인의 성적 공개를 청구할 수 있다고 규정한다. 따라서 성적공개조항은 변호사시험법이 개정된 2017. 12.12. 이후에 실시하는 변호사시험에 응시한 사람에게 적용되고, 특례조항은 그 이전에 실시된 변호사시험에 합격한 사람에게 적용된다.

청구인은 2015년 실시된 제4회 변호사시험에 합격하였으므로, 성적공개조항의 수범자가 아닌 제3자에 불과하다. 따라서 성적공개조항에 대한 심판청구는 기본권 침해의 자기관련성을 인정할 수 없어 부적법하다.

[2] 특례조항의 기본권침해 여부: 적극

'이 법 시행일부터 6개월 내'라는 기간은 변호사시험 합격자가 취업시장에서 성적 정보에 접근하고 이를 활용하기에 지나치게 짧다. 특례조항은 짧은 성적 공개 청구기간에도 불구하고 예외 사유를 인정하지 아니하므로, 위 기간 동안 출산, 육아, 병역, 질병 등의 사유로 취업하지 못한 사람은 그 이후 취업시장에 진출하려는 시점에 본인의 성적에 접근할 수가 없다. 변호사시험 합격자는 취업뿐만 아니라 이직을 위해서도 변호사시험 성적이 필요할 수 있으므로, 변호사시험 합격자가 법조직역에 진출한 뒤 일정한 기간이 지날 때까지는 자신의 성적에 접근할 수 있어야 한다. … 특례조항은 과잉금지원칙에 위배되어 청구인의 정보공개청구권을 침해한다(헌재 2019.7.25, 2017헌마1329).

18 금치기간 중 30일의 기간 내에서만 신문 열람을 금지하는 조치가 미결수용자의 알 권리를 침해하는지 여부: 소극 19. 서울시

미결수용자의 규율위반행위 등에 대한 제재로서 금치처분과 함께 금치기간 중 신문과 자비구매도서의 열람을 제한하는 것은, 규율위반자에 대해서는 반성을 촉구하고 일반 수용자에 대해서는 규율 위반에 대한 불이익을 경고하여 수용자들의 규율 준수를 유도하며 궁극적으로 수용질서를 확립하기 위한 것이다. 이 사건 신문 및 도서

열람제한 조항은 최장 30일의 기간 내에서만 신문이나 도서의 열람을 금지하고 열람을 금지하는 대상에 수용시설 내 비치된 도서는 포함시키지 않고 있으므로 위 조항들이 청구인의 알 권리를 과도하게 제한한다고 보기 어렵다(헌재 2016.4.28, 2012헌마549 등).

19 정보위원회 회의를 비공개하도록 규정한 국회법 조항이 알 권리에 위배되는지 여부: 적극 [위헌]

헌법상 의사공개원칙은 모든 국회의 회의를 항상 공개하여야 하는 것은 아니나 이를 공개하지 아니할 경우에는 헌법에서 정하고 있는 일정한 요건을 갖추어야 한다. 또한 헌법 제50조 제1항 단서가 정하고 있는 회의의 비공개를 위한 절차나 사유는 그 문언이 매우 구체적이어서, 이에 대한 예외도 엄격하게 인정되어야 한다. 따라서 헌법 제50조 제1항으로부터 일체의 공개를 불허하는 절대적인 비공개가 허용된다고 볼 수는 없는바, 특정한 내용의 국회의 회의나 특정 위원회의 회의를 일률적으로 비공개한다고 정하면서 공개의 여지를 차단하는 것은 헌법 제50조 제1항에 부합하지 아니한다(헌재 2022.1.27, 2018헌마1162).

20 개인정보에 관한 인격권 보호에 의하여 얻을 수 있는 이익과 정보처리 행위로 얻을 수 있는 이익, 즉 정보처리자의 '알 권리'와 이를 기반으로 한 정보수용자의 '알 권리' 및 표현의 자유, 정보처리자의 영업의 자유, 사회 전체의 경제적 효율성 등의 가치를 구체적으로 비교 형량하여 어느 쪽 이익이 더 우월한 것으로 평가할 수 있는지에 따라 정보처리 행위의 최종적인 위법성 여부를 판단하는지 여부: 소극

개인정보에 관한 인격권 보호에 의하여 얻을 수 있는 이익과 정보처리 행위로 얻을 수 있는 이익, 즉 정보처리자의 '알 권리'와 이를 기반으로 한 정보수용자의 '알 권리' 및 표현의 자유, 정보처리자의 영업의 자유, 사회 전체의 경제적 효율성 등의 가치를 구체적으로 비교 형량하여 어느 쪽 이익이 더 우월한 것으로 평가할 수 있는지에 따라 정보처리 행위의 최종적인 위법성 여부를 판단하여야 하고, 단지 정보처리자에게 영리 목적이 있었다는 사정만으로 곧바로 정보처리 행위를 위법하다고 할 수는 없다(대판 2016.8.17, 2014다235080).

(3) 액세스권(Access권, 언론기관접근권)

① **개념**: '광의의 액세스권'은 일반 국민이 자신의 사상 또는 의견발표를 위해 언론매체에 자유로이 접근하여 그것을 이용할 수 있는 권리를 말한다. '협의의 액세스권'은 자신과 관계가 있는 보도에 대한 반론 내지 해명의 기회를 요구할 수 있는 반론권 및 해명권을 의미한다.

② **특징**: 액세스권은 국민과 국가와의 관계가 아니라, 국민과 언론매체기관 사이에서 발생하는 것을 특징으로 한다. 따라서 언론·출판의 자유와 제3자적 효력의 문제로서 국가권력의 발동을 적극적으로 요청하는 청구권적 권리의 성격을 가진다(권영성). 알 권리는 국가와 국민(또는 보도기관)과의 관계에서 발생한 문제라는 점에서 액세스권과 차이가 있다. 액세스(Access)권은 헌법에 직접 규정하지 않고 있으나, 헌법상 당연히 인정된다.

기출 OX

01 헌법은 액세스(Access)권을 명문으로 규정하고 있다. 10. 국회직 9급
( )

정답 01 ×

③ 내용

> **언론중재 및 피해구제 등에 관한 법률**
>
> 제14조【정정보도청구의 요건】① **사실적 주장**에 관한 언론보도 등이 진실하지 아니함으로 인하여 피해를 입은 자(이하 "피해자"라 한다)는 해당 언론보도 등이 있음을 안 날부터 3개월 이내에 언론사, 인터넷뉴스서비스사업자 및 인터넷멀티미디어방송사업자(이하 "언론사 등"이라 한다)에게 그 언론보도 등의 내용에 관한 정정보도를 청구할 수 있다. 다만, 해당 언론보도 등이 있은 후 6개월이 지났을 때에는 그러하지 아니하다.
> ② 제1항의 청구에는 **언론사 등의 고의·과실이나 위법성을 필요로 하지 아니한다.**
> ③ 국가·지방자치단체, 기관 또는 단체의 장은 해당 업무에 대하여 그 기관 또는 단체를 대표하여 정정보도를 청구할 수 있다.
> ④ 민사소송법상 당사자능력이 없는 기관 또는 단체라도 하나의 생활단위를 구성하고 보도내용과 직접적인 이해관계가 있을 때에는 그 대표자가 정정보도를 청구할 수 있다.
>
> 제16조【반론보도청구권】① **사실적 주장**에 관한 언론보도 등으로 인하여 피해를 입은 자는 그 보도내용에 관한 반론보도를 언론사 등에 청구할 수 있다. 18. 지방직
> ② 제1항의 청구에는 언론사 등의 고의·과실이나 위법성을 필요로 하지 아니하며, **보도내용의 진실 여부와 상관없이 그 청구를 할 수 있다.** 11. 법무사, 16. 국가직
> ③ 반론보도청구에 관하여는 따로 규정된 것을 제외하고는 정정보도청구에 관한 이 법의 규정을 준용한다.
>
> 제17조【추후보도청구권】① 언론 등에 의하여 범죄혐의가 있거나 형사상의 조치를 받았다고 보도 또는 공표된 자는 그에 대한 형사절차가 무죄판결 또는 이와 동등한 형태로 종결되었을 때에는 그 사실을 안 날부터 3개월 이내에 언론사 등에 이 사실에 관한 추후보도의 게재를 청구할 수 있다.
>
> 제26조【정정보도청구 등의 소】① 피해자는 법원에 정정보도청구 등의 소를 제기할 수 있다.
> ⑥ **정정보도청구의 소에 대하여는 민사소송법의 소송절차에 관한 규정에 따라 재판하고, 반론보도청구 및 추후보도청구의 소에 대하여는 민사집행법의 가처분절차에 관한 규정에 따라 재판**한다. 다만, 민사집행법 제277조 및 제287조는 적용하지 아니한다.

- ㉠ **반론보도청구권**: 반론권 내지 반론보도청구권이란 정기간행물이나 방송 등에서 공표된 사실적 주장에 의하여 피해를 입은 자가 발행인이나 방송사업자에게 서면으로 반론보도문을 게재해주거나 반론보도를 방송해줄 것을 청구할 수 있는 권리를 말한다.
- ㉡ **정정보도청구권**: 사실적 주장에 관한 언론보도가 진실하지 아니함으로 인하여 피해를 입은 자는 해당 언론보도가 있음을 안 날부터 3개월 및 있은 날부터 6개월 이내에 그 언론보도 등의 내용에 관한 정정보도를 언론사 등에 청구할 수 있다.
- ㉢ **추후보도청구권**: 언론 등에 의하여 범죄혐의가 있거나 형사상의 조치를 받았다고 보도 또는 공표된 자는 그에 대한 형사절차가 무죄판결 또는 이와

반론보도청구 허용 여부
- 보도내용이 진실한 경우에만 가능 ×
- 보도내용의 진실 여부를 불문 ○

기출 OX
02 헌법재판소는 언론중재 및 피해구제 등에 관한 법률 제14조에서 규정하는 정정보도청구권은 반론보도청구권이나 민법상의 불법행위에 기한 청구권과는 전혀 다른 새로운 성격의 청구권이라고 판시하였다. 07. 국가직
( )

정답 02 ○

동등한 형태로 종결되었을 때에는 그 사실을 안 날부터 3월 이내에 언론사 등에 이 사실에 관한 추후보도의 게재를 청구할 수 있다.

SUMMARY | 정정보도청구권과 반론보도청구권 비교 14. 국가직

구분	정정보도청구권	반론보도청구권
평가적 주장에 대한 인정 여부	사실적 주장에 대해서만 가능	
대상	진실하지 않은 보도내용	보도내용의 진실 여부 불문
기간	보도가 있음을 안 날로부터 3개월 이내, 보도가 있은 날로부터 6개월까지 언론사 등에 청구	
고의·과실 요부	언론사의 고의·과실·위법성을 요하지 않음	
중재절차의 필요성	언론중재위원회의 중재절차는 임의적 절차	
가처분절차 위헌 여부	가처분절차에 의하도록 한 것 ⇨ 위헌	가처분절차에 의하도록 한 것 ⇨ 합헌
절차	민사소송법의 소송절차	민사집행법의 가처분절차

기출 OX

01 정정보도청구의 요건으로 언론사의 고의·과실이나 위법성을 요하지 않도록 규정한 언론중재 및 피해구제 등에 관한 법률 제14조 제2항, 제31조 후문은 신문사업자인 청구인들의 언론의 자유를 침해한다. 12. 국회직
( )

판례 |

1 정정보도청구시에 언론사 등의 고의·과실이나 위법성을 요건으로 하지 않은 것이 신문의 자유를 침해하는지 여부: **소극 [합헌]**

허위의 신문보도로 피해를 입었을 때 피해자는 기존의 민·형사상 구제제도로 보호를 받을 수도 있지만, 신문사 측에 고의·과실이 없거나 위법성조각사유가 인정되는 등의 이유로 민사상의 불법행위책임이나 형사책임을 추궁할 수 없는 경우도 있다. … 따라서 언론중재법 제14조 제2항이 신문의 자유를 침해하는 것이라고 볼 수 없다(헌재 2006.6.29, 2005헌마165 등).

2 반론보도청구의 소를 신속·간이한 심판절차인 가처분절차에 의하도록 하는 것이 재판청구권을 침해하는지 여부: **소극 [합헌]**

반론권은 그 자체가 인격권을 보호하고 공정한 여론의 형성을 위한 도구인 것일 뿐 진실을 발견하여 잘못을 바로잡아줄 것을 청구하는 권리가 아니기 때문에 … 그 심리를 위하여 시간이 많이 걸리게 되는 민사소송법에 정한 본안절차에 따르게 하기보다는 오히려 가처분절차에 따라 신속하게 처리하도록 함이 제도의 본질에 적합하다(헌재 1996.4.25, 95헌바25).

3 정정보도청구의 소를 민사집행법상의 가처분절차에 의하여 재판하도록 규정한 언론중재 및 피해구제 등에 관한 법률(이하 '언론중재법'이라 한다) 제26조 제6항이 공정한 재판을 받을 권리를 침해하는지 여부: **적극 [위헌]** 10. 사시

언론중재법 제26조 제6항 본문 전단은 정정보도청구의 소를 민사집행법상의 가처분절차에 의하여 재판하도록 규정하고 있다. 그 결과 정정보도청구의 소에서는 그 청구원인을 구성하는 사실의 인정을 '증명' 대신 '소명(疏明)'으로 할 수 있게 되었다. 그러나 정정보도청구는 보도된 사실이 진실이 아님을 그 소송절차에서 확정하고 그에 따라 언론사의 이름으로 정정보도문을 게재하여야 하기 때문에 사실인정문제가 반론보도청구나 추후보도청구의 경우에 비하여 결정적 중요성을 갖는다. 정정보도청구를 위와 같이 가처분절차에 따라 소명만으로 인용될 수 있게 하는 것은 언론사에 충분한 방어의 기회를 보장하지 않음으로써 공정한 재판을 받을 권리를 침해한다(헌재 2006.6.29, 2005헌마165 등).

정답 **01** ×

(4) 언론기관설립의 자유

> 헌법 제21조 ③ 통신·방송의 시설기준과 신문의 기능을 보장하기 위하여 필요한 사항은 법률로 정한다.

헌법 제21조 제3항은 언론기관의 시설기준 법정주의를 규정하고 있다. 동 조항은 언론기관설립의 자유를 제한하는 의미와 언론기관 남설(濫設)의 폐해를 방지하려는 의미를 아울러 가지고 있다.

판례 |

1 신문법 제15조 제2항 및 제3항과 제17조의 위헌 여부 09. 사시

[1] 신문법 제15조 제2항의 위헌 여부 – 이종 미디어간 겸영금지 [합헌]
일간신문이 뉴스통신이나 방송사업과 같은 이종 미디어를 겸영하는 것을 어떻게 규율할 것인가 하는 것은 고도의 정책적 접근과 판단이 필요한 분야로서, … 신문법 제15조 제2항은 신문의 다양성을 보장하기 위하여 필요한 한도 내에서 그 규제의 대상과 정도를 선별하여 제한적으로 규제하고 있다고 볼 수 있다. 그러므로 신문법 제15조 제2항은 헌법에 위반되지 아니한다.

[2] 신문법 제15조 제3항의 위헌 여부 – 신문의 복수소유규제 [헌법불합치]
신문법 제15조 제3항은 일간신문의 지배주주에 의한 신문의 복수소유를 규제하고 있다. 신문의 다양성을 보장하기 위하여 신문의 복수소유를 제한하는 것 자체가 헌법에 위반된다고 할 수 없지만, 신문의 복수소유가 언론의 다양성을 저해하지 않거나 오히려 이에 기여하는 경우도 있을 수 있는데, 신문법 제15조 제3항은 신문의 복수소유를 일률적으로 금지하고 있어서 필요 이상으로 신문의 자유를 제약하고 있다. 그러나 신문법 제15조 제3항은 그 자체로 헌법에 위반되는 것이 아니라, 신문의 복수소유규제에 관하여 부분적으로 위헌성이 있을 뿐이므로 헌법불합치결정을 선고하고, 다만 입법자의 개선입법이 있을 때까지 계속 적용을 허용함이 상당하다.

[3] 신문법 제17조의 위헌 여부 [위헌]
신문의 시장지배적 지위는 결국 독자의 개별적·정신적 선택에 의하여 형성되는 것인 만큼 그것이 불공정행위의 산물이라고 보거나 불공정행위를 초래할 위험성이 특별히 크다고 볼만한 사정이 없는데도 신문사업자를 일반 사업자에 비하여 더 쉽게 시장지배적 사업자로 추정되도록 하고 있는 점 등이 모두 불합리하다. 따라서 신문법 제17조는 신문사업자인 청구인들의 평등권과 신문의 자유를 침해하여 헌법에 위반된다(헌재 2006.6.29, 2005헌마165 등).

2 인터넷신문의 취재 및 편집 인력 5명 이상을 상시 고용하고, 이를 확인할 수 있는 서류를 제출할 것을 규정한 '신문 등의 진흥에 관한 법률 시행령' 제2조 제1항 제1호 등이 인터넷신문사업자인 청구인들의 언론의 자유를 침해하는지 여부: 적극 [위헌]

[1] 제한되는 기본권
언론의 자유에 의하여 보호되는 것은 정보의 획득에서부터 뉴스와 의견의 전파에 이르기까지 언론의 기능과 본질적으로 관련되는 모든 활동이다. 이런 측면에서 고용조항과 확인조항은 인터넷신문의 발행을 제한하는 효과를 가지고 있으므로 언론의 자유를 제한하는 규정에 해당한다.

기출 OX

02 일간신문과 지상파방송간의 겸영을 금지하는 것은 언론의 다양성을 보장하기 위한 필요한 한도 내의 제한이라고 할 수 없어 신문의 자유를 침해한다. 09. 국가직 ( )

03 자유언론제도의 역기능을 방지하기 위해서 이종 미디어(신문, 통신, 방송)간의 겸영을 금지하고 모든 일간신문의 지배주주가 신문을 복수소유하는 것을 일률적으로 금지하는 것은 헌법적으로 허용된다. 13. 국회직 ( )

정답 02 ✗   03 ✗

기출 OX

01 인터넷신문을 발행하려는 사업자가 취재 인력 3인 이상을 포함하여 취재 및 편집 인력 5인 이상을 상시 고용하지 않는 경우 인터넷신문으로 등록할 수 없도록 하는 것은 직업의 자유의 문제이고 언론의 자유를 제한하지는 않는다. 17. 국회직 ( )

[2] 언론의 자유 침해 여부

고용조항 및 확인조항은 소규모 인터넷신문이 언론으로서 활동할 수 있는 기회 자체를 원천적으로 봉쇄할 수 있음에 비하여, 인터넷신문의 신뢰도 제고라는 입법목적의 효과는 불확실하다는 점에서 법익의 균형성도 잃고 있다. 따라서 고용조항 및 확인조항은 과잉금지원칙에 위배되어 청구인들의 언론의 자유를 침해한다(헌재 2016.10.27, 2015헌마1206).

(5) 언론기관의 자유

① **대외적 자유**: 언론기관의 대외적 자유에는 보도 및 논평의 자유, 취재의 자유, 보급의 자유, 출간시기의 결정·편집활동 등 보조활동의 자유 등이 있다. 보도의 자유는 평가적 의사표현뿐만 아니라 단순한 사실전달을 함께 내포한다(허영). 취재의 자유에 취재원묵비권이 포함되는지가 문제된다. ㉠ 신문의 진실보도·사실보도·공정보도를 위하여 당연히 인정되어야 한다는 긍정설(독일연방헌법재판소, 허영)과 ㉡ **부정설**(일본·미국 판례, 우리나라 다수설)이 대립한다.

> ⊕ **PLUS** 취재원묵비권의 부정
>
> 1. 일본 최고재판소: "취재원의 비밀은 신문의 자유에 포함되지 않는다."라고 판시하였다.
> 2. 미국 판례(Branzburg v. Hayes): "공정하고 효과적인 법집행이라는 공공이익 때문에 기자에게 대배심에서의 증언을 강요하는 것이며, 이것은 취재원의 비밀의 보장보다 중요하다."라고 판시하였다.
> 3. 최근에 와서는 일본과 미국에서 형사재판의 증거의 중요성과 취재원을 공개함으로써 미치는 보도의 자유의 침해를 비교·형량하여 결정하여야 한다고 한다.

② **내부적 자유(경영권으로부터의 편집권의 독립)**: 언론기관의 내부적 자유로서 편집·편성의 자유가 인정된다.

V. 효력

1. 대국가적 효력

언론·출판의 자유는 입법·행정·사법 등 모든 국가기관을 구속하며, 영조물법인, 공법상의 재단, 공무수탁사인까지도 구속한다.

2. 대사인적 효력

언론·출판의 자유는 사인간에도 적용된다(대사인효 긍정). 다만, 직접적으로 적용된다는 견해와 사법상의 일반 조항을 통하여 간접적으로 적용된다는 견해가 대립한다.

VI. 한계와 책임

> 헌법 제21조 ④ 언론·출판은 타인의 명예나 권리 또는 공중도덕이나 사회윤리를 침해하여서는 아니 된다. 언론·출판이 타인의 명예나 권리를 침해한 때에는 피해자는 이에 대한 피해의 배상을 청구할 수 있다.

정답 **01** X

VII 제한

언론·출판의 자유도 헌법 제37조 제2항에 따라 제한될 수 있다. 다만, 언론·출판의 자유를 제한함에는 그 제한이 사전통제냐 사후통제냐에 따라 상이한 기준이 제시되어야 한다. 04. 국가직

1. 사전제한

(1) 허가제의 금지

언론에 대한 허가제는 원래 자연적 자유에 속하는 언론의 자유를 일단 일반적으로 금지한 후 특정한 경우에 한하여 그 금지를 해제하여 주는 행정처분이다. 언론에 대한 허가제는 언론의 자유의 본질적 내용을 침해하는 것으로 헌법은 제21조 제2항에서 허가제의 금지를 규정하고 있다. 언론·출판에 대한 **등록제는 허용**된다.

> **판례 |**
>
> **1 옥외광고물 설치 사전허가규정이 사전허가금지에 위반되는지 여부: 소극 [합헌]** 06·12. 법행, 09. 법무사, 16. 국회직
> 옥외광고물관리법 제3조는 일정한 지역·장소 및 물건에 광고물 또는 게시시설을 표시하거나 설치하는 경우에 그 광고물 등의 종류·모양·크기·색깔, 표시 또는 설치의 방법 및 기간 등을 규제하고 있을 뿐, 광고물 등의 내용을 심사·선별하여 광고물을 사전에 통제하려는 제도가 아님은 명백하므로 헌법 제21조 제2항이 정하는 사전허가·검열에 해당되지 아니한다(헌재 1998.2.27, 96헌바2).
>
> **2 방송사업의 허가제 규정이 사전허가금지에 위반되는지 여부: 소극 [합헌]** 08. 국가직, 16. 국회직, 19. 서울시
> 언론·출판에 대한 허가·검열금지의 취지는 정부가 표현의 내용에 관한 가치판단에 입각해서 특정 표현의 자유로운 공개와 유통을 사전봉쇄하는 것을 금지하는 데 있으므로, 내용규제 그 자체가 아니거나 내용규제의 효과를 초래하는 것이 아니라면 위의 금지된 '허가'에는 해당되지 않는다고 할 것이다(헌재 2001.5.31, 2000헌바43 등).
>
> **3 게임물판매업자에 대한 등록제가 헌법이 금지하는 사전검열에 해당하는지 여부: 소극 [합헌]**
> 의사표현의 자유는 언론·출판의 자유에 속하고 여기서 의사표현의 매개체는 어떠한 형태이건 그 제한이 없는바, 게임물은 예술표현의 수단이 될 수도 있으므로 그 제작 및 판매·배포는 표현의 자유를 보장하는 헌법 제21조 제1항에 의하여 보장을 받는다. … 이 사건 등록제가 게임물의 내용을 심사·선별하여 게임물을 사전에 통제하기 위한 규정이 아님이 명백하므로 이 사건 등록제가 허가나 검열에 해당되어 헌법 제21조 제2항에 위반된다는 청구인의 주장은 이유 없다(헌재 2002.2.28, 99헌바117).
>
> **4 정기간행물의 등록제가 검열인지 여부: 소극**
> 정기간행물을 발행하고자 하는 자에게 외형적인 물적 시설을 갖추어 등록하게 하고 그에 위반하는 때에 규제를 하는 것이지, 헌법상 보장된 언론의 자유와 보도의 내용을 간섭하거나 허가하기 위한 지침을 제시하거나 이를 요구하는 것이 아니다(헌재 1992.6.26, 90헌가23).

기출 OX

02 옥외광고물의 경우에는 그 종류, 외형, 설치방법 등을 규제할 뿐 아니라 그 내용을 심사·선별하더라도 사전허가·검열에 해당하지 않는다. 06. 법행 ( )

03 방송사업허가제는 방송의 공적 기능을 보장하기 위한 제도로서 표현내용에 대한 가치판단에 입각한 사전봉쇄 내지 그와 같은 실질을 가진다고 볼 수 있으므로, 헌법상 금지되는 언론·출판에 대한 허가에 해당한다. 16. 국회직 ( )

정답 **02** × **03** ×

(2) 검열제의 금지

① 검열의 개념

㉠ 헌법 제21조 제2항의 검열은 그 명칭이나 형식과 관계없이 실질적으로 행정권이 주체가 되어 사상이나 의견 등이 발표되기 이전에 예방적 조치로서 그 내용을 심사·선별하여 발표를 사전에 억제하는, 즉 허가받지 아니한 것의 발표를 금지하는 제도를 뜻하고, 이러한 사전검열은 **법률로써도 불가능한 것으로서 절대적으로 금지**된다. 04. 국가직

㉡ 일반적으로 허가를 받기 위한 표현물의 제출의무, 행정권이 주체가 된 사전심사절차, 허가를 받지 아니한 의사표현의 금지 및 심사절차를 관철할 수 있는 강제수단 등의 요건을 갖춘 경우에만 헌법에 의하여 금지되는 검열에 해당된다(헌재 2001.8.30, 2000헌가9). 11. 법무사·국가직

㉢ 검열금지의 원칙은 모든 형태의 사전적인 규제를 금지하는 것이 아니고, 단지 의사표현의 발표 여부가 오로지 행정권의 허가에 달려있는 사전심사만을 금지하는 것이다(헌재 2001.8.30, 2000헌바36). 11. 법행, 15·18·19. 서울시

㉣ 검열기관인지 여부는 형식적으로 행정기관인지 여부를 기준으로 하는 것이 아니라 실질적인 관점에서 판단한다. 따라서 행정기관이 아닌 독립적인 위원회라도 행정권이 주체가 되어 검열절차를 형성하고 검열기관의 구성에 지속적인 영향을 미칠 수 있는 경우라면 검열기관이라고 본다. 11. 법행

② 검열의 요소

㉠ 허가를 받기 위한 표현물의 제출의무
㉡ 행정권이 주체가 된 사전심사
㉢ 허가받지 아니한 의사표현의 금지와 사전심사절차를 관철할 수 있는 강제수단

검열 관련 판례	
사전허가·검열 해당 ○	사전허가·검열 해당 ×
• 공연윤리위원회의 영화·음반·비디오물 사전심의 • 공연윤리위원회의 비디오물복제 사전심의 • 한국공연예술진흥협의회의 비디오물 사전심의 • 영상물등급위원회의 영화상영 등급분류 보류제도 • 영상물등급위원회의 비디오물 등급분류 보류제도 • 영상물등급위원회의 외국비디오물 수입 추천제도 • 영상물등급위원회의 외국음반 국내 제작추천제도 • 방송통신심의위원회의 방송광고 사전심의제 • 의사협회의 의료광고 사전심의제 • 건강기능식품 기능성 광고 사전심의제	• 정기간행물의 등록제도 • 영화제작업자의 등록제도 • 영화의 등급심사제도 • 비디오의 등급분류 • 방송사업허가제 • 게임물판매업자등록제도 • 정기간행물의 공보처장관에의 납본제도 • 교과서의 국정제 및 검·인정제 • 법원에 의한 방영금지가처분 • 옥외광고물의 사전허가·신고제

기출 OX

01 헌법 제21조 제2항의 검열금지조항은 절대적 금지를 의미하므로 국가안전보장·질서유지·공공복리를 위하여 필요한 경우라도 사전검열이 허용되지 않는다. 17. 경찰승진 ( )

📝 **사전검열의 절대성**
- 법률로써 사전검열허용 ×
- 헌법상 절대적 금지 ○

02 검열금지의 원칙은 모든 형태의 사전적인 규제를 금지하는 것이 아니고, 단지 의사표현의 발표 여부가 오로지 행정권의 허가에 달려있는 사전심사만을 금지하는 것을 뜻한다. 그러므로 검열은 일반적으로 허가를 받기 위한 표현물의 제출의무, 행정권이 주체가 된 사전심사절차, 허가를 받지 아니한 의사표현의 금지 및 심사절차를 관철할 수 있는 강제수단의 존재 등의 요건을 갖춘 경우에만 이에 해당하는 것이다. 14. 국회직 ( )

정답 01 ○ 02 ○

> **판례 | 법원(사법부)에 의한 방영금지가처분이 검열인지 여부: 소극 [합헌]** 04. 국가직, 05. 입시, 11. 법행
>
> 헌법 제21조 제2항에서 규정한 검열금지의 원칙은 **모든 형태의 사전적인 규제를 금지하는 것이 아니고 단지 의사표현의 발표 여부가 오로지 행정권의 허가에 달려있는 사전심사만을 금지하는 것**을 뜻하므로, 이 사건 법률조항에 의한 방영금지가처분은 행정권에 의한 사전심사나 금지처분이 아니라 개별 당사자간의 분쟁에 관하여 사법부가 사법절차에 의하여 심리·결정하는 것이어서 헌법에서 금지하는 사전검열에 해당하지 아니한다(헌재 2001.8.30, 2000헌바36).

(3) 음반·비디오물에 대한 사전심의제

① 헌법재판소는 공연윤리위원회의 심의를 받지 아니한 음반의 판매를 금지하고 이에 위반한 자를 처벌하는 규정이 헌법상의 검열금지원칙에 위배되는지 여부와 관련하여 "이 사건 법률조항은 공연윤리위원회가 음반의 제작·판매에 앞서 그 내용을 심사하여 심의기준에 적합하지 아니한 음반에 대하여는 판매를 금지할 수 있고, 심의를 받지 아니한 음반을 판매할 경우에는 형사처벌까지 할 수 있도록 규정하고 있는바, **공연윤리위원회**는 공연법에 의하여 설치되고 행정권이 그 구성에 지속적인 영향을 미칠 수 있게 되어 있으므로 음반에 대한 위와 같은 사전심의제도는 명백히 사전검열제도에 해당한다."라고 판시하였다(헌재 1996.10.31, 94헌가6).

② 또한 비디오물에 대하여 한국공연예술진흥협의회의 사전심의를 받도록 하는 것이 사전검열에 해당하는지 여부와 관련하여 "이미 위헌결정한 구 음반 및 비디오물에 관한 법률에 의한 공연윤리위원회와 이후 개정된 동 법률에 의한 한국공연예술진흥협의회는 그 구성, 심의결과의 보고 등에 있어서 약간의 차이는 있으나, 공연법에 의하여 행정권이 심의기관의 구성에 지속적인 영향을 미칠 수 있고 행정권이 주체가 되어 검열절차를 형성하고 있는 점에 있어서 큰 차이가 없으므로, **한국공연예술진흥협의회도 검열기관**으로 보는 것이 타당하고, 따라서 한국공연예술진흥협의회가 비디오물의 제작·판매에 앞서 그 내용을 심사하여 심의기준에 적합하지 아니한 비디오물에 대하여는 제작·판매를 금지하고, 심의를 받지 아니한 비디오물을 제작·판매할 경우에는 형사처벌까지 할 수 있도록 규정한 이 사건 법률조항은 사전검열제도를 채택한 것으로서 헌법에 위배된다."라고 판시하였다(헌재 1999.9.16, 99헌가1).

③ 또한 사전심의를 받지 아니한 음반과 비디오물을 판매·배포·대여목적으로 보관하는 것을 금지하는 것에 대해서도 검열금지원칙에 위배된다고 하였다(헌재 2000.2.24, 99헌가17; 헌재 1997.3.27, 97헌가1).

(4) 영화·연예에 대한 사전검열

① **문제점**: 현행헌법은 영화와 연예에 관하여는 검열제금지를 규정하고 있지 아니하다. 이러한 헌법의 태도에 대하여 ㉠ 영화·연예에 대하여도 검열제가 금지된다고 보는 해석과 ㉡ 영화·연예에 대하여는 공중도덕과 사회윤리라는 차원에서 사전검열제가 가능하다고 보는 해석의 대립이 있다.

기출 OX

03 공연윤리위원회는 검열기관에 해당하나, 한국공연예술진흥협의회는 검열기관으로 볼 수 없다. 13. 경찰승진 ( )

정답 03 ×

② **헌법재판소**: 헌법재판소는 "영상물등급위원회의 등급분류보류제도는 우리 헌법이 절대적으로 금지하고 있는 사전검열에 해당하는 것으로서 더 나아가 비례의 원칙이나 명확성의 원칙에 반하는지 여부를 살펴볼 필요도 없이 헌법에 위반된다."라고 판시하고 있다.

> **판례 I**
>
> **1 영화 사전심의규정이 검열인지 여부: 적극 [위헌]**
> 영화법 제12조 제1항·제2항 및 제13조 제1항이 규정하고 있는 영화에 대한 심의제의 내용은 심의기관인 공연윤리위원회가 영화의 상영에 앞서 그 내용을 심사하여 심의기준에 적합하지 아니한 영화에 대하여는 상영을 금지할 수 있고, 심의를 받지 아니하고 영화를 상영할 경우에는 형사처벌까지 가능하도록 한 것이 그 핵심이므로 이는 명백히 헌법 제21조 제1항이 금지한 사전검열제도를 채택한 것이다(헌재 1996.10.4, 93헌가13 등).
>
> **2 '공연윤리위원회'의 심의를 받지 않은 음반판매금지규정이 위헌인지 여부: 적극 [위헌]**
> 위 조항은 공연윤리위원회가 음반의 제작·판매에 앞서 심의기준에 적합하지 아니한 음반에 대하여는 판매를 금지할 수 있고, 심의를 받지 아니한 음반을 판매할 경우에는 형사처벌까지 할 수 있도록 규정하고 있는바, 공연윤리위원회는 공연법에 의하여 설치되고 행정권이 그 구성에 지속적인 영향을 미칠 수 있게 되어 있으므로 위와 같은 사전심의제도는 명백히 사전검열제도에 해당하여 위헌이다(헌재 1996.10.31, 94헌가6).
>
> **3 '한국공연예술진흥협의회'(이하 '공진협'이라 한다)의 사전심의조항이 위헌인지 여부: 적극 [위헌]**
> '공진협'은 그 구성·심의결과의 보고 등에 있어서 약간의 차이는 있으나, 공연법에 의하여 행정권이 심의기관의 구성에 지속적인 영향을 미칠 수 있고 행정권이 주체가 되어 검열절차를 형성하고 있는 점에 있어서 큰 차이가 없으므로, **'공진협'도 검열기관**으로 보는 것이 타당하고, 따라서 '공진협'의 사전심의권 및 처벌에 관한 위 조항은 사전검열제도를 채택한 것으로서 헌법에 위배된다(헌재 1999.9.16, 99헌가1).
>
> **4 비디오물 복제시 '공연윤리위원회'의 사전심의규정이 위헌인지 여부: 적극 [위헌]**
> 구 음반 및 비디오물에 관한 법률이 규정한 '공연윤리위원회'의 심의는 헌법 제21조 제2항의 검열에 해당하므로 비디오물의 복제를 하기에 앞서 '공연윤리위원회'의 심의를 받도록 하고, 그 심의를 받지 아니한 비디오물의 대여·상영·보관 등을 금지하면서 이에 위반한 자를 처벌하며, 그 자가 소유 또는 점유하는 비디오물을 필요적으로 몰수·추징하도록 하는 내용의 이 사건 심판대상조항 부분은 헌법 제21조 제2항에 위반된다(헌재 2000.2.24, 99헌가17).
>
> **5 구 민사소송법 제714조 제2항에 의한 방영금지가처분을 허용하는 것이 헌법상 검열금지의 원칙에 위반되는지 여부: 소극 [합헌]**
> 헌법 제21조 제2항에서 규정한 검열금지의 원칙은 모든 형태의 사전적인 규제를 금지하는 것이 아니고 단지 의사표현의 발표 여부가 오로지 행정권의 허가에 달려있는 사전심사만을 금지하는 것을 뜻하므로, 이 사건 법률조항에 의한 방영금지가처분은 행정권에 의한 사전심사나 금지처분이 아니라 개별 당사자간의 분쟁에 관하여 사법부가 사법절차에 의하여 심리·결정하는 것이어서 헌법에서 금지하는 사전검열에 해당하지 아니한다(헌재 2001.8.30, 2000헌바36).

기출 OX

01 헌법재판소에 의하면 공연윤리위원회의 심의는 헌법 제21조 제2항의 검열에 해당하므로 음반을 제작하기에 앞서 공연윤리위원회의 심의를 받도록 하고 심의를 받지 아니한 음반의 판매를 금지하면서 이에 위반한 자를 처벌하는 것은 헌법 제21조 제2항에 위반된다. 16. 국회직 ( )

정답 01 ○

6 사전심의를 받은 내용과 다른 내용의 건강기능식품 기능성광고를 금지하고 이를 위반한 경우 처벌하는 건강기능식품에 관한 법률(이하 '건강기능식품법'이라 한다) 제18조 제1항 제6호 등이 사전검열에 해당하여 위헌인지 여부: 적극 [위헌] 19. 서울시

현행헌법상 **사전검열은 표현의 자유 보호대상이면 예외 없이 금지된다**. 건강기능식품의 기능성광고는 인체의 구조 및 기능에 대하여 보건용도에 유용한 효과를 준다는 기능성 등에 관한 정보를 널리 알려 해당 건강기능식품의 소비를 촉진시키기 위한 상업광고이지만, 헌법 제21조 제1항의 표현의 자유의 보호 대상이 됨과 동시에 같은 조 제2항의 사전검열 금지 대상도 된다. … 심의받은 내용과 다른 내용의 광고를 한 경우, 이 사건 제재조항은 대통령령으로 정하는 바에 따라 영업허가를 취소·정지하거나, 영업소의 폐쇄를 명할 수 있도록 하고, 이 사건 처벌조항은 5년 이하의 징역 또는 5천만원 이하의 벌금에 처하도록 하고 있다. 이와 같은 행정제재나 형벌의 부과는 사전심의절차를 관철하기 위한 강제수단에 해당한다. … 건강기능식품 표시·광고 심의기준, 방법, 절차를 식약처장이 정하도록 하고 있으므로, 식약처장은 심의기준 등의 제정 및 개정을 통해 언제든지 심의기준 등을 정하거나 변경함으로써 심의기관인 한국건강기능식품협회의 심의 내용 및 절차에 영향을 줄 수 있다. 따라서 이 사건 건강기능식품 기능성광고 사전심의는 그 검열이 행정권에 의하여 행하여진다 볼 수 있고, 헌법이 금지하는 사전검열에 해당하므로 헌법에 위반된다. **종래 이와 견해를 달리하여 건강기능식품 기능성광고의 사전심의절차를 규정한 구 건강기능식품법 관련 조항이 헌법상 사전검열금지원칙에 위반되지 않는다고 판단한 우리 재판소 결정**(헌재 2010.7.29, 2006헌바75)**은, 이 결정 취지와 저촉되는 범위 안에서 변경한다**(헌재 2018.6.28, 2016헌가8·2017헌바476).

7 영화에 대한 '등급분류보류'제도가 검열이어서 위헌인지 여부: 적극 [위헌] 08·10. 법무사, 09. 국가직

   [1] 사전검열이 절대적으로 금지되는 이유

   언론·출판에 대하여 사전검열이 허용될 경우에는 국민의 **예술활동의 독창성과 창의성을 침해**하여 정신생활에 미치는 위험이 크고 행정기관이 집권자에게 불리한 내용의 표현을 사전에 억제함으로써 이른바 **관제의견이나 지배자에게 무해한 여론만이 허용되는 결과**를 초래할 염려가 있기 때문에 헌법이 절대적으로 금지하는 것이다.

   [2] 영상물등급위원회의 검열기관 해당 여부: 적극

   영상물등급위원회는 그 위원을 대통령이 위촉하고, 그 구성방법 및 절차에 관하여 필요한 사항을 대통령령으로 정하도록 하고 있으며, 국가예산으로 그 운영에 필요한 경비의 보조를 받을 수 있도록 하고 있는 점 등에 비추어 행정권이 심의기관의 구성에 지속적인 영향을 미칠 수 있고 행정권이 주체가 되어 검열절차를 형성하고 있어 **검열기관에 해당**한다.

   [3] 영상물등급위원회에 의한 등급분류보류제도의 검열 해당 여부: 적극

   영화진흥법 제21조 제4항이 규정하고 있는 영상물등급위원회에 의한 **등급분류보류제도**는 영상물등급위원회가 영화의 상영에 앞서 영화를 제출받아 그 심의 및 상영등급분류를 하되, 등급분류를 받지 아니한 영화는 상영이 금지되고 만약 등급분류를 받지 않은 채 영화를 상영한 경우 과태료·상영금지명령에 이어 형벌까지 부과할 수 있도록 하며, 등급분류보류의 횟수제한이 없어 실질적으로 영상물등급위원회의 허가를 받지 않는 한 영화를 통한 의사표현이 무한정 금지될 수 있으므로 **검열에 해당**한다(헌재 2001.8.30, 2000헌가9).

기출 OX

02 건강기능식품의 기능성광고와 같은 상업적 광고표현은 사상·지식·정보 등을 불특정다수인에게 전파하는 것으로서 언론·출판의 자유의 보호 대상이 된다. 18. 경찰경채 ( )

03 사전심의를 받은 내용과 다른 내용의 건강기능식품 기능성광고를 금지하고 이를 위반한 경우 처벌하는 건강기능식품에 관한 법률에 의한 건강기능식품 기능성광고 사전심의는 그 검열이 행정권에 의하여 행하여진다고 볼 수 있어, 헌법이 금지하는 사전검열에 해당하므로 헌법에 위반된다. 19. 경찰승진 ( )

04 건강기능식품 기능성광고 사전심의가 헌법이 금지하는 사전검열에 해당하려면 심사절차를 관철할 수 있는 강제수단이 존재할 것을 필요로 하는데, 영업허가취소와 같은 행정제재나 벌금형과 같은 형벌의 부과는 사전심의절차를 관철하기 위한 강제수단에 해당한다. 20. 경찰승진 ( )

정답 02 ○ 03 ○ 04 ○

기출 OX

01 영상물등급위원회에 의한 등급분류보류제도는 실질적으로 영상물등급위원회의 허가를 받지 않는 한 영화를 통한 의사표현이 무한정 금지될 수 있으므로 검열에 해당한다. 09. 국가직
( )

02 언론·출판에 대한 검열금지의 원칙은 외국 영상물의 수입에는 적용되지 아니한다. 06. 국가직 ( )

8 영상물등급위원회에 의한 비디오물 '등급분류보류'제도가 검열인지 여부: 적극 [위헌] 09. 법행

영상물등급위원회에 의한 등급분류보류는 비디오물 등급분류의 일환으로 유통 전에 비디오물을 제출받아 그 내용을 심사하여 이루어질 뿐 아니라 영상물등급위원회는 그 위원을 대통령이 위촉하고, 위원회의 운영에 필요한 경비를 국고에서 보조할 수 있으며, 국고예산 등이 수반되는 사업계획 등은 미리 문화관광부장관과 협의하도록 규정하고 있고, 등급을 분류받지 아니한 비디오물은 유통이 금지되어 등급분류가 보류된 비디오물이나 등급분류를 받지 아니한 비디오물에 대하여 문화관광부장관 등은 관계공무원으로 하여금 이를 수거하여 폐기하게 할 수도 있고, 이를 유통 또는 시청에 제공한 자에게는 형벌까지 부과될 수 있으며, 등급분류보류의 횟수제한이 설정되어 있지 않아 무한정 등급분류가 보류될 수 있다. 따라서 영상물등급위원회는 실질적으로 행정기관인 검열기관에 해당하고 이에 의한 등급분류보류는 비디오물 유통 이전에 그 내용을 심사하여 허가받지 아니한 것의 발표를 금지하는 제도, 즉 검열에 해당되므로 헌법에 위반된다(헌재 2008.10.30, 2004헌가18).

9 외국비디오물의 수입추천제도가 검열인지 여부: 적극 [위헌] 06. 국가직

헌법재판소는 구 음반·비디오물 및 게임물에 관한 법률 제16조 제1항이 정하고 있는 영상물등급위원회에 의한 외국비디오물의 수입추천제도를 헌법상 금지하는 사전검열에 해당한다고 판시하였다. 그 이유는 ① 외국비디오물이 국내에서 유통되기 위해서는 수입추천업무를 담당하는 기관에 유통 이전에 제출되어야 한다. ② 영상물등급위원회는 그 조직과 구성 면에서 행정권의 성격을 가진 행정기관에 해당한다. ③ 영상물등급위원회가 문제있다고 지적하는 내용을 수입업자가 자진해서 수정·삭제할 수밖에 없다는 점에서 실질적으로는 허가를 받지 아니한 의사표현의 금지에 해당하는 것으로 평가할 수 있다. ④ 마지막으로 그 절차를 관철하는 수단으로서 형사처벌규정 및 강제수거·폐기규정을 수반하고 있다(헌재 2005.2.3, 2004헌가8).

10 외국음반 국내 제작추천제도가 검열인지 여부: 적극 [위헌] 08. 국가직, 09. 법행, 19. 서울시

이 사건 법률조항들이 규정하고 있는 외국음반 국내 제작추천제도는 외국음반의 국내 제작이라는 의사표현행위 이전에 그 표현물을 행정기관의 성격을 가진 영상물등급위원회에 제출하도록 하여 당해 표현행위의 허용 여부가 행정기관의 결정에 좌우되도록 하고 있으며, 더 나아가 이를 준수하지 않는 자들에 대하여 형사처벌 등 강제수단까지 규정하고 있는바, 허가를 받기 위한 표현물의 제출의무, 행정권이 주체가 된 사전심사절차, 허가를 받지 아니한 의사표현의 금지, 심사절차를 관철할 수 있는 강제수단의 존재라는 제 요소를 모두 갖추고 있으므로, 우리 헌법 제21조 제2항이 절대적으로 금지하고 있는 사전검열에 해당하는 것으로서 위헌을 면할 수 없다(헌재 2006.10.26, 2005헌가14).

11 비디오물 사전 '등급분류'제도가 검열인지 여부: 소극 [합헌] 08. 법행

이 사건 비디오물등급분류는 의사표현물의 공개 내지 유통을 허가할 것인가 말 것인가를 영상물등급위원회가 사전적으로 결정하는 절차가 아니라 그 발표나 유통으로 인한 실정법 위반사태를 미연에 방지하고, 비디오물 유통으로 인하여 청소년이 받게 될 악영향을 미리 차단하고자 공개나 유통에 앞서 이용연령을 분류하는 절차에 불과하다. 이 사건에서 문제가 되고 있는 비디오물의 경우 청소년들이 이용할 수 없는 등급을 부여받게 되면 등급부여 당시의 시점에서는 이용연령제한으로 인하여 그 연령에 해당하는 자들에게는 그에 대한 접근이 차단되지만, 그 공개나 유통 자체가 금지되는 것은 아니기 때문에 시간이 경과하여 이용가능한 연령이 되면 이에 대한 접근이나 이용이 자유로워진다. 이러한 점에서 등급분류는 표현물의 공개나

정답 01 ○ 02 ✕

유통 자체를 사전적으로 금지하여 시간이 경과하여도 이에 대한 접근이나 이용을 불가능하게 하는 사전검열과 다르다. 결론적으로 공개나 유통을 당연한 전제로 하여 비디오물에 등급분류제도를 시행하고 있는 이상, 등급심사를 받지 아니한 비디오물의 유통을 금지하고 있더라도 이는 헌법이 금지하고 있는 사전검열에는 해당하지 않는다(헌재 2007.10.4, 2004헌바36).

12 교과서 검·인정제도가 사전검열금지원칙에 반하여 위헌인지 여부: 소극 [기각]
00·02. 사시

검열이란 개인이 정보와 사상을 발표하기 이전에 국가기관이 미리 그 내용을 심사·선별하여 일정한 범위 내에서 발표를 저지하는 것을 의미하므로 자신이 연구한 결과를 얼마든지 책자로서 발표할 수 있는 이 사건 교과서문제와는 직접 관련이 없는 것이다. 그리고 교과서에 관련된 국정 또는 검·인정제도의 법적 성질은 인간의 자연적 자유의 제한에 대한 해제인 허가의 성질을 갖는다기보다는 어떠한 책자에 대하여 교과서라는 특수한 지위를 부여하거나 인정하는 제도이기 때문에 가치창설적인 형성적 행위로서 특허의 성질을 갖는 것으로 보아야 할 것이며, 그렇게 본다면 국가가 그에 대한 재량권을 갖는 것은 당연하다(헌재 1992.11.12, 89헌마88).

13 정기간행물의 납본제도가 사전검열에 해당하는지 여부: 소극 [합헌] 12. 법무사

발행된 정기간행물을 공보처에 납본하는 것 역시 그 정기간행물의 내용을 심사하여 이를 공개 내지 배포하는 데 대한 허가나 금지와는 전혀 관계없는 것으로서 사전검열이라고 볼 수 없다(헌재 1992.6.26, 90헌바26).

14 텔레비전방송광고 사전심의제도가 검열인지 여부: 적극 [위헌] 08. 국가직, 08·09. 법행, 10. 사시, 12. 법무사

방송광고 사전심의는 한국광고자율심의기구가 담당하고 있지만 **그 실질은 방송위원회가 위탁이라는 방법으로 그 업무의 범위를 확장**하고 있는 것에 지나지 않는다 할 것이고, 따라서 자율심의기구가 행하는 이 사건 **방송광고 사전심의는 행정기관에 의한 사전검열로서 헌법이 금지하는 사전검열에 해당**하여 **청구인의 표현의 자유를 침해**한다고 할 것이다.
한편 구 방송법 제32조는 2008.2.29. 법률 제8867호로 개정되어 방송광고 사전심의의 주체를 방송통신심의위원회로 변경하였다. … 따라서 **법질서의 정합성과 소송경제의 측면에서 개정된 방송법에 대해서도 위헌**을 선언할 필요가 있다고 할 것이므로 **구 방송법규정과 함께 개정된 방송법 제32조 제2항·제3항에 대해서도 위헌**을 선언하기로 한다(헌재 2008.6.26, 2005헌마506).

15 영화에 대한 '제한상영가' 등급제도가 위헌인지 여부: 적극 [헌법불합치] 00. 사시, 08·09. 법행, 13. 국가직

[1] '제한상영가' 등급의 영화를 '상영 및 광고·선전에 있어서 일정한 제한이 필요한 영화'라고 정의한 영화진흥법(이하 '영진법'이라 한다)이 명확성원칙에 위배되는지 여부: 적극

영진법 제21조 제3항 제5호는 '제한상영가' 등급의 영화를 '상영 및 광고·선전에 있어서 일정한 제한이 필요한 영화'라고 규정하고 있는데, 이 규정은 제한상영가 등급의 영화가 어떤 영화인지를 말해주기보다는 제한상영가 등급을 받은 영화가 사후에 어떠한 법률적 제한을 받는지를 기술하고 있는바 이것으로는 제한상영가 영화가 어떤 영화인지를 알 수가 없고, 따라서 영진법 제21조 제3항 제5호는 명확성원칙에 위배된다.

기출 OX

03 정기간행물의 납본제도와 검·인정 교과서제도는 사전검열금지원칙에 위배되지 않는다. 17. 국회직 9급
( )

04 한국광고자율심의기구가 행하는 텔레비전방송광고에 대한 사전심의는 행정기관에 의한 사전검열로서 헌법이 금지하는 사전검열에 해당한다. 12. 법무사
( )

05 '제한상영가' 등급의 영화를 '상영 및 광고·선전에 있어서 일정한 제한이 필요한 영화'라고 규정하고 있는 법률규정은, '제한상영가' 등급의 영화란 영화의 내용이 지나치게 선정적·폭력적 또는 비윤리적이어서 청소년에게는 물론 일반적인 정서를 가진 성인에게조차 혐오감을 주거나 악영향을 끼치는 영화로 해석될 수 있으므로 명확성원칙에 위반되지 않는다. 13. 국가직
( )

정답 03 ○ 04 ○ 05 ✕

[2] 영화진흥법이 제한상영가 상영등급분류의 구체적 기준을 영상물등급위원회의 규정에 위임하고 있는 것이 포괄위임금지원칙에 위배되는지 여부: 적극

한편 영진법 제21조 제7항 후문 중 '제3항 제5호' 부분의 위임규정은 영화상영 등급분류의 구체적 기준을 영상물등급위원회의 규정에 위임하고 있는데, 이 사건 위임규정에서 위임하고 있는 사항은 제한상영가 등급분류의 기준에 대한 것으로 그 내용이 사회현상에 따라 급변하는 내용들도 아니고, 특별히 전문성이 요구되는 것도 아니며, 그렇다고 기술적인 사항도 아닐 뿐만 아니라 더욱이 표현의 자유의 제한과 관련되어 있다는 점에서 경미한 사항이라고도 할 수 없는데도 이 사건 위임규정은 영상물등급위원회규정에 위임하고 있는바, 이는 그 자체로서 포괄위임금지원칙을 위반하고 있다고 할 것이다. 나아가 이 사건 위임규정은 등급분류의 기준에 관하여 아무런 언급 없이 영상물등급위원회가 그 규정으로 이를 정하도록 하고 있는바, 이것만으로는 무엇이 제한상영가 등급을 정하는 기준인지에 대하여 전혀 알 수 없고, 다른 관련 규정들을 살펴보더라도 위임되는 내용이 구체적으로 무엇인지 알 수 없으므로 이는 포괄위임금지원칙에 위반된다 할 것이다(헌재 2008.7.31, 2007헌가4).

16 사전심의를 받지 아니한 의료광고를 금지하고 이를 위반한 경우 처벌하는 의료법 제56조 제2항 제9호 등의 의료광고 사전심의제가 헌법이 금지하는 사전검열에 해당하여 표현의 자유를 침해하는지 여부: 적극 [위헌] 16. 사시, 19. 서울시

이 사건 의료광고의 사전심의는 그 심의주체인 보건복지부장관이 행하지 않고 그로부터 위탁을 받은 각 의사협회가 행하고 있지만, 의료광고의 심의기관이 행정기관인가 여부는 기관의 형식에 의하기보다는 그 실질에 따라 판단되어야 하며, 민간심의기구가 심의를 담당하는 경우에도 행정권의 개입 때문에 자율성이 보장되지 않는다면, 헌법이 금지하는 행정기관에 의한 사전검열에 해당하게 될 것이다.

보건복지부장관은 공무수탁사인에 해당하는 각 의사협회에 대하여 위임사무 처리에 대한 지휘·감독권을 가지고 있으며, 의료법 시행령상 심의기관의 장은 심의 및 재심의 결과를 보건복지부장관에게 보고할 의무가 있다. 또한, 의료법상 보건복지부장관은 의료인 단체에 대해 재정지원을 할 수 있고, 심의기준과 절차 등에 대해 대통령령으로 정하도록 하고 있으므로, 행정권은 이를 통하여 사전심의절차에 영향력을 행사할 수 있다. 그렇다면, 각 의사협회가 의료광고의 사전심의업무를 수행함에 있어서 보건복지부장관 등 행정권의 영향력에서 완전히 벗어나 독립적이고 자율적으로 사전심의를 하고 있다고 보기 어렵다. 따라서 이 사건 의료광고 사전심의는 헌법이 금지하는 사전검열에 해당하므로 청구인들의 표현의 자유를 침해한다(헌재 2015.12.23, 2015헌바75).

17 의료기기법상 의료기기 광고에 대한 사전심의제도가 검열인지 여부: 적극 [위헌]

의료기기 광고 사전심의는 행정권이 주체가 된 사전심사로서 헌법이 금지하는 사전검열에 해당하고, 이러한 사전심의제도를 구성하는 심판대상조항은 헌법 제21조 제2항의 사전검열금지원칙에 위반된다(헌재 2020.8.28, 2017헌가35).

③ **검토**: 영화·연예에 대한 당국의 일방적·강제적 사전검열제는 예술활동의 독자성과 창의성을 침해하는 것이 되므로 허용될 수 없다. 그 대신 영화인과 연예인들 자신에 의한 독자적·임의적·권고적 사전심사제를 채택한다면, 그것은 예술 분야의 독자성과 창의성을 존중하면서 동시에 공중도덕과 사회윤리도 유지될 수 있을 것이라는 관점에서 무방하다고 본다(권영성). 04. 국가직

기출 OX

01 의료광고의 심의기관이 행정기관인가 여부는 기관의 형식에 의하기보다는 그 실질에 따라 판단되어야 하며, 민간심의기구가 심의를 담당하는 경우에도 행정권의 개입 때문에 자율성이 보장되지 않는다면 헌법이 금지하는 행정기관에 의한 사전검열에 해당하게 될 것이다. 17. 경찰승진 ( )

정답 01 ○

(5) 국가비상사태하에서의 사전통제

> 헌법 제77조 ③ 비상계엄이 선포된 때에는 법률이 정하는 바에 의하여 영장제도, 언론·출판·집회·결사의 자유, 정부나 법원의 권한에 관하여 특별한 조치를 할 수 있다. 18. 지방직

2. 사후제한

(1) 일반적 법률유보에 의한 제한
언론·출판의 자유도 헌법 제37조 제2항에 따라 법률에 의하여 제한될 수 있다.

(2) 긴급명령과 비상계엄에 의한 제한
긴급명령을 발한 경우 대통령은 긴급명령에 의하여 언론·출판의 자유를 제한할 수 있다. 비상계엄이 선포된 경우 계엄사령관은 법률이 정하는 바에 의하여 언론·출판의 자유에 대하여 특별조치가 가능하다(계엄법 제9조 제1항).

3. 표현제한입법의 합헌성 판단기준

(1) 명확성의 원칙 – '막연하기 때문에 무효의 원칙' 무효(void for vagueness)이론
표현의 자유의 우월적 지위에 입각하여 표현의 자유를 제한하는 법률의 합헌성 추정을 부인하고 표현의 자유를 제한하는 법률이 불명확한 경우에는 그 내용이 막연하기 때문에 무효라는 이론이다.

> **판례**
>
> 1 **표현의 자유에 있어서의 명확성의 원칙의 의미** 11. 법행, 19. 서울시
> **법치국가원리의 한 표현인 명확성의 원칙은 기본적으로 모든 기본권제한입법에 대하여 요구된다.** … 표현의 자유를 규제하는 입법에 있어서 이러한 명확성의 원칙은 특별히 중요한 의미를 지닌다. 민주사회에서 표현의 자유가 수행하는 역할과 기능에 비추어볼 때 불명확한 규범에 의한 표현의 자유의 규제는 헌법상 보호받는 표현에 대한 위축적 효과를 수반하기 때문이다. … 그러나 모든 법규범의 문언을 순수하게 기술적 개념만으로 구성하는 것은 입법기술적으로 불가능하고 또 바람직하지도 않기 때문에 어느 정도 가치개념을 포함한 일반적, 규범적 개념을 사용하지 않을 수 없다. 따라서 **명확성의 원칙이란 기본적으로 최대한이 아닌 최소한의 명확성을 요구하는 것**이다. 그러므로 법문언이 해석을 통해서, 즉 법관의 보충적인 가치판단을 통해서 그 의미내용을 확인해낼 수 있고, 그러한 보충적 해석이 해석자의 개인적인 취향에 따라 좌우될 가능성이 없다면 명확성의 원칙에 반한다고 할 수 없다 할 것이다(헌재 1998.4.30, 95헌가16).
>
> 2 **공공의 안녕질서 또는 미풍양속을 해하는 내용의 통신을 금하는 전기통신사업법 제53조 제1항이 명확성의 원칙에 위배되는지 여부: 적극 [위헌]** 05. 입시, 06. 사시
> 여기서의 '공공의 안녕질서'는 헌법 제37조 제2항의 '국가의 안전보장·질서유지'와 '미풍양속', 헌법 제21조 제4항의 '공중도덕이나 사회윤리'와 비교하여 볼 때 동어반복이라 하여도 좋을 정도로 전혀 구체화되어 있지 아니하다. 이처럼 '공공의 안녕질서', '미풍양속'이라는 것은 매우 추상적인 개념이어서 법집행자의 통상적 해석을 통하여

기출 OX

02 법치국가원리의 한 표현인 명확성의 원칙은 기본적으로 모든 기본권제한입법에 대하여 요구된다. 14. 국회직 ( )

03 명확성의 원칙은 기본적으로 최소한이 아닌 최대한의 명확성을 요구하는 것이다. 17. 국회직 ( )

정답 02 ○ 03 ×

그 의미·내용을 객관적으로 확정하기도 어렵다. 결론적으로 전기통신사업법 제53조 제1항은 규제되는 표현의 내용이 명확하지 아니하여 명확성의 원칙에 위배된다(헌재 2002.6.27, 99헌마480).

> 비교》 학교환경위생정화구역 안의 금지행위를 규정한 구 학교보건법상의 '미풍양속을 해하는'은 명확성의 원칙에 위배되지 않는다.

3 공익을 해할 목적으로 공연히 허위의 통신을 한 자를 형사처벌하는 전기통신기본법 제47조 제1항이 명확성원칙에 위배되어 위헌인지 여부: 적극 [위헌] 11. 사시

이 사건 법률조항은 표현의 자유에 대한 제한입법이며 동시에 형벌조항에 해당하므로 엄격한 의미의 명확성원칙이 적용된다. 이 사건 법률조항은 '공익을 해할 목적'의 허위의 통신을 금지하는바, 여기서의 '공익'은 헌법 제37조 제2항의 '국가의 안전보장·질서유지'와 헌법 제21조 제4항의 '공중도덕이나 사회윤리'와 비교하여 볼 때 '동어반복'이라고 할 수 있을 정도로 전혀 구체화되어 있지 아니하다. 또한 '공익'이라는 개념은 이처럼 매우 추상적인 것이어서 어떠한 표현행위가 과연 '공익'을 해하는 것인지, 아닌지에 관한 판단은 사람마다의 가치관·윤리관에 따라 크게 달라질 수밖에 없다. 결국 이 사건 법률조항은 명확성의 원칙에 위배하여 헌법에 위반된다(헌재 2010.12.28, 2008헌바157).

4 법관의 보충적인 해석을 통해서 그 의미내용을 확인할 수 있다면 명확성의 원칙에 반하는지 여부: 소극 19. 서울시

법규범의 문언은 어느 정도 가치개념을 포함한 일반적, 규범적 개념을 사용하지 않을 수 없는 것이기 때문에 명확성의 원칙이란 기본적으로 최대한이 아닌 최소한의 명확성을 요구하는 것으로서, 법문언이 법관의 보충적인 가치판단을 통해서 그 의미내용을 확인할 수 있고, 그러한 보충적 해석이 해석자의 개인적인 취향에 따라 좌우될 가능성이 없다면 명확성의 원칙에 반한다고 할 수 없다(헌재 2005.12.22, 2004헌바45).

5 공공의 질서 및 선량한 풍속을 문란하게 할 염려가 있는 상표는 등록받을 수 없다고 규정한 구 상표법 제7조 제1항 제4호가 명확성의 원칙에 반하는지 여부: 소극 19. 서울시

어떠한 상표가 '공공의 질서'나 '선량한 풍속'을 문란하게 할 염려가 있는지를 합리적인 해석기준을 통하여 판단할 수 있는 이상, 보다 구체적이고 명확한 입법이 가능하다는 이유만으로 곧바로 명확성원칙에 위반된다고 할 수 없다(헌재 2014.3.27, 2012헌바55).

6 명확성의 원칙의 요건 19. 서울시

명확성의 원칙은 규율대상이 극히 다양하고 수시로 변화하는 것인 경우에는 그 요건이 완화되어야 하고, 특정 조항의 명확성 여부는 그 문언만으로 판단할 것이 아니라 관련 조항을 유기적·체계적으로 종합하여 판단하여야 하는바, 집합건물재건축의 요건을 건축 후 '상당한 기간'이 경과되어 건물이 훼손되거나 일부 멸실된 경우로 표현한 것은 재건축 대상건물의 다양성으로 인하여 입법기술상 부득이한 것이라고 인정되며, 또 관련 조항을 종합하여 합리적으로 판단하면 구체적인 경우에 어느 정도의 기간이 '상당한 기간'에 해당하는지는 알 수 있다고 할 것이다(헌재 1999.9.16, 97헌바73 등).

(2) 피해최소성의 원칙

표현의 자유를 제한하더라도 가급적이면 덜 제한적인 조치(Less Restrictive Alternative)를 통하여 제한하여야 한다고 본다.

기출 OX

01 '공익을 해할 목적으로 전기통신 설비에 의하여 공연히 허위의 통신을 한 자를 처벌하고 있는 전기통신기본 법은 죄형법정주의의 명확성원칙에 위반된다. 18. 국회직 ( )

02 기본권제한입법에 있어서 규율대상이 지극히 다양하거나 수시로 변화하는 성질의 것이어서 입법기술상 일의적으로 규정할 수 없는 경우라도 명확성의 요건이 강화되어야 한다.
17. 경찰승진 ( )

정답 01 ○ 02 ×

(3) 명백하고 현존하는 위험의 원칙

① **의의**: 명백하고 현존하는 위험의 원칙이란 언론을 규제하기 위해서는 언론이 법률상 금지된 해악을 초래할 명백하고 현존하는 위험을 가지고 있음을 입증하여야 한다는 이론이다. 위험발생 여부에 대한 사실인정의 기준이 되는 일종의 기술적인 증거법칙의 성격을 가지는 것이기도 하다. 여기서 '명백'은 표현과 해악의 발생 사이에 밀접한 인과관계가 존재하는 것이고, '현존'은 해악의 발생이 시간적으로 근접하다는 것이며, '위험'은 공공의 이익에 대한 해악의 발생개연성을 말한다.

② **헌법재판소의 입장**: 헌법재판소는 국가보안법 제7조 제5항의 위헌심판사건에서 "국가의 존립·안전이나 자유민주적 기본질서에 실질적 해악을 줄 명백한 위험성이 있는 경우란 일응 그 표현물의 내용이 그와 같이 된 경우를 말함이고, 문제의 표현물과 외부 관련성의 정도 또한 여기의 위험성 유무를 판단하는 기준이 된다."라고 판시하여 명백하고 현존하는 위험의 원칙을 수용하고 있다(헌재 1990.6.25, 90헌가11).

Ⅷ. 침해와 구제

1. 국가기관에 의한 침해와 구제

기본권 일반의 경우와 동일한 구제방법에 따라 언론·출판의 자유 침해에 대해 구제받을 수 있다.

2. 언론기관 또는 사인에 의한 침해와 구제

(1) 언론기관 또는 사인이 개인의 언론·출판의 자유를 침해한 경우

기본권의 제3자적 효력에 관한 직접적용설(김학성, 허영) 또는 간접적용설(권영성)에 따라 구제받을 수 있다.

(2) 언론기관이 개인의 명예와 권리를 침해한 경우

① 민사집행법상의 가처분결정(일정한 표현행위에 대한 가처분에 의한 사전금지청구)
② 반론보도청구권
③ 추후보도청구권
④ 손해배상청구권
⑤ 명예회복에 관한 적당한 처분

04 집회·결사의 자유

기출 OX
01 집회에 대한 허가제는 절대적으로 금지된다. 16. 법무사 ( )

> 헌법 제21조 ① 모든 국민은 언론·출판의 자유와 집회·결사의 자유를 가진다.
> ② 언론·출판에 대한 허가나 검열과 집회·결사에 대한 허가는 인정되지 아니한다.

I. 의의

집회·결사의 자유는 다수인이 공동목적을 가지고 회합하는 자유를 말한다. 집회·결사의 자유는 집단적 표현의 자유를 보장한다는 점에서 개인적 표현의 자유인 언론·출판의 자유와 구별된다. 집회의 자유는 일차적으로는 개인의 자기결정과 인격발현에 기여하는 기본권이며, 표현의 자유와 더불어 민주적 공동체가 기능하기 위하여 필수불가결한 근본요소에 속한다. 11. 법무사 소수자들은 집회·결사의 자유를 통하여 그들의 의견을 정치과정에 반영할 수 있으므로, 집회·결사의 자유는 소수자를 보호하는 민주주의의 수단으로서의 기능을 가진다.

판례 | 집회의 자유의 헌법적 의미와 기능

[1] 헌법은 집회의 자유를 국민의 기본권으로 보장함으로써 평화적 집회 그 자체는 공공의 안녕질서에 대한 위험이나 침해로서 평가되어서는 아니 되며, **개인이 집회의 자유를 집단적으로 행사함으로써 불가피하게 발생하는 일반 대중에 대한 불편함이나 법익에 대한 위험은 보호법익과 조화를 이루는 범위 내에서 국가와 제3자에 의하여 수인되어야 한다는 것을 헌법 스스로 규정하고 있는 것이다.** 09. 사시, 18. 지방직

[2] **집회의 자유는 개인의 인격발현의 요소이자 민주주의를 구성하는 요소라는 이중적 헌법적 기능을 가지고 있다.** 06. 법행 인간의 존엄성과 자유로운 인격발현을 최고의 가치로 삼는 우리 헌법질서 내에서 집회의 자유도 다른 모든 기본권과 마찬가지로 일차적으로는 개인의 자기결정과 인격발현에 기여하는 기본권이다. 인간이 타인과의 접촉을 구하고 서로의 생각을 교환하며 공동으로 인격을 발현하고자 하는 것은 사회적 동물인 인간의 가장 기본적인 욕구에 속하는 것이다. **집회의 자유는 공동으로 인격을 발현하기 위하여 타인과 함께 하고자 하는 자유, 즉 타인과의 의견교환을 통하여 공동으로 인격을 발현하는 자유를 보장하는 기본권이자 동시에 국가권력에 의하여 개인이 타인과 사회공동체에서 고립되는 것으로부터 보호하는 기본권이다.** 09. 사시

[3] 집회를 통하여 국민들이 자신의 의견과 주장을 집단적으로 표명함으로써 여론의 형성에 영향을 미친다는 점에서 집회의 자유는 표현의 자유와 더불어 민주적 공동체가 기능하기 위하여 불가결한 근본요소에 속한다. 집회의 자유는 집단적 의견표명의 자유로서 민주국가에서 정치의사형성에 참여할 수 있는 기회를 제공한다. 직접민주주의를 배제하고 대의민주제를 선택한 우리 헌법에서 일반 국민은 선거권의 행사, 정당이나 사회단체에 참여하여 활동하는 것 외에는 단지 집회의 자유를 행사하여 시위의 형태로서 공동으로 정치의사형성에 영향력을 행사하는 가능성밖에 없다. 또한 집회의 자유는 사회·정치현상에 대한 불만과 비판을 공개적으로 표출하게 함으로써 정치적 불만이 있는 자를 사회에 통합하고 정치적 안정에 기여하는 기능을 한다. 특히 **집회의 자유는 집권세력에 대한 정치적 반대의사를 공동으로 표명하는 효과적인 수단으로서 현대 사회에서 언론매체에 접근할 수**

정답 **01** ○

없는 소수집단에 그들의 권익과 주장을 옹호하기 위한 적절한 수단을 제공한다는 점에서 소수의견을 국정에 반영하는 창구로서 그 중요성을 더해가고 있다. 이러한 의미에서 집회의 자유는 소수의 보호를 위한 중요한 기본권인 것이다. 09.사시 소수가 공동체의 정치적 의사형성과정에 영향을 미칠 수 있는 가능성이 보장될 때, 다수결에 의한 공동체의 의사결정은 보다 정당성을 가지며 다수에 의하여 압도당한 소수에 의하여 수용될 수 있는 것이다. 헌법이 집회의 자유를 보장한 것은 관용과 다양한 견해가 공존하는 다원적인 '열린 사회'에 대한 헌법적 결단인 것이다(헌재 2003.10.30, 2000헌바67 등).

II. 집회의 자유

1. 집회의 의의

(1) 개념

> **집회 및 시위에 관한 법률**
> **제2조 【정의】** 이 법에서 사용하는 용어의 뜻은 다음과 같다.
> 1. "옥외집회"란 천장이 없거나 사방이 폐쇄되지 아니한 장소에서 여는 집회를 말한다. 18.지방직
> 2. "시위"란 여러 사람이 공동의 목적을 가지고 도로, 광장, 공원 등 일반인이 자유로이 통행할 수 있는 장소를 행진하거나 위력 또는 기세를 보여, 불특정한 여러 사람의 의견에 영향을 주거나 제압을 가하는 행위를 말한다.

'집회'란 다수인이 공동목적을 가지고 일시적으로 회합하는 행위를 말한다.

✓ SUMMARY | 집회와 결사의 비교

구분	집회	결사
개념	일시적인 모임	계속적인 조직
계속성요건	×	○
인적 요건	3인, 2인(판례)	2인

(2) 개념적 요소

집회의 개념적 요소는 3인 이상의 다수인(다수설), 공동의 목적, 일시적 회합이다.
① **인적 요건(다수인)**: 집회의 **주최자는 집회의 필수적 요소가 아니며** 집회가 성립하기 위해서는 최소한 3인 이상이 모여야 한다. 따라서 시위금지지역에서 다수인이 번갈아 참여하는 **1인 릴레이시위는 집회 및 시위에 관한 법률에서 말하는 시위라 할 수 없다.**
② **목적요건(공동목적)**: 공적인 사항(정치적 의사교환목적)뿐만 아니라 사적인 사항에 관한 것이라도 의사표현을 위한 것이면 된다. **공동의 목적은 '내적인 유대 관계'로 족하다**(헌재 2014.1.28, 2011헌바174 등).
③ **일시적 회합**: 집회는 일시적인 회합이라는 점에서 비교적 계속성을 지닌 결사와 다르다.

기출 OX

02 집회의 자유는 개성신장과 아울러 여론형성에 영향을 미칠 수 있게 하여 동화적 통합을 촉진하는 기능을 가지며, 나아가 정치·사회현상에 대한 불만과 비판을 공개적으로 표출케 함으로써 정치적 불만세력을 사회적으로 통합하여 정치적 안정에 기여하는 역할을 한다. 17.경찰승진 ( )

03 일반적으로 집회는 일정한 장소를 전제로 하여 특정 목적을 가진 다수인이 일시적으로 회합하는 것을 말하고, 그 공동의 목적은 '내적인 유대 관계'로 족하다. 18.경찰경채 ( )

04 집회의 자유에 있어서 그 공동의 목적은 '내적인 유대 관계'로 족하다. 19.경찰승진 ( )

정답 02 ○ 03 ○ 04 ○

④ **집회의 개념에 집단적 시위가 포함되는지 여부**: 다수설은 집단적 시위나 시위행렬은 '움직이는 집회'로서 집회의 개념에 포함된다고 한다. 헌법재판소 역시 시위를 '이동하는 집회'로 보고 있다.

⑤ **시위의 개념에 장소 이동을 동반해야 하는지 여부**: 집시법상의 시위는, 다수인이 공동목적을 가지고 ㉠ 도로·광장·공원 등 공중이 자유로이 통행할 수 있는 장소를 행진함으로써 불특정한 여러 사람의 의견에 영향을 주거나 제압을 가하는 행위와 ㉡ 위력 또는 기세를 보여 불특정한 여러 사람의 의견에 영향을 주거나 제압을 가하는 행위를 말한다고 풀이해야 할 것이다. 따라서 집시법상의 시위는 반드시 '일반인이 자유로이 통행할 수 있는 장소'에서 이루어져야 한다거나 '행진' 등 장소 이동을 동반해야만 성립하는 것은 아니다(헌재 2014. 3.27, 2010헌가2 등).

> **판례 |** '집회'의 의미 및 2인이 모인 집회가 구 집회 및 시위에 관한 법률(2007. 5.11. 법률 제8424호로 전부개정되기 전의 것)의 규제대상이 되는지 여부: **적극** 15. 법원직, 16. 국가직
>
> 구 집회 및 시위에 관한 법률에 의하여 보장 및 규제의 대상이 되는 집회란 '특정 또는 불특정 다수인이 공동의 의견을 형성하여 이를 대외적으로 표명할 목적 아래 일시적으로 일정한 장소에 모이는 것'을 말하고, 모이는 장소나 사람의 다과에 제한이 있을 수 없으므로, 2인이 모인 집회도 위 법의 규제대상이 된다고 보아야 한다(대판 2012.5.24, 2010도11381).

2. 법적 성격

(1) 기본권적 성격

① **초실정권적 권리**: 인간의 고립화를 방지한다.
② **주관적 권리**: 타인과의 교섭을 통한 인격발전의 수단이다.
③ **민주적 기본권**: 민주국가에서의 집단적 형태의 정보교환과 시위를 보호한다.
④ **공물이용권**: 건조물, 공원, 도로 등 일정한 공물의 사용을 전제한다.

(2) 제도적 보장 여부

집회의 자유권과 집회제도의 보장이 결합된 것으로 보는 견해(김철수)와 제도적 보장성을 부정하는 견해(다수설)가 대립한다. 부정설(다수설)은 집회의 일시성을 이유로 제도일 수 없다고 하거나, 집회란 집단적으로 기본권을 행사하는 것일 뿐 제도가 아니라고 한다.

3. 주체

자연인은 물론 법인도 제한된 범위 내에서 집회의 자유의 주체가 되지만, 외국인의 주체성에 대하여는 견해가 대립한다. 외국인의 주체성을 긍정하되, 다만 국민에 비하여 제한이 가중될 수 있다고 본다(통설).

4. 내용

집회의 자유에는 적극적으로 집회개최·집회진행·집회참가의 자유와 소극적으로 집회를 개최하지 아니할 자유, 집회에 참가하지 아니할 자유가 포함된다. 집회의 자유에 의하여 보호되는 것은 평화적 또는 비폭력적 집회이다. 11. 법무사

> **판례 I**
>
> **1 집회의 자유의 내용** 06·12. 법행
> 집회의 자유는 집회의 시간·장소·방법과 목적을 스스로 결정할 권리를 보장한다. 집회의 자유에 의하여 구체적으로 보호되는 주요행위는 집회의 준비 및 조직, 지휘, 참가, 집회장소·시간의 선택이다. … 집회의 자유는 집회에 참가하지 못하게 하는 국가의 강제를 금지할 뿐 아니라, 예컨대 집회장소로의 여행을 방해하거나, 집회장소에서 귀가하는 것을 방해하거나, 집회참가자에 대한 검문의 방법으로 시간을 지연시킴으로써 집회장소에 접근하는 것을 방해하거나, 국가가 개인의 집회참가행위를 감시하고 그에 관한 정보를 수집함으로써 집회에 참가하고자 하는 자로 하여금 불이익을 두려워하여 미리 집회참가를 포기하도록 집회참가의사를 약화시키는 것 등 집회의 자유행사에 영향을 미치는 모든 조치를 금지한다(헌재 2003.10.30, 2000헌바67 등).
>
> **2 집회장소의 의미** 06. 법행, 09. 사시, 11. 경찰승진
> 집회장소는 특별한 상징적 의미를 가진다. 특정 장소가 시위의 목적과 특별한 연관성이 있기 때문에 시위장소로서 선택되는 경우가 빈번하다. 일반적으로 시위를 통하여 반대하고자 하는 대상물이 위치하거나(예컨대 핵발전소, 쓰레기 소각장 등 혐오시설) 또는 시위의 계기를 제공한 사건이 발생한 장소(예컨대 문제의 결정을 내린 국가기관 청사)에서 시위를 통한 의견표명이 이루어진다. 이와 같이 집회장소가 바로 집회의 목적과 효과에 대하여 중요한 의미를 가지기 때문에 누구나 '어떤 장소에서' 자신이 계획한 집회를 할 것인가를 원칙적으로 자유롭게 결정할 수 있어야만 집회의 자유가 비로소 효과적으로 보장되는 것이다. 따라서 **집회의 자유는 다른 법익의 보호를 위하여 정당화되지 않는 한, 집회장소를 항의의 대상으로부터 분리시키는 것을 금지한다**(헌재 2003.10.30, 2000헌바67 등).

5. 효력

집회의 자유는 국가에 대한 개인의 주관적 공권이므로 모든 국가기관을 구속한다. 또한 사인에 의한 침해시에도 기본권의 제3자적 효력에 관한 간접적용설의 원리에 따라 집회의 자유는 보장된다(다수설).

6. 한계와 제한

> **집회 및 시위에 관한 법률**
> 제3조 【집회 및 시위에 대한 방해금지】 ① 누구든지 폭행, 협박 그 밖의 방법으로 **평화적인 집회 또는 시위**를 방해하거나 질서를 문란하게 하여서는 아니 된다.
> ② 누구든지 폭행, 협박 그 밖의 방법으로 집회 또는 시위의 주최자나 질서유지인이 이 법의 규정에 따른 임무 수행을 방해하여서는 아니 된다.

기출 OX

01 집회의 자유는 집회참가자에 대한 검문의 방법으로 시간을 지연시킴으로써 집회장소에 접근하는 것을 방해하는 등 집회의 자유행사에 영향을 미치는 모든 조치를 금지한다. 18. 경찰승진 (　)

02 집회의 자유에는 집회의 장소를 스스로 결정할 장소선택의 자유도 포함한다. 20. 경찰승진 (　)

03 우리 헌법상 집회의 자유에 의하여 오로지 평화적 또는 비폭력적 집회만 보호되는 것은 아니며, 집회에서의 폭력행위나 불법행위도 용인될 수 있다. 14. 서울시 (　)

해설
우리 헌법과 법률이 보호하는 집회 및 시위의 자유는 '평화적'인 것에 한정된다.

정답 01 ○　02 ○　03 ×

③ 집회 또는 시위의 주최자는 평화적인 집회 또는 시위가 방해받을 염려가 있다고 인정되면 관할 경찰관서에 그 사실을 알려 보호를 요청할 수 있다. 이 경우 관할 경찰관서의 장은 정당한 사유 없이 보호요청을 거절하여서는 아니 된다.

제4조【특정인 참가의 배제】 집회 또는 시위의 주최자 및 질서유지인은 특정한 사람이나 단체가 집회나 시위에 참가하는 것을 막을 수 있다. 다만, 언론사의 기자는 출입이 보장되어야 하며, 이 경우 기자는 신분증을 제시하고 기자임을 표시한 완장을 착용하여야 한다. 01. 법무사

제5조【집회 및 시위의 금지】 ① 누구든지 다음 각 호의 어느 하나에 해당하는 집회나 시위를 주최하여서는 아니 된다.
1. 헌법재판소의 결정에 따라 해산된 정당의 목적을 달성하기 위한 집회 또는 시위
   15. 법원직
2. 집단적인 폭행, 협박, 손괴, 방화 등으로 공공의 안녕질서에 직접적인 위협을 끼칠 것이 명백한 집회 또는 시위

② 누구든지 제1항에 따라 금지된 집회 또는 시위를 할 것을 선전하거나 선동하여서는 아니 된다.

제6조【옥외집회 및 시위의 신고 등】 ① 옥외집회나 시위를 주최하려는 자는 그에 관한 다음 각 호의 사항 모두를 적은 신고서를 옥외집회나 시위를 시작하기 **720시간 전부터 48시간 전**에 관할 경찰서장에게 제출하여야 한다. 다만, 옥외집회 또는 시위 장소가 두 곳 이상의 경찰서의 관할에 속하는 경우에는 관할 시·도경찰청장에게 제출하여야 하고, 두 곳 이상의 시·도경찰청 관할에 속하는 경우에는 주최지를 관할하는 시·도경찰청장에게 제출하여야 한다.
1. 목적
2. 일시(필요한 시간을 포함한다)
3. 장소
4. 주최자(단체인 경우에는 그 대표자를 포함한다), 연락책임자, 질서유지인에 관한 다음 각 목의 사항
   가. 주소
   나. 성명
   다. 직업
   라. 연락처
5. 참가 예정인 단체와 인원
6. 시위의 경우 그 방법(진로와 약도를 포함한다)

② 관할 경찰서장 또는 시·도경찰청장(이하 "관할 경찰관서장"이라 한다)은 제1항에 따른 신고서를 접수하면 신고자에게 접수 일시를 적은 접수증을 즉시 내주어야 한다.

③ 주최자는 제1항에 따라 **신고한 옥외집회 또는 시위를 하지 아니하게 된 경우**에는 신고서에 적힌 집회 일시 **24시간 전**에 그 철회사유 등을 적은 철회신고서를 관할 경찰관서장에게 제출하여야 한다.

④ 제3항에 따라 **철회신고서를 받은 관할 경찰관서장**은 제8조 제3항에 따라 금지 통고를 한 집회나 시위가 있는 경우에는 그 **금지 통고를 받은 주최자에게 제3항에 따른 사실을 즉시 알려야** 한다.

⑤ 제4항에 따라 통지를 받은 주최자는 그 금지 통고된 집회 또는 시위를 최초에 신고한 대로 개최할 수 있다. 다만, 금지 통고 등으로 시기를 놓친 경우에는 일시를 새로 정하여 집회 또는 시위를 시작하기 24시간 전에 관할 경찰관서장에게 신고서를 제출하고 집회 또는 시위를 개최할 수 있다.

제8조【집회 및 시위의 금지 또는 제한통고】① 제6조 제1항에 따른 신고서를 접수한 관할 경찰관서장은 신고된 옥외집회 또는 시위가 다음 각 호의 어느 하나에 해당하는 때에는 신고서를 접수한 때부터 48시간 이내에 집회 또는 시위를 금지할 것을 주최자에게 통고할 수 있다. 다만, 집회 또는 시위가 집단적인 폭행, 협박, 손괴, 방화 등으로 공공의 안녕질서에 직접적인 위험을 초래한 경우에는 남은 기간의 해당 집회 또는 시위에 대하여 신고서를 접수한 때부터 48시간이 지난 경우에도 금지통고를 할 수 있다.
1. 제5조 제1항, 제10조 본문 또는 제11조에 위반된다고 인정될 때
2. 제7조 제1항에 따른 신고서기재사항을 보완하지 아니한 때
3. 제12조에 따라 금지할 집회 또는 시위라고 인정될 때
② 관할 경찰관서장은 집회 또는 시위의 **시간과 장소가 중복되는 2개 이상의 신고가 있는 경우** 그 목적으로 보아 서로 상반되거나 방해가 된다고 인정되면 각 옥외집회 또는 시위간에 **시간을 나누거나 장소를 분할하여 개최하도록 권유**하는 등 각 옥외집회 또는 시위가 서로 방해되지 아니하고 평화적으로 개최·진행될 수 있도록 노력하여야 한다.
③ 관할 경찰관서장은 제2항에 따른 **권유가 받아들여지지 아니하면** 뒤에 접수된 옥외집회 또는 시위에 대하여 제1항에 준하여 그 **집회 또는 시위의 금지를 통고할 수 있다.**
④ 제3항에 따라 뒤에 접수된 옥외집회 또는 시위가 금지 통고된 경우 먼저 신고를 접수하여 옥외집회 또는 시위를 개최할 수 있는 자는 집회 시작 1시간 전에 관할 경찰관서장에게 집회 개최사실을 통지하여야 한다.

제9조【집회 및 시위의 금지통고에 대한 이의신청 등】① 집회 또는 시위의 주최자는 제8조에 따른 금지통고를 받은 날부터 10일 이내에 해당 경찰관서의 바로 위의 상급경찰관서의 장에게 이의를 신청할 수 있다.
② 제1항에 따른 이의신청을 받은 경찰관서의 장은 접수 일시를 적은 접수증을 이의 신청인에게 즉시 내주고 접수한 때부터 24시간 이내에 재결을 하여야 한다. 이 경우 접수한 때부터 24시간 이내에 재결서를 발송하지 아니하면 관할 경찰관서장의 금지 통고는 소급하여 그 효력을 잃는다.
③ 이의신청인은 제2항에 따라 금지통고가 위법하거나 부당한 것으로 재결되거나 그 효력을 잃게 된 경우 처음 신고한 대로 집회 또는 시위를 개최할 수 있다. 다만, 금지통고 등으로 시기를 놓친 경우에는 일시를 새로 정하여 집회 또는 시위를 시작하기 24시간 전에 관할 경찰관서장에게 신고함으로써 집회 또는 시위를 개최할 수 있다.

제10조【옥외집회와 시위의 금지시간】누구든지 **해가 뜨기 전**이나 **해가 진 후**에는 **옥외집회** 또는 **시위**를 하여서는 아니 된다. 다만, 집회의 성격상 부득이하여 주최자가 질서유지인을 두고 미리 신고한 경우에는 관할경찰관서장은 질서유지를 위한 조건을 붙여 해가 뜨기 전이나 해가 진 후에도 옥외집회를 허용할 수 있다.
▶ 헌법불합치, 2008헌가25, 2009.9.24, 집회 및 시위에 관한 법률 제10조 중 '옥외집회' 부분 및 제23조 제1호 중 '제10조 본문의 옥외집회' 부분은 헌법에 합치되지 아니한다. 위 조항들은 2010.6.30.을 시한으로 입법자가 개정할 때까지 계속 적용된다.
▶ 한정위헌, 2010헌가2, 2014.3.27, 집회 및 시위에 관한 법률 제10조 본문 중 '시위'에 관한 부분 및 제23조 제3호 중 '제10조 본문' 가운데 '시위'에 관한 부분은 각 '해가 진 후부터 같은 날 24시까지의 시위'에 적용하는 한 헌법에 위반된다.

기출 OX

01 집회의 시간과 장소가 중복되는 2개 이상의 신고가 있는 경우 그 목적으로 보아 서로 상반되거나 방해가 된다고 인정되면 뒤에 접수된 집회에 대하여 관할경찰관서장이 그 금지를 통고할 수 있다. 09. 법행 ( )

02 어떤 경우든지 일출시간 전, 일몰 시간 후의 야간 옥외집회는 금지된다. 09. 법원직 ( )

정답 **01** ○ **02** ×

제11조【옥외집회와 시위의 금지 장소】 누구든지 다음 각 호의 어느 하나에 해당하는 청사 또는 저택의 경계 지점으로부터 100m 이내의 장소에서는 옥외집회 또는 시위를 하여서는 아니 된다.
1. 국회의사당. 다만, 다음 각 목의 어느 하나에 해당하는 경우로서 국회의 기능이나 안녕을 침해할 우려가 없다고 인정되는 때에는 그러하지 아니하다.
   가. 국회의 활동을 방해할 우려가 없는 경우
   나. 대규모 집회 또는 시위로 확산될 우려가 없는 경우
2. 각급 법원, 헌법재판소. 다만, 다음 각 목의 어느 하나에 해당하는 경우로서 각급 법원, 헌법재판소의 기능이나 안녕을 침해할 우려가 없다고 인정되는 때에는 그러하지 아니하다.
   가. 법관이나 재판관의 직무상 독립이나 구체적 사건의 재판에 영향을 미칠 우려가 없는 경우
   나. 대규모 집회 또는 시위로 확산될 우려가 없는 경우
3. 대통령 관저(官邸), 국회의장 공관, 대법원장 공관, 헌법재판소장 공관
4. 국무총리 공관. 다만, 다음 각 목의 어느 하나에 해당하는 경우로서 국무총리 공관의 기능이나 안녕을 침해할 우려가 없다고 인정되는 때에는 그러하지 아니하다.
   가. 국무총리를 대상으로 하지 아니하는 경우
   나. 대규모 집회 또는 시위로 확산될 우려가 없는 경우
5. 국내 주재 외국의 외교기관이나 외교사절의 숙소. 다만, 다음 각 목의 어느 하나에 해당하는 경우로서 외교기관 또는 외교사절 숙소의 기능이나 안녕을 침해할 우려가 없다고 인정되는 때에는 그러하지 아니하다.
   가. 해당 외교기관 또는 외교사절의 숙소를 대상으로 하지 아니하는 경우
   나. 대규모 집회 또는 시위로 확산될 우려가 없는 경우
   다. 외교기관의 업무가 없는 휴일에 개최하는 경우

▶ 헌법불합치, 2018헌바48, 2019헌가1(병합), 2022.12.22, 집회 및 시위에 관한 법률 제11조 제3호 중 '대통령 관저(官邸)' 부분 및 제23조 제1호 중 제11조 제3호 가운데 '대통령 관저(官邸)'에 관한 부분은 헌법에 합치되지 아니한다. 위 법률조항은 2024.5.31.을 시한으로 개정될 때까지 계속 적용된다.

▶ 헌법불합치, 2021헌가1, 2023.3.23, 1. 구 집회 및 시위에 관한 법률 제11조 제2호 중 '국회의장 공관'에 관한 부분 및 제23조 제3호 중 제11조 제2호 가운데 '국회의장 공관'에 관한 부분은 헌법에 합치되지 아니한다. 법원 기타 국가기관 및 지방자치단체는 위 법률조항의 적용을 중지하여야 한다. 2. 집회 및 시위에 관한 법률(2020.6.9. 법률 제17393호로 개정된 것) 제11조 제3호 중 '국회의장 공관'에 관한 부분 및 제23조 제3호 중 제11조 제3호 가운데 '국회의장 공관'에 관한 부분은 헌법에 합치되지 아니한다. 위 법률조항은 2024.5.31.을 시한으로 개정될 때까지 계속 적용된다.

제12조【교통소통을 위한 제한】 ① 관할 경찰관서장은 대통령령으로 정하는 주요 도시의 주요 도로에서의 집회 또는 시위에 대하여 교통소통을 위하여 필요하다고 인정하면 이를 금지하거나 교통질서유지를 위한 조건을 붙여 제한할 수 있다.
② 집회 또는 시위의 주최자가 질서유지인을 두고 도로를 행진하는 경우에는 제1항에 따른 금지를 할 수 없다. 다만, 해당 도로와 주변 도로의 교통소통에 장애를 발생시켜 심각한 교통불편을 줄 우려가 있으면 제1항에 따른 금지를 할 수 있다. 11. 법행

제15조【적용의 배제】 학문, 예술, 체육, 종교, 의식, 친목, 오락, 관혼상제 및 국경행사에 관한 집회에는 제6조부터 제12조까지의 규정을 적용하지 아니한다. 01. 법무사

제16조 【주최자의 준수사항】 ① 집회 또는 시위의 주최자는 집회 또는 시위에 있어서의 질서를 유지하여야 한다.
② 집회 또는 시위의 주최자는 집회 또는 시위의 질서유지에 관하여 자신을 보좌하도록 **18세 이상**의 사람을 질서유지인으로 임명할 수 있다. 01. 법무사
③ 집회 또는 시위의 주최자는 제1항에 따른 질서를 유지할 수 없으면 그 집회 또는 시위의 종결을 선언하여야 한다.

제19조 【경찰관의 출입】 ① 경찰관은 집회 또는 시위의 주최자에게 알리고 그 집회 또는 시위의 장소에 정복을 입고 출입할 수 있다. 11. 법행 다만, 옥내집회장소에 출입하는 것은 직무집행을 위하여 긴급한 경우에만 할 수 있다.
② 집회나 시위의 주최자, 질서유지인 또는 장소관리자는 질서를 유지하기 위한 경찰관의 직무집행에 협조하여야 한다.

(1) 한계
① 집회나 시위는 평화적·비폭력적이어야 한다. 집회의 자유에 의하여 보호되는 것은 단지 '평화적' 또는 '비폭력적' 집회이다(헌재 2003.10.30, 2000헌바67).
② 평화집회와 폭력집회를 구별하는 기준에 관하여는 견해가 대립하나, 집회의 자유의 중요성에 비추어 물리적 폭력설(다수설)이 타당하다고 본다.

(2) 제한
① **사전제한**: 집회 또는 시위에 대한 허가제는 인정되지 않는다(헌법 제21조 제2항). 헌법 제21조 제2항에서 금지하고 있는 '허가'는 행정권이 주체가 되어 집회 이전에 예방적 조치로서 집회의 내용·시간·장소 등을 사전심사하여 일반적인 집회금지를 특정한 경우에 해제함으로써 집회를 할 수 있게 하는 제도, 즉 허가를 받지 아니한 집회를 금지하는 제도를 의미한다(헌재 2009.9.24, 2008헌가25). 그러나 집회 또는 시위가 미치는 사회적 혼란예방 및 공물의 안전관리를 위한 **신고제는 사전제한이 아니므로 인정**된다. 행정청에 의한 사전허가는 헌법상 금지되지만, 입법자가 법률로써 일반적으로 집회를 제한하는 것은 헌법상 '사전허가금지'에 해당하지 않는다.
② **사후제한**: 집회의 자유는 헌법 제37조 제2항에 따라 법률로써 제한할 수 있다. 형법, 국가보안법, 집회 및 시위에 관한 법률 등을 제한법률의 예로 들 수 있다. 17. 법원직·경찰승진
③ **제한의 한계**: 집회의 자유를 제한할 때에도 집회의 자유의 본질적 내용을 침해하여서는 안 된다. 또한 전술한 바 있는 표현규제입법의 합헌성 판단기준을 준수하여야 한다.

기출 OX

01 종교에 관한 집회의 경우에는 집회 및 시위에 관한 법률상 옥외집회 신고 관련 규정이나 시간적·장소적 제한 규정의 적용을 받지 않는다. 19. 경찰경채 ( )

02 정복(正服)을 입은 경찰관은 집회의 주최자에게 알리기만 하면, 옥내·옥외집회장소에 자유롭게 출입할 수 있다. 19. 경찰경채 ( )

✎ • 공공의 안녕질서에 대한 위협이 예상되는 경우에는 집회를 해산할 수 있다. (×)
• 집회의 금지와 해산은 원칙적으로 공공의 안녕질서에 대한 직접적인 위협이 명백하게 존재하는 경우에 한하여 허용될 수 있다. (○)

03 '평화적' 집회이든 '폭력적' 집회이든 헌법상 집회의 자유에 의해 보호된다. 18. 경찰경채 ( )

04 집회의 자유의 보장 대상은 평화적·비폭력적 집회에 한정된다. 19. 경찰승진 ( )

05 집회의 자유는 민주국가에서 정신적 대립과 논의의 수단으로서, 평화적 수단을 이용한 의견의 표현은 헌법적으로 보호되지만, 폭력을 사용한 의견의 강요는 헌법적으로 보호되지 않는다. 19. 경찰경채 ( )

06 헌법규정에서 금지하고 있는 '허가'는 사법권이 주체가 되어 집회 개최의 정당성을 판단하는 제도를 의미한다. 18. 경찰경채 ( )

07 입법자가 법률로써 일반적으로 집회를 제한하는 것도 원칙적으로 헌법 제21조 제2항에서 금지하는 '사전허가'에 해당한다. 17. 경찰승진 ( )

08 집회에 대한 행정청의 사전허가는 헌법상 금지되지만, 입법자가 법률로써 일반적으로 집회를 제한하는 것은 헌법상 사전허가금지에 해당하지 않는다. 19. 경찰경채 ( )

정답 01 ○ 02 × 03 × 04 ○ 05 ○ 06 × 07 × 08 ○

집회의 금지와 해산
- 집회를 금지하는 가능성을 모두 소진한 후에 고려되는 최종적 수단이다. (×)
- 집회를 허용하는 가능성을 모두 소진한 후에 고려되는 최종적 수단이다. (○)

기출 OX
01 국내 주재 외국의 외교기관 청사의 경계지점으로부터 100m 이내의 옥외집회를 전면 금지하는 법률 조항은 국제평화주의 및 외교관의 특권에 비추어 위헌이라 할 수 없다. 05. 사시
( )

🔨 판례 |

1 집회의 금지와 해산이 집회를 '허용'하는 가능성을 모두 소진한 후에 비로소 고려될 수 있는 최종적인 수단인지 여부: 적극

집회의 금지와 해산은 원칙적으로 공공의 안녕질서에 대한 직접적인 위협이 명백하게 존재하는 경우에 한하여 허용될 수 있다. 집회의 금지와 해산은 집회의 자유를 보다 적게 제한하는 다른 수단, 즉 조건(예컨대 시위참가자 수의 제한, 시위대상과의 거리제한, 시위방법·시기·소요시간의 제한 등)을 붙여 집회를 **허용**하는 가능성을 모두 소진한 후에 비로소 고려될 수 있는 최종적인 수단이다(헌재 2003.10.30, 2000헌바67·83). 06. 법행

2 국내 주재 외교기관 청사의 경계지점으로부터 100m 이내의 장소에서의 옥외집회를 전면적으로 금지하고 있는 집회 및 시위에 관한 법률 제11조 제1호 중 국내 주재 외국의 외교기관 부분이 위헌인지 여부: 적극 [위헌] 05·12. 사시

특정 장소에서의 집회가 이 사건 법률조항에 의하여 보호되는 법익에 대한 직접적인 위협을 초래한다는 일반적 추정이 구체적인 상황에 의하여 부인될 수 있다면, 입법자는 '최소침해의 원칙'의 관점에서 금지에 대한 예외적인 허가를 할 수 있도록 규정해야 한다. 이 사건 법률조항에 의하여 전제된 추상적 위험성에 대한 입법자의 예측판단은 구체적으로 다음과 같은 경우에 부인될 수 있다고 할 것이다.
① 첫째, 외교기관에 대한 집회가 아니라 우연히 금지장소 내에 위치한 다른 항의대상에 대한 집회의 경우 이 사건 법률조항에 의하여 전제된 법익충돌의 위험성이 작다고 판단된다. 이 사건 법률조항의 문제점은 집회금지구역 내에서 외교기관이나 당해 국가를 항의의 대상으로 삼지 않는 다른 목적의 집회가 함께 금지된다는 데 있다.
② 둘째, 소규모 집회의 경우 일반적으로 이 사건 법률조항의 보호법익이 침해될 위험성이 적다. 예컨대 외국의 대사관 앞에서 소수의 참가자가 소음의 발생을 유발하지 않는 평화적인 피켓시위를 하고자 하는 경우, 일반 대중의 합세로 인하여 대규모 시위로 확대될 우려나 폭력시위로 변질될 위험이 없는 이상, 이러한 소규모의 평화적 집회의 금지를 정당화할 수 있는 근거를 발견하기 어렵다.
③ 셋째, 예정된 집회가 외교기관의 업무가 없는 휴일에 행해지는 경우 외교기관의 자유로운 출입 및 원활한 업무의 보장 등 보호법익에 대한 침해의 위험이 일반적으로 적다고 할 수 있다.

따라서 입법자가 "외교기관 인근에서의 집회의 경우에는 일반적으로 고도의 법익충돌위험이 있다."라는 예측판단을 전제로 하여 이 장소에서의 집회를 원칙적으로 금지할 수는 있으나, 일반·추상적인 법규정으로부터 발생하는 과도한 기본권제한의 가능성이 완화될 수 있도록 일반적 금지에 대한 예외조항을 두어야 할 것이다. 그럼에도 불구하고 이 사건 법률조항은 전제된 위험상황이 구체적으로 존재하지 않는 경우에도 이를 함께 예외 없이 금지하고 있는데, 이는 입법목적을 달성하기에 필요한 조치의 범위를 넘는 과도한 제한인 것이다. 그러므로 이 사건 법률조항은 최소침해의 원칙에 위반되어 집회의 자유를 과도하게 침해하는 위헌적인 규정이다(헌재 2003.10.30, 2000헌바67·83).

3 외교기관 인근의 옥외집회나 시위를 원칙적으로 금지하고 외교기관의 기능이나 안녕을 침해할 우려가 없다고 인정되는 구체적인 경우에만 예외적으로 옥외집회나 시위를 허용하는 것이 위헌인지 여부: 소극 [기각] 16. 법원직

외교기관을 대상으로 하는 외교기관 인근에서의 옥외집회나 시위는 당사자들 사이

정답 **01** ×

의 갈등이 극단으로 치닫거나 물리적 충돌로 발전할 개연성이 높고, 고도의 법익충돌상황을 야기할 수 있기 때문에 집회 및 시위에 관한 법률의 일반적인 규제조치 외에 외교기관 인근을 집회금지구역으로 설정한 것 자체는 외교기관의 기능과 안전을 보호하려는 이 사건 법률조항의 입법목적을 보다 충실히 달성하기 위하여 적절한 수단이 될 수 있다. 나아가 이 사건 법률조항은 외교기관의 경계지점으로부터 반경 100m 이내 지점에서의 집회 및 시위를 원칙적으로 금지하되, 그 가운데에서도 외교기관의 기능이나 안녕을 침해할 우려가 없다고 인정되는 세 가지의 예외적인 경우에는 이러한 집회 및 시위를 허용하고 있는바, 이는 입법기술상 가능한 최대한의 예외적 허용규정이며, 그 예외적 허용범위는 적절하다고 보이므로 이보다 더 넓은 범위의 예외를 인정하지 않는 것을 두고 침해의 최소성원칙에 반한다고 할 수 없다. 그리고 이 사건 법률조항으로 달성하고자 하는 공익은 외교기관의 기능과 안전의 보호라는 국가적 이익이며, 이 사건 법률조항은 법익충돌의 위험성이 없는 경우에는 외교기관 인근에서의 집회나 시위도 허용함으로써 구체적인 상황에 따라 상충하는 법익 간의 조화를 이루고 있다. 따라서 이 사건 법률조항이 청구인의 집회의 자유를 침해한다고 할 수 없다(헌재 2010.10.28, 2010헌마111).

4 각급 법원의 경계지점으로부터 100미터 이내의 장소에서 옥외집회 또는 시위를 할 경우 형사처벌한다고 규정한 '집회 및 시위에 관한 법률' 제11조 제1호 중 '각급 법원' 부분 등이 집회의 자유를 침해하는지 여부: 적극 [헌법불합치]

심판대상조항의 입법목적은 법원 앞에서 집회를 열어 법원의 재판에 영향을 미치려는 시도를 막으려는 것이다. 이런 입법목적은 법관의 독립과 재판의 공정성 확보라는 헌법의 요청에 따른 것이므로 정당하다. 한편, 각급 법원 인근에 집회·시위금지장소를 설정하는 것은 입법목적 달성을 위한 적합한 수단이다. 법원 인근에서의 집회라 할지라도 법관의 독립을 위협하거나 재판에 영향을 미칠 염려가 없는 집회도 있다. 예컨대 법원을 대상으로 하지 않고 검찰청 등 법원 인근 국가기관이나 일반법인 또는 개인을 대상으로 한 집회로서 재판업무에 영향을 미칠 우려가 없는 집회가 있을 수 있다. 법원을 대상으로 한 집회라도 사법행정과 관련된 의사표시 전달을 목적으로 한 집회 등 법관의 독립이나 구체적 사건의 재판에 영향을 미칠 우려가 없는 집회도 있다. 심판대상조항은 입법목적을 달성하는 데 필요한 최소한도의 범위를 넘어 규제가 불필요하거나 또는 예외적으로 허용가능한 옥외집회·시위까지도 일률적·전면적으로 금지하고 있으므로, 침해의 최소성원칙에 위배된다. 심판대상조항은 법관의 독립이나 법원의 재판에 영향을 미칠 우려가 있는 집회·시위를 제한하는 데 머무르지 않고, 각급 법원 인근의 모든 옥외집회를 전면적으로 금지함으로써 법익의 균형성 원칙에도 어긋난다. 심판대상조항은 과잉금지원칙을 위반하여 집회의 자유를 침해한다(헌재 2018.7.26, 2018헌바137).

5 국회의사당 경계지점으로부터 100미터 이내의 장소에서 옥외집회 또는 시위를 전면금지하는 것이 집회의 자유를 침해하는지 여부: 적극 [헌법불합치]

국회는 국민을 대표하는 대의기관으로서 법률을 제정하거나 개정하며, 국정통제기관으로서 특히 행정부에 대한 강력한 통제권한을 행사하는 등 국가정책결정의 주요한 기능을 담당하고 있다. 이와 같은 국회의 기능과 역할은 그 특수성과 중요성에 비추어 특별하고도 충분한 보호가 요청된다. … 그 목적은 정당하고, 국회의사당 인근에서의 옥외집회를 전면적으로 금지하는 것은 국회의 기능을 보호하는 데 기여할 수 있으므로 수단의 적합성도 인정된다. … 심판대상조항은 전제되는 위험 상황이 구체적으로 존재하지 않는 경우까지도 예외 없이 국회의사당 인근에서의 집회를 금지하고 있는바, 이 또한 입법목적의 달성에 필요한 범위를 넘는 과도한 제한이다. 심판대상

기출 OX

02 각급 법원의 경계지점으로부터 100미터 이내의 장소에서 옥외집회 또는 시위를 할 경우 형사처벌한다고 규정한 집회 및 시위에 관한 법률 조항은 과잉금지원칙에 위반되지 않아 집회의 자유를 침해하지 않는다.
19. 경찰승진 ( )

03 누구든지 각급 법원의 경계지점으로부터 100미터 이내의 장소에서 옥외집회 또는 시위를 할 경우 형사처벌한다고 규정한 집회 및 시위에 관한 법률 중 '각급 법원'에 관한 부분은 입법목적을 달성하는 데 필요한 최소한도의 범위를 넘어 규제가 불필요하거나 또는 예외적으로 허용 가능한 옥외집회·시위까지도 일률적·전면적으로 금지하고 있으므로, 침해의 최소성원칙에 위배된다. 20. 경찰경채 ( )

정답 02 ✕ 03 ○

기출 OX

01 누구든지 국회의사당의 경계지점으로부터 100m 이내의 장소에서는 옥외집회 또는 시위를 하여서는 아니 된다는 규정은 국회의 기능 보호 등을 위한 것으로서, 과잉금지의 원칙에 위배하여 집회의 자유를 침해한다고 볼 수 없다. 12. 법원직 ( )

02 선순위 접수를 다투며 상반되는 이해관계를 가진 자들로부터 각각 같은 시간과 장소에서의 옥외집회신고를 받은 관할 경찰서장이 같은 시간과 장소에서의 집회로 상호충돌이 염려된다는 이유로 양측의 집회신고서를 모두를 반려한 것은 옥외집회의 질서를 유지하기 위하여 필요하고도 적절한 것이므로 헌법이 보장하는 집회 및 시위의 자유를 침해한 것으로 보기 어렵다. 08. 법행 ( )

03 옥외집회·시위의 사전신고제도를 규정한 법률조항은 과잉금지원칙에 위배하여 집회의 자유를 침해한다. 18. 경찰경채 ( )

04 집회 및 시위에 관한 법률의 옥외집회·시위의 사전신고제도는 협력의 무로서의 신고이기 때문에 헌법 제21조 제2항의 사전허가금지에 위배되지 않는다. 19. 경찰승진 ( )

정답 01 × 02 × 03 × 04 ○

조항은 입법목적을 달성하는 데 필요한 최소한도의 범위를 넘어, 규제가 불필요하거나 또는 예외적으로 허용하는 것이 가능한 집회까지도 이를 일률적·전면적으로 금지하고 있으므로 침해의 최소성원칙에 위배된다.

헌법기관인 국회의 기능을 보호하는 것이 매우 특별한 중요성을 지닌 공익에 해당함은 의심의 여지가 없으나, 심판대상조항은 위에서 살펴본 바와 같이 국회의 헌법적 기능을 무력화시키거나 저해할 우려가 있는 집회를 금지하는 데 머무르지 않고, 그 밖의 평화적이고 정당한 집회까지 전면적으로 제한함으로써 구체적인 상황을 고려하여 상충하는 법익간의 조화를 이루려는 노력을 전혀 기울이지 않고 있다. 심판대상조항으로 달성하려는 공익이 제한되는 집회의 자유 정도보다 크다고 단정할 수는 없다고 할 것이므로 심판대상조항은 법익의 균형성원칙에도 위배된다.

따라서 심판대상조항은 과잉금지원칙을 위반하여 집회의 자유를 침해한다(헌재 2018. 5.31, 2013헌바322등).

6 동시에 접수한 옥외집회신고서를 모두 반려한 행위가 집회의 자유를 침해하는지 여부: 적극 [인용(위헌확인)] 12. 경찰승진·법행, 13. 국가직

우리 헌법은 모든 국민에게 집회의 자유를 보장하고 있고 집회에 대한 사전허가제를 금지하고 있는바, 옥외집회를 주최하고자 하는 자는 집시법이 정한 시간 전에 관할 경찰관서장에게 집회신고서를 제출하여 접수시키기만 하면 원칙적으로 옥외집회를 할 수 있다. 그리고 이러한 **집회의 자유에 대한 제한은 법률에 의해서만 가능하므로 법률에 정하여지지 않은 방법으로 이를 제한할 경우에는 그것이 과잉금지원칙에 위배되었는지 여부를 판단할 필요 없이 헌법에 위반된다**. 그런데 이 사건 피청구인은 청구인 ○○합섬 HK지회와 ○○생명 인사지원실이 제출한 옥외집회신고서를 폭력사태발생이 우려된다는 이유로 동시에 접수하였고, 이후 상호 충돌을 피한다는 이유로 두 개의 집회신고를 모두 반려하였는바, 법의 집행을 책임지고 있는 국가기관인 피청구인으로서는 집회의 자유를 제한함에 있어 실무상 아무리 어렵더라도 법에 규정된 방식에 따라야 할 책무가 있고, 이 사건 집회신고에 관한 사무를 처리하는 데 있어서도 적법한 절차에 따라 접수순위를 확정하려는 최선의 노력을 한 후, 집시법 제8조 제2항에 따라 후순위로 접수된 집회의 금지 또는 제한을 통고하였어야 한다. 만일 접수순위를 정하기 어렵다는 현실적인 이유로 중복신고된 모든 옥외집회의 개최가 법률적 근거 없이 불허되는 것이 용인된다면, 집회의 자유를 보장하고 집회의 사전허가를 금지한 헌법 제21조 제1항 및 제2항은 무의미한 규정으로 전락할 위험성이 있다. 결국 이 사건 반려행위는 법률의 근거 없이 청구인들의 집회의 자유를 침해한 것으로서 헌법상 법률유보원칙에 위반된다고 할 것이다(헌재 2008.5.29, 2007헌마712).

7 옥외집회의 사전신고제도가 위헌인지 여부: 소극 [합헌] 11. 법무사

구 집회 및 시위에 관한 법률 제6조 제1항은 평화적이고 효율적인 집회를 보장하고, 공공질서를 보호하기 위한 것으로 그 입법목적이 정당하고, 집회에 대한 사전신고를 통하여 행정관청과 주최자가 상호 정보를 교환하고 협력하는 것은 위와 같은 목적 달성을 위한 적절한 수단에 해당하며, 위 조항이 열거하고 있는 신고사항이나 신고시간 등은 지나치게 과다하거나 신고불가능하다고 볼 수 없으므로 최소침해성의 원칙에 반한다고 보기 어렵다. 나아가 위 조항이 정하는 사전신고의무로 인하여 집회개최자가 겪어야 하는 불편이나 번거로움 등 제한되는 사익과 신고로 인해 보호되는 공익은 법익균형성요건도 충족하므로 위 조항 중 '옥외집회'에 관한 부분이 과잉금지원칙에 위배하여 집회의 자유를 침해한다고 볼 수 없다(헌재 2009.5.28, 2007헌바22).

8 사전신고를 하지 아니하고 옥외집회나 시위를 주최한 자에 대하여 행정질서벌인 과태료가 아닌 형벌을 과하도록 규정한 집회 및 시위에 관한 법률규정이 위헌인지 여부: **소극 [합헌]** 07. 법무사, 11. 경찰승진

어떤 행정법규 위반행위에 대하여 이를 단지 간접적으로 행정상의 질서에 장해를 줄 위험성이 있음에 불과한 경우(단순한 의무 태만 내지 의무 위반)로 보아 행정질서벌인 과태료를 과할 것인가 아니면 직접적으로 행정목적과 공익을 침해한 행위로 보아 행정형벌을 과할 것인가 그리고 행정형벌을 과할 경우 그 법정형의 형종과 형량을 어떻게 정할 것인가는 당해 위반행위가 위의 어느 경우에 해당하는가에 대한 법적 판단을 그르친 것이 아닌 한 그 처벌내용은 기본적으로 입법권자가 제반사정을 고려하여 결정할 그 입법재량에 속하는 문제라고 할 수 있다(헌재 2009.5.28, 2007헌바22).

9 야간옥외집회를 원칙적으로 금지한 집회 및 시위에 관한 법률(이하 '집시법'이라 한다) 제10조 규정이 위헌인지 여부: **적극 [헌법불합치]** 11·12. 법무사, 12. 사시

[1] **입법자가 법률로써 일반적으로 집회를 제한하는 것은 헌법 제21조 제2항이 금지하는 집회의 사전허가에 해당하지 않고, 입법자는 법률로써 옥외집회에 대하여 일반적으로 시간적·장소적 및 방법적인 제한을 할 수 있다.** 물론 이러한 법률적 제한이 실질적으로는 행정청의 허가 없는 옥외집회를 불가능하게 하는 것이라면 헌법상 금지되는 사전허가제에 해당하지만, 그에 이르지 않는 한 헌법 제21조 제2항에 반하는 것은 아니며 헌법 제37조 제2항에 위반하여 집회의 자유를 과도하게 제한하는지 여부만이 문제된다. 집시법 제10조 본문은 입법자가 스스로 옥외집회의 시간적 제한을 규정한 것이고, 단서는 본문에 의한 제한을 완화시키는 규정인바, 법률에 의한 시간적 제한으로서 헌법 제21조 제2항의 '사전허가금지'에 위반되지 않는다.

[2] 집시법 제10조는 '해가 뜨기 전이나 해가 진 후'라는 광범위하고 가변적인 시간대의 옥외집회를 금지하는바, 주간 동안 직업활동이나 학업활동을 하여야 하는 직장인이나 학생 등은 사실상 집회를 주최하거나 참가할 수 없도록 하여 헌법이 모든 국민에게 보장하는 집회의 자유를 실질적으로 박탈하거나 명목상의 것으로 만드는 결과를 초래한다. 과도한 제한을 완화하기 위하여 위 조항 단서는 관할 경찰관서장이 일정한 조건에 이를 허용할 수 있도록 규정하고 있으나, 그 허용 여부를 행정청의 판단에 맡기고 있는 이상 과도한 제한을 완화하는 적절한 방법이라고 할 수 없다.

따라서 집시법 제10조는 침해최소성의 원칙에 반한다고 할 것이고, 이와 같은 광범위한 시간대의 제한으로 인하여 집회예정자가 받을 침해가 이로 인하여 달성할 공익보다 결코 작다고 할 수 없으므로 법익균형성도 갖추지 못하였다고 할 것이다. **결국 집시법 제10조는 과잉금지원칙에 위배하여 집회의 자유를 침해하는 것으로 헌법에 위반되고, 이를 구성요건으로 하는 집시법 제23조 제1호의 해당 부분 역시 헌법에 위반된다.** 11. 법무사

[3] 이 사건 법률조항들에는 위헌적인 부분과 합헌적인 부분이 공존하고 있으며, '해가 뜨기 전이나 해가 진 후' 중 어떠한 시간대에 옥외집회를 금지하는 것이 입법목적을 달성하면서도 집회의 자유를 필요최소한 범위에서 제한하는 것인지에 관하여는 이를 입법자의 판단에 맡기는 것이 바람직하다. 따라서 이 사건

기출 OX

05 옥외집회에 대한 신고의무는 단순한 행정절차적 협조의무에 불과하고 그러한 협조의무의 이행은 과태료 등의 행정상 제재로도 충분히 확보 가능함에도 불구하고, 집회 및 시위에 관한 법률에서 징역형이 있는 형벌의 제재로 신고의무의 이행을 강제하는 것은 헌법 제21조 제2항에서 금지하고 있는 허가제에 해당한다. 20. 경찰경채 ( )

06 입법자가 법률로써 일반적으로 집회를 제한하는 것도 원칙적으로 헌법 제21조 제2항에서 금지하는 '사전허가'에 해당한다. 17. 법원직 ( )

07 옥외집회의 자유를 제한함에 있어서 야간옥외집회를 시간적으로 또는 공간적·장소적으로 더 세분화하여 규제하는 것이 사실상 어렵고 특히 필요한 야간옥외집회의 경우에는 일정한 조건하에서 허용되므로, 야간옥외집회를 일반적으로 금지하고 예외적으로 허용하는 것은 침해의 최소성 및 법익균형성원칙에 위배되지 않는다. 11. 지방직 ( )

정답 05 × 06 × 07 ×

법률조항들에 대하여 헌법불합치의 결정을 선고하되, 입법자가 2010.6.30. 이전에 개선입법을 할 때까지 계속 적용되어 그 효력을 유지하도록 하고, 만일 위 일자까지 개선입법이 이루어지지 않는 경우 위 법률조항들은 2010.7.1.부터 그 효력을 상실하도록 한다(헌재 2009.9.24, 2008헌가25).

10 '야간시위'를 금지한 것이 위헌인지 여부: 적극 [한정위헌]

> 집회 및 시위에 관한 법률(2007.5.11. 법률 제8424호로 전부 개정된 것)
>
> 제10조【옥외집회와 시위의 금지 시간】 누구든지 해가 뜨기 전이나 해가 진 후에는 옥외집회 또는 시위를 하여서는 아니 된다. 다만, 집회의 성격상 부득이하여 주최자가 질서유지인을 두고 미리 신고한 경우에는 관할 경찰관서장은 질서유지를 위한 조건을 붙여 해가 뜨기 전이나 해가 진 후에도 옥외집회를 허용할 수 있다.
>
> 제23조【벌칙】 제10조 본문 또는 제11조를 위반한 자, 제12조에 따른 금지를 위반한 자는 다음 각 호의 구분에 따라 처벌한다.
> 3. 그 사실을 알면서 참가한 자는 50만원 이하의 벌금·구류 또는 과료

[결정주문]
집회 및 시위에 관한 법률(2007.5.11. 법률 제8424호로 개정된 것, 이하 '집시법'이라 한다) 제10조 본문 중 '시위'에 관한 부분 및 제23조 제3호 중 '제10조 본문' 가운데 '시위'에 관한 부분은 각 **'해가 진 후부터 같은 날 24시까지의 시위'에 적용하는 한 헌법에 위반된다.**

[이유의 요지]
이 사건 법률조항은 '해가 뜨기 전이나 해가 진 후'라는 광범위하고 가변적인 시간대의 시위를 금지하고 있으므로, 이는 목적달성을 위하여 필요한 정도를 넘는 지나친 제한으로서 침해의 최소성원칙에 반하며, 달성되는 공익에 비하여 집회의 자유를 과도하게 제한하는 것으로 법익균형성원칙에도 위반된다. 따라서 이 사건 법률조항은 과잉금지원칙에 위배하여 집회의 자유를 침해하는 것으로 헌법에 위반되고, 이를 구성요건으로 하는 집시법 제23조 제3호의 해당 부분 역시 헌법에 위반된다. 다만, 이 사건 법률조항에는 위헌적인 부분과 합헌적인 부분이 공존하고 있으며, 위와 같은 입법목적을 달성하면서도 시위의 주최자나 참가자의 집회의 자유를 필요최소한의 범위에서 제한하는 방법은 여러 방향에서 검토될 수 있으므로, 이는 원칙적으로 입법자의 판단에 맡기는 것이 바람직하다. … 따라서 이 사건 법률조항에 존재하는 합헌적인 부분과 위헌적인 부분 가운데 현행 집시법의 체계 내에서 시간을 기준으로 한 규율의 측면에서 볼 때, 규제가 불가피하다고 보기 어려움에도 시위를 절대적으로 금지한 부분의 경우에는 위헌성이 명백하다고 할 수 있으므로 이에 한하여 위헌결정을 하기로 한다. 이 사건 법률조항과 이를 구성요건으로 하는 집시법 제23조 제3호의 해당 부분은 이미 보편화된 야간의 일상적인 생활의 범주에 속하는 '해가 진 후부터 같은 날 24시까지의 시위'에 적용하는 한 헌법에 위반된다(헌재 2014.3.27, 2010헌가2·2012헌가13).

기출 OX

01 24시 이후의 시위를 금지하고 이에 위반한 시위 참가자를 형사처벌하는 법률조항은 집회의 자유를 침해한다.
15. 국회직 ( )

정답 01 ×

11 일출시간 전, 일몰시간 후의 옥외집회 또는 시위를 금지하고, 예외적으로 관할 경찰관서장이 옥외집회를 허용할 수 있도록 한 구 집회 및 시위에 관한 법률 제10조가 위헌인지 여부: 적극 [한정위헌]

    헌법재판소는 집회 및 시위에 관한 법률 제10조 중 '옥외집회' 부분 등에 대한 헌법재판소의 헌법불합치결정에도 불구하고 입법개선이 이루어지지 아니하여 조항 전부가 효력을 상실한 2008헌가25 사건의 예와 그 이후의 집회 및 시위에 관한 법률의 적용현황, 옥외집회실태 등을 고려하여, 2010헌가2 결정으로 집회 및 시위에 관한 법률 제10조 중 '시위' 부분 등에 대하여 한정위헌결정을 한 바 있고, 이 사건 심판대상조항들이 구법조항이라고 하더라도, 재판규범으로서의 의미를 상실하였다고 보기 어려운 점, 형벌에 대한 위헌결정은 재심청구의 근거가 되는 점 등을 고려할 때 가능한 위헌인 부분을 가려내야 할 필요성은 2010헌가2 결정에서와 마찬가지로 인정된다. 이 사건 심판대상조항들 가운데, 규제가 불가피하다고 보기 어려움에도 옥외집회 또는 시위를 원칙적으로 금지한 부분의 경우에는 위헌성이 명백하다고 할 것인바, 현재 우리 국민의 일반적 생활형태, 집회·시위실태, 주거 및 사생활의 평온 보호 요청 등을 종합적으로 고려하면, 심판대상 조항들은 '일몰시간 후부터 같은 날 24시까지의 옥외집회 또는 시위'에 적용하는 한 헌법에 위반된다(헌재 2014.4.24, 2011헌가29).

12 재판에 영향을 미칠 염려가 있거나 미치게 하기 위한 집회 또는 시위를 금지하고 위반시 처벌하도록 한 구 '집회 및 시위에 관한 법률'(1962.12.31. 법률 제1245호) 제3조 제1항 제2호 등이 집회의 자유를 침해하는지 여부: 적극 [위헌]

    법관의 직무상 독립을 보호하여 사법작용의 공정성과 독립성을 확보하기 위한 것으로 입법**목적의 정당성은 인정**되나, 국가의 사법권한 역시 국민의 의사에 정당성의 기초를 두고 행사되어야 한다는 점과 재판에 대한 정당한 비판은 오히려 사법작용의 공정성 제고에 기여할 수도 있는 점을 고려하면 사법의 독립성을 확보하기 위한 **적합한 수단이라 보기 어렵다**. 재판에 영향을 미칠 염려가 있거나 미치게 하기 위한 집회·시위를 사전적·전면적으로 금지하고 있을 뿐 아니라, 어떠한 집회·시위가 규제대상에 해당하는지를 판단할 수 있는 아무런 기준도 제시하지 아니함으로써 사실상 재판과 관련된 집단적 의견표명 일체가 불가능하게 되어 집회의 자유를 실질적으로 박탈하는 결과를 초래하므로 최소침해성 원칙에 반한다. … 위 조항으로 인하여 침해되는 집회의 자유에 대한 제한 정도는 중대하므로 법익균형성도 상실하였다. 결국 이 사건 제2호 부분은 과잉금지원칙에 위배하여 집회의 자유를 침해하는 것으로서 헌법에 위반된다(헌재 2016.9.29, 2014헌가3·12).

13 민주적 기본질서에 위배되는 집회·시위 금지 및 처벌조항이 집회의 자유를 침해하는지 여부: 적극 [위헌]

    규제대상인 집회·시위의 목적이나 내용을 구체적으로 적시하지 않은 채 헌법의 지배원리인 '민주적 기본질서'를 곧바로 구성요건으로 규정하였을 뿐 아니라 기본권 제한의 한계를 설정할 수 있는 구체적 기준을 전혀 제시한 바 없다. 이와 같은 규율의 광범성으로 인하여 헌법이 규정한 민주주의의 세부적 내용과 상이한 주장을 하거나 집회·시위 과정에서 우발적으로 발생한 일이 민주적 기본질서에 조금이라도 위배되는 경우 처벌이 가능할 뿐 아니라 사실상 사회현실이나 정부정책에 비판적인 사람들의 집단적 의견표명 일체를 봉쇄하는 결과를 초래함으로써 침해의 최소성 및 법익의 균형성을 상실하였다. … 과잉금지원칙에 위배하여 집회의 자유를 침해하는 것으로서 헌법에 위반된다(헌재 2016.9.29, 2014헌가3·12).

기출 OX

02 일몰시간 후부터 같은 날 24시까지의 시위의 경우, 특별히 공공의 질서 내지 법적 평화를 침해할 위험성이 크다고 할 수 없으므로 그와 같은 시위를 일률적으로 금지하는 것은 과잉금지원칙에 위반된다. 18. 경찰승진
( )

03 재판에 영향을 미칠 염려가 있거나 미치게 하기 위한 집회 또는 시위를 금지하고 이를 위반한 자를 형사처벌하는 구 집회 및 시위에 관한 법률 조항은 집회의 자유를 침해하지 않는다. 17. 경찰승진
( )

정답 **02** O **03** ×

기출 OX

01 미신고 시위에 대한 해산명령에 불응하는 자를 처벌하도록 규정한 집회 및 시위에 관한 법률 조항은 과잉금지원칙을 위반하여 집회의 자유를 침해한다. 17. 경찰승진 ( )

02 미신고 옥외집회는 불법집회이므로 관할 경찰관서장은 언제나 해산명령을 내릴 수 있으며, 이에 불응하는 경우에는 처벌할 수 있다고 보아야 한다. 18. 경찰승진 ( )

03 경찰서장이 최루액을 물에 혼합한 용액을 살수차를 이용하여 살수한 행위는 신체의 자유를 침해하는 것이다. 20. 입시 ( )

14 미신고 시위에 대한 해산명령에 불응하는 자를 처벌하도록 규정한 '집회 및 시위에 관한 법률' 제24조 제5호 등이 집회의 자유를 침해하는지 여부: **소극 [합헌]** 18. 지방직
신고를 하지 아니하였다는 이유만으로 그 옥외집회 또는 시위를 헌법의 보호 범위를 벗어나 개최가 허용되지 않는 집회 내지 시위라고 단정할 수 없다. 그렇다면 심판대상조항이 미신고 시위를 해산명령의 대상으로 하면서 별도의 해산요건을 정하고 있지 않더라도, 그 시위로 인하여 타인의 법익이나 공공의 안녕질서에 대한 직접적인 위험이 명백하게 초래된 경우에 한하여 위 조항에 기하여 해산을 명할 수 있고, 이러한 요건을 갖춘 해산명령에 불응하는 경우에만 집시법 제24조 제5호에 의하여 처벌할 수 있다. … 심판대상조항이 달성하려는 공공의 안녕질서 유지 및 회복이라는 공익과 심판대상조항으로 인하여 제한되는 청구인의 기본권 사이의 균형을 상실하였다고 보기 어렵다. 그렇다면 심판대상조항은 과잉금지원칙을 위반하여 집회의 자유를 침해한다고 볼 수 없다(헌재 2016.9.29, 2014헌바492).

15 신고 범위를 뚜렷이 벗어난 집회·시위에 대한 해산명령불응죄를 처벌하는 것이 집회의 자유를 침해하는지 여부: **소극 [합헌]**
심판대상조항은 신고 범위를 뚜렷이 벗어난 집회·시위로 인하여 질서를 유지할 수 없어 해산을 명령하였음에도 불구하고 불응한 경우에만 처벌하도록 하고 있고, 먼저 자진 해산을 요청한 후 참가자들이 자진 해산요청에 따르지 아니하는 경우라야 해산명령을 하는 것을 고려하면 심판대상조항은 집회의 자유에 대한 제한을 최소화하고 있다.
해산명령에 불응하는 행위는 단순히 행정질서에 장해를 줄 위험성이 있는 정도의 의무태만 내지 의무위반이 아니고 직접적으로 행정목적을 침해하고 나아가 공익을 침해할 고도의 개연성을 띤 행위라고 볼 수 있다. 따라서 심판대상조항이 미신고 시위에 참가하여 해산명령에 불응한 자에 대하여 6개월 이하 징역이나 50만원 이하의 벌금, 구류 또는 과료라는 행정형벌에 처하도록 한 것이 법정형의 종류 및 범위의 선택에 관한 입법재량의 한계를 벗어난 과중한 처벌이라고도 볼 수 없다. 심판대상조항은 신고 범위를 벗어나는 집회·시위에 참가하는 것 자체를 처벌하는 것이 아니고, 다만 그 시위로 인하여 타인의 법익이나 공공의 안녕질서에 직접적이고 명백한 위험이 발생한 경우에 해산명령을 발할 수 있도록 하고, 이에 응하지 아니하는 행위에 대하여 처벌하는 조항이다. 그렇다면 심판대상조항이 달성하려는 공공의 안녕질서 유지 및 회복이라는 공익과 심판대상조항으로 인하여 제한되는 청구인들의 기본권 사이의 균형을 상실하였다고 보기 어렵다. 그렇다면 심판대상조항은 과잉금지원칙을 위반하여 집회의 자유를 침해한다고 볼 수 없다(헌재 2016.9.29, 2015헌바309·332).

16 서울종로경찰서장이 2015.5.1. 22:13경부터 23:20경까지 사이에 최루액을 물에 혼합한 용액을 살수차를 이용하여 청구인들에게 살수한 행위가 신체의 자유 및 집회의 자유를 침해하는지 여부: **적극 [인용]**

> [살수차 운용지침(2014.4.3.)]
> 제2장 살수차의 운용
> 3. 집회시위현장 살수차 운용방법
>   나. 살수방법
>   4) 최루액 혼합살수
>   가) 살수요령: 살수차의 물탱크에 최루액 등 작용제를 불법행위자 제압에 필요한 적정 농도로 혼합하여 살수하며, 주변의 제3자에게 피해가 최소화되도록 노력하여야 한다.

정답 01 × 02 × 03 ○

> 나) 사용요건: 곡사 또는 직사살수로도 해산치 않는 경우, 지방경찰청장의 허가를 받아 사용한다.

[1] 적법요건

청구인들에 대한 기본권침해상황은 이 사건 지침으로 인한 것이 아니라 행정기관의 구체적 집행행위인 '혼합살수행위'로 인하여 발생한 것이다. 따라서 **이 사건 지침은 기본권침해의 직접성을 인정할 수 없어 이에 대한 헌법소원심판은 부적법하다.**

이 사건 혼합살수행위로 인한 청구인들의 기본권침해상황은 이미 종료되었으나, 관련 법규에 따르면 각종 집회나 시위 현장에서 혼합살수행위가 반복될 가능성이 있고, 혼합살수행위는 사람의 생명이나 신체에 위험을 초래할 수 있는 중대한 법익침해가 예견되는 공권력 행사로서, 그동안 헌법재판소가 혼합살수행위가 헌법에 합치하는지 여부에 대한 해명을 한 바 없으므로, 심판의 이익이 인정된다.

[2] 법률유보원칙 위배 여부: 적극

집회·시위의 해산 또는 저지를 위한 최루액 혼합살수행위는 집회의 자유뿐만 아니라 신체의 자유로부터 도출되는 신체를 훼손당하지 아니할 권리에 대한 직접적인 제한을 초래하므로, 그 제한의 본질적 사항에 관한 한 입법자가 법률로 규율하여야 한다(헌재 1999.5.27, 98헌바70 참조).

살수차는 물줄기의 압력을 이용하여 군중을 제압하는 장비이므로, 그 용도로만 사용되어야 하고, 살수차로 최루액을 분사하여 살상능력을 증가시키는 혼합살수방법은 '새로운 위해성 경찰장비'로서 법령에 근거가 있어야 함에도, 현행 법률 및 대통령령에 근거가 없고, 이 사건 지침에 혼합살수의 근거 규정을 둘 수 있도록 위임하고 있는 법령은 없다.

따라서 **'경찰관 직무집행법'이나 이 사건 대통령령 등 법령의 구체적 위임 없이 혼합살수방법을 규정하고 있는 이 사건 지침은 법률유보원칙에 위배되고, 이 사건 지침만을 근거로 한 이 사건 혼합살수행위는 청구인들의 신체의 자유와 집회의 자유를 침해한 공권력 행사로 헌법에 위반된다**(헌재 2018.5.31, 2015헌마476).

17 누구든지 국무총리 공관의 경계지점으로부터 100미터 이내의 장소에서 행진을 제외한 옥외집회·시위를 할 경우 형사처벌하도록 규정한 '집회 및 시위에 관한 법률' 제11조 제3호 및 제23조 중 제11조 제3호에 관한 부분 등이 집회의 자유를 침해하는지 여부: 적극 [헌법불합치]

국무총리는 대통령의 권한대행자, 대통령의 보좌기관 및 행정부 제2인자로서의 지위를 가지는바, 이러한 국무총리의 헌법상 지위를 고려하면 이 사건 금지장소 조항은 국무총리의 생활공간이자 직무수행 장소인 공관의 기능과 안녕을 보호하기 위한 것으로서 그 입법목적이 정당하다. 그리고 국무총리 공관 인근에서 행진을 제외한 옥외집회·시위를 금지하는 것은 입법목적 달성을 위한 적합한 수단이다.

이 사건 금지장소 조항은 그 입법목적을 달성하는 데 필요한 최소한도의 범위를 넘어, 규제가 불필요하거나 또는 예외적으로 허용하는 것이 가능한 집회까지도 이를 일률적·전면적으로 금지하고 있다고 할 것이므로 침해의 최소성원칙에 위배된다.

이 사건 금지장소 조항을 통한 국무총리 공관의 기능과 안녕 보장이라는 목적과 집회의 자유에 대한 제약 정도를 비교할 때, 이 사건 금지장소 조항으로 달성하려는

기출 OX

04 국무총리 공관 경계지점으로부터 100미터 이내의 장소에서 옥외집회 또는 시위를 예외 없이 절대적으로 금지하고 있는 법률조항은 집회의 자유를 침해한다. 20. 지방직 ( )

정답 04 ○

공익이 제한되는 집회의 자유 정도보다 크다고 단정할 수는 없으므로 이 사건 금지장소 조항은 법익의 균형성원칙에도 위배된다. 따라서 이 사건 금지장소 조항은 과잉금지원칙을 위반하여 집회의 자유를 침해한다(헌재 2018.6.28, 2015헌가28 · 2016헌가5).

18 경찰의 집회참가자에 대한 촬영행위가 개인정보자기결정권 및 집회의 자유 등을 침해하여 위헌인지 여부: 소극 [합헌] 19. 국가직

[1] 이 사건 채증규칙이 직접 기본권을 침해하는지 여부: 소극

이 사건 채증규칙은 법률의 구체적인 위임 없이 제정된 경찰청 내부의 행정규칙에 불과하고, 청구인들은 구체적인 촬영행위에 의해 비로소 기본권을 제한받게 되므로, 이 사건 채증규칙이 직접 기본권을 침해한다고 볼 수 없다.

[2] 이 사건 촬영행위가 청구인들의 기본권을 침해하는 여부: 소극

옥외집회 · 시위에 대한 경찰의 촬영행위는 증거보전의 필요성 및 긴급성, 방법의 상당성이 인정되는 때에는 헌법에 위반된다고 할 수 없으나, 경찰이 옥외집회 및 시위 현장을 촬영하여 수집한 자료의 보관 · 사용 등은 엄격하게 제한하여, 옥외집회 · 시위 참가자 등의 기본권제한을 최소화해야 한다. 옥외집회 · 시위에 대한 경찰의 촬영행위에 의해 취득한 자료는 '개인정보'의 보호에 관한 일반법인 '개인정보 보호법'이 적용될 수 있다.

이 사건에서 피청구인이 신고 범위를 벗어난 동안에만 집회참가자들을 촬영한 행위가 과잉금지원칙을 위반하여 집회참가자인 청구인들의 일반적 인격권, 개인정보자기결정권 및 집회의 자유를 침해한다고 볼 수 없다(헌재 2018.8.30, 2014헌마843).

19 금지통고를 받은 집회를 주최한 것에 대하여 형사처벌하는 것이 집회의 자유를 침해하는지 여부: 소극

집회 및 시위에 관한 법률(이하 '집시법'이라 한다) 제19조 제2항에서 금지통고된 옥외집회 · 시위 등을 주최한 경우는 단순히 행정질서에 장해를 줄 위험성이 있는 정도의 의무위반 내지 의무위반이 아니고 직접적으로 행정목적을 침해하고 나아가 공익을 침해할 고도의 개연성을 띤 행위라고 볼 수 있으므로 이에 대하여 행정형벌을 과하도록 한 집시법 제19조 제2항이 헌법 제21조 제1항 · 제2항에 위반된다고 할 수 없다(헌재 1994.4.28, 91헌바14).

20 집회 및 시위에 관한 법률상 먼저 신고된 집회가 있더라도 뒤에 신고된 집회에 대하여 집회 자체를 금지하는 통고를 할 수 없는 경우 및 이러한 금지통고에 위반한 집회개최행위를 같은 법 위반으로 처벌할 수 있는지 여부: 소극

집회의 신고가 경합할 경우 특별한 사정이 없는 한 관할경찰관서장은 집회 및 시위에 관한 법률(이하 '집시법'이라 한다) 제8조 제2항의 규정에 의하여 신고 순서에 따라 뒤에 신고된 집회에 대하여 금지통고를 할 수 있지만, 먼저 신고된 집회의 참여예정인원, 집회의 목적, 집회개최장소 및 시간, 집회 신고인이 기존에 신고한 집회 건수와 실제로 집회를 개최한 비율 등 먼저 신고된 집회의 실제 개최 가능성 여부와 양 집회의 상반 또는 방해가능성 등 제반 사정을 확인하여 먼저 신고된 집회가 다른 집회의 개최를 봉쇄하기 위한 허위 또는 가장 집회신고에 해당함이 객관적으로 분명해 보이는 경우에는, 뒤에 신고된 집회에 다른 집회금지 사유가 있는 경우가 아닌 한, 관할 경찰관서장이 단지 먼저 신고가 있었다는 이유만으로 뒤에 신고된 집회에 대하여 집회 자체를 금지하는 통고를 하여서는 아니 되고, 설령 이러한 금지통고에 위반하여 집회를 개최하였다고 하더라도 그러한 행위를 집시법상 금지통고에 위반한 집회개최행위에 해당한다고 보아서는 아니 된다(대판 2014.12.11, 2011도13299).

기출 OX

01 집회 · 시위 등 현장에서 집회 · 시위 참가자에 대한 사진이나 영상촬영 등의 행위는 집회 · 시위 참가자들에게 심리적 부담으로 작용하여 여론형성 및 민주적 토론절차에 영향을 주고 집회의 자유를 전체적으로 위축시키는 결과를 가져올 수 있으므로 집회의 자유를 제한한다. 20. 5급 공채 ( )

해설
제한 O, 침해 X

02 집회의 시간과 장소가 중복되는 2개 이상의 신고가 있을 경우 관할 경찰관서장은 먼저 신고된 집회가 다른 집회의 개최를 봉쇄하기 위한 가장집회신고에 해당하는지 여부에 관하여 판단할 권한이 없으므로 뒤에 신고된 집회에 대하여 집회 자체를 금지하는 통고를 하여야 한다. 20. 경찰승진 ( )

정답 01 O 02 X

21 대한민국을 방문하는 외국의 국가 원수를 경호하기 위하여 지정된 경호구역 안에서 서울종로경찰서장이 안전 활동의 일환으로 청구인들의 삼보일배행진을 제지한 행위 등이 과잉금지원칙을 위반하여 청구인들의 집회의 자유 등을 침해하는지 여부: 소극

이 사건 공권력 행사는 경호대상자의 안전 보호 및 국가 간 친선관계의 고양, 질서유지 등을 위한 것이다. 돌발적이고 경미한 변수의 발생도 대비하여야 하는 경호의 특수성을 고려할 때, 경호활동에는 다양한 취약 요소들에 사전적·예방적으로 대비할 수 있는 안전조치가 충분히 이루어질 필요가 있고, 이 사건 공권력 행사는 집회장소의 장소적 특성과 미합중국 대통령의 이동경로, 집회 참가자와의 거리, 질서유지에 필요한 시간 등을 고려하여 경호 목적 달성을 위한 최소한의 범위에서 행해진 것으로 침해의 최소성을 갖추었다. 또한, 이 사건 공권력행사로 인해 제한된 사익은 집회 또는 시위의 자유 일부에 대한 제한으로서 국가 간 신뢰를 공고히 하고 발전적인 외교관계를 맺으려는 공익이 위 제한되는 사익보다 덜 중요하다고 할 수 없다. 따라서 이 사건 공권력 행사는 과잉금지원칙을 위반하여 청구인들의 집회의 자유 등을 침해하였다고 할 수 없다(헌재 2021.10.28, 2019헌마1091).

22 대통령 관저 인근에서 집회를 금지하고 이를 위반하여 집회를 주최한 자를 처벌하는 집시법 제11조 제2호가 집회의 자유를 침해하는지 여부: 적극 [헌법불합치]

막연히 폭력·불법적이거나 돌발적인 상황이 발생할 위험이 있다는 가정만을 근거로 하여 대통령 관저 인근에서 열리는 모든 집회를 금지하는 것은 정당화되기 어렵다. 심판대상조항은 침해의 최소성에 위배된다. 국민이 집회를 통해 대통령에게 의견을 표명하고자 하는 경우, 대통령 관저 인근은 그 의견이 가장 효과적으로 전달될 수 있는 장소이다. 따라서 대통령 관저 인근에서의 집회를 전면적·일률적으로 금지하는 것은 집회의 자유의 핵심적인 부분을 제한한다. 심판대상조항을 통한 대통령의 헌법적 기능 보호라는 목적과 집회의 자유에 대한 제약 정도를 비교할 때, 심판대상조항은 법익의 균형성에도 어긋난다. 따라서 심판대상조항은 과잉금지원칙에 위배되어 집회의 자유를 침해한다(헌재 2022.12.22, 2018헌바48).

23 국회의장 공관 100미터 이내의 장소에서 옥외집회 또는 시위를 예외없이 금지하는 것이 집회의 자유를 침해하는지 여부: 적극 [헌법불합치]

심판대상조항이 집회금지장소로 설정한 '국회의장 공관의 경계 지점으로부터 100미터 이내에 있는 장소'에는 국회의장 공관으로 출입하는 것과 무관한 지역, 다른 건물이나 녹지로 가로막혀 국회의장 공관 부지에 접근하기 어려운 지역 등 해당 장소에서 집회가 개최되더라도 국회의장에게 물리적 위해를 가하거나 국회의장 공관으로의 출입 내지 안전에 위협을 가할 우려가 없는 장소까지 포함되어 있다. 또한 대규모 집회로 확산될 우려가 없는 소규모 집회의 경우, 심판대상조항에 의하여 보호되는 법익에 직접적인 위협을 가할 가능성은 상대적으로 낮다. 따라서 이러한 소규모 집회가 일반 대중의 합세로 인하여 대규모 집회로 확대될 우려 내지 폭력집회로 변질될 위험이 없는 때에는 그 집회의 금지를 정당화할 수 있는 헌법적 근거를 발견하기 어렵다. 심판대상조항은 국회의장 공관 인근 일대를 광범위하게 전면적인 집회 금지 장소로 설정하고 국회의장 공관의 기능과 안녕에 직접적인 위협을 초래할 가능성이 없는 집회까지도 예외 없이 금지하는데, 이는 입법목적 달성에 필요한 범위를 넘는 과도한 제한이다. 따라서 심판대상조항은 침해의 최소성과 법익의 균형성에 반한다. 심판대상조항은 과잉금지원칙에 위배되어 집회의 자유를 침해한다(헌재 2023.3.23, 2021헌가1).

기출 OX

03 대한민국을 방문하는 외국의 국가 원수를 경호하기 위하여 지정된 경호구역 안에서 서울종로경찰서장이 안전 활동의 일환으로 청구인들의 삼보일배행진을 제지한 행위 등은 과잉금지원칙을 위반하여 청구인들의 집회의 자유 등을 침해한다. 22. 경찰간부

( )

정답 03 ×

24 국내주재 외교기관 인근의 옥외집회 또는 시위를 예외적으로 허용하는 집시법 규정이 과잉금지원칙에 위반하여 집회의 자유를 침해하는지 여부: 소극 [합헌]
   [1] 심판대상조항은 입법자가 법률로써 직접 집회의 장소적 제한을 규정한 것으로, 행정청이 주체가 되어 집회의 허용 여부를 사전에 결정하는 것이 아니므로 헌법 제21조 제2항의 허가제 금지에 위배되지 않는다.
   [2] 헌법재판소는 2010.10.28, 2010헌마111결정을 통해, 심판대상조항은 외교기관의 기능보장과 안전보호를 달성하기 위한 것으로 외교기관의 기능이나 안녕을 침해할 우려가 없다고 인정되는 세 가지의 예외적인 경우에는 집회, 시위를 허용하고 있어 집회의 자유를 침해하지 않는다고 판단한 바 있고, 이 사건에서 선례의 판단을 변경할 사정이 있다고 할 수 없으므로, 심판대상조항은 과잉금지원칙에 위반하여 집회의 자유를 침해한다고 볼 수 없다(헌재 2023.7.20, 2020헌바131).

25 인천애(愛)뜰의 사용 및 관리에 관한 조례 사건 [위헌]
   [1] 집회 또는 시위를 하기 위하여 인천애(愛)뜰 중 잔디마당과 그 경계 내 부지에 대한 사용허가 신청을 한 경우 인천광역시장이 이를 허가할 수 없도록 제한하는 인천애(愛)뜰의 사용 및 관리에 관한 조례가 법률유보원칙에 위배되어 청구인들의 집회의 자유를 침해하는지 여부: 소극
      조례에 대한 법률의 위임은 법규명령에 대한 법률의 위임과 같이 반드시 구체적으로 범위를 정할 필요가 없으며, 포괄적으로도 할 수 있다. 이 사건 조례는 지방자치법 제13조 제2항 제1호 자목 및 제5호 나목 등에 근거하여 인천광역시가 소유한 공유재산이자 공공시설인 인천애뜰의 사용 및 관리에 필요한 사항을 규율하기 위하여 제정되었고, 심판대상조항은 잔디마당과 그 경계 내 부지의 사용 기준을 정하고 있다. 그렇다면 **심판대상조항은 법률의 위임 내지는 법률에 근거하여 규정된 것이라고 할 수 있으므로 법률유보원칙에 위배되지 않는다.**
   [2] 심판대상조항이 과잉금지원칙에 위배되어 청구인들의 집회의 자유를 침해하는지 여부: 적극
      잔디마당은 도심에 위치하고 일반인에게 자유롭게 개방된 공간이며, 도보나 대중교통으로 접근하기 편리하고 다중의 이목을 집중시키기에 유리하여, 다수인이 모여 공통의 의견을 표명하기에 적합하다. 인천광역시로서는 시청사 보호를 위한 방호인력을 확충하고 청사 입구에 보안시설물을 설치하는 등의 대책을 마련함으로써, 잔디마당에서의 집회·시위를 전면적으로 제한하지 않고도 입법목적을 충분히 달성할 수 있다. 일반인에게 개방되어 자유로운 통행과 휴식 등을 위한 공간으로 활용되고 있는 잔디마당의 현황과 실제 운영방식을 고려하면, 잔디마당이 국토계획법상 공공청사 부지에 속한다는 사정을 집회의 자유를 전면적·일률적으로 제한할 수 있는 근거로 삼을 수 없다. 심판대상조항에 의하여 **잔디마당을 집회 장소로 선택할 자유가 완전히 제한되는바, 공공에 위험을 야기하지 않고 시청사의 안전과 기능에도 위협이 되지 않는 집회나 시위까지도 예외 없이 금지되는 불이익이 발생한다. 그렇다면 심판대상조항은 과잉금지원칙에 위배되어 청구인들의 집회의 자유를 침해한다**(헌재 2023.9.26, 2019헌마1417).

Ⅲ. 결사의 자유

1. 결사의 의의
(1) 개념
'결사'란 다수인이 자발적 의사에 따라 공동목적을 위해 어느 정도 계속적인 단체를 결성하는 것을 말한다. 헌법재판소는 "결사란 자연인 또는 법인의 다수가 상당한 기간 동안 공동목적을 위하여 자유의사에 기하여 결합하고 조직화된 의사형성이 가능한 단체를 말하는 것으로, 공법상의 결사나 법이 특별한 공공목적에 의하여 구성원의 자격을 정하고 있는 특수단체의 조직활동은 이에 포함되지 아니한다(헌재 2006.5.25, 2004헌가1)."라고 하였다.

(2) 개념적 요소
결사의 개념적 요소는 ① 다수인, ② 공동목적, ③ 계속적 결합, ④ 자발성이다.

2. 법적 성격
(1) 복합적 성격의 기본권
개인 또는 집단의 자유권적 기본권임과 동시에 정치적 기본권이다.

(2) 제도적 보장 여부
결사의 자유가 제도적 보장의 성격을 가지는지에 대하여 제도적 보장의 성격을 긍정하는 견해(다수설)와 제도적 보장의 성격을 부정하는 견해가 대립하고 있다.

3. 주체
(1) 외국인
외국인도 결사의 자유의 주체가 되는지에 대해서는 여러 견해가 대립하나, 결사의 자유는 인간존재의 원초적 조건이라 할 수 있는 것이므로 인간이면 누구나 그 주체가 되어야 한다는 점에서 외국인의 주체성을 긍정하여야 한다고 본다. 다만, 외국인은 정치적 목적인 경우에는 국민에 비하여 보다 많은 제한을 받는다.

(2) 법인 등 결사체
법인 등 결사체도 결사의 자유의 주체가 될 수 있으나, 공법상 단체는 결사의 자유의 주체가 될 수 없다.
① 법인 등 결사체도 그 조직과 의사형성에 있어서 그리고 업무수행에 있어서 자기결정권을 가지고 있어 결사의 자유의 주체가 된다고 봄이 상당하므로 축협중앙회는 그 회원조합들과 별도로 결사의 자유의 주체가 된다(헌재 2000.6.1, 99헌마553). 05. 행시
② **공법상의 결사**는 결사의 자유에 의하여 보호되는 '결사'에 해당되지 않기 때문에 공법상의 결사에 가입하지 아니할 자유의 근거는 **결사의 자유가 아니라 일반적 행동자유권**이라고 볼 수 있다. 독일연방헌법재판소는 공법상 결사에 가입하지 아니할 자유의 근거를 독일기본법 제2조 제1항의 일반적 인격권조항에서 찾으며, 우리 헌법재판소도 일반적 행동자유권에서 찾고 있다.

기출 OX

01 헌법 제21조 제1항에 의해 보호되는 결사의 개념에는 공공목적에 의해 구성원의 자격이 정해진 특수단체나 공법상의 결사도 포함된다. 17. 경찰승진 ( )

02 결사의 자유의 주체는 자연인에 한정된다. 04. 국회직 ( )

03 결사의 목적은 반드시 비영리적인 것에 한하지 않으며 영리단체도 헌법상 결사의 자유의 보호를 받는다. 15. 법원직 ( )

정답 01 × 02 × 03 ○

> **판례 | 국민건강보험에 강제가입하도록 하는 것이 결사의 자유의 제한인지 여부: 소극**
>
> 국가가 국민을 강제로 건강보험에 가입시키고 경제적 능력에 따라 보험료를 납부하도록 하는 것은 **행복추구권으로부터 파생하는 일반적 행동의 자유의 하나인 '공법상의 단체에 강제로 가입하지 아니할 자유'**와 정당한 사유 없는 금전의 납부를 강제당하지 않을 권리인 **재산권에 대한 제한**이 되는바, … 이러한 제한은 정당한 국가목적을 달성하기 위하여 부득이한 것이고 가입강제와 보험료의 차등부과로 인하여 달성되는 공익은 그로 인하여 침해되는 사익에 비하여 월등히 크다고 할 수 있으므로 위의 조항들이 헌법상의 행복추구권이나 재산권을 침해한다고 볼 수 없다(헌재 2003.10.30, 2000헌마801).

4. 내용

(1) 헌법 제21조가 규정하는 '결사의 자유'란 다수의 자연인 또는 법인이 공동의 목적을 위하여 단체를 결성할 수 있는 자유를 말하는 것으로, 적극적으로는 ① 단체결성의 자유, ② 단체존속의 자유, ③ 단체활동의 자유, ④ 결사에의 가입·잔류의 자유를, 소극적으로는 ① 기존의 단체로부터 탈퇴할 자유와 ② 결사에 가입하지 아니할 자유를 내용으로 한다(헌재 1996.4.25, 92헌바47).

(2) 헌법 제21조의 결사의 자유는 일반 결사의 자유를 의미하는 것이기 때문에 정치적 목적의 결사인 정당, 종교적 목적의 결사인 교단, 학문 또는 예술적 목적의 결사인 학회·예술단체, 근로조건의 향상을 위한 근로자들의 결사인 노동조합 등 특수한 결사는 각각 헌법 제8조, 제20조, 제22조, 제33조의 적용을 받는다.

5. 효력

결사의 자유는 공권력을 구속하며, 사인에 대해서는 사법상의 일반 조항을 통하여 간접적으로 적용된다.

6. 한계와 제한

(1) 한계

결사의 자유는 국가의 존립과 안전에 위해를 가하여서는 아니 되며, 자유민주적 기본질서 등 헌법질서를 위반하여서는 아니 된다.

(2) 제한

결사의 자유에 대한 허가제는 금지되나 **등록제와 신고제는 허용**된다. 결사의 자유는 헌법 제37조 제2항에 따라 법률로써 제한할 수 있으나, 제한할 때에도 결사의 자유의 본질적 내용을 침해하여서는 아니 된다. 또한 표현규제입법의 합헌성 판단 기준을 준수하여야 한다.

기출 OX

01 헌법 제21조가 보호하는 결사의 자유란 기존의 단체로부터 탈퇴할 자유와 가입하지 않을 자유를 포함한다.
15. 국회직 9급 ( )

정답 **01** ○

판례 I

1 농지개량조합이 결사의 자유의 주체가 될 수 있는지 여부: 소극 [기각] 09. 법무사

결사의 자유에서 결사란 자연인 또는 법인이 공동목적을 위하여 자유의사에 기하여 결합한 단체를 말하는 것으로 공적 책무의 수행을 목적으로 하는 공법상의 결사는 이에 포함되지 아니한다. 따라서 농지개량조합을 결사의 자유의 대상이 되는 단체로 볼 수 없어, 조합이 해산됨으로써 조합원 지위를 상실하였다고 하더라도 조합원의 결사의 자유가 침해되었다고 할 수 없다(헌재 2000.11.30, 99헌마190).*

2 약사 또는 한약사 개인에게만 약국개설을 허용하고, 법인에는 약국개설을 허용하지 않는 것이 결사의 자유를 침해하는지 여부: 적극 [헌법불합치] 15. 법원직

영리단체도 헌법상 결사의 자유에 의하여 보호된다고 보아야 할 것이다. … 이 사건 법률조항은 합리적 이유 없이 모든 법인에 의한 약국의 개설을 금지함으로써 법인을 설립하여 약국을 경영하려는 약사 개인들과 이러한 법인의 단체결성 및 단체활동의 자유를 제한하고 있으므로 결국 이들의 결사의 자유를 침해하고 있다고 하겠다(헌재 2002.9.19, 2000헌바84).

3 지역농협 이사 선거의 경우 전화(문자메시지를 포함한다)·컴퓨터통신(전자우편을 포함한다)을 이용한 지지 호소의 선거운동방법을 금지하고, 이를 위반한 자를 처벌하는 구 농업협동조합법 제50조 제4항 및 농업협동조합법 제50조 제4항이 결사의 자유, 표현의 자유를 침해하는지 여부: 적극 [위헌]

이 사건 법률조항들은 지역농협 이사 선거가 과열되는 과정에서 후보자들의 경제력 차이에 따른 불균형한 선거운동 및 흑색선전을 통한 부당한 경쟁이 이루어짐으로써 선거의 공정이 해쳐지는 것을 방지하기 위하여 선거 공보의 배부를 통한 선거운동만을 허용하고 전화·컴퓨터통신을 이용한 지지 호소의 선거운동을 금지하며 이를 위반하여 선거운동을 한 자를 처벌하는바, 입법목적의 정당성 및 수단의 적합성이 인정된다. 그러나 전화·컴퓨터통신은 누구나 손쉽고 저렴하게 이용할 수 있는 매체인 점, 농업협동조합법에서 흑색선전 등을 처벌하는 조항을 두고 있는 점을 고려하면 입법목적 달성을 위하여 위 매체를 이용한 지지 호소까지 금지할 필요성은 인정되지 아니한다. 이 사건 법률조항들이 달성하려는 공익이 결사의 자유 및 표현의 자유제한을 정당화할 정도로 크다고 보기는 어려우므로, 법익의 균형성도 인정되지 아니한다. 따라서 이 사건 법률조항들은 과잉금지원칙을 위반하여 **결사의 자유, 표현의 자유를 침해하여 헌법에 위반된다**(헌재 2016.11.24, 2015헌바62).

4 총사원 4분의 3 이상의 동의가 있으면 사단법인을 해산할 수 있도록 규정한 민법 제78조가 결사의 자유를 침해하는지 여부: 소극 [합헌]

사단법인의 정관변경에는 원칙적으로 총사원 3분의 2 이상의 동의가 필요한데, 심판대상조항에서 사단법인 해산결의의 요건으로 그보다 가중된 총사원 4분의 3 이상의 동의를 요구하는 것은 그 입법목적을 달성하는 데 필요한 정도를 넘어섰다고 보기 어렵다. 심판대상조항이 추구하는 사단법인의 자율성과 존속 보장이라는 공익은 심판대상조항으로 인하여 사단법인의 해산에 반대하는 소수의 사원이 입게 되는 불이익에 비하여 훨씬 중대하다. 따라서 심판대상조항은 과잉금지원칙을 위반하여 청구인들의 결사의 자유를 침해하지 아니한다(헌재 2017.5.25, 2015헌바260).

기출 OX

02 농지개량조합은 존립목적, 조직과 재산의 형성 및 그 활동전반에 나타나는 매우 짙은 공적인 성격에 비추어 공법인으로 볼 수 있으므로 기본권의 주체가 될 수 없다. 11. 지방직 ( )

* 헌법재판소는 농지개량조합의 조직, 재산의 형성·유지 및 그 목적과 활동 전반에 나타나는 매우 짙은 공적인 성격을 고려하건대, 이를 공법인이라고 봄이 상당하므로 헌법소원의 청구인적격을 인정할 수 없다고 한다.

03 지역농협 이사 선거의 경우 전화·컴퓨터통신을 이용한 지지 호소의 선거운동방법을 금지하고, 이를 위반한 자를 처벌하는 구 농업협동조합법 조항은 해당 선거 후보자의 표현의 자유를 침해하지 않는다. 18. 경찰승진 ( )

정답 02 O 03 X

5 직선제 조합장선거의 경우 후보자가 아닌 사람의 선거운동을 전면 금지하고, 이를 위반하면 형사처벌하는 것이 결사의 자유를 침해하는지 여부: 소극 [합헌]

조합장선거의 구조 및 선거문화, 위탁선거법의 제정배경 등에 비추어 볼 때, 가족이나 선거사무원 등 후보자가 아닌 사람에게 선거운동을 허용하게 되면 선거가 과열되어 상호비방 등에 의한 혼탁선거가 더욱 가중될 우려가 있고, 선거 결과가 정책대결이 아닌 친소관계에 의하여 좌우될 가능성도 더욱 커지며, 선거인의 올바른 후보자 선택에 혼란을 안겨줄 위험성마저 배제하기 어렵다. 조합원들의 조합장선거에 대한 높은 관심도에 비추어 보더라도 후보자가 아닌 사람에게 선거운동을 허용해 줄 필요성은 크지 않다. 위탁선거법상 허용되는 선거운동기간 및 선거운동방법을 종합하여 보면, 후보자 혼자 선거운동기간 동안 조합원들을 상대로 선거운동을 하는 것이 물리적으로 불가능하다고 보이지도 않는다. 따라서 심판대상조항들은 침해의 최소성원칙에 반하지 아니한다. 심판대상조항들이 달성하고자 하는 조합장선거의 공정성 확보라는 공익은 조합장선거의 후보자가 가족이나 선거사무원 등을 통하여 충분한 선거운동을 할 수 없게 되는 불이익보다 훨씬 크다 할 것이어서 법익의 균형성도 충족된다. 결국 심판대상조항들은 결사의 자유 등 기본권을 침해하지 아니하므로 헌법에 위반되지 아니한다(헌재 2017.6.29, 2016헌가1).

6 직선제 조합장선거의 경우 선거운동기간을 후보자등록마감일의 다음 날부터 선거일 전일까지로 한정하면서 예비후보자제도를 두지 아니한 것 및 법정된 선거운동방법만을 허용하면서 합동연설회 또는 공개토론회의 개최나 언론기관 및 단체가 주최하는 대담·토론회를 허용하지 아니하는 것이 결사의 자유를 침해하는지 여부: 소극 [합헌]

언론기관 및 단체가 주최하는 대담·토론회는 진행의 공정성을 담보하기 어렵고, 특정 후보자를 위한 선거운동으로 이용될 소지가 있어 조합의 자율성 및 선거의 공정성을 침해할 수 있다. 또 전국적으로 동시에 실시되는 모든 조합장선거에서 합동연설회나 공개토론회의 개최를 허용할 경우에는 선거관리위원회가 선거운동기간 13일 동안에 모든 조합의 합동연설회를 관리하는 것이 현실적으로 불가능하고, 선거관리위원회가 아닌 단체 등이 주최하는 경우에는 진행의 공정성을 담보할 수 없으며, 농번기 등으로 조합원들이 함께 모이는 자리를 마련하기도 쉽지 않을 뿐만 아니라 경영인을 선출하는 조합장선거에서 대중의 인기에 영합하는 대중주의적 공약이 남발되거나 청중 동원을 위하여 금품을 제공할 가능성 등도 배제할 수 없다(방법조항). 심판대상조항들이 달성하고자 하는 조합장선거의 공정성 확보라는 공익은 조합장선거의 후보자가 예비후보자제도나 합동연설회 또는 공개토론회의 개최 등을 통하여 충분한 선거운동을 할 수 없게 되는 불이익보다 훨씬 크다. 따라서 심판대상조항들은 후보자 및 선거인인 조합원의 결사의 자유 등 기본권을 침해하지 아니한다(헌재 2017.7.27, 2016헌바372).

7 공동주택의 동별 대표자의 중임을 한 번으로 제한하고 있는 구 주택법 시행령 제50조 제8항 후단(이하 '심판대상조항'이라 한다)이 결사의 자유(단체 가입의 자유)를 침해하는지 여부: 소극 [기각]

심판대상조항은 입주자대표회의 구성원으로서 동별 대표자가 가지는 지위와 역할의 공공성과 공익성을 고려한 것으로, 그 직무와 관련한 각종 비리 및 업무 경직 등의 부작용을 개선하며 입주자로 하여금 공동주택 관리에 보다 관심을 가지도록 하는 등 복합적인 필요성에서 기인한 것인 반면에, 동별 대표자의 임기는 2년으로 중임을 하게 될 경우 최대 4년 동안 동별 대표자의 직무를 수행할 수 있고, 심판대상조항은 이를 초과하는 부분에 한하여 그 직무를 수행하는 것을 제한하고 있는 것이며, 제한되는 사익을 보완하는 관련 규정들도 찾을 수 있으므로 심판대상조항이 법익의 균형성원칙에 어긋난다고 볼 수 없다. 따라서 심판대상조항은 과잉금지원칙에 위배되어 청구인의 결사의 자유를 침해하지 아니한다(헌재 2017.12.28, 2016헌마311).

8 **변리사의 변리사회 가입의무를 규정한 변리사법 제11조 중 '제5조 제1항에 따라 등록한 변리사' 부분(이하 '가입조항'이라 한다)이 소극적 결사의 자유 등을 침해하는지 여부: 소극 [기각]**

임의가입제도하에서는 변리사회의 대표성과 법적 지위가 약화되고, 변리사 단체 가입률이 낮아져 변리사 단체가 공익적 기능을 수행하는 데 어려움을 겪게 된다. 임의가입제도로 전환할 경우 변리사회 이외의 단체가 설립될 가능성도 있으나, 공익사업 등은 회원인 변리사에게 직접적으로 이익이 되는 것이 아니어서 복수 단체가 경쟁적으로 수행할 것을 기대하기도 어렵다. 변호사 업무와 변리사 업무는 그 내용이 다르고, 대한변호사협회와 변리사회는 그 설립목적, 제공하는 서비스의 내용, 사회적 기능 및 공적 역할이 다르므로, 변호사이더라도 변리사 업무를 수행하는 이상 변리사회에 가입할 필요가 있다. 따라서 가입조항은 침해의 최소성요건도 갖추었다. 가입조항으로 인하여 변리사들이 받는 불이익은 변리사회에 가입할 의무가 발생하는 것에 불과한 반면, 가입조항이 달성하고자 하는 공익은 중대하므로 가입조항은 법익의 균형성요건도 갖추었다. 따라서 가입조항은 청구인의 소극적 결사의 자유 및 직업수행의 자유를 침해하지 않는다(헌재 2017.12.28, 2015헌마1000).

9 **시각장애인 안마사들이 전국적인 중앙회(대한안마사협회)에 의무적으로 가입하도록 한 의료법 제61조 제3항 등이 결사의 자유를 침해하는지 여부: 소극**

대한안마사협회(이하 '안마사회'라고 한다)는 사법상의 결사이므로 이 사건 법률조항이 안마사들을 의무적으로 가입하도록 한 것은 결사의 자유를 제한하는 것이다. 안마사들은 시각장애로 말미암아 공동의 이익을 증진하기 위하여 개인적으로나 이익단체를 조직하여 활동하는 것이 용이하지 않고, 안마사들로 하여금 하나의 중앙회에 의무적으로 가입하도록 하여 전국적인 차원의 단체를 존속시키는 것은 그들 사이에 정보를 교환하고 친목을 도모하며 직업수행능력을 높이는 등 안마업계의 공동의 이해를 증진시키기 위하여 필요한 수단이며, 시각장애인으로 하여금 직업활동을 효과적으로 수행하도록 하기 위하여 국가가 적극적으로 개입하는 것도 가능하고 또 필요하다 할 것이다. 이 사건에서 이 사건 법률조항의 입법목적을 달성하는 데 적합한 별도의 대체수단을 찾기도 어렵다. 이 사건 법률조항으로 안마사회에 의무적으로 가입하고 정관을 준수하고 회비를 납부하게 되지만, 이는 과다한 부담이라고 단정하기 어렵다. 그렇다면 이 사건 법률조항은 안마사들의 결사의 자유를 침해하지 않는다(헌재 2008.1.30, 2006헌가15).

10 **지역의료보험조합과 직장의료보험조합을 해산하여 국민건강보험공단으로 통합하는 경우, 조합의 해산으로 인하여 조합원들의 결사의 자유가 침해되는지 여부: 소극**

국가가 사회보험의 형태로서 공법인인 조합을 보험자로 하여 의료보험을 시행하는 경우에 조합원을 강제로 조합에 가입시키는 것이 기본권침해의 관점에서 헌법적으로 문제될 수 있으나, 일단 설립된 개별 조합의 해산·통합과 관련하여 입법자는 의료보험관리체계에 관한 광범위한 입법형성권을 가진다. 더욱이 해산되는 조합에 소속된 조합원에 있어서는 강제가입의 의무를 부과하던 조합의 해산으로 인하여 오히려 기본권적 제한이 제거되므로, 공법인의 해산으로 인하여 조합원의 기본권이 침해되는가의 문제는 발생하지 아니한다(헌재 2000.6.29, 99헌마289).

기출 OX

01 변호사가 변리사 업무를 수행하는 경우 변리사 연수교육을 받을 의무를 부과하는 조항은 변호사의 결사의 자유 및 직업수행의 자유를 침해하지 않는다. 18. 국회직 변형 ( )

02 안마사들로 하여금 의무적으로 대한안마사협회의 회원이 되어 정관을 준수하도록 하는 의료법 조항은 안마사들의 결사의 자유를 침해하지 않는다. 18. 경찰승진 ( )

정답 01 ○ 02 ○

11 변리사회의 가입강제를 규정하고 있는 변리사법 제11조 중 '변리사' 부분이 결사의 자유를 침해하는지 여부: 소극

대한변리사회는 공법상의 법인이라기보다는 사법상의 법인으로서, 등록한 변리사를 변리사회에 의무적으로 가입하도록 한 것은 결사에 가입하지 않을 '소극적 결사의 자유'를 제한하는 데 해당한다 할 것이다. 변리사법 제11조 중 변리사 부분이 변리사로 하여금 변리사회에 의무적으로 가입하도록 규정한 것은 변리사회의 법적 지위를 강화하여 공익사업을 수행하고 지식재산권에 관한 민간차원의 국제협력을 증진하고자 하는 입법목적의 정당성이 인정되고, … 직업수행의 자유에 대한 제한보다 그 입법목적을 달성함으로써 얻게 되는 공익의 비중과 정도가 더 크다 할 것이므로 … 결사의 자유를 침해하지 않는다(헌재 2008.7.31, 2006헌마666).

12 복수조합설립금지라는 수단을 선택한 것이 결사의 자유를 침해하는지 여부: 적극 [위헌]

입법목적을 달성하기 위한 수단으로서 반드시 가장 합리적이며 효율적인 수단을 선택하여야 하는 것은 아니라고 할지라도 적어도 현저하게 불합리하고 불공정한 수단의 선택은 피하여야 할 것인바 복수조합설립금지라는 수단을 선택한 것은 현저하게 불합리하고 불공정한 것이므로 이는 위헌임이 명백하다(헌재 1996.4.25, 92헌바47).

13 운송사업자로 구성된 협회로 하여금 연합회에 강제로 가입하게 하고 임의로 탈퇴할 수 없도록 하는 화물자동차 운수사업법의 해당 조항 중 '운송사업자로 구성된 협회'에 관한 부분이 결사의 자유를 침해하는지 여부: 소극

심판대상조항은 연합회의 전국적인 단일 조직으로서의 지위를 강화함으로써 운송사업자의 공동이익을 효과적으로 증진시키고 법령에 따른 공익적 기능을 원활하게 수행하게 하여 화물자동차 운송사업의 건전한 발전을 도모하기 위한 것이다. 연합회는 공공재적 성격을 가지는 화물자동차 운송사업의 공익성을 구현한다는 점에서 다른 사법인과 차이가 있다. 전국적인 단일 조직을 갖춘 연합회는 협회가 관련 정보를 교환하고 전국적인 협력을 도모할 수 있는 기반이 된다. 연합회는 공제사업의 실시 주체이므로, 원활한 사업 운영을 위해서는 충분한 규모를 갖출 필요가 있다. 연합회는 법령에 따라 다양한 공익적 기능을 수행하는바, 전국적인 단일 조직을 갖추지 못한다면 업무 수행의 효율성과 신속성 등이 저해될 우려가 있다. 국가나 지방자치단체가 공익적 기능을 직접 수행하거나 별개의 단체를 설립하는 방안은 연합회에의 가입강제 내지 임의탈퇴 불가와 같거나 유사한 효과를 가진다고 보기 어렵다. 따라서 심판대상조항이 과잉금지원칙에 위배되어 결사의 자유를 침해한다고 볼 수 없다(헌재 2022.2.24, 2018헌가8).

05 학문과 예술의 자유

> 헌법 제22조 ① 모든 국민은 학문과 예술의 자유를 가진다.
> ② 저작자·발명가·과학기술자와 예술가의 권리는 법률로써 보호한다.

1. 학문의 자유

(1) 의의

'학문의 자유'란 학문적 활동에 대하여 공권력의 간섭이나 방해를 받지 아니할 자유를 말한다. 학문의 자유는 진리를 탐구하는 자유를 의미하는데, 그것은 단순히

기출 OX

01 운송사업자로 구성된 협회로 하여금 연합회에 강제로 가입하게 하고 임의로 탈퇴할 수 없도록 하는 화물자동차 운수사업법의 해당 조항 중 '운송사업자로 구성된 협회'에 관한 부분은 결사의 자유를 침해한다고 볼 수 없다. 23. 소방간부 ( )

정답 01 ○

진리탐구의 자유에 그치지 않고 탐구한 결과에 대한 발표의 자유 내지 가르치는 자유 등을 포함한다(헌재 1992.11.12, 89헌마88).

(2) 연혁과 입법례
① 17세기 영국의 베이컨(F. Bacon)과 밀턴(J. Milton)에 의하여 주장되었다.
② 1849년 프랑크푸르트 헌법에서 학문의 자유를 최초로 헌법에 명문화하였다.

(3) 법적 성격
학문의 자유는 개인의 소극적 방어권으로서의 측면과 제도적 보장으로서의 측면을 함께 가지고 있다.

(4) 주체
학문의 자유의 향유주체는 대학교수나 연구소의 연구원뿐만 아니라 모든 국민과 외국인이다. 또한 대학이나 그 밖의 연구단체도 학문의 자유의 주체가 될 수 있다.

(5) 내용
① **학문연구의 자유**: 학문연구는 관찰, 실험, 조사 등을 통하여 진리를 추구하는 행위이며, 학문연구의 자유는 학문의 자유의 본질적 부분에 해당한다. 학문연구의 자유는 유보 없이 보장되는 절대적 자유이므로 연구대상의 선택, 연구방법, 연구내용, 연구시기, 연구장소 등에 관하여 공권력 등이 개입하여서는 아니 된다.
② **학문연구발표의 자유**: 연구발표는 연구결과를 대학의 강의실 이외에서 논문 또는 저서로써 외부에 공표하는 자유를 말한다. 학문연구발표의 자유는 그 사회적 전파성으로 인하여 최소한의 범위 내에서 국가에 의한 제한을 받게 된다.
③ **강학(교수)의 자유**: 강학의 자유는 대학이나 고등교육기관의 교육자가 자유로이 강의하는 자유를 말한다. 강학의 자유는 학문연구의 자유의 연장선상에서 당연히 보장되는 것으로 강학의 내용이나 방법에 관하여 누구의 지시나 간섭을 받지 않으며, 학술적 견해를 자유로이 표명할 수 있다(학설의 자유). 중·고등학교에서는 강학(교수)의 자유가 인정되지 않는다. 헌법재판소도 "수업의 자유는 두텁게 보호되어야 합당하겠지만 그것은 대학에서의 교수의 자유와 완전히 동일할 수는 없을 것이며, 대학에서는 교수의 자유가 더욱 보장되어야 하는 반면, 초·중·고교에서의 수업의 자유는 제약이 있을 수 있다고 보아야 할 것이다."라고 하였다(헌재 1992.11.12, 89헌마88). 또한 수업권의 헌법적 근거에 대해서는 "진리탐구의 과정과는 무관하게 단순히 기존의 지식을 전달하거나 인격을 형성하는 것을 목적으로 하는 **'교육'은 학문의 자유의 보호영역이 아니라 교육에 관한 기본권**(헌법 제31조)**의 보호영역에 속한다**고 할 것이다."라고 판시하였다(헌재 2003.9.25, 2001헌마814 등).
④ **학문적 집회·결사의 자유**: 학문적 집회·결사의 자유는 학문연구 또는 발표를 위하여 집회를 개최하거나 단체를 결성하는 자유를 말한다. 학문적 집회·결사의 자유는 최소한의 국가적 제한이 따를 뿐 일반적 집회·결사의 자유보다 더 많은 보장을 받는다.

기출 OX

02 헌법 제22조 제1항의 학문의 자유에는 개인의 인권으로서의 학문의 자유뿐만 아니라 특히 대학에서 학문연구의 자유, 연구활동의 자유, 교수의 자유 등도 포함된다. 10. 법행 ( )

정답 02 ○

(6) 효력

학문의 자유는 원칙적으로 국가에 대한 방어권으로 대국가적 효력을 가진다. 또한 학문의 자유는 사립대학의 설립자 등 공권력 이외의 제3자에 의해서도 침해될 가능성이 있으므로, 간접적용설에 따른 제3자적 효력을 가진다.

(7) 한계와 제한

학문의 자유 중에서 학문연구의 자유는 양심형성이나 신앙의 자유에 준할 정도로 고도의 헌법적 보장을 받는다. 그러나 학문연구발표의 자유와 학문적 집회·결사의 자유는 그 사회적 전파성 때문에 헌법 제37조 제2항에 따른 제한이 가능하다. 학문의 자유는 이론적 탐구영역에 머무르는 한 학문의 자유로서 보장되지만 정치적 선동·선전이나 편협한 이데올로기적 주장은 학문의 자유로서 보장받지 못한다.

기출 OX

01 헌법재판소의 판례에 의하면, 중학교의 국어교과서에 대한 국정교과서제도는 교과서라는 형태의 도서에 대하여 국가가 이를 독점하는 것으로서 학문의 자유를 침해하는 것이다. 04. 법무사 ( )

판례 I

1 국정교과서제도가 학문의 자유를 침해하는지 여부: 소극 [기각] 04. 법무사

[1] 국민의 수학권(헌법 제31조 제1항의 교육을 받을 권리)과 교사의 수업의 자유는 다 같이 보호되어야 하겠지만 그중에서도 국민의 수학권이 더 우선적으로 보호되어야 한다.

[2] 국정교과서제도는 교과서라는 형태의 도서에 대하여 국가가 이를 독점하는 것이지만 국민의 수학권의 보호라는 차원에서 학년과 학과에 따라 어떤 교과용 도서에 대하여 이를 자유발행제로 하는 것이 온당하지 못한 경우가 있을 수 있고, 그러한 경우 국가가 관여할 수밖에 없다는 것과 관여할 수 있는 헌법적 근거가 있다는 것을 인정한다면 그 인정의 범위 내에서 국가가 이를 검·인정제로 할 것인가 또는 국정제로 할 것인가에 대하여 재량권을 갖는다고 할 것이므로 중학교의 국어교과서에 관한 한, 교과용 도서의 국정제는 학문의 자유나 언론·출판의 자유를 침해하는 제도가 아님은 물론 교육의 자주성·전문성·정치적 중립성과도 무조건 양립되지 않는 것이라 하기 어렵다(헌재 1992.11.12, 89헌마88).

2 법학전문대학원의 인가주의 및 총 입학정원 자체를 제한하는 것이 법학전문대학원을 설치하고자 하는 대학의 자율성을 침해하는지 여부: 소극 [기각]

준칙주의를 채택할 경우 각 대학은 가장 큰 경쟁인 변호사시험의 합격률을 증가시키기 위하여 대학원과정을 변호사시험준비과정으로 운영할 수밖에 없을 것이므로 법학전문대학원제도의 목적인 법학교육의 정상화를 이룰 수 없게 된다. 또한 변호사시험 합격률을 낮춰 법학전문대학원에서 교육을 받은 인원의 일부만이 자격을 얻게 된다면 변호사자격이 없는 졸업생을 양산하게 되어 유능한 인재를 효율적으로 배분하고자 하는 목적 또한 달성할 수 없게 된다.

따라서, 법학전문대학원의 인가주의 및 총 입학정원 자체를 제한하는 것이 대학의 자율성을 침해하지 아니한다(헌재 2009.2.26, 2008헌마370 등).

02 사립학교교원이 선거범죄로 1백만원 이상의 벌금형을 선고받아 그 형이 확정되면 당연퇴직되도록 규정한 것은 교수의 자유를 침해하지 않는다. 17. 국회직 ( )

3 사립학교교원이 선거범죄로 1백만원 이상의 벌금형을 선고받아 그 형이 확정되면 당연퇴직되도록 한 것이 대학의 자율 및 교수의 자유를 침해하는지 여부: 소극

사립학교교직원의 사회적 지위와 영향력에 비추어 선거에 대한 교원의 불법적 개입을 억제할 필요성이 크다는 점, 법관이 1백만원 이상의 벌금형을 양정함에 있어서 형사처벌뿐만 아니라 교직의 계속수행 여부에 대한 합리적 평가를 하게 될 것이라는

정답 01 × 02 ○

점, 위와 같은 입법목적을 달성하기 위하여 달리 덜 제약적인 대체적 입법수단이 명백히 존재하지 않는 점 등을 종합하면, … 이 사건 법률조항이 청구인의 직업선택의 자유 및 사립대학의 자율성을 침해하지 아니한다. 이 사건 법률조항은 선거범죄를 범하여 형사처벌을 받은 교원에 대하여 일정한 신분상 불이익을 가하는 규정일 뿐 청구인의 연구·활동내용이나 그러한 내용을 전달하는 방식을 규율하는 것은 아니므로 청구인의 교수의 자유를 침해하지 아니한다(헌재 2008.4.24, 2005헌마857).

4 사립학교법인이 의무를 부담하기 위해서는 관할청의 허가를 받아야 한다는 사립학교법 제28조 제1항의 규정이 사립학교법인의 학문·예술의 자유 및 교육을 받을 권리를 침해하는지 여부: 소극

학교법인은 사립학교만을 설치·경영함을 목적으로 하는 법인(사립학교법 제2조 제2항)인 만큼 사립학교의 교원이나 교수들과 달리 법인 자체가 학문활동이나 예술활동을 하는 것으로 볼 수는 없고 이 사건 법률조항은 학교교육에 필요한 시설과 설비를 갖추고 그 운영에 필요한 재산을 실효적으로 확보하는 데 역점이 있어 오히려 국민의 교육받을 권리를 적극적으로 보장하는 규정으로 보아야 한다. 따라서 이 사건 법률조항이 학문·예술의 자유나 교육을 받을 권리를 제한하는 것으로 볼 수는 없다(헌재 2001.1.18, 99헌바63).

5 사립학교교원이 파산선고를 받으면 당연퇴직되도록 정하고 있는 사립학교법 제57조가 대학의 자율성을 침해하는지 여부: 소극 11.사시

이 사건 법률조항은 교원의 사회적 책임 및 교직에 대한 국민의 신뢰를 제고하고, 교원으로서의 성실하고 공정한 직무수행을 담보하기 위한 것으로 그 입법목적이 정당하고, 사립학교로 하여금 내부의 자율적 징계절차에서 파산에 수반하는 개별 채무자에 대한 비난가능성, 교원의 신뢰성 등을 판단하도록 하는 것이 위와 같은 입법목적을 효율적으로 달성할 수 있는 수단이 될 수 있는지 불명확한 상태에서 파산신청의 남용가능성을 막고 교육에 대한 신뢰를 확보하기 위하여 규정된 것이므로, 매우 자의적인 것으로서 합리적인 입법한계를 일탈하였거나 대학의 자율의 본질적인 부분을 침해하였다고 볼 수 없다(헌재 2008.11.27, 2005헌가21).

6 이사회와 재경위원회에 일정 비율 이상의 외부인사를 포함하는 내용 등을 담고 있는 구 국립대학법인 서울대학교 설립 운영에 관한 법률 규정의 이른바 '외부인사 참여 조항'이 대학의 자율의 본질적인 부분을 침해하였는지 여부: 소극 [합헌]

학교법인의 이사회 등에 외부인사를 참여시키는 것은 다양한 이해관계자의 참여를 통해 개방적인 의사결정을 보장하고, 외부의 환경 변화에 민감하게 반응함과 동시에 외부의 감시와 견제를 통해 대학의 투명한 운영을 보장하기 위한 것이며, 대학 운영의 투명성과 공공성을 높이기 위해 정부도 의사형성에 참여하도록 할 필요가 있는 점, 사립학교의 경우 이사와 감사의 취임시 관할청의 승인을 받도록 하고, 관련법령을 위반하는 경우 관할청이 취임 승인을 취소할 수 있도록 하고 있는 점 등을 고려하면, 외부인사 참여 조항은 대학의 자율의 본질적인 부분을 침해하였다고 볼 수 없다(헌재 2014.4.24, 2011헌마612).

7 대학의 재정, 시설 및 인사 등의 영역에서는 학교법인이 기본적인 윤곽을 결정하게 되므로, 대학구성원에게는 이러한 영역에 대한 참여권이 인정되는지 여부: 적극

대학 본연의 기능인 학술의 연구나 교수, 학생선발·지도 등과 관련된 교무·학사행정의 영역에서는 대학구성원의 결정이 우선한다고 볼 수 있으나, 학교법인으로서도 설립 목적을 구현하는 차원에서 조정적 개입은 가능하다고 할 것이고, 우리 법제상

학교법인에게만 권리능력이 인정되므로 각종 법률관계의 형성이나 법적 분쟁의 해결에는 법인이 대학을 대표하게 될 것이다. 한편, 대학의 재정, 시설 및 인사 등의 영역에서는 학교법인이 기본적인 윤곽을 결정하되, 대학구성원에게는 이러한 영역에 대하여 일정 정도 참여권을 인정하는 것이 필요하다(헌재 2013.11.28, 2007헌마1189).

8 국립대학인 청구인이 대학의 자율권의 주체로서 헌법소원심판의 청구인능력이 인정되는지 여부: 적극

헌법 제31조 제4항이 규정하는 교육의 자주성 및 대학의 자율성은 헌법 제22조 제1항이 보장하는 학문의 자유의 확실한 보장을 위해 꼭 필요한 것으로서 대학에 부여된 헌법상 기본권인 대학의 자율권이므로, 국립대학인 청구인도 이러한 대학의 자율권의 주체로서 헌법소원심판의 청구인능력이 인정된다(헌재 2015.12.23, 2014헌마1149).

9 긴급조치 제9호가 입법목적의 정당성이나 방법의 적절성을 갖추지 못하고, 참정권, 표현의 자유, 집회·시위의 자유, 영장주의 및 신체의 자유, 학문의 자유 등을 침해하는지 여부: 적극

'북한의 남침 가능성의 증대'라는 추상적이고 주관적인 상황인식만으로는 긴급조치를 발령할 만한 국가적 위기상황이 존재한다고 보기 부족하고, 주권자이자 헌법개정권력자인 국민이 유신헌법의 문제점을 지적하고 그 개정을 주장하거나 청원하는 활동을 금지하고 처벌하는 긴급조치 제9호는 국민주권주의에 비추어 **목적의 정당성을 인정할 수 없다.** 다원화된 민주주의 사회에서는 표현의 자유를 보장하고 자유로운 토론을 통해 사회적 합의를 도출하는 것이야말로 국민총화를 공고히 하고 국론을 통일하는 진정한 수단이라는 점에서 긴급조치 제9호는 국민총화와 국론통일이라는 목적에 적합한 수단이라고 보기도 어렵다. 긴급조치 제9호는 학생의 모든 집회·시위와 정치관여행위를 금지하고, 위반자에 대하여는 주무부장관이 학생의 제적을 명하고 소속 학교의 휴업, 휴교, 폐쇄조치를 할 수 있도록 규정하여, **학생의 집회·시위의 자유, 학문의 자유와 대학의 자율성 내지 대학자치의 원칙을 본질적으로 침해**하고, 행위자의 소속 학교나 단체 등에 대한 불이익을 규정하여 헌법상의 자기책임의 원리에도 위반되며, 긴급조치 제1호, 제2호와 같은 이유로 죄형법정주의의 명확성 원칙에 위배되고, 헌법개정권력의 행사와 관련한 참정권, 표현의 자유, 집회·시위의 자유, 영장주의 및 신체의 자유, 학문의 자유 등을 침해한다(헌재 2013.3.21, 2010헌바132등).

2. 예술의 자유

(1) 의의

예술이란 '창작자의 개인적 체험이 객관화되어 표현된 것이며, 커뮤니케이션을 통한 외부로의 의미전달을 지향하는 것'이라고 할 수 있다(R. Scholz).

(2) 연혁

1919년 바이마르 헌법에서 예술의 자유를 최초로 성문화하였다.

(3) 법적 성격

예술의 자유는 개인의 주관적 공권인 동시에 제도로서의 예술을 보장하고 보호하여야 한다는 객관적 가치질서로서의 성격을 가진다.

(4) 주체

① 예술의 자유는 예술가뿐만 아니라 모든 인간에게 보장되는 자유이다.
② 극장, 미술관, 예술학교 등 예술단체나 법인이 예술의 자유의 주체가 되는지에 관하여는 견해가 대립한다.
  ㉠ 개개인만이 주체가 될 수 있다는 견해(허영)
  ㉡ 법인인 예술단체는 주체가 되지만, 법인 아닌 예술단체는 단체를 구성하는 개개인이 주체가 되고 단체는 예술의 자유를 집단적으로 공동행사하는 것일 뿐이라는 견해(권영성)
  ㉢ 법인인 예술단체와 법인 아닌 예술단체 모두 주체가 될 수 있다는 견해(계희열) 등

> **판례 | 음반제작자도 예술의 자유의 주체가 될 수 있는지 여부: 적극** 09. 사시
>
> 예술표현의 자유는 창작한 예술품을 일반 대중에게 전시·공연·보급할 수 있는 자유이다. 예술품보급의 자유와 관련해서 예술품보급을 목적으로 하는 예술출판자 등도 이러한 의미에서의 예술의 자유의 보호를 받는다고 하겠다. 따라서 비디오물을 포함하는 음반제작자도 이러한 의미에서의 예술표현의 자유를 향유한다고 할 것이다(헌재 1993.5.13, 91헌바17).

기출 OX

01 음반은 학문적 연구결과를 발표하는 수단이 되기도 하고, 예술표현의 수단이 되기도 하므로 그 제작 및 판매·배포는 언론·출판의 자유에 의하여 뿐만 아니라 학문·예술의 자유를 규정하고 있는 헌법 제22조 제1항에 의하여도 보장을 받는다. 15. 서울시 (   )

(5) 내용

① **예술창작의 자유**: 예술창작의 자유는 예술의 자유의 핵심내용으로서, 예술작품의 창작에 이르는 전 과정(예 창작을 위한 준비, 연습, 소재선택, 작품형태선택 및 창작진행 등)이 포함된다. 따라서 음반 및 비디오물로써 예술창작활동을 하는 자유도 이 예술의 자유에 포함된다(헌재 1993.5.13, 91헌바17). 그러나 예술의 자기목적성으로 인하여 목적이 아닌 수단이나 도구로 행해지는 상업광고물, 단순한 기능적인 요리·수공업은 예술의 자유의 보호대상에서 제외된다.
② **예술표현의 자유**: 예술표현의 자유는 전시, 연주, 공연 등을 통하여 창작한 예술작품을 외부에 표현하고 전파하는 자유를 의미한다. 다만, **예술적 비판은 예술의 자유라기보다는 일반적인 표현의 자유에 속한다.**
③ **예술적 집회·결사의 자유**: 예술적 집회·결사의 자유는 예술작품의 창작 또는 발표를 위하여 집회를 개최하거나 단체를 결성하는 자유를 말한다. 예술적인 집회·결사의 자유는 일반적 집회·결사의 자유보다 더 많은 보장을 받는다.

(6) 효력

예술의 자유는 원칙적으로 국가에 대한 소극적 방어권으로, 공권력에 의한 침해나 간섭을 받지 아니할 자유를 의미한다. 그러나 오늘날에는 예술의 진흥을 위한 국가의 지원까지 요구하는 적극적 의미도 가진다.

(7) 한계와 제한

예술의 자유의 한계와 그 제한은 학문의 자유에 준한다.

정답 01 ○

기출 OX

01 학교정화구역 내 극장영업금지를 규정한 학교보건법 제6조는 극장영업자의 직업의 자유와 예술의 자유를 제한하나 예술의 자유는 간접적으로 제약되고 입법자의 객관적 동기를 참작하여 볼 때 사안과 가장 밀접한 관계에 있고 또 침해의 정도가 가장 큰 주된 기본권은 직업의 자유이므로 직업의 자유 침해만을 판단하는 것으로 족하므로 예술의 자유 침해 여부를 판단할 필요는 없다. 12.국회직 (   )

극장시설의 영업금지
- '대학' 주변의 영업금지 ⇨ 위헌
- '초·중·고' 주변의 영업금지 ⇨ 헌법불합치

정답 01 ×

판례 | 학교정화구역 내의 극장시설 및 영업을 금지하고 있는 이 사건 법률조항이 정화구역 내에서 극장업을 하고자 하는 자의 표현의 자유 내지 예술의 자유를 침해하는지 여부: **적극 [위헌, 헌법불합치]** 09.사시

헌법 제22조는 예술의 자유를 기본권으로 보장하고 있는바, 예술의 자유는 예술창작품을 표현하는 예술표현의 자유를 포함한다. 또한 헌법 제21조 제1항은 모든 국민은 언론·출판의 자유를 가진다고 규정하여 언론·출판의 자유를 보장하고 있는바, 의사표현의 자유는 바로 언론·출판의 자유에 속한다. 의사표현·전파의 자유에 있어서 의사표현 또는 전파의 매개체는 어떠한 형태이건 가능하며 그 제한이 없다고 하는 것이 우리 헌법재판소의 확립된 견해이다. 즉, 담화·연설·토론·연극·방송·음악·영화·가요 등과 문서·소설·시가·도화·사진·조각·서화 등 모든 형상의 의사표현 또는 의사전파의 매개체를 포함한다고 할 것이다.

이 사건 법률조항은 학교정화구역 내의 극장영업을 금지하고 있다. 극장은 영상물·공연물 등 의사표현의 매개체를 일반 공중에 표현하는 장소로서의 의미가 있다. 따라서 극장의 자유로운 운영에 대한 제한은 공연물·영상물이 지니는 표현물·예술작품으로서의 성격에 기하여 표현의 자유 및 예술의 자유의 제한효과도 가지고 있음을 부인할 수 없다.

살피건대, 이 사건 법률조항이 극장운영자의 직업의 자유를 침해하는지 여부와 극장운영자의 표현의 자유 및 예술의 자유를 침해하는지 여부의 문제는 동전의 양면과도 같이 연관되어 있는 문제라고 할 것이다. 이 사건 법률조항은 위 직업의 자유의 침해 여부에서 이미 살펴본 바와 마찬가지로 극장운영자의 표현의 자유 및 예술의 자유를 필요한 이상으로 과도하게 침해하고 있다(헌재 2004.5.27. 2003헌가1·2004헌가4).

3. 지식재산권의 보호

> 헌법 제22조 ② 저작자·발명가·과학기술자와 예술가의 권리는 법률로써 보호한다.

(1) 의의
'지식재산권'이란 인간의 정신적 창작활동으로 인하여 산출되는 무형의 산물에 대한 배타적 권리를 총칭한다.

(2) 분류
지식재산권은 ① 산업재산권(예 특허, 실용신안, 의장, 상표 등), ② 저작권, ③ 신지식재산권(예 mp3 복제문제, domain name, 해킹, 사이버범죄 등)으로 분류된다.

(3) 법적 근거
헌법 제22조 제2항은 저작자·발명가·과학기술자와 예술가의 권리는 법률로써 보호한다고 하여 학문과 예술의 자유를 제도적으로 뒷받침하며, 학문과 예술의 자유에 내포된 문화국가실현의 실효성을 높이기 위하여 저작자 등의 권리보호를 국가의 과제로 규정하고 있다. 저작자 등의 권리를 보호하는 것은 학문과 예술을 발전·진흥시키고 문화국가를 실현하기 위하여 불가결할 뿐 아니라 이들 저작자 등의 산업재산권을 보호한다는 의미도 함께 가지고 있다. 이와 같은 헌법의 취지에 따라 특허법, 실용신안법, 의장법 등 산업재산권을 보호하기 위한 개별 법률들이

세정되어 발명가 등의 권리를 구체적으로 보호하고 있다(헌재 2002.4.25, 2001헌마200).

> **판례 |**
>
> 1 숙취해소용 천연차를 개발하여 특허권을 획득한 자로 하여금 '음주 전후, 숙취해소'라는 표시광고를 하지 못하도록 하는 것이 특허권을 침해하는지 여부: 적극 [위헌]
> 이 사건규정으로 인하여 특허권자인 청구인들조차 그 특허발명제품에 '숙취해소용 천연차'라는 표시를 하지 못하고 '천연차'라는 표시만 할 수밖에 없게 되었다. 이는 특허권자인 청구인들이 업으로서 특허발명을 실시할 권리, 구체적으로는 특허제품판매권을 제한하는 것이다. 그런데 이러한 제한은 헌법상의 과잉금지원칙에 어긋나는 것이므로 이로 인하여 청구인들의 헌법상 보호받는 재산권인 특허권도 침해되었다고 할 것이다(헌재 2000.3.30, 99헌마143).
>
> 2 의약품 아닌 것의 의학적 효능에 관한 광고를 금지하는 약사법 제55조 제1항이 특허권을 침해하는지 여부: 소극 [합헌]
> 일반적인 식품의 발명인 경우에는 그동안의 과학적 연구성과에 의하여 식품영양학적이나 생리학적으로 공인된 사실인 경우가 거의 대부분이라 할 것이므로 식품의 발명의 효과로서 그러한 약리적 효능을 표시하는 것은 허용되지 않는다고 봄이 상당하다. 그러므로 식품의 발명에 있어서 그 구성성분의 약리적 효능을 표시하는 것이 특허권에 의하여 보호된다고 보기 어려우며 따라서 이를 금지하는 이 사건 법률조항은 발명가의 권리를 보호하는 헌법 제22조 제2항에 위반되지 않는다(헌재 2004.11.25, 2003헌바104).

기출 OX

02 식품이나 식품의 용기·포장에 '음주 전후' 또는 '숙취해소'라는 표시를 금지하는 것은 헌법재판소가 과잉금지원칙에 위반된다고 보았다. 16. 국회직
( )

정답 02 ○

제4장 경제적 기본권

제1절 재산권

01 의의

> 헌법 제23조 ① 모든 국민의 재산권은 보장된다. 그 내용과 한계는 법률로 정한다.
> ② 재산권의 행사는 공공복리에 적합하도록 하여야 한다.
> ③ 공공필요에 의한 재산권의 수용·사용 또는 제한 및 그에 대한 보상은 법률로써 하되 **정당한 보상**을 지급하여야 한다. 04. 법행, 16. 지방직

헌법이 보장하고 있는 재산권은 경제적 가치가 있는 모든 공법상·사법상의 권리를 뜻하고, 그 재산가액의 다과를 불문한다(헌재 1992.6.26, 90헌바26).

기출 OX
01 공공필요에 의하여 재산권을 수용할 때에는 법률이 정하는 바에 의하여 상당한 보상을 지급하여야 한다. 04. 법행 ( )

02 법적 성격

1. 학설

(1) 자유권설
헌법상 재산권의 보장은 "개개인이 현재 누리고 있는 재산상의 권리는 불가침이다."라는 뜻의 자유권의 보장을 의미한다는 견해이다.

(2) 제도보장설
헌법상 재산권의 보장은 사유재산제의 보장을 의미한다는 견해이다.

(3) 권리·제도보장설(다수설·헌법재판소)
헌법상 재산권의 보장은 대국가적 방어권으로서 개개인의 재산상 **권리**를 보장한다는 측면과 함께 개개인이 재산을 사유할 수 있는 법제도, 즉 사유재산**제도**를 보장하는 것이라는 견해이다.

2. 검토

법제도로서의 사유재산제가 보장되지 않으면서 개인의 재산권만 보장될 수 없고, 재산권을 부인하면서 사유재산제도를 보장할 수는 없으므로 권리·제도보장설이 타당하다.

정답 01 ×

판례 |

1 헌법상 재산권보장규정의 이중적 의미 05. 사시, 07. 법행, 09. 국가직

헌법상의 재산권보장은 재산권을 개인의 기본권으로 보장한다는 의미와 개인이 재산권을 향유할 수 있는 법제도로서의 사유재산제도를 보장한다는 이중적 의미를 가지고 있다(헌재 1992.2.24, 92헌가15).

2 재산권규정의 성격 – 기본권형성적 법률유보 12. 법무사

헌법상의 재산권에 관한 규정은 그 내용과 한계가 법률에 의해 구체적으로 형성되는 **기본권형성적 법률유보**의 형태를 띠고 있으므로 재산권의 구체적 모습은 재산권의 내용과 한계를 정하는 법률에 의하여 형성되고, 그 법률은 재산권을 제한한다는 의미가 아니라 재산권을 형성한다는 의미를 갖는다(헌재 1993.7.29, 92헌바20).

기출 OX

02 재산권보장은 주관적 공권의 보장인 동시에 그 재산권이 존재하는 특정한 공동체의 사유재산제도의 보장인 점에서, 사유재산권이나 사유재산제도를 부인하면 재산권 침해가 된다. 09. 국가직 ( )

☑ SUMMARY | 역대 헌법의 보상기준

역대 헌법	보상기준
건국헌법	상당한 보상
제3차 개정	상당한 보상
제5차 개정	정당한 보상
제7차 개정	법률위임
제8차 개정	이익형량하여 법률보상
제9차 개정	정당한 보상

03 주체

재산권의 향유주체는 모든 국민과 법인이며, 외국인의 재산권은 국제법과 국제조약이 정하는 바에 따라 그 보장의 범위가 결정된다(통설).

판례 | 지방자치단체가 재산권 등의 주체가 될 수 있는지 여부: 소극 [합헌] 08. 법행

기본권보장규정인 헌법 제2장의 제목이 '국민의 권리와 의무'이고 그 제10조 내지 제39조에서 "모든 국민은 … 권리를 가진다."라고 규정하고 있으므로 이러한 기본권의 보장에 관한 각 헌법규정의 해석상 국민만이 기본권의 주체라 할 것이고, 공권력의 행사자인 국가, 지방자치단체나 그 기관 또는 국가조직의 일부나 공법인은 기본권의 '수범자'이지 기본권의 주체가 아니고, 오히려 국민의 기본권을 보호 내지 실현하여야 할 '책임'과 '의무'를 지니고 있을 뿐이다. 이 사건에서 지방자치단체인 청구인은 기본권의 주체가 될 수 없고 따라서 청구인의 재산권침해 여부는 더 나아가 살펴볼 필요가 없다(헌재 2006.2.23, 2004헌바50).

03 지방자치단체는 재산권의 주체가 될 수 있다. 08. 법행 ( )

정답 02 ○ 03 ✕

04 객체

1. 일반재산권

(1) 일반재산권에는 민법상의 소유권뿐만 아니라 재산적 가치가 있는 사법상의 물권·채권 등 모든 권리를 포함하며, 국가로부터의 일방적인 급부가 아닌 자기 노력의 대가나 자본의 투자 등 특별한 희생을 통하여 얻은 공법상의 권리도 포함한다(헌재 2000.6.29, 99헌마289). 12. 법무사 그러나 **단순한 경제적 기회, 기대이익, 반사적 이익, 우연히 발생한 법적 지위 등은 재산권에 포함되지 않는다**(다수설).

(2) 헌법상 보장된 재산권은 사적 유용성 및 그에 대한 원칙적인 처분권을 내포하는 재산가치가 있는 구체적인 권리이므로, 구체적 권리가 아닌 단순한 이익이나 영리 획득의 단순한 기회 또는 기업활동의 사실적·법적 여건은 기업에는 중요한 의미를 갖는다고 하더라도 재산권보장의 대상이 아니다(헌재 1996.8.29, 95헌바36). 09. 사시

(3) 공무원의 보수청구권은, 법률 및 법률의 위임을 받은 하위법령에 의해 그 구체적 내용이 형성되면 재산적 가치가 있는 공법상의 권리가 되어 재산권의 내용에 포함되지만, 법령에 의하여 구체적 내용이 형성되기 전의 권리, 즉 공무원이 국가 또는 지방자치단체에 대하여 어느 수준의 보수를 청구할 수 있는 권리는 단순한 기대이익에 불과하여 재산권의 내용에 포함된다고 볼 수 없다(헌재 2008.12.26, 2007헌마444).

> **기출 OX**
> 01 공법상의 권리가 헌법상의 재산권으로 보장되기 위해서는 사적 유용성, 수급자의 상당한 자기기여 및 수급자의 생존확보에 기여 등 세 가지 요건을 충족해야 하기 때문에 사회부조(社會扶助)와 같이 국가의 일방적인 급부에 대한 권리는 재산권의 보호대상에서 제외된다. 09. 사시 ( )

> **판례 |**
>
> **1 공법상 권리가 재산권으로 보호받기 위한 요건** 09. 사시, 12. 법무사, 14. 지방직, 15. 법원직
> 헌법 제23조의 재산권은 **민법상의 소유권뿐만 아니라 재산적 가치가 있는 사법상의 물권·채권 등 모든 권리를 포함하며 또한 국가로부터의 일방적인 급부가 아닌 자기 노력의 대가나 자본의 투자 등 특별한 희생을 통하여 얻은 공법상의 권리도 포함한다.** … 공법상의 권리가 헌법상 재산권보장의 보호를 받기 위해서는 다음과 같은 요건을 갖추어야 한다. **첫째, 공법상의 권리가 권리주체에게 귀속되어 개인의 이익을 위하여 이용 가능하여야 하며(사적 유용성) 둘째, 국가의 일방적인 급부에 의한 것이 아니라 권리주체의 노동이나 투자, 특별한 희생에 의하여 획득되어 자신이 행한 급부의 등가물에 해당하는 것이어야 하며(수급자의 상당한 자기기여) 셋째, 수급자의 생존의 확보에 기여하여야 한다.** 이러한 요건을 통하여 **사회부조와 같이 국가의 일방적인 급부에 대한 권리**는 재산권의 보호대상에서 제외되고, 단지 사회법상의 지위가 자신의 급부에 대한 등가물에 해당하는 경우에 한하여 사법상의 재산권과 유사한 정도로 보호받아야 할 공법상의 권리가 인정된다(헌재 2000.6.29, 99헌마289).
>
> **2 환매권의 발생기간을 '토지의 협의취득일 또는 수용의 개시일부터 10년 이내'로 제한한 것이 재산권을 침해하여 위헌인지 여부: 적극 [헌법불합치]**
> 환매권 발생기간 '10년'을 예외 없이 유지하게 되면 토지수용 등의 원인이 된 공익사업의 폐지 등으로 공공필요가 소멸하였음에도 단지 10년이 경과하였다는 사정만으로 환매권이 배제되는 결과가 초래될 수 있다. 다른 나라의 입법례에 비추어 보아도 발생기간을 제한하지 않거나 더 길게 규정하면서 행사기간 제한 또는 토지에 현저한 변경이 있을 때 환매거절권을 부여하는 등 보다 덜 침해적인 방법으로 입법목적을 달성하고 있다. 이 사건 법률조항은 침해의 최소성 원칙에 어긋난다. 이 사건 법률조

> 정답 01 ○

항으로 제한되는 사익은 헌법상 재산권인 환매권의 발생 제한이고, 이 사건 법률조항으로 환매권이 발생하지 않는 경우에는 환매권 통지의무도 발생하지 않기 때문에 환매권 상실에 따른 손해배상도 받지 못하게 되므로, 사익 제한 정도가 상당히 크다. 따라서 이 사건 법률조항이 추구하고자 하는 공익은 원소유자의 사익침해 정도를 정당화할 정도로 크다고 보기 어려우므로, 법익의 균형성을 충족하지 못한다. 결국 이 사건 법률조항은 헌법 제37조 제2항에 반하여 국민의 재산권을 침해하여 헌법에 위반된다(헌재 2020.11.26, 2019헌바131).

3 국가의 간섭을 받지 아니하고 자유로이 기부행위를 할 수 있는 기회의 보장이 헌법상 보장된 재산권의 보호범위에 속하는지 여부: 소극 10. 법행, 16. 국회 8급

기부를 하려는 국민도 타인의 모집행위를 통하여 누가, 어떤 목적으로 기부금품을 필요로 하는가를 인식함으로써 기부행위의 동기와 기회를 부여받는다는 사실은 인정되지만, 법에 의한 제한은 단지 기부행위를 할 기회만을 제한할 뿐 재산권의 자유로운 처분에 대한 제한을 하는 것은 아니므로, 국가의 간섭을 받지 아니하고 자유로이 기부행위를 할 수 있는 기회의 보장은 헌법상 보장된 재산권의 보호범위에 포함되지 않는다(헌재 1998.5.28, 96헌가5).

4 약사의 한약조제권이 재산권인지 여부: 소극 06·07. 법행, 07. 국회직

약사의 한약조제권이란 그것이 타인에 의하여 침해되었을 때 방해를 배제하거나 원상회복 내지 손해배상을 청구할 수 있는 권리가 아니라 법률에 의하여 약사의 지위에서 인정되는 하나의 권능에 불과하고, 의약품을 판매하여 얻게 되는 이익 역시 장래의 불확실한 기대이익에 불과한 것이므로, 구 약사법상 약사에게 인정된 한약조제권은 재산권의 범위에 속하지 아니한다(헌재 1997.11.27, 97헌바10).

5 강제집행권이 헌법 제23조 제3항 소정의 재산권에 포함되는지 여부: 소극 04. 국회직, 07. 법행

강제집행권은 국가가 보유하는 통치권의 한 작용으로서 민사사법권에 속하는 것이고, 채권자는 국가에 대하여 강제집행의 발동을 구하는 공법상의 권능인 강제집행청구권만을 보유하고 있을 따름으로써 강제집행권을 침해받았다고 주장하는 권리는 헌법 제23조 제3항 소정의 재산권에 해당되지 아니한다(헌재 1998.5.28, 96헌마44).

6 퇴역연금수급권이 헌법상 보장되는 재산권에 포함되는지 여부: 적극 01·02. 사시

퇴역연금수급권은 경제적 가치가 있는 권리로서 헌법 제23조에 의하여 보장되는 재산권이다. 퇴역연금은 봉급연불적 성질도 있으므로 적어도 그 범위 안에서 퇴역연금의 지급정지는 기본권제한의 한계를 정한 헌법의 규정에 따라야 한다(헌재 1994.6.30, 92헌가9).

7 '사립학교교직원 연금법'상 퇴직급여 및 퇴직수당을 받을 권리가 헌법 제23조에 의하여 보장되는 재산권인지 여부: 적극

'사립학교교직원 연금법'상 퇴직급여 및 퇴직수당을 받을 권리는 사회적 기본권의 하나인 사회보장수급권인 동시에 경제적 가치가 있는 권리로서 헌법 제23조에 의하여 보장되는 재산권이다(헌재 2013.9.26, 2013헌바170).

8 '태평양전쟁 전후 국외 강제동원희생자 등 지원에 관한 법률'에 규정된 위로금이 재산권인지 여부: 소극 [합헌]

'태평양전쟁 전후 국외 강제동원희생자 등 지원에 관한 법률'에 규정된 위로금 등 각종 지원이 태평양전쟁이라는 특수한 상황에서 일제에 의한 강제동원으로 인해 피해를 입은 자와 그 유족이 입은 고통을 치유하기 위한 시혜적 조치이며, … 이 사건 위로금은 피해자나 유족들이 받은 손해를 보상 내지 배상하는 것이라기보다는 시혜적인 성격의 위로금이라고 보는 것이 타당하다(헌재 2015.12.23, 2011헌바139).

기출 OX

02 국가의 간섭을 받지 아니하고 자유로이 기부행위를 할 수 있는 기회의 보장은 헌법상 보장된 재산권의 보호범위에 포함된다. 16. 국회직 ( )

03 헌법재판소는 강제집행권은 국가통치권의 한 작용으로 헌법상 보호되는 재산권에 속하지 않는다고 하였다. 04. 국회직 ( )

04 사립학교교직원 연금법상 퇴직급여 및 퇴직수당을 받을 권리는 사회적 기본권의 하나인 사회보장수급권에는 해당하지만, 헌법 제23조에 의하여 보장되는 재산권에는 해당하지 아니한다. 17. 경찰승진 ( )

정답 02 × 03 ○ 04 ×

9 장기미집행 도시계획시설결정의 실효제도가 헌법상 재산권으로부터 당연히 도출되는 권리를 확인한 것인지 여부: **소극**
   장기미집행 도시계획시설결정의 실효제도는 도시계획시설부지로 하여금 도시계획시설결정으로 인한 사회적 제약으로부터 벗어나게 하는 것으로서 결과적으로 개인의 재산권이 보다 보호되는 측면이 있는 것은 사실이나, 이와 같은 보호는 입법자가 새로운 제도를 마련함에 따라 얻게 되는 법률에 기한 권리일 뿐 헌법상 재산권으로부터 당연히 도출되는 권리는 아니다(헌재 2005.9.29, 2002헌바84 등).

10 사망일시금은 헌법상 재산권에 해당하는지 여부: **소극**
   국민연금법상 연금수급권 내지 연금수급기대권이 재산권의 보호대상인 사회보장적 급여라고 한다면 사망일시금은 사회보험의 원리에서 다소 벗어난 장제부조적·보상적 성격을 갖는 급여로 사망일시금은 헌법상 재산권에 해당하지 아니하므로, 이 사건 사망일시금 한도 조항이 청구인들의 재산권을 제한한다고 볼 수 없다(헌재 2019.2.28, 2017헌마432).

11 '사업인정고시가 있은 후에 3년 이상 토지가 공익용도로 사용된 경우' 토지소유자에게 매수 혹은 수용청구권을 인정한 공익사업을 위한 토지 등의 취득 및 보상에 관한 법률의 조항을 통하여 인정되는 '수용청구권'이 헌법상 재산권에 포함되는지 여부: **적극**
   헌법이 보장하고 있는 재산권은 경제적 가치가 있는 모든 공법상·사법상의 권리를 뜻하며, 사적 유용성 및 그에 대한 원칙적인 처분권을 내포하는 재산가치 있는 구체적인 권리를 의미한다. 이 사건 조항을 통하여 인정되는 '수용청구권'은 사적 유용성을 지닌 것으로서 재산의 사용·수익·처분에 관계되는 법적 권리이므로 헌법상 재산권에 포함된다고 볼 것이다(헌재 2005.7.21, 2004헌바57).

12 잠수기어업허가를 받아 키조개 등을 채취하는 직업에 종사하는 청구인 주장의 재산권이 헌법 제23조에서 규정하는 재산권의 보호범위에 포함되는지 여부: **소극**
   이 사건의 경우 청구인이 잠수기어업허가를 받아 키조개 등을 채취하는 직업에 종사한다고 하더라도 이는 원칙적으로 자신의 계획과 책임하에 행동하면서 법제도에 의하여 반사적으로 부여되는 기회를 활용하는 것에 불과하므로 잠수기어업허가를 받지 못하여 상실된 이익 등 청구인 주장의 재산권은 헌법 제23조에서 규정하는 재산권의 보호범위에 포함된다고 볼 수 없다(헌재 2008.6.26, 2005헌마173).

기출 OX

01 국민연금법상 연금수급권 내지 연금수급기대권이 재산권의 보호대상인 사회보장적 급여라고 한다면 사망일시금은 헌법상 재산권에 해당한다. 22. 경찰승진 ( )

정답 01 ×

➕ PLUS 헌법상 재산권에 포함되는지 여부

헌법상 재산권에 포함되는 것
- 군인연금법상의 연금수급권(헌재 1994.6.30, 92헌가9) 09. 사시
- 공무원연금법상의 연금수급권(헌재 1995.7.21, 94헌바27) 09. 사시·국가직, 15. 법원직
- 국가유공자의 보상수급권(헌재 1995.7.21, 93헌가14)
- 환매권(헌재 1995.10.26, 95헌바22) 07. 법행, 09·12. 국가직
- 근로기준법상 임금 및 퇴직금청구권(헌재 1998.6.25, 96헌바27)
- 토지소유자가 정당한 지목을 등록함으로써 누리게 될 이익(헌재 1999.6.24, 97헌마315) 12. 국회직
- 관행어업권(헌재 1999.7.22, 97헌바76) 08. 사시
- 의료보험수급권(헌재 2000.6.29, 99헌마289)
- 특허권(헌재 2000.3.30, 99헌바143) 12. 국회직
- 건설업자의 영업권(헌재 2001.3.21, 2000헌바27)
- 정리회사의 주식(헌재 2003.12.18, 2001헌바91 등)
- 실용신안권(헌재 2002.4.25, 2001헌마200)

	• 상속권(헌재 1998.8.27, 96헌가22) 05. 법무사 • 개인택시면허(헌재 2012.3.29, 2010헌마443) 13. 서울시 • 우편물의 지연배달에 따른 손해배상청구권(헌재 2013.6.27, 2012헌마426) 15. 법원직 • 유언의 자유(헌재 2008.3.27, 2006헌바82) • 국가에 대한 구상권(헌재 1994.12.29, 93헌바21)
헌법상 재산권에 포함되지 않는 것	• 약사의 한약조제권(헌재 1997.11.27, 97헌바10) 06·07. 법행, 07. 국회직 • 강제집행권(헌재 1998.5.28, 96헌마44) 04. 국회직 • 자신의 토지를 장래에 건축이나 개발목적으로 사용할 수 있으리라는 기대가능성이나 신뢰 및 이에 따른 지가상승의 기회(헌재 1998.12.24, 89헌마214) • 관재담당공무원이 그 처리하는 국유재산을 양수하거나 자기의 소유재산과 교환하지 못하게 하는 것(헌재 1999.4.29, 96헌바55) • 의료보험조합의 적립금(헌재 2000.6.29, 99헌마289) 07. 법행, 12. 국회직 • 사회부조(社會扶助)(헌재 2000.6.29, 99헌마289) 05·09. 사시, 15. 법원직 • 의료급여수급권(헌재 2009.9.24, 2007헌마1092) 13. 지방직 • 신고제에서 허가제로의 전환에 따른 폐기물재생처리업자의 영업권(헌재 2000.7.20, 99헌마452) • 농지개량조합의 재산(헌재 2000.11.30, 99헌마190) • 국립공원의 입장료 수입(헌재 2001.6.28, 2000헌바44) • 시혜적 입법에 의하여 얻을 수 있는 재산상 이익(헌재 2002.12.18, 2001헌바55) • 소멸시효의 기대이익(헌재 2004.3.25, 2003헌바22) • 이윤추구의 기회(헌재 2004.12.16, 2002헌마579) • 상공회의소의 의결권 또는 회원권(헌재 2006.5.25, 2004헌가1) 15. 법원직 • 특정 장소에서의 영업권(헌재 2003.10.30, 2001헌마700) • 교원의 정년단축으로 입는 경제적 불이익(헌재 2000.12.14, 99헌마112 등) 12. 국회직 • 기업활동의 사실적·법적 여건(헌재 2005.2.3, 2003헌바544 등) • 장기미집행 도시계획시설결정의 실효제도(헌재 2005.9.29, 2002헌바84 등) • 환매권소멸 후의 우선매수권(헌재 1998.12.24, 97헌마87 등) • 국외강제동원자지원법에 따라 지급되는 위로금(헌재 2015.12.23, 2011헌바55)

⊕ **PLUS 재산권의 인정 여부** 18. 경찰경채, 19. 경찰승진

인정	부정
• 공무원연금법상 연금수급권 • 개인택시면허 • 환매권 • 상속권 • 사학연금법상 연금수급권	• 장기미집행 도시계획시설결정의 실효제도 • 의료급여수급권 • 의료보험조합의 적립금

2. 지식재산권

지식재산권(지적 소유권)도 헌법상의 재산권에 속하며, 학문 및 예술의 자유와는 별도로 규정되어 있다(헌법 제22조 제2항).

3. 토지재산권

토지재산권은 그 밖의 재산권에 비하여 가중된 사회적 규제를 받게 된다.

(1) 가중적 규제의 근거

토지는 비대체적이며 유한한 재화라는 점, 헌법에서 사회국가의 원리와 사회적 시장경제질서를 채택하고 있다는 점, 재산권보장의 사회적 기속성을 강조하고 있다는 점에서 토지재산권을 다른 재산권보다 가중적으로 규제하는 근거를 찾을 수 있다.

> **판례 |**
>
> 모든 국민은 생산 및 생활의 기반으로써 토지의 합리적인 이용에 의존하고 있으므로, 그 사회적 기능에 있어서나 국민경제의 측면에서 다른 재산권과 같게 다룰 수 있는 성질의 것이 아니므로 공동체의 이익이 보다 더 강하게 관철될 것이 요구된다. 따라서 헌법 제122조는 토지가 지닌 위와 같은 특성을 감안하여 "국가는 국민 모두의 생산 및 생활의 기반이 되는 국토의 효율적이고 균형있는 이용·개발과 보전을 위하여 법률이 정하는 바에 의하여 그에 관한 필요한 제한과 의무를 과할 수 있다."고 규정함으로써, 토지재산권에 대한 광범위한 입법형성권을 부여하고 있다(헌재 1999.10.21, 97헌바26).

(2) 가중적 규제의 유형
① 토지재산권의 소유제한

> **판례 |** 택지소유상한에 관한 법률 제2조 제1호 나목 등 위헌소원 [위헌] 18. 서울시
>
> [1] 특별시·광역시에 있어서 택지의 소유상한을 200평으로 정한 것이 과잉금지원칙에 어긋나는지 여부: 적극
>
> 재산권은 개인이 각자의 인생관과 능력에 따라 자신의 생활을 형성하도록 물질적·경제적 조건을 보장해 주는 기능을 하는 것으로서 재산권의 보장은 자유실현의 물질적 바탕을 의미하고, 특히 택지는 인간의 존엄과 가치를 가진 개인의 주거로서 그의 행복을 추구할 권리와 쾌적한 주거생활을 할 권리를 실현하는 장소로 사용되는 것이라는 점을 고려할 때 소유상한을 지나치게 낮게 책정하는 것은 개인의 자유실현의 범위를 지나치게 제한하는 것이라고 할 것인데, 소유목적이나 택지의 기능에 따른 **예외를 전혀 인정하지 아니한 채 일률적으로 200평으로 소유상한을 제한함**으로써 어떠한 경우에도, 어느 누구라도, 200평을 초과하는 택지를 취득할 수 없게 한 것은 적정한 택지공급이라고 하는 입법목적을 달성하기 위하여 필요한 정도를 넘는 과도한 제한으로서 헌법상의 **재산권을 과도하게 침해하는 위헌적인 규정**이다.
>
> [2] 택지소유상한에 관한 법률(이하 '법'이라 한다) 시행 이전부터 택지를 소유하고 있는 사람에게도 일률적으로 택지소유상한제를 적용하는 것이 신뢰이익을 해하는지 여부: 적극
>
> 법 시행 이전부터 소유하고 있는 택지까지 법의 적용대상으로 포함시킨 것은 입법목적을 실현하기 위한 불가피한 조치였다고 보여지지만, 택지는 소유자의 주거장소로서 그의 행복추구권 및 인간의 존엄성의 실현에 필수불가결하고 중대한 의미를 가지는 경우에는 단순히 부동산투기의 대상이 되는 경우와는 헌법적으로 달리 평가되어야 하고, 신뢰보호의 기능을 수행하는 재산권보장의 원칙에 의하여 보다 더 강한 보호를 필요로 하는 것이므로 **택지를 소유하게 된 경위나 그 목적 여하에 관계없이 법 시행 이전부터 택지를 소유하고 있는 개인에 대하여 일률적으로 소유상한을 적용하도록 한 것은 입법목적을 달성하기 위하여 필요한 정도를 넘는 과도한 침해이자 신뢰보호의 원칙 및 평등원칙에 위반된다.**

기출 OX

01 택지소유상한에 관한 법률이 택지를 소유하게 된 경위나 그 목적 여하에 관계없이 법 시행 이전부터 택지를 소유하고 있는 개인에 대하여 일률적으로 소유상한을 적용하도록 한 것은, 입법목적을 달성하기 위하여 필요한 정도를 넘어 과도하게 침해하는 것이자 신뢰보호의 원칙 및 평등원칙에 위반되는 것이다. 18. 국회직 ( )

정답 01 ○

[3] **헌법재판소법 제45조 단서에 따라 법률 전체에 대하여 위헌결정을 한 사례**
택지소유의 상한을 정한 법 제7조 제1항, 법 시행 이전부터 이미 택지를 소유하고 있는 택지소유자에 대하여도 택지소유상한을 적용하고 그에 따른 처분 또는 이용·개발의무를 부과하는 부칙 제2조 그리고 부담금의 부과율을 정한 법 제24조 제1항이 위헌으로 결정된다면 법 전부를 시행할 수 없다고 인정되므로 헌법재판소법 제45조 단서의 규정취지에 따라 **법 전부에 대하여 위헌결정**을 하는 것이 보다 더 합리적이다(헌재 1999.4.29, 94헌바37 등).

② 토지재산권의 권능제한

판례 |

1 토지거래허가제가 위헌인지 여부: 소극 [합헌] 05. 법무사
국토이용관리법 제21조의3 제1항의 토지거래허가제는 **사유재산제도의 부정이 아니라 그 제한의 한 형태**이고 토지의 투기적 거래의 억제를 위하여 그 처분을 제한함은 부득이한 것이므로 재산권의 본질적인 침해가 아니며, 헌법상의 경제조항에도 위배되지 아니하고 현재의 상황에서 이러한 제한수단의 선택이 헌법상의 비례의 원칙이나 과잉금지의 원칙에 위배된다고 할 수도 없다(헌재 1989.12.22, 88헌가13).

2 도시계획법 제21조에 대한 위헌소원 [헌법불합치] 12. 국가직
[1] **토지재산권의 사회적 의무성** 10. 사시, 16. 지방직
헌법상의 재산권은 토지소유자가 이용 가능한 모든 용도로 토지를 자유로이 최대한 사용할 권리나 가장 경제적 또는 효율적으로 사용할 수 있는 권리를 보장하는 것을 의미하지는 않는다. 입법자는 중요한 공익상의 이유로 토지를 일정용도로 사용하는 권리를 제한할 수 있다. 따라서 토지의 개발이나 건축은 합헌적 법률로 정한 재산권의 내용과 한계 내에서만 가능한 것일 뿐만 아니라 토지재산권의 **강한 사회성 내지는 공공성으로 말미암아** 이에 대하여는 **다른 재산권에 비하여 보다 강한 제한과 의무가 부과**될 수 있다.

[2] **개발제한구역(그린벨트) 지정으로 인한 토지재산권제한의 성격과 한계**
개발제한구역을 지정하여 그 안에서는 건축물의 건축 등을 할 수 없도록 하고 있는 도시계획법 제21조는 **헌법 제23조 제1항·제2항**에 따라 토지재산권에 관한 권리와 의무를 일반·추상적으로 확정하는 규정으로서 재산권을 형성하는 규정인 동시에 공익적 요청에 따른 재산권의 사회적 제약을 구체화하는 규정인바, 토지재산권은 강한 사회성·공공성을 지니고 있어 이에 대하여는 다른 재산권에 비하여 보다 강한 제한과 의무를 부과할 수 있으나, **그렇다고 하더라도** 다른 기본권을 제한하는 입법과 마찬가지로 **비례성원칙을 준수하여야 하고, 재산권의 본질적 내용인 사용·수익권과 처분권을 부인하여서는 아니 된다.**

[3] **토지재산권의 사회적 제약의 한계를 정하는 기준**
개발제한구역 지정으로 인하여 토지를 종래의 목적으로도 사용할 수 없거나 또는 더 이상 법적으로 허용된 토지이용의 방법이 없기 때문에 **실질적으로 토지의 사용·수익의 길이 없는 경우**에는 토지소유자가 수인하여야 하는 **사회적 제약의 한계를 넘는 것**으로 보아야 한다.

기출 OX
02 토지거래허가제는 재산권 침해로 위헌이다. 16. 국회직 ( )

03 헌법상의 재산권은 토지소유자가 이용 가능한 모든 용도로 토지를 사용할 권리나 가장 경제적 또는 효율적으로 사용할 수 있는 권리를 보장하는 것은 아니므로 입법자는 중요한 공익상의 이유로 토지를 일정용도로 사용하는 권리를 제한하거나 제외할 수 있다. 16. 지방직 ( )

정답 02 × 03 ○

기출 OX

01 자신의 토지를 장래에 건축이나 개발목적으로 사용할 수 있으리라는 기대가능성이나 신뢰 및 이에 따른 지가상승의 기회는 원칙적으로 재산권의 보호범위에 속한다. 16. 국회직 9급
( )

02 개발제한구역의 지정으로 말미암아 일부 토지소유자에게 사회적 제약의 범위를 넘는 가혹한 부담이 발생하는 예외적인 경우에 대하여 보상규정을 두지 않은 것은 위헌성이 있다. 12. 국가직
( )

03 토지의 강한 사회성 내지 공공성으로 말미암아 토지재산권에는 다른 재산권에 비하여 보다 강한 제한과 의무가 부과되고 이에 대한 제한입법에는 입법자의 광범위한 입법형성권이 인정되므로, 과잉금지원칙에 의한 심사는 부적절하다. 17. 경찰승진 ( )

정답 01 × 02 ○ 03 ×

---

[4] 토지를 종전의 용도대로 사용할 수 있는 경우에 개발제한구역 지정으로 인한 지가의 하락이 토지재산권에 내재하는 사회적 제약의 범주에 속하는지 여부: **적극**

개발제한구역의 지정으로 인한 **개발가능성의 소멸과 그에 따른 지가의 하락이나 지가상승률의 상대적 감소**는 토지소유자가 감수하여야 하는 **사회적 제약의 범주에 속하는 것**으로 보아야 한다.

자신의 토지를 장래에 건축이나 개발목적으로 사용할 수 있으리라는 기대가능성이나 신뢰 및 이에 따른 지가상승의 기회는 원칙적으로 재산권의 보호범위에 속하지 않는다. 구역지정 당시의 상태대로 토지를 사용·수익·처분할 수 있는 이상 구역지정에 따른 단순한 토지이용의 제한은 원칙적으로 재산권에 내재하는 사회적 제약의 범주를 넘지 않는다.

[5] 도시계획법 제21조의 위헌 여부: **적극**

도시계획법 제21조에 의한 재산권의 제한은 개발제한구역으로 지정된 토지를 원칙적으로 지정 당시의 지목과 토지현황에 의한 이용방법에 따라 사용할 수 있는 한, 재산권에 내재하는 사회적 제약을 비례의 원칙에 합치하게 합헌적으로 구체화한 것이라고 할 것이나, 종래의 지목과 토지현황에 의한 이용방법에 따른 **토지의 사용도 할 수 없거나 실질적으로 사용·수익을 전혀 할 수 없는 예외적인 경우에도 아무런 보상 없이 이를 감수하도록 하고 있는 한 비례의 원칙에 위반**되어 당해 토지소유자의 재산권을 과도하게 침해하는 것으로서 헌법에 위반된다.

[6] 헌법불합치결정을 하는 이유와 그 의미

도시계획법 제21조에 규정된 개발제한구역제도 그 자체는 원칙적으로 합헌적인 규정인데, 다만 개발제한구역의 지정으로 말미암아 일부 토지소유자에게 **사회적 제약의 범위를 넘는 가혹한 부담이 발생하는 예외적인 경우에 대하여 보상규정을 두지 않은 것에 위헌성**이 있는 것이고, 보상의 구체적 기준과 방법은 헌법재판소가 결정할 성질의 것이 아니라 광범위한 입법형성권을 가진 입법자가 **입법정책**적으로 정할 사항이므로, 입법자가 보상입법을 마련함으로써 위헌적인 상태를 제거할 때까지 위 조항을 형식적으로 존속하게 하기 위하여 **헌법불합치결정**을 하는 것인바, 입법자는 되도록 빠른 시일 내에 보상입법을 하여 위헌적 상태를 제거할 의무가 있고, **행정청은 보상입법이 마련되기 전에는 새로 개발제한구역을 지정하여서는 아니 되며, 토지소유자는** 보상입법을 기다려 그에 따른 권리행사를 할 수 있을 뿐 개발제한구역의 지정이나 그에 따른 **토지재산권의 제한 그 자체의 효력을 다투거나 위 조항에 위반하여 행한 자신들의 행위의 정당성을 주장할 수는 없다**(헌재 1998.12.24, 89헌마214 등).

(3) 제한의 한계

토지재산권을 제한하더라도 사회국가의 원리, 법치국가의 원리, 민주국가의 원리 등은 준수하여야 한다는 한계가 있다. 토지재산권을 제한하는 법률인 경우에도 헌법 제37조 제2항의 과잉금지원칙을 지켜야 한다. 즉, 재산권의 사회적 기속성에 기한 제한 역시 다른 기본권에 대한 제한입법과 마찬가지로 비례원칙을 준수하여야 하고, 재산권의 본질적 내용인 사적 이용권과 원칙적인 처분권을 부인하여서는 아니 되며, 이는 사회적 기속성이 더욱 강한 토지재산권에 관하여도 마찬가지이다(헌재 2006.7.27, 2003헌바18). 토지재산권에 대한 제한입법은 토지의 강한 사회성 내지는 공공성으로 말미암아 다른 재산권에 비하여 보다 강한 제한과 의무가 부과될 수 있으나, 역시 다른 기본권에 대한 제한입법과 마찬가지로 과잉금지원칙을 준수해야 하고, 재산권의 본질적 내용인 사적 이용권과 원칙적인 처분권을 부인하

여서는 아니 되며, 특히 토지재산권의 사회적 의미와 기능 및 법의 목적과 취지를 고려하더라도 당해 토지재산권을 과도하게 제한하여서는 아니 된다(헌재 2012.11.29, 2011헌바49).

05 내용

1. 사유재산제의 보장

(1) 생산수단의 사유
'사유재산제의 보장'이란 법률로써도 사유재산제의 본질적 내용은 부인할 수 없다는 의미이다. 자본주의경제를 기본으로 하고 있는 현행헌법에서 사유재산제의 본질적 내용은 생산수단의 사유로 보아야 할 것이다.

(2) 제한의 한계
모든 생산수단을 국·공유화한다거나 모든 사영기업을 국·공유화하는 것은 인정되지 않는다. 또한 상속제도는 사유재산제도의 본질적 내용에 해당하므로 이를 근본적으로 부인하는 것은 위헌이다.

2. 사유재산권의 보장

(1) 기본내용
헌법상 재산권의 보장은 소유권과 상속권을 보장할 뿐 아니라 사용·수익·처분권까지도 보장한다는 의미이다. 따라서 헌법상 재산권은 국가에 의한 간섭을 배제한다는 의미에서 소극적인 주관적 공권으로서의 성격을 가진다.

(2) 자의적인 과세권행사의 금지
국가는 과세권행사라는 미명하에 합리적 이유 없이 자의적으로 국민의 재산권을 침해하지 않아야 할 것인바, 과세권행사시에는 조세법률주의를 준수하여야 한다. 조세법률주의는 과세요건법정주의, 과세요건명확주의, 소급과세금지의 원칙, 실질과세의 원칙, 엄격한 해석의 원칙(유추해석의 금지) 등을 그 내용으로 한다.

(3) 소급입법에 의한 재산권박탈의 금지

> 헌법 제13조 ② 모든 국민은 소급입법에 의하여 … 재산권을 박탈당하지 아니한다.

① **헌법 제13조 제2항의 헌법적 의의**: 헌법 제13조 제2항은 4·19와 5·16 당시 소급입법에 의한 재산권박탈의 전례가 있었으므로 죄형법정주의의 파생원칙인 소급입법금지의 원칙상 당연한 것이지만 이를 특별히 헌법에 규정하게 되었다(제5차 개정헌법).

② **소급입법의 종류**
  ㉠ **진정소급입법**: 과거에 완성된 사실 또는 법률관계를 규율대상으로 하는 소급입법을 말한다.
  ㉡ **부진정소급입법**: 과거에 시작되었으나 아직 완성되지 아니하고 진행과정에 있는 사실관계 또는 법률관계를 규율대상으로 하는 소급입법을 말한다.

기출 OX

01 헌법 제13조 제2항이 금하고 있는 소급입법은, 이미 과거에 완성된 사실·법률관계를 규율의 대상으로 하는 이른바 진정소급효의 입법과 이미 과거에 시작하였으나 아직 완성되지 아니하고 진행과정에 있는 사실·법률관계를 규율의 대상으로 하는 이른바 부진정소급효의 입법을 모두 의미한다. 20. 법원직 ( )

③ 소급입법의 허용 여부
  ㉠ **진정소급입법의 경우**: 기존의 법에 의하여 형성되어 이미 굳어진 개인의 법적 지위를 사후입법을 통하여 박탈하는 것 등을 내용으로 하는 진정소급입법은 개인의 신뢰보호와 법적 안정성을 내용으로 하는 법치국가원리에 의하여 특단의 사정이 없는 한 헌법적으로 **허용되지 아니하는 것이 원칙**이다. 진정소급입법이 허용되는 예외적인 경우는, 일반적으로 국민이 소급입법을 예상할 수 있었거나, 법적 상태가 불확실하고 혼란스러웠거나 하여 보호할 만한 신뢰의 이익이 적은 경우, 소급입법에 의한 당사자의 손실이 없거나 아주 경미한 경우, 신뢰보호의 요청에 우선하는 심히 중대한 공익상의 사유가 소급입법을 정당화하는 경우 등을 들 수 있다(헌재 1998.9.30, 97헌바38). 12. 국가직
  ㉡ **부진정소급입법의 경우**: 부진정소급입법은 **원칙적으로 허용**되지만 소급효를 요구하는 공익상의 사유와 신뢰보호의 요청 사이의 교량과정에서 신뢰보호의 관점이 입법자의 형성권에 제한을 가하게 된다(헌재 1995.10.26, 94헌바12). 12. 국가직

> **⚖ 판례 |**
>
> **1 진정소급입법에 의한 재산권박탈이 예외적으로 허용될 수 있는지 여부: 적극 [합헌]**
> 11. 법행, 12. 국가직·법무사
> 진정소급입법이라 할지라도 예외적으로 국민이 소급입법을 예상할 수 있었던 경우와 같이 소급입법이 정당화되는 경우에는 허용될 수 있다. 친일재산의 취득경위에 내포된 민족배반적 성격, 대한민국임시정부의 법통계승을 선언한 헌법전문 등에 비추어 친일반민족행위자 측으로서는 친일재산의 소급적 박탈을 충분히 예상할 수 있었고, 친일재산환수문제는 그 시대적 배경에 비추어 역사적으로 매우 이례적인 공동체적 과업이므로 이러한 소급입법의 합헌성을 인정한다고 하더라도 이를 계기로 진정소급입법이 빈번하게 발생할 것이라는 우려는 충분히 불식될 수 있다. 따라서 이 사건 귀속조항은 진정소급입법에 해당하나, 헌법 제13조 제2항에 반하지 않는다(헌재 2011.3.31, 2008헌바141 등).
>
> **2 개발이 진행 중인 사업에 개발부담금을 부과하는 것이 소급입법금지의 원칙에 위반되는지 여부: 소극 [합헌]** 02. 사시, 12. 국가직, 18. 서울시
> 개발이익환수에 관한 법률 부칙 제2조는 법 시행 이전에 이미 개발을 완료한 사업에 대하여 소급하여 개발부담금을 부과하려는 것이 아니라 법 시행 당시 개발이 진행 중인 사업에 대하여 장차 개발이 완료되면 개발부담금을 부과하려는 것이므로, 이른바 부진정소급입법에 해당하는 것이어서 원칙적으로 헌법상 허용되는 것이다(헌재 2001.2.22, 98헌바19).
>
> **3 과거에 소멸한 저작인접권을 회복시키는 저작권법 부칙 제4조 제2항이 헌법 제13조 제2항이 금지하는 소급입법에 의한 재산권 박탈에 해당하는지 여부: 소극 [기각]**
> 심판대상조항은 개정된 저작권법이 시행되기 전에 있었던 과거의 음원 사용 행위에 대한 것이 아니라 개정된 법률 시행 이후에 음원을 사용하는 행위를 규율하고 있으므로 진정소급입법에 해당하지 않으며, 저작인접권이 소멸한 음원을 무상으로 사용하는 것은 저작인접권자의 권리가 소멸함으로 인하여 얻을 수 있는 반사적 이익에 불과할 뿐이므로, 심판대상조항은 헌법 제13조 제2항이 금지하는 소급입법에 의한 재산권 박탈에 해당하지 아니한다(헌재 2013.11.28, 2012헌마770).

02 과거에 소멸한 저작인접권을 회복시키는 저작권법 조항은 과거의 음원 사용 행위에 대한 것이 아니라 개정된 법률 시행 이후에 음원을 사용하는 행위를 규율하고 있으므로, 헌법 제13조 제2항이 금지하는 소급입법에 의한 재산권 박탈에 해당하지 아니한다. 18. 경찰승진 ( )

정답 01 × 02 ○

06 한계

헌법 제23조 제1항 제2문에 따라 재산권의 내용(예 사용권, 수익권, 처분권 등)과 한계(재산권의 대상이 되는 사유재산의 범위)는 법률로 정한다.

07 제한

1. 제한의 목적

재산권은 국가안전보장·질서유지, 공공복리(헌법 제37조 제2항) 또는 공공필요(헌법 제23조 제3항)가 있는 경우 제한할 수 있다.

2. 제한의 형식

(1) 법률

재산권은 국회가 제정한 형식적 의미의 법률로써 제한하여야 한다. 특히 헌법 제23조 제3항은 수용·사용·제한 등 재산권제한의 유형과 그 보상의 기준 및 방법 등을 법률로써 규정하도록 하고 있다.

(2) 법률 이외의 형식

① **긴급명령, 긴급재정경제처분, 긴급재정경제명령 등에 의한 제한**: 헌법 제76조의 대통령의 긴급명령, 긴급재정경제처분, 긴급재정경제명령에 의한 경우는 예외적으로 법률 이외의 형식으로 재산권제한이 인정된다. 04. 국회직

② **법률의 위임이 있는 일반 명령형식에 의한 제한 여부**: 법률의 위임이 있는 경우에도 일반 명령의 형식으로는 재산권을 제한할 수 없다고 보는 **부정설**이 있으나, 위임입법의 한계를 일탈하지 않는 범위에서 법규명령에 의한 재산권제한도 가능하다고 보는 것이 **통설**이다.

③ **조례에 의한 제한 여부**: 헌법재판소는 "법률의 위임에 의하여 제정된 것이며 이러한 경우에는 **위임의 한계를 벗어나지 아니하는 한 조례로도 재산권을 제한할 수 있다.**"라고 하여 법률에 위임이 있는 경우에는 조례로도 재산권을 제한할 수 있다고 본다(헌재 1995.4.20, 92헌마264·92헌마279).

기출 OX

03 대통령의 긴급재정경제명령으로는 재산권을 제한할 수 없다. 04. 국회직
( )

✎ 조례에 의한 제한
- **다수설 - 부정설**: 조례에 의한 재산권제한 인정 ×
- **예외 - 부천시 담배자동판매기 설치 금지조례 제4조 등에 대한 헌법소원 사건**: 조례에 의한 재산권제한이지만 정당한 제한 ○

3. 제한의 유형

헌법에 규정된 재산권제한의 유형으로 일반적인 형태에는 헌법 제23조 제3항에 규정된 수용·사용·제한이 있고, 특수한 형태에는 헌법 제122조 및 제126조가 있다.

(1) 수용

헌법 제23조 제3항의 수용은 공용수용을 뜻하는데, 이는 공공필요를 위하여 국가 등이 개인의 특정 재산권을 법률에 의하여 강제적으로 취득하는 것을 의미한다.

(2) 사용

헌법 제23조 제3항의 사용은 공용사용을 뜻하는데, 이는 공공필요를 위하여 국가 등이 개인의 토지 기타 재산권을 법률에 의하여 강제적으로 사용하는 것을 의미한다.

정답 03 ×

(3) 제한

헌법 제23조 제3항의 제한은 공용제한을 뜻하는데, 이는 공공필요를 위하여 국가 등이 개인의 특정 재산권에 대하여 부과하는 공법상의 제한(예 계획제한, 보전제한, 사업제한, 공물제한, 사용제한 등)을 의미한다.

4. 제한조건으로서의 보상

헌법 제23조 제3항은 "공공필요에 의한 재산권의 수용·사용 또는 제한 및 그에 대한 보상은 법률로써 하되, 정당한 보상을 지급하여야 한다."라고 규정하고 있다. 여기서 '정당한 보상'이란 원칙적으로 피수용재산의 객관적인 재산가치를 완전하게 보상하는 것이어야 한다는 **완전보상**을 뜻하는 것으로서, 재산권의 객체가 갖는 객관적 가치란 그 물건의 성질에 정통한 사람들의 자유로운 거래에 의하여 도달할 수 있는 합리적인 매매가능가격, 즉 시가에 의하여 산정되는 것이 보통이다. 그러나 헌법 제23조 제3항에 규정된 '정당한 보상'의 원칙이 모든 경우에 예외 없이 개별적 시가에 의한 보상을 요구하는 것이라고 할 수 없다. 헌법재판소는 토지의 경우에는 그 특성상 인근 유사토지의 거래가격을 기준으로 하여 토지의 가격형성에 미치는 여러 요소를 종합적으로 고려한 합리적 조정을 거쳐서 객관적인 가치를 평가할 수밖에 없음을 전제로 토지수용으로 인한 손실보상액의 산정을 '**공시지가**'를 기준으로 한 것이 헌법상의 정당보상의 원칙에 위배되는 것이 아니라고 하였다(헌재 2002.12.18, 2002헌가4). 토지의 경우에는 그 특성상 인근 유사토지의 거래가격을 기준으로 하여 토지의 가격형성에 미치는 여러 요소를 종합적으로 고려한 합리적 조정을 거쳐서 객관적인 가치를 평가할 수밖에 없는데, 이때 소유자가 가지는 주관적인 가치, 투기적 성격을 띠고 우연히 결정된 거래가격 또는 흔히 불리우는 호가, 객관적 가치의 증가에 기여하지 못한 투자비용이나 그 토지 등을 특별한 용도에 사용할 것을 전제로 한 가격 등에 좌우되어서는 아니 되며, **개발이익은 그 성질상 완전보상의 범위에 포함되지 아니한다**(헌재 1995.4.20, 93헌바20). 토지수용에 대한 보상을 할 때 공시지가를 기준으로 한 보상금액의 산정은 수용 당시 피수용토지의 객관적 가치를 반영한 것이 된다고 본다(헌재 2013.12.26, 2011헌바162).

5. 제한의 한계

헌법 제37조 제2항은 "국민의 모든 자유와 권리는 국가안전보장·질서유지 또는 공공복리를 위하여 필요한 경우에 한하여 법률로써 제한할 수 있으며, 제한하는 경우에도 자유와 권리의 본질적인 내용을 침해할 수 없다."라고 규정하고, 특히 재산권과 관련하여 헌법 제23조 제2항은 "재산권의 행사는 공공복리에 적합하도록 하여야 한다."라고 규정하고 있는바, 이러한 헌법의 취지는 원칙적으로 국민의 재산권을 보장하고, 예외적으로 공공복리 등을 위하여 법률로써 제한할 수 있되 그 경우에도 본질적인 내용은 침해할 수 없고, 설사 재산권의 본질적인 내용의 침해가 없을지라도 비례의 원칙 내지 과잉금지의 원칙에 위배되어서는 아니 된다는 것이다(헌재 1999.7.22, 97헌바76 등).

기출 OX

01 헌법 제23조 제3항에 규정된 '정당한 보상'의 원칙은 모든 경우에 예외 없이 개별적 시가에 의한 보상을 요구하는 것을 의미한다. 10. 국회직
( )

해설
개별시가가 아니라 공시지가이다.

정답 01 ×

판례 I

1 재산권의 제한형태 – 헌법 제23조 제1항 및 제2항과 제3항에 의한 제한의 차이

헌법 제23조에 의하여 재산권을 제한하는 형태에는 제1항 및 제2항에 근거하여 재산권의 내용과 한계를 정하는 것과 제3항에 따른 수용·사용 또는 제한을 하는 것의 두 가지 형태가 있다. 전자는 '입법자가 장래에 있어서 추상적이고 일반적인 형식으로 재산권의 내용을 형성하고 확정하는 것'을 의미하고, 후자는 '국가가 구체적인 공적 과제를 수행하기 위하여 이미 형성된 구체적인 재산적 권리를 전면적 또는 부분적으로 박탈하거나 제한하는 것'을 의미한다(헌재 2006.1.26, 2005헌바18).

2 민간기업이 헌법 제23조 제3항의 재산권수용의 주체가 될 수 있는지 여부: 적극 [합헌] 11. 경찰승진, 13. 변호사

헌법 제23조 제3항은 정당한 보상을 전제로 하여 재산권의 수용 등에 관한 가능성을 규정하고 있지만, 재산권수용의 주체를 한정하지 않고 있다. 위 헌법조항의 핵심은 당해 수용이 공공필요에 부합하는가, 정당한 보상이 지급되고 있는가 여부 등에 있는 것이지 그 수용의 주체가 국가인지 민간기업인지 여부에 달려 있다고 볼 수 없다. … 민간기업을 수용의 주체로 규정한 자체를 두고 위헌이라고 선언할 수 없다(헌재 2009.9.24, 2007헌바114).

3 지방자치단체에 대한 금전채권의 소멸시효를 5년의 단기로 정하고 있는 지방재정법 제69조 제2항이 사법상의 원인에 기한 채권에 대해서도 민법이 정한 기간보다 그 시효기간을 단축하고 있는 것이 재산권을 침해하는지 여부: 소극 04. 입시, 08. 법행

지방자치단체의 채무에 대한 단기결산을 통하여 지방자치단체의 채권·채무관계를 조기에 확정하고 예산수립에 있어 불안정성을 제거함으로써 지방자치단체의 재정을 합리적으로 운용할 필요성이 인정된다. 또한 공공기관기록물 중 일반 사항에 관한 예산·회계 관련 기록물들은 보존기간이 5년으로 정해져 있으므로 지방자치단체채무의 변제를 둘러싼 분쟁을 방지하기 위하여 소멸시효기간을 이보다 더 장기로 정하는 것은 적절하지 않다(헌재 2004.4.29, 2002헌바58).

4 성매매 알선 등 행위의 처벌에 관한 법률 제2조 제1항 제2호 다목 중 '성매매에 제공되는 사실을 알면서 건물을 제공하는 행위' 부분이 집창촌에서 건물을 소유하거나 그 관리권한을 가지고 있는 자의 재산권을 침해하는지 여부: 소극 [기각] 08. 국회직, 16. 서울시

이곳에서의 성매매 강요·알선을 근절하기 위해서 성매매에 제공되는 사실을 알면서 중간매개체에 대하여 건물을 제공하는 행위를 규제하는 것은 입법목적을 달성하기 위한 불가피한 선택이다. 그러므로 집창촌지역 내의 전업형 성매매의 고질적인 병폐 및 인권침해를 방지하고 궁극적으로는 이 지역에서의 성매매를 근절하여 집창촌을 폐쇄함으로써 얻어지는 공익이 단기적으로 침해되는 청구인들의 사익에 비하여 크다고 할 것이다. 따라서 이 사건 법률조항에 의한 집창촌에서 건물을 소유하거나 그 관리권한을 가지고 있는 자의 기본권제한은 헌법 제37조 제2항의 기본권제한의 한계를 일탈하였다고 볼 수 없다(헌재 2006.6.29, 2005헌마1167).

5 상호신용금고의 예금채권자에게 예탁금의 한도 안에서 상호신용금고의 총재산에 대하여 다른 채권자에 우선하여 변제받을 권리를 부여하고 있는 구 상호신용금고법 제37조의2가 다른 일반 채권자를 합리적 이유 없이 차별하고 그들의 재산권을 침해하는지 여부: 적극 [위헌] 12. 지방직

이 사건 예금자우선변제제도가 도입된 배경에 비추어 보면 영세상공인이 주로 거래하는 서민금융기관의 공신력을 보장하고 서민예금채권자를 보호하기 위한 것이라고

기출 OX

02 헌법 제23조 제3항은 정당한 보상을 전제로 하여 재산권의 수용에 관한 가능성을 규정하면서도 재산권수용의 주체를 한정하지 않고 있지만 재산권수용의 주체는 국가에 한정되고 민간기업에는 수용권이 허용될 수 없다. 11. 경찰승진 ( )

03 지방자치단체에 대한 금전채권 중 사법상 원인에 기한 채권에 대하여 민법이 정한 기간보다 그 시효를 단축하고 있는 지방재정법은 재산권을 합리적 이유 없이 지나치게 제한하는 것이다. 09. 국회직 ( )

04 성매매에 제공되는 사실을 알면서 건물을 제공하는 행위를 한 자를 처벌하는 것은 집창촌에서 건물을 소유하거나 그 권리권한을 가지고 있는 자의 재산권을 침해한다. 16. 서울시 ( )

05 상호신용금고의 예금채권자에게 예탁금의 한도 안에서 상호신용금고의 총재산에 대하여 다른 채권자에 우선하여 변제받을 권리를 부여하는 것은 공적 자금 등의 보호필요성에 근거하므로 다른 일반 채권자의 재산권을 침해하지 않는다. 12. 지방직 ( )

정답 02 × 03 × 04 × 05 ×

할 수 있다. 그런데 이 사건 법률조항이 예금의 종류나 한도를 묻지 아니하고 예탁금 전액에 대하여 우선변제권을 부여하는 것은 위와 같은 입법취지를 벗어난 것이라고 볼 여지가 있다. 상호신용금고의 예금채권을 특별히 보호하여야 할 필요성이 있다고 하더라도 입법자는 예금의 종류나 한도를 묻지 않고 무제한적인 우선변제권을 줄 것이 아니라 입법취지에 맞게 예금의 종류나 한도를 제한하여 다른 일반 채권자의 재산권침해를 최소화할 헌법상 의무가 있는 것이다. 결국 이 사건 예금자우선변제제도는 상호신용금고의 예금채권자를 우대하기 위하여 상호신용금고의 일반 채권자를 불합리하게 희생시킴으로써 일반 채권자의 평등권 및 재산권을 침해한다고 하지 않을 수 없으므로 이 사건 법률조항은 헌법 제11조 제1항과 제23조 제1항에 위반된다(헌재 2006.11.30, 2003헌가14·15).

기출 OX

01 건축허가를 받은 자가 그 허가를 받은 날로부터 1년 이내에 공사에 착수하지 아니한 경우 건축허가를 필수적으로 취소하도록 규정한 건축법 제11조 제7항은 건축주의 재산권을 침해하는 위헌적인 규정이라고 할 것이다. 12. 경찰승진 ( )

6 건축허가를 받은 자가 그 허가를 받은 날로부터 1년 이내에 공사에 착수하지 아니한 경우 건축허가를 필수적으로 취소하도록 규정한 건축법 제11조 제7항 제1호가 건축주의 토지재산권 등을 침해하는지 여부: **소극 [합헌]** 12. 경찰승진, 16. 서울시

건축주는 정당한 사유가 있다고 인정되면 건축법 제11조 제7항 단서에 의하여 1년의 범위 안에서 착공 기간을 연장받을 수 있으며, 착공 기간을 지키지 못하여 건축허가가 취소되더라도 그 시점에서 허가요건을 갖추어 다시 건축허가를 받는 데에 별도의 제한은 없으므로 그 건축행위에 대한 규제의 수준이 과도하다고 할 수도 없다. … 따라서 이 사건 법률조항은 헌법 제23조 제1항이 정하는 건축주의 토지재산권을 제한함에 있어 헌법 제37조 제2항의 과잉금지원칙을 위반하지 아니하였으므로 건축주인 청구인들의 재산권을 침해한다고 할 수 없다(헌재 2010.2.25, 2009헌바70).

7 건축연면적 $200m^2$를 초과하는 건축행위에 대하여 기반시설부담금을 부과하는 기반시설부담금에 관한 법률 제6조 제1항 등이 재산권 및 평등권을 침해하여 위헌인지 여부: **소극 [합헌, 각하]** 12. 사시

토지재산권행사에는 강한 사회적 기속성이 있어 넓은 입법재량이 인정되고, 건축행위로 유발되는 기반시설에 필요한 재원을 확보하고 토지의 합리적인 이용을 촉진한다는 입법목적은 정당하다. 또한 개발로 혜택을 받는 사람이 개발비용인 기반시설비용을 일부 부담하는 것과 부담금의 산정기준도 입법목적 달성을 위한 합리적인 수단이다. 납부의무자도 기반시설로 편익을 얻고 자산가치와 사회적 후생이 증대하는 점, 부담률이 100분의 20인 점, 지역사정에 따라 감면하거나 증감하는 규정이 있는 점 등을 종합하면 신속하고 정형적인 행정이 가능한 기반시설부담금제도가 입법재량을 일탈하였다고 단정하기 어렵다. 위 법률조항들이 납부의무자들의 재산권을 침해하거나 평등원칙에 위배된다고 할 수 없다(헌재 2010.2.25, 2007헌바131·2009헌가1).

8 타인에게 임대한 자기 소유의 토지 위에 폐기물이 방치된 경우 당해 토지의 소유자에게도 폐기물에 대한 적정처리를 명할 수 있도록 한 폐기물관리법 및 건설폐기물의 재활용촉진에 관한 법률 관련 조항이 헌법에 위반되는지 여부: **소극 [합헌]** 12. 경찰승진

만일 방치폐기물에 대한 책임을 직접적 원인제공자(임차인)에게만 한정하고 그 외의 경우에는 항상 국가나 지방자치단체가 이를 부담한다면 폐기물의 방치가 쉽게 조장되거나 폐기물에 대한 처리가 적시에 이행되기 어려울 수 있고, 종국적으로는 폐기물방치에 아무런 원인도 제공하지 않은 일반 국민들에게 막대한 처리비용을 떠안기게 되는 불합리한 결과를 초래하게 된다. 무엇보다 관계법령은 방치폐기물처리이행보증제도를 마련하여 폐기물처리업자가 방치한 폐기물에 대한 1차적 처리를 담당하게 하고 있다. 끝으로 이 사건 법률조항들로 인하여 토지소유자들이 입게 되는 불이익보다는 이로 인하여 얻게 될 환경보전이라는 공익이 훨씬 크다는 점을 감안할 때,

정답 **01** ×

자기 소유의 토지를 타인에게 임대한 경우 토지소유자에게도 당해 토지 위에 방치된 폐기물에 대한 처리책임을 인정하는 이 사건 법률조항들이 헌법상 재산권을 과도하게 침해한 것으로 볼 수는 없다(헌재 2010.5.27, 2007헌바53).

9 진정소급입법에 의한 재산권박탈도 예외적으로 허용될 수 있는지 여부: 적극 [합헌]
11. 경찰승진·법행, 12. 국가직

[1] '일제강점하 반민족행위 진상규명에 관한 특별법' 제2조 제6호 내지 제9호의 행위를 한 자를 재산이 국가에 귀속되는 대상인 친일반민족행위자로 보는 '친일반민족행위자재산의 국가귀속에 관한 특별법'(이하 '친일재산귀속법'이라 한다) 제2조 제1호 가목(이하 '이 사건 정의조항'이라고 한다)이 법률의 명확성원칙에 반하는지 여부: 소극

이 사건 정의조항 중 '친일반민족행위자'를 '일제강점하 반민족행위 진상규명에 관한 특별법'(이하 '반민규명법'이라 한다) 제2조 제6호 내지 제9호의 행위를 한 자'로 규정한 부분이 불명확하다고 할 수 없고, '독립운동에 적극 참여한 자' 부분은 '일제강점하에서 우리 민족의 독립을 쟁취하려는 운동에 의욕적이고 능동적으로 관여한 자'라는 뜻이므로 그 의미를 넉넉히 파악할 수 있다.

[2] 러·일전쟁 개전시부터 1945년 8월 15일까지 친일반민족행위자가 취득한 재산을 친일행위의 대가로 취득한 재산(이하 '친일재산'이라 한다)으로 추정하는 친일재산귀속법 제2조 제2호 후문(2005.12.29. 법률 제7769호로 제정된 것, 이하 '이 사건 추정조항'이라 한다)이 재판청구권을 침해하고 적법절차원칙에 반하는지 여부: 소극

친일재산의 국가귀속이 해방 이후 오랜 시간이 경과한 상황에서 이루어지고 있어서 친일재산 여부를 국가 측이 일일이 입증하는 것은 곤란한 반면, 일반적으로 재산의 취득자 측은 취득내역을 잘 알고 있을 개연성이 높다. 또한 이 사건 추정조항이 친일반민족행위자 측에 전적으로 입증책임을 전가한 것도 아니고, 행정소송을 통하여 추정을 번복할 수 있는 방도도 마련되어 있으며, 가사 처분청 또는 법원이 이러한 추정의 번복을 쉽게 인정하지 않는다 할지라도 이는 처분청 또는 법원이 추정조항의 취지를 충분히 실현하지 못한 결과이지 추정조항을 활용한 입법적 재량이 일탈·남용되었다고 보기 어렵다. 따라서 이 사건 추정조항이 재판청구권을 침해한다거나 적법절차원칙에 반한다고 할 수 없다.

[3] 친일재산을 그 취득·증여 등 원인행위시에 국가의 소유로 하도록 규정한 친일재산귀속법 제3조 제1항 본문(2005.12.29. 법률 제7769호로 제정된 것, 이하 '이 사건 귀속조항'이라 한다)이 진정소급입법으로서 헌법 제13조 제2항에 반하는지 여부: 소극

이 사건 귀속조항은 진정소급입법에 해당하지만, 진정소급입법이라 할지라도 예외적으로 국민이 소급입법을 예상할 수 있었던 경우와 같이 소급입법이 정당화되는 경우에는 허용될 수 있다. 친일재산의 취득경위에 내포된 민족배반적 성격, 대한민국임시정부의 법통계승을 선언한 헌법전문 등에 비추어 친일반민족행위자 측으로서는 친일재산의 소급적 박탈을 충분히 예상할 수 있었고, 친일재산환수문제는 그 시대적 배경에 비추어 역사적으로 매우 이례적인 공동체적 과업이므로 이러한 소급입법의 합헌성을 인정한다고 하더라도 이를 계기로 진정소급입법이 빈번하게 발생할 것이라는 우려는 충분히 불식될 수 있다. 따라서 이 사건 귀속조항은 진정소급입법에 해당하나, 헌법 제13조 제2항에는 반하지 않는다.

기출 OX

02 친일반민족행위자 재산의 국가귀속에 관한 특별법 조항 중 '독립운동에 적극 참여한 자' 부분은 '일제 강점하에서 우리 민족의 독립을 쟁취하려는 운동에 의욕적이고 능동적으로 관여한 자'라는 뜻이므로 그 의미를 넉넉히 파악할 수 있어서 명확성원칙에 위배되지 않는다. 15. 국회직 ( )

03 러·일전쟁 개전시부터 1945년 8월 15일까지 친일반민족행위자가 취득한 재산을 친일행위의 대가로 취득한 재산으로 추정하는 친일반민족행위자 재산의 국가귀속에 관한 특별법 조항은 추정 번복을 어렵게 하고 있어 법치국가원리가 요구하는 적법절차원칙에 반한다. 13. 경찰승진 ( )

04 친일재산에는 취득 당시 반사회적 가치 내지 범죄성이 내재하고 있었고, 과거사 청산절차를 밟지 못한 우리나라에서는 그 반사회성 및 범죄성이 현재까지도 지속되고 있으므로, 친일재산을 그 취득·증여 등 원인행위시에 국가의 소유로 하는 친일재산귀속법 규정은 현재 진행 중인 사실관계 또는 법률관계에 작용하는 부진정소급입법으로서 허용된다. 15. 법행 ( )

해설
진정소급입법이지만 예외적으로 위헌이 아닌 사례이다.

정답 02 ○ 03 × 04 ×

기출 OX

01 친일재산이라고 하더라도 그 당시의 재산법 관련 법제에 의하여 확정적으로 취득된 재산이므로 친일재산을 그 취득·증여 등 원인행위시에 국가의 소유로 하도록 하는 것은 헌법에 반한다. 12. 국가직 ( )

[4] **이 사건 귀속조항이 재산권을 침해하는지 여부: 소극**

친일반민족행위자 측은 그 재산이 친일행위의 대가로 취득한 것이 아니라는 점을 입증하여 얼마든지 국가귀속을 막을 수 있고, 선의의 제3자에 대한 보호규정도 마련되어 있으므로 이 사건 귀속조항은 피해의 최소성원칙에 반하지 않고, 과거사 청산의 정당성과 진정한 사회통합의 가치 등을 고려할 때 법익의 균형성원칙에도 부합한다. 따라서 이 사건 귀속조항은 재산권을 침해하지 않는다.

[5] **이 사건 귀속조항이 연좌제에 해당하는지 여부: 소극**

이 사건 귀속조항이 친일반민족행위자 후손의 재산 중 그 후손 자신의 경제적 활동으로 취득하게 된 재산이라든가 친일재산 이외의 상속재산 등을 단지 그 선조가 친일행위를 했다는 이유만으로 국가로 귀속시키는 것은 아니므로 연좌제금지원칙에 반한다고 할 수 없다(헌재 2011.3.31, 2008헌바141 등).

10 친일반민족행위자 가운데 '한일합병의 공으로 작위를 받거나 계승한 자'를 '일제로부터 작위를 받거나 계승한 자'로 개정하여 친일재산귀속법을 적용하는 것이 소급입법금지원칙에 위반되는지 여부: 소극 [합헌]

[1] 재산이 국가에 귀속되는 대상이 되는 친일반민족행위자 가운데 '한일합병의 공으로 작위를 받거나 계승한 자'를 '일제로부터 작위를 받거나 계승한 자'로 개정한 친일재산귀속법(2011.5.19. 법률 제10646호로 개정된 것) 제2조 제1호 나목이 소급입법금지원칙에 위반되는지 여부: 소극

헌법재판소는 2008헌바141 결정에서 친일재산의 소급적 국가귀속이 소급입법금지원칙에 위반되지 않는다고 판단한 바 있고, 이 사건 법률조항이 정한 '일제로부터 작위를 받거나 계승한 자'의 경우, 친일세력의 상징적 존재로서 그 지위 자체로 친일세력의 형성·확대에 기여하고, 일제강점체제의 유지·강화에 협력함으로써 당시 조선사회에 심대한 영향력을 미쳤다고 볼 수 있는바, 그 밖의 친일반민족행위자와 질적으로 다르다고 할 수 없으므로 이 사건 법률조항에 대하여 위 합헌결정과 달리 판단할 사정이 존재하지 아니한다.

[2] **이 사건 법률조항이 신뢰보호원칙에 위반되는지 여부: 소극**

일제로부터 작위를 받았다고 하더라도 '한일합병의 공으로' 작위를 받지 아니한 자는 종전의 친일재산귀속법에 의하여 그 재산이 국가귀속의 대상이 되지 아니할 것이라고 믿은 제청신청인의 신뢰는 친일재산귀속법의 제정경위 및 입법목적 등에 비추어 확고한 것이라거나 보호가치가 크다고 할 수 없는 반면, 이 사건 법률조항에 의하여 달성되는 공익은 매우 중대하므로 이 사건 법률조항은 신뢰보호원칙에 위반되지 아니한다.

[3] **이 사건 법률조항이 과잉금지원칙에 위반하여 재산권을 침해하는지 여부: 소극**

이 사건 법률조항이 정한 '일제로부터 작위를 받거나 계승한 자'의 경우 일본제국주의의 식민통치에 협력하고 우리 민족을 탄압하는 행위를 하였다고 볼 수 있고, 작위를 거부·반납하거나 후에 독립운동에 적극 참여한 자와 같이 친일 정도가 상대적으로 경미한 자는 제외되는 점에서 친일 정도가 중대한 경우에 한정되고 있으며, 이 사건 법률조항은 정의를 구현하고 민족의 정기를 바로 세우며 일본제국주의에 저항한 3·1운동의 헌법이념을 구현하기 위한 것인 점 등을 고려할 때, 이 사건 법률조항이 과잉금지원칙에 위반하여 제청신청인의 재산권을 침해한다고 할 수 없다(헌재 2013.7.25, 2012헌가1).

정답 01 ×

11 건설공사사업시행자에게 지표조사비용을 부담하게 하고, 건설공사를 위하여 문화재 발굴허가를 받아 매장문화재를 발굴하는 경우에 그 발굴비용을 사업시행자가 부담하도록 한 것이 재산권을 침해하는지 여부: **소극** [합헌] 12.사시, 13.법원직, 14.지방직

건설공사시행자로 하여금 문화재발굴비용부담의무를 규정하고 있는 구 문화재보호법 제55조 제7항 제2문 및 제3문 중 각 '제55조 제1항 제2호에 관한 부분'은 건설공사과정에서 매장문화재의 발굴로 인하여 문화재 훼손위험을 야기한 사업시행자에게 원칙적으로 발굴경비를 부담시킴으로써 각종 개발행위로 인한 무분별한 문화재 발굴로부터 매장문화재를 보호하는 것이어서 입법목적의 정당성, 방법의 적절성이 인정되고, 사업시행자가 발굴조사비용을 감당하기 어렵다고 판단하는 경우에는 더 이상 사업 시행에 나아가지 아니할 수 있고, 대통령령으로 정하는 경우에는 예외적으로 국가 등이 발굴비용을 부담할 수 있는 완화규정을 두고 있어 최소침해성원칙, 법익균형성원칙에도 반하지 아니하므로 과잉금지원칙에 위배되지 아니한다. … 대통령령으로 정하는 일정 규모 이상의 사업시행자 등에 대해서만 지표조사의무가 부과되고 그 비용을 부담하게 하는 것으로 침해의 최소성원칙에 위배되지 아니하며 법익균형성원칙에도 반하지 아니하여, 과잉금지원칙에 위배되어 청구인의 재산권과 직업수행의 자유를 침해하지 아니한다(헌재 2011.7.28, 2009헌바244).

12 일본국에 대하여 가지는 원폭피해자로서의 배상청구권이 '대한민국과 일본국간의 재산 및 청구권에 관한 문제의 해결과 경제협력에 관한 협정'('이 사건 협정') 제2조 제1항에 의하여 소멸되었는지 여부에 관한 한·일 양국간 해석상 분쟁을 위 협정 제3조가 정한 절차에 따라 해결하지 아니하고 있는 외교부의 부작위가 위헌인지 여부: **적극** [인용]

[1] 불법적인 강제징용 및 징병에 이어 피폭을 당한 후 방치되어 몸과 마음이 극도로 피폐해진 채 비참한 삶을 영위하게 된 한국인 원폭피해자들이 일본에 대하여 가지는 배상청구권은 헌법상 보장되는 재산권일 뿐만 아니라 그 배상청구권의 실현은 무자비하고 불법적인 일본의 침략전쟁수행과정에서 도구화되고 피폭 후에도 인간 이하의 극심한 차별을 받음으로써 침해된 인간으로서의 존엄과 가치를 사후적으로 회복한다는 의미를 가지는 것이므로 그 실현을 가로막는 것은 헌법상 재산권문제에 국한되지 않고 근원적인 인간으로서의 존엄과 가치의 침해와 직접 관련이 있다. 따라서 침해되는 기본권이 매우 중대하다.

[2] 또한 원폭피해자는 모두 고령으로서 더 이상 시간을 지체할 경우 원폭피해자의 배상청구권을 실현함으로써 역사적 정의를 바로 세우고 침해된 인간의 존엄과 가치를 회복하는 것은 영원히 불가능해질 수 있으므로 기본권침해구제의 절박성이 인정되고, 이 사건 협정의 체결경위 및 그 전후의 상황, 한국인 원폭피해자문제의 특수성에 대한 인식의 확산 등을 종합해 볼 때 구제가능성이 결코 작다고 할 수 없다.

국제정세에 대한 이해를 바탕으로 한 전략적 선택이 요구되는 외교행위의 특성을 고려한다고 하더라도 피청구인이 부작위의 이유로 내세우는 '소모적인 법적 논쟁으로의 발전가능성'이나 '외교관계의 불편'이라는 매우 불분명하고 추상적인 사유를 들어 기본권침해의 중대한 위험에 직면한 청구인들에 대한 구제를 외면하는 타당한 사유라거나 진지하게 고려되어야 할 국익이라고 보기는 힘들다.

[3] 이상과 같은 점을 종합하면 결국 이 사건 협정 제3조에 의한 분쟁해결절차로 나아가는 것만이 국가기관의 기본권기속성에 합당한 재량권행사라 할 것이고, 피청구인의 부작위로 인하여 청구인들에게 중대한 기본권의 침해를 초래하였다 할 것이므로 이는 헌법에 위반된다(헌재 2011.8.30, 2008헌마648).

기출 OX

02 건설공사를 위하여 문화재발굴허가를 받아 매장문화재를 발굴하는 경우 그 발굴비용을 사업시행자로 하여금 부담하게 하는 것은 문화재 보존을 위해 사업시행자에게 일방적인 희생을 강요하는 것이므로 재산권을 침해한다. 20.경찰승진 ( )

03 일본국에 의하여 광범위하게 자행된 반인도적 범죄행위에 대하여 일본군위안부 피해자들이 일본에 대하여 가지는 배상청구권은 인간으로서의 존엄과 가치의 침해와 직접 관련이 있을 뿐 이를 헌법상 보장되는 재산권이라고 할 수는 없다. 12.국가직 ( )

정답 02 × 03 ×

13 일본국에 대하여 가지는 일본군 위안부로서의 배상청구권이 '대한민국과 일본국간의 재산 및 청구권에 관한 문제의 해결과 경제협력에 관한 협정'(이하 '이 사건 협정'이라 한다) 제2조 제1항에 의하여 소멸되었는지 여부에 관한 한·일 양국간 해석상 분쟁을 위 협정 제3조가 정한 절차에 따라 해결하지 아니하고 있는 외교부의 부작위가 위헌인지 여부: **적극 [인용]** 12. 국가직·경찰승진

특히 우리 정부가 직접 일본군 위안부피해자들의 기본권을 침해하는 행위를 한 것은 아니지만, 일본에 대한 배상청구권의 실현 및 인간으로서의 존엄과 가치의 회복에 대한 장애상태가 초래된 것은 우리 정부가 청구권의 내용을 명확히 하지 않고 '모든 청구권'이라는 포괄적인 개념을 사용하여 이 사건 협정을 체결한 것에도 책임이 있다는 점에 주목한다면 그 장애상태를 제거하는 행위로 나아가야 할 구체적 의무가 있음을 부인하기 어렵다.

일본국에 의하여 광범위하게 자행된 반인도적 범죄행위에 대하여 일본군 위안부피해자들이 일본에 대하여 가지는 배상청구권은 헌법상 보장되는 재산권일 뿐만 아니라 그 배상청구권의 실현은 무자비하고 지속적으로 침해된 인간으로서의 존엄과 가치 및 신체의 자유를 사후적으로 회복한다는 의미를 가지는 것이므로 피청구인의 부작위로 인하여 침해되는 기본권이 매우 중대하다. 또한 일본군 위안부피해자는 모두 고령으로서 더 이상 시간을 지체할 경우 일본군 위안부피해자의 배상청구권을 실현함으로써 역사적 정의를 바로 세우고 침해된 인간의 존엄과 가치를 회복하는 것은 영원히 불가능해질 수 있으므로 기본권침해구제의 절박성이 인정되며, 이 사건 협정의 체결경위 및 그 전후의 상황, 일련의 국내외적인 움직임을 종합해 볼 때 구제가능성이 결코 작다고 할 수 없다. 국제정세에 대한 이해를 바탕으로 한 전략적 선택이 요구되는 외교행위의 특성을 고려한다고 하더라도 피청구인이 부작위의 이유로 내세우는 '소모적인 법적 논쟁으로의 발전가능성'이나 '외교관계의 불편'이라는 매우 불분명하고 추상적인 사유를 들어 기본권침해의 중대한 위험에 직면한 청구인들에 대한 구제를 외면하는 타당한 사유라거나 진지하게 고려되어야 할 국익이라고 보기는 힘들다.

이상과 같은 점을 종합하면 결국 이 사건 협정 제3조에 의한 분쟁해결절차로 나아가는 것만이 국가기관의 기본권기속성에 합당한 재량권행사라 할 것이고, 피청구인의 부작위로 인하여 청구인들에게 중대한 기본권의 침해를 초래하였다 할 것이므로 이는 헌법에 위반된다(헌재 2011.8.30, 2006헌마788).

14 한일청구권협정 제2조 제1항에 의하여 소멸하였는지 여부에 관한 한일 양국간 해석상 분쟁을 위 협정 제3조가 정한 절차에 의하여 해결하지 않고 있는 외교부의 부작위가 위헌인지 여부: **소극 [각하]** - 사할린 한인의 대일청구권 사건

우리 정부는 2013.6.3. 구술서로 일본국에 대하여 사할린 한인의 대일청구권 문제에 대한 한·일 양국간의 입장이 충돌하고 있으므로 이 사건 협정 제3조에 따른 한·일 외교당국간 협의를 개최할 것을 제안한다는 취지를 밝힌 바 있고, 그 후 수차례에 걸쳐 협의 요청에 대한 대응을 촉구해 왔으며, 현재에도 그와 같은 기조가 철회된 바는 없다. 피청구인이 청구인들이 원하는 수준의 적극적인 노력을 펼치지 않았다 해도, 이 사건 협정 제3조상 분쟁해결절차를 언제, 어떻게 이행할 것인가에 관해서는, 국가마다 가치와 법률을 서로 달리하는 국제환경에서 국가와 국가간의 관계를 다루는 외교행위의 특성과 이 사건 협정 제3조 제1항, 제2항이 모두 외교행위를 필요로 한다는 점을 고려할 때, 피청구인에게 상당한 재량이 인정된다. 이러한 사실을 종합하면, 설사 그에 따른 가시적인 성과가 충분하지 않다고 하더라도 피청구인이 자신에게 부여된 작위의무를 이행하지 않고 있다고 볼 수는 없다(헌재 2019.12.27, 2012헌마939).

15 군인 또는 군인이었던 자가 복무 중의 사유로 금고 이상의 형을 받은 때에는 대통령령이 정하는 바에 의하여 퇴직급여 및 퇴직수당의 일부를 감액하여 지급하도록 한 군인연금법 제33조 제1항 제1호가 헌법상 재산권 내지 평등권을 침해하는지 여부: **적극 [헌법불합치]**

군인의 신분이나 직무상 의무와 관련이 없는 범죄의 경우에도 퇴직급여 등을 제한하는 것은 군인범죄를 예방하고 군인이 복무 중 성실히 근무하도록 유도하는 입법목적을 달성하는 데 적합한 수단이라고 볼 수 없고, 특히 과실범의 경우에는 퇴직급여 등의 제한이 군인으로서의 직무상 의무를 위반하지 않도록 유도하는 수단으로서 작용한다고 보기 어렵다. 나아가 이 사건 법률조항은 퇴직급여에 있어서는 국민연금법상의 사업장가입자에 비하여, 퇴직수당에 있어서는 근로기준법상의 근로자에 비하여 각각 차별대우를 하고 있는데 그 차별에 합리적인 근거를 인정하기 어렵다(헌재 2009.7.30, 2008헌가1·2009헌바21).

16 공무원 또는 공무원이었던 자가 재직 중의 사유로 금고 이상의 형을 받은 때에는 대통령령이 정하는 바에 의하여 퇴직급여 및 퇴직수당의 일부를 감액하여 지급하도록 한 공무원연금법 제64조 제1항 제1호가 재산권을 침해하고 평등의 원칙에 위배되는지 여부: **적극 [헌법불합치]**

금고 이상의 형을 받았다는 이유만으로 이미 공직에서 퇴출당할 공무원에게 더 나아가 일률적으로 그 생존의 기초가 될 퇴직급여 등까지 반드시 감액하도록 규정한다면 그 법률조항은 침해되는 사익에 비하여 지나치게 공익만을 강조한 입법이라고 아니할 수 없다. 나아가 이 사건 법률조항은 퇴직급여에 있어서는 국민연금법상의 사업장가입자에 비하여, 퇴직수당에 있어서는 근로기준법상의 근로자에 비하여 각각 차별대우를 하고 있는바, 이는 자의적인 차별에 해당한다.

이상과 같은 이유로 이 사건 법률조항은 헌법에 위반되나, 단순위헌선언으로 그 효력을 즉시 상실시킬 경우에는 여러 가지 혼란과 부작용이 발생할 우려가 있고, 또한 이미 급여를 감액당한 다른 퇴직공무원과의 형평성도 고려하여야 한다. 그러므로 입법자는 합헌적인 방향으로 법률을 개선하여야 하고 그때까지 일정 기간 동안은 위헌적인 법규정을 존속하게 하고 또한 잠정적으로 적용하게 할 필요가 있으므로 헌법불합치결정을 하는 것이다(헌재 2007.3.29, 2005헌바33).

17 공무원이 '직무와 관련 없는 과실로 인한 경우' 및 '소속 상관의 정당한 직무상의 명령에 따르다가 과실로 인한 경우'를 제외하고 재직 중의 사유로 금고 이상의 형을 받은 경우 퇴직급여 등을 감액하도록 규정한 공무원연금법이 위헌인지 여부: **소극 [합헌, 위헌]**

[1] 공무원이 '직무와 관련 없는 과실로 인한 경우' 및 '소속 상관의 정당한 직무상의 명령에 따르다가 과실로 인한 경우'를 제외하고 재직 중의 사유로 금고 이상의 형을 받은 경우 퇴직급여 등을 감액하도록 규정한 공무원연금법(2009.12.31. 법률 제9905호로 개정된 것) 제64조 제1항 제1호(이하 '이 사건 감액조항'이라 한다)가 헌법불합치결정의 기속력에 반하는지 여부: **소극**

헌법재판소는 2005헌바33 사건에서 구 공무원연금법 제64조 제1항 제1호가 공무원의 '신분이나 직무상 의무'와 관련이 없는 범죄에 대해서도 퇴직급여의 감액사유로 삼는 것이 퇴직공무원들의 기본권을 침해한다는 이유로 헌법불합치결정을 하였고, 이 사건 감액조항은 그에 따른 개선입법이다. 공무원의 직무와 관련이 없는 범죄라 할지라도 고의범의 경우에는 공무원의 법령준수의무·청렴의무·품위유지의무 등을 위반한 것으로 볼 수 있으므로 이를 퇴직급여의

기출 OX

01 공무원의 신분이나 직무상 의무와 관련이 없는 범죄의 경우에도 퇴직급여 등을 제한하는 것은, 공무원범죄를 예방하고 공무원이 재직 중 성실히 근무하도록 유도하는 입법목적을 달성하는 데 적합한 수단이다. 17. 국회직
( )

02 재직 중의 사유로 금고 이상의 형을 받은 공무원 또는 공무원이었던 자에 대하여 일률적으로 퇴직급여 및 퇴직수당의 일부를 감액하여 지급하도록 하는 것은 그의 재산권을 침해하는 것이다. 08. 국가직
( )

정답 01 × 02 ○

감액사유에서 제외하지 아니하더라도 위 헌법불합치결정의 취지에 반한다고 볼 수 없다. 따라서 이 사건 감액조항은 위 헌법불합치결정의 기속력에 저촉된다고 할 수 없다.

[2] 이 사건 감액조항이 청구인들의 재산권, 인간다운 생활을 할 권리를 침해하는지 여부: **소극**

이 사건 감액조항은 공무원범죄를 예방하고 공무원이 재직 중 성실히 근무하도록 유도하기 위한 것으로서 그 입법목적은 정당하고, 수단도 적절하다. 이 사건 감액조항은 퇴직급여 등의 감액사유에서 '직무와 관련 없는 과실로 인하여 범죄를 저지른 경우' 및 '소속 상관의 정당한 직무상의 명령에 따르다가 과실로 인하여 범죄를 저지른 경우'를 제외하고, 이러한 범죄행위로 인하여 그 결과 '금고 이상의 형을 받은 경우'로 한정한 점, 감액의 범위도 국가 또는 지방자치단체의 부담 부분을 넘지 않도록 한 점 등을 고려하면 침해의 최소성도 인정된다. 청구인들은 퇴직급여의 일부가 감액되는 사익의 침해를 받지만, 이는 공무원 자신이 저지른 범죄에서 비롯된 것인 점, 공무원 개개인이나 공직에 대한 국민의 신뢰를 유지하고자 하는 공익이 결코 적지 않은 점, 특히 이 사건 감액조항은 구법조항보다 감액사유를 더욱 한정하여 침해되는 사익을 최소화하고자 하였다는 점에서 법익의 균형성도 인정된다.

따라서 이 사건 감액조항은 청구인들의 재산권과 인간다운 생활을 할 권리를 침해하지 아니한다.

[3] 이 사건 감액조항이 평등원칙에 위배되는지 여부: **소극**

공무원연금제도가 국민연금이나 법정퇴직금과 기본적인 차이가 있는 점, 공무원은 일정한 법령준수 및 충실의무 등을 지고 있는 점, 이 사건 감액조항은 구법조항과 달리 공무원신분이나 직무와 관련 없는 과실범의 경우에는 감액사유에서 제외하고, 감액의 수준도 국가부담분만큼의 급여에 불과하며, 공무원범죄를 사전에 예방하고 공직사회의 질서를 유지하는 데 그 목적이 있는 점 등에 비추어 볼 때, 이 사건 감액조항이 공무원을 국민연금법상 사업장가입자나 근로기준법상 근로자에 비하여 합리적 이유 없이 차별취급하고 있다고 단정할 수 없으므로 이 사건 감액조항은 평등원칙에 위배되지 아니한다.

[4] 2009.12.31. 개정된 이 사건 감액조항을 2009.1.1.까지 소급하여 적용하도록 규정한 공무원연금법 부칙 제1조 단서, 제7조 제1항 단서 후단(이하 이를 합하여 '이 사건 부칙조항'이라 한다)이 소급입법금지원칙에 위배되는지 여부: **적극**

16. 사시

① 이 사건 부칙조항은 이미 이행기가 도래하여 청구인들이 퇴직연금을 모두 수령한 부분까지 사후적으로 소급하여 적용되는 것으로서 헌법 제13조 제2항에 의하여 원칙적으로 금지되는 이미 완성된 사실·법률관계를 규율하는 소급입법에 해당한다.

② 헌법재판소의 위 헌법불합치결정에 따라 개선입법이 이루어질 것이 미리 예정되어 있기는 하였으나 그 결정이 내려진 2007.3.29.부터 잠정 적용시한인 2008.12.31.까지 상당한 시간적 여유가 있었는데도 국회에서 개선입법이 이루어지지 아니하였다. 그에 따라 청구인들이 2009.1.1.부터 2009.12.31.까지 퇴직연금을 전부 지급받았는데, 이는 전적으로 또는 상당 부분 국회가 개선입법을 하지 않은 것에 기인한 것이다. 그럼에도 이미 받은 퇴직연금 등을 환수하는 것은 국가기관의 잘못으로 인한 법집행의 책임을 퇴직공무원들에게 전가시키는 것이며, 퇴직급여를 소급적으로 환수당하지 않을 것에 대한 청구인들의 신뢰이익이 적다고 할 수도 없다.

기출 OX

01 2009.12.31. 개정된 공무원연금법 제64조 제1항을 2009.1.1.까지 소급하여 적용하도록 규정함으로써 재직 중에 직무관련성 있는 범죄로 금고 이상의 형을 받은 공무원의 연금을 소급적으로 환수하는 것은 소급입법금지원칙에 위반되지 않는다. 16. 사시
( )

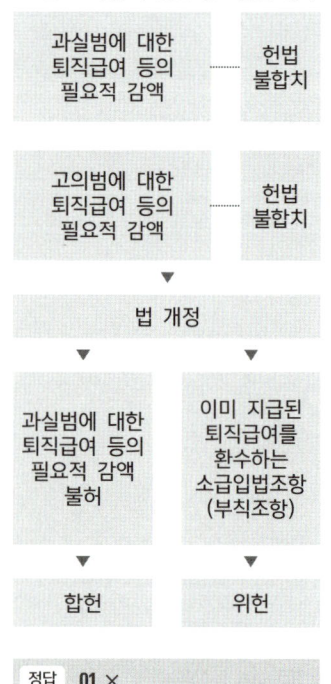

정답 01 ×

이 사건 부칙조항으로 달성하려는 공무원범죄의 예방, 공무원의 성실근무 유도, 공무원에 대한 국민의 신뢰제고, 제재의 실효성확보 등은 범죄를 저지른 공무원을 당연퇴직시키거나 장래 지급될 퇴직연금을 감액하는 방법으로 충분히 달성할 수 있고, 이 사건 부칙조항으로 보전되는 공무원연금의 재정규모도 그리 크지 않을 것으로 보이는 반면, 헌법불합치결정에 대한 입법자의 입법개선의무의 준수, 신속한 입법절차를 통한 법률관계의 안정 등은 중요한 공익상의 사유라고 볼 수 있다.

③ 따라서 이 사건 부칙조항은 헌법 제13조 제2항에서 금지하는 소급입법에 해당하며 예외적으로 소급입법이 허용되는 경우에도 해당하지 아니하므로 소급입법금지원칙에 위반하여 청구인들의 재산권을 침해한다(헌재 2013.8.29, 2010헌바354).

> **비교판례**
>
> **2009.12.31. 개정된 이 사건 감액조항을 2010.1.1.부터 적용하도록 규정한 구 공무원연금법 부칙 제1조가 소급입법금지원칙에 위배되는지 여부: 소극**
> 장래에 이행기가 도래하는 퇴직연금수급권의 내용을 변경함에 불과하므로, 진정소급입법에는 해당하지 아니한다. 따라서 소급입법에 의한 재산권 침해는 문제될 여지가 없다(헌재 2016.6.30, 2014헌바365).

18 반달가슴곰 등 수입·반입된 국제적 멸종위기종으로부터 증식된 종에 대하여 원칙적으로 수입·반입목적 외 다른 용도의 사용을 금지하는 것이 재산권을 침해하는지 여부: 소극 [합헌]

동물은 자연환경을 구성하는 생명체로서 인류가 지속 가능한 환경을 유지하기 위하여 동물생태계와 그 서식환경을 보존하여야 할 공동의 필요성이 있다. 동물이 생명체로서 인간이 마음대로 지배할 수 있는 객체가 아니라 인간과 공존하도록 보호하여야 할 대상으로 보아야 한다는 인식은 외국의 경우에도 법적으로 인정되는 추세이다. 동물에 대한 재산권행사는 일반적인 물건에 대한 재산권행사에 비하여 사회적 연관성과 사회적 기능이 매우 크다 할 것이므로 이를 제한하는 경우 입법재량의 범위를 폭넓게 인정하여 심사기준을 완화하여 적용한다. … 이 사건 법률조항은 국제적 멸종위기종에 대한 이용 및 처분을 전면적으로 금지하는 것이 아니라 이미 허가된 용도로는 계속 보유 및 사용하도록 하고 수입·반입목적 이외의 다른 용도로의 변경만을 원칙적으로 금지하고 있으며, 용도변경이 불가피한 경우에 환경부장관의 승인을 받아 부분적으로 용도변경을 할 수 있도록 길을 열어놓고 있으므로 침해의 최소성도 충족한다. 결국 이 사건 법률조항은 멸종위기종의 보호와 자연환경의 보전이라는 공익을 위하여 국제적 멸종위기종의 사적 이용을 규제한 것으로서, 과잉금지원칙에 반하여 청구인의 재산권 및 직업수행의 자유를 침해하지 아니한다(헌재 2013.10.24, 2012헌바431).

19 국민연금법이 조기노령연금의 수급개시연령을 59세에서 60세로 올린 것이 장래 조기노령연금을 받을 기대를 가진 청구인의 재산권과 평등권을 침해하는지 여부: 소극 [기각]

[1] 조기노령연금의 수급연령을 올림으로써 연금재정을 안정시키기 위한 공익적 가치가 중대하다. 연금의 수급요건은 사회정책적 상황 등에 따라 변화될 수 있는 것이어서 신뢰의 보호가치가 크지 않고, 청구인의 불이익이 장래 연금수급 시기인 십여 년 후에 연금지급개시가 1년 미루어지는 정도에 불과하여 심판대상조항이 청구인의 재산권을 침해하지 아니한다.

기출 OX

02 물건에 대한 재산권행사에 비하여 동물에 대한 재산권행사는 사회적 연관성과 사회적 기능이 적다 할 것이므로 이를 제한하는 경우 입법재량의 범위를 좁게 인정함이 타당하다.
20. 경찰승진 ( )

정답 02 ×

[2] 심판대상조항은 출생 연도에 따라 연금수급연령을 단계적으로 상향조정하고 있다. 출생 연도에 따라 노후 준비의 임박성에 차이가 있으며, 출생 연도가 늦을수록 연금수급시기에 사회의 노령화가 진행되고 출산율 저하가 심화되므로 출생 연도에 따라 수급연령을 달리 정할 합리적 이유가 인정된다. 심판대상조항은 청구인의 평등권을 침해하지 아니한다(헌재 2013.10.24, 2012헌마906).

20 임대차존속기간을 20년으로 제한한 민법 제651조 제1항이 헌법에 위반되는지 여부: 적극 [위헌]
건물 등 임대차의 경우, 임차한 상가와 주변 상권의 영업 전망에 따라 임차인으로서는 20년 이상의 임대차를 묵인하고 계속 임차하기를 원할 수도 있고, 아니면 20년 초과 부분의 무효를 주장하고 20년 초과 기간에 해당하는 임대료 상당의 부당이득의 반환을 청구할 수도 있다. 역으로 임대인의 경우에도 영업 전망이 좋을 경우 20년 초과 임대차의 무효를 주장하거나 임대료의 대폭 인상을 요구할 수 있다. 이처럼 임대차존속기간 20년을 강제함으로써 경제사정의 변화에 따라 당사자가 이를 악용할 여지를 만들어 주는 것은, 이 사건 법률조항이 입법목적의 실현을 위하여 필요한 범위를 벗어나는 과도한 제한을 가하고 있음으로 인한 결과이다. … 임대차기간이 갱신되지 않는 한 20년이 경과한 후에는 이를 제거 또는 철거해야 하는데, 이는 사회경제적으로도 손실이 아닐 수 없다. 따라서 이 사건 법률조항은 입법취지가 불명확하고, 대법원이 해석하는 바와 같이 사회경제적 효율성 측면에서 일정한 목적의 정당성이 인정된다 하더라도 과잉금지원칙을 위반하여 계약의 자유를 침해한다(헌재 2013.12.26, 2011헌바234).

21 재건축 사유 및 재건축을 이유로 갱신거절권을 행사할 수 있는 시점 등에 대하여 분명한 규정을 두고 있지 아니한 상가건물 임대차보호법 제10조 제1항 단서 제7호가 임차인의 재산권을 침해하는지 여부: 소극 [합헌] 16. 국회직
심판대상조항이 재건축 사유 및 재건축을 이유로 갱신거절권을 행사할 수 있는 시점 등에 대하여 분명한 규정을 두고 있지 아니하여 임대인에 의하여 남용될 여지가 있는 것은 사실이나, 복잡하고 다양한 재건축 사유 및 그 진행단계를 일일이 고려하여 입법한다는 것은 기술적으로 어려운 면이 있는 점, 또 실제로 심판대상조항을 둘러싸고 임대인과 임차인 사이에 분쟁이 발생한 경우 임대인의 갱신거절권행사가 정당한지 여부에 대하여, 법원이 구체적인 재건축 사유, 재건축사업의 실제 추진가능성 및 진행단계, 그 밖에 임차건물의 노후 및 훼손 정도, 안전사고 우려 여부 등 여러 사정을 고려하여 합목적적으로 판단함으로써 이와 관련된 문제는 대부분 해결될 수 있는 점, 임차인의 권리는 계약갱신요구권 이외에도 우선변제권이나 차임감액청구권 등 상가건물 임대차보호법상 다른 규정에 따라 두텁게 보호되고 있는 점 등의 사정을 종합하여 보면, 심판대상조항이 침해의 최소성원칙에 위배되거나 법익의 균형성에 어긋난다고 볼 수도 없다(헌재 2014.8.28, 2013헌바76).

22 사실혼 배우자에게 상속권을 인정하지 않는 민법 제1003조 제1항 중 '배우자' 부분이 사실혼 배우자의 상속권을 침해하는지 여부: 소극 [합헌]
이 사건 법률조항이 사실혼 배우자에게 상속권을 인정하지 아니하는 것은 상속인에 해당하는지 여부를 객관적인 기준에 의하여 파악할 수 있도록 함으로써 상속을 둘러싼 분쟁을 방지하고, 상속으로 인한 법률관계를 조속히 확정시키며, 거래의 안전을 도모하기 위한 것이다. 사실혼 부부에 대하여 획일적으로 법률이 정한 상속권을 인정하게 되면, 경우에 따라 당사자들의 의사에 반하게 될 수 있고, 사실혼관계인지 여부에 관하여 다툼이 생겨 상속을 둘러싼 법적 분쟁이 발생할 가능성이 매우 높다.

기출 OX

01 재건축사업 진행단계에 상관없이 임대인이 갱신거절권을 행사할 수 있도록 한 구 상가건물 임대차보호법 제10조 제1항 단서 제7호는 상가임차인의 재산권을 침해한다 16. 국회직 9급
( )

02 사실혼 배우자에게 상속권을 인정하지 않는 민법(1990.1.13. 법률 제4199호로 개정된 것) 제1003조 제1항 중 '배우자' 부분이 상속권에 관하여 사실혼 배우자와 법률혼 배우자를 차별하고 있다고 하더라도, 그러한 취급에는 수긍할 만한 합리적인 이유가 있으므로 이를 두고 자의적인 차별로서 사실혼 배우자의 평등권을 침해한다고 보기는 어렵다. 15. 법무사 ( )

해설
평등권·상속권 모두 침해하지 않으므로 합헌이다.

정답 01 × 02 ○

사실혼 배우자는 혼인신고를 함으로써 상속권을 가질 수 있고, 증여나 유증을 받는 방법으로 상속에 준하는 효과를 얻을 수 있으며, 근로기준법, 국민연금법 등에 근거한 급여를 받을 권리 등이 인정된다. 따라서 이 사건 법률조항이 사실혼 배우자인 청구인의 상속권을 침해한다고 할 수 없다(헌재 2014.8.28, 2013헌바119).

23 행정기관이 개발촉진지구 지역개발사업으로 실시계획을 승인하고 이를 고시하기만 하면 고급골프장사업과 같이 공익성이 낮은 사업에 대해서까지도 시행자인 민간개발자에게 수용권한을 부여하는 구 '지역균형개발 및 지방중소기업 육성에 관한 법률' 제19조 제1항의 '시행자' 부분 중 '제16조 제1항 제4호'에 관한 부분이 헌법 제23조 제3항에 위배되는지 여부: 적극 [헌법불합치] 16. 사시

헌법 제23조 제3항에서 규정하고 있는 '공공필요'는 '국민의 재산권을 그 의사에 반하여 강제적으로라도 취득하여야 할 공익적 필요성'으로서, '공공필요'의 개념은 '공익성'과 '필요성'이라는 요소로 구성되어 있는바, '공익성'의 정도를 판단함에 있어서는 공용수용을 허용하고 있는 개별법의 입법목적, 사업내용, 사업이 입법목적에 이바지 하는 정도는 물론, 특히 그 사업이 대중을 상대로 하는 영업인 경우에는 그 사업 시설에 대한 대중의 이용·접근가능성도 아울러 고려하여야 한다. 고급골프장 등 사업은 그 특성상 사업운영과정에서 발생하는 지방세수 확보와 지역경제 활성화는 부수적인 공익일 뿐이고, 이 정도의 공익이 그 사업으로 인하여 강제수용 당하는 주민들의 기본권침해를 정당화할 정도로 우월하다고 볼 수 없다. 따라서 이 사건 법률조항은 공익적 필요성이 인정되기 어려운 민간개발자의 지구개발사업을 위해서까지 공공수용이 허용될 수 있는 가능성을 열어두고 있어 헌법 제23조 제3항에 위반된다(헌재 2014.10.30, 2011헌바129·172).

24 공직선거법 제265조의2 제1항 전문 중 '제264조의 규정에 따라 당선이 무효로 된 사람은 제57조와 제122조의2에 따라 반환·보전받은 금액을 반환하여야 하는 부분'(이하 '비용반환조항'이라 한다)이 청구인의 재산권을 침해하는지 여부: 소극 [기각]

비용반환조항은 선거범죄를 억제하고 공정한 선거문화를 확립하고자 하는 목적으로 선거범에 대한 제재를 규정한 것인 점, 선거범죄를 범하여 형사처벌을 받은 자에게 어느 정도의 불이익을 가할 것인가는 기본적으로 입법자가 결정할 문제인 점, 비용반환조항이 선고형에 따라 제재대상을 정함으로써 사소하고 경미한 선거범과 구체적인 양형사유가 있는 선거범을 제외하고 있는 점, 선거범죄가 당선인의 득표율에 실제로 미친 영향을 계산할 방법이 없는 점 등을 종합하면, 비용반환조항이 청구인의 재산권을 침해한다고 볼 수 없다(헌재 2015.2.26, 2012헌마581).

25 도로 등 영조물 주변 일정 범위에서 광업권자의 채굴행위를 제한하는 구 광업법 제44조 제1항 제1호 등이 광업권자의 재산권을 침해하는지 여부: 소극 [합헌] 16. 서울시

심판대상조항은 광업권이 정당한 토지사용권 등 공익과 충돌하는 것을 조정하는 정당한 입법목적이 있고, 도로와 일정 거리 내에서는 허가 또는 승낙하에서만 채굴할 수 있도록 하는 것은 적절한 수단이 되며, 정당한 이유 없이 허가 또는 승낙을 거부할 수 없도록 하여 광업권이 합리적인 이유 없이 제한되는 일이 없도록 하므로 최소침해성의 원칙에도 부합하고, 실현하고자 하는 공익과 광업권의 침해 정도를 비교형량할 때 적정한 비례관계가 성립하므로 법익균형성도 충족된다. 또한 광업권의 특성을 감안할 때 심판대상조항에 의한 제한은 광업권자가 수인하여야 하는 사회적 제약의 범주에 속하는 것이다. 따라서 심판대상조항은 광업권자의 재산권을 침해하지 아니한다(헌재 2014.2.27, 2010헌바483).

기출 OX

03 행정기관이 개발촉진지구 지역개발사업으로 실시계획을 승인하고 이를 고시하면 고급골프장 사업과 같이 공익성이 낮은 사업에 대해서까지도 시행자인 민간개발자에게 수용권한을 부여하는 규정은 헌법 제23조 제3항에 위반된다. 16. 사시 ( )

04 헌법재판소는 도로의 지표 지하 50m 이내의 장소에서는 관할 관청의 허가나 소유자 또는 이해관계인의 승낙이 없으면 광물을 채굴할 수 없도록 규정한 구 광업법 조항에 대하여, 다른 권리와의 충돌가능성이 내재되어 있는 광업권의 특성을 감안하더라도 위와 같은 제한은 광업권자가 수인하여야 하는 사회적 제약의 범주를 벗어나 광업권자의 재산권을 침해한다고 판시하였다. 15. 변호사 ( )

정답 03 ○ 04 ×

기출 OX

01 등기부취득시효를 규정한 민법 조항은 원소유자의 재산권을 침해하지 아니한다. 18. 법행 ( )

26 등기부취득시효에 관하여 규정한 민법 제245조 제2항이 재산권을 침해하는지 여부: 소극 [합헌]

10년간 소유권을 행사하지 아니한 자보다는 소유의 의사로 평온, 공연하게 선의·무과실로 부동산을 점유하면서 등기한 자의 부동산에 대한 이해관계가 두텁고, 사실상태가 오랜 기간 계속된 경우 이를 신뢰한 자를 보호하고 법률질서의 안정을 기할 필요가 있다. 원소유자는 10년 동안 자유롭게 소유권을 행사할 수 있고, 민법 제245조 제2항은 점유자의 등기 및 선의·무과실까지 요구하여 원소유자를 충분히 보호하고 있다. 또한 시효의 중단, 시효이익의 포기 등 원소유자와 시효취득자의 이익을 조정하는 제도도 마련되어 있다. 부동산 거래 실정과 성립요건주의를 취하고 있는 점을 고려하면, 10년의 시효기간이 부당하게 짧다고 보기도 어렵다. 따라서 민법 제245조 제2항은 청구인의 재산권을 침해하지 않는다(헌재 2016.2.25, 2015헌바257).

27 입찰담합행위 등을 한 사업자에게 시정조치 및 매출액의 10% 이내에서 과징금을 부과할 수 있도록 규정한 '독점규제 및 공정거래에 관한 법률' 제21조 등이 재산권 등을 침해하는지 여부: 소극 [합헌]

과징금부과조항은 사업자의 입찰담합 및 공급제한 행위로 인한 부당이득을 환수하고 그러한 위법행위를 제재하기 위한 것으로, 이를 위해 매출액의 10% 이내의 과징금을 부과할 수 있도록 한 입법자의 판단은 합리성을 결여한 것으로 보기 어렵다. 형벌·손해배상·타법상의 제재가 과징금에 병과될 수 있지만, 그 제재의 총합이 위법행위의 불법성에 비추어 과잉된 것이 되지 않도록 하는 제도적 장치들이 존재한다. 또한 법원은 구체적인 과징금 부과처분이 비례성을 충족하는지 여부를 판단함에 있어서 사업자의 고의·과실의 유무를 고려하고, '정당한 사유'를 과징금 부과의 면책사유로 고려하고 있다. 따라서 과징금부과조항은 재산권을 침해하지 아니한다(헌재 2016.4.28, 2014헌바60 등).

28 이사가 고의 또는 과실로 법령 또는 정관에 위반한 행위를 하거나 그 임무를 게을리한 경우 회사에 대하여 연대하여 손해를 배상하도록 규정한 상법 제399조 제1항이 헌법에 위반되는지 여부: 소극 [합헌]

과실책임원칙은 헌법 제119조 제1항의 자유시장 경제질서에서 파생된 것으로 민사책임의 기본원리인바, 이사의 회사에 대한 손해배상책임을 과실책임으로 규정한 것은 이사의 업무집행의 적정성을 도모하고 회사의 손해를 전보하기 위하여 이사의 회사에 대한 손해배상책임을 규정하면서도 한편으로 이사의 포괄적 업무집행권이라는 이해관계도 고려한 것으로 합리적인 입법권의 행사라고 판단되고, 구체적으로 누구에게 입증책임을 분배할 것인가는 정의의 추구라는 사법의 이념, 재판의 공정성, 다툼이 되는 쟁점의 특성 및 관련 증거에 대한 접근성 등을 종합적으로 고려하여 입법자가 재량으로 정할 수 있는 입법형성의 영역이고, 이사의 임무해태는 이사가 선량한 관리자로서의 주의의무를 가지고 필요하고 적절한 조치를 다하여야 할 의무를 위반한 것으로서 과실과 분리되는 것이 아니므로, 이에 대한 고의 또는 과실의 입증책임을 이사의 책임을 주장하는 자에게 부담시킨 것은 그 합리성을 인정할 수 있으므로, 상법조항이 입법형성권의 한계를 일탈하여 이사의 재산권을 침해하였다고 할 수 없다(헌재 2016.4.28, 2015헌바230).

정답 01 ○

29 개발부담금을 개발부담금 납부 고지일 후에 저당권 등으로 담보된 채권에 우선하여 징수할 수 있도록 한 '개발이익 환수에 관한 법률' 제22조 제2항이 재산권을 침해하는지 여부: 소극 [합헌]

개발부담금은 실질적인 조세로서의 성격을 가지는 금전급부로서 국가나 지방자치단체의 활동을 위한 재정수입의 원천이 되므로 고도의 공공성과 공익성을 가져 그 징수의 확보를 보장할 필요가 있다. 이에 심판대상조항은 그 본문에서 국세와 지방세를 제외한 그 밖의 채권에 대한 개발부담금의 우선징수권을 규정하면서도, 그 단서에서 개발부담금의 '납부 고지일 전에' 설정된 저당권 등에 의하여 담보된 채권에 대하여는 개발부담금을 우선 징수할 수 없도록 규정함으로써 '개발부담금 징수의 확보'라는 공익 목적과 '담보권의 보호' 사이의 조화를 도모하고 있다.

개발부담금채권과 피담보채권 사이의 우열을 가리는 기준은 개발부담금의 우선권을 인정하는 공익 목적과 담보권의 보호 사이의 조화를 이루는 선에서 법률로써 명확하게 정하여야 할 것이고, 그 기준시기는 담보권자가 개발부담금채무의 존부 및 범위를 확인할 수 있고 부과관청 등에 의하여 임의로 변경될 수 없는 시기이어야 한다. 다만 그 구체적인 기준시기의 결정은 입법자가 위에서 본 기준시기에 관한 원칙을 지키는 한 합리적인 판단에 의하여 정할 입법재량에 속한다고 할 것이므로, 입법자가 그 합리적 재량의 범위를 일탈한 것이 아닌 한 헌법에 위반된다고 할 수 없다(헌재 2016.6.30, 2013헌바91).

30 법률혼 관계에 있었지만 별거·가출 등으로 실질적인 혼인관계가 존재하지 않았던 기간을 일률적으로 혼인 기간에 포함시켜 분할연금을 산정하도록 하는 분할연금제도가 재산권을 침해하는지 여부: 적극 [헌법불합치]

심판대상조항은 배우자의 국민연금 가입기간 중의 혼인 기간이 5년 이상인 자에게 분할연금 수급권을 부여하면서, 법률혼 기간의 산정에 있어 부부 사이에 실질적인 혼인관계가 존재하였는지를 묻지 않는다.

분할연금제도는 재산권적인 성격과 사회보장적 성격을 함께 가진다. 분할연금제도의 재산권적 성격은 노령연금 수급권도 혼인생활 중에 협력하여 이룬 부부의 공동재산이므로 이혼 후에는 그 기여분에 해당하는 몫을 분할하여야 한다는 것이고, 여기서 노령연금 수급권 형성에 대한 기여란 부부공동생활 중에 역할분담의 차원에서 이루어지는 가사·육아 등을 의미하므로, 분할연금은 국민연금 가입기간 중 실질적인 혼인 기간을 고려하여 산정하여야 한다. 따라서 법률혼 관계를 유지하고 있었다고 하더라도 실질적인 혼인관계가 해소되어 노령연금 수급권의 형성에 아무런 기여가 없었다면 그 기간에 대하여는 노령연금의 분할을 청구할 전제를 갖추었다고 볼 수 없다.

그럼에도 불구하고 심판대상조항은 법률혼 관계에 있었지만 별거·가출 등으로 실질적인 혼인관계가 존재하지 않았던 기간을 일률적으로 혼인 기간에 포함시켜 분할연금을 산정하도록 하고 있는바, 이는 분할연금제도의 재산권적 성격을 몰각시키는 것으로서 그 입법형성권의 재량을 벗어났다고 보아야 한다. … 따라서 심판대상조항은 청구인의 재산권을 침해한다(헌재 2016.12.29, 2015헌바182).

31 당사자의 약정이 없으면 연 5푼으로 한 민사법정이율 및 반환할 금전에는 그 받은 날로부터 이자를 가하도록 한 민법이 재산권을 침해하는지 여부: 소극 [합헌]

이율에 관한 거래비용을 절감하고 분쟁을 예방하기 위해서 거래 관행 등을 반영한 이율에 관한 일반적 기준을 정해 둘 필요가 있다. 입법자는 민법의 일반 법적 성격, 법정이율 고정제를 채택하고 있는 국가들의 평균 법정이율 등을 고려하여 법정이율을 연 5푼으로 정한 것이다. 민사법정이율은 다른 법률의 정함이나 당사자 사이의

기출 OX

02 별거나 가출 등으로 실질적인 혼인관계가 존재하지 아니하여 연금 형성에 기여가 없는 이혼배우자에 대해서 법률혼 기간을 기준으로 분할연금 수급권을 인정하는 것은 재산권을 침해하지 않는다. 20. 입시 ( )

정답 02 ×

약정이 없는 경우 적용되는 일반적·예비적 조항에 불과하다. … 민법은 계약이 해제되면 해당 계약은 소급하여 무효로 됨을 전제로, 당사자에게 상대방에 대하여 계약이 체결되지 않았을 경우에 나타났을 원래의 상황을 회복할 의무(원상회복의무)를 부과한다. 그런데 금전은 교환수단일 뿐만 아니라 가치저장수단으로서 자본의 축적에 이바지하므로, 금전을 인도받아 보유하고 있는 자체로 금전에 대한 운용이익을 얻고 있다고 볼 수 있다. 따라서 계약 해제에 따라 금전을 원상회복으로 반환하는 경우 그 받은 날로부터 이자를 지급하도록 한 것은 계약이 체결되지 않았을 경우에 나타났을 원래의 상황을 회복한다는 계약 해제 제도의 정당한 목적 달성을 위한 합리적 수단이다. … 따라서 민법 제548조 제2항은 원상회복의무자의 재산권을 침해한다고 볼 수 없다(헌재 2017.5.25, 2015헌바421).

32 배우자의 상속공제를 인정받기 위한 요건으로 배우자상속재산분할기한까지 배우자의 상속재산을 분할하여 신고할 것을 요구하면서 위 기한이 경과하면 일률적으로 배우자의 상속공제를 부인하고 있는 구 상속세 및 증여세법 제19조 제2항이 배우자인 상속인의 재산권을 침해하는지 여부: **적극 [헌법불합치]**

이 사건 법률조항은 피상속인의 배우자가 상속공제를 받은 후에 상속재산을 상속인들에게 이전하는 방법으로 부의 무상이전을 시도하는 것을 방지하고 상속세에 대한 조세법률관계를 조기에 확정하기 위한 정당한 입법목적을 가진 것이나, 상속재산분할심판과 같이 상속에 대한 실체적 분쟁이 계속 중이어서 법정기한 내에 재산분할을 마치기 어려운 부득이한 사정이 있는 경우, 후발적 경정청구 등에 의해 그러한 심판의 결과를 상속세 산정에 추후 반영할 길을 열어두지도 않은 채, 위 기한이 경과하면 일률적으로 배우자 상속공제를 부인함으로써 비례원칙에 위배되어 청구인들의 재산권을 침해하고, 나아가 소송계속 등 부득이한 사유로 법정기한 내에 상속분할을 마치지 못한 상속인들을 그렇지 아니한 자와 동일하게 취급하는 것으로서 그 차별의 합리성이 없으므로 청구인들의 평등권을 침해한다(헌재 2012.5.31, 2009헌바190).

33 공동상속인 중 피상속인으로부터 재산의 증여 또는 유증을 받은 자가 있는 경우에 그 수증재산이 자기의 상속분에 달하지 못한 때에는 그 부족한 부분의 한도에서 상속분이 있다고 규정하면서 특별수익자가 배우자인 경우 특별수익 산정에 관한 예외를 두지 아니한 민법 제1008조(이하 '특별수익자 조항'이라 한다)가 배우자인 상속인의 재산권을 침해하는지 여부: **소극 [합헌]**

특별수익자 조항이 공동상속인 중에 피상속인으로부터 재산의 증여 또는 유증을 받은 특별수익자가 있는 경우에 그 수증재산을 상속분의 선급으로 보고 구체적인 상속분을 산정하도록 한 것은 상속에 있어서 공동상속인들 사이의 공평을 기하도록 하기 위함이다. 그런데 특별수익자가 배우자인 경우에 대하여서만 특별수익 산정에 관한 예외규정을 둔다면 공동상속인 사이에 공평을 해치게 되어 특별수익자 조항의 입법목적에 배치되는 결과를 가져온다. 나아가 공동재산형성이나 배우자부양 측면에서 배우자의 특수성은 민법상 법정상속분제도, 기여분제도를 통하여 구체적 상속분 산정시 고려되고 있고, 대법원은 일부 상속인에 대하여 증여 또는 유증이 있었다고 하더라도 해당 수증분의 특별수익 해당 여부에 관하여는 구체적인 사안에 따라 제한적으로 해석하고 있다. 따라서 특별수익자 조항이 입법재량의 한계를 벗어나 배우자인 상속인의 재산권을 침해한다고 볼 수 없다(헌재 2017.4.27, 2015헌바24).

기출 OX

01 배우자의 상속공제를 인정받기 위한 요건으로 배우자상속재산분할기한까지 배우자의 상속재산을 분할하여 신고할 것을 요구하면서 위 기한이 경과하면 일률적으로 배우자의 상속공제를 부인하고 있는 구 상속세 및 증여세법 제19조 제2항은 배우자인 상속인의 재산권을 침해한다고 볼 수 없다.
17. 경찰승진 ( )

정답 **01** ×

34 선의의 투자자에 대한 감사인의 손해배상책임은 그 청구권자가 당해 사실을 안 날로부터 1년 이내 또는 감사보고서를 제출한 날로부터 3년 이내에 청구권을 행사하지 아니한 때에는 소멸한다고 규정한 구 증권거래법 제197조 제1항 등이 재산권을 침해하는지 여부: 소극 [합헌]

선의의 투자자들은 구 증권거래법·자본시장법상 손해배상책임과 민법의 불법행위책임을 다 함께 물을 수 있으므로, 이 사건 법률조항들에 따른 제척기간이 경과하더라도 여전히 민법의 불법행위책임에 따른 손해배상청구를 할 수 있다.

이 사건 법률조항들이 규정한 제척기간이 지나치게 단기간이어서 선의의 투자자가 회계감사인에 대한 손해배상청구권 행사를 현저히 곤란하게 하거나 사실상 불가능하게 한다고 볼 수는 없으므로, 이 사건 법률조항들은 위 손해배상청구권의 행사기간을 입법자의 재량범위 내에서 정하였다. 따라서 이 사건 법률조항들은 청구인들의 재산권을 침해하지 아니한다(헌재 2017.6.29, 2015헌바376 등).

35 부동산매매업자가 1세대 3주택 또는 비사업용 토지를 양도한 경우 사업자로서의 종합소득산출세액과 양도소득세율을 적용한 산출세액을 비교하여 그중 많은 것을 종합소득산출세액으로 계산하는 구 소득세법 제64조 제1항 등이 재산권을 침해하는지 여부: 소극 [합헌]

심판대상조항은 1세대 3주택 및 비사업용 토지에 대한 양도소득세 중과제도의 실효성을 확보함으로써 국민의 주거생활 안정과 주택가격 안정을 이룩하고, 토지에 대한 투기수요을 억제하고 투기로 인한 이익을 환수하며, 부동산매매업자가 아닌 일반 거주자와의 과세형평을 도모하기 위한 것으로서, 그 입법목적의 정당성이 인정된다.

심판대상조항의 적용을 한정할 경우 부동산매매업자는 이자비용 등 필요경비를 과다지출하는 등의 방식으로 중과세를 회피할 수 있고, 특히 종합소득금액이 결손이 되는 경우 특례적용부동산의 매매차익이 크더라도 산출세액이 0이 되어 입법목적이 완전히 의미를 상실하게 된다. 결국 심판대상조항의 적용범위를 축소하거나 세액을 한정하여서는 양도소득세 중과를 통하여 국민 다수의 주거생활을 안정시키고 부동산 투기를 억제하려는 입법목적을 동일한 정도로 달성하기 어렵다. 따라서 심판대상조항은 최소침해의 원칙에 위반된다고 할 수 없다.

심판대상조항에 의하여 양도소득세율이 적용되더라도 매매차익이 존재하는 경우에 한하여 그 범위 내에서 세금이 부과되므로 소득 없는 곳에 과세하는 것이 아니다. 부동산 투기를 억제할 공익은 중대한 반면, 이로 인하여 침해되는 사익은 매매차익의 범위 내에서 일반 거주자와 동일한 수준으로 세금을 부담하는 것에 지나지 않으므로 법익의 균형성도 준수하였다. 결국 심판대상조항은 청구인의 재산권을 침해하지 않는다(헌재 2017.8.31, 2015헌바339).

36 개발제한구역 중 취락지구가 아닌 지역으로 이축하는 자에게 개발제한구역보전부담금을 부과하는 개발제한구역의 지정 및 관리에 관한 특별조치법 제24조 제2항 등이 재산권을 침해하는지 여부: 소극 [합헌]

심판대상조항의 목적은 개발제한구역에서의 개발행위를 하는 자에게 부담금을 부과함으로써 개발제한구역을 보전하고 개발제한구역의 관리 재원을 마련하는 것이다. 이는 경제적 부담을 줄 뿐 이축 자체를 금지하지 않는다. 이축을 하려는 땅과 개발제한구역이 아닌 비슷한 땅 사이의 가격 차이를 기준으로 부담금을 계산하고, 이축으로 인한 개발이익이 개발자에게 돌아가는 점을 고려하면 심판대상조항이 청구인의 재산권을 침해한다고 볼 수 없다.

한편 취락지구와 취락지구가 아닌 지역은 개발허용수준이 다르므로 서로 다른 비율로 개발보전부담금을 부과한다고 해서 합리적 이유 없는 차별이라고 볼 수도 없어 평등원칙에 위배되지 않는다. 결국 심판대상조항은 헌법에 위반되지 아니한다(헌재 2017.9.28, 2016헌바76).

37 재건축 조합 설립에 부동의한 토지 등 소유자를 매도청구의 상대방으로 규정한 '도시 및 주거환경정비법' 제39조 전문 제1호 중 제16조 제3항에 관한 부분(이하 '부동의자 매도청구조항'이라 한다) 등이 재산권을 침해하는지 여부: 소극 [합헌]

조합원 자격조항과 토지소유자 매도청구조항은, 토지와 건축물을 분리 소유하거나 토지를 분할하는 투기행위를 방지하고 주택재건축사업을 신속하고 차질 없이 시행하기 위한 것이다. 주택재건축사업 정비계획 수립 및 정비구역 지정의 절차 및 요건에 비추어보면, 불필요한 토지가 정비구역에 포함될 가능성은 희박하고, 토지만 소유한 자에게 조합원 자격을 부여할 경우 발생할 우려가 있는 투기행위, 사업지연, 사업비용증가 등의 문제를 방지할 다른 방법을 찾기 어렵다. 나아가 매도청구권 행사의 요건, 절차, 기간 등이 제한되고, 개발이익까지 포함한 정당한 보상이 부여되므로, 위 조항들은 재산권을 침해한다고 볼 수 없다(헌재 2017.10.26, 2016헌바301).

38 법인의 토지 등 양도소득을 계산함에 있어 양도가액에서 양도 당시의 장부가액만을 차감하도록 규정하는 구 법인세법 제55조의2 제6항이 재산권을 침해하는지 여부: 소극 [합헌]

헌법재판소는 2011.10.25, 2010헌바21 사건에서 심판대상조항과 동일한 내용의 조항에 관하여, 해당 조항은 법인의 부동산 투기 억제 및 개인 양도소득세와의 세금불균형 해소를 위한 것이고, 토지의 양도 당시의 장부가액 외에 토지 양도 비용까지 그대로 공제해 줄 경우 법인의 부동산 투기를 효과적으로 근절하기 어렵고 오히려 이를 부추길 우려가 있는 점, 양도비용의 공제를 부인하더라도 그로 인한 법인세 세부담이 개인의 양도소득세 세부담보다 크다고 할 수 없는 점 등을 고려할 때 헌법에 위반되지 않는다고 결정하였다.

위 선례 결정 이후 관련 법률의 개정 내용을 고려하더라도, 이 사건에서 선례를 변경할 사정이 없으므로 심판대상조항은 재산권을 침해하지 않는다(헌재 2017.11.30, 2016헌바82).

39 연금인 급여를 전국소비자물가변동률에 따라 매년 증액 또는 감액하도록 하는 공무원연금법 제43조의2를 2016.1.1.부터 2020.12.31.까지 적용하지 않도록 한 공무원연금법의 '연금동결조항'이 재산권을 침해하는지 여부: 소극 [기각]

연금재정의 안정성과 건전성을 확보하는 것은 공무원연금제도의 장기적 운영과 지속가능성을 위하여 반드시 필요한 요소이므로, 연금동결조항이 추구하는 공익적 가치는 매우 중대하다. 이러한 점들을 종합하면, 연금동결조항은 신뢰보호원칙에 반하여 청구인의 재산권을 침해한다고 볼 수 없다(헌재 2017.11.30, 2016헌마101·266).

40 제대혈의 매매행위를 금지하고 있는 '제대혈 관리 및 연구에 관한 법률' 제5조 제1항 제1호가 계약의 자유 및 재산권 등을 침해하는지 여부: 소극 [합헌]

제대혈이 상업적 매매의 대상이 될 경우 그 자체로 인격과 분리된 단순한 물건으로 취급되어 인간의 존엄성을 해치는 측면이 있다. 영리성에 기초할 경우 장기 보관이 전제되는 제대혈의 특성상 관리 소홀에 따른 위해 발생의 문제가 있을 뿐만 아니라, 보관기간이 지났거나 사용에 부적합한 제대혈이 불법적으로 유통될 위험성도 높아진다. 이러한 사정을 모두 종합하여 보면 심판대상조항으로 인한 계약의 자유 및 재산권제한이 침해의 최소성에 반한다고 볼 수 없다.

심판대상조항으로 인하여 청구인이 받게 되는 불이익보다는, 제대혈의 윤리성과 안전성을 확보하여 국민의 생명과 신체의 안전을 보장하고 국민보건의 향상에 기여하려는 심판대상조항이 추구하는 공익이 더 크다. 따라서 심판대상조항은 법익의 균형성도 갖추었다. 심판대상조항은 과잉금지원칙을 위반하여 청구인의 계약의 자유 및 재산권을 침해하지 아니한다(헌재 2017.11.30, 2016헌바38).

41 임차주택의 양수인은 임대인의 지위를 승계하도록 규정한 구 주택임대차보호법 제3조 제3항이 재산권을 침해하는지 여부: 소극 [합헌]

임차주택을 대상으로 하여 법적인 계약을 하고자 하는 자는 주민등록법 제29조 제1항, 같은 법 시행규칙 제14조에 의한 주민등록전입세대의 열람을 통하여 해당 소재지에 주민등록이 되어 있는 자의 존재 및 전입일자 등을 확인함으로써 임차인의 존재와 대항력의 존재 여부를 파악할 수 있고, 그에 따른 적절한 손해예방 조치를 취할 수 있다. 따라서 주택임대차보호법상 일정한 대항요건을 갖춘 임차인에게 심판대상조항과 같은 내용의 대항력을 부여하더라도, 그 임차주택을 대상으로 하여 법률관계를 맺으려는 자는 위험을 예상하여 그것을 회피할 수 있으므로, 임차주택의 양수인에게 불측의 과도한 재산상 손해를 준다고 보기는 어렵다. … 결국 심판대상조항은, 임차인이 주택의 인도와 주민등록이라는 주택임대차보호법상의 대항요건을 갖춘 때에 한하여 양수인에게 임대차계약상의 권리·의무를 그대로 승계하도록 하고 있어, 사회적 약자인 임차인의 주거생활의 안정을 도모함과 동시에 주민등록이라는 공시기능을 통하여 주택 양수인의 불측의 손해를 예방할 수 있도록 하고 있으므로, 과잉금지원칙에 반하여 헌법에 위반된다고 볼 수 없다(헌재 2017.8.31, 2016헌바146).

42 지역구국회의원 예비후보자의 기탁금 반환 사유를 예비후보자의 사망, 당내경선 탈락으로 한정하여 당내경선에서 배제된(이른바 '컷오프') 예비후보자들로서 본 선거에서 등록을 하지 않은 경우, 선거에서 진정성이 없거나 불성실하다고 단정할 수 없는 정치신인 등에게 그 기탁금을 반환하지 않는 것이 그들의 재산권을 침해하여 헌법에 위반되는지 여부: 적극 [헌법불합치]

예비후보자가 후보자로 등록하지 않는 경우에 납부한 기탁금을 국가 또는 지방자치단체에 귀속하는 것을 원칙으로 하되, 예비후보자의 무분별한 난립으로 인한 위와 같은 폐단을 방지하고 그 성실성을 담보하기 위한 것으로서 그 입법목적이 정당하고, 방법의 적정성 또한 인정된다. 정당의 추천을 받고자 공천신청을 하였음에도 정당의 후보자로 추천받지 못한 예비후보자는 소속 정당에 대한 신뢰·소속감 또는 당선가능성 때문에 본선거의 후보자로 등록을 하지 아니할 수 있다. 이를 두고 예비후보자가 처음부터 진정성이 없이 예비후보자 등록을 하였다거나 예비후보자로서 선거운동에서 불성실하다고 단정할 수 없다. 만일 이러한 경우까지 예비후보자에게 납부한 기탁금을 반환하지 아니한다면, 정치신인 등은 기탁금을 반환받지 못할 수 있는 것에 부담을 느껴 예비후보자로 등록하는 것을 꺼리게 될 수 있으며, 이는 선거운동의 자유를 확대하려고 하는 예비후보자제도의 도입 취지에 정면으로 배치되는 결과를 초래할 수 있다.

예비후보자가 본선거의 정당후보자로 등록하려 하였으나 자신의 의사와 관계없이 정당 공천관리위원회의 심사에서 탈락하여 본선거의 후보자로 등록하지 아니한 것은 후보자등록을 하지 못할 정도에 이르는 객관적이고 예외적인 사유에 해당한다. 따라서 이러한 사정이 있는 예비후보자가 납부한 기탁금은 반환되어야 함에도 불구하고, 심판대상조항이 예비후보자에게 기탁금을 반환하지 아니하는 것은 입법형성권의 범위를 벗어난 과도한 제한이라고 할 수 있다.

기출 OX

01 지역구국회의원선거 예비후보자의 기탁금 반환 사유로 예비후보자가 당의 공천심사에서 탈락하고 후보자등록을 하지 않았을 경우를 규정하지 않은 것은 헌법에 위배된다. 20. 입시
( )

정답 01 ○

예비후보자의 성실성과 책임성을 담보하는 공익 등은 예비후보자에게 그가 납부한 기탁금을 반환한다고 하여 크게 훼손된다고 할 수 없으므로, 심판대상조항이 이러한 예비후보자에게 기탁금을 반환하지 아니하도록 함으로써 그가 입게 되는 기본권 침해의 불이익보다 크다고 단정할 수 없다. 따라서 심판대상조항은 법익의 균형성이 인정되지 아니한다(헌재 2018.1.25, 2016헌마541).

43 피상속인에 대한 부양의무를 이행하지 않은 직계존속의 경우를 상속결격사유로 규정하지 않은 민법 제1004조가 재산권을 침해하는지 여부: 소극 [합헌]

심판대상조항은 일정한 형사상의 범죄행위와 유언의 자유를 침해하는 부정행위 등 5가지를 상속결격사유로 한정적으로 열거하고 있다. 이는 상속인이 일정한 형사상의 범죄행위 또는 유언의 자유를 침해하는 부정행위를 저지른 극히 예외적인 경우를 제외하고는 상속인의 상속권을 보호함과 동시에 상속결격 여부를 둘러싼 분쟁을 방지하고, 상속으로 인한 법률관계를 조속히 확정시키기 위함이다.

직계존속이 피상속인에 대한 부양의무를 이행하지 않았다고 하더라도, 이것이 부양의무를 해태한 것으로 평가되어 향후 직계존속 일방으로부터 양육비지급청구 등 민사상 금전지급청구의 대상이 될 수 있음은 별론으로 하고, 그것이 피상속인에 대한 살인·살인미수 또는 상해치사 등과 동일한 수준으로 상속인과 피상속인을 연결하는 윤리적·경제적 협동관계를 파괴하는 중대한 범법행위 또는 유언의 자유를 침해하는 부정행위라고 보기는 어렵다. 또한 개별 가족의 생활 형태나 경제적 여건 등에 따라 부양의무 이행의 방법과 정도는 다양하게 나타나기 때문에 '부양의무 이행'의 개념은 상대적일 수밖에 없다. 따라서 심판대상조항이 청구인의 재산권을 침해한다고 볼 수 없다(헌재 2018.2.22, 2017헌바59).

44 기존 한정면허 사업자를 개정법에 따른 일반면허 사업자로 의제하는 해운법 부칙조항이 재산권을 침해하는지 여부: 소극 [기각]

해상여객운송사업의 면허권은 청구인과 같은 해상여객운송사업자가 특허에 의하여 이를 취득하여 보유하면서 그 영업이익 획득을 위해 이를 이용할 수 있으므로 사적 유용성이 인정되고, 해상여객운송사업자는 그 사업을 자유롭게 양도할 수 있으며 그 양수인은 해양수산부령으로 정하는 바에 따라 해양수산부장관에게 신고하기만 하면 해당 면허에 따른 권리·의무를 승계하므로, 원칙적 처분권도 인정되는 재산적 가치 있는 구체적 권리이다. 따라서 해상여객운송사업의 면허권은 **헌법 제23조에 의하여 보장되는 재산권**에 속하는바, 심판대상조항은 기존 일반면허를 받은 청구인과 같은 사업자의 독점적인 경영상태를 전면적인 경쟁상태로 전환시킴으로써 이들이 특허로 취득한 해상여객운송사업 면허권의 재산적 가치를 하락하게 하여 그 책임재산의 감소를 초래하므로, 청구인의 재산권을 제한한다.

심판대상조항으로 인해 청구인의 재산권이 과도하게 제한된다고 볼 수 없으므로, 침해의 최소성원칙에 반하지 않는다. 한편 심판대상조항으로 인해 청구인과 같이 기존 일반면허를 받은 사업자의 재산권이 제한되는 불이익을 입게 된다고 하더라도, 그러한 불이익이 심판대상조항을 통해 달성하려는 내항정기여객운송사업 시장의 독과점규제 및 도서민의 해상교통권 보장, 기존 한정면허를 받은 사업자의 정당한 신뢰이익 등에 비해 크다고 볼 수 없으므로, 법익의 균형성요건도 충족한다. 결국 심판대상조항이 과잉금지원칙을 위반하여 청구인의 재산권을 침해한다고 볼 수 없다(헌재 2018.2.22, 2015헌마552).

45 공무원연금법상 연금수급권의 유족급여대상에서 18세 이상의 자를 배제하는 것이 위헌인지 여부: 소극 18. 지방직

공무원연금법상의 연금수급권에는 사회적 기본권의 하나인 사회보장수급권의 성격과 재산권의 성격이 불가분적으로 혼재되어 있으므로, 입법자로서는 연금수급권의 구체적 내용을 정함에 있어 반드시 민법상 상속의 법리와 순위에 따라야 하는 것이 아니라 공무원연금제도의 목적달성에 알맞도록 독자적으로 규율할 수 있다. … 공무원연금법 제3조 제2항에서 18세 이상으로서 폐질상태에 있지 않은 자는 사회생활에 적응할 수 있고 독자적 노동능력을 갖추어 적어도 최소한의 생활은 스스로 영위해 나갈 수 있는 것으로 보아 유족의 범위에서 배제하여 유족급여를 받을 수 없게 하였다 하더라도, 이는 입법형성의 한계를 벗어나 사회보장수급권·재산권·평등권을 침해하는 것이라고 할 수 없다(헌재 1999.4.29, 97헌마333).

46 종합부동산세사건

[1] 세대별 합산규정이 위헌인지 여부: 적극 [위헌] 10. 사시, 12. 변호사

종합부동산세법상의 이 사건 세대별 합산규정은 혼인한 자 또는 가족과 함께 세대를 구성한 자를 비례의 원칙에 반하여 개인별로 과세되는 독신자, 사실혼관계의 부부, 세대원이 아닌 주택 등의 소유자 등에 비하여 불리하게 차별하여 취급하고 있으므로 헌법 제36조 제1항에 위반된다.

[2] 주택분 종합부동산세를 부과함에 있어서 보유 동기, 기간, 조세 지불능력 등에 대한 고려 없이 일률적 또는 무차별적으로 과세하는 것이 위헌인지 여부: 적극 [헌법불합치]

이 사건 종합부동산세의 납세의무자 중 적어도 주거목적으로 한 채의 주택만을 보유하고 있는 자로서, 그중에서도 특히 일정한 기간 이상 이를 보유하거나 또는 그 보유기간이 이에 미치지 않는다 하더라도 과세대상주택 이외에 별다른 재산이나 수입이 없어 조세 지불능력이 낮거나 사실상 거의 없는 자 등에 대하여 주택분 종합부동산세를 부과함에 있어서는 그 보유의 동기나 기간, 조세 지불능력 등과 같이 정책적 과세의 필요성 및 주거생활에 영향을 미치는 정황 등을 고려하여 납세의무자의 예외를 두거나 과세표준 또는 세율을 조정하여 납세의무를 감면하는 등의 과세 예외조항이나 조정장치를 두어야 할 것임에도 이와 같은 주택 보유의 정황을 고려하지 아니한 채 다른 일반 주택보유자와 동일하게 취급하여 일률적 또는 무차별적으로, 그것도 재산세에 비하여 상대적으로 고율인 누진세율을 적용하여 결과적으로 다액의 종합부동산세를 부과하는 것은 그 입법목적의 달성에 필요한 정책수단의 범위를 넘어 과도하게 주택보유자의 재산권을 제한하는 것으로서 피해의 최소성 및 법익균형성의 원칙에 어긋난다고 보지 않을 수 없다(헌재 2008.11.13, 2006헌바112 등).

47 토지보상액 산정시 공익사업으로 인한 개발이익을 배제하도록 규정한 공익사업법 제67조 제2항과 공시지가를 기준으로 보상액을 산정하도록 규정한 것이 위헌인지 여부: 소극

공익사업의 시행으로 지가가 상승하여 발생하는 개발이익은 피수용자인 토지소유자의 노력이나 자본에 의하여 발생하는 것이 아니어서 피수용 토지가 수용 당시 가지는 객관적 가치에 포함된다고 볼 수 없고, 따라서 그 성질상 완전보상의 범위에 포함되는 피수용자의 손실이라고 볼 수 없으므로, 위 조항이 이러한 개발이익을 배제하고 손실보상액을 산정한다 하여 헌법이 규정한 정당보상의 원칙에 어긋나는 것이라고 할 수 없다(다수 선례 있음, 헌재 2010.12.28, 2008헌바57).

기출 OX

01 공무원연금은 기여금 납부를 통해 공무원 자신도 재원의 형성에 일부 기여한다는 점에서 후불임금의 성격도 가지고 있으므로 공무원연금법상 연금수급권은 사회적 기본권의 하나인 사회보장수급권의 성격과 재산권의 성격을 아울러 지니고 있다. 18. 지방직
( )

02 세대별로 합산하여 종합부동산세를 부담하도록 한 법률조항은 혼인한 자 또는 가족과 함께 세대를 구성한 자를 비례의 원칙에 반하여, 개인별로 과세되는 독신자, 사실혼관계의 부부, 세대원이 아닌 주택 등의 소유자 등에 비하여 불리하게 차별하여 취급하고 있으므로, 헌법 제36조 제1항에 위반된다. 12. 법원직
( )

03 공익사업의 시행으로 인한 개발이익은 완전보상의 범위에 포함되는 피수용토지의 객관적 가치 내지 피수용자의 손실이라고 볼 수 없으므로 개발이익을 배제하고 손실보상액을 산정한다 하여 헌법이 규정한 정당보상의 원리에 어긋나는 것은 아니다. 20. 법행
( )

정답 01 ○ 02 ○ 03 ○

기출 OX

01 선거범죄로 당선이 무효로 되는 경우에 이미 보전받은 선거비용뿐만 아니라 반환받은 기탁금 전액까지 반환하도록 하는 것은 지나친 제재라고 볼 수 있다. 18. 서울시 ( )

02 전통사찰에 대하여 채무명의를 가진 일반 채권자가 전통사찰 소유의 전법용 경내지의 건조물 등에 대하여 압류하는 것을 금지하고 있는 구 전통사찰의 보존 및 지원에 관한 법률조항은 전통사찰의 일반 채권자의 재산권을 제한하지만, 종교의 자유의 내용 중 어떠한 것도 제한하지 아니한다. 15. 사시 ( )

정답 01 ✕ 02 ○

---

48 선거범죄로 처벌받아 당선이 무효로 된 자로 하여금 이미 반환받은 기탁금과 보전받은 선거비용을 다시 반환하도록 한 것이 재산권을 침해하는지 여부: **소극** 18. 서울시

[1] 이 사건 법률조항은 선거범죄를 억제하고 공정한 선거문화를 확립하고자 하는 필요성에 기한 것이고, 선고형을 기준으로 제재대상을 정함으로써 사소하고 경미한 선거범과 구체적인 양형사유가 있는 선거범을 제외하고 있으므로 과잉금지원칙을 위반한 재산권침해라고 할 수 없다.

[2] 공직선거의 후보자들은 모두 당선을 목적으로 하는 이상, 당선자에게만 제재를 부과하는 규정을 두더라도 후보자들은 모두 이를 자신의 제재로 받아들일 것이라서 굳이 낙선자를 제재대상에 포함하지 않더라도 입법목적의 달성의 효과는 동일할 것이므로 낙선자를 제외하고 당선자만 제재대상으로 규정한 이 사건 법률조항이 자의적인 입법으로서 청구인의 평등권을 침해한다고 볼 수 없다.

[3] 이 사건 법률조항의 제재는 이미 선거의 공정을 저해한 자들에 대한 것이고, 선거범죄 유무를 불문하고 일률적으로 득표율에 따라 선거비용보전을 해준다면 선거범죄를 저질러서라도 득표율을 높이려고 할 가능성도 있다는 점 및 재선거를 치르는 경우에는 국가가 이중으로 선거비용을 지출하게 되므로 국가의 재정부담을 줄이는 조치를 하여야 할 필요성도 있는 점을 고려한 조치이므로, 선거공영제에 대한 입법형성권을 넘어선 것이라고 볼 수 없다(헌재 2011.4.28, 2010헌바232).

49 가처분이 집행된 후 10년간 본안의 소가 제기되지 아니한 때에는 가처분을 취소할 수 있도록 하고 있는 민사소송법규정이 가처분채권자의 재산권을 침해하는지 여부: **소극**

채권자가 가처분이 집행된 후 10년이라는 장기간 동안 본안의 소를 제기하지 아니하는 것은 가처분이 가지는 잠정적 성격에 반할 뿐만 아니라, 집행보전이나 권리보전의 범위를 벗어나 채무자에게 필요 이상의 불이익을 주는 것이다. 또한 권리관계가 확정되지 아니한 채 가처분의 집행에 따른 부동산등기가 장기간 방치되면 채무자나 이해관계인의 재산권행사에 중대한 제한을 초래하고 부동산 거래의 안전도 해치게 된다. 결국 본안의 소를 제기하지 않고 있는 채권자의 권리보다 가처분에 의하여 제한되고 있는 채무자나 이해관계인의 재산권과 거래의 안전이 더욱 중대한 이익이라고 할 것이므로, 이 사건 법률조항은 법익균형성의 원칙에도 반하지 아니한다. 따라서 이 사건 법률조항은 가처분채권자의 재산권을 침해한다고 볼 수 없다(헌재 2012.4.24, 2011헌바09).

50 전통사찰의 전법(傳法)용 경내지 건조물 등에 대하여 압류를 금지하고 있는 전통사찰의 보존 및 지원에 관한 법률 제14조가 재산권을 침해하는지 여부: **소극 [합헌]**

이 사건 법률조항은 전통사찰과 그에 속하는 전통문화유산이 경매 등을 통하여 전전양도되어 문화재적 가치가 손상되는 것을 방지하기 위한 것으로서 그 입법목적이 정당하고 압류금지라는 수단은 위와 같은 입법목적을 달성하기 위하여 적절하며, 압류가 금지되는 재산은 전통사찰 소유의 전법용 경내지의 건조물 등이고, 압류가 금지되는 집행채권은 전통사찰등록 후에 발생된 사법상 채권에 한정되며, 또한 전통사찰 소유의 일정한 동산에 대하여는 여전히 압류가 가능하므로 침해의 최소성원칙도 충족하며, 전통사찰은 민족문화유산으로서 한 번 훼손되면 그 회복 자체가 곤란한 경우가 많은 반면 전통사찰의 사법상 채권자가 받게 되는 불이익은 전통사찰 소유의 전법용 경내지의 건조물 등에 대한 강제집행을 통하여 채권의 만족을 얻을 수 없게 되는 것이고, 전법용 건조물 등 외의 전통사찰 소유의 부동산이나 압류가

가능한 동산에 대한 강제집행을 통하여 채권을 실행하는 것까지 금지되는 것은 아니므로 법익의 균형성도 갖추었다 할 것이므로, 과잉금지원칙에 위반하여 사법상 채권자의 재산권을 침해하지 않는다(헌재 2012.6.27, 2011헌바34).

51 토지거래허가구역 내에서 허가받은 목적대로 토지를 이용할 의무를 이행하지 아니하는 자에게 이행강제금을 부과하는 내용의 국토의 계획 및 이용에 관한 법률 제124조의2 제2항이 재산권을 침해하는지 여부: 소극 [합헌]

토지이용의무를 이행하지 않는 토지소유자는 심판대상조항에 따라 이행강제금을 부과받는 불이익을 입게 되지만, 부동산거래허가제도의 사후적 관리를 강화함으로써 투기소유자들이 토지거래허가구역 내에서 허위의 토지이용목적을 내세워 거래허가를 받는 것을 막을 수 있고, 이에 따라 얻게 되는 국토의 효율적이고 균형 있는 이용·개발과 보전이라는 공익은 이에 비하여 훨씬 더 크다고 할 것이므로 심판대상조항은 법익균형성원칙에 위배되지 아니한다. 따라서 심판대상조항은 과잉금지원칙에 위배되거나 재산권의 본질적 내용을 침해하지 아니한다(헌재 2013.2.28, 2012헌바94).

52 권리남용금지를 규정한 민법 제2조 제2항 및 소송비용의 패소자 부담원칙을 규정한 민사소송법 제98조가 재산권 및 재판청구권을 침해하는지 여부: 소극

[1] 재산권침해 여부

민법 제2조 제2항은 권리의 사회성·공공성의 원리를 규정한 것으로, 헌법 제23조 제2항이 "재산권의 행사는 공공복리에 적합하도록 하여야 한다."라고 규정함으로써 재산권의 사회적 기속성을 선언한 것을 보다 구체화한 것으로 볼 수 있으므로 입법목적의 정당성이 인정된다. 또한 권리남용금지에 관한 규정은 일반조항에 해당하므로 구체적인 사건을 개별 법조항에 의하여 적정하게 해결할 수 없는 경우에 한하여 적용되는 점, 법원은 권리의 행사가 주관적으로 오직 상대방에게 고통을 주고 손해를 입히려는 데 있을 뿐 이를 행사하는 사람에게는 아무런 이익이 없고, 객관적으로 사회질서에 위반된다고 볼 수 있어야 권리남용에 해당한다고 판시함으로써 그 적용범위를 제한하고 있는 점 등을 고려하였을 때, 민법 제2조 제2항은 헌법상 재산권을 침해하였다고 볼 수 없다.

[2] 민사소송법 제98조 부분

민사소송법 제98조가 소송 당사자의 실효적인 권리구제를 보장하고, 남소와 남상소를 방지하기 위하여 원칙적으로 패소한 당사자에게 소송비용을 부담시키도록 규정한 것은 합리적인 이유가 인정된다. 나아가 민사소송법은 소송비용의 패소자 부담원칙에 일정한 예외(민사소송법 제99조 내지 제101조)를 인정하고 있으며, 민사소송법·민사소송비용법·대법원규칙 등에서 소송비용의 범위와 액수를 한정하고 있고, 소송비용을 지출할 자금능력이 부족한 사람의 신청 또는 직권으로 법원이 소송구조를 할 수 있게 하는 등 소송비용 부담에 따른 기본권제한을 최소화하려는 여러 제도를 두고 있으므로 재판청구권을 과도하게 제한한다고 볼 수 없다(헌재 2013.5.30, 2012헌바335).

53 20년간 소유의 의사로 평온·공연하게 부동산을 점유하는 자는 등기함으로써 그 소유권을 취득하게 하는 민법 제245조 제1항이 재산권을 침해하는지 여부: 소극

민법 제245조 제1항은 부동산에 대한 소유권자이면서 오랫동안 권리행사를 태만히 한 자와 원래 무권리자이지만 소유의 의사로서 평온·공연하게 부동산을 거의 영구적으로 보이는 20년 동안 점유한 자와의 사이의 권리의 객체인 부동산에 대한 실질적인 이해관계를 취득시효제도의 필요성을 종합하고 상관적으로 비교형량하여 형

기출 OX

03 권리남용으로 인한 패소의 경우에 소송비용 부담에 관한 별도의 예외규정을 두지 않았다는 점을 이유로 민사소송법 제98조가 재판청구권을 침해한다고 볼 수 없다. 13. 법행 ( )

정답 03 ○

평의 견지에서 실질적 이해관계가 보다 두터운 점유자로 하여금 원소유자에 대하여 이전등기청구권을 취득하게 한 것이다. 그리고 그 반사적 효과로서 아무런 보상이나 배상 혹은 부당이득의 반환이 없이 원소유권자의 소유권을 상실하게 하는 결과를 낳게 한 내용으로 헌법이 보장하는 재산권인 부동산소유권의 득실에 관한 내용과 한계를 구체적으로 형성한 것으로서, 헌법 제23조 제1항에서 정한 재산권보장의 이념과 한계에 위반되거나 기본권제한의 한계를 규정한 헌법 제37조 제2항에 위반된다고 할 수 없다(헌재 2013.5.30, 2012헌바387).

54 종합소득세의 납부의무 위반에 대하여 미납기간을 고려하지 않고 일률적으로 미납세액의 100분의 10에 해당하는 가산세를 부과하도록 한 구 소득세법 제81조 제3항이 비례원칙에 반하여 납세의무자의 재산권을 침해하는지 여부: 소극 [합헌]

소득세의 납부불성실가산세는 미납기간 동안의 이익을 박탈한다는 목적과 함께 조세의 성실납부의무의 이행을 확보하고 그 불이행을 미연에 방지한다는 목적도 있으므로, 조세납부의무의 성실한 이행을 강제하기 위하여 미납기간이 단기인 경우에도 제재로서 의미를 가지는 최소한의 비율에 의한 가산세를 부과할 수 있다. 이 사건 법률조항에 따른 미납세액의 100분의 10이라는 가산세율은 소득세의 납부의무이행을 확보하고 그 불이행을 미연에 방지하는 데 필요한 최소한의 제재수준을 벗어났다고 보기 어렵고, 이러한 최소한의 제재만을 정하고 이를 상회하는 가산세율을 정하지 않음으로써 단지 가산세가 가지는 제재적 기능의 최소한만을 확보하고자 하였다고 볼 수 있으므로, 미납기간의 장단을 고려하지 않았다는 이유만으로 이 사건 법률조항이 비례원칙에 반하여 납세의무자의 재산권을 침해한다고 볼 수 없다(헌재 2013.8.29, 2011헌가27).

55 공익사업을 위한 토지수용의 경우 '부동산 가격공시 및 감정평가에 관한 법률'이 정한 공시지가를 기준으로 보상하도록 하는 공익사업법 제70조 제1항이 헌법에 위반되는지 여부: 소극 [합헌]

헌법 제23조 제3항이 규정하는 정당한 보상이란 원칙적으로 피수용 재산의 객관적인 재산 가치를 완전하게 보상하는 완전보상을 의미하는데, 이 사건 토지보상조항이 '부동산 가격공시 및 감정평가에 관한 법률'에 의한 공시지가를 기준으로 토지수용으로 인한 손실보상액을 산정하되, 개발이익을 배제하고 공시기준일부터 재결시까지의 시점보정을 인근 토지의 가격변동률과 생산자물가상승률에 의하도록 한 것은 공시기준일의 표준지의 객관적 가치를 정당하게 반영하는 것이고 표준지의 선정과 시점보정의 방법이 적정하므로, 이 사건 토지보상조항은 헌법 제23조 제3항이 규정한 정당보상의 원칙에 위배되지 않는다(헌재 2013.12.26, 2011헌바162).

56 임차인의 파산관재인이 임대차계약을 해지한 경우 임대인의 손해배상청구를 제한하고 있는 민법 제637조 제2항 등이 재산권을 침해하는지 여부: 소극 [합헌]

임대인의 손해배상청구를 허용하게 되면 절차의 지연이 불가피하고 파산한 임차인이 절차의 지연으로 인한 불이익을 감수하여야 하므로, 손해배상청구 자체는 허용하되 손해배상액을 제한하는 방법으로는 심판대상조항의 입법목적을 달성할 수 없다. 이처럼 입법목적을 달성하면서 덜 침익적인 수단을 발견할 수 없고, 심판대상조항에 의하여 배상청구가 제한되는 손해가 임대차계약 해지 자체로 인하여 발생한 손해로 국한되어 실제로 임대인이 입게 되는 불이익은 크다고 보이지 않는 이상, 심판대상조항은 침해의 최소성요건을 갖춘 것이다. 파산절차를 신속하게 진행함으로써 파산채권자 전체의 이익을 도모한다는 공익은 파산제도의 목적을 달성하기 위한 가장 본질적인 것이고, 임대차계약 해지권을 실질적으로 보장함으로써 임차인을 보호한다는 공익 역시 매우 중대한 것이므로, 심판대상조항은 법익의 균형성을 갖춘 것

기출 OX

01 토지수용시에 개발이익이 포함되지 아니한 공시지가를 기준으로 보상하는 것은 합헌이다. 16. 국회직 9급
( )

정답 01 ○

이다. 따라서 심판대상조항은 청구인의 재산권을 침해하지 아니한다(헌재 2016.9.29, 2014헌바292).

57 영리를 목적으로 하지 아니하는 상업용 음반을 재생하는 것이 저작재산권자의 재산권을 침해하는지 여부: **소극 [기각]**

[1] 입법자가 구체적 사안에서 저작재산권자 등의 재산권보장과 공중의 문화적 혜택 향수라는 공익이 조화롭게 달성되도록 하기 위하여 이와 같은 규율형식을 택한 것으로 볼 수 있다. 또한, 심판대상조항에 의한 공연을 통해 해당 상업용 음반 등이 공중에 널리 알려짐으로써 판매량이 증가하는 등 저작재산권자 등이 간접적인 이익을 얻을 가능성도 있다. 이상을 고려하여 보면, 심판대상조항이 침해의 최소성원칙에 위반된다고 단정하기 어렵다.

[2] 나아가, 심판대상조항으로 인하여 저작재산권자 등이 상업용 음반 등을 재생하는 공연을 허락할 권리를 행사하지 못하거나 그러한 공연의 대가를 받지 못하게 되는 불이익이 상업용 음반 등을 재생하는 공연을 통하여 공중이 문화적 혜택을 누릴 수 있게 한다는 공익보다 크다고 보기도 어려우므로, 심판대상조항은 법익의 균형성도 갖추었다. 따라서 심판대상조항이 비례의 원칙에 반하여 저작재산권자 등의 재산권을 침해한다고 볼 수 없다(헌재 2019.11.28, 2016헌마1115 등).

기출 OX
02 청중이나 관중으로부터 당해 공연에 대한 반대급부를 받지 아니하는 경우에는 상업용 목적으로 공표된 음반 또는 상업용 목적으로 공표된 영상저작물을 재생하여 공중에게 공연할 수 있도록 하더라도 저작재산권자의 재산권을 침해하지 않는다. 21. 입시
( )

58 주택재건축사업에서 발생되는 재건축초과이익에 대하여 재건축부담금을 징수하도록 규정한 재건축초과이익 환수조항이 과잉금지원칙에 반하여 청구인의 재산권을 침해하는지 여부: **소극 [합헌]**

이 사건 환수조항 등은 주택가격을 안정시키고 사회적 형평을 기하기 위하여 주택재건축사업을 통하여 발생한 정상주택가격상승분을 초과하는 주택가액의 증가분 중 일부를 환수하도록 규정하고 있는바, 재건축조합의 비용과 노력이 투입된 개발비용 등을 모두 공제하여 산정하도록 규정한 재건축부담금 부과기준 산정방법, 재건축초과이익 중 조합원 1인당 3천만원을 초과하는 경우에 한하여 비례적으로 높아지도록 설계된 부과율, 부과종료시점으로부터 역산하여 최대 10년이 되는 날을 부과개시시점으로 규정한 부과산정기간, 재건축부담금과 양도소득세의 부담을 조정하기 위하여 마련된 각종 공제규정의 존재 등을 종합하여 보면, 이 사건 환수조항 등은 과잉금지원칙에 반하여 청구인의 재산권을 침해하지 아니한다(헌재 2019.12.27, 2014헌바381).

59 특정공무원범죄의 범인에 대한 추징판결을 범인 외의 자가 그 정황을 알면서 취득한 불법재산 및 그로부터 유래한 재산에 대하여 그 범인 외의 자를 상대로 집행할 수 있도록 한 '공무원범죄에 관한 몰수 특례법' 제9조의2가 재산권을 침해하는지 여부: **소극 [합헌]**

특정공무원범죄로 취득한 불법재산의 철저한 환수를 통하여 국가형벌권의 실현을 보장하고 공직사회의 부정부패 요인을 근원적으로 제거하고자 하는 심판대상조항의 입법목적은 우리 사회에서 매우 중대한 의미를 지닌다. 반면, 심판대상조항으로 인하여 제3자는 그 정황을 알고 취득한 불법재산 및 그로부터 유래한 재산에 대하여 집행을 받게 되는데, 그 범위는 범인이 특정공무원범죄의 범죄행위로 얻은 재산과 그 재산에서 비롯된 부분으로 한정되고, 제3자는 사후적으로 집행에 관한 법원의 판단을 받을 수 있다. 그렇다면 심판대상조항으로 인하여 제3자가 받는 불이익이 심판대상조항이 달성하고자 하는 공익보다 중대하다고 보기 어려우므로, 심판대상조항은 법익의 균형성원칙에도 위배되지 않는다. 따라서 심판대상조항이 과잉금지원칙에 반하여 재산권을 침해한다고 볼 수 없다(헌재 2020.2.27, 2015헌가4).

정답 02 ○

60 피상속인의 4촌 이내의 방계혈족을 4순위 법정상속인으로 규정한 민법 제1000조 제1항 제4호가 재산권을 침해하는지 여부: 소극 [합헌]
입법자가 피상속인의 4촌 이내의 방계혈족을 일률적으로 4순위 법정상속인으로 규정한 것이 자의적인 입법형성권의 행사라고 보기 어렵고, 구체적 사안에서 피상속인의 4촌 이내의 방계혈족이 개인적 사정으로 고려기간 내에 상속포기를 하지 못하여 피상속인의 채무를 변제하게 되는 경우가 발생할 수 있다는 이유만으로 심판대상조항이 입법형성권의 한계를 일탈하였다고 볼 수도 없다. 따라서 심판대상조항은 피상속인의 4촌 이내의 방계혈족의 재산권 및 사적 자치권을 침해하지 아니한다(헌재 2020.2.27, 2018헌가11).

61 회원제 골프장용 부동산의 재산세에 대하여 1천분의 40의 중과세율을 규정한 것이 재산권을 침해하는지 여부: 소극 [합헌]
회원제 골프장의 회원권 가격 및 비회원의 그린피 등을 고려할 때 골프장 이용행위에 사치성이 없다고 단정할 수는 없고, 골프가 아직은 많은 국민들이 경제적으로 부담 없이 이용하기에는 버거운 고급 스포츠인 점을 부인할 수 없다. 따라서 심판대상조항에 의한 회원제 골프장에 대한 재산세 중과가 사치·낭비풍조를 억제하고 국민계층간의 위화감을 해소하여 건전한 사회기풍을 조성하고자 하는 목적의 정당성을 상실하였다고 볼 수 없고, 심판대상조항은 위와 같은 목적을 달성하기 위한 적합한 수단이 된다. 결국 심판대상조항은 사치·낭비 풍조를 억제함으로써 바람직한 자원배분을 달성하고자 하는 유도적·형성적 정책조세조항으로서 그 중과세율이 입법자의 재량의 범위를 벗어나 회원제 골프장의 운영을 사실상 봉쇄하는 등 소유권의 침해를 야기한다고 보기 어려울 뿐만 아니라, 회원제 골프장을 운영하는 자 또는 골프장 운영을 희망하는 자로서도 자신의 선택에 따라 중과세라는 규제로부터 벗어날 수 있는 길이 열려 있다고 할 것이므로, 과잉금지원칙에 반하여 회원제 골프장 운영자 등의 재산권을 침해한다고 볼 수 없다(헌재 2020.3.26, 2016헌가17 등).

62 공무원이 재직 중 사유로 금고 이상의 형을 받은 경우 퇴직급여 및 퇴직수당의 일부를 감액하여 지급함에 있어, 그 이후 형의 선고의 효력을 상실하게 하는 특별사면 및 복권을 받은 경우를 달리 취급하는 규정을 두지 아니한 것이 재산권을 침해하는지 여부: 소극 [합헌]
심판대상조항은 공무원이 퇴직한 뒤 그 재직 중의 근무에 대한 보상을 함에 있어 공무원으로서의 신분이나 직무상 의무를 다하지 못한 공무원과 성실히 근무한 공무원을 동일하게 취급하는 것이 오히려 불합리하다는 측면과 아울러 보상액에 차이를 둠으로써 공무원범죄를 예방하고 공무원이 재직 중 성실히 근무하도록 유도하는 효과를 고려한 것으로, 그 정당성이 인정된다. … 한편, 청구인은 퇴직급여수급권은 계속적으로 이행기가 도래하므로 특별사면 및 복권을 받은 때부터 퇴직급여 등을 수급할 수 있다는 취지로도 주장하나, 심판대상조항에 의한 퇴직급여 등의 감액은 공무원 범죄에 대한 제재로서 특별사면 및 복권을 받았다 하더라도 범죄사실이 있었다는 사실 자체가 부정되는 것이 아닌 이상 제재의 근거가 소멸하는 것이 아니므로, 퇴직급여 등에 대한 계속적 감액을 함이 상당하다(헌재 2020.4.23, 2018헌바402).

63 농지 소유자로 하여금 원칙적으로 농지의 위탁경영을 할 수 없도록 한 농지법 제9조가 재산권을 침해하는지 여부: 소극 [기각]
농지에 대한 위탁경영을 널리 허용할 경우 농지가 투기 수단으로 전락할 수 있고, 식량 생산의 기반으로서 농지의 공익적 기능이 저해될 가능성을 배제하기 어렵다. 한편 위탁경영 금지조항에서는 예외적으로 농지의 위탁경영이 허용되는 사유를 규정함으로써 그 농지를 합리적으로 사용·수익할 수 있도록 하고 있으므로 위탁경영

금지조항은 침해의 최소성도 인정된다. 위탁경영 금지조항으로 농지의 공익적 기능을 유지할 수 있고 궁극적으로 건전한 국민경제의 발전을 도모할 수 있게 된다. 이러한 공익은 위탁경영 금지조항으로 인하여 제한되는 청구인의 재산권보다 현저히 크다고 할 것이므로, 위탁경영 금지조항은 법익의 균형성도 인정된다. 그러므로 위탁경영 금지조항은 청구인의 재산권을 침해하지 않는다(헌재 2020.5.27, 2018헌마362).

64 수용된 토지 등의 인도의무 위반시 형사처벌 하는 것이 재산권을 침해하여 위헌인지: 소극 [합헌]

행정적 조치나 민사적 수단만으로는 이 조항들의 입법목적을 달성하기 어렵고, 엄격한 경제적 부담을 수반하는 행정적 제재를 통한 강제가 덜 침해적인 방법이라고 단정하기 어렵다. 나아가, 벌칙조항은 법정형에 하한을 두고 있지 않아 행위에 상응하는 처벌이 가능하므로 심판대상조항은 침해의 최소성 요건을 충족한다. 인도의무자의 권리가 절차적으로 보호되고 의견제출 및 불복수단이 마련되어 있는 점 등을 고려할 때, 인도의무의 강제로 인한 부담이 공익사업의 적시 수행이라는 공익의 중요성보다 크다고 볼 수 없어 법익균형성을 상실하였다고 볼 수 없다. 그렇다면, 심판대상조항은 청구인들의 재산권, 거주이전의 자유, 직업의 자유를 침해한다고 할 수 없다(헌재 2020.5.27, 2017헌바464).

65 임대차 목적물인 상가건물이 유통산업발전법 제2조에 따른 대규모점포의 일부인 경우 임차인의 권리금 회수기회 보호규정 적용을 하지 않도록 한 것이 재산권을 침해하는지 여부: 소극 [합헌]

대규모점포의 경우 임대인이 막대한 비용과 노력을 들여 상권을 형성하고 유지·관리하며 임차인은 그 결과로 형성된 지명도나 고객을 이용하여 영업을 하는 측면이 있으며, 대규모점포는 공간구조에 어떤 상품, 어떤 임차인을 갖출 것인지에 관한 임대인의 계획에 따라 전체 매장의 성공 여부가 좌우된다. 권리금 회수기회 보호규정을 대규모점포에 적용함에 있어서는 이러한 대규모점포의 특성을 고려하여 임대인의 계약 상대방 선택의 자유를 보다 넓게 인정하는 등 임대인의 지위와의 조화를 도모할 필요가 있다. 대규모점포의 경우에도 부속물매수청구권(민법 제646조) 또는 비용상환청구권(민법 제626조 제2항)을 행사하여 투하자본을 회수할 가능성이 있으며, 상가임대차법에서 임차인에게 보장하는 계약갱신요구권(제10조)이나 대항력(제3조)규정의 적용을 받아 권리금 회수를 간접적으로 보호받고 있다. 이상과 같은 점을 종합할 때, 심판대상조항이 입법형성권의 한계를 일탈하여 청구인들의 재산권을 침해한다고 보기 어렵다(헌재 2020.7.16, 2018헌바242).

66 지방의회의원으로서 받게 되는 보수가 연금에 미치지 못하는 경우에도 연금 전액의 지급을 정지하는 것이 재산권을 과도하게 제한하여 헌법에 위반되는지 여부: 적극 [헌법불합치]

퇴직연금수급자인 지방의회의원 중 약 4분의 3에 해당하는 의원이 퇴직연금보다 적은 액수의 월정수당을 받고, 2020년 기준 월정수당이 정지된 연금월액보다 100만원 이상 적은 지방의회의원도 상당 수 있다. 월정수당은 지방자치단체에 따라 편차가 크고 안정성이 낮다. 이 사건 구법 조항과 같이 소득 수준을 고려하지 않으면 재취업 유인을 제공하지 못하여 정책목적 달성에 실패할 가능성도 크다. 따라서 기본권을 덜 제한하면서 입법목적을 달성할 수 있는 다양한 방법이 있으므로 이 사건 구법 조항은 침해의 최소성 요건을 충족하지 못하고, 법익의 균형성도 충족하지 못한다. 이 사건 구법 조항은 과잉금지원칙에 위배되어 청구인들의 재산권을 침해하므로 헌법에 위반된다(헌재 2022.1.27, 2019헌바161).

67 관리처분계획인가의 고시가 있으면 별도의 영업손실보상 없이 재건축사업구역 내 임차권자의 사용·수익을 중지시키는 '도시 및 주거환경정비법' 제81조 제1항 본문 중 재건축사업구역 내 임차권자에 관한 부분이 임차권자의 재산권을 침해하여 헌법에 위배되는지 여부: 소극 [합헌]

임대인과 임차인은 재건축사업이 진행되고 있는 건축물에 대해서는 특약사항이 포함된 임대차계약을 체결하는 등의 방식으로 충분히 이해관계를 조정할 수 있고, 실제 많은 임차인들이 임차료가 낮게 형성된 재건축지역에서 낮은 차임이라는 경제적 이익을 누리고 있는 것으로 보이므로, 사적 자치에 의한 이익 조정이 불가능하다거나 현실적이지 않다고 단정하기는 어렵다. 이러한 사정들을 종합하면 임차권자에 대한 보상을 임대인과 임차인 사이의 임대차계약 등에 따라 사적 자치에 의해 해결하도록 한 입법자의 판단이 잘못되었다고 보기 어려우므로, 심판대상조항은 과잉금지원칙을 위반하여 임차권자의 재산권을 침해하지 아니한다(헌재 2020.4.23, 2018헌가17).

68 한강을 취수원으로 한 수돗물의 최종수요자에게 물이용부담금을 부과하는 한강수계법 제19조 제1항 본문 중 '공공수역으로부터 취수된 원수를 정수하여 공급받는 최종수요자'에 관한 부분이 물이용부담금 납부의무자의 재산권을 침해하는지 여부: 소극 [합헌]

물이용부담금 납부대상자는 공공재로서 한강에서 취수된 물을 공급받아 소비한다는 점, 수질개선을 위한 토지 이용규제 등 공적 부담을 지고 있지 않는 집단이라는 점에서 동질적인 특정 요소를 갖추고 있고, 수질개선을 통해 양질의 수자원을 제공받는 특별한 이익을 얻고 있으므로 한강 수질개선이라는 공적 과제와 부담금 납부대상자 사이에 특별히 밀접한 관련성을 인정할 수 있기 때문에 물이용부담금의 부과는 공적 과제 달성을 위한 적합한 수단에 해당한다. 한강 수질개선 사업은 해당 국민의 건강·생활환경과 밀접한 관련을 갖는 중대한 공적 과제인 반면, 부담금 납부대상자에게 부과되는 물이용부담금 부과요율이 과다하다고 볼 수 없기 때문에 이 조항으로 인한 재산권 제한이 공익에 비하여 크다고 볼 수 없으므로 침해의 최소성과 법익의 균형성 요건을 충족한다. 따라서 부담금부과조항이 과잉금지원칙에 반하여 재산권을 침해한다고 볼 수 없다(헌재 2020.8.28, 2018헌바425).

69 지방자치단체의 장 선거의 예비후보자에 대한 기탁금 반환 사유를 제한한 구 공직선거법 제57조 제1항 중 제1호 다목의 '지방자치단체의 장선거'에 관한 부분이 재산권을 침해하는지 여부: 적극 [헌법불합치]

정당의 추천을 받고자 공천신청을 하였음에도 정당의 후보자로 추천받지 못한 예비후보자가 납부한 기탁금은 반환되어야 하므로, 예비후보자에게 기탁금을 반환하지 아니하는 것은 입법형성권의 범위를 벗어난 과도한 제한이라고 할 수 있으므로 침해최소성에 어긋난다. 심판대상조항은 과잉금지원칙에 반하여 청구인의 재산권을 침해한다(헌재 2020.9.24, 2018헌가15).

70 부동산을 사실상 양수한 사람 또는 그 대리인이 등기원인을 증명하는 서면 없이 보증서를 바탕으로 발급받은 확인서로써 단독으로 소유권이전등기를 신청할 수 있도록 한 구 '부동산소유권 이전등기 등에 관한 특별조치법 제7조 제1항·제2항이 청구인의 재산권을 침해하는지 여부: 소극 [합헌]

심판대상조항은 과거 전란으로 인한 등기부와 지적공부 등의 멸실, 등기제도에 대한 인식 부족, 부동산 매수 관련 증명서류의 소실 등의 이유로 실체관계에 부합하지 않는 등기가 많았던 문제를 해소할 목적으로, 부동산의 사실상 양수인 또는 그 대리인이 보증서를 바탕으로 발급받은 확인서로써 등기원인을 증명하는 서면 없이 단독으로 신속·간이하게 소유권이전등기를 신청할 수 있도록 하였다. 한편 소유권특조법은 심판대상조항에 따른 등기의 진실성을 보장하기 위해 보증인의 최소인원과 자격을 제한하고, 확인서 발급 관련 공고 및 이의신청절차를 두고, 허위의 방법으로 확인서를 발급받거나 허위의 보증서를 작성한 사람 등을 처벌하는 조항을 마련하였다. 또한 심판대상조항이 예정한 바와 달리 진실과 불일치하는 등기가 마쳐지더라도 소송으로써 이를 바로잡는 것도 가능하다. 그렇다면 심판대상조항은 입법형성권의 한계를 벗어났다고 보기 어려운바, 청구인의 재산권을 침해하지 않는다(헌재 2020.12.23, 2019헌바41).

71 **부당이득반환청구권 등 채권의 경우 권리를 행사할 수 있는 때로부터 10년간 행사하지 아니하면 소멸시효가 완성된다고 규정한 민법 제162조 제1항, 제166조 제1항이 재산권을 침해하여 위헌인지 여부: 소극 [합헌]**
부당이득반환청구권은 미지의 당사자간에 예기치 못한 사건으로 발생하는 경우가 많고 부당이득반환관계에서 수익자의 법적 지위가 다소 불안정하므로, 객관적 기산점인 권리를 행사할 수 있는 때로부터 채권 일반에 관한 원칙적 시효기간인 10년이 지나면 소멸시효가 완성되도록 함으로써 민사 법률관계의 안정을 도모할 필요가 있다. 따라서 민법상 소멸시효조항은 합리적이며, 입법형성권의 범위를 벗어난 것이라고 할 수 없다(헌재 2020.12.23, 2019헌바129).

72 **토지구획정리사업에 있어 학교교지를 환지처분의 공고가 있은 다음 날에 국가 등에 귀속하게 하되, 국가 등은 그 대가를 지급하도록 한 토지구획정리사업법이 재산권을 침해하는지 여부: 소극 [합헌]**
토지구획정리사업의 시행으로 인하여 생긴 학교교지의 경우, 환지처분의 공고 다음 날에 그 소유권이 국가 또는 지방자치단체에 귀속하도록 한 것은 국가 등이 국민의 교육을 받을 권리를 보장하고자 적기에 적절한 학교교지를 확보하여 교육에 관한 국가의 의무 실현을 위하여 불가피하다. 국가 등은 사업시행자에게 학교교지 취득의 대가를 지급하는 점, 사업계획의 단계에서 학교교지의 위치 및 면적에 대하여 미리 계획되고 협의될 것이 요구된다는 점, 국가 등이 학교교지를 취득함으로써 종전 토지 소유자 등이 입은 손실(감보)은 효용이 상승된 환지로 인하여 이미 보상이 되었다는 점 등을 고려하면, 귀속조항이 과잉금지원칙에 위배되어 사업시행자의 재산권을 침해한다고 할 수 없다(헌재 2021.4.29, 2019헌바444).

73 **사업연도가 1년 미만인 경우 과세표준을 1년으로 환산한 금액을 기준으로 누진세율을 적용하여 세액을 산출하도록 한 법인세법 제55조 제2항이 재산권을 침해하는지 여부: 소극 [합헌]**
심판대상조항은 사업연도의 기간에 따른 세액불균형의 발생을 막고 법인이 사업연도를 임의로 1년 미만의 짧은 기간으로 정하여 과세표준을 낮추는 방법으로 누진세율의 적용을 회피하는 것을 방지하기 위한 것이다. 이로 인하여 침해되는 사익은 사업기간이 짧고 일회적인 소득이 발생한 예외적인 경우에도 연 환산에 의하여 높은 누진세율이 적용되거나 산출세액이 증가하는 것이나, 이것이 누진세율을 적용하는 법인세 과세에서 심판대상조항에 의하여 달성할 수 있는 조세형평 및 조세행정의 효율성이라는 공익에 비하여 크다고 보기는 어렵다. 그러므로 심판대상조항이 재산권을 침해한다고 볼 수 없다(헌재 2021.6.24, 2018헌바44).

74 개별공시지가 산정 및 개발부담금의 종료시점 지가 산정에 관한 규정이 재산권을 침해하여 위헌인지 여부: 소극 [합헌]

　이 사건 종료시점지가조항이 비교표준지의 선정 기준으로 규정한 '부과 종료 시점 당시의 부과 대상 토지와 이용 상황이 가장 비슷한 표준지'란 개발사업이 완료된 상태의 대상 토지와 자연적·사회적 조건이 가장 유사한 인근의 표준지로서, 그 공시지가는 대상 토지의 객관적 가치 산정을 위한 적정한 기준이 된다. 위 조항은 종료시점지가 산정시 토지의 특성 차이를 계량화한 토지가격비준표를 사용하도록 하여 자의적 판단을 방지하고, 정상지가상승분의 합산을 통해 지가변동을 반영한다. 또한, 개발이익환수법 제10조 제2항에서는 일정한 경우 대상 토지의 처분 가격을 종료시점지가로 할 수 있도록 예외를 인정한다. 나아가, 개발부담금 납부의무자가 받는 불이익이 개발부담금 제도의 실효성과 공정성 확보, 개발부담금의 효율적인 부과·징수라는 공익에 비하여 크다고 보기도 어렵다. 따라서 이 사건 종료시점지가조항이 과잉금지원칙에 반하여 개발부담금 납부의무자의 재산권을 침해한다고 볼 수 없다(헌재 2021.12.23, 2018헌바435).

75 대구교육대학교 총장임용후보자선거에서 후보자가 제1차 투표에서 최종 환산득표율의 100분의 15 이상을 득표한 경우에만 기탁금의 반액을 반환하도록 하고 나머지 기탁금은 발전기금에 귀속되도록 규정한 '대구교육대학교 총장임용후보자 선정규정'이 재산권을 침해하는지 여부: 적극 [위헌]

[1] 100분의 15 이상을 득표한 경우에만 기탁금 반액을 반환하도록 한 기탁금귀속조항 [위헌]

　후보자가 총장임용후보자로 선정되거나 일정한 비율의 표를 획득한 경우에는 기탁금 전액을 반환하도록 하는 등, 이 사건 기탁금귀속조항의 기탁금 반환 조건을 현재보다 완화하더라도 충분히 후보자의 난립을 방지하고 후보자의 성실성을 확보할 수 있으므로, 이 사건 기탁금귀속조항은 침해의 최소성을 갖추지 못하였다. 이 사건 기탁금귀속조항은 비록 후보자가 성실하게 선거를 완주하더라도 기탁금의 반액은 돌려받지 못하게 하므로 후보자의 성실성 확보라는 목적에 기여하는 바가 크지 않은 반면, 이 사건 기탁금귀속조항으로 인해 후보자의 재산권은 크게 제한되므로, 이 사건 기탁금귀속조항은 법익의 균형성에도 위반된다. 이 사건 기탁금귀속조항은 후보자가 성실성이나 노력 여하를 막론하고 기탁금의 절반은 반환받을 수 없도록 하고, 나머지 금액의 반환 조건조차 지나치게 까다롭게 규정하고 있으므로, 과잉금지원칙에 위반되어 청구인의 재산권을 침해한다.

[2] 1,000만원 기탁금납부조항 [기각]

　현재 직선제하에서는 홈페이지, 연설회 및 토론회, 전화, 문자, 선거벽보, 소형인쇄물, 선거공보, 전자우편 등 다양한 방법의 선거운동을 허용하고 있으므로, 과거에 비해 선거가 과열되거나 혼탁해질 위험성이 증대되었다. 이 사건 기탁금납부조항은 선거의 과열 방지 및 후보자의 성실성 확보에 기여하는 반면, 이 사건 기탁금납부조항이 규정하는 일천만원이라는 기탁금액이 후보자가 되려는 사람이 납부할 수 없을 정도로 과다하다거나 입후보 의사를 단념케 할 정도로 과다하다고 할 수 없다. 이를 종합하면, 이 사건 기탁금납부조항은 과잉금지원칙에 위반되지 아니한다(헌재 2021.12.23, 2019헌마825).

76 민법에 따라 등기를 하지 아니한 경우라도 부동산을 사실상 취득한 경우 그 취득물건의 소유자 또는 양수인을 취득자로 보도록 한 구 지방세법이 재산권을 침해하는지 여부: 소극 [합헌]

등기와 같은 소유권 취득의 형식적 요건을 갖추지는·못하였으나 대금의 지급과 같은 소유권 취득의 실질적 요건을 갖춘 경우, 형식적 요건을 갖추지 않았다는 이유로 취득세를 부과하지 않는다면 소유권을 사실상 취득하고도 소유권 이전 등기와 같은 형식적 요건을 갖추지 않음으로써 취득세 납부시기를 무한정 늦추거나 그 사이 다른 사람에게 전매하여 취득세를 면탈하는 등으로 국민의 납세의무를 잠탈할 가능성이 높다. 따라서 사실상 취득의 경우 그에 상응하는 납세의무를 부담하도록 하는 것은 과도하다고 보기 어렵다. 심판대상조항이 사실상 소유권을 취득한 양수인에게 취득세를 부과하는 것은 조세공평과 조세정의를 실현하기 위한 것으로서, 비록 소유권 취득의 형식적 요건을 갖추기 전에 취득세를 납부하게 된다고 하더라도 이로 인한 재산권의 제한은 위 공익만큼 크다고 보기 어렵다. 따라서 심판대상조항은 법익의 균형성도 갖추었다. 심판대상조항은 과잉금지원칙에 반하여 청구인의 재산권을 침해한다고 볼 수 없다(헌재 2022.3.31, 2019헌바107).

77 주택법상 사업주체가 공급질서 교란행위를 이유로 주택공급계약을 취소한 경우 선의의 제3자 보호규정을 두고 있지 않는 구 주택법 제39조 제2항이 재산권을 침해하는지 여부: 소극 [합헌]

공급질서 교란행위에도 불구하고 선의의 제3자를 보호한다면 거래의 안전성 증진에는 긍정적인 효과를 기대할 수 있지만, 분양단계에서 훼손된 투명성과 공정성을 회복하지 못한다는 점에서 심판대상조항의 입법취지에 부합하지 않는 면이 있다. 한편 심판대상조항은 '주택공급계약을 취소할 수 있다'고 규정하여 사업주체가 선의의 제3자 보호의 필요성 등을 고려하여 주택공급계약의 효력을 유지할 수 있는 가능성을 열어두고 있다. 심판대상조항은 입법형성권의 한계를 벗어났다고 보이지 않으므로 재산권을 침해하지 않아 헌법에 위반되지 아니한다(헌재 2022.3.31, 2019헌가26).

78 공무원이 감봉의 징계처분을 받은 경우 일정기간 승급, 정근수당을 제한하는 국가공무원법이 재산권을 침해하는지 여부: 소극 [기각]

공무원이 징계처분을 받은 지 얼마 되지 않아서 곧바로 승급되어 승급된 호봉에 따라 보수 상승이라는 재산적 이익을 누리게 되거나, 성실한 근무에 대한 보상과 격려 차원에서 지급되는 정근수당을 감액 없이 전액 지급받게 된다면, 공무원 조직 내부 기강을 확립하고 공무원이 수행하는 국가작용에 대한 국민의 신뢰를 확보하고자 하는 징계제도의 목적을 효과적으로 달성하지 못할 우려가 있을 수 있다. 이 사건 승급조항 및 수당제한규정은 과잉금지원칙을 위반하여 청구인의 재산권을 침해하지 않는다(헌재 2022.3.31, 2020헌마211).

79 '2018년 적용 최저임금 고시'(2017.8.4. 고용노동부 고시 제2017-42호)의 1. 최저임금액 부분 중 "월 환산액 1,573,770원: 주 소정근로 40시간을 근무할 경우, 월 환산 기준시간 수 209시간(주당 유급주휴 8시간 포함) 기준" 부분 및 '2019년 적용 최저임금 고시'(2018.8.3. 고용노동부 고시 제2018-63호)의 1. 최저임금액 부분 중 "월 환산액 1,745,150원: 주 소정근로 40시간을 근무할 경우, 월 환산 기준시간 수 209시간(주당 유급주휴 8시간 포함) 기준" 부분이 청구인들의 재산권을 침해하는지 여부: 소극

헌법상 보장된 재산권은 원래 사적 유용성 및 그에 대한 원칙적인 처분권을 내포하는 재산가치 있는 구체적인 권리이므로 구체적 권리가 아닌 영리획득의 단순한 기

회나 기업활동의 사실적·법적 여건은 기업에게는 중요한 의미를 갖는다고 하더라도 재산권 보장의 대상이 아니다. 각 최저임금 고시 부분은 사용자가 최저임금의 적용을 받는 근로자에게 지급하여야 할 임금의 최저액을 정한 것으로 청구인들이 이로 인하여 계약의 자유와 기업의 자유를 제한 받는 결과 근로자에게 지급하여야 할 임금이 늘어나거나 생산성 저하, 이윤 감소 등 불이익을 겪을 우려가 있거나, 그 밖에 사업상 어려움이 발생할 수 있다고 하더라도 이는 기업활동의 사실적·법적 여건에 관한 것으로 재산권 침해는 문제되지 않는다(헌재 2019.12.27, 2017헌마1366).

80 퇴직연금 수급자가 유족연금을 함께 받게 된 경우 그 유족연금액의 2분의 1을 빼고 지급하도록 하는 구 공무원연금법(2009.12.31. 법률 제9905호로 개정되고, 2018.3.20, 법률 제15523호로 전부개정되기 전의 것) 제45조 제4항 중 '퇴직연금 수급자'에 관한 부분이 청구인의 인간다운 생활을 할 권리 및 재산권을 침해하는지 여부: 소극
심판대상조항은 퇴직연금 수급자의 유족연금 수급권을 구체화함에 있어 급여의 적절성을 확보할 필요성, 한정된 공무원연금 재정의 안정적 운영, 우리 국민 전체의 소득 및 생활수준, 공무원 퇴직연금의 급여 수준, 유족연금의 특성, 사회보장의 기본원리 등을 종합적으로 고려하여 유족연금액의 2분의 1을 감액하여 지급하도록 한 것이므로, 입법형성의 한계를 벗어나 청구인의 인간다운 생활을 할 권리 및 재산권을 침해하였다고 볼 수 없다(헌재 2020.6.25, 2018헌마865).

81 초·중·고등학교 및 대학교 경계선으로부터 200미터 내로 설정된 학교환경위생정화구역 안에서 여관시설 및 영업행위를 금지하고 있는 학교보건법(2005.3.24, 법률 제7396호로 개정된 것) 제6조 제1항 제11호 여관 부분 중 초·중등교육법 제2조의 초등학교·중학교·고등학교에 관한 부분과 고등교육법 제2조의 대학교에 관한 부분이 그 구역에서 여관영업을 하는 청구인의 재산권을 침해하는지 여부: 소극
이 사건 법률조항은 학교환경위생정화구역이라는 한정된 지역에서 "여관"이라는 특정 용도로 건물을 사용하는 것을 제한하고 "여관영업"을 제한하는 것이어서 그 사적인 효용성의 일부만 제한하고 동 조항 단서에서 학교환경위생정화위원회의 심의를 거쳐 그 여관영업행위 및 시설이 허용될 수 있는 여지를 마련하고 있는바, 이러한 재산권 제한의 범위나 정도는 초·중·고등학교 및 대학교의 건전한 교육환경의 조성과 교육의 능률화라는 공익과 비교형량하여 볼 때 헌법에서 허용되지 아니한 과도한 제한이라고 할 수는 없다. 따라서 이 사건 법률조항이 재산권을 침해하는 것이라고 할 수 없다(헌재 2006.3.30, 2005헌바110).

82 경북대학교 총장임용후보자선거의 후보자로 등록하려면 3,000만원의 기탁금을 납부하고 후보자등록신청시 기탁금납부영수증을 제출하도록 하며, 제1차 투표에서 유효투표수의 100분의 15 이상을 득표한 경우에는 기탁금 전액을, 100분의 10 이상 100분의 15 미만을 득표한 경우에는 기탁금 반액을 반환하고, 10% 미만을 득표한 후보자의 기탁금을 반환하지 않고 모두 학교발전기금에 귀속하도록 정한 '경북대학교 총장임용후보자 선정 규정' 제20조 제1항 및 제3항, 제26조 제2항 제7호가 청구인의 기본권을 침해하는지 여부: 소극
이 사건 기탁금귀속조항이 적용된 총장임용후보자선거에서 9명에 이르는 적지 않은 후보자가 후보자로 등록하였고, 이 중 3명의 후보자가 납부한 기탁금 전액 내지 반액을 반환받았다. 기탁금 반환 요건을 완화하면 기본권 제한은 완화되지만, 기탁금 납부 부담 또한 줄게 되어 후보자 난립 방지 및 후보자의 성실성 확보라는 목적은 달성하기 어려울 수 있다. 기탁금 반환 요건을 충족하지 못한 후보자들을 모두

기출 OX

01 초·중·고등학교 및 대학교 경계선으로부터 200미터 내로 설정된 학교환경위생정화구역 안에서 여관시설 및 영업행위를 금지하고 있는 학교보건법 조항은 재산권 제한의 범위나 정도는 초·중·고등학교 및 대학교의 건전한 교육환경의 조성과 교육의 능률화라는 공익과 비교형량하여 볼 때, 재산권을 침해하는 것이라고 할 수 없다. 23. 소방간부 ( )

02 경북대학교 총장임용후보자선거의 후보자로 등록하려면 3,000만원의 기탁금을 납부하고 제1차 투표에서 유효투표수의 100분의 15 이상을 득표한 경우에는 기탁금 전액을, 100분의 10 이상 100분의 15 미만을 득표한 경우에는 기탁금 반액을 반환하고, 반환되지 않은 기탁금은 경북대학교발전기금에 귀속하도록 정한 경북대학교 총장임용후보자 선정 규정의 해당 조항은 재산권을 침해하지 않는다. 23. 소방간부 ( )

정답 01 ○ 02 ○

불성실하다고 평할 수 없지만, 이러한 반환 요건을 둔 것은 이를 완화할 경우 우려되는 폐해를 막기 위한 불가피한 선택이자 후보자의 진지성과 성실성을 담보하기 위한 최소한의 제한이다. 따라서 이 사건 기탁금귀속조항은 청구인의 재산권을 침해하지 않는다(헌재 2022.5.26, 2020헌마219).

83 댐사용권의 취소·변경 처분을 할 경우 국가는 댐사용권자가 납부한 부담금이나 납부금의 일부를 반환하도록 하고, 반환할 금액은 대통령령에서 정하는 상각액을 뺀 금액을 초과하지 못하도록 규정한 댐건설관리법의 '부담금반환조항'이 재산권 침해 여부: **소극**

댐사용권변경조항은 다목적댐 건설 이후의 주변 환경 변화에 따라 댐의 저수 이용 상황이 변경되어 댐사용권을 그대로 유지하는 것이 곤란한 경우 저수의 용도별 배분 및 댐사용권자를 변경함으로써 댐사용권을 둘러싼 법률관계를 일반적이고 추상적으로 규율하고자 하는 규정이다. 즉 댐사용권변경조항은 이미 형성된 구체적인 재산권을 공익을 위하여 개별적이고 구체적으로 박탈·제한하는 것으로서 보상을 요하는 **헌법 제23조 제3항의 수용·사용·제한을 규정한 것이라고 볼 수 없고**, 적정한 수자원의 공급 및 수재방지 등 공익적 목적에서 건설되는 다목적댐에 관한 독점적 사용권인 댐사용권의 내용과 한계를 정하는 규정인 동시에 공익적 요청에 따른 **재산권의 사회적 제약을 구체화하는 규정**이라고 보아야 한다. 댐사용권은 수자원의 효율적 이용이라는 강한 공익적 요청에 따르는 권리이며, 댐사용권에는 취소 또는 변경의 가능성이 내재되어 있는 점에 비추어 댐사용권자가 누리던 저수사용권 내지 저수 사용료 수입을 댐의 저수 이용상황 등이 변경되어 댐사용권을 취소·변경하는 경우에도 반드시 보장해야 한다고 보기는 어렵다. 수자원의 중요성과 대체 불가능성, 다목적댐의 중요성, 댐사용권은 사적 재산권이지만 동시에 다목적댐을 통한 수자원의 합리적 개발·이용이라는 공익적 목적을 갖는 권리이며 수자원의 관리라는 고양된 공익달성을 위한 행정청의 처분에 의해 그 내용이 변경될 수 있음을 전제로 하여 인정되는 권리라는 점 등을 종합하면 법익의 균형성도 충족된다. 그러므로 **부담금반환조항은 과잉금지원칙에 위배되지 아니하므로 재산권을 침해하지 아니한다**(헌재 2022.10.27, 2019헌바44).

84 통일부장관이 2010.5.24. 발표한 북한에 대한 신규투자 불허 및 진행 중인 사업의 투자확대 금지 등을 내용으로 하는 대북조치가 헌법 제23조 제3항 소정의 재산권의 공용제한에 해당하는지 여부: **소극**

2010.5.24.자 대북조치가 개성공단에서의 신규투자와 투자확대를 불허함에 따라 청구인이 보유한 개성공단 내의 토지이용권을 사용·수익하지 못하게 되는 제한이 발생하기는 하였으나, 이는 개성공단이라는 특수한 지역에 위치한 사업용 재산이 받는 사회적 제약이 구체화된 것일 뿐이므로, 공익목적을 위해 이미 형성된 구체적 재산권을 개별적, 구체적으로 제한하는 헌법 제23조 제3항 소정의 공용 제한과는 구별된다. 그렇다면 2010.5.24.자 대북조치로 인한 토지이용권의 제한은 **헌법 제23조 제1항, 제2항에 따라 재산권의 내용과 한계를 정한 것인 동시에 재산권의 사회적 제약을 구체화하는 것으로 볼 수 있다.** 2010.5.24.자 대북조치에 대하여 보상입법을 두지 않은 **입법부작위는 진정입법부작위**로서, 헌법의 명시적 입법위임이나 헌법해석상 입법의무가 있을 것을 요건으로 한다. 헌법 제23조 제1항, 제2항은 입법자에게 2010.5.24.자 대북조치로 인한 재산권 제한에 대하여 보상하도록 하는 내용의 **법률을 제정하여야 할 명시적이고 구체적인 입법의무를 부과하고 있지 않다**(헌재 2022.5.26, 2016헌마95).

85 신규성 상실의 예외를 제한하는 디자인보호법 조항이 재산권을 제한하는지 여부: 소극 [합헌]

일반에 공개된 디자인은 공공의 영역에 놓인 것으로서 원칙적으로 누구나 자유롭게 이용할 수 있어야 한다는 점을 고려하면, 이미 출원공개된 디자인에 대하여 신규성 상실의 예외를 인정하지 않는 것에 합리적 이유가 없다고 볼 수 없다. 또한 디자인보호법상 디자인권의 효력, 관련디자인제도 등을 고려할 때 법률에 따라 국내에서 출원공개된 경우 신규성 상실의 예외를 인정하지 않는다고 하더라도 디자인 등록 출원인에게 가혹한 결과를 초래한다고 볼 수 없다. 그러므로 심판대상조항은 입법형성권의 한계를 일탈하였다고 보기 어렵다. 디자인보호법상의 요건을 갖춰 등록을 마친 디자인권은 재산권에 포함되나, 청구인은 디자인등록을 마친 독점배타적인 디자인권을 취득한 사실이 없다. 그렇다면 심판대상조항은 청구인의 재산권을 제한하지 아니한다(헌재 2023.7.20, 2020헌바497).

86 집합제한 조치로 발생한 손실을 보상하는 규정을 두지 않은 '감염병의 예방 및 관리에 관한 법률'이 위헌인지 여부: 소극 [기각]

[1] 심판대상조항이 재산권을 제한하는지 여부: 소극

헌법 제23조에서 보장하는 재산권은 사적 유용성 및 그에 대한 원칙적 처분권을 내포하는 재산가치 있는 구체적 권리이므로, 구체적인 권리가 아닌 단순한 이익이나 재화의 획득에 관한 기회 또는 기업활동의 사실적·법적 여건 등은 재산권보장의 대상에 포함되지 아니한다. 감염병예방법 제49조 제1항 제2호에 근거한 집합제한 조치로 인하여 청구인들의 일반음식점 영업이 제한되어 영업이익이 감소되었다 하더라도, 청구인들이 소유하는 영업 시설·장비 등에 대한 구체적인 사용·수익 및 처분권한을 제한받는 것은 아니므로, 보상규정의 부재가 청구인들의 재산권을 제한한다고 볼 수 없다.

[2] 심판대상조항이 평등권을 침해하는지 여부: 소극

유례없이 높은 전파력과 치명률의 코로나19 유행으로 인하여 집합제한 또는 금지가 장기화되는 상황은 처음 겪는 것이었기 때문에, 장기간의 집합제한 또는 금지 조치로 인하여 중대한 영업상 손실이 발생하리라는 것을 예상하기 어려웠다. 따라서 입법자가 미리 집합제한 또는 금지 조치로 인한 영업상 손실을 보상하는 규정을 마련하지 않았다고 하여 곧바로 평등권을 침해하는 것이라고 할 수 없다(헌재 2023.6.29, 2020헌마1669).

87 임차인이 3기의 차임액에 해당하는 금액에 이르도록 차임을 연체한 사실이 있는 경우 임대인의 권리금 회수기회 보호의무가 발생하지 않는 것으로 규정한 상가건물 임대차보호법 재산권을 침해하는지 여부: 소극 [합헌]

심판대상조항은 임차인이 차임을 단순히 3회 연체하는 경우가 아니라 3기의 차임액에 해당하는 금액에 이르도록 차임을 연체하였을 경우에 한하여 임대인의 권리금 회수기회 보호의무가 발생되지 않도록 규정하고 있는 점 등도 고려해 볼 때, 심판대상조항이 3기 이상의 차임 연체에 임차인의 귀책사유가 있는지 여부를 불문하고 임대인의 권리금 회수기회 보호의무가 발생하지 않는 것으로 정하였다고 해서 임차인에게 일방적으로 가혹하다고 할 수는 없다. 이와 같은 점들을 종합하여 보면, 심판대상조항은 임차인의 재산권을 침해한다고 할 수 없으므로 헌법에 위반되지 아니한다(헌재 2023.6.29, 2021헌바264).

88 면허의 유효기간이 정하여져 있지 아니하거나 그 기간이 1년을 초과하는 면허에 대하여 매년 그 면허가 갱신된 것으로 보아 등록면허세를 매년 부과하도록 정하고 있는 지방세법 제35조 제2항 전단(이하 '심판대상조항'이라 한다)이 재산권을 침해하는지 여부: 소극 [합헌]

[1] 심판대상조항은 면허의 유효기간이 정하여져 있지 아니하거나 그 기간이 1년을 초과하는 면허에 대하여 면허의 효력이 유지되는 기간 동안 지속적으로 등록면허세가 부과되도록 함으로써 과세형평을 도모하고자 하는 것으로 목적의 정당성 및 수단의 적합성이 인정된다. 또한 면허를 받게 될 때에 한번만 등록면허세를 납부하도록 하는 것이 납세자의 부담을 경감시킨다고 단정할 수 없고, 소득세와 등록면허세는 성격을 달리 하는 것으로 소득세와 별개로 면허에 대한 등록면허세를 부과한다는 이유만으로 조세부담이 과도하다고 볼 수도 없으므로 심판대상조항은 침해의 최소성을 갖추었으며, 심판대상조항을 통해 달성하고자 하는 조세정의 및 조세형평의 중요성을 고려할 때 법익의 균형성도 인정된다. 따라서 **심판대상조항은 재산권을 침해하지 아니한다.**

[2] 지방세법 제35조 제3항이 면허의 유효기간이 정하여져 있지 아니하거나 그 기간이 1년을 초과하는 면허 중 제조·가공 또는 수입의 면허로서 각각 그 품목별로 받는 면허와 건축허가 및 그 밖에 이와 유사한 면허로서 대통령령으로 정하는 면허의 경우에 면허를 할 때 한 번만 등록면허세를 부과하도록 규정하고 있는 것은 면허의 특성이나 성질을 고려하여 **조세부담의 형평을 도모하고 조세행정의 효율을 기하기 위한 것으로 합리적인 이유가 인정된다. 따라서 심판대상조항은 조세평등주의에 위배되지 아니한다**(헌재 2023.3.23, 2019헌바482).

89 수사기관의 수사결과 사무장병원으로 확인된 의료기관에 대한 요양급여비용 지급보류 사건 [헌법불합치]

[1] 요양기관이 의료법 제33조 제2항을 위반하였다는 사실을 수사기관의 수사 결과로 확인한 경우 공단으로 하여금 해당 요양기관이 청구한 요양급여비용의 지급을 보류할 수 있도록 규정한 구 국민건강보험법 제47조의2 제1항 중 '의료법 제33조 제2항'에 관한 부분(이하 '이 사건 구법조항'이라 한다), 국민건강보험법 제47조의2 제1항 전문 중 '의료법 제33조 제2항'에 관한 부분(이하 '이 사건 현행법조항'이라 하고, 이 사건 구법조항과 통틀어 '이 사건 지급보류조항'이라 한다)이 무죄추정의 원칙에 위반되는지 여부: 소극

이 사건 지급보류조항은 사후적인 부당이득 환수절차의 한계를 보완하고, 건강보험의 재정 건전성이 악화될 위험을 방지하고자 마련된 조항으로서, 사무장병원일 가능성이 있는 요양기관이 일정 기간 동안 요양급여비용을 지급받지 못하는 불이익을 받더라도 이를 두고 유죄의 판결이 확정되기 전에 죄 있는 자에 준하여 취급하는 것이라고 보기 어렵다. 따라서 이 사건 **지급보류조항은 무죄추정의 원칙에 위반된다고 볼 수 없다.**

[2] 이 사건 지급보류조항이 의료기관 개설자의 **재산권을 침해하는지 여부: 적극**

지급보류처분은 잠정적 처분이고, 그 처분 이후 사무장병원에 해당하지 않는다는 사실이 밝혀져서 무죄판결의 확정 등 사정변경이 발생할 수 있다는 점 등을 고려하면, 지급보류처분의 '처분요건'뿐만 아니라 '지급보류처분의 취소'에 관하여도 명시적인 규율이 필요하고, 그 '취소사유'는 '처분요건'과 균형이 맞도록 규정되어야 한다. 또한 무죄판결이 확정되기 전이라도 하급심 법원에서 무죄판결이 선고되는 경우에는 그때부터 일정 부분에 대하여 요양급여비용을 지급하도록 할 필요가 있다. 나아가, 사정변경사유가 발생할 경우 지급보류처분이 취

소될 수 있도록 한다면, 이와 함께 지급보류기간 동안 의료기관의 개설자가 수인해야 했던 재산권 제한상황에 대한 적절하고 상당한 보상으로서의 이자 내지 지연손해금의 비율에 대해서도 규율이 필요하다. 이러한 사항들은 이 사건 지급보류조항으로 인한 기본권 제한이 입법목적 달성에 필요한 최소한도에 그치기 위해 필요한 조치들이지만, 현재 이에 대한 어떠한 입법적 규율도 없다. 따라서 이 사건 **지급보류조항은 과잉금지원칙에 반하여 요양기관 개설자의 재산권을 침해한다**(헌재 2023.3.23, 2018헌바433).

90 초고가 아파트 구입용 주택담보대출 금지 사건 [기각]

[1] 피청구인 **금융위원회위원장이 2019.12.16. 시중 은행을 상대로 투기지역·투기과열지구 내 초고가 아파트(시가 15억원 초과)에 대한 주택구입용 주택담보대출을 2019.12.17.부터 금지한 조치(이하 '이 사건 조치'라 한다)가 헌법소원심판의 대상인 공권력 행사에 해당하는지 여부: 적극**

이 사건 조치는 비록 행정지도의 형식으로 이루어졌으나, 일정한 경우 주택담보대출을 금지하는 것을 내용으로 하므로 규제적 성격이 강하고, 부동산 가격 폭등을 억제할 정책적 필요성에 따라 추진되었으며, 그 준수 여부를 확인하기 위한 현장점검반 운영이 예정되어 있었다. 그러므로 이 사건 조치는 규제적·구속적 성격을 갖는 행정지도로서 헌법소원의 대상이 되는 공권력 행사에 해당된다.

[2] 피청구인의 이 사건 조치가 법률유보원칙에 반하여 청구인의 재산권 및 계약의 자유를 침해하는지 여부: **소극**

결국 행정지도로 이루어진 이 사건 조치는 금융위원회에 적법하게 부여된 규제권한을 벗어나지 않았으므로, 법률유보원칙에 반하여 청구인의 재산권 및 계약의 자유를 침해하지 아니한다.

[3] 피청구인의 이 사건 조치가 과잉금지원칙에 반하여 청구인의 재산권 및 계약의 자유를 침해하는지 여부: **소극**

이 사건 조치는 투기지역·투기과열지구로 그 적용 '장소'를 한정하고, 시가 15억원 초과 아파트로 '대상'을 한정하였으며, 초고가 아파트를 담보로 한 주택구입목적의 주택담보대출로 '목적'을 구체적으로 한정하였음을 고려할 때, 침해의 최소성과 법익의 균형성도 인정된다. 따라서 이 사건 조치는 과잉금지원칙에 반하여 청구인의 재산권 및 계약의 자유를 침해하지 아니한다(헌재 2023.3.23, 2019헌마1399).

91 상속개시 후 인지에 의하여 공동상속인이 된 자가 다른 공동상속인에 대해 그 상속분에 상당한 가액의 지급에 관한 청구권(상속분가액지급청구권)을 행사하는 경우에도 상속회복청구권에 관한 10년의 제척기간을 적용하도록 한 민법 조항이 청구인의 재산권과 재판청구권을 침해하여 헌법에 위반되는지 여부: 적극 [위헌]

'침해행위가 있은 날'부터 10년 후에 인지 또는 재판의 확정이 이루어진 경우에도 추가된 공동상속인이 상속분가액지급청구권을 원천적으로 행사할 수 없도록 하는 것은, '가액반환의 방식'이라는 우회적·절충적 형태를 통해서라도 인지된 자의 상속권을 뒤늦게나마 보상해 주겠다는 상속분가액지급청구권의 입법취지에 반하며, 추가된 공동상속인의 권리구제 실효성을 완전히 박탈하는 결과를 초래한다. 기존 공동상속인이 상속재산의 유지·증가에 특별히 기여하였다면 그 기여분은 상속재산에서 공제되므로 이를 통해 기존 공동상속인과 추가된 공동상속인의 이해관계가 조정될 수 있는 점, 민법은 인지청구의 소를 '망인의 사망을 안 날로부터 2년'으로 제한하고 상속분가액지급청구권의 행사도 '상속권의 침해를 안 날부터 3년'으로 제한하므로 인지재판을 바탕으로 한 상속분가액지급청구권의 행사가 무한정 늦춰지지 않도록 이중으로 제한하고 있는 점 등도 함께 고려할 필요성이 있다. 심판대상조항은 입법형성의 한계를 일탈하여 청구인의 **재산권과 재판청구권을 침해**한다(헌재 2024.6.27, 2021헌마1588).

92 수사기관의 수사결과 사무장병원으로 확인된 의료기관에 대한 의료급여비용 지급을 보류할 수 있도록 규정한 의료급여법이 재산권을 침해하는지 여부: 적극 [헌법불합치]

[1] 무죄추정의 원칙 위반 여부

심판대상조항은 사후적인 부당이득 환수절차의 한계를 보완하고, 의료급여기금의 재정 건전성이 악화될 위험을 방지하고자 마련된 조항이다. 그렇다면 사무장병원일 가능성이 있는 의료급여기관이 일정 기간 동안 의료급여비용을 지급받지 못하는 불이익을 받더라도 이를 두고 유죄의 판결이 확정되기 전에 죄 있는 자에 준하여 취급하는 것이라고 보기 어렵다. 따라서 심판대상조항은 **무죄추정의 원칙에 위반된다고 볼 수 없다.**

[2] 재산권 침해 여부

지급보류처분은 잠정적 처분이고, 그 처분 이후 사무장병원에 해당하지 않는다는 사실이 밝혀져서 무죄판결의 확정 등 사정변경이 발생할 수 있으므로, 지급보류처분의 '처분요건'뿐만 아니라 위와 같은 사정변경이 발생할 경우 잠정적인 지급보류상태에서 벗어날 수 있는 '지급보류처분의 취소'에 관하여도 명시적인 규율이 필요하고, 그 '취소사유'는 '처분요건'과 균형이 맞도록 규정되어야 한다. 또한 사정변경사유가 발생할 경우 지급보류처분이 취소될 수 있도록 한다면, 이와 함께 지급보류기간동안 의료기관의 개설자가 수인해야 했던 재산권 제한상황에 대한 적절하고 상당한 보상으로서의 이자 내지 지연손해금의 비율에 대해서도 규율이 필요하다. 이러한 사항들은 심판대상조항으로 인한 기본권 제한이 입법목적 달성에 필요한 최소한도에 그치기 위해 필요한 조치들이지만, 현재 이에 대한 어떠한 입법적 규율도 없다. 따라서 심판대상조항은 과잉금지원칙에 반하여 **의료급여기관 개설자의 재산권을 침해**한다(헌재 2024.6.27, 2021헌가19).

93 군인연금법상 퇴역연금 수급자가 지방의회의원에 취임한 경우, 퇴역연금 전부의 지급을 정지하도록 한 것이 과잉금지원칙에 위반되어 지방의회의원으로 취임한 퇴역연금 수급자의 재산권을 침해하는지 여부: 적극 [헌법불합치]

헌법재판소는 2022.1.27, 2019헌바161 결정에서, 공무원연금법상 퇴직연금 수급자가 지방의회의원에 취임한 경우 연금 전부를 지급 정지하도록 한 구 공무원연금법상 지급정지 조항에 대해, 공무원연금제도는 공무원이 퇴직한 후 생계 및 부양에 어려움이 없도록 적절한 소득을 보장하는 데 주된 취지가 있는데, 지방의회의원이 생계유지 또는 생활보장을 위하여 받는 월정수당만으로는 연금을 대체할 만한 적정한 소득이 있다고 보기 어렵고, 보수 수준과 연계하여 연금의 일부만 감액하거나 적어도 연금과 보수의 합계액이 취임 전 퇴직연금보다 적지 않은 액수로 유지되도록 하여 생활보장에 불이익이 발생하지 않도록 할 수 있는 점을 고려할 때, 과잉금지원칙에 반하여 퇴직연금 수급자의 재산권을 침해한다고 보았다. 위 선례의 취지는 이 사건에도 그대로 타당하고, 심판대상조항은 과잉금지원칙에 반하여 지방의회의원에 취임한 퇴역연금 수급자의 재산권을 침해한다(헌재 2024.4.25, 2022헌가33).

94 살처분된 가축의 소유자가 축산계열화사업자인 경우에 보상금을 계약사육농가에 지급한다고 규정한 '가축전염병 예방법' 제48조 제1항 제3호 단서가 재산권을 침해하는지 여부: 적극 [헌법불합치]

가축의 살처분으로 인한 재산권의 제약은 가축의 소유자가 수인해야 하는 사회적 제약의 범위에 속하나, 권리자에게 수인의 한계를 넘어 가혹한 부담이 발생하는 예외적인 경우에는 이를 완화하는 보상규정을 두어야 하고, 그 방법에 관하여는 입법자에게 광범위한 형성의 자유가 부여된다. 그런데 심판대상조항에 따르면, 축산계열화사업자는 그가 입은 경제적 가치의 손실을 회복하는 데에 한계가 있으며, 이는 열세에 놓인 계약사육농가가 갖는 교섭력의 불균형을 시정하기 위하여 필요한 정도를 넘어서는 개입이다. 다만, 그렇다고 하여 살처분 보상금을 이전과 같이 가축의 소유자인 축산계열화사업자에게 일괄하여 지급하는 방식으로 회귀할 경우, 교섭력이 약한 일부 계약사육농가의 수급권 보호에 다시 상당한 지장이 생길 수 있다. 살처분 보상금을 가축의 소유자인 축산계열화사업자와 계약사육농가에게 개인별로 지급함으로써 대상 가축의 살처분으로 인한 각자의 경제적 가치의 손실에 비례한 보상을 실시하는 것은 입법기술상으로 불가능하지 않은 점을 고려하면, 축산계열화사업자가 가축의 소유자라 하여 살처분 보상금을 오직 계약사육농가에만 지급하는 방식은 축산계열화사업자에 대한 재산권의 과도한 부담을 완화하기에 적절한 조정적 보상조치라고 할 수 없다. 따라서 심판대상조항은 조정적 보상조치에 관하여 인정되는 입법형성재량의 한계를 벗어나 가축의 소유자인 축산계열화사업자의 재산권을 침해한다(헌재 2024.5.30, 2021헌가3).

95 유류분 제도에 관한 헌법재판소결정 [위헌, 헌법불합치]

> 민법
>
> 제1112조【유류분의 권리자와 유류분】 상속인의 유류분은 다음 각 호에 의한다.
>   1. 피상속인의 직계비속은 그 법정상속분의 2분의 1
>   2. 피상속인의 배우자는 그 법정상속분의 2분의 1
>   3. 피상속인의 직계존속은 그 법정상속분의 3분의 1
>   4. 피상속인의 형제자매는 그 법정상속분의 3분의 1
>
> 제1118조【준용규정】 제1001조, 제1008조, 제1010조의 규정은 유류분에 이를 준용한다.

[1] 유류분상실사유를 별도로 규정하지 아니한 민법 제1112조 제1호부터 제3호 및 형제자매의 유류분을 규정한 민법 제1112조 제4호가 재산권을 침해하여 헌법에 위반되는지 여부: 적극

유류분권리자와 유류분을 개별적으로 적정하게 입법하는 것이 현실적으로 매우 어려운 점, 법원이 구체적 사정을 고려하여 정하도록 하는 것은 법원의 과도한 부담 등을 초래할 수 있는 점 등을 고려하면, 민법 제1112조가 유류분권리자와 유류분을 획일적으로 규정한 것이 매우 불합리하다고 단정하기 어렵다. 그러나 패륜적인 상속인의 유류분을 인정하는 것은 일반 국민의 법감정과 상식에 반한다고 할 것이므로, 민법 제1112조 제1호부터 제3호가 유류분상실사유를 별도로 규정하지 아니한 것은 불합리하고 기본권제한입법의 한계를 벗어나 헌법에 위반된다. 또한 상속재산형성에 대한 기여나 상속재산에 대한 기대 등이 거의 인정되지 않는 피상속인의 형제자매에게까지 유류분을 인정하는 민법 제1112조 제4호 역시 불합리하고 기본권제한입법의 한계를 벗어나 헌법에 위반된다.

[2] 기여분에 관한 민법 제1008조의2를 유류분에 준용하는 규정을 두지 아니한 민법 제1118조가 재산권을 침해하여 헌법에 위반되는지 여부: **적극**

기여분에 관한 민법 제1008조의2를 유류분에 준용하는 규정을 두고 있지 않은 민법 제1118조는, 피상속인을 오랜 기간 부양하거나 상속재산형성에 기여한 기여상속인이 기여의 대가로 받은 증여재산을 비기여상속인에게 반환하여야 하는 부당한 상황을 발생시키고, 기여상속인에게 보상을 하려고 한 피상속인의 의사를 부정하는 불합리한 결과를 초래하는 등 현저히 불합리하므로 기본권제한입법의 한계를 일탈하여 헌법에 위반된다.

[3] **형제자매의 유류분을 규정한 민법 제1112조 제4호는 위헌결정**을 통하여 재산권에 대한 침해를 제거함으로써 합헌성이 회복될 수 있으므로 단순위헌을 선언한다. 하지만 **민법 제1112조 제1호부터 제3호와 기여분에 관한 제1008조의2를 유류분에 준용하는 규정을 두지 아니한 민법 제1118조**에 대하여 위헌결정을 선고하여 효력을 상실시키면, 법적 혼란이나 공백 등이 발생할 우려가 있으므로, 위 조항들에 대하여는 2025.12.31.까지 계속적용을 명하는 **헌법불합치결정**을 선고하기로 한다(헌재 2024.4.25, 2020헌가4등).

96 골프장 입장행위에 대하여 1명 1회 입장마다 1만 2천 원의 개별소비세를 골프장 경영자에게 부과하는 개별소비세법이 재산권을 침해하는지 여부: 소극 [합헌]

골프 인구가 늘어나고 골프장이 증설되었으나, 여전히 비용과 이용접근성, 일반 국민의 인식 측면에서 골프장 이용행위가 사치성 소비로서의 성격이 완전히 희석되었다거나 대중적인 소비행위로 자리 잡았다고 보기는 어려우며, 이 사건에서 선례와 달리 판단하여야 할 사정이 없으므로, 심판대상조항은 과잉금지원칙에 반하여 재산권을 침해한다고 볼 수 없다.

요트장, 스키장, 고가의 회원제 스포츠클럽의 경우 매출액, 이용료, 이용방법, 이용객 수 등에 비추어, 그 입장행위에 대해 개별소비세를 부과하지 않는 것이 골프장 입장행위에 대한 과세와의 관계에서 자의적이라고 보기 어렵고, 경마장 등 사행행위 장소 입장에 부과되는 개별소비세는 과세의 목적과 세율이 다르므로 다른 것을 같게 취급하는 것이라 할 수 없다. 따라서 심판대상조항은 조세평등주의에 위배되지 않는다(헌재 2024.8.29, 2021헌바34).

97 가축을 살처분한 날을 기준으로 한 가축평가액의 전액을 보상금으로 지급하도록 한 것이 가축사육업자들의 재산권을 침해하는지 여부: 소극 [기각]

[1] 살처분 농가에 대하여는 생계안정비용이 지원될 수 있고, 예방적 살처분에 협조한 농가에 대하여는 해당 가축전염병이 최초로 발생한 날 전월 평균시세 또는 살처분한 날의 전월 평균시세 중 높은 금액을 가축평가액의 상한선으로 하는 조항을 두고 있으므로, 이 사건 시행령조항은 가축사육업자들의 재산권을 침해하지 아니한다.

[2] 이 사건 고시조항은 적용 대상인 가축의 종류와 전염병의 특성을 고려한 것으로 그 합리성이 인정되고, 전월 평균시세가 전년도 동월 평균시세와 비교하여 ±15% 범위를 넘어가는 경우에 해당 가축전염병이 최초로 발생한 월의 직전 3개월 평균시세를 상한선으로 하도록 규정함으로써 살처분한 가축의 시세가 전년도에 비하여 비정상적으로 변동하는 경우에 대한 조정안을 마련하고 있으므로, 이 사건 고시조항은 가축사육업자들의 재산권을 침해하지 아니한다(헌재 2025.1.23, 2021헌마1192).

98 투기과열지구에 소재한 토지 또는 건축물을 재건축사업의 조합설립 인가 후에 양수한 자는 조합원이 될 수 없도록 하는 것에 대한 예외를 '근무상 또는 생업상의 사정이나 질병치료 등으로 인한 이주', '1세대 1주택자로서 장기간 보유 및 거주한 경우'로 규정한 '구 도시 및 주거환경정비법'이 양도인이 '법인'인 경우에 해당하는 예외규정을 별도로 두지 않아 해당 부동산을 양도한 법인과 그로부터 부동산을 양수한 자의 재산권을 침해하는지 여부: 소극 [기각]

투기과열지구 내에서의 부동산 거래에 대해 조합원 지위의 승계를 불허하여 투기를 억제하되, 투기 목적을 갖지 않은 조합원의 실질적인 부동산 양도 기회를 보장한다는 심판대상조항의 입법목적은 정당하다. 법인은 부동산 보유와 관련하여 적용되는 세금제도나 자금동원능력 등이 자연인과는 다르기 때문에, 법인의 세금부담 증가 내지 경영 악화로 인한 양도를 자연인의 '생업상 사정이나 질병치료 등을 이유로 이주하기 위한 양도'와 같은 정도로 불가피하다고 보기 어렵다. 또한, 법인은 그 자체로는 부동산에 거주할 수 없으므로, 법인의 사택에 장기간 거주한 직원이 있다 하여 해당 법인을 '1세대 1주택자로서 부동산을 장기간 보유하고 거주한 자연인'과 같다고 하기 어렵다.

심판대상조항으로 인하여 양도인으로서는 부동산을 원하는 가격에 처분하지 못하고 양수인으로서는 재건축사업조합에 부동산을 개발이익이 포함된 가격에 매도하는 불이익을 입게 되나, 부동산의 투기를 억제함으로써 국민 주거의 안정을 달성한다는 공익은 매우 중대하다. 따라서 심판대상조항이 양도인이 '법인'인 경우에 해당하는 예외규정을 별도로 두지 않았다 하여, 과잉금지원칙을 위반하여 법인과 그로부터 부동산을 양수한 자의 재산권을 침해한다고 볼 수 없다(헌재 2025.1.23, 2021헌마653).

99 민간공원추진자가 일정한 현금을 예치할 경우 사업시행자 지정요건을 갖춘 것으로 보는 내용 및 도시공원 부지 내에 비공원시설을 설치할 수 있도록 한 '도시공원 및 녹지 등에 관한 법률'이 도시공원 부지 내 토지소유자들의 재산권을 침해하는지 여부: 소극 [합헌]

[1] 사업시행자조항은 도시공원을 조성함에 있어서 민간공원추진자가 사업시행자로 참여하는 것을 유도하기 위한 규정으로서 목적의 정당성이 인정되고, 민간공원추진자를 통한 도시공원 조성사업이 활성화될 것으로 보이므로 수단의 적합성도 인정된다. 민간공원추진자는 '공익사업을 위한 토지 등의 취득 및 보상에 관한 법률'에 따라야 하고, 청구인들이 주장하는 일방적인 수용의 문제 등은 행정소송 등 적법한 절차를 통해 해결할 수 있다. 따라서 사업시행자조항은 침해의 최소성이 인정된다. 사업시행자조항으로 인하여 도시공원 부지 내 토지소유자의 재산권이 다소 제한된다 하더라도, 그 제한의 정도가 사업시행자조항에 의하여 보장되는 쾌적한 도시환경의 조성, 대규모 난개발의 방지와 같은 공익에 비하여 중하다고 볼 수 없으므로, 법익의 균형성 역시 인정된다. 따라서 사업시행자조항은 과잉금지원칙을 위반하여 재산권을 침해하지 않는다.

[2] 비공원시설조항은 민간 자본의 참여를 통해 도시공원을 조성하고, 장기미조성 도시공원에 대한 도시·군계획시설결정이 효력을 잃게 되어 대규모의 난개발이 이루어지는 것을 방지하기 위한 것으로서 그 목적의 정당성이 인정되고, 민간공원추진자가 도시공원 조성사업에 참여할 유인이 커질 것으로 보이므로 수단의 적합성도 인정된다. 그 규모를 도시공원 면적의 30퍼센트 미만으로 제한하여, 도시공원 조성사업이 영리추구에 치우쳐 공공성을 잃는 것을 방지하고

있으므로 침해의 최소성이 인정된다. 비공원시설조항으로 도시공원 부지 내 토지소유자의 재산권이 다소 제한된다 하더라도 그 제한의 정도가 비공원시설조항에 의하여 보장되는 도시공원의 확보, 대규모 난개발의 방지 등과 같은 공익에 비하여 중하다고 볼 수 없으므로 법익의 균형성 역시 인정된다. 따라서 비공원시설조항은 과잉금지원칙을 위반하여 재산권을 침해하지 않는다(헌재 2025. 1.23, 2020헌바510).

100 민사법정이율을 연 5%로 고정하고 있는 민법 제379조가 과잉금지원칙에 위배되어 채무자의 재산권을 침해하는지 여부: 소극 [합헌]

[판시사항]
[1] 민사법정이율을 연 5%로 고정하고 있는 민법 제379조가 과잉금지원칙에 위배되어 채무자의 재산권을 침해하는지 여부: 소극
[2] 상사법정이율을 연 6%로 고정하고 있는 상법 제54조가 과잉금지원칙에 위배되어 채무자의 재산권을 침해하는지 여부: 소극
[3] 금전채무의 이행을 명하는 판결을 선고할 경우 대통령령으로 정하는 높은 이율로 손해배상액을 산정하도록 규정하고 있는 '소송촉진 등에 관한 특례법'(이하 '소송촉진법'이라 한다) 제3조 제1항 본문이 과잉금지원칙에 위배되어 채무자의 재산권과 재판받을 권리를 침해하는지 여부: 소극
[4] 소송촉진법 제3조 제1항 본문이 평등원칙에 위배되는지 여부: 소극
[5] 소송촉진법 제3조 제1항 본문이 포괄위임금지원칙에 위배되는지 여부: 소극

[결정요지]
[1] 이율에 관한 표준 규범을 정립한다는 입법목적을 효과적으로 달성하기 위해서는 법률이 일정한 이율을 사전에 고지하여 당사자들에게 명확한 행위지침을 제시할 필요성이 있다. 법정이율 고정제와 다른 방식으로 이러한 입법목적을 실현하면서 채무자의 재산권을 덜 제한하는 수단이 명백히 존재한다고 보기 어렵다. 민법 제379조가 민법 제정 이래 현재까지 법정이율을 연 5분으로 고정하고 있다고 하더라도 불합리하게 과도한 이율을 정한 것이라고는 할 수 없다. 따라서 민법 제379조가 과잉금지원칙에 위배되어 채무자의 재산권을 침해한다고 볼 수 없다.
[2] 상거래는 일반 민사거래보다 자금의 수요가 많고 자금의 이용으로 발생하는 이익이 더 큰 것이 일반적이어서 상법 제54조가 상사법정이율을 민법 제379조의 민사법정이율보다 다소 높게 규정한 것일 뿐, 법정이율의 필요성과 그 입법취지는 기본적으로 상법 제54조와 민법 제379조가 같다고 볼 수 있다. 따라서 민법 제379조와 마찬가지로 상법 제54조도 과잉금지원칙에 위배되어 채무자의 재산권을 침해한다고 볼 수 없다.
[3] 금전채무의 이행을 명하는 판결을 선고할 경우 대통령령으로 정하는 높은 이율로 손해배상액을 산정하도록 규정하고 있는 소송촉진법 제3조 제1항 본문은 그 적용범위를 소송상 청구하는 경우에만 적용하도록 함으로써 소송의 지연과 상소권 남용의 방지, 사실심판결 선고 후의 채무의 신속한 이행이라는 입법목적의 달성을 위하여 필요하고도 불가피한 경우로 제한하고 있으며, 구체적인 법정이율을 대통령령에 위임하여 은행 연체금리 등 경제여건의 변동에 따라 탄력적으로 법정이율을 정하도록 하고 있고, 소송촉진법 제3조 제2항에 따라 채무자의 방어권을 보장하고 채권자와 채무자의 이해를 조정하는 장치를 마련하고 있다. 따라서 소송촉진법 제3조 제1항 본문은 과잉금지원칙에 위배되어 채무자의 재산권과 재판받을 권리를 침해한다고 볼 수 없다.

[4] 채권자가 민사소송까지 제기하게 된 경위나 그 과정에서 투입한 노력 등을 고려하면, 소송촉진법 제3조 제1항 본문이 '소구당한 채무자'와 '소구당하지 않은 채무자'를 달리 취급하는 것에는 합리적인 이유가 있으므로 평등원칙에 위배된다고 볼 수 없다.

[5] 소송촉진법 제3조 제1항 본문은 '연 40% 이내의 범위에서' 이율을 정하도록 하여 대통령령으로 정해질 이율의 상한을 명확하게 정하고 있고, 대통령령에서 구체적으로 이율을 정할 때 고려하여야 할 요소로 '은행법에 따른 은행이 적용하는 연체금리 등 경제여건'을 명시하고 있으며, 그 입법목적을 고려할 때 대통령령으로 정해질 이율이 민사법정이율 연 5%나 상사법정이율 연 6%보다는 높게 정해질 것이라는 점은 충분히 예상할 수 있으므로, 헌법 제75조의 포괄위임금지원칙에 위배되지 않는다(헌재 2025.4.10, 2021헌바278등).

101 금품비위를 저지른 지방공무원에게 신분상 불이익을 주는 징계 처분과는 별도로 그 금품비위금액의 최대 5배 내의 범위에서 징계부가금을 부과하는 것은 지방공무원의 재산권을 침해하는지 여부: 소극 [합헌]

[1] 목적의 정당성 및 수단의 적합성

이 사건 법률조항은 금품비위를 저지른 지방공무원에게 신분상 불이익을 주는 징계 처분과는 별도로 그 금품비위금액의 최대 5배 내의 범위에서 징계부가금이라는 재산상 불이익을 주고 비위행위에 수반된 부당이득을 환수하여 궁극적으로 지방공무원의 금품비위를 근절 및 예방하여 공직에 대한 국민의 신뢰를 회복하기 위한 것인바, 입법목적의 정당성과 수단의 적합성이 모두 인정된다(헌재 2015.2.26, 2012헌바435 참조).

[2] 침해의 최소성

징계부가금 부과액수의 상한을 법률로 정함에 있어 금품비위액수의 배수만을 규정할 뿐 각각의 금품비위행위마다 다르게 나타날 수 있는 구체적 위법성의 차이를 감안하지 않았다거나, 금품비위액수의 절대적 크기에 따라 차등적으로 부과금액을 완화하는 규정을 두지 않았다는 등 청구인들이 주장하는 이유만으로 이 사건 법률조항이 침해의 최소성을 충족하지 못하였다고 보기는 어렵다.

[3] 법익의 균형성

이 사건 법률조항으로써 달성하려는 공익은 지방공무원의 금품비위행위를 근절함으로써 공직 기강을 다잡고 그에 대한 국민 신뢰를 회복하여 궁극적으로는 공익실현을 위한 국가기능의 원활한 운영을 도모하기 위한 것으로 매우 중대하고 긴요하다. 반면, 그에 따라 제한되는 사익은 이미 금품비위행위를 저지른 지방공무원에게 그 행위로 말미암은 금품비위액수의 최대 5배 내에서 각종 사정을 참작하여 징계부가금이 부과되는 것으로, 이 사건 법률조항에 의하여 제한되는 사익이 달성하려는 공익에 비해 크다고 볼 수 없다. 이 사건 법률조항은 과잉금지원칙에 위반하여 징계부가금이 부과되는 지방공무원의 재산권을 침해하지 아니한다(헌재 2025.4.10, 2021헌바123등).

102 법무법인 구성원의 지분을 압류한 채권자가 영업년도말에 그 구성원을 퇴사시킬 수 있도록 규정한 변호사법 제58조 제1항 중 상법 제224조 제1항 본문을 준용하는 부분이 재산권을 침해하는지 여부: 소극 [합헌]

구성원이 법무법인을 퇴사하는 경우에 한하여 법무법인에 출자하였던 지분에 대한 환급청구권이 발생하므로, 구성원의 채권자가 위 채권을 현금화하기 위해서는 인적 회사로서의 성격이 강한 법무법인의 특성상 구성원의 퇴사를 청구하는 이외에는 다른 방법을 찾기 어렵다. 또한 변호사법은 구성원의 지분을 압류한 채권자는 6월 전에 구성원의 퇴사를 법무법인과 채무자에게 예고하도록 하고, 영업년도 말에 한하여 구성원 퇴사의 효력이 발생하도록 규정하고 있어, 구성원의 지분을 압류당한 법무법인으로서는 해당 구성원의 퇴사에 관한 예측가능성을 확보할 수 있고, 미리 다른 구성원의 충원을 준비할 충분한 시간도 부여되어 있는 점 등을 종합하여 보면, 법무법인 구성원의 지분을 압류한 채권자가 영업년도말에 그 구성원을 퇴사시킬 수 있도록 규정한 심판대상조항은 과잉금지원칙에 위반되어 청구인의 재산권을 침해한다고 볼 수 없다(헌재 2025.3.27, 2021헌바4).

103 '주택의 수'를 기준으로 '조정대상지역 내 1세대 3주택 이상' 또는 '조정대상지역 외 1세대 4주택 이상'의 주택 취득에 대하여 12%의 세율을 적용하는 것은 '투기'와 '투자'의 구별 없이 무차별적으로 다주택자의 주택 취득에 대하여 취득세를 중과하는 것이어서 과잉금지원칙에 반하여 재산권을 침해하는지 여부: 소극 [합헌]

청구인들은 심판대상조항이 '투기'와 '투자'의 구별 없이 무차별적으로 다주택자의 주택 취득에 대하여 취득세를 중과하고 있다고 주장한다. 이론적으로는 합리성 유무, 자본 생산성 유무, 장기적 효용 창출성 유무 등의 기준으로 투기와 투자를 구별하는 견해가 있다. 하지만, 현실적으로는 양자의 구별이 쉽지 않고 특별히 부동산의 경우는 소비재와 투자재로서의 수요가 혼재되어 있어 투기와 투자의 구별이 불가능하다는 입장도 존재한다. 나아가, 조세 영역에서 위와 같이 구별이 난해하거나 심지어 불가능한 투기와 투자의 개념을 기준으로 심판대상조항의 적용 여부를 정하도록 하는 것은 그 규정내용이 지나치게 추상적이고 불명확하여 과세관청의 자의적인 해석과 집행을 초래할 염려가 있으므로 이는 오히려 조세법률주의의 내용 중 하나인 과세요건명확주의에 위반될 우려가 있다. 심판대상조항이 '투기'와 '투자'의 구별 없이 취득세를 중과하더라도 침해의 최소성을 벗어났다고 보기 어렵다. 심판대상조항이 추구하는 공익은 주택에 대한 투기수요 근절 및 서민들의 주거안정이며, 이로 인하여 침해받는 사익은 상대적 고율인 취득세율이 적용됨에 따라 부담하여야 하는 취득세액 증가분이 될 것이다. 심판대상조항이 추구하는 공익은 침해받는 사익에 비하여 크다고 할 것이므로 법익의 균형성 요건도 충족한다. 따라서 심판대상조항은 과잉금지원칙에 반하여 재산권을 침해하지 아니한다(헌재 2025.2.27, 2023헌바68등).

104 가처분이 집행된 후 3년간 본안의 소가 제기되지 아니한 때 가처분을 취소할 수 있도록 규정한 민사집행법 제301조 본문 중 민사집행법 제288조 제1항 제3호를 준용하는 부분(이하 '심판대상조항'이라 한다)이 가처분채권자의 재산권을 침해하는지 여부: 소극 [합헌]

심판대상조항은 채무자의 재산권을 보호하고 미정리 등기부의 장기방치를 방지하기 위한 것으로서, 가처분이 집행된 후 3년이 경과하도록 본안의 소가 제기되지 아니하는 경우 채무자나 이해관계인이 가처분의 취소를 구할 수 있도록 하는 것은 입법목적을 달성하기 위한 적절한 수단이다. 가처분은 본안의 소에서 권리관계가 확정될 것을 전제로 잠정적으로 사용할 수 있는 권리구제 방법으로, 일정한 기간 내에는 본안의 소가 제기될 필요가 있고 이를 위하여 심판대상조항이 정한 3년이 짧은 기간이라고 할 수 없다. 채권자로서는 가처분만으로 자신의 권리를 종국적으로 실현할 수 없지만, 채무자나 이해관계인으로서는 법률관계가 확정되지 아니한 채로 다툼의 대상이 되는 물건이나 권리의 형상이 동결되므로 재산권 행사에 중대한 제한을 초래하며 부동산 거래의 안전도 해치게 된다. 심판대상조항은 가처분채권자의 재산권을 침해한다고 볼 수 없다(헌재 2025.2.27, 2021헌바200).

105 학교교육목적의 저작물 이용에 대하여 저작재산권자에게 보상금이 지급되는 것과 달리 출판권자에게 아무런 보상금 지급규정을 두지 않은 것이 출판권자의 재산권을 침해하는지 여부: 소극 [합헌]

출판권자가 출판한 저작물이 교육과정에서 널리 이용됨으로써 교육의 상대방인 학생 등이 장래 해당 저작물을 출판권자가 출판한 간행물 등의 형식으로 구매할 요인이 생겨 출판권자가 간접적인 이익을 누리게 되는 경우도 있을 수 있다는 점 등을 종합하여 보면, 심판대상조항은 출판권자의 이해를 지나치게 해하지 않는 범위 내에서 저작물의 공정한 이용이라는 입법취지를 달성하기 위한 것으로서 재산권자가 수인하여야 하는 사회적 제약의 범위 내에 있다고 할 것이다. 따라서 심판대상조항은 비례의 원칙에 위반하여 출판권자의 재산권을 침해한다고 볼 수 없다(헌재 2025.7.17, 2023헌가8).

제2절 직업선택의 자유

헌법 제15조 모든 국민은 직업선택의 자유를 가진다.

01 의의

1. 직업의 개념

(1) 헌법 제15조는 "모든 국민은 직업선택의 자유를 가진다."라고 규정함으로써 직업선택의 자유를 보장하고 있는바, 헌법 제15조에서 말하는 직업선택의 자유는 직업수행 내지 행사의 자유까지 포괄하는 '직업'의 자유를 뜻한다(헌재 1993.5.13, 92헌마80).

(2) 직업이란 정신적·물질적 생활의 기본적 수요를 충족시키기 위하여 행하는 계속적인 경제적 소득활동으로서 공공에 유해하지 아니한 것을 말하는바, 직업의 개념요소로는 ① **생활수단성**, ② **계속성**, ③ **공공무해성**을 들 수 있다(다수설). 이러한 공공무해성의 요청상 성매매나 마약판매 등은 아무리 생활수단적인 계속적 소득활동이라 할지라도 헌법상 직업개념에서 배제되는 것이다. 그러나 헌법재판소는 "헌법 제15조가 말하는 직업선택의 자유는 직업수행 내지 행사의 자유까지 포괄하는 '직업'의 자유를 뜻하고 직업이란 **생활의 기본적 수요를 충족시키기 위한 계속적인 소득활동을 의미하며 그러한 내용의 활동인 한 그 종류나 성질을 불문**하는데, 헌법재판소는 직업선택의 자유를 비교적 폭넓게 인정하고 있으며 … "라고 판시하여 공공무해성을 언급하고 있지 않다(헌재 1993.5.13, 92헌마80).

판례 |

1 대학생이 방학기간을 이용하여 학비 등을 벌기 위하여 학원강사로서 일하는 행위가 직업에 해당하는지 여부: 적극 [기각] 12. 변호사, 18. 서울시

직업의 자유에 의한 보호의 대상이 되는 '직업'은 '생활의 기본적 수요를 충족시키기 위한 계속적 소득활동'을 의미하며 그러한 내용의 활동인 한 그 종류나 성질을 묻지 아니한다. 이러한 직업의 개념표지들은 개방적 성질을 지녀 엄격하게 해석할 필요는 없는바, '계속성'과 관련하여서는 주관적으로 활동의 주체가 어느 정도 계속적으로 해당 소득활동을 영위할 의사가 있고, 객관적으로도 그러한 활동이 계속성을 띨 수 있으면 족하다고 해석되므로 **휴가기간 중에 하는 일, 수습직으로서의 활동 따위도 이에 포함**된다고 볼 것이고, 또 '생활수단성'과 관련하여서는 **단순한 여가활동**이나 **취미활동**은 직업의 개념에 **포함되지 않으나, 겸업**이나 **부업**은 삶의 수요를 충족하기에 적합하므로 **직업에 해당**한다고 말할 수 있다. … 이 사건에 있어 대학생이 방학기간을 이용하여 또는 휴학 중에 학비 등을 벌기 위해 학원강사로서 일하는 행위는 어느 정도 계속성을 띤 소득활동으로서 직업의 자유의 보호영역에 속한다고 봄이 상당하다(헌재 2003.9.25, 2002헌마519).

2 공립학교 학교운영위원회에 행정직원대표의 입후보를 배제하는 것이 직업의 자유를 침해하는지 여부: 소극 [기각]

'직업'이란 생활의 기본적 수요를 충족시키기 위해서 행하는 계속적인 소득활동을 의미하는바, 학교운영위원이 무보수 봉사직이라는 점을 고려하면 운영위원으로서의 활동을 직업으로 보기 어려우므로 이 사건 법률조항이 직업선택의 자유와 관련되는 것은 아니라 할 것이다(헌재 2007.3.29, 2005헌마1144).

3 게임 결과물의 환전업이 헌법 제15조가 보장하고 있는 직업에 해당하는지 여부: 적극

이 사건에서 문제되는 게임 결과물의 환전은 게임이용자로부터 게임 결과물을 매수하여 다른 게임이용자에게 이윤을 붙여 되파는 것으로, 이러한 행위를 영업으로 하는 것은 생활의 기본적 수요를 충족시키는 계속적인 소득활동이 될 수 있으므로, 게임 결과물의 환전업은 헌법 제15조가 보장하고 있는 직업에 해당한다(헌재 2010.2.25, 2009헌바38).

기출 OX

01 직업의 개념표지들 중 '계속성과 관련하여 객관적으로도 그러한 활동이 일정기간 계속성을 띠어야 하므로, 휴가기간 중에 하는 일이나 수습직으로서의 활동은 이에 포함되지 않는다. 18. 경찰경채 ( )

02 생활수단성과 관련하여서는 단순한 여가활동이나 취미활동은 직업의 개념에 포함되지 않으나, 겸업이나 부업은 삶의 수요를 충족하기에 적합하므로 직업에 해당한다. 20. 법원직 ( )

✐ • 휴가기간 중에 하는 일, 무보수 봉사직은 헌법상의 직업의 개념에 포함될 수 없다. (×)
• 휴가기간 중에 하는 일은 직업 ○
• 무보수 봉사직은 직업 ×

03 게임 결과물의 환전업은 게임이용자로부터 게임 결과물을 매수하여 다른 게임이용자에게 이윤을 붙여 되파는 것이지만, 이러한 행위가 생활의 기본적 수요를 충족시키는 계속적인 소득활동이 될 수는 없기 때문에 헌법상 보장되는 직업에 해당되지 않는다. 19. 경찰경채 ( )

2. 연혁

(1) 프랑크푸르트 헌법(동법은 시행되지 않았음)에서 처음으로 규정하였다.

(2) 1919년 바이마르 헌법에서 명문규정을 두었다.

(3) 우리나라는 1962년 **제5차** 개정헌법에서 처음으로 규정되었다.

정답 01 × 02 ○ 03 ×

02 법적 성격

1. 자유권적 성격
자신의 원하는 직업을 선택함에 있어서 국가에 의한 간섭을 배제할 수 있는 소극적·방어적 자유권이다.

2. 경제적 기본권의 성격
직업은 정신적·물질적 생활의 기본적 수요를 충족시키기 위하여 행하는 계속적인 경제적 소득활동이므로 직업선택의 자유는 경제적 기본권의 성격도 가지고 있다.

3. 객관적 법질서의 구성요소
직업의 선택 혹은 수행의 자유는 각자의 생활의 기본적 수요를 충족시키는 방편이 되고 개성신장의 바탕이 된다는 점에서 주관적 공권의 성격이 두드러지는 한편, 국민 개개인이 선택한 직업의 수행에 의하여 국가의 사회질서와 경제질서가 형성된다는 점에서 사회적 시장경제질서라고 하는 객관적 법질서의 구성요소이기도 하다(헌재 2002.4.25, 2001헌마614). 12. 경찰승진, 14. 국회직

03 주체

기출 OX
01 직장선택의 자유는 국민의 권리로 보아야 할 것이므로 외국인에게는 직장선택의 자유가 인정되지 않는다.
18·19. 경찰승진 ( )

외국인은 원칙적으로 직업의 자유의 주체가 될 수 없다. 다만, 외국인도 직업의 자유 중에서 직장선택의 자유 등이 제한적으로 인정될 수는 있다. 그 경우라도 외국인의 경우에 국민과 동일한 수준으로 보장될 수는 없다고 본다(다수설). 헌법재판소도 "외국인에게 직장선택의 자유에 대한 기본권주체성을 인정한다는 것이 곧바로 이들에게 우리 국민과 동일한 수준의 직장선택의 자유가 보장된다는 것을 의미하는 것은 아니라고 할 것이다."라고 판시하였다(헌재 2011.9.29, 2007헌마1083 등). 법인과 단체도 직업의 자유의 주체가 될 수 있다. 05. 사시·법무사, 06. 국가직

헌법재판소에서 인정한 직업선택의 자유
- 영업의 자유와 기업의 자유
- 경쟁의 자유(헌재 1996.12.26, 96헌가18)
- 겸직의 자유(헌재 1997.4.24, 95헌마90)
- 직업교육장선택의 자유

> **판례 | 외국인이 직업의 자유의 주체가 될 수 있는지 여부: 소극 [각하]** 17. 법원직, 19. 서울시
>
> 헌법재판소는 '국민' 또는 국민과 유사한 지위에 있는 '외국인'을 헌법재판소법 제68조 제1항의 헌법소원을 청구할 수 있는 기본권주체로 인정하면서 인간의 존엄과 가치 및 행복추구권 등과 같이 단순히 '국민의 권리'가 아닌 '인간의 권리'로 볼 수 있는 기본권에 대해서는 외국인도 기본권주체가 될 수 있다고 하였다. 직업의 자유는 국가자격제도정책과 국가의 경제상황에 따라 법률에 의하여 제한할 수 있는 국민의 권리에 해당한다. 국가정책에 따라 정부의 허가를 받은 외국인은 정부가 허가한 범위 내에서 소득활동을 할 수 있는 것이므로, 외국인이 국내에서 누리는 직업의 자유는 법률에 따른 정부의 허가에 의하여 비로소 발생하는 권리이다. 따라서 외국인인 청구인에게는 그 기본권주체성이 인정되지 아니한다(헌재 2014.8.28, 2013헌마359).

정답 01 ×

04 내용

1. 직업결정의 자유

(1) 직업결정의 자유는 직종결정의 자유, 전직의 자유 등을 의미한다. 무직업의 자유의 포함 여부에 대하여 논의가 있으나, 헌법상 근로의 의무는 법적 의무라기보다는 윤리적 의무로 보는 것이 타당하다는 점에서 포함된다고 본다(다수설).

(2) 직업선택의 자유는 자신이 원하는 직업 내지 직종을 자유롭게 선택하고, 선택한 직업을 자유롭게 수행할 수 있음을 그 내용으로 하는 것이지 특정인에게 배타적·우월적인 직업선택권이나 독점적인 직업활동의 자유까지 보장하는 것은 아니다(헌재 2001.9.27, 2000헌마208). 14. 국회직

2. 직업수행(행사)의 자유

직업선택의 자유에는 자신이 결정한 직업을 수행하는 직업수행의 자유가 당연히 포함되며, 직업수행의 자유란 자신이 결정한 직업을 개업·유지·폐업하는 자유를 말한다. **영업의 자유는 직업수행의 자유에 포함**된다고 보며, 일단 선택한 직업을 수행해 나가는 방법으로 직장을 구하거나 직장을 옮기는 것과 같은 직장선택의 자유도 직업수행의 자유에 포함된다고 할 수 있다.

3. 직업이탈의 자유

직업선택의 자유에는 자신이 수행하고 있는 직업을 언제든지 스스로의 의사에 의하여 포기하거나 그 직업에서 이탈할 자유가 포함된다.

판례 |

1 **직업선택의 자유에 '직업교육장선택의 자유'도 포함되는지 여부: 적극** 12. 지방직
헌법 제15조에 의한 직업선택의 자유란 자신이 원하는 직업 내지 직종을 자유롭게 선택하는 직업선택의 자유뿐만 아니라 그가 선택한 직업을 자기가 결정한 방식으로 자유롭게 수행할 수 있는 직업수행의 자유를 포함한다. 그리고 직업선택의 자유에는 자신이 원하는 직업 내지 직종에 종사하는 데 필요한 전문지식을 습득하기 위한 직업교육장을 임의로 선택할 수 있는 '직업교육장선택의 자유'도 포함된다(헌재 2009.2.26, 2007헌마262).

2 **직장선택의 자유에 직장존속보호청구권이 포함되는지 여부: 소극 [합헌]** 05. 법무사, 12. 사시
직장선택의 자유는 개인이 그 선택한 직업분야에서 구체적인 취업의 기회를 가지거나, 이미 형성된 근로관계를 계속 유지하거나 포기하는 데에 있어 국가의 방해를 받지 않는 자유로운 선택·결정을 보호하는 것을 내용으로 한다. 그러나 이 기본권은 원하는 직장을 제공하여 줄 것을 청구하거나 한 번 선택한 직장의 존속보호를 청구할 권리를 보장하지 않으며, 또한 사용자의 처분에 따른 직장상실로부터 직접 보호하여 줄 것을 청구할 수도 없다. 다만, 국가는 이 기본권에서 나오는 객관적 보호의무, 즉 사용자에 의한 해고로부터 근로자를 보호할 의무를 질 뿐이다(헌재 2002.11.28, 2001헌바50).

기출 OX

02 직업선택의 자유에는 자신이 원하는 직업 내지 직종에 종사하는 데 필요한 전문지식을 습득하기 위한 직업교육장을 임의로 선택할 수 있는 '직업교육장선택의 자유'도 포함된다. 12. 지방직 ( )

03 헌법상 직업의 자유 또는 근로의 권리, 사회국가원리 등에 근거하여 근로자에게 국가에 대한 직접적인 직장존속보장청구권이 헌법상 인정된다. 17. 지방직 ( )

정답 02 ○ 03 ✕

기출 OX

01 직업의 자유에 '해당 직업에 합당한 보수를 받을 권리'까지 포함되어 있다고 보기 어렵다. 18. 경찰경채
( )

3 직업의 자유에 '해당 직업에 합당한 보수를 받을 권리'까지 포함되어 있는지 여부: 소극
12. 지방직, 14. 국회직, 17. 변호사

시행령이 제정되지 않아 법관, 검사와 같은 보수를 받지 못하고 있다고 하더라도 직업의 자유에 '해당 직업에 합당한 보수를 받을 권리'까지 포함되어 있다고 보기 어려우므로 청구인들의 직업선택이나 직업수행의 자유가 침해되었다고 할 수 없다. … 이 사건 입법부작위는 청구인들의 재산권을 침해하고 있는 것이라 할 것이다. 법 제6조 내지 구법 제5조 제3항은 군법무관의 보수를 법관, 검사의 예에 의할 것이라고 규정하고, 다만 그 구체적 내용을 시행령에 위임하고 있다. 이러한 법조항들은 군법무관의 보수의 내용을 법률로써 일차적으로 형성한 것이고, 이 법률들에 의하여 상당한 수준의 보수(급료)청구권이 인정되는 것이라 해석될 여지가 있다. 그렇다면 그러한 보수청구권은 단순한 기대이익을 넘어서는 것으로서 법률의 규정에 의하여 인정된 재산권의 한 내용으로 봄이 상당하다. 따라서 대통령이 정당한 이유 없이 해당 시행령을 만들지 않아 그러한 보수청구권이 보장되지 않고 있다면 이는 재산권의 침해에 해당된다고 볼 것이다(헌재 2004.2.26, 2001헌마718).

02 국가는 헌법 제32조의 근로의 권리, 사회국가원리 등에 근거하여 실업방지 및 부당한 해고로부터 근로자를 보호하여야 할 의무가 있다. 그리고 우리 헌법상 국가는 근로관계의 존속보호를 위하여 최소한의 보호를 제공하여야 할 의무를 지고 있다. 그러므로 국가가 법률로 국가보조연구기관을 통폐합함에 있어 재산상의 권리·의무만 승계시키고, 근로관계의 당연승계조항을 두고 있지 아니한 것은 위헌이다. 11. 법원직
( )

4 법률로 국가보조 연구기관을 통폐합함에 있어 재산상의 권리·의무만 승계시키고, 근로관계의 당연승계조항을 두지 아니한 것이 위헌인지 여부: 소극

우리 헌법상 국가에 대한 직접적인 직장존속보장청구권을 인정할 근거는 없으므로 근로관계의 당연승계를 보장하는 입법을 반드시 하여야 할 헌법상의 의무를 인정할 수 없다. 따라서 한국보건산업진흥원법 부칙 제3조가 기존 연구기관의 재산상의 권리·의무만을 새로이 설립되는 한국보건산업진흥원에 승계시키고, 직원들의 근로관계가 당연히 승계되는 것으로 규정하지 않았다 하여 위헌이라 할 수 없다. 국가가 근로관계의 존속을 보호하기 위한 최소한의 보호조치를 취하고 있는지의 여부는 당해 법률조항만에 의할 것이 아니라, 노사관계에 관한 법체계 전반을 통하여 판단하여야 할 것인바, 헌법 제33조에서 노동기본권을 보장하고 있는 점, 법원이 재판을 통하여 고용승계 여부에 관한 당사자의 의사와 태도를 합리적으로 해석함으로써 근로관계 존속보호의 기능을 수행할 가능성이 열려 있는 점, 고용보험제도를 비롯하여 고용안정, 취업기회의 제공, 직업능력의 개발을 위한 부수적 법제가 마련되어 있는 점 등을 고려할 때 현행 법제상 국가는 근로관계의 존속보호를 위한 최소한의 보호조치마저 제공하고 있지 않다고 보기 어렵다(헌재 2002.11.28, 2001헌바50).

5 경쟁의 자유가 직업의 자유에 의하여 보장되는지 여부: 적극

경쟁의 자유는 기본권의 주체가 직업의 자유를 실제로 행사하는 데에서 나오는 결과이므로 당연히 직업의 자유에 의하여 보장되고, 다른 기업과의 경쟁에서 국가의 간섭이나 방해를 받지 않고 기업활동을 할 수 있는 자유를 의미한다(헌재 1996.12.26, 96헌가18).

6 경장의 1호봉 봉급월액을 중사의 1호봉 봉급월액보다 적게 규정한 것은 청구인의 직업수행의 자유를 침해한 것인지 여부: 소극

직업의 자유에 '해당 직업에 합당한 보수를 받을 권리'까지 포함되어 있다고 보기 어려우므로 이 사건 법령조항이 청구인이 원하는 수준보다 적은 봉급월액을 규정하고 있다고 하여 이로 인해 청구인의 직업선택이나 직업수행의 자유가 침해되었다고 할 수 없다(헌재 2008.12.26, 2007헌마444).

정답 01 O 02 X

05 효력

1. 대국가적 효력
직업선택의 자유는 국가가 개인에게 특정 직업의 선택을 강제하거나 수행을 방해할 수 없다는 의미에서 모든 국가권력을 직접 구속한다. 또한 모든 기업이나 생산수단 등에 대한 국가의 독점은 직업선택의 자유에 반한다.

2. 대사인적 효력
직업선택의 자유는 예외적으로 제한된 범위 내에서만 제3자적 효력이 인정된다.

06 제한

1. 제한의 목적
직업선택의 자유에도 기본권제한의 일반 법리가 적용된다. 따라서 헌법 제37조 제2항에 따라 국가안전보장·질서유지 또는 공공복리를 위하여 필요한 경우에 한하여 제한할 수 있다.

2. 제한의 형식
직업선택의 자유도 헌법 또는 법률로써 제한하여야 하며, 헌법규정으로는 국방의무(제38조)가 있다.

3. 제한의 정도(단계이론)

(1) 단계이론의 의의

단계이론은 직업선택의 자유를 직업수행의 자유와 직업결정의 자유로 나누어 제한의 정도를 달리하여야 한다는 것으로, 1958년 독일연방헌법재판소의 이른바 '약국판결'(동 판결에서 약국간의 거리제한을 위헌무효로 판시하였음)을 통하여 확립된 이론이다. 우리 헌법재판소 역시 "직업선택의 자유에는 직업결정의 자유, 직업수행의 자유, 전직의 자유 등이 포함되지만 직업결정의 자유나 전직의 자유에 비하여 직업수행의 자유에 대하여서는 상대적으로 더욱 넓은 법률상의 규제가 가능하다고 할 것이다."라고 판시하여, 직업의 자유의 제한에 관하여 단계이론을 받아들이고 있다(헌재 1993.5.13, 92헌마80). 05.사시·법무사, 08.법원직·법행

(2) 단계이론의 내용 10·19.국가직

① 직업의 자유의 제한을 제한의 정도에 따라서 ㉠ 직업수행 자유의 제한, ㉡ 주관적 사유에 의한 직업결정의 자유의 제한, ㉢ 객관적 사유에 의한 직업결정의 자유의 제한으로 구별한다.
② 과잉금지원칙 중에서 특히 침해의 최소성원칙을 구체화한 것으로 직업의 자유는 가장 적은 침해를 가져오는 단계에서 제한하여야 하며, 입법자가 달성하려는 목적을 경미한 단계의 제한으로 달성할 수 없는 경우에야 비로소 다음 단계의 제한을 할 수 있다.
③ 제한의 정도가 클수록 입법형성의 자유가 축소된다.

(3) 제한의 단계

① **직업수행의 자유의 제한(제1단계)**
  ㉠ 의의: 직업결정의 자유보다 기본권에 대한 침해가 좀 더 경미한 직업수행의 자유를 제한하는 것이다. 직업수행의 자유의 제한은 공익을 보호하기 위해 특정 행위를 모든 사람에게 동등하게 금지시키는 데 그치므로, 완화된 심사기준인 공익을 위한 합목적성의 관점만 고려하면 충분하다.
  ㉡ 적용례
  ⓐ 유흥업소의 심야영업제한
  ⓑ 택시의 10부제운행
  ⓒ 변호사 개업지제한
  ⓓ 당구장에 18세 미만자에 대한 출입금지표시
  ⓔ 자도소주구입명령제도
  ⓕ 노래연습장의 18세 미만자들에 대한 출입금지제도
  ⓖ 국산영화의무상영제도

② **주관적 사유에 의한 직업결정의 자유의 제한(제2단계)**
  ㉠ 의의: 일정한 주관적 사유와 결부시켜 직업결정의 자유를 제한하는 방법이다. 주관적 사유에 의한 직업결정의 자유의 제한은 단순히 공익을 합리적으로 고려하는 것만으로는 불충분하고 개인의 자유보다 우월한 공익이 보호될 필요가 있는 경우에 허용된다.
  ㉡ 적용례
  ⓐ 병원을 개설하고자 하는 자에게 국가시험의 합격을 요구하는 것
  ⓑ 변호사업무를 수행하고자 하는 자에게 국가시험의 합격을 요구하는 것

③ **객관적 사유에 의한 직업결정의 자유의 제한(제3단계)**
  ㉠ 의의: 객관적 사유와 결부시켜 직업결정의 자유를 제한하는 방법이다. 객관적 사유에 의한 직업결정의 자유의 제한은 중대한 공익에 대한 명백하고 현존하는 위험을 방지하기 위한 경우에 허용된다.
  ㉡ 적용례
  ⓐ 법무사 인원이 충분하다는 이유로 법무사시험을 실시하지 않는 것
  ⓑ 경비업자의 겸영을 금지하는 것
  ⓒ 시각장애인에 한하여 안마사가 되도록 하는 것

기출 OX

01 직업의 자유를 제한함에 있어서도 다른 기본권과 마찬가지로 헌법 제37조 제2항에서 정한 과잉금지의 원칙은 준수되어야 하므로, 직업수행의 자유를 제한하는 법령에 대한 위헌 여부를 심사하는 데 있어서 좁은 의미의 직업선택의 자유에 비하여 다소 완화된 심사기준을 적용할 수는 없다. 17. 경찰승진 ( )

02 직업결정의 자유나 전직의 자유에 비하여 직업수행의 자유에 대하여는 상대적으로 더욱 넓은 법률상의 규제가 가능하다. 19. 경찰승진 ( )

03 직업결정의 자유나 전직(轉職)의 자유는 그 성격상 직업종사(직업수행)의 자유에 비하여 상대적으로 더욱 넓은 법률상의 규제가 가능하며, 따라서 다른 기본권의 경우와 마찬가지로 국가안전보장, 질서유지 또는 공공복리를 위하여 필요한 경우에는 제한이 가하여질 수 있다. 08. 법원직 ( )

> ⚖ **판례 |**
>
> **1 직업의 자유제한에 관한 단계이론의 수용**
> 직업선택의 자유에는 직업결정의 자유, 직업종사(직업수행)의 자유, 전직의 자유 등이 포함되지만 직업결정의 자유나 전직의 자유에 비하여 직업종사(직업수행)의 자유에 대하여서는 상대적으로 더욱 넓은 법률상의 규제가 가능하다(헌재 1993.5.13, 92헌마80).

정답 **01** × **02** ○ **03** ○

2 경비업을 경영하고 있는 자들이나 다른 업종을 경영하면서 새로이 경비업에 진출하고자 하는 자들로 하여금 경비업을 전문으로 하는 별개의 법인을 설립하지 않는 한 경비업과 그 밖의 업종간에 겸영을 금지하는 것이 직업의 자유를 침해하는지 여부: 적극 [위헌] 05. 국가직, 06. 법행, 18. 서울시

이 사건 법률조항은 청구인들과 같이 경비업을 경영하고 있는 자들이나 다른 업종을 경영하면서 새로이 경비업에 진출하고자 하는 자들로 하여금 경비업을 전문으로 하는 별개의 법인을 설립하지 않는 한 경비업과 그 밖의 업종간에 택일하도록 법으로 강제하고 있다. 이와 같이 당사자의 능력이나 자격과 상관없는 **객관적 사유에 의한 제한**은 월등하게 중요한 공익을 위하여 명백하고 확실한 위험을 방지하기 위한 경우에만 정당화될 수 있고, 따라서 헌법재판소가 이 사건을 심사함에 있어서는 헌법 제37조 제2항이 요구하는바 **과잉금지의 원칙, 즉 엄격한 비례의 원칙이 그 심사척도**가 된다. … 이 사건 법률조항으로 달성하고자 하는 공익인 경비업체의 전문화, 경비원의 불법적인 노사분규개입방지 등은 그 실현 여부가 분명하지 않은 데 반하여, 경비업자인 청구인들이나 새로이 경비업에 진출하고자 하는 자들이 짊어져야 할 직업의 자유에 대한 기본권침해의 강도는 지나치게 크다고 할 수 있으므로, 이 사건 법률조항은 보호하려는 공익과 기본권침해간의 현저한 불균형으로 법익의 균형성을 잃고 있다(헌재 2002.4.25, 2001헌마614).

3 시각장애인에게만 안마사업을 인정하는 것이 위헌인지 여부(1차 안마사사건): 적극 [위헌]

이 사건 규칙조항은 안마사의 자격인정을 받을 수 있는 자를 일정한 범위의 앞을 보지 못하는 사람으로 한정하는 이른바 비맹제외기준(非盲除外基準)을 설정함으로써 시각장애인이 아닌 일반인으로 하여금 안마사 자격을 받을 수 없도록 규정하고 있다. 이는 시각장애인이 아닌 일반인이 안마사직업을 선택할 수 있는 자유를 원천적으로 제한하는 것으로서 기본권제한에 관한 법률유보원칙이나 과잉금지원칙에 위배하여 일반인의 직업선택의 자유를 침해하고 있으므로 헌법에 위반된다(헌재 2006.5.25, 2003헌마715 · 2006헌마368).

4 시각장애인에게만 안마사업을 인정하는 것이 위헌인지 여부(2차 안마사사건): 소극 [기각] 18. 서울시

우리 입법자는 헌법 제10조 및 제34조 제5항에 의한 헌법적 요청에 따라 시각장애인 복지정책의 일환으로서 이 사건 법률조항을 규정한 것인바, 그 과정에서 입법자는 앞서 본 바와 같은 제반사정들, 즉 시각장애인에 대한 복지정책이 미흡한 현실에서 안마사는 시각장애인이 선택할 수 있는 거의 유일한 직업이라는 점, 안마사 직역을 비시각장애인에게 허용할 경우 시각장애인의 생계를 보장하기 위한 다른 대안이 충분하지 않다는 점, 시각장애인은 역사적으로 교육·고용 등 일상생활에서 차별을 받아온 소수자로서 실질적인 평등을 구현하기 위해서는 이들을 우대하는 조치를 취할 필요가 있는 점 등을 충분히 고려하여 입법화한 것으로서 이를 존중할 필요가 있다고 할 것이다.

위와 같이 이 사건 법률조항은 시각장애인의 생존권보장이라는 헌법적 요청에 따라 시각장애인과 비시각장애인을 둘러싼 여러 상황을 적절하게 형량한 것으로서 위 법률조항으로 인해 얻게 되는 시각장애인의 생존권 등 공익과 그로 인하여 잃게 되는 일반 국민의 직업선택의 자유 등 사익을 비교해 보더라도 공익과 사익 사이에 법익 불균형이 발생한다고 단정할 수도 없을 것이다. 따라서 이 사건 법률조항이 비시각장애인을 시각장애인에 비하여 비례의 원칙에 반하여 차별하는 것이라고 할 수 없을 뿐 아니라 비시각장애인의 직업선택의 자유를 과도하게 침해하여 헌법에 위반된다고 보기도 어렵다(헌재 2008.10.30, 2006헌마1098 · 1116 · 1117).

기출 OX

04 시각장애인에 한하여 안마사 자격 인정을 받을 수 있도록 하는, 이른바 비맹제외기준(非盲除外基準)을 설정하고 있는 안마사에 관한 규칙(2000.6.16. 보건복지부령 제153호로 개정된 것) 제3조 제1항 제1호와 제2호 중 각 '앞을 보지 못하는' 부분은 일반인의 직업선택의 자유를 침해하는 것으로서 헌법에 위반된다. 08. 법무사 ( )

05 시각장애인에게만 안마사 자격을 인정하는 의료법 규정에 대한 결정은 평등권을 침해한다. 15. 국회직 9급
( )

06 시각장애인만이 안마사가 될 수 있도록 한 것에 대해, 헌법재판소는 한때 이를 위헌이라고 한 바 있었으나, 그 후 입장을 바꾸어 위헌이 아니라고 하였다. 15. 법행 ( )

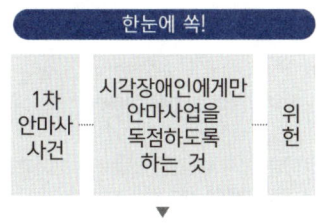

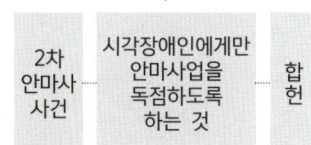

정답 **04** ○ **05** × **06** ○

4. 제한의 한계

(1) 과잉금지의 원칙

직업행사의 자유에 대하여는 직업선택의 자유와는 달리 공익목적을 위하여 상대적으로 폭넓은 입법적 규제가 가능한 것이지만, 그렇다고 하더라도 그 수단은 목적달성에 적절한 것이어야 하고 또한 필요한 정도를 넘는 지나친 것이어서는 아니 된다(헌재 1997.3.27, 94헌마196). 19.국가직

(2) 본질적 내용의 침해금지

개성신장이나 생계유지를 불가능하게 할 정도로 직업선택의 자유를 제한하는 것은 직업의 자유의 본질적 내용을 침해하는 것으로서 허용될 수 없다.

(3) 독점의 제한

우리 경제질서는 자유경쟁을 원칙으로 하므로 특정인이나 특정 기업에 의하여 특정의 직업·직종이 독점되는 것은 직업선택의 자유에 배치된다. 다만, 국가는 균형 있는 국민경제의 성장 및 안정과 적정한 소득의 분배를 유지하고, 시장의 지배와 경제력의 남용을 방지하며, 경제주체간의 조화를 통한 경제의 민주화를 위하여 경제에 관한 규제와 조정을 할 수 있으므로(헌법 제119조 제2항), 경제정책적 관점에서 자유경쟁이 부분적으로 제한되거나 조정될 수 있다.

> **판례 Ⅰ**
>
> **1 국산영화의무상영제가 직업수행의 자유를 침해하는지 여부: 소극 [기각]** 99.사시
> 영화법 제26조는 개봉관의 확보를 통하여 국산영화의 제작과 상영의 기회를 보장하여 국산영화의 존립과 발전의 터전을 마련하여 주기 위한 것으로 공연장의 경영자에 대하여 직업의 자유를 제한하고 있는 것이기는 하나, 그 제한목적의 정당성과 방법의 적정성이 인정될 뿐 아니라 연간상영일수의 5분의 2에 한정하여 직업수행의 자유를 제한하고 있으므로, 과잉금지의 원칙에 반하여 직업의 자유의 본질적 내용을 침해한 것이라 할 수 없다(헌재 1995.7.21, 94헌마125).
>
> **2 유료직업소개사업의 허가규정이 직업의 자유를 침해한 것인지 여부: 소극 [합헌]** 06.법행
> 직업소개업은 그 성질상 사인이 영리목적으로 운영할 경우 근로자의 안전 및 보건상의 위험, 근로조건의 저하, 공중도덕상 해로운 직종에의 유입, 미성년자에 대한 착취, 인권침해 등의 부작용이 초래될 수 있는 가능성이 매우 크므로 직업안정법 제10조 제1항에서 노동부장관의 허가를 받아야만 유료직업소개사업을 할 수 있도록 제한하는 것은 직업선택자유의 본질적 내용을 침해하는 것으로 볼 수 없다(헌재 1996.10.31, 93헌바14).
>
> **3 다단계판매행위의 규제가 직업의 자유를 침해하는지 여부: 소극 [합헌]** 01.사시
> 다단계판매에서 가입자가 직접 행한 판매 또는 용역제공 이외에 다른 가입자의 영업활동에 의하여 상위가입자가 이익을 얻을 수 없도록 규제하는 것은 이른바 피라미드판매를 방지하려는 입법목적을 위하여 필요한 최소한도의 합리적인 제한으로서 직업의 자유, 행복추구권을 침해하거나 자유경제질서, 과잉금지원칙에 위반되지 아니한다(헌재 1997.11.27, 96헌바12).

기출 OX

01 헌법재판소는 유료직업소개사업을 노동부장관의 허가를 받아야만 할 수 있도록 제한하는 것은 직업선택의 자유의 본질적 내용을 침해하는 것이라고 판단하였다. 14.경찰승진 ( )

정답 **01** ×

4 법무사법 시행규칙 제3조 제1항(부정기적 법무사시험)이 직업선택의 자유를 침해하는지 여부: 적극 [위헌]

법무사법 시행규칙 제3조 제1항은 법원행정처장이 법무사를 보충할 필요가 없다고 인정하면 법무사시험을 실시하지 아니하여도 된다는 것으로서 모든 국민에게 부여된 법무사자격취득의 기회를 하위법인 시행규칙으로 박탈하고, 법무사업을 법원·검찰청 등의 퇴직공무원에게 독점시키는 것이어서 평등권과 직업선택의 자유를 침해한 것이다(헌재 1990.10.15, 89헌마178).

5 자도소주구입명령제도가 직업행사의 자유를 침해하는지 여부: 적극 [위헌] 06. 법행

주세법 제38조의7이 규정한 자도소주구입명령제도는 소주판매업자에게 자도소주의 구입의무를 부과함으로써 어떤 소주제조업자로부터 얼마만큼의 소주를 구입하는가를 결정하는 직업활동의 방법에 관한 자유를 제한하는 것이므로 소주판매업자의 '직업행사의 자유'를 제한하는 규정이다. … 자도소주구입명령제도는 소주판매업자의 직업의 자유는 물론 소주제조업자의 경쟁 및 기업의 자유, 즉 직업의 자유와 소비자의 행복추구권에서 파생된 자기결정권을 지나치게 침해하는 위헌적인 규정이다. 위 구입명령제도는 소주시장과 다른 상품시장, 소주판매업자와 다른 상품의 판매업자, 중소소주제조업자와 다른 상품의 중소제조업자 사이의 차별을 정당화할 수 있는 합리적인 이유를 찾아 볼 수 없으므로 평등원칙에도 위반된다(헌재 1996.12.26, 96헌가18).

6 탁주의 공급구역제한규정이 직업행사의 자유를 침해하는지 여부: 소극 [합헌]

탁주의 공급구역제한제도는 국민보건위생을 보호하고, 탁주제조업체간의 과당경쟁(過當競爭)을 방지함으로써 중소기업보호·지역경제육성이라는 헌법상의 경제목표를 실현한다는 정당한 입법목적을 가진 것으로서 비록 탁주제조업자나 판매업자의 직업의 자유 내지 영업의 자유를 다소 제한한다고 하더라도 입법형성권의 범위를 현저히 일탈한 것이라고 볼 수는 없다(헌재 1999.7.22, 98헌가5).

7 비의료인에게 침구술 및 대체의학시술을 할 수 없도록 하는 것이 위헌인지 여부: 소극 [합헌] 11. 사시

의료법의 입법목적, 의료인의 사명에 관한 의료법상의 여러 규정, 의료행위의 개념에 관한 대법원 판례, 한방의료행위에 관련된 법령의 변천과정 등을 종합하여 보면 이 사건 조항들 중 '의료행위' 및 '한방의료행위'의 개념은 건전한 일반상식을 가진 자에 의하여 일의적으로 파악되기 어렵다거나 법관에 의한 적용단계에서 다의적으로 해석될 우려가 있다고 보기 어려우므로 죄형법정주의의 명확성원칙에 위배되지 아니한다. … 이 사건 조항들이 의료인이 아닌 자의 의료행위를 전면적으로 금지한 것은 매우 중대한 헌법적 법익인 국민의 생명권과 건강권을 보호하고, 국민의 보건에 관한 국가의 보호의무를 이행하기 위한 적합한 조치로서 위와 같은 중대한 공익이 국민의 기본권을 보다 적게 침해하는 다른 방법으로는 효율적으로 실현될 수 없으므로, 이 사건 조항들로 인한 기본권의 제한은 과잉금지의 원칙에 반하지 않는 것으로서 헌법적으로 정당화되는 것이다(헌재 2010.7.29, 2008헌가19).

8 검찰총장퇴임 후 2년 이내에는 모든 공직에의 임명을 금지한 것이 위헌인지 여부: 적극 [위헌]

검찰청법 제12조 제4항은 검찰총장퇴임 후 2년 이내에는 법무부장관과 내무부장관직 뿐만 아니라 모든 공직에의 임명을 금지하고 있으므로 심지어 국·공립대학교총·학장, 교수 등 학교의 경영과 학문연구직에의 임명도 받을 수 없게 되어 있다. 그 입법목적에 비추어 보면 그 제한은 필요최소한의 범위를 크게 벗어나 직업선택의 자유와 공무담임권을 침해하는 것으로서 헌법상 허용될 수 없다(헌재 1997.7.16, 97헌마26).

기출 OX

02 소주판매업자에게 자도소주구입을 강제하는 자도소주구입명령제도는 독과점을 방지하고, 중소기업을 보호한다는 공익적 목적달성을 위한 적합한 수단이므로 소주판매업자의 직업의 자유를 침해하지 않는다. 19. 5급 공채 ( )

- 자도소주구입명령제도 ⇨ 위헌
- 탁주공급구역제한제도 ⇨ 합헌

- 검찰총장퇴임 후 2년 이내의 모든 공직제한 ⇨ 직업의 자유와 공무담임권침해
- 경찰청장퇴임 후 2년간 정당가입제한 ⇨ 정당설립 및 가입의 자유침해 19. 국가직
- 국가인권위원회위원퇴임 후 2년간 공직제한 ⇨ 공무담임권침해

정답 02 ✕

기출 OX

01 법무부장관이 형사사건으로 공소가 제기된 변호사에 대하여 판결이 확정될 때까지 업무정지를 명하도록 한 구 변호사법 제15조는 무죄추정의 원칙에 위배되지 않는다. 20. 경찰승진
( )

02 금고 이상의 형을 선고받고 그 집행이 종료되거나 그 집행을 받지 아니하기로 확정된 후 5년을 경과하지 아니한 경우를 변호사의 결격사유로 규정한 것은 금고 이상의 형의 원인이 된 범죄행위가 그 직무관련범죄로 한정되지 않는 점에 비추어 보면 직업선택의 자유를 본질적으로 침해하는 것으로 입법형성의 재량을 일탈한 것이다.
08. 법무사 ( )

정답 01 × 02 ×

---

9 형사사건으로 공소제기된 변호사에 대한 업무정지명령이 위헌인지 여부: **적극 [위헌]**

변호사법 제15조는 동 규정에 의하여 입히는 불이익이 죄가 없는 자에 준하는 취급이 아님은 말할 것도 없고, 직업선택의 자유를 제한함에 있어서 제한을 위해 선택된 요건이 제도의 당위성이나 목적에 적합하지 않을 뿐 아니라 그 처분주체와 절차가 기본권제한을 최소화하기 위한 수단을 따르지 아니하였으며, 나아가 그 제한의 정도 또한 과잉하다 할 것으로서 헌법 제15조, 제27조 제4항에 위반된다(헌재 1990.11.19, 90헌가48).

10 형사사건으로 기소된 교원에 대하여 필요적으로 직위해제처분을 하도록 한 것이 위헌인지 여부: **적극 [위헌]** 07. 국회직 · 법무사

제소된 사안의 심각한 정도, 증거의 확실성 여부 및 예상되는 판결의 내용 등을 고려하지 아니하고 약식명령을 청구한 사건 이외의 형사사건으로서 공소가 제기된 경우 당해 교원이 자기에게 유리한 사실의 진술이나 증거를 제출할 방법조차 없이 일률적으로 판결의 확정시까지 직위해제처분을 하는 것은 징계절차에서도 청문의 기회가 보장되고 정직처분도 3월 이하만 가능한 사정 등과 비교하면 사립학교법 제58조의2 제1항 단서규정은 방법의 적정성, 피해의 최소성, 법익의 균형성을 갖추지 못하였다고 할 것이므로 헌법 제15조, 제27조 제4항 및 제37조 제2항에 위반되어 위헌이다(헌재 1994.7.29, 93헌가3 · 7).

11 "약사 또는 한약사가 아니면 약국을 개설할 수 없다."라고 규정한 약사법 제16조 제1항이 위헌인지 여부: **적극 [헌법불합치]**

약사법 제16조 제1항은 자연인 약사만이 약국을 개설할 수 있도록 함으로써 정당한 이유 없이 본래 약국개설권이 있는 약사들만으로 구성된 법인에도 약국개설을 금지하는 것은 입법목적을 달성하기 위하여 필요하고 적정한 방법이 아니고, 입법형성권의 범위를 넘어 과도한 제한을 가하는 것으로서 법인을 구성하여 약국을 개설 · 운영하려고 하는 약사들 및 이들로 구성된 법인의 직업선택(직업수행)의 자유의 본질적 내용을 침해한다(헌재 2002.9.19, 2000헌바84).

12 금고 이상의 형을 선고받고 그 집행이 종료되거나 그 집행을 받지 아니하기로 확정된 후 5년을 경과하지 아니한 자는 변호사가 될 수 없도록 한 변호사법 제5조 제1호가 직업의 자유를 침해하는지 여부: **소극 [기각]** 12. 사시

일반적으로 법률사건은 당사자 및 이해관계인의 생명 · 신체 · 명예 및 재산 등의 권리 · 의무에 관한 다툼이나 의문에 대한 사건으로서 그 사무처리에 있어서 고도의 법률지식을 요하고 공정성과 신뢰성이 요구된다는 점을 생각할 때, 이 사건 법률조항이 입법형성의 재량을 일탈한 것이라고 볼 수는 없다(헌재 2006.4.27, 2005헌마997).

13 사법시험 제2차 시험시간을 과목당 2시간으로 배정한 것이 위헌인지 여부: **소극 [기각]** 12. 국가직

행정고등고시 및 외무고등고시 등 주요국가시험의 제2차 시험에서도 논술형 필기시험의 형태로 시험을 실시하면서 이 사건 공고와 같이 시험시간을 과목당 2시간으로 정하고 있고, 사법시험의 출제위원들 역시 위와 같은 시험시간을 감안하여 시험문제를 출제하고 있다. 사법시험은 실무가를 선발하는 시험으로서 실무가에게는 법률지식을 얼마나 능숙하게 실제의 상황에 활용할 수 있느냐 하는 측면도 중요한 평가요소이다. 따라서 실무가를 선발하는 사법시험에 있어 주어진 문제를 충분하지 않은 시간 동안에 해결하는 능력을 평가할 필요성이 있으며, 이와 같은 관점에서 볼 때 시험시간을 과목당 2시간으로 정한 것이 명백히 불합리하다거나 시험실시기관의 재량을 일탈한 것이라고 보기는 어렵다. … 결국 피청구인이 사법시험에서 과목당

시험시간을 2시간으로 정한 것이 청구인의 직업선택의 자유, 평등권 등을 침해하였다고 볼 수 없다(헌재 2008.6.26, 2007헌마917).

14 노래연습장에 18세 미만자의 출입금지규정이 헌법에 위반되는지 여부: 소극 [기각]
12. 국가직

풍속영업의 규제에 관한 법률 제3조 제5호 및 동법 시행령 제5조 제6호에서 노래연습장에 18세 미만자의 출입을 금지하는 것은 직업행사의 자유를 제한하고 있는 것이기는 하나, 목적의 정당성과 방법의 적정성이 인정될 뿐만 아니라 피해의 최소성 및 법익의 균형성의 원칙에도 위배되지 아니하므로 위 조항들이 과잉금지의 원칙에 위배하여 청구인의 직업행사의 자유를 침해한 것이라고 할 수 없다(헌재 1996.2.29, 94헌마13).

비교판례

당구장영업에만 18세 미만자 출입금지표시 규정을 두어 영업의 대상범위에 일정한 제한을 가하는 것이 직업의 자유를 침해하는지 여부: 적극 [위헌]

당구장 경영자인 청구인에게 당구장 출입문에 18세 미만자에 대한 출입금지 표시를 하게 하는 이 사건 심판대상규정은 법령이 직접적으로 청구인에게 그러한 표시를 하여야 할 법적 의무를 부과하는 사례에 해당하는 경우로서, 그 표시에 의하여 18세 미만자에 대한 당구장 출입을 저지하는 사실상의 규제력을 가지게 되는 것이므로 이는 결국 그 게시의무규정으로 인하여 당구장 이용고객의 일정범위를 당구장 영업대상에서 제외시키는 결과가 된다고 할 것이고 따라서 청구인을 포함한 모든 당구장 경영자의 직업종사(직업수행)의 자유가 제한되어 헌법상 보장되고 있는 직업선택의 자유가 침해된다(헌재 1993.5.13, 92헌마80).

15 음주측정거부자에 대하여 필요적으로 운전면허를 취소하도록 규정한 구 도로교통법 제78조 제1항 단서 중 제8호 부분이 헌법에 위반되는지 여부: 소극 [합헌] 12. 사시·법무사

음주측정거부자가 운전면허를 필요적으로 취소당하여 입는 불이익의 정도는 이 사건 법률조항이 추구하고 있는 공익에 비하여 결코 과중하다고 볼 수 없으므로 법익균형성의 원칙에 반하지 않는다. 따라서 이 사건 법률조항은 기본권제한의 입법한계인 과잉금지의 원칙을 준수하였다고 할 것이므로 직업의 자유를 본질적으로 침해하거나 일반적 행동의 자유를 침해한다고 볼 수 없다(헌재 2007.12.27, 2005헌바95).

16 행정사의 겸직을 일체 금지하는 행정사법이 위헌인지 여부: 적극 [위헌] 07. 법무사

행정사의 모든 겸직을 금지하고, 그 위반행위에 대하여 모두 징역형을 포함한 형사처벌을 하도록 하는 내용으로 규정하는 것은 공익의 실현을 위하여 필요한 정도를 넘어 직업선택의 자유를 지나치게 침해하는 위헌적 규정이다(헌재 1997.4.24, 95헌마90).

17 건축사법 제28조 제1항 단서 제2호가 위헌인지 여부: 적극 [위헌]

건축사가 업무범위를 위반하여 업무를 행한 경우 이를 **필요적 등록취소**사유로 규정하고 있는 건축사법 제28조 제1항 단서 제2호는 건축사와 유사한 타 전문직종에서 업무범위를 위반한 경우 임의적 취소나 영업정지의 불이익을 당하는 데 비추어 과도하게 무거운 제재를 가하는 것으로서 제한의 방법이 부적절하고 제한의 정도가 과도하여 과잉금지원칙에 위배되고 직업선택의 자유의 본질적 내용을 침해한 것이다(헌재 1995.2.23, 93헌가1).

기출 OX

03 음주측정거부자에 대해 필요적으로 면허를 취소하는 것은 비례의 원칙이 정한 한계를 벗어나 양심의 자유를 침해한다. 15. 법행 ( )

해설
음주측정거부자에 대한 필요적 면허취소는 평등권, 직업의 자유, 일반적 행동자유권, 양심의 자유 등을 침해하지 않는다. [합헌]

04 건축사가 업무범위를 위반하여 업무를 행한 경우 이를 필요적 등록취소사유로 규정한 건축사법규정은 직업선택의 자유에 대한 침해에 해당하지 않는다. 07. 법행 ( )

정답 03 × 04 ×

기출 OX

01 법무사의 보수를 대한법무사협회 회칙에 정하도록 하고 법무사가 회칙 소정의 보수를 초과하여 보수를 받거나 보수 외에는 명목의 여하를 불문하고 금품을 받는 것을 금지하는 법무사법규정은 헌법에 위배되지 아니한다. 12. 법무사 (　　)

02 복수면허 의료인에게 양방이든 한방이든 하나의 의료기관만을 개설하도록 하는 것은 복수면허 의료인들의 직업의 자유를 침해한다. 20. 5급 공채 (　　)

03 대학 주변의 학교정화구역에서 납골시설의 설치·운영을 금지한 것은 납골시설의 설치·운영을 직업으로서 수행하고자 하는 자의 직업의 자유를 침해한다. 12. 국가직 (　　)

정답 01 ○ 02 ○ 03 ×

18 백화점 셔틀버스운행금지규정이 백화점 경영자의 영업의 자유를 침해하는지 여부: 소극 [기각]

이 사건 법률조항은 그 목적의 정당성과 방법의 적합성을 인정할 수 있고, 나아가 피해의 최소성과 법익의 균형성을 갖춘 것이므로 비록 이로 말미암아 청구인들의 영업의 자유에 제약을 가한 점이 있다 하더라도 그 제약은 헌법상 정당한 범위 내의 제한이라고 할 수 있다(헌재 2001.6.28, 2001헌마132).

19 법무사의 보수를 대한법무사협회회칙에 정하도록 하고 법무사가 회칙 소정의 보수를 초과하여 보수를 받거나 보수 외에는 명목의 여하를 불문하고 금품을 받는 것을 금지하는 법무사법규정이 직업의 자유를 침해하는지 여부: 소극 [합헌] 12. 법무사

이 사건 법률조항은 입법자가 보수를 일방적으로 규정하거나 감독기관이 획일적으로 정하도록 한 것이 아니고, 기본권행사의 주체인 법무사들에게 자신들의 업무에 대하여 사회적·경제적 사정을 참작하여 적정한 보수를 정하도록 위임함으로써 기본권을 제한받는 기본권주체의 의사가 우선적으로 반영되도록 하는 방법을 택하고 있고, 수시로 보수를 증액할 수 있도록 제한을 두지 않음으로써 법무사들이 보수기준제로 인하여 입게 될 피해를 최소화하고 있다. 한편 이 사건 보수기준제에 의하여 청구인을 비롯한 법무사들이 직업활동의 자유를 제한받지만, 그보다는 보수를 제한함으로써 달성하고자 하는 공익인 국민의 법률생활의 편익과 사법제도의 건전한 발전의 중대함에 비추어 볼 때 제한을 통하여 얻는 공익적 성과와 법무사의 직업행사의 자유에 대한 제한의 정도가 합리적인 비례관계를 벗어났다고 볼 수 없다(헌재 2003.6.26, 2002헌바3).

20 의사면허와 한의사면허를 취득한 복수면허 의료인에게 병의원, 한방병의원과 구별되는 독자적인 '동서결합의'나 '동서결합병원'은 인정하지 않고 있고, 하나의 의료기관만 개설할 수 있도록 한 의료법 제33조 제2항 단서가 직업의 자유를 침해하는지 여부: 적극 [헌법불합치] 08. 국가직, 12. 법무사

의사와 한의사의 복수면허를 가진 의료인들은 각 면허에 따른 의료행위를 할 자격을 인정받은 것이고, 그러한 자격을 얻기 위하여 의과대학과 한의과대학을 졸업하고 의사 국가고시와 한의사 국가고시의 합격 등 많은 시간과 비용·노력을 들인 것이다. 그러함에도 그 자격을 선택적으로 행사할 수밖에 없다면 그로 인한 사익의 침해는 막대하다. 한편 한방과 양방의 병(의)원의 교차적 또는 순차적 진료 등은 제한하지 않으면서 청구인들과 같이 오히려 상대적으로 쌍방 의료행위에 대한 지식과 능력이 우수하다고 평가될 수 있는 사람들에 대하여 쌍방 의료행위를 제한함으로써 얻는 공익이 사익의 침해보다 더 크다고 단정하기 어렵다. 결국 이 사건 법률조항은 청구인들과 같은 복수면허 의료인에게 양방이든 한방이든 하나의 의료기관만을 개설하도록 하는 규범으로 작용한다는 점에서 과잉금지원칙에 반하여 청구인들의 직업의 자유를 침해한다(헌재 2007.12.27, 2004헌마1021).

21 학교 부근 200m 이내의 정화구역 내에서 납골시설의 설치를 금지하고 있는 학교보건법규정이 청구인들의 종교의 자유 내지 행복추구권, 직업의 자유 등 기본권을 침해하는지 여부: 소극 [합헌] 12. 국가직

납골시설을 기피하는 풍토와 정서가 과학적인 합리성이 없다고 하더라도 그러한 풍토와 정서가 현실적으로 학생들의 정서발달에 해로운 영향을 끼칠 가능성이 있는 이상 규제하여야 할 필요성과 공익성을 부정하기 어렵다. 대학 부근의 정화구역에서도 납골시설의 설치를 금지하는 것이 불합리하거나 불필요하다고 보기 어렵다. 이 사건 법률조항에 의하여 금지되는 것은 학교 부근 200m 이내의 정화구역 내에 국한

되는 것이므로 그로 인하여 기본권이 침해되는 정도는 크지 않다고 할 수 있다. 결국 이 사건 법률조항은 입법목적을 달성하기 위하여 필요한 한도를 넘어서 종교의 자유, 행복추구권 및 직업의 자유를 과도하게 제한하여 헌법 제37조 제2항에 위반된다고 보기 어렵다(헌재 2009.7.30, 2008헌가2).

22 학교정화구역 내 노래연습장 설치금지조항이 직업행사의 자유를 침해하는지 여부: 소극 [기각] 02. 사시

이 사건 시행령조항은 노래연습장의 유해환경으로부터 학생들을 차단·보호하여 학교교육의 능률화를 기하려는 것으로서 이로 인한 직업행사자유의 제한은 필요한 정도를 넘어 과도하게 제한하는 것이라고 할 수 없으므로, 직업선택의 자유와 행복추구권으로부터 파생되는 일반적 행동자유권을 침해한 것으로 볼 수 없다(헌재 1999.7.22, 98헌마480·486).

23 학교환경위생정화구역 안에서의 PC방 설치제한이 직업의 자유를 침해하는지 여부: 소극 [합헌]

이 사건 금지조항 및 처벌조항으로 침해받는 사익은 학교정화구역 안에서 학교의 보건위생과 학습환경에 나쁜 영향을 주는 행위 및 시설이 금지되는 불이익이고, 이 사건 금지조항 및 처벌조항이 추구하는 공익은 학생들의 건전한 육성과 학교교육의 능률화라고 할 수 있다. 이 사건 금지조항 및 처벌조항으로 인하여 제한되는 사익이 이 사건 금지조항 및 처벌조항이 추구하는 공익보다 더 중대한 것이라고 보기 어렵다. 따라서 이 사건 금지조항 및 처벌조항이 직업수행의 자유를 침해하여 헌법에 위반된다고 할 수 없다(헌재 2008.4.24, 2004헌바92).

24 태아의 성감별행위 등을 금지한 것이 의사의 직업의 자유 등을 침해하는지 여부: 적극 [헌법불합치] 12. 경찰승진

임신기간이 통상 40주라고 할 때 낙태가 비교적 자유롭게 행해질 수 있는 시기가 있는 반면에, 낙태를 할 경우 태아는 물론 산모의 생명이나 건강에 중대한 위험을 초래하여 낙태가 거의 불가능하게 되는 시기도 있다. 예컨대 모자보건법 제14조는 일정한 우생학적 또는 유전학적 정신장애나 신체질환이 있는 경우와 같은 예외적인 경우에는 낙태를 허용하고 있지만, 모자보건법 시행령 제15조 제1항에 따르면 이러한 예외적인 낙태도 임신한 날로부터 28주가 지나면 이를 하지 못하도록 금지하고 있다. **임신 후반기에 접어들면 대체로 낙태 그 자체가 위험성을 동반하게 되므로 태아와 산모를 보호하기 위하여 이를 절대적으로 금지하고 있는 것이다.** … 그럼에도 불구하고 성별을 이유로 하는 낙태가 임신 기간의 전 기간에 걸쳐 이루어질 것이라는 전제하에 **이 사건 규정이 낙태가 사실상 불가능하게 되는 시기에 이르러서도 태아에 대한 성별정보를 태아의 부모에게 알려 주지 못하게 하는 것은 의료인과 태아의 부모에 대한 지나친 기본권제한으로서 피해의 최소성원칙을 위반하는 것이다**(헌재 2008.7.31, 2004헌마1010·2005헌바90).

25 '행정사법의 위임 없이 시행령이 자격시험의 실시가 필요하다고 인정하는 때에 시험 실시계획을 수립하도록 한 부분'은 법률유보원칙에 위반하여 직업선택의 자유를 침해하는지 여부: 적극 [위헌] 11. 사시

행정사법 제4조에서 행정사자격시험에 합격한 자에게 행정사의 자격을 인정하는 것은 행정사자격시험이 합리적인 방법으로 반드시 실시되어야 함을 전제로 하는 것이고, 따라서 행정사법 제5조 제2항이 대통령령으로 정하도록 위임한 이른바 '행정사의 자격시험의 과목·방법 기타 시험에 관하여 필요한 사항'이란 시험과목·합격기준·

한눈에 쏙!

학교환경정화구역 내 제한사건정리

극장금지	• 대학 주변 ⇨ 위헌 • 유치원·초·중·고 주변 ⇨ 헌법불합치
노래방	합헌
PC방	합헌
당구장금지	• 유치원·대학 주변 ⇨ 위헌 • 초·중·고 주변 ⇨ 합헌
납골당	합헌
여관	합헌

기출 OX

04 임신 후반기에도 태아의 성별을 이유로 낙태할 가능성이 있으므로 임부 및 태아의 생명보호와 성비의 불균형 해소를 위해서 전체 임신기간 동안 태아의 성별 고지를 금지하는 것은 헌법상 정당화된다. 12. 경찰승진 ( )

정답 04 ×

시험 실시방법·시험 실시시기·실시 횟수 등 시험 실시에 관한 구체적인 방법과 절차를 말하는 것이지 시험의 실시 여부까지도 대통령령으로 정하라는 뜻은 아니다. 그럼에도 불구하고 이 사건 조항은 행정사자격시험의 실시 여부를 시·도지사의 재량사항으로, 즉 시험전부면제대상자의 수 및 행정사업의 신고를 한 자의 수 등 관할구역 내 행정사의 수급상황을 조사하여 시험 실시의 필요성을 검토한 후 시험의 실시가 필요하다고 인정하는 때에는 시험 실시계획을 수립하도록 규정하였는바, 이는 시·도지사가 행정사를 보충할 필요가 없다고 인정하면 행정사자격시험을 실시하지 아니하여도 된다는 것으로서, 상위법인 행정사법 제4조에 의하여 청구인을 비롯한 모든 국민에게 부여된 행정사자격취득의 기회를 하위법인 시행령으로 박탈하고 행정사업을 일정 경력 공무원 또는 외국어전공경력자에게 독점시키는 것이 된다. 그렇다면 이 사건 조항은 모법으로부터 위임받지 아니한 사항을 하위법규에서 기본권제한 사유로 설정하고 있는 것이므로 위임입법의 한계를 일탈하고, 법률상 근거 없이 기본권을 제한하여 법률유보원칙에 위반하여 청구인의 직업선택의 자유를 침해한다(헌재 2010.4.29, 2007헌마910).

26 변호사에게 전년도에 처리한 수임사건의 건수 및 수임액을 소속 지방변호사회에 보고하도록 규정하고 있는 구 변호사법 제28조의2가 영업의 자유를 침해하는지 여부: **소극 [기각]** 12. 사시

이 사건 법률조항은 지방변호사회로 하여금 소속 변호사들의 사건수임에 관하여 감독이 가능하도록 함으로써 변호사 스스로가 구성원으로 된 자체 조직을 통하여 납세와 관련된 변호사의 자기 통제를 할 수 있도록 하여 변호사에 의한 탈세의 우려를 줄이고 이를 통해 조세행정 전반에 대한 국민적 신뢰를 공고히 하는 데 주요한 입법취지가 있는바, 이는 정당성이 인정되고 소속 지방변호사회에 수임사건의 건수 및 수임액을 보고하도록 함으로써 변호사들의 사건수임 관련 정보를 한층 더 투명하게 하는 것은 위와 같은 목적을 달성할 수 있는 적절한 수단이 될 수 있다. 청구인들의 영업의 자유를 필요 이상으로 제한하고 있다고 보기 어려우며, 공익과 사익간의 균형성을 도외시한 것이라고 보기 어려우므로 법익의 균형성의 원칙에 반하지 아니한다(헌재 2009.10.29, 2007헌마667).

27 외국인근로자의 사업장변경 횟수를 3회로 제한하고 대통령령이 정하는 부득이한 사유가 있는 경우에는 1회에 한하여 추가변경을 허용한 구 '외국인근로자의 고용 등에 관한 법률(이하 외국인고용법이라 한다)' 제25조 제4항 및 같은 법 시행령 제30조 제2항이 외국인의 직장선택의 자유를 침해하는지 여부: **소극 [기각]** 12. 지방직

직업의 자유 중 이 사건에서 문제되는 직장선택의 자유는 인간의 존엄과 가치 및 행복추구권과도 밀접한 관련을 가지는 만큼 단순히 국민의 권리가 아닌 인간의 권리로 보아야 할 것이므로 **외국인도 제한적으로라도 직장선택의 자유를 향유할 수 있다**고 보아야 한다. 청구인들이 이미 적법하게 고용허가를 받아 적법하게 우리나라에 입국하여 우리나라에서 일정한 생활관계를 형성·유지하는 등 우리 사회에서 정당한 노동인력으로서의 지위를 부여받은 이상 이 사건 청구인들에게 직장선택의 자유에 대한 기본권주체성을 인정할 수 있다 할 것이다. 이 사건 법률조항은 내국인 근로자의 고용기회를 보호하고 외국인근로자에 대한 효율적인 고용관리로 중소기업의 인력수급을 원활히 하여 국민경제의 균형 있는 발전이 이루어지도록 하기 위하여 도입된 것이고, 외국인고용법은 일정한 사유가 있는 경우에 3년의 체류기간 동안 3회까지 사업장을 변경할 수 있도록 하고 대통령령이 정하는 부득이한 사유가 있는 경우에는 추가로 사업장변경이 가능하도록 하고 있으므로 이 사건 법률조항이

기출 OX

01 외국인근로자의 사업장변경을 원칙적으로 3회를 초과할 수 없도록 하는 규정은 외국인근로자에게 일단 형성된 근로관계를 포기하는 것을 제한하기 때문에 직업선택의 자유에 대한 제한이 아니라 근로의 권리에 대한 제한으로 보아야 한다. 20. 국회직 ( )

정답 01 ✕

입법자의 재량범위를 넘어 명백히 불합리하다고 할 수는 없다. 따라서 이 사건 법률조항은 청구인들의 직장선택의 자유를 침해하지 아니한다(헌재 2011.9.29, 2007헌마1083 등).

28 **외국인고용법에 정한 절차에 따라 사업장변경허가신청을 한 후 신청일로부터 2개월 내에 변경허가를 받지 못한 경우 출국대상이 되도록 규정한 외국인고용법 제25조 제3항이 직장선택의 자유를 침해하는지 여부: 소극 [기각]**

이 사건 심판대상조항은 내국인근로자의 고용기회를 보장하고, 외국인근로자가 근로의사 없이 국내에 장기간 체류하는 것을 방지함으로써 효율적인 고용관리를 도모하기 위한 것이며, 외국인근로자의 사업장변경 자체를 금지하는 것이 아니라 허가기간을 제한한 것에 불과하여 지나치게 불합리하여 자의적이라고 할 수 없으므로 청구인의 직장선택의 자유를 침해하지 아니한다(헌재 2011.9.29, 2009헌마351).

29 **공인회계사시험의 응시자격을 대학 등에서 일정 과목에 대하여 일정 학점을 이수하거나 학점인정을 받은 사람으로 제한하는 공인회계사법 제5조 제3항이 직업선택의 자유 및 평등권을 침해하는지 여부: 소극 [기각]** 13. 국가직

이 사건 법률조항이 규정하고 있는 학점이수제도는 폭넓은 전문지식과 소양을 갖춘 공인회계사를 양성하기 위하여 공인회계사업무와 관련이 있는 일정 과목에 대하여 일정 학점을 이수하도록 하는 것으로서 그 입법목적의 정당성 및 수단의 적절성이 인정된다. 한편 이 사건 법률조항은 학점이수요건 구비를 위한 다양한 수단을 마련하여 공인회계사시험에 응시하려는 자들을 배려하고 있고, 학점이수제도는 공인회계사로 하여금 합당한 전문지식과 학문적 소양을 습득하도록 하며, 경영학 등 대학의 관련 학과교육과 공인회계사시험을 연계시킴으로써 대학교육의 정상화 및 국가 인력자원배분의 효율성 증진에도 기여한다는 점에서 최소침해성의 원칙 및 법익균형성의 원칙에도 반하지 아니한다. 따라서 이 사건 법률조항은 청구인의 직업선택의 자유를 침해하지 아니한다(헌재 2012.11.29, 2011헌마801).

30 **특허·실용신안·디자인 또는 상표의 침해로 인한 손해배상 등의 민사소송(특허침해소송)에서 변리사에게 소송대리를 허용하지 않고 있는 변리사법 제8조가 청구인들의 직업의 자유를 침해하는지 여부: 소극 [기각]** 13. 국가직·국회직

이 사건 법률조항은 변리사라는 자격제도의 형성에 관련된 것이므로 입법자에게 광범위한 입법형성권이 인정되어 그 내용이 합리적인 이유 없이 자의적으로 규정된 경우에만 위헌이라고 할 것이다. 심결취소소송에서는 특허권 등 자체에 관한 전문적 내용의 쟁점이 소송의 핵심이 되므로 이에 대한 전문가인 변리사가 소송당사자의 권익을 도모할 수 있다. 그러나 특허침해소송은 고도의 법률지식 및 공정성과 신뢰성이 요구되는 소송으로 변호사 소송대리원칙(민사소송법 제87조)이 적용되어야 하는 일반 민사소송의 영역이므로 소송당사자의 권익을 보호하기 위하여 변호사에게만 특허침해소송의 소송대리를 허용하는 것은 그 합리성이 인정되며 입법재량의 범위 내라고 할 수 있다. 그러므로 이 사건 법률조항이 특허침해소송을 변리사가 예외적으로 소송대리를 할 수 있도록 허용된 범위에 포함시키지 아니한 것은 청구인들의 직업의 자유를 침해하지 아니한다(헌재 2012.8.23, 2010헌마740).

기출 OX

02 외국인근로자의 사업장변경허가기간을 그 신청일로부터 2개월로 제한한 것은 외국인 근로자의 사업장변경 자체를 금지하는 것이 아니라 허가기간을 제한하는 것에 불과하므로 외국인 근로자의 직장선택의 자유를 침해하지 않는다. 12. 사시 ( )

03 특허, 실용신안, 디자인 또는 상표의 침해로 인한 손해배상, 침해금지 등의 민사소송에서 변리사에게 소송대리를 허용하지 않는 것은 변리사들의 직업의 자유를 침해한다. 13. 국회직 ( )

정답 02 O 03 X

기출 OX

01 전문과목을 표시한 치과의원은 그 표시한 전문과목에 해당하는 환자만을 진료하여야 한다고 규정한 의료법 조항은 치과전문의인 청구인들의 직업수행의 자유를 침해한다. 19. 서울시
( )

31 한의사의 초음파진단기기와 같은 의료기기 사용을 '면허된 것 이외의 의료행위'로 금지하면서 위반하는 경우 형사처벌하도록 하고 있는 의료법 제87조 제1항 제2호 관련 부분이 직업의 자유를 침해하는지 여부: **소극 [합헌]**

'의료행위'는 의학적 전문지식이 있는 자가 행하지 아니하면 사람의 생명·신체나 공중위생에 위해가 발생할 우려가 있는 행위이므로 한의학과 서양의학을 분리하고 있는 현행법체계하에서는 자신이 익힌 분야에 한하여 의료행위를 하도록 하는 것이 필요하며, 훈련되지 않은 분야에서의 의료행위는 면허를 가진 자가 행하는 것이라 하더라도 이를 허용할 수 없다. 특히 영상의학과는 의료법상 서양의학의 전형적인 전문진료과목으로서 초음파검사의 경우 영상의학과 의사나 초음파검사경험이 많은 해당 과의 전문의사가 시행하여야 하고, 이론적 기초와 의료기술이 다른 한의사에게 이를 허용하기는 어렵다. 따라서 이 사건 법률조항이 과잉금지원칙에 위반된다고 볼 수 없다(헌재 2013.2.28, 2011헌바398).

32 전문과목을 표시한 치과의원은 그 표시한 전문과목에 해당하는 환자만을 진료하여야 한다고 규정한 의료법 제77조 제3항이 치과전문의인 청구인들의 직업수행의 자유를 침해하는지 여부: **적극 [위헌]** 19. 서울시

치과의원의 치과전문의가 자신의 전문과목을 표시하는 경우 그 진료범위를 제한하여 현실적으로 전문과목의 표시를 매우 어렵게 하고 있는바, 이는 치과전문의 자격 자체의 의미를 현저히 감소시키고, 이로 인하여 치과의원의 치과전문의들이 대부분 전문과목을 표시하지 않음에 따라 치과전문의제도를 유명무실하게 만들 위험이 있다. 또한 치과전문의는 표시한 전문과목 이외의 다른 모든 전문과목에 해당하는 환자를 진료할 수 없게 되므로 기본권제한의 정도가 매우 크다. 1차 의료기관의 전문과목 표시에 대하여 불이익을 주어 치과전문의들이 2차 의료기관에 근무하도록 유도하는 것은 적정한 치과 의료전달체계의 정립을 위하여 적절한 방안이 될 수 없다. 또한 심판대상조항은 자신의 전문과목 환자만 진료하여도 충분한 수익을 올릴 수 있는 전문과목에의 편중현상을 심화시킬 수 있다. 따라서 심판대상조항은 수단의 적절성과 침해의 최소성을 갖추지 못하였다.

심판대상조항이 달성하고자 하는 적정한 치과 의료전달체계의 정립 및 치과전문의의 특정 전문과목에의 편중 방지라는 공익은 중요하나, 심판대상조항으로 그러한 공익이 얼마나 달성될 수 있을 것인지 의문인 반면, 치과의원의 치과전문의가 표시한 전문과목 이외의 영역에서 치과일반의로서의 진료도 전혀 하지 못하는 데서 오는 사적인 불이익은 매우 크므로, 심판대상조항은 과잉금지원칙에 위배되어 청구인들의 직업수행의 자유를 침해한다(헌재 2015.5.28, 2013헌마799).

33 운전면허를 받은 사람이 자동차 등을 이용하여 살인 또는 강간 등 행정안전부령이 정하는 범죄행위를 한 때 운전면허를 필요적으로 취소하도록 하는 구 도로교통법 제93조 제1항 제11호가 직업의 자유를 침해하는지 여부: **적극 [위헌]**

자동차 등을 이용한 범죄를 근절하기 위하여 그에 대한 행정적 제재를 강화할 필요가 있다 하더라도 구 도로교통법 제65조 제5호나 현행 도로교통법 제93조 제1항과 같이 임의적 운전면허 취소 또는 정지사유로 규정함으로써 불법의 정도에 상응하는 제재수단을 선택할 수 있도록 하여도 충분히 그 목적을 달성하는 것이 가능함에도, 심판대상조항은 이에 그치지 아니하고 필요적으로 운전면허를 취소하도록 하여 구체적 사안의 개별성과 특수성을 고려할 수 있는 여지를 일체 배제하고 있다. 나아가 심판대상조항 중 '자동차 등을 이용하여' 부분은 포섭될 수 있는 행위 태양이 지나치게 넓을 뿐만 아니라, 하위법령에서 규정될 대상범죄를 국민의 생명과 재산에 큰 위협을 초래할 수 있는 중대한 범죄로 그 위임의 범위를 한정하고 있으나 심판대상

정답 **01** ○

조항의 입법목적을 달성하기 위하여 반드시 규제할 필요가 있는 범죄행위가 아닌 경우까지 이에 포함될 우려가 있어 침해의 최소성원칙에 위배된다. 심판대상조항은 운전을 생업으로 하는 자에 대하여는 생계에 지장을 초래할 만큼 중대한 직업의 자유의 제약을 초래하고, 운전을 업으로 하지 않는 자에 대하여도 일상생활에 심대한 불편을 초래하여 일반적 행동의 자유를 제약하므로 법익의 균형성원칙에도 위배된다. 따라서 심판대상조항은 직업의 자유 및 일반적 행동의 자유를 침해하여 헌법에 위반된다(헌재 2015.5.28, 2013헌가6).

34 징역형의 집행이 종료된 후에도 20년간 택시운송사업 운전업무 종사자격을 취득할 수 없게 하는 조항들이 직업선택의 자유 등을 침해하는지 여부: 적극 [헌법불합치]
19. 국가직

심판대상조항은 해당 범죄행위와 택시운전업무 수행과의 관련성, 범죄의 유형이나 죄질 등의 차이, 재범률이나 중독의 위험성 여부 등에 대한 고려 없이 마약류 관리에 관한 법률(이하 마약류관리법이라 한다)을 위반하여 금고 이상의 형을 받기만 하면 일률적으로 20년간 택시운송사업의 운전업무에 종사할 수 없도록 하고 있다. 결국 심판대상조항은 구체적 사안의 개별성과 특수성을 고려할 수 있는 여지를 일체 배제하고 그 위법의 정도나 비난의 정도가 미약한 경우까지도 획일적으로 20년이라는 장기간 동안 택시운송사업의 운전업무 종사자격을 제한하는 것이므로 침해의 최소성원칙에 위배된다.

심판대상조항은 장래에 택시운송사업의 운전업무에 종사하고자 하는 사람 또는 이미 택시운송사업의 운전업무에 종사하고 있었던 사람의 사익을 현실적이고 중대하게 제한하고 있다. 이는 심판대상조항이 보호하려는 공익에 비추어 보더라도 지나치게 큰 제한이므로, 법익균형성의 원칙에도 반하는 것이다(헌재 2015.12.23, 2013헌마575·2014헌바446).

35 성인대상 성범죄로 형을 선고받아 확정된 자는 그 형의 집행을 종료한 날부터 10년 동안 '학원의 설립·운영 및 과외교습에 관한 법률' 제2조 제1호의 학원을 개설하거나 위 기관에 취업할 수 없도록 한 '아동·청소년의 성보호에 관한 법률' 제56조 제1항 제3호가 직업의 자유를 침해하는지 여부: 적극 [위헌]

이 사건 법률조항은 성인대상 성범죄자에 대하여 일정기간 "'학원의 설립·운영 및 과외교습에 관한 법률' 제2조 제1호의 학원"(이하 '아동·청소년 관련 학원'이라 한다)을 운영하거나 그 기관 등에 취업하는 것을 제한하여 아동·청소년들과의 접촉을 차단함으로써, 아동·청소년을 성범죄로부터 보호하는 동시에 아동·청소년 관련 학원의 윤리성과 신뢰성을 높여 아동·청소년 및 그 보호자가 이들 기관을 믿고 이용하거나 따를 수 있도록 하려는 입법목적을 지니는바 이러한 입법목적은 정당하고, 성인대상 성범죄 전력자에 대하여 일정기간 아동·청소년 관련 학원에 취업제한을 하는 것은 적절한 수단이 될 수 있다. 그러나 이 사건 법률조항은 **성인대상 성범죄 전력에 기초하여 어떠한 예외도 없이 그 대상자가 재범의 위험성이 있다고 간주하여 일률적으로 아동·청소년 관련 학원의 취업 등을 10년간 금지하고 있는 점, 이 사건 법률조항이 범죄행위의 유형이나 구체적 태양 등을 고려하지 않은 채 범행의 정도가 가볍고 재범의 위험성이 상대적으로 크지 않은 자에게까지 10년 동안 일률적인 취업제한을 부과하고 있는 점 등을 종합하면, 이 사건 법률조항은 침해의 최소성원칙에 위배된다.** 또한, 이 사건 법률조항이 달성하고자 하는 공익이 우리 사회의 중요한 공익이지만 이 사건 법률조항에 의하여 청구인의 직업선택의 자유가 과도하게 제한되므로, 이 사건 법률조항은 법익의 균형성원칙에도 위배된다.

기출 OX

02 마약류 관리에 관한 법률을 위반하여 금고 이상의 실형을 선고받고 그 집행이 끝나거나 면제된 날부터 20년이 지나지 아니한 것을 택시운송사업의 운전업무 종사자격의 결격사유 및 취소사유로 정한 구 여객자동차 운수사업법 조항은 직업선택의 자유를 침해한다. 17. 국회직 ( )

정답 02 ○

따라서 이 사건 법률조항은 청구인의 직업선택의 자유를 침해한다. 이상의 문제점을 해결하기 위해서는 성범죄 전과자의 취업제한에 있어서 재범 위험성의 존부와 정도에 관한 구체적인 심사 절차가 필요하다. 이에 관해서는 추후 심도 있는 사회적 논의가 필요하겠지만, 10년이라는 현행 취업제한기간을 기간의 상한으로 두고 법관이 대상자의 취업제한기간을 개별적으로 심사하는 방식도 하나의 대안이 될 수 있을 것이다(헌재 2016.7.28, 2015헌마359).

36 성인대상 성범죄로 형을 선고받아 확정된 자는 그 형의 집행을 종료한 날부터 10년 동안 아동·청소년 관련 학원이나 교습소를 개설하거나 위 기관에 취업할 수 없도록 한 '아동·청소년의 성보호에 관한 법률' 제56조 제1항 제3호가 직업의 자유를 침해하는지 여부: **적극 [위헌]** (헌재 2016.7.28, 2015헌마914)

37 '성폭력범죄의 처벌 등에 관한 특례법' 제2조 제1항에 따른 성폭력범죄로 형을 선고받아 확정된 자는 그 형의 집행을 종료한 날부터 10년 동안 장애인복지시설을 개설하거나 위 기관에 취업할 수 없도록 한 장애인복지법 제59조의3 제1항 등이 직업의 자유를 침해하는지 여부: **적극 [위헌]** (헌재 2016.7.28, 2015헌마915)

38 성인대상 성범죄로 형을 선고받아 확정된 자는 그 형의 집행을 종료한 날부터 10년 동안 아동복지법 제2조 제5호의 아동복지시설을 개설하거나 위 기관에 취업할 수 없도록 한 구 '아동·청소년의 성보호에 관한 법률' 제44조 제1항 제9호 등이 직업의 자유를 침해하는지 여부: **적극 [위헌]** (헌재 2016.7.28, 2013헌바389)

39 성인대상 성범죄로 형을 선고받아 확정된 자는 그 형의 집행을 종료한 날부터 10년 동안 아동·청소년 관련 기관을 운영하거나 위 기관에 취업할 수 없도록 한 구 '아동·청소년의 성보호에 관한 법률' 제44조 제1항이 직업의 자유를 침해하는지 여부: **적극 [위헌]** (헌재 2016.7.28, 2013헌마436)

40 일정한 경력을 갖춘 공무원에 대하여 행정사 자격시험의 전부 또는 일부를 면제하도록 한 행정사법 제9조 제1항 제1호 등이 일반 응시자인 청구인들의 평등권 및 직업선택의 자유를 침해하는지 여부: **소극 [기각]**
15년 이상 공무원으로 근무하면서 7급 이상의 직에 근무한 경험이 있거나, 5급 이상 공무원의 지위에서 5년 이상 근무하였다면 행정절차 및 사무관리에 관하여 상당한 수준의 경험 및 전문지식을 갖춘 것으로 볼 수 있다. 따라서 제2차시험 중 행정절차론 및 사무관리론을 면제한 시험면제조항은 나름대로 합리적인 이유가 있다. 국·공립학교 교사나 직업군인을 비롯하여 대부분의 공무원들은 직렬이나 담당 업무를 불문하고 일정한 행정업무를 담당하고 있고, 그와 같은 행정경험이 행정사 업무 수행에 기여할 것이라는 입법자의 판단이 현저하게 잘못되었다고 보기 어렵다. 따라서 시험면제조항은 일반 응시자인 청구인들의 평등권이나 직업선택의 자유를 침해하지 아니한다(헌재 2016.2.25, 2013헌마626 등).

41 성매매를 한 자를 형사처벌하도록 규정한 '성매매알선 등 행위의 처벌에 관한 법률' 제21조 제1항이 직업선택의 자유를 침해하는지 여부: **소극 [합헌]** 17. 경찰승진
심판대상조항은 성매매를 형사처벌하여 **성매매 당사자**의 성적 자기결정권, 사생활의 비밀과 자유 및 **성판매자의 직업선택의 자유**를 제한하고 있다. … 성매매에 대한 지속적인 수요를 억제하지 않는다면, 성인뿐만 아니라 청소년이나 저개발국의 여성들까지 성매매 시장에 유입되어 그 규모가 비약적으로 확대될 우려가 있고, 재범방지 교육이나 성매매 예방교육 등이 형사처벌과 유사하거나 더 높은 효과를 갖는다고 볼 수 없으므로 성구매자에 대한 형사처벌이 과도하다고 볼 수 없다. 성매매 공급이

기출 OX

01 성매매는 그것이 가지는 사회적 유해성과는 별개로 성판매자의 입장에서 생활의 기본적 수요를 충족하기 위한 소득활동에 해당하므로, 성매매 행위를 처벌하는 것은 성판매자의 직업선택의 자유도 제한하는 것이다.
20. 법원직 ( )

정답 01 ○

확대되거나 쉽게 접근할 수 있는 길을 열어줄 위험과 불법적인 조건으로 성매매를 유도할 가능성이 있는 점 등을 고려할 때 성판매자도 형사처벌의 대상에 포함시킬 필요성이 인정된다. 사회구조적 요인이 성매매 종사에 영향을 미칠 수는 있으나 이는 성매매에만 국한된 특유한 문제라고 볼 수 없고, 만약 이들에게 책임을 묻기 어려운 사정이 있는 경우에는 성매매피해자로 인정되어 형사처벌의 대상에서 제외될 수 있는 가능성도 존재하는 점, 형사처벌 외에 보호사건으로 처리될 수도 있는 점, 성매매피해자 등의 보호, 피해 회복 및 자립·자활을 지원하기 위하여 법적·제도적 장치가 마련되어 있는 점 등에 비추어 성판매자에 대한 형사처벌도 과도하다고 볼 수 없다. … 따라서 심판대상조항은 개인의 성적 자기결정권, 사생활의 비밀과 자유, 직업선택의 자유를 침해하지 아니한다(헌재 2016.3.31, 2013헌가2).

42 성인대상 성범죄로 형을 선고받아 확정된 자로 하여금 그 형의 집행을 종료한 날부터 10년 동안 의료기관을 개설하거나 의료기관에 취업할 수 없도록 한 이 사건 법률조항이 청구인들의 직업선택의 자유를 침해하는지 여부: **적극 [위헌]** 17. 변호사

이 사건 법률조항은 의료기관의 운영자나 종사자의 자질을 일정 수준으로 담보하도록 함으로써, 아동·청소년을 잠재적 성범죄로부터 보호하고, 의료기관의 윤리성과 신뢰성을 높여 아동·청소년 및 그 보호자가 이들 기관을 믿고 이용할 수 있도록 하는 입법목적을 지니는바 이러한 입법목적은 정당하다. 그러나 이 사건 법률조항이 성범죄 전력만으로 그가 장래에 동일한 유형의 범죄를 다시 저지를 것을 당연시하고 형의 집행이 종료된 때부터 10년이 경과하기 전에는 결코 재범의 위험성이 소멸하지 않는다고 보며, 각 행위의 죄질에 따른 상이한 제재의 필요성을 간과함으로써 성범죄 전력자 중 재범의 위험성이 없는 자, 성범죄 전력이 있지만 10년의 기간 안에 재범의 위험성이 해소될 수 있는 자, 범행의 정도가 가볍고 재범의 위험성이 상대적으로 크지 않은 자에게까지 10년 동안 일률적인 취업제한을 부과하고 있는 것은 침해의 최소성원칙과 법익의 균형성원칙에 위배된다. 따라서 이 사건 법률조항은 청구인들의 직업선택의 자유를 침해한다(헌재 2016.3.31, 2013헌마585 등).

43 법학전문대학원에 입학할 수 있는 자는 학사학위를 가지고 있거나 법령에 따라 이와 동등 이상의 학력이 있다고 인정된 자로 한다고 규정한 '법학전문대학원 설치·운영에 관한 법률' 제22조(이하 '이 사건 법률조항'이라 한다)가 학사학위가 없는 자의 직업선택의 자유를 침해하는지 여부: **소극 [기각]**

이 사건 법률조항은 다양한 전공과 풍부한 교양을 바탕으로 하여 법학 교육이 효율적으로 이루어지게 하고, 학부 전공과 법학을 접목시킴으로써 현대사회의 복잡다기한 법적 분쟁을 전문적으로 해결할 수 있는 법조인을 양성한다는 법학전문대학원의 교육이념을 실현하기 위하여 학사학위 취득을 법학전문대학원 입학자격으로 규정한 것이므로, 그 목적의 정당성과 수단의 적합성이 인정된다. 기존 법과대학 학사과정의 교육기간을 연장하는 대안으로는 다양한 전공을 갖춘 자들을 대상으로 한 법조인 양성에 한계가 있는 점, 학사학위 수여기관과 전공에 제한이 없으므로 고등교육법상 대학에서 학사학위를 취득하지 않더라도 독학사, 학점인정 등을 통하여 입학자격을 갖출 수 있는 점을 고려하면 이 사건 법률조항은 침해의 최소성도 갖추었다. 학사학위가 없는 자가 입게 되는 불이익보다 다양한 전공을 바탕으로 충분한 교양을 갖춘 학생들을 선발하여 전문적인 법학 교육을 시켜 양질의 법률서비스를 제공할 수 있는 법조인을 양성하려는 공익이 더 크므로, 법익의 균형성도 인정된다. 따라서 이 사건 법률조항은 학사학위가 없는 자의 직업선택의 자유를 침해하지 아니한다(헌재 2016.3.31, 2014헌마1046).

기출 OX

02 성인대상 성범죄로 형을 선고받아 확정된 자에게 그 형의 집행을 종료한 날부터 10년 동안 의료기관을 개설하거나 의료기관에 취업할 수 없도록 한 법률조항은 그의 재범의 위험성이 소멸하지 않았으므로 직업선택의 자유를 침해하지 않는다. 18. 경찰경채
( )

정답 **02** ×

기출 OX

01 아동·청소년대상 성범죄 전과자라는 이유만으로 이들이 다시 성범죄를 저지를 것이라는 전제하에 취업제한의 제재를 예외 없이 관철하는 법률조항은 어떠한 예외도 없이 재범가능성을 당연시하는 것으로서 침해의 최소성에 위배된다. 19. 국회직 9급 ( )

44 성범죄로 형 또는 치료감호를 선고받아 확정된 자에 대하여 형 또는 치료감호의 집행이 종료·면제·유예된 때부터 10년 동안 아동·청소년 관련기관 등을 개설하거나 위 기관 등에 취업할 수 없도록 한 '아동·청소년의 성보호에 관한 법률' 제56조 제1항이 위헌인지 여부: 적극 [위헌]

아동·청소년대상 성범죄자에 대하여 일정기간 아동·청소년 관련기관 등에 취업제한을 하는 것이 입법목적을 달성하는 데 적합한 수단이라고 하더라도, 이 사건 취업제한 조항은 다음과 같은 점에서 침해의 최소성원칙에 위반된다. 이 사건 취업제한 조항은 아동·청소년대상 성범죄 전력에 기초하여 어떠한 예외도 없이 그 대상자가 재범의 위험성이 있다고 간주하고 일률적으로 아동·청소년 관련기관 등의 취업 등을 10년간 금지하고 있다. … 범죄행위의 유형이나 구체적 태양 등을 구체적으로 고려하지 않은 채 범행의 정도가 가볍고 재범의 위험성이 상대로 크지 않은 자에게까지 10년 동안 일률적인 취업제한을 부과하는 것은 그 제한의 정도가 지나치다. … 아동·청소년을 성범죄로부터 보호하고, 아동·청소년 관련기관 등의 윤리성과 신뢰성을 높여 아동·청소년 및 그 관계자들이 이 기관을 믿고 이용하도록 하는 것이 우리 사회의 중요한 공익이라는 것을 부정하기는 어려우나, 이 사건 취업제한 조항은 이 같은 공익의 무게에도 불구하고 청구인의 직업선택의 자유를 과도하게 제한하고 있어, 법익의 균형성원칙에도 위반된다(헌재 2016.4.28, 2015헌마98).

45 공인중개사의 중개보수 한도조항 및 형사처벌조항 등이 직업수행의 자유를 침해하는지 여부: 소극 [기각]

개업공인중개사로 하여금 법정중개보수 이상의 금품을 받지 못하도록 하기 위하여 행정상의 불이익을 부과하는 것에 그칠 것인지 또는 형사상의 처벌을 가하는 정도로 제재를 강화할 것인지는 일차적으로 입법자의 재량적인 정책판단에 맡겨져 있다. 법정중개보수제도가 추구하는 경제적 공익은 개업공인중개사의 사익에 비하여 보다 우월하다. 따라서 중개보수 한도조항은 과잉금지원칙에 위반되어 청구인들의 직업수행의 자유를 침해하지 아니하고, 형사처벌조항은 책임과 형벌간의 비례원칙에 위반된다고 할 수 없다(헌재 2016.5.26, 2015헌마248).

02 2015.1.1.부터 모든 일반음식점영업소를 금연구역으로 지정하여 운영하도록 한 국민건강증진법 시행규칙조항은 청구인의 직업수행의 자유를 침해하지 않는다. 19. 경찰승진 ( )

46 모든 음식점에 대하여 예외 없이 영업시간 전체에 걸쳐 당해 시설 전체를 금연구역으로 지정하도록 한 것이 직업의 자유를 침해하는지 여부: 소극 [기각] 16. 국가직

심판대상조항의 입법목적을 가장 효과적으로 달성하기 위해서는 음식점 공간 전체를 금연구역으로 지정하여 비흡연자를 흡연으로부터 완전히 차단하는 것이 필요하다. 주류를 주로 판매하는 업종에 한해서 음식점 영업자의 손실을 최소화할 수 있는 대안들을 고려해 보아도, 그러한 대안들이 음식점 전체를 금연구역으로 지정하는 방법에 대한 적절한 대체수단이 되기 어렵다. 음식점 시설 전체를 금연구역으로 지정함으로써 음식점 영업자가 입게 될 불이익보다 간접흡연을 차단하여 이로 인한 폐해를 예방하고 국민의 생명·신체를 보호하고자 하는 공익이 더욱 중대하므로, 심판대상조항이 과잉금지원칙을 위반하여 청구인의 직업수행의 자유를 침해한다고 할 수 없다(헌재 2016.6.30, 2015헌마813).

정답 01 O 02 O

47 성적목적공공장소침입죄로 형을 선고받아 확정된 사람은 그 형의 집행을 종료한 날부터 10년 동안 의료기관을 제외한 아동·청소년 관련기관 등을 운영하거나 위 기관에 취업할 수 없도록 한 '아동·청소년의 성보호에 관한 법률' 제56조 제1항 중 관련 부분이 직업선택의 자유를 침해하는지 여부: 적극 [위헌, 기각]

[1] 취업제한조항에 대한 판단 [위헌]

취업제한조항이 성적목적공공장소침입죄 전력만으로 그가 장래에 동일한 유형의 범죄를 저지를 것을 당연시하고, 형의 집행이 종료된 때로부터 10년이 경과하기 전에는 결코 재범의 위험성이 소멸하지 않는다고 보아 각 행위의 죄질에 따른 상이한 제재의 필요성을 간과함으로써 위 범죄 전력자 중 재범의 위험성이 없는 자, 위 범죄 전력이 있지만 10년의 기간 안에 재범의 위험성이 해소될 수 있는 자, 범행의 정도가 가볍고 재범의 위험성이 상대적으로 크지 않은 자에게까지 10년 동안 일률적인 취업제한을 하고 있는 것은 침해의 최소성원칙과 법익의 균형성원칙에 위배된다. 따라서 취업제한조항은 청구인의 직업선택의 자유를 침해한다.

[2] 등록조항 대한 판단 [합헌]

성적목적공공장소침입죄는 공공화장실 등 일정한 장소를 침입하는 경우에 한하여 성립하므로 등록조항에 따른 등록대상자의 범위는 이에 따라 제한되는바, 등록조항은 침해의 최소성원칙에 위배되지 않는다. 등록조항으로 인하여 제한되는 사익에 비하여 성범죄의 재범방지와 사회방위라는 공익이 크다는 점에서 법익의 균형성도 인정된다. 따라서 등록조항은 청구인의 개인정보자기결정권을 침해하지 않는다(헌재 2016.10.27, 2014헌마709).

48 법학전문대학원으로 하여금 필수적으로 외국어능력을 입학전형자료로 활용하도록 규정하고 있는 '법학전문대학원 설치·운영에 관한 법률' 제23조 제2항 중 '외국어능력'에 관한 부분이 직업선택의 자유를 침해하는지 여부: 소극 [기각]

심판대상조항으로 인하여 청구인이 받게 되는 불이익보다는 일정한 외국어능력을 갖춘 학생들을 선발하여 전문적인 법률교육을 시켜 양질의 법률서비스를 제공할 수 있는 법조인을 양성하려는 공익이 더 크다고 할 것이다. 따라서 심판대상조항은 법익의 균형성원칙에 위배되지 아니한다. 심판대상조항은 과잉금지원칙에 위배되어 청구인의 직업선택의 자유를 침해하지 아니한다(헌재 2016.12.29, 2016헌마550).

49 수입 쌀과 국산 쌀 혼합판매 금지 및 생산연도가 다른 미곡 혼합판매를 금지하는 것이 직업의 자유를 침해하여 위헌인지 여부: 소극 [기각]

혼합 쌀의 경우 혼합 사실 그 자체는 판정이 가능하여도 혼합 비율에 대한 판정 및 단속이 어려워, 부정유통을 근절하기 위해서는 원산지나 생산연도 등 일정내용을 표시하도록 규제하는 것만으로는 부족하고, 혼합된 상태로의 유통 및 판매 자체를 금지할 필요가 있다. 한편, 양곡매매업자는 국산 햅쌀뿐 아니라 수입 쌀이나 묵은 쌀 각각을 판매하는 것이 여전히 가능하며, 소비자가 원하는 경우 최상의 밥맛을 위한 혼합 비율을 안내하고, 이에 맞추어 각각의 쌀을 판매하여 고객이 구매 후 혼합하여 사용토록 하는 것도 가능하다는 점을 종합하면 침해의 최소성원칙에 위배되지 않는다.

수입 쌀이나 묵은 쌀의 유통이나 판매 자체를 금지하는 것이 아니라 혼합한 상태로 유통 내지 판매하는 것을 금지할 뿐이어서 직업 수행의 자유가 크게 제한되지도 않으므로, 법익의 균형성도 갖추고 있다. 따라서 심판대상조항이 과잉금지원칙에 위반하여 청구인의 직업수행의 자유를 침해한다고 볼 수 없다(헌재 2017.5.25, 2015헌마869).

기출 OX

03 성적목적공공장소침입죄로 형을 선고받아 확정된 자로 하여금 그 형의 집행을 종료한 날부터 10년 동안 의료기관을 제외한 아동·청소년 관련기관 등을 개설하거나 그에 취업할 수 없도록 하는 것은 직업선택의 자유를 침해한다. 17. 국회직 ( )

정답 03 ○

기출 OX

01 샘플 화장품을 판매 금지하고 그 위반자에 대해서 형사처벌을 규정한 것은 직업의 자유에 위반되지 아니한다.
18. 입시 ( )

50 샘플 화장품 판매 금지와 그 위반자에 대한 형사처벌 조항이 직업수행의 자유를 침해하는지 여부: 소극 [합헌]

심판대상조항은 일반적으로 화장품 판매 영업을 제한하는 것이 아니라, 처음부터 판매하지 않을 목적으로 제조 또는 수입된 화장품에 대한 판매만을 금지할 뿐이고, 그 수범자도 '소비자에게 화장품을 판매하는 자'로 한정하고 있다. 심판대상조항과 상관없이 샘플 화장품을 본래 목적인 마케팅 수단으로 무상 제공하는 것은 얼마든지 가능하다. 따라서 심판대상조항은 과잉금지원칙을 위반하여 청구인들의 직업수행의 자유를 침해하거나 책임과 형벌간 비례원칙에 위반되지 아니한다(헌재 2017.5.25, 2016헌바408).

51 현금영수증 미발급에 대한 과태료 부과처분이 직업의 자유를 침해하는지 여부: 소극 [합헌]

심판대상조항들은 투명하고 공정한 거래질서를 확립하고 고소득 전문직 사업자 등 고액 현금거래가 많은 업종의 과세표준을 양성화하는 데 그 입법목적이 있는바, 이러한 공익은 매우 중대하고 긴요하다. 반면, 심판대상조항들로 인하여 청구인이 제한받는 사익은 30만원 이상의 현금거래시 별도의 수수료 부담 없이 현금영수증 발급장치에 상대방의 휴대전화번호 등을 입력하고 현금영수증을 출력·발급하는 등의 의무를 부담하는 데 불과하므로, 심판대상조항들이 추구하는 공익은 현금영수증 의무발행업종 사업자가 입게 되는 불이익보다 훨씬 크다. 따라서 심판대상조항들은 청구인의 직업수행의 자유를 침해하지 아니한다(헌재 2017.5.25, 2017헌바57).

52 문화재수리법 위반으로 집행유예를 선고받은 문화재수리기술자에 대해서 그 자격을 취소하도록 한 것이 직업의 자유를 침해하는지 여부: 소극 [합헌]

집행유예기간이 종료되면 결격사유가 해소되어 문화재수리기술자 자격을 재취득할 수 있으므로, 심판대상조항에 의하여 문화재수리기술자 자격이 영구적으로 박탈되는 것도 아니다. 분리 선고를 한다면 동시적 경합범으로 선고할 때보다 문화재수리법 위반에 대한 선고형이 명확하게 밝혀질 수는 있지만, 청구인들이 제기하는 직업선택의 자유침해문제가 분리 선고를 통하여 해결되지는 않는다.

문화재수리법 위반으로 집행유예를 선고받은 문화재수리기술자에 대해서 그 자격을 임의로 취소하게 되면 문화재수리법의 벌칙조항에 규정된 중대한 위법행위를 한 사람조차 즉시 문화재수리업무에서 배제시킬 수 없고, 부정한 방법으로 문화재수리 업무를 하려는 시도에 대한 사전적 억지력 역시 떨어진다. 심판대상조항은 직업선택의 자유를 비례원칙에 맞게 제한하므로 직업선택의 자유를 침해하지 않는다(헌재 2017.5.25, 2015헌바373·382).

02 운전면허를 받은 사람이 다른 사람의 자동차를 훔친 경우 운전면허를 필요적으로 취소하게 하는 것은, 자동차 운행과정에서 야기될 수 있는 교통상 위험과 장해를 방지함으로써 안전하고 원활한 교통을 확보하기 위한 것으로서, 자동차 절도라는 불법의 정도에 상응하는 제재수단에 해당하여 직업의 자유를 침해하지 않는다. 17. 국가직 ( )

53 '다른 사람의 자동차 등을 훔친 경우'를 필요적 운전면허 취소사유로 규정한 도로교통법 조항이 운전면허 소지자의 직업의 자유 및 일반적 행동의 자유를 침해하는지 여부: 적극 [위헌]

심판대상조항은 다른 사람의 자동차 등을 훔친 범죄행위에 대한 행정적 제재를 강화하여 자동차 등의 운행과정에서 야기될 수 있는 교통상의 위험과 장해를 방지함으로써 안전하고 원활한 교통을 확보하고자 하는 것으로서 입법목적의 정당성 및 수단의 적정성이 인정된다. 그러나 자동차 등의 절도 범죄로 야기되는 교통상의 위험과 장해를 방지하기 위하여 그에 대한 행정적 제재를 강화할 필요가 있다 하더라도, **임의적 운전면허 취소 또는 정지사유로 규정함으로써 불법의 정도에 상응하는 제재수단을 선택할 수 있도록 하여도 충분히 그 목적을 달성하는 것이 가능함에도, 심판대상조항은 이에 그치지 아니하고 필요적으로 운전면허를 취소하도록 하여 구체적 사안의 개별성과 특수성을 고려할 수 있는 여지를 일절 배제하고 있다.**

정답 01 ○ 02 ✕

절도 범행으로 취득한 자동차 등의 운행과정에서 교통의 안전과 원활에 장해를 초래하거나 인적, 물적 피해를 일으키거나 다른 범죄의 도구나 수단으로 이용하여 심각하고 회복이 불가능한 피해를 야기하는 경우와 같이 운전면허를 취소하여야 할 경우도 있지만, 그 밖에도 자동차 등의 절도에 포섭될 수 있는 행위 태양은 다양하므로 심판대상조항의 입법목적을 달성하기 위하여 반드시 규제할 필요가 없는 범죄행위까지 이에 포함될 우려가 있는 것이다. 따라서 심판대상조항은 침해의 최소성원칙에 위배된다. 심판대상조항은 안전하고 원활한 교통을 확보하고자 하는 것으로서 이는 우리 사회의 중요한 공익이지만, **자동차 절취행위에 이르게 된 경위, 행위의 태양, 당해 범죄의 경중이나 그 위법성의 정도, 운전자의 형사처벌 여부 등 제반사정을 고려할 여지를 전혀 두지 아니한 채 자동차 등을 훔치는 범죄행위에 해당하는 모든 경우에 필요적으로 운전면허를 취소하도록 함으로써 그것이 달성하려는 공익의 비중에도 불구하고 운전면허 소지자의 직업의 자유 내지 일반적 행동의 자유를 과도하게 제한하고 있어 법익의 균형성원칙에도 위배된다.** 그러므로 심판대상조항은 **직업의 자유 내지 일반적 행동의 자유를 침해하여 헌법에 위반된다**(헌재 2017.5.25, 2016헌가6).

54 동물검역기관의 장의 승인을 받지 않고 지정검역물의 관리에 필요한 비용을 화주로부터 징수한 경우 보관관리인 지정을 필요적으로 취소하도록 한 가축전염병 예방법 제43조 제3항 제3호 중 '보관관리인'에 관한 부분이 직업선택의 자유를 침해하는지 여부: 소극 [합헌]

이 사건 취소조항은 보관관리인이 독점적 지위를 이용하여 화주로부터 부당하게 비용을 징수할 가능성을 근절함으로써 검역체계의 혼란을 방지하고, 비용징수에 관한 신뢰성과 공공성을 확보하기 위한 것이다. 동물검역기관의 장의 승인 없는 비용 징수를 보관관리인 지정의 임의적 취소사유로 규정하는 것만으로는 보관관리인이 독점적 지위를 이용하여 화주로부터 부당한 비용을 징수할 가능성을 근절하지 못할 위험성이 있고, 공무수탁자인 보관관리인이 동물검역기관의 장의 사전적인 통제를 거치지 않은 채 비용을 징수하는 행위는 그 자체로 검역시행장에서의 비용징수에 관한 신뢰성과 공공성을 훼손하는 행위이므로, 이 사건 취소조항이 동물검역기관의 장의 승인 없는 비용 징수를 보관관리인 지정의 필요적 취소사유로 규정한 것이 침해의 최소성원칙에 반한다고 할 수 없다. 이 사건 취소조항이 달성하고자 하는 공익의 중요성을 고려하면 이 사건 취소조항으로 인하여 침해되는 사익이 더 중대하다고 할 수 없으므로, 이 사건 취소조항은 직업선택의 자유를 침해하지 아니한다(헌재 2017.4.27, 2014헌바405).

55 재가장기요양기관의 장이 보건복지부령으로 정하는 재무·회계기준에 따라 재가장기요양기관을 운영하도록 규정한 제35조의2 제1항 등이 직업수행의 자유를 침해하는지 여부: 소극 [기각]

인건비조항은 장기요양보험 도입 당시 장기요양기관에 대한 규제 완화로 장기요양기관이 급증하고, 장기요양기관간 경쟁으로 장기요양요원의 근로조건이 악화되어 장기요양요원에 대한 근로조건의 개선을 통하여 장기요양급여의 질을 담보하는 것이 불가피하다. 그간 근로기준법상 기준만으로는 이러한 상황을 막기 어려웠으므로, 인건비조항을 두게 된 것은 부득이한 것이다. 인건비조항은 재가장기요양기관이 지급받은 장기요양급여비용의 사용 용도를 전부 제한하는 것이 아니다. 장기요양기관 재정의 투명성과 효율성을 확보하여 장기요양보험의 재정건전화를 꾀하고, 장기요양요원의 근로조건을 보호함으로써 궁극적으로 장기요양급여의 질을 제고하여 노인장기요양보험법의 목적을 실현하고자 하는 공익은 심판대상조항으로 인하여 직업수행의 자유를 제약받는 불이익보다 결코 작다고 하기 어려우므로, 법익의 균형성도 인정된다.

따라서 심판대상조항은 모두 과잉금지원칙을 위반하여 청구인들의 직업수행의 자유를 침해하지 아니한다(헌재 2017.6.29, 2016헌마719).

기출 OX

01 허위로 진료비를 청구해서 환자나 진료비 지급기관 등을 속여 사기죄로 금고 이상 형을 선고받고 그 형의 집행이 종료되지 아니하였거나 집행을 받지 않기로 확정되지 않은 의료인에 대하여 필요적으로 면허를 취소하도록 하는 것은, 의료인이 의료관련범죄로 인하여 형사처벌을 받는 경우 당해 의료인에 대한 국민의 신뢰가 손상될 수 있는 것을 방지하기 위한 것이지만, 의료인의 불법의 정도에 상응하는 제재수단을 선택할 수 있도록 임의적 면허취소 내지 면허정지를 규정해도 충분히 목적달성이 가능하므로, 과도하게 의료인의 직업의 자유를 침해하는 것이다. 17. 국가직 ( )

56 허위로 진료비를 청구하여 환자나 진료비 지급 기관 등을 속임으로써 사기죄로 금고 이상의 형을 선고받고 그 형의 집행이 종료되지 아니하였거나 집행을 받지 아니하기로 확정되지 아니한 의료인에 대하여 필요적으로 면허를 취소하도록 정하고 있는 의료법 제65조 제1항 단서 제1호 등이 직업의 자유를 침해하는지 여부: **소극** [합헌]

헌법재판소는 의료인이 의료관련범죄행위로 인하여 형사처벌을 받는 경우에는 당해 의료인에 대한 국민의 신뢰가 손상되어 이는 곧바로 의료인 전체에 대한 신뢰를 실추시켜 공공의 이익을 해하는 결과를 초래하므로, 일정 의료관련범죄로 인하여 형사처벌을 받은 의료인에게 그에 상응하게 면허취소라는 불이익을 과하는 것은 국민 전체의 이익을 위하여 적절한 수단이 될 수 있고, 면허취소제도는 법원의 재판작용을 거치면서 구체적인 타당성도 확보할 수 있게 되며, 면허취소로 인하여 당해 의료인이 직업선택의 자유를 제한받는다고 하더라도 그로 인한 불이익이 의료인에 대한 공공의 신뢰확보라는 공공의 이익과 비교하여 더 크다고 할 수 없으므로, 이 사건 법률조항이 과잉금지의 원칙에 위배하여 청구인의 직업선택의 자유를 침해하는 것이 아니라고 판시한 바 있다(헌재 2005.12.22, 2005헌바50; 헌재 2013.6.27, 2012헌바102). 위 선례와 달리 판단할 사정의 변경이나 필요성이 있다고 인정되지 아니하므로, 이 사건 면허취소조항은 과잉금지원칙에 반한다고 볼 수 없다(헌재 2017.6.29, 2016헌바394).

57 임원이 금고 이상의 형을 선고받은 경우 법인의 건설업 등록을 필요적으로 말소하도록 규정한 구 건설산업기본법 관련 규정이 청구인의 직업수행의 자유를 침해하는지 여부: **적극** [위헌]

심판대상조항이 건설업과 관련 없는 죄로 임원이 형을 선고받은 경우까지도 법인이 건설업을 영위할 수 없도록 하는 것은 입법목적달성을 위한 적합한 수단에 해당하지 아니하고, 이러한 경우까지도 가장 강력한 수단인 필요적 등록말소라는 제재를 가하는 것은 최소침해성원칙에도 위배된다. 심판대상조항으로 인하여 건설업자인 법인은 등록이 말소되는 중대한 피해를 입게 되는 반면, 심판대상조항이 공익 달성에 기여하는 바는 크지 않아 심판대상조항은 법익균형성원칙에도 위배된다. 따라서 심판대상조항은 과잉금지원칙에 위배되어 청구인의 직업수행의 자유를 침해한다(헌재 2014.4.24, 2013헌바25).

58 공공기관에 의한 입찰참가자격 제한제도가 직업의 자유를 침해하는지 여부: **소극** [합헌]

공기업·준정부기관이 발주하는 입찰에 참가하는 자격을 일정기간 동안만 제한할 뿐 그 자격을 완전히 박탈하는 것은 아니며, 입찰참가자격제한이 공기업·준정부기관의 재량에 맡겨져 있으므로, 침해의 최소성에 반하지 않는다.

나아가 공개입찰에의 참가가 제한됨으로써 부정당업자가 입는 피해가 계약의 공정성과 적정한 이행을 담보하고 이를 통해 공기업·준정부기관이 수행하고 있는 공적 목적을 달성하고자 하는 공익보다 훨씬 더 중요한 것이라고는 볼 수 없어 법익의 균형성도 갖추고 있다. 따라서 이 사건 제한조항이 과잉금지원칙에 위배하여 청구인의 직업의 자유를 침해한다고 볼 수 없다(헌재 2017.8.31, 2015헌바388).

정답 **01** X

59 여객자동차운송사업의 운전자격을 취득한 자가 도주차량죄를 범한 경우 그 운전자격을 필요적으로 취소하도록 한 것이 직업의 자유를 침해하는지 여부: 소극 [합헌]

도주차량죄의 내용 등을 고려하여 운수종사자의 준법의식 구비 여부를 일일이 가리는 방법은 현실적으로 어렵고, 도주차량죄가 운전업무상 과실 및 도로교통법 위반을 구성요건으로 하고 있는 점과 금고 이상의 형의 집행유예를 선고받은 사람에 대한 사회적 비난가능성을 고려하면, 임의적 운전자격 취소제도만으로는 위에서 살펴본 입법목적을 달성하는 데 충분하다고 보기 어려우므로, 침해의 최소성도 인정된다. 심판대상조항에 의하여 운전자격이 취소되더라도 집행유예기간이 경과하면 다시 운전자격을 취득할 수 있으므로 운수종사자가 받는 불이익은 제한적인 반면, 국민의 생명·신체·재산을 보호하고 시민들의 여객운송서비스 이용에 대한 불안감을 해소하며, 도로교통에 관한 공공의 안전을 확보하는 공익은 매우 중요하므로 법익의 균형성요건도 충족한다. 따라서 심판대상조항은 청구인의 직업선택의 자유를 침해하지 않는다(헌재 2017.9.28, 2016헌바339).

60 문화재수리업자가 문화재수리를 직접 수행하지 않고 다른 업체에 하도급하는 것을 금지하고 이를 위반하는 경우 형벌을 부과하도록 한 '문화재수리 등에 관한 법률' 제25조 제1항 등이 직업수행의 자유를 침해하는지 여부: 소극 [합헌]

심판대상조항은 전문문화재수리업자가 신의와 성실로써 직접 책임하에 그 수리를 시공하도록 하여 문화재수리의 품질향상과 문화재수리업의 건전한 발전을 도모함으로써 문화재의 원형보존을 통한 전통문화의 계승을 실현하고자 하는 것으로서 입법목적이 정당하다.

심판대상조항은 전문문화재수리업자의 경우 하도급을 금지하고 이를 위반하는 경우 형벌을 부과하도록 규정하고 있는바, 이는 위와 같은 입법목적을 달성하기 위하여 효과적이고 적절한 수단이다. 무분별한 하도급으로 인한 부실시공을 방지하여 문화재수리의 품질향상과 문화재수리업의 건전한 발전을 도모하고자 하는 공익은 전문문화재수리업자가 문화재수리를 직접 수행하지 않고 다른 문화재수리업자에게 하도급함에 따른 직무수행상의 편의나 이윤을 취득하지 못하는 불이익에 비해 결코 작다고 볼 수 없으므로 법익의 균형성원칙도 충족한다. 심판대상조항은 과잉금지원칙에 위반되지 아니하므로 청구인들의 직업수행의 자유를 침해한다고 할 수 없다(헌재 2017.11.30, 2015헌바377).

61 제조업의 직접생산공정업무를 근로자파견의 대상 업무에서 제외하는 '파견근로자보호 등에 관한 법률' 제5조 제1항, 제조업의 직접생산공정업무에 관하여 근로자파견의 역무를 제공받는 것을 금지하고, 위반시 처벌하는 '파견근로자보호 등에 관한 법률' 제5조 제5항 등이 직업수행의 자유를 침해하는지 여부: 소극 [합헌] 18. 국가직

심판대상조항은 제조업의 핵심 업무인 직접생산공정업무의 적정한 운영을 기하고 근로자에 대한 직접고용 증진 및 적정임금 지급을 보장하기 위한 것으로 입법목적의 정당성 및 수단의 적합성이 인정된다. 심판대상조항은 제조업의 직접생산공정업무에 관한 근로자파견 자체를 금지하고 위반시 처벌하고 있으나, 현재로서는 근로자파견의 확대로 인한 사회·경제적 부작용을 충분히 방지할 수 있다고 보기 어렵고, 제조업의 특성상 숙련되지 못한 근로자의 파견 또는 근로자의 잦은 변동을 방지할 필요성이 크며, 제조업의 직접생산공정업무의 경우에도 일정한 경우에는 예외적으로 근로자파견이 허용되고, 행정상의 제재수단만으로 입법목적을 실효적으로 달성할 수 있다고 보기 어려운 점 등에 비추어 보면, 침해의 최소성을 위반하였다고 보기 어렵다. 또한, 제조업의 직접생산공정업무의 적정한 운영, 근로자의 직접고용 증진 및 적정임금 보장이라는 공익이 사용사업주가 제조업의 직접생산공정업무에

기출 OX

02 제조업의 직접생산공정업무를 근로자파견의 대상 업무에서 제외하는 법률조항은 근로자파견을 허용하되 파견기간을 제한하는 방법도 고려해 볼 수 있으므로 제조업의 직접생산공정업무에 관하여 근로자파견의 역무를 제공받고자 하는 사업주의 직업수행의 자유를 침해한다. 13. 국가직

( )

정답 02 ×

관하여 근로자파견의 역무를 제공받지 못하는 직업수행의 자유제한에 비하여 작다고 볼 수 없으므로, 법익의 균형성도 충족된다. 따라서 심판대상조항이 제조업의 직접생산공정업무에 관하여 근로자파견의 역무를 제공받고자 하는 사업주의 직업수행의 자유를 침해한다고 볼 수 없다(헌재 2017.12.28, 2016헌바346).

62 의료인이나 의료기관이 본인부담금 할인방식의 환자유인행위를 하는 경우 이를 형사처벌하는 의료법 제27조 제3항 본문 중 '본인부담금을 할인하여 유인하는 행위'에 관한 부분 및 구 의료법 제88조 가운데 제27조 제3항 중 '본인부담금을 할인하여 유인하는 행위'에 관한 부분(이하 위 두 조항을 합하여 '심판대상조항'이라 한다)이 직업수행의 자유를 침해하는지 여부: 소극 [합헌]

의료인이나 의료기관의 본인부담금 할인방식의 환자유인행위를 금함으로써 국민건강보험과 의료급여에 관한 보험재정 등을 건전화하고, 국민건강보험법과 의료급여법의 목적을 실현하고자 하는 공익은, 심판대상조항으로 인하여 의료인이나 의료기관에게 가하여지는 직업수행의 자유에 대한 제약보다 작다고 하기 어려우므로, 심판대상조항은 법익의 균형성원칙에도 반하지 않는다. 따라서, 심판대상조항은 과잉금지원칙에 위배되지 않는다(헌재 2017.12.28, 2016헌바311).

63 사람을 사상한 후 필요한 조치 및 신고를 하지 아니하여 벌금 이상의 형을 선고받고 운전면허가 취소된 사람은 운전면허가 취소된 날부터 4년간 운전면허를 받을 수 없도록 하는 도로교통법 제82조 제2항 제4호(이하 '심판대상조항'이라 한다)가 직업의 자유 및 일반적 행동의 자유를 침해하는지 여부: 소극 [합헌]

심판대상조항은 교통사고로 타인의 생명 또는 신체를 침해하고도 이에 따른 피해자의 구호조치와 신고의무를 위반한 사람이 계속하여 교통에 관여하는 것을 금지함으로써, 국민의 생명·신체를 보호하고 도로교통에 관련된 공공의 안전을 확보함과 동시에 4년의 운전면허 결격기간이라는 엄격한 제재를 통하여 교통사고 발생시 구호조치의무 및 신고의무를 이행하도록 하는 예방적 효과를 달성하고자 하는 데 그 입법목적을 가지고 있다. 이러한 입법목적은 정당하고, 그 수단의 적합성 또한 인정된다. 운전자의 기본적인 의무를 위반하여 국민의 생명·신체를 침해하고 교통상의 위해를 초래한 사람이 교통에 계속 관여하는 것을 금지하여 공공의 안전을 확보하는 한편 그와 같은 행위를 억제하는 예방적 효과를 달성하고자 하는 공익은 매우 중대하고, 심판대상조항이 위와 같은 공익의 달성에 기여하는 개연성 역시 인정할 수 있다. 따라서 심판대상조항은 직업의 자유 및 일반적 행동의 자유를 침해하지 않는다(헌재 2017.12.28, 2016헌바254).

64 어린이집이 시·도지사가 정한 수납한도액의 범위를 넘어 필요경비를 수납한 경우 시정 또는 변경을 명할 수 있도록 한 영유아보육법 제44조 제5호 중 '제38조에 따른 그 밖의 필요경비'에 관한 부분(이하 '심판대상조항'이라 한다)이 직업의 자유와 재산권을 침해하는지 여부: 소극 [합헌]

상당수의 국민이 어린이집을 통하여 자녀를 보육하고 있는 실정, 어린이집 이용비용이 주는 경제적 부담이 적지 않은 점, 필요경비가 어린이집 이용비용 중 상당 부분을 차지한다는 점을 고려하면, 필요경비 액수에 대하여 규제할 필요성이 있다. 필요경비 액수를 적정한 수준으로 유지하는 것이 담보되지 않을 경우, 어린이집 이용에 대한 보호자의 부담은 늘어날 수 있고, 저소득계층의 영유아는 보육서비스에 접근할 기회를 봉쇄당해 보호자의 경제적 능력에 따라 영유아 사이의 보육의 질에 차이가 발생할 수 있다. 또한 초과 수납한 금전을 영유아의 보호자에게 반환하도록 하지 않으면 영유아의 보호자가 과다 지출한 부분을 회복할 방법이 없고, 심판대상

기출 OX

01 사람을 사상한 후 필요한 조치 및 신고를 하지 아니하여 벌금 이상의 형을 선고받고 운전면허가 취소된 사람은 운전면허가 취소된 날부터 4년간 운전면허를 받을 수 없도록 하는 도로교통법 관련 조항은 운전자의 직업의 자유 및 일반적 행동의 자유를 침해하는 것이다. 18. 국회직 9급 ( )

정답 01 ×

조항에 따른 시정 또는 변경명령은 필요적이 아닌 임의적 행정제재를 예정하고 있을 뿐이다. 이러한 점을 종합하면 심판대상조항이 과잉금지원칙에 위배된다고 볼 수 없다(헌재 2017.12.28, 2016헌바249).

65 청원경찰이 금고 이상의 형의 선고유예를 받은 경우 당연퇴직되도록 규정한 청원경찰법 규정이 직업의 자유를 침해하는지 여부: 적극 [위헌] 18. 국가직

심판대상조항은 청원경찰이 저지른 범죄의 종류나 내용을 불문하고 금고 이상의 형의 선고유예를 받게 되면 당연히 퇴직되도록 규정함으로써 청원경찰에게 공무원보다 더 가혹한 제재를 가하고 있으므로, 침해의 최소성원칙에 위배된다. 심판대상조항을 통하여 청원경찰의 사회적 책임 및 청원경찰직에 대한 국민의 신뢰를 제고하고, 청원경찰로서의 성실하고 공정한 직무수행을 담보할 수 있을 것이나, 심판대상조항은 청원경찰이 저지른 범죄의 종류나 내용을 불문하고 범죄행위로 금고 이상의 형의 선고유예를 받게 되면 당연히 퇴직되도록 규정함으로써 그것이 달성하려는 공익의 비중에도 불구하고 청원경찰의 직업의 자유를 과도하게 제한하고 있다. 따라서 심판대상조항은 법익의 균형성원칙에도 위배된다. 심판대상조항은 과잉금지원칙에 반하여 직업의 자유를 침해하므로 헌법에 위반된다(헌재 2018.1.25, 2017헌가26).

비교판례

헌법재판소는 **지방공무원**(2001헌마788 등), **군무원**(2003헌마293 등), **국가공무원**(2002헌마684 등), **경찰공무원**(2004헌가12), **향토예비군 지휘관**(2004헌마947), **군무원**(2007헌가3)이 선고유예를 받은 경우 당연히 그 직을 상실하도록 규정한 조항들에 대하여 과잉금지원칙에 반하여 **공무담임권을 침해**한다는 이유로 위헌으로 결정하였다.

66 의료기기 거래와 관련하여 리베이트를 주고받은 의료기기업자와 의료인을 처벌하는 구 의료기기법 및 구 의료법 관련 규정이 직업의 자유를 침해하는지 여부: 소극 [합헌]

의료기기 거래에서 리베이트는 의료기기가격과 요양급여금액의 상승으로 이어져 국민건강보험 재정건전성을 악화시키고, 치료적합성이 떨어지는 의료기기가 채택되도록 하여 국민건강을 저해할 수도 있다. 국민건강 보호와 국민건강보험 재정건전화라는 입법목적을 달성하기 위해 리베이트에 대한 처벌은 필요하고 적절한 수단이다. … 의료기기업자나 의료인이 받는 영업활동제약 등 불이익에 비해서 국민건강 보호 등 공익의 가치가 크다고 인정되므로 과잉금지원칙을 위반하였다고 할 수 없다(헌재 2018.1.25, 2016헌바201·2017헌바205).

67 허가받은 지역 밖에서 응급환자이송업의 영업을 하면 처벌하는 '응급의료에 관한 법률' 제51조 제1항 후문 등이 직업수행의 자유를 침해하는지 여부: 소극 [합헌] 18. 국가직

지역사정에 밝은 이송업자가 해당 지역에서의 이송을 담당하도록 함으로써, 응급의료의 질을 높임과 동시에 응급이송자원이 지역간에 적절하게 분배·관리될 수 있도록 하여 국민건강을 증진하고 지역 주민의 편의를 도모하기 위한 것이다. 심판대상조항의 입법목적은 정당하고, 수단의 적합성이 인정된다. 원칙적으로 이송업 허가는 광역자치단체 단위로 이루어지는데 광역자치단체의 인구와 면적을 감안할 때, 그리고 여러 지역의 허가를 받아 영업을 하는 것도 가능하다는 점을 고려한다면 심판대상조항은 침해의 최소성을 충족한다. 국민의 생명과 건강에 직결되는 응급이송체계를 적정하게 확립한다는 공익의 중요성에 비추어 볼 때 영업 지역 제한에 따라 침해되는 이송업자의 사익이 심판대상조항이 추구하는 공익보다 크다고 볼 수 없으므로 법익의 균형성도 인정된다. 심판대상조항은 과잉금지원칙을 위반하여 직업수행의 자유를 침해한다고 볼 수 없다(헌재 2018.2.22, 2016헌바100).

기출 OX

02 청원경찰이 법원에서 금고 이상의 형의 선고유예를 받은 경우 당연퇴직하도록 규정한 조항은 청원경찰의 직업의 자유를 침해한다. 20. 경찰승진
( )

✎ 청원경찰의 경우에는 위 공무원에 대한 선례들과 동일한 이유에서 위헌결정을 하였지만, 공무담임권이 아닌 '직업의 자유'를 침해하여 헌법에 위반된다고 판단하였다.

03 국민의 생명과 건강에 직결됨에도 불구하고, 허가받은 지역 밖에서의 이송업의 영업을 금지하고 처벌하는 '응급의료에 관한 법률' 조항은 직업수행의 자유를 침해한다. 19. 경찰경채
( )

정답 02 ○ 03 ×

기출 OX

01 세무사 자격 보유 변호사가 세무사로서 세무조정업무를 일체 수행할 수 없도록 한 규정은 이들에게 세무사 자격을 부여한 의미를 상실시키는 것일 뿐만 아니라 세무사 자격에 기한 직업선택의 자유를 지나치게 제한하는 것으로 헌법에 위반된다. 18. 국가직 ( )

02 아동학대관련범죄전력자가 아동관련기관인 체육시설 등을 운영하거나 학교에 취업하는 것을 형이 확정된 때부터 형의 집행이 종료되거나 집행을 받지 아니하기로 확정된 후 10년까지의 기간 동안 제한하는 것은 직업의 자유를 침해한다. 18. 국가직 ( )

정답 **01** ○ **02** ○

---

68 변호사시험 응시자격으로서 법학전문대학원 석사학위를 취득하도록 한 변호사시험법 제5조 제1항이 청구인들의 직업선택의 자유 및 평등권을 침해하는지 여부: 소극 [기각]

이 사건 법률조항은, 양질의 법률서비스를 제공하기 위하여 다양한 학문적 배경을 가진 전문법조인을 법률이론과 실무교육을 통해 양성하고, 법학교육을 정상화하며, 새로 도입된 법학전문대학원 제도의 목적을 변호사시험 제도와의 연계를 통하여 효과적으로 달성하기 위한 것이므로, 그 목적의 정당성과 수단의 적합성이 인정된다. … 이에 반해 '법학전문대학원 설치·운영에 관한 법률'은 특별전형제도, 장학금제도 등을 통해 경제적 자력이 없는 사람들에게도 법학전문대학원 과정을 이수할 기회를 부여하고 있는바, 결국 이 사건 법률조항은 침해의 최소성원칙에 위배되지 않는다. 결국 이 사건 법률조항은 청구인의 직업선택의 자유 및 평등권을 침해하지 아니한다(헌재 2018.2.22, 2016헌마713).

69 세무사 자격 보유 변호사로 하여금 세무사로서 세무사의 업무를 할 수 없도록 규정한 세무사법 제6조 제1항 등이 직업선택의 자유를 침해하여 위헌인지 여부: 적극 [헌법불합치] 18. 국회직 9급·국가직

세무대리의 전문성을 확보하고 부실 세무대리를 방지함으로써 납세자의 권익을 보호하고 세무행정의 원활한 수행 및 납세의무의 적정한 이행을 도모하려는 심판대상조항의 입법목적은 일응 수긍할 수 있다. 세법 및 관련 법령에 대한 해석·적용에 있어서는 일반 세무사나 공인회계사보다 법률사무 전반을 취급·처리하는 법률 전문직인 변호사에게 오히려 그 전문성과 능력이 인정된다. 그럼에도 불구하고 심판대상조항은 세무사 자격 보유 변호사로 하여금 세무대리를 일체 할 수 없도록 전면적으로 금지하고 있으므로, 수단의 적합성을 인정할 수 없다.

세무사 자격 보유 변호사는 법률에 의해 세무사의 자격을 부여받았으므로 그 자격에 따른 업무를 수행할 자유를 회복한 것이고, 세무조정업무 등 세법 및 관련 법령에 대한 해석·적용이 필요한 세무사의 업무에 대한 전문성과 능력이 인정됨에도 불구하고, 심판대상조항은 세무사 자격 보유 변호사에 대하여 세무사로서의 세무대리를 일체 할 수 없도록 전면 금지하고 있다. 따라서 심판대상조항은 침해의 최소성에도 반한다.

세무사로서 세무대리를 일체 할 수 없게 됨으로써 세무사 자격 보유 변호사가 받게 되는 불이익이 심판대상조항으로 달성하려는 공익보다 경미하다고 보기 어려우므로, 심판대상조항은 법익의 균형성도 갖추지 못하였다. 그렇다면, 심판대상조항은 과잉금지원칙을 위반하여 세무사 자격 보유 변호사의 직업선택의 자유를 침해하므로 헌법에 위반된다(헌재 2018.4.26, 2015헌가19).

70 아동학대관련범죄로 형을 선고받아 확정된 자로 하여금 그 형이 확정된 때부터 형의 집행이 종료되거나 집행을 받지 아니하기로 확정된 후 10년 동안 체육시설, '초·중등교육법' 제2조 각 호의 학교를 운영하거나 이에 취업 또는 사실상 노무를 제공할 수 없도록 한 아동복지법 제29조의3 제1항 제17호 등이 직업선택의 자유를 침해하는지 여부: 적극 [위헌] 18. 국가직

이 사건 법률조항은 아동학대관련범죄전력만으로 그가 장래에 동일한 유형의 범죄를 다시 저지를 것을 당연시하는바, 이는 아동학대관련범죄전력자 중 재범 위험성이 없는 자의 기본권에 과도한 제한을 초래한다. 이 사건 법률조항은 형의 집행이 종료된 때부터 10년이 경과하기 전에는 결코 재범의 위험성이 소멸하지 않는다는 입장에 서 있는데, 이는 아동학대범죄전력이 있지만 10년의 기간 안에 재범의 위험성이 해소될 수 있는 자들에게 과도한 제한이다.

아동학대관련범죄를 저지른 자들이라 하더라도 개별 범죄의 경중에는 차이가 있고, 이는 재범의 위험성도 마찬가지인바, 이 사건 법률조항은 각 행위의 죄질에 따른 상이한 제재의 필요성을 간과함으로써 범행의 정도가 가볍고 재범의 위험성이 상대적으로 크지 않은 자에게까지 10년 동안 일률적인 취업제한을 부과하고 있으므로 제한의 정도가 지나치다. 아동을 잠재적 아동학대관련범죄로부터 보호하고 아동관련기관인 체육시설 및 학교에 대한 윤리성과 신뢰성을 높이는 것이 중요한 공익인 것은 맞지만, 이 사건 법률조항은 위에서 지적한 바와 같이 직업선택의 자유를 과도하게 제한하는바, 이러한 제한은 이 사건 법률조항으로 달성하려는 공익의 무게에도 불구하고 우리 사회가 청구인들에게 감내하도록 요구할 수 있는 수준을 넘어서므로 법익의 균형성원칙에도 위반된다. 따라서 이 사건 법률조항은 청구인들의 직업선택의 자유를 침해한다(헌재 2018.6.28, 2017헌마130).

71 대형마트 등에 대하여 영업시간 제한 및 의무휴업일 지정을 할 수 있도록 한 유통산업발전법 제12조의2 제1항 등이 직업수행의 자유를 침해하는지 여부: 소극 [합헌]
18. 국회직 9급

심판대상조항에 따른 영업제한 조치로 인하여 소비자들이 불편을 겪게 되고, 대형마트 등에 납품하는 중소유통업자와 농어민들, 대형마트 내의 입점상인들도 매출감소로 인한 손실을 볼 수 있으나, 이는 대형마트 등에 대한 영업제한에 따라 부득이하게 발생하는 부수적 결과이다.

이러한 사정을 종합하면, 심판대상조항은 입법목적을 달성하기 위하여 필요한 범위를 벗어나지 않았으므로, 침해의 최소성원칙을 충족한다.

심판대상조항의 입법목적인 건전한 유통질서를 확립하고, 대형마트 등과 중소유통업자간의 상생발전을 도모하는 것은 우리 헌법 제119조 제2항에서 명시하고 있는 경제영역에서의 국가목표를 구체화한 공익이다. 또한 건강권은 인간의 존엄과 가치의 기초가 되는 기본권으로서, 대형유통업체에 종사하는 근로자의 건강권 확보 또한 국가의 보호의무가 인정되는 공익이다. 심판대상조항에 따라 대형마트 등이 경제적 손실을 입게 되고, 소비자의 불편이나 대형마트 납품업체 및 입점상인들의 매출감소도 발생할 수 있으나, 이는 입법목적을 달성하기 위하여 필요한 최소한의 범위 내에 그치고 있으므로, 심판대상조항은 법익의 균형성도 충족한다(헌재 2018.6.28,).

72 택시운송비용 전가를 금지하는 택시운송사업의 발전에 관한 법률 제12조 제1항이 직업의 자유를 침해하는지 여부: 소극 [기각] 19. 지방직

이 사건 금지조항은, 택시운수종사자의 생활안정을 통하여 과속운행, 난폭운전 등을 방지하고 승객들의 안전을 제고하기 위한 것으로 입법목적의 정당성이 인정되고, 운송비용 전가를 금지하여 택시운수종사자들의 경제적 부담을 완화하는 것은 입법목적을 달성하기 위한 적합한 수단에 해당한다. 또한, 일정한 금액이나 비율로 운송비용 전가를 허용하는 등 덜 침해적인 방법으로 입법목적을 동일하게 달성할 수 없으므로 침해의 최소성이 인정되고, 택시운송사업자의 운송비용 부담으로 인한 사익 침해보다 택시운수종사자의 근로조건 개선 및 승객의 안전과 편의 증대라는 공익이 중대하므로 법익의 균형성도 충족한다. 따라서, 이 사건 금지조항은 청구인의 직업의 자유를 침해한다고 할 수 없다(헌재 2018.6.28, 2016헌마1153).

기출 OX

03 전통시장 등의 보호라는 명문으로 대형마트 등 영업 자체를 규제하는 유통산업발전법 규정은, 시대의 흐름과 소매시장구조의 재편에 역행할 뿐만 아니라 소비자의 자기결정권을 과도하게 침해하고 직업의 자유를 침해한다.
18. 국회직 9급 변형 ( )

04 버스운송사업에 있어서는 운송비용 전가 문제를 규제할 필요성이 없으므로 택시운송사업에 한하여 택시운송사업의 발전에 관한 법률에 운송비용 전가의 금지조항을 둔 것은 직업의 자유를 침해하지 아니한다.
19. 지방직 유사 ( )

정답 03 × 04 ○

73 변호사의 자격을 가진 자로서 변리사등록을 한 자에게 변리사 자격을 주는 변리사법 제3조 제1항 제2호와 특허청 경력공무원에게 변리사시험의 일부를 면제해 주는 것이 변리사시험을 통하여 변리사가 되고자 하는 일반인들의 평등권 및 직업선택의 자유를 침해하는지 여부: **소극**

> 변호사에게 변리사 자격을 부여하는 것 및 특허청 경력공무원에게 변리사시험의 일부를 면제해주는 데에는 합리적인 이유가 있고, 일반 응시자도 변리사시험에 합격하여 변리사가 될 수 있는 길이 열려 있으며 달리 변리사시험제도를 유명무실하게 하는 요소를 찾아 볼 수 없으므로 심판대상조항은 청구인들이 변리사라는 직업을 선택하는 자유를 침해하지 아니한다(헌재 2010.2.25, 2007헌마956).

74 찜질방출입을 22:00 이후부터 05:00까지 보호자가 동행하지 않는 청소년에 대해서 제한한 것이 찜질방 영업자의 직업의 자유를 침해하는지 여부: **소극**

> 심야시간에 보호자와 동행하지 않는 청소년이 찜질방에 출입하는 일은 그리 많지 않으므로, 이 사건 규정으로 인하여 찜질방 영업이 현실적으로 제한되는 정도는 별로 크지 않다고 할 수 있다. 그런데 심야시간의 찜질방에 조성되는 청소년 유해환경의 내용과 정도에 비추어 보면 그러한 유해환경으로부터 청소년을 보호할 공익적 필요성은 상당히 크다고 할 것이다. 이 사건 규정에 의하여 달성되는 공익은 그로 말미암아 초래되는 찜질방 영업자의 자유제한이나 불이익보다 더 크다고 할 것이다. 결론적으로 이 사건 규정은 찜질방 영업자인 청구인들의 직업수행의 자유를 헌법 제37조 제2항의 한도를 넘어서 제한한다고 보기 어렵다(헌재 2008.1.17, 2005헌마1215).

75 제2차 사법시험에서 해당 문제번호의 답안지에 답안을 작성하지 아니한 자에 대하여 그 과목을 0점처리하도록 규정하고 있는 사법시험법 시행규칙 제7조 제3항 제7호가 헌법에 위반되는지 여부: **소극** 12. 사시

> 응시자들에게 이 사건 규칙의 내용이 사전에 충분히 고지되어 있는 점 및 설사 시험위원이 다른 문제번호의 답안이라고 생각하더라도 다른 시험위원이 배부받아 채점 중인 다른 문제번호의 답안지 중 이에 상응하는 것이 있는지를 찾아서 자신의 답안지와 교환한 후 이를 채점하여야 하는바 이를 기대하기가 쉽지 않을 뿐 아니라, 이 과정에서 응시자의 인적사항이 노출되어 부정행위가 개입되거나 채점의 공정성 문제가 발생할 우려가 있는 점 등을 고려할 때 침해의 최소성원칙에 반한다 할 수 없고, 법익의 균형성원칙에도 위배되지 않는다. 나아가 이 사건 규칙이 답안지 제출 전에 시험관리관으로부터 답안지 문제번호를 정정받은 응시자와 이를 인식하지 못한 채 그대로 제출한 응시자를 차별하는 것에는 합리적 이유가 있다고 할 것이므로 청구인의 평등권을 침해한다고 할 수 없다(헌재 2008.10.30, 2007헌마1281).

76 주취 중 운전금지규정을 3회 위반한 자에 대하여 필요적으로 운전면허를 취소하는 것이 위헌인지 여부: **소극**

> 음주운전으로 인하여 개인과 사회 그리고 국가가 입는 엄청난 피해를 방지하여야 할 공익적 중대성은 아무리 강조하여도 결코 지나치다고 할 수 없고 이 사건 법률조항에 해당하여 운전면허를 필요적으로 취소당함으로써 입는 개인적인 불이익 내지 그로부터 파생되는 여타의 간접적 피해의 정도는 이러한 공익의 중대함에 결코 미치지 못하므로 이 사건 법률조항은 법익균형성의 원칙에도 반하지 아니한다. 따라서 이 사건 법률조항은 과잉금지의 원칙에 반하여 직업의 자유 내지 일반적 행동의 자유를 침해하지 아니한다(헌재 2006.5.25, 2005헌바91).

기출 OX

01 도로교통법상 주취 중 운전금지규정을 3회 위반한 경우 운전면허를 필요적으로 취소하도록 규정한 것은 과잉금지원칙에 반하여 직업의 자유 및 일반적 행동자유권을 침해하는 것이다. 11. 국가직 변형 ( )

정답 **01** ×

77 부동산중개 법정수수료제도가 부동산중개업자의 직업의 자유를 침해하는지 여부: **소극**
   법정수수료제도가 추구하는 경제적 공익은 결국 국민 전체의 경제생활의 안정이라 할 것이어서 대단히 중요하고, 이는 부동산중개업자의 사익에 비하여 보다 우월하다. 따라서 법정수수료제도는 부동산중개업자의 직업수행의 자유나 신체의 자유를 합리적 근거 없이 필요 이상으로 지나치게 제한하는 것이라 할 수 없다(헌재 2002.6.27, 2000헌마642·2001헌바2).

78 사법시험에서의 영어시험대체제도 및 법학 35학점 이수제도가 위헌인지 여부: **소극**
   법학과목이수제도는 법학교육과 연계시켜 전문지식과 법적 소양을 종합적으로 검증하고 이를 통하여 대학교육의 정상화 및 국가인력자원의 효율적 배분을 기하고자 하는 취지에서 도입된 것으로, 그 입법목적이 정당하고 통상 학위취득을 위하여 이수하여야 할 최소학점인 35학점을 이수하도록 하는 수단은 적절하다. 또 독학사시험 등 응시자격요건 구비를 위한 다양한 대체수단을 마련하고 있으며, 나아가 이 제도가 달성하고자 하는 공공의 이익이 일부 사법시험응시자에게 추가적으로 요구되는 노력에 비해 매우 큰 것이므로 법익균형성도 갖추었다. 그러므로 청구인들의 직업선택의 자유가 침해되었다고 할 수 없다(헌재 2007.4.26, 2003헌마947 등).

79 금고 이상의 실형을 선고받고 그 집행이 종료된 날부터 3년이 경과되지 아니한 자는 중개사무소 개설등록을 할 수 없고, 소속공인중개사 또는 중개보조원도 될 수 없도록 하는 것이 직업선택의 자유를 침해하는지 여부: **소극**
   중개업자 등이 부동산 거래시장에서 수행하는 업무의 공정성 및 이에 대한 국민적 신뢰를 확보하고, 부수적으로 중개업에 종사하는 자들의 준법의식을 고취시키기 위한 것으로서 … 과잉금지원칙에 위반하여 청구인의 직업의 자유를 침해한다 할 수 없다(헌재 2008.9.25, 2007헌마419).

80 로스쿨에 입학하는 자들에 대하여 학사 전공별, 출신 대학별로 로스쿨 입학정원의 비율을 각각 규정한 법학전문대학원 설치·운영에 관한 법률 조항이 직업선택의 자유를 침해하는지 여부: **소극**
   다양한 전공자를 대상으로 전문적인 법학교육을 실시하고 다양한 학문풍토를 조성하고자 하는 이 사건 법률 제26조 제2항 및 제3항이 추구하는 입법목적의 정당성이 인정되고, 전공과 출신대학에 따라 로스쿨 입학정원 비율을 제한하는 것은 이 사건 법률 제26조 제2항 및 제3항이 추구하는 입법목적을 달성하기 위한 적절한 방법이 될 수 있고, 입법목적을 달성하는 수단을 선택함에 있어서 입법자의 선택재량의 범위를 일탈하였다고 볼 수 없어서 최소침해성원칙에도 위배되지 아니하며, 로스쿨을 지원함에 있어서 청구인들이 받게 되는 불이익보다 위와 같은 입법목적을 달성하여 얻게 되는 공익이 훨씬 더 크다고 할 것이어서 법익균형성원칙에도 위배되지 아니하므로, 이 사건 법률 제26조 제2항 및 제3항은 비례의 원칙에 위배되지 않기 때문에 청구인들의 **직업선택의 자유를 침해하지 아니한다**(헌재 2009.2.26, 2007헌마1262).

81 상시 50명 이상의 근로자를 고용하는 사업주는 근로자 총수의 100분의 5의 범위에서 대통령령으로 정하는 비율 이상에 해당하는 장애인을 고용하여야 하고, 의무고용률에 못 미치는 장애인을 고용하는 사업주는 장애인 고용부담금을 납부하도록 하는 것이 직업의 자유 및 재산권을 침해하는지 여부: **소극 [합헌]**
   이 사건 고용의무조항 및 고용부담금조항은 장애인이 그 능력에 맞는 직업생활을 통하여 인간다운 생활을 할 수 있도록 장애인의 고용을 촉진하기 위한 것으로 그 입법목적의 정당성이 인정되고, 사업주에게 일정한 비율의 장애인을 고용할 의무를 부과하고 이를 지키지 못한 사업주에게 부담금을 부과하는 것은 장애인고용을 촉진

기출 OX

02 금고 이상의 실형을 선고받고 그 집행이 종료된 날부터 3년이 경과되지 않은 경우 중개사무소 개설등록을 취소하도록 한 공인중개사법 조항은 직업선택의 자유를 침해한 것이다.
20. 법원직 ( )

03 로스쿨에 입학하는 자들에 대하여 학사 전공별, 출신 대학별로 로스쿨 입학정원의 비율을 각각 규정한 법학전문대학원 설치·운영에 관한 법률 조항은 변호사가 되기 위한 과정에 있어 필요한 전문지식을 습득할 수 있는 로스쿨에 입학하는 것을 제한할 뿐이므로 직업선택의 자유를 제한하는 것으로 보기 어렵다. 18. 경찰승진 ( )

정답 02 × 03 ×

한다는 입법목적을 달성하기 위한 효과적인 방법이므로 방법의 적절성도 인정된다. 또한 이보다 덜 침해적인 방법으로 사업주에게 장애인 고용의무를 강제할 방법을 찾기 어렵고, 장애인 의무고용률의 수준 또는 장애인 고용부담금의 금액이 과도하다고 볼 수 없어 최소침해성원칙에 위반되지 않으며, 장애인의 고용촉진이라는 공익은 그로 인하여 제한되는 청구인의 직업의 자유 및 재산권에 비하여 적지 않다고 할 것이어서 법익의 균형성도 충족한다. 그러므로 이 사건 고용의무조항 및 고용부담금조항은 청구인의 직업의 자유 및 재산권을 침해하지 아니한다(헌재 2012.3.29, 2010헌바432).

82 변호사시험의 응시자격을 법학전문대학원의 석사학위 취득자로 제한하는 것이 직업선택의 자유와 평등권을 침해하는지 여부: 소극

[1] 변호사시험법 제5조 제1항 본문은 양질의 법률서비스를 제공하기 위하여 다양한 학문적 배경을 가진 전문법조인을 법률이론과 실무교육을 통하여 양성하고, 법학교육을 정상화하며, 과다한 응시생이 장기간 사법시험에 빠져 있음으로 인한 국가인력의 극심한 낭비와 비효율성을 막기 위한 취지에서 도입된 법학전문대학원제도의 목적을 변호사시험제도와의 연계를 통하여 효과적으로 달성하기 위한 것이므로, 그 목적의 정당성과 수단의 적합성이 인정된다. 사법시험 병행제도 및 예비시험제도는 위와 같은 입법목적을 달성하기에 부족한 것으로 보이는 반면, 법학전문대학원법은 특별전형제도 · 장학금제도 등을 통하여 경제적 자력이 없는 사람들에게도 법학전문대학원과정을 이수할 기회를 부여하였고, 변호사시험법은 사법시험을 2017년까지 병행 실시하도록 하여 기존 사법시험 준비자들의 신뢰를 보호하였으므로, 위 법률조항은 침해의 최소성원칙에도 위배되지 않는다. 마지막으로 위 법률조항으로 인하여 청구인들이 받게 되는 불이익보다는 그것이 추구하는 공익이 더 크다고 할 것이어서 위 법률조항은 법익의 균형성원칙에도 위배되지 아니한다. 따라서 변호사시험법 제5조 제1항 본문은 과잉금지의 원칙에 위배하여 청구인들의 직업선택의 자유를 침해한다고 보기 어렵다.

[2] 법학전문대학원의 석사학위라는 변호사시험 응시자격의 취득에 있어서 경제력에 따른 사실상의 차별이 존재하는 것은 별론으로 하고, 경제력에 따른 규범적인 차별은 존재하지 아니하므로, 변호사시험법 제5조 제1항 본문은 청구인들의 평등권을 침해하지 아니한다(헌재 2012.4.24, 2009헌마608 등).

83 지방의회의원의 지방공사 직원 겸직을 금지하는 것이 직업선택의 자유 및 평등권을 침해하는지 여부: 소극

[1] 직업선택의 자유침해 여부: 소극

권력분립과 정치적 중립성 보장의 원칙을 실현하고 지방의회의원의 업무전념성을 담보하고자 하는 심판대상조항의 입법목적에는 그 정당성이 인정되며, 지방의회의원으로 하여금 지방공사 직원을 겸직하지 못하도록 하는 것은 이러한 목적을 달성하기 위한 적합한 수단이 된다. 또한 지방의회의원의 직을 수행하는 동안 지방공사 직원의 직을 휴직하거나, 지방공사를 설치 · 운영하는 지방자치단체가 아닌 다른 지방자치단체의 의원인 경우에도 지방공사 직원과 지방의회의원으로서의 지위가 충돌하여 직무의 공정성이 훼손될 가능성은 여전히 존재하며, 지방의회의 활성화라는 취지에 비추어 볼 때 특정 의제에 대하여 지방의회의원의 토론 및 의결권을 반복적으로 제한하는 것 역시 바람직하지 아니하므로, 겸직을 금지하는 것 이외에 덜 침익적인 수단이 존재한다고 볼 수도 없는바, 심판대상조항은 침해의 최소성원칙에도 위배되지 아니할 뿐만 아니라, 지방의회의원으로 당선된 자가 지방공사 직원의 지위를 겸하지 못함으로써 제한되는 직업선택의 자유에 비하여 심판대상조항을 통하여 달성하고자 하는 공익이 결코 적다고 할 수 없으므로 법익의 균형성도 인정된다.

[2] 평등권침해 여부: 소극

지방공사와 지방자치단체, 지방의회의 관계에 비추어 볼 때 지방공사 직원 겸직금지에 있어 지방의회의원과 국회의원을 본질적으로 동일한 비교집단이라고 볼 수 없으므로, 이를 달리 취급하였다고 할지라도 이것이 지방의회의원의 평등권을 침해한 것이라고 할 수는 없다(헌재 2012.4.24, 2010헌마605).

84 변호사법 제109조 제2호 중 제34조 제2항 가운데(변호사는 법률사건의 수임에 관하여 알선의 대가로 금품을 제공하거나 이를 약속하여서는 아니 된다) 부분이 변호사의 직업수행의 자유를 침해하는지 여부: 소극 [합헌]

이 사건 법률조항은 사건 브로커 등의 알선행위를 조장할 우려가 큰 변호사의 행위를 금지하고, 이에 위반한 경우 형사처벌하는 것으로서 변호사제도의 특성상 변호사에게 요구되는 윤리성을 담보하고 비변호사의 법률사무 취급행위를 방지하며, 법률사무 취급의 전문성·공정성·신뢰성 등을 확보하고자 하는 것인바, 정당한 목적 달성을 위한 적합한 수단에 해당한다. 한편 이 사건 법률조항은 대형 법조비리사건의 발생과 관련하여 이를 억제하고, 법조비리의 중심에 선 변호사에 대한 처벌 가부의 논란을 종식시키기 위하여 규정된 점을 고려할 때 이 사건 법률조항이 불필요한 제한을 규정하였다고 볼 수 없고, 입법목적의 효과적 달성을 위하여 달리 덜 침해적인 수단을 찾기 어렵다. 나아가 이 사건 법률조항으로 인하여 수범자인 변호사가 받는 불이익이란 결국 수임기회의 제한에 불과하고, 이는 현재의 변호사제도가 변호사에게 법률사무 전반을 독점시키고 있음에 따라 필연적으로 발생하는 규제로서 변호사 직업을 선택한 이로써는 당연히 감수하여야 할 부분이라 할 것이므로 달성되는 공익과의 관계에서 법익균형성 역시 갖추었다고 할 것이다. 따라서 이 사건 법률조항이 과잉금지원칙에 위반하여 청구인의 직업수행의 자유를 침해한다고 볼 수 없다(헌재 2013.2.28, 2012헌바62).

85 유치원 주변 학교환경위생정화구역에서 성관련 청소년유해물건을 제작·생산·유통하는 청소년유해업소를 예외 없이 금지하는 구 학교보건법 제6조 제1항 제19호가 직업의 자유를 침해하는지 여부: 소극 [합헌]

이 사건 법률조항들은 유치원 주변 및 아직 유아단계인 청소년을 유해한 환경으로부터 보호하고 이들의 건전한 성장을 돕기 위한 것으로 그 입법목적이 정당하고, 이를 위해서 유치원 주변의 일정 구역 안에서 해당 업소를 절대적으로 금지하는 것은 그러한 유해성으로부터 청소년을 격리하기 위하여 필요·적절한 방법이며, 그 범위가 유치원 부근 200m 이내에서 금지되는 것에 불과하므로 청구인들의 직업의 자유를 침해하지 아니한다(헌재 2013.6.27, 2011헌바8 등).

86 PC방 전체를 금연구역으로 지정하도록 한 국민건강증진법 제9조 제4항 제23호 중 '인터넷컴퓨터게임 시설제공업소' 부분 등이 직업수행의 자유를 침해하는지 여부: 소극 [기각]

다수인이 이용하는 PC방과 같은 공중이용시설 전체를 금연구역으로 지정함으로써 청소년을 비롯한 비흡연자의 간접흡연을 방지하고 혐연권을 보장하여 국민건강을 증진시키기 위하여 개정된 이 사건 금연구역조항의 입법목적은 정당하며, 그 방법도 적절하다. PC방과 같이 다수의 공중이 이용하는 공간에서의 간접흡연문제를 효

기출 OX

03 유치원 주변 학교환경위생 정화구역에서 성관련 청소년유해물건을 제작·생산·유통하는 청소년 유해업소를 예외 없이 금지하는 구 학교보건법 관련조항은 직업의 자유를 침해한 것이다. 20. 경찰승진 ( )

04 PC방 전체를 2년의 유예기간이 지난 뒤 전면금연구역으로 운영하도록 규제하는 것은 직업수행의 자유를 침해한다. 14. 국회직 9급 ( )

정답 03 × 04 ×

과적으로 해결하기 위해서는 내부에 칸막이 등을 설치하여 금연구역과 흡연구역을 분리하는 것만으로는 부족하고 해당 공간 전체를 금연구역으로 지정하는 것이 가장 효과적이고 이 방법 이외에 이와 동일한 효과를 가져올 만한 대체수단이 있다거나 직업수행의 자유를 덜 제한하는 다른 수단이 존재한다고 단정하기는 어렵다. 아울러 이 사건 금연구역조항은 PC방 영업 자체를 금지하는 것이 아니고, 다만 영업방식을 제한하고 있을 뿐이어서 청구인들의 직업수행의 자유를 크게 제한하는 것이라고 볼 수 없는 반면, 혐연권을 보장하고 국민의 건강을 증진시키는 공익의 효과는 매우 크다고 인정되므로 이 사건 금연구역조항은 과잉금지원칙에 위배되지 않는다(헌재 2013.6.27, 2011헌마315 등).

기출 OX

01 농협·축협조합장이 금고 이상의 형을 선고받고 그 형이 확정되지 아니한 경우에도 이사가 그 직무를 대행하도록 규정한 농업협동조합법 제46조 제4항 제3호 중 '조합장'에 관한 부분은 조합장의 직무수행에 대한 조합원 내지 공공의 신뢰를 지키고 직무에 대한 전념성을 확보하여 조합의 원활한 운영에 대한 위험을 미연에 방지하기 위한 것이므로 과잉금지원칙에 반하여 조합장들의 직업수행의 자유를 침해하는 것이 아니다. 14. 경찰승진
( )

87 농협·축협조합장이 금고 이상의 형을 선고받고 그 형이 확정되지 아니한 경우에도 이사가 그 직무를 대행하도록 규정한 농업협동조합법 제46조 제4항 제3호 중 '조합장'에 관한 부분 등이 과잉금지원칙에 반하여 조합장인 청구인들의 직업수행의 자유를 침해하는지 여부: 적극 [위헌]

이 사건 법률조항들의 입법목적을 달성하기 위하여 직무정지라는 불이익을 가한다고 하더라도 그 사유는 형이 확정될 때까지 기다릴 수 없을 정도로 조합장 직무의 원활한 운영에 대한 '구체적인' 위험을 야기할 것이 명백히 예상되는 범죄 등으로 한정되어야 한다. 그런데 이 사건 법률조항들은 조합장이 범한 범죄가 조합장에 선출되는 과정에서 또는 선출된 이후 직무와 관련하여 발생하였는지 여부, 고의범인지 과실범인지 여부, 범죄의 유형과 죄질이 조합장의 직무를 수행할 수 없을 정도로 공공의 신뢰를 중차대하게 훼손하는지 여부 등을 고려하지 아니하고, 단순히 금고 이상의 형을 선고받은 모든 범죄로 그 적용대상을 무한정 확대함으로써 기본권의 최소침해성원칙을 위반하였다.

또한 이 사건 법률조항들에 의하여 달성하려는 공익은 모호한 반면에, 금고 이상의 형이 선고되었다는 이유만으로 형의 확정이라는 불확정한 시기까지 직무수행을 정지당하는 조합장의 불이익은 실질적이고 현존하는 기본권침해로서 위와 같은 공익보다 결코 작다고 할 수 없으므로 이 사건 법률조항들은 법익균형성요건도 충족하지 못하였다.

따라서 이 사건 법률조항들은 과잉금지원칙에 위반하여 청구인들의 직업수행의 자유를 침해한다(헌재 2013.8.29, 2010헌마562 등).

88 법학전문대학원 출신 변호사는 6개월 이상 법률사무종사기관에서 의무종사 또는 의무연수를 마치지 않으면 사건을 단독 또는 공동으로 수임할 수 없도록 규정하고 있는 변호사법이 직업수행의 자유를 침해하는지 여부: 소극 [기각]

심판대상조항은 법학전문대학원 출신 변호사들의 업무능력에 대한 우려를 불식시키기 위한 적절한 실무능력 향상의 방법일 뿐만 아니라 의무연수 또는 의무종사의 다양성을 보장하고 있어 피해를 최소화하고 있으며, 법익균형성도 인정되어 직업수행의 자유를 과도하게 침해하지 않고, 한편 심판대상조항 적용과정에서의 법률사무종사 취업자와 미취업자의 차이는 각자의 선택·능력·기회에 따른 차이일 뿐이며, 검사직무대리나 국선변호인이 될 수 있는 사법연수생과의 차이는 전문가 양성과정의 차이에 따른 것일 뿐이어서 평등권도 침해하지 않는다(헌재 2013.10.24, 2012헌마480).

정답 **01** ×

89 숙박업을 하고자 하는 자에게 신고의무를 부과하고 이를 이행하지 아니한 자를 형사처벌하도록 규정하고 있는 공중위생관리법 제2조 제1항 등이 직업의 자유를 침해하는지 여부: 소극 [합헌]

신고조항과 처벌조항은 숙박업 개설통보제 아래에서 국민보건위생과 안전에 발생한 위험을 개선함으로써 국민의 건강과 안전을 증진하기 위하여 마련된 것으로, 숙박업을 운영하고자 하는 자에게 신고의무를 부과하고, 행정청으로 하여금 그 신고가 일정한 요건을 충족하는지 심사하도록 하는 것이 필요하다. 신고조항에 의한 숙박업 개설 제한으로 인하여 숙박업 개설이 사실상 금지되는 결과가 초래되지는 않고, 신고의무 위반에 대하여 행정적 제재를 가하는 것만으로는 신고의무 이행을 강제하기 어려우며, 신고의무 위반자에 대한 법정형에 징역형이 포함되어 있다는 이유만으로 처벌조항이 입법재량을 일탈하였다고 할 수 없다. 신고조항과 처벌조항은 직업선택의 자유를 침해하지 않는다(헌재 2016.9.29. 2015헌바121·2016헌바221).

90 변호사시험의 응시기회를 법학전문대학원 석사학위를 취득한 달의 말일부터 5년 내에 5회로 제한한 변호사시험법 제7조 제1항은 청구인들의 직업선택의 자유를 침해하는지 여부: 소극 [기각]

장기간의 시험 준비로 인력이 낭비되었던 사법시험의 폐해를 극복하고 교육을 통하여 법조인을 양성한다는 법학전문대학원의 도입취지를 살리기 위하여 응시기회에 제한을 두어 시험의 응시자 대비 합격률을 일정 비율로 유지하고, 법학전문대학원의 교육이 끝난 때로부터 일정기간 동안만 시험에 응시할 수 있게 제한한 것은 정당한 입법목적을 달성하기 위한 적절한 수단이다.

매년 법학전문대학원 입학정원의 75% 수준의 인원을 변호사시험에 합격시키고 있으므로 졸업자의 4분의 3 정도가 최종적으로는 합격하는 구조이고, 변호사 자격을 취득하지 못하는 결과가 발생하는 것은 법학전문대학원에서의 교육 수료와 변호사시험 합격을 조건으로 변호사 자격을 취득하는 현행 제도에 내재되어 있으므로 응시기회를 제한한 것이 직업선택의 자유에 대한 과도한 제약이라고 할 수 없다. 다른 법학전문대학원에 입학하여 석사학위를 다시 취득하였다 하여 변호사시험에 불합격한 자를 시험에 5년 내에 5회 재응시할 수 있도록 허용한다면 장기간 시험 준비로 인한 인력낭비 방지라는 입법목적을 달성할 수 없으므로, 응시기회제한조항이 그러한 예외를 인정하지 않는다 하여 침해의 최소성에 반한다고 할 수 없다. 변호사시험에 무제한 응시함으로 인하여 발생하는 인력 낭비, 응시인원의 누적으로 인한 시험합격률의 저하 및 법학전문대학원의 전문적인 교육효과 소멸 등을 방지하고자 하는 공익은 청구인들의 제한되는 기본권에 비하여 더욱 중대하다. 따라서 응시기회제한조항은 과잉금지원칙에 위배하여 청구인들의 직업선택의 자유를 침해하지 않는다(헌재 2016.9.29. 2016헌마47 등).

91 사법시험법을 폐지하도록 한 변호사시험법 부칙 제2조가 청구인들의 직업선택의 자유를 침해하는지 여부: 소극 [기각]

사법시험법을 폐지한다는 심판대상조항이 제정된 이후로는 사법시험을 준비하려고 한 사람들에게 사법시험이 존치할 것이라는 신뢰이익은 변경 또는 소멸되었고, 사법시험법을 폐지하고 법학전문대학원을 도입하는 과정에서 입법자는 2009.5.28. 변호사시험법을 제정하면서 사법시험 준비자들의 신뢰를 보호하기 위하여, 2017년까지 8년간의 유예기간을 두었다. 청구인들이 법학전문대학원에 입학하여 소정의 교육과정을 마치고 석사학위를 취득하는 경우 변호사시험에 응시하여 법조인이 되는 데 아무런 제한이 없다.

기출 OX

02 변호사 자격을 취득하기 위해서는 변호사시험에 합격하여야 하는데, 법학전문대학원 졸업 후 5년 내에 5회만 변호사시험에 응시할 수 있도록 하는 응시기회제한조항은 변호사 자격을 취득하고자 하는 청구인의 직업선택의 자유를 제한하는 것이다. 19. 법무사 ( )

정답 02 ○

이와 같은 사정을 모두 종합하여 보면 심판대상조항으로 인한 직업선택의 자유 제한이 침해의 최소성에 반한다고 볼 수 없다. 심판대상조항으로 인하여 청구인들이 받게 되는 불이익보다는 사법시험법의 폐지와 법학전문대학원의 도입을 전제로 하여 교육을 통한 법조인을 양성하려는 심판대상조항이 추구하는 공익이 더 크므로 법익의 균형성도 갖추었다.

따라서 심판대상조항은 과잉금지원칙을 위반하여 청구인들의 직업선택의 자유를 침해하지 아니한다(헌재 2016.9.29, 2012헌마1002 등).

기출 OX

01 영업으로 성매매를 알선하는 행위를 처벌하는 성매매알선 등 행위의 처벌에 관한 법률 조항은 과잉금지원칙에 위배되어 이를 업으로 하고자 하는 사람들의 직업선택의 자유를 침해한다. 17. 경찰승진 ( )

92 성매매 영업알선행위를 처벌하고 동시에 성매매 영업알선 범죄로 인하여 얻은 재산을 몰수·추징하는 것이 직업의 자유를 침해하는지 여부: 소극 [합헌]

제3자가 타인의 성을 지속적인 판매의 대상으로 삼는 것은 타인의 신체를 쾌락의 도구로 전락시켜 최대의 수익을 올려야 하는 구조가 되어 그 자체로 인간의 성 및 인격에 대한 착취적 성격을 가지게 된다. 이는 또한 인간의 성을 상품화하고 성에 대한 인식을 왜곡하여 성범죄가 발생하기 쉬운 환경을 만드는 등 사회 전반의 성풍속을 허물어뜨리는데 직접적인 역할을 한다. 따라서 이 사건 알선조항은 침해의 최소성원칙에 위배되지 아니한다. 성매매 영업알선행위로 인하여 산업구조가 기형화되고 성판매자에 대한 구속 내지 강요가 발생하는 것을 방지하며 성매매의 외부적 표출을 억제하여 사회적 해악을 막고자 하는 공익은 개인의 직업선택의 자유제한의 사익과 비교하여 볼 때 결코 작지 아니하므로, 이 사건 알선조항은 법익의 균형성원칙에 위배되지 아니한다.

따라서 이 사건 알선조항은 과잉금지원칙에 위배되어 직업선택의 자유를 침해하지 아니한다(헌재 2016.9.29, 2015헌바65).

93 수탁자는 누구의 명의로 하든지 신탁재산을 고유재산으로 하거나 이에 관하여 권리를 취득하지 못하도록 하는 것이 영업의 자유를 침해하는지 여부: 소극 [합헌]

심판대상조항은 신탁회사 및 신탁업자가 부담하는 고도의 주의의무와 권한남용의 위험성을 고려하여, 신탁회사 및 신탁업자와 수익자의 이해가 충돌할 수 있는 행위를 금지함으로써 신탁회사 및 신탁업자의 권리남용을 방지하고 신탁의 이익을 향유하는 주체인 수익자를 보호하며, 나아가 신탁회사 및 신탁업자의 건전한 경영을 기하고 신탁시장의 신뢰성을 높이기 위한 것이다. 수익자가 승인하거나 신탁행위로 허용한 경우 수탁자의 이익상반행위를 허용하는 방법만으로는 입법목적을 달성할 수 있다고 단정하기 어렵고, 관련 법령에서는 필요한 경우 신탁재산을 고유재산으로 할 수 있는 일정한 예외를 마련하고 있다. 따라서 심판대상조항은 신탁회사 및 신탁업자의 영업의 자유를 침해하지 아니한다(헌재 2018.3.29, 2016헌바468).

02 법인이 과밀억제권역 내에 본점의 사업용 부동산으로 건축물을 신축하여 이를 취득하는 경우, 취득세를 중과세하는 구 지방세법 조항은 법인의 영업의 자유를 제한하는 것으로서 법인의 거주·이전의 자유를 제한하는 것은 아니다. 19. 국가직 ( )

해설
• 영업의 자유 제한 O, 침해 X
• 거주·이전의 자유 제한 O, 침해 X

94 법인이 과밀억제권역 내에 본점의 사업용 부동산으로 건축물을 신축하여 이를 취득하는 경우, 취득세를 중과세하는 구 지방세법 조항이 법인의 영업의 자유를 제한하는 것으로서 법인의 거주·이전의 자유와 영업의 자유를 침해하는 것인지 여부: 소극
19. 국가직

이 사건 법률조항은 수도권 내의 과밀억제권역 안에서 법인의 본점의 사업용 부동산, 특히 본점용 건축물을 신축 또는 증축하는 경우에 취득세를 중과세하는 조항이므로, 이 사건 법률조항에 의하여 청구인의 거주·이전의 자유와 영업의 자유가 침해되는지 여부가 문제된다. … 이 사건 법률조항은 수도권에 인구 및 경제·산업시설이 밀집되어 발생하는 문제를 해결하고 국토의 균형 있는 발전을 도모하기 위하여 법인이 과밀억제권역 내에 본점의 사업용 부동산으로 건축물을 신축·증축하여 이를 취득하는 경우 취득세를 중과세하는 조항으로서, 구법과 달리 인구유입과 경제력 집중의 효과가 뚜렷한 건물의 신축, 증축 그리고 부속토지의 취득만을 그 적용

정답 01 X 02 X

대상으로 한정하여 부당하게 중과세할 소지를 제거하였다. 따라서 이 사건 법률조항은 거주·이전의 자유와 영업의 자유를 침해하지 아니한다(헌재 2014.7.24, 2012헌바408).

95 학원 등 어린이통학버스를 운영하는 자에게 적용되는 '보호자동승조항' 청구인들의 직업수행의 자유를 침해하는지 여부: **소극**

이 사건 보호자동승조항이 학원 등 운영자로 하여금 어린이통학버스에 학원 강사 등의 보호자를 함께 태우고 운행하도록 한 것은 어린이 등이 안전사고 위험으로부터 벗어나 안전하고 건강한 생활을 영위하도록 하기 위한 것이다. 어린이통학버스의 동승보호자는 운전자와 함께 탑승함으로써 승·하차시뿐만 아니라 운전자만으로 담보하기 어려운 '차량 운전 중' 또는 '교통사고 발생 등의 비상상황 발생시' 어린이 등의 안전을 효과적으로 담보하는 중요한 역할을 하는 점 등에 비추어 보면, 이 사건 보호자동승조항이 과잉금지원칙에 반하여 청구인들의 직업수행의 자유를 침해한다고 볼 수 없다(헌재 2020.4.23, 2017헌마479).

96 의료인은 어떠한 명목으로도 둘 이상의 의료기관을 운영할 수 없다고 규정한 의료법 제33조 제8항 등이 의료인의 직업수행의 자유를 침해하는지 여부: **소극 [합헌]**

[1] 이 사건 법률조항은 의료인으로 하여금 하나의 의료기관에서 책임 있는 의료행위를 하게 하여 의료행위의 질을 유지하고, 지나친 영리추구로 인한 의료의 공공성 훼손 및 의료서비스 수급의 불균형을 방지하며, 소수의 의료인에 의한 의료시장의 독과점 및 의료시장의 양극화를 방지하기 위한 것이다.

[2] 이 사건 법률조항이 금지하는 중복운영방식은 주로 1인의 의료인이 주도적인 지위에서 여러 개의 의료기관을 지배·관리하는 형태이다. 이러한 형태의 중복운영은 의료행위에 외부적인 요인을 개입하게 하고, 의료기관의 운영주체와 실제 의료행위를 하는 의료인을 분리시켜 실제 의료행위를 하는 의료인이 다른 의료인에게 종속되게 하며, 지나친 영리추구로 나아갈 우려도 크다. 그 외에 의료의 중요성, 우리나라의 취약한 공공의료의 실태, 의료인이 여러 개의 의료기관을 운영할 때 의료계 및 국민건강보험 재정 등 국민보건 전반에 미치는 영향, 국가가 국민의 건강을 보호하고 적정한 의료급여를 보장해야 하는 사회국가적 의무 등을 종합하여 볼 때, 이 사건 법률조항은 과잉금지원칙에 반한다고 할 수 없다(헌재 2019.8.29, 2014헌바212·2014헌가15 등).

97 교통사고로 사람을 사상한 후 필요한 조치를 하지 아니한 경우 운전면허 임의적 취소조항이 일반적 행동의 자유 또는 직업의 자유를 침해하는지 여부: **소극 [합헌]**

이 사건 취소조항은 교통사고로 타인의 생명 또는 신체를 침해하고도 구호조치를 하지 아니한 사람이 계속하여 교통에 관여하는 것을 금지함으로써 궁극적으로 국민의 생명·신체를 보호하고 도로교통에 관련한 공공의 안전을 확보하고자 하는 입법목적을 가진다. 이러한 입법목적은 정당하고, 수단의 적합성 또한 인정된다. 이 사건 취소조항은 사상 후 미조치를 운전면허의 임의적 취소사유로 규정하여 구체적·개별적 사정을 고려할 수 있는 길을 열어 두고 있으므로, 위 조항이 침해최소성원칙에 반한다고 할 수 없다. 이 사건 취소조항으로 인하여 제한되는 사익에 상응하는 정도 이상의 중대한 공익이 인정되므로, 법익균형성 요건 또한 충족하였다. 그렇다면 이 사건 취소조항이 과잉금지원칙에 반하여 일반적 행동의 자유 또는 직업의 자유를 침해한다고 할 수 없다(헌재 2019.8.29, 2018헌바4).

기출 OX

03 의료인의 중복운영 허용 여부는 입법정책적인 문제이나 1인의 의료인에 대하여 운영할 수 있는 의료기관의 수를 제한하는 입법자의 판단은 그 목적에 비해 입법자에게 부여된 입법재량을 명백히 일탈하여 직업의 자유를 침해하였다. 20. 국회직 변형 ( )

04 교통사고로 사람을 사상한 후 필요한 조치를 하지 아니한 경우 운전면허 임의적 취소조항은 직업의 자유를 침해하지 아니한다. 20. 변호사 변형 ( )

정답 03 × 04 ○

기출 OX

01 거짓이나 그 밖의 부정한 수단으로 운전면허를 받은 경우 국민의 생명 신체를 보호할 필요성이 매우 크므로 모든 범위의 운전면허를 필요적으로 취소하도록 규정한 도로교통법 조항은 직업의 자유를 침해하지 않는다.
21. 국회직 ( )

정답 01 ✕

---

98 택시운전자격을 취득한 자가 친족관계인 사람을 강제추행하여 금고 이상의 실형을 선고받은 경우 그 택시운전자격을 취소하도록 규정한 '여객자동차 운수사업법' 제87조 제1항 단서 제3호 중 해당 부분이 직업선택의 자유에 대한 과도한 제한에 해당되는지 여부: 소극 [합헌]

택시운전을 주된 업이자 생계수단으로 영위해 온 사람은 심판대상조항에 의하여 직업선택의 자유에 상당한 제한을 받게 되나, 현대 대중교통에서 택시가 차지하는 비중 및 특수성과 더불어 성폭력 범죄의 중대성, 반사회성 등을 고려해 볼 때 국가가 택시를 이용하는 국민의 생명·신체 등에 중대한 침해를 가할 수 있는 위험이 현실화되는 것을 방지하기 위하여 성폭력처벌법상 범죄로 실형을 선고받은 사람을 택시운송사업의 운전업무에서 배제해야 할 공익상 필요는 매우 크다. 이와 같은 점을 종합할 때, 심판대상조항은 과잉금지원칙에 위배되지 아니한다(헌재 2020.5.27, 2018헌바264).

99 거짓이나 그 밖의 부정한 수단으로 운전면허를 받은 경우 모든 범위의 운전면허를 필요적으로 취소하도록 한 것이 직업의 자유를 침해하는지 여부: 적극 [위헌]

[1] 심판대상조항이 '부정 취득한 운전면허'를 필요적으로 취소하도록 한 것은, 피해의 최소성과 법익의 균형성원칙에 위배되지 않는다. 부정 취득한 운전면허를 취소하지 않는다면, 형사처벌 등 다른 제재수단이 가해지더라도 여전히 해당 운전면허로 자동차 운행이 가능하므로, 교통의 안전과 원활이라는 목적을 달성할 수 없다. 따라서 피해의 최소성원칙에 위배되지 않는다. 부정 취득한 운전면허는 그 요건이 처음부터 갖추어지지 못한 것이므로, 해당 면허를 박탈하더라도 기본권이 추가적으로 제한된다고 보기 어렵다. 따라서 법익의 균형성원칙에도 위배되지 않는다.

[2] 반면, 심판대상조항이 '부정 취득하지 않은 운전면허'까지 필요적으로 취소하도록 한 것은, 다음과 같은 이유에서 피해의 최소성과 법익의 균형성원칙에 위배된다. 임의적 취소·정지 사유로 하는 등 기본권을 덜 제한하는 완화된 수단에 의해서도 입법목적을 같은 정도로 달성하기에 충분하므로, 피해의 최소성원칙에 위배된다.

[3] 심판대상조항은 부정 취득하지 않은 운전면허라고 하더라도, 위법의 정도나 비난의 정도가 미약한 사안 등을 포함한 모든 경우에 필요적으로 취소하도록 하고, 이로 인해 취소된 날부터 2년 동안은 해당 운전면허도 다시 받을 수 없게 되는바, 이는 달성하려는 공익의 중대성을 감안하더라도 지나치게 운전면허 소지자의 기본권을 제한하는 것이다. 따라서 법익의 균형성원칙에도 위배된다. 심판대상조항 중 부정 취득하지 않은 운전면허를 필요적으로 취소하도록 한 부분은 과잉금지원칙에 반하여 일반적 행동의 자유 또는 직업의 자유를 침해한다(헌재 2020.6.25, 2019헌가9).

100 2019학년도 약학대학 정원 중 덕성여자대학교의 정원을 80명, 동덕여자대학교의 정원을 40명, 숙명여자대학교의 정원을 80명, 이화여자대학교의 정원을 120명으로 배정한 '2019학년도 대학 보건의료계열 학생정원 조정계획'이 약학대학에 편입학하고자 하는 남성의 직업선택의 자유를 침해하는지 여부: 소극 [기각]

청구인은 여자대학을 제외한 다른 약학대학에 입학하여 소정의 교육을 마친 후 약사국가시험을 통해 약사가 될 수 있는 충분한 기회와 가능성을 가지고 있다. 따라서 이 사건 조정계획으로 인하여 청구인이 받게 되는 불이익보다 원활하고 적정한 보건서비스를 제공하려는 공익이 더 크다고 할 것이므로, 이 사건 조정계획은 법익의 균형성도 갖추었다. 그러므로 이 사건 조정계획은 청구인의 직업선택의 자유를 침해한다고 볼 수 없다(헌재 2020.7.16, 2018헌마566).

101 개성공단 전면중단 조치가 관련 기업인들의 영업의 자유를 침해하는지 여부: 소극 [기각]

이 사건 중단조치로 투자기업인 청구인들이 입은 피해가 적지 않지만, 그럼에도 불구하고 북한의 핵개발에 맞서 개성공단의 운영중단이라는 경제적 제재조치를 통해, 대한민국의 존립과 안전 및 계속성을 보장할 필요가 있다는 피청구인 대통령의 판단이 명백히 잘못된 것이라 보기도 어려운바, 이는 헌법이 대통령에게 부여한 권한 범위 내에서 정치적 책임을 지고 한 판단과 선택으로 존중되어야 한다. 따라서 이 사건 중단조치는 법익의 균형성 요건도 충족하는 것으로 보아야 한다. 따라서 이 사건 중단조치는 과잉금지원칙에 위반되어 투자기업인 청구인들의 영업의 자유와 재산권을 침해하지 아니한다(헌재 2022.1.27, 2016헌마364).

102 유치원의 학교에 속하는 회계의 예산과목 구분을 정한 '사학기관 재무·회계 규칙'이 사립유치원 설립·경영자의 사립유치원 운영의 자유를 침해하는지 여부: 소극 [기각]

심판대상조항은 유치원에 적용되는 학교에 속하는 회계의 예산과목 구분을 정하고 있는데, 이 결정을 통하여 헌법재판소는, 개인이 설립한 사립유치원 역시 법률상 '학교'로서 공익적 역할을 수행하며, 그 재정 및 회계의 투명성을 담보하기 위한 심판대상조항이 자의적 규제로서 사립유치원 설립·경영자의 사립유치원 운영의 자유를 침해한다고 볼 수 없음을 명확히 하였다(헌재 2019.7.25, 2017헌마1038).

103 법무법인의 영리행위 겸업금지가 법무법인의 영업의 자유를 침해하는지 여부: 소극 [합헌]

심판대상조항은 자연인인 변호사의 영리행위 겸직을 원칙적으로 금지하고 지방변호사회의 허가를 받아 예외적으로 겸직할 수 있도록 한 변호사법 제38조 제2항을 법무법인에 대하여 준용하지 않고 있는데, 이것은 법무법인이 변호사 직무에 속하는 업무를 집중적으로 수행할 수 있도록 하는 한편, 법무법인이 변호사 직무와 구분되는 영리행위는 할 수 없도록 함으로써 법무법인이 단순한 영리추구 기업으로 변질되는 것을 방지하고, 또한 법무법인이 변호사 직무와 영리행위를 함께 수행할 때 발생할 수 있는 양자의 혼입을 방지하기 위한 것이다. 심판대상조항은 목적의 정당성 및 수단의 적합성이 인정된다. … 따라서 심판대상조항은 과잉금지원칙에 위반되어 법무법인의 영업의 자유를 침해하지 않는다(헌재 2020.7.16, 2018헌바195).

104 업무상 재해로 인해 휴업하여 당해 연도에 출근의무가 없는 근로자에게도 유급휴가를 주도록 되어 있는 근로기준법 조항이 과잉금지원칙에 위배되어 사용자의 직업수행의 자유를 침해하는지 여부: 소극 [합헌]

연차 유급휴가는 근로자의 정신적·육체적 휴양의 필요성에 기초한 것으로 기본적으로는 상당기간 계속되는 근로의무의 이행과 불가분의 관계에 있고, 직전 연도의 근속과 출근에 대한 근로 보상적인 성격을 가지고 있음을 부인하기 어렵다. 그렇다면 이로 인한 사용자의 금전적 부담은 전년도에 제공받은 근로에 대한 대가를 당해 연도에 지급하는 것으로 볼 수 있다. 근로기준법은 근로자가 업무상의 부상 또는 질병으로 휴업한 기간을 출근한 것으로 본다는 점, 연차 유급휴가는 1년간 사용하지 않으면 소멸되며, 연차 유급휴가 미사용 수당은 3년의 시효로 소멸하므로 이로 인한 사용자의 부담 또한 그 시효완성과 함께 소멸한다는 점까지 고려하면 이 조항이 과잉금지원칙에 위배되어 청구인의 직업수행의 자유를 침해한다고 보기 어렵다(헌재 2020.9.24, 2017헌바433).

105 '약사 또는 한약사가 아닌 자연인'의 약국 개설을 금지하고 위반시 형사처벌하는 심판대상조항이 과잉금지원칙에 반하여 직업의 자유를 침해하는지 여부: 소극 [합헌]
비약사의 약국 개설이 허용되면, 영리 위주의 의약품 판매로 인해 의약품 오남용 및 국민 건강상의 위험이 증대할 가능성이 높고, 대규모 자본이 약국시장에 유입되어 의약품 유통체계 및 판매질서를 위협할 우려가 있다. 또한 비약사의 약국 개설은, 개설등록 취소나 약사의 자격정지, 부당이득 보험급여 징수 등 행정제재만으로는 예방하기에 미흡하고, 그에 가담한 약사를 형사처벌 대상에서 제외할 특별한 사정이 있다고도 할 수 없다. 약국 개설은 전 국민의 건강과 보건, 나아가 생명과도 직결된다는 점에서, 달성되는 공익보다 제한되는 사익이 더 중하다고 볼 수 없다. 심판대상조항은 과잉금지원칙에 반하여 직업의 자유를 침해하지 않는다(헌재 2020.10.29, 2019헌바249).

106 상조회사에 선수금 보전의무를 부여하고 이를 보전하지 않고 영업할 경우 시정조치를 명할 수 있도록 규정한 할부거래법조항이 직업의 자유를 침해하는지 여부: 소극 [합헌]
선불식 할부거래업자가 지급받은 선수금이 제대로 보전되지 아니하여 소비자 피해가 급증했던 과거의 현실과 날로 늘어가는 상조업의 규모 및 상조업체 이용자의 수 등을 감안하면, 선불식 할부거래업자의 건전한 경영과 가입자의 피해 방지 및 신뢰 확보라는 공익은 매우 중대하다고 볼 수 있다. 따라서 이 사건 보전의무조항과 시정조치조항은 과잉금지원칙에 위배되어 선불식 할부거래업자의 직업수행의 자유를 침해하지 아니한다(헌재 2020.12.23, 2018헌바382).

107 게임물 관련사업자가 게임물을 통해 경품 등을 제공하는 것을 원칙적으로 금지하고, 예외적인 경우에만 이를 허용하는 '게임산업진흥에 관한 법률' 제28조 제3호가 직업의 자유를 침해하는지 여부: 소극 [합헌]
이 사건 법률조항들로 인해 게임물 관련사업자인 청구인들의 직업수행의 자유가 다소 제한되는 면이 있으나, 그에 비하여 게임물의 사행화를 근절함으로써 게임산업을 진흥하고 건전한 게임문화를 확립하여 얻는 공익이 훨씬 크다고 할 것이므로 이 사건 법률조항들은 법익의 균형성도 충족하고 있다. 따라서 이 사건 법률조항들은 청구인들의 직업수행의 자유를 침해하지 아니한다(헌재 2020.12.23, 2017헌바463).

108 승차정원 11인승 이상 15인승 이하인 승합자동차의 경우, 관광을 목적으로, 6시간 이상 대여하거나, 대여 또는 반납 장소가 공항 또는 항만인 경우에 한정하여 자동차대여사업자로 하여금 승합자동차의 임차인에게 운전자를 알선할 수 있도록 하는 '여객자동차 운수사업법'이 직업의 자유를 침해하는지 여부: 소극 [기각]
심판대상조항은 본래의 관광 목적에 부합하는 운전자 알선 요건을 명확히 하고, 신설된 여객자동차운송플랫폼사업 체계와도 부합할 수 있도록 자동차대여사업의 기능과 범위를 조정한 것으로, 대여시간이나 대여 또는 반납의 장소에 대한 제한이 과도하다고 보기도 어려우며, 유예기간의 설정을 통해 법적 여건의 변화로 인한 피해를 최소화하고 있다. 심판대상조항을 통하여 추구하는 여객자동차운수사업의 종합적인 발전과 적정한 교통 서비스의 제공이라는 공익은 심판대상조항으로 인하여 자동차대여사업자가 입는 직업의 자유에 대한 제한보다 중대하다. 따라서 심판대상조항은 과잉금지원칙에 위반되어 자동차대여사업자의 직업의 자유를 침해하지 아니한다(헌재 2021.6.24, 2020헌마651).

109 소송사건의 대리인인 변호사가 수용자를 접견하고자 하는 경우 소송계속 사실을 소명할 수 있는 자료를 제출하도록 요구하는 것이 변호사의 직업수행의 자유를 침해하여 헌법에 위반되는지 여부: 적극 [위헌]

심판대상조항은 소송계속 사실 소명자료를 제출하도록 규정하여 집사 변호사가 접견권을 남용하여 수형자와 접견하는 것을 방지하고자 하나, 집사 변호사라면 소 제기 여부를 진지하게 고민할 필요가 없으므로 얼마든지 불필요한 소송을 제기하고 변호사접견을 이용할 수 있다. 집사 변호사를 고용하는 수형자 역시 소송의 승패와 상관없이 변호사를 고용할 확실한 동기가 있고 이를 위한 자력이 있는 경우가 보통이므로 손쉽게 변호사접견을 이용할 수 있다. 그에 반해 진지하게 소 제기 여부 및 변론 방향을 고민해야 하는 변호사라면 일반접견만으로는 수형자에게 충분한 조력을 제공하기가 어렵고, 수형자 역시 소송의 승패가 불확실한 상황에서 접견마저 충분하지 않다면 변호사를 신뢰하고 소송절차를 진행하기가 부담스러울 수밖에 없다. 따라서 심판대상조항은 수단의 적합성이 인정되지 아니하고, 과잉금지원칙에 위배되어 변호사인 청구인의 직업수행의 자유를 침해한다(헌재 2021.10.28, 2018헌마60).

110 금융감독원의 4급 이상 직원에 대하여 퇴직일부터 3년간 퇴직 전 5년 동안 소속하였던 부서 또는 기관의 업무와 밀접한 관련성이 있는 취업심사대상기관에의 취업을 제한하는 공직자윤리법이 직업의 자유를 침해하는지 여부: 소극 [기각]

심판대상조항은 취업제한기간을 퇴직일부터 2년간에서 3년간으로 연장하고, 취업심사대상기관의 범위를 확대하여 규정하고 있으나, 민관유착의 폐해를 방지하고 공직수행의 공공성을 강화해야 한다는 사회적 요청과 공직자 부패가 사회에 미치는 영향 등을 고려할 때 위와 같은 사정만으로 위 헌법재판소 선례의 판단을 변경할 만한 필요성이 인정된다고 보기 어려우므로, 이 사건에서도 위 견해를 그대로 유지하기로 한다. 따라서 심판대상조항은 청구인들의 직업의 자유를 침해하지 아니한다(헌재 2021.11.25, 2019헌마555).

111 금지조항 및 정보통신시스템, 데이터 또는 프로그램 등의 운용을 방해할 수 있는 악성프로그램을 유포한 자를 형사처벌하도록 규정한 구 '정보통신망 이용촉진 및 정보보호 등에 관한 법률' 제71조 제9호가 과잉금지원칙에 반하여 직업의 자유를 침해하는지 여부: 소극 [합헌]

심판대상조항은 정보통신시스템, 데이터 또는 프로그램 등의 '운용을 방해할 수 있는 악성프로그램'으로 대상을 한정하고, 그중에서도 '정당한 사유가 없는 악성프로그램의 유포행위'만을 금지·처벌하여 그 범위를 목적 달성에 필요한 범위로 합리적으로 제한하고 있다. 그 위반행위에 대하여 징역형과 벌금형을 선택할 수 있게 하고, 법정형에서 형벌의 상한만 규정하여 구체적 사안에 따라 죄질에 상응하는 형을 선고할 수 있다. 또한, 악성프로그램을 유포하는 자들이 받게 되는 직업의 자유 및 일반적 행동의 자유의 제한에 비하여 심판대상조항을 통하여 달성하려는 정보통신망의 안정성 및 정보의 신뢰성 확보와 이용자의 안전 보호라는 공익이 월등히 중요하다. 따라서 심판대상조항은 직업의 자유를 침해하지 아니한다(헌재 2021.7.15, 2018헌바428).

112 건설업 등록기준 중 자본금기준에 미달하여 영업정지처분을 받았던 건설업자가 3년 안에 다시 동일한 자본금기준에 미달한 경우 건설업 등록을 필요적으로 말소하도록 한 구 건설산업기본법 제83조 단서 중 제3호의3 가운데 제10조 제2호에 관한 부분이 직업의 자유를 침해하는지 여부: 소극 [합헌]

건설업 등록제도는 건설업자로 하여금 적정한 시공을 담보할 수 있는 최소한의 요건을 갖추도록 하여 부실공사를 방지하고 국민의 생명과 재산을 보호하고자 하는 것으로, 자본금기준의 미달은 다른 건설업 등록기준에도 영향을 미쳐 등록기준의 총체적 부실을 초래할 가능성이 높고, 업체의 부도나 하자담보책임의 회피, 임금 체납 등 발주자나 근로자에 대한 피해뿐 아니라 전반적으로 건설공사의 적정한 시공과 건설 산업의 건전한 발전을 저해할 우려가 있다. 심판대상조항에 의하여 규제되는 행위는 자본금기준을 단기간 내에 반복적으로 충족하지 못한 경우로서 행정제재의 경고기능을 무시하였다는 점에서 비난가능성이 가중된다. 국민의 재산과 신체를 보호하며, 자본금기준을 유지하도록 함으로써 건설업자의 건전성과 성실성을 담보하고 건설업체의 무분별한 난립을 막으며 건설 산업을 발전시킨다는 공익은 건설업자가 입는 직업의 자유에 대한 제한보다 긴절하고 중대하다. 따라서 심판대상조항은 과잉금지원칙에 위반되어 직업의 자유를 침해하지 아니한다(헌재 2021.7.15, 2019헌바230).

113 접촉차단시설이 설치되지 않은 장소에서 수용자와 접견할 수 있는 예외 대상의 범위에 소송대리인이 되려는 변호사를 포함시키지 않은 것이 변호사인 청구인의 직업수행의 자유를 침해하는지 여부: 소극 [기각]

심판대상조항은 소송대리인이 되려고 하는 변호사인 청구인이 접촉차단시설이 설치된 장소에서 일반접견의 형태로 수용자를 접견하도록 하여, 소송사건의 수임단계에서 자유로운 의사소통을 하며 업무를 진행할 수 없게 함으로써 직업수행의 자유를 제한한다. 소송대리인이 되려는 변호사의 경우 접촉차단시설이 설치된 장소에서 수용자와 접견하도록 되어 있어 다소 불편을 겪을 가능성이 있다 하더라도 선임 여부의 의사를 확인하는 데 지장을 초래할 정도라 할 수 없고, 접견 외 여러 방법을 통하여 수용자의 의사를 확인할 길이 있으므로 심판대상조항으로 인한 불이익의 정도가 크지 않은 반면, 심판대상조항이 달성하고자 하는 교정시설의 안전과 질서 유지라는 공익은 청구인이 입게 되는 불이익에 비하여 중대하다. 따라서 심판대상조항은 청구인에 대한 기본권 제한과 공익목적의 달성 사이에 법익의 균형성을 갖추었다. 따라서 심판대상조항은 변호사인 청구인의 업무를 원하는 방식으로 자유롭게 수행할 수 있는 자유를 침해한다고 할 수 없다(헌재 2022.2.24, 2018헌마1010).

114 비의료인의 문신시술을 금지하고 위반하면 처벌하는 것이 직업의 자유를 침해하는지 여부: 소극 [기각]

문신시술은, 바늘을 이용하여 피부의 완전성을 침해하는 방식으로 색소를 주입하는 것으로, 감염과 염료 주입으로 인한 부작용 등 위험을 수반한다. 이러한 시술 방식으로 인한 잠재적 위험성은 피시술자뿐 아니라 공중위생에 영향을 미칠 우려가 있고, 문신시술을 이용한 반영구화장의 경우라고 하여 반드시 감소된다고 볼 수도 없다. 심판대상조항은 의료인만이 문신시술을 할 수 있도록 하여 그 안전성을 담보하고 있다. 국민건강과 보건위생을 위하여 의료인만이 문신시술을 하도록 허용하였다고 하여 헌법에 위반된다고 볼 수 없다. 따라서 심판대상조항은 과잉금지원칙을 위반하여 청구인들의 직업선택의 자유를 침해하지 않는다(헌재 2022.3.31, 2017헌마1343).

115 의료인이 아닌 사람도 문신시술을 업으로 행할 수 있도록 그 자격 및 요건을 법률로 정하지 아니한 입법부작위가 직업선택의 자유를 침해하는지 여부: **소극 [각하]**

의료인이 아닌 사람도 문신시술을 업으로 행할 수 있도록 그 자격 및 요건을 법률로 제정하도록 하는 내용의, 명시적인 입법위임은 헌법에 존재하지 않으며, 문신시술을 위한 별도의 자격제도를 마련할지 여부는 여러 가지 사회적·경제적 사정을 참작하여 입법부가 결정할 사항으로, 그에 관한 입법의무가 헌법해석상 도출된다고 보기는 어렵다. 따라서 이 사건 입법부작위에 대한 심판청구는 입법자의 작위의무를 인정할 수 없어 부적법하다(헌재 2022.3.31, 2017헌마1343).

116 '제10회 변호사시험 일시, 장소 및 응시자준수사항 공고'(법무부공고 제2020-360호) 및 '코로나19 관련 제10회 변호사시험 응시자 유의사항 등 알림' 중 코로나19 확진환자의 응시를 금지하고, 자가격리자 및 고위험자의 응시를 제한한 부분이 직업선택의 자유를 침해하는지 여부: **적극 [위헌]**

변호사시험은 법학전문대학원의 석사학위를 취득한 달의 말일부터 5년 내에만 응시할 수 있고 질병 등으로 인한 예외가 인정되지 않는데, 이 사건 응시제한으로 인해 확진환자 등은 적어도 1년간 변호사시험에 응시조차 할 수 없게 되므로 그에 따라 입게 되는 불이익은 매우 중대하다. 그러므로 이 사건 응시제한은 과잉금지원칙을 위반하여 청구인들의 직업선택의 자유를 침해한다(헌재 2023.2.23, 2020헌마1736).

117 대통령령이 정하는 운송사업자는 운수종사자가 이용자로부터 수령한 운송수입금의 전액을 당해 운수종사자로부터 납부받도록 규정한 구 '여객자동차운수사업법'(2007. 7.13, 법률 제8511호로 일부 개정되기 전의 것, 이하 '법'이라 한다) 제22조 제1항이 운송사업자인 청구인의 직업선택의 자유 등을 침해하여 위헌인지 여부: **소극 [합헌]**

법 제22조 제1항이 운수종사자가 수령한 운송수입금 전액을 택시운수사업자가 납부받도록 '운송수입금 전액관리제도'를 규정한 것은, 일반택시운송사업을 포기할 수밖에 없을 정도로 청구인의 기업활동을 중대하게 제한하고 있지 않는 반면에 기업의 경영투명성 확보와 운수종사자의 생활안정, 그리고 일반택시이용자들에 대한 서비스의 질 제고를 통한 공익의 달성이 크게 기대되므로 기업의 자유를 침해하지 않고, 청구인의 계약의 자유나 단체협약의 자유를 제한한다고 하더라도 일반택시운수종사자의 생활안정이라는 목적을 달성하기 위하여 필요한 범위 안에서 이루어진 것이므로 헌법에 위반된다고 볼 수 없으며, 운송수입금 전액관리제도가 이미 시행되고 있는 버스운수사업과는 달리 아직 시행되고 있지 아니한 일반택시운송사업에 이 제도를 적용하는 것은 규율의 필요성에 따른 합리적인 차별이어서 평등원칙에도 위반되지 아니한다(헌재 2009.9.24, 2008헌바75).

118 가맹점사업자에게 가맹점운영권을 부여하는 사업자인 가맹본부가 가맹희망자에게 제공하기 위한 정보공개서에 차액가맹금과 관련된 정보 등을 기재하도록 한 '가맹사업거래의 공정화에 관한 법률(이하 '가맹사업법'이라 한다) 시행령' 제4조 제1항 별표 1 중 제5호 나목 2) 및 제6호 가목이 가맹본부 청구인들의 직업수행의 자유를 침해하는지 여부

[1] 심판대상조항이 법률유보원칙을 위배하여 가맹본부 청구인들의 직업수행의 자유를 침해하는지 여부: **소극**

가맹점을 운영할 경우 구매 강제품목은 중요한 사항이므로, 영업활동에 관한 조건에 해당하고, 그 품목에서 발생하게 되는 차액가맹금의 수취 여부나 거래 강제 등으로 가맹본부, 가맹본부의 특수관계인이 얻는 이익은 영업활동에 관한

기출 OX

01 택시운송사업자에게 운송수입금 전액 수납의무를 부과하는 것은 헌법 제126조에 의하여 원칙적으로 금지되는 기업 경영과 관련한 국가의 광범위한 감독과 통제 또는 관리에 해당되지 않는다. 23. 변시 ( )

정답 01 ○

조건으로 인하여 발생하는 차액가맹금 그 자체에 관한 정보 또는 차액가맹금과 유사한 성격을 지닌 금원에 대한 정보이므로, 궁극적으로는 가맹점사업자가 거래 강제 등에 따라 부담하게 되는 부담과 관련된다. 그렇다면, 이 또한 가맹사업법 제2조 제10호 마목의 '영업활동에 관한 조건과 제한'을 근거로 하여 규정할 수 있는 사항이다. 그렇다면, 심판대상조항은 법률유보원칙을 위배하여 가맹본부 청구인들의 직업수행의 자유를 침해한다고 볼 수 없다.

[2] 심판대상조항이 명확성원칙을 위배하여 가맹본부 청구인들의 직업수행의 자유를 침해하는지 여부: 소극

차액가맹금에 해당하는 '적정한 도매가격을 넘는 대가'란 가맹본부가 해당 가맹사업을 운영하는 과정에서 가맹본부가 가맹점사업자에게 가맹본부 또는 가맹본부가 지정한 자와 거래할 것을 강제 또는 권장하여 공급받는 품목과 관련하여 얻는 이익을 의미한다고 할 것이므로, '적정한 도매가격'이 불명확하여 법집행 당국이 차액가맹금과 관련하여 자의적인 법해석 또는 집행을 할 가능성이 있다고 볼 수 없다. 따라서 심판대상조항은 명확성원칙을 위배하여 가맹본부 청구인들의 직업수행의 자유를 침해한다고 볼 수 없다(헌재 2021.10.28, 2019헌마288).

119 보안거리에 저촉되는 화약류저장소에 대한 시설이전명령을 규정한 '총포·도검·화약류 등의 안전관리에 관한 법률' 제47조 제1항 제2호 중 '화약류설치자에 대한 시설의 이전' 부분(이하 '이 사건 명령조항'이라 한다)이 과잉금지원칙에 위반되어 영업의 자유를 침해하는지 여부: 소극

화약류가 폭발했을 때의 심대한 위험을 고려할 때, 공공의 안전 등을 위하여 일정한 시설로부터 상당한 거리를 두지 않은 화약류저장소에 대한 시설이전명령을 할 필요가 있다. 행정청은 개별 사안의 구체적 상황과 필요에 따라서 시설의 사용금지나 안전·방호를 위한 명령 등 여러 수단들 중에서 가장 적합한 명령을 하는 것이며, 그로 인한 영업손실 등에 대한 보상규정을 둘 것인지 여부는 입법자의 재량 영역에 속한다. 그렇다면 이 사건 명령조항이 영업의 자유를 침해한다고 볼 수 없다(헌재 2021.9.30, 2018헌바456).

120 안경사 면허를 가진 자연인에게만 안경업소의 개설 등을 할 수 있도록 한 것은 안경사들로만 구성된 법인 형태의 안경업소 개설까지 허용하지 않으므로 과잉금지원칙에 반하여 자연인 안경사와 법인의 직업의 자유를 침해하는지 여부: 소극

국민의 눈 건강과 관련된 국민보건의 중요성, 안경사 업무의 전문성, 안경사로 하여금 자신의 책임하에 고객과의 신뢰를 쌓으면서 안경사 업무를 수행하게 할 필요성 등을 고려할 때, 안경업소 개설은 그 업무를 담당할 자연인 안경사로 한정할 것이 요청된다. 법인 안경업소가 허용되면 영리추구 극대화를 위해 무면허자로 하여금 안경 조제·판매를 하게 하는 등의 문제가 발생할 가능성이 높아지고, 안경 조제·판매 서비스의 질이 하락할 우려가 있다. 또한 대규모 자본을 가진 비안경사들이 법인의 형태로 안경시장을 장악하여 개인 안경업소들이 폐업하면 안경사와 소비자간 신뢰관계 형성이 어려워지고, 독과점으로 인해 안경 구매비용이 상승할 수 있다. 반면 현행법에 의하더라도 안경사들은 협동조합, 가맹점 가입, 동업 등의 방법으로 법인의 안경업소 개설과 같은 조직화, 대형화 효과를 어느 정도 누릴 수 있다. 따라서 심판대상조항은 과잉금지원칙에 반하지 아니하여 자연인 안경사와 법인의 직업의 자유를 침해하지 아니한다(헌재 2021.6.24, 2017헌가31).

121 의료인으로 하여금 어떠한 명목으로도 둘 이상의 의료기관을 개설할 수 없도록 하고 이를 위반할 경우 형사처벌하는 것이 과잉금지원칙에 반하여 여러 개의 의료기관을 개설하고자 하는 의료인의 직업수행의 자유를 침해하는지: 소극

> 심판대상조항은 의료인의 의료기관 중복 개설을 허용할 경우 예상되는 폐해를 미리 방지하여 건전한 의료질서를 확립하고 궁극적으로는 국민의 건강을 보호·증진하기 위한 것으로 입법목적의 정당성이 인정된다. 의료인의 의료기관 중복 개설을 허용할 경우, 의료인의 역량이 분산되거나, 비의료인으로 하여금 의료행위를 하도록 하는 등 위법행위에 대한 유인이 증가할 우려가 있고, 국민의 생명·신체에 대한 위험이나 보건위생상 위해를 초래할 수 있다. 또한, 영리 추구가 의료의 주된 목적이 될 경우 의료서비스 수급의 불균형, 의료시장의 독과점 등 부작용이 발생할 우려가 있는바, 이를 사전에 방지할 필요가 있다. … 따라서 심판대상조항이 의료인의 직업수행의 자유를 침해한다고 볼 수 없다(헌재 2021.6.24, 2019헌바342).

122 세무사법 위반으로 벌금형을 받은 세무사의 등록을 필요적으로 취소하도록 한 세무사법 제7조 제2호 중 제4조 제10호의 '이 법에 따른 벌금의 형을 받은 자'에 관한 부분이 직업선택의 자유를 침해하는지 여부: 소극

> 심판대상조항으로 인해 세무사 등록이 취소된다 하더라도 영구적으로 세무사 활동이 불가능한 것이 아니라 그 벌금형의 집행이 끝나거나 집행을 받지 아니하기로 확정된 후 3년이 지난 때에는 다시 세무사로 등록하여 활동할 수 있다. 이와 같이 제한되는 사익에 비해 세무사 직무의 공정성 및 직업윤리의식의 유지, 원활한 세무행정의 수행 등 심판대상조항으로 인하여 달성되는 공익은 매우 중대하다 할 것이므로, 심판대상조항은 법익의 균형성도 충족하였다. 따라서 심판대상조항은 과잉금지원칙에 위반되지 아니하므로 세무사법 위반으로 벌금형을 선고받은 세무사의 직업선택의 자유를 침해하지 않는다(헌재 2021.10.28, 2020헌바221).

123 주류 판매업면허를 받은 자가 타인과 동업 경영을 하는 경우 관할 세무서장이 해당 주류 판매업자의 면허를 필요적으로 취소하도록 한 구 주세법 제15조 제2항 제10호가 주류 판매면허업자의 직업의 자유를 침해하는지 여부: 소극

> 주류는 국민건강에 미치는 영향이 크고, 국가의 재정에도 직접 영향을 미치는 것이기 때문에 다른 상품과는 달리 특별히 법률을 제정하여 주류의 제조 및 판매에 걸쳐 폭넓게 국가의 규제를 받도록 하고 있다. 심판대상조항은 주류 유통질서의 핵심이라고 할 수 있는 주류 판매면허업자가 면허 허가 범위를 넘어 사업을 운영하는 것을 제한함으로써, 주류 판매업면허 제도의 실효성을 확보하고자 마련된 것이다. 국가의 관리 감독에서 벗어난 판매업자의 등장으로 유통 질서가 왜곡되는 것을 방지하고 규제의 효용성을 담보하기 위하여 필요하므로, 면허의 필요적 취소를 과도한 제한이라고 볼 수 없다. 따라서 이 조항은 주류 판매면허업자의 직업의 자유를 침해하지 않는다(헌재 2021.4.29, 2020헌바328).

124 일반게임제공업자에 대해 게임물의 버튼 등 입력장치를 자동으로 조작하여 게임을 진행하는 장치 또는 소프트웨어(이하 '자동진행장치'라 한다)를 제공하거나 게임물 이용자가 이를 이용하게 하는 행위를 금지하는 '게임산업진흥에 관한 법률 시행령' 별표 2 제9호가 법률유보원칙을 위반하여 일반게임제공업자의 직업의 자유를 침해하는지 여부: 소극

> 심판대상조항으로 인해 일반게임제공업자인 청구인들은 자동진행장치를 게임물 이용자에게 제공하거나 이용하게 하는 영업방식이 제한될 뿐이므로 이로 인한 불

기출 OX

01 의료인으로 하여금 어떠한 명목으로도 둘 이상의 의료기관을 개설할 수 없도록 하고 이를 위반할 경우 형사처벌하는 것은 여러 개의 의료기관을 개설하고자 하는 의료인의 직업수행 방법을 제한하고 있다. 22. 국회 8급
( )

02 세무사법 위반으로 벌금형을 받은 세무사의 등록을 필요적으로 취소하도록 한 세무사법 조항은 벌금형의 집행이 끝나거나 집행을 받지 아니하기로 확정된 후 3년이 지난 때에 다시 세무사로 등록하여 활동할 수 있는 점 등에 비추어 볼 때 청구인의 직업선택의 자유를 침해하지 않는다. 22. 경찰간부
( )

정답 01 ○ 02 ○

이익이 크다고 보기는 어렵다. 청구인들의 기본권이 제한되는 정도는 심판대상조항을 통하여 달성하려는 게임물의 사행적 이용행위를 방지함으로써 건전한 게임문화를 확립하여 국민의 문화적 삶의 질을 향상시키고자 하는 공익에 비하여 중하다고 볼 수 없다. 따라서 심판대상조항은 법익의 균형성도 인정된다. 심판대상조항은 과잉금지원칙을 위반하여 일반게임제공업자인 청구인들의 직업의 자유를 침해한다고 볼 수 없다(헌재 2022.5.26, 2020헌마670, 705).

125 부동산등기법 제24조 제1항 제2호, 부동산등기규칙 제68조, 대법원 등기예규 '사용자등록절차에 관한 업무처리지침' 제1항, 대법원 등기예규 '전산정보처리조직에 의한 부동산등기신청에 관한 업무처리지침' 제4. 가.항이 부동산등기법의 기본 원칙인 출석주의를 훼손하고, 금융기관에 특혜를 부여함으로써 법무사인 청구인들의 직업선택의 자유를 침해하는지: 소극

출석주의를 완화함으로써 무자격 등기 브로커에 의한 무차별적 등기가 가능하게 되어 전문자격자인 청구인들의 직업에 대한 신뢰가 훼손됨으로써 직업선택의 자유가 침해된다는 취지의 주장도 하나, 이 사건 규칙조항과 사용자등록 지침조항은 무자격 등기 브로커에 의한 등기신청을 허용하는 규정이 아니다. 무자격 브로커에 의한 등기신청의 대리 등 관련 업무의 취급은 법무사법 제3조 제1항에 의해 금지되고, 제74조에 의해 형사처벌 대상이 된다. 이 사건 규칙조항과 사용자등록 지침조항에 의한 사실상의 효과로서 무자격 등기 브로커에 의한 등기가 만연하게 된다거나 그로 인해 청구인들의 직업에 대한 신뢰가 훼손될 수 있다는 것은 막연한 가능성의 주장일 뿐이므로, 그로 인해 청구인들의 직업선택의 자유가 침해될 가능성까지 인정할 수는 없다. 따라서 이 사건 규칙조항과 사용자등록 지침조항이 청구인들의 직업선택의 자유를 침해할 가능성이 있다고 보기 어렵다(헌재 2021.12.23, 2018헌마49).

126 최저임금의 적용을 위하여 주(週) 단위로 정해진 비교대상 임금을 시간에 대한 임금으로 환산할 때, 1주 동안의 소정근로시간 수와 법정 주휴시간 수를 합산한 시간 수로 해당 임금을 나누도록 하는 규정이 사용자의 직업의 자유를 침해하는지 여부: 소극

비교대상 임금에는 주휴수당이 포함되어 있고, 주휴수당은 근로기준법에 따라 주휴시간에 대하여 당연히 지급해야 하는 임금이라는 점을 감안하면, 비교대상 임금을 시간급으로 환산할 때 소정근로시간 수 외에 법정 주휴시간 수까지 포함하여 나누도록 하는 것은 그 합리성을 수긍할 수 있다. 근로기준법이 근로자에게 유급 주휴일을 보장하도록 하고 있다는 점을 고려할 때, 소정근로시간 수와 법정 주휴시간 수 모두에 대하여 시간급 최저임금액 이상을 지급하도록 하는 것이 그 자체로 사용자에게 지나치게 가혹하다고 보기는 어렵다. 따라서 이 사건 시행령조항은 과잉금지원칙에 위배되어 사용자의 계약의 자유 및 직업의 자유를 침해한다고 볼 수 없다(헌재 2020.6.25, 2019헌마15).

127 주방에서 발생하는 음식물 찌꺼기 등을 분쇄하여 오수와 함께 배출하는 주방용오물분쇄기의 판매와 사용을 금지하는 환경부고시 주방용오물분쇄기의 판매·사용금지의 규정이 주방용오물분쇄기를 사용하거나 판매하려는 사람들의 직업의 자유를 침해하는지 여부: 소극

주방용오물분쇄기의 판매·사용을 금지하여 분쇄된 음식물 찌꺼기 등이 하수도로 배출되는 것을 막는 것은 수질오염 방지라는 입법목적을 달성하는 적절한 수단이므로, 목적의 정당성 및 수단의 적절성이 인정된다. 심판대상조항으로 인하여 하

수의 수질 악화를 막아 공공수역의 수질오염을 방지할 수 있으므로 달성되는 공익은 중대하다. 반면 청구인들은 주방용오물분쇄기를 사용하거나 판매하지 못하는 불이익을 받지만, 이를 사용하지 못하더라도 많은 지역에서 전자태그(RFID), 칩(스티커), 종량제봉투 방식 등으로 음식물류 폐기물을 거점수거용기에 수시로 배출할 수 있고, 수시 배출이 어려운 지역에서는 배출일까지 음식물류 폐기물의 부패나 해충 발생을 막기 위해 가정에서 건조·냉동 등 방식의 음식물쓰레기처리기를 사용할 수 있으며, 나아가 위 환경부고시에서 정한 감량분쇄기를 사용·판매하는 것 또한 가능하므로, 그 불이익이 감수할 수 없을 정도로 크다고 보기 어렵다. 따라서 심판대상조항으로 인하여 제한되는 사익이 달성되는 공익보다 크다고 할 수 없으므로, 법익의 균형성의 원칙도 충족한다. 심판대상조항은 과잉금지원칙에 위반하여 청구인들의 일반적 행동자유권, 직업의 자유를 침해하지 않는다(헌재 2018.6.28, 2016헌마1151).

128 '사업용 자동차, 사업용 화물자동차, 음식판매자동차'에 해당하지 않는 자동차의 외부에는 '소유자의 성명·명칭·주소·업소명·전화번호, 자기의 상표 또는 상징형 도안'만 표시할 수 있도록 규정한 구 '옥외광고물 등의 관리와 옥외광고산업 진흥에 관한 법률 시행령' 제19조 제5항 제2호 중 제1항부터 제4항까지의 규정에 따른 교통수단 외의 교통수단 가운데 자동차에 관한 부분이 청구인의 직업의 자유를 침해하는지 여부: 소극

심판대상조항이 자기광고 여부와 자동차의 종류를 구분하여 규제의 기준으로 삼은 것은, 타인광고가 자유롭게 허용될 경우 모든 자동차가 기업광고용 자동차로 이용될 수 있어 광고물이 범람할 위험이 커지는 점, 비사업용 자동차는 등록자동차의 대부분을 차지하며 사업용 자동차등에 비하여 주거지역 등 국민의 생활환경에 보다 밀접한 곳에서 운행 및 주차되는 경우가 많으므로 현시점에서 비사업용 자동차의 타인광고를 전면 허용할 경우 국민의 쾌적한 삶에 미치는 영향이 더욱 클 수 있는 점 등을 고려하여, 자동차 이용 광고물의 양을 도로교통의 안전과 도시미관을 해치지 않는 적정한 수준으로 제한하고자 한 것이다. 그로 인하여, 청구인이 비사업용 자동차의 타인광고를 전제로 한 사업까지 자유로이 영위할 수 없는 결과에 이른다 하더라도 이를 과도한 제한이라 보기는 어렵다. 또한, 자동차 이용 광고물의 범람을 억제함으로써 도로안전과 도시미관을 확보하여 국민의 안전하고 쾌적한 삶을 보장하고자 하는 공익은 매우 중대하다 할 것이므로, 제한되는 사익이 심판대상조항을 통해 달성하고자 하는 공익에 비하여 우월하다고 단정할 수도 없다.

따라서 심판대상조항은 과잉금지원칙을 위반하여 청구인의 직업의 자유를 침해하지 않는다(헌재 2022.1.27, 2019헌마327).

129 아동학대관련범죄로 벌금형이 확정된 날부터 10년이 지나지 아니한 사람은 어린이집을 설치·운영하거나 어린이집에 근무할 수 없도록 한 것이 직업의 자유를 침해하는지 여부: 적극 [위헌]

아동학대관련범죄전력자에 대해 범죄전력만으로 장래에 동일한 유형의 범죄를 다시 저지를 것이라고 단정하기는 어려움에도 불구하고, 심판대상조항은 오직 아동학대관련범죄전력에 기초해 10년이라는 기간 동안 일률적으로 취업제한의 제재를 부과하는 점, 이 기간 내에는 취업제한 대상자가 그러한 제재로부터 벗어날 수 있는 어떠한 기회도 존재하지 않는 점, 재범의 위험성에 대한 사회적 차원의 대처가 필요하다 해도 개별 범죄행위의 태양을 고려한 위험의 경중에 대한 판단이 있어야 하는 점 등에 비추어 볼 때, 심판대상조항은 침해의 최소성 요건을 충족했다고 보

기 어렵다. 심판대상조항은 일률적으로 10년의 취업제한을 부과한다는 점에서 죄질이 가볍고 재범의 위험성이 낮은 범죄전력자들에게 지나치게 가혹한 제한이 될 수 있어, 그것이 달성하려는 공익의 무게에도 불구하고 법익의 균형성 요건을 충족하지 못한다. 따라서 심판대상조항은 과잉금지원칙에 위배되어 직업선택의 자유를 침해한다(헌재 2022.9.29, 2019헌마813).

130 변호사 광고의 내용, 방법 등을 규제하는 대한변호사협회의 '변호사 광고에 관한 규정'(변협 규정 제44호)이 표현의 자유와 직업의 자유를 침해하는지 여부: 적극 [위헌]
[1] 유권해석위반 광고금지규정이 법률유보원칙에 위반되는지 여부: 적극
유권해석위반 광고금지규정은 수권법률로부터 위임된 범위 내에서 명확하게 규율 범위를 정하고 있다고 보기 어려우므로, 법률유보원칙에 위반되어 청구인들의 표현의 자유, 직업의 자유를 침해한다.

[2] 대가수수 광고금지규정이 과잉금지원칙에 위반되는지 여부: 적극
대가수수 광고금지규정은 과잉금지원칙에 위배되어 청구인들의 표현의 자유와 직업의 자유를 침해한다(헌재 2022.5.26, 2021헌마619).

131 다른 사람에게 자기의 건설업 등록증을 빌려준 경우 건설업 등록을 필요적으로 말소하도록 하는 것이 직업의 자유를 침해하는지 여부: 소극 [합헌]
건설업 등록제도는, 건설업자로 하여금 적정한 시공을 담보할 수 있는 최소한의 요건을 갖추도록 하여, 부실공사를 방지하고 국민의 생명과 재산을 보호하고자 하는 것이다. 건설업 등록증 대여 행위는 이러한 등록제도의 취지를 형해화하는 것이고, 그 결과 건설공사의 적정한 시공과 시설물을 안전에 위험을 야기하여 국민의 생명·재산에 돌이킬 수 없는 손해를 초래할 수 있으므로, 임의적 등록말소만으로 이러한 위험을 충분히 방지할 수 있다고 단정하기 어렵다. 또한 건설산업기본법은 등록말소 후에도 일정기간이 경과하면 다시 건설업 등록이 가능하도록 하며, 등록말소 전 도급계약을 체결하거나 이미 착공한 건설공사는 등록말소에도 불구하고 계속 시공할 수 있도록 함으로써 불이익을 최소화하고 있다. 따라서 심판대상조항은 과잉금지원칙에 위배되어 직업의 자유를 침해한다고 할 수 없다(헌재 2023.2.23, 2019헌바196).

132 간행물 판매자에게 정가 판매 의무를 부과하고, 가격할인의 범위를 가격할인과 경제상의 이익을 합하여 정가의 15퍼센트 이하로 제한하는 출판문화산업 진흥법 제22조 제4항 및 제5항이 직업의 자유를 침해하는지 여부: 소극 [기각]
간행물 판매자는 이 사건 심판대상조항에 의해 영업상 가격을 자유롭게 책정할 수 없는 기본권의 제한을 받으나, 비가격적 서비스경쟁을 여전히 할 수 있고, 단기적 측면 및 가격 책정의 측면에서는 직업의 자유가 축소되는 면이 있으나 장기적 측면 및 시장 전체의 측면으로는 직업의 자유를 보장·확대하는 효과를 기대할 수 있으며, 이 사건 심판대상조항이 적용되지 않는 전자출판물 제공 방식을 선택할 수 있으므로, 이 사건 심판대상조항으로 인한 제한의 정도가 크지는 않다. 이 사건 심판대상조항은 과잉금지원칙에 위배되어 청구인의 직업의 자유를 침해한다고 할 수 없다(헌재 2023.7.20, 2020헌마104).

133 금고 이상의 형의 집행유예선고를 받고 그 유예기간 중에 있는 자는 특수경비원이 될 수 없다고 규정한 구 경비업법 규정이 과잉금지원칙에 위배하여 특수경비원의 직업의 자유를 침해하는지 여부: 소극 [기각]
심판대상조항은 특수경비원의 도덕성, 준법의식 등을 확보하고, 성실하고 공정한 직무수행을 위한 자질을 담보하여 국민의 신뢰를 제고하기 위한 것이므로, 입법목

적의 정당성 및 수단의 적합성이 인정된다. 법원이 범죄의 모든 정황을 고려하여 금고 이상의 형에 대한 집행유예의 판결을 하였다면 그와 같은 사실은 사회적 비난가능성이 결코 적지 아니함을 의미하고, 집행유예는 선고유예보다 범죄의 죄질 및 범정이 훨씬 중한 사유이므로, 범죄의 유형 등을 한정하지 아니하였다는 이유로 특수경비원의 직업의 자유를 과도하게 제한한다고 보기 어렵다. 심판대상조항은 범죄행위로 금고 이상의 형의 집행유예를 선고받은 경우 특수경비원의 신분을 영원히 박탈하는 것이 아니라 집행유예기간 동안만을 결격사유로 규정하고 있고, 그 기간은 개인이 받는 형벌의 정도에 따라 달리 정해지므로, 기본권침해를 최소화하고 있다. 따라서 심판대상조항은 과잉금지원칙에 반하여 특수경비원의 직업의 자유를 침해하지 않는다(헌재 2023.6.29, 2021헌마157).

134 문화체육관광부장관이 정부광고 업무를 한국언론진흥재단에 위탁하도록 한 것이 광고대행업에 종사하는 청구인들의 직업수행의 자유를 침해하는지 여부: 소극 [기각]
정부광고가 전체 국내 광고시장에서 차지하는 비중이 크지 않고, 정부기관등을 제외한 나머지 광고주들이 의뢰하는 광고는 이 사건 시행령조항의 적용을 받지 않으므로, 이 사건 시행령조항으로 인한 기본권제한의 정도는 제한적이다. 나아가 민간 광고 사업자들이 경우에 따라 한국언론진흥재단을 통하여 정부광고에 참여할 수 있는 길은 열려 있다. 그렇다면 이 사건 시행령조항으로 인하여 청구인들이 입는 불이익이 이 사건 시행령조항이 추구하는 공익에 비하여 크다고 보기 어렵다. 따라서 이 사건 시행령조항은 과잉금지원칙에 위배되어 청구인들의 직업수행의 자유를 침해한다고 볼 수 없다(헌재 2023.6.29, 2019헌마227).

135 동물약국 개설자가 수의사 또는 수산질병관리사의 처방전 없이 판매할 수 없는 동물용의약품을 규정한 '처방대상 동물용의약품 지정에 관한 규정'(2020.11.12. 농림축산식품부고시 제2020-90호로 개정된 것) 제3조가 동물약국 개설자인 청구인들의 직업수행의 자유를 침해하는지 여부: 소극 [기각]
  [1] 동물보호자인 청구인들의 심판청구: 부적법 [각하]
  심판대상조항은 '동물약국 개설자'를 그 직접적인 규율대상으로 하고 있으며, 동물보호자인 청구인들과 같은 동물용의약품 소비자는 직접적인 규율대상이 아닌 제3자에 불과하다.
  심판대상조항으로 인해 동물보호자인 청구인들은 수의사 또는 수산질병관리사(이하 '수의사 등'이라 한다)의 처방전 없이는 '동물약국 개설자'로부터 심판대상조항이 규정한 동물용의약품을 구매할 수 없게 되었는바, 이로 인한 불편함이나 경제적 부담은 간접적·사실적·경제적인 것에 지나지 않는다. 따라서 동물보호자인 청구인들의 심판청구는 기본권 침해의 자기관련성이 인정되지 아니하여 부적법하다.
  [2] 동물약국 개설자인 청구인들의 직업수행의 자유 침해 여부: 소극 [기각]
  심판대상조항의 입법목적은 수의사 등의 동물용의약품에 대한 전문지식을 통해 동물용의약품 오·남용 및 그로 인한 부작용 피해를 방지하여 동물복지의 향상을 도모함은 물론, 이를 통해 동물용의약품 오·남용에 따른 내성균 출현과 축산물의 약품 잔류 등을 예방하여 국민건강의 증진을 이루고자 함에 있으며 이러한 입법목적은 정당하며 필요최소한의 제한이다(헌재 2023.6.29, 2021헌마199).

136 허가된 어업의 어획효과를 높이기 위하여 다른 어업의 도움을 받아 조업활동을 하는 행위를 금지(공조조업금지)한 수산자원관리법 제22조 제2호가 과잉금지원칙에 위배되어 직업수행의 자유를 침해하는지 여부: 소극 [합헌]
　심판대상조항은 어업허가를 부여할 때 고려한 어획능력을 훨씬 초과하여 매우 적극적인 형태의 어업이 이루어질 경우 발생할 수 있는 어업인들 사이의 분쟁을 예방하고, 어업인들 간의 균등한 자원 배분과 수산자원의 보호를 도모하기 위한 것으로, 수산자원관리법상의 수산자원 포획·채취 금지 기간 또는 금지 체장의 설정, 총허용어획량제도의 실시만으로는 수산자원의 남획을 방지하거나 감소된 수산자원의 회복을 위한 충분한 대책이 될 수 없고, 심판대상조항이 신설된 때로부터 30년이 지났음에도 여전히 지속적·반복적으로 위반행위를 한 사례들이 다수 적발되고 있는 점 등을 고려할 때 과잉금지원칙에 위배되어 직업수행의 자유를 침해하지 아니한다(헌재 2023.5.25, 2020헌바604).

137 어린이집 원장 또는 보육교사가 아동학대관련범죄로 처벌을 받은 경우 행정청이 재량으로 그 자격을 취소할 수 있도록 정한 영유아보육법 제48조 제1항 제3호 중 '아동복지법 제17조 제5호를 위반하여 아동복지법 제71조 제1항 제2호에 따라 처벌받은 경우'에 관한 부분이 직업선택의 자유를 침해하는지 여부: 소극 [합헌]
　심판대상조항으로 실현하고자 하는 공익은 영유아를 건강하고 안전하게 보육하는 것으로서, 이로 인하여 어린이집 원장 또는 보육교사 자격을 취득하였던 사람이 그 자격을 취소당한 결과 일정 기간 어린이집에 근무하지 못하는 제한을 받더라도, 그 제한의 정도가 위 공익에 비하여 더 중대하다고 할 수 없다. 따라서 심판대상조항은 과잉금지원칙에 반하여 직업선택의 자유를 침해하지 아니한다(헌재 2023.5.25, 2021헌바234).

138 행정사로 하여금 그 사무소 소재지를 관할하는 특별시장·광역시장·특별자치시장·도지사·특별자치도지사(이하 '광역지방자치단체장'이라 한다)가 시행하는 연수교육을 받도록 하는 행정사법 제25조 제3항(이하 '심판대상조항'이라 한다)이 청구인의 직업의 자유를 침해하는지 여부: 소극 [기각]
　심판대상조항에 따라 연수교육을 받을 의무는 실제 행정사로서 업무를 수행하고 있는 사람에게만 부과되며, 장기간의 질병이나 노령 등 개인적 사유로 행정사 업무를 수행할 수 없는 경우는 휴업신고를 할 의무가 있는데, 휴업신고를 하면 해당 기간만큼 연수교육 이수 의무의 종기가 연장된다. 행정사법 시행령에 따르면, 연수교육 내용이 형식화하거나 부실화하지 않도록 하는 최소한의 장치가 마련되어 있다. 또한 다른 전문자격사에 대해서도 이와 유사한 교육이 의무화되어 있는 사정, 교육에 소요되는 시간이나 이수의 편의성 등을 고려하면 심판대상조항이 행정사에게만 과도한 기준을 설정하였다고 볼 수 없다. 따라서 심판대상조항은 과잉금지원칙에 위배되어 청구인의 직업의 자유를 침해하지 않는다(헌재 2023.3.23, 2021헌마50).

139 시설경비업을 허가받은 경비업자로 하여금 허가받은 경비업무 외의 업무에 경비원을 종사하게 하는 것을 금지하고, 이를 위반한 경비업자에 대한 허가를 취소하도록 정하고 있는 경비업법 제7조 제5항 중 '시설경비업무'에 관한 부분(이하 '이 사건 금지조항'이라 한다)과 경비업법 제19조 제1항 제2호 중 '시설경비업무'에 관한 부분(이하 '이 사건 취소조항'이라 하고, 위 조항들 모두를 '심판대상조항'이라 한다)이 시설경비업을 수행하는 경비업자의 직업의 자유를 침해하는지 여부: 적극 [헌법불합치]

심판대상조항은 시설경비업을 허가받은 경비업자로 하여금 허가받은 경비업무 외의 업무에 경비원을 종사하게 하는 것을 금지하고, 이를 위반한 경비업자에 대한 허가를 취소함으로써 시설경비업무에 종사하는 경비원으로 하여금 경비업무에 전념하게 하여 국민의 생명·신체 또는 재산에 대한 위험을 방지하고자 하는 것으로 입법목적의 정당성 및 수단의 적합성이 인정된다. 그러나 비경비업무의 수행이 경비업무의 전념성을 직접적으로 해하지 아니하는 경우가 있음에도 불구하고, 심판대상조항은 경비업무의 전념성이 훼손되는 정도를 고려하지 아니한 채 경비업자가 경비원으로 하여금 비경비업무에 종사하도록 하는 것을 일률적·전면적으로 금지하고, 경비업자가 허가받은 시설경비업무 외의 업무에 경비원을 종사하게 한 때에는 필요적으로 경비업의 허가를 취소하도록 규정하고 있는 점, 누구든지 경비원으로 하여금 경비업무의 범위를 벗어난 행위를 하게 하여서는 아니 된다며 이에 대한 제재를 규정하고 있는 경비업법 제15조의2 제2항, 제19조 제1항 제7호 등을 통해서도 경비업무의 전념성을 충분히 확보할 수 있는 점 등에 비추어 볼 때, 심판대상조항은 침해의 최소성에 위배되고, 경비업무의 전념성을 중대하게 훼손하지 않는 경우에도 경비원에게 비경비업무를 수행하도록 하면 허가받은 경비업 전체를 취소하도록 하여 경비업을 전부 영위할 수 없도록 하는 것은 법익의 균형성에도 반한다. 따라서 심판대상조항은 과잉금지원칙에 위반하여 시설경비업을 수행하는 경비업자의 직업의 자유를 침해한다(헌재 2023.3.23, 2020헌가19).

140 음주운전 금지규정을 위반하여 자동차를 운전한 사람이 다시 음주운전 금지규정을 위반하여 자동차를 운전해서 운전면허 정지사유에 해당된 경우 필요적으로 그의 운전면허를 취소하도록 한 것이 직업의 자유 및 일반적 행동자유권을 침해하는지 여부: 소극 [합헌]

[1] 헌재 2023.6.29. 2020헌바182등 결정은 취소조항을 통하여 반복된 음주운전을 교정하고자 하는 입법자의 판단을 수긍할 수 있고, 형벌의 경우와 달리 행정제재인 운전면허 취소처분이 필요적으로 부과된다고 하더라도 지나치다고 할 수 없다는 이유로, 취소조항은 과잉금지원칙에 위반되지 아니한다고 판단하였다. 위 선례의 판단은 이 사건에서도 그대로 타당하므로, 취소조항은 과잉금지원칙에 위반되지 아니한다.

[2] 반복적 음주운전에 대한 필요적 운전면허 취소제도는 2001년 6월 30일부터 시행된 도로교통법에 따라 도입되었으므로, 이때부터 반복적 음주운전이 운전자의 준법정신 결여의 지표로서 강화된 행정제재의 대상이 된다는 점이 공표되었다. 만약 기산점을 2001년 6월 30일보다 뒤의 시점으로 정한다면, 필요적 운전면허 취소제도에도 불구하고 음주운전으로 나아간 행위를 제대로 평가할 수 없다. 공익 달성을 위하여 시행 중인 제도가 충분치 못한 경우 강화된 조치가 도입될 수 있는데, 이로 인하여 사익의 제한이 강화되었더라도, 이러한 제한이 국민의 생명, 신체 및 재산을 보호하고 도로교통 안전을 확보한다는 공익보다 중요하다고 할 수 없다. 따라서 부칙조항은 과잉금지원칙에 위반되지 아니한다(헌재 2023.10.26, 2020헌바186).

141 생활폐기물 수집·운반 대행계약과 관련하여 뇌물공여, 사기 등 범죄를 범하여 일정한 형을 선고받은 자를 3년간 위 대행계약 대상에서 제외하도록 규정한 폐기물관리법 제14조 제8항 제7호가 직업의 자유를 침해하는지 여부: 소극 [합헌]
　대행계약과 관련하여 뇌물공여죄 등을 범하여 벌금 이상의 형을 선고받았거나, 사기죄 등을 범하여 벌금 300만원 이상의 형을 선고받은 경우라면, 생활폐기물 수집·운반 업무의 공정성 및 적정성을 매우 중대하게 침해하였다고 볼 수 있다. 나아가 생활폐기물 수집·운반 업무의 공공성이 높은 점, 대행자에게 지급되는 비용은 지방자치단체의 예산에서 지출되는 점, 그동안 지방자치단체와 대행자 간의 유착비리 등 문제점이 발생하였던 점 등을 고려하면, 심판대상조항이 위와 같은 형을 선고받은 경우에 대하여 재량의 여지없이 3년간 계약대상에서 제외되도록 규정하고 있다고 하더라도 이를 과도한 제재라고 보기는 어렵다.
　따라서 심판대상조항은 과잉금지원칙에 위배되어 청구인의 직업수행의 자유를 침해한다고 볼 수 없다(헌재 2023.12.21, 2020헌바189).

142 시장·군수·구청장이 지방자치단체의 조례로 정하는 바에 따라 일정한 구역을 지정·고시하여 가축의 사육을 제한할 수 있도록 한 '가축분뇨의 관리 및 이용에 관한 법률' 제8조 제1항이 직업수행의 자유를 침해하는지 여부: 소극 [합헌]
　심판대상조항은 가축사육에 따라 배출되는 환경오염물질 등으로 인하여 지역주민의 생활환경이나 상수원의 수질이 오염되는 것을 방지하기 위한 것이다. 가축사육으로 인한 오염물질 배출을 전적으로 차단할 수 있는 기술적 조치가 현재 존재하고 있다고 단정하기는 어려우므로, 가축의 사육 자체를 제한할 필요성이 인정되고, 오염물질의 환경에 대한 영향력의 정도는 가축의 사육이 이루어지는 장소와 관련성이 크므로 장소적 특성을 기준으로 생활환경이나 자연환경에 대한 위해 가능성이 큰 경우에 가축사육의 제한을 허용하는 심판대상조항의 제한은 부득이하다. 축산업에 종사하려는 사람들은 심판대상조항에 의하여 일정한 지역 내에서 가축사육을 제한받을 수 있으나 심판대상조항을 통하여 달성되는 국민의 생활환경 및 자연환경 보호의 공익은 제한되는 사익보다 더 중대하다. 심판대상조항은 과잉금지원칙에 위배되지 아니한다(헌재 2023.12.21, 2020헌바374).

143 고용보험 및 산재보험 보험사무를 대행할 수 있는 기관의 자격을 일정한 기준을 충족하는 단체 또는 법인, 공인노무사 또는 세무사로 한정하고 개인 공인회계사를 제외한 것이 직업수행의 자유를 침해하는지 여부: 소극 [기각]
　심판대상조항이 보험사무대행기관에 개인 공인회계사를 포함시키지 않은 것이 입법자의 형성재량을 벗어나 불합리하다고 보기는 어렵다. 나아가 회계법인은 공신력과 신용도가 높고 업무의 연속성이 단절될 우려가 적은 점에 비추어 볼 때, 보험사무대행기관에 회계법인을 포함하면서 개인 공인회계사를 포함시키지 않은 것 역시 불합리하다고 보기는 어렵다.
　따라서 심판대상조항이 보험사무대행기관의 범위에 개인 공인회계사를 포함하지 않았다고 하여 청구인들의 직업수행의 자유를 필요 이상으로 제한한다고 보기는 어려우므로, 심판대상조항은 침해의 최소성 요건을 충족한다. 심판대상조항은 과잉금지원칙에 위배되어 청구인들의 직업수행의 자유를 침해한다고 볼 수 없다(헌재 2024.2.28, 2020헌마139).

144 아파트 장기일반민간임대주택과 단기민간임대주택의 임대의무기간이 종료한 날 그 등록이 말소되도록 하는 것이 임대사업자의 직업의 자유를 침해하는지 여부: 소극 [기각]

정부가 2017.12.13. 발표한 '임대주택 등록 활성화 방안'을 통해 임대주택 등록을 유도한 후 부동산시장 과열 및 투기수요 가세로 시장불안이 가중되자 정부는 2018.9.13. '주택시장 안정대책'을 발표하여 임대사업자에 대한 과도한 세제혜택을 조정하고 이들에 대한 대출을 규제하는 방식으로 정책 방향을 변경하였다. 그럼에도 임대의무기간 동안 임대사업자 보유 아파트가 부동산 시장에 매물로 나오지 않아 매물부족에 따른 집값 상승의 부작용이 여전히 지적되고, 주택 임대차에서의 전월세 상한제와 계약갱신요구권 도입을 위한 입법 논의에 따라 민간임대주택법상 민간임대주택과 주택임대차보호법상 일반 임대주택 간 차별성이 희박해지자 관련 제도의 정합성 확보를 위한 기존 제도의 개편 필요성도 제기되었다. 따라서 단기민간임대주택 및 아파트 장기일반민간임대주택을 폐지하고 임대의무기간을 연장하는 등의 입법이 이루어질 수 있다는 점에 대하여 예측할 수 없었다고 보기 어렵다. 나아가 정부는 기존 임대사업자가 등록말소시점까지 안정적으로 임대사업을 유지할 수 있도록 '주택시장 안정 보완대책' 발표 후 등록하거나 장기일반민간임대주택으로 전환한 경우 등을 제외하고는 원칙적으로 종전 세제혜택을 유지하도록 하는 등 종전 임대사업자의 신뢰 손상의 정도를 완화하는 세제지원 보완조치를 마련하기도 하였다. 청구인들의 신뢰가 침해받는 정도는 임대주택제도의 개편 필요성, 주택시장 안정화 및 임차인의 장기적이고 안정적인 주거 환경 보장과 같은 공익에 비하여 크다고 할 수 없으므로 등록말소조항은 신뢰보호원칙에 반하여 청구인들의 직업의 자유를 침해하지 아니한다(헌재 2024. 2.28, 2020헌마1482).

145 안경사가 전자상거래 등을 통한 콘택트렌즈 판매를 금지하는 것이 직업수행의 자유를 침해하는지 여부: 소극 [합헌]

전자상거래 등을 통한 콘택트렌즈 거래가 허용된다면, 착용자의 시력 및 눈 건강 상태를 고려하지 않은 무분별한 콘택트렌즈 착용이 이뤄질 수 있고, 배송 과정에서 콘택트렌즈가 변질·오염될 가능성을 배제할 수 없으므로, 국민보건의 향상·증진이라는 심판대상조항의 입법목적이 달성되기 어려울 수 있다. 또한 안경사 아닌 자에 의한 콘택트렌즈 판매행위를 규제하기가 사실상 어려워지게 되고, 안경사로 하여금 소비자에게 콘택트렌즈의 사용방법, 유통기한 및 부작용에 관한 정보를 제공하도록 한 '의료기사 등에 관한 법률' 제12조 제7항의 취지가 관철되기도 어려워진다. 우리나라는 소비자의 안경업소 및 안경사에 대한 접근권이 상당히 보장되어 있어, 심판대상조항으로 인한 소비자의 불편이 과도하다고 보기도 어렵다. 따라서 심판대상조항이 과잉금지원칙에 위반하여 안경사의 직업수행의 자유를 침해한다고 볼 수 없다(헌재 2024.3.28, 2020헌가10).

146 국민권익위원회의 5급 이하 7급 이상의 일반직공무원에 대하여 퇴직일부터 3년간 취업을 제한한 공직자윤리법이 직업선택의 자유를 침해하는지 여부: 소극 [기각]

국민권익위원회 심사보호국은 부패관련 각종 신고를 직접 접수, 분류하고 처리하는 부서로서 업무의 공정성과 투명성을 확보하기 위하여서는 소속 공무원들의 재취업을 일정 기간 제한할 필요가 있다. 심판대상조항은 국민권익위원회 소속 공무원이라 하더라도 관할 공직자윤리위원회로부터 퇴직 전 5년 동안 소속되었던 부서의 업무와 취업심사대상기관 간에 밀접한 관련성이 없다는 확인을 받거나 취업 승인을 받은 때에는 예외적으로 취업이 가능하도록 규정하고 있는데, 취업을 원칙적으로 제한하지 아니하고 사후심사를 통하여 취업을 제한하거나 특정 이해충돌 행위만을 금지하여서는, 공직자가 재직 중 취업예정기관에 특혜를 부여하거나 퇴직 이후에 재직했던 부서에 부당한 영향력을 행사할 가능성을 방지하기 어렵다. 따라서 심판대상조항은 과잉금지원칙에 위배되어 청구인의 직업선택의 자유를 침해하지 않는다(헌재 2024.3.28, 2020헌마1527).

147 대형트롤어업의 허가를 할 때 동경 128도 이동수역에서 조업하여서는 아니 된다는 조건을 붙이도록 한 구 '어업의 허가 및 신고 등에 관한 규칙'이 직업수행의 자유를 침해하는지 여부: 소극 [기각]

대형트롤어업은 선복량(총톤수) 한계가 140톤으로 어구 전개판을 장착한 어선이 능동적으로 어구를 끌면서 수산동물을 포획하는 기술집약적이고 현대화된 어업으로, 타 어업에 비하여 어업규모와 어획강도가 월등한 편에 속하는 어업방식이다. 또한 살오징어는 동해안이 주 회유경로인데, 어획강도가 높은 대형트롤어업이 이를 과도하게 어획하게 되면 상대적으로 영세한 동해안 어업인들의 생계에 위협이 될 수 있다. 이에 동해안 어업인 등은 자원보호, 어업조정 등을 이유로 대형트롤어업의 동경 128도 이동수역 조업허가를 지속적으로 강력하게 반대하고 있는 상황이다. 이와 같이 연안어업이나 근해채낚기어업 등 다른 어업과의 상생 문제에 대한 사회적 합의가 부족한 상황에서 심판대상조항을 유지하기로 하는 행정청의 판단이 현저히 불합리하다고 보기는 어렵다. 총허용어획량 제도만으로는 수산자원의 보호나 감소된 수산자원의 회복이라는 입법목적을 달성하는 데에 한계가 있다. 이상의 내용을 종합하면, 심판대상조항은 침해의 최소성을 갖추었다. 청구인들이 영위하는 대형트롤어업이 근래 급변하는 어장환경 등으로 인하여 어려운 상황에 직면하여 있는 것은 사실이지만, 심판대상조항으로 인하여 대형트롤어업 자체를 영위할 수 없게 되는 것은 아닌 점, 대형트롤어업의 어획량 감소 원인은 매우 복합적이어서 반드시 심판대상조항에만 기인한 것이라고 보기 어려운 점 등을 고려하면, 청구인들이 입는 불이익이 수산자원 보호나 국내 어업의 이해관계 조정이라는 공익보다 크다고 볼 수 없다. 그러므로 심판대상조항은 법익의 균형성을 갖추었다. 따라서 심판대상조항은 과잉금지원칙에 반하여 청구인들의 직업수행의 자유를 침해한다고 보기 어렵다(헌재 2024.7.18, 2021헌마533).

148 강제추행죄로 벌금형이 확정된 체육지도자의 자격을 필요적으로 취소하도록 한 것이 직업선택의 자유를 침해하는지 여부: 소극 [합헌]

심판대상조항은 체육지도자 자격제도에 대한 공공의 신뢰를 보호하고 국민을 잠재적 성범죄로부터 보호하는 한편 건전한 스포츠 환경을 조성하기 위한 것이다. 강제추행죄는 상대방의 성적 자기결정권을 직접적으로 침해하는 범죄로 가해자에 대한 비난가능성이 높고, 범행의 내용이나 정도를 개별적으로 검토하여 임의적으로 자격을 취소하는 방법으로는 제도 운영의 투명성과 공정성을 기하기 어렵다. 일반 국민을 잠재적 성범죄로부터 보호할 필요성, 피해자의 효과적 대응이 어려운 전문체육분야의 특성 등을 고려하면, 체육지도자 자격의 필요적 취소에 관한 입법자의 판단이 현저히 불합리하다고 보기 어렵고, 법률에서 체육지도자 자격을 필요적으로 요구하는 분야 이외에는 체육지도자 자격이 취소되더라도 체육 종목 지도가 가능하므로, 이를 과도한 제한이라고 단정하기 어렵다. 또한 심판대상조항으로 인한 필요적 자격 취소의 불이익보다 체육활동을 하는 국민과 선수들을 보호하고 건전한 스포츠 환경을 조성하는 공익이 훨씬 더 중요하다. 따라서 심판대상조항은 과잉금지원칙에 위반하여 직업선택의 자유를 침해한다고 볼 수 없다(헌재 2024.8.29, 2023헌가10).

149 보조금수령자가 거짓이나 그 밖의 부정한 방법으로 보조금을 지급받은 사유로 '보조금 관리에 관한 법률' 제33조에 따라 보조금 반환명령을 1회 이상 받은 경우 중앙관서의 장으로 하여금 해당 보조금수령자를 소관 보조사업의 수행 대상에서 배제하도록 한 구 '보조금 관리에 관한 법률' 제31조의2 제2항 제1호 중 '보조금 반환명령을 받은 보조금수령자에 대한 소관 보조사업의 수행 대상 배제'에 관한 부분이 직업수행의 자유를 침해하는지 여부: 소극 [합헌]

> 심판대상조항은 국가가 교부하는 보조금 운용의 건전성 및 공정성과 보조사업의 충실한 이행을 확보하고 국가 재정의 손실을 막기 위한 것으로서 위와 같은 입법목적은 정당하고, 거짓이나 그 밖의 부정한 방법으로 보조금을 지급받은 보조금수령자를 향후 보조사업의 수행 대상에서 배제하는 것은 수단의 적합성도 인정된다. 심판대상조항이 그 수행 대상 배제기간의 상한을 두지 않은 것이 과도한 규제라고 보기는 어렵다. 이와 더불어 수행 대상 배제제도는 국가의 보조금 교부 대상 사업인 보조사업을 수행하는 것을 제한할 뿐인 점, '보조금 관리에 관한 법률'은 보조금을 부정 수급한 보조금수령자에 대한 제재수단으로 제재부가금 및 가산금의 부과·징수 제도(제33조의2 제1항 제2호, 제4항), 명단 공표 제도(제36조의2 제1항 제3호) 및 형벌(제40조 제1호)도 규정하고 있으나, 위의 각 제재는 위와 같은 입법목적을 달성하는 데 심판대상조항과 동등한 효과를 거둔다고 보기 어려운 점 등을 종합하여 볼 때, 심판대상조항은 피해의 최소성도 충족하고 있다.
> 거짓이나 그 밖의 부정한 방법으로 보조금을 지급받은 보조금수령자는 심판대상조항으로 인하여 국가의 보조금 교부 대상 보조사업을 수행하지 못하게 되는 불이익을 입을 수 있으나, 이러한 불이익은 보조금 예산의 낭비를 막고 국가 재정의 건전성을 확보한다는 공익에 비하여 중하다고 볼 수 없다. 따라서 심판대상조항은 법익의 균형성도 갖추고 있다. 그렇다면 심판대상조항은 과잉금지원칙을 위반하여 직업수행의 자유를 침해하지 아니한다(헌재 2025.1.23, 2021헌가35).

150 육계 또는 육용오리농가에 대해 일제 입식 및 출하를 준수하도록 하고 입식제한기간을 14일 미만으로 축소하지 않도록 한 구 '가축전염병 예방법 시행규칙'(입식제한조항)이 직업수행의 자유를 침해하는지 여부: 소극

> [1] 일제 입식 및 출하는 서로 다른 연령의 가금이 섞여 있을 때 발생할 수 있는 질병의 전파를 차단하고, 효율적으로 백신 관리를 할 수 있게 하며, 농장의 위생상태를 최적화하여 농장의 생산성을 향상시키고 질병으로 인한 손실을 예방하는 데에 기여한다. 또한 14일 이상의 입식제한기간을 준수하도록 한 것은 고병원성 조류인플루엔자 바이러스의 잠복기 등을 고려한 것으로 고병원성 조류인플루엔자의 발생 가능성을 줄이고 전염병 발생 시 신속한 대응을 할 수 있는 환경을 조성하게 한다. 더욱이 육계 및 육용오리농가는 일 년 내내 입식제한기간의 적용을 받는 것이 아니라 고병원성 조류인플루엔자 발생가능성이 높은 특정 시기에만 입식제한기간의 적용을 받게 된다. 따라서 입식제한조항은 과잉금지원칙에 위반되어 가축사육업자들의 직업수행의 자유를 침해하지 아니한다.
>
> [2] 방역기준의 위반이 국민의 생명과 재산에 미치는 영향을 고려할 때 1천만 원 이하의 과태료를 부과하는 것이 지나치게 과중하다고 볼 수 없고, 감액조항만으로는 방역기준의 의무이행확보수단으로서 충분하지 않기 때문에 감액조항 외에 과태료조항을 둔 것이 과잉제재라고 보기 어렵다. 따라서 과태료조항은 과잉금지원칙에 위반되어 가축사육업자들의 직업수행의 자유를 침해하지 아니한다(헌재 2025.1.23, 2021헌마1194).

151 음주운전으로 운전면허 정지처분을 받은 경우 필요적으로 택시운전자격을 취소하도록 규정한 것이 과잉금지원칙에 반하여 택시운수종사자의 직업선택의 자유를 침해하는지 여부: **소극 [합헌]**

심판대상조항은 여객운송사업이라는 공공성이 강한 서비스를 국민에게 제공함에 있어 안전운행의 확보와 운송서비스 향상을 도모하여 국민의 생명·신체와 재산을 보호하고, 도로교통에 관한 공공의 안전을 확보하고자 입법된 것으로 그 목적이 정당하다.

또한 음주운전을 한 택시운수종사자의 택시운전자격을 필요적으로 취소하는 것은 승객과 타인의 생명과 안전에 치명적인 위험을 초래할 수 있는 택시운수종사자의 음주운전을 방지하고, 부적격인 택시운수종사자를 택시 운전업무에서 배제함으로써 입법목적 달성에 기여할 수 있는 적합한 수단이다. 음주운전으로 운전면허가 정지된 경우 택시운전자격을 일정기간 정지하거나 임의적으로 취소할 수 있다고 규정하는 것만으로는 국민의 생명·신체와 재산을 보호하고 도로교통에 관한 공공의 안전을 확보하기 위한 입법목적을 달성하는데 충분하다고 단정하기 어렵고, 입법목적을 달성하면서도 덜 침익적인 다른 수단이 있다고 보기 부족하다. 따라서 심판대상조항은 침해의 최소성을 충족한다. 심판대상조항에 따라 택시운전자격이 취소되더라도 여객자동차법 제24조 제3항 제4호에 규정된 결격사유(자격시험일 전 3년간 운전면허 정지처분을 받은 사람)에 해당하는 기간이 지나면 다시 요건을 갖추어 위 자격을 취득할 수 있으므로 택시운수종사자가 받는 불이익은 제한적인 반면, 국민의 생명·신체 및 재산을 보호하고 일반 공중의 여객운송서비스 이용에 대한 불안감을 해소하며 도로교통에 관한 공공의 안전을 확보한다는 공익은 매우 중요하다. 따라서 법익의 균형성도 충족한다. 따라서 심판대상조항은 과잉금지원칙에 반하여 택시운수종사자의 직업선택의 자유를 침해하지 아니한다(헌재 2025. 1.23, 2023헌가17등).

152 개인택시운송사업자의 운전면허가 취소된 경우에는 개인택시운송사업면허를 취소하거나 사업정지를 명할 수 있도록 규정한 여객자동차 운수사업법 제85조 제1항이 직업의 자유 및 재산권을 침해하는지 여부: **소극 [합헌]**

심판대상조항은 개인택시운송사업자의 운전면허가 취소된 경우에는 개인택시운송사업면허를 취소하거나 사업정지를 명할 수 있도록 규정하고 있는바, 이 경우 해당 운송사업자는 개인택시운송사업을 영위할 수 없게 되므로 심판대상조항은 청구인의 직업의 자유를 제한한다.

개인택시운송사업면허는 양도·상속할 수 있는 재산적 가치가 있는 권리로서 헌법 제23조에 의하여 보장되는 재산권에 해당하므로, 심판대상조항은 청구인의 재산권도 제한한다. 사업자가 개인택시운송사업면허를 취득하기 위해서는 운전면허의 보유가 기본적인 전제조건이 되었던 것이므로, 운전면허가 취소되었음을 이유로 사업면허를 취소하더라도 개인택시운송사업자 입장에서 이를 예측할 수 없는 불이익이라고는 볼 수 없고, 개인택시운송사업면허취소의 경우에도 영구히 개인택시운송사업을 영위하지 못하는 것이 아니라 사업자는 다시 요건을 갖추어 개인택시운송사업면허를 취득할 수 있다. 따라서 침해의 최소성도 충족한다. 구 법률조항에 의하여 실현하고자 하는 공익은 개인택시의 안전운행 확보를 통한 국민의 생명·신체 및 재산의 보호로서 현대 대중교통에서 택시가 차지하는 비중에 비추어 볼 때 매우 중대한 법익인 점을 고려하면, 구 법률조항으로 인하여 개인택시운송사업자가 더 이상 개인택시운송사업을 영위하지 못하는 손해를 입는다고 하여도 이를 두고 침해되는 사익이 더 중대하다고 할 수는 없다. 따라서 구 법률조항은 법익의 균형성에도 위배되지 아니한다(헌재 2025.1.23, 2021헌바155).

153 음주운전으로 운전면허 정지처분을 받은 경우 필요적으로 택시운전자격을 취소하도록 규정한 것이 과잉금지원칙에 반하여 택시운수종사자의 직업선택의 자유를 침해하는지 여부: 소극 [합헌]

음주운전으로 운전면허가 정지된 경우 택시운전자격을 일정기간 정지하거나 임의적으로 취소할 수 있다고 규정하는 것만으로는 국민의 생명·신체와 재산을 보호하고 도로교통에 관한 공공의 안전을 확보하기 위한 입법목적을 달성하는데 충분하다고 단정하기 어렵고, 입법목적을 달성하면서도 덜 침익적인 다른 수단이 있다고 보기 부족하다. 따라서 심판대상조항은 침해의 최소성을 충족한다. 심판대상조항에 따라 택시운전자격이 취소되더라도 여객자동차법 제24조 제3항 제4호에 규정된 결격사유(자격시험일 전 3년간 운전면허 정지처분을 받은 사람)에 해당하는 기간이 지나면 다시 요건을 갖추어 위 자격을 취득할 수 있으므로 택시운수종사자가 받는 불이익은 제한적인 반면, 국민의 생명·신체 및 재산을 보호하고 일반 공중의 여객운송서비스 이용에 대한 불안감을 해소하며 도로교통에 관한 공공의 안전을 확보한다는 공익은 매우 중요하다. 따라서 법익의 균형성도 충족한다. 따라서 심판대상조항은 과잉금지원칙에 반하여 택시운수종사자의 직업선택의 자유를 침해하지 아니한다(헌재 2025.1.23, 2023헌가17등).

154 2회 이상 음주운전시 운전면허가 취소된 날부터 2년간 운전면허를 받을 수 없도록 정한 구 도로교통법이 직업의 자유를 침해하는지 여부: 소극 [기각]

행정청이 행정제재를 함에 있어 각 위반행위에 내재된 비난가능성의 내용과 정도를 일일이 판단하기가 쉽지 않다. 따라서 입법자가 음주운전 금지규정을 2회 이상 위반하여 운전면허가 취소된 사람의 운전면허 결격기간을 정함에 있어, 행정청이 과거 위반 전력과의 시간적 간격이나 음주운전 경위, 위반행위의 태양 및 혈중알코올농도 수준 등을 개별적으로 고려하도록 하지 않고 일률적으로 2년으로 정하였다고 하여 그것이 지나치다고 보기는 어렵다.

구체적 사안에 따라 결격조항이 규정하는 법률효과를 발생시키는 것이 지나치게 가혹하다고 판단하여 개별사건을 담당하는 검찰이 기소유예처분을 하는 경우나, 법원이 선고유예의 판결 또는 소년법상 보호처분결정을 하는 경우 결격조항의 요건을 갖추지 못하게 된다. 따라서 결격조항이 구체적 사안의 개별성과 특수성을 고려할 수 있는 가능성을 일체 배제하는 법률조항이라고 보기 어렵다. 따라서 결격조항은 침해의 최소성에 위반되지 않는다. 결격조항에 의해 자동차의 운전으로 생업을 영위하는 개인이 2년간 운전면허를 받을 수 없게 되는 사익의 제한이 가볍다고 볼 수는 없으나, 음주운전은 운전자 본인의 생명을 위협할 뿐만 아니라 무고한 타인의 생명을 앗아가고 그 가족의 삶을 파괴할 수 있는 중대 범죄로서 그로 인한 사회적 폐해가 심각하므로, 결격조항이 달성하려는 공익이 결격조항에 의해 제한되는 사익에 비해 결코 작다고 할 수 없으므로 법익의 균형성에 위반되지 않는다. 따라서 결격조항은 과잉금지원칙에 반하여 일반적 행동의 자유 및 직업의 자유를 침해하지 않는다(헌재 2025.6.27, 2022헌마1505 등).

155 아동·청소년에 대한 위계에 의한 추행죄로 금고 이상의 형의 집행유예를 선고받은 경우 택시운전자격을 필요적으로 취소하는 것이 직업선택의 자유를 침해하는지 여부: 소극 [합헌]

심판대상조항은 택시를 이용하는 국민을 성범죄 등으로부터 보호하고, 여객운송서비스 이용에 대한 불안감을 해소하며, 도로교통에 관한 공공의 안전을 확보하려는 조항으로서 그 입법목적이 정당하고, 수단의 적합성이 인정된다.

대중교통에서 택시가 차지하는 비중, 교통수단으로서 택시의 특수성, 심판대상조항에 규정된 범죄의 중대성, 해당 범죄로 금고 이상의 형의 집행유예를 선고받은 사람에 대한 사회적 비난가능성 등을 고려하면, 택시운전자격을 임의적으로 취소하는 것만으로는 입법목적을 달성하는 데 충분하다고 보기 어려우므로 침해의 최소성을 충족한다. 심판대상조항으로 택시운전자격이 취소되더라도 일정기간이 경과하면 다시 자격을 취득할 수 있어 침해되는 사익은 제한적인 반면에, 달성하려는 공익은 중요하므로 법익의 균형성도 충족한다. 따라서 심판대상조항이 과잉금지원칙에 반하여 택시운수종사자의 직업선택의 자유를 침해한다고 할 수 없다(헌재 2025.5.29, 2024헌바448).

156 제1종 환경영향평가업자가 2022.7.1.부터 1명 이상의 환경영향평가사를 두도록 규정한 환경영향평가법 시행령 제68조 제2항이 과잉금지원칙에 반하여 청구인들의 직업의 자유를 침해하는지 여부: 소극 [기각]

심판대상조항은 환경영향평가업 기술인력의 전문성을 확보하여 환경영향평가의 적정성과 충실성을 기하고자 하는 것으로서 그 목적이 정당하고, 일정 수준의 환경영향평가능력이 담보되는 환경영향평가사로 하여금 평가 업무를 총괄하도록 하는 것은 환경영향평가의 내실화를 위한 적합한 수단이다.

제2종이 아닌 제1종 환경영향평가업자만이 환경영향평가사 고용의무를 부담하는 점, 고용의무 불이행 시 위반 횟수에 따라 경고나 영업정지 등 임의적 규정에 따른 행정처분이 부과될 수 있을 뿐 환경영향평가사를 두지 않은 것만으로 곧바로 환경영향평가업의 등록이 취소되지 않는 점을 고려하면 입법자가 고용의무 부과의 범위 및 제재의 정도를 줄임으로써 기본권 제한을 최소화하였다고 평가할 수 있다. 나아가 제1종 환경영향평가업체 수와 환경영향평가사 합격자 수를 고려하면 제1종 환경영향평가업자가 환경영향평가사 고용의무를 이행할 수 있는 충분한 유예기간이 부여되었다고 평가할 수 있다. 이상을 종합하면 심판대상조항은 침해의 최소성을 충족한다. 환경영향평가업자는 환경영향평가사를 고용함에 따른 부담이 있을 수 있으나 그에 상응하는 전문적인 노동력을 얻을 수 있는 것이고, 고용의무를 불이행한다고 하여 곧바로 직업을 박탈당하는 수준의 불이익이 있다고 보이지 아니한다. 환경영향평가의 내실화를 통한 환경보전의 공익이 환경영향평가사 고용의무를 부담하는 데 따른 불이익보다 중대하므로, 심판대상조항은 법익의 균형성에 반하지 아니한다. 그러므로 심판대상조항은 과잉금지원칙에 반하여 청구인들의 직업의 자유를 침해하지 아니한다(헌재 2025.3.27, 2022헌마914등).

157 '특정범죄 가중처벌 등에 관한 법률' 제5조의9 제2항의 보복범죄를 범하여 징역형의 집행유예를 선고받은 자에 대하여 택시운전자격을 필요적으로 취소하는 '여객자동차 운수사업법' 택시운수종사자의 직업선택의 자유를 침해하는지 여부: 소극 [합헌]

[1] '택시운전자격 취소조항'은 택시를 이용하는 국민을 범죄로부터 보호하고, 시민들의 택시이용에 대한 불안감을 해소하며, 도로교통에 관한 공공의 안전을 확보하려는 조항으로서 그 입법목적이 정당하고, 수단의 적합성이 인정된다. 대중교통에서 택시가 차지하는 비중, 교통수단으로서 택시의 특수성, 보복범죄가 야기하는 법익침해의 중대성 및 해당 범죄로 금고 이상의 형의 집행유예를 선고받은 사람에 대한 사회적 비난가능성 등을 고려하면, 택시운전자격 취소조항은 침해의 최소성을 충족하고, 택시운전자격이 취소되더라도 일정기간이 경과하면 다시 자격을 취득할 수 있으므로 법익의 균형성도 충족한다. 따라서 택시운전자격 취소조항이 과잉금지원칙에 반하여 택시운수종사자의 직업선택의 자유를 침해한다고 할 수 없다.

[2] '개인택시면허 취소조항'은 국민에게 여객운송사업 서비스를 제공함에 있어 안전운행의 확보와 운송서비스 향상을 도모하여 궁극적으로 국민의 생명·신체와 재산을 보호하기 위한 조항으로서 그 입법목적이 정당하고, 수단의 적합성이 인정된다. '개인택시면허 취소조항'은 개인택시면허를 필요적으로 취소하도록 하는 규정이 아니라 임의적으로 취소할 수 있게 규정하고, 취소되는 경우에도 다시 요건을 갖추어 개인택시면허를 취득하는 것이 가능하므로, 침해의 최소성 및 법익의 균형성을 충족한다. 따라서 개인택시면허 취소조항이 과잉금지원칙에 반하여 개인택시운송사업자의 직업선택의 자유 및 재산권을 침해한다고 할 수 없다.

[3] '화물운송자격 취소조항'은 택배서비스사업과 같이 서비스 이용자의 주거 등을 직접 방문하는 방식으로 이루어지는 면대면의 화물운송 서비스에서 강력범죄로부터 국민을 보호하기 위하여 제정된 조항으로서 그 입법목적이 정당하고, 수단의 적합성이 인정된다. 국민 생활에서 택배서비스가 차지하는 비중, 보복범죄가 야기하는 법익침해의 중대성 및 해당 범죄로 금고 이상의 형의 집행유예를 선고받은 사람에 대한 사회적 비난가능성 등을 종합적으로 고려하면, '화물운송자격 취소조항'은 침해의 최소성을 충족하고, 화물운송자격이 취소되더라도 일정기간이 경과하면 다시 자격을 취득할 수 있으므로 법익의 균형성도 충족한다. 따라서 화물운송자격 취소조항이 과잉금지원칙에 반하여 화물운송종사자의 직업선택의 자유를 침해한다고 할 수 없다(헌재 2025.3.27, 2021헌바219).

158 근해자망어업의 허가를 받은 어업인에 대한 연중 살오징어포획금지가 직업의 자유 및 평등권을 침해하는지 여부: 소극 [기각]

최근 우리나라 해역에서 급감하는 살오징어 어획량 등을 고려하면, 청구인들이 입는 불이익이 수산자원 보호나 국내 어업의 이해관계 조정이라는 공익보다 크다고 볼 수 없다. 그러므로 심판대상조항은 법익의 균형성을 갖추었다. 그러므로 심판대상조항이 과잉금지원칙에 반하여 청구인들의 직업수행의 자유를 침해한다고 보기는 어렵다. 허가를 받은 시·도지사에 따라 주된 조업구역이 다른 것을 고려하여 살오징어 조업구역을 달리 규정하는 것은 합리성이 인정된다.

따라서 심판대상조항이 허가주체에 따라 살오징어 조업구역을 달리 정한 데에는 합리적 이유가 있다고 인정되므로, 심판대상조항은 청구인들의 평등권을 침해하지 아니한다(헌재 2025.7.17, 2022헌마344).

159 코로나19 검체 채취행위 중 '개인용 신속항원검사'는 비의료인도 할 수 있지만, '전문가용 신속항원검사'는 비의료인에게 금지하는 것이 직업의 자유와 일반적 행동의 자유를 침해하는지 여부: 소극 [합헌]

코로나19 검체 채취행위 중 비의료인에게 금지되는 의료행위는 '전문가용 신속항원검사'에 한정되며, '개인용 신속항원검사'는 비의료인도 자유롭게 할 수 있다. 개인용 신속항원검사는 비강도말물을 스스로 채취하여 검사하는 것으로서 단순히 면봉으로 콧속 안쪽 벽면을 문지르는 방법을 사용하여 위험성이 낮은 반면, 전문가용 신속항원검사는 멸균 면봉을 비인두 후면까지 이동시켜 그 부근 표면에서 수회 돌리는 방법으로 비인두도말물을 채취하여야 하므로 출혈 등의 위험성이 존재한다. 따라서 전문가용 신속항원검사는 의학 지식과 기능을 갖춘 의료인이 하지 아니하면 보건위생상 위해를 가져올 우려가 있으므로 의료행위에 포함되지 않는다고 보기 어렵다. 심판대상조항은 죄형법정주의의 명확성원칙에 위반되지 아니하고, 과잉금지원칙을 위반하여 직업의 자유와 일반적 행동의 자유를 침해하지 아니한다(헌재 2025.7.17, 2024헌바369).

제3절 소비자의 권리

01 의의

> **헌법 제124조** 국가는 건전한 소비행위를 계도하고 생산품의 품질향상을 촉구하기 위한 소비자보호운동을 법률이 정하는 바에 의하여 보장한다.

1. 개념
'소비자의 권리'란 소비자가 공정한 가격으로 양질의 상품이나 용역을 적절한 유통구조를 통하여 적절한 시기에 구입 또는 사용할 수 있는 권리를 말한다. 최근에는 자본주의경제에 있어서 소비자가 경제유형·산업구조 및 생산을 결정한다는 소비자주권론이 주장된다.

2. 연혁과 입법례
(1) 1962년 케네디 대통령이 의회에 보낸 '소비자의 권리보호에 관한 특별 교서'에서 소비자의 권리를 최초로 선언하였다.
(2) 1960년대 각국은 입법의 차원에서 소비자권익을 보호하려는 노력을 하였다.
(3) 우리나라는 1980년 제8차 개정헌법에서 '소비자보호운동조항'을 최초로 규정하였다. 04.법행

3. 근거
현행헌법은 소비자의 권리를 소비자보호운동의 보장 차원에서 규정하고 있을 뿐 기본권으로 명시하고 있지는 않다. 06.법행 비록 명문규정은 없으나 ① 이념적 근거규정으로 헌법 제10조, ② 직접적 근거규정으로 헌법 제124조, ③ 보완적 근거규정으로 헌법 제37조 제1항, ④ 간접적 근거규정으로 헌법 제23조 제1항, 제34조 제1항·제6항, 제36조 제3항, 제26조, 제30조 등을 소비자보호운동규정으로 들 수 있을 것이다.

02 법적 성격

소비자권리의 법적 성격을 자유권적 기본권 또는 사회적 기본권으로 보는 견해도 있으나, 여러 가지의 성격을 가진 **복합적 기본권**으로 보아야 할 것이다.

1. 자유권적 기본권의 성격
상품이나 용역의 자유로운 선택에 관하여 방해를 받지 아니하는 권리이다.

기출 OX

01 현행헌법은 소비자의 권리를 소비자보호운동의 보장 차원에서 규정하고 있을 뿐 기본권으로 명시하고 있지는 않다. 17.경찰승진 ( )

정답 01 ○

2. 경제적 기본권의 성격

양질의 상품이나 용역을 적절한 유통구조를 통하여 적절한 시기에 공정한 가격으로 구입 또는 사용함으로써 경제적 이익을 추구하는 권리이다.

3. 청구권적 기본권의 성격

소비자가 피해를 사전에 예방하거나 사후에 보상할 것을 청구할 수 있는 권리이다.

4. 사회적 기본권의 성격

양질의 상품이나 용역을 적절한 유통구조를 통하여 적절한 시기에 공정한 가격으로 구입 또는 사용함으로써 인간다운 생활을 영위할 수 있는 권리이다.

03 주체

소비자권리의 향유주체는 모든 소비자이므로, 소비자인 이상 자연인과 법인 및 내·외국인을 가리지 아니한다. 04·06. 법행

기출 OX
02 소비자의 권리는 내·외국인을 불문하고 그 주체가 될 수 있으나, 법인은 성질상 이를 향유할 수 없다. 06. 법행 ( )

04 내용

> **소비자기본법**
> **제1조【목적】** 이 법은 소비자의 권익을 증진하기 위하여 소비자의 권리와 책무, 국가·지방자치단체 및 사업자의 책무, 소비자단체의 역할 및 자유시장경제에서 소비자와 사업자 사이의 관계를 규정함과 아울러 소비자정책의 종합적 추진을 위한 기본적인 사항을 규정함으로써 소비생활의 향상과 국민경제의 발전에 이바지함을 목적으로 한다.
> **제4조【소비자의 기본적 권리】** 소비자는 다음 각 호의 기본적 권리를 가진다. 04·06. 법행
> 1. 물품 또는 용역(이하 "물품 등"이라 한다)으로 인한 생명·신체 또는 재산에 대한 위해로부터 보호받을 권리
> 2. 물품 등을 선택함에 있어서 필요한 지식 및 정보를 제공받을 권리
> 3. 물품 등을 사용함에 있어서 거래상대방·구입장소·가격 및 거래조건 등을 자유로이 선택할 권리
> 4. 소비생활에 영향을 주는 국가 및 지방자치단체의 정책과 사업자의 사업활동 등에 대하여 의견을 반영시킬 권리
> 5. 물품 등의 사용으로 인하여 입은 피해에 대하여 신속·공정한 절차에 따라 적절한 보상을 받을 권리
> 6. 합리적인 소비생활을 위하여 필요한 교육을 받을 권리
> 7. 소비자 스스로의 권익을 증진하기 위하여 단체를 조직하고 이를 통하여 활동할 수 있는 권리
> 8. 안전하고 쾌적한 소비생활환경에서 소비할 권리

정답 02 ×

1. 안전의 권리
모든 물품 및 용역으로 인한 생명·신체 및 재산상의 위해로부터 보호받을 권리를 말한다.

2. 알 권리
물품 및 용역을 선택함에 있어서 필요한 지식 및 정보를 제공받을 권리를 말한다.

기출 OX
01 소비자의 권리는 알 권리의 요소를 가지고 있다. 06.법행 ( )

3. 자유로운 선택권
물품 및 용역을 사용 또는 이용함에 있어서 거래의 상대방, 구입장소, 가격, 거래조건 등을 자유로이 선택할 권리를 말한다.

4. 의견반영권
소비생활에 영향을 주는 국가 및 지방자치단체의 정책과 사업자의 사업활동 등에 대하여 의견을 반영시킬 권리를 말한다.

5. 피해자보상청구권
물품 및 용역의 사용 또는 이용으로 인하여 입은 피해에 대하여 신속·공정한 절차에 의하여 적절한 보상을 받을 권리를 말한다.

6. 교육을 받을 권리
합리적인 소비생활을 영위하기 위하여 필요한 교육을 받을 권리를 말한다.

7. 단체조직·활동권
소비자 스스로의 권익을 옹호하기 위하여 단체를 조직하고, 이를 통하여 활동할 수 있는 권리를 말한다.

8. 환경권
안전하고 쾌적한 소비생활환경에서 소비할 권리를 말한다.

* **소비자불매운동:** '하나 또는 그 이상의 운동주도세력이 소비자의 권익을 향상시킬 목적으로 개별 소비자들로 하여금 시장에서 특정 상품의 구매를 억지하거나 제3자로 하여금 그렇게 하도록 설득하는 조직화된 행위'를 의미한다. 우선, 개별 소비자나 소비자단체가 **운동의 주체**인데, 2인 이상이 의사를 합치하여 조직적 활동을 벌인 것이라면 소비자보호법상 등록된 소비자단체에 한정되지 않으며, 잠재적으로 소비자가 될 가능성이 있다면 누구나 운동의 주체가 될 수 있다. **불매운동의 목표**로서의 '소비자의 권익'이란 원칙적으로 사업자가 제공하는 물품이나 용역의 소비생활과 관련된 것으로서 상품의 질이나 가격, 유통구조, 안전성 등 시장적 이익에 국한된다(헌재 2011.12.29. 2010헌바54 등). 17. 서울시, 20. 경찰승진·지방직

> **판례** | 헌법이 보장하는 소비자보호운동의 일환으로 행하여지는 소비자불매운동의 헌법적 허용한계 - 형법 제314조 위계에 의한 업무방해죄 사건 **[합헌]**
>
> [1] 형법 제314조 제1항 중 '제313조의 방법 중 기타 위계로써 또는 위력으로써 사람의 업무를 방해한 자' 부분 등이 죄형법정주의의 명확성원칙에 위배되는지 여부: **소극**
> 형법 제314조 제1항에서의 '위계'란 사람을 속이거나 유혹하거나 사람의 착오·부지를 이용하는 일체의 수단을 의미하고, '위력'은 사람의 의사의 자유를 제압, 혼란하게 할 만한 유형·무형의 일체의 세력을 의미하며, '업무'란 사람이 그 사회적 지위에 있어서 계속적으로 종사하는 사무 또는 사업을 의미하고, '방해'란 업무에 어떤 지장을 주거나 지장을 줄 위험을 발생하게 하는 것을 뜻한다. … 위 각 법률조항은

정답 01 ○

그 의미나 해석에 있어 건전한 상식과 통상적인 법감정을 가진 일반인으로서 능히 인식할 수 있고 법집행기관이나 법원의 해석에 의하여 합리적으로 보충될 수 있으므로, 명확성원칙에 위배되지 아니한다.

[2] 헌법이 보장하는 소비자보호운동의 일환으로 행하여지는 소비자불매운동*이 헌법적 허용한계를 가지는지 여부: 적극 17. 서울시, 18. 법행·국가직

헌법 제124조는 "국가는 건전한 소비행위를 계도하고 생산품의 품질향상을 촉구하기 위한 소비자보호운동을 법률이 정하는 바에 의하여 보장한다."고 규정하고 있는 바, 헌법이 보장하는 **소비자보호운동이란 '공정한 가격으로 양질의 상품 또는 용역을 적절한 유통구조를 통하여 적절한 시기에 안전하게 구입하거나 사용할 소비자의 제반 권익을 증진할 목적으로 이루어지는 구체적 활동'**을 의미한다. 위 소비자보호운동의 일환으로서, 구매력을 무기로 소비자가 자신의 선호를 시장에 실질적으로 반영하려는 시도인 **소비자불매운동은 모든 경우에 있어서 그 정당성이 인정될 수는 없고, 헌법이나 법률의 규정에 비추어 정당하다고 평가되는 범위에 해당하는 경우에만 형사책임이나 민사책임이 면제된다고 할 수 있다.** 우선, ① 객관적으로 진실한 사실을 기초로 행하여져야 하고, ② 소비자불매운동에 참여하는 소비자의 의사결정의 자유가 보장되어야 하며, ③ 불매운동을 하는 과정에서 폭행, 협박, 기물파손 등 위법한 수단이 동원되지 않아야 하고, ④ 특히 물품 등의 공급자나 사업자 이외의 제3자를 상대로 불매운동을 벌일 경우 그 경위나 과정에서 제3자의 영업의 자유 등 권리를 부당하게 침해하지 않을 것이 요구된다. 이 경우 제3자의 정당한 영업의 자유 기타 권리를 부당하게 제한하거나 위축시키는지 여부는 불매운동의 취지나 목적, 성격에 비추어 볼 때, 제3자를 불매운동대상으로 선택하여야 할 필요성이 있었는지, 또한 제3자를 대상으로 이루어진 불매운동의 내용과 그 경위 및 정도와 사이에 긴밀한 상관관계가 존재하는지를 기준으로 결정될 수 있을 것이다.

[3] 소비자들이 집단적으로 벌이는 소비자불매운동에 위 법률조항들을 적용하는 것이 헌법이 소비자보호운동을 보장하는 취지에 반하는지 여부: 소극 18. 법행

헌법이 보장하는 소비자보호운동에도 위에서 본 바와 같은 헌법적 허용한계가 분명히 존재하는 이상, 헌법이 보장하는 근로3권의 내재적 한계를 넘어선 쟁의행위가 형사책임 및 민사책임을 면할 수 없는 것과 마찬가지로, 헌법과 법률이 보장하고 있는 한계를 넘어선 소비자불매운동 역시 정당성을 결여한 것으로서 정당행위 기타 다른 이유로 위법성이 조각되지 않는 한 업무방해죄로 형사처벌할 수 있다고 할 것이다. 따라서 집단적으로 이루어진 소비자불매운동 중 정당한 헌법적 허용한계를 벗어나 타인의 업무를 방해하는 결과를 가져오기에 충분한 집단적 행위를 처벌하는 형법 제314조 제1항 중 '제313조의 방법 중 기타 위계 또는 위력으로써 사람의 업무를 방해한 자' 부분, 형법 제30조 자체는 소비자보호운동을 보장하는 헌법의 취지에 반하지 않는다.

마찬가지 이유로, 정당한 헌법적 허용한계를 벗어나 상대방으로 하여금 공포심을 일으켜 의사결정에 영향을 미칠 수 있을 정도의 해악을 고지하여 의무 없는 일을 강요하였거나 공갈하여 타인의 재산 또는 재산상의 이익을 취득하였다고 평가하기에 충분한 소비자불매운동행위를 처벌하는 형법 제324조 중 '협박으로 사람의 권리행사를 방해하거나 의무 없는 일을 하게 한 자' 부분, 제350조 역시 소비자보호운동을 보장하는 헌법의 취지에 반한다고 할 수 없다(헌재 2011.12.29, 2010헌바54 등).

기출 OX

02 소비자불매운동은 헌법이나 법률의 규정에 비추어 정당하다고 평가되는 범위를 벗어날 경우에는 형사책임이나 민사책임을 피할 수 없다. 17. 서울시 ( )

03 소비자불매운동은 모든 경우에 있어서 그 정당성이 인정될 수는 없고, 헌법이나 법률의 규정에 비추어 정당하다고 평가되는 범위에 해당하는 경우에만 형사책임이나 민사책임이 면제된다. 16. 경찰승진 ( )

04 소비자불매운동이란 하나 또는 그 이상의 운동주도세력이 소비자의 권익을 향상시킬 목적으로 개별 소비자들로 하여금 시장에서 특정 상품의 구매를 억지하거나 제3자로 하여금 그렇게 하도록 설득하는 조직화된 행위를 의미한다. 17. 서울시 ( )

05 불매운동의 목표로서 '소비자의 권익'이란 원칙적으로 사업자가 제공하는 물품이나 용역의 소비생활과 관련된 것으로서 상품의 질이나 가격, 유통구조, 안전성 등 시장적 이익에 국한된다. 20. 경찰승진 ( )

정답 02 ○ 03 ○ 04 ○ 05 ○

05 효력

1. 대국가적 효력
소비자의 권리는 원칙적으로 국가 및 지방자치단체 등 모든 국가권력을 구속한다.

2. 대사인적 효력
소비자권리의 상대방은 필연적으로 사업자일 수밖에 없다는 점에서 소비자의 권리는 사인간에도 당연히 적용된다.

06 침해와 구제

1. 공권력에 의한 침해와 구제
국가나 지방자치단체에 의하여 소비자의 권리가 침해된 경우에는 청원권, 국가배상청구권 또는 행정소송이나 헌법소원을 제기함으로써 피해구제를 받을 수 있다.

2. 사인에 의한 침해와 구제
소비자는 물품 등의 사용으로 인한 피해의 구제를 한국소비자원에 신청할 수 있음(소비자기본법 제55조 제1항)은 물론, 민사소송을 제기하여 구제받을 수도 있다.

police.Hackers.com

제5장 정치적 기본권

제1절 개설

1. 정치적 자유권은 언론·출판·집회·결사의 자유를 내용으로 하는 정치적 표현의 자유(헌법 제21조), 정당가입·활동·탈퇴의 자유를 내용으로 하는 정당의 자유(헌법 제8조), 그리고 투표의 자유, 입후보의 자유 및 선거운동의 자유를 그 내용으로 한다.

2. 종래 정치적 기본권은 헌법 제24조(공무원선거권)와 제25조(공무담임권) 및 그 밖에 제72조, 제130조(국민투표권)가 규정하는 이른바 '참정권'만을 의미하는 것으로 보았다. 그러나 오늘날 정치적 기본권은 국민이 정치적 의사를 자유롭게 표현하고, 국가의 정치적 의사형성에 참여하는 정치적 활동을 총칭하는 것으로 넓게 인식하고 있다. 정치적 자유권이란 국가권력의 간섭이나 통제를 받지 아니하고, 자유롭게 정치적 의사를 형성·발표할 수 있는 자유라고 할 수 있다. 이러한 정치적 자유권은 정치적 의사를 자유롭게 표현하고, 자발적으로 정당에 가입하고 활동하며, 자유롭게 선거운동을 할 수 있는 것을 주된 내용으로 한다(헌재 2004.3.25, 2001헌마710).

제2절 참정권

01 의의

참정권은 국민이 국가의 의사형성 또는 정책결정에 직접 참여하는 권리(직접참정권) 또는 선거인단의 구성원으로서 선거에 참여하거나 자신이 공무원으로 선임될 수 있는 권리(간접참정권)를 말한다. 참정권은 국민주권원리를 구체화하는 기본권이다. 04. 국회직

02 법적 성격

1. 실정권

참정권은 자연법적 권리가 아니고 실정법상의 권리이다. 따라서 연령 등 자격요건을 합리적인 범위 내에서 법률로써 강화하거나 완화할 수 있다.

기출 OX

01 참정권이란 국민이 국가의 의사형성에 참여하거나 국가기관의 구성원으로 선임될 수 있는 권리이다. 05. 법행
( )

정답 01 ○

2. 일신전속적 권리
참정권은 일신전속적 권리로서 대리행사는 인정되지 않는다.

3. 의무인지 여부
참정권은 권리인 동시에 의무로서의 성격도 아울러 가지고 있는 것인지 여부가 문제된다. 참정권은 헌법에 기본권의 하나로 선언되어 있다는 점, 선거권이나 투표권의 행사·불행사가 법적으로는 자유인 점, 그 불행사에 대하여 실정법상 제재규정이 없다는 점에서 권리로서의 성질만을 가질 뿐 법적 의미에서의 의무성을 가지는 것은 아니라고 본다.

기출 OX

02 참정권은 일신전속적 권리이므로 대리행사가 인정되지 아니한다.
04. 국회직 ( )

03 주체

참정권은 자연인의 권리이므로 법인은 그 주체가 될 수 없으며, 그 향유주체는 국민이고, 외국인은 원칙적으로 그 주체가 될 수 없다.

03 참정권은 자연인의 권리이므로 법인은 그 주체가 될 수 없다. 04. 국회직
( )

04 내용

1. 직접참정권

(1) 국민발안권
① **개념**: '국민발안권'이란 국민이 헌법개정안이나 법률안을 제안할 수 있는 권리이다.
② **유형**
  ㉠ 국민이 직접 법안의 조문까지 작성하여 제안하는 유형
  ㉡ 의회에 대하여 일정한 내용의 법안을 작성할 것을 요구하는 유형
③ **국민입법제**: 국민입법제란 국민이 법안의 구체적이고 세부적인 내용까지 직접 작성하여 국민투표로 확정하는 것이다. 국민입법제가 가능한지에 대하여는 ㉠ 가능하다고 하는 견해(구병삭)도 있으나, ㉡ 국민입법제는 대의제의 원리에 정면으로 모순되는 것으로 불가능하다고 보아야 할 것이다(다수설).
④ **입법례**: 독일기본법, 미국의 주헌법, 스위스헌법 등에 규정되어 있다.

(2) 국민투표권(국민표결권)
① **개념**: '국민투표권'이란 국민이 중요한 법안이나 정책을 국민투표로써 직접 결정하는 권리이다.
② **헌법재판소의 판례**: 헌법재판소는 신임만을 묻는 국민투표뿐만 아니라 정책과 연계한 신임 국민투표도 헌법 제72조의 정책 국민투표에 포함되지 않는다고 하였다. 나아가 헌법재판소는 신임 국민투표는 헌법에 명문규정이 없는 것이기 때문에 신임 국민투표를 제안하는 대통령의 행위는 위헌에 해당한다고 판시하였다(헌재 2004.5.14, 2004헌나1). 그러나 대통령의 신임 국민투표 발언에 대해서는 헌법소원심판을 청구할 수 없다고 하였다(헌재 2003.11.27, 2003헌마694). 18. 서울시

정답 02 ○   03 ○

기출 OX

01 대통령이 국민투표를 정치적 무기화하고 정치적으로 남용할 수 있는 위험성이 있다는 점을 고려하면, 국민투표부의권의 헌법 제72조는 대통령에 의한 국민투표의 정치적 남용을 방지할 수 있도록 엄격하고 축소적으로 해석되어야 한다. 17.경찰승진 ( )

✎ **대통령의 재신임 국민투표제안**
- 헌법 제72조 위반 ○
- 파면결정 ✕
- 중대한 법 위반 ✕
- 기각결정 ○

02 국민투표는 선거와 달리 국민이 직접 국가의 정치에 참여하는 절차이므로, 국민투표권은 대한민국 국민의 자격이 있는 사람에게 반드시 인정되어야 하는 권리이다. 17.경찰승진 ( )

정답 01 ○ 02 ○

판례 I

1 대통령이 자신에 대한 신임을 국민투표의 형식으로 물을 수 있는지 여부: 소극 [기각]
13. 사시, 18. 국가직·서울시

대통령의 부의권을 부여하는 헌법 제72조는 가능하면 대통령에 의한 국민투표의 정치적 남용을 방지할 수 있도록 엄격하고 축소적으로 해석되어야 한다. 이러한 관점에서 볼 때 헌법 제72조의 국민투표의 대상인 '중요정책'에는 대통령에 대한 '국민의 신임'이 포함되지 않는다. 대통령은 헌법상 국민에게 자신에 대한 **신임을 국민투표의 형식으로 물을 수 없을 뿐만 아니라 특정 정책을 국민투표에 부치면서 이에 자신의 신임을 결부시키는 대통령의 행위도 위헌적인 행위**로서 헌법적으로 허용되지 않는다. 뿐만 아니라 헌법은 명시적으로 규정된 국민투표 외에 다른 형태의 재신임 국민투표를 허용하지 않는다. 이는 주권자인 국민이 원하거나 또는 국민의 이름으로 실시하더라도 마찬가지이다. 국민은 선거와 국민투표를 통하여 국가권력을 직접 행사하게 되며, 국민투표는 국민에 의한 국가권력의 행사방법의 하나로서 명시적인 헌법적 근거를 필요로 한다. 따라서 **국민투표의 가능성은 국민주권주의나 민주주의원칙과 같은 일반적인 헌법원칙에 근거하여 인정될 수 없으며, 헌법에 명문으로 규정되지 않는 한 허용되지 않는다.** … 헌법상 허용되지 않는 재신임 국민투표를 국민들에게 제안한 것은 그 자체로서 헌법 제72조에 반하는 것으로 헌법을 실현하고 수호하여야 할 대통령의 의무를 위반한 것이다(헌재 2004.5.14, 2004헌나1).

2 대통령이 국회 본회의에서의 시정연설에서 정책과 결부하지 않고 단순히 대통령의 신임 여부만을 묻는 국민투표를 실시하고자 한다고 밝힌 것이 헌법소원의 대상이 되는 '공권력의 행사'인지 여부: 소극 [각하] 06. 행시, 06·09. 사시, 19. 서울시

이 사건 심판의 대상이 된 피청구인의 발언만으로는 국민투표의 실시에 관하여 법적인 구속력 있는 결정이나 조치가 취해진 것이라 할 수 없으며, 그로 인하여 국민들의 법적 지위에 어떠한 영향을 미친다고 볼 수 없다.

그렇다면 비록 피청구인이 대통령으로서 국회 본회의의 시정연설에서 자신에 대한 신임 국민투표를 실시하고자 한다고 밝혔다 하더라도, 그것이 공고와 같이 법적인 효력이 있는 행위가 아니라 단순한 정치적 제안의 피력에 불과하다고 인정되는 이상 이를 두고 헌법소원의 대상이 되는 '공권력의 행사'라고 할 수는 없으므로, 이에 대한 취소 또는 위헌확인을 구하는 청구인들의 심판청구는 모두 부적법하다(헌재 2003.11.27, 2003헌마694).

3 국민에게 특정의 국가정책에 관하여 국민투표에 회부할 것을 요구할 권리가 인정되는지 여부: 소극 [각하] 15. 법원직, 14. 법무사, 14·19. 국가직

특정의 국가정책에 대하여 다수의 국민들이 국민투표를 원하고 있음에도 불구하고 대통령이 이러한 희망과는 달리 국민투표에 회부하지 아니한다고 하여도 이를 헌법에 위반된다고 할 수 없고, 국민에게 특정의 국가정책에 관하여 국민투표에 회부할 것을 요구할 권리가 인정된다고 할 수도 없다. 결국 **헌법 제72조의 국민투표권은 대통령이 어떠한 정책을 국민투표에 부의한 경우에 비로소 행사가 가능한 기본권**이라 할 수 있다(헌재 2005.11.24, 2005헌마579).

4 주민등록이나 국내거소신고가 되어 있지 않은 재외국민(재외선거인)은 국민투표권을 제한하는 국민투표법 제14조 제1항이 위헌인지 여부: 적극 [헌법불합치] 15. 법무사, 19. 국가직

국민투표는 선거와 달리 국민이 직접 국가의 정치에 참여하는 절차이므로 국민투표권은 대한민국 국민의 자격이 있는 사람에게 반드시 인정되어야 하는 권리이다. 이처럼 국민의 본질적 지위에서 도출되는 국민투표권을 추상적 위험 내지 선거기술

상의 사유로 배제하는 것은 헌법이 부여한 참정권을 사실상 박탈한 것과 다름없다. 따라서 국민투표법조항은 재외선거인인 나머지 청구인들의 국민투표권을 침해한다(헌재 2014.7.24, 2009헌마256).

(3) 국민소환권

'국민소환권'이란 국민이 공직자를 임기만료 전에 해임시킬 수 있는 권리를 의미한다. 현행법상 지방자치단체장과 지역구지방의원, 교육감과 교육의원소환제도를 도입하고 있다.

(4) 현행헌법의 규정

① 헌법개정안에 대한 국민투표권

> 헌법 제130조 ① 국회는 헌법개정안이 공고된 날로부터 **60일 이내**에 의결하여야 하며, 국회의 의결은 **재적의원 3분의 2 이상**의 찬성을 얻어야 한다.
> ② 헌법개정안은 국회가 의결한 후 30일 이내에 국민투표에 부쳐 국회의원 **선거권자 과반수의 투표와 투표자 과반수의 찬성**을 얻어야 한다.
> ③ 헌법개정안이 제2항의 **찬성을 얻은 때에는 헌법개정은 확정**되며, 대통령은 즉시 이를 공포하여야 한다.

기출 OX

03 헌법개정안은 국회가 의결한 후 60일 이내에 국민투표에 부쳐 국회의원선거권자 과반수의 투표와 투표자 과반수의 찬성을 얻어야 한다. 11. 경찰승진 ( )

해설
30일 이내에 국민투표에 부쳐야 한다.

② 국가안위에 관한 중요정책에 대한 국민투표권

> 헌법 제72조 대통령은 필요하다고 인정할 때에는 외교·국방·통일 기타 국가안위에 관한 중요정책을 국민투표에 부칠 수 있다.

✓ SUMMARY | 헌법 제72조와 제130조의 국민투표의 비교

구분	성격	대상	필수성 여부	부의할 것인지 여부	정족수
제72조 국민투표	견해 대립	중요정책	임의적	재량	헌법상 규정 없음
제130조 국민투표	레퍼렌덤 (Referendum)	헌법개정안	필수적	재량 없음 (의무)	국회의원선거권자 과반수의 투표와 투표자 과반수의 찬성

2. 간접참정권

(1) 선거권

> 헌법 제24조 모든 국민은 법률이 정하는 바에 의하여 선거권을 가진다.
>
> **공직선거법**
> 제15조 【선거권】 ① **18세 이상**의 국민은 대통령 및 국회의원의 선거권이 있다. 다만, 지역구국회의원의 선거권은 **18세 이상**의 국민으로서 제37조 제1항에 따른 선거인명부작성기준일 현재 다음 각 호의 어느 하나에 해당하는 사람에 한하여 인정된다.

04 20세 이상의 국민은 대통령 및 국회의원의 선거권이 있다. 18. 경찰승진 ( )

정답 03 × 04 ×

1. 주민등록법 제6조 제1항 제1호 또는 제2호에 해당하는 사람으로서 해당 국회의원지역선거구 안에 주민등록이 되어 있는 사람
2. 주민등록법 제6조 제1항 제3호에 해당하는 사람으로서 주민등록표에 3개월 이상 계속하여 올라 있고 해당 국회의원지역선거구 안에 주민등록이 되어 있는 사람

② **18세 이상**으로서 제37조 제1항에 따른 선거인명부작성기준일 현재 다음 각 호의 어느 하나에 해당하는 사람은 그 구역에서 선거하는 지방자치단체의 의회의원 및 장의 선거권이 있다.
1. 주민등록법 제6조 제1항 제1호 또는 제2호에 해당하는 사람으로서 해당 지방자치단체의 관할구역에 주민등록이 되어 있는 사람
2. 주민등록법 제6조 제1항 제3호에 해당하는 사람으로서 주민등록표에 3개월 이상 계속하여 올라 있고 해당 지방자치단체의 관할구역에 주민등록이 되어 있는 사람
3. 출입국관리법 제10조에 따른 영주의 체류자격 취득일 후 3년이 경과한 외국인으로서 같은 법 제34조에 따라 해당 지방자치단체의 외국인등록대장에 올라 있는 사람

제17조【연령산정기준】 선거권자와 피선거권자의 연령은 선거일 현재로 산정한다.

제18조【선거권이 없는 자】 ① 선거일 현재 다음 각 호의 어느 하나에 해당하는 사람은 선거권이 없다.
1. 금치산선고를 받은 자
2. **1년 이상의 징역** 또는 **금고**의 형의 선고를 받고 그 집행이 종료되지 아니하거나 그 집행을 받지 아니하기로 확정되지 아니한 사람. 다만, 그 형의 집행유예를 선고받고 유예기간 중에 있는 사람은 제외한다. 19. 서울시
3. **선거범**, 정치자금법 제45조(정치자금부정수수죄) 및 제49조(선거비용 관련 위반행위에 관한 벌칙)에 규정된 죄를 범한 자 또는 대통령·국회의원·지방의회의원·지방자치단체의 장으로서 그 재임 중의 직무와 관련하여 형법(특정범죄 가중처벌 등에 관한 법률 제2조에 의하여 가중처벌되는 경우를 포함한다) 제129조(수뢰, 사전수뢰) 내지 제132조(알선수뢰), 특정범죄 가중처벌 등에 관한 법률 제3조(알선수재)에 규정된 죄를 범한 자로서, **100만원 이상의 벌금형**의 선고를 받고 그 형이 확정된 후 **5년** 또는 **형의 집행유예**의 선고를 받고 그 형이 확정된 후 **10년**을 경과하지 아니하거나 **징역형**의 선고를 받고 그 집행을 받지 아니하기로 확정된 후 또는 그 형의 집행이 종료되거나 면제된 후 **10년**을 경과하지 아니한 자(형이 실효된 자도 포함한다)
4. 법원의 판결 또는 다른 법률에 의하여 선거권이 정지 또는 상실된 자

선거권은 국민이 직접 각종 선출직 공직자를 선출할 수 있는 권리를 의미한다. **선거권행사연령**은 헌법에 규정되어 있지 않고, **법률**(공직선거법 제15조)에 규정되어 있음을 유의하여야 한다. 참정권의 제한은 국민주권에 바탕을 두고 자유·평등·정의를 실현하려는 헌법의 민주적 가치질서를 직접적으로 침해하게 될 위험성이 크기 때문에 언제나 필요최소한의 정도에 그쳐야 한다. 05. 사시

기출 OX

01 출입국관리법 제10조의 규정에 따른 영주의 체류자격 취득일 후 3년이 경과한 19세 이상의 외국인으로서 일정한 요건을 갖춘 자는 그 구역에서 선거하는 지방자치단체의 의회의원 및 장의 선거권이 있다. 13. 법원직 변형
( )

02 1년 이상의 징역형을 선고받고 그 집행이 종료되지 아니한 사람의 선거권을 제한하는 공직선거법 규정은 형사적·사회적 제재를 부과하고 준법의식을 강화한다는 공익이, 형 집행기간 동안 선거권을 행사하지 못하는 수형자 개인의 불이익보다 작다고 할 수 없어 수형자의 선거권을 침해하지 아니한다. 18. 국가직
( )

정답 01 × 02 ○

판례 | 집행유예기간 중인 자와 수형자의 선거권을 제한하고 있는 공직선거법 제18조 제1항 제2호가 위헌인지 여부: 적극 [위헌, 헌법불합치]

[1] 심판대상조항은 집행유예자와 수형자에 대하여 전면적·획일적으로 선거권을 제한하고 있다. 심판대상조항의 입법목적에 비추어 보더라도 구체적인 범죄의 종류나 내용 및 불법성의 정도 등과 관계없이 일률적으로 선거권을 제한하여야 할 필요성이 있다고 보기는 어렵다. 범죄자가 저지른 범죄의 경중을 전혀 고려하지 않고 수형자와 집행유예자 모두의 선거권을 제한하는 것은 침해의 최소성원칙에 어긋난다. 특히 집행유예자는 집행유예선고가 실효되거나 취소되지 않는 한 교정시설에 구금되지 않고 일반인과 동일한 사회생활을 하고 있으므로 그들의 선거권을 제한하여야 할 필요성이 크지 않다.
따라서 심판대상조항은 청구인들의 선거권을 침해하고, 보통선거원칙에 위반하여 집행유예자와 수형자를 차별취급하는 것이므로 평등원칙에도 어긋난다.

[2] 심판대상조항 중 수형자에 관한 부분의 위헌성은 지나치게 전면적·획일적으로 수형자의 선거권을 제한한다는 데 있다. 그런데 그 위헌성을 제거하고 수형자에게 헌법합치적으로 선거권을 부여하는 것은 입법자의 형성재량에 속하므로 심판대상조항 중 수형자에 관한 부분에 대하여 헌법불합치결정을 선고한다(헌재 2014.1.28, 2012헌마409).

기출 OX
03 집행유예기간 중인 사람의 선거권을 제한하는 것은 그의 선거권을 침해하고, 보통선거원칙에 위반하여 평등원칙에 어긋난다. 18. 법원직 ( )

집행유예자와 수형자의 선거권제한
- 집행유예자 ⇨ 위헌
- 수형자 ⇨ 헌법불합치

(2) 공무담임권

> 헌법 제25조 모든 국민은 법률이 정하는 바에 의하여 공무담임권을 가진다. 18. 지방직
>
> **공직선거법**
>
> 제16조【피선거권】① 선거일 현재 5년 이상 국내에 거주하고 있는 40세 이상의 국민은 대통령의 피선거권이 있다. 이 경우 공무로 외국에 파견된 기간과 국내에 주소를 두고 일정기간 외국에 체류한 기간은 국내거주 기간으로 본다. 11. 법무사
> ② 18세 이상의 국민은 국회의원의 피선거권이 있다. 11. 법무사, 19. 서울시
> ③ 선거일 현재 계속하여 **60일** 이상(공무로 외국에 파견되어 선거일 전 60일 후에 귀국한 자는 선거인명부 작성기준일부터 계속하여 선거일까지) **해당 지방자치단체의 관할구역에 주민등록**이 되어 있는 주민으로서 18세 이상의 국민은 그 지방의회의원 및 지방자치단체의 장의 피선거권이 있다. 이 경우 60일의 기간은 그 지방자치단체의 설치·폐지·분할·합병 또는 구역변경(제28조 각 호의 어느 하나에 따른 구역변경을 포함한다)에 의하여 중단되지 아니한다.
>
> 제19조【피선거권이 없는 자】선거일 현재 다음 각 호의 어느 하나에 해당하는 자는 피선거권이 없다.
> 1. 제18조(선거권이 없는 자) 제1항 제1호·제3호 또는 제4호에 해당하는 자
> 2. 금고 이상의 형의 선고를 받고 그 형이 실효되지 아니한 자 11. 법무사
> 3. 법원의 판결 또는 다른 법률에 의하여 피선거권이 정지되거나 상실된 자

04 20세 이상의 국민은 국회의원의 피선거권이 있다. 18. 경찰승진 ( )

① **개념**: '공무담임권'이란 입법부·행정부·사법부는 물론 지방자치단체·공공단체의 구성원으로 선임되어 공무를 담당할 수 있는 권리를 말한다. 공무담임권은 각종 선거에 입후보하여 당선될 수 있는 피선거권과 공직에 임명될 수 있는 공직취임권을 포함하는 개념이다.

정답 03 ○ 04 ✕

기출 OX

01 헌법상 보장되는 공무담임권의 보호영역에는 공직취임기회의 자의적인 배제뿐 아니라 공무원신분의 부당한 박탈도 포함된다. 19. 경찰경채 ( )

02 공무담임권은 공직취임의 기회 균등을 의미하므로, 취임한 뒤 승진할 때에도 균등한 기회 제공을 요구하는 것은 아니다. 19. 경찰경채, 20. 경찰승진 ( )

03 검찰총장퇴임 후 2년간 정당의 발기인이나 당원이 될 수 없도록 한 것은 정치적 결사의 자유와 참정권 등 우월적 지위를 갖는 기본권을 제한하여 과잉금지원칙에 위반된다. 08. 지방직 ( )

04 공무원이 금고 이상의 형에 대한 집행유예를 받은 것을 당연퇴직사유로 정하는 것은 헌법에 위반되지 않는다. 12. 국가직 ( )

② **공무담임권의 보호영역**: 공무담임권의 보호영역에는 공직취임기회의 자의적인 배제뿐 아니라 공무원신분의 부당한 박탈이나 권한(직무)의 부당한 정지도 포함된다. 11. 법무사·경찰승진·법행 공무담임권은 공직취임의 기회 균등뿐만 아니라 취임한 뒤 승진할 때에도 균등한 기회 제공을 요구한다. 19. 법원직 그러나 공무원이 특정의 장소에서 근무하는 것 또는 특정의 보직을 받아 근무하는 것을 포함하는 일종의 '공무수행의 자유'까지 공무담임권의 보호영역에 포함된다고 보기는 어렵다. 11. 법무사·경찰승진 또한 승진시험의 응시제한이나 이를 통한 승진기회의 보장문제는 공직신분의 유지나 업무수행에는 영향을 주지 않는 단순한 내부 승진인사에 관한 문제에 불과하여 공무담임권의 보호영역에 포함된다고 보기는 어렵다. 11. 법무사, 12. 국회직 9급

판례 |

1 검찰총장퇴임 후 2년 이내에는 모든 공직에의 임명을 금지하는 것이 직업선택의 자유와 공무담임권을 침해하는지 여부: 적극 [위헌] 11. 법행

검찰청법 제12조 제4항은 검찰총장퇴임 후 2년 이내에는 법무부장관과 내무부장관직뿐만 아니라 모든 공직에의 임명을 금지하고 있으므로 심지어 국·공립대학교총·학장, 교수 등 학교의 경영과 학문연구직에의 임명도 받을 수 없게 되어 있다. 이러한 제한은 필요최소한의 범위를 크게 벗어나 직업선택의 자유와 공무담임권을 침해하는 것으로서 헌법상 허용될 수 없다(헌재 1997.7.16, 97헌마26).

2 금고 이상의 형의 '집행유예'를 받은 경우 지방공무원직에서 당연히 퇴직하도록 한 것이 공무담임권·평등권을 침해하는지 여부: 소극 [기각]

범죄행위로 형사처벌을 받은 공무원에 대하여 형사처벌사실 그 자체를 이유로 신분상 불이익처분을 하는 방법과 별도의 징계절차를 거쳐 불이익처분을 하는 방법 중 어느 방법을 선택할 것인가는 입법자의 재량에 속하는 것인바, 공무원에게 부과되는 신분상 불이익과 보호하려는 공익이 합리적 균형을 이루는 한 법원이 범죄의 모든 정황을 고려하여 금고 이상의 형의 집행유예판결을 하였다면 그 범죄행위가 직무와 직접적 관련이 없거나 과실에 의한 것이라 하더라도 공무원의 품위를 손상하는 것으로 당해 공무원에 대한 사회적 비난가능성이 결코 적지 아니함을 의미하므로 이를 공무원의 당연퇴직사유로 규정한 것을 위헌의 법률조항이라고 볼 수 없고, 집행유예와 선고유예의 차이, 금고형과 벌금형의 경중을 고려할 때 이 사건 법률조항이 집행유예판결을 받은 자를 합리적 이유 없이 선고유예나 벌금형의 판결을 받은 자에 비하여 차별하는 것이라고도 볼 수 없다(헌재 2003.12.18, 2003헌마409).

3 향토예비군 지휘관이 금고 이상 형의 선고유예를 받은 경우 당연해임되도록 하고 있는 구 향토예비군 설치법 시행규칙 제10조 제3항 제5호 부분이 헌법에 위반되는지 여부: 적극 [위헌] 11. 법행

이 사건 법률조항은 이미 헌법재판소가 위헌을 결정한 바 있는 지방공무원과 구 국가공무원법상의 당연퇴직사유 중 '금고 이상의 형의 선고를 받고 선고유예기간 중에 있는 자' 부분과 동일한 내용을 담고 있으며, 예비군 지휘관은 군무원인사법에 의한 별정군무원으로 국가공무원법상의 별정직공무원으로 본다는 점 등에 비추어 이 사건에 있어서도 위 결정과 그 판단을 달리할 특별한 사정이 있다고 할 수 없다. 따라서 이 사건 법률조항 역시 과잉금지원칙에 위배하여 공무담임권을 침해하는 조항이라고 할 것이다(헌재 2005.12.22, 2004헌마947).

[정답] 01 ○ 02 × 03 ○ 04 ○

4 금고 이상 형의 '선고유예'를 받은 공무원을 당연퇴직사유로 한 것이 위헌인지 여부:
적극 [위헌] 11. 사시

국가공무원법 제69조 중 제33조 제1항 제5호 부분은 공무원이 금고 이상의 형의 선고유예를 받은 경우에는 공무원직에서 당연히 퇴직하는 것으로 규정하고 있다. 그런데 위 규정은 금고 이상의 선고유예의 판결을 받은 모든 범죄를 포괄하여 규정하고 있을 뿐 아니라 심지어 오늘날 누구에게나 위험이 상존하는 교통사고 관련 범죄 등 과실범의 경우마저 당연퇴직의 사유에서 제외하지 않고 있으므로 최소침해성의 원칙에 반하고, 오늘날 사회구조의 변화에 따른 공무원수의 대폭적인 증가 및 민간기업조직의 대규모화·전문화 등 사회전반의 변화로 인하여 공직은 더 이상 사회적 엘리트로서의 명예직으로 여겨질 수 없는 상황이므로 '모든 범죄로부터 순결한 공직자 집단'이라는 신뢰를 요구하는 것은 지나치게 공익만을 우선한 것이다. 일단 공무원으로 채용된 공무원을 퇴직시키는 것은 공무원이 장기간 쌓은 지위를 박탈해 버리는 것이므로 같은 입법목적을 위한 것이라고 하여도 당연퇴직사유를 임용결격사유와 동일하게 취급하는 것은 타당하다고 할 수 없다. 따라서 구 국가공무원법 제69조 중 제33조 제1항 제5호 부분은 과잉금지원칙에 위배하여 공무담임권을 침해하는 조항이라고 할 것이다(헌재 2003.10.30, 2002헌마684 등).

5 '수뢰죄'를 범하여 금고 이상의 형의 선고유예를 받은 국가공무원을 당연퇴직하도록 한 국가공무원법 제69조 단서 중 '형법 제129조 제1항'에 관한 부분이 과잉금지원칙에 반하여 청구인의 공무담임권을 침해하는지 여부: **소극 [합헌]** 14. 경찰승진

심판대상조항은 공무원직무수행에 대한 국민의 신뢰 및 직무의 정상적 운영의 확보, 공무원범죄의 예방, 공직사회의 질서유지를 위한 것으로서 목적이 정당하고 형법 제129조 제1항의 수뢰죄를 범하여 금고 이상의 형의 선고유예를 받은 국가공무원을 공직에서 배제하는 것은 적절한 수단에 해당한다.
수뢰죄는 수수액의 다과에 관계없이 공무원직무의 불가매수성과 염결성을 치명적으로 손상시키고, 직무의 공정성을 해치며 국민의 불신을 초래하므로 일반 형법상 범죄와 달리 엄격하게 취급할 필요가 있다. 수뢰죄를 범하더라도 자격정지형의 선고유예를 받은 경우 당연퇴직하지 않을 수 있으며, 당연퇴직의 사유가 직무 관련 범죄로 한정되므로 심판대상조항은 침해의 최소성원칙에 위반되지 않고, 이로써 달성되는 공익이 공무원 개인이 입는 불이익보다 훨씬 크므로 법익균형성원칙에도 반하지 아니한다. 따라서 심판대상조항은 과잉금지원칙에 반하여 청구인의 공무담임권을 침해하지 아니한다(헌재 2013.7.25, 2012헌바409).

6 금고 이상 형의 '선고유예'를 받은 군무원을 당연퇴직사유로 한 것이 위헌인지 여부:
적극 [위헌] 17. 서울시

이 사건 법률조항은 그 규율대상이 국가공무원 중 군무원에 한정된다는 점을 제외하고는 그 규율내용은 위 각 선례의 심판대상인 구 지방공무원법 및 구 국가공무원법의 각 규정과 동일하고, 공직에서 당연히 배제시키는 사유를 법률로 정함에 있어 군무원과 일반 국가공무원 및 지방공무원을 달리 취급하여야 할 합리적 이유가 있다고 보이지 않으며, 달리 이 사건 법률조항에 대하여 위 각 결정들과 그 판단을 달리할 특별한 사정도 없다. 따라서 이 사건 법률조항 역시 과잉금지원칙에 위배하여 공무담임권을 침해한다 할 것이다(헌재 2007.6.28, 2007헌가3).

기출 OX

05 금고 이상의 형의 선고유예를 받은 경우에는 공무원직에서 당연히 퇴직하도록 한 규정은 위헌이다. 12. 국회직
( )

🖉 **공무원에 대한 당연퇴직 관련 판결**
- 금고 이상의 형으로 집행유예를 받은 공무원을 당연퇴직시키는 경우 ⇨ 합헌
- 금고 이상의 형으로 선고유예를 받은 공무원을 당연퇴직시키는 경우 ⇨ 위헌
- 수뢰죄를 범하여 금고 이상의 형으로 선고유예를 받은 공무원을 당연퇴직시키는 경우 ⇨ 합헌

정답 **05** ○

기출 OX

01 경찰공무원이 자격정지 이상의 형의 선고유예를 받은 경우 당연퇴직하도록 규정하고 있는 구 경찰공무원법 조항은 공무담임권을 침해하지 않는다.
18. 경찰승진 ( )

02 국·공립학교 채용시험의 동점자처리에서 국가유공자 등 및 그 유족·가족에게 우선권을 주도록 하고 있는 국가유공자 등 예우 및 지원에 관한 법률 등의 해당 조항들이 일반 응시자들이 국·공립학교 채용시험의 동점자처리에서 심각한 불이익을 당하기 때문에 일반 응시자들의 공무담임권을 침해한다.
19. 경찰승진 ( )

03 지방자치단체의 장이 금고 이상의 형을 선고받고 그 형이 확정되지 아니한 경우 부단체장이 그 권한을 대행하도록 규정한 지방자치법 조항은 지방자치단체장의 공무담임권을 침해한다.
20. 경찰승진 ( )

정답 01 × 02 × 03 ○

---

7 자격정지 이상의 형의 '선고유예'를 받은 경찰공무원의 당연퇴직규정이 위헌인지 여부: **적극 [위헌]** 11. 법무사

경찰공무원이 자격정지 이상의 형의 선고유예를 받은 경우 공무원직에서 당연퇴직하도록 규정하고 있는 이 사건 법률조항은 자격정지 이상의 선고유예판결을 받은 모든 범죄를 포괄하여 규정하고 있을 뿐만 아니라 심지어 오늘날 누구에게나 위험이 상존하는 교통사고 관련 범죄 등 과실범의 경우마저 당연퇴직의 사유에서 제외하지 않고 있으므로 최소침해성의 원칙에 반한다. 따라서 이 사건 법률조항은 헌법 제25조의 공무담임권을 침해한 위헌법률이다(헌재 2005.12.22, 2004헌가12).

8 퇴직 후 2년간 인권위원의 공직취임제한규정이 공무담임권을 침해하는지 여부: **적극 [위헌]** 11. 법행

이 사건 법률조항에 의하여 위원인 자는 퇴직 후 2년간 교육공무원의 직을 제외한 분야의 모든 공직에 취임할 수 없으며, 위 공직선거법에 의하여 선출되는 국회의원·지방자치단체장 혹은 대통령 등의 직에 출마할 수 없게 된다. 이는 해당 위원에 대한 공무담임권과 피선거권을 제한하는 것이며, 나아가 공직도 직업에 속하는 것이므로 그 직업선택의 자유도 제한한다고 할 것이다. … 이 사건 법률조항은 청구인들의 공무담임권, 참정권(피선거권), 직업선택의 자유를 제한함에 있어서 준수하여야 할 과잉금지의 원칙에 반하고 평등의 원칙에도 위배되어 헌법에 위반된다고 할 것이다(헌재 2004.1.29, 2002헌마788).

9 국·공립학교 채용시험의 동점자처리에서 국가유공자 등 및 그 유족·가족에게 우선권을 주도록 하고 있는 국가유공자 등 예우 및 지원에 관한 법률 등의 해당 조항들이 일반 응시자들의 공무담임권을 침해하는지 여부: **소극 [기각]** 11. 경찰승진, 13. 법원직

이 사건 동점자처리조항에 의하여 일반 응시자들은 국·공립학교 채용시험의 동점자처리에서 불이익을 당할 수도 있으므로 일반 응시자들의 공무담임권이 제한된다고 할 것이나, 이는 국가유공자와 그 유가족의 생활안정을 도모하고 이를 통하여 국민의 애국정신함양과 민주사회발전에 이바지한다고 하는 공공복리를 위한 불가피한 기본권제한에 해당하며, 앞서 본 바와 같이 비례의 원칙 내지 과잉금지의 원칙에 위반된 것으로 볼 수 없고, 기본권의 본질적인 내용을 침해한다고도 할 수 없다. 따라서 이 사건 동점자처리조항은 일반 응시자들의 공무담임권을 침해하지 아니한다(헌재 2006.6.29, 2005헌마44).

10 지방자치단체의 장이 '금고 이상의 형을 선고받고 그 형이 확정되지 아니한 경우' 부단체장이 그 권한을 대행하도록 규정한 지방자치법 제111조 제1항 제3호가 자치단체장인 청구인의 공무담임권을 침해하는지 여부: **적극 [헌법불합치]** 07. 사시, 11. 법무사, 18. 서울시

금고 이상의 형을 선고받았더라도 불구속상태에 있는 이상 자치단체장이 직무를 수행하는 데에는 아무런 지장이 없으므로 부단체장으로 하여금 그 권한을 대행시킬 직접적 필요가 없다는 점, … 금고 이상의 형을 선고받은 범죄가 해당 자치단체장이 선출되는 과정에서 또는 선출된 이후 자치단체장의 직무에 관련하여 발생하였는지 여부, 고의범인지 과실범인지 여부 등 해당 범죄의 유형과 죄질에 비추어 형이 확정되기 전이라도 미리 직무를 정지시켜야 할 이유가 명백한 범죄를 저질렀을 경우로만 한정할 필요도 있는 점 등에 비추어 볼 때 이 사건 법률조항은 필요최소한의 범위를 넘어선 기본권제한에 해당할 뿐 아니라 이 사건 법률조항으로 인하여 해당 자치단체장은 불확정한 기간 동안 직무를 정지당함은 물론 주민들에게 유죄가 확정된 범죄자라는 선입견까지 주게 되고, 더욱이 장차 무죄판결을 선고받게 되면 이미 침

해된 공무담임권은 회복될 수도 없는 등의 심대한 불이익을 입게 되므로 법익균형성요건 또한 갖추지 못하였다. 따라서 이 사건 법률조항은 자치단체장인 청구인의 공무담임권을 침해한다(헌재 2010.9.2, 2010헌마418).

11 지방자치단체의 장이 '공소제기된 후 구금상태에 있는 경우' 부단체장이 그 권한을 대행하도록 규정한 지방자치법 제111조 제1항 제2호가 공무담임권을 침해하는지 여부: 소극 [기각] 11. 법행, 12. 지방직

자치단체장이 '공소제기된 후 구금상태'에 있다는 것은 자치단체장직을 수행할 사람의 신병이 일반 사회로부터 격리되어 있는 '사실적·물리적 부재상태'를 의미하고, 구금상태가 향후 형사재판절차에서 언제 해소될지도 모르는 불확실한 상태를 의미한다. 이렇게 자치단체장이 자치단체행정을 이끄는 관청의 사무실에 상존하지 못할 뿐 아니라 위와 같은 물리적 부재상태를 언제 해소하고 업무에 복귀할 수 있을지 여부도 불확실한 상태에서는 자치단체행정의 계속성과 융통성은 보장될 수 없고, 주민의 복리를 위하여 최선의 결과를 가져 올 정책집행을 기대하기는 어렵다. … 자치단체행정의 시의적절하고 원활한 운영과 주민의 복리에 초래될 수 있는 위험을 미연에 방지하기 위해서는 해당 자치단체장을 직무에서 배제시키는 방법 외에는 달리 의미 있는 대안을 찾을 수 없다(헌재 2011.4.28, 2010헌마474).

12 주민소환투표의 청구시 주민소환의 청구사유를 명시하지 아니하고 있는 '주민소환에 관한 법률' 제7조 제1항이 공무담임권을 침해하여 위헌인지 여부: 소극 [기각]

[1] 법이 주민소환의 청구사유에 제한을 두지 않은 것은 주민소환제를 기본적으로 정치적인 절차로 설계함으로써 위법행위를 한 공직자뿐만 아니라 정책적으로 실패하거나 무능하고 부패한 공직자까지도 그 대상으로 삼아 공직에서의 해임이 가능하도록 하여 책임정치 혹은 책임행정의 실현을 기하려는 데 그 목적이 있고, 이러한 입법목적은 결과적으로 주민자치를 실현하기 위하여 주민소환제가 잘 기능할 수 있도록 한다는 점에서 그 정당성을 인정할 수 있으며, 이로써 지방자치단체장은 행정의 민주성과 투명성을 높이려고 노력하는 효과를 가져 올 것이 분명하여 수단의 적합성 또한 인정된다.

[2] 대의민주주의 아래에서 대표자에 대한 선출과 신임은 선거의 형태로 이루어지는 것이 바람직하고, 주민소환은 대표자에 대한 신임을 묻는 것으로서 그 속성은 재선거와 다를 바 없으므로, 선거와 마찬가지로 그 사유를 묻지 않는 것이 제도의 취지에 부합한다.

따라서 법이 주민소환의 청구사유에 제한을 두지 않는 데에는 상당한 이유가 있고, 입법자가 주민소환제형성에 있어서 반드시 청구사유를 제한하여야 할 의무가 있다고 할 수도 없으며, 달리 그와 같이 청구사유를 제한하지 아니한 입법자의 판단이 현저하게 잘못되었다고 볼 사정 또한 찾아볼 수 없다.

[3] 청구사유를 제한하지 않음으로써 주민소환이 남용되어 공직자가 부당하게 소환될 위험성은 매우 추상적이고 이를 견제할 장치가 있음에 반하여, 이로 인하여 주민들이 공직자를 통제하고 주민의 직접참여를 고양시킬 수 있는 공익은 보다 광범위하고 직접적이어서 훨씬 크다고 볼 수 있으므로 법익의 형량도 균형을 이루었다.

[4] 따라서 이 사건 법률조항은 과잉금지의 원칙을 위배하여 청구인의 공무담임권을 침해한다고 볼 수 없다(헌재 2011.3.31, 2008헌마355).

기출 OX

04 지방자치단체의 장이 공소제기된 후 구금상태에 있는 경우 부단체장이 그 권한을 대행하도록 규정한 지방자치법 조항은 지방자치단체의 장의 공무담임권을 침해하지 않는다.
19. 경찰승진 ( )

05 주민소환투표의 청구시 청구사유를 명시하지 아니하고 있는 주민소환에 관한 법률 해당 규정은 주민소환 대상자의 공무담임권을 침해한다.
13. 국회직 ( )

정답 04 O 05 ×

기출 OX

01 헌법재판소는 공무원임용시험령 제16조 중 5급 공개경쟁채용시험의 응시연령 상한을 32세까지로 한 부분이 응시자의 공무담임권을 침해하지 않는다고 결정하였다. 14. 서울시
(　　)

한눈에 쏙!

```
5급 국가공무원
공채시험응시연령을     →   헌법
32세까지로                  불합치
제한한 사건

9급 국가공무원
공채시험응시연령을     →   합헌
28세까지로
제한한 사건
          ▼
법개정    5급·7급·9급 등 모든
          공무원 공채시험응시
          연령제한(상한) 폐지
```

02 경찰대학의 입학연령을 21세 미만으로 제한하고 있는 경찰대학의 학사운영에 관한 규정이 공무담임권을 침해하는 것은 아니다. 19. 경찰경채
(　　)

03 순경 공개경쟁채용 선발시험의 응시연령 상한을 30세 이하로 규정한 경찰공무원임용령 규정은 헌법에 위반되지 않는다. 13. 경찰승진
(　　)

---

13 5급 국가공무원 공채시험응시연령 상한을 32세까지로 제한한 것이 위헌인지 여부: **적극 [헌법불합치]**

32세까지는 5급 공무원의 직무수행에 필요한 최소한도의 자격요건을 갖추고, 32세가 넘으면 그러한 자격요건을 상실한다고 보기 어렵다. 그리고 6급 및 7급 공무원 공채시험의 응시연령 상한을 35세까지로 규정하면서 그 상급자인 5급 공무원의 채용연령을 32세까지로 제한한 것은 합리적이라고 볼 수 없다.

따라서 이 사건 시행령조항이 5급 공채시험응시연령의 상한을 '32세까지'로 제한하고 있는 것은 기본권제한을 최소한도에 그치도록 요구하는 헌법 제37조 제2항에 부합된다고 보기 어렵다.

14 경찰대학의 입학연령을 만 17세 이상 21세 미만으로 제한하고 있는 경찰대학의 학사운영에 관한 규정이 공무담임권을 침해하는지 여부: **소극 [기각]** 11. 법행, 12. 국가직, 13. 경찰승진

경찰대학에 연령제한을 둔 목적은 젊고 유능한 인재를 확보하고 이들에게 필요한 교육훈련을 일관적이고 체계적으로 실시하여 국민에게 전문적이고 질 높은 행정서비스를 제공하기 위한 것이므로 이를 위하여 경찰대학입학에 일정한 상한연령을 규정하는 것은 정당한 목적에 대한 적절한 수단이다. 또한 고등학교 졸업 후 2~3회의 입학기회를 부여하고 있는 점, 경찰대학 외에 경찰간부가 될 수 있는 별도의 제도가 마련되어 있는 점 등을 볼 때 이 심판대상규정으로 확보되는 우수한 경찰간부양성을 통한 경찰행정서비스의 향상이라는 입법목적을 달성하기 위하여 공무담임권을 보다 적게 제한할 방법은 찾기 어려우므로 피해최소성의 원칙에 위배되지 아니한다. 그러므로 이 사건 심판대상규정은 청구인의 공무담임권을 침해하지 아니한다(헌재 2009.7.30, 2007헌마991).

15 순경 및 소방사 등의 공개채용시험의 응시연령의 상한을 '30세 이하'로 규정한 부분이 공무담임권을 침해하는지 여부: **적극 [헌법불합치]** 13. 국가직

획일적으로 30세까지는 순경과 소방사 등의 직무수행에 필요한 최소한도의 자격요건을 갖추고 30세가 넘으면 그러한 자격요건을 상실한다고 보기 어렵고, 이 점은 순경을 특별채용하는 경우 응시연령을 40세 이하로 제한하고 있고, 소방사·지방소방사와 마찬가지로 화재현장업무 등을 담당하는 소방교·지방소방교의 경우 특채시험의 응시연령을 35세 이하로 제한하고 있는 점만 보아도 분명하다. 따라서 이 사건 심판대상조항들이 순경 공채시험 등의 응시연령의 상한을 '30세 이하'로 제한하는 것을 합리적이라고 볼 수 없어 침해의 최소성원칙에 위배된다.

그러나 순경 공채시험, 소방사 등 채용시험, 소방간부 선발시험에서 응시연령의 상한을 제한하는 것이 전면적으로 허용되지 않는다고 단정하기 어렵고, 경찰 또는 소방공무원의 채용 및 공무수행의 효율성을 도모하여 국민의 생명과 신체를 보호하기 위하여 필요한 최소한도의 제한은 허용되어야 할 것인바, 그 한계는 경찰 및 소방업무의 특성 및 인사제도 그리고 인력수급 등의 상황을 고려하여 입법기관이 결정할 사항이라 할 것이다(헌재 2012.5.31, 2010헌마278).

16 세종특별자치시의회를 신설하면서 지방의회의원선거를 실시하지 아니하고 연기군의 회의원 등에게 세종특별자치시의회의원의 자격을 취득하도록 규정하고 있는 '세종특별자치시 설치 등에 관한 특별법' 부칙 제4조 제1항 등이 공무담임권 등을 침해하는지 여부: **소극 [기각]** 13. 국가직

새로운 지방의회를 구성함에 있어 즉시 선거를 실시할 것인지 아니면 종전에 선출되어 있던 지방의회의원을 통하여 지방의회를 구성하고 그들의 임기가 종료된 후에

정답 01 ×   02 ○   03 ×

새로운 선거를 실시할 것인지 여부는 원칙적으로 입법자의 입법형성의 자유에 속하는 사항인데, 입법자가 충돌·대립하는 다양한 헌법적 이익을 고려하여 세종시의회의원선거를 실시하지 않도록 정한 것이라면 그것이 입법목적의 달성에 필요한 정도를 벗어난 과도한 제한이라고 보기는 어렵고, 이 사건 부칙조항으로 인하여 청구인이 받게 되는 기본권의 제한은 세종시의회의원을 선출할 수 없다거나 세종시의회의원으로 선출될 수 없게 된 것이 아니라 그 시기가 늦춰진 것에 불과하여 이 사건 부칙조항은 침해의 최소성 및 법익균형성도 갖추고 있어 청구인의 선거권·공무담임권을 침해하지 아니한다(헌재 2013.2.28, 2012헌마31).

17 **법원조직법 개정시점인 2011.7.18. 당시에 사법시험에 합격하였으나 아직 사법연수원에 입소하지 않은 청구인들의 판사임용자격 취득에 대한 신뢰를 보호하지 않은 것이 공무담임권을 침해하는지 여부: 소극 [기각]**

사법시험에 합격한 것만으로는 판사임용자격 취득을 위한 단계 중 하나를 마친 것에 불과하여, 사법연수원에 입소한 자들이 판사임용자격에 관하여 가지는 신뢰와 비교할 때 그 정도 및 보호가치가 같다고 볼 수 없다. … 사법시험에 합격하였을 뿐 아직 사법연수원에 입소하지 않은 청구인들이 판사임용자격 취득에 대하여 가지는 신뢰의 보호가치는 크다고 볼 수 없다. 이에 반하여, 이 사건 심판대상조항을 통하여 달성하고자 하는 공익은 판사의 임용자격을 강화하여 충분한 사회적 경험과 연륜을 갖춘 판사로부터 재판을 받을 수 있도록 하여 국민의 기본권 보호를 강화하고 사법에 대한 국민의 신뢰를 높이는 것이므로 매우 중대하다. 따라서 이 사건 심판대상조항은 신뢰보호원칙에 반하여 청구인들의 공무담임권을 침해한다고 볼 수 없다(헌재 2014.5.29, 2013헌마127·199).

18 **당선인이 당해 선거에 있어 공직선거법 위반죄를 범함으로 인하여 징역형의 선고를 받은 때에는 그 당선을 무효로 하는 부분(이하 '당선무효조항'이라 한다)이 청구인의 공무담임권을 침해하는지 여부: 소극 [기각]**

당선무효조항은 선거의 공정성을 확보하고, 불법적인 방법으로 당선된 교육감에 의한 부적절한 공직수행을 차단하기 위한 것인 점, 징역형의 경우에 당선을 무효로 하도록 정한 것을 자의적인 입법형성권의 행사라고 볼 수 없는 점, 공직선거법을 위반한 범죄는 공직선거의 공정성을 침해하는 행위로서 시·도의 교육·학예에 관한 사무의 집행기관인 교육감으로서의 직무 수행에 대한 국민적 신임이 유지되기 어려울 정도로 비난가능성이 큰 점, 법관이 징역형을 선고함에 있어서는 형사처벌뿐만 아니라 공직의 계속수행 여부에 대한 합리적 평가도 하게 될 것이라는 점, 달리 덜 제약적이면서 동일한 효과를 갖는 대체수단이 명백히 존재한다고 보기 어려운 점 등을 종합하면, 당선무효조항이 청구인의 공무담임권을 침해한다고 볼 수 없다(헌재 2014.5.29, 2013헌마127·129).

19 **사립대학교원이 국회의원으로 당선된 경우 임기개시일 전까지 그 직을 사직하도록 규정한 국회법 제29조 제2항 단서 제3호 중 사립대학교원에 관한 부분(이하 '심판대상조항'이라 한다)이 청구인의 공무담임권을 침해하는지 여부: 소극 [기각]**

국회의원은 국가공동체의 정치적 의사형성에 직접적이고 포괄적으로 참여하고 있어서 이해관계의 충돌상황을 사전에 차단해야 할 필요성이 상대적으로 크며, 일단 교원의 직을 유지한 채 국회의원선거에 입후보하는 것 자체는 허용하면서 국회의원 당선이 확정된 이후에 비로소 사립대학교원의 직을 사직하도록 하고 있는 것은 출마를 위하여 사직하도록 하는 초·중등학교교원에 비하여 제한의 정도가 크지 않으므로, 침해의 최소성원칙에 위반되지 않는다.

기출 OX

04 사립대학교원이 국회의원으로 당선된 경우 임기개시일 전까지 그 직을 사직하도록 규정한 국회법 조항은 청구인의 공무담임권을 침해하지 않는다.
19. 경찰승진 ( )

정답 04 ○

심판대상조항은 국회의원의 직무수행에 있어 공정성과 전념성을 확보하여 국회가 본연의 기능을 충실히 수행하도록 하는 동시에 대학교육을 정상화하기 위한 것이므로, 입법자가 이를 심판대상조항으로 인해 발생하는 공무담임권 및 직업선택의 자유에 대한 제한보다 중시한다고 해서 법익의 균형성원칙에도 위반된다고 보기 어렵다(헌재 2015.4.30, 2014헌마621).

20 검사에 대한 징계로서 면직처분을 인정한 것이 과잉금지원칙에 반하여 공무담임권을 침해하는지 여부: 소극 [합헌]

[1] 구 검사징계법 제2조 제3호의 '검사로서의 체면이나 위신을 손상하는 행위'의 의미는, 공직자로서의 검사의 구체적 언행과 그에 대한 검찰 내부의 평가 및 사회 일반의 여론, 그리고 검사의 언행이 사회에 미친 파장 등을 종합적으로 고려하여 구체적인 상황에 따라 건전한 사회통념에 의하여 판단할 수 있으므로 명확성원칙에 위배되지 아니한다.

[2] 검사와 달리 법관에게는 면직처분이 인정되지 않아 양자의 신분보장에는 다소 차별이 있으나, 우리 헌법이 특별히 법관에 대해서만 신분보장 규정을 두고 있다는 점을 고려할 때 그 차별에는 합리적인 이유가 있으므로 구 검사징계법 제3조 제1항 중 '면직' 부분은 평등원칙에 위배되지 아니한다.

[3] 범죄의 수사와 공소제기 업무를 담당하는 검사의 지위와 위상을 고려할 때, 검사가 중대한 비위행위를 하였음에도 계속 그 직무를 수행하도록 한다면 검찰의 직무와 사법질서에 대한 국민의 불신이 초래된다는 점에서, 검사에 대한 징계로서 '면직' 처분을 인정하는 것은 과잉금지원칙에 반하여 공무담임권을 침해한다고 할 수 없다(헌재 2011.12.29, 2009헌바282).

21 동일 지역 교육대학 출신 응시자에게 제1차시험 만점의 6% 내지 8%의 지역가산점을 부여하는 임용시험 시행공고 등이 공무담임권을 침해하는지 여부: 소극 [기각]

[1] 구 교육공무원법 제11조의2 [별표2]에서 인정되는 각종 가산점은 제1차 시험성적의 10% 범위에서만 부여할 수 있고, 임용권자로서는 다른 가산점을 고려하여 지역가산점을 부여하여야 하므로 지역가산점을 제한된 범위 내에서 부여할 수밖에 없는 점, 이 사건 지역가산점을 받지 못하는 불이익은 그런 점을 알고도 다른 지역 교대에 입학한 것에서 기인하는 점, 노력 여하에 따라서는 가산점의 불이익을 감수하고라도 수도권 지역에 합격할 길이 열려 있는 점 등에 비추어, 이 사건 지역가산점규정이 과잉금지원칙에 위배되어 다른 지역 교대출신 응시자들의 공무담임권, 평등권을 침해한다고 볼 수 없다.

[2] 관계법령에서 구체적인 배점비율은 당해 임용시험 모집정원 등을 감안하여 교육감이 변경할 수 있는 가능성을 예정하고 있어서, 지역가산점 배점배율이 4%로 계속 유지될 것이라는 신뢰는 합리적인 신뢰라고 보기 어려우므로, 이 사건 공고가 신뢰보호원칙에 위배되어 공무담임권을 침해한다고 할 수 없다(헌재 2014.4.24, 2010헌마747).

22 10년 미만의 법조경력을 가진 사람의 판사임용을 위한 최소 법조경력요건을 단계적으로 2013년부터 2017년까지는 3년, 2018년부터 2021년까지는 5년, 2022년부터 2025년까지는 7년으로 정한 법원조직법 부칙 제2조가 공무담임권을 침해하는지 여부: 소극 [기각]

심판대상조항은 법조일원화의 전면적인 시행으로 초래될 법관의 인력수급에 대한 차질을 방지하여 법조일원화로의 원활한 이행을 확보하고자 하는 것으로서 그 입법목적이 정당하고, 일정한 경과기간 동안 10년 미만의 법조경력자들도 판사로 임용

기출 OX

01 검사에 대한 징계사유 중 하나인 '검사로서의 체면이나 위신을 손상하는 행위를 하였을 때'의 의미는 그 포섭범위가 지나치게 광범위하므로 명확성의 원칙에 반하여 헌법에 위배된다. 17.경찰승진 ( )

정답 01 ×

할 수 있도록 하면서 판사임용을 위한 최소 법조경력요건을 단계적으로 높이는 것은 입법목적 달성에 적절한 수단이다.

심판대상조항은 최소 법조경력요건의 이행기를 연장하여 판사임용기회를 기존보다 확대하는 내용의 경과규정인 점, 청구인들이 사법연수원에 입소할 당시 심판대상조항이 이미 시행되고 있었으므로 10년 미만의 법조경력자들은 기간별로 상향되는 최소 법조경력요건에 부합하는 법조경력을 갖추어야만 판사임용자격을 취득하게 되는 사실을 충분히 알 수 있었던 점, 청구인들이 5년의 법조경력을 가진 때에 최초로 판사임용자격을 갖추었다가 6년의 법조경력을 가지는 해에 단 한 차례 판사임용자격을 유지할 수 없게 된다는 사실만으로 청구인들이 주장하는 바와 같은 지나친 법적 불안정이 야기된다고 보기 어려운 점 등에 비추어 보면, 심판대상조항이 침해의 최소성원칙이나 법익 균형성원칙에 위배된다고 보기는 어렵다. 따라서 심판대상조항은 청구인들의 공무담임권을 침해하지 아니한다(헌재 2016.5.26, 2014헌마427).

23 선거범으로서 벌금 100만원 이상의 형을 선고받은 경우 일정기간 선거권 등을 제한하는 공직선거법 제18조 제1항 제3호 등이 위헌인지 여부: 소극 [기각]

[1] 선거권제한조항이 선거권을 침해하는지 여부: 소극 18. 국가직

선거권제한조항은 선거의 공정성을 확보하기 위한 것으로서, 선거권제한의 대상과 요건, 기간이 제한적인 점, 선거의 공정성을 해친 바 있는 선거범으로부터 부정선거의 소지를 차단하여 공정한 선거가 이루어지도록 하기 위하여는 선거권을 제한하는 것이 효과적인 방법인 점, 법원이 선거범에 대한 형량을 결정함에 있어서 양형의 조건뿐만 아니라 선거권의 제한 여부에 대하여도 합리적 평가를 하게 되는 점, 선거권의 제한기간이 공직선거마다 벌금형의 경우는 1회 정도, 징역형의 집행유예의 경우에는 2~3회 정도 제한하는 것에 불과한 점 등을 종합하면, 선거권제한조항은 청구인들의 선거권을 침해한다고 볼 수 없다.

[2] 피선거권제한조항이 공무담임권을 침해하는지 여부: 소극

피선거권제한조항은 선거의 공정성을 확보하기 위한 것으로서, 선거의 공정성을 해친 바 있는 선거범으로부터 부정선거의 소지를 차단하여 공정한 선거가 이루어지도록 하기 위하여는 피선거권을 제한하는 것이 효과적인 방법인 점, 법원이 선거범에 대한 형량을 결정함에 있어서 양형의 조건뿐만 아니라 피선거권의 제한 여부에 대하여도 합리적 평가를 하게 되는 점, 공무원은 국민전체에 대한 봉사자이고 국민에 대하여 책임을 지는 지위에 있으므로 선거범의 피선거권을 제한할 필요가 있는 점 등을 종합하면, 피선거권제한조항은 청구인의 피선거권을 침해한다고 볼 수 없다(헌재 2018.1.25, 2015헌마821·834·917).

24 총장후보자 지원자에게 기탁금 1천만원을 납부하도록 한 '전북대학교 총장임용후보자 선정에 관한 규정' 제15조 제3항 등이 공무담임권을 침해하는지 여부: 적극 [위헌]

19. 서울시

이 사건 기탁금조항은 총장후보자 지원자들의 무분별한 난립을 방지하고 그 책임성과 성실성을 확보함으로써 선거의 과열을 예방하기 위한 것이므로 목적의 정당성은 인정된다.

총장후보자 지원자들에게 1,000만원의 기탁금을 납부하게 하는 것은 지원자가 무분별하게 총장후보자에 지원하는 것을 예방하는 데 기여할 수 있으므로 수단의 적합성도 인정된다. … 한편 이 사건 기탁금조항의 1,000만원 액수는 교원 등 학내 인사뿐만 아니라 일반 국민들 입장에서도 적은 금액이 아니다. 여기에, 추천위원회의 최초 투표만을 기준으로 기탁금 반환 여부가 결정되는 점, 일정한 경우 기탁자 의사와 관계없이 기탁금을 발전기금으로 귀속시키는 점 등을 종합하면, 이 사건 기탁금조

기출 OX

02 선거범으로서 100만원 이상의 벌금형의 선고를 받고 그 형이 확정된 후 5년을 경과하지 아니한 자 또는 형의 집행유예의 선고를 받고 그 형이 확정된 후 10년을 경과하지 아니한 자의 선거권을 제한하는 규정은 국민주권과 대의제 민주주의의 실현수단으로서 선거권이 가지는 의미와 보통선거원칙의 중요성을 감안하면, 필요 최소한을 넘어 과도한 제한으로서 이들 선거범의 선거권을 침해한다.
18. 국가직 ( )

03 국립대학교 총장후보자로 지원하려는 사람에게 1,000만원의 기탁금 납부를 요구하고, 납입하지 않을 경우 총장후보자에 지원하는 기회를 주지 않는 것은 공무담임권을 침해한다.
19. 국회직 ( )

정답 02 × 03 ○

항의 1,000만원이라는 액수는 자력이 부족한 교원 등 학내 인사와 일반 국민으로 하여금 총장후보자 지원 의사를 단념토록 하는 정도에 해당한다. 이러한 사정들을 종합하면, 이 사건 기탁금조항은 침해의 최소성에 반한다. 이 사건 기탁금조항으로 달성하려는 공익이 제한되는 공무담임권 정도보다 크다고 단정할 수 없으므로, 이 사건 기탁금조항은 법익의 균형성에도 반한다. 이 사건 기탁금조항은 과잉금지원칙에 반하여 청구인의 공무담임권을 침해한다(헌재 2018.1.25, 2014헌마274).

25 경북대학교 총장임용후보자선거의 후보자로 등록하려면 3,000만원의 기탁금을 납부하고 후보자등록신청 시 기탁금납부영수증을 제출하도록 정한 '경북대학교 총장임용후보자 선정 규정'이 공무담임권을 침해하는지 여부: 소극

이 사건 기탁금납부조항은 후보자 난립에 따른 선거의 과열을 방지하고 후보자의 성실성을 확보하기 위한 것이다. 경북대학교는 총장임용후보자 선정 방식으로 직선제를 채택하고, 전화, 정보통신망을 이용한 지지 호소 등 다양한 방식의 선거운동을 허용하고 있으므로, 선거가 과열되거나 혼탁해질 위험이 인정된다. 기탁금 제도를 두는 대신에 피선거권자의 자격 요건을 강화하면 공무담임권이 더 크게 제한될 소지가 있고, 추천인 요건을 강화하는 경우 사전 선거운동이 과열될 수 있으며, 선거운동 방법의 제한 및 이에 관한 제재를 강화하면 선거운동의 자유가 위축될 우려도 있다. 3,000만원의 기탁금액은 경북대학교 전임교원의 급여액 등을 고려하면 납부할 수 없거나 입후보 의사를 단념케 할 정도로 과다하다고 할 수 없다. 따라서 이 사건 기탁금납부조항은 청구인의 공무담임권을 침해하지 아니한다(헌재 2022.5.26, 2020헌마1219).

26 선거권연령을 공무담임권의 연령인 18세와 달리 20세로 규정한 것이 위헌인지 여부: 소극 05. 사시

우리나라의 선거권연령의 연혁을 보면 제헌헌법부터 제2차 개헌시까지는 대통령·부통령선거법과 국회의원선거법에 21세 이상으로 규정하였으나, 제3차 개헌(1960.6.15. 개정) 당시부터 제4공화국 헌법(유신헌법)과 제5공화국 헌법까지는 헌법에 20세의 규정을 두었다. 제6공화국 헌법(1987.10.29. 개정)인 현행헌법은 법률에 위임하였고, 공직선거법이 제정되기 전까지는 개별 선거법에서 20세 이상으로 제한하였다. 현행헌법은 개정 당시 선거권연령을 헌법에 규정할 것인지의 여부에 의견일치를 보지 못하여 법률에 위임하게 된 것이다. … 선거권과 공무담임권의 연령을 어떻게 규정할 것인가는 입법자가 입법목적달성을 위한 선택의 문제이고 입법자가 선택한 수단이 현저하게 불합리하고 불공정한 것이 아닌 한 재량에 속하는 것이다. 위에서 설시한 이유를 되돌아보고 다시 생각건대, 선거권연령을 공무담임권의 연령인 18세와 달리 20세로 규정한 것은 청구인들이 주장하는 사정을 감안하더라도 입법부에 주어진 합리적인 재량의 범위를 벗어난 것으로 볼 수 없다(헌재 1997.6.26, 96헌마89).

27 5급 승진시험에서 '최종시험 예정일 현재'를 기준으로 하지 않고 '승진시험 요구일 현재'를 기준으로 응시자격을 제한하는 것이 공무담임권을 침해하는지 여부: 소극
18. 서울시

공무담임권의 보호영역에는 일반적으로 공직취임의 기회보장, 신분박탈, 직무의 정지가 포함될 뿐이고 청구인이 주장하는 '승진시험의 응시제한'이나 이를 통한 승진기회의 보장문제는 공직신분의 유지나 업무수행에는 영향을 주지 않는 단순한 내부 승진인사에 관한 문제에 불과하여 공무담임권의 보호영역에 포함된다고 보기는 어려우므로 결국 이 사건 심판대상규정은 청구인의 공무담임권을 침해한다고 볼 수 없다(헌재 2007.6.28, 2005헌마1179).

기출 OX

01 선거연령을 20세에서 18세로 낮춘 것은 선거권 연령이 공무담임권의 연령과 달리 20세로 규정된 것에 대한 헌법재판소의 위헌결정에 따른 것이다. 18. 5급 공채 변형 ( )

정답 01 ×

28 9급 공무원시험 응시연령을 '28세까지' 제한한 것이 위헌인지 여부: 소극

공무원시험에서 응시연령의 제한은 국민들의 공무담임권을 제한하는 것이고, … 이 사건 조항은 고등학교 졸업 후 10년간, 대학을 졸업한 경우는 5~6년간 응시기회가 주어질 수 있는 것을 전제하고 있고, 한편 9급 시험 중에서도 특별채용의 경우에는 응시연령 상한이 40세까지 연장된다. 이러한 점을 종합하면 이 사건 조항이 응시연령 상한을 그와 같이 규정한 것이 비합리적이거나 불공정한 것이라 할 수 없고, 달리 입법자의 재량범위를 벗어난 것이라 단정할 수 없다(헌재 2006.5.25, 2005헌마11 등).

29 정당이 자치구·시·군의 장후보자를 추천할 수 있도록 한 제도가 무소속후보자의 공무담임권을 침해하는 것인지 여부: 소극

정당의 후보자 추천제는 자치구·시·군의 장선거제도에 관한 기본틀의 하나로서 특정 후보자를 우대하거나 불리하게 하기 위한 것이 아니고, 이로 인하여 정당의 추천을 받지 않는 후보자가 정당의 추천과 지지를 받는 후보자와 힘들게 경쟁하게 된다고 하더라도 정당의 후보자 추천제도의 공익적 기능은 그로 인하여 침해되는 사익보다 훨씬 크다고 할 것이다. 따라서 공직선거법 제47조 제1항 본문 중 정당의 자치구·시·군의 장후보자 추천 부분은 청구인의 공무담임권을 부당하게 침해하는 것이라고 볼 수 없다(헌재 2011.3.31, 2009헌마286).

30 국회의원당선자가 정치자금을 불법수수하여 100만원 이상 벌금형을 선고받은 경우 당연퇴직하도록 한 정치자금법 제57조 등이 공무담임권을 침해하는지 여부: 소극

심판대상조항은 불법적인 정치자금수수를 예방하고, 금권·타락선거를 방지하고 선거의 공정성과 공직의 청렴성을 확보하기 위한 것이며, 정치자금을 부정수수한 범죄는 공직선거의 공정성을 침해하는 행위로서 공직의 계속 수행에 대한 국민적 신임이 유지되기 어려울 정도로 비난가능성이 크고, 법관이 100만원 이상의 벌금형을 양정함에 있어서는 형사처벌뿐만 아니라 공직의 계속수행 여부에 대한 합리적 평가를 하게 되며, 기본적으로 선거법이나 정치자금법 위반에 대하여 어떤 신분상 제재를 할 것인지에 대해서는 입법자의 정책적 재량이 존중되는 것이다. 따라서 심판대상조항은 청구인의 공무담임권이나 평등권을 침해하는 것이라 볼 수 없다(헌재 2008.1.17, 2006헌마1075).

31 7급 및 9급 전산직 공무원시험의 응시자격으로 전산 관련 산업기사 이상의 자격증 소지를 요구하는 공무원임용시험령 제18조 제1항 관련 부분이 공무담임권을 침해하는지 여부: 소극

다양한 수준의 국가기술자격 중 어느 수준의 자격을 요구할 것인가는 채용기관에 광범위한 재량이 인정되고, 기능사·산업기사 등 각 자격의 특성을 고려하면 각 직급 공무원의 업무와 관련이 없거나 업무수행에 필요한 정도를 넘어서는 과도한 능력을 요구하는 자격을 요건으로 한다고 보기 어려우므로 최소침해성의 원칙에 위배되지 아니한다.

한편 이 사건 심판대상조항으로 인하여 전산직 공무원시험 응시자가 입게 될 실질적인 불이익은 국가기술자격증 취득절차에 따른 다소의 노력과 비용 정도임에 반하여, 달성되는 공익은 전산직 공무원의 전문성을 강화하여 국민들에게 보다 양질의 서비스를 제공하고, 공무원시험을 효과적이고 간이하게 실시하며, 국가기술자격 취득자를 우대함으로써 기술인력의 사회적 지위 향상과 국가의 경제발전에 이바지한다는 것이므로 법익균형성원칙에 위반된다고 보기 어렵다.

따라서 이 사건 심판대상조항은 청구인의 공무담임권을 침해하지 아니한다(헌재 2012.7.26, 2010헌마264).

기출 OX

02 국회의원당선자가 정치자금을 불법수수하여 100만원 이상 벌금형을 받은 경우 당연퇴직하도록 한 정치자금법 및 국회법의 규정은 국회의원 당선자의 공무담임권이나 평등권을 침해하는 것이 아니다. 09. 법행 ( )

정답 02 ○

기출 OX

01 헌법재판소는 판사 임용요건으로서 10년 이상의 법조경력을 요구하는 개정 법원조직법 제42조 제2항에 관한 경과조치 규정인 부칙 제2조가 법 개정 당시 이미 사법연수원에 입소한 사람들에게 적용되는 것은 신뢰보호의 원칙에 반하여 공무담임권을 침해한다고 보아 한정위헌결정을 하였다. 17. 법원직 ( )

32 법원조직법이 개정되어 2013.1.1.부터는 사법연수원 소정의 과정을 마치더라도 바로 판사 임용자격을 취득할 수 없게 된 경우, 법원조직법 개정 시점인 2011.7.18. 당시에 이미 사법연수원에 입소하여 사법연수생의 신분을 가지고 있었던 자의 신뢰보호원칙에 반하여 공무담임권을 침해하는지 여부: **적극 [한정위헌]**

판사 임용자격에 관한 법원조직법규정은 이 사건 법원조직법 개정에 이르기까지 지난 40여 년 동안 큰 변화 없이 유지되어 왔고, 그동안 판사 임용자격을 취득할 수 있는 유일한 방법은 사법시험에 합격하여 사법연수원을 수료하는 과정뿐이었다는 점에 비추어 보면, 국가는 입법행위를 통하여 사법시험에 합격한 후 사법연수원을 수료하는 자는 판사 임용자격을 취득할 수 있다는 신뢰의 근거를 제공하였다고 보아야 한다.

결국 이 사건 심판대상조항은 이 사건 법원조직법 개정 시점인 2011.7.18. 당시에 이미 사법연수원에 입소하여 사법연수생의 신분을 가지고 있었던 자가 사법연수원을 수료하는 해의 판사 임용에 지원하는 경우에 적용되는 한 신뢰보호원칙에 반하여 청구인들의 공무담임권을 침해한다(헌재 2012.11.29, 2011헌마786).

33 국회의원선거 및 지방의회의원선거에 있어서 피선거권 행사연령을 25세 이상으로 정한 공직선거법 제16조 제2항 및 공직선거법 제16조 제3항 중 '지방의회의원 피선거권' 부분이 25세 미만인 사람의 공무담임권 및 평등권을 침해하는지 여부: **소극 [기각]**

헌법 제25조 및 제118조 제2항에 따라 입법자는 국회의원 및 지방의회의원선거 피선거권 행사연령을 정함에 있어 선거의 의미와 기능, 국회의원 및 지방의회의원의 지위와 직무 등을 고려하여 재량에 따라 결정할 수 있다.

입법자가 국회의원 및 지방의회의원에게 요구되는 능력 및 이러한 능력을 갖추기 위하여 요구되는 교육과정 등에 소요되는 최소한의 기간, 선출직 공무원에게 납세 및 병역의무의 이행을 요구하는 국민의 기대와 요청을 고려하여 국회의원 및 지방의회의원의 피선거권 행사연령을 25세 이상으로 정한 것은 합리적이고 입법형성권의 한계 내에 있으므로 25세 미만인 사람의 공무담임권 및 평등권을 침해한다고 볼 수 없다(헌재 2013.8.29, 2012헌마288).

02 승진가능성이라는 것은 공직신분의 유지나 업무수행과 같은 법적 지위에 직접 영향을 미치는 것이 아니고 간접적·사실적 또는 경제적 이해관계에 영향을 미치는 것에 불과하여 공무담임권의 보호영역에 포함된다고 보기는 어렵다. 19. 국가직 ( )

34 공직신분에 있어서 승진가능성이라는 것이 공무담임권의 보호영역에 포함되는지 여부: **소극** 19. 국가직

승진가능성이라는 것은 공직신분의 유지나 업무수행과 같은 법적 지위에 직접 영향을 미치는 것이 아니고 간접적·사실적 또는 경제적 이해관계에 영향을 미치는 것에 불과하여 공무담임권의 보호영역에 포함된다고 보기는 어렵다(헌재 2010.3.25, 2009헌바538).

35 지역구국회의원선거 예비후보자의 선거비용을 보전대상에서 제외하는 것이 선거 전에 예비후보자로 등록하는 것을 제한하여 공직취임의 기회를 제한하는 것인지 여부: **소극** 19. 서울시

선거비용 보전 제한조항은 지역구국회의원선거에 있어서 선거 후에 선거비용 보전을 제한한 것으로서 선거 전에 청구인들이 예비후보자 또는 후보자로 등록하는 것을 제한하여 공직취임의 기회를 제한하는 것은 아니므로, 청구인들의 공무담임권 내지 피선거권을 제한하는 것이 아니다(헌재 2018.7.26, 2016헌마524 등).

정답 01 ○ 02 ○

36 국방부 등의 보조기관에 근무할 수 있는 기회를 현역군인에게만 부여하고 군무원에게는 부여하지 않는 법률조항이 군무원의 공무담임권을 침해하는지 여부: 소극 [기각]

공무담임권의 보호영역에는 일반적으로 공직취임의 기회보장, 신분박탈, 직무의 정지가 포함되는 것일 뿐, 여기서 더 나아가 공무원이 특정의 장소에서 근무하는 것 또는 특정의 보직을 받아 근무하는 것을 포함하는 일종의 '공무수행의 자유'까지 그 보호영역에 포함된다고 보기는 어렵다. 따라서 이 사건 법률조항이 특정직공무원으로서 군무원인 청구인들의 공무담임권을 제한하는 것은 아니다(헌재 2008.6.26, 2005헌마1275).

37 공무원의 재임기간 동안 충실한 공무 수행을 담보하기 위하여 공무원의 퇴직급여 및 공무상 재해보상을 보장할 것까지 공무담임권의 보호영역에 포함되는지 여부: 소극

헌법 제25조의 공무담임권이 공무원의 재임기간 동안 충실한 공무 수행을 담보하기 위하여 공무원의 퇴직급여 및 공무상 재해보상을 보장할 것까지 그 보호영역으로 하고 있다고 보기 어렵고, 행복추구권은 행복을 추구하기 위하여 필요한 급부를 국가에 대하여 적극적으로 요구할 수 있음을 내용으로 하는 것이 아니므로, 심판대상조항으로 인한 공무담임권 및 행복추구권의 제한은 문제되지 않는다(헌재 2014.6.26, 2012헌마459).

38 7급 세무직 공무원 공개경쟁채용시험에서 특정 자격증(변호사·공인회계사·세무사) 소지자에게 가산점을 부여하는 공무원임용시험령 제31조 제2항이 공무담임권을 침해하는지 여부: 소극 [기각]

세무직 국가공무원의 업무상 전문성 강화라는 공익과 함께, 심판대상조항이 정하는 바와 같은 가산점 제도가 1993.12.31. 이후 유지되어 왔고 자격증 없는 자들의 응시기회 자체가 박탈되거나 제한되는 것이 아니며 가산점 부여를 위해서는 일정한 요건을 갖추도록 하고 있는 점 등을 고려하면 법익균형성이 인정된다. 그러므로 이 사건 처벌조항은 과잉금지원칙에 반하여 청구인의 공무담임권을 침해하지 아니한다(헌재 2020.6.25, 2017헌마1178).

39 서울교통공사의 직원이라는 직위가 헌법 제25조가 보장하는 공무담임권의 보호 영역인 '공무'의 범위에는 해당하는지 여부: 소극

서울교통공사는 공익적인 업무를 수행하기 위한 지방공사이나, 서울특별시와 독립적인 공법인으로서 경영의 자율성이 보장되고, 수행 사업도 국가나 지방자치단체의 독점적 성격을 갖는다고 보기 어려우며, 서울교통공사의 직원의 신분도 지방공무원법이 아닌 지방공기업법과 정관에서 정한 바에 따르는 등, 서울교통공사의 직원이라는 직위가 헌법 제25조가 보장하는 공무담임권의 보호영역인 '공무'의 범위에는 해당하지 않는다(헌재 2021.2.25, 2018헌마174).

40 공무담임권과 별도로 직업선택의 자유 침해 여부를 심사할 필요가 있는지 여부: 소극

공무담임권은 국가 등에게 능력주의를 존중하는 공정한 공직자선발을 요구할 수 있는 권리라는 점에서 직업선택의 자유보다는 그 기본권의 효과가 현실적·구체적이므로, 공직을 직업으로 선택하는 경우에 있어서 직업선택의 자유는 공무담임권을 통해서 그 기본권보호를 받게 된다고 할 수 있으므로 공무담임권을 침해하는지 여부를 심사하는 이상 이와 별도로 직업선택의 자유 침해 여부를 심사할 필요는 없다(헌재 2006.3.30, 2005헌마598).

기출 OX

03 국방부 등의 보조기관에 근무할 수 있는 기회를 현역군인에게만 부여하고 군무원에게는 부여하지 않는 법률조항은 군무원의 공무담임권을 침해한다. 20. 경찰승진 ( )

04 공무원의 재임기간 동안 충실한 공무 수행을 담보하기 위하여 공무원의 퇴직급여 및 공무상 재해보상을 보장할 것까지 공무담임권의 보호영역에 포함된다고 본다. 20. 경찰승진 ( )

정답 03 × 04 ×

41 착신전환 등을 통한 중복 응답 등 범죄로 100만원 이상의 벌금형의 선고를 받고 형이 확정된 후 5년이 경과하지 아니한 경우에 선거권을 제한하는 것이 선거권을 침해하는지 여부: 소극 [기각]

선거권제한조항은 착신전환 등을 통한 중복 응답 등 범죄로 100만원 이상의 벌금형의 선고를 받고 형이 확정된 후 5년이 경과하지 아니한 경우에 선거권을 제한하여 그 대상과 기간이 제한적이다. 법원이 벌금 100만원 이상의 형을 선고한다면, 여기에는 피고인의 행위가 선거의 공정을 침해할 우려가 높다는 판단과 함께 피고인의 선거권을 일정기간 박탈하겠다는 판단이 포함되어 있다고 보아야 한다. 선거권제한을 통하여 달성하려는 선거의 공정성 확보라는 공익이 선거권을 행사하지 못함으로써 침해되는 개인의 사익보다 크다. 따라서 선거권제한조항은 선거권을 침해하지 아니한다(헌재 2022.3.31, 2019헌마986).

42 착신전환 등을 통한 중복 응답 등 범죄로 100만원 이상의 벌금형의 선고를 받은 사람은 지방의원직에서 퇴직하도록 한 것이 공무담임권을 침해하는지 여부: 소극 [기각]

대상 범죄인 착신전환 등을 통한 중복 응답 등 범죄는 선거의 공정성을 직접 해하는 범죄로, 위 범죄로 형사처벌을 받은 사람이라면 지방자치행정을 민주적이고 공정하게 수행할 것이라 볼 수 없다. 입법자는 100만원 이상의 벌금형 요건으로 하여 위 범죄로 지방의회의원의 직에서 퇴직할 수 있도록 하는 강력한 제재를 선택한 동시에 퇴직 여부에 대하여 법원으로 하여금 구체적 사정을 고려하여 판단하게 하였다. 당선무효, 기탁금 등 반환, 피선거권 박탈만으로는 퇴직조항, 당선무효, 기탁금 등 반환, 피선거권 박탈이 동시에 적용되는 현 상황과 동일한 정도로 공직에 대한 신뢰를 제고하기 어렵다. 퇴직조항으로 인하여 지방자치의원의 직에서 퇴직하게 되는 사익의 침해에 비하여 선거에 관한 여론조사의 결과에 부당한 영향을 미치는 행위를 방지하고 선거의 공정성을 담보하며 공직에 대한 국민 또는 주민의 신뢰를 제고한다는 공익이 더욱 중대하다. 퇴직조항은 청구인들의 공무담임권을 침해하지 아니한다(헌재 2022.3.31, 2019헌마986).

43 피성년후견인인 국가공무원은 당연퇴직한다고 정한 구 국가공무원법 제69조 제1호 중 제33조 제1호 가운데 '피성년후견인'에 관한 부분, 국가공무원법 제69조 제1호 중 제33조 제1호에 관한 부분(이하 위 조항들을 합하여 '심판대상조항'이라 한다)이 공무담임권을 침해하는지 여부: 적극

심판대상조항이 달성하고자 하는 공익은 우리 헌법상 사회국가원리에 입각한 공무담임권 보장과 조화를 이루는 정도에 한하여 중요성이 인정될 수 있다. 그런데 심판대상조항은 성년후견이 개시되지는 않았으나 동일한 정도의 정신적 장애가 발생한 국가공무원의 경우와 비교할 때 사익의 제한 정도가 과도하고, 성년후견이 개시되었어도 정신적 제약을 극복하여 후견이 종료될 수 있고, 이 경우 법원에서 성년후견 종료심판을 하고 있다는 사실에 비추어 보아도 사익의 제한 정도가 지나치게 가혹하다. 또한 심판대상조항처럼 국가공무원의 당연퇴직사유를 임용결격사유와 동일하게 규정하려면 국가공무원이 재직 중 쌓은 지위를 박탈할 정도의 충분한 공익이 인정되어야 하나, 이 조항이 달성하려는 공익은 이에 미치지 못한다. 따라서 심판대상조항은 과잉금지원칙에 반하여 공무담임권을 침해한다(헌재 2022.12.22, 2020헌가8).

44 '아동에게 성적 수치심을 주는 성희롱 등의 성적 학대행위로 형을 선고받아 그 형이 확정된 사람은 부사관으로 임용될 수 없도록 한 것'이 공무담임권을 침해하는지 여부: 적극 [헌법불합치]

심판대상조항은 공직에 대한 국민의 신뢰를 확보하고 아동의 건강과 안전을 보호하기 위한 것으로서, 그 입법목적이 정당하다. 아동에 대한 성희롱 등의 성적 학대행위로 인하여 형을 선고받아 확정된 사람을 공직에 진입할 수 없도록 하는 것은 위와 같은 입법목적 달성에 기여할 수 있으므로, 수단의 적합성도 인정된다. 그러나 심판대상조항은 **아동과 관련이 없는 직무를 포함하여 모든 일반직공무원 및 부사관에 임용될 수 없도록 한다.** 또한, 심판대상조항은 영구적으로 임용을 제한하고, 아무리 오랜 시간이 경과하더라도 결격사유가 해소될 수 있는 어떠한 가능성도 인정하지 않는다. 아동에 대한 성희롱 등의 성적 학대행위로 형을 선고받은 경우라고 하여도 범죄의 종류, 죄질 등은 다양하므로, 개별 범죄의 비난가능성 및 재범 위험성 등을 고려하여 상당한 기간 동안 임용을 제한하는 덜 침해적인 방법으로도 입법목적을 충분히 달성할 수 있다. 따라서 심판대상조항은 과잉금지원칙에 위반되어 청구인의 공무담임권을 침해한다(헌재 2022.11.24, 2020헌마1181).

45 아동·청소년이용음란물임을 알면서 이를 소지한 죄로 형을 선고받아 그 형이 확정된 사람은 국가공무원법상의 일반직공무원으로 임용될 수 없도록 한 것이 공무담임권을 침해하는지 여부: 적극 [헌법불합치]

심판대상조항은 아동·청소년과 관련이 없는 직무를 포함하여 모든 일반직공무원에 임용될 수 없도록 하므로, 제한의 범위가 지나치게 넓고 포괄적이다. 또한, 심판대상조항은 영구적으로 임용을 제한하고, 결격사유가 해소될 수 있는 어떠한 가능성도 인정하지 않는다. 그런데 아동·청소년이용음란물소지죄로 형을 선고받은 경우라고 하여도 범죄의 종류, 죄질 등은 다양하므로, 개별 범죄의 비난가능성 및 재범 위험성 등을 고려하여 상당한 기간 동안 임용을 제한하는 덜 침해적인 방법으로도 입법목적을 충분히 달성할 수 있다. 따라서 심판대상조항은 과잉금지원칙에 위배되어 청구인들의 공무담임권을 침해한다(헌재 2023.6.29, 2020헌마1605).

46 과거 3년 이내의 당원 경력을 법관 임용 결격사유로 정하고 있는 법원조직법 조항이 공무담임권을 침해하여 헌법에 위반되는지 여부: 적극 [위헌]

과거에 당원 신분을 취득한 경력을 규제할 필요성이 있더라도, 소속 정당에서 일정한 보직을 부여받거나 공직선거에서 정당후보자로 등록되어 출마하는 등 적극적으로 정치적 활동을 하였던 경우에 한하여 법관 임용을 제한할 수 있고, 이에 법원조직법은 관련 규정을 별도로 두고 있다. 그럼에도 불구하고, 심판대상조항과 같이 과거 3년 이내의 모든 당원 경력을 법관 임용 결격사유로 정하는 것은, 입법목적 달성을 위해 합리적인 범위를 넘어 정치적 중립성과 재판 독립에 긴밀한 연관성 없는 경우까지 과도하게 공직취임의 기회를 제한한다. 따라서 심판대상조항은 과잉금지원칙에 반하여 청구인의 공무담임권을 침해한다(헌재 2024.7.18, 2021헌마460).

기출 OX

01 피성년후견인인 국가공무원은 당연퇴직한다고 규정한 국가공무원법 조항은 성년후견이 개시되지는 않았으나 동일한 정도의 정신적 장애가 발생한 국가공무원의 경우와 비교할 때 사익의 제한 정도가 과도하여 과잉금지원칙에 위반되므로 공무담임권을 침해한다. 23. 경찰1차 ( )

정답 **01** ○

제5장 정치적 기본권

05 제한과 그 한계

1. 일반적 법률유보에 의한 제한
참정권도 기본권제한의 일반 조항인 헌법 제37조 제2항에 의하여 제한될 수 있다.

2. 소급입법에 의한 참정권제한의 금지

> **헌법 제13조** ② 모든 국민은 소급입법에 의하여 참정권의 제한을 받거나 재산권을 박탈당하지 아니한다.

이는 과거 반민족행위처벌법, 반민주행위자공민권제한법, 정치활동정화법, 정치풍토쇄신을 위한 특별조치법 등으로 일부 국민의 참정권이 소급입법에 의하여 제한된 전례가 있었으므로 그러한 일의 반복과 악순환을 방지하기 위하여 제5차 개정헌법에 명문 규정을 둔 것이다. 따라서 국가안전보장 등의 목적달성을 위하여 아무리 필요한 경우라도 소급입법에 의해서 참정권을 제한하는 것은 원칙적으로 허용될 수 없다고 본다.

police.Hackers.com

제6장 청구권적 기본권

제1절 개설

01 의의

'청구권적 기본권'이란 권리나 이익이 침해되었거나 침해될 우려가 있을 경우에 국민이 국가에 대하여 적극적으로 일정한 행위를 청구할 수 있는 권리를 말한다. 따라서 청구권적 기본권은 '기본권보장을 위한 수단적인 기본권', 즉 국민의 '실체적 기본권'을 보장하기 위한 '절차적 기본권'이라 할 수 있다. 현행헌법은 청구권적 기본권으로 청원권, 재판청구권, 국가보상청구권, 국가배상청구권, 범죄피해자구조청구권 등을 규정하고 있다.

02 성격

청구권적 기본권은 헌법규정에서 직접적 효력을 가지는 권리이나, 법률에 의하여 그 행사절차가 구체화되어야 비로소 권리로서 행사할 수 있다. 헌법재판소는 헌법 제27조 제3항의 신속한 재판을 받을 권리와 관련하여 "법률에 의한 구체적 형성 없이는 신속한 재판을 위한 어떤 직접적이고 구체적인 청구권이 발생하지 아니한다."라고 판시한 바 있다(헌재 1999.9.16, 98헌마75). 아울러 입법자는 그 입법과정에서 법률의 구체적 내용, 명칭 등에 관련하여 다양한 선택을 할 수 있고, 나아가 헌법규정의 적용영역에 관련하여 헌법적 요구사항을 상회하는 법률을 제정할 수도 있다(헌재 2004.3.25, 2002헌바104). 이와 같이 청구권적 기본권에 있어서는 상대적으로 광범위한 입법형성권이 인정되기 때문에 현저하게 불합리하지 않는 한 헌법에 위반된다고 할 수 없다.

03 주체

1. 청구권적 기본권 중에서 청원권·재판청구권·형사보상청구권은 외국인에게도 인정된다. 그러나 국가배상청구권(국가배상법 제7조)과 범죄피해자구조청구권(범죄피해자 보호법 제23조)은 상호주의원칙에 따라 상호의 보증이 있는 때에 한하여 그 주체가 된다. 11.법행

2. 법인의 경우에는 성질상 법인에도 인정될 수 있는 권리에 한하여 그 주체가 될 수 있다. 청원권·재판청구권·국가배상청구권은 법인도 주체가 될 수 있으나, 신체구금을 전제로 하는 형사보상청구권과 생명과 신체에 대한 범죄피해를 전제로 하는 범죄피해자구조청구권의 경우에는 성질상 법인은 그 주체가 될 수 없다.

기출 OX
01 외국인과 법인은 형사보상청구권의 주체가 될 수 없다. 03.법행 (   )

정답 01 ×

제2절 청원권

01 의의

> 헌법 제26조 ① 모든 국민은 법률이 정하는 바에 의하여 국가기관에 문서로 청원할 권리를 가진다.
> ② 국가는 청원에 대하여 심사할 의무를 진다.

1. 개념

'청원권'이란 공권력과의 관계에서 일어나는 여러 가지 이해관계, 의견, 희망 등에 관하여 적법한 청원을 한 모든 국민에게 국가기관이 청원을 수리할 뿐만 아니라 이를 심사하여, 청원자에게 적어도 그 처리결과를 통지할 것을 요구할 수 있는 권리를 말한다(헌재 1994.2.24, 93헌마213). 12.법무사 헌법 제26조 제2항에서는 청원에 대한 심사의무만을 규정하였고, 심사결과의 통지의무는 청원법 제9조 제2항에서 비로소 인정하고 있다. 따라서 청원에 대한 심사의무는 헌법상 의무이고, 심사결과의 통지의무는 법률상 의무이다. 03.법행, 08.법무사

기출 OX

02 청원권은 공권력과의 관계에서 일어나는 여러 가지 이해관계, 의견, 희망 등에 관하여 적법한 청원을 한 모든 국민에게 국가기관이(그 주관관서가) 청원을 수리할 뿐만 아니라 이를 심사하여 청원자에게 그 처리결과를 통지할 것을 요구할 수 있는 권리를 말한다. 19.경찰경채 ( )

2. 기능

(1) 국민과의 결속기능

국가기관으로 하여금 국민의 고충을 심사·처리하도록 함으로써 국민의 신뢰를 얻고 국민과의 유대를 지속할 수 있도록 한다.

(2) 대정부 통제기능

공무원의 비위를 조사함으로써 국회의 정부에 대한 통제기능을 수행하게 한다.

(3) 권리구제기능

소송법상의 권리구제수단보다 간편한 방법으로 권리구제를 받을 수 있도록 하는 기능을 수행한다.

02 법적 성격

청원권은 청원의 자유를 보장한다는 소극적 측면과 국가기관에 대하여 일정한 국가적 행위를 요구할 수 있다는 적극적 측면이 있다. 따라서 청원권은 자유권적 성격과 청구권의 성격을 아울러 가진 복합적 성격의 권리로 보아야 할 것이다(다수설).

03 주체

청원권은 국민뿐만 아니라 **외국인**에게도 인정되며, 자연인뿐만 아니라 **법인**도 청원권의 주체가 된다. 06.법행 **공무원, 군인, 수형자** 등도 청원을 할 수 있으나, 직무와 관련된 청원과 **집단적 청원은 할 수 없다.** 청원권의 행사는 자신이 직접 하든 제3자인 중개인

정답 **02** ○

이나 대리인을 통해서 하든 청원권으로서 보호되며, 자기의 권리 또는 이익의 침해를 반드시 필요로 하지 아니하므로 자기와 직접 이해관계 없는 사항에 대해서도 청원할 수 있다. 04. 국가직

기출 OX

01 우리 헌법은 문서로 청원을 하도록 규정되어 있기 때문에 청원권의 행사를 제3자인 중개인이나 대리인을 통해서 하는 것은 청원권으로서 보호되지 않는다. 19. 경찰경채 ( )

> **⚖️ 판례 | 청원권의 행사를 제3자인 중개인이나 대리인을 통해서 할 수 있는지 여부:**
>
> **적극 [합헌]** 12. 법무사
>
> 청원권의 행사는 자신이 직접 하든 아니면 제3자인 중개인이나 대리인을 통해서 하든 청원권으로서 보호된다. 우리 헌법은 문서로 청원을 하도록 한 것 이외에 그 형식을 제한하고 있지 않으며, 청원권의 행사방법이나 그 절차를 구체화하고 있는 청원법도 제3자를 통하여 하는 방식의 청원을 금지하고 있지 않다. 따라서 국민이 여러 가지 이해관계 또는 국정에 관해서 자신의 의견이나 희망을 해당 기관에 직접 진술하는 외에 그 본인을 대리하거나 중개하는 제3자를 통하여 진술하더라도 이는 청원권으로서 보호될 것이다(헌재 2005.11.24, 2003헌바108).

04 내용

1. 청원사항

> **청원법**
>
> **제5조 【청원사항】** 청원은 다음 각 호의 어느 하나에 해당하는 경우에 한하여 할 수 있다. 03. 법행, 04 · 19. 국가직
> 1. 피해의 구제
> 2. **공무원의 위법 · 부당한 행위에 대한 시정이나 징계요구**
> 3. **법률 · 명령 · 조례 · 규칙의 제정 · 개정 또는 폐지**
> 4. 공공의 제도 또는 시설의 운영
> 5. 그 밖에 청원기관의 권한에 속하는 사항
>
> **제6조 【청원 처리의 예외】** 청원기관의 장은 청원이 **다음 각 호의 어느 하나에 해당하는 경우에는 처리를 하지 아니할 수 있다.** 이 경우 사유를 청원인(제11조 제3항에 따른 공동청원의 경우에는 대표자를 말한다)에게 알려야 한다.
> 1. 국가기밀 또는 공무상 비밀에 관한 사항
> 2. 감사 · 수사 · 재판 · 행정심판 · 조정 · 중재 등 다른 법령에 의한 조사 · 불복 또는 구제절차가 진행 중인 사항
> 3. 허위의 사실로 타인으로 하여금 형사처분 또는 징계처분을 받게 하는 사항
> 4. 허위의 사실로 국가기관 등의 명예를 실추시키는 사항
> 5. 사인간의 권리관계 또는 개인의 사생활에 관한 사항
> 6. 청원인의 성명, 주소 등이 불분명하거나 청원내용이 불명확한 사항
>
> **제16조 【반복청원 및 이중청원】** ① 청원기관의 장은 동일인이 같은 내용의 청원서를 같은 청원기관에 2건 이상 제출한 반복청원의 경우에는 나중에 제출된 청원서를 반려하거나 종결처리할 수 있고, 종결처리하는 경우 이를 청원인에게 알려야 한다. 06 · 16. 법행, 19. 국가직

정답 01 ✕

② 동일인이 같은 내용의 청원서를 2개 이상의 청원기관에 제출한 경우 소관이 아닌 청원기관의 장은 청원서를 소관 청원기관의 장에게 이송하여야 한다. 이 경우 반복청원의 처리에 관하여는 제1항을 준용한다.

제25조【모해의 금지】 누구든지 타인을 모해할 목적으로 허위의 사실을 적시한 청원을 하여서는 아니 된다. 19. 국가직

2. 대상기관

청원법

제4조【청원기관】 이 법에 따라 청원을 제출할 수 있는 기관(이하 "청원기관"이라 한다)은 다음 각 호와 같다.
1. 국회·법원·헌법재판소·중앙선거관리위원회, 중앙행정기관(대통령 소속 기관과 국무총리 소속 기관을 포함한다)과 그 소속 기관
2. 지방자치단체와 그 소속기관
3. 법령에 따라 행정권한을 가지고 있거나 행정권한을 위임 또는 위탁받은 법인·단체 또는 그 기관이나 개인

청원을 할 수 있는 대상기관에 관하여 **헌법은 국가기관이라고만 규정**하고 있으나, 청원법에서는 청원의 실효성확보를 위하여 국가기관뿐만 아니라 지방자치단체와 기타 행정권한을 위임 또는 위탁받은 법인 등을 청원대상기관으로 규정하고 있어 청원은 국가기관뿐만 아니라 지방자치단체나 그 밖의 단체에 대해서도 할 수 있다.

3. 방법과 절차

청원법

제9조【청원방법】 ① 청원은 청원서에 청원인의 성명(법인인 경우에는 명칭 및 대표자의 성명을 말한다)과 주소 또는 거소를 적고 서명한 문서(전자문서 및 전자거래 기본법에 따른 전자문서를 포함한다)로 하여야 한다.
② 제1항에 따라 전자문서로 제출하는 청원(이하 "온라인청원"이라 한다)은 본인임을 확인할 수 있는 전자적 방법을 통해 제출하여야 한다. 이 경우 서명이 대체된 것으로 본다.
③ 제2항에 따른 본인임을 확인할 수 있는 전자적 방법은 대법원규칙, 헌법재판소규칙, 중앙선거관리위원회규칙 및 대통령령으로 정한다.

제11조【청원서의 제출】 ① 청원인은 청원서를 해당 청원사항을 담당하는 청원기관에 제출하여야 한다.
② 청원인은 청원사항이 제5조 제3호 또는 제4호에 해당하는 경우 청원의 내용, 접수 및 처리 상황과 결과를 온라인청원시스템에 공개하도록 청원(이하 "공개청원"이라 한다)할 수 있다. 이 경우 청원서에 공개청원으로 표시하여야 한다.
③ 다수 청원인이 공동으로 청원(이하 "공동청원"이라 한다)을 하는 경우에는 그 처리결과를 통지받을 3명 이하의 대표자를 선정하여 이를 청원서에 표시하여야 한다.
④ 청원인은 청원서에 이유와 취지를 밝히고, 필요한 때에는 참고자료를 붙일 수 있다.

기출 OX

02 청원은 문서로 하도록 헌법상 규정되어 있고, 청원법에서도 청원은 문서(전자문서 포함)로 하도록 규정하고 있다. 이에 따라 구두로 청원하는 것은 인정되지 않는다. 20. 법행 ( )

정답 **02** O

제21조 【청원의 처리 등】 ① 청원기관의 장은 청원심의회의 심의를 거쳐 청원을 처리하여야 한다. 다만, 청원심의회의 심의를 거칠 필요가 없는 사항에 대해서는 심의를 생략할 수 있다.
② 청원기관의 장은 청원을 접수한 때에는 특별한 사유가 없으면 **90일 이내**(제13조 제1항에 따른 공개청원의 공개 여부 결정기간 및 같은 조 제2항에 따른 국민의 의견을 듣는 기간을 제외한다)에 처리결과를 청원인(공동청원의 경우 대표자를 말한다)에게 알려야 한다. 이 경우 공개청원의 처리결과는 온라인청원시스템에 공개하여야 한다.
③ 청원기관의 장은 부득이한 사유로 제2항에 따른 처리기간에 청원을 처리하기 곤란한 경우에는 60일의 범위에서 한 차례만 처리기간을 연장할 수 있다. 이 경우 그 사유와 처리예정기한을 지체 없이 청원인(공동청원의 경우 대표자를 말한다)에게 알려야 한다.
④ 제1항 단서의 청원심의회의 심의를 거칠 필요가 없는 사항 및 제2항에 따른 처리결과를 알리는 방식 등에 필요한 사항은 대법원규칙, 헌법재판소규칙, 중앙선거관리위원회규칙 및 대통령령으로 정한다.

헌법

제89조 다음 사항은 **국무회의의 심의를 거쳐야 한다.**
15. 정부에 제출 또는 회부된 정부의 정책에 관계되는 청원의 심사

국회법

제123조 【청원서의 제출】 ① 국회에 청원을 하려는 자는 **의원의 소개를 받거나 국회규칙으로 정하는 기간 동안 국회규칙으로 정하는 일정한 수 이상의 국민의 동의를** 받아 청원서를 제출하여야 한다.
② 청원은 청원자의 주소·성명(법인인 경우에는 그 명칭과 대표자의 성명을 말한다. 이하 같다)을 적고 서명한 문서(전자정부법 제2조 제7호에 따른 전자문서를 포함한다)로 하여야 한다.
③ 청원이 다음 각 호의 어느 하나에 해당하는 경우에는 이를 접수하지 아니한다.
1. 재판에 간섭하는 내용의 청원
2. 국가기관을 모독하는 내용의 청원
3. 국가기밀에 관한 내용의 청원
④ 제1항에 따른 국민의 동의 방법·절차 및 청원 제출 등에 필요한 사항은 국회규칙으로 정한다.

지방자치법

제85조 【청원서의 제출】 ① 지방의회에 청원을 하려는 자는 **지방의회의원의 소개를 받아** 청원서를 제출하여야 한다.

기출 OX

01 청원법에 의하면 청원을 담당하는 기관이 청원을 접수한 때에는 특별한 사유가 없는 한 90일 이내에 그 처리결과를 청원인에게 통지하여야 한다. 20. 법행 변형 ( )

02 청원권은 특히 국회와 국민의 유대를 지속시켜 주는 수단이기 때문에 국회의 경우에는 국회의원의 소개를 받아서 청원을 하여야 하지만, 지방의회의 경우에는 지방의회의원의 소개를 얻지 않고서 가능하다. 16. 국회직 ( )

정답 01 ○ 02 ×

판례 |

1 국회청원시 국회의원의 필수적 소개규정의 위헌 여부: 소극 [기각]

청원권의 구체적 내용은 입법활동에 의하여 형성되며, 입법형성에는 폭넓은 재량권이 있으므로 입법자는 청원의 내용과 절차는 물론 청원의 심사·처리를 공정하고 효율적으로 행할 수 있게 하는 합리적인 수단을 선택할 수 있는바, 의회에 대한 청원에 국회의원의 소개를 얻도록 한 것은 청원심사의 효율성을 확보하기 위한 적절한 수단이다. 또한 청원은 일반 의안과 같이 처리되므로 청원서제출단계부터 의원의 관여가 필요하고, 의원의 소개가 없는 민원의 경우에는 진정으로 접수하여 처리하고 있으며, 청원의 소개의원은 1인으로 족한 점 등을 감안할 때 이 사건 법률조항이 국회에 청원을 하려는 자의 청원권을 침해한다고 볼 수 없다(헌재 2006.6.29, 2005헌마604).

2 지방의회청원시 지방의회의원의 필수적 소개규정의 위헌 여부: 소극 [기각] 03·06. 법행, 12. 국회직

지방의회에 청원을 할 때에 지방의회의원의 소개를 얻도록 한 것은 청원의 남발을 규제하고 심사의 효율을 기하기 위한 것이고, 청원의 소개의원도 1인으로 족한 점을 감안하면 이러한 정도의 제한은 공공복리를 위한 필요최소한의 것이다(헌재 1999.11.25, 97헌마54).

3 국민동의조항과 그 위임을 받아 청원서를 제출하기 위한 구체적인 절차로서 국민의 찬성·동의를 받는 기간과 그 인원수 등을 규정한 국회청원심사규칙 제2조의2 제2항 중 '등록일부터 30일 이내에 100명 이상의 찬성을 받고' 부분 및 구 국회청원심사규칙 제2조의2 제3항(이하 위 세 조항들을 합하여 '국민동의법령조항들'이라 한다)이 청원권을 침해하는지 여부: 소극 [기각]

국민동의법령조항들은 의원소개조항에 더하여 추가적으로 국민의 동의를 받는 방식으로 국회에 청원하는 방법을 허용하면서 그 구체적인 요건과 절차를 규정하고 있는 것으로, 청원권의 구체적인 입법형성에 해당한다. 국민동의법령조항들이 청원서의 일반인에 대한 공개를 위해 30일 이내에 100명 이상의 찬성을 받도록 한 것은 일종의 사전동의제도로서, 중복게시물을 방지하고 비방, 욕설, 혐오표현, 명예훼손 등 부적절한 청원을 줄이며 국민의 목소리를 효율적으로 담아내고자 함에 그 취지가 있다. 다음으로, 청원서가 일반인에게 공개되면 그로부터 30일 이내에 10만 명 이상의 동의를 받도록 한 것은 국회의 한정된 심의 역량과 자원의 효율적 배분을 고려함과 동시에, 일정 수준 이상의 인원에 해당하는 국민 다수가 관심을 갖고 동의하는 의제가 논의 대상이 되도록 하기 위한 것이다. 국회에 대한 청원은 법률안 등과 같이 의안에 준하여 위원회 심사를 거쳐 처리되고, 다른 행정부 등 국가기관과 달리 국회는 합의제 기관이라는 점에서 청원 심사의 실효성을 확보할 필요성 또한 크다. 이와 같은 점에서 국민동의법령조항들이 설정하고 있는 청원찬성·동의를 구하는 기간 및 그 인원수는 불합리하다고 보기 어렵다. 따라서 국민동의법령조항들은 입법재량을 일탈하여 청원권을 침해하였다고 볼 수 없다(헌재 2023.3.23, 2018헌마460).

05 효력

> 헌법 제26조 ② 국가는 청원에 대하여 심사할 의무를 진다.
>
> **청원법**
> 제26조【차별대우의 금지】누구든지 청원을 하였다는 이유로 청원인을 차별대우하거나 불이익을 강요해서는 아니 된다. 05. 법행

기출 OX

01 청원에 대한 심사 및 통지의무는 재판청구권 및 기타 준사법적인 구제청구와 그 성질을 달리하므로 이러한 의무는 청원을 수리한 국가기관이 이를 성실·공정·신속히 심사 처리하여 그 결과를 청원인에게 통지하는 이상의 의무를 요구하는 것은 아니다. 19. 경찰경채 ( )

02 수용자의 서신에 대한 검열은 도주예방과 구금목적 달성을 위해 불가피하여 통신비밀의 자유를 침해한다고 할 수 없으나, 수용자가 발송하는 서신이 국가기관에 대한 청원적 성격을 가지고 있는 경우에 해당 서신에 대하여 교도소장의 허가를 받도록 하는 것은 헌법상 보장되는 청원권의 본질적 내용을 침해한다. 06. 법행 ( )

판례 |

1 청원결과통지의무에 이유명시의무가 포함되는지 여부: 소극 [각하] 05·06. 법행, 19. 국가직

헌법 제26조와 청원법규정에 의할 때 헌법상 보장된 청원권은 공권력과의 관계에서 일어나는 여러 가지 이해관계·의견·희망 등에 관하여 적법한 청원을 한 모든 국민에게 국가기관이(그 주관관서가) 청원을 수리할 뿐만 아니라 이를 심사하여 청원자에게 적어도 그 처리결과를 통지할 것을 요구할 수 있는 권리를 말한다. 그러나 청원권의 보호범위에는 **청원사항의 처리결과에 심판서나 재결서에 준하여 이유를 명시할 것까지를 요구하는 것은 포함되지 아니한다**고 할 것이다(헌재 1994.2.24, 93헌마213 등).

2 청원결과가 청원인의 기대에 미치지 못하는 경우에 이를 헌법소원으로 다툴 수 있는지 여부: 소극 [각하] 06. 행시·법행, 12. 법무사

청구인의 청원이 **단순한 호소나 요청이 아닌 구체적인 권리행사로서의 성질을 가지는 경우**라면 그에 대한 위 피청구인의 거부행위는 청구인의 법률관계나 법적 지위에 영향을 미치는 것으로서 당연히 헌법소원의 대상이 되는 공권력의 행사라고 할 수 있을 것이다. 그러나 청구인의 청원이 **구체적인 권리행사로서의 성질을 가지지 아니한 단순한 청원인 경우** 이에 대한 거부의 회신이 헌법소원의 대상이 되는 공권력의 행사 또는 불행사라고 할 수 있는지가 문제이다. … 적법한 청원에 대하여 국가기관이 수리·심사하여 그 결과를 청원인에게 통지하였다면 이로써 당해 국가기관은 헌법 및 청원법상의 의무이행을 필한 것이라 할 것이고, 비록 그 **처리내용이 청원인이 기대한 바에 미치지 않는다고 하더라도 헌법소원의 대상이 되는 공권력의 행사 또는 불행사가 있다고 볼 수 없다**(헌재 2004.10.28, 2003헌마898).

3 수용자가 발송하는 서신이 국가기관에 대한 청원적 성격을 가지고 있는 경우에도 해당 서신에 대하여 교도소장의 허가를 받도록 하는 것이 청원권의 본질적 내용을 침해하는지 여부: 소극 [기각] 06. 법행

헌법상 청원권이 보장된다 하더라도 청원권의 구체적 내용은 입법활동에 의하여 형성되며 입법형성에는 폭넓은 재량권이 있으므로 입법자는 수용목적달성을 저해하지 않는 범위 내에서 교도소수용자에게 청원권을 보장하는 합리적인 수단을 선택할 수 있다고 할 것인바, 서신을 통한 수용자의 청원을 아무런 제한 없이 허용한다면 수용자가 이를 악용하여 검열 없이 외부에 서신을 발송하는 탈법수단으로 이용할 수 있게 되므로 이에 대한 검열은 수용목적달성을 위한 불가피한 것으로서 청원권의 본질적 내용을 침해한다고 할 수 없다(헌재 2001.11.29, 99헌마713).

정답 01 ○ 02 ×

4 공무원이 취급하는 사건 또는 사무에 관하여 청탁 명목으로 금품을 수수하는 행위(이른바 '사건브로커'행위)를 형사처벌하는 것이 위헌인지 여부: 소극 [합헌] 12. 법무사

국민은 여러 가지 이해관계 또는 국정에 관하여 자신의 의견이나 희망을 해당 기관에 직접 진술하는 외에 그 본인을 대리하거나 중개하는 제3자를 통하여 진술하더라도 이는 청원권으로서 보호된다. 그런데 이 사건 법률조항은 공무원의 직무에 속하는 사항에 관하여 금품을 대가로 다른 사람을 중개하거나 대신하여 그 이해관계나 의견 또는 희망을 해당 기관에 진술할 수 없게 하므로 일반적 행동자유권 및 청원권을 제한한다. … 입법례를 살펴보면 우리나라와 같이 공무원이 취급하는 사건이나 사무에 관하여 청탁한다는 명목으로 금품을 수수하는 행위에 대하여 형사처벌하는 예는 드물고, 미국이나 캐나다와 같이 일정한 범주의 유상 로비활동을 합법화하여 주는 국가도 있다.

이 사건 법률조항은 공무원과의 친분관계를 이용하여 공무원이 취급하는 사건 또는 사무에 청탁한다는 명목으로 금품을 수수하는 행위를 근절시켜 공무의 공정성 및 이에 대한 사회 일반의 신뢰성을 확보하기 위한 것으로 그 입법목적이 정당할 뿐 아니라 방법이 적절하며, 공무의 공정성 확보의 중요성을 고려할 때 형사처벌을 하는 외에 달리 의미 있는 대안을 찾기 어렵고 법익균형성도 갖추었다고 할 것이므로 이 사건 법률조항은 일반적 행동의 자유 내지 청원권을 침해하지 아니한다(헌재 2012.4.24, 2011헌바40).

5 공무원의 직무에 속한 사항의 알선에 관하여 금품이나 이익을 수수·요구 또는 약속한 자는 공무원의 신분을 가지고 있는지 여부를 불문하고 형사처벌하는 특정범죄 가중처벌 등에 관한 법률 제3조가 국민의 청원권이나 일반적 행동자유권을 침해하는지 여부: 소극 06. 법행

이 사건 규정은 행위자가 공무원의 신분을 가지고 있는지 여부를 불문하고 누구든지 공무원의 직무에 속한 사항에 관하여 알선을 명목으로 금품 등을 수수하면 형사처벌을 하고 있다. 그런데 공무원 신분을 가지지 않은 자도 학연이나 지연 또는 개인의 영향력 등을 이용하여 공무원의 직무에 영향력을 미칠 수 있는바, 이러한 자가 공무원의 직무와 관련하여 알선자 내지는 중개자로서 알선을 명목으로 금품 등을 수수하는 등의 행위를 하게 되면, 현실적으로 담당공무원에게 알선을 주선하였는지 여부와 관계없이 공무원의 직무집행의 공정성은 의심받게 될 것이므로 이 사건 규정이 공무의 공정성과 그에 대한 사회의 신뢰성 등을 보호하기 위하여 알선 명목의 금품수수 행위를 형사처벌하고 있다고 하더라도 이것이 입법의 한계를 일탈한 것이라고 볼 수 없다. 금전적 대가를 받는 알선 내지 로비활동을 합법적으로 보장할 것인지 여부는 그 시대 국민의 법감정이나 사회적 상황에 따라 입법자가 판단할 사항으로, 우리의 역사에서 로비가 공익이 아닌 특정 개인이나 집단의 사익을 추구하는 도구로 이용되었다는 점이나 건전한 정보제공보다는 비합리적인 의사결정을 하게 하여 시민사회의 발전을 저해하는 요소가 되었다는 점을 감안하여 **청원권 등의 구체적인 내용형성에 폭넓은 재량을 가진 입법부가 대가를 받는 로비제도를 인정하지 않고, 공무원의 직무에 속한 사항의 알선에 관하여 금품 등을 수수하는 모든 행위를 형사처벌하고 있다고 하더라도 이것이 청원권이나 일반적 행동자유권을 침해하는 것으로 볼 수 없다**(헌재 2005. 11.24, 2003헌바108).

기출 OX

03 공무원의 직무에 속한 사항의 알선에 관하여 금품이나 이익을 수수·요구 또는 약속한 자를 형사처벌하는 특정범죄 가중처벌 등에 관한 법률 제3조는 행위자가 공무원의 신분을 가지고 있는지 여부를 불문하고 누구든지 공무원의 직무에 속한 사항에 관해 알선을 명목으로 금품 등을 수수하면 형사처벌을 하고 있으므로 국민의 청원권이나 일반적 행동자유권을 침해한다. 06. 법행 ( )

정답 03 ×

기출 OX

01 청원서를 접수한 국가기관은 이를 수리·심사하여 그 결과를 통지하여야 할 헌법에서 유래하는 작위의무를 지고 있고, 이에 상응하여 청원인에게는 청원에 대하여 위와 같은 적정한 처리를 할 것을 요구할 수 있는 권리가 있다. 23. 경찰1차 ( )

> **6 청원에 대한 국가기관의 작위의무의 존재 여부: 적극**
> 헌법 제26조와 청원법의 규정에 의할 때, **헌법상 보장된 청원권은 공권력과의 관계에서 일어나는 여러 가지 이해관계, 의견, 희망 등에 관하여 적법한 청원을 한 모든 국민에게, 국가기관이 청원을 수리·심사하여 그 결과를 통지할 것을 요구할 수 있는 권리**를 말하므로, 청원서를 접수한 국가기관은 이를 수리·심사하여 그 결과를 통지하여야 할 헌법에서 유래하는 작위의무를 지고 있고, 이에 상응하여 청원인에게는 청원에 대하여 위와 같은 적정한 처리를 할 것을 요구할 수 있는 권리가 있다(헌재 2004.5.27, 2003헌마851).

06 제한과 그 한계

청원권도 기본권제한의 일반조항인 헌법 제37조 제2항에 따라 법률로써 제한될 수 있으나, 제한하는 경우에도 과잉금지의 원칙이나 본질적 내용침해금지원칙을 준수하여야 한다.

제3절 재판청구권

01 의의

> **헌법 제27조** ① 모든 국민은 헌법과 법률이 정한 법관에 의하여 법률에 의한 재판을 받을 권리를 가진다.
> ② 군인 또는 군무원이 아닌 국민은 대한민국의 영역 안에서는 **중대한 군사상 기밀·초병·초소·유독음식물공급·포로·군용물에 관한 죄 중 법률이 정한 경우와 비상계엄이 선포된 경우**를 제외하고는 군사법원의 재판을 받지 아니한다.
> ③ 모든 국민은 신속한 재판을 받을 권리를 가진다. 형사피고인은 상당한 이유가 없는 한 지체 없이 공개재판을 받을 권리를 가진다.
> ④ 형사피고인은 유죄의 판결이 확정될 때까지는 무죄로 추정된다.
> ⑤ 형사피해자는 법률이 정하는 바에 의하여 당해 사건의 재판절차에서 진술할 수 있다.

02 군인 또는 군무원이 아닌 국민은 대한민국의 영역 안에서는 중대한 군사상 기밀·초병·초소·유독음식물공급·포로·군용물에 관한 죄 중 법률이 정한 경우와 비상계엄이 선포된 경우를 제외하고는 군사법원의 재판을 받지 아니한다. 19. 국회직 ( )

'재판청구권'이란 국가에 재판을 청구할 수 있는 권리로서 독립한 법원에서 신분이 보장된 법관에 의하여 적법절차에 따라 공정한 재판을 받을 권리를 말한다. 재판청구권은 재판절차를 규율하는 법률과 재판에서 적용될 실체적 법률이 모두 합헌적이어야 한다는 의미에서의 법률에 의한 재판을 받을 권리뿐만 아니라, 비밀재판을 배제하고 일반 국민의 감시하에서 심리와 판결을 받음으로써 공정한 재판을 받을 수 있는 권리를 포함하고 있다. 이 공정한 재판을 받을 권리 속에는 신속하고 공개된 법정의 법관의 면전에서 모든 증거자료가 조사·진술되고 이에 대하여 피고인이 공격·방어할 수 있는 기회가 보장되는 재판, 즉 원칙적으로 당사자주의와 구두변론주의가 보장되어

정답 01 ○ 02 ○

당사자가 공소사실에 대한 답변과 입증 및 반증하는 등 공격·방어권이 충분히 보장되는 재판을 받을 권리가 포함되어 있다(헌재 1996.12.26, 94헌바1). 18. 지방직 재판청구권은 공권력이나 사인에 의해서 기본권이 침해당하거나 침해당할 위험에 처해 있을 경우 이에 대한 구제나 그 예방을 요청할 수 있는 권리라는 점에서 다른 기본권의 보장을 위한 기본권이라는 성격을 가지고 있다. 14. 법원직

> ⊕ PLUS 재판청구권의 연혁
> 1. 제5차 개정: 군법회의 재판을 받지 않을 권리 신설
> 2. 제8차 개정: 무죄추정의 원칙 신설
> 3. 제9차 개정: 형사피해자의 재판절차진술권 신설

02 법적 성격

재판이라는 국가적 행위를 청구할 수 있는 적극적 측면과 헌법과 법률이 정한 법관이 아닌 자에 의한 재판 및 법률에 의하지 아니한 재판을 받지 아니하는 소극적 측면을 아울러 가지고 있으므로 ① 청구권과 자유권이라는 양면적 성격을 가진 권리라는 견해와 ② 청구권적 기본권이라는 견해가 대립한다.

03 주체

재판청구권은 침해된 기본권을 구제하기 위한 권리이므로 기본권의 주체가 될 수 있는 자는 외국인이든 법인이든 불문하고 누구든지 재판청구권의 주체가 된다. 04. 국가직

04 내용

1. '헌법과 법률이 정한 법관에 의하여' 재판을 받을 권리

(1) 헌법과 법률이 정한 법관
  ① 법관의 자격을 구비하고(법원조직법 제42조)
  ② 적법절차에 따라 임명되고(법원조직법 제41조)
  ③ 임기·정년 및 신분이 보장되고(헌법 제105조, 제106조)
  ④ 직무상 독립이 보장되고(헌법 제103조)
  ⑤ 법률상 그 재판에 관여가 금지되지 아니한 법관을 말한다.

기출 OX

01 재판이라 함은 구체적 사건에 관하여 사실의 확정과 그에 대한 법률의 해석적용을 그 본질적인 내용으로 하는 일련의 과정이므로, 법관에 의한 재판을 받을 권리를 보장한다고 함은 법관이 사실을 확정하고 법률을 해석·적용하는 재판을 받을 권리를 보장한다는 뜻이다. 18. 경찰승진 ( )

02 군사법원에서 심판관을 일반장교로 임명할 수 있도록 규정하는 것이 재판청구권을 침해하는 것은 아니다. 16. 국회직 ( )

🔨 판례 |

1 재판받을 권리의 본질적 내용

법관에 의한 재판을 받을 권리를 보장한다는 것은 결국 **법관이 사실을 확정하고 법률을 해석·적용하는 재판을 받을 권리**를 보장한다는 뜻이고, 그와 같은 법관에 의한 사실확정과 법률의 해석적용의 기회에 접근하기 어렵도록 제약이나 장벽을 쌓아서는 아니 된다고 할 것이며, 만일 그러한 보장이 제대로 이루어지지 아니한다면 헌법상 보장된 재판을 받을 권리의 본질적 내용을 침해하는 것으로서 우리 헌법상 허용되지 아니한다(헌재 1995.9.28, 92헌가11·93헌가8·9·10).

2 특허쟁송에서 특허청의 심판 이후 곧바로 대법원의 재판을 받게 하는 것이 재판받을 권리의 본질적 내용침해인지 여부: 적극 [헌법불합치]

특허법 제186조 제1항은 특허청의 항고심판절차에 의한 항고심결 또는 보정각하결정에 대하여 불복이 있는 경우에도 법관에 의한 사실확정 및 법률적용의 기회를 주지 아니하고, 단지 그 심결이나 결정이 법령에 위반된 것을 이유로 하는 경우에 한하여 곧바로 법률심인 대법원에 상고할 수 있도록 하고 있는바, 특허청의 심판절차에 의한 심결이나 보정각하결정은 특허청의 행정공무원에 의한 것으로서 이를 헌법과 법률이 정한 법관에 의한 재판이라고 볼 수 없다. 그렇다면 결국 특허법 제186조 제1항은 법관에 의한 사실확정 및 법률적용의 기회를 박탈한 것으로서 헌법상 국민에게 보장된 '법관에 의한' 재판을 받을 권리의 본질적 내용을 침해하는 위헌규정이라 아니할 수 없다(헌재 1995.9.28, 92헌가11·93헌가8·9·10).

3 재판청구권의 위헌성심사기준 - 합리성원칙

재판청구권과 같은 절차적 기본권은 원칙적으로 제도적 보장의 성격이 강하기 때문에 자유권적 기본권 등 다른 기본권의 경우와 비교하여 볼 때 상대적으로 광범위한 입법형성권이 인정되므로 관련 법률에 대한 위헌심사기준은 **합리성원칙 내지 자의금지원칙**이 적용된다(헌재 2005.5.26, 2003헌가7).

(2) 군사재판

군사법원에 의한 군사재판은 법관에 의한 재판이 아니라 현역군인 또는 군판사에 의한 재판이라는 점에서 위헌의 의심이 있다. 그러나 ① 군사법원은 특별법원으로서 헌법 제110조에 근거를 두고 있다는 점, ② 헌법 제27조 제2항에서 군사법원에 의한 예외적인 재판을 규정하고 있다는 점, ③ 군사법원에 의한 재판의 상고심은 원칙적으로 대법원의 관할로 하고 있다는 점에서 군사법원은 위헌이 아니라고 본다(통설).

✅ SUMMARY | 군사법원의 관할(헌법 제27조 제2항과 제110조 제4항 비교)

구분	평시	비상계엄시
군인·군무원	3심제	단심제(사형선고는 제외)
일반인	3심제: 중대한 군사상 기밀·초병·초소·유독음식물공급·포로·군용물에 관한 죄 중 법률이 정한 경우	• 3심제(원칙): 계엄법 제10조 제1항에 규정된 13개 항(예 내란죄, 외환죄 등) • 단심제(예외): 군사에 관한 간첩죄의 경우와 초병·초소·유독음식물공급·포로에 관한 죄 중 법률이 정한 경우(사형선고는 제외)

정답 01 ○ 02 ○

(3) 배심재판

국민의 형사재판 참여에 관한 법률

제5조【대상사건】 ① 다음 각 호에 정하는 사건을 국민참여재판의 대상사건(이하 "대상사건"이라 한다)으로 한다.
1. 법원조직법 제32조 제1항(제2호 및 제5호는 제외한다)에 따른 **합의부 관할 사건**
2. 제1호에 해당하는 사건의 미수죄·교사죄·방조죄·예비죄·음모죄에 해당하는 사건
3. 제1호 또는 제2호에 해당하는 사건과 형사소송법 제11조에 따른 관련 사건으로서 병합하여 심리하는 사건

② 피고인이 국민참여재판을 원하지 아니하거나 제9조 제1항에 따른 배제결정이 있는 경우는 국민참여재판을 하지 아니한다.

제7조【필요적 국선변호】 이 법에 따른 국민참여재판에 관하여 변호인이 없는 때에는 법원은 직권으로 변호인을 선정하여야 한다. 09. 법행

제8조【피고인 의사의 확인】 ① 법원은 대상사건의 피고인에 대하여 국민참여재판을 원하는지 여부에 관한 의사를 서면 등의 방법으로 **반드시 확인하여야** 한다. 이 경우 피고인 의사의 구체적인 확인방법은 대법원규칙으로 정하되, 피고인의 국민참여재판을 받을 권리가 최대한 보장되도록 하여야 한다.

제12조【배심원의 권한과 의무】 ① **배심원은 국민참여재판을 하는 사건에 관하여 사실의 인정, 법령의 적용 및 형의 양정에 관한 의견을 제시할 권한이 있다.**
② 배심원은 법령을 준수하고 독립하여 성실히 직무를 수행하여야 한다.
③ 배심원은 직무상 알게 된 비밀을 누설하거나 재판의 공정을 해하는 행위를 하여서는 아니 된다.

제13조【배심원의 수】 ① 법정형이 **사형·무기징역** 또는 **무기금고**에 해당하는 대상사건에 대한 국민참여재판에는 **9인**의 배심원이 참여하고, 그 외의 대상사건에 대한 국민참여재판에는 **7인**의 배심원이 참여한다. 다만, 법원은 피고인 또는 변호인이 공판준비절차에서 공소사실의 주요내용을 인정한 때에는 **5인**의 배심원이 참여하게 할 수 있다.
② 법원은 사건의 내용에 비추어 특별한 사정이 있다고 인정되고 검사·피고인 또는 변호인의 동의가 있는 경우에 한하여 결정으로 배심원의 수를 7인과 9인 중에서 제1항과 달리 정할 수 있다.

제14조【예비배심원】 ① 법원은 배심원의 결원 등에 대비하여 5인 이내의 예비배심원을 둘 수 있다.

제16조【배심원의 자격】 배심원은 **만 20세** 이상의 대한민국 국민 중에서 이 법으로 정하는 바에 따라 선정된다.

제44조【배심원의 증거능력판단배제】 **배심원 또는 예비배심원은 법원의 증거능력에 관한 심리에 관여할 수 없다.** 09. 법행

기출 OX

03 피고인이 국민참여재판을 원하지 아니한 경우에는 통상의 절차에 따라 재판을 받는다. 09. 지방직 ( )

📝 국민참여재판에서 피고인에게 변호인이 없는 경우 피고인의 신청이 있는 때에 국선변호인을 선정할 수 있다. (×)
⇨ 국민참여재판에 관하여 변호인이 없는 때에는 법원은 직권으로 변호인을 선정하여야 한다(국민의 형사재판 참여에 관한 법률 제7조).

04 법정형이 중한 사형·무기징역 또는 무기금고에 해당하는 대상사건에는 9인의 배심원이 참여하고, 그 외의 대상사건에는 7인의 배심원이 참여한다. 09. 지방직 ( )

정답 03 ○ 04 ○

기출 OX

01 심리에 관여한 배심원은 유·무죄에 관하여 평의하고, 전원의 의견이 일치하면 그에 따라 평결한다. 이 경우 유·무죄의 평결은 다수결의 방법으로 하고, 그 평결은 법원을 기속한다. 09. 지방직 ( )

02 우리나라의 배심재판은 국민주권에 근거하여 배심원의 심의와 평결에 법원이 구속되는 재판으로서 국민의 재판을 받을 권리를 침해하는 것이 아니다. 06. 국회직 ( )

제46조【재판장의 설명·평의·평결·토의 등】① 재판장은 변론이 종결된 후 법정에서 배심원에게 공소사실의 요지와 적용법조, 피고인과 변호인 주장의 요지, 증거능력 그 밖에 유의할 사항에 관하여 설명하여야 한다. 이 경우 필요한 때에는 증거의 요지에 관하여 설명할 수 있다.
② **심리에 관여한 배심원은 제1항의 설명을 들은 후 유·무죄에 관하여 평의하고, 전원의 의견이 일치하면 그에 따라 평결한다.** 다만, 배심원 과반수의 요청이 있으면 심리에 관여한 판사의 의견을 들을 수 있다.
③ 배심원은 유·무죄에 관하여 전원의 의견이 일치하지 아니하는 때에는 평결을 하기 전에 심리에 관여한 판사의 의견을 들어야 한다. 09. 법행 **이 경우 유·무죄의 평결은 다수결의 방법으로 한다. 심리에 관여한 판사는 평의에 참석하여 의견을 진술한 경우에도 평결에는 참여할 수 없다.** 08. 사시, 14. 지방직·국가직
④ 제2항 및 제3항의 평결이 유죄인 경우 배심원은 심리에 관여한 판사와 함께 양형에 관하여 토의하고 그에 관한 의견을 개진한다. 재판장은 양형에 관한 토의 전에 처벌의 범위와 양형의 조건 등을 설명하여야 한다.
⑤ 제2항부터 제4항까지의 평결과 의견은 법원을 기속하지 아니한다. 09. 법행
⑥ 제2항 및 제3항의 평결결과와 제4항의 의견을 집계한 서면은 소송기록에 편철한다.

제47조【평의 등의 비밀】 배심원은 평의·평결 및 토의과정에서 알게 된 판사 및 배심원 각자의 의견과 그 분포 등을 누설하여서는 아니 된다.

제49조【판결서의 기재사항】 ① 판결서에는 배심원이 재판에 참여하였다는 취지를 기재하여야 하고, 배심원의 의견을 기재할 수 있다. 08. 사시
② 배심원의 평결결과와 다른 판결을 선고하는 때에는 판결서에 그 이유를 기재하여야 한다.

배심제와 참심제의 경우 헌법과 법률이 정한 법관이 아닌 자(배심원과 참심원)에 의한 재판이라는 점에서 위헌 여부가 문제된다. 배심원이 사실심에만 관여하고 법률심에 관여하지 않는 배심재판은 위헌이 아니지만, 참심원이 사실심 외에 법률심에까지 관여하는 참심재판제도는 위헌이라고 본다(다수설).

03 국민참여재판을 받을 권리는 직업법관에 의한 재판을 받을 권리를 주된 내용으로 하는 헌법 제27조 제1항에서 규정한 재판을 받을 권리의 보호범위에 속한다. 17. 경찰승진 ( )

04 헌법과 법률이 정한 법관에 의한 재판을 받을 권리는 직업법관에 의한 재판을 주된 내용으로 하는 것이므로 국민참여재판을 받을 권리는 그 보호범위에 속하지 않는다. 20. 경찰승진 ( )

> **판례** | 국민참여재판을 받을 권리가 헌법상 재판청구권으로서 보호되는지 여부: 소극 [합헌] 10. 법무사, 15. 법원직
>
> **배심재판을 받을 권리를 헌법상 권리로 보장하고 있는 미국의 경우와 달리 우리 헌법에서는 그와 같은 명문규정이 없고,** 단지 헌법 제27조 제1항에서 "모든 국민은 헌법과 법률이 정한 법관에 의하여 법률에 의한 재판을 받을 권리를 가진다."라고 규정하고 있다. 우리 헌법상 헌법과 법률이 정한 법관에 의한 재판을 받을 권리란 직업법관에 의한 재판을 주된 내용으로 하는 것이므로 **'국민참여재판을 받을 권리'가 헌법 제27조 제1항에서 규정한 재판을 받을 권리의 보호범위에 속한다고 볼 수 없다**(헌재 2009.11.26, 2008헌바12).

정답 01 × 02 × 03 × 04 ○

(4) 통고처분

통고처분은 상대방의 임의의 승복을 그 발효요건으로 하므로 그 자체만으로는 통고이행을 강제하거나 상대방에게 아무런 권리의무를 형성하지 않으므로 행정심판이나 **행정소송의 대상으로서의 처분성을 부여할 수 없고,** 통고처분에 대하여 이의가 있으면 통고내용을 이행하지 않음으로써 고발되어 형사재판절차에서 통고처분의 위법·부당함을 얼마든지 다툴 수 있기 때문에 관세법 제38조 제3항 제2호가 법관에 의한 재판받을 권리를 침해한다든가 적법절차의 원칙에 저촉된다고 볼 수 없다(헌재 1998.5.28, 96헌바4).

(5) 행정기관에 의한 재결·결정

> 헌법 제107조 ③ 재판의 전심절차로서 행정심판을 할 수 있다. 행정심판의 절차는 법률로 정하되, 사법절차가 준용되어야 한다. 19. 국가직

행정심판의 재결, 국가배상청구의 사전결정 내지 재정은 행정공무원이 행하는 사법적 처분이라는 점에서 위헌인 것은 아닌지 여부가 문제되나, 헌법 제107조 제3항에서 그에 관한 근거규정을 두고 있으므로 현행법상 위헌이라고 할 수는 없다. 다만, 행정심판의 절차는 법률로 정하되 사법절차가 준용되어야 하며(헌법 제107조 제3항 제2문), 재판의 전심절차로서만 허용된다.

> **판례 | 헌법 제107조 제3항의 의미** 06. 사시, 10. 국회직
>
> 헌법 제107조 제3항은 "재판의 전심절차로서 행정심판을 할 수 있다. 행정심판의 절차는 법률로 정하되, 사법절차가 준용되어야 한다."라고 규정하고 있다. 이 헌법조항은 행정심판절차의 구체적 형성을 입법자에게 맡기고 있지만, **행정심판은 어디까지나 재판의 전심절차로서만 기능하여야 한다는 점과 행정심판절차에 사법절차가 준용되어야 한다는** 점은 헌법이 직접 요구하고 있으므로 여기에 입법적 형성의 한계가 있다. 따라서 입법자가 **행정심판을 전심절차가 아니라 종심절차로 규정함으로써 정식재판의 기회를 배제하거나 어떤 행정심판을 필요적 전심절차로 규정하면서도 그 절차에 사법절차가 준용되지 않는다면 이는 헌법 제107조 제3항, 나아가 재판청구권을 보장하고 있는 헌법 제27조에도 위반된다** 할 것이다. 반면 어떤 행정심판절차에 사법절차가 준용되지 않는다 하더라도 임의적 전치제도로 규정함에 그치고 있다면 위 헌법조항에 위반된다 할 수 없다. 그러한 행정심판을 거치지 아니하고 곧바로 행정소송을 제기할 수 있는 선택권이 보장되어 있기 때문이다(헌재 2001.6.28, 2000헌바30).

(6) 즉결심판·가사심판·보호처분·약식절차

시·군법원의 즉결심판, 가정법원의 가사심판, 가정(또는 지방)법원 소년부의 보호처분 등은 헌법과 법률이 정한 법관에 의한 재판이라는 점에서 재판청구권의 침해가 아니다. 약식절차도 공판 전의 간이소송절차에 불과하며, 이의가 있는 경우에는 정식재판을 통하여 불복할 수 있다는 점에서 재판청구권의 침해는 아니다(통설).

기출 OX

05 법 제107조 제3항이 "재판의 전심절차로서 행정심판을 할 수 있다. 행정심판의 절차는 법률로 정하되, 사법절차가 준용되어야 한다."고 규정함으로써, 행정심판은 어디까지나 재판의 전심절차로서만 기능하여야 한다는 점과 행정심판절차에 사법절차가 준용되어야 한다는 점을 헌법이 직접 요구하고 있으므로, 행정심판을 필요적 전심절차로 규정하든 임의적 전심절차로 규정하든 반드시 사법절차가 준용되어야 한다. 10. 국회직 ( )

정답 05 ×

2. '법률에 의한' 재판을 받을 권리

(1) 의의
'법률에 의한 재판'이란 합헌적인 법률로 정한 내용과 절차에 따라, 즉 합헌적인 실체법과 절차법에 따라 행하여지는 재판을 의미한다(헌재 1993.7.29, 90헌바35).

(2) 법률의 범위
이때의 법률은 재판의 유형에 따라 그 의미가 다르다.
① **실체법의 경우**: 형사재판에는 죄형법정주의가 적용되므로 그 실체법은 형식적 의미의 법률이어야 한다(헌법 제76조의 긴급명령과 긴급재정경제명령은 예외). 민사·행정재판에는 그 실체법에 형식적 의미의 법률 이외의 불문법(관습법·조리)도 포함된다. 18. 서울시
② **절차법의 경우**: 형사·민사·행정재판을 가리지 않고 모든 재판은 형식적 의미의 법률이어야 한다. 단, 대통령의 긴급명령과 긴급재정경제명령 그리고 소송절차에 관하여 정하는 대법원규칙과 헌법재판소규칙은 예외이다.

> **판례** | 헌법 제27조 제1항의 '법률에 의한 재판'을 구체적으로 형성하는 입법형성권의 범위와 그 한계 06. 사시
>
> 헌법 제27조 제1항은 "모든 국민은 … 법률에 의한 재판을 받을 권리를 가진다."라고 규정하여 법원이 법률에 기속된다는 당연한 법치국가적 원칙을 확인하고, '법률에 의한 재판, 즉 절차법이 정한 절차에 따라 실체법이 정한 내용대로 재판을 받을 권리'를 보장하고 있다. 그런데 이러한 재판청구권의 실현은 재판권을 행사하는 법원의 조직과 소송절차에 관한 입법에 의존하고 있기 때문에 입법자에 의한 재판청구권의 구체적 형성은 불가피하며, 따라서 입법자는 소송요건과 관련하여 소송의 주체·방식·절차·시기·비용 등에 관하여 규율할 수 있다. 그러나 헌법 제27조 제1항은 권리구제절차에 관한 구체적 형성을 완전히 입법자의 형성권에 맡기지는 않는다. **입법자가 단지 법원에 제소할 수 있는 형식적인 권리나 이론적인 가능성만을 제공할 뿐, 권리구제의 실효성이 보장되지 않는다면 권리구제절차의 개설은 사실상 무의미할 수 있기 때문이다. 그러므로 재판청구권은 법적 분쟁의 해결을 가능하게 하는 적어도 한 번의 권리구제절차가 개설될 것을 요청할 뿐 아니라 그를 넘어서 소송절차의 형성에 있어서 실효성 있는 권리보호를 제공하기 위하여 그에 필요한 절차적 요건을 갖출 것을 요청한다.** 비록 재판절차가 국민에게 개설되어 있다 하더라도 절차적 규정들에 의하여 법원에의 접근이 합리적인 이유로 정당화될 수 없는 방법으로 어렵게 된다면 재판청구권은 사실상 형해화될 수 있으므로 바로 여기에 입법형성권의 한계가 있다(헌재 2006.2.23, 2005헌가7·헌마1163).

3. '재판'을 받을 권리
'재판'이란 구체적 사건에 관하여 사실의 확정과 그에 대한 법률의 해석적용을 그 본질적인 내용으로 하는 일련의 과정을 말한다(헌재 1995.9.28, 92헌가11 등).

(1) 재판청구권행사의 요건
① **구체적 사건성**: 구체적이고 현실적인 법적 분쟁이 있어야 한다.
② **당사자적격성**: 자신의 권리를 침해당하였거나 쟁송사건에 대하여 법적 이해관계를 가진 자, 즉 소를 제기할 수 있는 자의 청구가 있어야 한다.

기출 OX

01 법률에 의한 재판이라 함은 합헌적인 법률로 정한 내용과 절차에 따라, 즉 합헌적인 실체법과 절차법에 따라 행하여지는 재판을 의미한다. 19. 경찰경채 ( )

02 헌법 제27조 제1항이 규정하는 '법률에 의한' 재판을 받을 권리는 '절차법이 정한 절차에 따라 실체법이 정한 내용대로 재판을 받을 권리'로서 이를 보장하기 위해서는 입법자에 의한 재판청구권의 구체적 형성이 불가피하므로, 이러한 입법이 상당한 정도로 '권리구제의 실효성'을 보장하는 것이어야 한다고 요구할 수는 없다. 14. 법행 ( )

정답 01 ○ 02 ×

③ **소의 이익**: 그 청구와 관련하여 소송을 수행할 실질적 이익이 있어야 한다.
④ **사건의 성숙성**: 구체적인 사건으로 성숙되지 아니한 장래의 문제에 대해서는 원칙적으로 재판청구권을 행사하지 못한다.

(2) 재판을 '받을 권리'의 유형

재판을 받을 권리의 유형으로는 민사재판청구권, 형사재판청구권, 행정재판청구권, 헌법재판청구권 등을 들 수 있다.

(3) 대법원의 재판을 받을 권리

① **문제의 소재**: 재판을 받을 권리에 대법원의 재판(상고심에서의 재판)을 받을 권리가 포함되는지가 문제된다.
② **헌법재판소**: 헌법이 대법원을 최고법원으로 규정하였다고 하여 **대법원이 곧바로 모든 사건을 상고심으로서 관할하여야 한다는 결론이 당연히 도출되는 것은 아니다.** 헌법 제102조 제3항에 따라 법률로 정할 '대법원과 각급 법원의 조직'에는 그 관할에 관한 사항도 포함되며, 따라서 대법원이 어떤 사건을 제1심으로서 또는 상고심으로서 관할할 것인지는 법률로 정할 수 있는 것으로 보아야 하기 때문이다. 다만, 헌법 제110조 제2항이 군사법원의 상고심을 대법원이 관할하도록 정하고 같은 조 제4항이 군사법원에서의 단심재판을 제한하도록 규정하고 있고, 헌법 제107조 제2항이 명령·규칙 또는 처분의 위헌·위법 여부에 대한 최종적 심사권이 대법원에 있음을 규정하고 있으므로 그 범위 내에서는 대법원에서의 재판을 받을 권리가 헌법상 보장되지만, 그 이외의 다른 **모든 경우에도 심급제도를 인정하여야 한다거나 대법원을 상고심으로 하는 것이 헌법상 요구된다고 할 수는 없다**(헌재 1997.10.30, 97헌바37 등). 02·03·06. 법무사, 04. 국가직, 19. 지방직

(4) 군사재판을 '받지 아니할' 권리

> 헌법 제27조 ② 군인 또는 군무원이 아닌 국민은 대한민국의 영역 안에서는 중대한 군사상 기밀·초병·초소·유독음식물공급·포로·군용물에 관한 죄 중 법률이 정한 경우와 비상계엄이 선포된 경우를 제외하고는 군사법원의 재판을 받지 아니한다.

판례 | '군사시설에 관한 죄'를 범한 일반 국민에 대하여 군사법원의 재판권을 인정하는 것이 재판받을 권리를 침해하는지 여부: **적극 [위헌]** 14. 서울시, 18. 국가직

[참조조문]

> 구 헌법(1980.10.27. 제8차 개정헌법) 제26조 ② 군인 또는 군무원이 아닌 국민은 대한민국의 영역 안에서는 중대한 군사상 초병·초소·유해음식물공급·포로·군용물·군사시설에 관한 죄 중 법률에 정한 경우와 비상계엄이 선포되거나 대통령이 법원의 권한에 관하여 비상조치를 한 경우를 제외하고는 군법회의의 재판을 받지 아니한다.

기출 OX

03 군사시설 중 전투용에 공하는 시설을 손괴한 일반 국민이 평시에 군사법원에서 재판을 받도록 하는 것은 법관에 의한 재판을 받을 권리를 침해하는 것이다. 20. 경찰승진 ( )

정답 **03** ○

[결정요지]
군용물·군사시설에 관한 죄를 병렬적으로 규정하고 있었던 구 헌법(1980.10.27. 헌법 제9호로 개정되고, 1987.10.29. 헌법 제10호로 개정되기 전의 것) 제26조 제2항에서 '군용물'은 명백히 '군사시설'을 포함하지 않는 개념으로 사용된 점, 군사시설에 관한 죄를 범한 민간인에 대한 군사법원의 재판권을 제외하는 것을 명백히 의도한 헌법개정 경과 등을 종합하면 군인 또는 군무원이 아닌 국민에 대한 군사법원의 예외적인 재판권을 정한 헌법 제27조 제2항에 규정된 군용물에는 군사시설이 포함되지 않는다. 그렇다면 '군사시설' 중 '전투용에 공하는 시설'을 손괴한 일반 국민이 항상 군사법원에서 재판받도록 하는 이 사건 법률조항은 **비상계엄이 선포된 경우를 제외하고는 '군사시설'에 관한 죄를 범한 군인 또는 군무원이 아닌 일반 국민은 군사법원의 재판을 받지 아니하도록 규정한 헌법 제27조 제2항에 위반되고, 국민이 헌법과 법률이 정한 법관에 의한 재판을 받을 권리를 침해한다**(헌재 2013.11.28, 2012헌가10).

4. '신속한 공개재판'을 받을 권리

(1) 신속한 재판

> 헌법 제27조 ③ 모든 국민은 신속한 재판을 받을 권리를 가진다.

아무리 정당한 재판이라도 지연된 재판은 무의미하므로 신속은 재판의 생명과도 같다. 지나치게 소송 기간이 길어지면 당사자가 승소하더라도 그 판결결과가 무용지물이 되어 버리거나 그 가치가 크게 감소되는 경우도 많으므로 판결의 실체적 타당성의 중요성에도 불구하고 신속한 재판만이 권리구제의 실효성을 확보할 수 있고 진정한 의미의 권리보호를 제공한다고 할 수 있기 때문이다. 또한 긴 소송기간으로 인하여 당사자와 증인의 기억이 흐려지고 결국 중요한 사실관계의 해명이 불가능해져 '판결의 실체적 타당성'마저도 구현할 수 없게 되므로, 과도한 장기간의 재판절차는 재판청구권에 대한 위반을 의미한다. 다만, 지연된 재판인지 여부는 사건의 내용, 심리의 곤란 여부, 피고인에 미치는 영향 등을 종합적으로 고려하여야 할 것이다.

기출 OX

01 '신속한 재판을 받을 권리'를 규정하고 있는 헌법 제27조 제3항에 의하여, 모든 국민은 법률에 의한 구체적 형성이 없어도 직접 신속한 재판을 청구할 수 있는 권리를 가진다. 06. 사시
( )

판례 |

1 헌법 제27조 제3항의 헌법규정으로부터 신속한 재판을 위한 직접적이고 구체적인 청구권이 발생하는지 여부: 소극 [각하] 06. 사시, 11. 법행
헌법 제27조 제3항 제1문은 "모든 국민은 신속한 재판을 받을 권리를 가진다."라고 규정하고 있다. 그러나 **신속한 재판을 받을 권리의 실현을 위해서는 구체적인 입법 형성이 필요하며, 다른 사법절차적 기본권에 비하여 폭넓은 입법재량이 허용**된다. 특히 신속한 재판을 위해서 적정한 판결선고기일을 정하는 것은 법률상 쟁점의 난이도, 개별 사건의 특수상황, 접수된 사건량 등 여러 가지 요소를 복합적으로 고려하여 결정되어야 할 사항인데 이때 관할법원에는 광범위한 재량권이 부여된다. 따라서 법률에 의한 구체적 형성 없이는 신속한 재판을 위한 어떤 직접적이고 구체적인 청구권이 발생하지 아니한다(헌재 1999.9.16, 98헌마75).

정답 01 ×

2 배당기일에 이의한 사람이 배당이의의 소의 첫 변론기일에 출석하지 아니한 때에는 소를 취하한 것으로 보도록 한 민사집행법 제158조가 이의한 사람의 재판청구권을 침해하는지 여부: **소극 [합헌]** 07. 국회직, 08. 법무사

이 사건 조항은 배당이의의 소에 있어서 원고로 인한 불필요한 지연을 방지하고 최초변론기일부터 원고의 적극적 소송참여를 유도함으로써 강제집행절차를 신속하고 효율적으로 진행시키기 위한 것인데, 권리 또는 법률관계의 존부의 확정을 목적으로 하는 판결절차에 비하여 권리의 강제적 실현을 목적으로 하는 강제집행절차에서는 신속성의 요청이 더 강하게 요구되므로 그 입법목적의 정당성이 인정된다.

최초변론기일 불출석시 소취하의제라는 수단은 원고의 적극적 소송수행을 유도하므로 입법목적의 달성에 효과적이고 적절한 것이고, 원고가 최초의 변론기일에만 출석한다면 그 이후의 불출석으로 인하여 다른 사건에 비하여 특별히 불리한 처우를 받게 되지 않으므로 재판청구권에 대한 과도한 제한이라고 할 수 없다(헌재 2005.3.31, 2003헌바92).

(2) 공개의 재판

> 헌법 제27조 ③ … 형사피고인은 상당한 이유가 없는 한 지체 없이 공개재판을 받을 권리를 가진다.
>
> 제109조 재판의 심리와 판결은 공개한다. 다만, **심리**는 국가의 **안전보장** 또는 **안녕질서**를 방해하거나 **선량한 풍속**을 해할 염려가 있을 때에는 법원의 결정으로 공개하지 아니할 수 있다.

'공개재판'이란 재판의 공정성 확보를 위하여 재판의 심리와 판결을 공개하는 제도를 말한다. 심리는 공개하지 아니할 수 있으나, 판결(선고)은 반드시 공개하여야 한다. 다만, 소년보호사건의 심리는 공개하지 아니한다(소년법 제24조 제2항). 07. 법행

기출 OX

02 국가의 안전보장 또는 안녕질서를 방해하거나 선량한 풍속을 해할 염려가 있을 때에는 법원의 결정으로 심리와 판결을 공개하지 아니할 수 있다. 19. 경찰경채 ( )

5. '공정한 재판'을 받을 권리

우리 헌법에는 비록 명문의 문구는 없으나 '공정한 재판을 받을 권리'를 국민의 기본권으로 보장하고 있음이 명백하며, '공정한 재판을 받을 권리'는 공개된 법정의 법관 앞에서 모든 증거자료가 조사되고 검사와 피고인이 서로 공격·방어할 수 있는 공평한 기회가 보장되는 재판을 받을 권리를 포함한다(헌재 2001.8.30, 99헌마496).

(1) 대심구조

공정한 재판의 절차적 보장을 위하여 대심구조(당사자주의와 구두변론주의에 입각한 재판구조)가 반드시 요청되는지 여부가 문제된다. 순수한 소송사건에서 권리·의무의 종국적 확정은 대심구조가 요구되지만, 비송사건절차, 가사소송절차, 파산절차 등에는 대심구조를 채택하지 않더라도 정당한 재판을 받을 권리를 침해하는 것은 아니다.

(2) 적법한 관할

헌법이나 법률에서 규정하고 있는 관할을 위반하면 아니 된다.

정답 02 ×

기출 OX

01 압수물에 대한 소유권포기가 있다면, 사법경찰관이 법에서 정한 압수물 폐기의 요건과 상관없이 임의로 압수물을 폐기하였어도, 이것이 적법절차원칙을 위반하여 공정한 재판을 받을 권리를 침해하는 것은 아니다. 13. 국가직 ( )

02 정식재판 청구기간을 '약식명령의 고지를 받은 날로부터 7일 이내'로 정하고 있는 형사소송법(1954.9.23. 법률 제341호로 제정된 것) 제453조 제1항 중 피고인에 관한 부분이 합리적인 입법재량의 범위를 벗어나 약식명령 피고인의 재판청구권을 침해한다고 볼 수 없다. 16. 법무사 ( )

판례 |

1 위험발생의 염려가 없는 압수물임에도 사건종결 전에 임의로 이를 폐기한 행위가 적법절차원칙에 반하고 공정한 재판을 받을 권리를 침해하는지 여부: **적극 [인용(위헌확인)]** 13. 국가직, 14. 사시

압수물은 사건종결시까지 이를 보관함이 원칙이다. 그 이유 중의 하나는 압수물이 증거물인 경우가 대부분이고 따라서 사건종결시까지 그 증거가치를 그대로 보존할 필요성이 있기 때문이다.

이 사건에 있어서 피청구인은 이 사건 압수물이 위험발생의 염려가 있다는 이유로 이를 폐기하였다. 그런데 이 사건 압수물은 그 물건의 성상이나 형태 등에 비추어 볼 때 종국판결까지 보관하는 것 자체가 위험하다고 볼 수 없을 뿐만 아니라 이를 보관하는 데 아무런 불편이 없는 물건임이 명백하다. 그럼에도 위와 같이 법에서 정한 압수물폐기의 요건과 무관하게 단지 압수물에 대한 소유권포기가 있다는 사유만으로 임의로 압수물을 폐기한 것은 기본권제한의 법률유보원리로서의 적법절차원칙을 위반한 것으로서 헌법에 위반되고, 청구인의 공정한 재판을 받을 권리를 침해한 것이다(헌재 2012.12.27, 2011헌마351).

2 성폭력범죄 피해아동의 진술이 수록된 영상녹화물에 관하여 피해아동의 법정진술 없이도 증거능력을 인정할 수 있도록 규정한 아동·청소년의 성보호에 관한 법률 제18조의2 제5항이 피고인의 공정한 재판을 받을 권리를 침해하는지 여부: **소극 [합헌]**

이 사건 법률조항은 성폭력범죄의 피해아동이 법정에 출석하여 증언함으로써 입을 수 있는 2차 피해를 방지하기 위하여 피고인의 반대신문권행사를 제한하는 규정으로서 입법목적의 정당성과 수단의 적절성이 인정된다.

이 사건 법률조항 외의 비디오 등 중계장치에 의한 신문 등의 제도들로는 피해아동이 과거의 끔찍한 피해경험에 대한 반복적인 회상을 강요받게 되는 것을 막을 수 없으므로, 이 사건 법률조항을 대체할 수단이 될 수 없다. 따라서 이 사건 법률조항이 과잉금지원칙에 위배하여 피고인의 공정한 재판을 침해하고 있다고 볼 수 없다(헌재 2013.12.26, 2011헌바108).

3 정식재판 청구기간을 '약식명령의 고지를 받은 날로부터 7일 이내'로 규정한 형사소송법 제453조 제1항이 피고인의 공정한 재판을 받을 권리를 침해하는지 여부: **소극 [합헌]**

약식명령은 일반 형사재판과 달리 재판서의 송달에 의하여 고지되므로, 이 사건 법률조항에 의해 약식명령에 대한 실질적인 불복 기간이 일반 형사사건에 비하여 단축될 수 있다. 그러나 약식절차는 벌금·과료만이 부과되는 경미한 사건을 대상으로 하는 것으로서, 이러한 경미사건이 신속하게 처리될 수 있도록 함으로써 사법자원의 효율적인 배분을 통해 국민의 재판청구권을 충실하게 보장할 수 있으므로 그 합리성이 인정된다.

정식재판 청구기간을 지키지 못한 것이 피고인의 책임 없는 사유로 인한 것인 때에는 정식재판청구권 회복청구를 통하여 구제받을 수 있고, 약식명령은 불복의 대상과 범위가 단순하며, 거기에 이유를 따로 기재할 필요도 없으므로 정식재판청구에 많은 시간과 노력이 소요된다고 볼 수도 없다. 따라서 이 사건 법률조항이 합리적인 입법재량을 벗어나 약식명령 피고인의 재판청구권을 침해한다고 볼 수 없다(헌재 2013.10.24, 2012헌바428).

정답 01 × 02 ○

4 특별검사가 공소제기한 사건의 재판기간과 상소절차 진행기간을 일반 사건보다 단축하는 것이 공정한 재판을 받을 권리를 침해하는지 여부: 소극 10. 법행

이 사건 법률 제10조가 재판기간을 단기간으로 규정한 것은 사안의 성격과 특별검사 제도의 특수성을 감안하여 위 기간 내에 가능한 신속하게 재판을 종결함으로써 국민적 의혹을 조기에 해소하고 정치적 혼란을 수습하자는 것일 뿐, 피고인의 방어권이나 적정절차를 보장하지 않은 채 재판이 위 기간 내에 종결되어야 한다거나 위 기간이 도과하면 재판의 효력이 상실된다는 취지는 아니다.

그렇다면 이 사건 법률 제10조가 공정한 재판을 받을 권리를 침해한다 할 수 없고, 이 사건 법률에 의한 특별검사에 의하여 공소제기된 사람을 일반 형사재판을 받는 사람에 비하여 달리 취급하였다 하여 평등권을 침해한다 할 수 없다(헌재 2008.1.10, 2007헌마1468).

5 검사가 법원의 증인으로 채택된 수감자를 그 증언에 이르기까지 거의 매일 검사실로 하루 종일 소환하여 피고인 측 변호인이 접근하는 것을 차단하고, 검찰에서의 진술을 번복하는 증언을 하지 않도록 회유·압박하는 한편, 때로는 검사실에서 그에게 편의를 제공하기도 한 행위가 공정한 재판을 받을 권리를 침해하는지 여부: 적극 11. 법행

이 사건에서 검사가 정당한 수사를 위하여 증인으로 채택된 자를 소환한 것 이외에 그가 검찰진술을 번복하지 않도록 회유·압박하거나 청구인(피고인) 측이 그의 검찰진술을 번복시키려고 접근하는 것을 예방·차단하기 위하여 또는 그에게 면회·전화 등의 편의를 제공하는 기회로 이용하기 위하여 그를 자주 소환한 사실이 인정되는바, 법원에 의하여 채택된 증인은 비록 검사 측 증인이라고 하더라도 검사만을 위하여 증언하는 것이 아니며 오로지 그가 경험한 사실대로 증언하여야 하는 것이고 검사든 피고인이든 공평하게 증인에게 접근할 기회가 보장되어야 할 것이므로, 검사와 피고인 쌍방 중 어느 한편에게만 증인과의 접촉을 독점하거나 상대방의 접근을 차단하는 것을 허용한다면 상대방의 '공정한 재판을 받을 권리'를 침해하게 된다(헌재 2001.8.30, 99헌마496).

6 19세 미만 성폭력범죄 피해자의 진술이 수록된 영상물에 관하여 조사 과정에 동석하였던 신뢰관계인 등이 그 성립의 진정함을 인정한 경우 이를 증거로 할 수 있도록 정한, '성폭력범죄의 처벌 등에 관한 특례법' 제30조 제6항이 공정한 재판받을 권리를 침해하여 위헌인지 여부: 적극 [위헌]

[1] 목적의 정당성 및 수단의 적합성

심판대상조항의 목적은 '19세 미만 성폭력범죄 피해자'(이하 '미성년 피해자'라 한다)가 증언과정에서 받을 수 있는 2차 피해를 막기 위한 것으로 그 정당성이 인정된다. 그리고 심판대상조항이 조사 과정에 동석하였던 신뢰관계인 등의 성립인정 진술이 있는 경우에도 영상물에 수록된 미성년 피해자 진술의 증거능력이 인정될 수 있도록 하여 위 피해자에 대한 법정에서의 조사와 신문을 최소화할 수 있도록 한 것은, 일응 이러한 목적 달성에 기여할 수 있다 할 것이므로, 수단의 적합성도 인정된다.

[2] 피해의 최소성

심판대상조항에 의하여 피고인은 사건의 핵심적인 진술증거에 관하여 충분히 탄핵할 기회를 갖지 못한 채 유죄 판결을 받을 수 있게 되므로, 그로 인한 피고인의 방어권 제한의 정도는 매우 중대하다. 피고인의 반대신문권을 보장하면서도 미성년 피해자를 보호할 수 있는 조화적인 방법을 상정할 수 있음에도, 영상물의 원진술자인 미성년 피해자에 대한 피고인의 반대신문권을 실질적으로 배제하여 피고인의 방어권을 과도하게 제한하는 심판대상조항은 피해의 최소성 요건을 갖추지 못하였다.

기출 OX

03 특별검사가 공소제기한 사건의 재판기간과 상소절차 진행기간을 일반 사건보다 단축하는 것은 공정한 재판을 받을 권리를 침해한다. 10. 법행
( )

04 검사가 법원의 증인으로 채택된 수감자를 그 증언에 이르기까지 거의 매일 검사실로 하루 종일 소환하여 피고인 측 변호인이 접근하는 것을 차단하고, 검찰에서의 진술을 번복하는 증언을 하지 않도록 회유·압박하는 한편, 때로는 검사실에서 그에게 편의를 제공하기도 한 행위는 피고인의 공정한 재판을 받을 권리를 침해한다. 16. 법무사
( )

정답 03 ✕ 04 ○

[3] 법익의 균형성

우리 사회에서 성폭력범죄의 피해자가 겪게 되는 심각한 피해를 고려할 때 신체적·정신적으로 성인에 비하여 취약할 수 있는 미성년 피해자의 2차 피해를 방지하는 것이 중요한 공익에 해당함에는 의문의 여지가 없다. 그러나 심판대상조항으로 인하여 피고인의 방어권이 제한되는 정도가 중대하고, 미성년 피해자의 2차 피해를 방지할 수 있는 여러 조화적인 대안들이 존재함은 앞서 살핀 바와 같다. 이러한 점들을 고려할 때, 심판대상조항이 달성하려는 공익이 제한되는 피고인의 사익보다 우월하다고 쉽게 단정하기는 어렵다. 따라서 심판대상조항은 법익의 균형성 요건도 갖추지 못하였다. 심판대상조항은 과잉금지원칙을 위반하여 청구인의 공정한 재판을 받을 권리를 침해한다(헌재 2021.12.23, 2018헌바524).

6. 형사피해자의 재판절차진술권

> 헌법 제27조 ⑤ 형사피해자는 법률이 정하는 바에 의하여 당해 사건의 재판절차에서 진술할 수 있다.

'형사피해자의 재판절차진술권'이란 형사피해자가 당해 사건의 재판절차에서 자신이 입은 피해내용에 관하여 의견을 진술할 수 있는 권리를 말한다. **헌법 제27조 제5항의 형사피해자는** 모든 범죄행위로 인한 피해자를 의미한다는 점에서 생명과 신체의 피해를 받은 자에 한정되는 **헌법 제30조의 범죄피해자보다 넓은 개념**이다.

판례 |

1 불기소처분에 의하여 침해되는 기본권 - 평등권, 재판절차진술권

범죄의 피해자인 고소인은 헌법 제11조 제1항에서 보장된 평등권에 의하여 국가기관인 검사에 대하여 차별 없는 성실한 직무수행을 요구할 권리와 헌법 제27조 제5항에서 보장된 재판절차진술권이 있으므로 검사가 어느 고소사건의 수사를 현저히 소홀히 하는 등 잘못 다룬 끝에 불기소처분을 하였다면 이는 고소인의 평등권과 재판절차진술권을 침해한 것이다(헌재 1989.7.14, 89헌마10).

2 위증죄 불기소처분에 대한 위증피해자의 헌법소원 청구인적격 인정 여부: 적극 01. 사시, 12. 법행, 14. 국가직

형사실체법상으로는 직접적인 보호법익의 주체로 해석되지 않는 자라 하여도, 문제되는 범죄 때문에 **법률상 불이익**을 받게 되는 자라면 **재판절차진술권**의 주체가 될 수 있다. 위증죄가 직접적으로 개인적 법익에 관한 범죄가 아니고 그 보호법익은 원칙적으로 국가의 심판작용의 공정이라 하더라도, 위증으로 인하여 불이익한 재판을 받게 되는 사건당사자는 재판절차진술권의 주체인 형사피해자가 된다. … 검사의 불기소처분에 대하여 헌법소원을 제기할 수 있는 자는 원칙적으로 헌법상 재판절차진술권의 주체인 형사피해자에 한하는 것이나, 여기서 형사피해자의 개념은 헌법 제27조 제5항이 재판절차진술권을 독립된 기본권으로 인정한 취지에 비추어 넓게 해석할 것이므로 반드시 형사실체법상의 보호법익을 기준으로 한 피해자개념에 의존하여 결정하여야 할 필요는 없다(헌재 1992.2.25, 90헌마91).

기출 OX

01 위증으로 불이익한 재판을 받게 된 당사자가 위증한 자에 대한 검찰의 불기소처분에 대하여 헌법소원을 청구할 경우 자기 관련성이 부정된다.
05. 국회직 ( )

정답 01 ×

3 교통사고 사망자 부모의 헌법소원 청구인적격 인정 여부: 적극 12. 법행

교통사고로 사망한 사람의 부모는 형사소송법상 고소권자의 지위에 있을 뿐만 아니라 비록 교통사고처리 특례법의 보호법익인 생명의 주체는 아니라고 하더라도, 그 교통사고로 자녀가 사망함으로 인하여 극심한 정신적 고통을 받은 법률상 불이익을 입게 된 자임이 명백하므로 헌법상 재판절차진술권이 보장되는 형사피해자의 범주에 속한다. … 형사피해자의 재판절차진술권은 현행 기소독점주의의 형사소송체계하에서 형사사법의 절차적 적정성을 확보하기 위한 것이다. 따라서 형사피해자의 개념은 반드시 형사실체법상의 보호법익을 기준으로 한 피해자개념에 한정하여 결정할 것이 아니라 문제된 범죄행위로 말미암아 법률상 불이익을 받게 되는 자의 뜻으로 풀이하여야 할 것이다(헌재 1993.3.11, 92헌마48).

4 교통사고처리 특례법 제4조 제1항 본문 중 업무상 과실 또는 중대한 과실로 인한 교통사고로 말미암아 피해자로 하여금 '중상해'에 이르게 한 경우 공소를 제기할 수 없도록 규정한 부분이 재판절차진술권 및 평등권을 침해하였는지 여부: 적극 [위헌]
09 · 10 · 12. 법행, 12. 경찰승진 · 사시 · 지방직

[1] 이 사건 법률조항이 '교통사고 피해자의 재판절차진술권'을 침해하는지 여부

① 교통사고 피해자가 업무상 과실 또는 중대한 과실로 인하여 '중상해'를 입은 경우: **적극**

가해차량이 종합보험 등에 가입하였다는 이유로 교통사고처리 특례법 제3조 제2항 단서조항(이하 '단서조항'이라고 한다)에 해당하지 않는 한 무조건 면책되도록 한 것은 기본권침해의 최소성에 위반된다.

한편 우리나라 교통사고율이 OECD 회원국에 비하여 매우 높고, 교통사고를 야기한 차량이 종합보험 등에 가입되어 있다는 이유만으로 그 차량의 운전자에 대하여 공소제기를 하지 못하도록 한 입법례는 선진 각국의 사례에서 찾아보기 힘들며, 가해자는 자칫 사소한 교통법규 위반을 대수롭지 않게 생각하여 운전자로서 요구되는 안전운전에 대한 주의의무를 해태하기 쉽고, 교통사고를 내고 피해자가 중상해를 입은 경우에도 보험금지급 등 사고처리는 보험사에 맡기고 피해자의 실질적 피해회복에 성실히 임하지 않는 풍조가 있는 점 등에 비추어 보면 이 사건 법률조항에 의하여 중상해를 입은 피해자의 재판절차진술권의 행사가 근본적으로 봉쇄된 것은 교통사고의 신속한 처리 또는 전과자의 양산방지라는 공익을 위하여 위 피해자의 사익이 현저히 경시된 것이므로 법익의 균형성을 위반하고 있다.

따라서 이 사건 법률조항은 과잉금지원칙에 위반하여 업무상 과실 또는 중대한 과실에 의한 교통사고로 중상해를 입은 피해자의 재판절차진술권을 침해한 것이라 할 것이다.

② 교통사고 피해자가 업무상 과실 또는 중대한 과실로 인하여 '중상해가 아닌 상해'를 입은 경우: **소극**

이 사건 법률조항이 교통사고로 인한 피해자에게 중상해가 아닌 상해의 결과만을 야기한 경우 가해 운전자에 대하여 가해차량이 종합보험 등에 가입되어 있음을 이유로 공소를 제기하지 못하도록 규정한 한도 내에서는 그 제정목적인 교통사고로 인한 피해의 신속한 회복을 촉진하고 국민생활의 편익을 도모하려는 공익과 동 법률조항으로 인하여 침해되는 피해자의 재판절차에서의 진술권과 비교할 때 상당한 정도 균형을 유지하고 있으며, 단서조항에 해당하지 않는 교통사고의 경우에는 대부분 가해운전자의 주의의무태만에 대한 비난가능성이 높지 아니하고, 경미한 교통사고 피의자에 대하여는 비형벌화

기출 OX

02 교통사고로 사망한 사람의 부모는 헌법상 재판절차진술권이 보장되는 형사피해자의 범주에 속한다. 10. 법행 ( )

03 업무상 과실 또는 중대한 과실로 인한 교통사고로 말미암아 피해자로 하여금 중상해에 이르게 한 경우까지 공소를 제기할 수 없도록 하는 것은 교통사고 피해자의 재판절차진술권을 침해하는 것이다. 12. 지방직 ( )

정답 02 ○ 03 ○

하려는 세계적인 추세 등에 비추어도 위와 같은 목적의 정당성, 방법의 적절성, 피해의 최소성, 이익의 균형성을 갖추었으므로 과잉금지의 원칙에 반하지 않는다.

[2] 이 사건 법률조항이 '교통사고 피해자의 평등권'을 침해하는지 여부

① 교통사고 피해자가 업무상 과실 또는 중대한 과실로 인하여 '중상해'를 입은 경우: **적극**

단서조항에 해당하지 않는 교통사고로 중상해를 입은 피해자와 단서조항에 해당하는 교통사고의 중상해 피해자 및 사망사고의 피해자 사이의 차별문제는 교통사고 운전자의 기소 여부에 따라 피해자의 헌법상 보장된 재판절차진술권이 행사될 수 있는지 여부가 결정되어 이는 **기본권행사에 있어서 중대한 제한을 구성하기 때문에 엄격한 심사기준에 의하여 판단한다.**

또한 교통사고로 인하여 중상해를 입은 결과 식물인간이 되거나 평생 심각한 불구 또는 난치의 질병을 안고 살아가야 하는 피해자의 경우 그 결과의 불법성이 사망사고보다 결코 작다고 단정할 수 없으므로, 교통사고로 인하여 피해자가 사망한 경우와 달리 중상해를 입은 경우 가해운전자를 기소하지 않음으로써 그 피해자의 재판절차진술권을 제한하는 것 또한 합리적인 이유가 없는 차별취급이라고 할 것이다. 따라서 이 사건 법률조항으로 인하여 단서조항에 해당하지 아니하는 교통사고로 중상해를 입은 피해자를 단서조항에 해당하는 교통사고의 중상해 피해자 및 사망사고의 피해자와 재판절차진술권의 행사에 있어서 달리 취급한 것은 단서조항에 해당하지 아니하는 교통사고로 중상해를 입은 피해자들의 평등권을 침해하는 것이라 할 것이다.

② 교통사고 피해자가 업무상 과실 또는 중대한 과실로 인하여 '중상해가 아닌 상해'를 입은 경우: **소극**

업무상 과실 또는 중대한 과실로 인한 교통사고로 피해자에게 중상해가 아닌 상해의 결과만을 야기한 경우에는 앞서 본 바와 같이 재판절차진술권의 행사에 있어 중상해 피해자와 비교하여 달리 취급할 만한 정당한 사유가 있다 할 것이므로 피해자보호 및 가해운전자의 처벌에 있어서 평등의 원칙에 반하지 아니한다.

[3] 이 사건 법률조항이 교통사고 피해자에 대한 '국가의 기본권보호의무'에 위반하는지 여부: 소극

국가의 신체와 생명에 대한 보호의무는 교통과실범의 경우 발생한 침해에 대한 사후처벌뿐만 아니라 무엇보다도 우선적으로 운전면허취득에 관한 법규 등 전반적인 교통 관련 법규의 정비, 운전자와 일반 국민에 대한 지속적인 계몽과 교육, 교통안전에 관한 시설의 유지 및 확충, 교통사고 피해자에 대한 보상제도 등 여러 가지 사전적·사후적 조치를 함께 취함으로써 이행되고, 이 경우 형벌은 국가가 취할 수 있는 유효적절한 수많은 수단 중의 하나일 뿐이지 결코 형벌까지 동원하여야만 보호법익을 유효적절하게 보호할 수 있다는 의미의 최종적인 유일한 수단이 될 수는 없으므로 이 사건 법률조항은 국가의 기본권보호의무의 위반 여부에 관한 심사기준인 과소보호금지의 원칙에 위반한 것이라고 볼 수 없다(헌재 2009.2.26, 2005헌마764).

5 약식명령의 고지대상자 및 정식재판 청구권자에서 형사피해자를 제외한 형사소송법 조항이 재판절차진술권을 침해하는지 여부: 소극 [기각]

약식명령은 경미하고 간이한 사건을 대상으로 하기 때문에, 대부분 범죄사실에 다툼이 없는 경우가 많고, 형사피해자도 이미 범죄사실을 충분히 인지하고 있어, 범죄사실에 대한 별도의 확인 없이도 얼마든지 법원이나 수사기관에 의견을 제출할 수 있

기출 OX

01 교통사고처리 특례법 제4조 제1항 본문 중 업무상 과실 또는 중대한 과실로 인한 교통사고로 말미암아 피해자로 하여금 중상해에 이르게 한 경우에 공소를 제기할 수 없도록 규정한 부분은 평등권을 침해하는 것이다.
12. 경찰승진 ( )

한눈에 쏙!

교통사고처리 특례법 제4조 제1항 사건 정리

구분	피해자가 '중상해'를 입은 경우	피해자가 '중상해가 아닌 상해'를 입은 경우
재판절차진술권 침해	O	×
평등권 침해	O	×
기본권 보호의무 위반	×	×

02 헌법재판소는 교통사고처리 특례법이 교통사고 피해자가 업무상 과실 또는 중대한 과실로 인하여 중상해를 입은 경우까지 면책되도록 규정한 것은 국민의 신체와 생명에 대한 국가의 보호의무를 위반하는 것이라고 결정하였다. 09. 국회직 ( )

03 교통사고처리 특례법 중 업무상 과실 또는 중대한 과실로 인한 교통사고로 말미암아 피해자로 하여금 상해를 입게 한 경우 공소를 제기할 수 없도록 한 부분은 과소보호금지원칙에 위반한 것이다. 13. 서울시 ( )

정답 **01** O **02** × **03** ×

으며, 직접 범죄사실의 확인을 원하는 경우에는 소송기록의 열람·등사를 신청하는 것도 가능하므로, 형사피해자가 약식명령을 고지받지 못한다고 하여 형사재판절차에서의 참여기회가 완전히 봉쇄되어 있다고 볼 수 없다. 따라서 이 사건 고지조항은 형사피해자의 재판절차진술권을 침해하지 않는다(헌재 2019.9.26, 2018헌마1015).

6 **직계혈족, 배우자, 동거친족, 동거가족 또는 그 배우자간의 권리행사방해죄는 그 형을 면제하도록 한 형법 제328조 제1항이 형사피해자의 재판절차진술권을 침해하는지 여부: 적극 [헌법불합치]**

심판대상조항은 재산범죄의 가해자와 피해자 사이의 일정한 친족관계를 요건으로 하여 일률적으로 형을 면제하도록 규정하고 있는바, 적용대상 친족의 범위가 지나치게 넓고, 심판대상조항이 준용되는 재산범죄들 가운데 불법성이 경미하다고 보기 어려운 경우가 있다는 점에서 제도적 취지에 부합하지 않는 결과를 초래할 우려가 있고, 미성년자나 질병, 장애 등으로 가족과 친족 사회 내에서 취약한 지위에 있는 구성원에 대한 경제적 착취를 용인할 우려가 있다. 그럼에도 법관으로 하여금 이러한 사정을 전혀 고려할 수 없도록 하고 획일적으로 형면제 판결을 선고하도록 한 심판대상조항은 형사피해자가 법관에게 적절한 형벌권을 행사하여줄 것을 청구할 수 없도록 하는 것으로서 입법재량을 일탈하여 현저히 불합리하거나 불공정하므로 형사피해자의 재판절차진술권을 침해한다(헌재 2024.6.27, 2020헌마468등).

05 효력

재판청구권은 국가에 대한 국민의 주관적 공권으로서 입법권과 행정권 및 사법권을 구속하는 대국가적 효력이 있으며, 사인 상호간에는 간접적용설에 따라 제3자적 효력을 가진다는 견해(권영성)와 적용이 부인된다는 견해(강경근)가 대립한다.

06 제한

1. 일반적 제한

재판청구권도 헌법 제37조 제2항에 따라 법률에 의하여 제한될 수 있다.

2. 법원의 재판에 대한 헌법소원의 제한

헌법재판소법
제68조【청구사유】① 공권력의 행사 또는 불행사로 인하여 헌법상 보장된 기본권을 침해받은 자는 법원의 재판을 제외하고는 헌법재판소에 헌법소원심판을 청구할 수 있다.

(1) 원칙

헌법재판소법 제68조 제1항에 따라 법원의 재판은 헌법소원의 대상이 되지 않는 것이 원칙이다.

기출 OX
04 법원의 재판은 헌법소원심판의 대상이 되지 아니함이 원칙이지만, 헌법재판소가 위헌으로 결정한 법령을 적용함으로써 국민의 기본권을 침해한 재판에 대하여는 헌법재판소법 제68조 제1항에 의한 헌법소원심판을 청구할 수 있다. 18. 입시 ( )

정답 04 ○

(2) 예외

법원이 헌법재판소가 위헌으로 결정하여 그 효력을 전부 또는 일부 상실하거나 위헌으로 확인된 법률을 적용함으로써 국민의 기본권을 침해한 경우에도 법원의 재판에 대한 헌법소원이 허용되지 않는 것으로 해석한다면, 위 법률조항은 그러한 한도 내에서 헌법에 위반된다(헌재 1997.12.24, 96헌마172·173).

> **판례 | 재판의 지연을 헌법소원으로 다툴 수 있는지 여부: 소극**
>
> 헌법재판소법 제68조 제1항 본문에 의하면 공권력의 행사 또는 불행사로 인하여 헌법상 보장된 기본권을 침해받은 자는 법원의 재판을 제외하고는 헌법재판소에 헌법소원심판을 청구할 수 있다고 규정하고 있으므로, 원칙적으로 법원의 재판을 대상으로 하는 헌법소원심판청구는 허용되지 아니하고 위 규정의 '법원의 재판'에는 사건을 종국적으로 해결하기 위한 종국판결 외에 본안 전 소송판결 및 중간판결이 모두 포함되는 것이고 기타 소송절차의 파생적·부수적인 사항에 대한 공권적 판단도 포함되는 것이며 재판 자체뿐만 아니라 재판절차에 관한 법원의 판단도 포함되는 것으로 보아야 할 것이다. 그런데 청구인이 기본권침해사유로 주장하는 **재판의 지연은** 결국 법원의 재판절차에 관한 것이므로 **헌법소원의 대상이 될 수 없는 것이다**(헌재 2006.8.29, 2006헌마896).

3. 예외적 제한

> **헌법 제27조** ② 군인 또는 군무원이 아닌 국민은 … 비상계엄이 선포된 경우를 제외하고는 군사법원의 재판을 받지 아니한다.
>
> **제77조** ③ 비상계엄이 선포된 때에는 법률이 정하는 바에 의하여 … 법원의 권한에 관하여 특별한 조치를 할 수 있다.
>
> **제110조** ④ 비상계엄하의 군사재판은 군인·군무원의 범죄나 군사에 관한 간첩죄의 경우와 초병·초소·유독음식물공급·포로에 관한 죄 중 법률이 정한 경우에 한하여 단심으로 할 수 있다. 다만, 사형을 선고한 경우에는 그러하지 아니하다.

비상사태에 있어 대통령이 법원의 권한에 관하여 특별한 조치를 하는 경우 국민의 재판청구권이 제한될 수 있다. 특히 헌법 제110조 제4항의 단심제규정(사형의 경우는 제외)은 대법원에의 상고를 제한하는 것으로 재판청구권의 중대한 제한이 된다.

> **판례 |**
>
> **1 국가배상심의회의 배상결정에 대하여 동의한 때에는 재판상 화해가 성립된 것으로 보는 것이 재판청구권을 침해하는지 여부: 적극 [위헌]** 08. 사시·법원직, 18. 서울시
>
> 사법절차에 준한다고 볼 수 있는 각종 중재·조정절차와는 달리 배상결정절차에 있어서는 심의회의 제3자성·독립성이 희박한 점, 심의절차의 공정성·신중성도 결여되어 있는 점, 심의회에서 결정되는 배상액이 법원의 그것보다 하회하는 점 및 부제소합의와는 달리 신청인의 배상결정에 대한 동의에 재판청구권을 포기할 의사까지 포함되는 것으로 볼 수도 없는 점을 종합하여 볼 때 이는 헌법과 법률이 정한 법관에 의한 재판을 청구할 수 있는 기본권을 침해한 것이다(헌재 1995.5.25, 91헌가7).

기출 OX

01 헌법재판소는 구 국가배상법 제16조 중 "심의회의 배상결정은 신청인이 동의한 때에는 민사소송법의 규정에 의한 재판상의 화해가 성립된 것으로 본다."라는 부분에 대해 재판청구권의 침해로 볼 수 없다고 판시했다. 08. 사시
( )

정답 **01** ✕

2 보상금 등의 지급결정에 동의한 때에는 특수임무수행 등으로 인하여 입은 피해에 대하여 재판상 화해가 성립된 것으로 보는 '특수임무수행자 보상에 관한 법률' 제17조의2가 재판청구권을 침해하는지 여부: 소극 [합헌] 11. 법행, 12. 법무사·경찰승진

보상금수급권에 관한 구체적인 사항을 정하는 것은 광범위한 입법재량의 영역에 속한다. 보상법상의 위원회는 국무총리 소속으로 관련 분야의 전문가들로 구성되고, 임기가 보장되며 제3자성 및 독립성이 보장되어 있는 점, 위원회심의절차의 공정성·신중성이 충분히 갖추어져 있는 점, 보상금은 보상법 및 시행령에서 정하는 기준에 따라 그 금액이 확정되는 것으로서 위원회에서 결정되는 보상액과 법원의 그것 사이에 별 다른 차이가 없게 되는 점, 청구인이 보상금지급결정에 대한 동의 여부를 자유롭게 선택할 수 있는 상황에서 보상금지급결정에 동의한 다음 보상금까지 수령한 점까지 감안하여 볼 때 이 사건 법률조항으로 인하여 재심절차 이외에는 더 이상 재판을 청구할 수 있는 길이 막히게 된다고 하더라도 위 법률조항이 입법재량을 벗어나 청구인의 재판청구권을 과도하게 제한하였다고 보기는 어렵다(헌재 2011. 2.24, 2010헌바199).

3 교원에게만 행정소송을 제기할 수 있도록 하고 학교법인에는 이를 금지한 교원지위향상을 위한 특별법 제10조 제3항이 재판청구권을 침해하는지 여부: 적극 [위헌]

교원이 제기한 민사소송에 대하여 응소하거나 피고로서 재판절차에 참여함으로써 자신의 권리를 주장하는 것은 어디까지나 상대방인 교원이 교원지위법에서 정하는 재심절차와 행정소송절차를 포기하고 민사소송을 제기하는 경우에 비로소 가능한 것이므로 이를 들어 학교법인에 자신의 침해된 권익을 구제받을 수 있는 실효적인 권리구제절차가 제공되었다고 볼 수 없고, 교원지위 부존재확인 등 민사소송절차도 교원이 처분의 취소를 구하는 재심을 따로 청구하거나 또는 재심결정에 불복하여 행정소송을 제기하는 경우에는 민사소송의 판결과 재심결정 또는 행정소송의 판결이 서로 모순·저촉될 가능성이 상존하므로 이 역시 간접적이고 우회적인 권리구제수단에 불과하다. 그리고 학교법인에 재심결정에 불복할 제소권한을 부여한다고 하여 이 사건 법률조항이 추구하는 사립학교 교원의 신분보장에 특별한 장애사유가 생긴다든가 그 권리구제에 공백이 발생하는 것도 아니므로 이 사건 법률조항은 분쟁의 당사자이자 재심절차의 피청구인인 학교법인의 재판청구권을 침해한다(헌재 2006.2.23, 2005헌가7 등).

4 교원에 대한 징계처분에 관하여 재심청구를 거치지 아니하고는 행정소송을 제기할 수 없도록 한 구 국가공무원법 제16조 제2항이 재판청구권을 침해하는지 여부: 소극 [합헌] 12. 법무사

이 사건 필요적 전심절차조항으로 인한 재판청구권의 제약은 경미한 데 비하여 그로 인하여 달성되는 공익은 크다고 할 것이므로 재심제도가 입법형성권의 한계를 벗어나 국민의 재판청구권을 침해하는 제도라고 할 수 없다(헌재 2007.1.17, 2005헌바86).

5 피고인이 스스로 치료감호를 청구할 수 있는 권리가 헌법상 재판청구권의 보호범위에 속하는지 여부: 소극 [기각] 10. 법행, 12. 법무사

'피고인 스스로 치료감호를 청구할 수 있는 권리'가 헌법상 재판청구권의 보호범위에 포함된다고 보기는 어렵고, 검사뿐만 아니라 피고인에게까지 치료감호청구권을 주어야만 절차의 적법성이 담보되는 것도 아니므로, 이 사건 법률조항이 청구인의 재판청구권을 침해하거나 적법절차의 원칙에 반한다고 볼 수 없다.

이 사건 법률조항에서 치료감호청구권자를 검사로 한정한 것은 개인적인 감정이나 집단적 이해관계 또는 여론에 좌우되지 않고 국가형벌권을 객관적으로 행사하도록

기출 OX

02 특수임무수행자 보상에 관한 법률에 규정된 재판상 화해조항에 의하면 보상금 등의 지급결정은 신청인이 동의한 때에는 특수임무수행 또는 이와 관련한 교육훈련으로 입은 피해에 대하여 민사소송법의 규정에 따른 재판상 화해가 성립된 것으로 본다고 하였는데, 이는 재판청구권을 침해하지 아니한다. 14. 국가직 ( )

03 재판청구권에 '피고인 스스로 치료감호를 청구할 수 있는 권리'가 포함된다고 보기 어렵고, 피고인에게까지 치료감호청구권을 주어야만 절차의 적법성이 담보되는 것은 아니므로 치료감호청구권자를 검사로 한정하는 법률규정은 재판청구권을 침해하지 않는다. 17. 경찰승진 ( )

정답 02 ○ 03 ○

하여 재판의 적정성 및 합리성을 기하고자 하는 것이므로 이 사건 법률조항이 청구인의 평등권을 침해한다고 볼 수 없다.
마약류중독자들에 대한 국가적 급부와 배려는 다른 법률조항들에 의하여 충분히 이루어지고 있으므로 이 사건 법률조항에서 청구인의 치료감호청구권을 인정하지 않는다 하더라도 국민의 보건에 관한 권리를 침해한다고 볼 수 없다(헌재 2010.4.29, 2008헌마622).

기출 OX

01 소환된 증인 또는 그 친족 등이 보복을 당할 우려가 있는 경우 재판장은 당해 증인의 인적사항의 전부 또는 일부를 공판조서에 기재하지 않게 할 수 있고, 이때 증인의 인적사항이 증인신문의 모든 과정에서 공개되지 아니하도록 한 특정범죄신고자 등 보호법 조항들 및 피고인을 퇴정시키고 증인신문을 행할 수 있도록 규정한 같은 법 조항들은 피고인의 공정한 재판을 받을 권리를 침해하지 않는다.
19. 경찰승진 ( )

6 피고인을 퇴정시키고 증인신문할 수 있도록 한 특정범죄신고자 등 보호법 제11조 제2항·제3항·제6항 중 "피고인을 퇴정시키고 증인신문을 행할 수 있다."라는 부분이 위헌인지 여부: 소극 [합헌] 11. 사시, 12. 법행, 12·13. 경찰승진

특정범죄에 관한 형사절차에서 국민이 안심하고 자발적으로 협조할 수 있도록 그 범죄신고자 등을 실질적으로 보호함으로써 피해자의 진술을 제약하는 요소를 제거하고 이를 통하여 범죄로부터 사회를 방위함에 이바지함과 아울러 실체적 진실의 발견을 용이하게 하기 위한 것으로서 그 목적의 정당성 및 수단의 적합성이 인정되며, 피고인퇴정조항에 의하여 피고인퇴정 후 증인신문을 하는 경우에도 피고인은 여전히 형사소송법 제161조의2에 의하여 반대신문권이 보장되고, 이때 변호인이 반대신문 전에 피고인과 상의하여 반대신문사항을 정리하면 피고인의 반대신문권이 실질적으로 보장될 수 있는 점, 인적사항이 공개되지 아니한 증인에 대하여는 증인신문 전에 수사기관작성의 조서나 증인작성의 진술서 등의 열람·복사를 통하여 그 신문 내용을 어느 정도 예상할 수 있고, 변호인이 피고인과 상의하여 반대신문의 내용을 정리한 후 반대신문할 수 있는 점 등에 비추어 기본권제한의 정도가 특정범죄의 범죄신고자 등 증인 등을 보호하고 실체적 진실의 발견에 이바지하는 공익에 비하여 크다고 할 수 없어 법익의 균형성도 갖추고 있으며, 기본권제한에 관한 피해의 최소성 역시 인정되므로 공정한 재판을 받을 권리를 침해한다고 할 수 없다(헌재 2010.11.25, 2009헌바57).

02 즉시항고 제기기간을 3일로 제한하고 있는 형사소송법 규정은 당사자의 재판청구권을 침해한다. 20. 국회직 9급
( )

7 즉시항고 제기기간을 3일로 제한하고 있는 형사소송법 제405조가 재판청구권을 침해하는지 여부: 적극 [헌법불합치]

형사재판절차의 당사자가 직접 또는 다른 사람의 도움을 받아 인편으로 법원에 즉시항고장을 제출하기 어려운 상황은 얼마든지 발생할 수 있고, 교도소 또는 구치소에 있는 피고인에게 적용되는 형사소송법 제344조의 재소자 특칙 규정은 개별적으로 준용규정이 있는 경우에만 그 적용을 받게 되며, 형사소송법상의 법정기간 연장조항이나 상소권회복청구 조항들만으로는 3일이라는 지나치게 짧은 즉시항고 제기기간의 도과를 보완하기에 미흡하다. 나아가 민사소송, 민사집행, 행정소송, 형사보상절차 등의 즉시항고기간 1주나, 외국의 입법례와 비교하더라도 3일이라는 제기기간은 지나치게 짧다. 즉시항고 자체가 형사소송법상 명문의 규정이 있는 경우에만 허용되므로 기간 연장으로 인한 폐해가 크다고 볼 수도 없는 점 등을 고려하면, 심판대상조항은 즉시항고 제도를 단지 형식적이고 이론적인 권리로서만 기능하게 함으로써 헌법상 재판청구권을 공허하게 하므로 입법재량의 한계를 일탈하여 재판청구권을 침해하는 규정이다(헌재 2018.12.27, 2015헌바77 등).

03 변호사에 대한 징계결정에 대하여 불복이 있는 경우에도 법관에 의한 사실확정 및 법률적용의 기회를 주지 아니하고, 단지 그 결정이 법령에 위반된 것을 이유로 하는 경우에 한하여 법률심인 대법원에 즉시항고할 수 있도록 하는 것은 재판청구권을 침해한다.
11. 국회직 ( )

8 대한변호사협회 징계위원회에서 징계를 받은 변호사는 법무부 징계위원회에서의 이의절차 후 곧바로 대법원에 즉시항고하도록 하는 불복규정이 위헌인지 여부: 적극 [위헌] 11. 법행

대한변호사협회 변호사징계위원회나 법무부 변호사징계위원회의 징계에 관한 결정은 비록 그 징계위원 중 일부로 법관이 참여한다고 하더라도 이를 헌법과 법률이 정한 법관에 의한 재판이라고 볼 수 없으므로 위 변호사징계위원회의 결정이 법률에

정답 01 ○ 02 ○ 03 ○

위반된 것을 이유로 하는 경우에 한하여 대법원에 즉시항고할 수 있도록 한 변호사법 제81조 제4항 등은 '법관에 의한' 사실확정 및 법률적용의 기회를 박탈한 위헌규정이다. … 변호사징계사건에 대하여는 법원에 의한 사실심리의 기회를 배제함으로써 징계처분을 다투는 의사·공인회계사·세무사·건축사 등 다른 전문자격종사자에 비교하여 변호사를 합리적 근거 없이 차별대우하고 있다(헌재 2000.6.29, 99헌가9).

9 패소할 것이 명백한 경우 소송구조의 거부를 인정하는 민사소송법 제118조 제1항 단서가 국민의 재판청구권을 침해하는지 여부: 소극 [합헌] 03. 법행, 05. 입시

국가가 소송구조를 하지 않는다고 하여 국민의 재판청구권이 소멸되거나 그 행사에 직접 제한을 받는다거나 하는 일은 있을 수 없으므로 소송구조의 거부 자체가 국민의 재판청구권의 본질을 침해한다고는 할 수 없다. 다만, 소송비용을 지출할 자력이 없는 국민이 적절한 소송구조를 받기만 한다면 훨씬 쉽게 재판을 받아서 권리구제를 받거나 적어도 권리의 유무에 관한 정당한 의혹을 풀어볼 가능성이 있다고 할 경우에는 소송구조의 거부가 재판청구권행사에 대한 '간접적인 제한'이 될 수도 있고 경우에 따라서는 이것이 재판청구권에 대한 본질적인 침해까지로 확대평가될 여지도 있을 수 있다. 그러나 이러한 '간접적인 제한'의 여부가 논의될 수 있는 경우라는 것은 어디까지나 재판에 의한 권리구제의 가능성이 어느 정도 있는 경우에 한하는 것이므로 그와 같은 가능성이 전혀 없는 경우 바꾸어 말하면 패소의 가능성이 명백한 경우는 애당초 여기에 해당할 수 없는 것이다. 이렇게 볼 때에 법 제118조 제1항 단서가 "다만, 패소할 것이 명백한 경우에는 그러하지 아니하다."라고 규정하여 소송구조의 불허가요건을 정하고 있는 것은 재판청구권의 본질을 침해하는 것이 아니다(헌재 2001.2.22, 99헌바74).

10 재판청구권이 구체적 소송에 있어서 특정의 당사자가 승소의 판결을 받을 권리도 포함하는지 여부: 소극 [합헌] 05. 법행, 06. 사시

헌법에 보장된 재판을 받을 권리란 헌법과 법률이 정한 법관에 의하여 법률에 의한 재판을 받을 권리를 의미하는 것(헌법 제27조 제1항)일 뿐이고 구체적인 소송에 있어서 특정의 당사자가 승소판결을 받을 권리를 의미하는 것은 아니라고 할 것이다(헌재 1996.1.25, 93헌바5 등).

11 심리불속행제도(상고심절차에 관한 특례법 제4조)가 위헌인지 여부: 소극 [합헌] 00·01·02. 사시

헌법이 대법원을 최고법원으로 규정하였다고 하여 대법원이 곧바로 모든 사건을 상고심으로서 관할하여야 한다는 결론이 당연히 도출되는 것은 아니며, 헌법 제110조 제4항이 군사법원에서의 단심재판을 제한하도록 규정하고 있고, 헌법 제107조 제2항이 명령 등의 위헌·위법 여부에 대한 최종적 심사권이 대법원에 있음을 규정하고 있으므로 그 범위 내에서는 대법원에서의 재판을 받을 권리가 헌법상 보장되지만, 그 이외의 다른 모든 경우에 대하여도 심급제도를 인정하여야 한다거나 대법원을 상고심으로 하는 것이 헌법상 요구된다고 할 수는 없다. … 또한 심급제도는 사법에 의한 권리보호에 관한 한정된 법발견, 자원의 합리적인 분배의 문제인 동시에 재판의 적정과 신속이라는 서로 상반되는 두 가지의 요청을 어떻게 조화시키느냐의 문제로 돌아가므로 원칙적으로 입법자의 형성의 자유에 속하는 사항이다(헌재 1997.10.30, 97헌바37).

기출 OX

04 패소할 것이 명백한 경우 소송구조의 거부를 인정하는 민사소송법의 규정이 재판청구권을 침해하는 것으로 볼 수 없다. 03. 법행 ( )

05 재판청구권은 모든 사건에 대하여 대법원에 의한 재판을 받을 권리를 포함한다. 17. 입시 ( )

정답 **04** ○ **05** ✗

12 반국가행위자의 처벌에 관한 특별조치법상 상소권회복청구제한규정이 위헌인지 여부: 적극 [위헌]

반국가행위자의 처벌에 관한 특별조치법 제11조 제1항에 피고인이 체포되거나 임의로 검사에게 출석하지 아니하면 상소를 할 수 없도록 제한한 것과 동법 제13조 제1항에서 상소권회복청구의 길을 전면 봉쇄한 것은 결국 상소권을 본질적으로 박탈하는 것이어서 헌법상 재판청구권을 침해하는 것이다(헌재 1993.7.29, 90헌바35).

13 범죄인 인도법 제3조가 법원의 범죄인 인도심사결정에 대한 불복절차를 인정하지 않은 것이 적법절차원칙에 위배하거나 재판청구권을 침해하는지 여부: 소극 [합헌]
06·09. 사시

법원에 의한 범죄인 인도심사는 국가형벌권의 확정을 목적으로 하는 형사절차와 같은 **전형적인 사법절차의 대상에 해당되는 것은 아니며, 법률(범죄인 인도법)에 의하여 인정된 특별한 절차**라 볼 것이다.

그렇다면 심급제도에 대한 입법재량의 범위와 범죄인 인도심사의 법적 성격 그리고 범죄인 인도법에서의 심사절차에 관한 규정 등을 종합할 때 이 사건 법률조항이 범죄인 인도심사를 서울고등법원의 단심제로 하고 있다고 해서 적법절차원칙에서 요구되는 합리성과 정당성을 결여한 것이라 볼 수 없다.

이 사건에서 설사 범죄인 인도를 형사처벌과 유사한 것이라 본다고 하더라도 이 사건 법률조항이 적어도 법관과 법률에 의한 한 번의 재판을 보장하고 있고, 그에 대한 상소를 불허한 것이 적법절차원칙이 요구하는 합리성과 정당성을 벗어난 것이 아닌 이상 그러한 상소불허입법이 입법재량의 범위를 벗어난 것으로서 재판청구권을 과잉제한하는 것이라고 보기는 어렵다(헌재 2003.1.30, 2001헌바95).

14 법관이 아닌 사법보좌관이 소송비용액확정재판을 할 수 있도록 정한 법원조직법 제54조가 재판청구권을 침해하는지 여부: 소극 [합헌] 12. 법무사

법원조직법 제54조 제3항 등에서는 사법보좌관의 처분에 대한 이의신청을 허용함으로써 동일 심급 내에서 법관으로부터 다시 재판받을 수 있는 권리를 보장하고 있는데, 이 사건 조항에 의한 소송비용액확정결정절차의 경우에도 이러한 이의절차에 의하여 법관에 의한 판단을 거치도록 함으로써 법관에 의한 사실확정과 법률해석의 기회를 보장하고 있다. … 따라서 사법보좌관에게 소송비용액확정결정절차를 처리하도록 한 이 사건 조항이 그 입법재량권을 현저히 불합리하게 또는 자의적으로 행사하였다고 단정할 수 없으므로 헌법 제27조 제1항에 위반된다고 할 수 없다(헌재 2009.2.26, 2007헌바8).

15 재심청구권이 헌법 제27조에서 규정한 재판을 받을 권리에 당연히 포함되는지 여부: 소극 [합헌] 05. 법행, 09·16. 사시, 13. 경찰승진

어떤 사유를 재심사유로 하여 재심을 허용할 것인가 하는 것은 입법자가 확정된 판결에 대한 법적 안정성, 재판의 신속·적정성, 법원의 업무부담 등을 고려하여 결정하여야 할 입법정책의 문제이며, **재심청구권도 입법형성권의 행사에 의하여 비로소 창설되는 법률상의 권리**일 뿐 청구인의 주장과 같이 헌법 제27조 제1항, 제37조 제1항에 의하여 직접 발생되는 기본적 인권은 아니다(헌재 2000.6.29, 99헌바66 등).

16 피청구인이 출정비용납부거부 또는 상계동의거부를 이유로 청구인의 행정소송변론기일에 청구인의 출정을 제한한 행위가 청구인의 재판청구권을 침해하는지 여부: 적극 [인용(위헌확인)] 13. 법행, 15. 서울시

'민사재판 등 소송 수용자 출정비용 징수에 관한 지침'(이하 '이 사건 지침'이라 한다) 제4조 제3항에 의하면 수형자가 출정비용을 납부하지 않고 출정을 희망하는 경

기출 OX

01 법원에 의한 범죄인 인도결정은 신체의 자유에 밀접하게 관련된 문제이므로 인도심사에 있어서 적법절차가 준수되어야 할 것인바, 법원의 범죄인 인도심사를 서울고등법원의 전속관할로 하고 그 심사결정에 대한 불복절차를 인정하지 않은 것은 적법절차원칙에 위배되고 재판청구권을 침해한다. 15. 법행 변형 ( )

02 재심은 확정판결에 대한 특별한 불복방법이고 확정판결에 대한 법적 안정성의 요청은 미확정판결에 대한 그것보다 훨씬 크다고 할 것이지만, 재심청구권은 헌법 제27조에서 규정한 재판을 받을 권리에 당연히 포함되므로 입법형성권의 행사에 의하여 비로소 창설되는 법률상의 권리가 아니다. 13. 경찰승진 ( )

03 수형자가 출정하기 이전에 여비를 납부하지 않았거나 출정비용과 영치금과의 상계에 미리 동의하지 않았다는 이유로, 교도소장이 위 수형자의 행정소송 변론기일에 그의 출정을 제한한 것은, 형벌의 집행을 위하여 필요한 한도를 벗어나서 수형자의 재판청구권을 과도하게 침해한 것이다. 12. 법행 ( )

정답 01 × 02 × 03 ○

우에는 소장은 수형자를 출정시키되, 사후적으로 출정비용상환청구권을 자동채권으로, 영치금반환채권을 수동채권으로 하여 상계함을 통지함으로써 상계하여야 한다고 규정되어 있으므로, 교도소장은 수형자가 출정비용을 예납하지 않았거나 영치금과의 상계에 동의하지 않았다고 하더라도 우선 수형자를 출정시키고 사후에 출정비용을 받거나 영치금과의 상계를 통하여 출정비용을 회수하여야 하는 것이지, 이러한 이유로 수형자의 출정을 제한할 수 있는 것은 아니다.

그러므로 피청구인이 청구인이 출정하기 이전에 여비를 납부하지 않았거나 출정비용과 영치금과의 상계에 미리 동의하지 않았다는 이유로 이 사건 출정제한행위를 한 것은 피청구인에 대한 업무처리지침 내지 사무처리준칙인 이 사건 지침을 위반하여 청구인이 직접 재판에 출석하여 변론할 권리를 침해함으로써, 형벌의 집행을 위하여 필요한 한도를 벗어나서 청구인의 재판청구권을 과도하게 침해하였다고 할 것이다(헌재 2012.3.29, 2010헌마475).

17 현역병의 군입대 전 범죄에 대한 군사법원의 재판권을 규정하고 있는 군사법원법 제2조 제2항 중 제1항 제1호가 재판청구권을 침해하여 헌법에 위반되는지 여부: **소극**
[**합헌**] 10. 법무사·지방직, 10·11. 법행, 13. 서울시

군대는 각종 훈련 및 작전수행 등으로 인하여 근무시간이 정해져 있지 않고 집단적 병영(兵營)생활 및 작전위수(衛戍)구역으로 인한 생활공간적인 제약 등 군대의 특수성으로 인하여 일단 군인신분을 취득한 군인이 군대 외부의 일반법원에서 재판을 받는 것은 군대조직의 효율적인 운영을 저해하고, 현실적으로도 군인이 수감 중인 상태에서 일반법원의 재판을 받기 위해서는 상당한 비용·인력 및 시간이 소요되므로 이러한 군의 특수성 및 전문성을 고려할 때 군인신분취득 전에 범한 죄에 대하여 군사법원에서 재판을 받도록 하는 것은 합리적인 이유가 있다. 또한 형사재판에 있어 범죄사실의 확정과 책임은 행위시를 기준으로 하지만, 재판권 유무는 원칙적으로 재판시점을 기준으로 하여야 하며, 형사재판은 유죄인정과 양형이 복합되어 있는데 양형은 일반적으로 재판받을 당시, 즉 선고시점의 피고인의 군인신분을 주요 고려요소로 해서 군의 특수성을 반영할 수 있어야 하므로, 이러한 양형은 군사법원에서 담당하도록 하는 것이 타당하다(헌재 2009.7.30, 2008헌바62).

18 국민참여재판의 대상사건을 제한한 국민의 형사재판 참여에 관한 법률(이하 '국민참여재판법'이라 한다) 제5조 제1항이 국민의 재판을 받을 권리 및 평등권을 침해하는지 여부: **소극** [**합헌**] 10. 법무사

[1] 우리 헌법상 헌법과 법률이 정한 법관에 의한 재판을 받을 권리란 직업법관에 의한 재판을 주된 내용으로 하는 것이므로 국민참여재판을 받을 권리가 헌법 제27조 제1항에서 규정한 재판을 받을 권리의 보호범위에 속한다고 볼 수 없다. 그렇다면 국민참여재판을 받을 권리는 헌법상 재판청구권으로서 보호된다고 할 수 없으므로 국민참여재판에 관한 이 사건 법률조항들이 청구인의 재판청구권을 침해한다고 할 수 없다.

[2] 국민재판참여재판법 제5조 제1항은 기존의 형사재판과 상이한 국민참여재판을 위한 물적·인적 여건이 처음부터 구비되기 어렵다는 점을 감안하여 대상사건의 범위를 제한한 것으로서 목적의 정당성이 인정되고, 국민의 관심사가 집중되고 피고인의 선호도가 높은 중죄사건으로 그 대상사건을 한정한 것은 위와 같은 목적을 위한 합리적인 방법이므로 청구인의 평등권을 침해하지 않는다(헌재 2009.11.26, 2008헌바12).

기출 OX

04 현역병의 군대 입대 전 범죄에 대한 군사법원의 재판권을 규정하고 있는 군사법원법 조항은 일반법원에서 재판받을 권리를 봉쇄하므로, 재판청구권을 침해하여 헌법에 위반된다.
19. 경찰승진 ( )

05 국민참여재판을 받을 권리는 직업법관에 의한 재판을 받을 권리를 주된 내용으로 하는 헌법 제27조 제1항에서 규정한 재판을 받을 권리의 보호범위에 속한다. 17. 경찰승진 ( )

정답 04 × 05 ×

기출 OX

01 수용자가 변호사와 접견하는 경우에도 접촉차단시설이 설치된 접견실에서만 접견하도록 하는 것은 수용자의 재판청구권을 침해한다. 16. 법행
( )

02 수형자가 국선대리인인 변호사를 접견하는데 교도소장이 그 접견내용을 녹음·기록하였다고 해도 재판을 받을 권리를 침해하는 것은 아니다.
20. 경찰승진 ( )

정답 01 ○ 02 ✕

---

19 변호사와 접견하는 경우에도 수용자의 접견은 원칙적으로 접촉차단시설이 설치된 장소에서 하도록 규정하고 있는 형의 집행 및 수용자의 처우에 관한 법률 시행령 제58조 제4항이 재판청구권을 침해하는지 여부: **적극 [헌법불합치]** 14. 사시, 15. 서울시

이 사건 접견조항에 따르면 수용자는 효율적인 재판준비를 하는 것이 곤란하게 되고, 특히 교정시설 내에서의 처우에 대하여 국가 등을 상대로 소송을 하는 경우에는 소송의 상대방에게 소송자료를 그대로 노출하게 되어 무기대등의 원칙이 훼손될 수 있다. 변호사직무의 공공성·윤리성 및 사회적 책임성은 변호사접견권을 이용한 증거인멸, 도주 및 마약 등 금지물품반입시도 등의 우려를 최소화시킬 수 있으며, 변호사접견이라 하더라도 교정시설의 질서 등을 해할 우려가 있는 특별한 사정이 있는 경우에는 예외를 두도록 한다면 악용될 가능성도 방지할 수 있다. 따라서 이 사건 접견조항은 과잉금지원칙에 위배하여 청구인의 재판청구권을 지나치게 제한하고 있으므로 헌법에 위반된다(헌재 2013.8.29, 2011헌마122).

20 수형자가 헌법소원사건의 대리인인 변호사를 접견함에 있어서 교도소장이 그 접견내용을 녹음·기록한 행위가 수형자의 재판을 받을 권리를 침해하는지 여부: **적극 [인용]** 14. 사시

[1] 교도관 참여하의 청취·기록 또는 기계에 의한 녹음·녹화상태에서의 헌법소송 등 소송사건의 대리인인 변호사와의 접견은 그로 인하여 제3자인 교도소 측에 접견내용이 그대로 노출되므로 수형자와 변호사는 상담과정에서 상당히 위축될 수밖에 없고 따라서 제대로 된 상담을 할 수 없다. 특히 소송의 상대방이 국가나 교도소 등의 구금시설로서 그 내용이 구금시설 등의 부당처우를 다투는 내용일 경우 접견내용에 대한 녹음·녹화는 실질적으로 당사자대등의 원칙에 따른 무기평등을 무력화시킬 수 있게 된다.

[2] 이 사건에 있어서 청구인과 변호사의 접견은 그 접견의 목적이 헌법소원사건의 수행을 위한 상담일 수밖에 없고, 접견의 상대방은 위 소송사건의 국선대리인이자 변호사의 직분을 가진 사람이라는 점 등을 고려할 때 위 접견내용에 대한 녹음·녹화는 허용되어서는 아니 될 것임에도 단지 청구인이 엄중관리대상자로 지정되었다는 이유로 그 접견내용을 녹음·기록한 행위는 청구인의 재판을 받을 권리를 침해한 것으로서 헌법에 위반된다(헌재 2013.9.26, 2011헌마398).

21 재정신청권자를 '고발을 한 후보자와 정당(중앙당에 한함) 및 해당 선거관리위원회'로 제한하고, 재정신청대상범죄에 공직선거법 제243조 위반죄를 포함하지 아니한 구 공직선거법 제273조 제1항이 청구인의 재판청구권을 침해하는지 여부: **소극 [합헌]**

공직선거법 위반 혐의에 대한 고소권자로서 고소를 한 사람은 형사소송법 제260조 제1항에 따라 재정신청을 할 수 있고, 구 공직선거법 제273조 제1항은 특히 중요한 선거범죄에 대하여 고발을 한 후보자와 정당(중앙당에 한한다) 및 해당 선거관리위원회까지 재정신청권을 확대하고 있다. 다만 후보자가 아닌 고발인에게까지 재정신청권을 인정할 경우 재정신청권의 범위가 매우 넓어져 재정신청제도가 남용될 우려가 있으므로 후보자가 아닌 고발인에게는 재정신청권을 주지 아니한 것이다. 그리고 공직선거법상 선거범죄는 제230조부터 제259조까지 모두 28개 유형이 규정되어 있는데, 그중 발생빈도가 높고 선거의 자유와 공정성에 중대한 위해를 가할 우려가 높은 14개 선거범죄에 대하여만 공직선거법에 따른 재정신청을 허용하고, 공직선거법 제243조 위반죄를 비롯한 나머지 선거범죄에 대해서는 고소인이 아닌 고발인에게 재정신청을 허용하지 않는 대신 검찰청법상의 항고나 재항고를 통하여 구제받을 수 있도록 하고 있다. 따라서 재정신청권자를 고발을 한 후보자로 제한하고, 재정신

청대상범죄에 공직선거법 제243조 위반죄를 포함하지 아니한 것에는 합리적인 이유가 있으므로 심판대상조항은 재판청구권을 침해하지 아니한다(헌재 2015.2.26, 2014헌바181).

22 '피수용자인 구제청구자'의 즉시항고 제기기간을 '3일'로 정한 인신보호법 제15조의 해당 부분이, 청구인의 재판청구권을 침해하는지 여부: **적극 [위헌]** 16. 법행, 18. 지방직

인신보호법상 구제청구 사건의 특성상 구제청구자인 피수용자는 자기 의사에 반하여 수용시설에 수용되어 인신의 자유가 제한된 상태에 있으므로, 그 자신이 직접 법원에 가서 즉시항고장을 접수할 수 없고, 외부인의 도움을 받아서 즉시항고장을 접수하는 방법은 외부인의 호의와 협조가 필수적이어서 이를 기대하기 어려운 때에는 그리 효과적이지 않으며, 우편으로 즉시항고장을 접수하는 방법도 즉시항고장을 작성하는 시간과 우편물을 발송하고 도달하는 데 소요되는 시간을 고려하면 3일의 기간이 충분하다고 보기 어렵다. 인신보호법상으로는 국선변호인이 선임될 수 있지만, 변호인의 대리권에 상소권까지 포함되어 있다고 단정하기 어렵고, 그의 대리권에 상소권이 포함되어 있다고 하더라도 3일의 즉시항고기간은 여전히 과도하게 짧은 기간이다. 즉시항고 대신 재청구를 할 수도 있으나, 즉시항고와 재청구는 개념적으로 구분되는 것이므로 재청구가 가능하다는 사실만으로 즉시항고기간의 과도한 제약을 정당화할 수는 없다.

결국 이 사건 법률조항은 인신보호법상 구제청구에 대한 결정의 즉시항고 제기기간을 지나치게 짧게 정하여 항고제기를 매우 어렵게 하고 있는바, 이는 입법재량의 한계를 일탈한 것으로서 헌법상 재판청구권을 침해한다(헌재 2015.9.24, 2013헌가21).

23 형사재판에 계속 중인 사람에 대하여 출국을 금지할 수 있다고 규정한 출입국관리법 제4조 제1항 제1호가 공정한 재판 받을 권리를 침해하는지 여부: **소극 [합헌]** 17. 변호사

심판대상조항은 법무부장관으로 하여금 피고인의 출국을 금지할 수 있도록 하는 것일 뿐 피고인의 공격·방어권 행사와 직접 관련이 있다고 할 수 없고, 공정한 재판을 받을 권리에 외국에 나가 증거를 수집할 권리가 포함된다고 보기도 어렵다. 따라서 심판대상조항이 피고인의 공격·방어권 행사를 제한하여 청구인의 공정한 재판을 받을 권리를 침해한다고 볼 수 없다(헌재 2015.9.24, 2012헌바302).

24 수형자와 소송대리인인 변호사와의 접견을 시간은 일반 접견과 동일하게 회당 30분 이내로, 횟수는 다른 일반 접견과 합하여 월 4회로 제한하는 것이 재판청구권을 침해하는지 여부: **적극 [헌법불합치]** 16. 국회직 8급

심판대상조항들에서 소송대리인인 변호사와의 접견 시간을 일반 접견과 동일하게 제한하면서, 접견 횟수 또한 일반 접견의 횟수에 포함시키는 것은 그 입법목적을 달성하기 위해 수형자의 재판청구권을 덜 제한하는 방안이 있음에도 필요한 한도를 넘어 과도하게 제한하는 것이므로, 침해최소성의 원칙에 위반된다.

비록 심판대상조항들로 인하여 수형자의 신체적 구속 확보와 교정시설 내의 수용질서 및 규율 유지를 보다 효과적으로 도모할 수 있고, 이로 인하여 달성할 수 있는 공익이 중대하기는 하나, 심판대상조항들은 법률전문가인 변호사와의 소송상담의 특수성을 고려하지 않고 소송대리인인 변호사와의 접견을 그 성격이 전혀 다른 일반 접견에 포함시켜 접견 시간 및 횟수를 규정함으로써 수형자의 재판청구권을 지나치게 제한하고 있다.

이와 같이 심판대상조항들로 인하여 달성되는 공익보다 침해되는 사익이 훨씬 중대하므로, 심판대상조항들은 법익의 균형성원칙에도 위반된다(헌재 2015.11.26, 2012헌마858).

기출 OX

03 인신보호법 제15조는 법원의 결정에 불복하는 경우 3일 이내에 즉시항고를 제기하여야 한다고 규정하고 있는데, 이는 피수용자의 신병에 관한 법률관계를 조속히 확정하려는 입법목적을 가진 것으로서, 형사소송법 제405조도 즉시항고의 제기기간을 3일로 규정하고 있는 점, 국선변호인이 선임되어 있는 점 등을 고려하면, 인신보호법 제15조 소정의 3일의 즉시항고 제기기간이 입법형성권의 한계를 일탈한 것이라고는 볼 수 없다. 16. 법행 ( )

04 수형자와 소송대리인인 변호사와의 접견 시간은 일반 접견과 동일하게 회당 30분 이내로, 횟수는 다른 일반 접견과 합하여 월 4회로 제한하고 있는 구 형의 집행 및 수용자의 처우에 관한 법률 및 동법 시행령 등의 규정은 이에 대해 폭넓은 예외를 인정함으로써 그로 인한 피해를 최소화할 수 있는 장치를 마련하고 있으므로 수형자의 재판청구권을 침해하는 것이 아니다. 16. 국회직 ( )

정답 **03** × **04** ×

25 형의 집행 및 수용자의 처우에 관한 법률(이하 '형집행법'이라 한다) 제88조가 형사재판의 피고인으로 출석하는 수형자에 대하여 사복착용에 관한 형집행법 제82조를 준용하지 아니한 것은 청구인의 공정한 재판을 받을 권리 등을 침해하는지 여부: 적극 [헌법불합치] 16. 국회직 8급, 19. 국가직
▶ 형집행법 제88조가 민사재판의 당사자로 출석하는 수형자에 대하여 사복착용에 관한 형집행법 제82조를 준용하지 아니한 것은 '인격권' 등을 침해하는지 여부: 소극 [기각]

[1] '형사재판'에 피고인으로 출석하는 수형자에 대하여 사복착용을 불허하는 것의 기본권침해 여부: 적극
수형자가 형사재판의 피고인으로 출석할 경우 재소자용 의류를 입게 하는 것은 도주예방과 교정사고 방지에 필요하고도 유용한 수단이므로, 그 목적의 정당성과 수단의 적합성은 인정된다.
수형자로 하여금 형사재판 출석시 아무런 예외 없이 사복착용을 금지하고 재소자용 의류를 입도록 하여 인격적인 모욕감과 수치심 속에서 재판을 받도록 하는 것은 이미 유죄의 확정판결을 받은 수형자와 같은 외관을 형성하게 함으로써 소송관계자들에게 유죄의 선입견을 줄 수 있는 등 무죄추정의 원칙에 위배될 소지가 크다. 또한 이는 **이미 수형자의 지위로 인하여 크게 위축된 피고인으로 하여금 인격적 모욕감과 수치심 속에서 형사재판을 받도록 하는 것으로써 피고인의 방어권을 필요 이상으로 제약하므로 실체적 진실의 발견을 저해할 우려가 크고, 공정한 재판을 받을 권리, 인격권 및 행복추구권을 지나치게 제한하게 된다.** 나아가 형사재판에 피고인으로 출석하는 수형자의 사복착용을 추가로 허용함으로써 통상의 미결수용자와 구별되는 별도의 계호상의 문제점이 발생된다고 보기도 어렵다. 따라서 심판대상조항이 형사재판의 피고인으로 출석하는 수형자에 대하여 사복착용을 불허하는 것은 침해의 최소성 및 법익의 균형성에 위배되어, 청구인의 공정한 재판을 받을 권리, 인격권, 행복추구권을 침해한다.

[2] '민사재판'에 당사자로 출석하는 수형자에 대하여 사복착용을 불허하는 것의 기본권 침해 여부: 소극 16. 지방직
민사재판에서 법관이 당사자의 복장에 따라 불리한 심증을 가지거나 불공정한 재판진행을 하게 될 우려가 있다고 볼 수는 없으므로, 심판대상조항이 민사재판에 당사자로 출석하는 수형자의 사복착용을 불허하는 것으로 공정한 재판을 받을 권리가 침해되는 것은 아니다. 수형자가 민사법정에 출석하기까지 교도관이 반드시 동행하므로 수용자의 신분이 드러나게 되어 재소자용 의류로 인하여 인격권과 행복추구권이 제한되는 정도는 제한적이고, 형사법정 이외의 법정 출입 방식은 미결수용자와 교도관 전용 통로 및 시설이 존재하는 형사재판과 다르며, 계호의 방식과 정도도 확연히 다르다.
따라서 심판대상조항이 민사재판에 당사자로 출석하는 수형자에 대하여 사복착용을 불허하는 것은 청구인의 인격권과 행복추구권을 침해하지 아니한다(헌재 2015.12.23, 2013헌마712).

26 소송을 대리한 변호사에게 당사자가 지급하였거나 지급할 보수는 대법원규칙이 정하는 금액의 범위 안에서 소송비용으로 인정한다고 규정한 민사소송법 제109조 제1항이 재판청구권을 침해하는지 여부: 소극 [합헌]
[1] 포괄위임금지원칙 위반 여부
위임입법이 대법원규칙인 경우에도 수권법률에서 헌법 제75조에 근거한 포괄위임금지원칙을 준수하여야 하는 것은 마찬가지이다. 다만, 대법원규칙으로

기출 OX

01 형사재판의 피고인으로 출석하는 수형자에 대하여, 사복착용을 허용하는 형의 집행 및 수용자의 처우에 관한 법률 제82조를 준용하지 아니한 동법 제88조는 행복추구권을 침해하지 않는다. 19. 경찰승진 ( )

02 민사재판의 당사자로 출석하는 수형자에 대하여, 사복착용을 허용하는 형집행법 제82조를 준용하지 아니한 것이 수형자의 인격권 및 행복추구권을 침해하는 것은 아니다. 18. 경찰승진 ( )

03 위임입법이 대법원규칙인 경우에도 수권법률에서 헌법 제75조에 근거한 포괄위임금지원칙을 준수하여야 하는 것은 마찬가지이나, 위임의 구체성·명확성의 정도는 다른 규율 영역에 비해 완화될 수 있다. 20. 국가직 ( )

정답 01 × 02 ○ 03 ○

규율될 내용은 소송에 관한 절차와 같이 법원의 전문적이고 기술적인 사무에 관한 것이 대부분일 것인바, 법원의 축적된 지식과 실제적 경험의 활용, 규칙의 현실적 적응성과 적시성의 확보라는 측면에서 수권법률에서의 위임의 구체성·명확성의 정도는 다른 규율 영역에 비하여 완화될 수 있을 것이다. … 대법원규칙으로 정하는 사항에는 금액 산정 기준을 토대로 법원이 구체적 판단을 달리할 수 있다는 내용이 포함될 수 있고, 개별 사정에 따라 법원 판단으로 금액을 가감할 수 있다는 내용이 마련될 것임도 충분히 예측할 수 있다.

[2] 재판청구권 침해 여부

심판대상조항과 이에 근거한 '변호사보수의 소송비용 산입에 관한 규칙'은 소송 유형에 따라 차등을 두거나 법원 재량으로 변호사보수로 산정될 금액을 감액할 수 있도록 하는 등 구체적 소송비용의 상환범위를 합리적으로 제한하고 있다(헌재 2016.6.30, 2013헌바370).

27 형사소송법 제165조의2 제3호 중 '피고인 등'에 대하여 차폐시설을 설치하고 신문할 수 있도록 한 부분이 청구인의 공정한 재판을 받을 권리 및 변호인의 조력을 받을 권리를 침해하는지 여부: 소극 [합헌]

강력범죄 또는 조직폭력범죄의 수사와 재판에서 범죄입증을 위하여 증언한 자의 안전을 효과적으로 보장해 줄 수 있는 조치가 마련되어야 할 필요성은 매우 크고, 경우에 따라서는 증인이 피고인의 변호인과 대면하여 진술하는 것으로부터 보호할 필요성이 있을 수 있다. 피고인 등과 증인 사이에 차폐시설을 설치한 경우에도 피고인 및 변호인에게는 여전히 반대신문권이 보장되고, 증인신문과정에서 증언의 신빙성에 대한 최종 판단 권한을 가진 재판부가 증인의 진술태도를 충분히 관찰할 수 있으며, 형사소송법은 차폐시설을 설치하고 증인신문절차를 진행할 경우 피고인으로부터 의견을 듣도록 하는 등 피고인이 받을 수 있는 불이익을 최소화하기 위한 장치를 마련하고 있다. 따라서 심판대상조항은 과잉금지원칙에 위배되어 청구인의 공정한 재판을 받을 권리 및 변호인의 조력을 받을 권리를 침해한다고 할 수 없다(헌재 2016.12.29, 2015헌바221).

28 주세법상 의제주류판매업면허취소처분에 대한 행정소송에 관하여 필요적 행정심판전치주의를 적용하는 것이 재판청구권을 침해하는지 여부: 소극 [합헌]

국세기본법은 행정심판청구에 관한 심의·결정을 하는 준사법기관인 조세심판원의 지위와 심판의 공정성을 확보하기 위한 내용들과 대심적 심리구조 등 심판청구인의 절차적 권리보장에 관한 내용을 규정하고 있으므로, 행정심판절차는 권리구제절차로서의 실효성을 가지고 있다. 나아가 행정심판 전치요건은 행정소송 제기 이전에 반드시 갖추어야 하는 것은 아니고 사실심 변론종결시까지 갖추면 되므로, 전치요건을 구비하면서도 행정소송의 신속한 진행을 동시에 꾀할 수 있다. 따라서 심판대상조항이 재판청구권을 침해한다고 할 수 없다(헌재 2016.12.29, 2015헌바229).

29 상속재산분할에 관한 사건을 가사비송사건으로 분류하고 있는 가사소송법 제2조 제1항 제2호 등(이하 '가사비송 조항'이라 한다)이 상속재산분할에 관한 사건을 제기하고자 하는 자의 공정한 재판을 받을 권리를 침해하는지 여부: 소극 [합헌]

상속재산분할에 관한 사건의 결과는 가족공동체의 안정에 커다란 영향을 미친다는 특수성을 감안할 때, 구체적인 상속분의 확정과 분할의 방법에 관하여서는 가정법원이 당사자의 주장에 구애받지 않고 후견적 재량을 발휘하여 합목적적으로 판단하여야 할 필요성이 인정된다. 이와 같은 점을 고려하여 가사비송 조항은 상속재산분할에 관한 사건을 법원의 후견적 재량이 인정되는 가사비송절차에 의하도록 한 것

기출 OX

04 '피고인 등'에 대하여 차폐시설을 설치하고 신문할 수 있도록 한 형사소송법 조항은 청구인의 변호인의 조력을 받을 권리를 침해하지 않는다.
19. 경찰승진 ( )

05 상속재산분할에 관한 사건을 가사비송사건으로 분류하고 있는 가사소송법 조항은 공정한 재판을 받을 권리를 침해한다. 18. 국회직 ( )

정답 **04** ○ **05** ✕

이다. 가사소송법 관계법령은 상속재산분할에 관한 사건을 가사비송사건으로 규정하면서도 절차와 심리방식에 있어 당사자의 공격방어권과 처분권을 담보하기 위한 여러 제도들을 마련하고 있다. 따라서 가사비송 조항이 입법재량의 한계를 일탈하여 상속재산분할에 관한 사건을 제기하고자 하는 자의 공정한 재판을 받을 권리를 침해한다고 볼 수 없다(헌재 2017.4.27, 2015헌바24).

30 4·16세월호참사 피해구제 및 지원 등을 위한 특별법(이하 '세월호피해지원법'이라 한다) 제16조 규정이 심의위원회의 배상금 등 지급결정에 동의한 때에는 국가와 신청인 사이에 재판상 화해가 성립한 것으로 간주하는 것이 재판청구권을 침해하는지 여부: 소극 [기각]

세월호피해지원법 규정에 의하면 심의위원회의 제3자성, 중립성 및 독립성이 보장되어 있다고 인정되고, 그 심의절차에 공정성과 신중성을 제고하기 위한 장치도 마련되어 있다. 세월호피해지원법은 소송절차에 준하여 피해에 상응하는 충분한 배상과 보상이 이루어질 수 있도록 관련 규정을 마련하고 있다. 신청인에게 지급결정 동의의 법적 효과를 안내하는 절차를 마련하고 있으며, 신청인은 배상금 등 지급에 대한 동의에 관하여 충분히 생각하고 검토할 시간이 보장되어 있고, 배상금 등 지급결정에 대한 동의 여부를 자유롭게 선택할 수 있다. 따라서 심의위원회의 배상금 등 지급결정에 동의한 때 재판상 화해가 성립한 것으로 간주하더라도 이것이 재판청구권 행사에 대한 지나친 제한이라고 보기 어렵다. 이 사건 법률조항이 지급결정에 재판상 효력을 인정함으로써 확보되는 배상금 등 지급을 둘러싼 분쟁의 조속한 종결과 이를 통해 확보되는 피해구제의 신속성 등의 공익은 그로 인한 신청인의 불이익에 비하여 작다고 보기는 어려우므로, 법익의 균형성도 갖추고 있다. 따라서 이 사건 법률조항은 청구인들의 재판청구권을 지나치게 제한하는 것이라고 보기 어렵다(헌재 2017.6.29, 2015헌마654).

31 인지상한제를 도입하지 않은 채 인지액을 납부하도록 하는 것이 재판청구권을 침해하는지 여부: 소극 [합헌]

항소심 확정판결에 대한 재심을 청구하는 사람에 대하여, 소송 목적의 값에 비례하여 계산한 제1심 소장에 붙여야 할 인지액에 1.5를 곱한 값의 인지를 붙이도록 하는 것은 재판유상주의, 재판 업무의 완성도와 효율성 보장, 확정판결의 법적 안정성 보장을 위해 적합한 수단이다.

인지상한제와 같은 방법으로 인지액을 일률적으로 낮추면 재판유상주의가 후퇴하고, 반드시 필요하지 않는 소송이 늘어나 재판업무의 완성도나 효율성이 떨어질 위험이 있고, 확정판결의 법적 안정성이 후퇴될 우려도 있다. 심판대상조항은 인지액 산정의 기초가 되는 제1심 인지액 자체를 정하는 비율을 낮게 정하고 있고, 개정 전 조항에 비해 항소심 가중치도 낮추었으며, 재심에 대해 특별한 가중치를 부여하지도 않는다. 아울러 법원이 소송구조제도를 통해 인지액을 납부할 경제적 능력이 부족한 사람들을 구제할 수 있다는 점을 고려하면 심판대상조항은 침해의 최소성원칙에 위반되지 않는다(헌재 2017.8.31, 2016헌바447).

32 상소심 인지액의 단계적 차등규정의 위헌 여부: 소극 99. 사시

상소시에는 1심 소장 인지액보다 두 배 또는 세 배의 인지를 붙이도록 되어 있는 민사소송 등 인지법 제3조는 상소인을 1심 원고에 비하여 불합리하게 차별한다거나, 무자력자의 재판청구권을 불합리하게 제한 또는 차별하는 것이 아니다(헌재 1994.2.24, 93헌바10).

기출 OX

01 심의위원회의 배상금 등 지급결정에 신청인이 동의한 때에는 국가와 신청인 사이에 민사소송법에 따른 재판상 화해가 성립된 것으로 보는 4·16세월호참사 피해구제 및 지원 등을 위한 특별법 규정은 신청인의 재판청구권을 침해하지 않는다. 20. 입시
( )

정답 01 ○

33 국세정보통신망에 저장하는 방법에 의한 전자송달의 효력발생시점을 송달할 서류가 국세정보통신망에 저장된 때로 정한 국세기본법 제12조 제1항 단서 중 '(국세정보통신망에 저장하는 경우에는 저장된 때)' 부분이 재판청구권을 침해하고 적법절차원칙에 위반되는지 여부: 소극 [합헌]

> 심판대상조항은 인터넷 기술의 발달에 상응하는 편리한 전자세정(電子稅政) 서비스를 원하는 국민의 요구에 부합하는 전자송달의 적절성과 효율성을 구현하기 위한 것으로서 그 입법목적이 정당하다. 국세정보통신망에 저장하는 방법으로 송달이 이루어지면 납세자는 전자송달된 내용을 알 수 있는 상태에 놓이게 되는 점, 전자송달은 납세자가 국세정보통신망인 홈택스를 통해 전자송달을 받겠다고 신청한 경우에 한정하여 이루어지는 점, 홈택스의 역할과 기능 및 이에 대한 납세자의 접근가능성 등을 고려할 때, 송달할 서류가 국세정보통신망에 저장된 때에 송달의 효력이 발생하도록 정한 입법자의 선택에는 합리적 근거가 있다. 나아가 국세기본법은 일정한 경우 납세자가 미리 과세처분 예정사실을 알 수 있도록 과세예고통지제도를 두고 있고(국세기본법 시행령 제63조의14 제2항), 정보통신망의 장애로 전자송달이 불가능한 경우 등에는 교부 또는 우편송달에 의할 수 있도록 규정하고 있으며(국세기본법 제10조 제9항), 처분이 있음을 안 날(처분의 통지를 받은 때에는 그 받은 날)부터 90일 동안 심사청구를 할 수 있도록 규정하고 있다(국세기본법 제61조 제1항). 이와 같은 관련 규정들을 종합적으로 살펴보았을 때, 심판대상조항은 재판청구권을 침해하거나 적법절차원칙에 위반되지 아니한다(헌재 2017.10.26, 2016헌가19).

34 취소소송 등의 제기시 집행부정지원칙을 규정한 행정소송법 제23조 제1항 및 집행정지의 요건을 규정한 행정소송법 제23조 제2항이 재판청구권을 침해하는지 여부: 소극 [합헌]

> 심판대상조항은 남소를 억제하여 행정의 원활한 운영을 확보하고 행정 목적을 실효적으로 달성하기 위한 것이므로 목적의 정당성과 수단의 적합성이 인정된다.
> 심판대상조항으로 인하여 달성하려는 공익은 행정작용의 안정적이고 계속적인 수행과 행정의 원활한 운영을 통한 공공복리이고, 행정소송을 제기한 사람이 입게 되는 불이익은 행정소송 제기시와 본안판결 승소시까지 사이에 행정소송이 진행되고 있음에도 행정행위의 효력인 공정력, 자력집행력 등이 그대로 관철됨에 따라 처분의 집행이나 절차의 속행이 이루어짐에 따른 손해인바, 행정행위에 공정력을 부여하는 취지와 우리의 소송문화 등을 감안할 때 원칙과 예외를 바꿔야 할 정도로 공익에 비하여 침해되는 사익이 크다고는 보기 어렵다. 심판대상조항은 과잉금지원칙에 위반되지 아니하므로 청구인의 재판청구권을 침해한다고 할 수 없다(헌재 2018.1.25, 2016헌바208).
> ▶ 명확성의 원칙에도 위배되지 않는다.

35 매각허가결정에 대한 즉시항고시 보증으로 매각대금의 10분의 1에 해당하는 금전 또는 유가증권을 공탁하도록 하고, 이를 증명하는 서류를 제출하지 않은 경우 결정으로 각하하도록 규정한 민사집행법 제130조 제3항이 재판청구권을 침해하는지 여부: 소극 [합헌]

> 심판대상조항은 무익한 항고 제기로 절차가 지연되는 것을 방지하기 위하여 남항고 아님을 담보하는 보증금을 공탁하도록 한 것으로서, 그 입법목적이 정당하고 수단도 적절하다. … 항고인에게 남항고 아님을 소명하도록 하는 것에 갈음하여 이를 담보하는 보증금을 공탁하도록 하는 것은 많은 사건의 신속한 처리가 필요한 집행절차에서는 수긍할 수 있는 합리적 방법이다. 이러한 점을 고려할 때 심판대상조항이 입법목적 달성을 위하여 필요한 범위를 넘어선 것으로 보기 어렵고, 법익 균형성도

기출 OX

02 취소소송 등의 제기시 집행부정지를 원칙으로 하고 '회복하기 어려운 손해'라는 건전한 상식과 통상적인 법 감정을 가진 사람이 그 의미내용을 파악하기 어려운 표현을 사용하여 예외적인 집행정지의 요건으로 규정한 행정소송법 제23조 제2항은 죄형법정주의의 명확성원칙에 위배되고 과잉금지원칙을 위반하여 재판청구권을 침해한다. 20. 국가직 변형 ( )

정답 02 ✕

인정된다. 따라서 심판대상조항은 과잉금지원칙에 반하여 항고인의 재판청구권을 침해하지 아니하므로, 결국 헌법에 위반되지 아니한다(헌재 2018.1.25, 2016헌바220).

36 디엔에이감식시료채취영장 발부 과정에서 채취대상자가 자신의 의견을 진술하거나 영장발부에 대하여 불복하는 등의 절차를 두지 아니한 '디엔에이신원확인정보의 이용 및 보호에 관한 법률' 제8조가 재판청구권을 침해하는지 여부: 적극 [헌법불합치] 19. 서울시

디엔에이감식시료채취영장에 따른 디엔에이감식시료채취 및 등록 과정에서 채취대상자는 신체의 자유, 개인정보자기결정권 등 기본권을 제한받게 된다. 그럼에도 불구하고 이 사건 영장절차 조항이 디엔에이감식시료채취영장 발부 과정에서 자신의 의견을 진술할 기회를 절차적으로 보장하고 있지 않을 뿐만 아니라, 발부 후 그 영장 발부에 대하여 불복할 수 있는 기회를 주거나 채취행위의 위법성 확인을 청구할 수 있도록 하는 구제절차를 마련하고 있지 않음으로써, 채취대상자의 재판청구권은 형해화되고 채취대상자는 범죄수사 내지 예방의 객체로만 취급받게 된다. 이상의 사정들을 종합하면, 이 사건 영장절차 조항은 채취대상자인 청구인들의 재판청구권을 과도하게 제한하므로, 침해의 최소성원칙에 위반된다.

이 사건 영장절차 조항에 따라 발부된 영장에 의하여 디엔에이신원확인정보를 확보할 수 있고, 이로써 장래 범죄수사 및 범죄예방 등에 기여하는 공익적 측면이 있으나, 이 사건 영장절차 조항의 불완전·불충분한 입법으로 인하여 채취대상자의 재판청구권이 형해화되고 채취대상자가 범죄수사 및 범죄예방의 객체로만 취급받게 된다는 점에서, 양자 사이에 법익의 균형성이 인정된다고 볼 수도 없다. 따라서 이 사건 영장절차 조항은 과잉금지원칙을 위반하여 청구인들의 재판청구권을 침해한다(헌재 2018.8.30, 2016헌마344).

37 인지첩부제도가 재판청구권을 침해하는지 여부: 소극 02. 사시

민사소송 등 인지법 제1조가 소장에 미리 일정액의 인지를 붙이도록 규정하였다고 하더라도, 소송구조제도가 마련되어 있는 현행 민사소송제도하에서 이를 자력이 부족한 당사자에 대하여 소송의 기회를 제대로 이용할 수 없을 정도로 어렵게 하거나 차단하는 규정이라고 볼 수 없으므로, 그들의 재판청구권이 침해되거나 불합리한 차별을 받고 있다고 할 수 없다(헌재 1996.8.29, 93헌바57).

38 구성요건의 일부를 행정기관이 결정하도록 한 규정이 법관에 의한 재판을 받을 권리를 침해하는지 여부: 소극 01. 사시

청소년보호위원회 등에 의한 청소년유해매체물의 결정은 그것이 법률의 위임범위 내에서 행하여지는 이상 법률상 구성요건의 내용을 보충하는 것에 불과하므로, 이를 토대로 재판이 행하여진다 하더라도 그로 인하여 사실확정과 법률의 해석·적용에 관한 법관의 고유권한이 박탈된 것이라 할 수 없으므로 '법관에 의한' 재판을 받을 권리를 침해하지 않는다(헌재 2000.6.29, 99헌가16).

39 일사부재리규정을 둔 헌법재판소법 제39조가 재판청구권을 침해하는지 여부: 소극

헌법재판소법 제39조는 "헌법재판소는 이미 심판을 거친 동일한 사건에 대하여는 다시 심판할 수 없다."는 일사부재리에 관한 규정인데, 헌법재판은 일반법원의 재판과는 달리 사실판단이나 그에 대한 법령 적용을 주된 임무로 하는 것이 아니라 헌법의 해석을 주된 임무로 하고 있고, 그 결정의 효력은 당사자에게만 미치는 것이 아니라 국가기관은 물론 일반 국민들에 대해서도 미치기 때문에 법적 분쟁을 조기에 종결시켜 법적 안정상태를 조속히 회복하고, 동일 분쟁에 대한 반복적인 소 제기를 미연에 방지할 필요성이 요구되는바, 이를 위해 일사부재리제도를 두는 것은 지나친 재판청구권의 제약이라고 할 수 없다(헌재 2005.12.22, 2005헌마330).

기출 OX

01 디엔에이감식시료채취영장 발부 과정에서 채취대상자에게 자신의 의견을 밝히거나 영장 발부 후 불복할 수 있는 절차 등에 관하여 규정하지 아니한 디엔에이신원확인정보의 이용 및 보호에 관한 법률 조항은 청구인들의 재판청구권을 침해하지 않는다.
19. 경찰승진 ( )

정답 **01** ×

40 국가정보원 직원이 사건 당사자로서 직무상의 비밀에 속한 사항을 진술하고자 할 때에는 미리 원장의 허가를 받아야 하는 것이 소송 당사자의 재판청구권을 침해하는 것인지 여부: 적극 [헌법불합치]

이 사건 법률조항에서 국가정보원장이 그 직원 등의 소송상 진술의 허가 여부를 결정함에 있어서 공익상 필요성 여부 등에 관한 아무런 제한요건을 정하고 있지 아니함으로 인하여 국가정보원장의 재량으로 동 허가 여부에 대한 판단을 할 수 있도록 한 것은 국가비밀 보호라는 공익유지에 편중하여 동 허가의 대상자인 위 직원 등의 재판청구권을 지나치게 광범위하게 제한하는 것이다. 소송 당사자의 진술에 대한 국가정보원장의 허가에 대하여는 국가이익에 대한 중요도와 비공개의 불가피성 여부를 기준으로 한 엄격한 요건이 설정되어야 하며, 이 요건을 준수하였는지 여부에 대한 사법적 통제가 이루어질 수 있도록 하여야 한다. 국가이익에 대한 중요도와 비공개의 불가피성 여부를 기준으로 한 엄격한 비교형량의 판단을 도외시한 채 정보가치가 희박한 보안사항까지 국가정보원장의 판단에 의하여 소송 당사자의 사익의 가치와 중요도에 관계없이 동 사익에 우선할 수 있도록 허용하는 것은 공익과 사익간에 합리적인 비례관계를 형성하지 못하고 있다. 따라서 이 사건 법률조항은 과잉금지의 원칙에 위배하여 소송 당사자의 재판청구권을 침해하고 있다(헌재 2002.11.28, 2001헌가28).

41 변호사의 보수를 일정한 범위 안에서 소송비용으로 인정하는 것이 헌법에 위배되는지 여부: 소극

이 사건 법률조항이 변호사보수를 소송비용에 산입하여 패소한 당사자의 부담으로 한 것은 정당한 권리행사를 위하여 소송을 제기하거나 부당한 제소에 대하여 응소하려는 당사자를 위하여 실효적인 권리구제를 보장하고, 남소와 남상소를 방지하여 사법제도의 적정하고 합리적인 운영을 도모하려는 것이므로 입법목적이 정당하고, 이로써 정당한 권리실행을 위하여 소송을 제기하거나 응소한 사람은 지출한 변호사비용을 상환받을 수 있게 되고 패소할 경우 상환할 변호사비용의 부담으로 부당한 제소 및 방어와 상소를 자제하게 될 것이므로 방법의 적정성도 인정된다. 이 사건 법률조항 및 변호사보수의 소송비용산입에 관한 규칙은 패소한 당사자가 부담하게 되는 구체적인 소송비용의 상환범위를 합리적으로 제한하고 있고, 정당한 권리행사를 위하여 소송제도를 이용하려는 사람을 위한 실효적인 권리구제수단 마련 및 사법제도의 적정하고 합리적인 운영이라는 중대한 공익을 추구하고 있다는 점을 고려할 때 피해의 최소성 및 법익의 균형성도 갖추고 있다(헌재 2011.5.26, 2010헌바204).

42 소액사건의 상고를 제한하는 소액사건심판법 제3조가 재판받을 권리를 침해하는지 여부: 소극

상고심에서 재판을 받을 권리를 헌법상 명문화한 규정이 없고 상고문제가 일반 법률에 맡겨진 것이 우리 법제라면 헌법 제27조에서 규정한 재판을 받을 권리에 모든 사건에 대하여 상고법원의 구성법관에 의한, 상고심절차에 의한 재판을 받을 권리까지도 포함된다고 단정할 수 없을 것이고, 모든 사건에 대하여 획일적으로 상고할 수 있게 하느냐 않느냐는 특단의 사정이 없는 한 입법재량의 문제라고 할 것이므로, 소액사건심판법 제3조가 소액사건에 대하여 상고의 이유를 제한하였다고 하여 그것만으로 청구인의 재판청구권을 침해하였다고 볼 수 없다(헌재 2011.6.30, 2010헌바395).

기출 OX

02 국가정보원 직원이 사건 당사자로서 직무상의 비밀에 속한 사항을 소송상 진술하고자 할 때 미리 원장의 허가를 받도록 하는 것은 과잉금지의 원칙에 위배되어 재판청구권을 침해한다. 03. 법행 변형 ( )

03 헌법 제27조에서 규정한 재판을 받을 권리에 모든 사건에 대해 상고심 재판을 받을 권리까지도 포함된다고 단정할 수 없으므로 소액사건심판법 제3조가 소액사건에 대하여 상고의 이유를 제한하였다고 하여 그것만으로 재판청구권을 침해하였다고 볼 수 없고, 상고제도는 국민의 법률생활의 중요한 영역의 문제를 해결하는 데 집중적으로 투입·활용되어야 한다는 공익상의 필요성과 신속·간편·저렴하게 처리되어야 할 소액사건절차 특유의 요청 등을 고려할 때 현행 소액사건상고제한제도가 결코 위헌적인 차별대우라 할 수 없으므로 평등권을 침해하지 않는다. 18. 법행 변형 ( )

정답 02 ○ 03 ○

기출 OX

01 공판기일의 소송절차로서 공판조서에 기재된 것은 그 조서만으로써 증명한다고 하여 공판조서의 절대적 증명력을 규정한 형사소송법 제56조가 재판을 받을 권리를 침해하는 것은 아니다. 15. 국가직 ( )

43 공판조서의 절대적 증명력을 규정한 형사소송법 제56조가 재판받을 권리를 침해하는지 여부: 소극

공판조서의 절대적 증명력은 공판기일의 소송절차에 한하여 인정되는 점, 형사소송법은 공판조서 기재의 정확성을 담보하기 위하여 작성주체·방식·기재요건 등에 관하여 엄격히 규정하고 있고, 피고인 등으로 하여금 공판조서에 대한 열람 또는 등사 등을 통하여 기재내용에 대한 이의를 진술할 수 있도록 함으로써 기본권침해를 최소화하고 있으며, 위 법률조항으로 인한 기본권제한이 상소심에서의 심리지연 등으로 인한 피해보다 크다고 볼 수 없으므로, 피해의 최소성과 함께 법익균형성의 요건도 갖추었다 할 것이다. 따라서 이 사건 법률조항이 청구인의 재판을 받을 권리를 침해한다고 볼 수 없다(헌재 2012.4.24, 2010헌바379).

44 항소심기일에 2회 불출석한 경우 항소취하간주를 규정한 민사소송법이 청구인의 재판청구권을 침해하는지 여부: 소극 [기각]

이 사건 법률조항은 민사소송절차에 있어 당사자의 기일 해태로 인한 소송지연을 방지하기 위한 것으로서 그 입법목적의 정당성이 인정되고, 항소취하간주가 되기 위해서는 당사자가 변론기일에 2회 불출석한 후에도 1개월이 경과하여야 그 효과가 발생하는 점 등을 고려하면 항소취하간주의 요건과 효과를 정함에 있어 입법재량의 범위를 일탈하였다고 볼 수 없으므로 청구인의 재판청구권을 침해하지 아니한다(헌재 2013.7.25, 2012헌마656).

45 형사소송에서 증거채택 여부를 법원의 재량으로 결정할 수 있도록 규정한 형사소송법 제295조 등이 공정한 재판받을 권리를 침해하는지 여부: 소극 [합헌]

헌법 제27조 제1항의 재판을 받을 권리는 절차적 기본권으로서 광범위한 입법형성의 재량이 인정된다. 증거신청에 대하여 법원의 재량에 의하여 증거채택 여부를 결정할 수 있도록 한 것은 소송절차의 신속·원활한 진행을 도모하고 소송과 무관하거나 왜곡된 증거가 제출·조사됨으로써 부당한 결론이 도출되는 것을 방지함으로써 신속한 재판과 실체적 진실에 합치하는 공정한 재판 실현이라는 헌법적 요청에 부합한다. 또한 증거조사의 필요성 여부에 관한 법관의 판단에도 내재적 한계가 있고, 증거결정의 법적 효과는 종국재판에 흡수, 종국재판에 대한 상소로 다툴 수 있는 점을 고려하면 법원에 증거 채택 여부에 관하여 재량권을 부여하는 형사소송법 제295조, 제296조 제2항이 합리적인 입법형성권의 범위를 넘어 형사피고인인 청구인의 공정한 재판을 받을 권리를 침해하는 것이라고 볼 수 없다(헌재 2012.5.31, 2010헌바403).

46 민사소송의 양쪽 당사자가 변론기일에 2회 불출석하고 그로부터 1개월 이내에 기일지정신청을 하지 아니한 경우 소가 취하된 것으로 간주하는 민사소송법 제268조 제1항 및 제2항이 재판청구권을 침해하는지 여부: 소극 [합헌]

이 사건 법률조항은 민사소송절차에 있어 당사자의 기일 해태로 인한 소송지연을 막기 위한 규정으로 그 입법목적의 합리성이 인정된다. 당사자가 변론기일에 2회 불출석하는 것 외에도 1개월이 경과하여야 비로소 소취하간주라는 법적 효과가 발생하는바, 통상 1개월이라는 기간은 소송유지 여부를 결정할 충분한 기간이라고 볼 수 있는 점, 1개월 이내에 기일지정신청을 하기만 하면 그 신청일 이후의 날짜에 변론기일지정을 받게 되는 점 등을 고려하면 소취하간주의 요건이 당사자의 재판청구권을 침해할 정도라고 보기 어렵다. 그리고 민사소송법은 소취하간주에 대하여 재소금지규정을 두고 있지 않고, 불출석상태에서 본안판단을 받을 경우 발생하게 되는 기판력으로 인한 당사자의 불이익과 비교해 보더라도, 소취하간주의 효과가 당사자의 재판청구권을 형해화시킬 정도의 불이익이라고 볼 수 없다. 나아가 이 사건

정답 01 ○

법률조항은 소송의 궁극적 주체인 당사자의 적극적인 참여를 유도함으로써 민사소송법상 재판의 공정과 신속이라는 이념에도 부합한다. 결국 이 사건 법률조항은 합리적인 입법형성의 범위 내에 있으므로 청구인의 재판청구권을 침해하지 아니한다(헌재 2012.11.29, 2012헌바80).

47 친생자관계 존부확인의 소의 재심제기 기간을 민사소송법의 재심규정을 준용하는 것이 재판청구권을 침해하는 것인지 여부: 소극 [합헌]

심판대상조항은 가사소송 절차에 관하여 가사소송법에 특별한 규정이 있는 경우를 제외하고는 다른 법령을 준용하도록 하여 불충분한 절차진행 규정을 보완하고 원활한 재판절차진행을 도모함으로써 신속하고 적정한 재판실현을 가능하게 하여 재판청구권을 보장하는 기능을 하고 있다. 나아가 재심제기의 기간을 두는 것은 당사자 사이에 일어나는 법적 불안상태를 막기 위한 것이고, 친생자관계 존부 확인의 소는 특별민사소송절차인 가사소송의 한 종류로서 다른 민사소송 및 가사소송과 달리 친생자관계 존부 확인의 소에 대하여만 특별히 친생자관계를 기초로 하여 형성된 법적 불안상태를 막을 필요성이 없거나 적다고 볼 수 없다. 따라서 친생자관계 존부 확인의 소의 확정판결에 대한 재심을 민사소송법에서 정한 재심제기 기간 안에 제기하도록 하도록 한 심판대상조항은 청구인의 재판청구권을 침해하지 아니한다(헌재 2018.12.27, 2017헌바472).

48 재정신청절차의 신속하고 원활한 진행을 위하여 구두변론의 실시 여부를 법관의 재량에 맡기는 것이 재판청구권을 침해하는지 여부: 소극 19. 서울시

재정신청은 법원이 수사기록 및 재정신청절차에서 취득한 자료를 토대로 피의자에 대한 기소 여부를 결정하는 절차로서 밀행성의 원칙이 적용되는 수사와 유사한 성격을 가지는 재판절차다. 이런 특성에 비추어 볼 때 재정신청절차는 일률적으로 구두변론절차를 거치도록 하기보다는 법원이 구체적 사정을 고려하여 필요한 경우에만 구두변론을 실시할 수 있도록 하는 것이 바람직하고 합리적이다. … 한편, 구두변론 실시 여부를 법관의 재량에 맡기는 것보다 재정신청인의 기본권을 적게 제한하면서도 심판대상조항의 입법목적을 달성할 수 있는 수단을 상정하기도 어렵다. 따라서 심판대상조항이 침해의 최소성에 반한다고 볼 수 없다. 재정신청절차를 신속하고 원활하게 진행하여 관계 당사자 사이의 법률관계를 확정하여 사회 안정을 도모한다는 공익은 매우 중요하다. 이에 반하여 심판대상조항에 따라 법관이 구두변론을 하지 않고 재정신청에 대한 결정을 함으로써 재정신청인이 받게 되는 불이익은 그다지 크다고 보기 어렵다. 심판대상조항은 법익의 균형성도 갖추었다. 따라서 심판대상조항이 청구인의 재판절차진술권과 재판청구권을 침해한다고 볼 수 없다(헌재 2018.4.26, 2016헌마1043).

49 취소소송의 제소기간을 처분 등이 있음을 안 때로부터 90일 이내로 규정한 것이 재판청구권을 침해하는지 여부: 소극 19. 서울시

'처분 등이 있음을 안 날'을 기산점으로 정하여 취소소송의 제소기간에 제한을 둔 것은 법률관계의 조속한 확정을 위한 것으로 입법목적이 정당하다. 처분 등이 위법할 수 있다는 의심을 갖는 데 있어 처분 등이 있음을 안 때로부터 90일의 기간은 지나치게 짧은 기간이라고 보기 어렵고, '처분 등이 있음'을 안 시점은 비교적 객관적이고 명확하게 특정할 수 있으므로 이를 제소기간의 기산점으로 둔 것은 행정법관계의 조속한 안정을 위해 필요하고 효과적인 방법이다. 또한 처분 등에 존속하는 하자가 중대하고 명백하여 무효인 경우에는 제소기간의 제한이 없고, 당사자가 책임질 수 없는 사유로 기간을 준수할 수 없을 때에는 추후보완이 허용되어 심판대상조항이 현저히 불합리하거나 합리성이 없다고 볼 수 없다. 따라서 '처분 등이 있음을

기출 OX

02 재정신청절차의 신속하고 원활한 진행을 위하여 구두변론의 실시 여부를 법관의 재량에 맡기는 것은 재판청구권을 침해하지 않는다. 19. 서울시
( )

03 취소소송의 제소기간을 처분 등이 있음을 안 때로부터 90일 이내로 규정한 것은 지나치게 짧은 기간이라고 보기 어렵고 행정법 관계의 조속한 안정을 위해 필요한 방법이므로 재판청구권을 침해하지 않는다. 20. 경찰승진
( )

정답 02 ○ 03 ○

안 날'을 제소기간의 기산점으로 정한 심판대상조항은 재판청구권을 침해하지 아니한다(헌재 2018.6.28, 2017헌바66).

50 변경회생계획인가결정에 대한 불복방식을 '즉시항고'로 정한 채무자회생법 제282조 제3항 중 제247조 제1항 본문을 준용하는 부분이 청구인들의 재판청구권을 침해하는지 여부: 소극 [합헌, 각하]
결정으로써 한 법원의 재판에 대한 불복절차를 판결절차로 할 것인지, 아니면 결정절차로 할 것인지는 입법자의 광범위한 형성의 자유에 속하는 사항이다. 민사소송법상 항고는 결정에 대한 원칙적인 불복신청 방법인 점, 항고심은 속심적 성격을 가지고 회생절차에는 직권탐지주의가 적용되므로 변경회생계획인가결정에 대하여 즉시항고를 제기한 경우 항고심법원으로서는 심문을 연 때에는 심문종결시까지, 심문을 열지 아니한 때에는 결정 고지시까지 제출된 모든 자료를 토대로 1심 결정 혹은 항고이유의 당부를 판단하여야 하는 점을 고려하면, 변경회생계획인가결정에 대한 불복의 방식으로 '항고'의 방식을 선택한 불복방식 조항은 청구인들의 재판청구권을 침해한다고 볼 수 없다(헌재 2021.7.15, 2018헌바484).

51 소송기록에 의하여 청구가 이유 없음이 명백한 때 법원이 변론 없이 청구를 기각할 수 있도록 규정한 소액사건심판법 제9조 제1항이 재판청구권을 침해하는지 여부: 소극 [합헌]
소액사건은 소액사건심판법이 절차의 신속성과 경제성에 중점을 두어 규정한 심리절차의 특칙에 따라 소송당사자가 소송절차를 남용할 가능성이 다른 민사사건에 비하여 크다고 할 수 있는바, 심판대상조항은 소액사건에서 남소를 방지하고 이러한 소송을 신속히 종결하고자 필요적 변론원칙의 예외를 규정하였다. 심판대상조항에 의하더라도 남소로 판단되는 사건의 구두변론만이 제한될 뿐 준비서면, 각종 증거방법을 제출할 권리가 제한되는 것은 아니고 법관에 의한 서면심리가 보장되며 구두변론을 거칠 것인지 여부를 법원의 판단에 맡기고 있으므로 심판대상조항이 재판청구권의 본질적 내용을 침해한다고 볼 수 없다[헌재 2021.6.24, 2019헌바133·170(병합)].

52 법관기피신청이 소송의 지연을 목적으로 함이 명백한 경우에 신청을 받은 법원 또는 법관은 결정으로 이를 기각할 수 있도록 규정한 형사소송법 제20조 제1항이 헌법상 보장되는 공정한 재판을 받을 권리를 침해하는지 여부: 소극 [합헌]
심판대상조항은 기피신청 중에서 '소송의 지연을 목적으로 함이 명백한 때'에 한정하여 소송절차의 속행과 당해 법관에 의한 간이기각을 허용한 것이고, 그러한 간이기각결정에 대하여 형사소송법은 즉시항고에 의한 불복을 허용하여 상급심에 의한 시정의 기회를 부여하고 있다. 따라서 심판대상조항으로 인하여 기피신청을 기각당하는 당사자가 입을 수 있는 불이익을 최소화하고 있다고 할 것이다. 나아가 심판대상조항은 형사재판절차에서의 공정성과 아울러 신속성까지도 조화롭게 보장하기 위한 것이라고 할 것이고, 신속한 재판에 치우쳐서 재판의 공정성을 필요한 한도를 넘어서 침해한다고 보기도 어렵다. 따라서 심판대상조항은 헌법 제27조 제1항, 제37조 제2항에 위반된다고 할 수 없다(헌재 2021.2.25, 2019헌바551).

53 '피고인이 스스로 치료감호를 청구할 수 있는 권리'가 헌법상 재판청구권의 보호범위에 포함되는지 여부: 소극
피고인 스스로 치료감호를 청구할 수 있는 권리나, 법원으로부터 직권으로 치료감호를 선고받을 수 있는 권리는 헌법상 재판청구권의 보호범위에 포함되지 않는다(헌재 2021.1.28, 2019헌가24 등).

54 형의 선고와 함께 소송비용 부담의 재판을 받은 피고인이 '빈곤'을 이유로 해서만 집행면제를 신청할 수 있도록 한 형사소송법 제487조 중 제186조 제1항 본문에 따른 소송비용에 관한 부분 중 '빈곤'이 피고인의 재판청구권을 침해하는지 여부: 소극

형의 선고와 함께 소송비용 부담의 재판을 받은 피고인이 '빈곤'을 이유로 해서만 집행면제를 신청할 수 있도록 한 형사소송법 제487조 중 제186조 제1항 본문에 따른 소송비용에 관한 부분 중 '빈곤'은 경제적 사정으로 소송비용을 납부할 수 없는 경우를 지칭하는 것으로 해석될 수 있으므로 집행면제 신청 조항은 명확성원칙에 위배되지 않는다. 한편 소송비용의 범위가 '형사소송비용 등에 관한 법률'에서 정한 증인·감정인·통역인 또는 번역인과 관련된 비용 등으로 제한되어 있고, 법원이 피고인에게 소송비용 부담을 명하는 재판을 할 때에 피고인의 방어권 남용 여부, 경제력 능력 등을 종합적으로 고려하여 소송비용 부담 여부 및 그 정도를 정하므로, 소송비용 부담의 재판이 확정된 이후에 빈곤 외에 다른 사유를 참작할 여지가 크지 않다. 따라서 집행면제 신청 조항은 피고인의 재판청구권을 침해하지 아니한다(헌재 2021.2.25, 2019헌바64).

55 군인이 상관의 지시와 명령에 대하여 헌법소원 등 재판청구권을 행사하는 것이 군인의 복종의무에 위반되는지 여부: 소극

종래 군인이 상관의 지시나 명령에 대하여 사법심사를 청구하는 행위를 무조건 하극상이나 항명으로 여겨 극도의 거부감을 보이는 태도 역시 모든 국가권력에 대하여 사법심사를 허용하는 법치국가의 원리에 반하는 것으로 마땅히 배격되어야 한다. 따라서 군인이 상관의 지시나 명령에 대하여 재판청구권을 행사하는 경우에 그것이 위법·위헌인 지시와 명령을 시정하려는 데 목적이 있을 뿐, 군 내부의 상명하복관계를 파괴하고 명령불복종 수단으로서 재판청구권의 외형만을 빌리거나 그 밖에 다른 불순한 의도가 있지 않다면, 정당한 기본권의 행사이므로 군인의 복종의무를 위반하였다고 볼 수 없다(대판 2018.3.22, 2012두26401).

56 특허무효심결에 대한 소는 심결의 등본을 송달받은 날부터 30일 이내에 제기하도록 한 특허법(2014.6.11. 법률 제12753호로 개정된 것) 제186조 제3항이 재판청구권을 침해하는지 여부: 소극

특허권의 효력 여부에 대한 분쟁은 신속히 확정할 필요가 있는 점, 특허무효심판에 대한 심결은 특허법이 열거하고 있는 무효사유에 대해 특허법이 정한 방법과 절차에 따라 청구인과 특허권자가 다툰 후 심결의 이유를 기재한 서면에 의하여 이루어지는 것이므로, 당사자가 그 심결에 대하여 불복할 것인지를 결정하고 이를 준비하는 데 그리 많은 시간이 필요하지 않은 점, 특허법은 심판장으로 하여금 30일의 제소기간에 부가기간을 정할 수 있도록 하고 있고, 제소기간 도과에 대하여 추후보완이 허용되기도 하는 점 등을 종합하여 보면, 이 사건 제소기간 조항이 정하고 있는 30일의 제소기간이 지나치게 짧아 특허무효심결에 대하여 소송으로 다투고자 하는 당사자의 재판청구권 행사를 불가능하게 하거나 현저히 곤란하게 한다고 할 수 없으므로, 재판청구권을 침해하지 아니한다(헌재 2018.8.30, 2017헌바258).

57 사법보좌관의 지급명령에 대한 이의신청 기간을 2주 이내로 규정한 민사소송법 제470조 제1항 중 '사법보좌관의 지급명령'에 관한 부분이 재판청구권을 침해하는지 여부: 소극

재판을 청구할 수 있는 기간을 정하는 것은 입법자가 그 입법형성재량에 기초한 정책적 판단에 따라 결정할 문제이고 합리적인 재량의 한계를 일탈하지 아니하는 한

기출 OX

01 형사소송에서 발생하는 제반 비용 중 어떤 범위의 것을 '소송비용'으로 할 것인지, 이를 누구의 부담으로 할 것인지 그리고 그 비용집행의 면제 사유 등은 형사소송의 구조, 절차 운영의 적정성, 국가 재정, 국민의 법 감정 등에 따라 정해지는 입법정책적 문제라고 할 수 있다. 22. 법행 ( )

02 특허법이 규정하고 있는 30일의 제소기간은 90일의 제소기간을 규정하고 있는 행정소송법에 비하여 지나치게 짧아 특허무효심결에 대하여 소송으로 다투고자 하는 당사자의 재판청구권 행사를 불가능하게 하거나 현저히 곤란하게 하여 헌법에 위반된다. 22. 법원직 9급 ( )

정답 01 ○ 02 ×

위헌이라고 판단할 것은 아니다. 독촉절차에서의 지급명령에 대한 이의신청 기간을 단기로 제한하는 것은 경미하고 간이한 사건들을 신속하게 처리함으로써 사법자원의 효율적인 배분을 통하여 국민의 재판청구권을 충실하게 보장하고자 하는 독촉절차의 취지에 비추어 그 필요성을 인정할 수 있다. 민사소송법에 따른 독촉절차에서의 지급명령은 대한민국에서 채무자에게 공시송달 외의 방법으로 송달할 수 있는 경우에 한하여 허용되고, 채무자에게 송달이 이루어진 경우에만 원칙적으로 그 효력이 인정된다. 즉, 채무자가 지급명령신청서를 확인할 수 있는 상태에 있음을 전제로 그때부터 이의신청 기간을 기산하는 것이다. 더욱이 민사소송법상 이의신청 방법에 관한 특별한 규정이 없으므로 서면뿐만 아니라 구두로도 이의가 가능하고, 불복의 이유나 방어방법을 구체적으로 밝힐 필요도 없다. 이의신청에는 인지를 붙이지 아니하고, 송달료도 납부할 필요가 없다. 이러한 사정들을 종합하면, 사법보좌관의 지급명령에 대한 2주의 이의신청 기간이 지나치게 짧아 입법재량의 한계를 일탈함으로써 재판청구권을 침해한다고 할 수 없다(헌재 2020.12.23, 2019헌바353).

58 국가배상사건인 당해사건 확정판결에 대하여 헌법재판소 위헌결정을 이유로 한 재심의 소를 제기할 경우, 재심제기기간을 재심사유를 안 날부터 30일 이내로 한 헌법재판소법 제75조 제8항 중 '국가배상사건에 대하여 민사소송법 제456조 제1항을 준용하는 부분'이 재판청구권을 침해하는지 여부: 소극

재심에 있어 제소기간을 둘 것인가 등은 확정판결에 대한 법적 안정성, 재판의 신속·적정성 등을 고려하여 결정하여야 할 입법정책의 문제로, 위헌결정을 이유로 한 재심의 소에서 재심제기기간을 둔 것이 입법형성권을 현저히 일탈하였다고 볼 수 없다. 그리고 위헌결정을 받은 당사자는 스스로 재심사유가 있음을 충분히 알거나 알 수 있는 점, 위헌결정을 이유로 한 재심의 소를 제기하기 위하여 관련 기록이나 증거를 면밀히 검토할 필요가 크지 않은 점, 30일의 재심제기기간은 불변기간이어서 추후보완이 허용되는 점 등을 종합하면, 재심사유가 있음을 안 날로 30일이라는 재심제기기간이 재심청구를 현저히 곤란하게 하거나 사실상 불가능하게 할 정도로 짧다고 보기도 어렵다. 심판대상조항은 재판청구권을 침해하지 않는다(헌재 2020.9.24, 2019헌바30).

59 행정소송에 관하여 변론을 종결할 때까지만 청구의 취지 또는 원인을 변경할 수 있도록 하는 것이 재판청구권을 침해하는지 여부: 소극 [합헌]

청구의 변경을 광범위하게 허용할 경우 피고는 신속한 재판을 받을 권리의 침해와 변경된 청구에 대한 방어상의 부담도 받게 되므로, 입법자는 청구의 변경에 관하여 합리적인 범위 내에서 일정한 시적 제한을 설정할 필요가 있다. 원고는 변론종결시까지 소송목적의 달성을 위한 청구변경의 필요 여부와 내용 등에 관하여 숙고할 수 있고, 법원은 변론종결 시기를 결정함에 있어 사건의 내용, 난이도, 재판의 진행 경과 등을 반영하고 당사자의 의견도 청취하여 청구변경의 기회가 부당하게 박탈되지 않도록 타당성을 도모할 수 있다. 원고는 변론종결시까지 청구변경을 신청할 수 없었던 경우라도 변경하고자 하는 청구에 관하여 별도의 소를 제기할 수 있고, 항소심에서도 청구의 변경은 허용된다. 법원은 변론종결 후 청구의 변경도 소송절차의 현저한 지연을 초래하지 않고 분쟁의 해결에 도움이 된다면 재량으로 변론을 재개하여 심리할 수 있는바, 사건의 적정한 해결을 위한 합리적인 처리가 가능하다. 이러한 점들을 종합하여 보면 심판대상조항이 재판청구권을 침해한다고 볼 수 없다(헌재 2023.2.23, 2019헌바244).

60 판결의 증거가 된 문서, 그 밖의 물건이 가벌성 있는 위조 또는 변조행위에 의한 것일 때를 재심사유로 규정한 민사소송법 제451조 제1항 제6호(이하 '재심사유조항'이라 한다)가 재판을 받을 권리를 침해하는지 여부: 소극 [합헌]

재심은 판결에 대한 불복방법의 하나인 점에서는 상소와 마찬가지라고 할 수 있지만, 상소와는 달리 재심은 확정판결에 대한 불복방법이고 확정판결에 대한 법적 안정성의 요청은 미확정판결에 대한 그것보다 훨씬 크기 때문에 상소보다 더 예외적으로 인정되어야 한다. 그리고 어떤 사유를 재심사유로 정하여 재심을 허용할 것인가, 재심에 있어 제소기간을 둘 것인가 및 어떠한 종류의 소에 대한 확정판결의 재심에 제소기간을 둘 것인가 등은 모두 입법자가 확정판결에 대한 법적 안정성, 재판의 신속·적정성, 법원의 업무부담 등을 고려하여 결정하여야 할 입법정책의 문제이다. 재심사유조항은 처벌의 대상이 되는 문서 등의 위조·변조행위에 영향을 받은 판결에 대해서는 법적 안정성을 유지하여야 할 요청보다 그 판결을 바로잡아 구체적 정의를 실현하고 재판제도에 대한 국민의 신뢰를 유지하여야 한다는 요청이 더 크게 고려된 것이므로, 입법재량의 한계를 벗어나 재판을 받을 권리를 침해한다고 볼 수 없다(헌재 2023.6.29, 2020헌바519).

61 판단누락을 이유로 한 재심의 제기기간인 '판결이 확정된 뒤 재심의 사유를 안 날부터 30일'을 불변기간으로 정한 민사소송법 제456조 제2항 중 '제451조 제1항 제9호'에 관한 부분(이하 '불변기간조항'이라 한다)이 재판을 받을 권리를 침해하는지 여부: 소극 [합헌]

조속한 권리관계의 확정을 통한 종국판결의 법적 안정성을 유지하고, 확정판결을 받은 당사자의 법적 불안상태가 장기간 계속되는 것을 방지하기 위해서는 재심의 제기기간을 제한할 필요성이 있다. 민사소송법 제456조 제1항의 재심기간은 당사자가 재심사유가 있음을 안 때로부터 개시되므로 이를 불변기간으로 정한다고 하여 당사자의 재판청구권 행사에 특별히 불이익한 영향을 미친다고 보기 어려운 점, 불변기간에 관해서는 소송행위의 추후보완이 가능한 점 등을 종합하여 보면, 불변기간조항이 입법재량의 한계를 벗어나 재판을 받을 권리를 침해한다고 볼 수 없다(헌재 2023.6.29, 2020헌바519).

62 민사소송법 제45조 제1항 중 '기피신청이 소송의 지연을 목적으로 하는 것이 분명한 경우'에 관한 부분(이하 '기피신청조항'이라 한다)이 각하하는 기간을 규정하지 않아 신속한 재판을 받을 권리를 침해하는지 여부: 소극 [합헌]

기피신청이 소송의 지연을 목적으로 하는 것이 분명한 경우에 일률적으로 적용되는 재판기간을 미리 법률로 정하게 되면, 경우에 따라서는 신속하고 공정한 재판이 되기보다는 오히려 재판의 졸속을 초래할 가능성도 있다. 더욱이 기피신청조항은 구체적 사건의 특수성 등을 고려할 수 있도록 한 것일 뿐, 공정한 재판에 필요한 기간을 넘어 부당하게 재판을 지연하는 것을 허용하는 취지는 아니다. 따라서 기피신청조항은 신속한 재판을 받을 권리를 침해하지 아니한다(헌재 2023.3.23, 2020헌바49).

63 군사법원 피고인의 비용보상청구권의 제척기간을 '무죄판결이 확정된 날부터 6개월'로 정한 구 군사법원법 제227조의12 제2항이 재판청구권을 침해하는지 여부: 적극 [위헌]

[1] 재판관 4인의 위헌의견 – 과잉금지원칙 위반 여부: ○

심판대상조항은 군사법원에서 무죄판결이 확정된 경우 피고인이 비용보상청구권을 '무죄판결이 확정된 날부터 6개월 이내'에 재판상 청구해야 한다고 정하면서, 비용보상청구권자의 재판청구권과 재산권을 제한하고 있다. 심판대상조항이 단기의 제척기간을 두어 보호하고자 하는 공익은 국가재정의 합리적 운영이다. 그런데 2014.12.30. 개정된 형사소송법이 비용보상청구권의 제척기간을 종전 '무죄판결이 확정된 날부터 6개월'에서 '무죄판결이 확정된 사실을 안 날부터 3년, 무죄판결이 확정된 때부터 5년'으로 개정하였으나, 이후 국가재정의 합리적인 운영이 저해되었다는 사정은 보이지 않는다. 따라서 심판대상조항의 제척기간을 합리적인 범위 내에서 장기로 규정하여도 국가재정의 합리적 운영을 저해하거나 그러한 위험을 초래한다고 볼 수 없다. 따라서 심판대상조항은 과잉금지원칙을 위반하여 비용보상청구권자의 재판청구권과 재산권을 침해한다.

[2] 재판관 3인의 위헌의견
① 과잉금지원칙 위반 여부: ✕
헌법재판소는 2015.4.30. 2014헌바408등 결정에서 심판대상조항과 동일하게 제척기간을 '무죄판결이 확정된 날부터 6개월'로 규정한 구 형사소송법 제194조의3 제2항이 과잉금지원칙에 위반되지 않는다고 판단하였다. 심판대상조항은 무죄판결을 받아 비용보상청구권을 갖게 된 피고인이 군사법원법의 적용을 받는 자라는 차이가 있을 뿐, 위 구 형사소송법 조항과 그 내용이 동일한바, 이 사건에서 선례와 달리 판단할 만한 사정변경이나 이유를 찾기 어렵다.
② 평등원칙 위반 여부: ◯
군사법원법이 적용되는 비용보상청구권자의 경우 비용보상에 관한 국가의 채무관계를 일찍 확정하여 국가재정을 합리적으로 운영해야 할 필요성이 더욱 요청된다고 보기 어렵고, 군사재판의 특수성이 적용될 영역도 아니므로, 양자를 달리 취급함에 있어서 객관적으로 납득할 만한 합리적인 이유를 찾아볼 수 없다. 따라서 심판대상조항은 군사법원법의 적용을 받는 비용보상청구권자를 형사소송법의 적용을 받는 비용보상청구권자에 비하여 자의적으로 다르게 취급하고 있으므로 평등원칙에 위반된다(헌재 2023.8.31, 2020헌바252).

64 판결에 영향을 미칠 중요한 사항에 관하여 판단을 누락한 때에 해당함을 이유로 가사소송의 확정판결에 대하여 재심을 제기하는 경우, 재심제기기간을 30일로 정한 것이 재판청구권을 침해하는지 여부: 소극 [합헌]

[1] 대심적 구조를 갖춘 절차에서 당사자 사이의 법률관계를 심리하고 이를 형성·확정하는 가사소송사건에 있어서, 조속히 권리관계를 확정하고, 종국판결의 법적 안정성을 유지하며, 이미 확정판결을 받은 당사자의 법적 불안상태가 장기간 계속되는 것을 방지함과 아울러 사법자원의 효율적인 분배를 추구하기 위하여 확정판결의 재심제기기간을 제한할 필요성이 있다.
소송의 당사자가 재심대상판결을 선고받아 그 판결이 확정된 때는, 소송상 제출된 공격방어방법에 대한 검토를 마친 이후라 할 것이므로, 스스로 한 주장에 대한 판단이 누락된 것을 알았다면, 그로부터 30일 동안 재심의 소를 제기할 것인지 숙고하고 준비할 수 있을 것이다. 당사자가 책임질 수 없는 사유로 이 기간을 지킬 수 없었던 경우에는, 사유가 없어진 날부터 2주 안에 추후보완을 하여 재심의 소를 제기할 수 있다. 심판대상조항이 30일을 재심제기기간을 정한 것이 입법재량을 일탈하여 가사소송 당사자의 재판청구권을 침해한다고 볼 수 없다.

[2] 가사소송은 사법상 권리의무관계를 확정하거나 형성하는 것을 내용으로 한다. 소송 상대방과, 확정판결을 기초로 형성된 법률관계에 이해관계를 가지는 사람 등을 보호할 필요성이 있다는 점에서, 가사소송은 실체적 진실과 인권보장을 우선으로 하는 형사소송과는 제도의 성격과 취지가 구별된다. 형사소송법이 재심제기기간을 제한하지 않은 것과 달리 가사소송사건의 확정판결에 관하여 판단누락의 재심사유를 안 날부터 30일 이내로 재심제기기간을 제한한 것은 합리적 이유가 있으므로, 가사소송 당사자의 평등권을 침해하지 않는다(헌재 2023. 9.26, 2020헌바481).

65 치료감호 가종료 시 3년의 보호관찰이 시작되도록 한 것이 적법절차원칙에 반하여 청구인의 재판청구권을 침해하는지 여부: 소극 [기각]

치료감호와 보호관찰은 모두 적법절차원칙의 적용대상인 보안처분이지만 보호관찰은 '시설 외 처분'으로서 '시설 내 처분'인 치료감호보다 경한 처분이고, 독립성과 전문성을 갖춘 치료감호심의위원회로 하여금 치료의 필요성과 재범의 위험성을 판단하도록 한 것은 합리성이 인정된다. 또한 3년의 보호관찰기간 종료 전이라도 6개월마다 치료감호의 종료 여부 심사를 치료감호심의위원회에 신청할 수 있고, 그 신청에 관한 치료감호심의위원회의 기각 결정에 불복하는 경우 행정소송을 제기하여 법관에 의한 재판을 받을 수 있다. 따라서 심판대상조항은 적법절차원칙에 반하여 청구인의 재판청구권을 침해하지 아니한다(헌재 2023.10.26, 2021헌마839).

66 송달받을 자가 전산정보처리시스템에 등재된 전자문서를 확인하지 않더라도 그 등재 사실을 통지한 날부터 1주가 지나면 송달된 것으로 보는 민사소송 등에서의 전자문서 이용 등에 관한 법률이 재판청구권을 침해하는지 여부: 소극 [합헌]

전자송달 간주의 효과는 법원사무관 등이 송달할 전자문서를 전산정보처리시스템에 등재하고 그 사실을 통지한 즉시 발생하는 것이 아니라 통지한 날부터 1주가 지난 날에 발생한다. 전자적 송달이 이루어진 전자문서의 확인은 전자소송시스템에 접속하여 로그인하는 간편한 절차를 통해서 이루어진다는 점을 고려할 때, 전자송달 간주 조항에서 정하는 1주라는 기간이 지나치게 짧다고 보기 어렵다. 따라서 전자송달 간주 조항은 전자소송 진행을 위한 송달과 관련된 입법자의 형성적 재량을 일탈한 것이라고 보기 어려우므로 헌법 제27조 제1항의 재판청구권을 침해하지 않는다(헌재 2024.7.18, 2022헌바4).

67 매각허가결정에 대한 소유자의 항고가 기각되면 공탁한 항고보증금을 돌려 줄 것을 요구하지 못하도록 규정한 민사집행법 제130조 제6항 중 '소유자'에 관한 부분이 재판청구권을 침해하는지 여부: 소극 [합헌]

심판대상조항은 무익한 항고의 제기로 인한 경매절차의 지연을 방지하고 절차를 촉진시키기 위한 것으로서, 항고보증금의 액수가 과도하다고 보기 어렵고 일정한 경우 항고보증금을 반환받을 수도 있다. 또한, 내심의 목적은 항고사유의 내용만 가지고는 판별할 수 없기 때문에 일률적으로 항고보증금의 반환을 요구하지 못하도록 하는 것은 수긍할 수 있다. 그렇다면, 심판대상조항은 소유자인 항고인의 재판청구권을 침해하지 아니한다(헌재 2025.1.23, 2021헌바100).

68 성폭력범죄 피해자가 국민참여재판을 원하지 아니하는 경우 법원이 국민참여재판 배제결정을 할 수 있도록 규정한 '국민의 형사재판 참여에 관한 법률' 제9조 제1항 제3호가 평등원칙에 위배되는지 여부: 소극 [합헌]

[1] 성폭력범죄는 인간의 가장 본질적인 자기정체성을 침해하는 범죄로서 다른 범죄와는 달리 피해자에게 신체적 피해 외에도 심각한 정신적 피해를 남기고, 그 피해는 장기간 지속되며 회복이 어렵다. 성폭력범죄로 인한 피해는 그 피해자 개인에게 그치지 않고 함께 생활하는 가족 구성원 및 피해자와 밀접한 관계를 맺고 있는 주변 사람들에게까지 커다란 정신적인 고통과 상처를 준다. 다수의 배심원이 참여하는 국민참여재판으로 성폭력범죄에 대한 재판이 진행되는 경우, 재판 진행 과정에서 피해자의 신상이 공개될 가능성이 높고 피해자의 인격이나 명예가 손상되거나 사생활에 관한 비밀이 침해되며, 성적 수치심이나 공포감이 유발되는 등 추가적인 피해가 발생할 우려가 존재한다. 심판대상조항이 피해자 등의 의사를 고려하여 국민참여재판 배제결정을 할 수 있도록 규정한 것은 위와 같은 성폭력범죄 및 그에 관한 재판의 특수성을 고려한 것으로 합리적인 근거가 있다.

또한 법원은 구체적인 사건에서 성폭력범죄 피해자 또는 법정대리인의 의사뿐 아니라 그 밖의 여러 요소들까지 종합하여 신중한 판단에 의해 국민참여재판 배제결정을 하게 되므로, 심판대상조항이 성폭력범죄를 다른 형사 사건과 달리 피해자 등의 의사만을 고려하여 국민참여재판 배제결정을 할 수 있도록 한다고 볼 수도 없다. 따라서 심판대상조항은 평등원칙에 위배되지 아니한다.

[2] 국민참여재판법은, 법원이 국민참여재판 배제결정을 하기 전에 기간을 정하여 검사·피고인 또는 변호인에게 배제결정에 대한 의견을 제출하도록 통지하여 그 의견을 듣도록 하고 있고, 국민참여재판 배제결정은 법관의 재판으로 이루어지며, 피고인은 그 결정에 대하여 즉시항고할 수 있도록 규정함으로써 국민참여재판 배제결정과 관련하여 피고인에 대하여 적절한 고지와 의견제출의 기회를 부여하고 있다. 따라서 심판대상조항은 절차와 내용에 있어 합리성과 정당성을 갖추었다고 할 것이므로 적법절차원칙에 위배되지 아니한다(헌재 2025.2.27, 2023헌바55).

69 사법보좌관이 민사집행법에 따른 집행문 부여명령절차에서의 법원의 사무를 처리할 수 있도록 규정한 것은 법관에 의한 재판을 받을 권리를 침해하여 헌법에 위반되는지 여부: 소극 [합헌]

법원조직법 및 사법보좌관규칙은 전문성과 능력을 갖춘 사법보좌관을 선발할 수 있도록 객관적인 선발자격 및 절차에 관하여 규정하고 있고, 사법보좌관 후보자로 하여금 일정한 교육을 받도록 하고 있으며, 사법보좌관에 대한 법관의 업무 감독권, 사법보좌관에 대한 제척·기피·회피절차 등 사법보좌관의 공정성과 중립성을 확보할 수 있는 여러 보장 장치를 마련하고 있다. 따라서 사법보좌관이 민사집행법에 따른 집행문 부여명령절차에서의 법원의 사무를 처리할 수 있도록 규정한 심판대상조항이 입법재량권을 벗어난 자의적인 입법이라고 단정할 수 없으므로, 심판대상조항은 법관에 의한 재판을 받을 권리를 침해하지 아니한다(헌재 2025.2.27, 2022헌바92등).

70 변호사보수산입 조항이 변호사보수를 소송비용에 산입하여 패소한 당사자의 부담으로 한 것이 패소한 당사자의 재판을 받을 권리를 침해하는지 여부: 소극 [합헌]

변호사보수산입 조항이 변호사보수를 소송비용에 산입하여 패소한 당사자의 부담으로 한 것은 정당한 권리행사를 위하여 소송을 제기하거나 부당한 제소에 대하여 응소하려는 당사자를 위하여 실효적 권리구제를 보장하고, 남소와 남상소를 방지하여 사법제도의 적정하고 합리적 운영을 도모하려는 데 취지가 있으므로 그 입법목적이 정당하고 수단의 적합성도 인정된다.

변호사보수산입 조항은 정당한 권리실현을 위하여 소송제도를 이용하려는 사람들에게 실효적 권리수단을 마련하고 사법제도를 적정하고 합리적으로 운영하기 위한 중대한 공익을 추구하고 있으므로 침해의 최소성과 법익의 균형성도 갖추고 있다. 한편, 인권에 관한 소송, 소비자보호 소송, 고용관계 소송, 환경보호소송 등 이른바 공익소송과 같이 소송의 승패와 무관하게 문제 제기 자체로 잘못된 악습이나 제도의 개선 기회를 제공하는 측면에서 긍정적인 기능을 하고 있다고 볼 수 있는 소송의 경우에도 일률적으로 변호사보수를 패소자로 하여금 부담하게 하는 것에 대한 비판이 있을 수 있으나, 소송의 승패와 상관없이 소제기 자체로 공익에 기여한다고 볼 만한 소송 유형에 대해 변호사보수의 소송비용 산입을 제한할 것인지 여부는 입법 정책적으로 판단할 문제이다. 공익소송에 해당하는 사건이라고 하더라도 모든 경우 소송 상대방의 실효적인 권리구제의 필요 또는 남소, 남상소의 우려가 없다고 단정할 수는 없다. 즉 공익소송 등 특정한 유형의 소송에 대하여 일률적으로 변호사보수의 소송비용 산입 원칙의 예외를 인정하여 패소한 당사자가 변호사보수를 부담하지 않도록 할 경우 변호사보수산입 조항을 통하여 달성하고자 하는 입법목적을 같은 정도로 달성할 수 없을 것이다. 또한 변호사보수산입 조항과 이에 근거한 보수규칙은 소송유형 또는 구체적인 사건의 내용과 그 경과 등을 고려하여 법원이 소송비용에 산입되는 변호사보수를 감액하거나 증액할 수 있도록 함으로써 구체적 소송비용의 상환범위를 합리적으로 제한하고 있으므로, 변호사보수산입 조항으로 위와 같은 유형의 소송 당사자의 재판을 받을 권리가 어느 정도 제한된다고 하더라도 그것이 변호사보수산입 조항으로 달성하고자 하는 실효적인 권리구제와 사법제도의 적정하고 합리적인 운영이라는 공익에 비하여 더 크다고 보기 어렵다. 따라서 변호사보수산입 조항은 패소한 당사자의 재판을 받을 권리를 침해하지 아니한다(헌재 2025.3.27, 2024헌바126등).

71 민사재판의 피고가 소장 부본을 송달 받은 이후 30일 동안 답변서를 제출하지 아니한 경우 무변론판결의 선고 여부에 대해 법원에 재량을 부여한 것은 신속한 재판을 받을 권리를 침해하는지 여부: 소극 [합헌]

심판대상조항은 공시송달 이외의 방법으로 소장 부본을 송달받고도 30일 이상 답변서를 제출하지 아니한 피고에게 원고의 청구원인에 대하여 자백한 것으로 간주하고 무변론으로 판결을 선고하는 불이익을 부과함으로써 신속한 재판의 이념을 실현하고 있다. 이는 피고의 방어의사가 없는 사건을 구태여 변론기일까지 지정하여 출석하도록 하는 것은 무의미하고 비경제적이라는 고려에 의한 것이다. 한편, 심판대상조항은 답변서 제출의무를 어긴 피고에게 무변론판결 선고라는 불이익을 부과할지 여부에 대하여 법원에 재량을 부여하고 있는데, 이는 적정하고 공평한 재판의 이념을 실현하기 위함이다. 따라서 심판대상조항이 피고가 답변서를 제출기간 내에 제출하지 아니한 경우 무변론판결 여부에 대하여 법원에 재량권을 부여한 것은 입법자의 적법한 재량범위 내의 입법행위로서 입법재량을 현저히 불합리하게 또는 자의적으로 행사한 것이 아니므로, 심판대상조항이 청구인의 신속한 재판을 받을 권리를 침해한다고 볼 수는 없다(헌재 2025.6.27, 2023헌바425).

제4절 국가배상청구권

01 의의

> **헌법 제29조** ① 공무원의 직무상 불법행위로 손해를 받은 국민은 법률이 정하는 바에 의하여 국가 또는 공공단체에 **정당한 배상**을 청구할 수 있다. 이 경우 **공무원 자신의 책임은 면제되지 아니한다.**
> ② 군인·군무원·경찰공무원 기타 법률이 정하는 자가 전투·훈련 등 직무집행과 관련하여 받은 손해에 대하여는 법률이 정하는 **보상** 외에 국가 또는 공공단체에 공무원의 직무상 불법행위로 인한 **배상**은 청구할 수 없다.
>
> **국가배상법**
> 제2조 【배상책임】 ① 국가나 지방자치단체는 공무원 또는 **공무를 위탁받은 사인**(이하 "공무원"이라 한다)이 직무를 집행하면서 고의 또는 과실로 법령을 위반하여 타인에게 손해를 입히거나, 자동차손해배상 보장법에 따라 손해배상의 책임이 있을 때에는 이 법에 따라 그 손해를 배상하여야 한다. 다만, 군인·군무원·경찰공무원 또는 **예비군대원**이 **전투·훈련 등 직무집행과 관련하여** 전사·순직하거나 공상을 입은 경우에 본인이나 그 유족이 다른 법령에 따라 재해보상금·유족연금·상이연금 등의 보상을 지급받을 수 있을 때에는 **이 법 및 민법에 따른 손해배상을 청구할 수 없다.**
> ② 제1항 본문의 경우에 공무원에게 **고의** 또는 **중대한 과실**이 있으면 국가나 지방자치단체는 그 공무원에게 구상할 수 있다.

1. 개념

공무원(또는 공무를 위탁받은 사인)의 직무상 불법행위로 인하여 손해를 입은 국민이 국가 또는 공공단체에 대하여 배상을 청구할 수 있는 권리이다.

2. 연혁

(1) 1873년 프랑스의 블랑코판결은 국가배상청구권의 효시이다.

(2) 1919년 바이마르 헌법에서 최초로 국가배상청구권을 성문화하였다.

(3) 영미법계에서는 국가배상책임을 인정하지 않다가 제2차 세계대전 후 일련의 법률을 제정하면서 국가배상청구권을 인정하였다.

(4) 우리나라는 건국헌법 이래 계속하여 국가배상청구권을 규정하고 있다.

02 법적 성격

1. 청구권적 기본권인지 재산권인지 여부

(1) 학설 및 대법원

통설과 대법원의 다수의견은 국가배상청구권을 청구권적 기본권으로 보고 있는 반면, 대법원의 소수의견은 재산권으로 보고 있다.

기출 OX

01 국가배상청구권은 공무원의 국민에 대한 책임을 담보하고 법치국가의 원리를 구현하기 위하여 인정된 청구권적 기본권의 하나이다. 14. 국회직 9급 ( )

정답 01 ○

(2) 헌법재판소

"우리 헌법상의 국가배상청구권에 관한 규정은 단순한 재산권의 보장만을 의미하는 것은 아니고 국가배상청구권을 청구권적 기본권으로 보장하고 있는 것이다."라고 하여 **재산권의 성질과 청구권의 성질을 아울러 가지는 것**으로 본다(헌재 1997.2.20, 96헌바24).

2. 공권인지 사권인지 여부

(1) 학설

다수설은 국가배상청구권은 청구권적 기본권이고, 청구권적 기본권은 개인을 위한 주관적 공권이라는 점을 논거로 국가배상청구권을 공권적 청구권이라 한다.

(2) 대법원

대법원은 국가배상청구소송을 민사소송절차에 의하게 하고 있으므로 사권설의 입장에 있다고 할 수 있다.

03 주체

국가배상청구권의 주체는 원칙적으로 한국 국민이며, 한국 국민이면 자연인과 법인을 가리지 아니한다(통설). 외국인은 **상호보증주의**(국가배상법 제7조)에 따라 한국 국민에 대하여 국가배상책임을 인정하고 있는 국가의 국민에 한하여 국가배상청구권을 인정하고 있다. 11. 법행

04 내용

1. 유형

(1) 공무원의 직무상 불법행위로 인하여 손해가 발생한 경우(국가배상법 제2조)

(2) 영조물의 설치·관리의 하자로 인하여 손해가 발생한 경우(국가배상법 제5조)

2. 공무원의 직무상 불법행위로 인한 국가배상청구권의 성립요건

국가배상청구권이 성립하기 위해서는 ① 공무원 또는 공무를 위탁받은 사인의 ② 직무상 ③ 불법행위로 ④ 손해가 발생할 것을 요건으로 한다(국가배상법 제2조).

(1) 공무원

'공무원'이란 국가공무원법이나 지방공무원법에 의하여 공무원으로서의 신분을 가진 자에 국한하지 않고, 널리 공무를 위탁받아 실질적으로 공무에 종사하고 있는 일체의 자를 가리키는 것으로서 공무의 위탁이 일시적이고 한정적인 사항에 관한 활동을 위한 경우도 포함된다. 12. 법행, 18. 서울시

종전에는 공무를 위탁받은 사인의 위법행위로 인한 손해에 대하여 해석상 국가나 지방자치단체의 배상책임을 인정하였으나, 2009년 10월 개정시 손해배상책임을 명확히 하기 위하여 공무를 위탁받은 사인의 위법행위로 인한 손해도 국가배상법에 따라 국가나 지방자치단체가 배상하여야 한다는 것을 명시적으로 규정하였다.

기출 OX

02 국가배상청구권의 성립요건으로서 '공무원의 불법행위'에서 말하는 공무원에는 국가공무원과 지방공무원이 모두 포함되나, 공무를 위탁받아 실질적으로 공무를 수행하는 자는 포함되지 아니한다. 14. 국회직 9급 ( )

정답 01 ×

✓ SUMMARY	국가배상청구에 있어서의 공무원
긍정	부정
• 전입신고에 확인인을 찍는 통장(대판 1991.7.9, 91다5570) • 파출소에 근무하는 방범원(대판 1991.3.27, 90도2930) • 미군부대의 카투사(대판 1961.12.28, 4294민상218) • 시청소차의 운전수(대판 1971.6.4, 70다2955) • 철도건널목의 간수(대판 1966.10.11, 66다1456) • 교통안내업무를 위탁받은 교통할아버지(대판 2001.1.5, 98다39060) 06. 사시	• 의용소방대원(대판 1975.11.25, 73다1896) • 시영버스운전수(서울고법 1974.10.2, 73나1434)

(2) 직무상 행위

① **직무행위의 범위**: 국가배상청구권의 성립요건인 직무상의 행위의 범위와 관련하여 ⊙ 권력행위만을 의미한다는 협의설, ⓒ 공권력 행사로서의 **권력행위와 비권력적 관리행위만이라고 보는 광의설**(다수설, 헌법재판소), ⓒ 권력행위와 관리행위뿐만 아니라 직무에 관련된 사법상의 행위도 포함된다는 최광의설(김철수)의 견해대립이 있다.

🔹 판례 | 국가배상청구의 요건인 '공무원의 직무'의 범위에 사경제주체로서의 행위(사법상의 행위)도 포함되는지 여부: **소극** 06. 사시, 09. 법무사, 18. 지방직

국가배상청구의 요건인 '공무원의 직무'에는 권력적 작용만이 아니라 비권력적 작용도 포함되며, 단지 행정주체가 사경제주체로서 하는 활동만 제외된다(대판 2001.1.5, 98다39060).

기출 OX

01 국가배상법이 정한 손해배상청구의 요건인 '공무원의 직무'에는 국가나 지방자치단체의 권력적 작용뿐만 아니라 비권력적 작용도 포함되지만, 단순한 사경제의 주체로서 하는 작용은 포함되지 않는다. 18. 지방직 ( )

02 행위자의 행위가 실질적으로 직무행위가 아니거나 주관적으로 공무집행의 의사가 없었다 할지라도 외관상 객관적으로 공무원의 직무행위로 보여지는 경우라면 직무상 불법행위라고 보아야 한다. 10. 국회직 9급 ( )

② **직무행위의 판단기준**: 여기에서 말하는 직무행위는 직무의 집행 그 자체만을 말하는 것이 아니라, 객관적으로 직무집행으로서의 외형을 갖추고 있는 경우까지 포함한다고 본다(외형이론). 대법원도 "공무원의 불법행위가 국가배상법 제2조 소정의 '공무원이 그 직무를 집행함에 당하여' 일어난 것인지의 여부를 판단하는 기준은 행위의 **외관을 객관적으로 관찰**하여 공무원의 직무행위로 보여질 때에는 비록 그것이 실질적으로 직무집행행위이거나 아니거나 또는 행위자의 주관적 의사에 관계없이 그 행위는 공무원의 직무집행행위라 볼 것이며, 이러한 행위가 실질적으로 **공무집행행위가 아니라는 사정을 피해자가 알았다 하더라도 이에 대한 국가의 배상책임은 부정할 수 없다.**"라고 한다(대판 1966.6.28, 66다781).

* **불법행위**: 공무원의 고의나 과실로 인한 법령 위반행위를 말한다.

(3) 불법행위*

① **공무원의 고의나 과실**: 공무원의 직무집행에 있어서 고의 또는 과실이 있어야 한다. '공무원의 직무집행의 과실'이란 공무원이 그 직무를 수행함에 있어 당해 직무를 담당하는 평균인이 보통 갖추어야 할 주의의무를 게을리한 것을 말한다.

정답 01 ○ 02 ○

② **법령 위반**: '법령 위반'이란 성문법과 불문법 등 엄격한 의미에서의 법령뿐만 아니라 인권 존중, 권리남용금지, 신의성실의 원칙, 공서양속 등을 포함하고 더 나아가 당해 직무행위가 객관적으로 정당성을 결한 경우를 의미한다(통설).

> **판례 |** 국가배상청구권의 성립요건으로서 공무원의 고의 또는 과실을 규정함으로써 무과실책임을 인정하지 않은 국가배상법 제2조 제1항 본문 중 '고의 또는 과실로' 부분이 헌법상 국가배상청구권을 침해하는지 여부: 소극 [합헌]
>
> 헌법 제29조 제1항 제1문은 '공무원의 직무상 불법행위'로 인한 국가 또는 공공단체의 책임을 규정하면서 제2문은 '이 경우 공무원 자신의 책임은 면제되지 아니한다.'고 규정하여 헌법상 국가배상책임은 공무원의 책임을 일정 부분 전제하는 것으로 해석될 수 있고, 헌법 제29조 제1항에 법률유보 문구를 추가한 것은 국가재정을 고려하여 국가배상책임의 범위를 법률로 정하도록 한 것으로 해석된다. 공무원의 고의 또는 과실이 없는데도 국가배상을 인정할 경우 피해자 구제가 확대되기는 하겠지만 현실적으로 원활한 공무수행이 저해될 수 있어 이를 입법정책적으로 고려할 필요성이 있다. 외국의 경우에도 대부분 국가에서 국가배상책임에 공무수행자의 유책성을 요구하고 있으며, 최근에는 국가배상법상의 과실관념의 객관화, 조직과실의 인정, 과실 추정과 같은 논리를 통하여 되도록 피해자에 대한 구제의 폭을 넓히려는 추세에 있다.
> 이러한 점들을 고려할 때, 이 사건 법률조항이 국가배상청구권의 성립요건으로서 공무원의 고의 또는 과실을 규정한 것을 두고 입법형성의 범위를 벗어나 헌법 제29조에서 규정한 국가배상청구권을 침해한다고 보기는 어렵다(헌재 2015.4.30, 2013헌바395).

(4) 타인에 대한 손해의 발생

'타인'이란 가해공무원과 그 위법한 직무행위에 가담한 자를 제외한 모든 사람을 말한다. '손해'는 가해행위로 인하여 피해자가 입은 물질적·정신적 불이익을 모두 포함한다. 이때 손해발생과 공무원의 직무행위간에는 상당인과관계가 있을 것을 요한다.

> **판례 |** 거리질서확립 등의 공무를 위탁하여 집행하게 하던 중 '교통할아버지'로 선정된 노인이 위탁받은 업무범위를 넘어 교차로 중앙에서 교통정리를 하다가 교통사고를 발생시킨 경우 지방자치단체가 국가배상법 제2조 소정의 배상책임을 부담하는지 여부: 적극
>
> [1] 국가배상법 제2조 소정의 '공무원'의 의미 18. 서울시
> 국가배상법 제2조 소정의 '공무원'이란 국가공무원법이나 지방공무원법에 의하여 공무원으로서의 신분을 가진 자에 국한하지 않고, 널리 공무를 위탁받아 실질적으로 공무에 종사하고 있는 일체의 자를 가리키는 것으로서 공무의 위탁이 일시적이고 한정적인 사항에 관한 활동을 위한 것이어도 달리 볼 것은 아니다.
> [2] 국가배상청구의 요건인 '공무원의 직무'의 범위
> 국가배상청구의 요건인 '공무원의 직무'에는 권력적 작용만이 아니라 비권력적 작용도 포함되며, 단지 행정주체가 사경제주체로서 하는 활동만 제외된다.

[3] 국가배상법 제2조 제1항 소정의 '직무를 집행함에 당하여'의 의미
국가배상법 제2조 제1항 소정의 '직무를 집행함에 당하여'란 직접 공무원의 직무집행행위이거나 그와 밀접한 관계에 있는 행위를 포함하고, 이를 판단함에 있어서는 행위 자체의 외관을 객관적으로 관찰하여 공무원의 직무행위로 보여질 때에는 비록 그것이 실질적으로 직무행위에 속하지 않는다 하더라도 그 행위는 공무원이 '직무를 집행함에 당하여' 한 것으로 보아야 한다.

[4] 거리질서확립 등의 공무를 위탁하여 집행하게 하던 중 '교통할아버지'로 선정된 노인이 위탁받은 업무범위를 넘어 교차로 중앙에서 교통정리를 하다가 교통사고를 발생시킨 경우 지방자치단체가 국가배상법 제2조 소정의 배상책임을 부담하는지 여부
지방자치단체가 '교통할아버지 봉사활동계획'을 수립한 후 관할 동장으로 하여금 '교통할아버지'를 선정하게 하여 어린이보호, 교통안내, 거리질서확립 등의 공무를 위탁하여 집행하게 하던 중 '교통할아버지'로 선정된 노인이 위탁받은 업무범위를 넘어 교차로 중앙에서 교통정리를 하다가 교통사고를 발생시킨 경우 지방자치단체가 국가배상법 제2조 소정의 배상책임을 부담한다(대판 2001.1.5, 98다39060).

기출 OX

01 지방자치단체가 '교통할아버지 봉사활동 계획'을 수립한 후 관할 동장으로 하여금 '교통할아버지'를 선정하게 하여 어린이보호, 교통안내, 거리질서확립 등의 공무를 위탁하여 집행하게 하던 중 '교통할아버지'로 선정된 노인이 위탁받은 업무범위를 넘어 교차로 중앙에서 교통정리를 하다가 교통사고를 발생시킨 경우, 지방자치단체가 국가배상법 제2조 소정의 배상책임을 부담한다. 16. 경찰2차 행정법
( )

3. 배상책임의 본질

(1) 학설

① **자기책임설(다수설)**: 국가(공공단체)가 공무원의 직무상 불법행위에 대하여 책임을 부담하는 것은 공무원을 자신의 **기관으로 사용한 것에 대한 자기책임**으로 자신의 행위에 대한 책임을 자신이 부담하는 것이라고 한다.

② **대위책임설**: 국가의 배상책임은 국가(공공단체)가 피해자구제를 위하여 직무상 불법행위를 한 공무원을 대신하여 책임을 지는 일종의 대위책임이라고 한다(김철수).

③ **절충설**: 공무원의 위법행위가 고의나 중과실에 기인한 것인 때에는 기관행위로 볼 수 없으므로 대위책임이나, 경과실에 기인한 것인 때에는 자기책임이라고 한다(대판 1996.2.15, 95다38677 전합).

(2) 검토

국가배상청구권은 국가가 공무원의 직무상 불법행위에 대하여 공무원을 자신의 기관으로 사용한 것에 대한 자기책임으로, 자신의 행위에 대한 책임을 자신이 부담하는 것으로 이해하는 것이 타당하다고 본다. 이러한 자기책임설이 헌법학계의 다수입장이다.

4. 배상청구의 상대방

(1) 국가에 대한 청구권

① 학설

㉠ **대국가적 청구권설(다수설)**: 국가(공공단체)에 대해서만 청구할 수 있으며, 공무원 개인에게는 청구할 수 없다는 견해이다. 헌법학계에서는 국가배상청구권의 본질에 대하여 자기책임설을 취하는 학자 중 다수의 학자가 취하는 견해이다.

정답 01 O

ⓒ **선택적 청구권설**: 국가(공공단체)와 가해공무원 중에서 청구의 상대방을 선택할 수 있다는 견해이다. 헌법학계에서는 국가배상청구권의 본질에 대하여 대위책임설을 취하는 학자 중 다수의 학자가 취하는 견해이다.
ⓒ **경과실·중과실구별설**: 공무원의 경과실에 의한 경우에는 국가에만 청구할 수 있으나, 공무원의 중과실이나 고의에 의한 경우에는 국가와 공무원 개인에게 선택적으로 청구할 수 있다는 견해이다.

② **대법원 판례**: 공무원이 직무를 수행함에 있어 **경과실**로 타인에게 손해를 입힌 경우에는 그 직무수행상 통상 예기할 수 있는 흠이 있는 것에 불과하므로, 이러한 공무원의 행위는 여전히 국가 등의 기관의 행위로 보아 그로 인하여 발생한 손해에 대한 배상책임도 **전적으로 국가 등에만 귀속**시키고 공무원 개인에게는 그로 인한 책임을 부담시키지 아니하여 공무원의 공무집행의 안정성을 확보하고, 반면에 공무원의 위법행위가 **고의·중과실**에 기한 경우에는 비록 그 행위가 그의 직무와 관련된 것이라고 하더라도 그와 같은 행위는 그 본질에 있어서 기관행위로서의 품격을 상실하여 국가 등에 그 책임을 귀속시킬 수 없으므로 **공무원 개인에게 불법행위로 인한 손해배상책임을 부담시킨다.** 다만, 이러한 경우에도 그 행위의 외관을 객관적으로 관찰하여 공무원의 직무집행으로 보여질 때에는 피해자인 **국민을 두텁게 보호하기 위하여 국가 등이 공무원 개인과 중첩적으로 배상책임을 부담**하되 국가 등이 배상책임을 지는 경우에는 **공무원 개인에게 구상**할 수 있도록 함으로써 궁극적으로 그 책임이 공무원 개인에게 귀속되도록 하려는 것이라고 봄이 합당하다(대판 1996.2.15, 95다38677 전합).

(2) 선택적 청구권의 문제

국가 또는 지방자치단체에 대하여 배상을 청구하는 경우에 가해공무원의 선임·감독을 맡은 자와 가해공무원의 봉급·급여 기타의 비용을 부담하는 자가 동일하지 아니한 경우에는 피해자는 어느 쪽에 대해서도 배상청구를 할 수 있다.

5. 구상청구권

국가 또는 지방자치단체가 손해를 배상한 경우라도 가해공무원에게 고의나 중과실이 있는 때에는 국가 또는 지방자치단체는 가해공무원에게 구상권을 행사할 수 있다. 다만, 가해공무원에게 경과실이 있는 데 불과하다면 구상권을 행사할 수 없다. 선임·감독자와 비용부담자가 다를 때에는 손해를 배상한 자가 내부관계에서 손해배상책임이 있는 자에게 구상권을 행사할 수 있는데, 내부관계에서 손해배상책임이 있는 자는 선임·감독자이다(다수설).

6. 배상청구절차와 배상범위

(1) 임의적 배상결정전치주의

> **국가배상법**
> **제9조 【소송과 배상신청의 관계】** 이 법에 따른 손해배상의 소송은 배상심의회(이하 "심의회"라 한다)에 배상신청을 하지 아니하고도 이를 제기할 수 있다. 06.사시

기출 OX

01 헌법재판소는 국가배상법상의 배상결정전치주의가 법관에 의한 재판을 받을 권리와 신속한 재판을 받을 권리를 침해한다고 하였고, 이에 따라 국가배상법상의 배상결정전치주의가 폐지되었다. 18. 지방직 ( )

구 국가배상법은 필요적 배상결정전치주의를 채택하고 있었는데, 이에 대해서는 헌법재판소의 합헌결정이 있었다(헌재 2000.2.24, 99헌바17 등). 그러나 국가배상법은 배상신청을 하지 아니하고도 이를 제기할 수 있도록 개정되었다. 18. 지방직

> **판례 | 국가배상법 제9조 배상결정전치주의가 재판청구권을 침해하는지 여부: 소극 [합헌]**
>
> 국가배상청구에 관한 배상사무의 원활을 기하며 피해자로서도 신속·간편한 절차에 의하여 배상금을 지급받을 수 있도록 하는 한편, 국고손실을 절감하기 위한 이 사건 법률조항에 의해 달성되는 공익과 배상절차의 합리성 및 적정성의 정도, 배상신청을 하는 국민의 수고나 시간의 소모를 비교하여 볼 때 위 조항이 국민의 재판청구권을 침해하는 정도에는 이르지 않는다(헌재 2000.2.24, 99헌바17).

(2) 배상범위

배상범위는 원칙적으로 가해행위와 상당인과관계에 있는 모든 손해이다. 다만, 생명·신체에 대한 손해와 물건의 멸실·훼손으로 인한 손해에 대해서는 국가배상법 제3조에서 배상기준을 규정하고 있다.

05 제한

1. 헌법 제29조 제2항의 이중배상금지

> **헌법 제29조** ② 군인·군무원·경찰공무원 기타 법률이 정하는 자가 전투·훈련 등 직무집행과 관련하여 받은 손해에 대하여는 법률이 정하는 보상 외에 국가 또는 공공단체에 공무원의 직무상 불법행위로 인한 배상은 청구할 수 없다.
>
> **국가배상법**
> **제2조 【배상책임】** ① 국가나 지방자치단체는 공무원 또는 공무를 위탁받은 사인(이하 "공무원"이라 한다)이 직무를 집행하면서 고의 또는 과실로 법령을 위반하여 타인에게 손해를 입히거나, 자동차손해배상 보장법에 따라 손해배상의 책임이 있을 때에는 이 법에 따라 그 손해를 배상하여야 한다. 다만, 군인·군무원·경찰공무원 또는 예비군대원이 전투·훈련 등 직무집행과 관련하여 전사·순직하거나 공상을 입은 경우에 본인이나 그 유족이 다른 법령에 따라 재해보상금·유족연금·상이연금 등의 보상을 지급받을 수 있을 때에는 이 법 및 민법에 따른 손해배상을 청구할 수 없다.

(1) 헌법 제29조 제2항의 입법배경

제3공화국 당시에 국가배상법상의 이중배상금지규정이 위헌판결(대판 1971.6.22, 70다1010)을 받게 되자 더 이상의 위헌시비를 불식시키고자 제4공화국 헌법[제7차 개정헌법(유신헌법)]부터 헌법에 규정하게 되었다.

정답 **01** ×

(2) 헌법 제29조 제2항 및 국가배상법 제2조 제1항 단서의 위헌 여부
  ① 헌법 개별규정의 위헌심사 가부 [각하]: 위헌심사의 대상이 되는 법률은 국회의 의결을 거친 이른바 형식적 의미의 법률을 의미하는 것이므로 헌법의 개별규정 자체는 헌법소원에 의한 위헌심사의 대상이 아니다(헌재 2001.2.22, 2000헌바38).
  ② 국가배상법 제2조 제1항 단서의 위헌 여부 [합헌]: 국가배상법 제2조 제1항 단서는 헌법 제29조 제1항에 의하여 보장되는 국가배상청구권을 헌법 내재적으로 제한하는 헌법 제29조 제2항에 직접 근거하고, 실질적으로 그 내용을 같이하는 것이므로 헌법에 위반되지 아니한다(헌재 2001.2.22, 2000헌바38).

> **판례** | 향토예비군 대원의 국가배상청구권제한규정이 위헌인지 여부: **소극** 10.경찰승진
>
> 향토예비군의 직무는 성질상 고도의 위험성을 내포하는 공공적 성격의 직무이므로 국가배상법 제2조 제1항 단서가 일반인들과의 불균형을 제거하고 국가재정의 지출을 절감하기 위하여 임무수행 중 상해를 입거나 사망한 개별 향토예비군 대원의 국가배상청구권을 금지하고 있는 데에는 그 목적의 정당성, 수단의 상당성 및 침해의 최소성, 법익의 균형성이 인정된다. … 과잉금지의 원칙에 반한다고 할 수 없고, 나아가 그 자체로서 평등의 원리에 반한다거나 향토예비군 대원의 재산권의 본질적인 내용을 침해하는 위헌규정이라고 할 수 없다(헌재 1996.6.13, 94헌바20).

기출 OX

02 향토예비군 대원이 훈련 등 직무집행과 관련하여 공상을 입은 경우에 본인이 다른 법령에 따라 재해보상금 등의 보상을 지급받을 수 있을 때에는 국가배상법에 따른 국가배상을 청구할 수 없다. 09.법무사 ( )

(3) 관련 판례
  ① **전투경찰**: 국가배상법 제2조 제1항 단서 중의 '경찰공무원'은 '경찰공무원법상의 경찰공무원'만을 의미한다고 단정하기 어렵고, 널리 경찰업무에 내재된 고도의 위험성을 고려하여 '경찰조직의 구성원을 이루는 공무원'을 특별 취급하려는 취지로 파악함이 상당하므로 전투경찰순경은 헌법 제29조 제2항 및 국가배상법 제2조 제1항 단서 중의 '경찰공무원'에 해당한다고 보아야 할 것이다(헌재 1996.6.13, 94헌마118 등). 18.서울시
  ② **경찰관이 숙직 중 사망한 경우**: 경찰서 지서의 숙직실은 국가배상법 제2조 제1항 단서에서 말하는 전투훈련에 관련된 시설이라고 볼 수 없으므로 위 숙직실에서 순직한 경찰공무원의 유족은 같은 조항 본문에 의하여 국가배상법 및 민법의 규정에 의한 손해배상을 청구할 수 있다(대판 1979.1.30, 77다2389).

03 국가배상법 제2조 제1항 단서 중의 경찰공무원은 경찰공무원법상의 공무원을 의미하므로 전투경찰순경은 이에 해당하지 않는다는 것이 헌법재판소의 입장이다. 18.서울시 ( )

> **판례** | 민간인과 직무집행 중인 군인 등의 공동불법행위로 인하여 직무집행 중인 다른 군인 등이 피해를 입은 경우 민간인의 피해군인 등에 대한 손해배상의 범위 및 민간인이 피해군인 등에게 자신의 귀책부분을 넘어서 배상한 경우 국가 등에 구상권을 행사할 수 있는지 여부: **적극**(헌법재판소)과 **소극**(대법원)의 견해대립 12.변호사, 18.지방직
>
> [1] 헌법재판소의 입장 [한정위헌]
>   ① 헌법 제29조 제2항의 구상권행사배제 여부
>   국가는 국민의 기본권을 보장할 의무가 있고, 헌법 제29조 제2항은 제1항에 의하여 보장되는 국가배상청구권을 헌법 내재적으로 제한하는 규정이므로 그 적용범위에 대하여는 엄격하고도 제한적으로 해석하여야 할 것이다. 그러므로

04 국가에 대한 구상권은 헌법 제23조 제1항에 의하여 보장되는 재산권이라 할 수 없다. 18.지방직 ( )

정답 02 ○ 03 × 04 ×

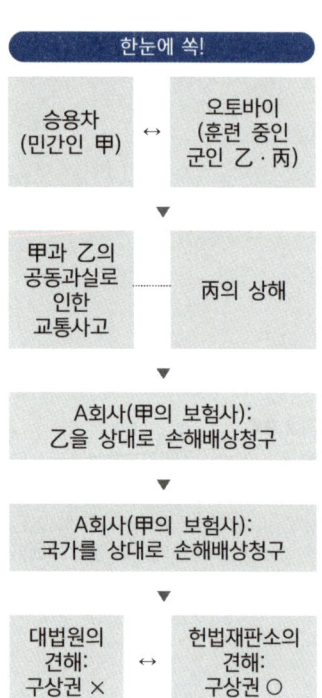

헌법 제29조 제2항은 이 사건의 쟁점이 되고 있는 사안에서와 같이 일반 국민이 직무집행 중인 군인과 공동불법행위를 한 경우에는 일반 국민의 국가에 대한 구상권의 행사를 허용하지 아니한다고 해석하여서는 아니 될 것이다. 더욱이 이 사건과 같은 교통사고의 경우 위 승용차의 운전자는 위 오토바이의 승객이 누구인지 전혀 알 수 없는 상태에서 사고를 일으켰는데 위 오토바이의 승객이 일반 국민이면 국가가 구상책임을 지고, 군인 등이면 국가가 구상책임을 지지 아니한다고 한다면 위 승용차의 운전자는 우연한 사정에 의하여 그 손해배상의 부담 부분이 크게 달라지게 되어 법적 안정성을 해하게 된다.

② 이 사건 심판대상 부분의 위헌 여부

국가배상법 제2조 제1항 단서 중 군인에 관련되는 부분을 일반 국민이 직무집행 중인 군인과의 공동불법행위로 직무집행 중인 다른 군인에게 공상을 입혀 그 피해자에게 공동의 불법행위로 인한 손해를 배상한 다음 공동불법행위자인 군인의 부담 부분에 관하여 국가에 대하여 구상권을 행사하는 것을 허용하지 않는다고 해석한다면 이는 위 단서규정의 헌법상 근거규정인 헌법 제29조가 구상권의 행사를 배제하지 아니하는데도 이를 배제하는 것으로 해석하는 것으로서 합리적인 이유 없이 일반 국민을 국가에 대하여 지나치게 차별하는 경우에 해당하므로 헌법 제11조, 제29조에 위반되며, 또한 국가에 대한 구상권은 헌법 제23조 제1항에 의하여 보장되는 재산권이고 위와 같은 해석은 그러한 재산권의 제한에 해당하며 재산권의 제한은 헌법 제37조 제2항에 의한 기본권제한의 한계 내에서만 가능한데, 위와 같은 해석은 헌법 제37조 제2항에 의하여 기본권을 제한할 때 요구되는 비례의 원칙에 위배하여 일반 국민의 재산권을 과잉제한하는 경우에 해당하여 헌법 제23조 제1항 및 제37조 제2항에도 위반된다(헌재 1994.12.29, 93헌바21).

[2] 대법원의 입장

헌법 제29조 제2항, 국가배상법 제2조 제1항 단서의 입법취지를 관철하기 위하여는 국가배상법 제2조 제1항 단서가 적용되는 공무원의 직무상 불법행위로 인하여 직무집행과 관련하여 피해를 입은 군인 등에 대하여 위 불법행위에 관련된 일반 국민이 공동불법행위책임·사용자책임·자동차운행자책임 등에 의하여 그 손해를 자신의 귀책 부분을 넘어서 배상한 경우에도 국가 등은 피해군인 등에 대한 국가배상책임을 면할 뿐만 아니라 나아가 민간인에 대한 국가의 귀책비율에 따른 구상의무도 부담하지 않는다고 하여야 할 것이다.

공동불법행위자 등이 부진정연대채무자로서 각자 피해자의 손해 전부를 배상할 의무를 부담하는 공동불법행위의 일반적인 경우와 달리 예외적으로 민간인은 피해군인 등에 대하여 그 손해 중 국가 등이 민간인에 대한 구상의무를 부담한다면 그 내부적인 관계에서 부담하여야 할 부분을 제외한 나머지 자신의 부담 부분에 한하여 손해배상의무를 부담하고, 한편 국가 등에 대하여는 그 귀책부분의 구상을 청구할 수 없다고 해석함이 상당하다(대판 2001.2.15, 96다42420 전합).

2. 법률에 의한 제한

국가배상청구권도 헌법 제37조 제2항에 따라 법률로써 제한될 수 있다. 그러나 이 경우에도 국가배상책임을 전면적으로 부인하여서는 아니 되며, 배상기준을 지나치게 낮게 책정하여 국가배상청구권의 본질적 내용을 침해하여서는 아니 된다.

> **판례 Ⅰ**
>
> 1 국가배상청구권에도 소멸시효제도를 적용하도록 한 것이 위헌인지 여부: 소극 [합헌]
> 18. 서울시
> 국가배상법 제8조가 소멸시효에 관하여 별도의 규정을 두고 있지 아니함으로써 소멸시효에 관한 민법 제766조가 적용되게 되었다 하더라도 국가배상청구권의 본질적인 내용을 침해하는 것이라고는 볼 수 없고, 기본권제한에 있어서의 한계를 넘어서는 것이라고 볼 수도 없으므로 헌법에 위반되지 아니한다(헌재 1997.2.20, 96헌바24).
>
> 2 구 '민주화운동 관련자 명예회복 및 보상 등에 관한 법률' 제18조 제2항의 '민주화운동과 관련하여 입은 피해' 중 불법행위로 인한 정신적 손해에 관한 부분이 국가배상청구권을 침해하는지 여부: 적극 [일부위헌] 19. 서울시
> [1] **민주화보상법상 보상금 등에는 적극적·소극적 손해 내지 손실에 대한 배·보상의 성격이 포함되어 있다.** 그러므로 관련자와 유족이 위원회의 보상금 등 지급결정이 일응 적절한 배·보상에 해당한다고 판단하여 이에 동의하고 보상금 등을 수령한 경우 보상금 등의 성격과 중첩되는 적극적·소극적 손해에 대한 국가배상청구권의 추가적 행사를 제한하는 것은, 동일한 사실관계와 손해를 바탕으로 이미 적절한 보상을 받았음에도 불구하고 다시 동일한 내용의 손해배상청구를 금지하는 것이므로, 이를 지나치게 가혹한 제재로 볼 수 없다.
> [2] 다음으로, 정신적 손해에 대한 국가배상청구권 침해 여부에 대하여 살펴본다. 앞서 살펴본 바와 같이 **민주화보상법상 보상금 등에는 정신적 손해에 대한 배상이 포함되어 있지 않음을 알 수 있다.** 이처럼 **정신적 손해에 대해 적절한 배상이 이루어지지 않은 상태에서 적극적·소극적 손해 내지 손실에 상응하는 배·보상이 이루어졌다는 사정만으로 정신적 손해에 관한 국가배상청구마저 금지하는 것은,** 해당 손해 내지 손실에 관한 적절한 배·보상이 이루어졌음을 전제로 하여 국가배상청구권 행사를 제한하려 한 민주화보상법의 입법목적에도 부합하지 않으며, **국가의 기본권보호의무를 규정한 헌법 제10조 제2문의 취지에도 반하는 것으로서, 지나치게 가혹한 제재에 해당한다.**
> [3] 따라서 심판대상조항 중 **정신적 손해에 관한 부분은 관련자와 유족의 국가배상청구권을 침해한다**(헌재 2018.8.30, 2014헌바180·2014헌가10 등).
>
> 3 민법 제166조 제1항, 제766조 제2항 중 과거사정리법 제2조 제1항 제3호·제4호에 규정된 사건에 적용되는 부분이 국가배상청구권을 침해하는지 여부: 적극 [일부위헌]
> [심판대상조항]
>> 민법(1958.2.22. 법률 제471호로 제정된 것)
>> 제166조【소멸시효의 기산점】① 소멸시효는 권리를 행사할 수 있는 때로부터 진행한다.

기출 OX

01 국가배상청구에 있어서도 오랜 기간의 경과로 인한 과거 사실 증명의 곤란으로부터 채무자를 구제하고 또 권리행사를 게을리 한 자에 대한 제재 및 장기간 불안정한 상태에 놓이게 되는 가해자를 보호하기 위하여 소멸시효제도의 적용은 필요하므로 헌법에 위반되지 아니한다. 18. 서울시 ( )

02 민주화보상법이 보상금 등 산정에 있어 정신적 손해에 대한 배상을 전혀 반영하지 않고 있으므로, 이와 무관한 보상금 등을 지급한 다음 정신적 손해에 대한 배상청구마저 금지하는 것은 법익의 균형성에 위반된다. 19. 국회직 ( )

정답 01 ○ 02 ○

제766조【손해배상청구권의 소멸시효】① 불법행위로 인한 손해배상의 청구권은 피해자나 그 법정대리인이 그 손해 및 가해자를 안 날로부터 3년간 이를 행사하지 아니하면 시효로 인하여 소멸한다.
② 불법행위를 한 날로부터 10년을 경과한 때에도 전항과 같다.

국가재정법(2006.10.4. 법률 제8050호로 제정된 것)

제96조【금전채권·채무의 소멸시효】① 금전의 급부를 목적으로 하는 국가의 권리로서 시효에 관하여 다른 법률에 규정이 없는 것은 5년 동안 행사하지 아니하면 시효로 인하여 소멸한다.
② 국가에 대한 권리로서 금전의 급부를 목적으로 하는 것도 또한 제1항과 같다.

[관련 조항]

국가배상법(2008.3.14. 법률 제8897호로 개정된 것)

제8조【다른 법률과의 관계】국가나 지방자치단체의 손해배상 책임에 관하여는 이 법에 규정된 사항 외에는 민법에 따른다. 다만, 민법 외의 법률에 다른 규정이 있을 때에는 그 규정에 따른다.

[1] **심판대상조항들의 원칙적 합헌성**

국가배상법 제8조에 따라, 심판대상조항들은 국가배상청구권의 소멸시효 기산점을 '주관적 기산점'인 피해자나 법정대리인이 그 손해 및 가해자를 안 날(민법 제766조 제1항) 및 '객관적 기산점'인 불법행위를 한 날(민법 제166조 제1항, 제766조 제2항)로 정하되, 그 시효기간을 주관적 기산점에 대한 '단기소멸시효기간' 3년(민법 제766조 제1항) 및 객관적 기산점에 대한 '장기소멸시효기간' 5년(국가재정법 제96조 제2항, 구 예산회계법 제96조 제2항)으로 정하고 있다.

민법상 소멸시효제도의 일반적인 존재이유는, ① 법적 안정성의 보호, ② 채무자의 이중변제 방지, ③ 채권자의 권리불행사에 대한 제재 및 채무자의 정당한 신뢰보호에 있다. 이와 같은 민법상 소멸시효제도의 존재 이유는 국가배상청구권의 경우에도 일반적으로 타당하고, 특히 국가의 채무관계를 조기에 확정하여 예산수립의 불안정성을 제거하기 위해서는 국가채무에 대해 단기소멸시효를 정할 필요성도 있다. 그러므로 심판대상조항들이 **'일반적인' 공무원의 직무상 불법행위로 손해를 받은 국민의 국가배상청구권에 관한 소멸시효 기산점과 시효기간을 정하고 있는 것은 합리적인 이유가 있다.**

[2] **민법 제166조 제1항, 제766조 제2항의 과거사정리법 제2조 제1항 제3호·제4호에 규정된 사건에 관한 예외적 위헌성**

그러나 일반적인 국가배상청구권에 적용되는 소멸시효 기산점과 시효기간에 합리적 이유가 인정된다 하더라도, 과거사정리법 제2조 제1항 제3호에 규정된 '민간인 집단희생사건', 제4호에 규정된 '중대한 인권침해·조작의혹사건'의 특수성을 고려하지 아니한 채 민법 제166조 제1항, 제766조 제2항의 객관적 기산점이 그대로 적용되도록 규정하는 것은 국가배상청구권에 관한 입법형성의 한계를 일탈한 것인데, 그 이유는 다음과 같다.

'민간인 집단희생사건'과 '중대한 인권침해·조작의혹사건'은 국가기관이 국민에게 누명을 씌워 불법행위를 자행하고, 소속 공무원들이 조직적으로 관여하였으며, 사후에도 조작·은폐함으로써 오랜 기간 진실규명이 불가능한 경우가 많아 일반적인 소멸시효 법리로 타당한 결론을 도출하기 어려운 문제들이 발생하였다. 이에 2005년 여·야의 합의로 과거사정리법이 제정되었고, 그 제정 경위 및 취지에 비추어볼 때 위와 같은 사건들은 '사인간 불법행위' 내지 '일반적인 국가배상' 사건과 근본적 다른 유형에 해당됨을 알 수 있다.

이와 같은 특성으로 인하여 과거사정리법에 규정된 위 사건 유형에 대해 일반적인 소멸시효를 그대로 적용하기는 부적합하다. 구체적으로 살펴보면, 불법행위의 피해자가 '손해 및 가해자를 인식하게 된 때'로부터 3년 이내에 손해배상을 청구하도록 하는 것은 불법행위로 인한 손해배상청구에 있어 피해자와 가해자 보호의 균형을 도모하기 위한 것이므로, **과거사정리법 제2조 제1항 제3호·제4호에 규정된 사건에 민법 제766조 제1항의 '주관적 기산점'이 적용되도록 하는 것은 합리적 이유가 인정된다.**

그러나, 국가가 소속 공무원들의 조직적 관여를 통해 불법적으로 민간인을 집단 희생시키거나 장기간의 불법구금·고문 등에 의한 허위자백으로 유죄판결을 하고 사후에도 조작·은폐를 통해 진상규명을 저해하였음에도 불구하고, 그 불법행위 시점을 소멸시효의 기산점으로 삼는 것은 피해자와 가해자 보호의 균형을 도모하는 것으로 보기 어렵고, 발생한 손해의 공평·타당한 분담이라는 손해배상제도의 지도원리에도 부합하지 않는다. 그러므로 **과거사정리법 제2조 제1항 제3호·제4호에 규정된 사건에 민법 제166조 제1항, 제766조 제2항의 '객관적 기산점'이 적용되도록 하는 것은 합리적 이유가 인정되지 않는다.**

결국, 민법 제166조 제1항, 제766조 제2항의 객관적 기산점을 과거사정리법 제2조 제1항 제3호·제4호의 '민간인 집단희생사건, 중대한 인권침해·조작의혹사건'에 적용하도록 규정하는 것은, 소멸시효제도를 통한 법적 안정성과 가해자 보호만을 지나치게 중시한 나머지 합리적 이유 없이 위 사건 유형에 관한 국가배상청구권 보장 필요성을 외면한 것으로서 입법형성의 한계를 일탈하여 청구인들의 국가배상청구권을 침해한다(헌재 2018.8.30, 2014헌바148·162 등).

4 특수임무수행자 등이 보상금 등의 지급결정에 동의한 때에는 특수임무수행 또는 이와 관련한 교육훈련으로 입은 피해에 대하여 재판상 화해가 성립된 것으로 보는 '특수임무수행자 보상에 관한 법률' 제17조의2 가운데 특수임무수행 또는 이와 관련한 교육훈련으로 입은 피해 중 '정신적 손해'에 관한 부분이 국가배상청구권 또는 재판청구권을 침해하는지 여부: 소극

특수임무수행자보상심의위원회는 위원 구성에 제3자성과 독립성이 보장되어 있고, 보상금등 지급 심의절차의 공정성과 신중성이 갖추어져 있다. 특수임무수행자는 보상금등 지급결정에 동의할 것인지 여부를 자유롭게 선택할 수 있으며, 보상금등을 지급받을 경우 향후 재판상 청구를 할 수 없음을 명확히 고지받고 있다. 보상금 중 기본공로금은 채용·입대경위, 교육훈련여건, 특수임무종결일 이후의 처리사항 등을 고려하여 위원회가 정한 금액으로 지급되는데, 위원회는 음성적 모집 여부, 기본권 미보장 여부, 인권유린, 종결 후 사후관리 미흡 등을 참작하여 구체적인 액수를 정하므로, 여기에는 특수임무교육훈련에 관한 **정신적 손해 배상 또는 보상에 해당하는 금원이 포함된다.** 특수임무수행자는 보상금등 산정과정에서 국가 행위의 불법성이나 구체적인 손해 항목 등을 주장·입증할 필요가 없고 특수임무수행자의 과실이 반영되지도 않으며, 국가배상청구에 상당한 시간과 비용이 소요되는 데 반해 보상금등 지급결정은 비교적 간이·신속한 점까지 고려하면, 특임자보상법령이 정한 보상금등을 지급받는 것이 국가배상을 받는 것에 비해 일률적으로 과소 보상된다고 할 수도 없다. 따라서 심판대상조항이 과잉금지원칙을 위반하여 국가배상청구권 또는 재판청구권을 침해한다고 보기 어렵다(헌재 2021.9.30, 2019헌가28).

5 긴급조치 제9호의 발령부터 적용·집행에 이르는 일련의 국가작용에 대한 국가배상책임이 인정되는지 여부: 적극 [종전 판례 변경]

[1] 종전 대법원 판례

긴급조치가 국민 개개인에 대한 관계에서 민사상 불법행위를 구성한다고는 볼 수 없다고 하였다.

[2] 판례 변경

긴급조치 제9호의 발령 및 적용·집행이라는 일련의 국가작용의 경우, 긴급조치 제9호의 발령 요건 및 규정 내용에 국민의 기본권 침해와 관련한 위헌성이 명백하게 존재함에도 그 발령 및 적용·집행 과정에서 그러한 위헌성이 제거되지 못한 채 영장 없이 체포·구금하는 등 구체적인 직무집행을 통하여 개별 국민의 신체의 자유가 침해되기에 이르렀다. 그러므로 **긴급조치 제9호의 발령과 적용·집행에 관한 국가작용 및 이에 관여한 다수 공무원들의 직무수행은 법치국가 원리에 반하여 유신헌법 제8조가 정하는 국가의 기본권 보장의무를 다하지 못한 것으로서 전체적으로 보아 객관적 주의의무를 소홀히 하여 그 정당성을 결여하였다고 평가되고, 그렇다면 개별 국민의 기본권이 침해되어 현실화된 손해에 대하여는 국가배상책임을 인정하여야 한다.** 이와 달리 대통령의 긴급조치 제9호 발령 및 적용·집행행위가 국가배상법 제2조 제1항에서 말하는 공무원의 고의 또는 과실에 의한 불법행위에 해당하지 않는다고 보아 국가배상책임을 부정한 대법원 2014.10.27. 선고 2013다217962 판결, 대법원 2015.3.26. 선고 2012다48824 판결 등은 이 판결의 견해에 배치되는 범위에서 이를 변경하기로 한다 (대판 2022.8.30, 2018다212610 전합).

제5절 국가보상청구권

01 손실보상청구권

> 헌법 제23조 ③ 공공필요에 의한 재산권의 수용·사용 또는 제한 및 그에 대한 보상은 법률로써 하되, 정당한 보상을 지급하여야 한다.

1. 의의

'손실보상청구권'이란 공용수용, 공용사용, 공용제한 등 적법한 공권력의 행사로 인하여 재산상 특별한 희생을 당한 자가 국가에 대하여 재산적 손실의 전보(塡補)를 청구할 수 있는 권리를 말한다.

2. 주체

손실보상청구권의 주체는 자연인과 법인을 가리지 않고, 공권력의 행사로 말미암아 재산권을 특별히 희생당한 개인이다. 외국인과 외국법인이 주체가 되려면 우리나라에서 재산권을 향유한 자이어야 한다.

3. 성립요건

(1) 재산권
'재산권'이란 **사법상 또는 공법상 경제적 가치가 있는 모든 권리**를 말한다.

(2) 공공필요
'공공필요'란 일정한 공익사업 시행이나 공공복리달성을 위하여 재산권의 제한이 요청되는 경우를 의미하는바, 공공필요의 유무는 구체적으로 공·사익을 비교형량하여 결정된다.

(3) 공권력에 의한 침해
'공권력'이란 국가 또는 공공단체의 권력적 작용을 뜻하고, 침해란 재산권에 대한 일체의 훼손을 뜻한다.

(4) 특별희생
'특별희생'이란 특정인 또는 일정 범위의 국민에게만 불균형하게 과해진 권익의 박탈로서 재산권자의 수인한도를 넘어서는 것을 의미한다.

(5) 보상규정
보상에 관한 법률규정은 손실보상청구권이 성립하기 위한 전제요건이다. 그러나 현행 법령상 공용제한을 규정하고 있는 법률은 거의 보상규정을 두고 있지 아니하다. 이처럼 법률이 공용침해를 규정하면서도 보상규정을 두고 있지 아니한 경우의 해결방안에 대하여는 견해의 대립이 있다.

4. 손실보상의 방법

(1) 공용침해의 적법성
재산권에 대한 공권력의 침해는 적법해야 하므로 재산권의 제한은 원칙적으로 형식적 의미의 법률에 의하여 가능하며, 예외적으로 대통령의 재정경제처분·명령과 비상계엄선포의 경우에 한하여 법률 이외의 형식으로 재산권을 제한하는 것이 인정될 뿐이다.

(2) 정당한 보상의 의미
헌법이 규정한 '정당한 보상'이란 이 사건 소원의 발단이 된 소송사건에서와 같이 손실보상의 원인이 되는 재산권의 침해가 기존의 법질서 안에서 개인의 재산권에 대한 개별적인 침해인 경우에는 그 손실보상은 원칙적으로 피수용재산의 객관적인 재산가치를 완전하게 보상하는 것이어야 한다는 **완전보상**을 뜻하는 것으로서 보상금액뿐만 아니라 보상의 시기나 방법 등에 있어서도 어떠한 제한을 두어서는 아니 된다는 것을 의미한다고 할 것이다. 재산권의 객체가 갖는 '객관적 가치'란 그 물건의 성질에 정통한 사람들의 자유로운 거래에 의하여 도달할 수 있는 합리적인 매매가능가격, 즉 **시가**에 의하여 산정되는 것이 보통이다(헌재 1990.6.25, 89헌마107).

기출 OX

01 재산권이란 사법상 또는 공법상 경제적 가치가 있는 모든 권리를 말한다. 11. 지방직 ( )

02 재산권을 보장하면서 공용수용·공용사용·공용제한의 방식으로 재산권을 제한하는 경우에는 공공필요라는 목적이 있어야 한다. 17. 5급 공채 ( )

정답 01 ○ 02 ○

02 형사보상청구권

> 헌법 제28조 **형사피의자** 또는 **형사피고인**으로서 **구금되었던 자**가 법률이 정하는 **불기소처분**을 받거나 **무죄판결**을 받은 때에는 법률이 정하는 바에 의하여 국가에 **정당한 보상**을 청구할 수 있다.

기출 OX

01 형사피의자로 구금되었다가 법률이 정하는 불기소처분을 받은 자도 형사보상청구권을 행사할 수 있다. 18. 경찰승진 ( )

02 형사보상청구권은 손실보상적 성격의 청구권으로, 현행헌법에서 처음 신설되었다. 13. 경찰승진 ( )

1. 의의

(1) 개념
'형사보상청구권'이란 형사피의자 또는 형사피고인으로 구금되었던 자가 불기소처분을 받거나 무죄판결을 받은 경우에 그가 입은 정신적·물질적 손실을 보상해줄 것을 국가에 청구할 수 있는 권리를 말한다. 헌법은 형사보상제도를 국가배상제도와 구별하여 별도로 규정하고 있을 뿐만 아니라 형사보상의 경우에는 고의나 과실을 요건으로 하지 않으므로, 형사보상은 인신의 구속으로 말미암은 손실의 발생에 대하여 결과책임인 무과실손실보상책임을 인정한 것이라고 보는 손실보상설이 통설의 입장이다. 06. 행시

(2) 연혁
① 1848년 프랑크푸르트 헌법에서 형사보상청구권을 최초로 성문화하였다.
② **우리나라: 건국헌법부터 피고인보상**을 규정하였으며, 05. 국회직, 11. 법무사 현행헌법(**제9차 개정헌법**)에서 형사피고인에만 인정되었던 것을 **형사피의자까지 확대 적용**하였다. 12. 법행

2. 법적 성격

(1) 프로그램규정설
헌법 제28조가 '법률이 정하는 바에 의하여'라고 규정하고 있기 때문에 형사보상청구권은 형사보상법의 제정에 의하여 비로소 법적 권리가 된다고 한다.

(2) 직접적 효력규정설(다수설)
헌법 제28조는 직접효력을 가지는 규정이므로 형사보상법이 존재하지 않더라도 이를 청구할 수 있다고 한다.

3. 주체

형사보상청구권의 주체는 형사피고인과 형사피의자이다. 04. 법행 다만, 본인이 청구를 하지 아니하고 사망하였거나 또는 사형이 집행된 때에는 **상속인**이 청구할 수 있다(형사보상 및 명예회복에 관한 법률 제3조 제1항). 01. 법무사, 04. 법행 **외국인도 형사보상청구권의 주체**가 되지만, 구금될 수 없는 법인은 그 성질상 형사보상청구권의 주체가 될 수 없다. 03. 법행

정답 01 ○ 02 ×

4. 내용

(1) 성립요건

① 형사피고인으로서 구금되었던 자가 무죄판결을 받은 경우
   ㉠ **형사피고인**: 형사피고인은 검사에 의하여 공소를 제기당한 자를 말한다.
   ㉡ 무죄판결

> **형사보상 및 명예회복에 관한 법률**
>
> **제2조【보상요건】** ① 형사소송법에 따른 일반 절차 또는 재심(再審)이나 비상상고(非常上告)절차에서 무죄재판을 받아 확정된 사건의 피고인이 미결구금(未決拘禁)을 당하였을 때에는 이 법에 따라 국가에 대하여 그 구금에 대한 보상을 청구할 수 있다.
> ② 상소권회복에 의한 상소, 재심 또는 비상상고의 절차에서 무죄재판을 받아 확정된 사건의 피고인이 원판결(原判決)에 의하여 구금되거나 형집행을 받았을 때에는 구금 또는 형의 집행에 대한 보상을 청구할 수 있다.
>
> **제26조【면소 등의 경우】** ① 다음 각 호의 어느 하나에 해당하는 경우에도 국가에 대하여 구금에 대한 보상을 청구할 수 있다.
> 1. 형사소송법에 따라 **면소(免訴)** 또는 **공소기각(公訴棄却)**의 재판을 받아 확정된 피고인이 면소 또는 공소기각의 재판을 할 만한 사유가 없었더라면 무죄재판을 받을 만한 현저한 사유가 있었을 경우 01·09. 법무사, 06. 사시, 18. 서울시
> 2. 치료감호법 제7조에 따라 치료감호의 독립청구를 받은 피치료감호청구인의 치료감호사건이 범죄로 되지 아니하거나 범죄사실의 증명이 없는 때에 해당되어 청구기각의 판결을 받아 확정된 경우

   ㉢ 피고인에 대한 보상의 전부 또는 일부 기각사유

> **형사보상 및 명예회복에 관한 법률**
>
> **제4조【보상하지 아니할 수 있는 경우】** 다음 각 호의 어느 하나에 해당하는 경우에는 법원은 재량으로 보상청구의 **전부 또는 일부를 기각할 수 있다.**
> 1. 형법 제9조(**형사미성년자**) 및 제10조 제1항(**심신상실**)의 사유로 무죄재판을 받은 경우 04. 법행
> 2. 본인이 수사 또는 심판을 그르칠 목적으로 거짓자백을 하거나 다른 유죄의 증거를 만듦으로써 기소, 미결구금 또는 유죄재판을 받게 된 것으로 인정된 경우
> 3. 1개의 재판으로 경합범(競合犯)의 일부에 대하여 무죄재판을 받고 다른 부분에 대하여 유죄재판을 받았을 경우 06. 사시, 16. 국가직

② 형사피의자로서 구금되었던 자가 법률이 정하는 불기소처분을 받은 경우
   ㉠ **피의자**: 형사피의자는 범죄의 혐의를 받아 수사기관에 의하여 수사의 대상이 되어 있는 자로서 아직 공소를 제기당하지 않은 자를 말한다.

☝ 종전에는 검사에게만 수사종결권을 부여하였으나 사법경찰관에게도 1차적 수사종결권을 부여하는 등의 내용으로 형사소송법이 개정됨에 따라, 피의자로서 구금되었던 자 중 국가에 대하여 그 구금에 대한 보상을 청구할 수 있는 사유에 검사의 불기소처분에 대응하여 사법경찰관의 불송치결정을 추가하였다.

기출 OX

01 형사피의자로서 구금되었던 자가 기소유예처분을 받은 때에는 국가에 정당한 보상을 청구할 수 있다.
06. 국가직 ( )

> **형사보상 및 명예회복에 관한 법률**
>
> **제27조【피의자에 대한 보상】** ① 피의자로서 구금되었던 자 중 검사로부터 불기소처분을 받거나 사법경찰관으로부터 불송치결정을 받은 자는 국가에 대하여 그 구금에 대한 보상(이하 "피의자보상"이라 한다)을 청구할 수 있다. 다만, 구금된 이후 불기소처분 또는 불송치결정의 사유가 있는 경우와 해당 불기소처분 또는 불송치결정이 종국적(終局的)인 것이 아니거나 형사소송법 제247조에 따른 것일 경우에는 그러하지 아니하다.

ⓛ **불기소처분**: 피의자보상청구가 가능한 불기소처분은 협의의 불기소처분(예 혐의 없음, 죄가 안 됨, 공소권 없음)이며, **기소중지·기소유예처분을 받은 피의자는 보상을 청구할 수 없다.** 06. 국가직

> ⊕ **PLUS** 광의의 불기소처분
>
> 1. 협의의 불기소처분
>   - **혐의 없음**: 피의사건에 관하여 공소를 제기함에 충분한 객관적 혐의가 없는 경우
>   - **죄가 안 됨**: 피의사실이 범죄구성요건에 해당하나 법률상 범죄의 성립을 조각하는 사유가 있어 범죄를 구성하지 아니하는 경우
>   - **공소권 없음**: 피의사건에 관하여 소송조건이 결여되었거나 형이 면제되는 경우
> 2. 기소중지처분
>   검사가 피의자의 소재불명 등의 사유로 수사를 종결할 수 없는 경우에 그 사유가 해소될 때까지 하는 처분
> 3. 기소유예처분
>   피의사건에 관하여 범죄의 혐의가 인정되고 소송조건이 구비되었으나, 범인의 연령·성행·지능과 환경, 범행의 동기, 수단과 결과, 범행 후의 정황 등을 참작하여 공소를 제기하지 아니하는 경우

ⓒ 피의자에 대한 보상의 전부 또는 일부 삭감사유

> **형사보상 및 명예회복에 관한 법률**
>
> **제27조【피의자에 대한 보상】** ② 다음 각 호의 어느 하나에 해당하는 경우에는 **피의자보상의 전부 또는 일부를 지급하지 아니할 수 있다.** 18. 서울시
> 1. 본인이 수사 또는 재판을 그르칠 목적으로 **거짓자백**을 하거나 다른 유죄의 증거를 만듦으로써 구금된 것으로 인정되는 경우
> 2. 구금기간 중에 다른 사실에 대하여 수사가 이루어지고 그 사실에 관하여 범죄가 성립한 경우
> 3. 보상을 하는 것이 선량한 풍속이나 그 밖에 사회질서에 위배된다고 인정할 특별한 사정이 있는 경우

* **형사소송법상의 구금**: 형의 집행을 위한 구치 또는 노역장유치의 집행을 포함한다.

③ **구금**: '구금'이란 형사소송법상의 구금*으로서 **미결구금과 형집행**을 말하므로 불기소처분이나 무죄판결을 받은 경우라도 불구속되었던 자는 형사보상청구가 불가능하다. 01. 법무사

④ **무과실책임**: 형사보상책임은 공무원의 직무상 불법행위로 인한 국가배상책임과는 달리 무과실의 결과책임이므로 관계기관의 고의나 과실을 요건으로 하지 않는다. 03. 법행

정답 **01** ×

(2) 형사보상의 청구

① 형사피고인보상

> **형사보상 및 명예회복에 관한 법률**
>
> 제7조 【관할법원】 보상청구는 무죄재판을 한 법원에 대하여 하여야 한다.
>
> 제8조 【보상청구의 기간】 보상청구는 무죄재판이 확정된 사실을 **안 날부터 3년**, 무죄재판이 **확정된 때부터 5년** 이내에 하여야 한다. 04·12. 법행, 13. 국회직, 18. 서울시

> **판례 |** 형사보상청구권 행사기간을 '무죄재판이 확정된 때'로부터 1년 이내로 제한하는 것이 위헌인지 여부: 적극 [헌법불합치] 12. 사시, 14. 법무사, 18. 지방직
>
> [1] 권리관계를 조속히 확정하기 위하여 인정되는 소멸시효 기간이나 제척 기간 중 권리의 행사가 용이하고 일상 빈번히 발생하는 것이거나 권리의 행사로 인하여 상대방의 지위가 특별히 불안정해지는 경우 또는 법률관계를 보다 신속히 확정하여 분쟁을 방지할 필요가 있는 경우에는 특히 짧은 소멸시효나 제척 기간을 인정할 필요가 있으나, 형사보상청구권의 제척 기간을 1년으로 규정하고 있는 것은 위의 어떠한 사유에도 해당하지 아니하는 등 달리 합리적인 이유를 찾기 어려워 일반적인 사법상의 권리보다 더 확실하게 보호되어야 할 권리인 형사보상청구권의 보호를 저해하고 있다.
>
> [2] 또한 이 사건 법률조항은 형사피고인이 무죄재판의 확정사실을 알고 있는지 여부와 관계없이 그 제척 기간을 무죄재판이 확정된 때부터 진행한다고 규정하고 있으나, 형사소송법상 형사피고인이 재정하지 아니한 가운데 재판할 수 있는 예외적인 경우를 상정하고 있는 등 형사피고인은 당사자가 책임질 수 없는 사유에 의하여 무죄재판의 확정사실을 모를 수 있는 가능성이 있으므로 형사피고인이 책임질 수 없는 사유에 의하여 제척 기간을 도과할 가능성이 있는바, 이는 국가의 잘못된 형사사법작용에 의하여 신체의 자유라는 중대한 법익을 침해받은 국민의 기본권을 사법상의 권리보다도 가볍게 보호하는 것으로서 부당하다(헌재 2010.7.29, 2008헌가4).

② 형사피의자보상

> **형사보상 및 명예회복에 관한 법률**
>
> 제27조 【피의자에 대한 보상】 ③ 피의자보상에 관한 사항을 심의·결정하기 위하여 **지방검찰청에 피의자보상심의회**(이하 "심의회"라 한다)를 둔다.
>
> 제28조 【피의자보상의 청구 등】 ① 피의자보상을 청구하려는 자는 불기소처분을 한 검사가 소속된 지방검찰청(지방검찰청 지청의 검사가 불기소처분을 한 경우에는 그 지청이 소속하는 지방검찰청을 말한다) 또는 불송치결정을 한 사법경찰관이 소속된 경찰서에 대응하는 지방검찰청의 심의회에 보상을 청구하여야 한다.
> ② 제1항에 따라 피의자보상을 청구하는 자는 보상청구서에 불기소처분 또는 불송치결정을 받은 사실을 증명하는 서류를 첨부하여 제출하여야 한다.
> ③ 피의자보상의 청구는 불기소처분 또는 불송치결정의 고지 또는 통지를 받은 날부터 **3년 이내**에 하여야 한다. 06. 사시

기출 OX

02 형사보상의 청구는 무죄재판이 확정된 때로부터 3년 이내에 하여야 한다. 18. 경찰승진 ( )

03 법률이 형사보상의 청구를 무죄재판이 확정된 때로부터 1년 이내에 하도록 하는 것은 피고인의 형사보상청구권을 침해한 것이다. 14. 법무사 ( )

04 형사보상의 청구는 무죄재판이 확정된 때로부터 또는 불기소처분 또는 불송치결정의 고지나 통지를 받은 날로부터 6개월 이내에 하여야 한다. 12. 법행 변형 ( )

정답 **02** × **03** ○ **04** ×

④ 피의자보상의 청구에 대한 심의회의 결정에 대하여는 행정심판법에 따른 행정심판을 청구하거나 행정소송법에 따른 행정소송을 제기할 수 있다.
⑤ 심의회의 보상결정이 송달(제4항의 심판을 청구하거나 소송을 제기한 경우에는 그 재결 또는 판결에 따른 심의회의 보상결정이 송달된 때를 말한다)된 후 2년 이내에 보상금지급청구를 하지 아니할 때에는 그 권리를 상실한다.

(3) 청구에 관한 재판과 결정
① 형사피고인보상

형사보상 및 명예회복에 관한 법률

제14조【보상청구에 대한 재판】① 보상청구는 법원 합의부에서 재판한다.
② 보상청구에 대하여는 법원은 검사와 청구인의 의견을 들은 후 결정을 하여야 한다.
제15조【직권조사사항】법원은 보상청구의 원인이 된 사실인 구금일수 또는 형집행의 내용에 관하여 직권으로 조사를 하여야 한다.

② 형사피의자보상

형사보상법 및 명예회복에 관한 법률

제27조【피의자에 대한 보상】③ 피의자보상에 관한 사항을 심의·결정하기 위하여 지방검찰청에 피의자보상심의회(이하 "심의회"라 한다)를 둔다.
④ 심의회는 법무부장관의 지휘·감독을 받는다.

☑ SUMMARY | 피고인보상청구권과 피의자보상청구권의 비교 12. 법행

구분	'피고인'보상청구권	'피의자'보상청구권
연혁	건국헌법에 규정	현행헌법(제9차 개정헌법)에서 신설
사유	무죄판결	법률이 정하는 불기소처분
청구기간	무죄재판이 확정된 사실을 안 날부터 3년, 무죄재판이 확정된 때부터 5년 이내	불기소처분 또는 불송치결정의 고지 또는 통지를 받은 날부터 3년 이내
청구기관	무죄재판을 한 법원	지방검찰청의 피의자보상심의회

(4) 형사보상의 재판과 결정에 대한 불복
① 형사피고인보상

형사보상 및 명예회복에 관한 법률

제20조【불복신청】① 제17조 제1항에 따른 **보상결정**에 대하여는 **1주일 이내에 즉시항고**를 할 수 있다.
② 제17조 제2항에 따른 **청구기각결정**에 대하여는 **즉시항고**를 할 수 있다.

판례 | 형사보상의 청구에 대한 보상결정에 대하여는 불복을 신청할 수 없도록 하여 형사보상의 결정을 단심재판으로 제한한 것이 형사보상청구권 및 재판청구권을 침해하는지 여부: 적극 [위헌] 11. 법행, 14. 법무사, 15. 법원직

이 사건 불복금지조항은 형사보상의 청구에 대하여 한 보상의 결정에 대하여는 불복을 신청할 수 없도록 하여 형사보상의 결정을 단심재판으로 규정하고 있는데, 보상액의 산정에 기초되는 사실인정이나 보상액에 관한 판단에서 오류나 불합리성이 발견되는 경우에도 그 시정을 구하는 불복신청을 할 수 없도록 하는 것은 형사보상청구권 및 그 실현을 위한 기본권으로서의 재판청구권의 본질적 내용을 침해하는 것이라 할 것이고, 나아가 법적 안정성만을 지나치게 강조함으로써 재판의 적정성과 정의를 추구하는 사법제도의 본질에 부합하지 아니하는 것이다. 또한 불복을 허용하더라도 즉시항고는 절차가 신속히 진행될 수 있고 사건수도 과다하지 아니한데다 그 재판내용도 비교적 단순하므로 불복을 허용한다고 하여 상급심에 과도한 부담을 줄 가능성은 별로 없다고 할 것이므로, 이 사건 불복금지조항은 형사보상청구권 및 재판청구권의 본질적 내용을 침해하는 것으로 헌법에 위반된다(헌재 2010.10.28, 2008헌마514).

② 형사피의자보상

> **형사보상 및 명예회복에 관한 법률**
> 제28조【피의자보상의 청구 등】④ 피의자보상의 청구에 대한 심의회의 결정에 대하여는 행정심판법에 따른 행정심판을 청구하거나 행정소송법에 따른 행정소송을 제기할 수 있다.

(5) 형사보상의 내용

① 정당한 보상

> 헌법 제28조 형사피의자 또는 형사피고인으로서 구금되었던 자가 법률이 정하는 불기소처분을 받거나 무죄판결을 받은 때에는 법률이 정하는 바에 의하여 국가에 **정당한 보상**을 청구할 수 있다.

판례 |

1 헌법 제28조에서 규정하는 '정당한 보상'의 의미

헌법 제28조에서 규정하는 '정당한 보상'은 **헌법 제23조 제3항에서 재산권의 침해에 대하여 규정하는 '정당한 보상'과는 차이가 있다** 할 것이다. 헌법 제23조 제3항에서 규정하는 '정당한 보상'이란 원칙적으로 피수용재산의 객관적 재산가치를 완전하게 보상하는 것이어야 하는바, 토지수용 등과 같은 재산권의 제한은 물질적 가치에 대한 제한이므로 제한되는 가치의 범위가 객관적으로 산정될 수 있어 이에 대한 완전한 보상이 가능하다. 그런데 **헌법 제28조에서 문제되는 신체의 자유에 대한 제한인 구금으로 인하여 침해되는 가치는 객관적으로 산정할 수 없으므로, 일단 침해된 신체의 자유에 대하여 어느 정도의 보상을 하여야 완전한 보상을 하였다고 할 것인지 단언하기 어렵다.** 헌법 제23조 제3항에 '보상을 하여야 한다.'라고 규정하는 반면, 헌법 제28조는 '법률이 정하는 바에 의하여 … 보상을 청구할 수 있다.'라고 규정하고 있는 것은 이러한 점을 반영하는 것이라 할 수 있다(헌재 2010.10.28, 2008헌마514 등).

기출 OX

01 형사보상의 청구에 대하여 한 보상의 결정에 대하여는 불복을 신청할 수 없도록 하여 형사보상의 결정을 단심재판으로 규정한 형사보상법 조항은 형사보상청구권 및 재판청구권을 침해한다. 18. 경찰승진 ( )

02 형사보상의 청구에 대한 보상의 결정에 대하여는 불복을 신청할 수 없도록 단심재판으로 규정한 형사보상법 조항은 형사보상인용결정의 안정성을 유지하고, 신속한 형사보상절차의 확립을 통해 형사보상에 관한 국가예산 수립의 안정성을 확보하며, 나아가 상급법원의 부담을 경감하고자 하는 데 그 목적이 있으므로 청구인들의 형사보상청구권을 침해하지 않는다. 22. 경찰1차 ( )

03 형사보상은 형사피고인 등의 신체의 자유를 제한한 것에 대하여 사후적으로 그 손해를 보상하는 것인 바, 구금으로 인하여 침해되는 가치는 객관적으로 평가하기 어려운 것이므로, 그에 대한 보상을 어떻게 할 것인지는 국가의 경제적·사회적·정책적 사정들을 참작하여 입법재량으로 결정할 수 있는 사항이고, 이러한 점에서 헌법 제28조에서 규정하는 '정당한 보상'은 헌법 제23조 제3항에서 재산권의 침해에 대하여 규정하는 '정당한 보상'과 동일한 의미를 가진다. 17. 경찰승진 ( )

정답 01 ○ 02 × 03 ×

2 **국가의 형사사법행위가 고의·과실로 인한 것으로 인정되는 경우에 형사보상절차로써 인과관계 있는 모든 손해를 보상하지 않는 것이 부당한지 여부: 소극**
    형사보상은 형사사법절차에 내재하는 불가피한 위험으로 인한 피해에 대한 보상으로서 국가의 위법·부당한 행위를 전제로 하는 국가배상과는 그 취지 자체가 상이하므로 형사보상절차로서 인과관계 있는 모든 손해를 보상하지 않는다고 하여 반드시 부당하다고 할 수는 없으며, 보상금액의 구체화·개별화를 추구할 경우에는 개별적인 보상금액을 산정하는 데 상당한 기간의 소요 및 절차의 지연을 초래하여 형사보상제도의 취지에 반하는 결과가 될 위험이 크고 나아가 그로 인하여 형사보상금의 액수에 지나친 차등이 발생하여 오히려 공평의 관념을 저해할 우려가 있는바, 이 사건 보상금조항 및 이 사건 보상금시행령조항은 청구인들의 형사보상청구권을 침해한다고 볼 수 없다(헌재 2010.10.28, 2008헌마514).

3 **대통령긴급조치 제9호 위반으로 제1, 2심에서 유죄판결을 선고받고 상고하여 상고심에서 구속집행이 정지된 한편 대통령긴급조치 제9호가 해제됨에 따라 면소판결을 받아 확정된 다음 사망하였는데, 그 후 피고인의 처(妻)가 형사보상을 청구할 수 있는지 여부: 적극**
    피고인이 '국가안전과 공공질서의 수호를 위한 대통령긴급조치'(이하 '긴급조치 제9호'라 한다)를 위반하였다는 공소사실로 제1, 2심에서 유죄판결을 선고받고 상고하여 상고심에서 구속집행이 정지된 한편 긴급조치 제9호가 해제됨에 따라 면소판결을 받아 확정된 다음 사망하였는데, 그 후 피고인의 처(妻) 甲이 형사보상을 청구한 사안에서, 긴급조치 제9호는 헌법에 위배되어 당초부터 무효이고, 이와 같이 위헌·무효인 긴급조치 제9호를 적용하여 공소가 제기된 경우에는 형사소송법 제325조 전단의 '피고사건이 범죄로 되지 아니한 때'에 해당하므로 법원은 무죄를 선고하였어야 하는데, 피고인이 면소판결을 받은 경위 및 그 이유, 원판결 당시 법원이 긴급조치 제9호에 대한 사법심사를 자제하는 바람에 그 위반죄로 기소된 사람으로서는 재판절차에서 긴급조치 제9호의 위헌성을 다툴 수 없었던 사정 등을 종합하여 보면, 이 결정에서 긴급조치 제9호의 위헌·무효를 선언함으로써 비로소 면소의 재판을 할 만한 사유가 없었더라면 무죄재판을 받을 만한 현저한 사유가 피고인에게 생겼다고 할 것이므로, 甲은 형사보상 및 명예회복에 관한 법률 제26조 제1항 제1호, 제3조 제1항, 제11조를 근거로 긴급조치 제9호 위반으로 피고인이 구금을 당한 데 대한 보상을 청구할 수 있다(대판 2013.4.18.자 2011초기689).

형사보상 및 명예회복에 관한 법률

제5조【보상의 내용】 ① 구금에 대한 보상을 할 때에는 그 구금일수에 따라 1일당 보상청구의 원인이 발생한 연도의 **최저임금법에 따른 일급(日給) 최저임금액 이상 대통령령으로 정하는 금액 이하의 비율**에 의한 보상금을 지급한다.

형사보상 및 명예회복에 관한 법률 시행령

제2조【보상의 한도】 형사보상 및 명예회복에 관한 법률(이하 '법'이라 한다) 제5조 제1항에 따른 구금에 대한 보상금의 한도는 1일당 보상청구의 원인이 발생한 해의 최저임금법에 따른 일급(日給) 최저임금액의 5배로 한다.

② 명예회복

> **형사보상 및 명예회복에 관한 법률**
>
> 제30조 【무죄재판서 게재 청구】 무죄재판을 받아 확정된 사건(이하 "무죄재판사건"이라 한다)의 피고인은 무죄재판이 확정된 때부터 **3년** 이내에 확정된 무죄재판사건의 재판서(이하 "무죄재판서"라 한다)를 법무부 인터넷홈페이지에 게재하도록 해당 사건을 기소한 검사가 소속된 지방검찰청(지방검찰청 지청을 포함한다)에 청구할 수 있다. 12.법행
>
> 제32조 【청구에 대한 조치】 ① 제30조에 따른 청구가 있을 때에는 그 청구를 받은 날부터 1개월 이내에 무죄재판서를 법무부 인터넷홈페이지에 게재하여야 한다. 다만, 청구를 받은 때에 무죄재판사건의 확정재판기록이 해당 지방검찰청에 송부되지 아니한 경우에는 무죄재판사건의 확정재판기록이 해당 지방검찰청에 송부된 날부터 1개월 이내에 게재하여야 한다.

기출 OX

01 무죄재판을 받아 확정된 사건의 피고인은 무죄재판이 확정된 때부터 2년 이내에 확정된 무죄재판사건의 재판서를 법무부 인터넷홈페이지에 게재하도록 해당 사건을 기소한 검사가 소속된 지방검찰청(지방검찰청 지청을 포함한다)에 청구할 수 있다. 12.법행
( )

③ 형사보상결정의 공시제

> **형사보상 및 명예회복에 관한 법률**
>
> 제25조 【보상결정의 공시】 ① 법원은 보상결정이 확정되었을 때에는 2주일 내에 보상결정의 요지를 관보에 게재하여 공시하여야 한다. 이 경우 보상결정을 받은 자의 신청이 있을 때에는 그 결정의 요지를 신청인이 선택하는 두 종류 이상의 일간신문에 각각 한 번씩 공시하여야 하며 그 공시는 신청일부터 30일 이내에 하여야 한다.

(6) 다른 손해배상청구권과의 관계

> **형사보상 및 명예회복에 관한 법률**
>
> 제6조 【손해배상과의 관계】 ① 이 법은 보상을 받을 자가 다른 법률에 따라 손해배상을 청구하는 것을 금지하지 아니한다. 06.사시·행시, 18.서울시

02 형사보상 및 명예회복에 관한 법률은 보상을 받을 자가 다른 법률에 따라 손해배상을 청구하는 것을 금지하지 아니한다. 18.경찰승진 ( )

(7) 보상청구권의 양도금지

> **형사보상 및 명예회복에 관한 법률**
>
> 제23조 【보상청구권의 양도 및 압류의 금지】 보상청구권은 양도하거나 압류할 수 없다. 보상금지급청구권도 또한 같다. 03·04.법행

정답 **01** × **02** ○

제6절 범죄피해자구조청구권

01 의의

> **헌법 제30조** 타인의 범죄행위로 인하여 생명·신체에 대한 피해를 받은 국민은 법률이 정하는 바에 의하여 국가로부터 구조를 받을 수 있다. 11. 경찰승진
>
> **범죄피해자 보호법**
> 제1조 【목적】 이 법은 범죄피해자 보호·지원의 기본정책 등을 정하고 타인의 범죄행위로 인하여 생명·신체에 피해를 받은 사람을 구조함으로써 범죄피해자의 복지증진에 기여함을 목적으로 한다.

기출 OX
01 범죄피해자구조청구권은 생명·신체에 대한 피해를 입은 경우에 적용되는 것은 물론이고 재산상 피해를 입은 경우에도 적용된다. 20. 경찰승진
( )

1. 개념

'범죄피해자구조청구권'이란 본인에게 귀책사유가 없는 타인의 범죄행위로 인하여 생명을 잃거나 또는 신체상 피해를 입은 국민이나 그 유족이 가해자로부터 충분한 피해배상을 받지 못한 경우 국가에 대하여 일정한 보상을 청구할 수 있는 권리를 말한다. 범죄피해자 보호법에 의한 범죄피해 구조금 중 위 법 제17조 제2항의 유족구조금은 사람의 생명 또는 신체를 해치는 죄에 해당하는 행위로 인하여 사망한 피해자 또는 그 유족들에 대한 손실보상을 목적으로 하는 것으로서, 위 범죄행위로 인한 손실 또는 손해를 전보하기 위하여 지급된다는 점에서 불법행위로 인한 소극적 손해의 배상과 같은 종류의 금원이라고 봄이 타당하다(대판 2017.11.9, 2017다228083).

2. 연혁

(1) 범죄피해자에 대한 구조제도는 B.C. 2250년경의 함무라비법전에도 규정되어 있었다.
(2) 범죄피해자구조청구권은 16~17세기 홉스와 스피노자(B. Spinoza)의 질서국가사상에서 싹터, 18~19세기 벤담(J. Bentham)의 공리주의사회철학에서 자라나 20세기 사회국가사상에 의해 열매가 맺어진 사회보장의 한 형태이다(허영).
(3) 프라이(M. Fry)의 '피해자를 위한 정의'라는 논문이 이 제도의 정착에 영향을 미쳤다.
(4) 우리나라는 현행헌법(제9차 개정헌법)에서 신설되었다. 05. 국회직, 12. 법행

02 법적 성격

범죄피해자구조청구권의 법적 성격에 대해서는 ① 국가보상적 사회보장제도라고 보는 견해(허영), ② 생존권적 성격을 가진 청구권적 기본권으로 보는 견해(김철수), ③ 국가배상적 사회보장청구권이라는 견해(권영성) 등이 대립하고 있다.

정답 01 ×

03 주체

범죄피해자구조청구권의 향유주체는 범죄피해로 사망한 경우에는 유가족이며, 장해 또는 중상해를 당한 경우에는 피해자 본인이다. 상호보증이 있는 경우와 구조피해자 등이 외국인인 때에는 대한민국 국민의 배우자 등의 경우도 가능하다. 11. 경찰승진, 13. 국회직

04 내용

1. 성립요건

(1) 적극적 요건

> **범죄피해자 보호법**
>
> 제3조【정의】① 이 법에서 사용하는 용어의 뜻은 다음과 같다.
> 4. "구조대상범죄피해"란 대한민국의 영역 안에서 또는 대한민국의 영역 밖에 있는 대한민국의 선박이나 항공기 안에서 행하여진 사람의 생명 또는 신체를 해치는 죄에 해당하는 행위(**형법 제9조, 제10조 제1항, 제12조, 제22조 제1항에 따라 처벌되지 아니하는 행위를 포함**하며, 같은 법 **제20조 또는 제21조 제1항에 따라 처벌되지 아니하는 행위 및 과실에 의한 행위는 제외**한다)로 인하여 사망하거나 장해 또는 중상해를 입은 것을 말한다. 12. 법행, 18. 지방직
> 5. "장해"란 범죄행위로 입은 부상이나 질병이 치료(그 증상이 고정된 때를 포함한다)된 후에 남은 신체의 장해로서 대통령령으로 정하는 경우를 말한다.
> 6. "중상해"란 범죄행위로 인하여 신체나 그 생리적 기능에 손상을 입은 것으로서 대통령령으로 정하는 경우를 말한다.
>
> 제16조【구조금의 지급요건】국가는 구조대상범죄피해를 받은 사람(이하 "구조피해자"라 한다)이 다음 각 호의 어느 하나에 해당하면 구조피해자 또는 그 유족에게 범죄피해 구조금(이하 "구조금"이라 한다)을 지급한다.
> 1. 구조피해자가 피해의 전부 또는 일부를 배상받지 못하는 경우 11. 경찰승진
> 2. 자기 또는 타인의 형사사건의 수사 또는 재판에서 고소·고발 등 수사단서를 제공하거나 진술, 증언 또는 자료제출을 하다가 구조피해자가 된 경우

① 범죄피해자구조청구권 행사요건
  ㉠ 타인의 범죄행위로 인하여 피해가 발생하였을 것
  ㉡ 생명 또는 신체에 대한 장해 또는 중상해로 피해의 전부 또는 일부를 배상받지 못할 것
② 요건의 제외 및 확대
  ㉠ 범죄피해자 보호법은 종전의 요건이었던 '가해자의 불명 또는 무자력'을 제외하였다.
  ㉡ 중상해의 피해뿐만 아니라 장해를 입은 경우도 피해자에 포함하면서 범죄피해자의 구조범위를 확대하였다. 11. 경찰승진

기출 OX

02 자기 또는 타인의 형사사건의 수사 또는 재판에서 고소·고발 등 수사단서를 제공하거나 진술, 증언 또는 자료를 제출하다가 구조피해자가 된 경우에 범죄피해 구조금을 지급한다. 18. 경찰승진 ( )

정답 02 ○

기출 OX

01 범죄피해자구조청구권의 대상이 되는 범죄피해에 해외에서 발생한 범죄피해의 경우를 포함하고 있지 아니한 것이 현저하게 불합리한 자의적 차별이라고 볼 수 없어 평등의 원칙에 위배되지 아니한다. 18. 경찰승진 ( )

02 범죄행위 당시 구조피해자와 가해자 사이에 사실상의 혼인관계가 있는 경우에도 구조피해자에게 구조금을 지급한다. 20. 경찰승진 ( )

> **판례 | 해외에서 발생한 범죄피해를 범죄피해자구조청구권의 대상이 되는 범죄피해의 범위에서 제외하고 있는 것이 위헌인지 여부: 소극 [기각]** 18. 지방직
>
> 구 범죄피해자 구조법 제2조 제1호는 범죄피해자구조청구권의 대상이 되는 범죄피해의 범위를 정하면서 해외에서 발생한 범죄피해는 포함하고 있지 아니하고 있다. 국가의 주권이 미치지 못하고 국가의 경찰력 등을 행사할 수 없거나 행사하기 어려운 해외에서 발생한 범죄에 대하여는 국가에 그 방지책임이 있다고 보기 어렵고, 상호보증이 있는 외국에서 발생한 범죄피해에 대하여는 국민이 그 외국에서 피해구조를 받을 수 있으며, 국가의 재정에 기반을 두고 있는 구조금에 대한 청구권행사대상을 우선적으로 대한민국의 영역 안의 범죄피해에 한정하고, 향후 해외에서 발생한 범죄피해의 경우에도 구조를 하는 방향으로 운영하는 것은 입법형성의 재량의 범위 내라고 할 것이다. 따라서 범죄피해자구조청구권의 대상이 되는 범죄피해에 해외에서 발생한 범죄피해의 경우를 포함하고 있지 아니한 것이 현저하게 불합리한 자의적인 차별이라고 볼 수 없어 평등원칙에 위반되지 아니한다(헌재 2011.12.29, 2009헌마354).

(2) 소극적 요건

> **범죄피해자 보호법**
>
> **제19조 【구조금을 지급하지 아니할 수 있는 경우】** ① 범죄행위 당시 구조피해자와 가해자 사이에 다음 각 호의 어느 하나에 해당하는 친족관계가 있는 경우에는 구조금을 지급하지 아니한다.
> 1. 부부(**사실상의 혼인관계를 포함**한다) 18. 지방직
> 2. 직계혈족
> 3. 4촌 이내의 친족
> 4. 동거친족
>
> ② 범죄행위 당시 구조피해자와 가해자 사이에 제1항 각 호의 어느 하나에 해당하지 아니하는 친족관계가 있는 경우에는 구조금의 일부를 지급하지 아니한다.
> ③ 구조피해자가 다음 각 호의 어느 하나에 해당하는 행위를 한 때에는 구조금을 지급하지 아니한다.
> 1. 해당 범죄행위를 교사 또는 방조하는 행위
> 2. 과도한 폭행·협박 또는 중대한 모욕 등 해당 범죄행위를 유발하는 행위
> 3. 해당 범죄행위와 관련하여 현저하게 부정한 행위
> 4. 해당 범죄행위를 용인하는 행위
> 5. 집단적 또는 상습적으로 불법행위를 행할 우려가 있는 조직에 속하는 행위(다만, 그 조직에 속하고 있는 것이 해당 범죄피해를 당한 것과 관련이 없다고 인정되는 경우는 제외한다)
> 6. 범죄행위에 대한 보복으로 가해자 또는 그 친족이나 그 밖에 가해자와 밀접한 관계가 있는 사람의 생명을 해치거나 신체를 중대하게 침해하는 행위
>
> ④ 구조피해자가 다음 각 호의 어느 하나에 해당하는 행위를 한 때에는 구조금의 일부를 지급하지 아니한다.
> 1. 폭행·협박 또는 모욕 등 해당 범죄행위를 유발하는 행위
> 2. 해당 범죄피해의 발생 또는 증대에 가공(加功)한 부주의한 행위 또는 부적절한 행위

정답 01 ○ 02 ✕

⑤ 유족구조금을 지급할 때에는 제1항부터 제4항까지의 규정을 적용할 때 "구조피해자"는 "구조피해자 또는 맨 앞의 순위인 유족"으로 본다.
⑥ 구조피해자 또는 그 유족과 가해자 사이의 관계, 그 밖의 사정을 고려하여 구조금의 전부 또는 일부를 지급하는 것이 사회통념에 위배된다고 인정될 때에는 구조금의 전부 또는 일부를 지급하지 아니할 수 있다.
⑦ 제1항부터 제6항까지의 규정에도 불구하고 구조금의 실질적인 수혜자가 가해자로 귀착될 우려가 없는 경우 등 구조금을 지급하지 아니하는 것이 사회통념에 위배된다고 인정할 만한 특별한 사정이 있는 경우에는 구조금의 전부 또는 일부를 지급할 수 있다.

2. 구조금의 신청과 결정

> **범죄피해자 보호법**
>
> 제25조【구조금의 지급신청】① 구조금을 받으려는 사람은 법무부령으로 정하는 바에 따라 그 주소지, 거주지 또는 범죄 발생지를 관할하는 **지구심의회**에 신청하여야 한다.
> ② 제1항에 따른 신청은 해당 구조대상범죄피해의 발생을 **안 날부터 3년**이 지나거나 해당 구조대상범죄피해가 **발생한 날부터 10년**이 지나면 할 수 없다. 11·13. 경찰승진, 12. 법행
>
> 제27조【재심신청】① 지구심의회에서 구조금지급신청을 기각(일부기각된 경우를 포함한다) 또는 각하하면 신청인은 결정의 정본이 송달된 날부터 2주일 이내에 그 지구심의회를 거쳐 본부심의회에 재심을 신청할 수 있다.

3. 구조금의 지급

> **범죄피해자 보호법**
>
> 제21조【손해배상과의 관계】① 국가는 구조피해자나 유족이 해당 구조대상범죄피해를 원인으로 하여 손해배상을 받았으면 그 범위에서 구조금을 지급하지 아니한다.
> ② 국가는 지급한 구조금의 범위에서 해당 구조금을 받은 사람이 구조대상범죄피해를 원인으로 하여 가지고 있는 손해배상청구권을 대위한다. 06. 법행
>
> 제22조【구조금액】① 유족구조금은 구조피해자의 사망 당시(신체에 손상을 입고 그로 인하여 사망한 경우에는 신체에 손상을 입은 당시를 말한다)의 월급액이나 월실수입액 또는 평균임금에 24개월 이상 48개월 이하의 범위에서 유족의 수와 연령 및 생계유지상황 등을 고려하여 대통령령으로 정하는 개월 수를 곱한 금액으로 한다.
> ② 장해구조금과 중상해구조금은 구조피해자가 신체에 손상을 입은 당시의 월급액이나 월실수입액 또는 평균임금에 2개월 이상 48개월 이하의 범위에서 피해자의 장해 또는 중상해의 정도와 부양가족의 수 및 생계유지상황 등을 고려하여 대통령령으로 정한 개월 수를 곱한 금액으로 한다.

제23조 【외국인에 대한 구조】 구조피해자 또는 그 유족이 외국인인 때에는 다음 각 호의 어느 하나에 해당하는 경우에만 이 법을 적용한다.
1. 해당 국가의 상호 보증이 있는 경우
2. 해당 외국인이 구조대상 범죄피해 발생 당시 대한민국 국민의 배우자이거나 대한민국 국민과 혼인관계(사실상의 혼인관계를 포함한다)에서 출생한 자녀를 양육하고 있는 자로서 다음 각 목의 어느 하나에 해당하는 체류자격을 가지고 있는 경우
    가. 출입국관리법 제10조 제2호의 영주자격
    나. 출입국관리법 제10조의2 제1항 제2호의 장기체류자격으로서 법무부령으로 정하는 체류자격

제24조 【범죄피해구조심의회 등】 ① 구조금지급에 관한 사항을 심의·결정하기 위하여 각 지방검찰청에 범죄피해구조심의회(이하 "지구심의회"라 한다)를 두고 법무부에 범죄피해구조본부심의회(이하 "본부심의회"라 한다)를 둔다. 09. 국회직

제31조 【소멸시효】 구조금을 받을 권리는 그 구조결정이 해당 신청인에게 송달된 날부터 **2년간** 행사하지 아니하면 시효로 인하여 소멸된다. 06. 법행, 18. 지방직

제32조 【구조금수급권의 보호】 구조금을 받을 권리는 양도하거나 담보로 제공하거나 압류할 수 없다. 06. 법행

제41조 【형사조정 회부】 ① 검사는 피의자와 범죄피해자(이하 "당사자"라 한다) 사이에 형사분쟁을 공정하고 원만하게 해결하여 범죄피해자가 입은 피해를 실질적으로 회복하는 데 필요하다고 인정하면 당사자의 신청 또는 직권으로 수사 중인 형사사건을 형사조정에 회부할 수 있다.

기출 OX

01 범죄피해자구조금을 받을 권리는 그 구조결정이 해당 신청인에게 송달된 날로부터 2년간 행사하지 않으면 시효로 인하여 소멸된다. 18. 경찰승진 ( )

02 범죄피해구조금을 받을 권리는 그 구조결정이 해당 신청인에게 송달된 날부터 1년간 행사하지 아니하면 시효로 인하여 소멸된다. 20. 경찰승진 ( )

03 범죄피해자구조금을 받을 권리는 그 2분의 1 상당액에 한하여 양도 또는 담보로 제공하거나 압류할 수 있다. 18. 경찰승진 ( )

정답 01 ○ 02 × 03 ×

police.Hackers.com

제7장 사회적 기본권

제1절 구조와 체계

01 의의

1. 개념
'사회적 기본권'이란 최저한의 인간다운 생존을 보장하고 나아가 실질적 평등이라는 사회정의의 실현을 목적으로 하는 사회국가에서 국민이 국가에 대하여 일정한 급부와 배려를 요구할 수 있는 권리를 말한다.

2. 연혁
(1) 20세기에 들어와 드러난 자본주의사회의 구조적인 모순(예 부의 편재, 빈곤과 실업, 노사대립의 격화 등)을 극복하기 위하여 사회적 기본권사상이 강조되었다.
(2) 그리하여 1919년 바이마르 헌법이 사회적 기본권을 규정하였다.
(3) 제2차 대전 이후 유럽 각국의 헌법과 세계인권선언 등에 계승되었다.
(4) 우리나라에서도 건국헌법 이래 역대 헌법에서 사회적 기본권을 규정하고 있다.

02 법적 성격

1. 논의의 전제
사회적 기본권은 자유권적 기본권과는 달리 국가의 부작위로 실현되는 것이 아니라 **국가의 적극적인 입법에 의해서만 실현될 수 있는 기본권**이라는 점에서 그 구체적 내용이 헌법규정에 의하여 확정되는 것이 아니다. 법적 성격에 관한 논의는 사회적 기본권을 구체화하는 입법이 없는 경우 헌법상 사회적 기본권규정의 대국가적 효력을 어느 정도 인정할 수 있을 것인지의 논의이다. 이는 종래 이론적인 면이 강하였으나 오늘날 사회국가의 이념이 강조되며, 특히 헌법재판이 활성화되면서 중요한 실천적 의미를 가지게 되었다.

2. 헌법재판소
헌법재판소는 "인간다운 생활을 할 권리로부터는 인간의 존엄에 상응하는 생활에 필요한 **최소한의 물질적인 생활의 유지에 필요한 급부를 요구할 수 있는 구체적인 권리**가 상황에 따라서는 직접 도출될 수 있다고 할 수는 있어도 동 기본권이 직접 **그 이상의 급부를 내용으로 하는 구체적인 권리를 발생하게 한다고는 볼 수 없다**고 할 것이다. 이러한 구체적 권리는 국가가 재정형편 등 여러 가지 상황들을 종합적으로 감안하여 법

기출 OX
01 헌법재판소판례에 의하면 인간다운 생활을 할 권리로부터 인간의 존엄에 상응하는 생활에 필요한 '최소한의 물질적인 생활'의 유지에 필요한 급부를 요구할 수 있는 구체적인 권리가 상황에 따라서 직접 도출될 뿐 아니라 동 기본권으로부터 직접 그 이상의 급부를 내용으로 하는 구체적인 권리가 발생한다는 것이다. 08. 사시 유사
( )

정답 01 ×

률을 통하여 구체화할 때에 비로소 인정되는 법률적 권리라고 할 것이다."라고 하여 이분설적인 입장에서 최소한의 물질적 생활유지를 위한 경우에는 구체적 권리성을 인정할 수도 있지만, 그 수준을 넘어선 경우에는 구체적 입법이 요구된다고 하였다(헌재 1995.7.21, 93헌가14). 01. 법무사, 08. 사시

03 사회적 기본권과 자유권적 기본권의 관계

1. 사회적 기본권과 자유권적 기본권의 비교

구분	사회적 기본권	자유권적 기본권
이념	• 단체주의적 사회정의의 실현 • 사회국가 · 복지국가를 전제로 함	• 개인주의 · 자유주의 · 자연법사상 • 시민국가를 전제로 함
주체	원칙적으로 국민의 권리	원칙적으로 인간의 권리
본질	• 적극적 권리 • 헌법에 의하여 창설된 국법상의 권리	• 소극적 · 방어적 권리 • 전국가적 · 초국가적 인간의 권리
내용	국가적 급부와 배려를 요구	국가권력의 개입이나 간섭배제
효력	• 주로 입법권을 구속 • 헌법규정은 재판규범으로서의 성격이 상대적으로 약함 • 예외적으로 제3자적 효력 인정	• 모든 국가권력을 직접 구속 • 헌법규정은 재판규범으로서의 성격이 강함 • 원칙적으로 제3자적 효력 인정
법률유보	기본권구체화적 법률유보	기본권제한적 법률유보
제한기준	국가안전보장 · 질서유지	국가안전보장 · 질서유지 · 공공복리

2. 대립관계

사회적 기본권과 자유권적 기본권은 그 이념, 주체, 내용, 효력 등에 있어서 차이가 있고, 그 실현에 있어서 양자는 일정한 대립관계에 있다. 즉, 경제적 약자의 최소한의 인간다운 생활을 보장하려면 경제적 강자의 경제적 자유를 일정하게 제한하는 것이 불가피하고, 사회적 기본권의 확대 · 강화는 필연적으로 자유권적 기본권의 제한을 수반하게 되는 것이다.

3. 조화와 보완관계

사회적 기본권과 자유권적 기본권은 이처럼 외견상으로는 갈등관계에 놓이지만, 사회적 기본권을 인정하는 것은 경제적 자유를 내용으로 하는 자본주의체제를 부정하려는 것이 아니라 자본주의의 폐해를 극복하고자 하는 것이고, 이러한 갈등은 체제 내적인 것이므로 자유권과 사회권이 반드시 서로 모순 · 대립하는 것은 아님을 유의하여야 한다. 현대 민주국가헌법에서의 이념이 인간의 존엄성 존중과 인간의 자유로운 인격발현이라면 사회적 기본권과 자유권적 기본권은 헌법의 이념을 실현함에 있어 목적과 수단의 관계인 것이다. 진정한 의미의 자유는 생존에 대한 위협과 공포로부터 완전히 해방될 때에 비로소 가능하므로, 사회적 기본권은 자유권적 기본권을 뒷받침하고 실효적인 것이 되게 하기 위한 수단의 하나이며 자유권적 기본권을 보완하는 것이라 할 것이다.

제2절 인간다운 생활권

01 의의

> **헌법 제34조** ① 모든 국민은 인간다운 생활을 할 권리를 가진다.
> ② 국가는 사회보장·사회복지의 증진에 노력할 의무를 진다.
> ③ 국가는 여자의 복지와 권익의 향상을 위하여 노력하여야 한다.
> ④ 국가는 노인과 청소년의 복지향상을 위한 정책을 실시할 의무를 진다.
> ⑤ 신체장애자 및 질병·노령 기타의 사유로 생활능력이 없는 국민은 법률이 정하는 바에 의하여 국가의 보호를 받는다.
> ⑥ 국가는 재해를 예방하고 그 위험으로부터 국민을 보호하기 위하여 노력하여야 한다.

1. 개념

'인간다운 생활권(생존권)'이란 인간의 존엄성에 상응하는 **건강하고 문화적인 생활**을 영위할 권리를 말한다.

2. 연혁

(1) 1919년 바이마르 헌법은 인간다운 생활을 할 권리를 최초로 헌법에서 규정하였다.

(2) 우리나라는 **제5차 개정헌법**에서 이를 명문화하였다.

02 법적 성격

인간다운 생활권의 법적 성격에 관하여 ① 프로그램권리설, ② 추상적 권리설, ③ 구체적 권리설 등의 견해대립이 있다.

기출 OX
01 인간다운 생활을 할 권리 중 최소한의 물질적 생활의 유지 이상의 급부를 요구할 수 있는 구체적인 권리는 법률을 통하여 구체화할 때에 비로소 인정되는 법률적 차원의 권리이다.
17. 경찰승진 ( )

> **판례 | 인간다운 생활권의 법적 성격** 05. 입시, 06·12. 사시
>
> 인간다운 생활을 할 권리로부터는 인간의 존엄에 상응하는 생활에 필요한 **최소한의 '물질적'인 생활**의 유지에 필요한 급부를 요구할 수 있는 **구체적인 권리**가 상황에 따라서는 직접 도출될 수 있다고 할 수는 있어도 동 기본권이 직접 그 이상의 급부를 내용으로 하는 구체적인 권리를 발생하게 한다고는 볼 수 없다고 할 것이다. 이러한 구체적 권리는 국가가 재정형편 등 여러 가지 상황들을 종합적으로 감안하여 법률을 통하여 구체화할 때에 비로소 인정되는 **'법률적' 권리**라고 할 것이다(헌재 1995.7.21, 93헌가14).

정답 01 ○

03 주체

인간다운 생활을 할 권리의 주체는 국민이며, 이때의 국민에는 자연인만이 포함되고 법인은 포함되지 않는다. 인간다운 생활권은 외국인에게는 인정되지 아니하지만, 인권의 국제화 및 개방화추세에 따라 국가재정이 허용하는 범위 내에서 외국인에게도 생활보호와 사회보장을 해주는 것이 바람직하다는 견해가 있다.

04 내용

1. 인간다운 생활의 보장

(1) 인간다운 생활의 의미

헌법 제34조 제1항의 인간다운 생활은 인간의 존엄성유지에 상응하는 건강하고 문화적인 생활을 말한다.

(2) 인간다운 생활의 수준

① **생물학적 최저생존수준설(다수설)**: 헌법이 보장하는 인간다운 생활의 수준을 현상적 인간이 생물학적·생리학적 차원에서 생명을 보전하고 건강을 유지할 수 있는 정도로 본다.
② **인간적 최저생존수준설**: 헌법이 보장하는 인간다운 생활의 수준을 육체적·정신적 통일체로서의 인간이 정상적인 사회생활을 할 수 있는 정도로 본다(권영성, 김철수).
③ **이상적 생존수준설**: 헌법이 보장하는 인간다운 생활의 수준을 정신적 존재로서의 인간이 자신의 인생을 자신의 가치관에 따라 자율적으로 설계하고 추구할 수 있는 정도로 본다.

> **판례 | 인간다운 생활권의 수준**
>
> 인간다운 생활을 할 권리로부터는 인간의 존엄에 상응하는 생활에 필요한 **최소한의 '물질적'인 생활**의 유지에 필요한 급부를 요구할 수 있는 **구체적인 권리**가 상황에 따라서는 직접 도출될 수 있다고 할 수는 있어도 동 기본권이 직접 그 이상의 급부를 내용으로 하는 구체적인 권리를 발생하게 한다고는 볼 수 없다고 할 것이다(헌재 1995.7.21, 93헌가14).

기출 OX

02 인간다운 생활을 할 권리란 국가에 대하여 인간의 존엄에 상응하는 최소한의 급부를 국가에 청구할 수 있는 권리를 말하는데, 헌법재판소는 '건강하고 문화적인 최저한도의 생활을 인간의 존엄에 상응하는 최소한의 보장수준으로 보고 있다. 12. 국회직 (   )

2. 사회보장수급권

(1) 의의

'사회보장수급권'이란 사회적 위험(예 신체장애, 질병, 노령, 실직 등)으로 말미암아 보호를 요하는 상태에 있는 개인이 인간의 존엄에 상응한 인간다운 생활을 영위하기 위해 국가에 대하여 일정한 내용의 적극적 급부를 요구할 수 있는 권리를 말한다.

정답 02 ×

(2) **유형**
① **사회보험**: '사회보험'이란 질병, 상해, 사망 기타 재산상 부담이 되는 사고가 발생한 경우 그 위험부담을 국가적인 보험지원을 통하여 다수에게 분산시키는 사회보장작용으로서 헌법 제34조 제2항의 사회보장제도의 가장 핵심적인 내용이다. 사회보험에는 ㉠ 국민건강보험, ㉡ 연금보험(예 국민연금, 공무원연금, 군인연금 등), ㉢ 재해보상보험, ㉣ 고용보험 등이 있다. 사회보험은 사보험(개인보험)과 유사하지만 자유로운 계약에 기초하는 사보험과는 달리 가입이 강제되는 경우가 많고, 국가나 사업주가 보험금의 일부를 부담하며 보험료징수에 있어서도 행정상의 강제징수방법이 인정되는 경우가 있다는 점에서 구별된다.

> **판례 | 사회보험과 사보험의 차이** 06·09. 사시, 12. 국가직
>
> [1] **사보험**에서는 **상업적·경제적 관점**이 보험재정운영의 결정적인 기준이 되지만, **사회보험**에서는 **사회정책적 관점이 우선**하기 때문에 사회보험의 이러한 성격은 특히 보험료의 산정에 있어서 뚜렷하게 표현된다. 보험료의 산정에 있어서 사보험에서는 성별·연령·가입연령·건강상태 등의 피보험자 개인이 지니는 보험위험, 즉 위험발생의 정도나 개연성에 따라 보험료가 산정되지만, 사회보험에서의 보험료는 피보험자의 경제적 능력, 즉 소득에 비례하여 정해진다.
>
> [2] 사회보험료를 형성하는 2가지 중요한 원리는 '**보험의 원칙**'과 '**사회연대의 원칙**'이다. 보험의 원칙이란 소위 등가성의 원칙이라고도 하는데 이는 보험료와 보험급여 간의 등가원칙을 말한다. 즉, 보험자의 전체적 재정과 관련하여 보험자의 수입이 보험급여를 포함한 전체 지출을 충당할 수 있도록 개인의 보험료가 산정되어야 한다. 한편 사회보험은 사회국가원리를 실현하기 위한 중요한 수단이라는 점에서 사회연대의 원칙은 국민들에게 최소한의 인간다운 생활을 보장하여야 할 국가의 의무를 부과하는 사회국가원리에서 나온다. 보험료의 형성에 있어서 **사회연대의 원칙**은 보험료와 보험급여 사이의 개별적 등가성의 원칙에 수정을 가하는 원리일 뿐만 아니라 사회보험체계 내에서의 **소득의 재분배를 정당화하는 근거**이며, 보험의 급여수혜자가 아닌 **제3자인 사용자의 보험료납부의무(소위 '이질부담')를 정당화하는 근거**이기도 하다. 또한 사회연대의 원칙은 사회보험에의 **강제가입의무를 정당화**하며, 재정구조가 취약한 보험자와 재정구조가 건전한 보험자 사이의 재정조정을 가능하게 한다(헌재 2000.6.29, 99헌마289).

② **공적 부조**: '공적 부조'란 생계유지가 곤란하거나 생활불능상태에 있는 자에게 국가가 최종적인 생활보장수단으로서 갹출을 요건으로 하지 아니하고 최저생계비를 지급하는 제도를 말한다. 이에 관한 입법으로는 국민기초생활 보장법, 의료급여법 등이 있으며, 국민기초생활 보장법은 최저생계비를 보장하고 있다(국민기초생활 보장법 제6조).

③ **사회보상**: '사회보상'이란 국가와 민족을 위하여 활동한 국가유공자가 상해, 사망 또는 노동능력상실로 인하여 생활이 곤란한 경우 본인, 부양가족 또는 유족의 의료와 생활을 보장하기 위한 제도를 말한다. 이에 관한 입법으로는 국가유공자 등 예우 및 지원에 관한 법률이 있다.

기출 OX

01 사회국가원리에서 도출되는 사회연대의 원칙은 사회보험에의 강제가입의무를 정당화하며, 재정구조가 취약한 보험자와 재정구조가 건전한 보험자 사이의 재정조정을 가능하게 한다. 12. 국가직 ( )

정답 01 ○

④ **사회복지**: '사회복지'란 아동, 신체장애자, 노인, 공공부조대상자 등이 스스로의 생활능력을 계발할 수 있도록 수용보호, 생활지도, 갱생보도, 원호지원 등을 하는 국가적 활동을 말한다. 이에 관한 입법으로는 아동복지법, 노인복지법, 사회복지사업법 등이 있다.

(3) 실현수단

국가가 일정한 생활자원을 그 주체에게 직접 제공하거나 일련의 사회경제정책(예 완전고용, 주택공급정책, 의무교육의 확대, 소득의 재분배 등)을 통하여 간접적으로 실현할 수 있다.

> **판례 I**
>
> **1 사회보장수급권이 헌법상의 권리인지 여부: 소극** 06. 입시, 13. 서울시
> **사회보장수급권은** 헌법 제34조 제1항 및 제2항 등으로부터 **개인에게 직접 주어지는 헌법적 차원의 권리라거나 사회적 기본권의 하나라고 볼 수는 없고,** 다만 그 수급요건, 수급자의 범위, 수급액 등 **구체적인 사항이 규정될 때 비로소 형성되는 법률적 차원의 권리에 불과하다** 할 것이다. 이렇게 볼 때 근로자에게 인정되는 산재보험금수급권 역시 산재보험법에 의하여 비로소 구체화되는 법률상의 권리라고 볼 것이다(헌재 2003.7.24. 2002헌바51).
>
> **2 의료보험수급권이 헌법상의 권리인지 여부: 소극**
> 의료보험수급권은 이른바 사회보장수급권의 하나에 속한다. 이러한 사회보장수급권은 헌법 제34조 제1항에 의한 인간다운 생활을 보장하기 위한 사회적 기본권 중의 핵심적인 것이고 의료보험수급권은 바로 이러한 사회적 기본권에 속한다. 그런데 이와 같이 사회적 기본권의 성격을 가지는 의료보험수급권은 국가에 대하여 적극적으로 급부를 요구하는 것이므로 헌법규정만으로는 이를 실현할 수 없고 법률에 의한 형성을 필요로 한다. 의료보험수급권의 구체적 내용, 즉 수급요건, 수급권자의 범위, 급여금액 등은 법률에 의하여 비로소 확정된다. 구 국민의료보험법은 제4장에서 보험급여의 내용을 구체적으로 규정하고 있는바 피보험자 및 피부양자의 질병·부상·분만에 대하여 보험급여를 한다고 규정하고 그 내용, 의료보험의 개시시기, 비용의 일부부담에 대하여 규정하고 있다. 따라서 의료보험수급권은 법률에 의하여 이미 형성된 구체적인 권리라고 할 것이다(헌재 2003.12.18. 2002헌바1).
>
> **3 업무상 질병으로 인한 업무상 재해에 있어 업무와 재해 사이의 상당인과관계에 대한 입증책임을 이를 주장하는 근로자나 그 유족에게 부담시키는 산업재해보상보험법 규정이 근로자나 그 유족의 사회보장수급권을 침해하는지 여부: 소극 [합헌]**
> 업무상 재해의 인정요건 중 하나로 '업무와 재해 사이에 상당인과관계'를 요구하고 근로자 측에게 그에 대한 입증을 부담시키는 것은 재해근로자와 그 가족에 대한 보상과 생활보호를 필요한 수준으로 유지하면서도 그와 동시에 보험재정의 건전성을 유지하기 위한 것으로서 그 합리성이 있다. 입증책임분배에 있어 권리의 존재를 주장하는 당사자가 권리근거사실에 대하여 입증책임을 부담한다는 것은 일반적으로 받아들여지고 있고, 통상적으로 업무상 재해를 직접 경험한 당사자가 이를 입증하는 것이 용이하다는 점을 감안하면, 이러한 입증책임의 분배가 입법재량을 일탈한 것이라고는 보기 어렵다. 또한 산업재해보상보험법 시행령 [별표 3]은 업무상 질병에 대한 구체적인 인정기준을 규정하면서 각 질환별로 업무상 질병에 해당하는 경우를 예시하고 있는바, 적어도 그에 해당하는 질병에 대하여는 근로자 측의 입증부담이 어느

기출 OX

02 사회보장수급권은 헌법 제34조 제1항 및 제2항 등으로부터 개인에게 직접 주어지는 헌법적 차원의 권리이다.
13. 서울시 ( )

정답 02 ×

정도 완화되어 있다고 볼 수 있는 점, 대법원도 업무상 질병으로 인한 업무상 재해에 있어 업무와 재해 사이의 상당인과관계에 대한 입증 정도를 완화하는 판시를 하고 있는 점, 산업재해보상보험법 등은 근로복지공단으로 하여금 사업장 조사 등 업무상 재해 여부를 판단할 수 있는 자료를 실질적으로 조사·수집하게 하도록 하고 있는데 이는 근로자 측의 입증부담을 사실상 완화하는 역할을 할 수 있는 점 등을 고려할 때, 근로자 측이 현실적으로 부담하는 입증책임이 근로자 측의 보호를 위한 산업재해보상보험제도 자체를 형해화시킬 정도로 과도하다고 보기도 어렵다. 따라서 심판대상조항이 사회보장수급권을 침해한다고 볼 수 없다(헌재 2015.6.25, 2014헌바269).

05 효력

인간다운 생활을 할 권리는 직접적으로 국가권력, 그중에서도 주로 입법권을 구속하며, 입법이 있는 경우에는 행정권도 구속한다. 사인간에도 간접적용설에 입각한 제3자적 효력이 인정되는 경우가 있다.

판례 |

1 최저생계비에도 못 미치는 생계보호수준이 인간다운 생활을 할 권리를 침해하는지 여부: 소극 [기각] 05·06. 입시, 06·07·08. 사시, 17. 변호사, 19. 서울시

[1] 모든 국민은 인간다운 생활을 할 권리를 가지며 국가는 생활능력 없는 국민을 보호할 의무가 있다는 헌법의 규정은 **입법부와 행정부에 대하여는** 국민소득, 국가의 재정능력과 정책 등을 고려하여 가능한 범위 안에서 **최대한으로** 모든 국민이 물질적인 최저생활을 넘어서 인간의 존엄성에 맞는 건강하고 문화적인 생활을 누릴 수 있도록 하여야 한다는 행위의 지침, 즉 **행위규범**으로서 작용하지만, **헌법재판에 있어서는** 다른 국가기관, 즉 입법부나 행정부가 국민으로 하여금 인간다운 생활을 영위하도록 하기 위하여 객관적으로 필요한 **최소한의 조치를 취할 의무를 다하였는지의 여부**를 기준으로 국가기관의 행위의 합헌성을 심사하여야 한다는 **통제규범**으로 작용하는 것이다. 그러므로 국가가 인간다운 생활을 보장하기 위한 헌법적인 의무를 다하였는지의 여부가 사법적 심사의 대상이 된 경우에는 국가가 생계보호에 관한 입법을 전혀 하지 아니하였다든가 그 내용이 현저히 불합리하여 헌법상 용인될 수 있는 재량의 범위를 명백히 일탈한 경우에 한하여 헌법에 위반된다고 할 수 있다.

[2] 국가가 행하는 생계보호의 수준이 그 재량의 범위를 명백히 일탈하였는지의 여부, 즉 인간다운 생활을 보장하기 위한 객관적 내용의 최소한을 보장하고 있는지의 여부는 생활보호법에 의한 생계보호급여만을 가지고 판단하여서는 아니 되고, 그 외의 법령에 의거하여 국가가 생계보호를 위하여 지급하는 각종 급여나 부담의 감면 등을 총괄한 수준을 가지고 판단하여야 하는바, 1994년도를 기준으로 생활보호대상자에 대한 생계보호급여와 그 밖의 각종 급여 및 각종 부담감면의 액수를 고려할 때 이 사건 생계보호기준이 청구인들의 인간다운 생활을 보장하기 위하여 국가가 실현하여야 할 객관적 내용의 최소한도의 보장에도 이르지 못하였다거나 헌법상 용인될 수 있는 재량의 범위를 명백히 일탈하였다고는 보기 어렵고, 따라서 비록 위와 같은 생계보호의 수준이 일반 최저생계비에 못

기출 OX

01 국가가 인간다운 생활을 보장하기 위한 헌법적 의무를 다하였는지의 여부가 사법심사의 대상이 된 경우, 국가가 최저생활보장에 관한 입법을 전혀 하지 아니한 경우에만 한하여 헌법에 위반된다고 할 수 있다. 22. 경찰승진 ( )

02 생계보호의 수준이 일반 최저생계비에 못 미치는 것은 헌법이 보장하는 인간다운 생활을 할 권리의 구체적 내용인 공공부조청구권을 침해하는 것이다. 05. 입시 ( )

정답 01 × 02 ×

미친다고 하더라도 그 사실만으로 곧 그것이 헌법에 위반된다거나 청구인들의 행복추구권이나 인간다운 생활을 할 권리를 침해한 것이라고는 볼 수 없다(헌재 1997.5.29, 94헌마33).

2 장애인가구의 추가지출비용이 반영되지 않은 보건복지부장관의 최저생계비 고시가 인간다운 생활을 할 권리를 침해하는지 여부: 소극 [기각] 07. 사시, 08. 국가직, 11. 경찰승진, 12. 변호사, 19. 서울시

'인간다운 생활'이란 그 자체가 추상적이고 상대적인 개념으로서 그 나라의 문화의 발달, 역사적·사회적·경제적 여건에 따라 어느 정도는 달라질 수 있는 것이고, '최소한도의 조치' 역시 국민의 사회의식의 변화, 사회·경제적 상황의 변화에 따라 가변적인 것이므로 **국가가 인간다운 생활을 보장하기 위한 생계급여의 수준을 구체적으로 결정함에 있어서는 국민 전체의 소득수준과 생활수준, 국가의 재정규모와 정책, 국민 각 계층의 상충하는 갖가지 이해관계 등 복잡·다양한 요소를 함께 고려하여야** 한다. 따라서 생활이 어려운 장애인의 최저생활보장의 구체적 수준을 결정하는 것은 입법부 또는 입법에 의하여 다시 위임을 받은 행정부 등 해당 기관의 광범위한 재량에 맡겨져 있다고 보아야 한다. 그러므로 국가가 인간다운 생활을 보장하기 위한 헌법적 의무를 다하였는지의 여부가 사법적 심사의 대상이 된 경우에는 국가가 최저생활보장에 관한 입법을 전혀 하지 아니하였다든가 그 내용이 현저히 불합리하여 헌법상 용인될 수 있는 재량의 범위를 명백히 일탈한 경우에 한하여 헌법에 위반된다고 할 수 있다. … 보건복지부장관이 이 사건 고시를 하면서 장애인가구의 추가지출비용을 반영한 최저생계비를 별도로 정하지 아니한 채 가구별 인원수를 기준으로 한 최저생계비만을 결정·공표함으로써 장애인가구의 추가지출비용이 반영되지 않은 최저생계비에 따라 장애인가구의 생계급여액수가 결정되었다 하더라도 그것만으로 국가가 생활능력 없는 장애인의 인간다운 생활을 보장하기 위한 조치를 취함에 있어서 국가가 실현하여야 할 객관적 내용의 최소한도의 보장에도 이르지 못하였다거나 헌법상 용인될 수 있는 재량의 범위를 명백히 일탈하였다고는 보기 어렵다 할 것이어서 **이 사건 고시로 인하여 생활능력 없는 장애인가구 구성원의 인간다운 생활을 할 권리가 침해되었다고 할 수 없다**(헌재 2004.10.28, 2002헌마328).

3 교도소에 수용된 때에는 국민건강보험급여를 정지하도록 한 것이 수용자의 인간다운 생활을 할 권리를 침해하는지 여부: 소극 [기각] 06·16. 사시, 12. 법무사

교도소에 수용된 때에는 국민건강보험급여를 정지하도록 한 국민건강보험법 제49조 제4호는 수용자에게 불이익을 주기 위한 것이 아니라 국가의 보호·감독을 받는 수용자의 질병치료를 국가가 부담하는 것을 전제로 수용자에 대한 의료보장제도를 합리적으로 운영하기 위한 것이므로 입법목적의 정당성을 가지고 있다. 설사 국가의 예산상의 이유로 수용자들이 적절한 의료보장을 받지 못하는 것이 현실이라고 하더라도 이는 수용자에 대한 국가의 보건의무불이행에 기인하는 것이지 위 조항에 기인하는 것으로 볼 수 없다.
위 조항은 수용자의 의료보장수급권을 직접 제약하는 규정이 아니며, 입법재량을 벗어나 수용자의 건강권을 침해하거나 국가의 보건의무를 저버린 것으로 볼 수 없으므로 수용자의 건강권, 인간의 존엄성, 행복추구권, 인간다운 생활을 할 권리를 침해하는 것이라 할 수 없다(헌재 2005.2.24, 2003헌마31 등).

기출 OX

03 국가가 인간다운 생활을 보장하기 위한 헌법적 의무를 다하였는지의 여부가 사법적 심사의 대상이 된 경우에는, 국가가 최저생활보장에 관한 입법을 전혀 하지 아니하였다든가 그 내용이 현저히 불합리하여 헌법상 용인될 수 있는 재량의 범위를 명백히 일탈한 경우에 한하여 헌법에 위반된다고 할 수 있다. 16. 법무사 ( )

04 교도소에 수용된 때에는 국민건강보험급여를 정지하도록 한 법률조항은 수용자에 대한 국가의 보건의무불이행을 야기하는 원인이 되므로 수용자의 인간다운 생활을 할 권리를 침해한다. 06. 사시 ( )

정답 03 ○ 04 ✕

4 교도소·구치소에 수용 중인 자를 기초생활보장급여의 지급대상에서 제외하고 있는 '국민기초생활 보장법 시행령' 제2조 제2항 제3호가 인간다운 생활을 할 권리 등을 침해하는지 여부: 소극 [기각] 11. 법행, 12. 사시, 19. 서울시

생활이 어려운 국민에게 필요한 급여를 행하여 이들의 최저생활을 보장하기 위하여 제정된 '국민기초생활 보장법'은 부양의무자에 의한 부양과 다른 법령에 의한 보호가 이 법에 의한 급여에 우선하여 행하여지도록 하는 보충급여의 원칙을 채택하고 있는 바, 청구인들과 같이 '형의 집행 및 수용자의 처우에 관한 법률'에 의한 교도소·구치소에 수용 중인 자는 당해 법률에 의하여 생계유지의 보호를 받고 있다. 즉, '형의 집행 및 수용자의 처우에 관한 법률'은 수용자에게 건강유지에 적합한 의류·침구 그 밖에 생활용품을 지급하도록 규정하고 있으며 수용자의 건강상태, 나이, 부과된 작업의 종류 그 밖의 개인적 특성을 고려하여 건강 및 체력을 유지하는 데에 필요한 음식물을 지급하도록 하고 있고, 수용자가 건강한 생활을 하는 데에 필요한 위생 및 의료상의 적절한 조치 등을 취하도록 하고 있다. 그렇다면 다른 법령에 의하여 이러한 생계유지의 보호를 받고 있는 교도소·구치소에 수용 중인 자에 대하여 '국민기초생활 보장법'의 보충급여의 원칙에 따라 중복적인 보장을 피하기 위하여 개별 가구에서 제외하기로 한 입법자의 판단이 헌법상 용인될 수 있는 재량의 범위를 일탈하여 청구인들의 인간다운 생활을 할 권리를 침해한다고 볼 수 없다(헌재 2011.3.31, 2009헌마617).

5 60세 이상 국민에 대한 국민연금제도 가입제한이 위헌인지 여부: 소극 [기각] 03. 사시

현행 국민연금법상의 연금제도는 자기 기여를 전제로 하는 사회보험의 전형적인 한 형태이다. 그렇다면 국가가 국민의 인간다운 생활을 보장하기 위한 헌법적 의무를 다하였는지 여부는 국민연금제도와 같은 사회보험에 의한 소득보장제도만으로 판단하여서는 아니 되고, 사회부조의 방식에 의하여 행하여지는 각종 급여나 각종 부담의 감면 등을 총괄한 수준을 가지고 판단하여야 할 것이다. 이 사건 법률조항이 60세 이상의 노인들의 국민연금 가입제한이 인간다운 생활을 보장하기 위하여 국가가 실현하여야 할 객관적 내용의 최소한도의 보장에도 이르지 못하였다거나 청구인들의 인간으로서의 존엄과 가치, 행복추구권이나 인간다운 생활을 할 권리를 침해한 것이라고는 볼 수 없다(헌재 2001.4.26, 2000헌마390).

6 공무원연금법상 급여의 수급자에게 2 이상의 급여의 수급권이 발생한 때 수급권자의 선택에 의하여 그중의 하나만을 지급하고 다른 급여의 지급을 정지하도록 한 것이 기본권제한의 입법한계를 넘어 재산권인 급여를 받을 권리와 평등권을 침해하는지 여부: 소극 [기각] 09. 국가직, 12. 국회직

국민연금은 국민이 인간다운 생활을 할 수 있도록 최저생활을 보장하기 위한 사회보장적 급여로서 법상의 급여액은 국민의 생활수준, 물가 기타 경제사정에 맞추어 최저생활을 유지할 수 있도록 될 수 있으면 많은 급여를 지급하는 것이 바람직할 것이나, 한편 급여에 필요한 재원은 한정되어 있고 인구의 노령화 등으로 급여대상자는 점점 증가하고 있어 급여수준은 국민연금재정의 장기적인 균형이 유지되도록 조정되어야 할 필요가 있으므로 한 사람의 수급권자에게 여러 종류의 연금의 수급권이 발생한 경우 그 연금을 모두 지급하는 것보다는 일정한 범위에서 그 지급을 제한하여야 할 필요성이 있고, 국민연금의 급여수준은 수급권자가 최저생활을 유지하는 데 필요한 금액을 기준으로 결정하여야 할 것이지 납입한 연금보험료의 금액을 기준으로 결정하거나 여러 종류의 수급권이 발생하였다고 하여 반드시 중복하여 지급하여야 할 것은 아니므로 이 사건 법률조항이 수급권자에게 2 이상의 급여의 수급권이 발생한 때 그 자의 선택에 의하여 그중의 하나만을 지급하고 다른 급여의 지급을

기출 OX

01 국민연금의 급여수준은 납입한 연금보험료의 금액을 기준으로 결정하여야 하며, 한 사람의 수급권자에게 여러 종류의 수급권이 발생한 경우에는 중복하여 지급해야 한다. 09. 국가직
( )

정답 01 ✕

정지하도록 한 것은 공공복리를 위하여 필요하고 적정한 방법으로서 헌법 제37조 제2항의 기본권제한의 입법적 한계를 일탈한 것으로 볼 수 없고, 또 합리적인 이유가 있으므로 평등권을 침해한 것도 아니다(헌재 2000.6.1, 97헌마190).

7 장애인을 위한 '저상버스'를 도입하여야 할 국가의 구체적 의무가 헌법으로부터 도출되는지의 여부: 소극 [각하]

장애인의 복지를 향상하여야 할 국가의 의무가 다른 다양한 국가과제에 대하여 최우선적인 배려를 요청할 수 없을 뿐 아니라, 나아가 헌법의 규범으로부터는 '장애인을 위한 저상버스의 도입'과 같은 구체적인 국가의 행위의무를 도출할 수 없는 것이다. 국가에게 헌법 제34조에 의하여 장애인의 복지를 위하여 노력을 하여야 할 의무가 있다는 것은 장애인도 인간다운 생활을 누릴 수 있는 정의로운 사회질서를 형성하여야 할 국가의 일반적인 의무를 뜻하는 것이지, 장애인을 위하여 저상버스를 도입하여야 한다는 구체적 내용의 의무가 헌법으로부터 나오는 것은 아니다(헌재 2002.12.18, 2002헌마52).

8 '대학원재학생'과 '고아'에 대하여 자활사업 참가조건 부과 유예사유를 두지 않은 국민기초생활 보장법 시행령 제8조 제2항 제1호가 인간다운 생활을 할 권리를 침해하는지 여부: 소극 [기각]

이 사건 시행령조항은 조건 부과 유예 대상자로 '대학원에 재학 중인 사람'과 '부모에게 버림받아 부모를 알 수 없는 사람'을 규정하고 있지 않다.

그런데 국민기초생활 보장법은 조건 부과 유예 대상자에 해당하지 않는다고 하더라도, 수급자의 개인적 사정을 고려하여 그 조건의 제시를 유예할 수 있도록 하는 제도를 별도로 두고 있으므로, '대학원에 재학 중인 사람' 또는 '부모에게 버림받아 부모를 알 수 없는 사람'이 조건 제시 유예사유에 해당하면 자활사업 참여 없이 생계급여를 받을 수 있다. 여기에, 고등교육법과 '법학전문대학원 설치·운영에 관한 법률'이 장학금제도를 규정하고 있는 점, 생계급여제도 이외에도 의료급여, 실업급여, 장애인복지법상 각종 급여제도 등을 통하여서도 위와 같은 사람들이 인간의 존엄에 상응하는 생활에 필요한 '최소한의 물질적인 생활'을 유지하는 데 도움을 받을 수 있는 점 등을 종합하여 보면, 입법자가 '대학원에 재학 중인 사람'과 '부모에게 버림받아 부모를 알 수 없는 사람'을 조건 부과 유예 대상자에 포함시키지 않았다고 하더라도, 그러한 사정만으로 국가가 청구인의 인간다운 생활을 보장하기 위한 조치를 취함에 있어서 국가가 실현해야 할 객관적 내용의 최소한도의 보장에도 이르지 못하였다거나 헌법상 용인될 수 있는 재량의 범위를 명백히 일탈하였다고 보기 어렵다. 따라서 이 사건 시행령조항은 청구인의 인간다운 생활을 할 권리도 침해하지 않는다(헌재 2017.11.30, 2016헌마448).

9 국가유공자의 상이등급에 따른 기본연금의 차별이 인간다운 생활을 할 권리를 침해하는지 여부: 소극

국가유공자 등 예우 및 지원에 관한 법률(이하 '예우법'이라 한다)에서 연금지급 등 보훈혜택에 상이등급에 따른 차등을 두는 것은 **국가유공자의 공헌과 희생의 정도에 대응**하는 것으로 합리적인 이유가 있으므로 평등원칙에 위배되지 않는다. 또한 청구인은 예우법에 따른 보훈혜택 이외에 일반 국민으로서 다른 사회보장 및 생활보장을 중첩적으로 받을 수 있다 할 것이며, 인간다운 생활이라고 하는 개념이 사회의 경제적 수준 등에 따라 달라질 수 있는 상대적 개념이라는 점을 고려하면, 이 사건 시행령조항이 헌법 제34조 제1항의 인간의 존엄에 상응하는 최소한 물질생활의 보장을 내용으로 하는 인간다운 생활을 할 권리를 침해하였다고 볼 수는 없다(헌재 2003.5.15, 2002헌마90).

기출 OX

02 국가에게 헌법 제34조에 의하여 장애인의 복지를 위하여 노력을 해야 할 의무가 있다는 것은, 장애인도 인간다운 생활을 누릴 수 있는 정의로운 사회질서를 형성해야 할 국가의 일반적인 의무를 뜻하는 것이지, 장애인을 위하여 저상버스를 도입해야 한다는 구체적 내용의 의무가 헌법으로부터 나오는 것은 아니다. 20. 국가직 ( )

정답 **02** ○

기출 OX

01 국가 등의 양로시설 등에 입소하는 국가유공자에게 부가연금, 생활조정수당 등의 지급을 정지한다 하더라도 그 국가유공자의 재산권을 침해하는 것은 아니다. 08. 국회직 ( )

10 국가 등의 양로시설에 입소한 국가유공자에 대하여 연금 등을 지급정지하는 것이 인간다운 생활을 할 권리를 침해하는지 여부: 소극

이 사건 규정에 의하여 일부 연금이나 수당이 지급정지된다고 하여도 청구인들에게 기본연금이 계속 지급되며, 더구나 양로시설에서 무상으로 생활할 수 있게 된다는 점 그리고 인간다운 생활이라고 하는 개념이 사회의 경제적 수준 등에 따라 달라질 수 있는 상대적 개념이라는 점을 고려하면, 이 사건 규정으로 인하여 헌법 제34조 제1항의 인간의 존엄에 상응하는 최소한 물질생활의 보장을 내용으로 하는 인간다운 생활을 할 권리를 침해하였다고 볼 수는 없다(헌재 2000.6.1, 98헌마216).

11 '적극적인 치료'가 필요한 경우에만 재요양을 받을 수 있도록 규정한 산업재해보상보험법 조항이 명확성원칙 등에 위배되어 인간다운 생활할 권리를 침해하는지 여부: 소극 [합헌]

이 사건 재요양 요건조항은 무의미한 치료 등으로 인하여 보험재정의 건전성을 해하는 것을 방지하려는 것이고, 국가는 재요양을 받을 수 없는 경우에도 그 재해근로자와 가족의 생활을 보호하기 위하여 산업재해보상보험법(이하 산재보험법이라 한다)상 장해급여를 지급하거나 '합병증 등 예방관리사업'을 통하여 의료적 조치를 받을 수 있게 하는 등 대책을 마련하고 있다.

따라서 이 사건 재요양 요건조항은 그 내용이 현저히 불합리하여 헌법상 용인될 수 있는 재량의 범위를 명백히 일탈한 경우에 해당한다고 보기는 어려우므로 인간다운 생활을 할 권리를 침해한다고 볼 수도 없다(헌재 2018.12.27, 2017헌바231).

02 국가유공자 등 예우 및 지원에 관한 법률이 보상받을 권리의 발생시기를 국가보훈처장에게 등록신청을 한 날이 속하는 달부터 발생하도록 한 것은 행복추구권 및 인간다운 생활을 할 권리를 침해한다. 19. 서울시 ( )

12 국가유공자 등 예우 및 지원에 관한 법률이 보상받을 권리의 발생시기를 국가보훈처장에게 등록신청을 한 날이 속하는 달부터 발생하도록 한 것이 행복추구권 및 인간다운 생활을 할 권리를 침해한 것인지 여부: 소극 19. 서울시

법률이 정하고 있는 보상수준이 전공상자 등에게 인간다운 생활에 필요한 최소한의 물질적 수요를 충족시켜 주고 헌법상의 사회보장, 사회복지의 이념과 국가유공자에 대한 우선적 보호이념에 명백히 어긋나지 않는 한 입법자는 이를 정함에 있어 광범위한 입법재량권을 행사할 수 있다. … 이 사건 조항이 국가유공자로 등록된 자에게 예우법 제6조에 의한 등록신청일이 속한 달 이후의 보상금만 지급하도록 규정하고 있는 것은 지급대상자의 범위 파악과 보상수준의 결정에 있어서의 용이성, 국가의 재정적 상황 등 입법정책적 상황을 고려한 것이며, 앞서 살펴본 바와 같이 예우법은 보상금 이외에 생활조정수당이나(예우법 제14조) 간호수당(예우법 제15조) 등을 지급함으로써 국가유공자에게 인간다운 생활에 필요한 최소한의 물질적 수요를 충족시켜 주고 있다고 할 것이므로, 이 사건 조항이 입법재량의 범위를 넘어선 것으로 인간다운 생활을 할 권리를 침해하는 것은 아니다(헌재 2011.7.28, 2009헌마27).

13 직장가입자가 소득월액보험료를 일정기간 이상 체납한 경우 그 체납한 보험료를 완납할 때까지 국민건강보험공단이 그 가입자 및 피부양자에 대하여 보험급여를 실시하지 아니할 수 있도록 한 것이 인간다운 생활을 할 권리 및 재산권을 침해하는지 여부: 소극 [합헌]

소득월액보험료의 도입취지를 고려하면, 소득월액보험료를 체납한 가입자에 대하여 보수월액보험료를 납부하였다는 이유로 보험급여를 제한하지 아니할 경우, 형평에 부합하지 않는 결과가 초래될 수 있다. 따라서 소득월액보험료 체납자에 대한 보험급여를 제한하는 것은 그 취지를 충분히 납득할 수 있다. 심판대상조항은 체납기간이 1개월 미만이거나, 월별 보험료의 총 체납횟수가 6회 미만인 경우에는 보험급여를 제한할 수 없도록 하고 있다. 또한 분할납부 승인을 받고 그 승인된 보험료를 1회 이상 납부한 경우에는 국민건강보험공단이 보험급여를 지급할 수 있다. 심판

정답 01 ○ 02 ×

대상조항에 따라 보험급여를 하지 아니하는 기간에 받은 보험급여의 경우에도, 일정한 기한 이내에 체납된 보험료를 완납한 경우 보험급여로 인정하는 등, 국민건강보험법은 심판대상조항으로 인하여 가입자가 과도한 불이익을 입지 않도록 배려하고 있다. 이상의 내용을 종합하면, 심판대상조항은 청구인의 인간다운 생활을 할 권리나 재산권을 침해하지 아니한다(헌재 2020.4.23, 2017헌바244).

14 만성신부전증환자에 대한 외래 혈액투석의 의료급여수가 기준을 정액수가로 규정한 '의료급여수가의 기준 및 일반기준 제7조 제1항 등이 의료급여 수급권자의 인간다운 생활을 할 권리를 침해하는지 여부: 소극 [기각]

심판대상조항은 의료급여의 수준이 국가가 실현해야 할 객관적 내용의 최소한도의 보장에도 이르지 못하였다거나, 국가가 국민의 보건권 등을 보호하는 데 적절하고 효율적인 최소한의 조치를 취하지 아니하였다고 볼 수 없다. 심판대상조항은 수급권자인 청구인의 인간다운 생활을 할 권리 내지 보건권을 침해하지 않는다(헌재 2020.4.23, 2017헌마103).

15 연금보험료를 낸 기간이 그 연금보험료를 낸 기간과 연금보험료를 내지 아니한 기간을 합산한 기간의 3분의 2보다 짧은 경우 유족연금 지급을 제한한 국민연금법이 인간다운 생활할 권리를 침해하는지 여부: 소극 [합헌]

입법자가 가입기간의 상당 부분을 성실하게 납부한 사람의 유족만을 유족연금 지급대상에 포함시키기 위하여 '연금보험료를 낸 기간이 그 연금보험료를 낸 기간과 연금보험료를 내지 아니한 기간을 합산한 기간의 3분의 2'보다 짧은 경우 유족연금 지급을 제한한 것이 입법재량의 한계를 일탈하였을 정도로 불합리하다고 보기 어렵다. 또한, 심판대상조항에 따라 유족연금을 지급받지 못하게 된 유족들은 구 국민연금법 제77조에 따른 반환일시금을 받을 수 있어 유족에게 가혹한 손해나 심대한 불이익이 발생한다고 보기도 어렵다. 한편, 사용자가 근로자의 임금에서 기여금을 공제하고도 연금보험료를 납부하지 않은 경우 국민연금법 제17조 제2항 단서는 그 내지 아니한 기간의 2분의 1에 해당하는 기간을 근로자의 가입기간에 산입하도록 규정하는 등 근로자 및 그 유족에게 부당한 불이익이 발생하지 않도록 하고 있다. 따라서 심판대상조항이 인간다운 생활을 할 권리 및 재산권을 침해한다고 볼 수 없다(헌재 2020.5.27, 2018헌바129).

16 공무원연금법에 따른 퇴직연금일시금을 지급받은 사람 및 그 배우자를 기초연금 수급권자의 범위에서 제외하는 것이 한정된 재원으로 노인의 생활안정과 복리향상이라는 기초연금법의 목적을 달성하기 위한 것으로서 합리성이 인정되므로 인간다운 생활을 할 권리를 침해하는지 여부: 소극 [합헌]

심판대상조항은 공무원연금법에 따른 퇴직연금일시금을 지급받은 사람 및 그 배우자를 기초연금 수급권자의 범위에서 제외하고 있는바, 이는 한정된 재원으로 노인의 생활안정과 복리향상이라는 기초연금법의 목적을 달성하기 위한 것으로서 합리성이 인정되고, 국가가 기초연금제도 외에도 다양한 노인복지제도와 저소득층 노인의 노후소득보장을 위한 기초생활보장제도를 실시하고 있으며, 퇴직공무원의 후생복지 및 재취업을 위한 사업을 실시하고 있는 점을 고려할 때 인간다운 생활을 할 권리를 침해한다고 볼 수 없다(헌재 2018.8.30, 2017헌바197).

17 형의 집행 및 수용자의 처우에 관한 법률 및 치료감호법에 의한 구치소·치료감호시설에 수용 중인 자는 개별가구에서 제외하기로 한 입법자의 판단이 인간다운 생활을 할 권리를 침해하는지 여부: 소극

생활이 어려운 국민에게 필요한 급여를 행하여 이들의 최저생활을 보장하기 위해 제정된 '국민기초생활 보장법'은 부양의무자에 의한 부양과 다른 법령에 의한 보호가 이 법에 의한 급여에 우선하여 행하여지도록 하는 보충급여의 원칙을 채택하고 있는바, '형의 집행 및 수용자의 처우에 관한 법률' 및 치료감호법에 의한 구치소·치료감호시설에 수용 중인 자는 당해 법률에 의하여 생계유지의 보호와 의료적 처우를 받고 있으므로 이러한 구치소·치료감호시설에 수용 중인 자에 대하여 '국민기초생활 보장법'에 의한 중복적인 보장을 피하기 위하여 개별가구에서 제외하기로 한 입법자의 판단이 헌법상 용인될 수 있는 재량의 범위를 일탈하여 인간다운 생활을 할 권리와 보건권을 침해한다고 볼 수 없다(헌재 2012.2.23, 2011헌마123).

18 지방자치단체장을 위한 퇴직급여제도를 마련하여야 할 입법적 의무가 도출되는지 여부: 소극

지방자치단체장을 위한 별도의 퇴직급여제도를 마련하지 않은 것은 진정입법부작위에 해당하는데, 헌법상 지방자치단체장을 위한 퇴직급여제도에 관한 사항을 법률로 정하도록 위임하고 있는 조항은 존재하지 않는다. 나아가 지방자치단체장은 특정 정당을 정치적 기반으로 하여 선거에 입후보할 수 있고 선거에 의하여 선출되는 공무원이라는 점에서 헌법 제7조 제2항에 따라 신분보장이 필요하고 정치적 중립성이 요구되는 공무원에 해당한다고 보기 어려우므로 헌법 제7조의 해석상 지방자치단체장을 위한 퇴직급여제도를 마련하여야 할 입법적 의무가 도출된다고 볼 수 없고, 그 외에 헌법 제34조나 공무담임권 보장에 관한 헌법 제25조로부터 위와 같은 입법의무가 도출되지 않는다(헌재 2014.6.26, 2012헌마459).

19 지뢰피해자 및 그 유족에 대한 위로금 산정시 사망 또는 상이를 입을 당시의 월평균임금을 기준으로 하고, 그 기준으로 산정한 위로금이 2천만원에 이르지 아니할 경우 2천만원을 초과하지 아니하는 범위에서 조정·지급할 수 있도록 한 '지뢰피해자 지원에 관한 특별법'(2014.10.15. 법률 제12790호로 제정된 것) 제4조 제1항 제1호, 제2호 나목 및 '지뢰피해자 지원에 관한 특별법'(2016.3.22. 법률 제14081호로 개정된 것) 제4조 제6항이 인간다운 생활을 할 권리를 침해하는지 여부: 소극

지뢰피해자 및 그 유족에 대한 위로금 산정시 사망 또는 상이를 입을 당시의 월평균임금을 기준으로 위로금을 산정하도록 한 것은 한정된 국가재정하에서 위로금의 취지, 국가배상청구권의 소멸시효 제도와의 균형점 모색, '지뢰피해자 지원에 관한 특별법' 시행 전 이미 국가배상을 받은 피해자 및 그 유족과의 형평성 등을 고려한 것이다. 다만 사망 또는 상이 당시의 월평균임금을 기준으로 위로금을 산정함으로 인하여 피해시기에 따라 위로금 액수에 현격한 차이가 나는 문제를 보완하기 위해 입법자는 지뢰피해자법 제정 당시 고려한 국가재정부담 정도를 현저히 초과하지 아니하는 범위 내에서 2천만원을 조정상한금액으로 정하여 위로금 격차 해소를 위한 보완책을 마련하였다. 따라서 심판대상조항이 인간다운 생활을 할 권리를 침해한다고 볼 수 없다(헌재 2019.12.27, 2018헌바236·294, 2019헌바392).

20 고용보험법 제70조 제2항 본문 중 '육아휴직이 끝난 날 이후 12개월 이내에 신청하여야 한다' 부분이 육아휴직 급여수급권자의 인간다운 생활을 할 권리를 침해하는지 여부: 소극 [합헌]
   [1] 심판대상조항은 권리의무관계를 조기에 확정하고 고용보험기금 재정운용의 불안정성을 차단하여 기금재정을 합리적으로 운용하기 위한 것으로서 합리적인 이유가 있다. 육아휴직 수급권자가 육아휴직이 끝난 날 이후 12개월 이내에 급여를 신청하는 데 큰 부담이 있다고 보기 어렵고, 신청기간의 제한은 최초의 육아휴직 급여 신청 시에만 적용되어 국면이 한정적이며, 고용보험법 시행령에서 신청기간의 예외 사유도 인정하고 있는 등 그 내용이 현저히 불합리하여 헌법상 용인될 수 있는 재량의 범위를 명백히 벗어났다고 볼 수 없다. 따라서 심판대상조항은 육아휴직 급여수급권자의 인간다운 생활을 할 권리나 재산권을 침해한다고 볼 수 없다.
   [2] 민간 근로자는 공무원과 달리 심판대상조항에서 정한 기간 내에 육아휴직 급여를 신청하여야 하는데, 이는 육아휴직의 신청 상대방과 급여의 지급주체가 같지 않아 당사자가 육아휴직 급여수급권을 가지는지 확인이 필요한 구조적 차이에 따라 요구되는 것으로서 합리적인 이유가 있다. 따라서 심판대상조항은 평등원칙에 위반되지 아니한다(헌재 2023.2.23, 2018헌바240).

21 공무원에게 재해보상을 위하여 실시되는 급여의 종류로 일반 근로자에 대한 산업재해보상보험법과 달리 휴업급여 또는 상병보상연금 규정을 두고 있지 않은 '공무원 재해보상법' 제8조가 인간다운 생활할 권리를 침해하는지 여부: 소극 [기각]
   [1] **공상 공무원의 병가 및 공무상 질병휴직 기간에는 봉급이 전액 지급되므로(공무원보수규정 제28조), 공무원에게 휴업급여 내지 상병보상연금의 기능을 하는 급여 지급이 전혀 없다고 볼 수는 없다. 병가 및 공무상 질병휴직 기간이 허용되는 3년 6개월이 지나면 대체로 요양을 종결하는 단계에 접어들게 되어 공상 공무원으로서는 직무에 복귀할 수도 있고, 직무 복귀가 불가능하여 퇴직할 경우 장해등급의 판정을 받아 장해급여를 지급받을 수도 있다.**
   다만, 매우 드물게는 요양한 지 3년 6개월이 지나도록 직무에 복귀할 수 없고 증상이 고정되지 않아 장해급여가 지급될 수 있는 요건을 충족하지 못하는 경우가 있을 수 있는데, 그러한 경우에도 요양급여와 함께 공무원연금법에 따른 퇴직일시금 또는 퇴직연금이 지급된다. 재해보상으로서의 휴업급여 내지 상병보상연금과, 공무원연금법에서의 퇴직연금 내지 퇴직일시금은, 지급원인이나 지급수준이 다르기는 하나 직무에 종사하지 못해 소득공백이 있는 경우 생계를 보장하기 위한 사회보장적 급여라는 점에서는 같은 기능을 수행한다. 이러한 점을 종합하면, **심판대상조항에서 휴업급여 내지 상병보상연금을 두지 않았다 하여 공무원에 대한 생계보장이 현저히 불합리하여 인간다운 생활을 할 권리를 침해할 정도에 이르렀다고 할 수는 없다.**
   [2] **공무원이든 일반 근로자이든 업무상 부상 또는 질병으로 소득활동에 종사할 수 없는 경우 사회보장급부를 통해 생계를 보장할 필요가 있다는 점에서는 동일하다. 그러나 이러한 경우에도 그 급부의 내용이 동일할 필요까지는 요청되지 않는다.** 즉, 양 집단 사이에 이루어지는 개별 급부의 내용이 전체적으로 보아 어느 정도 균형을 이룬다면 특정 명목의 급여가 어느 일방에 제외되어 있더라도 단지 그 이유만으로 두 집단 사이에 불합리한 차별이 있다고 보기는 어렵다. 공무원에게 인정되는 신분보장의 정도, 질병휴직 후 직무복귀의 가능성, 공무상 병가 및 공무상 질병휴직기간 동안 지급받는 보수의 수준, 퇴직연금 내지

퇴직일시금 제도에 의한 생계보장 면에서 공무원이 일반 근로자에 비해 대체로 유리하다는 점을 고려하면, 심판대상조항이 **휴업급여 내지 상병보상연금이라는 급여를 별도로 규정하지 않았다 하여 공무원의 업무상 재해보상에 관하여 합리적인 이유 없이 일반 근로자와 달리 취급하고 있다고 볼 수 없다.** 따라서 심판대상조항은 청구인의 평등권을 침해하지 아니한다(헌재 2024.2.28, 2020헌마1587).

22 유자녀(幼子女) 생활자금 대출금의 상환의무를 대출신청자(법정대리인) 아닌 유자녀에게 부과하는 것이 인간다운 생활할 권리를 침해하는지 여부: 소극 [기각]

[1] 심판대상조항이 대출의 형태로 유자녀의 양육에 필요한 경제적 지원을 하는 것은 유자녀가 향후 소득활동을 할 수 있게 된 후에는 자금을 회수하여, 자동차 운전자들의 책임보험료로 마련된 기금을 가급적 많은 유자녀를 위해 사용할 수 있게 하기 위함이다. 심판대상조항에 따르면 대출을 신청한 법정대리인이 상환의무를 부담하지 않으므로 법정대리인과 유자녀 간의 이해충돌이라는 부작용이 일부 발생할 가능성이 있지만, 이를 이유로 생활자금 대출 사업 전체를 폐지하면, 대출로라도 생활자금의 조달이 필요한 유자녀에게 불이익이 돌아가게 될 수 있다. 유자녀에 대한 적기의 경제적 지원 및 자동차 피해지원사업의 지속가능성 확보는 중요하다는 점, 민법상 부당이득반환청구와 같은 구제수단이 있다는 점 등을 고려하면, 심판대상조항은 청구인의 아동으로서의 인간다운 생활을 할 권리를 •침해하지 않는다.

[2] 자동차사고를 당한 본인인 중증후유장애인과 그의 가족인 유자녀 및 피부양가족(65세 이상인자)은 모두 자동차사고로 인한 직·간접적 피해를 겪는 자임은 동일하나, 잠재적 상환가능성에서 차이가 있다. 따라서 유자녀에게는 상환의무 있는 형태인 대출로 생활자금을 지급하고, 중증후유장애인과 피부양가족에게는 상환의무가 없는 재활보조금·생계보조금을 지급함으로써 이들을 달리 취급하는 것은 합리적인 이유가 있는 차별이므로, 심판대상조항은 평등권을 침해하지 않는다(헌재 2024.4.25, 2021헌마473).

23 징계에 의하여 파면된 경우에 해당하여 퇴직연금을 감액받은 사람이 퇴직 후 재임용되어 종전의 재직기간을 재임용 후의 재직기간에 합산하더라도 종전의 재직기간에 대한 퇴직연금을 합산 전과 동일하게 감액하여 지급하도록 정하고 있는 공무원연금법 시행령이 재산권과 인간다운 생활을 할 권리를 침해하는지 여부: 소극 [기각]

[1] 청구인이 심판대상조항의 도입 전에 합산된 재직기간 전부에 대해 감액되지 않은 퇴직연금을 수령하여 왔고 계속해서 감액되지 않은 퇴직연금을 수령할 수 있을 것으로 신뢰했다고 하더라도, 이러한 신뢰의 보호가치가 크다고 보기는 어렵다. 심판대상조항은 그 시행 이후에 지급되는 퇴직연금에 대해서만 적용되고, 종전 재직기간 부분에 대해서만 감액되므로, 청구인에게 발생하는 불이익의 정도가 중하다고 보기는 어렵다. 심판대상조항으로 달성하려는 공익은 공무원에 대한 일반 국민의 신뢰를 제고하고, 징계에 의한 파면처분의 취지를 달성하며, 공무원연금재정을 보전하려는 것으로서, 이러한 공익은 매우 중대하다. 따라서 심판대상조항은 신뢰보호원칙에 반하여 청구인의 재산권과 인간다운 생활을 할 권리를 침해하지 않는다.

[2] 심판대상조항의 입법취지, 징계에 의한 파면 시 퇴직연금 감액제도와 재직기간 합산제도가 무관한 점, 징계에 의해 파면된 공무원이 공무원으로 재임용되어 재직기간을 합산한 경우 등이라 하더라도 종전 재직기간 중 발생한 비위행위로 인해 손상된 국민의 신뢰가 회복된 것이라고 볼 수 없는 점, 청구인이 이미

지급받은 퇴직연금과 재임용 이후의 재직기간에 대한 퇴직연금에 대해서는 아무런 영향이 없는 점 등을 종합하면, 심판대상조항이 입법형성의 한계를 벗어나 청구인의 재산권과 인간다운 생활을 할 권리를 침해한다고 볼 수 없다(헌재 2025.1.23, 2021헌마806).

24 육아휴직 급여의 일부인 사후지급금을 육아휴직 종료 후 해당 사업장에 복귀하여 6개월간 계속 근무한 경우에 지급하도록 규정한 사후지급금 조항은 해당 사업장에 복귀하지 아니한 육아휴직 급여수급권자인 청구인의 인간다운 생활을 할 권리 및 재산권을 침해하는지 여부: 소극[기각]

사후지급금 조항은 육아휴직 급여의 일부인 사후지급금을 육아휴직 종료 후 해당 사업장에 복귀하여 6개월간 계속 근무한 경우에 지급하도록 규정하는바, 이로 인해 육아휴직 종료 후 해당 사업장에 복귀하지 아니하거나 복귀하여 6개월 미만의 기간 동안 근무한 육아휴직 급여수급권자는 사후지급금을 지급받지 못하게 되었다. 따라서 사후지급금 조항은 해당 사업장에 복귀하지 아니한 육아휴직 급여수급권자인 청구인의 인간다운 생활을 할 권리 및 재산권을 제한한다. … 사후지급금 조항은 청구인의 인간다운 생활을 할 권리나 재산권을 침해한다고 볼 수 없다(헌재 2025.4.10, 2021헌마1362).

25 진폐근로자 유족에 대하여 일반 재해근로자 유족에 대하여 지급되는 유족급여인 유족보상일시금이 지급되지 않는 것이 위헌인지 여부: 소극 [합헌]

[1] 인간다운 생활을 할 권리 침해 여부 및 평등원칙 위배 여부

보험가입자의 고의 또는 과실로 인한 업무상 재해로 근로자가 사망한 경우에 진폐근로자 유족은 다른 손해배상청구에 갈음하여 산재보험법상의 유족특별급여를 지급받을 수 있다(산재보험법 제79조). 또한 '진폐의 예방과 진폐근로자의 보호 등에 관한 법률'에서는 진폐근로자 및 유족의 고통 보상 및 이들의 복지 증진을 위하여 다른 손해배상청구에 갈음하여 진폐재해위로금을 지급하도록 하고 있다(제24조). 이처럼 진폐근로자 유족을 보호하기 위하여 입법자는 산재보험법상의 진폐유족연금 외에 별도로 유족특별급여나 진폐재해위로금 지급에 관한 규정을 두고 있다. 따라서 심판대상조항은 산재보호법상의 유족급여제도와 관련하여 국가가 실현해야 할 객관적 내용을 최소한도로 보장하는 정도에 이르지 못하였다거나 헌법상 용인될 수 있는 입법재량의 범위를 명백히 일탈하였다고는 보기 어렵다 할 것이므로 청구인들의 인간다운 생활을 할 권리를 침해하였다고 볼 수 없다.

[2] 평등원칙 위배 여부

심판대상조항은 유족급여의 지급과 관련하여 진폐와 다른 업무상 재해의 경우를 차별하고 있으나, 진폐근로자는 대부분 고령인 경우가 많고, 입원 위주의 장기요양이 선호됨에 따라 보험급여의 지속적인 증가가 문제되어 왔다. 심판대상조항은 입원 위주의 장기요양을 줄이고 진폐근로자의 생전 보상수준을 높이기 위하여 요양 여부와 관계없이 모든 진폐근로자에 대하여 진폐보상연금을 지급하면서, 이에 따른 재정지출 증가에 상응하여 진폐의 경우에는 그 유족에게 지급되던 유족보상일시금제도를 폐지한 것이므로 진폐근로자에 대한 유족급여를 진폐유족연금제도로 일원화하여 진폐보상연금과 균형을 맞추어 운영하려는 입법자의 판단을 합리적인 이유 없는 자의적인 것이라고 하기 어렵다.

[3] 적법절차원칙 위배 여부
진폐근로자에 대한 생전 보상을 확대하면서 증가된 재정지출에 상응하여 진폐근로자 유족에 대한 유족보상일시금제도를 폐지한 것은 입법자의 합리적인 판단이라는 점은 앞서 본 바와 같으므로, 심판대상조항의 내용 역시 합리성과 정당성을 갖추었다고 할 것이다. 따라서 심판대상조항이 적법절차원칙에 위배된다고 보기도 어렵다(헌재 2025.6.27, 2022헌바235).

제3절 교육을 받을 권리

01 의의

기출 OX

01 모든 국민은 그 보호하는 자녀에게 적어도 초등교육과 법률이 정하는 고등교육을 받게 할 의무를 진다. 20. 경찰경채 ( )

02 교육의 자주성, 전문성, 정치적 중립성 및 대학의 자율성은 법률이 정하는 바에 의하여 보장된다. 20. 경찰경채 ( )

> 헌법 제31조 ① 모든 국민은 능력에 따라 균등하게 교육을 받을 권리를 가진다.
> ② 모든 국민은 그 보호하는 자녀에게 **적어도 초등교육과 법률이 정하는 교육**을 받게 할 의무를 진다.
> ③ 의무교육은 **무상으로** 한다.
> ④ 교육의 자주성, 전문성, 정치적 중립성 및 대학의 자율성은 법률이 정하는 바에 의하여 보장된다.
> ⑤ 국가는 평생교육을 진흥하여야 한다.
> ⑥ 학교교육 및 평생교육을 포함한 교육제도와 그 운영, 교육재정 및 교원의 지위에 관한 기본적인 사항은 법률로 정한다.

1. 개념

교육을 받을 권리는 개개인이 능력에 따라 균등하게 교육을 받을 수 있는 권리(수학권)와 학부모가 그 자녀에게 적절한 교육기회를 제공하도록 요구할 수 있는 권리(교육기회제공청구권)를 포함하는 개념이다.

2. 연혁

(1) 1830년 벨기에 헌법은 자유권적 입장에서 교육을 받을 권리를 최초로 명문화하였다.

(2) 1848년 프랑스 헌법은 자유권적 입장에서 교육의 자유와 평등·무상교육을 규정하였다.

(3) 1919년 바이마르 헌법은 사회적 기본권으로 교육을 받을 권리를 최초로 명문화하였다.

정답 01 × 02 ○

02 법적 성격

교육을 받을 권리는 주관적 공권이면서 객관적 가치질서라는 이중적 성격을 가진다. 주관적 공권성에는 자유권적 측면과 사회권적 측면이 있는데, 특히 사회권적 측면의 법적 성격에 관해서는 ① 프로그램권리설, ② 추상적 권리설, ③ 구체적 권리설 등의 견해대립이 있다.

03 주체

교육을 받을 권리는 국민에게만 보장되고 외국인에게는 보장되지 아니한다. 01. 법무사
교육을 받을 권리는 학습을 할 수 있는 정신적·육체적 능력을 갖출 것이 요구되므로 성질상 자연인에게만 인정되고 법인은 인정되지 않는다. 이는 학령아동*만의 권리가 아니고, 일반 국민 또한 평생교육을 받을 권리의 주체가 된다.

> **기출 OX**
> **03** 교육을 받을 권리는 모든 인간에게 부여되는 권리이므로 외국인에게도 보장된다는 것이 통설이다. 01. 법무사 ( )

> * **학령아동**: 어떤 등급의 교육기관에 취학할 자격이 있는 연령층의 아동을 말한다.

04 내용

> **교육기본법**
> 제8조【의무교육】 ① 의무교육은 **6년의 초등교육과 3년의 중등교육**으로 한다.
> ② 모든 국민은 제1항에 따른 의무교육을 받을 권리를 가진다.
> 제9조【학교교육】 ① 유아교육·초등교육·중등교육 및 고등교육을 하기 위하여 학교를 둔다.
> ② 학교는 공공성을 가지며, 학생의 교육 외에 학술 및 문화적 전통의 유지·발전과 주민의 평생교육을 위하여 노력하여야 한다.
> ③ 학교교육은 학생의 창의력계발 및 인성함양을 포함한 전인적 교육을 중시하여 이루어져야 한다.
> ④ 학교의 종류와 학교의 설립·경영 등 학교교육에 관한 기본적인 사항은 따로 법률로 정한다.

1. '능력에 따라' 교육을 받을 권리

능력이란 비전속적인 조건(예 재력, 가정환경 등)을 의미하는 것이 아니라 일신전속적인 재능을 의미한다. 능력에 따른 교육은 정신적·육체적 능력에 상응한 적절한 교육을 의미하며 따라서 입학시험 등을 통한 신입생 선발제도는 위헌이 아니다.

> **04** 초등학교 취학연령을 정하는 문제는 원칙적으로 입법자가 우리의 시대상황과 경제·문화여건 등 제반사항을 고려하여 정할 입법정책의 문제이지만, 아동의 성장발달 속도가 빨라지고 조기교육이 보편화되고 있는 현 시점에서 볼 때 만 4세인 아동의 취학을 허용하지 않는 법률 조항은 입법자의 입법재량의 범위를 벗어난 것으로서 아동의 교육을 받을 권리를 침해하는 것이다. 06. 행시 ( )

> 정답 03 × 04 ×

기출 OX

01 고졸 검정고시 또는 고입 검정고시에 합격했던 자가 해당 검정고시에 다시 응시할 수 없게 됨으로써 제한되는 주된 기본권은 자유로운 인격발현권인데, 이러한 응시자격 제한은 검정고시제도 도입 이후 허용되어 온 합격자의 재응시를 경과조치 등 없이 무조건적으로 금지하는 것이어서 과잉금지원칙에 위배된다. 20. 경찰승진

( )

판례 |

1 취학연령을 만 6세로 규정함으로써 만 4세의 조기입학을 제한하는 것이 위헌인지 여부: 소극 [기각] 01. 법무사, 06. 행시

의무교육 취학연령(만 6세)을 획일적으로 규정함으로써 능력 있는 아동의 조기입학을 불허하는 현 제도에 대해 이는 인류사회 공동체의 역사적·전통적 합의를 바탕으로 한 것으로 조기입학을 허용하지 않는 것이 교육을 받을 권리를 본질적으로 침해한 것이라고 볼 수 없다(헌재 1994.2.24, 93헌마192).

2 상위법령의 위임도 없이 고졸 검정고시에 합격한 자는 재차 고졸 검정고시에 응시할 수 없도록 한 '전라남도 교육청 공고'가 교육받을 권리를 침해하는지 여부: 적극 [인용]

고졸 검정고시규칙과 고입 검정고시규칙은 이미 응시자격이 제한되는 자를 특정적으로 열거하고 있으면서 달리 일반적인 제한사유를 두지 않고 또 그 제한에 관하여 명시적으로 위임한 바가 없으며, 단지 '고시의 기일·장소, 원서접수 기타 고시 시행에 관한 사항' 또는 '고시일시와 장소, 원서접수 기간과 그 접수처 기타 고시 시행에 관하여 필요한 사항'과 같이 고시 시행에 관한 기술적·절차적인 사항만을 위임하였을 뿐, 특히 '검정고시에 합격한 자'에 대하여만 응시자격제한을 공고에 위임하였다고 볼 근거도 없으므로 이 사건 공고는 위임받은 바 없는 응시자격의 제한을 정하고 있는 것이고, 이와 같이 상위법령의 위임 없이 이 사건 공고에 의하여 새로이 설정된 이 사건 응시제한은 기본권제한의 법률유보원칙에 위배하여 청구인의 교육을 받을 권리 등을 침해한다(헌재 2012.5.31, 2010헌마139).

3 대학 구성원이 아닌 사람의 도서관 이용에 관하여 대학도서관의 관장이 승인 또는 허가할 수 있도록 한 것이 대학 구성원이 아닌 자의 교육 받을 권리를 침해하는지 여부: 소극 19. 서울시

교육을 받을 권리가 국가에 대하여 특정한 교육제도나 시설의 제공을 요구할 수 있는 권리를 뜻하는 것은 아니므로, 청구인이 이 사건 도서관에서 도서를 대출할 수 없거나 열람실을 이용할 수 없더라도 청구인의 교육을 받을 권리가 침해된다고 볼 수 없다(헌재 2016.11.24, 2014헌마977).

4 서울대학교 재학생이 재학 중인 학교의 법적 형태를 법인이 아닌 공법상 영조물인 국립대학으로 유지하여 줄 것을 요구할 권리가 학생의 교육받을 권리에 포함되는지 여부: 소극

서울대학교에 대한 재정 지원 조항이 다른 대학 교직원의 법적 지위나 권리·의무관계에 직접 영향을 미친다고 보기도 어렵다. 일반시민은 심판대상조항의 직접적인 수범자가 아니며, 대학의 자율 및 공무담임권, 평등권의 침해 문제도 발생하지 않으므로 기본권 침해가능성 내지 자기관련성이 인정되지 아니한다. 서울대학교 재학생은 공무담임권이 침해될 가능성이 없고, 재학 중인 학교의 법적 형태를 공법상 영조물인 국립대학으로 유지하여 줄 것을 요구할 권리는 교육받을 권리에 포함되지 아니한다(헌재 2014.4.24, 2011헌마612).

정답 **01** ×

2. '균등하게' 교육을 받을 권리

(1) 자유권적 측면

균등하게 교육받을 권리의 자유권적 측면은 능력 이외의 성별, 종교, 사회적 신분 등에 의하여 교육을 받을 기회를 차별하지 아니할 것을 의미한다. 교육의 평등은 구체적으로 취학의 평등을 의미하며 성별·종교 등을 이유로 입학을 거부할 수 없고, 따라서 특정한 문벌이나 일정한 사회적 지위를 갖춘 집안의 자녀만을 입학시키는 학교의 설립은 위헌이며, 혼혈아나 교육이수에 지장이 없는 신체장애자 등의 입학을 거부하는 것도 위헌이다. 다만, 중·고등학교에서 남녀학교를 구분하고 성별을 고려하여 과목을 다르게 하는 것은 균등한 교육을 받을 권리에 위반되지 아니한다.

(2) 사회적권 측면

균등하게 교육을 받을 권리의 사회적 측면은 국민이 적극적으로 국가에 대하여 모든 국민이 균등하게 교육을 받을 수 있도록 교육시설을 설치·운영하고 경제적 이유로 학업이 좌절되지 않도록 무상의무교육을 확대보장하며 장학정책을 시행하는 등 교육의 외적 조건을 정비해줄 것을 청구할 수 있음을 의미한다. 교육기본법은 국가와 지방자치단체로 하여금 적절한 교육시설을 강구하게 하고 장학금제도와 학비보조제도를 실시하며 야간제 기타의 방법을 강구할 의무를 지우고 있다(교육기본법 제7조, 제28조 등).

> **판례 |**
>
> 1. 2021학년도 대학입학전형기본사항 중 재외국민 특별전형 지원자격 가운데 학생의 부모의 해외체류요건 부분이 학생인 청구인을 불합리하게 차별하여 균등하게 교육받을 권리를 침해하는지 여부: **소극**
>   이 사건 전형사항은 일반전형을 통한 진학기회를 전혀 축소하지 않고, 국내 교육과정 수학 결손이 불가피하여 대학교육의 균등한 기회를 갖기 어려운 때로 지원자격을 한정하고자 한 것으로서 그 문언상 해외근무자의 배우자가 없는 한부모 가족에는 적용이 없는 점을 고려할 때, 청구인 학생을 불합리하게 차별하여 균등하게 교육을 받을 권리를 침해하는 것이라고 볼 수 없다(헌재 2020.3.26, 2019헌마212).
>
> 2. 검정고시로 고등학교 졸업학력을 취득한 사람들(이하 '검정고시 출신자'라 한다)의 수시모집 지원을 제한하는 내용의 피청구인 국립교육대학교 등의 '2017학년도 신입생 수시모집 입시요강'(이하 '이 사건 수시모집요강'이라 한다)이 청구인들의 균등하게 교육을 받을 권리를 침해하는지 여부: **적극 [인용(위헌확인)]** 18·19. 서울시
>   이 사건 수시모집요강은 기초생활수급자·차상위계층, 장애인 등을 대상으로 하는 일부 특별전형에만 검정고시 출신자의 지원을 허용하고 있을 뿐 수시모집에서의 검정고시 출신자의 지원을 일률적으로 제한함으로써 실질적으로 검정고시 출신자의 대학입학 기회의 박탈이라는 결과를 초래하고 있다. 수시모집의 학생선발방법이 정시모집과 동일할 수는 없으나, 이는 수시모집에서 응시자의 수학능력이나 그 정도를 평가하는 방법이 정시모집과 다른 것을 의미할 뿐, 수학능력이 있는 자들에게 동등한 기회를 주고 합리적인 선발 기준에 따라 학생을 선발하여야 한다는 점은 정시모집과 다르지 않다. 따라서 수시모집에서 검정고시 출신자에게 수학능력이 있는지 여부를 평가받을 기회를 부여하지 아니하고 이를 박탈한다는 것은 수학능력에 따른 합

기출 OX

02 검정고시로 고등학교 졸업학력을 취득한 사람들의 수시모집 지원을 제한하는 내용의 피청구인 국립교육대학교 등의 〈2017학년도 신입생 수시모집 입시요강〉은 검정고시 출신자인 청구인들의 균등하게 교육을 받을 권리를 침해한다. 19. 법원직 ( )

정답 **02** ○

리적인 차별이라고 보기 어렵다. 피청구인들은 정규 고등학교 학교생활기록부가 있는지 여부, 공교육 정상화, 비교내신 문제 등을 차별의 이유로 제시하고 있으나 이러한 사유가 차별취급에 대한 합리적인 이유가 된다고 보기 어렵다. 그렇다면 이 사건 수시모집요강은 검정고시 출신자인 청구인들을 합리적인 이유 없이 차별함으로써 청구인들의 균등하게 교육을 받을 권리를 침해한다(헌재 2017.12.28, 2016헌마649).

3 군인이 자기계발을 위하여 해외유학하는 경우의 교육비를 청구할 수 있는 권리가 도출되는지 여부: 소극

이 사건 법률조항은 군인이 해외유학을 위하여 휴직하는 것 자체를 금지하는 것이 아니라 그 휴직기간 중에 봉급을 지급하지 않는 것으로 정하고 있을 뿐이고, 직업의 자유나 교육을 받을 권리에 자비 해외유학을 위한 휴직기간 중에 보수를 받을 권리까지 포함되어 있다고 할 수는 없으므로, 이 사건 법률조항들로 인하여 청구인의 직업의 자유나 교육을 받을 권리가 침해되었다고 볼 수 없다(헌재 2009.4.30, 2007헌마290).

4 최대 2점의 가산점을 부여하도록 한 서울대학교 '2022학년도 대학 신입학생 정시모집 안내' 부분이 균등하게 교육받을 권리를 침해하는지 여부: 소극 [기각]

교과이수 가산점은 2015 개정 교육과정의 내실 있는 운영이라는 공익을 추구하면서도, 국가교육과정 외 교육과정을 운영하는 고교에 대해서는 교육과정 편성을 바탕으로 별도 기준을 적용하고, 2015 개정 교육과정을 이수할 수 없는 2020년 2월 이전 고등학교 졸업자, 검정고시 출신자, 외국 소재 고등학교 졸업자 등의 경우에는 '모집단위별 지원자의 가산점 분포를 고려하여 모집단위 내 수능점수 순위에 상응하는 가산점'을 부여하며, 국내 고교 졸업(예정)자 중 6개 학기 미만을 이수한 자의 경우 유형 [Ⅱ] 기준 충족 여부를 우선 반영하고 이를 충족하지 못할 경우 검정고시 출신자 등과 같이 '모집단위별 지원자의 가산점 분포를 고려하여 모집단위 내 수능점수 순위에 상응하는 가산점'을 부여하고 있다. 이는 2015 개정 교육과정을 따를 수 없는 지원자의 유형별로 동등한 기회를 제공하는 취지로 이해된다. 결국 이 사건 가산점 사항은 청구인을 불합리하게 차별하여 균등하게 교육받을 권리를 침해하는 것이라고 볼 수 없다(헌재 2022.3.31, 2021헌마1230).

5 최대 2점의 가산점을 부여하도록 한 서울대학교 '2022학년도 대학 신입학생 정시모집 안내' 부분이 법률유보원칙에 위배되는지 여부: 소극 [기각]

고등교육법은, 대학의 장은 입학자격이 있는 사람 중에서 일반전형이나 특별전형(이하 '입학전형'이라 한다)에 의하여 입학을 허가할 학생을 선발하고, 입학전형의 방법과 학생선발일정 및 그 운영에 필요한 사항은 대통령령으로 정하도록 규정한다(제34조 제1항·제2항). 이 사건 가산점 사항은 고등교육법 및 동법 시행령 등에 근거하고 한국대학교육협의회의 대학입학전형기본사항 등을 준수한 것이므로 법률유보원칙에 위반되어 청구인의 교육받을 권리를 침해하지 아니한다(헌재 2022.3.31, 2021헌마1230).

6 지방대학의 한의과대학 입학자 중 해당지역출신자의 수가 충청권, 호남권, 대구·경북권, 부산·울산·경남권의 경우 학생 입학 전체인원의 40% 이상, 강원권과 제주권의 경우 학생 입학 전체인원의 20% 이상이 되도록 규정한 것이, 수도권 고등학교를 졸업하고 한의과대학 진학을 준비하는 청구인의 교육받을 권리 등을 침해하는지 여부: 소극 [기각]

지역 간의 균형 발전에 대한 국가적·사회적 요청의 강도를 고려하여 볼 때 40%라는 최소 입학 비율이 절대적으로 높다고 보기는 어렵다는 점, 심판대상조항은 지역의 입학 자원 여건 등을 고려하여 강원권과 제주권의 경우 최소 입학 비율을 20%로 정하고 있다는 점 등을 고려해 보면, 위와 같은 비율의 설정이 입법목적 달성에 필요한 정도를 넘는다고 보기는 어렵다. 따라서 심판대상조항은 과잉금지원칙에 위배되어 청구인의 직업선택의 자유와 균등하게 교육을 받을 권리를 침해하지 아니한다(헌재 2025.7.17, 2021헌마1572).

3. '교육'을 받을 권리

교육은 주로 학교교육을 의미하지만, 그 밖에 사회교육, 공민교육, 가정교육 등 여러 형태를 지니며, 헌법 제31조 제1항의 교육에는 이론적으로 평생교육도 포함된다. 다만, 우리 헌법은 동조 제5항에서 국가의 평생교육진흥의무를 따로 규정하여 특히 강조하고 있다.

판례 |

1 고등학교 퇴학일부터 검정고시 공고일까지의 기간이 6개월 이상이 되지 않은 사람에게 고졸검정고시에 응시자격을 부여하지 않는 것이 교육을 받을 권리를 침해하는지 여부: **소극**

심판대상조항에 의하여 **제한받는** 사익은 자신이 원하는 시기에 검정고시에 응시하여 고등학교졸업의 학력인정을 취득하려는 것에 불과하다. 반면 심판대상조항이 추구하는 공익은 고등학교 퇴학자의 고졸검정고시 응시 증가를 억제하여 정규 학교교육 과정의 이수를 유도함으로써 공교육의 내실화를 도모하고자 하는 것이므로, 심판대상조항에 의하여 달성하려는 공익은 이로써 제한받는 사익보다 훨씬 크다 할 것이다. 그렇다면 고졸검정고시 공고일 기준 고등학교를 퇴학한 이후 6개월 동안 고졸검정고시의 응시자격을 제한한 심판대상조항은 청구인들의 교육을 받을 권리를 침해한다고 볼 수 없다(헌재 2022.5.26, 2020헌마1512 등).

2 학교폭력 가해학생에 대해서 수개의 조치를 병과하고 출석정지기간의 상한을 두지 않은 학교폭력예방 및 대책에 관한 법률 조항이 학교폭력 가해학생의 자유롭게 교육을 받을 권리를 침해하는지 여부: **소극**

이상과 같은 학교폭력 가해학생에 대한 다양한 조치의 필요성, 학교폭력예방법과 초·중등교육법상 징계의 차이점 등에서 살펴본 바를 종합하면, 이 사건 징계조치 조항보다 가해학생의 학습의 자유를 덜 제한하면서, 피해학생에게 심각한 피해와 지속적인 영향을 미칠 수 있는 학교폭력에 구체적·탄력적으로 대처하고, 피해학생을 우선적으로 보호하면서 가해학생도 선도·교육하려는 입법 목적을 이 사건 징계조치 조항과 동일한 수준으로 달성할 수 있는 입법의 대안이 있다고 보기 어렵다. 또한 학교폭력예방법에 따른 학교폭력사안 처리 절차 및 기준, 그 처리 과정에서 가해학생 측에게 보장된 각종 기회 및 권리구제절차 등에 비추어 볼 때, 이 사건 징계조치 조항이 가해학생에 대하여 수개의 조치를 병과할 수 있도록 하고 출석정지조치를 취함에 있어 기간의 상한을 두고 있지 않다고 하더라도, 가해학생의 학습의 자유에 대한 제한이 입법목적 달성에 필요한 최소한의 정도를 넘는다고 볼 수 없다. 따라서 이 사건 징계조치 조항은 침해의 최소성원칙에 위반되지 아니한다(헌재 2019.4.11, 2017헌바140).

기출 OX

01 고등학교 퇴학일부터 검정고시 공고일까지의 기간이 6개월 이상이 되지 않은 사람에게 고졸검정고시에 응시자격을 부여하지 않는 것이 교육을 받을 권리를 침해하는 것은 아니다. 23. 입법고시 ( )

02 학교폭력 가해학생에 대해서 수개의 조치를 병과하고 출석정지기간의 상한을 두지 않은 학교폭력예방 및 대책에 관한 법률 조항은 피해학생의 보호에만 치중하여 가해학생에 대해 무기한 내지 지나치게 장기간의 출석정지조치가 취해지는 경우 가해학생에게 가혹한 결과가 초래될 수 있어 학교폭력 가해학생의 자유롭게 교육을 받을 권리를 침해한다. 23. 경찰1차 ( )

정답 **01** ○ **02** ×

기출 OX

01 '의무교육은 무상으로 한다'는 헌법 제31조 제3항은 초등교육에 관하여는 직접적인 효력규정으로서, 이로부터 개인은 국가에 대하여 초등학교의 입학금·수업료 등을 면제받을 수 있는 헌법상의 권리를 가진다.
17. 경찰승진 ( )

02 무상의 중등교육을 받을 권리는 법률에서 중등교육을 의무교육으로서 시행하도록 규정하기 전이더라도 헌법상 권리로서 보장되는 것이다.
19. 경찰경채 ( )

4. 무상의 의무교육

(1) 의무교육

> 헌법 제31조 ② 모든 국민은 그 보호하는 자녀에게 적어도 초등교육과 법률이 정하는 교육을 받게 할 의무를 진다.

의무교육에서 교육을 받을 권리의 주체는 취학연령의 미성년자(6~15세)이고, 교육을 받게 할 의무의 주체는 학력아동의 친권자 또는 후견인이다. 의무교육은 6년의 초등교육과 3년의 중등교육으로 한다(교육기본법 제8조 제1항). 01. 법무사, 04. 법행 의무교육의 실시범위와 관련하여 의무교육의 무상원칙을 규정한 헌법 제31조 제3항은 **초등교육에 관하여는** 직접적인 효력규정으로서 개인이 국가에 대하여 **입학금, 수업료 등을 면제받을 수 있는 헌법상의 권리**라고 볼 수 있다. 그러나 중등교육의 경우에는 초등교육과는 달리 헌법 제31조 제2항에서 직접 중학교교육 또는 고등학교교육 등 중등교육을 지칭하지 아니하고 단지 법률이 정하는 교육이라고 규정하였을 뿐이므로 무상의 의무교육 중 초등교육을 넘는 중학교교육 이상의 교육에 대하여는 국가의 재정형편 등을 고려하여 입법권자가 법률로 정한 경우에 한하여 인정될 수 있는 것이다. 따라서 **무상의 중등교육을 받을 권리는 법률에서 중등교육을 의무교육으로서 시행하도록 규정하기 전에는 헌법상 권리로서 보장되는 것은 아니다**(헌재 1991.2.11. 90헌가27).

(2) 의무교육의 무상성

> 헌법 제31조 ③ 의무교육은 무상으로 한다.

의무교육 무상의 원칙에 있어서 **무상의 범위**는 헌법상 교육의 기회균등을 실현하기 위하여 **필수불가결한 비용,** 즉 모든 학생이 의무교육을 받음에 있어서 경제적인 차별 없이 수학하는 데 반드시 필요한 비용에 한한다고 할 것이며, 이에 따라 의무교육이 실질적으로 균등하게 이루어지기 위한 본질적 항목으로 수업료나 입학금의 면제, 학교와 교사 등 인적·물적 기반 및 그 기반을 유지하기 위한 인건비와 시설유지, 신규시설투자비 등의 재원마련 및 의무교육의 실질적인 균등보장을 위하여 필수불가결한 비용은 무상의 범위에 포함된다.

> **판례 |**
>
> 1 의무교육대상인 중학생의 학부모들에게 급식 관련 비용의 일부를 부담하도록 하는 것이 헌법상 의무교육의 무상원칙에 위배되는지 여부: 소극 [합헌] 19. 서울시
> 의무교육에 있어서 무상의 범위에는 의무교육이 실질적이고 균등하게 이루어지기 위한 본질적 항목으로 수업료나 입학금의 면제, 학교와 교사 등 인적·물적 시설 및 그 시설을 유지하기 위한 인건비와 시설유지, 신규시설투자비 등의 재원부담으로부터의 면제가 포함된다고 할 것이며, 그 외에도 의무교육을 받는 과정에 수반하는 비용으로서 의무교육의 실질적인 균등보장을 위하여 필수불가결한 비용은 무상의 범위에 포함된다. 이러한 비용 이외의 비용을 무상의 범위에 포함시킬 것인지는 국가의 재정상황과 국민의 소득수준, 학부모들의 경제적 수준 및 사회적 합의 등을 고려하여 입법자가 입법정책적으로 해결하여야 할 문제이다.

정답 01 ○ 02 ✕

학교급식이 교육적인 성격을 가지고 있다고 하더라도 급식활동 자체가 의무교육의 실질적인 균등보장을 위한 본질적이고 핵심적인 부분이라고까지는 할 수 없으므로 학교급식비용과 관련된 입법에 대하여는 입법자에게 입법형성의 재량이 인정된다고 보아야 한다. 이 사건 법률조항들은 비록 중학생의 학부모들에게 급식 관련 비용의 일부를 부담하도록 하고 있지만, 학부모에게 급식에 필요한 경비의 일부를 부담시키는 경우에 있어서도 학교급식 실시의 기본적 인프라가 되는 부분은 배제하고 있으며, 국가나 지방자치단체의 지원으로 학부모의 급식비부담을 경감하는 조항이 마련되어 있고, 특히 저소득층 학생들을 위한 지원방안이 마련되어 있다는 점 등을 고려해 보면 이 사건 법률조항들이 입법형성권의 범위를 넘어 헌법상 의무교육의 무상원칙에 반하는 것으로 보기는 어렵다(헌재 2012.4.24, 2010헌바64).

2 학부모들이 부담하는 학교운영지원비를 학교회계세입항목에 포함시켜 의무교육과정의 비용으로 사용하는 것이 의무교육의 무상원칙에 위배되는지 여부: 적극 [위헌]
13. 사시, 16. 국가직, 19. 서울시

학교운영지원비는 그 운영상 교원연구비와 같은 교사의 인건비 일부와 학교회계직원의 인건비 일부 등 의무교육과정의 인적 기반을 유지하기 위한 비용을 충당하는 데 사용되고 있다는 점, 학교회계의 세입상 현재 의무교육기관에서는 국고지원을 받고 있는 입학금·수업료와 함께 같은 항에 속하여 분류되고 있음에도 불구하고 학교운영지원비에 대해서만 학생과 학부모의 부담으로 남아있다는 점, 학교운영지원비는 기본적으로 학부모의 자율적 협찬금의 성격을 갖고 있음에도 그 조성이나 징수의 자율성이 완전히 보장되지 않아 기본적이고 필수적인 학교교육에 필요한 비용에 가깝게 운영되고 있다는 점 등을 고려해보면 이 사건 세입조항은 헌법 제31조 제3항에 규정되어 있는 의무교육의 무상원칙에 위배되어 헌법에 위반된다(헌재 2012.8.23, 2010헌바220).

3 공동주택을 분양받은 자에게 학교용지 확보를 위하여 부담금을 부과·징수할 수 있다는 부분이 헌법상 의무교육의 무상원칙에 반하는지 여부: 적극 [위헌]

헌법은 "모든 국민은 그 보호하는 자녀에게 적어도 초등교육과 법률이 정하는 교육을 받게 할 의무를 지고(제31조 제2항), 의무교육은 무상으로 한다(제31조 제3항)."라고 규정하고 있다. 이러한 의무교육제도는 국민에 대하여 보호하는 자녀들을 취학시키도록 한다는 의무부과의 측면보다는 국가에 대하여 인적·물적 교육시설을 정비하고 교육환경을 개선하여야 한다는 의무부과의 측면이 보다 더 중요한 의미를 갖는다. 의무교육에 필요한 학교시설은 국가의 일반적 과제이고, 학교용지는 의무교육을 시행하기 위한 물적 기반으로서 필수조건임은 말할 필요도 없으므로 이를 달성하기 위한 비용은 국가의 일반 재정으로 충당하여야 한다.
따라서 적어도 의무교육에 관한 한 일반 재정이 아닌 부담금과 같은 별도의 재정수단을 동원하여 특정한 집단으로부터 그 비용을 추가로 징수하여 충당하는 것은 의무교육의 무상성을 선언한 헌법에 반한다(헌재 2005.3.31, 2003헌가20).

4 수분양자가 아닌 개발사업자를 부과대상자로 하는 학교용지부담금제도가 위헌인지 여부: 소극 [합헌] 12. 사시, 19. 서울시

의무교육의 무상성에 관한 헌법상 규정은 교육을 받을 권리를 보다 실효성 있게 보장하기 위하여 의무교육비용을 학령아동보호자의 부담으로부터 공동체 전체의 부담으로 이전하라는 명령일 뿐이고, 의무교육의 비용을 오로지 조세로만 해결하여야 함을 의미하는 것은 아니므로 학교용지부담금의 부과대상을 수분양자가 아닌 개발사업자로 정하고 있는 이 사건 법률조항은 헌법 제31조 제3항의 의무교육의 무상성과는 무관하다.

기출 OX
03 급식활동이 의무교육에 있어서 필수불가결한 교육과정이며 이에 소요되는 경비가 의무교육의 실질적인 균등보장을 위한 본질적이고 핵심적인 항목에 해당하므로, 이에 관한 모든 재원마련도 전적으로 국가와 지방자치단체의 몫이 되어야 하므로 급식에 관한 경비를 전면무상으로 하지 않고 그 일부를 학부모의 부담으로 정하고 있는 법률조항들은 의무교육의 무상원칙에 위배된다. 19. 법무사 ( )

04 학교운영지원비를 학교회계세입항목에 포함시키도록 하는 것은 헌법 제31조 제3항에 규정되어 있는 의무교육의 무상원칙에 위반되지 않는다.
20. 경찰승진 ( )

05 학교용지부담금의 부과대상을 수분양자가 아닌 개발사업자로 정하고 있는 구 학교용지 확보 등에 관한 특례법 조항은 의무교육의 무상원칙에 위배된다. 20. 경찰승진 ( )

정답 03 × 04 × 05 ×

또한 취학률이 100% 수준에 달하고 학생수는 계속적으로 감소하고 있는 현 상황에서 개발사업지역만을 중심으로 발생하는 학교신설수요는 국민 모두의 교육수요충족과는 관계가 없는 것으로 개발지역에서의 학교시설확보는 특별한 공익사업으로서의 성격을 가지고 있으며, 이 사건 법률조항은 일정 규모 이상의 개발사업을 통하여 학교신설의 수요를 야기한 개발사업자라는 동질적인 특정 요소를 가진 집단을 부과대상으로 하여 부과대상 사이에 외부적·내부적 동질성이 존재한다. 이들은 개발사업을 통하여 이익을 얻었다는 점에서 학교시설확보라는 공적 과제와 밀접한 관련성을 가지고 있을 뿐만 아니라 이에 대하여 일정한 부담을 지어야 할 책임도 가지고 있다. 따라서 개발사업자에 대한 학교용지부담금 부과는 평등의 원칙에 반하지 않는다(헌재 2008.9.25, 2007헌가1).

부담금 관련 판결
- 공동주택 수분양자에게 학교용지부담금을 부과 ⇨ 위헌
- 개발사업자에게 학교용지부담금을 부과 ⇨ 합헌
- 개발사업자에게 신규로 주택이 공급되는 개발사업분 외에 가구수가 증가하지 아니하는 사업에 대한 개발사업부담금을 부과 ⇨ 헌법불합치

5 학교용지 확보 등에 관한 특례법 제5조 제1항 단서 제5호 중 매도나 현금청산의 대상이 되어 제3자에게 분양됨으로써 기존에 비하여 가구수가 증가하지 아니하는 개발사업분을 학교용지부담금 부과대상에서 제외하는 규정을 두지 아니한 것이 평등원칙에 위배되는지 여부: **적극 [헌법불합치]** 14. 국회직, 18. 법행

개발사업이 진행되는 지역에서 단기간에 형성된 취학수요에 부응하기 위하여 학교를 신설 및 증축하는 것은 개발지역의 기반시설을 확보하려는 것이므로, 그 재정을 충당하기 위하여 학교용지부담금을 개발사업의 시행자에게 부과하는 것은 개발사업의 시행자가 위와 같은 학교시설확보의 필요성을 유발하였기 때문이다. 학교시설 확보의 필요성은 개발사업에 따른 인구유입으로 인한 취학수요의 증가로 초래되므로, 주택재건축사업의 시행으로 공동주택을 건설하는 경우에는 신규로 주택이 공급되는 개발사업분만을 기준으로 학교용지부담금의 부과대상을 정하여야 한다. 이 사건 법률조항이 주택재건축사업의 경우 학교용지부담금 부과대상에서 '기존 거주자와 토지 및 건축물의 소유자에게 분양하는 경우'에 해당하는 개발사업분만 제외하고, 매도나 현금청산의 대상이 되어 제3자에게 분양됨으로써 기존에 비하여 가구수가 증가하지 아니하는 개발사업분을 제외하지 아니한 것은 주택재건축사업의 시행자들 사이에 학교시설 확보의 필요성을 유발하는 정도와 무관한 불합리한 기준으로 학교용지부담금의 납부액을 달리하는 차별을 초래하므로 이 사건 법률조항은 평등원칙에 위배된다(헌재 2013.7.25, 2011헌가32).

6 '공유재산 및 물품 관리법'(2014.1.7. 법률 제12201호로 개정된 것) 제81조 제1항이 의무교육 실시와 같은 공익 목적 내지 공적 용도로 공유재산을 무단점유한 경우를 사익추구의 목적으로 무단점유한 경우와 동일하게 변상금을 부과하고 있어 평등원칙에 위반되는지 여부: **소극**

공유재산의 효용 및 공유재산을 점유하기 위한 절차 규정에 비추어 보면, 공유재산을 무단점유하는 자로부터 그 사용료 또는 대부료 상당의 부당이득을 환수하고 이에 덧붙여 추가로 일정한 금액을 징벌적으로 징수하는 것은, 그것이 과도한 금액의 책정이 아닌 한 점유의 목적이나 용도와 관계없이 공유재산을 점유하려는 자를 사전에 적법한 절차에 따라 공유재산에 대한 권원을 취득하도록 유도하여 지방자치단체가 정상적으로 사용료 또는 대부료를 징수하며 공유재산을 적절히 보호·관리하는 데 필요한 적합한 수단이다. 또한 헌법 제31조 제3항의 의무교육 무상의 원칙이 의무교육을 위탁받은 사립학교를 설치·운영하는 학교법인 등과의 관계에서 관련 법령에 의하여 이미 학교법인이 부담하도록 규정되어 있는 경비까지 종국적으로 국가나 지방자치단체의 부담으로 한다는 취지로 볼 수는 없다. 따라서 사립학교를 설치·경영하는 학교법인이 공유재산을 점유하는 목적이 의무교육 실시라는 공공 부문과 연결되어 있다는 점만으로 그 점유자를 변상금 부과대상에서 제외하여야 한다고 할 수

없고, 심판대상조항이 공익 목적 내지 공적 용도로 무단점유한 경우와 사익추구의 목적으로 무단점유한 경우를 달리 취급하지 않았다 하더라도 평등원칙에 위반되지 아니한다(헌재 2017.7.27, 2016헌바374).

7 사립학교법상 교비회계의 다른 회계로의 전용을 금지하는 규정과 위 금지규정을 위반한 경우 처벌하는 규정이 사립학교 운영의 자유를 침해하는지 여부: 소극 [합헌]

이 사건 금지조항과 처벌조항은, 사립학교의 '교비회계에 속하는 수입 및 재산'이 본래의 용도인 학교의 학문 연구와 교육 및 학교운영을 위해 사용될 수 있도록 강제함으로써 사립학교가 교육기관으로서 양질의 교육을 제공하는 동시에 교육의 공공성을 지킬 수 있는 재정적 기초를 보호하고 있다.

우리나라에서 사립학교가 공교육에서 차지하는 비중은 매우 높은바, 교비회계에 속하는 수입 및 재산의 전용을 금지하고 그 위반시 처벌하는 강력한 제재는 사립학교의 발전을 이루기 위해 반드시 필요한 조치이다.

사립학교법은 교비회계에 속하는 수입이나 재산을 다른 회계에 전출하거나 대여할 수 있는 예외적인 규정을 두고 있으며, 법원은 개별 사안에서 그 지출이 당해 학교의 교육에 직접 필요한 경비인지 여부를 결정함으로써 구체적인 타당성을 도모하고 있는 점 등을 종합하면, 이 사건 금지조항과 처벌조항은 사립학교 운영의 자유를 침해하지 아니한다(헌재 2023.8.31, 2021헌바180).

8 학칙의 제정 또는 개정에 관한 사항 등 대학평의원회의 심의사항을 규정한 고등교육법이 국·공립대학 교수회 및 교수들의 대학의 자율권을 침해하는지 여부: 소극 [기각]

이 사건 심의조항은 대학 구성원이 학교 운영의 기본사항에 대한 의사결정 과정에 참여할 수 있는 기회를 절차적으로 보장하는 것으로서, 연구에 관한 사항은 대학평의원회의 심의사항에서 제외하고 있는 점, 교육과정 운영에 관한 사항은 대학평의원회의 자문사항에 해당하는 점, 심의결과가 대학의 의사결정을 기속하지 않는 점 등을 고려할 때 이 사건 심의조항이 연구와 교육 등 대학의 중심적 기능에 관한 자율적 의사결정을 방해한다고 볼 수 없으며, 학교운영이 민주적 절차에 따라 공정하고 투명하게 이루어질 수 있도록 하기 위한 것으로서 합리적 이유가 인정된다. 따라서 이 사건 심의조항이 국·공립대학 교수회 및 교수들의 대학의 자율권을 침해한다고 볼 수 없다(헌재 2023.10.26, 2018헌마872).

9 교원, 직원, 학생 등 대학평의원회의 각 구성단위에 속하는 평의원의 수가 전체 평의원 정수의 2분의 1을 초과할 수 없도록 규정한 구 고등교육법 제19조의2 제2항 후문(이하 '이 사건 구성제한조항'이라 한다)이 국·공립대학 교수회 및 교수들의 대학의 자율권을 침해하는지 여부: 소극 [기각]

대학의 학문과 연구 활동에서 중요한 역할을 담당하는 교원에게 그와 관련된 영역에서 주도적인 역할을 인정하는 것은 대학의 자율성의 본질에 부합하고 필요하나, 이것이 **교육과 연구에 관한 사항은 모두 교원이 전적으로 결정할 수 있어야 한다는 의미는 아니다.** 대학평의원회의 심의·자문사항은 제한적이고, 교원의 인사에 관한 사항에 대해서는 교원으로 구성되는 대학인사위원회가 심의하는 점, 대학평의원회의 심의결과는 대학의 의사결정을 기속하는 효력이 없는 점을 종합하면, 이 사건 구성제한조항으로 인하여 교육과 연구에 관한 사항의 결정에 교원이 주도적 지위를 가질 수 없게 된다고 볼 수 없다. 이 사건 구성제한조항은 대학의 의사결정에 영향을 받는 다양한 구성원들의 자유로운 논의와 의사결정 참여를 보장하기 위한 것으로서 합리적 이유가 있다고 할 것이므로, 국·공립대학 교수회 및 교수들의 대학의 자율권을 침해한다고 볼 수 없다(헌재 2023.10.26, 2018헌마872).

5. 부모의 교육권

(1) 의의 및 근거

현행헌법에는 부모의 교육권에 대한 명문규정은 없으나, 모든 인간이 국적과 관계없이 누리는 양도할 수 없는 불가침의 인권으로서 **자연법적 권리**인 부모의 친권을 근거로 하여 인정할 수 있다. 헌법재판소는 그 헌법적 근거에 대하여 행복추구권을 보장하는 헌법 제10조, 혼인과 가족생활을 보장하는 헌법 제36조 제1항 그리고 헌법 제37조 제1항과 문화국가원리에서 찾고 있다.

(2) 내용

① **학교선택권**: 자녀의 교육을 받을 권리의 근거규정인 헌법 제31조 제1항을 근거로 하여 부모의 학교선택권을 인정할 수 있다. 다만, 헌법재판소는 **거주지를 기준으로 중·고등학교의 입학을 제한하는 배정제도는** 과열된 입시경쟁으로 말미암아 발생하는 부작용을 방지하기 위한 것으로 도시와 농어촌에 있는 중·고등학교의 교육여건의 차이가 심하지 않아 헌법 제31조 제1항에서 파생하는 학부모의 **학교선택권의 본질적 내용을 침해하는 것으로 볼 수 없다**고 한다(헌재 1995.2.23, 91헌마204).

② **교육참여권**
   ㉠ **사립학교에도 국·공립학교처럼 의무적으로 운영위원회를 두도록** 할 것인지, 아니면 임의단체인 기존의 육성회 등으로 하여금 유사한 역할을 계속할 수 있게 하고 법률에서 규정된 운영위원회를 재량사항으로 하여 그 구성을 유도할 것인지의 여부는 입법자의 입법형성영역인 정책문제에 속하고, 그 재량의 한계를 현저하게 벗어나지 않는 한 헌법 위반으로 단정할 것은 아니다. 청구인이 이로 인하여 사립학교의 운영위원회에 참여하지 못하였다고 할지라도 그로 인하여 **교육참여권이 침해되었다고 볼 수 없다**(헌재 1999.3.25, 97헌마130).

   ㉡ **사립학교에도 학교운영위원회를 의무적으로 설치하도록 한 초·중등교육법 제31조**에 의하여 사립학교교육의 자주성·전문성이 어느 정도 제한된다고 하더라도, 그 입법취지 및 학교운영위원회의 구성과 성격 등을 볼 때 사립학교 학교운영위원회제도가 현저히 자의적이거나 비합리적으로 사립학교의 공공성만을 강조하고 **사립학교의 자율성을 제한한 것이라 보기 어렵다**(헌재 2001.11.29, 2000헌마278).

   ㉢ 자녀의 양육과 교육에 있어서 부모의 교육권은 교육의 모든 영역에서 존중되어야 하며, 다만 학교교육에 관한 한 국가는 헌법 제31조에 의하여 부모의 교육권으로부터 원칙적으로 독립된 독자적인 교육권한을 부여받음으로써 부모의 교육권과 함께 자녀의 교육을 담당하지만, 학교 밖의 교육영역에서는 원칙적으로 부모의 교육권이 우위를 차지한다. 따라서 **원칙적으로 모든 과외교습행위를 금지하여 그에 위반된 경우 형사처벌을 하도록 하고, 예외적으로 일정한 요건에 해당하는 과외교습행위만을 적법한 것으로 취급하는 것**은 헌법 제37조 제2항의 과잉금지의 원칙에 위반되어 부모의 **자녀교육권** 등을 **침해**한다(헌재 2000.4.27, 98헌가16 등).

기출 OX

01 부모의 자녀교육권이란 부모의 자기결정권이라는 의미에서 보장되는 자유가 아니라, 자녀의 보호와 인격발현을 위하여 부여되는 것이므로, 자녀의 행복이란 관점에서 교육방향을 결정하라는 행위지침을 의미할 뿐 부모의 기본권이라고는 볼 수 없다.
17. 경찰승진 ( )

정답 01 ×

판례 I

1 학교 밖에서 자녀교육(과외교습)을 원칙적으로 금지하는 것이 위헌인지 여부: 적극
[위헌] 06. 입시, 06·09. 국가직, 07·16. 법행, 08. 사시, 17. 경찰승진

[1] 자녀의 양육과 교육은 일차적으로 부모의 **천부적인 권리인 동시에** 부모에게 부과된 **의무**이기도 하다. '부모의 자녀에 대한 교육권'은 비록 헌법에 명문으로 규정되어 있지는 아니하지만, 이는 모든 인간이 누리는 **불가침의 인권**으로서 혼인과 가족생활을 보장하는 헌법 제36조 제1항, 행복추구권을 보장하는 헌법 제10조 및 "국민의 자유와 권리는 헌법에 열거되지 아니한 이유로 경시되지 아니한다."라고 규정하는 헌법 제37조 제1항에서 나오는 중요한 기본권이다. 부모는 자녀의 교육에 관하여 전반적인 계획을 세우고 자신의 인생관·사회관·교육관에 따라 자녀의 교육을 자유롭게 형성할 권리를 가지며, 부모의 교육권은 다른 교육주체와의 관계에서 원칙적인 우위를 가진다.

[2] 자녀의 양육과 교육에 있어서 부모의 교육권은 교육의 모든 영역에서 존중되어야 하며, 다만 **학교교육에 관한 한** 국가는 헌법 제31조에 의하여 부모의 교육권으로부터 원칙적으로 독립된 독자적인 교육권한을 부여받음으로써 **부모의 교육권과 함께** 자녀의 교육을 담당하지만, **학교 밖의 교육영역**에서는 원칙적으로 **부모의 교육권이 우위**를 차지한다.

[3] 학원의 설립·운영 및 과외교습에 관한 법률 제3조(이하 '법 제3조'라고 한다)에 의하여 제한되는 기본권은 배우고자 하는 아동과 청소년의 인격의 자유로운 발현권, 자녀를 가르치고자 하는 부모의 교육권, 과외교습을 하고자 하는 개인의 직업선택의 자유 및 행복추구권이다.

[4] 법 제3조는 원칙적으로 허용되고 기본권적으로 보장되는 행위에 대하여 원칙적으로 금지하고 예외적으로 허용하는 방식의 '원칙과 예외'가 전도된 규율형식을 취한 데다가 그 내용상으로도 규제의 편의성만을 강조하여 입법목적달성의 측면에서 보더라도 금지범위에 포함시킬 불가피성이 없는 행위의 유형을 광범위하게 포함시키고 있다는 점에서 입법자가 선택한 규제수단은 입법목적의 달성을 위한 최소한의 불가피한 수단이라고 볼 수 없다.

[5] 법 제3조가 실현하려는 입법목적의 실현효과에 대하여 의문의 여지가 있고, 반면에 법 제3조에 의하여 발생하는 기본권제한의 효과 및 문화국가실현에 대한 불리한 효과가 현저하므로 법 제3조는 제한을 통하여 얻는 공익적 성과와 제한이 초래하는 효과가 합리적인 비례관계를 현저하게 일탈하여 법익의 균형성을 갖추지 못하고 있다(헌재 2000.4.27, 98헌가16·98헌마429).

2 학원조례조항에 의한 교습시간 제한이 학생의 인격의 자유로운 발현권 및 학부모의 자녀교육권 등을 침해하는지 여부: 소극 [기각]

학원조례조항은 학원 심야교습을 제한함으로써 학생들의 건강과 안전을 지키면서 자습능력을 향상시키고, 학교교육을 정상화하며, 비정상적인 과외교습경쟁으로 인한 학부모의 경제적 부담을 덜어주어 사교육기회의 차별을 최소화하고, 비정상적인 교육투자로 인한 인적, 물적 낭비를 줄이는 것을 그 목적으로 하므로, 그 입법목적은 정당하다. 학원 심야교습을 제한하면 학생들이 보다 일찍 귀가하여 휴식과 수면을 취하거나 예습 및 복습으로 자습능력을 키울 수 있고, 사교육 과열로 인한 학부모의 경제적 부담 증가 등과 같은 여러 폐해를 완화시킬 수 있으므로 수단의 적합성도 인정된다. 학원조례조항이 추구하는 공익은 학생들의 건강과 안전, 자습능력의 향상, 학교교육 충실화, 부차적으로 사교육비 절감이다. 학원조례조항으로 인하여 제한되는 사익이 공익보다 중대한 것이라고 보기 어렵다. 학원조례조항이 비례의 원칙에

기출 OX

02 '부모의 자녀에 대한 교육권은 비록 헌법에 명문으로 규정되어 있지는 아니하지만, 이는 모든 인간이 국적과 관계없이 누리는 양도할 수 없는 불가침의 인권이다. 20. 경찰승진 ( )

03 부모는 자녀의 교육에 관하여 전반적인 계획을 세우고 자신의 인생관·사회관·교육관에 따라 자녀의 교육을 자유롭게 형성할 권리를 가지며, 부모의 교육권은 다른 교육 주체와의 관계에서 원칙적인 우위를 가진다. 13. 변호사 ( )

04 자녀에 대한 부모의 교육권은 학교 밖의 영역에서는 물론이고, 학교교육에서도 국가의 교육권보다 우월한 지위에 있다. 09. 지방직 ( )

정답 02 ○ 03 ○ 04 ×

위반하여 청구인 학생의 인격의 자유로운 발현권, 청구인 학부모의 자녀교육권 및 청구인 학원운영자의 직업수행의 자유를 침해하였다고 할 수 없다(헌재 2016.5.26, 2014헌마374).

3 **학원의 교습시간을 05:00부터 22:00까지 규정하고 있는 '서울특별시 학원의 설립·운영 및 과외교습에 관한 조례' 제5조 제1항이 자녀교육권, 직업의 자유 등을 침해하는지 여부: 소극 [기각]** 12. 법무사, 13. 경찰승진, 18. 서울시

학원의 교습시간을 제한하여 학생들의 수면시간 및 휴식시간을 확보하고, 학교교육을 정상화하며, 학부모의 경제적 부담을 덜어주려는 이 사건 조례의 입법목적의 정당성 및 수단의 적합성이 인정되고, 원칙적으로 학원에서의 교습은 보장하면서 심야에 한하여 교습시간만을 제한하면서 다른 사교육 유형은 제한하지 않으므로 청구인들의 기본권을 과도하게 제한하는 것이라고 볼 수 없으며, 이 사건 조항으로 인하여 제한되는 사익은 일정한 시간 학원이나 교습소에서의 교습이 금지되는 불이익인 반면 이 사건 조항이 추구하는 공익은 학생들의 건강과 안전, 학교교육의 충실화, 부차적으로 사교육비의 절감이므로 법익균형성도 총족하므로 이 사건 조항이 학교교과 교습학원 및 교습소의 교습시간을 제한하였다고 하여 청구인들의 인격의 자유로운 발현권, 자녀교육권 및 직업수행의 자유를 침해하였다고 볼 수 없다(헌재 2009.10.29, 2008헌마635).

4 **초등학교 1·2학년의 정규교과에 영어를 배제하고, 3~6학년의 영어교육을 일정한 시수로 제한하는 부분(이하 '이 사건 고시 부분'이라 한다)이 청구인들의 인격의 자유로운 발현권, 자녀교육권을 침해하는지 여부: 소극 [기각]**

초등학교 1·2학년은 공교육 체계하에서 한글을 처음 접하는 시기로, 이 시기에 영어를 배우게 되면 한국어 발달과 영어 교육에 문제점이 발생하게 될 가능성이 높다는 전문가의 의견이 있고, 이러한 의견을 반영한 해당 부처의 판단이 명백히 잘못되었다고 할 수 없다. 한편, 사립학교에게 그 특수성과 자주성이 인정된다고 하더라도, 자율적인 교육과정의 편성은 국가 수준의 교육과정 내에서 허용될 수 있는 것이지, 이를 넘어 허용한다면 교육의 기회에 불평등을 조장하는 결과를 초래하여, 종국에는 사회적 양극화를 초래하는 주요한 요소가 될 것이다. 따라서 이 사건 고시 부분은 청구인들의 인격의 자유로운 발현권과 자녀교육권을 침해하지 않는다(헌재 2016.2.25, 2013헌마838).

5 **교과용 도서를 편찬하거나 검정 또는 인정하는 경우 표준어규정을 준수하도록 하고 있는 구 국어기본법 제18조 규정이 부모의 자녀교육권을 침해하는지 여부: 소극**

[1] 부모는 어떠한 방향으로 자녀의 인격이 형성되어야 하는가에 관하여 목표를 정하고 자녀의 개인적 성향·능력 등을 고려하여 교육목적을 달성하기에 적합한 수단을 선택할 권리를 가진다 할 것이며, 그러한 인격의 형성과 긴밀한 관련을 가지는 국어교육에 있어 지역 공동체의 정서와 문화가 배어있는 방언에 기초한 교육을 할 것인가, 표준어에 기초한 교육을 할 것인가를 결정할 수 있는 것으로서 이는 자녀교육권의 한 내용이라 할 수 있다.

[2] 이 사건 법률조항들 중 학교의 교과용 도서를 표준어규정에 의하도록 한 부분은 국가의 학교교육의 내용과 목표를 정할 수 있는 포괄적인 규율권한 내의 문제라 할 것으로서, 국가는 이를 통하여 국가공동체의 통합과 원활한 의사소통을 위하여 표준어규정으로 교과용 도서를 제작하는 것을 선택한 것이고, … 부모의 자녀교육권을 침해하는 것이라 보기 어렵다(헌재 2009.5.28, 2006헌마618).

기출 OX

01 초등학교 정규교과에서 영어를 배제하거나 영어교육 시수를 제한하는 것은 학생들의 인격의 자유로운 발현권을 제한하나, 이는 균형적인 교육을 통해 초등학생의 전인적 성장을 도모하고 영어과목에 대한 지나친 사교육의 폐단을 막기 위한 것으로 학생들의 기본권을 침해하지 않는다. 20. 경찰승진
( )

정답 **01** ○

6. 교사의 수업권

교사의 수업권이 헌법상 보장되는 기본권인지 여부에 대하여 헌법재판소의 입장은 소극적이며, 수업권을 내세워 수학권을 침해할 수는 없으며 국민의 수학권의 보장을 위하여 교사의 수업권은 일정 범위 내에서 제약을 받을 수밖에 없다고 한다. 이와 관련하여 **교과서의 검·인정제도**의 위헌성이 논의되나, 헌법재판소는 교과내용의 일정 수준 유지와 학생들의 수학권의 내실 있는 보장, 교육내용의 객관성·전문성·적정성의 유지 및 공교육에 대한 기준설정의 필요성 등의 이유로 **합헌**이라고 한 바 있다(헌재 1992.11.12, 89헌마88).

> **판례 Ⅰ**
>
> 1. 교과서의 검·인정제와 교사의 수업권제한이 위헌인지 여부: **소극 [기각]** 09. 국가직
>   수업의 자유는 무제한 보호되기는 어려우며 **초·중·고등학교의 교사**는 자신이 연구한 결과에 대하여 스스로 확신을 갖고 있다고 하더라도 그것을 학회에서 보고하거나, 학술지에 기고하거나, 스스로 저술하여 책자를 발행하는 것은 별론으로 하고 **수업의 자유를 내세워** 함부로 **학생들에게 여과 없이 전파할 수는 없다**고 할 것이고, 나아가 헌법과 법률이 지향하고 있는 자유민주적 기본질서를 침해할 수 없음은 물론 사회상규나 윤리도덕을 일탈할 수 없으며, 따라서 가치편향적이거나 반도덕적인 내용의 교육은 할 수 없는 것이라고 할 것이다. 교사의 수업권은 전술과 같이 교사의 지위에서 생겨나는 직권인데, 그것이 헌법상 보장되는 기본권이라고 할 수 있느냐에 대하여서는 이를 부정적으로 보는 견해가 많으며, 설사 헌법상 보장되고 있는 학문의 자유 또는 교육을 받을 권리의 규정에서 교사의 수업권이 파생되는 것으로 해석하여 기본권에 준하는 것으로 간주하더라도 **수업권을 내세워 수학권을 침해할 수는 없으며, 국민의 수학권의 보장을 위하여 교사의 수업권은 일정 범위 내에서 제약을 받을 수밖에 없는 것이다**(헌재 1992.11.12, 89헌마88).
> 2. 학교가 법령 등을 위반하여 정상적인 학사운영이 불가능한 경우에 교육부장관은 학교의 폐쇄를 명할 수 있다고 규정한 고등교육법이 사학의 자유를 침해하는지 여부: **소극 [합헌]**
>   정상적인 학사운영이 불가능한 정도에 이른 사립학교는 더 이상 그 존재 이유가 없고, 이러한 학교를 그대로 방치하는 것은 오히려 사회적으로 많은 혼란을 야기할 수 있다. 이 사건 폐쇄명령조항에 따라 학교를 폐쇄하려면 정상적인 학사운영이 불가능할 정도로 위법성이 중대하여야 하고, 그 전에 청문절차도 거쳐야 한다. 이 사건 폐쇄명령조항에 따라 학교가 폐쇄됨으로써 달성할 수 있는 공익이, 학교 폐쇄로 인하여 학교법인 등이 입게 될 불이익보다 작다고 할 수도 없다. 따라서 이 사건 폐쇄명령조항은 과잉금지원칙에 반하지 않는다.
>   학교법인에 대한 해산명령은 학교법인에게 설립목적을 제대로 유지·계승할 수 있는 기회를 주었음에도 제대로 시정되지 아니하였을 때 내려지는 최후의 제재수단으로서 그 전에 청문절차도 거쳐야 한다. 이 사건 해산명령조항에 따라 학교법인이 해산됨으로써 달성할 수 있는 공익이, 학교법인 해산으로 인하여 발생하게 될 불이익보다 작다고 할 수도 없다. 따라서 이 사건 해산명령조항은 과잉금지원칙에 반하지 않는다(헌재 2018.12.27, 2016헌바217).

기출 OX

02 헌법상 보장되고 있는 학문의 자유 또는 교육을 받을 권리의 규정에서 교사의 수업권(授業權)이 파생되는 것으로 해석하여 기본권에 준하는 것으로 간주하더라도, 수업권을 내세워 국민의 수학권(修學權)을 침해할 수는 없다. 17. 경찰승진 ( )

03 학생의 수학권과 교사의 수업권은 대등한 지위에 있으므로, 학생의 수학권의 보장을 위하여 교사의 수업권을 일정한 범위 내에서 제약할 수 없다. 18. 경찰승진 ( )

정답 **02** O **03** ✕

3 사립유치원의 회계를 국가가 관리하는 공통된 회계시스템을 이용하여 처리하도록 하는 것은 개인사업자인 사립유치원의 자유로운 회계처리방법 선택권을 과도하게 침해하는지 여부: **소극**

사립유치원은 비록 설립주체의 사유재산으로 설립·운영되기는 하지만, 유아교육법, 사립학교법 등 교육관계법령에 의하여 국·공립학교와 마찬가지의 재정적 지원과 감독·통제를 받는 학교로서, 사립유치원의 재정 및 회계의 건전성과 투명성은 그 유치원에 의하여 수행되는 교육의 공공성과 직결된다고 할 것이므로, 사립유치원의 회계투명성을 확보하기 위하여 교비회계업무를 처리함에 있어 국가관리회계시스템(에듀파인)을 이용하도록 한 것은 사립유치원 설립·경영자의 사립학교 운영의 자유를 침해하지 아니한다고 결정한 사건이다(헌재 2021.11.25, 2019헌마542).

05 효력

교육을 받을 권리의 사회권적 측면은 대국가적 효력을 가지며 국가, 지방자치단체 기타 공공단체를 구속한다. 반면 교육을 받을 권리의 자유권적 측면은 국가뿐만 아니라 사립학교 등 사인에 대하여도 제3자적 효력을 가진다.

제4절 근로의 권리

01 의의

헌법 제32조 ① 모든 국민은 근로의 권리를 가진다. 국가는 사회적·경제적 방법으로 근로자의 고용의 증진과 **적정임금의 보장에 노력하여야** 하며, 법률이 정하는 바에 의하여 **최저임금제를 시행하여야** 한다.
② 모든 국민은 근로의 의무를 진다. 국가는 근로의 의무의 내용과 조건을 민주주의 원칙에 따라 법률로 정한다.
③ 근로조건의 기준은 인간의 존엄성을 보장하도록 법률로 정한다.
④ 여자의 근로는 특별한 보호를 받으며, 고용·임금 및 근로조건에 있어서 부당한 차별을 받지 아니한다.
⑤ 연소자의 근로는 특별한 보호를 받는다.
⑥ 국가유공자·상이군경 및 전몰군경의 유가족은 법률이 정하는 바에 의하여 우선적으로 근로의 기회를 부여받는다.

1. 개념

'근로의 권리'란 근로자가 자신의 의사와 능력에 따라 근로관계를 형성·유지하고, 나아가 근로의 기회를 얻지 못한 경우에는 국가에 대하여 근로기회의 제공을 요구할 수 있는 권리를 말한다.

2. 연혁

(1) 1919년 바이마르 헌법에서 근로권을 헌법의 차원에서 최초로 규정하였다. 04.법행

(2) 제2차 대전 이후 자본주의국가의 헌법들에서도 근로권에 관한 규정을 두었다.

(3) 우리나라는 이익분배균점권을 건국헌법에서 규정하였으나, 제5차 개정헌법에서 삭제하였다.

(4) '적정임금의 보장' 노력의무는 제8차 개정헌법(1980년)에서 규정하였고, '최저임금제를 시행할 의무'는 제9차 개정헌법(1987년)에서 신설하였다.

02 법적 성격

근로의 권리는 자유권적 성격과 사회권적 성격을 함께 가지고 있다. 근로의 권리의 사회권적 성격에 관하여 ① 프로그램권리설, ② 추상적 권리설, ③ 구체적 권리설 등의 견해대립이 있다.

03 주체

1. 근로의 권리는 국민의 권리이고 사회정책적 권리이므로 국민 중에서도 자연인만이 주체이고 외국인에게는 보장되지 않는 것이 원칙이다.

2. 근로의 권리는 근로자를 개인의 차원에서 보호하기 위한 권리로서 **개인인 근로자**가 **그 주체**가 되는 것이고, **노동조합은 그 주체가 될 수 없다**(헌재 2009.2.26, 2007헌바27). 15.법원직

> **판례 Ⅰ**
>
> **1 외국인이 국가에 대하여 근로기회의 제공을 청구할 권리가 인정되는지 여부: 소극** 06.행시
> 근로의 권리는 국민의 권리이기 때문에 외국인에게는 근로의 권리의 본래적 내용, 즉 국가에 대하여 근로기회의 제공을 청구할 권리는 당연히 없다. 그러나 외국인(비록 위장취업을 위하여 불법입국한 외국인이라 할지라도)이 국내 사업주와 불법으로 근로계약을 체결하였다 하더라도 그 계약은 유효하고, 그 외국인은 근로기준법상의 근로자에 해당한다고 보아야 한다. 따라서 근로기준법상의 근로자보호규정은 외국인인 근로자에게도 적용되어야 한다. 그 결과 외국인근로자의 임금채권도 보호되어야 하고, 그가 업무상 부상 등을 입은 경우에는 산업재해보상보험법의 적용도 받아 마땅하다(서울고법 1993.11.26, 93구16774).
>
> **2 외국인이 근로기준법상의 근로자인지 여부: 적극**
> 외국인이 취업자격이 아닌 산업연수체류자격으로 입국하여 구 산업재해보상보험법의 적용대상이 되는 사업장인 회사와 고용계약을 체결하고 근로를 제공하다가 작업 도중 부상을 입었을 경우 비록 그 외국인이 구 출입국관리법상의 취업자격을 가지고 있지 않다 하더라도 그 고용계약이 당연히 무효라고 할 수 없고, 위 부상 당시 그

기출 OX

01 1948년 헌법에서 사기업근로자의 이익분배균점권을 인정하였고, 1980년 헌법에서 국가가 근로자의 적정임금의 보장에 노력하여야 할 의무에 관하여 최초로 규정하였으며, 1987년 헌법에서 국가가 근로자의 최저임금제를 시행할 의무를 최초로 규정하였다. 13.경찰승진 ( )

02 헌법 제32조 제1항이 규정한 근로의 권리는 개인인 근로자 외에 노동조합 또한 그 주체가 된다. 14.법원직 ( )

정답 01 ○ 02 ×

외국인은 사용종속관계에서 근로를 제공하고 임금을 받아온 자로서 근로기준법 소정의 근로자였다 할 것이므로 구 산업재해보상보험법상의 요양급여를 받을 수 있는 대상에 해당한다(대판 1995.9.15, 94누12067).

3 **외국인근로자에게도 근로의 권리 중 일할 환경에 대한 권리의 주체성이 인정되는지 여부: 적극** 09·10·12. 사시, 11. 법원직, 16. 법행, 19. 지방직

근로의 권리가 '일할 자리에 관한 권리'만이 아니라 '일할 환경에 관한 권리'도 함께 내포하고 있는바, **후자**는 인간의 존엄성에 대한 침해를 방어하기 위한 **자유권적 기본권**의 성격도 갖고 있어 **건강한 작업환경, 일에 대한 정당한 보수, 합리적인 근로조건의 보장 등을 요구할 수 있는 권리 등을 포함한다**고 할 것이므로 **외국인근로자**라고 하여 이 부분에까지 기본권주체성을 부인할 수는 없다. 즉, 근로의 권리의 구체적인 내용에 따라 국가에 대하여 고용증진을 위한 사회적·경제적 정책을 요구할 수 있는 권리는 **사회적 기본권**으로서 국민에 대하여만 인정하여야 하지만, 자본주의경제질서하에서 근로자가 기본적 생활수단을 확보하고 인간의 존엄성을 보장받기 위하여 최소한의 근로조건을 요구할 수 있는 권리는 **자유권적 기본권**의 성격도 아울러 가지므로 이러한 경우 외국인근로자에게도 그 기본권주체성을 인정함이 타당하다(헌재 2007.8.30, 2004헌마670).

기출 OX

01 근로의 권리는 자유권적 기본권의 성격도 있으므로 이 부분에 관한 한 외국인에게도 기본권주체성을 인정해야 한다. 17. 경찰승진 ( )

02 근로의 권리는 국민의 권리이므로 외국인은 그 주체가 될 수 없는 것이 원칙이나, 근로의 권리 중 일할 환경에 관한 권리에 대해서는 외국인의 기본권주체성을 인정할 수 있다. 20. 경찰승진 ( )

04 내용

1. 구체적 내용

(1) 근로기회제공청구권설(다수설)

근로의 권리는 근로의 의사와 능력을 가지고 있음에도 불구하고 취업의 기회를 얻지 못한 자가 국가에 대하여 근로의 기회를 제공할 것을 요구할 수 있음을 그 내용으로 한다.

(2) 생계비지급청구권설

근로의 권리는 근로의 의사와 능력을 가지고 있음에도 불구하고 취업의 기회를 얻지 못한 자가 국가에 대하여 근로의 기회를 제공할 것을 요구하고, 그 요구가 충족되지 아니한 때에는 상당한 생계비의 지급을 청구할 수 있음을 그 내용으로 한다.

2. 보충적 내용

(1) 국가의 고용증진의무

> 헌법 제32조 ① … 국가는 사회적·경제적 방법으로 근로자의 고용의 증진 … 에 노력하여야 하며 …

(2) 해고의 제한

근로의 권리를 보장하는 것이 사용자의 해고의 자유를 제한하는 근거가 될 수 있는지에 대하여 다음과 같은 견해가 대립한다.

① **긍정설(다수설)**: 헌법 제32조는 국가와 국민 사이에서 적용될 뿐만 아니라 개별적 노사관계에도 적용된다는 것을 논거로 근로의 권리의 보장이 사용자의 해고의 자유를 제한하는 근거가 될 수 있다는 견해이다.

정답 01 ○ 02 ○

② **부정설**: 근로의 권리는 국가와 국민의 관계에 관한 것이지 사용자와 근로자의 개별적 근로관계에 관한 것은 아니므로 사용자의 해고의 자유를 제한하는 근거가 될 수 없다는 견해이다.

③ **검토**: 헌법 제32조의 근로권조항은 개별적 근로관계에서 계약의 자유뿐만 아니라 해고의 자유까지도 제한하기 위하여 등장한 것이라는 점에서 헌법 제32조는 개별적 노사관계에도 적용되며, 사용자의 정당한 이유 없는 해고는 위헌·무효가 된다고 할 것이다.

판례 Ⅰ

1 사용자가 기간제근로자를 사용하는 경우 최장 2년까지만 사용할 수 있도록 정하고 있는 '기간제 및 단시간근로자 보호 등에 관한 법률' 제4조 제1항이 계약의 자유를 침해하는지 여부: **소극 [기각]**

심판대상조항이 기간제근로자의 경우 동일한 사용자와는 2년을 초과하여 원칙적으로 기간제근로계약을 체결할 수 없도록 한 것은 2년을 초과하는 기간제근로자사용을 억제함으로써 이들의 고용불안을 해소하고 그 근로조건을 개선하기 위한 것인바, 기간제근로계약을 제한 없이 허용할 경우 일반 근로자층은 단기의 근로계약체결을 강요당하더라도 이를 거부할 수 없을 것이며, 이 경우 불안정고용은 증가할 것이고, 정규직과의 격차는 심화될 것이므로 이러한 사태를 방지하기 위해서는 기간제근로자 사용 기간을 제한하여 무기계약직으로의 전환을 유도할 수밖에 없다.

기본적으로 사적 관계인 노사관계에서 기간제근로자의 고용을 유지하기 위한 입법수단은 제한적일 수밖에 없으므로 심판대상조항으로 인하여 경우에 따라서는 개별 근로자들에게 일시실업이 발생할 수 있으나, 이는 기간제근로자의 무기계약직전환유도와 근로조건개선을 위하여 불가피한 것이고, 심판대상조항이 전반적으로는 고용불안해소나 근로조건개선에 긍정적으로 작용하고 있다는 것을 부인할 수 없다고 할 것인바, 통계청이나 고용노동부에서 나온 자료에 의하면 전체 임금근로자 중 기간제근로자가 차지하는 비율은 점차 낮아져 무기계약직으로의 전환을 통한 고용안정이 이루어지고 있다는 것을 알 수 있다. 따라서 심판대상조항이 기간제근로자인 청구인들의 계약의 자유를 침해한다고 볼 수 없다(헌재 2013.10.24, 2010헌마219).

2 고용 허가를 받아 국내에 입국한 외국인근로자의 출국만기보험금을 출국 후 14일 이내에 지급하도록 한 '외국인근로자의 고용 등에 관한 법률' 제13조 제3항 중 '피보험자 등이 출국한 때부터 14일 이내' 부분이 청구인들의 근로의 권리를 침해하는지 여부: **소극 [기각]**

불법체류자는 임금체불이나 폭행 등 각종 범죄에 노출될 위험이 있고, 그 신분의 취약성으로 인해 강제 근로와 같은 인권침해의 우려가 높으며, 행정관청의 관리 감독의 사각지대에 놓이게 됨으로써 안전사고 등 각종 사회적 문제를 일으킬 가능성이 있다. 또한 단순기능직 외국인근로자의 불법체류를 통한 국내 정주는 일반적으로 사회통합 비용을 증가시키고 국내 고용 상황에 부정적 영향을 미칠 수 있다. 따라서 이 사건 출국만기보험금이 근로자의 퇴직 후 생계 보호를 위한 퇴직금의 성격을 가진다고 하더라도 불법체류가 초래하는 여러 가지 문제를 고려할 때 불법체류 방지를 위하여 그 지급시기를 출국과 연계시키는 것은 불가피하므로 심판대상조항이 청구인들의 근로의 권리를 침해한다고 보기 어렵다(헌재 2016.3.31, 2014헌마367).

기출 OX

03 사업주가 기간제근로자를 정규직으로 전환하지 않는 한 2년 이상 사용할 수 없도록 제한하는 법률규정에 대하여 해당 기간제근로자들의 한 직장에서 계속해서 일할 권리를 보장하지 못한다 할지라도 근로의 권리를 침해하고 있는 것은 아니다. 15. 국회직 9급
( )

04 고용 허가를 받아 국내에 입국한 외국인근로자의 출국만기보험금을 출국 후 14일 이내에 지급하도록 한 조항은, 외국인근로자의 불법체류를 방지할 필요성을 고려하더라도 출국 전에는 예외 없이 보험금을 지급받지 못하도록 한 것이어서 외국인근로자의 근로의 자유를 침해한다. 19. 변호사
( )

정답 **03** ○ **04** ×

3 퇴직급여를 청구할 수 있는 권리가 헌법상 권리인지 여부: 소극 [기각] 15. 법원직

근로자가 퇴직급여를 청구할 수 있는 권리도 헌법상 바로 도출되는 것이 아니라 퇴직급여법 등 관련 법률이 구체적으로 정하는 바에 따라 비로소 인정될 수 있는 것이므로 **계속근로기간 1년 미만인 근로자가 퇴직급여를 청구할 수 있는 권리가 헌법** 제32조 제1항에 의하여 보장된다고 보기는 어렵다(헌재 2011.7.28, 2009헌마408).

4 월급근로자로서 6개월이 되지 못한 자를 해고예고제도의 적용예외 사유로 규정하고 있는 근로기준법 제35조 제3호가 근무기간이 6개월 미만인 월급근로자의 근로의 권리를 침해하고 평등원칙에 위배되는지 여부: 적극 [위헌] 16. 지방직·사시, 19. 국가직

근로기준법에 마련된 **해고예고제도는 근로조건의 핵심적 부분인 해고와 관련된 사항일 뿐만 아니라, 근로자가 갑자기 직장을 잃어 생활이 곤란해지는 것을 막는 데 목적이 있으므로, 근로자의 인간 존엄성을 보장하기 위한 합리적 근로조건에 해당하고, 근로의 권리의 내용에 포함**된다. 해고예고제도의 이러한 취지 및 근로기준법 제26조 단서에서 천재·사변 그 밖의 부득이한 사유로 사업을 계속하는 것이 불가능한 경우 또는 근로자가 고의로 사업에 막대한 지장을 초래한 경우 해고예고 없이 즉시 해고할 수 있도록 규정하고 있는 점을 종합하여 보면, 일반적으로 해고예고의 적용배제사유로 허용할 수 있는 경우는 근로계약의 성질상 근로관계 계속에 대한 근로자의 기대가능성이 적은 경우로 한정되어야 한다. 이는 사용자에게 해고예고 의무를 부담하도록 하는 것이 절차적 측면에서 해고를 규율하는 것일 뿐 해고 자체를 금지하는 것은 아니라는 점에 비추어 더욱 그러하다. '월급근로자로서 6월이 되지 못한 자'는 대체로 기간의 정함이 없는 근로계약을 한 자들로서 근로관계의 계속성에 대한 기대가 크다고 할 것이므로, 이들에 대한 해고 역시 예기치 못한 돌발적 해고에 해당한다. 따라서 6개월 미만 근무한 월급근로자 또한 전직을 위한 시간적 여유를 갖거나 실직으로 인한 경제적 곤란으로부터 보호받아야 할 필요성이 있다. 그런데 심판대상조항은 근로관계의 성질과 관계없이 '월급근로자로서 6개월이 되지 못한 자'를 해고예고제도의 적용대상에서 제외하고 있으므로, 근무기간이 6개월 미만인 월급근로자의 근로의 권리를 침해한다. 또한 심판대상조항은 합리적 이유 없이 근무기간이 6개월 미만인 월급근로자를 6개월 이상 근무한 월급근로자 및 다른 형태로 보수를 지급받는 근로자와 차별하고 있으므로 평등원칙에도 위배된다(헌재 2015.12.23, 2014헌바3).

5 해고예고제도의 적용예외 사유로서 '일용근로자로서 3개월을 계속 근무하지 아니한 자'를 규정하고 있는 근로기준법 제35조 제1호가 근로의 권리를 침해하는지 여부: 소극 [기각]

일용근로자는 계약한 1일 단위의 근로기간이 종료되면 해고의 절차를 거칠 것도 없이 근로관계가 종료되는 것이 원칙이므로, 그 성질상 해고예고의 예외를 인정한 것이 상당한 이유가 있다. 다만 3개월 이상 근무하는 경우에는 임시로 고용관계를 유지하고 있다고 보기 어렵고, 소득세법이나 산업재해보상보험법의 적용과 관련하여서도 상용근로자와 동일한 취급을 받게 되므로, 근로계약의 형식 여하에 불구하고 일용근로자를 상용근로자와 동일하게 취급하기 위한 최소한의 기간으로 3개월이라는 기준을 설정한 것이 입법재량의 범위를 현저히 일탈하였다고 볼 수 없다. 게다가 현재 해고예고제도는 30일 전에 예고를 하거나 30일분 이상의 통상임금을 해고예고수당으로 지급하도록 하고 있는 바, 일용근로계약을 체결한 후 근속기간이 3개월이 안 된 근로자를 해고할 때에도 이를 적용하도록 한다면 사용자에게 지나치게 불리하다는 점에서도 심판대상조항이 입법재량의 범위를 현저히 일탈하였다고 볼 수 없다. 심판대상조항이 근로의 권리를 침해한다고 보기 어렵다(헌재 2017.5.25, 2016헌마640).

기출 OX

01 근로계약에 별도의 정함이 없는 이상, 근무기간이 6개월 미만인 근로자와 그 이상인 근로자는 근로계약의 계속성에 내한 기대에 본질적인 차이가 있으므로, 해고예고제도를 적용할 때 근무기간이 6개월 미만인 월급근로자를 그 이상 근무한 월급근로자와 달리 취급하는 것은 합리적인 이유가 있다. 16. 사시 ( )

02 동일한 월급근로자임에도 불구하고 해고예고제를 적용할 때, 근무기간 6개월 미만 월급근로자를 그 이상 근무한 월급근로자와 달리 취급하는 규정은 헌법에 위배된다. 18. 국회직 9급 ( )

정답 01 ✕ 02 ○

6 계속근로기간 1년 이상인 근로자가 근로연도 중도에 퇴직한 경우 중도퇴직 전 1년 미만의 근로에 대하여 유급휴가를 보장하지 않는 근로기준법 제60조 제2항이 근로의 권리를 침해하는지 여부: 소극 [기각]

연차유급휴가는 매년 일정 기간 근로의무를 면제하여 근로자에게 정신적·육체적 휴양의 기회를 부여하려는 것으로, 근로기준법 제60조 제1항이 15일의 연차유급휴가를 부여함에 있어 근로연도 1년간 재직과 출근율 80% 이상일 것을 요건으로 정한 것은 근로자의 정신적·육체적 휴양의 필요성이 기본적으로는 상당기간 계속되는 근로의무의 이행과 불가분의 관계에 있다는 점을 고려한 것이다. 연차유급휴가의 판단기준으로 근로연도 1년간의 재직요건을 정한 이상, 이 요건을 충족하지 못한 근로연도 중도퇴직자의 중도퇴직 전 근로에 관하여 반드시 그 근로에 상응하는 등의 유급휴가를 보장하여야 하는 것은 아니므로, 근로연도 중도퇴직자의 중도퇴직 전 근로에 대하여 1개월 개근시 1일의 유급휴가를 부여하지 않더라도 이것이 청구인의 근로의 권리를 침해한다고 볼 수 없다(헌재 2015.5.28, 2013헌마619).

7 '정당한 이유' 없는 해고 등을 제한하는 근로기준법 제30조 제1항이 명확성원칙에 위반되는지 여부: 소극 [합헌]

이 사건 법률조항이 '정당한 이유'라는 다소 추상적인 용어를 사용하고 있지만, 오랜 기간 법원의 판례 등이 집적되어 '정당한 이유'란 사회통념상 고용관계를 계속할 수 없을 정도로 근로자에게 책임 있는 사유를 의미하게 되었고, 정당한 이유가 있는 해고의 사유도 일신상·행태상·경영상 이유 등으로 유형화하여 전체적 윤곽을 파악할 수 있게 되었다. 또한 해고의 변화하는 본질상 모든 해고의 행태를 구체적·서술적으로 규정하는 것은 입법 기술상 현저히 곤란하고, 변화하는 사회에 대한 법규범의 적응력 확보를 위하여도 일반 추상적 내용의 입법이 부적절한 것도 아니다. 따라서 이 사건 법률조항은 다소 일반 추상적인 개념을 사용하고 있더라도 보충적인 가치판단을 통하여 그 의미를 확인할 수 있어 헌법상 명확성원칙에 위반되지 않는다(헌재 2013.12.26, 2012헌바375).

8 퇴직금 우선변제규정의 위헌 여부: 적극 [헌법불합치]

기업의 사용자와 근로자는 크게 보면 모두 그 기업의 일체적인 운영주체라고 할 수 있으나, 질권자나 저당권자는 어디까지나 그 기업을 위하여 기업의 자금을 제공한 제3자이다. 그렇다면 기업이 경영압박을 당하거나 도산을 하는 것은 사용자뿐만 아니라 근로자에게도 일부 그 책임이 있는 경우도 있다고 할 것인데, 담보물권제도라는 사법질서의 근간을 흔들면서까지 그 기업을 위하여 자금을 제공한 제3자를 희생시키고 오히려 근로자를 우선적으로 보호한다는 것은 심히 부당하다고 아니할 수 없다. … 근로자의 최저생활을 보장하고 사회정의를 실현할 수 있는 적정한 범위 내의 퇴직금채권을 다른 채권들보다 우선변제함은 퇴직금의 후불임금적 성격 및 사회보장적 급여로서의 성격에 비추어 상당하다고 할 것인데, 이 '적정한 범위'의 결정은 입법자의 입법정책적·사회정책적 판단영역인 점 등을 종합해 보면 이 사건 법률조항 중 '퇴직금' 부분에 대하여 헌법불합치의 선언을 한 다음 입법자로 하여금 조속한 시일 내에 근로자의 퇴직금채권의 '적정한 범위'를 확정하도록 하는 한편, 그때까지는 '퇴직금' 부분의 위헌성 때문에 그 부분의 적용을 중지하도록 함이 상당하다(헌재 1997.8.21, 94헌바19).

기출 OX

03 계속근로기간 1년 이상인 근로자가 근로연도 중도에 퇴직한 경우 중도퇴직 전 1년 미만의 근로에 대하여 유급휴가를 보장하지 않는 것은 근로의 권리를 침해한다. 16. 사시 ( )

04 근로자의 적정한 범위 내의 퇴직금채권이 다른 채권보다 우선변제되도록 하는 것은 퇴직금의 후불임금적 성격 및 사회보장적 급여로서의 성격에 비추어 상당하며, 그 적정한 범위의 결정은 입법정책적 판단에 맡겨야 한다. 15. 사시 ( )

정답 03 × 04 ○

기출 OX

01 근로의 권리는 사회적 기본권으로서 국가에 대하여 직접 일자리를 청구하거나 일자리에 갈음하는 생계비의 지급청구권을 의미한다. 18. 경찰경채
( )

02 근로의 권리는 사회적 기본권으로서, 국가에 대하여 직접 일자리를 청구하거나 일자리에 갈음하는 생계비의 지급청구권을 의미하는 것이 아니라, 고용증진을 위한 사회저·경제적 정책을 요구할 수 있는 권리에 그치는 것이다. 20. 경찰승진 ( )

9 사용자의 파산시 최종 3개월분의 임금과 최종 3년간 퇴직금에 대하여 최우선변제권을 인정하는 구 근로기준법 제37조 제2항 제1호 및 제2호가 사용자에 대한 담보물권자의 재산권 등 기본권을 침해하는지 여부: **소극**

구 근로기준법 제37조 제1항 및 제2호는 근로자의 임금채권 확보를 위하여 담보물권자의 우선변제적 효력을 제한한 것으로서 재산권에 대한 제한에 해당하나, 임금채권에 대한 보호를 통한 근로자의 기본적 생활의 보장이라고 하는 입법목적은 정당하고, 그 수단이 적정하며, 사회보험제도를 통한 임금채권 및 근로자의 보호가 미흡한 현실에서 덜 제한적인 수단을 찾기 어렵다. 또한 직장을 잃게 되는 근로자들에게 일정한 범위의 임금·퇴직금채권을 확보해 주는 것은 근로자의 기본적 생활의 보장, 나아가 사회 안정의 측면에서 그 공익적 필요성이 큰 반면, 금융기관 등 일반 채권자는 채무불이행으로 인하여 파생할 수 있는 경제적 위험을 다른 다수의 채무자에게 분산시키거나 대출시 임금채권으로 인한 손실을 최소화할 수 있는 방안을 강구할 수 있는 지위에 있다고 할 것이므로 법익의 균형성에 반한다고 보기도 어렵다. 그 외에 실질적 사용자에 대한 담보물권자를 보호하기 위한 적정한 제한을 가할 것인지 여부는 입법자의 사회정책적 판단영역이라고 할 것이므로 실질적 사용자에 대한 담보물권자를 보호하기 위한 제한을 마련하지 않은 입법이 재산권의 본질적 내용을 침해한다고 보기 어렵다(헌재 2008.11.27, 2007헌바36).

10 근로의 권리로부터 국가에 대한 직접적인 직장존속청구권이 도출되는지 여부: **소극**
19. 서울시

근로의 권리는 사회적 기본권으로서 국가에 대하여 직접 일자리를 청구하거나 일자리에 갈음하는 생계비의 지급청구권을 의미하는 것이 아니라 고용증진을 위한 사회적·경제적 정책을 요구할 수 있는 권리에 그치며, 근로의 권리로부터 국가에 대한 직접적인 직장존속청구권이 도출되는 것도 아니다(헌재 2011.7.28, 2009헌마408).

11 동물의 사육 사업 근로자에 대하여 근로기준법 제4장에서 정한 근로시간 및 휴일 규정의 적용을 제외하도록 한 구 근로기준법 제63조 제2호 중 '동물의 사육' 가운데 '제4장에서 정한 근로시간, 휴일에 관한 규정'에 관한 부분이 청구인의 근로의 권리를 침해하는지 여부: **소극 [기각]**

축산업은 가축의 양육 및 출하에 있어 기후 및 계절의 영향을 강하게 받으므로, 근로시간 및 근로내용에 있어 일관성을 담보하기 어렵고, 축산업에 종사하는 근로자의 경우에도 휴가에 관한 규정은 여전히 적용되며, 사용자와 근로자 사이의 근로시간 및 휴일에 관한 사적 합의는 심판대상조항에 의한 제한을 받지 않는다. 현재 우리나라 축산업의 상황을 고려할 때, 축산업 근로자들에게 근로기준법을 전면적으로 적용할 경우, 인건비 상승으로 인한 경제적 부작용이 초래될 위험이 있다. 위 점들을 종합하여 볼 때, 심판대상조항이 입법자가 입법재량의 한계를 일탈하여 인간의 존엄을 보장하기 위한 최소한의 근로조건을 마련하지 않은 것이라고 보기 어려우므로, 심판대상조항은 청구인의 근로의 권리를 침해하지 않는다(헌재 2021.8.31, 2018헌마563).

12 월 1회 이상 정기적으로 지급하는 상여금 등 및 복리후생비의 일부를 최저임금에 산입하도록 한 최저임금법 제6조 제4항 제2호, 제3호 나목, 최저임금법 부칙 제2조가 입법형성의 재량 범위를 일탈하여 근로자의 근로의 권리를 침해하는지 여부: **소극**

이 사건 산입조항 및 부칙조항이 매월 1회 이상 정기적으로 지급하는 상여금 등 및 복리후생비를 새롭게 최저임금에 산입하도록 한 것이 현저히 불합리하여 헌법상 용인될 수 있는 입법재량의 범위를 명백히 일탈하였다고 볼 수 없으므로, 위 조항들은 청구인 근로자들의 근로의 권리를 침해하지 아니한다(헌재 2021.12.23, 2018헌마 629·630).

정답 01 × 02 ○

13 4주간을 평균하여 1주간의 소정근로시간이 15시간 미만인 근로자, 즉 이른바 '초단시간근로자'를 퇴직급여제도의 적용대상에서 제외하고 있는 '근로자퇴직급여 보장법' 제4조 제1항 단서 중 '4주간을 평균하여 1주간의 소정근로시간이 15시간 미만인 근로자'에 관한 부분(이하 '심판대상조항'이라 한다)이 근로조건의 기준은 인간의 존엄성을 보장하도록 법률로 정하도록 한 헌법 제32조 제3항에 위배되는지 여부: 소극
인간의 존엄성을 보장하는 근로조건의 보장은 근로자를 두텁게 보호하는 것뿐만 아니라 사용자의 효율적인 기업경영 및 기업의 생산성이라는 측면과 조화를 이룰 때 달성 가능하고, 이것이 헌법 제32조 제3항이 근로조건의 기준을 법률로 정하도록 한 취지이다. 사용자가 모든 근로자에 대하여 퇴직급여 지급의무를 부담하는 것은 근로자의 노후 생계보장이라는 목적을 달성하지도 못한 채 사용자가 감당하기 어려운 경제적 부담만을 가중시켜 오히려 근로조건을 악화시키는 부작용을 초래할 우려가 있다. 퇴직급여제도는 사회보장적 급여의 성격과 근로자의 장기간 복무 및 충실한 근무를 유도하는 기능을 갖고 있으므로, 해당 사업 또는 사업장에의 전속성이나 기여도가 낮은 일부 근로자를 한정하여 사용자의 부담이 요구되는 퇴직급여 지급대상에서 배제한 것이 입법형성권의 한계를 일탈하여 명백히 불공정하거나 불합리한 판단이라 볼 수는 없다. 소정근로시간이 1주간 15시간 미만인 이른바 '초단시간근로'는 일반적으로 임시적이고 일시적인 근로에 불과하여, 해당 사업 또는 사업장에 대한 기여를 전제로 하는 퇴직급여제도의 본질에 부합한다고 보기 어렵다. 소정근로시간이 짧은 경우에는 고용이 단기간만 지속되는 현실에 비추어 볼 때에도, '소정근로시간'을 기준으로 해당 사업 또는 사업장에 대한 전속성이나 기여도를 판단하도록 규정한 것 역시 합리성을 상실하였다고 보기도 어렵다. 따라서 심판대상조항은 헌법 제32조 제3항에 위배되는 것으로 볼 수 없다(헌재 2021.11.25, 2015헌바334).

(3) 적정임금의 보장

> 헌법 제32조 ① … 국가는 … 적정임금의 보장에 노력하여야 하며, 법률이 정하는 바에 의하여 최저임금제를 시행하여야 한다.
> ④ 여자의 근로는 특별한 보호를 받으며, 고용·임금 및 근로조건에 있어서 부당한 차별을 받지 아니한다.

① **적정임금**: '적정임금'이란 근로자와 그 가족이 인간의 존엄성에 상응하는 건강하고 문화적인 생활을 영위하는 데 필요한 정도의 임금수준을 의미한다. 적정임금조항은 제8차 개정헌법에서 신설되었다.
② **무노동·무임금의 원칙**: 대법원은 종래 무노동 부분임금원칙을 취하였으나, 무노동·무임금원칙으로 견해를 변경하였다.

한눈에 쏙!

무노동·무임금원칙의 변화

판례 |

1 쟁의행위로 인한 무노동에 대하여 임금지급의무가 있는지 여부 – 무노동·무임금원칙: 소극 [종전 판례 변경] 05. 사시

모든 임금은 근로의 대가로서 '근로자가 사용자의 지휘를 받으며 근로를 제공하는 것에 대한 보수'를 의미하므로 현실의 근로제공을 전제로 하지 않고 단순히 근로자로서의 지위에 기하여 발생한다는 이른바 생활보장적 임금이란 있을 수 없다. 근로자의 근로제공의무가 정지됨으로써 사용자가 근로자의 노무제공과 관련하여 아무런 노무지휘권을 행사할 수 없는 쟁의행위의 경우 이를 유추하여 당사자 사이에 쟁의행위 기간 중 쟁의행위에 참가하여 근로를 제공하지 아니한 근로자에게 그 임금을 지급할 의사가 있다거나 임금을 지급하기로 하는 내용의 근로계약을 체결한 것이라고는 할 수 없다 할 것이다(대판 1995.12.21, 94다26721).

2 근로기준법에서 '통상임금'에 대한 직접적인 정의규정을 두고 있지 않은 것이 명확성의 원칙에 위반되는지 여부: 소극 [합헌]

근로기준법은 통상임금에 관한 정의 규정을 두고 있지 아니하나, 사용자는 근로자의 연장·야간·휴일 근로에 대하여는 통상임금의 50% 이상을 가산하여 지급하여야 한다는 근로기준법 제56조의 입법취지, 법정근로시간 내에서 소정근로시간을 근로계약을 통하여 미리 정하도록 하고 근로의 대가로 지급하는 금품은 명칭과 관계없이 임금에 해당한다고 정한 근로기준법 제2조 등을 종합적으로 고려할 때, 통상임금은 근로자가 소정근로시간에 통상적으로 제공하기로 정한 근로에 대하여 사용자가 지급하기로 예정한 일체의 금품을 의미한다고 볼 수 있고, 다만 미리 그 내용 및 범위를 확정할 수 있어야 하므로, 근로자가 사용자에게 소정근로 외에 추가적인 근로를 제공하지 않고도 정기적이고 일률적으로 지급받을 수 있어야 하는 것임을 알 수 있다.
법관의 보충적 해석을 통하여 무엇이 통상임금이 해당하는지에 관하여 합리적 해석기준을 얻을 수 있으므로, 이 사건 조항은 헌법상 명확성의 원칙에 위반되지 않는다(헌재 2014.8.28, 2013헌바172).

③ 최저임금제의 실시

> 헌법 제32조 ① … 법률이 정하는 바에 의하여 최저임금제를 시행하여야 한다.

최저임금제란 국가가 임금의 최저한도를 법으로 강제하여, 그 이하의 수준으로는 사용자가 근로자를 고용할 수 없도록 함으로써 경제적 약자인 근로자를 보호하려는 제도를 말한다. 최저임금제규정은 **제9차 개정헌법**에서 신설되었으며, 이는 근로자를 사용하는 모든 사업 또는 사업장에 적용된다. 다만, 동거하는 친족만을 사용하는 사업과 가사(家事) 사용인에게는 적용되지 아니한다(최저임금법 제3조 제1항).

기출 OX
01 근로자가 최저임금을 청구할 수 있는 권리는 헌법에서 직접 도출된다. 15. 법원직 ( )

판례 | 최저임금을 청구할 수 있는 권리가 헌법에서 직접 도출되는지 여부: 소극
15. 법원직

헌법 제32조 제1항 후단은 "국가는 사회적·경제적 방법으로 근로자의 고용의 증진과 적정임금의 보장에 노력하여야 하며, 법률이 정하는 바에 의하여 최저임금제를 시행하여야 한다."라고 규정하고 있어서 근로자가 최저임금을 청구할 수 있는 권리도 헌법상 바로 도출되는 것이 아니라 최저임금법 등 관련 법률이 구체적으로 정하는 바에 따라 비로소 인정될 수 있다(헌재 2012.10.25, 2011헌마307).

정답 01 ×

④ 동일노동에 대한 동일임금의 원칙

> 헌법 제32조 ④ 여자의 근로는 특별한 보호를 받으며, 고용·임금 및 근로조건에 있어서 부당한 차별을 받지 아니한다.

(4) 근로조건기준의 법정주의

> 헌법 제32조 ③ 근로조건의 기준은 인간의 존엄성을 보장하도록 법률로 정한다.

기출 OX

02 근로조건기준의 법률주의는 현행 헌법에서 명문으로 규정하고 있다.
17. 법행 변형 ( )

판례 | 근로기준법의 적용대상사업장 한정조항의 위헌 여부: 소극 [기각]

'상시사용근로자수 5인'이라는 기준에 따라 근로기준법의 전면적용 여부를 달리한 것에는 합리적 이유가 있다고 인정되고, 그 기준이 인간의 존엄성을 전혀 보장할 수 없을 정도라고 볼 수 없으므로 위 헌법조항에 위반된다고 할 수 없다(헌재 1999.9.16, 98헌마310).

(5) 여자·연소자근로의 특별 보호

> 헌법 제32조 ④ 여자의 근로는 특별한 보호를 받으며, 고용·임금 및 근로조건에 있어서 부당한 차별을 받지 아니한다.
> ⑤ 연소자의 근로는 특별한 보호를 받는다.

03 여자와 연소자의 근로에 대한 특별보호는 헌법에서 직접 규정하고 있다.
01. 법무사 변형 ( )

(6) 국가유공자 등의 근로기회의 우선보장

> 헌법 제32조 ⑥ 국가유공자·상이군경 및 전몰군경의 유가족은 법률이 정하는 바에 의하여 우선적으로 근로의 기회를 부여받는다.

판례 | 헌법 제32조 제6항의 의미

헌법 제32조 제6항은 "국가유공자·상이군경 및 전몰군경의 유가족은 법률이 정하는 바에 의하여 우선적으로 근로의 기회를 부여받는다."라고 규정하고 있는바, 이 규정이 언급하는 **근로의 기회제공은 국가유공자 등에 대한 보훈의 한 방법을 구체적으로 예시**한 것일 뿐이고 전체로서의 이 규정이 가지는 의미는 국가가 국가유공자 등을 예우할 포괄적인 의무를 지고 있음을 선언하는 데 있다고 해석된다. 다만, **구체적인 보훈의 내용은 입법자가 국가의 경제수준, 재정능력, 국민감정들을 종합적으로 고려하여 결정하여야 하는 입법정책의 문제이므로 국가유공자가 받게 될 보훈은 법률에 규정됨으로써 비로소 구체적인 법적 권리로 형성된다**고 할 것이다(헌재 2001.6.28, 99헌마516).

정답 02 ○ 03 ○

05 효력

근로의 권리는 대국가적 효력 외의 사인간에서도 제3자적 효력을 가진다. 헌법 제32조 제4항·제5항의 여자와 연소자의 근로의 특별 보호에 관한 규정과 근로관계에 있어서 여성의 차별금지에 관한 규정은 간접적 효력을 지닌다고 보는 견해(허영)도 있으나, 국가에 대해서뿐만 아니라 제3자인 사용자에 대해서도 직접적 효력을 가진다는 것이 다수설이다.

06 제한

근로의 권리의 자유권적 측면은 헌법 제37조 제2항에 의하여 국가안전보장·질서유지 또는 공공복리를 위하여 필요한 경우에는 법률로써 제한이 가능하다. 반면 근로의 권리의 사회권적 측면은 국가안전보장과 질서유지를 위하여 필요한 경우에 법률로써 제한될 수 있으나, 근로보호 자체가 공공복리에 해당하므로 공공복리에 의한 제한은 곤란하다고 할 것이다.

제5절 근로3권

> **헌법 제33조** ① 근로자는 근로조건의 향상을 위하여 자주적인 단결권·단체교섭권 및 단체행동권을 가진다.
> ② 공무원인 근로자는 법률이 정하는 자에 한하여 단결권·단체교섭권 및 단체행동권을 가진다.
> ③ 법률이 정하는 주요방위산업체에 종사하는 근로자의 단체행동권은 법률이 정하는 바에 의하여 이를 제한하거나 인정하지 아니할 수 있다.

기출 OX
01 법률이 정하는 주요방위산업체에 종사하는 근로자의 단체행동권은 법률이 정하는 바에 의하여 이를 제한하거나 인정하지 아니할 수 있다.
18. 경찰경채 ( )

01 의의

1. 개념
'근로3권'이란 경제적 약자인 근로자들이 근로조건의 향상을 위하여 자유로이 단결하고, 단결체를 통하여 사용자와 교섭하며, 단체행동을 할 수 있는 단결권·단체교섭권·단체행동권을 말한다.

2. 연혁과 입법례
(1) 근대 시민사회는 계약의 자유를 내세워 근로자의 단결권보호에 소극적·적대적이었다.
(2) 1919년 바이마르 헌법에서 근로3권을 헌법의 차원에서 최초로 보장하였다.

정답 01 ○

☑ SUMMARY	근로3권의 연혁
건국헌법	근로3권(법률유보), 사기업체근로자의 이익분배균점권
제5차 개정	근로3권(법률유보 삭제), 공무원인 근로자의 근로3권제한, 사기업체 근로자의 이익분배균점권 삭제
제7차 개정	근로3권(법률유보 부활)
제8차 개정	근로3권 중 단체행동권만 법률유보
제9차 개정	근로3권(법률유보 삭제)

02 법적 성격

1. 자유권적 성격과 사회권적 성격

근로3권은 근로자가 단결·단체교섭·단체행동을 함에 있어 국가로부터 부당한 간섭이나 제재를 받지 않는다는 자유권적 성격과 경제적 약자인 근로자가 인간다운 생활을 확보하기 위하여 국가적 배려와 보호를 요구할 수 있다는 사회권적 성격을 함께 가진다.

2. 헌법재판소의 입장

헌법 제32조 및 제33조에 각 규정된 근로기본권은 근로자의 근로조건을 개선함으로써 그들의 경제적 사회적 지위의 향상을 기하기 위한 것으로서 자유권적 기본권으로서의 성격보다는 **생존권 내지 사회권적 기본권으로서의 측면이 보다 강한 것**으로서 그 권리의 실질적 보장을 위해서는 국가의 적극적인 개입과 뒷받침이 요구되는 기본권이다(헌재 1991.7.22, 89헌가106). 헌법재판소는 사회적 기본권과 자유권적 성격을 모두 인정하고 있으나, 최근에는 근로3권을 '**사회적 보호기능을 담당하는 자유권**' 또는 '**사회권적 성격을 띤 자유권**'이라고 하여 자유권적 기능을 강조하는 입장이다(헌재 1998.2.27, 94헌바13 등).

03 단결권

1. 의의

'단결권'이란 근로자들이 근로조건의 향상(유지·개선)을 목적으로 사용자와 대등한 교섭력을 가지기 위하여 단체를 자주적으로 결성하고, 이에 가입하여 활동할 수 있는 권리를 말한다. 근로자들은 일시적인 쟁의단구성이 가능하므로 **계속성은 단결권의 요건이 되지 않는다.**

2. 주체

단결권의 주체는 1차적으로 근로자 개개인이지만, 단결체(근로자집단)도 그 주체가 될 수 있다.

> **기출 OX**
> 02 근로3권은 자유권적 성격과 사회권적 성격을 함께 갖고 있으며, 근로3권이 자유권적 성격을 가진다는 것은 국가가 근로자의 단결권을 존중하고 부당하게 침해해서는 안 된다는 것을 의미한다. 19. 국회직 9급 ( )

정답 02 ○

(1) 근로자와 단결체
① **근로자**: 이때의 근로자는 임금, 급료 기타 이에 준하는 수입에 의하여 생활하는 자이기만 하면 육체적 근로자인지 정신적 근로자인지 여부를 가리지 않으나, 자신의 재산으로서 생업을 영위하는 자영업자나 자유직업종사자는 포함되지 아니한다. 근로자가 회사로부터 해고를 당하였다고 하더라도 상당한 기간 내에 노동위원회에 부당노동행위 구제신청을 하여 그 해고의 효력을 다투고 있었다면 노동조합 및 노동관계조정법(이하 '노동조합법'이라 함) 제3조 제4호의 취지에 비추어 노동조합원으로서의 지위를 상실하는 것이라고 볼 수 없다(대판 1992.3.31, 91나14413). 14. 서울시
② **단결체**: 근로자들의 집단은 법인격을 구비하여야 하는 것은 아니며, 노동조합과 같은 계속적인 단체 외에 쟁의단과 같은 일시적인 단체도 단결권의 주체가 된다. 05. 사시

기출 OX
01 근로자 개인뿐 아니라 근로자단체도 헌법상 단결권의 주체가 될 수 있다. 16. 법무사 ( )

판례 |

1 근로자의 단결체도 단결권의 주체가 되는지 여부: 적극

헌법 제33조 제1항에 의하면 단결권의 주체는 단지 개인인 것처럼 표현되어 있지만, 만일 헌법이 개인의 단결권만을 보장하고 조직된 단체의 권리를 인정하지 않는다면, 즉 국가가 임의로 단체의 존속과 활동을 억압할 수 있다면 개인의 단결권보장은 무의미하게 된다. 따라서 **헌법 제33조 제1항은 근로자 개인의 단결권만이 아니라 단체 자체의 단결권도 보장하고 있는 것으로 보아야 한다.** 즉, 헌법 제33조 제1항의 단결권은 조직된 단체의 권리이기도 하므로 동 규정은 근로자단체의 존속·유지·발전·확장 등을 국가공권력으로부터 보장하고(단체존속의 권리), 근로자단체의 조직 및 의사형성절차에 관하여 규약의 형태로 자주적으로 결정하는 것을 보장하며(단체자치의 권리), 근로조건의 유지와 향상을 위한 근로자단체의 활동, 즉 단체교섭, 단체협약체결, 단체행동, 단체의 선전 및 단체가입의 권유 등을 보호한다(단체활동의 권리)고 보아야 한다(헌재 1999.11.25, 95헌마154).

2 실업자도 근로3권의 주체가 될 수 있는지 여부: 적극 05. 국회직

노동조합법 제2조 제1호·제4호 라목 본문에서 말하는 '근로자'에는 특정한 사용자에게 고용되어 현실적으로 취업하고 있는 자뿐만 아니라 일시적으로 실업상태에 있는 자나 구직 중인 자도 노동3권을 보장할 필요성이 있는 한 그 범위에 포함된다. … 지역별 노동조합의 성격을 가진 원고가 그 구성원으로 '구직 중인 여성노동자'를 포함시키고 있다 하더라도 이 역시 노동조합법상의 근로자에 해당하므로 구직 중인 여성노동자는 근로자가 아니라는 이유로 노조설립신고를 반려한 피고의 처분이 위법하다고 판단한 원심은 정당하다(대판 2004.2.27, 2001두8568).

02 노동조합을 설립할 때 행정관청에 설립신고서를 제출하게 하고 그 요건을 충족하지 못한 경우 설립신고서를 반려하도록 한 규정은 근로자의 단결권을 침해하는 것이다. 15. 서울시 ( )

3 노동조합을 설립할 때 행정관청에 설립신고서를 제출하게 하고 그 요건을 충족하지 못하는 경우 설립신고서를 반려하도록 하고 있는 '노동조합 및 노동관계조정법' 제12조 제3항 제1호가 헌법상 금지된 단체결성에 대한 허가제에 해당하는지 여부: 소극 [합헌]
13. 사시, 14. 지방직, 15. 서울시

[1] 근로자의 단결권에 대해서는 헌법 제33조가 우선적으로 적용된다. 근로자의 단결권도 국민의 결사의 자유 속에 포함되나, 헌법이 노동3권과 같은 특별 규정을 두어 별도로 단결권을 보장하는 것은 근로자의 단결에 대해서는 일반 결사의 경우와 다르게 특별한 보장을 해준다는 뜻으로 해석된다. 즉, 근로자의 단결을 침해하는 사용자의 행위를 적극적으로 규제하여 근로자가 단결권을 실질적으로

정답 01 O 02 ×

자유롭게 행사할 수 있도록 해준다는 것을 의미한다. 따라서 **근로자의 단결권이** 근로자 단결체로서 **사용자와의 관계에서 특별한 보호를 받아야 할 경우에는 헌법 제33조가 우선적으로 적용**되지만, 그렇지 않은 **통상의 결사 일반에 대한 문제일 경우에는 헌법 제21조 제2항이 적용**되므로 **노동조합에도 헌법 제21조 제2항**의 결사에 대한 **허가제금지원칙이 적용**된다.

[2] 헌법 제21조 제2항 후단의 결사의 자유에 대한 '허가제'란 행정권이 주체가 되어 예방적 조치로 단체의 설립 여부를 사전에 심사하여 일반적인 단체결성의 금지를 특정한 경우에 한하여 해제함으로써 단체를 설립할 수 있게 하는 제도, 즉 사전허가를 받지 아니한 단체결성을 금지하는 제도를 말한다. 그런데 이 사건 법률조항은 노동조합설립에 있어 노동조합법상의 요건충족 여부를 사전에 심사하도록 하는 구조를 취하고 있으나, 이 경우 노동조합법상 요구되는 요건만 충족되면 그 설립이 자유롭다는 점에서 일반적인 금지를 특정한 경우에 해제하는 허가와는 개념적으로 구분되고, 더욱이 행정관청의 설립신고서수리 여부에 대한 결정은 재량사항이 아니라 의무사항으로 그 요건충족이 확인되면 설립신고서를 수리하고 그 신고증을 교부하여야 한다는 점에서 단체의 설립 여부 자체를 사전에 심사하여 특정한 경우에 한해서만 그 설립을 허용하는 '허가'와는 다르다. 따라서 이 사건 법률조항의 노동조합설립신고서 반려제도가 헌법 제21조 제2항 후단에서 금지하는 결사에 대한 허가제라고 볼 수 없다(헌재 2012.3.29, 2011헌바53).

4 불법체류 중인 외국인근로자도 노동조합을 설립하거나 노동조합에 가입할 수 있는지: 적극 16. 법행, 19. 서울시

노동조합법상 근로자란 타인과의 사용종속관계하에서 근로를 제공하고 그 대가로 임금 등을 받아 생활하는 사람을 의미하며, 특정한 사용자에게 고용되어 현실적으로 취업하고 있는 사람뿐만 아니라 일시적으로 실업상태에 있는 사람이나 구직 중인 사람을 포함하여 노동3권을 보장할 필요성이 있는 사람도 여기에 포함되는 것으로 보아야 한다. 그리고 출입국관리법령에서 외국인고용제한규정을 두고 있는 것은 취업자격 없는 외국인의 고용이라는 사실적 행위 자체를 금지하고자 하는 것뿐이지, 나아가 취업자격 없는 외국인이 사실상 제공한 근로에 따른 권리나 이미 형성된 근로관계에 있어서 근로자로서의 신분에 따른 노동관계법상의 제반권리 등의 법률효과까지 금지하려는 것으로 보기는 어렵다(대판 2015.6.25, 2007두4995 전합).

5 "노동조합이 아니면 노동조합이라는 명칭을 사용할 수 없다."라고 규정한 노동조합 및 노동관계조정법 제7조 제3항이 단결권을 침해하는지 여부: 소극

신고와 심사제도를 기초로 하는 이 사건 노동조합법조항은 노동조합법상의 실질적인 요건과 형식적인 요건을 모두 갖춘 노동조합에 한하여 노동조합이라는 명칭을 사용하게 함으로써 적법한 노동조합을 적극적으로 보호하고, 이에 반하여 형식적인 요건을 갖추지 못한 단체에 대하여는 노동조합의 명칭을 사용하지 못하게 하는 등 보호의 대상에서 제외하여 기본적으로 노동조합법에 따른 적법한 노동조합의 설립을 유도하기 위한 것이므로 … 과잉금지원칙에 위반되어 청구인들의 단결권을 침해한다고 할 수 없다(헌재 2008.7.31, 2004헌바9).

6 노동조합으로 하여금 행정관청이 요구하면 결산결과와 운영상황을 보고하도록 하고 위반시 과태료를 부과할 수 있도록 한 것이 노동조합의 단결권을 침해하는지 여부: 소극 [합헌]

노동조합의 재정집행과 운영에 있어서의 적법성·민주성 등을 확보하기 위해서는 조합자치 또는 규약자치에만 의존할 수는 없고 행정관청의 감독이 보충적으로 요구되는 바, 이 사건 법률조항은 노동조합의 재정집행과 운영의 적법성·투명성·공정성·민주

기출 OX

03 취업자격이 없는 외국인도 노동조합 및 노동관계조정법상 근로자에 해당하고, 노동조합 결성 및 가입이 허용된다. 16. 법행 ( )

정답 **03** ○

성 등을 보장하기 위한 것으로서 정당한 입법목적을 달성하기 위한 적절한 수단이다. 노동조합의 재정집행과 운영에 있어서의 적법성·민주성 등을 확보하기 위해 마련된 이 사건 법률조항 이외의 수단들은 각기 일정한 한계를 가지고, 이 사건 법률조항의 실제 운용현황을 볼 때 행정관청에 의하여 자의적이거나 과도하게 남용되고 있다고 보기는 어려우며, 노동조합의 내부 운영에 대한 행정관청의 개입과 그로 인한 노동조합운영의 자유에 대한 제한을 최소화하고 있다고 할 것이므로 피해최소성 또한 인정된다. 이 사건 법률조항이 달성하려는 노동조합운영의 적법성·민주성 등의 공익은 중대한 반면 이 사건 법률조항으로 말미암아 제한되는 노동조합운영의 자유는 그다지 크지 아니하므로 법익균형성 또한 인정된다. 따라서 이 사건 법률조항은 과잉금지원칙을 위반하여 노동조합의 단결권을 침해하지 아니한다(헌재 2013.7.25, 2012헌바116).

(2) 사용자와 단체결성

사용자도 단결권의 주체가 될 수 있는지에 관하여 부정설과 긍정설이 대립하고 있다. 사용자는 헌법 제33조 제1항에 근거한 단결권의 주체는 될 수 없으나, 헌법 제21조 제1항에 근거하여 사용자단체를 결성하는 것은 무방하다고 본다(권영성).

3. 유형

(1) 적극적 단결권

'적극적 단결권'이란 노동조합을 결성하고 이에 가입하며 그 구성원으로서 활동할 수 있는 권리를 말하는 것으로 근로자의 단결권에서 중심이 되는 것을 말한다.

(2) 소극적 단결권

① **의의**: '소극적 단결권'이란 근로자 개인이나 근로자단체가 노동조합이나 연합단체 등의 단체 중 어느 것에도 가입하지 아니하거나 이미 가입한 단체에서 자유로이 탈퇴할 수 있는 자유를 말한다. 이때 헌법 제33조 제1항이 소극적 단결권(단결하지 아니할 자유, 단체불가입의 자유)까지도 보장하는지 여부가 문제된다.
② **학설**
  ㉠ **제1설**: 헌법 제33조 제1항은 적극적 단결권과 소극적 단결권을 동시에 보장하는 것이라고 한다.
  ㉡ **제2설**: 소극적 단결권이 보장되기는 하지만 그 근거를 헌법 제33조 제1항에서 찾을 수는 없고, 일반적 행동의 자유 또는 헌법에 열거되지 아니한 자유 또는 결사의 자유로서 보장된다고 한다.
③ **헌법재판소의 입장**: 헌법재판소는 "헌법상 보장된 근로자의 단결권은 단결할 자유만을 가리킬 뿐이고 단결하지 아니할 자유, 이른바 소극적 단결권은 이에 포함되지 않는다."라고 하여 헌법 제33조 제1항의 단결권에 소극적 단결권이 포함되지 않는다는 입장이다(헌재 1999.11.25, 98헌마141). 11.법무사
④ **단결강제**: 소극적 단결권이 인정된다고 할지라도 적극적 단결권이 실효성을 거두기 위해서는 어느 정도의 단결강제가 허용된다고 본다. 이와 관련하여 노동조합 및 노동관계조정법 제81조 제2호 단서는 단결강제의 한 유형인 Union Shop조항*을 인정하고 있다.

기출 OX

01 헌법상 보장된 근로자의 단결권은 단결할 자유만을 가리킬 뿐이고, 단결하지 아니할 자유인 이른바 소극적 단결권은 이에 포함되지 않는다.
20. 경찰경채 (   )

***Union Shop조항**: 사업장에 종사하는 근로자의 3분의 2 이상을 대표하는 노동조합이 조합의 조직유지·강화를 위하여 체결하는 Union Shop협약, 즉 단체협약에 대한 조항을 말한다.

정답 01 ○

판례 I

1 소극적 단결권이 헌법 제33조의 단결권에 포함되는지 여부: 소극 [합헌]
07. 사시, 08·12·16. 법행, 11. 법무사, 12. 국회직, 18. 서울시

헌법 제33조 제1항은 "근로자는 근로조건의 향상을 위하여 자주적인 단결권·단체교섭권 및 단체행동권을 가진다."라고 규정하고 있다. 여기서 헌법상 보장된 근로자의 단결권은 단결할 자유만을 가리킬 뿐이고 단결하지 아니할 자유, 이른바 소극적 단결권은 이에 포함되지 않는다고 보는 것이 우리 재판소의 선례라고 할 것이다. 그렇다면 근로자가 노동조합을 결성하지 아니할 자유나 노동조합에 가입을 강제당하지 아니할 자유, 그리고 가입한 노동조합을 탈퇴할 자유는 근로자에게 보장된 단결권의 내용에 포섭되는 권리로서가 아니라 헌법 제10조의 행복추구권에서 파생되는 일반적 행동의 자유 또는 제21조 제1항의 결사의 자유에서 그 근거를 찾을 수 있다(헌재 2005.11.24. 2002헌바95 등).

2 유니언 샵(Union Shop)조항이 위헌인지 여부: 소극 [합헌] 06·10. 사시, 10. 법원직, 12. 법행

이 사건 법률조항은 노동조합의 조직유지·강화를 위하여 당해 사업장에 종사하는 근로자의 3분의 2 이상을 대표하는 노동조합의 경우 단체협약을 매개로 한 조직강제[이른바 유니언 샵(Union Shop)협정의 체결]를 용인하고 있다. 이 경우 근로자의 단결하지 아니할 자유와 노동조합의 적극적 단결권(조직강제권)이 충돌하게 되나, 근로자에게 보장되는 적극적 단결권이 단결하지 아니할 자유보다 특별한 의미를 가지고 있고, 노동조합의 조직강제권도 이른바 자유권을 수정하는 의미의 생존권(사회권)적 성격을 함께 가지는 만큼 근로자 개인의 자유권에 비하여 보다 특별한 가치로 보장되는 점 등을 고려하면 노동조합의 적극적 단결권은 근로자 개인의 단결하지 않을 자유보다 중시된다고 할 것이고, 또 노동조합에게 위와 같은 조직강제권을 부여한다고 하여 이를 근로자의 단결하지 아니할 자유의 본질적인 내용을 침해하는 것으로 단정할 수는 없다(헌재 2005.11.24. 2002헌바95 등).

기출 OX

02 소위 '소극적 단결권'이란 헌법 제33조 제1항의 단결권에 포함되지 아니하므로, 근로자가 노동조합에 가입하지 아니할 권리 내지 이미 가입한 노동조합에서 탈퇴할 권리는 노동조합의 지위를 약화시키려는 정치적 논리일 뿐 헌법상 기본권으로서 보호되는 권리라고 볼 수 없다. 17. 경찰승진 ( )

03 근로자에게 보장된 단결권의 내용에는 단결할 자유뿐만 아니라 노동조합을 결성하지 아니할 자유나 노동조합에 가입을 강제당하지 아니할 자유, 그리고 가입한 노동조합을 탈퇴할 자유도 포함된다. 20. 경찰승진 ( )

4. 침해와 구제

(1) 국가가 단결권을 침해하는 경우
국가에 의한 단결권침해는 위헌·위법이며, 이것이 불법행위를 구성하게 되면 형사책임 또는 배상책임을 추궁할 수 있다.

(2) 사용자가 단결권을 침해하는 경우
사용자에 의한 단결권침해는 부당노동행위에 해당하는 것으로 사용자에 대한 제재와 단결권의 구제가 가능하다.

정답 02 × 03 ×

04 단체교섭권

1. 의의
'단체교섭권'이란 근로자들이 근로조건의 향상(유지·개선)을 목적으로 단결체의 이름으로 사용자나 사용단체와 자주적으로 교섭하는 권리를 말한다.

2. 주체
단체교섭에 있어 근로자 측의 주체는 노동조합이고, 사용자 측의 주체는 사용자이다.

> **판례 |** 하나의 사업 또는 사업장에 2개 이상의 노동조합이 있는 경우 단체교섭에 있어 그 창구를 단일화하도록 하여 교섭대표가 된 노동조합에만 단체교섭권을 부여하는 것이 단체교섭권을 침해하는지 여부: **소극 [기각]** 13. 사시, 14·19. 지방직
>
> 교섭창구단일화제도는 근로조건의 결정권이 있는 사업 또는 사업장단위에서 복수노동조합과 사용자 사이의 교섭절차를 일원화하여 효율적이고 안정적인 교섭체계를 구축하고, 소속 노동조합과 관계없이 조합원들의 근로조건을 통일하기 위한 것으로 교섭대표노동조합이 되지 못한 소수노동조합의 단체교섭권을 제한하고 있지만, 소수노동조합도 교섭대표노동조합을 정하는 절차에 참여하게 하여 교섭대표노동조합이 사용자와 대등한 입장에 설 수 있는 기반이 되도록 하고 있으며, 그러한 실질적 대등성의 토대 위에서 이뤄낸 결과를 함께 향유하는 주체가 될 수 있도록 하고 있으므로 노사대등의 원리하에 적정한 근로조건의 구현이라는 단체교섭권의 실질적인 보장을 위한 불가피한 제도라고 볼 수 있다(헌재 2012.4.24, 2011헌마338).

3. 내용

(1) 단체교섭의 대상

단체교섭은 근로조건의 향상을 목적으로 하여야 하는데, 이와 관련하여 경영권이나 인사권과 관련된 사항이 단체교섭의 대상이 될 수 있는지 여부가 문제된다. 이에 대하여 긍정설과 부정설의 대립이 있으나, 대법원은 사용자가 인사처분을 함에 있어 노동조합의 사전동의를 얻어야 한다거나 또는 노동조합의 승낙을 얻거나 노동조합과 인사처분에 관한 논의를 하여 의견의 합치를 보아 인사처분을 하도록 규정된 경우에는 그 절차를 거치지 아니한 인사처분은 원칙적으로 무효라고 한다(대판 1993.9.28, 91다30620).

> **판례 |**
>
> 1 구조조정이나 합병 등 기업의 경쟁력을 강화하기 위한 경영주체의 경영상 조치가 노동쟁의의 대상이 될 수 있는지 여부: **소극**
>
> 구조조정이나 합병 등 기업의 경쟁력을 강화하기 위한 경영주체의 경영상 조치는 원칙적으로 노동쟁의의 대상이 될 수 없고, 그것이 긴박한 경영상의 필요나 합리적인 이유 없이 불순한 의도로 추진되는 등의 특별한 사정이 없는 한 노동조합이 그 실시를 반대하기 위하여 벌이는 쟁의행위에는 목적의 정당성을 인정할 수 없다(대판 2003.11.13, 2003도687).

기출 OX

01 노동조합이 2개 이상인 경우 노동조합이 정부교섭대표의 교섭창구단일화요구에 응하지 않는 경우에는 정부교섭대표로 하여금 교섭창구가 단일화될 때까지 교섭을 거부할 수 있도록 한 공무원의 노동조합 설립 및 운영 등에 관한 법률 제9조 제4항은 단체교섭권을 침해한다. 19. 경찰경채
( )

정답 01 ×

2 **경영권에 속한 사항이라도 근로자들의 근로조건과도 밀접한 관련이 있는 부분은 단체협약의 대상이 될 수 있는지 여부: 적극** 06. 사시

단체협약 중 조합원의 차량별 고정승무발령, 배차시간, 대기기사배차순서 및 일당기사배차에 관하여 노조와 사전합의를 하도록 한 사항은 그 내용이 한편으로는 사용자의 경영권에 속하는 사항이지만, 다른 한편으로는 근로자들의 근로조건과도 밀접한 관련이 있는 부분으로서 사용자의 경영권을 근본적으로 제약하는 것은 아니라고 보여지므로 단체협약의 대상이 될 수 있다(대판 1994.8.26, 93누8993).

(2) 사용자 측의 단체교섭거부와 부당노동행위

헌법상 단체교섭권은 보장되므로 노동조합은 단체교섭을 요구할 수 있는 권리를 가지며, 사용자는 이에 응하여야 할 의무가 있다. 따라서 사용자가 정당한 이유 없이 단체교섭을 거부할 경우는 부당노동행위에 해당한다.

(3) 단체교섭권에 단체협약체결권의 포함 여부

비록 헌법이 위 조항에서 '단체협약체결권'을 명시하여 규정하고 있지 않다고 하더라도 근로조건의 향상을 위한 근로자 및 그 단체의 본질적인 활동의 자유인 **'단체교섭권'에는 단체협약체결권이 포함되어 있다**고 보아야 한다(헌재 1998.2.27, 94헌바13). 05. 법행, 08. 법원직, 12. 사시, 13·15. 서울시

기출 OX

02 단체교섭권에는 단체협약체결권이 포함되지 않는다. 08. 법원직 ( )

(4) 단체협약의 효력

단체교섭의 결과로 노사간에 체결된 단체협약은 노사간의 분쟁을 해결하는 자주법으로서의 법원성을 취득한다.

📖 판례 |

1 **한국고속철도건설공단의 인사에 관한 사항은 건설교통부장관의 승인을 얻도록 한 것이 위헌인지 여부: 소극 [합헌]**

"한국고속철도건설공단은 … **공법인**으로서 … 인사에 관한 사항은 건설교통부장관의 승인을 얻어야 한다."라고 규정하는 한국고속철도건설공단법 제31조는 공단이사장의 권한행사 및 공단운영에 대한 적절한 규제를 통하여 국가사업을 대행하는 공법인의 원활한 사업추진을 도모하고, 국민의 세금인 정부출연금과 연계되는 **인사·예산·보수 등에서 방만한 운영이 발생하지 않도록 공단에 대한 건설교통부장관의 지도·감독 권한을 확보하기 위한 것**으로서 … 한국고속철도건설공단과 공단노조간의 인사에 관한 단체교섭권을 침해하여 헌법을 위반하였다고 볼 수 없다(헌재 2004.8.26, 2003헌바28).

2 **사용자가 노동조합의 운영비를 원조하는 행위를 부당노동행위로 금지하는 '노동조합 및 노동관계조정법' 제81조 제4호 중 '노동조합의 운영비를 원조하는 행위'에 관한 부분이 단체교섭권을 침해하여 위헌인지 여부: 적극 [헌법불합치]**

복수 노동조합의 존재를 고려하더라도, 운영비 원조행위를 일률적으로 금지할 필요성을 인정할 수 없다. … 이상의 내용을 종합하여 보면, 노동조합의 자주성을 저해하거나 저해할 현저한 위험이 있는 운영비 원조행위만을 금지하더라도 노동조합의 자주성을 확보하고 근로3권의 실질적인 행사를 보장하고자 하는 입법목적을 달성할 수 있음에도 불구하고, 운영비원조금지조항이 단서에서 정한 두 가지 예외를 제외한 운

정답 02 ×

영비 원조행위를 일률적으로 부당노동행위로 간주하여 금지하는 것은 침해의 최소성에 반한다. **노동조합의 자주성을 저해하거나 저해할 위험이 현저하지 않은 운영비 원조 행위를 부당노동행위로 규제하는 것은 노동조합의 자주성을 확보함으로써 실질적인 근로3권의 행사를 보장하는 데에 기여하는 바가 전혀 없는 반면, 운영비원조금지조항으로 인하여 청구인은 사용자로부터 운영비를 원조받을 수 없을 뿐만 아니라 궁극적으로 노사자치의 원칙을 실현할 수 없게 되므로, 운영비원조금지조항은 법익의 균형성에도 반한다. 따라서 운영비원조금지조항은 과잉금지원칙을 위반하여 청구인의 단체교섭권을 침해하므로 헌법에 위반된다**(헌재 2018.5.31, 2012헌바90).

05 단체행동권

1. 의의

'단체행동권'이란 쟁의행위 등을 할 수 있는 권리로서 노동관계당사자가 임금 및 근로조건을 정하는 단체협약을 체결함에 있어 보다 유리한 결과를 가져오기 위하여 행사하는 최후의 강제수단을 말한다. 다만, 단체행동은 단체교섭이 행해지는 도중에는 행사할 수 없다. 07. 국가직

2. 주체

단체행동권의 1차적 주체는 근로자 개개인이지만, 실질적으로 근로자는 단결체를 통하여 쟁의행위를 하는 것이 일반적이므로 단체행동권의 주체는 노동조합이라고 할 수 있다. 사용자는 단체행동권의 주체가 아니다.

3. 유형

(1) 근로자 측의 쟁의행위
① **파업(Strike)**: 다수의 근로자가 근로조건의 향상(유지·개선)을 위하여 조직적인 방법으로 노동력의 제공을 거부하는 행위를 말한다.
② **태업(Sabotage)**: 근로자들이 단결하여 고의로 작업능률을 떨어뜨리는 행위를 말한다.
③ **불매운동(Boycott)**: 사용자 또는 그와 거래관계에 있는 제3자의 상품구입, 시설이용 등을 거절하거나 그들과의 근로계약체결을 거절할 것을 호소하는 행위를 말한다.
④ **감시행위(Picketting)**: 파업을 효과적으로 수행하기 위하여 근로를 희망하는 자들의 사업장 또는 공장출입을 저지하고 파업에 협력할 것을 구하는 행위를 말한다.
⑤ **생산관리**: 근로자들이 단결하여 사용자의 지휘명령을 거부하면서 사업장 또는 공장을 점거하고, 조합간부의 지휘 아래 노무를 제공하는 행위를 말한다.

기출 OX

01 헌법 제33조 제1항에 규정되어 있는 단체행동권의 주체는 근로자와 사용자이다. 07. 국가직 ( )

정답 01 ×

(2) **사용자 측의 쟁의행위**
① **문제점**: 사용자 측의 쟁의행위와 관련하여 노동조합 및 노동관계조정법 제46조는 쟁의행위의 하나로서 직장폐쇄를 예시하고 있는바, 사용자가 단체행동권의 주체가 될 수 있는지와 관련하여 동 조항이 위헌인지 여부가 문제된다. 직장폐쇄란 집단적 분쟁에 있어서 사용자가 그 주장을 관철할 목적으로 근로자들이 취업상태에 있지 못하도록 사업장을 봉쇄하는 행위를 말하며, **사용자의 직장폐쇄는 쟁의행위가 개시된 이후에만 할 수 있다**(노동조합 및 노동관계조정법 제46조 제1항). 07. 국가직
② **학설**: 이에 대하여 ㉠ 헌법 제33조는 근로자의 단체행동권만을 보장하는 것이므로 사용자의 직장폐쇄는 위헌이라는 견해와 ㉡ 사용자의 직장폐쇄는 헌법 제33조 제1항을 근거로 하는 단체행동권의 행사로서의 성질을 가지는 것이 아니라 근로자측의 부당한 쟁의행위에 대하여 노사균형론의 입장에서 사용자측의 자기방어수단이라는 성질을 가지는 것으로 헌법 제23조 제1항의 재산권보장과 제119조 제1항의 기업의 경제상 자유에서 헌법적 근거를 구할 수 있다고 하여 합헌이라는 견해(다수설)가 대립한다.
③ **검토**: 사용자 측의 직장폐쇄는 헌법 제33조에 근거한 단체행동권의 행사는 아니다. 그러나 이는 근로자 측의 부당한 쟁의행위에 대하여 노사균형론의 입장에서 허용되는 사용자 측의 자기방어수단으로 볼 수 있으며, 그 근거는 **헌법 제23조 제1항과 제119조 제1항**에서 찾을 수 있다고 본다.

기출 OX
02 사용자의 직장폐쇄는 노동조합이 쟁의행위를 개시한 이후에만 행할 수 있다. 07. 국가직 ( )

4. 내용

(1) **국가권력에 대한 관계**
정당한 단체행동은 정당행위(형법 제20조)에 해당하므로 근로자는 형사상 책임을 지지 아니한다.

(2) **사용자에 대한 관계**
정당한 단체행동인 경우에는 사용자는 근로자에 대하여 채무불이행 또는 불법행위를 이유로 민사상 책임을 추궁하지 못하며, 정당한 단체행위에 참가하였다는 이유로 근로자를 해고하거나 그 밖의 불이익을 주는 행위를 하지 못한다. 07. 국가직·사시, 15. 서울시

5. 한계

헌법상 보장되고 있는 단체행동권이라 하여도 그것이 어느 경우에나 절대적으로 보장되는 것을 의미하지는 않는다고 할 것이므로, 그 정당성이 전제되어야 한다.

(1) **목적상 한계**
단체행동권은 그 목적이 근로조건의 향상을 위한 노사간의 자치적 교섭을 조성하는 데 있어야 하며, 순수한 정치적 파업은 헌법 제33조의 단체행동권 중에 포함되지 않으므로 허용될 수 없다. 다만, 근로자의 지위(예 노동관계법의 개폐 등)에 직접 관계되는 사항을 쟁점으로 하는 **산업적 정치파업은 정당한 쟁의행위로서 허용**된다(다수설).

정답 02 ○

(2) 수단상 한계

단체행동권은 그 수단이 사용자의 재산권과 조화를 이루어야 함은 물론 폭력행사에 해당하지 않는 것이어야 한다. 노동조합이 사용자의 의사에 반하여 생산수단을 자기지배하에 두고 경영까지 장악하는 생산관리가 허용될 수 있는지에 대해 견해가 대립한다.

① **제한적 긍정설**: 재산권 및 경제질서에 관한 헌법규정과의 규범조화가 가능한 범위 내에서만 허용될 수 있다는 견해이다.
② **부정설(다수설)**: 사유재산제를 정면으로 부정하는 것이 되므로 허용되지 않는 위헌적인 것으로 보는 견해이다.
③ **대법원 판례**
  ㉠ 조합원의 직장점거는 사용자측의 점유를 배제하지 아니하고 그 조업도 방해하지 않는 **부분적·병존적 점거일 경우에 한하여 정당**하다고 보아야 할 것이므로 피고인들이 조합원 660여 명을 동원하여 근무 중이던 직원을 몰아내고 지하철공사 사무실을 점거함으로써 그 업무수행을 위력으로 방해하였다면 이를 정당하다고 볼 수 없다(대판 1990.5.15, 90도357).
  ㉡ 태업의 보조적 쟁의수단인 피케팅은 태업에 가담하지 않고 조업을 계속하려는 자에 대하여 평화적 설득, 구두와 문서에 의한 언어적 설득의 범위 내에서 정당성이 인정되는 것이고, **폭행·협박 또는 위력에 의한 실력저지나 물리적 강제는 정당화될 수 없다**(대판 1990.10.12, 90도1431).

06 효력

1. 대국가적 효력

근로3권의 대국가적 효력은 당연히 인정된다.

2. 대사인적 효력

근로3권이 사인간에도 직접 적용되는지와 관하여 ① 직접적용설(다수설)과 ② 간접적용설(허영)이 대립하고 있으며, 직접적용설(다수설)은 헌법 제33조를 사인간에 직접 적용되는 대표적인 헌법규정으로 보고 있다.

07 한계와 제한

1. 공무원인 근로자의 근로3권

> **헌법 제33조** ② 공무원인 근로자는 법률이 정하는 자에 한하여 단결권·단체교섭권 및 단체행동권을 가진다.

(1) 의의

① 국회는 헌법 제33조 제2항에 따라 공무원인 근로자에게 단결권·단체교섭권·단체행동권을 인정할 것인가의 여부, 어떤 형태의 행위를 어느 범위에서 인정할 것인가의 여부 등에 대하여 광범위한 입법형성의 자유를 가진다. 11.법무사

② 헌법 제33조 제2항이 규정되지 아니하였다면 공무원인 근로자도 헌법 제33조 제1항에 따라 노동3권을 가진다 할 것이고, 이 경우에 공무원인 근로자의 단결권·단체교섭권·단체행동권을 제한하는 법률에 대해서는 헌법 제37조 제2항에 따른 기본권제한의 한계를 준수하였는가 하는 점에 대한 심사를 하는 것이 헌법원리로서 상당할 것이나, 헌법 제33조 제2항이 직접 '법이 정하는 자'만이 노동3권을 향유할 수 있다고 규정하고 있어서 **'법률이 정하는 자' 이외의 공무원은 노동3권의 주체가 되지 못하므로 노동3권이 인정됨을 전제로 하는 헌법 제37조 제2항의 과잉금지원칙은 적용이 없는 것으로 보아야 할 것이다**(헌재 2008.12.26, 2005헌마971). 12. 국회직 9급

(2) 공무원인 근로자의 근로3권의 제한

> **국가공무원법**
> 제66조 【집단행위의 금지】 ① 공무원은 노동운동이나 그 밖에 공무 외의 일을 위한 집단행위를 하여서는 아니 된다. 다만, 사실상 노무에 종사하는 공무원은 예외로 한다.

판례 |

1 공무원도 근로자인지 여부: 적극 [합헌] 11. 국가직

일반적으로 말하여 공무원이란 직접 또는 간접적으로 국민에 의하여 선출 또는 임용되어 국가나 공공단체와 공법상의 근무관계를 맺고 공공적 업무를 담당하고 있는 사람들을 가리킨다고 할 수 있고, 공무원도 각종 노무의 대가로 얻는 수입에 의존하여 생활하는 사람이라는 점에서는 통상적인 의미의 근로자적인 성격을 지니고 있으므로(근로기준법 제14조, 제16조, 노동조합법 제4조 등) 헌법 제33조 제2항 역시 공무원의 근로자적 성격을 인정하는 것을 전제로 규정하고 있다. 그러나 공무원은 그 임용주체가 결국 주권자인 국민 또는 주민이기 때문에 국민 전체에 대하여 봉사하고 책임을 져야 하는 특별한 지위에 있고, 그가 담당한 업무가 국가 또는 공공단체의 공공적인 일이어서 특히 그 직무를 수행함에 있어서 공공성·공정성·성실성 및 중립성 등이 요구되기 때문에 일반 근로자와는 달리 특별한 근무관계에 있는 사람이다(헌재 1992.4.28, 90헌바27 등).

2 사실상 노무에 종사하는 공무원에 대하여서만 근로3권을 보장하고 그 이외의 공무원들에 대하여는 근로3권의 행사를 제한하는 것이 위헌인지 여부: 소극 [합헌] 10. 사시, 12. 법행

우리 헌법은 제33조 제2항에서 "공무원인 근로자는 법률이 정하는 자에 한하여 단결권·단체교섭권 및 단체행동권을 가진다."라고 규정하여 공무원인 근로자에 대하여는 일정한 범위의 공무원에 한하여서만 노동3권을 향유할 수 있도록 함으로써 기본권의 주체에 관한 제한을 두고 있다. 헌법 제33조 제2항이 공무원의 노동3권을 제한하면서 노동3권이 보장되는 주체의 범위를 법률에 의하여 정하도록 위임한 것은 … 입법재량을 부여한 것이다. 그렇다면 국회는 헌법 제33조 제2항에 따라 공무원인 근로자에게 단결권·단체교섭권·단체행동권을 인정할 것인가의 여부, 어떤 형태의 행위를 어느 범위에서 인정할 것인가 등에 대하여 광범위한 입법형성의 자유를 가진다. … 국가공무원법 제66조 제1항은 근로3권이 보장되는 공무원의 범위를 사실상 노무에 종사하는 공무원에 한정하고 있으나, 이는 헌법 제33조 제2항에 근거한 것이고, 전체 국민의 공공복리와 사실상 노무에 공무원의 직무의 내용, 노동조건 등을 고려해 보

기출 OX

01 공무원인 근로자의 노동3권을 인정할 것인가의 여부와 그 인정범위는 과잉금지의 원칙에 따라서 심사된다. 12. 국회직 9급 ( )

02 공무원도 각종 노무의 대가로 얻는 수입에 의존하여 생활하는 사람이라는 점에서는 통상적인 의미의 근로자적 성격을 지니고 있다. 11. 국가직 ( )

03 법률에서 근로3권이 보장되는 공무원의 범위를 '사실상의 노무'에 종사하는 공무원으로 한정하고 있다면, 이는 헌법상 보장된 근로3권의 범위를 공무원들 중 너무 좁은 일부에게 한정시킨 것이므로 헌법 제33조 제2항이 입법자에게 부여하고 있는 형성적 재량권의 범위를 벗어난 것이다. 10. 사시 ( )

정답 01 × 02 ○ 03 ×

앉을 때 입법자에게 허용된 입법재량권의 범위를 벗어난 것이라 할 수 없다(헌재 2007.8.30, 2003헌바51 등).

3 '사실상 노무에 종사하는 공무원의 범위'를 조례로 제정하지 않은 부작위가 위헌인지 여부: 적극 [인용(위헌확인)] 16. 사시

헌법 제33조는 제1항에서 "근로자는 근로조건의 향상을 위하여 자주적인 단결권·단체교섭권 및 단체행동권을 가진다."라고 규정하고, 제2항에서 "공무원인 근로자는 법률이 정하는 자에 한하여 단결권·단체교섭권 및 단체행동권을 가진다."라고 규정하고 있다. 이에 따라 지방공무원법 제58조는 제1항 단서에서 '사실상 노무에 종사하는 공무원'만 노동운동을 할 수 있다고 규정하면서 제2항에서 그 범위를 조례로 정하도록 규정하였다. 36년이 지나도록 해당 조례의 제정을 그토록 미루어야 할 정당한 사유를 찾아볼 수 없다. 따라서 지방자치단체가 지방공무원법 제58조 제2항에 따라 '사실상 노무에 종사하는 공무원의 범위'를 조례로 정하지 아니하는 것은 '사실상 노무에 종사하는 공무원의 범위'에 포함될 가능성이 있는 공무원이 단체행동권을 보장받지 못하게 되는 결과가 된다(헌재 2009.7.30, 2006헌마358).

(3) 공무원의 노동조합 설립 및 운영 등에 관한 법률에 의한 공무원의 근로3권

공무원의 노동조합 설립 및 운영 등에 관한 법률

제2조【정의】이 법에서 "공무원"이란 국가공무원법 제2조 및 지방공무원법 제2조에서 규정하고 있는 공무원을 말한다. 다만, 국가공무원법 제66조 제1항 단서 및 지방공무원법 제58조 제1항 단서에 따른 사실상 노무에 종사하는 공무원과 교원의 노동조합 설립 및 운영 등에 관한 법률의 적용을 받는 교원인 공무원은 제외한다.

제4조【정치활동의 금지】노동조합과 그 조합원은 정치활동을 하여서는 아니 된다.

제5조【노동조합의 설립】① 공무원이 노동조합을 설립하려는 경우에는 국회·법원·헌법재판소·선거관리위원회·행정부·특별시·광역시·특별자치시·도·특별자치도·시·군·구(자치구를 말한다) 및 특별시·광역시·특별자치시·도·특별자치도의 교육청을 최소단위로 한다.
② 노동조합을 설립하려는 사람은 고용노동부장관에게 설립신고서를 제출하여야 한다.

제6조【가입범위】① 노동조합에 가입할 수 있는 사람의 범위는 다음 각 호와 같다.
 1. **일반직 공무원**
 2. 특정직공무원 중 외무영사직렬·외교정보기술직렬 외무공무원, **소방공무원** 및 교육공무원(다만, 교원은 제외한다)
 3. 별정직공무원
 4. 제1호부터 제3호까지의 어느 하나에 해당하는 **공무원이었던 사람**으로서 노동조합 규약으로 정하는 사람
② 제1항에도 불구하고 다음 각 호의 어느 하나에 해당하는 공무원은 노동조합에 가입할 수 없다.
 1. 업무의 주된 내용이 다른 공무원에 대하여 지휘·감독권을 행사하거나 다른 공무원의 업무를 총괄하는 업무에 종사하는 공무원
 2. 업무의 주된 내용이 인사·보수 또는 노동관계의 조정·감독 등 노동조합의 조합원 지위를 가지고 수행하기에 적절하지 아니한 업무에 종사하는 공무원
 3. 교정·수사 등 공공의 안녕과 국가안전보장에 관한 업무에 종사하는 공무원

> **제8조【교섭 및 체결 권한 등】** ① 노동조합의 대표자는 그 노동조합에 관한 사항 또는 조합원의 보수·복지, 그 밖의 근무조건에 관하여 국회사무총장·법원행정처장·헌법재판소사무처장·중앙선거관리위원회사무총장·인사혁신처장(행정부를 대표한다)·특별시장·광역시장·특별자치시장·도지사·특별자치도지사·시장·군수·구청장(자치구의 구청장을 말한다) 또는 특별시·광역시·특별자치시·도·특별자치도의 교육감 중 어느 하나에 해당하는 사람(이하 "정부교섭대표"라 한다)과 각각 교섭하고 단체협약을 체결할 권한을 가진다. 다만, 법령 등에 따라 국가나 지방자치단체가 그 권한으로 행하는 정책결정에 관한 사항, 임용권의 행사 등 그 기관의 관리·운영에 관한 사항으로서 근무조건과 직접 관련되지 아니하는 사항은 교섭의 대상이 될 수 없다.
>
> **제11조【쟁의행위의 금지】** 노동조합과 그 조합원은 파업, 태업 또는 그 밖에 업무의 정상적인 운영을 방해하는 어떠한 행위도 하여서는 아니 된다.

(4) 교원의 근로3권

> **교원의 노동조합 설립 및 운영 등에 관한 법률**
>
> **제2조【정의】** 이 법에서 "교원"이란 다음 각 호의 어느 하나에 해당하는 사람을 말한다.
> 1. 유아교육법 제20조 제1항에 따른 교원
> 2. 초·중등교육법 제19조 제1항에 따른 교원
> 3. 고등교육법 제14조 제2항 및 제4항에 따른 교원. 다만, 강사는 제외한다.
>
> **제3조【정치활동의 금지】** 교원의 노동조합(이하 "노동조합"이라 한다)은 어떠한 정치활동도 하여서는 아니 된다.
>
> **제4조【노동조합의 설립】** ① 제2조 제1호·제2호에 따른 교원은 특별시·광역시·특별자치시·도·특별자치도(이하 "시·도"라 한다) 단위 또는 전국 단위로만 노동조합을 설립할 수 있다.
> ② 제2조 제3호에 따른 교원은 개별학교 단위, 시·도 단위 또는 전국 단위로 노동조합을 설립할 수 있다.
>
> **제4조의2【가입 범위】** 노동조합에 가입할 수 있는 사람의 범위는 다음 각 호와 같다.
> 1. 교원
> 2. 교원으로 임용되어 근무하였던 사람으로서 노동조합 규약으로 정하는 사람
>
> **제6조【교섭 및 체결 권한 등】** ① 노동조합의 대표자는 그 노동조합 또는 조합원의 임금, 근무 조건, 후생복지 등 경제적·사회적 지위 향상에 관하여 다음 각 호의 구분에 따른 자와 교섭하고 단체협약을 체결할 권한을 가진다.
> 1. 제4조 제1항에 따른 노동조합의 대표자의 경우: 교육부장관, 시·도 교육감 또는 사립학교 설립·경영자. 이 경우 사립학교 설립·경영자는 전국 또는 시·도 단위로 연합하여 교섭에 응하여야 한다.
> 2. 제4조 제2항에 따른 노동조합의 대표자의 경우: 교육부장관, 특별시장·광역시장·특별자치시장·도지사·특별자치도지사(이하 "시·도지사"라 한다), 국·공립학교의 장 또는 사립학교 설립·경영자
>
> **제8조【쟁의행위의 금지】** 노동조합과 그 조합원은 파업, 태업 또는 그 밖에 업무의 정상적인 운영을 방해하는 어떠한 쟁의행위(爭議行爲)도 하여서는 아니 된다.

2020.6.9. 법률 제17430호에 의하여 2018.8.30. 헌법재판소에서 헌법불합치결정된 이 조를 개정하였다.

기출 OX

01 청원경찰의 복무에 관하여 국가공무원법 제66조 제1항을 준용함으로써 노동운동을 금지하는 청원경찰법 조항은 국가기관이나 지방자치단체 이외의 곳에서 근무하는 청원경찰인 청구인들의 근로3권을 침해한다.
18. 경찰승진 ( )

02 청원경찰은 일반근로자일 뿐 공무원이 아니므로, 청원경찰의 근로3권을 전면적으로 제한하는 것은 과잉금지원칙에 위반하여 근로3권을 침해한다.
20. 경찰경채 ( )

03 공무원노동조합의 설립 최소단위를 '행정부'로 규정하여 노동부만의 노동조합결성을 제한한 것은 단결권 및 평등권을 침해하지 않는다. 12. 국가직
( )

04 노동조합에 가입할 수 있는 특정직공무원의 범위를 '6급 이하의 일반직 공무원에 상당하는 외무행정·외교정보관리직 공무원'으로 한정하여 소방공무원을 노동조합가입대상에서 제외한 것은 헌법 제33조 제2항에 근거를 두고 있을 뿐 아니라 합리적인 이유가 있다. 09. 국회직 ( )

정답 01 ○ 02 ○ 03 ○ 04 ○

판례 I

1 청원경찰의 복무에 관하여 국가공무원법 제66조 제1항을 준용하여 노동운동을 금지하는 청원경찰법 제5조 제4항 등이 근로3권을 침해하는지 여부: 적극 [헌법불합치]
18. 서울시·법원직, 19. 지방직

청원경찰은 청원주와의 고용계약에 의한 근로자일 뿐, 국민 전체에 대한 봉사자로서 국민에 대하여 책임을 지며 그 신분과 정치적 중립성이 법률에 의하여 보장되는 공무원 신분이 아니므로, 기본적으로 헌법 제33조 제1항에 따라 근로3권을 보장받아야 한다.

국가기관이나 지방자치단체 이외의 곳에서 근무하는 청원경찰은 근로조건에 관하여 공무원뿐만 아니라 국가기관이나 지방자치단체에 근무하는 청원경찰에 비해서도 낮은 수준의 법적 보장을 받고 있으므로, 이들에 대해서는 근로3권이 허용되어야 할 필요성이 더욱 크다. 이들이 청원주와 실질적으로 동등한 지위에서 근로조건을 결정하기 위해서는 근로3권이 일률적으로 부정되어서는 아니 된다.

청원경찰에 대하여 직접행동을 수반하지 않는 단결권과 단체교섭권을 인정하더라도 시설의 안전 유지라는 입법목적 달성에 지장이 된다고 단정할 수 없다. 청원경찰은 특정 경비구역에서 근무하며 그 구역의 경비에 필요한 한정된 권한만을 행사하므로, 청원경찰의 업무가 가지는 공공성이나 사회적 파급력은 군인이나 경찰의 그것과는 비교하여 견주기 어렵다. 그럼에도 불구하고 심판대상조항은 군인이나 경찰과 마찬가지로 모든 청원경찰의 근로3권을 획일적으로 제한하고 있다. 이상을 종합하여 보면 심판대상조항이 **모든 청원경찰의 근로3권을 전면적으로 제한하는 것은 입법목적 달성을 위하여 필요한 범위를 넘어선 것으로서 침해의 최소성원칙에 위배된다.** 심판대상조항을 통하여 청원경찰이 경비하는 중요시설의 안전을 도모할 수 있음은 분명하나, 이로 인하여 받는 불이익은 모든 청원경찰에 대한 근로3권의 전면적 박탈이라는 점에서 심판대상조항은 법익의 균형성도 인정되지 아니한다(헌재 2017.9.28, 2015헌마653).

2 공무원노동조합의 설립 최소단위를 '행정부'로 규정하여 노동부만의 노동조합결성을 제한한 공무원의 노동조합 및 운영 등에 관한 법률규정이 단결권 및 평등권을 침해하는지 여부: 소극 [기각] 11. 법무사, 12. 국가직

공무원의 노동조합 설립 및 운영 등에 관한 법률 제5조 부분은 공무원노동조합의 조합활동 및 단체교섭체계의 효율화를 위하여 보수 등 주요근로조건이 공통적으로 결정되는 단위에 맞추어 노동조합의 설립 최소단위를 규정한 것으로, 동일한 기준을 적용하여 주요근로조건이 동일한 집단별로 노동조합설립을 허용함으로써 행정부 내 각 부·처단위의 노동조합설립을 허용하지 않는 결과가 발생하였다고 하더라도 그것이 행정부 소속 공무원을 국회·법원 등 다른 헌법기관 소속 공무원과 합리적 이유 없이 차별하였다고 볼 수 없다(헌재 2008.12.26, 2006헌마518).

3 노동조합에 가입할 수 있는 특정직 공무원의 범위를 '6급 이하의 일반직 공무원에 상당하는 외무행정·외교정보관리직 공무원'으로 한정하여 소방공무원을 노동조합가입대상에서 제외한 공무원의 노동조합 설립 및 운영 등에 관한 법률이 소방공무원인 청구인의 단결권 또는 평등권을 침해하는지 여부: 소극 [기각] 11. 법무사

소방공무원은 일반 근로자나 일반직 공무원에 비하여 그 업무의 공공성·공익성이 강하고, 신분 및 근로조건 등에 있어 특수성이 인정된다. 따라서 심판대상조항이 노동조합에 가입할 수 있는 공무원의 범위를 정함에 있어서 소방공무원 전체에 대하여 노동조합가입을 금지하여 일반 근로자나 일반직 공무원에 비하여 차별취급하고 있

다고 하더라도 이는 헌법 제33조 제2항에 근거를 두고 있을 뿐 아니라 합리적인 이유가 있다 할 것이므로 청구인의 평등권을 침해하는 것으로 볼 수 없다(헌재 2008.12.26, 2006헌마462).

4 공무원의 노동조합 설립 및 운영 등에 관한 법률(이하 공무원노조법이라 한다) 제6조(가입범위)와 제8조(단체교섭권) 제1항 단서, 제9조(교섭의 절차) 제4항, 제10조(단체협약의 효력) 제1항, 제11조(쟁의행위의 금지) 등이 결사의 자유·근로3권·행복추구권·평등권 등을 침해하는지 여부: 소극 [기각] 18. 서울시

[1] 노조가입범위에 관한 공무원의 노동조합 설립 및 운영 등에 관한 법률(이하 '공무원노조법'이라 한다) 제6조는 통상 5급 이상의 공무원이 제반주요정책을 결정하고 그 소속 하위직급자들을 지휘·명령하여 분장사무를 처리하는 역할을 하는 공무원의 업무수행현실, 6급 이하의 공무원 중에서도 '지휘감독권행사자' 등은 '항상 사용자의 이익을 대표하는 자'의 입장에 있거나 그 업무의 공공성·공익성이 큰 점 등을 고려하여 위 공무원들을 노조가입대상에서 제외한 것으로 위 조항은 헌법 제33조 제2항이 입법자에게 부여하고 있는 형성적 재량권의 범위를 일탈한 것으로 볼 수 없으므로 청구인들의 단결권을 침해한다고 볼 수 없다.

[2] 근무조건과 직접 관련되지 아니하는 정책결정에 관한 사항과 임용권의 행사 등 국가 또는 지방자치단체가 그 권한으로 행하는 관리·운영에 관한 사항을 단체교섭의 금지대상으로 규정한 것으로 정부의 정책결정 및 관리운영사항 중에서도 근무조건과 직접 관련되는 사항에 대하여는 단체교섭을 허용하고 있으므로 합리적 근거 없이 입법형성권의 범위를 일탈하여 청구인들의 단체교섭권을 침해하는 것으로 볼 수 없다.

[3] 단체교섭을 요구하는 노동조합이 2 이상인 경우 정부교섭대표에게 당해 노동조합에 대하여 교섭창구를 단일화하도록 요청할 수 있고, 교섭창구가 단일화될 때까지 교섭을 거부할 수 있도록 한 공노법 제9조 제4항은 복수노조허용에 따라 예상되는 단체교섭의 혼란 및 단체협약적용상의 어려움과 과다한 교섭비용을 줄이기 위하여 단체교섭에 있어 관련된 노조에 원칙적으로 단체교섭권의 행사를 보장하면서 노조간의 자율적인 교섭창구단일화를 규정한 것으로 합리적인 근거가 있다.

[4] 공무원의 쟁의행위를 금지한 공노법 제11조는 헌법 제33조 제2항에 따른 입법형성권의 범위 내에 있다 할 것이고, 헌법에 위배되지 아니한다(헌재 2008.12.26, 2005헌마971).

5 노동조합이 비과세혜택을 받을 권리가 근로3권의 당연한 내용인지 여부: 소극 [합헌]
11. 법원직

노동조합이 비과세혜택을 받을 권리는 노사간의 세력균형을 이루게 하고 근로3권이 실질적으로 기능하게 하기 위하여 헌법 제33조 제1항이 당연히 예상한 권리의 내용에 포함된다고 보기 어렵고, 또 근로3권을 규정한 헌법 제33조 제1항으로부터 노동조합이 조세법상 비과세혜택을 받을 권리가 파생한다거나 이에 상응하는 국가의 조세법규범정비의무가 발생한다고 보기도 어렵다. … 노동조합을 사업소세 비과세대상으로 규정하지 않은 이 사건 법률조항은 헌법 제33조 제1항에 위반된다고 할 수 없다(헌재 2009.2.26, 2007헌바27).

기출 OX

05 5급 이상 공무원의 노동조합가입을 금지하는 외에 6급 이하의 공무원 중에서도 '업무 총괄자' 등의 노동조합가입을 금지하는 것은 공무원의 단결권 및 평등권을 과도하게 제한하는 것으로 헌법에 위반된다. 19. 법원직
( )

정답 05 ✕

6 교원의 노동조합 설립 및 운영 등에 관한 법률의 적용을 받는 교원의 범위를 초·중등학교에 재직 중인 교원으로 한정하고 있는 교원의 노동조합 설립 및 운영 등에 관한 법률 제2조가 청구인 전국교직원노동조합 및 해직 교원들의 단결권을 침해하는지 여부: 소극 [기각] 16. 지방직·법원직

이 사건 법률조항 단서는 교원의 노동조합 활동이 임면권자에 의하여 부당하게 제한되는 것을 방지함으로써 교원의 노동조합 활동을 보호하기 위한 것이고, 해직교원에게도 교원노조의 조합원 자격을 유지하도록 할 경우 개인적인 해고의 부당성을 다투는 데 교원노조의 활동을 이용할 우려가 있으므로, **해고된 사람의 교원노조 조합원 자격을 제한하는 데에는 합리적 이유가 인정된다.**

한편 교원이 아닌 사람이 교원노조에 일부 포함되어 있다는 이유로 이미 설립신고를 마치고 활동 중인 노동조합을 법외노조로 할 것인지 여부는 법외노조통보조항이 정하고 있고, 법원은 법외노조통보조항에 따른 행정당국의 판단이 적법한 재량의 범위 안에 있는 것인지 충분히 판단할 수 있으므로, 이미 설립신고를 마친 교원노조의 법상 지위를 박탈할 것인지 여부는 이 사건 법외노조통보조항의 해석 내지 법 집행의 운용에 달린 문제라 할 것이다. 따라서 이 사건 법률조항은 침해의 최소성에도 위반되지 않는다. 이 사건 법률조항으로 인하여 교원노조 및 해직교원의 단결권 자체가 박탈된다고 할 수는 없는 반면, 교원이 아닌 자가 교원노조의 조합원 자격을 가질 경우 교원노조의 자주성에 대한 침해는 중대할 것이어서 법익의 균형성도 갖추었으므로, 이 사건 법률조항은 청구인들의 단결권을 침해하지 아니한다(헌재 2015.5.28, 2013헌마671 등).

7 교원노조법의 적용대상을 초·중등교육법 제19조 제1항의 교원이라고 규정함으로써 고등교육법에서 규율하는 대학 교원의 단결권을 일체 인정하지 않는 '교원의 노동조합 설립 및 운영 등에 관한 법률' 제2조 본문이 대학 교원들의 단결권을 침해하는지 여부: 적극 [헌법불합치] 19. 지방직

[1] 쟁점 및 심사기준

이 사건의 쟁점은 대학 교원에 대하여 근로기본권의 본질적 권리인 단결권조차 인정하지 않는 것이 헌법적으로 정당화될 수 있는지 여부로서, 교육공무원인 대학 교원과 공무원 아닌 대학 교원으로 나누어, 각각의 단결권 침해가 헌법에 위배되는지 여부에 관하여, **공무원 아닌 대학 교원에 대해서는 과잉금지원칙 준수 여부를** 기준으로, **교육공무원인 대학 교원에 대해서는 입법형성의 범위를 일탈하였는지 여부를** 기준으로 나누어 심사하기로 한다.

[2] 교육공무원 아닌 대학 교원의 단결권 침해 여부

심판대상조항으로 인하여 교육공무원 아닌 대학 교원들이 향유하지 못하는 단결권은 헌법이 보장하고 있는 근로3권의 핵심적이고 본질적인 권리이다. 심판대상조항의 입법목적이 재직 중인 초·중등교원에 대하여 교원노조를 인정해 줌으로써 교원노조의 자주성과 주체성을 확보한다는 측면에서는 그 정당성을 인정할 수 있을 것이나, 교원노조를 설립하거나 가입하여 활동할 수 있는 자격을 초·중등교원으로 한정함으로써 교육공무원이 아닌 대학 교원에 대해서는 근로기본권의 핵심인 단결권조차 전면적으로 부정한 측면에 대해서는 그 **입법목적의 정당성을 인정하기 어렵고, 수단의 적합성 역시 인정할 수 없다.** 설령 일반 근로자 및 초·중등교원과 구별되는 대학 교원의 특수성을 인정하더라도, 대학 교원에게도 단결권을 인정하면서 다만 해당 노동조합이 행사할 수 있는 권리를 다른 노동조합과 달리 강한 제약 아래 두는 방법도 얼마든지 가능하므로, 단결권을 전면적으로 부정하는 것은 필요 최소한의 제한이라고 보기 어렵다. 또 최근 들어 대학 사회가 다층적으로 변화하면서 대학 교원의 사회·경제적 지위의 향

기출 OX

01 교원노조를 설립하거나 가입하여 활동할 수 있는 자격을 초·중등교원으로 한정함으로써 교육공무원이 아닌 대학 교원에 대해서 근로기본권의 핵심인 단결권조차 전면적으로 부정한 법률조항은 그 입법목적의 정당성을 인정하기 어렵고, 수단의 적합성 역시 인정할 수 없다. 20. 경찰승진
( )

정답 01 ○

상을 위한 요구가 높아지고 있는 상황에서 단결권을 행사하지 못한 채 개별적으로만 근로조건의 향상을 도모해야 하는 불이익은 중대한 것이므로, 심판대상조항은 과잉금지원칙에 위배된다.

[3] **교육공무원인 대학 교원의 단결권 침해 여부**
교육공무원은 교육을 통해 국민 전체에게 봉사하는 공무원의 지위를 가지고 있기는 하지만, 그 직무수행은 '교육'이라는 근로를 제공하여 교육을 받을 권리를 향유하는 국민들의 수요를 충족시킴으로써 국민의 복리를 증진시키는 특수성을 가지고 있는 것이고, 직업공무원관계의 특성인 공법상의 근무·충성 관계에 입각하여 국민과 국가의 관계 형성에 관하여 중요하고 독자적인 결정권한을 갖는다고 볼 수는 없다. 이러한 교육공무원의 직무수행의 특성과 헌법 제33조 제1항 및 제2항의 정신을 종합해 볼 때, 교육공무원에게 근로3권을 일체 허용하지 않고 전면적으로 부정하는 입법형성은 합리성을 상실한 과도한 것으로 허용되지 않는다. … 공무원인 대학 교원의 단결권을 전면적으로 부정하고 있는 심판대상조항은 입법형성의 범위를 벗어난 입법이다(헌재 2018.8.30, 2015헌가38).

8 **공항·항만 등 국가중요시설의 경비업무를 담당하는 특수경비원에게 경비업무의 정상적인 운영을 저해하는 일체의 쟁의행위를 금지하는 경비업법 제15조 제3항이 헌법 제33조 제1항에 위배되는지 여부: 소극**
특수경비원업무의 강한 공공성과 특히 특수경비원은 소총과 권총 등 무기를 휴대한 상태로 근무할 수 있는 특수성 등을 감안할 때, 특수경비원의 신분이 공무원이 아닌 일반 근로자라는 점에만 치중하여 특수경비원에게 근로3권, 즉 단결권·단체교섭권·단체행동권 모두를 인정하여야 한다고 보기는 어렵고, 적어도 특수경비원에 대하여 단결권·단체교섭권에 대한 제한은 전혀 두지 아니하면서 단체행동권 중 '경비업무의 정상적인 운영을 저해하는 일체의 쟁위행위'만을 금지하는 것은 입법목적달성에 필요불가결한 최소한의 수단이라고 할 것이어서 … 과잉금지원칙에 위배되지 아니하므로 헌법에 위반되지 아니한다(헌재 2009.10.29, 2007헌마1359).

9 **국가 또는 지방자치단체의 정책결정에 관한 사항이나 기관의 관리·운영에 관한 사항으로서 근무조건과 직접 관련되지 아니하는 사항을 공무원노동조합의 단체교섭대상에서 제외하고 있는 공무원의 노동조합 설립 및 운영 등에 관한 법률 제8조 제1항 단서 중 '직접' 부분이 명확성원칙에 위반되는지 여부: 소극** 19. 서울시
국가 또는 지방자치단체의 정책결정에 관한 사항은 일정한 목적실현을 위하여 국가 또는 지방자치단체가 법령 등에 근거하여 자신의 권한과 책임으로 행하여야 할 사항을 의미하고, 기관의 관리·운영에 관한 사항은 법령 등에 근거하여 설치·조직된 기관이 그 목적달성을 위하여 해당 기관의 판단과 책임에 따라 업무를 처리하도록 정해져 있는 사항을 의미하며, 이 사항들 중 근무조건과 '직접' 관련되어 교섭대상이 되는 사항은 공무원이 공무를 제공하는 조건이 되는 사항 그 자체를 의미하는 것이므로, 이 사건규정에서 말하는 공무원노조의 비교섭대상은 정책결정에 관한 사항과 기관의 관리·운영에 관한 사항 중 그 자체가 공무를 제공하는 조건이 되는 사항을 제외한 사항이 될 것이다. 따라서 이 사건 규정상의 '직접'의 의미가 법집행기관의 자의적인 법집행을 초래할 정도로 불명확하다고 볼 수 없으므로 명확성원칙에 위반된다고 볼 수 없다(헌재 2013.6.27, 2012헌바169).

기출 OX

02 공항·항만 등 국가중요시설의 경비업무를 담당하는 특수경비원에게 경비업무의 정상적인 운영을 저해하는 일체의 쟁의행위를 금지하는 경비업법의 해당 조항은 특수경비원의 단체행동권을 박탈하여 근로3권을 규정하고 있는 헌법 제33조 제1항에 위배된다. 22. 경찰1차 ( )

03 국가 또는 지방자치단체의 정책결정에 관한 사항이나 기관의 관리·운영에 관한 사항으로서 근무조건과 직접 관련되지 아니하는 사항을 공무원노동조합의 단체교섭대상에서 제외하고 있는 공무원의 노동조합 설립 및 운영 등에 관한 법률 제8조 제1항 단서 중 '직접' 부분은 명확성원칙에 위반된다. 15. 국가직 ( )

정답 02 × 03 ×

10 노동조합 및 노동관계조정법 시행령 제9조 제2항이 법률의 위임 없이 법률이 정하지 아니한 법외노조 통보에 관하여 규정함으로써 헌법상 노동3권을 본질적으로 제한하여 그 자체로 무효인지 여부: 적극

법외노조 통보는 이미 법률에 의하여 법외노조가 된 것을 사후적으로 고지하거나 확인하는 행위가 아니라 그 통보로써 비로소 법외노조가 되도록 하는 형성적 행정처분이다. 이러한 법외노조 통보는 단순히 노동조합에 대한 법률상 보호만을 제거하는 것에 그치지 않고 헌법상 노동3권을 실질적으로 제약한다. 그런데 노동조합 및 노동관계조정법(이하 '노동조합법'이라 한다)은 법상 설립요건을 갖추지 못한 단체의 노동조합 설립신고서를 반려하도록 규정하면서도, 그보다 더 침익적인 설립 후 활동 중인 노동조합에 대한 법외노조 통보에 관하여는 아무런 규정을 두고 있지 않고, 이를 시행령에 위임하는 명문의 규정도 두고 있지 않다. 더욱이 법외노조 통보 제도는 입법자가 반성적 고려에서 폐지한 노동조합 해산명령 제도와 실질적으로 다를 바 없다. 결국 **노동조합법 시행령 제9조 제2항은 법률이 정하고 있지 아니한 사항에 관하여, 법률의 구체적이고 명시적인 위임도 없이 헌법이 보장하는 노동3권에 대한 본질적인 제한을 규정한 것으로서 법률유보원칙에 반한다.**

고용노동부장관이 전국의 국공립학교와 사립학교 교원을 조합원으로 하여 설립된 甲 노동조합의 노동조합 설립신고를 수리하고 신고증을 교부하였는데, 그 후 甲 노동조합에 대하여 '두 차례에 걸쳐 해직자의 조합원 가입을 허용하는 규약을 시정하도록 명하였으나 이행하지 않았고, 실제로 해직자가 조합원으로 가입하여 활동하고 있는 것으로 파악된다'는 이유로 해당 규약 조항의 시정 등의 조치를 요구하였으나 甲 노동조합이 이를 이행하지 않자 교원의 노동조합 설립 및 운영 등에 관한 법률 제14조 제1항, 노동조합 및 노동관계조정법 제12조 제3항 제1호, 제2조 제4호 (라)목 및 교원의 노동조합 설립 및 운영 등에 관한 법률 시행령 제9조 제1항, 노동조합 및 노동관계조정법 시행령 제9조 제2항에 따라 甲 노동조합을 '교원의 노동조합 설립 및 운영 등에 관한 법률에 의한 노동조합으로 보지 아니함'을 통보한 사안에서, **노동조합 및 노동관계조정법 시행령 제9조 제2항은 법률의 구체적이고 명시적인 위임 없이 법률이 정하고 있지 아니한 법외노조 통보에 관하여 규정함으로써 헌법이 보장하는 노동3권을 본질적으로 제한하는 것으로 법률유보의 원칙에 위반되어 그 자체로 무효이므로 그에 기초한 위 법외노조 통보는 법적 근거를 상실하여 위법하다**(대판 2020.9.3, 2016두32992).

11 국가비상사태하에서 근로자의 단체교섭권 및 단체행동권을 제한한 구 '국가보위에 관한 특별조치법'이 근로3권의 본질적인 내용을 침해하는지 여부: 적극

헌법 제33조는 제1항에서 근로3권을 규정하되, 제2항 및 제3항에서 '공무원인 근로자' 및 '법률이 정하는 주요방위산업체 근로자'에 한하여 근로3권의 예외를 규정한다. 그러므로 헌법 제37조 제2항 전단에 의하여 근로자의 근로3권에 대해 일부 제한이 가능하다 하더라도, '공무원 또는 주요방위사업체 근로자'가 아닌 근로자의 근로3권을 전면적으로 부정하는 것은 헌법 제37조 제2항 후단의 본질적 내용 침해금지에 위반된다. 그런데 심판대상조항은 단체교섭권·단체행동권이 제한되는 근로자의 범위를 구체적으로 제한함이 없이, 단체교섭권·단체행동권의 행사요건 및 한계 등에 관한 기본적 사항조차 법률에서 정하지 아니한 채, 그 허용 여부를 주무관청의 조정결정에 포괄적으로 위임하고 이에 위반할 경우 형사처벌하도록 하고 있는바, 이는 모든 근로자의 단체교섭권·단체행동권을 사실상 전면적으로 부정하는 것으로서 헌법에 규정된 근로3권의 본질적 내용을 침해하는 것이다(헌재 2015.3.26, 2014헌가5).

12 특수경비원의 파업·태업 그 밖에 경비업무의 정상적인 운영을 저해하는 일체의 쟁의행위를 금지하는 경비업법 제15조 제3항(이하 '심판대상조항'이라 한다)이 나머지 청구인들의 단체행동권을 침해하는지 여부: 소극 [기각]

국가중요시설에서 발생할 수 있는 보안 관련 사건의 심각성, 이에 대응하기 위하여 무기 휴대가 가능한 특수경비원 업무의 중요성을 감안하면 경비업무의 정상적인 운영을 저해하는 일체의 쟁의행위를 금지할 수밖에 없고, 그 외 다른 수단들로는 위 목적 달성에 기여할 수 없다. 특수경비원은 단체행동권에 대한 대상조치인 노동조합법상 조정 및 중재를 통하여 노동쟁의에 대한 해결책을 마련할 수도 있다. 따라서 심판대상조항은 침해의 최소성을 갖추었다.

심판대상조항으로 인하여 특수경비원이 받는 불이익이 국가나 사회의 중추를 이루는 중요시설 운영에 안정을 기함으로써 얻게 되는 국가안전보장, 질서유지, 공공복리 등의 공익보다 중대한 것이라고 볼 수 없다. 따라서 심판대상조항은 법익의 균형성을 갖추었다. 그러므로 심판대상조항은 과잉금지원칙에 위배되어 나머지 청구인들의 단체행동권을 침해하지 않는다(헌재 2023.3.23, 2019헌마937).

13 복수 노동조합이 구성된 경우 교섭대표노동조합을 통해 교섭하도록 하고 일정 기간 내에 자율적으로 교섭대표노동조합을 정하지 못할 경우 과반수 노동조합이 교섭대표노동조합이 되며, 교섭대표노동조합만이 쟁의행위를 주도할 수 있도록 규정한 노동조합 및 노동관계조정법이 위헌인지 여부: 소극 [합헌]

교섭창구 단일화 제도는 근로조건의 결정권이 있는 사업 또는 사업장 단위에서 복수 노동조합과 사용자 사이의 교섭절차를 일원화하여 효율적이고 안정적인 교섭체계를 구축하고, 소속 노동조합이 어디든 관계없이 조합원들의 근로조건을 통일하기 위한 것이다. '노동조합 및 노동관계조정법'이 규정한 개별교섭 조항(제29조의2 제1항 단서), 교섭단위 분리 조항(제29조의3 제2항), 공정대표의무 조항(제29조의4) 등은 모두 교섭창구 단일화를 일률적으로 강제할 경우 발생하는 문제점을 보완하기 위한 것으로서, 노동조합의 단체교섭권 침해를 최소화하기 위한 제도라 볼 수 있다. 청구인들의 **단체교섭권**을 침해하지 아니하며 단체교섭권의 본질적 내용을 침해하지도 아니한다.

'노동조합 및 노동관계조정법'은 교섭대표노동조합이 교섭창구 단일화 절차에 참여한 노동조합의 전체 조합원의 직접·비밀·무기명투표에 의한 조합원 과반수의 찬성으로 결정하지 아니하면 쟁의행위를 행할 수 없도록 함으로써(제41조 제1항), 교섭창구 단일화 절차와 관련된 노동조합의 투표 과정 참여를 통해 쟁의행위에 개입할 수 있는 장치를 마련하고 있다. 청구인들의 **단체행동권**을 침해하지 아니한다(헌재 2024.6.27, 2020헌마237등).

2. 주요방위산업체에 종사하는 근로자의 단체행동권 제한

헌법 제33조 ③ 법률이 정하는 주요방위산업체에 종사하는 근로자의 **단체행동권**은 법률이 정하는 바에 의하여 이를 제한하거나 인정하지 아니할 수 있다. 05. 국회직, 14. 법무사, 15. 서울시

기출 OX

01 법률이 정하는 주요방위산업체에 종사하는 근로자에게 단체행동권을 부인하는 것은 헌법에 반한다. 05. 국회직 ( )

02 헌법 제33조 제3항에 의하면 법률이 정하는 주요방위산업체에 종사하는 근로자의 단결권은 법률이 정하는 바에 의하여 이를 제한하거나 인정하지 않을 수 있다. 14. 법무사 ( )

정답 01 × 02 ×

3. 헌법 제37조 제2항에 의한 제한

> 헌법 제37조 ② 국민의 모든 자유와 권리는 국가안전보장·질서유지 또는 공공복리를 위하여 필요한 경우에 한하여 법률로써 제한할 수 있으며, 제한하는 경우에도 자유와 권리의 본질적인 내용을 침해할 수 없다. 19. 서울시

주요방위산업체에 대한 제한
- 단결권 제한 ×
- 단체행동권 제한 ○

4. 국가비상사태하에서의 제한

헌법 제77조에 따라 대통령이 비상계엄을 선포한 경우 근로3권을 제한할 수 있는지에 관하여 긍정설과 부정설이 대립하고 있으나, 긍정설이 타당하다고 본다(권영성).

> ### 판례 Ⅰ
>
> **1 제3자 개입금지조항이 위헌인지 여부: 소극 [합헌]** 11. 국가직
> 노동조합법 제12조의2가 규정하는 제3자 개입금지는 헌법이 인정하는 근로3권이나 그 밖의 표현의 자유 또는 행동의 자유 등 기본권의 내재적 한계를 넘어선 행위를 규제하기 위한 입법일 뿐 근로자가 단순한 상담이나 조력을 받는 것을 금지하고자 하는 것은 아니므로 근로자의 근로3권 등을 제한하는 것이라고는 볼 수 없다(헌재 1993.3.11, 92헌바33).
>
> **2 필수공익사업에서의 강제중재제도가 위헌인지 여부: 소극 [합헌]** 05. 행시, 05·06. 사시
> 직권중재의 대상은 도시철도를 포함한 철도·수도·전기·가스·석유정제 및 석유공급, 병원·한국은행·통신의 각 사업에 한정되어 있다. 태업·파업 또는 직장폐쇄 등의 쟁의행위가 이러한 필수공익사업에서 발생하게 되면 비록 그것이 일시적이라 하더라도 그 공급중단으로 커다란 사회적 혼란을 야기함은 물론 국민의 일상생활, 심지어는 생명과 신체에까지 심각한 해악을 초래하게 되고 국민경제를 현저히 위태롭게 하므로, 현재의 우리나라의 노사여건하에서는 위와 같은 필수공익사업에 한정하여 쟁의행위에 이르기 이전에 노동쟁의를 신속하고 원만하게 타결하도록 강제중재제도를 인정하는 것은 공익과 국민경제를 유지·보전하기 위한 최소한의 필요한 조치로서 과잉금지의 원칙에 위배되지 아니한다(헌재 2003.5.15, 2001헌가31).
>
> **3 노조전임자에 대한 급여를 원칙적으로 금지 및 근로시간 면제제도인 소위 '타임오프제'가 위헌인지 여부: 소극 [기각]**
> 이러한 입법적 조치를 통해 관련 노사 분쟁을 미리 예방·해결하여 산업평화의 유지에도 이바지할 수 있으므로 그 입법목적이 정당하다. 그리고 이를 위하여 관련 문제의 해결을 전적으로 노사자치에 맡기지 않고, 노동조합이 노조전임자에 대한 급여 요구나 근로시간 면제한도를 초과하는 요구를 하고 이를 관철할 목적의 쟁의행위를 금지하는 것은 적절한 수단이다. … 따라서 기존의 노조전임자는 새로 도입된 근로시간 면제제도를 통하여 풀타임(full time) 근로시간 면제자 또는 파트타임(part time) 근로시간 면제자로서 신분을 전환하여 과거 담당하던 노동조합 활동을 일정 수준 계속 보장받을 수 있으므로, 이러한 근로시간 면제 제도의 활용을 통하여 노조전임자에 대한 전면적 급여 금지로 인한 피해는 최소화할 수 있다. … 따라서 이 사건 노조법 조항들이 과잉금지원칙에 위반하여 노사자치의 원칙 또는 청구인들의 단체교섭권 및 단체행동권을 침해한다고 볼 수 없다(헌재 2014.5.29, 2010헌마606).

기출 OX

01 제3자 개입금지에 관한 노동쟁의 조정법 제13조의2는 실제로 조력을 구하기 위한 능력의 차이를 무시한 것으로, 근로자와 사용자를 실질적으로 차별하는 불합리한 규정이다. 11. 국가직 ( )

정답 **01** ×

제6절 환경권

> **헌법 제35조** ① 모든 국민은 건강하고 쾌적한 환경에서 생활할 권리를 가지며, 국가와 국민은 환경보전을 위하여 노력하여야 한다.
> ② 환경권의 내용과 행사에 관하여는 법률로 정한다.
> ③ 국가는 주택개발정책 등을 통하여 모든 국민이 쾌적한 주거생활을 할 수 있도록 노력하여야 한다.

01 의의

1. 개념

환경권은 건강하고 쾌적한 생활을 유지하는 조건으로서 양호한 환경을 향유할 권리이고, 생명·신체의 자유를 보호하는 토대를 이루며, 궁극적으로 '삶의 질' 확보를 목표로 하는 권리이다. 환경권을 행사함에 있어 국민은 국가로부터 건강하고 쾌적한 환경을 향유할 수 있는 자유를 침해당하지 않을 권리를 행사할 수 있고, 일정한 경우 국가에 대하여 건강하고 쾌적한 환경에서 생활할 수 있도록 요구할 수 있는 권리가 인정되기도 하는바, 환경권은 그 자체가 종합적 기본권으로서의 성격을 지닌다.

2. 연혁

(1) **제1단계**: 1969년 환경방지법이 제정되었다.
(2) **제2단계**: 1977년 환경보전법과 해양오염방지법이 제정되었다.
(3) **제3단계**: 환경권이 헌법상 기본권의 하나로 채택되었다.* 13. 국가직
(4) **제4단계**: 단일법주의에서 복수법주의에 입각한 환경법제로의 전환이 이루어졌다. 1990년 환경정책기본법을 제정한 후 자연환경보전법, 토양환경보전법 등을 제정하였다.

*1. **헌법 제35조 제1항**: 1980년 제8차 개정헌법에서 처음으로 규정하였으며, 환경권, 행복추구권, 국가와 국민의 환경보전의무에 대한 조항이다.
2. **헌법 제35조 제2항·제3항**: 제9차 개정헌법(현행헌법)에 추가되었다.

02 법적 성격

1. 총합적 기본권성(다수설)

환경권의 법적 성격에 관하여 ① 인간의 존엄권으로 보는 견해, ② 행복추구권으로 보는 견해, ③ 사회적 기본권으로 보는 견해, ④ 인간의 존엄성 존중과 행복추구권 및 사회적 기본권의 성격을 아울러 가지는 것으로 보는 견해 등이 있으나, 환경권은 인간의 존엄성 존중을 그 이념적 기초로 하면서 여러 가지 성격을 아울러 가진 총합적 기본권으로 보아야 할 것이다.

기출 OX

02 환경권은 건강하고 쾌적한 환경에 대한 침해배제를 청구할 수 있는 자유권적 측면과 쾌적한 환경에서 생활할 수 있도록 배려하는 보호·보장청구권의 측면을 모두 가지고 있다.
18. 법무사 ( )

정답 **02** ○

2. 구체적 권리성

(1) 학설

학설은 대체로 환경권의 구체적 권리성을 긍정한다. 다만, ① 사회적 기본권으로서의 환경권은 불완전한 구체적 권리로 이해하는 견해(권영성), ② 환경침해배제청구권은 자유권으로서 구체적 권리인 반면, 환경개선청구권은 추상적 권리라는 견해(김철수) 등으로 의견이 나뉜다.

(2) 판례의 입장

환경권은 명문의 법률규정이나 관계법령의 규정취지 및 조리에 비추어 권리의 주체, 대상, 내용, 행사방법 등이 구체적으로 정립될 수 있어야만 인정되는 것이므로, 사법상의 권리로서의 환경권을 인정하는 **명문의 규정이 없는데도 환경권에 기하여 직접 방해배제청구권을 인정할 수는 없다**(대판 1999.7.27, 98다47528). 03.법무사

> **판례 | 헌법상 환경권규정을 근거로 구체적인 사법상의 권리가 인정되는지 여부:**
> **소극** 05.사시, 06.법행, 13.서울시
>
> 헌법상의 기본권으로서의 환경권에 관한 규정만으로서는 그 보호대상인 환경의 내용과 범위, 권리의 주체가 되는 권리자의 범위 등이 명확하지 못하여 이 규정이 개개의 국민에게 직접적으로 구체적인 사법상의 권리를 부여한 것이라고 보기는 어렵고, 사법적 권리인 환경권을 인정하면 그 상대방의 활동의 자유와 권리를 불가피하게 제약할 수밖에 없으므로 사법상의 권리로서의 환경권이 인정되려면 그에 관한 명문의 법률규정이 있거나 관계법령의 규정취지나 조리에 비추어 권리의 주체·대상·내용·행사방법 등이 구체적으로 정립될 수 있어야 한다(대결 1995.5.23, 94마2218).

3. 환경권의 우위론

환경파괴에 의한 대량침해는 기존의 사회적 기본권이론인 추상적 권리론을 가지고는 대응할 수 없다. 이에 대처하기 위해서 환경파괴라고 하는 새로운 기본권침해에 대응할 적극적인 이론구성의 한 방안으로 생명권·환경권의 재산권·영업권 등에 대한 우위론이 주장된다(권영성).

03 주체

1. 자연인

환경권은 자연인(외국인 포함)에게만 인정되며, **성질상 법인의 주체성은 부정된다**(다수설).

2. 자연

자연 그 자체가 환경권의 주체인지 여부에 대하여 학설이 대립하고 있으나, 자연은 권리주체가 아니므로 부정하는 것이 타당하다(계희열).

기출 OX

01 사법상의 권리로서의 환경권을 인정하는 명문의 규정이 없는 경우에도 헌법상의 환경권에 기하여 직접 방해배제청구권을 행사할 수 있다는 것이 대법원의 입장이다. 08.법무사 ( )

정답 01 ×

> **판례 | 도롱뇽의 당사자능력을 인정할 수 있는지 여부: 소극**
>
> 도롱뇽은 천성산 일원에 서식하고 있는 도롱뇽목 도롱뇽과에 속하는 양서류로서 자연물인 도롱뇽 또는 그를 포함한 자연 그 자체로서는 소송을 수행할 당사자능력을 인정할 수 없다(대결 2006.6.2, 2004마1148·1149).

04 내용

1. 환경의 의미

> **환경정책기본법**
>
> 제3조【정의】이 법에서 사용하는 용어의 정의는 다음과 같다.
> 1. "환경"이란 자연환경과 생활환경을 말한다.
> 2. "자연환경"이란 지하·지표(해양을 포함한다) 및 지상의 모든 생물과 이들을 둘러싸고 있는 비생물적인 것을 포함한 자연의 상태(생태계 및 자연경관을 포함한다)를 말한다.
> 3. "생활환경"이란 대기, 물, 폐기물, 소음·진동, 악취, 일조, 인공조명, 화학물질 등 사람의 일상생활과 관계되는 환경을 말한다.

환경권의 대상으로서의 환경의 의미를 어떻게 이해할 것인지에 대하여 ① 자연환경만을 의미한다는 견해, ② 자연환경과 생활환경을 포함한다는 견해(다수설), ③ 사회환경(예 교육권, 의료권, 도로, 공원이용권 등)도 포함한다는 견해가 대립하고 있다.

기출 OX

02 헌법상의 환경권의 보호대상에는 자연환경과 생활환경뿐만 아니라 문화환경, 교육환경, 주거환경 등 환경으로부터 얻을 수 있는 생활이익이 포함된다는 견해가 있다. 05.사시 ( )

> **판례 | 환경권의 보호대상** 05.사시
>
> 환경권의 보호대상이 되는 환경에는 **자연환경뿐만 아니라 인공적 환경과 같은 생활환경도 포함**된다. 환경권을 구체화한 입법이라 할 환경정책기본법 제3조에서도 환경을 자연환경과 생활환경으로 분류하면서 생활환경에 소음·진동 등 사람의 일상생활과 관계되는 환경을 포함시키고 있다. 그러므로 일상생활에서 소음을 제거·방지하여 정온한 환경에서 생활할 권리는 환경권의 한 내용을 구성한다(헌재 2008.7.31, 2006헌마711).

2. 구체적 내용

(1) 공해예방청구권

'공해예방청구권'이란 국가, 공공단체 또는 사인의 행위로 인하여 환경오염이나 공해가 발생하지 않도록 충분한 예방적 조치를 강구하여 주도록 요구할 수 있는 권리를 말한다.

(2) 공해배제청구권

'공해배제청구권'이란 국가, 공공단체 또는 사인의 행위로 인하여 환경오염이나 공해가 발생하고 그것이 수인한도를 넘는 경우 그 환경오염이나 공해를 배제하여 줄 것을 요구할 수 있는 권리를 말한다.

정답 02 ○

(3) 쾌적한 주거생활권

'쾌적한 주거생활권'이란 쾌적한 주거생활을 확보할 수 있도록 국가에 일정한 배려와 급부를 요구할 수 있는 권리를 말한다. 주거에 대한 소극적 불가침을 내용으로 하는 주거의 자유와는 달리 국민은 국가에 대하여 적극적인 주택정책을 통한 쾌적한 주거생활의 보장을 요구할 수 있다.

기출 OX

01 공직선거법에서 확성장치 사용에 따른 소음제한기준을 두고 있지 않은 것은 국민의 정온한 환경에서 생활할 권리를 보호하기 위한 입법자의 의무를 과소하게 이행하였다고 할 수 있다.
12. 국회직 ( )

> **판례 |**
>
> **1** 선거운동 과정에서 후보자들이 확성장치를 사용할 수 있도록 허용하면서도 그로 인한 소음의 규제기준을 정하지 아니한 공직선거법이 환경권을 침해하는지 여부: **적극 [헌법불합치]**
> 심판대상조항이 선거운동의 자유를 감안하여 선거운동을 위한 확성장치를 허용할 공익적 필요성이 인정된다고 하더라도 정온한 생활환경이 보장되어야 할 주거지역에서 출근 또는 등교 이전 및 퇴근 또는 하교 이후 시간대에 확성장치의 최고출력 내지 소음을 제한하는 등 사용시간과 사용지역에 따른 수인한도 내에서 확성장치의 최고출력 내지 소음 규제기준에 관한 규정을 두지 아니한 것은, 국민이 건강하고 쾌적하게 생활할 수 있는 양호한 주거환경을 위하여 노력하여야 할 국가의 의무를 부과한 헌법 제35조 제3항에 비추어 보면, 적절하고 효율적인 최소한의 보호조치를 취하지 아니하여 국가의 기본권 보호의무를 과소하게 이행한 것이다. 따라서, 심판대상조항은 국가의 기본권 보호의무를 과소하게 이행한 것으로서, 청구인의 건강하고 쾌적한 환경에서 생활할 권리를 침해한다(헌재 2019.12.27, 2018헌마730).
>
> **2** 환경권의 법적 성격, 내용, 보호대상에 대한 헌법재판소의 태도
> **[1] 환경권의 법적 성격**
> 모든 국민은 건강하고 쾌적한 환경에서 생활할 권리, 즉 환경권을 가지고 있고 국가와 국민은 환경보전을 위하여 노력하여야 한다(제35조 제1항). 환경권은 건강하고 쾌적한 생활을 유지하는 조건으로서 양호한 환경을 향유할 권리이고, 생명·신체의 자유를 보호하는 토대를 이루며, 궁극적으로 '삶의 질' 확보를 목표로 하는 권리이다. 환경권을 행사함에 있어 국민은 국가로부터 건강하고 쾌적한 환경을 향유할 수 있는 자유를 침해당하지 않을 권리를 행사할 수 있고, 일정한 경우 국가에 대하여 건강하고 쾌적한 환경에서 생활할 수 있도록 요구할 수 있는 권리가 인정되기도 하는바, 환경권은 그 자체로 종합적 기본권으로서의 성격을 지닌다.
>
> **[2] 환경권의 보호대상**
> 또한 '건강하고 쾌적한 환경에서 생활할 권리'를 보장하는 환경권의 보호대상이 되는 환경에는 자연환경뿐만 아니라 인공적 환경과 같은 생활환경도 포함된다. 환경권을 구체화한 입법이라 할 환경정책기본법 제3조에서도 환경을 자연환경과 생활환경으로 분류하면서 생활환경에 소음·진동 등 사람의 일상생활과 관계되는 환경을 포함시키고 있다. 그러므로 일상생활에서 소음을 제거·방지하여 정온한 환경에서 생활할 권리는 환경권의 한 내용을 구성한다(헌재 2008.7.31, 2006헌마711).

정답 01 ○

3 **독서실과 같이 정온을 요하는 사업장의 실내소음 규제기준을 만들어야 할 입법의무가 헌법의 해석상 곧바로 도출되는지 여부: 소극**

헌법 제35조 제1항·제2항만으로는 헌법이 독서실과 같이 정온을 요하는 사업장의 실내소음 규제기준을 마련하여야 할 구체적이고 명시적인 입법의무를 부과하였다고 볼 수 없고, 다른 헌법조항을 살펴보아도 위와 같은 사항에 대한 명시적인 입법위임은 존재하지 아니한다. 환경권의 내용과 행사는 법률에 의해 구체적으로 정해지므로(헌법 제35조 제2항), 입법자는 환경권의 구체적인 실현에 있어 광범위한 형성의 자유를 가진다. 정온을 요하는 사업장의 실내소음 규제기준을 마련할 것인지 여부나 소음을 제거·방지할 수 있는 다양한 수단과 방법 중 어떠한 방법을 채택하고 결합할 것인지 여부는 당시의 기술 수준이나 경제적·사회적·지역적 여건 등을 종합적으로 고려하지 않을 수 없으므로, 독서실과 같이 정온을 요하는 사업장의 실내소음 규제기준을 만들어야 할 입법의무가 헌법의 해석상 곧바로 도출된다고 보기도 어렵다. 결국 독서실과 같이 정온을 요하는 사업장의 실내소음 규제기준을 제정하여야 할 입법자의 입법의무를 인정할 수 없으므로, 이 사건 심판청구는 헌법소원의 대상이 될 수 없는 입법부작위를 대상으로 한 것으로서 부적법하다(헌재 2017.12.28, 2016헌마45).

4 **구 동물보호법(2011.8.4. 법률 제10995호로 전부개정되고, 2018.12.24. 법률 제16075호로 개정되기 전의 것) 제33조 제3항 제5호가 동물장묘업의 지역적 등록제한 사유를 불완전·불충분하게 규정하여 청구인들의 환경권을 침해하는지 여부: 소극**

동물보호법, '장사 등에 관한 법률', '동물장묘업의 시설설치 및 검사기준' 등 관계규정에서 동물장묘시설의 설치제한 지역을 상세하게 규정하고, 매연, 소음, 분진, 악취 등 오염원 배출을 규제하기 위한 상세한 시설 및 검사기준을 두고 있는 등의 사정을 고려할 때, 심판대상조항에서 동물장묘업 등록에 관하여 '장사 등에 관한 법률' 제17조 외에 다른 지역적 제한사유를 규정하지 않았다는 사정만으로 청구인들의 환경권을 보호하기 위한 입법자의 의무를 과소하게 이행하였다고 평가할 수는 없다. 따라서 심판대상조항은 청구인들의 환경권을 침해하지 않는다(헌재 2020.3.26, 2017헌마1281).

5 **외교부 북미국장과 주한미군사령부 부사령관 사이에 사드배치 부지의 사용을 공여하는 내용으로 체결한 협정이 건강권 및 환경권 등을 침해하는지 여부: 소극 [각하]**

청구인들은 주한미군이 이 사건 부지에 고고도미사일방어체계[Terminal High Altitude Area Defense (THAAD), 이하 '사드'라 한다]를 배치함으로써 평화적 생존권을 침해한다고 주장하나, 이 사건 협정의 근거인 '대한민국과 미합중국 간의 상호방위조약'은 외부의 무력공격을 전제한 공동방위를 목적으로 하고, 사드 배치는 북한의 핵실험 및 탄도미사일 시험 발사 또는 도발에 대응한 방어태세로 이해되므로, 이 사건 협정이 국민들로 하여금 침략전쟁에 휩싸이게 함으로써 이들의 평화적 생존을 위협할 가능성이 있다고 볼 수 없다. 또한 청구인들은 주한미군이 이 사건 부지에 사드를 배치하면 건강권 및 환경권이 침해된다고 주장하나, 이 사건 협정으로 청구인들의 건강권 및 환경권이 바로 침해된다고 보기 어렵고, 혹시 이러한 우려가 있더라도 이는 주한미군의 사드 체계 운영 과정에서 잠재적으로 나타날 수 있는 것에 불과하다. 다음으로 청구인들은 성주경찰서 소속 경찰이 이 사건 부지 인근 농작지 접근을 제한하고 중국이 제재조치를 시행함으로 인하여 직업의 자유를 침해받는다고 주장하나, 청구인들의 주장과 같은 내용은 성주경찰서 소속 경찰 또는 중국 정부의 조치로 인한 것이므로 이 사건 협정으로 인한 것이라 할 수 없다. 마지막으로 청구인들은 이 사건 부지 일대가 원불교 성지로서 보호되지 않는다면 이와 관련된 교리 역시 보호되기 어려우므로 신앙의 자유가 침해되고, 군 당국의 사전 허가를 받아야 이 사건 부지에서 종교적 활동을 하거나 종교집회를 개최할 수 있어 종교적 행위의 자유 및 종교집회의 자유가 침해받는다는 취지로 주장한다. 살피건대, 주한미군이 이 사건 부지를 사용한다고 하여 특정 종교의 교리를 침해하거나 청구인들의 신앙 활동에 직접적 영향을 미친다고 할 수 없고, 종교적 행위의 자유 및 종교집회의 자유 침해에 관한 청구인들의 주장은 군 당국의 후속 조치 등으로 발생하는 것이므로 이 사건 협정으로 인한 것이라 할 수 없다. 따라서 이 사건 협정은 성주군·김천시 주민 또는 원불교도 및 그 단체인 청구인들의 법적 지위에 아무런 영향을 미치지 아니하므로, 이 사건 협정에 대한 심판청구는 기본권침해가능성이 인정되지 아니한다(헌재 2024. 3.28, 2017헌마372).

6 학교시설의 유해중금속 등 유해물질의 예방 및 관리 기준으로서 운동장 바닥재 중 인조잔디 및 탄성포장재(우레탄)에 대해서만 품질기준 및 주기적 점검·조치 의무를 규정하고 마사토 운동장에 대해서는 별다른 규정을 두지 아니한 것이 환경권을 침해하는지 여부: 소극 [기각]
국가가 국민의 건강하고 쾌적한 환경에서 생활할 권리에 관한 보호의무를 다하지 않았는지를 헌법재판소가 심사할 때에는 국가가 이를 보호하기 위하여 적어도 적절하고 효율적인 최소한의 보호조치를 취하였는가 하는 이른바 '과소보호금지원칙'의 위반 여부를 기준으로 삼아야 한다. 심판대상조항은 학교시설에서의 유해중금속 등 유해물질의 예방 및 관리 기준을 규정하면서 마사토 운동장에 대하여는 규정하지 않고 있다. 그러나 학교보건법 시행규칙과 관련 고시의 내용을 전체적으로 보면 필요한 경우 학교의 장이 마사토 운동장에 대한 유해중금속 등의 점검을 실시하는 것이 가능하고, 또한 토양환경보전법령에 따른 학교용지의 토양 관리체제, 교육부 산하 법정기관이 발간한 운동장 마감재 조성 지침 상의 권고, 학교장이나 교육감에게 학교 운동장의 유해물질 관리를 의무화하고 있는 각 지방자치단체의 조례 등을 통해 마사토 운동장에 대한 유해중금속 등 유해물질의 관리가 이루어지고 있다. 지속적으로 유해중금속 등의 검출 문제가 제기되었던 인조잔디 및 탄성포장재와 천연소재인 마사토가 반드시 동일한 수준의 유해물질 관리 기준으로써 규율되어야 한다고 보기는 어렵다는 점까지 고려하면, 심판대상조항에 마사토 운동장에 대한 기준이 도입되지 않았다는 사정만으로 국민의 환경권을 보호하기 위한 국가의 의무가 과소하게 이행되었다고 평가할 수는 없다. 따라서 심판대상조항은 청구인의 환경권을 침해하지 아니한다(헌재 2024.4.25, 2020헌마107).

7 탄소중립기본법 제8조 제1항에서 2031년부터 2049년까지의 감축목표에 관하여 어떤 형태의 정량적 기준도 제시하지 않은 것이 과소보호금지원칙 및 법률유보원칙에 반하여 기본권 보호의무를 위반하여 환경권을 침해하는지 여부: 적극 [헌법불합치]
국가가 국민의 건강하고 쾌적한 환경에서 생활할 권리에 관한 보호의무를 다하지 않았는지를 헌법재판소가 심사할 때에는 **'과소보호금지원칙'의 위반 여부를 기준**으로 삼아, 개별 사례에서 기본권침해가 예상되어 보호가 필요한 '위험상황'에 대응하는 '보호조치'의 내용이, 문제 되는 위험상황의 성격에 상응하는 보호조치로서 필요한 최소한의 성격을 갖고 있는지에 따라 판단하는데, 위험상황의 성격 등은 **'과학적 사실'과 '국제기준'에 근거하여 객관적으로 검토되어야** 한다.
탄소중립기본법 제8조 제1항에서 2031년부터 2049년까지의 감축목표에 관하여 어떤 형태의 정량적 기준도 제시하지 않은 것은, 기후위기라는 위험상황에 상응하는 보호조치로서 필요한 최소한의 성격을 갖추지 못하였으므로 과소보호금지원칙을 위반하였다. 한편, 탄소중립기본법 제8조 제1항에서 2030년까지의 감축목표에 대하여 2030년을 목표연도로 한 2018년 대비 감축비율의 하한만 법률에서 정하였을 뿐, 구체적인 감축비율의 수치는 대통령령에 위임하고 감축의 경로는 정부가 설정하는 부문별 및 연도별 감축목표에 따르도록 한 것은 법률유보원칙을 위반한 것으로 볼 수 없다. 그러나 중장기적인 온실가스 감축목표와 감축경로를 계획할 때에는 매우 높은 수준의 사회적 합의가 필요하다는 점, 미래세대는 민주적 정치과정에 참여하는 것이 제약되어 있다는 점과 관련하여 입법자에게 더욱 구체적인 입법의무와 책임이 있음을 고려할 때, 2031년부터 2049년까지의 감축목표에 관하여 대강의 정량적 수준도 규정하지 않고 이에 관해 정부가 5년마다 정하도록 한 것은 의회유보원칙을 포함하는 법률유보원칙을 위반한 것이다. 결국 **탄소중립기본법 제8조 제1항은 과소보호금지원칙 및 법률유보원칙에 반하여 기본권 보호의무를 위반하였으므로 청구인들의 환경권을 침해한다**(헌재 2024.8.29, 2020헌마389 등).

05 효력

환경권에 관한 헌법규정은 대국가적 효력을 가진다. 이때, 제3자적 효력도 인정되지만, ① 사인간에도 직접적용된다는 견해와 ② 간접적용된다고 보는 견해가 대립한다.

06 한계와 제한

1. 한계

환경권은 다른 기본권의 제한을 전제로 하는 상린관계(相隣關係)적 기본권이므로, 합리적인 이유가 있고 경미한 침해인 때에는 이를 수인·감수하여야 한다.

2. 제한

환경권은 헌법 제37조 제2항에 따라 제한될 수 있으나, 본질적인 내용은 침해할 수 없다. 환경권의 본질적 내용에 대해서는 ① 인명이나 신체에 결정적인 위협을 주는 환경권제한으로 보는 견해(권영성)와 ② 과잉금지의 원칙을 어긴 환경권의 제한이라고 보는 견해(허영)가 대립한다.

07 침해와 구제

1. 사인에 의한 침해와 구제

(1) 구제수단
① **유지청구**: 유지청구는 현실적으로 환경피해가 발생한 경우 또는 발생이 예견되는 경우에 피해자가 환경피해의 배제 또는 예방을 법원에 구하는 방법이다.
② **손해배상청구**: 손해배상청구는 환경피해를 금전적·물질적으로 배상할 것을 요구하는 것으로 환경정책기본법에서는 환경피해에 대한 사업자의 무과실책임을 규정하고 있다.

(2) 수인한도론(위법성 판단의 문제)

수인한도론이란 위법성을 판단함에 있어 가해자측과 피해자측의 사정 및 지역적 특성 등을 비교형량하여 피해가 일반인이 통상 견딜 수 있는 한도를 넘어서는 경우에 위법성이 인정된다는 이론이다.

2. 공권력에 의한 침해와 구제

(1) 침해

국가나 지방자치단체는 소극적으로 제3자의 환경파괴를 묵인함으로써 환경권을 침해할 수도 있고, 적극적으로 비행장이나 고속도로의 건설 등으로 소음공해를 야기하거나 산업단지에 공해산업을 유치함으로써 환경권을 침해할 수도 있다.

(2) 구제수단

국가나 공공단체 등의 환경권침해에 대하여는 이들을 상대로 행정쟁송, 국가배상, 손실보상, 헌법소원을 제기하거나 행정개입청구권을 행사할 수 있다.

3. 환경피해분쟁조정제도

환경분쟁에 관한 소송을 통한 전통적인 구제수단은 피해분쟁의 복잡성, 원인유형의 다양성, 인과관계입증의 곤란성 등으로 인하여 일정한 한계가 있다. 이러한 한계를 극복하고 환경피해에 대한 국민의 효율적인 권리구제를 위하여 1991년부터 환경분쟁 조정법에 의하여 환경피해분쟁조정제도가 시행되고 있다.

4. 환경권침해에 대한 구제의 특수성

(1) 조화적 해결

환경권은 그 특성상 타인의 경제활동자유와 상충하고 국가의 정책과도 충돌할 수 있는데, 이때에는 조화로운 권리구제가 바람직하다. 즉, 환경권보호를 위해서 경제활동 등을 중지시키는 방법보다는 당해 기업이나 국가시설에 공해방지시설을 갖추게 하고, 피해자에게는 적절한 보상을 해주는 방향으로의 조화로운 권리구제의 방안이 모색되어야 할 것이다.

(2) 환경소송에 있어서의 문제점

① **원고적격의 문제**: 공해소송의 특성상 원고적격의 범위가 문제되는데, 원고적격의 범위를 너무 넓게 정한다면 민중소송화할 우려가 있고, 너무 좁게 정하면 권리보호에 소홀해질 우려가 있기 때문이다. 피해자의 권리구제를 위하여 **오염된 환경과 관련이 있는 자**에게 널리 원고적격을 인정하는 것이 바람직하다고 본다.
03. 법무사

② **입증책임의 문제**: 환경침해로 인한 손해배상의 경우 인과관계의 입증에 어려움이 있는데, 이와 관련하여 입증책임의 완화를 위한 **개연성이론**이 학설과 판례의 지지를 받고 있다. 03. 법무사 '개연성이론'이란 환경소송에 있어서는 과학적으로 인과관계를 엄격하게 증명할 필요는 없으며, 침해행위와 손해발생 사이에 인과관계가 존재한다는 상당한 정도의 개연성이 있음을 입증하는 것으로 충분하다는 이론이다(물론 가해자가 인과관계의 존재를 부인하기 위해서는 이에 대한 반증이 필요함).

기출 OX

01 환경소송에도 민법상 불법행위의 법리가 적용되기 때문에 원고에게 엄격한 인과관계의 입증책임이 요구된다.
03. 법무사 ( )

정답 01 ×

③ **소송수행상의 문제**: 피해자가 불특정 다수인 현대적 환경피해분쟁의 해결방법으로 새로운 환경소송제도의 도입이 논의되는바, 입법론상 다수의 피해자의 소송수행의 편의를 위하여 미국의 집단소송제도(Class Action)나 독일의 단체소송제도(Verbandsklage)를 도입하자는 주장이 제기된다.

판례 |

1 환경영향평가대상지역 안의 주민들이 가지고 있는 환경상의 이익이 주민 개개인에 대하여 개별적으로 보호되는 직접적·구체적인 이익인지 여부: **적극** 05. 사시, 06. 법행
환경영향평가에 관한 자연공원법령 및 환경영향평가법령상 관련 규정의 취지는 집단시설지구개발사업으로 인하여 직접적이고 중대한 환경피해를 입으리라고 예상되는 환경영향평가대상지역 안의 주민들이 개발 전과 비교하여 **수인한도를 넘는 환경침해를 받지 아니하고 쾌적한 환경에서 생활할 수 있는 개별적 이익까지도 이를 보호**하려는 데에 있다 할 것이므로, 위 주민들이 위 변경승인처분과 관련하여 갖고 있는 위와 같은 환경상의 이익은 주민 개개인에 대하여 **개별적으로 보호되는 직접적·구체적인 이익**이라고 보아야 할 것이다(대판 2001.7.27, 99두2970).

2 환경영향평가대상지역 밖의 주민에게 원고적격이 인정되기 위한 요건 06. 법행
환경영향평가대상지역 밖의 주민이라 할지라도 공유수면매립면허처분 등으로 인하여 그 처분 전과 비교하여 **수인한도를 넘는 환경피해**를 받거나 받을 우려가 있는 경우에는 공유수면매립면허처분 등으로 인하여 환경상 이익에 대한 **침해 또는 침해 우려가 있다는 것을 입증**함으로써 그 처분 등의 무효확인을 구할 **원고적격을 인정받을 수 있다**(대판 2006.3.16, 2006두330).

기출 OX

02 환경영향평가 대상지역 밖의 주민들은 공유수면매립면허처분 등으로 인하여 그 처분 전과 비교하여 수인한도를 넘는 환경피해를 받거나 받을 우려가 있고, 나아가 그러한 환경상 이익에 대한 침해 또는 침해우려가 있다는 것을 입증하더라도 그 처분 등의 무효확인을 구할 원고적격을 인정받을 수 없다. 06. 법행 ( )

제7절 보건권과 모성을 보호받을 권리

01 보건권

> 헌법 제36조 ③ 모든 국민은 보건에 관하여 국가의 보호를 받는다.

헌법 제36조 제3항은 국가의 국민보건에 관한 보호의무를 명시하고 있으므로 국가는 국민보건의 양적·질적 향상을 위하여 제반 인적·물적 의료시설을 확충하는 등 높은 수준의 국민보건증진 의료정책을 수립·시행하여야 한다.

1. 의의

(1) 개념
'보건권'이란 국민이 건강한 삶을 유지할 수 있도록 국가에 대하여 적극적 급부와 배려를 요구할 수 있는 권리를 말한다.

(2) 연혁
① 1919년 바이마르 헌법에서 보건권을 최초로 명문화하였다.
② 우리나라는 건국헌법에서부터 보건권을 규정하였다.*

* 1. **건국헌법**: '가족의 건강'에 대해 규정하였다.
2. **제5차 개정헌법**: "모든 국민은 보건에 관하여 국가의 보호를 받는다."라고 규정하였다.

정답 02 ×

2. 주체

보건권의 주체가 될 수 있는 자는 국민이며, 외국인은 원칙적으로 보건권의 주체가 될 수 없다.

3. 내용

(1) 보호대상

보건권의 보호대상은 가족만의 건강이 아니라 모든 국민의 건강이다.

(2) 구체적 내용

국가는 공권력의 행사를 통하여 개인의 건강을 침해하여서는 아니 되며, 국민의 위생과 건강을 위하여 필요한 정책을 적극적으로 수립하고 추진할 의무를 진다.

> **판례 | 치과의사자격시험 불실시로 인하여 국민의 보건권이 침해되는지 여부: 소극 [인용(위헌확인), 각하]** 06. 입시
>
> 헌법은 "모든 국민은 보건에 관하여 국가의 보호를 받는다."라고 규정하고 있는바(제36조 제3항), 이를 '보건에 관한 권리' 또는 '보건권'으로 부르고, 국가에 대하여 건강한 생활을 침해하지 않도록 요구할 수 있을 뿐만 아니라 보건을 유지하도록 국가에 대하여 적극적으로 요구할 수 있는 권리로 이해한다 하더라도 치과전문의제도를 시행하고 있지 않기 때문에 국민의 보건권이 현재 침해당하고 있다고 보기는 어렵다(헌재 1998. 7.16, 96헌마246).

> **⊕ PLUS 치과의사자격시험 불실시로 인한 기본권침해 여부**
> - 직업의 자유침해 ○ ⇨ 직업으로서 치과전문의를 선택하거나 이를 수행할 수 없기 때문
> - 행복추구권침해 ○ ⇨ 치과전문의자격을 획득할 수 없고 이로 인하여 전문과목을 표시할 수 없기 때문
> - 평등권침해 ○ ⇨ 전공의수련과정을 거치지 않은 일반 치과의사나 전문의시험이 실시되는 다른 의료분야의 전문의에 비하여 불합리한 차별을 받기 때문
> - 학문의 자유침해 ×
> - 재산권침해 ×
> - 보건권침해 ×

02 모성을 보호받을 권리

> 헌법 제36조 ② 국가는 모성의 보호를 위하여 노력하여야 한다.

1. 의의

헌법 제36조 제2항에서 '모성'이란 자녀를 가진 여성을 말한다. 모성의 보호는 곧 가족의 존속을 위한 필수적 전제조건이란 점에서 제36조 제2항의 헌법적 의의를 찾을 수 있다.

2. 내용

(1) 모성건강의 특별 보호

모성의 건강을 특별히 보호하여야 하는바, 모자보건법 등이 이를 규정하고 있다.

(2) 모성으로 인한 불이익의 금지

모성을 이유로 근로조건(예 고용, 해고, 임금 등)에 있어 부당한 차별을 하여서는 아니 된다.

(3) 모성에 대한 적극적 보호

근로자로서의 모성의 특별 보호에 관한 규정으로는 근로기준법과 모자복지법 등이 있다.

제8장 국민의 기본적 의무

제1절 고전적 의무

> **헌법 제23조** ② 재산권의 행사는 공공복리에 적합하도록 하여야 한다.
> **제31조** ② 모든 국민은 그 보호하는 자녀에게 적어도 초등교육과 법률이 정하는 교육을 받게 할 의무를 진다.
> **제32조** ② 모든 국민은 근로의 의무를 진다. 국가는 근로의 의무의 내용과 조건을 민주주의원칙에 따라 법률로 정한다.
> **제35조** ① 모든 국민은 건강하고 쾌적한 환경에서 생활할 권리를 가지며, 국가와 국민은 환경보전을 위하여 노력하여야 한다.
> **제38조** 모든 국민은 법률이 정하는 바에 의하여 납세의 의무를 진다.
> **제39조** ① 모든 국민은 법률이 정하는 바에 의하여 국방의 의무를 진다.
> ② 누구든지 병역의무의 이행으로 인하여 불이익한 처우를 받지 아니한다.

근대 시민국가의 헌법에는 자유주의적·법치국가적 요청에 따라 납세와 국방의 의무만이 규정되었다. **납세의 의무와 국방의 의무**는 고전적 의무이며, 근대 헌법 이래 국민의 2대 의무로 간주되고 있다.

고전적 의무와 현대적 의무	
고전적 의무	현대적 의무
• 납세의 의무 • 국방의 의무	• 교육을 받게 할 의무 • 근로의 의무 • 환경보전의 의무 • 재산권행사의 공공복리적합의무

01 납세의 의무

> **헌법 제38조** 모든 국민은 법률이 정하는 바에 의하여 납세의 의무를 진다.

1. 의의

'납세'란 공권력의 주체가 그 과세권에 의하여 재정조달의 목적으로 반대급부 없이 일반 국민으로부터 강제적으로 부과·징수하는 과징금, 즉 조세를 납부하는 것을 말한다.

2. 주체

납세의무의 주체는 원칙적으로 자연인·법인을 가리지 않고 모든 국민이지만, 외국인도 과세대상이 되는 행위를 하거나 국내에 재산을 가지고 있는 경우에는 납세의무의 주체가 될 수 있다. 08. 법원직, 11. 법행 납세의 의무는 타인에 의하여 대체적 이행이 불가능한 일신전속적 성격을 가진 의무가 아닌 **타인에 의하여 대체적 이행이 가능한 의무**이다. 06. 법행

3. 법적 성격

납세의무는 자의적 과세로부터 재산권을 침해당하지 아니한다는 소극적 성격 외에도 국민이 스스로 국가적 공동체의 재정력을 형성한다는 적극적 성격 또한 가진다.

4. 내용

(1) 납세의무의 원칙
① **조세평등주의**: 평등원칙의 조세법적 표현으로서 담세능력에 따라 공정하고 평등한 과세가 이루어져야 한다.
② **조세법률주의**: 과세요건법정주의·과세요건명확주의·소급과세금지의 원칙을 핵심내용으로 하여 조세법의 목적이나 내용이 기본권보장이라는 헌법원칙에 합당하여야 한다.

(2) 재산권의 침해 여부
① **원칙**: 조세의 부과·징수는 국민의 납세의무에 기초하고 있는 것으로서 재산권의 침해가 되지 않는다.
② **예외**: 관련 법률조항이 조세법률주의에 위반되고 이로 인한 자의적인 과세처분권행사에 의하여 납세의무자의 사유재산에 관한 이용·수익·처분권에 중대한 제한을 받게 되는 경우에는 예외적으로 재산권의 침해가 될 수 있다. 11. 법행

기출 OX
01 국방의 의무나 납세의 의무는 국가 존립의 근간을 이루는 국민으로서의 의무이기 때문에 타인에 의한 대체적 이행이 허용되지 않는다. 06. 법행
( )

02 과세의 대상이 되는 행위를 할 때에는 외국인에 대해서도 과세할 수 있다. 08. 법원
( )

⚖ 판례 |

1 재정사용의 합법성과 타당성을 감시하는 납세자의 권리가 헌법에 열거되지 않은 기본권인지 여부: 소극 [각하] 08. 법원직

행정중심복합도시의 건설로 말미암아 여러 부작용과 폐해가 발생하여 막대한 재원을 투자하였음에도 불구하고 그에 상응하는 결실보다는 엄청난 국력의 낭비가 초래될 수도 있다는 청구인들의 예상이 전혀 근거가 없거나 불합리한 것으로 볼 수는 없다. 그러나 **헌법상 조세의 효율성과 타당한 사용에 대한 감시는 국회의 주요책무이자 권한**으로 규정되어 있어(제54조, 제61조) 재정지출의 효율성 또는 타당성과 관련된 문제에 대한 **국민의 관여는 선거를 통한 간접적이고 보충적인 것**에 한정되며, **재정지출의 합리성과 타당성판단은** 재정분야의 전문성을 필요로 하는 **정책판단의 영역**으로서 **사법적**으로 **심사**하는 데에 **어려움**이 있을 수 있다. 게다가 재정지출에 대한 국민의 직접적 감시권을 기본권으로 인정하게 되면 재정지출을 수반하는 정부의 모든 행위를 개별 국민이 헌법소원으로 다툴 수 있게 되는 문제가 발생할 수 있다. 따라서 청구인이 주장하는 **재정사용의 합법성과 타당성을 감시하는 납세자의 권리를 헌법에 열거되지 않은 기본권으로 볼 수 없으므로** 그에 대한 **침해의 가능성** 역시 **인정될 수 없다**(헌재 2005.11.24, 2005헌마579 등).

정답 01 × 02 ○

기출 OX

01 헌법 제38조는 "모든 국민은 법률이 정하는 바에 의하여 납세의무를 진다."라고 규정하는 한편, 헌법 제59조는 "조세의 종목과 세율은 법률로 정한다."라고 규정하여 조세법률주의를 선언하고 있는데, 이는 납세의무가 존재하지 않았던 과거에 소급하여 과세하는 입법을 금지하는 원칙을 포함하는 것이다. 19. 국가직 ( )

2 헌법 제38조와 59조의 의미 19. 국가직

우리 헌법 제38조는 모든 국민은 법률이 정하는 바에 의하여 납세의무를 진다고 규정하는 한편, 헌법 제59조는 조세의 종목과 세율은 법률로 정한다고 규정하여, 조세법률주의를 선언하고 있는데, 이는 납세의무가 존재하지 않았던 과거에 소급하여 과세하는 입법을 금지하는 원칙을 포함하며, 이러한 소급입법 과세금지원칙은 조세법률관계에 있어서 법적 안정성을 보장하고 납세자의 신뢰이익의 보호에 기여한다(헌재 2004.7.15, 2002헌바63).

02 국방의 의무

> **헌법 제39조** ① 모든 국민은 법률이 정하는 바에 의하여 국방의 의무를 진다.
> ② 누구든지 병역의무의 이행으로 인하여 **불이익한 처우**를 받지 아니한다.

1. 의의

'국방의 의무'란 외국의 침략으로부터 국가의 독립을 유지하고 영토를 보전하기 위하여 부담하는 국가방위의무를 말한다. 국방의 의무는 납세의 의무와는 달리 타인에 의한 대체적 이행이 불가능한 **일신전속적인 의무**이다.

2. 주체

국방의 의무 중에서 직접적인 병력형성의무는 병역법에 의한 징집대상자인 대한민국 남성만이 부담하고, **간접적인 병력형성의무는 남녀를 불문하고 모든 국민이 부담**한다.

3. 내용

(1) 병력형성의 의무

국방의 의무에는 병역법에 따라 징집에 응하는 직접적인 병력형성의무와 예비군법에 따른 예비군복무의무, 민방위기본법에 의한 민방위응소의무, 비상대비자원 관리법에 의한 훈련에 응할 의무 등 간접적인 병력형성의무가 포함된다.

> **판례 | 국방의 의무 내용** 06. 사시
>
> 국방의 의무란 북한을 포함한 외부 적대세력의 직접적·간접적인 침략행위로부터 국가의 독립을 유지하고 영토를 보전하기 위한 의무로서 현대전이 고도의 과학기술과 정보를 요구하고 국민 전체의 협력을 필요로 하는 이른바 총력전인 점에 비추어 단지 병역법 등에 의하여 군복무에 임하는 등의 **직접적인 병력형성의무만**을 가리키는 것으로 좁게 볼 것이 아니라, 향토예비군 설치법, 민방위기본법, 비상대비자원 관리법, 병역법 등에 의한 **간접적인 병력형성의무 및 병력형성 이후 군작전명령에 복종하고 협력하여야 할 의무도 포함하는 넓은 의미**의 것으로 보아야 할 것이므로 전투경찰순경으로서 대간첩작전을 수행하는 것도 위와 같이 넓은 의미의 국방의 의무를 수행하는 것으로 볼 수 있다(헌재 1995.12.28, 91헌마80).

정답 01 ○

(2) 불이익처우의 금지

① 헌법 제39조 제2항에서 금지하는 '불이익한 처우'란 **단순한 사실상·경제상의 불이익을 모두 포함하는 것이 아니라 법적인 불이익을 의미**하는 것으로 보아야 한다. 05. 입시, 06. 사시, 06·11. 법행 그렇지 않으면 병역의무의 이행과 자연적 인과관계를 가지는 모든 불이익으로부터 보호하여야 할 의무를 국가에 부과하는 것이 되어 이 또한 국민에게 국방의 의무를 부과하고 있는 헌법 제39조 제1항과 조화될 수 없기 때문이다(헌재 1999.12.23, 98헌마363).

② **병역의무 그 자체를 이행하느라 받는 불이익은** 헌법 제39조 제1항에 규정된 국방의 의무를 이행하느라 입는 불이익이라고 할 수는 있을지언정, 헌법 제39조 제2항의 병역의무의 이행으로 **불이익한 처우를 받는 것이라고는 할 수 없다**(헌재 1999.2.25, 97헌바3).

판례 |

1 소집되어 실역에 복무 중인 예비역 등에게 현역군인에 준하여 군형법을 적용하는 것이 헌법 제39조 제2항 위반인지 여부: 소극 [합헌]

병역의무 그 자체를 이행하느라 받는 불이익은 병역의무의 이행으로 인한 불이익한 처우의 금지(제39조 제2항)와는 무관한바, 예비역이 병역법에 의하여 병력동원훈련 등을 위하여 소집을 받는 것은 헌법과 법률에 따른 국방의 의무를 이행하는 것이고, 그동안 군형법의 적용을 받는 것 또한 국방의 의무를 이행하는 중에 범한 군사상의 범죄에 대하여 형벌이라는 제재를 받는 것이므로, 어느 것이나 헌법 제39조 제1항에 규정된 국방의 의무를 이행하느라 입는 불이익이라고 할 수는 있을지언정 병역의무의 이행으로 불이익한 처우를 받는 것이라고는 할 수 없다(헌재 1999.2.25, 97헌바3).

2 변호사 개업지제한규정이 위헌인지 여부: 적극 [위헌] 11. 법행

변호사법 제10조 제2항은 직업선택의 자유를 제한함에 있어서 비례의 원칙에 벗어난 것이고, 합리적인 이유 없이 변호사로 개업하고자 하는 공무원을 차별하고 있으며, 병역의무의 이행을 위하여 군법무관으로 복무한 후 개업하는 경우에는 병역의무의 이행으로 불이익한 처우를 받게 되어 헌법 제11조 제1항, 제15조, 제37조 제2항, 제39조 제2항에 각각 위반된다(헌재 1989.11.20, 89헌가102).

3 군복무로 인한 휴직기간을 법무사시험의 일부 면제에 관한 법무사법 제5조의2 제1항의 공무원 근무경력에 산입하지 않은 것이 헌법 제39조 제2항에 위반되는지 여부: 소극
11. 법원직, 12. 법행

[1] 법무사법 제5조의2 제1항에서 '법원의 법원사무직렬 등의 공무원으로 10년 이상 근무한 경력이 있는 자'에게 법무사시험의 제1차 시험을 면제한다고 규정한 것은 법원사무직렬 등의 공무원으로 근무하면서 관련 직무에 종사한 자는 특별한 사정이 없는 한 그 직무수행과정에서 법무사로서의 업무수행에 필요한 법률지식을 습득하고 실무처리능력을 배양하게 되므로 이러한 지식이나 능력을 갖추었는지 평가하기 위하여 별도로 법무사시험의 제1차 시험을 거칠 필요가 없다는 데에 그 취지가 있다.

[2] 군복무로 인하여 휴직함으로써 법원사무직렬 공무원으로 실제 근무하지 못하게 된 사정과 법무사시험의 제1차 시험면제의 취지에 비추어 보면 군복무로 인한 휴직기간을 법무사시험의 일부 면제에 관한 법무사법 제5조의2 제1항의 공무원 근무경력에 산입하지 아니하였다고 하여 이를 두고 병역의무의 이행으로 인하여 불이익한 처우를 받지 아니한다고 규정한 헌법 제39조 제2항 위반이라고 할 수 없다(대판 2006.6.30, 2004두4802).

기출 OX

02 군복무로 인한 휴직기간을 법무사시험의 일부 면제에 관한 법무사법 제5조의2 제1항의 공무원 근무경력에 산입하지 아니한 것은 병역의무의 이행으로 인한 불이익처우금지를 규정한 헌법 제39조 제2항을 위반한 것이다.
12. 법행 ( )

정답 **02** ×

기출 OX

01 공무원 시험의 응시자격을 '군복무를 필한 자'라고 하여 군복무 중에는 그 응시기회를 제한하는 것은 병역의무의 이행을 이유로 불이익을 주는 것이다. 20. 경찰승진 ( )

> 4 국가정보원의 2005년도 7급 제한경쟁시험 채용공고 중 '남자는 병역을 필한 자' 부분 (이하 '이 사건 공고'라고 한다)이 헌법 제39조 제2항에서 금지하는 '불이익한 처우'에 해당하는지 여부: **소극**
> 이 사건 공고는 현역군인 신분자에게 다른 직종의 시험응시기회를 제한하고 있으나 이는 병역의무 그 자체를 이행하느라 받는 불이익으로서 병역의무 중에 입는 불이익에 해당될 뿐, 병역의무의 이행을 이유로 한 불이익은 아니므로 이 사건 공고로 인하여 현역군인이 타 직종에 시험응시를 하지 못하는 것은 헌법 제39조 제2항에서 금지하는 '불이익한 처우'라 볼 수 없다(헌재 2007.5.31, 2006헌마627).

제2절 현대적 의무

현대 사회국가의 헌법에서는 사회국가 내지 복지국가의 요청에 의하여 고전적 의무 외에 교육을 받게 할 의무, 근로의 의무, 환경보전의 의무, 재산권행사의 공공복리적합 의무 등을 추가하게 되었다.

01 교육을 받게 할 의무

> **헌법 제31조** ② 모든 국민은 그 보호하는 자녀에게 적어도 초등교육과 법률이 정하는 교육을 받게 할 의무를 진다.

'교육을 받게 할 의무'란 친권자나 후견인이 그 보호하는 자녀에게 적어도 초등교육과 법률이 정하는 교육을 받게 할 의무를 말하며, 교육을 받게 할 의무의 **주체는 취학아동을 가진 친권자 또는 후견인**이다(통설).

02 근로의 의무

> **헌법 제32조** ② 모든 국민은 근로의 의무를 진다. 국가는 근로의 의무의 내용과 조건을 민주주의원칙에 따라 법률로 정한다.

헌법 제32조 제2항의 근로의 의무에 관해서는 ① 근로의 의무란 국가가 공공필요에 의하여 근로할 것을 명하는 경우에 이에 복종하여야 할 국민의 의무라고 이해하는 견해도 있으나, ② 근로의 의무를 근로의 능력이 있음에도 불구하고 근로하지 아니하는 자에 대해서는 윤리적·도덕적 비난이 가해져야 한다는 의미로 이해하는 견해가 타당하다(다수설).

정답 01 ×

03 환경보전의 의무

> 헌법 제35조 ① 모든 국민은 건강하고 쾌적한 환경에서 생활할 권리를 가지며, 국가와 국민은 환경보전을 위하여 노력하여야 한다.

1. 주체
환경보전의 의무의 주체는 국민뿐만 아니라 **외국인도 부담**하며, 법인도 포함한다.

2. 법적 성격의 대립
"노력하여야 한다."라고 규정하였으므로 윤리적·도덕적 의무로 보아야 한다는 견해가 있으나, 이는 헌법상 규정된 의무이며 법률로써 강제할 수 있는 법적 의무로 보아야 할 것이 다수설이다.

04 재산권행사의 사회적 구속성

> 헌법 제23조 ② 재산권의 행사는 공공복리에 적합하도록 하여야 한다.

1. 재산권 행사의무설
공공복리적합의무를 규정한 조항으로 이해한다.

2. 재산권 제한설
재산권의 내용 자체에 대한 제한가능성을 규정한 조항이다.

3. 헌법원리설
20세기 헌법들이 재산권 자체에 필연적으로 수반되는 내재적 제약성을 명문화한 헌법적 원리로 이해하여야 한다.

2026 대비 최신개정판

해커스경찰
신동욱
경찰헌법 기본서

개정 6판 1쇄 발행 2025년 9월 26일

지은이	신동욱 편저
펴낸곳	해커스패스
펴낸이	해커스경찰 출판팀
주소	서울특별시 강남구 강남대로 428 해커스경찰
고객센터	1588-4055
교재 관련 문의	gosi@hackerspass.com
	해커스경찰 사이트(police.Hackers.com) 교재 Q&A 게시판
	카카오톡 채널 [해커스 경찰공무원]
학원 강의 및 동영상강의	police.Hackers.com
ISBN	979-11-7404-491-4 (13360)
Serial Number	06-01-01

저작권자 ⓒ 2025, 신동욱

이 책의 모든 내용, 이미지, 디자인, 편집 형태는 저작권법에 의해 보호받고 있습니다.
서면에 의한 저자와 출판사의 허락 없이 내용의 일부 혹은 전부를 인용, 발췌하거나 복제, 배포할 수 없습니다.

경찰공무원 1위,
해커스경찰 police.Hackers.com

해커스 경찰

· 정확한 성적 분석으로 약점 극복이 가능한 **경찰 합격예측 온라인 모의고사**(교재 내 응시권 및 해설강의 수강권 수록)
· 해커스 스타강사의 **경찰헌법 무료 특강**
· **해커스경찰 학원 및 인강**(교재 내 인강 할인쿠폰 수록)

한경비즈니스 선정 2024 한국품질만족도 교육(온·오프라인 경찰학원) 부문 1위